Schäfer
Wirtschaftswörterbuch

Band I: Englisch – Deutsch

Wirtschaftswörterbuch

Band I: Englisch – Deutsch

begründet von

Prof. Dr. Wilhelm Schäfer †

herausgegeben von

Dr. Michael Schäfer

unter Mitarbeit von

Dr. Gabriele Strake-Behrendt

6., überarbeitete und erweiterte Auflage

Verlag Franz Vahlen München

Die Deutsche Bibliothek – CIP-Einheitsaufnahme

Schäfer, Wilhelm:
Wirtschaftswörterbuch / von Wilhelm Schäfer. –
München : Vahlen
Bd. 1. Englisch-deutsch. – 6., überarb. und erw. Aufl. / hrsg. von Michael Schäfer. Unter Mitarb. von Gabriele Strake-Behrendt. – 1998
ISBN 3-8006-2327-7

ISBN 3 8006 2327 7

Satz: DTP-Vorlagen von Michael Schäfer
Druck: C. H. Beck'sche Buchdruckerei, Nördlingen
Gedruckt auf säurefreiem, alterungsbeständigem Papier
(hergestellt aus chlorfrei gebleichtem Zellstoff)

Vorwort zur 6. Auflage

Nach nur zwei Jahren ist eine Neuauflage dieses Wörterbuches nötig geworden. Zum einen aufgrund der regen Nachfrage, zum anderen bedingt durch die Dynamik und Kreativität der der Wirtschaft und ihrer Sprache. Dieser Band enthält nun mehr als 58.000 Einträge, allein die Auswertung des Konvergenzberichtes des EWI hat zu ca. 350 Neuerfassungen und Aktualisierungen geführt.

Nicht nur der Wortbestand hat sich vergrößert, auch im Kreis derjenigen, die sich um Qualität und Quantität des Werkes bemühen, hat es Zuwachs gegeben. Uns ist es gelungen, *Frau Dr. Gabriele Strake-Behrendt* vom Sprachendienst der Deutschen Bundesbank als Mitarbeiterin zu gewinnen. Der aufmerksame Benutzer wird die Spuren ihrer fachlichen und sprachlichen Kompetenz bereits in diesem Band finden.

Die angenehme Zusammenarbeit mit Frau *Dr. Strake-Behrendt* und den Herren *D. Sobotka* und *H. Schenk* vom Verlag Vahlen hat die termingerechte Fertigstellung dieses Bandes – parallel zu meinem Promotionsverfahren – sehr erleichtert. Ohne meine Frau, die über Monate das Leben einer Alleinerziehenden geführt hat, wäre sie schlicht unmöglich gewesen. Ihr gilt daher an dieser Stelle mein besonderer Dank.

*Michael Schäfer**

Vorwort zur 4. Auflage

Wer ein Wörterbuch der vorliegenden Art verfaßt, befindet sich in der fatalen Lage, daß er sich nicht ein für allemal auf den Lorbeeren etwa eines Standardwerkes der griechischen Mythologie ausruhen kann. Lebhaft bis stürmisch geht es in Praxis und Theorie der Wirtschaft zu. So kann auch ihre Sprache mit ihrem unaufhörlichen Strom begrifflicher Neubildungen nur ein Spiegelbild dieser Entwicklungen sein.

Die vorliegende 4. Auflage, die dem Benutzer nach relativ kurzer Zeit angeboten wird, ist wiederum das Ergebnis pausenlosen Aktualisierens: Fehler wurden ausgemerzt, Überholtes ausgeschieden, Neues (soweit erreichbar) hinzugenommen, der Kernbestand durchgesehen und wo immer möglich an den Stand der Technik (state of the art, science and technology) angepaßt. Diese Auflage bietet einige Tausend Neuzugänge an, die den Gesamtbestand auf etwa 50 000 Stichwörter bringen.

Der Anregung aus Benutzerkreisen folgend, wurden die für die 2. Auflage geschriebenen „Bemerkungen zur Lexikographie“ nochmals abgedruckt, um das Verständnis für die innere Struktur eines solchen Wörterbuches zu fördern.

Mein Dank gilt meiner Frau, „provider of invisibles in limitless amounts“, sowie Herrn *D. Sobotka*, München, wie stets an langer Leine lektorierend.

Wilhelm Schäfer

* *Anschrift: Matthias-Neuner-Weg 11, 83673 Bichl*

Der unter deutschen Gebildeten am
weitesten verbreitete Aberglaube
ist der, daß sie Englisch könnten.
Johannes Gross

Bemerkungen zur Lexikographie

Fachwörterbücher lassen sich einteilen nach dem Prinzip der Äquivalenz, der Definition, der Kollokation.

1. Äquivalenzwörterbuch

Äquivalenz bedeutet Gleichwertigkeit. Diese Beziehung wird von alters her genutzt für das Lernen von Vokabeln im elementaren und gehobenen Sprachunterricht. Der Lernende kennt zum Beispiel den Terminus „x“ im Deutschen und sucht im Wörterbuch die englische Entsprechung „y“, gläubig vertrauend, die beiden Ausdrücke seien gleichwertig, äquivalent.

Wir fragen uns indessen oft, warum wir von den nach dieser einfachen Methode gelernten Wörtern viele rasch vergessen, wie wir überhaupt ständig das Gefühl haben, zu wenig „Vokabeln“ zu kennen. Gelänge es uns – so die Meinung –, weitere 10 000 oder gar 100 000 Vokabeln im Langzeitgedächtnis zu behalten, müßten die Schwierigkeiten des Hörens und Lesens, des Sprechens und Schreibens mit einem Schlage verschwinden. Offenbar funktioniert dies aber nicht, wie unermüdliche Vokabel-Lerner verdrießlich registrieren. Zweifler wird man leicht überzeugen: Man lege ihnen einen Text vor, der nicht eine unbekannte ‚Vokabel‘, enthält und den sie gleichwohl nicht entschlüsseln oder übersetzen können.

Daß endloses Vokabellernen das Hineinwachsen in eine fremde Sprache eher behindert. hat – neben anderen Faktoren – eine einfache Ursache: wir ordnen den Gegenständen, Vorgängen und Vorstellungen mehr oder weniger willkürlich Wörter zu. Der springende Punkt hierbei ist, daß die Zahl der Gegenstände samt ihrer Kombinationen praktisch *unbegrenzt* ist, während die Zahl der Wörter trotz täglicher Neubildungen zwar sehr groß, aber *begrenzt* ist.

Daraus folgt, daß die Wörter einer Sprache nicht mit nur je einem Gegenstand oder je einer Vorstellung besetzt werden können. Anders gesagt: Wörter sind zwangsläufig mehr- oder vieldeutig. Sollen aber Sprachen für alle Zwecke funktionieren, und sie tun es offensichtlich, müssen sie ihre Mehrdeutigkeit bewahren. Dies ist notwendige Bedingung jeder höheren Form von Sprachverwendung, bis hin zu den Meisterwerken der Weltliteratur.

Nun meinen viele Sprachbenutzer zu wissen, daß es Mehrdeutigkeit von Wörtern, Ausdrükken, Sätzen nur in der meist (Gott sei Dank) nicht genau definierten Alltags- sprache gebe.

Fachsprachen dagegen bemühten sich um strenge Logik, seien grammatisch einfach bis simpel, und die Bedeutung von Fachausdrücken sei eindeutig. Als klassisches Beispiel terminologischer Präzision könne etwa die Pariser Nomenklatur der Anatomie von 1955 gelten, die sich auf 1:1-Entsprechungen beschränke. Auch sonst werde in Fachsprachen auf stilistische Effekte, Anspielungen, gefühlsmäßig mitschwingende Nebenbedeutungen verzichtet, so daß Mehr- und Vieldeutigkeit ausgeschlossen sei.

Äquivalenzwörterbücher wären dann so etwas wie eine „Rosinen“-Sammlung. Die rasch gefundenen englischen Entsprechungen von „Gleitzeit“, „Umsatzgewinnrate“, „Wirtschaftsordnung“ würden ausreichen, die Leerstellen im einfach gebauten Satz der Fachsprache zu füllen. Diese Meinung wird explizit oder implizit selbst von Fachleuten in Praxis und

Wissenschaft vertreten. Sie ist falsch, wie im zweiten Abschnitt gezeigt wird. Hier wäre noch anzumerken, daß die wichtigsten Wörter nicht immer auch die häufigsten sind.

2. Definitionswörterbücher

Wir gehen von der banalen Feststellung der Sprachlogik aus, daß Wörter gesprochen und geschrieben werden, also der sprachlichen Ebene zugehören. Scharf von ihnen zu trennen sind Begriffe, die man (philosophisch umstritten) als Denkinhalte bezeichnen kann. Das Verhältnis zwischen beiden wird durch den wichtigen Satz ausgedruckt: Das Wort benennt den Begriff. Die zwei Ebenen stehen in einem bestimmten Verhältnis zu einer dritten Ebene, auf der wir Gegenstände, Tatsachen, Sachverhalte vorfinden.

Aus Wörtern bilden wir zusammengesetzte Ausdrücke, Sätze und ganze Sprachen. Die zunehmende Kompliziertheit ändert nichts an dieser Grundstruktur.

Definitionswörterbücher werden in der Regel in einer Sprache geschrieben. Der Bearbeiter macht zu einem Ausdruck in zuverlässigen Primärquellen eine bereits vorhandene Definition ausfindig. Er stellt sie fest. Hätte ein Wissenschaftler einen neu aufgedeckten Sachverhalt zu definieren, würde er (als erster) die Definition formulieren, sie festlegen.

Eigentlich dürfte es keinen Zweifel geben, welcher der beiden Ebenen die Definition zugehört. Es kann nur die sprachliche sein: durch die Aufzählung definierender Hauptmerkmale wird der Begriff abgesteckt, fixiert, seine Vagheitszone eingeengt. Mit Hilfe der Definition wird aus der Menge der denkbaren Vorstellungen eine bestimmte Vorstellung abgegrenzt.

Einer der häufigsten sprachlogischen Fehler – mit einem hohen Grad an Resistenz – ist die angebliche Austauschbarkeit von ‚Wort‘ und „Begriff“.[1] Der Satz Der ‚Begriff soziale Sicherheit wird in mehreren Bedeutungen gebraucht‘ ist logisch nicht statthaft. Was der Schreiber zum Ausdruck bringen wollte, ist folgendes: Der Terminus ‚soziale Sicherheit‘ muß wegen der (relativen) Wortarmut unserer Sprache mehrere Begriffe bezeichnen, die als abgrenzbare Merkmalebündel durchaus unterscheidbar definiert werden können (oder sollten). Das Wort, der Ausdruck, der Terminus ist mehrfach besetzt.

So hat es auch wenig Sinn, sich auf eine Debatte über ‚Eigentum‘ einzulassen, wenn nicht allen Diskutanten klar ist, über welchen der mehreren Begriffe geredet werden soll: den liberalen Eigentumsbegriff im Sinne der §§ 903ff. BGB, den Eigentumsbegriff des Art. 14 GG mit der dort verankerten Sozialbindung oder gar den Eigentumsbegriff des Pierre-Joseph Proudhon (‚la propriété c'est le vol‘). Wer mit marxistisch-dialektischen Techniken vertraut ist, weiß, daß dort nichts so sehr gefürchtet wird wie begriffliche Eindeutigkeit und Klarheit.

Zur Verdeutlichung möge ein weiteres Beispiel aus der Sprache der Wirtschaft dienen. Der Ausdruck ‚Zwangsanleihe‘ benennt zwei Begriffe „Zwangsanleihe“. Der ältere und häufigere wird definiert durch die Aufzählung folgender Merkmale:

„Zwangsanleihe $=_{df}$ Öffentliche Schuldaufnahme durch zwangsweisen Verkauf von Staatspapieren, deren Rückzahlungs- und Zinsbedingungen meist unvorteilhafter für die Gläubiger sind als eine Kreditvergabe auf dem freien Markt.“[2]

Der zweite Begriff stammt aus der Diskussion über das Haushaltsdefizit der Bundesrepublik. Hier bezeichnet der Ausdruck ‚Zwangsanleihe‘ einen rückzahlbaren (?) unverzinslichen Zuschlag zur Einkommensteuer Besserverdienender.

Definitionswörterbücher sind Sammlungen solcher Begriffsbeschreibungen. Diese werden

[1] Die Zugehörigkeit zur sprachlichen Ebene wird durch einfache Anführungszeichen (‚‘), die zur begrifflichen Ebene durch doppelte Anführungszeichen („“) kenntlich gemacht.

[2] Zimmermann/Henke: Einführung in die Finanzwissenschaft, München [3]1982, S. 386.

häufig ergänzt durch mehr oder weniger lange Begriffsexplikationen, das heißt weiterführende Erläuterungen. Definitionen sind in der Regel für den Fachmann als Gedächtnisstütze oder Formulierungshilfe oder für Lernende mit Grundwissen gedacht. Mit der oben zitierten Definition kann ja nur arbeiten, wer die definierenden Ausdrücke schon kennt, wer also über *„Staatspapiere", „öffentliche Schuldaufnahme", „Kreditvergabe auf dem freien Markt"* mittels entsprechender Definitionen Auskunft geben kann. Oft ungern gehört, aber richtig ist die Forderung, die systematische Erörterung von Definitionen gehöre nicht in methodologische Erörterungen über Begriffe, sondern sei in den entsprechenden Fachgebieten zu behandeln.

Im vorliegenden Wörterbuch wurde diesen Sachverhalten dadurch Rechnung zu tragen versucht, daß die englischen Entsprechungen deutscher Termini durch Kodierung einem oder mehreren Fachgebieten zugeordnet wurden. Der Fachmann weiß, daß diese Zuordnung nicht immer befriedigen kann. So wird etwa der Komplex der Abschreibung sowohl im Rechnungswesen als auch in der Finanzwirtschaft der Unternehmung behandelt.

Was zur allgemeinen Sprache der Wirtschaft gehört, darüber wird von Linguisten und sonstigen *cognoscenti* der allgemeinen und angewandten Sprachwissenschaft mit großem metasprachlichem Arsenal mehr oder weniger trefflich gestritten. Dieser Streit dürfte ausgehen wie das Hornberger Schießen: Im Einzelfall entscheiden Wissensstand und Erfahrung des Sprachbenutzers.

Über die Kodierung hinaus wurden einer größeren Zahl von englischen Einträgen Kurzdefinitionen, Beispiele, Synonymverweise, Angabe von Gesetzes-Fundstellen und sonstige Hinweise beigegeben, die es leichter machen, die Eignung eines bestimmten Stichwortes für einen vorgegebenen Kontext zu prüfen. Die Zahl der Definitionen und Beispiele mußte sich aus Raumgründen in Grenzen halten. Der Zufall spielte hierbei keine geringe Rolle. Das Ideal eines vollständigen zweisprachigen Definitionswörterbuches für alle Fälle begrifflicher Nicht-Äquivalenz ist technisch zwar möglich, aber über den Markt nicht zu finanzieren. Das folgende Schema veranschaulicht die besprochenen drei Ebenen:[3]

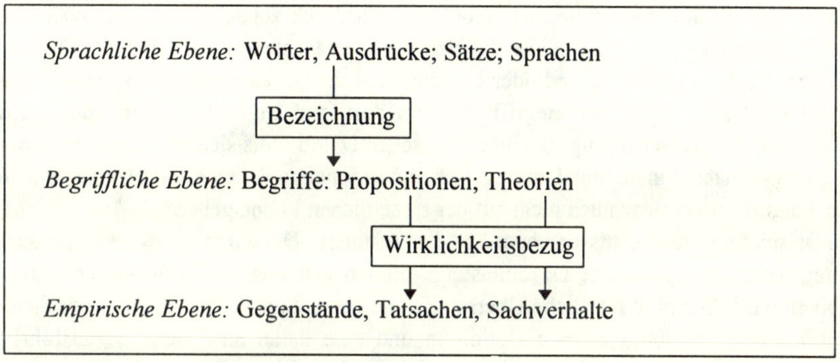

Der bisher unerwähnte Ausdruck ‚Proposition', für den es im Deutschen keine Entsprechung gibt, ist das begriffliche Gegenstück zum ‚Satz' – gewissermaßen ein „Satz an sich" (Bolzano).

Die Gepflogenheit, dem Benutzer inhaltliche Gleichheit zu suggerieren, wenn Wörter und

[3] M. Bunge: Scientific Research I. Berlin-Heidelberg-New York 1967, S.58.

Ausdrücke in Ausgangs- und Zielsprache sich oberflächlich entsprechen, läßt sich einfach veranschaulichen:

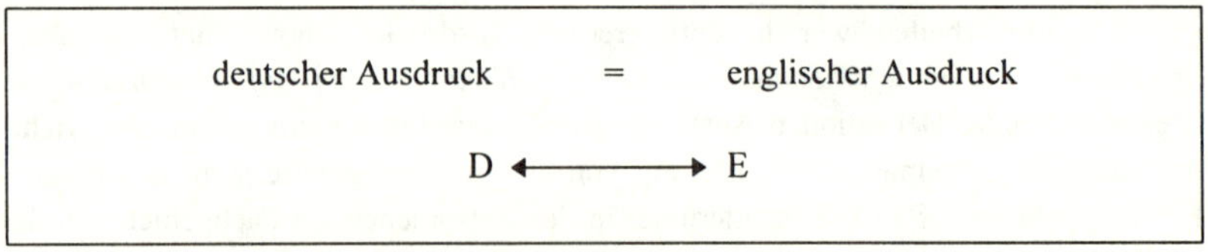

Auf dieser „nur“ sprachlichen Ebene lautet die einzige Frage zu Recht: gibt es für einen deutschen Ausdruck eine englische Entsprechung und umgekehrt? In Wirklichkeit gibt es eine logisch zwingende Stufenfolge, auch wenn diese häufig verdeckt wird durch Interferenzen anderer Informationskanäle (Expertenbefragung usw.):

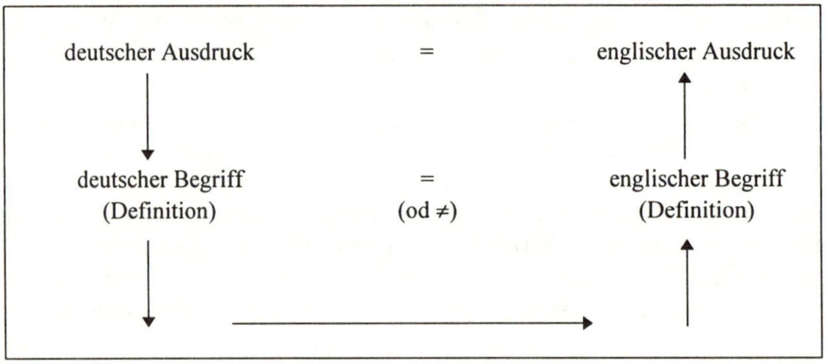

Der Suchpfeil läuft vom deutschen Wort oder Ausdruck zunächst zum deutschen *Begriff, der durch Aufzählung von Merkmalen definiert ist.* Die nächste Station: Gibt es im Englischen einen Begriff, der nach Inhalt und/oder Umfang dem deutschen Begriff entspricht? Wenn ja, wird der Pfeil zum englischen Begriff und von dort zum englischen Wort oder Ausdruck gezogen, und es darf Bedeutungsgleichheit zwischen D und E als sicher angenommen werden. Sind Begriffe nach Inhalt und Umfang (d.h. intensional und extensional) nicht deckungsgleich, kann es Äquivalenz auch nicht auf der sprachlichen Ebene geben.

Ein Beispiel aus der Rechtssprache möge dies erläutern. Der Jurist erhält eine gewisse Vorstellung, wenn ihm ‚geldwerte Gegenleistung‘ als Übersetzung von ‚valuable consideration‘ angeboten wird. Die bloß wörtliche Übersetzung ist indes kein Schlüssel zur englischen Consideration-Lehre. Benötigt er eine Definition und eine daran anschließende ausführlichere Begriffserläuterung, wird er wie in zahllosen anderen Fällen begrifflicher Nichtäquivalenz zur Fachliteratur greifen, in der Begriffe im systematischen Zusammenhang behandelt werden.

Zitiert sei aus Arthur Curtis in vielen Punkten überholter, in Anlage und Durchführung aber nach wie vor lesenswerter rechtsvergleichender Darstellung:

„Die Consideration ist eine der bedeutsamsten Eigentümlichkeiten des englischen Rechts ... Es ist nicht möglich, den Begriff dieses technischen Ausdrucks ... in einem einzigen Worte in einer anderen Sprache wiederzugeben ... Aus dem Vertrag soll klar hervorgehen, daß das Versprechen zu einer Leistung gemacht wurde gegen einen Vorteil oder Schaden, ein Unterlassen, eine Übernahme einer Verantwortung, mögen diese ‚Gegenleistungen' auch ohne greifbaren Wert sein ... *Es ist nicht nötig, daß der Versprechende durch die Gegenleistung einen in Geld oder sonst objektiv wertbaren Vorteil erlangt* ... (Hervorhebung vom Vf.) ... Die Consideration kann sogar in der Verwandtschaft (z.B. in der bevorstehenden Ehe) oder in der Freundschaft bestehen. Ob die Consideration vorhanden ist, darüber steht dem Richter freies Ermessen zu. Genau fassen läßt sich der Begriff nicht, oft mögen Gefühlsmomente den Ausschlag geben."[4]

Auf schwachem Fuß steht also der Versuch, vom deutschen rechtstechnischen Begriffspaar Leistung-Gegenleistung her, das als Kernmerkmal stets die Vermögensmehrung enthält, eine Äquivalenzbeziehung zu „consideration" herzustellen. Unschädlich ist die Gleichsetzung nur, wenig eine bestimmte Teilmenge des englischen Begriffs dem deutschen Begriff gleichgesetzt werden kann. Dies ist im Einzelfall festzustellen, setzt jedenfalls die über Wort und Begriff hinausgehende Kenntnis beider Rechtssysteme voraus.

Auf die Spitze getrieben wird der begriffslogische Unverstand, wenn durch Umkehrung einer Karteikarte zum Beispiel die Übersetzung ‚geldwerte Gegenleistung' als deutscher Original-Terminus ausgegeben wird. Im Pfeilschema geschieht dabei folgendes:

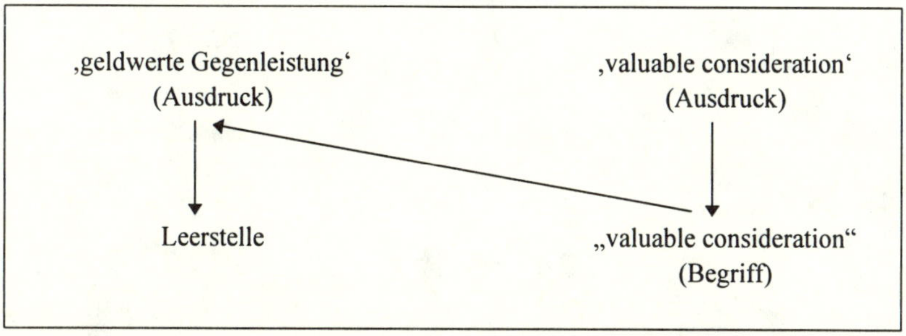

Begriffliche Äquivalenz wird vorgetäuscht, obgleich der Suchpfeil auf eine Leerstelle trifft. Der Leser, der bis hierher gefolgt ist, mag die Qualität von Fachwörterbüchern anhand des Gesagten selbst prüfen.

3. Kollokationswörterbücher

Diese Wörterbücher tragen dem Sachverhalt Rechnung, daß wir als ursprüngliche sinnvolle Einheiten der Sprache *Sätze* und nicht Wörter auffassen, Denn es sind Sätze und nicht Wörter, die wir im alltäglichen und wissenschaftlichen Sprachgebrauch behaupten und bestreiten (W. Stegmüller). Dies heißt, daß Kollokationswörterbücher über die Wort-Äquivalenz hinausgehen. Sie bieten zu Grundwörtern (= Basiseintragungen) sachlich und stilistisch passende Beiwörter (= Kollokatoren) an. Beispiel:

Kapitaldecke = *Basis*
dünne = *Kollokator.*

Bei konsequenter Anwendung der Kollokationsmethode ergeben sich für den Wörterbuch-

[4] A. Curtis, Englands Privat- und Handelsrecht, Band 2, Berlin 1927, S. 10-12.

Bei konsequenter Anwendung der Kollokationsmethode ergeben sich für den Wörterbuch-Hersteller gewisse Schwierigkeiten. Bevorzugt er die Wortfeldmethode, wird er in der Tat den Ausdruck auflösen und ‚Kapitaldecke' unter ‚K' einordnen und dort den oder die Kollokatoren angeben. In extremen Fällen wird ein Basis-Eintrag allerdings so aufgeschwemmt, daß der – stets eilige – Benutzer die Suche vorzeitig aufgibt.

Im vorliegenden Band mußte wegen des einmal gewählten Prinzips der durchgehenden Alphabetisierung ein anderer Weg beschritten werden, der nach Ansicht des Vf. den zeitlichen Zugriff verkürzt. So wird der Benutzer die Wendung *„dünne Kapitaldecke"* unter ‚d' finden, weil es sich um einen fixierten, dem Finanzfachmann bekannten Ausdruck handelt, der nicht zerlegt werden sollte:

dünne Kapitaldecke = *slender*
thin
inadequate ... capital base.

An die alphabetische Einordnung der nicht allzu zahlreichen Kollokatoren wird sich der Benutzer rasch gewöhnen.

Benutzerhinweise

1. Das gesamte Wortmaterial ist ausschließlich alphabetisch geordnet. Diese Regel gilt selbst für synkategorematische Ausdrücke.

2. Informationen, die über die semantischen Gleichungen hinausgehen, sind kursiv gedruckt. Als Kennmarken wurden benutzt:

us	US-amerikanisch
GB	britisch
cf	vergleiche, vgl.
eg	z. B.
e-m	einem
e-n	einen
e-r	einer
C-S	eines
esp	besonders
fml	format
ie	das heißt
i. e. S.	im engeren Sinne
infml	informell
I. W. S.	im weiteren Sinn
joc	scherzhaft
nF	neue Fassung
od	oder
OPP	Gegensatz
pej	herabsetzend
PI	Plural
qv	siehe dort
sg	Singular
sl	Slang
syn	Synonym(e)
usu	in der Regel

3. Auf weitere Funktions-Kennzeichnungen sowie zusätzliche syntagmatische Hinweise wurde verzichtet.

4. Die Zugehörigkeit zur US-amerikanischen oder britischen Fachsprache wurde mehr als bisher gekennzeichnet. Eine eindeutige Abgrenzung ist bekanntlich nicht immer möglich.

5. Die Schreibweise ist durchgehend amerikanisch. Ausgenommen von dieser vereinfachenden Regel sind natiirlich die spezifisch britischen Termini.

Source Fields – Sachgebiete

AuW .... International Trade
Bö .... Securities Exchanges
Bw .... Business Administration
com .... General Commercial English
EDV .... Data Processing
EG .... European Communities
Fin .... Business Finance/Banking
FiW .... Public Finance
IndE .... Industrial Engineering
IWF .... International Monetary Fund
Kart .... Competition Law
KoR .... Cost Accounting
Log .... Logic and Methodology
Math .... Mathematics
MaW .... Materials Management and Control
Mk .... Marketing
OR .... Operations Research
Pat .... Industrial Property Rights
Pw .... Personnel Management/Education
Re .... Law
ReW .... General Accounting
SeeV .... Ocean Marine Insurance
SozV .... Social Security
Stat .... Statistics
StR .... Law of Taxation
Vers .... Insurance Industry
VGR .... National Accounting
Vw .... Economics
WeR .... Negotiable Instruments
Zo .... Customs and Excises

A

183-day rule
(StR, US) 183-Tage-Klausel *f*
(ie, when an employee resident of one Contracting State is not physically present in the other state for a period exceeding 183 days during a calender year = Ausnahmeregelung Art 15 Doppelbesteuerungsabkommen USA/Bundesrepublik Deutschland: der in e–m Vertragsstaat ansässige Arbeitnehmer darf sich insgesamt nicht länger als 183 Tage während des betreffenden Kalenderjahres im anderen Staat aufhalten; soll vorübergehenden Einsatz von Arbeitnehmern im anderen Vertragsstaat erleichtern, facilitate short-term secondments of employees)

A1 (com) erstklassig *(ie, highest class, best grade, gilt-edged)*

AAA
(com) amerikanischer Automobilverband *m (entspricht in etwa dem deutschen ADAC)*

AAAA (Mk) = American Association of Advertising Agencies *(ie, Vereinigung und Interessenvertretung der Werbeagenturen in den USA)*

AACCA (com) = Associate of the Association of Certified and Corporate Accountants

a.a.r. (Vers) = against all risks

ABA (Re) = American Bar Association

ABAA (com, GB) = Associate of the British Association of Accountants and Auditors

abandon *v*
(com) aufgeben
(ie, give up without finishing; eg, I abandoned my earlier commitment to stick to the budgeted figure)
(Bw) außer Betrieb nehmen
(ie, retire fixed assets from service)
(ReW) ausbuchen *(ie, charge off)*
(com) nicht annehmen
(eg, damaged consignment = beschädigte Sendung)
(com) zurückziehen *(eg, bid)*
(com) aufgeben *(eg, business)*
(Bö) abandonnieren
(Vers) abandonnieren
(EDV) abbrechen *(syn, abort, quit)*

abandon a claim *v*
(Re) Anspruch *m* aufgeben
(syn, renounce/waive . . . a claim; disclaim)

abandoned
(com) nicht abgeholt *(ie, parcel; syn, unclaimed)*
(Re) herrenlos *(eg, property; syn, derelict)*
(Bw) aufgelassen *(eg, mine)*

abandoned trademark
(Pat, US) aufgegebenes Warenzeichen *n*
(ie, nonuse for two consecutive years is prima facie abandonment; 15 USC § 1127)

abandonee
(SeeV) Versicherer *m*
(ie, als Eigentumsempfänger des abandonnierten Gegenstandes)

abandoner (SeeV) Abandonist *m*

abandonment
(Bw) Außerbetriebnahme *f*
(ie, retirement of fixed asset from service)
(ReW) Ausbuchen *n*
(ie, taking fixed asset from the books)
(com) Nichtannahme *f*
(ie, e–r Sendung wegen Beschädigung)
(Re) Aufgabe *f*, Abandon *m*
(ie, generally the express or implied relinquishment of title, possession, or claim = Eigentum, Besitz, Forderung; Preisgabe e–s Gegenstandes, um sich gewissen Verpflichtungen od sonstigen Rechtsnachteilen entziehen zu können)
(Fin, US) Aufgabe *f*
(ie, relates to inactive or dormant deposit accounts and other forms of intangibles like unclaimed dividends and interest, money transfers, or matured values of life insurance policies)
(Bö) Optionsaufgabe *f*
(Pat) Aufgabe *f (ie, of patent right)*
(Vers) Abandon *m*
(ie, right of transport insurer to pay or deposit the full amount of sum insured in order to disclaim any further liability = des TransportVRs, der nach Eintritt e–s Schadens erklärt, daß er die Vssumme zahle; damit wird er von weiteren Verbindlichkeiten befreit, erwirbt aber keine Rechte an dem versicherten Gegenstand; Vvhältnis erlischt mit Zugang der Abandon-Erklärung)

abandonment acknowledgment
(SeeV) Abandonrevers *m (ie, document containing the subrogation of rights = beglaubigte Urkunde über den Rechtsübergang)*

abandonment clause
(SeeV) Abandonklausel *f*
– Abandonerklärung *f*
(ie, that ship will be abandoned to insurers if it should become a total loss; syn, notice of abandonment)

abandonment loss
(StR, US) Verlust *m* durch plötzliche Brauchbarkeitsminderung
(ie, difference between undepreciated cost und salvage value; IRC § 165)

abandonment of action
(Re) Klagerücknahme *f*
(ie, failure to bring action within legally prescribed period)

abandonment of domicile (Re) Aufgabe *f* des Wohnsitzes

abandonment of option (Bö) Optionsaufgabe *f*

abandonment of patent (Pat) Patentaufgabe *f (ie, inventor dedicates patent to public use)*

abandonment of position (Pw) Aufgabe *f* e–r Stellung *(ie, no formal resignation)*

abandonment of service (com) Abschaltung *f (ie, public utility – Versorgungsunternehmen – cuts off a customer)*

abandonment stage (Bw) Niedergangsphase *f (ie, in a product life cycle, qv)*
abandon ship *v* (SeeV) Schiff *n* aufgeben
abate *v*
(com) herabsetzen
– ermäßigen
– erlassen
– nachlassen *(eg, prices, taxes)*
(Re) einstellen *(eg, an action = Verfahren)*
(Re) abstellen, beseitigen
abated contribution
(EG) niedrigerer Beitrag *m*
(eg, of Great Britain toward the Community's financial resources)
abatement
(com) Herabsetzung *f (eg, reduction of purchase price)*
(ReW) neutraler od außerordentlicher Ertrag *m (ie, Beitrag zur Gemeinkostendeckung)*
(Zo) Zollrückerstattung *f (ie, on damaged imported goods)*
(Fin) Streichung *f*, Kürzung *f (eg, of expenditure)*
abatement of action
(Re) Einstellung *f* e–s Verfahrens
(ie, overthrow of the suit so that it is squashed and ended)
abatement of tax (StR) Steuernachlaß *m*
ABA transit number
(Fin, US) ABA Leitzahl *f*
(ie, code number assigned to a bank pursuant to the numerical transit system devised by the American Bankers Association to facilitate collection of transit items [checks and other items on out-of-town banks])
abattoir
(com, GB) Schlachthaus *n*
– Schlachthof *m (syn, slaughterhouse)*
abbreviate *v*
(com) kürzen
– abkürzen
– verkürzen *(ie, make shorter)*
abbreviated address (com) Kurzanschrift *f*
abbreviated combined relation condition (EDV, Cobol) abgekürzte zusammengesetzte Vergleichsbedingung *f (cf, DIN 66 028)*
abbreviated version
(com) Kurzfassung *f*
– verkürzte Fassung *f (ie, boiled down version)*
abbreviation (com) Abkürzung *f*
abbroachement
(com, US) Aufkaufen *n*
(ie, von Waren und Wiederverkauf zu überhöhten Einzelhandelspreisen)
ABCC (com, GB) = Association of British Chambers of Commerce
ABC evaluation analysis
(Bw) ABC-Analyse *f*
(ie, Variante der Programmanalyse; außerdem Hilfsmittel der Planungsmethoden des Operations Research)
ABC inventory control system
(MaW) Lagerhaltung *f* nach ABC-Klassifikation
– ABC-Analyse *f* der Lagerhaltung
(syn, selective inventory control, split inventory method, usage value analysis)
abdication (Re) Aufgabe *f* e–s öffentlichen Amtes *(ie, rather than by formally resigning)*
abelian group
(Math) abelsche Gruppe *f*, kommutative Gruppe *f (ie, group whose binary operation is commutative = e–e Gruppe heißt a., wenn die in ihr definierte Verknüpfung kommutativ ist; eg, ab = ba; syn, commutative group)*
abelian integral (Math) abelsches Integral *n*
abide by *v* (com) einhalten, sich halten an *(eg, decision, rules, verdict)*
ability
(com) Fähigkeit *f*
(Pw) Befähigung *f (syn, aptitude, capacity, qualification)*
(Fin) = ability to pay
(Pw) = ability to pay
ability to earn (Pw) Erwerbsfähigkeit *f (cf, able to earn)*
ability to get things done (com) Durchsetzungsvermögen *n*
ability to pay
(Fin) Zahlungsfähigkeit *f*, Solvenz *f*
(Pw) Zahlungspotential *n (ie, in pay talks = Lohnverhandlungen)*
ability-to-pay principle (FiW) Grundsatz *m* der steuerlichen Leistungsfähigkeit *(syn, faculty principle of taxation)*
ability to work (Pw) Arbeitsfähigkeit *f*, Erwerbsfähigkeit *f*
ab initio
(Re) von Anfang an
(ie, from the beginning, from the inception; eg, agreement or deed is void ab initio)
able to earn
(Pw) erwerbsfähig *(ie, ability to obtain and hold employment)*
(SozV, US) erwerbsfähig *(ie, phrase in Workers' Compensation Act)*
able to work (com) arbeitsfähig, erwerbsfähig
abnormal curve (Stat) anormale Häufigkeitskurve *f*
abnormal discount (com) ungewöhnlich hoher Preisnachlaß *m*
abnormal distribution (Math) nichtnormale Verteilung *f*
abnormal system end (EDV) Systemabsturz *m*, Systemzusammenbruch *m (syn, system crash)*
abnormal termination (EDV) vorzeitige Beendigung *f*, Systemabsturz *m*, Programmabsturz *m*
abode
(Re) Wohnsitz *m*, Aufenthaltsort *m*
(ie, ordinarily means domicile; fixed place of residence for the time being; eg, of/with no fixed abode = ohne festen Wohnsitz)
abolish *v*
(com) aufheben, abbauen *(eg, taxes, tariffs, customs duties)*
(Re) aufheben *(eg, a requirement)*
(Re) abschaffen *(eg, slavery, capital punishment)*
abolish *v* **frontiers** (EG) Grenzen *fpl* abschaffen
abolition (com) Aufhebung *f*, Abschaffung *f*
abolition of jobs
(Pw) Vernichtung *f* von Arbeitsplätzen
(eg, through technological advances, rationalization measures; syn, job destruction)

abolition of restrictions
(EG) Abbau *m*
– Abschaffung *f*
– Beseitigung *f* . . . von Beschränkungen
abolition of tariffs
(AuW) Abbau *m*
– Abschaffung *f*
– Aufhebung *f* . . . von Zöllen *(syn, elimination of customs duties)*
abolition of trade barriers
(AuW) Abbau *f* von Handelsschranken
(ie, breaking down, dismantling, lowering, removal . . . of trade barriers)
aboriginal cost
(ReW) Anschaffungskosten *pl*
(syn, initial /original cost; also simply: cost)
(KoR) primäre Kosten *pl*
abort *v*
(com) scheitern lassen *(eg, plan, project)*
(EDV) abbrechen *(ie, a job or system)*
abortion (EDV) (fehlerbedingtes) Abbrechen *n*
abortive takeover bid (com) erfolgloses Übernahmeangebot *n*
abound in *v* (com) voll sein von, reichlich vorhanden sein, wimmeln von *(eg, opportunities, difficulties)*
about
(Bö) circa
– Limit *n*
about-turn
(com, GB) Kehrtwendung *f*
(ie, change to the opposite position, opinion, etc., eg, he has done a complete about-turn in ...; syn, about-face)
above-average growth (Vw) überdurchschnittliches Wachstum *n*
above-mentioned
(com) oben erwähnt
(com) (die) Obengenannten *pl (eg, the . . . will attend the meeting; opp, undermentioned)*
above par (Fin) über pari, über Nennwert *(syn, at a premium; opp, at par, below par)*
above-the-line items (AuW) Positionen *f* über dem Strich
above-the-line-promotion (Mk) Verkaufsförderung *f* durch normale Werbemaßnahmen
ABP (com, DB) = Associated British Ports
abrasion of coin
(Fin) Münzverschleiß *m*
(ie, loss of weight in coins occasioned by friction)
abridge *v*
(com) kürzen *(eg, abridged version = Kurzfassung)*
(Re) beeinträchtigen
– verletzen
– verkürzen *(eg, right)*
abridged quadratic form (Math) verkürzte quadratische Form *f (ie, of an equation)*
abridgement
(com) Abkürzung *f*
– Verkürzung *f*
– Beeinträchtigung *f*
abrogate *v*
(Re) aufheben *(syn, annul, cancel, repeal)*
(Pw) kündigen *(ie, collective agreement)*
abrogation
(Pw) Kündigung *f*
(Re) (völlige od teilweise) Aufhebung *f (ie, of a contract)*
abrupt distribution (Stat) steil endende Verteilung *f*
ABS
(com) = American Bureau of Shipping
(Fin) = automated bond system
abscissa
(Math) Abszisse *f*, x-Koordinate *f*
(ie, horizontale Koordinate im ebenen kartesischen Koordinatensystem = horizontal coordinate of a point in a plane Cartesian coordinate system; opp, ordinate)
absconding debtor (Re) flüchtiger Schuldner *m (syn, sl, fly-by-night)*
abscond with *v* (Re) sich davonmachen mit *(eg, with $1.0m, to hide from creditors)*
absence due to illness (Pw) krankheitsbedingtes Fehlen *n*
absence of consideration (Re) Fehlen *n* der Gegenleistung
absence of defectiveness (IndE) Fehlerfreiheit *f*
absence of postage (com) nicht freigemacht
absence of quorum (com) Beschlußunfähigkeit *f*
absence of reaction (EDV) Rückwirkungsfreiheit *f*
absence of valid subject-matter (Re) Fehlen *n* der Geschäftsgrundlage *(ie, of contract)*
absence rate
(Pw) Fehlzeitenquote *f*
(syn, absentee incidence, incidence of absence, rate of absenteeism)
absence time (Pw) Abwesenheitszeit *f*
absentee (Pw) Abwesender *m (ie, may be voluntary or involuntary)*
absentee ballot (com) Briefwahl *f (syn, voting by mail; GB, postal . . . ballot/vote)*
absentee incidence (Pw) = absence rate
absenteeism
(Pw) Absentismus *m (ie, jedes entschuldigte und unentschuldigte Fernbleiben)*
(Pw) = absence rate
(Bw) Trennung *f* von Eigentum und Leitung
absenteeism rate (Pw) = absence rate
absentee voter (com) Briefwähler *m*
absentee voting
(com) Briefwahl *f*
(syn, voting by mail; GB, postal . . . ballot/vote)
absent oneself from *v* (com, fml) fernbleiben *(eg, meeting; syn, stay away from)*
absolute address
(EDV) absolute Adresse *f*
(syn, actual/direct/explicit/machine/specific . . . address; opp, virtual address)
absolute addressing (EDV) absolute Adressierung *f*
absolute advantage (AuW) absoluter Kostenvorteil *m (opp, comparative advantage)*
absolute assignment (Re) uneingeschränkte/vorbehaltlose . . . Abtretung *(ie, gesamte Forderung wird uneingeschränkt übertragen)*
absolute bill of sale
(Re, GB) Übertragungsurkunde *f*
(ie, bill of sale of goods in which no provision is made for return of ownership of the goods to the grantor)

absolute code
(EDV) Maschinencode *m* *(ie, used to express absolute addresses and operations; syn, actual/one level/specific . . . code; opp, symbolic code)*
absolute coding
(EDV) Maschinencodierung *f* *(syn, specific coding)*
(EDV) einfache Codierung *f*, Grundcodierung *f* *(syn, basic coding)*
absolute convergence (Math) absolute Konvergenz *f* *(ie, of infinite series = unendlicher Reihen)*
absolute deed (Re) Übertragung *f* e–s unbelasteten Grundstücks *(ie, without mortgage or other restrictions)*
absolute deviation
(Math) Absolutwert *m* e–r Abweichung
(Stat) absolute Abweichung *f*
absolute economics (Vw) absolute Kostenvorteile *mpl* *(ie, achieved by lowering the structure of costs = Kostengefüge; opp, scale economics, qv)*
absolute endorsement
(WeR) unbedingtes Indossament *n*
(ie, bei dem Indossatar nur bei Ausfall der Vormänner zu zahlen hat)
absolute error (EDV) absoluter Fehler *m*
absolute expression (EDV) absoluter Ausdruck *m*
absolute franchise (Vers) Integralfranchise *f* *(syn, free from average under . . . pct; ie, Versicherer ersetzt Schäden über e–e bestimmte Höhe voll; Anwendung: Seewarenversicherung)*
absolute frequency
(Stat) Besetzungszahl *f*
– absolute Häufigkeit *f*
– Anzahl *f* in e–r Klasse *(opp, relative frequency)*
absolute gift
(Re) bedingungslose Schenkung *f*
(opp, conditional gift)
absolute guarantee (Re, GB) = absolute guaranty
absolute guaranty
(Re, US) selbstschuldnerische Bürgschaft *f*
(ie, guarantor (Bürge) has primary liability; no defense of ‚beneficium discussionis' = ohne Einrede der Vorausklage; he pays when the principal debtor does not; syn, guaranty of payment; GB, absolute . . . guarantee/suretyship; opp, guaranty of collection = Ausfallbürgschaft)
absolute income theory (Vw) absolute Einkommenshypothese *f*
absolute inflation (Vw) absolute Inflation *f* *(ie, term used by Keynes; syn, true inflation)*
absolute insolvency
(com, GB) Überschuldung *f*
(ie, liabilities are greater than assets)
absolute interest
(Re) uneingeschränkter Besitz *m*
(Re) uneingeschränktes Eigentum *n*
absolute liability (Re) Gefährdungshaftung *f* *(syn, strict liability, qv)*
absolute liquidity ratio (Fin) Liquidität *f* ersten Grades *(ie, Kassa- od Barliquidität; syn, cash ratio, liquid ratio; US, acid-test ratio, qv)*
absolutely liable (Re) unbeschränkt haftbar *(ie, without fault or negligence)*
absolutely unbiased estimator (Stat) stets erwartungstreue Schätzfunktion *f*
absolute majority (com) absolute Mehrheit *f*
absolute measure (Stat) dimensionslose Maßzahl *f*
absolute monopoly
(Vw) reines Monopol *n*
– vollkommenes Monopol *n*
– echtes Angebotsmonopol *n*
(ie, no substitute products; syn, pure/perfect . . . monopoly)
absolute number (Math) absolute Zahl *f*, unbenannte Zahl *f* *(syn, abstract number; opp, concrete/denominate . . . number)*
absolute ownership (Re) Eigentum *n* *(syn, full/perfect . . . ownership)*
absolute presumption
(Re) unwiderlegliche Vermutung *f*
(syn, irrebuttable/irrefutable . . . presumption; opp, disputable/inconclusive/rebuttable . . . presumption)
absolute priority
(Re) Gläubigervorrecht *n*
(ie, creditors must be satisfied in full before stockholders; esp, in liquidations and reorganizations; Gläubiger haben vor allen anderen Gl Anspruch auf volle Befriedigung)
absolute probability (Math) absolute Wahrscheinlichkeit *f*
absolute program (EDV) absolutes Programm *n* *(opp, symbolic program)*
absolute programming (EDV) absolute Programmierung *f* *(opp, symbolic programming)*
absolute rate (Fin) Festzins *m* ohne Aufschlag
absolute right
(Re) absolutes od uneingeschränktes Recht *n*
(ie, available against the whole world; syn, jus ad rem)
absolute storage address (EDV) absolute Speicheradresse *f*
absolute suretyship (Re, GB) selbstschuldnerische Bürgschaft *f* *(syn, US, absolute guaranty, qv)*
absolute term (Math) Konstante *f*
absolute title (Re) uneingeschränktes Eigentum *n* *(ie, in personal or real property)*
absolute transaction (Re) bedingungsfeindliches Geschäft *n* *(syn, unconditional transaction, actus legitimus)*
absolute value
(Math) Absolutwert *m*
– absoluter Betrag *m*
– Modul *m*
(Vw) absoluter Wert *m* *(syn, intrinsic value; opp, extrinsic value)*
absolutio ab actione (Re) Klageabweisung als materiell-rechtlich unbegründet
absolutio ab instantia (Re) Klage als formell-rechtlich unbegründet
absorb *v*
(com) absorbieren, aufnehmen
(com) übernehmen, tragen *(eg, cost, losses)*
(com) übernehmen *(ie, in merger operations)*
(ReW) verrechnen, auf ein übergeordnetes Konto übertragen
(Vw) abschöpfen *(ie, purchasing power; syn, skim off)*
(KoR) anteilmäßig verrechnen *(ie, spread through allocation)*

absorbed basis (KoR) Vollkostenbasis *f (syn, full cost basis)*
absorbed burden (KoR) = absorbed overhead
absorbed cost basis (KoR) Vollkostenbasis *f (syn, full cost basis)*
absorbed overhead
(KoR) verrechnete Gemeinkosten *pl*
(syn, absorbed burden, applied overhead)
absorbing barrier
(Math) absorbierender Rand *m*
– Absorptionsschirm *m*
– absorbierender Zustand *m*
absorbing capacity
(Bö) Aufnahmefähigkeit *f*
(ie, of a market; syn, absorptive capacity, market receptiveness)
absorbing chain (Math) absorbierende Kette *f*
absorbing company
(com) übernehmende Gesellschaft *f*
(ie, in a merger operation; syn, acquiring company, qv)
absorbing region (Stat) absorbierender Bereich *m*
absorbing set (Math) absorbierende Menge *f*
absorption
(com) Aufnahme *f*
– Absorption *f*
(com) Übernahme *f (eg, cost, freight)*
(Bw) Übernahme *f* e–s Unternehmens
(ie, a small company merges with a large one; syn, amalgamation)
(Pw) fortbestehende Seniorität *f (ie, bei Fusion od Übernahme)*
(VGR) Absorption *f*
– inländische Güternachfrage *f*
– Gesamtausgaben *fpl* der Inländer für Güter und Leistungen
(ie, total spending of residents on domestic and foreign goods and services = Teil des Sozialprodukts, der für C+I im Inland beansprucht wird; syn, domestic expenditure)
absorption account
(ReW) Sammelkonto *n (syn, assembly account, qv)*
(ReW, GB) = valuation account
absorption approach
(AuW) Absorptionstheorie *f*
(ie, Modellansatz zur Erklärung des Saldos der Leistungsbilanz)
absorption capacity (com) Aufnahmefähigkeit *f*
absorption costing
(KoR) (starre) Vollkostenrechnung *f*
(ie, alle angefallenen Kosten werden auf die Kostenträger [units of output] verrechnet; opp, Teilkostenrechnung; man beachte: Ist-, Normal- und Plankostenrechnung können jeweils als Voll- od Teilkostenrechnung ausgestaltet sein; syn, full (absorption) costing)
(KoR) Verrechnung *f* e–s Teiles der fixen und variablen Produktionskosten auf unfertige Erzeugnisse und Bestände
absorption of excess purchasing power (FiW) Kaufkraftabschöpfung *f*
absorption of funds (Fin) Finanzmittelbindung *f*
absorption of liquidity
(Fin) Liquiditätsabschöpfung *f*
absorption point
(Mk) Sättigungspunkt *m*, Sättigungsgrenze *f*
(Bö) Sättigungspunkt *m*
(ie, at which market refuses to accept greater offerings without price concessions)
absorptive capacity
(Bö) = absorbing capacity
(Vw) Absorptionskapazität *f*
(ie, regionale od volkswirtschaftliche Transformationskapazität von Geld- in Realkapital; wird bestimmt durch Vorgaben des Planungsrechts, Engpässe bei der Planungskapazität der Verwaltung und des privaten Planungsgewerbes und durch Kapazitätsengpässe in der Bauwirtschaft; häufig bei 20 % des Sozialprodukts)
abstain from voting *v* (com) e–r Abstimmung fernbleiben, s–e Stimme nicht abgeben
abstentions (com) Stimmenthaltungen *fpl*
abstinence theory of interest (Vw) Abstinenztheorie *f* des Zinses
abstract
(com) Kurzfassung *f (ie, short form of a statement)*
(com) Auszug *m*
abstract *v*
(com) Auszug *m* anfertigen
(Re) veruntreuen, unterschlagen *(syn, embezzle, purloin)*
abstract agreement
(Re) abstrakter Vertrag *m*
(ie, by which one of the parties incurs a liability without reference to the reason inducing him to incur such liability; Haftung ist rechtlich losgelöst vom zugrundeliegenden Rechtsgeschäft; eg, Wechsel, Scheck, Inhaberschuldverschreibung)
abstract algebra (Math) reine Algebra *f (syn, pure algebra)*
abstract concept (Log) = abstract term
abstraction
(Log) Abstraktion *f*
(Log) abstrakter Begriff *m (syn, abstract . . . concept/term)*
abstract labour (Pw) abstrakte Arbeitskräfte *fpl*
abstract mathematics (Math) reine Mathematik *f*
abstract number
(Math) unbenannte
– absolute
– abstrakte . . . Zahl *f*
(syn, absolute number; opp, concrete/denominate . . . number)
abstract of account (com) Kontoauszug *m (syn, statement of account)*
abstract of title
(Re) Eigentumsnachweis *m*
(ie, traces the history of ownership of real property to establish the present title; note that in US/GB there is no such thing as the German ‚Grundbuch'; opp, title deed)
abstract term
(Log) abstrakter Begriff *m*
(syn, abstraction, abstract concept)
ABT (com) = American Board of Trade
abundant number (Math) abundante Zahl *f*
abuse of administrative authority (Re) Amtsmißbrauch *m*

abuse of a dominant position (Kart) Mißbrauch *m* einer (Markt-)beherrschenden Stellung *(cf, abuse of market power)*
abuse of confidence
(com) Vertrauensbruch *m*
– Vertrauensmißbrauch *m*
abuse of discretion
(Re) Ermessensmißbrauch *m*
(ie, failure to exercise a sound, reasonable, and legal discretion)
abuse of discretionary power
(Re) Machtmißbrauch *m*
abuse of market power (Kart) Mißbrauch *m* von Marktmacht
abuse of patent
(Pat) mißbräuchliche Patentnutzung *f*
abuse of process (Re) Prozeßmißbrauch *m (ie, unfair use of legal process; syn, frivolous/vexatious . . . action)*
abuse of right (Re) Rechtsmißbrauch *m (ie, abusive exercise of a legal right)*
abutting owner
(Re) Anlieger *m*
– Anrainer *m*
a/c
(com) = account current
(ReW) = account
ACA
(ReW) = Associate of the Institute of Chartered Accountants in England and Wales
(com) = Accredited Chartered Accountant
ACB (KoR) = adjusted cost base
acc (Fin) = acceptance
accede to *v*
(com, fml) stattgeben
(eg, request, application; syn, grant)
(com) beitreten *(eg, the EC; syn, join)*
acceding countries (EG) Beitrittsländer *npl*
accelerated allowance (StR) beschleunigte Abschreibung *f*
accelerated capital allowance (ReW, GB) Sonderabschreibung *f*
accelerated coefficent (com) Akzelerationskoeffizient *m*
accelerated company tax depreciation (StR) vorzeitige betriebliche Abschreibung *f*
accelerated cost recovery system
(StR, US) beschleunigte Abschreibung *f*
(ie, to replace other methods of depreciation for property placed in service in 1981 and later; IRC § 168)
accelerated depreciation
(ReW) beschleunigte (Sonder-)Abschreibung *f*
(StR, US) fallende Abschreibung *f*
(ie, the most common methods are: declining balance = degressive, and 'sum-of-the-years' digit = digitale; cf, IRC § 167)
accelerated growth (Vw) beschleunigtes Wirtschaftswachstum *n (syn, forced-draught expansion)*
accelerated incentive (IndE) progressiver Leistungslohn *m*
accelerated maturity (Fin) vorzeitige Fälligkeit *f*
accelerated methods of depreciation (ReW) Methoden *fpl* der fallenden Abschreibung
accelerated motion (Mk) beschleunigte Bewegung *f*
accelerated paper
(Fin) überfällige Wertpapiere *npl*
(ie, commercial paper and other debt instruments overdue)
accelerated premium pay
(IndE) progressive Leistungsprämie *f*
(ie, bonus incentive system in which pay rates rise as production standards are exceeded)
accelerated test (Stat) Kurzzeitversuch *m*
acceleration
(com) Beschleunigung *f*
(Fin) = acceleration of maturity
acceleration clause
(Fin) Vorfälligkeitsklausel *f*
(ie, calls for earlier payment of the entire balance due because of breach of some specified condition; in a loan contract, a note, bond, or mortgage)
acceleration coefficient (Vw) Akzelerationskoeffizient *m*
acceleration note (Fin) Schuldschein *m* mit dem Recht vorzeitiger Rückzahlung
acceleration of maturity (Fin) Vorverlegen *n* der Fälligkeit
acceleration premium (Pw) Leistungsprämie *f*
acceleration principle
(Vw) Akzelerationsprinzip *n*
(ie, the main idea is that the demand for capital goods is a derived demand and that changes in the demand for output lead to changes in the demand for capital stock and, hence, to investment; beschreibt den Zusammenhang zwischen dem Niveau der Investition und der Änderung der Produktion)
accelerator
(com) Terminjäger *m (syn, expediter, progress chaser)*
(MaW) Leiter *m* des Wareneingangs *(syn, traffic manager)*
(Vw) Akzelerator *m (ie, ratio between induced consumption and induced investment)*
(EDV, GUI) = accelerator key
accelerator card (EDV) (Graphik-)Beschleunigerkarte *f*
accelerator key (EDV, GUI) Tastenkürzel *n*, Menütastenkürzel *n (ie, combination of keys; substitutes command selection from a menu using a mouse)*
accelerator-multiplier interaction (Vw) kombinierte Akzelerator- und Multiplikatorwirkung *f*
accelerator-multiplier model (Vw) Akzelerator-Multiplikator-Modell *n (ie, beschreibt Zusammenhang zwischen gewünschtem Sachkapitalbestand und erwartetem Produktionsvolumen)*
accept *v*
(com) akzeptieren, hinnehmen
(com) annehmen, in Empfang nehmen
(com) abnehmen *(ie, goods, merchandise; syn, take delivery)*
(com) abnehmen
– annehmen
– nicht verwerfen *(opp, reject)*
(Fin) aufnehmen *(ie, documents; syn, take up)*
(EDV) akzeptieren *(opp, reject)*

accept a bid *v*
(com) Auftrag *m* vergeben, Zuschlag *m* erteilen *(syn, accept a tender, award/let out . . . a contract)*
acceptability (IndE) Annahmetauglichkeit *f*
acceptability of risks (Bw) Tragbarkeit *f* von Risiken
acceptability standards (IndE) Abnahmebedingungen *fpl (ie, conditions laid down for acceptance)*
accept a bill *v*
(WeR) Wechsel *m* . . . akzeptieren
– annehmen
– mit Akzept versehen
– „querschreiben"
acceptable (IndE) annahmetauglich *(ie, in quality assurance)*
acceptable collateral (Fin) bankmäßige Sicherheit *f*
acceptable container condition (com) annehmbarer Container-Zustand *m*
acceptable criterion (com) brauchbares Kriterium *n*
acceptable price (com) annehmbarer Preis *m (syn, reasonable price)*
acceptable quality (com) annehmbare Qualität *f (ie, fit for a particular purpose)*
acceptable quality level, AQL
(IndE) Annahmegrenze *f*
– Annahmezahl *f (syn, acceptance number)*
– Gutgrenze *f*
– annehmbare Qualität *f (ie, in statistical quality control)*
acceptable quality level system, AQLS (IndE) AQL System *n (cf, DIN 40080)*
acceptable reliability level, ARL (IndE) annehmbares Zuverlässigkeitsniveau *n (ie, in statistical quality control)*
acceptable set (EDV) akzeptierbare Menge *f (syn, semi-calculable set)*
accept a contract *v* (Re) Vertrag *m* annehmen
acceptance
(com) Zuschlag *m*
(ie, of bid or tender; syn, award of contract)
(com) Abnahme *f*
(ie, of goods by customer)
(Re) Annahme *f*
– Vertragsannahme *f*
(ie, following offer by contracting party)
(WeR) Annahme *f*
(ie, promise to pay by the drawee of a bill of exchange)
(Fin) Akzept *n*
– akzeptierter Wechsel *m (ie, two kinds: trade acceptance and bankers acceptance)*
(Fin) Handelswechsel *m*
(syn, trade/commercial . . . bill)
(Mk) Akzeptanz *f*
(ie, of a product in the market)
(IndE) Annahme *f*
(ie, of submitted lots of goods in quality control)
acceptance account (ReW) Wechselkonto *n*
acceptance against documents (com) Akzept *n* gegen Dokumente
acceptance as performance (Re) Erfüllungsannahme *f*
acceptance bank (Fin) Akzeptbank *f (ie, lends money on the security of bills)*
acceptance bill
(WeR) zum Akzept vorgelegter Wechsel *m (opp, payment bill)*
(Fin) Dokumententratte *f (syn, documentary draft)*
acceptance boundary (IndE) Abnahmegrenze *f*
acceptance by intervention (WeR) = acceptance for honor
acceptance certificate
(com) Abnahmezeugnis *n*
– Abnahmebescheinigung *f*
– Abnahmeprotokoll *n*
(syn, test certificate, inspection report, test report)
acceptance charge (Fin) Akzeptgebühr *f*
acceptance commission (Fin) Akzeptprovision *f*
acceptance commitments
(Fin) Wechselverbindlichkeiten *fpl*
– Akzeptumlauf *m*
acceptance control chart (IndE) (Abnahme-)Kontrollkarte *f (syn, control chart)*
acceptance corporation
(Fin) Akzeptbank *f*
(Fin, US) Teilzahlungs-Kreditinstitut *n*
acceptance credit
(Fin) Akzeptkredit *m*
(ie, clean credit facility for funding trade collections of accommodation finance)
(Fin) Rembourskredit *m*, Akzeptakkreditiv *n*
(ie, documentary letter of credit under which bills are drawn at a term other than sight)
acceptance credit line (Fin) Rembourslinie *f*
acceptance criteria (com) Abnahmenormen *fpl (ie, standards for judging . . .)*
acceptance duty (Fin) Annahmepflicht *f*
acceptance error (Stat) = beta error
acceptance for collection (Fin) Inkassoakzept *n*
acceptance for honor (WeR) Ehrenakzept *n*, Ehrenannahme *f (syn, acceptance supra protest/by intervention)*
acceptance house (Fin) Akzeptbank *f (syn, acceptance bank)*
acceptance in blank (WeR) Blankoakzept *n*
acceptance in case of need (WeR) Notakzept *n*
acceptance inspection (IndE) Abnahmeprüfung *f*, Abnahmekontrolle *f (ie, in statistical quality control; syn, acceptance testing)*
acceptance inspector (IndE) Abnahmebeamter *m*
acceptance instrument (WeR) = acceptance
acceptance ledger
(Fin) Beleggrundbuch *n*
– Akzeptbuch *n*
acceptance letter
(com) Annahmeschreiben *n*
(Fin) Bezugsrechtsangebot *n (syn, rights offering)*
acceptance letter of credit
(Fin) Akzept-Akkreditiv *n*
acceptance liabilities (Fin) Akzeptverbindlichkeiten *fpl*, Wechselobligo *n*
acceptance liability
(WeR) Haftung *f* aus Akzept
(Fin) Akzeptobligo *n (ie, total liability of a bank assumed in accepting bills drawn on it by its customers)*

acceptance line
(IndE) Abnahmelinie *f*
(ie, in statistical quality control; opp, rejection line)
(Fin) Akzeptlinie *f*
(ie, limit of acceptance credit which a foreign bank allows a domestic bank for drafts on its customers)
acceptance market (Fin) Akzeptmarkt *m (ie, part of the money market where acceptances are traded by discount houses and bill brokers)*
acceptance maturity tickler (Fin) Akzept-Fälligkeitsliste *f (ie, kept by a bank)*
acceptance number (IndE) Gutzahl *f*, Abnahmezahl *f (opp, rejection number; cf, acceptable quality level)*
acceptance of bid (com) Zuschlag *m*, Auftragsvergabe *f (ie, im Submissionsverfahren; syn, acceptance of tender, bid award, award of contract)*
acceptance of contractual offer (Re) Vertragsannahme *f*
acceptance of deposits (Fin) Hereinnahme *f* von Einlagen *(syn, deposit taking)*
acceptance of guarantee (com) Garantieübernahme *f*
acceptance of lump sum settlement (Fin) Annahme *f* einer Abfindung
acceptance of offer (Re) = acceptance of contractual offer
acceptance of order (com) Auftragsbestätigung *f*, Bestellungsannahme *f*
acceptance of proposal (com) Antragsannahme *f (eg, agreement to give insurance cover against payment of premium)*
acceptance of tender (com) = acceptance of bid
acceptance region
(IndE) Gutbereich *m*
– Annahmebereich *m*
acceptance register (Fin) chronologisches Akzeptverzeichnis *n* e–r Bank
acceptance report (IndE) Abnahmebericht *m*
acceptance sampling
(IndE) Abnahmekontrolle *f* mittels Stichproben
(ie, in statistical quality control: most efficient when used on large lots of material)
acceptance sampling plan (IndE) Abnahmestichprobenplan *m*
acceptance slip (Vers) (schriftliche) Annahmeerklärung *f*
acceptances outstanding (Fin) Akzepte *npl* im Umlauf, eigene Akzepte *npl*
acceptance standards (IndE) Abnahmevorschriften *fpl (syn, quality specifications)*
acceptance supra protest (WeR) = acceptance for honor
acceptance test
(Bw) Eignungstest *m*
(ie, made in the early phase of a project to make sure that finished product fits the appointed purpose)
(Mk) Markttest *m*
(syn, pretest, product placement test)
(IndE) Abnahme(prüfung) *f*
(ie, made by customer to determine conformance of product to design specifications; syn, specification test; opp, inspection test)
(EDV) Funktionsprüfung *f*
– Abnahmeprüfung *f*
– Abnahmetest *m*
acceptance testing (IndE) = acceptance inspection
acceptance trial (IndE) Abnahmetest *m (ie, of equipment by agents of purchaser to make sure that specified performance criteria have been met)*
accept an order *v* (com) Auftrag *m* / Bestellung *f* hereinnehmen *od* annehmen
accept a tender (com) Zuschlag *m* erteilen
accept deposits *v* (Fin) Einlagen *fpl* hereinnehmen
accept documents *v* (Fin) Dokumente *npl* aufnehmen *(syn, take up)*
accepted bill (WeR) Akzept *n (syn, acceptance)*
accepted lot (com) angenommene Lieferung *f*
accepted perils (Vers) Freizeichnungsklausel *f*
accepted value (com) Anrechnungswert *m*
accept guaranty *v* (Re) Bürgschaft *f* leisten od übernehmen *(syn, stand surety)*
accept in blank *v* (WeR) blanko akzeptieren
accepting company (Vers) Rückversicherer *m (syn, reinsurer, qv)*
accepting house
(Fin, GB) Akzeptbank *f*
(ie, specialises in accepting bills; there are 17 of them in London, coordinated by the Accepting House Committee, this being a link between the Treasury and the Bank of England)
accept liability (com) Haftung *f* übernehmen
acceptor
(WeR) Akzeptant *m*
– Bezogener *m*
– Trassat *m (ie, primarily liable after acceptance, while drawer is secondarily liable; cf, UCC § 3–413)*
acceptor for honor
(WeR) Honorant *m*, Ehrenakzeptant *m*
(ie, one who accepts a bill which has been protested, for the honor of the drawer or any of the indorsers; syn, acceptor supra protest)
acceptor supra protest (WeR) = acceptor for honor
accept region (IndE) = acceptance region
access
(com) Zugang *m*, Zutritt *m*
(EDV) Zugriff *(ie, auf)*
(EDV, Cobol) Zugriff *(cf, DIN 66 028 Aug 1986)*
(Fin, GB) Access *(ie, gemeinsames Kreditkartensystem von Lloyds, Midland, National Westminster und William & Glyn's)*
access *v*
(EDV) zugreifen (auf) *(eg, file, option)*
– aufrufen
access authority (EDV) Zugriffsberechtigung *f (syn, access . . . privilege/right)*
access authorization (EDV) Zugriffsberechtigung *f*, Zugangsberechtigung *f*
access authorized (EDV) zugriffsberechtigt
access charge
(com, US) (Telefon-)Grundgebühr *f (ie, in $ per month per line, payable by commercial establishments)*
(EDV) Zugriffsgebühr *f*
– Zuschaltgebühr *f*
accessibility (EDV) Zugriffsmöglichkeit *f*

access instruction (EDV) Kommunikationsbefehl *m*
accession
(com) Akzession *f (ie, of books in library; syn, acquisition)*
(com) Neuanschaffung *f*, Zugang *m*
(Re) Beitritt *m*, Akzession *f (ie, act of becoming joined to; syn, adherence)*
(Fin) Vermögenszuwachs *m (syn, accretion)*
(Pw) Einstellung *f*, Wiedereinstellung *f*
(EG) Beitritt *m*
accession clause (Re) Beitrittsklausel *f*
accession compensatory amount (EG) Beitrittsausgleichsbetrag *m*
accession rate
(Pw, US) Einstellungsquote *f*
(ie, ratio of new hires and recalls from layoff to total number of workers; syn, hiring rate, recruitment rate)
accessions tax
(StR, GB) kumulative Erbschaft- und Schenkungsteuer *f*
(ie, on all accessions to a given donee either through gift or inheritance)
accession talks (EG) Beitrittsverhandlungen *fpl (syn, entry talks, membership negotiations)*
accession to a treaty (Re) Vertragsbeitritt *m*
accession to the EEC (EG) EG-Beitritt *m (syn, EEC accession, entry into the EEC)*
accession treaty (EG) Beitrittsvertrag *m*
access level (EDV) Zugriffsstufe *f*
access line (EDV) Anschlußleitung *f*
access method
(EDV) Zugriffsart *f*, Zugriffsmethode *f*
(EDV) = file access method
access mode (EDV, COBOL) Zugriffsart *f (cf, DIN 66 028)*
accessory advertising
(Mk) Ergänzungswerbung *f*, Randwerbung *f*, Zusatzwerbung *f*
– begleitende
– flankierende
– zusätzliche
– unterstützende . . . Werbung *f*
accessory claim (Re) Nebenanspruch *m (ie, additional/collateral /secondary/subsidiary . . . claim)*
accessory contract (Re) Zusatzvertrag *m (syn, collateral contract)*
access path (EDV) Zugriffspfad *m*
access rate (EDV) Zugriffsrate *f*
access right (EDV) = access authority
access speed
(EDV) Zugriffsgeschwindigkeit *f*
– Zugriffszeit *f (syn, access time)*
access time (EDV) Zugriffszeit *f (ie, time required to get a byte from memory)*
access unit (EDV) Zugriffseinheit *f*
accident (com) Unfall *m*
accidental death benefit (Vers) doppelte Lebensversicherungssumme *f* bei Unfalltod *(ie, under a ‚double indemnity' provision)*
accidental sampling (IndE) unkontrolliertes Stichprobenverfahren *n*
accidental unemployment (Vw) außerökonomisch bedingte Arbeitslosigkeit *f (eg, force majeure, fire, inundation)*
accident analysis (Pw) Unfallursachen-Forschung *f*
accident annuity (SozV) Unfallrente *f*
accident benefit (SozV) Unfallrente *f*
accident control (Vers) Überwachung *f* der Unfallverhütung *(ie, by private insurers)*
accident frequency rate
(Pw, US) Unfallziffer *f (ie, number of accidents per million man-hours worked, computed by the Bureau of Labor Statistics)*
accident hazard (Pw) Unfallrisiko *n*
accident insurance (Vers) Unfallversicherung *f*
accident liability (Re) Unfallhaftpflicht *f*
accident prone (Pw) unfallgeneigt
accident proneness (Pw) Unfallneigung *f*
accident prone work (Pw) gefahrgeneigte Arbeit *f*
accident rate (Pw) Unfallhäufigkeitsziffer *f*
accident report (com) Unfallbericht *m*
accident severity rate (Pw) durchschnittliche Schwere *f* von Arbeitsunfällen in %
accommodate *v*
(com) entgegenkommen
(Fin) Kredit *m* gewähren *(ie, sb)*
accommodate demand *v* (com) Nachfrage *f* befriedigen *(syn, meet, satisfy)*
accommodating (com) entgegenkommend, kulant *(syn, obliging)*
accommodating credit (Fin) Überbrückungskredit *m*
accommodating items
(AuW) Restposten *mpl* der Zahlungsbilanz
– ungeklärte Beträge *mpl*
– Saldo *m* der statistisch nicht aufgliederbaren Transaktionen *(syn, balance of unclassifiable transactions, qv)*
accommodating movements (AuW) = accommodating transactions
accommodating transactions (AuW) Ausgleichstransaktionen *fpl*, induzierte Transaktionen *fpl* *(syn, accommodating movements, settling transactions)*
accommodation
(com) Entgegenkommen *n*
(com) Unterbringung *f (eg, hotel accommodation)*
(com) Räume *mpl*
(eg, office accommodation, rented accommodation)
(Fin) kurzfristiges (ungesichertes) Darlehen *n*
(Fin, US) Überbrückungskredit *m*
(ie, granted when application of credit is made to a bank; arranged by means of the line of credit)
(Re) Einigung *f (eg, reach an . . . over the imports of farm products)*
(Stat) Akkommodation *f*
accommodation acceptance (Fin) Gefälligkeitsakzept *n*
accommodation acceptor (WeR) Gefälligkeits-Akzeptant *m*
accommodation address (com, GB) Nachsendeadresse *f (syn, US, temporary mailing address)*
accommodation agency (com) Zimmervermittlung *f*
accommodation allowance
(Pw) Auslösung *f (ie, für Unterbringung am Beschäftigungsort)*
(SozV) Wohngeld *n*, Mietzuschuß *m*
(syn, housing . . . allowance/benefit)

accommodation berth (com) reservierter Liegeplatz *m (ie, of a ship; syn, appropriated berth)*
accommodation bill
(Fin) Gefälligkeitswechsel *m*
(ie, signed to accommodate another party whose credit is not strong enough; quite common in personal and business lending; syn, accommodation note, windmill)
accommodation bill of lading
(com) Gefälligkeitskonnossement *n*
(ie, issued by a common carrier prior to receipt of merchandise)
accommodation contract
(WeR) Gefälligkeitsgarantie *f*
(ie, usually simply by signing the instrument)
accommodation endorsement (WeR) Gefälligkeitsindossament *n (ie, guaranty of a negotiable instrument)*
accommodation endorser (WeR) Gefälligkeits-Indossant *m (cf, UCC Sec 3–415)*
accommodation land (com) stadtnahe Grundstücke *npl (ie, commanding a higher rent)*
accommodation line
(com) Gefälligkeitsgeschäft *n (ie, accepted to get other business)*
(Vers) Gefälligkeitsdeckung *f*
accommodation loan (Fin) = accommodation
accommodation maker (WeR) = accommodation party
accommodation note (WeR) = accommodation bill
accommodation of conflicting interests (com) Interessenausgleich *m*
accommodation paper (Fin) Gefälligkeitspapier *n (ie, a bill or note endorsed to help another party; enhances the creditworthiness of the paper)*
accommodation party (WeR) Aussteller *m* e–s Gefälligkeitsakzepts *(cf, UCC Sec 3–415; syn, accommodation maker)*
accommodation personnel (Bw, US) Scheingründer *mpl (ie, dummy incorporators)*
accommodation purchase (Mk) Vorzugskauf *m*
accommodation rent (Vw) Zusatzrente *f* für stadt- od marktnahe Grundstücke
accommodation unit (Stat, GB) Wohneinheit *f (ie, may house a single person up to parents with several children)*
accommodation way (com) Zufahrtsweg *m (ie, branches off a public road)*
accommodative policy (Vw) anpassende Politik *f (eg, by the Federal Reserve Board)*
accompanying document
(com) Begleitpapier *n*
(com) Warenbegleitschein *m*
accompanying documents (com) Begleitdokumente *npl*
accompanying letter (com) Begleitschreiben *n (syn, covering letter, letter of transmittal)*
accomplishment of goals (Bw) Zielrealisierung *f (syn, achievement of objectives)*
accord
(Re) Übereinkunft *f*, Übereinkommen *n*
(Re) Vertrag *m (syn, compact, treaty)*
(Re) vergleichsweise Erfüllung *f*
(ie, part payment of a damage is made and accepted as payment in full)
according to plan (com) plangemäß *adv*
according to schedule (com) planmäßig *adj*
according to the norm (IndE) normgerecht *adv*
accordion folding (Mk) Leporellofalzung *f*
accord with *v* (com, fml) übereinstimmen mit *(eg, data, records; syn, be in agreement, correspond to /with)*
account
(com) Konto *n*
(com) Rechnung *f*
(com) Kunde *m*
(Fin) Bankkonto *n (syn, bank account)*
(Fin) Forderung *f (cf, UCC Sec 9)*
(Fin) Debitorenauszug *m*
(Bö, GB) 14-tägige od monatliche Abrechnung *f*
(Mk) Kundenetat *m*, Etatkunde *m*, Werbeetat *m*
(EDV) Anwendung *f*
(EDV) Benutzereintrag *m*
accountability (Bw) Rechenschaftspflicht *f*, Verantwortlichkeit *f*
accountable
(com) rechenschaftspflichtig *(for)*
(ReW) buchungspflichtig, zur Rechnungslegung verpflichtet
accountable condition (ReW) = accountable event
accountable event (ReW) Buchungsvorfall *m (syn, internal transaction; opp, external transaction = Geschäftsvorfall)*
account activities (ReW) Kontobewegungen *fpl (eg, debits, credits, holds)*
account analysis
(Fin) Kontenanalyse *f*
(ie, to determine the profit or loss incurred by a bank for servicing the account)
accountancy
(ReW) Rechnungswesen *n*
(ReW) Theorie *f* und Praxis *f* des Rechnungswesens
accountancy theory (ReW) Theorie *f* des Rechnungswesens
account and risk (Fin) Risikoausschlußklausel *f (ie, on a broker's statement of confirmation; he acts for the . . . of his customer)*
accountant
(ReW) Buchsachverständiger *m*
(ReW) Fachmann *m* des Rechnungswesens
(ie, Oberbegriff mit den folgenden Unterbegriffen:
1. bookkeeper;
2. cost accountant;
3. chief accountant;
4. auditor;
5. public accountant;
6. certified public accountant;
7. chartered accountant; qv)
accountant in charge (ReW) verantwortlicher Außenprüfer *m (cf, field auditor)*
accountant's certificate (ReW) = accountant's report
accountant's report
(ReW) Bestätigungsvermerk *m*, Testat *n*
(syn, accountant's . . . certificate/opinion, short-form audit report, audit certificate)
(ReW) ausführlicher Prüfungsbericht *m (syn, management letter)*

accountant's return (Fin) rechnerische Rendite *f* *(syn, book rate of return)*
account balance
(ReW) Saldo *m; pl,* Salden
(Fin) Kontostand *m*
account books
(ReW) Bücher *npl*
– Geschäftsbücher *npl*
(syn, books of account)
account card (ReW) Kontokarte *f*
account carried forward (ReW) Vortrag *m*
account carrying charges (Fin) Kontospesen *pl*
account category
(ReW) Kontengruppe *f*
(com) Kundengruppe *f*
account classification
(ReW) Kontengliederung *f*
(Mk) Einstufung *f* von Kunden
account collecting accruals and deferrals (ReW) Abgrenzungssammelkonto *n*
account column (ReW) Kontenspalte *f*
account day
(Bö, GB) Liquidationstermin *m*
– Abrechnungstermin *m*
(ie, the third and last of the settlement days on the London Stock Exchange; settlements being made twice a month; syn, more rarely: pay day)
account debtor (Fin) Kunde *m*, Abnehmer *m* *(ie, in factoring; syn, debtor, customer)*
account development (com) Kundenakquisition
account executive
(com) Kundenbetreuer *m*
(Mk) Kontakter *m*
– Kontaktmann *m*
– Sachbearbeiter *m* e–s Werbeetats *(syn, account . . . manager/supervisor)*
(Bö, US) = account representative
account files (ReW) Kontounterlagen *fpl*
account for *v*
(com) erklären
(eg, position; syn, explain)
(com) nachweisen
(eg, expenses, deficit; syn, give record of)
(ReW) abrechnen
(syn, give an accounting, settle the accounts)
account form
(ReW) Kontoform *f* *(ie, of income statement = GuV; opp, report form)*
(ReW) Kontenblatt *n*
account group title (ReW) Kontengruppenbezeichnung *f*
account heading (ReW) Kontenbezeichnung *f*
account holder (Fin) Kontoinhaber *m*
account in balance (ReW) ausgeglichenes Konto *n* *(ie, credits equal debits)*
account information (com) Abrechnungsdaten *pl*
accounting
(ReW) Rechnungswesen *n* *(ie, external and internal)*
(ReW) Buchführung *f* *(syn, bookkeeping)*
(ReW) Rechnungslegung *f*
– Abrechnung *f*
(com) Rechenschaftsbericht *m* *(eg, to give an . . .)*
accounting adjustments (ReW) Wertberichtigungen *fpl*
accounting balance of payments
(AuW) Zahlungsbilanz *f* *(ie, im buchhalterischen Sinne)*
– statistische Zahlungsbilanz *f*
– Zahlungsbilanz *f* ex post
accounting by functions
(KoR) entscheidungsorientierte Kostenrechnung *f*, Abteilungserfolgsrechnung *f*
(KoR) Grenzplankostenrechnung *f* *(syn, standard direct costing, qv)*
accounting center (ReW) zentrale Abrechnungsstelle *f* *(syn, central accounting unit)*
accounting clerk (ReW) Buchhalter *m* *(syn, bookkeeper)*
accounting computer (EDV) Abrechnungscomputer *m*
accounting concept
(ReW) Bilanztheorie *f*
– Bilanzauffassung *f*
accounting control (ReW) Revision *f*, Rechnungsprüfung *f*
accounting-control budget (FiW) Kontrollbudget *n*
accounting conventions (ReW) Buchhaltungs- und Bilanzierungs-Richtlinien *fpl*
accounting currency (Fin) Abrechnungswährung *f*
accounting cycle
(ReW) Buchungsdurchlauf *m*
(ie, from books of original entry to final year-end statements)
(ReW) Umschlagzyklus *m*
(ie, cash → inventory of merchandise → accounts receivable → back into cash)
accounting data
(ReW) Abrechnungsdaten *pl*
(KoR) Kostendaten *pl*
accounting date (ReW) Abschlußstichtag *m* *(ie, in other contexts ,balance sheet date')*
accounting department (ReW) Buchhaltung *f* *(syn, bookkeeping department; GB, accounts department)*
accounting depreciation (ReW) bilanzielle Abschreibung *f* *(eg, on plant and equipment)*
accounting detail card (EDV) Umsatzkarte *f*
Accounting Directive (EG) Bilanzrichtlinie *f*
Accounting Directives Law (ReW) Bilanzrichtliniengesetz *n*
accounting document (ReW) Buchungsunterlage *f* *(syn, accounting record, posting medium, records and vouchers)*
accounting entity
(Bw) Wirtschaftseinheit *f* mit eigenem Rechnungswesen
(ReW) Anlagenkonto *n* *(syn, fixed asset account)*
accounting equation
(ReW) Bilanzgleichung *f*
(syn, accounting identity, balance sheet equation, fundamental accounting equation)
accounting event (ReW) Buchungsvorfall *m* *(syn, internal transaction)*
accounting evidence (ReW) Nachweis *m* ordnungsmäßiger Buchprüfung
accounting exchange on the asset side (ReW) Aktivtausch *m* *(ie, of financial statements)*
accounting exchange on the liabilities side (ReW) Passivtausch *m* *(ie, of financial statements)*

accounting file (EDV) Abrechnungsdatei *f*
accounting for job order costs (KoR) Auftragsabrechnung *f (syn, job order cost accounting)*
accounting for spoiled goods (KoR) Ausschußkostenverrechnung *f (syn, costing for spoiled goods)*
accounting functions (ReW) abrechnende Funktionen *fpl*
accounting gimmick (ReW, infml) buchtechnischer Trick *m*
accounting identity (ReW) = accounting equation
accounting income
(ReW, US) Periodengewinn *m* od -verlust *m*
(ie, including unusual items, before deducting related tax expense)
(ReW, GB) Periodengewinn *m (ie, net profit or loss, less related tax payments)*
accounting issue (MaW) buchmäßige Materialentnahme *f*
accounting loss (ReW) Buchverlust *m*, buchmäßiger Verlust *m (syn, book loss)*
accounting machine (EDV) Abrechnungsmaschine *f (eg, Fakturiermaschine, Buchungsmaschine)*
accounting manual (ReW) Bilanzierungshandbuch *n*, Handbuch *n* des Rechnungswesens
accounting method
(ReW) Rechnungslegungsmethode *f*
(StR, US) Gewinnermittlungsmethode *f (ie, is usually „cash" or „accrual" basis, qv)*
(Fin) Rentabilitätsvergleichsmethode *f*
accounting on a cash basis (ReW) Einnahmen-Ausgaben-Rechnung *f*
accounting on an accrual basis (ReW) periodengerechte Buchführung *f (ie, mit Rechnungsabgrenzung)*
accounting par value of shares (ReW, EG) rechnerischer Wert *m* von Aktien
accounting period (ReW) Rechnungsperiode *f*, Abrechnungszeitraum *m*
accounting policies
(ReW) Bilanzierungsgrundsätze *fpl*
(ie, enthalten die Bilanzansatzvorschriften und die Bewertungsvorschriften)
accounting practice
(ReW) Praxis *f* des Rechnungswesens
(ReW) Tätigkeit *f* des öffentlich bestellten Buchprüfers
accounting price (Bw) Schattenpreis *m (syn, shadow price, qv)*
accounting principles
(ReW) Bilanzierungsgrundsätze *mpl*
(ie, certain generalizations of accepted practices affecting financial statements; im dt Rechnungswesen z.B. Grundsatz der Bilanzkontinuität, Grundsatz der Vollständigkeit der Bilanz, Bilanzklarheit, Bilanzwahrheit)
(ReW) Buchführungsrichtlinien *fpl*
accounting procedure (ReW) Methoden *fpl* der Rechnungslegung
accounting profit (Fin) Buchgewinn *m*, rechnerischer Gewinn *m (syn, book/paper . . . profit)*
accounting provision for depreciation (ReW) bilanzielle Abschreibung *f (syn, balance-sheet depreciation expense, depreciation for reporting purposes; opp, tax writeoff)*
accounting rate of return
(Fin) rechnerische Rendite *f*
(ie, increase in expected future average annual stated net income initial increase in required investment; syn, approximated rate of return, book-value rate of return, unadjusted rate of return)
accounting records (ReW) Bücher *npl*, Geschäftsbücher *npl*, Aufzeichnungen *fpl*
accounting requirement (ReW) Bilanzierungsvorschrift *f*
accounting return (Fin) rechnerische Rendite *f*
accounting routine (EDV) Abrechnungsroutine *f*
accounting rules
(ReW) Grundsätze *mpl* der Rechnungslegung
– Bilanzierungsgrundsätze *mpl*
accounting standards
(ReW) Grundsätze *mpl* des Rechnungswesens
– Bilanzierungsrichtlinien *fpl*
accounting surplus (ReW) Rechnungsüberschuß *m*
accounting system (ReW) Buchführungssystem *n*
accounting trail
(ReW) buchhalterischer Zusammenhang *m*
(ie, vom Urbeleg bis zum Ergebnis; cf, audit trail)
accounting transaction
(ReW) interner Buchungsfall *m*
(eg, depreciation, cost allocations, valuation accounts = Abschreibungen, Kostenverrechnungen, Wertberichtigungen)
accounting unit (ReW) = accounting entity
accounting valuation (ReW) Bewertung *f* zu Anschaffungs- od Herstellungskosten
accounting year
(com) Geschäftsjahr *n (syn, business/fiscal . . . year)*
(com) Rechnungsjahr *n*
account in trust (Fin) Treuhandkonto *n*
account maintenance
(Fin) Kontoführung *f*
(com) Kundenbetreuung *f*
account maintenance charge (Fin) Kontoführungsgebühr *f (syn, maintenance charge)*
account management
(Fin) Kontoführung *f*
(Fin) Kundenbetreuung *f*
(Mk) Kundengruppenmanagement *n*
(ie, specific marketing programs are developed to suit different groups of customers = für verschiedene Kundengruppen werden spezifische Marketingprogramme entwickelt)
account management charge (Fin) Kontoführungsgebühr *f (syn, service charge)*
account management fee (Fin) Buchungsgebühr *f (eg, for each credit and or debit)*
account manager
(com) Kundenbetreuer *m*
(Mk) Etatdirektor *m*
account movements (Fin) Kontobewegungen *fpl*
account number (ReW) Kontonummer *f*
account of, a/o (com) Rechnung über od von
account of charges (com) Gebührenaufstellung *f*
account of sales
(com) Verkaufsabrechnung *f*
(ie, of consignee, broker, or other commission merchant)

account on a noncharge basis (Fin) gebührenfreies Konto *n*
account party
(Fin, US) Akkreditiv-Auftraggeber *m*
(ie, credit is issued at the request and for the account of the . . .; syn, applicant; cf, issuer and beneficiary = eröffnende Bank und Begünstigter)
account payee only (Fin) nur zur Verrechnung *(ie, phrase put on a check)*
account period (Bö, GB) Abrechnungsperiode *f*, Handelsperiode *f*
account planning (Mk) Medienplanung *f*, Werbeplanung *f (syn, advertising/media . . . planning)*
account profile (com) Kundenprofil *n*
account purchases, A/P (com) Abrechnung *f* des Einkaufskommissionärs
account receivable discounted (ReW) abgetretene Forderung *f (ie, in factoring: contingent liability of seller up to time of payment by seller)*
account reconciliation (ReW) Kontoabstimmung *f*
account representative
(com) Kundenberater *m*
(Bö, US) Kundenbetreuer *m*
(ie, unmittelbarer Ansprechpartner der Kunden; Firmenangestellter; beim CFTC registriert; betreut das gesamte Vertragshandling; syn, account executive, registered commodity representative, registered representative, investment executive, customer's man, commodity solicitor; infml, „my broker")
accounts
(ReW) Bücher *npl*, Geschäftsbücher *npl*
(syn, books of account, accounting records)
(ReW, GB) Abschluß *m (ie, financial statements)*
(ReW, US) Forderungen *fpl*
(com) Kunden *mpl*
account sales
(com) Zwischen- od Schlußabrechnung *f* e–s Kommissionärs
(ie, statement rendered by an agent to whom goods have been sent for sale on consignment)
accounts clerk (ReW, GB) Buchhalter *m (syn, bookkeeper)*
accounts current (ReW) Kontoauszug *m (syn, statement of account)*
accounts department (ReW, GB) Buchhaltung *f (syn, accounting department, qv)*
accounts paid in advance (ReW) transitorische Aktiva *npl (syn, prepaid expense, qv)*
accounts payable
(ReW) Verbindlichkeiten *fpl*, Kreditoren *mpl*
(syn, payables, due to; EG, creditors; opp, accounts receivable)
accounts payable account (ReW) Kreditorenkonto *n*
accounts payable accounting (ReW) Lieferantenbuchhaltung *f*, Kreditorenbuchhaltung *f*
accounts payable entry (ReW) Kreditorenbuchung *f*
accounts payable ledger (ReW) Lieferantenbuch *n*
accounts payable master
(EDV) Kreditorenstamm *m*
accounts payable master record (EDV) Kreditorenstammsatz *m*
accounts payable – other (ReW) sonstige Verbindlichkeiten *fpl*
accounts payable system (ReW) Kreditorensystem *n*
accounts payable – trade (ReW) Verbindlichkeiten *fpl* aus Lieferungen und Leistungen *(syn, trade accounts payable, qv)*
accounts receivable
(ReW) Forderungen *fpl*, Debitoren *mpl* Außenstände *pl*
(syn, receivables, due from; EG, debtors; opp, accounts payable)
accounts receivable account
(ReW) Debitorenkonto *n*
accounts receivable accounting (ReW) Kundenbuchhaltung *f*, Debitorenbuchhaltung *f*
accounts receivable collection period (ReW, US) Debitorenlaufzeit *f*, Debitorenumschlag *m*
accounts receivable entry
(ReW) Debitorenbuchung *f*
accounts receivable file (ReW) Debitorenkartei *f*, Debitorendatei *f*
accounts receivable financing (Fin) Factoring *n*, Finanzierung *f* durch Forderungsabtretung *(ie, selling receivables outright)*
accounts receivable from officers, directors, and stockholders (ReW) Forderungen *fpl* gegenüber leitenden Angestellten und Aktionären
accounts receivable insurance (Vers) Warendelkredere-Versicherung *f*
accounts receivable journal entry file (ReW) Debitoren-Bewegungsdatei *f (syn, A/R journal entry file)*
accounts receivable loan (Fin, US) Debitorenkredit *m (ie, typical form of lending by commercial banks; similar to factoring)*
accounts receivable management
(ReW) Debitoren-Management *n*
accounts receivable master
(EDV) Debitorenstamm *m*
accounts receivable master record (EDV) Debitorenstammsatz *m*
accounts receivable – other (ReW) sonstige Forderungen *fpl*
accounts receivable risk (ReW) Debitorenwagnis *n*, Vertriebswagnis *n*
accounts receivable – trade (ReW) Forderungen *fpl* aus Lieferungen und Leistungen *(syn, trade accounts receivable, qv)*
accounts receivable transactions register
(ReW) Debitorenbuch *n*
– Debitorenjournal *n*
accounts receivable turnover
(Fin) Debitoren-Umschlag *m*
(ie, average receivables outstanding to average daily net sales; syn, sales-to-receivables ratio)
accounts received in advance (ReW) transitorische Passiva *npl (syn, prepaid income, qv)*
account stated
(ReW) vom Schuldner (ausdrücklich od stillschweigend) bestätigte Forderung *f*
(ie, spoken or written admission of indebtedness)
account status (ReW) Kontostand *m*
account supervisor (Mk) = account executive
account title (ReW) Kontenbezeichnung *f*
account transaction (Bö) Geschäft *n* mit aufgeschobener Erfüllung
account turnover (Fin) Kontoumsatz *m*
account turnover fee (Fin) Umsatzprovision *f*

accoustic coupler
(EDV) Akustikkoppler *m*
(ie, tragbares Gerät, das zur Datenfernübertragung angeschlossen wird)
Accrd. Int. (Fin) = accrued interest
accredited (com) akkreditiert *(eg, ambassadors . . . to the Community)*
Accredited Chartered Accountant, ACA (ReW) amtlich zugelassener Wirtschaftsprüfer *m*
accredited dealer (com) zugelassener Händler *m*
accredited investor (Fin, US) zugelassener Anleger *m (cf, 15 USC § 77 d, sec. 2 (15))*
accredited representative (com) bevollmächtigter Vertreter *m*
accreditee (Fin) Akkreditivbegünstigter *m*
accrete *v*
(Fin) Disagio-Zuwachs *m* ausweisen *(ie, securities account may, at the option of a bank, reflect cost adjusted for accretion of discount)*
accretion (com) Wertsteigerung *f*, Wertzuwachs *m*
accretion of discount (Fin, US) Disagio-Zuwachs *m* *(ie, in portfolio accounting: straight-line accumulation of capital gains on discount bonds in anticipation of receipt of par at maturity; term is used in Regulation F of the Fed)*
accrual
(ReW) Entstehen *n* von Forderungen und Verbindlichkeiten
(ReW) aufgelaufener Betrag *m*
(ReW) antizipative Abgrenzung *f* von Aufwendungen und Erträgen
(ReW) (Rechnungs-)Abgrenzungsposten *m*
accrual accounting (ReW) = accrual basis
accrual and deferral
(ReW) Rechnungsabgrenzung *f*
(ie, year-end adjustment to allocate revenue and expense items to proper accounting periods)
accrual basis (of accounting)
(ReW) Prinzip *n* der Periodenabgrenzung
(ReW) periodengerechte Aufwands- und Ertragsrechnung *f (opp, cash basis)*
(ReW) Gewinnermittlung *f* durch Vermögensvergleich
accrual concept (ReW) Grundsatz *m* der Periodenabgrenzung
accrual date (Fin) Fälligkeitstag *m (ie, for recurrent payments, such as interest, annuities)*
accrual interest rate (Fin) periodengerechter Zinssatz *m*
accrual principle (ReW) Grundsatz *m* der Periodenabgrenzung *(syn, accrual concept)*
accruals
(ReW) antizipative Posten *mpl*, aktive Jahresabgrenzung *f (ie, accrued . . . assets/income/revenue)*
(ReW) Rückstellungen *fpl (syn, accrued liabilities, qv)*
accruals accounting (ReW) Periodenrechnung *f* *(syn, accruals system; cf, accrual basis)*
accruals and deferrals
(ReW) Rechnungsabgrenzungsposten *mpl*
(ie, prepaid and deferred items; reflect the lack of coincidence of the accounting period and the benefit period; cf, accrual and deferral)
– Jahresabgrenzung *f*
accruals and deferred income (ReW, EG) Rechnungsabgrenzungsposten *mpl (opp, prepayments and accrued income)*
accruals – non taxable (ReW) steuerfreie Rücklagen *fpl*
accruals system (ReW) = accruals accounting
accrue *v*
(ReW) auflaufen, rückstellen, abgrenzen
(Fin) anfallen, auflaufen *(eg, interest on bank account)*
(Re) entstehen *(eg, right of action accrues within six years)*
accrued
(Fin) aufgelaufen
(ReW) Rückstellungen für . . . *(eg, taxes)*
accrued assets (ReW) antizipative Aktiva *npl (ie, items of revenue not received but earned; syn, accrued . . . income/revenue; opp, accrued expense, qv)*
accrued benefits
(Pw, GB) Pensionsanwartschaft *f*
(ie, pension benefits to which a member is entitled for service up to a given point whether the member continues in office or not)
accrued charges (Fin) antizipative Passiva *npl*
accrued commissions (ReW) Rückstellungen *fpl* für Provisionen
accrued compound interest (Fin) aufgelaufene Zineszinsen *mpl*
accrued depreciation (ReW) aufgelaufene Abschreibungen *fpl (syn, accumulated depreciation)*
accrued dividend (Fin) aufgelaufene Dividende *f (ie, on preferred stock)*
accrued expenditure basis (ReW) Grundlage *f* der Kapitalflußrechnung
accrued expense (ReW) antizipative Passiva *npl (ie, expense incurred but not paid; syn, accrued liabilities; opp, accrued assets, qv)*
accrued income (ReW) = accrued assets
accrued interest
(Fin) aufgelaufene Zinsen *mpl*
– Stückzinsen *mpl*
(ie, earned but not yet due and payable; accrues on notes, commercial paper, and fixed-interest bonds and debentures; Zinsen vom letzten eingelösten Kupon bis zum Veräußerungstag; werden dem Kaufpreis zugeschlagen)
accrued-interest paper (Fin) Aufzinsungspapier *n (opp, discounted paper = Aufzinsungspapier)*
accrued interest payable (Fin) aufgelaufene Zinsverbindlichkeiten *fpl*
accrued interest receivable (Fin) aufgelaufene Zinsforderungen *fpl*
accrued item
(ReW) Rechnungsabgrenzungsposten *m*
accrued liabilities
(ReW) = accrued expense
(ReW) Rückstellungen *fpl*
(ie, werden auf der Passivseite der Bilanz für ungewisse Verbindlichkeiten und für drohende Verluste gebildet; cf, §§ 249, 266 HGB)
accrued payroll account (ReW) Konto *n* zur Periodenabgrenzung von Löhnen und Gehältern
accrued revenue (ReW) = accrued assets
accrued taxes (ReW) Rückstellungen *fpl* für Steuern

accruing (Fin) auflaufend *(eg, interest)*
acct (ReW) = account
accumulate *v*
(com) ansammeln, auflaufen
(Math) summieren *(syn, sum up)*
(Fin) aufzinsen *(syn, compound; opp, discount)*
accumulated amortization (ReW) Wertberichtigung *f* auf immaterielle Vermögenswerte
accumulated amount of annuity (Fin) Rentenendwert *m (syn, amount of annuity, qv)*
accumulated book profit (ReW) aufgelaufener Buchgewinn *m*
accumulated deficit (ReW) aufgelaufener Verlust *m*
accumulated depletion (ReW) eingetretene Substanzverringerung *f*
accumulated depreciation
(ReW) aufgelaufene Abschreibungen *fpl (syn, accrued depreciation)*
(ReW) Wertberichtigungen *fpl* auf das Sachanlagevermögen
accumulated deviation (Stat) kumulierte od aufsummierte Abweichung *f*
accumulated dividend
(Fin) aufgelaufene Dividende *f (syn, dividend in arrears)*
(Fin) nicht ausgeschüttete Dividende *f* auf kumulative Vorzugsaktien
accumulated earnings (ReW, US) = accumulated income
accumulated earnings tax
(StR, US) Körperschaftsteuer *f* auf thesaurierte Gewinne
(ie, not distributed to stockholders or plowed back into the business; designed as a penalty tax; IRC § 531–537)
accumulated income
(ReW, US) Gewinnvortrag *m*
(ie, retained and not paid out in dividends; syn, accumulated . . . earnings/profit; retained earnings)
(ReW) Bilanzgewinn *m*
accumulated interest (Fin) aufgelaufene Zinsen *mpl (syn, accrued interest)*
accumulated loss (ReW) Bilanzverlust *m*
accumulated profit (ReW) = accumulated income
accumulated profits
(ReW) Gewinnvortrag *m*
– Bilanzgewinn *m*
accumulated profits tax (StR) = accumulated earnings tax
accumulated retained earnings (ReW) Gewinnvortrag *m* + Gewinnvorträge *mpl* aus früheren Jahren *(ie, entspricht im Dt teilweise den früheren offenen oder freien Rücklagen)*
accumulated risk reinsurance
(Vers) Kumulrückversicherung *f*
– Schadenereignisrückversicherung *f*
accumulated surplus (ReW) Gewinnvortrag *m*
accumulate inventories *v* (MaW) Bestände *mpl* auffüllen *(syn, build up, replenish)*
accumulation
(Fin) Aufzinsung *f (ie, act of compounding; opp, discounting)*
(Fin) Zuwachs *m (eg, interest, amortized discount = getilgtes Disagio)*
(ReW) Zuweisung *f* thesaurierter Gewinne an Rücklagen
(Bö, US) Spanne *f* zwischen Nennwert und Unterpari-Kurs *(ie, of a bond)*
(Bö) Haussegeschäft *n (ie, quiet purchase of blocks of securities without bidding up prices)*
(Mk) Intensivierung *f* von Werbegeschäften
(Vw) Akkumulation *f*
accumulation area (Bö) Kumulierungsbereich *m*
accumulation bin (MaW) Sammelbehälter *m (ie, for allocated materials = für auftragsbezogene Teile; syn, assembly bin)*
accumulation cart (MaW) = accumulation bin
accumulation depot (MaW) = accumulation bin
accumulation factor
(Fin) Aufzinsungsfaktor *m*
(ie, amount of 1 at compound interest = $(1 + i)^n$*; syn, compound amount of 1; opp, discount factor)*
accumulation of annuity (Fin) Rentenendwert *m (syn, amount of annuity, qv)*
accumulation of capital (Vw) Kapitalbildung *f*
accumulation of earnings (StR) Gewinnthesaurierung *f*
accumulation of inventories (MaW) Lagerauffüllung *f (syn, inventory buildup)*
accumulation of risk (Vers) Risikohäufung *f*
accumulation period (Fin) Zinseszinsperiode *f (syn, conversion period)*
accumulation plan
(Fin) Tabelle *f* zur Verteilung des Disagios auf die Laufzeit
(Fin) Sparvertrag *m (ie, offered by investment funds)*
accumulation point
(Math) Häufungspunkt *m* e–r Punktmenge
(syn, cluster/limit/weak . . . accumulation point, point of condensation)
accumulation risk (Vers) Kumulrisiko *n (ie, in reinsurance)*
accumulation unit
(Fin, GB) Fondsanteil *m* mit wertsteigernder Wiederanlage der Zinsen
(ie, interest is rolled up or automatically reinvested to increase the unit value)
accumulative (com) = cumulative
accuracy
(com) Genauigkeit *f*
(Stat) Treffgenauigkeit *f*
(EDV) Genauigkeit *f (ie, number of bits used to store a floating-point number)*
accuracy of the mean
(IndE) Richtigkeit *f*
(ie, Übereinstimmung zwischen dem wahren Wert und dem Durchschnittswert; früher auch ‚Treffgenauigkeit'; cf, DIN 55 350,T.11)
accy (com) = accountancy = Rechnungswesen *n*, Buchhaltung *f*
AC dump (EDV) Netzausfall *m*
ACE (EDV) = Advanced Communication Experiments
ACH (Fin) = automated clearing house
achieved penetration (Mk) Grad *m* der erreichten Marktdurchdringung *(ie, Verhältnis vorhandener zu potentiellen Kunden)*
achievement (com) Leistung *f*

achievement motivation (Pw) Leistungsmotivation *f*
achievement of objectives
(Bw) Zielerreichung *f*
– Zielrealisierung *f*
(syn, accomplishment of goals)
achievement oriented (com) leistungsorientiert
achievement-oriented society (com) Leistungsgesellschaft *f*
achievement potential (Pw) Leistungspotential *n* *(syn, performance potential, qv)*
achievement principle (com) Leistungsprinzip *n*
achievement test (Pw) Leistungstest *m* *(syn, performance test)*
acid resisting (com) säurefest
acid test
(Fin) Liquidität *f* 1. Grades
(ie, Summe liquide Mittel und kurzfristige Forderungen zu kurzfristigen Verbindlichkeiten)
acid test ratio
(Fin) Liquidität *f* ersten Grades *(ie, ratio of total cash + receivables + market securities to current liabilities; should be at least 1 : 1 or better; syn, cash ratio, quick asset ratio, quick ratio)*
ACK (EDV) = ACKNOWLEDGE signal
acknowledge *v*
(com) anerkennen
(com) bestätigen *(eg, receipt of letter)*
(Re) notariell beglaubigen
(EDV) bestätigen
acknowledgment
(com) Bestätigung *f*
(EDV) Rückmeldung *f*
– Bestätigungsmeldung *f*
(ie, confirming receipt of a message)
(Re) notarielle Beglaubigung *f*
acknowledgment by a notary (Re) notarielle Beurkundung *f*
acknowledgment message (EDV) = acknowledgement
acknowledgment of debt (Re) Schuldanerkenntnis *n* *(ie, takes it out of the Statute of Limitations = unterbricht die Verjährung)*
acknowledgment of indebtness (Fin) Schuldanerkenntnis *f*
acknowledgment of order (com) Auftragsbestätigung *f* *(ie, sent by seller to customer; cf, confirmation of order)*
acknowledgment of receipt (com) Empfangsbestätigung *f*, Eingangsanzeige *f*
ACM (com) = Andean Common Market
ACN (com) = air consignment note
ACOP (com) = approved code of practice
acoustic coupler
(EDV) Akustikkoppler *m*
(ie, portable device that connects to a telephone handset; allows data transmission down a telephone line without a modem)
acoustic delay (EDV) akustische Verzögerung *f*
acoustic memory (EDV) akustischer Speicher *m* *(ie, uses the properties of an acoustic delay line; syn, acoustic storage/store)*
ACP (Fin) = Asian Commercial Paper
ACP countries (AuW) AKP-Länder *npl* *(ie, African, Caribbean, and Pacific States)*
Acpt. (Fin) = acceptance

acquiescence
(Re) stillschweigende Einwilligung *f*
(Re) Duldung *f* e–r Rechtsverletzung
acquire *v* (com) erwerben, anschaffen
acquire an equity investment *v* (com) Beteiligung *f* erwerben *(eg, in a foreign corporation)*
acquire an interest in *v* (com) sich beteiligen an, Beteiligung *f* erwerben an *(syn, take an equity stake in)*
acquire an option *v* (Bö) Option *f* erwerben, Optionsrecht *n* erwerben
acquire by purchase *v* (com) käuflich erwerben
acquired company (com) übernommene Gesellschaft *f* *(syn, purchased /transferor . . . company; opp, acquiring company)*
acquired goodwill (Bw) derivativer Firmenwert *m* *(eg, § 266 II HGB; opp, self-generated goodwill = originärer Firmenwert)*
acquired rights (com) wohlerworbene Rechte *npl*, Besitzstand *m* *(syn, vested rights)*
acquired share (Bö) erworbene Aktie *f*
acquired surplus
(ReW) Gewinnvortrag *m* im Zeitpunkt des Erwerbs e–s Unternehmens durch ein anderes
(ReW) Mehrertrag *m* aus Dividendenausschüttung vor Übernahme e–r Tochtergesellschaft
acquire gratuitously *v* (Re) unentgeltlich erwerben
acquire in good faith *v* (Re) gutgläubig erwerben
acquire ownership of *v* (Re) Eigentum *n* erwerben an
acquire possession *v* (Re) Besitz *m* erwerben
acquire property *v* (com) Besitz *m* od Eigentum *n* erwerben
acquiring company
(com) übernehmende Gesellschaft *f*
– erwerbende Gesellschaft *f*
(ie, in an M&A transaction; syn, purchasing /absorbing/transferee . . . company; opp, acquired company)
acquiror (com) Erwerber
acquisition
(com) Erwerb *m*, Anschaffung *f* *(opp, disposal)*
(com) Übernahme *f* e–s Unternehmens *(cf, acquisition of assets)*
(com) Akquisition *f*
(KoR) Gesamtkosten *pl* der Materialbeschaffung
(Mk, Vers) Akquisition *f*
acquisition accounting (ReW) Übertragungsbilanz *f*
acquisition agent
(Vers) Abschlußmakler *m*
– Abschlußvermittler *m*
acquisition agreement
(com) Übernahmevertrag *m*
– Akquistionsvertrag *m*
(syn, takeover agreement)
(com) Unternehmenskaufvertrag *m*
acquisition charge (Fin) Gebühr *f* für vorzeitige Kreditrückzahlung *(syn, prepayment penalty)*
acquisition commission (Vers) Abschlußprovision *f* *(syn, initial commission)*
acquisition cost
(ReW) Anschaffungskosten *pl*
(Vers) Abschlußkosten *pl*
– Akquisitionskosten *pl*
acquisition criteria (com) Übernahmekriterien *npl*

acquisition excess (Fin) Überschuß *m* des Kaufpreises e–s Unternehmens über s–n Buchwert
acquisition fee (Vers) Abschlußgebühr *f*
acquisition in good faith (Re) gutgläubiger Erwerb *m (syn, bona fide purchase)*
acquisition inter vivos (Re) Erwerb *m* unter Lebenden
acquisition mortis causa (Re) Erwerb *m* von Todes wegen
acquisition of assets
(com) Kauf *m* von Wirtschaftsgütern
(syn, purchase of assets)
(com) Übernahme *f* e–s Unternehmens
(ie, form of merger in which the acquiring company purchases most or all of the assets of the company being acquired; geht über Beteiligungserwerb – purchase of shares – hinaus; cf, Clayton Act of 1914, Sec 7, and Celler Kefauver Antimerger Amendments of 1950)
acquisition of goods (StR) Warenerwerb *m*
acquisition of ownership (Re) Eigentumserwerb *m*
acquisition of ownership by occupancy
(Re) Ersitzung *f* (§§ 937 ff BGB)
(ie, Erwerb von Eigentum durch Zeitablauf; bei beweglichen Sachen 10 Jahre; praktische Bedeutung gering; acquisition of ownership by long possession)
acquisition of participating interests (FiW) Beteiligungserwerb *m*
acquisition of participations (Fin) Beteiligungserwerb *m*
acquisition of shareholdings (Fin) Beteiligungskäufe *mpl*
acquisition of stock (com) Beteiligungserwerb *m (cf, acquisition of assets)*
acquisition policy (Bö) Übernahmepolitik *f*
acquisition profile (Fin) Übernahmeprofil *n*
acquisition strategy
(com) Aquisitions-Strategie *f*
– Übernahmestrategie *f*
acquisition value (ReW) Beschaffungswert *m*
acquisitive prescription (Re) Ersitzung *f (syn, adverse possession, qv)*
acquit *v* (Re) freisprechen *(eg, of charge, on the charge of)*
acquittal
(Re) Schulderlaß *m*
(ie, release from obligation)
(Re) Freispruch *m*
(opp, conviction)
acquittance
(Re) Quittung *f (syn, receipt)*
(Re) Schulderfüllung *f (syn, quittance, quietus)*
(Re) Schuldbefreiungsurkunde *f (ie, releases a person from paying debt or performing any other obligation)*
acreage (com) Anbaufläche *f*
acreage restriction (com) Anbaubeschränkung *f*
across (com) horizontal
across the board
(com) allgemein
– linear
– pauschal
(eg, share prices fell by 5% . . .)
across-the-board cut (com) Globalkürzung *f*
across-the board export promotion (AuW) generelle Exportförderung *f*
across-the-board increase (com) allgemeine Erhöhung *f (eg, prices, taxes, wages)*
across-the-board price increase (com) allgemeine Preiserhöhung *f*
across-the-board wage increase (Pw) allgemeine Lohnerhöhung *f*
across-the-border processing (Zo) Veredelungsverkehr *m*
across the counter (com) regulär *(eg, sale; opp, under the counter)*
A/cs Pay. (ReW) = accounts payable
A/cs Rec. (ReW) = accounts receivable
ACT (StR) = advance corporation tax
Act Accompanying the Budget (FiW) Haushaltsbegleitgesetz *n*
act ad personam incertam *v* (com) handeln für wen es angeht
act as a chairman *v* (com) Vorsitz *m* führen *(syn, chair, qv)*
act as principal and agent *v* (Re) selbstkontrahieren
Act Combating Tax Abuses and Adjusting Taxes
(Re) Mißbrauchsbekämpfungs- und Steuerbereinigungsgesetz *n*
act-committed basis (Vers) Verstoßprinzip *n*
act for *v*
(com) vertreten, handeln für *(syn, act in place of, deputize for, substitute for)*
(Re) rechtsgeschäftlich vertreten
(ie, contract in behalf of)
(Re, GB) vertreten *(ie, said of lawyers; syn, represent)*
act for whom it may concern *v* (com) handeln für wen es angeht
Act Implementing the Social Security Scheme to Finance Nursing Care of the Aged and Handicapped (Re) Pflegeversicherungsgesetz *n*
act in concert *v* (com) zusammenarbeiten *(syn, work together, qv)*
acting
(com) geschäftsführend
(com) stellvertretend
acting allowance (com) Handlungsbefugnis *f*
acting as general coordinator (com) federführend *(syn, leading, taking the lead)*
acting director (com) geschäftsführender Direktor *m*, geschäftsführende Direktorin *f*
acting partner
(com) geschäftsführender Gesellschafter *m*
– tätiger Teilhaber *m*
Auch:
– im Außenverhältnis tätiger Gesellschafter *m*
– an der Leitung beteiligter Gesellschafter *m*
(syn, active/managing . . . partner; GB, working partner)
act in place of *v*
(com) vertreten
– handeln für *(syn, act for, qv)*
act in the law (Re, GB) Rechtsgeschäft *n (syn, act of the party, legal transaction)*
action
(com) Aktion *f*
– Handlung *f*
– Tätigkeit *f*

(Re) Klage *f*
(ie, in a civil court; of two types: ex contractu, arising out of contract; and ex delicto, arising out of tort; syn, lawsuit, legal proceedings, suit; cf, UCC Sec 1–201 (1))
(Bö) Entwicklung *f* e–s Wertpapiers
(ie, trading volume, price trend)
(EDV) Aktion *f*, Option *f*

actionability (Re) Klagbarkeit *f (cf, Erklärung in Bd II)*
actionable (Re) klagbar, einklagbar
action against inactivity (Re, EG) Untätigkeitsklage *f*
action against Member States (EG) Klage *f* gegen Mitgliedstaaten
action against persons unknown (com) Verfahren *n* gegen Unbekannt
action alternative (Bw) Handlungsalternative *f (ie, alternative course of action)*
action bar (EDV) Aktionsleiste *f*
action chart
(Stat) Funktionsdiagramm *n*
(EDV) Aktionsdiagramm *n*
action-consequence relation (Log) Wenn-dann-Beziehung *f*
action de iure gestionis (Re) fiskalisches Handeln *n* des Staates
action de iure imperii (Re) hoheitliches Handeln *n*
action ex contractu (Re) Klage *f* aus schuldrechtlichem Vertrag
action ex delicto (Re) Klage *f* aus unerlaubter Handlung
action flexibility (Pw) Anpassungsfähigkeit *f*, Verhaltensflexibilität *f*
action for annulment (EG) Anfechtungsklage *f*
action for cancellation (Re) Aufhebungsklage *f*
action for damages (Re) Schadenersatzklage *f*, Klage *f* auf Schadenersatz *(syn, action to recover damages)*
action for declaratory judgment (Re) Feststellungsklage *f*
action for eviction (Re) Räumungsklage *f*
action for rescission (Re) Aufhebungsklage *f*
action for (specific) performance (Re) Erfüllungsklage *f*
action getter (Mk) handlungsauslösender Faktor *m*
action implying intention (Re) konkludentes Verhalten *n*
action in abatement (Re) Klage *f* gg. Kürzung des Pflichteils
action in rem (Re) dingliche Klage *f*
action limit
(IndE) Eingriffsgrenze *f*
(ie, auf der Qualitätsregelkarte, quality control card: erfordert Eingriff in den zu überwachenden Prozeß)
action on a dishonored bill (WeR) Wechselklage *f (syn, GB, action under the Bills of Exchange Act)*
action parameter (Vw) Aktionsparameter *m*
action planning (Mk) Maßnahmeplanung *f (ie, to promote sales)*
action program (Bw) Handlungsprogramm *n*
action research (Bw) anwendungsbezogene Forschung *f (ie, application of scientific methods to practical problems)*
action to recover damages (Re) = action for damages
action to recover possession (Re) Herausgabeklage *f*
action under the Bills of Exchange Act (WeR, GB) = action on a dishonored bill
activating price (EG) Auslösungspreis *m (ie, on EEC farm markets)*
activation research (Mk) Kaufentschlußanalyse *f*
active account
(Fin) Konto *n* mit lebhaften Umsätzen
(ie, deposits and withdrawals made frequently; opp, inactive/dead . . . account, qv)
active assets (ReW) produktive Aktiva *npl (ie, generate sales, revenues, profits; opp, dead assets)*
active backlog of orders (com) unerledigte Aufträge *mpl*
active balance of payments (AuW) aktive Zahlungsbilanz *f (opp, passive/ unfavorable . . . balance)*
active bond crowd (Bö) Makler *m* für festverzinsliche Schuldverschreibungen
active bonds (Fin, GB) verzinsliche Schuldverschreibungen *fpl (opp, passive bonds)*
active buyers (Bö) lebhafte Käufe *mpl*
active capital
(Fin) arbeitendes Kapital *n*
(ie, continuously employed in profit-making pursuits; opp, funds on the sidelines)
active circulation of bank notes (Vw) Banknotenumlauf *m (syn, bank notes in circulation)*
active dealings (Bö) = active trading
active debt (ReW) ausstehende Forderung *f*
active element (EDV) aktives Element *n*, aktives Glied *n*
active file
(com) Aktivablage *f (opp, dead file)*
(EDV) aktive Datei *f*
– aktuelle Datei *f*
active fiscal policy
(FiW) aktive Finanzpolitik *f*
(ie, Finanzpolitik orientiert sich an der konjunkturellen Lage)
active inventory
(MaW) Grundbestand *m*
(ie, needed to tide over the procurement lead time = Beschaffungszeit)
active life table (Vers) Aktivitätsordnung *f (ie, actuarial table showing number of persons of a specific age group who are still alive or gainfully employed)*
active line (EDV) aktive Leitung *f (ie, available for data transmission)*
actively traded (Bö) lebhaft gehandelt *(syn, high volume)*
active market
(com) lebhafter Markt *m*
(Bö) lebhafte Umsätze *mpl*
(ie, with large volume of trading; may be measured by the absolute totals of shares traded or listed)
active matrix liquid crystal display (EDV) Aktivmatrix-LCD *n (ie, liquid crystal display in which each pixel is controlled by its own transistor(s); eg, TFT-LCD, qv)*

active menu (EDV, GUI) aktives Menü *n*, aktuelles Menü *n*
active money (Fin) lebhafter Geldmarkt *m*
active paper
(Fin) zinstragendes Papier *n*
(Bö) täglich gehandeltes Papier *n*
active partner (com) = acting partner
active population
(Pw) aktive Bevölkerung *f*
– Anteil *m* der Bevölkerung in Arbeits- oder Angestelltenverhältnissen
active program (EDV) aktuelles Programm *n*
active reinsurance (Vers) aktive Rückversicherung *f*
active repair time (IndE) Instandsetzungsdauer *f*
active securities (Bö) lebhaft gehandelte Wertpapiere *npl*
active station (EDV) aktive Datenstation *f*
active stock (Bö) Aktien *fpl* mit ständig hohen Umsätzen
active stocks (Fin) lebhaft gehandelte Aktien *fpl*
active trade balance (AuW) aktive Handelsbilanz *f*
active trading
(Bö) lebhafter Handel *m*, lebhafte Umsätze *mpl* *(syn, active dealings, brisk trading, broad/heavy . . . market)*
active transit trade (AuW) aktiver Transithandel *m*
active window (EDV, GUI) aktives Fenster *n*, aktuelles Fenster *n* *(ie, window that has the focus; opp, inactive window)*
activity
(Bw) Tätigkeit *f*
– Aktivität *f*
(ie, in Teilbereichen e–s Unternehmens)
(Bw) Organisation *f*
– Arbeitseinheit *f*
– Dienststelle *f*
(OR) Vorgang *m* *(ie, Unterbegriffe: Aktivität, Tätigkeit, Prozeß)*
(KoR) Beschäftigung *f* *(syn, volume, qv)*
activity account
(ReW) Aufwands- od Ertragskonto *n*
activity accounting
(KoR) Abteilungserfolgsrechnung *f* *(syn, profit center accounting)*
(KoR) Grenzplankostenrechnung *f* *(syn, direct costing, qv)*
activity analysis (OR) Aktivitätsanalyse *f*, Prozeßanalyse *f*
activity base (KoR) Planbeschäftigung *f*
activity based costing (KoR) auslastungsorientierte Kostenrechnung *f*
activity charge
(Fin) Kontoumsatzgebühr *f*
(ie, charged when the average balances maintained – durchschnittliche Guthaben – are not enough to cover the cost of handling the items)
activity chart
(OR) Arbeitsplanungsformular *n*
– Arbeitsplanungsbogen *m*
activity file
(EDV) Änderungskartei *f*
– Bewegungsdatei *f*
– Fortschreibungsdatei *f* *(syn, amendment /change/detail/transaction . . . file)*
activity head (Bw) Stellenleiter *m*
activity level
(KoR) Beschäftigungsgrad *m* *(syn, level of . . . operations/output/production)*
(OR) Prozeßniveau *n* *(syn, level of . . . activity/process)*
activity network
(OR) Netzwerk *n* mit Entscheidungsereignissen
– Vorgangsnetzplan *m*
activity-on-arrow-network (OR) Vorgangspfeil-Netzplan *m*
activity-on-node-network (OR) Vorgangsknoten-Netzplan *m*
activity point (OR) Tätigkeitsknoten *m*
activity rate
(Pw) Erwerbsquote *f*
– Erwerbspersonenpotential *n*
(ie, proportion of the population that works; Gesamtzahl der Erwerbspersonen; oft auch auf erwerbsfähige Bevölkerung bezogen; syn, employment rate, labor force participation rate, labor force activity)
activity ratio
(EDV) Bewegungshäufigkeit *f*
(Bw) Aktivitätskennzahl *f* betriebswirtschaftliche Kennziffer *f* *(syn, operating efficieny ratio)*
(Bw) Fertigungskennzahl *f*
activity ray
(OR) Aktivitätsstrahl *m*
– Prozeßgerade *f*
– Prozeßstrahl *m*
activity sampling
(IndE) Multimomentverfahren *n*
(ie, die Häufigkeit von Ablaufarten wird mit Hilfe stichprobenartig durchgeführter Kurzzeitbeobachtungen erfaßt; Ziel: hohe Genauigkeit der Zeitstudien ohne Meßgeräte)
activity schedule (EDV) Tätigkeitsablaufplan *m*
activity total (com) Gesamtaktivitäten *fpl*
activity variance
(KoR) Beschäftigungsabweichung *f*
(syn, capacity /idle capacity/noncontrollable/ volume . . . variance)
act jointly *v* (com) zusammenarbeiten *(syn, work together)*
act liability insurance (Vers, GB) gesetzliche Haftpflichtversicherung *f* *(syn, third-party insurance)*
Act of Accession (EG) Beitrittsakte *f*
act of bankruptcy
(Re) Konkursgrund *m*
(ie, Zahlungsunfähigkeit oder Überschuldung)
Act of Congress (Re, US) vom Kongreß verabschiedetes Gesetz *n*
act of foreign enemy (Vers) feindselige Handlung *f*
act of God
(Re) höhere Gewalt *f*
(ie, assumed to exist where the nonperformance of an obligation could not have been avoided, even by the exercise of the highest degree of care; syn, force majeure)
act of honor
(WeR) Ehreneintritt *m* *(syn, intervention supra protest)*
(WeR) Urkunde *f* über Ehreneintritt
act of law (Re) rechtsgestaltender Gesetzesakt *m*

act of protest (WeR) Wechselprotest *m*
act of the parties subject to a condition (Re, GB) bedingtes Rechtsgeschäft *n*
act of the party (Re, GB) = act in the law
act of war (com) Kriegshandlung *f (ie, warlike act)*
Act on Coins (Re) Münzgesetz *n*
actor (Bw) Handlungseinheit *f*, Aktor *m (eg, household, company; syn, operating unit)*
act or failure to act (Re) Handlung *f* od Unterlassung *f*
acts and forbearances (Re) Handlungen *fpl* und Unterlassungen *fpl*
acts in force clause (Vers) Gesetzesänderungsklausel *f*
act through primary agents *v* (Re) durch Organe handeln
actual/360
(EG) Eurozinsmethode (act/360) *f*
(ie, Zinsberechnungsmethode, bei der die Zinsen taggenau berechnet werden, wobei für die Ermittling des Zinsdivisors das Jahr zu 360 Tagen angenommen wird)
actual address (EDV) = absolute address
actual amount
(com) Istbetrag *m (ie, of outlay or expenditure)*
(Fin) ausmachender Betrag *m*
(ie, market price + interest for fixed-interest securities; market price of variable-interest securities)
actual attainment (Bw) Istleistung *f*
actual authority (Re) Vertretungsmacht *f (ie, that of an ‚agent')*
actual balance (ReW) Istbestand *m*
actual capacity (IndE) Istkapazität *f*
actual carrier (com) technischer Frachtführer *m*
actual cash disbursement (ReW) tatsächlicher Zahlungsausgang *m*
actual cash value
(com) angemessener Marktpreis *m*
(ie, reasonable cash price obtained on the open market; syn, fair market value)
actual code (EDV) Maschinencode *m*, Rechnercode *m (syn, absolute code)*
actual combination (Math) echte Kombination *f*
actual cost (KoR) Istkosten *pl (syn, outlay cost; opp, implicit cost = kalkulatorische Kosten; opportunity cost = Opportunitätskosten)*
actual cost system (KoR) Istkostenrechnung *f*
actual damage (Re) = actual loss
actual deaths (Vers) Abgänge *mpl*, eingetretene Todesfälle *mpl*
actual decimal point (EDV, Cobol) Druckdezimalpunkt *m (cf, DIN 66 028, Aug 1986)*
actual deficit (Vw) tatsächlicher Verlust *m*
actual delivery (Fin) Lieferung *f* der effektiven Stücke
actual delivery time (com) effektive Lieferzeit *f*
actual earnings
(com) Effektivlohn *m (syn, actual wages)*
– Effektivverdienst *m*
actual expenditure
(ReW) tatsächliche Ausgaben *fpl*
– IST-Ausgaben *fpl*
actual figures (ReW) IST-Zahlen *fpl*
actual freight (com) Ist-Fracht *f*
actual inventory (com, US) IST-Bestand *m*
actual investment (Fin) Ist-Investitionen *fpl (ie, capital goods spending during a given year)*
actual job (Pw) ausgeübte Tätigkeit *f*
actual key (EDV, Cobol) Adreßschlüssel *m*
actual level of unemployment (Vw) tatsächliche Arbeitslosigkeit *f*
actual life (Bw) tatsächliche Nutzungsdauer *f*
actual loss (Re) Vermögenseinbuße *f*, Vermögensschaden *m (syn, actual damage; opp, future loss; syn, civil law: damnum emergens)*
actual manhours (Pw) Ist-Stunden *fpl*
actual market (Fin) Kassamarkt *m (ie, rarely used in place of spot market)*
actual net worth
(Fin) Reinvermögen *n*
– Nettovermögen *n*
actual outlay (Fin) Ist-Ausgaben *fpl*
actual output
(Bw) Ist-Leistung *f (syn, turn-out; opp, estimate)*
(Bw) Istbeschäftigung *f (opp, potential output)*
actual payload
(com) tatsächliche Nutzlast *f*
– zahlende Nutzlast *f*
actual possession (Re) unmittelbarer Besitz *m*
actual premium (Vers) Ist-Prämie *f*
actual price
(com) Marktpreis *m*
(Bö, GB) Kurs *m*, zu dem der jobber kauft und verkauft *(syn, actual)*
actual quotation (Bö) effektiver Wertpapierkurs *m*
actual range (Math) Wertevorrat *m*
actual rate of growth (Vw) tatsächliche Wachstumsrate *f*
actual receipts (com) Ist-Einnahmen *fpl*
actuals
(com) sofort verfügbare Ware *f*
(Bö, GB) effektive Ware *f*, physische Ware *f (ie, the physical commodity as opposed to futures contracts and options)*
(Bö, GB) das e–m Terminkontrakt zugrundeliegende Instrument *n (eg, Zinstitel, Devisen, Waren)*
actual securities (Fin) effektive Stücke *npl*
actual stock (com, UK) IST-Bestand *m*
actual stowage (SeeV) Stauung *f*
actual tax load (StR) effektive Steuerbelastung *f*
actual time (IndE) Ist-Zeit *f*, effektive Zeit *f (syn, clock time)*
actual total loss (SeeV) wirklicher Totalverlust *m*
actual truth (Log) empirische Wahrheit *f (syn, empirical truth)*
actual value method
(ReW) Kapitalkonsolidierung *f*
(ie, beim Konzernabschluß: Beteiligungsbuchwert + Rücklagenerhöhungen der Untergesellschaften – Rücklagenauflösungen)
actual yield (Fin) effektive Rendite *f*
actuarial (Vers) versicherungsmathematisch
actuarial basis (Vers) versicherungsmathematische Grundlage *f*
actuarial calculations (Vers) versicherungsmathematische Berechnungen *fpl*
actuarial cost method (Vers) Methoden *fpl* versicherungsmathematischer Kostenermittlung

actuarial deficit (Vers) versicherungstechnisches Defizit *n*
actuarial expectation (Vers) mathematischer Erwartungswert *m*
actuarial expertise (Vers) versicherungsmathematisches Gutachten *n*
actuarial liability (Vers) versicherungstechnische Leistungspflicht *f*
actuarial loan (Fin) Versicherungsdarlehen *n*
actuarial loss
(Vers) versicherungstechnischer Schaden *m*
– versicherungsmathematischer Schaden *m*
actuarial projections (Vers) Sterblichkeitsberechnungen *fpl (ie, mathematical estimates of the rate of mortality for a given group of people)*
actuarial reserves
(Vers) Deckungsrückstellungen *fpl*
(syn, pro rata unearned premium reserve, (GB) cover of assurance, qv)
actuarial return (Fin) interner Zinsfuß *m (syn, internal rate of return)*
actuarial surplus (Vers) versicherungsmathematisch ermittelter Überschuß *m*
actuarial table (Vers) versicherungsstatistische Tabelle *f*
actuarial theory (Vers) Versicherungsmathematik *f*
actuarial valuation (Vers) versicherungsmathematische Bewertung *f*
actuary
(Vers) Versicherungsmathematiker *m*
(Bw) Mathematiker *m* für Anlagenrechnung
actuator
(EDV) Stellglied *n*
(ie, in process automation; syn, final control element; cf, control systems engineering)
actus contrarius (Re) entgegengesetzte Handlung *f*
actus legitimi
(Re) bedingungsfeindliche Geschäfte *npl*
(ie, in civil law; syn, absolute/unconditional . . . transactions)
ACU (Fin) = Asean Currency Unit
acute angle (Math) spitzer Winkel *m*
ad
(com) = after date
(Mk, infml) = advertisement
(Mk) Werbung *f (eg, ad director)*
ad agent
(Mk) Anzeigenvertreter *m*
(Mk) Anzeigenagentur *f*
adance pricing agreement (StR, US) Vorabvereinbarung *f* über die Methode der Verrechnungspreisermittlung
adapt *v* (com) anpassen
adaptability (EDV) Anpaßbarkeit *f*, Adaptabilität *f*
adapter board
(EDV) Steckkarte *f*
– Erweiterungskarte *f*
adapter common card (EDV) DFV-Anschlußkarte *f*
adaptive control (EDV) adaptive Regelung *f*
adaptive control constraint (EDV) Folgeregelungssystem *n*
adaptive filtering
(Bw) adaptives Filtern *n*
(ie, bei e–r Prognose werden die Vergangenheitswerte nicht (wie bei gleitenden Mittelwerten od bei exponentieller Glättung) starr, sondern adaptiv gewichtet; die Gewichte werden iterativ berechnet)
adapt oneself to *v* (com) sich anpassen an
ad-audience (Mk) Anzeigenbeachtung *f*
ADB (com) = African Development Bank
ad budget
(Mk) Werbebudget *n*
– Werbeetat *m*
ad column (Mk) = advertisement column
A/D converter (EDV) A/D-Wandler *m*, Analog-Digital-Wandler *m*
AD/Cycle (EDV) = Application Development Cycle
add *v*
(com) addieren, aufsummieren
(EDV) erweitern, hinzufügen *(syn, apppend)*
add carry (EDV) Additionsübertrag *m*
added value (com) Wertschöpfung *f (cf, value added)*
added value tax (StR) Mehrwertsteuer *f (syn, more frequent: value added tax)*
add employees *v* (Pw) = hire employees
addend (Math) Summand *m*
addendum (com) Nachtrag *m*
adding-machine approach (FiW) Budgetanforderungen *fpl* nach den Vorjahresansätzen + taktisch begründetem Zuschlag
adding-up theorem (Math) Eulersches Theorem *n (ie, in linear-homogenen Produktionsfunktionen)*
ad director (Mk) Werbeleiter *m (syn, advertising manager)*
addition
(Math) Addition *f*
(ReW) Zugang *m* e–s Anlagegutes *(ie, simple replacements + new units)*
additional application (Pat) Zusatzanmeldung *f*
additional capital allowance (VGR) Sonderabschreibung *f*
additional cargo (com) Beiladung *f (syn, extra cargo)*
additional carriage (com, GB) Frachtzuschlag *m*
additional charge
(com) Nachgebühr *f*
(ie, postage or insufficient postage payable by addressee)
additional claim (Re) Nebenanspruch *m (syn, accessory claim, qv)*
additional clause (Re) Zusatzklausel *f*
additional cost (KoR) Zusatzkosten *pl (syn, extra cost)*
additional cover (Fin) Nachschußzahlung *f*
additional depreciation (StR, US) zusätzliche Abschreibung *f*
additional extended coverage
(Vers) Gebäude-Nachversicherung *f*
(ie, gegen zusätzliche Risiken, wie Wasser, Glasbruch, Schnee; in den meisten US-Staaten $50 Selbstbehalt)
(Vers) erweiterter Versicherungsschutz *m*
additional financing facility (IWF) zusätzliche Finanzierungsvorkehrung *f (syn, Witteveen facility)*
additional fiscal burden (FiW) Haushaltsmehrbelastung *f*
additional freight (com) Frachtzuschlag *m*

additional instruction (EDV) Zusatzbefehl *m*
additional insurance (Vers) Zusatzversicherung *f* *(syn, collateral /supplementary . . . insurance; infml, gap filler insurance)*
additional insured (Vers) Mitversicherter *m (syn, co-insured)*
additional invention (Pat) Zusatzerfindung *f*
additional investment budget (FiW) Investitions-Nachtragshaushalt *m*
additional margin (Bö) zusätzlicher Einschuß *m*
additional markon (com) zusätzlicher Aufschlag *m* *(ie, in retailing)*
additional paid-in capital
(ReW, US) Eigenkapitalzuwachs *m* aus sonstigen Quellen
(ie, neben dem Verkauf von Aktien über pari: sales of warrants, conversion of debt or preferred stock, stock dividends, treasury stock acquisitions, quasi-reorganizations, payments made by principal shareholder, realization of income benefits; syn, less preferably: capital surplus)
additional patent (Pat) Zusatzpatent *n (syn, patent of addition, qv)*
additional payment (com) Zuzahlungsbetrag *m*
additional policy (Vers) Nachtragspolice *f*
additional premium
(Vers) Prämienzuschlag *m*
– Zusatzprämie *f*
(Vers) Nachlaufprämie *f*
additional quota (Zo) Zusatzkontingent *n*
additional record (EDV) Zusatzdatensatz *m (ie, results from creation of a new record during file processing)*
additional respite (com) Nachfrist *f (syn, period of grace, qv)*
additional services (com) Nebenleistungen *fpl*
additional tax (FiW) Zusatzsteuer *f*
addition of fixed assets (ReW) Anlagenzugänge *mpl*
addition of variates (Stat) Addition *f* von Zufallsvariablen
addition slip (com) Additionsstreifen *m*
additions to buildings (com) Anbauten *mpl*
additions to plant and equipment (Bw) (Sach-)Anlagenzugänge *mpl*
additions to workforce (Pw) Personalzugang *m*
addition table (EDV) Additionstabelle *f*
addition theorem (Math) Additionstheorem *n*
addition to capacity
(Bw) Kapazitätserweiterung *f*
(ie, expansion, purchase, and construction of plants; syn, increase in capacity, expansion of plant facilities)
addition to capital investments (Fin) Finanzanlagenzugänge *mpl*
addition to policy (Vers) Schlußgewinnanteil *m*
addition to stocks (MaW) Lagerzugänge *mpl (syn, inventory receipts)*
additive group
(Math) additive Gruppe *f*
(ie, e–e Gruppe, deren Verknüpfung mit ‚+' geschrieben wird)
additive marginal cost (Vw) additive Grenzkosten *pl*
additive preferences (Vw) additive Präferenzen *fpl*
additive property (Stat) Additivität *f*
additive random walk process (Stat) additiver Zufallsprozeß *m*
add new jobs *v* (Pw) Arbeitsplätze *mpl* schaffen *(syn, create)*
add on *v* (com) hinzufügen, hinzurechnen *(syn, include)*
add-on clause
(Re) Klausel *f* in Teilzahlungsverträgen
(ie, alle geleisteten Teilzahlungen verfallen bei erstem Zahlungsverzug; voller Eigentumsvorbehalt)
add-on contract (Mk) Erweiterung *f* e–s Teilzahlungsvertrages *(ie, through additional purchases)*
add one's name to *v* (com) unterschreiben *(eg, document, contract)*
add-on installment loan (Fin) Teilzahlungskredit *m*, dem bei Kreditgewährung die Zinsen zugeschlagen werden *(opp, discount-rate installment loan)*
add-on loan (Fin) Teilzahlungskredit *m* plus Gesamtzinsen
add-on memory (EDV) Erweiterungsbaustein *m* für den Hauptsspeicher
add-on minimum tax (StR, US) Mindest-Steuerzuschlag *m (ie, 15% on a corporation's tax preferences; IRC § 56 (a))*
add-on product (com) Ergänzungsprodukt *n*
add-on program (EDV) Zusatzprogramm *n*
add-on sale (com) Anschlußauftrag *m (ie, made to a customer satisfied on earlier occasions)*
add-on tax (StR) Zusatzsteuer *f (ie, surcharge levied on a selection of allowable tax deductions)*
address
(com) Anschrift *f*, Adresse *f*
(EDV) Speicheradresse *f*, Adresse *f* e–s Speicherplatzes
(ie, number that indicates the location of a byte of information in computer memory)
(EDV) Netzwerk-Adresse *f*
(ie, number that identifies a user or a device on a network)
address *v* (com) adressieren
addressable cursor (EDV) programmierbarer Mauszeiger *m*
addressable point (EDV) adressierbarer Punkt *m*
address arithmetic (EDV) Adreßrechnung *f*
address assignment (EDV) Adreßzuordnung *f*, Adressenzuweisung *f*
address calculation (EDV) = address computation
address capacity (EDV) Adressenkapazität *f*
address card (EDV) Adreßkarte *f*, Adressenkarte *f*
address chaining (EDV) Adreßverkettung *f*
address commission (com) Ladeprovision *f (ie, paid for arranging the loading of vessel)*
address computation
(EDV) Adressenrechnung *f*
– Adreßberechnung *f*
– Adressenarithmetik *f (syn, address arithmetic)*
address constant (EDV) Adreßkonstante *f*, ADCON *(ie, in programming)*
address conversion (EDV) Adreßumwandlung *f*
addressed bill (WeR) Domizilwechsel *m (syn, domiciled bill)*
addressee
(com) Adressat *m*, Empfänger *m*
(ie, of letters, parcels; syn, receiver, recipient)

address error (EDV) = addressing error
address field (EDV) Adreßfeld *n*
address file (EDV) Adressendatei *f*
address format (EDV) Adreßformat *n*, Befehlstyp *m* *(ie, in programming)*
address for service (Re) Zustellungsadresse *f*
address generation (EDV) Adressenerzeugung *f* *(syn, randomization)*
address in case of need (WeR) Notadresse *f*
address index (EDV) Adreßindex *m*
addressing
(EDV) Adressieren *n*, Adressierung *f* *(ie, in programming)*
(EDV) Adressiermethode *f*
addressing error (EDV) Adreßfehler *m*, Adressierungsfehler *m*
addressing machine (com) Adressiermaschine *f*
addressing mode (EDV) Adressierungsart *f*
addressing space (EDV) = address space
address label (com) Adressen-Aufkleber *m*
addressless instruction
(EDV) adressenloser Befehl *m*
address marker (EDV) Adreßmarke *f*
address modification (EDV) Adressenänderung *f*, Adressenmodifikation *f*
address oneself to *v*
(com, fml) sich zuwenden
– behandeln
– aufgreifen *(eg, problem, matter in hand, urgent task)*
address part (EDV) Adreßteil *m*, Adressenteil *m* *(syn, address portion)*
address portion (EDV) = address part
address range (EDV) Adreßbereich *m*
address register (EDV) Adreßregister *n*
address selection (EDV) Adressenauswahl *f*
address selection unit (EDV) Adressenauswahleinrichtung *f*
address space (EDV) Adreßraum *m* *(syn, name space)*
address space administration (EDV) Adreßraumverwaltung *f*
address space layout (EDV) Adreßraumbelegung *f*
address system (EDV) Adressensystem *n*
add statement (EDV, Cobol) Additionsanweisung *f*
add to one's nest egg *v* (com, infml) zusätzlich sparen, auf die hohe Kante legen
add unaccrued interest *v* (Fin) aufzinsen
add workers *v* (Pw) = hire employees
adequate and orderly accounting
(ReW) ordnungsgemäßige Buchführung *f*
(ie, this basic tenet of German accounting practice is untranslatable; it has statutory and commercial sources)
adequate care (com) hinreichende Sorgfalt *f*
adequately funded (Fin) ausreichend finanziert
adequate rate of growth (Vw) angemessenes Wachstum *n*
adequate sample (Stat) repräsentative Stichprobe *f* *(syn, average/representative . . . sample)*
adequate target rate (Fin) Kalkulationszinsfuß *m* *(syn, internal rate of discount, qv)*
adherence (Re) Beitritt *m*
adhere to *v* (com, fml) festhalten an *(eg, offer, proposal, idea)*
adhesion (com) Haftfähigkeit *f*
adhesion contract (Re) Knebelungsvertrag *m*, diktierter Vertrag *m* *(ie, weaker party has no realistic alternative; beseitigt die wirtschaftliche Bewegungsfreiheit e–r Person ganz oder wesentlich; syn, oppressive contract)*
adhesion flap (com) Adhäsionsverschluß *m*
adhesive label (com) Aufklebezettel *m*, Aufkleber *m*
adhesive strip (com) Klebestreifen *m*
adhesive tape (com) Klebeband *n*
ad hoc committee (com) ad-hoc-Ausschuß *m*
ad hoc consortium (com) Gelegenheitsgesellschaft *f* *(syn, temporary joint venture)*
ad hoc decision (Bw) situative Entscheidung *f*, ad hoc-Entscheidung *f*
ad hoc query (EDV) ad hoc-Abfrage *f*
adhocracy (Bw) flexible Organisationsform *f* *(ie, mit e–m Minimum an hierarchischer Struktur)*
ad industry (Mk) Werbeindustrie *f*
ad insert (Mk) Anzeigenbeilage *f*
adjacency matrix (Math) Adjazenzmatrix *f*
adjacent channel (EDV) benachbarter Kanal *m*
adjacent domain (EDV) Nachbarbereich *m*
adjacent edges (OR) benachbarte Kanten *fpl* *(syn, adjacent vertices)*
adjacent vertices (OR) = adjacent edges
adjective law (Re) formelles Recht *n*, Verfahrensrecht *n* *(syn, procedural law; opp, substantive law = materielles Recht)*
adjoining coastal states (Re) angrenzende Küstenstaaten *mpl*
adjoining owner (Re) = abutting owner
adjoining states (Re) benachbarte Staaten *mpl*
adjoint (Math) Adjungierte *f* (e–r Matrix) *(syn, adjugate)*
adjourn *v*
(com) vertagen
(ie, for/till/until; eg, meeting, conference, trial)
adjourn indefinitely *v* (com) auf unbestimmte Zeit vertagen
adjournment (com) Vertagung *f*
adjournment sine die (Re) Vertagung *f* auf unbestimmte Zeit
adjourn to *v* (com) sich begeben *(eg, to another place where business may be resumed)*
adjudicated bankrupt (Re) Gemeinschuldner *m* *(ie, kann jeder werden, der Konkursfähigkeit besitzt)*
adjudication in bankruptcy
(Re) Konkurseröffnung *f*
adjudication order (Re) Konkurseröffnungsbeschluß *m* *(syn, US, order for relief)*
adjugate (Math) = adjoint
adjunct account (ReW) Unterkonto *n* *(syn, subaccount, qv)*
adjust *v*
(com) anpassen
(Vers) regulieren
adjustable peg system (Vw) limitierte Stufenflexibilität *f*
adjustable preferred stock (Fin, US) Vorzugsaktie *f* mit variabler Dividende
adjustable rate mortgage
(Fin) variabel verzinsliche Hypothek *f*
(ie, initial or starting interest is lower than the rate on a standard mortgage)

adjustable rate mortgage loan (Fin) zinsvariables Hypothekendarlehen *n*

adjustable rate preferred stock (Fin, US) Vorzugsaktie *f* mit variabler Dividende *(ie, an die Zinssätze staatlicher Schuldverschreibungen gekoppelt)*

adjust *v* **a claim** (Vers) Forderung *f* regulieren

adjust a damage *v* (Vers) Schaden *m* regulieren

adjust an account *v* (ReW) Konto *n* glattstellen *(syn, settle, square)*

adjust averages *v* (SeeV) dispachieren

adjusted balance sheet (ReW) berichtigte Bilanz *f*

adjusted cost base, ACB (KoR) angepaßte Bewertungsgrundlagen *fpl* für die Kostenrechnung

adjusted for inflation (ReW) inflationsbereinigt

adjusted for working-day variations (com) kalenderbereinigt

adjusted gross income
(com) berichtigter Bruttoumsatz *m*
(StR, US) berichtigtes Bruttoeinkommen *n*
(ie, gross or total income minus deductions; used for personal not for business taxes)

adjusted gross sales (com) berichtigter Bruttoauftragseingang *m*

adjusted historical cost
(ReW) auf Tageswerte umgerechnete Anschaffungskosten *pl (ie, historical cost translated to current market value)*

adjusted index (Stat) bereinigter Index *m*

adjusted net worth
(Vers) berichtigtes Eigenkapital *n*

adjusted selling price, ASP
(Mk) berichtigter Verkaufspreis *m*
(ie, selling price minus expected profit and selling expense)

adjusted trial balance
(ReW) berichtigte Probebilanz *f*
(ie, aufgestellt nach Vornahme der Berichtigungsbuchungen, adjusting entries)

adjuster
(Vers) Schadenregulierer *m* Schadensachbearbeiter *m*
(SeeV) Dispacheur *m*

adjusting entry (ReW) Berichtigungsbuchung *f (syn, correcting entry)*

adjusting journal entry (ReW) = adjustment entry

adjustment
(com) Anpassung *f (eg, of plant to cyclical conditions = e–s Betriebes an die Konjunkturlage)*
(ReW) Berichtigung *f*
(Vers) Schadenregulierung *f*
Entschädigungsleistung *f*
(Stat) Bereinigung *f*, Korrektur *f*

adjustment account (ReW) Berichtigungskonto *n (syn, reconciliation account)*

adjustment assistance
(AuW, US) Anpassungshilfe *f*
(ie, direct compensation to groups of firms or workers injured by increased imports; Trade Expansion Act of 1962)

adjustment bond (Fin, US) Gewinnschuldverschreibung *f (syn, income bond; GB, reorganization bond)*

adjustment bureau (Vers, US) gewerblicher Schadenregulierer *m*

adjustment charges (SeeV) Dispachekosten *pl*

adjustment credit
(Fin, US) Überbrückungskredit *m*
(ie, primary form of Federal Reserve lending to banks for brief periods to help them meet their short-term needs when they experience great short-run volatility in their deposits and reserve positions)

adjustment entries
(ReW, US) Buchungen *fpl* zur Periodenabgrenzung
(ie, to record revenue and expense in the proper period)
(ReW) Korrekturbuchungen *fpl (ie, to correct errors during an audit)*

adjustment for depreciation (ReW) Abschreibungskorrektur *f*

adjustment for price risk (ReW) Abwertung *f* wegen Preisrisiko

adjustment for quantitative risk (ReW) Abwertung *f* wegen Mengenrisiko

adjustment gap (Vw) Anpassungslücke *f*

adjustment inflation (Vw) Anpassungsinflation *f*

adjustment item
(ReW) Ausgleichsposten *m (eg, from initial consolidation)*
(ReW) Wertberichtigungsposten *m*

adjustment loan (Fin) Anpassungsdarlehen *n*

adjustment measure (Vw) Anpassungsmaßnahme *f*

adjustment mechanism (AuW) Anpassungsmechanismus *m*

adjustment of aspiration level (Mk) Anspruchsanpassung *f*

adjustment of assessed values (StR) Fortschreibung *f*

adjustment of average
(SeeV) Adjustierung *f*
– Regulierung *f*

adjustment of claims
(com) Anspruchsregulierung *f*
(ie, if goods are lost or damaged during transportation)
(Vers) Schadenregulierung *f*

adjustment of inventories to tax base (ReW) steuerliche Bewertungsabschläge *mpl* auf Vorräte

adjustment of profit (Re) Vorteilsausgleichung *f (ie, in civil law: compensatio lucri cum damno)*

adjustment of standard social assistance rates
(FiW) Regelanpassung *f* bei der Sozialhilfe

adjustment of tariff rates (Zo) Angleichung *f* von Zollsätzen *(syn, alignment)*

adjustment of terms (Fin) Konditionenanpassung *f*

adjustment payment (com) Ausgleichszahlung *f*

adjustment policy (Vw) Strukturpolitik *f (syn, structural policy)*

adjustment premium
(Vers) Beitragsnachverrechnung *f*
– Nachverrechnungsprämie *f*

adjustment process (Vw) Anpassungsprozeß *m*

adjustment rate of wages (Vw) Gleichgewichtslohnsatz *m (ie, nach Pigou)*

adjustment resulting from consolidation (ReW) Ausgleichsposten *mpl* aus der Konsolidierung

adjustments
(ReW) Berichtigungen *fpl*
(Fin) Berichtigungen *fpl* von Kontoauszügen

adjustment securities
(Fin) Wertpapiere *npl*, die während e–r Sanierung emittiert werden
(ie, the new stock is usually worth less than the stock it replaces)
adjustment speed (com) Anpassungsgeschwindigkeit *f*
adjustments to capital account (ReW) Berichtigungsposten *mpl* zum Eigenkapital
adjustment trigger (com) Anpassungsimpuls *m*
adjust oneself to *v* (com) sich umstellen auf *(eg, situation, condition)*
adjust seasonally *v* (Stat) saisonal bereinigen
adjust tariff rates *v* (Zo) Zollsätze *mpl* angleichen *(syn, align)*
adjust the balance of payments *v* (AuW) Zahlungsbilanz *f* ausgleichen *(syn, square)*
admag (Mk) Werbeblatt *n*, Anzeigenblatt *n* *(syn, advertising magazine)*
adman
(Mk) Werbefachmann *m*
– Anzeigenfachmann *m*
– Werbeagent *m (syn, advertising man)*
admass
(Mk) rücksichtslose Medien-Werbung *f*
(Mk) Werbeopfer *n*, Opfer *n* der Werbung
(Mk, GB, sl) Werbevieh *n*, TV-Proletariat *n*
(ie, the gullible section of the public easily influenced by ads and other presentations; syn, mass media public)
administer a bankrupt's estate *v* (Re) Konkurs *m* abwickeln
administer accounts *v* (Fin) Konten *npl* führen
administer a law *v* (Re) Gesetz *n* durchführen
administer an estate *v* (Re) Nachlaß *m* verwalten
administered price (Vw) administrierter Preis *m (ie, applied only in the private sector)*
administered price inflation (Vw) administrierte Preisinflation *f*
administered price theory (Vw) Theorie *f* der administrierten Preise
administered rate of interest (Vw) administrierter Zinssatz *m*
administration
(com) Verwaltung *f*
(com) Leitung *f*, Führung *f*, Verwaltung *f*
(Bw) Unternehmensführung *f*
(Bw) Unternehmensleitung *f*
(Bw) Tätigkeit *f* der Unternehmensleitung
(Re) Nachlaßverwaltung *f*
(Re, US) Administration *f (ie, the executive branch of the U.S. Government: die Regierung)*
(Re, GB, appr) Vermögensverwaltung *f*
(ie, zur Abwendung des Konkurses; Vorstufe der receivership; vergleichbar mit dem US-Verfahren nach Chapter 11 des Bankruptcy Code; eg, X has put itself into administration; X is under administration)
administration cost (KoR, GB) Verwaltungs(gemein)kosten *pl (syn, administration expenses, establishment charges)*
administration cost center (KoR) Verwaltungs(kosten)stelle *f*
administration expenses (KoR, GB) = administration cost
administration of estates
(Re) Nachlaßverwaltung *f*
(ie, management of the estate of an intestate or of a testator who has no executor, performed under the supervision of a court; cf, administrator)
administration officer (com) Verwaltungsangestellter *m*/Verwaltungsangestellte *f*
administration of inventory (MaW) Lagerwirtschaft *f (syn, inventory and materials management)*
administration of oath (Re) Beeidigung *f*
administration order (Re, GB) Konkursbeschluß *m*
(ie, zur formlosen Abwicklung e–s kleinen Konkurses im Falle des Todes des Konkursschuldners)
administration overhead (KoR) = administrative overhead
administrative accounting (ReW) Finanzbuchhaltung *f* Geschäftsbuchhaltung *f (syn, financial accounting, qv)*
administrative action (Bw) routinemäßige Entscheidungen *fpl* und Maßnahmen *fpl* der Unternehmensleitung *(opp, corporate action)*
administrative agency (Re) Verwaltungsbehörde *f*
administrative appeal (Re) Beschwerde *f (ie, against a decision)*
administrative assistance (Re) Amtshilfe *f*
administrative audit (ReW) interne Revision *f*, Innenrevision *f (syn, internal/operational . . . audit)*
administrative budget
(Fin) kurzfristige Finanzplanung *f*
(Fin) konventionelles Budget *n*
(FiW) Verwaltungshaushalt *m*
administrative cost
(com) Verwaltungskosten *pl*
(StR) Steuererhebungskosten *pl*
administrative discretion (Re) Ermessenspielraum *m* e–r Behörde
administrative expense
(Bw) Verwaltungskosten *pl*
(KoR) Verwaltungsgemeinkosten *pl (ie, usually classed as general and administrative expense)*
administrative expense budget (Bw) Verwaltungskosten-Budget *n*
administrative fee (com) Verwaltungsgebühr *f*
administrative fine (Re) Bußgeld *n*
administrative fine proceedings (Re) Bußgeldverfahren *n*
administrative lag (FiW) Durchführungs-Verzögerung *f (ie, beim Einsatz fiskalpolitischer Instrumente)*
administrative law (Re) Verwaltungsrecht *n (opp, common law, statute law)*
administrative machinery (Bw) Verwaltungsapparat *m*
administrative management (Bw) oberste Unternehmensleitung *f (syn, general/top . . . management)*
administrative overhead (KoR) Verwaltungsgemeinkosten *pl*
administrative personnel (Pw) Personen *fpl* mit Leitungs- und Überwachungsfunktionen
administrative practice (Re) Verwaltungspraxis *f*
administrative protectionism
administrative receiver (Re) Zwangsverwalter *m*

administrative regulations (Re) Verwaltungsvorschriften *fpl*
administrative staff (com) Verwaltungspersonal *n*
administrative suspension
(Pw) zeitweise Beurlaubung *f*
(ie, mit Lohnfortzahlung bis zur Entscheidung e–s Disziplinarverfahrens)
administrative theory (com) Verwaltungstheorie *f*
administrative tribunal (Re, GB) Verwaltungsgericht *n*
administrative user (EDV) Benutzer *m* mit Verwaltungsaufgaben
administrative work (com) Verwaltungsarbeiten *fpl*
administrative workweek (com, US) sieben aufeinanderfolgende Kalendertage *mpl (ie, usu coincides with a calender week)*
administrator
(com) Verwaltungsfachmann *m*
– Verwaltungsleiter *m*
– Geschäftsführer *m*
– Behördenleiter *m*
(Re) Nachlaßverwalter *m*
(ie, appointed by the probate or surrogate court, or by the registrar of wills, to settle the estate of an intestate decedent; opp, executor, qv)
(Re, GB) Insolvenzverwalter *m*
(Re) Abwickler *m (ie, in e–m allg Sinn)*
administrator ad colligendum
(Re, US) Nachlaßverwalter *m* zur Einziehung von Auslandsvermögen
(ie, appointed to collect foreign assets)
administrator ad litem
(Re, US) Nachlaßverwalter *m* zur Fortführung e–s Rechtsstreits
(ie, appointed by a court to be a party to a lawsuit to which the decedent was a party)
administrator cum testamento annexo
(Re, US) Nachlaßverwalter *m* anstelle e–s Testamentsvollstreckers
(ie, no executor named in the will or the one named fails to qualify)
administrator of an estate (Re) Vermögensverwalter *m (syn, manager of an estate, qv)*
administrator of condominium (Re) Wohnungseigentumsverwalter *m*
administratrix (Re) Nachlaßverwalterin *f (cf, administrator)*
admissible advertising (Mk) zulässige Werbung *f*
admissible basis (OR) zulässige Basis *f (syn, feasible basis)*
admissible evidence (Re) zulässige Beweismittel *npl*
admissible hypothesis (Stat) zulässige Hypothese *f*
admissible number (Math) zulässige Zahl *f*
admissible subgroup
(Math) zulässige Untergruppe *f*
admission
(com) Eintritt *m (ie, the ordinary word; cf, admittance, which is more formal)*
(com) Eintrittsgeld *n (eg, admission is £ 5)*
(com) Aufnahme *f*
(com) Zulassung *f (ie, formal acceptance)*
(Re) Zugestehen *n* e-s Sachverhalts
admission by investment (Fin, US) Aufnahme *f* durch Geldeinlage *(ie, of new partner to partnership)*
admission fee
(com) Aufnahmegebühr *f*
(com) Eintrittsgebühr *f*, Eintrittsgeld *n*
admission into warehouse (Zo) Einlagerung *f*
admission requirements (com) Zulassungsbedingungen *fpl*
admissions office (com) Zulassungsstelle *f*
admission standards (com) = admission requirements
admission ticket (com) Eintrittskarte *f*
admission to listing (Bö) Börsenzulassung *f*
admission to official trading
(Bö) Börsenzulassung *f*
admission to quotation (Bö) = admission to listing
admission to the stock exchange (Bö) Börsenzulassung *f (ie, of securities)*
admit *v*
(com) eingestehen, zugeben
(com) aufnehmen *(eg, admitted to hospital)*
(Re) gestehen *(eg, admit guilt, admit to murder)*
admit a claim *v* (Re) Anspruch *m* anerkennen *(syn, recognize)*
admit a claim on its merits *v* (Re) Anspruch *m* dem Grunde nach anerkennen
admit of *v* (com, fml) zulassen *(eg, solution, interpretation, no contradiction)*
admittance (com, fml) Eintritt *m (cf, admission)*
admittance function (Math) Übertragungsfunktion *f*
admitted assets
(Vers) zum Deckungsstock zugelassene Vermögensgegenstände *mpl*
(ie, of an insurance company subject to the laws of the state of New York)
admitted company (Vers, US) bundesstaatlich konzessionierte Gesellschaft *f*
admitted insurance
(Vers) zugelassene Versicherung *f*
(ie, issued by a company licensed to operate in the jurisdiction where it is admitted; a great many countries have laws prohibiting the purchase of nonadmitted insurance)
admitted to dealings
(Bö, US) zum Handel zugelassen
(ie, security may now be traded on the exchange; syn, admitted to the list)
admitted to the list (Bö, US) = admitted to dealings
admit to *v* (com, fml) zugeben *(ie, being, doing; eg, being on the wrong side of 40)*
ADM master sample (Mk) koordinierte nationale Stichprobe *f*
adopt a budget *v* (FiW) Haushaltsplan *m* verabschieden
adopt annual accounts *v* (ReW, GB) Jahresabschluß *m* feststellen
adopt a resolution *v* (com) beschließen, Beschluß *m* fassen, Entschließung *f* annehmen *(syn, pass a resolution)*
adopter (Mk) Werbeerfüller *m (ie, purchaser)*
adoption (EG) Harmonisierung *f*
adoption of a single currency (EG) Einführung *f* einer einheitlichen Währung
adoption of common standards (EG) Harmonisierung *f* gemeinschaftlicher Normen
adopt the agenda *v* (com) Tagesordnung *f* annehmen
ADP (EDV) = Automatic Data Processing

ADR
(Fin) = American Depository Receipt
(StR) = asset depreciation range
adrate (Mk) Anzeigenpreis *m*, Anzeigentarif *m (syn, advertising rate)*
ad referendum contract (Re, GB) unterzeichneter Vertrag *(ie, mit bestimmten noch auszuhandelnden Klauseln)*
ad sales promotion manager (Mk) Anzeigenwerbeleiter *m*
ad slogan (Mk) Werbeslogan *m*
ad spending (Mk) Werbeaufwand *m*
adult education (Pw) Erwachsenenbildung *f*
adulterated wine
(com) verfälschter Wein *m*
– „gepanschter" Wein *m*
adulteration
(com) Verfälschung *f (ie, of a product)*
(com) verfälschtes Produkt *n*
adulteration of coinage (Vw) Münzverschlechterung *f*
adultery (Re) Ehebruch *m (eg, commit adultery)*
ad valorem duty
(Zo) Wertzoll *m*
(ie, imposed at a rate percentage of value; wird mit e–m Prozentsatz des Warenwerts bemessen)
ad valorem goods (Zo) wertzollbare Waren *fpl*
ad valorem tariff (Zo) Wertzolltarif *m*
advance
(com) Preisanstieg *m (ie, price increase)*
(com) Vorauszahlung *f (ie, against future delivery)*
(Fin) Kredit *m*
– Darlehen *n (syn, credit, qv)*
(Pw) Vorschuß *m (eg, on salary)*
(Bö) Kursbefestigung *f*
advance *v*
(com) anheben, erhöhen, heraufsetzen *(syn, increase)*
(com) steigen *(syn, rise)*
(Fin) vorauszahlen
– Vorauszahlung *f* leisten
(Fin) Kredit *m* gewähren
(Pw) befördern *(syn, promote)*
advance account (Fin) offener Buchkredit *m (ie, Bar-, Akzept- od Diskontkredit)*
advance against a documentary credit (Fin) Akkreditivbevorschussung *f (cf, packing credit)*
advance against security (Fin) Lombardkredit *m*
advance and decline method
(Bö) Advance-and-Decline-Methode *f*
(ie, Form der technischen Aktienanalyse: der A&D Index ist die kumulierte Differenz zwischen der Zahl von Aktien, die an einem Tag im Kurs gestiegen sind und der Zahl derer, die an diesem Tag im Kurs gesunken sind; reagiert häufig früher als der Aktienindex)
advance appropriation (FiW, US) Vorausbewilligung *f (ie, by the Congress; gives sufficient time to develop projects with assurance of future funding)*
advance arrangements
(com) Vorausdispositionen *fpl*
advance assessment (StR) Vorausveranlagung *f*
advance a tape *v* (EDV) Band *n* vorspulen
advance bill
(com) = advance invoice
(Fin) vor Lieferung ausgestellte Tratte *f*
advance booking (com) Vorbestellung *f*
advance clearance (Kart) Negativattest *n*
advance corporation tax (StR) KSt-Vorauszahlung *f (ie, wird später verrechnet)*
advance corporation tax, ACT
(StR, GB) Körperschaftsteuer-Vorauszahlung *f (eg, one-third of net dividend)*
advanced command (EDV) erweiterter Befehl *m*
advanced communication function (EDV) erweiterte Datenübertragungsfunktion
advance development (com) Vorausentwicklung *f*
advanced information processing, AIP (EDV) fortgeschrittene Informationsverarbeitung *f*
advanced letter (Mk) schriftliche Vorankündigung *f* e–s Werbekontaktes zur Erhöhung des Response von Maßnahmen der Direktwerbung
advanced manufacturing technology, AMT (com) moderne Fertigungstechnologie *f*
advanced printer function (EDV) erweiterte Druckerfunktion *f*
advanced program to program communication, APPC (EDV) erweiterte Inter-Programm-Kommunikation *f*
advanced purchase (AuW) Vorwegkauf *m*
advanced ratio (Bw) sekundäre Kennziffer *f (syn, GB, supporting ratio)*
advanced technology (com) Spitzentechnologie *f (syn, high technology, qv)*
advance fee (Fin) Kreditbeschaffungsprovision *f*
advance feedback (com, infml) Vorausinformation *f (ie, information obtained in advance)*
advance financing (Fin) Vorfinanzierung *f (syn, preliminary financing)*
advance fixing (Zo) Vorausfestsetzung *f*
advance fixing certificate (Zo) Vorausfestsetzungsbescheid *m*
advance freight (com) Frachtvorschuß *m*, Frachtvorauszahlung *f*
advance guaranty (com) Anzahlungsgarantie *f (syn, advance payment bond, qv)*
advance in real output (Vw) reales Wachstum *n (syn, real growth, growth in real terms)*
advance invoice (com) Vorausrechnung *f (syn, advance bill)*
advancement
(Pw) Aufstieg *m (syn, fml, ascendancy)*
(Pw) Beförderung *f (syn, promotion)*
advance notice
(com) Voranzeige *f*
(Re) Vorausanzeige *f (eg, to the Ministry of Finance)*
advance on collateral (Fin) Beleihungskredit *m*
advance on current account (Fin) Kontokorrentkredit *m*, Überziehungskredit *m*
advance on goods (Fin) Warenlombard *m*
advance on receivables (Fin) Zessionskredit *m (syn, assignment credit)*
advance on securities (Fin) Effektenlombard *m*, Wertpapierkredit *m*
advance order (com) Vorausbestellung *f*
advance pay (Pw) Lohn- od Gehaltsvorauszahlung *f*, Abschlag *m*

advance payment
(Fin) Anzahlung *f*, Vorauszahlung *f*
(syn, payment in advance, prepayment)
advance payment bond
(Fin) Anzahlungsgarantie *f*
(syn, advance . . . security/guaranty, security bond for down payment)
advance payment guarantee (AuW) Anzahlungsgarantie *f*
advance payments from customers (ReW) erhaltene Anzahlungen *fpl (syn, customer prepayments, qv)*
advance payments guarantee (Fin) Anzahlungsgarantie *f (ie, Form der Bankgarantie)*
advance payments to suppliers
(ReW) geleistete Anzahlungen *fpl*
(syn, payments in advance, advances to supply, deposits with suppliers)
advance performance (com) Vorausleistung *f*
advance premium (Vers) Prämienvorauszahlung *f*, Vorausprämie *f*
advance publication (com) Vorabdruck *m*
advance purchase (com) Vorwegkauf *m*
advancer (Bö) steigender Wert *m*
advance refunding (Fin, US) Umtausch *m* von Obligationen vor Fälligkeit *(ie, facility offered by the U.S. Treasury)*
advance repayment (Fin) vorzeitige Rückzahlung *f*
advance sale (com) Vorverkauf *m*
advance security (Fin) = advance payment bond
advance selling (Fin) Vorausplazierung *f (ie, of a securities issue)*
advances from demand (ReW) erhaltene Anzahlungen *fpl (syn, customer prepayments, qv)*
advances on sales contracts (ReW) erhaltene Anzahlungen *fpl* auf Verkaufsverträge
advances ratio
(Fin, GB) Kredit-Einlagen-Verhältnis *n*
(ie, is indicative of the conditions in the money market)
advances received from customers (ReW) = advance payments from customers
advances to subsidiaries (ReW) Darlehen *npl* an Tochtergesellschaften
advances to suppliers (ReW) geleistete Anzahlungen *fpl (syn, advance payments to suppliers, qv)*
advance strongly *v* (Bö) kräftig anziehen
advance termination (com) vorzeitige Abwicklung *f*
advantage of incumbency (com) Amtsbonus *m*
adventure
(com) spekulatives Warengeschäft *n*
(Bw) = joint venture
(Fin) Wertpapieremission *f* durch ein Konsortium
adversary proceedings (Re) streitiges Verfahren *n (ie, with both sides represented)*
adversary system
(Re, US) System *n* des streitigen Verfahrens
(ie, the judge is no more than the final decision maker between opposite sides; opp, inquisitorial system)
adverse audit opinion (ReW) negativer Bestätigungsvermerk *m*
adverse balance
(ReW) Passivsaldo *m*
(ReW) Unterbilanz *f*
adverse balance of payments (AuW) passive Zahlungsbilanz *f*
adverse cyclical developments (Vw) ungünstige konjunkturelle Entwicklungen *fpl*
adverse health effects (com) gesundheitsschädigende Wirkungen *fpl*
adverse opinion
(ReW) eingeschränkter Bestätigungsvermerk *m*
(syn, qualified opinion, qv)
adverse possession
(Re) Ersitzung *f*
(ie, acquisition of ownership by long possession, §§ 937 ff BGB; syn, acquisitive prescription)
(Re) Ersitzung *f*
adverse report (Re) negativer Bericht *m*
adverse selection
(Vers) Antiselektion *f*
– Gegenauslese *f (syn, anti-selection)*
adverse trade balance
(AuW, GB) passive Handelsbilanz *f*
(syn, adverse balance of trade; opp, active/favorable . . . balance)
adverse variance (Bw) negative Abweichung *f*
advertise *v*
(com) öffentlich bekanntmachen
(Mk) werben
– Werbung *f* treiben
(Mk) Anzeige *f* aufgeben
– inserieren
– annoncieren
advertised article
(Mk) beworbener Artikel *m*
(Mk) Reklameartikel *m*
advertised bidding (com) öffentliche Ausschreibung *f (syn, public invitation to bid)*
advertised price (Mk) angekündigter Bezugspreis *m*
advertised special (Mk) Werbesonderangebot *n*
advertise for *v* (com) durch Inserat suchen *(eg, programmer, secretary)*
advertise for bids *v* (com) ausschreiben *(syn, invite tenders, put out/up for tender)*
advertisement
(com) öffentliche Bekanntmachung *f*
(Mk) Anzeige *f*
– Inserat *n*
– Annonce *f (syn, infml, ad; GB, ádvert)*
advertisement analysis (Mk) Werbemittelanalyse *f*
advertisement canvasser
(Mk) Anzeigenakquisiteur *m*
advertisement column (Mk) Anzeigenspalte *f (syn, ad column)*
advertisement order (Mk) Anzeigenauftrag *m*
advertisement positioning (Mk) Anzeigenplazierungen *f*
advertisement rate (Mk) = advertising rate
advertisement rating (Mk) Wirksamkeitskontrolle
advertisement representative (Mk) Annoncenexpedition *f*
advertiser
(Mk) Inserent *m*, Anzeigenkunde *m*
(Mk) Werbeagentur *f (syn, advertising agency)*
advertising (Mk) Werbung *f*, Reklame *f*
advertising account (Mk) Kundenetat *m*, Etatkunde *m (syn, account, qv)*
advertising agency (Mk) Werbeagentur *f*

advertising allowance (Mk) Werbenachlaß *m (ie, reduction of price to sellers to encourage local advertising)*
advertising analysis (Mk) Werbeanalyse *f*
advertising appropriation
(Mk) Bewilligung *f* des Werbeetats
(Mk) Werbeetat *m*, Werbehaushalt *m*
advertising argot (com) Werbejargon *m*
advertising art (Mk) Gebrauchsgrafik *f*, Werbekunst *f (syn, commercial art)*
advertising attack (Mk) Werbeattacke *f (syn, advertising campaign)*
advertising audience (Mk) Werbepublikum *n*
advertising base price (Mk) Anzeigengrundpreis *m (syn, open price)*
advertising brochure (Mk) Werbebroschüre *f*
advertising budget
(Mk) Werbebudget *n*
– Werbeetat *m*
advertising budgeting (Mk) Planung *f* des Werbebudgets
advertising business
(Mk) Werbewirtschaft *f*
– Anzeigengeschäft *n*
advertising by enticement
(Mk) Lockvogelwerbung *f*
advertising campaign
(Mk) Werbefeldzug *m*
– Werbekampagne *f*
advertising canvasser (Mk) Werbeakquisiteur *m*
advertising cartel (Mk) Werbekartell *n*
advertising censorship (Mk) Werbezensur *f*
advertising circular (Mk) Werberundschreiben *n*
advertising code (Mk) Werbecode *m*
advertising consultant
(Mk) (freiberuflicher/freier) Werbeberater *m (syn, advertising counselor)*
advertising contract
(Mk) Anzeigenvertrag *m*
(Mk) Anzeigenabschluß *m*
advertising control (Mk) Anzeigenerfolgskontrolle *f*, Werbeerfolgskontrolle *f*
advertising copy
(Mk) Anzeigentext *m*, Reklametext *m*
(Mk) Werbevorlage *f*
advertising costs
(Mk) Werbekosten *pl (ie, not ‚Werbungskosten' which is a German income tax term)*
(Mk) Anzeigenkosten *pl (syn, space costs)*
advertising counselor (Mk) = advertising consultant
advertising customer (Mk) Anzeigenkunde *m*
advertising department (Mk) Werbeabteilung *f*, Anzeigenabteilung *f*
advertising device (Mk) Werbemittel *n*
advertising director
(Mk) Direktor *m*/Direktorin *f* der Werbeabteilung
– Werbeleiter *m*, Werbeleiterin *f (syn, advertising manager)*
advertising drive (Mk) = advertising campaign
advertising effect
(Mk) Werbewirkung *f*
– Werbeeffekt *m*
advertising effectiveness (Mk) Werbeerfolg *m*, Werbewirksamkeit *f*
advertising efforts (Mk) Werbemaßnahmen *fpl*
advertising expenditure
(Mk) Werbeaufwand *m*
– Werbeaufwendungen *fpl*
– Werbekosten *f*
– Reklamekosten *f*
advertising expense
(com) Werbeaufwand *m*
– Werbeaufwendungen *mpl*
– Werbekosten *pl*
advertising expert
(Mk) Werbefachmann *m*
– Anzeigenfachmann *m*
advertising gift (Mk) Werbegeschenk *n*
advertising gimmick
(Mk) Werbegag *m*, Werbetrick *m*
– Reklamegag *m*, Reklametrick *m*
advertising industry
(Mk) Werbewirtschaft *f*
– Werbebranche *f*
advertising in railway stations (Mk) Bahnhofswerbung *f*
advertising insert (Mk) Anzeigenbeilage *f (syn, advertising supplement)*
advertising in sport fields (Mk) Bandenwerbung *f*
advertising investments
(Mk) Werbeinvestitionen *fpl*
– Werbeaufwendungen *fpl*
advertising jingle (Mk) Werbemelodie *f*
advertising journal
(Mk) Anzeigenblatt *n*
(Mk) Werbefachzeitschrift *f*
advertising letter (com) Werbebrief *m*, Werbesendung *f*
advertising mail (com) Werbesendungen *fpl*
advertising man (Mk) Werbefachmann *m*
advertising manager (Mk) Werbeleiter *m (syn, ad director)*
advertising market (Mk) Werbemarkt *m*
advertising material (Mk) Werbematerial *n*
advertising matter (Mk) Werbedrucksache *f*
advertising medium (Mk) Werbemittel *n*, Werbeträger *m*
advertising message (Mk) Werbebotschaft *f*
advertising mix (Mk) Werbemix *m*
advertising monopoly (Mk) Anzeigenmonopol *n*
advertising office (Mk) Anzeigenannahme *f*
advertising order (Mk) Anzeigenauftrag *m (syn, space order)*
advertising overkill (Mk) Reizüberflutung *f* durch Werbung
advertising performance evaluation (Mk) Werbeerfolgskontrolle *f*
advertising pillar (Mk) Litfaßsäule *f*, Reklamesäule *f (syn, advertising post)*
advertising planning (Mk) Werbeplanung *f (syn, account/media . . . planning)*
advertising policy (Mk) Werbepolitik *f*
advertising post (Mk) = advertising pillar
advertising poster (Mk) Werbeplakat *n*, Reklameplakat *n*
advertising price (Mk) Einführungspreis *m*, Werbepreis *m (syn, introductory/get-acquainted . . . price)*
advertising principles (Mk) Werbegrundsätze *mpl*
advertising psychology (Mk) Werbepsychologie *f*

advertising rate
(Mk) Werbetarif *m*
(Mk) Anzeigenkosten *pl*, Anzeigentarif *m*, Annoncentarif *m (syn, adrate, advertisement rate)*
advertising rate list
(Mk) Werbetarifliste *f*
(Mk) Anzeigenpreisliste *f*
advertising regulations (Mk) Werbevorschriften *fpl*, Werbebestimmungen *fpl*
advertising representative
(Mk) Anzeigenvertreter *m*
(Mk) Anzeigenagentur *f*
advertising research (Mk) Werbeforschung *f*
advertising response (Mk) Werberücklauf *m*
advertising return (Mk) Werberendite *f*
advertising revenue
(Mk) Werbeeinnahmen *fpl*
– Werbeeinkünfte *fpl*
advertising sales agency
(Mk) Anzeigenvertreter *m*
– Anzeigenakquisiteur *m*
(Mk) Anzeigenagentur *f*
advertising salesman (Mk) Werbevertreter *m*, Anzeigenvertreter *m*
advertising sample (Mk) Werbemuster *n*
advertising sector (Mk) Werbesektor *m*
advertising service (Mk) Werbedienst *m*, Anzeigendienst *m*
advertising slang (Mk) Werbeslang *m*
advertising slogan (Mk) Werbeslogan *m*
advertising space
(Mk) Reklamefläche *f*
– Werbefläche *f*
(Mk) Anzeigenraum *m*
advertising space buyer
(Mk) Inserent *m*
(Mk) Anzeigenexpedition *f*
advertising specialist (Mk) Werbefachmann *m (syn, advertising man, adman)*
advertising specialty
(Mk) Werbegeschenk *n*
(ie, low cost item with logo of seller on it: pens, pocket calculators, etc; syn, advertising gift)
advertising spot (Mk) Werbespot *m*
advertising statistics (Mk) Werbestatistik *f*
advertising stunt (Mk) Werbegag *m (syn, publicity stunt)*
advertising substantiation (Mk) Nachweis *m* behaupteter Produkteigenschaften
advertising supplement (Mk) Werbebeilage *f (syn, infml, stuffer)*
advertising tax (StR) Werbesteuer *f*
advertising threshold (Mk) Werbeschwelle *f*
advertising time (Mk) Werbezeit *f*
advertising trade school (Mk) Werbefachschule *f*
advertising TV (Mk) Werbefernsehen *n*
advertising zone (Mk) Werbebereich *m*
advertorial (Mk) Textanzeige *f*
advice (com) = advice note
advice note
(com) Versandanzeige *f*
(syn, delivery/dispatch/shipping . . . note, forwarding advice, letter of advice)
(Fin) Gutschriftsanzeige *f*
advice of cancellation (Re) Rücktrittserklärung *f*
advice of collection (Fin) Inkassoanzeige *f*
advice of credit
(Fin) Eröffnungsschreiben *n*
(Fin) Gutschriftsanzeige *f*
advice of damage (Vers) Schadensanzeige *f*, Schadensmeldung *f*
advice of deal (Fin) Ausführungsanzeige *f (ie, in security transactions)*
advice of debit (Fin) Lastschriftanzeige *f*
advice of delivery
(com) Lieferanzeige *f*
– Ablieferungsanzeige *f*
advice of dispatch (com) Versandanzeige *f (ie, in foreign trade; sent from exporter to buyer)*
advice of evidence (Re) Ankündigung *f* weiterer Beweisanträge
advice of non-delivery (com) Unzustellbarkeitsmeldung *f*
advice of receipt (com, GB) Rückschein *m (syn, return receipt)*
advice on evidence (Re) Ankündigung *f* weiterer Beweisanträge
advices
(com) Lagebericht *m*
(ie, of agent to principal on general trading conditions)
advise *v* (com) mitteilen, benachrichtigen *(syn, inform, give notice, notify)*
advise a letter of credit *v* (Fin) Akkreditiv *n* anzeigen *(syn, notify)*
advise of collection (Fin) Inkassoanzeige *f*
advise on *v* (com) beraten über *(syn, give advice about)*
adviser (com) Berater *m (syn, consultant, counselor)*
advising bank (Fin) avisierende Bank *f (ie, under a letter of credit; Bank des Exporteurs)*
advisor on energy (com) Energieberater *m*
advisory account
(Bö, US) Beraterkonto *n*
(ie, an outside adviser is given limited power of attorney to make transactions without first consulting the investor)
advisory activity (com) Beratungstätigkeit *f (syn, consulting activity)*
advisory body (com) beratendes Gremium *n*
advisory capacity (com) = advisory function
advisory circular (EG) beratendes Rundschreiben *n*
advisory committee
(EG) beratendes Gremium *n*
– beratender Ausschuß *m*
Advisory Committee on Customs Matters (EG) Beratender Ausschuß *m* für Zollfragen
Advisory Committee on the Opening of Up of Public Procurement (EG) Beratender Ausschuß *m* für die Liberalisierung des öffentlichen Auftragswesen
advisory committee procedure (EG) Verfahren *n* des Beratenden Ausschusses
advisory contract
(com) Beratungsvertrag *m*
– Beratervertrag *m (syn, consultancy agreement)*
advisory council (com) Beirat *m*
advisory department (Bw) beratende Abteilung *f*
advisory function (com) beratende Funktion *f (syn, advisory capacity)*

advisory opinion (com) Gutachten *n*, gutachterliche Stellungnahme *f (syn, expert opinion)*
advocacy advertising (Mk) defensive Werbung *f (ie, zwecks Abwehr von Beschuldigungen od Angriffen allgemeiner od besonderer Art)*
advocacy group (com) Interessengruppe *f*
advocate
(Re, US) Rechtsbeistand *m*
(Re, GB) Anwalt *m*
– Rechtsbeistand *m (ie, the Scotch counterpart of the British barrister)*
advocate *v*
(com) befürworten
– eintreten für
– plädieren für
AEA (com) = American Economic Association
aero engine maker (com) Flugmotoren-Hersteller *m (syn, aircraft engine maker)*
aerogram (com) Luftpostleichtbrief *m (syn, air letter, airmail letter)*
aerospace company (com) Luft- und Raumfahrtunternehmen *n*
aerospace group
(com) Luft- und Raumfahrt-Konzern *m (eg, Messerschmitt-Bölkow-Blohm in Germany)*
(com) Luft- und Raumfahrt-Gruppe *f*
(eg, comprising McDonnel Douglas, General Electric, Rolls Royce, MTU, Snecma, Aeritalia)
aerospace industry (com) Luft- und Raumfahrtindustrie *f*
aerospace issues (Fin) Aktien *fpl* der Luft- und Raumfahrtindustrie
aerospace transportation (com) Raumtransport *m*
A & F (Fin, US) August und Februar als Zins- od Dividendentermine
AFBD (Fin) = Association of Futures Brokers and Dealers
affidavit
(Re) Versicherung *f* an Eides statt
(ie, statement in lieu of an oath, signed and affirmed; syn, GB, statutory declaration)
affidavit of service (Re) Zustellungsurkunde *f*
affiliate (com) = affiliated company
affiliated bank (Fin) angeschlossene Bank *f*, Bankbeteiligung *f*
affiliated company
(com) angeschlossenes
– angegliedertes
– verbundenes . . . Unternehmen *n*
(ie, durch Beteiligung od Unternehmensvertrag; direct or indirect ownership of 5% or more of voting stock; under the U.S. Bankruptcy Code this is 20% or more; syn, affiliate, associated company)
(com) Konzernunternehmen *n*
(com) Zweigorganisation *f*
affiliated enterprise (com) = affiliated company
affiliated group
(com, US) Konzern *m*
(ie, the parent owns 80% of the stock of the controlled corporation; IRC § 1504 (a); entitled to file a consolidated federal income tax return; syn, group, group of affiliated companies)
affiliated to (com) angegliedert, angeschlossen, verbunden mit
affiliate to *v* (com) angliedern an
affiliation (com) Angliederung *f*
affiliation agreement (Bw) Unternehmensvertrag *m (§§ 291–307 AktG)*
affine function (Math) affine Funktion *f*
affine group (Math) affine Gruppe *f*
affine mapping (Math) affine Abbildung *f*
affine transformation (Math) affine Transformation *f*
affinity card
(Fin) firmeneigene Kreditkarte *f*
(Fin, US) kein Äquivalent
(ie, issued by Visa and Mastercard for conservation groups; a small percentage of bills goes to help the environment)
affinity market
(Mk, US) gruppenspezifischer Markt *m*
affinity marketing
(Mk) gruppenspezifisches Marketing *n*
(ie, promotion of a product to the members of a group)
affirm *v* (com) bestätigen
affirmation
(Re) Bestätigung *f* e–r eidlichen Erklärung
(ie, of an affidavit, qv; in certain cases it takes the place of an oath)
affirmation in lieu of an oath (Re) eidliche od eidesstattliche Erklärung *f (syn, declaration, qv)*
affirmative action
(Pw, US) aktive Förderungsmaßnahmen *fpl* zugunsten von Minderheiten
(ie, Wortlaut der Executive Order 11375 des US-Präsidenten vom 13. 10. 1967: „to ensure that applicants are employed . . . and treated during employment, without regard to their race, color, religion, sex, or national origin": bisher benachteiligte Bewerber müssen bei gleicher Qualifikation bevorzugt eingestellt und befördert werden)
affirmative defense (Re, US) Klageerwiderung *f* durch Vortragen neuer Tatsachen
affirmative disclosure
(Kart, US) Offenlegung *f* negativer Eigenschaften beworbener Produkte und Dienstleistungen
(ie, remedy of the Federal Trade Commission on deceptive advertising cases)
affirmative proposition (Log) bejahendes Urteil *n*
affix one's signature to *v*
(Re) unterschreiben
– unterzeichnen
affluent society (com) Wohlstandsgesellschaft *f*
AFFM (Fin) = Australian Financial Futures Market
afforest *v* (com) aufforsten
affreight *v* (com) befrachten, chartern
affreightment (com) Befrachtungsvertrag *m (ie, either charter party or bill of lading)*
AFL (com) = American Federation of Labor, qv
afloat
(com) schwimmend
(Fin, infml) schuldenfrei, liquide *(ie, of a business)*
afloats (com) schwimmende Ware *f (syn, goods afloat)*
aflt. (com) = afloat
African Development Bank, ADB (com) Afrikanische Entwicklungsbank, AEB

AFTD (AuW) = American Foreign Trade Definitions
after-acquired clause (Re, US) Nacherwerbsklausel *f (ie, anything added to the mortgaged property is subject to the mortgage)*
after date, a/d (com) dato nach heute
after-date bill of exchange (WeR) Datowechsel *m*
after fact approach (Bw) (traditionelles) Krisenmanagement *n (opp, before fact approach)*
afterglow (EDV) Nachleuchten *n (of a monitor; syn, persistence)*
after-hours dealing (Bö, GB) Nachbörse *f (ie, after 15.30 in London; syn, street dealings)*
after-hours market
(Bö) Nachbörse *f*
– Kerbhandel *m*
(ie, Handel innerhalb der Börse, aber außerhalb der offiziellen Handelszeiten; cf, inter-office trading)
after-hours prices (Bö) nachbörsliche Kurse *mpl (syn, street prices, prices after hours, prices in the street)*
after-hours rally (Bö) Erholung *f* im nachbörslichen Verkehr *m*
after-hours trading (Bö) = after-hours dealing
after-installation service (com) technischer Kundendienst *m*
after market
(Mk) Anschlußmarkt *m*
(ie, for replacements; eg, the automotive aftermarket)
(Bö) Sekundärmarkt *m (syn, secondary market, qv)*
(Bö) Nachbörse *f*
aftermarket performance (Bö) Kursentwicklung *f* nach Emission *(ie, price action of a stock after it has been issued)*
afternoon (Fin) Nachmittag *m (ie, period of a day between noon and midnight; UCC Sec 4–104 (1) (b))*
after-sales behavior (Mk) Nachkaufverhalten *n*
after-sales manager
(com) Kundendienstleiter *m*/-in *f*
after-sales marketing (Mk) Nachkaufmarketing *n*
after-sales service (com) Kundendienst *m (syn, customer service, qv)*
after sight, a/s (WeR) nach Sicht
after-sight bill (WeR) Nachsichtwechsel *m (ie, payable at fixed period after sight)*
after-tax profit (Fin) Gewinn *m* nach Steuern *(syn, post-tax income, earnings after taxes)*
after-tax real rate of return (Fin) reale Nettorendite *f* nach Steuern *(ie, real = minus inflation rate)*
after-tax yield (Fin) Rendite *f* nach Steuern
against all risks (com) gegen alle Risiken *(ie, 1983 durch Institute Cargo Clauses A ersetzt)*
against all risks, a.a.r. (Vers) gegen alle Gefahren
against quid pro quo (Re) gegen Entgelt *(syn, for a consideration)*
against the box (Bö, US) Leerverkauf *m* e–s Haussiers *(ie, the phrase is: to sell against the box; reasons: tax considerations; holder cannot deliver on time; attempts to cloak his true position)*
age
(com) Alter *m*, Lebensalter *n*
(Bw) bisherige Nutzungsdauer *f* e–s Anlagegutes
age *v* (Fin) Forderungern *fpl* nach Alter aufschlüsseln
age addition (com) Alterszulage *f*
age allowance (StR, GB) Altersfreibetrag *m (ie, for persons over age 65)*
age at entry (Vers) Eintrittsalter *n*
age at expiry (Vers) Endalter *n*, Abgangsalter *n*
age at withdrawal (Vers) Austrittsalter *n*
age cohort (Stat) Altersgruppe *f*, Kohorte *f*
age cohort analysis (Stat) Kohortenanalyse *f (ie, in population statistics)*
age distribution
(Stat) Altersaufbau *m*
– Altersgliederung *f*
(syn, age . . . pattern/structure)
(Bw) Altersverteilung *f (ie, of fixed assets)*
age grouping (Stat) Altersgruppeneinteilung *f*
ageing of debtors (ReW, GB) = aging of accounts receivable
age limit (Pw) Altersgrenze *f*
agencies and instrumentalities (Re) Behörden *fpl* mit ihren Untergliederungen
agency
(com) Vertretung *f (syn, representation)*
(com) Sitz *m* e–r Vertretung
(Bw, EDV) Instanz *f*
(Re) Vertretung *f*
– Vertretungsverhältnis *n*
(ie, legal relationship between principal and agent; cf, § 164 BGB)
(Vers) Agentur *f*
– Vertretung *f*
– Geschäftsstelle *f*
agency account (ReW, US) Treuhandkonto *n*
agency agreement
(Re) Vertretungsvertrag *m*
(Mk) Vertrag *m* zwischen Kunde und Werbeagentur
(Pw, US) Vereinbarung *f* in Tarifverträgen, daß Nicht-Gewerkschaftsmitglieder Beiträge zahlen
agency bank
(Fin) Zweigniederlassung *f*
(ie, e–r Bank im Ausland, die nur im Auftrag der Zentrale tätig werden darf)
(Fin) Konsortialbank *f*
(ie, im Euromarkt, die im Anschluß an den Konsortialführer die Darlehensbearbeitung übernimmt)
agency bill (Fin, GB) Wechsel *m*, der von e–r Londoner Niederlassung e–r ausländischen Bank akzeptiert wird
agency business (com) Agenturgeschäft *n*
agency by estoppel (Re) Duldungsvollmacht *f*
agency commission (com) Agenturvergütung *f*
agency commission between banks (Fin) Bankenbonifikation *f*
agency contract (Re) Vertretungsvertrag *m*
agency expenses (com) Vertreterkosten *pl*
agency fee
(com) Vertreterprovision *f (syn, agent's commission)*
(Fin) Abwicklungsgebühr *f*
agency fund (Fin) verwaltetes Vermögen *n*
agency goods (Zo) Agenturwaren *fpl*
agency importations (Zo) Einfuhren *fpl* durch Agenturen

agency manager (Vers, US) Außendienstleiter *m*
agency marketing (Fin) = agency selling
agency plant
(Vers, US) Außendienst *m*
– Außendienstorganisation *f*
– Organisation *f*
(ie, total force of agents representing an insurer; syn, field organization)
agency power (Re) Vertretungsmacht *f*
agency representative (com) Agenturvertreter *m*
agency selling
(Fin, US) Effektenemission *f* auf fremde Rechnung
(ie, one aspect of investment banking: a banker markets a new security as the agent of the issuing corporation, assuming none of the risk; syn, agency marketing, best efforts selling; opp, underwriting/purchase . . . of entire new issues)
agency shop
(Pw, US) Unternehmen *n*, das auch von nicht organisierten Arbeitnehmern Gewerkschaftsbeiträge einzieht *(ie, attempt to eliminate free riders: Trittbrettfahrer)*
agency superintendent
(Vers, US) Bezirksdirektor *m*
agency theory
(Bw) Theorie *f* der Vertretung
(ie, holds that a business enterprise can be regarded as a complex series of agent-principal relationships: shareholders are the ultimate principals, and senior managers their agents)
agency trade (com) Agenturhandel *m*
agenda (com) Tagesordnung *f (syn, order of the day, business to be transacted)*
agenda paper (com) Tagesordnung *f*, Liste *f* der Tagesordnungspunkte
agent
(com) Vertreter *m*
– Handelsvertreter *m*
(com) Eigenhändler *m (ie, im eigenen Namen und auf eigene Rechnung)*
(com) Beauftragter *m*
– Bevollmächtigter *m*
(Re) Stellvertreter *m*
(ie, jede Person, die der ‚principal' beauftragt, um s–e Rechtsverhältnisse zu gestalten; a person has the power to put another person into a binding legal relationship; der Begriff nach § 164 BGB ist enger)
(Vers) Agent *m*, Versicherungsvertreter *m*
(Bö) = broker *(ie, in the securities market)*
(Fin) = agency bank
agent abroad (com) Auslandsvertreter *m (syn, foreign representative)*
agent bank (Fin) = agency bank
agent for service (Fin, US) Zustellungsempfänger *m (ie, gegenüber der SEC)*
agent middleman
(com) Oberbegriff, faßt Vertreter, Makler und Kommisssionäre zusammen
(com) Handelsmakler *m*
(eg, broker, commission merchant, manufacturer's agent, selling agent, resident buyer)
agent of an independent status (com) unabhängiger Vertreter *m*
agent's commission (com) Vertreterprovision *f (syn, agency fee)*
agents of corporation (Re) Organe *npl* e–r Gesellschaft
agents of production (Vw) Produktionsfaktoren *mpl (syn, factors of production, input resources)*
agent's report (com) Vertreterbericht *m (syn, call slip)*
agent's territory (com) Vertreterbezirk *m*
age pattern (Stat) = age distribution
age profile (Mk) Altersprofil *n (ie, of a product)*
age pyramid (Stat) Alterspyramide *f*
age ranking of fixed assets (Bw) Altersaufbau *m (ie, based on year of acquisition)*
age specific (Pw) altersspezifisch *(eg, death rate)*
agglomeration area (Bw) Ballungsgebiet *n (ie, area of industrial concentration)*
aggravate *v* (com) verschärfen *(syn, exacerbate; infml, hot up)*
aggravated risk (Vers) erhöhtes Risiko *n (syn, classified risk)*
aggravating circumstances (com) erschwerende Umstände *mpl (opp, mitigating circumstances, qv)*
aggregate balance
(Fin) Gesamtsaldo *m*
(ie, accumulation of account balances during the statement period)
aggregate cap
(Fin, US) generelle Obergrenze *f*
(ie, limits the amount a flexible mortgage rate can increase over the entire life of the loan; cf, adjustable rate mortgage)
aggregate concentration
(Vw) gesamtwirtschaftliche Konzentration *f*
(opp, concentration in individual markets)
aggregate consumer expenditure (Vw) Gesamtkonsum *m*, Gesamtkonsumsumme *f*
aggregate consumer income (Vw) Gesamthaushaltseinkommen *n*
aggregate consumption (Vw) gesamtwirtschaftlicher Konsum *m*
aggregate cover (Vers) akkumulierte Deckung *f*
aggregate deficiency in demand (Vw) Lücke *f* in der Gesamtnachfrage
aggregate demand
(Vw) gesamtwirtschaftliche Nachfrage *f*
– Gesamtnachfrage *f*
(syn, total demand; opp, aggregate supply = Gesamtangebot)
aggregate demand function (Vw) Gesamtnachfragefunktion *f*
aggregate development (Vw) gesamtwirtschaftliche Entwicklung *f (syn, overall/macroeconomic . . . development)*
aggregated income (StR, US) Einkommen *n* bei Zusammenveranlagung
aggregated shipment (com) Sammelladung *f (syn, consolidated shipment, qv)*
aggregate economic accounting (VGR) volkswirtschaftliches Rechnungswesen *n*
aggregate economic activity (Vw) gesamtwirtschaftliche Tätigkeit *f*
aggregate economics (Vw) Makroökonomie *f (syn, macroeconomics, qv)*

aggregate excess of loss reinsurance
(Vers) Jahresüberschadenrückversicherung *f* Gesamtschaden-Exzedentenrückversicherung *f*
(syn, stop loss reinsurance, stop loss ratio reinsurance, excess of loss ratio reinsurance)

aggregate experience (Vers) Schadenverlauf *m* mehrerer od aller Versicherer

aggregate income (Vw) Volkseinkommen *n (syn, national income)*

aggregate indemnity (Vers) maximale Schadenersatzleistung *f*

aggregate level of demand (Vw) gesamtwirtschaftliche Nachfrage *f*

aggregate liability
(Re) Gesamthaftung *f*
(Vers) Gesamtversicherungssumme *f (ie, under a single policy)*

aggregate limit
(Vers) Schadenersatzlimit *n (ie, under a single policy)*
(Vers) akkumuliertes Haftungslimit *n*

aggregate liquidating preference
(ReW, US) gesamter Liquidationsvorzug *m (ie, part of capital stock)*

aggregate liquidity (FiW) gesamtwirtschaftliche Liquidität *f*

aggregate loan portfolio (Fin) Gesamtausleihungen *fpl*

aggregate net open position (Fin) Gesamtrisikoposition *f*

aggregate of rights (Re) Rechtsgesamtheit *f*

aggregate of things (Re) Sachgesamtheit *f*

aggregate output (Vw) Sozialprodukt *n (syn, national product)*

aggregate principal (Fin) Gesamtkapitalbetrag *m*

aggregate production function (Vw) gesamtwirtschaftliche Produktionsfunktion *f*

aggregate productivity (Bw) Gesamtproduktivität *f (syn, overall/total . . . productivity)*

aggregate quantity (Vw) aggregierte Größe *f*

aggregate real wage (Vw) Reallohnsumme *f*

aggregate risk (Fin) Gesamtrisiko *n (ie, gegenüber e–m Kunden für Kassa- und Terminkontrakte)*

aggregates
(Vw) volkswirtschaftliche Gesamtgrößen *fpl*
– Aggregate *npl*
– aggregierte Größen *fpl (syn, broad totals, economy-wide totals)*

aggregate savings
(Vw) Gesamtersparnis *f*
– Gesamtersparnisbildung *f*

aggregate savings ratio (VGR) volkswirtschaftliche Sparquote *f*

aggregate supply (Vw) Gesamtangebot *n (opp, aggregate demand)*

aggregate supply function (Vw) gesamtwirtschaftliche Angebotsfunktion *f*

aggregate unemployment (Vw) konjunkturelle Arbeitslosigkeit *f (syn, cyclical unemployment)*

aggregate utility function (Vw) gesamtwirtliche Nutzenfunktion *f*

aggregate value added (VGR) volkswirtschaftliche Wertschöpfung *f*

aggregate value of importation (Zo) Gesamtwert *m* der Einfuhr

aggregate wealth formation (Vw) volkswirtschaftliche Vermögensbildung *f*

aggregation
(Vw) Aggregation *f*
– Ermittlung *f* gesamtwirtschaftlicher Größen

aggregation rules
(Fin, US) Kumulationsregeln *fpl*
(ie, sales by a donee are aggregated with sales by its donor, SEC Rule 144)

aggregative demand management (Vw) globale Nachfragesteuerung *f*

aggregative effects (Vw) kumulative Effekte *mpl (syn, cumulative effects)*

aggregative model
(Vw) aggregiertes Modell *n*
– makroökonomisches Modell *n*

aggregative theory
(Vw) Makrotheorie *f*
– gesamtwirtschaftliche Theorie *f*
(syn, macroeconomic theory)

aggressive investing policy (Fin) aggressive Anlagepolitik *f (ie, deliberate assumption of higher risk)*

aggressive investment
(Fin) hochspekulative Anlage *f*

aggressive portion (Fin) hochspekulativer Teil *m* e–s Effektenportefeuilles

aggressive pricing policy (Mk) preisaggressives Vorgehen *n*, aggressive Preispolitik *f*

aggrieved party
(Re) geschädigte Partei *f*
– Geschädigter *m*
(ie, entitled to legal remedy; syn, injured party)

aging date (com) Fälligkeitstermin *m*

aging of accounts receivable
(ReW) Fälligkeit *f* von Forderungen
(ie, analysis of debtors by reference to the time for which the debts have been outstanding)

aging schedule
(Fin) Fälligkeitstabelle *f*
(ie, list showing how long accounts receivable have been owed and which of them are overdue)

agio
(Fin) Agio *n*
– Aufgeld *n*
(ie, term restricted to Continental Europe; syn, premium)

agiotage
(Fin) Agiotage *f* Devisenhandel *m*
(Fin) Agiotage *f* Effektenspekulation *f*

agioteur (Fin) Agioteur *f (syn, foreign exchange dealer)*

agio theory of interest (Vw) Abstinenztheorie *f* des Zinses

AGM (Bw) = annual general meeting

Agostini formula
(Mk) Agostini formula
(ie, zur Berechnung e–r bestimmten Werbemaßnahme bei gleichzeitiger Belegung verschiedener Werbeträger)

agrarian country (Vw) Agrarland *n (opp, industrial country)*

agrarian legislation (Re) Agrargesetzgebung *f*

agrarian reform (Vw) Agrarreform *f*

agrarian structure (Vw) Agrarstruktur *f*

agree *v*
(com) zustimmen
– übereinstimmen
– einverstanden sein
(syn, assent, concur)
(Re) vereinbaren, übereinkommen

agree by contract *v*
(Re) vertraglich vereinbaren
– vertraglich festlegen *(syn, agree contractually, stipulate by contract)*

agree contractually *v* (Re) = agree by contract

agreed bid (com) = agreed take-over

agreed takeover
(com, GB) frei vereinbarte Übernahme *f*
(ie, where a majority of shareholders - normally 51% - agree to a bid when it is launched)

agreed-value insurance
(Vers) Festwertversicherung *f*

agree in principle *v* (com) grundsätzlich zustimmen

agreement
(com) Abrede *f*
– Übereinkunft *f*
– Vereinbarung *f*
– Vertrag *m*
(Re) Vertrag *(ie, general term: wider than contract)*
(Re) Abkommen *n*
(ie, bilateral; on economic, financial, and technical matters; opp, convention)
(Re) schuldrechtlicher Vertrag *(ie, equal to ‚contract')*
(Re) Vertragsklausel *f*
– Bestimmung *f* e–s Vertrages
(Re) Willenseinigung *f*
– Willensübereinstimmung *f*
(ie, ‚meeting/union . . . of minds' als wesentlicher Bestandteil e–s Vertrages)

agreement among underwriters
(Fin) Emissionskonsortialvertrag *m*
(ie, in U. S. between borrower and underwriter; otherwise it may be limited to an agreement between managing underwriters)

agreement and delivery (WeR) Einigung *f* und Übergabe *f (cf, § 929 BGB)*

agreement between enterprises (Bw) Unternehmensvertrag *m*

agreement binding upon the parties (Re) bindende Abmachung *f (syn, binding agreement)*

agreement contrary to public policy (Re) sittenwidriger Vertrag *m (syn, contra bonos mores)*

agreement corporation (Fin, US) auf internationale Geschäfte beschränkte Bank *f*

agreement currency (Fin) Verrechnungswährung *f (syn, clearing currency)*

agreement in principle
(com) grundsätzliche Einigung *f*
(Re) Grundsatzvertrag *m*

agreement in restraint of competition (Kart) wettbewerbsbeschränkender Vertrag *m*

agreement of association (EG) Assoziierungsabkommen *n*

agreement of rescission
(Re, US) Einigung *f* über Beendigung des Vertrages *(ie, both parties are discharged of all remaining duties of performance)*

agreement on joint purchase (com) Vereinbarung *f* über gemeinsamen Einkauf

agreement on joint sales (com) Vereinbarung *f* über gemeinsamen Verkauf

agreement to arbitrate (Re) Schiedsgerichtsvereinbarung *f*

agreement to divide a market (Kart) Marktaufteilungsabkommen *n (ie, among competitors)*

agreement to sell (Re) = contract to sell, qv

agree on conditions *v* (Re) Bedingungen *fpl* vereinbaren *(syn, settle terms)*

agree on/upon *v* (com) sich einigen über *(eg, prices, terms of sale)*

agree to *v* (com) zustimmen, akzeptieren *(eg, proposal, suggestion, terms; syn, accept, fall in with)*

agree to a demand *v*
(com) Forderung *f* erfüllen
– e–m Anspruch nachkommen

agree to an amendment *v* (Re) Abänderungsantrag *m* zustimmen

agree with *v* (com) zustimmen, e–r Meinung sein mit

agribusiness (Vw) Agroindustrie *f (ie, farming writ large)*

agricultural advisory committee (EG) Beratender Ausschuß *m* für die wichtigsten landwirtschaftlichen Erzeugnisse

agricultural aids (EG) Agrarsubventionen *fpl (syn, farm aids, aids to farmers)*

agricultural bank (Fin, US) Landwirtschaftsbank *f (syn, farm bank)*

agricultural commodities (com) agrarische Rohstoffe *mpl*

agricultural commodities market (Vw) Agrarmarkt *m (syn, farm commodities market)*

agricultural cooperative (Bw) landwirtschaftliche Genossenschaft *f*

agricultural credit (Fin) Agrarkredit *m*

agricultural credit bank (Bw) = agricultural credit cooperative

agricultural duties (AuW) Agrarzölle *mpl*

agricultural economics (Vw) Agrarwissenschaft *f*

agricultural exports (EG) Agrarexporte *mpl (syn, farm exports, agri-exports)*

agricultural fair (com) Landwirtschafts-Ausstellung *f*

agricultural imports (EG) Agrarimporte *mpl (syn, farm imports, agri-imports)*

agricultural labourer (com, GB) Landarbeiter *m (syn, farm hand)*

agricultural land (com) landwirtschaftlich genutzte Fläche *f*

agricultural levy
(EG) Abschöpfung *f*
– Agrarabschöpfung *f*
(syn, farm levy, agricultural import levy)

agricultural loan (Fin) = agricultural credit

agricultural machinery maker (com) Landmaschinenhersteller *m*

agricultural marketing (Mk) Vertrieb *m* landwirtschaftlicher Erzeugnisse

Agricultural Marketing Board
(com, GB) landwirtschaftliche Absatzbehörde *f*
(ie, controlled by the Ministry of Agriculture and designed to help small farmers to put their products on the market)

agricultural market organization (EG) Agrarmarktordnung *f (syn, agricultural market regulation)*
agricultural market regulation (EG) = agricultural market organization
agricultural paper
(Fin, US) landwirtschaftliche Wechsel *mpl*
(ie, drafts, bills, notes, bankers acceptances arising out of farming transactions)
agricultural policy (EG) Agrarpolitik *f (syn, farm policy)*
agricultural prices (EG) Agrarpreise *mpl (syn, farm prices)*
agricultural production (EG) Agrarproduktion *f (syn, farm production)*
agricultural productivity (Vw) landwirtschaftliche Produktivität *f*
agricultural products (EG) Agrarerzeugnisse *npl*, Agrarprodukte *npl (syn, farm . . . products/goods)*
agricultural regulation (EG) Agrarverordnung *f*
agricultural sector
(Vw) Agrarsektor *m*
– landwirtschaftlicher Sektor *m*
agricultural show (com, GB) Landwirtschaftsschau *f (syn, US, country fair)*
agricultural statistics (Stat) Agrarstatistik *f*
agricultural structure (Vw) Agrarstruktur *f*
agricultural surpluses (Vw) Agrarüberschüsse *mpl (syn, farm surpluses)*
agricultural taxation (StR) Besteuerung *f* der Landwirtschaft
agricultural unit of account, AUA (EG) grüne Rechnungseinheit *f*
agriculture (com) Landwirtschaft *f (syn, farming)*
agriculture and forestry (com) Land- und Forstwirtschaft *f*
agri-exports (EG) Agrarexporte *mpl (syn, agricultural exports, qv)*
agri-imports (EG) Agrareinfuhren *fpl (syn, agricultural imports, qv)*
agrochemicals (com) Chemieprodukte *npl* für die Landwirtschaft
agroecology, agro-ecology (Vw) Agro-Ökologie *f*
agroindustry (Vw) Agroindustrie *f (ie, agricultural activities on an industrial scale)*
agronomy (Vw) Agrarwissenschaft *f (syn, agricultural economics)*
ahead of schedule
(com) schneller als geplant
(Fin) vor Fälligkeit *(eg, to repay a loan . . .)*
AHP (Mk) = Analytic Hierarchy Process
AI (EDV) = artificial intelligence, qv
AIBD (Fin) = Association of International Bond Dealers
AIDA model (Mk) AIDA-Modell *n (ie, used in advertising research; acronym for: attention, interest, desire, attention)*
aided recall (Mk) gestützte Erinnerung *f*
aid in kind (com) Sachhilfe *f*
aid loan (Fin) Entwicklungshilfekredit *m (syn, development loan)*
aid programmes (com, EG) Hilfsprogramme *npl*, Subventionsprogramme *npl*
aids to farmers (EG) Agrarsubventionen *fpl (syn, agricultural /farm . . . aids)*
aids to trade (com) Hilfsfunktionen *fpl* des Handels *(ie, advertising, banking, insurance, etc; syn, ancillaries to trade)*
aid to developing nations (AuW) Entwicklungshilfe *f (syn, assistance)*
aid tying
(AuW) Lieferbindung *f*
(ie, Bindung von Entwicklungshilfe an Auflagen; in der Regel Verwendung für Käufe im Geberland)
ailing bank
(Fin) notleidende Bank *f (eg, rescue an . . .)*
ailing company (com, infml) notleidendes Unternehmen *n*, marode Firma *f*
ailing industry (com) notleidende Branche *f*, notleidender Wirtschaftszweig *m*
aim at *v*
(com) erstreben
– anstreben *(eg, job, position, goal)*
aiming circle
(EDV) Richtkreis *m*
– Richtzeichen *n*
– Zielzeichen *n*
(ie, in computer graphics; syn, aiming field, aiming symbol)
aiming field (EDV) = aiming circle
aiming symbol (EDV) = aiming circle
air accident compensation (Vers) Flugunfallentschädigung *f*
air bill
(com, US) Luftfrachtbrief *m*
(ie, „serving for air transportation as a bill of lading does for marine or rail transportation" – UCC 1-201 (6) – and includes an air consignment note or air waybill)
air business (com) Luftfrachtgeschäft *n*
air cargo (com) Luftfracht *f (syn, air freight)*
air cargo industry (com) Luftfrachttransport-Gewerbe *n*
air cargo insurance (Vers) Luftgüterversicherung *f*
air cargo rate (com) Luftfrachttarif *m*
air cargo shipment (com) Luftfrachtsendung *f*
air cargo traffic (com) Luftfrachtverkehr *m*
air carrier
(com) Luftverkehrsgesellschaft *f (syn, airline)*
(com) Luftfrachtführer *m (syn, air freight forwarder)*
air conditioning system (com) Klimaanlage *f (syn, cooling plant, refrigeration system)*
air consignment note (com) = air bill
aircraft
(com) Flugzeug *n (ie, of any type, with or without an engine; cf, airplane)*
(com) Luftfahrzeug *n*
– Fluggerät *n*
– Flugsystem *n (ie, includes planes and helicopters)*
aircraft cargo manifest (com) Frachtmanifest *n* des Luftfahrzeugs
aircraft engine maker (com) Flugmotorenhersteller *m (syn, aero engine maker)*
aircraft hull insurance (Vers) Flugzeugkaskoversicherung *f*, Luftkaskoversicherung *f*
aircraft liability insurance (Vers) Lufthaftpflichtversicherung *f*

aircraft market (com) Fluggerätemarkt *m*
aircrafts (Bö) Luftfahrtwerte *mpl*
air cushion
(EDV) Luftkissen *n*
– Luftpolster *n (eg, in a hard disk drive)*
air cushion vehicle (com, US) Luftkissenboot *n (syn, GB, hovercraft)*
airdrome (com, US) Flughafen *m (ie, used by commercial and military aircraft)*
air express (com) Luftexpreßfracht *f*
air express tariff (com) Luftexpreßtarif *m*
air fares (com) Flugpreise *mpl*
air freight (com) = air cargo
air-freight *v* (com) mit Luftpost befördern, als Luftfracht befördern
air freight bill (com) = air bill
air freight charges (com) Luftfrachtkosten *pl*
air freighter (com) Frachtflugzeug *n (syn, cargo plane)*
air freight forwarder (com) Luftfrachtführer *m (syn, air carrier, qv)*
air freight forwarding
(com) Luftfrachtspedition *f*
– Luftfrachtgeschäft *n*
air freight service (com) Luftfrachtverkehr *m*
air freight space (com) Luftfrachtraum *m*
air lane (com) Flugkorridor *m (syn, airway)*
air letter (com) = aerogram
airline (com) Fluggesellschaft *f* Luftverkehrsgesellschaft *f (syn, air carrier, qv)*
Airline Deregulation Act of 1978 (Re, US) Gesetz *n* zur Entregulierung des Inland-Flugverkehrs; *(the regulatory authority of the CAB ended on Jan 1, 1985)*
airline industry (com) Luftfahrtindustrie *f*
airliner (com) Linienflugzeug *n (ie, used on regular routes)*
airline ticket (com) Flugticket *n*
airmail (com) Luftpost *f (ie, first class [mainly letters] and second class [printed papers])*
airmail letter (com) Luftpostbrief *m*
airmail packet (com) Luftpostpäckchen *n (ie, usually up to 1 kg; syn, small air packet)*
airmail parcel (com) Luftpostpaket *n*
airmail rate (com) Luftposttarif *m*
airmail service (com) Luftpostdienst *m*
airmail sticker (com) Luftpostaufkleber *m*
air packet (com) = airmail packet
air parcel (com) Luftpostpaket *n (ie, usually over 1 kg and up to 10 kg)*
airplane (com) Flugzeug *n (ie, with at least one engine; syn, GB, aeroplane; cf, aircraft)*
air pocket (Bö, US) plötzliche Kursschwäche *f*
air pollution (com) Luftverschmutzung *f*
airport advertising (Mk) Flughafenwerbung *f*
airport feeder (com) Flughafenzubringer *m*
airport of departure (com) Abgangsflughafen *m*
airport of destination
(com) Bestimmungsflughafen *m*
airport of dispatch (com) Verladeflughafen *m*
airport of entry (Zo) Zollflughafen *m*
air rights (com) Flugrechte *npl*
air risk insurance (Vers) Luftversicherung *f*
air service (com) Flugdienst *m*
air surcharge (com) Luftpostzuschlag *m*
air taxi (com) Lufttaxi *n*
airtel (com, sl) Flughafenhotel *n (ie, short for: airport hotel)*
airtight (com) luftdicht *(eg, container)*
air traffic (com) Flugverkehr *m*
air transport (com) Luftfahrt *f*
air transportation
(com) Beförderung *f* auf dem Luftwege
(ie, cargo and passenger; opp, surface transportation)
air travel insurance (Vers) Luftunfallversicherung *f*
airway (com) = air line; cf, British Airways
air waybill (com) = air bill
airworthy (com) flugtauglich *(syn, in good operating condition and safe for flying)*
a.k.a. (com) = also known as
aladin bond (Fin) Neuemission *f* im Austausch gegen e–e alte
alarm equipment (EDV) Alarmeinrichtung *f*
alcoholic beverage tax (StR) Steuer *f* auf alkoholische Getränke
aleatory contract (Re) aleatorischer Vertrag *m (ie, depending on an uncertain event; syn, hazardous contract)*
aleatory variable (Stat) Zufallsvariable *f (syn, random variable, qv)*
aleph null (Math) Aleph-Null *f (ie, Mächtigkeit der Menge der natürlichen Zahlen)*
aleph zero (Math) = aleph null
alert box (EDV) Warnmeldung *f (ie, dialog box that warns user of the implications of a command or operation)*
algebra
(Math) Algebra *f*
(ie, formal manipulations of equations involving symbols and numbers)
algebraic addition (Math) algebraische Addition *f*
algebraic complement (Math) algebraisches Komplement *n (syn, cofactor)*
algebraic equation (Math) algebraische Gleichung *f*
algebraic expression
(Math) algebraischer Ausdruck *m*
(eg, addition, subtraction, multiplication, division, raising to a power)
algebraic extension of a field
(Math) algebraische Körpererweiterung *f*
– separable Körpererweiterung *f*
– Körperweiterung *f* 1. Art *(syn, separable . . .)*
algebraic function (Math) algebraische Funktion *f*
algebraic number
(Math) algebraische Zahl *f*
(ie, any root of a polynomial with rational coefficients)
algebraic number theory (Math) algebraische Zahlentheorie *f*
algebraic sign (Math) Vorzeichen *n*
algebraic structure (Math) algebraische Struktur *f*
algebraic sum (Math) algebraische Summe *f*
algebraic topology (Math) algebraische Topologie *f*
algebra of logic (EDV) Algebra *f* der Logik, boolesche Algebra *f (syn, boolean algebra)*
algebra of matrices (Math) Matrizenalgebra *f*
algebra of sets (Math) Mengenalgebra *f*
ALGOL (EDV) = Algorithmic Language *(ie, high-level programming language)*

algorithm (Math) Algorithmus *m*, effektives Berechnungsverfahren *n (ie, problem solving procedure or formula)*
algorithmic language (EDV) algorithmische Programmiersprache *f*
algorithmic translation (EDV) algorithmische Übersetzung *f*
algorithmization (EDV) Algorithmisierung *f*
algorithmize *v* (EDV) algorithmisieren
alias
(EDV) Alias-Name *m*
– Zweitname *m*
(eg, alternative name for a database)
alias name (EDV) = alias
alibi
(Re) Alibi *n*
(com, infml) Entschuldigung *f*
alibi *v* (com, infml) entschuldigen, Entschuldigung *f* finden für *(eg, she alibied her failure)*
alienate *v*
(Re) veräußern, rechtsgeschäftlich übertragen *(ie, real estate)*
(Fin) abziehen *(eg, capital from)*
(com) abwerben *(ie, customers; syn, contract away, divert custom)*
alienation
(Re) Veräußerung *f (ie, of real property)*
(com) Abwerbung *f*
alienation from work (Vw) Arbeitsentfremdung *f*
alienation of capital
(Fin) Kapitalabzug *m*
– Kapitalabwanderung *f*
alienation of property (Bw) Veräußerung *f* von Vermögenswerten
alienator (Re) Veräußerer *m (syn, seller)*
alien carrier
(com) ausländische Fluggesellschaft *f*
(Vers) ausländischer Versicherer *m*
alien cofactor (Math) Kofaktor *m* der Elemente e–r anderen Matrizenzeile
alien company
(Vers) ausländischer Versicherer *m* /Rückversicherer *m (ie, conducting insurance/reinsurance business within the U. S.)*
alien corporation (Re, US) ausländische Kapitalgesellschaft
alienee (Re) Erwerber *m (ie, in real property law)*
alienor (Re) Veräußerer *m (ie, in real property law)*
align *v* (EDV) ausrichten *(eg, text)*
alignment
(EDV, Cobol) Ausrichtung
(cf, DIN 66 028 Aug 1986)
(EG) Angleichung *f*
– Harmonisierung *f*
(eg, of tax rates)
alignment chart
(Math) Nomogramm *n*
– Nomograph *m*
– Fluchtlinientafel *f (syn, nomogram, nomograph)*
alignment of tariff rates (Zo) = adjustment of tariff rates
align tariff rates *v* (Zo) = adjust tariff rates
align *v* **tax rates** (EG) Steuersätze *mpl* . . . harmonisieren/angleichen

alimony
(Re) Unterhaltszahlungen *fpl*
(ie, periodic payments pursuant to a written separation agreement or a decree of divorce, separate maintenance, or compulsory support)
alimony and child support (StR, US) Unterhaltsleistungen *fpl*
all capital earnings rate (Fin) Verhältnis *n* Reingewinn + Zinsaufwand nach Steuern/durchschnittliche Gesamtaktiva
all cash tender offer (Fin) Bar-Übernahmeangebot *n* *(opp, all paper offer)*
all-commodity freight (com) Einheitsfrachttarif *m*
all commodity freight rate (com) Einheitsfrachttarif *m*
all commodity volume (Mk) Gesamtumsatzvolumen *n* aller Waren *(ie, in retailing)*
all current method
(ReW) Fremdwährungsumrechnung *f* nach Stichtagskursen
(ie, all foreign currency items are translated at current exchange rates; cf, closing rate method)
all day trading (Bö) Rund-um-die-Uhr-Handel *m* *(syn, 24-hour trading . . . system/link)*
allegation (Re) Behauptung *f (ie, without substantial proof = unbewiesen)*
allegation of facts (Re) Tatsachenbehauptung *f*
allege *v* (com) behaupten *(ie, facts, without proof)*
allege an objection *v* (Re) Einrede *f* geltend machen *(syn, put forward a defense, qv)*
alleviating circumstances
(com) mildernde Umstände *mpl*
(syn, extenuating/mitigating . . . circumstances)
all expense tour (com) Pauschalreise *f (syn, package tour)*
all freight services (com) Luftfrachttransport *m* in Frachtflugzeugen *(opp, all traffic services)*
all-German revenue-sharing scheme (com) gesamtdeutscher Finanzausgleich *m*
allied company
(com) Konzernunternehmen *n*, Tochtergesellschaft *f*
(com) verbundenes Unternehmen *n (syn, affiliate)*
allied factors (com) sonstige Faktoren *mpl*
allied field (com) verwandtes Gebiet *n*
allied peril (Vers) Nebenrisiko *n*
alligation (Math) = alligation alternate
alligation alternate
(Math) Mischungsrechnung *f*
(ie, der Mittelpreis ist bei Mischung gleicher Teile zu verschiedenen Preisen gleich der Summe der Einzelpreise dividiert durch die Anzahl der Sorten; may be ‚einfache' od ‚zusammengesetzte' Mischungsrechnung)
alligation medial (Math) = alligation alternate
all in (Fin) einschließlich aller Rechte
all inclusive fur policy (Vers) Rauchwaren-Einheitsversicherung *f*
all inclusive income statement
(ReW) Gewinn- und Verlustrechnung *f*
(ie, ohne Berücksichtigung von Entnahmen und Rückstellungen)
all inclusive premium (Vers) Pauschalprämie *f (syn, flat rate premium)*
all inclusive price (com) Pauschalpreis *m (syn, flat rate price, lump sum price)*

all-in cost (com) Gesamtkosten *pl*
all-in cost of financing (Fin) Gesamtfinanzierungskosten *pl*
all-in cost of funding (Fin) Gesamtkosten *pl* e–r Finanzierung
all-in insurance (Vers, GB) Gesamtversicherung *f (syn, US, all-risk comprehensive insurance)*
all-in interest rate (Fin) Endzinssatz *m*
all-in rate
(com) Pauschalsatz *m (syn, flat rate)*
(Fin) Gesamtzinssatz *m (ie, includes commitment fees, and other charges for a loan)*
(com) Tel quel-Kurs *m (syn, tel quel rate)*
all-integer algorithm (OR) vollständig ganzzahliger Algorithmus *m*
all-integer matrix (OR) vollständig ganzzahlige Matrix *f*
all-in time (IndE) Vorgabezeit *f (ie, mit allen Zuschlägen; syn, standard time)*
all-line insurance (Vers) Allbranchen-Versicherung *f*
all-line insurance company (Vers) Allbranchen-Versicherer *m*
all-lines insurance (Vers) Allbranchen-Versicherung *f (ie, Leben, Kranken, Sach, Haftpflicht)*
all-lines insurer (Vers) Allbranchen-Versicherer *m*
all-loss insurance (Vers, US) Gesamtversicherung *f (syn, all-risk insurance)*
allocate *v*
(com) zuteilen, zuweisen *(eg, funds, shares; syn, earmark, reserve)*
(ReW) einstellen *(eg, to revenue reserves = in Gewinnrücklagen)*
(KoR) verrechnen
– verteilen
– umlegen
– zurechnen *(syn, apportion, assign, charge, distribute, identify, spread, trace)*
allocate a sample *v* (Stat) Stichprobe *f* aufteilen
allocated cost (KoR) verrechnete Kosten *pl*
allocated material (MaW) auftragsgebundenes od zugeteiltes Material *n*
(syn, allotted / applicable / apportioned / assigned / obligated / reserved . . . material)
allocated production overhead (KoR) Fertigungsgemeinkosten-Zuschlag *m*
allocated quota
(AuW) Einfuhrkontingent *n*
(ie, nach Ländern und Importeuren; based on a prior representative period)
allocated variances (KoR) verrechnete Abweichungen *fpl*
allocate memory *v*
(EDV) Speicher *m* belegen
– Speicher *m* zuweisen
allocate overhead expense *v* (KoR) Gemeinkosten *pl* verrechnen
allocate to reserves *v* (ReW) in Rücklagen einstellen, an Rücklagen zuweisen
allocation
(KoR) Zurechnung *f*
– Verrechnung *f*
– Umlage *f*
(syn, apportionment, assignment)
(ReW) Zuweisung *f*
(eg, from profits to reserves; syn, transfer)
(Fin) Bereitstellung *f (syn, appropriation, earmarking)*
(EDV) Zuordnung *f*, Allozierung *f (eg, of memory)*
allocation account (ReW) Verrechnungskonto *n*
allocation base (KoR) Verrechnungsgrundlage *f*, Zuschlagsbasis *f*
allocation branch (FiW) Allokationsabteilung *f*
allocation by tender (com) Vergabe *f* im Submissionswege
allocation conflict
(KoR) Zurechnungskonflikt *m*
– Verteilungskonflikt *m*
allocation error (EDV) Zuordnungsfehler *m*
allocation formula (KoR) Verteilungsschlüssel *m*
allocation from profits (Fin) Zuwendung *f* aus Reingewinn *m*
allocation method (EDV) Zuordnungsmethode *f*
allocation of available work (Pw) Aufteilung *f* der verfügbaren Arbeit *(ie, auf möglichst große Zahl von Beschäftigten)*
allocation of cost (KoR) Kostenumlage *f*
allocation of customers
(Kart, US) Marktaufteilung *f*
(ie, part of vertical restraint of trade; violative of Sec 1 Sherman Act)
allocation of earnings (Fin) Erfolgszurechnung *f (ie, to various organizational units)*
allocation of expenditure (ReW) Ausgabenzuweisung *f*
allocation of fishing quota (com) Fangquotenfestlegung *f*
allocation of geographic markets (Kart, US) Marktaufteilung *f (syn, territorial restriction; cf, allocation of customers)*
allocation of overhead
(KoR) Gemeinkostenumlage *f*
(syn, overhead cost allocation, overhead distribution)
allocation of portfolios (com, EG) Zuteilung *f* von Ressorts
allocation of resources
(Bw) Allokation *f* der Ressourcen
– Ressourcen-Allokation *f*
allocation of responsibilities (com) Aufgabenverteilung *f*
allocation of sales territories (Kart, US) Marktaufteilung *f (syn, market allocation, qv)*
allocation of samples (Stat) Aufteilung *f* e–r Stichprobe
allocation of social cost (Vw) Internalisierung *f* sozialer Kosten
allocation of space (com) Zuteilung *f* von Ausstellungsraum
allocation of variances (KoR) Abweichungsverteilung *f*
allocation problem (OR) Zuordnungsproblem *n*, Zuweisungsproblem *n (syn, assignment problem)*
allocation ratio (com) Zuteilungsschlüssel *m*
allocation system (com) Zuteilungssystem *n*
allocation table (EDV) Zuordnungstabelle *f (eg, file allocation table, FAT)*
allocation to reserves (ReW) Einstellung *f* in Rücklagen, Zuführung *f* zu Rücklagen
allocative effect (Vw) Allokationseffekt *m*

allocative efficiency (Vw) Allokationseffizienz *f*
allocative function
(Vw) Allokationsfunktion *f*
– Steuerungsfunktion *f*
allocative gains from trade (AuW) statische Außenhandelsgewinne *mpl*
allokurtosis
(Stat) Allokurtosis *f*
(ie, abnormale Krümmung der Häufigkeitskurve)
allonge
(WeR) Allonge *f*
(ie, strip of paper attached to a bill of exchange, on which to write endorsements for which there is no room left on the instrument itself; syn, rider)
all or nothing clause (Fin) Alles-oder-Nichts-Klausel *f (ie, beim Tenderangebot)*
all or nothing demand curve (Vw) Nachfragekurve *f* ohne Alternative
allot *v*
(com) zuteilen, zuweisen
(Fin) zuteilen, repartieren *(syn, scale down)*
allotment
(com) Zuteilung *f*
– Zuweisung *f*
(Fin) Zuteilung *f*
– Repartierung *f*
(Pw) Zuweisung *f* des Lohnes an die Angehörigen e–s Beschäftigten
allotment letter
(Fin, GB) Zuteilungsanzeige *f*
– Mitteilung über Aktienzuteilung
(ie, made on a random or proportional basis; it entitles the recipient of the letter to a certain number of shares)
allotment money (Fin) Zuteilungsbetrag *m*
allotment notice (Fin, US) = allotment letter
allotment of securities (Fin) Stückezuteilung *f*
allotment of shares (Fin) Aktienzuteilung *f*
allotment price (Fin) Zuteilungskurs *m*
allotted material (MaW) zugeteilte Menge *f (syn, allocated material, qv)*
allotted share (Fin, GB) zugeteilte Aktie *f*
allottee (Fin) Bezugsberechtigter *m (ie, person entitled to new shares)*
allow *v*
(com) voll vergüten *(ie, in full)*
(com) anerkennen *(eg, claim; syn, recognize)*
(com) zubilligen, einräumen *(eg, reasonable time = angemessene Frist)*
(Fin) gewähren *(eg, credit)*
allowable (StR) abzugsfähig *(syn, deductible)*
allowable catch (com) zulässige Fangquote *f*
allowable deduction (StR) (Steuer-)Freibetrag *m (syn, exemption, tax free amount)*
allowable defects (Stat) zulässige Ausschußzahl *f*
allowable for tax purposes (StR) steuerlich abzugsfähig *(syn, tax deductible)*
allow a claim *v* (Re) Forderung *f* anerkennen
allow an appeal *v* (Re) Berufung *f* stattgeben
allowance
(com) zulässige Abweichung *f*
(ie, Güte, Menge, Abmessung, zulässige Bruchschäden, Schrumpfung od sonstige betriebsgewöhnliche Verluste bei Transport od Nutzung)
(com) Preisnachlaß *m*
(ie, wegen Schäden od Mindermenge, ohne Skonto und Rücksendungen)
(com) Pauschale *f* zur Abgeltung bestimmter Aufwendungen
(ReW) Rückstellung *f*
– Wertberichtigungsposten *m*
(ReW) Abschreibungsquote *f*
(StR) Steuerfreibetrag *m*
(ie, charges against income; vary according to marital status, age and earnings status of one's spouse)
(IndE) Zuschlag *m*
allowance factor (IndE) Zeitzuschlagfaktor *m*
allowance for bad debts (ReW) Wertberichtigung *f* auf uneinbringliche Forderungen *(syn, reserve for bad debt)*
allowance for depreciation
(ReW) Abschreibung *f*, Abschreibungsbetrag *m*
(ReW) Abschreibungs-Rückstellung *f (ie, als Verlustantizipation)*
allowance for doubtful accounts (ReW, US) Wertberichtigung *f* auf zweifelhafte Forderungen
allowance for loss on investments (ReW) Wertberichtigung *f* auf Beteiligungen
allowance in kind
(com) Sachleistung *f*
(Pw) Sach-Nebenleistungen *fpl*
allowances factor (IndE) Zeitzuschlagfaktor *m*
allow an option to lapse *v* (Bö) Option *f* verfallen lassen
allowed time
(IndE) Vorgabezeit *f*
– Akkordzeit *f*
(syn, standard/incentive . . . time)
allow for *v*
(com) berücksichtigen
(eg, fact, difficulty, problem; syn, take into . . . account/consideration, make allowance for)
allow legal action *v* (Re) Rechtsweg *m* zulassen
allow of *v* (com, fml) gestatten, zulassen *(eg, no argument, no deviation from)*
allow time for payment *v* (com) Zahlungsziel *n* einräumen
alloy (IndE) Legierung *f*
all-paper tender offer (Fin) Übernahmeangebot *n* mit ausschließlichem Aktienumtausch *(opp, all-cash tender offer)*
all-purpose bank (Fin) Universalbank *f (syn, universal bank)*
all-purpose sample (Stat) Mehrzweckstichprobe *f*
all rights reserved (Re) alle Rechte vorbehalten
all risk comprehensive insurance (Vers) Gesamtversicherung *f (syn, GB, all-in insurance)*
all risks coverage (Vers) Allgefahrendeckung *f*
all-round price (com, infml) Gesamtpreis *m*
all-stage gross turnover tax
(FiW) Allphasen-Bruttoumsatzsteuer *f*
(ie, in Germany abolished on Dec 31, 1967; replaced by VAT)
all-stage net turnover tax
(FiW) Allphasen-Nettoumsatzsteuer *f*
(ie, value-added tax, VAT; in Germany introduced on Jan 1, 1968)
all-stage tax (FiW) Allphasensteuer *f*

all-stage turnover tax (FiW) Allphasen-Umsatzsteuer *f*
all-statement (Log) Allsatz *m*, allgemeiner Satz *m* *(syn, strictly universal statement)*
all-time high
(com) Rekordhöhe *f*
(Bö) Höchstkurs *m (syn, highest/peak . . . price)*
all-time low
(com) Tiefststand *m*
(Bö) Tiefstkurs *m (syn, lowest price)*
all-traffic services (com) Luftfrachttransport *m* in Passagierflugzeugen *(opp, all-freight services)*
ally *v* (com) sich zusammenschließen *(eg, in a venture to make structural products)*
alongside bill of lading (com) Längsseit-Konnossement *n*
alongside ship (com) längsseit Schiff
alphabetical filing (com) alphabetische Ablage *f*
alphabetic character (EDV, Cobol) alphabetisches Zeichen *n (ie, letter or space character; cf, DIN 66 028, Aug 1985)*
alphabetic code
(EDV) Alphacode *m*
– alphabetischer Code *m*
alphabetic coding (EDV) Alphacodierung *f*
alphabetic sort (EDV) Alphabetsortierung *f*
alphabetic string (EDV) Buchstabenkette *f*
alphabetic test (EDV, Cobol) Test auf *m* alphabetisch *(cf, DIN 66 028 Aug 1986)*
alphabet name (EDV, Cobol) Alphabetname *m (cf, DIN 66 028, Aug 1986)*
alpha error (Stat) Fehler *m* erster Art *(syn, error of first kind)*
alphameric address (EDV) alphanumerische Adresse *f*
alphameric code
(EDV) alphanumerischer Code *m*
(ie, coding system using combinations of alphabetic and numeric characters to represent data = Zuordnungsvorschrift, die sich auf e–n Zeichenvorrat aus Dezimalziffern und den Buchstaben des Alphabets bezieht; eg, Code nach DIN 66 003, ASCII-Code)
alphameric coding (EDV) alphanumerische Codierung *f*
alphameric reader (EDV) alphanumerischer Leser *m*
alphanumeric (EDV) alphanumerisch *(ie, relating to alphabetic and numeric characters)*
alphanumeric address (EDV) alphanumerische Adresse *f (syn, alphameric address)*
alphanumeric character (EDV, Cobol) alphanumerisches Zeichen *n (ie, any character in a character set = Zeichenvorrat; cf, DIN 66 028, Aug 1985)*
alphanumeric character set (EDV) alphanumerischer Zeichensatz *m*
alphanumeric code (EDV) = alphameric code
alphanumeric coding (EDV) alphanumerische Codierung *f*
alphanumeric keyboard (EDV) alphanumerische Tastatur *f*
alphanumeric reader (EDV) alphanumerischer Leser *m*
alpha shares (Fin, GB) = alpha stocks
alpha stocks
(Bö, GB) Alpha-Werte *mpl*
(ie, replaced by a new grouping pattern in 1991; cf, normal market size)
alpine bonds (Fin) Bonds *pl* für Anleger in der Schweiz *(ie, lauten auf US-$)*
also-ran (com, infml) zweitklassiges Unternehmen *n* *(ie, one lagging behind)*
alter *v*
(com) ändern
(ie, implies difference in some respect, without loss of identity; the building was facially altered)
alteration of contract (Re) Vertragsänderung *f*
alteration of customs duties (Zo) Änderung *f* der Zollsätze
alternate (com) Vertreter *m (syn, deputy)*
alternate account (Fin) Konto *n* mit zwei unabhängigen Verfügungsberechtigten
alternate angle (Math) Wechselwinkel *m*
alternate demand (Vw) konkurrierende Nachfrage *f* *(syn, composite/competing/rival . . . demand)*
alternate depositors (Fin) Inhaber *m* e–s Gemeinschaftskontos *(eg, husband and wife)*
alternate director (Bw, GB) stellvertretender ‚director' *(ie, acting in absentia of a named director)*
alternate file
(EDV) Wechseldatei *f*
– Protokolldatei *f*
alternate hypothesis (Stat) Testhypothese *f*
alternate record key
(EDV, Cobol) alternativer Satzschlüssel *m*
(ie, identifies a record within an indexed file; cf, DIN 66 028, Aug 1985)
alternate shift (Pw) Wechselschicht *f (syn, rotating/swing . . . shift)*
alternate technology (IndE) = soft technology
alternating group (Math) alternierende Gruppe *f*
alternating series (Math) alternierende Reihe *f*
alternation (EDV) vollständige Disjunktion *f*, Kontravalenz *f (ie, kontradiktorischer Gegensatz der klassischen Logik)*
alternative
(com) Alternative *f*
– Möglichkeit *f*
(ie, originally: one or the other of two conditions or courses of action)
(Log) Alternative *f (syn, inclusive disjunction)*
alternative cost
(Bw) Opportunitätskosten *pl (syn, opportunity cost, qv)*
(KoR) relevante Kosten *pl*
– Differenzkosten *pl*
– Grenzkosten *pl*
alternative course of action (Bw) Handlungsalternative *f*
alternative denial
(Log) Exklusion *f*
– Unverträglichkeit *f*
(ie, konträrer Gegensatz der klassischen Logik: complex sentence that is false if the two constituent propositions are true, and that is true if either or both are false: 0001; aus der E. läßt sich der gesamte Aussagenkalkül herleiten; syn, joint denial, stroke, incompatibility)

alternative forecast (Bw) Alternativprognose *f*
alternative hypothesis *f*
(Log) Alternativhypothese *f*
(opp, null hypothesis)
alternative key (EDV) Alternativschlüssel *m*
alternative minimum tax, AMT
(StR, US) alternative Mindeststeuer *f*
(ie, sichert e–e Mindestversteuerung trotz bestimmter Abzugsbeträge, etwa bei Inanspruchnahme erhöhter Abschreibungen; wird nur erhoben, wenn sie die reguläre US-Bundeseinkommensteuer überschreitet)
alternative order (Bö) Zug-um-Zug-Order *f*
alternative payee
(WeR, US) Alternativ-Wechselnehmer *m*
(ie, if instrument is payable to A or B, either of them is a holder and may thus negotiate; UCC Sec 3–116)
alternative plan (Bw) Alternativplan *m (syn, contingency plan)*
alternative planning
(com) Alternativplanung *f*
– Schubladenplanung *f*
(syn, contingency planning)
alternative production
(IndE) alternative Produktion *f*
(ie, in a multi-product plant where an increase in output of one product reduces the output potential of others)
alternative proposal
(com) Alternativvorschlag *m*
(syn, alternative suggestion)
alternative question
(Mk) Alternativ-Frage *f*
(syn, closed/dichotomous . . . question)
alternative record key (EDV) alternativer Satzschlüssel *m (ie, identifies a record within an indexed file; cf, DIN 66 028, Aug 1985)*
alternative reorganization
(Fin) Alternativsanierung *f*
(ie, where members of a company may choose between voluntary prorata payments or reduction of the par value of their shares)
alternative route
(EDV) Alternativweg *m*
(ie, secondary route if primary route is unavailable; opp, primary route = Direktweg, normaler Weg)
alternative routing
(EDV) Umweglenkung *f (ie, alternative communication path)*
(IndE) alternativer Arbeitsgang *m*
alternative solution (com) Alternativlösung *f*
alternative suggestion (com) Alternativvorschlag *m (syn, alternative proposal)*
alternative work schedule (Pw, US) cf, flextime
alter statement (EDV, Cobol) Schaltanweisung *f*
ALU (EDV) = Arithmetic and Logical Unit
aluminium industry
(com, GB) Aluminiumindustrie *f*
– Leichtmetallindustrie *f*
aluminum industry (com, US) = aluminium industry
amalgamate *v* (com) sich zusammenschließen *(syn, combine with, unite with)*
amalgamation
(com, US) Unternehmenszusammenschluß *m*
(ie, general term covering several types of business combinations; may be by merger or consolidation, qv)
amalgamation of farms (com) Zusammenlegung *f* landwirtschaftlicher Betriebe
ambiguity (Log) Mehrdeutigkeit *f (ie, sth may be understood in two or more possible senses)*
ambiguous (Log) mehrdeutig *(syn, equivocal)*
ambiguous filename (EDV) mehrdeutiger Dateiname *m*
ambiguous reference (Log) mehrdeutige Bezugnahme *f*
ambit (Re) Geltungsbereich *m (eg, of a law; syn, scope)*
ambitious project (com) ehrgeiziges Projekt *n (syn, scheme)*
ambitious scheme (com) = ambitious project
amend a law *v* (Re) Gesetz *n* novellieren
amended budget (FiW) Berichtigungshaushalt *m*
amended version (EDV) (fehler-)berichtigte Programmversion *f*
amendment
(Re) Novellierung *f*
– (Gesetzes-)Novelle *f*
(Re) Zusatzartikel *m*, Amendment *n (ie, zur US-Verfassung)*
(Re) nachträgliche Änderung *f* e–s Gesetzes od Vertrages
amendment date (EDV) Änderungsdatum *n*, Datum *n* der letzten Änderung *(ie, of a file or database record)*
amendment file
(EDV) Änderungsdatei *f*
– Fortschreibungsdatei *f*
(syn, activity/change/detail/transaction . . . file)
amendment record
(EDV) Änderungssatz *m*
– Transaktionssatz *m*
(syn, change/transaction . . . record)
amendment tape (EDV) Änderungsband *n (syn, change/updating . . . tape)*
American agency system (Vers) System *n* der Mehrfachvertretung
American auction (Fin) amerikanisches Zuteilungsverfahren *n (eg, an auction where the allotment interest rate (or price/swap point) equals the interest rate offered in each individual bid)*
American Bar Association, ABA (Re, US) (bundesweite) Anwaltsvereinigung *f (ie, membership is open to any lawyer in good standing in his state)*
American Bureau of Shipping, ABS (com) amerikanische Klassifikationsgesellschaft *f* für die Schiffahrt
American clause
(SeeV) amerikanische Klausel *f*
(ie, weitere Deckung durch den Versicherten verringert nicht die Haftung des Versicherers)
American Depository Receipt, ADR
(Fin) Zertifikat *n* über die Hinterlegung ausländischer Aktien
(ie, bearer certificate representing a number of shares in an alien corporation)

American Economic Association, AEA (com) amerikanischer Wirtschaftsverband *m (entspricht in etwa dem deutschen Bundeswirtschaftsrat)*
American Federation of Labor, AFL (com) amerikanischer Gewerkschaftsverband *m*
American National Standards Institute, ANSI
(IndE) American National Standards Institute
(ie, Aufgabe: Festlegung freiwilliger Industrienormen)
American option
(Fin) amerikanische Option *f*
(ie, can be exercised on or before the fixed expiration date; kann während der gesamten Laufzeit ausgeübt werden; opp, European option)
American parity
(AuW) amerikanische Parität *f*
(ie, indicates the equivalent in U. S. money of the foreign price of an internationally traded security)
Americans (Bö, GB) amerikanische Wertpapiere *npl (syn, Yankees)*
American Selling Price, ASP (AuW) US-Zollbewertung *f* nach dem inländischen Verkaufspreis, nicht nach INCO-Terms
AMEX (Fin, US) = American Stock Exchange
amicable numbers (Math) befreundete Zahlen *fpl*
amicable settlement
(com) gütliche Einigung *f*
(Re) außergerichtlicher Vergleich *m (syn, out-of-court/voluntary . . . settlement)*
Amoroso-Robinson relation (Vw) Amoroso-Robinson-Relation *f (ie, between marginal outlay and direct price elasticity)*
amortizable
(ReW) abschreibungsfähig *(ie, used in connection with intangible assets; cf, depreciable)*
(Fin) amortisierbar
– tilgbar
– rückzahlbar *(syn, repayable, redeemable)*
amortization
(Fin) Amortisation *f*
– Tilgung *f*
– periodische Rückzahlung *f (syn, redemption)*
(ReW) Abschreibung *f* immaterieller Anlagegüter
(ReW) Abschreibung *f*
(ie, Oberbegriff für: depreciation, depletion, writedown, writeoff)
amortization fund
(Fin) Tilgungsfonds *m*
(syn, sinking fund, qv)
amortization installment
(Fin) Tilgungsrate *f*
(syn, sinking fund installment)
amortization loan
(Fin) Tilgungsanleihe *f*
(syn, sinking fund loan)
amortization of accruals and deferrals (ReW) Auflösung *f* von Rechnungsabgrenzungsposten
amortization of goodwill (ReW) Abschreibung *f* auf den Geschäfts- od Firmenwert
amortization of intangible assets (ReW) Abschreibung *f* auf immaterielle Anlagen
amortization of loan (Fin) Darlehensrückzahlung *f (syn, loan repayment)*
amortization period (Vers) = payback period
amortization reserve (ReW) Tilgungsrücklage *f*
amortization schedule (Fin) Tilgungsplan *m*, Amortisationsplan *m*
amortize *v*
(Fin) amortisieren, tilgen
(ie, retire debt gradually and as planned; syn, redeem, repay, pay off)
(Fin) rückzahlen *(syn, pay back)*
(ReW) abschreiben *(cf, amortization)*
amortized cost
(ReW) Restbuchwert *m*
– Nettobuchwert *m*
– fortgeführter Anschaffungswert *m (syn, depreciated cost, net book value, residual cost value)*
amortized mortgage loan (Fin) Hypothekendarlehen *n* mit regelmäßiger Tilgung *(ie, monthly, quarterly, semiannually)*
amount at interest (Fin) verzinslich angelegter Betrag *m*
amount at risk (Vers) Risikosumme *f*
amount brought forward (ReW) Vortrag *m*
amount carried forward (ReW) Übertrag *m*
amount column (EDV) Betragsspalte *f (eg, in a spreadsheet)*
amount due (Fin) fälliger Betrag *m*
amount due for payment (Fin) fälliger Betrag *m*
amount field (EDV) Betragsfeld *n*
amount in controversy
(Re) Streitwert *m*
(syn, amount in . . . dispute /litigation, jurisdictional amount)
amount in dispute (Re) = amount in controversy
amount in litigation (Re) = amount in controversy
amount insured
(Vers) Versicherungssumme *f*
– Deckungssumme *f (syn, sum insured)*
amount of 1 at compound interest (Fin) Aufzinsungsfaktor *m (syn, accumulation factor)*
amount of annuity
(Fin) Rentenendwert *m*
(syn, accumulation of annuity, accumulated amount of annuity, final value of annuity)
amount of capital (com) Kapitalhöhe *f*, Kapitalbetrag *m*
amount of capital employed (Fin) Kapitalanlagevolumen *n*
amount of cover
(Vers) Deckungssumme *f*
– Haftungssumme *f*
amount of coverage (com) Deckungsbeitrag *m*
amount of depreciation (ReW) Abschreibungsbetrag *m (syn, depreciation allowance)*
amount of exemption (Zo) Freibetrag *m*
amount of holding (Fin) Beteiligungsquote *f (syn, participation quota)*
amount of inspection (IndE) Prüfumfang *m*
amount of invention
(Pat) Erfindungshöhe *f*
(syn, degree of novelty, level of invention, inventive level)
amount of inventory carried (MaW) Bestandshöhe *f (syn, inventory level)*
amount of loss (Vers) Schadenhöhe *f*
amount outstanding (com) ausstehender Betrag *m*
amount overdue (com) überfälliger Betrag *m*

amount paid out
(Fin) ausgezahlter Betrag *m*
– Auszahlung *f (ie, to borrower)*
amount repayable (Fin) Rückzahlungsbetrag *m*
amounts due banks (ReW) Verbindlichkeiten *fpl* gegenüber Banken
amounts owed to affiliated undertakings (ReW, EG) Verbindlichkeiten *fpl* gegenüber verbundenen Unternehmen
amounts owed to credit institutions (ReW, EG) Verbindlichkeiten *fpl* gegenüber Kreditinstituten
amount stated (Fin) Wertansatz *m*
amount subject (Vers) Höchstschaden *m*
amount subscribed (Fin) Zeichnungsbetrag *m*
amount to *v* (com) betragen, sich belaufen auf *(syn, add up to, come to, run at, tot up to)*
amount to be invested (Fin) Investitionssumme *f*
ampersand
(EDV) kommerzielles &-Zeichen *n*
– (infml) ‚Kaufmanns-Und' *n*
amplitude (Math) Polarwinkel *m (syn, anomaly, azimuth, polar angle)*
AMT (com) = advanced manufacturing technology
amusement tax (StR) Vergnügungsteuer *f*
analog method
(Bw) Analog-Methode *f*
(ie, of estimating cost by making comparisons with past information on similar alternatives; widely used method of cost analysis)
analog monitor (EDV) Analog-Bildschirm *m (ie, monitor with only one input signal; opp, RGB monitor, qv)*
analysis
(com) Analyse *f*
(ie, examination of a complex, its elements, and relations; eg, to carry out, employ, introduce)
(com) Analyse *f (ie, statement of such analysis)*
(Math) Analysis *f*
(ie, Teile der Mathematik, die die Methoden der Infinitesimalrechnung benutzen; syn, mathematical analysis)
analysis department (com) statistische Abteilung *f (ie, deals with operating data and cost accounting)*
analysis of advertising media (Mk) Werbemittelanalyse *f*
analysis of bids (com) Prüfung *f* von Angeboten
analysis of choice (Vw) Wahlhandlungstheorie *f*
analysis of cost variance (KoR) Abweichungsanalyse *f (syn, cost variance analysis)*
analysis of covariance (Stat) Kovarianzanalyse *f*
analysis of critical points (com) Schwachstellenanalyse *f*
analysis of moneyflows (Vw) Geldstromanalyse *f (syn, flow of funds analysis, qv)*
analysis of physical resources (Bw) Sachmittelanalyse *f*
analysis of traffic flow (EDV) Verkehrsanalyse *f (ie, in computer system evaluation; syn, performance analysis)*
analysis of variance
(Stat) Varianzanalyse *f*, ANOVA
(ie, in der Regressionsrechnung: segregates the causes of variability affecting a set of observations)
analysis of work flow
(IndE) Arbeitsablaufstudie *f*
– Ablaufanalyse *f*
analysis sheet (OR) Ausgabeliste *f*
analysis situs (Math) Topologie *f (syn, topology)*
analyst
(Fin) Analyst *m*
– Wertpapieranalytiker *m*
(ie, reviews securities for a brokerage firm)
analytical estimating (IndE) analytische Zeitschätzung *f (ie, time required to perform a job on the basis of prior experience)*
analytic expertise (com) Sachverstand *m (eg, there exists enough . . . to place paper figures into perspective)*
analytic function
(Math) analytische
– holomorphe
– reguläre . . . Funktion *f (syn, regular function)*
Analytic Hierarchy Process, AHP
(Mk) Analytic Hierarchy Process
(ie, Verfahren zur Strukturierung und analytisch konsistenten Anwendung e–s Systems von Marketingzielen; cf, Saaty 1980)
analytic job evaluation (IndE) analytische Arbeitsbewertung *f (syn, analytic job rating)*
analytic proof (Math) analytischer Beweis *m*
analytic proposition (Log) analytischer Satz *m (syn, analytic statement; opp, synthetic proposition)*
analytic schedule (Vers) System *n* der Risikoermittlung *(ie, in fire insurance)*
analytic statement (Log) = analytic proposition
anatocism
(Fin) Zinseszins *m (ie, compound interest; cf, § 248 I BGB)*
– Wucher *m (ie, usury)*
anchorage (com) Ankergebühr *f*
anchor country (Fin) Ankerland *n (cf, anchor currency)*
anchor currency
(Fin) Ankerwährung *f*
(ie, Geldmengensteuerung nur in e-m Land [anchor country]; striktes Anbinden aller anderen Länder an diese Währung)
anchorlady
(com) Moderatorin *f*
– Redakteurin *f* im Studio
anchorman
(com) Moderator *m*
– Redakteur *m* im Studio
anchor point method (Mk) Ankerpunktmethode *f (ie, in multi-dimensional scaling)*
anchor tenant (Mk) Absatzmagnet *m (ie, retailer that draws traffic to a shopping center)*
ancillaries to trade (com) = aids to trade
ancillary covenant
(Pw) Wettbewerbsklausel *f*
– Konkurrenzklausel *f*
(ie, in employment contracts; syn, restraint of competition/non-competition/exclusive service . . . clause)
(Kart, US) wettbewerbsbeschränkende Nebenabrede *f (syn, ancillary restraint)*
ancillary credit business (Fin) Hilfs- und Nebengeschäfte *npl* im Kreditgewerbe

ancillary information (com) Zusatzinformation *f*
ancillary organ (EG) untergeordnetes Organ *n*
ancillary pay (Pw) Lohnnebenleistungen *fpl (syn, fringe benefits)*
ancillary restraint (Kart, US) = ancillary covenant
ancillary statistic (Stat) Hilfsmaßzahl *f*
AND circuit
(EDV) UND-Gatter *n*
– UND-Schaltung *f*
(syn, coincidence gate; AND . . . t/gate)
Andean Common Market, ACM (AuW) Andenmarkt *m*
Andean Group (AuW) Anden-Gruppe *f (ie, members are Bolivia, Colombia, Ecuador, Peru, and Venezuela)*
Andean Pact (AuW) Andenpakt *m (ie, successor organization of the Latin American Free Trade Zone)*
and interest (Fin) plus Stückzinsen
and-interest price (Fin) Erwerbskurs *m* + aufgelaufene Zinsen *mpl (ie, quoted price + accrued interest)*
AND operation
(EDV) UND-Funktion *f*
– UND-Verknüpfung *f*
– Konjunktion *f (syn, logical ... conjunction/product/multiply, meet)*
angel
(com) Film- od Theater-Sponsor *m*
(Fin) Geldgeber *m*
(ie, wealthy individual providing high-risk venture money)
angle brackets (com) Spitzklammern *fpl*
angular relationship (Math) Winkelverwandtschaft *f*
angular transformation (Math) Winkeltransformation *f*
animal testing (com) Tierversuche *mpl*
animate *v*
(EDV, Cobol) testen
– im Testmodus arbeiten
animate *v* **intermediate code** (EDV, Cobol) Zwischencode *m* testen
animator (EDV) Testhilfeprogramm *n*
ANN (EDV) = Artificial Neural Networks
Anna (Fin) = Association of National Numbering Agencies
annex
(com) Anhang *m*
– Anlage *f*
– Zusatz *m*
(Re) Anhang *m (to a contract)*
anniversary bonus (Pw) Jubiläumsgeschenk *f (syn, anniversary present/reward)*
anniversary date (Vers, US) Datum *n* der Ausstellung e–r Police
anniversary issue
(Mk) Jubiläumsausgabe *f*
– Jubiläumsnummer *f*
anniversary present (Pw) Jubiläumsgeschenk *n (syn, anniversary bonus/reward)*
anniversary publication
(com) Jubiläumsschrift *f*
– Festschrift *f*
anniversary reward (Pw) Jubiläumsgeschenk *n (syn, anniversary bonus/present)*
annotation
(com) Anmerkung *f*
(EDV) Annotation *f (ie, explanatory notes in flowcharting)*
announcement advertising (Mk) Einführungswerbung *f (syn, launch advertising; GB, initial advertising)*
announcement effect (FiW) Ankündigungseffekt *m*, Signalwirkung *f*
announcement of rights issue (Fin) Bezugrechtsankündigung *f*
annual abstract of statistics
annual accounts
(ReW, GB) Jahresabschluß *m*
(syn, US, year-end financial statements, qv)
annual allocation (Fin) jährliche Bereitstellung *f*
annual allowance
(ReW) Jahresabschreibung *f*
(StR) Jahresfreibetrag *m*
annual amortization (Vers) jährliche Tilgungsrate *f*
annual appropriation (ReW) jährliche Zuweisung *f*
annual audit
(ReW) Jahresabschlußprüfung *f*
– Prüfung *f* des Jahresabschlusses
annual auditor (ReW) Abschlußprüfer *m*
annual balance sheet (ReW) Jahresbilanz *f*
annual budget (Bw) Jahresbudget *n*
annual cash flow
(Fin) Jahresgewinn *m*
– jährlicher Einnahmeüberschuß *m*
(ie, estimated cost savings resulting from a proposed investment)
annual closing entries (ReW) Abschlußbuchungen *fpl (ie, at the end of an accounting year)*
annual compounded earnings growth (Fin) durchschnittliches jährliches Gewinnwachstum *n*
annual deficit ratio (AuW) jährliche Defizitquote *f*
annual depreciation expense
(ReW) Jahresabschreibung *f*
– Abschreibungsquote *f*
(syn, depreciation per period)
annual earnings
(ReW) Jahresgewinn *m*
(Pw) Jahresverdienst *m*, Jahreseinkommen *n (ie, total compensation)*
annual evaluation plan (Fin) jährlicher Bewertungsplan *m*
annual exemption (StR) jährlicher Freibetrag *m*
annual fee
(com) Jahresgebühr *f*
– jährliche Gebühr *f*
– Jahreshonorar *n*
annual financial statement (ReW) Jahresabschluß *m*
annual general meeting, AGM
(com) Jahreshauptversammlung *f*
(ie, to be held once every calender year by limited companies)
annual gross pay (Pw) Bruttojahresarbeitsentgelt *n*
annual high (Bö) Jahreshöchststand *m*
annual improvement factor (Pw) Tarifvertragsklausel *f (ie, ties pay hikes to long-term productivity gains)*
annual income (Pw) Jahreseinkommen *n*
annual installment (Fin) Jahresrate *f*
annual inventory count (MaW) Jahresinventur *f*

annualised percentage rate, APR
(Fin, GB) Effektivzins *m*
(ie, used as a benchmark, mainly for borrowing rates; all credit purchases must show equivalent APR)
annualised total return
(Bö, GB) Gesamtgewinn *m* auf Jahresbasis
(ie, total return × 365/Tage der Laufzeit der Option)
annualize *v*
(StR, US) steuerlichen Jahresausgleich *m* durchführen
(com) auf Jahresbasis umrechnen
annualized (com) auf Jahresbasis umgerechnet *(syn, at an annual rate)*
annualized rate of change (com) jährliche Änderungsrate *f*
annual loss (below commission scale) brought forward (Vers) Jahresunterschadenvortrag *m*
annual loss (in excess of commission scale) brought forward (Vers) Jahresüberschadenvortrag *m*
annual low (Bö) Jahrestiefststand *m*
annual machinery survey (IndE) jährliche Maschinenprüfung *f*
annual net cash inflow (Fin) Jahresgewinn *m (ie, determined in preinvestment analysis = Investitionsrechnung)*
annual net profit (ReW) Jahresüberschuß *m*
annual percentage rate
(Fin, US) jährliche Gesamtbelastung *f*
– Effektivzins *m*
(ie, the true cost of borrowing: interest plus other expenses; cf, annualised percentage rate)
annual premium (Vers) Jahresprämie *f*
annual rate (com) Jahresrate *f (eg, construction costs rise at an . . . of 13%)*
annual rent of annuity (Fin) Rentenrate *f* pro Jahr
annual report
(com) Jahresbericht *m*
(ReW, US) Jahresabschluß *m*
(ie, includes balance sheet, income statement, statement of retained earnings, auditor's report, and comments on past and future developments; syn, annual statement)
annual return
(Fin) jährliche Rendite *f*
– Jahresrendite *f*
(Bw, GB) Jahresausweis *m (ie, einzureichen beim Registrar of Companies = Registergericht)*
annual sales (ReW) Jahresumsatz *m (syn, GB, annual turnover)*
annual shareholders' meeting (com) Jahreshauptversammlung *f*
annual shortfall (Fin) Jahresfehlbetrag *m*
annual statement (ReW, US) = annual report
annual subscription (com) Jahresabonnement *n*
Annual Tax Act (StR) Jahressteuergesetz *n*
annual tax return (StR) Jahressteuererklärung *f*
annual turnover (ReW) Jahresumsatz *m*
annual usage
(MaW) jährlicher Lagerabgang *m*
– Jahresverbrauch *m*
annual use (MaW) = annual usage
annual vacation (Pw) Jahresurlaub *m*
annual vacation with pay (Pw) bezahlter Jahresurlaub *m*
annual value (StR, GB) jährlicher Miet- od Pachtwert *m (ie, als Besteuerungsgrundlage)*
annual works outing (Pw) Betriebsausflug *m*
annual yield (Fin) Jahresrendite *f*
annuitant (Fin) Rentenempfänger *m*
annuity
(Fin) Annuität *f*
– Rente *f*
– Zeitrente *f*
(ie, income payable at stated intervals)
(Pw) Rente *f*
annuity agreement (Fin) Rentenvertrag *(syn, annuity contract)*
annuity assurance (Vers, US) Rentenversicherung *f*
annuity bond (Fin) Rentenanleihe *f*, Annuitätenanleihe *f*
annuity bonds (Fin) Annuitäten-Bonds *pl (ie, bis zur Fälligkeit werden keine Zinsen gezahlt, cf, zero-bonds)*
annuity business (Vers) Rentengeschäft *n*
annuity certain (Fin) Zeitrente *f (syn, temporary annuity; opp, perpetuity = ewige Rente)*
annuity computation
(com) Rentenrechnung *f*
– Rentenberechnung *f*
annuity contract (Fin) = annuity agreement
annuity cost (Pw) Rentenaufwand *m*
annuity depreciation method (ReW) = compound-interest method of depreciation
annuity due (Fin) vorschüssige Rente *f (opp, ordinary annuity = nachschüssige Rente)*
annuity for life (Fin) Leibrente *f*
annuity fund (Fin) Rentenfonds *m*
annuity immediate (Fin) nachschüssige Rente *f (syn, ordinary annuity)*
annuity in reversion (Vers) Rente *f* auf den Überlebensfall
annuity installment (Vers) Rententeilbetrag *m*
annuity insurance (Vers) Rentenversicherung *f*
annuity loan
(Fin) Annuitätendarlehen *n*
(ie, repayable by annuities made up of interest + repayment)
annuity method (Fin) Annuitätsmethode *f (ie, of preinvestment analysis = Investitionsrechnung)*
annuity payable in advance (Vers) vorschüssige Rente *f*
annuity payable in arrears (Vers) rückständige Rente *f*
annuity payment (Fin) Rentenrate *f*
annuity plan (Vers) Rentenversicherungssystem *n*
annuity rent (Fin) = annuity payment
annuity rental (Fin) Tilgungsrate *f*
annuity series
(Fin) Rentenreihe *f*
– Rentenfolge *f*
annul a contract *v* (Re) Vertrag *m* aufheben od annullieren *(syn, cancel, qv)*
annul a decision *v* (com) Entscheidung *f* aufheben
annunciator
(EDV) Signalgeber *m*
(ie, warning device to indicate the status of systems or circuits)

anomaly (Math) Anomalie *f*, Polarwinkel *m (syn, polar angle, amplitude, azimuth)*
anomaly switching (Fin) Umschichtung *f* des Portefeuilles bei starken Kursschwankungen
anonymous saving (Fin) anonymes Sparen *n (ie, by holder of passbook unknown to bank)*
ANOVA (Stat) = analysis of variance
answer (Re, US) Klageerwiderung *f (cf, complaint)*
answerable for damage (Re) schadenersatzpflichtig *(syn, liable for/in damages)*
answer a claim *v* (com) Anspruch *m* erfüllen
answer an obligation *v* (Re) Verpflichtung *f* erfüllen *(syn, discharge fulfill/perform/meet/satisfy . . . an obligation)*
answerback code (EDV) Kennung *f*, Stationskennung *f (syn, station identification)*
answerback unit (EDV) Kennungsgeber *m*
answering machine (com) Anrufbeantworter *m (syn, automatic answering set)*
answering service (com) Fernsprechauftragsdienst *m*
answer prepaid (com) Antwort *f* bezahlt *(ie, for telegram)*
answer registered (com) Rückschein *m (ie, for letters, parcels)*
ante (com, US, infml) Preis *m*
antecedent
(Log) Vordersatz *m*
– Antezedens *n*
– Implikans *n*
(ie, der aussagenlogischen Implikation: ,if A then B'; A is the antecedent; syn, condition; opp, consequent = Hintersatz)
(Log) Obersatz *m (ie, im Syllogismus)*
antecedent debt (Fin) vorrangige (schon bestehende) Verbindlichkeiten *fpl*
antecedents (Fin) vergangene Entwicklung *f (ie, of a business enterprise; considered in credit investigation = Kreditwürdigkeitsprüfung)*
antechamber (com) Vorzimmer *n (syn, anteroom)*
antedate *v*
(com) nachdatieren
(ie, write a date preceding today's date; syn, predate; opp, postdate = vordatieren)
ante-nuptial marriage contract (Re) Ehevertrag *m (syn, marriage settlement, qv)*
anteroom (com) = antechamber
ante up *v*
(com, US) zahlen
– aufbringen *(syn, pay up; cf, to up the ante)*
anti-aliasing (EDV) Kantenglättung *f (ie, reducing jagged edges by inserting grey dots around edges)*
antibusiness (Bw) unternehmerfeindlich *(opp, probusiness)*
anticipated acceptance (Fin) vor Fälligkeit eingelöstes Akzept *n*
anticipated average life (Bw) erwartete mittlere Nutzungsdauer *f (ie, of a fixed asset item)*
anticipated bonus (Vers) vorweggenommener Gewinnanteil *m*
anticipated cost (ReW) Antizipationsaufwand *m*
anticipated holding period (Bö) erwartete Besitzdauer *f*
anticipated invention (Pat) vorweggenommene Erfindung *f*
anticipated profit
(ReW) nicht realisierter Gewinn *m*
(Vers) imaginärer Gewinn *m*
anticipated rebate (com) = dead-season rebate
anticipated redemption (Fin) vorzeitige Tilgung *f*
anticipated requirements (com) voraussichtlicher Bedarf *m*
anticipated sales (Mk) Umsatzplanung *f*
anticipation
(com) Vorwegnahme *f*
(ReW) Belastung *f* noch nicht realisierter Gewinne
(Fin) vorzeitige Rückzahlung *f (ie, paying off a mortgage before maturity without paying a prepayment penalty)*
(com) zusätzlicher Nachlaß *m (ie, additional deduction)*
anticipation and intention data (Bw) Planungsdaten *pl (eg, capital, spending, consumer purchases)*
anticipation inventories (MaW) Antizipationsläger *npl*
anticipation of invention (Pat) neuheitsschädliche Vorwegnahme *f* e–r Erfindung
anticipation rate (Fin) zusätzlicher Skontoabzug *m (ie, bei vorzeitiger Zahlung)*
anticipation rebate (com) Vorauszahlungsrabatt *m*
anticipations survey (Stat) Ermittlung *f* der Erwartungen von Unternehmen und Haushalten
anticipation term
(Vw) Erwartungswert *m*
– ex-ante-Größe *f*
anticipation warrant (Fin, US) kurzfristiger Schatzwechsel *m*
anticipatory
(Pat) neuheitsschädlich
(syn, detrimental/prejudicial . . . to novelty)
anticipatory assignment
(Re) Vorausabtretung *f*
(syn, assignment in advance)
anticipatory breach
(Re) antizipierter Vertragsbruch *m (ie, bei fehlender Zusicherung der Erfüllung)*
(Re) Vertragsaufsage *f*
anticipatory breach of contract (Re) anzitipierter Vertragsbruch *m*
anticipatory credit
(Fin) Akkreditivbevorschussung *f*
– Versandbereitstellungskredit *m*
– Packing Credit *m (cf, packing credit)*
anticipatory drawing (WeR) Vorausziehung *f (ie, of a draft)*
anticipatory hedge (Fin) antizipatives Sicherungsgeschäft *n*
anticipatory pricing (Bw) Preisstrategie *f* mit vorweggenommener Inflationskomponente
anticipatory redemption (Fin) Ablösung *f* e–r Anleihe
anticipatory reference (Pat) Patentvorwegnahme *f*
anti-coincidence operation (EDV) = exclusive OR operation
anticompetitive agreement (Kart) wettbewerbswidrige Vereinbarung *f*
anticompetitive behavior (Kart) wettbewerbsfeindliches Verhalten *n (syn, conduct)*

anticompetitive cartels (Kart) wettbewerbsschädliche Kartelle *npl (ie, kein rechtstechnischer Ausdruck: it is an englicized term for the German ‚Kartell')*
anticompetitive combination (Kart) wettbewerbsschädlicher Zusammenschluß *m*
anticompetitive conduct (Kart) = anticompetitive behavior
anticompetitive practice (Kart) wettbewerbswidriges Verhalten *n*
anticompetitive violation (Kart) Wettbewerbsverstoß *m*
anti-crisis cartel (Kart, EG) Krisenkartell *n*
anticyclical budgetary policy (FiW) antizyklische Haushaltspolitik *f*
anticyclical economic policy (Vw) = countercyclical economic policy
anticyclical pattern (Vw) gegenläufiger Zyklus *m (ie, of prices, employment; syn, countercyclical pattern, reciprocal cycle)*
anticyclical policy (Vw) antizyklische Politik *f*
antiderivative (Math) unbestimmtes Integral *n (syn, improper /indefinite . . . integral)*
antidilutive security (Fin, US) Wertpapier *n*, das bei Umwandlung in Stammaktien zu e–r Erhöhung des Gewinns je Aktie (EPS) führt
antidumping duty
(AuW) Antidumpingzoll *n*
– Dumpingbekämpfungszoll *m (syn, antidumping tariff)*
antidumping law
(Re) Dumpingverbotsgesetz *n*
– Antidumping-Gesetz *n*
antidumping provision (EG) Antidumping-Vorschrift *f (syn, antidumping rule)*
antidumping rule (EG) Antidumping-Vorschrift *f (syn, antidumping provision)*
antidumping tariff (AuW) = antidumping duty
anti-inflation policy (Vw) Anti-Inflationspolitik *f (ie, Maßnahmen der Inflationsbekämpfung)*
antilogarithm (Math) Numerus *m*, Antilogarithmus *m (syn, inverse logarithm)*
anti-marketeer (EG) Beitrittsgegner *m*
anti-piecemeal approacher (Vw) Anti-Marginalist *m*
anti-pirating agreement (Pw) vertraglicher Verzicht *m* auf gegenseitige Abwerbung *(syn, anti-poaching agreement)*
antiplanning bias (Bw) Planungswiderstand *m (ie, resistance to planning)*
anti-poaching agreement (Pw) = anti-pirating agreement
anti-raider directive
(Kart, EG) Transparenz-Richtlinie *f*
(ie, zum Schutz der Anleger und zur Koordinierung der Zulassungsbedingungen zur amtlichen Notierung an einer Wertpapierbörse)
anti-recession package (com) Programm *n* zur Konjunkturbelebung
anti-selection
(Vers) Antiselektion *f*
– Gegenauslese *f (syn, adverse selection)*
anti-subsidy procedure (EG) Anti-Subventionsverfahren *n*
anti-takeover proposal (com, US) Gegen-Übernahmeangebot *n*
antitrust
(Kart, US) Antitrust-. . .
(ie, das Adjektiv ist sprachlogisch ein ‚Eigenname', muß also unübersetzt bleiben)
(Kart, EG) kartell-. . .
(ie, Wettbewerbsjuristen bedienen sich dieser ‚Übersetzung', weil sie mit den Eigenheiten der US/EG-Regelungen vertraut sind, die sprachliche Gleichsetzung insofern also unschädlich ist)
antitrust enforcement agency
(Kart, US) Antitrust-Vollzugsbehörde *f*
(ie, Antitrust Division of the Department of Justice + Bureau of Competition of the Federal Trade Commission, both domiciled in Washington, D.C.)
antitrust hurdle
(Kart, EG) kartellrechtliche Hürde *f*
(Kart, US) Antitrust-Hürde *f*
antitrust law
(Kart, US) Antitrustrecht *n*
(ie, Teil des US-Wettbewerbsrechts; Grundpfeiler: 1890 Sherman Act, 1914 Clayton Act, and 1914 Federal Trade Commission Act + related amendments; designed to prohibit monopolization or restraint of interstate or foreign trade or unfair trade practices; and otherwise to ensure the operation of competitive markets)
(Kart) Recht *n* der Wettbewerbsbeschränkungen
(ie, term sometimes used to cover European laws against restraint of competition; eg, West German antitrust law)
antitrust lawyer
(Kart, US) Antitrust-Jurist *m*
(Kart, US) Kartelljurist *m*
antitrust legislation
(Kart, US) Antitrustgesetzgebung *f*
(Kart , EG) Kartellgesetzgebung *f*
antitrust movement
(Kart, US) Antitrust-Bewegung *f*
– Kartellbewegung *f*
(ie, strong populist movement against price fixing and market dominance; the pioneer law is the Sherman Act of 1890)
antitrust review (Kart) Überprüfung *f* durch die AT-Behörden
antitrust violation (Kart) Verstoß *m* gegen die AT-Gesetzgebung
anti-virus software (EDV) Anti-Viren-Programm *n*
any other business, AOB (com) = Sonstiges
A & O (Fin) April und Oktober als Zinstermine
AOB (com) = any other business
AOLOC (com) any one location = jeder Standort *m*
AON-clause (Bö) Alles-oder-Nichts-Klausel *f*
AOQ (IndE) = average outgoing quality
AOQL (IndE) = average outgoing quality limit
A/P (com) = account purchases
APA (StR, US) = advance pricing agreement
APC (Vw) = average propensity to consume
APEC (com) = Asia Pacific Economic Cooperation = APEC-Staaten *f*
API (EDV) = Application Programming Interface
apiece (com) je Stück *(ie, price is . . . apiece)*
APL
(EDV) = A programming language
(ie, high-level programming language)

apodictic statement (Log) apodiktische Aussage *f* *(ie, asserts that something must be the case; opp, assertoric and problematic statements)*
apodosis (Log) Hintersatz *m (syn, consequent, qv)*
a posteriori probability
(Stat) a posteriori-Wahrscheinlichkeit *f*
(syn, posterior probability; opp, a priori probability)
apparel industry (com) Bekleidungsindustrie *f (syn, garment industry)*
apparent authority (Re) Anscheinsvollmacht *f*
apparent defect (Re) offensichtlicher Mangel *m*
apparent good order and condition
(Re) einwandfreier äußerer Zustand *m*
(SeeV) äußerlich gute Beschaffenheit *f*
APPC (EDV) = Advanced Program to Program Communication, qv
appeal
(Re) Rechtsmittel *n*
(ie, the German classification ‚Berufung – Revision – sofortige Beschwerde' – is unknown; you take an appeal from a decision to the next higher court, so that ‚Rechtsmittelinstanz' is a ‚court of appeal')
(Re) Anfechtung *f*
(Pat) Beschwerde *f*
appeal a decision *v*
(Re) Rechtsmittel *n* (gegen ein Urteil) einlegen
(syn, take an appeal to, to appeal against)
appeal against *v* (Re) Berufung *f* einlegen *(ie, a decision)*
appeal against/from *v*
(Re) Rechtsmittel *n* einlegen gegen
(Re) anfechten *(eg, judgment, decision)*
appealing advertising (Mk) ansprechende Werbung *f*
appeal on points of law (Re) Rechtsbeschwerde *f*
appeal procedure (Re) Rechtsmittelverfahren *n*
appearance
(EDV) Darstellung *f*
– Darstellungsart *f*
– Erscheinungsbild *n*
(EDV) Schriftbild *n*
appellant
(Re) Berufungskläger *m*
– Revisionskläger *m*
(cf, appeal; opp, appellee)
appellate court (Re) Rechtsmittelinstanz *f* *(syn, court of appeal)*
appellee
(Re) Berufungsbeklagter *m*, Berufungsgegner *m*
(ie, in civil proceedings; syn, respondent; opp, appellant)
append *v*
(com) (als Anlage) beifügen
(EDV) einfügen
– erweitern
– hinzufügen
appendix (com) Anhang *m*
applet
(EDV) Dienstprogramm *n*
– Utility-Programm *n*
appliance industry (com, US) Haushaltsgeräteindustrie *f*
appliance manufacturer (com, US) Haushaltsgerätehersteller *m*
applicable law
(Re) geltendes Recht *n*
(ie, in contract wording; syn, governing law, law to apply)
applicable material
(MaW) = allotted material
(KoR) Fertigungsmaterial *n*
applicant
(com) Antragsteller *m*
(Re) ersuchende Stelle *f*
(Pw) Bewerber *m*
(Pat) Patentanmelder *m*, Patentsucher *m*
applicant for shares (Fin, GB) Aktienzeichner *m*
application
(com) Antrag *m*
(Fin, GB) Aktienzeichnung *f*
(Pat) Patentanmeldung *f*
(Vers) Versicherungsantrag *m*
(EDV) Anwendung *f*
– Programm *n*
– Applikation *f*
application agent
(Vers) Vermittlungsagent *m*
(syn, survey /surveying . . . agent; policy writing agent = Abschlußagent)
application assessment (StR) Antragsveranlagung *f*
application author (EDV) Programmierer *m*
application blank
(com) = application form
(Fin, GB) Zeichnungsformular *n*
application charges
(Fin, GB) Zeichnungsgebühren *fpl*
application data (EDV) Anwendungsdaten *f*
application design (IndE) Anwendungsentwurf *m*
application design tool (EDV) Werkzeug *n* zur Anwendungsentwicklung
application developer (EDV) Anwendungsentwickler *m*
application development (IndE) Anwendungsentwicklung *f*
application documents (com) Anmeldeunterlagen *fpl*
application error (EDV) Anwendungsfehler *m (opp, system error)*
application fee (Pat) Anmeldegebühr *f*
application file (EDV) Anwendungsdatei *f*
application for admission
(com) Aufnahmeantrag *m*
– Aufnahmegesuch *n*
application for entry (EG) Beitrittsantrag *m (syn, application for membership)*
application for listing (Bö) Antrag *m* auf Börsenzulassung
application-for-loan form (Fin) Kreditantrag-Formular *n*
application form
(com) Anmeldeformular *n*
– Antragsformular *n (syn, application blank)*
(Fin, GB) = application blank
application for membership (EG) Beitrittsantrag *m (syn, application for entry)*
application for protective order (Re, US) Schutzantrag *m*
application for shares (Fin, GB) Aktienzeichnung *f (syn, subscription to shares)*
application icon (EDV, GUI) Anwendungssymbol *n*

application in home country (Pat) Inlandsanmeldung *f*

application layer
(EDV) Anwendungsschicht *f*
– anwendungsbezogene Schicht *f*
(ie, im Rahmen des SNA-Konzepts)

application management (Bw) Anwendungsentwicklung *f*

application menu (EDV, GUI) Anwendungsmenü *n*

application of funds
(Fin) Mittelverwendung *f*
(ie, in der Kapitalflußrechnung = funds statement; syn, uses of funds)

application of funds statement
(Fin) Kapitalflußrechnung *f*
(syn, funds statement; infml, Where Got-Where Gone Statement)

application of grossing-up procedure (ReW) Rückrechnungsverfahren *n*

application of income (Vw) Einkommensverwendung *f*

application of laws (Re) Rechtsanwendung *f*

application of treaty provisions (Re) Anwendung *f* von Vertragsbestimmungen

application-oriented computer science (EDV) anwendungsorientierte Informatik *f*

application papers (Pat) = application documents

application procedure (com) Anmeldeverfahren *n*

application program (EDV) Anwendungsprogramm *n*

Application Program Interface, API
(EDV) Programmierschnittstelle *f*
– Schnittstelle *f* für Anwenderprogramme
(ie, encapsulates direct hardware access; increases portability of applications; eg, TAPI = Telephony Application Program Interface)

application programmer
(EDV) Organisationsprogrammierer *m*
– Anwendungsprogrammierer *m*

application programming (EDV) Anwendungsprogrammierung *f*

application programming interface (EDV) Programmierschnittstelle *f (ie, set of program commands that can be called by other applications)*

application requirements (Pat) Anmeldevorschriften *fpl*

applications engineer (IndE) Anwendungstechniker *m*

applications engineering (IndE) Anwendungstechnik *f*

application setup (EDV) Anwendungs-Installation *f*

applications generator
(EDV) Anwendungsgenerator *m*
– Programmgenerator *m*

application software (EDV) Anwendungssoftware *f (syn, application program)*

application-specific integrated circuit (EDV) anwendungsspezifischer IC *m*

applications planning (Bw) Einsatzplanung *f*

applications program
(EDV) Anwendungsprogramm *n*
– Anwenderprogramm *n*
– Benutzerprogramm *n*
(syn, user program; opp, systems program)

applications programmer (EDV) Anwendungsprogrammierer *m*

applications screen (EDV) Anwendungsmaske *f*

applications software
(EDV) Anwendungs-Software *f*
(ie, programs written to perform actual tasks such as accounts receivable or payroll: Debitoren- od Lohnbuchhaltung; syn, user software; opp, systems software)

applications system (EDV) Anwendungssystem *n*

application was left unopposed (Pat) Einspruch *m* wurde nicht erhoben

application window (EDV, GUI) Anwendungsfenster *n*

applicative definition (Log) Zuordnungsdefinition *f* Hinweisdefinition *f (opp, ostensive definition)*

applied cost (KoR) verrechnete Kosten *pl*

applied economic research (Vw) angewandte Wirtschaftsforschung *f*

applied logic
(Log) angewandte Logik *f*
(ie, there can be no applied logic in two cases: 1. where there is no discourse at all; 2. where discourse is present, but does not express an objective structure; this may occur in two ways: (a) when the discourse is completely meaningless; (b) when, although it is meaningful, it expresses only subjective states and not objective structures)

applied manufacturing overhead (KoR) Fertigungsgemeinkosten *pl (syn, factory overhead, qv)*

applied mathematics (Math) angewandte Mathematik *f*

applied overhead (KoR) verrechnete Gemeinkosten *pl*

applied research (com) angewandte Forschung *f*, Zweckforschung *f (opp, basic research = Grundlagenforschung)*

applied statistics (Stat) angewandte Statistik *f*

apply a zero rate *v* (Zo) Zollsatz *m* Null anwenden

apply for *v*
(com) beantragen *(make an application for)*
(Pw) sich bewerben um *(ie, job, position, vacancy; to a company)*

apply for admission *v* (com) Aufnahmeantrag *m* stellen

apply for an import licence *v* (EG) Einfuhrlizenz *f* beantragen

apply for a patent of invention *v* (Pat) Erfindung *f* anmelden

apply for bankruptcy proceedings *v* (Re) Antrag *m* auf Konkurseröffnung stellen *(syn, file a petition in bankrupty)*

apply for official quotation *v* (Bö) Börsenzulassung *f* beantragen

applying a special weighting factor to the number of inhabitants (Stat) Veredelung *f* der Einwohnerzahl

apply to join the Community *v* (EG) Aufnahmeantrag *m* stellen

appoint *v*
(com) ernennen, berufen *(ie, as/to be; eg, to a post or vacancy, as/to be chairman of a board)*
(ReW) bestellen *(ie, annual auditor = Abschlußprüfer)*

appointed day (com) Termin *m (syn, appointed time, deadline, time limit, target date)*

appointed paying agent (Fin) Zahlstelle *f (ie, for dividend payment)*

appointed payment office (Fin) = appointed paying agent
appointed representative (Re) bestellter Vertreter *m*
appointed time (com) = appointed day
appointed to act for (Re) zur Vertretung berufen
appointee (Re) Ernannter *m*
appointment
(com) Verabredung *f (eg, I have an appointment to see Mr X)*
(com) Ernennung *f (ie, as/to be; eg, president)*
(com) Bestellung *f (eg, as/to be chairman of the board)*
appointment book (com, US) Terminkalender *m (eg, to pencil someone in = vormerken)*
appointment calendar (com) Terminkalender *m*
appointment for life (com) Ernennung *f* auf Lebenszeit
appointments diary (com) = appointment book
apportion *v*
(com) aufteilen *(eg, tax revenues)*
(KoR) = allocate
apportioned contract (com) Sukzessivlieferungsvertrag *m (syn, open-end contract, qv)*
apportioned material (MaW) = allocated material
apportionment
(Fin) Repartierung *f*
(KoR) anteilmäßige Kostenumlage *f (syn, allocation)*
(FiW) Aufteilung *f* der Steuereinnahmen
apportionment of funds (Fin) Mittelzuweisung *f (eg, to government agency, project, period of time)*
apportionment of liability (Re) Haftungsaufteilung *f*
apportion tax revenue *v* (FiW) Steuereinnahmen *fpl* aufteilen
appraisal
(com) Auswertung *f*
(com) Bewertung *f*
– Schätzung *f*
(eg, DM 300,000 is a fair . . . of this condominium = angemessener Wert der Eigentumswohnung)
appraisal by results (Pw) ergebnisbezogene Leistungsbewertung *f*
appraisal by subordinates (Pw) Vorgesetzten-Beurteilung *f (ie, durch Mitarbeiter)*
appraisal capital
(ReW, US) nicht realisierter Wertzuwachs *m* des Anlagevermögens *(ie, surplus arising from appraisal of fixed assets: excess of appraised value of fixed asset over cost; cf, surplus)*
appraisal clause (Vers) Schätzklausel *f*
appraisal depreciation method (ReW) Methode *f* der Ermittlung des jährlichen Abschreibungsaufwandes
appraisal factors (Pw) Beurteilungskriterien *npl*
appraisal fee (com) Bewertungsgebühr *f*, Taxe *f*
appraisal interview (Pw) Mitarbeiter-Beurteilungsgespräch *n*
appraisal of aptitude (Pw) Eignungsbeurteilung *f (ie, through aptitude tests or testing)*
appraisal of business (Bw) Unternehmensbewertung *f (ie, valuation of an enterprise as a whole)*
appraisal of farm land (com) Bodenbonitierung *f*, Bodenschätzung *f*
appraisal of results (Pw) Leistungsbewertung *f (syn, performance appraisal, qv)*
appraisal report (com) Gutachten *n* e–s Schätzers
appraise *v*
(com) auswerten
(com) bewerten
– schätzen
– taxieren
(ie, systematische Wertbestimmung durch Besichtigung, Preisermittlung und Kalkulation anhand technischer Daten; syn, assess, evaluate, rate value)
appraised value
(com) Schätzwert *m*
– Taxwert *m*
appraisement
(com) Schätzung *f*
(Zo) Zollbewertung *f*
appraiser
(com) Schätzer *m*
– Taxator *m*
– Sachverständiger *m (syn, valuer, evaluator)*
appraising officer (Zo, US) Schätzer *m*
appreciate a currency *v* (AuW) Währung *f* aufwerten *(syn, upvalue)*
appreciation
(ReW, Fin) Wertsteigerung *f*
– Wertzuwachs *m*
(ie, of fixed assets and securities; may be realized or unrealized)
(AuW) Aufwertung *f (syn, upvaluation, upward revaluation)*
appreciation in value (ReW) Zuschreibung *f*
appreciation surplus (ReW) Bewertungsüberschuß *m*
apprehensive period (Vers) Periode *f* erhöhter Gefahr
apprenticeship
(Pw) Lehrlingsstatus *m (ie, condition of being an apprentice)*
(Pw) Lehrzeit *f*
(Pw) Lehrstelle *f*
(eg, there are not enough -s to go around; syn, apprenticeship place)
apprenticeship openings (Pw) offene Lehrstellen *fpl*
apprenticeship training (Pw) Lehrlingsausbildung *f*
approach
(com) Ansatz *m*
– Forschungsansatz *m*
– Erklärungsversuch *m*
– Methode *f*
approaching (com) bevorstehend
approach toward zero *v* (Math) gegen Null konvergieren
appropriate *v*
(Re) sich aneignen
(FiW) bewilligen, zuweisen
(Fin) bewilligen
– genehmigen
(ie, set aside funds for a particular purpose)
appropriate action (com) geeignete Schritte *mpl (eg, to take . . .)*
appropriate authority (Re) zuständige Behörde *f*
appropriate court (Re) zuständiges Gericht *n*
appropriated berth (com) reservierter Liegeplatz *m* e–s Schiffes; *(syn, accommodation berth)*
appropriated funds (Fin) zweckgebundene Mittel *pl*

appropriated material (MaW) auftragsgebundenes Material *n*
appropriate goods to a contract *v* (Re) Güter *npl* konkretisieren *(syn, identify)*
appropriate reserves *v* (ReW) Rücklagen *fpl* auflösen *(syn, retransfer, qv)*
appropriate technology (IndE) = soft technology
appropriation
(Re) Konkretisierung *f (ie, of goods under a contract of sale)*
(Fin) Ausgabenbewilligung *f*
– Bewilligung *f*
(Fin) bewilligte Mittel *pl*
(Fin) Investitionsantrag *m*
(Fin) Investitionsgenehmigung *f*
(ReW) buchmäßige Gewinnverteilung *f*
(ReW) Zweckbindung *f* von Gewinnen od Rücklagen
appropriation account
(ReW) Bereitstellungskonto *n*
(ReW, GB) Durchgangskonto *n* zur Aufnahme des Gewinnvortrags
appropriation act
(Fin) Ausgabebudget *n*
– Haushaltsgesetz *n*
appropriation depreciation method (ReW) Abschreibung *f* aus finanzpolitischen Gründen
appropriation of earnings (ReW) Gewinnverwendung *f*
appropriation of funds
(Fin) Bereitstellung *f* od Zuweisung *f* von Mitteln
appropriation of goods to a contract (Re) Konkretisierung *f (syn, ascertainment of goods)*
appropriation of net income (ReW) Verwendung *f* des Reingewinns
appropriation of operating funds (FiW) Betriebsmittelzuweisung *f*
appropriation of profits
(ReW) Gewinnverwendung *f*
(syn, disposition of retained earnings)
appropriation period (FiW) Bewilligungszeitraum *m*
appropriation power (FiW) Bewilligungsrecht *n*
appropriation request (Fin) Investitionsantrag *m*
appropriations (Fin) = appropriated funds
appropriations bill (FiW, US) Bewilligungsvorlage *f*
appropriations committee
(FiW) Haushaltsausschuß *m*
– Bewilligungsausschuß *m*
appropriaton to the contract (Re) Konkretisierung *f* e–r Ware *(ie, als Erfüllungshandlung)*
approval
(com) Billigung *f*
– Einwilligung *f*
– Genehmigung *f*
(Re) Zustimmung *f*
(ie, innerhalb der Z. wird zwischen der Einwilligung als der vorherigen Zustimmung [§ 183 I BGB] und der Genehmigung als der nachträglichen Z. [§ 184 I BGB] unterschieden)
approval agency (Re, US) Genehmigungsbehörde *f*
approval procedure (Zo) Zulassungsverfahren *n*
approval sale (com) Kauf *m* auf Probe *(syn, sale on approval)*
approve a loan *v* (Fin) Darlehen *n* od Kredit *m* genehmigen
approve an application *v* (com) Antrag *m* genehmigen
approved
(com) genehmigt
– gebilligt
– ermächtigt
(com) zugelassen *(eg, supplier)*
approved bill of exchange (Fin) erstklassiger Wechsel *m*
approved code of practice, ACOP (com) anerkannter Verhaltenskodex *m*
approved delivery facility
(Bö) anerkannte Lieferstelle *f*
(ie, approved by a commodity exchange for delivery against a futures contract; eg, warehouse, plant, or other depositary)
approved exporter (Zo) ermächtigter Ausführer *m*
approved list
(Fin, US) genehmigte Liste *f* hochklassiger Wertpapiere *(ie, acceptable for investment by mutual funds and other financial institutions)*
approved list of investments
approved primary dealer (Fin) Wertpapierhändler *m*, der amerikanische und britische Staatspapiere verkauft
approved status (StR) anerkannte Finanzlage *f*
approved voucher (ReW) anerkannter Beleg *m*
approving authority (Re) Genehmigungsbehörde *f*
approximate computation (Math) Näherungsrechnung *f*
approximate price
(Bö) Annäherungskurs *m*
– Zirkakurs *m*
approximate rate of return (Fin) = accounting rate of return
approximate value (Math) Näherungswert *m*
approximation
(com, Math) Annäherung *f*
(EG) Angleichung *f (eg, of laws or taxes; syn, harmonization)*
approximation error (Math) Näherungsfehler *m*
appurtenances (Re) Grundstücksbestandteile *mpl (syn, fixtures)*
APR (Fin, GB) = annualised percentage rate
a priori probability
(Stat) a priori-Wahrscheinlichkeit *f*
– Merkmalswahrscheinlichkeit *f*
(syn, prior probability; opp, a posteriori probability)
APS (Vw) = average propensity to save
APT (Fin) = arbitrage pricing theory
aptitude
(Pw) Befähigung *f*
– Eignung *f*
– Arbeitseignung *f (syn, ability, capacity, qualification)*
aptitude for work (Pw) Arbeitseignung *f*
aptitude test
(Pw) Eignungsprüfung *f*
– Eignungstest *m*
AQL (IndE) = acceptable quality level
AQLS (IndE) = acceptable quality level system
a.&r. (com) = air and rail
Arabic numerals
(Math) arabische Zahlen *fpl*
– arabische Ziffern *fpl*
arable farm land (com) Ackerland *n*

a/r (A/R) (com) = all risks
arbitrage
(Fin) Arbitrage *f*
(ie, buying a specified item - whether securities, term money, foreign exchange, precious metals - or its equivalent in one market and simultaneously selling it in the same or other markets, for the differential or spread prevailing at least temporarily because of the conditions particular to each market)
arbitrage calculation (Fin) Arbitrage-Rechnung *f*
arbitrage clause (Fin) Arbitrageklausel *f*
arbitrage dealer (Fin) Arbitragehändler *m*
arbitrage dealings (Fin) = arbitrage transactions
arbitrage house (Fin) Arbitragefirma *f (ie, banker, broker, foreign exchange dealer)*
arbitrage in bullion (Fin) Goldarbitrage *f (syn, gold arbitrage)*
arbitrage in securities
(Fin) Effektenarbitrage *f*
– Wertpapierarbitrage *f*
(ie, durch Ausnutzung vopn Kursdifferenzem an verschiedenen Börsenplätzen)
arbitrage in space (Fin) Raumarbitrage *f (ie, Unterbegriffe: Differenz- und Ausgleichsarbitrage)*
arbitrage margin (Fin) internationales Zinsgefälle *n*
arbitrage operations (Fin) = arbitrage transactions
arbitrage pricing theory, APT (Fin) Arbitragepreis-Theorie *f (ie, Weiterentwicklung des Capital Asset Pricing Model)*
arbitrager (Fin) = arbitrageur
arbitrage stocks (Bö) Arbitragewerte *mpl*
arbitrage support points (Fin) Arbitrage-Interventionspunkte *mpl*
arbitrage transactions
(Fin) Arbitrage-Transaktionen *fpl*
– Arbitrage-Geschäfte *npl*
arbitrageur
(Fin) Arbitrageur *m*
(ie, market professional taking positions in currencies, stocks or bonds by using actuals, futures and/or options to lock in a reasonably certain profit from anomalous or inherent price advantages of one vehicle against another normally in the same holding; syn, arbitrager; GB, shunter)
arbitral authority (Re) Schiedsinstanz *f*
arbitral award (Re) = arbitration award
arbitral body (Re) = arbitral authority
arbitral clause (Re) Schiedsklausel *f*
arbitral court
(Re) Schiedsgericht *n*
– Schiedsgerichtshof *m*
arbitral jurisdiction (Re) Schiedsgerichtsbarkeit *f*
arbitral procedure (Re) Schiedsverfahren *n*
arbitral settlement (Re) schiedsgerichtliche Beilegung
arbitrary assessment (StR) Steuerschätzung *f*
arbitrary assumption
(Log) willkürliche Annahme *f*
(ie, without regard to being consistent with accepted logical principles)
arbitrary discrimination (Re) willkürliche Benachteiligung *f*
arbitrary origin (Stat) künstlicher Nullpunkt *m*, Hilfsursprung *m*
arbitrary parameter (Stat) freier od willkürlicher Parameter *m*
arbitrary wage rate (Pw) frei ausgehandelter Lohnsatz *m*
arbitrate *v*
(com) schlichten *(syn, conciliate, mediate, settle amicably)*
(com) schiedsrichterlich entscheiden
arbitrated rate
(Fin) Kreuzkurs *m*
– Usance-Kurs *m (cf, cross rate)*
arbitration
(com) Schlichtung *f (syn, conciliation, mediation)*
(com) Schiedsgerichtsverfahren *n*
arbitration agreement (Re) Schiedsvertrag *m*
arbitrational settlement (Re) schiedsrichterliche Beilegung *f*
arbitration award (com) Schiedsspruch *m (syn, arbitral /arbitrator's . . . award)*
arbitration board (com) Schiedsstelle *f*
arbitration clause
(com) Schieds(gerichts)klausel *f*
(ie, im Außenhandel übliche Klausel zur Vereinbarung e–s bestimmten Schiedsgerichts = arbitration tribunal)
arbitration code (Re) Schiedsgerichtsordnung *f*
arbitration committee (com) Schiedsausschuß
arbitration of exchange
(Fin) Devisenarbitrage *f*
(ie, either simple or compound arbitration; the result is the ‚arbitrated exchange' = günstigster Arbitragekurs; but the term is gradually being replaced by ‚commercial parity'; syn, currency/exchange . . . arbitrage)
arbitration proceedings (com) Schiedsverfahren *n*
arbitration scheme (Re) Schiedsverfahren *n*
arbitrative board (com) Schiedsstelle *f*
arbitrator
(com) Schiedsrichter *m*
(ie, settles differences between two parties in controversy)
arbitrator's award (com) = arbitration award
arbs (Fin) = arbitrageurs
arc (OR) gerichtete Kante *f (ie, im Netzwerk; syn, directed . . . arc/edge, oriented branch)*
arc elasticity
(Vw) Bogenelastizität *f*
(ie, this is really ordinary elasticity with the index number problem thrown in; introduced by Dalton in 1920)
arc flow (OR) Kantenfluß *m*
architectural firm (com) Architektengruppe *f*
architecture (EDV) (System-)Architektur *f*
archival backup copy (EDV) Sicherungskopie *(ie, of diskettes; usually simply: backup)*
archive attribute (EDV) = archive bit, qv
archive bit (EDV) Archivbit *n (ie, file attribute that indicates whether file has been changed since last backup; syn, archive flag, archive attribute)*
archive flag (EDV) = archive bit, qv
arch-liberal (com) erzliberal
arc partition (OR) Zerlegung *f* e–r Menge gerichteter Kanten
arc progression of length (OR) gerichtete Kantenprogression *f* der Länge

arc tangent (Math) inverse Tangente *f (syn, inverse tangent)*
area
(com) Bereich *m*
(EDV, Cobol) (Speicher)bereich *m (cf, DIN 66 028 Aug 1986)*
area a (EDV, Cobol) A-Bereich *m (cf, DIN 66 028 Aug 1986)*
area address (EDV) Bereichsadresse *f*
area b (EDV, Cobol) B-Bereich *m (cf, DIN 66 028 Aug 1986)*
area boundary (EDV) Bereichsgrenze *f (syn, area limit)*
area code
(com, US) Vorwahl *m*
(ie, 3-digit number identifying telephone service area; syn, GB, dialing code)
area controller (Bw) Bereichs-Controller *m*
area definition (Log) Bereichsdefinition *f*
area diagram (Stat) Flächendiagramm *n*
area limit (EDV) = area boundary
area manager
(com) Bereichsleiter *m*/-in *f*
– Gebietsleiter *m*/-in *f (syn, regional manager)*
area matrix (EDV) Bereichsmatrix *f*
area of accountability (Pw) Verantwortungsbereich *m*
area of attention (com) = field of attention
area of authority (Bw) = area of discretion
area of concentration (com) = field of attention
area of discretion
(com) Kompetenzbereich *m*
– Zuständigkeitsbereich *m (syn, area of authority)*
area of industrial concentration (Vw) Ballungsgebiet *n (syn, agglomeration area)*
area of operations (Pw) Arbeitsbereich *m*
area of quotation (Bö) Notierungsbereich *m*
area of responsibility (com) Geschäftsbereich *m (syn, operating area)*
area rehabilitation (com) Altbausanierung *f (als Flächensanierung)*
area sample (Stat) Flächenstichprobe *f*
area sampling
(Stat) Flächenstichprobenverfahren *n*
– Flächenauswahl *f*
area specific (com) bereichsspezifisch
area specification (EDV) Bereichsangabe *f*
areas sensitive to capacity utilization (Bw) auslastungssensible Bereiche *mpl*
area under investigation (com) Untersuchungsgebiet *n*
area variable (EDV) Bereichsvariable *f*
area wide bargaining (Pw, US) regionale Tarifverhandlungen *fpl*
„A" reorganization (Re, US) Sanierung *f* durch Fusion *(ie, merger or consolidation; cf, reorganization)*
A. R. form (com) Rückschein *m (ie, advice of receipt form)*
Argand diagram (Math) Gaußsche Zahlenebene *f (syn, Gaussian plane)*
argue *v* **(with, over, about)**
(com) streiten
(com) argumentieren *(ie, for/against)*
(com) überreden, überzeugen *(ie, into/out of doing sth)*
argufy *v* (com, sl) argumentieren, streiten *(eg, in court)*
argument
(com) Argument *n (ie, for, against; strong, convincing, powerful, familiar)*
(Math) Argument *n*, unabhängige Variable *f (ie, of a function)*
argument place (Log) Leerstelle *f*
arise *v*
(com) entstehen
– auftauchen *(ie, from, out of)*
arithmetical instruction (EDV) arithmetischer Befehl *m*
Arithmetic and Logical Unit, ALU (EDV) Rechenwerk *n (ie, part of a microprocessor)*
arithmetic chart (Stat) graphische Darstellung *f (ie, mit absoluten Änderungsbeträgen)*
arithmetic check (EDV) arithmetische Prüfung *f (syn, mathematical check)*
arithmetic element (EDV) = arithmetic unit
arithmetic expression (EDV, Cobol) arithmetischer Ausdruck *m (cf, DIN 66 028, Aug 1985)*
arithmetic graph (Stat) = arithmetic chart
arithmetic instruction (EDV) Rechenbefehl *m*
arithmetic mean
(Stat) arithmetisches Mittel *n*
(ie, sum of a set of values divided by their number; in current usage the word ‚arithmetic' is often omitted)
arithmetic operation
(EDV) Rechenoperation *f*
(EDV) arithmetische Operation *f (cf, DIN 66 028, Aug 1985)*
arithmetic operator (EDV) arithmetischer Operator *m (cf, DIN 66 028, Aug 1985)*
arithmetic organ (EDV) = arithmetic unit
arithmetic progression (Math) arithmetische Folge *f (syn, arithmetic sequence)*
arithmetic section (EDV) = arithmetic unit
arithmetic sequence (Math) = arithmetic progression
arithmetic series (Math) arithmetische Reihe *f*
arithmetic statement (EDV) arithmetische Anweisung *f (cf, DIN 66 028, Aug 1985)*
arithmetic subroutine (EDV) arithmetisches Unterprogramm *n*
arithmetic underflow (EDV) Unterlauf *m (syn, underflow)*
arithmetic unit (EDV) Rechenwerk *n (syn, arithmetic . . . element/section)*
ARL
(IndE) = acceptable reliability level
(Stat) = average run length
arm (com, infml) Bereich *m (eg, the group's steelmaking arm; syn, operations, acitivities)*
arm's length (com) (rechtlich) unabhängig *(ie, independent, unrelated, competitive, straightforward; eg, arm's length purchase)*
arm's length bargaining
(com) Verhandlungen *fpl* unabhängiger Partner *ie, of unrelated third parties)*
arm's length comparison (StR) Drittvergleich *m*
arm's length competition (Mk) freier Wettbewerb *m*
arm's length dealing (StR, US) = dealing at arm's length

arm's length price (Mk) Marktpreis *m*
arm's length principle (com) Grundsatz *m* der Unabhängigkeit
arm's length transaction (com) Abschluß *m* auf rein geschäftlicher Grundlage *(eg, aufgrund von Marktpreisen)*
arr. (com) = arrival
arrange *v*
(com) einrichten, Vorkehrungen *fpl* treffen
(Re) Vergleich *m* schließen, sich vergleichen
arrange a demonstration *v* (com) Vorführung *f* vereinbaren
arrange a loan *v* (Fin) Darlehen *n* aushandeln *(syn, negotiate)*
arrange icons *v* (EDV, GUI) Symbole (auf dem Desktop) anordnen
arrangement
(com) Abmachung *f*, Absprache *f (eg, make an arrangement with)*
(Re) Übereinkunft *f* mit Gläubigern
arrangement after receiving order (Re, GB) gerichtlicher Vergleich *m*
arrangement before receiving order (Re, GB) außergerichtlicher Vergleich *m*
arrangement fee (Fin) Provision *f* für Swap-Geschäft
arrangement of appearance (com) Gestaltung *f*
arrangement of claims (Re, GB) Rangfolge *f* der Konkursforderungen
arrangement of terms (Fin) Konditionengestaltung *f*
Arrangement on Guidelines for Officially Supported Export Credits (AuW) Übereinkommen *n* über Leitlinien für öffentlich unterstützte Exportkredite *(ie, also called ,OECD Consensus')*
arrangement patent (Pat) Anordnungspatent *n*
arrangement with creditors
(Re) Einigung *n* mit den Gläubigern
(syn, composition with creditors)
arranger
(Fin) Führungsbank *f (syn, lead manager)*
(Fin) Arrangeur *m*, Arranger *m*
(ie, stellt Kreditkonsortium zusammen, ohne selbst eine Kreditquote zu übernehmen)
array
(EDV) Feldgruppe *n*
– Bereich *m*
(Math) Anordnung *f*
– Reihe *f*
– Schema *n (ie, general term covering rows and columns = Zeilen und Spalten; often equivalent to matrix, qv)*
array bounds (EDV) Indexgrenzen *fpl (ie, in programming)*
array element (EDV) Feldgruppenelement *n*, Bereichselement *n*
array of curves (Math) Kurvenschar *f (syn, family/set . . . of curves)*
array of goods (com) Warensortiment *n*
array of products (com) Produktpalette *f (syn, range of products, qv)*
array variable (Stat) Bereichsvariable *f*
arrearages (Fin) = arrears
arrears (Fin) Rückstände *mpl (ie, money overdue; syn, arrearages)*
arrears of dividends (Fin) Dividendenrückstände *mpl*
arrears of taxes (StR) Steuerrückstände *mpl*
arrest (Re) Beschlagnahme *f (ie, of ship or cargo)*
arrival
(com) Ankunft *f*
(com) Eingang *m*
arrival draft (Fin) bei Ankunft der Ware einzulösende Tratte *f*
arrival point (OR) Zielpunkt *f*
arrival rate (OR) Ankunftsrate *f*, Zugangsrate *f (ie, in waiting line models)*
arrival time (OR) Ankunftszeit *f*
arrow diagram (Math) Pfeilschema *n*
A/R statement (ReW) Debitorenkontoauszug *m*
art designer (Mk) Werbegestalter *m*
artic (com, GB) = articulated lorry
Article Eight currency (IWF) frei konvertierbare Währung *f*
article master file (EDV) Artikelstammdatei *f*
article master record (EDV) Artikelstammsatz *m*
article of consumption (com) Konsumartikel *m*
article of daily use
(com) Gebrauchsartikel *m*
– Gebrauchsgegenstand *m*
article of exportation
(AuW) Ausfuhrartikel *m*
– Exportartikel *m (syn, article exported)*
articles (com, GB) = articles of association
articles of apprenticeship (Pw) Ausbildungsvertrag *m*
articles of association (com, GB) Satzung *f* e–r AG *(ie, regelt das Innenverhältnis)*
articles of copartnership (com) = articles of partnership
articles of incorporation (com, US) Gründungsurkunde *f* e–r AG + Satzung *f* i. e. S.
articles of organization (com, US) Gründungsurkunde *f* e–r AG *(ie, used occasionally)*
articles of partnership (Re) Gesellschaftsvertrag *m*
articulated lorry (com, GB) Sattelzug *m (syn, infml, artic, bender; US, trailer truck)*
articulation statement (KoR) Matrixbilanz *f*
artifical currency (Vw) künstliche Währung *f*
artifical exchange rate (Vw) künstlicher Wechselkurs *m*
artificial intelligence, AI
(EDV) künstliche Intelligenz *f*
(ie, ability of a machine to imitate certain human activities such as problem solving, decision making, perception, and learning)
artificial loss-making company (Fin) Abschreibungsgesellschaft *f*
artificial neural network (EDV) künstliches neuronales Netzwerk *n*
artificial person (Re) juristische Person *f (syn, legal person, qv)*
artificial variable (OR) künstliche Variable *f*
artiste company (com) Künstlerverleihgesellschaft *f*
art manager (com) Atelierleiter *m*, Atelierleiterin *f*
artwork (EDV) Bildmaterial *n (eg, graphics, images)*
artwork pattern (EDV) Abbild *n* der Ätzvorlage *(eg, in CAD)*
a/s (WeR) = after sight
as amended (Re) in der Fassung von, i.d.F. von . . .
ASAP (com) = as soon as possible *(ie, used in office memos and telecoms)*

ascendency (Pw, fml) Aufstieg *m (syn, advancement)*
ascending key (EDV, Cobol) aufsteigender Sortierbegriff *m (cf, DIN 66 028, Aug 1985)*
ascending participation
(Pw) aufsteigende Arbeitspartizipation *f*
(ie, controlling influence at levels above one's own)
ascending series (Math) steigende Reihe *f (opp, descending series)*
ascending wage rate
(Pw) steigender Lohnsatz *m*
(ie, mit Indexbindung; Kriterien: Stückzahl, Umsatz usw)
ascertain *v*
(com) feststellen, ermitteln
(ReW) feststellen
(eg, legally ascertain the financial statements as being final = den Jahresabschluß feststellen; cf, § 172 AktG)
ascertained goods (Re) konkrete Sachen *fpl (syn, specific goods; opp, generic goods, qv)*
ascertainment error (Stat) Erhebungsfehler *m (syn, error in survey)*
ascertainment of damage (Re) Schadenermittlung *f (syn, ascertainment of loss)*
ascertainment of goods (Re) Konkretisierung *f (syn, appropriation)*
ascertainment of loss (Vers) Schadenfeststellung *f*
ascertainment of price (com) Preisfestsetzung *f*
ASCII Code (EDV) = American Standard Code for Information Interchange *(ie, umfaßt nur 7-Bitgruppen)*
ASCII keyboard (EDV) ASCII-Tastatur *f (ie, contains keys for all ASCII character sets)*
ASEAN countries
(Vw) ASEAN-Länder *npl*
(ie, Association of South-East Asian Nations: Indonesia, Malaysia, Philippines, Singapore, Thailand)
as from (Re) mit Wirkung vom *(syn, US, as of)*
‚A' share (Fin, GB) Stammaktie *f (ie, normally without voting rights = nicht stimmberechtigt)*
Asian currency unit (Fin) Asiatische Währungseinheit *f (ie, US-$ in Singapur)*
Asian Development Bank, ADB (com) Asiatische Entwicklungsbank
Asia Pacific Economic Cooperation, APEC
as-if competition (Kart) Als-Ob-Wettbewerb *m*
as in duty bound (Re) pflichtgemäß *(eg, consider and decide . . . = pflichtgemäß entscheiden)*
as is
(Re, US) Abbedingen *n* der Haftung für e-n bestimmten Zweck *(ie, with all faults)*
(com) wie besichtigt, wie die Ware liegt und steht *(ie, Formel für Haftungsausschluß beim Kauf)*
ask
(com) Preisangebot *n*
(Bö) Brief *m*, Briefkurs *m (ie, Angebot; opp, bid)*
asked and bid (Bö) Brief und Geld *(ie, Angebot und Nachfrage; syn, sellers and buyers)*
asked price
(Bö) Brief *m*
– Briefkurs *m*
– Angebotskurs *m (syn, offered, offer price, price offered, rate asked, sellers' rate; opp, bid price)*
(Fin) Ausgabepreis *m (ie, bei Emissionen und Investmentzertifikaten)*
ask for an expert opinion *v* (com) Gutachten *n* einholen
asking price (com) ursprüngliche Preisforderung *f (ie, vor Gewährung von Nachlässen)*
as of (Re) mit Wirkung vom *(syn, GB, as from)*
as offered line of credit (Fin, US) Kreditart *f*, bei der die Bank nicht die Marge aufdeckt; sie nennt eine „all-in rate"
as of right (Re) von Rechts wegen
ASP
(AuW) = American Selling Price
(Mk) = adjusted selling price
aspect ratio (EDV) Seitenverhätnis *n (eg, of a display)*
as per agreement (Re) vertragsgemäß *(syn, conformable to the contract)*
as per order (com) auftragsgemäß
aspiration level (Vw) Anspruchsniveau *n*
aspire to *v* (com, fml) anstreben *(eg, job of Chief Executive Officer)*
assemblage (Math) Menge *f (syn, set)*
assemble *v*
(com) zusammenstellen *(eg, task force, syndicate)*
(com) montieren, zusammenbauen
(EDV) assemblieren *(ie, translate a source program into an object program)*
assemble a syndicate *v* (Fin) Konsortium *n* zusammenstellen
assembler
(com) Monteur *m (syn, assemblyman, fitter)*
(com) Montagefirma *f*
(EDV) Assembler *m*
(ie, program that converts the memory into binary code for execution; maschinenorientierte Programmiersprache; syn, assembly program)
assembly
(IndE) Baugruppe *f*
(com) Montage *f (syn, assembly work)*
assembly account (ReW) Sammelkonto *n (syn, absorption/collective/control/controlling/summary/intermediate clearing . . . account)*
assembly belt production (com) Fließbandfertigung *f*
assembly bin (MaW) = accumulation bin
assembly department (IndE) Montageabteilung *f*
assembly drawing (IndE) Montagezeichnung *f*
assembly facility (IndE) Montagewerk *n (syn, assembly operation)*
assembly instruction (EDV) Assemblerbefehl *m*
assembly language (EDV) Assemblersprache *f (ie, maschinenorientierte Programmiersprache)*
assembly line (com) Fließband *n*, Montageband *n*, Band *n*
assembly line balancing
(IndE) Austakten *n* des Bandes
– Bandabgleich *m*
– optimale Fließbandbelegung *f*
assembly line production (com) = assembly belt production
assembly line worker (com) Fließbandarbeiter *m*
assembly list
(IndE) Bauliste *f*, Montageliste *f*
(EDV) = assembly listing

assemblyman (com) = assembly operator
assembly method (IndE) Fertigungsmethode *f (syn, manufacturing production method)*
assembly operation (IndE) = assembly facility
assembly operator (com) Monteur *m (syn, assemblyman, assembler, fitter)*
assembly order (MaW) Materialanforderungsschein *m*
assembly plant (IndE) Montagewerk *n*
assembly robot (IndE) Montageroboter *m*
assembly routine
(EDV) Assembler-Unterprogramm *m*
(eg, in an application that is based on a high-level programming language)
assembly schedule (IndE) Montageplan *m*, Lieferplan *m*
assembly shop (IndE) Montagewerkstatt *f*
assembly station (IndE) Fließbandstation *f*
assensio mentium (Re, civil law) Willenseinigung *f (syn, mutual assent, qv)*
assent *v* (Re, fml) zustimmen
assenting creditor (Re) Zustimmungsgläubiger *m*
assert *v* (com) behaupten *(ie, forcefully; eg, a right)*
assert a claim *v*
(Re) Anspruch *m* od Forderung *f* geltend machen *(syn, make/prefer/put in/raise/set up . . . a claim)*
assert a right *v* (Re) Recht *n* geltend machen
asserted value (com) angeblicher Wert *m (ie, of a piece of property)*
assertion
(Re) Behauptung *f (ie, positive statement, often unsupported by evidence; eg, mere/unwarranted . . . assertion)*
(Log) behauptende Aussage *f*
assertion sign (Log) Behauptungszeichen *n (ie, introduced by G. Frege)*
assertion without substance (Log) unbegründete Behauptung *f (syn, unfounded assertion)*
assertiveness (Pw) Durchsetzungsvermögen *n*
assertiveness training
(Pw) Selbstbehauptungs-Training *n*
(ie, helps less assertive people to express their ideas more forcefully)
assertoric statement (Log) assertorische Aussage *f (ie, asserting that something is the case; opp, apodictic and problematic statement)*
assertory oath
(Re, US) eidliche Versicherung *f*
(ie, particularly: any oath required by law other than in judicial proceedings, for instance, to be made at a custom house)
assess *v*
(com) = appraise
(com) festsetzen, bemessen *(eg, fines, damages)*
(Fin) (Kreditwürdigkeit) prüfen
(StR) für steuerliche Zwecke schätzen *(eg, income, property)*
(StR) veranlagen
assessable
(Fin) nachschußpflichtig *(ie, liable to pay extra taxes)*
(StR) steuerpflichtig *(ie, gilt für veranlagte Steuern)*
assessable stock (Fin) nachschußpflichtige Aktien *fpl*
assessed charges (com) umgelegte Gebühren *fpl*
assessed failure rate (IndE) geschätzte Ausfallrate *f*
assessed tax (StR) veranlagte Steuer *f*
assessed valuation
(StR, US) steuerliche Vermögensbewertung *f*
(ie, placed on real and personal property; usually less than market value)
assessment
(com) Umlage *f*
(StR) Vermögensbewertung *f*
(StR) Erschließungsbeitrag *m*
(StR) steuerliche Veranlagung *f*
(Fin) regelmäßige Einzahlung *f* auf gezeichnete Aktien
(Vers) Nachschußpflicht *f (ie, zur Deckung unerwarteter Verluste)*
assessment bond (FiW, US) Kommunalobligation *f*
assessment company (Vers) Gesellschaft *f* mit Nachschußpflicht der Mitglieder
assessment insurance (Vers) Versicherung *f*, bei der Schäden auf alle Versicherten umgelegt werden *(ie, assessment = einzelne Umlage)*
assessment of current position (com) Bestandsaufnahme *f (syn, situation audit, qv)*
assessment of damage (Vers) Schadenfeststellung *f*
assessment of duty (Zo) Zollfestsetzung *f*
assessment of environmental impact (com) Umweltverträglichkeitsprüfung *f*
assessment of import duties (Zo) Bemessung *f* der Eingangsabgaben
assessment of materials requirements (MaW) Materialbedarfsrechnung *f*
assessment period (StR) Veranlagungszeitraum *m*
assessment procedure (StR) Veranlagungsverfahren *n*
assessor
(com) Schätzer *m*
– Taxator *m (syn, valuer, qv)*
(StR) Grundstücks-Bewerter *m*
(Vers, GB) Schadenregulierer *m (syn, US, claims adjuster)*
assess separately *v* (StR) getrennt veranlagen
asset
(com) Vermögenswert *m*
– Aktivposten *m*
(Bw) Wirtschaftsgut *n*
(ReW) Aktivposten *m*
asset account
(ReW) Aktivkonto *n*
– Bestandskonto *n (syn, real account)*
asset accountability unit (ReW) Anlagegegenstand *m* mit eigenem Konto
asset accounting (ReW) Anlagenrechnung *f (syn, fixed-asset accounting)*
asset acquisition (com) = acquisition of assets
asset additions (ReW) Anlagenzugänge *mpl*
asset allocation
(Fin) Portefeuille-Strukturierung *f*
(ie, Phase der Portefeuille-Analyse: operiert in den Kategorien von Gattungen [Aktien, Renten, Liquidität], Regionen und Märkten; opp, stock-picking, d.h. einzelwertbetonter Ansatz)
asset-backed investment
(Fin, GB) durch Vermögenswerte gesicherte Anlage *f*
(ie, investment related to tangible or corporate assets such as shares or property, as opposed to savings)

asset-backed loan (Fin) besichertes Darlehen *n (syn, secured/collateralized . . . loan)*
asset-backed securities (Fin) ABS-Anleihen *fpl (ie, durch Poolen unterschiedlicher Vermögenswerte besichert)*
asset base (Fin) Vermögensbestand *m (syn, investment base)*
asset-based business lending (Fin) besicherte Kreditvergabe *f* an gewerbliche Unternehmen
asset-based loan (Fin) besichertes Darlehen *n (ie, beyond the general credit of the borrower)*
asset ceiling
(Fin) Höchstgrenze *f*
– Plafond *m*
asset consultant (Fin) Vermögensberater *m*
asset control account (ReW) Summenkarte *f (ie, der Anlagenkartei)*
asset cost
(ReW) Anschaffungskosten *pl*
(syn, first/initial/ original . . . cost)
(Fin) Geldbeschaffungskosten *pl*
asset cover (Re) akzessorische Sicherheit *f (syn, collateral security)*
asset-creating expenditure (FiW) vermögenswirksame Ausgaben *fpl*
asset deal
(com) Kauf *m* von Wirtschaftsgütern der Zielgesellschaft *(ie, beim Unternehmenskauf; syn, purchase of assets, asset purchase)*
asset depreciation (ReW) Anlagenabschreibung *f*
asset depreciation range
(Bw, US) betriebsgewöhnliche Nutzungsdauer *f*
(syn, useful life expectancy, average useful life)
asset depreciation range tables
(StR, US) ADR-Tabellen *fpl*
(ie, vergleichbar mit Afa-Tabellen, jedoch nicht zwingend vorgeschrieben)
asset disposals (Bw) Anlagenabgänge *mpl (syn, asset retirement)*
asset diversification (Fin) Anlagenstreuung *f*
asset dividend (Fin) Sachdividende *f*
asset erosion (Bw) Substanzverlust *m*, Substanzverzehr *m*
asset exposure (Fin) Ausleihungen *fpl (ie, of a bank)*
asset financing (Fin) Anlagenfinanzierung *f*
asset item (ReW) Aktivposten *m (syn, asset unit)*
asset life (Bw) Nutzungsdauer *f* e–s Wirtschaftsguts
asset management
(Re) Vermögensverwaltung *f*
(syn, property administration)
(Fin) Aktivmanagement *n*
(ie, Steuerung des Aktivgeschäfts; opp, liability management)
(Fin) Liquiditätssteuerung *f*
(Bw) Anlagenwirtschaft *f*
asset management account
asset management company
asset manager (com) Vermögensverwalter *m*, Anlagenverwalter *m*
asset mix (Fin) Anlagenmix *m*
asset portfolio
(Fin) Kreditvolumen *n*
(Fin) Portefeuille *n*
asset price inflation (Vw) realwirtschaftliche Inflation *f*
asset purchase (Fin) = asset deal
asset redeployment (Fin) Anlagenumschichtung *f*
asset redeployment program (Bw) Vermögensumschichtungs-Programm *n*
asset-related cost
(Bw) Anlagenkosten *pl*
(ie, relating to the selection, supply, use, improvement, and retirement of fixed assets = für Auswahl, Bereitstellung, Nutzung, Verbesserung und Ausmusterung von Anlagen)
asset replacement (Bw) Anlagenerneuerung *f*
asset retirement (ReW) = asset disposal
asset revaluation (Bw) Neubewertung *f* von Vermögenswerten
asset reversion (Fin) = pension clawback
assets
(com) Vermögen *n*
(ReW) Aktiva *npl*
(ie, classified as fixed, current, and deferred, and as tangible and intangible; Anlagevermögen, Umlaufvermögen, Rechnungsabgrenzung; materielle und immaterielle Aktiva)
(com) Wirtschaftsgüter *npl*
– Vermögensgegenstände *mpl*
(Re) Nachlaß *m*
(syn, decedent's estate)
(Fin) Ausleihungen *fpl*
asset sales (Bw) Anlagenverkäufe *mpl*
assets and drawbacks (com) Vor- und Nachteile *mpl*
(eg, of a market economy)
assets eligible for the money market (Fin) geldmarktfähige Aktiva *npl (ie, also eligible for discount by the central bank)*
assets held abroad (AuW) = external assets
asset side (ReW) Aktivseite *f (ie, of a balance sheet)*
assets of low value (ReW) geringwertige Wirtschaftsgüter *npl*, GWG
assets subject to depreciation
(ReW) Nutzungsgüter *npl*
– abnutzbare Güter *npl*
assets subject to lien (Re) belastete Vermögensgegenstände *mpl*
asset stripper
(com) Aufkäufer *m* ertragschwacher, aber substanzstarker Unternehmen zum Zwecke der Einzelverwertung
– (infml) Firmenausschlachter *m*
asset stripping (com, infml) Ausschlachten *n* von Unternehmen
asset structure (Bw) Vermögensstruktur *f*
asset swap (Bw) Tausch *m* von Vermögenswerten
asset transfer (Re) Vermögensübertragung *f (syn, transfer of net worth)*
asset transformation (Bw) Umwandlung *f* in e–e andere Vermögensform
asset turnover (Fin) Kapitalumschlag *m*
asset valuation (ReW) Anlagenbewertung *f*
asset value
(Fin) Buchwert *m*
(ie, of investment trusts; total assets of the company minus all the liabilities, minus all prior capital [including debentures, loan stocks and preference shares]; the net asset value is this sum divided by the number of shares, to give a figure per share)

assign
(Re) Rechtsnachfolger *m (syn, legal successor; in the phrase ,successor and assign')*
(Re) Zessionar *m (syn, assignee)*
(Re) Bevollmächtigter *m*

assign *v*
(com) abtreten
(Re) abtreten *(eg, rights, claims; syn, transfer, make over, set over)*
(KoR) = allocate
(Bö) ausüben *(Aufforderung an Optionsverkäufer, s–r Verpflichtung nachzukommen)*

assignability (Re) Abtretbarkeit *f (syn, transferability)*

assignable
(Re) abtretbar, übertragbar
(WeR) übertragbar *(ie, durch Zession: bei Namenspapieren; opp, negotiable)*

assignable cause (Stat) zurechenbare Ursache *f*

assignable instrument (WeR) übertragbares Wertpapier *n (opp, negotiable instrument, qv)*

assign a claim *v* (Re) Forderung *f* abtreten

assign a job *v* (Pw) Aufgabe *f* übertragen *(syn, assign a task)*

assign a patent *v* (Pat) Patent *n* abtreten

assign a task *v* (Pw) = assign a job

assigned account (Fin) verpfändete Forderung *f (syn, pledged account receivable)*

assigned book accounts (Fin) abgetretene Forderungen *fpl (ie, transferred to a commercial credit company or to a bank as collateral for a loan)*

assigned claim (Re) abgetretene Forderung *f*

assigned material (MaW) = allocated material

assigned risk pool (Vers, US) Zusammenschluß *m* von Versicherern zur Deckung schwer versicherbarer Risiken

assigned risks
(Vers, US) Zwangszuteilung *f* von Risiken
(ie, die auf dem freien Markt keine Deckung finden)

assigned value (Math) bestimmter Wert *m*

assignee
(Re) Abtretungsempfänger *m*
– Zessionar *m*
– Rechtsnachfolger *m*
– Neugläubiger *m (syn, transferee, assign; opp, assignor)*
(Re) Liquidator *m*

assign in blank *v* (Re) blanko übertragen

assignment
(com) Aufgabe *f (syn, task)*
(com) Abtretung *f*
(Re) Abtretung *f*
– Zession *f*
(ie, includes transfers of all kinds of property, real or personal, including negotiable instruments; but usu intangible property such as mortgage, agreement of sale or a partnership; im Dt im Recht der Schuldverhältnisse geregelt: rechtsgeschäftliche Übertragung e–r Forderung vom bisherigern Gläubiger, dem Zedenten, auf den neuen Gläubiger, den Zessionar; cf, §§ 398-423 BGB)
(KoR) Zurechnung *f (syn, allocation, qv)*
(EDV) Belegung *f*

assignment agreement (Re) Zessionsvertrag *m*

assignment and delivery (WeR) Abtretung *f* und Übergabe *f*

assignment back
(Pat, US) Rückübertragung *f*
(ie, Patentinhaber verpflichtet Lizenznehmer, ihm die Rechte an von ihnen gemachten Verbesserungserfindungen – improvement inventions – zu übertragen od mindestens e–e Exklusivlizenz – exclusive grant back – einzuräumen)

assignment by act of law (Re, GB) = assignment by operation of law

assignment by act of the parties (Re) rechtsgeschäftliche Abtretung *f*

assignment by bill of sale (Re) Sicherungsübereignung *f*

assignment by operation of law
(Re) Abtretung *f* kraft Gesetzes
– gesetzliche Forderungsabtretung *f*
– Legalzession *f*

assignment credit (Fin) Zessionskredit *m (syn, advance on receivables)*

assignment form (Re) Abtretungsformular *n*

assignment for the benefit of creditors
(Re) Abtretung *f* zugunsten der Gläubiger
(ie, to a third party making a distribution to creditors; way of liquidating a failing company)

assignment in advance (Re) Vorausabtretung *f (syn, anticipatory assignment)*

assignment in blank (Re) Blankoabtretung *f*, Blankozession *f*

assignment of accounts receivable (Fin) Abtretung *f* von Forderungen

assignment of activities
(Pw) Arbeitsverteilung *f*
– Arbeitszuordnung *f*

assignment of business (com) Geschäftsverteilung *f (syn, division of responsibilities)*

assignment of chose in action (Re) = assignment of claim

assignment of claim (Re) Forderungsabtretung *f (syn, assignment of debt)*

assignment of debt (Re) = assignment of claim

assignment of income (StR, US) Einkommens-Verschiebung *f (ie, by turning the income to someone else)*

assignment of invention (Pat) Abtretung *f* e–r Arbeitnehmererfindung *(ie, an den Arbeitgeber)*

assignment of memory space (EDV) Speicherbelegung *f*

assignment of patent (Pat) Patentübertragung *f*

assignment of property (Re) Vermögensübertragung *f (eg, to creditors)*

assignment of receivables (Re) Forderungsabtretung *f*

assignment of receivables for collection (Fin) Inkassoabtretung *f*

assignment of wages
(Pw) Lohnabtretung *f*
(ie, employer pays part of salary to someone else to whom the employee owes money; if done under court order, it is called ,wage garnishment' = Lohnpfändung)

assignment problem
(EDV) Zuordnungsproblem *n*
(KoR) = allocation problem

assignment sheet for nonmanufacturing cost
(KoR) Betriebsabrechnungsbogen *m*, BAB *m*
(ie, Tabelle, in der zeilenweise die Kostenarten und spaltenweise die Kostenstellen aufgeführt sind; Verteilung der primären Gemeinkosten auf die Kostenstellen nach dem Verursachungsprinzip; syn, overhead allocation sheet, expense distribution sheet)

assignor
(Re) Zedent *m*
– Abtretender *m*
– Rechtsvorgänger *m*
– Altgläubiger *m (syn, transferor; opp, assignee)*

assistance to developing countries (Vw) Entwicklungshilfe *f (syn, aid to . . .)*

assistant auditor (ReW) Prüfassistent *m*

assistant controller (com) Assistent *m*/Assistentin *f* im Rechnungswesen

assistant director (com) stellvertretender Direktor *m*/stellvertretende Direktorin *f*

assistant director general (com) stellvertretender Generaldirektor *m*/stellvertretende Generaldirektorin *f (syn, assistant general manager)*

assistant examiner (Pat) Hilfsprüfer *m*

assistant foreman (Pw) Vorarbeiter *m*

assistant general manager
(com) stellvertretender Generaldirektor *m*
– stellvertretende Generaldirektorin *f*
(syn, assistant director general)

assistant head of section (com, GB) stellvertretender Abteilungsleiter *m*, stellvertretende Abteilungsleiterin *f*

assistant manager
(com) stellvertretender Abteilungsleiter *m*, stellvertretende Abteilungsleiterin *f (eg, of a section or department)*
– stellvertretender Geschäftsführer *m*, stellvertretende Geschäftsführerin *f (eg, of a shop)*
– stellvertretender Direktor *m*, stellvertretende Direktorin *f*

assistant to top management (com) Direktionsassistent *m*

assistant to works manager (IndE) Betriebsassistent *m*

assisted housing (Pw) Hilfe *f* bei der Wohnraumbeschaffung

Associated British Ports, ABP (com) Vereinigung *f* britischer Häfen

associated company
(com) verbundenes Unternehmen *n (syn, affiliate)*
(Bw) 50-prozentige Tochtergesellschaft *f*
(Bw, GB) Beteiligungsgesellschaft *f*

associated company abroad (Fin) Auslandsbeteiligung *f*

associated country (EG) assoziiertes Land *n*

associated employer outlay (KoR, US) Lohnzusatzkosten *pl (syn, nonwage labor costs)*

associated territory (EG) assoziiertes Gebiet *n*

associated trademarks (Pat) verbundene Warenzeichen *npl*

associated undirected graph (Math) zugeordneter ungerichteter Graph *m*

associate member (EG) assoziiertes Mitglied *n*

Associate of the Association of Certified and Corporate Accountants, AACCA (com) Mitglied *n* des Verbandes der Wirtschaftsprüfer

Associate of the British Association of Accountants and Auditors, ABAA (com, GB) Mitglied *n* des britischen Verbandes der Wirtschafts- und Rechnungsprüfer

association
(Re) Personenvereinigung *f (ie, mit od ohne Absicht der Gewinnerzielung)*
(Re) Interessenverband *m*
(Stat) Beziehung *f* zwischen dichotomisierten Zufallsvariablen
(EDV) elementare Aussage *f*, irreduzibler Satz *m*
(syn, elementary . . . assertion/fact/message/ relationship)
(EDV) Zuordnung *f*, Beziehung *f*

association advertising (Mk) Gemeinschaftswerbung *f (syn, cooperative advertising, qv)*

association agreement
(Pw, US, appr) Tarifvertrag *m*
(EG) Assoziierungsvertrag *m*, Assoziierungsabkommen *n (syn, agreement of association)*

Association Council (EG) Assoziationsrat *m*

association mark
(Pat) Verbandszeichen *n*
(ie, trade or service mark used by an association of producers or traders or by a cooperative; syn, collective mark)

Association of British Chambers of Commerce, ABCC (com, GB) Vereinigung *f* britischer Handelskammern *fpl (entspricht in etwa dem Deutschen Industrie- und Handelstag, DIHT)*

Association of International Bond Dealers, AIBD

association policies (AuW) Asoziierungspolitik *f*

association treaty (EG) Assoziationsvertrag *m*

associative memory
(EDV) Assoziativspeicher *m*, inhaltsaddressierbarer Speicher *m*
(syn, content addressable memory, data addressed memory)

assort *v* (Mk) assortieren *(eg, goods or commodities)*

assortment of goods (com) Sortiment *n (syn, product range, qv)*

assortment of samples (Mk) Musterkollektion *f*

assume *v*
(com) annehmen
– von der Annahme ausgehen
– vermuten
– voraussetzen
(syn, proceed on the assumption, suppose)
(Re) übernehmen *(eg, debt)*
– eingehen *(eg, obligation)*

assume an office *v* (com) Amt *n* übernehmen

assume a risk *v* (com) Risiko *n* übernehmen

assumed bonds
(Fin, US) übernommene Schuldverschreibungen *fpl*
(ie, bonds of one corporation whose liability has been assumed by another; such action arises through consolidation, merger, or dissolution of a subsidiary by a parent company)

assumed decimal point
(EDV, Cobol) Rechendezimalpunkt *m*
(ie, has logical meaning with no physical representation; cf, DIN 66 028, Aug 1986)

assume del credere liability *v* (com) Delkredere *n* übernehmen

assumed rate of interest (Vers) Rechnungszinsfuß *m*

assume liability *v* (Re) Haftung *f* übernehmen
assume obligation *v* (com) Verpflichtung *f* eingehen/übernehmen
assumption
(com) Annahme *f*
– Vermutung *f*
– Voraussetzung *f*
(Log) Voraussetzung *f*
(ie, im Sinne e–r Hypothese)
(Log) hypothetische Annahme *f*
(ie, unbewiesener Tatsachen od Kausalzusammenhänge)
(Re) = assumption
assumption of credit risk (Fin) Übernahme *f* des Ausfallrisikos
assumption of debt
(Re) Schuldübernahme *f*
(ie, Übergang e–r schuldrechtlichen Verbindlichkeit auf e-n nicht beteiligten Dritten; möglich als befreiende Sch. oder als Schuldbeitritt/kumulative Schuldübernahme; befreiende Sch. Gegenstück zur Abtretung; cf. §§ 414-419 BGB)
assumption of indebtedness
(Re) Forderungsübernahme *f*
(ie, one person binds himself to pay debt incurred by another)
assumption of liability (Re) Haftungsübernahme *f*
assumption of liability agreement (Re) Haftungsübernahmevertrag *m*
assumption of risk
(Re, US) Risikoübernahme *f*
– Handeln *n* auf eigene Gefahr
(ie, known as ‚volenti non fit injuriam', means that plaintiff cannot recover for an injury to which he assents; e-e der großen Exkulpationsklauseln e-s rigoros liberalen Rechtssystems; daneben ‚fellow-servant doctrine' und ‚contributory negligence'; this trinity of defenses afforded employers a thick layer of protection against damage suits; Umschwung seit der Roosevelt-Ära nach 1933)
assurable interest (Vers, GB) versicherbares Interesse *n (syn, insurable interest)*
assurance
(Vers, GB) Lebensversicherung *f*
(ie, sometimes assurance means the insuring of marine risks)
assurance benefits
(Vers, GB) (Lebens-)Versicherungsleistungen *fpl*
assurance company
(Vers, GB) Lebensversicherungsgesellschaft *f*
– Lebensversicherer *m*
assurance of interim credit (Fin) Vorfinanzierungszusage *f (syn, promise to grant preliminary credit)*
assurance payable at death (Vers, GB) Todesfallversicherung *f*
assure *v* (Vers, GB) versichern *(syn, insure, write insurance)*
assured (pl, assureds)
(Vers, GB) Versicherter *m*
– Versicherungsnehmer *m (syn, insured, insured party, policy holder)*
assurer (Vers, GB) = assurance company
asterisk (EDV) Stern *m (*)*
as the law stands (Re) nach geltendem Recht *(ie, under the law as it now exists)*
asylum application (Re) Asylantrag *m*
asylum seeker (Re) Asylbewerber *m*
asymmetrical distribution (Stat) schiefe od asymmetrische Verteilung *f*
asymmetry (Stat) Asymmetrie *f*, Schiefe *f*
asymptotic bias (Stat) asymptotische Verzerrung *f*
asymptotic expansion (Stat) asymptotische Entwicklung *f*
asynchronous balanced mode (EDV) Mischbetrieb *m*
asynchronous communication
(EDV) asynchrone Kommunikation *f*
(ie, Übermittlung von Informationen mit Zwiwchenlagerung auf e–m Speichermedium; Sende- und Empfangszeit können auseinander liegen)
asynchronous mode (EDV) asynchrone Arbeitsweise *f*
asynchronous operation (EDV) = asynchronous mode
asynchronous response mode, ARM (EDV) Spontanbetrieb *m (ie, in data transmission)*
asynchronous transfer mode, ATM (EDV) asynchroner Übertragungsmodus *m (ie, fast data transfer method; up to 155 Mbps)*
AT (EDV) = Advanced Technology
at a discount (Fin) unter pari, unter Nennwert *(syn, below par; opp, above par/at a premium)*
at an annual rate (com) auf Jahresbasis umgerechnet *(syn, annualized)*
at a premium (Fin) über pari *(syn, above par, qv)*
at best (Bö) bestens, billigst *(syn, at market)*
at buyer's option (com) nach Wahl des Käufers
at buyer's risk (com) auf Gefahr des Käufers
at call (Fin) sofort verfügbar
at constant prices (com) zu konstanten Preisen
at cost (ReW) zum Anschaffungs- od Herstellungswert
at current prices (com) zu jeweiligen Preisen *(syn, at ruling prices)*
at due date (com) fristgemäß, fristgerecht
at end condition (EDV, Cobol) Endebedingung *n (cf. DIN 66 028, Aug 1985)*
ATM
(Fin) = automated teller machine
(EDV) = Adobe Type Manager
(EDV) = Asynchronous Transfer Mode
at market (Bö) = at best
at maturity (Fin) bei Fälligkeit *(syn, when due)*
ATM system (Fin) Geldautomatensystem *n*
at no charge (com) kostenlos, gebührenfrei *(syn, free of charge, qv)*
atomistic competition (Vw) atomistische od polypolistische Konkurrenz *f*
at one fell swoop (com) = in one fell swoop
at one's own charge (com) auf eigene Kosten *(opp, free of charge, qv)*
at one's own peril (com) auf eigene Gefahr
at one's own risk (com) auf eigene Gefahr
at or better
(Bö) zum angegebenen Kurs oder besser
(ie, in buying order; at the price specified or under; in selling order: at the price specified or above)

at par (Fin) zu pari, zum Nennwert
at reasonable discretion (Re) nach billigem Ermessen
at receiver's risk (com) auf Gefahr des Empfängers
at-risk compensation (Pw, US) bedingte Vergütungsregelung *f*
at-risk-equity compensation (Pw, US) bedingte Beteiligung *(am Unternehmenserfolg)*
at ruling prices (com) = at current prices
ATS (Fin) = automatic transfer service
at seller's option (com) nach Wahl des Verkäufers
at sight
(WeR) bei Sicht, bei Vorlage
(ie, subject to payment upon presentation and demand; syn, on demand)
at sign, @ (EDV) Klammeraffe *m*, Klammeraffen-Symbol *n (ASCII-Code 64)*
attach *v* (Re) pfänden *(syn, garnish)*
attachability (Re) Pfändbarkeit *f*
attachable (Re) pfändbar
attachable earnings (Pw) pfändbare Bezüge *pl*
attach an account *v* (Re) Guthaben *n* pfänden
attachment
(Re) dinglicher Arrest *m (ie, seizure by legal process)*
(Re) dinglicher Arrest *m*
(ie, writ commanding such seizure; blocks debtor's assets)
attachment date (Vers) Beginn *m*
attachment execution
(Re, US) Arrestvollziehung *f*
(ie, in some state the process of garnishment for the satisfaction of a judgment)
attachment of debt (Re) Forderungspfändung *f*
attachment of salary (Re) Gehaltspfändung *f (syn, garnishment, qv)*
attachment order
(Re) Pfändungsbeschluß *m*
(Re) Arrestbeschluß *m*
attachments to buildings (com) Anbauten *m*
attachment writ (Re) Arrestbefehl *m*
attach private assets *v* (Re) in das Privatvermögen pfänden
attach wages by garnishment *v* (Re) Lohn *m* pfänden
attack rate (Stat) Neuzugangsziffer *f*
attain *v* (com) erreichen
attainable capacity (Bw) praktisch realisierbare Kapazität *f*
attainable point in commodity space (Vw) erreichbarer Nettoproduktivitätsvektor *m*
attainable standard cost
(KoR) Sollkosten *pl*
– Vorgabekosten *pl*
– Budgetkosten *pl*
(syn, budgeted/target/current standard/ideal standard . . . cost)
attain full age *v* (Re) volljährig werden *(syn, come of age, qv)*
attain majority *v* (Re) = attain full age
attainment of economic and monetary union (EG) Verwirklichung *f* der Wirtschafts- und Währungsunion
attend *v* (com) bedienen *(eg, customers)*
attendance (Pw) Anwesenheit *f*
attendance bonus (Pw) Anwesenheitsprämie *f*
attendance card (Pw) Anwesenheitskarte *f*
attendance fee
(com) Sitzungsgeld *n*
(com) Betreuungsgebühr *f*
attendance figures (com) Besucherzahlen *fpl*
attendance recording (Pw) Arbeitszeiterfassung *f*
attendance register (com) = attendance sheet
attendance sheet (com) Anwesenheitsliste *f*
attendance time
(Pw) Anwesenheitszeit *f*
(OR) Anwesenheitszeit *f*
(ie, waiting time + processing time)
attendant circumstances (com) Begleitumstände *mpl (syn, surrounding circumstances)*
attendant expenses (com) Nebenkosten *pl (syn, incidental expenses)*
attended operation (EDV) bedienter Betrieb *m*
attended time (IndE) Betriebszeit *f*
attend to *v* (com) bedienen *(eg, customers; syn, serve)*
attend to interests *v*
(com) Interessen *npl* wahrnehmen
(syn, promote /safeguard . . . interests)
attentention directing (Mk) Aufmerksamkeitssteuerung *f*
attention (EDV) Benutzereingabe *f (ie, in computer graphics; syn, input)*
attention directing (ReW) Aufmerksamkeitssteuerung *f (cf, Horngren 1981)*
attention factor (Mk) Aufmerksamkeitsfaktor *m*
attention getter (Mk) Blickfang *m*
attention key
(EDV) Abruftaste *f*
– Unterbrechungstaste *f*
attention time (IndE) Maschinenüberwachungszeit *f*
attention value (Mk) Zugkraft *f*
attestation (ReW) Bestätigung *f*, Testieren *n (ie, des Abschlusses durch Prüfer)*
at the close
(Bö) bei Börsenschluß
(ie, order to be carried out at the best price attainable at the close of the market)
at the instance of (com) auf Veranlassung von
at the lower of cost or market (ReW) Bewertung *f* nach Niederstwertprinzip
at the market
(Bö) bestens
(ie, order to buy or sell at the best available price; syn, at best)
at the market call (Fin) Kündigung *f* zum marktgängigen Zins
at the money
(Fin) Optionspreis *m*, am Geld
(ie, call option whose exercise price is approximately the same as the current market price of the underlying security; entspricht dem Marktpreis; opp, out of the market, qv)
at the money option (Bö) Option *f*, deren Basispreis gleich dem aktuellen Preis des Terminkontraktes ist
at the opening
(Bö) bei Eröffnung
(ie, order to stockbroker to buy or sell at the beginning of trading)

attorney-at-law (Re, US) (Rechts-)Anwalt *m (syn, counselor-at-law, legal counsel)*
attorney-client privilege (Re, US) Mandantenverhältnis *n*
attorney fees (Re) Anwaltsgebühren *fpl*
Attorney General (Re, US) Bundesjustizminister *m (ie, head of the Department of Justice)*
attorney-in-fact
(Re) Stellvertreter *m*
(ie, weiter als Vertreter nach § 164 BGB; syn, private attorney, agent, qv)
(Re) Beauftragter *m*, Bevollmächtigter *m*
attorney of record (Re) Prozeßbevollmächtigter *m*
attractive offer (com) günstiges Angebot *n*
attractive terms (Fin) attraktive Ausstattung *f (ie, of bonds)*
attract new business *v*
(com) Aufträge *mpl* hereinholen
(syn, solicit new business; canvass/obtain/secure . . . new orders)
attribute
(Log, Math) Eigenschaft *f (syn, property, feature, earmark)*
(IndE) Ausschußprozentsatz *m*
(Stat) Attributenmerkmal *n*
– homogrades Merkmal *n*
– qualitatives Merkmal *n (opp, quantitative characteristic)*
(EDV) Attribut *n*
attribute-based statistics
(Stat) homograde Statistik *f*
attribute gage (Stat) Attributenprüfung *f (syn, attribute test testing, inspection by attributes)*
attribute test (Stat) = attribute gage
attribute type
(EDV) Attributtyp *m*, Attributart *f*
(eg, binär, dezimal-fest, dezimal-gleit, Zeichen)
attribution of state powers (EG) Zuschreibung *f* staatlicher Hoheitsrechte
attrition
(Fin) bar ausgezahlter Teil *m* e–r Emission
(Pw) (natürlicher) Arbeitskräfteabgang *m (syn, natural wastage)*
AUA (EG) = agricultural unit of account, qv
auction (com, Fin) Auktion *f*, öffentliche Versteigerung *f (syn, sale by public auction)*
auctioneer (com) Auktionator *m*
auction house (com) Auktionshaus *n*
auction market (Bö) Auktionsmarkt *m (ie, of the exchange)*
auction off *v* (com) versteigern *(ie, at public sales; eg, materials, stocks, supplies)*
auction price (com) Versteigerungspreis *m*
audible alarm (EDV) akustische Anzeige *f*
audience (com) Zielgruppe *f*
audience analysis (Mk) Leseranalyse *f (syn, reader survey)*
audience profile (Mk) Publikumsprofil *n*, Publikumszusammensetzung *f*
audience rating (com) Einschaltquote *f*
audience research (Mk) Publikumsanalyse *f*
audioconference (com) Fernsprechkonferenz *f*
audio response unit (EDV) Sprachausgabeeinheit *f*
audio typist (com) Phonotypistin *f*
audio-visual policy (com, EG) Medienpolitik *f*

audit
(com) Prüfung *f*
(ReW) Buchprüfung *f*, Revision *f*
(ie, there are three principal kinds: balance sheet audit – Abschlußprüfung –, cash audit, and detailed audit)
(FiW) Haushaltskontrolle *f (ie, by government audit agency)*
(IndE) Audit *m (cf, Qualitätsaudit)*
audit *v*
(com) prüfen, auditieren *(ie, books of account)*
(IndE) auditieren *(ie, in quality assurance = Qualitätssicherung)*
audit adjustment (ReW) Berichtigungsbuchung *f* nach Abschlußprüfung
audit assignment (ReW) Prüfungsauftrag *m*
audit certificate
(ReW, US, short form) Bestätigungsvermerk *m*
Testat *n (syn, accountant's report, qv)*
(ReW, long form) Prüfungsbericht *m*
(ie, anstelle des ‚short-form report' od diesen erweiternd)
Audit Commission
(FiW, GB) Audit Commission *f*
(ie, short for: Audit Commission for Local Authorities in England and Wales; die Innenrevision der öffentlichen Hand)
audit committee
(ReW, US) Prüfungsausschuß *m*
(ie, may be set up by a board of directors and composed of directors and non-directors alike; aus dem Board of Directors gebildeter Ausschuß, der mit den Abschlußprüfern Ergebnisse und Probleme erörtert; bisher nur für Unternehmen obligatorisch, die an der NYSE notiert sind; cf, § 107 III AktG)
Audit Committee of the Bundestag (ReW) Rechnungsprüfungsausschuß *m* des Bundestages
audit company (ReW) = audit firm
audit copy (EDV) Prüfkopie *f*
audited accounts (ReW) testierter Abschluß *m*
audited financial statements (ReW, US) testierter Abschluß *m*
audited voucher (ReW) geprüfter (und zur Zahlung freigegebener) Beleg *m*
audit fee
(ReW) Prüfungshonorar *n*
(ie, charged for carrying out an audit)
audit firm (ReW) Wirtschaftsprüfungsgesellschaft *f (syn, audit company, CPA firm)*
auditing
(ReW) = audit
(ReW) Prüfungswesen *n*
(EDV) Protokollierung *f*
auditing agency (ReW) Prüfungsstelle *f*
auditing association (ReW) Prüfungsverband *m*
auditing department (Fin) Revisionsabteilung *f (ie, of a bank)*
auditing of accounts (ReW) Rechnungsprüfung *f*
auditing standard (ReW) Prüfungsgrundsatz *m*
audit list (ReW) Prüfungsprotokoll *n*
audit of annual accounts (ReW, GB) Abschlußprüfung *f*
audit of bank balance sheet (Fin) Bankprüfung *f*
audit opinion (ReW, GB) Bestätigungsvermerk *m*

auditor
(ReW) Prüfer *m*, Revisor *m*
(ReW) Abschlußprüfer
(ReW , US) = certified public accountant
(Pw, US) Gasthörer *m*
auditor of annual accounts (ReW, GB) Abschlußprüfer *m*
auditor's certificate (ReW) = audit certificate
auditor's report (ReW) = audit certificate
audit program (ReW) Prüfungsprogramm *n*
audit report (ReW) = audit certificate
audit standard (ReW) = auditing standard
audit store (Mk) Testladen *m*
audit tests (ReW) Prüfungs-Tests *mpl (eg, test of compliance, substantive test)*
audit trail
(ReW) Prüfungspfad *m*
Auch:
– Prüfspur *f*
– Prüf(ungs)kette *f*
(ie, cross reference from a bookkeeping record – Beleg – to its source: System von Verweisungen im Rechnungswesen; im Dt keine Entsprechung zum U. S. Revenue Procedure, Art 4 Abs 2 Nr 2)
audit trigger (EDV) Auslöser *m* e–r Prüfung
augmented matrix (Math) erweiterte Matrix *f*
augmented operating code (EDV) erweiterter Arbeitscode *m*
Australia-Europe Container Service, AECS (com) Australisch-Europäischer Containerdienst *m*
Austrian School of Economic Thought (Vw) Wiener Schule *f*
autarchic (Vw) autark *(syn, self-sufficient, self-reliant)*
autarky (Vw) Autarkie *f (syn, self-sufficiency at the level of a nation)*
authenticate *v*
(Re) beglaubigen
– beurkunden *(syn, legalize, certify)*
authenticated document (Re) beglaubigte Urkunde *f*
authentication
(Re) Beglaubigung *f (syn, certification, verification)*
(Re) Beurkundung *f*
authentication of claims (Re) Glaubhaftmachung *f* von Ansprüchen
authentic document (Re) echtes Dokument *n*
authentic interpretation (Re) authentische Interpretation *f*
authentic language (Re) verbindliche Sprachregelung *f*
author
(com) Verfasser *m*
(EDV, Cobol) Autor *m (cf, DIN 66 028 Aug 1986)*
author *v*
(com) verfassen
– schreiben *(eg, a book, an article)*
authoring software (EDV) Autorensystem *n (ie, software used for designing multimedia applications; syn, authoring system)*
authorised capital
(Fin, GB) autorisiertes Kapital *n*
(ie, nicht ‚genehmigtes Kapital': amount of share capital a limited company is authorised to issue; this simply allows it to issue further shares without altering its Memorandum and Articles; vgl hierzu §§ 202 ff AktG)
authorised share capital (ReW, GB) = nominal share capital
authoritative (Re) maßgeblich
authoritative style of leadership (Bw) autoritärer Führungsstil *m (syn, directive style of leadership)*
authority
(com) Befugnis *f (syn, competence, power, powers)*
(Bw) Weisungsgewalt *f*
– Kompetenz *f*
(Bw) Entscheidungsinstanz *f*
authority in the field (com) Fachmann *m*, Experte *m*, Autorität *f (syn, expert, specialist)*
authority structure (Bw) Autoritätsstruktur *f*
authority to buy (com) Ankaufermächtigung *f (ie, on behalf of a third party)*
authority to decide
(Bw) Entscheidungsbefugnis *f*
(syn, competence to decide, power to take decisions, decision-making power)
authority to draw (Fin) Ziehungsermächtigung *f (syn, drawing authorization)*
authority to negotiate
(com) Verhandlungsvollmacht *f*
– Verhandlungsmandat *n*
(Fin) = authority to purchase
authority to purchase
(Fin) Authority to Purchase *f*
(ie, used mainly in Far Eastern trade: cable sent by importer's bank to its branch, agent, or correspondent abroad, instructing the agent to buy an exporter's draft drawn on an importer; the burden of financing is shifted from the exporter to the importer's bank)
authority to sign (com) Zeichnungsvollmacht *f*
authorization
(com) Autorisierung *f*
– Bevollmächtigung *f*
(Re) Bevollmächtigung *f*
– Vollmachtserteilung *f*
(ie, delegation of power enabling another to act as attorney or agent)
(EDV) Berechtigung *f*
authorization level (EDV) Berechtigungsstufe *f*
authorization to draw (Fin) = authority to draw
authorize *v* (com) bevollmächtigen, ermächtigen *(syn, empower)*
authorized
(com) befugt
– ermächtigt
– bevollmächtigt *(syn, competent, empowered)*
authorized absence (Pw) entschuldigtes Fernbleiben *n*
authorized bonds (Fin, US) Volumen *n* der genehmigten Schuldverschreibungen
authorized but unissued capital (Fin) bedingtes Kapital *n*
authorized capital stock
(Fin, US) autorisiertes Grundkapital *n*
(ie, total number of shares a corporation is authorized to issue: Del Code Ann. Tit. 8 § 391 (b); vgl. Definition ‚genehmigtes Kapital' nach §§ 202 ff AktG)

authorized consignor (EG) zugelassener Versender *m*
authorized dealer
(com) Vertragshändler *m*
(Bö) zugelassener (Devisen-)Händler *m*
Authorized Depository
(Bö, GB) zugelassene Depotstelle *f*
(ie, zur Hinterlegung in London gehandelter Aktien)
authorized representative (com) bevollmächtigter Vertreter *m*
authorized strike (Pw) gewerkschaftlich genehmigter Streik *m*
authorized translation (com) autorisierte Übersetzung *f*
authorized unit trust (Fin, GB) konzessionierter Investmentfonds *m*
author's copy (com) Autorenexemplar *n (syn, complimentary /courtesy . . . copy, qv)*
author's rights (Pat) Autorenrechte *npl*
author's royalty (com) Autorenhonorar *n (ie, percentage of retail price of each copy sold)*
autocode
(EDV) Autocode *m*
(ie, maschinenorientierte Programmiersprache; syn, low-level language)
autocorrelation
(Stat) Autokorrelation *f*
(ie, internal correlation between members of a series of observations)
autocratic management (Bw) autokratische Führung *f (syn, Caesar management)*
autocratic managerial style (Bw) autokratischer Führungsstil *m*
auto dealer (com, US) Autohändler *m*
auto distributor (com, US) = auto dealer
autofacturing (IndE, US) = automated manufacturing
auto ferry (com) Autofähre *(syn, car ferry)*
auto financing
(Fin) Kfz-Finanzierung *f (ie, financing auto purchase)*
(Fin, GB) Selbstfinanzierung *f (syn, self financing; see: retention of earnings)*
autogestion (Pw) Arbeiterselbstverwaltung *f*
autograph *v* (com) signieren *(eg, a book)*
autograph signature
(com) eigenhändige Unterschrift *f*
(ie, a person's handwritten signature; syn, personal signature)
auto industry
(com, US) Autoindustrie *f*, Automobilindustrie *f*
(syn, automotive industry; GB, motor car industry)
auto maker (com) Autohersteller *m (syn, car manufacturer)*
automate *v* (IndE) automatisieren *(syn, automatize)*
automated billing system (EDV) automatisches Fakturiersystem *n*
automated bond system (Bö, US) elektronischer Bonds-Handel *m (ie, used on the New York Stock Exchange)*
automated clearing house, ACH (Fin, US) Gironetz *n* für das Mengengeschäft *(syn, Fed Wire)*
automated manufacturing (IndE) automatisierte Fertigung *f*
automated materials store (MaW) automatisiertes Materiallager *n*
automated operating procedure (IndE) automatisierter Arbeitsprozeß *m*
automated production (IndE) automatisierte Produktion *f*
automated production control (IndE) automatische Produktionssteuerung *f*
automated quotations system
(Bö) automatisches Quotierungssystem *n*
(eg, to provide up-to-the-minute bid and asked quotations; eg, NASDAQ)
automated storage retrieval system (MaW) automatisiertes Lagersystem *n*
automated teller machine, ATM
(Fin) multifunktionaler Bankautomat *m*
(ie, gegenüber dem Geldautomaten zusätzlich: Abfragen des Kontostandes, Ausdrucken des Kontoauszugs, elektronische Überweisung)
automated transfer service (Fin) automatisierter Überweisungsverkehr *m*
automated warehouse (MaW) automatisiertes Lager *(syn, automated store)*
automatic accounting machine (ReW) Buchungsautomat *m*
automatically continuing assignment (Re) Globalzession *f*
automatically dialed call (com) Direktwahl-Gespräch *n (opp, operator-assisted call)*
automatically programmed tool, APT (EDV) NC-orientiertes Programmentwicklungssystem *n*
automatic answering set (com) Anrufbeantworter *m (syn, answering machine)*
automatic assembly (IndE) vollautomatische Fertigung *f*
automatic balance pickup (ReW) automatische Saldenaufnahme *f*
automatic bill paying
(Fin) Zahlung *f* durch Dauerauftrag
(ie, bank is authorized to pay regular bills monthly)
automatic character generation (EDV) automatische Zeichengenerierung *f*
automatic check
(EDV) automatische Geräteprüfung *f*, Selbstprüfung *f*
(syn, built-in check, hardware check)
automatic check handling (Fin) automatische Scheckbearbeitung *f*
automatic checkoff
(Pw, US) Einziehung *f* der Gewerkschaftsbeiträge durch Arbeitgeber
(ie, illegal procedure; syn, compulsory checkoff)
automatic consolidation of public-sector deficits
(FiW) Autokonsolidierung *f* von Staatsfinanzen
automatic control
(EDV) Regelung *f*
(syn, feedback control, cycle regulation; opp, feed forward control = Steuerung)
automatic controller (EDV) Regler *m (syn, controller, regulator)*
automatic control system model (EDV) Modellregelkreis *m*
automatic cost-of-living increases (Pw) Indexautomatik *f*

automatic cover (Vers) gleitende Summenanpassung *f*
automatic cutout (EDV) automatische Ausschaltung *f*
automatic debit transfer (Fin, GB) Einzugsverfahren *n*, rückläufige Überweisung *f (ie, provided by the National Giro)*
automatic deduction plan
(Fin) Dauersparauftrag *m*
(ie, under which a bank transfers to savings account a specified sum at fixed intervals)
automatic dictionary
(EDV) automatisches Wörterbuch *n*, Maschinenwörterbuch *n*
(ie, provides a word for word substitution between languages; syn, machine dictionary)
automatic error correction (EDV) automatische Fehlerkorrektur *f*
automatic exchange (EDV) Selbstwählvermittlungsstelle *f*
automatic feed (EDV) automatischer Vorschub *m*
automatic fiscal stabilizer (Vw) automatischer Konjunkturstabilisator *m* od Regelmechanismus *m (syn, built-in . . . flexibility/stabilizer)*
automatic interaction detector (Mk) Automatic-Interaction-Detector, AID *(ie, Multivariatenanalyse zur deglomerativen Zerlegung von Gesamtheiten)*
automatic interrupt (EDV) automatische Unterbrechung *f*
automatic loan premium (Vers) Bestimmung *f* e–r Lebensversicherung: Versicherung zahlt am Ende der ‚Respektfrist' automatisch Prämie, sofern der Rückkaufwert ausreichend hoch ist
automatic loss reinstatement (Vers) automatische Weiterversicherung *f (ie, nach e–m Schadensfall)*
automatic machine (IndE) Automat *m*
automatic market adjustment (Vw) Marktautomatik *f (ie, matching of supply and demand in the open market)*
automatic message switching center (EDV) automatische Speichervermittlung *f (ie, transferring traffic between circuits; syn, switching center)*
automatic pagination (EDV) automatischer Seitenumbruch *m (syn, background pagination)*
automatic perfection (Re, US) automatische Rangsicherung *f*
automatic placement machine (EDV) Bestückungsautomat *m (cf, Leiterplatten)*
automatic polling (EDV) automatischer Abrufbetrieb *m (syn, autopoll)*
automatic priority control (EDV) automatische Vorrangsteuerung *f*
automatic progression (Pw) Bewährungsaufstieg *m*
automatic quota (EG) automatische Quote *f*
automatic quotations system
(Bö) automatisches Quotierungssystem *n*
(ie, provides up-to-the-minute bid and asked quotations; eg, NASDAQ)
automatic reading (EDV) automatisches Einlesen *n (eg, of vouchers)*
automatic regulator (EDV) = automatic controller
automatic reinstatement clause (Vers) Klausel *f* über automatische Fortführung der Versicherung nach e–m Schadensfall
automatics (EDV) Automatentheorie *f (syn, theory of automation)*
automatic stabilizer
(Vw) automatischer Stabilisator *m*
(ie, factor exerting countercyclical effect in a depression or inflation; eg, progressive income taxes)
automatic storage and retrieval system
(MaW) Hochregalsystem *n*
(ie, very-high-rise steel superstructure of racks; operated by stacker-crane carriers)
automatic transfer service, ATS (Fin) automatisierter Überweisungsverkehr *m*
automatic treaty reinsurance
(Vers) obligatorische Rückversicherung *f*
– Vertragsrückversicherung *f*
(ie, für (Teil-)Versicherungsbestände mit Zessionspflicht für den Erstversicherer und Akzeptationspflicht für den Rückversicherer; syn, obligatory treaty; opp, facultative reinsurance)
automatic typewriter (EDV) Schreibautomat *m*
automatic UPC scale
(Mk) Datenwaage *f*
(ie, elektronisches Wäge-Drucker-System, das gewichtswarenspezifischen Code samt Preis ausdruckt)
automatic vendor
(com) Verkaufsautomat *m*
– Automat *m*
(syn, vending/dispensing . . . machine, qv)
automatic wage adjustment
(Pw) automatische Lohnanpassung *f*
(eg, in response to a change in the Consumer Price Index or some other factor)
automatic wage indexation (Vw) automatische Lohnbindung *f (eg, ‚scala mobile' in Italy)*
automatic withdrawal plan
(Fin) automatischer Abhebungsplan *m*
(ie, Investmentprogramm, bei dem regelmäßige Zahlungen an den Anteilinhaber od an e–n Dritten geleistet werden; Variante des contractual program, qv)
automatic word wrap (EDV) automatischer Zeilenumbruch *m (often used syn: word wrap)*
automation
(IndE) Automation *f*, Automatisierung *f*
(ie, fully mechanized production with the aid of automated equipment)
automation of banking services (Fin) Bankautomation *f*
automatize *v* (IndE) = automate
automobile fleet (com) Fahrzeugpark *m (syn, vehicle fleet, qv)*
automobile industry
(com) Autoindustrie *f*
– Automobilindustrie *f*
(syn, auto industry, automotive industry; GB, motor industry, car industry)
automobile insurance
(Vers) Kraftverkehrsversicherung *f*
– Kraftfahrtversicherung *f*
– Autoversicherung *f (syn, GB, motor insurance)*
automotive industry (com) = auto industry
automotive repair shop (com) Kfz-Werkstätte *f*
automotive stocks (Bö) Automobilwerte *mpl*
autonomous consumption
(Vw) autonomer Konsum *m*

autonomous demand
(Vw) autonome Nachfrage *f*
autonomous expenditure
(Vw) autonome Ausgaben *fpl*
autonomous function (Math) autonome Funktion *f*
autonomous investment
(Vw) autonome Investition *f*
autonomous tariff
(AuW) autonomer Zoll *m*
(ie, Staat entscheidet allein über Erhebung von Zöllen; opp, Vertragszoll)
(Zo) autonomer Zoll *m*
– Grundtarif *m*
– Gebrauchstarif *m*
autonomous transaction
(Vw) autonome Transaktion *f*
(syn, regular transaction)
autonomous variable
(Math) autonome Variable *f*
– autonome Größe *f*
autonomous work group (Pw) autonome Arbeitsgruppe *f*
autonomy (com) Selbständigkeit *f*
autonomy of decision making (Bw) Entscheidungsautonomie *f*
autopoll (EDV) = automatic polling
auto repair trade (com, US) Kfz-Gewerbe *n*
auto restart (EDV) Selbstanlauf *m*
auto store (EDV) automatische Zwischenspeicherung *f*
auto theft (com) Autodiebstahl *m*
auxiliary account
(ReW) Unterkonto *n*
(syn, subaccount, qv)
auxiliary activities (Bw) betriebsfremde Tätigkeiten *fpl*
auxiliary calculation (Math) Nebenrechnung *f*
auxiliary condition (Math) Nebenbedingung *f (syn, side condition)*
auxiliary equation (Math) charakteristische Gleichung *f*
auxiliary equipment
(IndE) Zusatzeinrichtungen *fpl*
(EDV) Zusatzgeräte *npl (ie, operated off line)*
auxiliary fiscal agent (FiW) Hilfsfiskus *m*, Nebenfiskus *m*
auxiliary labor (KoR) Hilfslöhne *mpl*
auxiliary ledger (ReW, MaW) Skontro *n (ie, used to record daily changes in incoming and outgoing items)*
auxiliary material (KoR) Hilfsstoffe *mpl*
auxiliary matrix (Math) Hilfsmatrix *f*
auxiliary plant (IndE) Hilfsbetrieb *m (eg, power generation, maintenance, materials handling)*
auxiliary process time (IndE) Nebenzeit *f (syn, machine ancillary time)*
auxiliary routine (EDV) Hilfsprogramm *n*
auxiliary storage (EDV) Zusatzspeicher *m (syn, backing storage, qv)*
auxiliary variable (Stat) Hilfsvariable *f*
av (SeeV) = average
avail
(Fin) Auszahlung *f (ie, e–s Darlehens; syn, payout amount, net proceeds)*
(Fin) Anleiheerlös *m*

availability
(com) Verfügbarkeit *f*
(com) Lieferbarkeit *f*
(AuW) Disponibilität *f (ie, of monetary reserves)*
availability clause
(Fin) Verfügbarkeitsklausel *f*
(ie, Bereitstellung von Mitteln für e–e Zinsperiode nur, wenn am Euromarkt Refinanzierungsmöglichkeit besteht)
availability effect (Vw) Liquiditätseffekt *m*
availability of foreign exchange (AuW) Devisenverfügbarkeit *f*
availability of treaty relief (StR) Abkommensberechtigung *f*
availability time (EDV) Verfügbarkeitszeit *f (eg, of a host computer or a remote station)*
available at short notice (com) kurzfristig lieferbar
available balance
(MaW) Lagerbestand *m* + bestellte Ware *f*
(Fin) verfügbarer Saldo *m*
(Fin) Nettomittelzuweisung *f*
available cash
(Fin) Barliquidität *f*
– verfügbare Mittel *pl (syn, liquid funds)*
available funds
(Fin) verfügbare Mittel *pl*
(ie, available for conversion into earning assets)
available income (Pw) frei verfügbares Einkommen *n (syn, discretionary income, take home pay)*
available liquid funds (Fin) Gelddisponibilitäten *fpl*
available machine time
(IndE) Betriebsmittelzeit *f*
(syn, available process time)
(EDV) nutzbare Maschinenzeit *f*
– verfügbare Benutzerzeit *f*
(syn, available time)
available material (MaW) frei verfügbare Lagerbestände *mpl*
available on a current basis (com) aktuell verfügbar
available process time (IndE) = available machine time
available time (EDV) = available machine time
avail oneself of *v* (com, fml) nutzen *(eg, offer, proposal, opportunity; syn, make use of)*
average
(com) Durchschnitt *m*
– Mittelwert *m*
(Stat) Mittelwert *m (ie, mean, median, mode)*
(Stat, infml) arithmetischer Mittelwert *m (syn, arithmetic mean)*
(Bö) Durchschnittskurs *m (syn, average price)*
(SeeV) Havarie *f*
– Havarei *f*
average access time (EDV) Mittlere Zugriffszeit *f (eg, of a hard disk drive)*
average accustomed (SeeV) Havarie *f* nach Seebrauch
average adjuster
(Vers) Schadenregulierer *m*
(SeeV) Dispacheur *m (syn, average stater)*
average adjustment (SeeV) = average statement
average age (Pw) Durchschnittsalter *n*
average agent
(SeeV) Havarieagent *m*
– Havariekommissar *m*

average agreement (SeeV) Havarievertrag *m*
average amount (com) Durchschnittsbetrag *m*
average amount of inspection (IndE) mittlerer Prüfungsumfang *m*
average article run length
(IndE) mittlere Zahl *f* der Prüfstücke
(ie, average number of items sampled before action is taken)
average balance
(Fin) Durchschnittsguthaben *n*
(ie, determines account profitableness for a bank; typically 20% of borrowings)
average bilateral exchange rate (EG) Durchschnitt *m* der bilateralen Wechselkurse
average bond (SeeV) Havarie-Große-Verpflichtungsschein *m*
average burden rate (KoR) Durchschnitts-Gemeinkostensatz *m*
average capital-output ratio (Vw) mittlerer Kapitalkoeffizient *m*
average clause (Vers) Prorata-Klausel *f*
average compensation (Pw) Durchschnittsentgelt *n* *(syn, average pay)*
average contribution (SeeV) Havarieeinschuß *m*
average cost
(com) Durchschnittskosten *pl*
(KoR) Durchschnittskosten *pl*
– Stückkosten *pl*
average cost basis (KoR) Duchschnittskostenmethode *f*
average cost method
(ReW) Bewertung *f* zu Durchschnittspreisen
(ie, Gruppenbewertung zum Mittel der Einstandspreise)
average cost per unit (KoR) = average unit cost
average cost price (ReW) Durchschnitts-Einstandspreis *m*
average cost pricing (Bw) Preisbildung *f* auf Durchschnittskostenbasis
average date (Fin) mittlerer Fälligkeitstermin *(cf, equated time)*
average days in receivables (Fin) Debitorenumschlagdauer *f (cf, debtor days)*
average debt ratio (EG) durchschnittliche Schuldenquote *f*
average deviation (Stat) mittlere Abweichung *f (ie, term not recommended; syn, mean deviation)*
average disbursement (SeeV) Havariegeld *n*
average disbursement insurance (SeeV) Havariegeld(er)versicherung *f*
average distribution (SeeV) Havarieverteilung *f*
average documents (SeeV) Schadensunterlagen *pl*
average down *v* (Bö) zusätzlich Wertpapiere *npl* zu niedrigem Kurs kaufen, um die Durchschnittskosten des Portefeuilles zu senken
average due date (Fin) mittlerer Fälligkeitstermin *m* *(cf, equated time)*
average earnings (com) Durchschnittsverdienst *m*
average fixed cost (Vw) durchschnittliche Fixkosten *pl*
average fraction inspected (IndE) Anteil *m* der geprüften Stücke
average haul distance (com) mittlere Transportentfernung *f*
average hourly earnings (com) Durchschnitts-Stundenverdienst *m*

average income (com) Durchschnittseinkommen *n*
average industry margin (Mk) Branchenspanne *f*
average information content
(EDV) Entropie *f*
(ie, mittlerer Informationsgehalt e–r Zeichenmenge; syn, entropy)
average interest rates (Fin) Durchschnittsverzinsung *f (syn, yield mix)*
average inventory on hand (MaW) mittlerer Lagerbestand *m*
average investment productivity (Vw) durchschnittliche Kapitalproduktivität *f*
average life
(Bw) mittlere Nutzungsdauer *f*
(Bw) betriebsgewöhnliche Nutzungsdauer *(useful life expectancy, qv)*
average life expectancy
(Stat) mittlere Lebenserwartung *f*
(Vers) Erlebenswahrscheinlichkeit *f*
average linkage technique (Stat) Average-Linkage-Verfahren *f*
average market price (Bö) Durchschnittskurs *m*
average markon (Mk) durchschnittlicher Preisaufschlag *m*
average maturity (Fin) durchschnittliche Laufzeit *f*
average mechanic skilled in the art (Pat) Durchschnittsfachmann *m (syn, average person familiar with the art)*
average nominal long-term exchange rate (Fin) durchschnittlicher langfristiger Nominalzinssatz *m*
average out *v*
(com) Durchschnitt *m* ermitteln *(eg, profit, cost, revenue, for a period of. . .)*
(com) durchschnittlich betragen *(eg, output, takings, salary)*
(Bö) Geschäft *n* an Effekten- od Warenbörse mit Gewinn od Verlust abschließen
average outgoing quality, AOQ
(IndE) mittlerer Durchschlupf *m*
(ie, in statistical quality control; defective items are replaced)
average outgoing quality level, AOQL (IndE) Durchschlupf *m (ie, defective items are not replaced)*
average outgoing quality limit, AOQL
(IndE) größter Durchschlupf *m*
(ie, may be given in terms of defective or effective units; as either 95% effective or 5% defective)
average output (IndE) Durchschnittsleistung *f (ie, per worker)*
average over *v* (com) Mittelwert *m* bilden aus
average overhead rate (KoR) Durchschnitts-Gemeinkostensatz *m*
average pay (com) Durchschnittsentgelt *n* *(syn, average compensation)*
average performance (com) Durchschnittsleistung *f*
average person familiar with the art (Pat) = average mechanic skilled in the art
average price
(com) Durchschnittspreis *m*
(Bö) Durchschnittskurs *m*
average propensity to consume, APC (Vw) durchschnittliche Konsumquote *f*, C/Y
average propensity to export (Vw) durchschnittliche Exportquote *f (ie, ratio of exports to NNP at market prices)*

average propensity to import (Vw) durchschnittliche Importquote *f (ie, ratio of imports to NNP at market prices)*
average propensity to invest (Vw) durchschnittliche Investitionsquote *f*, I /Y
average propensity to save, APS (Vw) durchschnittliche Sparquote *f*, S/Y
average quality protection
(IndE) Sicherstellung *f* der Durchschnittsqualität *(ie, procedure which aims at keeping the proportion of defective items at or below a specified limit; this limit is usually called ‚average outgoing quality limit', qv)*
average rate (com) Durchschnittssatz *m*
average return method (Fin) Rentabilitäts-Vergleichsrechnung *f (ie, static method of preinvestment analysis)*
average revenue (Vw) Durchschnittserlös *m*, Durchschnittsertrag *m*
average run length, ARL (IndE) mittlere Zahl *f* der Stichproben
averages (Fin) = moving averages = gleitende Durchschnitte *mpl (ie, in technical analysis the term will normally refer to moving averages, a common device for smoothing price trends)*
(Fin, US) = Dow Jones Averages: Industrials, Transportations and Utilities
average sample (Stat) repräsentative Stichprobe *f*
average sample number (Stat) durchschnittlicher Stichprobenumfang *m*
average sample run length (Stat) = average run length
average seek time (EDV) mittlere Suchzeit *f*
average size of loss (Vers) durchschnittliche Schadensgröße *f*
average statement (SeeV) Schadensaufmachung *f*, Dispache *f (syn, average adjustment)*
average stater (SeeV) Dispacheur *m (syn, average adjuster)*
average straight-time earnings (Pw) durchschnittlicher Normalverdienst *m (syn, normal average earnings, qv)*
average taker (SeeV) = average adjuster
average total cost (Vw) durchschnittliche Gesamtkosten *pl*
average total inspection (IndE) mittlerer Anteil *m* voll geprüfter Lose
average transfer rate (EDV) mittlere Übertragungsgeschwindigkeit *f*
average transposition rate (EG) durchschnittliche Umsetzungsrate *f*
average unit cost
(com) Durchschnitts-Stückkosten *pl*
(com) durchschnittliche Einstandskosten *pl*
average up *v* (Bö) Wertpapiere *npl* od Waren *fpl* zu höherem Kurs nachkaufen, um von erwartetem Kursanstieg zu profitieren
average useful life (Bw) betriebsgewöhnliche Nutzungsdauer *f (syn, useful life expectancy, asset depreciation range)*
average utilization (OR) durchschnittliche Auslastung *f (ie, of server in waiting-line models)*
average value
(com) Durchschnittswert *m*
(Stat) Mittelwert *m*
average variable cost
(Vw) variable Durchschnittskosten *pl*
(OR) mittlere Beschleunigungskosten *pl*
average volume (com) Durchschnittsmenge *f*
average yield
(Fin) Durchschnittsertrag *m*
– Durchschnittsrendite *f*
averaging (Fin) Optimierung *f* des durchschnittlichen Einstandspreises von Wertpapieren oder Investmentzertifikaten durch regelmäßigen Zukauf
averaging factor (com) Faktor *m* zur Durchschnittswertermittlung
avert bankruptcy *v* (Re) Konkurs *m* abwenden *(syn, avoid, stave off)*
aviation (com) Luftfahrt *f*
aviation industry (com) Luftfahrtindustrie *f*
aviation insurance
(Vers) Luftfahrtversicherung *f*
(ie, general term covering accident, cargo, liability risks)
aviation security (com) Flugsicherheit *f*
aviation stocks (Bö) Luftfahrtwerte *mpl*
aviation underwriter (Vers) Luftfahrtversicherer *m*
avoid *v*
(Re) anfechten
– annullieren
– aufheben
(eg, contract; syn, rescind, dispute)
(StR) umgehen
– vermeiden
(eg, tax, double taxation; syn, dodge)
avoidable (Re) anfechtbar
avoidable cost
(KoR) Differenzkosten *pl*
(ie, would not be incurred if the related activity were not undertaken; negative Opportunitätskosten)
avoidable delay (IndE) vermeidbare Verzögerung *f*
avoidable transaction (Re) anfechtbare Rechtshandlung *f (ie, favoring or discriminating one or more creditors)*
avoidance
(Re) Anfechtung *f*
– Aufhebung *f*
avoidance clause (Re) Anfechtungsklausel *f*
avoidance of bankruptcy (Re) Abwendung *f* des Konkurses
avoidance of double taxation (StR) Vermeidung *f* der Doppelbesteuerung
avoid bankruptcy *v* (Re) Konkurs *m* abwenden *(syn, avert/stave off . . . bankruptcy)*
avoid customs duty *v* (Zo) Zoll *m* umgehen
award
(com) Schiedsspruch *m*
(Re) außergerichtliche Entscheidung *f*
(Re) zuerkannter Betrag *m*
(Fin, US) Angebotsannahme *f (ie, acceptance of a bid to buy a block of securities)*
award a contract *v*
(com) Auftrag *m* erteilen, Auftrag *m* vergeben *(syn, place an order)*
(com) Zuschlag *m* erteilen, zuschlagen
(eg, to lowest bidder; syn, let out a contract to, accept a bid or tender)
award damages *v* (Re) Schadenersatz *m* zuerkennen

award of contract
(com) Zuschlag *m*
– Auftragsvergabe *f*
– Submissionsvergabe *f (syn, bid award, acceptance of bid/tender)*
awareness advertising
(Mk) Awareness Advertising *n*
(ie, Werbung für Produkte, die noch nicht am Markt sind)
awash with red ink (com) tief in den roten Zahlen
AWB (com) = air waybill
axiom
(Log) Grundsatz *m* von allgemeiner Geltung
(Log) Axiom *n*
– beweislos vorausgesetzter Grundsatz *m*
(ie, not susceptible of a proof, and not needing it; nach Aristoteles ein Satz, der e–s Beweises weder fähig noch bedürftig ist; nach heutiger Auffassung sind Axiome Gesetzesaussagen od nomologische Hypothesen innerhalb e–r Theorie)
axiomatic concept (Log) axiomatischer Begriff *m (syn, axiomatic term)*
axiomatic method (Log) axiomatische Methode *f*, deduktive Methode *f*
axiomatics (Log) Axiomatik *f (ie, the total of logical operations proceeding from axioms)*
axiomatic set theory (Math) axiomatische Mengenlehre *f (opp, intuitive set theory = naive Mengenlehre)*
axiom of choice
(Math) Auswahlaxiom *n*
– Zermelosches Axiom *n (syn, multiplicative/ Zermelo's . . . axiom)*
axiom of convergence (Math) Konvergenzaxiom *n*, Grenzwertaxiom *n (syn, limit axiom)*
axiom of countability (Math) Abzählbarkeitsaxiom *n*
axiom of extensionality (Log) Extensionalitätsaxiom *n*
axiom of foundation
(Math) Axiom *n* der Fundierung
(ie, axiom in set theory stating that every nonempty set (a) contains a member (b) which has no member in common with (a); syn, axiom of regularity)
axiom of randomness (Stat) Regellosigkeitsaxiom *n*
axiom of regularity (Math) = axiom of foundation
axiom of separation (Log) Aussonderungsaxiom *n*
axis-based chart (com) Achsendiagramm *n*
axis of abscissas (Math) x-Achse *f*, Abszisse *f*
axis of ordinates (Math) y-Achse *f*, Ordinate *f*
axonometric chart (Math) axonometrisches Bild *n (ie, represents a solid on a plane surface; syn, stereogram)*
axonometric projection (Math) = axonometric chart
azimuth
(Math) Abweichung *f*
– Anomalie *f*
– Polarwinkel *m (ie, in the polar coordinate system; syn, polar angle)*

B

babbage principle
(IndE) Babbage-Prinzip *n*
(ie, Aufspaltung e–s Arbeitsprozesses in unterschiedlich anspruchsvolle Teilprozesse)
baby bonds
(Fin, US) Baby Bonds *pl*
(ie, bonds with denominations – Stückelungen – of $100 and less)
bachelor's degree
(Pw) Bakkalaureat *n*, (auch:) B. A. *m*
(ie, first university degree; syn, fml, baccalaureate)
back (Fin) = backwardation
back *v*
(Fin) finanziell unterstützen *(eg, a project)*
(WeR) indossieren *(syn, endorse)*
(Vw) decken *(ie, a currency; eg, by gold)*
back arrow
(EDV) Rückwärtsschrittzeichen *n (syn, backspace character)*
(EDV) nach links gerichteter Pfeil *m*
backbill (Fin) Mahnung *f (ie, listing amounts past due)*
back bond
(Re) Rückbürgschaft *f*
(Fin) Eurobond *m*, der aus der Ausübung von Optionsrechten entsteht *(syn, virgin bond)*
backbone net
(EDV) Backbone-Netz *n*
(ie, Hauptstrang e–s lokalen Netzes)
backbook *v* (ReW) rückbuchen *(eg, a transaction)*
back charges
(com) Rückspesen *pl*
(ReW) Rückbelastungen *fpl*
back contract (Bö) Terminkontrakt *m* mit längster Restlaufzeit *(ie, farthest from expiration)*
backdate *v*
(com) rückdatieren
(Re) rückwirkend in Kraft treten lassen
back-dated pay rise
(Pw, GB) rückwirkende Lohnerhöhung *f (syn, US, retroactive pay rise)*
backdating (com) Rückdatierung *f*
backdoor financing
(Fin, US) Finanzierung *f* unter Umgehung der gesetzgebenden Körperschaften
(eg, income from a governmental agency's operations is not returned to the Treasury but spent directly by the agency to finance, for instance, its expansion programs)
backdoor lending (Fin, GB) Kredite *mpl* der Bank von England an die ‚discount houses' zu Marktsätzen
backdoor operation
(Fin, GB) Stützung *f* des britischen Geldmarktes
(ie, die Bank von England kauft Schatzwechsel vom ‚special buyer')
backdoor revaluation (Vw) Quasi-Aufwertung *f (syn, quasi-revaluation)*
backdoor selling (Mk) Verkauf *m* unter Umgehung der festgelegten Absatzwege
back down *v*
(com) nachgeben *(ie, in an argument)*
(com) zurücknehmen *(eg, a claim; syn, withdraw)*
backdrop color (EDV) Hintergrundfarbe *f*
backed bill of exchange (Fin) avalierter Wechsel *m (syn, guaranteed bill)*
back end (EDV) Hinterseite *f* e–s maschinellen Informationsverarbeitungssstems, das der häufig zentralen Verarbeitung dient
back-end computer (EDV) Nachschaltrechner *m (opp, front-end computer)*
back-end system (EDV) Host *m*
backer
(Fin) Sponsor *m (syn, sponsor, financier)*
(WeR) Indossant *m (syn, endorser)*
backflush (MaW) Materialabfluß *m* nach Stücklistenauflösung
back freight
(com) Rückfracht *f*
(syn, freight home, freight homeward, homeward freight, return cargo, return freight)
background
(com) Vorbildung *f*
– Ausbildung *f*
(ie, educational background)
background advertising (Mk) Bandenwerbung *f*
background color (EDV) Hintergrundfarbe *f (opp, foreground color)*
background display (EDV) Anzeigehintergrund *m (syn, background /static . . . image)*
background image (EDV) = background display
background job (EDV) Hintergrundjob *m*
background noise (com) Hintergrundrauschen *n*
background operation (EDV) Hintergrundoperation *f*
background pagination
(EDV) Seitenumbruch *m* im Hintergrund
– automatischer Seitenumbruch *m*
(syn, automatic pagination)
background printing (EDV) Hintergrunddruck *m*
background processing
(EDV) Hintergrundverarbeitung *f*
(ie, handled only when higher priority processing is inactive)
(EDV) vorrangige Verarbeitung *f*
(ie, high priority processing which takes precedence over foreground processing)
background program (EDV) Hintergrundprogramm *n*
background reflection (EDV) Umgebungsremission *f (ie, in OCR = optical character recognition)*
background storage (EDV) Hintergrundspeicher *m*
background window (EDV, GUI) Fenster *n* im Hintergrund, inaktives Fenster *n (opp, active window)*
backhauling
(com, US) Transport *m* von Rückfracht
(ie, return-trip carriage of goods with what would otherwise have been an empty truck)

backing
(com) Unterstützung *f*
(syn, support, promotion, patronage; aid, assistance, help)
(Fin) finanzielle Unterstützung *f*
(WeR) Indossament *n (syn, endorsement)*
(Vw) Deckung *f (ie, of a currency)*
(Bö) Stützungskäufe *mpl*
backing storage
(EDV) Hintergrundspeicher *m*
(ie, of larger capacity but generally slower access time, Zugriffszeit; syn, backing store, secondary memory)
backing syndicate (Fin) Sanierungskonsortium *n* Auffangkonsortium *n (syn, reconstruction syndicate)*
backing-up material (com) Begleitmaterial *n (eg, as an accompaniment of a language course)*
back installment (Fin) rückständige Rate *f*
back issue (com, US) alte Nummer *f (ie, of newspaper, journal, magazine; syn, GB, back number)*
back letter (com) Garantie *f (ie, related to a dirty bill of lading)*
backlight (EDV) Hintergrundbeleuchtung *f (ie, light source behind a LCD; improves contrast and readability)*
backlit display (EDV) hintergrundbeleuchteter Bildschirm *m*
backload (com) Rückladung *f (syn, return load)*
backlog
(com) Arbeitsrückstand *m*
(com) Auftragsrückstand *m*
backlog demand (com) Nachholbedarf *m (syn, catch-up demand, qv)*
backlog depreciation (ReW) nachgeholte Abschreibung *f (eg, backlog of underdepreciation in previous years)*
backlogged orders (com) Auftragsbestand *m*, unerledigte Aufträge *mpl*
backlog of final orders (com) Bestand *m* an festen Aufträgen
backlog of investments (Bw) Investitionsstau *m*
backlog of orders
(com) Auftragsbestand *m*
(syn, level/volume . . . of orders, orders on hand, unfilled orders, order book)
(com) Auftragsrückstand *m*
backlog of payments (Fin) Zahlungsrückstände *mpl (syn, payments in arrears)*
backlog of pending applications (Pat) Anmeldestau *m*
backlog of work (com) Arbeitsrückstand *m*
backlog order books (com) Auftragsbestand *m (eg, look healthy)*
backlog reporting (ReW) Mitteilung *f* über Auftragsbestand im Geschäftsbericht
back number (com, GB) = back issue
back off *v*
(com, US) = back down
(com) sich zurückhalten
(eg, corporations will . . . after a borrowing binge)
back office
(Fin) Abrechnungsstelle *f*
(ie, wird vom Kunden nicht aufgesucht; syn, back room; opp, front office)

back-of-the-envelope calculation (com) überschlägige Berechnung *f (ie, rough estimate or extrapolation)*
back order (com) unerledigter Auftrag *m (syn, open/outstanding/unfilled . . . order)*
back out of/from *v*
(com) zurücktreten von
– aussteigen
(eg, contract, deal; syn, drop out, pull out, opt out)
backpay (Pw) Nachzahlung *f (ie, wages or salary)*
back payment (Fin) Nachzahlung *f*
backpedal *v* (com, infml) sich zurückziehen *(syn, backtrack)*
back rent (com) rückständige Miete *f*
back room (Bö, US) = back office
back scheduling (com) Rückwärtsterminierung *f*
backselling (Mk) Verkaufsförderung *f* unter Umgehung e–s od mehrerer Glieder der Absatzkette
backshift (Pw, GB) Mittagschicht *f (ie, from 2 p.m to 10 p.m.)*
backshift *v* (FiW) rückwälzen
backshifting (FiW) Rückwälzung *f (ie, of taxes; opp, forward shifting = Vorwälzung)*
backslash
(EDV) umgekehrter Schrägstrich *m*
– Backslash *m*
– Zeichen *n*
backsort *v* (EDV) absteigend sortieren *(ie, sort in descending order)*
backspace
(EDV) Rücktaste *f*
(EDV) Bandrücksetzen *n*
backspace *v*
(EDV) rücksetzen
(EDV) zurücksetzen
backspace character (EDV) Rückwärtsschrittzeichen *n (syn, back arrow)*
back spacer (EDV) Rücktaste *f (syn, backspace)*
backspread (Fin) Arbitrage *f* bei unternormalen Preis- od Kursdifferenzen
backstop facility (Fin) Übernahmeverpflichtung *f*
backstop technology
(com) Backstop-Technologie *f*
– Auffangtechnologie *f*
– (unter Umständen auch:) Alternativtechnologie *f*
(ie, Verwendung nicht erschöpfbarer natürlicher anstelle erschöpfbarer Ressourcen: Sonnenenergie, Kernfusion anstelle von Öl, Kohle)
back-to-back credit
(Fin) Gegenakkreditiv *n*
(ie, two letters of credit are used to finance the same shipment)
(Fin) wechselseitige Kredite *mpl* zwischen zwei multinationalen Unternehmen im gleichen Gastland *(syn, back-to-back loan)*
back-to-back deal
(AuW) Kompensationsvertrag *m*
(eg, jets-for-oil deal, signed between British Aerospace and the Saudi Arabian Defence Ministry; oil is handed over as and when aircraft is delivered)
back-to-back guaranty
(Re) Rückbürgschaft *f*
– Rückgarantie *f (syn, counter guaranty)*

back-to-back hedge (Fin) Gegensicherungsgeschäft *n*
back-to-back loan
(Fin) Parallelkredit *m*
(ie, between multinational companies in different countries)
back-to-back trading (Bö) Aktien - od Anlageposition *f* wird mehrmals Tage verkauft
back-to-back transaction (com) Gegengeschäft *n* *(syn, counter deal)*
backtrack *v* (com) sich zurückziehen *(ie, from plan, promise; syn, backpedal)*
backtracking
(Pw) Personalabbau *m* nach dem LIFO-Prinzip *(ie, the newest employee is terminated)*
(OR) begrenzte Enumeration *f (syn, implicit enumeration, qv)*
(EDV) Backtracking *n*
back translation (com) Rückübersetzung *f*
backup (EDV) Sicherungskopie *f (ie, periodically saving data)*
back up *v*
(com) unterstützen *(syn, support)*
(com) sich stauen *(eg, orders are backing up because of the prolonged strike)*
(Fin) finanzieren
(Bö) sich erholen
(ie, when yields rise and prices fall, the market backs up)
(Bö) auf Papiere mit kürzerer Laufzeit umsteigen
(EDV) sichern
backup copy (EDV) Sicherungskopie *f (syn, backup)*
backup credit line
(Fin, US) Auffang-Kreditlinie *f*
(ie, for commercial paper issues, used to meet short-term funding requirements of large corporations)
back up data *v* (EDV) Daten *pl* sichern
backup data set (EDV) Sicherungsdatei *f (syn, backup file)*
backup directory
(EDV) Sicherungsverzeichnis *n*
– Sicherungs-Dateiverzeichnis *n*
backup diskette (EDV) Sicherungsdiskette *f*
backup drive
(EDV) Sicherungslaufwerk *n*
– Laufwerk *n* für Datensicherung *(meist ein Bandlaufwerk, qv)*
backup facility
(Fin) Stützungsfazilität *f*
– Deckungslinie *f*
(ie, meist für Emission kurzfristiger Wertpapiere)
backup file (EDV) Sicherungsdatei *f*
backup line
(Fin) Absicherungslinie *f (ie, gegen Plazierungsrisiken)*
(Fin) Stützungslinie *f (ie, Verfügbarkeitszusage e–r Bank)*
backup material (com) Kursmaterial *n (syn, course material)*
backup media
(EDV) Sicherungsmedium *n*
(eg, floppy disk, tape streamer, DAT streamer, WORM drive)
backup memory (EDV) Sicherungsspeicher *m*
backup operation (EDV) Reservebetrieb *m*
backup power supply (EDV) Notstromaggregat *n*
backup power system
(EDV) Notstromversorgung *f*
(ie, standby system that can detect an electrical dip – kurzzeitige Stromunterbrechung – and instantly switch to backup battery power)
backup program (EDV) Datensicherungsprogramm *n*
backup run (EDV) Sicherungslauf *m*
backup set
(EDV) Sicherungssatz *m*
– Backup-Satz *m*
(ie, certain number of disks or tapes needed for one backup operation)
backup store (EDV) Reservespeicher *m (syn, spare memory)*
backup support (Bö) Anschlußaufträge *mpl*
backup unit (EDV) Sicherungseinheit *f*
backup version (EDV) Sicherungsversion *f*
backup volume (EDV) Sicherungsdatenträger *m*
backvaluation (Fin) Rückvalutierung *f*
back values (Fin) Nachvaluten *pl*
backwardation
(Bö, GB) Deport *m*
(ie, London Stock Exchange term: negative difference between futures and spot prices; Differenz zwischen Preis für Kassaware und dem niedrigeren Preis für Terminware; opp, contango = Report, qv)
(Bö) Aufpreis *m* für Kassaware *(eg, auf den Metallmärkten)*
backwardation business (Bö, GB) Deportgeschäft *n* *(opp, carryover business, qv)*
backwardation rate (Bö) Deportsatz *m (opp, carryover/contango . . . rate)*
backward-bending demand curve (Vw) anomale Nachfragekurve *f*
backward-bending supply curve (Vw) anomale Angebotskurve *f*
backward branch (EDV) Rücksprung *m*
backward chaining
(EDV) zielgetriebene Strategie *f (opp, forward chaining)*
(EDV) Rückwärtsverkettung *f*
backward channel (EDV) Hilfskanal *m*
backward integration
(Bw) Rückwärtsintegration *f*
(ie, in vorgelagerte Produktionsstufen = upstream; opp, forward integration = Vorwärtsintegration)
backward linkage
(Vw) Verflechtung *f* e–s Sektors mit vorgelagerten Sektoren
– beschaffungsmäßige Verflechtung *f*
(opp, forward linkage)
backward scheduling (com) Rückwärtsterminierung *f*
backward shifting (FiW) = backshifting
backward sort *v* (EDV) absteigend sortieren *(syn, sort in descending order)*
backward supervision (EDV) Rückwärtssteuerung *f* *(ie, control signals sent from slave to master station)*
backwash effect
(AuW) Aushöhlungseffekt *m*
(ie, Produktivitätslücke zwischen Exporten von Entwicklungs- und entwickelten Ländern)

backwash effects (Vw) Kontereffekte *mpl (cf, G. Myrdal)*
bad bargain
(com) schlechter Kauf *m*
– schlechtes Geschäft *n*
bad buy (com) = bad bargain
bad check (Fin) ungedeckter Scheck *m (syn, uncovered; infml, bum/rubber . . . check; GB, infml, dud cheque)*
bad debt
(ReW) uneinbringliche Forderung *f*
(syn, uncollectible, uncollectible receivable, irrevocable debt)
bad debtor (Fin) zahlungsunfähiger Schuldner *m (syn, defaulting debtor)*
bad debt provision
(ReW) Wertberichtigung *f* auf uneinbringliche Forderungen
(Fin) Rückstellung *f* für notleidende Kredite
bad debt writeoff (ReW) Abbuchen *n* od Ausbuchen *n* e–r uneinbringlichen Forderung
bad delivery (Bö) fehlerhafte Übergabe *f (ie, of securities; opp, good delivery)*
bad faith
(Re) böser Glaube *m*
(ie, involves actual or constructive fraud; syn, mala fides; opp, good faith, bona fides)
badge reader (EDV) Ausweisleser *m*
bad investment (Fin) Fehlinvestition *f*
bad loan (Fin) notleidender Kredit *m (syn, nonperforming credit)*
bad loan provision (Fin) Rückstellung *f* für notleidende Kredite
badly in debt (Fin) hoch verschuldet
bad money (Fin) schlechtes Geld *n*
bad paper (Fin, infml) fauler Wechsel *m*
bad risk
(Fin) Risikokredit *m*
(Vers) schlechtes Risiko *n*
bad title (Re) mangelhaftes od fehlerhaftes Eigentumsrecht *n (syn, defective title; opp, good title)*
bad will (ReW) negativer Firmenwert *m (opp, good will)*
bad work
(com) Ausschuß *m*
– fehlerhafte Arbeit *f*
bafflegab (com, infml) Fachjargon *m (ie, term has a negative connotation)*
baggage check (com) Gepäckschein *m*
baggage room (com) Gepäckaufbewahrung *f (syn, left-luggage office)*
bag of tools (com) Instrumentarium *n (syn, set of tools)*
bailee
(com) Frachtführer *m*
(Re) Verwahrer *m*
bailee clause (Vers) Gewahrsamsklausel *f*
bailiff
(Re, appr) Gerichtsvollzieher *m*
– Vollstreckungsbeamter *m*
bailment
(com) hinterlegte Sache *f*
– Frachtgut *n*
(Re) Hinterlegungsvertrag *m*
(Re) Beförderungsvertrag *m*
bailor
(Fin) Einleger *m*
– Deponent *m*
(ie, in safekeeping)
(Re) Hinterleger *m (ie, delivers goods or money to another in trust)*
bail out
(com) Notverkauf *m (syn, distress/panic . . . sale)*
(Fin) Ausschüttung *f* an Aktionäre, die zu günstigen Sätzen der ‚capital gains tax' besteuert wird
(Bö) Abstoßen *n* von Aktien
(ie, at the earliest possible moment, with no regard for losses; syn, dumping, unloading)
bail out *v*
(com, infml) aussteigen
(Fin, infml) helfen, retten *(eg, an unprofitable company by injecting fresh funds)*
bailout period
(Fin) Zeitspanne *f* bei Abbrechen e–s Investitionsobjekts, während der die ‚Auszahlungen' durch die ‚Einzahlungen' und den Schrottwert gedeckt werden
bait
(Mk) Lockartikel *m*, Lockvogel *m*
(syn, leader, leading article, loss leader; infml, lure, lowball)
bait and switch advertising (Mk, US) = bait type advertising
bait customers *v*
(com) Kunden *mpl* anlocken
(ie, by unsolicited consignments – unbestellte Warensendungen –, leading articles, bait type advertising)
bait type advertising (Mk, US) Lockvogelwerbung *f (syn, loss leader selling)*
balance
(com) Rest *m (eg, of contract price)*
(ReW) Saldo *m*
(syn, credit balance, balance of account, account balance)
(ReW) Kontoausgleich *m (eg, accounts are in balance)*
(Fin) Guthaben *n (syn, credit balance)*
(Fin) Kontostand *m*
(EDV) = balance check
balance *v*
(com) ausgleichen
(eg, mounting losses, by selling a key high-tech offshoot)
(ReW) saldieren, ausgleichen *(ie, an account; syn, settle, square)*
(Bö) glattstellen *(syn, settle, qv)*
balance against/with *v*
(com) abwägen gegen *(eg, positive factors against/with negative factors)*
(ReW) aufrechnen *(syn, counterbalance, offset)*
balance brought forward (ReW) Vortrag *m*, Saldovortrag *m*
balance card
(ReW) Bestandskarte *f*
– Saldenkarte *f (syn, inventory record card)*
balance carried forward
(ReW) Übertrag *m*
(ReW) Vortrag *m* auf neue Rechnung *(ie, to new account)*

balance check
(EDV) Ausgleich *m*
– Nullenkontrolle *f* durch Querrechnen
– Saldenübereinstimmung *f (ie, in programming)*
balance column (ReW) Saldenspalte *f*
balance control (ReW) Saldenprüfung *f*
balance date (ReW) Bilanzstichtag *m*
balanced budget
(FiW) ausgeglichener Haushalt *m*
(Fin) ausgeglichenes Budget *n (syn, in-line budget)*
balanced-budget multiplier
(Vw) Multiplikatorwirkung *f* e–s ausgeglichenen öffentlichen Haushalts
balanced-budget multiplier theorem (FiW) = Haavelmo's proposition, qv
balanced economy (Vw) Volkswirtschaft *f* im Gleichgewicht
balanced error (EDV) symmetrischer Fehler *m*
balanced fund
(Fin, US) Stabilitätsfonds *m*
(ie, Aktien + Rentenwerte)
(Fin, GB) Stabilitätsfonds *m*
(ie, Wertpapiere + Immobilien mit Lebensversicherungsdeckung)
balanced growth
(Vw) Gleichgewichtswachstum *n*
(ie, sektorale Entwicklungsstrategie, bei der die Überwindung des Kapitalmangels im Vordergrund steht)
balanced plant size
(IndE) abgestimmte Betriebsgröße *f*
(ie, ancillary units laid out just to serve major unit, with no room for later expansion)
balanced range of error
(Stat) ausgeglichener Fehlerbereich *m*
(ie, a range of error in which the maximum and minimum possible errors are opposite in sign and equal in magnitude)
balanced sample (Stat) ausgewogene Stichprobe *f*
balanced station (EDV) Hybridstation *f (syn, combined station)*
balanced tree (EDV) ausgeglichener Baum *m*
balance due
(com) Restschuld *f*
(ReW) Debitorensaldo *m*
balance file (ReW) Saldenkartei *f*
balance in bank (Fin) Bankguthaben *n (syn, bank balance, bank deposit)*
balance in hand (ReW) Kasse *f (syn, balance on hand)*
balance of account
(ReW) Saldo *m*
– Salden *mpl*
(syn, account balance, balance)
balance-of-account statement (ReW) Saldenaufstellung *f*
balance of asset cost (ReW) Restbuchwert *m (syn, net book value, qv)*
balance of capital movements (VGR) Kapitalverkehrsbilanz *f*, Kapitalbilanz *f*
balance of capital transactions (VGR) Saldo *m* der Kapitalbilanz
balance of current transactions (VGR) Saldo *m* der laufenden Posten
balance off *v* (ReW) bilanzieren *(ie, a set of accounts; syn, balance up)*
balance of financing (Fin) Finanzierungsgleichgewicht *n*
balance offset (ReW) Saldenverrechnung *f*
balance of goods and services
(VGR) Leistungsbilanz *f (syn, balance on current account, qv)*
balance of international payments
(VGR) Zahlungsbilanz *f*
(syn, balance of payments, external balance)
balance of investment income (VGR) Kapitalertragsbilanz *f*
balance of invoice (com) Rechnungssaldo *m*
balance of merchandise trade (VGR, US) Handelsbilanz *f*
balance of official settlements (VGR) Bilanz *f* der amtlichen Reservetransaktionen
balance of payments
(VGR) Zahlungsbilanz *f*
(syn, balance of international payments, external balance)
balance-of-payments adjustment (AuW) Zahlungsbilanzausgleich *m*
balance-of-payments deficit (AuW) Zahlungsbilanzdefizit *n (syn, payments deficit, external deficit)*
balance-of-payments difficulties (AuW) Zahlungsbilanzschwierigkeiten *fpl*
balance-of-payments disequilibrium (AuW) Zahlungsbilanzungleichgewicht *n (syn, external imbalance)*
balance-of-payments equilibrium (AuW) Zahlungsbilanzgleichgewicht *n*
balance-of-payments imbalance (AuW) = balance-of-payments disequilibrium
balance of payments in disequilibrium (AuW) unausgeglichene Zahlungsbilanz *f*
balance-of-payments multiplier
(AuW) Zahlungsbilanzmultiplikator *m*
– (sometimes:) Leistungsbilanzmultiplikator *m*
balance of payments on current account (VGR) = balance on current account
balance-of-payments outcome (AuW) Zahlungsbilanzsaldo *m (ie, surplus or deficit)*
balance-of-payments policy (AuW) Zahlungsbilanzpolitik *f*
balance-of-payments surplus
(AuW) Zahlungsbilanzüberschuß *m*
– Aktivsaldo *m* der Zahlungsbilanz
balance-of-payments surplus on current account
(AuW) Leistungsbilanzüberschuß *m (syn, current account surplus, qv)*
balance-of-payments theory (AuW) Zahlungsbilanztheorie *f*
balance of recorded transactions (VGR) Saldo *m* der statistisch erfaßten Transaktionen
balance-of-stores record (MaW) Bestandsbericht *m* über Lagervorräte
balance of tourist travel (VGR) Reiseverkehrsbilanz *f*
balance of trade
(VGR) Handelsbilanz *f*
(syn, trade balance; US, balance of merchandise trade)
(VGR) Handelsbilanz *f* + Dienstleistungsbilanz *f*

balance of unclassifiable transactions
(VGR) Restposten *mpl* der Zahlungsbilanz
– Saldo *m* der statistisch nicht aufgliederbaren Transaktionen
(syn, accommodating/balancing . . . items, errors and omissions)
balance of unilateral transfers
(VGR, US) Bilanz *f* der unentgeltlichen Leistungen
– Bilanz *f* der Übertragungen
balance on capital account
(VGR) Kapitalverkehrsbilanz *f*
– Kapitalbilanz *f*
(syn, balance of capital movements)
balance on current account
(VGR) Leistungsbilanz *f*
– Bilanz *f* der laufenden Posten
(syn, current account balance)
(Fin) Kontokorrentsaldo *m*
balance on current account and long-term capital
(VGR) Grundbilanz *f (ie, part of balance of payments; syn, basic balance)*
balance on goods, services and remittances
(VGR, US) Leistungsbilanz *f*
– Bilanz *f* der laufenden Posten
(ie, Handels-, Dienstleistungs- und Übertragungsbilanz)
balance on hand (ReW) Kasse *f (syn, balance in hand)*
balance on long-term capital account
(VGR) Bilanz *f* des langfristigen Kapitalverkehrs
balance-only statement
(Fin) monatlicher Kontoauszug *m*
(ie, mit bloßer Angabe des letzten Saldos)
balance on merchandise account
(VGR, US) Bilanz *f* des Warenhandels
(syn, visible balance; opp, invisible balance)
balance on merchandise trade (VGR) Handelsbilanz *f (syn, trade balance, qv)*
balance on official reserve transactions
(VGR) Bilanz *f* der offiziellen Reservetransaktionen
(ie, foreign exchange balance + official liabilities to foreign exchange authorities)
balance on official settlements (VGR) Ausgleichsposten *m* zur Auslandsposition
balance on services
(VGR) Dienstleistungsbilanz *f*
(ie, part of current account balance; syn, services account; GB, invisible balance)
balance on services account
(VGR) Bilanz *f* der unsichtbaren Leistungen
(syn, invisible balance; opp, balance on merchandise account, visible balance)
balance on short-term capital account
(VGR) Bilanz *f* des kurzfristigen Kapitalverkehrs
balance on transfer account
(VGR) Übertragungsbilanz *f*
– Transferbilanz *f*
– Schenkungsbilanz *f*
(syn, unilateral payments)
balance on travel (VGR) Reisebilanz *f*
balance on unilateral transfers
(VGR) Bilanz *f* der unentgeltlichen Leistungen
balance out (ReW) neuer Saldo *m*
balance out *v*
(com) sich ausgleichen *(eg, figures for income and expense balance each other out)*
(ReW) saldieren *(syn, net out)*
balance out losses *v* (ReW) Verluste *mpl* ausgleichen *(eg, with earnings from other divisions)*
balance reconciliation (ReW) Saldenabstimmung *f*
balances abroad (Fin) Auslandsguthaben *npl (syn, funds abroad)*
balance sheet
(ReW) Bilanz *f*
(ReW) Jahresabschluß *m*
(ie, includes balance sheet, earnings statement (GuV), and other related documents; syn, annual/year-end . . . financial statement; GB, annual accounts)
balance sheet account (ReW) Bilanzkonto *n*
balance sheet adjustment (ReW) Bilanzbereinigung *f*
balance sheet adjustment item (ReW) Bilanzausgleichsposten *m*
balance sheet analysis (ReW) Bilanzanalyse *f (syn, financial statement analysis)*
balance sheet audit
(ReW) Abschlußprüfung *f*
– Bilanzprüfung *f*
balance sheet auditor (ReW) Abschlußprüfer *m (ie, today mostly: auditor; syn, independent auditor)*
balance sheet classification (ReW) Bilanzschema *n*
balance sheet code (ReW) Bilanzschlüssel *m*
balance sheet continuity
(ReW) Bilanzidentität *f*
(ie, between closing balance sheet of the current year and opening balance sheet of the following year)
balance sheet contraction
(ReW) Bilanzverkürzung *f*
(ie, reduction on both sides of the balance sheet; opp, balance sheet extension)
balance sheet date (ReW) Bilanzstichtag *m*, Abschlußstichtag *m (syn, closing/cutoff . . . date)*
balance sheet depreciation expense
(ReW) bilanzielle Abschreibung *f*
(ie, depreciation for reporting purposes, qv)
balance sheet equation (ReW) Bilanzgleichung *f*
(syn, accounting equation, qv)
balance sheet evaluation (ReW) Bilanzauswertung *f*
balance sheet extension
(ReW) Bilanzverlängerung *f*
(ie, rise on both sides of the balance sheet; opp, balance sheet contraction)
balance sheet extrapolation (ReW) Bilanzhochrechnung *f*
balance sheet gap (FiW) Bilanzlücke *f*
balance sheet in schedule form
(ReW) Abschlußblatt *n*
– Abschlußbogen *m*
– Abschlußtabelle *f*
– Abschlußübersicht *f*
(ie, condensed tabular statement of balance sheet figures; syn, work sheet)
balance sheet item (ReW) Bilanzposten *m*, Bilanzposition *f (syn, balance sheet title)*
balance sheet key date (ReW) Bilanzstichtag *m*
balance sheet notes (ReW) Abschlußerläuterungen *fpl*
balance sheet ratio (ReW) Bilanzkennzahl *f*

balance sheet reserves
(ReW) Rücklagen *fpl*
(ReW) Rückstellungen *fpl*
(ReW) stille Reserven *fpl*
balance sheet statistics (ReW) Bilanzstatistik *f*
balance sheet structure (ReW) Bilanzstruktur *f*
balance sheet supplement (ReW) Bilanzanlage *f*
balance sheet title (ReW) = balance sheet item
balance sheet total
(ReW) Bilanzsumme *f*
– Bilanzvolumen *n*
balance the budget *v* (FiW) Budget *n* od Haushalt *m* ausgleichen
balance time (IndE) ungenutzte Taktzeit *f*
balance up *v* (ReW) = balance off
balancing (IndE) Abgleich *m*
balancing charge (Fin) Abschlußgebühr *f*
balancing item
(ReW) Ausgleichsposten *m (syn, compensating /offsetting/per contra . . . item)*
balancing items
(VGR) Restposten *mpl* der Zahlungsbilanz *(syn, accommodating items, qv)*
balancing of budget (FiW) Haushaltsausgleich *m*
balancing of interests (Re) Interessenausgleich *m*
balancing of portfolio (Vers) Risikoausgleich *m*
balancing of work (IndE) zeitliche Verteilung *f* von Arbeitsgängen
balancing the budget (FiW) Haushaltsausgleich *m*, Budgetausgleich *m*
balloon
(Fin) hohe Kreditrestschuld *f*
(ie, payable in full at maturity)
balloon *v*
(com) (künstlich) hinauftreiben *(eg, prices)*
(com) rasch steigen *(eg, deficit)*
ballooning (Bö) Kurstreiberei *f (ie, to unreasonably high levels)*
balloon maturity (Fin) die letzten zur Tilgung e–r Gesamtemission vorgesehenen Papiere *npl (cf, balloon)*
balloon note (Fin) Schuldschein *m* mit hoher Resttilgung vor Fälligkeit
balloon payment
(Fin) hohe Abschlußzahlung *f*
(ie, in paying off a loan; higher than the other regular payments)
ballpark figure (com, US) grobe (oft zu optimistische) Schätzung *f*
ballpark price
(com, infml) ungefährer Preis *m*
(eg, oil price between $18 and $30 a barrel)
ball point pen (com) Kugelschreiber *m (syn, GB, biro)*
ballyhoo
(com, sl) Werbetrara *n*
– marktschreierische Werbung *f*
Baltic and International Maritime Conference
(com) Schiffahrtskonferenz *f* der Trampschiffahrt
Baltic Exchange (Bö, GB) Londoner Schiffahrtsbörse *f (ie, where shipbrokers and shippers ply for cargo)*
band
(Fin) Bandbreite *f (ie, of currency rates)*
(EDV) Spurgruppe *f*
band chart (Stat) Banddiagramm *n*, Bänderschaubild *n*
band curve chart (Stat) kumulatives Banddiagramm *n (syn, cumulative band chart, surface chart)*
band diagram (Stat) Streifendiagramm *n*
banded pack
(Mk) Packung *f* mit zwei komplementären Produkten *(eg, Rasierpinsel/Rasierapparat)*
– Mehrstückpackung *f*
banding (Pw, US) Vereinfachung *f* der Lohnstruktur
band of error (Stat) Fehlerband *n (syn, range of error)*
band of fluctuations (Fin) Schwankungsbreite *f*
band together *v*
(com) zusammenarbeiten
– sich zusammenschließen *(ie, often ‚against')*
bandwagon effect
(Vw) Bandwagon-Effekt *m*
– Mitläufereffekt *m (syn, demonstration effect)*
bandwidth
(Pw) Bandbreite *f* der Arbeitszeit *(ie, in flextime systems = Gleitzeitsystemen)*
(EDV) (Video-)Bandbreite *f*
baneful effect (com) nachteilige Wirkung *f (eg, of a regressive tax)*
banger (Bö, US, infml) Baissespekulant *m (syn, bear)*
bang-tail return envelope
(Mk) Bang-Tail-Rückumschlag *m*
(ie, mit langer falzbarer Lasche, die für werbliche Botschaft nutzbar ist)
bank
(Fin) Bank *f*
(ie, institution that takes in demand deposits and makes commercial loans; cf, 1956 Bank Holding Company Act)
(IndE) Puffer *m*
(ie, Materialpuffer in der Fließfertigung: material is allowed to accumulate at a point on the production line where it is not employed or worked upon, to permit reasonable fluctuations in line speed before and after the point; syn, float)
bank *v*
(Fin) bei e–r Bank einzahlen
(Fin) Konto *n* bei e–r Bank haben *(eg, I bank with Citicorp)*
bankable assets
(Fin) bankfähige Vermögenswerte *mpl*
(ie, acceptable as security for a loan; eg, bills, paper)
bankable bill (Fin) diskontfähiger Wechsel *m (ie, readily discountable by a bank)*
bankable paper (Fin) = bankable bill
bank acceptance (Fin, US) = bankers acceptance
bank acceptances outstanding
(Fin) eigene Akzepte *npl*
bank accommodation (Fin, GB) Kredit *m (ie, usually the overdraft is the cheapest form of . . .)*
bank account (Fin) Bankkonto *n*
bank accounting system (ReW) Bankbuchhaltung *f*
bank-account money
(Vw) Buchgeld *n*
– Giralgeld *n*
(syn, deposit money, qv)
bank address (com) Bankadresse *f*

bank advance (Fin) Bankdarlehen *n*
bank affiliate (Fin) angeschlossene Bank *f*
bank assets and liabilities (Fin) Bankforderungen *fpl* und -verbindlichkeiten *fpl*
bank balance
(Fin) Bankguthaben *n (syn, bank deposit, balance in bank)*
(Fin) Ausgleichsspitze *f*
(ie, difference between total credits and debits of a bank at a clearing house)
bank balance sheet (ReW) Bankbilanz *f*
bank base rate (Fin, GB) Eckzins *m* der Clearing Banks für Ausleihungen
bank bill
(Fin, US) Banknote *f*
(Fin, GB) Bankakzept *n (ie, bill easily accepted by a bank and thus more easily resold)*
bank bond
(Fin) Bankschuldverschreibung *f*
– Bankobligation *f*
(com) Leistungsgarantie *f (syn, performance bond, qv)*
bank book (Fin) Sparbuch *n (syn, passbook, qv)*
bank burglary insurance (Vers) Bankeinbruchversicherung *f*
bank call (Fin, US) Anforderung *f* e–s Bankausweises *(ie, durch e–e einzelstaatliche Behörde)*
bank capital (Fin) Bankkapital *n (ie, own funds + outside capital)*
bankcard (Fin) Kreditkarte *f (ie, term used in Australia)*
bank cash ratio (Fin) Kennziffer *f* Kassenbestand + Guthaben zu Einlageverbindlichkeiten
bank charges
(Fin) Bankspesen *pl*
– Bankgebühren *fpl (syn, banking charges)*
bank check
(Fin, US) Bankscheck *m*
(ie, drawn by bank on own funds and signed by an authorized officer; syn, treasurer's/officer's /cashier's . . . check)
bank clearing (Fin) Banken-Clearing *n (ie, bargeldlose Abrechnung unter Banken)*
bank clerk (com) Bankangestellter *m (syn, bank employee)*
bank code (Fin, GB) Bankleitzahl *f*, BLZ *(syn, bank routing number)*
bank collapse (Fin) Bankzusammenbruch *m (syn, bank failure)*
bank commissioner (Fin, US) Vertreter *m* e–r einzelstaatlichen Bankenaufsichtsbehörde
bank consolidation (Fin) Bankfusion *f*
bank counter (Fin) Bankschalter *m*
bank cover
(Fin) Bankdeckung *f (ie, of notes issued)*
(Fin) Bankgarantie *f*
bank credit
(Fin) Bankkredit *m*
(Vw) durch Geldschöpfung der Banken entstandenes Geld *n*
bank credit lines (Fin) Kreditzusagen *fpl* von Banken
bank creditor (Fin) Bankgläubiger *m*
bank credit proxy (Fin, US) Summe *f* Sicht- und Termineinlagen der 12 Federal Reserve Banks
bank credit transfer
(Fin) Banküberweisung *f*
(ie, between different accounts or different banks without the use of checks or drafts; sometimes known as telegraphic transfer in the case of large amounts of capital; syn, bank transfer, banker's order, bank remittance)
bank crisis (Fin) Bankkrise *f*
bank customer (Fin) Bankkunde *m*
bank debit (Fin) Kontobelastung *f*
bank debts (Fin) Bankverbindlichkeiten *fpl*
bank demand deposits (Fin) Sichteinlagen *fpl (syn, demand/sight . . . deposits)*
bank deposit insurance (Fin, US) Einlagenversicherung *f (cf, U.S. Banking Act of 1935)*
bank deposit money
(Vw) Buchgeld *n*
– Giralgeld *n (syn, deposit money, qv)*
bank depositor (Fin) Einleger *m*, Einzahler *m*
bank deposits
(Fin) Bankeinlagen *fpl*
– Bankdepositen *pl (ie, demand deposits + time deposits)*
bank discount
(Fin) Wechseldiskont *m*
(Fin) Damnum *n*
– Darlehensabgeld *n*
bank discount rate (Fin) Bankdiskont *m*
bank documentary credit
(Fin) Bankrembours *m*
– Dokumentenakkreditiv *n*
bank draft
(Fin, US) Bankwechsel *m*
(Fin, US) Bankscheck *m*
(ie, check or bill drawn by a bank against balances deposited with another; used in domestic transactions; opp, banker's bill)
bank employee (com) = bank clerk
bank endorsed (Fin) bankgiriert
banker
(com) Bankier *m*
(Fin) Bank *f (syn, bank, bank establishment)*
bankers' acceptance (Fin) Bankwechsel *m (ie, a time draft drawn on and accepted by a bank)*
bankers acceptances
(Fin, US) Bankakzepte *npl*
(ie, negotiable, bank-backed business credit instruments typically financing an import order; besondere Form des amerikanischen Bankazepts: werden auf e–r in den USA domizilierenden Bank gezogen, von dieser akzeptiert und diskontiert; vergleichbar den dt Privatdiskonten; Marktsätze werden täglich publiziert: Prime Bankers' Acceptance Rate, PBAR; bill dealers buy and sell bankers acceptances, which – in the trade – are referred to as bankers bills, or simply bills)
bankers' bank (Fin) Bank *f* der Banken *(ie, central bank)*
banker's bill
(Fin) Bankwechsel *m*
(ie, drawn by a bank in one country on a bank in another country; opp, commercial bill)
bankers bills (Fin, US) = bankers acceptances
banker's blanket bond (Vers) Vertrauenschaden-Versicherung *f*

banker's bond (Fin) Bankgarantie *f*
banker's call rate (Fin) Tagesgeldsatz *m*
banker's card (Fin, GB) Scheckkarte *f (syn, cheque card)*
banker's check (Fin) = bank check
banker's commission (Fin) Bonifikation *f*
banker's credit (Fin) Akkreditiv *n (syn, letter of credit, L/C; Sec 2–235 UCC)*
banker's deposit rate (Fin) Zinssatz *m* für Einlagen mit 7-tägiger Kündigung
banker's deposits (Fin, GB) Zentralbankguthaben *npl* der Geschäftsbanken
banker's draft (Fin) = bank draft
banker's draft, B/D (Fin) Bankscheck *m*
banker's interest (Fin) gewöhnlicher Zins *m (ie, based on 360 days)*
banker's order
(Fin) = bank credit transfer
(Fin, GB) Dauerauftrag *m (syn, standing order, money transfer order, mandate)*
banker's ratio (Fin) = banker's rule
banker's reference (Fin, GB) Kreditauskunft *f (syn, credit information)*
banker's rule (Fin, US) 2:1-Regel *f (ie, current assets to current liabilities)*
banker's special deposits
(Fin, GB) verzinsliche Mindestreserven *fpl* der Geschäftsbanken
banker's trade acceptance
(Fin) bankgirierter Warenwechsel *m*
(ie, bill resulting from a trade transaction, discounted by the bank and bearing the bank's endorsement)
bank examiner (Fin, US) Prüfer *m* der Bankenaufsichtsbehörde
bank facilities (Fin) Bankfazilitäten *fpl (syn, credit facilities at a bank)*
bank failure (Fin) = bank collapse
bank financed (Fin) bankenfinanziert
bank financing (Fin) Bankfinanzierung *f (ie, through a bank)*
Bank for International Settlements, BIS
(AuW) Bank *f* für Internationalen Zahlungsausgleich, BIZ
Bank Giro
(Fin, GB) Bankgiro *n*
(ie, noncash clearing system under the Giro system)
bank giro credit (Fin, GB) Überweisungsauftrag *m*
bank giro credit system
(Fin) bargeldloser Zahlungsverkehr *m*
Giroverkehr *m (syn, cashless/noncash . . . payment system)*
bank group
(Fin, US) Bankenkette *f*
(Fin) Bankenkonsortium *n (syn, banking syndicate)*
bank-guaranteed debt (Fin) bankgarantierter Schuldtitel *m*
bank guaranty
(Fin) Bankbürgschaft *f (cf, guaranty)*
– Bankgarantie *f*
– Bankaval *n (syn, bank bond)*
bank holding company (Fin) Bankholding *f*
bank holiday (Fin) Bankfeiertag *m*
banking
(Fin) Bankgewerbe *n (syn, banking industry)*
(Fin) Bankgeschäft *n (syn, banking . . . activity/business/operations/transactions)*
banking activity (Fin) = banking
banking and credit (com) Bank- und Kreditwesen *n*
banking audit
(Fin) Bankprüfung *f*
– Bankrevision *f*
banking business (Fin) = banking
banking by mail
(Fin) Banking by mail
(ie, Verkauf von Finanzdienstleistungen über den Postweg; total volume at present less than 5 percent)
banking by phone (Fin) Telefonverkauf *m* im Finanzdienstleistungsbereich
banking center (Fin) Bankplatz *m*
banking charges (Fin) = bank charges
banking circles (Fin) = banking community
banking commission (Fin) Bankprovision *f*
banking community (Fin) Bankkreise *mpl (syn, banking . . . quarters/circles)*
banking connection (Fin) Bankverbindung *f*
banking consortium (Fin) Bankenkonsortium *n (syn, banking syndicate, bank group, underwriting group)*
banking customs (Fin) Bankusancen *pl (syn, bank usages)*
banking directive (EG) Bankrichtlinie *f*
banking establishment
(Fin) Bankhaus *n*
– Bankinstitut *n*
– Bank *f (syn, banking house)*
banking firm (Fin) Bankhaus *n*
banking group
(Fin) Bankengruppe *f*
– Bankkonzern *m (syn, group of banks)*
banking groups (Fin) Institutsgruppen *fpl*
banking hours (Fin) Schalterstunden *fpl*
banking house (Fin) = banking establishment
banking industry
(Fin) Bankgewerbe *n*
– Kreditgewerbe *n*
– Kreditwirtschaft *f*
banking interest (Fin) Bankbeteiligung *f (syn, interest/holding/stake . . . in a bank)*
banking law (Fin) Bankrecht *n*
banking operations
(Fin) Bankgeschäfte *npl*
– Geschäfte *npl* der Kreditinstitute
(syn, banking transactions)
banking policy (Vw) Bankpolitik *f (ie, pursued by the central bank or by government agencies)*
banking power (Vw) Geldschöpfungspotential *n*
banking professional (Fin) Bankfachmann *m (syn, banking specialist)*
banking quarters (Fin) = banking community
banking run (Fin) Run *m (ie, Ansturm der Einleger auf die Kassen e–r Bank)*
banking secrecy (Fin) Bankgeheimnis *n*
banking services (Fin) Bankdienstleistungen *fpl*
banking specialist (Fin) Bankfachmann *m (syn, banking professional)*
banking statistics (Fin) Bankenstatistik *f*

banking stocks (Fin) Bankaktien *fpl (syn, bank shares)*
banking subsidiary (Fin) Tochterinstitut *n*
banking supervision policy (Fin) Bankenaufsichtspolitik *f*
banking syndicate (Fin) = banking consortium
banking system
(Fin) Bankensystem *n*
– Bankenapparat *m*
(ie, Geschäftsbanken mit od ohne Zentralbank)
banking theory (Vw) Banking-Theorie *f*
banking transaction (Fin) = banking operation
banking transactions (Fin) = banking business
bank interest (Fin) Bankzinsen *mpl*
bank lending
(Fin) Bankkredite *mpl*
– Ausleihungen *fpl*
(Fin) Kreditgeschäft *n* der Banken
bank lending policy (Fin) Kreditpolitik *f*
bank lending rate (Fin) Kreditzins *m*
bank lending statistics (Fin) Kreditstatistik *f*
bank line (Fin) Kreditlinie *f (ie, line of credit granted by a bank)*
bank liquidity (Fin) Bankenliquidität *f*
bank loan
(Fin) Bankkredit *m*
– Bankdarlehen *n*
bank loan rate (Fin) Zinssatz *m* für Bankkredite
bank loans (ReW) Darlehen *npl* von Kreditinstituten
bank marketing (Fin) Bank Marketing *n*
bank merger (Fin) Bankenfusion *f*
bank messenger (Fin) Bankbote *m*
bank money
(Vw) Buchgeld *n*
– Giralgeld *n*
(syn, deposit money, qv)
(Fin) Sichteinlagen *fpl*
bank money creation multiplier
(Vw) Geldschöpfungsmultiplikator *m*
(ie, gibt Grenze der aktiven Giralgeldschöpfung an; syn, money creation/money supply expansion/deposit . . . multiplier)
bank moneys (Fin) Bankgelder *npl (syn, deposits of banks)*
bank name (Fin) Bankadresse *f (eg, on a bill of exchange)*
bank note (Vw) Banknote *f (syn, infml, bill; GB, note)*
bank note issue (Vw) Notenemission *f*
bank notes in circulation (Vw) Banknotenumlauf *m (syn, active circulation of bank notes)*
bank of discount (Fin) diskontierende Bank *f*
bank officer (com) Bankangestellter *m (syn, bank . . . employee/official)*
bank of issue
(Vw) Notenbank *f*
– Emissionsbank *f (syn, issue bank)*
bank opening (Fin) Bankfiliale *f*
bank order (Fin) Bankauftrag *m (ie, instruction to a bank)*
bank order check (Fin) Banken-Orderscheck *m (ie, Bank-auf-Banken-Ziehung)*
bank overdraft (Fin) Überziehungskredit *m (syn, overdraft, qv)*
bank paper (Fin) Bankwechsel *m*
bank pass book
(Fin) Bankbuch *n*
– Sparbuch *n*
bank phasing
(EDV) Speicherverschränkung *f*
– Verschränken *n (syn, interleaving)*
bank post remittance (Fin) Übersendung *f* des Gegenwertes e–s Auslandswechsels an den Empfänger
bank rate
(Fin) Diskontsatz *m*
(ie, rate of discount fixed by the central bank for rediscounting eligible paper; opp, open market rates, day-to-day money)
(Fin, GB) = minimum lending rate
(Fin, US) discount rate of each of the 12 Federal Reserve banks
bank reconciliation (Fin) Abstimmung *f* zwischen dem Konto e–r Bank und e–m Kundenkonto
bank reference (Fin) Bankauskunft *f (ie, information supplied by a bank)*
bank regulatory agency (Fin) Bankenaufsichtsbehörde *f*
bank remittance (Fin) = bank credit transfer
bank reserve
(Fin) Bankreserve *f (ie, Bar- und Mindestreserve)*
(Fin) Rücklage *f* e–r Bank
bank return (Fin, GB) Bankausweis *m (ie, published weekly by the Bank of England)*
bankroll (Fin, US) Banknotenbündel *n (syn, wad of notes; GB: sheaf of notes)*
bankroll *v* (Fin, US) finanzieren *(syn, finance, provide funds)*
bank routing number (Fin) Bankleitzahl *f*, BLZ *(syn, bank code)*
bankrupt
(com) bankrott
– zahlungsunfähig
(Re) Konkursschuldner *m*
– Gemeinschuldner *m*
(ie, the term has been replaced by the term ‚debtor'; cf, Federal Bankruptcy Reform Act of 1978)
bankruptcy
(com) Konkurs *m*
(Re, US) Konkurs *m*
(ie, früher unterschieden von ‚insolvency'; in current usage the term covers both voluntary and involuntary situations; cf, straight bankruptcy/liquidation; hierzu die ‚rehabilitation provisions of Chapter 11 of the 1978 Bankruptcy Code', die dem dt Vergleich nahestehen)
Bankruptcy Court judge (Re, US) Konkursrichter *m*
bankruptcy law (Re) Konkursrecht *n*
bankruptcy lawyer (Re) Konkursanwalt *m*
bankruptcy notice (Re, GB) richterliche Zahlungsaufforderung mit Konkursandrohung
bankruptcy offense (Re) Konkursdelikt *n*
bankruptcy proceedings (Re) Konkursverfahren *n*
bankrupt estate (Re) Konkursmasse *f (syn, debtor's estate)*
bankrupt's creditor (Re) Konkursgläubiger *m*
bankrupty-prediction model (Bw) Konkurs-Prognose-Modell *n*
banks (Bö) Bankaktien *fpl*, Bankwerte *mpl*

bank safe
(Fin) Banksafe *m* od *n*
– Bankfach *n*
bank's archives
(Fin) Bankarchiv *n*
(ie, replaced by the ‚economics department' of a bank)
bank's asset portfolio (Fin) Bestand *m*
bank's cash reserve
(Fin) Barreserve *f*
(ie, bank notes = deposits with central banks; syn, legal reserve, vault . . . cash/money)
bank's clientele (Fin) Bankkundschaft *f*
bank's debtor (Fin) Bankschuldner *m*
bank's earnings (Fin) Bankerträge *mpl*
bank securities
(Fin, US) Bankwertpapiere *npl*
(ie, include:
(1) convertible or nonconvertible capital debentures;
(2) convertible or nonconvertible preferred stock;
(3) common stock)
bank service charge
(Fin) Bearbeitungsgebühr *f*
(ie, made when depositor's balance is less than a fixed sum)
bank share (Fin) Bankaktie *f (ie, zinsreagibles Anlagepapier)*
bank shares (Fin) Bankwerte *mpl*
bank's holdings (Fin) Bankbestände *mpl*
bank stamp
(Fin) Bankindossament *n*
(ie, for taking over part of a securities issue from an underwriting group)
bank statement
(Fin) Kontoauszug *m (syn, statement of accounts)*
(Fin) Bankauszug *m*
(Fin, US) Bankbilanz *f*
bank stock
(Fin) Bankaktie *f*
(Fin) Aktienkapital *n* e–r Bank
(Fin) Bankwerte *mpl (syn, banks)*
bank subsidiary
(Fin) Banktochter *f*
– angeschlossene Bank *f*
bank supervision (Fin) Bankenaufsicht *f (ie, organized under public and private law)*
bank's upper and lower limits (AuW) Interventionspunkte *mpl (syn, support points, qv)*
bank teller (Fin) Bankkassierer *m*, Kassierer *m*
bank term credit (Fin) mittelfristiger Bankkredit *m*
bank-to-bank lending
(Fin) Bank-an-Bank-Kredite *mpl*
bank traders (Bö) Bankenpublikum *n*
bank transfer (Fin) = bank credit transfer
bank transfer payments
(Fin) Überweisungsverkehr *m*
– Giroverkehr *m*
(ie, payment by cashless bank transfers; syn, giro credit transfers)
bank turnovers (Fin, GB) Bankumsätze *mpl*
bank usages (Fin) Bankusancen *pl (syn, banking customs)*
bank vault (Fin) Banktresor *m*

bank wire
(Fin, US) Clearingnetz *n*
(ie, system for transfer of funds available to member banks; an alternative to the Federal Reserve's wire network)
bank with *v* (Fin) Konto *n* unterhalten bei *(eg, where do you bank? I've always banked with Citicorp)*
banner text (EDV) Vorspanntext *m*
banner year (com, US) erfolgreiches Jahr *n*
ban on capital exports (AuW) Kapitalembargo *n (syn, capital embargo)*
ban on dumping (AuW) Dumpingverbot *n*
ban on exports
(AuW) Ausfuhrverbot *n*
– Exportverbot *n*
(syn, export ban or prohibition)
ban on fishing (Re) Fangverbot *n (syn, fishing ban)*
ban on imports (AuW) Einfuhrverbot *n*
ban on interest payments (Fin) Verzinsungsverbot *n (ie, in deposits of nonresidents)*
bantam store (com, US) kleiner Nachbarschaftsladen *m (ie, mit langen Öffnungszeiten)*
bar
(Re) anspruchzerstörende Wirkung *f* e–s Urteils *(ie, permanent destruction of a claim in law; eg, decision acts as a bar)*
(Re) Anwaltschaft *f (ie, the Bar)*
(Math) Bruchstrich *m (syn, fraction bar)*
Bar Association (Re, US) Anwaltskammer *f (ie, nicht in allen Bundesstaaten)*
bar chart
(Stat) Balkendiagramm *n*
– Stabdiagramm *n*
– Säulendiagramm *n*
– Histogramm *n*
(syn, frequency bar chart, column diagram, histogram)
(Fin) Balkendiagramm *n (ie, der technischen Aktienanalyse)*
bar chart analysis (Fin) Bar-Chart-Analyse *f*
bar code
(Mk) Barcode *m*
– Balkencode *m*
(eg, Universal Product Code, EAN)
bar coded identification number (Mk) strichcodierte Artikelnummer *f*
bar coded product (Mk) strichcodiertes Erzeugnis *n*
bar code marking (Mk) Strichcodierung *f (ie, system of product identification)*
bar code reader (Mk) Strichcodeleser *m (syn, bar code scanner)*
bar code scanner (Mk) = bar code reader
barcode wand (com) Strichcode-Leser *m*
bareboat charter
(com) Bareboatcharter *f*
(ie, charterer bears all the cost and responsibility + insurance; syn, bare-pole/bare-hull/demise . . . charter)
bare bones version
(EDV) Basismodell *n*
– einfachste Version *f*
– „nackte Großmutter" *f*
bare contract (Re) = naked contract
barefoot pilgrim (com, infml) leichtgläubiger Käufer *m*

bare-hull charter (com) = bareboat charter
barely steady (Bö) knapp behauptet
bare majority (com) knappe Mehrheit *f* *(syn, narrow, thin)*
bare-pole charter (com) = bareboat charter
bare trustee (Re) passiver Treuhänder *m* *(ie, his duty is merely to hold and pass on property)*
bar from *v*
(com) ausschließen von
– Praxis entziehen *(eg, barred from a company; barred from practising)*
bargain
(com) Geschäft *n*
(syn, deal, transaction)
(com) Gelegenheitskauf *m*
(syn, chance bargain; eg, it was a real good bargain)
(com) günstiges Kaufobjekt *n*
– billige Ware *f*
(Re) Kaufvertrag *m*
(ie, agreement to sell goods or lands; narrower than contract or agreement)
(Bö, GB) Börsengeschäft *n*
– Abschluß *m*
(ie, finalized by a contract note; sometimes known as a contract/transaction)
bargain about/over *v*
(com) hartnäckig handeln
– feilschen *(syn, dicker over, haggle over)*
bargain and sale (Re) Abtretungsvertrag *m* *(ie, real or personal property passes for a consideration; syn, assignment)*
bargain basement (com) Abteilung *f* für Sonderangebote *(ie, below-ground-level floor)*
bargain book (Bö) Börsenbuch *n*
bargain counter
(Bö, US) Aktienwerte *mpl*, die bei e–m Kursrutsch, e–r Panik usw. billig abgestoßen werden *(ie, below their intrinsic value)*
(com) Theke *f* für Sonderangebote
bargain down *v* (com) herunterhandeln *(eg, your car dealer)*
bargain for account
(Bö, GB) Termingeschäft *n*
(ie, settled at the next Account Day; syn, forward transaction)
bargain for cash (Bö) Kassageschäft *n* *(syn, spot transaction)*
bargain goods (com) Niedrigpreis-Waren *fpl* *(syn, cut-price merchandise)*
bargaining agent (Pw) Verhandlungspartner *m* bei Tarifverhandlungen
bargaining chip (com) Verhandlungspfand *n*
bargaining creep (Pw, GB, infml) Salami-Taktik *f* der Shop Stewards
bargaining game (OR) Aushandlungsspiel *n*
bargaining path (Mk) Kette *f* von Preisangeboten und Gegenangeboten
bargaining position (com) Verhandlungsposition *f*
bargaining power
(com) Verhandlungsmacht *f*
– Verhandlungsstärke *f*
bargaining range (Pw) Verhandlungsspielraum *m* *(ie, der Tarifpartner)*
bargaining records (Pw) Verhandlungsprotokoll *n*
bargaining right (Pw) Recht *n* auf Tarifverhandlungen *(ie, right to collective bargaining)*
bargaining room (com) = bargaining range
bargaining round
(Pw) Tarifrunde *f*
– Lohnrunde *f* *(syn, pay round, wages round)*
bargaining set (Bw) Verhandlungsbereich *m* *(ie, term used in decision theory)*
bargaining structure (Pw) Verhandlungsstruktur *f*
bargaining table (Pw) Tarifpartner *mpl* *(ie, Teilnehmer e–r Tarifrunde)*
bargaining unit (Pw) gewerkschaftliche Verhandlungsgruppe *f*
bargain money (Re) Draufgabe *f* *(cf, earnest money)*
bargain price (com) sehr niedriger Preis *m*, Spottpreis *m*
bargains
(Bö) Börsengeschäfte *npl*
– Börsenabschlüsse *mpl*
bargain sale
(com) Sonderangebot *n*
(ie, sale at cut-rate prices; syn, premium offer, special bargain)
(com) Ausverkauf *m*, Verkauf *m* zu stark herabgesetzten Preisen *(syn, clean-up sale)*
(Bö) Wertpapiergeschäft *n* zwischen Börsenmitgliedern
bargain shopper (com) Käufer *m* von Billigangeboten
bargain store (com) Billigpreisgeschäft *n* *(ie, sells at submarket prices)*
barge (com) Leichter *m* *(syn, lighter)*
barge hire (com) Leichtergebühr *f* *(syn, lighterage)*
barge train (com) Schleppzug *m*
bar graph (com) Balkendiagramm *n*
bar mark (Mk) Strichmarkierung *f*
bar markable request form (com) Fragebogen *m* mit Strichmarkierung
barometer stocks (Bö, US) Barometer-Aktien *fpl* *(ie, which indicate the general trend of the market)*
bar on imports (AuW) Einfuhrbeschränkungen *fpl* *(syn, import restrictions)*
bar period
(Re) Ausschlußfrist *f*
– Verwirkungsfrist *f*
– Verfallfrist *f*
(ie, Frist, nach deren Ablauf das Recht erlischt; im Dt besonders im Arbeitsrecht; syn, preclusive period)
barratry (com) Baratterie *f* *(cf, Bd. I)*
barred (Re) verjährt *(ie, by limitation; syn, time barred)*
barren money (Fin) totes Kapital *n*
barriers of the region (Math) Ränder *mpl* des Bereichs
barriers to competition (Kart) Wettbewerbsbeschränkungen *fpl*
barriers to entry
(Vw) Marktzutrittsschranken *fpl*
– Markteintrittsbarrieren *fpl*
– Markteintrittshemmnisse *npl*
– Zugangsbeschränkungen *fpl*
(eg, product differentiation, scale economies, patents; syn, restrictions of entry)
barriers to exit (Vw) Marktaustrittsschranken *fpl*

barriers to growth (Vw) Wachstumsschranken *fpl*
barriers to innovation
(Bw) Innovationsschranken *fpl*
(eg, huge bureaucracies)
barriers to investment
(Vw) Investitionshemmnisse *npl*
barriers to jobs
(Vw) Zugangsbeschränkungen *fpl* zu Arbeitsplätzen *(eg, in GB durch closed shop arrangements)*
barriers to trade
(AuW) Handelshemmnisse *npl*
– Handelsschranken *fpl*
– Handelsrestriktionen *fpl (syn, trade restrictions)*
barrister-at-law
(Re, GB) Anwalt *m*
(ie, barristers have a monopoly on representation in the higher courts; for an extended explanation see: The Economist, Aug 8, 1983, pp 24–25; opp, solicitor; there are serious attempts under way to take down the time-honoured barrier between barristers and solicitors)
bar silver (Fin) Barren-Silber *n (syn, silver bullion)*
barter
(Vw) Naturaltausch *m*
(AuW) Bartergeschäft *n*
(exchange of an exporter's goods and/or services supplied by the importing nation; comparatively rare, esp on a straight commercial deal, but see ‚countertrade')
barter economy
(Vw) Tauschwirtschaft *f*
– Naturalwirtschaft *f*
(syn, moneyless/nonmoney . . . economy; opp, money economy = Geldwirtschaft)
bartering (Vw) Tauschverkehr *m*
barter terms of trade (AuW) reales Austauschverhältnis *n*
barter transaction
(com) Tauschgeschäft *n*
– Kompensationsgeschäft *n*
– Gegengeschäft *n (cf, countertrade)*
bar to novelty (Pat) Neuheitsschädlichkeit *f*
bar to patentability (Pat) Patenthindernis *n*
base
(com) Bezugswert *m (syn, reference value)*
(Math) Grundzahl *f*
– Basis *f*
base 10 system (EDV) dezimales Zahlensystem *n*
base 16 system (EDV) hexadezimales Zahlensystem *n*
base 2 system (EDV) binäres Zahlensystem *n*
base 8 system (EDV) oktales Zahlensystem *n*
base activity (Vw) Tätigkeit *f* des Exportbasissektors
base analysis (Vw) Exportbasis-Analyse *f*
base bidder (com) Hauptbieter *m (ie, in contract awarding)*
base chemicals (com) Chemiegrundstoffe *mpl*
base coin
(Fin, US) unterwertige Münze *f*
(ie, of metals less valuable than gold or silver; eg, cupronickel, zinc-copper)
(Fin, GB) Falschmünzen *fpl*
(syn, counterfeit /debased/forged . . . coins)
base company (AuW) Basisgesellschaft *f*
base component (Vw) Exportbasisanteil *m*
base cost (com) Basiseinstandspreis *m*
based (com) mit Sitz in *(eg, New York-based company, based in New York)*
base data
(com) Basisdaten *pl*
– Ausgangsdaten *pl*
– Grunddaten *pl*
– Primärdaten *pl*
– Urdaten *pl*
(syn, initial, primary, raw data)
base date
(Stat) Basiszeitpunkt *m*
– Bezugszeitpunkt *m*
base employment (Vw) exportabhängige Beschäftigung *f (ie, of a region)*
base function
(Math) Ausgangsfunktion *f*
– Basisfunktion *f*
base interest rate (Fin) Basiszins *m*
base lending rate
(Fin, GB) Eckzins *m* der Clearing-Banken für Ausleihungen
(ie, rate commonly used as the minimum level at which banks will lend money; most loans are expressed in terms of a percentage over base rate)
base line
(Stat) Grundlinie *f*
(Mk) Baseline *f (ie, Schlußzeile e–r Anzeige; opp, headline)*
base-line comparison (com) Vergleichsbasis *f*
base lines
(IndE) Basisanforderungen *fpl*
(ie, in quality assurance: für jede Phase e–e Projekts)
basement store (Mk) Verkaufsetage *f* im Untergeschoß e–s Warenhauses mit eingeschränktem Sortiment relativ niedriger Qualität
base metals (com) Grundmetalle *npl (eg, copper, lead, tin, zinc)*
base multiplier (Vw) Exportbasis-Multiplikator *m*
base notation (EDV) Wurzelschreibweise *f*
base number (EDV) Basiszahl *f*
base of distribution (KoR) Verteilungsschlüssel *m*
base pay (Pw) Grundlohn *m*
base pay rate
(Pw) Grundlohn *m*, Ecklohn *m*
(ie, exclusive of overtime, premiums, bonuses)
base period
(Stat) Basiszeitraum *m*
– Bezugszeitraum *m*
base-period prices
(Vw) Preise *mpl* der Basisperiode
– konstante Preise *mpl (syn, constant prices)*
base-period quantities (Stat) statistische Werte *mpl* des Basiszeitraums
base price (com) Grundpreis *m*
base rate
(Fin, GB) = base lending rate
(Fin, US) Kreditzins *m* für erste Adressen
(Pw) = base pay rate
(Mk) Anzeigengrundpreis *m*
base record (EDV) Basissatz *m*
base salary (Pw) Grundgehalt *n*
bases of customs duties (Zo) Verzollungsmaßstäbe *mpl (ie, percentages, quantities)*

base stock (MaW) eiserner Bestand *m (syn, minimum inventory level, qv)*
base stock valuation method
(ReW) Eiserne-Bestands-Methode *f*
(ie, assets always needed in the business are carried on the books at cost; syn, reserve stock method)
base table (EDV) Basistabelle *f*
base theory (Vw) Exportbasistheorie *f (syn, economic base concept)*
base time
(IndE) Normalgrundzeit *f*
(ie, the average elemental time adjusted to obtain the elemental time used by an average qualified operator; syn, normal elemental time, leveled elemental time)
(IndE) Normalzeit *f*
(ie, (1) the time required by a trained worker to perform a task at a normal pace; (2) total of all normal time elements constituting a cycle or operation; syn, normal/leveled . . . time)
base unit (EDV) Grundeinheit
base wage (Pw) Grundlohn *m*
base weight
(Stat) Basisgewicht *n*
– Ausgangsgewicht *n*
base year (Stat) Basisjahr *n*
basic activity (Bw) Grundaktivität *f*
basic agreement
(Re) Grundsatzabkommen *n*
– Rahmenabkommen *n*
(syn, skeleton/framework . . . agreement)
basic algebra (Math) elementare Algebra *f*
basic amount (com) Grundbetrag *m*
basic application
(Pat) Hauptanmeldung *f*
– Stammanmeldung *f*
basic arithmetic operation (Math) Grundrechenart *f*
basic association (Bw) Grundverband *m (ie, first level: coordinates the sub-tasks passed on by the members)*
basic balance
(VGR) Grundbilanz *f (ie, balance on current account and long-term capital = Leistungsbilanz + Bilanz des langfristigen Kapitalverkehrs)*
basic books (Fin) Renditetabellen *fpl*
basic building block (EDV) Grundbaustein *m*
basic chart of accounts (ReW) Kontenrahmen *m (syn, standard chart of accounts)*
basic chemical products (IndE) Grundchemikalien *fpl (syn, commodity chemicals)*
basic circuit (EDV) Grundschaltung *f*
basic coding (EDV) einfache od Grundcodierung *f (syn, absolute coding)*
basic commodities
(com) Grundstoffe *mpl*
– Rohstoffe *mpl (syn, primary products, basic materials)*
basic concept
(com) Grundbegriff *m*
(syn, primitive . . . concept/notion/term)
basic configuration (EDV) Basis-Konfiguration *f*
basic cost standards (KoR) starre Kostenvorgaben *fpl*
basic day (Pw) normaler Arbeitstag *m (ie, includes coffee, tea and lunch breaks)*
basic deficit (AuW) Defizit *n* der Grundbilanz
basic definition (com) Grunddefinition *f (syn, core definition)*
basic dimension
(Stat) Basiswert *m*
– Ausgangswert *m*
basic duty (Zo) Ausgangszollsatz *m*
basic equipment (com) Grundausstattung *f*
basic exemption
(StR, US) Grundfreibetrag *m*
(ie, is always allowed the taxpayer, whether married or single; cf, zero bracket amount)
basic export quota (Zo) Ausfuhrgrundquote *f*
basic feasible solution
(OR) zulässige Basislösung *f*
(ie, a basic solution to a linear program model in which all the variables are nonnegative)
basic foodstuffs (com) Grundnahrungsmittel *npl*
basic function (Bw) Kernfunktion *f (syn, key function)*
basic goods sector (com) Grundstoffgewerbe *n*
basic grade (com) Standardsorte *f (syn, standard grade)*
basic hardware (EDV) Grundausstattung *f (syn, basic equipment)*
basic hardware configuration (EDV) Grundausstattung *f*
basic household needs (Mk) Verbraucher-Grundbedürfnisse *npl*
basic income
(Vw) Basiseinkommen *n*
(ie, Volkseinkommen, bei dem die freiwillige Ersparnis gleich Null ist)
(Vw) Exportbasiseinkommen *n*
– exportabhängiges Einkommen *n* e–r Region
basic increment (EDV) Basisschritt *m*
basic industry
(com) Grundstoffindustrie *f*
(syn, primary /extractive . . . industry)
(Vw) Exportbasisindustrie *f*
basic instruction (EDV) Grundbefehl *m*
basic list price (com) Listengrundpreis *m*
basic materials (com) Grundstoffe *mpl (syn, basic commodities, primary products)*
basic medium (Mk) Hauptwerbemittel *n*
basic module (EDV) Grundbaustein *m*
basic money supply
(Vw) Geldvolumen *n* M-1
(ie, US: currency + demand deposits; GB: notes and coin + chequable accounts of private sector residents; cf, money supply)
basic motion
(IndE) Elementarbewegung *f*
(ie, a single, complete movement of a body member; as determined by motion studies; syn, elemental movement)
basic motion-time study
(IndE) System *n* vorherbestimmter Zeiten
(ie, a system of predetermined motion-time standards for basic motions; syn, BMT study)
basic needs (Vw) Grundbedürfnisse *npl (syn, basic wants)*
basic objectives (Bw) Primärziele *npl*
Basic Operating System, BOS (EDV) Grundbetriebssystem *n*

basic part
(IndE) Standardteil *n*
– Grundteil *n*
basic patent (Pat) Grundpatent *n*
basic pattern (com) Grundschema *n*
basic pension
(SozV) Eckrente *f*
(ie, die Rente eines Durchschnittsverdieners mit 45jähriger Versicherungszeit)
basic piece rate (IndE) Akkordrichtsatz *m (ie, amount earned at a normal pace per time unit)*
basic premium (Vers) Grundprämie *f*
basic price
(com) Grundpreis *m (syn, basis price)*
(EG) Grundpreis *m (ie, laid down for pigmeat under CAP)*
basic processing unit (EDV) Zentraleinheit *f (ie, without main memory = Arbeitsspeicher)*
basic prompt (EDV) Grundsystemanzeige *f*
basic quota
(EG) Grundquote *f*
– A-Quote *f*
(ie, Bestandteil der Agrarmarktordnung für Zukker)
basic rate
(StR, GB) Eingangssatz *m (ie, of income tax)*
(Pw) Ecklohn *m*
– Grundlohn *m*
(syn, benchmark rate, standard wage)
(Vers) Grundprämie *f*
(Mk) Anzeigengrundpreis *m*
basic rating (Fin) Risiko-Klassifikation *f*
basic research (com) Grundlagenforschung *f (opp, applied research = angewandte Forschung)*
basics
(com) Grundinformationen *fpl*
– Grundlagen *fpl*
(com) Grundsachverhalt *m*
(OR) Basis *f*
– Menge *f* der Basisvariablen
basic salary (Pw) Grundgehalt *n*
basic sampling theory (Stat) elementare Stichprobentheorie *f*
basic sector
(Vw) Exportbasis-Sektor *m*
– Grundleistungssektor *m*
basic set of components (IndE) Teilestammsatz *m*
basic size
(IndE) Bezugsmaß *n*
– Nennmaß *n (ie, in quality control)*
basic social risks (Vw) soziale Grundrisiken *npl*
basic solution
(OR) Basislösung *f*
(ie, solution to a linear program model, consisting of m equations in n variables, obtained by solving for m variables in terms of the remaining (n – m) variables and setting the (n – m) variables to zero)
basic stance (com) Gesamttendenz *f (eg, of fiscal policy)*
basic standard cost (KoR) Maßkosten *pl*, Messungskosten *pl*
basic standard of reporting
(ReW) Berichterstattungs-Grundsatz *m*
– Grundsatz *m* der Rechnungslegung
basic statement
(EDV) Grundanweisung *f*
– Basisanweisung *f*
basic stock (Mk) Grundbestand *m*
basic supply (MaW) Grundbestand *m*
basic swap
(Fin) Basisswap *m (ie, gleich dem klassischen Zinsswap, mit der Ausnahme, daß statt zwischen festem und variablem zwischen verschiedenen Arten des variablen Zinssatzes getauscht wird)*
basic target price (EG) Grundrichtpreis *m*
basic tax rate (StR) Standard-Steuersatz *m (syn, standard rate)*
basic term (com) = basic concept
basic terms of a contract (Re) Vertragsgrundlage *f*
basic time limit (com) Ecktermin *m*
basic training (Pw) Grundausbildung *f*
basic trend (com) Grundtendenz *f*
basic unemployment assistance (SozV) originäre Arbeitslosenhilfe *f*
basic unit (com) Grundeinheit *f*
basic value (com) Ausgangswert *m*
basic variable (OR) Basisvariable *f*
basic wage rate (Pw) = base pay rate
basic wants (Vw) = basic needs
basic wiring (EDV) Grundschaltung *f (syn, basic circuit)*
basic workday (Pw) Normalarbeitstag *m (ie, number of hours in a normal workday)*
basic yield
(Fin) Grundrendite *f*
(Fin) Jahresrendite *f*
(ie, e–r fiktiven Kapitalanlage ohne Risikofaktor)
(Fin, US) Rendite *f* langfristiger Bundesanleihen
basic zero bonds
(Fin) Urform-Zeros *pl*
(ie, mit weitem Abschlag zum Nennwert abgegeben; Kurs wird so festgesetzt, daß der Käufer e–e bestimmte Rendite bei Fälligkeit erzielt, wenn er den Nennwert s–r Schuldverschreibungen [meist $1,000] ausgezahlt bekommt; opp, synthetic bonds, qv; cf, also: zero coupon bonds)
basing point system
(com, US) Frachtbasissystem *n*
– System *n* der Frachtparitäten
(ie, each firm quotes identical delivered prices for each customer at a given delivery point, regardless of the origin of shipments; it is a special case of geographical price discrimination; basing points are, for instance, applied by the German steel industry)
basis
(com) Basis *f*, Grundlage *f*
(Fin) Zahl *f* der Tage in e–r Kuponperiode
(Bö) Basis *f*
(ie, in commodity jargon – Sprache der Warenterminbörse – the difference between a futures price and some other price; the money market would talk about ‚spread' rather than ‚basis')
basis features (EDV) Standardausrüstung *f*
basis grade
(Bö, US) Grundqualität *f*
– Basisqualität *f*
(ie, in commodity futures contracts; without premium or discount)

basis hedge (Fin) Kassamarktinstrument *n* mit niedrigstem Verlust zur Kontrakterfüllung
basis of allocation (ReW) Verteilungsschlüssel *m* *(syn, basis of apportionment)*
basis of apportionment (ReW) = basis of allocation
basis of assessment (StR) Steuerbemessungsgrundlage *f*
basis of calculation (com) Berechnungsgrundlage *f* *(syn, basis of computation)*
basis of computation (com) = basis of calculation
basis of proration (com) Bemessungsgrundlage *f*
basis of quotation (com) Preisbasis *f*
basis of taxation
(StR) Besteuerungsgrundlage *f*
(ie, all factual and legal elements from which a tax liability is derived)
basis of valuation (ReW) Bewertungsgrundlage *f* *(syn, valuation basis)*
basis of value (com) = basis of valuation
basis point
(Fin) Basispunkt *m*
(ie, 0,01% der Rendite e–r Investition; 100 basis points = 1%; eg, prices firmed by as much as 50 basis points)
basis price
(com) Grundpreis *m*, Basispreis *m* *(syn, basic rate)*
(Fin) Erwerbskurs *m*
(ie, in terms of yield to maturity or annual rate of return; syn, purchase price)
basis rate swap
(Fin) Basis-Rate Swap *m*
(ie, Tausch von Zinszahlungsverpflichtungen aus unterschiedlichen Referenzzinssätzen)
basket buy (com) Sammeleinkauf *m* zum Pauschalpreis
basket currency (AuW) Korbwährung *f*
basket of commodities (Stat) Warenkorb *m* *(syn, set of commodities)*
basket of currencies (AuW) Währungskorb *m*
basket provision
(Fin) Rückstellung *f* für Länderrisiko *(eg, fixed percentage of bank loans to all problem countries together)*
basket purchase (MaW) Pauschalkauf *m* *(ie, mostly capital goods)*
basket technique (IWF) Standardkorb-Technik *f* *(ie, of daily SDR valuation)*
Basle Agreement
(AuW) Baseler Abkommen *n*
– Stillhalteabkommen *n*
(syn, Reciprocal Currency Agreement; between 1931 and 1962)
Basle Committee
(Fin) Baseler Ausschuß *m*
(ie, where supervisors from the Group-of-Ten countries meet under the auspices of the BIS)
Basle Concordat
(Fin) Baseler Konkordat *n*
(ie, the international bank supervisors' set of guiding principles; ausländische Stellen von Geschäftsbanken sollen von den beteiligten Notenbanken überwacht werden)
batch
(com) Stapel *m*, Stoß *m*
(IndE) Los *n*
– Charge *f*
– Partie *f*
– Serie *f*
– Auflage *f* *(ie, quantity of material required for or produced by one operation)*
(EDV) Stapel *m*, Stapelbetrieb *m*
(EDV) Segment
batch *v* (EDV) stapelweise verarbeiten
batch application (EDV) Stapelanwendung *f*
batch balancing (EDV) Stapelabstimmung *f*
batch card
(IndE) Laufkarte *f*
– Laufzettel *m* *(syn, job ticket, qv)*
(IndE) Los-Begleitkarte *f*
batch changeover allowance (IndE) Zuschlag *m* bei Serienwechsel
batch changeover cost (KoR) Sortenwechselkosten *pl*
batch command
(EDV) Stapelverarbeitungs-Anweisung *f*
– Stapelverarbeitungs-Befehl *m*
batch control (EDV) Stapelsumme *f* *(syn, batch totals)*
batch costing
(KoR) Produktbündelrechnung *f*
– Chargenkalkulation *f* *(ie, in joint production = Kuppelproduktion)*
batched data (EDV) batcherfaßte Daten *pl*
batch environment (EDV) Stapelumgebung *f*
batch execution (EDV) Stapelausführung *f*
batch file (EDV) Stapeldatei *f*
batching (EDV) = batch processing
batch job (EDV) Stapelverarbeitungs-Lauf *m*
batch job processing (EDV) Jobstapelverarbeitung *f*
batch mode (EDV) Stapelbetrieb *m*
batch of commodities
(Vw) Gütermengenkombination *f*
– Güterbündel *n*
– Warenkorb *m*
batch patent (Pat) Bündelpatent *n*
batch posting (ReW) Stapelbuchhaltung *f*
batch process
(IndE) Chargenfertigung *f*
– diskontinuierliches Verfahren *n*
batch processing
(EDV) Stapelverarbeitung *f*
(ie, mehrere Jobs werden im Block ohne Eingriffsmöglichkeit des Benutzers abgearbeitet; heute zunehmend durch Dialogbetrieb ersetzt; technique that uses a single program loading to process many individual jobs)
batch processing terminal (EDV) Stapelstation *f* *(opp, conversational terminal = Dialogstation)*
batch production (IndE) Serienfertigung *f* *(syn, series production, qv)*
batch program
(EDV) Stapelprogramm *n*
– Stapelanwendung *f*
batch quantity (IndE) Fertigungsmenge *f*
batch quantity variation (IndE) Losmengenabweichung *f*
batch queue
(EDV) Stapelverarbeitungs-Warteschlange *f*
– Stapel-Warteschlange *f*
batch review (IndE) Chargenbericht *m*

batch run
(EDV) Stapelbetrieb *m*
– Stapelverarbeitungs-Lauf *m*
batch sequencing problem
(IndE) Seriensequenzproblem *n*
– Sortensequenzproblem *n*
– Problem *n* der optimalen Sortenschaltung
batch session (EDV) Stapelbetriebssitzung *f*
batch size
(IndE) Losgröße *f*
– Seriengröße *f*
batch size range (IndE) Losgrößenbereich *m*
batch sizing (IndE) Losgrößenbildung *f*
batch system (Fin, US) = block system
batch terminal (EDV) Stapeldatenstation *f*
batch total (EDV) Kontrollsumme *f (ie, used to verify the accuracy of operations on the batch)*
batch traffic (EDV) Datenverkehr *m* bei Stapelbetrieb
batch transmission (EDV) Stapelübertragung *f*
batch utility (EDV) Stapeldienstprogramm *n*
batch variation (IndE) Schwankung *f* der Fertigungslose, Chargenstreuung *f*
bath (com, infml) hoher Verlust *m (cf, take a bath)*
battery farming (com) Batteriebetrieb *m (ie, a kind of factory farming)*
battle for *v*
(com) kämpfen um
(eg, a share in the market; company battles for its existence = ums Überleben)
battle for world markets (com) Kampf *m* um Weltmärkte
battle inflation *v* (Vw) Inflation *f* bekämpfen *(syn, combat fight)*
baud (EDV) Baud *n (ie, Maßeinheit für die Schrittgeschwindigkeit pro Sekunde, wobei der „Schritt" die kürzeste Zeit ist, in der sich der Zustand einer Leitung ändern kann)*
baud rate (EDV) Baudrate *f (ie, transmission speed of modems, etc; usu syn, bits per second)*
bazaar securities (Bö) Phantasiewerte *mpl (ie, highly speculative stocks; syn, cats and dogs)*
B.D. (Fin) = banker's draft
be about/around *v* (com) vorhanden sein *(eg, commodity, consumer article)*
be abreast of *v* (com) auf dem laufenden sein *(eg, latest developments)*
be after *v*
(com) sich bemühen um
– haben wollen *(eg, a well-paid job)*
bean (com, infml) Geld *n*
bear
(Bö) Baissier *m*
– Baissespekulant *m*
(ie, speculator for a fall in prices; syn, short seller; opp, bull = Haussier)
bear *v* (Bö) auf Baisse spekulieren, à la baisse spekulieren *(ie, to speculate for a decline in prices; syn, to sell a bear; opp, bull)*
bear account (Bö) Baisseposition *f (syn, short account position)*
bear call spread (Fin) Baisse-Spread *m* mit Kaufoptionen
bear campaign (Bö, GB) Baissemanöver *n (syn, bear tack; US, bear raid)*
bear clique (Bö) Baissiergruppe *f (ie, who team up to depress prices by short selling)*
bear costs *v*
(com) Kosten *pl* tragen
– Kosten *pl* übernehmen
bear covering (Bö) Deckungskauf *m* des Baissiers
bear date (of) *v* (com) datiert sein *(vom)*
bearer
(com) Überbringer *m (eg, of a letter)*
(WeR) Inhaber *m (ie, of a negotiable instrument; syn, holder)*
bearer bill of lading (com) Inhaberkonnossement *n (ie, B/L made out to bearer)*
bearer bonds
(Fin) Inhaberschuldverschreibungen *fpl*
(ie, where no one knows who the owners are and interest is paid to whoever hands the coupon cut off the bonds to the paying agent = Zahlstelle; opp, registered bonds)
bearer check
(WeR) Inhaberscheck *m*
– Überbringerscheck *m (syn, check to bearer)*
bearer clause (WeR) Inhaberklausel *f (ie, entitles holder of a security to require payment)*
bearer debentures (Fin) = bearer bonds
bearer instrument
(WeR) Inhaberpapier *n*
(ie, negotiated by mere delivery = durch bloße Übergabe; syn, bearer . . . paper/security)
bearer paper (WeR) Inhaberpapier *n*
bearer participation certificate (Fin, appr) stimmrechtslose Vorzugsaktie *f*
bearer policy (Vers) Inhaberpolice *f (ie, insurance policy made out to bearer)*
bearer security (WeR) = bearer instrument
bearer share (WeR) Inhaberaktie *f (syn, bearer stock)*
bearer stock (WeR) = bearer share
bear hug
(com, infml) Übernahmeangebot *n* ohne Vorverhandlungen
(ie, notice to a target company's board that a tender offer is imminent or under consideration; variations include „strong bear hug" in which the tender offer is made public, while the „teddy bear hug" is when the target indicates that it is in favour of the merger, but only at a higher price than that offered)
bearing interest (Fin) verzinslich, zinstragend
bearing the market (Bö) = bear raiding
bearish market (Bö) = bear market
bearish movement (Bö) Baissebewegung *f (syn, downward movement)*
bearishness (Bö) = bearish tendency
bearish signal formation (Bö) Baissesignal *n (ie, in der Point & Figure-Analyse)*
bearish tendency
(Bö) Baissetendenz *f*
– Baissestimmung *f (syn, bearishness, bearish tone of the market)*
bearish tone of the market (Bö) = bearish tendency
bear market
(Bö) Baissemarkt *m*
(syn, bearish market; opp, bull/short . . . market)
(Bö) fallende Kurstendenz *f*

bear operation (Bö) = bear speculation
bear position (Bö) Baisseposition *f (syn, short position)*
bear raid
(Bö) Baissemanöver *n (ie, vigorous short selling by the bears)*
bear raiding (Bö) Leerverkäufe *mpl* als Baissemanöver
bear risks *v*
(com) Gefahren *fpl* tragen
– Risiken *npl* tragen
bear sale
(Bö) Baisseverkauf *m*
– Verkauf *m* auf Baisse
– Leerverkauf *m (syn, short sale)*
bear seller
(Bö) Leerverkäufer *m*
– Fixer *m (syn, short seller, short)*
bear speculation
(Bö) Baissespekulation *f*
(ie, speculation for a fall in prices; syn, bear . . . operation /transaction, going short)
bear spread (Bö) Baisse-Spread *m*
bear tack (Bö) Baissemanöver *n (syn, US, bear raid)*
bear the market *v*
(Bö) leer verkaufen
– fixen *(syn, sell short, qv)*
bear transaction (Bö) = bear speculation
beat down *v*
(com) herunterhandeln *(ie, beat sb down to $150)*
(com) drücken *(eg, price)*
beat the gun *v*
(Fin, US) Wertpapiere *npl* vor öffentlicher Auflegung anbieten *(ie, before the effective date; prohibited)*
be awarded a contract *v*
(com) Zuschlag *m* erhalten *(eg, for supplying a petrochemical plant; syn, win a contract)*
b/e (B/E) (WeR) = bill of exchange
become in arrears *v* (Fin) (mit Rückzahlung) in Verzug geraten
becoming due and payable after more than one year (ReW, EG) zahlbar nach einem Jahr
bed and breakfast (Fin, GB) kurzfristiger Kauf *m* und Verkauf *m* von Wertpapieren, um die Kapitalertragsteuer zu minimieren
bed-and-breakfasting
(Fin, GB, infml) Verkauf *m* und Rückkauf *m* von Aktien
(ie, selling a holding and buying it back again shortly afterwards to realise a capital or loss to minimise any effects of capital gains tax)
be down on *v* (com) verlangen *(eg, suppliers were down on him for payment of his bills)*
bedroom community (com) Schlafstadt *f (syn, commuting town, qv)*
beef (com, infml) Substanz *f (eg, where's the beef?)*
beef up *v* (com, infml) erhöhen *(syn, bump up, hike up)*
before-after design (Mk) EBA-CBA-Test *m*
before fact approach (Bw) Frühaufklärung *f (cf, environmental scanning; opp, after fact approach)*
before-hour dealings (Bö) Vorbörse *f (ie, market before official hours)*
beggar-my-neighbor policy
(Vw) Beggar-my-neighbor-Politik *f*
– Export *m* von Arbeitslosigkeit
(ie, attempts to switch a certain amount of unemployment to other countries; latest variant: beggar-my-unemployment policy)
beginning course (com) Anfängerkurs *m*
beginning file label (EDV) Dateianfangskennsatz *m*
beginning inventory (MaW) Anfangsbestand *m (syn, opening inventory)*
beginning of file, BOF (EDV) Dateianfang *m*
beginning of information marker (EDV) Anfangsmarke *f (syn, load point)*
beginning of tape, BOT (EDV) Bandanfangskennmarke *f*
behavioral accounting (ReW) verhaltensorientiertes Rechnungswesen *n*
behavioral assumption (Bw) Verhaltenshypothese *f*
behavioral equation
(Vw) Verhaltensgleichung *f*
– Reaktionsgleichung *f*
behavioral theory of the firm (Vw) verhaltensorientierte Unternehmungstheorie *f*
behavior of wages (Vw) Lohnentwicklung *f*
behavior pattern (Bw) Verhaltensweise *f (ie, of firms)*
behavior scan
(Mk) Behavior Scan *n (ie, Mini-Testmarktsystem zur Messung der Auswirkungen alternativer Marketingmaßnahmen auf das effektive Kaufverhalten von Panelteilnehmern)*
be in charge of *v*
(com) zuständig sein für
– leiten
be in force *v*
(Re) in Kraft sein
– rechtskräftig sein
be in the chair *v* (com) Vorsitz *m* führen *(syn, chair, qv)*
be in work *v* (Pw) Arbeit *f* haben
belated claim (Vers) Spätschaden *m*
belated opposition (Pat) nachträgliches Einspruchsverfahren *n*
belated premium (Vers) Nachverrechnungsprämie *f*
bell (EDV) Signalton *m*
bell-sell
(Mk, infml) Telefonwerbung *f*
– Telefonaquisition *f*
bell-shaped curve (Stat) Glockenkurve *f (syn, gaussian curve)*
bellwether bond (Fin) Leitemission *f (ie, spiegelt die allgemeine Marktlage wider)*
bellwether industry (com, infml) Schlüsselindustrie *f (syn, key industry)*
bellwether issue (Bö) Leitemission *f (ie, sets the tone of the market)*
bellwether market (com) führender Markt *m (syn, key market)*
bellwether stock (Bö) führende Werte *mpl*
belly flop (com, sl) Bauchlandung *f (eg, financial)*
belly-to-belly selling (com, sl) persönlicher Verkauf *m (syn, face-to-face selling)*
belly up (com, infml) pleite, bankrott
belong a futures contract *v* (Bö) Terminkontrakt *m* gekauft haben

below-average (com) unterdurchschnittlich
below par
(Fin) unter pari, unter Nennwert *(syn, at a discount; opp, above par, at a premium)*
below the line
(ReW) unter dem Strich
(eg, bilanzielle Aufwendungen unter dem Strich)
below the line items (ReW) periodenfremde Aufwendungen *mpl* und Erträge *mpl*
below-the-line promotion (Mk) Verkaufsförderung *f* durch Nachlässe usw.
belt printer (EDV) Typenbanddrucker *m*
belt-tightening budget (FiW) Sparhaushalt *m*
belt-tightening measures (Fin) Sparmaßnahmen *fpl*
belt-tightening policies (com) Sparpolitik *f*
beltway bandits (com, US, sl) Beratungsfirmen *fpl* in Washington, D. C. *(ie, because of their preferred location on the interstate beltway)*
benchmark
(com) Bezugsmarke *f*
– Bezugspunkt *m*
(ie, reference point from which measurements can be made)
(EDV) Fixpunkt *m*
(EDV) Testprogramm *n*
(ie, software used to test the performance of a computer system; eg. video benchmark)
bench marketing
(Mk) Bench Marketing *n*
(ie, im Global Marketing für grenzüberschreitende Wettbewerbsorientierung, bei der man sich an den international besten Konkurrenten ausrichtet)
benchmark figure
(com) Eckwert *m*
– Ausgangszahl *f*
– Vergleichszahl *f*
– Bezugsbasis *f*
benchmark figures (com) Eckdaten *pl (syn, key data)*
benchmark job
(Pw) Referenzarbeitsplatz *m*
(ie, Arbeitsplatz m, *der als Vergleichsmaßstab für job ranking' dient)*
benchmark problem
(EDV) Bewertungsaufgabe *f*
(ie, to be run on computers to evaluate their performance relative to one another)
benchmark program (EDV) Bewertungsprogramm *n*
benchmark rate (Pw) Ecklohn *m (syn, basic rate)*
benchmark (savings) rate (Fin) Eckzins *m*
bench-scale production
(IndE) Pilotfertigung *f*
(syn, pilot plant scale production; opp, commercial production = großtechnische Fertigung)
bench trial (Re) Verhandlung *f* ohne Jury
bender (com, GB, infml) Sattelzug *m (syn, articulated lorry; US, trailer truck)*
bend the law *v* (Re) rechtliche Vorschriften *fpl* umgehen
beneficial interest
(Re) wirtschaftliches od materielles Eigentumsrecht *n*
(ie, distinct from legal ownership or control)
(ReW) Eigentum *n* an ausstehenden Aktien
beneficial owner
(Re) Nutzungsberechtigter *m*
– wirtschaftlicher Eigentümer *m*
(syn, equitable owner; opp, legal owner)
beneficial ownership (Re) materielles Eigentumsrecht *n*
beneficial tax incentives (StR) steuerliche Anreize *mpl*
beneficiary
(Fin) Begünstigter *m (eg, of a letter of credit)*
(Re) Berechtigter *m (syn, claimant)*
(Re) Nutznießer *m*
– Nutzungsberechtigter *m*
(Re) Begünstigter *m*
(ie, one for whose benefit a trust fund is established; syn, cestui que trust, qv)
(Vers) Anspruchsberechtigter *m (eg, under an insurance policy)*
(SozV) Empfänger *m*
beneficiary clause (Re) Begünstigungsklausel *f*
beneficiary country
(AuW) Empfängerland *n (syn, donee country)*
(Zo) begünstigtes Land *n*
beneficiary of a credit (Fin) Begünstigter *m* aus e–m Akkreditiv
beneficiary ratio (FiW) Leistungsempfängerquote *f*
(ie, Empfänger von Arbeitslosengeld in Prozent der Arbeitslosen; recipients of unemployment benefits as a percentage of unemployed persons)
beneficiary under a guaranty (Re) Avalbegünstigter *m*
beneficium discussionis (Re) = benefit of discussion
benefit
(com) Nutzen *m*
– Vorteil *m*
(com) Zuschuß *m*
– Beihilfe *f*
benefit analysis (Bw) Nutzwertanalyse *f (ie, analysis of a set of complex action alternatives)*
benefit-cost analysis
(Bw) Nutzen-Kosten-Analyse *f*
(syn, cost-benefit analysis)
benefit-cost ratio
(FiW) Nutzen-Kosten-Verhältnis *n*
(ie, of public works project; should be greater than unity)
(Bw) Rentabilitätskennzahl *f*
benefit of an invention (Pat) Erfindungsvorteil *m*
benefit of discussion
(Re) Einrede *f* der Vorausklage
(ie, defense of preliminary proceedings against principal debtor; surety – Bürge – may refuse to satisfy creditor unless the latter has unsuccessfully attempted to levy compulsory execution against principal debtor; cf, § 771 BGB; civil law: beneficium discussionis)
benefit period (Vers) Leistungsdauer *f*
benefit plan (Pw) Pensionsplan *m*
benefit principle (FiW) = benefits received principle
benefits
(com) Leistungen *fpl (syn, payments – cash or in kind)*
(Vers) Leistungen *fpl (syn, liability, indemnity)*
benefits in kind
(com) Sachleistungen *fpl*
(syn, in-kind benefits, qv; non-pecuniary benefits)

benefits in the area of nursing care at home (SozV) Leistungen *fpl* zur häuslichen Pflege
benefits legislation (Re) Leistungsrecht *n*
benefits maze (SozV, infml) Leistungs-Dschungel *m*
benefit society
(Fin, US) Bausparkasse *f*
(Vers) Versicherungsverein *m* auf Gegenseitigkeit
benefits-received principle
(FiW) Äquivalenzprinzip *n*
– Nutzenprinzip *n*
– Vorteilsprinzip *n*
(syn, benefit principle, compensatory principle of taxation, cost-of-service principle)
benefit taxes (FiW) Gebühren *fpl (syn, direct-user charges)*
be on the agenda *v* (com) auf der Tagesordnung *f* stehen
be out of order *v* (com) außer Betrieb sein *(eg, elevator, telephone)*
BERI (Bw) = Business Environment Risk Information
Berne Convention (Pat) Berner Verbandsübereinkunft *f*
Berne Union (Pat) Berner Verband *m*
Bernoulli distribution
(Stat) Binomialverteilung *f*
– Bernoulli-Verteilung *f*
(ie, after James Bernoulli in his posthumous ‚Ars Conjectandi' in 1713; syn, binomial distribution, point binomial)
Bernoulli principle (Bw) Bernoulli-Prinzip *n (ie, decision rule under risk)*
Bernoulli trial (Stat) Bernoulli-Experiment *n*
berth
(com) Liegeplatz *m (ie, of a ship at port)*
(Pw, infml) Stellung *f (eg, a good berth as chief cashier)*
berthage (com) Kaigebühren *fpl (syn, dockage, berth charges)*
berth freighting (com) Stückgutbefrachtung *f*
berth terms
(com) Platzbedingungen *fpl*
– Bedingungen *fpl* des Ladeplatzes bezüglich Laden und Löschen
be short a futures contract *v* (Bö) Terminkontrakt *m* leerverkauft haben
best bid (com) Höchstgebot *n (syn, highest bid, highest tender, closing bid)*
best bidder (com) Meistbietender *m (syn, highest bidder)*
best efforts selling (Fin) = agency selling
best estimator (Stat) beste Schätzfunktion *f*
best fit
(Stat) beste Anpassung *f*
– beste Übereinstimmung *f*
(ie, this is discussed under the heading „estimation of the regression line from sample data"; on a scatter diagram you visually assess the type of line that best describes the X,Y-relationship; the criterion of best fit typically employed is the least-squares criterion, qv)
best fit line (Stat) Regressionsgerade *f (syn, regression line)*
best linear estimate (Stat) beste lineare Schätzung *f*
best price (com) Bestpreis *m (syn, highest price)*
best profit equilibrium (Vw) Gleichgewicht *n* bei Maximalgewinn *(ie, marginal cost = marginal revenue)*
best solution (Bw) optimale Lösung *f (syn, optimum solution)*
beta (Fin) = beta coefficient, qv
beta adjusting (Fin) Veränderung *f* des Portefeuille-Betas
beta coefficient
(Fin) Beta-Koeffizient *m*
(ie, one of the coefficients in a regression equation; mißt die Volatilität der Aktie = Steigung der Regressionsgeraden e–s Wertpapiers: Kovarianz/Varianz; oder: Relation zwischen Rendite des Marktportefeuilles und Rendite e–r Aktie; oder: factor used to describe the volatility of movements in the price of a particular investment, that is, percentage movement against time; Maß für Marktrisiko; syn, beta weight)
(Stat) = regression coefficient
beta correlation (Stat) Beta-Korrelation *f*
beta distribution
(Stat) Betaverteilung *f*
(ie, probability distribution of a random variable with a specified density function; syn, Pearson Type I distribution)
beta factor
(Fin) Betafaktor *m*
(ie, Quotient aus der Kovarianz der Marktrenditen zu den Aktienrenditen und der Varianz der Marktrenditen; für die meisten Aktien etwa gleich 1; shows the likely price trend for a given market movement and whether the stock is apt to under or over-react)
beta-gamma distribution
(Stat) Beta-Gamma-Verteilung *f*
(ie, a bivariate distribution, a special case of the beta-Stacey distribution)
beta shares
(Fin, GB) Beta-Aktien *fpl*
(ie, replaced by a new grouping pattern in 1991; cf, normal market size)
beta test (EDV) Betatest *m (ie, last step of pre-release testing for system and application software)*
beta test version
(EDV) Betaversion *f*
– Testversion *f*
(ie, pre-release version of a program)
beta weight (Stat) = beta coefficient
be through to *v* (com) verbunden sein mit *(eg, New York)*
betterment
(ReW) qualitätsverbessernder Ersatz *m* e–s Anlagegutes
(ie, substitution with an increase in quality only)
betterment charge
(FiW) Erschließungsbeitrag *m*
(ie, beitragsähnliche Abgabe zur öffentlich-rechtlichen Vorteilsausgleichung; syn, betterment levy)
betterment levy (FiW) = betterment charge
better than average (com) überdurchschnittlich gut
betting tax (StR, GB) Wettsteuer *f*

between-group variance (Stat) Zwischengruppen-Varianz *f*
be up *v* (com) gestiegen sein *(eg, prices, dividends)*
be up for sale *v* (com) zum Verkauf stehen
beverage industry (com) Getränkeindustrie *f*
beverage tax (StR) Getränkesteuer *f*
be within one's right *v* (com) berechtigt sein - to do
beyond one's control
(Re) nicht zu vertreten haben
(eg, for reasons beyond our control = aus von uns nicht zu vertretenden Gründen)
bias
(Stat) systematischer Fehler *m*
(ie, difference between the expected value of the estimator and the true value of the parameter; occurs in estimating the value of a parameter of a probability distribution)
biased (Stat) mit systematischen Fehlern behaftet
biased estimator (Stat) verzerrende Schätzfunktion *f*
biased sample (Stat) verzerrte Stichprobe *f*
biased test (Stat) verzerrte Prüfung *f*
biconditional
(Log) Äquivalenz *f*
– Bisubjunktion *f*
– Bi-Konditional *n*
– Valenz *f*
(ie, binary propositional connective = 2-stelliger Funktor der Aussagenlogik, ,if and only if', ,iff'; syn, equivalence)
bid
(com) Gebot *n (ie, at an auction)*
(com) Submissionsangebot *n*
(ie, nach Ausschreibung = invitation to . . . bid/tender; syn, tender)
(com) Kostenanschlag *m*
– Kostenvoranschlag *m*
– Angebot *n*
(syn, quotation; opp, cost estimate, qv)
(com) = takeover bid
(Bö) Geld *n*, Geldkurs *m (syn, bid price, demand price, buyers' rate)*
bid *v* (com) bieten *(syn, make/submit . . . a bid)*
bid analysis (com) Angebotsanalyse *f (ie, in contract awarding)*
bid and asked (Bö) Geld *n* und Brief *m*
bid arena (com, infml) Übernahmegeschäft *n (ie, takeover bids and mergers)*
bid-ask close (Bö) Geld-Brief-Schlußkurs *m*
bid-ask spread
(Bö) Spanne *f* zwischen Geld und Brief *(syn, price spread)*
bid award (com) Zuschlag *m (syn, award of contract, qv)*
bid away *v* (Pw) abwerben *(syn, entice away, hire away, poach)*
bid away labor *v* (Pw) Arbeitskräfte *fpl* abwerben *(syn, entice away, hire away)*
bid battle (com) Übernahmeschlacht *f (syn, takeover battle, qv)*
bid bond
(com) Bietungsgarantie *f*
(ie, furnished by a bank, esp in public invitations to bid = öffentliche Ausschreibungen; syn, earnest money, proposal bond, provisional bond)
bid closing (com) Einreichungsschluß *m*
bid closing date
(com) Submissionsschluß *m*
– Einreichungsschluß *m (syn, closing date)*
bidder
(com) Anbieter *m*
(com) Bieter *m*
– Submittent *m*
– Submissionsbewerber *m (syn, tenderer)*
(com) Bieter *m (ie, company, individual or group making an offer to control another company)*
bidding
(com) Abgabe *f* von Angeboten *(ie, submission of bids)*
(com) Bieten *n*
– Preisgebot *n*
(Pw) interne Stellenausschreibung *f (syn, in-house job posting)*
bidding group (com) = bidding syndicate
bidding period (com) Ausschreibungsfrist *f*
bidding problem (OR) Bietproblem *n*
bidding requirements (com) Ausschreibungsbedingungen *fpl (syn, terms/ conditions . . . of tender)*
bidding syndicate
(com) Ausschreibungskonsortium *n*
– Bietungskonsortium *n*
bidding up
(com) künstliches Hochbieten *n*
(ie, at an auction, with no intention of buying; syn, by-bidding)
bidding war (com) Übernahmeschlacht *f (syn, takeover battle, qv)*
bid filing
(com) Mitteilung *f* der Angebotspreise
(ie, durch alle an e–r Ausschreibung beteiligten Submittenten an e–e Zentralstelle, nach dem Zuschlag)
bid fixing (com) = bid rigging
bid for *v* (com) bieten für *(ie, at an auction)*
bid form (com) Angebotsformular *n*
bidirectional (EDV) bidirektional *(ie, printer)*
bidirectional printing
(EDV) bidirektionales Drucken *n*
– Zweiweg-Drucken *n*
– Drucken *n* vorwärts und rückwärts
(ie, from left to right, and continued from right to left with no carriage return)
bid is received (com) Angebot *n* geht ein
bid off *v* (com) Zuschlag *m* erhalten
bid-offer spread (Bö) Spanne *f* zwischen Ausgabe- und Rücknahmekurs
bid on *v* (com, US) anbieten *(eg, on a contract)*
bid opening (com) Angebotseröffnung *f (syn, opening of tenders)*
bid peddling (com) = bid shopping
bid price
(com) gebotener Preis *m*
– Angebotspreis *m*
(syn, offer/supply/quoted . . . price)
(Bö) Geld *n*
– Geldkurs *m*
(syn, bid/buyers' /money . . . rate, demand price)
(Fin, GB) Rücknahmepreis *m* von Anteilen der ,unit trusts' *(syn, buying price)*
bid procedure (com) Ausschreibungsverfahren *n (syn, bid process)*

bid process (com) = bid procedure
bid rigging
(com) Preisabsprache *f*
– Anbieterabsprache *f*
(ie, bei Ausschreibungen; syn, bid fixing, collusive bidding)
bid shipping
(com) Versuch *m* des Drückens von Angeboten
(ie, by disclosing low bids on contract work; syn, bid peddling)
bid up *v* (com) hochbieten *(ie, at an auction)*
bid value (Bö) Rücknahmewert *m*
BIFEX (Fin) = The Baltic International Freight Futures Exchange
Big Bang
(Fin, GB) Deregulierung *f* des britischen Wertpapiermarktes
(ie, effective 27 Oct 1986; dual capacity established and negotiated commissions introduced)
big bank (Fin) Großbank *f*
big block trading (Fin) Pakethandel *m*
Big Board (Bö) = The New York Stock Exchange *(eg, listed on the Big Board)*
big customer
(com) Großkunde *m*
(syn, bulk/large-lot . . . buyer, major account, leading edge account; infml, big-ticket customer)
big dividend (Fin) hohe Dividende *f*
Big Eight
(ReW) die acht größten US-Wirtschaftsprüfungs-Gesellschaften:
1. Arthur Andersen
2. Coopers and Lybrand
3. Ernst and Ernst
4. Haskins and Sells
5. Peat, Marwick, Mitchell
6. Price Waterhouse
7. Touche Ross
8. Arthur Young
(ie, the lot may soon be reduced to the Big Five or so through mergers or acquisitions)
big figure (Fin) erste Stellen *fpl* des Devisenkurses
Big Four, The
(Fin, GB) die vier größten Londoner Clearing-Banken *fpl (Barclays, Lloyds, Midland, National Westminster)*
big income earner (com) Großverdiener *m*
big industrial user (com) Großabnehmer *m (syn, bulk buyer, qv)*
big investor (Fin) Großanleger *m*
Big One (com, joc) Japan Inc.
Big Seven (com, US) die sieben größten Ölgesellschaften *fpl (eg, Exxon, Mobil, etc)*
Big Steel
(com) United States Steel Corporation
(com) USS + Bethlehem, Republic, Armco, National, Jones Laughlin, Inland Steel, Youngstown *(opp, Little Steel)*
big-ticket customer
(com) Großkunde *m*
Großabnehmer *m (syn, big customer, qv)*
big-ticket deposit taking (Fin) Großanlagengeschäft *n (ie, by banks)*
big-ticket item (com) Großauftrag *m (syn, large-scale order)*
big-ticket items (com) teure Konsumgüter *npl*
big-ticket project (com) Großprojekt *n (syn, jumbo/large-scale . . . project)*
big-ticket transaction (com) Großabschluß *m (ie, large contract or deal)*
big-time fiddler (StR, infml) großer Fisch *m (ie, person dodging taxes in a big way)*
Big Two (Fin, US) = Citibank und Bank of America
big volume stock (Bö) Großhandelswerte *mpl*
bijection (Math) umkehrbar eindeutige Abbildung *f (syn, one-to-one mapping, qv)*
bilateral (Vw) bilateral, zweiseitig *(opp, multilateral)*
bilateral agreement
(Re) bilateraler Vertrag *m*
(ie, mostly based on the reciprocity principle = Reziprozitäts- od Gegenseitigkeits-Prinzip)
bilateral assistance (EG) bilateraler Beistand *m*
bilateral central rate (EG) bilateraler Leitkurs *m*
bilateral clearing (AuW) bilaterales Clearing *n*
bilateral clearing agreement
(AuW) bilaterales Verrechnungsabkommen *n* od Clearing-Abkommen *n*
bilateral contract
(Re) gegenseitiger Vertrag *m*
(syn, reciprocal /synallagmatic . . . contract)
bilateral ERM exchange rates (EG) bilaterale Wechselkurse *mpl* im EWS-Wechselkursmechanismus
bilateral exchange limits (AuW) bilaterale Interventionspunkte *mpl*
bilateral flows (Vw) gegenläufige Güter- und Geldströme *mpl*
bilateral monopoly (Vw) bilaterales Monopol *n*
bilateral oligopoly (Vw) bilaterales Oligopol *n*
bilateral sampling (Stat) zweiseitiger Prüfplan *m*
bilateral settlements (AuW) bilateraler Zahlungsverkehr *m*
bilateral trade (AuW) bilateraler Handel *m (syn, two-way trade)*
bilateral trade agreement (AuW) bilaterales Handelsabkommen *n*
bill
(com) Frachtbrief *m (syn, waybill accepted by a railroad)*
(com) Konnossement *n (ie, short for: bill of lading)*
(com) Rechnung *f (ie, for goods and services; syn, invoice, sales bill)*
(Fin, infml) Banknote *f (syn, banknote; GB, note)*
(Re) Übertragungsurkunde *f (ie, instrument for transfer of title to goods)*
(WeR) Wechsel *m (ie, short for: bill of exchange)*
(FiW) Schatzwechsel *m (syn, Treasury bill)*
(Mk) Plakat *n (syn, poster)*
(com, GB) Rechnung *f (ie, in a restaurant; US, check)*
bill *v*
(com) in e–e Liste eintragen
(com) berechnen *(syn, charge, invoice)*
(com) fakturieren
– Rechnung *f* ausstellen
(Mk) durch Anschlag bekanntmachen
billable time (com) berechenbare Zeit *f (eg, in the case of free professionals)*

bill advertising (Mk) Bogenanschlag *m (opp, permanent advertising)*
bill after date (WeR) Datowechsel *m*
bill after sight (WeR) Nachsichtwechsel *m*
bill at sight (WeR) Sichtwechsel *m*
billback (ReW) Rückbelastung *f (syn, reversal)*
billboard
(Mk) Anschlagtafel *f*
– Reklamefläche *f*
– Werbefläche *f (syn, GB, hoarding)*
(Mk) Plakat *n*
– Außenplakat *n*
billboard advertising (Mk) Anschlagwerbung *f*
billboards (Mk) Anschlagflächen *fpl*
bill broker
(Fin) Wechselmakler *m*
(ie, a British term for ‚discount house'; syn, US, note broker)
bill brokerage
(Fin) Wechselhandel *m*
(Fin) Wechselprovision *f*
bill business (Fin) Wechselgeschäft *n*
bill charges (Fin) Wechselspesen *pl*
bill collecting (com, US) Eintreiben *n* von Außenständen
bill collection (Fin) Wechselinkasso *n*
bill commitments (Fin) Wechselobligo *n (syn, bills discounted)*
bill discount rate (Fin) Wechseldiskontsatz *m*
bill eligible for rediscount (Fin) rediskontfähiger Wechsel *m*
billet
(com, infml) Stellung *f*
– Job *m (syn, berth, qv)*
bill explosion (IndE) Stücklistenauflösung *f*
bill for acceptance (WeR) Wechsel *m* zur Annahme *(opp, bill for payment)*
bill for collection
(WeR) Wechsel *m* zum Einzug
– Inkassowechsel *m*
– Einzugswechsel *m (syn, collection draft)*
bill for payment (WeR) Wechsel *m* zur Zahlung *(opp, bill for acceptance)*
bill guaranty (WeR) Wechselbürgschaft *f*
billhead
(com) Rechnungsformular *n*
– Rechnungsvordruck *m*
bill holdings (Fin) Wechselbestand *m*
billing
(com) Abrechnung *f*
(com, US) Ausstellen *n* und Zusenden *n* von Rechnungen *(syn, GB, invoicing)*
(Mk) Werbung *f (ie, mainly billboard advertising)*
billing date (com) Rechnungsdatum *n (ie, date of invoice)*
billing department
(com) Fakturierabteilung *f*
– Rechnungsabteilung *f (syn, invoicing department)*
billing file (com) Rechnungsdatei *f*
billing inserts (Mk) Billing Inserts *pl (ie, werden den Kundenrechnungen beigelegt)*
billing machine (com) Fakturiermaschine *f*
billing rate (com) Gebührensatz *m (eg, per accountant hour)*
billings
(com) Umsatz *m*
(eg, our worldwide . . . rose to $13bn; syn, sales; GB, turnover)
(Mk) Umsatz *m*
(ie, of an advertising agency; eg, . . . in excess of $2m)
billings on contracts in progress (ReW) berechnete unfertige Aufträge *mpl*
billion (com) Milliarde *m (ie, now accepted as a thousand million on both sides of the Atlantic)*
bill jobbing (WeR) Wechselreiterei *f (syn, kiting, kite flying)*
bill of attainder (Re, US) Verbot *n* des Einzelfallgesetzes
bill of charges (com) Gebührenrechnung *f (syn, bill of costs)*
bill of complaint (Re) Klageschrift *f*
bill of costs (com) = bill of charges
bill of credit (Fin) ungesicherter Schuldschein *m*
bill of entry
(Zo, GB) Zollerklärung *f*
– Zolldeklaration *f*
– Zolleinfuhrschein *m*
(syn, customs . . . declaration/entry)
bill of exchange, b/e (B/E)
(WeR) Wechsel *m*
(ie, US, bill of exchange and draft are basically interchangeable terms; a bill is always negotiable, a draft may not; a bill is usually used in foreign transactions, a draft is reserved for domestic transactions)
bill of fare (com) Speisekarte *f (syn, menu)*
bill of fees
(com) Honorarrechnung *f*
– Liquidation *f (syn, note of fees)*
bill of health (com) Gesundheitsattest *n*
bill of lading
(com) Konnossement *n*, Seefrachtbrief *m*
(com, US) Frachtbrief *m (syn, GB, consignment note, waybill)*
bill of lading clauses (com) Konnossementsklauseln *fpl*
bill of lading contract (com) Stückgutvertrag *m (ie, in ocean shipping)*
bill of materials
(IndE) Stückliste *f*
(ie, list of parts needed to manufacture a product: description, quantity needed, order number, unit cost)
bill of materials processor (EDV) Stücklistengenerator *m*
bill of materials structure (IndE) Stücklistenstruktur *f*
bill of materials tree (IndE) Stücklistenbaum *m*
bill of quantity
(com, GB) Kostenvoranschlag *m (ie, in the building and contracting business)*
(com) Leistungsverzeichnis *n (ie, drawn up by a quantity surveyor)*
bill of sale
(com) Verkaufsnota *f*
(Re) Urkunde *f* über Verkauf od Übertragung beweglicher Sachen
bill of sufferance (Zo, GB) Zollpassierschein *m*

bill rate
(Fin) Wechseldiskontsatz *m*
(FiW) Zinssatz *m* für Schatzwechsel
bills (Fin, US) = bankers acceptances
bills accepted
(Fin) Wechselobligo *n*
– Wechselverbindlichkeiten *fpl*
bills discounted (Fin) Wechselobligo *n (syn, bill commitments)*
bills drawn by a bank (Fin) eigene Ziehungen *fpl*
bills of exchange payable (ReW, EG) Verbindlichkeiten *fpl* aus Wechseln
bills outstanding (ReW) Aktivwechsel *mpl*
bills payable, B/P
(ReW) Schuldwechsel *mpl*
– Wechselverbindlichkeiten *fpl*
– Akzeptobligo *n (syn, notes payable; opp, bills receivable)*
bills receivable, B/R
(ReW) Besitzwechsel *mpl*
– Wechselforderungen *fpl*
(syn, notes receivable; GB, trade notes receivable; opp, bills payable)
bill-to-law process (Re) Gesetzgebungsverfahren *n (ie, legislative procedure)*
bill trader (Bö) Händler *m* in Schatzwechseln
bimetallism
(AuW) Bimetallismus *m*
(ie, currency system where the monetary unit – Währungseinheit – is defined in two metals, such as gold and silver)
bimodal
(Stat) bimodal
– zweigipfelig
bimodal distribution
(Stat) zweigipfelige od bimodale Verteilung *f*
(ie, a frequency distribution with two modes, qv)
bin
(MaW) Transportbehälter *m*, Behälter *m*
(EDV) Fach *n*
binary
(EDV) binär
– zweiwertig
binary arithmetic (EDV) binäre Arithmetik *f (ie, in which the operands are binary numbers)*
binary arithmetic operation (EDV) Binäroperation *f*
binary character (EDV) Binärzeichen *n*
binary character system (EDV) binäres Zeichensystem *n*
binary code
(EDV) Binärcode *m*
(ie, Code, bei dem die Zeichen binär dargestellt werden; cf, Dualcode, BCD-Code, ASCII-Code)
binary coded (EDV) binär verschlüsselt
binary coded data (EDV) Binärdaten *pl*
binary coded decimal representation
(EDV) binär codierte Dezimaldarstellung *f*
– BCD-Darstellung *f*
binary column (EDV) Binärspalte *f*
binary connective
(Log) zweistelliger
– binärer
– dyadischer . . . Funktor *m*
– dyadischer Wahrheitswertfunktor *m*
binary data coding (EDV) binäre Datencodierung *f*

binary digit
(EDV) Binärzeichen *n*
– Bit *n*
(ie, e–e Stelle, die genau zwei unterscheidbare Zustände annehmen kann; syn, binary . . . character/element)
binary element (EDV) = binary digit
binary field (EDV) Binärfeld *n*
binary integer (EDV) ganze Dualzahl *f*
binary large object, BLOB (EDV) großes Binärobjekt *n (field type in database systems; used to store graphics or memos)*
binary logarithm (Math) Zweier-Logarithmus *m*
binary notation (EDV) binäre Schreibweise *f (syn, binary representation)*
binary number
(EDV) Binärzahl *f*
– Dualzahl *f*
binary number system
(EDV) binäres Zahlensystem *n*
– Dualzahlensystem *n (ie, uses only the digits – Ziffern – 0 and 1 in which successive digits are interpreted as coefficients of successive powers of the base 2)*
binary numeral (EDV) = binary digit
binary operation
(EDV) Binäroperation *f*
(ie, zwei Eingangs- und e–e Ausgangsvariable)
binary operator (EDV) Binäroperator *m*
binary output (EDV) binäre Ausgabe *f*
binary predicate (Log) zweistelliges Prädikat *n*
binary program (EDV) binäres Programm *n*
binary search
(EDV) Binärsuche *f*
– binäres Suchen *n*
– dichotomische Suche *f*
(ie, e–r der Suchalgorithmen; daneben: depth first search, breadth first search, heuristic search; syn, binary chop, dichotimizing; opp, linear search)
binary system
(EDV) Binärsystem *n*
– Dualsystem *n*
binary-to-decimal conversion (EDV) Binär-Dezimal-Konvertierung *f*
binary tree (EDV) binärer Baum *m*
binary variable (EDV) binäre Variable *f (ie, can have one of two values, 0 or 1)*
bin card
(MaW) Lagerfachkarte *f*
– Materialbestandskarte *f*
bind *v* (Re) binden *(syn, commit)*
binder
(EDV) Binder *m (ie, Bindungsprogramm)*
(Vers) vorläufige Deckungszusage *f (syn, cover note, slip)*
binding adjudication (Re) bindendes Schiedsgerichtsverfahren *n*
binding agreement
(Re) bindende Abmachung *f*
(syn, agreement binding upon the parties)
binding effect (Re) bindende Wirkung *f (ie, on/upon)*
binding in law (Re) rechtsverbindlich *(syn, legally binding)*

binding law
(Re) zwingendes Recht *n*
(ie, legal obligations which cannot be excluded by agreement; opp, nachgiebiges Recht = flexible law; civil law: jus dispositivum)
binding offer
(com) verbindliches Angebot *n*
(com) bindendes
– festes
– verbindliches . . . Angebot *n (syn, firm offer, binding tender/bid/proposal)*
binding promise (com) bindende Zusage *f*
binding tender (com) = binding offer, qv
bind legally *v* (Re) verpflichten *(syn, obligate, commit)*
bind over *v*
(Re, GB) Versprechen *n* rechtlichen Wohlverhaltens abgeben lassen
(ie, to make someone promise in court to behave well in future)
bind up *v* (com) verpacken *(eg, parcel)*
binomial array (Math) Pascalsches Dreieck *n*
binomial coefficient (Math) Binomialkoeffizient *m*
binomial distribution (Math) Binomialverteilung *f* Bernoulli-Verteilung *f (syn, Bernoulli distribution, point binomial)*
binomial population (Stat) binomiale Grundgesamtheit *f*
binomial probability (Stat) Binomialwahrscheinlichkeit *f*
binomial probability paper (Stat) Binomial-Wahrscheinlichkeitspapier *n*
binomial series (Math) binomische Reihe *f*
binomial theorem (Math) binomischer Lehrsatz *m*
bin reserve (MaW) getrennt gelagerte Reservevorräte *mpl*
bin tag (MaW) Lagerortkarte *f*
biochip
(EDV) Biochip *m*
(ie, uses organic molecules such as protein to build a molecular computer)
biodiversity agreement (Re) Vertrag *m* zur Erhaltung der Arten
BIOS
(EDV) = Basic Input Output System
(ie, routines that interface between system/application software and peripheral hardware; the BIOS is a layer below the operating system; das BIOS gehört nicht zum Betriebssystem)
bipartite graph
(Math) zweifach teilbarer Graph *m*
– bichromatischer Graph *m*
biquadratic equation
(Math) biquadratische Gleichung *f*
– Gleichung *f* 4. Grades
(syn, quartic equation, equation of fourth degree)
birdyback (com, infml) Lufttransport *m* von Container-Lkws
biro (com, GB) Kugelschreiber *m (ie, generic use of trademark; syn, ball point pen)*
birth certificate (com) Geburtsurkunde *f*
birth leave (Pw, US) Vaterschaftsurlaub *m (ie, women would necessarily take maternity leave)*
birth rate (Stat) Geburtenziffer *f*
birth statistics (Stat) Geburtenstatistik *f*
BIS (AuW) = Bank for International Settlements
biserial correlation (Stat) Zweireihenkorrelation *f*
bit
(EDV) Bit *n*
– Binärziffer *f*
bit check (EDV) Bitzahlprüfung *f*
bit combination (EDV) Bit-Kombination *f*
bit configuration
(EDV) Binärmuster *n*
– Bitmuster *n (syn, bit pattern)*
bit density (EDV) Bitdichte *f (ie, number of bits stored per unit length of area)*
bite *v* (com) greifen *(eg, policy measure)*
bite on *v* (com) arbeiten an *(eg, a tricky problem to bite on)*
bit error probability (EDV) Bitfehlerwahrscheinlichkeit *f*
bit error rate (EDV) Bitfehlerhäufigkeit *f*
bit location (EDV) Bitposition *f*
bitmap (EDV) Bitmuster *n*
bitmap font (EDV) Bitmap-Schriftart *f*
bitmap graphics (EDV) Bitmuster-Graphik *f*
bit-mapped display
(EDV) Bitabbild-Bildschirm *m*
(ie, das darzustellende Bild wird im festen Zyklus [50 bis 60 Hz] neu aufgebaut)
bit mask (EDV) Bitmaske *f*
bit pattern (EDV) Bit-Muster *n*
bit position (EDV) Bitposition *f*
bit rate (EDV) Bit-Übertragungsrate *f (baud rate, qv)*
bit serial (EDV) bitseriell
bits per second, bps (EDV) Bits *npl* pro Sekunde *(ie, unit for serial data transfer, eg via modem)*
bit stream (EDV) = bit string
bit string (EDV) Bitfolge *f*
bitter competition (com) scharfer Wettbewerb *m (syn, fierce competition, qv)*
bit vector (EDV) Bitvektor *m*
biunique mapping (Math) eindeutige Abbildung *f (syn, bijection, qv)*
bivalent (Math) zweiwertig
bivariate distribution (Stat) zweidimensionale Verteilung *f*
bivariate table (Stat) Korrelationstabelle *f (syn, correlation table)*
biweekly (com, GB) vierzehntägig *(cf, semi-weekly)*
B/L (com) = Bill of Lading(s)
black-and-white TV set (com) Schwarzweiß-Fernsehgerät *n*
blackboard model (EDV) Wandtafelmodell *n (ie, Systemarchitektur in der künstlichen Intelligenz)*
black book (com) strategischer Abwehrplan *m* für den Fall e–s feindlichen Übernahmeversuchs
black-coated worker
(Pw) Angestellter *m*
– Büroangestellter *m*
(syn, office worker, white-collar worker)
Black & Decker economy (Vw, GB, sl) Untergrundwirtschaft *f (syn, hidden economy, qv)*
black earnings (Pw) Einkünfte *pl* aus Schwarzarbeit
black economy (Vw, GB) Untergrundwirtschaft *f (ie, unrecorded in the national accounts; syn, hidden economy, qv)*

black figures (com, infml) schwarze Zahlen *fpl (ie, profits)*
black knight (Fin, infml) Anleger *m*, der ‚unfreundliche' Übernahme e–s Unternehmens durchzusetzen sucht *(opp, white knight)*
blackleg (Pw, GB) Streikbrecher *m (syn, strike breaker, qv)*
black list (com) schwarze Liste *f (syn, denied list, qv)*
blacklisting (Kart) geheimes Wettbewerbsverbot *n*
black-lung disease
(SozV) Staublunge *f*
– Silikose *f (ie, occupational disease of miners; syn, pneumoconiosis)*
blackmail (Re) Erpressung *f (syn, extortion)*
blackmail *v* (Re) erpressen
blackmailing (Re) Erpressung *f*
black market (com) Schwarzmarkt *m*
black money (StR, infml) illegal verdientes, nicht versteuertes Geld *n*
black-out on information (com) Nachrichtensperre *f*
black trading
(com) Schwarzhandel *m*
– Schleichhandel *m*
blank
(EDV) Leerzeichen *n (syn, space, space character)*
(EDV) nicht belegt
(com) Formblatt *n*
– Formular *n*
– Vordruck *m (syn, form, qv)*
blank *v* (EDV) löschen
blank acceptance (WeR) Blankoakzept *n*
blank assignment
(Re) Globalabtretung *f*
– Globalzession *f*
– Vorausabtretung *f (syn, blanket assignment; anders die Mantelzession)*
blank bill (WeR) Blankowechsel *m*
blank card
(EDV) Blankokarte *f*
– Leerkarte *f (syn, dummy card)*
blank character (EDV) Leerstelle *f*
blank check
(WeR) Blankoscheck *m*
(ie, signed check with amount unspecified)
blank check company (Fin, US) Gesellschaft *f*, die Billig-Aktien emittiert, über die sie den Anlegern außer der Mitteilung, daß sie andere Unternehmen aufzukaufen gedenkt, keinerlei Informationen zukommen läßt
blank column
(EDV) Leerspalte *f*
– leere Spalte *f (eg, in a spreadsheet)*
blank credit (Fin) = clean credit
blank endorsed (WeR) blanko indossiert
blank endorsement (WeR) Blankoindossament *n (syn, general endorsement; opp, endorsement in full)*
blank entry (EDV) Leereintrag *m*
blanket (com) Abruf *m*
blanket amount (com) Pauschbetrag *m*
blanket appropriation (FiW) Globaltitel *m*
blanket assignment (Re) = blank assignment
blanket ban (com) allgemeines Verbot *n (eg, on EC imports)*
blanket bond
(Fin) durch Gesamthypothek besicherte Schuldverschreibung *f*
(Vers, US) Pauschal-Vertrauenschadenversicherung *f*
(ie, covers losses caused by the dishonesty of all employees)
blanket clause (Re) Generalklausel *f (syn, all-purpose clause)*
blanket contract (Re) Generalvertrag *m*
blanket coverage (Vers) Pauschaldeckung *f*
blanket cover insurance (Vers) Pauschalversicherungs-Police *f*
blanket fidelity bond (Vers, US) = blanket bond
blanket guarantee (FiW) Globalbürgschaft *f*
blanket market penetration (Mk) weitreichende Marktdurchdringung *f*
blanket mortgage (Re) Gesamthypothek *f (ie, about the same meaning as closed-end mortgage)*
blanket order
(com) Abrufauftrag *m*
(ie, mit laufendem Abruf = call off; usually a year)
blanket order quantity (com) Abrufmenge *f*
blanket power of attorney (Re) Generalvollmacht *f (syn, universal agency, qv)*
blanket prohibition
(Re) allgemeines Verbot *n*
(ie, one that permits of no exception; eg, of restraint of trade)
blanket purchase (order) (com) Abrufbestellung *f*, Rahmenbestellung *f*
blanket rate
(com) Gruppen-Frachtrate *f*
– Gruppentarif *m*
(Vers) Prämie *f* für Pauschalpolice
blanket release (com) Abruf *m (syn, call off)*
blanket retention (Vers) Pauschaleigenbehalt *m*
blanket statement (com) pauschale Aussage *f (syn, general statement)*
blank form (com) Formblatt *n (syn, form, qv)*
blanking (EDV) Unterdrücken *n (ie, in computer graphics)*
blank instrument
(WeR) Blankopapier *n*
(ie, not yet bearing the name of the beneficiary or other essential details)
blank line (EDV) Leerzeile *f*
blank order (com) Blankoauftrag *m*
blank page (EDV) Leerseite *f*
blank receipt (com) Blankoquittung *f*
blank signature (com) Blankounterschrift *f*
blank space (EDV) Leerstelle *f*
blank transactions (EG) neutrale Transaktionen *fpl*
blank transfer
(Fin) Blankoabtretung *f*
(ie, assignment of transfer of stock in blank; same as assignment in blank)
(EDV) Leerübertragung *f*
blast *v*
(com, infml) zerstören
– vereiteln *(eg, a deal as being ill-advised)*
blast-off (com) Start *m (ie, into space; eg, rocket, space ship)*
blast off *v* (com) starten, abheben

blaze a successful career *v* (Pw, infml) Karriere *f* machen
bleak outlook (com) trübe Aussichten *fpl*
bleed *v* (com, infml) schröpfen, zur Ader lassen *(eg, bleed for $1m)*
blended credit (Fin) Mischkredit *m*
blended demand (com) gemischter Bedarf *m*
blending problem (OR) Mischproblem *n*
blind ad
(Pw) Chiffreanzeige *f*
– Kennzifferanzeige *f*
(ie, does not identify the employer; a box number is provided for responses; opp, open ad)
blind broker
(Fin) Broker *m* auf eigene Rechnung, der die Namen der Beteiligten nicht preisgibt
(ie, blind brokering in securities is common, but infeasible in Fed funds or Eurotime deposits)
blind entry
(ReW) unvollständige Buchung *f*
(ie, ohne Beschreibung des zugrundeliegenden Geschäftsvorfalles)
blind pool (Fin, US) blinder Fonds *m (Investoren erfahren nur, in welcher Branche ihre Gelder angelegt werden, nicht aber, in welchen Unternehmen)*
blind selling (com) Verkauf *m* tel quel *(ie, ohne Recht auf Prüfung und Rückgabe)*
blinking (EDV) Blinken *n (ie, in computer graphics)*
blister package (com) Sichtpackung *f*
bloated staff
(Pw) aufgeblähter Personalbestand *m*
(ie, as is usual in mammoth organizations and bureaucracies)
bloated welfare state (Vw) aufgeblähter Wohlfahrtsstaat *m*
BLOB (EDV) = binary large object
block
(EDV) Block *m*
– Datenblock *m*
– physischer Satz *m (syn, data/tape . . . block, physical record)*
(EDV, Cobol) Block *m*
(ie, physical unit of data that is normally composed of one or more logical records; cf, DIN 66 028, Aug 1985)
(Fin) Wertpapierpaket *n (ie, large amount of stocks or bonds)*
(Fin) (zu bearbeitender) Scheckstapel *m (cf, block system)*
block *v*
(Fin) sperren *(syn, countermand, freeze, stop)*
(EDV) blocken
block address (EDV) Blockadresse *f*
blockage discount
(Fin) Paketabschlag *m*
(ie, reduction in the price of a large block of stock)
block an account *v* (Fin) Guthaben *n* sperren *(syn, freeze)*
block appropriation (FiW) Globalbewilligung *f*
block automation system
(Bö, US) automatischer Pakethandel *m*
(ie, NYSE system designed to ease block trading; works on a daily basis)
block averaging
(StR, US) Durchschnittsbesteuerung *f*
(ie, Durchschnittsbildung innerhalb nicht überlappender Blocks e–r bestimmten Zahl von Jahren)
block booking (com) Kopplungsverkauf *m*
block booking of patents
(Kart) Paket-Lizensierung *f*
(ie, licensee must accept an entire package of patents even if he needs only one)
blockbuster advertising (Mk, infml) aggressive Werbung *f*
blockbuster product
(com, infml) Marktrenner *m*
– Verkaufsschlager *m*
block cancel character (EDV) Blockungültigkeitszeichen *n (syn, block ignore character)*
block check
(EDV) Blockprüfung *f (ie, in data transmission)*
(ReW) Blockprüfung *f*
block check character (EDV) Blockprüfzeichen *f*
block check sequence (EDV) Blockprüfzeichenfolge *f*
block competition *v* (com) Wettbewerb *m* verhindern
block control
(Bw) Auftragsgruppen-Überwachung *f*
(IndE) Fertigungsphasen-Überwachung *f*
block cursor
(EDV) Blockcursor *m*
– Blockschreibmarke *f*
block design (Mk) Block Design *(ie, spezifisches Design-Muster von Experimenten)*
block diagram
(Stat) Blockdiagramm *n*
(EDV) Blockdiagramm *n* zur Beschreibung von Programmabläufen
– Grobdiagramm *n*
– Programmablaufplan *m*
block discounting (Fin) Sammelgeschäft *n*
block distribution (Fin) Verkauf *m* od Plazierung *f* von Aktienpaketen
blocked account (Fin) Sperrkonto *n*
blocked assets (Fin) eingefrorenes Guthaben *n (syn, frozen assets)*
blocked claim (Fin) eingefrorene Forderung *f (syn, frozen claim)*
blocked currency (Fin) bewirtschaftete Währung *f (ie, mit Devisenzuteilung)*
blocked deposit (Fin) Sperrguthaben *n*
blocked exchange (Fin) = blocked currency
blocked operation
(IndE) Werkstattfertigung *f*
(syn, job shop operation, cellular organization of production; Zusammenfassung gleicher Maschinenarbeiten am gleichen Ort; term taken over from chemical engineering)
blocked security deposit (Fin) Sperrdepot *n*
blocked sterling account (Fin, GB) gesperrtes Sterling-Konto *n (ie, used by GB during Second World War)*
block emission (Bö) Paketemission *f*
block error rate (EDV) Blockfehlerrate *f*
block financing (Fin) Globalfinanzierung *f*
block float (AuW) Blockfloaten *n*, Gruppenfloaten *n (syn, common/joint . . . float)*

block form (com) Blockformat *n*
block format (EDV) Blockformat *n*
block grant
(FiW) pauschale Finanzzuweisung *f (ie, paid to state and local governments in US, and to local authorities in GB, for use in specified programs)*
block ignore character (EDV) = block cancel character
blocking (EDV) Blocken *n (ie, combining two or more computer records into one block)*
blocking and fencing
(Vw) Abblocken *n* des technischen Fortschritts *(ie, durch Schubladen- und Sperrpatente)*
blocking factor (EDV) Block(ungs)faktor *m (ie, number of records in a block)*
blocking minority (com) Sperrminorität *f (ie, 25% + 1 share; syn, blocking stake)*
blocking note (com) Sperrvermerk *m*
blocking-off patent
(Pat) Schubladenpatent *n*
– Sperrpatent *n (syn, defensive patent)*
blocking period (com) Sperrfrist *f*
blocking stake (com) = blocking minority
blocking statute (Re, US) Verbotsgesetz *n*
block input (EDV) Blockeingabe *f*
block insurance (Vers) Sammelversicherung *f*
block length (EDV) Blocklänge *f*
block license (Pat) Pauschallizenz *f*
block mark (EDV) Blockmarke *f*
block method
(ReW) Blockmethode *f*
(ie, Zusammenfassung von Konten für Kontroll- und Bearbeitungszwecke)
block movement (EDV) Blockverschiebung *f*
block of flats
(com, GB) Wohnblock *n*
– Hochhaus *n (syn, US, high rise)*
block of shares
(Fin) Aktienpaket *n*
(ie, größerer Nominalbetrag von Aktien, der maßgeblichen Einfluß auf e–e Gesellschaft sichert; syn, parcel of shares, block of stock)
block of stock (Fin, US) = block of shares
block policy (Vers) Pauschal-Sachversicherung *f*
block positioning (Bö, US) Blockübernahme *f (ie, by a broker)*
block sample (Stat) Blockstichprobe *f*
block scheduling (IndE) Terminierung *f* in Zeitblöken
block search (EDV) Blocksuche *f*
block start address (EDV) Blockanfangsadresse *f*
block statement (EDV) Blockanweisung *f*
block system
(Fin, US) Stapelsystem *n*
(ie, used in clearinghouse departments of banks for sorting checks: a block consists of a group of checks, usu from 100 to 400; syn, batch system, batch proof)
block trader (Bö) Paketmakler *m (ie, a third market broker)*
block trading (Bö) Pakethandel *m (syn, large-lot dealing)*
block transfer
(EDV) Blocktransfer *m*
– Blockübertragung *f*

block voting (com) Blockabstimmung *f*
block vouching test (ReW) lückenlose Prüfung *f* e–r Beleggruppe
bloc license (Pat) = block license
blotter
(ReW) Tagebuch *n*
(syn, daybook, journal, business diary; Grundbuch, Memorial, Journal, Primanota)
blower (com, GB, infml) Telefon *n*
blown-up balance sheet (ReW) aufgeblähte Bilanz *f*
blow-through (IndE) Phantom-Stückliste *f*
blow up *v*
(Stat) hochrechnen
– extrapolieren
blow up a sample *v* (com) Stichprobe *f* hochrechnen *(syn, extrapolate, raise)*
blue-blooded bank (Fin, infml) erstklassige Bank *f*
blue chip
(Bö) erstklassige Aktie *f*
– Spitzenwert *m*
– Standardpapier *n*
(ie, active, leading, well-known stock; often applied to the 30 industrials contained in the Dow Jones Averages)
(Fin) solides Großunternehmen *n*
blue-chip credit rating (Fin) erstklassige Bonität *f*
blue-chip customers
(Fin) erste Adressen *fpl*
– Kunden *mpl* höchster Bonität
blue-chip industrials (Bö) erstklassige Industriewerte *mpl*
blue-collar worker (Pw) Arbeiter *m (syn, worker, manual worker, hourly paid employee)*
blue-eyed boys (Pw, US, infml) vom Management begünstigte Mitarbeiter *mpl*
blue list (Bö, US) Liste *f* der angebotenen Wertpapiere des Bundes und der örtlichen Gebietskörperschaften
blue-pencil *v* (com) korrigieren *(ie, to revise written material)*
blue-sky bargaining (Pw) Verhandlungen *fpl* auf der Grundlage unrealistischer Forderungen
blue-sky securities (Bö, US) wertlose Wertpapiere *npl*
blurb (Mk) Waschzettel *m (ie, relating to books)*
blurred lines of responsibility (Bw) unklare Verantwortlichkeits-Beziehungen *fpl*
board and lodging (com) Unterkunft *f* und Verpflegung *f*
board assembly
(EDV) Bestückung *f*
– Plazierung *f (ie, von Leiterplatten; syn, insertion, placement)*
boarding card (com) = boarding pass
boarding pass (com) Bordkarte *f (syn, boarding card)*
board lot (Bö, US) = round lot
board meeting (com) Sitzung *f* des Board of Directors
board of conciliation (Re) Vergleichsausschuß *m*
Board of Customs and Excise (FiW, GB) oberste Finanzbehörde *f* für Zölle und Verbrauchsteuern
board of directors
(com) Board of Directors *m*
(ie, the governing body of a corporation; may be composed of an ‚inside' group – handling day-to-

BOM = bill of materials = Stückliste

day operations – and an outside' group; often called ‚the board'; stop trying to translate the term into German; er ist Leitungs- und zugleich Kontrollorgan)

Board of Governors (Fin, US) oberstes Gremium des Zentralbanksystems

Board of Inland Revenue (FiW, GB) oberste Finanzbehörde *f* für direkte Steuern

Board of Trade
(com, GB) Handelsministerium *n*
(ie, obsolete; now ‚Department of Trade and Industry')
(com, US) Handelskammer *f*
(syn, chamber of commerce, qv)
(Bö) Warenbörse *f* in Chikago

board of trustees (Re) Treuhand-Gremium *n*

board system
(com) Board-System *n*
(ie, vereinigt Geschäftsführung und Aufsichtsfunktion in einem Gremium; opp, Aufsichtsratssystem mit Aufspaltung in management board und supervisory board; cf, 5. EG-Richtlinie, American Law Institute)

board trading (Bö) Handel *m* an einigen Warenterminbörsen mittels Anzeigetafel

board up *v* (com, infml) schließen *(eg, thousands of unprofitable stores)*

bodily injury (Re) Körperverletzung *f*

bodily injury insurance (Vers) private Unfallversicherung *f*

bodily injury liability (Re) Haftpflicht *f* bei Personenschäden

body
(com) Gremium *n*
– Organ *n*
(Pat) Hauptteil *m* e–r Patentbeschreibung

body copy (Mk) Fließtext *m*

body corporate
(Re) Körperschaft *f*
(Re) juristische Person *f (syn, legal person, qv)*
(Mk) öffentlich-rechtliche Anstalt *f (eg, broadcasting station)*

body group
(EDV, Cobol) Rumpfleiste *f*
(ie, generic name for a report group (= Leiste) of TYPE DETAIL, CONTROL HEADING, or CONTROL FOOTING; cf, DIN 66 028, Aug 1985)

body of a patent (Pat) Hauptteil *m* e–s Patents

body of laws (Re) Gesetzessammlung *f*

body shop (Pw, infml) private Stellenvermittlung *f*

BOF (EDV) = beginning of file

bog down *v*
(com) in e–e Sackgasse geraten
– steckenbleiben *(eg, talks)*

bogey (Bw, infml) Leistungsvorgabe *f (ie, numerical standard of performance to be aimed at in production, marketing, etc)*

bogus asylum seeker (Re) Scheinasylant *m*

bogus firm (com) Schwindelunternehmen *n*

bogus merchandise (com) Fälschungen *fpl (syn, counterfeit products, qv)*

boiler and machine insurance (Vers) Kessel- und Maschinenversicherung *f (syn, use and occupancy insurance)*

boiler room
(IndE) Kesselraum *m*
(Fin, US) illegale Organisation *f* für den Vertrieb zweifelhafter Wertpapiere
(ie, members telephone names they have on a „sucker list")

boldface (EDV) halbfette Schrift *f*

bona fide (Re) Treu und Glauben *(syn, good faith)*

bona fide clause (Fin) Bona-Fide-Klausel *f (ie, part of a letter of credit)*

bona fide holder (WeR) gutgläubiger Inhaber *m (syn, holder in good faith)*

bona fide price (com) angemessener Preis *m (syn, reasonable price)*

bona fide purchase
(Re) gutgläubiger Erwerb *m*
– Erwerb *m* vom Nichtberechtigten
(ie, es wird im Vertrauen auf die Verfügung e–s Nichtberechtigten gutgläubig erworben; syn, acquisition in good faith)

bona fide purchaser
(WeR) gutgläubiger Erwerber *m*
(ie, without notice of any defense – Einrede – or claim to document or property; syn, good faith purchaser)
(Re) gutgläubiger Erwerber *m*
(ie, one buying without notice of any defects in the title of seller)

bona fide user
(EDV) Benutzer *m* mit Zugangsberechtigung
– zugangsberechtigter Benutzer *m*

bona vacantia
(Re, GB) herrenlose Vermögenswerte *mpl*
(ie, when heirs are untraceable; ultimately reverts to the Crown)

bond
(Fin) Schuldverschreibung *f*
– Obligation *f*
(syn, GB, debenture bond)
(Fin) Anleihe *f (eg, three bonds have been offered to the public; syn, loan)*
(Fin) Rentenwert *m*
(Bö) Rentenfonds-Anteil *m*
(Re) Kaution *f (ie, als Sicherheitsleistung)*

bond anticipation note
(Fin, US) Obligationen-Gutschein *m*
(ie, issued by a state or municipality to cover short-term cash needs pending the issue of long-term bonds)

bond broker (Bö) Makler *m* für Festverzinsliche

bond capital (Fin) Anleihekapital *n*

bond certificate (Fin) Bond-Zertifikat *n (ie, temporary document later to be exchanged for the bond itself)*

bond conversion (Fin) Konversion *f* e–r Anleihe, Anleihekonversion *f*

bond coupon (Fin) Anleihekupon *m*

bond creditor (Fin) Anleihegläubiger *m (syn, bond holder)*

bond cum warrants (Fin) Optionsanleihe *f*, Anleihe *f* mit Optionsscheinen

bond dealer (Fin) Rentenhändler *m (ie, Börsenhändler in festverzinslichen Wertpapieren)*

bond dealings (Fin) Rentenhandel *m (ie, Umsatz in Rentenwerten)*

bond debt
(Fin) Anleiheschuld *f*
– Anleiheverbindlichkeiten *fpl*
– Anleiheverschuldung *f (syn, bonded indebtedness, loan debt)*
bond debtor (Fin) Anleiheschuldner *m*
bond denomination (Fin) Anleihestückelung *f*
bond discount
(Fin) Emissionsdisagio *n (syn, debt discount; opp, bond premium)*
bond dividend (Fin) Dividende *f* in Form von Schuldverschreibungen der eigenen Gesellschaft
bond downgrading (Fin, US) Tieferstufen *n* von Schuldverschreibungen *(eg, from AAA to AA)*
bond drawing (Fin) Auslosung *f (ie, form of repayment of bonds during their life)*
bonded debt (Fin) = bond debt
bonded factory (com) Fabrik *f* unter Zollverschluß *(syn, bonded manufacturing warehouse)*
bonded goods
(Zo) Zollagergut *n*
– Waren *fpl* unter Zollverschluß
(syn, goods in bond)
bonded indebtedness (Fin) = bond debt
bonded manufacturing warehouse (com) = bonded factory
bonded store (Zo) = bonded warehouse
bonded warehouse
(Zo) Zollager *n*
– Zollniederlassung *f*
– Freilager *n (syn, customs warehouse)*
bonded warrant (com) Zollagerschein *m (syn, warehouse warrant)*
bond ex warrants (Fin) Anleihe *f* ohne Optionsscheine
bond features (Fin) Anleiheausstattung *f (syn, terms of a loan)*
bond financing (Fin) Anleihefinanzierung *f*
bond fund (Fin) Rentenfonds *m (ie, mutual fund investing in bonds rather than stocks)*
bond futures contract (Fin) Terminkontrakt *m (auf US-Treasury bonds)*
bond guide (Bö) Rentenführer *m*
bond holder
(Fin) Obligationär *m*
– Anleihegläubiger *m (syn, bond creditor)*
bond holdings (Fin) Rentenbestand *m*
bond house (Fin) Spezialhändler *m* in Rentenwerten
bonding company (com) Spezialgesellschaft *f* zur Übernahme von Bürgschaften
bond issue
(Fin) Anleiheemission *f*
– Anleihe *f*
bond issue cost (Fin) Anleihekosten *pl*
bond issue operation (Fin) Anleihegeschäft *n*
bond loan (Fin) Obligationsanleihe *n (syn, GB, debenture loan)*
bond market
(Bö) Bondmarkt *m*
– Rentenmarkt *m*
– Markt *m* für Festverzinsliche
(ie, principal markets for bonds are the over-the-counter markets; syn, fixed-interest market)
bond market rally (Bö) Erholung *f* am Rentenmarkt
bond mathematics (Fin) Anleiherechnung *f*
bond note
(Zo) Warenbegleitschein *m*
– Zollbegleitschein *m*
(syn, customs warrant, transshipment note)
bond papers (Zo) Zollbegleitpapiere *npl*
bond placement (Fin) Anleiheplazierung *f*
bond portfolio (Fin) Anleiheportefeuille *n*
bond premium
(Fin) Anleiheagio *n*
– Anleihe-Emissionsagio *n (syn, loan premium)*
bond price (Bö) Anleihekurs *m*
bond prices
(Bö) Rentenkurse *mpl*
– Rentennotierungen *fpl*
bond pricing (Fin) Festsetung *f* von Anleihekonditionen
bond principal (Fin) Anleihekapital *n (syn, bond/loan . . . capital)*
bond proceeds (Fin) Anleiheerlös *m*
bond quotations (Fin) = bond prices
bond rate (Fin) Nominalverzinsung *f* von Schuldverschreibungen
bond ratings (Fin, US) Anleihebewertung *f*
bond redemption (Fin) Anleihetilgung *f (syn, bond retirement)*
bond redemption schedule (Fin) Anleihetilgungsplan *m*
bond refunding (Fin) = bond rescheduling
bond rescheduling (Fin) Anleiheumschuldung *f*
bond retirement (Fin) = bond redemption
bonds
(Fin) Rentenwerte *mpl*
– Festverzinsliche *pl*
– Bonds *pl*
(Fin) Anleihen *fpl*
(Fin) Anleiheverbindlichkeiten *fpl*
(Fin) = Treasury bonds
bond sales (Fin) Absatz *m* festverzinslicher Wertpapiere
bonds and debentures (Fin) Rentenpapiere *npl*
bond sinking fund (Fin) Anleihetilgungsfonds *m*
bonds issued to increase capital (FiW) Kapitalaufstockungsanleihen *fpl*
bonds outstanding (Fin) Anleiheumlauf *m*
bonds-outstanding method (Fin) Verteilung *f* des Emissionsagios auf die Laufzeit
bonds payable (ReW) Anleiheverbindlichkeiten *fpl*
bonds sold prior to issue (Fin) vorverkaufte Schuldverschreibungen *fpl*
bond stripper (Fin, US) Bank *f*, die in ‚stripped bonds' handelt
bond stripping
(Fin, US) getrennter Handel *m* in Zinsen und Wertpapieren
(ie, separate trading of registered interest and principal securities = strips; eg, by Salomon Brothers, Merrill Lynch, Lazard Frères)
bonds with warrants attached (Fin) Wandelschuldverschreibungen *fpl* Anleihen *fpl* mit Optionsschein *(syn, convertible bonds)*
bond syndicate (Fin) Anleihekonsortium *n (syn, loan syndicate)*
bond table (Fin) Anleihezinstabelle *f*
bond terms (Fin) Anleihemodalitäten *fpl*, Anleiheausstattung *f*

bond trader (Fin) Rentenhändler *m*
bond trading
(Bö) Handel *m* in Festverzinslichen
– Rentenhandel *m*
bond turnover (Bö) Rentenumsätze *mpl*
bond underwriting (Fin) Übernahme *f* e–r Anleihe
bond valuation
(Fin) Anleihebewertung *f*
– Kursrechnung *f*
bond warrant
(Fin) Optionsschein *m* zum Bezug von Anleihen *(ie, des gleichen Emittenten)*
bond washing
(Fin, GB) Steuerausweichung *f* bei Wertpapieren *(ie, seeking to avoid the payment of income taxes by converting returns into capital gains)*
bond with warrants (Fin) Optionsanleihe *f*
bond yield
(Fin) Anleiheerlös *m (syn, bond/loan . . . proceeds)*
(Fin) Anleiherendite *f (syn, loan yield)*
bonus
(com) Bonus *m*
– Prämie *f*
– Zugabe *f*
(Fin) Sonderdividende *f*
(Pw) Prämie *f*
– Zuwendung *f*
(EG) Prämie *f*
(Vers) Versichertendividende *f*
(ie, extra special . . . dividend)
bonus at maturity (Vers) Gewinnbeteiligung *f* im Erlebensfall
bonus distribution (Vers) Gewinnverteilung *f*
bonus for run-off profit (Vers) Nachlaß *m* für Besserregulierung
bonus in cash
(Vers) Bardividende *f*
– ausgezahlter Gewinnanteil *m (syn, cash bonus)*
bonus increment (IndE) Akkordzuschlag *m*
bonus index (IndE) Verhältnis *n* Leistungs- zu Zeitlohn
bonus issue (Fin, GB) Ausgabe *f* von Gratisaktien *(syn, scrip issue, qv)*
bonus payment (Pw) Sonderzahlung *f*
bonus-penalty contract (com) Vertrag *m* mit Prämie für vorzeitige und mit Vertragsstrafe für verzögerte Fertigstellung
bonus reserve (Vers) Überschußrückstellung *f*
bonus scheme
(Pw) Prämienlohnsystem *n*
(Vers) Gewinnplan *m*
(EG) Prämienregelung *f*
bonus shares
(Fin, GB) Gratisaktien *fpl*
– Berichtigungsaktien *fpl*
– Zusatzaktien *fpl*
(eg, a certain percentage of common shares is given with purchases of bonds or the preferred stock of a corporation; this is tantamount to selling at a discount; cf, scrip shares)
bonus stock (Fin, US) = bonus shares
boodle
(com, sl) Falschgeld *n (syn, counterfeit/faked . . . money; GB, forged money)*
(com, US, sl) Schmiergeld *n*
– Bestechungsgeld *n (syn, bribe money, graft, payoff, kickback, slush money)*
book
(Fin) Gesamtumsatz *m* e–s Wertpapierhändlers *(eg, to run a book of $100m)*
(Fin, GB) Anlagen *n* e–s Maklers od Fondsmanagers für den Weiterverkauf
(Fin, GB) Fondsanteile *mpl* (float of units) zur Disposition von Fondsmanagern, zum Ausgleich von Verkäufen und Rücknahmen; syn, box
book *v*
(com) bestellen *(eg, orders; syn, place orders)*
(com, GB) buchen
– reservieren *(eg, hotel suite, rental car; syn, US, reserve)*
(ReW) verbuchen *(ie, make an entry, record a transaction)*
book a call *v* (com) Gespräch *n* anmelden
book advance (com) Honorarvorschuß *m*
book advertising space *v* (Mk) Anzeigenraum *m* buchen
book blind *v* (com) blind buchen *(eg, from single advertisement)*
book cost (ReW) = book value
book credit (Fin) Buchkredit *m*
book debts (ReW) Forderungen *fpl (syn, receivables)*
book depreciation
(ReW) bilanzielle Abschreibung *f*
– Buchwertabschreibung *f*
booked
(com) gebucht
– reserviert
– vorbestellt
booked up (com) ausgebucht *(eg, for weeks ahead)*
book entry
(ReW) Buchung *f*
(ReW) Berichtigungsbuchung *f*
book entry securities
(Fin, US) buchmäßig verwaltete Wertpapiere *npl (ie, maintained in computerized records at the Fed in the name of member banks; otherwise they may be kept in a central clearinghouse)*
book entry system (Fin, US) buchmäßige Verwaltung *f* von Wertpapieren
book equity (Fin) Anteil *m* e–r Aktiengattung am Buchwert e–s Unternehmens *(ie, Buchwert zu Eigenkapital)*
book fair (com) Buchmesse *f*
book freight *v* (com) Frachtraum *m* buchen od belegen
book in *v*
(com, GB) anmelden
– einschecken
(ie, hotel, airport; syn, US, check in; opp, book out)
(com, GB) Zimmer *n* reservieren lassen *(ie, at hotel)*
booking (com, GB) Reservierung *f (syn, US, reservation)*
booking center
(Fin) Offshore-Zweigstelle *f*
– Buchungszentrum *n (syn, shell branch, qv)*
booking of cargo (com) Ladungsbuchung *f*

booking of new orders (com) Auftragseingang *m (syn, inflow/intake . . . of new orders, order bookings, rate of new orders)*
booking orders (com) Bestelltätigkeit *f*
booking reference (ReW) Buchungsvermerk *m (syn, posting reference)*
bookings of unpaid checks (Fin) Rückrechnungen *fpl*
bookings-to-billings ratio (com) = book-to-bill ratio
booking terminal (EDV) Buchungsterminal *n (syn, US, reservation terminal)*
book inventory
(ReW) Buchinventur *f*
– permanente Inventur *f*
(syn, perpetual inventory)
bookkeeper (ReW) Buchhalter *m (syn, accounting clerk)*
bookkeeping (ReW) Buchführung *f*
bookkeeping allowance for depreciation
(ReW) bilanzielle Abschreibung *f (syn, depreciation for reporting purposes, qv)*
bookkeeping and collection function
(Fin) Dienstleistungsfunktion *f (ie, service provided by a factoring institute)*
bookkeeping department
(ReW) Buchhaltung *f (syn, accounting/accounts . . . department)*
bookkeeping operation (ReW) Buchungsvorgang *m*
bookkeeping voucher (ReW) Buchungsbeleg *m (ie, voucher supporting book entry)*
bookless accounting (ReW) Belegbuchhaltung *f (syn, file posting, ledgerless accounting, slip system of accounting)*
booklet
(com) Broschüre *f (syn, brochure)*
(Mk) Faltblatt *n*
– Prospekt *m*
– Broschüre *f*
book loss
(ReW) Buchverlust *m*
– buchmäßiger Verlust *m (syn, accounting loss)*
bookmark (EDV) Lesezeichen *n (unique identifier of a database record; allows to access record quickly)*
book money
(Vw) Buchgeld *n*
– Giralgeld *n (syn, deposit money, qv)*
book of final entry (ReW) Hauptbuch *n (syn, general ledger)*
book of first entry (ReW) = book of original entry
book off sick *v*
(Pw, US) sich krankmelden
(ie, for a particular day, because of disagreement with one's employer; syn, call in sick)
book of original entry (ReW) Grundbuch *n (syn, book of first/prime entry)*
book of prime entry (ReW) = book of original entry
book of secondary entry
(ReW) = book of final entry
book profit
(Fin) Buchgewinn *m*
– rechnerischer Gewinn *m*
(syn, accounting/paper . . . profit)
book publisher (com) Buchverleger *m*
book rate of return (Fin) rechnerische Rendite *f (syn, accountant's return)*
book receivables (ReW) Buchforderungen *fpl (syn, accounts receivable, qv)*
book review
(com) Buchbesprechung *f*
– Rezension *f*
book reviewer (com) Rezensent *m*
book royalty (com) Buchhonorar *n*
book runner (Fin) Konsortialführer *m*
books and records (ReW) Bücher *npl* und Aufzeichnungen *fpl*
books of account
(ReW) Bücher *npl*
– Geschäftsbücher *npl*
book store (com) Buchhandlung *f*
book surplus (ReW) buchmäßiger Überschuß *m*
book-to-bill ratio
(com) Verhältnis *n* Auftragseingang zu Ausgangsrechnungen *(eg, a key measure for the semiconductor industry)*
book trade (com) Buchhandel *m*
book transfer (ReW) Umbuchung *f (syn, reclassification, reposting)*
book up *v* (com) reservieren lassen
book value
(ReW) (Rest-)Buchwert *m*
– Nettobuchwert *m*
– fortgeführter Anschaffungswert *m (ie, net amount at which an asset is recorded on the books of account; syn, net book value, depreciated book value, amortized cost, carrying value; opp, gross book value; market value)*
(Fin) Buchwert *m (ie, nominal amount of liability less unamortized discount = nicht abgeschriebenes Disagio od Damnum)*
Erwerbskurs *m* + aufgelaufene Zinsen *mpl (ie, of bonds)*
book value before adjustment (ReW) Bruttobuchwert *m*
book value of investment (Fin) Beteiligungswert *m (ie, in subsidiaries and associated companies)*
book value of return (Fin) = book rate of return
boolean algebra
(Math) boolesche Algebra *f*
– Algebra *f* der Logik *(eg, under the operations of taking intersections and unions, the subsets of a given set form a Boolean algebra; syn, algebra of logic)*
boolean complementation
(EDV) boolesche Komplementierung *f*
– Negation *f (syn, negation, NOT operation)*
boolean connective (EDV) boolescher Operator *m (syn, logical . . . connective/operator)*
Boolean lattice (Math) boolescher Verband *m*
boolean logic (Math) = boolean algebra
boolean operation
(EDV) boolesche Operation *f*
– boolesche Verknüpfung *f*
boolean operation table (Log) Wahrheitswerttafel *f (syn, truth table)*
boolean polynomial (Math) Boolesches Polynomial *n*
boolean variable (Math) boolesche Variable *f*
boom
(Vw) Boom *m*
– starker Aufschwung *m*
(Bö) Hausse *f*

boom-and-bust cycle (Vw, infml) Konjunkturzyklus *m*
boomerang method (Mk) Bumerang-Methode *f (ie, of sales talk)*
boom in capital investment (Vw) Investitionsboom *m*
boom in orders (com) Auftragsschwemme *f*
boondoggle (com, sl) wertloses Programm *n*
boost *v*
(com) erhöhen *(eg, pay)*
– in die Höhe treiben *(eg, prices)*
– steigern *(eg, productivity)*
(Vw) ankurbeln *(eg, economic activity, the economy; syn, infml, pep up, give a shot in the arm)*
booster training (Pw) auffrischende Ausbildung *f (syn, refresher /updating/upgraded . . . training)*
boot
(Pw, GB, infml) Entlassung *f (eg, get/give the boot; syn, kick, push, sack)*
(com) zusätzliche Leistung *f*
boot *v*
(EDV) starten
(EDV) urladen *(syn, bootstrap)*
bootleg wages
(Pw, US) über Tariflohn liegender Effektivverdienst *m*
(ie, wage above union scale)
boot off *v* (com, infml) ausschließen *(eg, company booted off the stock exchange)*
boot out *v* (com, infml) = boot off
boot strap
(Fin, GB) Barangebot *n* an e–n Mehrheitsaktionär mit anschließendem Angebot auf Erwerb der restlichen Anteile e–r Gesellschaft
(ie, cash offer for a controlling interest)
(EDV) Urlader *m (syn, bootstrap loader)*
bootstrap *v*
(EDV) urladen
– booten *(syn, boot)*
bootstrap finance (Fin) interne Finanzierungsmaßnahmen *fpl*
bootstrap loader
(EDV) Urlader *m*
– Bootstrap-Lader *m*
(ie, Systemprogramm, in dem Festwertspeicher des Rechners gespeichert ist)
bootstrap memory
(EDV) Startroutine-Speicher *m*
(ie, provides for automatic input of new programs without erasing the basic instructions in the computer)
bootstrap program
(EDV) Urladerroutine *f*
– Bootprogramm *n*
bootstrap technique
(EDV) Bootstrap-Technik *f*
(ie, permits system to bring itself into an operational state by means of its own action; syn, bootstrap instructor technique)
border adjustment for internal taxes (EG) Grenzausgleich *m*
border check (Zo) Zollkontrolle *f*, Grenzkontrolle *f*
border crossing (com) Grenzübergang *m*
bordereau
(Vers) tabellarische Aufstellung *f* von Versicherungsverträgen *(ie, in reinsurance)*
(com) Laufzettel *m*
bordered determinant (Math) geränderte Determinante *f*
bordering state (Re) Anliegerstaat *m*
borderline case (com) Grenzfall *m*
borderline cost
(KoR) teilvariable Kosten *pl*
(syn, mixed/ semi-variable/semi-fixed . . . cost)
borderline subject (com) Grenzgebiet *n*
border of screen (EDV) Bildschirmrand *m*
border tax adjustment (StR) steuerlicher Grenzausgleich *m (ie, remission of taxes on exported goods)*
border tax on imports
(EG) Einfuhrabgabe *f*
– Grenzausgleichsabgabe *f*
border traffic (com) Grenzverkehr *m*
bord receipt (com) Bordbescheinigung *f*
Borel-measurable
(Math) Borel-meßbar
– B-meßbar
born leader (com) Führerpersönlichkeit *f*
borrow *v*
(Fin) ausleihen
– leihen
(syn, raise/take up . . . money/funds; opp, lend)
(Fin) Darlehen *n* od Kredit *m* aufnehmen *(syn, raise a loan, take up/on . . . a credit)*
(Fin) fremdfinanzieren *(ie, finance through borrowing)*
borrow at call *v* (Fin) täglich kündbare Kredite *mpl* aufnehmen
borrowed capital (Fin) Fremdkapital *n (syn, debt/loan/outside . . . capital)*
borrowed funds
(Fin) Fremdmittel *pl (syn, external/outside . . . funds, funds from outside sources)*
(Fin) aufgenommene Mittel *pl*
borrowed reserves
(AuW) geliehene Währungsreserven *fpl*
(Fin, US) ausgeliehene Mittel *pl*
(ie, advances and discounts from Federal Reserve Banks)
borrowed resources (Fin) Fremdmittel *pl*
borrowed stocks (Bö) geliehene Aktien *fpl (ie, brokers borrow stock to deliver on short sales)*
borrower
(Fin) Darlehensnehmer *m*
– Kreditnehmer *m (opp, lender)*
borrower of lesser standing (Fin) weniger gute Adresse *f (syn, lesser-rate borrower)*
borrower's file (Fin) Kreditakte *f (ie, kept by a bank)*
borrow funds *v* (Fin) Kredite *mpl* aufnehmen *(ie, from)*
borrowing
(Fin, FiW) Kreditaufnahme *f*
– Mittelbeschaffung *f*
(syn, credit intake, raising/taking/taking up . . . credits; opp, lending, qv)
(Fin) Aufnahme *f* von Fremdmitteln *(syn, raising external funds)*
(Fin) Fremdfinanzierung *f (syn, debt financing)*
(Fin, GB) Kauf *m* e–s Metallkontraktes mit kurzer Restlaufzeit bei gleichzeitigem Terminverkauf e-s neuen Kontrakts mit längerer Laufzeit; term used on the London Metal Exchange

borrowing abroad
(Fin) äußere Verschuldung *f*
– externe Verschuldung *f*
(Fin) Kreditaufnahme *f* im Ausland
borrowing agreement (Fin) Kreditvertrag *m*
borrowing allocation (Fin) Verschuldungsgrenze *f* *(ie, festgelegt vom ‚board of directors')*
borrowing authorisation (FiW) Kreditermächtigung *f*
borrowing authority (Fin) Kreditaufnahme-Vollmacht *f*
borrowing bank
(Fin) aufnehmende Bank *f*
– Nehmerbank *f*
borrowing binge
(Fin) ungezügelte Kreditaufnahme *f*
– Pumpen *n* auf Teufel komm raus
borrowing by banks (Fin) aufgenommene Gelder *npl* *(ie, to strengthen liquidity position)*
borrowing ceiling
(Fin) Schuldenrahmen *m*
– Verschuldungsgrenze *f*
borrowing cost (Fin) Kreditkosten *pl (syn, borrowing fees)*
borrowing customer (Fin) Kreditkunde *m*
borrowing external funds (Fin) Aufnahme *f* von Fremdmitteln *(syn, raising external funds)*
borrowing facilities (Fin) Kreditfazilitäten *fpl*
borrowing fees (Fin) = borrowing cost
borrowing in the Euromarket (Fin) Euro-Kreditaufnahme *f*
borrowing in the money market
(Fin) Inanspruchnahme *f* des Geldmarktes
– Mittelaufnahme *f* am Geldmarkt
borrowing limit (Fin) Kreditlinie *f* *(syn, line of credit, lending line, lending ceiling)*
borrowing potential
(Fin) Verschuldungspotential *n*
– Kreditfähigkeit *f (syn, borrowing power)*
borrowing power (Fin) = borrowing potential
borrowing powers
(Fin, GB) Kreditaufnahme-Befugnis *f*
(ie, given to the directors of a company)
borrowing rate
(Fin) Sollzins *m*
– Sollzinssatz *m*
(ie, of banks; opp, lending rate = Habensatz)
borrowing ratio (Fin) Fremdfinanzierungsquote *f*
borrowing requirements
(Fin) Kreditbedarf *m*
– Finanzierungsbedarf *m*
borrowings
(Fin) Direktkredite *mpl*
– Darlehensverbindlichkeiten *fpl*
borrow interest-free *v* (Fin) zinsfreies Darlehen *n* aufnehmen
borrow money *v*
(Fin) Geld *n* leihen
– Geld *n* aufnehmen
Boston bookkeeping (ReW) einfache Buchführung *f* *(ie, single entry system)*
Boston interest (Fin, US) Zinsberechnung *f* auf der Grundlage von 30 Kalendertagen *(opp, New York interest)*
both-to-blame-collision clause (SeeV) Kollisionsklausel *f* bei beiderseitigem Verschulden

bottled-up price increases (com) zurückgestaute Preiserhöhungen *fpl (ie, due to price controls)*
bottled-up store
(IndE) Aufstaulager *n*
(ie, in serial production where output per time unit is larger than that of subsequent operations)
bottleneck
(com) Engpaß *m*
– Engpaßbereich *m*
(EDV) Flaschenhals *m (eg, „the slow hard disk is the bottleneck of my new personal computer")*
bottleneck inflation (Vw) (nicht-monetäre) Nachfrageinflation *f*
bottleneck investment (Bw) Engpaßinvestition *f*
bottleneck monopoly (Kart, US) Engpaßmonopol *n* *(ie, one that operates a key physical facility)*
bottleneck segment (Bw) Minimumsektor *m (ie, in operative planning)*
bottom
(com) Tiefstand *m (syn, low)*
(Vw) Konjunkturtiefstand *m*
– Talsohle *f*
(com) = ship
bottom *v* (com) Tiefstand *m* erreichen
bottom dropped out (Bö) scharfer Kursrückgang *m* *(ie, creates a panicky condition)*
bottom line
(com) Grundgeschäft *n*
– Hauptsparte *f (ie, of a business, trade, or industry; syn, mainstay business)*
(com) Endergebnis *n (syn, final result)*
(Fin) Endgewinn *m* od Endverlust *m (ie, final profit or loss figure for a transaction)*
bottom-line profit margin (Bö) Mindestgewinnspanne
bottom lines
(com) Grundgeschäft *n*
– Grundsortiment *n*
– Kerngeschäft *n*
– Massengeschäft *n (syn, infml, bread-and-butter lines, meat and potatoes, staple diet)*
bottom margin
(EDV, Cobol) unterer Rand *m*
(ie, empty area following the page body; cf, DIN 66 028, Aug 1985)
bottom of a recession (Vw) konjunkturelle Talsohle *f*
bottom of economic activity (Vw) konjunkturelle Talsohle *f*
bottom of the trough (Vw) Tiefpunkt *m* der Rezession
bottom out *v*
(com) tiefsten Stand erreichen *(ie, before rising again)*
(Vw) Talsohle *f* verlassen
bottom price
(com) niedrigster Preis *m*
– äußerster Preis *m*
(syn, lowest/knock-down/rock-bottom . . . price)
(Bö) niedrigster Kurs *m*, Niedrigstkurs *m*
bottom stop
(Vw) Sperrklinkeneffekt *m*, Ratchet-Effekt *m*
(syn, downward rigidity, ratchet effect)
bottom support point (AuW) unterer Interventionspunkt *m (syn, lower floor . . . support point; floor)*

bottom-up approach (Bw) Aggregationsmethode *f* *(opp, top-down approach)*
bottom-up design (EDV) Aufwärtsstrukturierung *f*
bottom-up information (Bw) Informationsfluß *m* von unten nach oben
bottom-up management (Bw) partizipative Unternehmensführung *f*
bottom-up planning
(Bw) progressive Planung *f*
– progressives Planungsverfahren *n*
bottom-up programming
(EDV) Programmierung *f* nach der Bottom-Up-Methode
– Bottom-Up-Programmierung *f*
(ie, detail routines are coded before designing the main skeleton of an application; opp, top-down programming)
bottom-up replanning (Bw) Neuplanung *f* von unten nach oben
bought and sold note (Bö) Schlußnote *f* *(syn, contract note, qv)*
bought-in parts
(MaW) bezogene od fremdbezogene Teile *npl* *(syn, bought-in supplies, bought-out parts, purchased components)*
bought-in supplies (MaW) = bought-in parts
bought note
(Bö) Schlußschein *m*
– Schlußnote *f* *(syn, contract note, qv)*
(Fin) Kaufabrechnung *f*
bought-out materials
(MaW) fremdbezogene Stoffe *mpl*
bought-out parts (MaW) = bought-in parts
bounce (EDV) Prellen *n*
bouncer (Fin, GB, infml) geplatzter Scheck *m* *(syn, dud)*
bounce up *v* (com) scharf ansteigen *(eg, prices; syn, shoot up, qv)*
bound
(OR) Schranke *f* *(ie, in mathematischen Optimierungssystemen)*
boundary condition (Math) Randbedingung *f*
boundary distribution
(Math) Randverteilung *f*
– Anfangsverteilung *f* *(syn, initial/marginal . . . distribution)*
boundary of a set (Math) Rand *m* e–r Menge *(syn, frontier)*
boundary operator (Math) Randoperator *m*
boundary point of a set (Math) Grenzpunkt *m* e–r Menge
boundary square (Math) Randquadrat *n*
boundary value (Math) Randwert *f* *(never translate with ‚Grenzwert' = limit or limiting value)*
boundary value problem (Math) Randwertproblem *n*
bound by directives (Pw) weisungsgebunden *(syn, reporting to)*
bounded closed set (Math) beschränkte abgeschlossene Menge *f*
bounded discretion (Bw) eingeschränkte Ermessensfreiheit *f*
bounded rationality
(Bw) eingeschränkte Rationalität *f* *(ie, permitting no optimum solution)*
bounded variable (Math) = bound variable
bound-in
(Mk) Beibinder *m*
– Beihefter *m* *(ie, sheet or brochure added to a newspaper or magazine)*
bound rates (AuW) gebundene Zollsätze *mpl* *(ie, result from GATT negotiations)*
bound upward *v* (com) steigen *(eg, profits have bounded upward at an 80% rate)*
bound variable
(Math) gebundene Variable *f*
– scheinbare Variable *f* *(syn, bounded variable)*
bounty
(AuW) Bonus *m*
– Prämie *f*
– Subvention *f* *(syn, export bounty)*
bourse (Bö) (Bezeichnung für europäische) Effektenbörse *f* *(eg, Frankfurt, Paris, Milan)*
boutique (Fin, GB) Kundenbüro *n* e-s Finanzdienstleistungsunternehmens in e–m Einkaufszentrum *(= in a shopping precinct)*
bout of backsliding (com, infml) Rückfall *m*
bout of inflation (Vw) Inflationsstoß *m*
bout of weakness (com) Schwächeanfall *m* *(eg, of $ or DM)*
box
(Fin) Safe *m* od *n* *(syn, safe deposit box)*
(EDV) Umrahmung *f*
– Feld *n*
(Fin) Kästchen *n* *(ie, in point & figure charts, ein Kästchen gleich e–r bestimmten Punktzahl)*
box arbitrage (Fin) Arbitrage *f* mit unterschiedlichen Kursen verwandter Terminkontrakte
boxcar (com, US) gedeckter Wagen *m*, G-Wagen *m* *(syn, box wagon, covered goods wagon)*
box diagram (Stat) Kastendiagramm *n*
box fee (com) Chiffregebühr *f*
boxing (EDV) Einpassen *n* *(ie, in computer graphics)*
boxmaker (com) Wellpappenfabrikant *m*
box number (Pw) Chiffrenummer *f* *(syn, reference number)*
box number advertisement (Mk) Chiffreanzeige *f* *(syn, keyed advertisement)*
box reversal (Fin) Punktumkehr *f* *(ie, in point & figure charts; cf, Drei-Punkte-Umkehr)*
box spread (Bö) Box Spread *m* *(ie, Fall von Optionsarbitrage)*
box wagon (com, GB) gedeckter Wagen *m*, G-Wagen *m* *(syn, US, boxcar; opp, open wagon)*
boycott (com) Boykott *m*
boycott strike (Pw) Boykott-Streik *m*
B/P (Fin) = bills payable
bps
(EDV) = bytes per second, Bps
(EDV) = bits per second, bps
B/R (Fin) = bills receivable
braces (Math) geschweifte Klammern *fpl*
bracket
(com) Stufe *f*
– Intervall *n*
(com) Gruppe *f*
(Math) eckige Klammer *f*
bracket creep
(StR) schleichende Steuerprogression *f*
– heimliche Steuererhöhung *f*

bracketed figure (ReW) Saldo *m (+ od –)*
bracket jumping (StR) Hineinwachsen *n* in höhere ESt-Gruppen *(eg, lifting taxpayers into ever-higher brackets, due to inflation)*
brainstorming (com) Ideenfindung *f (esp. in a team)*
brainstorming trust
(com) Sachverständigengruppe *f*
– Expertenteam *n*
branch
(com) (Zweig-)Niederlassung *f*
– Zweigbetrieb *m*
– Zweigstelle *f*
– Filiale *f*
(syn, branch . . . organization/establishment/ office, field organization)
(EDV) Verzweigung *f (syn, jump)*
(OR) Kante *f*
– Pfeil *m (ie, of a graph)*
branch *v*
(EDV) abspringen, verzweigen
(ie, to depart from normal sequence of instructions; syn, to jump)
branch abroad (com) = foreign branch
branch accounting (ReW) Filialbuchhaltung *f*
branch address
(EDV) Sprungadresse *f*
– Verzweigungsadresse *f*
branch bank
(Fin) Filialbank *f*
(Fin) Bankfiliale *f*
– Filiale *f*
branch banking (Fin) Filialbanksystem *n (ie, opp, chain banking, group banking)*
branch capacity matrix (OR) Verbindungskapazitäts-Matrix *f*
branch condition (EDV) Sprungbedingung *f*
branch cut (Math) Verzweigungsschnitt *m*
branched-phase sequence (OR) verzweigte Phasenfolge *f*
branch emanating from node (OR) Abgänger *m*
branches in parallel (OR) parallel geschaltete Kanten *fpl*
branches in series (OR) in Serie geschaltete Kanten *fpl*
branch establishment (com) = branch
branching (EDV) Verzweigung *f (syn, branch)*
branching instruction (EDV) = branch instruction
branching out (Bw) Diversifikation *f (syn, diversification)*
branching point (EDV) Verzweigungspunkt *m*
branch instruction
(EDV) Sprungbefehl *m*, Verzweigungsbefehl *m*
(syn, jump/skip/transfer/conditional transfer . . . instruction; unconditional branch)
branch leading into node (OR) Zugänger *m*, Einmünder *m*
branch manager
(com) Geschäftsstellenleiter *m*
– Filialleiter *m*
– Zweigstellenleiter *m*
branch network
(com) Geschäftsstellennetz *n*
– Zweigstellennetz *n*
– Filialnetz *n*
branch of a curve (Math) Kurvenstück *n*
branch of economic activity (Vw) Wirtschaftszweig *m*
branch office
(com) = branch
(com) Agentur *f*
branch of industry (com) Wirtschaftszweig *m*
branch of production (IndE) Produktionsbereich *m (syn, manufacturing sector, qv)*
branch on condition (EDV) bedingte Verzweigung *f (syn, conditional branch)*
branch operation
(com) = branch
(com) Zweigbetrieb *m*
– Zweigwerk *n*
(Mk) Filiale *f*
– Filialbetrieb *m*
(ie, may be an independent retail outlet, a field store from which customers are supplied, etc.)
branch out *v* (Bw) diversifizieren *(syn, diversify)*
branch plant (com) = branch operation
branch potential (Mk) Marktgröße *f* der eigenen Branche
branch prediction (EDV) Verzweigungsvorhersage *f (ie, technology used by microprocessors to speed execution time of programs)*
branch profits tax
(StR, US) Zweigniederlassungsteuer *f*
(ie, enacted as part of the 1986 US Tax Reform Act)
branch store (com, US) Verkaufsfiliale *f*, Zweiggeschäft *n*
branch store manager (Mk) Filialleiter *m*
branch store operator (Mk) Filialist *m*
brand
(Mk) Warenzeichen *n*
– Handelsname *m*
(Mk) Markenartikel *m*
brand acceptance (Mk) Markenakzeptanz *f*
brand advertising (Mk) Markenartikel-Werbung *f*
brand comparison (Mk) Markenvergleich *m*
brand competition (Mk) Markenwettbewerb *m*
branded article
(Mk) Markenartikel *m*
– Markenware *f*
branded goods
(Mk) Markenartikel *mpl*
– Markenwaren *fpl*
brand erosion (Mk) Markenerosion *f*
brand extension
(Mk) Markenerweiterung *f*
(ie, to bring out a new product under a successful brand)
brand family
(Mk) Markenfamilie *f*
(Mk) Markenbild *n*
brand figure (Mk) Markenzeichen *n*
brand identification (Mk) Markenidentität *f*
brand image
(Mk) Markenprofil *n*
– Markenbild *n*
branding (Mk) Warenzeichenpolitik *f*
brand insistence (Mk) Markentreue *f (syn, brand loyalty)*
brand label
(Mk) Markenetikett *n*
(Mk) Marke *f*
brand leader (Mk) Markenführer *m*, Spitzenmarke *f*

brand loyalty (Mk) Markentreue *f (syn, brand insistence)*
brand manager (Mk) Produktmanager *m (ie, Vertriebsleiter für e–n bestimmten Markenartikel)*
brand name
(Mk) Markenname *m*
– Gütezeichen *n*
– Verbandszeichen *n (ie, für e–e bestimmte Klasse von Artikeln)*
brand name loyalty (Mk) Markentreue *f (syn, brand loyalty)*
brand-new (com) völlig neu
brand piracy (Mk) Markenpiraterie *f*
brand policy (Mk) Markenpolitik *f*
brand preference (Mk) Markenpräferenz *f*
brand recognition (Mk) Markenbewußtsein *n*
brand selection (Mk) Markenwahl *f*
brand switching (Mk) Markenwechsel *m*
brand trend survey (Mk) Markenindex *m*
brass
(com, infml) Geld *n*
(Bw, infml) Führungskräfte *fpl*
(ie, in the phrase ‚the top brass')
brassage (FiW) Prägegebühr *f (syn, mintage)*
brazen law of wages (Vw) ehernes Lohngesetz *n (syn, iron law of wages, qv)*
breach a contract *v* (Re) Vertrag *m* verletzen
breach a market *v* (com) Fuß fassen *(syn, get a toehold in the market, qv)*
breach of an obligation (Re) Forderungsverletzung *f*
breach of a statutory duty (Re) Verletzung *f* e–r gesetzlichen Pflicht
breach of condition (Re) Verletzung *f* e–r Hauptpflicht aus Vertrag *(opp, breach of warranty)*
breach of confidence (Re) Vertrauensbruch *m*
breach of contract
(Re) Vertragsverletzung *f*
(ie, das englische Recht unterscheidet anders als das deutsche Recht nicht zwischen Verzug, Unmöglichkeit und sonstiger Nicht- bzw. Schlechtleistung; leistet Schuldner nicht, hat er Vertrag gebrochen und ist schadenersatzpflichtig; syn, violation of contract, breach of duty to perform)
breach of duty to perform (Re) = breach of contract
breach of faith (Re) Vertrauensbruch *m*
breach of law (Re) Gesetzesverletzung *f*
breach of obligation (Re) Forderungsverletzung *f*
breach of security (Re, GB) = breach of confidence
breach of treaty obligations (Re) Verletzung *f* von Vertragsbestimmungen
breach of trust
(com, infml) Pflichtverletzung *f*
– Untreue *f*
breach of warranty
(Re) Verletzung *f* e–r Gewährleistungspflicht
(Re) Verletzung *f* e–r Nebenpflicht aus Vertrag *(opp, breach of condition)*
breach rules *v* (Re) Vorschriften *fpl* verletzen
bread (com, infml) Geld *n*
bread-and-butter letter (com, infml) Dankschreiben *n (syn, letter of thanks)*
bread-and-butter lines (com, infml) Grundgeschäft *n (syn, bottom lines, qv)*
breadboard (EDV) Versuchsaufbau *m (ie, experimental or mockup model of any device)*
breadt first search
(EDV) Breadt-first-Suche *f*
– Breitensuche *f (opp, depth first search)*
breadwinner (com, infml) Familienernährer *m*
break
(com, infml) plötzliches und starkes Sinken von Preisen und Kursen
(Pw) Pause *f (ie, coffee/tea)*
(EDV) Verbindungsabbruch *m (ie, in data transmission; syn, disconnection)*
break *v* (Fin, infml) ruinieren
breakage (com) Bruch *m*
breakage frequency (IndE) Ausschußquote *f*
breakage of customs seal (Zo) Aufbrechen *n* von Zollverschlüssen
break bulk *v* (com) Sammelladungen *fpl* zerlegen *(ie, consolidated shipments)*
breakbulk cargo
(com, US) Stückgut *n*
(ie, miscellaneous goods packed in boxes, bales, crates, bags, cartons, barrels, or drums)
breakdown
(com) Aufgliederung *f*
– Aufschlüsselung *f (syn, subclassification)*
(com) detaillierte Aufstellung *f*
(IndE) Betriebsstörung *f (syn, equipment failure, plant interruption, stoppage)*
(Vw) Desaggregierung *f*
break down *v*
(com) aufschlüsseln
– aufgliedern
– zerlegen *(eg, figures; syn, apportion, classify, subclassify, itemize, subdivide)*
(com) ausfallen *(eg machinery, car)*
(AuW) abbauen *(eg, trade barriers = Handelsschranken)*
break down expenses *v* (com) Kosten *pl* aufschlüsseln
break down into *v* (IndE) zerlegen *(syn, disassemble)*
breakdown lorry (com, GB) = breakdown van
breakdown of job operations
(IndE) Arbeitsanalyse *f*
– Arbeitszerlegung *f (syn, job analysis)*
breakdown structure (IndE) Arbeitszerlegungs-Diagramm *n*
breakdown van (com, GB) Abschleppwagen *m (syn, US, tow truck)*
break even *v*
(com) Kosten *pl* decken
– ohne Verlust arbeiten
– mit Plus-minus-Null arbeiten
(KoR) Gewinnschwelle *f* erreichen
breakeven analysis
(KoR) Break-Even-Analyse *f*
– Gewinnschwellen-Analyse *f*
– Deckungspunktanalyse *f (syn, profitgraph)*
breakeven level of income (Vw) Basiseinkommen *n* des Haushalts
breakeven point
(Fin) Break-even Punkt *m*
– Gewinnschwelle *f*
– Kostendeckungspunkt *m*
(ie, no profit/no profit situation: total costs are equal to total sales volume)

(Bö, US) Kompensationspunkt *m*
(ie, oberhalb dieses Punktes wird die Optionsprämie durch die günstige Kursentwicklung überkompensiert)
break-even price (Bö) Differenz *f* zwischen Aktienkurs und Preis der Kaufoption
breakeven result (ReW) ausgeglichenes Ergebnis *n* *(ie, no profit, no loss)*
breakeven sales (com) Deckungsumsatz *m* *(ie, sales volume absorbs all costs)*
breakeven sales volume (KoR) Deckungsumsatz *m* *(ie, sales volume absorbs all costs)*
breakeven threshold (KoR) = breakeven point
breakeven time
(KoR) Deckungszeitpunkt *m*
(ie, point of time in a planning period where the cumulative profit contributions are higher than the cumulative fixed costs = Zeitpunkt, in dem die kumulierten Deckungsbeiträge erstmals die kumulierten fixen Kosten überschreiten)
breakeven volume (KoR) = breakeven sales volume
break forward (Fin, GB) Geldmarktpapier *n*, das Merkmale von Devisenterminkontrakten und Währungsoptionen verbindet
break in *v* (com) einfahren *(ie, machine, new car; syn, GB, run in)*
breaking bulk
(com) Zerlegen *n* e–r Sendung
(ie, durch Großhändler in einzelhandelsfähige Abmessungen od Mengen)
breaking down
(com) Aufschlüsselung *f*
– Aufgliederung *f*
– Zerlegung *f* *(syn, apportionment, allocation, classification, subclassification, subdivision)*
breaking-in (IndE) Anlaufen *n* *(ie, of a machine)*
breaking-in costs (KoR) Anlaufkosten *pl* e–r Maschine
break-in period (IndE) Anlaufzeit *f* *(syn, start-up period, launching period)*
break in the market (com) Preiseinbruch *m*
break off (com) Abbruch *m* *(eg, of negotiations, talks)*
break off *v*
(com) abbrechen *(eg, discussion, negotiations, talks)*
(Pw) Pause *f* einlegen
breakout (com) Aufgliederung *f* e–s Gesamtbetrages
break out *v* (com) bekanntgeben *(eg, detailed results)*
break point
(EDV) Haltepunkt *m*
(ie, point in a program where an instruction enables a programmer to interrupt the run; used for debugging purposes)
breakpoint switch
(EDV) Stoppschalter *m*
(ie, manually operated; controls conditional operations at breakpoints, used primarily in debugging)
break the grip *v* (com) Macht *f* brechen *(eg, industry's grip on oil markets)*
breakup
(com) Abbruch *m*, Aufhebung *f*, Beendigung *f*
(com) Aufteilung *f* *(syn, allocation, qv)*
break up *v*
(com) abbrechen, aufheben *(eg, meeting)*
(com) aufteilen *(syn, split up, apportion)*
(IndE) verschrotten *(syn, scrap)*
break-up bid
(Fin, GB) Angebot *n* auf Erwerb von Konzernunternehmen *(ie, crystallizes the value of the underlying companies by selling off individual units)*
break-up period (IndE) Anlaufzeit *f* *(syn, start-up period, launching period)*
break-up point
(Bö) Liquidationswert *m* *(ie, indicates the actual market value of net assets per share)*
break-up value
(com) Abbruchwert *m*
(Fin) (Zwangs-)Liquidationswert *m* *(opp, going concern value)*
(Fin, GB) Eigenkapital *n*
(ie, Sachkapital minus kurzfristige Verbindlichkeiten und bevorrechtigte Forderungen)
„B" reorganization (Re, US) Sanierung *f* durch Austausch stimmberechtigter Aktien *(cf, reorganization)*
breweries (Fin) = brewery stock
brewery stock (Fin) Brauereiaktien *fpl*
bribe (com) = bribe money
bribe *v*
(com) bestechen
– schmieren *(syn, buy off/over; infml, grease, oil somebody's palm)*
bribe money
(com) Schmiergeld *n*
– Bestechungsgeld *n* *(syn, graft, payoff; infml, kickback, slush money; sl, boodle)*
bribery (com) Bestechung *f* *(ie, practice of giving or taking bribes)*
bribery affair (com) Bestechungsaffäre *f*
bribery scandal (com) Bestechungsskandal *m*
brick areas (Mk, US) Absatzgebiete *npl* mit ähnlichem Marktpotential
bridge a gap in the market *v* (com) Marktlücke *f* schließen
bridge-over loan (Fin) = bridging loan
bridge program (EDV) Überbrückungsprogramm *n*
bridger (Fin) = bridging loan
bridging advance (Fin) = bridging loan
bridging finance (Fin) Zwischenfinanzierung *f* *(syn, interim /intermediate . . . financing)*
bridging loan
(Fin) Überbrückungskredit *m*
– Zwischenkredit *m*
(syn, bridge-over/interim/intermediate . . . loan)
brief
(com) Kurzbericht *m*
(syn, summary/condensed . . . report)
(Re) Auftrag *m*
– Fallunterlagen *fpl*
brief *v*
(com) beauftragen
(com) informieren über *(ie, impart information concisely)*
(Re) instruieren
brief-case computer (EDV) Aktentaschen-Computer *m* *(cf, hand-held computer)*

briefing
(com) Anweisungen *fpl*
– Instruktionen *fpl*
briefing session (com) Einsatzbesprechung *f*
Briggsian logarithm (Math) Briggscher od gewöhnlicher Logarithmus *m (syn, Briggs'/common . . . logarithm)*
Briggs' logarithm (Math) = Briggsian logarithm
bright (Bö) lebhaft nachgefragt
brightness control (EDV) Helligkeitsregelung *f (ie, at display workstation)*
bright steel (com) Blankstahl *m*
bring a case to the court *v* (Re) Klage *f* einreichen
bring a claim forward *v* (Re) Anspruch *m* geltend machen *(syn, advance a claim, qv)*
bring action *v*
(Re) klagen
– Klage *f* . . . anhängig machen/einreichen erheben *(syn, bring suit, file a suit, bring/institute . . . legal proceedings, proceed against, take legal action)*
bring assets to *v* (Fin) Vermögenswerte *mpl* einbringen
bring capital to *v* (Fin) Kapital *n* einbringen *(syn, contribute)*
bring charges against *v* (Re, infml) verklagen *(syn, take to court, qv)*
bring contributions to *v* (Fin) einbringen (in) *(syn, put in contributions)*
bring down *v*
(com) senken *(eg, prices, inflation rate)*
(com, US) amtlich bekanntgeben *(eg, new spending plans)*
bring forward *v*
(ReW) vortragen
(ie, to the top of the next page; syn, carry forward, qv)
bring in *v*
(com) einbringen
– verdienen *(eg, book brought in $1m)*
bringing down expenditure ratios (FiW) Rückführung *f* der Ausgabenquoten
bring on line *v* (com) in Betrieb setzen *(eg, plant, machinery)*
bring on stream *v* (com) in Betrieb nehmen *(syn, commission, qv)*
bring out *v*
(Fin) Emission *f* auf den Markt bringen
(com) herausbringen *(eg, book, article)*
bring suit *v* (Re) = bring action
bring to bear against *v* (com) anwenden gegen *(eg, a new law)*
bring to trial *v* (Re) = bring up
bring up *v*
(com) zur Sprache bringen *(eg, a subject)*
(Re) vor Gericht bringen *(syn, bring to trial)*
bring up to date *v*
(com) aktualisieren
– auf den neuesten Stand bringen *(syn, update)*
bring up to snuff *v* (com, infml) auf Schwung bringen *(eg, sales staff)*
brisk demand (com) lebhafte Nachfrage *f*
brisk market (Bö) = brisk trading
brisk trading (Bö) lebhafter Handel *m (syn, active trading, qv)*
British summer time
(com, GB) britische Sommerzeit *f*
(ie, one hour ahead of Greenwich mean time; from late March to late October)
British Treasury bills
(Fin) britische Schatzwechsel *mpl*
(ie, of two types: (1) market treasury bills; (2) tap treasury bills, qv)
broach a question to/with *v* (com) Frage *f* anschneiden od zur Sprache bringen *(bei)*
broad authority (Re) umfassende Vollmacht *f (eg, invest with . . . = ausstatten mit . . .)*
broad-banded salary structure (Pw) Gehaltsstruktur *f* mit wenigen Stufen
broad-based tax (FiW) allgemeine Steuer *f (syn, general tax; opp, narrow-based tax)*
broadcast
(EDV) Rundruf *m*
– Rundspruch *m*
broadcast advertising (Mk) Funkwerbung *f*
broad construction (Re) weite Auslegung *f (syn, liberal; opp, strict)*
broaden product base *v* (com) Produktpalette *f* erweitern
broad equity advance (Bö) Steigen *n* der Aktienkurse auf breiter Front
broad load (MaW) langfristige Materialbeschaffung *f*
broadly based (com) breit angelegt
broadly-based experience (com) umfassende Erfahrungen *fpl*
broadly diversified (com) breit gestreut
broad market
(Bö) lebhafter Handel *m*
– lebhafte Umsätze *mpl*
(syn, active trading, qv)
(Bö) aufnahmefähiger Markt *m*
(ie, in commodities and securities)
broad money (Vw) Geldmenge *m* M3
broad overview of (com) allgemeiner Überblick *m* über *(syn, general overview)*
broad patent (Pat) umfassendes Patent *n*
broad print (EDV) Breitschrift *f*
broad product line (Mk) Produktvielfalt *f*
broadsheet (Mk, GB) Handzettel *m (syn, US, throwaway, broadside)*
broad span of control (Bw) große Kontrollspanne *f (opp, shallow span of control, qv)*
broad totals (Vw) volkswirtschaftliche Gesamtgrößen *fpl (syn, aggregates, economy-wide totals)*
brochure (com) Broschüre *f (syn, booklet)*
broke (com, sl) pleite, bankrott *(syn, flat/stony . . . broke)*
broke *v* (Bö) als Broker tätig sein *(eg, broke in . . .)*
brokee (Fin, infml) vom Börsenmakler beratener Aktienkäufer *m*
broken amount (Bö, GB) = odd lot
broken date (Fin) Zwischentermin *m (ie, in the Euromarket; cf, cock date)*
broken-down depreciation
(KoR) gebrochene Abschreibung *f*
(ie, into fixed and proportional elements; used in direct costing = Grenzplankostenrechnung)
broken interest (Fin) Bruchzins *m*
broken line (com) gestrichelte Linie *f (syn, dashed line)*

broken-line graph (Stat) gestricheltes Liniendiagramm *n*
broken ranges (com, GB) Über- oder Untergrößen *fpl (syn, US, broken sizes)*
broker
(com) Makler *m*
– Broker *m*
(ie, brings together buyers and sellers of the same commodity or security and executes their orders, receiving a commission or brokerage; principal-agent relationship; more common than in Germany)
(Bö, GB) Broker *m*
(ie, das Trennsystem zwischen Broker und Jobber besteht nicht mehr; seit 1986 nur noch market maker, qv)
(Vers, GB) Versicherungsmittler *m*
– Broker *m*
(ie, der Versicherungsgeschäfte an die Llloyd's-Syndikate heranträgt; große Broker-Firmen sind Finanzkonglomerate)
brokerage
(com) Maklergeschäft *n*
(com) Maklergebühr *f*
– Courtage *f*
– Provision *f (syn, brokerage commission, broker's commission)*
brokerage commission (Fin, US) Maklerprovision *f (ie, unfixed by the SEC in 1975)*
brokerage contract (com) Maklervertrag *m*
brokerage firm (com) Maklerfirma *f*
brokerage house (Bö) Brokerfirma *f*
brokerage statement (Bö) Courtagerechnung *f*
broker-dealer
(Bö, GB) Broker/Händler *m*
(ie, new style broker involved in the marketing as well as the buying and selling of securities on the clients' behalf)
brokered deposits (Fin, US) von Maklern vermittelte Einlagen *fpl*
brokered trade (Bö) Maklerabschluß *m*
broker fund
(Fin, GB) Broker-Fonds *m*
(ie, investment bond fund managed by an independent financial adviser)
broker's bought note (Bö) Schlußschein *m*, Schlußnote *f (syn, contract note, qv)*
broker's broker (Bö) Wertpapiermakler *m* auf eigene Rechnung
broker's commission (com) = brokerage commission
broker's contract note (Bö) = broker's bought note
broker's free credit balance (Bö, US) freies Maklerguthaben *n (ie, on brokerage accounts)*
broker's loan
(Fin) Maklerkredit *m*
(ie, zur Refinanzierung von Effektenkrediten; syn, street/call . . . loan)
broker's order (com, GB) Verladeanweisung *f*
broker's statement (Fin) Maklerabrechnung *f*
broker's ticket (Bö) Liste *f* aller Kauf- und Verkaufsaufträge e–s Broker
broking house (Bö, GB) = brokerage house
broom clean (com) besenrein *(ie, in real estate language)*
brought forward (ReW) Vortrag *m*
brought forward to new account (ReW) Vortrag *m* auf neue Rechnung
brown-chip borrower (Fin) Kreditnehmer *m* mit eingeschränkter Kreditwürdigkeit *(opp, blue-chip borrower)*
brown goods
(com) braune Ware *f (eg, radio, TV set, recorder; opp, white goods)*
(com) = brown liquors
brown liquors (com) „braune Getränke" *npl (eg, Canadian, blended whiskeys)*
browse *v* (EDV) anzeigen
browse key (EDV) Anzeigetaste *f*
browse mode
(EDV) Anzeigemodus *m (for database systems: opp, edit mode)*
– Übersichtsmodus *m*
brush up *v* (com) auffrischen *(eg, your English; syn, US, brush up on)*
Brussels definition (Zo) Brüsseler Begriffsbestimmung *f (ie, of value for customs purposes)*
Brussels principles of valuation (Zo) Brüsseler Bewertungsgrundsätze *mpl*
Brussels Tariff Nomenclature (EG) Brüsseler Zolltarifschema *n*
B/S (com) = bill of sale
b.t. (com) = berth terms
bubble chip (EDV) Blasenchip *m*
bubble memory
(EDV) Blasenspeicher *m*
(ie, memory device using discrete, microscopic cells in an aluminum garnate substrate)
bubble memory cassette
(EDV) Blasenspeicher-Kassette *f*
(ie, faster, more reliable and vastly more rugged than floppy disks, if slower than conventional semiconductor memory)
bubble policy
(Bw) Blasenpolitik *f*
– Glockenpolitik *f*
(ie, umweltinstrumentelle Lösung zur Reduzierung der Umweltschutzkosten)
bubbles
(EDV) Magnetblasen *fpl*
– Magnetdomänen *fpl*
– Bubbles *fpl*
bubble wrap (Mk) Blisterverpackung *f*
buck (com, US, infml) Ein Dollar *m*
bucket
(EDV) Bildbereich *m*
– Bucket *m*
(EDV) Aushöhlung *f (ie, in direct access storage)*
(IndE) Zeitabschnitt *m*
– Planungsperiode *f*
bucket shop (Fin, US) mit betrügerischen Mitteln arbeitende Maklerfirma *f*
buckle up *v*
(com) anschnallen
– Gurt *m* anlegen *(syn, belt up, strap in)*
buckshee shares
(Pw, infml) Belegschaftsaktien *fpl*
(eg, employees get further . . . on a 1 : 1 basis; syn, employee shares)
buck slip (com) Laufzettel *m (syn, routing slip)*

buck up *v* (com, infml) verbessern *(eg, efficiency, ideas)*
buddy system
(Pw) Anlernsystem *n*
(ie, Anlernen n *unter Anleitung e–s erfahrenen Mitarbeiters)*
budget
(Bw) Budget *n*, Plan *m*
(FiW) Haushaltsplan *m*
– Budget *n*
– Etat *m (ie, annual estimate of public receipts and expenditures)*
budget *v* (FiW) etatisieren
budget account (Fin) Kundenkreditkonto *n*
budget accounting (KoR) Plankostenrechnung *f (syn, standard costing, qv)*
budget appropriation (FiW) Ausgabebewilligung *f*
budgetary accounting
(ReW) Planungsrechnung *f*
– Vorschaurechnung *f*
budgetary behavior (FiW) Haushaltsgebaren *n*
budgetary benchmark figures (FiW) haushaltspolitische Eckwerte *mpl*
budgetary cash position (FiW) haushaltsmäßiger Baransatz *m*
budgetary challenges (FiW) Herausforderungen *fpl* für die öffentlichen Finanzen *(eg, arising from the ageing of the population)*
budgetary constraint (FiW) = budget constraint
budgetary control (KoR) Budgetkontrolle *f*
budgetary cycle (FiW) Haushaltskreislauf *m (ie, Verfahren, das von der Aufstellung und gesetzlichen Festlegung des Haushaltsplans über dessen Ausführung durch die Verwaltung, die Finanzkontrolle durch den Bundesrechnungshof, die Rechnungslegung bis zur Entlastung der Bundesregierung durch das Parlament reicht)*
budgetary deficit (FiW) Haushaltsdefizit *n*
budgetary definition (FiW) haushaltsmäßige Abgrenzung *f*
budgetary emergency (FiW) Haushaltsnotlage *f*
budgetary gap (FiW) Finanzierungslücke *f*
budgetary imbalances (FiW) Haushaltsungleichgewichte *npl*
budgetary item (FiW) = budget item
budgetary loan (FiW) Haushaltskredit *m*
budgetary period (Fin) Finanzperiode *f*
budgetary planning
(Fin) Finanzplanung *f*
(FiW) Haushaltsplanung *f*
budgetary policies (FiW) Haushaltspolitik *f*
budgetary position (FiW) Haushaltslage *f*
budgetary receipts (FiW) Finanzaufkommen *n*
budgetary reflation (FiW) = deficit spending
budgetary risk (FiW) Haushaltsrisiko *n*
budgetary unit of account (EG) Haushalts-Rechnungseinheit *f*
budget audit (FiW) Haushaltsprüfung *f*
budget authority
(FiW, US) Ausgabeermächtigung *f*
(ie, basic forms: appropriations, contract authority, borrowing authority; syn, GB, total obligational authority, TOA)
budget authorization form (Bw) Budgetgenehmigungsblatt *n*
budget balance
(Fin) Haushaltssaldo *m*
(Vw) Budgetbeschränkung *f*
budget balancing (FiW) Haushaltsausgleich *m*
budget bill (FiW) Haushaltsentwurf *m*
budget ceiling
(FiW) Ausgabegrenze *f*
(ie, set forth in fiscal blueprints; syn, spending target)
budget charge account
(Fin) Kredit *m* in laufender Rechnung
(ie, mit vereinbarter Kredithöhe; esp. for retail purchases)
budget committee (FiW) Haushaltsausschuß *m*
budget constraint (FiW) Budget-Restriktion *f*
budget constraint line
(Vw) Bilanzgerade *f*
– Budgetgerade *f (syn, budget line, qv)*
budget control
(Bw) Plankontrolle *f*
– Planüberwachung *f*
(FiW) Haushaltskontrolle *f*
budget cost (KoR) Plankosten *pl (syn, predicted cost, qv)*
budget cost estimate sheet (KoR) Plankostenrechnungsbogen *m*
budget crisis (FiW) Haushaltskrise *f*
budget cut (FiW) Haushaltskürzung *f (syn, budget slash)*
budget cycle
(FiW) Budgetkreislauf *m*
– Budgetzyklus *m*
budget debate (FiW) Haushaltsdebatte *f*
budget deficit
(FiW) Haushaltsdefizit *n*
– Haushaltsfehlbetrag *m (syn, budget shortfall)*
budget draft (FiW) Haushaltsentwurf *m (syn, draft budget, proposed budget, fiscal blueprint)*
budgeted capacity
(Bw) Sollkapazität *f*
(ie, number of standard hours of productive work planned for a budget period)
budgeted cost
(KoR) Sollkosten *pl*
– Vorgabekosten *pl*
– Budgetkosten *pl*
(syn, target/attainable/ standard/current standard/ideal standard . . . cost)
budgeted manpower (Pw) Personal-Sollbestand *m*
budgeted output (Bw) Sollausbringung *f (syn, planned output)*
budgeted sales (Mk) Planumsatz *m*
budgeted standards (Bw) Soll-Kennziffern *fpl*
budgeted transfer price (ReW) geplanter Verrechnungspreis *m*
budgeted variance (KoR) erwartete Abweichung *f*
budget equalization fund (FiW) Budgetausgleichsfonds *m*
budget equation
(Vw) Bilanzgleichung *f*
– Budgetgleichung *f (ie, of the household)*
budget estimate (FiW) Haushaltsansatz *m*
budget expenditure (FiW) Haushaltsausgaben *fpl*
budget figures (Bw) Planzahlen *fpl*
budget forecast (FiW) Budgetprojektion *f*

budget freeze (FiW) Haushaltssperre *f*
budget funds
(FiW) Haushaltsmittel *pl*
– Etatmittel *pl (syn, public funds)*
budget gap (FiW) Haushaltslücke *f*
budget incidence (FiW) Budgetinzidenz *f*
budgeting
(Bw) Planung *f (ie, preparing statements of plans and expected results in numerical terms; syn, planning, master minding)*
(Bw) Budgetierung *f*
– Budgetaufstellung *f (ie, operational planning)*
(Fin) Budgetierung *f (ie, in the sense of financial planning)*
(FiW) kurzfristige Vollzugs-Budgetplanung *f (ie, im Rahmen des Programmbudgets)*
budgeting period (Bw) Planungsperiode *f*
budget item
(FiW) Haushaltstitel *m*
– Budgetposten *m (syn, budgetary item)*
budget law (FiW) Haushaltsrecht *n*
budget line
(Vw) Bilanzgerade *f*
– Budgetgerade *f*
(syn, budget constraint line, opportunity curve, iso-expenditure line, price line, consumption possibility line)
budget management (FiW) Haushaltsführung *f*
budget of sales volume (Mk) Absatzmengenplan *m (ie, part of overall sales planning; syn, volume budget)*
budget outcomes (FiW) Haushaltsergebnisse *npl*
budget overrun (FiW) Haushaltsüberschreitung *f* Budgetüberschreitung *f (syn, over budget)*
budget packet (FiW) = budget
budget period
(Bw) Budgetierungszeitraum *m*
– Planabschnitt *m*
(FiW) Haushaltsperiode *f*
– Budgetperiode *f*
budget principles (FiW) Haushaltsgrundsätze *mpl*
Budget Principles Act (FiW) Haushaltsgrundsätzegesetz *n*
budget privilege (FiW) Budgetrecht *n (ie, des Parlaments)*
budget revenue (FiW) Haushaltseinnahmen *fpl*
budget runover (FiW) = budget overrun
budget shortfall (FiW) Haushaltsdefizit *n (syn, budget deficit)*
budget space (Vw) Bereich *m* realisierbarer Verbrauchspläne
budget span (KoR) Planungszeitraum *m*
budget surface (Vw) Bilanzebene *f*
budget surplus
(FiW) Haushaltsüberschuß *m*
– Budgetüberschuß *m*
budget system (FiW) Haushaltssystematik *f*
budget target (Bw) Budgetziel *n (ie, in the shape of a numberized goal)*
budget tracking system (FiW) Haushaltsüberwachungs-System *n*
budget trimming (FiW) Kürzung *f* der Haushaltsausgaben
budget underrun (FiW) Haushaltsunterschreitung *f*, Budgetunterschreitung *f (syn, under budget)*

budget variance
(KoR) Verbrauchsabweichung *f*
– Budgetabweichung *f*
(syn, expense/spending/usage . . . variance)
(Bw) Planabweichung *f*
budget year
(FiW) Haushaltsjahr *n*
(Bw) Budgetjahr *n*
buffer (EDV) Puffer *m (ie, intermediate storage location)*
buffer *v* (EDV) puffern
buffer allocation (EDV) Pufferzuordnung *f*
buffered input/output (EDV) gepufferte Ein-Ausgabe *f*
buffered mode
(EDV) Pufferbetrieb *m*
– Puffermodus *m*
buffered terminal (EDV) gepufferte Datenstation *f*
buffering role (com) Pufferrolle *f (eg, played by international oil companies)*
buffer memory
(EDV) Pufferspeicher *m*
(ie, computation continues while transfer takes place between buffer memory and the secondary or internal storage)
buffer stock
(MaW) Sicherheitslager *n*
– Pufferbestand *m*
(AuW) Ausgleichslager *n*
– Pufferbestände *mpl (ie, von Rohstoffen)*
buffer stock financing facility (IWF) Fazilität *f* zur Finanzierung von Rohstofflagern
buffer stock scheme
(AuW) Stabilisierungsreserve *f*
(ie, of internationally traded commodities; resembles the open market policy of central banks)
buffer storage (EDV) = buffer memory
buffer store (EDV) = buffer memory
buffer time (IndE) Pufferzeit *f*
buffer zone (IndE) Pufferzone *f*
bug
(EDV) Programmfehler *m*
– Programmierfehler *m (ie, defect in a program code or in designing a routine)*
(EDV) Störung *f*
bug-ridden system (EDV) störanfälliges System *n*
build cost (com, US) Herstellungskosten *pl*
builder's merchant (com, GB) Baustoffhandlung *f (syn, US, building supply firm)*
building and construction trade (com) Bauwirtschaft *f (syn, construction industry)*
building and loan association
(Fin, US) Bausparkasse *f*
(ie, an early title of the modern savings and loan association)
building area (com) Bebauungsgebiet *n*
building block (EDV) Baustein *m (ie, of systems)*
building-block circuit module (EDV) Baukasten-Schaltkreismodul *m*
building block concept (IndE) Baukastenprinzip *n*
building block principle (EDV) Baukastenprinzip *n*
building code (Re) Bauvorschriften *fpl*
building construction (com) Hochbau *m (opp, civil engineering = Tiefbau)*
building contractor (com) Bauunternehmer *m*

building costs (com) Baukosten *pl*
building depreciation (ReW) Gebäudeabschreibung *f*
building industry (com) Bauindustrie *f*
building insurance (Vers) Gebäudeversicherung *f*
building investments (VGR) Bauinvestitionen *fpl*
building land (com) Bauland *n*
building line (Re, US) Bebauungsgrenze *f*
building loan (Fin) Baudarlehen *n (syn, construction loan)*
building lot (com) Baugrundstück *n*
building maintenance and upkeep (KoR) Gebäudeunterhaltung *f*
building materials (com) Baumaterial *n*
building materials industry (com) Baustoffindustrie *f*
building occupancy expenses (ReW) Gebäudekosten *pl (ie, depreciation, interest, repairs, heating, lighting, etc)*
building permit (Re) Baugenehmigung *f*
building plot (com) = building lot
building repairs (com) Gebäudereparaturen *fpl*
buildings
(ReW) Gebäude *npl (ie, balance sheet item)*
(Bö) Bauwerte *mpl*
buildings and improvements (ReW) Gebäude *npl* einschließlich Um- und Einbauten
building sector (com) Bausektor *m*
building shell (IndE) Rohbau *m*
building site (com) Baugelände *f*
building society (Fin, GB) Spezialinstitut *n* der Hausfinanzierung, „Bausparkasse" *f*
buildings under construction (ReW) Anlagen *fpl* im Bau
building supply firm
(com) Baumateriallieferant *m*
– Baustoffhandlung *f*
building trade
(com, GB) Baugewerbe *n*
– Bauhandwerk *n (ie, excludes building materials industry and trade)*
build in/into *v* (com) einfügen *(eg, clause/proviso/stipulation . . . into a contract)*
build market share *v* (com) Marktanteil *m* aufbauen
build up *v* (com) aufbauen *(eg, firm, reputation)*
build up from scratch *v* (com) von vorn beginnen
build up inventories *v* (MaW) Bestände *mpl* auffüllen *(syn, accumulate, replenish)*
build up product cost *v* (KoR) Stückkosten *pl* kalkulieren
build up reserves *v* (ReW) Rücklagen *fpl* bilden *(syn, accumulate)*
built-in check (EDV) automatische Geräteprüfung *f* Selbstprüfung *f (syn, automatic check, hardware check)*
built-in command (EDV) Befehl *m* im Direktzugriff
built-in cover (Vers) automatischer Versicherungsschutz *m*
built-in deficit (FiW) strukturelles Defizit *n (syn, structural deficit)*
built-in efficiency (FiW) Einbau *m* automatisch wirkender Effizienz-Elemente
built-in flexibility
(FiW) automatischer Konjunkturstabilisator od Regelmechanismus *m*
(syn, automatic fiscal stabilizer, built-in stabilizer)
built-in function (EDV) eingebaute Funktion *f (ie, single expression comprising a complex mathematical routine)*
built-in gain
(StR, US) automatischer Gewinn *m*
(ie, difference between the fair market value of assets on the change date and the tax basis of the assets on that date = zwischen Marktwert und Steuerbemessungsgrundlage)
built-in obsolescence (Bw) geplantes Veralten *n (syn, planned obsolescence)*
built-in stabilizer (FiW) = built-in flexibility
built-up area (com) bebaute Fläche *f (syn, improved area)*
bulge (Bö) rascher Kursanstieg *m*
bulge effect (Stat) Buckeleffekt *m (eg, in the cost-of-living index)*
bulk arrival (OR) schubweise Ankunft *f*
bulk business (Fin) Massengeschäft *n (ie, banking service for everyone)*
bulk buyer (com) Großabnehmer *m (syn, bulk purchaser, big industrial user, quantity buyer)*
bulk buying
(MaW) Mengeneinkauf *m*
– Großeinkauf *m*
(syn, volume purchasing)
(AuW) Aufkaufen *n* großer Gütermengen aufgrund zwischenstaatlicher Verträge
bulk capacity (com) (räumliche) Ladefähigkeit *f (ie, of ocean-going ships; opp, deadweight capacity)*
bulk cargo
(com) Massenfrachtgut *n*
(com) Massengutladung *f*
bulk carrier
(com) Massengutfrachter *m*
(ie, vessel designed to transport dry or liquid bulk cargo: coal, ore, grain, etc)
bulk commodity (com) Massengut *n*
bulk consignment (com) Massenlieferung *f*
bulk consumer (com) Großverbraucher *m*
bulk core memory (EDV) Großraumkernspeicher *m*
bulk credit transfers (Fin) Massenüberweisungen *fpl*
bulk discount (com) Mengenrabatt *m (syn, quantity/volume . . . discount)*
bulk erase
(EDV) Mehrfachlöschung *f*
– Löschung *f* zahlreicher Zeilen einer Datenbank
bulk factoring
(Fin) Bulk-Factoring *n*
– Eigenservice-Factoring *n*
(ie, does not involve accounts receivable ledgering)
bulk franking (com) Barfreimachung *f (ie, of mail)*
bulk freighter (com) Massengutschiff *n*
bulk goods (com) Massengüter *npl (syn, bulk commodities)*
bulk goods transport (com) Massengütertransport *m*
bulk-line costs (KoR) Kosten *pl* der Herstellung des größten Teils der Angebotsmenge
bulk mail
(com) Postwurfsendung *f (syn, unaddressed mail advertising, qv)*
(Mk) Massendrucksachen *fpl*
bulk material (com) Schüttgüter *npl (syn, material in bulk, loose material)*

bulk order
(com) Großauftrag *m (syn, big ticket item, large-scale order)*
(Fin) Sammelauftrag *m*
bulk package (com) Großpackung *f (syn, family size package, qv)*
bulk price (com) Mengenpreis *m*
bulk purchaser (com) = bulk buyer
bulk sampling (Stat) Stichprobenentnahme *f* aus der Masse
bulk segregation
(Fin, US) Sammelverwahrung *f*
– Sammeldepot *n*
bulk storage
(com) Massengutspeicherung *f*
(EDV) Massenspeicher *m*
bulk supply tariff (com) Mengentarif *m*
bulk transfer (Re) Übertragung *f* e–r Sachgesamtheit
bulk transferee (Re) Erwerber *m* e–r Sachgesamtheit
bulky cargo (com) sperrige Ladung *f*
bulky goods (com) sperrige Güter *npl*
bull
(Bö) Haussier *m*
– Haussespekulant *m (syn, bull operator; opp, bear = Baissier)*
bull *v*
(Bö) auf Hausse spekulieren
– à la hausse spekulieren
(ie, speculate for a rise in prices; syn, go a bull; opp, bear)
bull account (Bö) Hausseposition *f (syn, long position)*
bull-and-bear bond
(Fin, GB) Aktienindexanleihe *f*
(ie, fest od variabel verzinslich; in der Regel endfällig; Höhe des Rückzahlungsbetrages ist an die Entwicklung e–s Aktienindex gekoppelt; syn, infml, heaven-and-hell bond, qv)
bull buying
(Bö) Kauf *m* auf Hausse
– Haussekauf *m (ie, buying for a rise)*
bull campaign (Bö, GB) Haussemanöver *n (opp, bear campaign)*
bull clique (Bö) Teilnehmer *mpl* an e–m Haussemanöver
bulldog
(Fin, GB) Sterling-Auslandsanleihe *f*
(ie, sterling fixed interest securities not issued in the UK and not subject to any withholding tax)
bull dog bonds (Fin, GB) Auslandsanleihe *f (ie, in GB begeben)*
bulldog clip (com, US) Heftklammer *f*
bullet
(Fin) = bullet bond
(EDV) großer Punkt *m*
bullet bond
(Fin) endfällige Anleihe *f*
(ie, fixed interest security with a single fixed maturity date = rückzahlbar bei Endfälligkeit)
bulletin board
(com) schwarzes Brett *n*
– Anschlagtafel *f (syn, notice board)*
bulletin board advertising (Mk) Großflächenwerbung *f*
bulletin board notice (com) Anschlag *m*

bullet issue
(Fin) Anleiheemission *f* ohne laufende Tilgung
– Anleihe *f* mit Endfälligkeit
(ie, no provision for early retirement; cf, bullet bond)
bullet loan
(Fin) Anleihe *f* mit Endfälligkeit
(ie, bank term loan that calls for no amortization; commonly used in the Euromarket; syn, bullet issue)
bullet maturity issue (Fin) = bullet issue
bullet repayment (Fin) Rückzahlung *f* e–s Kredits in e–r Gesamtsumme
bullion (Fin) Edelmetallbarren *m*
bullion broker (Fin) Vermittlungsmakler *m* im Edelmetallhandel
bullion market (Fin) Goldbarrenmarkt *m*
bullion points (Vw) Goldpunkte *mpl (syn, gold points, qv)*
bullion trade
(Fin) Edelmetallhandel *m*
– Goldhandel *m (syn, precious-metals dealing)*
bullish (com) optimistisch
bullish market (Bö) Haussemarkt *m*
bullish signal formation (Bö) Haussesignal *n (ie, in der Point & Figure–Analyse)*
bullish tendency (Bö) Haussetendenz *f*
bull market (Bö) Haussemarkt *m (syn, bullish market; opp, bear market = Baissemarkt)*
bull operation (Bö) Haussespekulation *f (syn, bull . . . speculation/transaction, buying long)*
bull operator (Bö) = bull
bull speculation (Bö) = bull operation
bull spread (Bö) Hausse-Spread *m (ie, Optionsstrategie)*
bull transaction (Bö) = bull operation
bull weeks (Pw, US) Perioden *fpl* mit geringem betrieblichem Absentismus
bumble bee (com, infml) = job hopper with excellent qualifications
bum check (Fin, infml) ungedeckter Scheck *m (syn, bad check, qv)*
bumper crop (com) Rekordernte *f*
bumper performance (com) Rekordergebnis *n*
bumper profits (Fin, infml) satte Gewinne *mpl*
bumper results (com) = bumper performance
bumper store (MaW) Zwischenlager *n (syn, intermediate inventory, qv)*
bumping procedure (Pw, US) Personalabbau *m* nach dem LIFO-Prinzip *(ie, the newest employee is terminated)*
bump up *v* (com, infml) erhöhen *(syn, boost, beef up, hike up)*
bum-rap *v* (com, sl) kritisieren *(eg, economics on several grounds)*
bunce (com, infml) Sonderzahlung *f*
bunched cost (KoR) pauschalisierte Kosten *pl*
bunched income
(StR, US) Einkommen *n* e–r längeren Periode, das im laufenden Steuerjahr versteuert wird
bunches (com, GB, infml) Ausverkaufware *f (ie, at clothing shops; syn, clearance items)*
bunch graph (Stat) = bunch map
bunching up (OR) Stauung *f (syn, congestion)*
bunch map (Stat) Büschelkarte *f*

bunch map analysis
(Stat) Büschelkartenanalyse *f*
(ie, used to examine all possible subsets of regression coefficients in the complete set)
bunco (com, infml) Schwindel *m*
Bundesbank Act (Re) Gesetz *n* über die Deutsche Bundesbank
Bundesbank advances (FiW) Buchkredite *mpl* der Bundesbank
Bundesbank profit (FiW) Bundesbankgewinn *m*
bundle bidding (com) Paketangebot *n (ie, R&D + production)*
bundled insurance cover (Vers) gebündelte Versicherung *f*
bundle of goods
(Vw) Mengenkombination *f*
– Güterbündel *n (syn, commodity combination)*
bundle of services (Bw) Nutzungsvorrat *m (ie, of tangible assets)*
bundle up *v* (com) zusammenpacken *(syn, to parcel up, to wrap up)*
bundling
(EDV) Bundling *n (ie, Vertriebsstrategie, Software ohne extra Preisauszeichnung mit den Geräten zu verkaufen)*
B-unit (AuW) Währungskorb *m (ie, made up of five currencies; $, £, DM, ffr, Sfr; großvolumige Handelseinheit)*
bunny bond
(Fin) Anleihe *f* mit der Option auf Auszahlung fälliger Zinsen oder auf zusätzliche Stücke der gleichen Anleihe
bunny bonds
(Fin) Eurobonds *pl* mit Option auf Wiederanlage von Zinsen
buoyant domestic economic conditions (Vw) lebhafte Binnenkonjunktur *f*
buoyant forces (com) Auftriebskräfte *fpl (syn, propellant forces)*
burden
(Re) Belastung *f (syn, charge, encumbrance)*
(Re) Auflage *f (ie, imposed by a testator)*
(KoR) Gemeinkosten *pl (syn, overhead, qv)*
(KoR) Kostenstelle *f (syn, cost center, qv)*
(FiW) Schuldendienst *m* der öffentlichen Hand
(FiW) Steuerinzidenz *f (syn, incidence of taxation)*
burden *v* (Re) belasten *(eg, property; syn, encumber)*
burden absorption rate (KoR) Gemeinkosten-Verrechnungssatz *m*
burden center (KoR) Kostenstelle *f (syn, cost center, burden department)*
burden department (KoR) = burden center
burden of proof
(Re) Beweislast *f*
(ie, duty of proving a disputed assertion = Pflicht des Beweises e-r umstrittenen Behauptung; syn, onus of proof; civil law: onus probandi)
burden on distributions (StR) Ausschüttungsbelastung *f (syn, distribution rate)*
burden principle
(FiW) Belastungsprinzip *n*
(ie, loan repayments and grants are deducted from total expenditures; result is equal to net expenditure)
burden rate (KoR) Gemeinkostenzuschlag *m (syn, percentage overhead rate)*
burden rate per hour (KoR) Gemeinkostensatz *m* je Stunde
Bureau of Customs (FiW, US) Bundeszollbehörde *f (cf, GB, British Board of Customs and Excise)*
bureau services (EDV, GB) Rechenzentrum *n (syn, computer center)*
burglar alarm (com) Diebstahl-Alarmanlage *f*
burglary (Re) Einbruch-Diebstahl *m*
burglary insurance
(Vers, US) Einbruchdiebstahl-Versicherung *f (ie, includes burglary, theft, robbery)*
(Vers, GB) = theft insurance
burn in *v* (EDV) = screen burn
burning cost
(Vers) technische Bedarfsprämie *f*
(ie, ratio of reinsurance losses to ceding company's subject premiums; syn, pure burning cost, pure loss cost)
burn-out turnaround
(Fin) völlige Neustrukturierung *f* mit rabiater Umschichtungsfinanzierung
(ie, of a troubled company; with a refinancing package which severely dilutes the percentage holdings of existing investors while saving the company from liquidation)
burn rate
(Fin, GB) Gemeinkostendeckung *f*
– Eigenkapitalanteil *m*, der zur Deckung der Gemeinkosten verbraucht wird
(ie, in the startup period of newly launched companies; spent before cash flow turns positive)
bursar (Pw, GB) Stipendiat *m (syn, exhibitioner; syn, US, scholarship student)*
bursary (Pw, GB) Stipendium *n (syn, US, scholarship)*
burster (EDV) Reißer *m (ie, used to separate individual forms in a set of continuous stationery output)*
burst mode
(EDV) Blockbetrieb *m*
(EDV) Hochgeschwindigkeitsübertragung *f (eg, of a PCI bus system)*
burst of expansion (Vw) Aufschwung *m (syn, cyclical upswing, upturn)*
burst of growth (Vw) Wachstumsstoß *m*
bus
(EDV) Bus *m*
– Pfad *m*
– Sammelweg *m (ie, path for information transfer; syn, highway, trunk)*
bus advertising (Mk) Omnibuswerbung *f*
busback (EDV) Fehlerkontrolle *f* mit Rückwärtsbewegung *(syn, loop checking, information feedback)*
bus bar (IndE) Sammelschiene *f (syn, bus)*
bus fare zone limit (com, US) Zahlgrenze *f (syn, GB, fare stage)*
bush league (com, US, infml) drittklassig
business
(com) Unternehmen *n (ie, any kind of business enterprise, not only ‚Geschäft')*
(com) jede wirtschaftliche Tätigkeit *f (cf, trade, industry)*

(Vw) Tausch *m* von Gütern und Diensten
(Vers) Prämienvolumen *n*
(Vers) Neugeschäft *n (ie, in life insurance; syn, new business)*
business acquaintance (com) Geschäftsfreund *m (ie, not close enough to call a friend in the everyday sense of the word)*
business administration
(Bw) Betriebswirtschaftslehre *f*
(Bw) Unternehmensführung *f (syn, management)*
business administrator (Bw) Betriebswirt *m*
business agent
(Re, GB) Vertreter *m* in geschäftlichen Angelegenheiten *(ie, acts for another in business matters)*
(Pw) Funktionär *m* im Dienste e–r od mehrerer Gewerkschaften
business and management economics (Bw) Betriebswirtschaftslehre *f*
business appointment (com) geschäftliche Verabredung *f*, Termin *m*
business area
(Bw) Geschäftsbereich *m*
– Geschäftsfeld *n*
– Operationsfeld *n*
– Tätigkeitsbereich *m*
business arithmetic
(com) Wirtschaftsrechnen *n*
– kaufmännisches Rechnen *n*
(syn, commercial arithmetic)
business asset (StR) Wirtschaftsgut *n*
business associate (com) Geschäftsfreund *m (syn, business . . . acquaintance/friend, customer)*
business backlog (com) Auftragsbestand *m*
business barometer
(Vw) Konjunkturbarometer *n*
– Wirtschaftsbarometer *n (ie, statistical indicators of business conditions)*
business bash (com, sl) Geschäfts-Party *f (eg, throw a . . .)*
business borrowing (Fin) Kreditaufnahme *f* der gewerblichen Wirtschaft
business budget (Bw) betriebliches Gesamtbudget *n*
business call (com) Dienstgespräch *n*
business capital spending (VGR) Anlageinvestitionen *fpl* der privaten Wirtschaft *(syn, business outlay for plant and equipment)*
business card (com) Visitenkarte *f (ie, used when making business visits)*
business chart (com) Diagramm *n*
business climate
(com) Geschäftsklima *n*
(Vw) Konjunkturklima *n (syn, economic climate)*
business combination
(com) Unternehmenszusammenschluß *m*
(syn, merger, tie-up)
business community
(com) die Wirtschaft *f*
– Privatwirtschaft *f*
(ie, all business enterprises as a whole; syn, business world)
(com) Geschäftswelt *f*
business confidence
(com) Vertrauen *n* der Wirtschaft
(eg, loss of . . . depressed the market)

business consultant
(com) Unternehmensberater *m*, Betriebsberater *m*
(syn, management consultant, qv)
business contacts (com) geschäftliche Verbindungen *fpl* Geschäftsbeziehungen *fpl*
business-controlled pricing (Bw) administrierte Preisfestsetzung *f*
business corporation (com) (Kapital-)Gesellschaft *f*, die sich auf Handel und Gewerbe beschränkt *(opp, financial corporation)*
business corporation franchise tax (StR, US) Körperschaftsteuer *f* des Staates New York *(ie, gewerbesteuerähnliche Abgabe)*
business correspondence (com) Handelskorrespondenz *f* Geschäftskorrespondenz *f (syn, commercial correspondence)*
business counselor (com) Unternehmensberater *m (syn, management consultant, qv)*
business credit demands (Fin) gewerblicher Kreditbedarf *m*
business customers
(com) Firmenkundschaft *f*
(syn, commercial customers; opp, private customers)
business cycle
(Vw) Konjunkturzyklus *m*
– Konjunkturphase *f*
(syn, GB, trade cycle)
business cycle analyst (Vw) Konjunkturforscher *m*
business cycle contraction (Vw) Abschwungphase *f*, kontraktiver Prozeß *m*
business cycle expansion
(Vw) Aufschwung *m*
– Aufschwungphase *f*
(syn, cyclical upswing, upturn)
(Vw) expansiver Prozeß *m (syn, expansionary process)*
business cycle indicator (Vw) Konjunkturindikator *m*
business cycle model (Vw) Konjunkturmodell *n*
business cycle policy (Vw) Konjunkturpolitik *f*
business cycle research (Vw) Konjunkturforschung *f*
business cycle situation (Vw) Konjunkturlage *f*
business cycle study (Vw) = business cycle research
business cycle theorist (Vw) Konjunkturtheoretiker *m*
business cycle theory (Vw) Konjunkturtheorie *f (syn, GB, trade cycle theory)*
business cycle unemployment (Vw) konjunkturelle Arbeitslosigkeit *f*
business data processing
(EDV) Wirtschaftsinformatik *f (ie, a subset of computer science)*
(EDV) kommerzielle Datenverarbeitung *f*
business day (com) Werktag *m*
business debt (Fin) Betriebsschulden *fpl (opp, private debt)*
business diary
(ReW) Grundbuch *n*
– Journal *n (syn, daybook, journal)*
business discipline (Bw) betriebswirtschaftliche Funktionallehre *f (eg, accounting, auditing, finance, marketing)*
business disputes (Re) wirtschaftliche Rechtsstreitigkeiten *fpl*
business economics (Bw) Betriebswirtschaftslehre *f*
business economist (Bw) Betriebswirt *m*

business enterprise
(com) (gewerbliches) Unternehmen *n*
– Unternehmung *f*
– Wirtschaftsunternehmen *n*
(syn, enterprise, firm, undertaking, company, concern, qv)
business entity
(com) Wirtschaftseinheit *f (syn, economic entity; opp, legal entity)*
(Bw) Wirtschaftsgebilde *n*
business entrepreneur (com) Unternehmer *m (syn, business man)*
business environment
(Bw) betriebliches Umfeld *n*
– betriebliche Umwelt *f*
(syn, external environment)
business ethics
(Bw) Unternehmensethik *f*
(syn, corporate ethics)
business executive (com) Unternehmensleiter *m (syn, top . . . manager/executive)*
business expansion
(Bw) Unternehmenserweiterung *f*
(Vw) Konjunkturaufschwung *m*
business expansion scheme (Fin, GB) Programm *n* zur Förderung von Unternehmenserweiterungen
business expense (ReW) Betriebsausgaben *fpl*
business failures
(com) Firmenpleiten *fpl*
– Insolvenzen *fpl*
business finance
(Fin) betriebliche Finanzwirtschaft *f*
– Finanzwirtschaft *f* der Unternehmen
– Unternehmensfinanzierung *f (syn, corporate /company . . . finance, managerial finance)*
business firm (com) = business enterprise
business fixed-investment spending (VGR) Anlageinvestitionen *fpl*
business forecasting (Vw) Konjunkturprognose *f*
business formation (com) Unternehmensgründung *f*
business forms of organization (com) Unternehmensformen *fpl*
business friend (com) = business associate
business goal (Bw) Unternehmensziel *n (syn, corporate /enterprise . . . goal)*
business graph (com) Geschäftsgrafik *f*
business graphics
(EDV) Business-Grafik *f*
– Geschäftsgrafik *f*
business hours
(com) Dienststunden *fpl*
– Dienstzeit *f*
(syn, office hours)
(com) Geschäftsstunden *fpl*
business income
(VGR) Unternehmereinkommen *n*
(syn, income of entrepreneurs, entrepreneurial income)
(ReW) Reingewinn *m*
(ie, von Gesellschaften in Handel und Gewerbe)
business indicators (Vw) Konjunkturindikatoren *mpl*
business in force
(Vers) Versicherungsbestand *m*
(ie, number of persons insured; syn, in-force business, insurance portfolio)
business information agency (com) Auskunftei *f*
business insurance
(Vers, US) gewerbliche Versicherung *f*
(ie, every kind of insurance taken out by business firms, including fire, casualty, and life; may also apply to credit insurance)
business intelligence consulting (Bw) Unternehmensberatung *f (ie, durch Informationsbeschaffung)*
business interruption insurance
(Vers) Betriebsunterbrechungs-Versicherung *f*
– BU-Versicherung *f*
(ie, for loss of earnings when operations are curtailed or suspended)
business investment in plant and equipment
(VGR) Anlage- und Ausrüstungsinvestitionen *fpl*
business investment spending (VGR) Investitionen *fpl* der gewerblichen Wirtschaft
business investor (Fin) gewerblicher Investor *m*
business jargon (com) = business parlance
business journalist (com) Wirtschaftsjournalist *m*
business-judgment rule
(com, US) Ermessensspielraum *m* von Directors bei Übernahmen, begrenzt durch die Interessen der Aktionäre
(ie, this rule of virtual immunity from shareholder suits is often invoked when directors and management are accused of acting out of self-interest during takeover bids; recent court decisions have lessened the immunity provided by the rule)
business law
(Re) Handelsrecht *n*
(ie, do not translate by ‚Wirtschaftsrecht' which in German is a subdivision of Administrative Law = Law of the Economy; syn, commercial law)
business lawyer (Re) Wirtschaftsjurist *m*
business letter (com) Geschäftsbrief *m (syn, commercial letter)*
business link
(com) Geschäftsverbindung *f (eg, build up . . .)*
(com) Zusammenschluß *m*
business loan (Fin) gewerblicher Kredit *m*
business logistics
(Bw) betriebswirtschaftliche Logistik *f*
(syn, logistics of the firm)
business magazine (com) Wirtschaftsmagazin *n*
businessman
(com) Unternehmer *m*
(com) Geschäftsmann *m*
(Pw) Führungskraft *f (syn, business executive)*
business management agreement
(Re) Betriebsführungsvertrag *m*
– Verwaltungsvertrag *m*
businessman's investment
(Bö, US) risikoreiche Anlage *f*
(ie, has a higher than average risk; sensitive to fluctuations in business, earnings, and security prices)
business mission (Bw) Unternehmensmission *f*
business mix (com) Sortiment *n (syn, product range, qv)*
business mortality
(com) Zahl *f* der beendeten Unternehmen *(ie, number of discontinued businesses)*

business name
(com) Firmenname *m*
– Firma *f (syn, firm name, qv)*
business objective (Bw) Unternehmensziel *n*
business opinion poll (Stat) Konjunkturtest *m*
business outlay for new plant and equipment
(VGR) Neuinvestitionen *fpl*
business panic (Vw, US) Depression *f*
business paper
(com) Verkaufsunterlagen *fpl (eg, sales invoice)*
(Fin) Handelswechsel *m (ie, a class of commercial paper)*
(com) Wirtschaftszeitung *f (eg, Wall Street Journal, Financial Times)*
business patronage (com) Kundschaft *f (syn, clientele, qv)*
business performance (Bw) Unternehmensergebnis *n*
business planning (Bw) Unternehmensplanung *f (syn, corporate planning)*
business policy
(Bw) Unternehmenspolitik *f (syn, company/corporate . . . policy)*
(Bw) Grundsätze *mpl* der Unternehmensführung
business premises
(com) gewerbliche Räume *mpl*
– Gewerberäume *mpl*
– Geschäftsräume *mpl*
business press (com) Wirtschaftspresse *f*
business professional (com) Fachmann *m*
business profit (Fin) Unternehmensgewinn *m*
business profits (StR) gewerbliche Gewinne *mpl*
business purchases (com) gewerbliche Anschaffungen *fpl (eg, trucks, computers)*
business radar (Bw) betriebliches Warnsystem *n (syn, warning system)*
business real property (com) Betriebsgrundstücke *npl (syn, company premises)*
business recession (Vw) Rezession *f*
business reply (Mk) Werbeantwort *f*
business reply card (com) Antwortkarte *f*
business reply envelope (com) Rückumschlag *m*
business research institute (Vw) Konjunkturforschungsinstitut *n*
business reserve (ReW) = reserve for contingencies
business revival (Vw) Konjunkturbelebung *f*
business risk
(Bw) unternehmerisches Risiko *n*
(opp, insurable and imputed risks = kalkulierbare Risiken)
(Fin) Kreditrisiko *n*
(ie, chief test is capacity to produce profits; syn, credit financial . . . risk)
business rival (com) Konkurrent *m (syn, competitor, contender)*
business savings
(VGR) Ersparnis *f* des Unternehmenssektors
(ie, primarily reinvested profits + depreciation allowances: nicht entnommene Gewinne + Abschreibungen)
business scenario (Vw) Konjunkturprognose *f*
business secret
(com) Betriebsgeheimnis *n*
– Dienstgeheimnis *n (syn, industrial/trade . . . secret)*
business sector (VGR) Sektor *m* Unternehmen

business segment
(Bw) Geschäftsfeld *n*
– Geschäftsbereich *m (syn, operating area)*
business segment portfolio (Bw) Geschäftsfelder-Portfolio *n*
business services (com) Dienstleistungen *fpl* im gewerblichen Bereich *(eg, public relations, temporary help, management consulting)*
business slowdown (Vw) konjunktureller Abschwung *m*
business solvency
(Fin) Liquidität *f*
– Solvenz *f (ie, liquid funds are adequate to meet debts as they fall due)*
business-speak (com, sl) Wirtschaftsjargon *m*
business spending
(Fin) Investitionsausgaben *fpl*
– Investitionen *fpl (syn, capital . . . spending/expenditure, investment spending)*
business start-up (com) Existenzgründung *f* Unternehmensgründung *f*
business startup scheme (com, GB) Programm *n* zur Gründung von Unternehmen
business statistics (Stat) Wirtschaftsstatistik *f*
business strategy (Bw) Unternehmensstrategie *f (syn, corporate strategy)*
business studies (com, infml) Betriebswirtschaft *f (ie, if taking place at university level; eg, earn a degree in business studies)*
business taxation
(StR) Unternehmensbesteuerung *f*
(Bw) betriebswirtschaftliche Steuerlehre *f*
business tie-up (com) wirtschaftliche Zusammenarbeit *f*
business to be transacted (com) Tagesordnung *f (syn, agenda, order of the day)*
business transaction
(com) Geschäft *n (syn, deal)*
(ReW) Geschäftsvorfall *m (syn, accountable event, external transaction)*
business transfer payments (VGR) Transferzahlungen *fpl* der Unternehmen
business trip (com) Geschäftsreise *f*
business trust
(Re, US) Gesellschaft *f* in der Form e–s Trust
(ie, trustees are permanent, directors are appointed for a limited term; syn, common law trust, Massachusetts trust)
business undertaking (com) = business enterprise
business union (Pw) Gewerkschaft *f* mit rein ökonomischer Zielsetzung *(syn, infml, bread-and-butter union)*
business unit
(com) Geschäftsbereich *m*, Sparte *f*
(com) = business enterprise
business upswing (Vw) = business upturn
business upturn (Vw) Konjunkturaufschwung *m*
business usage
(com) Handelsbrauch *m*
– Verkehrssitte *f (syn, usage of the market, qv)*
businesswoman
(com) Unternehmerin *f*, Geschäftsfrau *f*
(Pw) weibliche Führungskraft *f (ie, female business executive)*
business world (com) = business community

business year
(com) Geschäftsjahr *n*
– Wirtschaftsjahr *n (syn, financial/fiscal . . . year)*
bus system (EDV) Bussystem *n (eg, ISA, EISA, Local Bus, PCI)*
bust
(com, infml) Konkurs *m*
– Bankrott *m (eg, go bust)*
busted convertible (Fin, US) wertlose Wandelanleihe *f*
busy
(com, US) besetzt
(ie, telephone line; eg, sorry, the number is busy, please try again; syn, GB, engaged)
busy signal (com) Besetztzeichen *n (syn, GB, engaged tone)*
butchery (com, GB) Fleischwarenabteilung *f (syn, US, meat department)*
butterfly spread
(Bö, US) Butterfly Spread *m*
– Stellagegeschäft *n* auf der Grundlage von drei Terminkontrakten
(ie, in the same or in different markets)
button
(EDV, GUI) Schaltfläche *f*
– Befehlsschaltfläche *f (syn, command button)*
buy (com) gutes Geschäft *n (eg, the article is a good buy; syn, bargain)*
buy *v*
(com) kaufen
– einkaufen
– anschaffen
– beziehen
– erwerben *(syn, purchase)*
buy a bull *v* (Bö) auf Hausse spekulieren *(ie, buy shares in the hope of a price rise; opp, sell a bear)*
buy ahead *v*
(com) sich eindecken *(syn, stock up, cover requirements)*
(com) im voraus disponieren
(Bö) sich eindecken
buy a pup *v* (com, GB) wertloses Erzeugnis *n* kaufen
buy a spread *v* (Bö) Spread *m* kaufen *(ie, buy a near futures contract and sell a far one)*
buy-back
(com) Rückkauf *m*
(com) langfristiges Gegengeschäft *n*
(ie, long-term form of barter and regularly used in trade with centralized economies; it calls on the suppliers of plant or equipment to agree to repayment in the future output of the investment concerned; tends to be for large deals and extends over longer terms than normal barter or counterpurchase agreements; benefit is seen in long-term potential; Kompensationsgeschäft mit mit Rückkaufvereinbarung)
(Fin) Pensionsgeschäft *n (syn, repurchase agreement, repos)*
(Fin, GB) Rückkauf *m* durch Venture Capitalist
(ie, by obtaining a quotation or being taken over; enables him to buy back his own shares from the original investor)
buy back *v*
(com) zurückkaufen *(syn, repurchase)*
(Bö) zurückkaufen *(ie, buy a security which has previously been sold short; syn, cover stock)*
buy earnings *v* (Bö) auf Gewinnsteigerung spekulieren *(syn, buy growth)*
buyer
(com) Käufer *m (syn, purchaser; fml, vendee)*
(com) Kunde *m*
– Abnehmer *m (syn, customer)*
(MaW) Leiter *m* des Einkaufs- und Beschaffungswesens *(syn, buying agent)*
buyer 60 contract (Fin) Kauf *m* von Aktien über dem Börsenkurs, mit dem Recht der Zahlung nach 60 Tagen
buyer confidence (Mk) Konsumklima *n (syn, consumer sentiment)*
buyer country (AuW) Käuferland *n*
buyer credit
(Fin) Bestellerkredit *m*
(ie, granted to the foreign buyer by a bank in the exporting country; paid out direct to supplier)
(Fin) Beschaffungskredit *m*
buyers
(Bö) Geld *n*
– Geldkurs *m (syn, bid price, qv)*
buyers ahead (Bö) bezahlt und Geld, bG *(syn, dealt and bid)*
buyer's call (Bö) Verkauf *m* auf Abruf *(ie, in commodity trading)*
buyer's credit (Fin) Bestellerkredit *m*
buyer's duties (Re) Pflichten *fpl* des Käufers
buyer's inflation (Vw) Nachfrageinflation *f (syn, demand inflation)*
buyers' market (Mk) Käufermarkt *m (opp, sellers' market; syn, loose market)*
buyer's option
(com) Kaufoption *f*
(Bö) Kaufoption *f (ie, im Rahmen e–s Festgeschäfts)*
buyers over (Bö) Geld *n*, Geldkurs *m (opp, sellers over)*
buyer's place of business (Re) Sitz *m* des Käufers
buyer's premium (EG) Käuferprämie *f (ie, government payment to EC purchaser of Community products)*
buyer's rate
(Bö) Geld *n*
– Geldkurs *m (syn, bid price, qv)*
buyer's resistance
(Mk) Kaufwiderstand *m*
(Bö) Zurückhaltung *f* e–s Anlegers
buyer's risk (com) Käuferrisiko *n*, Risiko *n* des Käufers
buyer's strike (com) Käuferstreik *m (eg, because prices may be too high)*
buyer's surplus (Vw) Konsumentenrente *f (syn, consumer's surplus)*
buy firm *v* (com) fest kaufen
buy forward *v* (Bö) per Termin kaufen
buy growth *v* (Bö) = buy earnings
buy in *v*
(Bö) sich eindecken
(ie, buy in to cover: purchase securities or commodity contracts previously short sold; syn, buy ahead)
(com) sich eindecken *(ie, accumulate inventory)*

buying (MaW) Beschaffungswesen *n (syn, procurement, purchasing)*
buying agent
(com) Einkaufsagent *m (ie, vermittelt Einkaufsquellen)*
(MaW) Einkäufer *m*
– Einkaufskommissionär *m*
(syn, purchasing agent)
buying ahead (com) Eindeckung *f (syn, stocking up, precautionary buying)*
buying allowance (com) Kaufnachlaß *m*
buying behavior
(Mk) Kaufverhalten *n*
– Käuferverhalten *n (syn, buying pattern)*
buying cartel (Kart) Einkaufskartell *n (syn, purchasing cartel)*
buying center
(Mk) Buying Center *n*
– Einkaufsgremium *n*
(ie, Konstrukt für die Erklärung des organisatorischen Kaufverhaltens)
buying commission (com) Einkaufsprovision *f*
buying decision (Mk) Kaufentscheidung *f*
buying forward (Bö) Terminkauf *m (syn, forward buying)*
buying group (Mk) Einkaufsvereinigung *f*
buying habits (Mk) Kaufgewohnheiten *fpl*
buying in
(com) Unterbietung *f* bei Ausschreibungen
(AuW) Stützungskäufe *mpl* der Notenbanken
buying incentive (Mk) Kaufanreiz *m*
buying incitement (Mk) Kaufanreiz *m*
buying-in price (com) Ankaufspreis *m*
buying intention
(Mk) Kaufabsicht *f*
– Kaufbereitschaft *f*
buying interest (Bö) Kaufinteresse *n*
buying letter of credit (Fin) Einkaufsakkreditiv *n*
buying long (Bö) Haussespekulation *f (syn, bull operation, qv; opp, selling out)*
buying mood
(Mk) Kaufstimmung *f*
– Einkaufsstimmung *f*
buying motive
(Mk) Kaufmotiv *n*
– Kaufanlaß *m*
buying office
(MaW) Einkaufszentrale *f*
– Einkauf *m*
buying on a shoestring
(Bö) Kauf *m* mit minimalem Einschuß
(ie, acquiring commodities or stocks with the minimum amount of margin)
buying on close (Bö) Anweisung *f*, zum Schlußkurs zu kaufen
buying on margin (Bö) Effektenkauf *m* mit Einschuß *(opp, buying outright = Kassakauf)*
buying on opening (Bö) Anweisung *f*, zum Eröffnungskurs zu kaufen
buying on time (com) Kauf *m* auf Raten
buying order
(Bö) Kauforder *f*
(ie, given to a broker to buy securities, commodities, etc, with certain specifications; classifications include: market limit orders; day/week/month orders; open/GTC orders; stop order, stop and limit order, discretionary order, immediate and cancel order, cancel order, qv)
buying out (com) Aufkauf *m (syn, acquisition, buying up)*
buying outright (Bö) Kassakauf *m (ie, immediate delivery with full cash payment; opp, buying on margin)*
buying pattern (Mk) Kaufverhalten *n (syn, buying behavior)*
buying point (AuW) oberer Interventionspunkt *m (syn, upper support point, qv)*
buying power (Mk) Kaufkraft *f (syn, purchasing power)*
buying program (MaW) Beschaffungsprogramm *n (syn, purchasing program)*
buying public (Fin) Anlagepublikum *n*
buying quota (com) Einkaufskontingent *n*
buying rate
(Fin) Geldkurs *m (ie, in currency trading; opp, selling rate = Briefkurs)*
(Fin) Ankaufsatz *m (ie, in the money market; opp, selling rate = Abgabesatz)*
buying resistance (Mk) Kaufwiderstand *m*
buying round (com) Direkteinkauf *m (ie, excluding middlemen)*
buying surge (Bö) Kaufwelle *f*
buying syndicate
(Fin) Übernahmekonsortium *n*
– Emissionskonsortium *n*
(syn, underwriting group, qv)
(com) Einkaufssyndikat *n*
buying task (Mk) Beschaffungsaufgabe *f*
buying up (com) Aufkauf *m (syn, acquisition, takeover, buying out)*
buy into *v* (com) Beteiligung *f* erwerben an
buy life insurance *v* (Vers) Lebensversicherung *f* abschließen *(syn, take out a life insurance policy)*
buy off *v*
(com, infml) aufkaufen
(eg, intending purchaser buys off a business rival)
(com) abfinden *(ie, cause sb to give up a claim)*
(com) bestechen
buy off a strike *v* (Pw) Streik *m* (durch Zugeständnisse) abwenden *(eg, by giving a 20% pay rise)*
buy off the peg *v*
(com) fertig kaufen
– von der Stange kaufen *(ie, ready-to-wear articles or products)*
buy on credit *v* (com) auf Kredit kaufen, auf Ziel kaufen
buy oneself in/into *v* (com) Anteil *m* erwerben an *(ie, obtain a share in a business by buying stock)*
buy on hire purchase *v* (com, GB) auf Abzahlung kaufen *(syn, US, buy on the installment plan)*
buy on the installment plan *v* (com, US) auf Abzahlung kaufen *(syn, GB, buy on hire purchase)*
buy order (Bö) Kaufauftrag *m (ie, securities trading order)*
buy order at market (Bö) Kaufauftrag *m* billigst
buyout (com) Aufkauf *m (cf, leveraged buyout, management buyout)*
buy out *v* (com) aufkaufen *(ie, an established company, a partner)*

buyouts (com, US) Unternehmen *npl*, die von den bisherigen Managern im Zuge e–r Konzernbereinigung erworben werden
buyout specialist (com) Übernahme-Spezialist *m*
buy over *v* (com, GB) bestechen *(syn, bribe)*
buy recommendation (Bö) Kaufempfehlung *f*
buy-response function (Mk) Preisbereitschaftsfunktion *f*
buy spot *v* (Bö) per Kasse kaufen
buy time *v* (com) Zeit *f* gewinnen, auf Zeit spielen
buy turnover (com, GB) hoher Umsatz *m* mit geringer Gewinnspanne
buy up *v*
(com, Fin) aufkaufen *(ie, all the supplies of a commodity or security)*
(com) aufkaufen *(ie, a business to gain complete control; syn, buy out, acquire, take over)*
buzzwords
(com) Modewörter *npl*
(com) Fachsprache *f (ie, technical vocabulary of any occupational specialty; syn, technical jargon)*
bxs (com) = boxes
by act of law (Re, GB) kraft Gesetzes *(syn, by operation of law)*
by-bid (Bö) Scheinangebot *n (ie, to boost a price)*
by-bidder
(com) Scheinbieter *m*
(ie, employed to bid at an auction in order to raise prices for the auctioneer or seller)
by-bidding (com) = bidding up
by chance (com) zufällig *(syn, by any chance)*
by design (com) absichtlich
bylaws (Re, US) Satzung *f (ie, of a corporation; regelt Innenverhältnis; syn, corporate bylaws)*
by mutual agreement (Re) im gegenseitigem Einvernehmen
by operation of law (Re) kraft Gesetzes
by order of (com) im Auftrag von
bypass *v* (com) umgehen
byproduct
(com) Nebenerzeugnis *n*
– Nebenprodukt *n*
(ie, in joint production = Kuppelproduktion; syn, co-product, residual/subsidiary . . . product; opp, main product)
(com) Abfallprodukt *n (syn, spinoff)*
by return mail (com) postwendend *(syn, GB, by return post)*
by return of fax (com, joc) „faxwendend“
by return post (com, GB) postwendend
bystander
(Re) Bystander *m*, Umstehender *m*
(eg, Dritter, der anläßlich der Benutzung des Produkts durch den Benutzer od Verbraucher verletzt wird; im Produkthaftungsrecht)
byte
(EDV) Byte *n*
(ie, 8 information bits + 1 control bit; it is the smallest addressable unit within a memory)
by telegram (com) telegrafisch *(syn, by wire)*
byte mode
(EDV) Byte-Betrieb *m*
(ie, data transfer between a CPU and a peripheral unit in which each byte is transferred as a single unit)
by tender (com) auf dem Submissionswege
by value
(com) wertmäßig
(eg, 30% of the market by value; syn, in terms of value, in value)
by volume (com) mengenmäßig *(eg, sales dropped 23%. . .)*
by wire (com) telegrafisch *(syn, by telegram)*

C

CA (ReW, GB) = chartered accountant
caaot (com) = credit amount available at any one time = Kreditbetrag ist jederzeit verfügbar
CAAS (Mk) = Computer Aided Advertising System
cab (com, US) Taxi *n* *(syn, taxicab)*
cabby (com) = cabdriver
cab driver (com) Taxifahrer *m*
cabinet crowd (Bö, US) Händlergruppe *f* an der NYSE, die in Bonds mit schwachen Umsätzen handelt *(syn, book /inactive . . . crowd)*
cable
(Fin, sl) Devisenkassakurs *m* *(ie, dollar/sterling spot exchange rate)*
(com) Kabel *n*, Telegramm *n* *(syn, cablegram)*
cable *v*
(com) telegrafieren, kabeln *(syn, telegraph)*
(Fin) telegrafisch überweisen *(eg, cable some money)*
cable address
(com) Telegrammanschrift *f*, Drahtanschrift *f* *(syn, telegraphic address)*
cablegram (com, fml) = cable
cable rate
(Fin) Kabelkurs *m*
(ie, in foreign exchange dealings; rate quoted for cable transfer)
cable transfer (Fin) telegrafische Auszahlung *f* *(syn, telegraphic transfer, TT)*
cable TV (com) Kabelfernsehen *n*
cabotage
(com) Kabotage *f* *(ie, coasting trade)*
(com) Kabotage *f*
(eg, e–e Gesellschaft darf Passagiere in ein und demselben Land, in dem sie registriert ist, aufnehmen und absetzen; eg, Lufthansa zwischen Rom und Mailand; od Verkehrsunternehmen darf innerhalb de EG Transporte e–s anderen Mitgliedstaates durchführen)
(Re) Kabotage *f*
(ie, right of a country to license air transport within its borders; of little relevance in Europe)
(Re) Kabotage *f*
(ie, Staat behält sich das Recht vor, im Falle des von ausländischen Verkehrsunternehmen durchgeführten Verkehrs zwischen zwei Orten des gleichen Staatsgebiets (Binnenverkehr) diesen Verkehr auszuschließen, siehe oben)
cab stand (com) Taxistand *m* *(syn, taxi stand, qv)*
ca'canny (Pw, GB) Bummelstreik *m* *(syn, go-slow, slowdown strike)*
cache (EDV) Cache *m*, (schneller) Zwischenspeicher *m*
cache *v* (EDV) zwischenspeichern
cache buffer (EDV) intelligenter Pufferspeicher *m*
cache hit rate (EDV) Trefferquote *f* des Zwischenspeichers *(eg, a good hard disk cache system should have a hit rate over 80%)*
c.a.d. (com) = cash against documents
cadastre (StR) Grundstückswert-Register *n* *(ie, used to apportion taxes in a district)*

Caesar management
(Bw) autokratische Unternehmensführung *f*
(ie, power vested in one executive; syn, autocratic management)
cafeteria package (Vers, US) Versicherungspaket *n* mit Wahlmöglichkeiten
cafeteria plan (Pw) Vergütungssystem *n*, in dem der leitende Angestellte die Anteile von Grundgehalt und Nebenleistungen [fringe benefits] in bestimmtem Umfang selbst wählen kann *(syn, smorgasbord plan)*
cafeteria question (Mk) Auswahlfrage *f*, Speisekartenfrage *f* *(syn, multiple choice question)*
cahier des charges (com) Lastenheft *n* *(syn, tender specifications)*
CAI (EDV) = computer-aided instruction
CAL (EDV) = computer-assisted learning, qv
calculate *v* (com) rechnen, errechnen, berechnen *(syn, compute, work out)*
calculated central rate (Fin) errechneter Leitkurs *m* *(ie, Kursart im Devisenhandel)*
calculated field (EDV) berechnetes Feld *n* *(ie, field value is always set programatically)*
calculated risk
(com) kalkuliertes Risiko *n*
(ie, with alternatives carefully studied in order to select the course with the highest probabilities of success)
calculated yield (Fin) rechnerische Rendite *f*
calculating machine (EDV) Rechenmaschine *f* *(syn, calculator)*
calculating operation (EDV) Rechenoperation *f*
calculating speed
(EDV) Rechengeschwindigkeit *f*
– Operationsgeschwindigkeit *f*
calculating time (EDV) Rechenzeit *f*, Maschinenzeit *f* *(syn, computer/machine . . . time)*
calculation
(com) Berechnung *f*
(com) Ausrechnung *f* *(ie, worked-out figures)*
calculation of accrued interest (Fin) Stückzinsenberechnung *f*
calculation of economy (Bw) Wirtschaftlichkeitsberechnung *f* *(syn, economy calculation, qv)*
calculator
(KoR) Vorkalkulator *m*
(EDV) Taschenrechner *m*, Tischrechner *m*
calculus
(Log) Kalkül *n*
(ie, the two most important types of logical calculi are propositional and predicate/functional, respectively = Aussagen- und Prädikatenkalkül)
(Math) Infinitesimalrechnung *f* *(ie, Oberbegriff für Differential- und Integralrechnung; syn, infinitesimal . . . calculus/analysis)*
calculus of difference (Math) Differenzenrechnung *f*
calculus of error (Math) Fehlerrechnung *f*
calculus of probability (Stat) Wahrscheinlichkeitsrechnung *f*

calculus of reliability (Stat) Zuverlässigkeitsrechnung *f*
calculus of variation (Math) Variationsrechnung *f*
calculus of vectors (Math) Vektorrechnung *f (ie, concerned with differentiation and integration of vector-valued functions)*
calendar month (com) Kalendermonat *m*
calendar of new issues (Fin) Emissionsfahrplan *m*
calendar period (com) Kalenderperiode *f*
calendar quarter (com) Kalendervierteljahr *n*
calendar scheduling (Bw) Terminplanung *f*
calendar spread
(Bö, US) Kalender Spread *m*
– horizontaler Spread *m*
(ie, gleichzeitiger Kauf und Verkauf von Optionen gleichen Typs, aber mit unterschiedlichen Vrfalldaten)
calendar variation (com) Kalenderabweichung *f*
calibrate *v*
(com) eichen, abstimmen, kalibrieren
(EDV) kalibrieren *(eg, hard disk heads)*
calibration
(com) Eichung *f*
(EDV) Kalibrierung *f (eg, of hard disk heads)*
call
(com) Telefonanruf *m (syn, telephone call)*
(Fin) Einzahlungsaufforderung *f (ie, amount due to be paid to a company by the purchaser of nil-paid or partly-paid shares)*
(Fin) Kündigung *f (ie, of bonds, debentures, or preferred stock)*
(Fin) = margin call
(Fin) Option *f* e–s Emittenten, s–e Emission vor Fälligkeit zurückzuzahlen *(ie, am Euromarkt)*
(Bö) Kaufoption *f (ie, option to buy; syn, call option; opp, put)*
(Bö) Aufruf *m*
(EDV) Aufruf *m (ie, transfer of control to a specified closed subroutine)*
call *v*
(com) anrufen *(syn, phone)*
(com) einberufen *(ie, a meeting)*
(Fin) abrufen *(ie, funds made available by a bank)*
(Fin) = call in
(Fin) kündigen *(eg, loan, funds)*
(EDV) aufrufen *(ie, transfer control to a subroutine)*
callable
(Fin) abrufbar
(Fin) kündbar
callable bond
(Fin) Optionsanleihe *f*
– Tilgungsanleihe *f*
(ie, called for redemption before compulsory maturity as a result of the option exercised by the issuer; syn, optional/redeemable . . . bond)
callable loan (Fin) täglich kündbares Darlehen *n (ie, bank to broker)*
callable preferred stock (Fin) rückzahlbare Vorzugsaktie *f (syn, redeemable preferred stock)*
callable swap (Fin) kündbarer Swap *m*
call a cab *v* (com) Taxi *n* bestellen
call a guaranty *v* (Re) Garantie *f* in Anspruch nehmen *(syn, implement a guaranty)*
call a loan *v* (Fin) Darlehen *n* kündigen *(syn, recall)*
call a meeting *v* (com) Sitzung *f* einberufen *(syn, convene)*
call a strike *v* (Pw) Streik *m* ausrufen
call at a port *v* (com) Hafen *m* anlaufen
callback
(com) Rückruf *m*
(ie, of defective products; eg, by auto manufacturer; syn, recall, qv)
(Mk) Nachfaßinterview *n*
(syn, follow-up interview)
(Mk) Kontrollinterview *n*
call back *v* (com) rückrufen *(ie, by phone)*
callback pay (Pw) Lohnzuschlag *m* für Arbeiten außerhalb der normalen Arbeitszeit *(eg, repairs, emergency service)*
call bird (Mk) Lockvogel *m (syn, loss leader, qv)*
call box (com) Telefonzelle *f (syn, telephone booth, qv)*
call buyer (Bö) Käufer *m* e–r Kaufoption
call by *v* (com) vorbeikommen *(ie, in passing)*
call card (com) = call slip
call-charge indicator (com, GB) Gebührenanzeiger *m (syn, US, tollcharge meter)*
call charges (com) Gesprächsgebühren *fpl*
call charge unit (com) Gebühreneinheit *f*
call collect *v* (com, US) R-Gespräch *n* führen
call compensation (Pw) Anwesenheits-Vergütung *f (ie, paid although no work is available)*
call contract (Fin) Kaufoptionskontrakt *m*
call credit (com) Gutschrift *f* für Warenrückgabe
call date (Fin) Stichtag *m*
call deposit (Fin) Sichtguthaben *n (ie, repayable by the bank at call)*
called bond (Fin) gekündigte Anleihe *f*
called for redemption (Fin) zur Tilgung aufgerufen
called-in share (Fin) eingezogene Aktie *f (syn, redeemed share)*
called meeting (com) Sondersitzung *f (ie, special-purpose meeting)*
called party (EDV) gerufener Teilnehmer *m*
called preferred stock (Fin) kündbare Vorzugsaktien *fpl*
called program
(EDV, Cobol) aufgerufenes Programm *n*
(ie, object of a CALL statement; cf, DIN 66 028, Aug 1985)
called-up capital (Fin) eingefordertes Kapital *n*
caller
(com, GB) Anrufer *m*
(EDV) Anrufer *m (syn, US, calling party)*
caller for mail (com) Postabholer *m*
call exercise price (Fin) Basispreis *m* e–r Kaufoption
call for redemption (Fin) Tilgungsaufforderung *f*
call for tender (com) Aufforderung *f* zur Angebotsabgabe
call for the bill *v* (com) Rechnung *f* verlangen
call-forward notice (com) Abruf *m (ie, instruction to send off consignment)*
call-free years (Fin) Festjahre *npl*
calligraphic display
(EDV) kalligrafischer Bildschirm *m*
– Vektorbildschirm *m* mit Bildwiederholung
(ie, in computer graphics; syn, directed-beam display)

call in *v*
(com) rückrufen *(eg, defective parts)*
(EDV) abrufen *(ie, fetch from storage)*
(EDV) empfangen
(Fin) kündigen *(eg, loan)*
(Fin) aufrufen *(ie, for redemption; syn, call up)*
(Vw) aufrufen *(ie, remove banknotes from circulation)*
call in an expert *v*
(com) Sachverständigen *m* hinzuziehen
(ie, employ the services of an expert; syn, consult)
call-in date (Fin) Kündigungstermin *m*
calling card (com) Visitenkarte *f (syn, visiting card)*
calling party (EDV) Anrufer *m (syn, GB, caller)*
calling program
(EDV) Abrufprogramm *n*
(EDV, Cobol) aufrufendes Programm *n*
(ie, executes a CALL to another program; cf, DIN 66 028, Aug 1985)
calling sequence
(EDV) Abfragesequenz *f*
– Aufrufsequenz *f*
(ie, set of instructions to set up and call a given subroutine, make available the data required by it, and tell the computer where to return after the subroutine is executed)
call in money *v* (Fin) Geld *n* kündigen
call-in of a loan (Fin) Anleihekündigung *f*
call-in pay (Pw) = call compensation
call-in provision (Fin) Kündigungsklausel *f*
call instruction (EDV) Aufrufbefehl *m*
call letter (Fin) Einzahlungsaufforderung *f (syn, notice of call)*
call loan
(Fin) jederzeit kündbares Darlehen *n*
(ie, loan subject to call by bank)
(Fin, US) täglich kündbares Darlehen *n*
(ie, of bank to broker to finance margin accounts; must be paid at bank's discretion)
call mark (com) Signatur *f (ie, on a library book; syn, call number)*
call money
(Fin, US) tägliches Geld *n*
(ie, lent by banks to brokers on stock exchange collateral, callable at any time; syn, day-to-day money, demand money)
(Fin) Tagesgeld *n*
call money market
(Fin, US) Geldmarkt *m* für täglich kündbares Geld
(Fin) Tagesgeldmarkt *m*
call money rate (Fin) Tagesgeldsatz *m*
call number
(com) = call mark
(EDV) Abrufkennzahl *f (ie, set of characters identifying a subroutine)*
call off *v*
(com) abrufen
(ie, goods ordered and ready for shipment)
(com) abbrechen
(eg, a strike, a search)
call-off amount (MaW) Abrufmenge *f (ie, of materials)*
call off as required (com) Abruf *m* nach Bedarf
call off a strike *v* (Pw) Streik *m* abbrechen od beenden
call-off employment (Pw) Abrufarbeit *f (ie, entsprechend dem betrieblichen Bedarf)*
call-off frequency (IndE) Abruffrequenz *f*
call-off purchase agreement (com) Abrufvertrag *m*
call of more
(Fin, GB) Nochgeschäft *n*
(ie, London Stock Exchange term: an option giving the holder the right to call for an additional amount of stock equal to the amount named in the contract at the same price)
call on a customer *v* (com) Kunden *m* aufsuchen od besuchen
call on shares (Fin) Aufforderung *f* zur Einzahlung auf Aktien
call on/upon *v*
(com) besuchen, Besuch *m* machen
(eg, call on/upon customers twice a month)
call option
(Fin) Schuldnerkündigungsrecht *n*
(ie, Emittent behält sich das Recht vor, Titel vorzeitig zurückzuzahlen; bei floating rate notes)
(Fin, US) Rückkaufoption *f*
(ie, allows the borrower to buy back after 5 or 10 years all or part of the original issue at par or at a prespecified premium; syn, conversion privilege)
(Fin, GB) Kaufoption *f*
(ie, right to buy shares at an agreed price on a future date)
call order (com) Abrufauftrag *m*
callout (EDV) Aufruf *m*
call out *v*
(com) zum Streik aufrufen *(eg, for more pay and better working conditions)*
(EDV) senden
call out on strike *v* (Pw) zum Streik aufrufen
call premium
(Fin) Rückkauf-Prämie *f*
(ie, due when a company calls security in for repurchase)
(Bö) Kaufoptionsprämie *f*
(ie, die der Erwerber e–r Kaufoption dem Verkäufer zahlt)
call price (Fin) Rückkaufkurs *m (ie, of a bond; syn, redemption/retirement . . . price)*
call privilege (Fin) Kündigungsrecht *n (eg, of a creditor)*
call protection
(Fin) Rückkauffrist-Aufschub *m (ie, provision written into stock and bond issues)*
(Fin) Schutz *m* vor vorzeitiger Kündigung
call provision
(Fin) Rückkaufklausel *f (ie, refers to bonds)*
(Fin) Kündigungsklausel *f*
call purchase (com) Kauf *m* mit Preisoption *(ie, within stated range of the present price)*
call purchaser (Bö) Käufer *m* e–r Kaufoption
call rate (Fin) Tagesgeldsatz *m*
call right (Fin) Tilgungsrecht *n (ie, right of redemption)*
calls (Fin) Teilzahlungen *fpl* auf neue Aktien
call sale (com) Verkauf *m* mit Preisoption *(opp, call purchase)*

call schedule (Fin) Tilgungsplan *m (syn, loan/redemption/repayment . . . schedule)*
calls in arrears
(Fin) Einzahlungs-Rückstand *m*
(ie, due by shareholders who failed to pay calls for payment on subscribed shares)
call slip
(com) Vertreterbericht *m (syn, agent's report)*
(com) Leihschein *m*
(ie, filled out by a library patron = Büchereibenutzer; syn, call card)
call station (com) Abhollager *n*, Depot *n*
call the stock *v* (Bö) Aktien *fpl* abrufen
call time (EDV) Aufrufzeit *f*
call transfer (com) Weiterleitung *f* e–s Telefongesprächs
call up *v*
(com, US) anrufen *(syn, call, phone)*
(Fin) aufrufen *(ie, for redemption)*
(EDV) aufrufen
call word (EDV) Kennwort *n*
call writer (Bö) Verkäufer *m* e–r Kaufoption, Stillhalter *m*
calm trading (Bö) ruhiger Verlauf *m (syn, quiet/thin . . . trading)*
CAM (EDV) = computer-aided manufacturing
cambist
(Fin) Devisenhändler *m (ie, expert in foreign exchange)*
(Fin) Handbuch *n* der Weltwährungen
CAMIFA (Fin, GB) = Campaign for Independent Financial Advice
camouflaged advertising (Mk) Schleichwerbung *f (syn, masked advertising)*
camouflaged inflation (Vw) verdeckte Inflation *f (syn, hidden inflation)*
camouflaged strike (Pw) versteckter Streik *m (syn, hidden strike)*
camouflaged unemployment (Vw) versteckte Arbeitslosigkeit *f (syn, hidden unemployment, qv)*
canban system
(IndE) KANBAN-Ssystem *n*
(ie, in Japan entwickeltes System zur kostenminimalen Fertigung: Grundlagen sind die Aspekte Produktion-auf-Abruf und Automation; Materialfluß nach dem HOL-Prinzip)
cancel *v*
(com) annullieren
– stornieren *(eg, purchase order)*
(Re) aufheben
– zurücktreten von *(eg, contract)*
(Re) außer Kraft setzen
(com) durchstreichen *(syn, strike out, cross out, delete)*
(EDV) (Programm) abbrechen
cancel a contract *v*
(Re) Vertrag *m* aufheben
– vom Vertrag zurücktreten *(syn, annul, avoid, rescind, nullify, terminate)*
cancel an order (for) (com) Auftrag *m* / Bestellung *f* (auf) annullieren
cancel a sale *v*
(Re) wandeln
– Kauf *m* rückgängig machen *(syn, rescind, set aside)*
cancel a subscription (for) (com) abbestellen *(ie, journal, magazine)*
cancel a task *v* (EDV) Task *f* abbrechen
canceled check (Fin) annullierter Scheck *m (ie, perforated or ink stamped; syn, paid check)*
cancel factors *v* (Math) Bruch *m* kürzen
cancel key (EDV) Löschtaste *f*
cancellation
(Re) Aufhebung *f*
– Stornierung *f*
(Fin) Ungültigmachen *n* e–s Wertpapiers *(eg, by crossing out or stamping)*
(Mk) Stornierung *f*
– Abbestellung *f (eg, of a magazine)*
cancellation fee (Vers) Ristornogebühr *f*
cancellation of contract (Re) Vertragsaufhebung *f*
cancellation of order (com) Auftragsstornierung *f*
cancellation of premium (Vers) Prämienstorno *n*
cancellation of sale (Re) Wandlung *f (ie, Rückgängigmachung* f *e–s Kaufs; cf, § 462 BGB; syn, rescission of sale)*
cancel out *v* (Math) sich aufheben *(ie, each other)*
candidacy (com) Kandidatur *f (syn, GB, candidature)*
candidate
(com) Kandidat *m*
(Pw) Bewerber *m (ie, for a job; syn, job applicant)*
candidate population (Pw, US) Bewerber-Gruppe *f*
(ie, that applies for a particular post)
candidature (com, GB) = candidacy
canned scheme (com) Patentlösung *f (syn, patent answer, qv)*
cannibalize *v*
(com) ausschlachten
(ie, to use a broken or retired machine or plant for the repair of another; syn, disassemble)
canonical analysis
(Stat) kanonische Analyse *f*
(ie, establishes a simultaneous prognosis of several independent variables)
canonical coefficients
(Stat) kanonische Koeffizienten *mpl (ie, the end result of canonical analysis)*
canonical transformation
(Math) kanonische Transformation *f*
(ie, any function which has a standard form, depending on the context)
canons of taxation
(FiW) Steuergrundsätze *mpl*
(ie, set forth in A. Smith's ‚Wealth of Nations')
cans
(Bö) Auftragsbücher *npl*
(ie, für Festverzinsliche, die ausliegen, bis sich ein Partner findet)
canteen (com) Kantine *f (syn, staff restaurant)*
cantering inflation
(Vw) galoppierende Inflation *f*
(syn, runaway/ galloping . . . inflation)
canvass
(Mk) Befragung *f* e–r Grundgesamtheit
(Mk) persönliche Werbung *f*
canvass customers *v* (Mk) Kunden *mpl* werben *(syn, solicit)*
canvasser (Mk) Akquisiteur *m (syn, solicitor)*

canvassing
(Mk) Akquisition *f*
(Mk) Direktverkauf *m*
(ie, Haus zu Haus)
(Mk) persönliche Werbung *f*
(ie, generally regarded as an act of unfair competition)
canvassing costs (Mk) Akquisitionskosten *pl (syn, sales development costs)*
canvass new orders *v* (com) Aufträge *mpl* beschaffen od hereinholen *(syn, obtain/secure . . . new orders; attract new business)*
cap
(Fin, US) Obergrenze *f* für die Änderung von Zinssätzen *(ie, in the case of adjustable rate mortgages)*
(Fin) Höchstzinssatz *m* bei Cap-Floatern
– Zinsdeckel *m*
(Fin) Zinsausgleichsvereinbarung *f*
(ie, als eigenständiges Recht aus Cap-Floatern abgeleitet)
capabilities (Pw) Fähigkeiten *fpl*
capability characteristic (EDV) Leistungsmerkmal *n*
capability index (IndE) Index *m* der Fertigungspräzision
capability of a company (Bw) Leistungspotential *n* e–s Unternehmens
capability of process, CP (IndE) Prozeßfähigkeit *f (e-r gegebenen Fertigung: vorgegebene Toleranz T:Prozeßstreuung)*
capability planning (Bw) Ressourcen-Planung *f*
capability profile
(Bw) Leistungsprofil *n*
(ie, based on an appraisal of assets and liabilities; part of a situation audit for strategic planning purposes)
capable of work (Pw) erwerbsfähig *(syn, employable)*
capacity
(Bw) Kapazität *f (ie, potential output of a plant per period)*
(Fin) Zahlungsfähigkeit *f (syn, ability to pay)*
(com) Befähigung *f*
– Eignung *f (syn, ability, aptitude, qualification)*
(Re) Geschäftsfähigkeit *f (syn, legal capacity to contract)*
(Vers) Höchsthaftungsbetrag *m (ie, on a single risk)*
capacity adjustment (Bw) Kapazitätsanpassung *f*
capacity barrier (Bw) Kapazitätsgrenze *f (ie, limit of plant capacity; syn, capacity limit)*
capacity calculation (com) Kapazitätsberechnung *f*
capacity constraint (Bw) Kapazitätsengpaß *m*
capacity cost
(KoR) Kosten *pl* der Betriebsbereitschaft
– beschäftigungsunabhängige Kosten *pl*
– fixe Kosten *pl (syn, standby cost, ready-to-serve cost)*
capacity cross-section (IndE) Kapazitätsquerschnitt *m*
capacity decrease (Bw) Kapazitätsverminderung *f*
capacity effect (Vw) Kapazitätseffekt *m*
capacity factor
(Bw) Kapazitätsfaktor *m*
(ie, ratio of utilized capacity to installed capacity; syn, load factor)

capacity for work (Pw) Arbeitsfähigkeit *f*
capacity frontier (Vw) = capacity line
capacity gap (Bw) Kapazitätslücke *f*
capacity increasing effect (Vw) Kapazitätserweiterungseffekt *m*
capacity limit (Vw) = capacity barrier
capacity limitations (IndE) = capacity constraints
capacity line (Vw) Kapazitätslinie *f (syn, transformation curve, qv)*
capacity loading (IndE) Kapazitätsbelastung *f*
capacity of a cut (Math) Kapazität *f* od Wert *m* e–s Schnittes
capacity output (Bw) = capacity production
capacity overshoot (Bw) Überkapazität *f (syn, excess capacity, qv)*
capacity planning (Bw) Kapazitätsplanung *f*
capacity policy (Bw) Kapazitätspolitik *f*
capacity production
(Bw) Beschäftigung *f* an der Kapazitätsgrenze
– Vollbeschäftigung *f*
(syn, capacity . . . output/ working)
capacity requirements (IndE) Kapazitätsbedarf *m*
capacity reserve
(IndE) Produktionsreserve *f*
– ungenutzte Kapazität *f*
capacity shortage (Bw) Unterkapazität *f*
capacity to enter into legal transactions (Re) Geschäftsfähigkeit *f (syn, legal capacity to contract, qv)*
capacity to invest (FiW) Investitionskraft *f*
capacity to pay (Fin) Zahlungsfähigkeit *f (syn, ability to pay)*
capacity to sue and be sued
(Re) Parteifähigkeit *f*
– Prozeßfähigkeit *f*
capacity to transact legal business (Re) Geschäftsfähigkeit *f (syn, legal capacity to contract, qv)*
capacity to work (Pw) = capacity for work
capacity use (Bw) = capacity utilization rate
capacity use in manufacturing (Bw) Kapazitätsauslastung *f* im Fertigungsbereich *(eg, rose to 80%)*
capacity utilization
(Bw) Kapazitätsauslastung *f*
– Kapazitätsausnutzung *f (eg, is down to 70%, or: is at a healthy 95%; syn, plant utilization)*
capacity utilization rate
(Bw) Beschäftigungsgrad *m*
– Kapazitätsausnutzungsgrad *m*
(ie, ratio of actual utilization to attainable capacity working; syn, degree/level . . . of capacity utilization, plant utilization rate, operating rate)
capacity variance
(KoR) Beschäftigungsabweichung *f*
(syn, activity idle capacity/noncontrollable/volume . . . variance)
capacity working
(Bw) Vollauslastung *f*
– Vollbeschäftigung *f (syn, full capacity utilization, qv)*
cap floater
(Fin) Cap-Floater *m*
(ie, bei steigendem Zinsniveau Zinsanpassungen nur bis zum Erreichen e–r Zinsobergrenze; Versicherung gegen steigende Zinsen)

cap issue (Fin, GB) = capitalization issue
capital
(Vw) Kapital *n*
(ie, in the outdated classification: land, labor, capital)
(VGR) Produktivvermögen *n (syn, productive wealth)*
(Bw) Kapital *n*
(ie, may be physical assets or financial resources)
(ReW) Eigenkapital *n*
(ie, excess of assets over liabilities)
capital account
(ReW) Kapitalkonto *n*
(ie, denotes the amount of the owner's investment in a business; cf, proprietorship account; partners' account)
(AuW) Kapitalverkehrsbilanz *f*
– Kapitalbilanz *f*
(syn, balance on capital account, balance of capital movements)
capital account convertibility (AuW) Kapitalkonvertibilität *f (ie, allows unrestricted convertibility in capital transactions)*
capital accretion (Fin) Kapitalzuwachs *m*
capital accumulation
(Vw) Kapitalakkumulation *f*
(Fin) Kapitalbildung *f (syn, capital formation)*
capital adequacy
(Fin) erforderliche Kapitaldecke *f*
– ausreichende Kapitalausstattung *f*
capital adjustment (Fin) Kapitalberichtigung *f*
capital adjustment period (Vw) Kapitalanpassungs-Intervall *n*
capital aid
(FiW) Eigenkapitalhilfe *f*
(zur Wirtschaftsförderung in Ostdeutschland eingesetztes Instrument)
capital aid with no strings attached (AuW) Kapitalhilfe *f* ohne politische Auflagen
capital allotment (FiW) Kapitalzuweisung *f*
capital allowance (StR, GB) steuerliche Abschreibung *f (syn, investment allowance)*
capital appreciation (Fin) Vermögenszuwachs *m (ie, increase in market value: property, shares)*
capital appropriation (Fin) = capital spending authorization
capital asset account (Fin) Kapitalanlagekonto *n*
capital asset consumption
(VGR) Abschreibungen *fpl*, Kapitalverschleiß *m*
(ie, provision for the consumption of fixed capital; syn, capital consumption allowance)
capital asset pricing model, CAPM
(Fin) Kapitalanlagepreis-Modell
(ie, Kapitalmarktmodell auf der Grundlage der Portefeuille-Theorie; dient der Bestimmung des Preises od Risikos e–s Wertpapiers)
capital assets (Bw) = assets
capital assured (Vers) versichertes Kapital *n*
capital at risk (Vers) Eigenkapital *n (syn, net total assets)*
capital bonus
(Vers, GB) Sonderdividende *f (syn, special bonus)*
(Vers) Überschußbeteiligung *f*
capital budget
(Bw) Investitionsplan *m*
(syn, capital spending/investment . . . plan; opp, operating budget)
(Fin) Kapitalbudget *n*
– Finanzbudget *n (syn, financial budget)*
(FiW) Kapitalbudget *n*
– Investitionsbudget *n*
(Fin) Investitionsplanung *f*
(syn, capital expenditure planning)
(Fin) Investitionsrechnung *f*
– Wirtschaftlichkeitsrechnung *f*
– Rentabilitätsrechnung *f*
(ie, compares the profitability of alternative investment projects; syn, preinvestment analysis, investment appraisal, estimate of investment profitability)
capital budgeting
(Fin) Investitionsrechnung *f*
– Wirtschaftlichkeitsrechnung *f (syn, capital budget, qv)*
capital buyback (Fin, US) Rückkauf *m* des eigenen Kapitals *(syn, equity buyback/redemption, qv)*
capital charges (Fin) Kapitalkosten *pl (ie, interest, depreciation, repayments)*
capital coefficient (Vw) = capital-output ratio
capital commitment
(Fin) Kapitalbindung *f*
– Kapitalbereitstellung *f*
capital constraints (Fin) Kapital-Restriktionen *fpl*
capital consumption (VGR) = capital asset consumption
capital consumption allowance (VGR) Kapitalverschleiß *m (syn, capital asset consumption)*
capital contribution
(Fin) Kapitaleinlage *f*
(com) Eigenkapital *n (ie, put up in acquiring real estate)*
capital control
(Vw) Kapitallenkung *f*
– Investitionslenkung *f (syn, investment control)*
capital controls (AuW) Kapitalverkehrskontrolle *f (ie, restricts international currency transactions)*
capital cost
(Fin) Kapitalkosten *pl (syn, capital charges)*
– Finanzierungskosten *pl*
(Fin) Investitionskosten *pl*
capital cost allowance (StR, GB) steuerliche Abschreibung *f (ie, income-tax term for depreciation)*
capital cost compound (Fin) Kapitalkosten *pl* je Leistungseinheit
capital cost per unit of output (Vw) Kapitalkosten *pl* je Produkteinheit
capital cover (Fin) Kapitaldeckung *f*
capital cover fund (Vers) Kapitaldeckungsstock *m*
capital deepening
(Vw) Verbesserungsinvestition *f*
(ie, to improve the capital-labor ratio of production = zur Steigerung der Kapitalintensität; opp, capital widening = Erweiterungsinvestition)
capital-deposit ratio (Fin) Kapital-Einlagen-Verhältnis *n (ie, in banking)*
capital dilution (Fin) Kapitalverwässerung *f (cf, fully diluted earnings per share)*

capital dividend
(Fin) Kapitaldividende *f (ie, deemed to be paid from paid-in capital)*
capital drain
(Vw) Kapitalabfluß *m*
– Kapitalabwanderung *f*
capital duty
(StR) Kapitalverkehrsteuer *f (eg, payable on issue of new shares)*
(StR, GB) Aktien-Stempelsteuer *f*
capital embargo (AuW) Kapitalembargo *n (syn, ban on capital exports)*
capital employed
(Fin) eingesetztes od investiertes Kapital *n*
(ie, current and fixed assets; syn, invested capital)
(Bw) Nettogesamtvermögen *n*
(ie, fixed assets + current assets – current liabilities)
capital equipment
(Vw) Sachkapital *n*
(syn, real/nonmonetary . . . assets)
(Bw) Investitionsgüter *npl*
(syn, capital goods)
capital equipment industry (Bw) Produktionsgüterindustrie *f (syn, producer goods industry)*
capital equipment spending (Bw) Anlageinvestitionen *fpl*
capital expansion (Bw) Erweiterungsinvestition *f (syn, expansion investment, qv)*
capital expenditure
(Fin) Investitionsausgaben *fpl (syn, capital spending, qv)*
(ReW) aktivierungspflichtiger Aufwand *m*
(ie, chargeable to assets; permanently and substantially increases the property value and therefore the earning power of a business; opp, revenue expenditure)
capital expenditure expansion (Bw) = capital expansion
capital expenditure planning (Fin) Investitionsplanung *f (syn, capital budgeting, qv)*
capital expenditure program (Fin) Investitionsprogramm *n (syn, capital spending program)*
capital expenses (Fin) Kosten *pl* der Aktienemission
capital exporting country (AuW) Kapitalausfuhrland *n*
capital exports (AuW) Kapitalexporte *mpl*
capital flight (AuW) Kapitalflucht *f (syn, flight of capital)*
capital flow (Fin) Kapitalfluß *m*
capital-flow balance sheet (ReW) Investitionsbilanz *f*
capital flows
(AuW) Kapitalverkehr *m*
– Kapitalbewegungen *fpl*
(syn, capital movements)
capital formation
(Vw) Kapitalbildung *f*
– Vermögensbildung *f*
(ie, through savings; syn, wealth formation)
(Vw) Anlageinvestitionen *fpl* + Bestandsveränderungen *fpl*
capital from outside sources (Fin) Fremdkapital *n (syn, borrowed/debt/loan /outside . . . capital)*
capital funds (Fin) Eigenmittel *pl*

capital gain distribution
(Fin) Ausschüttung *f* realisierter Kursgewinne *(ie, vor allem bei Investmentfonds)*
capital gains
(StR) Veräußerungsgewinne *mpl*
– Vermögenszuwachs *m* aus Veräußerungen
– realisierte „Kapitalgewinne" *mpl*
(ie, sales price – cost basis remaining at time of sale after deducting depreciation and other writeoffs)
capital gains after tax (StR) Kapitalgewinn *m* nach Steuern
capital gains distribution
(Bö) Gewinnausschüttung *f*
– Ausschüttung *f* von Kapitalgewinnen
capital gains tax
(StR) Kapitalgewinnsteuer *f*
(ie, no equivalent in German; tax on the net appreciation in the value of an asset)
(StR) Kapitalertragsteuer *f*
(ie, so translated in general business practice and in tax treaties, in disregard of differences in tax bases and statutory definitions; cf, § 43 I EStG)
capital gap (Fin) Kapitallücke *f*
capital gearing
(Fin, GB) Kapitalstruktur *f*
– Leverage-Effekt *m*
(ie, Verhältnis Fremdkapital zu Eigenkapital; fixed interest capital to ordinary share capital)
capital gearing ratio
(Fin, GB) Nettofremdkapitalquote *f*
(ie, Nettoverbindlichkeiten in % des Sachvermögens, bewertet zu Anschaffungskosten)
capital goods
(com) Kapitalgüter *npl*
– Anlagegüter *npl*
– Investitionsgüter *npl*
(syn, investment/instrumental . . . goods)
capital goods industry (com) Investitionsgüterindustrie *f*
capital goods manufacturer (com) Investitionsgüter-Hersteller *m*
capital goods market (com) Investitionsgütermarkt *m*
capital growth (Fin) Substanzerhöhung *f (ie, of market value of securities)*
capital importing country (AuW) Kapitaleinfuhrland *n*
capital imports (AuW) Kapitalimporte *mpl*
capital-income ratio (VGR) Relation *f* Kapital zu Volkseinkommen
capital income taxation (FiW) Besteuerung *f* von Kapitaleinkommen
capital increase
(Fin) Kapitalerhöhung *f*
(ie, through retained earnings or additional capital contributions; syn, increase of capital stock)
capital in excess of par value
(ReW, US) = additional paid-in-capital
(Fin) Überpariemission *f (syn, issue above par)*
capital inflow (AuW) Kapitalzufluß *m (syn, capital influx)*
capital influx (Fin) = capital inflow
capital injection (Fin) Kapitalspritze *f*

capital intensity (Vw) Kapitalintensität *f (ie, capital stock per worker)*

capital intensive
(Bw) anlagenintensiv
– kapitalintensiv
(ie, production in which substantial use is made of fixed assets = hoher Anteil des Sachanlagevermögens in der Bilanz)

capital intensive industries (Bw) kapitalintensive Wirtschaftszweige *mpl*

capital intensive production (Bw) kapitalintensive Produktion *f*

capital interest (Fin) Kapitalbeteiligung *f (ie, equity participation)*

capital invested (Fin) = capital employed

capital investment
(Fin) Kapitalanlage *f*, Geldanlage *f*
(Fin) Investitionsausgaben *fpl (syn, capital spending, qv)*
(com) Anlageinvestitionen *fpl (ie, in capital or fixed assets)*

capital investment company (Fin) Kapitalanlagegesellschaft *f*

capital investment financing (Fin) Investitionsfinanzierung *f (ie, financing of capital projects)*

capital investment planning (Fin) Investitionsplanung *f*

capital investment project (Fin) = capital spending project

capital investments (Fin) langfristige Investitionen *fpl (eg, fixed assets, long-term securities)*

capital investment tax (FiW) Investitionssteuer *f*

capitalizable (Fin) kapitalisierbar

capitalization
(com) Großschreibung *f*
(Fin) Kapitalausstattung *f*
(ie, nach Art und Höhe; the aggregate of the authorized par value of the stocks and bonds of a corporation; there are several bases: cost of property less depreciation, cost of replacement on the basis of the present technical arts, capitalization of earning power; and prudent investment theory)
(ReW) Aktivierung *f*, Kapitalisierung *f*
(Bö) Börsenkapitalisierung *f (syn, market capitalization)*

capitalization factor (Fin) Kapitalisierungsfaktor *m*

capitalization issue
(Fin, GB) Ausgabe *f* von Gratisaktien
(ie, sometimes misleadingly known as free/scrip bonus . . . issues': a company uses money from its own reserves to pay for the new shares, distributed in proportion to existing shareholdings; abbreviated to ,cap issue' in practice)

Capitalization Issues Committee (Fin, GB) Kapitalmarktausschuß *m*

capitalization of earning power
(Bw) Kapitalisierung *f* des Ertragswertes
(ie, value of a business = present worth of an indeterminable series of probable incomes discounted at a current rate of interest)

capitalization of reserves
(Fin) Kapitalisierung *f* von Rücklagen
(ie, Emission von Gratisaktien aus offenen Rücklagen; cf, capitalization issue)

capitalization rate
(Fin) Kapitalisierungsfaktor *m (ie, at which an expected income stream is discounted to present worth)*

capitalization ratio
(Bw) Anlagenintensität *f*
(total assets = Anlagevermögen zu Gesamtvermögen)
(Fin) Anteil *m* der Wertpapiergattungen am Gesamtnominalkapital

capitalization shares
(Fin, GB) Berichtigungsaktien *fpl*
– Gratisaktien *fpl*

capitalization unit (ReW) aktivierungspflichtige Erweiterung *f* des Anlagevermögens

capitalize *v*
(com) groß schreiben
(ReW) aktivieren
– kapitalisieren
(ie, carry as assets; opp, expense = als Periodenaufwand verbuchen)
(Fin) kapitalisieren
(ie, discount the present value of future earnings)
(Fin) Wertpapiere *npl* emittieren
(ie, stocks or bonds to cover an investment)

capitalized at (com) zu Buche stehen mit *(eg, at $8.5m)*

capitalized expense (ReW) kapitalisierte Aufwendungen *mpl*

capitalized interest (Fin) kapitalisierte Zinsen *mpl*

capitalized value
(Fin) Kapitalwert *m (syn, capital value, net present value, qv)*

capitalized-value standard
(Bw) Kapitalisierungsformel *f (ie, bei Unternehmensbewertungen)*

capitalize on *v* (com) nutzen, sich zunutze machen *(eg, surplus capacity, market potential)*

capital-labor ratio
(Vw) Kapitalintensität *f*
(ie, ratio of capital stock C to labor input L = main determinant of labor productivity)

capital lease (Fin) = financing lease

capital lease agreement (Fin) Finanzierungs-Leasingvertrag *m*

capital letters (com) Großbuchstaben *mpl*

capital leverage
(Fin) Kapital-Leverage *n (ie, ratio of bonds and preferred stock to common stock)*

capital levy (FiW) Vermögensabgabe *f (ie, one-time only tax)*

capital liabilities
(ReW) langfristige Verbindlichkeiten *fpl (syn, long-term liabilities)*
(ReW) Eigenkapital *n (syn, net worth, qv)*

capital links (Fin) Kapitalverflechtung *f*

capital linkup (Fin) Kapitalverflechtung *f*

capital loan (Fin) Kapitaldarlehen *n (ie, repaid out of capital assets)*

capital lockup (Fin) Kapitalbindung *f (syn, capital tieup)*

capital loss
(StR) Veräußerungsgewinn *m (opp, capital gains, qv)*
(Fin) Kapitalverlust *m*

capital market
(Fin) Kapitalmarkt *m*
(ie, composed of the stock market, the bond market, and the money market; usually opposed to the money market, that is, long-term funds vs. short-term funds)
capital market conditions (Fin) Kapitalmarktklima *n*
capital market control (Fin) Kapitalmarktsteuerung *f*
capital market influence (Vw) Kapitalmarktbeeinflussung *f*
capital market interest rate (Fin) Kapitalmarktzins *m*
capital market line (Fin) Kapitalmarktlinie *f (ie, Element des capital asset pricing model)*
capital market operator (Fin) Kapitalmarktteilnehmer *m*
capital market paper (Fin) Kapitalmarktpapiere *npl*
capital market rate (Fin) = capital market interest rate
capital market research (Fin) Kapitalmarktforschung *f*
capital mobility (AuW) Kapitalmobilität *f*
capital movements
(Fin) Kapitalverkehr *m*
– Kapitalbewegungen *fpl*
(syn, capital . . . flows/transfers)
(Fin) Kapitalflucht *f*
(ie, flight of capital)
capital note (Fin) Schuldschein *m*
capital outflows (Fin) Kapitalabfluß *m*
capital outlay (Fin) = capital spending
capital outlay costs (Fin) Investitionskosten *pl (syn, investment cost, upfront cost)*
capital outlays for defense purposes (FiW) Verteidigungsausgaben *fpl*
capital-output ratio
(Vw) Kapitalkoeffizient *m*
(ie, book value of plant and equipment to gross value of output; syn, capital coefficient)
capital outstanding (ReW) ausstehendes Aktienkapital *n (syn, outstanding capital stock)*
capital owned (Fin) = capital employed
capital paid in excess of par value (Fin) Kapitalrücklage *f*
capital position (Fin) Kapitaldecke *f (syn, capital base)*
capital procurement (Fin) Kapitalbeschaffung *f*
capital procurement cost
(Fin) Kapitalbeschaffungskosten *pl*
(syn, cost of funds)
capital productivity (Bw) Kapitalproduktivität *f*
capital program (Fin) Investitionsprogramm *n*
capital project (Fin) Investitionsprojekt *n*
capital project evaluation
(Fin) Bewertung *f* eines Investionsprojektes
– Investionsbewertung *f*
– Projektbewertung *f*
capital raising
(Bö) Kapitalbeschaffung *f*
(Fin) Kapitalaufnahme *f*
– Kapitalbeschaffung *f*
capital raising operation (Bö) Kapitalbeschaffungstransaktion *f*
capital rating
(Fin, US) Eigenkapitalbewertung *f*
(ie, given by a mercantile agency)

capital ratio
(Fin, US) Eigenkapitalquote *f*
(ie, 1. primary capital to total assets: primäres Kapital Bilanzsumme; 2. total capital to total assets = Gesamteigenkapital/Bilanzsumme; it is one of the key measures of bank strength)
capital rationing (Fin) Kapitalzuteilung *f*
capital recapture (Fin) = capital recovery
capital recapture rate (Fin) Kapitalrückflußrate *f*
capital reconstruction
(Fin) Kapitalumstellung *f*
– Sanierung *f*
capital reconstruction statement (ReW) Sanierungsbilanz *f (ie, recapitalization balance sheet, qv)*
capital recovery
(Fin) Kapitalrückfluß *m*
– Kapitalrückgewinnung *f*
(syn, capital recapture)
capital recovery factor
(Fin) Kapitaldienstfaktor *m*
– Wiedergewinnungsfaktor *m*
(ie, applied in preinvestment analysis = Investitionsrechnung)
capital redemption account
(ReW) Tilgungskonto *n*
(ie, Konto mit Nominalbetrag der rückzahlbaren Aktien)
capital redemption contract (Vers) Kapitalrückzahlungsvertrag *m*
capital redemption reserve fund
(Fin, GB) Tilgungsfonds *m*
(ie, Reservefonds für den Rückkauf von Vorzugsaktien: other than out of the proceeds of a new issue)
capital reduction (Fin) Kapitalherabsetzung *f (opp, capital increase)*
capital reorganization
(Fin) Kapitalneuordnung *f*
(ie, change in the financial structure of a company; may be recapitalization or merger; cf, reorganization)
capital repayment (Fin) Rückzahlung *f* des Anleihekapitals
capital repayment holiday (Fin) tilgungsfreie Jahre *npl (syn, redemption-free period)*
capital reserve
(Fin, GB) Kapitalrücklage *f (ie, not available for withdrawal; opp, revenue reserve)*
capital resources (Fin) Kapitalausstattung *f (syn, capitalization)*
capital sharing
(Pw) Kapitalbeteiligung *f*
(ie, as a form of worker control of industry; notably in Sweden)
capitals lock key (EDV) Feststelltaste *f* für Großbuchstaben *(CAPS LOCK)*
capital spending
(Fin) Investitionsaufwendungen *mpl*
– Investitionsaufwand *m*
– Investitionsausgaben *fpl (syn, capital expenditure, investment expenditure)*
capital spending authorization (Fin) Genehmigung *f* von Investitionsprojekten *(syn, capital appropriation)*

capital spending control
(Bw) Investitionskontrolle *f*
(ie, comparison of budgeted and actual figures to determine budget variances)
capital spending decision (Bw) Investitionsentscheidung *f*
capital spending on replacement (Fin) Ersatzinvestition *f*
capital spending plan (Fin) Investitionsplan *m*
capital spending policy (Bw) Investitionspolitik *f* des Unternehmens
capital spending program (com) Investitionsprogramm *n*
capital spending project
(Fin) Investitionsobjekt *n*
– Investitionsprojekt *n*
(syn, capital investment project, investment . . . project/object /proposal)
capital spending requirements (Fin) Investitionsbedarf *m*
capital spending requisition
(Fin) Investitionsantrag *m*
(ie, by division, department, subsidiary, etc)
capital standard
(Fin) Mindesteigenkapitalnorm *f*
(ie, banks are required to have $4 of equity capital for every $100 of "risk-weighted" assets; entsprechende Vorschrift in US: leverage capital requirements od leverage standard)
capital stock
(ReW) Grundkapital *n*
(all stock put out by a company to its shareowners, presents its nominal value; syn, Nominalkapital)
(Vw) Kapitalstock *m*
capital stock in treasury (Fin) eigene Aktien *fpl* *(syn, treasury /reacquired . . . shares)*
capital stock issued (Bö) ausgegebenes Kapital *n*
capital stock tax (StR, US) Grundkapitalsteuer *f (ie, on the face value of the stock; levied in some U. S. states)*
capital structure (Fin) Kapitalstruktur *f (syn, capitalization, qv)*
capital subscribed in kind (Fin) Sacheinlagen *fpl* *(syn, contribution in kind, qv)*
capital sufficiency (Fin) ausreichendes Kapital *n*
capital sum
(Fin) Anfangskapital *n (syn, principal)*
(Fin) Kapitalbetrag *m*
– Kreditbetrag *m*
(Vers) Kapitalsumme *f (ie, payable to the insured)*
capital surplus
(ReW, US) Kapitalrücklage *f*
(syn, additional paid-in capital; opp, earned surplus)
capital taxation (FiW) Vermögensbesteuerung *f* *(opp, income taxation)*
capital tieup (Fin) = capital lockup
capital-to-assets ratio (Fin) Eigenkapitalquote *f (ie, of banks; at present appr 6% in the U. S.)*
capital transfers (Fin) = capital movements
capital transfer tax (FiW, GB) Erbschaftsteuer *f (ie, introduced in 1975 and, in turn, superseded by ‚inheritance tax')*
capital transfer tax, CTT
(StR, GB) Erbschaft- und Schenkungsteuer *f*
(ie, replaced the old ‚estate duty' in 1975 and for the first time extended the taxation of estates to cover gifts)
capital turnover
(Fin) Kapitalumschlag *m*
– Kapitalumschlaghäufigkeit *f*
(ie, one of the components of the RoI ratio system; syn, GB, turnover to average total assets, investment turnover; opp, percentage return in sales, qv)
capital user cost (Fin) Kapitalnutzungskosten *pl*
capital utilization (Fin) Kapitalnutzung *f*
capital value (Fin) Kapitalwert *m (syn, capitalized value, net present value, qv)*
capital widening (Vw) Erweiterungsinvestition *f* *(opp, capital deepening = Verbesserungsinvestition)*
capital writedown (Fin) Kapitalverminderung *f*
capital yield (Fin) Kapitalertrag *m*
capital yields tax (StR, GB) Kapitalertragsteuer *f*
capitation (StR) = capitation tax
capitation tax (FiW) Kopfsteuer *f (syn, head/poll . . . tax)*
cap loan
(Fin) langfristiges Darlehen *n* mit Höchstzinssatz
(Fin) Anleihe *f* mit Zinshöchstsatz
CAPM (Fin) = capital asset pricing model
cap rate (Fin) Höchstzinssatz *m*
cap rate loan (Fin) = cap loan
cap rates (Fin) Höchstzinssätze *mpl (cf, interest rate cap)*
caps (EDV) = capital letters
caps lock key (EDV) = capitals lock key
capsule cargo (com) Containerfracht *f (syn, containerized freight)*
CAP system of prices (EG) Agrarpreissystem *n (syn, farm price system)*
captain of industry
(com) Wirtschaftskapitän *m*
– Großindustrieller *m*
captain's protest
(SeeV) Seeprotest *m*
– Verklarungsprotokoll *n*
caption
(EDV, GUI) (Anwendungs-)Titel *m (ie, descriptive text that appears in the title bar, qv of a window)*
(Mk) Bildüberschrift *f*
– Bildunterschrift *f*
captive (Bw) Unternehmen *n*, das für den Eigenbedarf e–r Muttergesellschaft produziert
captive agent (Vers) firmeneigene Vermittlungsgesellschaft *f*
captive broker (Vers) versicherungsnehmereigener Versicherungsvermittler *m*
captive contractor (com) abhängiger Lieferant *m*
captive finance company (Fin) konzerneigene Finanzierungsgesellschaft *f*
captive insurance company
(Vers) Captive Versicherer *m*
(ie, konzerneigene Versicherungsgesellschaft; versichert nur die Risiken des eigenen Trägerunternehmens)

captive items (com) Erzeugnisse *npl* für den Eigenbedarf
captive market
(Vw) Markt *m* e–s monopolistischen Anbieters
(ie, he holds the market captive: ohne Substitutionsmöglichkeiten des Nachfragers)
captive shop
(Bw) Betrieb *m* od Betriebsabteilung *f* für die Eigenfertigung
(ie, operated for a company's own needs rather than for the open market; eg, captive forge = unternehmenseigene Schmiede)
capture (EDV) = screen capture, qv
capture a market *v* (com) Markt *m* erobern *(syn, conquer)*
capture model (EDV) Einstiegsmodell *n (syn, entry-level model)*
capture-release sample (Stat) Wiederfangstichprobe *f*
capture-risk insurance (Vers) Beschlagnahmeversicherung *f*
CAQ (IndE) = computer-aided quality assurance
car
(com) Kraftfahrzeug *n (syn, GB, motor car; US, automobile, auto)*
(com, US) Eisenbahnwagen *m*
(Fin, GB, infml) Terminkontrakt *m*
carbon (com) = carbon copy
carbon copy (com) Durchschlag *m (syn, copy, carbon; mit drei Durchschlägen = with three copies/carbons)*
carbon-copy pad (com) Durchschreibeblock *m*
carbonless paper (com) selbstdurchschreibendes Papier *n*
carbon paper
(com) Durchschlagpapier *n*
– Kohlepapier *n (cf, flimsy)*
carbon ribbon (com) Kohlefarbband *n*
carbon tape (com) Farbband *n*
carbon tax (FiW, EG) Kohlendioxydsteuer *(ie, the EEC commission is considering a scheme that would tax emissions by EEC countries)*
card
(com, infml) Visitenkarte *f (better: visiting/business/calling . . . card)*
(Fin) Kreditkarte *f (syn, credit card)*
card accounting (ReW) Karteibuchführung *f*
cardboard (com) Pappe *f (ie, nontechnical term; syn, paperboard)*
card-carrying member (Pw) eingeschriebenes Mitglied *n (eg, of a labor union)*
card-controlled payment system
(Fin) kartengesteuertes Zahlungssystem *n*
(ie, Eurocheque card; cash dispenser; POS banking; chip card)
card deck (EDV) Kartensatz *m*
car dealer (com) Autohändler *m*
card file (EDV) Kartei *f*
card-file monitoring inventory (ReW) karteimäßige Bestandsaufnahme *f*
cardinality of a set
(Math) Mächtigkeit *f* e–r Menge
(ie, cardinal number of a given set; syn, power/potency manyness . . . of a set)
cardinal number (Math) Kardinalzahl *f (opp, ordinal number)*
cardinal utility (Vw) kardinaler Nutzen *n (opp, ordinal utility = ordinaler Nutzen)*
cardinal utility approach (Vw) kardinales Meßkonzept *n*
cardinal utility measure (Vw) kardinales Nutzenmaß *n*
card index system
(com) Kartei *f*
– Karteisystem *n*
card issuer
(Fin) Kreditkarten-Organisation *f*
– Kreditkartengesellschaft *f*
card sales (com) Kreditkarten-Verkäufe *mpl*
card slot
(EDV) Erweiterungssteckplatz *m*
– Kartensteckplatz *m*
careen *v* (com, US) rasch ausschlagen *(eg, prices)*
career
(Pw) Karriere *f*
– berufliche Laufbahn *f*
– Beruf *m*
(ie, job or profession for which one is trained and which is often pursued for a whole lifetime)
career counseling (Pw) Berufsberatung *f*
career development (Pw) Aufbau *m* e–r Karriere *(ie, systematic development of potential for advancement)*
career development loan (Pw, GB) Aus- und Weiterbildungs-Darlehen *n*
Career Development Loan, CDL
(Pw) Karriere-Anschubdarlehen *n*
– Start-Darlehen *n*
career development prospects
(Pw) Aufstiegschancen *fpl*
– Aufstiegsmöglichkeiten *fpl*
(syn, career growth opportunities, scope for advancement)
career growth opportunities (Pw) = career development prospects
career guidance (Pw) = career counseling
career history (Pw) beruflicher Werdegang *m (syn, career path, work history)*
careerist
(Pw) Karrieremacher *m*
(ie, perhaps ready to act unfairly to advance up the organization pyramid)
career mobility (Pw) berufliche Mobilität *f (ie, willingness to move from one position to another)*
career monograph (Pw) ausführlicher Lebenslauf *m (syn, detailed career history, qv)*
career-oriented training (Pw) berufsbezogene Ausbildung *f*
career path (Pw) = career history
career planning
(Pw) Karriereplanung *f*
– Berufsplanung *f*
career planning workshop (Pw) Karriereplanungs-Seminar *n*
career promotion
(Pw) Bewährungsaufstieg *m*
(ie, simply based on merit)
career prospects
(Pw) Aufstiegsmöglichkeiten *fpl*
(ie, prospects of promotion)
career woman (Pw) Karrierefrau *f*

carefully targeted set of measures (com) sorgfältig abgestimmtes Maßnahmenbündel *n*
caretaker government (Re) provisorische Regierung *f*
car exhaust emission standards (com) Abgasvorschriften *fpl* für Kraftfahrzeuge
Carey Street (com, GB, infml) Konkurs *m (ie, to be in . . .)*
car ferry (com) Autofähre *f (syn, auto ferry)*
cargo
(com) Fracht *f (pl. cargos, cargoes)*
– Frachtgut *n*
– Ladegut *n (syn, freight)*
(com) Seefracht *f*
– Schiffsladung *f*
– Kargo *m (syn, ocean freight)*
cargo area (com) Ladefläche *f (syn, loading area)*
cargo bay (com) Ladeluke *f (eg, of a space shuttle)*
cargo boat (com) Frachtschiff *n (syn, cargo . . . liner ship)*
cargo capacity (com) Tragfähigkeit *f (syn, carrying capacity)*
cargo dock (com) Ladekai *m*
cargo handling gear (com) Ladegeschirr *n*
cargo hatch (com) Ladeluke *f*
cargo helicopter (com) Transporthubschrauber *m*
cargo hold (com) Laderaum *m (ie, of a ship)*
cargo insurance
(Vers) Kargoversicherung *f*
(ie, in inland and ocean marine insurance; policy covering loss to cargo carried in ships or by other means of transportation, such as trucks, planes; opp, hull coverage = Kaskoversicherung)
(Vers, US) Seefrachtversicherung *f (ie, covers cargo being transported by a carrier)*
cargo liner (com) Linienfrachter *m*
cargo list (com) Frachtliste *f (syn, tally)*
cargo office (com) Luftfrachtbüro *n*
cargopack (com) seemäßige Verpackung *f (syn, seaworthy packing)*
cargo plane (com) Frachtflugzeug *m (syn, air freighter)*
cargo policy (Vers) Frachtversicherungs-Police *f*
cargo sent abroad (com) Auslandsfracht *f*
cargo ship (com) = cargo liner
cargo shipper (com) Frachttransportunternehmen *n*
cargo space (com) Transportraum *m*
cargo superintendent (com) Frachtaufseher *m*
cargo syndicate (Vers, GB) Frachtkonsortium *n (ie, at Lloyd's)*
cargo ton (com) Frachttonne *f (syn, freight ton)*
cargo underwriter (Vers) Frachtversicherer *m*
cargo vessel (com) = cargo liner
car insurance
(Vers) Kraftfahrzeug-Versicherung *f*
– Kfz-Versicherung *f*
carload (com) (volle) Waggonladung *f*
car load, c.l. (com) Waggonladung *f*
carloadings (com, US) Waggonladungen *fpl (ie, railroad carloadings in the U. S. are subclassified into eight classifications)*
car maker (com) = car manufacturer
car manufacturer (com) Autohersteller *m (syn, auto maker)*
carnet for temporary admission (AuW) Carnet *n* für vorübergehende Einfuhr
car park (com) Parkplatz *m (syn, GB, parking lot)*
car parking facilities (com) = car park
car pool
(com) Fahrgemeinschaft *f (syn, ride-sharing group)*
(com, GB) Fuhrpark *m*
– Wagenpark *m*
(syn, vehicles fleet, automobile fleet)
car registration (com) Kfz-Zulassung *f*
car rental business (com) Leihwagengeschäft *n*
car rental company (com) Leihwagenfirma *f*
car rental market (com) Leihwagenmarkt *m*
car rental service
(com) Autoverleih *m*
– Autovermietung *f*
car renter (com) Leihwagenkunde *m (syn, rental customer)*
carriage
(com) Beförderung *f*
– Transport *m*
(syn, conveyance, shipment, haulage, transportation)
(com, GB) Frachtkosten *pl*
– Transportkosten *pl*
– Rollgeld *n (syn, cartage)*
carriage and duty prepaid (com) franko Fracht und Zoll
carriage by land
(com) Landtransport *m*
– Beförderung *f* auf dem Landwege
carriage by rail
(com) Bahnbeförderung *f*
– Beförderung *f* auf dem Schienenwege
carriage charge (com) Frachtgebühr *f*
carriage forward, CF (com, GB) unfrei *(syn, US, freight collect)*
carriage free (com) frachtfrei *(ie, delivery at no extra charge)*
carriage inward (com, GB) Eingangsfracht *f (syn, freight inward, freight in)*
carriage of airmail (com) Luftpostbeförderung *f*
carriage of goods by air (com) Warenbeförderung *f* im Luftverkehr
carriage of goods by pipeline (com) Warenbeförderung *f* durch Rohrleitungen
carriage of goods by sea (com) Seetransport *m (syn, ocean transport)*
carriage of goods under customs seal (com) Warenbeförderung *f* unter Zollverschluß
carriage outward (com, GB) Ausgangsfracht *f (syn, freight outward, freight out)*
carriage paid, C/P
(com, GB) Transport *m* bezahlt
– Fracht *f* vorausbezahlt
carriage paid to frontier (com) frachtfrei Grenze
carriage return, CR
(EDV) Wagenrücklauf *m*, Carriage Return *m*
(ie, causes the next character to be printed at the extreme left margin; term transferred from the ancient movable typewriter carriage)
carriage return key
(EDV) Wagenrücklauftaste *f*
– Enter-Taste *f*
(usu key has symbol ↵)
carried forward (ReW) Vortrag *m*

carrier
(com) Beförderungsunternehmen *n (ie, carries goods and passengers for hire)*
(com) Zustellbote *m (ie, delivers newspapers)*
(com) (Luft-)Frachtführer *m (syn, haulage contractor)*
(com) Verfrachter *m (ie, in ocean transportation)*
(com) Fernmeldeunternehmen *n*
(com) Spediteur *m (syn, forwarding agent, qv)*
(Vers) Versicherungsträger *m (syn, insurance carrier)*
(Zo) Beförderer *m*
– Warenführer *m*
(EDV) (Netz-)Betreiber *m (eg, Btx)*
carrier bag (com, GB) Tragetasche *f (syn, shopping bag)*
carrier clause
(Vers) Frachtführerklausel *f*
(ie, protection does not extend to carriers, shipowners or warehousemen who are employed by or are in the service of the insured)
carrier pigeon (com) Brieftaube *f (syn, homing pigeon)*
carrier return (EDV) Schreibkopfrücklauf *m*
carrier sense network (EDV) CSMA-Netz *n*
carrier's liability (Re) Transporthaftung *f*
carrier's receipt
(com) Ladeschein *m*
– Spediteurbescheinigung *f*
carrier's risk (com) Risiko *n* des Frachtführers
carry
(Fin) Zinskosten *pl* für Finanzierung e–r Wertpapierposition *(ie, Euromarkt)*
(EDV) Übertrag *m*
carry *v*
(com) befördern *(syn, convey, ship, transport)*
(com) führen *(eg, Ware, Artikel)*
(Fin) Kredit *m* gewähren
(Bö) Wertpapiere *(stock)*
(ReW) verbuchen
– ausweisen
(ie, on books of account; syn, enter in/on, post to, recognize on)
(EDV) übertragen
carry a family *v* (SozV) Familie *f* unterhalten
carry an account with a bank *v* (Fin) Bankkonto *n* haben *(syn, bank with)*
carry a product *v* (com) Produkt *n* führen
carry as asset *v* (ReW) aktivieren *(syn, capitalize, recognize as an asset, charge to capital)*
carry as liability *v* (ReW) passivieren
carryback (StR, US) Verlustrücktrag *m (syn, loss carryback)*
carry bit (EDV) Übertragsbit *n*
carry forward
(ReW) Übertrag *m*
(ReW) Saldenumbuchung *f*
(StR) Verlustvortrag *m (syn, loss carryforward)*
carry forward *v* (ReW) vortragen *(syn, carry over, bring forward)*
carry home container (com) Tragepackung *f*
carrying capacity
(com) Ladefähigkeit *f*
(syn, cargo/load . . . capacity; cf, bulk capacity, deadweight capacity)

carrying charge hedging (Bö, US) Arbitrage-Hedging *n (ie, eng verwandt mit zeitlicher Arbitrage)*
carrying charges
(com) Speditionskosten *pl*
(MaW) = carrying cost
(ReW) Aufwand *m* für ungenutzte Anlagen
(Fin) Nebenkosten *pl* für Teilzahlungskredit
(Fin) Zinsen *mpl (ie, on debt balances charged by brokers)*
carrying cost
(MaW) Lagerkosten *pl*
– Lagerhaltungskosten *pl*
– Kosten *pl* der Lagerhaltung *(syn, carrying charges, cost of carrying, holding cost)*
(Bö) Zinsbelastung *f* e–s Sollsaldos *(ie, der durch Errichtung e–r Position entsteht)*
carrying industry (com) Verkehrsgewerbe *f*
carrying-over day (Bö, GB) Prolongationstag *m (ie, contango day: postponed day of delivery)*
carrying-over rate (Bö) Kurszuschlag *m (syn, continuation rate)*
carrying rate of asset (ReW) Buchwert *m (syn, book value, qv)*
carrying value
(ReW) (Netto-)Buchwert *m (eg, of fixed assets; ie, amount at which an asset is recorded on the books, net of depreciation; syn, book value, qv)*
(Fin) Wert *m* e–r akzessorischen Sicherheit *(ie, von der beleihenden Bank festgelegt)*
carry in stock *v* (com) am Lager haben, führen
carry in the balance sheet *v* (ReW) bilanzieren
carry on *v* (ReW) buchen, verbuchen *(eg, on books of account; syn, enter in/on, qv)*
carry on an enterprise *v* (com) ein Unternehmen *n* betreiben
carry on business *v*
(com) Geschäft *n* betreiben
– sich geschäftlich betätigen
carry-on luggage (com, US) Handgepäck *n*
carry on the books *v* (ReW) ausweisen, zu Buche stehen *(eg, at historical cost; syn, show on the books)*
carry out *v*
(com) ausführen
– durchführen
carry out an order *v* (com) Bestellung *f* od Auftrag *m* ausführen *(syn, complete/execute/fill . . . an order)*
carry out export formalities *v* (AuW) Ausfuhrförmlichkeiten *fpl* erledigen
carry out import procedure *v* (AuW) einfuhrrechtlich abfertigen
carry outs (com) beim Kauf mitgenommene (nicht zugeschickte) Ware *f*
carry out the terms of a contract *v* (Re) Vertrag *m* erfüllen *(syn, perform a contract, discharge obligations under a contract)*
carryover
(ReW) Übertrag *m*
(Bö) Prolongation *f (ie, of forward deals)*
(StR) Verlustvortrag *m*
(ie, the amount of the net loss for a given year ... may be deducted from taxable income of succeeding years)

carry over *v*
(ReW) vortragen *(syn, carry forward, qv)*
(Bö) prolongieren *(ie, from one settlement day to the next)*
carryover business
(Bö) Reportgeschäft *n*
(ie, continuation of forward transaction: sale and purchase of securities against payment of carryover rate; opp, backwardation business)
carryover effect
(Mk) Überlagerungseffekt *m*
– Carryover-Effekt *m*
(ie, Absatzchancen künftiger Perioden werden durch das momentane Absatzniveau beeinflußt)
carryover funds (FiW) Budgetübertragungen *fpl (ie, from one fiscal year to the next)*
carryover rate
(Bö) Reportsatz *m*
(syn, contango rate; opp, backwardation rate)
carryovers (com) alte Bestände *mpl (eg, of corn, soybeans, and wheat)*
carry rate (MaW) Lagerkostensatz *m*
carry through *v*
(com) durchbringen
– durchsetzen
(eg, plan through a committee meeting)
carry to reserves *v* (ReW) den Rücklagen zuführen
cartage
(com) Abrollkosten *pl*
– Rollgeld *n*
(syn, US, drayage; GB, carriage, freight)
cartage contractor
(com, GB) Spediteur *m*
(ie, ohne Kontrahierungszwang; syn, haulage contractor, haulier; opp, common carrier)
cartage note (com, GB) Spediteurrechnung *f (syn, cart note)*
cartage service (com) Rollfuhrdienst *m (syn, haulage service)*
car tax
(StR, GB) Kfz-Steuer *f*
(ie, car owners buy an annual licence; about to be abolished)
cartel (Kart) Kartell *n (ie, kein rechtstechnischer Ausdruck: it is an englicized term for the German ‚Kartell')*
cartel agreement
(Kart) Kartellabkommen *n*
– Kartellvereinigung *f*
– Kartellvertrag *m*
(eg, between major EEC synthetic fiber makers to cut their production capacity)
cartelization
(Kart) Kartellierung *f*
– Kartellbildung *f*
cartelize *v*
(Kart) kartellieren
– zu e–m Kartell zusammenschließen
Carter bonds
(Fin) Carter Bonds *pl*
(ie, DM-denominated bearer treasury bonds, issued by the U. S. Treasury in the German capital market)
Cartesian product of sets (Math) kartesisches Produkt *n* von Mengen *(syn, direct product of sets)*
cartridge
(EDV) (Farbband-)Kassette *f*
(EDV) (Toner-)Kartusche *f (eg, of a laser printer)*
(EDV) Steckmodul *n (eg, font cartridge for printers)*
cartridge streamer (EDV) Bandstreamer *m*, Streamer *m*
cartwheel (Fin, infml) US-Silberdollar *m*
carve out a market niche *v*
(com) Fuß fassen
– Marktnische *f* erobern
(syn, get a toehold in a market)
carve out a reputation *v* (com, infml) sich e–n Namen machen *(ie, for)*
carve up a market *v* (com, infml) Markt *m* aufteilen *(syn, divide, partition)*
CAS (Mk) = Computer Aided Selling
cascade control
(EDV) Kaskadensteuerung *f*
(ie, automated control system in which various control units are linked in sequence, each control unit regulating the operation of the next control unit in line)
cascaded network (OR) Kaskaden-Netzwerk *n*
cascade effect
(FiW) Kaskadenwirkung *f*
– Lawinenwirkung *f (opp, cumulative effect)*
cascade tax
(FiW) Kaskadensteuer *f*
– Lawinensteuer *f*
– Brutto-Allphasen-Umsatzsteuer *f*
(ie, turnover tax levied on each sale in the distributive chain; syn, cumulative all-stage turnover tax, qv)
cascading menu (EDV, GUI) Sekundärmenü *n*
cascading windows
(EDV, GUI) überlappende Fenster *npl*
– kaskadierende Fenster *npl*
case-by-case approach (Bw) Fallmethode *f (syn, case method)*
case file (com) Vorgangsakte *f*
case history
(Pw) Personalgeschichte *f*
(Fin) – Bonitätsgeschichte *f*
Kreditgeschichte *f (syn, credit history)*
case law
(Re) Fallrecht *n*
– Richterrecht *n*
(ie, aggregate of reported cases as forming a body of jurisprudence; syn, judge-made law; opp, statutes and other sources of law)
case method (Bw) Fallmethode *f*
case packaging (IndE) Kistenverpackung *f*
case shift (EDV) Groß-Klein-Umschaltung *f*
case-shift key (EDV) Umschalttaste *f*
case study (Bw) = case method
cash
(com) Bargeld *n*
(ie, notes and coin)
(ReW) Kassenbestand *m*
(syn, cash in hand, cash balance)
(Fin) liquide Mittel *pl*
(ie, currency, money orders, demand deposits)
(Bö) per Kasse

cash *v*
(com) kassieren
(Fin) einlösen *(eg, check, matured coupon)*
cashable check (Fin) Barscheck *m (syn, open check)*
cash account
(ReW) Kassakonto *n*
(Fin) Kontokorrentkonto *n*
(syn, current account)
(Bö, US) Kassakonto *n*
(ie, with a brokerage firm: customer can buy or sell any security as long as payment or delivery is made within seven business days)
cash accounting (ReW) Istsystem *n* der Rechnungslegung *(opp, accrual accounting)*
cash a check *v*
(com) Scheck *m* annehmen
(Fin) Scheck *m* einlösen
cash advance
(com) Barvorschuß *m*
(Fin) Barkredit *m*
(FiW) Kassenverstärkungskredit *m*
cash advance ceiling (FiW) Kassenkreditplafond *m*
cash advance facility (Fin) Kassenkreditzusage *f*
cash against bill of lading (com) Konnossement *n* gegen Kasse
cash against documents, c.a.d. (com) Zahlung gegen Dokumente
cash amount (com) Barbetrag *m*
cash and carry wholesaler (Mk) Abholgrossist *m*
cash and carry wholesaling (Mk) Selbstbedienungsgroßhandel *m*
cash and cash items (Fin) liquide Mittel *pl*
cash and debt position (Fin) Lquiditätsstatus *m*
cash and due from banks (ReW) Kassenbestand *m* und Bankguthaben *n*
cash assets
(Fin) liquide Mittel *pl*
(ie, cash on hand and bank deposits, but without marketable securities = Wertpapiere des Umlaufvermögens)
cash at bank (ReW) Bankguthaben *n (syn, due from banks)*
cash audit (ReW) Kassenprüfung *f (syn, spot check)*
cash balance
(Fin) Kassenbestand *m (syn, cash in hand)*
(Fin) Barsaldo *m*
(ReW) Bankguthaben *n (syn, cash at bank)*
cash balance effect (Vw) Kassenhaltungseffekt *m*
cash balance equation
(Vw) Einkommensgleichung *f*
– Kassenhaltungsgleichung *f (ie, M = k.Y)*
cash balances (Vw) Kassenhaltung *f*
cash bargain (Bö) Kassageschäft *n (syn, spot deal)*
cash base
(Vw) Geldbasis *f*
– monetäre Basis *f*
cash basis delivery (com) Lieferung *f* gegen Nachnahme
cash basis of accounting
(ReW) Einnahmen-Ausgaben-Rechnung *f*
(ie, ohne Periodenabgrenzung; opp, accrual basis of accounting)
cash before delivery (com) Barzahlung *f* vor Lieferung
cash before delivery, c.b.d. (com) Vorauszahlung *f*

cash benefits (com) Geldleistungen *fpl (opp, in-kind benefits = Sachleistungen)*
cash bid (com) Bar-Übernahmeangebot *n (cf, cash tender)*
cash bind (Fin) Liquiditätsklemme *f (syn, cash/liquidity . . . squeeze)*
cash bond (Re) Leistungsgarantie *f (syn, performance bond, qv)*
cash bonus
(com) einmalige Sonderzahlung *f*
(Fin) Bar-Sonderdividende *f*
(Vers) Bardividende *f*
– ausgezahlter Gewinnanteil *m*
cashbook (ReW) Kassenbuch *n (ie, for cash receipts, disbursements, or both; syn, cash journal)*
cashbook account (ReW) Kassenbuchkonto *n*
cash box (com) Ladenkasse *f (syn, GB, till)*
cash budget
(Fin) Einnahmen-Ausgaben-Plan *m* Liquiditätsbudget *n (ie, receipts and disbursements)*
(FiW) Kassenbudget *n*
cash budgeting
(Fin) Einnahmen-Ausgaben-Planung *f*
– kurzfristige Liquiditätsplanung *f*
cash buying
(com) Bareinkauf *m (syn, cash purchase)*
(Bö) Kauf *m* zur sofortigen Lieferung
(ie, buying outright: paying cash for immediate delivery)
cash buyout (com) Übernahme *f* durch Barabfindung *(opp, all-paper buyout)*
cash call (Fin) Bareinforderung *f*
cash card (Fin) Geldautomaten-Karte *f*
cash certficate (Fin) Bargeldzertifikat *n*
cash contribution (Fin) Bareinlage *f*
cash conversion cycle (Fin) Bargeldzyklus *m*
cash cow (com, infml) Unternehmen *n* mit hohen Liquiditätsreserven *(ie, geeignet für Übernahmeversuche)*
cash credit (Fin) Barkredit *m*
cash dealings
(Bö, GB) Kassageschäfte *npl*
– Lokogeschäfte *npl*
(ie, dealings for settlement the following day; syn, spot trading)
cash deficit (Fin) Kassendefizit *n*
cash delivery (Bö, US) Lieferung *f* und Zahlung *f* am Abschlußtag
cash deposit
(com) Anzahlung *f (syn, down payment)*
(Fin) Bareinzahlung *f*
(Fin) Barsicherheit *f*
cash deposit acknowledgement (Fin) Bestätigung *f* der Barhinterlegung
cash deposit ratio (Fin, GB) = cash ratio
cash desk (Fin) Kasse *f (ie, at a bank; syn, US, checkout)*
cash disbursement journal (ReW) Kassenausgangsbuch *n*
cash disbursements (Fin) Kassenausgänge *mpl*
cash discount
(com) Skonto *m* od *n (*pl: *Skonti)*
(com) Barrabatt *m*
– Barzahlungsnachlaß *m*
– Barzahlungsrabatt *m*

cash discount paid
(ReW) Skonto-Aufwendungen *mpl*
– Kundenskonti *pl*
cash dispenser (Fin, GB) Geldautomat *m*
cash dispenser system (Fin, GB) Geldautomatensystem *n*
cash dispensing machine
(Fin) Geldautomat *m*
– Bankomat *m*
cash distribution
(Fin) Barausschüttung *f*
– Bardividende *f (syn, cash dividend)*
cash dividend
(Fin) Bardividende *f*
– Barausschüttung *f*
(syn, cash distribution; opp, commodity/property . . . dividend, dividend in kind = Sachdividende)
cash document (com) Verkaufsbeleg *m*
cash down (com, infml) in bar *(syn, in cash, cash)*
cash drain (Fin) Abfluß *m* liquider Mittel
cash drawings
(ReW) Barentnahmen *fpl (syn, cash withdrawals)*
(Fin) Barabhebungen *fpl*
cash earnings (Fin) Reingewinn *m* + aufgelaufene Abschreibung *f*
cash economy (Vw, infml) Untergrundwirtschaft *f (syn, hidden economy, qv)*
cash entry (ReW) Kassenbuchung *f*
cash equivalence (Mk) Barwert *m*
cash equivalent (Fin) Geldmarktpapiere *npl*, die zur Barposition e–s Investmentfonds gehören
cash expenditure (FiW) Kassenausgaben *fpl*
cash flow
(Fin) Cashflow *m*
(ie, bislang noch k–e einheitliche Definition; Grundformel: Jahresüberschuß - Ergebnisabführung od Dividende =im Unterenehmen verbleibender Gewinn plus Abschreibungen = Cash Flow)
cash flow notes
(Fin) Festzinsanleihen *fpl*
(ie, Anleger hat die Möglichkeit, Zeitpunkt der Zinsbildung selbst zu wählen)
cash flow statement
(Fin) Kapitalflußrechnung *f*
(syn, funds statement, statement of cash receipt and disbursements, flow of funds)
cashflow underwriting
(Vers) Zeichnungspolitik *f („nach Maßgabe der verfügbaren Mittel")*
cash fund on imprest basis (Fin) Kassensystem *n* auf Festbestand
cash funds
(Fin) Barmittel *pl*
(Fin) Fonds *m* der flüssigen Mittel *(ie, in funds statements)*
(Fin) kurzfristige Finanzanlage *f*
cash generation (Fin) = cash flow
cash holding
(Fin) Bargeldbestand *m*
– Kassenbestand *m (syn, cash in hand)*
cashier
(com) Kassierer *m*
(Fin, GB) Kassierer *m*
– Schalterbeamter *m (syn, teller)*
(Fin, US) Cashier *m*
(ie, chief administrative officer, in direct charge of a bank's operations; same as a general manager in an industrial firm)
cashier's check (Fin, US) = bank check
cashier's office (Fin) Kasse *f*
cashier's workstation (Fin) Kassenarbeitsplatz *m*
cash-in (Fin) Rückkauf *m* von Investmentanteilen
cash in *v*
(com) gegen bar verkaufen
(com, US) aus e–m Geschäft aussteigen
cash in advance (com) Vorkasse *f*
cash in bank (ReW) Bankguthaben *n*
cash inflow (Fin) Barzufluß *m*
cash inflows (Fin) Einzahlungsreihe *f (syn, stream of cash inflows, qv)*
cash inflows and outflows (FiW) kassenmäßger Zu- und Abfluß *m*
cash in hand
(ReW) Kassenbestand *m*
– Kassenguthaben *n (syn, cash, cash . . . balance/holding)*
cash-in-hand supplements
(EG) direkte Einkommensverbesserungen *fpl (ie, paid to farmers)*
cash injection
(Fin) Finanzspritze *f*
– Liquiditätsspritze *f*
– Kapitalaufstockung *f*
(eg, an extra $15bn are pumped into the economy; syn, injection of fresh funds; infml, fiscal hypo, fiscal shot in the arm)
cash in on profits *v* (Bö) Gewinne *mpl* mitnehmen *(syn, take profits)*
cash-in price (Fin) Rücknahmekurs *m*
cash-in value (Vers) Rückkaufwert *m*
cash journal (ReW) = cash book
cashless
(Fin) bargeldlos
– unbar *(syn, noncash)*
cashless pay (Pw) bargeldlose Lohn- und Gehaltszahlung *f*
cashless payment (Fin) bargeldlose Zahlung *f*
cashless payments (Fin) bargeldlose Zahlung *f*
cashless payments technology (Fin) Technik *f* des bargeldlosen Zahlungsverkehrs
cashless payment system (Fin) bargeldloser Zahlungsverkehr *m (syn, noncash payment system, bank giro credit system)*
cashless shopping (com) bargeldloses Einkaufen *n (ie, electronic funds transfer at point of sale = EFT/POS)*
cash letter of credit
(Fin) Barakkreditiv *n*
– glattes
– offenes
– einfaches . . . Akkreditiv *n*
(ie, sum named in the letter is deposited with the bank before it is issued)
cash-like tender (Fin) geldähnliches Zahlungsmittel *n*
cash limit
(Fin) Barmittelbegrenzung *f*
– Ausgabenbeschränkung *f*
cash loss (Fin) Kassaschaden *m*
cash machine (Fin, infml) Geldautomat *m*

cash management
(Fin) Cash Management *n*
– kurzfristige Liquiditätssteuerung *f*
(ie, Optimierung der Steuerung aller Ein– und Auszahlungsströme e–s Unternehmens unter Berücksichtigung definierter Liquiditäts–, Risiko– und Rentabilitätsziele; Bestandteil des Management-Informationssystems)
Cash Management Account
(Fin, US) Kundenkonto *n*
(ie, pools all of a customer's assets into a single bank account; created by Merrill Lynch in 1977)
cash management bill
(Fin, US) kurzfristiger Schatzwechsel *m*
(ie, 1 to 20 days time to maturity; syn, federal funds bill; sometimes termed ‚short-dated bill')
cash management system
(Fin) Finanz-Disposystem *n*
(eg, Großbanken bieten dies ihren Firmenkunden – corporate customers – an; kann an regionale od internationale Datennetze angeschlossen werden, etwa Btx, Reuters-Nachrichtendienst)
cash management technqiue (Fin) Kassendispositionsmethode *f*
cash manager
(com) Kassenführer *m*
– Kassenführerin *f*
cash margin
(Bö) Bareinschuß *m*
(ie, cash put up by a client in part payment of a stock under a forward contract)
cash margin requirement (Bö) Bareinschußpflicht *f*
cash market (Bö) Kassamarkt *m (ie, in commodity trading; syn, spot/physical . . . market)*
cash memo (com, GB) Kassenzettel *m*
cash offer (Fin) Barangebot *n*
cashomat (Fin, US) = automated teller machine
cash on delivery, c.o.d. (C.O.D.) (com) Zahlung *f* bei Lieferung *(syn, collection on delivery)*
cash on hand
(ReW, Fin) Kasse *f*
– Barbestand *m*
cash on shipment (com) Zahlung *f* bei Verschiffung
cash on shipment, c.o.s. (C.O.S.) (com) Zahlung bei Verschiffung
cash on the barrelhead
(com, US, infml) Bargeld *n*
– bar auf die Hand
– „bar auf die Kralle"
cash on the nail (com, US, infml) = cash on the barrelhead
cash operation (Bö) = cash sale
cash order, C/O
(com) Bestellung *f* mit vereinbarter Barzahlung *(ie, no credit being given)*
(Fin) Sichtanweisung *f*
cash out *v* (com) verkaufen *(syn, sell)*
cash outflows (Fin) Auszahlungsströme *mpl (ie, in preinvestment analysis = Investitionsrechnung)*
cash outgoings (Fin) Barausgänge *mpl*
cash outlay
(Fin) Barausgaben *fpl (syn, cash expenditure)*
(com) Barauslagen *fpl*
cash outlay costs (KoR) ausgabengleiche Kosten *pl (ie, costs set equal to expenses)*

cash-out merger
(com, US) Fusion *f* mit Barabfindung
(ie, term has a negative connotation; syn, freeze-out/squeeze-out . . . merger)
cash over or short (Fin) Kassendifferenz *f*
cash payment
(com) Barzahlung *f*
(Fin) Barauszahlung *f*
cash payments journal (ReW) Kassenausgangsbuch *n*
cash payout (Fin) Bardividende *f*
cash planning (Fin) Liquiditätsplanung *f*
cash position
(Fin) Barliquidität *f*
(syn, liquid cash resources)
(Fin) Liquiditätslage *f*
– Geldmittelbestand *m*
(syn, liquidity position)
(Fin) Barposition *f*
(ie, vor allem bei Investmentfonds)
cash pressures
(Fin) Liquiditätsschwierigkeiten *fpl*
(syn, cash problems, financial trouble; infml, financial hot water)
cash price
(com) Barpreis *m*
– Barzahlungspreis *m (opp, installment price = Teilzahlungspreis)*
(Bö) Kassakurs *m*
cash problems (Fin) = cash pressures
cash projection (Fin) Planung *f* optimaler Kassenhaltung
cash purchase (com) = cash buying
cash quotation (Bö) Kassakurs *m*
cash ratio
(Fin) Liquidität *f* ersten Grades
(ie, cash + short-term receivables/current liabilities; syn, liquid ratio; US, acid test ratio)
(Fin, GB) Barreservesatz *m*
(syn, cash deposit /reserve . . . ratio)
cash receipt (Mk) Kundenbon *m*
cash receipts
(ReW) Kasseneinnahmen *fpl*
– Bareinnahmen *fpl*
(syn, takings)
cash receipts journal (ReW) Kasseneinnahmebuch *n*
cash records (ReW) Kassenbelege *mpl*
cash refund
(com) Barerstattung *f*
– Erstattung *f* in bar
cash refunding date
(Bö) Barerstattungsdatum *n*
– Barerstattungstermin *m*
cash register (com) Registrierkasse *f*
cash register slip
(com) Kassenzettel *m*
– Kassen-Bon *m*
cash register tape (com) Kassenstreifen *m*
cash remittance (Fin) Barüberweisung *f (syn, cash transfer)*
cash report
(ReW) Kassenbericht *m (ie, shows daily or weekly cash position; syn, cash statement)*
cash requirements
(Fin) Geldbedarf *m*
– Bedarf *m* an liquiden Mitteln

cash reserve
(Fin) Barreserve *f*
– Liquiditätsreserve *f*
(ie, Barreserve + Überschußreserve = 100% Sichteinlagen der Kreditinstitute; opp, excess reserve)
cash resources (Fin) flüssige Mittel *pl (syn, liquid funds, qv)*
cash return
(Fin) Barrentabilität *f*
(Fin) Einnahmenreihe *f (ie, in preinvestment analysis)*
cash sale
(com) Barverkauf *m (ie, in retailing)*
(Mk) Abschluß *m*
(ie, in wholesaling and industry; mit Zahlung innerhalb bestimmter Frist)
(Re) Kaufvertrag *m* mit Leistung Zug um Zug *(opp, credit sale and conditional sale)*
(Bö) Kassageschäft *n*
(syn, cash . . . operation/transaction, spot . . . deal/sale/transaction; opp, forward transaction = Termingeschäft)
cash shortage
(Fin) Liquiditätsknappheit *f*
– Bargeldknappheit *f*
(syn, cash squeeze)
cash shortfall (ReW) Kassenfehlbetrag *m (syn, shorts)*
cash shorts (Fin) = cash shortfall
cash squeeze (Fin) = cash shortage
cash-starved (Fin) in Liquiditätsschwierigkeiten
cash statement (Fin) = cash report
cash strapped (Fin, infml) in finanziellen Schwierigkeiten, finanziell schwach
cash subscriber (Fin) Barzeichner *m*
cash surplus
(Fin) Liquiditätsüberschuß *m (syn, surplus . . . cash resources/funds)*
(FiW) Kassenüberschuß *m*
cash surrender value
(Vers) Rückkaufwert *m*
(ie, amount the insurer is obliged to pay to the insured upon premature termination of the insurance contract; syn, cash-in value)
cash swap
(Fin) Swap *m* mit Tausch und Rücktausch von Devisen
(ie, auf gleicher Kassakursbasis)
cash take (com) Barverkauf *m*
cash tender (com, US) Barabfindungs-Angebot *n (ie, in a takeover tussle; opp, paper tender)*
cash terms of sale (com) Zahlung *f* vor od bei Lieferung
cash trade (Bö) = cash sale
cash transaction (Bö) = cash sale
cash transactions (Fin) Kassendispositionen *fpl*
cash transactions velocity (Vw) Umlaufgeschwindigkeit *f* des Geldes *(syn, velocity of circulation)*
cash transfer (Fin) Barüberweisung *f (syn, cash remittance)*
cash turnover ratio (Fin) Liquiditätsumschlag *m (ie, net sales divided by the sum of cash plus marketable securities)*
cash up *v* (Fin, infml) Kasse *f* machen
cash value
(com) Marktwert *m*
(Fin) Barwert *m (eg, of lease that has 7 years to run)*
(Vers) Kapitalwert *m (ie, of insurance policy)*
cash voucher (ReW) Kassenbeleg *m (syn, cash record)*
cash withdrawal
(ReW) Barentnahme *f (syn, cash drawings)*
(Fin) Barabhebung *f*
cash with order, c.w.o. (com) Zahlung *f* bei Auftragserteilung
cassette ribbon (EDV) Kassetten-Farbband *n*
cast (com) Addition *f*
casting error (ReW) Additionsfehler *m (opp, posting error = Buchungsfehler)*
casting vote
(com) ausschlaggebende Stimme *f*
(eg, at a board meeting; syn, deciding/tie-breaking . . . vote)
cast up *v* (ReW) addieren *(eg, an account)*
casual customer
(com) Laufkunde *m (syn, infml, off-the-street customer)*
(com) Gelegenheitskunde *f (syn, occasional customer)*
casual laborer
(Pw, GB) Gelegenheitsarbeiter *m (ie, term not confined to heavy labor)*
casualty insurance
(Vers) „Schadenversicherung" *f*
(ie, no equivalent term in German: comprises insurance other than life, fire, and marine insurance: alles außer Leben, Feuer, Seeversicherung)
(Vers, US) Haftpflichtversicherung *f*
(cf, Art 2 Doppelbesterungsabkommen US/BRD)
casual user
(EDV) parametrischer
– gelegentlicher
– zufälliger . . . Benutzer *m*
casual work (Pw) Gelegenheitsarbeit *f*
casual worker
(Pw) Aushilfskraft *f*
– Aushilfe *f*
catalog buying (Mk) Einkauf *m* nach Katalog *(opp, buying through retail outlets)*
catalog company
(Mk, GB) Versandhaus *n*
(syn, US, mail order company)
catalog discount store (Mk) Katalogwarenhaus *n*
cataloged procedure (EDV) Kommandoprozedur *f (ie, in operating systems; syn, command procedure)*
catalog price (com) Katalogpreis *m*
catalog system (EDV) Netz(werk)katalog *m (syn, network catalog)*
catalytic converter (IndE) Katalysator *m*
catastrophe hazard (Vers) = catastrophe risk
catastrophe health insurance (Vers) Versicherung *f* gegen extrem hohe Krankheitskosten
catastrophe loss (Vers) Katastrophenverlust *m*
catastrophe protection (Vers) Katastrophenschutz *m (ie, one of the basic elements of insurance)*
catastrophe reinsurance (Vers) Katastrophen-Rückversicherung *f*

catastrophe risk (Vers) Katastrophenrisiko *n (syn, catastrophe hazard)*
catastrophic cover (Vers) Katastrophen-Cover
catch (com) Fangergebnis *n (ie, in fishery)*
catch a cold *v* (Bö, infml) Geld *n* verlieren
catchall category (com) Sammelbezeichnung *f*
catch-all variable (Vw) Skalenfaktor *m (ie, in the Cobb-Douglas production function)*
catch at *v* (com) nutzen, ergreifen *(eg, chance of making a profit; syn, grab at, snap at)*
catching-up hypothesis (Vw) Aufholhypothese *f*
catching-up process (Vw) Aufholprozeß *m*
catchment area (com) Einzugsgebiet *n (syn, area of supply, trading area)*
catch on *v* (com) sich durchsetzen *(ie, become popular; eg, new product)*
catchpenny article
(Mk) Lockartikel *m*
– Billigartikel *m*
– Pfennigartikel *m*
catch phrase
(Mk) (eingängiger) Werbeslogan *m*
– Blickfang *m*
catch quota (com) Fangquote *f (syn, fishing quota)*
catch up *v* (com) aufholen
catch-up allowance (Pw) Ausgleichsprämie *f*
catch-up demand (com) Nachholbedarf *m (syn, backlog/pent-up . . . demand)*
catch-up pay increase (Pw) ausgleichende Lohnerhöhung *f*
catch-up work (Pw) Nachholarbeit *f (ie, after a strike)*
catch with pants down *v* (com, sl) völlig unvorbereitet treffen *(eg, legislators could just be caught with their pants down)*
categorical grant (FiW) zweckgebundene Finanzzuweisung *f*
categorical proposition
(Log) kategorisches Urteil *n*
– unbedingtes Urteil *n*
(ie, affirms or denies that sth has a property or is a member of a class; syn, subject-predicate proposition)
categorize *v*
(com) einstufen
– kategorisieren *(syn, classify, grade, scale)*
category (Stat) Merkmalsklasse *f*, Kategorie *f*
category analysis (Mk) Käuferstruktur-Analyse *f*
category of risks (Vers) Gefahrenklasse *f*
catena (EDV) Kette *f (syn, chain)*
caterer (com, GB) Gaststättenbetrieb *m (syn, US, restaurateur)*
catering group (com, GB) Restaurant-Kette *f (syn, restaurant chain)*
catering trade (com, GB) Hotel- und Gaststättengewerbe *n (syn, hotels and restaurants)*
cathode ray tube, CRT (EDV) Bildschirm *m (ie, als Hardware; opp, screen = Bildschirm als Maske)*
CATI (Mk) = Computer Assisted Telephone Interview
Cats
(Fin, US) = certificates of accrual on Treasury securities
(ie, introduced in 1983 by Salomon Brothers as a bond-stripping device)
cats and dogs
(com, infml) Ladenhüter *mpl*
– Penner *mpl*
(syn, shelf warmer, drug on the market)
(Bö, infml) Spekulationspapiere *npl*
(ie, highly questionable stocks; worthless as bank collateral)
CATY system (Mk) = computer-aided telephone interviewing
caucus session (Pw) Fraktionssitzung *f*
causal analysis (Log) Kausalanalyse *f*
causal chain
(Log) Kausalzusammenhang *m*
– Kausalkette *f*
(syn, chain of causation, causal . . . connection nexus/concatenation)
causal concatenation (Log) = causal chain
causal connection (Log) = causal chain
causal inference (Log) kausaler Schluß *m*
causal nexus (Log) = causal chain
causal ordering (Stat) Kausalkette *f* der Beziehungen
causative factor
(com) Ursache *f*
(Log) Kausalfaktor *m*
cause-and-effect diagram
(Log) Ursache-Wirkung-Diagramm *n*
(ie, statement of a problem, with a branching diagram leading to the known potential uses; syn, fishbone diagram, Ishikawa diagram)
cause-effect principle (Log) Kausalitätsprinzip *n (syn, principle of causation)*
cause of action
(Re) Klagegrund *m*
(ie, grounds for which a judicial proceeding may be brought; syn, ground of action)
cause of loss (Vers) Schadenursache *f*
cause variable
(Stat) ursächliche Variable *f*
– erklärende Variable *f*
(ie, in simple linear regression; syn, explanatory variable)
CAV (EDV) = Constant Angular Velocity
caveat
(Pat, US) Patentanmeldung *f* e–r unvollständigen Erfindung
(Pat, GB) Einspruch *m* gegen Patenterneuerung
caveat emptor
(Re) Mängelausschluß *m*
(ie, ‚let the buyer beware‘; Sachmängelhaftung des Verkäufers – ‚caveat venditor‘ – setzt sich immer mehr durch)
cave in *v*
(com) nachgeben *(eg, to pressures)*
(com) bankrott machen
– pleite gehen
(eg, firm caved in)
c.b.d. (com) = cash before delivery
CBGC (Fin) = Central Bank Governors' Committee
CBO (FiW) = Congressional Budget Office
CBOE (Bö, US) = Chicago Board Options Exchange
CBOT (Bö, US) = Chicago Board of Trade
CBT (EDV) = Computer-Based Training
C/C (Fin) = clean credit
CCC (com) = Commodity Credit Corporation

CCCN (Zo) = Customs Cooperation Council Nomenclature
CCR (Zo) = Commodity Classification Rates
CCS (Pw) = customs clearance status
CD (Fin) = Certificate of Deposit
CDC (com) = Commonwealth Development Corporation
CD issuance facility (Fin) Fazilität *f*, die e–r ,note issuance facility' (NIF) gleicht; das Kreditinstitut emittiert hier CD's revolvierend
CDL (Pw) = Career Development Loan
CD-R (EDV) = CD-Recordable, qv
CD-Recordable (EDV) beschreibbare CD-ROM *(ie, CD user can write to at least once)*
CD-ROM (EDV) = compact disc with read only memory
CD-ROM drive (EDV) CD-ROM-Laufwerk *n*
CD-ROM XA (EDV) = CD-ROM Extended Architecture *(ie, enhanced CD-ROM format, that allows data to be read while audio is played back)*
CEA (Fin) = Commodity Exchange Authority
CEAC (com) = Committee for European Airspace Coordination
cease and desist order
(Re, US) Unterlassungsanordnung *f*
(ie, issued by a federal bank regulatory agency and by the FTC)
cease occupancy *v* (Re) räumen *(syn, vacate rented property)*
ceasing gain (Re) entgangener Gewinn *m (ie, translation of ,lucrum cessans' = lost profit)*
cede *v* (Vers) zedieren *(ie, to reinsurer)*
ceded portfolio (Fin) abgetretener Bestand *m*
ceding company
(Vers) Erstversicherer *m*
– zedierende Gesellschaft *f*
– Direktversicherer *m (syn, reinsured, qv)*
CEIF (EG) = Council of European Industrial Federations
ceiling
(com) Plafond *m (syn, limit)*
(Fin) Höchstbetrag *m*
– Obergrenze *f*
(syn, maximum/threshold ... amount)
(AuW) Tunneldecke *f*
– oberer Interventionspunkt *m (syn, upper support point; opp, floor = Tunnelboden)*
(Vw) Expansionsgrenze *f*
ceiling of new issues (Fin) Emissionslimit *n*
ceiling price
(com) Höchstpreis *m*
(Bö) äußerster Kurs *m*
ceiling rate (Fin, US) Zinsobergrenze *f (ie, nach Regulation Q)*
cell
(EDV) Zelle *f (ie, smallest unit of a store)*
(Math) Element *n*
– Zelle *f*
(Stat) Klassenintervall *n*
cellar (EDV) Kellerspeicher *m (syn, push-down store, qv)*
cell frequency
(Stat) Besetzungszahl *f*
– Besetzung *f* e–s Tabellenfeldes *(syn, absolute frequency)*
cellular organization of production (IndE) Werkstattfertigung *f (syn, job shop production, qv)*
cellular telephone
(com, US) mobiles Telefon *n*
– Mobildtelefon *n*
– „Handy" *n*
CENELEC (com, EG) = European Committee for Electrotechnical Standardization
censor a decision on legal grounds *v* (com) Entscheidung *f* aus rechtlichen Gründen zensieren
census
(Stat) Zensus *m*
– Großzählung *f*
– Totalstatistik *f (opp, micro-census)*
census of population (Stat) Volkszählung *f*
census of production
(Stat) Produktionsstatistik *f*
– Erhebung *f* im produzierenden Gewerbe
census paper (Stat) Zählbogen *m*
census survey (Mk) Gesamtmarktanalyse *f (opp, sample survey)*
census year (Stat) Zensusjahr *n*
center country (AuW) Leitwährungsland *n (syn, key currency country)*
center in/on/upon *v* (com) sich konzentrieren auf *(eg, activity, field of attention)*
center of range (Stat) Spannweitenmitte *f (syn, mid range)*
center of vital interest
(Re) Mittelpunkt *m* der Lebensinteressen
(ie, where a person has close personal and economic relations)
central accounting unit (ReW) zentrale Abrechnungsstelle *f (syn, accounting center)*
central agency
(Bw) Preismeldestelle *f*
(ie, collates and distributes price information; syn, open price association)
central authority (Re, US) zentrale Behörde *f*
central bank
(Vw) Zentralbank *f*
– Notenbank *f*
central-bank advance against security (Fin) Lombardkredit *m*
central bank balances (Fin) Notenbankguthaben *n*
central bank book money (Fin) Giralgeld *n* der Zentralbank
central bank discount rate (Fin) Diskontsatz *m (syn, official rate of discount; US, rediscount rate)*
central banker
(Fin) Mitglied *n* des Zentalbankrats
(ie, in Germany; „a German central banker combines the moral authority of a high priest with the fire-power of a general")
central bank governor (Vw) Notenbankpräsident *m*
Central Bank Governor's Committee (Fin, EG) Ausschuß *m* / Komitee *n* der Zentralbankpräsidenten
central bank independence
(EG) Unabhängigkeit *f* der Zentralbanken
– Zentralbankunabhängigkeit *f*
central bank intervention (Fin) Intervention *f* der Zentralbank
central bank policy (Vw) Notenbankpolitik *f*

central bank reserves (Fin) Zentralbankreserven *pl* *(ie, gold + own reserves)*
central bank return (Fin) Notenbankausweis *m*
central buying (MaW) Zentraleinkauf *m* *(syn, centralized purchasing, qv)*
central buying office (MaW) Zentraleinkauf *m*
central card index (com) Zentralkartei *f*
central computer (EDV) Zentralrechner *m*
central control unit (EDV) zentrales Leitwerk *n*
central database (EDV) zentrale Datenbank *f*
central department (Bw) Zentralabteilung *f*
central exchange rate (Fin) Leitkurs *m* *(syn, central rate)*
central file (Fin) Zentralkartei *f* *(ie, contains detailed information on each of a bank's customers)*
central filing department (com) Hauptablage *f*
central handling
(com) zentrale Bearbeitung *f*
(com) Federführung *f* *(syn, lead management)*
central headquarters (com) Hauptverwaltung *f* *(syn, headquarters, qv)*
central investment planning (Vw) zentrale Investitionsplanung *f*
centralized collection (Fin) Sammelinkasso *n*
centralized dispatching (IndE) zentrale Arbeitszuweisung *f*
centralized maintenance (IndE) zentrale Wartung *f*
centralized management (Bw) einheitliche Leitung *f* *(syn, unified management, common control)*
centralized processing (com) zentrale Bearbeitung *f* *(eg, of transferred funds)*
centralized purchasing (MaW) Zentraleinkauf *m* *(syn, central buying)*
central limit theorem
(Stat) zentraler Grenzwertsatz *m*
(ie, the distribution of sample means taken from a large population approaches a normal [gaussian] curve)
centrally planned economy (Vw) Zentralverwaltungswirtschaft *f*
centrally sited (EDV) zentral aufgestellt *(eg, printer)*
central management (com) = centralized management
central markets (com) Zentralmärkte *mpl*
central memory (EDV) Hauptspeicher *m* *(syn, main memory)*
central order processing system, COP (Bw) zentrale Auftragsbearbeitung *f*
central parity (EG) = central rate
central processing unit, CPU
(EDV) Zentraleinheit *f*
– CPU *f* *(syn, processor, processing unit)*
Central Product Classification, CPC
(Vw, US) Central Product Classification *f*
(ie, zentrale Gütersystematik der Vereinigten Staaten)
central rate (Fin) Leitkurs *m* *(ie, im Europäischen Währungssystem)*
Central Risk Service (Fin) Evidenzzentrale *f* *(ie, official credit information exchange)*
central securities depository abroad (Fin) ausländischer Zentralverwahrer *m*
central site (com) zentral
central stockroom (MaW) = central store
central storage (EDV) Zentralspeicher *m*
central store (MaW) Hauptlager *n* *(syn, central stockroom)*
central tendency
(Stat) Maß *n* der Zentraltendenz
– Lokalisationsparameter *m*
(ie, arithmetic mean, mode, median)
central theorem (Math) Hauptsatz *m*
central trade body (com, GB) Dachverband *m*
central value (Stat) Wert *m* der Zentraltendenz
central wholesale market (com) Großmarkt *m*
centroid
(Math) Schwerpunkt *m*
(Stat) mittlerer Diskriminanzwert *m*
CEO (Bw) = Chief Executive Officer
certificate
(com) Bescheinigung *f*
(ie, übliche Form der Überschrift: To whom It May Concern)
(ReW) Bestätigungsvermerk *m*, Testat *n* *(syn, audit certificate, qv)*
certificate *v* (com) zulassen *(eg, aircraft for regular service)*
certificate concerning identification marks (Zo) Bescheinigung *f* über Nämlichkeitszeichen
certificate for entry of returned products (Zo) Zollnämlichkeitsbescheinigung *f*
certificate of acceptance
(IndE) Abnahmezeugnis *n*
– Abnahmeprüfprotokoll *n*
(Zo) Abfertigungsbescheinigung *f*
certificate of accounts (ReW, US) Bestätigungsvermerk *m* *(syn, audit certificate, qv)*
certificate of allotment (Fin) Zuteilungsschein *m*
certificate of analysis (com) Analysenzertifikat *n*
certificate of approval (Zo) Zulassungsbescheinigung *f*
certificate of authenticity (Zo) Echtheitszeugnis *n*
certificate of average (SeeV) Havariezertifikat *n*
certificate of beneficial interest (Fin) Genußschein *m*
certificate of clearance inwards (Zo) Einfuhrbescheinigung *f* *(syn, entry certificate)*
certificate of compliance
(Fin) Bescheinigung *f* über Ordnungsmäßigkeit
(IndE) Werksbescheinigung *f* *(opp, Werkszeugnis)*
certificate of conduct (Pw) Führungszeugnis *n*
certificate of convenience and necessity
(Re, US) Betriebserlaubnis *f* für öffentliche Versorgungsunternehmen
(ie, operating license granted by public authority for providing a service in specified territories)
certificate of damage (SeeV) Schadenattest *n* *(syn, survey report)*
Certificate of Deposit, CD
(Fin) Einlagenzertifikat *n*
– Euro-CD
– Geldmarktzertifikat *n*
(ie, im Finanzierungsalltag meist nicht übersetzt; a product of the U.S. money market; normally sold in $1m units; issued at face value, with interest paid at maturity; CDs can have any maturity longer than 14 days; im Dt auch verbriefte Bankeinlagen genannt)
certificate of designation of origin (Zo) Bescheinigung *f* der Ursprungsbezeichnung

certificate of dishonor (WeR) Protesturkunde *f (ie, translation of the German term; cf, notice of dishonor)*
certificate of employment (Pw) Beschäftigungs-Bescheinigung *f*
certificate of exportation (Zo) Ausfuhrbescheinigung *f*
certificate of guarantee (com) Garantieschein *m (syn, certificate of warranty)*
certificate of identity (Zo) Nämlichkeitsbescheinigung *f*
certificate of import (Zo) Importzertifikat *n*
certificate of incorporation
(Re) Gründungsurkunde *f*
(ie, franchise that empowers the incorporators – Gründer – of a company to act as a corporation; issued by the secretary of state of the state of incorporation; in GB, by Registrar of Companies)
certificate of indebtedness
(Re) Schuldurkunde *f*
(syn, debt instrument, qv)
(Fin, US) Schatzschuldbrief *m*
– kurzfristige Schuldverschreibung *f*
(ie, short-term note issued by a government unit, with a maturity of one year; now displaced by treasury bills)
certificate of insurance (Vers) Versicherungszertifikat *n*
certificate of loss (SeeV) Verlustattest *n*
certificate of manufacture (com) = certificate of origin
certificate of nonobjection (AuW) Unbedenklichkeitsbescheinigung *f*
certificate of origin
(com) Ursprungszeugnis *n (ie, same as invoice, but with prices omitted)*
(com) Provenienz-Zertifikat *n*
(ie, evidencing origin or quality, esp of bulk commodities in world trade)
certificate of protest (WeR) Protesturkunde *f (syn, notarial protest certificate)*
certificate of qualification (Re) Befähigungsnachweis *m*
certificate of quality (com) Qualitätszeugnis *n*
certificate of receipt (com) Empfangsbestätigung *f (ie, issued by forwarder)*
certificate of re-exportation (Zo) Bescheinigung *f* über die Wiederausfuhr
certificate of register (Fin) Eintragungsbescheinigung *f (ie, für Namensaktien)*
certificate of re-importation (Zo) Bescheinigung *f* über die Wiedereinfuhr
certificate of reinsurance (Vers) Rückversicherungs-Nachweis *m*
certificate of renewal
(Fin) Erneuerungsschein *m*
– Zinsleiste *f*
– Talon *m*
certificate of shipment (com) Ladeschein *m*
certificate of stock (Fin) Aktienzertifikat *n (syn, stock certificate)*
certificate of title
(Re, US) Eigentumsbescheinigung *f*
(ie, evidence of ownership of motor vehicles and other types of personal property)
certificate of transfer (Re) Übertragungsurkunde *f*
certificate of value and origin (com) Wert- und Ursprungszertifikat *n*
certificate of warranty (com) = certificate of gurantee
certificate of weight (com) Gewichtsbescheinigung *f*
certificate on nonobjection to import (AuW) Einfuhr-Unbedenklichkeitsbescheinigung *f*
certificate stamping unit (Stat) Stempelvorrichtung *f* für Gütestempel
certificate to be final (com) Bescheinigung *f* über Warenqualität ist bei Abnahme der Ware vom Käufer anzuerkennen
certification
(Re) Beglaubigung *f*
(syn, authentication, verification)
(com) Zulassung *f*
(eg, of aircraft by the Federal Aviation Administration)
(Fin, US) Bestätigung *f* e–s Schecks
certification and approval requirements (AuW) Bescheinigungs- und Zulassungs-Vorschriften *fpl*
certification fee (Re) Beglaubigungsgebühr *f*
certification mark (Pat) Verbandsmarke *f (syn, collective mark)*
certified
(com) beglaubigt, bestätigt
(com) konzessioniert
certified check
(Fin, US) bestätigter Scheck *m (ie, guaranteed cashable; syn, GB, marked cheque)*
certified copy (com) beglaubigte Abschrift *f* od Kopie *f*
certified financial statement
(ReW) Abschluß *m* mit Bestätigungsvermerk
– testierter Abschluß *m*
certified internal auditor
(ReW, US) interner Revisor *m (ie, title awarded by the Institute of Internal Auditors)*
certified mail
(com, US) Einschreibsendung *f (syn, registered mail)*
certified public accountant, ***CPA***
(ReW, US) Wirtschaftsprüfer *m (syn, GB, chartered accountant, CA)*
certified translation (com) beglaubigte Übersetzung *f*
certify *v*
(com) bescheinigen, bestätigen
(Re) beglaubigen
(eg, certified to be a true an correct copy of the original = für die Richtigkeit der Abschrift; syn, authenticate, legalize)
certifying body (Re) bescheinigende Stelle *f*
cessation of employment (Pw) = termination of employment
cessio legis (Re) gesetzlicher Forderungsübergang *m*
cession
(Vers) Zession *f*
– Abtretung *f*
(ie, in reinsurance)
cestui que trust
(Re) Begünstigter *m*
(ie, holds equitable title as opposed to trustee who holds legal title; syn, beneficiary of a trust fund)

CF (com, GB) = carriage forward
CFP (EG) = Common Fisheries Policy
C.F.S. (com) = container freight station
CFTC (Fin) = Commodity Futures Trading Commission
CGCB (EG) = Committee of Governors of Central Banks
chain
(Mk) Einzelhandelskette *f (syn, retailing chain)*
(Math) geordnete Menge *f* von Mengen *(syn, net, tower)*
(EDV) Kette *f*
(ie, series of data linked together in some way; or: a sequence of binary digits used to construct a code; syn, catena)
chain *v* (EDV) verketten *(syn, concatenate)*
chain banking
(Fin) Kettenbanksystem *n*
(ie, at least 3 banks are needed to make up a chain; syn, group banking)
chain buffer time (IndE) Kettenpufferzeit *f*
chain code (EDV) Kettencode *m (ie, no word recurs before the cycle is complete)*
chain discount (Mk) Stufenrabatt *m*
chained addressing (EDV) gekette Adressierung *f*
chained file (EDV) gekettete Datei *f*
chained list (EDV) verknüpfte Liste *f*
chained record (EDV) geketteter Satz *m*
chain index (Stat) verketter Index *m*
chaining
(EDV) Kettung *f*
– Konkatenation *f*
(ie, storing records which are not necessarily contiguous, in which the records are arranged in a sequence and each record contains means to identify its successor)
chaining command (EDV) Verkettungsbefehl *m*
chaining method (EDV) Verkettungsmethode *f (ie, in computer architecture)*
chaining operation (EDV) Verketten *n*
chain of a graph (Math) Kette *f* e–s Graphen
chain of causation
(Log) Kausalkette *f*
– Kausalzusammenhang *m*
(syn, causal chain, qv)
chain of command (Bw) Kontrollspanne *f (syn, span of control, qv)*
chain of endorsements (WeR) Indossamentenkette *f*
chain of equations (Math) Gleichungskette *f*
chain of evidence (com) Beweiskette *f (eg, unbroken . . . = lückenlose . . .)*
chain of retail stores
(com) Geschäftskette *f*
– Ladenkette *f*
chain printer
(EDV) Kettendrucker *m*
(ie, high-speed printer in which the type slugs are carried by the links of a revolving chain)
chain progression (OR) Kantenzug *m*
chain relative (Stat) Kettenindex *m*
chain rule
(Math) Kettenregel *f*
(ie, a rule for differentiating a composition of functions; syn, composite-function rule, function-of-a-function rule)
chain store
(Mk) Filialkette *f (syn, GB, multiple shop)*
(Mk) Filialgeschäft *f*
(ie, Laden in e–r freiwilligen Kette)
chain store company (Mk) Filialgesellschaft *f*
chain store manager (Mk) Filialleiter *m*
chain trade (Mk) Kettenhandel *m*
chain transaction (Bö) Kettenabschluß *m (ie, in forward commodity trading = Warenterminhandel)*
chair (com) Vorsitz *m (syn, chairmanship, qv)*
chair *v*
(com) Vorsitz *m* führen
(eg, a meeting; syn, be in the chair, act as chairman, preside over)
chairman
(com) Chairman *m*
– Vorsitzender *m*
(ie, Americans now prefer the term ‚chairperson' if the term is understood to include both male and female or refers to at least one of them; it is customary in U.S. organization bylaws)
chairmanship (com) Vorsitz *m*
chalk out *v* (com) planen, skizzieren
chalk up *v*
(com, infml) anschreiben *(eg, can you chalk it up to me?)*
(ReW, infml) ausweisen *(syn, post, record, show)*
challenge *v*
(com) herausfordern
(Re) anfechten
– bestreiten *(syn, contest)*
challenger
(com) Herausforderer *m*
(Bw) zweite Alternative *f*
(ie, Investitionsobjekt, das als Ersatz in Erwägung gezogen wird; opp, defender)
challenge the authority *v* (Re) Zuständigkeit *f* anfechten *(eg, of a judge to hear a case)*
chamber (Re, GB) Anwaltsbüro *n (ie, a barrister's office suite)*
chamber of commerce (com, US) Handelskammer *f (ie, local association of business promoting the area's trade; syn, board of trade)*
chambers (Re, GB) Anwaltskanzlei *f* von Barristers
champion a view *v* (com) Ansicht *f* vertreten
chance bargain (com) Gelegenheitskauf *m (syn, bargain)*
chance-constrained programming
(EDV) zufallsbeschränkte Programmierung *f (ie, nonlinear programming wherein the deterministic constraints are replaced by their probabilistic counterparts)*
(OR) Chance-Constrained Programming *n*
(ie, Teilbereich der linearen Programmierung mit Verwendung zufallsbedingter Größen)
chance constraints (Stat) Zufallsbeschränkungen *fpl*
Chancellor of the Exchequer (FiW, GB) Finanzminister *m (syn, US, Secretary of the Treasury)*
chance meeting (com) zufällige Zusammenkunft *f*
chance theory (Stat) Zufallstheorie *f*
chance variable
(Stat) Zufallsvariable *f (syn, random/stochastic . . . variable)*
chance variation (Stat) Zufallsstreuung *f*

chancy (com, infml) riskant, unsicher *(eg, a chancy thing to do)*
change
(com) Änderung *f*
– Veränderung *f*
(com) Wechselgeld *n (eg, change for a 10 dollar note)*
change *v*
(com) ändern
– abändern
(ie, from, to; implies essential difference, loss of identity, or subsiutition of one thing for another; cf, to alter, to modify, to correct, to amend, to revise)
(com) umwandeln
– verwandeln *(ie, into)*
(Fin) umtauschen *(eg, money; syn, to exchange, to convert, qv)*
changeable disk pack storage system (EDV) Wechselplattenspeicher *m*
change agent (Bw) Berater *m* in der Organisationsentwicklung
change data (EDV) Änderungsdaten *pl*
changed environment (com) veränderte Umfeldbedingungen *fpl*
change dump (EDV) Speicherauszug *m* von Änderungen
change file (EDV) Änderungsdatei *f (syn, amendment file, qv)*
change fund (Fin) Wechselgeld *n (ie, at cashier's disposal)*
change in control (Bw) Wechsel *m* der Eigentumsverhältnisse
change in demand
(Mk) Nachfrageänderung *f*
– Bedarfswandel *m*
(Vw) Verschiebung *f* der Nachfragekurve *(syn, shift of demand curve)*
change in income (Vw) Einkommensänderung *f*
change in inventories
(MaW) Bestandsänderungen *fpl* Vorratsveränderungen *fpl*
(VGR) Bestandsänderungen *fpl* an eigenen Erzeugnissen
change in leadership (Bw) Führungswechsel *m*
change in plant operation
(Bw) Betriebsänderung *f (ie, closing down, locational shift = Standortänderung, object of company, etc)*
change in supply
(Mk) Angebotsänderung *f*
(Vw) Verschiebung *f* der Angebotskurve *(syn, shift of supply curve)*
change in tastes (Mk) Änderung *f* der Bedarfsstruktur
change in the level of activity (Bw) Änderung *f* des Beschäftigungsgrades
change machine (Fin) Wechselgeldautomat *m*
change money *v* (Fin) Geld *n* wechseln
change of control (Bw) Änderung *f* der Beherrschungsverhältnisse
change of inventories (MaW) Bestandsänderung *fpl*
change of legal form
(Bw) Umgründung *f*
– Änderung *f* der Rechtsform
change of location (Bw) Standortverlegung *f (syn, locational shift)*
change of position (Re) Vornahme *f* od Unterlassen *n* e–r Handlung
change of residence (StR) Ansässigkeitswechsel *m*
change of tariff heading (Zo) Tarifsprung *m*
change one's business mix *v* (com) Sortiment *n* umstellen
change order (com) Auftragsänderung *f*
change over *v*
(com) umstellen
(eg, from, to; eg, change over from the old system to decimal notation)
change-over allowance (IndE) Umstellungszuschlag *m*
change-over cost
(KoR) Umstellkosten *pl*
– Umrüstkosten *pl*
– Kosten *pl* der Umrüstung
change-over design (Stat) Gruppenwechselplan *m*
change-over time
(IndE) Umrüstzeit *f*
– Umstellzeit *f*
change-over trial (Stat) = changeover design
change record (EDV) Änderungssatz *m (syn, amendment /transaction . . . record)*
changes of business in force (Vers) Bestandsbewegung *f*
change tape (EDV) Änderungsband *n (syn, amendment /transaction/update . . . tape)*
change the ribbon *v* (com) Farbband *n* wechseln
channel
(EDV) Kanal *m (syn, trunk)*
(OR) Abfertigung *f*
– Bedienungsstation *f*
– Kanal *m*
– Schalter *m (ie, in waiting line models = Warteschlangenmodellen; syn, server, service facility/point/station . . . unit)*
(Mk) = distribution channel
channel address word (EDV) Kanaladreßwort *n*
channel capacity (EDV) Kanalkapazität *f*
channel command word (EDV) Kanalbefehlswort *n*
channel into *v* (com) einschleusen *(eg, goods into a market)*
channel of distribution
(Mk) Absatzweg *m*
– Absatzkanal *m*
– Vertriebsweg *m (syn, distributive/marketing /trade . . . channel)*
channel off *v* (com) abzweigen *(eg, money for a different purpose)*
channel of information (com) Informationsweg *m*
channel of trade (Mk) = channel of distribution
channel program (EDV) Kanalprogramm *n*
channel queue (EDV) Kanalwarteschlange *f*
channel status register (EDV) Kanalzustandsregister *n*
channel through *v* (com) durchleiten
channel transfer rate
(EDV) Datenrate *f*
– Kanalrate *f (syn, data rate)*
chaos research (IndE) Chaosforschung *f*
CHAPS (Fin, GB) = Clearing House Automated Payments System
chapter (Pw, US) Lokalgruppe *f* e–r Gewerkschaft

Chapter 11
(Re, US) Chapter 11
(ie, section of the Federal Bankruptcy Act under which a company continues to operate with the court's protection against lawsuits while it tries to work out a plan for paying its debts; eg, creditors may throw the company into Chapter 11 proceedings)
char (EDV) = character
character (EDV) Zeichen *n (ie, elementary mark used to represent data)*
character-at-a-time printer (EDV) = character printer
character based user interface (EDV) = character oriented user interface
character boundary (EDV) Zeichenbegrenzung *f*
character box (EDV) Zeichenrahmen *m*
character code (EDV) Zeichencode *m*
character crowding (EDV) Zeichenverdichtung *f (syn, digit compression)*
character density (EDV) Zeichendichte *f*
character firmness (Pw) charakterliche Zuverlässigkeit *f*
character generator (EDV) Zeichengenerator *m (ie, part of the computers ROM that provides the graphics system with the patterns of dots representing characters)*
character handling machine (EDV) zeichenverarbeitende Maschine *f*
characteristic
(Math) Kennlinie *f*
(Math) Kennziffer *f (ie, of a logarithm)*
(Stat) Merkmal *n*
characteristic equation
(Math) charakteristische Gleichung *f*
(ie, which has a solution, subject to specified boundary conditions, only when a parameter occuring in it has certain values)
characteristic function (Math) charakteristische Funktion *f*
characteristic line
(Fin) charakteristische Linie *f*
(ie, ihr Maß ist der Beta-Koeffizient, qv; Ableitung aus Vergangenheitswerten der Rendite e–r Aktie und der Rendite des Marktportefeuilles)
characteristic of state (IndE) Beschaffenheitsmerkmal *n (cf, DIN 4000.T.1.)*
characteristic root
(Math) Eigenwert *m*
– charakteristische Wurzel *f*
(ie, esp a root of the characteristic equation of a matrix; syn, characteristic value, eigenvalue)
character map
(EDV, GUI) Zeichentabelle *f (showing all characters for a specific font)*
character mode (EDV) Zeichenmodus *m (opp, graphics mode)*
character oriented user interface (EDV) zeichenorientierte Benutzeroberfläche *f (opp, graphical user interface)*
character parity
(EDV) Querparität *f*
– Zeichenparität *f (syn, vertical parity)*
character position
(EDV) Zeichenstelle *f*
(EDV, Cobol) Zeichenposition *f (cf, DIN 66 028, Aug 19085)*
character printer (EDV) Zeichendrucker *m*, Buchstabendrucker *m (syn, character-at-a-time printer)*
character reader (EDV) Zeichenleser *m (ie, in character recognition)*
character recognition (EDV) Zeichenerkennung *f (eg, optical character recognition, qv)*
character repertoire (EDV) = character set
character representation (EDV) Zeichendarstellung *f*
character set
(EDV) Zeichenvorrat *m (syn, character repertoire)*
(EDV, Cobol) = COBOL character set, qv
character set chart (EDV) Zeichensatztabelle *f*
character string
(EDV) Zeichenkette *f*
(EDV) Zeichenfolge *f*
(ie, sequence of contiguous characters forming a COBOL word, a literal etc; cf, DIN 66 028, Aug 1985)
character subset
(EDV) Zeichenteilmenge *f*
– Zeichenuntermenge *f*
character template (EDV) Zeichenschablone *f*
charge
(com) Preis *m*
– Gebühr *f (syn, price, fee)*
(com) Kosten *pl (syn, cost, expense)*
(ReW) Belastung *f (ie, debit to an account)*
(ReW) Lastschrift *f (syn, debit entry)*
(FiW) Abgabe *f (syn, fiscal/public . . . charge)*
(Re) Anklage *f (ie, formal accusation)*
charge *v*
(com) berechnen
(ReW) belasten *(eg, an account; syn, debit)*
(ReW) verrechnen *(eg, as an expense)*
chargeable event (StR) steuerpflichtige Transaktion *f*
chargeable gain (StR) kapitalsteuerpflichtiger Gewinn *m*
chargeable goods (Zo) abgabenpflichtige Waren *fpl (syn, dutiable goods)*
chargeable income (StR) steuerpflichtiges Einkommen *n (syn, taxable income, qv)*
chargeable to (KoR) zurechenbar zu *(syn, allocable to, qv)*
chargeable weight (com) Taxgewicht *n*
charge account
(com) Kreditkonto *n*
(ie, customer is allowed to pay at the end of a stipulated period; syn, GB, credit account, account)
(Fin) offener Buchkredit *m (syn, open book account)*
charge against *v* (com) belasten *(eg, charge the consignment against my account)*
charge against income *v* (ReW) die Ergebnisrechnung *f* belasten
charge an account *v* (ReW) Konto *n* belasten *(syn, debit)*
charge as expense *v* (ReW) als Aufwand verrechnen *(syn, expense)*
charge as incurred *v* (ReW) als laufenden Aufwand verbuchen

charge a tax (on) *v* (StR) besteuern *(syn, tax, impose/levy . . . a tax)*
charge back (ReW) Ausgleichsbuchung *f*
charge depreciation *v*
(ReW) abschreiben *(eg, on fixed assets, properties)*
charged off (ReW) ausgebucht *(syn, written off)*
charge down *v* (com, US) belasten *(eg, goods to one's account)*
charge fancy prices *v* (com) Phantasiepreise *mpl* verlangen
charge fees *v* (com) Gebühren *fpl* berechnen
charge for *v*
(com) berechnen
– verlangen
(eg, for goods, hotel room)
(Re) anklagen wegen
charge freight *v* (com) Fracht *f* berechnen
chargehand (Pw) Vorarbeiter *m (syn, assistant formen, qv)*
charge imports against the Community ceilings *v* (EG) Einfuhren *fpl* auf die Gemeinschaftsplafonds anrechnen
charge materials
(IndE) Einsatzmaterial *n*
– Einsatzstoffe *mpl*
– Einsatzgüter *npl (syn, feed/input/starting . . . materials, feedstocks)*
charge of collusion (Kart) Verdacht *m* des abgestimmten Verhaltens
charge off
(ReW) Abbuchung *f*
– Ausbuchung *f*
(Fin) Verlust *m (eg, loan chargeoff)*
charge off *v*
(ReW) abbuchen, ausbuchen *(ie, as an expense or loss)*
(ReW) abschreiben *(syn, depreciate, write down off, qv)*
charge off rate (Fin) Verlustquote *f*
charge per item (Fin) Stückgebühr *f*
charge pro rate *v* (KoR) anteilig belasten
charges
(Fin) Nebenkosten *pl*
(ie, involved in execution of a shipment of goods, such as commission, interest, insurance, freight)
(ReW, EG) Aufwendungen *mpl*
charge sale
(com, US) Kreditkauf *m*
– Zielkauf *m*
(syn, credit line, qv)
charges equivalent to customs duties
(Zo) Abgaben *fpl* zollgleicher Wirkungen
charges forward (com) Kosten *pl* (und evtl. Frachtnachnahme *f*)
charge slip (ReW) Lastschriftanzeige *f (syn, debt . . . advice/memo/note)*
charges prepaid (com) Kosten *pl* vorausbezahlt
charges prepaid by sender (com) franko
charges resulting from consequences of the war
(FiW) Kriegsfolgelasten *fpl*
charge (sth) to tax *v* (StR, GB) besteuern
charge to *v*
(KoR) zurechnen *(syn, allocate to, qv)*
(Fin) belasten *(eg, my account)*
charge to account *v* (com) anschreiben *(syn, infml, chalk up)*
charge to capital *v* (ReW) aktivieren *(syn, capitalize)*
charge weight (IndE) Einsatzgewicht *n (syn, input weight)*
charge what the traffic will bear *v* (com) nehmen, was der Markt hergibt
charge with *v*
(com) beauftragen mit
(Re) anklagen wegen
charitable contributions (StR) = charitable donations
charitable donations (StR) Spenden *fpl* für mildtätige Zwecke
charitable institution (com) mildtätige Einrichtung *f*
charitable purpose (com) mildtätiger Zweck *m*
charity (com) Wohltätigkeits-Organisation *f (syn, infml, do-good organization)*
chart
(Stat) Diagramm *n*
– Grafik *f*
– tabellarische Darstellung *f (syn, diagram, graph)*
(Fin) Kursdiagramm *n*
– Chart *n*
(ie, zeigt in grafischer Form die Kurs- und Umsatzentwicklung börsennotierter Werte an)
chart analysis
(Fin) Chart-Analyse *f*
– technische Aktienanalyse *f*
(ie, Technik zur Analyse und Prognose von Kurs- und Zinsverläufen auf den Finanzmärkten; opp, Fundamentalanalyse; cf, auch bar chart analysis, point & figure analysis)
charter
(Re) Gründungsurkunde *f* e–r AG
(Re) Konzession *f*
– Zulassung *f*
(com) = charter party
charter *v* (com) chartern *(syn, hire)*
charter a business *v* (Re, infml) Unternehmen *n* gründen
charter business (com) Chartergeschäft *n*
chartered accountant, *CA*
(ReW, GB) Wirtschaftsprüfer *m*
(ie, corresponding roughly to Certified Public Accountant (CPA) in the US and Wirtschaftsprüfer (WP) in Germany)
Chartered Surveyors
(com, GB) Immobilienfachleute *pl*
(ie, organisiert in der Royal Institution of . . .)
charterer (com) Charterer *m*, Befrachter *m*
charterer pays duties, c.p.d. (com) Befrachter *m* zahlt Abgaben
charter flight (com) Charterflug *m*
chartering (com) Chartern *n (ie, of ocean-going vessel – Seeschiff – or airplane)*
chartering agent (com) Lademakler *m (ie, broker engaged in finding cargo space)*
chartering a whole ship (com) Vollcharter *f (syn, full charter, qv)*
chartering broker (com) Befrachtungsmakler *m*
charter market (com) Charter-Markt *m (ie, for ships and aircraft; mainly in London)*
charter member (com) Gründungsmitglied *n*

charterparty
(com) Charterpartie *f (cf, § 557 HGB)*
(com) Chartervertrag *m*
(syn, contract of affreightment for the carriage of a full cargo of merchandise; signed for a single voyage, a number of voyages, or a definite time)
charterparty assignment (Fin) Abtretung *f* des Chartervertrages *(ie, to a bank as security for a loan)*
charter plane (com) Chartermaschine *f*
charting (Fin) = chart analysis
chartist (Fin) Chart-Analyst *m*
chart resistance (Fin) Chart-Widerstand *m*
chart service
(Bö) Chart-Service *m*
(ie, es werden bereitgestellt: Schlußkursdiagramm, Balkendiagramm, gleitende Durchschnittskurse, Point&Figure-Diagramm)
chaser (com) Terminjäger *m (syn, progress chaser, qv)*
chasing the tickler (com, infml) Terminjägerei *f*
chattel (Re) bewegliche Sache *f (syn, personal property)*
chattel mortgage
(Re) Pfandrecht *n* an beweglichen Sachen
(ie, transfer of legal right in personal property; now superseded by other types of security agreements under § 9 UCC; cf, secured transactions)
chattel paper (Re, US) Urkunde *f* zum Nachweis von Geldforderungen
cheap
(com) billig *(ie, inexpensive, low-priced)*
(com) von schlechter Qualität *f*
– „billig"
cheap loan (Fin) Billigkredit *m*
cheap money (Fin) billiges Geld *n (syn, easy money; opp, dear money)*
cheap money policy (Vw) Politik *f* des billigen Geldes *(syn, easy /loose . . . money policy)*
check
(Fin, US) Scheck *m*
(ie, drawn against a bank deposit and payable on demand; gehört zu den ‚commercial paper' nach § 3 UCC; macht über 90% des unbaren Zahlungsverkehrs aus; etwa 250 Schecks jährlich je Haushalt; syn, GB, cheque)
(com, US) Rechnung *f (ie, in a restaurant; syn, GB, bill)*
(com) Gepäck- od Garderobenschein *m (eg, baggage check, hat check)*
(com) Abhakungszeichen *n (syn, tick)*
check *v*
(com) prüfen
(com) eindämmen
(com, US) = to tick
checkable demand deposits (Fin, US) Kontokorrenteinlagen *fpl*
check account (ReW) Kontrollkonto *n*
check bit (EDV) Prüfbit *n (syn, parity bit)*
check book (Fin) Scheckheft *n*
checkbook money
(Fin, US) Buchgeld *n*
– Giralgeld *n (syn, deposit money, qv)*
(Fin) Sichteinlagen *fpl (ie, über die mittels Scheck verfügt werden kann)*
check box
(EDV, GUI) Kontrollkästchen *n*
– Optionsschaltfläche *f*
check character
(EDV) Prüfzeichen *n*
– selbstprüfendes Zeichen *n*
(ie, redundant character used to perform a check)
check clearing (Fin) Scheckverrechnung *f*
check collection
(Fin) Scheckeinzug *m*
– Scheckinkasso *n*
check credit
(Fin) Scheckkredit *m*
– Kontokorrentkredit *m*
check credit plan (Fin) Überziehungskredit *m*
check currency (Fin) = checkbook money
check digit
(EDV) Prüfziffer *f*
– Kontrollziffer *f*
(ie, redundant digit used to perform a check)
check encashment charge (Fin) Scheckeinlösegebühr *f*
checker
(com) Kassierer(in) *m/f* im Supermarkt
(com) Garderobenfrau *f*
checkerboard rule (Math) Schachbrettregel *f*
check figure (ReW) Prüfzahl *f*
check for collection (Fin) Inkassoscheck *m*
check form (Fin) Scheckformular *n*
check fraud (Fin) Scheckbetrug *m (syn, infml, paperhanging)*
check-in (com) Einschecken *n (ie, at hotel desk, airport)*
check in *v*
(com, US) (im Hotel) anmelden *(eg, on arrival)*
(com) einchecken *(ie, at airport)*
(Pw) stechen *(syn, clock in/on)*
check indicator
(EDV) Prüfanzeiger *m*
(ie, console device, usually a light, informing the operator that an error has occurred)
checking account
(Fin, US) Girokonto *n*
– Kontokorrentkonto *n*
– laufendes Konto *n*
(ie, über das mit Scheck verfügt werden kann; syn, GB, current account)
checking accounts (Fin, US) Sichteinlagen *fpl (syn, demand deposits)*
checking copy (com) Prüfexemplar *n*
checking deposits (Fin, US) Sichteinlagen *fpl (ie, with commercial banks)*
checking information (EDV) Kontrollinformation *f*
check interview (Stat) Kontrollinterview *n*
checklist
(com) Checkliste *f*
– Kontrollliste *f*
(IndE) Aufnahmebogen *m*
check mode (EDV) Prüfmodus *m*
checkoff (Pw, US) = automatic checkoff
checkout
(com) Kasse *f (ie, im Supermarkt; syn, checkout . . . counter/point; cash desk)*
(EDV) Fehlersuche *f (syn, debugging)*
(IndE) Gesamtüberprüfung *f*

check out *v*
(com) Hotel *n* verlassen *(eg, pay on leaving it)*
(Pw) stechen *(syn, clock out/off)*
checkout cashier (com) Kassiererin *f*
checkout facility (com) Kassensystem *n*
checkout point (com) = checkout
checkout program (EDV) Prüfprogramm *n*
checkout routine (EDV) = check routine
checkout scanner (com) Scanner-Kassensystem *n*
check period (Stat) Erhebungszeitraum *m*
checkpoint
(EDV) Fixpunkt *m*
– Anhaltepunkt *m*
(syn, dump point, conditional breakpoint)
checkpoint instruction
(EDV) Haltbefehl *m*
– Stoppbefehl *m (syn, halt instruction)*
checkpoint restart (EDV) Prüfpunkt-Wiederanlauf *m*
check price (Bö) Ankaufsatz *m*
check problem (EDV) Prüfaufgabe *f*
check processing center (Fin, US) Scheckverrechnungsstelle *f*
check processor (Fin) Scheckabrechnungsmaschine *f*
check program (EDV) = check routine
check protect (EDV) Schecksicherung *f*
check register
(Fin) Scheckausgangsbuch *n*
(EDV) Prüfregister *n*
check return bill (Fin) Scheckrückrechnung *f*
checkroom (com, US) Gepäckaufbewahrung *f (syn, left luggage office)*
check routine
(EDV) Testprogramm *n*
– Prüfprogramm *n*
(ie, designed to indicate whether a fault exists in the computer, without giving detailed information on the location of the fault; syn, check problem, test . . . program /routine)
check routing system
(Fin, US) Schecklaufsystem *n (ie, eases the routing of transit items through banks all over the U. S.)*
check signer
(Fin) Scheck-Unterschriftenmaschine *f*
– Scheckzeichnungsmaschine *f*
check sorter (Fin) Schecksortiermaschine *f*
check study (IndE) Kontrollzeitstudie *f*
check sum (EDV) = check total
checksum error (EDV) Prüfsummenfehler *m*
checksum register (EDV) Prüfsummenregister *n*
check time (IndE) Prüfzeit *f*
check to order (WeR) Orderscheck *m (opp, check to bearer)*
check total (EDV) Kontrollsumme *f (syn, control/proof/hash /gibberish . . . total, check sum)*
check trading (Fin) Bankkredit *m (ie, in the form of a bank check repayable in installments)*
check truncation procedure
(Fin) belegloses Scheckinkasso *n*
– belegloses Scheckeinzugverfahren *n*
(cf, truncation)
check up on *v* (com) nachprüfen *(eg, a claim)*
check verification (Fin) Scheckprüfung *f*
check voucher (Fin) Stammabschnitt *m (syn, stub; GB, counterfoil)*
check without sufficient funds (Fin) ungedeckter Scheck *m*
check with restrictive endorsement (Fin) Verrechnungsscheck *m*
check word (EDV) Kontrollwort *n*
cheerful market (Bö) freundliche Börse *f*
cheeseparing (com, infml) geizig
chemical giant (com) Chemieriese *m*
chemical industry
(com) Chemieindustrie *f*
– chemische Industrie *f*
chemical product invention (Pat) Stofferfindung *f*
chemicals (Bö) Chemiewerte *mpl*
chemicals company (com) Chemieunternehmen *n*
chemicals group (com) Chemiekonzern *m*
chemicals market (com) Chemiemarkt *m*
cheque (Fin, GB) = check
cheque account (Fin, GB) = checking account
cheque book (Fin, GB) Scheckheft *n (syn, US, checkbook)*
cheque card (Fin, GB) Scheckkarte *f (syn, banker's card)*
cherry picking
(com, infml) preisbewußtes, wählerisches Einkaufen *n* und Verkaufen *n*
(ie, go from shop to shop and buy where things are cheapest)
ch.fwd. (com) = charges forward
chickenfeed
(com) lächerlich gering
(eg, an author's book royalties)
(com, US) Kleingeld *n*
(syn, small change)
chi distribution
(Stat) Chi-Verteilung *f*
(ie, distribution of the positive square root of the statistic, known as chi-squared)
chief (com, infml) Chef *m*
chief cashier
(Fin) Hauptkassierer *m*
(Fin, GB) höchster Beamter *m* der Bank von England
chief designer (com) Hauptkonstrukteur *m*
chief economist (Bw) Leiter *m* der volkswirtschaftlichen Abteilung
chief examiner (Pat) Hauptprüfer *m (syn, examiner-in-chief)*
chief executive officer, CEO, ceo
(com, US) Chief Executive Officer *m*
(ie, highest-ranking top executive of a corporation; usually also company president; member of the board of directors; term should not be translated by ‚Vorstandsvorsitzender' who has different functions, status and responsibilities)
chief financial officer (Fin) Finanzleiter *m*
chief guarantor (Re) Hauptbürge *m*
chief investment manager (Vers) Leiter *m* Vermögensverwaltung
chief negotiator
(com) Chefunterhändler *m*
(com) Verhandlungsführer *m*
chief operating officer
(Bw) oberste Führungskraft *f (ie, one step below chief executive)*
(Bw) Geschäftsführer *m*

chief supplier rule (AuW, Gatt) Meistbegünstigung *f* aller Vertragsparteien, nachdem Hauptlieferländer zweier ausgetauschter Waren miteinander verhandelt haben

child benefit (StR, GB) Kindergeld *n (ie, paid for children below 16)*

child process
(EDV) Unterprozess *m*
– Kindprozess *m*
– Sekundärprozess *m*

children's allowance (StR, GB) Kinderfreibetrag *m*

child window
(EDV, GUI) Sekundärfenster *n*
– untergeordnetes Fenster *n*
(ie, smaller window limited to the boundaries of its parent window; opp, parent window)

chilled distribution depot (com) Kühltheke *f*

Chinese auction (com) holländische Auktion *f (syn, Dutch auction, qv)*

Chinese postman problem
(OR) Chinese-postman-Problem *n*
– Briefträgerproblem *n*
– Wegfolgeproblem *n*

Chinese postman's problem (EDV) Briefträgerproblem *n*

Chinese wall
(Bw) Informationsbarriere *f*
(ie, between parts of an organization to avoid leaking confidential information)

chip
(Fin) Aktie *f (eg, blue chip, qv)*
(EDV) Chip *m*
(ie, Halbleiterplättchen mit integrierter Schaltung, ohne Gehäuse)
(EDV) Chip *m*
(ie, vollständiger integrierter Schaltkreis im Gehäuse, einsetzbar in gedruckte Schaltungen)

chipboard (com) Graupappe *f*

chip card (Fin) maschinenlesbare Kreditkarte *f* Chip-Karte *f*

CHIPS (Fin, US) = Clearing House Interbank Payment System

chisel *v* (com) betrügen

chi square distributed (Stat) chiquadratverteilt

chi square distribution
(Stat) Chi-Quadrat-Verteilung *f*
(ie, a particular case – Sonderfall – of the Pearson Type III distribution)

chi squared test
(Stat) Chi-Quadrat-Test *m*
(ie, test of significance based upon the chi-squared statistic = Chiquadrat-Maßzahl)

chi statistic
(Stat) Chi-Maßzahl *f (ie, square root of the more familiar chi-squared statistic)*

chit (Pw, GB) Zeugnis *n*

chlorofluorocarbon, CFCs (com) Fluorchlorkohlenwasserstoff *m*, FCKW

choice activity (Bw) Auswahlphase *f (ie, phase of selecting the best alternative to follow)*

choice articles (com) Qualitätsware *f*

choice criteria (Bw) entscheidungsrelevante Kriterien *npl*

choice device (EDV) Auswähler *m (ie, in computer graphics)*

choice-of-law rules (Re) Kollisionsnormen *fpl (ie, in private international law)*

choice of location (Bw) Standortwahl *f*

choice of occupation (Pw) Berufswahl *f*

choices (com) Wahlmöglichkeiten *fpl*

choke off *v*
(com) stoppen
– unterbinden *(eg, flow of imports)*

choosy customer
(com) wählerischer/anspruchsvoller Kunde *m*

chop back *v* (com) stark beschneiden *(eg, public spending)*

chop off *v* (com, infml) unterbrechen *(eg, a speaker)*

chop off heads *v* (com, infml) Köpfe *mpl* rollen lassen

chopper (com) = helicopter

chord (Math) Sehne *f*

chose in action
(Re) schuldrechtlicher Anspruch *m*
– Forderung *f*
(ie, enforceable at law)
(Re) unkörperlicher Rechtsgegenstand *m (eg, share of stock, policy)*

chose in possession (Re) bewegliche Sache *f*

ch.ppd. (com) = charges prepaid

Christmas allowance
(Pw) Weihnachtsgratifikation *f*
– Weihnachtsgeld *n*

Christmas bonus
(Pw) Weihnachtszuwendung *f (syn, cash bonus at Christmas)*

Christmas number (Mk) Weihnachtsausgabe *f (eg, of a newspaper or magazine)*

Christmas trade
(com) Weihnachtsgeschäft *n*
– Weihnachtsumsatz *m*

chronic unemployment (Vw) Dauerarbeitslosigkeit *f (ie, lasts for at least six months)*

chuck (Pw, GB) Entlassung *f (eg, get the chuck, give the chuck)*

chuck *v* (Pw, GB, infml) entlassen *(syn, get/give the chuck)*

chunk of stock (Fin) Aktienpaket *n*

chunks (Bw) Schlüsselinformationen *fpl*

chunk sample (Stat) Gelegenheitsstichprobe *f*

chunk sampling (Stat) planlose Stichprobenentnahme *f*

churning
(Bö) Provisionsschneiderei *f*
(ie, make account of a client excessively active by frequent purchases and sales in order to generate commissions)

C.I. (com) = consular invoice

cic (Re) = culpa in contrahendo

CIF (com) = cost, insurance, freight

CIF agent (com) cif-Agent *m*

c.i.f.&c. (com) = cost, insurance, freight, commission

cifci (c.i.f.c.i.) (com) = cost, insurance, freight, commission, interest

CIF & CI landed (com) Verkaufwert *m* frei Bestimmungshafen

CIF contract (com) cif-Geschäft *n (syn, CIF transaction)*

c.i.f.&i. (com) = cost, insurance, freight, interest

CIF transaction (com) = CIF contract

cifw (com) = cost, insurance, freight, plus war risk
CIM
(IndE) = computer-integrated manufacturing
(Mk) = computer-integrated merchandising
cinema advertising (Mk) Kinowerbung *f*
circle chart (Stat) = circular chart
circle of clients (com) Kundenkreis *m (syn, customers, clientele)*
circuit
(EDV) Schaltkreis *m*
(Math) geschlossener Kantenzug *m*
circuit board (EDV) Flachbaugruppe *f*
circuit branch (EDV) Schaltverzweigung *f*
circuit breaker
(Bö, US) Sicherung *f,*
– ‚Wellenbrecher' *m*
(ie, gegen e–n Absturz der Futures auf den Aktienindizes an den US-Terminmärkten installiert; 1. Limit 12 Punkte; 2. Limit 30 Punkte; Handel ist dann noch erlaubt, Abschläge nicht)
circuit diagram (EDV) Schalterschema *n*
circuit matrix (Math) Matrix *f* des geschlossenen Kantenzuges
circuitous route of production (com) Umwegproduktion *f*
circuit switching (EDV) Leitungsvermittlung *f (syn, line switching)*
circuit technology (EDV) Schaltungstechnologie *f*
circular (com) = circular letter
circular chart (Stat) Kreisdiagramm *n (syn, pie chart, qv)*
circular check (Fin) Reisescheck *m (syn, traveler's check)*
circular flow (Vw) Wirtschaftskreislauf *m*
circular flow of goods and services (Vw) Güterkreislauf *m*
circular flow of income (Vw) Einkommenskreislauf *m (syn, flow of income)*
circular flow of money (Vw) Geldkreislauf *m (syn, money circuit)*
circular-flow scheme (Vw) Kreislaufschema *n*
circular-flow theory (Vw) Kreislauftheorie *f*
circular letter (com) Rundschreiben *n (syn, circular; infml, mail shot)*
circular letter of credit (Fin) Reisekreditbrief *m*
circular permutation (Math) zyklische Permutation *f (syn, cyclical permutation, qv)*
circular ticket (com) Rundreisefahrschein *m*
circular validity (Bw) inhaltliche Validität *f*
circular velocity of money (Vw) Einkommenskreislaufgeschwindigkeit *f* des Geldes
circular wait (EDV) = deadlock
circulating assets (ReW) Umlaufvermögen *n (syn, current assets, qv)*
circulating capital (Fin) = working capital
circulating decimal (Math) periodischer Dezimalbruch *m (syn, repeating decimal)*
circulating medium (Vw) Tauschmedium *n (syn, medium of exchange)*
circulation
(com) Auflage *f*
– Auflagenhöhe *f*
(ie, number of copies of each issue of newspaper or magazine)
(Mk) Verbreitung *f*
circulation area (Mk) Verbreitungsgebiet *n (of a newspaper or magazine used for advertising purposes)*
circulation guarantee (Mk) Auflagengarantie *f*
circulation of costs (KoR) Verteilung *f* von Kostenabweichungen
circulation of money
(Vw) Geldumlauf *m*
(ie, currency [coin and paper money] in circulation)
circulation of shares (Fin) Aktienumlauf *m*
circumstances of the case (Re) Umstände *mpl* des Einzelfalles
circumstantial evidence (Re) Indizienbeweis *m*
circumvention (Re) Umgehungstatbestand *m*
CIS (com) = Commonwealth of Independent States, qv
CISC
(EDV) = Complex Instruction Set Computer
(ie, Erweiterung des Befehlssatzes auf Maschinenkonzept)
CISE (EDV) = Computer Integrated Software Engineering
CIT
(com) = computer-integrated transport
(EDV) = Computer-Integrated Telephony
cited patent (Pat) entgegengehaltenes Patent *n (syn, reference patent)*
citizenship (Re) Staatsangehörigkeit *f*
citizenship of the Union (EG) EG-Bürgerschaft *f*
City editor (com, GB) Wirtschaftsredakteur *m (syn, financial editor)*
city states (com) Stadtstaaten *mpl (Berlin, Bremen, Hamburg)*
civil action (Re) Zivilprozeß *m (syn, civil suit)*
civil aviation (com) Zivilluftfahrt *f (syn, commercial aviation)*
civil bond
(Fin, US) öffentliche Anleihe *f*
(ie, government, state and municipal bonds; they are by definition debenture bonds, qv)
civil commotion (com) innere Unruhen *fpl*
civil contractor (com) Tiefbauunternehmen *n*
civil engineering
(com) Tiefbau *m*
(ie, planning, design, construction, and maintenance of fixed structures and ground facilities; opp, building construction = Hochbau)
civil engineering project (com) Tiefbauprojekt *n*
civil investigative demand
(Re, US) Anforderung *f* von Unterlagen *(ie, based on the Antitrust Civil Process Act)*
civil law
(Re, US, GB) Zivilrecht *n*
(Re) (kontinentales) Rechtssystem *n* mit kodifiziertem Recht
civil law countries (Re) Länder *npl* mit kodifiziertem Recht auf römisch-rechtlicher Grundlage *(eg, BGB, Code Civil; opp, common-law countries)*
civil liability (Re) zivilrechtliche Haftung *f*
civil list (FiW, GB) Zivilliste *f (ie, sum of money voted yearly to Queen/King)*
civil litigation (Re) bürgerliche Rechtsstreitigkeiten *fpl*
civil loan (FiW, US) Darlehen *n* e–r Gebietskörperschaft

civil proceedings (Re) = civil action
civil servants (Pw, GB) öffentliche Bedienstete *mpl*
civil suit (Re) = civil action
civil wrong (Re) unerlaubte Handlung *f (syn, tort, tortious act)*
CKD (com) = completely knocked down
c.l. (com) = car load
claim
(com) Forderung *f*
(com) Beanstandung *f*
– Beschwerde *f*
(syn, complaint)
(Re) Anspruch *m* (auf: for/to)
– Rechtsanspruch *m (ie, legal capability to require a positive or negative act of another person, § 194 BGB)*
(Vers) Schadensfall *m (ie, damaging event)*
(Vers) Versicherungsanspruch *m*
– Anspruch auf Versicherungsleistung
(syn, insurance claim)
(Pat) Patentanspruch *m*
claim *v*
(com) behaupten
(ie, in the face of possible contradiction; syn, assert)
(Re) beanspruchen
– Anspruch *m* erheben
(syn, lay claim to)
claim adjuster
(Vers) Schadensregulierer *m (syn, claim . . . assessor/inspector/representative, settling agent; GB, assessor)*
claim adjustment
(Vers) Schadenregulierung *f*
– Schadenabwicklung *f*
(syn, loss . . . adjustment/settlement, settlement of claims)
claim ad rem (Re) dinglicher Anspruch *m*
claim against bankrupt estate (Re) Konkursforderung *f*
claimant
(com) Antragsteller *m (syn, applicant)*
(Re) Berechtigter *m*
– Anspruchsberechtigter *m (syn, beneficiary)*
(Re) Kläger *m*
(Pat) Anmelder *m*
(Vers) Geschädigter *m*
– Anspruchsberechtigter *m (syn, claimer)*
claim arises (Re) Anspruch *m* entsteht
claim assessor (Vers) = claim adjuster
claim as tax exempt *v* (StR) steuerlich geltend machen
claim back *v* (com) zurückfordern *(syn, reclaim)*
claim damages from *v* (Re) Schadensersatzansprüche *mpl* geltend machen *(gegen)*
claimed subject matter (Pat) Erfindungsgegenstand *m (syn, subject matter of an invention, qv)*
claimer (Vers) = claimant
claim expenses
(Vers) Bearbeitungskosten *pl*
– Regulierungskosten *pl*
claim expires (Re) Anspruch *m* erlischt
claim for damages (Re) Schadenersatzanspruch *m* Entschädigungsanspruch *m (syn, claim for compensation in damages)*
claim in contract
(Re) Anspruch *m* aus Vertrag
– schuldrechtlicher Anspruch *m*
claim in rem (Re) dinglicher Anspruch *m*
claim inspector (Vers) = claim adjuster
claim in tort (Re) Anspruch *m* aus unerlaubter Handlung
claim is barred (Re) Anspruch *m* ist verjährt
claim letter (com) Mängelrüge *f (syn, letter of complaint, qv)*
claim period (SozV) Unterstützungsdauer *f (eg, the average . . . dropped to 8 weeks)*
claim priority for an application *v* (Pat) Priorität *f* beanspruchen
claim representative (Vers) = claim adjuster
claims adjustment (Vers) = claim adjustment
claims agent (SeeV) Havariekommissar *m (syn, average adjuster)*
claims department (Vers) Schadenabteilung *f (syn, loss department)*
claims equalization reserve (Vers) Schwankungsrückstellung *f*
claims frequency (Vers) Schadenhäufigkeit *f*
claims handling department (Vers) = claims department
claims made basis
(Vers, US) Anspruchserhebungsprinzip *n*
(ie, Vsfall gilt als eingetreten mit der Anspruchserhebung durch den Geschädigten)
claims-made principle
(Vers) Anspruchserhebungsprinzip *m*
(opp, Haftpflichtdeckung auf der Grundlage des Ereignisprinzips = occurrence principle)
claims past due (com) überfällige Forderungen *fpl*
claims payments (Vers) Leistungen *fpl*
claims percentage (Vers) Schadenquote *f (syn, loss ratio)*
claims processing (Vers) Schadenbearbeitung *f*
claims ratio (Vers) = claim percentage
claims representative (Vers) Regulierungsbeauftragter *m*
claims reserve (Vers) Schadensrückstellung *f*
claims settlement (Vers) Schadenregulierung *f (syn, loss adjustment)*
claims severity (Vers) Schadenhöhe *f*
claim title to *v*
(Re) Eigentum *n* beanspruchen
– Herausgabe *f* fordern
(eg, . . . merchandise by virtue of a warehouse receipt = Lagerschein)
claim to priority (Pat) Beanspruchung *f* der Priorität
claim to reimbursement (Re) Erstattungsanspruch *m*
claim to restitution (Re) = claim to reimbursement
claim to transfer of property
(Pat) erfinderrechtliche Vindikation *f*
(ie, patterned after § 985 BGB)
claim under contract (Re) vertraglicher Anspruch *m (syn, contract claim, qv)*
clamp a lid on *v* (com) beschneiden *(eg, spending)*
clamp down on credits *v*
(Fin, infml) Kreditbremse *f* ziehen *(syn, sl, jam on the credit brake)*
clandestine advertising (Mk) Schleichwerbung *f (syn, camouflaged advertising, product placement)*

clandestine economy
(Vw) Untergrundwirtschaft *f*
– Schattenwirtschaft *f*
(syn, hidden economy, qv)
clapped out (com, GB, infml) ausgedient *(eg, equipment, vehicle)*
clashing interests
(com) kollidierende Interessen *npl*
– Interessenkonflikt *m (syn, conflicting interests)*
clash of interests (com) Interessenkonflikt *m*
class
(Stat, Math) Klasse *f*
(EDV) (Objekt-)Klasse *f (in OOP)*
class *v*
(com) klassieren
– einstufen *(ie, as, among, with)*
class action
(Re, US) Gemeinschaftsklage *f*
– Gruppenklage *f*
(ie, Voraussetzungen: hinreichend große Gruppe von Personen, angemessene Vertretung durch die ‚named representatives'; syn, representative action)
class bond (Fin) Serienanleihe *f*
class boundary (Stat) Klassengrenze *f (syn, class limit)*
class condition (EDV, Cobol) Klassenbedingung *f (cf, DIN 66 028, Aug 1985)*
class division (Stat) Klasseneinteilung *f*
class frequency (Stat) Klassenhäufigkeit *f*
classical economics (Vw) klassische Nationalökonomie *f*
classical economists (Vw) Klassiker *mpl (eg, Hume, Smith, Ricardo, Mill)*
classical sorting (EDV) Mischsortieren *n (syn, merge sorting)*
classification
(Stat) Klassenbildung *f*
(ie, process of grouping individuals into classes)
(com) Klassifikation *f*
(ie, of ships; by classification societies, such as Germanischer Lloyd, Norske Veritas)
classification approach (Log) Einteilungsmethode *f*
classification certificate (Re) Schiffsklasseattest *n*
classification procedure (Log) Klassifikationsverfahren *n*
classification society
(com) Klassifikationsgesellschaft *f*
(eg, Lloyd's Register of Shipping, American Bureau of Shipping, Bureau Veritas, Norske Veritas, Germanischer Lloyd)
classification statistic
(Stat) Klassifizierungsmaßzahl *f*
– Zuordnungsmaßzahl *f*
classification system (Log) Klassifikationsverfahren *n*
classified ad
(Mk) Kleinanzeige *f*
(eg, deals with offers or requests for jobs, used cars, apartments, etc; syn, want ad)
classified advertising (Mk) Kleinanzeigenwerbung *f (syn, small space advertising)*
classified balance sheet
(ReW) klassifizierte Bilanz *f*
(ie, Bilanz, in der Aktiva und Passiva in kurz- und langfristige Posten unterteilt sind)
classified item (com) Verschlußsache *f*
classified risk (Vers) erhöhtes Risiko *n (syn, aggravated risk)*
classified stock
(Fin) Aktiengattungen *fpl* mit unterschiedlichen Rechten *(eg, A may have voting rights, B not)*
classified telephone directory (com) Branchenverzeichnis *n (syn, infml, the yellow pages)*
classify *v*
(com) einstufen
– einteilen
– unterteilen
(ie, into; syn, grade, scale, categorize)
(Log) klassifizieren
– Klassen *fpl* bilden
(Zo) einreihen
(ie, under a tariff heading = unter e–e Tarifnummer)
class index of patents (Pat) Verzeichnis *n* der Patentklassen
class interval
(Stat) Intervall *n*
– Klassenbreite *f*
class limit (Stat) = class boundary
class mark (Stat) = class midpoint
class market (Mk) Markt *m* für hochwertige Güter *(syn, upend/upscale . . . market; opp, mass market)*
class midpoint
(Stat) Klassenmitte *f (ie, mid-value of class intervall; syn, class mark)*
class name (EDV, Cobol) Klassenname *m (cf, DIN 66 028, Aug 1985)*
class of goods (Zo) Warenart *f*
class of risks (Vers) Gefahrenklasse *f*
class of shares (Fin) = class of stock
class of stock (Fin) Aktiengattung *f (eg, common, preferred)*
class pricing (Kart) Preisdifferenzierung *f* nach Kundengruppen
class rate
(com) Gruppenfrachttarif *m*
(Pw) Tariflohn *m*
(Vers) Mindestprämie *f* für bestimmte Gruppen von Risiken
class specification (Pw, US) Aufgabenbeschreibung *f* für e–e Gruppe von Arbeitsplätzen
class sum (Math) Klassensumme *f*
clause
(Re) Klausel *f*
– Bestimmung *f*
(Re) Abschnitt *m*
– Absatz *m (ie, single paragraph or subdivision of a contract, will, or other legal document)*
(EDV, Cobol) Klausel *f (ie, ordered set of consecutive character strings; cf, DIN 66 028, Aug 1985)*
claused bill of lading (com) unreines Konnossement *n (syn, dirty bill of lading, qv)*
clause of arbitration
(Re) Schiedsklausel *f*
– Arbitrageklausel *f*
clawback (StR, GB) Besteuerung *f* von Wohlfahrtstransfers
clawback remedy (Re, US) Rückklagemöglichkeit *f*

Clayton Act
(Kart, US) Clayton Act *n* *(ie, passed in 1914, extended the 1890 Sherman Act's prohibition of price discrimination and other anticompetitive activities)*
CLC (com) = commercial letter of credit
cld (com) = cleared customs
clean acceptance
(WeR) uneingeschränktes Akzept *n*
(syn, general acceptance; opp, qualified/special . . . acceptance)
clean advertising (Mk) einwandfreie Werbung *f*
clean bill of exchange
(com) reiner Wechsel *m*
(ie, no documents attached = ohne Dokumente; bankers' bills are usually clean)
clean bill of lading
(com) reines Konnossement *n*
(ie, contains no notation that goods received by carrier were defective)
clean collection (Fin) einfaches Inkasso *n* *(opp, documentary collection)*
clean credit
(Fin) Barakkreditiv *n*
– glattes
offenes
einfaches . . . Akkreditiv *n*
(Fin) Blankokredit *m*
(ie, not secured by documents or credit commitment; syn, blank credit, open account)
clean cut method (Vers) pauschaliertes Abrechnungssystem *n* *(der Rückversicherung)*
clean documents (com) reine Verladedokumente *npl*
clean draft
(Fin) reiner Wechsel *m*
– ungesicherter Wechsel *m*
(ie, Sicht- od Zeitwechsel ohne Dokumente)
clean float (AuW) sauberes Floaten *n* *(opp, dirty float)*
clean house *v* (Fin, infml) Wertpapierbestand *m* bereinigen
clean out *v*
(com) aufzehren
– aufbrauchen *(eg, savings)*
clean payment
(AuW) reiner Zahlungsverkehr *m* *(ie, ohne zusätzliche sichernde Dienstleistungen der Zahlungsverkehrsmittler)*
(Fin) Zahlung *f* gegen einfache Rechnung
clean price (Fin) Anleihekurs *m* ohne Stückzinsen
clean shipped on board bill (com) reines Bordkonnossement *n*
clean surplus concept (ReW) Konzept *n* des Ausweises aller Aufwendungen und Erträge in der G+V-Rechnung
cleanup (Fin, US) Rückzahlung *f* *(ie, e–s Darlehens)*
clean up *v* (com, infml) Gewinn *m* einstreichen *(ie, may be unlawfully or unfairly)*
cleanup operation (com) Umweltsanierung *f*
clean-up sale
(com) Ausverkauf *m*
(ie, cleanout of inventories of unsold goods; syn, close-out/clearance . . . sale, closeout, sellout)
clear (com, infml) schuldenfrei *(eg, house is clear of mortgages; syn, free and clear)*

clear *v*
(com) räumen *(ie, sell at cheap prices to dispose of old stock)*
(com) Kosten *pl* decken *(ie, one's costs; syn, breakeven)*
(Fin) abrechnen, verrechnen *(ie, check through a clearinghouse)*
(Fin) tilgen *(ie, mortgage)*
(Zo) verzollen *(ie, clear through the customs)*
(EDV) löschen
– rückstellen
(eg, restore a memory device to a prescribed state, usually that denoting zero; syn, reset)
clear a file *v* (EDV) Datei *f* rückspeichern
clearance
(Fin) Abrechnung *f*
(Fin) Tilgung *f*
(Zo) Verzollung *f* *(ie, customs entry of goods)*
(Kart) Genehmigung *f* *(ie, of merger or acquisition; eg, in US: by the FTC or Antitrust Division of the Department of Justice; in UK: by Office of Fair Trading; in Germany: by the Federal Cartel Office whose decision may be overruled by the federal economics minister)*
(Stat) Spiel *n*
clearance agent (Zo) = clearing agent
clearance balance (Fin) Abrechnungssaldo *m*
clearance certificate (Zo) Zollabfertigungsschein *m*
clearance charges
(Zo) Verzollungskosten *pl*
– Zollgebühren *fpl*
clearance fee (com) Abfertigungsgebühr *f*
clearance for home use (Zo) Abfertigung *f* zum Dauerverbleib
clearance for transit (Zo) Abfertigung *f* zur Anweisung
clearance from bonded warehouse (Zo) Verzollung *f* bei der Auslagerung
clearance inwards (Zo) = clearance on importation
clearance items (com) Ausverkaufware *f*
clearance loan
(Fin) Tagesgeld *n* *(syn, day loan)*
(Fin) Ablösungsdarlehen *n*
clearance of checks (Fin) Scheckabrechnungsverkehr *m*
clearance of goods (Zo) Zollabfertigung *f* *(syn, customs clearance)*
clearance of stocks (MaW) Lagerräumung *f* *(ie, clearout of inventories of unsold goods)*
clearance on exportation
(Zo) Ausfuhrabfertigung *f*
– Ausfuhranmeldung *f*
clearance on importation (Zo) Einfuhrabfertigung *f* *(syn, clearance inwards)*
clearance on re-entry (Zo) = clearance on reimportation
clearance on re-exportation (Zo) Abfertigung *f* zur Wiederausfuhr
clearance on re-importation (Zo) Abfertigung *f* zur Wiedereinfuhr *(syn, clearance on re-entry)*
clearance outwards (Zo, GB) Ausgangsabfertigung *f*
clearance papers
(com) Auslaufpapiere *npl* *(ie, certification that a vessel has authority to leave port)*
(Zo) Verzollungspapiere *npl*

clearance regulations
(Zo) Abfertigungsvorschriften *fpl*
clearance sale (com) Ausverkauf *m (syn, cleanup sale, qv)*
clear area
(EDV) Weißzone *f (ie, in OCR: any area to be kept free of printing and other extraneous markings)*
clear band
(EDV) freies Band *n (ie, in OCR: a continuous horizontal strip of blank paper which must be obtained between successive code lines on a source document)*
clear chain of title (Re, US) lückenlose Eigentumskette *f (cf, title search)*
clear checks *v* (Fin) Schecks *mpl* abrechnen
clear-cut definition (com) eindeutige Definition *f (syn, hard-and-fast/unique . . . definition)*
cleared customs, cld (com) verzollt
clearer (Fin) = clearing bank
clear for home use *v* (Zo) zum freien Verkehr abfertigen
clear goods through the customs *v*
(com) verzollen
(Zo) Waren *fpl* zollamtlich behandeln
clearing
(Fin) Clearing *n*
– Abrechnung *f*
– Verrechnung *f (ie, method of exchanging and offsetting commercial paper and accounts; Ausgleich von Forderungen und Gegenforderungen durch gegenseitige Aufrechnung; eg, durch Euro–Clear und CEDEL)*
clearing account (Fin) Verrechnungskonto *n (syn, offset account)*
clearing accounts
(Fin) Abkommenskonten *npl*
(ie, aufgrund e–s zwischenstaatlichen Zahlungsabkommens bei e–r od mehreren Notenbanken geführt)
clearing agent (Zo) Zollagent *m (syn, clearance/customs . . . agent)*
clearing agreement
(AuW) Verrechnungsabkommen *n*
(ie, in countertrade business: signed between two countries that agree to purchase specific amounts of each other's products over a period of time, using a designated ‚clearing currency' – Verrechnungswährung – in the transactions)
(Fin) Clearing-Abkommen *n*
clearing assets (Fin) Clearing-Guthaben *npl* Verrechnungs-Guthaben *npl*
clearing balance (Fin) Abrechnungssaldo *m*
clearing balances (Fin) = clearing assets
clearing bank
(Fin, GB) Clearingbank *f*
– Geschäftsbank *f*
(ie, member of the London Bankers Clearing House; opp, non-clearer)
clearing certificate (Zo) Zollabfertigungsschein *m*
clearing currency (Fin) Verrechnungswährung *f (cf, clearing agreement)*
clearing days (Fin) Verrechnungstage *mpl*
clearing dollar (Fin) Clearing-Dollar *m*, Verrechnungsdollar *m*
clearing fraction (Fin) Verrechnungsspitze *f*
clearing house
(Fin, GB) Clearing House *n*
– Clearingstelle *f*
– Abrechnungsstelle *f*
(ie, members are: Bank of England, Barclays, Central Trustee Savings Bank, Co-operative Bank, Coutts & Co., Lloyds, Midland, National Girobank, National Westminster, William & Glyn's)
(Fin, US) Abrechnungsstelle *f*
– Verrechnungsstelle *f*
(ie, association of banks joined to ease the daily exchange of checks, drafts and notes among its members; Sec 4–104(d) UCC)
(Fin, US) Terminkontrakt-Vermittlungsstelle *f*
– Liquidationskasse *f*
(ie, an institution through which futures contracts are cleared, in which the clearing house assumes the role of being the buyer to each seller and the seller to each buyer, collecting losses and paying profits; deals only with approved members)
Clearing House Automated Payments System, *CHAPS* (Fin) rechnergestützter Interbanken-Abrechnungsverkehr *m*
Clearing House Interbank Payments System, *CHIPS* (Fin) internes Abrechnungssystem *n* der New Yorker Banken
(ie, automated clearing facility operated by the New York Clearing House Association that processes international transfers among its members; it moves dollars among 100 New York financial institutions – mostly major U.S. banks, and Edge Act subsidiaries of out-of-state banks)
clearing member
(Bö, US) Mitglied *n* e–r Liquidationskasse
– Liquidationskassenmitglied *n*
(ie, member of the Options Clearing Corporation; überwiegend finanzstarke Brokerfirmen)
clearing member firm (Bö) Mitglied *n* e–r Liquidationskasse
clearing office (Fin) Verrechnungsstelle *f*
clearing receivables
(Fin) Clearing-Forderungen *fpl*
clearing sale (com) = clearance sale
clearing system
(Fin) Clearing-System *n*
– Abrechnungssystem *n (ie, system of clearing transactions)*
clearing transactions (Fin) Abrechnungsverkehr *m*
clear obligation *v* (com) Schuld *f* begleichen
clear off *v*
(com) zu Ende bringen *(eg, whatever work was left)*
(com) zu niedrigen Preisen abstoßen *(eg, summer articles)*
clear of taxes
(StR) versteuert
– nach Steuern
(eg, bonds return 5%, . . .)
clear stocks *v* (com) Lager *n* räumen *(syn, infml, offload stocks)*
clear the antitrust hurdle *v* (Kart) Kartellhürde *f* nehmen
clear through *v* (ReW) (Konto) abschließen über

clear through the customs *v*
(Zo) verzollen
– zollamtlich abfertigen
clear title (Re) unbelastetes Eigentumsrecht *n*
clear to spaces *v* (EDV) mit Leerzeichen überschreiben
clear under customs procedure *v*
(Zo) = clear through the customs
clear with *v*
(com, infml) Genehmigung *f* erhalten für
(eg, proposed merger with antitrust agency)
clerical error (com) Schreibfehler *m*
clerical operations (com) Büroarbeiten *fpl (syn, office work)*
clerical personnel (com) Büroangestellte *pl*
clerical staff (com) Angestellte *pl (opp, factory workers)*
clerical worker (com) Büroangestellter *m*
clerical work evaluation (Pw) Bewertung *f* von Büroarbeiten
clerk of court (Re, appr) Urkundsbeamter *m* der Geschäftsstelle
click *v* (EDV, GUI) anklicken
client
(com) Kunde *m*
– Käufer *m*
– Abnehmer *m (syn, customer; GB, custom)*
(Fin) Klient *m*
– Anschlußkunde *m*
(ie, company using the services of the factor: als Nachfrager des Factoring)
(com) Mandant *m (eg, of a lawyer, CPA)*
(Bw) passiv Innovierender *m*
(EDV) Arbeitsplatzrechner (im Netzwerk)
(ie, kleinerer Rechner od spezielles Programm zur Nutzung e-s Großrechners bzw. e–s allgemeinen Verwaltungsprogramms)
client account (Fin) Anderkonto *n*
client deposits (Fin) Kundeneinlagen *fpl*
clientele
(com) Klientel *f*
– Kundschaft *f*
(syn, custom, patronage)
client reference number (com) Kundennummer *f*
client service (com) Kundendienst *m (syn, customer service, qv)*
cliffhanging company (com, infml) konkursgefährdetes Unternehmen *n*
climate for new issues (Fin) Emissionsklima *n*
climate improvement tax (FiW) Klimasteuer *f (ie, planned to reduce the overall volume of CO 2 emissions)*
clinch a deal *v* (com, infml) Geschäft *n* (erfolgreich) abschließen
clipboard
(EDV) Zwischenspeicher *m* zur Übertragung von Abbildungen od Texten an andere Positionen, ohne daß sie an der ursprünglichen Stelle verschwinden
(EDV, GUI) Zwischenablage *f*
clip out *v* (com) ausschneiden
clipping
(Bö) Kursschnitt *m*
(ie, Kursaufschlag/Kursabzug bei Nettogeschäften)
(Bö, US) Kursschnitt *m*
(ie, Abrechnung falscher Einstiegs- und/oder Ausstiegspreise im Warentermin- od Optionshandel)
(EDV) Klippen *n*
– Abschneiden *n*
(ie, in computer graphics; syn, scissoring)
(FiW) Kippen *n (ie, of coins)*
clipping agency (com) = clipping bureau
clipping algorithm (EDV) Klipp-Algorithmus *m*
clipping bureau
(com) Zeitungsausschnittdienst *m*
– Ausschnittbüro *n*
(syn, GB, press cutting agency, cutting service)
clock (EDV) Taktgeber *m (syn, clock generator, internal clock)*
clock card (Pw) Stempelkarte *f (syn, time clock card)*
clock cycle (EDV) Taktzyklus *m*
clocked operation (EDV) getaktete Arbeitsweise *f*
clock frequency (EDV) Taktfrequenz *f*
clock generator (EDV) = clock
clock in *v* (Pw) (vor Arbeitsbeginn) stempeln
clock on *v* (Pw) Arbeit *f* beginnen
clock operation (EDV) Taktoperation *f*
clock out *v* (Pw) (nach Arbeitsende) stempeln
clock period (EDV) Taktabstand *m*
clock pulse (EDV) Taktimpuls *m (ie, in microelectronics and computer technology)*
clock rate (EDV) Taktfolge *f*
clock stamp (com) Zeitstempel *m (ie, prints hour and day on incoming mail)*
clock time (IndE) Istzeit *f (syn, actual time)*
clock time analysis
(Bw) Kalenderzeitanalyse *f*
(ie, developed by McDongall and Neal; Versuch e–r echten zeitlichen Differenzierung in Planung und Kostenrechnung)
clock track (EDV) Taktspur *f*
clog up the labor market *v*
(Vw) Arbeitsmarkt *m* verstopfen
(ie, by minimum wage laws, shortages of skills, employment laws that penalize firing and so deter hiring, etc)
close
(Bö, GB) amtlicher Börsenschluß *m*
(ie, 3.30 p. m.)
(Bö) Börsenschluß *m*
(ie, the short period of time just before the end of the market session)
(Bö) Schlußkurs *m*
(syn, the last)
close a business *v*
(com) Betrieb *m* aufgeben
– Geschäft *n* aufgeben
(syn, discontinue, terminate; infml, shut up shop)
close a deal *v* (com) Geschäft *n* abschließen *(syn, strike)*
close a meeting *v* (com) Sitzung *f* aufheben *(syn, end, terminate)*
close an account *v*
(ReW) Konto *n* abschließen
(Fin) Konto *n* auflösen *(eg, with a bank)*
close a position *v* (Bö) = close out a position
close at a loss *v* (ReW) Verlust *m* ausweisen, mit Verlust abschließen

close combination
(Kart, US) enger Zusammenschluß *m*
(ie, enge kapitalmäßige Verflechtung; comprises trust proper, holding company, outright consolidation; opp, loose combination)
close company
(com, GB) Gesellschaft *f* mit geringer Mitgliederzahl *(ie, controlled by the directors or by five or less participants)*
close corporation
(com, US) personenbezogene Aktiengesellschaft *f*
(ie, wird in den Einzelstaaten zum Teil recht unterschiedlich definiert; Delaware max 30, California max 10 members: max 10; Verbot des öffentlichen Zeichnungsangebots = public offering; Einschränkung der Aktienübertragung; syn, closely held corporation)
closed account (ReW) ausgeglichenes Konto *n*
closed bid (com) Ausschreibung *f* ohne Nachverhandlungsphase
closed bidding (com) geschlossene Ausschreibung *f* *(opp, open bidding)*
closed branch (EDV) abgeschlossener Zweig *m*
closed chain (OR) Zyklus *m (syn, cycle, qv)*
closed circuit TV (EDV) interne Fernsehanlage *f*
closed contour (Math) geschlossene Randkurve *f*
closed contract of insurance
(Vers) Police *f* mit unveränderlichen Prämien und Bedingungen
closed decision model
(Bw) geschlossenes Entscheidungsmodell *n*
(ie, based on fully formulated decision matrix and given decision rules; eg, linear programming model)
closed economy
(Vw) geschlossene Volkswirtschaft *f*
(ie, one for which no external transactions are assumed)
closed economy, with no government budget (Vw) geschlossene Wirtschaft *f* ohne staatliche Aktivität
closed-end account (Fin) Sammelabschreibung *f* vom geschlossenen Bestand
closed-end fund (Fin) = closed end investment company
closed-end investment company
(Fin) geschlossene Investmentgesellschaft *f*
– geschlossener Fonds *m*
(ie, with a limited number of shares outstanding, and whose shares are not redeemable; opp, open-end investment company)
closed-end lease
(Fin) geschlossenes Leasing *n*
(ie, lessee returns the leased equipment to the lessor at the end of the lease term; he has no further obligation; opp, open end lease)
closed-end mortgage
(Fin) Hypothek *f*, die weitere Belastungen ausschließt *(ie, precludes further indebtedness on the property)*
closed-end principle (Fin) Grundsatz *m* von Investmentgesellschaften, sich nicht zur Rücknahme – redemption – von Anteilen zu verpflichten
closed-end question (Stat) Frage *f* mit vorgegebenen Antwortmöglichkeiten
closed-end real estate fund (Fin) geschlossener Immobilienfonds *m*
closed halfspace (Math) geschlossener Halbraum *m*
closed indent
(com) geschlossenes Indentgeschäft *n*
(ie, Indentgeber legt Lieferanten oder Ware fest; opp, open indent)
closed loop
(EDV) geschlossene Schleife *f*
(ie, continues indefinitely in the absence of external intervention)
closed loop adaptation (EDV) adaptive Regelung *f* mit Rückführung
closed-loop control system
(EDV) geschlossener Regelkreis *m*
(syn, feedback control system)
closed-loop operation (EDV) geschlossen prozeßgekoppelter Betrieb *m*
closed market (Vw) geschlossener Markt *m (ie, one barred to new entrants)*
closed mortgage (Fin) geschlossene Hypothek *f (ie, cannot be paid off in advance)*
closed network (OR) geschlossenes Netzwerk *n*
closed out
(com) veräußert
– abgewickelt
close down *v* (com) schließen *(eg, plant, business; syn, discontinue, shut down)*
close down a plant *v* (IndE) Betrieb *m* einstellen
close down a shop *v*
(com) Geschäft *n* aufgeben
(syn, infml, shut up shop)
close down plant facilities *v* (Bw) Kapazitäten *fpl* stillegen
closed question (Mk) = alternative question
closed set (Math) abgeschlossene Menge *f (syn, topologically closed set)*
closed shop
(Pw) gewerkschaftspflichtiges Unternehmen *n*
(ie, permits only union members to be employed; there is a pre-entry and a post-entry version; opp, open shop; but see Sec 3 of the British ‚Employment Act 1982')
closed-shop test (EDV) Eigentest *m (syn, remote test, qv)*
closed structure (Math) geschlossene Struktur *f (syn, complete structure)*
closed subroutine
(EDV) geschlossenes Unterprogramm *n*
(ie, can be stored outside the main routine and can be connected to it at one or more locations; syn, linked subroutine)
close into *v*
(ReW) abschließen über
(eg, nominal accounts – Aufwands- und Ertragskonten, Erfolgskonten – into income statement)
close knit combination (Kart, US) = close combination
close lower *v* (Bö) leichter schließen
closely held company
(com, GB) Gesellschaft *f* mit beschränktem Aktionärskreis *(syn, US, closely held corporation)*
closely held corporation (com, US) = close corporation
closeness in estimation (Stat) Güte *f* e–r Schätzung

closeness of correlation (Stat) Strammheit *f* der Korrelation
closeness of fit (Stat) Anpassungsgüte *f*
close of stock exchange (Bö) Börsenschluß *m (cf, close)*
close oligopoly
(Vw) enges Oligopol *n*
(ie, hohe Reaktionsverbundenheit zwischen der kleinen Zahl großer Anbieter; hohe Marktzutrittsschranken und hoher Reifegrad des Wirtschaftszweiges)
close-only order (Bö, US), Auftrag *m*, der sich auf die Schlußminuten des Börsenhandels bezieht; opp, open-only order
closeout (com) = closeout sale
close out *v*
(ReW) abbuchen
– ausbuchen
(eg, cost of plant removed; bad debt as uncollectible)
(Bö) glattstellen *(ie, e–r futures- od Optionsposition; syn, offset)*
close out an account *v* (ReW) Konto *n* abschließen
close out a policy *v* (Vers) Police *f* ausstellen
close out a position *v* (Bö) Position *f* glattstellen *(syn, liquidate a position)*
closeout sale (com) Ausverkauf *m (syn, cleanup sale, qv)*
close price
(com) scharf kalkulierter Preis *m*
(Bö) geringe Spanne *f*
close quotation of foreign exchange (Bö) gespannter Kurs *m*
close statement (EDV, Cobol) Abschlußanweisung *f*
close substitutes (Vw) Güter *npl* in enger Substitutionskonkurrenz
close the books *v* (ReW) Bücher *npl* abschließen
close to the market (com) marktnahe
closing
(Bw) Übergabestichtag *m*
(ie, in Unternehmens- und Beteiligungskaufverträgen: in diesem Zeitpunkt geht Unternehmen mit Nutzungen und Lasten auf den Käufer über)
(Bw) Vertragsschluß *m*
(ie, Akt des Vertragsschlusses nach Beibringen aller Unterlagen, Erklärungen usw.)
(Fin) Auflösen *n (eg, of an account with a bank)*
closing account (ReW) Abschlußkonto *n*
closing arguments (Re, US) = closing statement
closing balance (ReW) Endsaldo *m (syn, ending balance)*
closing-balance account (ReW) Schlußbilanz *f*
closing charges (ReW) = closing costs
closing conditions (Fin) Abschlußbedingungen *fpl (ie, loan agreement conditions)*
closing costs (Re) Grundstücksübertragungs-Kosten *pl*
closing date
(com) Anmeldeschluß *m*
– Schlußtermin *m*
(syn, deadline, final deadline, time limit for application)
(com) Einreichungsfrist *f*
– Einreichungsschluß *m*
– Endtermin *m (ie, for invitation to tender = Ausschreibung; syn, bid closing)*
(Bw) Übergabestichtag *m*
– Übergangsstichtag *m*
(ie, in Unternehmenskaufverträgen: in diesem Zeitpunkt geht das Unternehmen mit Nutzungen und Lasten auf den Käufer über; manchmal auch Akt des Vertragsschlusses nach Vorlage aller Unterlagen)
(ReW) Abschlußstichtag *m (syn, balance sheet date, qv)*
closing date of entries (ReW) Buchungsschluß *m*
closing date of/for an application (Pw) Bewerbungsschluß *m*
closing down (Bw) Betriebsschließung *f (syn, plant closure)*
closing-down sale (com) Verkauf *m* wegen Geschäftsaufgabe *(syn, winding-up sale)*
closing entry (ReW) Abschlußbuchung *f (syn, final entry)*
closing hours (com) Betriebsschluß *m*
closing inventory
(ReW) Schlußinventar *n*
(MaW) Endbestand *m*
closing of subscription (Fin) Zeichnungsschluß *m*
closing out (Bö) Glattstellen *n (syn, offset, qv)*
closing price
(Bö) Schlußkurs *m*
– Schlußnotierung *f*
(syn, closing/final . . . quotation, close)
(Bö) Preis *m*
– Kontraktpreis *m*
– Schlußwert *m (syn, settlement price)*
closing quotation (Bö) = closing price
closing rate method
(Fin) Fremdwährungsumrechnung *f* zu Stichtagskursen *(syn, all-current method; opp, current/noncurrent . . . method)*
closing statement
(ReW) Abschlußrechnung *f*
(Re, US) Schlußplädoyer *n (syn, closing arguments)*
closing stock (ReW) Schlußbestand *m (syn, ending /end-of-period . . . inventory)*
closing the books
(Fin) Schließen *n* der Aktienbücher
(ie, in order to determine the stockholders of record for the purpose of dividend payout)
closing time (com) Geschäftsschluß *m*
closing transaction
(Bö) Glattstellungs-Transaktion *f*
(Bö) Aufbau *m* e–r gegenläufigen Optionsposition *(ie, purchase or sale of an option to nullify a previous position that has been taken)*
closure motion (com) Antrag *m* auf Schluß der Debatte
closure of a set (Math) abgeschlossene Hülle *f* e–r Punktmenge
closure of a set of points (Math) abgeschlossene Hülle *f* e–r Punktmenge
cloud on title (Re) Beeinträchtigung *f* e–s Eigentumsrechts *(ie, by virtue of claim or encumbrance)*
clout
(com) Einfluß *m*
– Macht *f*
– Stärke *f (eg, political, financial)*

club deal
(Fin) Kreditgewährung *f* oder Anleiheplazierung *f* durch e–e kleine Bankengruppe
cluster
(Mk) Cluster *n*
– Klasse *f*
(ie, geschlossene Erfassungsgruppe)
(EDV) Zuordnungseinheit *f*
(ie, smallest unit that can be addressed by a computers file system)
cluster analysis
(Mk) Clusteranalyse *f (eg, of market segments, customer groups, commodity grades)*
cluster effect (Stat) Klumpeneffekt *m*
cluster of vectors (Math) Vektorschar *f*
cluster point
(Math) Häufungspunkt *m* e–r Punktmenge *(syn, accumulation point, qv)*
cluster sample (Stat) Klumpenstichprobe *f*
cluster sampling (Stat) Stichprobenverfahren *n* mit Klumpenauswahl *(syn, nested sampling)*
CME (Bö, US) = Chicago Mercantile Exchange
CMI (EDV) = Computer managed Instruction = Einsatz von Rechnern zur Unterrichtsverwaltung
CML (EDV) = Computer Managed Learning
CMLR (EG) = Common Market Law Report
CMOS
(EDV) = complementary metal-oxide semiconductor circuit
(ie, Halbleitertechnologie; needs few electricity; in personal computers CMOSs store setup information)
CMOS integrated circuit
(EDV) CMOS-Schaltkreis *m*
(ie, CMOS = custom metal oxide semiconductor = kundenspezifischer MOS-Schaltkreis)
CNC (IndE) = computerized numerical control
C/O (com) = cash order
coach service (com) Passagier-Service *f (ie, during a flight)*
coal chemicals industry
(com) Kohlenwertstoffindustrie *f*
(ie, related to the recovery of coal chemicals; syn, coal derivative industry)
coal conversion
(com) Kohleveredelung *f*
(ie, includes gasification and liquefaction; syn, coal transformation)
coal derivative industry (com) = coal chemicals industry
coal equivalent
(IndE) Steinkohleeinheit *f*
(eg, primary energy input was 300m tonnes of coal equivalent = mtce)
coal face (com, US, infml) vor Ort *(eg, decisions at the coalface)*
coal-fired power station (com) Kohlekraftwerk *n*
coal mining
(com) Kohlebergbau *m*
– Kohleabbau *m*
coal-mining industry (com) Kohlebergbau *m*
coal mining subsidence
(IndE) Bergschäden *mpl*
(syn, subsidence damage caused by coal mining; ie, deep mining often lowers the surface land as the overlying geological strata subside into the void created by the removal of coal; this subsidence can result in damage to land and buildings located above such undermining; entsteht durch Untertagebergbau an der Erdoberfläche)
coal transformation (IndE) = coal conversion
co-applicant (Pat) Mitanmelder *m (syn, joint applicant)*
coastal fisheries (com) Küstenfischerei *f (syn, inshore fishing)*
coastal shipping (com) Küstenschiffahrt *f*
coastal waters (Re) Küstengewässer *npl*
coaster (com) Küstenschiff *n (syn, coasting vessel)*
coasting trade (com) Küstenschiffahrt *f (syn, coastwise trade, coasting)*
coasting vessel (com) = coaster
coat *v* (IndE) beschichten *(ie, put a layer of substance over another; cf, laminate)*
coating (IndE) Beschichtung *f*
coating compound (IndE) Beschichtungsmasse *f*
Cobb Douglas function
(Vw) Cobb-Douglas-Funktion *f*
(ie, a macroeconomic production function)
co-beneficiary (Re) Mitbegünstigter *m*
COBOL
(EDV) = Common Business-Oriented Language
(ie, programming language for business applications, esp. on host and mid-range systems)
COBOL character set
(EDV) COBOL-Zeichenvorrat *m*
– COBOL-Zeichensatz *m (cf, DIN 66 028, Aug 1985)*
COBOL word
(EDV) COBOL-Wort *n*
(ie, character string of not more than 30 characters; cf, DIN 66 028, Aug 1985)
cobweb model
(Vw) Cobweb-Modell *n*
– Spinnwebmodell *n*
cock date
(Fin) Zwischentermin *m*
(ie, an off-the-run period in the Euromarket, such as 28 days; contrasts with a fixed date, which is 30, 60, 90 etc days hence; syn, broken date)
co-creditor (Re) Mitgläubiger *m*
CODASYL
(EDV) = Conference On Data Systems Languages *(ie, Committee that identifies specifications for standards [eg, for COBOL])*
c.o.d. (C.O.D.) (com) = cash/collection on delivery
code
(EDV) Code *m*
– Kode *m*
– Schüssel *m*
(ie, bezeichnet Zuordnungssystem und benennt e–e bestimmte Ausprägung)
code *v* (EDV) kodieren *(syn, encode)*
code accounts *v* (ReW) kontieren
code block (EDV) Kodeblock *m (ie, a number of programming statements which build a logical unit)*
co-debtor (Re) Mitschuldner *m*
co-debtors (Re) Gesamtschuldner *m (syn, joint and several debtors)*
code check (EDV) Codeprüfung *f*

co-decision
(com) (gleichberechtigte) Mitentscheidung *f*
– „Kodezision" *f*
code clause (EDV) Codeklausel *f*
code converter (EDV) Code-Umsetzer *m*
code date
(com) Datumsangabe *f*
– Frischhaltedatum *n (ie, printed on perishable goods)*
coded decimal (EDV) codiert dezimal
coded instruction (EDV) codierter Befehl *m*
coded program (EDV) codiertes Programm *n*
code element (EDV) Code-Element *n*
code error (EDV) Codefehler *m (ie, a surplus or lack of bits in a machine instruction)*
code generator (EDV) Code-Generator *m*
code inspection (EDV) Schreibtischtest *m (ie, einfaches Testen e–s Programms)*
code number
(com) Kennzahl *f (syn, reference number)*
(ReW) Kennziffer *f (ie, used to identify accounting items)*
code of conduct
(com) Verhaltenskodex *m*
(ie, international instrument that lays down standards of behavior by nation states or multinational corporations deemed desirable by the international community, such as the Antidumping Code)
code of ethical practice (com) Ehrenkodex *m*
code of fair information practice (EDV) ethischer Code *m*, Verhaltenskodex *m*
Code of Good Practice (EDV) Verhaltenskodex *m (ie, issued in 1972)*
code of procedure (Bw) Geschäftsordnung *f*
code of professional guidelines (com) = code of ethical practice
code pen (EDV) Lesestift *m (syn, wand reader)*
coder (EDV) Codierer *m (ie, person writing computer instructions)*
code translation (EDV) Umcodierung *f*
code translator (EDV) Codeumsetzer *m (eg, Codierer und Decodierer)*
c. o. d. expenses (com) Nachnahmekosten *pl*
codicil (Re) Nachtrag *m* zu e–m Testament *(ie, supplementing a will)*
codification (Re) Kodifikation *f (ie, arranges a variety of legal provisions or laws into a single code)*
coding
(EDV) Codierung *f*
– Verschlüsselung *f*
coding device (EDV) Codierer *m (syn, encoder)*
coding error (EDV) Kodierfehler *m*
coding sheet
(EDV) Codierblatt *n*
– Codierungsformular *n*
(EDV) Programmvordruck *m*
c.o.d. letter (com) Nachnahmebrief *m*
coefficient (Math, Stat) Koeffizient *m (ie, a factor in a product)*
coefficient alpha (Mk) Koeffizienten-Alpha *n (cf, auch Kuder-Richardspon-Formel KR 20)*
coefficient of association (Stat) Assoziations-Koeffizient *m*
coefficient of correlation (Stat) Korrelationskoeffizient *m*
coefficient of determination (Stat) Bestimmtheitsmaß *n*
coefficient of elasticity (Vw) Elastizitätskoeffizient *m*
coefficient of monopoly
(Vw) Monopol-Koeffizient *m*
(ie, Lerner index: price minus marginal cost divided by price; the greater the divergence between price and marginal cost, the greater the degree of monopoly; predicated on perfect competition as a welfare ideal)
coefficient of nondetermination (Stat) Unbestimmtheitsmaß *n*
coefficient of partial correlation (Stat) Teilkorrelationskoeffizient *m*
coefficient of rank correlation (Stat) Rangkorrelationskoeffizient *m*
coefficient of regression (Stat) Regressionskoeffizient *m*
coefficient of variation
(Stat) Streuungskoeffizient *m*
– Variationskoeffizient *m*
coemption (com) Aufkauf *m (ie, buying up all of a particular thing)*
coercive power (Bw) Macht *f* durch Zwangsausübung *(ie, in leadership behavior)*
coercive system of social security (SozV) Zwangsvorsorge *f*
cofactor
(Math) Kofaktor *m*
– algebraisches Komplement *n (ie, signed minor of an element of a square matrix)*
coffee break (com) Kaffeepause *f (eg, yes, let's have one)*
coffee tax (StR) Kaffeesteuer *f*
co-finance *v* (Fin) mitfinanzieren
co-financing
(Fin) Kofinanzierung *f*
– Mitfinanzierung *f*
(eg, Eurodollarkredit e–s Bankenkonsortiums + langfristiger Projektkredit der Weltbank)
co-financing deal (Fin) Gemeinschaftsfinanzierung *f*
co-founder (Bw) Mitgründer *m*
co-general contracting (com) gemeinsame Federführung *f*
cogeneration of electricity
(IndE) parallele Eigenerzeugung *f* von Strom
(ie, power generated within a company's own plants, aside from power supplied by a public utility)
cogent argument (com) schlüssige Begründung *f (ie, compelling evidence)*
cognate invention (Pat) verwandte Erfindung *f*
co-heir (Re) Miterbe *m (syn, joint heir)*
coherent thinking (com) streng logische Gedankenführung *f*
cohesion
(EG) Kohäsion *f*
(ie, measures to reduce the gap between the prosperity of different regions in the Community)
cohesion fund (EG) Kohäsionsfonds *m*
coin *v*
(Vw) prägen
– ausprägen *(syn, mint)*

coinage
(Fin) Münzprägung *f*
(Fin) Münzrecht *n*
– Münzregal *n*
coincidence element (EDV) Äquivalenzglied *n (syn, equivalence element)*
coincidence gate (EDV) UND-Schaltung *f (syn, AND circuit, qv)*
coincidence of wants (Vw) Bedürfniskoinzidenz *f*
coincident (Vw) = coincident indicator
coincident indicator
(Vw) Präsensindikator *m*
– synchroner Konjunkturindikator *m*
(eg, employment, sales, industrial production; opp, leading indicator + lagging indicator, qv)
coincident series (Stat) gleichlaufende Reihe *f*
coin circulation (Vw) Münzumlauf *m*
coiner (Fin) Falschmünzer *m (syn, counterfeiter, forger)*
coins (Fin) Münzen *fpl (opp, paper money)*
co-insurance (Vers) Mitversicherung *f*
co-insured dependant (Vers) mitversicherter Familienangehöriger *m*
co-insurer (Vers) Mitversicherer *m*
co-inventor (Pat) Miterfinder *m*
COLA (Pw, US) = cost of living adjustment
COLA clause
(Pw, US) Klausel *f* über Lohnanpassung an Lebenshaltungskosten *(ie, COLA = cost of living adjustment)*
cold call (com) unangemeldeter Besuch *m (ie, without prior notice)*
cold canvassing (Mk) ungezielte Kundenwerbung *f*
cold start
(EDV) Kaltstart *m (ie, initial program loading; opp, warm start, system restart)*
cold storage (com) Kaltlagerung *f (ie, usually above freezing)*
cold storage insurance
(Vers) Kühlgüterversicherung *f*
(ie, designed to protect operators from risks during on-and-off transport and actual storage)
cold storage plant (com) Kühlanlage *f*
cold store (com) Kühlhaus *n (syn, refrigerated warehouse)*
collaborate with *v* (com) zusammenarbeiten mit *(syn, cooperate)*
collaborative program (com) Gemeinschaftsprogramm *n*
collaborative project (com) gemeinsames Projekt *n*
collaborator
(com) Mitarbeiter *m (ie, esp in intellectual endeavors; syn, co-worker)*
collapse
(com) Zusammenbruch *m*
(Bö) Kursverfall *m*
collapse *v*
(com) zusammenbrechen
(Bö) verfallen *(ie, prices)*
(Math) (Funktion) reduzieren
collapse of a market (com) Zusammenbruch *m* e–s Marktes
collapsible corporation
(StR, US) (aus steuerlichen Gründen nur) vorübergehend bestehende Gesellschaft *f*
(ie, formed to convert ordinary income from corporate operations into capital gains from the sale of stock or distribution of assets; cf, Sec 341 IRC)
collar
(Fin) Höchst- und Mindestzins *m* bei floating rate notes
(Fin) Collar *m (ie, Hedge-Instrument, kombiniert aus cap und floor)*
(Fin) Differenz *f* zwischen Mindest– und Höchstzinssatz bei Mini-Max-Floatern
collar issue (Fin) zinsvariable Emission *f* mit Höchst- und Mindestsatz
collate *v*
(com) vergleichen
– kollationieren
(syn, compare, reconcile)
(EDV) mischen
– abgleichen
– verdichten *(syn, merge)*
collateral
(Re) = collateral security
(Re) Sicherungsgegenstand *m*
collateral acceptance (Fin) Avalakzept *n (ie, lodged with a bank as security for a loan)*
collateral acceptor (WeR) Wechselbürge *m (ie, guarantor of a bill)*
collateral agreement (Re) Nebenabrede *f (syn, side agreement)*
collateral claim (Re) Nebenanspruch *m (syn, accessory claim, qv)*
collateral contract (Re) Zusatzvertrag *m (syn, accessory contract)*
collateral estoppel (Re) rechtskraftsähnliche Präklusionswirkung *f (ie, von Behauptungen und Einwendungen)*
collateral guarantor
(Re) Nachbürge *m*
– Nebenbürge *m*
collateral guaranty
(Re) Nachbürgschaft *f*
– Nebenbürgschaft *f*
collateral insurance (Vers) Zusatzversicherung *f (syn, additional insurance, qv)*
collateralised loan (Fin) Pfandkredit *m*
collateralization
(Fin) Besicherung *f*
– Beistellung *f* e–r Sicherheit
(ie, provision of collateral or security for a loan)
collateralize *v*
(Fin) besichern
– Sicherheit *f* beistellen *(ie, durch Verpfändung beweglicher Sachen)*
collateralized loan (Fin) besichertes Darlehen *n (ie, loan against collateral)*
collateral patent (Pat) Nebenpatent *n*
collateral securities
(Fin) lombardierte Wertpapiere *npl*
– beliehene Wertpapiere *npl*
collateral security
(Re) akzessorische Sicherheit *f*
(ie, property, negotiable interest, documentary evidence of a claim against, or ownership in, property, giving title to the holder as a pledge for the repayment of money lent; syn, GB, asset cover; opp, personal security, qv)

collateral source rule (Re) Grundsatz *m*, nach dem schadentilgende Leistungen – compensation – nicht anzurechnen sind, wenn sie vom Schädiger selbst stammen
collateral trust bond (Fin) durch Wertpapiere gesicherte Industrieobligation *f*
collateral unit (Bw) Abteilung *f* außerhalb der Linienhierarchie *(eg, staff management unit)*
collating order (EDV) = collating sequence
collating sequence
(EDV) Mischfolge *f*
– Sortierfolge *f*
(syn, collation sequence)
(EDV, Cobol) Sortier(reihen)folge *f*
(cf, DIN 66 028, Aug 1985)
collator (EDV) Mischer *m (syn, interpolator)*
collect *v*
(com) abholen *(eg, parcels, consignments; syn, pick up)*
(Fin) einziehen *(eg, checks, receivables)*
(Fin) Zinsscheine *mpl* od Kupons *mpl* einlösen
(StR) (Steuern) erheben
(Stat) (Daten) erfassen
(Math) Glieder *npl* – terms – zusammenfassen
collect call (com, US) R-Gespräch *n (syn, GB, transfer charge call, reverse-charge call)*
collect damages *v* (Re) Schadenersatz *m* einklagen *(syn, sue for damages)*
collectible (Fin) inkassofähig
collectice trademark (Pat) Kollektivzeichen *n*
collect *v* **information** (com) Informationen *fpl* beschaffen
collecting agency
(Fin) Inkassostelle *f*
– Einzugsstelle *f*
collecting agent (Fin, Vers) Inkassovertreter *m*
collecting bank
(Fin) Inkassobank *f*
– Einzugsbank *f*
(ie, any bank handling the item for collection except the payor bank; Sec 4–105(d) UCC)
collecting charges (Fin) Inkassogebühren *fpl*
collection
(com) Abnahme *f (ie, of goods)*
(Stat) Datenerfassung *f*
(StR) Steuererhebung *f*
(Fin) Inkasso *n*
– Einziehung *f*
– Einzug *m (ie, by commercial agents or banks)*
collection agency (Fin, US) Inkasso-Agentur *f*
collection area (Stat) Erhebungsgebiet *n*
collection arrangements (Fin) Inkassovereinbarungen *fpl*
collection at source
(StR) Quellenbesteuerung *f*
– Steuererhebung *f* nach dem Quellenprinzip
(syn, stoppage at source)
collection authority (Fin) Inkassoermächtigung *f*
collection business
(Fin) Inkassogeschäft *n*
– Einziehungsgeschäft *n*
(ie, debt recovery service)
collection charge
(Fin) Inkassogebühr *f*
– Einzugsgebühr *f (syn, collection fee)*
collection commission (Fin) Inkassoprovision *f*
collection department (Fin) Inkassoabteilung *f*
collection draft
(Fin) Inkassowechsel *m*
– Einzugswechsel *m (syn, bill for collection)*
collection endorsement (WeR) Vollmachtsindossament *n*
collection expenses (StR) Erhebungskosten *pl (ie, cost of collecting a tax)*
collection fee (Fin) = collection charge
collection instructions (Fin) Inkassoanweisungen *fpl*
collection items (Fin) Einzugspapiere *npl*
collection letter (com) Mahnschreiben *n*
collection method (Stat) Erhebungsverfahren *n (syn, collection procedure)*
collection of a bill
(Fin) Wechselinkasso *n*
– Wechseleinzug *m*
collection of coupons (Fin) Kuponeinlösung *f*
collection of customs duties (Zo) Zollerhebung *f*
collection of duties and taxes (Zo) Abgabenerhebung *f*
collection of money due (Fin) Beitreibung *f*
collection of premiums (Vers) Prämieneinziehung *f*
collection of problems (Math) Aufgabensammlung *f*
collection of receivables outstanding (Fin) Forderungsinkasso *n*, Forderungseinzug *m*
collection of sets (Math) Mengensystem *n (syn, family/system . . . of sets)*
collection of taxes (StR) Steuereinziehung *f*
collection on delivery, COD (com) Zahlung *f* bei Lieferung *(syn, cash on delivery)*
collection only check (Fin) Verrechnungsscheck *m*
collection order
(Fin) Inkassoauftrag *m*
– Einziehungsauftrag *m*
collection proceeds (Fin) Inkassoerlös *m*
collection ratio (Fin) Forderungsumschlag *m*
collection risk (com) Delkredere-Risiko *n (ie, particularly high in export trade)*
collection technique (Stat) Erhebungstechnik *f*
collective account (ReW) Sammelkonto *n (syn, assembly account, qv)*
collective advertising (Mk) Gemeinschaftswerbung *f (syn, cooperative advertising, qv)*
collective bill of lading (com) = grouped bill of lading
collective consignment
(com) Sammelladung *f*
– Beipacksendung *f (syn, consolidated shipment, pooled consignment)*
collective consumption (VGR) Staatsverbrauch *m (syn, public consumption, qv)*
collective custody (Fin) Girosammelverwahrung *f (ie, Wertpapiersammelbanken – securities clearing and deposit banks – sind Sammelverwahrer für die von den Kontoinhabern eingelieferten Wertpapiere)*
collective decision (Bw) Kollektiventscheidung *f*
collective deposit account (Fin) Sammeldepotkonto *n*
collective-entry voucher (ReW) Sammelbeleg *m*
collective goods
(Vw) öffentliche Güter *npl*
– Kollektivgüter *npl*
(syn, public goods, qv)

collective interest (Re) öffentliches Interesse *n (syn, public interest)*
collective item (ReW) Sammelposten *m*
collective mark
(Pat) Verbandszeichen *n*
(ie, trade or service mark used by an association of producers or traders or by a cooperative; syn, association certification . . . mark)
collective needs (Vw) Kollektivbedürfnisse *npl*
collective order (com) Sammelbestellung *f (opp, individual order)*
collective power of attorney (Re) Gesamtvollmacht *f*
collective pricing (Bw) kollektive Preispolitik *f*
collective refusal to deal
(Kart, US) Gruppenboykott *m*
(ie, boycott on the part of a group of sellers to sell; a per se violation of Sec 1 of the 1890 Sherman Act; syn, concerted refusal to deal, group boycott)
collective refusal to sell (Kart, US) = concerted refusal to deal
collective resale price maintenance (Kart) horizontale Preisbindung *f*
collective saving (Fin) Kollektivsparen *n (opp, individual saving)*
collective security holding (Fin) Sammelbestand *m*
collective suspense account
(Fin) Konto *n* pro Diverse
(ie, receiving sundry transfers awaiting final clarification)
collective transport (com) Sammeltransport *m*
collector of taxes
(StR, GB) örtliche Finanzbehörde *f (ie, reports to the Department of Inland Revenue)*
collector tax (StR, GB) Quellensteuer *f (eg, VAT, PAYE)*
collect taxes *v* (StR) Steuern *fpl* einziehen
collect terms *v* (Math) Glieder *npl* zusammenfassen
Collins
(com, GB, infml) Dankschreiben *n (ie, letter of thanks, qv)*
collision clause (SeeV) Kollisionsklausel *f (syn, running-down clause)*
collision insurance (SeeV) Kollisionsversicherung *f*
collision report (com) Unfallbericht *m*
collision strategy (EDV) Kollionsstrategie *f*
collusion
(Re) geheimes Einverständnis *n*
(ie, secret agreement, esp for illegal purpose)
(Vw) Kollusion *f (cf, abgestimmtes Verhalten)*
collusive bidding (com) Anbieterabsprache *f (syn, bid rigging, common pricing)*
collusive tendering (com) = collusive bidding
color clauses (com) ‚Farb'-Klauseln *fpl (cf, Green Clause, Red Clause)*
color depth (EDV) Farbtiefe *f (eg, 4-, 8-, 16 or 24-bit = 16, 256, 65,536 or 16,777,216 colors)*
color display (EDV) Farbanzeige *f (syn, composite video)*
color/graphic monitor (EDV) Farb-Grafik-Bildschirm *m*
color monitor (EDV) Farbbildschirm *m (opp, monochrome monitor)*
color of title (Re) glaubwürdiger Eigentumsanspruch *m*
color palette (EDV) Farbpalette *f*
color printer
(EDV) Farbdrucker *m*
– farbfähiger Drucker *m*
colors (com) Flagge *f (eg, ship sailing under Panamanian colors)*
color saturation
(EDV) Farbsättigung *f (ie, intensity of the colors produced by a output device, eg a color printer)*
color separation (EDV) Farbseparation *f (eg, four-color separation)*
column
(com) Spalte *f*
(Math) Spalte *f* e–r Matrix
(EDV, Cobol) Spalte *f (cf, DIN 66 028, Aug 1985)*
column 1 rates
(AuW, US) ausgehandelte Zollsätze
(ie, tariff rates established through trade negotiations; apply to all countries to which the U. S. grants most-favored nation treatment)
column 2 rates
(AuW, US) gesetzlich festgelegte Zollsätze *mpl*
(ie, statutory tariff rates, set by the Smoot-Hawley Tariff Act of 1930, as amended; substantially higher than column 1 rates; currently applied to state trading nations)
columnar form (ReW) Staffelform *f (syn, report form, qv)*
columnar form of accounting (ReW) Tabellenbuchführung *f*
column binary (EDV) spaltenbinär *(syn, chinese binary)*
column definition (EDV) Spaltendefinition *f*
column diagram (Stat) Säulendiagramm *n (syn, bar chart, qv)*
column splitting (EDV) Spalten(auf)teilung *f*
column vector (Math) Spaltenvektor *m*
column width (EDV) Spaltenbreite *f (eg, in a spreadsheet)*
COM (EDV) = Computer Output On Microfilm
co-maker (WeR) Mitunterzeichner *m*
co-management (Fin) Mitwirkung *f* im Konsortium
combat inflation *v* (Vw) Inflation *f* bekämpfen *(syn, fight)*
combination
(com) Unternehmenszusammenschluß *m*
(syn, busines combination, merger, tieup)
(Math) Kombination *f*
(ie, in combinatorial analysis = Kombinatorik)
(Pat) Kombination *f*
(ie, of old and new elements)
(Bö) Kombination *f*
(ie, Verkauf und Kaufoptionen, kein Straddle)
combination agency (Vers) Agentur *f* für Groß- und Kleinleben
combination board (EDV) kombinierte Schaltungsplatte *f*
combination export manager, CEM (com, US) selbständiger Handelsvermittler *m* in den USA für mehrere einheimische Lieferanten; Vollmachten weiter als die des Exportvertreters; syn, manufacturer's export agent, export manager, export sales manager, international merchant
combination in restraint of trade (Kart, US) wettbewerbsbeschränkender Zusammenschluß *m*

combination of accounts (ReW) Saldierung *f* mehrerer Konten
combination of circumstances (com) Bedingungskonstellation *f*
combination of commodities (Vw) Güterkombination *f*, Mengenkombination *f*
combination of inputs (Vw) Faktorkombination *f*
combination of terms (Math) zusammengesetzte Ausdrücke *mpl*
combination patent (Pat) Kombinationspatent *n*
combination policy (Vers) kombinierte Versicherung *f*
combination rate (Mk) kombinierter Anzeigentarif *m*
combination store (Mk, US) = food/drug combo
combination utility (com) Querverbundunternehmen *n*
combinatorial analysis (Math) = combinatorial mathematics
combinatorial mathematics (Math) Kombinatorik *f*
combine
(com) Unternehmenszusammenschluß *m (ie, Verband, Trust, Kartell, Konzern)*
combined bank transfer (Fin) Sammelüberweisung *f*
combined bill of lading
(com) Sammel(ladungs)konnossement *n (syn, grouped bill of lading, qv)*
combined branch (EDV) kombinierter Sprung *m*
combined certificate of value and origin (com) kombiniertes Wert- und Ursprungszeugnis *n*
combined condition
(EDV, Cobol) zusammengesetzte Bedingung *f*
(ie, result of connecting two or more conditions with the ‚AND' or the ‚OR' logical operator; cf, DIN 66 028, Aug 1985)
combined currency clause (Vw) kombinierte Währungsklausel *f*
combined endowment and whole life insurance (Vers) gemischte Lebensversicherung *f*
combined entry (ReW) Sammelbuchung *f*
combined financial statement
(ReW) kombinierter Abschluß *m*
(ie, e–r Unternehmensgruppe mit gemeinsamer Leitung; keine Mutter-Tochter-Beziehung)
combined head (EDV) Leseschreibkopf *m (syn, read/write head)*
combined issues
(Mk) Doppelausgabe *f*
– Doppelnummer *f*
(of a newspaper or magazine)
combined overhead rate (KoR) Zuschlag *m* für fixe und variable Gemeinkosten
combined price-quantity variance (KoR) Abweichung *f* aus dem Produkt von Mengen- und Preisdifferenzen
combined rate for direct labor and overhead (KoR) Fertigungszuschlag *m*
combined shipment (com) Sammelladung *f (syn, consolidated shipment, qv)*
combined station (EDV) Hybridstation *f (syn, balanced station)*
combined transportation (com) gebrochener Verkehr *m (syn, rail/road, rail/truck)*
combined transport bill of lading, CT-BL (com) kombiniertes Transportkonnossement *n*
combined transport, CT (com) kombinierter Warenverkehr *m* im Außenhandel
combined transport document
(com) kombiniertes Transportdokument *n*
(ie, may be negotiable or nonnegotiable; replaces the bill of lading)
combined transport freight traffic (com) Kombinations-Güterverkehr *m*
combined transport operator, CTO
(com) Kombinationstransport-Unternehmer *m (ie, engaged in multi-modal transport; eg, partly road, partly rail)*
comb-type access assembly
(EDV) Zugriffskamm *m*
(ie, im Magnetplattenspeicher)
come cheap to *v* (com) billig sein für
come down *v*
(com) zurückgehen
– fallen
(eg, prices, demand)
come first and foremost (com) an erster Stelle kommen
come into force *v* (Re) in Kraft treten *(syn, enter into force, take effect)*
come of age *v* (Re) volljährig werden *(syn, attain . . . majority/full age)*
come off line *v*
(com) reduzieren
– abbauen
(eg, large amounts of capacity will have to . . . to get supply and demand back in balance)
come off the line *v* (com) auf den Markt kommen
come-on bid
(com) subventioniertes Angebot *n (ie, mit der Absicht höherer Gewinnerzielung in e–r späteren Phase)*
come on line *v* (com) = come on stream
come on stream *v* (com) in Betrieb gehen *(syn, go into operation)*
come on to the market *v* (com) = come off the line
come out in favor of *v*
(com) sich entscheiden für
– sich aussprechen für
come out on strike *v* (Pw) in den Streik treten
come out to *v* (com) sich belaufen auf *(syn, come to)*
comer (Pw, sl) Nachwuchsmann *m (ie, with potential of assuming top responsibilities)*
come through unscathed *v* (com) ungeschoren davonkommen *(eg, in the world banking crisis)*
come to *v*
(com) betragen
– sich belaufen auf *(syn, amount to, add up to, run at)*
come to a decision *v*
(com) entscheiden
– Entscheidung *f* herbeiführen
come to market *v* (com) = come off the line
come under the hammer *v* (com) versteigert werden, „unter den Hammer kommen"
come up with *v*
(com) entwickeln
– anbieten *(eg, solution, new technique)*
comfortable majority (com) sichere Mehrheit *f*
comfort letter
(ReW) Bericht *m* über begrenzte Abschlußprüfung *(ie, zum Zwecke der Wertpapieremission)*
(Fin) = letter of comfort, qv

coming-out price
(Fin) Begebungskurs *m*
– Emissionskurs *m*
– Zeichnungskurs *m (syn, issue/subscription . . . price)*
command
(EDV) Befehl *m (syn, instruction)*
(EDV) Befehl *m (ie, as part of an instruction)*
command *v* (com) haben, erzielen *(eg, price, stock market value)*
command button
(EDV, GUI) Befehlsschaltfläche *f (executes a command when clicked with the mouse)*
command chaining (EDV) Befehlskettung *f*
command credit (Fin) Überziehungskredit *m*
command economy
(Vw) Wirtschaftssystem *n* mit überwiegend zentraler Planung
– „Kommandowirtschaft" *f*
command file (EDV) Programmdatei *f*
command funds *v*
(Fin) über finanzielle Mittel *pl* verfügen
(eg, financially able to command the necessary funds to close the deal)
command history list (EDV) Protokoll *n* aller Kommandos e–r Sitzung
command keyword (EDV) Befehlswort *n*
command language
(EDV) Befehlssprache *f*
– Betriebssprache *f*
– Steuersprache *f*
– Systemkontrollsprache *f (syn, job control language)*
commando sales team
(Mk) Verkaufsvertreter-Gruppe *f (ie, für e–e besondere Verkaufsförderungsaktion)*
command procedure
(EDV) Kommandoprozedur *f*
(ie, in operating systems; syn, cataloged procedure)
command string interpreter (EDV) Befehlsketten-Interpreter *m*
command structure (EDV) Befehlsstruktur *f*
command tail (EDV) Befehlsende *n*
command top money *v* (com) Spitzeneinkommen *n* haben
commencement
(com) Briefanfang *m (ie, of a commercial letter, such as salutation; eg, Dear Sir/Madam)*
commencement of business operations (com) Aufnahme *f* der Geschäftstätigkeit
commencement of duties (Pw) Dienstantritt *m*
commencing salary
(Pw) Anfangsgehalt *n (syn, initial/starting . . . salary)*
comment entry
(EDV, Cobol) Kommentareintrag *m*
(ie, entry in the Identifiation Division; cf, DIN 66 028, Aug 1985)
comment line (EDV, Cobol) Kommentarzeile *f (ie, a source program line; cf, DIN 66 028, Aug 1985)*
comments entry (EDV) Bemerkungseintrag *m*
comments field (EDV) Bemerkungsfeld *n*
commerce (com) Handel *m (ie, esp on a large scale; Binnen- und Außenhandel)*

commercial
(com) kaufmännisch
– kommerziell
– (betriebs-)wirtschaftlich
(Mk) Werbesendung *f*
– Werbespot *m*
– Fernsehspot *m*
commercial acceptance credit (Fin) Waren-Rembourskredit *m*
commercial agency
(com) Auskunftei *f (syn, mercantile agency; GB, credit inquiry agency)*
(com) Handelsvertretung *f*
– Vertretung *f*
commercial agent (com) Handelsvertreter *m*
commercial aircraft
(com) Flugzeuge *npl* der Zivilluftfahrt
(opp, military aircraft)
commercial airliner (com) Verkehrsflugzeug *n*
commercial air travel (com) Zivilluftfahrt *f*
commercial and industrial buildings (com) gewerbliche Bauten *mpl (syn, nonresidential buildings)*
commercial and industrial loans (Fin) gewerbliche Kredite *mpl (ie, except those secured by real estate)*
commercial arithmetic (com) kaufmännisches Rechnen *n (syn, business arithmetic)*
commercial art (Mk) Gebrauchsgrafik *f (syn, advertising art)*
commercial artist (Mk) Gebrauchsgrafiker *m (syn, industrial artist)*
commercial attaché (AuW) Handelsattaché *m (ie, of an embassy)*
commercial aviation (com) Zivilluftfahrt *f (syn, civil aviation)*
commercial bank
(Fin, US) Geschäftsbank *f*
(ie, nach geografischer Ausbreitung und Geschäftsumfang heute praktisch „Quasi-Universalbank" europäischer Prägung; opp, investment bank)
commercial bank book money (Fin) Giralgeld *n* der Kreditbanken
commercial banking (Fin, US) Depositengeschäft *n (opp, investment banking)*
commercial bank reserves (Fin) Reserven *fpl* der Geschäftsbanken
commercial bill
(Fin) Warenwechsel *m*
– Handelswechsel *m (syn, trade bill)*
commercial blanket bond (Vers) = commercial fidelity insurance
commercial borrower (Fin) gewerblicher Kreditnehmer *m*
commercial broker (com) Handelsmakler *m*
commercial buildings (com) gewerbliche Bauten *mpl*
commercial card
(com, EG) Gewerbelegitimationskarte *f*
(ie, valid for trading abroad = carte de commercant)
commercial claims (AuW) wirtschaftliche Rechte *npl*
commercial compulsion (Re, US) wirtschaftlicher Zwang *m*
commercial condo (com) = office condo(minium)

commercial correspondence
(com) Handelskorrespondenz *f*
– Geschäftskorrespondenz *f*
(syn, business correspondence)
commercial covering (Fin) Kurssicherung *f*
commercial credit (Fin) (kurzfristiger) Warenkredit *m*
commercial credit company (Fin, GB) Finanzierungsgesellschaft *f (syn, sales finance company)*
commercial credit documents (com) Akkreditiv-Dokumente *npl (eg, bill of lading, warehouse receipt, packing list)*
commercial custom (Re) Handelsbrauch *m (syn, trade usage, qv)*
commercial demonstration plant (IndE) großtechnische Demonstrationsanlage *f (syn, commercial pilot plant)*
commercial description (com) handelsübliche Bezeichnung *f*
commercial difference system
(Bö, US) kommerzielles Differenzsystem *n*
(ie, Preisab- bzw. -zuschläge richten sich nach dem durchschnittlichen Preisniveau der Kassamärkte; kommt nur noch vereinzelt vor; opp, fixed difference system)
commercial directory (com) Handelsadreßbuch *n*
commercial disputes (Re) wirtschaftliche (Rechts-)Streitigkeiten *fpl*
commercial documents (com) handelsübliche Dokumente *npl*
commercial draft (Fin) = commercial bill
commercial economy (Vw) entwickelte Volkswirtschaft *f (syn, developed economy, qv)*
commercial enterprise (com) gewerbliches Unternehmen *n*
commercial expense (KoR) Verwaltungs- und Vertriebsgemeinkosten *pl (syn, administrative and selling overhead)*
commercial facts (Zo) handelsmäßige Tatsachen *fpl*
commercial failures (com, US) Insolvenzen *fpl (ie, weekly figures released by Dun & Bradstreet)*
commercial fidelity insurance (Vers) Vertrauenschaden-Versicherung *f*
commercial fixed-price contract (com, US) privater Festpreisvertrag *m*
commercial franc
(Fin) Handelsfranc *m*
(ie, part of a two-tier exchange rate system = System gespaltener Wechselkurse; based on the official rate of exchange; cf, free franc)
commercial geography (com) Wirtschaftsgeographie *f (syn, economic geography)*
commercial grounds (com) betriebswirtschaftliche Gesichtspunkte *mpl (eg, take decisions on . . .)*
commercial guaranty insurance (Vers) = commercial fidelity insurance
commercial importations (AuW) kommerzielle Einfuhren *fpl*
commercial insurance
(Vers, US) Unfall- und Krankenversicherung für Angestellte *(ie, not for industrial workers)*
(Vers) Privatversicherung *f (syn, private insurance)*
commercial intelligence department
(Fin, GB) volkswirtschaftliche Abteilung *f (ie, of a bank)*

commercial invoice
(com) Handelsrechnung *f*
– Faktura *f*
(ie, seller's bill addressed to the buyer; syn, GB, trading invoice)
(Zo) Warenrechnung *f*
commercialize *v* (com) kommerzialisieren
commercial jargon
(com) kaufmännische Fachsprache *f*
– Wirtschaftssprache *f*
(ie, has a negative connotation, like ‚commercialese')
commercial law
(Re) Recht *n* der Wirtschaft
(ie, nicht: Wirtschaftsrecht; includes: Vertragsrecht, Gesellschaftsrecht, Kaufverträge, Wertpapierrecht usw; syn, mercantile law)
commercial law principles (Re) handelsrechtliche Kriterien *npl*
commercial leases and bailments (Re) geschäftsmäßige Gebrauchsüberlassung *f*
commercial lending (Fin) gewerbliche Ausleihungen *fpl*
commercial letter (com) Geschäftsbrief *m (syn, business letter)*
commercial letter of credit, CLC
(Fin) Handelskreditbrief *m*
(ie, Sonderform des Akkreditivs, in angloamerikanischen Ländern bevorzugt; Unterschiede in Avisierung und Benutzbarkeit: „an instrument by which a banker, for account of buyer, gives formal evidence to a seller of its willingness to permit him to draw on certain terms and stipulates in legal form that all such bills will be honored, is what has come to be known as a commercial letter of credit" [Federal Reserve Bulletin]; opp, Dokumentenakkreditiv)
commercial loan
(Fin) gewerblicher Kredit *n (syn, short-term loans or acceptances)*
commercial loan portfolio (Fin) Ausleihungen *fpl* an Firmenkunden *(ie, through wholesale banking)*
commercial loss (Re, US) wirtschaftlicher Schaden *m (eg, entgangener Gewinn)*
commercial markets
(com) zivile Märkte *mpl (opp, military/ government . . . markets)*
commercial name (com) Firmenname *m (syn, business name, qv)*
commercial packages (Vers) Bündelpolicen *fpl* für Industrie und Gewerbe
commercial paper
(WeR, US) Wertpapiere *npl* i. e. S.
(ie, nach Sec 3 UCC; zu ihnen gehören: drafts, promissory notes, checks, certificates of deposit, nicht aber börsengehandelte Wertpapiere nach Sec 8 UCC; syn, negotiable instruments)
(Fin, US) Commercial Paper *pl*
(ie, Anleihen von Großunternehmen in Form umlauffähiger kurzfristiger Inhabersolawechsel; erstklassige, ungesicherte Geldmarktpapiere, die als ‚prime' eingestuft sein müssen; high-grade unsecured promissory notes or simply ‚notes'; (a) either placed directly by major corporations: 30–

270 days: Direktplazierung; (b) or sold by major corporations through commercial paper houses – dealers – in multiples of $1000: 30–90 days: Händlerplazierung)

commercial paper and other short-term borrowings (ReW) Schuldschein- und sonstige kurzfristige Darlehen *npl*

commercial paper market (Fin, US) Geldmarkt *m* für kurzfristige Titel

commercial parity (Fin) = arbitration of exchange, qv

commercial pilot plant
(IndE) großtechnische Demonstrationsanlage *f*
(syn, commercial demonstration plant)

commercial plant (IndE) großtechnische Anlage *f* *(syn, full-scale plant)*

commercial policy
(AuW, US) Außenwirtschaftspolitik *f*
(ie, importation and exportation of goods and services, excluding broader monetary and fiscal policies)

commercial press (com) Wirtschaftspresse *f*

commercial production
(IndE) großtechnische Fertigung *f*
(opp, pilot plant scale/bench scale . . . production = Pilotfertigung)

commercial quantities (com) handelsübliche Mengen *fpl*

commercial reasons
(com) wirtschaftliche Gründe *mpl*

commercial report (com) Auskunft *f* *(ie, of a mercantile agency; syn, credit report)*

commercial risk
(com) betriebswirtschaftliches Risiko *n*
(opp, economic, political, currency . . . risks)

commercial road transport (com) gewerblicher Strassentransport *m*

commercial sample (com) Warenmuster *n*

commercial services (com) kaufmännische Dienstleistungen *fpl*

commercial set
(com) Satz *m* Verschiffungspapiere *npl* *(ie, invoice, draft, packing list, bill of lading, insurance policy)*

commercial shipping (com) Handelsschiffahrt *f*

commercial size (com) marktgängige Größe *f*

commercial standard (com) wirtschaftlicher Maßstab *m*

commercial television (com) Werbefernsehen *n*

commercial trade (AuW) kommerzieller Außenhandel *m*

commercial traveller
(com, GB) Reisender *m*
– Vertreter *m*
(ie, now usually ‚sales representative'; syn, US, traveling salesman)

commercial treaty (Re) Handelsvertrag *m* *(syn, treaty of commerce)*

commercial unit
(com, US) Handelseinheit *f*
(ie, treated in use or in the relevant market as a single whole, Sec 2-105(6) UCC)

commercial usage (com) = commercial custom

commercial utilization (Pat) gewerbliche Verwertung *f*

commercial valuation (Zo) handelsmäßige Bewertung *f*

commercial value (com) Marktwert *m* *(syn, market value, fair market value)*

commercial vehicle (com) Nutzfahrzeug *n*, gewerbliches Fahrzeug *n*

commercial vehicles market (com) Nutzfahrzeugmarkt *m*

commercial weight, c/w (com) Handelsgewicht *n*

commingled property fund (Fin) Immobilien-Mischfonds *m*

commission
(com) Kommission *f*
(com) Provision *f*
(Fin) Provision *f*
– Courtage *f*
(Re) Beauftragung *f* e–s Bevollmächtigten *(eg, to take deposition of witness in foreign country = zur eidlichen Zeugenvernehmung im Ausland)*

commission *v*
(com) in Auftrag geben *(eg, an in-depth study)*
(com) in Betrieb nehmen
(syn, put/take . . . into operation/service/action, put/bring . . . on stream, start up, fire up)

commission agent (com) Kommissionär *m*

commission broker (Bö, US) Aktienmakler *m* auf Provisionsbasis *(ie, working on a commission basis)*

commission business (Fin) Auftragsgeschäft *n*

commission buyer (com) Einkaufskommissionär *m* *(syn, purchasing commission agent)*

Commissioner of Customs (Zo, US) Leiter *m* der US-Zollbehörde

Commissioners of Customs and Excise (FiW, GB) Ministerialabteilung *f* für Zölle und Verbrauchsteuern

Commissioners of Inland Revenue
(FiW, US) Leiter *mpl* der obersten Finanzbehörde
(ie, nicht zuständig für ‚customs and excises')

commission for acceptance (Fin, GB) Akzeptgebühr *f* *(ie, usually charged by a merchant bank)*

commission income (Fin) Provisionseinnahmen *fpl*

commission merchant
(com) Verkaufskommissionär *m* *(syn, factor, qv)*
(ie, übernimmt das Absatz- und Inkassorisiko)

commission of a tort (Re) Begehen *n* e–r unerlaubten Handlung

commission of authority (Vers) Vertretervollmacht *f*

Commission of the European Communities (EG) Kommission *f* der Europäischen Gemeinschaften

commission on contango (Bö, GB) Prolongationsgebühr *f*

commission on current accounts (Fin, GB) Kontokorrentgebühren *fpl*

commission on guaranty (Fin) Avalprovision *f*

commission processing (AuW) Lohnveredelung *f*

commission processing transactions (AuW) Lohnveredelungsgeschäft *n*

commission salesman (com) = commission merchant

commissions and expense on capital (Fin) Aufwendungen *mpl* für die Eigenkapitalbeschaffung

commit *v* (com) binden, verpflichten

commit funds *v* (Fin) Mittel *pl* od Gelder *npl* festlegen

commitment
(com) Bindung *f*
– Verbundenheit *f*
(com) Zusage *f*
– Verpflichtung *f*
(Re) Verpflichtung *f*
(syn, obligation)
(Bö) Engagement *n*
commitment authorization (FiW) Bindungsermächtigung *f*
commitment ceiling (Fin) Bereitstellungsplafond *m*
commitment credit (Fin) Bereitstellungskredit *m*
commitment fee
(Fin) Bereitstellungsprovision *f*
– Zusageprovision *f*
commitment interest (Fin) Bereitstellungszins *m*
commitment letter (Fin) Kreditzusage *f*
commitment period (Re) Bindungsfrist *f*
commitments and contingent liabilities (ReW) bedingte Verpflichtungen *fpl* aus bestehenden Verträgen
commitments for future delivery (Bö) Terminengagements *npl*
commitment to fixed terms (Fin) Konditionenbindung *f*
commitment trap (Fin) Bindungsfalle *f*
commit oneself *v* (com) sich verpflichten
committed cost (KoR) fixe Kosten *pl*
committed research
(com) Auftragsforschung *f*
– auftragsgebundene Forschung *f*
(syn, contract/outside . . . research; opp, uncommitted research)
committee
(com) Ausschuß *m*
(Re) Kommission *f*
committee chairman (com) Ausschußvorsitzender *m*
Committee for European Airspace Coordination, CEAC (com) Ausschuß *m* für die Koordinierung des europäischen Luftraums
committee for incompetent
(Re, US) Vormund *m (ie, individual or trust institution)*
committee in lunacy (Re, US) = committee of the estate
committee meeting (com) Ausschußsitzung *f*
committee member (com) Ausschußmitglied *n*
committee of creditors (Re, GB) Gläubigerausschuß *m* im Konkurs
committee of experts
(com) Gutachterausschuß *m*
– Fachausschuß *m*
Committee of Governors of Central Banks, CGCB (Fin, EG) Rat *m* der Europäischen Zentralbankpräsidenten
committee of the estate (Re, US) Vermögensverwalter *m (ie, of persons non compos mentis = Geisteskranke, Geistesschwache)*
committee of the person (Re) Vormund *m (syn, guardian)*
Committee of Twenty (IWF) Zwanziger-Ausschuß *m (ie, set up to reform the International Monetary System; disbanded in 1974)*
Committee of Ways and Means (FiW, GB) Finanzausschuß *m (ie, in the House of Commons)*

Committee on Common Customs Tariff Nomenclature (EG) Ausschluß *m* für das Schema des Gemeinsamen Zolltarifs
Committee on Community transit operations (EG) Ausschuß *m* für das gemeinschaftliche Versandverfahren
Committee on duty-free arrangements (EG) Ausschuß *m* für Zollbefreiungen
committee on economic affairs (com) Ausschuß *m* für Wirtschaft, Wirtschaftsausschuß *m*
committee on economic cooperation (com) Ausschuß *m* für wirtschaftliche Zusammenarbeit
committee on finance (Fin) Finanzausschuß *m*
committee on lunacy (Re, US) Vormund *m* e–s Geisteskranken *(ie, court-appointed; syn, conservator)*
committee organization (Bw) Gremienorganisation *f*
commodities
(com) Rohstoffe *mpl (syn, primary goods)*
(com) Massengüter *mpl (eg, wheat, copper; syn, bulk goods)*
commodities cartel (AuW) Rohstoffkartell *n*
commodities of uniform quality grades (com) Ware *f* gleicher Qualität
commodities trading (Bö) Warenhandel *m*
commodity
(Vw) Wirtschaftsgut *n*
– wirtschaftliches Gut *n*
(syn, economic good)
(com) Ware *f*
– Handelsware
– Rohstoff *m*
(cf, soft commodities, hard commodities)
(Bö) an der Warenbörse gehandeltes Produkt *n*
commodity advance (Fin) Warenlombard *m*
commodity agreement (AuW) = commodity pact
commodity approach
(Mk) güterbezogener Ansatz *m* des Marketing
(ie, Waren- und Technikorientierung im internationalen Handel)
commodity approach of distribution (Mk) warenanalytischer Ansatz *m*
commodity arbitrage
(Bö) Warenarbitrage *f*
– Reportarbitrage *f*
commodity bill
(Fin) Warenwechsel *m*
– Handelswechsel *m (syn, trade bill, qv)*
commodity broker
(Bö, US) Broker *m* an Warenbörsen
(eg, futures commission merchant, foreign futures commission merchant, commodity option dealer; 11 USC § 101(5))
– Rohstoffbroker *m*
commodity charge
(com) Grundgebühr *f (ie, charged by utilities)*
Commodity Classification for Transport Statistics in Europe, CSTE (com) Internationales Güterverzeichnis *n* für die Verkehrsstatistik
Commodity Classification Rates, CCR (Zo) Warenverzeichnissätze *mpl*
commodity clause (Re, US) Warenklausel *f (ie, provides for future payment in commodities)*
commodity combination (Vw) Güter-Mengenkombination *f (syn, bundle of goods)*

commodity concentration (AuW) Anteil *m* des Warenhandels am Außenhandel
commodity conglomerate (Mk) Warenhandels-Konglomerat *n*
commodity contract (Bö) Schlußbrief *m*
commodity credit (Fin) Warenkredit *m*
Commodity Credit Corporation, CCC
(com) Preisstützungsbehörde *f* für die Landwirtschaft in den Vereinigten Staaten von Amerika
commodity currency (Vw) Warenwährung *f*
commodity dividend (Fin) Sachdividende *f (syn, dividend in kind, qv)*
commodity equilibrium (Vw) güterwirtschaftliches Gleichgewicht *n*
commodity exchange
(Bö) Warenbörse *f*
(ie, the vast majority are markets in which a single item is traded, such as sugar, coffee, grain, cotton, jute, copper, tin, etc)
commodity forward trading (Bö) Warenterminhandel *m*
commodity fund (Fin) Investmentfonds *m*, dessen Fondsvermögen in Waren usw. besteht
commodity future (Bö) Warentermingeschäft *n (ie, agreement to buy or sell a given amount of a commodity at a future date, at a fixed price)*
commodity futures contract (Bö) Warenterminkontrakt *m*
commodity futures exchange (Bö) Warenterminbörse *f*
commodity futures market (Bö) Warenterminmarkt *m*
commodity futures trading (Bö) = commodity forward trading
Commodity Futures Trading Commission, CFTC
(Bö, US) Aufsichtsbehörde *f* für den Warenterminhandel
commodity futures transaction (Bö) Warentermingeschäft *n*
commodity grades (com) Qualitätstypen *mpl (eg, middling fair, good middling)*
commodity market
(Vw) Gütermarkt *m (syn, product market)*
(Bö) = commodity exchange
commodity marketing research (Mk) Rohstoff-Marktforschung *f*
commodity money (Vw) Warengeld *n*
commodity options (Bö) Warenterminoptionen *fpl (ie, to buy or sell commodity futures, similar to stock options)*
commodity pact (AuW) Rohstoffabkommen *n (syn, commodity agreement)*
commodity paper
(Fin, US) durch Konnossement od Lagerschein besicherter Wechsel *m*
(ie, the revised Regulation A of the Federal Reserve System provides that the elements of commodity paper be governed by the classification ‚bills of exchange payable at sight or demand')
commodity papers (com) Verschiffungspapiere *npl (syn, shipping documents)*
commodity pattern (AuW) Exportgüterstruktur *f*
commodity pool
(Bö, US) Sammelkonto *n*
(ie, Kapitalanlagegesellschaft, die die Einlagen im eigenen Namen für gemeinschaftliche Rechnung der Einleger in Termin- oder Optionsgeschäften anlegt; syn, commodity fund)
commodity pool operator
(Bö, US) Geschäftsführer *m* e–s commodity pool, qv
commodity price index (com) Rohstoffpreisindex *m*
commodity rate
(com, US) Einzelfrachttarif *m*
(Fin) Zinssatz *m* für ‚commodity paper'
commodity reserve currency (Vw) Warenreservewährung *f*
commodity restriction scheme (Kart, US) Quotenkartell *n*
commodity service method (VGR) Entstehungsrechnung *f (ie, of national product; syn, GB, output method)*
commodity solicitor (Bö, US) = account representative, qv
commodity stabilization agreement (Vw) Abkommen *n* zur Stabilisierung der Rohstoffpreise
commodity standard (Vw) Warenwährung *f*
commodity swap (Fin) Rohstoffswap *m*
commodity tax (FiW) Warensteuer *f*
commodity terms of trade
(AuW) Warenaustauschverhältnis *n*
(ie, Quotient aus Exportgüterpreisindex und Importgüterpreisindex; Kehrwert des Nettoaustauschverhältnisses = net barter terms of trade)
commodity theory of money (Vw) Warentheorie *f* des Geldes
commodity trade (com) Warengeschäfte *npl (ie, wholesale and retail, including external trade)*
commodity trader (com) Rohstoffhändler *m*
commodity trading (com) Warenhandel *m*
commodity trading adviser (com, US) Berater *m* im Warenhandel *(cf, 7 USC § 2)*
commodity value (Vw) Warenwert *m (ie, of money)*
common adventure (SeeV) Schicksalsgemeinschaft *f (ie, group of things open to the same risk)*
Common Agricultural Market (EG) Gemeinsamer Agrarmarkt *m*
Common Agricultural Policy, CAP (EG) Gemeinsame Agrarpolitik *f*
commonality (Re, US) rechtliche od tatsächliche Gemeinsamkeiten *fpl (cf, class action)*
common average
(SeeV) = particular average
(Stat) arithmetisches Mittel *n*
common budget (EG) Gemeinschaftsbudget *n*
common carriage
(Bw) Einspeisung *f* und Durchleitung von Strom durch lokale, regionale od nationale Netze
common carrier
(com) Spediteur *m*
– Transportunternehmen *n*
(com) öffentliches Verkehrsunternehmen *n*
(com, US) Fluggesellschaft *f*
(com) (gewerbsmäßiger) Frachtführer *m*
(ie, undertakes transportation as a regular business, must furnish services to all who apply = Kontrahierungszwang; eg, railroads, motor carriers, steamship companies, express companies; includes all public service corporations)
common commercial policy (EG) gemeinsame Handelspolitik *f*

common control
(Bw) einheitliche Leistung *f*
(syn, unified /centralized/central . . . management)
common cost
(KoR) Kosten *pl* der Kuppelproduktion *(syn, joint/related . . . cost)*
(KoR) Kosten *pl* verbundener Produktion
common currency (EG) Gemeinschaftswährung *f* *(syn, Community currency)*
Common Customs Tariff, CCT (EG) Gemeinsamer Zolltarif *m*
common customs territory (EG) gemeinsames Zollgebiet *n*
common debtor
(Re) Konkursschuldner *m*
– Gemeinschuldner *m*
(syn, bankrupt, adjudicated bankrupt)
common denominator (Math) gemeinsamer Nenner *m*
common difference (Math) Differenz *f* der Zahlenfolge *(ie, of an arithmetic progression or series)*
common divisor (Math) gemeinsamer Teiler *m*
common duty of care (Re) allgemeine Sorgfaltspflicht *f*
Common economic policy (EG) gemeinsame Wirtschaftspolitik *f*
Common external tariff (EG) gemeinsamer Außenzolltarif *m*
Common fisheries policy, CFP (EG) gemeinsame Fischereipolitik *f (syn, common fishing policy)*
Common fishing policy (EG) = common fisheries policy
common float (AuW) Blockfloaten *n (syn, block floating, joint float)*
common fraction (Math) gewöhnlicher Bruch *m* *(syn, vulgar fraction; opp, decimal fraction)*
Common fund
(EG) gemeinsamer Fonds *m*
(ie, to which all members contribute; syn, infml, common kitty)
Common kitty (EG, infml) = common fund
common labor rate (Pw, US) niedrigste Lohnstufe *f* *(ie, for the least skilled manual labor)*
common law
(Re) Common Law *n*
(ie, based on customs and usages, and interpreted by the court; opp, statute law)
common law trust (Re, US) = business trust
common logarithm (Math) gewöhnlicher od Briggscher Logarithmus *m*
common management (Bw) gemeinsame Leitung *f* *(syn, unified control)*
Common Market (EG) gemeinsamer Markt *m*
Common market commission
(EG) EG-Kommission *f*
Common Market Law Report, CMLR
(EG) Sammlung *f* der Rechtssprechung des Europäischen Gerichtshofes
Common market organization
(EG) gemeinsame Marktorganisation *f*
(ie, for products such as grain, rice, vegetables, hop, tobacco, etc)
common market value (SeeV) Handelswert *m*
Common monetary policy (EG) Gemeinsame Währungspolitik *f*
common multiple (Math) gemeinsames Vielfaches *n*

Common organization of the agricultural markets
(EG) gemeinsame Agrarmarktorganisation *f*
common patent application (Pat) gemeinsame Patentanmeldung *f*
common peril (SeeV) gemeinsame Gefahr *f*
common pool resources (Vw) Ressourcen *fpl*, die von e–r Gruppe genutzt werden *(opp, free access resources)*
common pricing
(Kart) Preisabsprache *f (syn, price fixing)*
(com) Preisabsprache *f*
(ie, by contractors in tendering for contracts; syn, collusive tendering)
common property resource (Vw) freies Gut *n (syn, free good, qv)*
common property resources
(Vw) Allmenderessourcen *fpl*
(Re) Meeresschätze *mpl* im Eigentum der Völkergemeinschaft
common ratio (Math) Quotient *m* e–r Reihe
Common rule for import (EG) gemeinsame Einfuhrregelung *f*
common sense reasoning (EDV) Wissen *n* über allgemeine Problemlösungsverfahren *(ie, nach gesundem Menschenverstand)*
common share (Fin) = common stock
common situs picketing
(Pw, US) Bestreiken *n* e–r ganzen Baustelle
(ie, although the union dispute is with only one of the contractors)
common stock
(Fin) Stammaktien *fpl*
(ie, represent the last claim upon assets and dividends; syn, shares of common stock; GB, ordinary shares; opp, preferred stock)
common stock dividend (Fin) Stammdividende *f (ie, may be payable in cash or in stock)*
common stock equivalent, *CSE*
(Fin) Stammaktien-Äquivalent *n*
(ie, Wertpapier, das zur Berechnung des Gewinns je Aktie – earnings per share – dieser gleichgesetzt wird; eg, convertible bonds, warrants)
common stock financing (Fin) Aktienfinanzierung *f*
common stock fund (Fin) Aktieninvestmentfonds *m*
common stockholder (Fin) Stammaktionär *m (syn, GB, ordinary shareholder)*
common stock position (Fin) Anteil *m* der Stammaktien am Aktienkapital
common stock ratio (Fin) Verhältnis *n* der Stammaktien zur Summe aller Aktien und Obligationen
Common support prices
(EG) Marktordnungspreise *mpl*
Common tariff (EG) gemeinsamer Zolltarif *m*
Common Turnover Tax System (EG) gemeinsames Umsatzsteuersystem *n*
Commonwealth Development Corporation, CDC
(com) Commonwealth-Entwicklungsgesellschaft *f*
Commonwealth of Independent States, CIS (com) Gemeinschaft *f* unabhängiger *(ie, formed on 23 Dec 1991 by 11 Soviet States)*
communicate *v* (EDV) übertragen
communicated patent (Pat, GB) Mitteilungspatent *n*
communication
(com) Kommunikation *f*
(EDV) Übertragung *f*

communication channel (Bw) Kommunikationsweg *m (ie, oral or written, formal or informal, one-to-one, one-to-many)*
communication control (EDV) Übertragungssteuerung *f*
communication control program, *CCP* (EDV) Datenübertragungsprogramm *n*
communication description (EDV, Cobol) Kommunikationsbeschreibung *f (cf, DIN 66 028, Aug 1985)*
communication description entry (EDV, Cobol) Kommunikationserklärung *f (cf, DIN 66 028, Aug 1985)*
communication device (EDV, Cobol) Kommunikationsgerät *n (cf, DIN 66 028, Aug 1985)*
communication facility (EDV) Kommunikationseinrichtung *f*
– Einrichtung *f* zur Daten(fern)übertragung
communication gap (EDV) Kommunikationslücke *f*
communication interface (EDV) Übertragungsschnittstelle *f*
communication link (EDV) DFV-Verbindung *f*
– Kommunikationsverbindung *f*
communication network (EDV) DFV-Netzwerk *n*
communication port (EDV) Kommunikationsanschluß *m*
communication processor (EDV) Kommunikationsrechner *m*
communication region (EDV) Mitteilungsfeld *n*
communications (EDV) Datenfernverarbeitung *f*
communications channel (EDV) Übertragungskanal *m*
communications common carrier company (com) Post *f*
communications feature (EDV) DFV-Einrichtung *f*, Übertragungseinrichtung *f*
communications function (EDV) DFV-Funktion *f*
communications gap (EDV) Kommunikationslücke *f*
communications industry (com) Kommunikationsindustrie *f*
– Kommunikationssektor *m*
communications line (EDV) Übertragungsleitung *f*
communications link (EDV) DFV-Verbindung *f*
communications network (Bw) Kommunikationsnetz *n*
communications network support (EDV) Netzwerkunterstützung *f*
communications port (EDV) DFV-Anschluß *m*
communications process (Bw) Kommunikationsprozeß *m*
communications program (EDV) Kommunikationsprogramm *n*
communications satellite (com) Fernmelde-/Nachrichtensatellit *m*
communications security (EDV) DFV-Datenschutz *f*
communications system (Bw) Kommunikationssystem *n*
communication terminal (EDV) Datenendstation *f*
communicatios breakdown (Bw) Kommunikationsstörung *f (ie, message received is distorted)*
Community (EG) Gemeinschaft *f*
Community agricultural minister (EG) EG-Agrarminister *m*
community antenna (com) Gemeinschaftsantenne *f*
Community authorization (EG) Gemeinschaftsgenehmigung *f*
Community budget (EG) Gemeinschaftsbudget *n*
– Gemeinschaftsetat *m*
Community cash (EG) = Community funds
Community ceiling (EG) Gemeinschaftsplafond *m*
community center (Mk) Einkaufszentrum *n* mit überörtlichem Einzugsbereich
Community competence (EG) Zuständigkeit *f* der Gemeinschaft
Community country (EG) Gemeinschaftsland *n*
Community currency (EG) Gemeinschaftswährung *f*
Community curreny (EG) Gemeinschaftswährung *f*
Community exchange rate system (EG) Gemeinschafts-Wechselkurssystem *n*
Community expert (EG) EG-Experte *m*
Community financial instruments (Fin) EG-Wertpapiere *npl*
Community funds (EG) Gemeinschaftsmittel *pl (syn, Community cash)*
Community goods (EG) Gemeinschaftswaren *fpl*
Community import of goods (EG) Gemeinschaftseinfuhr *f* von Waren
community indifference curve (Vw) gesellschaftliche od volkswirtschaftliche Indifferenzkurve *f*
community institution (Fin, US) örtliches Institut *n*
Community institutions (EG) Gemeinschaftsorgane *npl*
Community instruments (EG) Gemeinschaftsinstrumente *npl*
community investment (FiW) öffentliche Investition *f*
Community law (EG) Gemeinschaftsrecht *n*
Community levy (EG) Gemeinschaftsabgabe *f*
Community loan (EG) Gemeinschaftsanleihe *f*
Community market (EG) Gemeinschaftsmarkt *m*
Community market price (EG) EG-Marktpreis *m*
Community nature of goods (EG) Gemeinschaftscharakter *m* von Waren
community of interest (Re) Interessengemeinschaft *f*
community of property (Re) eheliche Gütergemeinschaft *f*
community of risks (Vers) Gefahrengemeinschaft *f*
Community origin (EG) Gemeinschaftsursprung *m*
Community preference (EG) Gemeinschaftspräferenz *f*
Community procedure (EG) Gemeinschaftsverfahren *n*
Community producer (EG) Gemeinschaftserzeuger *m*
Community product (EG) Gemeinschaftserzeugnis *n*
Community production (EG) Gemeinschaftsproduktion *f*
community project (com) Gemeinschaftsprojekt *n (syn, consortium project)*
Community provisions on customs matters (EG) gemeinschaftliches Zollrecht *n*
Community quota (EG) Gemeinschaftskontingent *n*
Community reserve (EG) Gemeinschaftsreserve *f*
Community rules (EG) Gemeinschaftsregelung *f*
Community snake (EG) Gemeinschaftsschlange *f*
Community Support Framework (EG) Gemeinschaftliches Förderkonzept *n*
Community support system (EG) Stützungssystem *n*
Community surveillance (EG) gemeinschaftliche Überwachung *f*

Community surveillance over imports (EG) gemeinschaftliche Einfuhrüberwachung *f*
Community tariff (EG) Gemeinschaftszoll *m*
Community tariff quota (EG) Gemeinschaftszollkontingent *n*
Community taxes (EG) Gemeinschaftssteuern *fpl*
Community transit document (EG) gemeinschaftlicher Versandschein *m*
Community transit operation (EG) gemeinschaftliches Versandverfahren *n*
Community treatment (EG) Gemeinschaftsbehandlung *f (syn, intra-Community treatment)*
community wage rate (Pw) ortsüblicher Lohnsatz *m*
Community-wide patent (Pat) EG-Patent *n (ie, eventually to replace national patents)*
commutation (Fin) Ablösung *f*
commutation debt (Fin) Ablösungsschuld *f*
commutation of annuity (Fin) Rentenablösung *f*
commutation payment
(Fin) Abfindung *f*
– einmalige Zahlung *f*
commutation right
(Fin) Umwandlungsrecht *n*
(Vers) Recht *n* auf Umwandlung e–r Zeitrente in e–e Barabfindung
commutative field (Math) Körper *m*, Rationalitätsbereich *m (syn, number field)*
commutative group (Math) = abelian group
commutative law
(Math) kommutatives Gesetz *n*
(ie, rule which requires that the result of a binary operation be independent of order, that is, ab = ba)
commute *v* (com) pendeln *(ie, between home and work)*
commuter
(com) Pendler *m*
– Einpendler *m*
(syn, infml, daily breader)
commuter air carrier
(com, US) Kurzstreckenflugzeug *n* im Liniendienst *(ie, maximum capacity of 56 passengers, or maximum payload – Nutzlast – of 18,000 pounds; 49 USC § 1386(b))*
commuter aircraft (com) = commuter plane
commuter plane
(com) Kurzstreckenflugzeug *n (eg, of the turboprop type; syn, commuter aircraft)*
commuter tax (StR) Gemeindebesteuerung *f* von Pendlern
commuting allowance (com) Fahrtkostenzuschuß *m*
commuting expenses
(StR) Fahrtkosten *pl*
– Ausgaben *fpl* für Fahrten zwischen Wohnung und Arbeitsstätte *(ie, between home and workplace)*
commuting town (com) Schlafstadt *f (syn, bedroom community; GB, dormitory town)*
compact design (EDV) Kompaktbauweise *f*
compaction
(EDV) Kompaktifizieren *n*
– Speicherbereinigung *f (ie, in operating systems; syn, garbage collection)*
compact set (Math) kompakte Menge *f (syn, bicompact set)*

Companies Registry (Re, GB) Gesellschafts-Registeramt *n (ie, now located in Cardiff)*
companion account (ReW) Unterkonto *n (syn, subaccount, qv)*
company
(com, GB) Gesellschaft *f*, (esp) Kapitalgesellschaft *f (ie, an artificial legal person invested by the law with most of the powers and responsibilities [Rechte und Pflichten] of a natural person)*
(com, US) Unternehmen *n*
(ie, informal term; does not necessarily denote incorporation; it often stands for a partnership or even a one-man business)
company agreement (Re) Gesellschaftsvertrag *m*
company assets
(Bw) Betriebsvermögen *n*
(Fin) Gesellschaftsvermögen *n*
company auditor (ReW) Abschlußprüfer *m*
company buildings (com) Betriebsgebäude *npl*
company car (com) Firmenwagen *m*
company-developed goodwill (ReW) originärer Firmenwert *m (syn, self-generated goodwill, qv)*
company director (com, GB) Mitglied *n* e–s board of directors *(ie, untranslatable)*
company doctor
(com) Werksarzt *m (syn, plant physician)*
(com, GB) erfahrener Sanierer *m*
company earnings (ReW) Unternehmenserträge *mpl*
company employees (Pw) Belegschaftsangehörige *mpl*
company equity (Fin) Unternehmenskapital *n*
company finance (Fin) Unternehmensfinanzierung *f (syn, corporate finance, qv)*
company formation (com) Gesellschaftsgründung *f*
company frappé de nullité (com) faktische Gesellschaft *f (syn, de facto company, qv)*
company funding
(Fin) Unternehmensfinanzierung *f*
(eg, in GB geared to bank lending rather than equity finance)
company headquarters (com) Hauptverwaltung *f (syn, headquarters, qv)*
company health insurance (SozV) betriebliche Krankenversicherung *f*
company income tax (StR) Körperschaftsteuer *f (syn, corporate income tax)*
company information manual (Pw) Arbeitnehmerhandbuch *n*
company in general meeting (com, GB) Hauptversammlung *f*
company in liquidation (Re) Liquidationsgesellschaft *f*
company law (Re, GB) Gesellschaftsrecht *n*
company lawyer (Re) Hausjurist *m (syn, in-house counsel, qv)*
company letterhead (com) Firmenbriefbogen *m*
company liabilities (Re) Gesellschaftsschulden *fpl*
company limited by guarantee (com, GB) Gesellschaft *f*, deren Mitglieder für Verbindlichkeiten in bestimmter Höhe über ihre Einlagen hinaus haften
company limited by shares (com, GB) Aktiengesellschaft *f (syn, public limited company, PLC, plc)*
company loan (Pw) Werksdarlehen *n (ie, usually short term and without interest)*

company losses (Fin) Unternehmensverluste *mpl*
company magazine (com) Werkszeitung *f (syn, in-house magazine, qv)*
company-manufactured product (KoR) Eigenerzeugnis *n*
company meeting (com) Aktionärsversammlung *f (ie, may be ordinary, extraordinary, or special)*
company memorandum (com, GB) Satzung *f* e–r AG
company model (Bw) Unternehmensmodell *n*
company not for gain (com) gemeinnützige Gesellschaft *f (ie, may seek profit but not for private ends)*
company officers (com, GB) Organe *npl* e–r Gesellschaft
company organization (com) Unternehmensorganisation *f*
company pension (Pw) Betriebsrente *f*
company physician
(Pw) Betriebsarzt *m*
– Werksarzt *m*
(syn, in-plant physician)
company planning (Bw) = corporate planning
company policy (Bw) Unternehmenspolitik *f (syn, business /corporate . . . policy)*
company premises (com) Betriebsgrundstücke *npl*
company president (com, US) Präsident *m* e–r Gesellschaft
company-produced additions to plant and equipment
(ReW) aktivierte Eigenleistungen *fpl*
company promoter (com) Gründer *m* e–r Gesellschaft
company reserves
(ReW, GB) Rücklagen *fpl*
(ie, profit retained in the business and set aside for specific purposes)
company secretary (com, GB) höchster Verwaltungsbeamter *m* e–r Gesellschaft, Leiter *m* Allgemeine Verwaltung
company spokesman (com) Firmensprecher *m*, Unternehmenssprecher *m*
company's risk, C.R. (com) auf Gefahr der Firma
company-supplied car (com) Firmenwagen *m (syn, company car)*
company taxation (StR, GB) Gesellschaftsbesteuerung *f (ie, heute KSt)*
company tax law (StR) betriebliche Steuerlehre *f*
company union
(Pw) Betriebsgewerkschaft *f*
(ie, comprising employees of a single firm; syn, house union)
comparable profit method (StR, US) Methode *f* des Gewinnvergleichs
comparable securities (Fin) vergleichbare Sicherheiten *fpl*
comparative advantage (AuW) komparativer Vorteil *m*
comparative advertising
(Mk) vergleichende Werbung *f*
(ie, competitive claims inviting comparison with a group of products or other products in the same field)
comparative analysis (Bw) Betriebsvergleich *m (syn, interplant comparison, qv)*
comparative balance sheet (ReW) Vergleichsbilanz *f*
comparative cost (AuW) komparative Kosten *pl*
comparative cost accounting (KoR) Vergleichsrechnung *f*
comparative costing (KoR) Vergleichskalkulation *f*
comparative cost method
(Fin) Kostenvergleichsrechnung *f (ie, in preinvestment analysis)*
comparative earnings analysis (Fin) Erfolgsvergleichsrechnung *f (ie, carried out to evaluate investment projects)*
comparative evaluation sheet (com) Angebotsanalyse *f (ie, in bid analysis)*
comparative external analysis (Bw) zwischenbetrieblicher Vergleich *m (syn, interfirm comparison)*
comparative fault (Re, US) Mitverschulden *n* des Klägers
comparative jurisprudence (Re) vergleichende Rechtswissenschaft *f*
comparative management approach (Bw) vergleichende Unternehmensführung *f* institutioneller Außenhandelsbetriebe
comparative negligence
(Re) anspruchsminderndes Mitverschulden *n*
(ie, inzwischen an die Stelle der ursprünglichen Regel der contributory negligence getreten)
comparative product test (Mk) vergleichender Warentest *m*
comparative shopping (Mk) vergleichende Warenprüfung *f*
comparative tax law (StR) vergleichende Steuerlehre *f*
comparator
(EDV) Komparator *m*
– Vergleicher *m*
(ie, compares two transcriptions of the same information to verify the accuracy of the transcription, storage, arithmetical operation, or some other process in a computer)
compare instruction (EDV) Vergleichsbefehl *m*
comparing feature (EDV) Vergleichseinrichtung *f*
comparison
(com) Vergleich *m*
(EDV) Vergleich *m*
(ie, computer operation in which two numbers are compared as to identity, relative magnitude, or sign)
comparison of balance sheets (ReW) Bilanzvergleich *m*
comparison of inventory movements (MaW) Lagerbestandsvergleich *m (ie, by preparing statistics over a number of periods)*
comparison operator (EDV) Vergleichsoperator *m*
comparison parameter (EDV) Vergleichsparameter *m*
comparison shopping (Mk) = comparative shopping
comparison test (Math) Vergleichstest *m*
compassionate leave (Pw) bezahlter Sonderurlaub *m* wegen Trauerfall
compatibility
(Vw) Kompatibilität *f (ie, of policy measures)*
(EDV) Verträglichkeit *f*
(ie, the ability of one device to accept data handled by another device without conversion of data or modification of code)

(EDV, Cobol) Aufwärtsverträglichkeit *f* *(ie, Funktionen von Moduln niederer Levels sind in denen höherer Levels stets voll enthalten)*
compatibility of goals (Vw) Zielkompatibilität *f*
compatibility of national legislation
(EG) Vereinbarkeit *f* der innerstaatlichen Rechtsvorschriften *(eg, with the Maastricht Treaty)*
compatibles (EDV) kompatible Geräte *npl*
compelling evidence
(com) zwingender Beweis *m*
– schlüssige Begründung *f*
compelling interest (Re) zwingendes Interesse *n*
compelling reason (com) wichtiger Grund *m*
compensate *v*
(com) entschädigen
– abfinden
(syn, indemnify)
compensating balances
(Fin) Deckungsguthaben *npl*
(ie, zinsloses Guthaben, das Bankkunden in % e–s gewährten Kredits unterhalten müssen; dient der Feinregulierung der Kreditkonditionen; hat an Bedeutung verloren; „bequem, umständlich, unübersichtlich")
compensating bonus (IndE) Ausgleichsprämie *f*
compensating errors (ReW) sich gegenseitig aufhebende Buchungsfehler *mpl*
compensating good (Zo) Ersatzgut *n*
compensating item
(ReW) Ausgleichsposten *m (syn, balancing/offsetting/per contra . . . item)*
compensating payment (Fin) Ausgleichszahlung *f*
compensating rest (IndE) Erholungszeit *f*
compensating tariff (AuW) Ausgleichszoll *m (syn, countervailing duty, qv)*
compensating variation (Vw) Ausgleichszahlung *f (ie, made to establish equivalence between benefits and costs)*
compensatio lucri cum damno
(Re) Vorteilsausgleichung *f*
(ie, setoff of damage against benefits)
compensation
(com) Entschädigung *f (ie, reimbursement of loss incurred; syn, indemnification)*
(Pw) Abfindung *f*
(AuW) Kompensation *f (ie, a central GATT principle)*
(Pw) (jede Art von) Arbeitsentgelt *n*
(Pw) Entschädigung *f* für Betriebsunfall
compensation for damage (Vers) Schadensausgleich *m*
Compensation Fund
(Bö, GB) Ausgleichsfonds *m*
(ie, maintained by the London Stock Exchange to recompense investors should a Member firm fail to meet its obligations)
compensation guidelines (Pw) Lohnleitlinien *fpl (syn, wage guidelines)*
compensation in cash (Pw) Barbezüge *pl*
compensation in kind
(Pw) Naturallohn *m*
– Sachlohn *m*
(syn, wages in kind; opp, money wage = Geldlohn)
compensation market (Fin) Kompensationsmarkt *m*
compensation per employee (Vw) Arbeitseinkommen *n* je Beschäftigtem
compensation per hour worked (Pw) Stundenverdienst *m (syn, hourly wage)*
compensation policy (Pw) Lohn- und Gehaltspolitik *f*
compensation principle
(Vw) Kompensationskriterium *n (ie, zur Messung von Wohlfahrtsgewinnen od -verlusten)*
compensation scheme (Pw) Abfindungsplan *m*
compensation stocks
(Fin, GB) Abfindungsaktien *fpl (ie, bei der Verstaatlichung von Unternehmen)*
compensation trade (com) = countertrade
compensatory amounts (Re) Entschädigungszahlungen *fpl (eg, received for injury or damage sustained)*
compensatory budgeting
(FiW) kompensatorisches Budget *n (ie, dauernde Nachfragelücke erfordert permanente Defizitwirtschaft)*
compensatory concessions (AuW) Ausgleichszugeständnisse *npl*
compensatory cuts (FiW) Ausgleichskürzungen *fpl (eg, made elsewhere in the budget)*
compensatory damages
(Re) ausgleichender Schadenersatz *m*
– kompensatorischer Schadenersatz *m*
– Ersatz *m* des tatsächlichen Schadens
(opp, punitive damages)
compensatory dumping (AuW) Preisdifferenzierung *f* transnationaler Unternehmen zwischen nationalen Märkten
compensatory duty (AuW) = compensating tariff
compensatory finance (FiW) antizyklische Finanzpolitik *f (syn, countercyclical fiscal policy)*
Compensatory Financing Facility
(IWF) Ausgleichsfinanzierung *f (ie, support mainly to primary-commodity-producing countries)*
compensatory fiscal policy (FiW) kompensatorische Fiskalpolitik *f*
compensatory levy (Zo) Anteilszoll *m*
compensatory payments (EG) Finanzausgleichszahlungen *fpl*
compensatory principle of taxation
(FiW) Äquivalenzprinzip *n*
– Nutzungsprinzip *n*
– Vorteilsprinzip *n (syn, benefits-received principle, cost-of-service principle)*
compensatory spending (FiW) Deficit-Spending *n*
compensatory tariff (AuW) = compensating tariff
compensatory time (Pw) Überstunden-Ausgleich *m (ie, durch Abfeiern = by taking time off, instead of overtime pay)*
compensatory transfer (FiW) Spitzentransfer *m*
compension scheme (Pw) Abfindungsplan *m*
competence
(com) Sachkunde *f*
(syn, professional expertise)
(com) Zuständigkeit *f*
(syn, responsibility, scope of authority)
(com) Befugnis *f*
(syn, authority, power, powers)
(Re) Geschäftsfähigkeit *f*
(syn, legal capacity to contract, qv)

(com) Fähigkeit *f*, Eignung *f*
(ie, properly qualified, possessing the ability to consistently perform a task to an acceptable standard)
(EG) Zuständigkeit *f (eg, Community . . .)*
competence to decide (Bw) Entscheidungsbefugnis *f (syn, authority to decide, qv)*
competent
(com) befugt *(syn, authorized, empowered)*
(com) zuständig, befugt
(com) kompetent
– sachkundig
(Re) geschäftsfähig
competent authority (Re) zuständige Behörde *f*
competent to contract (Re) geschäftsfähig
compete on price *v* (com) preislich konkurrieren
compete with *v* (com) konkurrieren mit
competing demand (Vw) konkurrierende Nachfrage *f (syn, alternate demand, qv)*
competing goals (Bw) = conflicting goals
competition
(com) Wettbewerb *m*
– Konkurrenz *f*
(com) Konkurrenz *f (eg, the competition; syn, GB, the opposition)*
competition authority (Kart) Wettbewerbsbehörde *f*
competition from abroad
(com) ausländische Konkurrenz *f*
– Auslandskonkurrenz *f*
(syn, foreign competition, qv)
competition hots up (com) Wettbewerb *m* wird schärfer
competition in quality (com) Qualitätswettbewerb *m (syn, quality competition, competition in terms of quality)*
competition law (Re) Wettbewerbsrecht *n*
competition legislation (Re) Wettbewerbsgesetze *npl*
competition of substitute goods (Vw) Substitutionskonkurrenz *f*
competition policy (Vw) Wettbewerbspolitik *f*
competition proceedings (Kart) Kartellverfahren *n (eg, against a large machine tool maker)*
competition watchdogs
(Kart) Wettbewerbshüter *mpl*
(eg, Antitrust Division of the DOJ and FTC in U. S., Monopolies and Mergers Commission in GB, Bundeskartellamt – Federal Cartel Office – in West Germany)
competitive (com) wettbewerbsfähig
competitive advantage (com) = competitive edge
competitive advertising
(Mk) konkurrierende Einzelwerbung *f*
(Mk) vergleichende Werbung *(syn, comparative advertising)*
competitive article (Mk) Konkurrenzartikel *m*
competitive behavior (com) Wettbewerbsverhalten *n*
competitive bidder (com) Gegenbieter *m*
competitive bidding
(com) Submissionsverfahren *n (syn, tender procedure)*
(Fin) Ausschreibung *f* e–r Emission
(ie, in securities financing: procedure of awarding a new issue to the highest bid received; contrasts with financing on a direct negotiated basis through a purchase syndicate)
competitive bidding on a tender basis (com) Ausschreibungswettbewerb *m*
competitive consequences
(Kart) wettbewerbsrechtliche Konsequenzen *fpl (eg, of corporate conduct)*
competitive currency devaluation
(Fin) Abwertungswettlauf *m*
(eg, Anfang der 30er Jahre)
competitive demand (Vw) konkurrierende Nachfrage *f (syn, rival demand)*
competitive depreciation
(AuW) Abwertungskonkurrenz *f*
– Abwertungswettlauf *m*
(ie, of foreign exchange rates; syn, competitive devaluation)
competitive devaluation
(AuW) = competitive depreciation
competitive distortion
(Kart) Wettbewerbsverzerrung *f (syn, distortion of competition, qv)*
competitive drawback (com) Wettbewerbsnachteil *m*
competitive economy (Vw) Wettbewerbswirtschaft *f*
competitive edge
(com) Wettbewerbsvorteil *m*
– Wettbewerbsvorsprung *m*
(syn, competitive advantage)
competitive examination (Pw) Ausscheidungs-Wettbewerb *m*
competitive exploitation
(Vw) Ausbeutung *f* auf Wettbewerbsbasis
(eg, of the oceans)
competitive incentives (Bw) wettbewerbliche Anreize *mpl*
competitive injury (Kart, US) wettbewerbsschädigendes Verhalten *n (ie, justifies a charge of price discrimination under the 1936 Robinson Patman Act)*
competitive management (Bw) operatives Management *n*
competitive market (Vw) Wettbewerbsmarkt *m*
competitiveness
(com) Wettbewerbsfähigkeit *f*
– Konkurrenzfähigkeit *f*
(ie, ability to compete or meet competition effectively; syn, competitive strength)
competitive position
(com) Wettbewerbslage *f*
– Wettbewerbsposition *f*
competitive pressure (com) Wettbewerbsdruck *m (eg, to be immune to . . .; syn, pressures of competition)*
competitive price
(com) Wettbewerbspreis *m*
– freier Marktpreis *m*
(syn, free market price)
competitive pricing (Mk) Wettbewerbspreisbildung *f*
competitive process
(Vw) Wettbewerbsprozeß *m*
– Wettbewerb *m*
competitive situation (com) Wettbewerbssituation *f*
competitive strategy (Mk) Wettbewerbsstrategie *f*
competitive strength (com) Wettbewerbsfähigkeit *f (syn, competitiveness, qv)*
competitive supply (Vw) konkurrierendes Faktorangebot *n*

competitive war of extermination
(Kart) Verdrängungswettbewerb *m*
(syn, destructive competition)
competitor
(com) Konkurrent *m*
– Konkurrenzbetrieb *m*
– Konkurrenzunternehmen *n (syn, rival, contender)*
competitor analysis (Mk) Analyse *f* konkurrierender Produkte
compilation (EDV) Kompilieren *n*
compilation time
(EDV) Kompilierungszeit *f*
– Übersetzungszeit *f*
– Compile-Zeit *f*
compile *v*
(EDV) kompilieren
– übersetzen *(ie, prepare a machine-language program automatically from a program written in a higher programming language, usually generating more than one machine instruction for each symbolic statement; or: create an object program from a source language program by means of a compiler)*
compile a list *v* (com) Liste *f* aufstellen
compile a table *v* (com) Tabelle *f* aufstellen
compile inventory *v* (MaW) Lagerbestände *mpl* aufnehmen
compiler
(EDV) Compiler *m*
– Kompilierer *m*
(ie, program to translate a higher programming language into a machine language; syn, compiling routine)
compiler directing statement
(EDV, Cobol) Kompilieranweisung *f*
(ie, COPY, ENTER, REPLACE, and USE statements; syn, compiler directive; cf, DIN 66 028, Aug 1985)
compiler directive (EDV, Cobol) = compiler directing statement, cf
compiler run (EDV) Compilerlauf *m*
compile time (EDV, Cobol) Kompilierzeit *f (cf, DIN 66 028, Aug 1985)*
compiling routine (EDV) = compiler
complain about *v* (com) beanstanden *(eg, defective goods)*
complainant (Re) Kläger *m (syn, plaintiff)*
complaint (com) Mängelrüge *f*, Reklamation *f*
complaint proceedings (Re) Beschwerdeverfahren *n*
complaints book (com, GB) Beschwerdebuch *n (ie, in a restaurant, hotel, etc)*
complaints procedure (Re) Beschwerdeverfahren *n*
complement
(Vw) = complementary good
(Math) Komplementmenge *f*
(ie, complement of a number A is another number B such that the sum A + B will produce a specified result)
(EDV) Komplement *n*, Zahlenkomplement *n*
complement add (EDV) komplementäre Addition *f*
complementarity (Vw) Komplementarität *f (ie, of goods)*
complementary close (com) Schlußformel *f (ie, in business letters)*

complementary copy
(com) Widmungsexemplar *n*
– Dedikationsexemplar *n*
(syn, courtesy copy)
complementary demand
(Vw) komplementäre Nachfrage *f*
– verbundene Nachfrage *f*
(syn, joint demand)
complementary goods (Vw) komplementäre Güter *npl (syn, joint goods, qv)*
complementary metal-oxide semiconductor circuit, CMOS (EDV) komplementärer Metalloxid-Schaltkreis *m*
complementary product (IndE) Kuppelprodukt *n (syn, joint product)*
complementary set (Math) Komplementärmenge *f* e–r Punktmenge
complementary supply (Vw) komplementäres Angebot *n (syn, joint supply)*
complement of a set (Math) Komplement *n* e–r Menge
complete a contract *v* (Re) Vertrag *m* erfüllen *(syn, execute, fulfill)*
complete an order *v* (com) Auftrag *m* od Bestellung *f* ausführen *(syn, carry out/execute/fill . . . an order)*
complete carry (EDV) vollständiger Übertrag *m*
complete charter (com) Vollcharter *f (syn, full charter, qv)*
completed-contract method
(StR) Grundsatz *m* der Gewinnrealisierung
(ie, for reporting taxable income on long-term manufacturing contracts = bei Vertragserfüllung aus langfristigen Fertigungsaufträgen für die Ermittlung des steuerpflichtigen Gewinns)
complete expectation of life (Vers) mittlere Lebenserwartung *f*
complete financing package (Fin) Durchfinanzierung *f*
complete inelasticity (Vw) vollständige Inelastizität *f* von Angebot od Nachfrage
complete information (Bw) vollkommene Information *f (ie, of relevant events in past, present and future)*
complete integral
(Math) vollständiges Integral *n*
(ie, a solution of a first-order partial differential equation is a complete integral if it depends on two independent parameters)
completely knocked down, *CKD* (com) vollständig zerlegt
complete operation
(EDV) vollständige Operation *f*
(ie, includes obtaining all operands from storage, performs the operation, returns resulting operands to storage, and obtains the next instruction)
complete-ordering system (Math) Axiom *n* der vollständigen Ordnung
complete overhaul (IndE) völlige Überholung *f*
complete ownership (Re) Eigentum *n (syn, full ownership)*
complete patent (Pat) endgültiges Patent *n (opp, provisional patent = vorläufiges Patent)*
complete patent specification (Pat) endgültige Patentschrift *f*, endgültige Patentbeschreibung *f*

complete payment (Fin) Abschlußzahlung *f (syn, final payment)*
complete population survey
(Stat) Totalerhebung *f*
– Vollerhebung *f*
complete routine (EDV) vollständiges Programm *n*
complete structure (Math) geschlossene Struktur *f (syn, closed structure)*
completing entry (ReW) Nachbuchung *f*
completing the square (Math) quadratische Ergänzung *f*
completion
(com) Fertigstellung *f*
(Re) Erfüllung *f (ie, of a contract; syn, execution, fulfillment)*
completion bond
(com) Leistungsgarantie *f*
– Erfüllungsgarantie *f (syn, performance bond)*
completion guarantee
(com) Fertigstellungsgarantie *f*
(ie, um Fertigstellungsrisiko in der Projektfinanzierung abzufangen)
completion of contract (Re) Vertragserfüllung *f*
completion ticket (IndE) Arbeitsschein *m*
completion time
(com) Fertigstellungstermin *m*
– Endtermin *m*
complex
(com) komplex
– reich strukturiert
(Math) Menge *f*
complex capital structure
(Fin, US) komplexe Kapitalstruktur *f*
(ie, comprises both common stock and common stock equivalents or other potentially dilutive securities; cf, dilution)
complex condition (EDV, Cobol) komplexe Bedingung *f (cf, DIN 66 028, Aug 1985)*
complex conjugate (Math) konjugierte Komplexe *f*
complex fraction
(Math) zusammengesetzter Bruch *m*
– Doppelbruch *m (syn, compound fraction)*
complex history of loading (IndE) komplizierte Last-Zeit-Funktion *f*
complex instruction set computer, cisc
(EDV) Rechner *m* mit großem Satz von Maschinenbefehlen *(opp, reduced instruction set computer, qv)*
complex number (Math) komplexe Zahl *f*
complex-valued function (Math) komplexwertige Funktion *f*
compliance (Re) Einhaltung *f*, Erfüllung *f*
Compliance and Audit Department (Fin, US) Revisionsabteilung *f* an Terminkontraktbörsen
compliance stamp (Stat) Gütestempel *m*
complimentary close (com) Schlußformel *f (ie, in business letters = in Geschäftsbriefen)*
complimentary copy
(com) Widmungsexemplar *n*
– Dedikationsexemplar *n*
– Autorenexemplar *n (syn, courtesy/author's . . . copy)*
compliment slip (com) Begleitzettel *m*
comply with a condition *v* (Re) Bedingung *f* erfüllen *(syn, fulfill /perform/satisfy . . . a condition)*
comply with the terms of a contract *v*
(Re) Vertrag *m* erfüllen
– Vertrag *m* einhalten
component
(IndE) Bauteil *n*
– Bauelement *n*
– Bestandteil *m*
(EDV) Bauelement *n*
– Komponente *f*
component bar chart (Stat) zusammengesetztes Stabdiagramm *n*
component error
(EDV) Komponentenfehler *m*
– Fehler *m* e–s Bauelements
component form (Math) Komponentenschreibweise *f*
component in real terms (Vw) güterwirtschaftliche Komponente *f*
component manufacture
(IndE) Teilefertigung *f*
(ie, production of parts and subassemblies = Teile und Baugruppen)
component master file (IndE) Teilestammdatei *f*
component master set (IndE) Teilestammsatz *m*
component matrix
(Math) Teilmatrize *f*
– Faktormatrize *f*
component object model
(EDV) Verbunddokument-Konzept *n*
– Modell *n* für Verbunddokumente
component parts
(IndE) Teile *npl*
– Einzelteile *npl*
component requirements quantity (MaW) Teilebedarfsmenge *f*
component supplier
(com) Zulieferer *m*
– Zulieferbetrieb *m*
(syn, supplier, outside supplier)
component vector (Math) Teilvektor *m*
componentware (EDV) Komponenten-Software *f (ie, enhancement of the object-oriented model of software development)*
composer
(EDV) Binder *m (syn, linkage editor, qv)*
(EDV) Composer *m (ie, in text processing)*
composite advertisement (Mk) Kollektivanzeige *f*
composite cost (KoR) Mischkosten *pl (syn, mixed cost, qv)*
composite cost categories
(KoR) abgeleitete Kostenarten *fpl (syn, derived /mixed/secondary . . . cost categories)*
composite demand (Vw) zusammengesetzte Nachfrage *f*
composite depreciation (ReW) = composite-life method
composite event (OR) zusammengesetztes Ereignis *n*
composite flow (AuW) privater + öffentlicher Kapitalfluß *m (ie, into developing countries)*
composite function rule (Math) Kettenregel *f (syn, chain rule, qv)*
composite hypothesis
(Stat) zusammengesetzte Hypothese *f (syn, nonsimple hypothesis)*
composite index number (Stat) zusammengesetzter Index *m*

composite insurance company
(Vers) Kompositversicherer *m*
(ie, operates several types of insurance business; syn, infml, pup company)
composite interest rate (Fin) Mischzinssatz *m*
composite lead time (IndE) Kettenlaufzeit *f*
composite-life method of depreciation
(ReW) Pauschalabschreibung *f*
– Sammelabschreibung *f*
(ie, applying a single rate of a group of assets of the same general class = Gruppe gleichwertiger Wirtschaftsgüter; syn, group depreciation)
composite number
(Math) zusammengesetzte Zahl *f (ie, any positive integer which is not a prime = Primzahl; syn, composite quantity)*
composite price (com) Mischpreis *m*
composite quantity (Math) = composite number
composite share index (Bö) Gesamtindex *m (cf, Commerzbankindex)*
composite superlattice (EDV) gemischtes Supergitter *n (ie, produced by combining different materials in a single chip)*
composite supply (Vw) zusammengesetztes Angebot *n*
composite variation
(KoR) Abweichung *f* zweiten Grades *(syn, incidental variation)*
composite video (EDV) Farbanzeige *f (syn, color display)*
composition
(EDV) Satz *m*
(Re, US) Vergleich *m*
(ie, voluntary insolvency proceeding; common law device; now largely superseded by proceedings under the Bankruptcy Code)
(Re, GB) vergleichsweise Einigung *f (ie, between debtors and all his creditors)*
composition after receiving order (Re) gerichtlicher Vergleich *m*
composition before receiving order (Re) außergerichtlicher Vergleich *m*
composition deed (Re, GB) schriftlicher Vergleich *m*
composition in bankrupty (Re) Zwangsvergleich *m*
composition settlement (Re) Vergleichsannahme *f (ie, by a creditor, thereby waiving his right to the full amount of his claim)*
composting of waste (com) Abfallkompostierung *f*
compound *v*
(Fin) aufzinsen *(syn, accumulate; opp, discount)*
(com) sich einigen *(ie, with)*
(Re) Vergleich *m* schließen *(ie, with creditors)*
compound address
(EDV) zusammengesetzte Adresse *f*
– strukturierte Adresse *f*
(ie, in programming)
compound amount at end of n years
(Fin) Endkapital K in *n*
– Endwert *m*
(syn, end value, new principal)
compound amount of 1
(Fin) Aufzinsungsfaktor $(1 + i)^n$ *m*
(syn, accumulation factor)
compound arbitration
(Fin) indirekte Devisenarbitrage *f*
– Mehrfacharbitrage *f*
compound arbitration (of exchange)
(Fin) indirekte Devisenarbitrage *f*
– Mehrfacharbitrage *f*
(cf, arbitration of exchange; opp, simple arbitration)
compound bar chart (Stat) = component bar chart
compound document (EDV) Verbunddokument *n (ie, document that contains data created by different applications)*
compound duty (Zo) Mischzoll *m (syn, compound/mixed . . . tariff)*
compound entry
(ReW) zusammengesetzte Buchung *f*
– Sammelbuchung *f*
compound entry formula (ReW) zusammengesetzter Buchungssatz *m (ie, in double-entry bookkeeping)*
compound frequency distribution (Stat) überlagerte Häufigkeitsverteilung *f*
compound interest (Fin) Zinseszins *m*
compound interest account (Fin, US) Sparkonto *n (cf, thrift department)*
compound interest formula (Fin) Zinseszinsformel *f*
compound-interest method of depreciation
(ReW) Abschreibung *f* unter Berücksichtigung von Zinseszinsen
(syn, annuity depreciation method, equal-annual-payment method of depreciation)
compound interest table (Fin) Zinseszinstabelle *f*
compound item (ReW) Sammelposition *f*
compound multiplier (Vw) zusammengesetzter Multiplikator *m*
compound Poisson distribution (Stat) überlagerte Poisson-Verteilung *f*
compound problems *v*
(com) Probleme *npl* verschärfen
– Probleme *npl* vergrößern
compound proposition (Log) zusammengesetzter Satz *m*
compound reversionary bonus system (Vers) kumulativer Summenzuwachs *m*
compound tariff (Zo) = compound duty
compound yield (Fin) Gesamtrendite *f (ie, dividend payout + price gains)*
comprehension
(Log) Inhalt *m* e–s Begriffs
– Intension *f*
– Konnotation *f*
comprehensive coverage
(Vers) Vollkostenübernahme *f*
comprehensive income
(ReW, US) Gesamtgewinn *m*
(ie, comprises four basic elements: revenues, expenses, gains, and losses)
comprehensive insurance
(Vers) Kombination *f* verschiedener Versicherungsdeckungen
comprehensive tax base
(StR, US) Gesamtsumme *f* aller zufließenden Einkünfte
(ie, möglichst breite Besteuerungsbasis im Sinne der Reinvermögenstheorie nach Schanz-Haig-Simons)
comprehensive term (Log) Oberbegriff *m (syn, overall/umbrella . . . term)*

compromise
(Re) außergerichtlicher Vergleich *m (syn, out-of-court settlement)*
(Pw) Vergleich *m (ie, accept/agree to/reach a . . .)*
compromise proposal (com) Kompromißvorschlag *m*
comptroller (com, GB) = controller
Comptroller of the Currency
(Fin, US) Bankenaufsichtsbehörde *f*
(ie, responsible for chartering and supervising the activities of national banks; part of the Treasury)
compulsorily insured (SozV) Pflichtversicherter *m (syn, employed contributor)*
compulsory acquisition (com) zwangsweise Übernahme *f (eg, of remaining shares of a company ; cf, U.K. Companies Act 1985)*
compulsory arbitration (Re) Zwangsschlichtung *f*
compulsory checkoff (Pw, US) = automatic checkoff
compulsory composition (Re) Zwangsvergleich *m*
compulsory disclosure (ReW) Publizitätspflicht *f*
compulsory elective (com) Pflichtwahlfach *n*
compulsory insurance
(SozV) Pflichtversicherung *f*
– Zwangsversicherung *f*
compulsory license (Pat) Zwangslizenz *f*
compulsory licensing
(Kart) Zwangslizensierung *f*
(ie, if the effect of patent acquisition is to substantially lessen competition)
compulsory membership (com) Pflichtmitgliedschaft *f*
compulsory purchase (Re, GB) Enteignung *f (syn, condemnation, qv)*
compulsory repurchase (Fin) zwangsweiser Rückkauf *m (ie, von Anteilen von Investmentfonds)*
compulsory reserve deposits (Vw) Reservehaltung *f* in Form von Guthaben
compulsory reserves in securities (Vw) Reservehaltung *f* in Form von Wertpapieren
compulsory retirement (Pw) Zwangspensionierung *f*
compulsory saving (FiW) Zwangssparen *n (ie, a kind of forced saving)*
compulsory school age (com) schulpflichtiges Alter *n*
compulsory subject (com) Pflichtfach *n*
compulsory third-party liability insurance (Vers) Pflichthaftpflichtversicherung *f*
compulsory use (Re) Benutzungszwang *m*
compulsory winding up (Re, GB) Konkurs *m (ie, according to the Companies Act)*
compulsory working (Pat) Zwangsverwertung *f*
compunications (EDV) Verbindung *f* von Computer und Telekommunikation
computability (com) Berechenbarkeit *f*
computable (com) berechenbar
computation (com) Berechnung *f*
computational formula
(com) Berechnungsformel *f*
– Berechnungsschema *n*
– Berechnungsschlüssel *m*
computational linguistics (EDV) algorithmische Linguistik *f*
computational requirements (EDV) Rechenbedarf *m*
computation of interest (Fin) Zinsrechnung *f*
computation of simple discount (Fin) Diskontrechnung *f*
computation of time limits (Re) Berechnung *f* der Fristen
compute *v* (com) berechnen
computed remaining maturity (Fin) rechnerische Restlaufzeit *f*
computer
(EDV) Computer *m*
– Rechner *m*
– Datenverarbeitungssystem *n (cf, DIN 44 300)*
computer-aided
(EDV) computergestützt
– computerunterstützt
– rechnergestützt
– rechnerunterstützt
computer-aided design, CAD (EDV) rechnergestütztes Konstruieren *n*, CAD *n*
computer-aided instruction, CAI (EDV) = computer-assisted learning, qv
computer-aided manufacturing, CAM (EDV) rechnergestützte Fertigung *f*
computer-aided planning, CAP (EDV) rechnergestützte Planung *f*
computer-aided quality assurance, CAQ (IndE) rechnergestützte Qualitätssicherung *f*
computer-aided selling, CAS (EDV) rechnergestützter Verkauf *m*
computer-aided strategy and sales controlling, CAS
(Bw) computergestützte Strategie-Vertriebssteuerung *f*
(ie, modular aufgebautes Marktführungssystem mit Planungs- und Kontrollvorgängen zur Steuerung des Geschäfts mit Marktzielen)
computer-aided telephone interviewing (Mk) rechnergestütztes Telefoninterview-Verfahren *n*
computer animation (EDV) Darstellung *f* von Bewegungsabläufen auf Bildschirmen
computer architecture (EDV) Rechnerarchitektur *f*
computer-assisted instruction (Pw) rechnergestützter Unterricht *m*
computer-assisted learning, CAL
(EDV) rechnerunterstütztes Lernen *n*
(ie, used in addition to normal teaching methods n material; syn, computer-aided instruction)
computer-assisted retrieval, CAR (EDV) computergestützter Rückgriff *m*
computer-assisted trading system (Bö) rechnerunterstützes Handelssystem *n*
computer-based (EDV) = computer-aided
computer-based production planning (IndE) rechnergestützte Produktionsplanung *f*
Computer-Based Training, CBT (EDV) computergestützte Ausbildung *f*
computer bureau (EDV) Rechenzentrum *n (syn, bureau services)*
computer center (EDV) Rechenzentrum *n (syn, computing center, DP center)*
computer code
(EDV) Maschinencode *m*
– Rechnercode *m*
(ie, built into the hardware of the computer)
computer control
(EDV) Computersteuerung *f*
– Rechnersteuerung *f*
computer controlled (EDV) rechnergesteuert

computer crimes (Re) Computer-Kriminalität *f*
computer development
(EDV) Rechnerentwicklung *f*
(ie, first generation: vacuum tubes; second generation: transistors; third generation: integrated circuits; fourth generation: VLSI; fifth generation: larger number of VLSI chips in parallel)
computer family (EDV) Rechnerfamilie *f*
computer forward control
(EDV) Rechnersteuerung *f*
– digitale Steuerung *f*
(ie, in process automation)
computer generation (EDV) Rechnergeneration *f* *(cf, computer development)*
computer graphics (EDV) Computergrafik *f*
computer graphics system (EDV) grafisches Datenverarbeitungssystem *n*
computer illiterate (EDV, infml) EDV-Analphabet *m*
computer input from microfilm (EDV) Mikrofilmeingabe *f*
computer instruction (EDV) Maschinenbefehl *m*
computer instruction set
(EDV) Befehlsvorrat *m*
– Befehlsrepertoire *n*
computer-integrated manufacturing, CIM
(IndE) computer-integrierte Fertigung *f*
(links variable islands into integrated systems under the management of computers)
computer integrated office (EDV) Büroautomation *f*
computerize *v* (EDV) computerisieren
computerized
(EDV) rechnergestützt
– computerisiert
(syn, computer-aided)
computerized job bank network (Pw) computergestütztes Arbeitsvermittlungssystem *n*
computerized numerical control, CNC (IndE) numerische Steuerung *f* über e–n Rechner
computerized order entry system
(com) EDV-gestütztes Bestelleingabesystem *n*
(eg, über Portables od Handheld Computer)
computerized production control (IndE) EDV-Fertigungssteuerung *f*
computerized production process (IndE) rechnergesteuerter Fertigungsprozeß *m*
computerized trading (Bö) Computer-Börse *f*
computer language (EDV) Rechnersprache *f*
computer-managed instruction (Pw) computergeleiteter Unterricht *m*
computer name (EDV, Cobol) Rechnername *m* *(cf, DIN 66 028, Aug 1985)*
computer network
(EDV) Rechnernetzwerk *n*
– Rechnerverbund *m*
(ie, räumlich verteiltes System von Rechnern und Peripheriegräten, durch DÜ verbunden)
computer oriented language (EDV) maschinenorientierte Programmiersprache *f*
computer output to microfilm (EDV) Mikrofilmausgabe *f*
computer power (EDV) Rechnerkapazität *f*
computer program (EDV) Rechnerprogramm *n*
computer readable (EDV) computer-lesbar
computer run (EDV) Arbeitsgang *m* od Durchlauf e–s Rechners
computer science (EDV) Informatik *f* *(syn, informatics, information science)*
computer screen (EDV) Bildschirm *m*
computer specialist (EDV) EDV-Fachmann *m*
computer system (EDV) Datenverarbeitungssystem *n*
computer time (EDV) Rechenzeit *f*
computer trading (Bö) Computerhandel *m*
computer typesetting (EDV) Computersatz *m* *(ie, in text processing)*
computer-typesetting system (EDV) Satzrechner *m* *(ie, in text processing)*
computing amplifier (EDV) Rechenverstärker *m*
computing application (EDV) Rechneranwendung *f*
computing capacity (EDV) Rechenkapazität *f*
computing center (EDV) = computer center
computing interest (Fin) = computation of interest
computing power (EDV) Rechenkapazität *f*
computing requirements (EDV) Bedarf *m* an Rechenkapazität
computing speed (EDV) Rechengeschwindigkeit *f*
computing time (EDV) Rechenzeit *f*
concatenate *v*
(EDV) verketten
– verknüpfen
(syn, chain)
concatenated field (EDV) Kettfeld *n*
concatenated file (EDV) verkettete Datei *f*
concatenated list (EDV) Verkettungsliste *f*
concatenated organization (EDV) verkettete Organisation *f*
concatenation
(EDV) Verkettung *f*
– Verknüpfung *f*
concatenation operator (EDV) Verkettungsoperator *m*
concave production cost (Bw) unterproportionale Produktionskosten *pl* degressive Kosten *pl*
concave programming (OR) konkave Programmierung *f*
concealed defect (Re) geheimer Mangel *m* *(syn, latent defect, qv)*
concealed surplus of labor (Pw) verdeckter Arbeitskräfteüberschuß *m*
concealed unemployment (Vw) verdeckte Arbeitslosigkeit *f*
concealment (Re, Vers) Verschweigen *n* *(ie, withholding of any material facts)*
concentrated oligopoly (Vw) Oligopol *n* mit hohem Konzentrationsgrad
concentration (Bw) Konzentration *f*
concentration account (Fin, US) Sammelkonto *n*
concentration indicator (Vw) = concentration ratio
concentration movement (Kart) Konzentrationsbewegung *f*
concentration of economic power (Vw) Konzentration *f* wirtschaftlicher Macht
concentration ratio
(Vw) Konzentrationsmaß *n*
(ie, of an industry = e–s Wirtschaftszweiges: percentage control that the largest firms in an industry have of that industry's assets, sales, or profits)
(Stat) Konzentrationsmaß *n*
concentrator (EDV) Konzentrator *m* *(ie, device having several input channels and a smaller number of output channels)*

concept
(com) Konzeption *f*
(Log) Begriff *m (ie, intension + extension; syn, notion; opp, term, qv)*
concept formation (Log) Begriffsbildung *f*
conceptional data structure (EDV) konzeptionelle Datenstruktur *f (cf, data structure)*
concept of modular assembly (IndE) Baukastenprinzip *n*
concept testing (Mk) Akzeptanztest *m* e–r Produktidee
conceptual frame of reference (Log) begrifflicher Bezugsrahmen *m*
conceptual framework (Log) = conceptual frame of reference
conceptualize *v*
(Log) konzeptualisieren
– verbegrifflichen
– auf Begriffe bringen
conceptual level (Log) Abstraktionsebene *f*
conceptual model (Log) Denkmodell *n*
concern
(com) Firma *f*
– Unternehmen *n*
(ie, any economic unit: unabhängig von Größe und Rechtsform; syn, firm, qv)
concerted action
(Kart) abgestimmtes Verhalten *n*
(ie, ermöglicht wirksame Umgehung e–s Kartellverbots; syn, concerted practice, parallel behavior; cf, conscious parallelism)
concerted policy on reserves (EG) konzertierte Reservenpolitik *f*
concerted practice (Kart) = concerted action
concerted refusal to deal (Kart) abgestimmte Liefersperre *f* Gruppenboykott *m*
concerted refusal to sell
(Kart) Gruppenboykott *m*
– abgestimmte Liefersperre *f*
(ie, per se violation under Sec 1 of the 1890 Sherman Act)
concession
(com) Konzession *f*
– behördliche Zulassung *f*
(AuW) Zugeständnis *n (ie, in GATT trade negotiations, a country normally makes concessions in the form of reductions in its tariff and nontariff barriers)*
(Fin) Bonifikation *f*
concessionary terms
(com) günstige Bedingungen *fpl*
– Vorzugskonditionen *fpl*
conciliate *v* (Re) schlichten *(syn, arbitrate, qv)*
conciliation (Re) Schlichtung *f (syn, arbitration, qv)*
conciliation board (Re) Schlichtungsstelle *f*
conciliation committee (Re) Schlichtungsausschuß *m*
conciliation procedure (Re) Vergleichsverfahren *n*
conciliation service (Re) Vermittlungsdienste *mpl (ie, offered to resolve a dispute)*
conciliator (Re) Schlichter *m (syn, mediator)*
conclude *v*
(com) schließen, folgern
(ie, process of arriving at a logically necessary inference at the end of a chain of reasoning; syn, deduce, infer)
conclude an agreement *v* (Re) Vertrag *m* schließen *(syn, contract/enter into/make/sign . . . an agreement)*
conclusion
(Log) Schlußsatz *m*
– Folgerung *f*
– Ableitung *f (syn, inference)*
conclusion of a purchase order contract (com) Abschluß *m* e–s Kaufvertrages
conclusion of a sale (com) Verkaufsabschluß *m*
conclusion of a transaction (com) Abschluß *m* e–s Geschäfts
conclusions of fact (Re) Tatsachenfeststellung *f*
conclusions of law (Re) rechtliche Folgerungen *fpl*
conclusive presumption
(Re) unwiderlegliche Vermutung *f*
(ie, cannot be overturned by facts; syn, irrebuttable presumption, qv)
conclusive proof (com) zwingender Beweis *m*
concrete number (Math) benannte Zahl *f (syn, denominate number; opp, absolute/abstract . . . number)*
concrete proposal (com) konkretes Angebot *n (ie, contains definite provisions)*
concur *v* (Re, fml) zustimmen
concurrence of intention
(Re) gemeinsamer Rechtsgeschäftswille *m (syn, union/meeting . . . of minds)*
concurrent
(EDV) nebenläufig
– parallel *(ie, in petri nets)*
concurrent condition (Re) Zug-um-Zug-Bedingung *f (eg, Übergabe der Ware gegen Zahlung)*
concurrent conditions (Re) gegenseitige Bedingungen *fpl*
concurrent design (IndE) Parallelbearbeitung *f* des Konstruktionsraums
concurrent deviation (Math) gleichsinnige Abweichung *f*
concurrent engineering
(IndE) gleichzeitiger und koordinierter Ablauf *m* technischer Vorgänge
(eg, in Gentechnik, Hochenergiephysik, globaler Ökologie; syn, simultaneous engineering)
concurrent jurisdiction
(Re) konkurrierende Zuständigkeit *f*
(ie, proceedings can be brought in any one of several courts; opp, exclusive jurisdiction)
concurrent processing
(EDV) simultane od verzahnt ablaufende Verarbeitung *f (syn, multi-processing)*
concurrent resolution on the budget (FiW, US) gleichzeitiger Haushaltsbeschluß *m (ie, of both Houses of Congress)*
concurring opinion
(Re) zustimmendes Votum *n (ie, agrees with the conclusion by another judge, but not necessarily with the reasoning used to reach that conclusion)*
condemnation
(Re, US) Enteignung *f*
(ie, taking property under the power of eminent domain; syn, expropriation, acquisition; GB, compulsory purchase)
condemnation award (Re, US) Enteignungsentschädigung *f*

condemnation proceedings (Re, US) Enteignungsverfahren *n (syn, formal eminent domain proceedings)*
condemn property *v* (Re) enteignen *(ie, for public purposes)*
condense *v* (com) zusammenfassen *(syn, combine, mold into)*
condensed balance sheet (ReW) Bilanzauszug *m*
condensed mode (EDV) Kleinschrift-Modus *m*
condensed report (com) Kurzbericht *m (syn, brief, summary report)*
condensing routine
(EDV) Verdichtungsprogramm *n*
(ie, converts a program format having one instruction per card to a program format having several instructions per card)
condictio sine causa (Re, civil law) Bereicherungsklage *f (ie, action on grounds of unjust enrichment)*
condition
(com) Bedingung *f*
(eg, impose, submit, make it . . . a condition; accept, comply with . . . a condition; create, fulfill)
(Re) Bedingung *f (ie, as a general term, cf, §§ 158 ff BGB)*
(Kart) Auflage *f*
(eg, allow a merger to proceed subject to certain conditions = Fusion mit bestimmten Auflagen genehmigen)
(Re) wesentliche Vertragsbestimmung *f*
(Log) Bedingung *f*
– Vordersatz *m*
– Antezedens *n*
(Log) (notwendige) Ursache *f*
(EDV, Cobol) Bedingung *f (ie, program status for which a truth value can be determined; cf, DIN 66 028, Aug 1985)*
conditional (Log) Implikation *f*, Subjunktion *f (syn, material implication, qv)*
conditional acceptance (Re) bedingte Annahme *f*
conditional branch
(EDV) bedingter Sprung *m*
– bedingte Verzweigung *f*
(syn, conditional jump)
conditional branch instruction
(EDV) bedingter Sprungbefehl *m*
– bedingter Verzweigungsbefehl *m*
(syn, conditional jump instruction, discrimination instruction)
conditional breakpoint
(EDV) Fixierung *m*
– Anhaltepunkt *m (syn, checkpoint, qv)*
conditional check (Fin, US) bedingter Scheck *m (cf, Sec 1-207 UCC)*
conditional clause (com) bedingte Klausel *f*
conditional contract (Re) bedingter Vertrag *m*
conditional delivery (com) bedingte Lieferung *f (ie, conditioned upon payment)*
conditional distribution (Stat) bedingte Verteilung *f*
conditional endorsement
(WeR) bedingtes Indossament *n*
(ie, infrequent form; eg, pay ... upon the satisfactory performance of the contract)
conditional equation (Math) Bedingungsgleichung *f*
conditional execution (EDV) bedingter Ablauf *m*
conditional expectation
(Stat) bedingter Erwartungswert *m (syn, conditional expected value)*
conditional expression
(EDV, Cobol) Bedingungsausdruck *m (cf, DIN 66 028, Aug 1985)*
conditional gift (Re) bedingte Schenkung *f (opp, absolute gift)*
conditional implication operation (EDV) Implikation *f (syn, if-then/inclusion . . . . operation)*
conditional imports (AuW) bedingte Einfuhr *f*
conditional instruction (EDV) bedingter Befehl *m*
conditional jump (EDV) = conditional branch
conditional liquidity (AuW) bedingt verfügbare Liquidität *f*
conditional most-favored nation clause (AuW) bedingte Meistbegünstigungsklausel *f*
conditional most-favored nation treatment (AuW) beschränkte Meistbegünstigung *f*
conditional offer (com) bedingtes Angebot *n (opp, unconditional offer)*
conditional power function (Stat) bedingte Trennschärfefunktion *f*
conditional probability (Stat) bedingte Wahrscheinlichkeit *f*
conditional probability failure (IndE) bedingte Ausfallwahrscheinlichkeit *f*
conditional probability of failure (IndE) bedingte Ausfallwahrscheinlichkeit *f*
conditional proposition (Log) hypothetisches Urteil *n (syn, logical conditional)*
conditional purchaser (com) Vorbehaltskäufer *m*
conditional rate of failure (IndE) bedingte Störungsrate *f (syn, hazard rate of failure)*
conditional request (EDV, Unix) bedingte Anweisung *f*
conditional right (Re) bedingtes Recht *n*
conditional sale
(Re) Kauf *m* unter Eigentumsvorbehalt
(ie, a ‚condition precedent' transaction by which title does not vest in the buyer until payment in full has been made; now classified as secured transaction under Art 9 UCC)
conditional securities
(Fin) bedingte Wertpapiere *npl*
(eg, stock subscription rights, warrants, convertible debt, convertible preferred stock, and stock options)
conditional statement
(EDV, Cobol) bedingte Anweisung *f (cf, DIN 66 028, Aug 1985)*
(Log) Konditionalsatz *m*
conditional target (Log) bedingtes Ziel *n*
conditional test (Stat) bedingter Test *m*
conditional transaction (Re) bedingtes Rechtsgeschäft *n (syn, GB, act of the parties subject to a condition)*
conditional transfer instruction (EDV) Sprungbefehl *m (syn, branch instruction, qv)*
conditional transfer of property (Re) Erwerb *m* unter aufschiebender Bedingung
conditional variable
(Math) Bedingungsvariable *f*
(EDV, Cobol) Bedingungsvariable *f (cf, DIN 66 028, Aug 1985)*

condition code register (EDV) Anzeigeregister *n*
condition contra bonos mores (Re) sittenwidrige Bedingung *f*
conditioned density (Stat) bedingte Dichte *f*
conditioned estimator (StR) Regressionsschätzer *m*
conditioned maximum (Math) bedingtes Maximum *n*
condition entry (EDV) Bedingungseingang *m*
condition happens (Re) Bedingung *f* tritt ein *(syn, is performed)*
condition name
(EDV, Cobol) Bedingungsname *m (cf, DIN 66 028, Aug 1985)*
condition-name condition (EDV, Cobol) Bedingungsnamen-Bedingung *m (cf, DIN 66 028, Aug 1985)*
condition of average clause (Vers) Proportionalregel *f*
condition precedent
(Re) aufschiebende Bedingung *f*, § 158 BGB
(eg, it shall be a . . . to this contract that . . .; syn, suspensive condition; opp, condition subsequent)
conditions for admission (Re) Aufnahmebedingungen *fpl*
conditions of a contract (Re) Vertragsbedingungen *fpl (syn, terms of a contract)*
conditions of delivery (com) Lieferbedingungen *fpl*
conditions of employment (Pw) Arbeitsbedingungen *fpl*
conditions of sale and delivery (com) Verkaufs- und Lieferbedingungen *fpl (syn, terms and conditions)*
conditions of tender (com) Ausschreibungsbedingungen *fpl (syn, terms of tender, bidding requirements)*
conditions of transport (com) Beförderungsbedingungen *fpl*
condition subsequent
(Re) auflösende Bedingung *f*
(ie, term has been eliminated in the Restatement of Contracts, § 224; opp, condition precedent)
condo (com) = condominium
condominium
(com) Eigentumswohnung *f*
(ie, system of separate ownership in individual units in multiple-unit building; syn, condo, cooperative department)
conducting path (EDV) Leiterbahn *f*
conduct investigations *v* (com) Ermittlungen *fpl* führen
conductive pencil (com) Graphitstift *m*
conduct litigation *v* (Re) Prozeß *m* führen
conduct of acquisitions (com) Durchführung *f* von Akquisitionen
conduit credits
(Fin) durchlaufende Kredite *mpl*
(ie, bank acts in its own name but for the account of another)
conferee (com) Konferenzteilnehmer *m*
conference
(com) Konferenz *f*
– Tagung *f*
(syn, infml, get-together)
conference agreement (com) Konferenzabkommen *n (ie, among ocean carriers as to rates, charges, delivery, etc)*
conference call
(com) Konferenz-Gespräch *n (ie, by telephones linked by a central switching unit)*
conference center (com) Konferenzzentrum *n*
conference committee (Re, US) Vermittlungsausschuß *m (eg, throw a bill into committee)*
conference lines (com) Konferenz-Linien *fpl (ie, shipping lines linked up by a shipping conference)*
Conference on Security and Cooperation in Europ e, CSCE (com) Konferenz *f* für Sicherheit und Zusammenarbeit in Europa, KSZE
Conference on the Law of the Sea (Re) Seerechtskonferenz *f*
conference participant (com) Konferenzteilnehmer *m*
conference rates (com) Konferenzfrachten *fpl*, Konferenzraten *fpl (ie, in ocean shipping)*
conference terms, c.t.
(com) Konferenzbedingungen *fpl*
confidence
(Stat) Konfidenz *f*
(ie, degree of assurance that a specified failure rate is not exceeded; syn, significance)
confidence belt (Stat) = confidence interval
confidence coefficient
(Stat) Vertrauenskoeffizient *m*
– Konfidenzkoeffizient *m*
(ie, probability associated with a confidence interval; syn, confidence level)
confidence interval
(Stat) Konfidenzbereich *m*
– Vertrauensintervall *n*
(ie, has a specified probability of containing a given characteristic)
confidence level
(Stat) Konfidenzniveau *n*
– Vertrauensniveau *n*
(ie, probability in acceptance sampling that the quality of accepted lots manufactured will be better than the rejectable quality level)
confidence limits
(Stat) Vertrauensgrenzen *fpl*
– Konfidenzgrenzen *fpl*
(ie, the upper and lower limits to the confidence interval)
confidence region
(Stat) Vertrauensbereich *m*
(ie, Verallgemeinerung des ‚confidence interval' auf mehr als e–n Parameter)
confidential document (com) vertrauliches Schriftstück *n*
confidential factoring (Fin) stilles Factoring *n (syn, non-notification factoring, qv)*
confidentiality (com) Geheimhaltung *f*
confidential report (com) vertraulicher Bericht *m*
configuration (EDV) Konfiguration *f*
configuration of points (Math) Punktgebilde *n*
configurator (Mk) Konfigurator *(cf, Vol. II)*
configure *v* (EDV) konfigurieren *(ie, computer system)*
confirm *v*
(com) bestätigen
(ie, what you have done or are about to do; opp, acknowledge)
confirm a credit *v* (Fin) Akkreditiv *n* bestätigen

confirmation
(com) Bestätigung *m*
(Bö, US) Ausführungsanzeige *f*
confirmation note
(com) Bestätigungsschreiben *n (ie, nach Vertragsschluß)*
(Bö) = confirmation slip
confirmation of order (com) Auftragsbestätigung *f (ie, sent by buyer to seller; cf, acknowledgment of order)*
confirmation of procedure as declared (Zo) Eingangsbestätigung *f*
confirmation patent (Pat) Sicherungspatent *n*
confirmation slip
(Bö, US) Schlußschein *m*
– Schlußnote *f*
(ie, in security trading; cf, purchase and sale memorandum)
confirm delivery (com) Empfangsbestätigung *f*
confirmed award (Re) gerichtlich bestätigter Schiedsspruch *m*
confirmed documentary credit (Fin) bestätigtes Akkreditiv *n*
confirmed irrevocable letter of credit (Fin) bestätigtes unwiderrufliches Akkreditiv *n*
confirmer (Fin) = confirming bank
confirming bank (Fin) bestätigende Bank *f (syn, confirmer, which is the UCC term)*
confirming commission (Fin) Bestätigungsprovision *f*
confirming house (com, GB) Exportvertreter *m (ie, vermittelt zwischen Käufer und Exporteur)*
confiscate *v*
(Re) beschlagnahmen
– konfiszieren
confiscatory
(Re) konfiskatorisch
– enteignungsgleich
confiscatory tax (FiW) konfiskatorische Steuer *f (ie, enteignungsgleich)*
conflagration (Vers) Großbrand *m*
conflicting claim (Pat) entgegenstehender Anspruch *m*
conflicting duties (Re) Pflichtenkollision *f*
conflicting goals
(com) Zielkonflikt *m*
– Zielkonkurrenz *f*
– Zielinkompatibilität *f*
(syn, competing goals, goals conflict, inconsistency of goals)
conflicting interests (com) Interessenkonflikt *m*, widerstreitende Interessen *npl (syn, clashing interests)*
conflicting lines of authority
(Bw) Kompetenzstreitigkeiten *fpl*
(ie, between different departments in any organization; syn, conflicts over competence to decide; GB, demarcation disputes)
conflict of interests (com) Interessenkonflikt *m*
conflict of laws (Re) internationales Privatrecht *n (syn, less common: private international law)*
conformability (Math) Verkettbarkeit *f*
conformable to the contract (Re) vertragsgemäß *(syn, as per agreement)*
conformal mapping (Math) konforme Abbildung *f*
conformance test (IndE) Abnahmeprüfung *f*
conformed copy (com) bestätigte Kopie *f*
conforming (IndE) fehlerfrei
conforming goods
(Re) vertragsgemäße Güter *npl*
– vertragsgerechte Ware *f*
conforming to specification (com) technisch einwandfrei
conformity certificate (IndE) Bauartzulassung *f*
confusion of goods (Re) Vermischung *f (cf, § 948 BGB)*
confusion of lines of authority (Bw) Kompetenzüberschneidungen *fpl (syn, instances of plural executives, qv)*
confusion of rights (Re) Konfusion *f (ie, union of the qualities of debtor and creditor in the same person)*
confusion of trade marks (Pat) Verwechslung *f* von Warenzeichen
congested urban area (com) Ballungsgebiet *n*
congestion (OR) Stauung *f (syn, bunching up)*
conglomerate
(com) Konglomerat *n*
– Mischkonzern *m*
(ie, group of jointly owned or controlled firms operating in several unrelated markets; eg, bread, copper, motion pictures)
conglomerate company (com) = conglomerate
conglomerate merger
(com) = conglomerate
(Kart, US) konglomerater Zusammenschluß *m*
(ie, of firms which formerly were neither customers, suppliers, nor direct competitors of one another; three forms:
1. pure;
2. product extension;
3. market extension;
cf, horizontal merger, vertical merger)
conglomeration of property (Re) Sachgesamtheit *f (syn, aggregate of things)*
Congressional Budget Office, CBO (FiW) Haushaltsabteilung *f* des Kongresses der USA
Congressional intent (Re, US) gesetzgeberische Absicht *f (ie, legislative intent)*
congruent transformation (Math) kongruente Abbildung *f*
conic section (Math) Kegelschnitt *m*
conjoint analysis
(Mk) Conjoint-Analyse *f*
(ie, Verfahren der Multivariatenanalyse zur Dkomposition von Einstellungs- und Präferenzurteilen)
conjugate angle (Math) Ergänzungswinkel *m*
conjugate diagonal (Math) Nebendiagonale *f*
conjunction
(EDV) Konjunktion *f*
– UND-Verbindung *f*
– logisches Produkt *n*
(ie, compound sentence that is true if and only if each of its components is true: 1000)
conjunctioral situation (Vw) konjunkturelle Lage *f*
connected graph
(Math) zusammenhängender Graph *m*
connectedness matrix (OR) Verbundenheitsmatrix *f*
connected set (Math) zusammenhängende Menge *f*
connecting carrier (com) Anschlußspediteur *m*
connecting flight (com) Anschlußflug *m*

connection cleardown (EDV) Verbindungsabbau *m*
connections (com) Beziehungen *fpl (eg, excellent/useful . . .)*
connectivities (EDV) Anschlußmöglichkeiten *fpl*
connectivity
(EDV) Konnektivität *f*
(ie, Verbindung f *verschiedener Netzwerktopologien und mehrerer Protokolle und Betriebssysteme)*
connector
(EDV) Übergangsstelle *f (ie, in flow charting)*
(EDV) Verbindungsstecker *m*
– Steckverbindung *f*
(ie, mechanical means of connecting one or more circuits)
connivance (Re) stillschweigendes Einverständnis *n*
connotation
(Log) Begriffsinhalt *m*
– Konnotation *f*
– Intension *f (syn, intension; opp, denotation, extension)*
connote *v* (Log) konnotieren *(opp, denote)*
conquer foreign markets *v* (com) Auslandsmärkte *mpl* erobern *(syn, penetrate)*
cons (Fin) = consols, qv
conscience money (StR, GB) anonyme Steuernachzahlung *f*
conscious parallelism (Kart) bewußtes Parallelverhalten *n (opp, concerted action)*
consecutively numbered (com) fortlaufend numeriert
consecutive numbering (com) fortlaufende Numerierung *f*
consecutive quotation (Bö) fortlaufende Notierung *f*
consensus ad idem (Re) Willenseinigung *f (syn, mutual assent)*
Consensus rates (AuW) Mindestzinssätze *mpl (ie, nach dem OECD-Übereinkommen vom 15. 10. 1983)*
consent (Re) Zustimmung *f (eg, of both parties to the contract)*
consent decree
(Kart, US) Unterwerfungsentscheidung *f*
(ie, based on the admission that decree is a just determination of rights upon the real facts of the case)
consequence
(com) Konsequenz *f*
– Folge *f*
(Log) Ableitungsbeziehung *f*
– logische Folgerung *f*
consequence analysis
(IndE) Wirkungsanalyse *f (syn, impact analysis)*
consequent
(Log) Hintersatz *m*
– Konsequens *n*
– Implikat *n*
(ie, der materialen Implikation: clause expressing the consequences in a conditional sentence; in ‚if A then B', B is the consequent; syn, apodosis; opp, antecedent = Vordersatz)
consequential
(com) wichtig
– folgenreich
(eg, decision)
consequential damage
(Re) mittelbarer Schaden *m*
– Folgeschaden *m*
(ie, durch Vertragsbruch des Beklagten verursacht; syn, consequential loss, indirect damage)
consequential damages (Re) Schadenersatz *m* für Folgeschaden
consequential loss (Re) = consequential damage
consequential loss insurance (Vers) Folgeschadenversicherung *f*
conservationist (com) Umweltschützer *m*
conservation of issued insurance (Vers) Bestandspflege *f (syn, policy service)*
conservatism (ReW, appr) Grundsatz *m* der Vorsicht *(ie, entspricht etwa dem Grundsatz der vorsichtigen Bilanzierung; Bildung stiller Reserven nicht zulässig!)*
conservative cost estimate (ReW) vorsichtiger Kostenansatz *m*
conservative estimate (com) vorsichtige Schätzung *f*
conservator (Re, US) Vormund *m* e–s Geisteskranken *(syn, committee on lunacy)*
conservatorship (Re, US) Vermögensverwaltung *f (eg, court order of. . .)*
consider *v*
(com) erwägen
– berücksichtigen
– prüfen
(Re) der Ansicht sein
consideration
(Re) Gegenleistung *f*
(ie, essential element of an enforceable contract; eg, in a sale, it is known as the price; may be money, property, services; syn, quid pro quo, compensation; strictly speaking, the doctrine of ‚consideration' has no equivalent in German law)
consideration for sale (Re) Kaufpreis *m*
consign *v*
(com) abschicken *(syn, send off)*
(com) in Konsignation geben
consignation selling
(com) Konsignationshandel *m*
(ie, im Welthandel übliche Form des Kommissionsgeschäfts: type of export selling in which consignee does not take title to the goods which passes upon sale to final buyer)
consigned goods (com) Konsignationsware *f (syn, consignment merchandise, qv)*
consignee
(com) Empfänger *m*
– Destinatar *m*
(ie, recipient of goods named in a waybill)
(com) Konsignatar *m*
– Verkaufskommissionär *m*
(ie, party receiving goods on consignment; usually commission merchant acting as selling agent for a commission fee or factorage; opp, consignor = Konsignant)
consignment
(com) Versand *m*
– Verfrachtung *f*
(com) Sendung *f*
(com) Konsignation *f*
– Konsignationsware *f*
consignment account (com) Konsignationskonto *n*

consignment agent (com) Exportkommissionär *m*
consignment agreement (com) Kommissionsvertrag *m*
consignment by mail (com) Briefsendung *f*
consignment „cash on delivery" (com) Cod-Sendung *f*
consignment commission (com) Kommissionsprovision *f*
consignment contract (com) Konsignationsvertrag *m*
consignment goods (com) Kommissionsware *f (syn, goods on consignment, qv)*
consignment invoice (com) Kommissionsrechnung *f*
consignment marketing
(com) Konsignationshandel *m*
consignment merchandise (com) Konsignationsware *f (syn, consignment goods, goods out on consignment)*
consignment note
(com, GB) Frachtbrief *m (syn, waybill; US, bill of lading)*
(com, GB) Luftfrachtbrief *m (syn, air consignment note, air waybill)*
consignment on appro (com, GB, infml) Ansichtssendung *f*
consignment purchasing
(MaW) Konsignations-Beschaffung *f (ie, vendor maintains a merchandise inventory on buyer's premises to which title passes when materials are used)*
consignment sale (com) Konsignationsverkauf *m*
consignment stock
(com) Konsignationslager *n*
(ie, inventory of consigned goods committed to consignee at consignor's expense)
consignor
(com) Absender *m*
(ie, of letters, parcels, etc)
(com) Versender *m*
(ie, concludes freight contract with carrier in his own name)
(com) Konsignant *m*
(ie, shipper of consigned goods: owner who consigns goods for sale; opp, consignee)
consistency
(Log) Folgerichtigkeit *f*, Widerspruchsfreiheit *f*
(ie, a set of propositions is consistent when no contradiction can be derived from the joint assertion of the propositions in the set)
consistency concept (ReW, US) Grundsatz *m* der (materiellen) Bilanzkontinuität
consistency condition (Math) Bedingung *f* der Widerspruchsfreiheit
consistent
(Log) folgerichtig
– widerspruchsfrei
– konsistent
consistent equations (Math) widerspruchsfreie Gleichungen *fpl*
consistent estimator (Stat) konsistente Schätzfunktion *f*
consol (Fin) = consolidated annuity
console
(EDV) Bedienungsplatz *m*
– Konsole *f*
(ie, user control portion of a computer)
console entry (EDV) Konsoleingabe *f*
console mode (EDV) Konsolmodus *m*
consolidate *v*
(Fin) konsolidieren
– fundieren
(syn, fund)
consolidated accounting
(ReW) Konzernrechnungslegung *f*
consolidated accounts (ReW, GB) = consolidated financial statement
consolidated airmail (com) Sammelluftpost *f*
consolidated annuities
(Fin, GB) konsolidierte Staatsanleihe *f (syn, consolidated stock, consols)*
consolidated balance sheet
(ReW) konsolidierte Bilanz *f*
– Konzernbilanz *f*
(syn, GB, consolidated accounts, group balance sheet)
consolidated bill of lading (com) Sammelkonnossement *n*
consolidated bond
(Fin, GB) konsolidierte Anleihe *f*
(syn, consolidation/unified/unifying . . . bond)
(FiW, GB) staatliche (Renten-)Anleihe *f*
consolidated cash budget (FiW) konsolidiertes Kassenbudget *n*
consolidated debt (FiW) konsolidierte od fundierte Schuld *f (syn, permanent debt)*
consolidate debt *v* (Fin) Schulden *fpl* konsolidieren
consolidated financial statement
(ReW) konsolidierter Abschluß *m*
– Konzernabschluß *m*
– Gruppenabschluß *m*
(ie, involves elimination of intercompany accounts; syn, group financial statement; GB, group accounts)
Consolidated Fund (FiW, GB) zentraler Haushaltsfonds *m* der Regierung
consolidated goodwill (ReW) konsolidierter Firmenwert *m (ie, e–r Tochter, den e–e Mutter od Holding bei Übernahme erwirbt)*
consolidated group
(Bw) konsolidierte Unternehmensgruppe *f*
(ReW) Konsolidierungskreis *m*
consolidated income statement
(ReW) konsolidierte Gewinn- und Verlustrechnung *f*
– Konzern-GuV *f*
(syn, GB, consolidated profit and loss accounts)
consolidated package-delivery service (com) Sammelladungs-Zustelldienst *m*
consolidated pretax profits (ReW) konsolidierter Gewinn *m* vor Steuern
consolidated profit and loss account (ReW, GB) = consolidated income statement
consolidated public debt (FiW) konsolidierte od fundierte Staatsschuld *f (syn, long-term public debt)*
consolidated reserves (ReW) Konzernrücklagen *fpl*
consolidated sales (com) Konzernumsatz *m (syn, group sales)*
consolidated sector accounts (VGR) zusammengefaßte Sektorenkonten *npl*
consolidated set of accounts (ReW) = consolidated financial statements

consolidated shipment
(com) Sammelladung *f*
(syn, consolidation, mixed /pooled . . . consignment, joint cargo; GB, grouped . . . consignment/shipment, collective consignment)
consolidated sinking fund (Fin) konsolidierter Tilgungsfonds *m*
consolidated statement of condition (ReW) Konzernabschluß *m*
consolidated stock (Fin, GB) = consolidated annuities
consolidated stocks
(Fin) konsolidierte Staatstitel *mpl*
consolidated subgroup accounts (ReW) konsolidierter Teilkonzernabschluß *m*
consolidated subsidiary
(com) konsolidierte Tochtergesellschaft *f* Konzerntochter *f*
consolidated surplus (ReW) Konzernüberschuß *m*
consolidated weekly return
(Fin) konsolidierter Wochenausweis *m*
consolidated world accounts (ReW) Welt-Konzernbilanz *f (syn, worldwide consolidated financial statements, qv)*
consolidating entry (ReW) Konsolidierungsbuchung *f*
consolidating financial statement
(ReW) Konzern-Probebilanz *f*
(ie, in worksheet form displaying the details that go into the making of consolidated financial statements)
consolidation
(com) Fusion *f*
(ie, transfer of net assets to a new corporation: Verschmelzung durch Neugründung; opp, merger = Fusion als Verschmelzung durch Aufnahme)
(com) konsolidierte Unternehmensgruppe *f*
(syn, consolidated group)
(com) Sammelladung *f*
(syn, consolidated shipment)
(ReW) Erstellung *f* e–s konsolidierten Abschlusses
(Fin) Konsolidierung *f*
(ie, Umwandlung kurzfristiger in langfristige Verbindlichkeiten)
(Bö) Kurskonsolidierung *f*
consolidation bond (Fin) = consolidated bond
consolidation excess (ReW) Konsolidierungs-Ausgleichsposten *m*
consolidation financing
(Fin) Ablösungsfinanzierung *f*
(ie, provision of equity capital to repay borrowed funds = Aufnahme von Eigenkapital, um Fremdkapital zu substituieren)
consolidation loan (Fin) Konsolidierungsdarlehen *n*
(ie, combines several debts into one)
consolidation of actions
(Re) Klagehäufung *f*
– subjektive Klagehäufung *f*
– Klagenverbindung *f*
(ie, gemeinschaftliche Klage mehrerer natürlicher und/oder Personen)
consolidation of a market (com) Marktbefestigung *f*
consolidation of cases (Re) = consolidation of actions
consolidation of debt (Fin) Schuldenkonsolidierung *f*
consolidation of earnings
(ReW) Zwischengewinneliminierung *f*
(syn, elimination of intercompany profits, qv)
consolidation of financial statements (ReW) Abschlußkonsolidierung *f*
consolidation of investment (Fin) Kapitalkonsolidierung *f*
consolidation package (ReW) Konzernabschlußunterlagen *fpl*
consolidation policy (ReW) Grundsätze *mpl* der Konsolidierung von Abschlüssen
consolidation profit (Fin) Fusionsgewinn *m*
consolidation rules (ReW) Konsolidierungsvorschriften *fpl*
consolidation within a group (ReW) Innenkonsolidierung *f*
consolidator (com) IATA-Sammelladungsagent *m*
consols (Fin, GB) = consolidated bonds
consortium
(com) Arbeitsgemeinschaft *f*
– Konsortium *n*
(pl, consortia, consortiums; syn, syndicate)
(Fin) Konsortium *n*
(ie, a syndicate of banks that pool their resources in order to offer larger loans, greater capability in international banking, and various currency resources)
consortium agreement (Fin) Konsortialvertrag *m*
consortium bank (Fin) Konsortialbank *f*
consortium banking (Fin) Konsortialgeschäfte *npl*
consortium of banks (Fin) Bankenkonsortium *n*
consortium project (com) Gemeinschaftsprojekt *n*
(syn, community project)
conspicuous consumption (Vw) Geltungskonsum *m*
(syn, ostentatious consumption)
conspicuous-consumption effect (Vw) Vebleneffekt *m*
conspiracy
(Kart, US) abgestimmtes Verhalten *n*
(ie, Common Law term; Verbotstatbestand nach Sec 1 Sherman Act)
conspiracy in restraint of trade (Kart, US) wettbewerbsbeschränkende Abrede *f*
constancy of relative shares (Vw) relative Konstanz *f* der Lohnquote
constant angular velocity, CAV
(EDV) konstante Winkelgeschwindigkeit *f* der Oberfläche e–s Plattenspeichers zum Lesekopf
constant area
(EDV) Konstantenbereich *m (ie, part of memory used for constants)*
constant capital-output ratio (Vw) fixer Kapitalkoeffizient *m*
constant cost (KoR) fixe Kosten *pl (syn, fixed cost, qv)*
constant cost industry (Vw) Wirtschaftszweig *m* ohne Economies of Scale
constant-cycle system of inventory control (MaW) Lagerhaltung *f* mit konstanten Beständen
constant element (IndE) festes Zeitelement *n (ie, in time studies)*
constant factor (Fin) konstanter Tilgungsbetrag *m*
(ie, needed to retire a loan)
constant instruction (EDV) Blindbefehl *m (ie, nonexecutable instruction)*
constant issue (Fin) Daueremission *f (syn, tap issue)*

constant issuer
(Fin) Daueremittent *m (syn, tap issuer)*
constant of integration
(Math) Integrationskonstante *f (syn, integration constant)*
constant of proportionality (Math) Proportionalitätsfaktor *m*
constant outlay curve (Vw) Kurve *f* konstanter Ausgaben
constant payment mortgage
(Fin, US) Abzahlungshypothek *f*
– Hypothek *f*
(ie, with principal increasing and interest decreasing; mit gleichbleibenden Tilgungsbeträgen; syn, installment mortgage; opp, redemption mortgage = Tilgungshypothek, qv)
constant prices (Vw) konstante Preise *mpl (syn, base-period prices)*
constant rate of selling (Mk) konstante Absatzgeschwindigkeit *f*
constant ratio code
(EDV) gleichgewichteter Code *m (syn, fixed count/fixed ratio . . . code)*
constant returns to scale (Vw) konstanter Skalenertrag *m*
constant sum game (OR) Fixsummenspiel *n*
constant term
(Math) absolutes Glied *n*
– Absolutglied *n*
constant value control (EDV) Festwertregelung *f*
constant wage share (Vw) konstante Lohnquote *f*
constituent company (com) verbundenes Unternehmen *n*
constitute a quorum *v* (com) beschlußfähig sein *(syn, form a quorum)*
constitutional safeguard of basic rights (Re) Grundrechtsgarantie *f*
constrained export growth (Vw) gehemmtes Exportwachstum *n*
constrained extrema of functions (Math) Extrema *npl* mit Nebenbedingungen
constrained-input minimization (Vw) Faktorminimierung *f* unter Nebenbedingungen
constrained maximization (Math) Maximierung *f* unter Nebenbedingungen
constrained maximum (Math) Maximum *n* unter Nebenbedingungen
constrained minimization (Math) Minimierung *f* unter Nebenbedingungen
constrained optimization (Bw) Optimierung *f* unter Nebenbedingungen
constrained-output maximization
(Bw) Ausstoßmaximierung *f* unter Nebenbedingungen
constrained-revenue maximization (Bw) Erlösmaximierung *f* unter Nebenbedingungen
constrained share company (com) Aktiengesellschaft *f* mit vorgeschriebener kanadischer Mindestbeteiligung
constrain from *v*
(com) hindern an
(ie, gewaltsam od mit rechtlichen Mitteln: by force or by law)
constraining factor (com) Engpaßfaktor *m (syn, critical factor)*
constraint
(Math) Nebenbedingung *f*
– Restriktion *f*
(syn, restriction, limiting/side . . . condition; ie, condition imposed on a system which limits its freedom; physical, mathematical, necessary, or incidental)
(Bw) Spezifikation *f*
constraint plane (Math) Zwangsebene *f*
construct (Log) theoretisches Konstrukt *n*
constructed value (Zo, US) geschätzter Warenwert *m*
construction
(com) Bau *m*
– Bauen *n*
– Errichtung *f*
(IndE) Bauweise *f*
(com) Anlage *f*
– Gestaltung *f*
(Re) Auslegung *f*
– Interpretation *f*
(eg, put a broad/strict . . . upon)
construction acitivity
(com) Bautätigkeit *f*
(Vw) Baukonjunktur *f*
construction bill of material (IndE) Konstruktionsstückliste *f*
construction boom (com) Bauboom *m*
construction company
(com) Bauunternehmung *f*
– Baufirma *f*
construction consortium (com) (Bau-) Arbeitsgemeinschaft *f*
construction cost index (Stat) Baukostenindex *m*
construction finance (Fin) Baufinanzierung *f*
construction firm (com) = construction company
construction industry (com) Baugehauptgewerbe *n*
construction in process (ReW) im Bau befindliche Anlagen *fpl*
construction loan (Fin) Baudarlehen *n (syn, building loan)*
construction machinery maker (com) Baumaschinenhersteller *m*
construction materials (com) Baumaterial *n*
construction materials industry (com) Baustoffindustrie *f*
construction of contract (Re) Vertragsauslegung *f*
construction order
(Bw) Innenauftrag *m*
– Bauauftrag *m* als innerbetriebliche Leistung
construction period (com) Bauzeit *f*
construction price index (Stat) Bauindex *m*
construction project
(com) Bauvorhaben *n*
– Bauobjekt *n*
– Bauprojekt *n*
construction-related industry (com) Bauhilfsgewerbe *n*
construction-related trade (com) Baunebengewerbe *n*
construction site (com) Baustelle *f*
construction-site manufacture (IndE) Baustellenfertigung *f*
construction-site supervisor (com) Bauführer *m*
construction slump (com) Baurezession *f*
construction under license (Pat) Nachbau *m*
construction work (com) Bauarbeit *f*, Bautätigkeit *f*

construction worker
(com) Bauarbeiter *m*
– Bauhandwerker *m*
constructive damage (Re) Folgeschaden *m (syn, consequential /indirect . . . damage)*
constructive dismissal (Pw) Kündigung *f* durch Arbeitnehmer *(ie, in Wirklichkeit durch Arbeitgeber herbeigeführt)*
constructive dividend
(StR, US) verdeckte Gewinnausschüttung *f*
(eg, redemption of stock; treated by the IRS as dividend and taxed as such)
constructive knowledge (Re) = constructive notice
constructive notice
(Re) zurechenbare Kenntnis *f*
– schuldhafte Nichtkenntnis *f*
constructive possession
(Re) mittelbarer Besitz *m*
– fingierter Besitz *m*
(cf, § 868 BGB; syn, indirect possession)
constructive preparation
(EDV) Baumaßnahmen *fpl*
(ie, zur Aufstellung e–s EDV-Systems)
constructive realization (FiW) Unterstellung *f* e–s realisierten Wertzuwachses bei Erbschaft und Schenkung
constructive receipt of income (StR) konstruierter Einkommenszufluß *m*
constructive service letter (ReW) Sonderbericht *m* *(ie, submitted by an auditor)*
constructive side of the market (Bö) Gesamtheit *f* der Haussiers *(syn, bull side of the market)*
constructive total loss (SeeV) fingierter Totalverlust *m*, angenommener Totalverlust *m*
construe as *v*
(Re) auslegen
(eg, this part of the contract shall be construed as binding on both parties)
construe the terms of a contract *v* (Re) Vertrag *m* auslegen *(ie, analyze it into its essential features)*
consular charges (com) = consular fees
consular fees (com) Konsulatsgebühren *fpl*
consular goods (Zo) Konsulargut *n*
consular invoice (com) Konsulatsfaktura *f (pl, Konsulatsfakturen)*
consular post (Re) konsularische Vertretung *f*
consultancy
(com) Beratung *f*
(com) Beratungsfirma *f (syn, consultants, consulting firm)*
consultancy agreement
(com) Beratungsvertrag *m*
– Beratervertrag *m (syn, advisory contract)*
consultancy fee (com) Beratungsgebühr *f*
consultant (com) Berater *m (syn, counselor, adviser)*
consultants (com) = consultancy
consultant to management (com) = management consultant
consultation
(com) = consulting
(Pw) Anhörungen *fpl*
(eg, information and consultation = Unterrichtung und Anhörung)
consultation fee (com) Beratungskosten *pl*
consultative committee (com) beratender Ausschuß *m*
consult ex ante *v* (com) vorab konsultieren
consulting (com) Beratung *f (syn, consultation, counseling)*
consulting activity (com) Beratungstätigkeit *f (syn, advisory activity)*
consulting agency (com) Beratungsstelle *f*
consulting company (com) Beratungsunternehmen *n*
consulting engineer
(com) Beratungsingenieur *m*
– technische Beratungsfirma *f*
consulting firm (com) Beratungsfirma *f (syn, consultancy, consultants)*
consulting service (com) Beratungsservice *m*
consult with *v*
(com, US) heranziehen
– befragen
– sich beraten lassen *(eg, expert, tax lawyer)*
consum chart (IndE) Kontrollkarte *f* für kumulierte Werte
consume *v*
(com) verbrauchen
– konsumieren
consumed cost
(ReW) Abschreibungsaufwand *m (syn, depreciation expense)*
(KoR) verrechnete Kosten *pl (syn, allocated cost, qv)*
consumer
(com) Verbraucher *m*
– Konsument *m*
(syn, final /ultimate . . . consumer)
consumer acceptance (Mk) Akzeptanz *f*
consumer advertising
(Mk) Konsumentenwerbung *f*
– Verbraucherwerbung *f*
consumer advisory service (Vw) Verbraucherberatung *f (syn, consumer counseling)*
consumer advocate (com) Vertreter *m* e–r Verbrauchervereinigung
consumer analysis (Mk) Konsumentenanalyse *f*
consumer bank
(Fin, US) Konsumentenbank *f*
(ie, deposit-taking institution with limited other banking powers but which can transcend interbank banking restrictions; a way around the existing Glass Steagall Act; eg, operated by Sears Roebuck, Merill Lynch, Dreyfus)
consumer behavior (Mk) Verbraucherverhalten *n*
consumer center (com) Verbraucherzentrale *f*
consumer complaint behavior (Mk) Beschwerdeverhalten *m* von Konsumenten
consumer counseling (Vw) = consumer advisory service
consumer credit
(Fin) Konsumkredit *m*
– Konsumentenkredit *m*
consumer credit agreement (Re) Verbraucher-Kreditvertrag *m*
consumer demand
(Vw) Verbrauchernachfrage *f*
– Konsumentennachfrage *f*
– Haushaltsnachfrage *f*
consumer diary panel (Mk) Haushaltspanel *n*
consumer disposables (com) kurzlebige Konsumgüter *npl*

consumer durables
(com) Gebrauchsgüter *npl*
– dauerhafte Konsumgüter *npl*
(syn, durable consumer goods)
consumer electronics (com) Unterhaltungselektronik *f* Konsumelektronik *f*
consumer expectations
(Mk) Verbraucher-Erwartungen *fpl (eg, to meet . . .)*
consumer expenditure (Vw) Verbraucherausgaben *fpl*
consumer finance company
(Fin, US) Spezialinstitut *n* für Konsumentenkredite
consumer goods
(com) Konsumgüter *npl (syn, consumption goods)*
(Mk) Verbrauchsgüter *npl (ie, either durables or nondurables)*
consumer goods advertising (Mk) Konsumgüterwerbung *f*
consumer goods industry (com) Konsumgüterindustrie *f*
consumer goods maker (com) Konsumgüterhersteller *m*
consumer goods market (com) Konsumgütermarkt *m*
consumer goods marketing
(Mk) Konsumgüter-Marketing *n*
(opp, industrial marketing = Investitionsgüter-Marketing)
consumer habits
(Mk) Konsumgewohnheiten *fpl*
– Verbrauchsgewohnheiten *fpl*
(syn, consumption pattern)
consumer information (Mk) Verbraucherinformation *f*
consumer investigation agency (com, US) Auskunftei *f* über Verbraucher
consumerism
(Vw) Verbraucherschutzbewegung *f*
– Konsumerismus *m*
consumer jury method
(Mk) Verbraucherjury-Methode *f*
– Mustertest *m*
consumer lending (Fin) Konsumentengeschäft *n*
consumer loyalty (Mk) Konsumententreue *f*
consumer market (com) Konsumgütermarkt *m*
consumer movement (Vw) Verbraucherschutzbewegung *f (syn, consumerism)*
consumer non-durables (com) Konsumgüter *npl (syn, single-use goods)*
consumer panel (Mk) Verbraucherpanel *n*
consumer policy (Vw) Verbraucherpolitik *f*
consumer price
(com) Verbraucherpreis *m*
– Endverbraucherpreis *m*
consumer price index (Stat) Index *m* der Verbraucherpreise
consumer price inflation (Vw) Anstieg *m* der Verbraucherpreise
consumer product advertising (Mk) Konsumwerbung *f*
consumer protection (Vw) Verbraucherschutz *m*
Consumer Protection Act
(Re, GB) Verbraucherschutzgesetz *n*
(ie, setzte am 15.5.1987 die EG-Richtlinie zur Produkthaftung in nationales Recht um)
consumer research
(Mk) Konsumforschung *f*
– Verbraucherforschung *f*
consumer sales (com) Konsumentenkäufe *mpl*
consumer savings (Vw) Sparen *n* der privaten Haushalte
consumers' cooperative (com) Konsumgenossenschaft *f*
consumer sector (VGR) Sektor *m* Haushalte
consumer sentiment
(Mk) Konsumklima *n*
– Verbrauchererwartungen *fpl*
(eg, is steadily deteriorating; syn, buyer confidence)
consumer's freedom to dispose (Vw) Konsumfreiheit *f (syn, freedom of choice by consumers)*
consumer's money income (Vw) Geldeinkommen *n* od Nominaleinkommen des Haushalts
consumer society (Vw) Konsumgesellschaft *f*
consumer sovereignty (Vw) Konsumentensouveränität *f*
consumer spending (Vw) = consumer expenditure
consumer's risk
(Stat) Konsumentenrisiko *n*
(ie, probability that a lot whose quality equals the poorest quality that a consumer is willing to tolerate in an individual lot will be accepted by a sampling plan; opp, producer's risk)
consumer's surplus
(Vw) Konsumentenrente *f*
(ie, a buyer's payment lower than the maximum amount he would have been willing to pay; syn, buyer's surplus)
consumer taste pattern (Vw) Präferenzordnung *f* der Haushalte
consumer taxes
(FiW, US) Verbrauchsteuer *f*
– Konsumsteuer *f*
(ie, where consumer spending is the tax base; may be on the retail level or imposed on selected commodities)
consumer theory (Vw) Theorie *f* des Haushalts
consumer wants
(Vw) Verbraucherbedürfnisse *npl*
(Mk) Kundenwünsche *mpl*
consummate a transaction *v* (Re) Geschäft *n* abschließen
consumption
(com) Verbrauch *m*
– Konsum *m*
consumption by owner (VGR) Eigenverbrauch *m*
consumption demand (Mk) Konsumgüternachfrage *f*
consumption entry (Zo) Antrag *m* auf Abfertigung für den freien Warenverkehr
consumption expenditure (Vw) = consumer expenditure
consumption function
(Vw) Konsumfunktion *f*
(ie, relationship between consumption and income; the assumption is that the level of income will determine the level of consumption)
consumption goods (com) = consumer goods
consumption-income ratio (Vw) Konsumquote *f (ie, C/Y)*
consumption line (Vw) Verbrauchsgerade *f*

consumption pattern
(Vw) Konsumgewohnheiten *fpl*
– Verbrauchsgewohnheiten *fpl*
(syn, habits of consumption)
consumption-plus-investment method (VGR) Verwendungsrechnung *f (syn, GB, consumption-savings method)*
consumption possibility line
(Vw) Bilanzgerade *f*
– Budgetgerade *f (syn, budget line, qv)*
consumption-savings method (VGR, GB) = consumption-plus-investment method
consumption schedule (Vw) Konsumtabelle *f*
consumption spending (FiW) Ausgaben für konsumtive Zwecke *fpl*
consumption surface (Vw) Konsumebene *f*
consumption tax (FiW) Verbrauchsteuer *f*
contact
(com) Ansprechpartner *m*
– Kontakt *m*
– Ansprechpartner *m*
contact point
(com) Anlaufstelle *f*
– Kontaktstelle *f*
contacts abroad (com) Auslandskontakte *mpl (syn, contacts in foreign countries)*
contain costs *v* (com) Kosten *pl* dämpfen
container
(com) Behälter *m (ie, of any kind)*
(com) Container *m*
(EDV) Speicherplatz *m*
container bill of lading (com) Container-Frachtbrief *m*
container carrier truck (com) Containerstapler *m*
container crane (com) Container-Kran *m (ie, at container depot or port)*
container depot (com) Container-Depot *n*
container-dock ship (com) Condock-Schiff *n*
container freight station (com) Container-Packstation *f*
containerized freight (com) Containerfracht *f (syn, capsule cargo)*
container line (com) Container-Linie *f*
container ship (com) Container-Schiff *n*
container terminal (com) Containerterminal *m* od *n*
container traffic (com) Containerverkehr *m*
container yard (com) Containerdepot *n*
contain inflation *v* (Vw) Inflation *f* bekämpfen
contango
(Bö, GB) Reportgeschäft *n*
(ie, arrangement whereby settlement for securities is deferred from one Account to the next, an Account running for 10 working days)
(Bö, GB) Report *m*
(ie, percentage of selling price charged by a broker for postponing a bargain)
(Bö, GB) Contango *m*
(ie, in futures trading: the positive difference between forward price and cash price)
contango broker (Bö, GB) Reportmakler *m*
contango business (Bö, GB) Reportgeschäft *n*
contango day
(Bö, GB) Reporttag *m*
(ie, the last dealing day of an Account, on which contangos are arranged; syn, continuation/making-up . . . day)
contango rate (Bö) Reportsatz *m (syn, carryover rate, qv)*
contemplate *v* (com) beabsichtigen
contemporaneous performance (Re) Leistung *f* Zug um Zug
contend against *v* (com, fml) konkurrieren gegen *(syn, compete against/with)*
contender
(com, fml) Konkurrent *m*
– Wettbewerber m
(syn, competitor, rival)
contending parties
(Re) streitende Parteien *fpl*
– Prozeßparteien *fpl*
(syn, contesting/litigant/opposing . . . parties, parties to a lawsuit, litigants)
contend with *v* (com, fml) = contend against
content addressable memory, *CAM* (EDV) inhaltsadressierbarer Speicher *m*
content addressed memory
(EDV) inhaltsadressierter Speicher *m*
(ie, in which a location is identified by its informational content rather than by names, addresses, or relative positions)
content analysis
(EDV) Bedeutungsanalyse *f*
– semantische Analyse *f*
(Mk) Inhaltsanalyse *f*
contention
(Re) Behauptung *f (ie, in a court action = im Rechtsstreit)*
(EDV) Konkurrenzbetrieb *m (ie, when more than one device wishes to use another device at the same time)*
(EDV) Konfliktfall *m (ie, in data transmission)*
contention mode (EDV) gleichberechtigter Spontanbetrieb *m*
contentious issue (com) Streitfrage *f*
contest
(com) Wettbewerb *m*
– Kampf *m*
(eg, for market shares)
contest *v*
(com) anfechten
– bestreiten
(eg, a decision, a right; syn, challenge)
contestable (Re) anfechtbar
contestable clause (Vers) Anfechtungsklausel *f*
contestable market
(Vw) Markt *m* ohne Zutritts- und Austrittsschranken *(ie, free entry and costless exit; contestability is a broader ideal than perfect competition)*
contest against *v* (com, fml) konkurrieren gegen *(syn, compete, contend)*
contestation (Re) Anfechtung *f (syn, challenge)*
contesting parties (Re) = contending parties
context of discovery (Log) Entdeckungszusammenhang *m*
context of justification (Log) Begründungszusammenhang *m*
context-sensitive help
(EDV) kontext-sensitive Hilfefunktion *f (ie, help system that gives only this information the user needs at any point of the program)*
contextual (EDV) textabhängig

contextual definition
(Log) Kontextdefinition *f*
– Gebrauchsdefinition *f (syn, definition in use, postulational definition)*
contextual property (Log) topologische Eigenschaft *f*
contiguous fishing zone (Re) Fischereianschlußzone *f*
contiguous items (EDV, Cobol) strukturunabhängige Felder *npl (cf, DIN 66 028, Aug 1985)*
contiguous zone
(Re) erweiterte Hoheitszone *f*
– Anschlußzone *f*
(ie, in Sea Law)
contingency
(com) ungewisses künftiges Ereignis *n*
(Re) Bedingung *f*
(ReW) Eventualverbindlichkeit *f*
(Vers) Sicherheitszuschlag *m*
contingency allowance (IndE) sachlicher Verteilzeitzuschlag *m*
contingency budget (FiW) Eventualhaushalt *m (ie, prepared for fiscal policy purposes)*
contingency comes to pass (Re) Bedingung *f* tritt ein *(syn, condition . . . happens/is performed)*
contingency fund (Fin) Feuerwehrfonds *m*
contingency insurance (Vers) Versicherung *f* gegen spezielle Risiken
contingency plan
(com) Alternativplan *m*
– Schubladenplan *m*
contingency planning
(com) Alternativplanung *f*
– Eventualplanung *f*
– Schubladenplanung *f (syn, alternative planning)*
contingency reserve
(ReW) Rückstellung *f* für ungewisse Verbindlichkeiten
– Verlustrückstellung *f*
(Vers) allgemeine Sicherheitsrücklage *f*
contingency risk insurance (Vers) Versicherung *f* gegen außergewöhnliche Risiken
contingency table
(EDV) Kontingenztafel *f*
– Vierfeldertafel *f*
(ie, in information retrieval)
contingent
(Log) kontingent
– logisch möglich
contingent annuity (Fin) Rente *f* mit unbestimmter Laufzeit
contingent assets (Fin) bedingtes Fremdkapital *n*
contingent beneficiary (Re) Zweitbegünstigter *m*
contingent claim (Re) bedingter Anspruch *m*
contingent claims
(Vw) bedingte Ansprüche *mpl*
(ie, Ansprüche auf Einkommen od Vermögen, deren Wirksamkeit von der Bedingung des Eintretens des entsprechenden Zustandes abhängt)
contingent commission (Vers) = profit commission
contingent debt
(ReW) ungewisse Verbindlichkeiten *fpl*
contingent duty
(EG) Ausgleichszoll *m*
– Ausgleichsabgabe *f*
(syn, compensatory tariff, countervailing duty)
contingent fee (com) Erfolgshonorar *n*
contingent fund (Fin) Eventualfonds *m*
contingent insurance (Vers) bedingte Versicherung *f*
contingent interest rate swap (Fin) Option *f*, die e–m Vertragspartner das Recht gibt, zu e–m festgelegten Termin e–n Zinsswap durchzuführen
contingent liability
(ReW) Eventualverbindlichkeit *f*
(Re) Eventualhaftung *f*
contingent losses (ReW) voraussichtliche Ausfälle *mpl (ie, on receivables)*
contingent orders (Bö) gekoppelte Aufträge *mpl (ie, Verkaufsauftrag + Kaufauftrag)*
contingent payment (Fin) bedingte Fälligkeit *f*
contingent profit (Fin) nicht realisierter Gewinn *m*
contingent reserve (ReW) Rückstellung *f* für ungewisse Verbindlichkeiten
contingent swap
(Fin) Options-Swap *m*
(ie, Konditionen e–r künftigen Zins-Swapvereinbarung werden ex ante fixiert; syn, contingent interest rate swap)
continuance
(com) Laufzeit *f*
– Gültigkeit *f*
(eg, during the . . . of the contract; syn, currency, term)
continuation
(Bö, GB) = contango
(Bö, GB) Contango-Zins *m*
continuation address (EDV) Folgeadresse *f (ie, in programming)*
continuation card (EDV) Folgekarte *f*
continuation clause (SeeV) Verlängerungsklausel *f*
continuation day
(Bö, GB) Prolongationstag *m*
– Reporttag *m*
(syn, contango day)
continuation disk (EDV) Folgediskette *f (eg, in a backup set)*
continuation line (EDV, Cobol) Fortsetzungszeile *f*
continuation of salary (Pw) Gehaltsfortzahlung *f*
continuation rate (Bö, GB) Kurszuschlag *m (syn, carrying-over rate)*
continuation sector (EDV) Folgesektor *m (eg, on a hard disk drive)*
continuation tape (EDV) Folgeband *n (eg, in a backup set)*
continue column (ReW) Folgespalte *f*
continued existence (com) Fortbestand *m (eg, of a company)*
continued firm (Bö) unverändert fest
continued fraction
(Math) Kettenbruch *m*
(ie, sum of a number and a fraction whose denominator is the sum of a number and a fraction, and so forth; finite or infinite number of terms)
continued insurance (Vers) Weiterversicherung *f*
continued line (EDV, Cobol) fortgesetzte Zeile *f (cf, DIN 66 028 Aug 1986)*
continued use (Pat) Weiterbenutzung *f*
continuing account
(Fin) laufendes Konto *n*
(ie, running book account in which settlements are made at regular intervals)

continuing audit (ReW) Dauerprüfung *f*
continuing education (Pw) Fortbildung *f (syn, further training)*
continuing guaranty (Fin) fortlaufende Kreditbürgschaft *f*
continuing sales contract (com) Sukzessivlieferungsvertrag *m (syn, open-end contract)*
continuity in valuation (ReW) Bewertungsstetigkeit *f*
continuity of a function (Math) Stetigkeit *f* e–r Funktion
continuity of service (Pw) ununterbrochene Beschäftigung *f*
continuity of valuation (ReW) Bewertungskontinuität *f*
continuous (Math) stetig *(opp, discontinuous, discrete)*
continuous audit
(ReW) Dauerprüfung *f*
– permanente Prüfung *f*
continuous budget (Bw) rollendes Budget *n (syn, perpetual/rolling . . . budget)*
continuous compounding (Fin) tageweise Verzinsung *f (ie, on a daily basis)*
continuous convertible interest (Fin) Augenblicksverzinsung *f*
continuous credit (Fin) revolvierender Kredit *m (syn, revolving credit)*
continuous distribution (Stat) stetige Verteilung *f*
continuous fanfold (EDV) Endlospapier *n*
continuous financing (Fin) Dauerfinanzierung *f*
continuous flow track (IndE) Durchlaufregal *n*
continuous form
(EDV) Endlosformular *n*
– Endlosvordruck *m*
continuous function
(Math) stetige Funktion *f*
(ie, a function which is continuous at each point of its domain; syn, continuous transformation)
continuous funding (Fin) Dauerfinanzierung *f*
continuous group manufacturing
(IndE) Fließinselfertigung *f*
(ie, Aufträge durchlaufen nacheinander Werkstätten und Fertigungslinien)
continuous interest (Fin) = continuous compounding
continuous inventory
(MaW) laufende od permanente Inventur *f*
(syn, perpetual inventory)
continuous market (Bö) fortlaufender Handel *m*
continuous obligation (Re) Dauerschuldverhältnis *n (ie, performance of contract takes place in installments over a longer period of time)*
continuous operation
(IndE) Dauerbetrieb *m*
– kontinuierlicher Betrieb *m*
continuous paper (EDV) Endlospapier *n (syn, fanfold paper, continuous stationary)*
continuous-path control (IndE) Bahnsteuerung *f*
continuous-path operation (IndE) bahngesteuerter Betrieb *m*
continuous path robot (IndE) Stetigbahnroboter *m (opp, point-to-point robot = Punkt-zu-Punkt-Roboter)*
continuous planning (Bw) rollende Planung *f (syn, perpetual/rolling . . . planning)*
continuous process
(EDV) Fließprozeß *m*
– dynamischer Prozeß *m*
continuous-process costing (KoR, GB) = process costing
continuous process production (IndE) Fließfertigung *f (syn, flow line/flow shop . . . production)*
continuous purchase contract
(com) Sukzessivlieferungsvertrag *m*
– Bezugsvertrag *m*
(syn, open-end contract)
continuous quotation (Bö) fortlaufende Notierung *f*
continuous sampling plan (Stat) Prüfplan *m* für kontinuierliche Stichproben
continuous stationary (EDV) Endlospapier *n (syn, fanfold/continuous paper)*
continuous stationery (EDV) Endlosformulare *npl*
continuous tender panel, CTP
(Bö) Dauertender *m*
(ie, agent quotes the strike offer yield throughout the offering period and on this basis underwriters approach clients; underwriters are guaranteed a supply of paper up to their prorated underwriting commitment)
continuous text (com) Fließtext *m (syn, running text)*
continuous time variable (Math) Variable *f* mit konstantem Zeitverlauf
continuous transformation (Math) = continuous function
continuous variable (Stat) stetige Zufallsvariable *f (syn, continuous variate)*
contour line (Math) Isolinie *f*
contra account (ReW) Gegenkonto *n*
contraband goods
(com) Banngut *n*
– Bannware *f*
contra bonos mores (Re) gegen die guten Sitten
contract
(com) Kontrakt *m*, Vertrag *m*
(com) Auftrag *m (eg, delivery contract)*
(com) Abschluß *m*
(Re) (schuldrechtlicher) Vertrag *m*
(ie, only one type of the wider group of agreements; cf, agreement)
contract *v*
(Re) vertraglich festlegen, sich vertraglich verpflichten
(com) kontrahieren
contract a loan *v*
(Fin) Darlehen *n* aufnehmen *(syn, raise a loan)*
(Fin) Anleihe *f* aufnehmen
contract an agreement *v* (Re) Vertrag *m* schließen *(syn, conclude)*
contract award process (com) Auftragsvergabe *f*
contract away *v* (com) abwerben
contract away customers *v* (com) Kunden *mpl* abwerben *(syn, allure, entice, divert custom)*
contract bond
(Re) Leistungsgarantie *f*
– Erfüllungsgarantie *f (syn, performance bond, qv)*
contract carrier
(com) Vertrags-Frachtführer *m (ie, ohne Kontrahierungszwang wie der ‚common carrier')*
(com) Vertragsreederei *f*

contract claim
(Re) vertraglicher Anspruch *m*
– Vertragsanspruch *m*
(syn, contractual claim, claim under a contract)
contract clearing (Fin) Abrechnung *f* e–s Termin- od Optionskontraktes
contract combination (Kart, US) vertraglicher od loser Zusammenschluß *m (syn, loose combination, qv)*
contract curve (Vw) Kontraktkurve *f*
contract deadline (Re) Vertragstermin *m (ie, deadline for performance of contract)*
contract debt (Re) vertraglich geschuldete Leistung *f*
contract debts *v*
(com) Schulden *fpl* machen
(Fin) Verbindlichkeiten *fpl* eingehen *(syn, incur)*
contract financing (Fin) vertraglich besicherte Projektfinanzierung *f*
contract for custody (Re) Verwahrungsvertrag *m*
contract for deed (Re) Grundstückskaufvertrag *m (ie, mit Anzahlung und monatlichen Raten)*
contract for future delivery (Bö) Terminkontrakt *m*
contract for importation (AuW) Einfuhrvertrag *m*
contract for sale
(Re, US) Kaufvertrag *m*
(ie, includes present sale of goods and contract to sell at a future time; Sec 2-106 UCC)
contract for services (Re) Dienstvertrag *m*
contract for work and labor (Re) Werkvertrag *m (ie, contractor is not subject to any control by the customer)*
contract grades (Bö) zugelassene Kontraktqualitäten *fpl* für Warentermingeschäfte
contract guaranty (com) Erfüllungsgarantie *f*
contract hire (Re) mittelfristiger Mietvertrag *m*
contract horizon
(Bö) Liefertermin *m*
– Erfüllungstermin *m*
(ie, date or range of dates during which the commodity must be delivered and, in relation to the date the contract takes effect, also specifies the duration of the contract; syn, term of maturity)
contracting-out clause
(Re) Freizeichnungsklausel *f*
(ie, disclaiming defects liability = schließt Sachmängelhaftung aus; syn, disclaimer, exemption/exculpatory/exoneration/hold harmless /nonwarranty . . . clause)
contracting parties (Re) Vertragsparteien *fpl (syn, parties to an agreement/contract; fml, the parties hereto)*
contracting state (Re) Vertragsstaat *m*
contract in one's own name *v* (com) in eigenem Namen abschließen
contract-in-process phase (com) Ausführungsphase *f*
contract in restraint of competition (Kart) wettbewerbsbeschränkender Vertrag *m*
contract interest (Fin) vereinbarter Zinssatz *m*
contractionary open market policy (Vw) kontraktive Offenmarktpolitik *f*
contraction of debt (Fin) Eingehen *n* von Verbindlichkeiten
contraction of money supply (Fin) Geldverknappung *f (syn, money squeeze, qv)*
contraction phase (Vw) Abschwungphase *f (ie, of business cycle)*
contract liabilities *v* (Re) vertragliche Verpflichtungen *fpl* eingehen
contract liability
(Re) Vertragshaftung *f*
– Haftung *f* aus Vertrag
(ie, founded upon express or implied terms of a contract)
contract marketing (Mk) Kontraktmarketing *n*, Kontraktvertrieb *m*
contract mix (Mk) Kontrahierungsmix *m*
contract negotiations
(Re) Vertragsverhandlungen *fpl*
(Pw) Tarifverhandlungen *fpl*
(ie, zwischen Gewerkschaften und Unternehmen; eg, between United Auto Workers and GM and Ford)
contract note
(Bö) Ausführungsanzeige *f*
(syn, broker's contract note, bought and sold note)
(Bö) Abrechnung *f*
contract of adhesion
(Re) diktierter Vertrag *m*
– Knebelungsvertrag *m*
– Adhäsionsvertrag *m (ie, one party must accept or reject in toto, without bargaining over the wording; an insurance contract is a glaring example; syn, adhesion contract)*
contract of affreightment
(com) Chartervertrag *m*
– Verfrachtungsvertrag *m*
– Seefrachtvertrag *m (syn, charter party)*
contract of agency (Re) Vertretungsvertrag *m*
contract of assignment (Re) Abtretungsvertrag *m*
contract of carriage
(com, GB) Beförderungsvertrag *m (syn, forwarding/shipping . . . contract)*
contract of employment
(Pw) Arbeitsvertrag *m*
– Anstellungsvertrag *m*
– Dienstvertrag *m*
(syn, employment/labor/service . . . contract)
contract of guaranty (Re) Bürgschaftsvertrag *m (syn, contract of suretyship)*
contract of hire (Re) Mietvertrag *m (ie, über bewegliche Sachen)*
contract of insurance
(Vers) Versicherungsvertrag *m*
(ie, whereby insurer agrees to indemnify an insured for losses or to provide other benefits; often called an ‚insurance policy' which is merely evidence of the agreement)
contract of limited duration (Re) befristeter Vertrag *m*
contract of sale (Re, US) = contract for sale
contract of service
(Re, GB) Dienstvertrag *m (ie, usually applicable to senior executives or consultants)*
contract of suretyship (Re) = contract of guaranty
contractor
(com) Auftragnehmer *m*
(com) Unternehmer *m*
– Unternehmen *n*
(com) Bauunternehmen *n*

contractors' all risks insurance, CAR
(Vers) Bauleistungsversicherung *f*
(ie, deckt unvorhergesehene Schäden während der Bauzeit)
contract out *v* (Re) freizeichnen *(ie, of statutory liability = gesetzliche Haftung; syn, disclaim)*
contract out work *v* (com) Arbeiten *fpl* vergeben
contract penalty
(Re) Konventionalstrafe *f*
– Vertragsstrafe *f*
(ie, due if work is not carried out within stipulated time; syn, penalty for breach of contract, time penalty under contract; GB, liquidated damages, qv)
contract period (Re) vertragliche Laufzeit *f*
contract price
(com) Vertragspreis *m (ie, generic term)*
(Bö) Abschlußkurs *m*
contract processing (AuW) Lohnveredelung *f*
contract products
(Re) vertragsgemäße Erzeugnisse *npl*
contract quality
(Bö, US) Kontraktqualität *f (ie, Qualität des Lieferungsgegenstandes)*
contract rate of interest (Fin) vertraglicher Zinssatz *m*
contract rates
(com) vertraglich festgesetzte Gebühren *fpl*
(com) Kontraktfrachten *fpl (ie, in ocean shipping)*
contract research
(com) Auftragsforschung *f*
– auftragsgebundene Forschung *f*
(syn, committed/outside/sponsored . . . research)
contracts in progress (ReW) unfertige Aufträge *mpl*
contract size
(Bö, US) Kontrakteinheit *f*
– Kontraktgröße *f*
– Kontraktmenge *f*
(eg, for most grains and soybeans 5,000 bushels; syn, contract unit, unit of trading)
contract specification (Bö) Kontraktspezifikation *f (eg, Basispreis, Verfallsdatum usw. bei Optionsgeschäften auf Terminkontrakte)*
contract terms (Re) Vertragsbedingungen *fpl*
contract to sell
(Re) Kaufvertrag *m*
(ie, parties intend that title to goods – Eigentum – will pass at a future time; syn, agreement to sell; cf, contract for sale)
contractual agreement (Re) vertragliche Einigung *f*
contractual arrangements (Re) vertragliche Vereinbarungen *fpl*
contractual capacity (Re) Geschäftsfähigkeit *f (syn, legal capacity to contract, qv)*
contractual claim
(Re) Anspruch *m* aus Vertrag
– vertraglicher Anspruch *m*
(syn, contract claim)
contractual duties
(Re) vertragliche Pflichten *fpl*
– Vertragspflichten *fpl*
(syn, contractual obligations, duties under a contract)
contractual entrepreneurial income (VGR) Einkommen *n* angestellter Unternehmer

contractual exclusion of liability (Re) vertraglicher Haftungsausschluß *m*
contractual guaranty (Re) vertragliche Garantie *f*
contractual incapacity
(Re) Geschäftsunfähigkeit *f*
(syn, incapacity to contract, legal disability, contractual incompetence)
contractual incentives (Bw) vertragliche Anreize *mpl*
contractual income
(Vw) kontraktbestimmtes Einkommen *n*
– Kontrakteinkommen *n*
(ie, income paid under contract)
contractual incompetence (Re) = contractual incapacity
contractual indexing clause (Re) vertragliche Indexklausel *f*
contractual joint venture
(com) Projektkooperation *f*
– Ad-hoc-Kooperation *f*
(ie, vorübergehende Kooperation in der Investitionsgüterindustrie: Konsortium, Arbeitsgemeinschaft, Projektgemeinschaft)
contractual liability (Re) = contract liability
contractual license (Pat) Vertragslizenz *f*
contractual obligation
(Re) rechtliche Verpflichtung *f*
(Re) rechtsgeschäftliches Schuldverhältnis *n (syn, obligation under a contract)*
contractual period
(Re) Vertragsdauer *f*
– Laufzeit *f* e–s Vertrages
(ie, period for which a contract is to run)
contractual program (Fin) kontraktgebundenes Sparprogramm *n (ie, für Anleger bei Investmentfonds)*
contractual property system (Re) vereinbarter Güterstand *m*
contractual rate of custums duty (Zo) Vertragszollsatz *m*
contractual relationship (Re) Vertragsverhältnis *n (syn, relation ex contractu)*
contractual rights and duties
(Re) vertragliche Rechte *npl* und Pflichten *fpl*
contractual tariff (Zo) Konventional-Zolltarif *m (syn, conventional tariff)*
contractual territory (com) Vertragsgebiet *n*
contractual use
(com) vertragsgemäßer
– bestimmungsgemäßer . . . Gebrauch *m*
contract unit
(Bö) Schluß *m*
– Mindestmenge *f*
(syn, unit of trading)
contract value
(com) Auftragswert *m*
– Bestellwert *m (syn, order value)*
(Bö) Kontraktwert *m*
contract with *v* (Re) Vertrag *m* schließen mit *(eg, for the construction of a power plant)*
contradiction in terms
(Log) Widerspruch *m* in sich
– contradictio in adjecto *f*
(ie, a phrase of which the parts are inconsistent)
contradictory opposition (Log) kontradiktorischer Gegensatz *m (opp, contrary opposition)*

contra entry
(ReW) Gegenbuchung *f (syn, cross/offsetting/reversing . . . entry)*
(VGR) Gegenposten *m (ie, changes in the external position)*
contrary opposition (Log) konträrer Gegensatz *m (syn, contradictory opposition)*
contrary to formal requirements (Re) formwidrig
contrary to free market principles (com) marktwidrig
contravene *v*
(Re, fml) verletzen
– verstoßen gegen
(eg, the EEC aids code; syn, violate, qv)
contravention
(Re) Zuwiderhandlung *f (eg, act in . . . of legal provisions)*
contribute capital *v* (Fin) Kapital *n* einbringen *(syn, bring capital into)*
contributed capital (Fin) eingebrachtes Kapital *n (ie, capital brought into a company)*
contributing interests (SeeV) Havariegenossen *mpl* Gefahrengemeinschaft *f*
contributing values (SeeV) beitragspflichtige Vermögenswerte *mpl*
contribution
(com) Beitrag *m*
(com) Kostenbeitrag *m*
(Fin) Einlage *f*
(ie, cash or property, made to a commercial undertaking)
(KoR) Deckungsbeitrag *m (syn, contribution margin, qv)*
(SeeV) Einschuß *m (syn, general average deposit)*
contribution analysis (KoR) = contribution costing
contribution budget (KoR) Deckungsbeitragsplan *m*
contribution costing
(KoR) Deckungsbeitragsrechnung *f*
(ie, today mostly synonymous with ‚Grenzplankostenrechnung'; syn, contribution analysis, contribution margin technique; US, direct costing; GB, marginal costing)
contribution in cash (Fin) Bareinlage *f (opp, contribution in kind, noncash contribution = Sacheinlage)*
contribution in kind (Fin) Sacheinlage *f*
contribution margin
(KoR) Deckungsbeitrag *m*
– Bruttogewinn *m*
(ie, net sales minus all variable expenses; syn, profit contribution, variable gross margin, marginal . . . income/balance)
(Bö) Einschuß *m*
(syn, trading margin, margin requirement, initial deposit)
contribution margin percentage (KoR) Deckungsbeitrag *m* in %
contribution margin ratio (KoR) = contribution margin percentage
contribution margin technique (KoR) = contribution costing
contribution of capital (Fin) Kapitaleinbringung *f*
contribution of physical assets (Fin) Einbringen *n* von Sachwerten
contribution per unit of limiting factor
(KoR) Deckungsbeitrag *m* je Engpaßeinheit
contribution plan (Vers) Gewinnverteilungsplan *m*
contribution receipt (SeeV) Einschußquittung *f*
contributions
(StR) Spenden *fpl* und Beiträge *mpl*
(SeeV) Schadensausgleich *m*
contribution to profit (KoR) = contribution margin
contribution years (SozV) Beitragsjahre *npl*
contributive function (OR) Eingangsfunktion *f (syn, receiving function, qv)*
contributory (Fin) nachschußpflichtiger Gesellschafter *m*
contributory employment (Pw) versicherungspflichtige Beschäftigung *f*
contributory infringement of patent
(Pat) mittelbare Patentverletzung *f*
(ie, mitwirkendes Verschulden des Patentinhabers)
contributory negligence
(Re) mitwirkendes Verschulden *n*
– (anspruchvernichtendes) Mitverschulden *n*
contributory pension scheme (Pw) Gruppenversicherung *f (ie, mit Beitragsleistung des Mitarbeiters)*
contributory value
(SeeV) Beitragswert *m*
– beitragspflichtiger Wert *m*
control
(com) Beherrschung *f*
– Einfluß *m*
– beherrschender Einfluß *m*
(syn, dominating influence)
(Bw) Leitung *f*
– Steuerung *f*
(Bw) Überwachung *f*
– Kontrolle *f*
(syn, supervision)
(Vw) restriktive Eingriffe *mpl*
– interventionistische Maßnahmen *fpl*
(syn, intervention, regulation)
(EDV) Steuern *n*
– Steuerung *f*
(syn, feed forward control, open-loop control)
(EDV) Regeln *n*
– Regelung *f*
(syn, feedback control)
control *v*
(com) beherrschen
– beeinflussen
(Bw) leiten
– steuern
(Bw) überwachen
– kontrollieren
control account (ReW) Sammelkonto *n (syn, assembly account, qv)*
control agreement
(com) Beherrschungsvertrag *m*
(ie, under which a corporation subordinates its management to that of another enterprise)
control algorithm (EDV) Regelalgorithmus *m*
control area (EDV) Steuerfeld *n*
control bit (EDV) Kontrollbit *n (opp, information bit = Datenbit)*
control block (EDV) Steuerblock *m*

control break
(EDV, Cobol) Gruppenwechsel *m*
(ie, point at which information in a specific column of records differs from that of the previous record = Stelle e–r Berichtsausgabe, bei der die Angaben in e–r bestimmten Spalte sich ändern; cf, DIN 66 028, Aug 1986)
control break item (EDV, Cobol) Gruppenbegriff *m (cf, DIN 66 028 Aug 1986)*
control break level (EDV, Cobol) Gruppenwechselstufe *f (cf, DIN 66 028, Aug 1986)*
control bus (EDV) Steuerbus *m*
control by exit (Fin) Kursbeeinflussung *f* durch Aktienverkauf
control byte (EDV) Kontrollbyte *n (opp, information byte = Datenbyte)*
control card (EDV) Steuerkarte *f (syn, parameter/job control . . . card)*
control character (EDV) Steuerzeichen *n (syn, functional character)*
control chart
(IndE) Kontrollkarte *f*
– Qualitätsregelkarte *f*
(ie, a chart in which quantities of data are plotted and used to determine the variation in the process)
control circuit
(EDV) Steuerschaltung *f*
– Steuerkreis *m*
(ie, responds to the instructions in the program)
control command (EDV) Steuerbefehl *m*
control computer
(EDV) Steuerungsrechner *m*
(ie, uses inputs from sensor devices and outputs connected to control mechanisms)
control console
(EDV) Bedienungspult *n*
– Steuerpult *n*
control counter (EDV) = control register
control data (EDV) Steuerdaten *pl*
control data item
(EDV, Cobol) Gruppenbegriff *m (cf, DIN 66 028, Aug 1985)*
control data-name (EDV, Cobol) Gruppenbegriffname *m (cf, DIN 66 028, Aug 1985)*
control desk (EDV) Steuerpult *n*
control devices (Bw) Mittel *npl* der Einflußnahme
control diagram (com) = flow chart
control element
(EDV) Bedienungselement *n*
(EDV) Regler *m*
(ie, portion of a feedback control system – geschlossener Regelkreis – that acts on the process being controlled; syn, controller)
control engineering
(IndE) Fertigungskontrolle *f (syn, production control)*
(EDV) Steuerungs- und Regeltechnik *f*
control field
(EDV) Steuerfeld *n*
(syn, panel control field)
(EDV) Kontrollfeld (QS) *n*
control footing (EDV, Cobol) Gruppenfuß *m (cf, DIN 66 028, Aug 1985)*
control function (EDV) Steuerungsfunktion *f*
control group (EDV, Cobol) Gruppenleiste *f (cf, DIN 66 028, Aug 1985)*
control heading (EDV, Cobol) Gruppenkopf *m (cf, DIN 66 028, Aug 1985)*
control hierarchy (EDV, Cobol) Gruppenhierarchie *f*
control information (EDV) Steuerinformation *f*
control instruction (EDV) Steuerbefehl *m*
control key
(EDV) Steuertaste *f*
– Ctrl-Taste *f (english keyboard)*
– Strg-Taste *f (german keyboard)*
controllable cost
(KoR) beeinflußbare Kosten *pl*
– disponible Kosten *pl*
controll ball (EDV) Rollkugel *f (ie, in computer graphics; syn, track ball)*
controlled-circulation magazine (com) nicht abonnierbare Zeitschrift *f (syn, nonsubscription magazine)*
controlled company
(com) beherrschte Gesellschaft *f*
– Untergesellschaft *f*
– abhängige Gesellschaft *f*
(cf, abhängiges Unternehmen = dependent enterprise; cf, § 17 AktG)
controlled condition (EDV) Regelgröße *f (syn, controlled variable)*
controlled corporate group (com) Beteiligungskonzern *m*
controlled cycle allowance (IndE) Verfahrenszuschlag *m (syn, process allowance, qv)*
controlled economy (Vw) gelenkte Wirtschaft *f (syn, directed economy)*
controlled enterprise
(com) abhängiges
– beherrschtes ... Unternehmen *n*
(ie, legally independent, but dominated by another enterprise = rechtlich selbständig, aber unter beherrschendem Einfluß e–s anderen Unternehmens)
controlled floating (AuW) schmutziges Floaten *n (syn, dirty float, qv)*
controlled international trade
(AuW) gelenkter Außenhandel *m*
controlled machine time
(IndE) beeinflußbare Maschinenzeit *f*
controlled price (Vw) gebundener od gesteuerter Preis *m (opp, market price)*
controlled process
(IndE) beherrschte Fertigung *f*
– beherrschter Fertigungsprozeß *m*
(syn, process under control)
(EDV) Regelgröße *f (syn, controlled variable, qv)*
controlled quantity (EDV) = controlled variable
controlled rate (Fin) kontrollierter Kurs *m (ie, Kursart im Devisenhandel)*
controlled system (IndE) Regelstrecke *f (eg, process being controlled)*
controlled variable
(EDV) Regelgröße *f*
(ie, in process automatic control work, the condition of a controlled system – Regelstrecke – that is directly measured or controlled; syn, controlled . . . condition/quantity)
(Math) beeinflußbare Variable *f*

controlled work (IndE) Arbeiten *n* mit Zeitrichtwerten
controller
(com) Controller *m (ie, Leiter des Rechnungs-, Finanz- und Steuerwesens; syn, comptroller)*
(EDV) Regler *m (syn, automatic controller, control element)*
controller program (EDV) Steuerungsprogramm *n*
control limit (Stat) Kontrollgrenze *f (ie, limit of acceptability in quality control)*
control line
(EDV) Meßleitung *f (syn, control tubing)*
(EDV) Kontrollzeile *f*
controlling account (ReW) Sammelkonto *n (syn, assembly account, qv)*
controlling company
(com) herrschendes Unternehmen *n*
– Obergesellschaft *f*
(syn, controlling/dominant . . . enterprise; opp, controlled company)
controlling interest
(Fin) Mehrheitsbeteiligung *f*
– Mehrheit *f*
(syn, majority interest, qv)
controlling share (Fin) = controlling interest, qv
controlling stockholder (Fin) Mehrheitsaktionär *m (syn, majority shareholder)*
controlling variable (EDV) Führungsgröße *f*
control loop
(EDV) Regelkreis *m*
– Rückkopplungsschleife *f*
control memory (EDV) Steuerspeicher *m*
control menu (EDV, GUI) System-Menü *n (syn, system menu)*
control of advertising effectiveness
(Mk) Werbeerfolgskontrolle *f*
– Werbekontrolle *f*
control of foreign exchange (Vw) Devisenbewirtschaftung *f (syn, foreign exchange control)*
control of tourist traffic (Zo) Abfertigung *f* im Reiseverkehr
control panel
(EDV) Schaltfeld *n*
– Schalttafel *f*
– Stecktafel *f (syn, patch panel, jackfield)*
(Mk) Prüfpanel *n*
control program (EDV) Steuerprogramm *n (ie, carries on I/O operations, loading of programs, detection of errors, etc)*
control register (EDV) Steuerregister *n (syn, control counter)*
controls
(Vw) restriktive Eingriffe *mpl*
– interventionistische Maßnahmen *fpl*
(syn, government interference)
control section (EDV) Programmabschnitt *m*
control sequence
(EDV) Steuerungsablauf *m*
– Steuerungsfolge *f*
control statement (EDV) Steueranweisung *f (syn, job control statement)*
control station (EDV) Leitstation *f (ie, in data transmission)*
control systems engineering (EDV) Regeltechnik *f*
control terminal (EDV) Steuerdatenstation *f*
control total (EDV) Kontrollsumme *f (syn, check total, qv)*
control tubing (EDV) = control line
control unit
(EDV) Steuerwerk *n*
(ie, überwacht Ausführung von Befehlen im Rechnersystem)
(EDV) Steuereinheit *f*
(ie, a sequential network; durchläuft Sequenzen von Zuständen)
control word (EDV) Steuerwort *n*
convene *v* (Re) vorladen *(ie, summon before a court)*
convene a meeting *v*
(com, fml) Sitzung *f* einberufen *(syn, call a meeting)*
convenience foods (com) Fertiggerichte *npl*
convenience goods
(com) Güter *npl* des täglichen Bedarfs
(ie, Merkmale: Verbrauchsgüter, Waren des täglichen Bedarfs, bekannte Erzeugnisse, Kleinobjekte, Massenerzeugnisse, markierte und verpakkungsbedürftige Waren, Waren des eher unpersönlichen Bedarfs, nicht modische Produkte; eg, Lebensmittel, Putzmittel, Zigaretten, Zeitungen)
convenience sampling (Stat) Ermessensauswahl *f (syn, judgmental /nonprobability . . . sampling)*
convenience store
(com) Nachbarschaftsladen *m*
(ie, limited range of goods and open long hours; syn, neighborhood store)
convenience yield (Bö) Gewinnerzielung *f* durch sofortige Verfügbarkeit der Ware
convenient base (Fin) bequemer Zinsfuß *m*
convention
(Log) Festsetzung *f*
(Re) (mehrseitiges) Abkommen *n*
(opp, bilateral agreement = zweiseitiges Abkommen; the terms ,convention' and ,agreement' are sometimes used interchangeably in this context)
conventional duty (AuW) Vertragszollsatz *m (syn, contractual rate of duty)*
conventional interest rate
(Fin) Kalkulationszinsfuß *m*
(syn, internal rate of discount, qv)
conventional profit (Fin) branchenüblicher Gewinn *m*
conventional tariff (Zo) Konventional-Zolltarif *m (syn, contractual tariff)*
Convention application (Pat) Verbandsanmeldung *f*
Convention country (Pat) Verbandsland *n (ie, member country of the Paris Convention, qv)*
Convention for the Protection of Industrial Property
(Re) Abkommen *n* über den Schutz des gewerblichen Eigentums
Convention on the Customs Valuation of Goods
(AuW) Abkommen *n* über den Zollwert von Waren
– Zollwertabkommen *n*
Convention priority
(Pat) Verbandspriorität *f*
– Unionspriorität *f*
convergence (EG) Konvergenz *f*
convergence conditions (EG) Konvergenzbedingungen *fpl*
convergence criteria (EG) Konvergenzkriterien *npl*
convergence data (EG) Konvergenzdaten *pl*

convergence fund
(EG) Konvergenzfonds *m*
(to help the poorer countries to meet balance of payments problems)
convergence plan (EG) Konvergenzplan *m*
convergence program (EG) Konvergenzprogramm *n*
convergence report (EG) Konvergenzbericht *m (ie, the report required by Article 109j of the Treaty establishing the European Community)*
convergent series (Math) konvergente Reihe *f (ie, the nth term approaches a finite limit)*
conversational language
(EDV) Dialogsprache *f*
– interaktive Programmiersprache *f*
(syn, dialog language)
conversational mode (EDV) Dialogbetrieb *m (syn, time sharing mode; opp, batch processing)*
conversational mode programming
(EDV) Dialogprogrammierung *f*
– interaktives Programmieren *n*
conversational system (EDV) Dialogsystem *n*
conversational terminal (EDV) Dialogstation *f (opp, batch processing terminal; cf, data station)*
conversational user (EDV) Dialogbetriebsteilnehmer *m*
conversion
(Re) widerrechtliche Aneignung *f*
(Fin) Umtausch *m* von Wertpapieren
(eg, debt securities or preferred stock into common stock)
(Fin) Konversion *f* e–r Anleihe
(Fin, fml) Währungsumtausch *m*
(EDV) Konvertierung *f*
(com) Verarbeitung *f (ie, general and chemical; syn, processing)*
(com) Konversion *f*
(Umstellung der Rüstungswirtschaft auf die Zivilwirtschaft)
conversion and transfer risk (Fin) KT-Risiko *n*
conversion arbitrage (Bö) Konversionsarbitrage *f*
conversion balance (Fin) Konversionsguthaben *n*
conversion contract (Bö) Kassa-Abschluß *m* im Warenhandel *(ie, a tentative price is later adjusted)*
conversion cost
(KoR) Verarbeitungskosten *pl (ie, covers labor, overhead, and materials outlay incurred in processing sth into intermediate or finished form)*
conversion fee (Pat) Umwandlungsgebühr *f*
conversion issue (Fin) Konvertierungsanleihe *f*
conversion loan (Fin) Konversionsanleihe *f*
conversion of debt (Fin) Schuldumwandlung *f*
conversion of duty-free goods (Zo) Freigutumwandlung *f*
conversion of exchange rates (AuW) Wechselkursumrechnung *f*
conversion offer
(Fin) Umtauschangebot *n (syn, exchange/tender . . . offer)*
conversion of resources (Bw) Stoffumwandlung *f*
conversion option (Fin) Wandeloption *f*
conversion period (Fin) Zinseszinsperiode *f (syn, accumulation period)*
conversion premium (Fin) Wandelprämie *f (ie, paid before maturity)*
conversion price
(Fin) Wandlungskurs *m*
(Fin) Umrechnungskurs *m (syn, conversion rate)*
conversion privilege
(Fin) Wandlungsrecht *n*
(ie, right to convert debt or preferred stock to common stock; syn, right of conversion)
conversion program (EDV) Umsetzprogramm *n*
conversion rate
(Fin) Umrechnungskurs *m*
(Fin) Konversionsquote *f*
(ie, Zahl der pro Schuldverschreibung eintauschbaren Aktien)
conversion right (Fin) Umtauschrecht *n (syn, option to convert, right of exchange)*
conversion terms (Fin) Wandlungsbedingungen *fpl*
conversion unit (EDV) = converter
convert *v*
(Fin) umtauschen *(eg, one type of security into another)*
(Fin, fml) umtauschen *(ie, foreign currency)*
(IndE) umrüsten
(EDV) umsetzen
– konvertieren
converter
(EDV) Umsetzer *m*
(ie, changes numerical information from one form to another, as from decimal to binary, or vice versa, from fixed-point to floating-point representation, etc; syn, conversion unit)
convertibility (AuW) Währungskonvertibilität *f*
convertibility of Community currencies against each other (EG) Konvertibilität *f* zwischen den Gemeinschaftswährungen
convertible
(Fin) wandelbar
(Fin) Wandelschuldverschreibung *f (ie, carrying rights to acquire equity shares)*
convertible assurance (Vers, GB) Umtauschversicherung *f (syn, versatile insurance)*
convertible bond
(Fin) Wandelschuldverschreibung *f*
– Wandelanleihe *f*
(ie, fixed-interest security that is convertible into the borrower's common stock; the difference between the price of common stock at the time of the issue of the bonds and the rate at which they can be converted is the convertible premium = Wandlungsprämie; vgl hierzu: § 221 AktG)
(Fin, GB) festverzinsliches Papier *n* mit Wandlungsrechten
(ie, all loan stock, qv, with the additional right to exchange the stock into another class of security, usually ordinary shares, at specified dates and at a pre-agreed conversion rate)
convertible currency (Fin) konvertierbare Währung *f*
convertible debenture (Fin, GB) Wandelschuldverschreibung *f*
convertible debenture stock (Fin, GB) Optionsanleihe *f*
convertible floater
(Fin) Floating Rate Note *f*, mit dem Recht, von e–m bestimmten Zeitpunkt an den variablen Zins in e–n festen Satz zu tauschen
convertible loan stock (Fin, GB) = convertible bond

convertible notes (Fin) mittelfristige Optionsanleihen *fpl*
convertible preference share (Fin, GB) Vorzugsaktie *f*
convertible preferred stock
(Fin, US) wandelbare Vorzugsaktien *fpl*
(ie, give the owner the option of converting his preferred shares into common shares at a stated rate of exchange)
convertibles (Fin) = convertible bonds
convertible securities
(Fin, US) umtauschbare Wertpapiere *npl*
(ie, debenture bonds od preferred stock können in andere Wertpapiere des Unternehmens umgetauscht werden)
convertible subordinated debenture (Fin, GB) nachrangige Wandelanleihe *f*
convertible term assurance (Vers, GB) Risiko-Umtauschversicherung *f*
convert into cash *v*
(Fin, infml) zu Geld machen
– versilbern
convey *v*
(com) befördern *(eg, goods; syn, ship, forward, transport)*
(Re) (Grundstück) übertragen *(auf = to)*
conveyance
(com) Beförderung *f*, Transport *m (syn, carriage, haulage)*
(Re) Grundstücksübertragung *f (ie, transfer of title to land)*
(Re) Grundstücksübertragungs-Urkunde *f (ie, instrument by which property is transferred)*
conveyancing fee (Re) Grundstücksübertragungs-Gebühr *f*
conveyancing of property
(Re) Durchführung *f* von Grundstücksübertragungen *(ie, the legal work in transferring home ownership)*
conveyor belt system (IndE) Fließbandprinzip *n*
convey ownership *v* (Re) Eigentum *n* übertragen *(syn, transfer, transmit; pass title)*
convey real property *v* (Re) auflassen
conviction (Re) Verurteilung *f (opp, acquittal = Freispruch)*
convolution familiy
(Math) Faltung *f*
(ie, a family of function where the convolution of any two members of the family is also a member of the family)
convolution integral (Math) Faltungsintegral *n*
convolution theorem (Math) Faltungssatz *m (cf, Laplace transform)*
cook a balance sheet *v* (ReW, infml) Bilanz *f* frisieren od verschleiern *(syn, doctor)*
cook the numbers *v* (com) Zahlen *fpl* verfälschen od manipulieren
cooling-off period
(Re) Überdenkungsfrist *f*
(ie, mit Widerrufsrecht auch nach Vertragsabschluß; right to cancel agreement entered on impulse or without sufficient consideration)
(Pw) Abkühlungszeit *f*, Beruhigungszeit *f*
(ie, während der Streiks und Aussperrungen verboten sind)
cooling period
(com) Karenzzeit *f*
– Wartezeit *f*
(Fin, US) Wartezeit *f*
(ie, period between filing of registration statement and the date the SEC authorizes a security issue)
cooling plant (com) Klimaanlage *f (syn, air conditioning system, refrigeration system)*
coomon pool resources (Vw) Ressourcen *fpl*, die von e–r Gruppe genutzt werden *(opp, free access resources)*
co-op advertising (Mk) Verbundwerbung *f*
cooperation
(com) Zusammenarbeit *f*
– Kooperation *f*
(syn, collaboration)
(Re) Genossenschaftswesen *n*
cooperation agreement (com) Kooperationsvertrag *m*
cooperative (com) Genossenschaft *f (syn, co-op)*
cooperative advertising
(Mk) Gemeinschaftswerbung *f*
– Verbundwerbung *f*
(syn, joint/collective/association/tie-up . . . advertising; opp, individual advertising)
cooperative agreement (com) = cooperation agreement
cooperative agricultural corporation (com, US) landwirtschaftliche Genossenschaft *f*
cooperative bank (Fin) Genossenschaftsbank *f*
cooperative chain
(Mk) Großhandelskette *f (ie, Träger sind unabhängige Einzelhändler)*
cooperative credit union (Fin) Kreditgenossenschaft *f*
cooperative deal (com) Kooperation *f*
cooperative department (com) Eigentumswohnung *f (syn, condominium, qv)*
cooperative marketing (Mk) Genossenschaftsvertrieb *m*, genossenschaftlicher Vertrieb *m*
cooperative marketing association (Mk) Absatzgenossenschaft *f*
cooperative movement (Bw) Genossenschaftsbewegung *f*
cooperative purchasing association (Bw) Einkaufsgenossenschaft *f*
cooperative science (Bw) Genossenschaftslehre *f*
cooperative selling association (Bw) Verkaufsgenossenschaft *f*
cooperative society (Bw) Genossenschaft *f*
cooperative style of leadership (Bw) kooperativer Führungsstil *m (ie, supportive pattern of leadership)*
cooperative union (Bw) Genossenschaftsverband *m*
cooperator
(Mk) Kooperator *m*
(ie, in retailing: Leiter Information und meist auch Finanzen)
co-op mailing (Mk) Gemeinschaftswerbung *f* im Rahmen der Direktwerbung
coordinate (Math) Koordinate *f*
coordinate *v* (com) koordinieren *(ie, one's efforts)*
coordinate data (EDV) Koordinatendaten *pl*
coordinate graphics (EDV) Liniengrafik *f (syn, line graphics)*
coordinate plane (Math) Koordinatenebene *f*

coordinate store (EDV) Matrizenspeicher *m (syn, matrix store)*
coordinate transformation
(Math) Koordinaten-Transformation *f*
coordinating mechanism (Bw) Abstimmungsmechanismus *m*
co-owner (Re) Miteigentümer *m*
co-owner of a ship (com) Mitreeder *m (syn, joint shipowner)*
co-owner of real estate
(Re) Grundstücks-Miteigentümer *m*
co-ownership in land (Re) Miteigentum *n* an Grundstücken
COP (Bw) = central order processing system
co-partner (com) Mitgesellschafter *m*
co-partnership (com) = partnership
co-partnership scheme
(Pw) Gewinnbeteiligungsplan *m*
(ie, shares are acquired in proportion to net profits and own earnings)
copending application (Pat) gleichzeitig schwebende Anmeldung *f*
copier (com) Kopiergerät *n*
copier market (com) Kopiergerätemarkt *m*
co-plaintiff (Re) Nebenkläger *m (syn, intervening party)*
cop out *v* (Pw, infml) sich drücken *(ie, by using a flimsy excuse)*
co-principal debtor (Re) Solidarschuldner *m (syn, joint and several debtor)*
co-product (com) Nebenerzeugnis *n (syn, byproduct, qv)*
co-production (IndE) Koproduktion *f (eg, carried on a joint venture basis)*
copy
(com) Kopie *f*
– Exemplar *n*
– Abschrift *f*
copy *v* (com) Kopie *f* schicken *(eg, could you copy me in any correspondence?)*
copycat
(com) Markenpirat *m*
(com) Plagiator *m*
(com, GB) Kopierer *m (syn, copier)*
copy chief (Mk) Cheftexter *m (ie, supervises copywriters)*
copy deadline (Mk) Anzeigenschluß *m*
copy department (Mk) Textabteilung *f*
copy invoice (com) Rechnungskopie *f*
copy order (com) Auftragsbestätigung *f (ie, sent by supplier to a buyer)*
copy platform (Mk) (unübersetzt) Copy Platform *f*
copyreader (com) Korrekturleser *m*
copyright (Pat) Urheberrecht *n*
copyright *v* (Pat) urheberrechtlich schützen
copyrighted publication (Pat) urheberrechtlich geschütztes Werk *n*
copyright in designs (Pat, GB) Musterschutz *m*
copyright law (Pat) Urheberrechtsschutzgesetz *n*
copyright royalties (Pat) Urheberrechts-Lizenzgebühren *fpl*
copyright screen (EDV) urheberrechtlich geschützter Bildschirm *m*
copy statement (EDV, Cobol) Kopieranweisung *f*
copy strategy (Mk) (unübersetzt) Copy Strategy *f*
copy test (Mk) Werbemittel-Test *m*
copytesting
(Mk) Copytesten *n*
(ie, to measure the effectiveness of advertising copy)
copy thrust (Mk) Werbetextstrategie *f (ie, message to be communicated; syn, copy strategy)*
copywriter
(Mk) Werbetexter *m*
– Texter *m*
copy writing
(Mk) Werbetexten *n*
– Texten *n*
cordless telephone (com) schnurloses Telefon *n*
cordon off *v* (com) absperren *(eg, an area)*
cordon pricing system
(com) Zonengebührensystem *n*
(ie, to make private car journeys in inner cities more expensive)
core activity (com) Haupttätigkeit *f*
core budget (FiW) Kernhaushalt *m*
core business (com) Hauptgeschäftsbereich *m (eg, management had let some core businesses deteriorate)*
core commodities
(AuW) Schlüsselrohstoffe *mpl (ie, the UNCTAD term; syn, key commodities)*
core concept
(Log) Kernbegriff *m*
– Schlüsselbegriff *m*
(syn, key concept)
core definition (com) Grunddefinition *f (syn, basic definition)*
core family (Stat) Kernfamilie *f (opp, full family = Vollfamilie)*
core file (EDV) Kerndatei *f*
core inflation
(Vw) Kerninflation *f*
(ie, Preissteigerungen unter Ausschluß der Bereiche Nahrungsmittel und Energie)
core intension (Log) Kerninhalt *m* e–s Begriffs
core operations (com) Kernbereich *m (syn, key operation)*
co-responsibility levy
(EG) Mitverantwortungsabgabe *f*
(ie, translation of la taxe de la coresponsabilité; eg, on farm overproduction)
core time
(Pw) Kern(arbeits)zeit *f*
(ie, periods during the day when employees are required to be present at work; the rest is flextime = Gleitzeit; usu. from midmorning to midafternoon)
core workers (Pw) Stammbelegschaft *f (opp, low-paid peripheral workers)*
corner
(Bö) Schwänze *f (ie, im Terminhandel: möglichst restloser Aufkauf e–r bestimmten Warengattung; eg, corner the pepper market, make a fortune from a corner in wheat)*
(Math) Eckpunkt *m* e–r Matrix
corner *v* (Bö) schwänzen
corner cut (EDV) Eckenabschnitt *m*
cornered demand curve (Vw) geknickte Nachfragekurve *f (syn, kinky demand curve)*

corner solution (Vw) Eckenlösung *f*
corner theorem (Bw) Eckentheorem *n*
Corn Exchange (Bö, GB) Getreidebörse *f (syn, US, grain exchange)*
corn-hog cycle (Vw) Getreide-Schweine-Zyklus *m*
corona (EDV) Korona *f*
corporate account (Fin) Firmenkunde *m (ie, in wholesale banking)*
corporate adjustment (com, US) Sanierung *f (syn, capital . . . reconstruction/ reorganization)*
corporate advertising
(Mk) Firmenwerbung *f (ie, promoting a firm, instead of its products or services; syn, institutional advertising)*
corporate agent (Bw) Organ *n* e–r Gesellschaft
corporate appraisal
(Bw) Bestandsaufnahme *f*
(syn, position /situation . . . audit, assessment of current position)
corporate articles
(com) Gründungsurkunde *m*
– Satzung *f*
corporate assets (Fin) Gesellschaftsvermögen *n*
corporate attorney (Re) Justitiar *m*, Hausjurist *m (syn, in-house counsel)*
corporate banking
(Fin, US) Firmenkundengeschäft *n (syn, wholesale banking; opp, retail/personal . . . banking)*
corporate bar (Re) Wirtschaftsjuristen *mpl (ie, the group of business lawyers as a whole)*
corporate body
(Re) juristische Person *f (syn, legal person)*
(Re) Körperschaft *f*
corporate bond (Fin) Industrieschuldverschreibung *f*
corporate bond equivalent (Fin) = equivalent bond yield
corporate bond finance (Fin) Unternehmensfinanzierung *f* über den Rentenmarkt
corporate bond market (Fin) Rentenmarkt *m*
corporate bond ratings
(Fin, US) Anleihebewertung *f*
– Bond Ratings *pl*
(ie, Einstufung von Schuldverschreibungen od Bonds; the principal rating agencies who regularly publish ratings on bonds are Moody's ® and Standard & Poor's; see classification below)

CORPORATE BOND RATINGS

Standard & Poor's

AAA	Highest grade – ultimate protextion of principal and interest
AA	High grade – differ only in a small degree from AAA bonds
A	Upper medium grade – principal and investment are safe, and they have considerable investment strength
BBB	Medium grade – borderline between definitely sound obligation and those where the speculative element begins to dominate; lowest qualifying bonds for commercial bank investment.
BB	Lower medium grade – only minor investment characteristics.
B	Speculative – payment of interest not assured under difficult economic conditions.
CCC-CC	Outright speculation – continuation of interest payments is questionable under poor trade conditions.
C	Income bonds on which no interest is being paid.
DDD-DD-D	In default, with rating indicating relative salvage value.

Moody's

Aaa	Best quality – smallest degree of investment risk.
Aa	High quality – as judged by all standards.
A	Upper medium grade – possess many favorable investment attributes.
Baa	Medium grade – neither highly protected, nor poorly secured.
Ba	Possess speculative elements – future cannot be considered as well assured.
B	Generally lacking in characteristics of diserable investments.
Caa	Of poor standing – may be in default or in danger of default.
Ca	Obligations speculative in a high degree – often in default.
C	Lowest rated – extremely poor prospects of ever attaining any real investment standing.

Quelle : Moody's Bond Record und Poors's Bond Guide

corporate borrowing (Fin) Kreditaufnahme *f* von Unternehmen *(opp, government/public sector . . . borrowing)*
corporate characteristics (Re) Merkmale *npl* e–r Kapitalgesellschaft
corporate charter (com) = corporate articles
corporate communications (Bw) Unternehmens-Kommunikation *f*
corporate concentration (com) Unternehmenskonzentration *f*
corporate counsel (Re) = corporate attorney
corporate customer (Fin) Firmenkunde *m (syn, corporate account)*
corporate debts (Re) Gesellschaftsschulden *fpl*
corporate deposits (Fin) Einlagen *fpl* von Firmenkunden
corporate design (Bw) visuelles Erscheinungsbild *n* e–s Unternehmens *(ie, Zusammenhang mit corporate identity)*
corporate dinosaur (com, infml) Riesenunternehmen *n*
corporate divestment (com) Entflechtung *f* von Unternehmen
corporate domicile (com) Gesellschaftssitz *m*
corporate entity (Re) Rechtspersönlichkeit *f* der juristischen Person
corporate ethics (Bw) Unternehmensethik *f (syn, business ethics)*
corporate finance (Fin) Unternehmensfinanzierung *f (syn, business company/managerial . . . finance)*
corporate financial manager (Fin) Finanzleiter *m*, Finanzvorstand *m*
corporate financial reporting (ReW) = financial reporting
corporate franchise (Mk, US) Investitionsfranchise *f*
corporate funds (Fin) Gesellschaftsmittel *pl*
corporate goals (Bw) Unternehmensziele *npl (syn, business . . . goals/objectives)*
corporate governance (Bw) Unternehmensführung *f*
corporate group (com) Konzern *m*
corporate headquarters
(com) Hauptverwaltung *f*
– Unternehmenszentrale *f*
(syn, headquarters, qv)
corporate highlights
(ReW) wichtigste Abschlußdaten *pl*
(eg, sales, total assets, equity, earnings per share, retentions, total workforce)
corporate identity
(Bw) Corporate Identity *f*
(ie, Gesamtbild des Unternehmens in der Öffentlichkeit; Ausdruck für die Unternehmensphilosophie)
corporate image (Bw) Unternehmens-Image *n*
corporate income (ReW) Gewinne *mpl* von Kapitalgesellschaften
corporate income tax (StR) Körperschaftsteuer *f (syn, corporation tax)*
corporate interlock (Kart) Überkreuzverflechtung *f*
corporate legal department (Bw) Rechtsabteilung *f*
corporate lending (Fin) Firmenkredite *mpl*
corporate lending business (Fin) Firmenkreditgeschäft *n*
corporate level (Bw) Unternehmensebene *f*
corporate liquidity (Fin) Unternehmensliquidität *f*
corporate loan (Fin) Firmenkredit *m*
corporate management (Bw) Unternehmensleitung *f*
corporate marriage (com, infml) Fusion *f (syn, merger, qv)*
corporate name
(com) Firmenname *m (syn, business name, qv)*
(Fin) Emittent *m* von Industrieobligationen
corporate net worth (Fin) = net worth
corporate paper
(Fin) ungesicherte Schuldscheine *mpl (ie, money market paper)*
corporate payoff (com) Schmiergelder *npl (syn, bribe money, qv)*
corporate planning
(Bw) Unternehmensplanung *f (syn, business /company/managerial . . . planning)*
corporate policy (Bw) Unternehmenspolitik *f (syn, business /company . . . policy)*
corporate productivity (Bw) Gesamtproduktivität *f*
corporate profit (Fin) Unternehmensgewinn *m*
corporate publishing (EDV) = desktop publishing
corporate purpose (Bw) Gesellschaftszweck *m*
corporate readjustment (com, US) = quasi-reorganization
corporate reconstruction (com) Sanierung *f (syn, corporate adjustment)*
corporate records
(com) Gesellschafts-Unterlagen *fpl*
(ie, certificate of incorporation, bylaws, book of minutes, stock transfer book, etc)
corporate seat (Re) Sitz *m* e–r Gesellschaft
corporate sector (VGR) Unternehmenssektor *m*
corporate settlement (Fin) Regulierung *f* e–s Wertpapiergeschäfts 5 Geschäftstage nach Ausführungstag
corporate shell
(Bw) Firmenmantel *m*
– Mantel *m*
(ie, without assets or active business operations of its own; syn, shell company, non-operating company)
corporate social accounting (ReW) betriebliche Sozialbilanz *f*
corporate statement (ReW) Bilanz *f* e–r AG
corporate stock
(Fin) Aktien *f* e–r Kapitalgesellschaft
(Fin, US) langfristige Schuldverschreibungen *fpl* von Gemeinden *(ie, in municipal financing)*
corporate strategy (Bw) Unternehmensstrategie *f (syn, business strategy)*
corporate structure (Bw) Unternehmensstruktur *f*
corporate suicide (com) Abwehr *f* e–s Übernahmeangebots durch Veräußerung des Betriebsvermögens und Auflösung des Unternehmens
corporate summit
(com, infml) Unternehmensspitze *f* Führungsspitze *f (eg, executives below the . . .)*
corporate surgery (com, infml) Umstrukturierung *f (ie, to eliminate loss-making operations = Unternehmensteile; syn, restructuring of operations, shake-up in the structure)*
corporate takeover proposal (com) Übernahmeangebot *n (syn, takeover bid, qv)*
corporate tax (StR) = corporate income tax

corporate taxable equivalent
(Fin) Rendite *f* e–r Pariemission
(ie, needed to produce the same after-tax yield to maturity that the premium of discount bond could)
corporate tax imputation procedure
(StR) körperschaftsteuerliches Anrechnungsverfahren *n*
corporate treasurer (Fin) Leiter *m* der Finanzabteilung *f* Finanzvorstand *m*
corporate trust
(Re) Treuhandverwaltung *f (ie, im Auftrag von Gesellschaften; opp, personal trust)*
corporate underwriting (Fin) Übernahme *f* von Industrieschuldverschreibungen
corporate veil
(Re) Haftungsbeschränkung *f (ie, actions taken by a corporation are not those of its owners which can therefore not be held responsible for corporate actions; cf, pierce the corporate veil)*
corporate works council (Pw) Konzernbetriebsrat *m (syn, group council)*
corporation
(com) Kapitalgesellschaft *f*
– Aktiengesellschaft *f*
(ie, but includes associations, joint-stock companies, certain types of limited partnerships)
(Re) juristische Person *f*
(syn, legal person)
(com, GB) rechtsfähige Handelsgesellschaft *f*
(Re, GB) Körperschaft *f*
corporation aggregate (Re) Gesellschaft *f* mit mehreren Mitgliedern *(opp, one-man corporation)*
corporation bonds (Fin) = corporate bonds
corporation charter (com) Gründungsurkunde *f* e–r AG
corporation finance (Fin) Unternehmensfinanzierung *f (ie, concerned with promotion, capitalization, financial management, consolidation, and reorganization)*
corporation income tax (StR) Körperschaftsteuer *f (syn, corporate income tax)*
corporation kit
(com, US) Gründungsunterlagen *fpl*
(ie, stock book, minute book, corporation seal, etc; essential documentary material needed by every corporation)
corporation law (Re, US) Gesellschaftsrecht *n (syn, GB, company law)*
corporation meeting
(com) Gesellschafterversammlung *f*
– Hauptversammlung *f*
(syn, general meeting of shareholders)
Corporation of Lloyd's (Vers, GB) Gruppierung *f* von Syndikaten, in denen Mitglieder – rd 26 000 – zusammengeschlossen sind, um Versicherungsschutz zu gewähren
corporation paper (Fin) Wechsel *mpl* von Aktiengesellschaften *(ie, notes, acceptances, and bills of exchange)*
corporation stock (Fin) Grundkapital *n*
corporation stocks (Fin, GB) Kommunalobligationen *fpl*
corporation tax (StR) = corporation income tax

corporatist society (Vw) ständische Gesellschaft *f*
corpus (Fin) Kapital *n* e–s Fonds
correct *v*
(com) berichtigen
– bereinigen
(eg, mistakes; syn, put right, rectify, straighten out)
correcting amount (com) Berichtigungsbetrag *m*
correcting element (EDV) Stellglied *n (ie, in process automation; syn, actuator)*
correcting entry
(ReW) Berichtigungsbuchung *f (syn, adjusting entry)*
(ReW) Korrekturposten *m*
correction
(com) Berichtigung *f*
– Korrektur *f*
correction factor (Stat) Korrektionsfaktor *m*
correction of faults (Re) Mängelbeseitigung *f*
correction of the monetary compensating amounts
(EG) Berichtigung *f* der Währungsausgleichsbeträge
correction time
(EDV) Korrekturzeit *f*
– Regelzeit *f*
(ie, time required for the controlled variable – Regelgröße – to reach and stay within a predetermined band about the control point following any change of the independent variable or operating condition – Regelstrecke – in a control system; syn, settling time)
corrective action
(EDV) Fehlerbeseitigung *f*
– Beseitigung *f* von Störungen
(IndE) Abhilfemaßnahmen *fpl*
– Korrekturmaßnahmen *fpl*
(ie, in quality assurance; to eliminate nonconformance)
(IndE) Korrektur *f* der Stellgröße *(ie, act of varying the manipulated process variable by the controlling means – Regler – in order to modify overall process operating conditions)*
corrective advertising (Mk) Berichtigungswerbung *f*
corrective amount (EG) Berichtigungsbetrag *m*
corrective antitrust policy (Kart, US) Antitrustpolitik *f* nach dem Mißbrauchsprinzip *(ie, according to G. Stigler)*
corrective maintenance (IndE) Instandsetzung *f (opp, preventive maintenance)*
corrective price adjustment (Bö) Börsenkorrektur *m*
correlate with *v* (com) entsprechen, in Übereinstimmung bringen
correlation
(Stat) Korrelation *f*
(ie, interdependence between measurable variates = Zufallsvariable; may be extended to more than two of them)
correlational analysis (Stat) Korrelationsanalyse *f*
correlation coefficient
(Stat) Korrelationskoeffizient *m*
(ie, varies between -1 and +1; zero indicating the absence of correlation)
correlation diagram (Stat) Korrelationsdiagramm *n*
correlation table (Stat) Korrelationstabelle *f (syn, bivariate table)*

correlogram
(Stat) Korrelogram *n*
(ie, graph of serial correlation in time series analysis = Zeitreihenanalyse)

correspond *v* (com) korrespondieren *(ie, exchange letters, memos, etc)*

correspondence
(com) Korrespondenz *f*
– Schriftverkehr *m*

correspondence clerk (com, GB) Korrespondent *m*

correspondence department (com) Korrespondenzabteilung *f*

correspondence school
(Pw) Fernlehrinstitut *n*
(ie, provides lesson materials upon completion of which the student returns the assigned lesson to the school for correction, grading, and comment by qualified instructors)

correspondence university (Pw) Fernuniversität *f*

correspondent
(com) Korrespondent *m (ie, person handling business correspondence)*
(Fin) = correspondent bank
(com) (ausländischer) Geschäftsfreund *m (ie, one who has regular business relations with another; esp at a distance)*

correspondent balances (Fin) Guthaben *npl* bei Korrespondenzbanken

correspondent bank
(Fin) Korrespondenzbank *f*
– Korrespondent *m*
(ie, foreign bank with which a domestic bank is doing business on a continuous basis; syn, foreign correspondent)

correspondent banking (Fin, US) Interbankenbereich *m (ie, Zusammenschluß von Zahlungsverkehrssystemen)*

correspondent forwarder (com) Korrespondenz-Spediteur *m*

corresponding accounting unit (ReW) korrespondierende Buchhaltung *f*

corresponding bank
(Fin) zweitbeauftragte Bank *f (ie, beim Akkreditiv)*

corridor discussion (Pw, GB) informelle Sondierungsgespräche *np* zwischen Tarifpartnern

corroborate *v* (Re) bekräftigen *(syn, substantiate)*

corroboration (Re) Bekräftigung *f (syn, substantiation)*

corrugated (com) = corrugated fiberboard

corrugated fiberboard (com) Wellpappe *f (ie, short form: corrugated)*

corset (Fin, GB) quantitative und qualitative Restriktionen *fpl* von Bankkrediten

c.o.s. (C.O.S.) (com) = cash on shipment

co-signer
(com) Mitunterzeichner *m*
(Re) Bürge *m* aus e–m Darlehensvertrag *(ie, may have primary or secondary liability)*

cost
(com) Aufwand *m (ie, auch: Zeit* f, *Mühe* f, *Arbeit* f*)*
(com) Kosten *pl*
(ReW) Anschaffungs- *od* Herstellungskosten *pl*
(ReW) Buchwert *m*
(Bw) Kosten *pl*
(KoR) Verfahrenskosten *pl*

cost *v*
(ReW) Kosten *pl* ermitteln *(ie, determine the costs of a product or service)*
(KoR) Kosten *pl* bewerten

cost absorption
(KoR) Vollkostenrechnung *f (syn, absorption costing)*
(KoR) Periodenverrechnung *f* von Aufwand
(ReW) Verrechnung *f (ie, zusätzlicher Kosten als eigener Aufwand; eg, Nichtweitergabe von Fracht an Kunden)*

cost accountancy (KoR) = cost accounting

cost accountant
(KoR) Kostenrechner *m*
(Bw) Leiter *m* der Kostenrechnung

cost accounting
(KoR) Kostenrechnung *f*
– Betriebsabrechnung *f*

cost-accounting depreciation allowance
(ReW) kalkulatorische Abschreibung *f (syn, imputed/implicit . . . depreciation allowance)*

cost accounts (KoR) Kostenkonten *npl*

cost accumulation (KoR) = cost finding

cost allocation
(KoR) Kostenverrechnung *f*
– Kostenverteilung *f*
– Kostenumlage *f*
– Kostenzurechnung *f*
(syn, cost . . . apportionment/distribution, expense distribution)

cost allocation base (KoR) Kostenschlüssel *m*

cost analysis (KoR) Kostenanalyse *f*

cost and expenses (ReW) Aufwendungen *mpl*

cost and freight (com) Kosten *pl* und Fracht *f (ie, cf, c&f)*

cost-and-price scissors (Vw) Kosten-Preis-Schere *f*

cost anticipation (KoR) Kostenvorlauf *m*

cost apportionment (KoR) = cost allocation

cost a price *v* (com) Preis *m* festsetzen

cost averaging
(Fin) Cost Averaging *n*
– Durchschnittskostenmethode *f*
(ie, Form der Effektenspekulation: in Phasen sinkender Kurse kann durch den Erwerb e–r höheren Zahl von Anteilen ein niedrigerer durchschnittlicher Einstandspreis erzielt werden; cf, averaging)

cost averaging effect (ReW) Prinzip *n* der reduzierten Durchschnittskosten

cost basis (of accounting)
(ReW) Bewertungsgrundlage *f* für die Aufwandsrechnung
(eg, Anschaffungs- od Herstellungskosten, Marktwert, angemessener Wert)

cost behavior (KoR) Kostenverhalten *n*

cost behavior pattern (KoR) Kostenverlauf *m (syn, pattern of cost behavior)*

cost-benefit analysis (Bw) Kosten-Nutzen-Analyse *f*

cost-benefit ratio (FiW) Nutzen-Kosten-Kennziffer *f (ie, Barwert des Bruttonutzens zu Barwert der Bruttokosten)*

cost breakdown (KoR) Kostenaufgliederung *f (syn, cost splitup)*

cost budget (KoR) Kostenplan *m (syn, cost plan)*
cost burden (KoR) Kostenbelastung *f*
cost card (KoR) Kostensammelkarte *f*
cost center (KoR) Kostenstelle *f (syn, expense center, department)*
cost center account (ReW) Kostenstellenkonto *n*
cost center accounting (KoR) Kostenstellenrechnung *f (syn, departmental accounting)*
cost center charge transfer (KoR) Kostenstellenumlage *f* Kostenstellenverrechnung *f*
cost center classification (KoR) Stellengliederung *f*
cost center comparison (KoR) Kostenstellenvergleich *m*
cost center cost (KoR) Kostenstellenkosten *pl*
cost center deficit (KoR) Kostenstellenunterdeckung *f*
cost center group (KoR) Kostenstellengruppe *f*
cost center overhead
(KoR) Kostenstellen-Gemeinkosten *pl*
– indirekte Stellenkosten *pl*
(syn, departmental . . . overhead/burden)
cost center overhead rate (KoR) Kostenstellen-Gemeinkostenzuschlag *m*
cost center rate (KoR) = cost center overhead rate
cost center summary sheet (KoR) Kostenstellenblatt *n*
cost center surplus (KoR) Kostenstellenüberdeckung *f*
cost comparison (KoR) Kostenvergleich *m*
cost component
(KoR) Kostenbestandteil *m*
– Kostenelement *n*
cost concept
(ReW) Niederstwertprinzip *n*
(ie, assets are to be recorded at the lower of cost or market)
cost conscious (com) kostenbewußt
cost consciousness (com) Kostendenken *n*
cost constraint (Vw) Kostenbeschränkung *f*
cost containment (com) Kostendämmung *f*
cost containment program (com) Kostensenkungsprogramm *n*
cost control
(KoR) Kostenkontrolle *f*
– Kostenüberwachung *f*
(syn, expense control, cost monitoring)
cost coverage (com) Kostendeckung *f (eg, was not achieved)*
cost covering price (com) kostendeckender Preis *m*
cost curve (Bw) Kostenkurve *f*
cost cutting (com) Kostensenkung *f*
cost-cutting decisions (FiW) Sparbeschlüsse *mpl*
cost cutting program (com) Kostensenkungsprogramm *n*
cost depletion
(StR, US) Ermittlung *f* der Substanzverringerung auf der Grundlage der Kosten
(ie, cost of property is divided by the estimated number of units that can be extracted from the property, IRC §§ 611, 612)
cost determinant
(KoR) Kosteneinflußgröße *f*
– Kostenbestimmungsfaktor *m*
cost distribution (KoR) = cost allocation
cost driver (KoR, US) Kosteneinflußgröße *f*
cost earnings situation (Bw) Kosten- und Ertragslage *f*

cost effective alternative (com) kostengünstige Alternative *f*
cost effectiveness
(Bw) Kostenwirksamkeit *f*
– Nutzwert *m* von Kosten od Aufwendungen
cost effectiveness analysis (FiW) Kostenwirksamkeitsanalyse *f*
coster (com) Straßenhändler *m (syn, street trader)*
cost estimate
(com) Kostenvoranschlag *m (syn, preliminary estimate; GB, bill of quantity)*
(KoR) Kalkulation *f*
cost estimate sheet (KoR) Kalkulationsschema *n*
cost estimate system (KoR) Kalkulation *f (ie, part of accounting system)*
cost estimating
(com) Kalkulation *f*
– Angebotskalkulation *f*
(ie, on which supply offer is based)
cost estimating department
(KoR) Kalkulationsabteilung *f (syn, costing department)*
(KoR) Vorkalkulation *f*
cost estimator (KoR) (Vor-)Kalkulator *m (syn, costing clerk)*
cost explosion (com) Kostenexplosion *f*
cost finding
(KoR) Kostenerfassung *f (syn, cost accumulation recording)*
(KoR) Kostenermittlung *f*
(ie, determining the cost of a product by allocation of direct cost and proration – anteilmäßige Verrechnung – of some or all indirect cost; often syn, absorption costing)
cost flow (KoR) Kostenfluß *m*
cost flow statement (KoR) Kostenflußnachweis *m*
cost formula (KoR) Kalkulationsverfahren *n*
cost function (Bw) Kostenfunktion *f*
cost improvement (Bw) Kostensenkung *f (ie, systematic approach to containing cost)*
cost-induced inflation
(Vw) Kosteninflation *f*
– lohnkosteninduzierte Inflation *f*
cost in excess of net assets of acquired companies
(ReW) Goodwill *m* aus dem Erwerb von Gesellschaften *(cf, goodwill)*
costing
(KoR) = cost accounting
(KoR) Kostenerfassung *f (syn, cost finding)*
(KoR) Kostenbewertung *f*
costing clerk (KoR) Kalkulator *m (syn, cost estimator)*
costing data
(KoR) Kalkulationsdaten *pl*
– Kalkulationsunterlagen *fpl*
(syn, cost estimate data)
costing department (KoR) = cost estimating department
costing for spoiled units
(KoR) Ausschußkostenverrechnung *f (syn, accounting for spoiled goods)*
costing method of inventories (KoR) Verfahren *n* der Vorratsbewertung
costing of material usage (KoR) Bewertung *f* des Materialverbrauchs

costing point (KoR) = cost center
costing rate
(KoR) Kalkulationszuschlag *m*
– Zuschlagsatz *m*
costing reference (KoR) Kalkulationsstichtag *m*
costing system (KoR) Kostenrechnungssystem *n*
costing technique (KoR) Kalkulationsverfahren *n*
costing unit (KoR) = cost unit
cost in inventory
(MaW) Lagerkosten *pl (syn, inventory carrying cost, holding cost, Storage expenses)*
cost, insurance (com) Kosten *pl*, Versicherung *f*
cost, insurance, freight, cif (com) Kosten, Versicherung, Fracht
cost, insurance, freight, commission, c.i.f.&c. (com) Kosten, Versicherung, Fracht, Provision
cost, insurance, freight, commission, interest, cifci (com) Kosten, Versicherung, Fracht, Provision, Zinsen
cost, insurance, freight, interest. c.i.f.&i. (com) Kosten, Versicherung, Fracht, Zinsen
cost, insurance, freight, plus war risk (com) Kosten, Versicherung, Fracht, plus Kriegsrisiko
cost lag (KoR) Kostenremanenz *f*
cost latitude (KoR) Kostenspielraum *m*
cost leader (com) Kostenführer *m*
cost leadership (Bw) Kostenführerschaft *f*
costly (com) teuer, aufwendig *(ie, commanding a high price; syn, expensive)*
costly on overheads (KoR) gemeinkostenintensiv
cost matrix (Bw) Kostenmatrix *f*
cost minimization (Bw) Kostenminimierung *f*
cost minimum
(Bw) Kostenminimum *n*
(ie, level of activity – Beschäftigung – at which unit costs are minimized)
cost model (Bw) Kostenmodell *n (eg, of a multi-product firm)*
cost objective
(KoR) Kostenvorgabe *f*
– Kostenziel *n*
cost of acquisition
(MaW) Beschaffungskosten *pl (syn, procurement /ordering . . . cost)*
(KoR) Anschaffungskosten *pl (ie, includes incidental cost = Nebenkosten)*
cost of borrowed funds (Fin) Kapital(beschaffungs)-kosten *pl (syn, cost of capital)*
cost of borrowing (Fin) Kreditkosten *pl*
cost of capital (Fin) Kapitalkosten *pl*
cost-of-capital channel (Vw) Zinsübertragungsmechanismus *m*
cost of carry
(Fin) Carrykosten *pl*
– Bestandshaltekosten *pl*
(ie, Nettokosten im Futures-Geschäft, die sich aus der Finanzierung e–r Kassaposition ergeben)
cost of carrying (MaW) Kosten *pl* der Lagerhaltung
cost of changeover (IndE) Rüstkosten *pl (syn, preproduction cost)*
cost of closure (Bw) Stillegungskosten *pl*
cost of collecting information (Bw) Informationskosten *pl* Info-Beschaffungskosten *pl*
cost of collection (Stat) Erhebungskosten *pl*
cost of credit (Fin) Kreditkosten *pl*
cost of debt (Fin) Fremdkapitalkosten *pl*
cost of demolition
(ReW) Abbruchkosten *pl (syn, cost of dismantling, removal expenses)*
cost of developing real estate
(com) Erschließungskosten *pl (syn, development cost)*
cost of direct material (KoR) Materialeinzelkosten *pl (syn, direct material)*
cost of dismantling (ReW) = cost of demolition
cost of disposition (Mk) Absatzkosten *pl*
cost of employee orientation (Pw) Einarbeitungskosten *pl*
cost of equity (Fin) Eigenkapitalkosten *pl*
cost of equity finance (Fin) Kosten *pl* der Eigenkapitalfinanzierung
cost of exchange cover (Fin) Kurssicherungskosten *pl*
cost of finance (Fin) Finanzierungskosten *pl (syn, finance charges, financial . . . charges/expense, funding cost)*
cost of forward exchange cover (Fin) = cost of exchange cover
cost of funds
(Fin) Kapitalbeschaffungskosten *pl (syn, capital procurement cost)*
(Fin) Einstandskosten *pl*
– Refinanzierungskosten *pl*
(ie, to a bank)
cost of goods and servises sold (ReW) Kosten *pl* der verkauften Erzeugnisse und Leistungen
cost of goods purchased (ReW) Einkaufspreis *m* plus Nebenkosten der Beschaffung
cost of goods sold
(ReW) Umsatzkosten *pl*
– Umsatzaufwendungen *mp*
– Kosten *pl* der verkauften Erzeugnisse
(ie, die gesamten Herstellungskosten, die auf die verkauften Produkte entfallen; in der BRD ist seit langem die Gliederung der GuV nach dem Gesamtkostenverfahren (Produktionserfolgsrechnung) üblich und aktienrechtlich vorgeschrieben; cf, § 157 AktG a.F.; nach § 275 HGB kann zwischen Gesamtkosten- und Umsatzkostenverfahren gewählt werden; international ist das Umatzkostenverfahren die vorherrschende Ausweisform der Ergebnisrechnung; syn, cost of sales; opp, expenditure style of presentation = Gesamtkostenverfahren)
cost of guaranty commitments (ReW) Gewährleistungskosten *pl*
cost of installation (ReW) Installationskosten *pl*
cost of insurance (ReW) Versicherungskosten *pl (syn, insurance expense)*
cost of issue (Fin) Emissionskosten *pl (ie, expenses of issuing shares and bonds)*
cost of licence agreements (ReW) Lizenzkosten *pl*
cost of liquidity
(Fin) Liquiditätskosten *pl*
(ie, opportunity cost of cash holdings + interest payable on borrowed capital)
cost of litigation
(Bw) Prozeßkosten *pl*
– Kosten *pl* der Rechtsverfolgung
(syn, litigation expenses, cost of seeking judicial remedy)

cost of living
(Stat) Lebenshaltungskosten *pl*
(ie, cost of buying goods and services that make up a socially acceptable level of consumption)
cost of living adjustment, COLA
(Pw, US) Anpassung *f* an die Lebenshaltungskosten *(ie, pay increase is automatically tied to the rate of inflation)*
cost of living allowance (Pw) Teuerungszulage *f (ie, paid to offset expenses arising in a high-cost living area)*
cost of living clause
(Pw) Indexklausel *f*
(ie, provides for an automatic wage or benefit increase tied to inflation, as measured, for instance, by the CPI = Consumer Price Index; syn, escalator clause)
cost of living escalators (Pw) Indexbindung *f* an die Lebenshaltungskosten
cost of living index
(Stat) Lebenshaltungskostenindex *m*
– Preisindex *m* für die Lebenshaltung
cost of materials (KoR) Materialkosten *pl*
cost of materials flow (MaW) Materialflußkosten *pl*
cost of merchandise sold
(ReW) Einstandspreis *m* der verkauften Handelsware
– Wareneinstandswert *m*
cost of money (Fin) Geldeinstandskosten *pl (ie, bank's own financing cost)*
cost of not carrying (MaW) Fehlmengenkosten *pl (syn, stockout cost)*
cost of operation
(KoR) Betriebskosten *pl*
(eg, wages, rentals, taxes; syn, running cost, operationals)
cost of possession (ReW) Opportunitätskosten *pl* des Anlage- und Umlaufvermögens
cost of production
(ReW) Herstellungskosten *pl*
(syn, final manufacturing cost, mill cost of sales)
(KoR) Fertigungskosten *pl (syn, process/output . . . cost)*
(KoR) Kosten *pl* der Fertigungsbereitschaft
cost of quality
(IndE) Qualitätskosten *pl*
(ie, expenses involved in measuring product or service performance, preventing error, and dealing with failures; includes inspection, quality engineering, service after service, warranty, specification testing, audits, etc.)
cost of raising money (Fin) Geldbeschaffungskosten *pl (syn, cost of finance)*
cost of readiness (KoR) Kosten *pl* der Betriebsbereitschaft *f (syn, capacity/standby/ready-to-serve . . . cost)*
cost of renovation (com) Renovierungskosten *pl*
cost of repair
(KoR) Instandsetzungskosten *pl*
– Reparaturkosten *pl*
cost of reproduction (ReW) Wiederbeschaffungskosten *pl (ie, of replacing a building as of any given date)*
cost of research and development (ReW, EG) Forschungs- und Entwicklungskosten *pl*
cost of rework
(com, KoR) Nacharbeitskosten *pl*
– Nachbesserungskosten *pl*
– Nachbearbeitungskosten *pl*
cost of sales
(ReW) Umsatzaufwendungen *mpl*
(ie, GuV nach Umsatzkostenverfahren; syn, cost of goods sold, qv)
(KoR) Einstandspreis *m* der verkauften Handelsware *(ie, cost of sales – sales = pretax net earnings)*
cost of sales adjustment (ReW) Berichtigung *f* des Wareneinsatzes
cost of sales style of presentation (ReW) Umsatzkostenverfahren *n (opp, expenditure style of presentation)*
cost-of-service principle
(FiW) Äquivalenzprinzip *n*
– Nutzenprinzip *n*
– Vorteilsprinzip *n*
(syn, benefits-received principle, compensatory principle of taxation)
cost of servicing loans (Fin) Kapitaldienst *m (syn, debt service)*
cost of setting up (ReW) Einrichtungskosten *pl*
cost of tools (KoR) Werkzeugkosten *pl*
cost of transport
(com) Beförderungskosten *pl*
– Transportkosten *pl*
(syn, freight, transport expenses)
cost of travel to work
(Pw) Aufwendungen *mpl* für Fahrten zwischen Wohnung und Arbeitsstätte
cost of upkeep (KoR) Wartungskosten *pl (syn, upkeep/ maintenance . . . cost)*
cost of waiting time (OR) Wartekosten *pl (ie, often equal to opportunity cost)*
cost of writing insurance
(Vers) Bearbeitungskosten *pl*
cost or market whichever is lower (ReW) Niederstwert *m (syn, lower of cost or market)*
cost out *v* (com) Kosten *pl* ermitteln *(eg, a purchase order)*
cost overrun (com) Kostenüberschreitung *f*, Mehrkosten *pl*
cost package (Bw) Kostenpaket *n*
cost per unit of volume (KoR) Stückkosten *pl (syn, unit cost)*
cost plan (KoR) Kostenplan *m (syn, cost budget)*
cost planning (KoR) Kostenplanung *f (syn, expense budgeting)*
cost plus contract (com, US) Vertrag *m* auf der Grundlage von Istkosten + vereinbartem Gewinnzuschlag *(ie, to supply at cost + an agreed percentage or fee)*
cost-plus-fixed-fee contract (com, US) Vertrag *m* auf der Grundlage von Istkosten + festem Zuschlag
cost-plus method (StR, US) Selbstkostenpreismethode *f*
cost-plus pricing (com) Ermittlung *f* des Verkaufspreises durch Gewinnzuschlag auf die Selbstkosten
cost pressure (com) Kostendruck *m (ie, upward pressure on costs)*

cost price
(ReW) Anschaffungs- od Herstellungspreis *m (ie, component of acquisition cost)*
(com) Vertragspreis *m*
(ie, cost + markup = Kosten + Gewinnzuschlag)
(KoR) Werksselbstkosten *pl*
(com) Einstandspreis *m (ie, to retailer)*
cost price squeeze (com) Preis-Kosten-Schere *f*
cost-push inflation
(Vw) Kostendruck-Inflation *f*
– kosteninduzierte Inflation *f*
cost rate
(KoR) Verrechnungssatz *m*
– Gemeinkostenzuschlag *m (syn, overhead rate)*
cost recording (KoR) = cost finding
cost recovery
(KoR) Kostendeckung *f*
(ReW) Verrechnung *f* von Aufwendungen
(Fin) Rückgewinnung *f* des investierten Kapitals
cost-reimbursement contract (com) Kostenerstattungs-Vertrag *m*
cost-revenue control
(KoR) Erfolgskontrolle *f*
(ie, analysis of period income for 1. an enterprise as a whole; 2. a plant unit; 3. individual departments; and 4. individual profit units)
cost rollup (KoR) Kostenermittlung *f*
cost saving
(com) Kosteneinsparung *f*
– Kostenersparnis *f*
cost sharing
(com) Kostenbeteiligung *f*
(Vers) Kostenbeteiligung *f*
(ie, may take the form of deductible, coinsurance, or copayment)
cost sheet
(KoR) Kostenblatt *n*
– Kostenzusammenstellung *f*
cost spiral (com) Kostenspirale *f*
cost splitup (KoR) = cost breakdown
cost squeeze (com) Kostenzange *f*
cost standard
(KoR) Standardkosten *pl*
(ie, predetermined cost of direct labor, material, and overhead; syn, standard cost)
cost statistics (KoR) Kostenstatistik *f*
cost system (KoR) Kostenrechnungssystem *n (syn, costing system)*
cost to complete (Bw) Restkosten *pl (ie, in project management)*
cost-to-performance ratio (IndE) Kosten-Leistungs-Verhältnis *n*
cost transfers (KoR) Kostenübertragung *f*
cost unit
(KoR) Kostenträger *m*
(syn, costing unit, unit of output, unit of activity)
cost unit group (KoR) Kostenträgergruppe *f*
cost unit rate (KoR) Kostensatz *m*
cost value (ReW) Anschaffungs- od Herstellungswert *m*
cost value method
(Fin) Anschaffungswert-Methode *f*
(ie, Zuschreibungen zum Buchwert der ausgewiesenen Beteiligung nicht möglich; cf, equity method; syn, legal basis method)
cost variance (KoR) Kostenabweichung *f (ie, between actual and standard cost)*
cost variance analysis (KoR) Kostenabweichungsanalyse *f (syn, analysis of cost variances)*
cost-volume-profit relationship (KoR) Zusammenhang *m* zwischen Kosten, Beschäftigung und Gewinn
co-surety
(Re) Mitbürgschaft *f*
(Re) Mitbürge *m*
coterminous interests (Re) gleichlaufende Interessen *npl (ie, same in scope and duration)*
coterminous vectors (Math) Vektoren *mpl* mit gleichem Anfangspunkt
co-trading (Mk) Zusammengehen *n* zweier Marken
co-trustee (Re) Mittreuhänder *m*
cotton exchange (Bö) Baumwollbörse *f*
cotton futures (Bö) Baumwolltermingeschäfte *npl*
cotton futures market (Bö) Baumwollterminbörse *f (syn, forward cotton exchange)*
couch *v* (com) abfassen, verfassen
cough up money *v* (com, infml) Geld *n* aufbringen od „herausrücken" *(ie, usually reluctantly)*
Council of Agricultural Ministers (EG) Agrarministerrat *m*
Council of Economic Advisers
(Vw, US) Sachverständigenrat *m*
(ie, set up by the 1946 Employment Act; part of the Executive Office of the President; formulates proposals to „maintain employment, production, and purchasing power")
Council of Economic and Finance Ministers, ECOFIN (EG) EG-Rat *m* der Wirtschafts- und Finanzminister
Council of European Industrial Federations, CEIF (EG) Rat *m* der europäischen Industrieverbände
Council of Ministers (EG) EG-Ministerrat *m*
Council of the Stock Exchange
(Bö, GB) Börsenvorstand *m*
(ie, it has 46 members + plus the Government Broker who is an ex-officio member but has no vote; all actions of The Stock Exchange are taken in the name of the Council)
co-underwriter (Fin) Mitkonsorte *m*
counsel
(Re, GB) Anwalt *m*
(ie, commonly called ‚barrister-at-law' or ‚Queen's Counsel'; syn, Scot, advocate)
counsel at the criminal bar (Re) Strafverteidiger *m (syn, counsel for the defense)*
counsel for the defense (Re) (Zivil- od Straf-)Verteidiger *m*
counseling (com) = consulting
counselor
(com) Berater *m (syn, consultant, adviser)*
counselor-at-law (Re, US) (Rechts-)Anwalt *m (syn, attorney-at-law)*
countable set
(Math) abzählbare Menge *f (ie, either finite or denumerable/enumerable)*
countably infinite set
(Math) abzählbar unendliche Menge *f*
(ie, set which may be put in one-to-one correspondence with the positive integers; syn, denumerable set)

count against *v* (com) anrechnen *(eg, a quota)*

count down floater (Fin) Variante e–r floating rate note, mit fortschreitend abnehmenden Margen auf den Referenzzinssatz

count-down floating rate note (Fin) zinsvariabler Schuldtitel *m*, dessen Aufschläge auf den Referenzzinssatz sich jährlich verringern

counter
(com) Schalter *m*
(EDV) Zähler *m*, Zählwerk *n*
(EDV, Cobol) Zähler *m*
(ie, data item (Datenfeld) used for storing numbers or number representations (Zahlendarstellungen); cf, DIN 66 028, Aug 1985)

counteradvertising (Mk) freiwillige Gegendarstellung *f* in der Werbung

counter balance (ReW) Gegensaldo *m*

counterbalance *v* (ReW) aufrechnen *(syn, balance against, offset)*

counterbid (com) Gegenangebot *n* *(syn, counteroffer)*

counterbond (Re) = counter guaranty

counter cash (Fin) Bargeldvorrat *m* des Kassierers *(ie, money entrusted to the paying teller; syn, till money)*

counter check
(Fin) Überbringerscheck *m*
(ie, cashable only at the paying teller's window and by the drawer in person)

counterclaim
(com) Gegenforderung *f*
(Re, GB) Gegenanspruch *m* *(ie, vergleichbar der Widerklage des deutschen Rechts)*

counterconfirmation (com) Gegenbestätigung *f*

countercyclical economic policy
(Vw) antizyklische Wirtschaftspolitik *f*
(ie, measures to mitigate the effects of cyclical booms and recessions; syn, anti-cyclical economic policy)

countercyclical fiscal policy (FiW) antizyklische Fiskalpolitik *f* *(syn, compensatory finance)*

countercyclical pattern (Vw) gegenläufiger Zyklus *m* *(syn, anticyclical pattern, qv)*

countercyclical response (Vw) konjunkturelle Gegensteuerung *f*

counter deal (com) Gegengeschäft *n* *(syn, back-to-back transaction)*

counter display (Mk) Thekenaufsteller *m*

counter evidence (Re) Gegenbeweis *m* *(syn, rebutting evidence)*

counterfactual assumption (Log) tatsachenwidrige Annahme *f*

counterfeit
(com, Re) Fälschung *f*
– Falsifikat *n*
(syn, fake)
(Mk) Nachahmung *f*

counterfeit *v*
(com) fälschen, nachmachen
(eg, bank notes, documents, receipts; syn, fake, falsify; GB, forge)

counterfeit bill
(Fin) gefälschte Banknote *f*
– „Blüte" *f*
(syn, GB, forged note)

counterfeit coin (Fin) Falschmünzen *fpl* *(syn, base coin)*

counterfeiter (Fin) Falschmünzer *m* *(syn, GB, forger)*

counterfeiting of bank notes
(Vw) Banknotenfälschung *f* *(syn, forgery of bank notes)*

counterfeit money
(Fin) Falschgeld *n*
(sl) „Blüten" *fpl*
(syn, fake money; sl, funny money; GB, forged money)

counterfeit of a bill (WeR) Wechselfälschung *f*

counterfeit products
(com) Fälschungen *fpl*
(ie, a well-known label of a manufacturer's brand name is illegally fixed to inferior merchandise which is sold at inflated markup; syn, bogus merchandise, fakes)

counterfoil
(Fin, GB) Kontrollabschnitt *m*
– Stammabschnitt *m*
(syn, stub, butt, heel)

counterfoil waybill (com) Frachtbriefdoppel *n* *(syn, duplicate freight bill; GB, duplicate consignment note)*

counter guaranty (Re) Rückbürgschaft *f* *(syn, back-to-back guaranty, qv)*

counter indemnity (Re) Gegengarantie *f*

counter inflation *v*
(Vw) Inflation *f* bekämpfen
– Maßnahmen *fpl* gegen die Inflation ergreifen
(syn, fight inflation, qv)

counter jumper (com, GB, sl) Verkäufer *m*

countermand (Fin) Schecksperrung *f*

countermand *v*
(com) stornieren *(ie, purchase order)*
(Fin) sperren *(syn, block, freeze, stop)*

countermeasure (com) Gegenmaßnahme *f* *(against)*

counter movement
(Stat) Gegenbewegung *f*
(ie, of a time series in a business cycle diagram; syn, scissor movement)

counter-offensive advertising (Mk) Abwehrwerbung *f*

counter offer
(com) Gegenangebot *n*
– Gegenofferte *f*
(syn, counterbid)

counterpart
(com) zweite Ausfertigung *f*
– Duplikat *n*
(eg, of bill of lading)

counterpart funds
(Vw) Gegenwertmittel *pl*
– Gegenwertfonds *m*

counterparty (Bö) Kontrahent *m*

counter-party risk (Fin) Risiko *n* des Ausfalls der Gegenpartei

counter-performance (Re) Gegenleistung *f* *(cf, §§ 323–325 BGB)*

counter proposition
(Re) Gegenantrag *m*
(eg, from a company's liability creditors opposing a reorganization plan)

counterpurchase
(com) Gegengeschäft *n* mit Parallelverträgen
(ie, common type of countertrading; with parallel contracts, country A 100% goods, country B 1–100% goods:
1. Contracts A and B are negotiated and signed simultaneously but fulfilled separately;
2. Contract B will contain penalties for nonfulfilment;
3. Contract B can often be assigned to a third party, eg, a trader, subject to the agreement of Country B;
4. Costs incurred in disposing of the countertrade goods have to be built into the price in Contract A.
5. The contracts are not usually cross-referenced.)
(AuW) Gegengeschäft *n* mit Vorabkauf *(ie,*
1. The exporting country must take delivery of, and sell, the counterpurchase goods first;
2. The proceeds are placed in a trust account with an institution sanctioned by country B;
3. The exporter then delivers his goods to country B;
4. Against agreed documentation the exporter is able to reclaim the funds in the trust account.)
counter register (EDV) Zählregister *n*
counter sale (com) Gegenverkauf *m*
countersample (com) Kontrollmuster *n*
countersign *v* (com) gegenzeichnen
countersignature (com) Gegenzeichnung *f*
counterstatement
(com) Gegendarstellung *f*
– Gegenerklärung *f*
– Rückerklärung *f*
counter surety
(Re) Rückbürge *m*
– Gegenbürge *m*
counter tender (com) konkurrierendes Übernahmeangebot *n*
counter terminal (EDV) Schalterterminal *n*
countertrade
(com) Kompensationshandel *m*
(ie, accounts for 20–30% of world trade; terminology is far from settled, but may include: barter, buyback, clearing agreements, counterpurchase, evidence accounts, full/partial compensation, industrial cooperation, reverse countertrade, swap schemes, switch arrangements, triangular compensation, qv)
counter transaction
(Fin) Schaltergeschäft *n*
– Tafelgeschäft *n*
(ie, simultaneous purchase and cash payment ‚at the counter'; Leistung und Gegenleistung Zug um Zug; Aushändigung effektiver Stücke)
countervailing credit (Fin) Gegenakkreditiv *n (syn, back-to-back /secondary . . . credit)*
countervailing duty
(AuW) Ausgleichsabgabe *f*
– Ausgleichszoll *m*
(syn, compensating/compensatory tariff, contingent/matching . . . duty)
countervailing measure (com) Gegenmaßnahme *f*
countervailing power
(Vw) gegengewichtige Marktmacht *f*
– Gegenmacht *f*
country-by-country quotas (AuW) Länderquoten *fpl*
country check (Fin, US) Fernscheck *m (ie, out-of-town or transit check)*
country clearing (Fin, GB) Scheckverrechnung *f* auf Provinzbanken
country economist (Vw) Länderreferent *m*
country exchange (Bö) Regionalbörse *f*
country limit (Fin) Länderlimit *n*
country of consumption (AuW) Verbrauchsland *n*
country of departure (AuW) Ausgangsland *n*
country of destination (com) Bestimmungsland *n*
country of employment (StR) Beschäftigungsland *n*
country of export
(AuW) Ausfuhrland *n*
– Exportland *n*
(syn, exporting country)
country of fiscal domicile (StR) Land *n* des steuerlichen Wohnsitzes
country of guarantor (AuW) Schuldnerland *n*
country of importation
(AuW) Einfuhrland *n*
– Importland *n (syn, importing country)*
country of incorporation (Re) Sitzland *n*
country of investment (Fin) Anlageland *n*
country of ordinary residence (StR) Wohnsitzstaat *m (opp, source state, qv)*
country of origin (com) Ursprungsland *n*
country of purchase (Zo) Einkaufsland *n*
country of residence (StR) Wohnsitzstaat *m*
country of warehousing (Zo) Einlagerungsland *n*
country rating
(Fin) Länderrating *n*
– Länderrisikoanalyse *f*
country risk
(Fin) Länderrisiko *n*
(ie, risk that changes in a foreign country may lead to delayed payments or controls on outflow of funds; syn, sovereign risk)
country-specific developments (EG) länderspezifische Entwicklungen *fpl*
country survey (com) Länderbericht *m*
count up *v* (com) zusammenzählen
coupling-up (IndE) überlappende Schichtarbeit *f*
coupon
(Fin) Kupon *m*
– Zinsschein *m*
(ie, detachable part of the certificate exchangeable for dividends)
(Fin) Anleihezins *m (ie, rate of interest on a fixed interest security)*
coupon bonds
(Fin) Inhaberschuldverschreibungen *fpl*
(ie, negotiable bonds payable to bearer; opp, registered bonds)
coupon clearing
(Mk) Coupon-Abwicklung *f*
(ie, bei Verkaufsförderungs-Aktionen)
coupon collection (Fin) Einlösung *f* von Zinsscheinen
coupon collection department (Fin) Kuponsammelstelle *f (ie, of a large bank or trust company)*

coupon collection teller (Fin) Leiter *m* e–r Kuponsammelstelle
coupon date (Fin) Zinstermin *m (syn, interest due date)*
coupon detached (Fin) ex Dividende *(syn, ex dividend, qv)*
coupon holder (Fin) Kuponinhaber *m*
coupon issue (Fin) Anleiheemission *f*
coupon paying department
(Fin) Kuponeinlösestelle *f*
(ie, department of a bank appointed coupon paying agent)
coupon rate
(Fin) Anleihezins *m*
– Zins *m* für Festverzinsliche
(ie, not necessarily the same as the yield; syn, nominal interest rate)
coupon redemption fraud
(com, US) betrügerische Gutschein-Einlösung *f*
(ie, an estimated $ 350 m is lost to trade and industry each year)
coupon renewal (Fin) Bogenerneuerung *f*
coupon sheet
(Fin) Kuponbogen *m*
– Zinsbogen *m*
– Bogen *m (ie, sheet made up of dividend coupons; syn, renewal coupon, qv)*
coupon stripping
(Fin) Trennung *f* von Wertpapiermantel und Zinsscheinen
(ie, klassische Anleihe mit laufender Verzinsung wird so in e–e Nullkuponanleihe umgewandelt)
coupon swap (Fin) Zinsswap *m (syn, interest rate swap)*
coupon switching (Fin) Portefeuille-Umschichtung *f* auf höherverzinsliche Anleihen
coupon tax
(StR) Kuponsteuer *f*
(ie, imposed on fixed-interest bearing industrial or government bonds; collected through withholding at the source = Quellenabzug)
coupon yield (Fin) Jahreszins *m* Festverzinslicher
Courier (EDV) Courier-Schriftart *f (ie, standard monospace typeface; print results are similar to typewriter)*
course material (com) Kursmaterial *n (eg, textbooks, records; syn, backup material)*
course of economic activity
(Vw) Konjunkturverlauf *m*
course of the economy (Vw) wirtschaftliche Entwicklung *f (syn, general thrust of the economy)*
course of training (Pw) Ausbildungsgang *m*
courseware (EDV) = teachware
court above (Re) nächsthöhere Instanz *f*, übergeordnete Instanz *f (syn, next higher court)*
courtage (Fin) Kurtage *f*, Courtage *f*
court-appointed (Re) gerichtlich bestellt
court approval (Re) gerichtliche Zustimmung *f*
court below
(Re) untergeordnete Instanz *f*
– Vorinstanz *f*
(syn, minor court, lower-instance court)
courtesy copy (com) Widmungsexemplar *n (syn, complimentary copy, qv)*
court fees (Re) Gerichtsgebühren *fpl*
court in charge (Re) zuständiges Gericht *n*
court interpretation (Re) richterliche Auslegung *f*
court of appeal (Re) Rechtsmittelinstanz *f (syn, appellate court)*
court of arbitration (Re) Schiedsgericht *n (syn, arbitration tribunal)*
Court of Auditors (EG) Rechnungshof *m*
court of competent jurisdiction (Re) zuständiges Gericht *n*
court of justice (Re) = court of law
Court of Justice of the European Communities
(EG) Gerichtshof *m* der Europäischen Gemeinschaften
court of law
(Re) Gericht *n*
– Gerichtshof *m*
(syn, court of justice, tribunal)
court settlement (Re) gerichtlicher Vergleich *m (opp, out-of-court settlement)*
court-type evidence (Re) gerichtsverwertbare Tatsachen *fpl*
covariance
(Stat) Kovarianz *f*
(ie, first product moment of two variates about their mean values)
covariance analysis (Stat) Kovarianzanalyse *f*
covariance function (Stat) Kovarianzfunktion *f (ie, colloquial for ‚auto-covariance function')*
covenant
(Re) Vertrag *m*
(Re) Bestimmung *f*
– Klausel *f*
(ie, of a contract; syn, provision)
(Re) Nebenvereinbarung *f*
(ie, in a contract)
(Fin) Verpflichtung *f*
(ie, e–s Kreditnehmers auf Handlung od Unterlassung)
covenant in restraint of trade
(Re) Konkurrenzklausel *f*
– Wettbewerbsklausel *f*
(syn, ancillary covenant, restraining clause)
cover
(Bö) Deckung *f (ie, im Leergeschäft: purchase of stocks by short sellers to complete their contracts)*
(Fin) Verhältnis *n* Gewinn zu Dividende
(Fin) Differenz *f* zwischen höchstem akzeptierten Gebot und nächsthöherem Gebot *(am Euromarkt)*
(Vers) Übernahme *f* von Risiken
(Vers) Umfang *m* der Deckung
cover *v* (Fin) decken, abdecken *(syn, hedge)*
coverable risk (Fin) deckungsfähiges Risiko *n*
cover account (Fin) Deckungskonto *n*
cover against *v* (com) sichern gegen *(eg, damage, incapacity, theft)*
coverage
(com) Erfassung *f*
(Re) Geltungsbereich *m*
(eg, of a contract; syn, scope)
(Fin) Deckung *f*
(ie, von Zinsen, Tilgung, Dividenden durch Unternehmenserträge)
(Fin) Verhältnis *n* Gewinn vor Steuern/Zinsen *(ie, für Festverzinsliche)*

(Mk) Streubreite *f*
– Abdeckung *f* des Marktes
(Mk) Verbreitung *f*
– Reichweite *f*
(of an advertising medium, eg newspaper or magazine)
(Vers) Versicherungsdeckung *f*
(syn, insurance cover, qv)
(Stat) Erhebungsgesamtheit *f*
coverage deposit (Fin) Deckungsguthaben *n (syn, covering balance)*
coverage error (Stat) Erhebungsfehler *m*
covered (com) erfaßt
covered arbitrage (Bö) kursgesicherte Zinsarbitrage *f*
covered bear (Bö, GB) Baissier *m*, der Wertpapiere verkauft und später zu niedrigerem Kurs zurückkauft; liefert Stücke nicht aus, um Rückkaufkosten zu sparen *(syn, protected bear)*
covered by a treaty (StR) abkommensberechtigt
covered call
(Bö, US) gedeckte Kaufoption *f*
(ie, seller of an option owns the stock before offering the option for sale)
covered employee (SozV) versicherungspflichtiger Arbeitnehmer *m*
covered employment (SozV) versicherungspflichtige Beschäftigung *f*
covered forward (Fin) kursgesichert
covered goods waggon
(com, GB) gedeckter Wagen *m*
– G-Wagen *m (syn, US, boxcar)*
covered interest-rate differential (Bö) Nettozinsdifferenz *f*
covered option (Bö) gedeckte Option
covered price cut (com) versteckte Preissenkung *f*
covered transaction (Fin) kursgesicherte Transaktion *f*
covered warrant (Fin) gedeckter Optionsschein *m*
covered writer (Fin) Verkäufer *m* gedeckter Optionen
cover expenses *v* (com) Ausgaben *fpl* od Kosten *pl* decken
cover funds (Fin) Deckungsmittel *pl*
covering
(Fin) Kurssicherung *f*
(Bö) Risikoabdeckung *f (durch Abschluß e–s Devisentermingeschäfts)*
(Fin) Rendite *f* des Obligationärs
covering balance (Fin) = coverage deposit
covering claims (Fin) Deckungsforderungen *fpl*
covering entry
(ReW) Gesamtverbuchung *f* e–s Geschäftsvorfalls
(ReW) fiktive Buchung *f*
covering letter
(com) Begleitschreiben *n (syn, accompanying letter, letter of transmittal)*
covering loan (Fin) Deckungsdarlehen *n*
covering purchase (com) Deckungskauf *m*
cover limit (Fin) Deckungsgrenze *f*
cover note
(Fin) Deckungsbestätigung *f*
(ie, confirmation of cover)
(Vers) Deckungszusage *f*
(ie, prepared by an agent; syn, binder, slip, qv)
cover of assurance (Vers, GB) = unearned premium reserve
cover purchase
(com) Deckungskauf *m*
(Re) Beschaffung *m* der Kaufsache an anderer Stelle *(ie, Rechtsbehelf)*
cover ratio
(Fin) Deckungsquote *f*
(Vers) Deckungssatz *m (syn, reserve ratio)*
cover restriction (Fin) Deckungsbeschränkung *f*
cover sheet (com) Deckblatt *n (eg, bei Telefax-Sendungen)*
cover stock *v* (Bö) Aktien *fpl* zurückkaufen *(syn, buy back, qv)*
cowboy (Pw, GB, sl) Streikbrecher *m*
co-worker (com) Mitarbeiter *m (syn, collaborator, qv)*
C/P
(com, GB) = carriage paid
(IndE) = capability of process
CPA (ReW, US) = certified public accountant
CPA firm (ReW, US) Wirtschaftsprüfungsgesellschaft *f (syn, audit firm, qv)*
CPC (Vw, US) = Central Product Classification
c.p.d. (com) = charterer pays duties
CPI inflation (Vw) Inflation *f* gemessen am Verbraucherpreisindex
CPI-W (Fin) = Consumer Price Index
CPU (EDV) = central processing unit
CR (EDV) = carriage return
crack a code *v* (EDV) Code *m* knacken
cradle-to-grave system (SozV) Versorgungsstaat *m* „von der Wiege bis zur Bahre"
craft (com) Handwerk *n*
craft enterprise
(com) Handwerksbetrieb *m*
– Handwerksunternehmen *n (eg, study comparing . . . in the U.K. and West Germany)*
craft etc. clause (SeeV) Leichterklausel *f*
cramp a recovery *v* (Vw) Aufschwung *m* behindern
cranage (com) Kranbenutzungsgeld *n*
crank up *v* (com) in Gang setzen, „ankurbeln" *(eg, volume production)*
crashed program (Bw) Programm *n* mit Minimaldauer
crash point (Bw) Punkt *m* der Minimaldauer
crash program
(com) Blitzprogramm *n*
– Sofortprogramm *n*
crash reaction (com) Sofortreaktion *f*
crash the headlines *v*
(com) Schlagzeilen *fpl* machen
– Schlagzeilen *fpl* liefern
(syn, hit/make the headlines)
crash time (Bw) absolute Minimalfrist *f*
crate (com) Lattenkiste *f*
crawling peg
(AuW) Wechselkursanpassung *f* in kleinen Schritten
– gleitende Bandbreiten *fpl*
– limitierte Wechselkurs-Flexibilität *f*
(ie, exchange rates are allowed to drift slowly and steadily by weekly, monthly, or quarterly alterations up to 2% or 3% a year, automatically or with deliberate guidance = feste, aber in

kleinen Stufen anpassungsfähige Paritäten; syn, sliding/self-adjusting . . . peg, gliding parity, moving band)
CRC (EDV) = cyclic redunancy check, qv
C.R. (C/R) (com) = company's risk
cream is off (Bö, sl) die Musik ist raus
create *v*
(com) gründen
(ie, any kind of business; syn, form, establish, launch, organize, set up)
create a file *v* (EDV) Datei *f* erstellen
create a mortgage *v* (Re) Hypothek *f* bestellen
create a precedence *v* (com) Präzedenzfall *m* schaffen
create a right *v* (Re) Recht *n* begründen *(syn, establish)*
create false invoices *v* (com) fingierte Rechnungen *fpl* ausstellen
create jobs *v* (Vw) Arbeitsplätze *mpl* schaffen *(syn, generate jobs)*
create money *v* (Vw) Geld *n* schöpfen
create new jobs *v* (Vw) Arbeitsplätze *mpl* schaffen
creation
(com) Gründung *f (eg, of a company)*
(EDV) Erstellung *f (ie, in file processing)*
creation of a customs union (AuW) Schaffung *f* e–r Zollunion
creation of additional money (Vw) Schaffung *f* von zusätzlichem Geld
creation of a mortgage (Re) Hypothekenbestellung *f*
creation of a right (Re) Begründung *f* e–s Rechts
creation of bank money (Vw) Bankgeldschöpfung *f*
creation of demand (Mk) Bedarfsweckung *f*
creation of money (Vw) Geldschöpfung *f (ie, process of creating money)*
creation of new employment (Vw) Schaffung *f* neuer Arbeitsplätze
creation of purchasing power (Vw) Kaufkraftschöpfung *f*
creation of training openings (Pw) Schaffung *f* von Ausbildungsplätzen
creation of wealth (Vw) Vermögensbildung *f*
creative accounting (FiW) kreative Buchführung *f*
crèche (Pw, GB) Kindertagesstätte *f (syn, day nursery; US, crib)*
credibility (com) Glaubwürdigkeit *f*
credibility gap (com) Glaubwürdigkeitslücke *f*
credibility test (Stat) Plausibilitätskontrolle *f*
credible (com) glaubwürdig
credit
(Fin) Kredit *m*
(syn, loan, advance)
(Fin) Akkreditiv *n*
(syn, letter of credit)
(Fin) Kreditwürdigkeit *f*
– Kredit *m*
(syn, credit rating)
(com) Zahlungsziel *n*
(syn, time allowed for payment)
(Fin) Guthaben *f*
(syn, balance, credit balance)
(ReW) Gutschrift *f*
(opp, debit)
(ReW) Habenseite *f* e–s Kontos
(syn, credit side)
(ReW) Habensaldo *m*
(syn, credit balance)
credit *v*
(com) kreditieren
– auf Kredit verkaufen
(eg, credit an account with/credit to an account)
(ReW) gutschreiben *(ie, enter upon the credit side of an account; opp, debit = belasten)*
creditable
(Fin) kreditwürdig
(ie, worthy of having commercial credit; syn, creditworthy)
(com) anrechenbar
creditable amount (StR) anrechenbarer Betrag *m*
creditable tax (StR) anrechenbare Steuer *f*
credit advice
(Fin) Gutschriftsanzeige *f*
– Gutschrift *f*
credit against *v* (com) anrechnen *(syn, set off)*
credit agency
(com) Auskunftei *f*
– Kreditauskunftei *f (syn, mercantile agency)*
credit agreement
(Fin) Kreditvertrag *m*
(ie, made between lender and borrower; syn, loan agreement)
credit analysis (Fin) Kreditwürdigkeitsprüfung *f* *(syn, credit investigation)*
credit approval (Fin) Kreditzusage *f (ie, im Exportgeschäft)*
credit balance
(Fin) Guthaben *n*
(ReW) Habensaldo *m*, Aktivsaldo *m*
(ie, excess of credit over debit entries; opp, debit balance = Sollsaldo)
credit bank (Fin) Kreditbank *f (ie, term sometimes applied to commercial banks)*
credit base
(Vw) Geldbasis *f*
– monetäre Basis *f*
credit bill (Fin) Finanzierungswechsel *m (ie, finance acceptances and notes)*
credit broker (Fin) Finanzmakler *m*
credit brokerage (Fin) Kreditvermittlung *f*
credit bureau (com, US) Auskunftei *f (ie, on personal and business obligations)*
credit buying (Fin) Kreditkauf *m*
credit by way of bank guaranty (Fin) Avalkredit *m*
credit call telephone (com, GB) bargeldloses Telefon *n (ie, accepts credit cards of banks)*
credit card (Fin) Kreditkarte *f*
credit ceiling
(Fin) Kreditplafond *m*
– Kredithöchstgrenze *f*
credit claims
(Re) Gläubigerrechte *npl*
– Gläubigerforderungen *fpl*
credit clearinghouse
(Fin, US) zentrale Kreditauskunftsstelle *f*
(ie, credit interchange bureau: exchanges credit information among members)
credit commitment (Fin) Kreditzusage *f*
credit company (Fin) Finanzierungsinstitut *n*
credit concessions (AuW) Kreditvergünstigungen *fpl*
credit confirmation (Fin) Akkreditivbestätigung *f*

credit contract (Fin) = credit agreement
credit control (Vw) restriktive Kreditpolitik *f (syn, tight credit policy)*
credit cooperative (Fin) Genossenschaftsbank *f*
credit cost (Fin) Kreditkosten *pl*
credit counseling (Fin) Kreditberatung *f (ie, helping overextended consumers)*
credit cover (Fin) Akkreditivdeckung *f*
credit creation (Vw) Kreditschöpfung *f (syn, credit . . . formation/expansion)*
credit crunch
(Fin) Kreditknappheit *f*
– Kreditrestriktion *f*
credit currency (Vw) = credit money
credit demand (Fin) Kreditnachfrage *f (syn, loan demand)*
credit enhancement (AuW) Verbesserung *f* von Problemkrediten
credit entry
(ReW) Gutschrift *f*
(ReW) Habenbuchung *f*
credit evaluation (Fin) = credit investigation
credit evaluation procedure (Fin) Kreditwürdigkeitsprüfung *f (syn, credit . . . investigation/ review)*
credit expansion (Fin) = credit creation
credit expansion multiplier (Vw) Kreditschöpfungsmultiplikator *m*
credit expert (Fin) Kreditfachmann *m*
credit facility
(Fin) Kreditfazilität *f*
– Darlehen *n*
(Fin) Kreditrahmen *m*
credit factoring
(Fin) Factoring *n (syn, factoring)*
(Vers) Kreditrisiko-Versicherung *f*
credit fee (Fin) Kreditprovision *f (ie, equal to credit risk premium)*
credit for accrued interest (Fin) Zinsgutschrift *f*
credit formation (Fin) = credit creation
credit for returned goods (com) Retouren-Gutschrift *f*
credit gap (Fin) Kreditlücke *f*
credit guaranty (Fin) Kreditbürgschaft *f*
credit history
(Fin) Bonitätsgeschichte *f*
– Kreditgeschichte *f (still quite unusual term in Germany)*
credit in current account (Fin) Kontokorrentkonto *n (syn, advance in current account)*
credit information (Fin) Kreditauskunft *f (syn, GB, banker's reference)*
credit information exchange (Fin) Evidenzzentrale *f (syn, central risk service, qv)*
credit inquiry agency (com, GB) Auskunftei *f (syn, commercial agency)*
credit instrument
(Fin) Kreditinstrument *n*
(ie, document evidencing a debt; there are two classes: promises to pay and orders to pay; eg, letter of credit, check, bond)
credit insurance (Vers) Kreditversicherung *f (ie, against excessive loss due to default of debtors)*
credit insurance premium (Fin) Delkrederegebühr *f (ie, in factoring)*
credit insurer (Vers) Kreditversicherer *m*
credit intake (Fin, FiW) Kreditaufnahme *f (syn, borrowing, qv)*
credit interest (Fin) Habenzinsen *mpl*
credit investigation
(Fin) Kreditwürdigkeitsprüfung *f*
– Bonitätsprüfung *f*
(ie, relating to capacity, capital, conditions; syn, credit . . . evaluation /review)
credit issuing bank (Fin) Akkreditivbank *f (syn, issuing/opening . . . bank)*
credit item
(ReW) Habenposten *m*
(VGR) Aktivposten *m (ie, of balance of payments)*
creditless
(Fin) ohne Kredit
– keinen Kredit genießen
credit life insurance
(Vers) Todesfallversicherung *f* als Kreditsicherheit *(ie, taken out under an installment purchase contract; relieves the debtor's estate – Vermögen des Schuldners – of further payments in the event of his death)*
credit limit (Fin) = credit line
credit line
(Fin) Kreditlinie *f*
– Kreditrahmen *m*
(ie, limit of credit extended to customer; syn, line of credit, lending . . . line/ceiling; the nearest British equivalent is ,overdraft'; Höchstgrenze e-s Kreditspielraums, den die Bank ihrem Kunden einräumt)
credit-linked swap (Fin) Kreditswap *m*
credit links (Fin) Kreditverflechtung *f (eg, among business enterprises)*
credit man (Fin) Sachbearbeiter *m* für Kreditwürdigkeitsprüfungen *(ie, investigates the financial standing of a person or firm)*
credit management (Fin) Kreditbearbeitung *f (syn, loan processing)*
credit market (Fin) Finanzmarkt *m (ie, includes money market and capital market)*
credit marketing
(Fin) Kredit-Marketing *n*
(eg, through advertisements promoting credit facilities)
credit memorandum (Fin, US) Gutschriftsanzeige *f*, Gutschrift *f (syn, credit slip, qv)*
credit money
(Vw) Kreditgeld *n*
(ie, accepted because of the general credit of the issuer, not for its intrinsic commodity value; syn, credit currency)
(Vw) Geld *n* ohne Edelmetalldeckung
credit multiplier (Vw) = credit expansion multiplier
credit note
(com, GB) Gutschriftsanzeige *f*
– Gutschrift *f*
(syn, credit slip, qv)
credit number (Fin) Akkreditivnummer *f (eg, of issuing bank)*
credit officer (Fin) Kreditsachbearbeiter *m*
credit on joint account (Fin) Metakredit *m*
credit operations (Fin) Kreditgeschäfte *npl*

creditor
(com) Gläubiger *m (ie, one to whom money is due)*
(Re) Gläubiger *m*
(cf, § 241 BGB; syn, fml, obligee; opp, debtor = Schuldner)
(AuW) Gläubigerland *n (syn, creditor . . . nation/country)*
(ReW) Habenseite *f* e–s Kontos *(syn, credit side)*
creditor arbitrage (AuW) Gläubigerarbitrage *f*
creditor bank (Fin) Gläubigerbank *f*
creditor beneficiary (Re) Zuwendungsempfänger *m (ie, aus echtem Vertrag zugunsten Dritter)*
creditor country (AuW) = creditor nation
creditor interest rate (Fin) Habenzinssatz *m (syn, debtor interest rate = Sollzinssatz)*
creditor nation (AuW) Gläubigerland *n (syn, creditor country; opp, debtor nation = Schuldnerland)*
creditor of bankrupt's estate (Re) Massegläubiger *m*
creditor protection (Re) Gläubigerschutz *m*
creditor quota (EG) Gläubigerquote *f*
creditor ranking pari passu (Re) gleichrangiger Gläubiger *m*
creditors
(ReW) Kreditoren *mpl*
– Verbindlichkeiten *fpl*
creditor's account (Fin) aufgenommene Gelder *npl (ie, in bank balance sheet)*
creditor's equity (Fin) Verbindlichkeiten *fpl*, Fremdkapital *n*
creditor's ledger (ReW) Kreditorenbuch *n*
creditor's meeting (Re) Gläubigerversammlung *f*
creditor's voluntary winding up (Re) freiwillige Abwicklung *f (ie, Bestellung des Liquidators durch die Gläubiger)*
credit outstanding
(Fin) Kreditlinie *f*
(ie, gewährt ein Unternehmen an s–e Kunden; umfaßt: unpaid invoices, goods in transit, part-finished work)
credit policies (Vw) kreditpolitische Maßnahmen *fpl*
credit policy
(Fin) Kreditpolitik *f (syn, lending policy)*
(Vers) Kreditversicherungspolice *f*
credit position
(Fin) Kreditpotential *n (ie, of a business enterprise)*
(Fin) finanzielle Lage *f*
credit procurement fee (Fin) Kreditbeschaffungsprovision *f*
credit protection
(Fin) Delkredereschutz *m*
– Delkrederegarantie *f*
credit protection insurance
(Fin) Übernahme *f* des Delkredererisikos
(ie, 100% protection against bad debts on all approved sales; syn, bad debt protection, assumption of credit risk)
credit rating
(Fin) Kreditwürdigkeit *f*
– Bonität *f*
(syn, credit . . . standing/worthiness, financial standing)
credit rating agency (Fin) Auskunftei *f (syn, mercantile agency)*

credit ratio (Fin) Kennziffer *f* der Kreditwürdigkeitsprüfung
credit reference agency (Fin, GB) Kreditauskunftei *f*
credit renewal (Fin) Kreditverlängerung *f*
credit report (Fin) Kreditauskunft *f (ie, of a mercantile agency; syn, commercial report)*
credit reporting company
(Fin, US) Auskunftei *f*
– Kreditauskunftei *f*
(eg, Dun & Bradstreet)
credit reserve (Fin) Kreditreserve *f*
credit restriction (Fin) Kreditrestriktion *f (syn, credit squeeze)*
credit review (Fin) = credit investigation
credit risk (Fin) Kreditrisiko *n (syn, business/financial . . . risk)*
credit risk insurance (Vers) Kreditrisikoversicherung *f (ie, gegen uneinbringliche Forderungen)*
credit sale
(com) Kreditkauf *m*
– Zielkauf *m*
(syn, sale for the account; US, charge sale)
credit scoring (Fin) Kreditwürdigkeitsprüfung *f*
credit screw (Fin) Kreditschraube *f*
credit selection (Fin) Kreditauslese *f*
credit settlement account (Fin) Akkreditiv-Abrechnungskonto *n*
credit slip
(com) Gutschriftsanzeige *f*
– Gutschrift *f*
(eg, for merchandise returned; syn, credit memorandum; GB, credit note)
(Fin) Einzahlungsschein *m*
– Überweisungsformular *n*
(syn, deposit slip; GB, paying-in slip)
credit squeeze (Fin) = credit restriction
credit standing (Fin) = credit rating
credit stringency (Fin) Kreditknappheit *f*
credit structure (Fin) Kreditgebäude *n (eg, is rickety)*
credit supply function (Vw) Kreditangebotsfunktion *f*
credit surveillance (Fin) Kreditüberwachung *f*
credit terms
(Fin) Akkreditivbedingungen *fpl*
(Fin) Kreditkonditionen *fpl*
credit tranche (Fin) Kredittranche *f*
credit transactions (Fin) Kreditgeschäfte *npl*
credit transfer
(Fin, GB) Überweisungsverkehr *m (ie, now changed to ‚Bank Giro')*
(Fin, GB) Banküberweisung *f (ie, may be manual, automated, National Giro)*
credit transfer instruction
(Fin) Abbuchungsauftrag *m*
credit transfer order (Fin) Giroauftrag *m*, Überweisungsauftrag *m*
credit transfer remittee (Fin) Überweisungsempfänger *m*
credit transfer slip (Fin) Überweisungsformular *n* Überweisungsträger *m*
credit transfer system (Fin, GB) Giroverkehr *m*, Gironetz *n*
credit union
(Fin, US) Kreditgenossenschaft *f*
(ie, recycles the savings of small communities into mortgages and other consumer loans)

credit voucher
(ReW) Gutschriftsbeleg *m*
(Fin) = credit transfer slip
credit worthiness (Fin) = credit rating
creditworthy (Fin) kreditwürdig
creeping bracket (StR) „kalte Progression" *f*
creeping commitment (Mk) zunehmende Bindung *f* von Nachfragern an Anbieter im Verlauf des Interaktionsgeschäfts
creeping inflation (Vw) schleichende Inflation *f*
creeping takeover (com, US) schleichende Übernahme *f* *(ie, gradual accumulation of a company's stock through open-market purchases; public disclosure of stock ownership or takeover intentions is not required until the stake reaches 5 %)*
cremation certificate (Fin) eidesstattliche Erklärung *f* über die Vernichtung von Wertpapieren
„C" reorganization (com, US) Sanierung *f* durch Vermögenserwerb *(cf, reorganization)*
crib (Pw, US) Kindertagesstätte *f* *(syn, GB, crèche, nursery)*
criminal law (Re) Strafrecht *n*
criminal offense
(Re) strafbare Handlung *f*
– Straftat *f*
criminal proceedings (Re) Strafverfahren *n*
criminal prosecution (Re) Strafverfolgung *f*
crimping (com) Kundenfang *m*
crisis management (Bw) Krisenmanagement *n*
criterion (com) Kriterium *n* *(syn, yardstick, test)*
criterion on price stability (EG) (Konvergenz-)Kriterium *n* der Preisstabilität
criterion on the government budgetary position
(Vw) (Konvergenz-)Kriterium *n* der Lage der öffentlichen Haushalte
critical factor (com) Engpaßfaktor *m*
critical path analysis (OR) CPM-Methode *f*
critical ratio (Stat) kritischer Quotient *m*
critical region
(Stat) kritischer Bereich *m*
– Ablehnungsbereich *m* *(syn, rejection region)*
critical success factor (EDV) erfolgsentscheidender Faktor *m*
Croesus (com) Krösus *m*
crop insurance (Vers) Ernteversicherung *f*
crop surpluses (EG) Ernteüberschüsse *mpl*
cross
(Bö, US) privater Verkauf *m* e–s Aktienpakets
(ie, mit Börsenerlaubnis und Einschaltung e–s Maklers, aber ohne dealer)
cross adding (Math) Queraddition *f*
cross bill (WeR) Gegenwechsel *m*
cross booking (IndE, infml) Übertragung *f* von Akkordzeiten *(ie, von ‚loose jobs' to ‚tight jobs')*
cross-border group clearing (Fin) grenzüberschreitendes Konzernclearing *n*
cross-border intelligence (com) grenzüberschreitende Informationen *fpl*
cross-border lease
(Fin) grenzüberschreitendes Leasing *n*
– Export-Leasing *n*
cross-border leasing
(Fin) grenzüberschreitendes Leasing *n*
(ie, über günstige Finanzierungskosten sollen die Exportbedingungen verbessert werden)
cross-border lending (Fin) Auslandsausleihungen *fpl*
cross-border link (com) internationale Zusammenarbeit *f* *(eg, among steel companies)*
cross-border mergers and acquisitions (com) grenzüberschreitende Unternehmenskäufe *mpl*
cross-border trade (AuW) grenzüberschreitender Warenverkehr *m*
cross cast *v* (ReW) queraddieren
cross casting (Math) Queraddition *f*
cross charging of prices (ReW) innerbetriebliche Preisverrechnung *f*
crosscheck *v*
(com) Gegenprobe *f* machen
– gegenchecken
cross checking
(EDV) Blocksicherung *f*
– Kreuzsicherung *f*
cross claim (Re, US) Klage *f* e–s Beklagten gegen e–n Mitbeklagten
cross classification (Stat) Querklassifikation *f*
cross currency swap
(Fin) Währungsswap *m* auf der „Pari Forward Basis" *(syn, cash swap)*
cross default
(Fin) reziproker Verzug *m*
– Drittverzug *m*
cross default clause
(Fin) = cross default provision
(AuW) Cross-Default Klausel *f*
(ie, verhindert, daß sich ein Schuldner aussuchen kann, welche Kredite od Anleihen er zurückzahlt; bezieht sich auf GUS-Staaten)
cross default provision
(Fin) reziproke Verzugsklausel *f*
(ie, gives the bank the right to accelerate its loan; bei nicht ordnungsgemäßer Erfüllung hat Bank Grund zur Kündigung)
crossed check
(Fin) gekreuzter Scheck *m*
(ie, vergleichbar dem Verrechnungsscheck; not employed in the U.S. but extensively used in England where it is recognized by the law; cf, §§ 37 ff ScheckG)
cross elasticity of demand (Vw) Kreuzelastizität *f* der Nachfrage
cross-elasticity of supply (Vw) Kreuzelastizität *f* des Angebots
cross entry (ReW) Gegenbuchung *f* *(syn, contra entry, qv)*
cross exchange
(AuW) Devisenarbitrage *f* *(syn, arbitration of exchange)*
(Fin, US) = cross rate
cross-exchange dealings (Bö) intervalutarischer Devisenhandel *m*
crossfoot *v* (EDV) querrechnen
crossfooting (EDV) Querrechnen *n*
cross-frontier capital movements (Fin) grenzüberschreitender Kapitalverkehr *m*
cross-frontier commuter (com) Grenzgänger *m* *(syn, frontier worker)*
cross-frontier competition (Vw) grenzüberschreitender Wettbewerb *m*
cross-frontier cooperation (EG) grenzüberschreitende Kooperation *f*

cross-frontier movement of goods (AuW) grenzüberschreitender Warenverkehr *m (syn, cross-border trade)*
cross-frontier project (com) grenzüberschreitendes Projekt *n*
cross hedge
(Bö) Cross Hedge *m*
(ie, imperfect matches of the futures contract to the cash instrument: das zu kaufende od zu verkaufende Gut ist nicht identisch mit dem am Terminmarkt gehandelten; eg, T-bill futures contract to hedge a commitment in CDs)
cross holding (Fin) gegenseitige Beteiligung *f*
cross impact analysis (Bw) Interaktionsanalyse *f*
crossing of internal frontiers (EG) Überschreiten *n* der Binnengrenzen
cross investment (Vw) investive Verflechtung *f (eg, of West Europe and U.S.)*
cross liability (Re) wechselseitige Haftung *f*
cross-license agreement
(Pat) Lizenzabkommen *n* auf Gegenseitigkeit
– Lizenzaustauschvertrag *m*
(syn, patent exchange agreement)
cross-licensing (Pat) Lizenzaustausch *m*, gegenseitige Patentgewährung *f*
crosslinked files (EDV) querverbundene Dateien *fpl*
cross marketing
(Fin) Cross Marketing *n*
(ie, Kunde muß über e–n Kredit einerseits über die Kapitalaufnahme durch Wertpapieremissionen, andererseits getrennte Verhandlungen führen)
cross off *v*
(com) ausstreichen, durchstreichen
(ie, a name off a list; syn, cross out, strike . . . off/out /through, delete)
cross out *v* (com) = cross off
cross-over design (Stat) Überkreuz-Wiederholungsplan *m (syn, switch-back design)*
cross-over product
(Mk) Cross-Over-Produkt *n*
– käufergruppenübergreifendes Produkt *n*
(ie, product that targets and reaches more than one category of buyers)
cross price elasticity
(Vw) Kreuzpreiselastizität *f*
(ie, Reaktion der mengenmäßigen Nachfrage nach e–m Gut auf e–e Preisänderung des Konkurrenzgutes)
cross product (Math) Kreuzprodukt *n*, vektorielles Produkt *n (syn, vector product)*
cross-product terms (Math) gemischte Produktausdrücke *mpl*
cross purchase agreement
(Re) Gesellschaftsvertrag *m*, bei dem Mitglieder sich verpflichten, ihren Anteil nur an Mitgesellschafter zu veräußern
cross rate
(Fin) Kreuzkurs *m*
– Kreuzparität *f*
– Usancekurs *m*
– indirekte Parität *f*
(ie, Kurs e–r Währung, der sich aus den Wechselkursen zweier anderer Währungen ergibt; Financial Times veröffentlicht täglich "Exchange Cross Rates"; expression of the exchange rate between a foreign currency and the domestic currency; arbitrage is carried out to equalize rates, hence the synonym ‚arbitrated rate'; other synonyms: US, cross exchange; GB, indirect parity)
cross-rate of exchange (Fin) indirekter Wechselkurs *m*
cross reference (com) Querverweis *m*
cross-sectional data (Bw) Querschnittsdaten *pl*
cross-section analysis (com) Querschnittsanalyse *f*
cross-section paper (com) Millimeterpapier *n (syn, squared paper, qv)*
cross-section study (Bw) Querschnittsuntersuchung *f*
cross selling
(com) Gegenseitigkeitsgeschäfte *npl (eg, of financial services)*
(Mk) Cross Selling *n*
– Verbundabsatz *m*
(ie, Ziel: neben Abnahme e–r Leistung auch Kauf von Produkten, die nicht unmittelbar nachgefragt werden)
(Vers) Cross Selling *n*
(ie, vorhandenen Kunden werden alle Versicherungsprodukte, Finanz- und andere Dienstleistungen angeboten)
cross set (Math) Kreuzmenge *f*
cross-skilled approach (Log) interdisziplinärer Ansatz *m (syn, interdisciplinary approach)*
cross-skilled team (com) interdisziplinäre Arbeitsgruppe *f*
cross subsidization
(Bw) Verlustausgleich *m*
– Quersubventionieren *n*
(ie, between subsidiaries of the same group)
cross-subsidize *v* (Bw) quersubventionieren
crosswalk
(Bw) Verzahnung *f* zwischen System und Struktur
(com) Zebrastreifen *m (syn, pedestrian crossing; GB, zebra crossing)*
crowding out
(Fin) Crowding Out *n*
– Verdrängungswettbewerb *m*
(ie, on the capital market: private business is squeezed out by financially more robust governments; Unterbegriffe: direct/expectations/ transactions/price/portfolio . . . crowding out)
crowd out *v*
(com) ausschließen *(ie, refuse entry)*
(Fin) verdrängen *(ie, government borrowing crowds out private borrowing)*
crown jewel lockup option
(com, infml) Option *f*, besonders lukrative Geschäftszweige [crown jewels] weit Marktpreis zu erwerben
(ie, von e–r Zielgesellschaft meist e–r Bank eingeräumt)
CRT (EDV) = cathode ray tube, qv
CRT display screen (EDV) Bildschirm *m (syn, monitor, qv)*
crude (com) = crude oil
crude birth rate (Stat) allgemeine Geburtenziffer *f*
(ie, number of births per 1,000 persons)
crude death rate (Stat) allgemeine Sterbeziffer *f (ie, number of deaths per 1,000 persons)*
crude oil (com) Rohöl *n (syn, petroleum)*

crude quantity theory (Vw) naive Quantitätstheorie *f*
crude steel (com) Rohstahl *m (syn, raw steel)*
crude steel output (com) Rohstahlproduktion *f*
crude trade gap (AuW) cif-Importe *mpl* abzüglich fob-Exporte und Re-Exporte
crumbling
(Bö) abbröckelnd
– nachgebend
(ie, prices; syn, slackening, easing)
crunch
(com) Knappheit *f*
– krisenhafter Zustand *m*
(ie, shortage, severe economic squeeze)
crusade
(Mk) Medienkampagne *f*
– Pressefeldzug *m*
cryogenic memory
(EDV) Kryogenspeicher *m*
– Supraleitungsspeicher *m*
cryotron memory (EDV) Kryotronspeicher *m*
crystallisation (Fin, GB) Umwandlung *f* e–r schwebenden in e–e feste Schuld
CSCE
(Bö) = Coffee, Sugar and Cocoa Exchange *(New York)*
(EG) = Conference on Security and Cooperation in Europe
CSE (Fin, US) = common stock equivalent
CSF (EDV) = critical success factor
CSS (EDV) = Client-Server System
CSTE (com) = Commodity Classification for Transport Statistics in Europe
c.t. (com) = conference terms
CT-BL (com) = combined transport bill of lading
C technologies (IndE) C-Technologien *fpl (eg, CAD, CAE, CAM, CIM)*
CTO (com) = combined transport operator
CTP (Bö) = continuous tender panel
CTRL key (EDV) STRG-Taste *f*
CTS-signal (EDV) Clear-To-Send-Signal *n*
CTT (StR, GB) = capital transfer tax
cube root (Math) Kubikwurzel *f*
cubic equation
(Math) kubische Gleichung *f*
– Gleichung *f* 3. Grades
(syn, equation of third degree)
culpability (Re) Schuldhaftigkeit *f (eg, of the person responsible)*
culpable delay (Re) schuldhaftes Zögern *n*
culpable negligence (Re) = ordinary negligence
culpa in contrahendo
(Re) Verschulden *n* bei Vertragsschluß *(ie, violation of mutual confidence in the preparation of a contract)*
culpa levissima
(Re) ganz leichte Fahrlässigkeit *f*
(ie, very slight negligence; the term does not occur in the West German BGB)
cultivate a market *v* (com) Markt *m* pflegen
cultural wage (Vw) Bedürfnislohn *m (syn, living wage)*
cum (Fin) cum *(ie, Euromarkt: Wertpapiere mit Zins- od sonstigen Bezugsscheinen)*
cum all (Bö) einschließlich aller Rechte *(ie, with all benefits soon due)*
cum bonus (Bö) mit Sonderdividende, mit Gratisaktien
cum coupon (Bö) mit Kupon
cum dividend (Bö) mit Dividende
cum interest (Bö) mit (laufenden) Zinsen
cum new (Bö) = cum rights
cum rights (Bö) einschließlich Bezugsrechte
cumulation of risk (Vers) Risikohäufung *f*
cumulative all-stage turnover tax (FiW) Brutto-Allphasen-Umsatzsteuer *f (syn, cascade tax)*
cumulative annual net cash savings
(Fin) Einnahme-Überschüsse *mpl*
– kumulierter Jahresgewinn *m*
(ie, in preinvestment analysis = Investitionsrechnung)
cumulative band chart (Stat) kumulatives Banddiagramm *n (syn, band curve chart, surface chart)*
cumulative contraction (Vw) kumulative Kontraktion *f (ie, selbstverstärkende Abschwungphase)*
cumulative curve (Stat) Summenkurve *f*
cumulative distribution (Stat) Summenverteilung *f*
cumulative dividend (Fin) kumulative Dividende *f (ie, aus Vorzugsaktien)*
cumulative donee tax (StR) kumulative Erbschaft- und Schenkungsteuer *f*
cumulative effect (FiW) Kumulativwirkung *f (opp, cascade effect)*
cumulative effects (Vw) kumulative Effekte *mpl (syn, aggregative effects)*
cumulative error
(Stat) systematischer Fehler *m*
(ie, error whose magnitude does not approach zero as the number of observations increase; syn, accumulative error)
cumulative frequency (Stat) absolute Häufigkeitssumme *f*
cumulative fund (Fin) Wachstumsfonds *m*, Thesaurierungsfonds *m (syn, growth/no-dividend fund, qv)*
cumulative multi-stage tax (StR) kumulative Mehrphasensteuer *f*
cumulative preference shares (Fin, GB) kumulative Vorzugsaktien *fpl*
cumulative preferred stock (Fin, US) kumulative Vorzugsaktien *fpl*
cumulative probability (Stat) Summenwahrscheinlichkeit *f*
cumulative sum chart (IndE) kumulative Summenkarte *f (ie, statistical control chart; syn, cusum chart)*
cumulative table (Stat) Summentabelle *f*
cumulative timing (IndE) Fortschrittszeitverfahren *n*
cumulative total (com) Gesamtbetrag *m*
cumulative turnover tax (StR) kumulative Umsatzsteuer *f*
cumulative volume today (Bö) größtes Umsatzvolumen *n* des Tages
cumulative vote (com) Mehrstimmrecht *n*
curb an abuse *v* (com) Mißbrauch *m* eindämmen
curb broker (Fin, US) Freiverkehrsmakler *m*
curb exchange
(Bö, US) früherer Name der AMEX: American Stock Exchange *(ie, business took place on the sidewalk of downtown New York; cf, curb/street . . . market)*

curb market (Fin, US) ungeregelter Freiverkehr *m* *(ie, Vorläufer der American Stock Exchange; syn, street market)*
cure period (Fin) = grace period
currency
(com) Laufzeit *f*
– Gültigkeit *f* *(syn, term, continuance; eg, during the ... of the contract)*
(Fin) Währung *f*
– Fremdwährung *f*
(Vw) Papiergeld *n* *(opp, coin)*
(Vw) umlaufende Bargeldmenge *f* *(ie, bank notes, coin, goverment notes)*
currency account (Fin) Währungskonto *n*
currency agreement (AuW) Währungsabkommen *n*
currency appreciation (AuW) Währungsaufwertung *f* *(syn, currency ... revaluation/upvaluation)*
currency arbitrage
(Fin) Devisenarbitrage *f*
– Wechselkursarbitrage *f*
(syn, exchange arbitrage)
currency area
(AuW) Währungsgebiet *n*
(ie, countries whose reserve holdings are denominated primarily in the currency of another or whose currencies are more or less formally linked to another)
currency assets (Fin) Fremdwährungsbestände *mpl*
currency band
(AuW) Bandbreite *f*
(ie, a band within which a currency is allowed to fluctuate on both sides of its official parity; the central bank intervenes in order to maintain the value of the currency within the permissible range; syn, exchange margins, support points, margin of fluctuations, official spread)
currency basket
(Fin) Währungskorb *m*
(ie, method for determining the value of a financial asset or currency as a weighted average of market exchange rates; the weights in this average are often specific quantities of currencies; a basket can contain two or more currency components; syn, infml, currency cocktail)
currency block
(AuW) Währungsblock *m* *(syn, monetary bloc)*
currency bond (Fin) Fremdwährungsanleihe *f*
currency buying rate (Fin) Sortenankaufskurs *m*
currency call option (Bö) Devisen-Kaufoption *f*
currency change bond (Fin) Anleihe *f*, bei der die fälligen Zinszahlungen in zwei verschiedenen Währungen geleistet werden; Variante der Doppelwährungsanleihe
currency check (AuW) Devisenkontrolle *f* *(ie, at the border)*
currency circuit
(Vw) Bargeldumlauf *m* *(syn, currency in circulation, cash circuit)*
currency clause (Fin) Währungsklausel *f*, Valutaklausel *f*
currency cocktail (AuW, infml) = currency basket
currency control (AuW) Devisenbewirtschaftung *f* *(syn, foreign exchange control)*
currency convertibility (Vw) Währungskonvertibilität *f*
currency coupon swap
(Fin) Zins- und Währungsswap *m*
– integrierter Swap *m*
currency cover (AuW) Währungsdeckung *f*
currency dealer (Fin) Devisenhändler *m*
currency debt (Fin) Fremdwährungsverbindlichkeiten *fpl*
currency denominations (Fin) Währungsbezeichnungen *fpl* *(cf, ISO Code)*
currency depreciation
(AuW) Währungsabwertung *f*
– Devalvation *f* *(syn, currency devaluation, exchange depreciation)*
(Vw) Geldwertverschlechterung *f*
currency devaluation (AuW) = currency depreciation
currency economist (Vw) Währungsfachmann *m*
currency erosion (Vw) Währungsverfall *m*
currency exchange standard (AuW) Devisenwährung *f*
currency exposure
(Fin) Währungsrisiko *n*
(Fin) Fremdwährungspositionen *fpl*
currency fluctuations (AuW) Wechselkursschwankungen *fpl* *(syn, currency movements)*
currency future (Fin) Währungsterminkontrakt *m* *(eg, börsenmäßig gehandelter Kontrakt über die zu einem künftigen Termin erfolgende Lieferung eines standardisierten Fremdwährungsbetrages)*
currency futures (Bö) Devisenterminkontrakte *mpl*
currency futures contract (Bö) Devisenterminkontrakt *m*
currency futures trading
(Bö) Terminhandel *m* mit Devisen
– Devisenterminhandel *m*
currency gains (Fin) Währungsgewinne *mpl*
currency holdings (Fin) Devisenbestände *mpl* *(syn, foreign exchange holdings)*
currency in circulation (Fin) Bargeldumlauf *m*
currency inflows (AuW) Devisenzuflüsse *mpl*
currency intervention (Fin) Intervention *f* am Devisenmarkt *(ie, in order to stabilize currencies)*
currency loan (Fin) Fremdwährungskredit *m*
currency losses (Fin) Währungsverluste *mpl*
currency market
(Bö) Devisenbörse *f*
– Devisenmarkt *m*
(syn, exchange/foreign exchange ... market)
currency movements (AuW) Wechselkursbewegungen *fpl*
currency of the credit (Fin) Akkreditivwährung *f*
currency option (Fin) Währungsoption *f*
currency option clause (Fin) Währungsoptionsklausel *f*
currency outflows (AuW) Devisenabflüsse *mpl*
currency parity (AuW) Wechselkursparität *f*
currency pointer (EDV) = cursor
currency quotations list (Bö) Devisenkurszettel *m*
currency quote (Bö) Devisenkurs *m*
currency quoted
(Bö) notierte Währung *f* *(ie, on the official foreign exchange markets)*
currency realignment (AuW) Neufestsetzung *f* der Währungsparitäten

currency receipts (Fin) Deviseneinnahmen *fpl (syn, exchange proceeds)*
currency reform
(Vw) Währungsreform *f*
– Währungsumstellung *f*
currency regime (Vw) Währungssystem *n (syn, monetary system)*
currency regulations (AuW) Devisenbestimmungen *fpl (syn, exchange regulations)*
currency repo (Fin) = currency repurchase agreement
currency repurchase agreement (Fin) Devisenpensionsgeschäft *n (syn, currency repo)*
currency reserves
(AuW) Währungsreserven *fpl*
– Devisenreserven *fpl*
(syn, foreign currency/foreign exchange . . . reserves)
currency revaluation (AuW) Währungsaufwertung *f (syn, currency upvaluation; opp, currency depreciation)*
currency risk (Fin) Währungsrisiko *n (syn, foreign exchange risk)*
currency risk management (Fin) Kurssicherungsmaßnahmen *fpl (ie, durch Devisenkurssicherung)*
currency shifts
(AuW) Währungsausschläge *mpl*
– Wechselkursschwankungen *fpl*
currency sign (EDV, Cobol) Währungszeichen *n (cf, DIN 66 028, Aug 1985)*
currency smuggling (AuW) Devisenschmuggel *m*
Currency Snake
(Fin) Währungsschlange *f*
– Europäischer Wechselkursverbund *m*
currency speculator (Fin) Währungsspekulant *m*
currency swap (AuW) Währungs-Swap *m (ie, short-term loan of foreign currency repayable at an agreed exchange rate)*
currency swings (AuW) Wechselkursschwankungen *fpl (syn, exchange rate fluctuations)*
currency symbol (EDV, Cobol) Währungssymbol *n (cf, DIN 66 028, Aug 1985)*
currency transaction (Fin) Währungsgeschäft *n*
currency translation (ReW) Währungsumrechnung *f (ie, translating foreign currency accounts)*
currency union (Fin) Währungsunion *f (syn, monetary union)*
currency upvaluation (AuW) = currency revaluation
currency warrants (Fin) Währungsoptionsscheine *fpl*, die zum Bezug von in ausländischen Währungen denominierten Titeln berechtigen
currency watchdogs (Vw) Währungshüter *mpl (ie, monetary authorities)*
current account
(Fin, GB) Girokonto *n*
(ie, on which cheques are paid and to which credits are paid; overdrafts – qv – may be taken on current accounts)
(Fin) Kontokorrent *n*
(ie, term used for the U.S. checking account in Canada and foreign countries)
(VGR) Leistungsbilanz *f (syn, balance on current account, qv)*
current account balance (AuW) Leistungsbilanzsaldo *m*
current account convertibility
(AuW) kommerzielle Konvertierbarkeit *f*
– Konvertierbarkeit *f* im Rahmen der Leistungsbilanz
current account credit (Fin) Kredit *m* in laufender Rechnung *(ie, at banks, department stores, hotels, airlines; syn, open account credit)*
current account deficit
(AuW) Leistungsbilanzdefizit *n*
(syn, deficit on current account, shortfall in the balance of payments on current account)
current account forecast (AuW) Leistungsbilanzprognose *f*
current account receipts (VGR) Einnahmen *fpl* in laufender Rechnung
current account surplus (AuW) Leistungsbilanzüberschuß *m (syn, balance-of-payments surplus on current account)*
current-account terms of trade index (AuW) Leistungsbilanz-ToT-Index *m*
current amounts due from parents and subsidiaries (ReW) kurzfristige Forderungen *fpl* gegenüber Konzerngesellschaften
current asset cycle (ReW) Umschlagdauer *f* des Umlaufvermögens
current assets
(ReW) Umlaufvermögen *n (opp, fixed assets = Anlagevermögen)*
(Bw) Gegenstände *mpl* des Umlaufvermögens
current balance (AuW) Saldo *m* der Leistungsbilanz
current benefits (SozV) laufende Leistungen *fpl*
current budget
(FiW) laufendes Budget *n*
– laufender Haushalt *m*
current consumption (Vw) Gegenwartskonsum *m*
current cost
(ReW) betrieblicher Aufwand *m*
(ReW) Kosten *pl* bewertet mit indexierten historischen Preisen od mit Wiederbeschaffungspreisen
current cost accounting
(ReW, US) Rechnungslegung *f* zum Tages- od Marktwert
(ie, at current cost or lower recoverable cost at balance sheet date or date of sale)
(ReW, GB) Rechnungslegung *f* mit Bewertung zum unternehmenstypischen Wert
(ie, damit werden ‚holding gains' ausgeschlossen)
current coupon
(Fin) laufende Verzinsung *f*
(Bö) aktueller Zinssatz *m (ie, bei floating rate notes)*
current debt (ReW) = current liabilities
current deposits (Fin) Kontokorrenteinlagen *fpl*
current disbursement (Vers) Umlageverfahren *n*
current domestic value (Zo) Verzollungswert *m (syn, customs/declared . . . value)*
current drive (EDV) aktuelles Laufwerk *m*
current exchange rate
(ReW) geltender Wechselkurs *m*
– Tageskurs *m*
(ie, exchange rate ruling at the balance sheet date or during the income statement period)
current exit price (ReW, US) = net realizable value

current exit value (Bw) Veräußerungspreis *m (ie, Tages- od Marktwert)*
current expenditure (ReW) laufende Aufwendungen *mpl*
current field (EDV) aktuelles Feld *n*
current financial assets (ReW) monetäres Umlaufvermögen *n*
current funds (Fin) flüssige Mittel *pl (syn, liquid funds, qv)*
current income
(Fin) laufende Erträge *mpl (eg, from bonds)*
(ReW) Periodenertrag *m*
current interest rate (Fin) Marktzins *m (syn, average market rate of interest)*
current investment (Fin) Wertpapiere *npl* des Umlaufvermögens *(syn, marketable securities, qv)*
current liabilities (ReW) kurzfristige Verbindlichkeiten *fpl (syn, short-term liabilities, current debt)*
current line (EDV) aktuelle Zeile *f*
current liquidity ratio (Fin) kurzfristige Liquidität *f (ie, current liabilities – current assets: cash flow x 365 days)*
current long-term liabilities (Fin) kurzfristiger Anteil *m* langfristiger Verbindlichkeiten
currently attainable standards (KoR) Sollkostenvorgabe *f*
current maintenance
(com) laufende Wartung *f*
– laufende Instandhaltung *f*
current market value (Re) Marktwert *m (syn, market value, qv)*
current maturity (Fin) innerhalb e–s Jahres fälliger Teil *m* langfristiger Verbindlichkeiten
current/noncurrent method
(ReW) Fremdwährungs-Umrechnung *f* nach der Fristigkeit
(ie, current balance sheet items denominated in foreign currencies are translated at current exchange rates and long-term items at historical rates; opp, all-current/closing . . . method)
current operating income concept
(ReW) Grundsatz *m* des periodengerechten Aufwands- und Erfolgsausweises
(ie, extraordinary and nonrecurring items are not included in reported net income; opp, all-inclusive concept)
current outlay costs
(KoR) aufwandsgleiche Kosten *pl*
– Aufwandskosten *pl*
– Istkosten *pl* der Gegenwart
current planning (Bw) laufende Planung *f*
current premium (Vers) laufende Prämie *f (opp, one-time/single . . . premium)*
current price
(com) gegenwärtiger Preis *m*
– Marktpreis *m (syn, going/prevailing . . . price)*
(ReW) Marktpreis *m*
– Tagespreis *m (syn, market/ ruling . . . price)*
(Bö) Tageskurs *m (syn, going price, daily quotation)*
current product performance (IndE) Leistungsstand *m* der gegenwärtigen Produktion
current program (EDV) aktuelles Programm *n*
current purchase price (ReW) Gegenwartswert *m*
current purchasing power accounting (ReW, GB) kaufkraftindizierte Rechnungslegung *f*
current quarterly earnings (Fin) aktueller Quartalsgewinn *m*
current rate
(com) geltender Satz *m*
(ReW) Devisenkurs *m* am Bilanzstichtag *m (syn, current exchange rate)*
current rate method
(Fin, US) Stichtagsmethode *f*
(ie, Währungsumrechnung: Ansatz zum Kassakurs am Bilanzstichtag; application of spot rates applicable on the balance sheet date)
current rate of exchange (AuW) Tageskurs *m*
current ratio (Fin) Liquidität *f* dritten Grades *(ie, total current assets/current liabilities = gesamtes Umlaufvermögen zu kurzfristigen Verbindlichkeiten)*
current record (EDV, Cobol) aktueller Datensatz *m (cf, DIN 66 028, Aug 1985)*
current regulation (Re) geltende Vorschrift *f*
current regulations (Re) geltende Vorschriften *fpl*
current returns (Fin) laufende Erträge *mpl (ie, of an investor)*
current securities (ReW) Wertpapiere *npl* des Umlaufvermögens *(syn, marketable securities, qv)*
current standard cost
(KoR) Sollkosten *pl*
– Vorgabekosten *pl*
– Budgetkosten *pl (syn, budgeted/target attainable standard/ideal standard . . . cost)*
current transactions (AuW) Leistungsverkehr *m (ie, with other countries)*
current transfers (FiW) laufende Zuschüsse *mpl*
current valuation (ReW) Bewertung *f* zum Zeitwert *(ie, techniques are: replacement cost, net realizable value, and the present value of the future earnings stream of an asset)*
current value
(ReW) Marktwert *m*
– Tageswert *m*
– Zeitwert *m (syn, market value)*
current value accounting (ReW) Rechnungslegung *f* mit Bewertung zum Zeitwert
current wage rate (IndE) Ist-Lohnsatz *m*
current window (EDV, GUI) aktuelles Fenster *(syn, active window; opp, background window)*
current work standards (KoR) laufende Leistungs- und Kostenstandards *mpl*
current yield (Fin) laufende Rendite *f (ie, coupon payments on a security as a percentage of the security's market price; in many instances the price should be gross of accrued interest)*
curriculum vitae, C.V. (Pw) Lebenslauf *m (syn, personal . . . history /record)*
cursor
(EDV) Cursor *m*
– Positionsanzeiger *m*
– Schreibmarke *f*
(ie, mobile spot of light on a computer screen showing where the next character should be typed)
cursor control (EDV) Cursor-Steuerung *f*

cursor control keys
(EDV) Cursor-Tasten *fpl*
– Cursor-Steuertasten *fpl*
cursor movement facilities
(EDV) Cursor-Funktionen *fpl*
cursor movement keys (EDV) = cursor control keys
cursor movements (EDV) Cursor-Bewegungen *fpl*
cursor positioning
(EDV) Cursor-Positionierung *f*
– Cursor-Steuerung *f*
cursor style (EDV) Cursor-Form *f*
curtail *v*
(com) beschränken
– beschneiden
– kürzen
curtailed inspection (IndE) abgebrochene Prüfung *f*
curtailed sampling (IndE) abgebrochene Stichprobenprüfung *f (syn, truncated sampling)*
curtail inflation *v* (Vw) Inflationsrate *f* senken
curtailment
(com) Beschränkung *f*
– Beschneidung *f*
– Kürzung *f*
curtail money expansion *v* (Vw) Geldmengenwachstum *n* beschneiden
curtate annuity (Fin) abgebrochene Rente *f*
curve fitting (Math) Kurvenanpassung *f*, empirische Kurvenbestimmung *f*
curve generator (EDV) Kurvengenerator *m (ie, in computer graphics)*
curve plotter
(EDV) Plotter *m*
– Kurvenschreiber *m*
curve shape (Math) Kurvenverlauf *m*
curvilinear correlation (Stat) nichtlineare Korrelation *f*
curvilinear demand curve (Vw) gekrümmte Nachfragekurve *f*
curvilinear trend (Stat) nichtlinearer Trend *m*
cushion bond
(Fin) hochverzinsliche Anleihe *f*
(ie, applied to high coupon bonds of high grade; selling at premium levels above par; offers considerable downside protection in a falling market)
cushion of existing orders (com) Auftragspolster *n*
cushion the impact *v* (com) auffangen *(eg, of cost increases)*
CUSIP number (Fin, US) Wertpaper-Kenn-Nummer *f (ie, Committee on Uniform Securities Identification Procedures)*
cusp (Math) Endpunkt *m* zweier Tangenten
custodial account (Fin) Treuhandkonto *n*
custodial function (Bw) verwaltende Funktion *f*
custodian
(Re) Treuhänder *m*
(Re) Hinterlegungsstelle *f*
– Depotbank *f*
custodian bank (Fin) Depotbank *f*
custodian fee (Fin) Depotgebühr *f*
custodian of an estate (Re) Vermögensverwalter *m (syn, manager of an estate, qv)*
custodianship (Fin) Depotverwahrung *f (ie, safekeeping and accounting for income-bearing personal property)*
custodianship account (Fin) Depotkonto *n (syn, safekeeping/agency /financial secretary . . . account)*
custody (Re) Verwahrung *f*
custody agreement (Fin) Depotvertrag *m*
custody bill of lading (com) Lagerhalterkonnossement *n*
custom
(com, GB) Kundschaft *f (ie, habitual customers; syn, clientele, business patronage)*
(com, GB) Kunde *m (syn, customer)*
(Zo) Zoll *m (ie, duties, tolls, and imposts)*
customary business practices (com) Handelsbräuche *mpl*
customary form (ReW) Kontoform *f* für Bilanz, Staffelform *f* für G+V
customary risk (com) handelsübliches Risiko *n*
custom chip (EDV) kundenspezifischer Chip *m (eg, gate array; syn, customizable chip)*
customer
(com) Kunde *m*, Abnehmer *m (syn, client, buyer, purchaser)*
(com) Besteller *m*
(Fin) Klient *m*
– Kunde *m*
– Drittschuldner *m (ie, in factoring)*
(OR) Element *n (ie, in waiting-line model; syn, input unit)*
customer acceptance test (Mk) begrenzter Markttest *m*
customer accounting (ReW) Kundenabrechnung *f*
customer allowances
(ReW) Kundennachlässe *mpl*
(eg, tax deductible when paid or applied = bei Zahlung od Verrechnung steuerlich abzugsfähig)
customer approval (com) Kundenfreigabe *f*
customer base (com) Kundenbestand *m*
customer complaint (com) Mängelrüge *f (syn, notice of defect, letter of complaint)*
customer concern (Mk) Kundenwunsch *m*
customer country (AuW) Abnehmerland *n (syn, importing country)*
customer deposits (Fin) Kundeneinlagen *fpl*
customer designed (com) kundenorientiert
customer-driven company (com) kundenorientiertes Unternehmen *n*
customer engineer (com) Außendiensttechniker *m (syn, field service technician)*
customer engineering (com) technischer Kundendienst *m*, Außendienst *m (syn, field service)*
customer file (com) Kundenkartei *f*
customer financing (Fin) Kundenfinanzierung *f*
customer id (com) Kundennummer *f*
customer master record (EDV) Kundenstammsatz *m*
customer order (com) (Kunden-)Auftrag *m*, Bestellung *f (syn, purchase/sales . . . order)*
customer prepayment
(ReW) Anzahlung *f*
– Kundenanzahlung *f (syn, customer's deposit)*
customer prepayments
(ReW) erhaltene Anzahlungen *fpl (syn, advance payments from customers, advances received from customers)*
customer's acceptance
(Fin) Kundenwechsel *m*
– Kundenakzept *n*

customer's accounts (ReW) Forderungen *fpl* aus Warenlieferungen und Leistungen, Debitoren *pl* *(syn, accounts receivable, qv)*
customer sales proceeds (ReW) Außenumsatzerlöse *mpl (ie, of a group of companies; syn, external sales)*
customer's broker (Fin, US) = account representative
customer's deposit (com) Kundenanzahlung *f*
customer segmentation (Mk) Kunden-Segmentierung *f*
customer service
(com) Kundendienst *m (syn, client/after-sales post-sales/sales . . . service)*
customer service bureau (EDV) Lohnarbeitsbetrieb *m*
customer service department (com) Kundendienstabteilung *f*
customer service organization (com) Kundendienstorganisation *f*
customer's man (Bö, US, infml) = account representative, qv
customers' men
(Bö, US) angestellte Vertreter *mpl* e–s Broker *(ie, von der SEC zugelassen, nehmen Kundenaufträge entgegen)*
customer support (com) Kundenbetreuung *f*
customer support representative (com) Kundenbetreuer *m*
customer survey
(Mk) Abnehmerbefragung *f*
– Marktstudie *f*
customer transfer (Fin) Kundenüberweisung *f*
custom house (Zo) Zollamt *n*
custom house broker (Zo) Zollmakler *m*
custom house docket (Zo) Zollquittung *f*
customizable chip (EDV) = custom chip
customize *v*
(com) nach Bestellung anfertigen
(EDV) an speziellen Kundenbedarf anpassen
customized
(com) kundenspezifisch *(syn, custom, tailored, made-to-order)*
(EDV) kundenspezifisch
customized clothes (com) Maßkleidung *f (opp, ready-made, off the peg)*
customized engineering (IndE) kundenspezifische Entwicklung *f (ie, design and development)*
customized software (EDV) kundenspezifische Software *f*
custom-made (com) = customized
custom-make *v* (com) nach Kundenspezifikation herstellen *(ie, tailor chips to a customer's specifications)*
custom manufacturing
(IndE) Kundenauftragsfertigung *f*
(syn, make-to-order production, job order production, production to order; opp, make-to-stock production = Lagerfertigung)
custom of the trade (com) Handelsbrauch *m (syn, usage of the market, qv)*
customs
(FiW, meist) Einfuhrzölle *mpl*
(Zo, GB) Zollbehörde *f (syn, Her Majesty's Customs)*
customs administration (Zo) Zollverwaltung *f*
customs agent (Zo) Zollagent *m (syn, clearing/clearing . . . agent)*
customs and excises (FiW) Zölle *mpl* und Verbrauchsteuern *fpl*
customs area (Zo) Zollgebiet *n*
customs authorities (Zo) Zollbehörden *fpl*
customs barrier (Zo) Zollschranke *f*
customs bond (Zo) Zollkaution *f*
customs bonded warehouse (Zo) öffentliches Zollager *n*
customs broker (Zo) Zollmakler *m (ie, oft mit forwarder' identisch)*
customs certificate (Zo) zollamtliche Bescheinigung *f*
customs classification (Zo) Zolltarifierung *f*
customs clearance
(Zo) Zollabfertigung *f*
(com) Entzollung *f*
customs clearance charges (Zo) Zollabfertigungsgebühren *fpl*
customs clearance facilities (Zo) Verzollungsförmlichkeiten *fpl*
customs clearance of goods
(Zo) (Zoll-)Abfertigung *f*
– Abfertigung *f* von Waren
(ie, zum freien Verkehr, zu e–m Freigutverkehr, zu e–m besonderen Zollverkehr)
customs clearance procedure (Zo) Zollabfertigungsförmlichkeiten *fpl*
customs clearance status, CCS (Zo) Zollabfertigungsstatus *m*
customs cleared (Zo) verzollt *(syn, duty paid)*
customs collections (FiW) Zolleinnahmen *fpl*
customs control
(Zo) Zollabfertigung *f*
– Zollkontrolle *f*
customs convention (AuW) Zollabkommen *n (syn, tariff agreement)*
Customs Cooperation Committee (EG) Ausschuß *m* für Zusammenarbeit im Zollwesen
Customs Cooperation Council, CCC (EG) Brüsseler Zollrat *m (ie, now ,Rat für die Zusammenarbeit auf dem Gebiet des Zollswesens')*
Customs Cooperation Council Nomenclature, CCCN (Zo) Nomenklatur *f* des Brüsseler Zollrates
customs debenture (Zo) Rückzollschein *m*
customs declaration
(Zo) Zollerklärung *f*
– Zolldeklaration *f*
– Deklaration *f (syn, declaration, bill of entry)*
customs deposit (Zo) Zollhinterlegung *f*
customs district (Zo) Zollgebiet *n (syn, customs surveillance zone)*
customs documents (Zo) Zollpapiere *npl*
customs documents accompanying a consignment (com) Zollbegleitpapiere *npl*
customs drawback (Zo) Rückzoll *m (ie, on the duties upon re-exportation)*
customs duty (Zo) Zoll *m (syn, duty, tariff; US also, custom duty)*
customs duty-free admission (Zo) Zollbefreiung *f*
customs duty on exportation (Zo) Ausfuhrzoll *m*
customs duty on importation (Zo) Einfuhrzoll *m (syn, import duty, qv)*
customs entry (Zo) Zollanmeldung *f (syn, customs declaration)*

customs exemption (Zo) Zollfreiheit *f (ie, exemption from customs duties)*
customs facilities (Zo) Zollerleichterungen *fpl*
customs form (Zo) Zollformular *n*
customs formalities (Zo) Zollformalitäten *fpl*
customs fraud (Zo) Zollhinterziehung *f (syn, evasion of customs duties)*
customs frontier (Zo) Zollgrenze *f*
customs guaranty (Zo) Zollbürgschaft *f*
customs-house broker (Zo) = custom broker
customs-house docket (Zo, GB) Zollquittung *f (syn, customs voucher, qv)*
customs inspection (Zo) Zollkontrolle *f*
customs investigation (Zo) Zollfahndung *f*
customs invoice (com) Zollfaktura *f*
customs inward (Zo) Einfuhrzoll *m (syn, import duty, qv)*
customs jurisdiction (Zo) Zollhoheit *f*
customs manifest (Zo) Zolladungsverzeichnis *n*
customs nomenclature
(Zo) Nomenklatur *f*
– Zolltarifschema *n*
(syn, tariff nomenclature)
customs office (Zo) Zollamt *n*
customs office en route (Zo) Durchgangszollstelle *f*
customs office of entry (Zo) Eingangszollstelle *f*
customs office of exports (Zo) Ausfuhrzollstelle *f*
customs officer (Zo) Zollbeamter *m*
customs offices (Zo) Zollstellen *fpl (syn, GB, customs stations)*
customs outward (Zo) Ausfuhrzoll *m*
customs penalty (Zo) Zollstrafe *f*
customs permit (Zo) Zollabfertigungsschein *m*
customs policy (Vw) Zollpolitik *f*
customs power of attorney (Zo) Zollvollmacht *f*
customs procedure (Zo) Zollverfahren *n*
Customs Processing Arrangement Committee (EG) Ausschuß *m* für Zollveredelungsverkehr
customs receipt (Zo) Zollquittung *f (syn, customs voucher, qv)*
customs receipts (Zo) Zolleinnahmen *fpl*
customs regulations (Zo) Zollbestimmungen *fpl*
customs revenue
(Zo) Zollaufkommen *n*
– Zolleinnahmen *fpl*
customs route (Zo) Zollstraße *f*
customs seal (Zo) Zollverschluß *m*
customs shed (Zo) Zollschuppen *m*
customs supervision (Zo) Zollaufsicht *f*
customs supervision zone (Zo) Zollkontrollzone *f*
customs surveillance zone (Zo) Zollgebiet *n (syn, customs district)*
customs tariff (Zo) Zolltarif *m (syn, tariff schedule, tariff number, tariff)*
customs tariff theory (AuW) Zolltheorie *f*
customs territory (Zo) Zollgebiet *n*
customs treatment (Zo) zollamtliche Bearbeitung *f*
customs union (Zo) Zollunion *f*
customs valuation
(Zo) Zollwertbestimmung *f*
– Zollwertermittlung *f*
customs value
(Zo) Verzollungswert *m (syn, declared/current domestic . . . value)*
customs voucher (Zo) = customs receipt
customs warehouse
(Zo) Zollniederlassung *n*
– Zollager *n (syn, bonded warehouse)*
customs warehousing (Zo) Zollgutlagerung *f*
customs warrant (Zo) Zollbegleitschein *m (syn, bond note, qv)*
cut (com) Kürzung *f (syn, cutback, curtailment, reduction)*
cut *v* (com) kürzen *(syn, cut back, pare down, reduce, trim)*
cut advertising *v* (Mk) Werbung *f* einschränken
cutage (EDV) Ausfall *m (syn, failure)*
cut-and-paste (EDV, GUI) Ausschneiden und Einfügen *(ie, data exchange method that uses the clipboard)*
cut away *v* (com, infml) unterdrücken *(eg, background noise; syn, to suppress)*
cutback (com) = cut
cut back *v* (com) = cut *v*
cut back benefits *v* (SozV) Leistungen *fpl* kürzen od beschneiden
cut back capacity *v* (Bw) Kapazität *f* reduzieren
cutback in capacity (Bw) Kapazitätsabbau *m (syn, cut/reduction . . . in capacity, shutting production capacity)*
cutback in employment (Pw) Personalabbau *m (syn, cut in staff, manpower reduction, paring workforce, slimming manning levels)*
cutback management (FiW) Kürzungs-Management *n (ie, Bewältigung von Finanzierungsengpässen)*
cut back on orders *v* (com) Aufträge *mpl* zurückhalten, weniger Aufträge erteilen
cut back operations *v* (com) Betrieb *m* einschränken od zurückfahren
cut budget funds *v* (FiW) Haushaltsmittel *pl* kürzen *(syn, pare down, trim)*
cut costs *v* (com) Kosten *pl* senken *(syn, reduce, trim, slash)*
cut down *v*
(com) einschränken *(eg, smoking, capital spending)*
(Pw) abbauen *(ie, jobs; syn, slim, reduce)*
cut down the labor force *v*
(Pw) Personalbestand *m* abbauen
– Belegschaft *f* abbauen
cut in capacity (Bw) = cutback in capacity
cut in production (IndE) Produktionseinschränkung *f (syn, production cutback, qv)*
cut in sick leaves (Pw) Rückgang *m* des Krankenstandes
cut in staff (Pw) Personalabbau *m (syn, cutback in employment)*
cut in working time (Pw) Arbeitszeitverkürzung *f (syn, reduction of working hours, shorter working hours)*
cutlery (com) Bestecke *npl (syn, US, silverware, flatware)*
cutlery industry (com) Besteckindustrie *f*
cutoff (Stat) Abbrechen *n (eg, of a survey)*
cutoff date
(com) letzter Termin *n (eg, for filing application)*
(com) Verfalltag *m (syn, date of expiration, qv)*
(ReW) Stichtag *m*, Abschlußstichtag *m*
cut-off date for applications (com) Einreichungsschluß

cutoff error (Math) Abbrechfehler *m (ie, bei Näherungsverfahren)*
cutoff limit (Stat) Abschneidegrenze *f (ie, in sampling)*
cutoff method
(Bw) Verfahren *n* der zeitlichen Abgrenzung
(ReW) Cutoff-Verfahren *n*
– Konzentrationsauswahl *f*
(ie, Auswahl nach dem Grundsatz der ‚materiality': Auswahlvorgang wird abgeschnitten, wenn ein bestimmter Prozentsatz des Wertes des Prüffeldes geprüft ist)
(Mk) Auswahl *f* nach dem Konzentrationsprinzip *(ie, in der Investitionsgüter-Marktforschung)*
(Stat) Konzentrationsverfahren *n*
(ie, Zahl der Untersuchungseinheiten wird auf wichtige Elemente beschränkt)
cutoff point
(Fin) Ausscheidungsrate *f*
– Mindestverzinsung *f*
(ie, in preinvestment analysis = Investitionsrechnung; syn, cutoff rate)
(Mk) Sperrpunkt *m*
(ie, in advertising)
(FiW) Schwelleneinkommen *n*
(ie, in applying negative income tax)
(Stat) Schlußziffer *f*
(ie, in sampling procedures = Auswahlverfahren)
cutoff rate
(Fin) Ausscheidungsrate *f*
– Mindestverzinsung *f*
(syn, hurdle rate, minimum acceptable rate of return)
cut order delivery times *v* (com) Lieferzeiten *fpl* kürzen
cut out *v* (com, infml) ausschalten *(eg, go-between, financial institution)*
cut out dead wood *v* (com, infml) durchforsten *(syn, shake up an organization)*
cut out rivals *v* (com) Konkurrenz *f* verdrängen *(syn, wipe out, put out of the market)*
cut overtime *v* (Pw) Überstunden *fpl* kürzen
cut price (com) Niedrigpreis *m (syn, thrift price)*
cut-price fares (com) Billigflugpreise *mpl (ie, of airlines)*
cut-price imports
(com) Billigeinfuhren *fpl*
– Billigimporte *mpl*
cut-price rate (com) Billigtarif *m*
cut-price store (com) Niedrigpreisgeschäft *n*
cut-rate charge
(com) Billigtarif *m*
(eg, for telephone calls placed at a time when discounts apply, such as between 5 and 11 p.m.)
cut-rate line (com) Billigfluglinie *f (eg, offering no-frills flights)*
cut-rate price
(com) herabgesetzter Preis *m*
(com) Einführungspreis *m*
cut-rate supplies (com) Billiglieferungen *fpl*
cut row (OR) Schnittzeile *f*
cut-set matrix (Math) Matrix *f* der Schnittmenge
cut-sheet feeder (EDV) Einzelblattzuführung *f*
cuts in social benefits (SozV) Kürzung *f* von Sozialleistungen

cut spending *v*
(Fin) Ausgaben *fpl* kürzen
(syn, make cuts in spending; infml, put a lid on spending)
cut staff *v* (Pw) Personal *n* abbauen *(syn, reduce personnel, qv)*
cut taxes *v* (StR) Steuern *fpl* senken
cut-throat competition (com) ruinöse Konkurrenz *f (syn, destructive competition)*
cutting a melon (Fin, US) Ausschüttung *f* e–r Stockdividende
cutting edge
(com) vorderste Front *f (eg, of technological progress)*
cutting-edge producer (com) technisch führender Hersteller *m (eg, of next-generation computer memories)*
cutting limit order (Bö) Stop-Loss-Order *f*
cutting plane (Math) Schnittebene *f*
cutting service (com) Zeitungsausschnittbüro *n (syn, clipping bureau, qv)*
cut up for *v* (Re, GB, sl) hinterlassen *(eg, how much did he cut up for?)*
CV (Pw) = curriculum vitae
CVF
(EDV) = Compressed Volume File *(ie, Formatspezifikation für komprimierte Dateien)*
c/w (com) = commercial weight
c.w.o. (com) = cash with order
C.Y (com) = Container Yard
cyber shopping
(EDV) elektronisches Einkaufen *n*
– Einkaufen *n* im elektronischen Warenhaus *n*
(ie, buying goods via networks [eg, World Wide Web]; syn, electronic shopping)
cycle
(IndE) Zyklus *m*
– Arbeitsgang *m (syn, workcycle, pass, run)*
(IndE) Laufzeit *f*
– Bearbeitungszeit *f* pro Stück
(OR) Zyklus *m (ie, in a closed chain or loop)*
(Math) zyklische Permutation *f (syn, cyclical /circular . . . permutation)*
cycle count
(ReW) periodische Bestandsaufnahme *f*
(EDV) Zykluszählung *f*
cycle counter
(EDV) Zykluszähler *m*
– Gangzähler *m*
cycle counting (MaW) permanente Inventur *f*
cycle inventory (MaW) Grundbestand *m (syn, lead time inventory, qv)*
cycle operations (IndE) Taktfertigung *f*
cycle regulation (EDV) Regelung *f (syn, automatic control, qv)*
cycle reset (EDV) Zyklenzähler-Rückstellung *f*
cycle shift (EDV) zyklische Verschiebung *f*
cycle stealing
(EDV) Cycle-Stealing-Verfahren *n*
(ie, the CPU is held in its present state for a memory cycle while data are transferred from a disk pack or tape reader direct into the core memory: Funktionseinheit stiehlt dem Zentralprocessor e–n Zyklus)
cycle test (IndE) Prüfzyklus *m*

cycle time
(EDV) Arbeitszyklus *m (ie, time required to complete a set of operations)*
(IndE) Taktzeit *f*, Gesamtstückzeit *f*, Zeit *f* pro Stück
cyclical (Vw) konjunkturbedingt
cyclical budgeting (FiW) zyklischer Budgetausgleich *m*
cyclical competition (Vw) zyklische Konkurrenz *f (ie, coined by R. Triffin)*
cyclical deficit
(FiW) konjunkturbedingtes Defizit *n*
(ie, that part of the total deficit that does shrink as the economy improves; opp, cyclical surplus)
cyclical developments (Vw) konjunkturelle Entwicklungen *fpl*
cyclical downswing (Vw) = cyclical downturn
cyclical downturn (Vw) Konjunkturabschwung *m*
cyclical earnings recovery (Bw) konjunkturbedingte Gewinnerholung *f*
cyclical effects (Vw) konjunkturelle Faktoren *mpl*
cyclical expansion (Vw) Konjunkturaufschwung *m*
cyclical factor (Vw) Konjunkturfaktor *m*
cyclical fluctuations (Vw) konjunkturelle Schwankungen *fpl*
cyclical growth (Vw) zyklisches Wachstum *n*
cyclical increase (Vw) konjunkturell bedingte Zunahme *f*
cyclical indicator (Vw) Konjunkturindikator *m*
cyclical industry (com) konjunkturabhängiger Wirtschaftszweig *m (eg, chemicals and construction)*
cyclical instability (Vw) konjunkturelle Instabilität *f*
cyclical inventory count (ReW) Periodeninventur *f*
cyclicality (Vw) zyklisches Verhalten *n*, Konjunkturabhängigkeit *f*
cyclical leads and lags (Vw) konjunkturbedingter Vor- und Nachlauf *m*
cyclically balanced budget (FiW) konjunkturneutraler Haushalt *m*
cyclically neutral (Vw) konjunkturneutral
cyclically sensitive (Vw) konjunkturempfindlich, konjunkturreagibel
cyclical movement (Vw) Konjunkturbewegung *f*
cyclical movements (Vw) zyklische Entwicklung *f*
cyclical overstrain (Vw) Konjunkturüberhitzung *f*
cyclical pattern (Vw) zyklische Verlaufsstruktur *f*
cyclical permutation (Math) zyklische Permutation *f (syn, cycle, qv)*
cyclical price swings (Vw) konjunkturelle Preisschwankungen *fpl*
cyclical products (Bw) konjunkturabhängige Erzeugnisse *npl*
cyclical recovery (Vw) = cyclical upswing
cyclical redundancy check character (EDV) Blockende-Sicherungszeichen *n*
cyclical revival (Vw) Konjunkturbelebung *f (eg, in inventory growth)*
cyclical sensitivity (Vw) Konjunkturempfindlichkeit *f*
cyclical shift
(EDV) zyklisches Verschieben *n*, zyklische Stellenverschiebung *f*
(ie, in which the digits dropped off at one end of a word are returned at the other end of the word; syn, circuit/circular end-around/nonarithmetic /ring . . . shift)
cyclical stocks (Fin) Aktien *fpl* konjunkturempfindlicher Unternehmen
cyclical unemployment
(Vw) konjunkturelle Arbeitslosigkeit *f*, zyklische Arbeitslosigkeit *f*
(syn, deficiency-of-demand unemployment)
cyclical upswing (Vw) Konjunkturaufschwung *m*, Aufschwung *m (syn, upturn, business cycle expansion)*
cyclical uptick (Vw) = cyclical upswing
cyclical upturn (Vw) = cyclical upswing
cyclic redunancy check, CRC (EDV) zyklische Blockprüfung *f (ie, wide-spread error detection method)*
cyclic shift (EDV) = cyclical shift
cyclic store
(EDV) Umlaufspeicher *m*
(ie, access available only at fixed points in a basic cycle)
cylinder option
(Fin) Kauf *m* e–r Kaufoption und Verkauf e–r Verkaufsoption
(ie, Basis unter der der Kaufoption, aber mit gleichen Fälligkeiten)

D

D/a (com) = days after acceptance
DAC (EDV) = Digital-Analog-Converter,qv
D.A.D. (com) = documents against discretion of collecting Bank
d/a (D/A) (com) = documents against acceptance
daf (com) = delivered at frontier
daily (com) Tageszeitung *f*
daily allowance (com) Tagegeld *n (syn, perdiem, per diem allowance)*
daily balance chart (Stat) = Gantt progress chart
daily balances (Fin) tägliche Guthaben *npl*
daily benefit insurance (Vers) Tagegeldversicherung *f*
daily bread (com) Lebensunterhalt *m (eg, earn one's . . .)*
daily breader (com, infml) Pendler *m (syn, commuter)*
daily cash receipts
(com) Tageseinnahme *f*
– Tageskasse *f*
(ie, in retailing; syn, daily takings)
daily cash report (ReW) täglicher Kassenbericht *m*
daily clearing (Bö, US) tägliche Abrechnung *f*
daily closing (Bö) = daily clearing
daily disk backup (EDV) tägliche Datensicherungskopie *f*
daily expense allowance (com) Spesensatz *m*
daily high (Bö) Tageshöchststand *m*
daily low (Bö) Tagestiefststand *m*
daily money (Fin) tägliches Geld *n*
Daily Official List (Bö, GB) amtliches Kursblatt *n (syn, list of quotations, qv)*
daily opening rate (Bö) Eröffnungssatz *m*
daily performance record (Pw) Arbeitsnachweis *m*
daily price limit (Bö, US) tägliche Preisobergrenze *f (ie, Börsenordnungen limitieren maximale tägliche Preisschwankungen)*
daily quotation (Bö) Tagesnotierung *f*
daily rate
(Fin) Tageskurs *m* im EWS
(Pw) Tagelohnsatz *m (ie, for a standard work day)*
daily record keeping (com) tägliche Aufzeichnungen *fpl*
daily report (com) Tagesbericht *m*
daily sales (com) Tagesumsatz *m (syn, GB, daily turnover)*
daily statement (Fin) Tagesauszug *m*
daily takings (com) = daily cash receipts
daily throughput (com) Tagesdurchsatz *m*
daily trading limits
(Bö) zulässiges Schwankungslimit *n*, maximal zulässige Kursfluktation *f*
(ie, amount that a price may move above or below the settlement price of the preceding day)
daily transactions journal
(ReW) Geschäftstagebuch *n*
(ie, posting all receipts and expenditures and all cashless transactions = bargeldlose Vorgänge)
daily turnover
(com, GB) = daily sales
(Bö) = daily volume
daily volume (Bö) Tagesumsätze *mpl*
dairy machinery (com) Molkereimaschinen *fpl*
dairy products (com) Molkereierzeugnisse *npl*
daisy chain
(com, US, infml) undurchsichtiger Unternehmenskomplex *m (ie, used in the oil industry to confuse investigators)*
(Fin, GB) künstliche Marktaktivität *f (ie, to lure genuine investors)*
daisywheel (EDV) Typenrad *n*
daisywheel printer (EDV) Typenraddrucker *m*
DAM (EDV) = direct access method
damage
(com) Schaden *m*
– Einbuße *f*
(com, infml) Kosten *pl (eg, what's the damage?)*
(IndE) Schaden *m*
– Beschädigung *f*
(ie, injury short of complete destruction inflicted upon persons, equipment, or installations)
(Re) Schaden *m (syn, injury, loss)*
damage by breakage (Vers) Bruchschaden *m*
damage by intrinsic defects (com) Schaden *m* durch inneren Verderb
damaged goods (com) beschädigte Waren *fpl*
damage due to collision (SeeV) Kollisionsschaden *m*
damage in law (Re) allgemeiner Schaden *m (opp, special damage)*
damage in transit (com) Transportschaden *m (syn, transport . . . damage/loss)*
damage report
(com) Schadensbericht *m*
(SeeV) Havariebericht *m*
damages
(Re) Schaden(s)ersatz *m*
(ie, pecuniary indemnity, not compensation in kind: sum of money recovered to redress a legal wrong or injury)
damages at large (Re, GB) = unliquidated damages
damages in tort (Re) Schadenersatz *m* aus unerlaubter Handlung
damage suit (Re) Schadenersatzklage *f*
damage survey (Vers) Schadenprüfung *f*
damage to property (Re) Sachschaden *m (syn, injury to property, physical damage)*
damaging event
(Re) schädigendes Ereignis *n*
(Vers) Schadenereignis *n*
damnum datum (Re) Vermögenseinbuße *f (ie, in Scotch law; syn, actual loss)*
damnum emergens (Re, civil law) Vermögenseinbuße *f (syn, actual loss)*
damp down *v* (com) dämpfen *(eg, demand)*
dampen inflation *v* (Vw) Inflation *f* eindämmen
dampen price rises *v* (Vw) Preissteigerungen *fpl* dämpfen

dangerous deck
(com) gefährliche Güter *npl*, die nur auf Deck verladen werden dürfen
dangerous driving (Re, GB) gefährliches Fahren *n* *(ie, has replaced the offence of ‚reckless driving')*
dangerous goods (com) Gefahrgüter *npl*
dangerous substances (com) gefährliche od umweltschädliche Substanzen *fpl*
danger pay
(Pw) Gefahrenzulage *f*
(syn, danger money, danger zone bonus, hazard bonus)
danger spot (com) Schwachstelle *f (syn, weak point, qv)*
danger zone bonus (Pw) = danger pay
DAS (Math) = discrete algebraic structures
dashed line (com) gestrichelte Linie *f (syn, broken line)*
DAT (EDV) = digital audio tape
data (com) Daten *pl*, Informationen *fpl (ie, data are or is)*
data abuse (EDV) Datenmißbrauch *m*
data access (EDV) Datenzugriff *m*
data access security
(EDV) Datenzugriffssicherheit *f*
– Datensicherheit *m*
– Datenschutz *m*
data acquisition
(EDV) Datenerfassung *f*
(ie, offline = mittelbar; online = unmittelbar)
data acquisition system (EDV) Datenerfassungssystem *n*
data addressed memory (EDV) inhaltsadressierbarer Speicher *m (syn, content addressed memory)*
data administration (EDV) Datenpflege *f (ie, keeping data up-to-date)*
data administrator
(EDV) Datenbank-Administrator *m*
– Datenverwalter *m*
data analysis (EDV) Datenanalyse *f*
data archives (EDV) Datenträgerarchiv *n (syn, data record office)*
data area (EDV) Datenbereich *m*
data backup
(EDV) Sicherungskopie *f*
– Sicherungsband *f*
data bank (EDV) = data base
data bank management facilities (EDV) Datenbankverwaltung *f*
data base
(EDV) Datenbank *f*
(ie, complete collection of information such as contained in automated files, a library, or a set of computer disks; syn, data bank)
data base access
(EDV) Datenbankzugriff *m*
– (Datenbank-)Abfrage *f (usu, query, qv)*
data base administrator
(EDV) Datenbankverwalter *m*
data base administrator, DBA (EDV) Datenbankadministrator *m*
data base chaining (EDV) Datenbankverkettung *f*
data base combination system (EDV) Datenbankverbundsystem *n*
data base component (EDV) Datenbankkomponente *f*
data base computer (EDV) Datenbankcomputer *m* Datenverwaltungsrechner *m*
data base description (EDV) Datenbankbeschreibung *f*
data base design (EDV) Datenbankentwurf *m (eg, using a data description language)*
data base file (EDV) Datenbankdatei *f*
data base file management (EDV) Datenbankdateiverwaltung *f*
data base hierarchy (EDV) Datenbankhierarchie *f*
data base inquiry system (EDV) Datenbankabfragesystem *n*
data base language
(EDV) Datenbanksprache *f*
(ie, generic term covering ‚Datenbeschreibungssprache' and ‚Datenmanipulationssprache')
data base management (EDV) Datenbankverwaltung *f*
data base management system
(EDV) Datenbankverwaltungssystem *n*, DBMS
–Datenbankmanagementsystem *n*
(ie, subterms: generalized and tailor-made systems; Standardprogrammpakete, die zwischen Betriebssystem und Anwendungsprogrammen die Verwaltung des Dateibestandes zentral organisieren)
data base marketing
(Mk) Data-Base-Marketing
(ie, computergestützte Systeme, die im Rahmen des Direktmarketing Adreß- und anderes personenbezogenes Material zur Verfügung stellen, um e–n individuellen Dialog aufzubauen)
data base model (EDV) Datenbankmodell *n*
data base system (EDV) Datenbanksystem *n*
data block
(EDV) Datenblock *m*
– physischer Datensatz *m (ie, in der Datenorganisation)*
– Block *m (ie, in der Rechnerorganisation)*
– Datenübertragungsblock *m (ie, in der Datenübertragung und bei Rechnernetzen; syn, frame)*
data block address (EDV) Datenblockadresse *f*
data bus (EDV) Datenbus *m*, Datensammelschiene *f* *(syn, data . . . highway/trunk)*
data capture
(EDV) Datenerfassung *f (syn, data . . . acquisition/collection)*
(IndE) data capture
data carrier (EDV) Datenträger *m (syn, data medium)*
data carrier storage (EDV) Datenträgerspeicher *m*
data center (EDV) zentrale Datenbank *f*
data chaining
(EDV) Datenverkettung *f*
(ie, combining two or more data elements in a prescribed sequence to yield meaningful information)
data channel (EDV) Datenkanal *m (ie, bidirectional data path between I/0 devices and the main memory)*
data circuit (EDV) Datenleitung *f (syn, data line)*
data clause (EDV) Datenklausel *f (cf, DIN 66 028, Aug 1985)*
data collection (EDV) = data capture
data combination (EDV) Datenverbund *m*

data communication
(EDV) Datenübermittlung *f (ie, from data source to data sink = von Datenquelle zu Datensenke; Teilgebiet der Datenübertragung)*
data communication exchange (EDV) Datenaustausch *m*
data compaction
(EDV) Datenverdichtung *f*
– Datenkompression *f (syn, data compression)*
data compression
(EDV) Datenverdichtung *f*
– Datenkomprimierung *f*
(opp, data decompression)
data consistency (EDV) Datenkonsistenz *f*
data control (EDV) Datensteuerung *f*
data control block (EDV) Datensteuerblock *m*
data conversion
(EDV) Datenumsetzung *f*
– Datenkonversion *f*
(syn, data translation)
data decompression (com) Datendekomprimierung *f (opp, data compression)*
data definition (EDV) Datenbeschreibung *f*
data definition language, DDL (EDV) Datenbeschreibungssprache *f*
data definition statement (EDV) DD-Anweisung *f* Dateidefinitionsanweisung *f*
data delimiter (EDV) Begrenzungszeichen *n*
data description language (EDV) Datenbeschreibungssprache *f* Datendefinitionssprache *f*
data description statement (EDV) Datenbeschreibungsanweisung *f*
data dictionary
(EDV) Datenwörterbuch *n*
(ie, Auflistungen und Spezifikationsangaben für die Elemente e–s Datenbestandes; auch heute noch anstelle der Bezeichnung Schema benutzt)
data display (EDV) Datenanzeigeeinrichtung *f*
data display console (EDV) Datensichtplatz *m*
data dredging (com, infml) Stoffhuberei *f*
data editing (EDV) Datenaufbereitung *f*
data element (EDV, Cobol) Datenelement *n (syn, elementary item)*
data encoding
(EDV) Datenverschlüsselung *f*
– Datenkodierung *f*
(syn, data encryption)
data encryption
(EDV) Datenverschlüsselung *f (ie, conversion of plain data to a secure coded form using specialized algorithms; eg, Huffmann-encoding; syn, data encoding)*
data encryption standard, DES (EDV) Datenverschlüsselungs-Standard *m*
data entry form (EDV) Dateneingabemaske *f (cf, FORMS-2)*
data entry keyboard (EDV) Eingabetastatur *f*
data entry screen (EDV) = data entry form
data entry unit (EDV) Dateneingabegerät *n*
data error (EDV) Datenfehler *m*
data evaluation (EDV) Datenauswertung *f*
data exchange service, DATEX (EDV) DATEX *(ie, Datenübertragungsnetz der Deutschen Bundespost; cf, DATEX-P, DATEX-L)*
data feed (EDV) Dateneingabe *f*
data field
(EDV) Datenfeld *n*
– Feld *n*
data file (EDV) Datei *f (syn, file)*
data file control (EDV) Dateisteuerung *f*
data file protection (EDV) Datenbestandsschutz *m*
data flow
(EDV) Datenfluß *m*
– Informationsfluß *m*
(syn, information flow)
data flow architecture (EDV) Datenflußarchitektur *f*
data flowchart (EDV) Datenflußplan *m*
data flow control (EDV) Datenflußsteuerung *f*
data format
(EDV) Datenformat *n*
– Datenstruktur *f (syn, data structure)*
data gathering (EDV) = data capture
data grid (EDV, GUI) Gitternetz *n (ie, small, spreadsheet-like table to display multiple rows and columns from a database table; syn, grid)*
data haven (EDV) Datenoase *f (syn, data oasis)*
data highway
(EDV) = data bus
(EDV) Daten-Autobahn *f (usu and better: information highway)*
data input (EDV) Dateneingabe *f (ie, am Terminal od durch Stapelverarbeitung = batch processing)*
data integrity (EDV) Datenintegrität *f*
data item (EDV, Cobol) = data field
data level (EDV, Cobol) Datenebene *f*
data line (EDV) = data circuit
data link (EDV) Datenübermittlungs-Abschnitt *m (syn, communication link)*
data link control procedure (EDV) Datenübertragungssteuerung *f (syn, communication control)*
data management
(EDV) Datenverwaltung *f*
– Datenmanagement *n*
(ie, function of an operating system comprising the organization, locating, storing, retrieving, and maintaining of data = Bestandteil der Betriebssystem-Software)
data management system (EDV) Datenleitsystem *n*
data manipulation (EDV) Datenbearbeitung *f (syn, data transformation)*
data manipulation language (EDV) Datenbehandlungssprache *f*
data medium (EDV) Datenträger *m (syn, data carrier)*
data memory (EDV) Datenspeicher *m (syn, data storage)*
data memory organization (EDV) Datenspeicher-Organisation *f*
data model (EDV) Datenmodell *n (ie, strukturierte Darstellung von Informationen; hierarchisch, netzwerkorientiert, relational, semantisch)*
data name (EDV, Cobol) Datenname *m (cf, DIN 66 028, Aug 1985)*
data network (EDV) Datennetz *n*
data oasis (EDV) = data haven
data organization (EDV) Datenorganisation *f*
data output (EDV) Datenausgabe *f*
data packet (EDV) Datenpaket *n*
data pen (EDV) Handleser *m (syn, hand-held reader)*

data plotter (EDV) Digitalplotter *m (syn, graphic plotter)*
data pooling equipment (EDV) Datensammeleinrichtung *f*
data preparation (EDV) Datenaufbereitung *f*
data privacy protection (EDV) Datenschutz *m (syn, data protection)*
data processing (EDV) Datenverarbeitung *f (syn, information processing)*
data processing center
(EDV) Rechenzentrum *n*
(ie, computer installation providing service for others, sometimes called customers, on a reimbursable or nonreimbursable basis)
data processing department (EDV) EDV-Abteilung *f*
data processing equipment
(EDV) Rechner *m*
– Rechenanlage *f*
– Datenverarbeitungsanlage *f (syn, dp equipment, computer, data processor)*
data processing machine
(EDV) = Datenverarbeitungsanlage *f*
– Datenverarbeitungssystem *n*
(syn, data processing system)
data processing personnel (EDV) EDV-Personal *n*
data processing system
(EDV) Datenverarbeitungssystem *n*
– Rechner *m*
– Rechenanlage *f*
– Rechensystem *n (cf, DIN 44 300)*
data processing terminal equipment (EDV) Datenendeinrichtung *f (eg, I/0-Werk, Rechenwerk, Leitwerk, Speicher)*
data processor (EDV) Prozessor *m*
data protection (EDV) Datenschutz *m (syn, data privacy protection)*
Data Protection Act
(EDV, GB) Datenschutzgesetz *n*
(ie, passed in 1984 to preclude the potential threat of computers to individual freedom and to enable the Government to ratify the Council of Europe Convention on Data Protection)
data protection officer (EDV) Datenschutzbeauftragter *m*
Data Protection Register
(EDV, GB) Datenschutzregister *n*
(ie, data users will have to reveal the sort of data held, the purpose for holding it, the sources, and the people to whom they disclose the information)
data rate (EDV) Bitrate *f* Datenübertragungsgeschwindigkeit *f (syn, bit rate)*
data record (EDV, Cobol) Datensatz *m (syn, record)*
data recording (EDV) = data capture
data record length (EDV) Datensatzlänge *f*
data record name (EDV, Cobol) Satzname *m*
data record office (EDV) Datenträgerarchiv *n (syn, data archives)*
data recovery (EDV) Datenwiederherstellung *f*
data reduction (EDV) Datenverdichtung *f (syn, data compression)*
data redundancy (EDV) Datenredundanz *f*
data register (EDV) Datenregister *n*
data representation (EDV) Datendarstellung *f (ie, through letters, numerals, symbols, to represent information)*
data retrieval (EDV) Datenwiedergewinnung *f (syn, information retrieval; cf, retrieval)*
data security
(EDV) Datensicherung *f*
(EDV) Datensicherheit *f*
(EDV) Datenschutz *f*
data security officer
(EDV) Datenschutzbeauftragter *m*
data select control (EDV) Datenauswahlsteuerung *f*
data set (EDV) Modem *n (ie, in data transmission; syn, modem)*
data set catalog (EDV) Dateikatalog *m*
dataset label (EDV) Datenkennsatz *m*
data space (EDV) Datenbereich *m*
data station
(EDV) Datenstation *f*
– Terminal *n*
(ie, subterms: Dialogstation und Stapelstation = conversational and batch processing terminal; syn, data terminal)
data stock (EDV) Datenbestand *m*
data storage
(EDV) Datenspeicher *m (syn, data memory)*
(EDV) Datenspeicherung *f (ie, through internal and external memories)*
Datastream
(Fin, GB) Datastream
(ie, a company of Dun & Bradstreet, operates an information system providing historic price information and in-depth company reports)
data structure (EDV) Datenstruktur *f (ie, logical, physical, and conceptional; syn, data format)*
data switching (EDV) Datenvermittlungstechnik *f*
data systems technology (EDV) Datentechnik *f*
data telecommunication (EDV) Datenfernübertragung *f*
data terminal
(EDV) Datenendgerät *n*
– Terminal *n*
(syn, terminal, terminal unit)
data terminal equipment, *DTE* (EDV) Datenendeinrichtung *f*, DDE *(cf, DIN 44 302)*
data throughput (EDV) Datendurchsatz *m*
data traffic (EDV) Datenverkehr *m*
data transfer
(EDV) Datentransfer *m*
– Datentransport *m*
data transfer rate
(EDV) Datenrate *f*
– Datentransferrate *f*
– Datenübertragungsrate *f*
(ie, number of data transferred per second between CPU and peripherals)
data transformation
(EDV) Datentransformation *f*
– Datenbearbeitung *f*
(syn, data manipulation)
data translation (EDV) Datenkonvertierung *f (syn, data conversion)*
data transmission (EDV) Datenübertragung *f (eg, via modem)*
data transmission block (EDV) Datenübertragungsblock *m*
data transmission facilities (EDV) Datenübertragungs-Einrichtungen *fpl*

data transmission line (EDV) Datenübertragungsleitung *f (ie, Fernsprechleitung, Breitbandleitung, Telegrafieleitung)*
data transmission method (EDV) Datenübertragungsverfahren *n*
data transmission unit (EDV) Datenübermittlungsgerät *n*
data transport (EDV) = data transfer
data trunk (EDV) = data bus
data type (EDV) Datentyp *m*
data unit (EDV) Dateneinheit *f (ie, data block, record, data field = Datenblock, Datensatz, Datenfeld)*
data word (EDV) Datenwort *n*
date *v* (com) datieren
date and time (EDV) Datum *n* und Uhrzeit *f*
date as postmark (com) Datum *n* des Poststempels
dated billing (com) Verlängerung *f* des Zahlungsziels durch Vordatieren der Rechnung
dated securities (Fin) Wertpapiere *npl* mit festen Rückzahlungsterminen
date forward *v* (com) vordatieren *(syn, postdate, qv)*
datel services (EDV) Dateldienste *mpl*
date of acquisition
(ReW) Anschaffungszeitpunkt *m*
(com) Übernahmezeitpunkt *m (ie, in the case of a merger)*
date of application (com) Anmeldetermin *m*
date of delivery (com) Liefertermin *m (syn, delivery date, target date)*
date of dispatch (com) Abgangsdatum *n (syn, date of forwarding)*
date of entry (ReW) Buchungszeitpunkt *m*
date of expiration
(com) Fälligkeitstag *m*
– Verfalltag *m*
(syn, maturity date, qv)
date of expiry (com) = date of expiration
date of forwarding (com) Abgangsdatum *n (syn, date of dispatch)*
date of invoice (com) Rechnungsdatum *n (syn, billing date)*
date of issue
(com) Ausstellungstag *m*
(Fin) Emissionstag *m*
date of maturity
(Fin) Zeitpunkt *m* der Fälligkeit
– Fälligkeitstermin *m*
(syn, maturity date, qv)
date of payment (com) Zahlungstermin *m*
date of quotation (com) Angebotsdatum *n*
date of receipt (com) Eingangsdatum *n*
date of redemption (Fin) = date of repayment
date of repayment (Fin) Rückzahlungstermin *m (syn, maturity date, qv)*
date of required payment (com) Zahlungsziel *n (syn, time allowed for payment, period of payment)*
date of sailing (com) Abfahrtsdatum *n (ie, in ocean shipping = Seeversand)*
date of shipment
(com) Versandtag *m*
– Versandtermin *m*
date of valuation (Fin) Bewertungsstichtag *m*
dater (com) = date stamp
date separator (EDV) Datumstrennzeichen *n (in Germany a point (eg, 12.01.96), in the US a slash (eg, 01/12/96))*
date shipped (com) Lieferdatum *n (syn, delivery date)*
date stamp
(com) Poststempel *m (syn, postmark)*
(com) Datumstempel *m*
– Bearbeitungsstempel *m*
(syn, receipt stamp, dater)
dating
(Fin) Festsetzung *f* der Laufzeit
(eg, the number of days elapsing between the date of discount and the maturity of a note)
datum (com) Datum *n (ie, jede Einzelbeobachtung über den Zustand e–r Erscheinung; syn, item of date)*
daughter company (com) Tochtergesellschaft *f (syn, subsidiary)*
daughters' endowment insurance (Vers) Aussteuerversicherung *f*
dawn raid
(Fin) Überraschungskauf *m*
(ie, lightning method to build up the stake in a company, usually accomplished in a matter of minutes after the stock market has opened)
day bill (WeR) Tagwechsel *m*
daybook
(ReW) Kladde *f*
– Vorbuch *n*
(ie, in which transactions of the day are entered in the order of their occurrence; syn, GB, waste book)
(ReW) Tagebuch *n*
– Journal *n*
– Grundbuch *n (syn, journal, qv)*
day-count convention
(Fin) Zinsberechnungsmethode
(eg, convention regulating the number of days included in the calculation of interest on credit; Methode, nach der die Anzahl der Tage für die Berechnung von Zinsen bestimmt wird)
dayfile
(EDV) Konsolprotokoll *n*
– Maschinenprotokoll *n*
daylight overdraft
(Fin, US) Tages-Überziehungen *fpl*
(ie, run up by banks before settling with each other at the end of every day; may run at $ 100 billion a day or so)
daylight saving time
(com) Sommerzeit *f*
(ie, one hour ahead of the standard time; opp, standard time = Normalzeit; infml, Winterzeit)
daylight time (com, US) = daylight saving time
daylight trading (Bö, US) Kauf *m* und Verkauf *m* während e–r Börsensitzung
day load (IndE) Tagesbelastung *f*
day loan (Fin) Tagesgeld *n (ie, bank to stockbroker; syn, clearance loan, morning credit)*
dayman (Pw) Zeitlohnarbeiter *m*
day nursery (com, GB) Kindertagesstätte *f (syn, crèche; US, crib)*
day off in lieu (Pw) Feierschicht *f*
day of issue (com) Ausfertigungstag *m*

day order (Bö) Tagesauftrag *m (ie, good for one day only)*
day rate
(Pw) Zeitlohnsatz *m*
(Bö) Tagesnotierung *f*
day's date, d/d (com) Tag(e) nach dato
day shift (Pw) Morgenschicht *f*
days of grace
(Re) Nachfrist *f*
(WeR) Respekttage *mpl*
(privilege to defer payment of a draft etc for a number of days; three days are allowed in England; the UCC states: "every negotiable instrument is payable at the time fixed therein without grace")
days of inventories (MaW) Lagerdauer *f*
days of payables (ReW) Umschlagdauer *f* von Verbindlichkeiten
days of receivables (ReW) Umschlagdauer *f* von Forderungen
days of supply (IndE) Eindeckungszeit *f*
day's price (Bö) Tageskurs *m (syn, daily quotation)*
day's sight, d/s (com) Tage nach Sicht
day's spread (Bö) Spanne *f* zwischen höchstem und niedrigstem Kassakurs
day-to-day accommodation (Fin, GB) = day-to-day loan
day-to-day business
(com) laufender Geschäftsbetrieb *m*
– tagesaktuelles Geschäft *n*
(syn, running operations; infml, nuts and bolts)
day-to-day loan (Fin, GB) täglich kündbares Darlehen *n (syn, US, call loan, qv)*
day-to-day money
(Fin, US) tägliches Geld *n*
(ie, lent by banks to stock exchange brokers, callable at any time; syn, call money, demand money)
day trade (Bö, GB) spekulative Position *f*, die an e–m Börsentag eröffnet und liquidiert wird
day trader
(Bö) Tagesspekulant *m*
(ie, hält e–e Position nie länger als e–n Börsentag; specializes in erratic price swings; cf, scalper, position trader)
daywork
(Pw) Zeitlohnarbeit *f*
(Pw) Schichtarbeit *f* am Tage *(ie, Morgen- und Mittagschicht)*
daywork rate (Pw) Tagelohnsatz *m*
D/B
(Fin) = documentary bill
(EDV) = data base
DBA (EDV) = database administrator
dcf analysis (Fin) = discounted cash flow analysis
DCF, dcf (Fin) = discounted cash flow
dcf methods (Fin) = discounted cash flow methods
dcf rate of return (Fin) interner Zinsfuß *m (syn, internal rate of return, qv)*
D/D (com) = documentary draft
DDE (EDV) = dynamic data exchange
DDL (EDV) = Data Description Language
DDP (EDV) = distributed data processing
DDS (EDV) = decision support system
DD&Shpg. (com) = dock dues and shipping

deactivate *v* (EDV) ausschalten *(syn, disable)*
dead account
(ReW) unbewegtes
– umsatzloses . . . Konto *n*
(syn, inactive account)
dead assets
(ReW) unproduktive Aktiva *npl (opp, active assets)*
(Fin) ertragloses Kapital *n*
dead bargain (com) spottbillige Ware *f*
dead-end job
(Pw) Arbeitsplatz *m* ohne Aufstiegsmöglichkeiten,
– „Sackgasse" *f*
dead freight, d.d. (com) Fehlfracht *f (für weniger als vereinbart verschiffte Ladung)*
deadheading
(com) Leerfracht *f* e–s Frachtschiffes *(ie, back to terminal)*
(Pw) Bevorzugung *f* jüngerer, geeigneterer Mitarbeiter
deadheading allowance (Pw) Reisekosten *pl (syn, travel expenses)*
dead horse (com) bezahlte, aber noch nicht gelieferte Güter *npl* und Dienste *mpl*
dead letter
(com) unzustellbarer Brief *m*
(Re) gültiges, aber nicht mehr angewandtes Gesetz *n*
(EDV) nicht angekommene (elektronische) Post *f*
(syn, dead mail)
deadline
(com) Termin *m*
(syn, time limit, target date, appointed . . . day/time)
(com) Endtermin *m (syn, finish/target . . . date)*
(com) Einsendeschluß *m (syn, closing date)*
(com) Anmeldeschluß *m*
(syn, time limit for application, final deadline, closing date)
deadline control list (com) Terminüberwachungsliste *f*
deadline expiration (com) Fristablauf *m*
deadline for application
(com) Einreichungsfrist *f*
– Einreichungsschluß *m*
(com) Anmeldeschluß *m*
(syn, closing date, qv)
deadline for repaying (Fin) Rückzahlungstermin *m (syn, maturity date)*
dead load (com) Auftragsüberhang *m (ie, work orders not yet released)*
deadlock
(com) Sackgasse *f*
– festgefahrene Situation *f*
(com) Pattsituation *f*
(syn, stalemate situation)
(EDV) Systemblockade *f*
– Systemverklemmung *f*
(ie, in operating systems; tritt beim Zugriff auf gemeinsame Betriebsmittel auf)
(EDV) Zugriffsblockade *f*
(ie, during data base access; two users try to access the record that is locked by the other user)
dead loss (com) Totalverlust *m*

dead mail (EDV) nicht angekommene (elektronische) Nachricht *f (syn, dead letter)*
dead plant (com, infml) überalterte Anlage *f (eg, keep . . . still in being)*
dead rent (Re) Mindestpacht *f*
dead season
(com) tote Saison *f*
– Vor- und Nachsaison *f*
(syn, off season)
(com, infml) Saure-Gurken-Zeit *f*
dead-season rebate
(com) Frühbezugsrabatt *m*
(ie, granted for buying in advance of actual season sales; syn, anticipated rebate)
dead security
(Bö) umsatzloses Wertpapier *n*
(Fin) wertlose Sicherheit *f (eg, abandoned coal mine)*
dead stock
(Bw, GB) totes Inventar *n (ie, farm equipment and machinery; opp, livestock = lebendes Inventar)*
(com) unverkäufliche Bestände *mpl*
dead time
(IndE) Stillstandszeit *f*
– Brachzeit *f*
(syn, idle/lost . . . time)
(IndE) Verlustzeit *f*
(ie, according to Taylor)
(EDV) Totzeit *f*
dead weight
(com) Schwergut *n*
(com) Tragfähigkeit *f* e–s Schiffes
(com, US) Leergewicht *n (syn, kerb weight)*
(Fin) unverzinsliches Wertpapier *n*
deadweight capacity (com) (gewichtsmäßige) Ladefähigkeit *f (ie, of ocean-going ships; opp, bulk capacity)*
deadweight cargo (com) Schwergut *n (ie, charged by weight)*
deadweight cargo capacity (com) Schwergutladefähigkeit *f*
deadweight debt (FiW) Kreditaufnahmen *fpl* für laufende Ausgaben *(ie, ohne vermögensbildende Wirkung)*
deadweight losses (Vw) Netto-Wohlfahrtsverluste *mpl (syn, factor excess burden, excess burden)*
deadweights (Fin) schwer absetzbare Wertpapiere *npl*
deadweight tonnage
(com) Gesamtzuladungsgewicht *n*
(ie, capacity of vessel in tons of cargo, passengers, fuel, etc)
dead work (Pw) unproduktive Arbeit *f*
deal
(com) Geschäft *n*
– Abschluß *m*
(com) Sonderangebot *n (syn, special offer)*
dealer
(Mk) (Direkt-)Händler *m*
(ie, takes title to goods = wird Eigentümer der Ware; opp, broker und agent)
(Bö, GB) = jobber
(Bö, US) (Eigen–)Händler *m*
(ie, buys and sells for his own account; he is paid a markup not a commission; the same individual may act as a broker or dealer = kauft/verkauft auf eigene Rechnung; erhält nicht Provision – wie der Makler – sondern Gewinnzuschlag; dealer kann auch als broker tätig werden)
dealer aid advertising (Mk) Produzentenwerbung *f (ie, zur Unterstützung von Händlern)*
dealer aids (Mk) Verkaufshilfen *fpl (ie, die Hersteller an Einzelhändler liefert)*
dealer allowance (Fin) Händlerprovision *f*
dealer arbitrage (Fin) Händlerarbitrage *f*
dealer brand (Mk) Handelsmarke *f* e–s Großhändlers
dealer chain (Mk) Händlerkette *f*
dealer commission (Bö) Händlerprovision *f*
dealer fee (Fin) Händlerprovision *f*
dealer financing (Mk) Händlerfinanzierung *f*
dealer in securities (Bö) Wertpapierhändler *m (syn, trader in securities)*
dealer interview (Mk) Händlerinterview *n*
dealer in unlisted securities (Bö) Freiverkehrshändler *m*
dealer-listed promotion (Mk) Händlerlisten-Förderung *f*
dealer loan
(Fin) Händlerdarlehen *n*
(ie, overnight loan to a dealer, backed by collateral)
dealer margin (com) Händlerspanne *f*
dealer network (Mk) Händlernetz *n*
dealer organization (Mk) Händlerorganisation *f (syn, dealership network)*
dealer price (Bö) Kurs *m* im Freiverkehr
dealer promotions (Mk) Händler-Promotions *pl*
dealer rebate (com) Händlerrabatt *m (syn, distributor discount)*
dealer's brand
(Mk) Handelsmarke *f*
– Handelszeichen *n*
(ie, used by wholesalers and retailers; opp, manufacturer's brand = Fabrikmarke)
dealer's buyer (com) Wiederverkäufer *m*
dealership network (com) Händlerorganisation *f (syn, dealer organization)*
dealer's margin (com) = dealer margin
dealer spread (Fin) = dealer margin
dealer's price (com) Wiederverkaufspreis *m*
dealer survey (com) Händlerbefragung *f*
deal in *v* (com) handeln mit *(ie, buy and sell; opp, trade in)*
dealing
(com) Handel *m*
(Bö) Effektenhandel *m*
dealing at arm's length
(StR, US) Drittvergleich *m*
– Fremdvergleich *m*
(ie, Leistungsentgelt zwischen abhängigen Gesellschaften ist so festzusetzen, als handele es sich um nicht verbundene, d.h. unabhängige Marktteilnehmer = dealing with one another as unrelated third parties)
dealing by graded description (com) Handel *m* nach festgelegten Eigenschaften
dealing by making a price
(Bö, US) Korsnotierung *f* für jeden Abschluß
(ie, Preisfestsetzung am variablen Markt)

dealing currency (Fin) Handelswährung *f*
dealing file
(Fin) Abschlußdatei *f (eg, in foreign exchange and money market dealings)*
dealing for own account
(Bö) Selbsteintritt *m*
(ie, Orderausführung durch S. ist grundsätzlich untersagt; syn, trading for own account)
dealing in options (Bö) Optionsgeschäft *n*, Optionshandel *m (syn, option . . . dealings/trading, trading in options)*
dealing in securities (Bö) Handel *m* in Wertpapieren, Effektenhandel *m*
dealing in stock
(Fin) Wertpapierhandel *m*
– Effektenhandel *m*
(syn, trading in securities/stock, securities trading)
dealing limits (AuW) Interventionspunkte *mpl (syn, support points, qv)*
dealing on change (Bö) Börsenhandel *m*
dealing operation (Fin) Geldhandel *m*
dealing periods (Bö, GB) Handelsperioden *fpl (ie, 26 im Börsenjahr)*
dealings (com) Geschäftsbeziehungen *fpl (syn, business relations)*
dealings for cash
(Bö) Kassahandel *m*
– Kassageschäfte *npl*
(syn, spot trading)
dealings for the account (Bö, GB) = dealings in futures
dealing sheet (Bö) Abschlußschein *m*
dealings in foreign exchange
(Fin) Devisenhandel *m*
– Devisengeschäft *n*
(syn, foreign exchange trading, qv)
dealings in futures (Bö) Termingeschäft *n (syn, GB, dealings for the account)*
dealings in shorts (Bö) Umsätze *mpl* in Kurzläufern
dealing ticket (Bö) Händlerzettel *m*
deal killer
(com, infml) Eigenbrötler *m*
– „Gutachtertyp" *m*
deal price (com) Sonderpreis *m*
deal proneness (Mk) Kaufneigung *f*
deal slip (Bö) Schlußschein *m*
dealt and bid (Bö) bezahlt und Geld *(syn, buyers ahead)*
dealt and offered (Bö) gehandelt und Brief
deal ticket (Bö, GB) = dealing ticket
dealt in on a stock exchange (Bö) an der Börse gehandelt
deal with *v*
(com) behandeln
– betreffen
(com) in Geschäftsbeziehung stehen mit *(syn, do with, trade with)*
dear (com, GB) teuer *(syn, pricey, qv)*
dear money (Fin) teures Geld *n (ie, obtainable only at high interest rates; opp, cheap money)*
dear money policy
(Vw) Politik *f* des teuren Geldes
– Hochzinspolitik *f*
dearness allowance (Pw) Teuerungszulage *f*
dearth of orders (com) Auftragsmangel *m (syn, lack of orders)*
death benefits
(Vers) Leistungen *fpl* aus der Sterbeversicherung
(StR) Einkünfte *pl* von Todes wegen
death duty (StR, GB) = estate duty
death grant (SozV, GB) Sterbebeihilfe *f (syn, funeral benefit)*
death rate
(Stat) Sterbeziffer *f*
– Sterblichkeitsziffer *f (syn, mortality rate)*
death risk (Vers) Todesfallrisiko *n*
death tax (StR, US) Erbschaftsteuer *f (ie, general term)*
debar from *v*
(com) ausschließen von
– Betätigung *f* (als . . .) untersagen
debased coins (Fin, GB) Falschmünzen *fpl (syn, counterfeit coins)*
debasement of coinage (Vw) Münzverschlechterung *f (syn, adulteration of coinage)*
debatable time (EDV) strittige Verlustzeit *f*
debenture
(Fin) Sammelbegriff für alle ungesicherten, langfristigen Verbindlichkeiten
(Fin, US) ungesicherte Schuldverschreibung *m*
(ie, secured only generally by the assets and the general credit of the obligor)
(Fin, GB) (meist) gesicherte Schuldverschreibung *f*
(ie, backed by an agreement similar to a real estate mortgage, by which trustees are appointed who, in case of default, can take the company's assets and sell them off to repay the loan)
(Zo) Rückzollschein *m*
debenture bonds
(Fin, US) ungesicherte Anleihe *f*
(ie, without any security other than the general assets and credit of the issuer; issued by government or corporations; syn, plain debentures)
(Fin, GB) gesicherte od ungesicherte Anleihe *f* in gleicher Stückelung
debenture capital
(Fin, GB) Anleihekapital *n (syn, loan capital)*
(Fin, GB) Anleiheerlös *m (syn, loan yield)*
debenture discount (Fin, GB) Anleihedisagio *n*
debenture holder (Fin) Obligationär *m*
debenture income bond (Fin) Gewinnobligation *f (ie, not secured by a mortgage or other pledge of assets)*
debenture loan (Fin, GB) Obligationsanleihe *f (syn, bond loan)*
debenture loans, showing convertible loans separately (ReW, EG) Anleihen *fpl*, davon konvertibel
debentures (Fin, GB) = debenture stock, qv
debenture stock
(Fin, US) Vorzugsaktie *f* erster Ordnung *(ie, infrequently used; superior to both preferred and common stock)*
(Fin, GB) Anleihe *f* mit schwebender Belastung des Gesellschaftsvermögens
(ie, secured by a floating charge on all the assets of a company remaining after meeting any prior claims)
debenture trust deed (Fin) Treuhandurkunde *f* über Schuldverschreibungen

debit
(ReW) Soll *n*
– Debetseite *f*
(ReW) Belastung *f*
– Lastschrift *f*
(syn, charge)
debit *v* (ReW) belasten
debit advice (Fin) = debit note
debit against *v* (Fin) belasten *(eg, debit $ 50 against my account; syn, debit to, qv)*
debit an account *v* (ReW) Konto *n* belasten *(syn, charge)*
debit and credit balances (AuW) Finanzierungssalden *mpl*
debit balance
(ReW) Sollsaldo *m*
– Debetsaldo *m (ie, excess of debit over credit entries; syn, balance due; opp, credit balance = Habensaldo)*
debit card (ReW) Kundenkarte *f*
debit charge (Fin) Belastungsgebühr *f*
debit column (ReW) Debetspalte *f*
debit entry (ReW) Lastschrift *f*
debit items (AuW) Debetposten *mpl (ie, of balance of payments)*
debit life insurance (Vers) Kleinlebensversicherung *f*
debit memo (Fin) = debit note
debit memorandum (ReW, US) = debit note
debit note (ReW) Lastschriftanzeige *f (syn, charge slip, debit . . . advice/memo)*
debit side
(ReW) Sollseite *f*
– Debetseite *f (syn, debtor)*
debit to *v* (Fin) belasten *(eg, amount debited to one's account; syn, debit against)*
deblock *v*
(EDV) entblocken
(ie, reduce data block to its component records for further processing)
debt
(com, Re) Schuld *f*
– Verbindlichkeit *f*
(ie, money obligation of a debtor)
(Fin) Fremdkapital *n*
(syn, debt capital)
debt assumption (Fin) Aufnahme *f* von Fremdkapital, Verschuldung *f*
debt bomb
(AuW) Schuldenbombe *f*
(ie, potential explosive repercussions of a default by a major international debtor on the Western financial system)
debt burden (Fin) Schuldenlast *f*, Verschuldung *f*
debt capital
(Fin) Fremdkapital *n (syn, borrowed/outside . . . capital)*
(Fin) Anleihekapital *n (syn, loan capital)*
debt ceiling
(FiW, US) Verschuldungsgrenze *f*
– Schuldendeckel *m*
(ie, maximum limit of federal debt)
debt collecting agency (Fin) Inkassobüro *n*
debt collection
(Fin) Inkasso *n*
– Forderungseinzug *m*
debt collection agency (Fin) = debt collecting agency
debt collection letter (Fin) Mahnschreiben *n*
debt conversion (Fin) Umschuldung *f (syn, debt refunding)*
debt counsellor (Fin, GB) Finanzberater *m*
debt deferral (Fin) Moratorium *n*
debt discount
(Fin) Damnum *n*
– Darlehensabgeld *n*
(ie, difference between amount of repayment of a loan and payout amount; syn, loan discount)
(Fin) Emissionsdisagio *n (syn, bond discount, qv)*
debt discount and expense (Fin) Disagio *n* und Kreditaufnahmekosten *pl*
debtee (Fin) Gläubiger *m (ie, rarely used term)*
debt equity ratio
(Fin) Verschuldungsgrad *n*
– Verschuldungskoeffizient *m*
(ie, total liabilities to total equity = Verhältnis des Fremdkapitals zum Eigenkapital; older terms include: Anspannungsgrad, Kapitalanspannung)
debt equity swap, DES
(Fin) Debt-Equity-Swap *m*
(ie, Vereinbarung. durch die Forderungen gegenüber e–m Schuldner zweifelhafter Bonität in Beteiligungen umgewandelt werden; cf, Sanierung von Chrysler)
(AuW) Debt-Equity-Swap *m*
– Schulden-Swap *m*
(ie, Instrument zur Lösung der internationalen Schuldenkrise; Umtausch von Altschulden in Beteiligungen)
debt financing (Fin) Fremdfinanzierung *f (syn, borrowing, loan financing; opp, equity financing)*
debt forgiveness (Fin) Schuldenerlaß *m*
debt-for-nature swap (AuW) Schuldenerlaß *m* in Verbindung mit Umweltschutzprojekten
debt funds (Fin) Fremdmittel *pl*
debt-income ratio (FiW) Verhältnis *n* Staatsschuld zu Volkseinkommen
debt-increasing effects (AuW) schuldenstandserhöhende Auswirkungen *fpl*
debt instrument
(WeR) Schuldurkunde *f*
(WeR) = debt security
debt interest (Fin) Schuldzinsen *mpl (syn, interest on . . . borrowing/debt/indebtedness)*
debt issue (Fin) Emission *f* von Schuldverschreibungen *(syn, issue of debt)*
debt level (FiW) Schuldenstand *m*
debt limit (FiW) = debt ceiling
debt management
(FiW) Schuldenpolitik *f*
– Schuldenstrukturpolitik *f*
– Verschuldenspolitik *f* der öffentlichen Hand
(Fin) Schuldenmanagement *n*
debt margin (Fin) Verschuldungsspielraum *n*
debt market (Fin) Fremdkapitalmarkt *m*
debt monetization (FiW) Umwandlung *f* von Wertpapieren der öffentlichen Hand zwecks Erhöhung des Geldvolumens
debt of the estate
(Re) Masseschulden *fpl*
(Re) Nachlaßschulden *fpl*

debtor
(com) Schuldner *m*
(Re) Schuldner *m (ie, anyone liable on a claim, whether due or to become due; syn, obligor)*
(Fin) Kreditnehmer *m (syn, borrower)*
(Fin) (Anschluß-)Kunde *m*
– Abnehmer *m*
– Drittschuldner *m*
– Debitor *m (ie, in factoring; syn, account debtor, client, customer)*
(AuW) Schuldnerland *n (syn, debtor . . . country/nation)*
(ReW) Sollseite *f* e–s Kontos *(syn, debit side)*
debtor arbitrage (AuW) Schuldnerarbitrage *f*
debtor balances (AuW) Schuldsalden *mpl* im EWS
debtor bank (Fin) Schuldnerbank *f (ie, debtor to the clearinghouse)*
debtor cartel (AuW) Schuldnerkartell *n*
debtor country (AuW) = debtor nation
debtor-creditor hypothesis
(Vw) Gläubiger-Schuldner-Hypothese *f*
(ie, claims a positive correlation between inflation and growth)
debtor days
(Fin) Debitorenumschlagsdauer *f*
– durchschnittliche Außenstandsdauer *f*
(ie, durchschnittliche Dauer zwischen Leistung und Gegenleistung; syn, average days in receivables)
debtor days ratio (ReW, GB) Debitorenumschlag *m*
debtor in arrears (com) säumiger Schuldner *m*, Restant *m (syn, defaulting debtor, qv)*
debtor in default (com) = debtor in arrears
debtor in possession
(Re, US) Schuldner *m*
(ie, under Chapter 11 of the Bankruptcy Code; term introduced to replace bankrupt)
debtor interest rate (Fin) Sollzinssatz *m (opp, creditor interest rate)*
debtor management
(Fin) Debitorenverwaltung *f*
(ie, the making of collections and accounts receivable ledgering; syn, sales accounting and collection service)
debtor nation (AuW) Schuldnerland *n (syn, debtor country; opp, creditor nation = Gläubigerland)*
debtor on a bill (WeR) Wechselschuldner *m*
debtor position (AuW) Schuldnerposition *f*
debtor quota (AuW) Schuldnerquote *f* im EWS
debtor rallonge (EG) Schuldnerrallonge *f*
debtors
(ReW, GB) Forderungen *fpl* aus Warenlieferungen und Leistungen
(ReW) Debitoren *mpl*
debtor's estate (Re) Konkursmasse *f (syn, bankrupt estate)*
debtors to sales ratio (Fin) Verhältnis *n* Forderungen zu Umsatz
debt outstanding (ReW) Forderungen *fpl (syn, accounts receivable, qv)*
debt overload (Fin) Überschuldung *f (ie, financial position where liabilities exceed assets)*
debt paying ability (Fin) Zahlungsfähigkeit *f*
debt-plagued (Fin) hoch verschuldet
debt position (Fin) Schuldenstand *m*
debt ratio
(Fin) = debt equity ratio
(Fin, GB) Leverage-Kennziffer *f*
(FiW) Schuldenquote *f*
(ie, public indebtedness to gross national product at market prices = Relatio Staatsverschuldung zum Bruttosozialprodukt zu Marktpreisen)
debt recovery (Fin) = debt collection
debt recovery agency (Fin) = debt collection agency
debt recovery service (Fin) Inkassogeschäft *n*
debt redemption (Fin) Schuldenrückzahlung *f*
debt reduction (AuW) Schuldenerlaß *m*
debt refunding (Fin) Umschuldung *f (syn, debt conversion)*
debt relief (Fin) Schuldenerlaß *m (ie, release of obligations to repay loans)*
debt repaying capability (Fin) Schuldentilgungs-Fähigkeit *f*
debt rescheduling (Fin) Umschuldung *f (ie, postponing repayment of debt)*
debt restructuring (Fin) Umschuldung *f*
debt restructuring agreement (Fin) Umschuldungsabkommen *n*
debt retirement (Fin) Schuldenrückzahlung *f*
debt securities (WeR) schuldrechtliche Wertpapiere *npl (eg, commercial paper, bank CDs, bills, bonds)*
debt service
(Fin) Schuldendienst *m*
– Kapitaldienst *m*
(ie, payment of matured interest and principal on borrowed funds; syn, debt servicing)
debt service bill (Fin) = debt service
debt service guaranty (Fin) Liquiditätsgarantie *f*
debt service payments (Fin) Schuldendienstzahlungen *fpl*
debt service ratio
(Fin) Schuldendienstquote *f (ie, interest outlay to sum total of public spending)*
(AuW) Schuldendienstquote *f*
(ie, ratio of a country's debt service payments to exports; used to assess its creditworthiness)
debt servicing (Fin) = debt service
debt servicing burden
(Fin) Tilgungs- und Zinslast *m (ie, repayment and service of existing debt)*
debts payable (ReW) Verbindlichkeiten *fpl*
debts receivable (ReW) Forderungen *fpl*
debt-strapped (Fin, infml) verschuldet
debt-to-GDP-ratio
(FiW) Schuldenstand *m* im Verhältnis zum BIP
– Schuldenquote *f*
debt-to-net-worth-ratio (Fin) = debt equity ratio
debug (EDV) Testhilfe *f*
debug *v*
(EDV) austesten
– Fehler *mpl* beseitigen
(ie, test for, locate, and remove mistakes from a program or malfunctions from a computer)
debug a program *v* (EDV) Programm *n* austesten
debugger
(EDV) Debugger *m*
– Testhilfeprogramm *n*
(ie, Systemprogramm zur Suche von Laufzeitfehlern [run-time errors] in e–m Programm)

debugging
(EDV) Fehlersuche *f (syn, checkout)*
(com) Entfernen *n* von (Abhör-)„Wanzen“ *(ie, electronic surveillance device)*
debugging line (EDV, Cobol) Texthilfezeile *f (cf, DIN 66 028, Aug 1985)*
debugging program (EDV) Testprogramm *n*
debugging routine (EDV) Fehlersuchprogramm *n (syn, checkout routine)*
debugging run (EDV) Testlauf *m*
debugging section (EDV, Cobol) Kapitel *n* Testhilfe *(cf, DIN 66 028, Aug 1985)*
debugging system (EDV) Testsystem *n*
debugging tool (EDV) Testhilfeprogramm *n*
debug level (EDV) Testhilfestufe *f*
debug monitor
(EDV) Testhilfe *f*
(EDV) zweiter Monitor *m* zur Testhilfe *(ie, a second monitor shows code and debug information, while the program to be tested runs on the first monitor)*
decal
(com) = decalcomania
(com) Logo *n*
decalcomania (com, US) Abziehbild *n (syn, decal; GB, transfer)*
decapitalization
(Fin) Grundkapitalsenkung *f*
– Kapitalschnitt *m*
(ie, may be accomplished by a reverse split: stockholders get one share for a larger number of shares)
decartelization (Kart) Entflechtung *f*
decartelize *v*
(Kart) entflechten
– dekartellisieren
decay effect
(Mk) Wirkungsverzögerung *f*
(ie, im Rahmen der Marketingplanung)
decaying industry (Vw) Wirtschaftszweig *m* mit rückläufiger Entwicklung *(opp, growth industry)*
decay time (EDV) Impulsabfallzeit *f*
decedent (Re) Verstorbener *m (ie, in connection with inheritance, wills, etc)*
decedent's estate (Re) Nachlaß *m*
decelerate *v* (com) verlangsamen *(eg, food and housing costs)*
deceleration (com) Verzögerung *f*
deceleration in money growth (Vw) Verlangsamung *f* des Geldwachstums
deceleration of growth (Vw) Wachstums-Verlangsamung *f*
deceleration time (EDV) Verzögerungszeit *f*
decentralization
(Bw) Dezentralisation *f*
– Dezentralisierung *f*
decentralization of decisions (Bw) Entscheidungsdezentralisation *f (syn, delegation of authority)*
decentralize *v* (Bw) dezentralisieren
decentralized data acquisition (EDV) dezentrale Datenerfassung *f*
decentralized data entry (EDV) dezentrale Dateneingabe *f* / Datenerfassung *f*
decentralized data processing (EDV) dezentrale Datenverarbeitung *f*
decentralized decision-making (Bw) dezentralisierte Willensbildung *f*
decentralized dispatching (IndE) dezentralisierte Arbeitszuweisung *f*
decentralized inventory (MaW) dezentrales Lager *n*
decentralized management system (Bw) dezentrales Führungssystem *n*
decentralized planning (Bw) dezentrale Planung *f*
decent subsistence (Vw) sozialethisch gerechter Lohn *m*
deceptive advertising
(Mk) irreführende Werbung *f*
– Falschwerbung *f*
(syn, misleading advertising)
deceptive mark (Pat) irreführendes Warenzeichen *n* od Kennzeichen *n*
deceptive packaging (com) = deceptive packing
deceptive packing
(com) Mogelpackung *f*
(syn, deceptive packaging, deception packaging, dummy package)
deceptive practices (Kart) irreführende Praktiken *fpl*
decertification (Re) Entzug *m* e–r Zulassung
decertify *v* (Re) Zulassung *f* entziehen
decidability (Bw) Entscheidbarkeit *f*
decide *v* (com) entscheiden *(ie, on/in favor of/against)*
decide as in duty bound *v* (Re) nach pflichtgemäßem Ermessen entscheiden
decided advantage (com) eindeutiger Vorteil *m*
decider (Bw) = decision maker
deciding vote
(com) ausschlaggebende
– entscheidende ... Stimme *f (syn, casting/tie-breaking vote)*
decile (Stat) Dezil *n (ie, dividing the total frequency into ten equal parts)*
decimal (Math) = decimal fraction
decimal counter (EDV) Dezimalzähler *m*
Decimal Currency Act (EG) Dezimalwährungsgesetz *n*
decimal digit
(Math) Dezimalstelle *f*
– Dezimalziffer *f*
(syn, decimal place)
decimal fraction (Math) Dezimalbruch *m (syn, decimal; opp, common/vulgar . . . fraction)*
decimal notation (Math) = decimal system
decimal number (Math) Dezimalzahl *f*
decimal place (Math) = decimal digit
decimal point
(Math) Dezimalkomma *n*
– Dezimalpunkt *m*
decimal system
(Math) Dezimalsystem *n*, dekadisches System *n (ie, number system based on the number 10; in theory, each unit is 10 times the next smaller one; syn, decimal . . . notation/scale)*
decimal-to-binary conversion (EDV) Dezimal-Binär-Umwandlung *f*
decimate *v*
(com) dezimieren
– stark schrumpfen lassen
(eg, battle for the market decimated profits)
decipher *v* (com) entziffern

decision
(com) Entscheidung *f*
(Re) Entscheidung *f*
– Urteil *n (syn, ruling, judgment)*
(EDV) Entscheidung *f*
– Verzweigung *f (ie, effected by conditional jumps or equivalent techniques)*
decisional authority (Re) Entscheidungsinstanz *f*
decisional base (Re) Entscheidungsgrundlage *f*
decision analysis (Bw) Entscheidungsanalyse *f*
decision box
(EDV) Blockdiagrammsymbol *n* „Entscheidung" *(ie, flowchart symbol indicating a decision instruction; usually diamond shaped)*
(OR) Entscheidungsknoten *m*
decision box network (OR) Netzplan *m* mit Entscheidungsknoten
decision center
(Bw) Entscheidungszentrum *n*
– Entscheidungsinstanz *f (syn, locus of decision making)*
decision content (Bw) Entscheidungsgehalt *m*
decision control (Bw) Steuern *n* des Entscheidungsprozesses
decision data (Bw) Entscheidungsdaten *pl*
decision element
(EDV) Entscheidungselement *n*
– logisches Element *n*
(ie, circuit that performs a logical operation such as ‚and', ‚or', ‚not', or ‚except' on one or more binary digits of input information representing ‚yes' or ‚no'; syn, decision gate)
decision ex aequo et bono (Re) Billigkeitsentscheidung *f (syn, equitable decision)*
decision function (Stat) Entscheidungsfunktion *f (syn, decision rule)*
decision gate (EDV) = decision element
decision lag (FiW) Entscheidungsverzögerung *f*
decision logic (Bw) Entscheidungslogik *f*
decision maker
(Bw) Entscheidungsträger *m*
– Entscheider *m (syn, decider, decision unit)*
decision making (Bw) Prozeß *m* der Willensbildung, Entscheidungsfindung *f*
decision-making aid (Bw) Entscheidungshilfe *f*
decision-making behavior (Bw) Entscheidungsverhalten *n*
decision-making body (Bw) beschließendes od beschlußfassendes Organ *n*
decision-making center (Bw) Willensbildungszentrum *n*
decision-making cost (KoR) entscheidungswirksame Kosten *pl*
decision-making hierarchy (Bw) Entscheidungshierarchie *f (syn, hierarchy of authority)*
decision-making power (Bw) Entscheidungsbefugnis *n (syn, authority to decide, qv)*
decision-making process
(Bw) Entscheidungsprozeß *m*
decision making theory
(Bw) Entscheidungstheorie *f*
(ie, set of concepts and techniques developed both to describe and rationalize the process of decision making, that is, making a choice among several possible alternatives)
decision-making unit (Bw) (funktionaler) Entscheidungsträger *m*, Entscheidungsinstanz *f*
decision matrix
(Bw) Entscheidungsmatrix *f*
– Entscheidungs-Umwelt-Matrix *f*
(ie, Instrument der Problemanalyse innerhalb der Planungsmethodik des Operations Research und Untersuchungsschema der Entscheidungstheorie)
decision model
(Bw) Entscheidungsmodell *n*
(ie, reduzierende Darstellung e–s realen Entscheidungsproblems durch ein System mathematischer Zeichen und Symbole; erstrebt wird die optimale Gestaltung des Realitätsbereichs)
decision parameter (Bw) Entscheidungsparameter *m*
decision plan (Bw) Entscheidungsplan *m*
decision problem (Bw) Entscheidungsproblem *n*
decision program (Bw) Entscheidungsprogramm *n (ie, written to solve routine problems)*
decision rule
(Bw) Entscheidungsregel *f*
(ie, aus e–r vorgegebenen Menge von Handlungsalternativen ist die Optimalalternative zu bestimmen; Beispiele: Mini-Max-Prinzip, Hurwicz-Prinzip, Laplace-Prinzip, Savage-Niehans-Prinzip, die für Ungewißheitssituationen stehen)
decision rules (Bw) Entscheidungsregeln *fpl*
decision space (Bw) Entscheidungsraum *m (ie, set of all possible decisions = Menge aller möglichen Entscheidungen)*
decision storage (EDV) Entscheidungsspeicher *m*
decision support system (EDV) datenbasiertes System *n*
decision support system, DDS (Bw) Entscheidungsunterstützungssystem *n*
decision table
(EDV) Entscheidungstabelle *f*
(ie, sometimes used in place of a flowchart for program documentation)
decision-taking unit (Bw) = decision-making unit
decision technology (Bw) Entscheidungstechnologie *f*
decision theory
(Bw) Entscheidungstheorie *f*
(ie, set of concepts and techniques developed both to describe and rationalize the process of decision making, that is, making a choice among several possible alternatives)
decision tree (Bw) Entscheidungsbaum *m (syn, logical tree)*
decision under risk and uncertainty (Bw) Entscheidung *f* bei Unsicherheit und Risiko
decision unit (Bw) = decision maker
decision variable
(Bw) Entscheidungsvariable *f*
– Instrumentvariable *f*
decision variables (Bw) entscheidungsrelevante Größen *fpl*
decisive cause of injury (Re) vorwiegende Schadensursache *f (syn, proximate/preponderant . . . cause of injury)*
decisive expert opinion (com) Obergutachten *n*
decisiveness (Bw) Entscheidungsbereitschaft *f (ie, willingness to take decisions)*
decisive vote (com) ausschlaggebende Stimme *f*
deck cargo (com) Deckladung *f (syn, deck load)*

deck cargo insurance (Vers) Deckladungsversicherung *f*
declarant
(Re) Erklärender *m (ie, person making a declaration or statement)*
(Zo) Zollwertanmelder *m*
declaration
(Re) eidliche (od eidesstattliche) Versicherung *f (syn, affirmation/declaration/statement . . . in lieu of an oath, affidavit)*
(Fin) Beschluß *m* über Dividendenausschüttung
(Zo) Zollerklärung *f*
– Zolldeklaration *f (syn, bill of entry)*
(Vers) Anmeldung *f*
declaration by the exporter (Zo) Erklärung *f* des Ausführers
declaration certificate (Zo) Deklarationsschein *m*
declaration day (Bö) Frist *f* für die Optionsannahme
declaration for Community transit (EG) Anmeldung *f* zum gemeinschaftlichen Versandverfahren
declaration form
(com) Anmeldevordruck *m*
– Antrag *m*
declaration inwards (Zo) Zolleinfuhrdeklaration *f (syn, inward manifest)*
declaration judgment (Re, US) Feststellungsurteil *n (ie, settles a complaint for a declaration of rights; cf, § 2201 USCA)*
declaration of abandonment
(Vers) Abandonrevers *m*
(ie, in transportation insurance: authenticated document of acknowledgement concerning the subrogation of rights occurring by reason of the notice of abandonment = beglaubigte Urkunde über den Rechtsübergang, die Vsnehmer beim Abandon dem Versicherer auszustellen hat)
declaration of acceptance (Re) Annahmeerklärung *f*
declaration of accession (Re) Beitrittserklärung *f (eg, to the EEC; syn, declaration of adhesion)*
declaration of assignment (Re) Abtretungserklärung *f*
declaration of compliance (Re, GB) Erklärung *f* über die Einhaltung der Gründungsvorschriften
declaration of consignments (Vers) Anmeldung *f* von Transporten
declaration of goods (Zo) Warenanmeldung *f*
declaration of intention (Re) Willenserklärung *f (syn, manifestation of intent)*
declaration of options (Bö) Prämienerklärung *f*
declaration of origin (Zo) Ursprungserklärung *f (eg, submitted by exporter)*
declaration of solvency (Re, GB) Solvenzerklärung *f (ie, gegenüber dem Registrar of Companies)*
declaration of suretyship (Re) Bürgschaftserklärung *f*
declaration of weight (com) Gewichtsangabe *f*
declaration outwards (Zo) Zollausfuhrerklärung *f*
declaration policy
(Vers) offene Police *f*
– Pauschalpolice *f*
declaratives
(EDV, Cobol) Prozedurvereinbarungen *fpl*
– Vereinbarungen *fpl (cf, DIN 66 028, Aug 1985)*
declarative sentence
(EDV, Cobol) (Prozedur)Vereinbarungssatz *m (cf, DIN 66 028, Aug 1985)*
declare a dividend *v* (Fin) Dividende *f* beschließen
declare dead *v* (com) für gescheitert erklären *(eg, a plan to merge steel interests)*
declared value (Zo) Verzollungswert *m*, Deklarationswert *m*, *(syn, current domestic value, customs value)*
declare goods *v* (Zo) deklarieren
declare null and void *v*
(Re) annullieren
– für ungültig erklären
declare off *v* (Vers) abschreiben
declassify *v*
(com) freigeben
(ie, remove or reduce the security classification; eg, . . . secret documents)
(Re) herabstufen
– freigeben
decline *v*
(com) fallen
– sinken
– zurückgehen
(the most general word to indicate a lowering of prices or similar figures; others in the group are: drop, fall, recede, retreat, sag, sell off, shade off, slip, slump, soften, weaken)
decline an offer *v* (com) Angebot *n* ablehnen
decline comment *v* (com) Stellungnahme *f* verweigern
decline in economic activity (Vw) Konjunkturrückgang *m*
decline in economic usefulness
(Bw) Brauchbarkeitsminderung *f*
– Wertminderung *f*
– Entwertung *f*
(ie, of fixed assets; syn, lost usefulness, loss of serviceability, diminution of service yield, expired utility)
decline in sales (com) Umsatzrückgang *m*
decline of marginal unit cost (Bw) Kostendegression *f (ie, one phase of the cost behavior pattern)*
decline of orders (com) = order decline
decliner (Bö) fallender Wert *m*
decline stage (Mk) Degenerationsphase *f (ie, of product life cycle, qv)*
declining balance method (of depreciation)
(ReW) degressive Abschreibung *f*
– geometrisch-degressive Abschreibung *f*
– Buchwertabschreibung *f (syn, diminishing provision, reducing balance method; opp, sum-of-the-years-digit method)*
declining balance of the asset account
(ReW) Restwert *m*
(ie, balance after deducting preceding depreciation provisions)
declining economic activity (Vw) rückläufige Konjunktur *f*
declining market
(com) rückläufige Marktentwicklung *f*
(Bö) nachgebende Kurse *mpl*
declining trend (com) rückläufige Tendenz *f*
decode *v*
(EDV) decodieren
– entziffern
decoder (EDV) Decodierer *m*
decoder matrix (EDV) Decodiermatrix *f*
decollate *v* (EDV) trennen *(syn, deleave)*

decollator (EDV) Trennmaschine *f*
decommission *v*
(com) stillegen
– außer Betrieb setzen *(eg, power plant)*
decommissioning cost (KoR) Kosten *pl* der Außerbetriebnahme *(eg, of a nuclear power generating plant)*
decommissioning payment (com, GB) Zahlungen *fpl* für das Außerdienststellen *(eg, in the fisheries industry)*
decomposition (OR) Dekomposition *f (ie, e–s Programms in Teilprogramme)*
decomposition algorithm (OR) Dekompositions-Algorithmus *m*
deconcentration (Kart) Entflechtung *f (syn, decartelization)*
deconglomeration
(Bw) Schrumpfung *f*
– Gesundschrumpfen *n*
(ie, abandon low-return assets to maximize long-term returns of remaining assets)
deconsolidated statement (ReW) nicht konsolidierter Abschluß *m*
deconsolidation fee
(com, US) Kosten *pl* des Auspackens
(ie, for having a package taken out of a large shipboard container)
decontamination (IndE) Entsorgung *f*
decontrol
(Vw, US) = deregulation
(Vw) Aufhebung *f* von Preiskontrollen
– Freigabe *f* von Preisen
decontrol agreement (Re) Entherrschungsvertrag *m*
decontrol of rents (Re) Mietpreisfreigabe *f*
decorator pack (Mk) Verpackung selbst ist die Zugabe
decouple *v* (com) abkoppeln *(ie, Europe from U. S. interest rates)*
decoupling theorem
(AuW) Abkopplungsthese *f*
(ie, less developed countries are to reduce their trade relations with industralized countries to a minimum = sollen e–e binnenmarktorientierte Entwicklung anstreben)
decrease
(com) Abnahme *f*
– Rückgang *m*
– Fallen *n*
decrease *v*
(com) abnehmen
– zurückgehen
– fallen
decrease from *v* (com) abnehmen gegenüber *(eg, last year's sales)*
decrease in *v* (com) verlieren an *(eg, qualitiy, size)*
decrease in equity (Fin) Eigenkapitalminderung *f*
decrease in sales (com) Umsatzrückgang *m (syn, decline/drop/slump . . . in sales)*
decreasing annuity (Fin) fallende Annuität *f*
decreasing function of a variable (Math) abnehmende Funktion *f* e–r Variablen
decreasing marginal utility (Vw) abnehmender Grenznutzen *m*
decreasing returns to scale (Vw) sinkender Skalenertrag *m*
decree of full emancipation (Re, US) Volljährigkeitserklärung *f*
decruitment
(Pw, sl) Rückversetzung *f* älterer Manager in untere Führungsebenen
(ie, into lower-level, lower-paying positions)
decurl *v* (com) glätten
dedicate *v* (Pat) freigeben *(ie, patents for public use)*
dedicated line
(EDV) Standleitung *f*
– fest geschaltete Leitung *f*
(syn, leased line; opp, dial/switched . . . line = Wählleitung)
dedicated software (EDV) dedizierte Software *f (ie, set aside for a specific application)*
dedicated system
(EDV) dediziertes System *n*
(ie, system built with a single task in mind = nur e–r Aufgabe zugeordnet)
de-diversification (Bw) Rückgängigmachen *n* der Diversifikation *(ie, which was all the rage during the 70s)*
deduce from *v*
(Log) ableiten aus
– folgern aus
– deduzieren aus
(ie, adds to infer the process of drawing a particular inference from a generalization; syn, infer, conclude, gather)
deducibility (Log, Math) Ableitbarkeit *f*
deducible
(Math) ableitbar
(EDV) erzeugbar
deduct from *v* (com) abziehen von *(eg, personal exemption from taxable income)*
deductibility (StR) (steuerliche) Abzugsfähigkeit *f*
deductible
(com) abzugsfähig
(Vers, US) Abzugsfranchise *m*
– Selbstbehalt *m*
(ie, portion of insured loss to be borne by the insured; syn, excess insurance, percentage exemption; GB, excess)
deductible clause collision insurance (Vers) Vollkasko *n* mit Selbstbeteiligung
deductible for tax purposes (StR) = deductible
deductible franchise (Vers) = deductible
deduction
(com) Abzug *m (ie, Kosten von Erlös od Einkommen)*
– Nachlaß *m*
– Rabatt *m*
(syn, discount, allowance, reduction, rebate)
(Pw) Lohnabzug *m*
(StR) Absetzung *f* von der Einkommensteuer
(Log) Ableitung *f*
– Deduktion *f (syn, inference)*
deduction at source
(StR) Quellenabzug *m*
– Quellenbesteuerung *f*
(syn, stoppage/withholding . . . at source)
deductions during period (ReW) Anlagenabgänge *mpl (syn, fixed asset retirements)*
deductions from income (ReW) neutrale Aufwendungen *mpl*

deductions from pay
(Pw) Lohn- und Gehaltsabzüge *mpl*
deductive proof (Log) deduktiver Beweis *m*
deductive reasoning (Log) schlußfolgerndes Denken *n*
deductive system
(Log) deduktives System *n*
– axiomatische Theorie *f*
(syn, axiomatic theory)
deed
(Re) förmlicher (od gesiegelter) Vertrag *m*
(ie, signed, sealed, delivered; conveys real property; two types: quit-claim and warranty)
(Re) Übertragungsurkunde *f*
deed of arrangement (Re, GB) Vergleich *m* zwischen Schuldner und Gläubiger *(ie, to try to avoid bankruptcy or liquidation)*
deed of assignment (Re) Abtretungsurkunde *f (syn, instrument of assignment)*
deed of conveyance (Re) dinglicher Vertrag *m (ie, conveyance of realty made in writing)*
deed of partnership (Re) Gesellschaftsvertrag *m (syn, articles of partnership)*
deed of transfer (Re) Übertragungsurkunde *f (syn, instrument of transfer, transfer deed)*
deed of trust
(Re) Treuhandvertrag *m (syn, trust . . . deed agreement/instrument)*
(Re) Hypothekenbrief *m (ie, mortgage indenture)*
deed over *v* (com, fml) vermachen *(eg, make a formal gift in anticipation of death)*
deemed tax
(StR, US) abzugsfähige im Ausland gezahlte Steuer *f*
(ie, amount of total income tax paid abroad; can be subtracted from the U. S. tax a corporation must pay; determined by multiplying the tax paid abroad by the proportion of after-tax income remitted as dividends)
deep discount bonds
(Fin) stark abgezinste Schuldverschreibungen *fpl*
(ie, mit hohem Abschlag bei langer Laufzeit und starker Unterverzinslichkeit; offered with a coupon rate much lower than the curren market rate)
deep discount securities (Fin) stark abgezinste Wertpapiere *npl*
deepening investment (Vw) Verbesserungsinvestitionen *fpl (ie, zur Steigerung der Kapitalintensität)*
deep freeze *v* (com) tiefkühlen
deep freezer (com) Tiefkühltruhe *f*
deep in the red (Fin, infml) tief in den roten Zahlen
deep ocean floor (com) Tiefseeboden *m*
deep organization (Bw) Organisation *f* mit kleiner Leitungsspanne *(syn, narrow; opp, shallow organization)*
deep sea-bed mining regime (Re) Rechtsordnung *f* für den Tiefseebergbau
deep sea fishery (com) Tiefseefischerei *f*
deep sea mining (com) Tiefseebergbau *m*, Meeresbergbau *m (syn, seabed mining)*
deep sea nodules (com) Manganknollen *mpl (syn, manganese nodules)*
deep sea trade (com) Überseehandel *m*
deep stratification (Stat) tiefgegliederte Schichtung *f*
deep water fishing (com) = deap sea fishery

de-escalate *v* (com) sinken *(eg, prices, rate of inflation; opp, escalate)*
de facto agreement
(Re) faktischer Vertrag *m*
(ie, held to be valid against the outside world but defective in some element; syn, de facto contract)
de facto company
(com) faktische Gesellschaft *f*
(ie, one without legal basis, perhaps due to nullity of constituting agreement; but accepted for all practical purposes; syn, company frappé du nullité)
de facto contract (Re) = de facto agreement
de facto merger
(com) de facto-Fusion *f*
(ie, reorganization by sale or asset acquisition, treated as statutory merger)
defalcation
(Re) Unterschlagung *f*
(ie, usually applied to public officials or officers of corporations; syn, embezzlement)
default
(Re) Verschulden *n*
– Fahrlässigkeit *f*
– schuldhaftes Unterlassen *n*
– Vertragswidrigkeit *f*
– Schlechterfüllung *f*
– Leistungsstörung *f*
(Re, US) Eintritt *m* des Sicherungsfalles *(cf, UCC Art 9)*
(Fin) Zahlungsverzug *m*
(EDV) Standardwert *m*
(EDV) Haupt– . . .
default *v*
(Fin) zahlungsunfähig werden
– Zahlungsverpflichtungen nicht nachkommen
(eg, on payment for goods)
default character set (EDV) Standardzeichensatz *m*
default clause
(Fin) Default Clause
(ie, ermöglicht Kündigung im Falle des Zahlungsverzugs)
default condition (EDV) Standardeinstellung *f*
default control parameter (EDV) Vorgabe-Steuerungsparameter *m*
default device (EDV) Standardeinheit *f*
default directory (EDV) momentan angewähltes Verzeichnis *n*
default drive (EDV) Standardlaufwerk *n*
default editor (EDV) Standardeditor *m (eg, of a development tool)*
default entry (EDV) Standardeintrag *m*
default extension (EDV) Standarderweiterung *f (eg, .TXT for text files)*
default group (EDV) Standardgruppe *f*
defaulting debtor (com) säumiger od in Verzug geratener Schuldner *m (syn, delinquent debtor, debtor . . . in arrears/default)*
default in performance (Re) Leistungsstörung *f (syn, defective performance)*
default judgment (Re) Säumnisurteil *n*
default key (EDV) Standardschlüssel *m*
default library (EDV) Standardbibliothek *f*
default menu (EDV) Standardmenü *n*
default of delivery (com) Lieferverzug *m*

default on performance *v* (Re) in Verzug geraten
default option (EDV) Standardoption *f*
default parameter
(EDV) Standardparameter *m*
– Standardübergabewert *m*
default printer (EDV) Standarddrucker *m*
default processing (EDV) Standardverarbeitung *f*
default program (EDV) Standardprogramm *n*
default prompt (EDV) Standardbedienerführung *f*
default rate (Fin) Ausfallquote *f*
default record (EDV) Standardsatz *m*
default risk (Fin) Ausfallrisiko *n*
default setting
(EDV) Standardwert *m*
– Voreinstellung *f*
– Standardeinstellung *f*
default value
(EDV) Standardwert *m*
– Vorgabewert *m*
defeasance
(Fin, US) Finanzierungsmethode *f* zur Reduzierung von Buchverbindlichkeiten
(ie, if a company puts enough government securities into an irrevocable trust for the income from these securities to match exactly the interest it owes on a particular debt, it may remove that debt from its balance sheet; the slogan is: how to defease and make money; also used for international arbitrage)
defeat competitors *v* (com) Konkurrenz *f* schlagen
defeating novelty (Pat) neuheitsschädlich *(syn, detrimental to . . .)*
defect
(com) Fehler *m*
– Mangel *m (syn, fault)*
(IndE) Fehler *m*
– Qualitätsmangel *m*
defect in form
(Re) Formfehler *m*
– Formmangel *m (syn, deficiency in form, qv)*
defect in material (MaW) Materialfehler *m*
defect in title (Re) Rechtsmangel *m*
defective (IndE) fehlerhaft *(syn, nonconforming)*
defective claim (Re) fehlerhafter Anspruch *m*
defective condition
(Re) Fehlerhaftigkeit *f*
– fehlerhafter Zustand *m*
defective delivery (com) fehlerhafte Lieferung *f*
defective goods (com) Ausschußware *f (syn, substandard goods)*
defective item (IndE) fehlerhafte Einheit *f*
defective items (com) fehlerhafte Stücke *npl (syn, defective units)*
defective material and workmanship (com) Material- und Herstellungsfehler *mpl*
defective number (Math) = deficient number
defective packing (com) mangelhafte Verpackung *f*
defective parts (com) fehlerhafte Teile *npl*
defective patent (Pat) mangelhaftes Patent *n*
defective performance
(Re) mangelhafte Erfüllung *f*
– Schlechterfüllung *f*
– Leistungsstörung *f (syn, faulty performance, default in performance)*
defective product (com) fehlerhaftes Produkt *n*
defective sample (Stat) unvollständige Stichprobe *f*
defective units (IndE) Ausschuß *m (ie, reworked and sold; syn, subquality units)*
defect level (IndE) Fehlerquote *f*
defect liability guaranty (com) Gewährleistungsgarantie *f*
defect note (IndE) = defect report
defect of form (Re) Formfehler *m*
defect of legal intent
(Re) Willensmangel *m*
(eg, error, fraud, duress = Irrtum, Täuschung, Drohung)
defect of title (Re) = deficiency in title
defect prevention (IndE) Fehlerverhütung *f*
defect rate (IndE) Fehlerquote *f*
defect report
(IndE) Qualitätsbeanstandung *f*
(syn, nonconformance report, defect note)
defects rate (IndE) Ausschußquote *f (eg, reduced by flexible automation)*
defendant
(Re) Beklagter *m*
(ie, party answering in a legal action; opp, plaintiff = Kläger)
defender (Bw) erste Alternative *f* bei Ersatzinvestitionen *(cf, challenger)*
defender of the environment
(com) Umweltschützer *m*
defense (Re) Einrede *f (syn, plea, objection)*
defense budget (FiW) Verteidigungsbudget *n*
defense buildup (com) Aufrüstung *f*
defense contribution (FiW) Verteidigungsbeitrag *m*
defense counsel (Re) Verteidiger *m (syn, counsel for the defense)*
defense expenditure (FiW) Verteidigungsausgaben *fpl (syn, defense . . . outlay/spending)*
defense in bar (Re) peremptorische Einrede *f*
defense of discharge (Re) Einrede *f* der Erfüllung *(ie, of contract)*
defense of fraud
(Re) Einwand *m* der unzulässigen Rechtsausübung, Einwand *m* des Rechtsmißbrauchs
(ie, made irrelevant by the general principle of fair dealing; syn, exception of fraud; civil law: exceptio doli generalis)
defense of necessity (Re) Einrede *f* des Notstandes
defense of nonperformance of contract (Re) Einrede *f* des nicht erfüllten Vertrages *(ie, that plaintiff has not performed)*
defense of nullity (Re) Nichtigkeitseinrede *f*
defense of setoff (Re) Einrede *f* der Aufrechnung
defense outlays (FiW) = defense expenditure
defense spending (FiW) = defense expenditure
defensible (Re) vertretbar *(syn, justifiable, reasonable)*
defensive conditions
(com) Abwehrkonditionen *fpl*
(ie, resulting from full capacity operations = Vollauslastung)
defensive investing (Fin) Erwerb *m* von Wertpapieren mit dem Ziel stabiler Kurse und stetiger Erträge *(ie, low-risk securities)*
defensive investing policy (Fin) defensive Anlagepolitik *f (ie, unwilling to tolerate higher degrees of risk)*

defensive investment policy (Bw) defensive Investitionspolitik *f (ie, low risk policy)*
defensive issue (Bö) Aktien *fpl*, die bei e–r Baisse nicht nachgeben
defensive stocks (Bö) risikoarme Aktien *fpl (syn, protective stocks)*
defensive strategy (Bw) Defensivstrategie *f*
defensive trademark (Pat) Defensivzeichen *n (cf, § 2 I WZG)*
defer *v*
(com) aufschieben *(eg, action; syn, put . . . off/back, postpone, delay)*
(Fin) stunden *(eg, taxes)*
(ReW) abgrenzen
(EDV) verzögern
defer a decision *v* (com) Entscheidung *f* aufschieben
deferment
(com) Aufschieben *n*
– Aufschub *m*
(Fin) Stundung *f*
(ReW) = deferral
deferment of premium payment (Vers) Prämienstundung *f*
defer payment *v* (Fin) Zahlung *f* aufschieben
deferral (ReW) transitorische Rechnungsabgrenzung *f (syn, deferment)*
deferral of debt repayment (Fin) Schuldenmoratorium *n*
deferral of redemption payments (Fin) Tilgungsaufschub *m*
deferred (ReW) aktivisch abgrenzt
deferred account (Vers, GB) Ratenprämien-Vertrag *m*
deferred annuity (Fin) aufgeschobene Rente *f (syn, intercepted annuity)*
deferred assets
(ReW) transitorische Passiva *npl*
(ie, not within a relatively short period; syn, prepaid income)
deferred availability items
(Fin, US) Übergangsverbindlichkeiten *fpl*
(ie, appear in the weekly Federal Reserve bank statement: liability offset to uncollected items listed among the assets)
deferred bonds
(Fin, US) Obligationen *fpl* mit aufgeschobener Zinszahlung
(Fin, GB) Obligationen *fpl* mit allmählich ansteigender Verzinsung
deferred charges (ReW) langfristige Rechnungsabgrenzungsposten *mpl (ie, transitorische Aktiva; syn, prepaid expense)*
deferred compensation
(Pw) nachträgliche Vergütung *f*
(ie, for prior active services; arising after the termination of an employment relationship = für die aktive Dienstleistung; nach Ablauf e–s Arbeitsverhältnisses)
deferred cost (ReW) = deferred charges
deferred coupon bond (Fin) Anleihe *f* mit aufgeschobener erstmaliger Zinszahlung
deferred credit (ReW) = deferred income
deferred creditor (Re) nachrangiger Gläubiger *m (syn, secondary creditor)*
deferred debit (ReW) = deferred charges
deferred demand (Vw) aufgeschobene Nachfrage *f*
deferred dividend (Fin) aufgeschobene Dividende *f*
deferred examination system (Pat) System *n* der aufgeschobenen Prüfung, System *n* mit verschobener Prüfung *(ie, adopted in Berne in 1968 and in Tokyo in 1978)*
deferred expense (ReW) = deferred charges
deferred foreign currency translation adjustment (ReW) abgegrenzte Umrechnungsdifferenzen *fpl* aus Fremdwährungen
deferred income (ReW) transitorische Passiva *npl (syn, prepaid income, qv)*
deferred income taxes (ReW) abgegrenzte Ertragsteuern *fpl*
deferred insurance (Vers) aufgeschobene Versicherung *f*
deferred interest (ReW) Zinsabgrenzung *f*
deferred interest certificate
(Fin, GB) Zinszertifikat *n (ie, über rückständige Zinsen; syn, deferred interest . . . scrip/warrant)*
deferred item (ReW) transitorischer Rechnungsabgrenzungsposten *m*
deferred liability
(com) aufgeschobene Zahlung *f*
(ReW) = deferred income
(Fin) langfristige Verbindlichkeit *f (syn, long-term . . .)*
deferred maintenance (IndE) unterlassene Instandhaltung *f*
deferred ordinary shares
(Fin, GB) Nachzugsaktien *fpl*
(ie, rank after preferred ordinary shares; founders' shares are a special type of deferred shares)
deferred patent examination (Pat) aufgeschobene Prüfung *f*
deferred payment
(Fin) aufgeschobene Zahlung *f*
(Fin) verzögerte Auszahlung *f* des Akkreditivbetrages
deferred payment agreement
(Fin) Ratenzahlungsvertrag *m*
(ie, ownership passes to the buyer at the time of delivery; dh, kein Eigentumsvorbehalt)
deferred payment credit
(Fin) Auszahlungskredit *m* mit aufgeschobener Zahlung *(ie, ein offenes wechselfreies Zahlungsziel wird durch ein abstraktes Schuldversprechen der Akkreditivbank abgesichert: „benutzbar gegen folgende Dokumente . . . Tage nach Einreichung" = available against the following documents . . .)*
deferred payment price (com) Preis *m* bei Ratenzahlung
deferred payment sale (com) Teilzahlungskauf *m*
deferred payment terms (Fin) Kreditbedingungen *fpl*
deferred revenue (ReW) = deferred income
deferred share
(Fin) Nachzugsaktie *f*
(ie, sehr selten: Dividendenzahlung erst, wenn die Stammaktionäre befriedigt sind)
deferred stock
(Fin) Nachzugsaktien *fpl*
(ie, no dividends payable until after a certain class of stock has received its dividends; usually in a corporate reorganization or recapitalization; rare in U. S.)

deferred taxes
(ReW) latente Steuern *fpl*
(ie, dienen der Periodenabgrenzung des Steueraufwandes: Differenz zwischen der fiktiven Steuer auf den handelsrechtlichen Gewinn und den tatsächlichen Steuern auf den Steuerbilanzgewinn; durch die unterschiedlichen Bilanzansätze ergeben sich unterschiedliche Gewinnausweise in Handels- und Steuerbilanz, die passivisch zu Rückstellungen und aktivisch zu Abgrenzungsposten führen; soweit sie sich aus der Konsolidierung ergeben, sind sie zu passiviern und auch zu aktivieren; cf, § 274 HGB)
deferred tax liabilities (ReW) aufgeschobene Steuerverbindlichkeiten *fpl (cf, deferred taxes = latente Steuern)*
deferred warrant
(Fin) Optionsschein *m*
(ie, Ausübung nach Ablauf festgelegter Perioden)
deficiency
(com) Fehlbestand *m*
(Fin) Fehlbetrag *m*
deficiency appropriation (FiW) Nachtragsbewilligung *f*
deficiency bill (FiW, US) Nachtragshaushalt *m (syn, GB; deficiency supply bill)*
deficiency bills (FiW) kurzfristige Anleihen *fpl (ie, der britischen Regierung bei der Bank von England)*
deficiency guarantee
(Re, GB) Ausfallbürgschaft *f (syn, US, guaranty of collection, qv)*
deficiency guarantor
(Re, GB) Ausfallbürge *m (syn, US, guarantor of collection)*
deficiency in form
(Re) Formfehler *m*
(syn, defect in form, insufficiency of form, noncompliance with required form)
deficiency in proceeds (com) Mindererlös *m*
deficiency in title (Re) Rechtsmangel *m (syn, defect of/in . . . title)*
deficiency letter (Fin, US) erläuterndes Schreiben *n* des SEC zu e–m ‚registration statement'
deficiency-of-demand unemployment (Vw) konjunkturelle Arbeitslosigkeit *f (syn, cyclical unemployment, qv)*
deficiency operation (Bw) Zuschußbetrieb *m*
deficiency payment (Fin) Ausgleichszahlung *f (syn, equalization payment)*
deficiency supply bill (FiW, GB) Nachtragshaushalt *m (syn, US, deficiency bill)*
deficient delivery (com) fehlerhafte Lieferung *f*
deficient number
(Math) defiziente Zahl *f*
(ie, imperfect number greater than the sum of its divisors; eg, 8; syn, defective number)
deficit
(ReW) Defizit *n (ie, excess of liabilities over assets)*
(ReW) Verlust *m (ie, improperly used as synonymous with loss)*
deficit account (ReW) Verlustkonto *n*
deficit country (AuW) Defizitland *n*
deficit financing (FiW) = deficit spending
deficit guarantee (Re, GB) = deficiency guarantee
deficit in supply (Vw) Nachfrageüberhang *m*
deficit multiplier (FiW) Defizitmultiplikator *m*
deficit on current account (AuW) Leistungsbilanzdefizit *n (syn, current account deficit, qv)*
deficit on external account (AuW) = current account deficit
deficit on merchandise trade (AuW, US) Außenhandelsdefizit *n (syn, trade deficit)*
deficit ratio (AuW) Defizitquote *f*
deficit ridden (FiW) defizitär *(syn, in deficit)*
deficit spending
(FiW) Deficit Spending *n*
(ie, is supposed to stimulate aggregate demand by boosting the public sector's debt; financing by borrowing rather than by taxation; syn, budgetary reflation)
deficit without spending (FiW) Defizit *n* durch lineare od selektive Steuersatzsenkung
define *v*
(Log) definieren *(ie, describe or explain the meaning of a word or phrase)*
(com) bestimmen, festlegen
defined goals and objectives (Bw) Zielvorgaben *fpl*
defined product (IndE) definiertes Erzeugnis *n*
defining argument (EDV) Ordnungsbegriff *m*
defining range (Math) Definitionsintervall *n*
defining word mark (EDV) begrenzende Wortmarke *f*
definite integral
(Math) bestimmtes Integral *n (ie, of a function; opp, indefinite integral)*
definite price (com) Festpreis *m (syn, firm price)*
definition
(Log) Definition *f*
– Begriffsbestimmung *f*
definitional equation
(Vw) Definitionsgleichung *f*
(ie, gibt an, wie Summen, Differenzen od Quotienten von Variablen zu bezeichnen sind; eg, $Y = C + I$)
definitional identity (Log) definitorische Identität *f*
definition of a concept (Log) Begriffsbestimmung *f*
definition phase (com) technisch-wirtschaftliches Vorstadium e–s Projektes
deflate *v*
(Stat) deflationieren *(ie, nominelle in reale Größen umrechnen)*
(Vw) restriktive Wirtschaftspolitik *f* betreiben
deflation
(Stat) Deflationierung *f* mittels Preisindices
(Vw) Deflation *f*
deflationary (Vw) deflatorisch
deflationary consequences (Vw) deflatorische Folgen *fpl (eg, of revaluation)*
deflationary gap (Vw) deflatorische Lücke *f*
deflationary impulses (Vw) deflatorische Impulse *mpl*
deflationary program (Vw) Stabilitätsprogramm *n*
deflationary spiral (Vw) Deflationsspirale *f*
deflator
(Vw) Deflator *m*
– Deflationierungsfaktor *m*
(ie, Preissteigerungsrate des Bruttosozialprodukts)
deflection of trade (AuW) Umlenkung *f* der Handelsströme

defragmentation
(EDV) Defragmentierung *f (ie, putting together files that are scattered across non-contiguous sectors of a hard drive)*
defragmentation utility (EDV) Defragmentierungs-Programm *n*
defraud of *v* (com) betrügen um *(eg, the government of millions of dollars)*
defray *v* (com) zahlen, bestreiten *(eg, expenses)*
defunct company (com) erloschene Gesellschaft *f*
defunct firm (com) erloschene Firma *f*
defuse *v* (com) entschärfen *(eg, crisis, situation, shopfloor unrest)*
degaussing (EDV) Entmagnetisieren *n (eg, of a monitor)*
degeneracy
(Math) Entartung *f*
(ie, condition in which two characteristic functions of an operator have the same characteristic value)
degenerate case (Math) Entartungsfall *m*
degenerate graph (Math) entarteter Graph *m*
degenerate solution (OR) entartete od degenerierte Lösung *f*
deglomerate *v* (Kart) entflechten
deglomeration (Kart) Entflechtung *f*
degrade *v*
(Pw) im Rang herabsetzen
(com) schwächen *(ie, to weaken)*
(EDV) Leistung *f* herabsetzen
degraded system (EDV) rekonfiguriertes System *n*
degree
(com) Grad *m*, Stufe *f*
(Pw) akademischer Grad *m (eg, holds a . . . in economics from Columbia University)*
degree-constrained graph (Math) Untergraph *m* mit beschränktem Grad
degree of an algebraic equation (Math) Grad *m* der algebraischen Bestimmungsgleichung *f*
degree of a node (EDV) Ordnung *f* e–s Knotens
degree of a tree (EDV) Ordnung *f* e–s Baums
degree of automation
(IndE) Automationsgrad *m*
– Automationsstufe *f*
degree of capacity utilization (Bw) Beschäftigungsgrad *m (syn, capacity utilization rate)*
degree of centralization (Bw) Zentralisierungsgrad *m*
degree of commodity concentration (Vw) Anteil *m* des reinen Warenhandels am Außenhandel
degree of factor (IndE) Grad *m* der Anforderung
degree of fault (Re) Grad *m* des Verschuldens
degree of freedom
(Stat) Freiheitsgrad *m*
(ie, a number one less than the number of frequencies being tested with a chi-square test)
degree of goal accomplishment (Bw) Zielerreichungsgrad *m*
degree of goal performance (Bw) Zielerfüllungsgrad *m*
degree of liquidity (Fin) Liquiditätsgrad *m*
degree of novelty (Pat) Erfindungshöhe *f (syn, inventive level, qv)*
degree of probability (Stat) Wahrscheinlichkeitsgrad *m*
degree of randomness (Stat) Zufälligkeitsgrad *m*
degree of rational belief (Stat) Erwartungsgrad *m*
degree of specificity (Log) Operationalität *f*
degree of unionization (Pw) Organisationsgrad *m*
degrees of negligence
(Re) Grade *mpl* der Fahrlässigkeit
(ie, gross – wilful/wanton/reckless – ordinary – slight; lawyers today prefer to talk of different amounts of care; die deutsche Verschuldenssystematik ist in US und GB unbekannt)
degressive tax (FiW) degressive Steuer *f*
dehire *v* (Pw, US) entlassen *(ie, euphemism for dismiss or fire)*
dehiring (Pw, US) Praxis *f*, e–m unerwünschten Mitarbeiter die Kündigung nahezulegen *(ie, used as a face-saving technique)*
deinstall *v*
(EDV) deinstallieren
(ie, delete all files belonging to an application and reversing all changes to system files, etc; syn, uninstall)
dejagging (EDV) = anti-aliasing
de jure (Re) rechtlich *(syn, legal, qv)*
delay
(com) Aufschub *m (syn, deferment, postponement)*
– Verspätung *f*
– Verzögerung *f*
(IndE) Arbeitsunterbrechung *f*
– Betriebsstörung *f*
(EDV) Programmverzögerung *f*
delay *v*
(com) aufschieben
– hinausschieben
– verzögern
(ie, doing sth; syn, put off, postpone, defer)
delay allowance
(IndE) Verteilzeitzuschlag *m (ie, percentage of the normal operating time added to the normal time to allow for delays)*
delay compensation (Pw) Vergütung *f* für Ausfallzeiten
delayed acceptance penalty (Bö) Report *m (syn, GB, contango)*
delayed cap (Fin) Zinsobergrenze *f*, die erst nach einer bestimmten Frist ex Emissionsdatum wirksam wird
delayed delivery
(com) verspätete Lieferung *f (syn, late delivery)*
(Bö, US) Lieferung *f* 7 Tage nach Abschluß
delayed delivery agreement (Fin) Plazierungsvertrag *m* mit Lieferfrist *(ie, bei Anleiheemissionen)*
delayed delivery penalty (Bö) Deport *m (syn, GB, backwardation)*
delayed payment (com) Zahlungsverzug *m*
delayed warrant (Fin) = deferred warrant, qv
delay in delivery (com) Lieferverzögerung *f*
delaying tactics (com) Verzögerungstaktik *f*
delay in payment (com) Zahlungsverzug *m*
delay in performance (Re) Leistungsverzögerung *f*
delay line (EDV) Verzögerungsleitung *f*
delay-line memory (EDV) Laufzeitspeicher *m*
delay multiplier (Vw) Verzögerungs-Multiplikator *m (ie, indiziert die Fernwirkung e–s einmaligen Investitionsstoßes)*
delay of creditors (Re) Gläubigerbenachteiligung *f*

delay penalty (Vers) Säumniszuschlag *m (syn, delinqency charge)*
del credere
(com) Delkredere *n*
(ie, direct personal liability of a commission agent to make good a loss arising from failure of purchaser to pay)
del credere agent (com) Delkredereagent *m (ie, receives a higher commission for the risk he takes)*
del credere agreement (com) Delkredere-Vertrag *m*
del credere commission (com) Delkredere-Provision *f (ie, usually 25% of selling commission)*
del credere insurance (Vers) Delkredere-Versicherung *f*
del credere liability (com) Delkredere-Haftung *f*
del credere reserve (ReW) Delkredere-Rückstellung *f*
del credere risk (Fin) Delkredere-Risiko *n*
deleave *v* (EDV) Papierblätter *npl* trennen
delegate (com) Delegierter *m*, Vertreter *m (ie, acts as representative)*
delegate *v* (com) delegieren *(eg, work, decision making)*
delegate authority *v* (Bw) (Kompetenz) delegieren *(syn, delegate responsibility)*
delegated decision area (Bw) Delegationsbereich *m*
delegation (Bw) Delegation *f (ie, of authority and activity to subordinate units = nachgeordnete Stellen)*
delegation of authority
(Bw) Delegation *f* von Kompetenzen
– Entscheidungsdezentralisation *f*
de lege ferenda (Re) nach künftigem Recht
de lege lata (Re) nach geltendem Recht
delete *v*
(com) durchstreichen
–ausstreichen
(syn, cross off/out, strike off/out/through, cancel)
(EDV) löschen *(syn, erase, destroy)*
delete character (EDV) Löschzeichen *n (syn, erase/rub out . . . character)*
delete character buffer
(EDV) Löschspeicher *m (used to undo delete operations)*
delete code (EDV) Löschcode *m*
delete flag
(EDV) Löschzeichen *n*
– Löschattribut *n*
(ie, indicates a deletion without removing record physically from data base; syn, delete reservation)
delete key (EDV) Löschtaste *f*
delete mark (EDV) Deleaturzeichen *n (ie, in text processing and proof reading)*
delete reservation (EDV) Löschvormerkung *f (syn, delete flag)*
deleterious contract (Re) nachteiliger Vertrag *m*
deletions (com) Ausstreichungen *fpl*
de-leveraging (Fin) Schuldenabbau *m*
delight in work (Pw) Arbeitsfreude *f*
delimit *v* (EDV) begrenzen
delimitation of the territorial sea (Re) Abgrenzung *f* des Küstenmeeres
delimited scope statement (EDV, Cobol) Begrenzungsanweisung *f (cf, DIN 66 028, Aug 1985)*
delimiter
(EDV, COBOL) Begrenzer *m*
– Trennsymbol *n (syn, separator; cf, DIN 66 028, Aug 1985)*
delineate *v* (com) skizzieren, beschreiben
delineation of powers (Bw) Kompetenzabgrenzung *f*
delinking (AuW) Abkoppeln *n (ie, von Entwicklungsländern aus den internationalen Wirtschaftsstrukturen)*
delinquency
(Fin) Nichtzahlung *f* bei Fälligkeit
(Fin) überfällige Forderung *f (syn, claim past due)*
delinquency rate
(StR, Vers) Säumniszuschlag *m (syn, delay penalty)*
(Fin) Ausfallquote *f*
delinquency ratio
(ReW) Ausfallquote *f*
(ie, volume of outstanding delinquent accounts to sales for a specified period)
delinquency risk (Fin) Ausfallrisiko *n*
delinquent
(Fin) rückständig
– überfällig *(ie, past due)*
delinquent accounts receivable (Fin) überfällige Forderungen *fpl*
delinquent debtor (com) säumiger Schuldner *m (syn, defaulting debtor, qv)*
delinquent loan (Fin) notleidender Kredit *m (syn, nonperforming loan)*
delinquent taxes (StR) rückständige Steuern *fpl (syn, unpaid taxes)*
delist a stock *v* (Bö) aus der Börsennotierung streichen *(eg, the stock may . . .)*
delisting (Bö) Aufhebung *f* der Börsenzulassung
deliver *v*
(com) aushändigen, überbringen *(syn, hand over)*
(com) liefern
– anliefern
– ausliefern
– andienen
(com) zustellen *(eg, mail, parcels)*
delivered at frontier (com, Incoterms) geliefert Grenze *f (benannter Bestimmungsort im Einfuhrland)*
delivered at frontier named place of delivery (com, Incoterms) geliefert Grenze benannter Lieferort
delivered duty paid (com) zollfrei geliefert
delivered named place of destination in country of importation duty (com, Incoterms) geliefert verzollt benannter Ort im Einfuhrland
delivered price
(com) Preis *m* frei Haus
(ie, includes all costs incurred in getting the goods to the buyer's premises; syn, door-to-door price)
delivered pricing (com) Preisstellung *f* frei Haus
deliver from stock *v* (com) ab Lager liefern
deliver goods *v* (com) Ware *f* liefern
deliver on time *v* (com) pünktlich liefern
deliver shares *v* (Bö) Aktien *fpl* liefern
deliver the goods *v* (com, infml) Zusage *f* od Versprechen *n* einhalten, Erwartungen *fpl* erfüllen *(syn, produce the goods)*

delivery
(com) Aushändigung *f*
– Überbringung *f*
(com) Lieferung *f*
– Auslieferung *f*
– Andienung *f*
(com) Zustellung *f (eg, mail, parcels)*
(Re) Übergabe *f*
(eg, agreement and delivery = Einigung und Übergabe; cf, § 929 BGB)
(Fin) Erfüllung *f* e–s Terminkontrakts durch physische Lieferung
delivery area (com) Zustellbezirk *m*
delivery at short notice (com) kurzfristige Lieferung *f*
delivery-by-hand service (com) Hauszustellung *f* *(syn, door delivery, qv; cf, hand delivery)*
delivery charge (com) Zustellgebühr *f*
delivery charges (com) Lieferkosten *pl*
delivery commission (com) Auslieferungsprovision *f*
delivery commitment (com) Lieferverpflichtung *f*
delivery contract (com) Liefervertrag *m*
delivery cost
(com) Versandkosten *pl*
(ie, cost of sending goods by any means of transportation)
delivery counter (com) Ausgabeschalter *m*
delivery date
(com) Liefertermin *m*
– Lieferzeitpunkt *m*
– Lieferdatum *n (syn, date shipped)*
delivery day
(Bö) Liefertag *m*
(ie, in trading in commodity futures: first trading day of the month in which the futures contract matures)
delivery expenses (com) = delivery charges
delivery fee (com) = delivery charges
delivery free domicile (com) Lieferung *f* frei Haus
delivery free of charge (com) freie Lieferung *f*
delivery instructions (com) Liefervorschriften *fpl*
delivery month (Bö) Liefermonat *m*
delivery note
(com) Lieferschein *m (syn, delivery ticket, receiving slip)*
(com) Versandanzeige *f (syn, advice note, qv)*
delivery of securities (Fin) Wertpapierlieferung *f*
delivery on call (com) Lieferung *f* auf Abruf
delivery on condition
(com) bedingte Lieferung *f*
(ie, tender of delivery by seller conditioned upon payment; Sec 2–507(2) UCC)
delivery order
(com) Orderlagerschein *m*
(ie, von Treuhandgesellschaften ausgestellt)
delivery order, D/O
(com) Lieferschein *m* / Teilschein *m*
(com) Auslieferungsauftrag *m*
delivery period (com) Lieferzeit *f*
delivery point
(com) Lieferort *m*
– Auslieferungspunkt *m (syn, place of delivery)*
delivery post office (com) Zustellpostamt *n*
delivery promise (com) Lieferzusage *f*
delivery receipt (com) Empfangsbestätigung *f* über e–e Sendung
delivery system
(IndE) Bringsystem *n*
(ie, materials are supplied to work stations; opp, pickup system = Holsystem)
delivery ticket (com) = delivery note
delivery time
(com) Lieferzeit *f*
(Bö) Erfüllungsfrist *f*
delivery verification certificate, DVC
(AuW) Lieferbescheinigung *f (ie, für genehmigungspflichtige Artikel der COCOM-Liste)*
delivery vs. payment (Fin) Lieferung *f* (e–s Wertpapieres) gegen Zahlung
delivery vs. receipt (Fin) Lieferung *f* (e–s Wertpapieres) gegen Quittung
delphi forecasting technique
(Bw) Delphi-Prognoseverfahren *n*
– Delphi-Technik *f*
– Delphi-Methode *f*
delta factor
(Bö) Delta-Faktor *m*
(ie, gibt an, in welchem Maß sich eine Marktpreisveränderung des Bezugsobjektes auf die Optionsprämie auswirkt; Spanne zwischen 1 und 0)
delta spread (Bö) Delta-Spread *m*
deluge of new issues (Fin) Emissionsschwemme *f*
deluge of orders (com, infml) Auftragschwemme *f*
deman *v* (Pw, infml) Personal *n* abbauen
demand
(com) Nachfrage *f (for = nach)*
(com) Bedarf *m*
– Kundenbedarf *m*
(Vw) (effektive) Nachfrage *f (opp, supply = Angebot)*
demand analysis
(Vw) Nachfrageanalyse *f*
(Mk) Bedarfsanalyse *f*
demand balances (Fin) Sichtguthaben *n*
demand bill (WeR) Sichtwechsel *m (syn, sight/presentation . . . bill, demand draft)*
demand component (Vw) Nachfragekomponente *f* *(eg, of real GNP = des realen BSP)*
demand control (Mk) Bedarfssteuerung *f*
demand coverage (Mk) Bedarfsdeckung *f*
demand curve (Vw) Nachfragekurve *f*
demand deposits
(Fin) Sichteinlagen *fpl*
(ie, payable within 30 days; subject to check and withdrawable immediately and without notice of the intended withdrawal; syn, checking accounts)
demand distribution
(Vw) Nachfrageverteilung *f*
(Mk) Bedarfsverteilung *f*
demand draft (WeR) Sichtwechsel *m*
demand draft, DD (D/D) (com) Sichttratte *f*
demand effect (FiW) Nachfragewirkung *f*
demand elasticity
(Vw) Nachfrageelastizität *f*
(Mk) Bedarfselastizität *f*
demand equation (Vw) Nachfragegleichung *f*
demander (Vw) Nachfrager *m*
demand for
(com) Nachfrage *f* nach
(com) Bedarf *m* an *(syn, need for, requirements of)*

demand for capital (Fin) Kapitalnachfrage *f*
demand for capital goods (Vw) Investitionsgüternachfrage *f*
demand for cash (Vw) Geldnachfrage *f*
demand for cash balances (Vw) Nachfrage *f* nach Liquidität
demand forecast
(com) Bedarfsprognose *f*
– Bedarfsvorhersage *f*
demand for electricity (com) Strombedarf *m*
demand for labor (Vw) Nachfrage *f* nach Arbeitskräften
demand function (Vw) Nachfragefunktion *f (opp, supply function = Angebotsfunktion)*
demand gap (Vw) Nachfragelücke *f (ie, unsatisfied demand)*
demand inflation (Vw) Nachfrageinflation *f (syn, demand-pull /demand-shift/buyers' . . . inflation)*
demanding opportunity (Pw) anspruchsvolle Aufgabe *f*
demand in physical terms (Vw) mengenmäßige Nachfrage *f*
demand-led inflation (Vw) = demand-pull inflation
demand line of credit (Fin) Bedarfskreditlinie *f (ie, on a daily or on-demand basis)*
demand loan
(Fin) täglich kündbares Darlehen *n*
(ie, terminable at the option of the borrower or lender; fixed rate of interest but no prescribed maturity)
demand management (Vw) globale Nachfragesteuerung *f* Globalsteuerung *f (ie, by monetary or fiscal policies or both)*
demand money (Fin) = call money
demand note
(com) Zahlungsaufforderung *f*
(WeR) = sight note
demand oligopoly (Vw) Nachfrageoligopol *n*
demand-oriented (Vw) nachfrageorientiert *(eg, economic policy)*
demand-oriented production (IndE) bedarfsorientierte Fertigung *f*
demand-outlay curve (Vw) Ausgabenkurve *f* der Nachfrager
demand paging (EDV) Seitenaustauschverfahren *n (ie, in operating systems; syn, paging algorithm)*
demand price
(Bö) Geld *n*
– Geldkurs *m*
(syn, bid price, qv)
demand processing
(EDV) mitlaufende Verarbeitung *f*
– unmittelbare Verarbeitung *f*
(syn, sometimes: in-line processing)
demand pull
(Vw) Nachfragesog *m*
(ie, direct cause of inflation: increasing demand for a scarce product increases the price)
demand-pull inflation
(Vw) Nachfrageinflation *f*
– nachfrageinduzierte Inflation *f*
(syn, demand/demand-led . . . inflation)
demand rate
(Fin) Sichtkurs *m*
(ie, currency rate for short-term means of payment, esp checks, telegraphic transfers, sight bills)
demand recognition (Mk) Bedarfserkennung *f*
demand research (Mk) Bedarfsforschung *f (ie, aimed at potential sales volume)*
demand schedule (Vw) Nachfragetabelle *f*
demand-shift inflation
(Vw) Nachfrageverschiebungs-Inflation *f*
– nichtmonetäre Nachfrageinflation *f*
(syn, demand inflation, qv)
demand shortfall (Vw) Nachfrageausfall *m*
demand sterling (Fin) Sichtwechsel *mpl* in Pfund Sterling *(ie, usually on banks in London)*
demand structure (Vw) Nachfragestruktur *f*
demand theory (Vw) Nachfragetheorie *f*
demand trend (Vw) Nachfrageentwicklung *f*
demarcate *v* (com) abgrenzen
demarcation disputes (Bw, GB) Kompetenzstreitigkeiten *fpl (syn, conflicting lines of authority)*
demarketing (Mk) Anti-Marketing *n*
demerge *v* (Kart) entfusionieren *(ie, break up into independent smaller units)*
demerit
(com) Nachteil *m*
– Schwäche *f*
demersal fish
(com) Bodenfisch *m*
(ie, caught near the ocean floor; opp, pelagic fish, qv)
demijohn (com) Korbflasche *f*
de minimis fringes
(Pw) kleinere Nebenleistungen *fpl*
(eg, supper money for late work, holiday gifts, company cocktail parties)
de minimis standard (AuW, US) Maßstab *m*, nach dem Dumping-Importe mehr als geringfügige Schädigung verursacht haben müssen
demise (Re) Grundstücksübertragung *f (ie, conveyance of an estate)*
demise charter (com) Bareboatcharter *f (syn, bareboat charter, qv)*
demogrant
(SozV) Volkspension *f*
(ie, Leistungen sozialer Sicherheit ohne Rücksicht auf Einkommen od Bedürfnisse)
demographic model
(Stat) Bevölkerungsmodell *n*
– demographisches Modell *n*
demographic statistics (Stat) Bevölkerungsstatistik *f (ie, concerning the maintenance of population; syn, vital statistics)*
demographic stratum (Stat) Bevölkerungsschicht *f (syn, social stratum)*
demographic trends (Stat) demographische Entwicklungen *fpl*
demography (Stat) Demographie *f*
demolish *v*
(com) abbrechen
– abreißen
demolition (com) Abbruch *m (eg, of buildings)*
demolition contractor
(com) Abbruchunternehmen *n*
– Abbruchbetrieb *m (syn, salvage company, wrecker)*
demolition expense (ReW) Abbruchkosten *pl*

demolition of buildings (Re) Abbruch *m* baulicher Anlagen
demolition rubbish (com) Abbruchmaterial *n*
demolition waste (com) = demolition rubbish
demonetization (Vw) Demonetisierung *f (eg, of gold)*
demonetize *v* (Vw) demonetisieren *(ie, stop using a monetary unit as a standard of value)*
demonstration
(com) Vorführung *f*
– Demo *f*
– Präsentation *f*
(Math) Beweis *m*
demonstration effect (Vw) Mitläufererffekt *m (syn, keeping up with the Joneses; syn, bandwagon effect)*
demonstration flight (com) Flugvorführung *f*
demonstration plant
(IndE) Demonstrationsanlage *f*
– Pilotanlage *f (syn, pilot plant)*
demonstration strike
(Pw) Warnstreik *m (syn, protest strike, qv)*
demonstrator
(com) Vorführer *m*
(com) Vorführmodell *n*
demotion (Pw, fml) Zurückstufung *f (ie, may be voluntary, involuntary, disciplinary; syn, downgrading)*
demurrage
(com) Überliegezeit *f*
(com) Liegegeld *n*
denationalisation (Vw, GB) Reprivatisierung *f (ie, return to private ownership; syn, privatization)*
denationalise *v* (Vw, GB) reprivatisieren *(syn, privatize)*
denationalization (Vw, GB) Privatisierung *f*
denatured wheat (EG) denaturierter Weizen *n (ie, made unfit for human consumption)*
denial list (AuW, US) Verweigerungsliste *f*
denial of justice (Re) Rechtsverweigerung *f (syn, outright abdication, qv)*
denial of opinion (ReW, Canada) Verweigerung *f* des Bestätigungsvermerks
denied list (com) schwarze Liste *f (eg, companies are put on the . . .; syn, black list)*
denigration (Kart) diskreditierende od anschwärzende Werbung *f (ie, of competitive products in advertising)*
denominate *v*
(Fin) denominieren
– Stückelung *f* angeben
(eg, in ausländischer Währung denominierter Titel)
denominate number (Math) benannte Zahl *f (syn, concrete number; opp, absolute/abstract . . . number)*
denomination
(Fin) Stückelung *f*
(ie, standard of value, esp of banknotes, stocks, and bonds)
denominational value of coins (Fin) Nennwert *m* von Münzen
denomination of notes (Vw) Notenstückelung *f*
denomination of securities (Fin) Wertpapierstückelung *f*

denominations
(Fin) Abschnitte *mpl*
– Stücke *npl*
– Stückelungen *fpl*
denominator (Math) Nenner *m (opp, numerator = Zähler)*
denotation
(Log) Begriffsumfang *m*
– Denotation *f*
– Extension *f (syn, extension, domain of applicability; opp, intension, connotation)*
(Log) Bedeutung *f (ie, e–s Begriffs; von Russell im Sinne Freges eingeführt)*
denotative definition (Log) extensionale Definition *f*
denote *v*
(Log) bezeichnen
– bedeuten
(syn, designate, name; opp, connote)
denseness of a set (Math) = density of a set
dense set (Math) dichte Menge *f*
density (EDV) Schreibdichte *f (eg, of a floppy diskette)*
density function
(Stat) Dichtefunktion *f*
– Wahrscheinlichkeitsdichte *f*
(ie, a real-valued function whose integral over any set gives the probability that a random variable has values in this set; syn, probability density function)
density of a set (Math) Dichte *f* e–r Menge
density of population (Stat) Bevölkerungsdichte *f*
dent (com) Absinken *n (eg, in blue chip values)*
denumerable set (Math) abzählbare Menge *f (syn, countably infinite set)*
denumerably infinite set (Math) abzählbar unendliche Menge *f*
deny an inventive step *v* (Pat) Erfindungshöhe *f* verneinen
deontology (com) beruflicher Ehrenkodex *m (ie, code of ethical practice)*
depart *v*
(com) abfahren, abreisen *(eg, train, plane departs at 10.00 hrs = geht um 10)*
(com) abweichen *(syn, deviate)*
departing variable (OR) austretende Variable *f*
department
(com) Abteilung *f (ie, any division of a business enterprise)*
(com, infml) Zuständigkeit *f (eg, that's your department)*
(Bw) Hauptabteilung *f*
(KoR) Kostenstelle *f (syn, cost center)*
(Re, US) Ministerium *n (eg, State Department = Außenministerium)*
departmental budget (FiW) Einzelplan *m*
departmental burden (KoR) = departmental overhead
departmental charge
(KoR) Abteilungsumlage *f*
– Stellenumlage *f*
departmental code
(com) Abteilungszeichen *n*
(ie, used in correspondence to ensure speedy routing of incoming mail)
departmental cost (KoR) Stellenkosten *pl*

departmental cost estimation (KoR) = departmental costing

departmental costing
(KoR) Abteilungskalkulation *f*
(KoR) Abteilungskostenrechnung *f*
– Abteilungsrechnung *f*
(KoR) Kostenstellenrechnung *f (syn, cost center accounting)*

departmental expenses (KoR) = departmental overhead

departmental head (com) = department head

departmental hierarchy (Bw) Abteilungshierarchie *f (ie, of an organization)*

departmentalization
(Bw) Aufgliederung *f* in Abteilungen
(KoR) Kostenstellengliederung *f*

departmentalize *v* (Bw) in Abteilungen aufgliedern

departmental manager
(com) Abteilungsleiter *m*
– Abteilungsleiterin *f*
(syn, department head, division head)

departmental meeting (com) Abteilungs(leiter)-sitzung *f*

departmental overhead
(KoR) Abteilungsgemeinkosten *pl*
– Stellengemeinkosten *pl*
(syn, cost center overhead, qv)

departmental performance (IndE) Leistungsergebnisgrad *m* e–r Abteilung

departmental profit (KoR) Abteilungsgewinn *m*

departmental profit margin (KoR) Abteilungsspanne *f*

departmental rate (KoR) Abteilungszuschlag *m*

departmental store (com, GB) = department store

departmental structure (Bw) Abteilungsgliederung *f*

department analysis (Bw) Abteilungsanalyse *f*

departmentation (Bw) Abteilungsbildung *f*

department head
(com) Abteilungsleiter *m*
(syn, departmental head, head of department/division, department manager, superintendent)

department manager (com) = department head

department manual (Bw) Abteilungshandbuch *n*

Department of Agriculture (com, US) Landwirtschaftsministerium *n*

Department of Commerce
(com, US) Wirtschaftsministerium *n*
(ie, be careful: it places its main emphasis on promoting the national interest through the encouragement of the competitive, free enterprise system)

Department of Education (com, US) Ministerium *n* für Erziehung

Department of Energy
(com, US) Energieministerium *n (ie, cabinet-level department)*

Department of Justice
(com, US) Justizministerium *n*

Department of State
(com, US) Außenministerium *n*

Department of the Interior
(com, US) Innenministerium *n*
(ie, mostly concerned with conservation: it is the custodian of the nation's natural resources)

Department of the Treasury
(com, US) Finanzministerium *n*
(ie, major administraive units include: Internal Revenue Service (IRS), Bureau of Public Debt, Customs Service, Bureau of Accounts, Secret Service, Office of the Comptroller of the Currency)

Department of Trade and Industry (com, GB) Wirtschaftsministerium *n (ie, formerly Board of Trade)*

department store
(com) Kaufhaus *n*
– Warenhaus *n (syn, GB, departmental store)*

department store chain (com) Warenhauskette *f*

department stores group (com) Kaufhausgruppe *f*

departure copy (EG) Exemplar *n* Abgang

departure station (com) Abgangsbahnhof *m*

dependability
(IndE) Zuverlässigkeitsgrad *m (ie, of machines)*
(Pw) Verläßlichkeit *f*
– Zuverlässigkeit *f*

dependence report (ReW) Abhängigkeitsbericht *m*

dependency (com) Abhängigkeit *f*

dependency exemption (StR, US) Steuerfreibetrag *m* für Familienangehörige

dependency ratio (Stat) Abhängigenquote *f*

dependency relation (Bw) Abhängigkeitsverhältnis *n*

dependent company (com) abhängige Gesellschaft *f (syn, controlled company)*

dependent company report (ReW) Abhängigkeitbericht *m*

dependent contract (Re) bedingter Vertrag *m*

dependent employment
(Pw) unselbständige
– abhängige . . . Beschäftigung *f*

dependent enterprise (com) abhängiges Unternehmen *n*

dependent float (OR) bedingt verfügbare Pufferzeit *f (syn, interfering float)*

dependent labor force (Stat) abhängige Erwerbspersonen *fpl*

dependent patent (Pat) abhängiges Patent *n*

dependent relatives relief (FiW, GB) Freibetrag *m* für Unterstützung abhängiger Verwandter

dependents in need (SozV) bedürftige Angehörige *mpl*

dependent variable
(Math) abhängige Variable *f*
(ie, if y is a function of x, then y is the dependent variable)

dependent worker (Stat) abhängig Erwerbstätiger *m*

deplete *v* (ReW) abschreiben *(cf, depletion)*

depleted cost
(ReW) Buchwert *m*
(ie, von Wirtschaftsgütern, die dem Substanzverzehr unterliegen)

depletion
(ReW) Substanzverringerung *f*
– Substanzverzehr *m*
– substanzbedingte Wertminderung *f (ie, implies removal of natural resources = Bodenschätze)*

depletion allowance
(StR) Absetzung *f* für Substanzverringerung
(ie, expenses allowed for extraction of natural resources; eg, coal, ore, peat, petroleum)

deposit
(com) Anzahlung *f*
– Kaution *f (ie, money given as downpayment or pledge)*
(Fin) Einzahlung *f (ie, putting in a bank; syn, deposition)*
(Fin) (Bank-)Einlage *f (ie, money deposited in a bank)*
(Fin) = security deposit
(Fin) Depot *n (syn, securities account)*
(Re) Hinterlegung *f*
(syn, lodgement, safekeeping, warehousing; cf, §§ 372 ff BGB)
deposit *v*
(Fin) einzahlen
(Fin) hinterlegen
– deponieren
deposit account
(Fin) Einlagenkonto *n*
– Depositenkonto *n*
(ie, subject to several days' notice of withdrawal = mehrtägige Kündigung)
deposit accounts (Fin) Termineinlagen *fpl*
deposit agreement (Re) Hinterlegungsvertrag *m*
depositary
(com) Verwahrer *m*
(Re) Hinterlegungsstelle *f (syn, depository)*
depositary bank (Fin) Depotbank *f*
deposit at call (Fin, GB) Sichteinlage *f*
deposit at notice (Fin, GB) Kündigungsgeld *n*
deposit bank (Fin, GB) Depositenbank *f*
deposit banking
(Fin, GB) Einlagengeschäft *n*
– Depositengeschäft *n*
(ie, kurzfristiges Einlagen- und Kreditgeschäft + Abwicklung des Zahlungsverkehrs; Erwerb von Aktien auf eigene Rechnung, Emissionsgeschäft, Beteiligung an Nichtbanken, Zugang zur Börse verboten; cf, merchant bank)
deposit base (Fin) Bodensatz *m (ie, permanent average balances)*
deposit business (Fin) = deposit banking
deposit-capital ratio (Fin) Verhältnis *n* Einlagen zu Eigenkapital
deposit ceiling (Fin) Höchsteinlage *f*
deposit contraction (Vw) Giralgeldkontraktion *f*
deposit creation (Vw) = deposit money creation
deposit currency
(Vw) Buchgeld *n*
– Giralgeld *n*
(syn, deposit money, qv)
deposit drain (Fin) Einlagenabfluß *m*
deposit fee
(com) Hinterlegungsbetrag *m*
– Hinterlegungsgebühr *f*
depositing agent (Re) Hinterlegungsstelle *f*
deposit in pledge *v* (Re) verpfänden *(syn, pledge, pawn)*
deposit insurance (Fin, US) Einlagenversicherung *f (ie, carried with the Federal Deposit Insurance Corporation)*
deposit interest rates (Fin, US) Einlagenzinsen *mpl (ie, paid on savings and time deposits)*
deposit in transit (Fin) noch nicht verbuchte Einzahlung *f* bei e–r Bank

deposition
(Re) eidliche Aussage *f*
– Zeugenbefragung *f*
(eg, in US durch mündliche Vernehmung außerhalb der Gerichtsverhandlung)
deposit liabilities (Fin) Termin- und langfristige Verbindlichkeiten *fpl*
deposit margin (Bö) Originaleinschuß *m (syn, initial margin, qv)*
deposit money
(Vw) Buchgeld *n*
– Giralgeld *n*
(syn, bank deposit money, book money, deposit currency, primary deposits)
deposit money *v* (Fin) Geld *n* einzahlen *(eg, at/with a bank)*
deposit money creation (Vw) Giralgeldschöpfung *f*
deposit multiplier
(Vw) Geldschöpfungsmultiplikator *m (syn, bank money creation multiplier, qv)*
deposit of securities (Fin) Effektendepot *n*
depositor
(Fin) Einzahler *m*
– Einleger *m*
depository (Re) = depositary
depository institution (Fin, US) einlagennehmende Institute *npl (ie, commercial banks and thrifts)*
deposit payment (com) Anzahlung *f (ie, on purchase contract)*
deposit protection (Fin) Einlagenschutz *m*
deposit protection board (Fin, GB) Einlagenversicherung *f*
deposit rate (Fin) Einlagenzins *m*
deposit receipt
(com) Hinterlegungsschein *m*
– Hinderlegungsbescheinigung *f*
– Depositenschein *m (syn, certificate of deposit)*
deposit rollover (Fin) Festgeldverlängerung *f* mit Neufestsetzung des Zinssatzes
deposits
(Fin) Einlagen *fpl*
– Depositen *pl*
– Depositengelder *npl (ie, demand and time deposits)*
deposits at call (Fin) täglich fällige Gelder *npl*
deposits at notice (Fin) Kündigungsgelder *npl*
deposits at short notice (Fin, GB) kurzfristige Einlagen *fpl (syn, US, short-term deposits)*
deposit slip (Fin) Einzahlungsschein *m (syn, credit slip; GB, paying-in slip)*
deposits of banks (Fin) Bankgelder *npl (syn, bank moneys)*
deposits with suppliers (ReW) geleistete Anzahlungen *fpl (syn, advance payments to suppliers, qv)*
deposit-taking business
(Fin) Einlagengeschäft *n*
– Passivgeschäft *n*
(ie, acceptance of deposits = Hereinnahme von Einlagen)
deposit-taking institution (Fin) Depositenbank *f (opp, investment bank, qv)*
deposit ticket (Fin) = deposit slip
deposit turnover (Fin) Verhältnis *n* Verbindlichkeiten zu Sichteinlagen *(ie, of a commercial bank)*
deposit warrant (com) Hinterlegungsschein *m*

depot
(com) Warenlager *n (syn, warehouse)*
(com, US) Bahnhofsgebäude *n*
depreciable
(ReW) abnutzungsfähig
(ReW) abschreibungsfähig
depreciable and amortizable
(ReW) abschreibungsfähig
(ie, depreciable is used in connection with fixed assets, while amortization refers to intangible assets)
depreciable assets
(ReW) abschreibungsfähige Anlagegüter *npl*
– Verschleißanlagen *fpl (syn, depreciable property)*
depreciable cost
(com) abschreibbare Kosten *pl*
(ReW) verteilbarer Aufwand *m* für Anlagegüter, Abschreibungssumme *f (syn, service cost)*
depreciable fixed assets (Bw) abnutzbares Anlagevermögen *n*, abnutzbare Wirtschaftsgüter *npl* des Anlagevermögens
depreciable life (ReW) Abschreibungsdauer *f*
depreciable plant assets (Bw) abnutzbare Betriebsmittel *npl*
depreciable property (ReW) = depreciable assets
depreciate *v*
(com) an Nutzwert verlieren
(ReW) abschreiben *(syn, write down/off, charge off, charge to depreciation)*
(Fin) abwerten *(ie, currency; syn, devaluate)*
depreciated book value
(ReW) Buchwert *m*, Restbuchwert *m*
(ie, original cost less applicable portions of accounting depreciation; syn, book value, net book value, carrying value, amortized cost)
depreciated cost (ReW) = depreciated book value
depreciation
(com) Wertminderung *f*
– Wertverlust *m (ie, drop in value)*
(ReW) Abschreibung *f (ie, usually of fixed assets)*
(ReW) Abschreibungsaufwand *m*
– aufgelaufene Abschreibungen *fpl*
(ReW) Ermittlung *f* und Verteilung *f* der Wertminderung von Anlagegütern über die Nutzungsdauer
(Fin) (Währungs-)Abwertung *f*
depreciation account (ReW) Abschreibungskonto *n*
depreciation accounting (ReW) Abschreibungsrechnung *f*
depreciation allowance (ReW) Abschreibungsbetrag *m (syn, amount of depreciation)*
depreciation base
(ReW) Abschreibungs-Ausgangsbetrag *m*
– Abschreibungsgrundlage *f*
– Abschreibungsbasis *f*
– Abschreibungssumme *f*
(ie, total depreciation during useful life, excluding resale or salvage value; syn, cost to be depreciated, depreciable cost, service cost)
depreciation expense (ReW) Abschreibungsaufwand *m* Abschreibungsquote *f (ie, depreciation base x depreciation rate)*
depreciation financing
(Fin) Abschreibungsfinanzierung *f*
(ie, recovery of fixed-asset costs through depreciation charges)
depreciation for reporting purposes
(ReW) bilanzielle Abschreibung *f*
(syn, balance sheet depreciation expense, bookkeeping allowance for depreciation, accounting provision for depreciation; syn, tax writeoff = steuerliche Abschreibung)
depreciation life (ReW) Abschreibungsdauer *f*
depreciation method
(ReW) Abschreibungsmethode *f*
(eg, straight-line or declining balance = linear od degressiv)
depreciation of inventories (ReW) Abschreibung *f* auf Warenbestände
depreciation of plant and equipment (ReW) Abschreibung *f* auf Betriebsanlagen
depreciation of property, plant, and equipment
(ReW) Abschreibung *f* auf Sachanlagen
depreciation on financial assets (ReW) Abschreibung *f* auf Finanzanlagen
depreciation period (ReW) Abschreibungszeitraum *m*
depreciation per period
(ReW) Abschreibungsquote *f*
– Jahresabschreibung *f*
(syn, annual depreciation expense, qv)
depreciation policy (ReW) Abschreibungspolitik *f*
depreciation program (ReW) Abschreibungsplan *m (syn, depreciation schedule)*
depreciation-prone curreny (AuW) abwertungsverdächtige Währung *f*
depreciation provision
(ReW) Abschreibungsquote *f (syn, depreciation expense)*
(ReW) Wertberichtigung *f* auf das Anlagevermögen
depreciation rate
(ReW) Abschreibungs-Prozentsatz *m*
depreciation requirements (ReW) Abschreibungsbedarf *m*
depreciation reserve (ReW) = depreciation provision
depreciation reserve ratio
(ReW) Verhältnis *n* der Gesamtabschreibungen zu den Anschaffungskosten des gesamten Anlagevermögens
depreciation risk
(ReW) Abschreibungswagnis *n*
– Anlagewagnis *n*
(ie, risk of premature retirement or loss of fixed assets, due to obsolescence and other factors; eg, fire, inundation)
depreciation schedule (ReW) = depreciation program
depreciation shortfall (ReW) unterlassene Abschreibungen *fpl*
depreciation spiral (Fin) Abwertungsspirale *f*
depreciation strategy (Fin) Abwertungsstrategie *f*
depreciation through use (ReW) nutzungsbedingte Abschreibung *f*
depreciation unit (ReW) Abschreibungsgegenstand *m*
depressed business (com) schleppendes Geschäft *n*
depressed industry (com) notleidender Wirtschaftszweig *m*

depressed level (com) niedriger Stand *m* *(eg, of factory utilization)*
depressed market
(Bö) gedrückter Markt *m* *(syn, flat market)*
depression (Vw) Depression *f* *(syn, business panic)*
depth first search
(EDV) Depth-first-Suche *f*
– Tiefensuche *f*
(opp, breadth first search)
depth interview
(Mk) offenes Interview *n*
– Intensiv-Interview *n*
– Tiefeninterview *n*
(syn, qualitative interview)
deputize for *v* (com) vertreten *(syn, act for, stand in for)*
deputy (com) Stellvertreter *m* *(syn, substitute, standby)*
deputy chairman (com) stellvertretender Vorsitzender *m*
derail *v* (com, infml) aus dem Gleis laufen *(eg, company appeared to derail)*
derating (FiW, GB) Senkung *f* od Befreiung *f* von Kommunalabgaben *(ie, of local rates)*
deregister *v* (com) abmelden *(eg, automobile)*
deregulate *v*
(Kart, US) deregulieren
– entregulieren
deregulation
(Kart, US) Deregulierung *f*
– Entregulierung *f*
(ie, Aufhebung der öffentlichen Bindung: returning ‚regulated industries' to the private sector of the economy)
dereliction (Re, civil law) Eigentumsaufgabe *f* *(ie, abandonment of ownership)*
dereliction of duty
(Pw) Pflichtverletzung *f*
– Verletzung *f* von Amtspflichten
(ie, intentional or conscious neglect)
derelict vessel (com) aufgegebenes Schiff *n* *(syn, abandoned vessel)*
derivability (Math) Ableitbarkeit *f*
derivation
(Math) Ableitung *f*
(ie, function f which satisfies the equation f(uv) = uf(v) + vf(u))
derivative (Math) = derivative of a function
derivative acquisition (Re) abgeleiteter Erwerb *m*
derivative action (Re) Klage *f* des Aktionärs *(ie, aus dem Recht der Gesellschaft)*
derivative claim (Re) abgeleiteter Anspruch *m*
derivative markets (Bö) nachgeordnete Marktsegmente *npl*
derivative of a function (Math) Ableitung *f* e–r Funktion
derivative of higher order (Math) Ableitung *f* höherer Ordnung
derivative possession (Re) abgeleiteter Besitz *m*
derivative suit (Re, US) Aktionärsklage *f*
derived cost (KoR) = secondary cost, qv
derived cost categories
(KoR) abgeleitete Kostenarten *fpl*
(syn, composite/mixed/secondary . . . cost categories)

derived demand
(Vw) abgeleitete
– derivative . . . Nachfrage *f*
(ie, demand for input factors resulting from demand on sales markets = Nachfrage nach Produktionsfaktoren, die sich aus der N. auf dem Absatzmarkt ergibt; syn, indirect demand)
derived demand deposits (Vw) sekundäres Giralgeld *n*
derived event (OR) abgeleitetes Ereignis *n*
derived factor of production (Vw) abgeleiteter Produktionsfaktor *m*
derived fraction
(Math) abgeleiteter Bruch *m*
– Zweigbruch *m*
(opp, original fraction)
derived income
(Vw) abgeleitetes Einkommen *n* *(ie, other than primary income)*
derived product (IndE) Folgeerzeugnis *n*
derived set (Math) abgeleitete Menge *f* *(syn, weak derived set)*
derived statistic (Stat) abgeleitete Maßzahl *f*
derive income from *v* (com) Einkommen *n* beziehen aus *(eg, writing books, investments)*
derogatory stipulation (Re) Abänderungsklausel *f* *(ie, of a contract)*
derrick (com) Ladebaum *m*
DES
(Fin) = debt-equity swap
(EDV) = data encryption standard
desalinate *v* (com) entsalzen *(syn, desalt)*
desalination (com) Entsalzung *f* *(syn, desalting)*
desalination plant (com) (Meerwasser-)Entsalzungsanlage *f*
Descartes' rule of signs
(Math) Cartesische Zeichenregel *f*
(ie, a polynomial with real coefficients at most k real positive roots, where k is the number of sign changes in the polynomial; die Anzahl der positiven Nullstellen des Polynoms ist entweder gleich der Anzahl der Zeichenwechsel od um e–e gerade Zahl kleiner; verwendbar bei der Bestimmung des internen Zinsfußes aus e–r Folge von jährlichen Gewinnen)
descending key (EDV, Cobol) absteigender Sortierbegriff *m* *(cf, DIN 66 028, Aug 1985)*
descending series (Math) fallende Reihe *f*
descending worker participation
(Pw, US) absteigende Arbeitspartizipation *f*
(eg, managerial functions carried out at workers' own level)
describe *v* (com) beschreiben
describe as *v* (com) sich ausgeben als *(eg, he describes himself as . . .)*
describe in detail *v* (com) ausführlich beschreiben
description
(com) Beschreibung *f* *(syn, account, report, specification)*
(EDV, Cobol) Beschreibung *f*
description operator (EDV) Kennzeichnungsoperator *m* *(syn, iota operator)*
descriptive labeling (Mk) Produktkennzeichnung *f* ohne Verwendung anerkannter Normvorschriften
descriptive material (com) Prospektmaterial *n*

descriptive statement
(Log) deskriptiver Satz *m*
(syn, positive statement; opp, normative statement)
descriptive statistics
(Stat) deskriptive Statistik *f*
(opp, theoretical statistics which involves some process of inference in probability)
descriptor
(EDV) Deskriptor *m*
(ie, index term used to identify an item in an information retrieval system; zur Indexierung verwendetes Schlagwort in e–m Retrieval-System)
descriptor assignment
(EDV) Deskriptorzuteilung *f*
– Indexierung *f*
– Schlagwortzuteilung *f (syn, indexing, keyword assignment)*
deseasonalize *v* (Stat) saisonal bereinigen *(syn, adjust seasonally)*
design
(IndE) Entwurf *m*
– Konstruktion *f*
(IndE) Entwicklung *f (syn, design and development)*
design *v*
(IndE) auslegen
– konstruieren
– entwerfen
design activity (Bw) Entwurfsphase *f* des Entscheidungsprozesses
design assurance (IndE) Qualitätssicherung *f* in Entwurf und Konstruktion *(cf, CSA Z 299)*
designate *v*
(com) bezeichnen *(syn, denote)*
(com) angeben *(syn, indicate)*
designation (com) Bezeichnung *f*
designation of an invention (Pat) Bezeichnung *f* e–r Erfindung *(syn, title of an invention)*
designation procedure (IWF) Designierungsverfahren *n*
designatum (Log) Designat *n (ie, das durch e–n Ausdruck – Designator – Bezeichnete)*
design center (Bw) Entwicklungszentrum *n (eg, where customers can design semicustom circuits)*
design costs (KoR) Konstruktionskosten *pl*
design data
(IndE) Konstruktionsunterlagen *fpl*
(EDV) Entwurfsdaten *pl*
design department (KoR) Konstruktionsstelle *f*
design engineer
(IndE) Konstrukteur *m*
– Entwicklungsingenieur *m*
design engineering (IndE) Konstruktionstechnik *f*
design flaw (IndE) Konstruktionsfehler *m (syn, design weakness)*
design leader (com) federführende Entwicklungsfirma *f*
design patent
(Pat) Geschmacksmuster *n*
(ie, protects novel features of design appealing to and judged by the eye; syn, ornamental design)
design philosophy (IndE) Konstruktionsprinzipien *npl*
design review (IndE) Entwurfs(über)prüfung *f*
designs (IndE) = design data
desired pay
(Pw) Gehaltswünsche *mpl*
– Gehaltsforderungen *fpl*
desired value (EDV) Sollwert *m (syn, set point)*
desist from an abuse *v* (Kart) Mißbrauch *m* abstellen *(ie, of market power)*
desk check (EDV) Schreibtischtest *m (syn, dry check, qv)*
de-skilling of jobs (Pw) Herabstufung *f* von Arbeitsplätzen *(syn, downgrading)*
desk jobber
(com) Großhändler *m* für Streckengeschäft
(Bö) Kommissionsagent *m*
desk research
(Log) Sekundärforschung *f*
(Mk) Schreibtischforschung *f*
desktop
(EDV) Desktop
– Bedienungsmaske *f*
(ie, Ansteuern von Funktionen durch Cursor/Maussteuerung)
desk-top computer (EDV) Arbeitsplatzrechner *m*
desk-top copier (com) Tischkopierer *m*
desk-top model (EDV) Auftischmodell *n*
desk-top printer (EDV) Tischdrucker *m*
desktop publishing, DTP
(EDV) Desktop-Publishing *n*
(ie, Erzeugen druckreifer Vorlagen mittels Arbeitsplatzrechner und spezieller Software)
desk training (Pw) Ausbildung *f* am Arbeitsplatz
despatch *v* (com) = dispatch
despatch note (com) Abfertigungsnota *f*
despecialization (IndE) Verringerung *f* des Spezialisierungsgrades
destination
(com) Bestimmungsort *m*
(EDV, Cobol) Bestimmungsort *m (cf, DIN 66 028, Aug 1985)*
(EDV, Cobol) Freigabe-Software *f*
destination address (EDV) Zieladresse *f*
destination application (EDV) Zielanwendung *f*
destination bill of lading (com) Bestimmungsort-Konnossement *n (ie, issued at the destination, not at place of shipment)*
destination contract (com, US) Kaufvertrag *m* über Lieferung frei Bestimmungsort
destination document (EDV) Zieldokument *n*
destination file (EDV) Zieldatei *f*
destock *v*
(MaW) Lager *n* od Vorräte *mpl* abbauen
– Bestände *mpl* verringern
(ie, cut/run down/trim/work off/reduce/liquidate . . . inventories)
destocking (MaW) Lagerabbau *m (syn, inventory . . . cutting/workoff, liquidation/reduction of . . . inventories, stock reduction)*
destruction
(com) Zerstörung *f*
(ReW) Katastrophenverschleiß *m (ie, as a depreciation factor = als Abschreibungsursache)*
destruction of capital (Vw) Kapitalvernichtung *f*
destruction of money (Vw) Geldvernichtung *f (ie, reduction of money supply; opp, creation of money, qv)*

destructive competition
(com) ruinöse Konkurrenz *f*
– Vernichtungswettbewerb *m*
(syn, cut-throat /ruinous . . . competition)
destructive materials testing
(IndE) zerstörende Werkstoffprüfung *f*
(opp, nondestructive materials testing = zerstörungsfreie Werkstoffprüfung)
destructive read
(EDV) löschendes Lesen *n*
– zerstörendes Lesen *n*
(ie, erases the stored information as it is being read)
destructive reading (EDV) destruktives Lesen *n*
destructive testing
(IndE) zerstörende Funktionsprüfung *f*
(ie, intentional operation of equipment until it fails, to reveal design weaknesses)
detachable stock warrant (Fin) abtrennbarer Aktienbezugsschein *m*
detachable warrant (Fin) abtrennbarer Optionsschein *m*
detached building
(com) freistehendes Gebäude *n*
Einzelgebäude *n*
detached buildings (com) freistehende Bauten *mpl*
detail
(com) Einzelheit *f*
– Detail *n*
detail *v* (com, rare) ausführlich beschreiben *(ie, describe in detail)*
detail account (ReW) Unterkonto *n (syn, subaccount, qv)*
detail audit
(ReW) Vollprüfung *f*
– Detailprüfung *f*
detail card (ReW) Veränderungskarte *f*
detailed application (Pw) ausführliche Bewerbung *f*
detailed breakdown (com) detaillierte Gliederung *f*
Einzelaufgliederung *f*
detailed career history
(Pw) ausführlicher Lebenslauf *m*
(syn, career monograph, full career history, detailed CV = curriculum vitae)
detailed checking (ReW) Einzelbelegprüfung *f*
detailed planning
(Bw) Detailplanung *f*
– Feinplanung *f (syn, fine-tuned planning)*
detailed procurement planning (MaW) Beschaffungs-Vollzugsplanung *f (ie, broken down on a quarterly or monthly basis)*
detailed report
(com) ausführlicher
– eingehender ... Bericht *m (syn, full report)*
detailed statement (com) Einzelaufstellung *f (syn, itemized list)*
detail file (EDV) Bewegungsdatei *f (syn, activity file)*
detail flowchart (EDV) Detailflußdiagramm *n*
detailing (Mk) Einzelwerbung *f*
detail records (ReW) Einzelaufzeichnungen *fpl*
DETAIL report group (EDV, Cobol) Postenleiste *f*
detail strip (ReW) Belegstreifen *m*
detail test
(ReW) lückenlose Prüfung *f*
– Vollprüfung *f*

detectable element (EDV) ansprechbares Element *n*
(ie, in computer graphics)
detention time
(com) Wartezeit *f*
(ie, of a carrier, due to lack of loading or unloading equipment)
deterioration (Bw) Verschleiß *m (cf, Terborgh)*
determinant
(com) Bestimmungsfaktor *m*
(Math) Determinante *f*
determinantal equation (Math) Determinantengleichung *f*
determinant form (Math) Determinantenschreibweise *f (syn, determinant notation)*
determinate solution (Math) eindeutige Lösung *f*
(syn, unique solution, qv)
determination coefficient (Stat) Bestimmtheitsmaß *n*
determination of profits (StR) steuerliche Gewinnermittlung *f*
determine *v*
(com) bestimmen
– feststellen
– festsetzen
(Vw) regeln
(eg, demand determines the price)
(Re) entscheiden
(eg, by judicial sentence)
determine costs *v* (ReW) Kosten *pl* ermitteln *(syn, find costs, cost)*
determining factor (com) Bestimmungsfaktor *m*
determining variable (Stat) vorgegebene Variable *f*
(syn, predictive variable, qv)
deterrent fee (Vers) Selbstbeteiligung *f*
deterrent strike (Pw) Warnstreik *m (syn, demonstration strike, qv)*
detour *v* (com) abzweigen *(eg, taxes for other uses)*
detriment
(com) Schaden *m (syn, damage, injury)*
(Vw) negative Externalität *f*
detrimental (com) schädlich *(eg, effects of air pollution)*
detrimental to novelty (Pat) neuheitsschädlich
devaluate a currency *v* (Fin) Währung *f* abwerten
(syn, depreciate, devalue)
devaluation
(Fin) Abwertung *f*
– Devalvation *f*
(ie, official government act that produces a substantial decline in exchange rates; Herabsetzung des Außenwerts e–r Währung: verbilligt Exporte und verteuert Importe)
devaluation cycle (Fin) Abwertungszyklus *m*
devalue *v* (Fin) abwerten
devastation of fishery resources (com) Ausfischung *f*
develop *v*
(com) entwickeln *(syn, design and develop)*
(com) aufschließen
– erschließen *(eg, land or natural resources)*
develop a clientele *v* (com) Kundschaft *f* aufbauen
developed economy (Vw) entwickelte Volkswirtschaft *f (syn, commercial economy; opp, subsistence economy)*
developed in and out of court (Re) von Rechtsprechung und Lehre entwickelt
developed real estate (com) bebaute Grundstücke *npl*

developer
(com) Erschließungsunternehmen *n*
(ie, one that improves and subdivides land and builds and sells houses thereon; syn, property developer; US, real-estate developer)
developing country (Vw) Entwicklungsland *n (syn, less developed country, LDC, ldc)*
develop land *v* (com) Grundstücke *npl* erschließen
development
(IndE) Entwicklung *f*
(ie, required to determine the best production technique to bring new process or equipment to the production stage)
(com) Erschließung *f*
development aid loan (Fin) Entwicklungshilfeanleihe *f*
development aid policy (Vw) Entwicklungshilfepolitik *f*
development and improvement costs (com) Erschließungsaufwendungen *fpl*
development area
(Vw) Entwicklungsgebiet *n*
– Förderungsgebiet *n*
(com) Bebauungsgebiet *n (syn, building area)*
development area policy (Vw, GB) Strukturpolitik *f (syn, structural policy)*
development bank (Vw) Entwicklungsbank *f (eg, European Investment Bank)*
development charge (FiW) Erschließungsabgabe *f*
Development Committee
(AuW) Entwicklungsausschuß *m*
(ie, Joint Ministerial Committee of the Governors of the World Bank and the IMF on the Transfer of Real Resources to Developing Countries)
development cost
(ReW) = development expense
(com) Erschließungskosten *pl (ie, cost of developing real estate)*
development cycle (EDV) Entwicklungszyklus *m*
development department
(IndE) Entwicklungsabteilung *f*
(ie, cooperates closely with research and deals with improvements, rationalization, new salable products)
development engineering (Bw) Entwicklungsforschung *f*
development expense
(ReW) Gründungskosten *pl (syn, organization expense, qv)*
(ReW) Entwicklungsaufwand *m*
development finance
(AuW) Entwicklungsfinanzierung *f*
(Fin) Mittel *pl* zur Projektfinanzierung
development fund (Vw) Entwicklungsfonds *m*
development loan
(Vw) Entwicklungshilfekredit *m (syn, aid loan)*
(Fin) Investitionskredit *m*
development of wages (Vw) Entwicklung *f* der Löhne
development project (AuW) Entwicklungsprojekt *n*
Entwicklungsvorhaben *n*
development risk (Re) Entwicklungsrisiko *n*
development stage enterprise
(Bw, US) junges Unternehmen *n*
(ie, in der Anfangsphase: principal operations have not started or significant revenue has not yet been generated)
development system
(EDV) Entwicklungsrechner *m (ie, computer used for development of software)*
(EDV) Entwicklungssystem *n (eg, programming language)*
development work
(com) Gründungsvorbereitungen *fpl*
(ie, initial efforts in setting up a new business enterprise)
development work in mining
(IndE) Aufschließung *f*
(ie, removal of overburden in strip mining, and shaft sinking in underground mining)
deviance
(Stat) Summe *f* der Abweichungsquadrate
(ie, sum of squares of observations about their mean; syn, squariance)
deviate (Stat) normierte Zufallsabweichung *f*
deviation
(EDV) Regelabweichung *f (ie, difference between the actual value of a controlled variable – Regelgröße – and the desired value corresponding to the set point – Sollgröße –)*
(Stat) Abweichung *f*
device (com) Gerät *n*, Vorrichtung *f*
device adapter (EDV) Geräteadapter *m*
device address (EDV) Geräteadresse *f*
device allocation (EDV) Gerätezuweisung *f*
device control character
(EDV) Einheitensteuerzeichen *n*
– Gerätesteuerzeichen *n*
device controller (EDV) Gerätesteuerung *f*
device driver
(EDV) Gerätetreiber *m*
– Einheitentreiber *m*
device handler
(EDV) Einheitentreiber *m*
– Gerätetreiber *m (syn, device driver)*
device management program (EDV) Geräteverwaltungsprogramm *n*
device name
(EDV) Gerätename *m*
– Einheitenname *m*
device number
(EDV) Gerätenummer *f*
– Einheitennummer *f*
device patent (Pat) Vorrichtungspatent *n*
device queue (EDV) Gerätewarteschlange *f*
device status
(EDV) Gerätestatus *m*
– Einheitenstatus *m*
devise
(Re) testamentarische Übertragung *f* von Grundbesitz
(Re) testamentarisch übertragener Grundbesitz *m*
devolution (Re, GB) Übertragung *f* von Hoheitsrechten an nachgeordnete Gebietskörperschaften
devolve *v* (Re) übertragen *(ie, rights, powers; syn, pass on, hand down)*
devotion to duty (Pw) Pflichteifer *m*
dexterity test (Pw) Geschicklichkeitstest *m*
d/f (com) = deadfreight
dft (com) = draft

diadic product test (Mk) Zweiprodukttest *m (ie, paired comparison test)*
diagnostic check (EDV) = diagnostic routine
diagnostic diskette
(EDV) Wartungsdiskette *f (eg, used to boot computer in maintenance mode)*
diagnostic routine
(EDV) Diagnoseprogramm *n*
(ie, designed to locate a computer malfunction or a mistake in coding; syn, diagnostic . . . check/subroutine test, error detection routine)
diagnostic subroutine (EDV) = diagnostic routine
diagnostic test (EDV) = diagnostic routine
diagonal expansion (Bw) diagonales Wachstum *n*
diagonal matrix (Math) Diagonalmatrix *f*
diagonal product rule (Math) Diagonal-Produkt-Regel *f*
dial *v*
(com) wählen *(ie, make a telephone call)*
(EDV) anwählen
dialing code (com, GB) Vorwahl *f (syn, US, area code, qv)*
dial line
(EDV) Wählleitung *f*
(syn, switched line; opp, leased/dedicated line = Standleitung)
dialog application progam (EDV) Dialoganwendung *f (opp, batch program)*
dialog box (EDV, GUI) Dialogbox *f (ie, message or input window)*
dialog control (EDV) Dialogsteuerung *f*
dialog language
(EDV) Dialogsprache *f* i
– nteraktive Programmiersprache *f*
(syn, conversational language)
dialog processing (EDV) Gesprächsbetrieb *m (opp, batch processing = Stapelbetrieb)*
dialog remote processing (EDV) Dialogfernverarbeitung *f*
dialog terminal (EDV) Dialoggerät *n*
dial telephone (com) Wählscheiben-Telefon *n (opp, push button telephone)*
dial up *v* (com) anwählen
diary (ReW) Tagebuch *n*
diary list
(ReW) Hauptbuchliste *f*
(Fin) Umsatzliste *f*
diary of events (ReW) Hauptbuch *n (syn, general ledger)*
dibit (EDV) Dibit *n (ie, a group of two bits)*
dibs (com, infml) Geld *n*
dicey loan (Fin, infml) risikoreiches Darlehen *n*
dichotomize *v* (EDV) dichotomisieren *(ie, divide into two classes or groups)*
dichotomizing
(EDV) binäres Suchen *n*
– dichotomische Suche *f*
(syn, binary . . . search/chop)
dichotomous question (Mk) Alternativfrage *f*
dichotomy
(Log) Dichotomie *f*
– Zweiteilung *f*
dictated by . . . signed in his absence (com) nach Diktat verreist
dictate letters *v* (com) Briefe *mpl* diktieren

dictation equipment (com) Diktiergerät *n (syn, dictation unit)*
dictation unit (com) = dictation equipment
dictionary
(EDV) Wörterbuch *n*
(ie, a table establishing the correspondence between words and their code representations)
dictionary entry (EDV) Wörterbucheintrag *m*
die *v* (Re, infml) auslaufen *(eg, contract; syn, expire)*
dies a quo (Re) Anfangstermin *m*
diesel-engined car (com) Dieselauto *n*
difference
(com) Differenz *f*
– Unterschied *m*
difference class
(EDV) Restklasse *f*
– Ergänzungsklasse *f*
difference equation
(Math) Differenzengleichung *f*
(ie, expresses a functional relationship of an independent variable, several functions dependent on that variable, and successive differences of those functions)
difference of sets (Math) = difference sets
difference quotient (Math) Differenzenquotient *m (opp, differential quotient, qv)*
difference set (Math) Differenzmenge *f*, Subtraktionsmenge *f (syn, difference of sets)*
differentiable function
(Math) differenzierbare Funktion *f*
(ie, a function having a derivative at each point of its domain)
differential
(Math) Differential *n (ie, of a function $df(x) = f'x(dx)$)*
(Bö) Gewinn *m* e–s ‚odd lot dealer‘
differential amounts (EG) Differenzbeträge *mpl*
differential calculus
(Math) Differentialrechnung *f*
(ie, study of the rate of change of functions; opp, integral calculus = Integralrechnung)
differential coefficient (Math) cf, derivative
differential cost (Bw) Grenzkosten *pl (syn, marginal cost)*
differential costing (KoR) Grenzplankostenrechnung *f (syn, direct costing, qv)*
differential discounts (Mk) unterschiedliche Preisnachlässe *mpl (ie, as part of discriminatory pricing)*
differential duty (AuW) = differential tariff
differential equation (Math) Differentialgleichung *f (ie, containing differentials or derivatives of functions)*
differential freight rate (com) Differentialfracht *f*
differential income (Vw) Differentialeinkommen *n*
differential operator
(Math) Differentialoperator *m*
(ie, an operator on a space of functions which maps a function f into a linear combination of higher-order derivatives of f)
differential piece rate (IndE) Differentialstücklohn *m*
differential piece-rate system (IndE) Differentiallohnsystem *n (ie, according to Taylor)*
differential prices (com) gespaltene Preise *mpl (syn, split prices)*

differential pricing (Mk) diskriminierende Preisgestaltung *f*
differential quotient
(Math) Differentialquotient *m*
(ie, function f which satisfies the quation f(uv) = uf(v) + vf(u); opp, difference quotient)
differential rent (Vw) Differentialrente *f (ie, developed by Anderson and Ricardo)*
differential tariff
(AuW) Differentialzoll *m*
(syn, differential /discriminatory . . . duty)
differential timing (IndE) Folgezeitverfahren *n*
differentiated oligopoly
(Vw) Oligopol *n* mit hohem Konzentrationsgrad
(ie, in industries producing non-durable consumer goods, such as textiles, tires, soft drinks and cigarettes)
differentiation (Math) Differentiation *f*
differentiation formula (Math) Differentiationsregel *f*
difficult to place (Pw) schwer vermittelbar
diffusion model (Mk) Diffusionsmodell *n*
diffusion of innovations (Vw) Verbreitung *f* von Innovationen
diffusion process (Mk) Diffusion *f*, Verbreitung *f (ie, manner in which a new concept evolves from idea to customer usage)*
diffusion rate
(Mk) Diffusionrate *f*
– Diffusionsgeschwindigkeit *f*
diffusion theory
(FiW) Diffusionstheorie *f*
– Theorie *f* der vollständigen Steuerüberwälzung
– Theorie *f* der vollständigen materiellen Inzidenz
(ie, of taxation: tax on a particular kind of commodity, exchange, or occupation is shifted on to another class of taxpayers, so that the tax is spread – diffused – over a larger area)
digested securities
(Bö) Wertpapiere *npl* im Besitz von Investoren
(ie, not owned by speculators who dispose of them at the first favorable market opportunity; prices are less volatile)
digit
(com) -stellig *(eg, two digit inflation = zweistellige Inflation)*
(Math) Ziffer *f (opp, number = Zahl)*
(Math) numerisches Zeichen *n (syn, numeric character)*
digital analog converter (EDV) Digital-Analog-Wandler *m*, D/A-Wandler *m*
digital audio tape
(EDV) digitales Audio-Band *n (ie, compact cassette that recordes digital sound or data; can store up to 8 Gigabytes when used as backup medium)*
digital circuit (EDV) digitale Schaltung *f (opp, analog circuit)*
digital computer
(EDV) Digitalrechner *m*
– (or simply:) Rechner *m*
digital data (EDV) digitale Daten *pl (opp, analoge Daten)*
digital display (EDV) Digitalanzeige *f*
digital input (EDV) Digitaleingabe *f*
digital input unit (EDV) Digitaleingabeeinheit *f*
digital notation
(EDV) Zifferndarstellung *f*
– digitale Darstellung *f*
digital output (EDV) Digitalausgabe *f*
digital output unit (EDV) Digitalausgabeeinheit *f*
digital readout (EDV) Digitalanzeige *f*
digital representation (EDV) digitale Darstellung *f*
digit compression (EDV) Zeichenverdichtung *f (syn, character crowding)*
digitize *v* (EDV) digital darstellen *(ie, in directly readable numerals)*
digitizer (EDV) Digitalisierer *m*
digitizing pad (EDV) = Digitalisier-Tablett *n (syn, digitizing tablet)*
digitizing tablet (EDV) Digitalisier-Tablett *n (syn, digitizing pad)*
digit position (EDV, Cobol) Zifferstelle *f (cf, DIN 66 028, Aug 1985)*
dignity of mortgage (Re) Rang *m* e–r Hypothek
digraph
(Math) Digraph *m*
– gerichteter Graph *m*
dig up money *v* (Fin, infml) Geld *n* beschaffen
dilatory defense
(Re) aufschiebende
– rechtshemmende
– dilatorische . . . Einrede *f (syn, dilatory exception)*
diligence
(Re) Sorgfalt *f (ie, Sorgfaltsgrade sind: due, extraordinary, great, ordinary, reasonable)*
diligentia quam in suis
(Re) Sorgfalt *f* in eigenen Angelegenheiten
(ie, . . . rebus adhibere solet: the same degree of care and prudence that men prompted by self-interest generally exercise in their own affairs; cf, § 277 BGB)
Dillon Round (AuW) GATT-Runde *f* zwischen 1960 und 1962 *(cf, round)*
dilute *v* (Fin) verwässern *(syn, water)*
diluted earnings per share (Fin, US) Gewinn *m* je Aktie einschl. aller Umtauschrechte
dilution of equity
(Fin) Verwässerung *f* des Aktienkapitals
(ie, proportion of earnings of each share is reduced by an increase in the number of shares without corresponding increase in total earning power or asset value; typically in connection with conversion of bonds, debentures, preferred stock, and convertible common stock; syn, stock watering)
dilution of labor
(Pw) Rückstufung *f* von Arbeitsplätzen *(syn, downgrading of jobs)*
(Pw) Einsatz *m* ungelernter Arbeitskräfte anstelle von Facharbeitern
dilutive (Fin) verwässernd *(opp, incremental = steigernd)*
dilutive convertible securities (Fin) wandelbare Wertpapiere *npl*
dilutive securities
(Fin) verwässernde Wertpapiere *n*
(eg, warrants and options: these require the issue of more shares and this would cause a drop in EPS = earnings per share = Gewinn je Aktie)

dimension of a matrix (Math) Ordnung *f* e–r Matrix *(ie, order of a matrix)*

diminishing-balance method (of depreciation) (ReW) degressive Abschreibung *f (syn, declining balance method, qv)*

diminishing marginal productivity (Vw) abnehmende Grenzproduktivität *f*

diminishing marginal utility (Vw) abnehmender Grenznutzen *m*

diminishing returns to scale (Vw) abnehmende Skalenerträge *mpl*

diminution of service yield
(Bw) Abnahme *f* des Nutzungspotentials
– Brauchbarkeitsminderung *f*
– Wertminderung *f (ie, of depreciable assets; syn, lost usefulness, qv)*

diner (com, US) Speisewagen *m (syn, restaurant car)*

dining car (com, US) = diner

dinkies (com, sl) = double income earners

diophantine programming
(OR) ganzzahlige Programmierung *f (syn, integer discrete . . . programming)*

dip into savings *v* (com, infml) Ersparnisse *fpl* angreifen

DIP switch (EDV) = dual inline package switch, qv

direct *v* (com) leiten *(eg, project)*

direct access
(EDV) wahlfreier Zugriff *m*
– direkter Zugriff *m*
(syn, immediate/random . . . access; opp, sequential access)

direct access method (EDV) Direktzugriffsverfahren *n*

direct access storage
(EDV) Direktzugriffsspeicher *m*
– Randomspeicher *m*
(syn, random access storage)

direct accounting system (EDV) Direktbuchungssystem *n*

direct action
(Pw) Arbeitskampfmaßnahmen *fpl*
(ie, strike, working to rule, refusal to work overtime)

direct addressing (EDV) direkte Adressierung *f*

direct advertising (Mk) Direktwerbung *f (ie, mostly mail advertising)*

direct aid (EG) Direktsubventionen *fpl (eg, to farmers; syn, credit subsidies)*

direct and indirect material (KoR) Fertigungsmaterial *n*

direct arbitrage
(Fin) direkte/einfache Devisenarbitrage *f*
(ie, nutzt den Unterschied zweier Währungen aus; opp, indirect arbitrage)

direct buying (com) Direkteinkauf *m*, Direktbezug *m (syn, direct purchasing)*

direct charge (KoR) = direct cost

direct claim
(Vers) Direktanspruch *m*
(ie, of injured third party against motor insurance company)

direct coding
(EDV) Direktcodierung *f*
(ie, writing of instructions using machine code and absolute addresses; opp, symbolic coding)

direct control (EDV) Direktsteuerung *f*

direct correlation
(Stat) positive Korrelation *f*
(syn, positive correlation; opp, negative/inverse . . . correlation)

direct cost
(KoR) Einzelkosten *pl*
– direkte Kosten *pl*
(ie, identifiable directly with a particular activity, product or service: in der Kostenträgerkalkulation dem Erzeugnis unmittelbar zurechenbar; opp, overhead)
(KoR) leistungsabhängige Kosten *pl*
(cf, direct costing; gleich variable Kosten in bezug auf die Beschäftigung; syn, GB, marginal cost)

direct cost center
(KoR) Hauptkostenstelle *f (syn, production cost center)*

direct cost center cost (KoR) Stelleneinzelkosten *pl*

direct costing
(KoR) Direct Costing *n*
– Grenzplankostenrechnung *f*
Auch:
– Deckungsbeitragsrechnung *f*
– Teilkostenrechnung *f*
(syn, standard direct differential . . . costing; variable cost activity/functional . . . accounting; GB, marginal costing)

direct cost planning (KoR) Einzelkostenplanung *f*

direct cost variance (KoR) Einzelkostenabweichung *f*

direct damage (Re) unmittelbarer Schaden *m*

direct debit (Fin, GB) Abbuchung *f* aufgrund e–r Einzugsermächtigung

direct debit authority (Fin, GB) Einzugsermächtigung *f*

direct debiting service
(Fin, GB) Abbuchungsverfahren *n*
– Einzugsverfahren *n*
(syn, preauthorized payment method)

direct debiting transactions (Fin, GB) Lastschriftverkehr *m*

direct debit slip (Fin, GB) Lastschriftbeleg *m*

direct debtor (Re) Direktschuldner *m*

direct dialing (com) Durchwahl *f*

direct dialing service (com) Direktwählbetrieb *m*

direct dial number (com) Durchwahlnummer *f*

direct distance dialing (com, US) Selbstwählferndienst *m (syn, GB, subscriber trunk dialling)*

direct earnings
(Fin, US) direkte od unmittelbare Gewinne *mpl*
(ie, consolidated earnings include both direct earnings of the parent company and equity earnings in undistributed earnings of subsidiaries; opp, equity/indirect . . . earnings)

directed arc (OR) gerichtete Kante *f (syn, arc, qv)*

directed beam display (EDV) = calligraphic display

directed branch (OR) gerichteter Pfeil *m*

directed chain (OR) gerichtete Kette *f*

directed cycle (OR) gerichteter Zyklus *m*

directed economy (Vw) gelenkte Wirtschaft *f (syn, controlled economy)*

directed edge (OR) = directed arc

directed graph (Math) gerichteter Graph *m (syn, digraph)*

directed incidence mapping (Math) gerichtete Inzidenzabbildung *f*
directed line (Math) gerichtete Gerade *f*
directed scan (EDV) gerichtetes Abtasten *n*
directed tree
(Math) Baum *m*
– Arboreszenz *f*
(ie, in graph theory)
direct endorsement (WeR) = endorsement in full, qv
direct expense (KoR) = direct cost
direct exporter (com) Direktexporteur *m*
direct exporting
(com) direkte Ausfuhr *f*
– direkter Export *m*
– Direktexport *m*
(ie, shipping goods to a country without using any of its domestic intermediaries; channels that use foreign agents or distributors or the manufacturer's own foreign sales facilities, for example, are direct; syn, direct export selling)
direct export selling (com) = direct exporting
direct file (EDV) Direktdatei *f*
direct financing
(Fin) Direktfinanzierung *f (ie, bypassing the capital market and banking syndicates)*
direct fire damage (Vers) unmittelbarer/direkter Brandschaden *m (opp, indirect fire damage)*
direct foreign investment
(AuW) ausländische Direktinvestitionen *fpl (syn, direct outward investment)*
direct fund transfer system (Fin) Datenfernübertragung *f* der Kreditinstitute *(eg, in SWIFT)*
direct importer (com) Direktimporteur *m*
direct importing
(com) direkte Einfuhr *f*
– direkter Import *m*
– Direktimport *m*
direct imports (com) Direktimporte *mpl*
directing
(Bw) Führung *f*
– Leitung *f*
(ie, als Führungsfunktion; syn, direction, leading, leadership, management)
direct input (EDV) direkte Eingabe *f*
direct insurance
(Vers) Direktversicherung *f*
– Erstversicherung *f*
(ie, premiums paid directly by employers on behalf of their employees)
direct insurer (Vers) Erstversicherer *m*
direct investment
(Fin) Direktinvestitionen *fpl (ie, funds given by an investor in one country to overseas affiliates (subsidiaries, associates and branches) in the form of share capital, loans, trade credit and retained profits; opp, portfolio investment)*
(Fin) Beteiligungsinvestition *f*
direct-investment capital (Fin) Beteiligungskapital *n*
direct-investment income
(Fin) Beteiligungserträge *mpl*
direction (Bw) = directing
directional device (Bw) Führungsinstrument *n (syn, instrument of management)*
directional system (Bw) Leitungssystem *n (syn, system of command)*
direction of economic activity (Vw) Konjunkturverlauf *m (eg, the Commerce Department tries to predict the . . .)*
direction parameter (Math) Richtungsparameter *m*
Directive (EG) Richtlinie *f (opp, regulation = Verordnung)*
direct labor
(KoR) Fertigungslohn *m (syn, manufacturing productive . . . labor)*
(KoR) Lohneinzelkosten *pl*
direct labor hour rate (KoR) Lohnstundensatz *m*
direct labor ticket (IndE) Fertigungslohnzettel *m*
direct liability (Re) primäre Haftung *f (opp, contingent liability)*
direct loan
(Fin) Direktdarlehen *n*
– direkter Kredit *m*
directly allocable cost
(KoR) direkt od unmittelbar zurechenbare Kosten *pl (syn, directly assignable/identifiable traceable . . . cost)*
directly dialed call (com) Selbstwählgespräch *n (opp, operator-handled call)*
directly productive activities (Vw) direkt zurechenbare Aktivitäten *fpl (opp, social overhead capital, SOC)*
direct mail
(Mk) Direct-Mail *f (ie, schriftliche Informationen mit werblichem Charakter; eg, Anzeigen, Mailings)*
(Mk) Direktversand *m*
direct mail advertising
(Mk) Direktversandwerbung *f*
(ie, sending informative literature to selected prospects)
direct marketing
(Mk) Direktmarketing *n*, Direktvertrieb *m*
(ie, selling direct to consumer, thus bypassing any retail outlets; includes mail order houses and direct response firms that sell through the media or post)
direct material
(KoR) Einzelkostenmaterial *n*
– Einzelmaterial *n*
– Materialeinzelkosten *pl (ie, cost of direct material)*
direct memory access (EDV) direkter Speicherzugriff *m*
direct memory access, DMA (EDV) direkter Speicherzugriff *m*
direct numerical control (EDV) numerische Direktsteuerung *f*
direct offering
(Fin) Direktemission *f*
– freihändiger Verkauf *m*
(eg, of a loan issue; syn, direct sale)
director
(com) Director *m (ie, nicht ‚Direktor': use the English spelling in German texts; Mitglied e-s board of directors, qv)*
directorate
(com) = board of directors
(com) Direktorium *n*
directors' fees (Bw) Aufsichtsrats- und Verwaltungsratsvergütungen *fpl*

director's report (ReW) Lagebericht *m*
directory
(com) Adreßbuch *n*
(EDV) Dateiverzeichnis *n*
– Inhaltsverzeichnis *n*
(ie, short: dir)
directory assistance (com, US) Fernsprechauskunft *f*
directory entry (EDV) Verzeichniseintrag *m*
directory file (EDV) Verzeichnisdatei *f*
directory prefix (EDV) Pfadname *m*
direct output (EDV) Direktausgabe *f*
direct outward investment (AuW) = direct foreign investment
direct placement
(Bö) Direktplazierung *f*
(ie, of an issue of securities, without interposing a broker or underwriter)
direct price elasticity of demand
(Vw) direkte Preiselastizität der Nachfrage *f*
(ie, relative Mengenänderung der Nachfrage in Abhängigkeit von der relativen Preisänderung e–s Gutes)
direct product of sets (Math) kartesisches Produkt *n* von Mengen *(syn, Cartesian . . .)*
direct product profitabilität, DPP
(Mk) direkte Produkt-Rentabilität *f*, DPR
(ie, besonderer Ansatz der Absatzsegnmentrechnung)
direct programming (EDV) direkte Programmierung *f*
direct purchase
(com) Beziehungskauf *m*
(ie, bypassing the retailing trade = unter Umgehung des Einzelhandels)
direct purchasing (MaW) Direkteinkauf *m*, direkte Beschaffung *f* *(ie, bypassing all trade intermediaries)*
direct quotation
(AuW) Preisnotierung *f*
(ie, direct method of quoting foreign exchange: amount of domestic currency payable for 100 units of foreign currency; opp, indirect quotation = Mengennotierung)
direct rediscounting
(Fin) Direktdiskont *m* *(ie, without intermediation of banks)*
direct reduction mortgage
(Fin, US) Tilgungshypothek *f*
(ie, interest is paid only on the principal still owed; opp, constant payment mortgage)
direct salary cost (KoR) Gehaltseinzelkosten *pl*
direct sampling
(Stat) direkte Auswahl *f*
– direkte Stichprobennahme *f*
direct selling
(Mk) Direktverkauf *m*
– Direktabsatz *m*
– Direktvertrieb *m* *(ie, from manufacturer to final user)*
direct shipment
(Mk) Direktlieferung *f*
(ie, Umgehung von Handelsstufen = bypassing trade intermediaries; syn, drop shipment)
direct-step-on-wafer projection (EDV) Herstellung *f* von Wafers im direkten Projektionsverfahren
direct storage allocation (EDV) dynamische Speicherplatzzuweisung *f*
direct style of leadership (Bw) autoritärer Führungsstil *m*
direct subsidies (EG) Direktsubventionen *fpl* *(eg, to farmers; syn, straight subsidies, direct aid)*
direct tax
(FiW) direkte Steuer *f*
(ie, Kriterium: Erhebungstechnik – paid direct to the government – und Überwälzbarkeit – shifting potential; opp, indirect tax)
direct transmission (EDV) Direktübertragung *f*
direct-user charges (FiW) Gebühren *fpl* *(syn, benefit taxes)*
direct wages and salaries (KoR) Lohn- und Gehaltseinzelkosten *pl*
direct work (IndE) produktive Arbeit *f*
direct writing company (Vers) = direct insurer
dirt cheap (com, infml) spottbillig
dirty bill of lading
(com) unreines Konnossement *n*
(ie, contains notation that goods received by carrier were defective; syn, claused/foul . . . bill of lading)
dirty cash (com, infml) „ungewaschenes" Geld *n* *(cf, laundered money)*
dirty float (AuW) schmutziges Floaten *n* *(syn, filthy float, controlled/managed . . . floating)*
dirty work bonus (Pw) Schmutzzulage *f*
dirty work pay (Pw) = dirty work bonus
dis. (com) = discount
disability
(Re) Rechtsunfähigkeit *f* *(syn, legal incapacity)*
(Re) Geschäftsunfähigkeit *f* *(syn, contractual incapacity)*
(Pw) Arbeitsunfähigkeit *f* *(syn, unfitness for work)*
disability clause (Vers) Erwerbsunfähigkeitsklausel *f*
disability to sue and be sued (Re) Prozeßunfähigkeit *f*
disable *v*
(EDV) ausschalten *(syn, deactivate)*
– deaktivieren
disabled people
(SozV) Behinderte *mpl*
(ie, physically handicapped, deaf, hard of hearing, blind, partially sighted, speech impaired, mentally handicapped or ill)
disabled person
(Pw) Arbeitsunfähiger *m*
(SozV) Behinderter *m* *(syn, handicapped person)*
disadvantaged workers (Vw) = hardcore unemployed
disaffirm *v* (Re) aufheben *(eg, a legal transaction)*
disaffirm a contract *v* (Re) vom Vertrag zurücktreten
disaffirm a decision *v* (Re) Entscheidung *f* aufheben *(syn, reverse)*
disaggregation
(Stat) Desaggregierung *f*
– Aufspaltung *f* *(syn, breakdown)*
disagio
(Fin) Disagio *n*
– Abgeld *n* *(ie, term chiefly used in Continental Europe; syn, discount)*

disallow *v*
(com) ablehnen
– abweisen
– Anerkennung *f* versagen *(syn, refuse, turn down)*
(StR) nicht berücksichtigen
– nicht anerkennen *(eg, the tax office disallowed the full amount of car expenses)*
disallowable against tax (StR) steuerlich nicht abzugsfähig *(opp, tax deductible)*
disappreciation
(Mk) Korrektur *f* überhöhter Preise
(Bö) markttechnisch bedingter Kursrückgang *m*
disassemble *v*
(IndE) zerlegen *(syn, break down, dismantle)*
(com) auseinandernehmen
– demontieren
– ausschlachten *(ie, machine or plant; syn, cannibalize)*
disassembler (EDV) Disassemblierer *m (ie, tool for reconstructing assembler source code from executable program file)*
disassembly (IndE) Zerlegung *f*
disaster area (com, US) Katastrophengebiet *n*
disaster clause (Fin) Katastrophenklausel *f (ie, in Euroloan agreements)*
disaster loan (Fin, US) Katastrophen-Darlehen *n (ie, to bail out farmers who are ruined by floods)*
disaster manual (EDV) Katastrophen-Handbuch *n*
disavow *v*
(Re) aufheben *(eg, plurality opinions after a change in court membership)*
disband *v* (com) auflösen
disbar *v* (Re) Zulassung *f* (als Anwalt) entziehen
disbenefit (com) Nachteil *m (syn, demerit, disadvantage, drawback)*
disbursement (Fin) Auszahlung *f (syn, outpayment, outgo)*
disbursement clause (SeeV) Auslagenklausel *f*
disbursement instruction (Fin) Kassenanweisung *f*
disbursement of funds
(Fin) Auszahlung *f* e–s Darlehens *(ie, actual making of a loan)*
(Fin) Verausgabung *f* von Mitteln
disbursements (Vers) Havariegelder *npl*
disbursement voucher (ReW) Ausgabenbeleg *m*
discard *v* (EDV) löschen
DISC corporation (AuW, US) = Domestic International Sales Corporation, *qv*
discharge
(com) Abladen *n*
– Ausladen *n*
– Entladen *n*
(com) Löschen *n (eg, of ship's cargo)*
(Re) Erfüllung *f (eg, contract obligations; syn, performance)*
(Re) Schuldbefreiuung *f*
– Schulderlaß *m*
(com) Entlastung *f (eg, of executive board)*
(Fin) Begleichung *f (eg, of a debt)*
(Fin) Ablösung *f (syn, redemption, repayment)*
(Re) Entlassung *f (syn, removal from office)*
discharge *v*
(com) entladen *(syn, unload)*
(Fin) begleichen *(eg, a debt; syn, pay)*
(Pw) entlassen *(syn, dismiss; fire, sack)*
(Re) erfüllen *(syn, perform)*
(com) entlasten, Entlastung *f* erteilen
discharge a bill *v* (Fin) Wechsel *m* einlösen *(syn, honor, qv)*
discharge a contract *v* (Re) Vertrag *m* erfüllen *(syn, perform fulfill)*
discharge a debt *v* (Fin) Schuld *f* begleichen *(syn, pay, settle)*
discharge an obligation *v* (Re) Verpflichtung *f* erfüllen *(syn, answer, qv)*
discharge cargo *v* (com) Ladung *f* löschen *(syn, unload)*
discharged bankrupt (Re) entlasteter Gemeinschuldner *m*
discharge for cause (Pw) begründete Entlassung *f*
discharge of a contract
(Re) Beendigung *f* e–s Vertragsverhältnisses *(ie, by performance or otherwise; syn, termination of a contractual relationship)*
discharge of a debt (Re) Erfüllung *f* e–r Verbindlichkeit
discharge of bankrupt (Re) Entlastung *f* des Gemeinschuldners
discharge of cargo (com) Löschen *n* e–r Ladung
discharge of debt
(Re) Erfüllung *f* e–r Verbindlichkeit
(Fin) Begleichung *f* e–r Schuld
discharge of duties (Pw) Pflichterfüllung *f*, Erledigung *f* von Aufgaben
discharge port (com) Entladehafen *m*
discharging (com) Abstoßen *n (eg, von Gütern und Wertpapieren)*
discharging effect (Re) befreiende Wirkung *f*
disciplinary proceedings (Re) Disziplinarverfahren *n*
disclaim *v*
(Re) Anspruch *m* aufgeben *(syn, abandon /renounce/waive . . . a claim)*
(Re) freizeichnen *(syn, to contract out)*
disclaim an inheritance *v* (Re) Erbschaft *f* ausschlagen
disclaimer
(Re) Verzicht *m (ie, denial of legal claim; syn, waiver)*
(Re) Verzichterklärung *f (ie, notice of disclaimer, waiver)*
(Re) Freizeichnungsklausel *f (syn, contracting-out clause)*
disclaimer clause (Re) Haftungsausschußklausel *f (syn, non-liability clause)*
disclaimer of an inheritance (Re) Ausschlagung *f* e–r Erbschaft
disclaimer of a specific legacy (Re) Ausschlagung *f* e–s Vermächtnisses
disclaimer of audit opinion (Re) Verweigerung *f* des Bestätigungsvermerks
disclaimer of liability (Re) Haftungsausschluß *m*
disclaimer of right (Re) Rechtsverzicht *m (syn, waiver of title)*
disclaim liability *v* (Re) Haftung *f* ablehnen
disclose *v*
(com) mitteilen
(ReW, Re) offenlegen
disclose a patent application *v* (Pat) Anmeldung *f* offenlegen

disclosed agency (Re) offene Stellvertretung *f*
disclosed factoring (Fin) offenes Factoring *n (syn, notification factoring, qv)*
disclosure
(ReW) Offenlegung *f*
– Berichterstattung *f*
– Veröffentlichung *f*
disclosure guidelines (Re) Offenlegungsrichtlinien *fpl*
disclosure obligations (ReW) Offenlegungspflichten *fpl*
disclosure of an invention (Pat) Offenlegung *f* e–r Erfindung
disclosure of business secrets (Kart) Geheimnisverrat *m (cf, §§ 17 ff UWG)*
disclosure requirement (ReW) Bekanntmachungspflicht *f (ie, relating to annual financial statement)*
disclosure requirements
(ReW) Publizitätsvorschriften *fpl*
– Offenlegungsvorschriften *fpl*
disclosure threshold (Bw) Offenlegungsschwelle *f*
discomfort index (Vw) Problemindex *m (ie, Summe aus Inflationsrate + Arbeitslosenquote)*
discommodities (Vw) externe Kosten *pl (syn, social costs)*
discommodity (Vw) negatives Gut *n (syn, disgood)*
disconnect *v* (EDV) abschalten *(syn, deactivate)*
disconnected graph (Math) nichtzusammenhängender Graph *m*
disconnected mode (EDV) Wartezustand *m (syn, wait state)*
disconnecting sets (Math) nichtzusammenhängende Mengen *fpl*
disconnection (EDV) Verbindungsabbruch *m (ie, in data transmission, syn, break)*
discontented workers (Pw) unzufriedene Mitarbeiter *mpl*
discontinuance (com) Aufgabe *f* e–s Unternehmens *(ie, weiter als ‚business failure': Beendigung, Aufhören, Erlöschen)*
discontinuance of residence (Re) Aufhebung *f* des Wohnsitzes
discontinue *v*
(com) einstellen, aufhören
(com) auslaufen *(syn, run out, phase out)*
(com) aufgeben
(ie, a business = Unternehmen; syn, close down, give up, shut down, terminate; infml, shut up shop)
discontinue a suit *v* (Re) Klage *f* zurücknehmen
discontinued business (com) aufgegebenes Unternehmen *n*
discontinued chain of causation (Re) Abbrechen *n* der Kausalkette
discontinue insurance benefits *v* (Vers) aussteuern
discontinue proceedings *v* (Re) Verfahren *n* einstellen *(syn, drop a case)*
discontinuity
(Math) Unstetigkeit *f*
– Unstetigkeitsstelle *f*
(syn, point of discontinuity, jump, point break)
discontinuous
(com) diskontinuierlich
– nicht kontinuierlich
(Math) unstetig, diskret *(opp, continuous)*
discontinuous function (Math) unstetige Funktion *f*
discontinuous variable (Math) diskrete Variable *f (syn, discrete variable)*
discontinuous variate (Math) diskrete Zufallsvariable *f*
discount
(com) Nachlaß *m (ie, general term)*
(com) = cash discount
(com) niedriger Preis *m* für Güter des täglichen Bedarfs
(Fin) Bankdiskont *m*
(Fin) Disagio *n*
– Abgeld *n*
– Damnum *n (ie, on securities)*
– Abschlag *m*
– Deport *m (eg, on forward dollars)*
discount *v*
(Fin) diskontieren
(eg, seller may discount a bill of exchange, that is, give it to a financial institution in exchange for immediate payment of an amount less than the face value to reflect the time the bill has still to run; Ankauf von Wechseln unter Abzug der Zinsen bis zum Fälligkeitstag)
(Math) abzinsen, diskontieren
discountable bill (Fin) diskontfähiger Wechsel *m*
discount allowed (com) Kundenskonto *m* od *n*
discount bank (Fin) diskontierende Bank *f*
discount bill (Fin) Diskontwechsel *m*
discount bond
(Fin) Anleihe *f* mit weit unter pari liegendem Emissionskurs
discount bonds
(Fin) Anleihen *fpl* mit Kurs unter Nennwert *(ie, sold in the secondary market)*
(Fin) Anleihen *fpl* mit Zinszahlung bei Fälligkeit
discount broker
(Fin) Diskontmakler *m*
– Wechselmakler *m*
discount business
(Fin) Diskontgeschäft *n*
(ie, purchase of bills, notes, and checks)
discount charges (Fin) Diskontspesen *pl*
discount commission
(Fin) Diskontprovision *f*
(ie, charged by the bill-buying bank as a service fee)
discount corporation
(Fin, US) Diskontbank *f*
(ie, state or federal banking corporation engaged in the purchase and discount of commercial paper, such as acceptances – trade and bankers – and bills of exchange, esp those arising out of export and import transactions; its British counterpart, the discount house, is more numerous, due to the greater volume of foreign bills handled in London)
discount credit (Fin) Diskontkredit *m*
discount, dis. (com) Skonto *m/n*
discount earned
(Fin) Diskonterlös *m*
(com) Lieferer-Skonto *m* od *n*
discounted bills (Fin) diskontierte Wechsel *mpl (syn, discounts)*
discounted cash flow analysis (Fin) DCF-Analyse *f*

discounted cash flowback (Fin) diskontierter Rückfluß *m* von Barmitteln
discounted cash flow, DCF, dcf (Fin) diskontierter Einnahmeüberschuß *m*
discounted cash flow method
(Fin) Interne-Zinsfuß-Methode *f*
(syn, current usage: internal rate of return method)
(Fin, GB, pl) dynamische od finanzmathematische Methoden *fpl* der Investitionsrechnung *(syn, time-adjusted methods, qv)*
discounted cash flow methods (Fin, GB) dynamische Verfahren *npl* der Investitionsrechnung
discounted paper
(Fin) Abzinsungspapier *n*
– unverzinsliches Wertpapier *n*
(ie, wird mit Abschlag angekauft und am Ende der Laufzeit mit dem Nennwert zurückgezahlt)
discounter
(com) Diskontwarenhaus *n*
– Diskonthaus *n*
(ie, retail outlet selling far below usual or suggested prices, mostly self-service; syn, discount . . . house/store)
discount factor
(Fin) Abzinsungsfaktor *m*
– Diskontierungsfaktor *m*
(ie, $1/(1+i)^n$*; opp, accumulation factor = Aufzinsungsfaktor)*
(Fin, US) Diskontierungskennzahl *f*
(ie, in petroleum engineering: ratio of present worth of one or a series of future payments to the total undiscounted amount of such future payments; syn, average discount/deferment/present-worth . . . factor)
discount house
(com) = discounter
(Fin) Institut *n* für Absatzfinanzierung *f*
discount houses
(Fin, GB) Diskonthäuser *npl*
– Diskontbanken *fpl*
(ie, 12 major firms constitute the London Discount Market Association: they buy short-term bills and notes at less than face value; they fund themselves by borrowing from the banking sector and by rediscounting eligible bills at the Bank of England; versorgen die Geschäftsbanken mit Liquidität und schließen Refinanzierungslücken über die Zentralbank; nehmen auch Emissionen in kurz- und langfristigen Staatspapieren auf)
discounting
(Fin) Diskontierung *f*
– Abzinsung *f*
(ie, determine the present value of a future amount of money; Bestimmung des Barwerts künftiger Zahlungen; syn, discounting back)
(Fin) Wechseldiskontierung *f*
discounting bank (Fin) diskontierende Bank *f*
discounting process (Fin) = discounting
discount line (Fin) Wechseldiskontlinie *f*
discount market
(Fin) Diskontmarkt *m*
(ie, the open market for acceptances and commercial paper)
discount note (Fin) Diskontabrechnung *f*
discount on accounts receivable
(ReW) Wertberichtigung *f* auf Forderungen
– Delkredere *n*
discount on bonds
(Fin) Anleihedisagio *n (syn, GB, debenture discount)*
discount period
(com) Skontofrist *f*
(Fin) Diskontierungszeitraum *m*
discount rate
(Fin) Diskontsatz *m*
(ie, charged for buying bills of exchange in advance of maturity)
(Fin, US) Diskontsatz *m*
(ie, it is the Federal Reserve bank discount rate: applies to the rate at which member banks may borrow funds for short periods direct from district Federal Reserve banks)
(Fin) Abzinsungssatz *m*
discount rate differential (Fin) Diskontgefälle *n*
discount rate policy
(Vw) Diskontpolitik *f*
(ie, one of the traditional instruments of central bank monetary policy)
discounts (Fin) = discounted bills
discounts allowed (ReW) Diskontaufwendungen *mpl*
discount schedule (com) Rabattstaffel *f (ie, graduated discount scale)*
discounts earned (ReW) Diskonterlöse *mpl*
discounts lost (com) nicht in Anspruch genommene Nachlässe *mpl*
discounts received (ReW) Diskonterträge *mpl*
discount store (Fin) = discount house
discount table (Fin) Abzinsungstabelle *f*
discount terms (Fin) Diskontbedingungen *fpl*
discount the market *v* (Fin) die Marktentwicklung *f* antizipieren
discount window
(Fin, US) „Diskontfenster" *n*
– Rediskontierungsstelle *f* e–r Federal Reserve Bank
(ie, facility for extending credit direct to member banks and, since 1980, to any depositary institution holding reservable transactions accounts)
(Fin) Rediskontfazilität *f* e–r Zentralbank
– Lombardfenster *n*
discover a defect *v* (com) Mangel *m* feststellen
discovery
(Re, US) Discovery
(ie, Mittel des Klägers zur Beschaffung von prozeßerheblichen Informationen; cf, Rules of Civil Procedure: parties may obtain discovery by one or more of the following methods: depositions, written interrogatories, production of documents, physical and mental examination, and requests for admission; cf, Rule 26 of Federal Rules of Civil Procedure)
discrepancies in taxation (StR) Besteuerungsunterschiede *mpl*
discrepancy report (EDV) Fehlerbericht *m*
discrete (Math) = discontinuous
discrete algebraic structures, DAS (Math) diskrete algebraische Strukturen *fpl*
discrete distribution (Stat) diskontinuierliche Verteilung *f*

discrete event type process
(EDV) Folgeprozeß *m*
– sequentieller Prozeß *m*
(syn, sequential process)
discreteness stipulation (OR) Ganzzahligkeitsbedingung *f*
discrete object type process
(EDV) Stückprozeß *m*
– Stückgutprozeß *m*
(ie, in process automation)
discrete process (Stat) diskreter stochastischer Prozeß *m*
discrete production process (IndE) diskontinuierliches Produktionsverfahren *n*
discrete programming (OR) ganzzahlige Programmierung *f (syn, integer /diophantine . . . programming)*
discrete set of points (Math) diskrete Punktmenge *f*
discrete variable (Math) diskrete Variable *f (syn, discontinuous variable)*
discretion (com) Ermessen *n*
discretionary account (Bö, US) = managed account, qv
discretionary award of contract (com) freihändige Auftragsvergabe *f*
discretionary funds (Fin) frei verfügbare Mittel *pl*
discretionary goods
(com) Nicht-Grundgüter *npl*
(ie, products other than clothing, food, or shelter)
discretionary income
(Vw) frei verfügbares Einkommen *n*
(ie, cash income left over for household use after taxes and the purchase of necessities; income that may be freely spent)
discretionary order (Bö, US) interessewahrender Auftrag *m (syn, not-held order)*
discretionary policy
(Vw) diskretionäre Politik *f*
(ie, wirtschaftspolitische Akteure können nach eigenem Ermessen entscheiden)
discretionary power
(Re) Ermessensfreiheit *f (syn, power of discretion)*
(Bw) Marktmacht *f* von Großunternehmen
(Vw) diskretionäre Entscheidungsspielräume *mpl*
discretionary valuation
(StR) Bewertungsfreiheit *f*
– Bewertungswahlrecht *n*
(ie, freedom of choice in the valuation of assets)
discretion in the workplace
(Pw) Ermessensspielraum *m* am Arbeitsplatz
(ie, extent of creativity, autonomy, and commitment on the part of individual workers)
discriminant
(Math) Diskriminante *f*
(ie, quantity $b^2–4ac$ where a,b,c are the coefficients of a given quadratic polynomial: $ax^2 + bx + c$)
discriminant function (Math) Trennfunktion *f*
discriminate *v*
(Re) diskriminieren
– benachteiligen *(syn, treat unfavorably)*
discriminating duty (AuW) Differentialzoll *m (syn, differential . . . tariff/duty)*
discrimination
(Vw) Preisdiskriminierung *f*
– Preisdifferenzierung *f*
(AuW) Diskriminierung *f*
(eg, the various nontariff barriers to trade = nichttarifäre Handelshemmnisse)
(Pw) Diskriminierung *f* von Beschäftigten
(Re) Benachteiligung *f*
discrimination instruction (EDV) bedingter Sprung- od Verzweigungsbefehl *m (syn, conditional jump)*
discriminatory pricing
(Kart) Preisdiskriminierung *f*
(ie, different prices are charged for the same product in different markets; syn, price discrimination)
discriminatory tariff (AuW) diskriminierender Zoll *m*
discriminatory taxation (FiW) diskriminierende Besteuerung *f*
discrmination against permanent establishments
(StR) Betriebsstättendiskriminierung *f*
discussion document (com) = discussion paper
discussion in principle (com) Grundsatzdiskussion *f*
discussion paper (com) Diskussionspapier *n (syn, discussion document, exposure draft)*
diseconomies of scale
(Vw) Größennachteile *mpl*
(syn, inefficiencies of scale; economies of scale, qv)
disembodied technical progress (Vw) investitionsunabhängiger technischer Fortschritt *m*
disencumber *v* (Re) entschulden *(ie, free of debts)*
disencumberment (Re) Entschuldung *f*
disenfranchise *v* (Re) Konzession *f* entziehen
disequilibrium (Vw) Ungleichgewicht *n (syn, imbalance)*
disequilibrium model (Vw) Ungleichgewichtsmodell *n*
disgood (Vw) negatives Gut *n (syn, discommodity)*
disguised unemployment (Vw) versteckte Arbeitslosigkeit *f (syn, hidden unemployment, qv)*
dishoard *v* (Vw) enthorten
dishoarding (Vw) Enthorten *n*
dishonest trading (Kart) unlauterer Wettbewerb *m (syn, unfair competition)*
dishonesty insurance (Vers) Einbruch-Diebstahl-Versicherung *f*
dishonor *v*
(WeR) Annahme *f* verweigern
– nicht einlösen
(ie, refuse or fail to accept or pay a negotiable instrument at maturity)
dishonor a bill *v* (WeR) Wechsel *m* nicht einlösen
dishonor a check *v* (Fin) Scheck *m* nicht einlösen
dishonored bill (Fin) notleidender Wechsel *m*
dishonored check (Fin) nicht eingelöster Scheck *m*
dishonor for acceptance (WeR) Akzeptverweigerung *f*
dishonor for nonpayment (WeR) Zahlungsverweigerung *f*
dish out *v* (com, infml) verteilen *(ie, give away too freely)*
dish up *v* (com, infml) servieren *(eg, biased news to a gullible audience)*
disincentive (Pw) leistungshemmender Einfluß *m*

disinflation
(Vw) Desinflation *f*
(ie, reduction of the price level to the plateau of long-term marginal cost = Senkung des allgemeinen Preisniveaus auf das Niveau der langfristigen Grenzkosten; by tax increases, cuts in government spending, high interest rates)
disinflationary (Vw) deflatorisch
disinformation (com) Desinformation *f*
disinterested
(com) unparteiisch
– vorurteilsfrei
– nicht auf eigenen Vorteil aus *(ie, do not mix up with ‚uninterested')*
disintermediation
(Fin, US) Einlagenabzug *m*
(ie, outflow of savings deposits to be reinvested into higher-rate bonds)
disinvestment (Vw) Desinvestition *f (syn, negative investment)*
disinvestment in stocks (Vw) Abbau *m* von Lagerbeständen
disinvestment process (Fin) Desinvestitionsvorgang *m*
disinvestment program
(Bw) Desinvestitionsprogramm *n*
(ie, to shed unnecessary assets = zwecks Aufgabe unrentabler Betriebsteile)
disjoint loop (OR) getrennte Schleife *f (syn, nontouching loop)*
disjoint sets (Math) disjunkte Mengen *fpl*
disjunction
(Log) Adjunktion *f*
– Alternative *f*
– logische Summe *f (ie, p oder auch q; A or B is true in all cases except where both A and B are false; syn, inclusive disjunction)*
– starke
– große
– ausschließende . . . Disjunktion *f*
– Kontravalenz *f*
– Bisubjunktion *f (ie, p or q, aber nicht beides: A or B is true if and only if one of the two propositions is true and the other false; syn, exclusive disjunction, alternation)*
(EDV) ODER-Funktion *f (syn, inclusive-OR operation, logical add)*
disjunctive conjunction (Log) ODER-Satz *m (ie, may be inclusive or exclusive)*
disjunctive normal form (Log) disjunktive Normalform *f*, DNF
disk (EDV) Festplatte *f*, Platte *f*
disk backup (EDV) (Daten-)Sicherungskopie *f*
disk cartridge (EDV) Plattenkassette *f (syn, disk pack)*
disk copy program
(EDV) Diskettenkopierprogamm *n*
– Diskettenduplizierer *m*
disk crash (EDV) = head crash
disk data management (EDV) Plattendatenverwaltung *f*
disk directory (EDV) Dateiverzeichnis *n*
disk drive (EDV) Plattenlaufwerk *n*
disk drive door (EDV) Laufwerksklappe *f*
disk dump (EDV) Plattenspeicherabzug *m*
disk duplexing (EDV) = disk mirroring
disk eject button (EDV) Diskettenauswurfstaste *f*
disk error
(EDV) Diskettenfehler *m*
– Plattenfehler *m*
diskette
(EDV) Diskette *f*
(ie, mainly used to describe a 3½ or a 5¼ inch floppy disk, qv)
diskette drive door (EDV) Diskettenlaufwerksklappe *f*
diskette label (EDV) Diskettenaufkleber *m*
diskette operating system (EDV) Disketten-Betriebssystem *n*
diskette storage (EDV) Diskettenspeicher *m*
diskless workstation
(EDV) Arbeitsplatzrechner *m* ohne Laufwerk *(ie, workstation without data storage capability; used in networks for data security purposes)*
disk memory (EDV) Magnetplattenspeicher *m*
disk mirroring
(EDV) Plattenspiegelung *f*
(ie, data is synchronously stored on two hard disks for data security reasons; normally used on network servers; syn, disk duplexing)
disk money (Fin) Computergeld *n (syn, computer money)*
Disk Operating System, DOS (EDV) DOS-Betriebssystem *n*
disk pack (EDV) Plattenstapel *m*
disk sector
(EDV) Diskettensektor *m*
– Plattensektor *m*
disk space (EDV) Fassungsvermögen *n* der Diskette/Platte
disk stack (EDV) Plattenstapel *m*
disk storage (EDV) Plattenspeicher *m*
disk track (EDV) Plattenspur *f*
disk unit (EDV) Platteneinheit *f*
dislocation (com) Störung *f (eg, of air traffic)*
dislocation of markets (com) Marktzerrüttung *f*
dismantle *v*
(com) abbrechen
– demontieren
– zerlegen
(com) abbauen *(eg, tariffs, import restrictions; syn, reduce)*
dismantlement
(com) Abbruch *m (eg, of plant and equipment)*
(com) Abbau *m (eg, of trade barriers)*
dismantling cost (com) Abbruchkosten *pl*
dismantling of nontariff barriers
(AuW) Abbau *m* nichttarifärer Handelshemmnisse *(ie, nontariff reductions)*
dismantling of trade barriers
(AuW) Abbau *m* von Handelsschranken *(syn, lowering of. . .)*
dismantling time (IndE) Abrüstzeit *f*
dismemberment order (Kart, US) Entflechtungsanordnung *f (syn, divesting order)*
dismiss *v*
(com) abberufen *(eg, board member; syn, recall, withdraw)*
(Pw) entlassen *(eg, from a post; syn, infml, fire; GB, sack, give the sack)*
dismiss a case *v* (Re) Klage *f* abweisen

dismiss a claim *v* (Re) Anspruch *m* zurückweisen od abweisen *(syn, reject a claim)*
dismiss a complaint *v* (Re) Klage *f* abweisen
dismissal
(com) Abberufung *f (syn, recall, withdrawal)*
(Pw) Entlassung *f (syn, permanent layoff)*
dismissal for cause
(Pw) begründete Entlassung *f*
– Entlassung *f* aus wichtigem Grund
dismissal notice period (Pw) Kündigungsfrist *f*
dismissal of action (Re) Klageabweisung *f*
dismissal of complaint (Re) = dismissal of action
dismissal papers (Pw) Entlassungspapiere *npl (syn, infml, walking . . . papers/ticket)*
dismissal pay
(Pw) Abfindung *f*
– Abfindungszahlung *f*
(syn, severance/termination . . . pay, terminal bonus, ex gratia payment)
dismissal protection (Pw) Kündigungsschutz *m*
dismissal without cause (Pw) grundlose Entlassung *f (syn, unfair dismissal)*
dismissal without notice (Pw) fristlose Entlassung *f (syn, instant dismissal)*
dismiss an appeal *v* (Re) Rechtsmittel *n* verwerfen *(syn, negative an appeal)*
dismiss an opposition *v* (Pat) Einspruch *m* verwerfen od zurückweisen *(syn, reject)*
dismiss for cause *v* (Pw) aus wichtigem Grunde entlassen
dismiss with cost *v* (Re) kostenpflichtig abweisen *(ie, a case)*
dismiss without notice *v* (Pw) fristlos entlassen
disobey a rule *v* (Re) Vorschrift *f* verletzen od mißachten
disparagement of competitor
(Kart) Betriebsgefährdung *f*
(ie, making a false statement about a competitor's business, its management and products)
disparagement of goods (Kart) Anschwärzung *f (ie, making a false statement about a rival's product; syn, slander of goods)*
disparaging advertising (Mk) herabsetzende Werbung *f*
disparaging reference (Kart) herabsetzender Hinweis *m (ie, to a rival's product)*
disparity (Vw) Disparität *f*
dispatch
(com) Abfertigung *f*
(ie, preparing, concluding, and implementing railroad transportation contract)
(com) Versand *m*
– Versendung *f*
(com) rasche Erledigung *f (eg, act with dispatch)*
dispatch *v*
(com) absenden, versenden *(syn, forward, send off, ship)*
(IndE) austeilen, verteilen
dispatch a cable *v* (com) Telegramm *n* aufgeben *(syn, send off)*
dispatch an order *v* (com) Ware *f* absenden *(syn, send off/ship . . . goods)*
dispatch earning (com) Einsparung *f* von Versandkosten durch sofortiges Entladen am Bestimmungsort
dispatcher
(com) Expedient *m*
(IndE) Arbeitsverteiler *m*
(IndE) Leiter *m* der Abteilung Planung und Kontrolle der Produktion
(EDV) Abwickler *m*
– Prozeßsteuerung *f*
– Verteiler *m (syn, process/task . . . management)*
dispatch half demurrage (com) Eilgeld *n* in Höhe des halben Liegegeldes
dispatching of work (IndE) Arbeitszuweisung *f*
dispatch loading only (com) Eilgeld *n* nur bei schnellem Beladen
dispatch money (com) Eilgeld *n (ie, bei eingesparter Liegezeit)*
dispatch note (com) Versandanzeige *f (syn, advice note, qv)*
dispatch order (com) Versandauftrag *m (syn, shipping order)*
dispensing chemist (com) Apotheker *m*
dispensing machine
(com) Verkaufsautomat *m*
(syn, vending machine, automatic vender; infml, slot machine)
dispersion
(Stat) Streuung *f*, Dispersion *f*
(ie, degree of scatter shown by observations, usually measured by ‚mean deviation', ‚standard deviation', etc)
displaced capital interest (Fin) rückversetzte Ertragswertzinsen *mpl*
displaced workers (Pw) freigesetzte Arbeitskräfte *fpl (syn, redundant . . . workers/labor)*
displacement (EDV) relative Adresse *f*
displacement address (EDV) Distanzadresse *f*
displacement effect
(Vw) Displacement-Effekt *m*
– Niveauverschiebungseffekt *m*
(ie, helps to explain the secular rise of government spending; A. T. Peacock and J. Wiseman, 1967)
displacement of labor (Pw) Freisetzung *f* von Arbeitskräften
display
(EDV) Anzeige *f*
(ie, visual presentation of data as printed report, graph, or drawing)
(EDV) = display screen
display allowance (Mk) Display-Nachlaß *m*
display article (Mk) Ausstellungsstück *n*
display case (Mk) Schaukasten *m*
display console (EDV) Bildschirmarbeitsplatz *m (syn, display workstation)*
display console operator (EDV) Anzeigekonsolen-Operator *m*
display console plotter
(EDV) Grafikterminal *n*
– grafischer Bildschirmarbeitsplatz *m*
display counter (com) Auslagetisch *m*
display data (EDV) Anzeigedaten *pl*
display designer (Mk) Schauwerbegestalter *m*
display device (EDV) Sichtgerät *n*
display driver (EDV) Bildschirmtreiber *m*
display element (EDV) Anzeigeelement *n (syn, display primitive)*

display expression (EDV) grafischer Ausdruck *m*
display field (EDV) Anzeigefeld *n*
display file (EDV) Bilddatei *f (ie, in computer graphics)*
display fitment
(Mk) Standeinrichtung *f*
– Displaymaterial *n*
display function
(EDV) graphische Funktion *f*
– Bildfunktion *f*
display goods (Mk) Ausstellungsstücke *npl*
display group
(EDV) Anzeigegruppe *f*
– Segment *n*
display image (EDV) = display
display line (EDV) Anzeigezeile *f*
display materials (Mk) Auslagematerial *n (ie, for shop window)*
display mode
(EDV) Anzeigemodus *m*
– Bildschirmmodus *m*
display model (Mk) Ausstellungsmodell *n*
display monitor
(EDV) Bildschirm *m*
– Sichtgerät *n*
– Datensichtgerät *n (syn, monitor, qv)*
display package (com) Schaupackung *f*
display position (EDV) Anzeigestelle *f*
display primitive (EDV) = display element
display screen
(EDV) Bildschirm *m*
(syn, monitor, qv)
(EDV) Ausgabebildschirm *m*
(ie, cannot be used to enter information)
display selling (com) Sichtverkauf *m*
display size
(EDV) Bildschirmgröße *f*
– Bildschirmdiagonale *f*
display space
(EDV) Darstellungsbereich *m*
– Bildbereich *m*
(syn, operating space, workstation viewport)
display subroutine (EDV) Bildunterprogramm *n*
display surface (EDV) Darstellungsfläche *f*
display terminal
(EDV) Bildschirm *m*
– Datensichtstation *f*
display variable (EDV) Bildvariable *f*
display workstation (EDV) Bildschirmarbeitsplatz *m (syn, display console)*
disposable container (com) Einwegbehälter *m (syn, one-way container)*
disposable cup (com) Wegwerfbecher *m*
disposable earnings
(Pw) Nettolohn *m* od -gehalt *n*
(ie, not exactly the same as the take-home pay; voluntary reductions – eg, union dues – may further reduce it)
disposable funds (Fin) frei verfügbare Mittel *pl*
disposable income (VGR) verfügbares Einkommen *n*
disposable package (com) Einwegverpackung *f*
disposable packaging (com) Einwegverpackung *f (syn, non-returnable packaging)*
disposable personal income (VGR) verfügbares persönliches Einkommen *n*
disposable products (com) Wegwerfgüter *npl (syn, disposables)*
disposables (com) = disposable products
disposal company (com) Entsorgungsunternehmen *n*
disposal industry
(com) Abfallwirtschaft *f*
– Entsorgungsbranche *f*
disposal of
(Re) Verfügung *f* über
(com) Veräußerung *f*
– Verkauf *m*
disposal of fixed assets (Bw) Abgang *m* von Gegenständen des Anlagevermögens
disposal of hazardous waste (IndE) Entsorgung *f*
disposal price (Fin) Verkaufspreis *m (ie, of bonds)*
disposals
(ReW) Abgänge *mpl*
(eg, fixed assets, inventory items; syn, retirement)
disposals during period (ReW) Anlagenabgänge *mpl*
disposal value (ReW) Veräußerungswert *m (syn, residual value, qv)*
dispose of *v*
(com) veräußern
– verkaufen
dispose of a case *v*
(Re) Fall *m* behandeln
(eg, the Supreme Court may affirm, reverse, vacate, remand)
disposing capacity (Re) Verfügungsfähigkeit *f*
disposition
(Re) Verfügung *f*
(ie, transaction by which rights are transferred, altered, encumbered or terminated)
(Re) Veräußerung *f (eg, of a corporation)*
disposition gain (Fin) Veräußerungsgewinn*m (eg, from the sale of)*
disposition gains (Fin) Veräußerungsgewinne *mpl*
disposition inter vivos (Re) Verfügung *f* unter Lebenden
disposition mortis causa (Re) Verfügung *f* von Todes wegen
dispossess *v*
(Re) Besitz *m* entziehen
– von der Nutzung ausschließen *(eg, dispossess someone of his house)*
dispossession (Re) Besitzentziehung *f (syn, divestment)*
disputable presumption (Re) einfache od widerlegliche Vermutung *f (syn, rebuttable presumption, qv)*
dispute benefit (Pw) Streikgeld *n*
disregard a time limit *v* (com) Frist *f* überschreiten
disrupt *v*
(com) stören
(com) unterbrechen *(eg, interrupt normal operations)*
disruption of production (IndE) Produktionsunterbrechung *f*
disruptive capital movements (AuW) störende Kapitalbewegungen *fpl*
disrupt the market *v* (AuW) Markt *m* zerrütten
dissaving (Vw) Entsparen *n*, negative Ersparnis *f (syn, negative saving)*
dissent (Re) = dissenting opinion

dissenting opinion
(Re) Minderheitsvotum *n*
– abweichendes Votum *n*
(syn, minority opinion; opp, majority opinion = Mehrheitsvotum)
dissimilar fraction (Math) ungleichnamiger Bruch *m* *(opp, similar fraction)*
dissipate resources *v*
(Bw) Ressourcen *fpl* verschwenden *(syn, waste . . .)*
dissociate from *v* (com) sich distanzieren von *(eg, opinion, statement)*
dissolution
(Re) Auflösung *f (eg, of a contract)*
(com) Auflösung *f* e–s Unternehmens
(ie, termination of a firm's existence followed by winding up)
(Kart) Entflechtung *f (syn, divestment)*
dissolution of a company
(Re) Auflösung *f* e–r Gesellschaft
(ie, nach Auflösungsbeschluß beginnt das Abwicklungs- od Liquidationsverfahren, an dessen Ende das Erlöschen steht)
dissolve a company *v* (com) Gesellschaft *f* auflösen
dissolving condition (Re) auflösende Bedingung *f* *(syn, condition subsequent)*
distance compensation (Pw) Trennungsentschädigung *f (syn, severance pay)*
distance freight (com) Distanzfracht *f*
distance matrix (Math) distance matrix
distant deliveries (Bö) ferne Sichten *fpl (ie, at least two months away)*
distant-water fishing (com) Fernfischerei *f (syn, distant/long-range . . . fishing)*
distinction
(Log) Unterscheidung *f (syn, contrast, differentiation)*
(Pw) Auszeichnung *f (eg, take the MBA degree with . . .)*
distinctive
(com) charakteristisch
– spezifisch
distinctive feature (com) Unterscheidungsmerkmal *n*
distort competition *v* (Kart) Wettbewerb *m* verzerren
distortion (EDV) Verzerrung *f (eg, on a CRT screen)*
distortion of a market (Vw) Marktverzerrung *f*
distortion of competition (Kart) Wettbewerbsverzerrung *f (syn, distorted competition, competitive distortion)*
distortion of competitive positions (Vw) Wettbewerbsverzerrung *f (ie, among the main industrial countries)*
distraint (Re) Beschlagnahme *f*
distraint order (Re) Pfändungsbeschluß *m (syn, order of attachment)*
distress merchandise (com) Ware *f* zu stark herabgesetzten Preisen *(ie, im Notverkauf)*
distress sale
(com) Notverkauf *m*
(syn, emergency/panic . . . sale, bailout)
distress selling
(Bö) Notverkäufe *mpl*
(ie, happen when stocks owned on margin are sold because declining prices have impaired or exhausted equities; syn, forced liquidation)

distributable profit
(Fin) ausschüttungsfähiger od verteilungsfähiger Gewinn *m*
(ie, net earnings available for distribution or payout)
distribute *v*
(com) verteilen *(ie, among/to)*
(KoR) umlegen
– verteilen
– zurechnen
(syn, allocate, apportion, assign, trace)
(Fin) ausschütten *(ie, dividends)*
distributed data base system (EDV) verteiltes Datenbanksystem *n*
distributed data processing, DDP
(EDV) verteilte Datenverarbeitung *f*
– verteiltes System *n*
– dezentrale Datenverarbeitung *f*
(ie, terminals located at remote sites; syn, distributed system)
distributed file system (EDV) verteiltes Dateisystem *n (ie, verknüpft Daten zu e–m Datenverbund)*
distributed function (EDV) verteilte Funktion *f*
distributed numerical control, DNC
(IndE) Leitrechnersteuerung *f*
– Steuerung *f* mehrerer CNC-Maschinen über e–n Leitrechner
distributed processing (EDV) verteilte Datenverarbeitung *f*
distributed profit (Fin) ausgeschütteter Gewinn *m*
distributed system (EDV) = distributed data processing
distributing corporate body (StR) ausschüttende Körperschaft *f*
distributing syndicate
(Fin) Verkaufssyndikat *n*
(ie, brokerage firms and investment banks link up to sell a security issue; syn, selling syndicate)
distributing warehouse
(com) Auslieferungslager *n (ie, from which customers are supplied direct; syn, field store)*
distribution
(ReW) Verrechnung *f*
– Umlegung *f*
(Mk) Distribution *f*
– Vertrieb *m*
(Fin) Verteilung *f*
– Ausschüttung *f*
(Re) Verteilung *f* des Abwicklungserlöses
(Vw) Verteilung *f*
– Distribution *f (ie, of national income = Volkseinkommen)*
(Stat) statistische Verteilung *f*
distributional equity (FiW) Verteilungsgerechtigkeit *f*
distributional policy
(Vw) Verteilungspolitik *f*
(Mk) Distributionspolitik *f*
distributional restraint (Mk) Vertriebsbindung *f*
distributional shift (Vw) Verschiebung *f* der Einkommensverteilung
distribution area (Mk) Absatzgebiet *n (syn, sales area)*
distribution branch (FiW) Distributionsabteilung *f* *(ie, according to Musgrave)*

distribution center (Mk) Absatzzentrum *n*
distribution chain (Mk) Distributionskette *f*
distribution channel (Mk) Absatzweg *m (syn, sales chain)*
distribution cost
(Mk) Vertriebskosten *pl*
– Absatzkosten *pl*
– Distributionskosten *pl*
(ReW) Vertriebskosten *pl (syn, selling overhead)*
distribution cost analysis (Mk) Vertriebskostenanalyse *f*
distribution diskette (EDV) Programmdiskette *f*
distribution facilities (Mk) Vertriebseinrichtungen *fpl*
distribution-free method
(Stat) verteilungsunabhängiges Verfahren *n*
– verteilungsfreier Test *m*
(ie, it does not depend on the underlying distribution)
distribution function (Stat) Verteilungsfunktion *f*
distribution license
(AuW, US) Pauschal-Verkaufslizenz *f*
(ie, granted to companies that agree to police their customers in return for not having to apply for export permits on each individual shipment; introduced to throttle illicit technology transfer)
distribution list (com) Verteilerliste *f*, Verteiler *m (syn, mailing list)*
distribution markup (Vw) Verteilerzuschlag *m*
distribution methods (Mk) = marketing methods
distribution middleman (Mk) Absatzmittler *m*
distribution mix (Mk) Distributions-Mix *m*
distribution network (Mk) Verteilernetz *n*
distribution-of-business plan (com) Geschäftsverteilungsplan *m (syn, plan of task division)*
distribution of dividends (Fin) Ausschüttung *f* von Dividende *(syn, dividend payout)*
distribution of power (Vw) Machtverteilung *f*
distribution of risk
(Fin) Risikoverteilung *f*
(ie, don't put all your eggs in one basket, that is, investment funds should be spread over a number of media)
distribution of the estate (Re) Verteilung *f* des Nachlasses
distribution of wealth (Vw) Vermögensverteilung *f*
distribution plan (Mk) Absatzplan *m (syn, marketing/sales . . . plan, sales budget)*
distribution planning (Mk) Distributions-Planung *f*
distribution policy
(Mk) Vertriebspolitik *f*
– Absatzpolitik *f (syn, marketing policy)*
(Vw) = distributional policy
distribution statistics (Mk) Absatzstatistik *f (syn, sales statistics)*
distribution system (Mk) Absatzsystem *n (syn, marketing system)*
distribution to owners
(Fin, US) Eigenkapital-Ausschüttung *f*
(ie, through transfer of assets, rendering of services, incurring of liabilities to owners)
distributive battle (Vw) Verteilungskampf *m*
distributive channel (Mk) = channel of distribution
distributive costing (Mk) Vertriebskostenrechnung *f*
distributive function (OR) Ausgangsfunktion *f (syn, emitting/output . . . function)*
distributive justice (Vw) Verteilungsgerechtigkeit *f*
distributive margin (Vw) Verteilungsspielraum *m (ie, room for distributive policy moves)*
distributive share (Vw) Verteilungsquote *f*
distributive trade (Mk) Absatzwirtschaft *f (syn, marketing; „The Trade")*
distributor
(com) Händler *m*
– Vertragshändler *m*
– Regionalvertreter *m*
(com, US) Großhändler *m (ie, wholesaler, wholesale dealer; opp, retailer)*
(Fin) Vertriebsgesellschaft *f (ie, of a fund)*
(EDV) Verteiler *m*
distributor confinement (Mk) Beschränkung *f* selbständiger Vertragshändler auf ein bestimmtes Verkaufsgebiet
distributor discount (com) Händlerrabatt *m*
distributor's brand
(Mk) Händlermarke *f (ie, also called „Own Brand")*
(Mk) Gemeinschaftsmarke *f (ie, used by a group of retailers)*
district attorney
(Re, US) Staatsanwalt *m*
(ie, prosecuting officer of the government of each federal district; called the „U.S. attorney", and of each state district; syn, GB, public prosecutor)
district management (Vers) Bezirksdirektion *f*
district manager (Vers) Bezirksdirektor *m*
disturbance
(IndE, EDV) Störung *f*
(EDV) Störgröße *f*
(syn, disturbance variable)
(Stat) Schockvariable *f*
– Störterm *m*
(syn, random disturbance)
disturbance-free growth (Vw) störungsfreies Wachstum *n*
disturbance lag (FiW) Zeitspanne *f* zwischen Verursachung e–s Ungleichgewichts und Wirkung auf Zielvariable
disturbance variable (EDV) Störgröße *f*
disuse
(Bw) natürlicher od ruhender Verschleiß *m*
(ie, loss of utility of fixed assets through action of the elements; a factor of depreciation; syn, natural wear and tear)
disutility (Vw) negativer Nutzen *m (syn, negative utility)*
dithering (EDV, GUI) Rasterung *f (ie, image manipulation technique; used to simulate shadow effects on push button icons)*
divalence (Log) Zweiwertigkeit *f (syn, two-valuedness)*
divergence (com, EG) Divergenz *f (opp, convergence)*
divergence indicator (Fin) Abweichungsindikator *m* im EWS *(syn, indicator of divergence)*
divergence margin (AuW) Abweichungsspanne *f*
divergence threshold
(Fin) Abweichungsschwelle *f*
– Divergenzschwelle *f*
(ie, level at which central banks are expected to take corrective action; 75% der maximal zu-

lässigen Abweichung des ECU-Tageswertes vom ECU-Leitkurs)
divergent series
(Math) divergente Reihe *f*
(ie, infinite series whose partial sums do not have a limit = unendliche Reihe, die nicht konvergiert)
diversifiable risk
(Fin) streuungsfähiges Risiko *n*
– vermeidbares Risiko *n (syn, systematic risk, qv)*
diversification (Mk) Diversifizierung *f*, Diversifikation *f (syn, branching out)*
diversification of investment (Fin) Streuung *f* der Anlagepalette
diversification of risks
(Bw) Risikomischung *f*
– Risikostreuung *f*
(syn, risk spreading)
diversified giant (Bw) diversifiziertes Großunternehmen *n*
diversified intervention
(AuW) diversifizierte Intervention *f*
(ie, in the EMS = European Monetary System = Europäisches Währungssystem)
diversified investment company (Fin, US) Investmentgesellschaft *f* mit gesetzlicher Risikoverteilung *(cf, US Investment Company Act)*
diversified investments (Fin) gestreute Anlagen *fpl*
diversified product line (com) breite Produktpalette *f*
diversify *v* (com) diversifizieren *(syn, branch out)*
diversionary tactics (com) Ablenkungsmanöver *n (syn, diversionary exercise; infml, red herring)*
diversion of customers (com) Kundenabwerbung *f*
divert custom *v* (com) Kunden *mpl* abwerben *(syn, entice away/ poach/alienate . . . customers)*
diverted funds (Fin) zweckentfremdete Mittel *pl (syn, misused funds)*
diverted time (IndE) Zeit *f* für auftragsfremde Tätigkeit
divest *v*
(Fin) abstoßen
– ausgliedern
(ie, security holdings, foreign assets, subsidiaries; syn, sell off, shed, unload)
(Kart, US) abtrennen, veräußern
divesting order (Kart, US) Entflechtungsanordnung *f (syn, dismemberment order)*
divestiture
(com) Veräußerung *f (ie, of a subsidiary or equity holding)*
(com, US) Abtrennung *f*
– Zwangsverkauf *m*
(ie, to create competing corporations; remedy in the case of mergers held to be violative of Sec 7 of the 1914 Clayton Act; disposition of the acquired company or its stock over a specified period)
divestment (Re) Besitzentziehung *f (syn, dispossession)*
divestment agreement
(AuW) Übertragungsvertrag *m*
(ie, Übergang der Verfügungsmacht e-r ausländischen Tochter auf das Gastland)
divide *v* (com) teilen, aufteilen, verteilen
divide a market *v* (Mk) Markt *m* aufteilen
divided discount model (Fin) cf, Gordon model

dividend
(Fin) Dividende *f*
(ie, paid to shareholders and representing earnings of the company; four kinds: cash, scrip, stock, property)
(Re) Konkursquote *f (syn, dividend in bankruptcy)*
(Vers) Bonus *m*
– Gewinnanteil *m*
– Dividende *f*
(syn, policy dividend, bonus, profit commission)
dividend arrears (Fin) Dividendenrückstände *mpl*
dividend-bearing shares (Fin) Dividendenpapiere *npl*
dividend bond
(Fin) Anleihe *f* mit Zins- und Gewinnzahlungen
(ie, bearing a minimum fixed rate of interest + additional payment of profit; syn, participating/ profit-sharing . . . bond; not common)
dividend continuity (Fin) Dividendenkontinuität *f (syn, stability of rate)*
dividend coupon
(Fin) Kupon *m*
– Dividendenschein *m*
– Gewinnanteilschein *m*
(syn, coupon, interest coupon, dividend warrant)
dividend coupon sheet (Fin) Dividendenbogen *m*
dividend cover (Fin) Verhältnis *n* Gewinn/Dividende *(syn, earnings-dividend ratio, qv)*
dividend cut
(Fin) Dividendenkürzung *f*
– Dividendenschnitt *m*
dividend disbursement (Fin) Dividendenzahlung *f*
dividend disbursing agent (Fin) Dividendenzahlstelle *f*
dividend distribution (Fin) = dividend payment
dividend due date (Fin) Dividendentermin *m*
dividend earnings (Fin) Dividendenerträge *mpl*
dividend equalization account (ReW) Dividenden-Ausgleichskonto *n (syn, dividend equalization reserve)*
dividend equalization reserve (ReW) = dividend equalization account
dividend equivalent amount
(StR, US) ausschüttungsgleicher Betrag *m*
(cf, US tax law: Sec. 884 IRC)
dividend in arrears (Fin) rückständige od aufgelaufene Dividende *f (syn, accumulated dividend)*
dividend in bankruptcy (Re) Konkursquote *f*
dividend income
(Fin) Dividendeneinkommen *n*
(ReW) Dividendenerträge *mpl*
dividend in kind (Fin) Sachdividende *f (syn, commodity/property . . . dividend; opp, cash dividend = Bardividende)*
dividend in liquidation
(Bw) Liquidations-Dividende *f*
(ie, represents the liquidation of the assets of a business upon dissolution; syn, liquidating dividend)
dividend mandate
(Fin, GB) Dividenden-Überweisungsauftrag *m*
(ie, form, completed by the shareholder, requiring the company to pay his dividend direct to a bank, or to some other person)

dividend off (Bö, US) ex Dividende *(syn, GB, ex dividend)*
dividend on
(Bö, US) einschließlich Dividende
(ie, including the next dividend payment; syn, GB, cum dividend)
dividend on account (Fin) Interimsdividende *f (syn, interim dividend)*
dividend on preferred stock (Fin, US) Vorzugsdividende *f*
dividend out of capital (Fin) Grundkapital-Dividende *f*
dividend outpayment (Fin) = dividend payout
dividend papers (Fin) Dividendenpapiere *npl (syn, dividend sharing shares)*
dividend payment
(Fin) Dividenden-Ausschüttung *f*
– Dividendenzahlung *f*
(syn, dividend . . . payout /distribution)
dividend payment ratio (Fin) prozentualer Anteil *m* der Dividenden auf Stamm- und Vorzugsaktien
dividend payout (Fin) = dividend payment
dividend payout account (Fin) Dividendenkonto *n*
dividend payout ratio (Fin) Ausschüttungssatz *m*
dividend per share (Fin) Dividende *f* pro Aktie
dividend policy
(Fin) Dividendenpolitik *f*
– Ausschüttungspolitik *f*
dividend-price ratio (Fin) Verhältnis *n* Dividende zu Aktienkurs
dividend proposal (Fin) Dividendenvorschlag *m*
dividend rate (Fin) Dividendensatz *m*
dividend reserve fund (ReW) Dividendenrücklage *f*
dividend rights (Fin) Dividendenrechte *npl*
dividends-paid deduction
(StR, US) Abzug *m* vom „kumulativen steuerpflichtigen Gewinn"
(ie, verfügbar für Dividendenzahlungen nach Sec 561–5 IRC; Dividenden sind gewöhnlich nicht abzugsfähig)
dividends receivable (ReW) Dividendenforderungen *fpl*
dividends-received deduction
(StR, US) Abzug *m* von Dividendenzuflüssen von der Bundeseinkommensteuer
(ie, abzugsfähig sind Dividenden von angeschlossenen Unternehmen zu 100% und von anderen Unternehmen zu 85%; cf, §§ 241–6 IRC)
dividend stop (Fin) Dividendenstopp *m*
dividend warrant (Fin, GB) Dividenden-Zahlungsanweisung *f (ie, requests a bank to pay dividend to a named shareholder)*
dividend yield (Fin) Dividendenrendite *f*, Effektivrendite *f (ie, gross cash dividend per share in % of market price)*
divide statement (EDV, Cobol) Divisionsanweisung *f*
divide up a market *v* (com) Markt *m* aufteilen *(syn, fragment, partition)*
divisible contract (Re) teilbarer Vertrag *m*
divisible credit (Fin) teilbares Akkreditiv *n*
divisible performance (Re) teilbare Leistung *f*
division
(com) Geschäftsbereich *m*
– Unternehmensbereich *m*
– Sparte *f*
– Division *f*
(syn, operation, group, functional area)
(Math) Division *f*
divisional application
(Pat) Teilanmeldung *f*
(ie, Anmeldung e–s ausgeschiedenen Teiles e–r Anmeldung)
divisional director (com, GB) Bereichsleiter *m (syn, division manager)*
divisionalization
(com) Bildung *f* von Geschäftsbereichen
– Bildung *f* von Sparten
– Divisionalisierung *f*
divisionalized group (Bw) Spartenkonzern *m*
divisional management (com) Spartenmanagement *n*
divisional manager (com) = division manager
divisional organization
(com) divisionale
– divisionalisierte ... Organisation *f*
– Spartenorganisation *f*
divisional structure (com) Spartenstruktur *f*
division area supervisor (com) Gebietsleiter *m (syn, regional manager)*
division head
(com) Abteilungsleiter *m*
– Abteilungsleiterin *f*
(syn, department head)
division into submarkets
(Bw) Marktspaltung *f*
(ie, through price differentials, dumping, most-favored-nation clause, etc)
division manager (com) Bereichsleiter *m*, Spartenmanager *m (syn, GB, divisional director)*
division of a market (Kart) Marktaufteilung *f*
division of a patent (Pat) Teilung *f* der Patentanmeldung
division of assets (Re) Vermögensverteilung *f*
division of labor (Vw) Arbeitsteilung *f*
division of responsabilities (com) Geschäftsverteilung *f (syn, assignment of business)*
divisive cluster analysis
(Mk) divisive Clusteranalyse *f*
(ie, zur Ermittlung e–r hierarchischen Klassifikation)
divisive voting (com) Kampfabstimmung *f (ie, vote on a controversial issue)*
divvy (Fin, infml) = dividend
D. & J. (Fin, US) = semiannual payments of interest and dividend in December and June
DLL (com) = dynamic link library
d.l.o. (com) = dispatch loading only
DMA (EDV) = direct memory access
DM opening balance sheet (FiW) DM-Eröffnungsbilanz *f*
DNC (IndE) = distributed numerical control
D/O (com) = delivery order
do a course *v* (com) e–n Kurs mitmachen, an e–m Kurs teilnehmen *(eg, a word processing course)*
do business *v* (com) Geschäfte *npl* tätigen
doc. (com) = documents
doc debug *v* (EDV) Testhilfe *f* durchführen
dock (com) Dock *n*, Kai *m (syn, wharf, quay)*
dockage (com) = dock charges
dock charges (com) Kaigebühren *fpl (syn, wharfage, quayage, quay dues)*

dock dues (com) = dock charges
dock dues and shipping (com) Dockgebühren *fpl* und Verschiffung *f*
docker (com) = dockworker
docking (Pw) Lohnkürzung *f* wegen Abwesenheit od unzureichender Leistung
docking station
(EDV) Docking-Station *f*
– Erweiterungseinheit *f (allows portable computers to be used as desktop computers)*
dock receipt
(com) Kaiempfangsschein *m*
– Übernahmeschein *m*
(ie, it is an interim document, to be replaced by an ocean bill of lading issued before shipment)
dock siding (com) Kaianschlußgleis *n*
dock warrant
(com) Kai-Lagerchein *m*
(com, US) Dockempfangsschein *m*
(ie, receipt issued by a shipping company – Reederei – upon delivery of goods to its dock; not negotiable but entitles holder to a bill of lading which may be negotiable; cf, Sec 1–201 UCC)
dockworker (com) Hafenarbeiter *m (syn, docker; US; longshoreman)*
doctor a balance sheet *v* (ReW, infml) Bilanz *f* frisieren
doctoral dissertation
(com) Dissertation *f*
– Doktorarbeit *f*
(eg, write/submit = einreichen)
doctor a report *v* (com, infml) Bericht *m* frisieren od ‚schönen'
doctor books and records *v* (ReW) Bücher *npl* fälschen *(syn, falsify)*
doctor's certificate
(Pw) Attest *n*
(ie, evidencing a person's temporary unfitness for work; syn, GB, medical certificate)
doctrine of implied terms (Re) Lehre *f* vom mutmaßlichen Parteiwillen
doctrine of real intention (Re) Willenstheorie *f (ie, invoked in formation of contract)*
document
(com) Dokument *n*
– Urkunde *f (syn, instrument)*
(Re) = document of title
(ReW) Beleg *m (syn, voucher)*
documentary acceptance credit (Fin) Rembourskredit *m*
documentary bill, D/B (com) Dokumententratte *f*
documentary check (com) Belegprüfung *f*
documentary copy (ReW) Belegkopie *f*
documentary credit (Fin) = documentary letter of credit
documentary credit business (Fin) Akkreditivgeschäft *n*
documentary draft
(Fin) Dokumententratte *f*
– Rembourswechsel *m*
(ie, requires presentation of documents, such as documents of title or invoices; cf, Sec 4–104(1) (f) UCC)
documentary draft, D/D (com) Dokumententratte *f*
documentary evidence (Re) Urkundenbeweis *m*
documentary evidence of origin (com) Ursprungsnachweis *m*
documentary letter of credit
(Fin, US) Dokumentenakkreditiv *n*
(ie, can be drawn upon by presentation of a draft accompanied by supporting documents; opp, commercial letter of credit, qv)
documentation
(com) Dokumentation *f*
– Unterlagen *fpl*
(com) Bereitstellung *f* von Dokumenten
documentation center (EDV) Dokumentationszentrale *f*
document copy
(ReW) Belegdoppel *n*
– Belegkopie *f (syn, voucher copy)*
document feeding (EDV) Belegzuführung *f*
document for temporary importation (EG) Verwendungsschein *m*
document handler (EDV) Belegleser *m*
document handling
(com) Belegbearbeitung *f*
– Belegverarbeitung *f*
document handling commission (Fin) Dokumentenaufnahme-Provision *f*
document management (com) Dokumentation *f*
document of accession (Re) Beitrittsurkunde *f (syn, instrument of accession)*
document of title
(WeR) Dispositionspapier *n*
– Traditionspapier *n*
(ie, it is: receipt for goods, a contract, evidence of title; holder is entitled to receive and dispose of the document and the goods it covers; eg, bill of lading, dock receipt, warehouse receipt; cf, Sec 1–201(15) UCC)
document preparation (ReW) Belegerstellung *f (syn, voucher preparation)*
document printer (EDV) Belegdrucker *m*
document reader (EDV) Blattleser *m*, Belegleser *m (syn, mark reader)*
documents
(com) Dokumente *npl*
(com) Verschiffungspapiere *npl (eg, bill of lading, invoice, certificate of inspection)*
documents accepted for collection (Fin) Auftragspapiere *npl*
documents against acceptance, D/A, d/a
(com) Dokumente gegen Akzept
(ie, Importeur erhält Ware erst, nachem der Exporteur e–e Tratte auf den Importeur od die Importeurbank akzeptiert hat)
documents against discretion of collecting bank, D.A.D. (com) Dokumentendisposition *f* steht der Inkassobank zu
documents against payment, D/P, d/p
(com) Dokumente *npl* gegen Zahlung
(ie, Importeur erhält Dokumente erst nach Zahlung der Vertragssumme auf e–m Konto der Exporteurbank)
document signed in blank
(com) Blankett *n*
(ie, Schriftstück mit Blankounterschrift, das der Empfänger ausfüllt)
document sorter (EDV) Belegsortierer *m*

dodge license fees *v* (com) Fernsehgebühren *fpl* hinterziehen
dodger
(com, infml) Handzettel *m*
(StR) Steuerhinterzieher *m (ie, illegally avoids paying taxes; syn, tax dodger)*
dodge taxes *v*
(StR, infml) Steuern *fpl* umgehen *(syn, avoid)*
(StR, GB) Steuern *fpl* hinterziehen *(syn, evade)*
doer (com) „Macher" *m*
dog (Mk, infml) Produkt *n* mit geringem Marktanteil und schwachem Wachstum *(opp, star)*
do-good organizaton (com, US, infml) Wohltätigkeitsorganisation *f (syn, charitable organization, charity)*
DOJ (Re, US) = Department of Justice
doldrums (com, Bö) Flaute *f (eg, in the doldrums)*
dole (SozV, GB) Arbeitslosenunterstützung *f (eg, be on the dole)*
dole mentality
(Vw, infml) „Wohlfahrtsstaat"-Mentalität *f*
(ie, is sapping the work incentive in Europe, even in supposedly hard working Germany)
dollar block
(AuW) Dollar-Block *m*
(ie, group of countries maintaining fixed exchange rates against the US-$; 42 IMF countries in 1978)
dollar bond warrant (Fin) Optionsschein *m* auf Dollaranleihe
dollar cost averaging
(Bö, US) Kursdurchschnittsverfahren *n*
– Durchschnittspreisverfahren *n*
(ie, System zur Reduzierung der durchschnittlichen Einstandskosten beim Erwerb von Wertpapieren mit schwankenden Kursen)
dollar exchange (Fin) Wechsel *m* zahlbar in US-Dollar
dollar floater (Fin) zinsvariabler Dollarschuldtitel *m*
dollar glut (Fin) Dollarüberfluß *m*
dollar sampling unit
(ReW) Stichprobenverfahren *n* zur Ermittlung des oberen Fehlerwertes in e–m Prüffeld
(syn, monetary unit sampling, combined attributes-variables sampling)
dollar securities (Fin) Dollartitel *mpl*
dollar standard
(AuW) Dollarstandard *m*
(ie, either gold dollar standard or paper dollar standard)
dollar stock (Fin, GB) US-Aktien *fpl*
dollar straight (Fin) festverzinsliche Dollaranleihe *f*
dollar straight issue (Fin) Dollarfestbonds *fpl*
domain
(com) Bereich *m (syn, range, scope, sector, sphere)*
(Math) Definitionsbereich *m* e–r Funktion *f (syn, range = Wertebereich)*
(EDV) Feldinhalt *m*
domain of applicability
(com) Anwendungsbereich *m*
(Log) Extension *f (ie, of a concept; syn, extension)*
domain of individuals (Log) Gegenstandsbereich *m (syn, universe of discourse)*
domain of interpretation (EDV) Individuenbereich *m (syn, universe)*
domain of rationality
(Math) Körper *m*
– Rationalitätsbereich *m (syn, number field)*
domain of response (Bw) Reaktionsbereich *m*
domestic
(com) inländisch
(com, US) einzelstaatlich
domestic acceptance (WeR, US) Inlandsakzept *n*
domestically produced goods (AuW) Inlandsgüter *npl (opp, imported goods)*
domestic appliance industry (com) Haushaltsgeräte-Industrie *f*
domestic appliances (com) Haushaltsgeräte *npl (syn, home appliances)*
domestic arbitral award (Re) inländischer Schiedsspruch *m*
domestic banking (Fin, US) Inlandsgeschäfte *npl*
domestic bonds (Fin) inländische Rentenwerte *mpl*
domestic borrowing (FiW) innere Staatsverschuldung *f*
domestic capital (Fin) Inlandskapital *n*
domestic coal production (com) einheimische Kohleförderung *f*
domestic company
(Bw) inländische Gesellschaft *f*
– (oft:) inländisches Unternehmen *n*
domestic competition (com) inländische Konkurrenz *f*
domestic concept
(VGR) Inlandskonzept *n*
(ie, method of determining value added of an economic area, irrespective of whether the goods and services were produced by residents or not; opp, Inländerkonzept; cf. Vol. II)
domestic consumption (Vw) Inlandsverbrauch *m*
domestic corporation
(com, US) einzelstaatlich zugelassene Gesellschaft *f (ie, organized under the laws of a state)*
(StR) US-Gesellschaft *f (ie, organized in the United States; cf. § 7701(a) (4) IRC)*
domestic court (Re) heimisches Gericht *n*
domestic credit expansion (Vw) inländischer Zuwachs *m* des Kreditvolumens
domestic currency (Vw) Binnenwährung *f*
domestic customs territory (Zo) Zollinland *n*
domestic demand (com) Binnennachfrage *f*, Inlandsnachfrage *f*
domestic economic conditions (Vw) Binnenkonjunktur *f*
domestic economic equilibrium (Vw, GB) binnenwirtschaftliches Gleichgewicht *n*
domestic economic policies (Vw) Binnenwirtschaftspolitik *f*
domestic economy
(Vw) Binnenwirtschaft *f*
(opp, external sector of the economy, external economic relations)
domestic expenditure (VGR) Gesamtausgaben *fpl* der Inländer für Güter und Dienste *(syn, absorption)*
domestic factoring (Fin) Inlandsfactoring *n*
domestic flight (com, US) Inlandsflug *m (syn GB, internal flight)*
domestic help (com) Hausgehilfin *f*

domestic income (StR) inländische Einkünfte *pl*
domestic industry
(com) inländischer Wirtschaftszweig *m*
(Vw) heimische Industrie *f*
domestic inflation (Vw) Binneninflation *f*
domestic intercity freight traffic (com) zwischenstädtischer Güterverkehr *m*
Domestic International Sales Corporation, DISC
(Bw, US) steuerbegünstigte Ausfuhr-Tochtergesellschaft *f*
(ie, derives 95% of its income from export sales and may defer paying tax on a portion of that income; usually organized as a subsidiary of a parent domestic company; part of the fiscal package proposed by the Nixon Administration on Aug 15, 1971; the term DISC is used in the Internal Revenue Code; cf, §§ 291(a)(4), 991-995 IRC)
domestic investment (Vw) Inlandsinvestitionen *fpl*
domestic issue (Fin) Inlandsemission *f*
domestic issuer (Fin) inländischer Emittent *m*
domestic labor market (Vw) inländischer Arbeitsmarkt *m*
domestic law (Re) innerstaatliches Recht *n*
domestic lending (Fin) Inlandsausleihungen *fpl*
domestic loan (Fin) Inlandsanleihe *f*
domestic margin (Fin) Zinsspanne *f* im Inlandsgeschäft
domestic market
(com) Binnenmarkt *m*
– Inlandsmarkt *m*
(syn, home/internal . . . market)
domestic market share (com) inländischer Marktanteil *m*
domestic money market (Fin, US) inneramerikanischer Geldmarkt *m*
domestic monopoly
(Vw) Inlandsmonopol *n*
(ie, business getting no competition from abroad; syn, GB, sheltered trade)
domestic nonbanks (Fin) inländische Nichtbanken *fpl*
domestic order (com) Inlandsauftrag *m*, Inlandsbestellung *f*
domestic patent (Pat) Inlandspatent *n*
domestic permanent establishment (StR) inländische Betriebsstätte *f*
domestic port (com) Inlandshafen *m*
domestic price (com) Binnenmarktpreis *m*
domestic price environment (Vw) inländisches Preisklima *n*
domestic price pressure (Vw) inländischer Preisauftrieb *m*
domestic producer (com) inländischer Erzeuger *m*
domestic product
(com) inländisches Erzeugnis *n* od Fabrikat *n*
(VGR) Inlandsprodukt *n*
domestic property (StR) Inlandsvermögen *n*, inländisches Vermögen *n (ie, of nonresident taxpayers = beschränkt Steuerpflichtige)*
domestic purchasing power (Vw) Binnenkaufkraft *f*
domestic rate relief
(StR, GB) Grundsteuer-Nachlaß *m*
(ie, special subsidy in the rate system; all houses get 18.5p in England and Wales, 3p in Scotland; manufacturing industry in Scotland is spared half its rates bill, but not warehouses, shops or offices; agricultural land and buildings pay not rates at all anywhere)
domestic requirements
(Vw) binnenwirtschaftliche Notwendigkeiten *fpl*
(AuW) Eigenbedarf *m*
domestic route (com) Inlandsroute *f*
domestic sale (com) Inlandsgeschäft *n (syn, inland transaction)*
domestic sales
(com) Inlandsabsatz *m*
(ReW) Inlandsumsatz *m*
domestic science (Pw) Hauswirtschaftslehre *f (syn, home economics; esp GB, housecraft)*
domestic securities (Bö) Inlandswerte *mpl*
domestic selling price (com) inländischer Verkaufspreis *m*
domestic situation (Vw) binnenwirtschaftliche Lage *f*
domestic system (Vw) Verlagssystem *n*
domestic tariff (com) Binnentarif *m*
domestic trade (Vw) Binnenhandel *m (syn, internal trade)*
domestic transport operation (com) innerstaatliche Beförderung *f*
domestic value-added (Bw) Inlandswertschöpfung *f*
domestic wholesaling (com) Binnengroßhandel *m*
domicile
(Re) Wohnsitz *m*
(ie, more than mere residence = gewöhnlicher Aufenthaltsort)
(Re) Sitz *m* e–r Firma
(syn, corporate domicile)
(WeR) Zahlstelle *f*
– Domizil *n*
domicile clause (WeR) Domizilvermerk *m*
domiciled bill (WeR) Domizilwechsel *m*
domicile of a bill
(WeR) Wechseldomizil *n*
(ie, place where it is payable, unless a contrary intent is shown by the parties)
domiciliate *v*
(WeR) zahlbar stellen
– domizilieren
domiciliation
(WeR) Zahlbarstellung *f*
– Domizilierung *f*
domicilium disputandi (Re) Gerichtsstand *m (ie, in civil law; syn, place of jurisdiction, venue)*
domicilium executandi (Re) Erfüllungsort *m (syn, place of performance)*
dominant (Math) Majorante *f*
dominant advertising (Mk) dominante Werbung *f (opp, accessory advertising = akzidentelle Werbung)*
dominant enterprise (com) beherrschendes Unternehmen *n*
dominant firm (com) marktbeherrschendes Unternehmen *n*
dominant maker
(com) marktbeherrschender Hersteller *m*
(ie, may have wide price discretion before significant diversion of sales to other products begins)
dominant market position (com) marktbeherrschende Stellung *f*

dominant requirement tree (OR) dominanter Baum *m*
dominant strategy (OR) dominante Strategie *f*
dominate *v*
(com) beherrschen
(Mk) beherrschen
– majorisieren
(ie, have a commanding position in a market)
(Math) majorisieren
dominate a market *v* (com) Markt *m* beherrschen
dominate the business *v* (com) = dominate a market
dominate the marketplace *v* (com) = dominate a market
dominating influence (com) beherrschender Einfluß *m*
donated assets
(ReW) kostenfrei erworbener Vermögensgegenstand *m*
donated capital
(ReW, US) Kapitalzuwachs *m* aus Schenkungen
(ie, capital arising from donation of capital stock, capital contributed by donation; cf, surplus)
donated stock (Fin) Aktien *fpl*, die e–r Gesellschaft zum Wiederverkauf unentgeltlich überlassen werden
donated surplus (ReW) Kapitalzuwachs *m* aus Schenkungen
donation
(com) Spende *f*
(Re) Schenkung *f*
– Zuwendung *f*
donee beneficiary (Re) Zuwendungsempfänger *m*
donee country (AuW) Empfängerland *n (syn, host/recipient . . . country)*
dongle
(EDV) Dongle *m*
(ie, security key: e–e Art Durchgangsstecker, wird auf parallele Schnittstelle gesteckt, um unbefugtes Kopieren zu verhindern)
donor (com) Spender *m*
donor country (AuW) Geberland *m (syn, beneficiary country)*
Do not overtake (com, GB) Überholverbot *n (syn, US, No Passing)*
do one's taxes *v*
(StR, infml) Steuern *fpl* machen
– Steuererklärung *f* ausfüllen
door delivery (com) Hauszustellung *f (syn, home delivery, delivery-by-hand)*
door opener
(com) Türöffnergeschäft *n*
(Mk) Werbeartikel *m*
– Reklameartikel *m*
(ie, inexpensive item that the salesperson gives as a premium, to get the customer listen longer)
doorstep salesman (com, GB) = door-to-door salesman
door-to-door container (com) Haus-zu-Haus-Container *m*
door-to-door delivery (com) Lieferung *f* von Haus zu Haus
door-to-door delivery service (com) Haus-zu-Haus-Verkehr *m*
door-to-door peddler (com) Hausierer *m*
door-to-door price (com, infml) Preis *m* frei Haus *(syn, delivered price, qv)*
door-to-door selling
(Mk) Haustürverkauf *m*
– Direktverkauf *m* über Haushaltsreisende *(syn, personal selling, house-to-house-selling)*
door-to-door time (IndE) Durchlaufzeit *f (syn, throughput time)*
doping
(EDV) Dopen *n*
(ie, introducing impurities into a single semiconductor material, used to give chips the conductive properties they need)
doping superlattice (EDV) gedoptes Supergitter *n*
(ie, chip produced by doping; opp, composite superlattice)
dormant account (ReW) unbewegtes/umsatzloses . . . Konto *n (syn, dead/inactive account)*
dormant corporation
(Re, US) ruhende Gesellschaft *f*
(ie, inactive but legal corporation: capable of being activated but presently not operating)
dormant partner (com) stiller Gesellschafter *m*
dormant partnership
(com, US) stille Gesellschaft *f*
(ie, both silent and secret; syn, secret/silent . . . partnership, qv)
dormitory (com) Wohnheim *n (syn, GB, hall of residence)*
dormitory town (com, GB) Schlafstadt *f (syn, US, commuting town)*
dot grid (EDV, CAD) Rastermatrix *f*
dot matrix (EDV) Punktmatrix *f (ie, in computer graphics)*
dot matrix character generator (EDV) Punktzeichengenerator *m*
dot matrix printer (EDV) Matrixdrucker *m*
dot product (Math) Punktprodukt *n (syn, inner/scalar . . . product)*
double (Bö) = double option
double-barrelled quotation (Bö) Angabe *f* von Ankauf- und Verkaufskurs
double-barrelled strategy (Bw) Doppelstrategie *f*
double-bill *v* (com) doppelt berechnen *(ie, illegal practice)*
double-bind situation (com) Dilemmasituation *f*
double booking (com) Doppel-Reservierung *f*
double coincidence of wants (Vw) Bedürfniskoinzidenz *f*
double-column tariff (AuW) Zweispaltentarif *m*
double counting
(ReW) Doppelzählung *f*
– Doppelverrechnung *f*
double current transmission (EDV) Doppelstrombetrieb *m*
double day shift (Pw) Zweischicht-System *n (eg, gewöhnlich 6–14 und 14–22)*
double declining balance method of depreciation
(ReW) degressive Doppelraten-Abschreibung *f*
double density (EDV) doppelte Speicherkapazität *f*
double-density disk (EDV) Diskette *f* mit doppelter Schreibdichte *(640kb for 5¼ inch disks and 720kb for 3½ inch disks)*
double dichotomy (Stat) Zwei-mal-Zwei-Einteilung *f*
double-digit inflation (Vw) zweistellige Inflation *f*
double-digit ratio (Bw) zweistellige Kennziffer *f*
double dip (Vw, infml) = double diphtheria, qv

double diphtheria (Vw, infml) „doppelte Diphtherie“ *f (ie, recession with a second downward dip)*
double dip leasing (Fin) Doppelaktivierungs-Leasing *n (ie, je nach nationalen steuerrechtlichen Vorschriften kann der Leasinggegenstand beim Leasinggeber und beim Leasingnehmer aktiviert werden)*
double-entry system
(ReW) System *n* der doppelten Buchführung
(ie, each recorded event affects at least two items in the accounting records)
double exponential distribution (Stat) zweiseitig exponentielle Verteilung *f*
double factoral terms of trade
(AuW) doppelt faktorales Austauschverhältnis *n*
(ie, single factoral terms of trade, ergänzt durch ausländischen Produktivitätseffekt)
double indemnity
(Vers) Verdoppelung *f* der Lebensversicherungssumme bei Unfalltod
(Vers) Unfallzusatzversicherung *f*
double insurance (Vers) Doppelversicherung *f (ie, covers a risk by two or more policies)*
double integral
(Math) Doppelintegral *n*
(ie, the Riemann integral of functions of two variables)
double jobbing
(Pw) Doppelverdienen *n*
(Pw) Schwarzarbeit *f (syn, moonlighting)*
double-logarithmic chart (Math) doppelt-logarithmisches Netz *n*
double-name paper (WeR) = two-name paper
double option (Bö) Stellage *f (ie, spread or straddle)*
double ordering
(com) Zweifachbestellung *f*
(ie, placing of order with two suppliers for the same product; upon delivery the second order is cancelled)
double-page spread (Mk) doppelseitige Anzeige *f*
double-phase sampling plan (Stat) zweistufiger Stichprobenplan *m*
double pricing (Mk) doppelte Preisauszeichnung *f (ie, to mislead consumers)*
double-rate declining balance (ReW) = double-declining balance
double rate system (StR) System *n* des gespaltenen Steuersatzes
double residency (StR) Doppel-Ansässigkeit *f* Doppel-Wohnsitz *m*
double sample (Stat) zweistufige Stichprobe *f*
double sampling (Stat) zweistufige Stichprobennahme *f*
double-sided (com) doppelseitig
double sourcing (MaW) Zweilieferantenprinzip *n*
double space (com) doppelter Zeilenabstand *m*
double-space *v* (com) zweizeilig schreiben *(ie, in typing)*
double-spaced (com) zweizeilig *(opp, single-spaced = einzeilig)*
double speed drive
(EDV) 2-fach CD-ROM-Laufwerk *n*
– CD-ROM-Laufwerk *n* mit doppelter Geschwindigkeit
(ie, results in a transfer rate of about 300 KB/s)

double standard (Vw) Doppelwährung *f (eg, gold and silver)*
double taxation (StR) Doppelbesteuerung *f*, steuerliche Doppelerfassung *f*
double taxation agreement (StR) = double taxation treaty
double taxation treaty (StR) Doppelbesteuerungsabkommen *n (syn, double taxation agreement, tax treaty)*
double tax-exempt
(StR, US) doppelt steuerbefreit
(ie, interest paid on municipal bonds is exempt from both federal and state income taxes)
double truck (Mk) = double-page spread
doubt as to impartiality
(Re) Besorgnis *f* der Befangenheit
(eg, to challenge a judge = e–n Richter ablehnen, for; syn, fear of prejudice)
doubtful accounts receivable
(ReW) zweifelhafte Forderungen *fpl*
– dubiose Forderungen *fpl*
– Dubiosen *pl*
dough (com, sl) Geld *n*
dovetail scheduling (IndE) simultane Teillos-Fertigung *f* e–s Auftrags *(ie, to expedite delivery)*
Dow Jones Averages
(Bö) US-Aktienindizes *mpl*
(ie, setzen sich zusammen aus vier Einzelindizes; der meist zitierte ist der Dow Jones Industrial Average, qv)
Dow Jones Industrial Average, DJIA
(Bö) US-Industrieaktienindex *m*
(ie, der wichtigste der vier Dow Jones Einzelindizes)
down (IndE) außer Betrieb
downbeat influences (Vw) abwärts gerichtete Kräfte *fpl (ie, der Konjunkturentwicklung)*
downer (Pw, infml) kurze Arbeitsniederlegung *f (syn, quickie strike)*
downgrade *v*
(com) niedriger einstufen
– herunterstufen
– rückstufen
(ie, put into a lower group)
downgrading
(Pw) Herabstufung *f* von Arbeitsplätzen
– Abgruppierung *f (syn, de-skilling of jobs)*
download (EDV) Datenübertragung *f* zu untergeordneter Hardware *(eg, von Großrechner zu Mikrorechner; opp, upload)*
download *v* (EDV) laden
downloadable font (EDV) ladbare Schriftart *f*
down market
(Bö, US) rückläufiger Aktienmarkt *m*
(ie, period of generally falling stock market prices; syn, bear/buyer's/soft/receding/shrinking . . . market)
(Fin) Abwärtstrend *m (ie, in charting)*
downpayment (com) Anzahlung *f (syn, advance payment)*
downpayment for fixed assets
(ReW) geleistete Anzahlungen *fpl* auf Anlagevermögen
downperiod (IndE) Stillstandszeit *f (ie, for repair and maintenance)*

down reversal
(Bö, US) plötzlicher Kursrückgang *m* nach Aufwärtstrend
(ie, sudden decline in market prices following a rising trend; term is used only during the early stage of the decline)
downscale market
(com) Markt *m* der unteren Einkommensschichten *(opp, upscale market)*
downside (Bö, US) Periode *f* fallender Aktienkurse *(ie, refers to the declining half of a rise-fall cycle)*
downside potential (Bö) Abschwächungsmöglichkeiten *fpl*
downside protection
(Bö) Absicherung *f* nach unten
(ie, 1 minus Verhältnis des break-even price; Aktienkurs - Preis der Kaufoption zum Aktienkurs in Prozent)
downside risk (Bö, US) Risiko *n* des Kursrückgangs
downside trend (Bö) Abwärtstrend *m*
downsize staff *v* (Pw) Personalbestand *m* verringern
downsizing
(EDV) Downsizing *n*
– Verlagerung *f* von Anwendungen auf kleinere Systeme *(ie, using PC-networks instead of /390-systems)*
downstairs merger (com, US) = downstream merger
downstream borrowing (Fin) Kreditaufnahme *f* e–r Holding aufgrund der Kreditwürdigkeit e–r Tochtergesellschaft
downstream industries (Bw) nachgelagerte Wirtschaftszweige *mpl*
downstream investment (Bw) Investition *f* auf nachgelagerter Wirtschaftsstufe
downstream markets (com) Nachmärkte *mpl*
downstream merger
(com) „Abwärts"-Fusion *f*
(ie, between parent and subsidiary, the latter being the surviving organization; syn, downstairs merger; opp, upstream merger)
downstream operations (com) Weiterverarbeitung *f* *(eg, refining and petrochemical plants)*
downstream sales (Bw) Verkäufe *mpl* der Obergesellschaft *(an e–e Tochtergesellschaft)*
downstream stage of distribution (Mk) nachgelagerte Absatzstufe *f*
downstream trade (AuW) Export *m* entwickelter Länder an Entwicklungsländer
down stroke (com, US) Anzahlung *f* *(ie, in retail trade and automobiles)*
downswing
(com) Abschwung *m* *(eg, of economic or business activity; syn, downturn)*
down the line
(com) nachgelagert, nachgeordnet *(syn, downstream)*
(Pw) Untergebene *pl (ie, people . . .)*
downtick
(Bö, US) leichter Kursabfall *m*
(Bö, US) Aktie *f* mit leicht fallender Tendenz *(opp, uptick)*
(Bw, US) Kursabschlag *m*
(ie, transaction made at a price lower than the preceding trade)
downtime
(IndE) Ausfallzeit *f (syn, idle time)*
(EDV) relative Ausfallzeit *f*
– Totzeit *f (syn, fault time)*
downtime cost (KoR) Stillstandskosten *pl*
downtown revitalization (com, US) Sanierung *f* e–r Innenstadt
downtrend (com) = downward trend
downturn
(com) Abschwung *m*
(eg, of economic or business activity; syn, downswing)
(com) Sinken *n*, Fallen *n (eg, in profits)*
downturn phase (Fin) Baisse *f*
downward bias (Stat) Verzerrung *f* nach unten
downward blip (com) kurze Abwärtsbewegung *f* *(eg, of leading indicators)*
downward inflexibility of prices (Vw) Preisstarrheit *f* nach unten
downward mobility (Pw) Abstiegsmobilität *f*
downward movement
(com) Abwärtsbewegung *f (eg, of prices)*
(Bö) Baissestimmung *f (syn, bearish movement)*
downward pressure on prices
(com) Preisdruck *m*
(Bö) Kursdruck *m*
downward price adjustment (Bö) Kurskorrektur *f* nach unten
downward revision (com) Korrektur *f* nach unten *(syn, scaling down)*
downward rigidity (Vw) Sperrklinkeneffekt *m (syn, ratchet effect, bottom stop)*
downward sloping demand curve (Vw) fallende Nachfragekurve *f*
downward tendency (com) fallende Tendenz *f*
downward trend
(com) Abwärtstrend *m*
– Abwärtsbewegung *f (syn, downtrend)*
DP department (EDV) EDV-Abteilung *f*
d/p (D/P) (com) = documents against payment
DPS (Fin, GB) = dividend per share in pence
draft
(com) Entwurf *m (eg, letter, document)*
(WeR) Tratte *f*
– gezogener Wechsel *m*
(WeR, US) Wechsel *m (syn, bill of exchange; cf, Sec 3–104 UCC)*
(Fin) Bankscheck *m*
draft *v* (com) aufsetzen, entwerfen *(eg, contract, letter)*
draft a budget *v* (FiW) Haushaltsplan *m* aufstellen *(syn, draw, prepare)*
draft advice (Fin) Ziehungsavis *n*
draft agreement (Re) Vertragsentwurf *m*
draft at sight (WeR) Sichttratte *f*
draft budget (FiW) Haushaltsentwurf *m*
draft credit (Fin) Trassierungskredit *m (syn, documentary acceptance credit)*
draft directive (EG) Richtlinienentwurf *m*
draft law (Re) Gesetzentwurf *m*
draft letter (com) Entwurf *m* e–s Schreibens
draft mode
(EDV) Entwurfsmodus *m*
– Schnellmodus *m (eg, a printer increases output speed by decreasing output quality)*

draft of a ship (com) Tiefgang *m* e–s Schiffes *(syn, GB, draught)*
draft proposal (com) Vorschlagsentwurf *m*
draft statute (Re) Gesetzesentwurf *m (syn, bill of a law)*
drag *v*
(EDV, GUI) mit der Maus ziehen *(ie, moving the mouse while holding down a mouse button)*
drag-and-drop (EDV, GUI) Ziehen und Ablegen
dragnet clause (Fin) Klausel *f*, mit der für vergangene, laufende und künftige Verbindlichkeiten Sicherheit gestellt wird
drag on *v* (com) sich hinziehen *(eg, negotiations)*
drag on investment (Bw) Investitionshemmnis *n (eg, low profits)*
drain of liquidity (Vw) Liquiditätsabschöpfung *f*
drain on purchasing power
(FiW) Kaufkraftentzug *m*
(eg, through punitive taxation as practiced by the modern industrial state)
DRAMs (EDV) = dynamic random access memory chips
draught (com, GB) = draft
draw *v*
(WeR) ziehen *(ie, Wechsel)*
(Fin) abheben *(ie, money from bank account = von e–m Konto)*
drawable (Fin) auslosbar *(syn, redeemable by drawings)*
draw a salary *v* (Pw) Gehalt *n* beziehen
drawback
(Zo) Zollrückvergütung *f (syn, customs drawback)*
(Zo) Zollrückschein *m (syn, customs debenture)*
draw by lot *v* (Fin) auslosen *(ie, a bond)*
drawdown (com) Abbau *m (eg, 1.5% . . . of inventories; syn, liquidation, runoff)*
draw down *v*
(com) abbauen *(eg, inventories)*
(Fin) aufnehmen, in Anspruch nehmen *(eg, a mortgage)*
drawee
(WeR) Bezogener *m*
– Trassat *m (opp, drawer)*
drawee bank (Fin) bezogene Bank *f (ie, bank drawn upon)*
drawer
(WeR) Aussteller *m*
– Trassant *m (opp, drawee)*
drawing
(Fin) Auslosung *f (ie, of a bond)*
(Fin) (Privat-)Entnahme *f (syn, withdrawal)*
(Fin) Kreditinanspruchnahme *f*
drawing account (Fin) Kontokorrentkonto *n (syn, checking account; GB, current account)*
drawing authorization
(Fin) Ziehungsermächtigung *f*
(ie, auch ‚Negotiationskredit' genannt; oft nur Refinanzierungsmöglichkeit des Exporteurs, ohne abstraktes Schuldversprechen der Bank; Hauptformen: authority to purchase und order to negotiate)
(Fin) Verfügungsermächtigung *f*
drawing credit (Fin) = draft credit
drawing date (Fin) Auslosungstermin *m*
drawing on a letter of credit (Fin) Inanspruchnahme *f* e–s Akkreditivs
drawing on the Community reserve (EG) Entnahme *f* aus der Gemeinschaftsreserve
drawing on the General Account (IWF) Ziehung *f* auf das Generalkonto
drawing pin (com, GB) Heftzwecke *f (syn, push pin; US, thumbtack)*
drawing price (Fin) Auslosungskurs *m*
drawing rights (IWF) Ziehungsrechte *npl*
drawings account (ReW) Privatkonto *n (ie, recording all private withdrawals)*
drawing samples (com) Besichtigung *f (ie, to determine the average qualitiy of goods)*
drawing up of the annual accounts
(ReW) Aufstellung *f* des Jahresabschlusses
(syn, US; preparation of year-end financial statement)
draw money *v* (Fin) Geld *n* abheben *(ie, from bank account; syn, withdraw)*
drawn bond (Fin) ausgeloste Anleihe *f (ie, called for redemption by lot)*
draw on a letter of credit *v* (Fin) Akkreditiv *n* in Anspruch nehmen
draw up *v*
(com) aufsetzen
– entwerfen
(ie, letter, minutes, contract; syn, draft, prepare)
(com) ausstellen *(eg, document)*
(ReW) aufstellen *(eg, balance sheet)*
(SeeV) aufmachen *(eg, Dispache)*
draw up a budget *v* (Fin) Haushaltsplan *m* aufstellen
draw up a financial statement *v* (ReW) Abschluß *m* machen *(syn, make/prepare . . . a financial statement)*
draw up a list *v* (com) Liste *f* aufstellen
draw up a report *v* (com) Bericht *m* ausarbeiten/erstellen *(syn, prepare)*
draw up a statement of average *v* (SeeV) Dispache *f* aufmachen
draw up the annual accounts *v* (ReW, GB) Jahresabschluß *m* aufstellen
drayage (com, US) Rollgeld *n (syn, cartage, qv)*
drayage company (com, US) (örtliches) Rollfuhrunternehmen *n*
dress show (com, GB) Modeschau *f (syn, US, fashion show)*
dribble (Bö, US) Absatz *m* nicht registrierter Wertpapiere *(ie, Rule 144 SEC)*
drift *v* (com) langsam fallen *(eg, prices)*
drift down *v*
(com, Bö) abbröckeln
– nachgeben
(eg, prices; syn, ease off, edge down)
drifting (EDV) Leerlauf *m (syn, floating)*
drifting costs (com) davonlaufende Kosten *pl*
drill down *v* (com) tiefer analysieren
drink-driving (Re, GB) Trunkenheit *f* am Steuer
drip feed
(Fin, infml) stufenweise Finanzierung *f* e–s jungen Unternehmens *(ie, funding in gradual stages rather than by an initial injection of capital)*
drive (EDV) Laufwerk *n (eg, a hard disk)*
drive a bargain *v* (com) vorteilhaftes Geschäft *n* abschließen

drive a hard bargain *v* (com) harte Bedingungen *fpl* stellen, hart verhandeln
drive down a price *v* (com) Preis *m* drücken
drive icon (EDV, GUI) Laufwerkssymbol *n*
drive-in window (Fin) Autoschalter *m (ie, in a bank)*
drive letter (EDV) Laufwerksbuchstabe *m (ie, letter used to uniquely identify a media drive)*
drive out *v* (com) verdrängen *(eg, rivals out of business)*
drive out of the market *v* (com) vom Markt verdrängen *(syn, eliminate, squeeze, freeze)*
driver (EDV) Treiber *m (eg, device driver, video driver)*
driver routine (EDV) Treiberroutine *f*
driver's license (com, US) Führerschein *m (syn, GB, driving licence)*
driver unit (EDV) Treiberstufe *f*
drive up prices *v* (com) Preise *mpl* hochtreiben
driving licence (com, GB) = driver's license
droop *v* (Bö) fallen
drop a case *v* (Re) Verfahren *n* einstellen *(syn, discountinue proceedings)*
drop-down combo box (EDV, GUI) Dropdown-Kombinationsfeld *n*
drop-down list box (EDV, GUI) Dropdown-Listenfeld *n*
drop-down menu (EDV, GUI) Dropdown-Menü *n (opp, pop-up menu)*
drop in earnings (Fin) Ertragsrückgang *m*
drop in economic activity (Vw) Beschäftigungseinbruch *m (syn, sudden slump in employment)*
drop in inventories (MaW) Bestandsminderung *f*
drop in orders
(com) Auftragsrückgang *m*
(syn, dropoff in orders, falling-off of orders, order decline)
drop in output (Bw) Produktionsrückgang *m*
drop in performance (com) Leistungsabfall *m*
drop in prices (com) Preisrückgang *m*
drop in sales
(com) Umsatzeinbuße *f*
– Absatzrückgang *m*
drop in sales revenue (com) Erlöseinbuße *f*
drop-lock bonds (Bö) Drop-Lock Bonds *mpl (eg, Anleihe, die mit einem variablen Zins begeben wird, aber später in eine Festzinsanleihe umgewandelt wird, wenn der Zins unter einen festgelegten Satz fällt)*
drop lock floater
(Fin) Drop-Lock FRN
(ie, wandeln sich automatisch in eine Festzinsanleihe mit festgelegtem Kupon, wenn der Referenzzinssatz e-n vorher vereinbarten Zinssatz (trigger rate) unterschreitet; cf, floating rate note)
droplock loan
(Fin) mittelfristiger, variabel verzinslicher Kredit *m*
(ie, mit Ablöseautomatik: wird in Schuldverschreibung umgewandelt, wenn Zinsen auf festgelegtes Niveau fallen)
dropoff in orders (com) = drop in orders
dropoff in prices (com) Preissturz *m (syn, tumble in prices)*
dropoff in tax revenues (FiW) Rückgang *m* der Steuereinnahmen
dropout (EDV) Bitausfall *m*
drop out *v*
(com, infml) aussteigen
(eg, of business, contract, deal; syn, back/opt/pull . . . out of)
(com, infml) verfallen
(ie, in the phrase: the bottom drops out of the market/of world price)
drop shipment
(Mk) Streckengeschäft *n*
– Exportstreckengeschäft *n*
(ie, Güter berühren das eigene Lager nicht)
drop shipment business (com) Streckengeschäft *n*
drop shipper (com) Großhändler *m* für Streckengeschäft
drug abuse (com) Drogenmißbrauch *m*
drug company
(com) Pharmaunternehmen *n*
– Arzneimittelhersteller *m*
drug dealer (com) Drogenhändler *m*
drug dealing (com) Drogenhandel *m*
drug guide (com) Beipackzettel *m (syn, package leaflet)*
drug in/on the market
(com, infml) Ladenhüter *m*
(syn, cats and dogs, shelf warmer)
drug misuse (com) Drogenmißbrauch *m*
drug on the market (com, infml) Ladenhüter *m*
drugs industry
(com) Arzneimittelindustrie *f*
– pharmazeutische Industrie *f*
drugs trade (com) Drogenhandel *m*
drug trafficker (com) Drogenhändler *m*
drug trafficking (com) Drogenhandel *m*
drumbeating
(Mk) Intensivwerbung *f*
(eg, heavy . . . in print and on TV; syn, intensive coverage)
drummer
(Mk, infml) Reisender *m*
– Vertreter *m*
(com, sl, pej) Tippse *f (ie, typist hammering away at her keyboard)*
drum plotter (EDV) Trommelplotter *m (ie, in computer graphics)*
drum-tight efficiency (Bw, infml) höchste Effizienz *f (eg, needed to produce high returns)*
drum up customers *v* (com) Kunden *mpl* werben
drunk driving (Re) Trunkenheit *f* am Steuer *(syn, GB, drunk in charge, drink driving)*
drunk in charge (Re, GB) = drunk driving
dry cargo market (com) Trockenfracht-Markt *m*
dry cargo ship (com) Trockenschiff *n*
dry check (EDV) Schreibtischtest *m (syn, desk check, dry run)*
dry dock (com) Trockendock *n (syn, graving dock)*
dry embossed validation (com) Gültigkeitsvermerk *m* durch Trockenprägung
dry goods
(com, US) Textilwaren *fpl (opp, hardware, groceries)*
(com, GB) Trockenware *f (eg, coffee, sugar, tea)*
dry measure (com) Trockenmaß *n*
dry promotion (Pw, US) Beförderung *f* ohne gleichzeitige Erhöhung der Bezüge

dry run
(IndE) Probelauf *m (syn, trial/point . . . run)*
(EDV) = dry check
d/s (com) = day's sight, days after sight
DTE (EDV) = data terminal equipment
DTP (EDV) = desktop publishing
dual banking
(Fin, US) duales Banksystem *n*
(ie, einzelstaatliche und Bundeskompetenz hinsichtlich Zulassung, Gesetzgebungsbefugnis und Bankenaufsicht: national banks and state banks)
dual base (OR) Dualbasis *f*
dual citizenship (Re) doppelte Staatsbürgerschaft *f*
dual constraints (OR) Dualitäts-Restriktionen *fpl*
dual currency bond (Fin) Doppelwährungsanleihe *f*
dual economy
(Vw) duale Volkswirtschaft *f*
(ie, made up of formal and informal economy = offizielle und Schattenwirtschaft)
dual exchange rate system (AuW) zweistufiges Wechselkurssystem *n*
dual feasible vector (OR) dual zulässiger Vektor *m*
dual foreign exchange market
(AuW) gespaltener Devisenmarkt *m (syn, two-tier split . . .)*
dual fund
(Fin, US) Investmentgesellschaft *f* mit zwei Arten von Anteilen:
1. income shares, which contribute half of the original capital but are entitled to all of the investment income = Erträge des Fondsvermögens;
2. capital shares, which also contribute 50% of the original capital but are entitled to all of the capital gains = Kursgewinne/verluste des Fondsvermögens;

(syn, dual purpose fund, dual vest fund)
dual index floating rate note (Fin) Variante *f* e–r Floating Rate Note, bei der als Referenzzinssatz der jeweils höhere Geldmarktsatz zweier Alternativzinssätze gilt
dual inline package switch, DIP switch
(EDV) DIP-Schalter *m*
– „Mäuseklavier" *n*
duality variable (Math) Dualitätsvariable *f*
dual job holder (Pw) Doppelverdiener *m*
dual listing
(Bö) Notierung *f* an zwei Börsen
(Bö) an zwei Börsen notiertes Wertpapier *n*
dual pay system
(Pw) duales Vergütungssystem *n*
(ie, Lohn wird nach Arbeitszeit od Leistung vergütet)
dual presentation
(ReW, US) Doppelausweis *m*
(ie, gleich deutlicher Ausweis von ‚primary earnings per share' und ‚fully diluted earnings per share' in der Gewinn- und Verlustrechnung)
dual pricing (Vw) deglomerative Preisdifferenzierung *f*
dual purpose fund (Fin) Investmentgesellschaft *f* mit zwei Anlagezielen *(ie, Wachstum und Einkommen; Gesellschaftskapital besteht entsprechend je zur Hälfte aus growth shares und income shares; cf, dual fund)*
dual vest fund (Fin) = dual purpose fund, qv
dubbing (Mk) Synchronisation *f*
dubious
(com) unlauter
– zwielichtig
(eg, business practices)
dubious legal base (Re) zweifelhafte Rechtsgrundlage *f*
dud (Fin, GB, infml) geplatzter Scheck *m (syn, bouncer)*
due (Fin) fällig *(ie, payable, due and payable, matured)*
due and payable (Fin) = due
due at call (Fin) täglich fällig *(syn, due on demand)*
due bill
(Fin) fälliger Wechsel *m*
(Bö, US) Verpflichtungserklärung *f* über Lieferung von Wertpapieren
due consultation (Re) gehörige Konsultation *f*
due date
(com) Fälligkeitstermin *m*
– Verfalltag *m*
– Erfüllungstag *m*
(com) Abgabefrist *f (syn, filing date)*
(Fin) Fälligkeitsdatum *n (syn, maturity date, qv)*
due date for interest payment (Fin) Zinstermin *m*
due date schedule (com) Terminplan *m (syn, time schedule)*
due diligence
(com) angemessene Sorgfalt *f*
(Re) verkehrsübliche Sorgfalt *f (ie, diligentia boni patris familiae)*
(com) Überprüfungsstadium *n*
(ie, bei e–r Buy-Out-Transaktion: die vom Unternehmen übernommenen Annahmen werden überprüft)
due diligence findings (ReW) Prüfungsergebnisse *npl*
due diligence memo (ReW) Prüfungsprotokoll *n*
due diligence program (ReW) Prüfungsprogramm *n*
due from affiliates (ReW) Forderungen *fpl* an Konzernunternehmen *(syn, indebtedness of affiliates)*
due from balance (Fin, US) Nostrokonto *n (syn, GB, nostro account)*
due from banks
(ReW) Forderungen *fpl* an Kreditinstitute
– Bankendebitoren *mpl*
due from nonbank customers (ReW) Forderungen *fpl* an Kunden
due notice (Re) satzungsmäßige Einberufung *f* od Ladung *f*
due on demand (Fin) = due at call
due-on-sale clause (Fin) Klausel *f* „fällig bei Verkauf" *(ie, principal amount of mortgage is immediately payable if the property is sold by the mortgagor = Hypothekenschuldner)*
dues
(FiW) Gebühren *fpl*
(com) Mitgliedsbeiträge *mpl*
– Beiträge *mpl*
dues checkoff system (com) Beitragseinzugsverfahren *n*
dues shop (Pw) Betrieb *m*, der von allen Arbeitnehmern Gewerkschaftsbeiträge einzieht

due to
(ReW) Verbindlichkeiten *fpl*
– Kreditoren *pl (syn, accounts payable, qv)*
due to affiliated companies (ReW) Verbindlichkeiten *fpl* gegenüber Konzernunternehmen
due to balance (Fin, US) Vostrokonto *n (syn, GB, vostro account)*
due to banks
(ReW) Bankschulden *fpl*
– Bankverbindlichkeiten *fpl*
– Bankkreditoren *pl (syn, indebtedness to banks)*
dull (Bö) lustlos *(syn, flat, inactive, listless, sluggish, stale)*
dull market
(Bö) lustloser
– umsatzschwacher ... Markt *m*
(syn, flat/inactive . . . market)
dullness (com) Flaute *f*
dullness of the market (Bö) Börsenflaute *f*
dull sales
(com) Absatzflaute *f*
– Absatzschwäche *f*
dull start (Bö) lustloser Beginn *m*
dull trading (Bö) lustloses Geschäft *n*
duly authorized (Re) ordnungsgemäß bevollmächtigt
duly authorized agent (Re) Bevollmächtigter *m*
duly authorized representative (Re) = duly authorized agent
duly authorized signatory (com) Zeichnungsbevollmächtigter *m*
duly convened meeting (com) ordnungsgemäß einberufene Sitzung *f*
duly served (Re) ordnungsgemäß zugestellt
dumb barge (com) Schleppkahn *m (ie, to be pushed or towed)*
dumb terminal
(EDV) stummes Terminal *n*
(ie, usually comprising a keyboard and a video monitor, which allows remote data entry and access but has no computational power of its own)
dummy
(Re) Strohmann *m (syn, strawman, man of straw, prête-nom)*
(EDV) Pseudovariable *f*
(Mk) Kunstvariable *f*
dummy activity (OR) Scheinvorgang *m*
dummy argument (Log) Scheinargument *n*
dummy corporation
(com, US) Scheingesellschaft *f*
(ie, inactive company organized to conceal the actual owners of the business)
dummy event (OR) Scheinereignis *n*
dummy invoice (com) vorläufige Rechnung *f*
dummy package
(com) Leerpackung *f*
– Schaupackung *f*
(ie, displayed in a shop window)
(com, infml) Mogelpackung *f (syn, defective packing, qv)*
dummy record (EDV) Pseudosatz *m*
dummy section (EDV) Pseudoabschnitt *m*
dummy statement
(EDV) Pseudoanweisung *f*
– Scheinanweisung *f*
dummy table (Stat) Leertabelle *f*
dummy tender (com) Scheinangebot *n (ie, beim Submissionsverfahren)*
dummy transaction (Re) Scheingeschäft *n (cf, § 117 BGB; syn, fictitious/ostensible/sham . . . transaction)*
dummy variable (OR) Scheinvariable *f*
dump
(EDV) Speicherauszug *m (syn, memory dump, qv)*
(EDV) Stromausfall *m (syn, power cutoff)*
dump *v*
(AuW) zu Dumpingpreisen verkaufen
(com) verschleudern
(ie, sell large quantities of goods without regard to price)
(EDV) ausdrucken
(ie, copy the contents of a memory, from an internal device into an external device; syn, print)
dump a money-losing business *v* (com) Verlustbringer *m* abstoßen
dumped import (AuW) Dumpingeinfuhr *f*
dump file (EDV) Speicherauszugsdatei *f*
dumping
(AuW) Dumping *n*
(ie, selling goods at prices lower than those charged in the domestic market; syn, sl, unloading)
dumping margin (AuW) Dumpingspanne *f*
dumping practices (Kart) Dumping-Praktiken *fpl*
dumping price (AuW) Dumpingpreis *m*
dumping proper (AuW) eigentliches Dumping *n*
dump point (EDV) Fixpunkt *m (syn, checkpoint)*
dump routine (EDV) Speicherabzug-Routine *f*
dump shares *v* (Bö) Aktien *fpl* abstoßen
dumpster (com, US) (Abfall-)Container *m*
dump truck (com) Kipper *m*
dun (com) Mahnung *f (ie, urgent request for payment; eg, sent them a dun)*
dun *v* (com) Zahlungen *fpl* anmahnen, häufig mahnen *(ie, ask repeatedly for payment of debt)*
Dun & Bradstreet (com, US) älteste Auskunftei *f* der Welt
dunnage
(com) Abmattung *f*
– Staumaterial *n*
(ie, padding material placed in a container to protect shipped goods from damage)
(com) Packmaterial *n (ie, other than packaging)*
duopoly (Vw) Duopol *n (ie, only two sellers of a product or service dominate the market)*
duopsony (Vw) Duopson *n (ie, only two buyers dominate the market)*
duplex (com, US) Doppelhaus *n (syn, GB, semi-detached house)*
duplex computer (EDV) Duplexrechner *m (ie, second computer used as a backup system in case in failure of the first one; used in on-line applications [eg, Internet servers])*
duplicate
(com) Zweitausfertigung *f*
– Zweitschrift *f*
– Duplikat *n (syn, second copy)*
duplicate *v*
(com) vervielfältigen
(Log, Math) identisch wiederholen

duplicate consignment note (com, GB) Frachtbriefdoppel *n (syn, counterfoil waybill)*
duplicate invoice (com) Rechnungsdoppel *n*
duplicate original (com) zweite Originalausfertigung *f*
duplicate sample (Stat) Parallelstichprobe *f*
duplicating program (EDV) Duplizierprogramm *n*
duplication check
(EDV) Doppelprüfung *f*
– Zwillingsprüfung *f*
(ie, based on the identity in results of two independent performances of the same task; syn, twin check)
duplicator (com) Vervielfältiger *m*
durability (com) Haltbarkeit *f*
durability of convergence (EG) Dauerhaftigkeit *f* der Konvergenz
durable consumer goods
(com) Gebrauchsgüter *npl*
– dauerhafte Konsumgüter *npl*
(syn, consumer durables, durables)
durable goods
(com) Gebrauchsgüter *npl*
– dauerhafte Güter *npl*
(ie, in production and consumption; opp, consumer/consumption . . . goods = Konsumgüter od Verbrauchsgüter)
durable measures (FiW) nachhaltige Maßnahmen *fpl*
durables (com) = durable goods
duration
(com, fml) Dauer *f*
(eg, he will be abroad for the duration of two years)
(Re) Dauer *f*
– Laufzeit *f*
– Geltungsdauer *f*
(eg, during the . . . of the contract; syn, continuance, currency, term)
(Fin) Duration *f (ie, künstlich berechnete Restlaufzeit e–r Obligation)*
duration analysis
(Fin) Durationsanalyse *f*
(ie, Problem' wie verhält sich der Markt- od Barwert von Festzinspositionen bei Marktzinsänderungen; cf, duration)
duration of capital tie-up (Fin) Kapitalbindungsdauer *f*
duration of cover (Vers) Deckungsfrist *f*
duration of employment (Pw) Beschäftigungsdauer *f (syn, length of . . . employment/service)*
duration of unemployment (SozV) Dauer *f* der Arbeitslosigkeit *(eg, decision to tax benefits did indeed reduce the . . . as predicted)*
duress (Re) Nötigung *f*, Drohung *f (cf, §§ 123, 124 BGB)*
durum wheat (com) Hartweizen *m (syn, hard wheat)*
dustbinman (com, GB) Müllwerker *m (syn, US; garbage collector)*
dustcart (com, GB) Müllwagen *m (syn, US, garbage truck)*
dust jacket (com) Schutzumschlag *m (ie, of a book)*
dustman (com, GB) Müllwerker *m (syn, US, garbage collector)*
Dutch auction (Fin) Abgabe *f* von Wertpapieren zum Einheitspreis, „holländische Auktion" *f*
Dutch bargain (com) einseitiges Geschäft *n (ie, one side gets all he wants at the expense of the other)*
dutiable (Zo) zollpflichtig
dutiable goods (Zo) abgabenpflichtige Waren *fpl (syn, chargeable goods)*
dutiable list (Zo) Liste *f* zollpflichtiger Güter
dutiable value (Zo) Zollwert *m (syn, customs value)*
dutiable weight (Zo) Zollgewicht *n*
duties, imposts and excises (FiW) Zölle *mpl* und Abgaben *fpl*
duties of buyer (Re) Pflichten *fpl* des Käufers *(syn, obligations of buyer)*
duties under a contract (Re) vertragliche Pflichten *fpl (syn, contractual duties)*
duty
(Pw) Aufgabe *f*
– Pflicht *f*
(syn, job, task, assignment)
(FiW) Steuer *f (syn, tax)*
(FiW) indirekte Steuer *f (syn, indirect tax)*
(Zo) Zoll *m (syn, customs duty)*
duty and tax-free importation (Zo) abgabenfreie Einfuhr *f (syn, free admission)*
duty assessment (Zo) Zollfestsetzung *f*
duty barrier (Zo) Zollschranke *f*
duty cycle (EDV) Einschaltdauer *f*
duty drawback (Zo) Zollrückerstattung *f (syn, drawback)*
duty free (Zo) zollfrei *(syn, free of duty)*
duty-free allowance (Zo) Freigrenze *f*
duty-free entry (Zo) zollfreie Einfuhr *f*
duty-free goods (Zo) zollfreie Ware *f*
duty frees (Zo) zollfreie Waren *fpl*
duty of care (Re) Sorgfaltspflicht *f (syn, duty to take care)*
duty of disclosure (Re) = duty to notify
duty of discretion (Re) Schweigepflicht *f*
duty of notification (Re) = duty to notify
duty of secrecy
(com) Geheimhaltungspflicht *f*
(Pw) Schweigepflicht *f*
duty on entry (Zo) Einfuhrzoll *m (syn, import duty)*
duty on exports (Zo) Ausfuhrzoll *m*
duty on goods in transit (Zo) Transitzoll *m (syn, transit duty)*
duty on imported grain (Zo) Getreidezoll *m*
duty paid (com) verzollt *(syn, customs cleared)*
duty paid entry (Zo) Einfuhrzollerklärung *f*
duty per article (Zo) Stückzoll *m*
duty rates (Zo) Zollsätze *mpl*
duty station
(Pw) Arbeitsplatz *m*
– Dienstort *m*
– Einsatzort *m*
duty to design (Re) Pflicht *f* zur schadenverhütenden Konstruktion
duty to disclose information (com) Auskunftspflicht *f*
duty to give notice (Re) = duty to notify
duty to inform (com) Informationspflicht *f*
duty to notify (Re) Anzeigepflicht *f*
duty to perform (Re) Leistungspflicht *f*
duty to report (com) Meldepflicht *f*
duty to submit supporting evidence (Re) Begründungszwang *m*
duty to vote (com) Stimmpflicht *f*

duty to warn (Re) Aufklärungspflicht *f (ie, imposed on producer)*
DV (AuW) = delivery verification certificate
d.w.
(com) = deadweight
(com) DW = dock warrant
dwelling unit (Stat) Wohneinheit *f*
dyestuffs industry (com) Farbstoffindustrie *f*
dynamic analysis (Vw) dynamische Analyse *f (syn, dynamics)*
dynamic check
(EDV) dynamische Prüfung *f*
(ie, made under operating conditions; syn, dynamic test)
dynamic data exchange, DDE (EDV) dynamischer Datenaustausch *m*
dynamic dump
(EDV) dynamischer Speicherabzug *m*
(ie, carried out during execution of a program; syn, dyndump)
dynamic economic analysis (Vw) dynamische Wirtschaftstheorie *f*
dynamic enterprise
(Bw) dynamisches Unternehmen *n (syn, go-ahead company)*
dynamic error (EDV) dynamischer Fehler *m*
dynamic gains from trade (AuW) dynamische Aussenhandelsgewinne *mpl (syn, nonallocative gains from trade)*
dynamic linking (EDV) dynamisches Linken *n*
Dynamic Link Library, DLL
(EDV) dynamisch bindende Bibliothek *f*
– dynamisch ladende Bibliothek *f*
(ie, file with application or system routines that are loaded on demand; save memory space)
dynamic memory (EDV) = dynamic storage
dynamic multiplier (Vw) dynamischer Multiplikator *m (syn, long-run multiplier)*
dynamic programming
(EDV) dynamisches Programmieren *n*
(ie, rekursives Verfahren zur Lösung von Optimierungsproblemen; used for solving a multidimensional optimization problem which is transformed into a sequence of single-stage problems having only one variable each)
dynamic program relocation
(EDV) dynamische Programmverschiebung *f*
(ie, moving a partially executed program to another location in main memory)
dynamics of debt (Vw) Dynamik *f* der Verschuldung
dynamic stop
(EDV) dynamischer Stop *m*, Fehlerstop *m*
(ie, raising an error condition by the invocation of a closed loop)
dynamic storage
(EDV) dynamische Speicherung *f*
(ie, information at a certain position is not always available instantly because it is moving; syn, dynamic memory)
dynamic storage allocation (EDV) dynamische Arbeitsspeicherzuweisung *f*
dynamic subroutine
(EDV) dynamisches Unterprogramm *n*
(ie, to be parameterized each time it is invoked = bei jedem Aufruf zu parametrisieren)
dynamic test (EDV) Betriebsprüfung *f (syn, operating test, dynamic check)*
dynamization (Pw) Dynamisierung *f (eg, of company pensions)*
dyndump (EDV) = dynamic dump

E

each package separately insured (Vers) jedes Kollo eine Taxe
each way transaction (Bö, US) Geschäft *n*, bei dem Gebühren gleichmäßig von Käufer und Verkäufer getragen werden
EAGGF (EG) = European Agricultutal Guidance and Guarantee Fund
EAN (Mk) = European Article Number
EAN bar code
(com) EAN-Strichcode *m*
(ie, in Warenwirtschaftssystemen = merchandise information systems, MIS)
EAN bar coding (com) Strichcodierung *f*
EAR (Vers) = erection all risks insurance
earliest completion time (OR) frühester Endpunkt *m*
earliest expected time (OR) frühest möglicher Zeitpunkt *m*
earliest starting time (OR) frühester Anfangszeitpunkt *m*
early call (Fin) vorzeitige Kündigung *f*
early capitalism (Vw) Frühkapitalismus *m*
early closing (com, GB) früher Ladenschluß *m (ie, by 13.00 hrs on one weekday)*
early gains (Bö) Anfangsgewinne *mpl*
early-out program (Pw, US) Vorruhestandsprogramm *n*
early retirement
(Fin) vorzeitige Rückzahlung *f* e–r Anleihe
(Pw) Vorruhestand *m*, Frühpensionierung *f*
early retirement scheme (Pw) Vorruhestandsregelung *f*
early retirer
(Pw) Frührentner *m*
– Vorruheständler *m*
early season (com) Vorsaison *f*
early trading (Bö) Eröffnungshandel *m (syn, first trade)*
early vesting
(Pw) Nichtverfall *m* e–r Betriebsrente
(ie, bei Arbeitsplatzwechsel, nach 5–10 Jahren Betriebszugehörigkeit)
early warning signal (Bw) Frühwarnsignal *n*
early warning system (Bw) Frühwarnsystem *n*
earmark
(com) Eigenschaft *f*
(com) Kennzeichen *n*
– Merkmal *n*
(Log) Hauptmerkmal *n (ie, of a concept = e–s Begriffs)*
earmark *v* (com) an e–n bestimmten Zweck binden *(syn, appropriate)*
earmarked fund (Fin) Bereitstellungsfonds *m*
earmarked funds (Fin) zweckgebundene Mittel *pl*
earmarked lending (Fin) objektgebundene Kreditgewährung *f*
earmarked material (MaW) zweckgebundenes Material *n (syn, allocated material, qv)*
earmarking (Fin) Zweckbindung *f (syn, appropriation)*

EARN (EDV) = European Academic Research Network
earned currency reserves (AuW) eigene Währungsreserven *fpl*
earned income
(ReW) realisierter Gewinn *m*
(StR) Einkünfte *pl* aus selbständiger und unselbständiger Arbeit
(com) Arbeitseinkommen *n (syn, employment/service . . . income; opp, unearned/property . . . income)*
earned income before deductions (Pw) Bruttoarbeitseinkommen *n*
earned income credit (StR) Gutschrift *f* für Arbeitseinkommen
earned premium (Vers) verbrauchte Prämie *f (ie, used up during the term of a policy)*
earned rate (Pw) Stundenlohn *m*, Stundenverdienst *m*
earned reserves (AuW) eigene Währungsreserven *fpl*
earned revenue (ReW) = earned income
earned surplus
(ReW) unverteilter Reingewinn *m*, Teil *m* der offenen Rücklagen
(ie, profit not distributed to shareholders or transferred to capital; syn, retained earnings, qv)
(ReW) erwirtschaftete Gewinnrücklagen *fpl*
earned surplus statement (ReW) Gewinnverwendungsrechnung *f*
earnest money
(com) Bietungsgarantie *f*
(ie, furnished by a bank; syn, bid/proposal . . . bond, provisional deposit)
(com) Anzahlung *f*, Handgeld *n*
(ie, part payment, deposit)
(com) Draufgabe *f*
(ie, sum of money paid by a buyer at the time of entering a contract to indicate the intention and ability of the buyer to carry out the contract; Beweisanzeichen für den Abschluß e–s Vertrages; praktische Bedeutung heute gering; cf, §§ 336-338 BGB; syn, bargain money, token payment; in civil law: arrha confirmatoria)
earning assets
(Fin) werbendes Vermögen *n*
– ertragbringende Aktiva *npl*
(eg, stocks and bonds; opp, cash, capital equipment)
earning capacity (Fin) = earning power
earning capacity standard
(Bw) Kapitalisierungsformel *f*
(ie, bei der Unternehmensbewertung = valuation of an enterprise as a whole)
earning capacity value (Fin) = earning power
earning power
(Fin) Ertragsfähigkeit *f*
– Ertragskraft *f*
(syn, earning capacity value, profitability)
(Fin) Ertragswert *m (ie, Unternehmen und Wertpapiere)*

earning rate (Bö, GB) Gewinnrate *f (ie, net profit/ paid-up capital)*

earnings
(com) Ertrag *m*
– Gewinn *m*
– Einkommen *n*
(com) Arbeitseinkommen *n*
– Verdienst *m*
(StR) Einkommen *n (ie, of natural persons)*
(ReW) Reingewinn *m (syn, net . . . earnings /profit)*
(ReW, US) = comprehensive income *(ie, FASB in 1980)*

earnings after taxes (Fin) Gewinn *m* nach Steuern *(syn, after-tax profit, qv)*

earnings applicable to common stock (ReW, US) auf Stammaktien entfallender Gewinn *m*

earnings before taxes (ReW) Gewinn *m* vor Steuern *(syn, profit before taxes)*

earnings cap (Mk) Verdienstgrenze *f (ie, maximum earnings level of sales force)*

earnings capacity (Fin) Ertragsaussichten *fpl*

earnings cover (Fin) Dividendendeckung *f (ie, ratio of earnings to dividend)*

earnings cushion (Fin) Gewinnpolster *n*

earnings distribution
(Vw) Einkommensverteilung *f*
– Distribution *f (syn, income distribution)*

earnings-dividend ratio
(Fin) Verhältnis *n* Gewinn/Dividende *(syn, dividend cover, times covered)*

earnings drift
(Vw) Lohndrift *f*
– Wagedrift *f (syn, wage drift)*

earnings forecast (Fin) Gewinnprognose *f*

earnings from operations
(ReW) Betriebsgewinn *m*
(ie, operating revenue minus operating cost of a period; syn, operating profit, earned surplus; GB, trading profit)

earnings gap (Pw) Lohngefälle *n (syn, wage/pay . . . differential)*

earnings growth
(Fin) Ertragszuwachs *m*
– Ertragssteigerung *f*

earnings-linked pension
(SozV) dynamische Rente *f*
(ie, linked with current changes in the general level of money incomes)

earnings-linked taxes (StR) ertragsabhängige Steuern *fpl*

earnings margin (Fin) Ertragsspanne *f (ie, ratio of operating cost to average volume of business)*

earnings multiple
(Fin) Kurs-Gewinn-Verhältnis *n*, KGV
(syn, multiple, price-earnings ratio, PER)

earnings net of taxes (com) Nettoeinkommen *n (syn, net income)*

earnings of factors of production (Vw) Faktorerträge *mpl*

earnings of management (Bw) Unternehmerlohn *m (syn, wages of management)*

earnings on agricultural exports (AuW) Erträge *mpl* aus Agrarexporten

earnings performance (Fin) Gewinnentwicklung *f*

earnings per share, EPS
(Fin, US) Gewinn *m* je Aktie
(ie, amount of earnings attributable to each share of common stock; der geschätzte Gewinn wird durch die Abzahl der ausgegebenen Aktien dividiert)

earnings position
(Fin) Ertragslage *f*, Ertragssituation *f*
(syn, earnings situation, operating position, revenue picture)

earnings ratio
(Fin) Gewinnkennziffer *f*
– Gewinnkennzahl *f*

earnings-related (Pw) lohn- und gehaltsbezogen *(eg, pension schemes)*

earnings-related pension (SozV) dynamische Rente *f (syn, earnings-linked pension)*

earnings report
(ReW, US, rare) Gewinn- und Verlustrechnung *f (syn, statement of income, qv)*

earnings reserves
(ReW) Gewinnrücklagen fpl
(ie, tritt an die Stelle des bisherigen Terminus „Offene Rücklagen"; umfassen: gesetzliche Rücklage, satzungsmäßige Rücklagen, andere Rücklagen und Rücklagen für eigene Anteile; cf, § 273 III HGB)

earnings retained in the business (ReW) einbehaltene Gewinne *mpl (syn, retained earnings, qv)*

earnings retention
(ReW) Einbehaltung *f* von Gewinnen *(syn, GB, ploughing-back of profits)*
(Fin) Selbstfinanzierungsquote *f*

earnings situation (Fin) = earnings position

earnings statement
(ReW) Gewinn- und Verlustrechnung *f*
(ReW) (jede Form der) Erfolgsrechnung *f*

earnings stripping (StR, US) Gewinnminderung *f* durch Zinsen *(die 50% des bereinigten zu versteuernden Einkommens übersteigen)*

earnings summary (ReW) zusammengefaßte Erfolgsrechnung *f*

earnings threshold limit (SozV, GB) Einkommensgrenze *f*

earnings to sales ratio (Fin) Verhältnis *n* unversteuerte Reingewinne zu Umsatz

earnings value ratio (Fin) Verhältnis *n* fixe Kosten + Reingewinn zu Umsatz

earnings yield
(Fin) Gewinn *m* je Stammaktie nach Steuern zu Kurs der Stammaktie x 100
(ie, ratio of earnings over total equity capital at the current market value)

earning unit (Stat) Haushalts-Einheit *f (ie, with several members contributing to the unit's total income)*

earn one's keep *v* (com) Lebensunterhalt *m* verdienen

earthquake insurance (Vers) Erdbebenversicherung *f*

Earth Summit (Vw) Erdgipfel *m (ie, such as that held in Rio)*

ease *v*
(com) erleichtern
(Bö) nachgeben *(ie, securities prices)*

ease back *v* (com) senken *(eg, interest rates)*

ease in the money market (Fin) Entspannung *f* des Geldmarktes
ease marginally *v* (Bö) abbröckeln
easement
(Re) Grunddienstbarkeit *f*
(ie, right to use land, owned by another, for a particular purpose)
ease monetary restrictions *v* (Vw) monetäre Bremsen *fpl* lockern
ease of borrowing money (Fin) leichte Beschaffung *f* von Fremdkapital
ease off
(Bö) leichtes Nachgeben *n (ie, of security or commodity prices; fractional to one point)*
ease off *v*
(com) sich abschwächen
– nachlassen
(com, Bö) nachgeben
– abbröckeln *(ie, prices; syn, edge down, drift down)*
ease of use (EDV) Benutzerfreundlichkeit *f (syn, user friendliness)*
ease payment terms *v* (Fin) günstige Zahlungsbedingungen *fpl* einräumen
ease the balance of payments *v* (AuW) Zahlungsbilanz *f* entlasten
ease the strain on *v* (com) entlasten
easier after early gains (Bö) leichter nach anfänglichen Kursgewinnen
easier credit terms (Fin) Kreditverbilligung *f*
easing (Bö) abbröckelnd, nachgebend *(ie, prices; syn, crumbling, slackening)*
easing of cyclical strains (Vw) Konjunkturberuhigung *f*
easing of prices (Bö) Kursabschwächung *f*
easing of the money market (Fin) Verflüssigung *f* des Geldmarktes
easing of upward pressure on prices (Vw) Dämpfung *f* des Preisauftriebs
easing the pace of expansion (Vw) Verlangsamung *f* des Wachstums
East African Community (Vw) Ostafrikanische Gemeinschaft *f*
easy credit terms (Fin) großzügige Kreditbedingungen *fpl*
easy financing facilities (Fin) bequeme Finanzierung *f*
easy money
(com) leichtverdientes Geld *n*
(Fin) leichtes Geld *n*
– billiges Geld *n*
(ie, obtainable at low interest and without difficulty)
easy money policy
(Vw) Politik *f* des billigen Geldes
– Niedrigzinspolitik *f*
– expansive Kreditpolitik *f*
(syn, cheap/loose . . . money policy)
easy terms (com) günstige Bedingungen *fpl (syn, reasonable terms)*
easy terms of payment (com) günstige Zahlungsbedingungen *fpl*
easy-to-follow
(com) übersichtlich
– leicht verständlich *(eg, diagram, user instructions)*
easy-to-use (EDV) benutzerfreundlich *(syn, user friendly)*
eat away *v*
(com) aufzehren
– schrumpfen
(eg, reserves are being eaten away)
eat into reserves *v* (Fin) Rücklagen *fpl* angreifen
eat one's dinners *v* (Re, GB, infml) Jura studieren
eat out *v* (com) ausgehen *(eg, in restaurants)*
EBCDIC
(EDV) = Extended Binary Coded Decimal Interchange Code
(ie, wird bei großen Rechnersystemen für die Zuordnung von Zeichen zu Bitkombinationen eingesetzt)
EBRD (EG) = European Bank for Reconstruction and Development
ECAC (com) = European Civil Aviation Conference
ECGD (AuW, GB) = Export Credits Guarantee Department
echelon (com) Ebene *f (ie, of a business organization)*
echelons of authority (Bw) Hierarchiestufen *fpl (syn, levels of authority)*
echo *v* (EDV) rückmelden
echo check (EDV) Echokontrolle *f (syn, read-back check)*
echo effect
(Vw) Echoeffekt *m*
(ie, Nachfrageschwankungen aufgrund von Reinvestitions-Zyklen)
ECOFIN (EG) = Council of Economic and Finance Ministers
eco-friendly (com) umweltfreundlich
ecologically acceptable (com) umweltfreundlich
ecologically beneficial (com) umweltfreundlich
ecologically harmful (com) umweltfeindlich
ecological unconcern (com) ökologische Sorglosigkeit *f*
ecology (com) Ökologie *f*
econobox (com, infml) Sparauto *n (ie, designed for efficiency and economy)*
econometrician (Vw) Ökonometriker *m*
econometric model (Vw) ökonometrisches Modell *n*
econometrics
(Vw) Ökonometrie *f*
– ökonometrische Methodenlehre *f*
economic
(Vw) volkswirtschaftlich
– wirtschaftlich
– ökonomisch
(Bw) betriebswirtschaftlich
(eg, for economic reasons; syn, operational, managerial)
economic accord
(Re) Wirtschaftsabkommen *n (eg, on cooperation in trade and science)*
economic accounting (VGR) volkswirtschaftliches Rechnungswesen *n*
economic activity
(com) wirtschaftliche Tätigkeit *f (ie, of any person or entity)*
(Vw) ökonomische Aktivität *f (ie, production and distribution of goods and services)*
economic adviser (com) Wirtschaftsberater *m*

economic aggregates
(Vw) makroökonomische Größen *fpl*
– gesamtwirtschaftliche Größen *fpl*
– Makrogrößen *fpl*
economic aid (Vw) Wirtschaftshilfe *f*
economical
(Bw) wirtschaftlich
– sparsam
(syn, cost-effective, low-cost, money-saving)
economically disadvantaged (Vw) wirtschaftlich benachteiligt
economic analysis
(Bw) Wirtschaftlichkeitsanalyse *f*
– Wirtschaftlichkeitsstudie *f*
(Vw) ökonomische Analyse *f*
economic and monetary union (EG) Wirtschafts- und Währungsunion *f*
Economic and Social Committee (EG) Wirtschafts- und Sozialausschuß *m*
economic approach
(StR) wirtschaftliche Betrachtungsweise *f*
(ie, to tax issues)
economic area (AuW) Wirtschaftsgebiet *n*
economic asset (Vw) Wirtschaftsgut *n*
economic base (AuW) Exportbasis *f*
economic base concept (Vw) Exportbasistheorie *f* *(syn, base theory)*
economic base ratio (AuW) regionaler Exportbasis-Koeffizient *m*
economic basis method (ReW) Equity-Methode *f* *(cf, equity method)*
economic batch size (Bw) = economic lot size
economic behavior (Bw) wirtschaftliches od ökonomisches Verhalten *n*
economic blockade (AuW) Wirtschaftsblockade *f*
economic capacity (Bw) wirtschaftliche Kapazität *f* *(ie, mostly 85% of maximum capacity)*
economic climate
(com) wirtschaftliches Klima *n*
(Vw) Konjunkturklima *n (syn, business climate)*
economic Community law (EG) gemeinschaftliches Wirtschaftsrecht *n*
Economic Community of West African States
(Vw) Gemeinschaft *f* westafrikanischer Staaten
economic condition (Vw) Konjunkturlage *f*
economic constraints (Bw) wirtschaftliche Restriktionen *fpl*
economic consultancy
(com) Wirtschaftsberatungs-Unternehmen *n (eg, Data Resources, Inc.)*
economic control (Vw) Wirtschaftslenkung *f*
economic cost
(Bw) Anschaffungskosten *pl*
– Herstellungskosten *pl*
– Tageswert *m*
(Vw) = opportunity cost
economic counseling (Vw) wirtschaftspolitische Beratung *f*
economic crisis (Vw) Wirtschaftskrise *f*
economic criteria (com) ökonomische Kriterien *npl*
economic cycle (Vw) = business cycle
economic data (com) Wirtschaftsdaten *pl*
economic decline (Vw) Konjunkturrückgang *m*
economic development (Vw) Wirtschaftsentwicklung *f*
economic disequilibrium (Vw) wirtschaftliches Ungleichgewicht *n*
economic efficiency
(Bw) Wirtschaftlichkeit *f*
– ökonomische Effizienz *f*
(syn, operational efficiency)
economic entity (Vw) Wirtschaftseinheit *f* *(syn, business entity; opp, legal entity)*
economic environment (Vw) wirtschaftliches Umfeld *n*
economic expertise (Vw) ökonomischer Sachverstand *m*
economic feasibility study (Bw) Wirtschaftlichkeits-Analyse *f*
economic fluctuations (Vw) Konjunkturschwankungen *fpl*
economic forecast (Vw) Konjunkturprognose *f*
economic geography (com) Wirtschaftsgeographie *f* *(syn, commercial geography)*
economic good
(Vw) Wirtschaftsgut *n*
– wirtschaftliches Gut *n (syn, commodity)*
economic growth
(Vw) Wirtschaftswachstum *n*
– wirtschaftliches Wachstum *n*
(ie, usually annual increase in GNP; more relevant yardstick of aggregate economic activity is net national product, NNP = net national income = sum of all personal incomes)
economic history (Vw) Wirtschaftsgeschichte *f*
economic illiteracy (Vw) ökonomisches Analphabetentum *n*
economic indicator
(Vw) Konjunkturindikator *m (syn, business cycle indicator)*
– Wirtschaftsindikator *m*
economic integration (Vw) wirtschaftliche Integration *f* od Eingliederung *f*
economic interdependence (Vw) ökonomische Interdependenz *f*
economic interest
(com) wirtschaftliches Interesse *n*
(Bw) wirtschaftliches Eigentum *n (ie, an e–m Unternehmen)*
economic jargon (Vw) ökonomische Fachsprache *f*
Economic Law (Re, EG) Wirtschaftsrecht *n (syn, Law of the Economy, qv)*
economic life
(Bw) wirtschaftliche Nutzungsdauer *f*
(Vw) Wirtschaftsleben *n*
economic loss
(Re) Vermögenseinbuße *f*, Vermögensschaden *m* *(syn, actual loss, qv)*
(Vers) Vermögensschaden *m*
(ie, including but not limited to injury to persons and property damage = Personen- und Sachschaden)
economic lot size
(Bw) optimale Losgröße *f*
(ie, number of units of a product to be manufactured at each setup or purchased on each order so as to minimize the cost of setup or purchasing, and the cost of holding the average inventory, usually over a year; syn, optimum lot size, standard run quantity)

economic low (Vw) Konjunkturtief *n*
economic magnitude (Vw) ökonomische Größe *m*
economic man (Vw) homo oeconomicus *m*
economic manufacturing quantity (IndE) optimale Fertigungsmenge *f*
economic migrant (com) Wirtschaftsflüchtling *m*
economic obsolescence
(Bw) wirtschaftliches Veralten *n*
(ie, due to causes other than wear and tear; opp, physical obsolescence)
economic order quantity, EOQ
(MaW) optimale Bestellmenge *f*
(ie, number of orders required to fulfill the economic lot size; syn, optimum lot quantity, optimum order quantity)
economic outlook (Vw) Konjunkturaussichten *fpl*
economic performance
(com) wirtschaftliche Leistung *f*
– wirtschaftliches Ergebnis *n*
economic pie (Vw) (verteilbares) Sozialprodukt *n*
economic planning (Vw) Wirtschaftsplanung *f*
economic policy (Vw) Wirtschaftspolitik *f*
Economic Policy Committee (EG) Ausschuß *m* für Wirtschaftspolitik
economic policy debate (Vw) wirtschaftspolitische Debatte *f*, Konjunkturdebatte *f*
economic policy instruments (Vw) Instrumentarium *n* der Wirtschaftspolitik
economic policymaker (Vw) Wirtschaftspolitiker *m*
economic policy mix (Vw) = instruments of economic policy
economic pressure (Kart) wirtschaftliche Druckmittel *npl*
economic progress (Vw) wirtschaftlicher Fortschritt *m*
economic purchase quantity
(MaW) optimale Beschaffungsmenge *f*
(ie, economic lot size for a purchased quantity)
economic recovery
(Vw) wirtschaftliche Belebung *f* od Erholung *f*
(syn, pickup in economic activity, rebound upswing . . . in the economy)
economic relations (AuW) Wirtschaftsbeziehungen *fpl (syn, trade relations)*
economic reprisals
(Vw) Wirtschaftssanktionen *fpl*
– wirtschaftliche Vergeltungsmaßnahmen *fpl*
(syn, trade sanctions)
economic research (Vw) Wirtschaftsforschung *f*
economic research institute (Vw) Institut *n* für Wirtschaftsforschung
economic resources (Vw) ökonomische Ressourcen *pl*
economic return (Fin, rare) interner Zinsfuß *m (syn, internal rate of return)*
economics
(Vw) Wirtschaftswissenschaft *f*
– Volkswirtschaftslehre *f*
– *(fml, slightly obsolescent)* Nationalökonomie *f*
(Vw) ökonomisch relevante Faktoren *mpl*
(Vw) ökonomische Aspekte *mpl*
economic sanctions (Vw) Wirtschaftssanktionen *fpl*
(eg, to impose . . . on a country)
economic self-sufficiency (Vw) Autarkie *f (syn, autarchy)*
economic slowdown (Vw) konjunkturelle Abkühlung *f*
economics of control (Vw) interventionistische Marktwirtschaft *f*
economics of education (Vw) Bildungsökonomie *f*
economics of family (Vw) Fertilitätsökonomie *f*
economics of industry (Vw, GB) = industrial economics
economics of location (Vw) Standortlehre *f*
economics of wages (Vw) Lohntheorie *f (syn, theory of wages)*
economic stability (Vw) Wirtschaftsstabilität *f*
economic-stabilization package (Vw) Stabilitätspaket *n*
economic stabilization policy (Vw) Konjunkturpolitik *f*, Stabilitätspolitik *f*
economic stabilization program (Vw) Konjunkturprogramm *n*
economic stabilizer (Vw) Konjunkturstabilisator *m*
economic statistics (Stat) Wirtschaftsstatistik *f*
economic stimulation program (Vw) Konjunkturbelebungs-Programm *n*
economic structure (Vw) Wirtschaftsstruktur *f*
economic summit (conference) (Vw) Wirtschaftsgipfel *m*
economic system
(Vw) Wirtschaftssystem *n*
(ie, not equal to ,Wirtschaftsordnung' – a peculiar German coinage that defies precise translation)
economic theorist (Vw) Wirtschaftstheoretiker *m*
economic theory (Vw) volkswirtschaftliche Theorie *f*
economic time series (Stat) Wirtschaftszeitreihe *f*
economic transaction (Vw) ökonomische Transaktion *f*
economic trend (Vw) Konjunkturverlauf *m*
economic union
(Vw) Wirtschaftsunion *f*
(eg, of Belgium, Luxembourg, and the Netherlands)
economic unit
(Vw) Wirtschaftseinheit *f*
– Wirtschaftssubjekt *n*
(syn, transactor)
(Bw) Unternehmensgruppe *f*
(ie, under unified command = unter einheitlicher Leitung)
economic upswing (Vw) Konjunkturaufschwung *m* Konjunkturbelebung *f*
economic upturn (Vw) = economic uspwing
economic variable (Vw) ökonomische Variable *f*
economic warfare
(AuW) Handelskrieg *m (syn, trade war)*
(Vw) ökonomische Kriegführung *f*
economic well-being (Vw) materielle Lebenslage *f*
economic woes
(Vw) wirtschaftliche Schwierigkeiten *fpl*
economies of mass production (Vw) Vorteile *mpl* der Massenfertigung
economies of scale
(Vw) Economies of Scale *pl*
– Skaleneffekte *mpl*
– Größenvorteile *mpl*
– Größendegression *f*
(ie, economies associated with greater outputs; Kostenersparnisse, die bei steigendem Output durch Spezalisierung, Lernprozesse od Ko-

stengrößenvorteile entstehen; gleichbedeutend mit degressivem Verlauf der langfristigen Durchschnittskosten; syn, scale economies; opp, absolute economies; diseconomies/inefficiencies . . . of scale)

economies of scope
(Vw) Verbundvorteile *mpl*
– Diversifikationsvorteile *mpl*
(ie, arise when assets can be readily be shared among processes producing several outputs; Beispiel: Energieeinsparungen durch die Verbundwirtschaft integrierter Hüttenwerke; cf, Baumol, Panzar, Willig 1982)

economize *v* (com) sparen, sparsam wirtschaften

economy
(Vw) Wirtschaft *f*
– Volkswirtschaft *f*
(Vw) optimale Ressourcen-Allokation *f*
(com) Sparsamkeit *f*
– sparsame Bewirtschaftung *f*
(Bw) Wirtschaftlichkeit *f* *(syn, economic efficiency)*

economy as a whole (Vw) Gesamtwirtschaft *f*

economy calculation (Bw) Wirtschaftlichkeitsberechnung *f* *(syn, efficiency calculation, qv)*

economy campaign
(Bw) Kostensenkungsaktion *f*
(ie, may be carried out by a hit-quick task force; syn, cost cutting campaign)

economy class (com) Economy-Klasse *f* *(ie, on airliners)*

economy-sized packet (com) Großpackung *f*

economy-wide totals (Vw) volkswirtschaftliche Gesamtgrößen *fpl* *(syn, aggregates, qv)*

eco-sensitive (com) umweltbewußt

ecosystem (com) Ökosystem *n* *(ie, short for: ecological system)*

ecotrophologist (com) Ökotrophologe *m*, -login *f*

ecotrophology
(com) Ökotrophologie *f*
(ie, Ernährungswissenschaft, Hauswirtschaftslehre)

ECSB (EG) = European System of Central Banks

ECSC levy (EG) Montanumlage *f*

ECSC treaty products (EG) EGKS-Waren *fpl*

ECU basket (AuW) Währungskorb *m* des EWS

ECU central rate (Fin) ECU-Leitkurs *m*

ECU debt (Fin) in ecu denominierter Schuldtitel *m*

ECU, ecu
(EG) = European Currency Unit
(EG) = European Customs Union

ECUFIN (EG) = Council of Economic Ministers

EDA (EDV) = engineering design automation

EDC (EG) = European Defence Community

EDF (EG) = European Development Fund

edge
(com) Vorsprung *m*
– Vorteil *m*
(eg, XY company continues to have a clear profit edge on its rivals; syn, competitive edge)
(OR) Kante *f*
– Pfeil *m* *(syn, branch)*

edge ahead *v* (com) steigen, ansteigen *(eg, profits)*

Edge and Agreement corporation (Fin, US) = Edge corporation

Edge corporation
(Fin, US) Tochterbank *f*, über die nur Auslandsoperationen getätigt werden
(ie, dürfen auf der Aktivseite nur Außenhandelsgeschäfte finanzieren und sind im Passivgeschäft auf Einlagen von Gebietsfremden beschränkt; set up under the provisions of the 1913 Federal Reserve Act and the 1978 International Banking Act which opened this area of activity also to foreign banks)

edge down *v* (com, Bö) nachgeben *(ie, prices; syn, ease off, drift down)*

edge in productivity (com) Produktivitätsvorsprung *m*

edge into the black *v*
(com) schwarze Zahlen *fpl* schreiben *(syn, write black figures)*

edge-of-town location (Bw) Standort *m* am Stadtrand

edge partition (Math) Zerlegung *f* e–r Kantenmenge

edge progression (OR) Kantenzug *m* *(syn, chain progression)*

edit *v*
(EDV) editieren, aufbereiten
(ie, add, remove, change the form or format of an input)
(EDV) bearbeiten

edit a file *v* (EDV) Datei *f* editieren

edit field (EDV) Eingabefeld *n*

editing (EDV) Editieren *n*

editing character
(EDV, Cobol) Druckaufbereitungszeichen *n*
– Aufbereitungszeichen *n* *(cf, DIN 66 028, Aug 1985)*

editing command (EDV) Aufbereitungsbefehl *m*

editing mode (EDV) = edit mode

edit instruction (EDV) Aufbereitungsbefehl *m*

edition
(com) Auflage *f*
(eg, book runs into 8 editions)
(com, infml) Version *f*
(eg, souped-up . . . of mainstream product lines)

edit key (EDV) Editiertaste *f*

edit mode (EDV) Editierungsmodus *m* *(for database systems: opp, browse mode)*

editor
(com) Herausgeber *m*
(com) Chefredakteur *m*
(EDV) Editor *m* *(ie, in der Textverarbeitung; cf, text editor)*

editorial (com) Leitartikel *m*

editorialist (com) Leitartikler *m*

editor-in-chief (com) Chefredakteur *m*

editor program
(EDV) Editor *m*
(ie, by means of which a user can easily perform corrections, insertions, modifications, or deletions in an existing program or data file)

edit window (EDV, GUI) Eingabefenster *n*

EDMA (Mk) = European Direct Marketing Association

educate *v*
(com) ausbilden, erziehen
(ie, bring out latent capabilities)
(com, fml) aufklären *(eg, the public on the lavish spending habits of politicians)*

educated guess
(com) begründete Vermutung *f*
(ie, one likely to be right; based on some knowledge of fact)
education
(Pw) Ausbildung *f (syn, instruction, schooling, training)*
educational advertising
(Mk) belehrende Werbung *f*
– Werbung *f* mit erzieherischem Anspruch
educational endowment insurance (Vers) Ausbildungsversicherung *f*
educational expenses (StR, US) Aufwendungen *mpl* für berufliche Weiterbildung *(ie, to gain skills for a current job)*
educationalist
(Pw) Erziehungswissenschaftler *m*
(ie, GB also: educationist)
educational leave (Pw) Bildungsurlaub *m*
educational opportunities (Pw) Bildungschancen *fpl*
educational policy (Pw) Bildungspolitik *f*
educational tariff (AuW) Erziehungszoll *m*
educationist
(Pw) Pädagoge *m*
– Erziehungswissenschaftler *m*
educator
(com, fml) Lehrer *m*
(ie, teacher feeling elevated to the rank of a profession)
(Pw) Pädagoge *m*
EEA (EG) = European Economic Area
EEA Consultative Committee (EG) Beratender EWR-Ausschuß *m*
EEA Council (EG) EWR-Rat *m*
EEA Joint Committee (EG) Gemeinsamer EWR-Ausschuß *m*
EEA Joint Parliamentary Committee (EG) Gemeinsamer Parlamentarischer EWR-Ausschuß *m*
EEC accession
(EG) EG-Beitritt *m*
– Beitritt *m* zur Gemeinschaft
(syn, entry into the EEC)
EEC budget (EG) EG-Haushalt *m*, Haushalt *m* der Gemeinschaft
EEC countries (EG) EG-Länder *npl (ie, members of the European Community)*
EEC directive (EG) EG-Richtlinie *f*
EEIG (EG) = European Economic Interest Grouping
EEPROM (EDV) = Electrically Erasable Programmable Read-Only Memory
effective
(com) wirksam
– leistungsfähig
– effektiv
(Re) rechtswirksam
effective address
(EDV) effektive
– absolute ... Adresse *f*
(ie, actually used during instruction execution)
effective annual yield
(Fin, US) jährliche Effektivverzinsung *f*
(ie, yield on an investment, taking into effect compounding, but expressed as the equivalent simple interest rate)
effective base period (com) Basislaufzeit *f*
effective bit rate
(EDV) effektive Bitrate *f*
– Transfergeschwindigkeit *f*
(syn, data transfer rate)
effective competition (Vw) = workable competition, qv
effective cost (KoR) Istkosten *pl (syn, actual cost)*
effective date
(com) Stichtag *m (syn, key/target/relevant . . . date)*
(Re) Datum *n* od Zeitpunkt *m* des Inkrafttretens
effective demand
(Vw) effektive Nachfrage *f*
– monetäre Nachfrage *f*
(syn, monetary demand)
effective-demand boom (Vw) Mengenkonjunktur *f*
(ie, with prices falling and revenues rising)
effective instruction (EDV) effektiver Befehl *m*
effective interest load (Fin) effektive Zinsbelastung *f*
effective interest rate (Fin) effektiver Zins *m (syn, market rate of interest, real rate of interest)*
effective interest yield (Fin) Effektivverzinsung *f (syn, effective rate, qv)*
effective life (Bw) Nutzungsdauer *f (syn, service life, qv)*
effectiveness
(EDV) Effektivität *f*
– externes Leistungsmaß *n*
(eg, throughput rate, turnaround/response . . . time)
effective pay rate (Pw) Gesamteinkommen *n* je Periode
effective rate
(Fin) effektiver Zins *m*
– Effektivverzinsung *f*
(syn, effective yield, market/real/negotiated . . . rate of interest, redemption yield, true . . yield/rate of return, yield rate; formula: (1 + i /n)–1)
(Fin) effektiver Zinsfuß *m*
effective tariff (Zo) Effektivzoll *m*
effective tax rate (StR) tatsächlicher Steuersatz *m (opp, nominal rate)*
effective time
(EDV) Effektivzeit *f*
(IndE) Beobachtungszeit *f (ie, des Operators, einschl. Vorbereitungs- und Prüfzeit)*
effective unit (IndE) fehlerfreies Stück *n*
effective valuation date (ReW) Bewertungsstichtag *m*
effective yield (Fin) = effective rate
effect payment *v*
(com) zahlen
– Zahlung *f* leisten
(syn, make/ meet . . . payment)
effects doctrine
(Kart, US) „Wirkungs“-Doktrin *f*
(ie, a state applies its laws to conduct by nonnationals occurring entirely outside its territory but which has some effect within the prescribing state)
effect shipment *v*
(com) versenden
– Versand *m* durchführen
effect variable (Stat) Wirkungsvariable *f*

efficacious (com, fml) = efficient
efficacy
(Bw) Nutzeffekt *m*
(com) Wirkung *f (eg, of a drug)*
efficiency
(com) Effizienz *f*
– Wirksamkeit *f*
– Leistungsfähigkeit *f*
(Bw) Produktivität *f*
(syn, productivity, physical/production/technological... efficiency)
(Bw) Wirtschaftlichkeit *f*
(syn, economic/ operational... efficiency)
(Fin) Rentabilität *f*
(syn, profitability, qv)
(IndE) technischer Wirkungsgrad *m*
(syn, physical/engineering... efficiency)
(Stat) Effizienz *f*
(ie, der Schätzfunktion)
efficiency bonus (Pw) Leistungszulage *f*
efficiency bonus plan (Pw) Leistungsprämiensystem *n*
efficiency calculation
(Bw) Wirtschaftlichkeitsrechnung *f*
(syn, economy calculation, evaluation of economic efficiency, estimate of operating economy)
efficiency criterion (Bw) Effizienzkriterium *n*
efficiency expert
(IndE) Rationalisierungsfachmann *m (ie, obsolescent term: replaced by the ‚management and systems analyst')*
efficiency gains (Bw) Effizienzgewinne *mpl*
efficiency losses (Bw) Effizienzeinbußen *fpl*
efficiency rating (Pw) Leistungsbeurteilung *f (syn, performance appraisal, qv)*
efficiency review (Bw) Erfolgskontrolle *f*
efficiency rule
(Bw) Wirtschaftlichkeitsprinzip *n*
– ökonomisches Prinzip *n*
– Rationalprinzip *n*
(ie, to produce at a given rate with lowest cost; or to produce at the highest rate with the same cost)
efficiency scrutiny
(com) Überprüfung *m* der Leistungsfähigkeit
– Effizienz-Überprüfung *f*
efficiency variance
(KoR) Leistungsabweichung *f*
– Intensitätsabweichung *f*
(syn, machine effectiveness variance, physical variance)
efficient (IndE) rationell
efficient allocation (Vw) Allokationseffizienz *f*
efficient employment of money holdings (Fin) Ökonomisierung *f* der Kassenhaltung
efficient estimator (Stat) effiziente Schätzfunktion *f (ie, one that has minimum variance)*
efficient market hypothesis (Fin) Hypothese *f* von der Kapitalmarkteffizienz
EFTA, efta (AuW) = European Free Trade Association
eftpos (Fin) = electronic funds transfer at point of sale
ego involvement (Pw) persönliches Engagement *n*
EIB (EG) = Europen Investment Bank
EIF (FiW) = European Investment Fund
eigenvalue
(Math) Eigenwert *m*
(ie, esp a root of the characteristic equation of a matrix; syn, characteristic... root/value)
eigenvector
(Math) Eigenvektor *m*
(ie, nonzero vector mapped onto a vector that is the product of a scalar multiplied by the original vector; syn, characteristic vector)
eigenwert (Math) = characteristic root
EIS (EDV) = executive information system, qv
EISA (EDV) = Electronics Industry Standards Association *(ie, group of PC manufacturers who established a standard for a backward-compatible 32-bit expansion bus; this bus system is called EISA-bus)*
either-or order (Bö) Alternativ-Auftrag *m*
eject
(EDV) (Seiten-)Vorschub *m*
(EDV) (Disketten-)Auswurf *m*
ejection mechanism (EDV) (Disketten-)Auswurfsmechanismus *m*
ejector seat (com, infml) Schleudersitz *m*
elapsed time
(com) Dauer *f*
(IndE) Beobachtungszeit *f (ie, of a machine operator)*
(EDV) Auftragsumlaufzeit *f*
– Verweilzeit *f*
(syn, job around time)
elastic demand (Vw) elastische Nachfrage *f*
elasticity
(Vw) Elastizität *f*
(ie, relative response of one variable to a small percentage change in another variable; general formula: dx/dy . y . x; it is dimensionless because independent of units of measurements; Wirkung e–r unabhängigen Größe [Preis] auf eine abhängige Größe [Menge]; relevant sind: direkte Preiselastizität der Nachfrage, Kreuzpreiselastizität der Nachfrage, Einkommenselastizität der Nachfrage, Angebotselastizität, Produktionselastizität, Skalenelastizität [Niveauelastizität], Substitutionselastizität)
elasticity approach (Vw) Elastizitätsansatz *m*
elasticity coefficient (Vw) Elastizitätskoeffizient *m*
elasticity of demand (Vw) Elastizität *f* der Nachfrage, Nachfrageelastizität *f*
elasticity of supply
(Vw) Angebotselastizität *f*
(ie, Abhängigkeit der angebotenen Menge x vom Preis p e–s Gutes)
elasticity of tax revenue (FiW) Aufkommenselastizität *f* Steuerflexibilität *f*
elasticity of (technical) substitution
(Vw) Substitutionselastizität *f*
(ie, Verhältnis der relativen Änderung des Einsatzverhältnisses zweier Produktionsfaktoren zu der begleitenden relativen Änderung der technischen Substitutionsrate; ausschlaggebend für Änderungen der funktionellen Einkommensverteilung)
elastic money supply (Vw) elastische Geldmenge *f*
elastic range of demand (Vw) elastischer Bereich *m* der Nachfragekurve

elastic supply (Vw) elastisches Angebot *n*
elderly dependency ratio (FiW) Alterslast *f*
elect *v*
(com) wählen
(com) sich entscheiden für *(ie, to do)*
electability (com) Wählbarkeit *f*
election (com) Wahl *f (eg, by secret ballot = geheime . . .)*
elective (com, US) Wahlfach *n (syn, GB, optional subject)*
elector (com) Wahlmann *m*
electrical appliances (com) elektronische Geräte *npl* od Gebrauchsgüter *npl*
electrical dip
(EDV) momentane Stromunterbrechung *f*
(ie, fleeting dip in electrical current: may cause computer to erase data stored on its memory)
electrical engineering (com) Elektrotechnik *f (ie, deals with practical application of electricity)*
electrical engineering industry
(com) Elektroindustrie *f*
– Elektrobranche *f*
– elektrotechnische Industrie *f*
electrical group (com) Elektrokonzern *m*
electrical sensing (EDV) elektrische Abtastung *f (syn, brush . . . reading/sensing; opp, optical scanning, magnetic reading)*
electric circuit (EDV) Stromkreis *m*
electricity bill (com) Stromrechnung *f*
electricity costs (com) Stromkosten *pl*
electricity supply
(com) Stromversorgung *f*
– Elektrizitätsversorgung *f*
(syn, power supply)
electricity supply industry (com) Elektrizitätswirtschaft *f*
electroluminescent display (EDV) Elektrolumineszenz-Bildschirm *m*
electronic advertising (Mk) elektronische Werbung *f (eg, via online services)*
electronic banking (Fin) elektronische Abwicklung *f* von Bankgeschäften
electronic checkbook (EDV) Computer-Scheckkarte *f (syn, memory/chip . . . card)*
electronic data processing center (EDV) Datenverarbeitungszentrum *n* Rechenzentrum *n (syn, EDP center, computer center)*
electronic data processing, EDP (EDV) elektronische Datenverarbeitung *f*
electronic dictionary (EDV) Computer-Wörterbuch *n*
electronic file cabinets (EDV) elektronische Ablage *f (syn, electronic filing system)*
electronic filing system (EDV) = electronic file cabinets
electronic funds transfer at point of sale, eftpos
(Fin) elektronische Abbuchung *f* am POS-Terminal
electronic funds transfer, EFT, eft (Fin) EDV-Überweisungsverkehr *m* belegloser Zahlungsverkehr *m*
electronic funds transfer system (Fin) elektronisches Zahlungsverkehrssystem *n*
electronic mail (EDV) elektronische Post *f*
electronic mailbox (EDV) elektronischer Briefkasten *m*
electronic marketing (Mk) elektronisches Marketing *n*
electronic money (Fin) Computergeld *n (syn, disk money)*
electronic office (EDV) Büroautomation *f*
electronic payments (Fin) elektronischer Zahlungsverkehr *m*
electronic publishing (EDV) elektronisches Publizieren *n (ie, using networks for publishing purposes)*
electronics (com) Elektronik *f*
electronic shopping
(EDV) elektronisches Einkaufen *n*
– Einkaufen *n* im elektronischen Warenhaus *n*
(ie, buying goods via networks [eg, World Wide Web]; syn, electronic shopping)
electronics industry (com) Elektroindustrie *f*
electronic smog
(com) Elektrosmog *m*
(ie, electromagnetic fields and static electricity caused by increasing number of electronic devices; negative Auswirkungen auf die Gesundheit bisher umstritten)
electronic till
(EDV) Computerkasse *f*
(ie, main computer may dial each branch to take information from each till's memory)
electronic trading system (Bö) elektronisches Handelssystem *n*
electronic typewriter (EDV) Speicherschreibmaschine *f*
electro-technology (Pw) Elektrotechnik *f (ie, als Ausbildungsfach)*
elektricals (Bö) Elektrowerte *mpl*
element
(Math) Element *n* e–r Menge
(IndE) Teilarbeitsvorgang *m (ie, small logically sequenced subtask for which time is recorded)*
elemental market (Vw) Elementarmarkt *m (syn, single-market model)*
elemental movement
(IndE) Elementarbewegung *f*
(ie, fundamental subdivision of the hand movements in manipulating an object; syn, basic element, fundamental motion, therblig)
elementary item
(EDV, Cobol) Datenelement *n (syn, data element; cf, DIN 66 028, Aug 1985)*
elementary ratios (Bw) primäre Kennziffern *fpl*
elementary school (com, GB) Grundschule *f (syn, US, grade school)*
elementary statement (Log) Elementarsatz *m (opp, atomistic proposition = Elementaraussage)*
elementary task (Pw) Elementaraufgabe *f*
elementary understanding (com) Grundkenntnisse *fpl (eg, of economics; syn, basic knowledge, the ABC of . . .)*
elementary unit (Stat) kleinste Untersuchungseinheit *f*
element breakdown (IndE) Arbeitszerlegung *f* in Teilvorgänge *(ie, separation of work cycle into elemental motions)*
element of a contract (Re) Vertragsbestandteil *m*
element of a set (Math) Element *n* e–r Menge
element of survey population (Stat) Erhebungsobjekt *n*

Elements of Jurisprudence (Re) „Einführung *f* in die Rechtswissenschaft“
element time (IndE) Einzelzeit *f (ie, time to complete a specific motion element)*
elevation (IndE) Aufriß *m (ie, projection on a vertical plane without perspective)*
elevator (com, US) Aufzug *m (syn, GB, lift)*
eligibility (SozV) Berechtigung *f (syn, entitlement)*
eligibility criterion (Bw) Auswahlkriterium *n (syn, selection criterion)*
eligibility for aid
(com) Förderungswürdigkeit *f*
(syn, eligibility for promotion)
eligibility for discount (Fin) Diskontfähigkeit *f*
eligibility of goods for entry (Zo) Zulassungsbedingungen *fpl* für die Einfuhr
eligibility policy (Fin) Auslesepolitik *f* der Notenbank
eligible assets (Fin) zentralbankfähige Aktiva *npl (ie, assets which the central bank is willing to monetize)*
eligible bill (Fin) rediskontfähiger Wechsel *m*
eligible earnings (FiW) beitragspflichtige Entgelte *npl*
eligible for discount (Fin) diskontfähig *(syn, bankable)*
eligible for favorable treatment (StR) förderungswürdig
eligible for promotion (Pw) förderungswürdig
eligible for rediscount (Fin) rediskontfähig *(syn, rediscountable)*
eligible insured years (SozV) anrechnungsfähige Versicherungsjahre *npl*
eligible investment (Fin) mündelsichere Kapitalanlage *f*
eligible liabilities (Fin, GB) mindestreservepflichtige Einlagen *fpl*
eligible paper
(Fin, US) rediskontfähige Wertpapiere *npl*
(ie, for rediscount at a Federal Reserve bank; eg, notes, drafts, and bills)
(Fin, GB) zentralbankfähige Wechsel *mpl*
(ie, bank bills and fine trade bills)
eligible reserve assets
(Fin, GB) Reserveguthaben *npl* der ‚commercial banks‘ als Bezugsgröße des Mindestreservesatzes; Liquiditätsreserven *fpl*
eligible to serve as collateral
(Fin) beleihbar
– beleihungsfähig
(syn, suitable as collateral)
eliminate *v*
(com) ausschalten *(eg, rivals)*
(com) ausscheiden *(syn, exclude, remove)*
eliminate competitors *v* (com) Konkurrenz *f* ausschalten
eliminating entry
(ReW) Buchung *f* von Eliminierungen
– Konsolidierungsbuchung *f*
(ie, in preparing group accounts = Konzernbilanz)
elimination of additional revenues (Kart) Mehrerlösabschöpfung *f*
elimination of competition (com) Verdrängungswettbewerb *m*
elimination of customs duties (AuW) Abschaffung *f* od Aufhebung *f* von Zöllen *(syn, abolition of tariffs)*
elimination of intercompany profits
(ReW) Zwischengewinneliminierung *f*
(ie, elimination of book profit representing the excess of charges by one related company to another for goods and services over and above their cost to the related group; only profits on sales and services to the public should be shown as having been realized; Differenz zwischen dem höheren Wertansatz in der Einzelbilanz des Konzernunternehmens und den Konzernanschaffungs- od Herstellungskosten)
elimination of rivals (com) Ausschaltung *f* der Konkurrenz
eliminations (ReW) Konsolidierung *f* des konzerninternen Lieferungs- und Leistungsverkehrs
EMA (AuW) = European Monetary Agreement
e-mail/email (EDV) Elektronische Post *f*
emancipate *v*
(Re) emanzipieren
(Bw) verselbständigen, ausgliedern *(syn, spin off)*
embargo
(AuW) Embargo *n*
(ie, refusal to permit the transportation of goods into and out of a country)
embargo *v* (AuW) Embargo *n* verhängen *(syn, impose an embargo)*
embargo on exports (AuW) Ausfuhrsperre *f*
embark *v*
(com) einschiffen
(com) an Bord nehmen
embark on a strategy *v* (Bw) Strategie *f* einschlagen
embed *v* (EDV) einfügen
embedded object (EDV, GUI) eingebettetes Objekt *n*
embezzle *v*
(Re) unterschlagen
– veruntreuen
(syn, abstract, purloin)
embezzlement
(Re) Unterschlagung *f*
– Veruntreuung *f*
– *(old fashioned)* Unterschleif *m*
embodied technical progress (Vw) investitionsgebundener technischer Fortschritt *m*
embodiment (Pat) Ausführungsbeispiel *n*, Ausführungsform *f (ie, of an invention)*
embody *v*
(WeR) verbriefen
(ie, registered instruments = Namens-/Rektapapiere)
(WeR) verkörpern
(ie, order and bearer instruments = Order- und Inhaberpapiere)
embryo stage (com, infml) Kinderschuhe *fpl (eg, an industry still very much in the . . .)*
EMC
(com, US) = export management company
(Mk) = European Marketing Council
EME (Fin) = European Mercantile Exchange
emerge *v*
(com) auftauchen
– zum Vorschein kommen *(ie, from)*
emergency aid (FiW) Soforthilfe *f*

emergency amortization (ReW) beschleunigte Abschreibung *f*
emergency clause (Vers) Gefahrenklausel *f (syn, perils clause)*
emergency credit (Fin) Stützungskredit *m*
emergency freight surcharge (com) Krisenfrachtzuschlag *m*
emergency maintenance (IndE) Notwartung *f*
emergency meeting (com) dringende Sitzung *f (eg, to be called within 24 hours)*
emergency operation (IndE) Notbetrieb *m*
emergency power supply
(EDV) Notstromaggregat *n*
(ie, becomes available, usually automatically, when normal power line service fails)
emergency sale (com) Notverkauf *m (syn, distress sale, qv)*
emergency stock (MaW) Sicherheitsbestand *m*
emergency stockpiles (Vw) Krisenvorräte *mpl*
emerging markets
(AuW) Schwellenmärkte *mpl*
– Märkte *mpl* in Schwellenländern
EMI (EG) = European Monetary Institute
eminent domain
(Re) Enteignungsbefugnis *f* des Staates im öffentlichen Interesse *(ie, power of a government entity to take private property for public use; syn, power of eminent domain)*
eminent domain proceedings
(Re) Enteignungsverfahren *n (syn, condemnation proceedings)*
emissions reduction bank (com) Emissionsminderungsbank *f (ie, in der Umweltpolitik; cf, emissions trading)*
emissions standards (IndE) Abgasnormen *fpl (ie, for new cars)*
emissions trading
(Vw) Kompensationslösungen *fpl*
(ie, führen zur Flexibilisierung der starren Umweltauflagen; Maßnahmen: Ausgleichspolitik, Glockenpolitik, Befreiung von Zulassungsvorschriften durch ‚netting out', Emissionsminderungsbanken)
emitter (OR) Sendeteil *m* e–s Knotens
emitter node (OR) Sendeknoten *m (syn, source node)*
emitting function (OR) Ausgangsfunktion *f (syn, distributive /output . . . function)*
emoluments
(com) Bezüge *pl*
– Einkünfte *pl*
(ie, broader than wages or salaries)
emphasis bar (EDV) Markierungsbalken *m*
empirical science (Log) empirische Wissenschaft *f (syn, factual science; normative science = normative präskriptive Wissenschaft)*
employ *v* (Pw) beschäftigen *(eg, at a high salary, at a car plant, in a line of business)*
employability
(com) Verwendungsfähigkeit *f*
(Pw) Arbeitsvermittlungsfähigkeit *f*
employable
(com) anwendungsfähig
– verwendbar
(Pw) arbeitsvermittlungsfähig
employable age
(Pw) arbeitsfähiges
– erwerbsfähiges . . . Alter *n*
(opp, pensionable age)
employed capital (Fin) eingesetztes Kapital *n*
employed contributor (SozV) Pflichtversicherter *m (syn, compulsorily insured)*
employee
(Pw) Arbeitnehmer *m*
– Arbeitskraft *f*
employee activity rate (Vw) Erwerbsquote *f (syn, labor force participation rate, qv)*
employee anniversary award (StR) Jubiläumsgeschenk *n* Jubiläumszuwendung *f*
employee buyout (Fin) Verkauf *m* des Betriebes an Teile der Belegschaft
employee compensation
(Pw) Arbeitsentgelt *n*
– Arbeitslohn *m*
– Arbeitnehmereinkommen *n (syn, employee . . . earnings/pay)*
employee cutback (Pw) Verkleinerung *f* der Belegschaft
employee development measures (Pw) Förderungsmaßnahmen *fpl*
employee development program (Pw) Fortbildungsprogramm *n*
employee earnings (Pw) = employee compensation
employee-elected representative
(Pw) Arbeitnehmervertreter *m*
(eg, on company board of directors, as in German ‚co-determination' schemes)
employee evaluation (Pw) Leistungsbeurteilung *f (syn, performance appraisal, qv)*
employee file (Pw) Personalakte *f*
employee invention (Pat) Arbeitnehmererfindung *f (ie, made in the course of employment)*
employee involvement
(Pw) Arbeitnehmer-Mitbestimmung *f*
(ie, nicht mit der dt. Mitbestimmung verwechseln: attempts by the European Community to impose a compulsory system of consultation and participation would be profoundly damaging . . .)
employee leasing (Pw) Arbeitskräfte-Leasing *n*
employee magazine (Pw) Werkszeitung *f (syn, in-house-magazine, qv)*
employee meeting (Pw) Belegschaftsversammlung *f*
employee-oriented style of leadership (Bw) mitarbeiterbezogener Führungsstil *m*
employee participation
(Pw) Arbeitnehmerbeteiligung *f (eg, in shop-floor management)*
employee pay (Pw) = employee compensation
employee pay number (Pw) Stammnummer *f*
employee pension scheme
(Pw) betriebliche Altersversorgung *f*
(ie, covers old age, disability, and survivor's pensions)
employee profit sharing (Pw) Gewinnbeteiligung *f* der Arbeitnehmer
employee purchases (Pw) Belegschaftskäufe *mpl*
employee rating (Pw) Leistungsbeurteilung *f (syn, performance appraisal, qv)*
employee relations department (Pw) Personalabteilung *f (syn, personnel department, qv)*

employees' annual report
(Pw) Jahresbericht *m* für die Belegschaft
(ie, explains the company's financial statement)
employee selection (Pw) Personalauswahl *f*
employee severance benefits
(Pw) Abfindungsansprüche *mpl* von Mitarbeitern
employee shareowning
(Pw) Arbeitnehmerbeteiligung *f*
(ie, in Form von Anteilen/Aktien)
employee shares
(Pw) – Mitarbeiteraktien *fpl*
– Belegschaftsaktien *fpl*
(ie, shares offered and sold to employees; syn, employee stocks; infml, buckshee shares)
employee stock ownership
(Pw, US) Mitarbeiter-Beteiligung *f*
(ie, includes: stock purchase, stock appreciation rights, stock options, ESOPSs, TRASOPs)
employee stocks (Pw) = employee shares
employee suggestion scheme (Pw) betriebliches Vorschlagswesen *n*
employee turnover (Pw) Fluktuation *f (syn, labor turnover, qv)*
employer (Pw) Arbeitgeber *m*
employer-employee relationship (Pw) Arbeitsverhältnis *n*
employer identification number
(StR, US) Steuernummer *f*
(ie, available from the IRS for partnerships, corporations, trusts, etc; cf, taxpayer identification number)
employer's contribution (SozV) Arbeitgeberanteil *m*
employer's liability (Re) Unternehmerhaftpflicht *f*
employer's pension commitment (Pw) Pensionszusage *f*
employer's pension scheme (Pw) betriebliche Pensionskasse *f*
employer's social security contribution (SozV) Arbeitgeberbeiträge *mpl* zur Sozialversicherung
employer strike insurance (Vers) Streikversicherung *f*
employment
(Pw) Beschäftigung *f*
– Einsatz *m*
(Pw) Arbeitsverhältnis *n*
– Dienstverhältnis *n*
(syn, employer-employee relationship)
(Vw) Beschäftigungsgrad *m (syn, level of employment)*
employment ad
(Pw) Stellenanzeige *f*
– Personalanzeige *f*
(syn, job advertisement)
employment agency (Pw) private Stellenvermittlung *f*
employment bottleneck (Vw) Beschäftigungsengpaß *m*
employment bureau (Pw) = employment agency
employment category (Stat) Beschäftigungsart *f*
employment certificate (Pw) Arbeitszeugnis *n*
employment company (FiW) Beschäftigungsgesellschaft *f*
employment conditions (Pw) Arbeitsbedingungen *fpl*
employment-connected (Pw) beschäftigungsbedingt
employment contract (Pw) = contract of employment
employment cost
(Pw) Arbeitskosten *pl*
(ie, bill for wages, salaries, and fringe benefits; syn, labor cost)
(KoR) Personalkosten *pl*
– Personalaufwand *m*
(syn, payroll/staff . . . cost)
employment creating measures (Vw) Arbeitsbeschaffungsmaßnahmen *fpl*
employment crisis (Vw) Beschäftigungskrise *f*
employment effect (Vw) Beschäftigungseffekt *m*
employment exchange
(Pw, GB) Arbeitsamt *n*
(ie, local office of the Department of Employment)
employment freeze
(Pw) Einstellungsstopp *m*
– Einstellungssperre *f*
(syn, hiring/job . . . freeze)
employment gains
(Vw) Sinken *n* der Arbeitslosenquote
– Zunahme *f* der Beschäftigung
employment guarantee (Pw) Arbeitsplatzgarantie *f*
employment income
(StR) Arbeitslohn *m (ie, includes wages, salaries, bonuses, commissions, etc)*
(Vw) = earned income
employment index
(Vw) Beschäftigungsindex *m*
– Anspannungsindex *m*
(ie, ratio of number of jobless to number of vacancies)
employment indicator (Vw) Beschäftigungsindikator *m*
employment interview (Pw) Einstellungsgespräch *n (syn, hiring/job . . . interview)*
employment legislation (Re) Arbeitsgesetzgebung *f*
employment level (Pw) Beschäftigungsstand *m*
employment manager
(Pw) Personalleiter *m*
– Personalchef *m*
(syn, personnel manager)
employment market (Pw) Stellenmarkt *m*
employment of funds (Fin) Geldanlage *f*
employment of outside experts (com) Hinzuziehung *f* von Sachverständigen
employment opportunities (Pw) Beschäftigungsmöglichkeiten *fpl*
employment outlook (Pw) Beschäftigungsaussichten *fpl (syn, employment prospects)*
employment overhead
(KoR) Personalgemeinkosten *pl*
employment permit (Pw) Arbeitserlaubnis *f (syn, work permit)*
employment policy
(Vw) Beschäftigungspolitik *f*
(Pw) Personalpolitik *f (syn, human resources policy)*
employment-population ratio (Stat, US) Verhältnis *n* der Beschäftigten zur arbeitsfähigen Bevölkerung
employment prospects (Pw) = employment outlook
employment rate
(Vw) Erwerbsquote *f (syn, labor force participation rate, qv)*

employment relationship
(Pw) Beschäftigungsverhältnis *n*
(syn, employer-employee relationship)
employment security
(Pw) Arbeitsplatzsicherheit *f (syn, job . . . security/ safety)*
employment situation
(Vw) Beschäftigungssituation *f*
– Arbeitsmarktsituation *f*
(syn, job/labor market /manpower . . . situation)
employment subsidy (AuW) Lohnbeihilfe *f*
employment tax (StR, US) = payroll tax, qv
employment taxes
(StR, US) Lohnsummensteuern *fpl*
(ie, levied on an employer's payroll; eg, employer's contribution to social security – Arbeitgeberbeitrag –, also called FICA taxes, qv)
employment test
(Pw) Einstellungs-Test *m*
(ie, measures intelligence, personality traits, skills, interests, aptitudes, and other characteristics; used to supplement interviews and background investigations before employment)
employment trend (Vw) Beschäftigungsentwicklung *f*
employment volume (Pw) Beschäftigungsvolumen *n*
(ie, total hours worked)
employ off the books *v*
(Pw, infml) schwarz beschäftigen
– als Schwarzarbeiter beschäftigen
emplyee development program (Pw) Fortbildungsprogramm *n*
empower *v*
(com) bevollmächtigen
– ermächtigen
(syn, authorize)
empowered
(com) befugt
– bevollmächtigt
– ermächtigt
(syn, authorized)
empties (com) Leergut *n*
empty heading (ReW) Leerposten *pl*
empty market (Mk) leergefegter Markt *m*
empty package (com) Leerpackung *f*
empty phrase (Log) Leerformel *f (syn, vacuous . . . expression/phrase)*
empty set
(Math) leere Menge *f*
– Nullmenge *f*
(ie, set with no elements; syn, null/void . . . set)
empty string (EDV) leere Zeichenkette *f*
empty term (Log) leerer Begriff *m (syn, insignificant term)*
empty waiting-line system (OR) leeres Wartesystem *n*
EMS
(EG) = European Monetary System
(AuW) = exchange rate mechanism
EMU, emu (EG) = European monetary union
emulate *v* (EDV) emulieren
emulation (EDV) Emulation *f*
emulation mode
(EDV) Emulierungs-Betriebsart *f*
(ie, computer actually executes instructions of a different (simpler) computer, in contrast to normal mode)
emulator
(EDV) Emulator *m*
(ie, microprogramm-assisted macroprogram which allows a computer to run programs written for another computer)
emulator control program (EDV) Emulator-Steuerprogramm *n*
emulator microprogram (EDV) Emulator-Mikroprogramm *n*
enable *v*
(com) befähigen, in die Lage versetzen
(EDV) aktivieren
– einschalten
– freigeben
(ie, authorize an activity which would otherwise be suspended)
enabling (EDV) Einschalten *n*
enabling signal (EDV) Freigabesignal *n*
encapsulation (EDV, OOP) Kapselung *f (ie, in der objektorientierten Programmierung)*
encash a check *v* (Fin) Scheck *m* einlösen
encashment
(Fin) Einlösung *f*
– Inkasso *n*
– Einlösung *f*
enclosure (com) Anlage *f (ie, attached to a letter)*
enclosure sale (Re) Verkauf *m* e–r Sicherheit *(ie, zur Befriedigung e–r Forderung)*
encode *v*
(EDV) codieren, programmieren
(syn, prepare a routine in machine language for a specific computer; syn, code)
encoder (EDV) Codierer *m*, Codiergerät *n (syn, coding device)*
encouragement for self-help (SozV) Hilfe *f* zur Selbsthilfe
encroach *v*
(Re) beeinträchtigen *(eg, a right)*
(com) in Anspruch nehmen *(ie, make unreasonable demands on/upon)*
encroachment (on) (Re) Beeinträchtigung *f (syn, infringement of, interference with)*
encroach upon *v*
(com) beeinträchtigen
– eingreifen in
encryption
(EDV) Datenverschlüsselung *f (syn, data encryption, data encoding)*
encumber *v* (Re) belasten *(ie, property; syn, burden)*
encumber real estate *v* (Re) Grundstück *n* belasten
encumbrance
(Re) Grundstücksbelastung *f*
– dingliche Belastung *f*
(ie, lien or claim on real property; syn, burden, charge)
(Re, US) Belastung *f* beweglicher Sachen
(ie, term may also apply to claim on personal property, no other term being available, UCC Section 9-105)
endanger *v* (com) gefährden
endanger jobs *v* (Pw) Arbeitsplätze *mpl* gefährden
endangerment
(Re, GB) Gefährdung *m* (im Straßenverkehr)
(ie, new offence, to deal with vandals who put road user's lives at risk)

end around carry
(EDV) Endübertrag *m*
– Ringübertrag *m*
(ie, from the most significant digit place to the least significant digit place)
end around shift
(EDV) logisches Verschieben *n (syn, logical shift, qv)*
end character (EDV) Endzeichen *n*
end column (ReW) Endspalte *f*
end consumer (com) Endverbraucher *m (syn, end user)*
end elevation (IndE) Seitenaufriß *m*
ending balance
(ReW) Endsaldo *m (syn, closing balance)*
(MaW) Endbestand *m*
ending inventory
(ReW) Schlußbestand *m*
(syn, end-of-period inventory, closing stock)
(ReW) Endbestand *m*
(eg, of receivables = Forderungen)
end money (Fin) Mittel *pl* zur Deckung von Mehrkosten
end of block (EDV) Blockende *n*
end-of-block signal (EDV) Blockendezeichen *n*
end of day report (Fin) Tagesendliste *f*
end of file, EOF
(EDV) Dateiende *n*
(ie, termination or point of completion of a data set; end of file marks are used to indicate this point)
end-of-file indicator (EDV) = end of file mark
end of file label (EDV, Cobol) Dateiendekennsatz *m*
end-of-file mark
(EDV) Dateiende-Anzeiger *m*
(ie, control character – Steuerzeichen – which signifies that the last record of a file has been read)
end-of-file routine
(EDV) Dateiendeprogramm *n*
(ie, checks that the contents of a file read into the computer were correctly read)
end of job, EOJ
(EDV) Jobende *n*
– Auftragsende *n (syn, end of run)*
end-of-month fluctuations (Bö) Ultimoausschläge *mpl*
end of month following, E.O.M. (com) das dem Verkaufstag folgende Monatsende
end-of-month settlement (ReW) Ultimoabrechnung *f*
end-of-month settlement loan (Fin) Ultimogeld *n*
end-of-period inventory
(ReW) Stichtaginventur *f*
(MaW) = ending inventory
end of record, EOR (EDV) Satzende *n*
end-of-record gap (EDV) Satzlücke *f (syn, EOR gap)*
end-of-record label (EDV) Satzendekennzeichen *n*
end-of-record word (EDV) Satzendewort *n*
end of reel (EDV, Cobol) Bandende *n*
end of run (EDV) = end of job
end-of-season clearance sale (com) Saisonschlußverkauf *m (ie, at reduced prices)*
end of tape (EDV) Bandende *n*
end-of-tape marker, EOT (EDV) Bandendemarke *f*
end-of-tape routine
(EDV) Bandende-Program *n*
(ie, brought into play when the end of a tape is reached; may involve a series of validity checks and initiate the tape rewind)
end-of-year adjustment (ReW) Rechnungsabgrenzung *f*
end-of-year financial statement (ReW) Jahresabschluß *m (syn, year-end financial statement)*
endogenous variable
(Vw) endogene Variable *f*
(ie, determined within the economic system itself, such as income, production, money supply, employment, prices, rent, and interest; opp, exogenous variable)
endorse *v*
(Re) billigen, zulassen
(eg, state statutes unequivocally . . . resale price maintenance = Preisbindung der zweiten Hand)
(com) unterzeichnen
(eg, one's signature)
(WeR, US) indossieren
(ie, sign on the back; this spelling is commonly used in business; the UCC uses the spelling „indorse")
endorsee (WeR) Indossatar *m (opp, endorser)*
endorsement
(WeR) Indossament *n*
(ie, signature on the back of an instrument by the payee [Wechselnehmer, Remittent]; endorsement is the means, plus delivery, by which order instruments are negotiated to another person; see:
1. endorsement in blank, or general endorsement;
2. special endorsement, or direct endorsement;
3. conditional endorsement;
4. unqualified endorsement;
5. qualified endorsement;
6. restrictive endorsement)
(Vers) Nachtrag *m* zur Police
endorsement and delivery (WeR) Indossament *n* und Übergabe *f (ie, Übertragungsform bei Orderpapieren)*
endorsement in blank
(WeR) Blankoindossament *n*
(ie, specifies no particular endorsee, and thereafter is payable to bearer and may be negotiated by delivery alone; syn, general endorsement)
endorsement in full
(WeR) Vollindossament *n*
(syn, direct/special endorsement; specifies the person to whom or to whose order the instrument is payable; it is necessary for the further negotiation of the instrument)
endorsement liabilities (Fin) Indossaments-Verbindlichkeiten *fpl*
endorser (WeR) Indossant *m (opp, endorsee)*
endowed chair (Pw) Lehrstuhl *m* mit Stiftungskapital aus privaten Mitteln
endowment fund (Re) (unselbständige) Stiftung *f*
endowment insurance (Vers) = endowment life insurance
endowment life insurance
(Vers) gemischte Lebensversicherung *f*
– Versicherung *f* auf den Todes- und Erlebensfall
(ie, payable to the insured at the end of contract

or covered period or to beneficiary if insured dies prior to maturity date; zahlbar zum vereinbarten Ablaufzeitpunkt od beim Tod des Versicherten; opp, term/whole life . . . insurance)
end point of a branch (OR) Endpunkt *m* e–r Kante
end product
(com) Enderzeugnis *n*
– Endprodukt *n*
(syn, final product)
endproduct warehouse (MaW) Endlager *n*
endurance test
(IndE) Dauerprüfung *f*
– Dauerversuch *m*
(syn, fatigue test)
end use certificate (AuW) Endverbleibsbestätigung *f*
end user
(com) Endabnehmer *m*
– Endbenutzer *m*
(EDV) Benutzer *m*
– Anwender *m*
end user computing (EDV) individuelle Datenverarbeitung *f*, IDV
end user control, EUC
(AuW) Endanwender-Kontrolle *f*
– Endverbleiber-Konbtrolle *f*
– Wiederausfuhr-Kontrolle *f*
end user system (EDV) Endbenutzersystem *n*
end user tool (EDV) Endbenutzerwerkzeug *n*
end value
(Fin) Endkapital *n*
– Endwert *m*
(syn, compound amount at end of n years, new principal)
end view (IndE) Seitenansicht *f (syn, side view)*
Energy Agency (Vw) Energieagentur *f*
energy balance statement
(IndE) Energiebilanz *f*
(ie, records aggregate supply and utilization of power)
energy conservation (Vw) Energiesicherung *f*
energy crunch (Vw) Energiekrise *f*
energy efficiency
(IndE) Energiewirkungsgrad *m*
(com) Energieeinsparung *f*
energy efficiency program (com) Energiesparprogramm *n*
energy efficient (com) energiesparend
energy flow (IndE) Energiefluß *m*
energy gap (Vw) Energielücke *f*
energy-generating program (Vw) Energieprogramm *n*
energy industry (com) Energiewirtschaft *f (syn, power-supply industry)*
energy input (IndE) Energieeinsatz *m*
energy market (Vw) Energiemarkt *m*
energy policy (Vw) Energiepolitik *f*
energy problems (Vw) energiewirtschaftliche Probleme *npl*
energy property (StR, US) energieerzeugende Anlagen *fpl (cf, § 48 (1) IRC)*
energy requirements (IndE) Energiebedarf *m*
energy reserve (Vw) Energiereserve *f*
energy saving (IndE) Energieeinsparung *f*
energy sector (Vw) Energiesektor *m*
energy stocking (Vw) Energiebevorratung *f*
energy supply (Vw) Energieversorgung *f*
energy supply function (Bw) Energiezufuhr-Funktion *f*
energy supply problem (Vw) Energieproblem *n*
energy supply situation (Vw) Energielage *f*
energy thrift campaign (IndE) Energiesparprogramm *n*
enforce *v*
(Re) vollziehen
– vollstrecken
– durchsetzen
enforceable claim (Re) einklagbare Forderung *f*
enforceable decision (Re) vollstreckbare Entscheidung *f*
enforceable legal document
(Re) Schuldtitel *m*
– Vollstreckungstitel *m*
(ie, judgement, attachment order, arbitration award, temporary injunction, etc)
enforce a claim *v* (Re) Anspruch *m* durchsetzen
enforce a contract *v*
(Re) aus e–m Vertrag klagen
– Rechte *npl* aus e–m Vertrag geltend machen
enforced liquidation (Bö) erzwungene Glattstellung *f*
enforced transaction sequence (EDV) zwangsläufige Bedienungsfolge *f*
enforcement (Re) Durchführung *f (eg, of a law)*
enforcement fine (Kart) Zwangsgeld *n*
enforce payment of debt (Re) Schulden *fpl* gerichtlich eintreiben
enfranchise *v*
(Re) konzessionieren
– zulassen *(eg, a natural monopoly, such as a public utility)*
enfranchisement (Fin, GB) Übertragung *f* von Stimmrechten auf nicht stimmberechtigte Aktien
engage *v* (Pw) einstellen *(eg, workers, employees; syn, hire, take on)*
engaged (com, GB) besetzt *(ie, telephone line; syn, US, busy: line is busy)*
engage employees *v* (Pw) Arbeitskräfte *fpl* einstellen *(syn, hire /add . . . employees, take on labor)*
engagement to sell short (Bö) Baisse-Engagement *n* *(syn, short . . . account/interest/position)*
engine efficiency
(IndE) Motorleistung *f*
(ie, ratio between energy supplied to an engine to the energy output of the engine)
(IndE) Triebswerksleistung *f (ie, of aircraft engine)*
engineer
(com) Techniker *m (ie, in the most general sense)*
(com) Ingenieur *m*
(com, US) = engine driver
engineer *v*
(com) entwickeln
– konstruieren
– konzipieren
(eg, systems)
engineering change (IndE) Konstruktionsänderung *f*
engineering changes
(IndE) technische Änderungen *fpl*
engineering constraints (IndE) technische Grenzen *fpl*
engineering cost (ReW) Konstruktionskosten *pl*
engineering data (IndE) technische Daten *pl*

engineering design automation, EDA
(EDV) Automation *f* der technischen Planung
(ie, on-screen work of deriving electrical schematics, laying out circuits, generating plans for manufacturing processes and feeding instructions to production tools; it is an extension of CAD)
engineering drawing (IndE) technische Zeichnung *f* *(ie, from which bill of materials is prepared)*
engineering economy
(Bw) technisch-mathematische Analyse *f* betrieblicher Willensbildung
(IndE) Wertanalyse *f* technischer Alternativen
engineering efficiency
(Bw) Kosteneffizienz *f*
(ie, relation between volume output and costed input = Verhältnis zwischen Mengenausbringung und bewertetem Input)
(IndE) technischer Wirkungsgrad *m (syn, physical efficiency, qv)*
engineering evaluation (IndE) technische Bewertung *f* od Auswertung *f*
engineering fee (com) Ingenieurhonorar *n*
engineering insurance (Vers) Maschinenversicherung *f*
engineering level (IndE) Konstruktionsstand *m*
engineering overhead (KoR) Konstruktionsgemeinkosten *pl*
engineering progress (Pat) technischer Fortschritt *m* *(syn, state of the arts)*
engineering proposal (com) technisches Angebot *n* *(ie, price usually excluded)*
engineering relationship (Vw) technische od technologische Relation *f*
engineerings (Bö) Maschinenwerte *mpl (syn, mechanical engineering shares)*
engineering solution (IndE) technische Lösung *f*
engineering specifications (com) technische Lieferbedingungen *fpl*
engineering strike (Pw) Metallarbeiter-Streik *m*
engineering support (com) technischer Kundendienst *m*
engineering time
(EDV) Stillstandszeit *f*
(ie, nonproductive time of a computer, reserved for maintenance and servicing)
engineering workstation (EDV, CAD) Konstruktionsarbeitsplatz *m*
engine of growth
(com, infml) Wachstumsmotor *m*
(eg, transform a lackluster company into an . . .)
enhanced voting rights (com) erweiterte Stimmrechte *npl*
enjoyment (Re) Nutzung *f (syn, use)*
enlarged access (IWF) erweiterter Zugang *m (ie, policy under which members can borrow more than their quota subscriptions to the Fund)*
enlarged Community (EG) erweiterte Gemeinschaft *f*
enlargement of the Community (EG) Erweiterung *f* der EG
enlightened form of management
(Bw) aufgeklärte Unternehmensführung *f*
(ie, whatever this may mean to its self-appointed proponents)
enlightened self-interest (com) aufgeklärtes Eigeninteresse *n*
enstehen (com) to originate
ensure the public interest *v* (Re) dem öffentlichen Interesse dienen
entail *v*
(com) zur Folge haben
(Log) implizieren *(syn, imply)*
entailment relation (Log) Folgerungsbeziehung *f*
enter *v*
(ReW) buchen
– verbuchen
(eg, in/on the books; syn, post to, carry on, recognize on)
(EDV) eingeben, erfassen
enter for *v* (com) anmelden *(eg, for an examination)*
enter for free circulation *v* (Zo) zum zollrechtlich freien Verkehr anmelden
enter goods for consumption *v* (Zo) Abfertigung *f* zum freien Verkehr beantragen
enter in *v* (com) eintragen *(eg, accounts in the books)*
entering variable (OR) eintretende Variable *f*
enter into *v*
(com) e–e Rolle spielen, berücksichtigen
(com) eintragen *(syn, enter in/up)*
enter into an agreement *v* (Re) Vertrag *m* schließen *(syn, conclude)*
enter into apprenticeship *v* (Pw) Lehre *f* beginnen
enter into force *v* (Re) in Kraft treten *(syn, come into force, take effect)*
enter new lines of business *v* (com) Geschäftsbereich *m* ausweiten *(ie, enter into new activities)*
enter on *v* (com) = enter upon
enterprise
(com) = business enterprise
(Vw) = private enterprise
(com) . . . unternehmensweit
enterprise accounting (ReW) Rechnungswesen *n* des Gesamtunternehmens
enterprise entity doctrine (Kart) Lehre, wonach in Kartellverfahren [antitrust suits] Zustellung der Klageschrift und Ladung an ausländische Gesellschaften zulässig ist *(cf, Sect 12 of the Clayton Act, 15 USC § 22)*
enterprise finance (Fin) Unternehmensfinanzierung *f (syn, company finance, qv)*
enterprise goals (Bw) Unternehmensziele *npl (syn, corporate objectives)*
enterprise value (Bw) Wert *m* des fortgeführten Unternehmens *(syn, going concern value, qv)*
entertainment expenses (StR) Bewirtungskosten *pl*
entertainment industry (com) Unterhaltungsindustrie *f*
entice away *v* (com) abwerben *(eg, customers, top executive)*
entice away labor *v* (Pw) Arbeitskräfte *fpl* abwerben *(syn, bid /hire . . . away)*
entice to *v* (com) überreden *(eg, can I entice you to a cup of coffee?)*
entire billboard (Mk) Ganzstelle *f (ie, reserved for a single advertisement)*
entitled (com) berechtigt
entitled to imputation credit (StR) anrechnungsberechtigt
entitlement (SozV) Berechtigung *f*, Anspruch *m* *(syn, eligibility)*

entitlements mentality (SozV) Anspruchsinflation *f*
entitlement society (com) Anspruchsgesellschaft *f*
entitlement to a pension (SozV) Pensionsanspruch *m*
entitlement to benefits (SozV) Leistungsanspruch *m*
Leistungsberechtigung *f*
entitle to *v* (com) berechtigen *(eg, entitled to payment of damages)*
entity
(Re) Rechtssubjekt *n*
(Re) Gebilde *n*
(com) Organisation *f*
(ReW, US) Unternehmen *n (ie, a specific business enterprise)*
(EDV) Datenelement *n (ie, in Datenbanken)*
entity approach
(Bw) Unternehmensansatz *m*
(ie, company is regarded as an independent entity whose managers have wider responsibilities – to employees and the community at large; opp, proprietary approach)
entity-relationship model (EDV) Ansatz *m* zur grafisch orientierten Modellierung der Beziehung von Datenelementen im Rahmen des Entwurfs von Datenbankschemata
entrance (EDV) = entry point
entrance examination
(Pw) Aufnahmeprüfung *f*
– Zulassungsprüfung *f*
entrance fee (com, GB) Aufnahmegebühr *f (syn, admission /initiation . . . fee)*
entrance wage (Pw) Anfangslohn *m (syn, starting wage, hiring rate)*
entrant
(Vw) Marktteilnehmer *m*
(com) neuer Konkurrent *m (eg, surprising number of well-financed entrants; syn, newcomer)*
entrenched product lines (Mk) eingeführte Produktlinien *fpl*
entrepot facilities (MaW) Zwischenlager *n (syn, intermediate inventory, qv)*
entrepot trade (AuW) Wiederausfuhrhandel *m (ie, reexporting imports)*
entrepreneur
(Vw) Unternehmer *m (ie, in economic models)*
(com) Unternehmer *m*
– Arbeitgeber *m*
(syn, business man, business entrepreneur)
(com) wagemutiger junger Unternehmer *m*
(ie, often starting with an innovative idea and venture capital)
entrepreneurial activity (VGR) Unternehmertätigkeit *f*
entrepreneurial firm (Bw) Kleinunternehmen *n (ie, a one-man business)*
entrepreneurial income
(VGR) Unternehmereinkommen *n*
(ie, earnings from ownership of the enterprise; syn, income of entrepreneurs, business income qv)
entrepreneurial risk (Bw) Unternehmerwagnis *n*
entrepreneurial spirit (Bw) Unternehmergeist *m*
entrepreneurial wages (ReW) Unternehmerlohn *m (syn, management wages, qv)*
entrepreneurial withdrawals (ReW) Privatentnahmen *fpl*

entropy (Bw) Entropie *(ie, Maß der Zustandswahrscheinlichkeit e–s Systems)*
entry
(com) Eintrag *m*
– Eintragung *f*
(ReW) Buchung *f*
(EDV) Eingabe *f*
(EDV, Cobol) Eintrag *m (cf, DIN 66 028, Aug 1985)*
(Vw) Marktzutritt *m*
(EG) Beitritt *m (ie, into the EEC; syn, accession)*
(Zo) Zollanmeldung *f*
entry barrier (Vw) = barriers to entry, qv
entry block (EDV) Eingabeblock *m (ie, area of main memory reserved for the data which will be introduced at execution time)*
entry certificate (Zo) Einfuhrbescheinigung *f (syn, certificate of clearance inwards)*
entry conditions
(Vw) Marktzutrittsbedingungen *fpl*
(EDV) Einsprungbedingungen *fpl*
(syn, initial conditions)
entry data (EDV) Eingabedaten *pl*
entry description (ReW) Buchungstext *m (syn, memo)*
entry fee (Fin) Postengebühr *f*
entry for consumption (Zo) Zollantrag *m* auf Abfertigung zum freien Verkehr
entry for home use (Zo) Zollantrag *m* für Inlandsverbrauch
entry formula
(ReW) Buchungssatz *m*
– Kontenanruf *m*
entry for relase for free circulation (Zo) = entry for consumption
entry instruction (EDV) Eingangsbefehl *m*
entry into a market (Vw) Marktzutritt *m*
entry into force (Re) Inkrafttreten *n*
entry into the EEC (EG) EG-Beitritt *m (syn, EEC accession)*
entry into the labor force (Pw) Eintritt *m* in das Erwerbsleben
entry in writing (Zo) schriftliche Zollanmeldung *f*
entry level (Pw) Eingangsstufe *f*
entry-level employee (Pw) Berufsanfänger *m (syn, entry-level job seeker)*
entry-level job (Pw) Anfangsstellung *f*
entry-level job seeker (Pw) Berufsanfänger *m (syn, first-time job seeker)*
entry-level model (EDV) Einstiegsmodell *n (syn, capture model)*
entry-level system (EDV) Einstiegssystem *n*
entry limit pricing (Mk) Politik *f* relativ niedriger Preise von Pionierunternehmen, um potentielle Konkurrenten vom Markt fernzuhalten
entry negotiations
(EG) Beitrittsverhandlungen *fpl*
(syn, membership negotiations, accession talks)
entry of goods on importation (Zo, GB) Anmeldung *f* der Wareneinfuhr
entry outwards
(Zo, GB) Ausfuhranmeldung *f*
– Zolldeklaration *f*
(syn, clearance on exportation)
entry panel (EDV) Anfangsmenü *n*

entry point
(EDV) Eingangspunkt *m*
(ie, location of program or subroutine where execution is to start; syn, entry, entrance)
entry price (Zo) Einfuhrpreis *m*
entry reference (EDV) Eintragsverweis *m*
enumerable set (Math) abzählbare Menge *f (syn, countable set, qv)*
envelope
(com) Umschlag *m*
–Versandtasche *f*
(Math) Umhüllende *f*
– Hüllkurve *f*
envelope feeding device (EDV) Umschlagzuführung *f*
enviro (com, US, infml) = environmentalist
environment
(com) Umwelt *f*
– Umfeld *n*
(syn, infml, the outside world)
(Re) Rahmenbedingungen *fpl (eg, legal environment)*
(EDV) Systemumgebung *f (eg, DOS environment)*
environmental acceptability (com) Umweltverträglichkeit *f (eg, of products)*
environmental accounting (ReW) Umweltrechnungslegung *f*
environmental analysis
(Bw) Umfeldanalyse *f*
(ie, im Rahmen des strategischen Managements: Unterbegriffe: monitoring und scanning, qv)
environmental assessment (Bw) = environmental scanning
environmental audit (com) Umweltaudit *m*
environmental awareness (com) Umweltbewußtsein *n (ie, awareness of environmental issues)*
environmental catastrophe (com) Umweltkatastrophe *f*
environmental committee (com) Ausschuß *m* für Umweltfragen
environmental conservation (com) = environmental protection
environmental considerations (com) Umweltaspekte *fpl*
environmental constellation (com) Umweltzustand *m*
environmental contamination (com) = environmental pollution
environmental control system
(IndE) System *n* zur Umweltüberwachung, Lebenserhaltungssystem *n*
(ie, used in a closed area, esp in a spacecraft, to permit life of the occupants to be sustained; syn, life support system)
environmental damage (com) Umweltschäden *mpl*
environmental economics (Vw) Umweltökonomie *f*
environmental economist (com) Umweltökonom *m*
environmental forces (com) Umweltbedingungen *fpl*
environmental forecasting (Bw) = environmental scanning
environmental goods and services (com) umweltfreundliche Güter *npl* und Dienste
environmental image (com) Umwelt-Image *n*
environmental impact
(com) Umweltwirkungen *fpl*
– umweltbeeinflussende Faktoren *mpl*
environmental impact analysis
(com) Umweltverträglichkeitsprüfung *f*
(ie, of the extent of pollution or environmental degradation involved in a mining or processing project; systematische Ermittlung der ökologischen Folgen umweltbeeinflussender Maßnahmen)
environmental impact statement
(Bw, US) Unterlagen *fpl* über Umweltwirkungen
(ie, of programs or projects that may harm the environment)
environmental indicator
(com) Umweltindikator *m*
(eg, degree of pollutant concentration)
environmental information system (com) Umweltinformationssystem *n (ie, betrieblich od überbetrieblich)*
environmentalism (com) Umweltbewegung *f*
environmental issues
(com) Umweltprobleme *npl*
(ie, their essence is that they involve externalities and public goods, qv; syn, infml, green issues)
environmentalist
(com) Umweltschützer *m (ie, defender of the environment)*
environmental label
(com) Umweltzeichen *n*
(eg, blauer Umweltengel der Vereinten Nationen)
environmental labeling
(com) Umweltkennzeichnung *f*
(ie, system to provide consumers with accurate information about the environmental acceptability of products)
environmental levy (com) Umweltabgabe *f*
environmentally damaging activities (com) Umweltbelastungen *fpl*
environmentally friendly (com) umweltfreundlich
environmentally hazardous
(com) umweltschädlich *(ie, activities and substances)*
environmentally sound (com) umweltverträglich *(eg, product, such as biodegradable rubbish bag Bio-D)*
environmental matters (com) Umweltfragen
environmental media (com) Umweltmedien *pl (eg, air, water, soil)*
environmental performance (com) Umweltverhalten *n*
environmental permit
(com) Umweltzertifikat *n*
– Umweltlizenz *f*
(ie, government gives companies permits to discharge a limited amount of pollution and allows them to trade their permits with each other; verbrieft und überträgt Rechte zur Emission e–r bestimmten Menge Schadstoffe [pollutants])
environmental policy
(com) Umweltpolitik *f*
(com) Umweltpolice *f*
(ie, angestrebt wird Gefährdungshaftung – strict liability in tort – einschl. Boden- und Luftverseuchungen)
environmental pollution (com) Umweltverschmutzung *f*
environmental protection (com) Umweltschutz *m*

Environmental Protection Agency
(Re, US) Umweltschutzbehörde *f*
(ie, independent agency established in the executive branch in 1970)
environmental quality (com) Umweltqualität *f*
environmental regulations (com) Umweltvorschriften *fpl*
environmental research (com) Umweltforschung *f*
environmental restrictions
(Bw) Umweltrestriktionen *fpl*
– Umweltschutzauflagen *fpl*
environmental scanning
(Bw) strategische Frühaufklärung *f*
(ie, im Rahmen des strategischen Management: antizipative Suche nach schwachen Signalen)
environmental standards (com) Umweltschutznormen *fpl*
environmental statistics (Stat) Umweltstatistik *f*
environmental technology (com) Umwelttechnologie *f*
environmental temperature (com) Umgebungstemperatur *f*
environment-damaging product (com) umweltschädliches Produkt *n*
environment division
(EDV, Cobol) Environment Division *f*
– Maschinenteil *m*
(ie, second part of Cobol program: defines the hardware and files to be used by the program)
environment record (EDV) Zustandsaufzeichnung *f*
environment software
(EDV) Simultan-Software *f*
(ie, computer screen is split into sections or ‚windows', and users may run different applications software in each window)
environment space (EDV) Umgebungsspeicher *m*
(ie, memory used for storing environment variables)
environment surveillance system (Bw) Umwelt-Überwachungssystem *n*
environment variable (EDV) Umgebungsvariable *f*
(ie, variable set on system level; can be used by application programs; eg, SET TEMP=C:/TEMP in MS-DOS)
EOE (Fin) = European Options Exchange
EOF (EDV) = end of file
EOJ (EDV) = end of job
E.O.M. (com) = end of month following
EOQ (MaW) = economic order quantity
EOQ formula (IndE) optimale Losgrößen-Formel *f*
EOQ model (MaW) Modell *n* der optimalen Bestellmenge
EOR (EDV) = end of record
EPA (com, US) = Environmental Protection Agency
EPC (Pat) = European Patent Convention
EPO (Pat) = European Patent Office
EPROM (EDV) = Erasable Programmable Read Only Memory
EPS (Fin) = earnings per share, qv
EPU (AuW) = European Payments Union
EQS (EDV) = Equations-Based Language
equal-annual-payment method (ReW) Abschreibung *f* unter Berücksichtigung von Zinseszinsen
equal-chance hypothesis (Stat) Gleichverteilungs-Hypothese *f (syn, equi-probability hypothesis)*

Equal Credit Opportunity Act of 1974 (Fin, US) verbietet Diskriminierung von Personengruppen bei der Kreditgewährung
equal fault bar (Re, US) Verlust *m* des Ersatzanspruchs bei gleichem Verschulden
equalization increase (Pw) ausgleichende Lohnerhöhung *f*
equalization levy (FiW) Ausgleichsabgabe *f*
equalization of factor prices (Vw) Faktorpreisausgleich *m*
equalization of freight rates (com) Frachtenausgleich *m*
equalization payment
(Fin) Ausgleichszahlung *f (syn, deficiency payment)*
(FiW) Ausgleichszuweisung *f*
equalization point (com) Frachtbasis *f (syn, basing point, qv)*
equalization reserve (ReW) Ausgleichsrücklage *f*
equalizing dividend (Fin) Ausgleichsdividende *f*
equalizing duty (Zo) Ausgleichsabgabe *f*
equalizing fund (Fin) Ausgleichsfonds *m (ie, set up to spread profits and losses evenly)*
equal opportunity (com) Chancengleichheit *f*
equal pay (Pw) gleicher Lohn *m (ie, for work of equal value)*
equal probability
(Stat) Gleichwahrscheinlichkeit *f*
– Gleichmöglichkeit *f*
(ie, basic term of Laplacean probability theory)
equal products curve
(Vw) Kurve *f* gleicher Produktion
– Isoquante *f*
(syn, products indifference curve, qv)
equal sets
(Math) gleiche Mengen *fpl*
(ie, sets with precisely the same elements)
equals sign (Math) Gleichheitszeichen *n (ie, =)*
equals tails test
(Stat) symmetrisch-zweiseitiger Test *m*
(ie, technique for choosing two critical values for use in a two-sided test)
equal tax treatment (StR) steuerliche Gleichbehandlung *f*
equated time
(Fin) mittlerer Fälligkeitstermin *m*
(ie, when combining several payments with different due dates; syn, average date, average due date)
equate with *v* (com) gleichsetzen *(ie, set equal to)*
equation
(Math) Gleichung *f*
(ie, formal statement of the equivalence of mathematical expressions: each of two expressions is equal to the other)
equation of exchange
(Vw) Quantitätsgleichung *f*
– Verkehrsgleichung *f*
(ie, MV x QP; syn, quantity/monetary transactions . . . equation)
equation of regression (Stat) Regressionsgleichung *f*
equation of second degree
(Math) Gleichung *f* 2. Grades
– quadratische Gleichung *f*
(syn, quadratic equation)

equation of third degree
(Math) Gleichung *f* 3. Grades
– kubische Gleichung *f (syn, cubic equation)*
equilateral hyperbola (Math) gleichseitige Hyperbel *f (syn, rectangular hyperbola)*
equilateral triangle (Math) gleichseitiges Dreieck *n*
equilibrium
(Bw) Gleichgewicht *n*
(ie, condition in which no change occurs in the state of a system as long as its surroundings are unaltered)
equilibrium condition (Vw) Gleichgewichtsbedingung *f*
equilibrium exchange rate (AuW) Gleichgewichtswechselkurs *m*
equilibrium growth (Vw) gleichgewichtiges Wachstum *n*
equilibrium interest rate (Vw) Gleichgewichtszins *m*
equilibrium level of income (Vw) Gleichgewichtseinkommen *n*
equilibrium model (Vw) Gleichgewichtsmodell *n*
equilibrium of exchange (Vw) Tauschgleichgewicht *n*
equilibrium path (Vw) Gleichgewichtspfad *m*
equilibrium price (Vw) Gleichgewichtspreis *m (ie, maximizes a firm's profitability)*
equilibrium quantity (Vw) Gleichgewichtsmenge *f*
equilibrium theory (Vw) Gleichgewichtstheorie *f*
equimarginal principle (Vw) Gesetz *n* vom Ausgleich der Grenznutzen *(syn, law of equimarginal returns)*
equinumerable sets (Math) = equipotent sets
equipment
(com) Ausrüstung *f*
– Geräte *npl*
(ie, one or more assemblies capable of performing a complete function)
(Bw) Ausrüstungsgüter *npl*
(ie, Sec 9–102[2] UCC: „. . . used or bought for use primarily in business, including farming or a profession . . .")
(EDV) Maschinenausrüstung *f*
equipment analysis (IndE) Analyse *f* der optimalen Maschinenbelegung
equipment base time (IndE) Betriebsmittelgrundzeit *f*
equipment bonds (Fin, US) Eisenbahnanleihe *f*
equipment compatibility
(EDV) Gerätekompatibilität *f*
(ie, ability of a device to handle data prepared or handled by other equipment)
equipment configuration (EDV) Gerätekonfiguration *f*
equipment down time (IndE) Stillstandszeit *f* der Anlagen
equipment failure
(IndE) Betriebsstörung *f (syn, breakdown, plant interruption, stoppage)*
(EDV) Gerätefehler *m*
equipment goods (com) Investitionsgüter *npl (syn, investment /capital . . . goods, qv)*
equipment investment (Bw) Ausrüstungsinvestitionen *fpl (syn, equipment spending)*
equipment leased to customers (com) vermietete Erzeugnisse *npl*
equipment leasing (Fin) Investitionsgüter-Leasing *n*
equipment outlays (Bw) = equipment spending
equipment rental (com) Gerätemiete *f*
equipment replacement (Bw) Ersatzinvestition *f*
equipment replacement study
(IndE) Ersatzbeschaffungs-Analyse *f*
(ie, cost analysis based on estimates of operating costs over a stated time for the old facility compared with the new facility)
equipment spending (Bw) Investitionsausgaben *fpl*
equipment trust bond (Fin) durch Maschinen und Ausrüstungsgegenstände gesicherte Schuldverschreibung *f*
equipment unit (EDV) Geräteeinheit *f*
equipollence
(Math) Gleichwertigkeit *f*
– Gleichmächtigkeit *f*
– Äquipollenz *f*
equipollent
(Math) gleichmächtig
(ie, used of sets between which there exists a one-to-one correspondence = 1:1-Entsprechung)
equipotency (Math) = equipollence
equipotent sets (Math) gleichmächtige Mengen *fpl (syn, equinumerable/equivalent . . . sets)*
equi-probability curve (Stat) Kurve *f* gleicher Wahrscheinlichkeit
equip with *v*
(com) ausstatten mit
– ausrüsten mit
(syn, fit out/up)
equitable (Re) gerecht, recht und billig
equitable decision (Re) Billigkeitsentscheidung *f (syn, decision ex aequo et bono)*
equitable distribution of income (Vw) gerechte Einkommensverteilung *f*
equitable estoppel (Re, appr) Verwirkungseinwand *m*
equitable owner
(Re) wirtschaftlicher Eigentümer *m*
(syn, beneficial owner; opp, legal owner)
equities
(Fin, US) Aktien *fpl*
(ie, common + preferred)
(Fin, GB) Stammaktien *fpl*
(ie, often used instead of ‚ordinary shares'; so called because holders share in the ‚equity' of the company: they take the risks and profit from success)
(Fin) Beteiligungsrechte *npl*
(ReW) Gesamtheit *f* der Passiva
(ie, claims of creditors and owners against corporate assets, liabilities + owners' equities)
equity
(Re) Billigkeit *f*
(Re) Billigkeitsrecht *n*
(ie, system of jurisprudence apart from, and collateral to, the law; today most American courts have both equitable and legal jurisdiction)
(Bw) Eigentumsrecht *n*
(ie, ownership interest)
(ReW) Eigenkapital *n*
(syn, stockholders' equity)
(Fin) = equity capital
(Bö) Überschuß *m* des Börsenwertes von Wertpapieren über Verbindlichkeiten
equity account (ReW) Eigenkapitalkonto *n (syn, GB, proprietary account)*

equity accounting
(ReW) Equity-Methode *f*
– Eigenkapitalmethode *f*
(ie, betrifft den Wertansatz der Beteiligung an assoziierten Unternehmen)
equity and fair dealing (Re) Treu und Glauben
equity antidilution agreement (Fin, US) Einigung *f* über Ausschluß der Verwässerung durch Bezugsrechte
equity base (Fin) Eigenkapitalbasis *f (syn, equity capital base, qv)*
equity buyback (Fin) Eigenkapitalrückkauf *m (syn, capital buyback, equity redemption)*
equity capital
(Fin, US) Eigenkapital *n*
(ie, a composite of the following capital accounts: preferred stock, common stock, surplus, undivided profit, reserves for contingencies, and other capital reserves; syn, stockholders' equity)
equity capital base (Fin) Eigenkapitalbasis *f*
equity capital formation (Fin) Eigenkapitalbildung *f*
equity capitalization (Fin) Eigenkapitalausstattung *f*
equity captions (ReW) Eigenkapitalpositionen *fpl*
equity contract note (Fin) Schuldtitel *m* mit Eigenkapitalcharacter
equity contribution (Fin) Kapitaleinlage *f*
equity conversion (Fin) Umwandlung *f* in Aktienkapital
equity cushion (Fin) Eigenkapitalpolster *n*
equity dealer (Fin) Aktienhändler *m*
equity debt ratio (Fin) cf, debt equity ratio
equity dilution (Fin) Kapitalverwässerung *f*
equity earnings
(Fin) Beteiligungserträge *mpl (syn. equity income)*
(Fin, US) indirekte Gewinne *mpl*
(ie, part of the surplus earnings of a subsidiary company, over and above dividend payments, not reported by the parent company; syn, indirect/unreported /undisclosed . . . earnings; opp, direct earnings)
equity feature (Fin) Beteiligungscharakter *m (eg, of a loan)*
equity finance (Fin) Beteiligungskapital *n (syn, equity capital, outside capital)*
equity financing
(Fin) Aktienfinanzierung *f*
– Eigenfinanzierung *f*
(ie, injection of new shareholders' equity; syn, external equity financing)
(Fin) Finanzierung *f* mit Eigenkapital *(ie, equity + retained earnings)*
equity fund (Fin) Aktienfonds *m*
equity funding (Fin) Eigenkapitalkonsolidierung *f*
equity holder
(Fin) Aktionär *m*
– Anteilseigner *m*
(syn, shareholder, stockholder)
equity holding
(Fin) = equity stake
(Fin) Aktienbesitz *m*
equity income (Fin) Beteiligungserträge *mpl*
equity in earnings (Fin) Anteil *m* an Gewinnen *(eg, of unconsolidated subsidiaries)*
equity instruments (Fin) Dividendenpapiere *npl*

equity investment
(Fin) Kapitalbeteiligung *f*
(Fin) Aktienanlage *f*
equity investment company (Fin) Kapitalbeteiligungs-Gesellschaft *f*
equity issue
(Fin) Aktienemission *f*
– Emission *f* von Stammaktien
equity kicker
(Fin, US) Kapitalbeteiligung *f* e–s Kreditgebers
(ie, ownership share in a project taken by a lending institution; eg, . . . gives the option to convert the $1.0bn mortgage into a 60% partnership interest, allowing investors to share ownership with Rockefeller)
equity launch (Fin) Aktienemission *f*
equity leaders (Bö) führende Aktienwerte *mpl*
equity link (Fin) Eigenkapitalverflechtung *f*
equity-linked insurance (Vers) fondsgebundene Lebensversicherung *f*
equity-linked issue (Fin) Anleihe *f* mit Optionsscheinen auf Aktien
equity majority (Fin) Kapitalmehrheit *f*
equity market (Bö) Aktienmarkt *m (syn, stock market)*
equity market capitalization (Bö) = market capitalization
equity method
(ReW) Bilanzierung *f* langfristiger Beteiligungen
(ie, Beteiligungsbuchwert wird laufend an die Eigenkapitalentwicklung angepaßt; Anschaffungskosten, plus/minus anteilige Gewinne/ Verluste der Tochtergersellschaft, minus vereinnahmte Gewinnausschüttung von der Tochter = fortgeschriebene Anschaffungskosten (Wertansatz der Beteiligung); siehe inzwischen 7. EG-Richtlinie sowie Buchwertmethode nach § 312 I 1 HGB und Kapitalanteilsmethode nach § 312 I 2 HGB; syn, economic basis method; opp, cost value method, legal basis method)
equity offering (Fin) Aktienemission *f*
equity of redemption
(Fin) Ablösungsrecht *n*
(ie, of borrower to redeem property taken by a creditor)
equity of taxation (FiW) Besteuerungsgerechtigkeit *f*
equity participation (Fin) Kapitalbeteiligung *f*
equity pie (Fin) Summe *f* aller Stamm- und Vorzugsaktien
equity placement (Fin) Aktienplazierung *f*
equity position (Fin) Kapitaldecke *f (eg, thin)*
equity price (Bö) Aktienkurs *m*
equity price risk (Bö) Aktienkursrisiko *n*
equity ratio
(Fin) Eigenkapitalquote *f (eg, 14 % of total assets = des Gesamtkapitals)*
(Fin) Verschuldungsgrad *m (syn, debt equity ratio)*
equity redemption
(Fin, US) Rückkauf *m* des eigenen Aktienkapitals
(ie, blurs the distinction between equity and debt capital, zwischen Eigenkapital und Fremdkapital; syn, equity buyback/redemption)
equity-related derivative products (Bö) Aktiendederivative *npl*

equity-related securities (Fin) aktienähnliche Wertpapiere *npl*
equity requirements (Fin) Eigenkapitalbedarf *m*
equity research
(Fin) Aktienanalyse *f*
(ie, Prognose von Aktienkursen durch Fundamental- und technische Analyse)
equity return
(Fin) Eigenkapitalrendite *f*, EKR
– Eigenkapitalrentabilität *f*
(syn, income-to-equity ratio, percentage return on equity, return on equity)
equity rights (Fin) = equities
equity risk premium
(Fin, US) Aktien-Risikoprämie *f*
(ie, difference between rate of return on common stock and that on least risky investments such as government securities)
equity-sales ratio
(Fin) Umschlaghäufigkeit *f* des Eigenkapitals *(syn, rate of equity turnover)*
equity security
(Fin) Anteilspapier *n*
– Dividendenpapier *n*
(ie, evidences ownership of a company; eg, common stock and preferred stock; syn, dividend-bearing paper)
equity share (Fin, GB) Stammaktie *f*
equity share capital (Fin, GB) Eigenkapital *n*
equity shareholder (Fin) Aktionär *m*
equity stake
(Fin) Kapitalbeteiligung *f*
(Fin) Beteiligung *f* am Eigenkapital *(syn, equity . . . holding/interest)*
equity sweetener (Fin) Optionsrecht *n* auf Aktien
equity switching
(Bö) Tauschtransaktion *f*
– Aktientausch *m*
equity-to-fixed-assets ratio
(Fin) Anlagendeckung *f*
– Anlagendeckungsgrad *m*
(ie, 1. Eigenkapital zu Anlagevermögen; 2. Eigenkapital + langfristiges Fremdkapital zu Anlagevermögen)
equity trading (Fin) Aktienhandel *m*
equity transaction (Fin) Geschäftsvorfall *m*, der das Eigenkapital erhöht oder senkt
equity turnover
(Fin) = equity-sales ratio
(Bö) Umsätze *mpl* in Aktien
equity warrant
(Fin) Aktienbezugsrechtsschein *m*
– Optionsschein *m*
(ie, selbständig handelbar)
equity yield rate (Fin) Eigenkapitalverzinsung *f* *(syn, rate of return on equity)*
equivalence
(Log) Äquivalenz *f*
– Bisubjunktion *f*
– Bi-Konditional *n*
(ie, „if and only if“, „iff“; syn, propositional equivalence)
(Math) Gleichmächtigkeit *f* von Mengen *(syn, equipollence)*
equivalence class (Math) Äquivalenzklasse *f*
equivalence element (EDV) Äquivalenzglied *n (syn, coincidence element)*
equivalence operation (EDV) Äquivalenzverknüpfung *f (syn, if and only if-operation, matching)*
equivalence relation
(Math) Äquivalenzrelation *f*
(ie, one that is reflexive, symmetric, and transitive; ‚identity‘ is a standard example)
equivalent
(com) gleichwertig
– äquivalent
(Log) äquivalent *(ie, two propositions are so related that one is true if and only if the other term is true)*
(Math, sometimes) gleichmächtig *(syn, equipollent)*
equivalent amount (com) Gegenwert *m*
equivalent billings (Mk) entsprechende Nettoumsätze *mpl*
equivalent bond yield
(Fin) Jahresrendite *f* kurzfristiger unverzinslicher Wertpapiere
(ie, comparable to yields quoted on coupon securities = Festverzinsliche)
equivalent concessions (AuW) gleichwertige Zugeständnisse *npl*
equivalent goods (Zo) äquivalente Waren *fpl (syn, equivalents)*
equivalent occupation (Pw) gleichwertige Beschäftigung *f*
equivalent positions (Bö) gleichwertige Positionen *fpl*
equivalents (Zo) = equivalent goods
equivalent sets (Math) = equipotent sets
equivalent structure (Math) äquivalente Struktur *f*
equivocal
(com) unbestimmt
– unklar
(ie, subject to two or more interpretations, usually used to mislead)
(Log) zweideutig
– mehrdeutig *(syn, ambiguous)*
equivocation
(Log) Äquivokation
(ie, argument in which an equivocal expression is used in one sense in one premise and in a different sense in another premise or in the conclusion)
erasable memory (EDV) löschbarer Speicher *m*
erasable optical disk (EDV) vielfach beschreibbare optische Platte *f*
erasable storage (EDV) = erasable memory
erase *v*
(EDV) löschen
(ie, change all the binary digits in a memory to binary zeros; syn, delete)
erase character (EDV) Löschzeichen *n (syn, delete/rub out . . . character)*
erase head (EDV) Löschkopf *m*
erasure
(com) Rasur *f*
(EDV) Löschung *f*
erection all risks insurance, EAR (Vers) Montageversicherung *f*
„E“ reorganization (Bw, US) Sanierung *f* durch Kapitalumschichtung *f (cf, reorganization)*

ergonomically designed workplace (IndE) ergonomischer Arbeitsplatz *m (ie, designed to fit man's physical makeup)*
ergonomics
(IndE) Ergonomie *f*
(syn, human engineering, human factor engineering)
ERG theory
(Bw) ERG-Theorie *f*
(ie, Zusammenfassung der Bedürfnishierarchie zu drei Bedürfnisklassen: materielle Bedürfnisse = existence needs; soziale Bedürfnisse = relatedness needs; Selbstverwirklichung, Wachstum, Wertschätzung = growth needs)
ERM (Fin) = Exchange Rate Mechanism
erosion of assets in real terms (Bw) Substanzaushöhlung *f*
erosion of the tax base
(StR) Aushöhlung *f* der Steuerbemessungsgrundlage
(ie, usually by creating special exemptions and reducing tax rates)
errant switch (EDV) fehlerhafter Schalter *m*
erratic price movements (Bö) heftige Kursausschläge *mpl*
error
(com) Fehler *m*
(Stat) Fehler *m*
(ie, difference between an occurring value and its true or expected value)
(EDV) Fehler *m*
(ie, arising from approximations used in numerical methods, rather than from a human mistake)
(Re) Irrtum *m*
(eg, error in fact, error in law, qv)
error adjustment mechanism (Vw) Fehler-Anpassungsmechanismus *m*
error analysis (EDV) Fehleranalyse *f*
error band (Stat) Fehlerbereich *m*
error burst
(EDV) Fehlerbündel *n*
(ie, sequence of signals containing a number of errors but counted as one error unit)
error byte (EDV) Fehlerbyte *n*
error character (EDV) Irrungszeichen *n*
error check (EDV) Fehlerprüfung *f*
error-checking code
(EDV) Fehlerprüfung *f (syn, error-detecting /self-checking . . . code)*
error checking program
(EDV) Fehlerprüfprogramm *n*
error code (EDV) Fehlercode *m (ie, used to identify an error condition)*
error-control processing (EDV) Fehlerbehandlung *f*
error-correcting code (EDV) Fehlerkorrekturcode *m*
error-correcting routine
(EDV) Fehlerkorrekturprogramm *n*
(ie, designed to detect and correct errors occurring in data files)
error correction (EDV) Fehlerkorrektur *f*
error counter (EDV) Fehlerzähler *m*
error debugging (EDV) Fehlersuche *f*
error-detecting code
(EDV) Fehlerprüfcode *m*
– Fehlererkennungcode *m*
– selbstprüfender Code *m*
(ie, invalid constructions can be identified and corrected; syn, self-checking/error checking . . . code)
error detection (EDV) Fehlererkennung *f*
error-detection routine (EDV) Fehlererkennungsprogramm *n*
error diagnostic
(EDV) Fehlerprotokoll *n*
(ie, printout of instruction or data statement, pinpointing an error and spelling out the type of error involved; syn, error . . . list/report)
error display (EDV) Fehleranzeige *f*
error estimation
(EDV) Fehlerabschätzung *f*
– Fehlerantizipation *f*
error function (Math) Fehlerfunktion *f*
error handling (EDV) Fehlerbehandlung *f (syn, exception handling)*
error handling routine (EDV) Fehlerbehandlungsroutine *f*
error indication bit (EDV) Fehlerkennbit *n*
error indicator (EDV) Fehleranzeiger *m*
error in equation
(Math) Fehler *m* in der Gleichung
– Ansatzfehler *m*
error in fact (Re) Tatsachenirrtum *m*
error in law (Re) Rechtsirrtum *m*
error in survey (Stat) Erhebungsfehler *m (syn, ascertainment error)*
error interrupt (EDV) Fehlerunterbrechung *f*
error in transmission (EDV) Übermittlungsfehler *m*
errorlevel (EDV) Fehlerstatus *m (ie, return value of a DOS application)*
error liability (EDV) Störanfälligkeit *f*
error light (EDV) Fehleranzeige *f*
error limit (IndE) Fehlergrenze *f (syn, margin of error)*
error list (EDV) Fehlerprotokoll *n (syn, error diagnostic, qv)*
error mean square (Stat) mittleres Fehlerquadrat *n*
error message
(EDV) Fehlermeldung *f*
– Fehlernachricht *f (ie, indicates detection of an error)*
error of decision (Stat) Entscheidungsfehler *m (ie, first and second kind)*
error of estimation (Stat) Schätzfehler *m*
error of first kind (Stat) Fehler *m* erster Art *(syn, alpha error)*
error of measurement (Stat) Meßfehler *m*
error of observation (Stat) Beobachtungsfehler *m*
error of posting (ReW) Buchungsfehler *m*
error of reference (com) Zuordnungsfehler *m*
error of second kind (Stat) Fehler *m* zweiter Art *(syn, beta error)*
error of third kind (Stat) Fehler *m* dritter Art
error probability (Stat) Fehlerwahrscheinlichkeit *f*
error prone (EDV) fehleranfällig
error protection (EDV) Fehlersicherung *f*
error rate (EDV) Fehlerrate *f (ie, measure of quality of a circuit)*
error reducing power (Stat) Maß *n* der Glättungsfähigkeit
error register (EDV) Fehlerregister *n*

error report (EDV) = error diagnostic
error reset key (EDV) Korrekturtaste *f*
errors and omissions
(AuW) Restposten *mpl* der Zahlungsbilanz
(syn, balance of unclassifiable transactions, qv)
errors and omissions excepted, E&OE (com) Irrtum *m* vorbehalten
error sum of squares (Stat) Summe *f* der Abweichungsquadrate
error tape
(EDV) Fehlerband *n*
(ie, on which an error list is written for later analysis)
error term (Stat) Fehlervariable *f*
error value (EDV) Regelabweichung *f*
error variance
(Stat) Fehlervarianz *f (ie, variance of an error component)*
ESA (EG) = European System of Integrated Economic Accounts
escalating wage rate (Pw) steigender Lohnsatz *m*
escalation clause
(com) = escalator clause
(Fin) Zinserhöhungsklausel *f*
escalation price (com) Preis *m* mit Gleitklausel
escalator (com) Fahrtreppe *f (syn, GB, moving . . . stairway/staircase)*
escalator clause
(com) Preisgleitklausel *f*
(ie, allows a price to rise if costs rise; syn, fluctuating clause, rise-and-fall clause)
(Pw) Indexklausel *f*
(ie, provides for an automatic wage increase tied to inflation; syn, cost of living clause)
escalator scale (Pw) gleitende Lohnskala *f*
escalator tariff (Zo) Gleitzoll *m (syn, sliding scale tariff)*
escapable cost (KoR) Kosten *pl*, die dem Beschäftigungsgrad angepaßt werden können
escape character (EDV) Escape-Zeichen *n*, Esc
escape clause
(Re) salvatorische Klausel *f (cf, separability clause)*
(AuW, GATT) Schutzklausel *f*
– Ausweichklausel *f*
– Befreiungsklausel *f*
(ie, ermöglicht in internationalen Handelsverträgen das Unterlaufen der Meistbegünstigung; syn, safeguard clause)
escape symbol (EDV) Fluchtsymbol *n (ie, & in Unix)*
ESCB (EG) = European System of Central Banks
ESCB Council (EG) europäischer Zentralbankrat *m*
escrow (Re) bei Treuhänder hinterlegte Vertragsurkunde *f*
escrow account
(Fin) Anderkonto *n*
(ie, held in a bank by a trustee on behalf of third-party assets; Verfügung nur durch Treuhänder, nicht durch Person, für die das Konto geführt wird; syn, third-party account)
escrow agreement (Re) Treuhandvertrag *m*
ESCS (EG) = European Coal and Steel Community
ESOMAR (Mk) = European Society for Opinion and Marketing Research

essence
(com) Inbegriff *m*
– Kern *m*
– Wesen *n*
(Re) wesentlicher Bestandteil *m*
(eg, time is of the essence . . . of the contract = die Zeitbestimmung ist wesentlicher Bestandteil des Vertrages)
essential elements (Re) wesentliche Bestandteile *mpl*
essential goods
(com) Notwendigkeitsgüter *npl*
– Güter *npl* des täglichen Bedarfs *(syn, essentials, necessaries)*
essentials (com) = essential goods
essential supplies (com) lebenswichtiger Bedarf *m (syn, necessities of life)*
establish *v*
(com) gründen
– herstellen
– schaffen
(com) gründen *(eg, a company; syn, create, qv)*
establish a credit *v* (Fin) Akkreditiv *n* eröffnen *(syn, open a credit)*
establish a customs union *v* (AuW) Zollunion *f* errichten
establish a defense *v*
(Re) Einrede *f* geltend machen
(eg, to a claim; syn, put forward a defense, qv)
establish a letter of credit *v* (Fin) = establish a credit
establish a presumption *v* (Re) Vermutung *f* begründen
establish a prima facie case *v* (Re) Beweis *m* des ersten Anscheins erbringen *(cf, prima facie evidence)*
establish a right *v* (Re) Recht *n* begründen *(syn, create)*
establish defenses *v* (Re) Einwände *mpl* geltend machen
established clientele
(com) Kundenstamm *m*
– Stammkundschaft *f*
– Dauerkundschaft *f*
– fester Kundenkreis *m*
established company (com) eingeführtes/alteingesessenes Unternehmen *n*
established competitors (com) etablierte Konkurrenz *f*
established firm (com) = established company
established law (Re) geltendes Recht *n*
established name (Pat) Gattungsbezeichnung *f (syn, generic name, qv)*
establishment charges
(KoR, GB) Verwaltungsgemeinkosten *pl*
(syn, administration cost, qv)
establishment of a forum (Re) Begründung *f* e–s Gerichtsstandes
establishment of a partnership
(Re) Begründung *f* e–s Gesellschaftsverhältnisses
(Bw) Gründung *f* e–r Personengesellschaft
establishment payroll (Pw) betriebliche Lohnsumme *f*
estate
(com) = real estate
(Re, StR) Nachlaß *m*

estate agent
(com, GB) Grundstücksmakler *m*
– Immobilienmakler *m*
(syn, house/land . . . agent; syn, US, real estate agent)
estate duty
(StR, GB) Erbschaftsteuer *f*
(ie, in 1975 replaced by a ‚capital transfer tax' which itself has been superseded by inheritance tax)
estate in bankruptcy (Re) Konkursmasse *f (syn, bankrupt estate)*
estate tax
(StR, US) Erbschaftsteuer *f*
(ie, levied on the undivided decedent's estate = Nachlaßsteuer; opp, inheritance tax, qv)
estimate
(com) Schätzung *f*
– Ermittlung *f*
(ie, arrived at by guessing or careful calculation)
(com) Angebot *n*
(ie, you ask for a number of estimates before placing the order; syn, quotation, quote)
(FiW) Haushaltsansatz *m*
(Stat) Schätzwert *m*
– auch: Schätzfunktion *f*
(Stat) statistische Maßzahl *f (syn, statistic)*
estimate *v*
(com) schätzen
– (rechnerisch) ermitteln
(ie, not entirely definitive; syn, appraise, assess, evaluate, value)
(com) anbieten *(ie, for a certain price)*
estimate cost *v* (KoR) kalkulieren *(syn, cost)*
estimated cost
(com) geschätzte Kosten *pl*
– Schätzkosten *pl*
(KoR) vorkalkulierte Kosten *pl*
estimated cost cards (KoR) Vorkalkulationskarten *fpl*
estimated cost system (KoR) Vorkalkulationssystem *n (syn, estimating cost system)*
estimated diminution of service life (ReW) = estimated loss of service life
estimated job order costs (KoR) kalkulierte Auftragskosten *pl*
estimated loss of service life (ReW) geschätzter Wertminderungsverlauf *m*
estimated market
(Bö, US) Schätzkurs *m*
(ie, broker will state a recent price to his customer as an estimated market, a subject market or an indicated market)
estimated process average (IndE) geschätzter mittlerer Fehleranteil *m*
estimated service life (ReW) = estimated useful life
estimated tax
(StR, US) Steuervorauszahlung *f*
(ie, non-salaried persons must estimate and pay income tax four times a year)
estimated time (IndE) vorbestimmte Zeit *f (ie, predicted element of operation time)*
estimated time of arrival, eta (com) voraussichtlicher Ankunftstermin *m*
estimated time of departure, etd (com) voraussichtlicher Abfahrtstermin *m*
estimated useful life
(ReW) geschätzte Nutzungsdauer *f*
(ie, of a fixed asset = Anlagegegenstand; syn, expected life, estimated service life, life expectancy)
estimated value
(com) geschätzter Wert *m*, Schätzwert *m (syn, estimate)*
(KoR) kalkulierter Wert *m*
estimate of cash requirements (Fin) Kassenhaltungsplan *m*
estimate of investment profitability (Fin) Investitionsrechnung *f (syn, capital budgeting, qv)*
estimate of job order costs (KoR) Auftragskalkulation *f*
estimate of operating economy (Bw) Wirtschaftlichkeitsrechnung *f (syn, efficiency calculation, qv)*
estimating cost system (KoR) = estimated cost system
estimating department (KoR) Kalkulationsabteilung *f*
estimating equation (Stat) Schätzgleichung *f*
estimation (Stat) Schätzung *f*, Hochrechnung *f*
estimation of parameters (Stat) Parameterschätzung *f*
estimator
(Stat) Schätzer *m*
– Schätzwert *m*
(Stat) Schätzfunktion *f*
(ie, gibt an, wie aus den Ergebnissen e–r Zufallsstichprobe ein Schätzwert für e–n unbekannten Parameter der Grundgesamtheit zu bestimmen ist; sie sollte folgende Eigenschaften haben:
1. Erwartungstreue;
2. Effizienz;
3. Konsistenz;
4. Suffizienz)
(KoR) Kalkulator *m (syn, cost estimator)*
eta (com) = estimated time of arrival
etched circuit
(EDV) geätzte Schaltung *f*
(ie, formed by chemical or electrolytic removal of unwanted portions of a layer of conductive material bonded to an insulated base)
etd (com) = estimated time of departure
ethical advertisement (Mk) ethische/ethisch einwandfreie Werbung *f*
ethnic foods (com) internationale Delikatessen *fpl*
ETUC (EG) = European Trade Union Confederation
EUC (AuW) = end user control
EURATOM (EG) = European Atomic Energy Community
euro-area (EG) Euro-Währungsraum *m*
Eurobanks (Fin) Eurobanken *fpl*
Eurobond market
(Fin) Eurobondmarkt *m*
– Euroanleihemarkt *m*
Eurobonds
(Fin) Eurobonds *pl*
– Euroanleihen *fpl*
(ie, U.S. dollar bonds issued in European countries; they are all bearer, unregistered bonds = Inhaberschuldverschreibungen)
Eurobond trading (Fin) Euroanleihehandel *m*
Euro-Branding *n* (Mk) Schaffung *f* europäischer Markenartikel
Euro brands (Mk) europäische Markenartikel *mpl*

Eurocapital market
(Fin) Eurokapitalmarkt *m*
(ie, auf ihm werden von internationalen Bankenkonsortien Anleihen außerhalb des Landes begeben, auf dessen Währung sie lauten)
Eurocard (EDV) Eurokarte *f*
EuroClear
(Fin) EuroClear
(ie, Clearing-Organisation im internationalen Wertpapierhandel mit Sitz in Brüssel; mit 125 Finanzintermediären als Gesellschafter)
Eurocommercial paper
(Fin) Eurocommercial paper *n*
(ie, Spiegelbild der US-Domestic Commercial Paper; aber vorrangig Alternative zum traditionellen Libor-verzinsten Eurokredit)
Eurocrats (EG) Eurokraten *pl (ie, members of the EEC bureaucracy)*
Eurocredit market (Fin) Euro-Kreditmarkt *m*
Eurocurrencies (Fin) Eurowährungen *fpl*
Eurocurrency (Fin) Euro-Währung *f*
Eurocurrency business (Fin) Euro-Geldmarktgeschäfte *npl*
Eurocurrency loan (Fin) Euroanleihe *f*
Eurocurrency market
(Fin) Euro-Geldmarkt *m*
– Euromarkt *m*
– Offshoremarkt *m*
– Fremdwährungsmarkt *m*
– Außengeldmarkt *m*
– Xenomarkt *m*
(ie, internationaler Finanzmarkt, an dem Einlagen- und Kreditgeschäfte in e–r Währung außerhalb ihres Geltungsbereichs getätigt werden; getätigt werden; Zentren sind: London, Luxemburg, Paris, Hongkong, Singapur, einige Karibikstaaten sowie die International Banking Facilities in den USA; dient dem internationalen Liquiditätsausgleich)
Eurodollar (Fin) Eurodollar *m*
Eurodollar bond issue (Fin) Euro-Dollaranleihe *f*
Eurodollar borrowing (Fin) Kreditaufnahme *f* am Euro-Dollarmarkt
Eurodollar deposit rates (Fin) Zinssätze *mpl* für Euro-Dollareinlagen
Eurodollar deposits (Fin) Eurodollar-Einlagen *fpl*
Eurodollar market (Fin) Euro-Dollarmarkt *m*
Euroequities
(Fin) Euro-Equities *pl*
(ie, an internationalen Kapitalmärkten plazierte und gehandelte Aktien)
Euroequity market
(Fin) Euroaktienmarkt *m*
(ie, Markt für den Handel mit Aktien und aktienähnlichen Beteiligungsrechten großer Unternehmen über internationale Konsortien)
Eurofacilities (Fin) Eurofazilitäten *pl*
Eurofed (EG) supranationales Zentralbanksystem *n*
Eurofer (EG) Eurofer *f (ie, steel industry federation)*
Eurofer cartel
(Kart) Eurofer-Kartell *n*
(ie, Zusammenschkuß der wichtigsten europäischen Stahlunternehmen; mit freiwilliger Selbstbeschränkung und Durchsetzung von Mindestpreisen)
Euro issue (Fin) Euro-Emission *f (ie, of bonds)*
Eurolending business (Fin) Eurokreditgeschäft *n*
Euro loan (Fin) Euro-Anleihe *f*
Euroloan market (Fin) Euroanleihemarkt *m*
Euro-market interest computation method (Bö) Eurozinsmethode *f*
Euromarket interest rates (Fin) Euro-Zinsen *mpl*
Euronote (Fin) Euroschuldschein *m*
Euronote facilities
(Fin) Euronote facilities *pl*
(ie, Oberbegriff für RUFs, NIFs, SNIFs, TRUFs und andere Finanzinnovationen, bei denen Elemente des Konsortialkredits mit denen der Anleihefinanzierung verbunden werden)
Euro operations (Fin) Euromarkt-Geschäfte *npl*
Europatent
(Pat) Europa-Patent *n*
– Europäisches Patent *n*
(ie, granted for a term of 20 years)
European Agricultural Guidance and Guarantee Fund, EAGGF (EG) Agrarfonds *m*, Europäischer Ausrichtungs- und Garantiefonds *m*
European Article Number, EAN
(Mk) Europäische Artikelnummer *f*
(ie, für den Nahrungsmittelbereich genormt)
European Atomic Energy Community, EURATOM (EG) Europäische Atomgemeinschaft *f*, EURATOM
European Bank for Reconstruction and Development, EBRD (EG) Europäische Bank *f* für Wiederaufbau und Entwicklung
European Central Bank (Fin) Europäische Zentralbank *f*
European Civil Aviation Conference, ECAC (com) Europäische Zivilluftfahrt-Konferenz *f*
European Coal and Steel Community, ECSC (EG) Montanunion *f*, Europäische Gemeinschaft *f* für Kohle und Stahl
European Committee for Electrotechnical Standardization, CENELEC (com,EG) Europäisches Komitee *n* für elektrotechnische Normung
European Communities (EG) Europäische Gemeinschaften *fpl*
European Community
(EG) Europäische Gemeinschaft *f*, EG *f*
European Community market (EG) EG-Markt *m*
European company (Re) europäische Aktiengesellschaft *f*
European company law
(EG) europäisches Gesellschaftsrecht *n*
(ie, Regelung zur Internationalen Unternehmensverfassung, wie Europäische Aktiengesellschaft, Europäische Wirtschaftliche Interessenvereinigung, sowie 5. und 9. EG-Richtlinie zur Harmonisierung der europäischen Aktienrechte)
European Composite Unit (EG) zusammengefaßte Europäische Einheit *f (ie, consists of a mix of European currencies)*
European Council
(EG) Europarat *m*
(ie, seit 1974 oberste Entscheidungsinstanz der Europäischen Gemeinschaften)
European Court of Human Rights (EG) Europäischer Gerichtshof *m* für Menschenrechte des Europarats

European Court of Justice
(EG) Gerichtshof *m* der Europäischen Gemeinschaften, EuGH
– (short:) Europäischer Gerichtshof *m*

European currency area (Vw, EG) europäischer Währungsraum *m*

European Currency Institute, ECI (EG) Europäisches Währungsinstitut *n*

European Currency Snake
(EG) Europäische Währungsschlange *f*
– Euroschlange *f*
– Wechselkursverbund *m*

European Currency Unit, ECU, ecu
(EG) Europäische Währungseinheit *f*
(ie, a weighted combination of the EC currencies, introduced in 1979)

European Customs Union, ECU (EG) Europäische Zollunion *f*

European Defence Community, EDC (EG) Europäische Verteidigungsgemeinschaft *f*

European Development Fund, EDF (EG) Europäischer Entwicklungsfonds *m*

European Economic and Currency Union (EG) Europäische Wirtschafts- und Währungsunion *f (ie, effective 1 July 1990)*

European Economic Area, EEA
(EG) Europäischer Wirtschaftsraum, EWR
(ie, to come into effect at the beginning of 1993; to extend to the 7 member states of EFTA the EC provisions on the free movement of goods, services, capital, and people; will create a market of 380m people, accounting for over some 40 % of world trade)

European Economic Community,EEC (EG) Europäische Wirtschaftsgemeinschaft *f*

European Economic Council (EG) Europäischer Wirtschaftsrat *m*

European Economic Interest Grouping, EEIG
(EG) Europäische Wirtschaftliche Interessenvereinigung *f*, EWIV

European employers confederation (EG) Europäischer Arbeitgeberverband *m*

European Export Bank (EG) Europäische Ausfuhrbank *f*

European Free Trade Association, EFTA, efta
(AuW) Europäische Freihandels-Assoziation *f*
(ie, set up by the 1960 Stockholm Convention; original members Denmark, Norway, Sweden, Austria, Switzerland, Portugal, and United Kingdom)

European Investment Bank, EIB
(EG) (Luxembourg-based) Europäische Investitionsbank *f (ie, set by the EEC countries to encourage regional and economic integration)*

European Investment Fund, EIF (FiW) Europäischer Investitionsfonds *m*

European Metalworkers' Federation, EMF (com) Europäischer Metallarbeiterverband *m*, EMV

European Monetary Agreement, EMA (AuW) Europäisches Währungsabkommen *n*

European Monetary Cooperation Fund, EMFC
(EG) Europäischer Fonds *m* für währungspolitische Zusammenarbeit

European Monetary Fund, EMF
(EG) Europäischer Währungsfonds *m*
(ie, Britain's favored approach to issue and manage the hard ECU)

European Monetary Institute, EMI
(EG) Europäisches Währungsinstitut *n*
(eg, forerunner of the European Central Bank)

European Monetary System, EMS (EG) Europäisches Währungssystem *m*

European Monetary Union, EMU (EG) Europäische Währungsunion *f*

European option (Fin) Option *f*, die nur zu einem vereinbarten Endfälligkeitstermin ausgeübt werden kann; derzeit noch in Paris: jeweils zum Monatsultimo; opp, American option

European Options Exchange, EOE (Bö) (Amsterdam-based) Europäische Optionsbörse *f*

European parallel currency (EG) europäische Parallelwährung *f*

European passport (EG) Europapaß *m*

European Patent Convention, EPC (Pat) Europäisches Patentübereinkommen *n*

European Patent Office (Pat) (Munich-based) Europäisches Patentamt *n*

European Patent Organization (Pat) Europäische Patentorganisation *f*

European Payments Union, EPU (AuW) Europäische Zahlungsunion *f*

European product coding (Mk) Europäische Artikelnumerierung *f*, EAN

European snake
(Fin) Euroschlange *f*
– Europäische Währungsschlange *f*
(ie, snake in the tunnel + blockfloating)

European standard specifications (EG) Europäische Normen *fpl*

European stock exchange directives (EG) europäische Börsenrichtlinien *fpl*

European System of Central Banks, ESCB
(EG) Europäisches Zentralbanksystem *n*
– Europäisches System *n* der Zentralbanken, ESZB

European System of Integrated Economic Accounts, ESA (EG) Europäisches System *n* Volkswirtschaftlicher Gesamtrechnungen, ESVG

European Trade Union Confederation, ETUC
(EG) Europäischer Gewerkschaftsbund, EGB *m*

European trading company (EG) Europäische Handelsgesellschaft *f*

European Union (EG) Europäische Union *f*

European unit of account, EUA (Fin) Europäische Rechnungseinheit *f*, RE

European warrant (Fin) = window warrant, qv

European Waste Data Bank, EWADAT (EG) Europäische Datenbank *f* für Abfallwirtschaft

Eurosecurities (Fin) Euro-Wertpapiere *npl*

Euro sterling (Fin) Euro-Pfund *n*

evade taxes *v* (StR) Steuern *fpl* hinterziehen

evaluate *v*
(com) bewerten
– ermitteln
(ie, determine the value of; syn, appraise, value)
(Math) berechnen
– rechnerisch ermitteln

evaluated maintenance programming (IndE) Planung *f* vorbeugender Wartung

evaluated rate (IndE) Arbeitswertlohn *m*

evaluation
(com) Bewertung *f*
– Ermittlung *f*
(syn, appraisal, valuation)
(com) Datenauswertung *f*
(Math) Berechnung *f*
– rechnerische Ermittlung *f*

evaluation copy
(EDV) Testversion *f*
– Prüfversion *f*
(ie, demo version that allows testing main functionality of a software product before buying it)

evaluation measure (EDV) Effektivitätsmaß *n*, Bewertungsmaß *n*

evaluation net (EDV) Rechnerbewertungsnetz *n*

evaluation of economic efficiency (Bw) Wirtschaftlichkeitsrechnung *f (syn, efficiency calculation, qv)*

evaluation of securities (Fin) Anlagebewertung *f (syn, investment appraisal)*

evaluations (Bw) Bewertungsgrößen *fpl*

evaluator
(com) Schätzer *m*
– Taxator *m*
(syn, appraiser)

evasion (StR) = tax evasion

evasion of customs duties (Zo) Zollhinterziehung *f (syn, customs fraud)*

even function
(Math) gerade Funktion *f*
(ie, with a property that f (x) = f (–x) for each number x)

evening out/up (Bö) Glattstellung *f (ie, by sale or purchase)*

evening school (Pw) Abendschule *f (syn, night school)*

evening shift (Pw) Abendschicht *f (ie, allgemein 16–24 Uhr)*

evening trade (Bö) Nachtbörse *f*

evening-up transaction (Bö) Glattstellungs-Geschäft *n (syn, offsetting . . . transaction/trade)*

even lot
(Bö) Aktienpaket *n* mit durch 100 teilbarem Nennwert *(ie, sold in the usual trading unit of 100 or a multiple thereof; syn, board/full . . . lot)*

even number
(Math) gerade Zahl *f*
(ie, an integer that is the multiple of 2; opp, odd/uneven . . . number)

even numbered (Math) ganzzahlig *(syn, integer)*

even off/out (com) ausgleichen *(ie, become level or equal; eg, prices, differences)*

even parity (EDV) gerade Parität *f (opp, odd parity)*

even parity check (EDV) geradzahlige Paritätskontrolle *f*

event (com, EDV) Ereignis *n*

event bit (EDV) Ereignisbit *n*

event control block
(EDV) Ereignissteuerblock *m*, ECB

event-driven
(EDV, OOP) ereignisgesteuert *(eg, graphical multitasking environments)*

event handler (EDV, OOP) Ereignisbehandlungsroutine *f*

event handler routine (EDV, OOP) = event handler

event marketing
(Mk) Veranstaltungsmarketing *n*
(ie, zielgerichtetes und systematisches Planen und Gestalten von Veranstaltungen und anderen Ereignissen)

events beyond the reasonable control of the parties
(Re) vom Parteiwillen unabhängige Umstände *mpl*

even up *v* (Bö) glattstellen *(syn, settle, qv)*

evergreen clause
(Fin, US) Verlängerungs-Klausel *f*
(ie, stating that a contract automatically renews itself each year unless advance notice is given by one side that it will end)

evergreen contract (Re, US) Vertrag *m* mit automatischer Verlängerung *(ie, until one side gives notice to terminate)*

ever-normal granary plan
(Vw, US) Programm *n* zur Stabilisierung von Agrarpreisen
(ie, by stockpiling policy of the government)

evidence
(Re) Beweismittel *n/npl*
– Beweismaterial *n*
– Beweis *m*
(Re) Beweisurkunde *f* über Grundstückseigentum

evidence *v*
(Re) beurkunden
(WeR) verbriefen
(eg, refers to ‚name paper', registered securities = Namenspapiere)
(WeR) verkörpern
(ie, refers to negotiable instruments/commercial paper = Order- und Inhaberpapiere; syn, embody)

evidence account
(com) Evidenzkonto *n*
(ie, one of the many types of countertrade, qv; there is a continuous flow of goods both ways; it works as follows:
1. an agreement is signed whereby a company in Country A undertakes to buy and sell products from and to Country B, over a given period;
2. such sales and purchases are recorded on evidence accounts maintained by Country B with a bank in that country and with a bank in Country A)

evidence account agreement (AuW) Evidenzkonten-Abkommen *n*

evidence a right *v* (Re) Recht *n* verbriefen od verkörpern *(cf, evidence)*

evidence of formal qualifications (Pw) Befähigungsnachweis *m*

evidence of value (com) Wertnachweis *m*

evidentiary presumption (Re) Beweisvermutung *f*

evidentiary value
(Re) Beweiswert *m*
(eg, of a notarial protest certificate = Protesturkunde)

EWADAT (EG) = European Waste Data Bank

exacerbate *v*
(com) verschärfen
– verschlimmern
(eg, slump of the U. S. economy; syn, aggravate; infml, hot up)

exacting
(com) anspruchsvoll
(eg, job, market)
exact interest
(Fin) Zinsen *mpl* bezogen auf 365 Tage
(ie, used in GB and by the German Civil Code, BGB)
exaggerate *v*
(com) übertreiben
(Vers) zu hoch angeben *(eg, amount of damage)*
ex allotment (Bö) ex Bezugsrecht, exB
ex all, x.a. (Bö) ausschl. aller Rechte *(ie, without all rights and privileges, such as dividends)*
examination as to formal requirements (Pat) Formalprüfung *f*
examination fee (Pat) Prüfgebühr *f*
examination of invention (Pat) Prüfung *f* des Erfindungsanspruchs
examination of professional competence (Pw) berufliche Eignungsprüfung *f (ie, at graduate level)*
examination paper
(Pw) Examensarbeit *f*
– Prüfungsarbeit *f*
(syn, GB, examination script)
examination-plus-opposition system
(Pat) Aufgebotssystem *n*
(ie, grounds of opposition are ‚prior use' and ‚prior patent grant')
examination procedure (Pat) Prüfverfahren *n*
examination script (Pw, GB) = examination paper
examiner
(Pw) Prüfer *m (eg, you have satisfied the examiner: your performance was just adequate)*
examiner-in-chief (Pat) Hauptprüfer *m (syn, chief examiner)*
ex ante analysis (Vw) ex ante-Analyse *f (opp, ex post analysis)*
ex ante constructions (Vw) ex ante-Beziehungen *fpl*
ex bonus (Bö) = ex capitalization
ex cap (Bö) = ex capitalization
ex capitalization (Bö) ex Gratisaktien *fpl (syn, ex bonus, ex scrip)*
ex capitalization issue (Bö) ex Berichtigungsaktien *fpl*
excavation site (com) Baugrube *f*
exceed authority *v*
(com) Befugnisse *fpl* überschreiten *(syn, exceed powers)*
excelsior (com) Holzwolle *f (syn, GB, wood shavings)*
except as otherwise provided (Re) vorbehaltlich gegenteiliger Bestmmungen
excepted perils clause (com) Freizeichnungsklausel *f (ie, in Charterverträgen, Konnossementen, etc)*
excepted risk clause (Vers) Risikoausschlußklausel *f*
excepted risks (Vers) unversicherte Risiken *npl*
exception
(com) Ausnahme *f (ie, to/von)*
(Re) Einrede *f (syn, defense, qv)*
(ReW) Beanstandung *f (ie, in auditing = im Prüfungswesen)*
(Vers) Risikoausschluß *m (syn, exclusion of risks, qv)*
exceptional price (com) Sonderpreis *m (syn, special price, qv)*
exception condition (EDV) Ausnahmebedingung *f*
exception handling
(EDV) Ausnahmebehandlung *f*
– Fehlerbehandlung *f*
(ie, routines that try to correct errors or to minimize their effects [eg, a GPF]; syn, error handling)
exception of fraud (Re) Einwand *m* der unzulässigen Rechtsausübung *(syn, defense of fraud, qv)*
excess
(Vers, GB) Abzugsfranchise *f*
(com) Überschreitung *f*
excess baggage (com) Übergepäck *n*
excess burden (Vw) Nettowohlfahrtsverluste *mpl (syn, deadweight losses, qv)*
excess capacity
(Bw) Überkapazität *f*
(syn, surplus/redundant . . . capacity, overcapacity, capacity overshoot)
excess cash (Fin) = excess reserve
excess condemnation (Re, US) Überschreiten *n* der Enteignungsbefugnis *(ie, of the power of eminent domain, qv)*
excess coverage (Vers) Selbstbeteiligungsklausel *f*
excess demand (Vw) Nachfrageüberschuß *m (ie, excess of demand over supply)*
excess demand inflation (Vw) Überschußnachfrage-Inflation *f*
excess expenditure (FiW) überplanmäßige Ausgaben *fpl (Ausgaben, die Geldansatz eines Ausgabetitels überschreiten)*
excess franchise (Vers) Abzugsfranchise *f*
excess insurance (Vers) Franchise *f*, Selbstbehalt *m*
excess interest amount (StR) Zinsüberhang *m*
excess inventory (MaW) Überbestand *m*
excessive deficit (EG) übermäßiges Defizit *n (ie, ein Defizit, das deutlich über den Referenzwerten der Konvergenzkriterien liegt)*
excessive deficit procedure (EG) Verfahren *n* bei einem übermäßigen Defizit *(Maastricht Treaty Art. 104c)*
excessive foreign control (Bw) Überfremdung *f*
excessive indebtedness (Fin) Überschuldung *f (syn, debt overload, qv)*
excessive inventory (MaW) Überbestand *m (syn, excess stock, oversupply, long position)*
excessive price (com) überhöhter Preis *m*
excessive taxation (FiW) Überbesteuerung *f*
excess liquidity (Fin) Überliquidität *f*
excess loans (Fin, US) Darlehen *npl* über die gesetzlich beschränkte Höhe hinaus *(cf, 12 USC 84)*
excess loss insurance
(Vers) Exzedentenrückversicherung *f*
(syn, surplus treaty insurance)
excess loss, XL
(Vers) Schadenexzedentenrückversicherung *f*
(syn, excess of loss reinsurance)
excess money supply (Vw) Geldüberhang *m*
excess of line (Vers) Exzedent *m (syn, excess of loss)*
excess of line reinsurance
(Vers) Summenexzedentenrückversicherung *f*
(ie, ErstVR gibt den Teil aller von ihm versicherten Risiken in Rückdeckung, der im Einzelfall e–e im voraus bestimmte Höhe der Vssumme übersteigt)
excess of loss (Vers) Schadenüberschuß *m*

excess of loss cover
(Vers) Einzelschadenexzedentenrückversicherung *f*
(ie, bezieht sich auf die einzelnen Schäden e-r versicherungstechnischen Einheit; syn, working cover)
excess of loss insurance (Vers) Exzedentenrückversicherung *f (syn, surplus treaty reinsurance)*
excess of loss ratio reinsurance
(Vers) Jahresüberschadenrückversicherung *f*
(syn, stop loss cover, qv)
excess of loss reinsurance (Vers) Schadenexzedenten-Rückversicherung *f (ie, indemnifies the ceding company for the excess of a stipulated sum)*
excess payment
(com) zuviel gezahlter Betrag *m*
(StR) Überzahlung *f*
excess primary reserves (Fin) überschüssige gesetzliche Rücklagen *fp* und Guthaben *npl (ie, held with other banks)*
excess profits tax (FiW, US, GB) Übergewinnsteuer *f*
excess reserve
(Fin) Überschußreserve *f*
(ie, Barreserve + Überschußreserve = 100% Sichteinlagen der Kreditinstitute; opp, cash reserve)
excess sales revenue
(ReW) Mehrerlös *m*
(ie, difference between the admissible and the actual price)
excess stock (MaW) = excess inventory
excess supply
(Vw) Angebotsüberschuß *m (ie, excess of supply over demand)*
(com) Überangebot *n (syn, oversupply)*
excess supply of labor (Vw) Arbeitskräfteüberschuß *m*
excess work allowance (IndE) Verfahrenszuschlag *m (syn, process allowance)*
exchange
(com) Tausch *m*
– Umtausch *m*
(Vw) Tauschgeschäft *n (syn, barter transaction)*
(Fin) Devisen *pl (syn, foreign . . . exchange /currency)*
(Bö) *(short for:)* Effekten- od Warenbörse *f*
(Vers, US) Risikobewertungs-Organisation *f*
(ie, rating organization, such as the New York Fire Insurance Rating Organization)
exchange *v*
(com) tauschen
(Fin) umtauschen
– wechseln *(eg, DM for $; syn, change, convert)*
exchange adjustment
(Fin) Wechselkursanpassung *f*
(Fin) Devisenarbitrage *f (syn, currency arbitrage)*
exchange arbitration tribunal (Bö) Börsenschiedsgericht *n*
exchange arrangements (Fin) Bestimmungen *fpl* über den Zahlungsverkehr
exchange board (Bö) Börsenvorstand *m*
exchange broker (Bö) Devisenmakler *m (syn, foreign exchange broker)*
exchange buffering
(EDV) Austauschpufferung *f*
(ie, uses data chaining to avoid the movement of data in memory)
exchange clause (Fin) Kursklausel *f*
exchange clearing agreement (AuW) Devisen-Verrechnungsabkommen *n*
exchange control
(AuW) Devisenbewirtschaftung *f*
– Devisenkontrolle *f*
(syn, foreign exchange control, qv)
exchange control declaration (AuW) Devisenkontrollerklärung *f*
exchange controls (AuW) Devisenbewirtschaftungs-Maßnahmen *fpl*
Exchange Council (Bö) Börsenrat *m*
exchange crisis (AuW) Währungskrise *f*
exchange current (Bö) laufender Devisenkurs *m*
exchange dealer (Fin) Devisenhändler *m (syn, foreign exchange . . . dealer/trader)*
exchange dealings (Bö) Börsenhandel *m*
exchange deficit country (AuW) Devisendefizitland *n*
exchange depreciation
(Fin) Währungsabwertung *f*
– Devalvation *f*
(syn, currency depreciation, qv)
exchange difference
(Bö) Kursdifferenz *f*
– Kursspanne *f*
exchange dumping
(AuW) Währungsdumping *n*
– Valutadumping *n*
exchange economy (AuW) Tauschwirtschaft *f (syn, nonmonetary economy)*
Exchange Equalisation Account (AuW, GB) Währungsausgleichsfonds *m*
exchange floor (Bö) Börsenparkett *n (syn, trading floor, qv)*
exchange function of money (Vw) Tauschmittelfunktion *f* des Geldes
exchange futures (Bö) Devisenterminkontrakte *mpl*
exchange futures contract (Bö) Devisenterminkontrakt *m*
exchange gain
(Fin) Währungsgewinn *m*
– Kursgewinn *m (syn, foreign exchange earnings)*
exchange hedging (Bö) Kurssicherung *f (ie, in currency trading)*
exchange holdings (Fin) Devisenbestände *mpl (syn, foreign exchange holdings)*
exchange intervention (Fin) Kursintervention *f*
exchange jobber (Fin, GB) Devisenhändler *m (ie, usually a bank)*
exchange-listed stocks (Bö) börsennotierte Aktien *fpl*
exchange listing (Bö) Börsenotierung *f (syn, exchange/market . . . quotation)*
exchange loss (Bö) Kursverlust *m (ie, loss on fluctuations in the rate of exchange)*
exchange margins (AuW) Bandbreite *f (syn, currency band, support points, official spread)*
exchange market (Bö) Devisenmarkt *m*
exchange market intervention (Fin) Devisenmarktintervention *f*
exchange markup (com) Währungszuschlag *m (ie, added to base rates in ocean shipping)*
exchange of acceptances (Fin) Aktzept(aus)tausch *m (ie, Austausch von selbstdiskontierten eigenen Akzepten zwischen Banken)*

exchange offer (Fin) Umtauschangebot *n (syn, conversion/tender . . . offer)*
exchange of ideas (on) (com) Gedankenaustausch *m (syn, swapping ideas)*
exchange of shares
(Fin) Aktientausch *m*
(ie, in acquisition or merger operations; syn, stock swap)
exchange of stock (Fin) = exchange of shares
exchange of views (com) Meinungsaustausch *m*
exchange of voting stock (com) Tausch *m* stimmberechtigter Aktien
exchange optimum
(Vw) Tauschoptimum *n*
– Handelsoptimum *n*
exchange privilege (Fin) Umtauschrecht *n (ie, bei Investmentanteilen)*
exchange proceeds (Fin) Deviseneinnahmen *fpl (syn, currency receipts)*
exchange profit (Bö) = exchange gain
exchange quotation
(Bö) Börsennotierung *f*
– Börsennotiz *f*
(syn, exchange listing, market quotation, exchange listing, market quotation)
exchange rate
(Fin) Wechselkurs *m*
– Devisenkurs *m*
(syn, foreign exchange rate, qv)
exchange rate adjustment
(Vw) Wechselkursanpassung *f*
– Wechselkurskorrektur *f*
– Wechselkursberichtigung *f (syn, exchange rate rearrangement)*
exchange rate criterion
(EG) Wechselkurskriterium *n*
– (Konvergenz-)Kriterium *n* der Wechselkurse
exchange rate differential (Fin) Kursgefälle *n*
exchange rate dumping
(AuW) Währungsdumping *n (ie, through lower rate of foreign currency)*
exchange rate exposure (Fin) Wechselkursrisiko *n*
exchange rate fixing (Bö) Devisenkursfeststellung *f*
exchange rate fluctuation clause (AuW) Kurssicherungsklausel *f*
exchange rate fluctuations
(Fin) Wechselkursschwankungen *fpl*
(syn, currency fluctuations/swings, qv)
exchange rate hedging (Fin) Wechselkurssicherung *f*
exchange rate mechanism, ERM (Fin) Wechselkursmechanismus *m (ie, of the European Monetary System)*
exchange rate parity (AuW) Wechselkursparität *f*
exchange rate policy (EG) Wechselkurspolitik *f*
exchange rate quotation (Bö) Wechselkursnotierung *f*
exchange rate realignment (AuW) Wechselkursanpassung *f*
exchange rate relations (AuW) Kursrelationen *fpl*
exchange rate risk (Fin) Kursrisiko *n*
exchange rate stability (AuW) Wechselkursstabilität *f*
exchange rate system (AuW) Wechselkurssystem *n*
exchange-rate target zone (Fin) Wechselkurszielzone *f*
exchange rate volatility (EG) Wechselkursvolatilität *f*
exchange ratio
(Fin) Umrechnungsverhältnis *n*
Umtauschverhältnis *n*
(ie, ratio of conversion)
exchange regime (IWF) Wechselkursregime *n*
exchange regulations (AuW) Devisenbestimmungen *fpl (syn, currency regulations)*
exchange repo agreement (Fin) Devisen-Pensionsgeschäft *n (ie, purchase of foreign exchange for later resale)*
exchange reserves (AuW) Währungsreserven *fpl*
exchange restrictions
(AuW) Devisenverkehrsbeschränkungen *fpl*
– Devisenrestriktionen *fpl*
exchange risk
(Fin) Wechselkursrisiko *n*
– Kursrisiko *n*
exchange seat
(Bö) Börsensitz *m*
(ie, membership in a stock exchange; sold on the open market to brokers and dealers)
exchange stability (Vw) Währungskursstabilität *f*
Exchange Stabilization Fund
(AuW, US) Ausgleichsfonds *m*
(ie, operated by the Treasury; syn, GB, Exchange Equalisation Account)
exchange trader (Fin) = exchange dealer
exchange trading (Bö) amtlicher Markt *m (opp, over-the-counter market = Freiverkehr)*
exchange transactions (Bö) Börsengeschäfte *npl*
exchange transfer risk (Fin) Konvertierungsrisiko *n*
exchange value (Bw) Tauschwert *m*
Exchequer bill (Fin, GB) Schatzwechsel *m*
Exchequer bond (Fin, GB) Schatzanweisung *f*
excise duties (StR, FiW) = excise taxes
excises (StR, US) Verbrauchsteuern *fpl (ie, it is the intangible right or privilege which is taxed)*
excise taxes (StR, US) Verbrauch- und Aufwandsteuern *fpl*
excise tax imposed on insurance premiums (StR, US) Abgabe *f* auf Versicherungsprämien
excited (Bö) lebhaft
ex claim (Bö) = ex rights
exclusionary conduct
(Kart) Verdrängungswettbewerb *m*
(ie, auf den Ausschluß der Konkurrenz gerichtetes Verhalten)
exclusion from gross income (StR) steuerfreie Einkünfte *pl*
exclusion method
(StR) Abzugsmethode *f*
(ie, used in all tax treaties signed by the Federal Republic of Germany)
exclusion of a partner (com) Ausschließung *f* e–s Partners *(syn, expulsion)*
exclusion of liability (Re) Haftungsausschluß *m*, Ausschluß *m* der Haftung
exclusion of risks (Vers) Risikoausschluß *m (syn, policy exclusion, exception)*
exclusion principle
(FiW) Ausschlußprinzip *n* des Preises
(ie, applied to distinguish between private and public goods)
exclusive advertising (Mk) Exklusivwerbung *f*, Alleinwerbung *f*

exclusive agency
(com) Alleinvertretung *f*
– Exklusivvertretung *f*
exclusive agent (com) Alleinvertreter *m*
exclusive dealing
(Kart, US) Ausschließlichkeitsbindung *f*
(ie, exclusive arrangement between manufacturer and dealer)
(Mk) Exklusivvertrieb *m*
exclusive dealing arrangement
(Kart, US) Ausschließlichkeitsvertrag *m*
(ie, purchaser agrees to buy exclusively from a supplier for a specified period of time; one type is the ‚requirements contract' = Bedarfsdekkungsvertrag)
exclusive dealing right (com) Exklusivrecht *n*
exclusive disjunction
(Log) ausschließende
– vollständige
– große . . . Disjunktion *f*
– Kontravalenz *f*
– Bisubtraktion *f*
– kontradiktorischer Gegensatz *m*
(ie, complex sentence that is true when one and only one of its components is true: 0110)
exclusive distributor (Mk) Alleinvertreter *m*
exclusive franchise
(Mk) Alleinverkaufsrechte *npl*
– Exklusivrechte *f (ie, sole and exclusive selling rights)*
exclusive grant back
(Pat, US) exklusive Rücklizenz *f*
(cf, assignment back; opp, non-exclusive grant back)
exclusive jurisdiction
(Re) ausschließende Zuständigkeit *f*
(ie, proceedings can be brought in only one court; opp, concurrent jurisdiction)
exclusive licence (Pat) ausschließliche Lizenz *f*
exclusive licensing agreement (Pat) Ausschließlichkeitsvertrag *m*
exclusive marketing
(Mk) Alleinvertrieb *m*
(ie, by a sole agent, a sole proprietor, or a company-owned trading operation)
exclusive of
(com) ausschließlich, ohne
(eg, price is DM1000, exclusive of vat)
exclusive or
(EDV) ausschließendes Oder *n*
– Antivalenz *f*
(ie, instruction which performs the ‚exclusive or' operation on a bit-by-bit basis for its two operand words)
(Math) ausschließendes Oder *n*
– Antivalenz *f*
(ie, logic operator which has the property that if p is a statement and q is a statement, than p exclusive or q is true if either but not both statements are true, false if both are true or both are false: 0110)
exclusive-OR element
(EDV) ODER-Glied *n*
– Antivalenzglied *n*
(syn, except gate, non-equivalence element)
exclusive-OR function (EDV) ODER-Funktion *f*
exclusive-OR node (EDV) „auschließendes-Oder"-Knoten *m*
exclusive-OR operation
(EDV) ausschließendes ODER *n*
(syn, non-equivalence operation, anti-coincidence operation, diversity, except, exjunction, symmetric difference)
exclusive patent (Pat) Ausschließlichkeitspatent *n*
exclusive period (Re) Ausschlußfrist *f*
exclusive possession (Re) Alleinbesitz *m*
exclusive purchasing agreement (Kart) Exklusivvertrag *m*
exclusive right (Re) Ausschlußrecht *n*
exclusive rights contract
(Re) Exklusivvertrag *m*
– Alleinvertrag *m*
exclusive sales contract (Re) Alleinverkaufsvertrag *m*
exclusive segments
(EDV) exklusive Segmente *npl*
(ie, part of overlay program structure: cannot be resident in main memory simultaneously)
exclusive service clause (Pw) Wettbewerbsklausel *f*
(syn, ancillary covenant, qv)
exclusive use (Pat) ausschließliche Nutzung *f*
ex coupon, x cp. (Bö) ex Kupon
exculpate *v*
(Re) exkulpieren
– entlasten
(ie, free from blame; syn, exonerate)
exculpation (Re) Exkulpation *f*
exculpatory clause (Re) Freizeichnungsklausel *f*
(syn, contracting-out clause, qv)
exculpatory evidence (Re) Entlastungsbeweis *m (cf, evidence)*
exculpatory proof (Re) Exkulpationsbeweis *m (cf, proof)*
excusable delay (Re) unverschuldete Verzögerung *f*
excuse from performance *v* (Re) von der Erfüllung freistellen *(eg, by failure of presupposed conditions = Nichteintritt vorausgesetzter Bedingungen; cf, 2–615 UCC)*
excuse of condition (Re, US) fingierter Eintritt *m* e–r Bedingung
ex-d (Bö) = ex dividend
ex directory (com) nicht im Telefonverzeichnis aufgeführt
ex dist, x.d. (Bö) ex Gewinnausschüttung od Dividende
ex div (Bö) = ex dividend
ex dividend (Bö) ex Dividende *(syn, coupon detached, dividend off, ex-d)*
ex-dividend price (Bö) Kurs *m* ex Dividende
ex dock (com) frei Dock *(syn, ex quay, ex wharf)*
ex drawing (Bö) ex Ziehung
ex due (Bö) ex Bezugsrecht
executable
(EDV) ausführbar
– ladefähig
executable program (EDV) ladefähiges Programm *n*
(syn, loadable program)
executable statement (EDV) imperative Anweisung *f*
execute *v*
(com) ausführen *(eg, a contract; syn, carry out, fulfill)*

(Re) ausfertigen
(eg, document, contract)
(Re) unterzeichnen *(eg, document)*
(Re) vollstrecken *(ie, a will)*
(EDV) ausführen
(ie, run a compiled or assembled program)
execute a contract *v*
(Re) Vertrag *m* ausfertigen
(Re) Vertrag *m* erfüllen *(syn, complete, fulfill)*
execute an order *v* (com) Bestellung *f* ausführen *(syn, carry out /complete/fill . . . an order)*
execute cycle (EDV) Ausführungszyklus *m* *(syn, execute phase)*
executed contract (Re) erfüllter Vertrag *m* *(opp, executory contract)*
execute phase (EDV) = execute cycle
execution against property (Re) Zwangsvollstreckung *f* in das Vermögen
execution creditor (Re) Vollstreckungsgläubiger *m*
execution of bargain (Bö) Erfüllung *f* e–s Wertpapiergeschäfts
execution of contract
(Re) rechtswirksame Ausfertigung *f* e–s Vertrages
(Re) Vertragserfüllung *f* *(syn, performance of contract)*
execution of instruction (EDV) Befehlsausführung *f*
execution phase (EDV) Ausführungsphase *f*
execution proceedings (Re) Vollstreckungsverfahren *n*
execution sale (Re) Zwangsversteigerung *f*
execution time
(EDV) Ausführungszeit *f*
– Programmlaufzeit *f*
(ie, time during which actual work is carried out; syn, object time)
executive
(Bw) Führungskraft *f*
Also:
– Leitungsbeauftragter *m*
– leitender Angestellter *m*
executive committee
(com) Leitungsausschuß *m*
– Leitungsgremium *n*
executive decision (Bw) Führungsentscheidung *f*
executive development (Pw) Weiterbildung *f* von Führungskräften *(syn, management development; cf, retread)*
executive expenses (StR) Geschäftsführungskosten *pl*
executive floor
(com) Chefetage *f*
– Vorstandsetage *f*
executive function (Bw) Leitungsfunktion *f* *(ie, of running a business)*
executive head hunter (Pw) Stellenvermittler *m* für Führungskräfte, „Kopfjäger“ *m*
executive information system, EIS
(EDV) Management-Informationssystem *n*
(ie, software providing concentrated, easy-to-access information to managers or executives about the status of their company; syn, manangement information system)
executive officer
(com, US) Führungskraft *f*
(ie, a top official of a company; may be president, vice president, trust officer, cashier, secretary, treasurer)
executive perks (Pw) (langfristige) Leistungsanreize *mpl* und Nebeneinnahmen *fpl*
executive personnel (Pw) Führungskräfte *fpl* *(syn, senior staff)*
executive position
(com) Führungsposition *f*
– leitende Position *f*
(syn, management/supervisory . . . position)
executive post (Pw) = executive position
executive program (EDV) = executive
executive routine (EDV) Kontrollprogramm *n*
executive search consultant (Pw) Personalberater *m* *(syn, headhunter)*
executive skill (com) Führungsqualitäten *fpl* *(syn, managerial qualities)*
executive system (EDV) Betriebsystem *n* *(syn, operating system, OS)*
executive talent (com) Führungseigenschaften *fpl*
executive training (Pw) Schulung *f* von Führungskräften
executor
(Re) Testamentsvollstrecker *m*
(ie, his authority rests on the will of the testator = Erblasser; cf, administrator)
executory consideration (Re) gegenseitiges Leistungsversprechen *n* beider Vertragspartner
executory contract
(Re) zu erfüllender Vertrag *m*
– nicht erfüllter Vertrag *m*
executory jurisdiction
(Re, US) vollstreckende Zuständigkeit *f*
(ie, power of a state to enforce its laws and judgments; it is ‚enforcement of judgment‘ in U. S. jurisprudence; opp, legislative jurisdiction)
executrix (Re) Testamentsvollstreckerin *f*
exemplary damages
(Re) verschärfter Schadenersatz *m*
exempt (StR) befreit
exempt employees (Pw, US) Mitarbeiter *mpl* ohne Anspruch auf Überstundenvergütung
exempt from *v* (com) befreien von
exempt from agricultural levies (EG) abschöpfungsfrei
exemption (StR) (Steuer-)Freibetrag *m* *(syn, allowable deduction, tax-free amount)*
exemption clause (Re) Freizeichnungsklausel *f* *(syn, contracting-out clause, qv)*
exemption from contributions (SozV) Beitragsfreiheit *f*
exemption from execution (Re) Unpfändbarkeit *f*
exemption from import duties (Zo) Einfuhrabgabenbefreiung *f*
exemption from liability (Re) Haftungsbefreiung *f*
exemption from tax liability (StR) Steuerbefreiung *f* *(syn, tax exemption)*
exemption from VAT (StR) Mehrwertsteuerbefreiung *f* *(syn, GB, zero rating)*
exemption limit (StR, GB) steuerliche Freigrenze *f*
exemptions (StR) Befreiungen *fpl*
exempt life insurance (Vers) befreiende Lebensversicherung *f*
exempt organization (StR, US) steuerbefreite Organisation *f*, § 501 (c) IRC
exempt securities
(StR) steuerbefreite Wertpapiere *npl*

exercise *v*
(com) anwenden *(eg, a rule)*
(com) üben *(eg, price restraint)*
(com) ausüben *(eg, right)*
exercise an option *v* (Bö) Option *f* ausüben *(syn, take up an option)*
exercise date
(Bö) Ausübungstag *m*
– Erklärungstag *m*
(ie, of an option)
exercise notice (Bö) Erklärung *f* über die Ausübung der Option
exercise of taxing power (FiW) Ausübung *f* der Steuerhoheit
exercise power over *v* (com) Macht *f* ausüben über
exercise price
(Bö) Basispreis *m*
– Ausübungskurs *m*
(ie, price at which an option holder may buy or sell the underlying security; syn, strike/striking price)
ex factory (com) ab Fabrik, ab Werk *(syn, ex works, ex mill)*
ex factory clause (com) Fabrikklausel *f*
ex factory price (com) Preis *m* ab Werk *(syn, price ex works)*
ex gratia payment
(com, Vers) Kulanzentschädigung *f*
(Pw) Abfindung *f*
– Abfindungszahlung *f*
(syn, dismissal/severance/termination . . . pay, terminal bonus)
ex gratia pension payment (Pw) freiwillige Pensionszahlung *f (ie, not compelled by legal right)*
exhaust a quota *v* (AuW) Kontingent *n* ausschöpfen
exhaust emission standards (com) Abgasvorschriften *fpl*
exhaust gas
(IndE) Abgas *n*
(ie, leaves IC engine or gas turbine = Ottomotor od Gasturbine)
exhaustive enumeration (com) erschöpfende Aufzählung *f*
exhaust standards (com) Abgasvorschriften *fpl*
exhibit
(com) Anlage *f (ie, zu e–m Schriftstück; syn, enclosure)*
(Mk) Ausstellungsstück *n (syn, display article, showpiece)*
(Re) Beweisstück *n*
exhibit *v*
(com) ausstellen *(eg, at a fair)*
(com) vorzeigen
exhibition
(com) Ausstellung *f*
(syn, fair, show, exposition)
(Pw, GB) Stipendium *n*
(ie, granted for a term of years; syn, bursary; US, scholarship)
exhibition advertising
(Mk) Ausstellungswerbung *f*
– Messewerbung *f*
exhibitioner (com, GB) Stipendiat *m (syn, bursar)*
exhibition grounds (com) Ausstellungsgelände *n (syn, fair grounds)*
exhibition of capital goods (Mk) Investitionsgütermesse *f*
exhibition site (com) Messegelände *n (syn, fair site)*
exhibition space (com) Ausstellungsfläche *f*
exhibition stand
(com) Messestand *m*
– Ausstellungsstand *m*
exhibition stand construction (com) Messebau *m*
exhibitor (com) Aussteller *m*
exhibits (com) Ausstellungsgut *n (ie, exported or imported for use at trade fair)*
exim arrangements (com) Exim-Regelung *f*
Eximbank (AuW, US) Export-Import Bank *f (ie, of the United States)*
ex int (Bö) = ex interest
ex interest, x. in. (Bö) ohne Stückzinsen
existence needs (Bw) materielle Bedürfnisse *npl (cf, ERG theory)*
existential quantifier
(Log) Existenzoperator *m*
– Existenzquantor *m (syn, particular quantifier; opp, universal quantifier)*
existential statement (Log) Es-gibt-Satz *m (opp, nonexistence statement)*
existing pension (SozV) Bestandsrente *f*
exit
(Vw) Ausscheiden *n* e–s Marktteilnehmers *(ie, supplier or demander)*
(com) Ausfahrt *f*
– Ausgang *m*
(EDV) Programmausgang *m*
(ie, terminating a cycle of operations in a program)
(EDV) Ausgang *m*
(ie, place where a cycle can be stopped)
exit *v*
(com, US) aussteigen
(EDV) verlassen *(ie, Programm)*
– abbrechen
exit barrier (Vw) (Markt)Austrittsschranke *f*
exit permit (com) Ausreisegenehmigung *f*
exit point
(EDV) Anschlußstelle *f*
– Verzweigungspunkt *m*
(Zo) Ausfuhrort *m*
exit presentation (com) Schlußbericht *m (eg, submitted by a group of experts)*
exit price (ReW) Wert *m* e-s Gegenstandes bei Außerbetriebnahme
exit value (com) Veräußerungswert *m*
exjunction (EDV) = exclusive OR operation
ex mill (com) ab Werk *(syn, ex factory, ex works)*
ex. n. (Bö) = ex new
ex new, ex. n. (Bö) ex Bezugsrechte, exB *(syn, ex claim, ex rights)*
ex officio
(Re) von Amts wegen
– in amtlicher Eigenschaft
exogenous determinant (Vw) exogene Bestimmungsgröße *f*
exogenous variable
(Vw) exogene Variable *f*
(ie, determined by noneconomic factors, such as nature, politics, customs, or institutions; opp, endogenous variable)

exogenous variate (Stat) exogene Zufallsvariable *f*
exonerate *v*
(Re) exkulpieren
– entlasten
(ie, from, von; syn, exculpate)
exoneration
(com) Regreßrecht *n*
(Fin) Recht *n* auf Befriedigung aus e–m begebbaren Wertpapier
(Re) Exkulpation *f*
– Entlastung *f (ie, from, von)*
exoneration clause (Re) Freizeichnungsklausel *f (syn, contracting-out clause)*
exorbitant
(com) astronomisch
– maßlos
– übertrieben
(ie, grossly exeeding normal limits; eg, prices, terms and conditions)
exorbitant price (com) Wucherpreis *m*
exotic currencies
(AuW) exotische Währungen *fpl*
(ie, no developed international market, and infrequently dealt)
exotics (AuW) = exotic currencies
exp. (com) = expenses
expand *v*
(com) expandieren
– wachsen
(com) ausbauen *(eg, plant facilities)*
(Math) entwickeln *(eg, function in a power series)*
expandability (com) Erweiterungsfähigkeit *f*
expand a function *v* (Math) Funktion *f* entwickeln
expanded keyboard (EDV) erweiterte Tastatur *f*
expanded memory
(EDV) erweiterter Hauptspeicher *m*
– Hauptspeicherweiterung *f*
expanding industry (com) Wachstumsbranche *f (syn, growth industry)*
expand in sales *v* (com) Umsatz *m* steigern *(eg, expand from in $ 1 bn to $ 12 bn sales)*
expand on *v* (com) erläutern, ausführlich eingehen auf
expand operations *v* (com) expandieren *(syn, extend operations)*
expand plant capacity *v* (com) Kapazität *f* erweitern
expansion
(com) Ausweitung *f*
– Erweiterung *f*
(Vw) Wachstum *n*
– Expansion *f*
(Bw) Unternehmenswachstum *n*
– Betriebserweiterung *f*
(ie, internally or externally)
(Math) Entwicklung *f* e–r Funktion
(ie, expression of a function in the form of a series)
expansionary budget policy (FiW) expansive Haushaltspolitik *f*
expansionary economy (Vw) wachsende Wirtschaft *f*
expansionary forces
(Vw) expansive Einflüsse *mpl*
– Antriebskräfte *fpl*
expansionary impact (Vw) expansive Impulse *mpl*
expansionary monetary policy (Vw) expansive Geldpolitik *f*
expansionary movement (Vw) = expansionary process
expansionary open market policy (Vw) expansive Offenmarktpolitik *f*
expansionary process
(Vw) expansiver Prozeß *m*
(syn, expansionary movement, business cycle expansion)
expansionary wages policy
(Vw) expansive Lohnpolitik *f*
(ie, as suggested by labor unions)
expansion card (EDV) Erweiterungskarte *f (ie, add-in board that is plugged into the expansion slot)*
expansion curve
(Vw) Expansionskurve *f*
(ie, locus – geometrischer Ort – of all least-cost combinations resulting from constant factor prices and successive output variations)
expansion demand (Mk) Erweiterungsbedarf *m*
expansion head-on (Bw) stürmisches Wachstum *n*
expansion investment
(Bw) Erweiterungsinvestition *f*
(ie, investment in new plant capacity; syn, capital expansion, capital expenditure expansion)
expansion multiplier (Vw) Expansionsmultiplikator *m*
expansion of business activity (Vw) Wirtschaftswachstum *n (syn, economic growth)*
expansion of capital stock (Vw) Kapazitätserweiterung *f*
expansion of credit volume (Vw) Kreditausweitung *f*
expansion of liquidity (Fin) Liquiditätsausweitung *f*
expansion of money supply
(Vw) Geldmengenwachstum *n*
– Ausweitung *fpl* der Geldmenge
(syn, growth of money supply)
expansion of plant facilities (Bw) Kapazitätserweiterung *f (syn, addition to capacity, qv)*
expansion of production (IndE) Produktionsausweitung *f*
expansion path
(Vw) Expansionspfad *m*
– Faktoranpassungskurve *f*
expansion plan (Bw) Erweiterungsplan *m*
expansion slot (EDV) Erweiterungssteckplatz *m*
expansion unit (EDV) Erweiterungseinheit *f (eg, for a notebook computer used as a desktop replacement)*
ex parte
(Re) einseitig
(eg, notice to terminate a lease; syn, one-sided, unilateral)
ex parte contract (Re) einseitiger Vertrag *m (syn, unilateral contract, qv)*
expatriate
(Pw) im Ausland tätiger Mitarbeiter *m*
– entsandter Mitarbeiter *m*
(ie, employee of a multinational company working abroad)
expatriate *v*
(Re) ausbürgern
– expatriieren
expatriate dollars (Fin) Dollarbestände *mpl* im Ausland

expatriation
(StR) Anässigkeitswechsel *m (syn, change of residence)*
expatriation allowance
(Pw) Auslandszulage *f (syn, foreign service allowance)*
expect *v* (com) erwarten, rechnen mit *(ie, from/of)*
expectancy
(SozV) Rentenanwartschaft *f (syn, pension expectancy)*
(Stat) Erwartungswert *m*
– subjektive Wahrscheinlichkeit *f*
expectancy of future benefits (Pw) Anwartschaft *f*
expectancy of pension (SozV) = expectancy
expectation of loss (Vers) Schadenerwartung *f*
expectation parameter (Vw) Erwartungsparameter *m*
expectation value
(Stat) mathematischer Erwartungswert *m (syn, expected value, qv)*
expected annual capacity (KoR) erwartete Jahresbeschäftigung *f*
expected attainment (IndE) = expected performance
expected life (ReW) geschätzte Nutzungsdauer *f (syn, estimated useful life, qv)*
expected loss ratio (Vers) Risikoprämie *f (syn, net premium, qv)*
expected mortality (Vers) Sterbewahrscheinlichkeit *f*
expected performance (IndE) erwartete Leistung *f*
expected return (Fin) erwarteter Ertrag *m*
expected service life (Bw) = expected useful life
expected useful life
(Bw) erwartete Nutzungsdauer *f*
(syn, life expectancy)
expected utility (Bw) = expected value
expected value
(Math) Erwartungswert *m*
(ie, for a random variable x with probability density function f(x), this is the integral from minus infinity to infinity of xf(x)dx; syn, expectation)
(Bw) erwarteter Nutzen *m*
(ie, Nutzenmaß in der Entscheidungstheorie: measure of the utility expected from a given strategy; syn, expected utility)
expedite *v*
(com) beschleunigen
(com) kommissionieren
(ie, make a customer order ready for processing on the shop floor)
expediter
(com) Disponent *m*
– Terminjäger *m*
(syn, infml, progress chaser)
expediting (com) Terminüberwachung *f*
expel from *v* (com) ausschließen
expelled shareholder (com) ausgeschlossener Aktionär *m*
expendables (KoR) = expendable supplies
expendable supplies (KoR) Betriebsstoffe *mpl (syn, expense material, single-use items)*
expenditure
(ReW) Ausgaben *fpl*
(ReW) Aufwendungen *mpl (opp, revenue)*
expenditure approach
(VGR) Verwendungsrechnung *f*
(syn, consumption-plus-investment method)

expenditure-consumption curve (Vw) Ausgaben-Konsum-Kurve *f*
expenditure currency (Vw) Ausgabenwährung *f*
expenditure freeze (FiW) Ausgabensperre *f*
expenditure multiplier
(Vw) Ausgabenmultiplikator *m*
expenditure obligations
(FiW) Ausgabeverpflichtungen *fpl*
expenditure on benefits (FiW) Leistungsausgaben *fpl*
expenditure ratios (FiW) Ausgabenquoten *fpl*
expenditure-reducing policy (AuW) nachfragereduzierende Wirkung *f* der Wechselkurspolitik
expenditures for plant and equipment (Bw) Anlageinvestitionen *fpl*
expenditure side (VGR) Verwendungsseite *f*
expenditure style of presentation (ReW) Gesamtkostenverfahren *n (ie, die GuV wird nach den einzelnen Ertrags– und Aufwandsarten gegliedert)*
expenditure-switching policy
(AuW) nachfrageumlenkende Wirkung *f* der Wechselkurspolitik
(FiW) Maßnahmen *fpl* der Ausgabenumschichtung
expenditure tax
(FiW) Ausgabensteuer *f (ie, imposed on use of income; described by N. Kaldor)*
expend on *v*
(com) ausgeben für *(syn, spend, lay out, pay out)*
(com) aufwenden für *(eg, care, money)*
expense
(com) Kosten *pl*
(ie, cost in money, time, or effort; eg, went to a lot of expense to make the book a success)
(ReW) Kosten *pl*
(ie, item of business outlay)
(ReW) Aufwand *m*
(opp, revenue = Ertrag)
(KoR) periodenbezogene Kosten *pl*
expense *v*
(ReW) als (Perioden-)Aufwand verbuchen
(ie, charge as current/present . . . operating cost; opp, capitalize, qv)
expense account
(com) Spesenkonto *n*
(ie, record of money spent in travel, hotels, etc. paid by one's employer)
(ReW) Aufwandskonto *n (opp, revenue account = Ertragskonto)*
expense allowance
(com) Spesenpauschale *f*
(Pw) Aufwandsentschädigung *f*
expense book (ReW) Ausgabenbuch *n*
expense budgeting (KoR) Kostenplanung *f (syn, cost planning)*
expense cards (KoR) Gemeinkostenkarten *fpl*
expense center (KoR) Kostenstelle *f (syn, cost center, qv)*
expense constant (Vers) pauschaler Prämienanteil *m (ie, to cover minimum expense)*
expense control
(KoR) Kostenkontrolle *f*, Kostenüberwachung *f*
(syn, cost . . . control/monitoring)
expense control budget (KoR) flexibles Budget *n (syn, performance budget)*

expensed
(ReW) ausgebucht
(ReW) in den Aufwand gebucht
expense distribution (KoR) Kostenverrechnung *f* *(syn, cost allocation, qv)*
expense distribution sheet
(KoR) Betriebsabrechnungsbogen *m*, BAB
(syn, overhead allocation sheet, assignment sheet for nonmanufacturing cost, qv)
expense formula budget (KoR) flexibles Budget *n*
expense item (ReW) Aufwandsposten *m*
expense loading
(Vers) Unkostenzuschlag *m*
– Betriebskostenzuschlag *m*
(ie, Teil der Bruttoprämie)
expense matching account (ReW) Aufwandsausgleichskonto *n*
expense materials (KoR) = expendable supplies
expense of materials inspection (MaW) Materialprüfungskosten *pl*
expense ratio (Bw) Verhältnis *n* Aufwand zu Umsatzerlös
expense report (com) Spesenabrechnung *f*
expense revenue (ReW) periodenbezogene Aufwendungen *mpl*
expenses
(com) Auslagen *fpl (syn, outlays)*
(ReW) Aufwendungen *fpl*
expenses, exp. (com) Auslagen *fpl*
expenses incurred in connection with the start-up or expansion (ReW, EG) Aufwendungen *mpl* für die Ingangsetzung und Erweiterung des Geschäftsbetriebes *(of the business)*
expenses subject to preferential treatment (StR) steuerbegünstigte Aufwendungen *mpl*
expense variance (KoR) Verbrauchsabweichung *f* *(syn, budget/ spending/usage . . . variance)*
expensive
(com) teuer
– aufwendig
(syn, costly)
(com) hochpreisig
(syn, high-priced)
experience
(Pw) Erfahrung *f*
(Vers) Schadensverlauf *m*
(ie, loss record of an insured or of a class of coverage)
experience curve
(Bw) Erfahrungskurve *f*
– Boston-Effekt *m*
(ie, Gesetzmäßigkeit zwischen Ausbringung und Stückkosten e–s Erzeugnisses)
experience figures (com) Erfahrungswerte *mpl*
experience rating
(Vers) Prämienfestsetzung *f*
(ie, nach individuellem Schadensverlauf: rate making based on an individual's record; syn, manual/merit . . . rating)
experimental design (Stat) Versuchsplan *m*
experimental layout (Stat) Versuchsanordnung *f*
experimental order (IndE) Versuchsauftrag *m (ie, production order for developmental purposes)*
experimental stage (com) Versuchsstadium *n*
experimental station (Bw) Versuchsabteilung *f*

expert
(com) Experte *m*
– Sachverständiger *m (syn, outside/special . . . expert, specialist, authority in the field)*
(com) Gutachter *m*
expert committee (com) Sachverständigenausschuß *m*
expert group
(com) Expertengruppe *f*
– Fachgremium *n*
expertise
(com) = expert opinion
(com) Fachwissen *n*, Sachverstand *m (ie, skill of an expert)*
expert of foreign exchange markets (Fin) Währungsexperte *m*
expert opinion
(com) (Fach-)Gutachten *n*
– Expertise *f*
– Sachverständigengutachten *n (syn, expert's report; GB, expertise)*
expert power (Bw) Macht *f* durch Wissen und Fähigkeiten *(ie, in leadership behavior)*
expert's report (com) = expert opinion
expert system
(EDV) Expertensystem *n*
(ie, wissensbasiertes Programm, das die Problemlösungsfähigkeiten menschlicher Experten erreicht od übertrifft = intended to solve problems in a similar way to the human brain)
expert system shell (EDV) Expertensystemschale *f*
expert valuation (com) Begutachtung *f (syn, appraisal, evaluation)*
expert witness (Re) Sachverständigen-Zeuge *m*
expiration
(Re) Ablauf *m*
– Erlöschen *n* durch Zeitablauf *(syn, lapse, termination)*
expiration clause (Fin) Verfallklausel *f*
expiration date
(Fin) Auslauftag *m (ie, bei Devisenoptionen)*
(Bö) Fälligkeitstag *m*
(Bö) Verfallsdatum *n (ie, letztmöglicher Zeitpunkt der Optionsausübung)*
expiration month (Bö) Verfallmonat *m*, Auslaufmonat *m*
expire *v*
(Re) ablaufen
– erlöschen
– verfallen *(syn, lapse)*
(Bö) auslaufen, ablaufen *(ie, option period)*
expired cost
(ReW) erfolgswirksame Kosten *pl*
– als Aufwand bewertete Kosten *pl*
expired expense (ReW) = expired cost
expired patent (Pat) abgelaufenes Patent *n (syn, extinct /lapsed . . . patent)*
expired policy (Vers) abgelaufene Police *f*
expired term (com) abgelaufene Frist *f*
expired utility
(Bw) Brauchbarkeitsminderung *f*
– Wertminderung *f (ie, of fixed assets; syn, lost usefulness, qv)*
(ReW) aufgelaufene Abschreibungen *fpl (syn, accumulated depreciation)*
expiring contract (Re) auslaufender Vertrag *m*

expiring date (com) Verfallsdatum *n (syn, date of expiration)*
expiry
(Re, GB) Ablauf *m*
– Erlöschen *n*
(Vers) Ablauf *m*
(ie, termination of a term policy at the end of the term period)
expiry date
(Bö) Verfallstag *m*
– Verfallstermin *m*
– Fälligkeitstag *m*
– Auslauftag *m (syn, option day)*
explain *v* (com) erklären
explained variable (Stat) Zielvariable *f (ie, of simple linear regression)*
explaining variable (Log) Erklärungsvariable *f*
explanation (com) Erklärung *f*
explanatory approach (Log) Erklärungsansatz *m*
explanatory booklet (com) Informationsbroschüre *f*
explanatory memoradnum (com) = explanatory note
explanatory memorandum (com) Erläuterungen *fpl*, Begründung *f (syn, explanatory notes)*
explanatory note (com) Begründung *f*
explanatory notes (com) = explanatory memorandum
explanatory power (Log) Erklärungswert *m (syn, explanatory usefulness)*
explanatory ratios (Bw, GB) tertiäre Kennziffern *fpl*
explanatory usefulness (Log) = explanatory power
explanatory variable (Stat) erklärende Variable *f (syn, cause variable, qv)*
explicit cost (Vw) effektive Kosten *pl*
explicit definition
(Log) explizite Definition *f*
(ie, das Definiendum – kürzerer Ausdruck – muß zugunsten des Definiens – längerer Ausdruck – eliminierbar sein: must leave no room for difficulty in understanding; introduced by Gergonne in 1818; opp, implicit definition)
explicit function (Math) explizite Funktion *f (opp, implicit function)*
exploded view
(IndE) auseinandergezogene
– aufgelöste . . . Darstellung
exploit *v*
(com) nutzen
– ausbeuten
(Pat) auswerten
– verwerten
(ie, a patent; syn, utilize, work)
(com) gewinnen
– abbauen
exploitation
(com) Nutzung *f*
– Ausbeutung *f (eg, resources)*
(com) Gewinnung *f*
– Abbau *m*
(ie, extraction of minerals, coal, gas, oil, ore found by exploration = Bodenuntersuchung, Exploration)
(Pat) Auswertung *f*
– Verwertung *f (ie, of a patent)*
exploitation of a licence (Pat) Lizenzverwertung *f*
exploratory contacts
(com) erste Kontakte *mpl*
– Fühlungnahme *f*
exploratory survey
(Stat) Probeerhebung *f*
– Vorerhebung *f (syn, pilot survey)*
exploratory talks
(com) Sondierungsgespräche *f*
– Fühlungnahme *f*
explore a market *v* (com) Markt *m* erkunden od abtasten *(syn, sound out, study)*
explore possibilities *v* (com) Möglichkeiten *fpl* erkunden
explosion
(IndE) zeitliche Aufteilung *f* des Materialflusses *(ie, by means of bills of materials and operation lists)*
(MaW) Bedarfauflösung *f*
explosion drawing
(IndE) Explosions-Zeichnung *f*
(ie, in which components parts are separated but shown in their relationship to the whole)
explosion graph (com) Auflösungsgraph *m*
explosion of bill of material (IndE) Stücklistenauflösung *f*
explosive cobweb (Vw) unstabiles Cobweb *n*
ex (point of origin) (com, US) ab Werk
exponent (Math) Exponent *m*, Hochzahl *f*
exponential curve
(Math) Exponentialkurve *f*
(ie, graph of the function $y = a^n$, where a is a positive constant)
exponential density (Stat) exponentielle Dichte *f*
exponential distribution (Math) Exponentialverteilung *f*
exponential equation
(Math) Exponentialgleichung *f*
(ie, contains e – the Naperian base raised to a power – as a term)
exponential growth
(Vw) exponentielles Wachstum *n*
(ie, expressible by an exponential function)
exponential holding time (OR) exponentialverteilte Abfertigungszeit *f*
exponential interarrival time (OR) exponentialverteilte Zwischenankunftszeiten *fpl*
exponential lag (Vw) Exponentiallag *m*
exponential relationship (Math) exponentielle Beziehung *f (syn, curvilinear relationship)*
exponential service channel (OR) exponentieller Bedienungskanal *m*
exponential smoothing
(Stat) exponentielle Glättung *f*
(ie, assumes that demand for the following period is some weighted average of the demands for the past periods)
exponential trend (Vw) Exponentialtrend *m*, logarithmischer Trend *m*
export
(com) Export *m*
– Ausfuhr *f (syn, exportation)*
(com) Exportartikel *m*
export *v*
(com) exportieren
– ausführen *(ie, to other countries)*

export advertising (com) Exportwerbung *f*
export agent
(com) Ausfuhragent *m*
– Exportagent *m*
– Exportvertreter *m (ie, commission agent in a foreign market)*
export and import merchant (com) Außenhandelskaufmann *m*
export article (com) Exportartikel *m*
export association (com) Exportgemeinschaft *f*
exportation
(com) Ausfuhr *f*
– Export *m*
exportation of goods (com) Warenausfuhr *f*
exportation sheet (Zo) Ausfuhrblatt *n*
export authorization (EG) Ausfuhrgenehmigung *f*
export ban
(AuW) Ausfuhrverbot *n*
– Exportverbot *n*
export base (AuW) Exportbasis *f*
export base ratio (AuW) regionaler Exportbasiskoeffizient *m*
export bonus (AuW) Exportbonus *m (ie, subsidy or special benefit or credit)*
export bounty
(AuW) Ausfuhrprämie *f*, Exportprämie *f*
(ie, paid by government to private associations to promote the exportation of specific goods)
export business
(AuW) Exportwirtschaft *f*
(com) Exportgeschäft *n*
export catalog (com) Ausfuhrkatalog *m*
export claim (com) Ausfuhrforderung *f*
export commission agent (com) Ausfuhrkommissionär *m*, Exportkommissionär *m*
export commodities (com) Ausfuhrgüter *npl*, Exportgüter *npl*
export consignment (com) Ausfuhrsendung *f*
export content (AuW) Exportanteil *m*
export contract
(com) Ausfuhrvertrag *m*
(ie, legal transaction by which a resident agrees to supply goods to a customer in a foreign country)
export cost accounting (com) Exportkalkulation *f*
export credit
(Fin) Ausfuhrkredit *m*, Exportkredit *m*
(Fin) = export letter of credit
export credit arrangements (Fin) Exportkredit-Vereinbarungen *fpl*
export credit competition (AuW) Exportkredit-Wettbewerb *m*
export credit insurance (Fin) Ausfuhrkreditversicherung *f* Exportkreditversicherung *f (eg, Hermes in Germany, ECGD in Great Britain)*
Export Credits Guarantee Department,ECGD
(AuW, GB) staatliche Exportkreditversicherung *f*
(ie, its main role is to assist exporters by providing insurance for British export credits to high-risk countries; assistance is provided in two main ways: interest susidies on the loans and credit insurance guarantees)
export credit terms
(Fin) Exportkredit-Konditionen *fpl*
export customer (com) Exportkunde *m*

export declaration
(Zo) Ausfuhrerklärung *f*
– Exporterklärung *f (syn, GB, entry outwards)*
export department (com) Exportabteilung *f*
export dependency
(AuW) Exportabhängigkeit *f*
– Ausfuhrabhängigkeit *f*
export-dependent company (com) exportabhängiges Unternehmen *n*
export document
(com) Ausfuhrdokument *n*
– Exportdokument *n*
export draft (Fin) Exporttratte *f*
export duty (Zo) Exportzoll *m*
export earnings (com) Ausfuhrerlöse *mpl*, Exporterlöse *mpl (syn, export proceeds)*
exported unemployment
(Vw) exportierte Arbeitslosigkeit *f*
(ie, Abwälzung durch Exportförderungsmaßnahmen, bes Abwertungen, auf andere Länder)
export embargo
(AuW) Ausfuhrembargo *n*
– Exportembargo *n*
exporter
(com) Exporteur *m*
– Exportfirma *f*
(syn, export . . . firm/trader)
(AuW) Exportland *n*
exporter's retention (Fin) Exportselbstbehalt *m (ie, share of financing)*
export exhibition (com) Exportmesse *f (syn, export fair)*
export factoring
(Fin) Export-Factoring *n (cf, factoring)*
export fair (com) = export exhibition
export farm levy
(EG) Ausfuhrabschöpfung *f*
(ie, imposed in order to keep prices at high EEC levels; syn, price adjustment levy)
export figures
(AuW) Ausfuhrzahlen *fpl*
– Ausfuhrstatistik *f*
(ie, foreign trade statistics about cross-frontier movements of goods, broken down by types of commodities)
export financing
(Fin) Ausfuhrfinanzierung *f*
– Exportfinanzierung *f*
export financing instruments (Fin) Exportfinanzierungs-Instrumente *npl*
export firm (com) = exporter
export gold point (AuW) oberer Goldpunkt *m*
export guaranty
(AuW) Ausfuhrbürgschaft *f*
– Exportbürgschaft *f*
(ie, covers risks inherent in transactions with foreign governments)
(com) Ausfuhrgarantie *f*
– Exportgarantie *f*
(ie, covers risks relating to transactions with private firms)
export house
(com, GB) Exportvertreter *m*
(ie, als Eigenhändler, Handelsvertreter, factor, confirming house, Lieferant)

Export-Import Bank
(Fin, US) Ausfuhr-Einfuhr-Bank *f*
– Eximbank *f*
(ie, a government agency extending loans, guaranties, and export credit insurance; cf, GB, Exports Credits Guarantee Department)
export-income ratio
(AuW) Exportquote *f*
(ie, assets side of trade balance to GNP at market prices)
export industry
(com) Exportindustrie *f*
– Exportbranche *f*
exporting
(com) Ausfuhr *f*
– Export *m*
(ie, subterms: direct/indirect . . . exporting)
exporting beneficiary country (AuW) begünstigtes Ausfuhrland *n*
exporting country
(AuW) Ausfuhrland *n*
– Exportland *n (syn, country of export)*
export insurance
(Vers) Exportversicherung *f*
(syn, insurance of exports)
export intelligence (com) Exportinformationen *fpl*
export intensity (AuW) Exportintensität *f (ie, ratio of exports to total production)*
export-intensive industry (com) exportintensive Branche *f*
export invoice
(com) Ausfuhrrechnung *f*
– Exportrechnung *f*
export item (com) Exportartikel *m*
export-led expansion (Vw) = export-led growth
export-led growth (Vw) exportinduziertes Wachstum *n*
export-led recovery (Vw) exportinduzierter Aufschwung *m*
export letter of credit
(Fin) Exportakkreditiv *n*
(ie, opened by an importer with a bank in the exporter's country)
export levies
(EG) Ausfuhrabgaben *fpl*
(ie, payable if world-market prices are higher than Community prices; syn, duties at exportation)
export license
(EG) Ausfuhrlizenz *f*
– Exportlizenz *f*
(ie, needed for farm products supplied to nonmember countries)
export management company, EMC
(com, US) Außenhandelsunternehmen *n (syn, GB, import-export merchant; foreign trade firm)*
export manager
(com) Exportleiter *m (syn, export sales manager, qv)*
(com, US) = combination export manager
export market
(com) Exportmarkt *m*
– Ausfuhrmarkt *m*
export marketing
(Mk) Exportmarketing *n*
Auch:
– internationales Marketing *n*
– Auslandsmarketing *n*
– Außenhandelsmarketing *n*
(ie, Stufen sind:
1. direkter/indirekter Export;
2. Lizenzvergabe/Franchising;
3. Kontraktproduktion im Ausland
4. Kontraktmarketing
5. Joint Ventures;
6. Produktionsniederlassung)
export merchant
(com) Ausfuhrhändler *m*
– Exporthändler *m (syn, export trader)*
export multiplier (Vw) Exportmultiplikator *m*
export of capital (AuW) Kapitalausfuhr *f*
export of commodities (AuW) Warenausfuhr *f*
export offer (com) Exportangebot *n*
export opportunities (com) Exportmöglichkeiten *fpl*
export order (com) Exportauftrag *m*
export-oriented economy (Vw) exportorientierte Wirtschaft *f*
export packing (com) Exportverpackung *f*
export permit
(com) Exportlizenz *f*
– Ausfuhrlizenz *f*
(syn, export license)
export policy (AuW) Exportpolitik *f*
export price (com) Exportpreis *m*
export price index (AuW) Ausfuhrpreisindex *m*
export procedure (Zo) Ausfuhrverfahren *n*
export proceeds (com) = export earnings
export prohibition (AuW) Ausfuhrverbot *n (syn, ban on exports)*
export-promoting cartel
(Kart) Ausfuhrkartell *n*
– Exportkartell *n*
export promotion
(AuW) Ausfuhrförderung *f*
– Exportförderung *f*
(ie, measures designed to increase the volume of exports of a particular country)
export promotion credit
(Fin) Ausfuhrförderungskredit *m*
– Exportförderungskredit *m*
export quota
(AuW) Ausfuhrquote *f*
– Ausfuhrkontingent *n*
– Exportquote *f*
export ratio (Bw) Exportanteil *m (ie, exports as percentage of sales)*
export rebate (com) Ausfuhrrückvergütung *f*
export refund (EG) Ausfuhrerstattung *f (ie, rebate of domestic tax to exporter)*
export regulations (AuW) Ausfuhrbestimmungen *fpl*
export-related assets (ReW) exportbezogene Vermögenswerte *mpl*
export-related risk (com) Ausfuhrrisiko *n*, Exportrisiko *n*
export restitutions (EG) Exporterstattungen *fpl*
export restraint (AuW) = export restriction
export restraints (AuW) Exportbeschränkungen *fpl*
export restriction
(AuW) Ausfuhrbeschränkung *f*
– Exportbeschränkung *f*

export risk
(com) Ausfuhrrisiko *n*
– Exportrisiko *n*
export risk liability (com) Exportrisikohaftung *f*
exports
(com) Exporte *mpl*
– Ausfuhr *f (ie, volume of goods exported)*
export sales manager
(com) Exportleiter *m (syn, head of export department)*
(com, US) = combination export manager
Exports Credits Guarantee Department, ECGD
(AuW, GB) staatliche Exportkreditversicherung *f (ie, the official export credit insurer; reporting to the Secretary of State for Trade and Industry; part of it – the Cardiff-based Insurance Services Group – is about to be privatised)*
export sector (Vw) Ausfuhrwirtschaft *f*
export share (com) Exportquote *f (ie, of sales abroad to total sales)*
exports of manufactured goods (AuW) Fertigwarenexporte *mpl*
export subsidy
(AuW) Ausfuhrsubvention *f*
– Exportsubvention *f*
export surplus
(AuW) Ausfuhrüberschuß *m*
– Exportüberschuß *m*
export terms (com) Exportbedingungen *fpl*
export trade
(AuW) Ausfuhrhandel *m*
– Exporthandel *m*
export trade credit
(Fin) Ausfuhrkredit *m*
– Exportkredit *m*
export trader
(com) Ausfuhrhändler *m*
– Exporthändler *m (syn, export merchant)*
export trading company
(com, US) Exporthandelsgesellschaft *f (cf, Bank Export Services Act of 1982 that amended Sec 4 of the Bank Holding Company Act)*
export transaction (com) Exportgeschäft *n*
export turnover (com, GB) Auslandsumsatz *m (syn, sales abroad, international sales)*
export wave (com) Exportwelle *f (syn, surge of export orders)*
exposition (com) Ausstellung *f (syn, fair, show)*
ex post analysis
(Vw) ex post-Analyse *f*
(eg, national accounting; opp, ex ante analysis)
ex post assesment (com) nachträgliche Prüfung *f*
ex post costing (KoR) Nachkalkulation *f (syn, statistical costing)*
exposure
(Fin) Risiko *n*
(ie, of a bank or an investor; eg, Chase Manhattan's Latin American exposure is 198% of equity = Darlehensforderungen betragen das 1,98-fache des Eigenkapitals)
(Fin) offene Position *f*
– Engagement *n*
(ie, in Krediten, Wertpapieren, Devisen)
(Vers) Haftungsstrecke *f (ie, in reinsurance; syn, layer)*
exposure draft
(com) Arbeitspapier *n*, Diskussionspapier *n (syn, discussion . . . document/paper, working paper)*
exposure management (Fin) Risikomanagement *n*
exposure to noise (com) Lärmbelästigung *f*
expressage (com, US) Expreßbeförderung *f (ie, goods, letters, parcels)*
express agreement (Re) ausdrückliche Vereinbarung *f (syn, special arrangement)*
express condition (Re) ausdrückliche Bedingung *f (opp, implied condition)*
express consignment (com) Expreßgut *n*, Expreßsendung *f*
express delivery (com, GB) Eilzustellung *f*
express delivery consignment (com) Eilbotensendung *f*
express freight (com, GB) Eilfracht *f (syn, US, fast freight)*
expressly or by implication (Re) ausdrücklich oder stillschweigend
expressly or impliedly (Re) = expressly or by implication
express mail
(com, US) Eilzustellung *f*
(ie, speedy mail service to meet customer's needs)
express messenger (com, GB) Eilbote *m (syn, special delivery messenger)*
express order (com) Eilauftrag *m (syn, rush order)*
express parcel (com) Eilpaket *n*
express postal service (com) Eilpost *f*
express terms (Re, GB) ausdrücklich vereinbarte Vertragsbestimmungen *fpl (opp, implied terms)*
expropriate *v* (Re) enteignen
expropriation (Re) Enteignung *f*
expulsion of a partner (com) Ausschluß *m* e–s Partners *(syn, exclusion)*
expunge *v* (com) löschen, ausstreichen *(ie, remove from list, document, etc)*
exq (com) = ex quay
ex quay (com) ab Kai benannter Hafen; cf, Incoterms
ex quay duty paid (. . . named port of destination) (com) ab Kai verzollt
ex rights, x.r. (Bö) ex Bezugsrechte *(syn, ex claim, ex new)*
exs (com) = ex ship
ex scrip (Bö) ex Gratisaktien *(syn, ex bonus, ex capitalization)*
ex ship (com) ab Schiff benannter Verschiffungshafen; cf, Incoterms
ex store (com) ab Lager *(syn, ex warehouse, off the shelf)*
extend *v*
(com) verlängern, prolongieren *(eg, time limit)*
(com) voll nutzen *(eg, resources, staff)*
(ReW) übertragen *(ie, from one column to the next)*
(Bw) ausbauen *(eg, plant facilities; syn, expand)*
(com) Gesamtbetrag *m* ermitteln *(ie, in preparing an invoice)*
extendable bond (Fin) Anleihe *f* mit Recht auf Laufzeitverlängerung *(opp, retractable bond)*
extendable swap (Fin) verlängerbarer Swap *m*
extend a credit *v* (Fin) Kredit *m* gewähren od hinauslegen

extend a deadline *v* (com) Frist *f* verlängern
extend a loan *v* (Fin) Darlehen *n* gewähren
extend a time limit *v* (com) Frist *f* verlängern
Extended Binary Coded Decimal Iinterchange Code EBCDIC (EDV) EBCDI-Code *m (ie, standard code on host and midrange computer systems)*
extended character set (EDV) Erweiterter Zeichensatz *m (ie, characters and symbols with a value higher than 128 in the ANSI or ASCII character set)*
extended coverage (Vers) = extended insurance coverage
extended coverage insurance
(Vers) EC-Versicherung *f*
(ie, Versicherung zusätzlicher Feuergefahren)
extended Fund facility (IWF) erweiterte Fondsfazilität *f*
extended hazard (Vers) = extended risk
extended instruction set (EDV) erweiterter Befehlsvorrat *m*
extended insurance coverage
(EDV) erweiterter Versicherungsschutz *m*
(ie, for other hazards or risks than those provided for under the basic provisions of the policy)
extended memory (EDV) Zusatzspeicher *m*, Erweiterungsspeicher *m*
extended policy (Vers) prolongierte Police *f*
extended propositional calculus
(Math) erweiterte Aussagenlogik *f*
(ie, with quantifiers added whose operator variables are propositional variables; opp, partial propositional calculi = partielle Aussagenkalküle)
extended real number system (Math) System *n* der erweiterten reellen Zahlen
extended risk (Vers) erhöhtes Risiko *n (syn, extended /aggravated . . . hazard)*
extend mode (EDV, Cobol) EXTEND-Modus *m (cf, DIN 66 028, Aug 1985)*
extend operations *v* (com) expandieren, Kapazität *f* erweitern *(syn, expand)*
extend scope of liability *v* (Re) Haftung *f* erweitern
extend the terms of a patent *v* (Pat) Patent *n* verlängern
extensible (Bw) ausbaufähig
extension
(com) Verlängerung *f*
(com) Nebenstelle *f (my . . . is 4578)*
(Re) Fristaufschub *m*
(Log) Extension *f (ie, of a concept; syn, domain of applicability)*
(EDV) (Dateinamens-)Erweiterung *f (eg, .EXE, .DLL, .TXT)*
extension agreement (Fin) Verlängerungsvertrag *m (ie, to extend the due date of debts)*
extensional capability (com) Erweiterungsmöglichkeiten *fpl*
extensional connective (Log) extensionaler Junktor *m*
extensional definition (Log) extensionale Definition *f (syn, denotative definition)*
extensional logic
(Log) extensionale Logik *f*
(ie, one in which truth-values may be substituted for sentences)
extension disk (EDV) Erweiterungsplatte *f*
extension fee (Fin) Gebühr *f* für die Verlängerung e–s Teilzahlungskredits
extension of a field (Math) Erweiterungskörper *m*, Oberkörper *m*
extension of credit (Fin) Kreditgewährung *f*, Darlehensgewährung *f (syn, loan grant, lending; opp, borrowing, qv)*
extension of liability (Re) Erweiterung *f* der Haftung
extension of patent (Pat) Patentverlängerung *f*
extension of plant facilities (com) Betriebserweiterung *f (syn, plant extension)*
extension of stay (Re) Aufenthaltsverlängerung *f (ie, issued to foreigners)*
extension of time (com) Frist *f (eg, a 10-day . . . in which to consummate a deal)*
extension of time limit (com) Fristverlängerung *f*, Nachfrist *f*
extension of validity (Re) Verlängerung *f* der Gültigkeitsdauer
extension policy (Vers) Verlängerungspolice *f*
extensive (com) umfangreich, extensiv, weitläufig
extensive coverage (com) breite Berichterstattung *f (eg, by press, TV, and radio)*
extensive sampling (Stat) extensive Auswahl *f*
extent of liability (Re) Haftungsumfang *m*
extent of liquidity (Fin) Liquiditätsdecke *f*
extenuating circumstances
(com) mildernde Umstände *mpl*
(syn, alleviating /mitigating . . . circumstances)
external account (Fin) Ausländerkonto *n*
external accounts
(AuW) Zahlungsbilanz *f (syn, balance of payments)*
(Fin) Ausländerguthaben *npl*
external address (EDV) externe Adresse *f*
external analysis (Bw) Betriebsvergleich *m (syn, interplant comparison)*
external assets
(AuW) Auslandsaktiva *npl*
– Auslandsvermögen *n*
– ausländisches Vermögen *n*
(syn, foreign/international . . . assets, assets held abroad)
external audit (ReW) externe Revision *f (syn, independent audit)*
external auditor (ReW) unabhängiger Abschlußprüfer *m*
external audits
(StR) Betriebsprüfung *f*
(ie, government tax audit)
external balance (VGR) Außenbilanz *f (ie, equality of exports and imports)*
external balance sheet comparison
(ReW) externer Bilanzvergleich *m*
(ie, covers several firms in the same industry, of about the same size, and for the same period)
external benefits (Vw) = external economies
external bill (Fin) Auslandswechsel *m (syn, foreign bill)*
external bodies (com) externe Stellen *fpl*
external bonds (Fin) Auslandsbonds *pl*, Auslandsanleihe *f*
external charges
(ReW, EG) externe Aufwendungen *fpl*
external claim (AuW) Auslandsforderung *f*

external commerce (com) Außenhandel *m*
external Community transit document (EG) externer gemeinschaftlicher Versandschein *m*
external competitiveness (AuW) Wettbewerbsfähigkeit *f* im Außenhandel
external component
(VGR) außenwirtschaftliche Komponente *f*
(ie, balance of goods and service transactions with the rest of the world = übrige Welt)
external consolidation
(ReW) Außenkonsolidierung *f*
(ie, carried out to prepare global or worldwide financial statements of company groups)
external convertibility (AuW) Ausländerkonvertibilität *f (syn, non-resident convertibility)*
external costs (Vw) volkswirtschaftliche Kosten *pl*
external current account (AuW) Leistungsbilanz *f (syn, balance on current account)*
external data item (EDV, Cobol) externes Datenfeld *n (cf, DIN 66 028, Aug 1985)*
external data record (EDV, Cobol) externer Datensatz *m (cf, DIN 66 028, Aug 1985)*
external debts (Fin) Auslandsschulden *fpl* Auslandsverschuldung *f (syn, foreign debt)*
external deficit
(AuW) Zahlungsbilanzdefizit *n*
(syn, balance of payments deficit, payments deficit)
external delay (EDV) externe Verzögerung *f (ie, in operating system)*
external demand (AuW) Auslandsnachfrage *f (syn, foreign demand)*
external diseconomies
(Vw) negative Externalitäten *fpl*
external economic aid (AuW) Auslandshilfe *f (syn, foreign aid)*
external economic relations
(Vw) Außenwirtschaft *f*
– außenwirtschaftliche Beziehungen *fpl*
(syn, external sector of the economy; opp, domestic economy)
external economies
(Vw) Externalitäten *fpl*
– externe Nutzen *mpl*
– externe volkswirtschaftliche Ersparnisse *fpl*
external effects
(Vw) externe Effekte *mpl*, Externalitäten *fpl*
(syn, externalities, neighborhood effects, spillovers)
external effects of consumption
(Vw) externe Konsumeffekte *mpl*
(ie, bandwagon effect, snob effect, and Veblen effect)
external environment (Bw) betriebliches Umfeld *n*, betriebliche Umwelt *f (syn, business environment)*
external equilibrium
(AuW) außenwirtschaftliches Gleichgewicht *n*
(ie, equilibrium in a country's international balance of payments)
external equity financing (Fin) = equity financing
external facts (com) äußere Umstände *mpl (eg, are controlling)*
external finance (Fin) Fremdkapital *n (syn, debt capital)*
external financing
(Fin) Außenfinanzierung *f*
(ie, equity + debt = Eigen- und Fremdkapital; syn, outside financing, financing out of outside funds; opp, internal financing)
external flexibility (Bw) umweltbezogene Flexibilität *f (ie, of a business enterprise)*
external flexibility strategy (Bw) Strategie *f* der externen Flexibilität
external frontier (EG) Außengrenze *f*
external growth
(Bw) externes/exogenes . . . Wachstum *n*
(ie, Unternehmen erwirbt bestehende Produktions od Distributionskapazitäten: Beteiligungserwerb, Verschmelzung, Sachvermögensübertragung)
external imbalance (AuW) außenwirtschaftliches Ungleichgewicht *n*
external indebtedness (AuW) Auslandsverbindlichkeiten *fpl (syn, liabilities to non-residents, foreign liabilities)*
external insurance
(Vers) Außenversicherung *f*
(ie, covers temporary removal of property from its usual site)
external interrupt (EDV) externe Unterbrechung *f (eg, caused by the operator)*
external investment
(Bw) Fremdinvestition *f*
(ie, investment in other enterprises; opp, internal investment)
externalities (Vw) = external effects
external labor market (Pw) externer Arbeitsmarkt *m*
external liablities (AuW) Auslandspassiva *npl*
external loan
(Fin) Auslandsanleihe *f*
(ie, issued abroad by a domestic debtor in foreign or domestic currency; syn, external/foreign . . . bond)
(Fin) ausländische Anleihe *f*
(ie, issued by a foreigner; syn, foreign bond)
externally convertible (AuW) für Ausländer frei konvertierbar
external market
(Vw) Außenmarkt *m*
(ie, total of all external economies which are potential trading partners)
external memory
(EDV) externer Speicher *m*, peripherer Speicher *m*
(ie, stores information that exceeds the capacity of the main memory; syn, external storage)
external migration (Vw) Außenwanderung *f (ie, persons moving from one country to another)*
external migration statistics (Vw) Außenwanderungsstatistik *f*
external monetary policy (Vw) Außenwährungspolitik *f*
external payments (Fin) Zahlungsverkehr *m* mit dem Ausland
external payments mechanism (AuW) Zahlungsbilanzmechanismus *m*
external performance (ReW) externe Leistungen *fpl*
external position (AuW) Auslandsposition *f*, außenwirtschaftliche Position *f*
external problems (AuW) außenwirtschaftliche Probleme *npl*

external procurement (MaW) Fremdbezug *m (syn, outside purchasing)*
external rate of duty (EG) Außenzollsatz *m*
external recruitment (Pw) externe Personalbeschaffung *f*
external reference (EDV) externe Referenz *f*
external reporting system (ReW) externes Berichtssystem *n*
external sales
(com) Auslandsabsatz *m*
(ReW) Außenumsatzerlöse *mpl*, Fremdumsatz *m*
(ie, of a group of companies; syn, GB, external turnover)
external sector of the economy (Vw) Außenwirtschaft *f (opp, domestic economy)*
external services (Bw) Fremdleistungen *fpl*
external signal
(EDV) externes Signal *n*
(ie, self-explanatory message to operator, such as a light indicating whether equipment is on or off)
external stability (AuW) außenwirtschaftliche Stabilität *f*
external storage (EDV) = external memory
external surplus (AuW) Zahlungsbilanzüberschuß *m (syn, balance-of-payments surplus)*
external surveillance (com) Umweltbeobachtung *f (syn, monitoring of environment)*
external tariff
(EG) Außentarif *m*
– Außenzoll *m*
(syn, extra-bloc tariff; opp, intra-bloc tariff)
external trade (AuW) Außenhandel *m (syn, foreign trade)*
external trade statistics (AuW) Außenhandelsstatistik *f (syn, foreign trade statistics)*
external transaction
(ReW) Geschäftsvorfall *m (opp, accounting transaction)*
(com) Außenhandelsgeschäft *n (syn, export import transaction)*
(Fin) Auslandsgeschäft *n (ie, in securities)*
external turnover (ReW, GB) = external sales
external value of a currency (Vw) Außenwert *m* e–r Währung *(cf, trade-weighted exchange rate)*
external value of money (Vw) außenwirtschaftlicher Geldwert *m*
external voucher (ReW) Fremdbeleg *m*
extinct claim (Re) erloschene Forderung *f*
extinction of debt (Fin) Rückzahlung *f* e–r Schuld
extinction of right (Re) Erlöschen *n* od Untergang *m* e–s Rechts
extinct patent (Pat) abgelaufenes Patent *n (syn, expired/lapsed . . . patent)*
extortion (Re) Erpressung *f*
extortionate interest rates (Fin) Wucherzinsen *mpl*
extortionate rent (Re) Wuchermiete *f (syn, GB, rack rent)*
extra (Fin) Sonderdividende *f*
extra-bloc tariff (EG) Außentarif *m (syn, external tariff; opp, intra-bloc tariff)*
extra cargo (com) Beiladung *f (syn, additional cargo)*
extra charge
(com) Aufpreis *m*, Aufschlag *m*
(com) Zuschlag *m*, Aufgeld *n (syn, surcharge)*
extra cost
(Vw, rare) Grenzkosten *pl*
(syn, marginal /incremental . . . cost)
(com) Mehrkosten *pl (syn, additional cost)*
extract (Re) Auszug *m (eg, from official register)*
extract *v* (com) Auszug *m* machen *(ie, from)*
extracting a root
(Math) Wurzelziehen *n*
– Radizieren *n*
(syn, finding/computing . . . a root of a number)
extract instruction (EDV) Ausblendbefehl *m (syn, mask instruction)*
extractive company (com) = extractive enterprise
extractive enterprise
(com) Betrieb *m* der Urproduktion
– Gewinnungsbetrieb *m*
– Abbaubetrieb *m*
(syn, extractive company, natural resource company)
extractive industry
(Vw) Grundstoffindustrie *f*
(eg, forestry, mining, oil and gas production)
extractor (EDV) Maske *f (syn, mask, filter, qv)*
extra dividend
(Fin) Sonderdividende *f*
(Vers) Bonus *m (syn, special dividend)*
extra duty assignment (Pw) Sonderaufgabe *f*
extra expense (com) Mehrausgabe *f*
extra freight (com) Frachtzuschlag *m (syn, GB, additional carriage)*
extra income (Pw) Nebeneinkünfte *pl*
extra lay days (com) Überliegezeit *f (ie, allowed for loading and unloading)*
extra leave (Pw) Sonderurlaub *m*
extramural student (com) Gasthörer *m (syn, US, auditor)*
extraneous perils (Vers) Sondergefahren *fpl*
extraordinary benefits
(ReW) außerordentliche Zuwendungen *fpl*
(ie, accrue to an enterprise through gift, inheritance, remission of debt, etc)
extraordinary charge to reserves (ReW) außerordentliche Rücklagenzuführung *f*
extraordinary depreciation
(ReW) außerplanmäßige Abschreibungen *fpl*
(StR) Absetzung *f* für außergewöhnliche od wirtschaftliche Abnutzung
(ie, due to unexpected wear and tear, incorrect estimate of useful life, etc)
extraordinary expenditure
(ReW) außerordentliche Aufwendungen *mpl*
(ie, part of nonoperating expense; syn, nonrecurrent expenditure)
extraordinary financial burden (StR) außergewöhnliche Belastung *f*
extraordinary gains (ReW) = extraordinary income
extraordinary general meeting (com, GB) außerordentliche Hauptversammlung *f (syn, special meeting of shareholders)*
extraordinary income (ReW) außerordentliche Erträge *mpl (syn, extraordinary gains, nonrecurrent income)*
extraordinary loss of service life (ReW) außergewöhnlicher Verschleiß *m (ie, due to unexpected occurrences; eg, accidents, fire, explosion)*

extraordinary perils bonus (Vers) Gefahrenprämie *f*
extraordinary profit and loss (ReW, EG) außerordentliches Ergebnis *n*
extraordinary repairs (ReW) außerordentlicher Reparaturaufwand *m*
extraordinary resolution
(com, GB) außerordentlicher Beschluß *m*
(ie, valid if approved by three quarters or more of the votes cast)
extra-plant training (Pw) überbetriebliche Ausbildung *f*
extrapolate *v* (Stat) extrapolieren *(ie, extend the curve of a graph)*
extrapolate a sample *v* (com) Stichprobe *f* hochrechnen *(syn, blow up /raise . . . a sample)*
extrapolating the trend line (Stat) Trendextrapolation *f*
extrapolation
(Math) Extrapolation *f*
(Stat) Hochrechnung *f*
extra premium (Vers) Zusatzprämie *f*
extra proceeds (com) Mehrertrag *m*
extra shift (Pw) Sonderschicht *f*
extraterritorial application
(Kart, US) extraterritorialer Geltungsanspruch *m*
(ie, enforcement of U. S. antitrust laws with respect to conduct occurring largely outside the territorial boundaries of the United States)
extra work (Pw) Mehrarbeit *f*
extra work allowance (IndE) Zuschlag *m* für zusätzliche Arbeiten
extrawork pay (Pw) Mehrarbeitsvergütung *f*
extreme of a function (Math) = extremum of a function
extreme of a series (Math) Endglied *n* e–r Reihe *(syn, last term of a series)*
extreme point (Math) Extremalpunkt *m*, Stützpunkt *m*
extremes
(Math) Extremwerte *mpl*
(Stat) Ausreißer *mpl*
(syn, outliers, Mavericks)
extremum of a function
(Math) Extremwert *m* e–r Funktion
(ie, maximum or minimum value; syn, extreme of a function)
extrinsic value (Vw) äußerer Wert *m (opp, absolute/intrinsic . . . value, qv)*
exw (com) = ex works
ex warehouse (com) ab Lager *(syn, ex store)*
ex warrants (Fin) ex Bezugsrechtsscheine
ex works
(com) ab Werk
– ab Fabrik
(ie, Handelsklausel, die Verkäufer verpflichtet, Ware auf s–m Grundstück zur Verfügung zu tellen; Teil der Incoterms; syn, ex factory, ex mill; cf, Incoterms)
eye *v*
(com, infml) planen, in Aussicht nehmen
(eg, additional cuts in capacity; syn, consider)
eye catcher (Mk) Blickfang *m*
eye-catching advertising (Mk) Blickfangwerbung *f*
eye fatigue (EDV) Ermüdung *f* der Augen *(ie, not easy in the eyes)*

F

FAA (com, US) = Federal Aviation Administration
f.a.a. (F.A.A.) (SeeV) = free of all average
fabricate *v*
(IndE) herstellen *(ie, structural or electromechanical parts)*
(IndE) fertigen *(ie, assemble diverse and standardized parts into a structure)*
fabrication
(IndE) Herstellung *f*
(IndE) Fertigung *f* durch Zusammenbau *(eg, im Apparatebau)*
(IndE) Vorfertigung *f*
fabrication drawing (IndE) Fertigungszeichnung *f*
fabricator (com) Stahlbaufirma *f*
f.a.c. (com) = fast as can
f.a.c.a.c. (com) = fast as can as customary
face amount (Fin) = face value
face of a policy (Vers) Versicherungssumme *f*
facetious advertising (Mk) scherzhafte Reklame *f*
face-to-face advertising (Mk) Mund-zu-Mund-Werbung *f*
face-to-face negotiations (com) persönliche Verhandlungen *fpl*
face-to-face pay (Pw) Lohn *m* ohne An- und Abmarsch zum/vom Arbeitsplatz
face-to-face selling (Mk) persönlicher Verkauf *m* *(syn, sl, belly-to-belly selling)*
face up to *v* (com) sich abfinden mit
face validity (Bw) inhaltliche Validität *f*
face value
(Fin) Nennwert *m*, Nennbetrag *m*
(ie, appears on the face of a security; syn, nominal/par . . . value)
(Vers) Versicherungssumme *f*
facilitator (com) Distributionsorgan *n* ohne middleman-Funktionen *(eg, Speditionen, Banken, Beratungsfirmen)*
facility
(com) Einrichtung *f*
(IndE) (Betriebs-)Anlage *f*
– Betriebsstätte *f (syn, operation, plant)*
(Fin) Fazilität *f*
– Kredit *m (syn, credit, loan)*
(EDV) Funktion *f*
(EDV) Hilfsprogramm *n*
(OR) Abfertigungseinheit *f*
facility assignment
(EDV) Betriebsmittelzuweisung *f*
(ie, allocation of memory and external devices as required by the program; resource allocation, qv)
facility fee
(Fin) Provision *f* für nicht in Anspruch genommenen Bereitstellungskredit
(ie, for a credit commitment not drawn upon)
facility letter (Fin) Kreditbestätigung *f*
facility management
(Bw, US) Facility Management *n*
(ie, in e–m einzigen System werden unterschiedlichste Programme gesteuert und verwaltet; Einsatz: Planung von Maschinenelementen, Kalkulation und Datenbank-Management, Immobilienverwaltung, Mitarbeiter-Umzugsplanung, Mietbelegung, Steuerung von Reparaturarbeiten, usw.)
facility on compensatory finance (IWF) System *n* der Ausgleichsfinanzierung
facings
(Mk) Facings *pl*, Frontstücke *npl*
(ie, nebeneinander plazierte Produktverpackungen)
facsimile (com) Telefax *n*
facsimile function (EDV) Fernkopierfunktion *f*
facsimile option (EDV) Fernkopieroption *f*
facsimile signature (com) Faksimileunterschrift *f*
facsimile stamp (com) Faksimilestempel *m*
facsimile terminal
(EDV) Fernkopierer *m*
– Telekopierer *m (syn, telecopier, fax machine)*
factional disputes (com) Richtungskämpfe *mpl (syn, factions feud)*
factions feud (com) = factional disputes
factor
(com) Verkaufskommissionär *n*
(ie, sells goods on consignment; his compensation is known as commission or factorage; largely replaced by other methods of doing business; syn, commission merchant)
(Fin) Faktor *m*
– Factoring-Institut *n*
– Factoring-Unternehmen *n*
(ie, accounts receivable financing institution; discounts on a nonrecourse, notification basis; syn, secured party, as defined by UCC)
(Math) Faktor *m (ie, multiplicand and multiplier)*
(Vw) Produktionsfaktor *m (syn, factor of production)*
factor *v*
(com) fakturieren *(eg, crude oil in $)*
(com) einschließen, einrechnen *(eg, inflation rate into our sales forecast)*
(Math) faktorisieren, in Faktoren zerlegen *(syn, factorize)*
factorable (Math) faktorisierbar, zerlegbar *(ie, resolvable into factors)*
factorage (Fin) Factoring-Gebühr *f (syn, factor's commission)*
factoral terms of trade (AuW) faktorales Austauschverhältnis *n*
factor analysis (Stat) Faktoranalyse *f*
factor-augmenting (Vw) faktorvervielfachend *(ie, technical progress)*
factor comparison
(IndE) Merkmalsvergleich *m*
(ie, jobs are given relative positions on a rating scale, based on selected key jobs)
factor comparison method (IndE) summarisches Arbeitsbewertungsverfahren *n*

factor cost (Vw) Faktorkosten *pl*
factor curve (Vw) Faktorkurve *f (ie, graph of factor function)*
factor demand (Vw) Faktornachfrage *f*, Nachfrage *f* nach Produktionsfaktoren
factor differential (Vw) Faktordifferential *n (syn, differential of factor function)*
factor earnings (Vw) = factor income
factor endowment (Vw) Faktorausstattung *f*
factor excess burden (Vw) Netto-Wohlfahrtsverluste *mpl (syn, deadweight losses, qv)*
factor gap
(Vw) Faktorlücke *f*
(ie, inflationary gap in the factor market)
factor group (Math) Faktorgruppe *f (syn, quotient group)*
factorial
(Math) Faktorielle *f*, Fakultät *f*
(ie, the product of all the numbers below a number; eg, 3 factorial (written 3!) = 1 × 2 × 3 = 6)
factorial experiment (Stat) faktorielles Experiment *n*
factorial notation (Math) Fakultätschreibweise *f*
factor income (Vw) Faktoreinkommen *n (syn, factor ... earnings/payments)*
factor incomes received from abroad (VGR) Faktoreinkommen *n* aus dem Ausland
factor in dollars *v* (com) in Dollar fakturieren *(syn, invoice in dollars)*
factoring
(Fin) Factoring *n*
(ie, Forderungsankauf: primarily involves the purchase of a client's receivables, along with the assumption of credit risk, making of collections and accounts-receivable ledgering; see: maturity factoring, old-line factoring, notification and non-notification factoring)
factoring arrangement (Fin) Factoring-Vereinbarung *f*
factoring company (Fin) = factor
factoring contract (Fin) Factoring-Vertrag *m*
factor input (Vw) Faktoreinsatz *m*
factor input function (Vw) Faktoreinsatzfunktion *f*
factor isoquant (Math) Faktorisoquante *f (syn, transformation curve, qv)*
factorization
(Math) Faktorzerlegung *f*
– Faktorisierung *f (syn, factorizing)*
factorize *v* (Math) in Faktoren zerlegen *(syn, factor)*
factor market (Vw) Faktormarkt *m (syn, input/resource . . . market)*
factor mix (Vw) Faktorkombination *f (ie, combination of inputs)*
factor mobility (Vw) Substituierbarkeit *f* der Produktionsfaktoren
factor movements (Vw) Faktorwanderungen *fpl*
factor of disturbance (Bw) unbekannter Faktor *m*, Störfaktor *m*
factor of expense variability (KoR) Variator *m (ie, in one-stage overhead planning)*
factor of production (Bw) Produktionsfaktor *m (syn, productive . . . factor/resource, input)*
factor out a term *v* (Math) ausklammern
factor payments (Vw) = factor income
factor-payments approach (VGR) Verteilungsrechnung *f (syn, incomes- received method)*
factor price (Vw) Faktorpreis *m (syn, input/resource . . . price)*
factor price equalization theorem (Vw) Faktorpreisausgleichstheorem *n*
factor price equilibrium *n* (Vw) Faktorpreisgleichgewicht *n*
factor price theorem (Vw) Faktorpreistheorem *n*
factor productivity
(Vw) Faktorproduktivität *f*
(ie, total output to input quantity of one factor)
factor proportions (Vw) Faktorproportionen *fpl*
factor proportions (endowment) theorem (AuW) Faktorproportionen-Theorem *n*, Heckscher-Ohlin-Theorem *n*
factor rating (Pw) Leistungsbewertung *f* nach Einzelfaktoren
factor returns (Vw) Faktorerträge *mpl (ie, earnings of factors of production)*
factor reversal test (Stat) Faktorumkehrprobe *f*
factor's commission (Fin) Factoring-Gebühr *f (syn, factorage)*
factor shares (Vw) funktionale Verteilungsquoten *fpl*
factor's lien (Fin) Sicherungsrecht *n* des Factoring-Instituts
factors of demand (Mk) Bedarfsfaktoren *mpl (ie, determined in market analysis)*
factors of depreciation
(ReW) Entwertungsfaktoren *mpl*
– Abschreibungsursachen *fpl*
(ie, causes of expiration of fixed-asset cost; technical, economic, legal)
factors of evaluation (com) Bewertungsgrößen *fpl*
factors of performance (Bw) Erfolgsfaktoren *mpl*
factors of production (Bw) Produktionsfaktoren *mpl*
factor space (Math) Quotientenraum *m (syn, quotient space, qv)*
factor storage (EDV) Faktorenspeicher *m*
factor supply (Vw) Faktorangebot *n*
factor theorem of algebry
(Math) Faktortheorem *n* der Algebra
(ie, a polynomial f(x) has (x – a) as a factor if and only if f(a) = 0)
factor weighting (IndE) Faktorengewichtung *f (ie, in job evaluation)*
factory
(com) Betrieb *m*
– Fabrik *f*
– Werk *n*
(ie, buildings where goods are manufactured; syn, manufacturing plant)
factory automation (IndE) Automatisierung *f* von Fertigungsanlagen
factory building
(com) Fabrikgebäude *n*
– Fabrikhalle *f*
– Werkshalle *f*
– Betriebsgebäude *n (syn, plant building)*
factory buildings (com) Fabrikbauten *mpl*
factory burden (KoR) = factory overhead
factory closure
(com) Betriebsschließung *f*
– Betriebsstillegung *f (syn, plant . . . closure/shutdown)*
factory cost (KoR) Fertigungskosten *pl (syn, manufacturing cost, qv)*

factory cost price (KoR) Werksselbstkosten *pl*
factory-data collection
(EDV) Betriebsdatenerfassung *f*
(ie, continuous input of data in a working area: worker inserts a precoded card into a device connected to a computer; syn, industrial data capture)
factory discount (com) Werksrabatt *m (ie, retailers may overorder to quality for the best . . .)*
factory expense (KoR) = factory overhead
factory gate price (com, infml) Preis *m* ab Werk
factory hand (Pw) Hilfsarbeiter *m*
factory management
(IndE) Betriebsleitung *f*
– Werksleitung *f*
(syn, plant management)
factory manager
(IndE) Betriebsleiter *m*
– Werksleiter *m*
(syn, plant superintendent)
factory of the future
(IndE) Fabrik *f* der Zukunft
(ie, run by computers and built around software products: computer integrated manufacturing, CIM)
factory operating rate (Bw) Auslastung *f* im Fertigungsbereich, Anlagenauslastung *f (syn, capacity use in manufacturing)*
factory order
(com) = production order
(IndE) Innenauftrag *m*
factory outlet center (Mk) Einkaufszentrum *n* mit mehreren Fabrikläden
factory outlet mall (Mk) = factory outlet center
factory overhead
(KoR) Fertigungsgemeinkosten *pl*
(syn, factory expense, operating/production . . . overhead)
factory-owned apartment (Pw) Werkswohnung *f*
factory-owned department (Pw) Werkswohnung *f (syn, GB, factory-owned flat)*
factory-owned flat (Pw, GB) Werkswohnung *f*
factory pickup (com) Werksabholung *f*
factory planning (Bw) Fabrikplanung *f*
factory premises (IndE) = factory building
factory price
(com) Preis *m* ab Werk
– Fabrikpreis *m*
(syn, price ex works, qv)
factory rebate (com) Werksrabatt *m*
factory representative (com) Werksvertreter *m (ie, not independent)*
factory ship (com) Fabrikschiff *n (ie, equipped to catch and process fish)*
factory site (com) Werksgelände *n*
factory-site land (Bw) Betriebsgrundstücke *npl (syn, plant-site land, land in use as a plant site)*
factory specifications (IndE) Betriebsvorgaben *fpl*
factory supplies
(KoR) Hilfs- und Betriebsstoffe *mpl (syn, supplies, manufacturing supplies)*
(IndE) Betriebsmaterial *n (syn, operating supplies)*
factory worker (Pw) Fabrikarbeiter *m (syn, operative)*
fact sheet
(com) Informationsblatt *n (ie, outline of major product data)*
(com) Projektübersicht *f*
facts of the case (Re) Tatbestand *m (syn, facts)*
factual constraint (com) Sachzwang *m*
factual control (com) faktische Beherrschung *f*
factual science
(Log) Erfahrungswissenschaft *f*
– empirische Wissenschaft *f*
(syn, empirical science)
fact witness (Re, US) unmittelbarer Zeuge *m*
facultative money (Vw) fakultatives Geld *n (ie, money which is not legal tender = gesetzliches Zahlungsmittel)*
facultative reinsurance
(Vers) fakultative Rückversicherung *f*
(ie, reinsurer has the option of accepting the tendered part of the original insurer's risk; auf Einzelrisiken bezogen, über die von den Parteien fallweise entschieden wird)
faculty
(com) Begabung *f*
– Fähigkeit *f (ie, natural disposition; eg, for putting things right; syn, gift)*
(com) Fakultät *f (ie, of a university)*
faculty principle of taxation (FiW) Grundsatz *m* der steuerlichen Leistungsfähigkeit *(syn, ability-to-pay principle)*
fail *v*
(Re) unterlassen
(com) versagen
– ausfallen
(com) bankrott gehen
(Pw) durchfallen, nicht bestehen *(eg, in math, in English)*
failing company merger (Kart, US) Sanierungsfusion *f (cf, Sec 7 Clayton Act of 1914)*
failings (com) Mißerfolge *mpl*
fail of *v* (com) verfehlen *(eg, getting an order)*
fail safe (IndE) fehlertolerant
fail-safe computer (EDV) fehlertoleranter Computer *m (syn, fault-tolerant computer, qv)*
fail-safe mode (EDV) ausfallsichere Betriebsart *f*
fail-safe system (EDV) fehlertolerantes System *n*
fail soft
(EDV) sanftes Versagen *n*
(ie, gleitende Verminderung der Betriebsfähigkeit)
failure
(IndE) (Maschinen-)Ausfall *n*
(EDV) Ausfall *m*
– Störung *f (syn, cutage)*
(Re) Unterlassung *f*
(Stat) Ausfall *m*
(Pw) Durchfallen *n (ie, in an exam)*
failure cause (IndE) Ausfallursache *f*
failure criteria (IndE) Ausfallkriterien *npl*
failure density (IndE) Ausfalldichte *f*
failure frequency (IndE) Ausfallhäufigkeit *f*
failure frequency distribution (Stat) Ausfallhäufigkeitsverteilung *f*
failure logging (EDV) Störungsaufzeichnung *f*
failure mode & effect analysis, FMEA (IndE) Ausfallwirkungsanalyse *f*, FMEA-Analyse *f*

failure of consideration
(Re) Wegfall *m* der Gegenleistung *f*
(ie, prior to completion of contract = vor Vertragserfüllung)
failure of performance (Re) Nichterfüllung *f (syn, nonperformance)*
failure probability density (Stat) Ausfallwahrscheinlichkeit *f*
failure probability distribution (Stat) Ausfallwahrscheinlichkeits-Verteilung *f*
failure quota (IndE) Ausfallquote *f*
failure rate
(com) Zahl *f* der Konkurse
(com) Ausfallrate *f*
– Ausfallquote *f*
(Mk) Ausfallrate *f*
(ie, bei repräsentativen Erhebungen; syn, nonresponse rate, non-achievement rate)
(IndE) Fehlerquote *f*
failure report (IndE) Störungsbericht *m*
failure to cooperate (Re, US) Unterlassung *f* e–r Mitwirkungshandlung
failure to function properly (IndE) Funktionsunfähigkeit *f*
failure to perform (Re) = failure of performance
fair (com) Ausstellung *f*, Messe *f (syn, trade fair, show, exposition, exhibition)*
fair and proper (Re) = fair and reasonable
fair and reasonable
(Re) recht und billig
(syn, fair and proper; civil law: ex aequo et bono)
fair and reasonable compensation (Re) angemessene Entschädigung *f*
fair and reasonable consideration (Re) angemessene Gegenleistung *f*
fair appraisal (Pw) gerechte Beurteilung *f*
fair average quality, f.a.q. (com) gute, gesunde Durchschnittsqualität *f*
fair catalog (com) Messekatalog *m*
fair competition (Kart) lauterer Wettbewerb *m (syn, healthy competition)*
fair consideration (com) angemessene Gegenleistung *f*
fair copy (com) Reinschrift *f (auch: f.co.)*
Fair Credit Reporting Act of 1970 (Fin, US) regelt den Datenschutz bei Konsumentenkrediten
fair damages (Re) angemessener Schadenersatz *m*
fair equivalent (com) angemessene Gegenleistung *f*
fair grounds
(com) Ausstellungsgelände *n*
– Messegelände *n (syn, exhibition grounds)*
fair hearing (Re) rechtliches Gehör *n*
fairly and squarely (com) eindeutig *(eg, tell somebody . . . that . . .)*
fairly stable
(com) weitgehend stabil
– unverändert
fair market value
(com) Marktpreis *m*
(ie, reasonable cash price obtained on the open market; syn, actual cash value)
fair merchantable, f.m. (com) gute Durchschnittsware *f*
fair office (com) Messeamt *n*

FAIR plan
(Vers) obligatorischer Zusammenschluß *m* von Versicherern
(ie, zur Deckung schwer unterzubringender Risiken; FAIR = fair access to insured responsibility)
fair presentation
(ReW, US) wirtschaftlich angemessene Darstellung *f (ie, Grundforderung an Inhalt und Form von Jahresabschlüssen; cf, GAAP, Disclosure, Consistency, Comparability; cf, GB, true and fair view)*
fair price (com) angemessener Preis *m (syn, reasonable price)*
fair rate of return (Fin) angemessene Verzinsung *f*
fair return (com) marktübliche Rendite *f*
fair site (com) Messegelände *n (syn, exhibition site)*
fair tax treatment
(StR) Steuergerechtigkeit *f*
– steuerliche Gleichbehandlung *f*
fair to middling
(com) durchschnittlich
– mittelmäßig
fair trade
(Kart, US) vertikale Preisbindung *f (ie, retail price is fixed by manufacturer)*
(com, infml) Schmuggelware *f*
Fair Trading Act (Kart, GB) Gesetz *n* gegen Wettbewerbsbeschränkungen
fair use
(Pat) zulässiger Gebrauch *m*
(ie, justifiable use of copyrighted materials = von urheberrechtlich geschütztem Material; cf, 17 USC § 107)
fair value
(com) angemessener Wert *m*
(ReW) Zeitwert *m*
(eg, assignment of . . . to inventories)
(Fin) Kapitalwert *m*
(ie, Wert e–s Optionskontraktes; syn, intrinsic value)
fair wage (Pw) Normallohn *m*
fairway (com) Fahrrinne *f*
fair-weather finance
(Fin, infml) Schönwetter-Finanzierung *f*
(ie, the banker has long been described as a man who lends you an umbrella when the sun shines)
fake (com, Re) Fälschung *f*, Falsifikat *n (syn, counterfeit)*
fake *v*
(com) fälschen
– nachahmen
(syn, counterfeit, qv)
fake money (Fin) Falschgeld *n (syn, counterfeit money)*
fake up *v* (com) = fake
fallacy
(com) Irrtum *m*, Trugschluß *m*
(eg, popular fallacy = weitverbreiteter Irrtum)
(Log) Fehlschluß *m*
(ie, any fallaceous reasoning: an argument that seems to be valid but is not; syn, paralogism; by the way, the author has compiled a list of some 40 informal fallacies which is by no means exhaustive; they all occur day in day out in the language of politics)

fallacy of composition
(Log) Fehlschluß *m* der Verallgemeinerung
(ie, an argument in which one assumes that a whole has a property only because its various parts have that property)
fallacy of division
(Log) Fehlschluß *m* der Desaggregation
– Fehlschluß *m* vom Allgemeinen auf das Besondere
(ie, an argument in which one assumes that various parts have a property solely because the whole has that property)
fallacy of unqualified source
(com) Fehlschluß *m* der unzuverlässigen Quelle
(ie, using a source of authority that is not qualified to provide evidence)
fall away *v*
(com) sinken, verfallen *(eg, prices)*
(com) abwandern *(eg, customers)*
fallback
(EDV) Reservesystem *n*
(ie, system which is substituted for the computer system in the case of breakdown; syn, standby system)
fall back *v* (com) erneut sinken *(eg, prices)*
fall back on *v* (com) zurückgreifen auf *(eg, emergency stocks)*
fall-back price (com) Mindestpreis *m* *(syn, reserve/upset . . . price)*
fall back system (EDV) = fallback
fall behind with *v* (com) in Rückstand geraten mit *(eg, payment, rent)*
fall by the wayside *v* (com, infml) Pleite *f* machen *(syn, go bust, qv)*
fall down on a job
(com, infml) versagen
– e–r Aufgabe nicht gewachsen sein
fall due *v* (Fin) fällig werden *(syn, become due, mature)*
fall flat *v* (com) scheitern
fall foul of *v* (com) verletzen *(eg, competitive rules; syn, violate)*
falling-off of orders (com) Auftragsrückgang *m* *(syn, drop in orders)*
falling orders
(com) schrumpfender Auftragsbestand *m*
falling out of bed
(Bö, infml) schwerer Kursverlust *m*
(ie, refers to a stock that suffers sudden and serious decline)
falling-rate-of-profit theory (Vw) Theorie *f* der fallenden Profitrate
fall in prices (com) Preisrückgang *m* *(syn, drop, decline)*
fall in with *v* (com, infml) zustimmen
falloff (com) Rückgang *m* *(eg, in investment)*
fall off *v* (com) zurückgehen, fallen *(eg, prices)*
fallout (com, infml) (unerwartetes) Nebenergebnis *n* *(syn, spinoff)*
fall through *v*
(com) mißlingen
– scheitern *(eg, plan, project; syn, fall flat)*
fall through the floor *v* (com) in den Keller fallen *(eg, prices)*
fall vacant *v* (Pw) frei werden *(eg, job, position)*
false advertising (Mk) irreführende Werbung *f*
false check (Fin) ungedeckter Scheck *m*
false declaration (Zo) Falschmeldung *f*
false entry (ReW) Buchungsfehler *m*
false floor (EDV) doppelter Boden *m* *(syn, raised floor)*
false pretenses
(com) Vorwand *m* *(syn, pretext; he was here under . . .)*
(Re) Vorspiegelung *f* falscher Tatsachen
(eg, obtain goods by . . .)
falsification
(com) Widerlegung *f*
(com) Fälschung *f*
falsification of a balance sheet (ReW) Bilanzfälschung *f*
falsify *v*
(com) widerlegen
(com) fälschen *(syn, counterfeit, qv)*
falsify a balance sheet *v* (ReW) Bilanz *f* fälschen
faltung (Math) Faltung *f* *(syn, convolution family)*
familiarization
(Pw) Einarbeitung *f* *(ie, of new employee; syn, orientation, settling-in)*
familiarize *v* (Pw) einarbeiten, einweisen
familiy reunion (Pw) Familienzusammenführung *f*
family allowance system (FiW) Familienleistungsausgleich *f*
family brand (com) Familienmarke *f*
family care leave
(Pw) Familienpflegeurlaub *m*
(ie, permission to be absent from work in order to care for a family member who is ill or incapacitated)
family farm (com) Familienbetrieb *m*
family foundation (Re) Familienstiftung *f*
family income (Stat) Familieneinkommen *n*
family income benefit policy (Vers) Familienvorsorge-Versicherung *f*
family law (Re) Familienrecht *n* *(ie, law of domestic relations)*
family of curves (Math) Kurvenschar *f* *(syn, set/array ... of curves)*
family of parallel lines (Math) Parallelenschar *f*
family of parts (IndE) Teilefamilie *f*
family of sets (Math) Mengensystem *n* *(syn, collection of sets, qv)*
family of straight lines
(Math) Geradenschar *f*
– Scharparameter *m*
family-owned business (com) Familienbetrieb *m*
family-owned company
(com) Familienaktiengesellschaft *f*
(ie, the majority of voting shares are held by a family; die Mehrheit der stimmberechtigten Aktien befinden sich in e–r Familie)
family-owned corporation (com) Familien-Aktiengesellschaft *f*
family partnership (com) Familiengesellschaft *f* *(cf, family company)*
family protection policy (Vers) = family income benefit policy
family reunion (com) Familienzusammenführung *f*
family shareholder (com) Familienaktionär *m*
family shareowner (Fin) Familien-Aktionär *m*

family size package
(com) Familienpackung *f*
– Großpackung *f (syn, bulk/jumbo/large . . . package)*
family taxation (StR) Familienbesteuerung *f*
fancy article
(com) Luxusartikel *m*
(com) Modeartikel *m*
fancy food shop (com) Delikatessengeschäft *n*
fancy name
(com) Phantasiebezeichnung *f*
(Mk) Phantasiemarkenname *m*
fancy price (com) Liebhaberpreis *m*
fancy stocks (Bö) unsichere Spekulationspapiere *npl*
fancy word (Pat) Phantasiewort *n (ie, in connection with trademarks)*
fanfold paper
(EDV) Faltpapier *n*
– z-gefaltetes Papier *n*
Fannie Mae (Fin, US) = Federal National Mortgage Association *qv*
fanout (ReW) Kontenauflösung *f (ie, into several other accounts)*
faq
(com) = free alongside quay
(com) = fair average quality
fare-free transport (com) Benutzung *f* öffentlicher Verkehrsmittel zum Nulltarif
fare stage (com, GB) Zahlgrenze *f (syn, US, bus fare zone limit)*
fares war (com) Tarifkrieg *m (ie, in aviation)*
far-flung trade connections
(Bw) weltweite Handelsbeziehungen *fpl*
(ie, covering the whole world; syn, globe-spanning)
farm aids (EG) Agrarsubventionen *fpl (syn, agricultural aids, aids to farmers)*
farm bank
(Fin, US) Landwirtschaftsbank *f*
(ie, miminimum of 25 % of its loans extended to farmers and agricultural businesses)
farm commodities market (Vw) Agrarmarkt *m (syn, agricultural commodities market)*
farm cooperative (com) Agrargenossenschaft *f*
farm credit
(Fin) Agrarkredit *m*
(syn, agricultural/farming . . . credit, farm loan)
farm crisis (Vw) Agrarkrise *f*
farmed-out production (Bw) Lohnherstellung *f*
farm equipment (com) landwirtschaftliche Geräte *npl*
farm equipment industry (com) Landmaschinenbranche *f*
farm exports (EG) Agrarexporte *mpl (syn, agricultural exports, agri-exports)*
farmgate prices (com) landwirtschaftliche Preise *mpl*
farm goods (EG) = farm products
farmhand (com) Landarbeiter *m (syn, GB, agricultural labourer)*
farm imports (EG) Agrareinfuhren *fpl (syn, agricultural imports, agri-imports)*
farm income (EG) Agrareinkommen *n*, landwirtschaftliches Einkommen *n*
farm income problems (EG) Einkommensprobleme *npl* der Landwirtschaft
farming (com) Landwirtschaft *f (syn, agriculture)*
farming credit (Fin) = farm credit
farming market regime (EG) landwirtschaftliche Marktordnung *f*
farming out
(com) Auswärtsvergabe *f*, Untervergabe *f*
(ie, of contracts, work; syn, subcontracting)
farming-out contract (com) Lohnauftrag *m (syn, commission order)*
farm issue (com) Agrarproblem *n*
farm loan (Fin) = farm credit
farm machinery
(com) Landmaschinen *fpl*
– landwirtschaftliche Maschinen *fpl*
farm out *v* (com) (an Subunternehmer) vergeben *(ie, contract, work; syn, subcontract)*
farm overproduction (EG) landwirtschaftliche Überproduktion *f*
farm policy (EG) Agrarpolitik *f (syn, agricultural policy)*
farm prices (EG) Agrarpreise *mpl (syn, agricultural prices)*
farm price settlement (EG) Agrarpreisregelung *f*
farm price support policy (Vw) Agrarpreisstützungspolitik *f*
farm price system (EG) Agrarpreissystem *n (syn, CAP system of prices)*
farm production (EG) Agrarproduktion *f*
farm products (EG) Agrarerzeugnisse *npl*, Agrarprodukte *npl (syn, agricultural products, farm goods)*
farm product surpluses (EG) = farm surpluses
farm size (com) landwirschaftliche Betriebsgröße *f*
farm spending (EG) Agrarausgaben *fpl (eg, currently absorbs 60% of EEC spending)*
farm subsidies (EG) Agrarsubventionen *fpl*
farm surpluses (EG) Agrarüberschüsse *mpl*, landwirtschaftliche Überschüsse *mpl (syn, agricultural surpluses)*
farm tractor (com) Traktor *m*
f.a.s (com) = free alongside ship
FASB (ReW, US) = Financial Accounting Standard Board
fashion advertising (Mk) Modewerbung *f*
fashion article (com) Modeartikel *m*
fashion industry
(com) Modeindustrie *f*
– Modebranche *f*
fashion magazine
(com) Modejournal *n*
– Modezeitschrift *f*
fashion parade (com) = fashion show
fashion show (com, US) Modenschau *f (syn, GB, dress show)*
fast access (EDV) Sofortzugriff *m (syn, immediate access)*
fast-access memory (EDV) Schnellspeicher *m (syn, high speed memory)*
fast access storage (EDV) Schnellspeicher *m*
fast as can as customary, f.a.c.a.c. (com) so schnell wie platzüblich
fast as can, f.a.c. (com) so schnell wie möglich
fast feed (EDV) Schnellvorschub *m*
fast freight (com, US) Eilfracht *f*, Eilgut *n (syn, GB, express freight)*
fast-freight waybill (com) Eilfrachtbrief *m*

fast lane
(com, infml) Überholspur *f*
(eg, to switch to the . . . = Dampf machen, Gas geben)
fast-living (com) schnellebig
fast memory (EDV) = fast-access memory
fast rail system (com) Schnellbahn *f (syn, fast rail system)*
fast-selling article (Mk) gängiger Artikel *m*
fast selling merchandise (com, infml) Schnelldreher *m (ie, walks off the shelves at a fast clip; syn, money spinner)*
fast storage (EDV) = fast-access memory
fast tax system (StR) System *n* der vorläufigen Steuerfestsetzung
fast tax writeoff (StR) steuerliche Sonderabschreibung *f (ie, special depreciation allowance for tax purposes)*
fast tracker (Pw, US) rascher Aufsteiger *m (ie, someone promoted at rapid intervals)*
fat (com, infml) wohlhabend *(eg, grow fat on . . .; syn, wealthy, prosperous)*
fatal error (EDV) schwerer (od fataler) Fehler *m*
fat bank account (com, infml) dickes Bankkonto *n*
fat cat (com, US) wohlhabende Person *f*
fat-cat client (com, infml) Großkunde *f (eg, in consulting)*
fat contract
(com) dickes
– gewinnbringendes ... Geschäft *n*
(syn, profitable deal)
fatigue (Pw) Ermüdung *f*
fatigue allowance
(IndE) Erholungszuschlag *m (ie, to compensate for production time lost due to exhaustion of the worker)*
fatigue factor
(IndE) Erholungsfaktor *m (ie, multiplier used to add the fatigue allowance to the normal time)*
fat profits (com, infml) hohe Gewinne *mpl*, satte Gewinne *mpl*
fat years (com, infml) fette Jahre *npl (syn, locust years)*
fault
(Re) Verschulden *n*
– Versagen *n*
(ie, der Begriff ist erheblich weiter als in der deutschen Systematik: it implies a failure, not necessarily culpable, to reach some standard of perfection; it may be shortcoming, impropriety, blame but also misdemeanor)
(Re, civil law) Verschulden *n*
(ie, Vorsatz + Fahrlässigkeit = intent and gross negligence)
(Re) Mangel *m*, Sachmangel *m (syn, defect, physical defect)*
(EDV) Fehler *m*, Defekt *m*
fault finding (EDV) Fehlersuche *f (usu, error detection)*
fault interrupt routine (EDV) Fehlerbehandlungsroutine *f (syn, error/exception handling routine)*
fault isolation (EDV) Fehlereingrenzung *f (eg, when debugging an appliction program)*
faultless (com) fehlerfrei *(syn, free from defects, conforming)*
fault liability (EDV) Fehleranfälligkeit *f*
fault prone (IndE) fehleranfällig
fault test (EDV) Fehlerprüfung *f*
fault time (EDV) relative Ausfallzeit *f (syn, down time)*
fault tolerance (EDV) Fehlertoleranz *f*
fault tolerant (EDV) fehlertolerant, ausfallsicher
fault-tolerant computer
(EDV) fehlertoleranter Computer *m*
(ie, keeps working despite component failure because major sections are duplicated; used in banking, retail POS applications, hospital information systems, manufacturing control systems)
fault tree analysis
(Bw) Fehlerbaumanalyse *f (ie, in accident prevention)*
(IndE) Fehlerbaumanalyse *f*
(ie, ermöglicht frühzeitige Entwurfverbesserungen; Instrument der Zuverlässigkeitsplanung)
faulty design (IndE) Fehlkonstruktion *f*, fehlerhafte Konstruktion *f*
faulty information (com) Fehlinformation *f*
faulty material and workmanship (com) Material- und Herstellungsfehler *mpl*
faulty performance (Re) Schlechterfüllung *f (syn, defective performance)*
faulty possession (Re) fehlerhafter Besitz *m*
faulty work (IndE) fehlerhafte Arbeit *f (syn, defective work)*
favorable balance of payments (AuW) aktive Zahlungsbilanz *f*
favorable balance of trade (AuW) aktive Handelsbilanz *f*
favorable conjunctioral situation (Vw) günstige konjunkturelle Lage *f*
favorable difference (Bw) Überschuß *m* geplanter Kosten über Istkosten *(ie, oder: Isterlöse über geplante Erlöse; syn, favorable variance)*
favorable selection
(Vers) Selektion *f*
– Auslese *f*
(syn, skimming; opp, adverse selection, antiselection)
favorable variance (Bw) = favorable difference
fax *v* (com, infml) faxen *(auch: to fax in)*
fax hacker (com) Telefax-Hacker *m*
fax machine (EDV, GB) = facsimile terminal
FBL (com) = FIATA Combined Transport Bill of Lading
F.C.L. (com) = full container load
fco (com) = franco
FCP (EDV) = file control processor
FCR (com) = Forwarding Certificate of Receipt
f.c.s.r.&c.c. (com) = free of capture, seizure, riots and civil commotion
f.d. (com) = free discharge
FDIC (Fin, US) = Federal Deposit Insurance Corporation
F-distribution (Stat) F-Verteilung *f*, Snedecor-Verteilung *f*
fear appeal (Mk) Angstappell *m*
fear of prejudice
(Re) Besorgnis *f* der Befangenheit
(eg, to challenge a judge for . . .; syn, doubt as to impartiality)

feasibility
(com) Durchführbarkeit *f*
– Realisierbarkeit *f*
feasibility study
(com) Durchführbarkeitsstudie *f*
– Projektstudie *f*
– Vorstudie *f*
– Machbarkeitsstudie *f*
– Feasibility Study *f*
feasible basis (OR) zulässige Basis *f (syn, admissible basis)*
feasible solution (OR) zulässige Lösung *f (ie, in linear programming, any set of values for the variables* x_j*, j = 1, 2, . . ., n, that satisfies a specified set of restrictions)*
featherbedding (Pw, US) Überbesetzung *f* von Arbeitsplätzen
feature
(com) Merkmal *n*, Eigenschaft *f (syn, attribute, qv)*
(EDV) Funktion *f*
Fed (Fin, US) = Federal Reserve System
federal agencies
(Re, US) Bundesbehörden *fpl*
(ie, called by many names: boards, commissions, administrations, departments; little substantive difference attaches to the name)
federal budget (FiW, US) Bundeshaushalt *m*
federal charter (Bw, US) Bundeskonzession *f (syn, national charter)*
federal circuit
(Re, US) Bundes-Gerichtsbezirk *m*
(ie, District of Columbia und 11 Bezirke sowie seit 1982 bundesweiter Bereich sämtlicher Bundesgerichtsbezirke)
federal credit agencies (Fin, US) Bundeskreditbehörden *fpl*
Federal Deposit Insurance Corporation, FDIC
(Fin, US) Bundeseinlagenversicherung *f (ie, insures bank deposits, currently up to $100,000 per deposit)*
federal discount rate (Fin, US) Diskontsatz *m* für federal funds
federal discount window (Fin) Lombardfenster *n* der Federal Reserve Banks
federal funding rate (Fin, US) Zinssatz *m*, den die US Federal Reserve dem Bankensystem berechnet
federal funds
(Fin, US) Tagesgeld *n*
(ie, non-interest-bearing deposits held by member banks at the Federal Reserve; standard unit of trading among the larger banks is $1 million or more; the straight one-day transaction is unsecured; syn, available/cleared/collected . . . funds)
federal funds bill
(Fin, US) kurzfristiger Wechsel *m* des US-Schatzamtes
(ie, due within a few days; issued to tide over the Treasury during periods of shortfalls in the early part of some months; minimum block $10 million; syn, cash management bill)
federal funds market (Fin, US) Tagesgeldmarkt *m*
federal funds passed on to the local authorities
(FiW) durchgereichte Bundesmittel *npl*
federal funds rate
(Fin, US) Tagesgeldsatz *m*
(ie, currently pegged by the Federal Reserve through open-market operations; Schlüsselrate des Geldmarktes; meist als Alternative zu Libor angegeben)
Federal Government (FiW) Bund *m*
Federal Government assets (FiW) bundeseigenes Vermögen *n*
federal grant-in-aid (FiW) Bundeszuschuß *m*
federal income tax (StR, US) Bundeseinkommensteuer *f*
federal instruments (Fin, US) Kreditpapiere *npl* des Bundes
federally guaranted mortgages (Fin, US) Hypotheken *fpl* mit Bundesgarantie
Federal National Mortgage Association, Fannie Mae
(Fin, US) Bundes-Hypothekenanstalt *f*
(ie, the biggest supplier of housing finance in the U.S.; it is federally sponsored but privately owned; buys mortgages from the U.S.'s 3500 local savings institutions)
Federal Office for Special Duties associated with Unification (FiW) Bundesanstalt *f* für vereinigungsbedingte Sonderaufgaben
Federal Open Market Committee, FOMC (Fin, US) Offenmarktausschuß *m* des Federal Reserve System
Federal Railways Fund (FiW) Bundeseisenbahnvermögen *n*
federal regulation
(Vw, US) Regulierungsmaßnahmen *fpl* der Bundesregierung
(ie, controversial type of public regulation of business)
Federal Reserve Bank
(Fin, US) eine der 12 regionalen Banken des ‚Federal Reserve System': Boston, New York, Philadelphia, Cleveland, Richmond, Atlanta, Chicago, St. Louis, Minneapolis, Kansas City, Dallas, San Francisco
Federal Reserve Board of Governors
(Fin, US) Zentralbankvorstand *m*
(ie, supervises and coordinates the Federal Reserve System)
Federal Reserve System
(Fin) Zentralbanksystem *n* der Vereinigten Staaten
(ie, includes 12 Federal Reserve banks and their 25 branches, 37 automated clearinghouses, 46 regional check processing centers, national banks and many others)
Federal Savings and Loan Insurance Corp, FSLIC
(Fin, US) staatliche Einlagenversicherung *f*
(ie, insures deposits at federal savings and loan associations and those state-chartered associations that apply and are accepted)
Federal Supervisory Office for Securities Trading
(Fin) Bundesaufsichtsamt *n* für den Wertpapierhandel
federal target range
(Vw) Zielkorridor *m* der Geldpolitik des Bundes
(ie, range of growth in monetary aggregates aimed at by Federal Reserve policy)
federal tax (StR, US) Bundessteuer *f*

Federal Trade Commission, FTC
(Kart, US) Federal Trade Commission *f*
(ie, established in 1914 as the „watchdog of competition" – Wettbewerbshüter; zusammen mit der Antitrust Division des Department of Justice wacht sie über die Einhaltung des Wettbewerbsrechts)
federation (com) Verband *m*
fed funds (Fin, US) Tagesgeld *n*
Fed Wire (Fin) elektronisches Clearing- und Kommunikationssystem *n* des Federal Reserve Board *(ie, für die Abrechnung aller Transaktionen in Staatspapieren und federal funds; also available to big banks, government agencies and check processing centers)*
fee
(com) Honorar *n*
– Gebühr *f (ie, for professional services of accountants, auditors, lawyers, doctors; syn, honorarium)*
(com) Gebühr *f (eg, admission/entrance/parking . . . fee)*
(Fin) Provision *f (ie, rare: replaced by ‚commission')*
fee bill (Re, US) Gebührenordnung *f*
feebleness of mind (Re) Geistesschwäche *f (syn, mental infirmity, qv)*
fee ceiling (com) Höchstgebühren *fpl*
feed
(EDV) Vorschub *f*
– Zuführung *f*
feedback
(EDV) Rückkopplung *f (ie, return of a portion of the output of a circuit to its input)*
(EDV) Informationsrückfluß *m*
feedback branch (OR) Pfeil *m* im Rückkopplungskreis
feedback control
(EDV) Regelung *f*
(syn, automatic control, cycle regulation; opp, feedforward control = Steuerung)
feedback control circuit (EDV) Regelkreis *m (syn, control loop)*
feedback controller (EDV) Regler *m*
feedback control system (EDV) geschlossener Regelkreis *m (syn, closed-loop control system)*
feedback loop (EDV) = feedback control circuit
feedback of operational data (Bw) Betriebsdatenrückmeldung *f*
feeder
(com) Zubringerlinie *f (ie, branch line or short railroad)*
(EDV) Blattvorschub *m (syn, sheet feeder)*
feeder equipment (EDV) Zubringeranlage *f*
feeder jobber (Mk) Feeder Jobber *m (ie, Betriebstyp des Großhandels; Weiterentwicklung des rack jobber)*
feeder operation (IndE) erster Arbeitsgang *m*
feeder traffic (com) Zubringerverkehr *m*
feedforward (EDV) offene Steuerung *f*
feed forward control
(EDV) Steuern *n (syn, control, qv; open-loop control)*
(EDV) Vorwärtsregelung *f (ie, in process automation)*
feed grain (com) Futtergetreide *n*
feed instruction (EDV) Vorschubbefehl *m*
feed materials (IndE) Einsatzmaterial *n (syn, charge materials, qv)*
feedstock
(IndE) Vormaterial *n*, Vorprodukt *n*
(ie, material supplied to plant or machine; syn, start material)
feedstocks (IndE) Einsatzmaterial *n (syn, charge/feed /input/start . . . materials)*
feed through *v* (com) durchschlagen *(eg, into the prices)*
fee for professional services (com) Honorar *n (syn, fee, qv)*
fee for service
(com) Einzelhonorar *n*
(syn, individual fee; opp, flat rate fee = Pauschalhonorar)
(com) Zustellgebühr *f*
fee per unit of services rendered (com) leistungsabhängiges Honorar *n*
fee schedule (com) Gebührentabelle *f*
fee setting (com) Honorarfestsetzung *f*
fellow subsidiary (com) Schwestergesellschaft *f (syn, sister company)*
felt-tipped marker (com) = felt-tipped pen
felt-tip pen (com) Filzschreiber *m*
female worker (Pw) Arbeiterin *f*
fence (Re) Hehler *m (syn, receiver)*
fencing-in patent (Pat) Einkreisungspatent *n*
fencing-off patent (Pat) Umzäunungspatent *n*
fend off *v* (com) abwehren *(eg, unwanted bidders)*
fertility (Stat) Fruchtbarkeit *f*, Geburtenhäufigkeit *f (ie, birthrate of a population)*
fertility rate
(Stat) Fertilitätsrate *f*
(ie, ratio of births to each 1000 females of child-bearing age = im proliferationsfähigen Alter)
fertility ratios (Stat) Fertilitätsmaße *npl*
fertilizer (com) Kunstdünger *m*, Düngemittel *n (opp, manure = livestock excreta with or without litter)*
fertilizer factory (com) Düngemittelfabrik *f*
fertilizer statistics (com) Düngemittelstatistik *f*
FET (StR, US) = Federal Excise Tax
fetch *v* (EDV) abrufen, aus e–m externen Speicher holen *(ie, locate and load into main memory)*
fetch cycle (EDV) Abrufphase *f*
fetch from storage *v* (EDV) abrufen *(syn, call in)*
FF (EDV) = form feed, qv
ffa (f.a.a.) (com) = free from alongside
FHWA (com) = Federal Highway Administration
f.i. (com) = free in
FIATA combined transport bill of lading, FBL
(com) FIATA Konnossement *n* des kombinierten Transports
fiat money (Vw) Papiergeld *n* ohne Edelmetalldeckung *(eg, the U. S. money system is a fiat money system)*
f.i.b.
(com) = free into bunkers
(com) = free into barge
Fibonacci series
(Math) Fibonacci-Folge *f (ie, the sequence 1, 1, 2, 3, 5, 8, 13, 21 . . . or any sequence where each entry is the sum of the two previous entries)*

Fibor
(Fin) Fibor
(ie, Frankfurt Interbank Offered Rate; deutscher Referenzzinssatz; ab 12. 8. 1985 melden zwölf deutsche Kreditinstitute täglich ihre Briefsätze für den Drei- und Sechs-Monatsbereich der Privat-Diskont AG; Durchschnittssatz auf 0,05 gerundet; wird in der Frankfurter Wertpapierbörse publiziert; ermöglicht Floating-Rate-Anleihen in DM)
FICA taxes
(SozV, US) Lohnsummensteuern *fpl*
(ie, based on the Federal Insurance Contribution Act; syn, employer's contribution to social security)
fictitious assets (ReW) Scheinaktiva *npl*
fictitious bill (Fin) Kellerwechsel *m (syn, kite, windmill; cf, § 264 StGB)*
fictitious contract (Re) Scheinvertrag *m*
fictitious entry
(ReW) fiktive Buchung *f (syn, imputed entry)*
fictitious firm (com) Scheinfirma *f (syn, bogus firm)*
fictitious person (Re) juristische Person *f (syn, legal person)*
fictitious premium (Vers) fiktive Prämie *f (ie, used in computing pension reserves qualifying for tax exemption)*
fictitious profit (ReW) Scheingewinn *m (syn, paper profit)*
fictitious security price
(Bö) Ausweichkurs *m*
– Scheinkurs *m*
fictitious transaction (Re) Scheingeschäft *n (cf, § 117 BGB; syn, dummy/ostensible/sham . . . transaction)*
fictitious unemployment
(Vw) versteckte Arbeitslosigkeit *f (syn, hidden unemployment)*
(Pw) unechte Arbeitslosigkeit *f*
fictitious value (com) fiktiver Wert *m*
fiddle a bit on the side *v* (com, infml) auf die Seite schaffen *(ie, increase one's income by shady transactions)*
fiddles (Pw) Unterschlagung *f*
fidelity bond
(Vers) Kautionsversicherung *f (ie, against an employee's dishonesty)*
fidelity insurance (Vers) Vertrauensschadenversicherung *f*
fidelity rebate (com) Treuerabatt *m (syn, loyalty rebate, qv)*
fidentia (Vers, GB) Ruf *m* unerschütterlich guten Glaubens *(ie, Lloyd's reputation of operating in utmost good faith)*
fiduciary
(Re) treuhänderisch
– fiduziarisch
fiduciary (agent)
(Re) Treuhänder *m*
(ie, the general idea is one of special confidence; eg, trustee, executor, etc)
fiduciary assignment (Re) fiduziarische Abtretung *f (ie, to give security to a creditor)*
fiduciary circulation (Vw) ungedeckter Notenumlauf *m*
fiduciary duties
(Re) Pflichten *fpl* des Treuhänders
(ie, Nebenpflichten wie Fürsorgepflicht, Treuepflicht; eg, care, obedience, loyalty)
fiduciary issue
(Vw, GB) fiduziäre Notenausgabe *f*
(ie, nicht durch Gold gedeckt; Gegenposten sind Staatsanleihen)
fiduciary loan (Fin) ungesichertes Darlehen *n*
fiduciary money (Vw) Kreditgeld *n*
fiduciary relationship (Re) Treuhandverhältnis *n (syn, trust)*
fiduciary transaction (Re) fiduziarisches Rechtsgeschäft *n*
field
(Math) Feld *n*
(ie, an algebraic system that possesses two operations which have all the properties that addition and multiplication of real numbers have)
(EDV) Feld *n*
(EDV) Datenfeld *n (syn, data field)*
field allowance (com) Auslösung *f*, Ablöse *f (ie, paid during employment abroad)*
field assembly (IndE) (Außen-)Montage *f*
field assembly operations (IndE) Montagearbeiten *fpl*
field attribute (EDV) Feldeigenschaft *f*, Feldattribut *n (eg, type (integer, string, BLOB) or size of a database field)*
field audit (ReW) Außenprüfung *f*
field auditor (ReW) Außenprüfer *m*
field conversion
(EDV) Feldänderung *f*
– Feldkonvertierung *f*
(eg, change of size or type of a database field)
field costs (KoR) = field expense
field data (IndE) Einsatzdaten *pl*
field delimiter
(EDV) Feldbegrenzer *m*
– Feldendezeichen *n*
field emission display (EDV) Feldemissions-Bildschirm *m (ie, [future] display technique that uses less energy than active matrix LCDs)*
field engineer (com) Außendiensttechniker *m*
field engineering service (com) technischer Kundendienst *m*
field expense (KoR) Außendienstkosten *pl*
field force (com, infml) = field staff
field group (EDV) Feldgruppe *f*
field investigation (Mk) Marktforschung *f (usu, market/marketing research)*
field investigator
(Mk) Marktbeobachter *m*
– Marktbefrager *m*
– Interviewer *m*
field name
(EDV) Feldname *m*
– Feldbezeichner *m*
field number (EDV) Feldnummer *f*
field of attention
(com) Studienfach *n*
– Arbeitsgebiet *n*
(syn, area/field . . . of concentration, study area, study field)
(Log) Gegenstandsbereich *m*, Diskussionsbereich *m (syn, universe of discourse, qv)*

field of concentration (Log) = field of attention
field of duties
(com) Aufgabenbereich *m*
– Aufgabengebiet *n*
field office (com) Außenstelle *f (opp, headquarters)*
field of operation (com) Tätigkeitsbereich *m*
field of study (Log) = field of attention
field of use restriction (Pat) Anwendungsbereichs-Beschränkung *f (ie, in der Lizenzvertragspraxis weit verbreitet)*
field organization
(com) Niederlassung *f*
(syn, branch, qv)
(com) Außendienstorganisation *f*
(Vers) Außendienst *m*
– Organisation *f*
(ie, total force of agents representing an insurer; syn, US, agency plant)
field representative (com) Außenvertreter *m*
field research
(Mk) Feldforschung *f*
– Primärforschung *f*
(syn, first-hand research)
field seperator
(com) Feldbegrenzer *m*
– Feldtrenner *m*
field service
(com) Außendienst *m*
– Kundendienst *m*
(syn, customer/field . . . engineering)
field-service reporting system (com) Außendienst-berichtssystem *n*
field service technician
(com) Außendiensttechniker *m*
(syn, customer /field . . . engineer)
field size (EDV) Feldgröße *f*
field staff (com) Mitarbeiter *pl* (im Außendienst) *(opp, indoor staff; syn, infml, field force)*
field store
(com) Auslieferungslager *n*
(ie, from which customers are supplied direct; syn, distributing warehouse)
field study (com) Feldstudie *f*
field test (IndE) Einsatzprüfung *f*, Feldversuch *m*
field tested (com) bewährt
field type (EDV) Feldtyp *m (eg, integer, string, BLOB)*
field warehouse (MaW) Außenlager *n*, Warenlager *n*
field warehousing loan (Fin) durch Warenlager gesicherter Kredit *m*
field width (EDV) Feldlänge *f*, Datenfeldlänge *f*
field workers (com) Außendienstmitarbeiter *mpl*
fierce competition
(com) scharfe Konkurrenz *f*
(syn, bitter, intense, keen, severe, stiff ... competition)
fiercely competitive market (com) heiß umkämpfter Markt *m (syn, hotly contested market)*
FIFO memory (EDV) FIFO-Speicher *m (ie, data is read in the same order it was written; FIFO = first in, first out)*
fifth generation
(EDV) fünfte Rechner-Generation *f*
(ie, arranges large numbers of VLSI chips in parallel)
fight *v*
(com) bekämpfen *(eg, inflation)*
(com) hart verhandeln *(eg, over the terms of a contract)*
fight a case *v* (Re) Prozeß *m* durchfechten
fight inflation *v*
(Vw) Inflation *f* bekämpfen
(syn, combat /counter/battle . . . inflation)
fight off a takeover bid *v* (com) Übernahmeangebot *n* abwehren
fight tooth and nail *v* (com) nichts unversucht lassen *(eg, senators . . . to get their local projects approved)*
figurative constant
(EDV, Cobol) figurative Konstante *f*
(ie, predefined constant with a symbolic name, such as ZERO, SPACE; cf, DIN 66 028, Aug 1985)
figure ahead *v* (com) planen
figure in *v* (com, US) einrechnen
figure out *v* (com, US) ausrechnen *(eg, a sum; syn, work out)*
figures shift (EDV) Ziffernumschaltung *f*
file
(com) Akte *f*
(ie, collection of papers on one subject)
(com) Ablage *f*
(com) Datei *f*
(EDV) Datei *f*
(ie, collection of related records treated as a unit)
file *v*
(com) einreichen, vorlegen
(com) ablegen
file access control
(EDV) Datenzugriffskontrolle *f*
– Dateizugriffskontrolle *f*
file access method (EDV) Dateizugriffsmethode *f*
(ie, in operating systems)
file a claim *v* (StR) Antrag *m* stellen *(eg, for a tax credit)*
file allocation table, FAT (EDV) Dateizuordnungs-tabelle *f*
file an application *v*
(com) anmelden
(Re) beantragen, Antrag *m* einreichen *(syn, lodge an application)*
file an entry *v* (Zo) Zollantrag *m* stellen
file an objection *v* (Pat) Einspruch *m* einlegen
file a patent application *v* (Pat) Patent *n* anmelden
file a petition *v* (Re) Antrag *m* stellen
file a petition in bankruptcy *v*
(Re) Konkurs *m* anmelden
– Konkursantrag *m* stellen
– Konkurseröffnung *f* beantragen *(syn, file for bankruptcy)*
file area (EDV) Dateibereich *m*
file a refund claim *v* (StR) Antrag *m* auf Steuerrück-erstattung stellen
file a suit *v*
(Re) Klage *f* erheben
– klagen *(syn, bring action, qv)*
file a tax return *v* (StR) Steuererklärung *f* abgeben
file attribute (EDV) Dateiattribut *n*
file away *v* (com) ablegen *(eg, letters)*

file cabinet (com) Aktenschrank *f*
file card (com) Karteikarte *f*
file clause (EDV, Cobol) Dateiklausel *f (cf, DIN 66 028, Aug 1985)*
file combination (EDV) Dateienverband *m*
file compatible (EDV) dateikompatibel *(ie, in integrated software)*
file control (EDV) Dateisteuerung *f*
file control system (EDV) Dateisteuersystem *n*
file copy
(com) Aktienkopie *f*
– Ablageexemplar *n*
– Durchschrift *f* für Ihre Akten
file definition (EDV) Dateidefinition *f*
file description (EDV) Dateibezeichnung *f*
file description entry (EDV, Cobol) Dateibeschreibungseintrag *m (cf, DIN 66 028, Aug 1985)*
file edit routine (EDV) Dateiaufbereitungsprogramm *n*
file extension (EDV) Dateikennung *f (eg, COM, EXE, BAT)*
file for *v* (Re) klagen auf *(eg, a divorce, damages)*
file for bankrupty *v* (Re) = file a petition in bankruptcy
file for Chapter 11 reorganization *v*
(Re, US, appr) Vergleich *m* anmelden
(ie, under the Federal Bankruptcy Code; cf, protection from creditors)
file for jobless benefits *v* (SozV) Arbeitslosengeld *n* beantragen
file format (EDV) Dateiformat *n*
file gap (EDV) Dateilücke *f*
file header (EDV) Dateianfangsetikett *n*
file header label (EDV) Dateianfangsetikett *n*
file identifier (EDV) Dateikennsatz *m (syn, file label)*
file label
(EDV) = file identifier
(EDV, Cobol) Anfangskennsatz *m (syn, header label)*
file layout (EDV) Dateiaufbau *m*
file list box
(EDV, GUI) Dateilistenfeld *n*
– Dateiauswahlliste *f*
file locking
(EDV) Dateisperre *f*
– Sperre *f* auf Dateiebene
(opp, record locking)
file maintenance
(EDV) Dateipflege *f*
(ie, to keep files up to date by adding, altering, deleting)
file management (EDV) Dateiverwaltung *f*
file manager (EDV, GUI) Dateimanager *m*
file mark (com) Eingangsvermerk *m (ie, put on incoming mail)*
file name (EDV) Dateiname *m*
file number (com) Aktenzeichen *n*
file of engineering drawings (com) Zeichnungskartei *f*
file opposition against *v* (Pat) Widerspruch *m* einlegen gegen *(ie, an application)*
file organization (EDV, Cobol) Dateiorganisation *f (cf, DIN 66 028, Aug 1985)*
file position indicator (EDV, Cobol) Dateianzeiger *m (cf, DIN 66 028, Aug 1985)*

file posting
(ReW) Belegbuchhaltung *f*
(syn, bookless /ledgerless . . . accounting, slip system of accounting)
file processing (EDV) Dateiverarbeitung *f (ie, updating, sorting, validating)*
file protection (EDV) Dateischutz *m*
file sampling (Stat) Karteiauswahl *f*
file section (EDV) Dateiabschnitt *m*
fileset (EDV) Dateigruppe *f*
file sharing (EDV) gemeinsamer Zugriff *m* auf Dateien
file specification (EDV) Dateibezeichnung *f*
file status (EDV, Cobol) Dateistatus *m*
file system
(com) Ablage *f*
– Ablagesystem *n*
– Registratur *f*
(ie, systematic arrangements for storing office papers)
(EDV) Archivierungssystem *n*
file under Chapter 11 *v* (Re, US) = file for Chapter 11
filing
(com) Ablage *f*
(com) Einreichung *f (eg, of application, patent)*
filing basket (com) Ablagekorb *m (syn, filing tray)*
filing cabinet
(com) Registraturschrank *m*
– Ablageschrank *m*
filing clerk (com) Registrator *m*
filing date
(com) Abgabefrist *f*
– Einreichungsfrist *f*
(syn, due date, final date for acceptance)
filing date of application (Pat) Anmeldedatum *n*
filing department (com) Registratur *f*
filing extension (com) Verlängerung *f* der Abgabefrist
filing fee (com) Anmeldegebühr *f*
filing joint returns (StR) gemeinsame Veranlagung *f*
filing of an application (com) Einreichung *f* e–s Antrages
filing of documents (com) Einreichen *n* od Vorlage *f* von Schriftstücken
filing office (com) Anmeldestelle *f*
filing period (Pat) Anmeldefrist *f*
filing period for taxpayers (StR) Steuererklärungsfrist *f*
filing plan
(com) Aktenplan *m*
– Ablageplan *m*
filing procedure (Re) Antragsverfahren *n*
filing requirements (Re) Publizitätserfordernisse *npl* Registrierungsvorschriften *fpl (syn, disclosure requirements)*
filing stamp (com) Ablagevermerk *m*
filing system (com) = file system
filing tray (com) = filing basket
fill a job *v* (Pw) Stelle *f* besetzen *(syn, fill a vacancy)*
fill an order *v* (com) Bestellung *f* od Auftrag *m* ausführen *(syn, carry out/complete/execute . . . an order)*
fill a vacancy *v* (Pw) = fill a job
fill bit (EDV) Füllbit *n*

fill character
(EDV) Füllzeichen *n*
– Leerzeichen *n (syn, filler)*
filler
(EDV) = fill character
(EDV, Cobol) Füllfeld *n*
– Filler *m*
fill in *v*
(com) ausfüllen *(eg, form, document, check; syn, fill out, fill up, make out, write out)*
(com) eintragen *(eg, details)*
filling station (com) Tankstelle *f (syn, petrol station; US, gas station)*
filling vacant jobs (Pw) Arbeitsplatzbesetzung *f*
fill in one's tax return *v* (StR) Steuererklärung *f* ausfüllen
fill-in order (com) Füllauftrag *m (syn, stop gap order)*
fillip
(com) Anreiz *m*
– Anstoß *m*
(eg, gave an added . . . to economic activity)
(Bö) leichte Kursbewegung *f*
fill or kill (Bö) Option *f* ausüben od freigeben *(ie, exercise or release an option)*
fill or kill *v* (Bö) Option *f* ausüben od aufgeben
fill-or-kill order (Bö) Auftrag *m* zur sofortigen Ausführung *(ie, carry out or cancel)*
fill out *v* (com) = fill in
fill pattern (EDV) Füllmuster *n*
fill up *v* (com, GB) = fill in
fill up inventory *v* (MaW) Lager *n* auffüllen
film and foil packaging (com) Folienverpackung *f*
film circuit (EDV) Schichtschaltung *f*
film recorder (EDV) Filmausgabeeinheit *f*
film rental (com) Filmverleih *m*
filter
(Math) Filterbasis *f*
– Raster *m*
(ie, family of nonempty subsets of a set)
(EDV) Filter *m (ie, routine that allows an application to import or export data in another applications file format; Import- oder Exportfilter)*
(EDV) (Datenbank-)Filter *m*
filtering
(Stat) Filtern *n*
(ie, isolating harmonic constituents in a time series)
filter question (Mk) Filterfrage *f (syn, strip question)*
filthy float (AuW) schmutziges Floaten *n (syn, dirty float, qv)*
filthy lucre (com, GB) Geld *n* aus zweifelhafter Quelle
final
(Re) rechtskräftig *(ie, legally effective)*
(Pw) = final examination
(EDV, Cobol) höchster Gruppenbegriff *m*
final acceptance (IndE) Schlußabnahme *f*
final account (com) Endabrechnung *f*
final adjustments (ReW) abschließende Berichtigungsbuchungen *fpl*
final and binding (Re) endgültig
final assembly (IndE) Endmontage *f*, Fertigmontage *f*
final assembly scheduling (IndE) Endmontageplanung *f*
final balance (com) Endbestand *m*
final balance sheet (ReW) Schlußbilanz *f (syn, end-of-period /closing . . . balance sheet)*
final billing (com) Schlußabrechnung *f*
final borrower (Fin) Endkreditnehmer *m (syn, ultimate borrower)*
final checkout (IndE) abschließende Abnahmeprüfung *f (syn, final inspection)*
final conference (com) Abschlußbesprechung *f*
final consumer (com) Endverbraucher *m (syn, ultimate consumer)*
final consumption
(VGR) Endverbrauch *m*
– letzter Verbrauch *m*
final control element (EDV) Stellglied *n*
final cost center (KoR) Endkostenstelle *f*
final date
(com) Abgabefrist *f (syn, final date for acceptance)*
(com) Endtermin *m (syn, terminal date)*
final date for acceptance (com) Abgabefrist *f (syn, due date, filing date)*
final date of payment (Fin) letzter Zahlungstermin *m*
final deadline
(com) Endtermin *m (syn, finish date)*
(com) Anmeldeschluß *m (syn, closing date, time limit for application)*
final debtor (Fin) Endschuldner *m (ie, in the international credit system)*
final decision (Re) rechtskräftige Entscheidung *f*
final demand (Vw) Endnachfrage *f (ie, for goods and services)*
final destination
(com) (endgültiger) Bestimmungsort *m*
(EDV) Zielort *m*
final dividend
(Fin) Abschlußdividende *f (syn, year-end dividend)*
(Re) Schlußquote *f* im Konkurs
final entry (ReW) Abschlußbuchung *f (syn, closing entry)*
final evaluation (com) Endauswertung *f*
final evalution (com) Endauswertung *f*
final examination (Pw) Abschlußprüfung *f (eg, sit for the . . .; syn, final)*
final inspection (IndE) Endabnahme *f*, Endprüfung *f* *(ie, of products ready for delivery)*
final installment
(Fin) Abschlußzahlung *f*
– Restrate *f*
final investors (Fin) Endinvestoren *mpl*
final invoice (com) Schlußrechnung *f*
finalized (Re) in endgültiger Form/Fassung
final judgment (Re) rechtskräftiges Urteil *n*
final manufacturing cost (ReW) Herstellungskosten *pl (syn, cost of production, qv)*
final maturity (Fin) Endfälligkeit *f*
final notice (com) endgültiger Bescheid *m*
final payment
(com) Abschlußzahlung *f*
– Schlußzahlung *f*
final price (com) Endpreis *m (ie, price charged to the ultimate consumer)*
final product (com) Enderzeugnis *n*, Endprodukt *n* *(syn, end product)*

final production cost center (KoR) Fertigungsendstelle *f*
final provisions (Re) Schlußvorschriften *fpl*
final quotation
(Bö) Schlußnotierung *f*
– Schlußkurs *m*
(syn, closing price, qv)
final redemption (Fin) Rückzahlung *f* bei Endfälligkeit *(syn, redemption at term)*
final rejection (IndE) Verwerfung *f*
final reminder (com) letzte Mahnung *f*
final report (ReW) Abschlußbericht *m*
final result (com) Endergebnis *n (syn, net result)*
final salary (Pw) Endgehalt *n*
final sales
(VGR) Endverkäufe *mpl*
(ie, GNP in current dollars minus change in business inventories)
final selling price (com) Endverkaufspreis *m*
final statement of account (com) endgültige Abrechnung *f*
final storage (IndE) Endlager *n*
final take
(Fin) Betrag *m*, den der Konsortialführer nach Syndizierung in sein Portefeuille nimmt
final tax payment (StR) Abschlußzahlung *f*
final tone (Bö) Schlußtendenz *f*
final utility (Vw) Grenznutzen *m (syn, marginal utility)*
final value model
(Bw) Endwertmodell *n*
(ie, used in planning optimum capital budget, related to date of discontinuance of an enterprise or to cutoff date of planning horizon)
final value of annuity (Fin) Rentenendwert *m (syn, amount of annuity, qv)*
final value theorem (Math) Endwertsatz *m (cf, Laplace transform)*
final vote (com) Schlußabstimmung *f*
final warning (EDV) letzte Warnung *f(eg, before deleting a record/file)*
finance
(Fin) Finanzwesen *n*
(ie, management or use of funds)
(Fin) Finanzierung *f*
(syn, financing, funding)
(Fin) Finanzwirtschaft *f*
(ie, science of business finance)
(Fin) finanzielle Mittel *pl*
finance *v*
(com) finanzieren *(ie, to buy or sell on credit; eg, automobile)*
(Fin) finanzieren *(syn, fund, provide funds)*
financeable (Fin) finanzierbar
finance at matching maturities *v* (Fin) fristenkongruent finanzieren
finance bill
(Fin) Finanzwechsel *m (ie, drawn by one bank on another bank)*
(FiW, GB) Haushaltsvorlage *f*
finance broker (Fin) Finanzmakler *m*
finance charges (Fin) Finanzierungskosten *pl (syn, cost of finance, qv)*
finance commitment commission (Fin) Finanzierungszusage-Provision *f*
finance committee
(Fin, US, GB) Finanzausschuß *m*
(ie, mit Entscheidungsbefugnis gegenüber den Sparten = divisions; syn, financial policy committee)
finance company
(Fin, US) Spezialinstitut *n* für Verbraucher-Finanzierung
(ie, engaged in consumer financing; eg, run by the big automobile companies)
(Fin) (Sonderform der) Finanzierungsgesellschaft *f (bedient ausschließlich konzerninternen Finanzierungsbedarf)*
(Fin) Factoring-Institut *n (syn, factor, factoring company)*
finance director (Fin) Finanzleiter *m*, Leiter *m* der Finanzabteilung
finance engineering (Fin) Finanzierungstechnik *f*
finance factoring (Fin) Standard-Factoring *n*
finance function (Fin) Finanzierungsfunktion *f*
finance lease (Mk) Finanzierungs-Leasing *n*
finance leasing (Fin) Finanzierungs-Leasing *n (ie, medium or long term)*
finance paper (Fin) Solawechsel *mpl* der großen Finanzinstitute
finance subsidiary (ReW) nicht konsolidierte Tochtergesellschaft *f*
financial accountant (ReW) Finanzbuchhalter *m*
financial accounting
(ReW) Finanzbuchhaltung *f*
– Geschäftsbuchhaltung *f*
(syn, general /administrative . . . accounting; opp, cost accounting)
financial accounts
(ReW) Finanzkonten *npl*
(ReW, GB) Finanzbuchhaltung *f*
(ReW, GB) Rechnungswesen *n*
financial advertising (Mk) Finanzwerbung *f*
financial adviser (Fin) = financial consultant
financial agreement (Fin) Finanzabkommen *n*
financial aid (Fin) Finanzhilfe *f (syn, assistance, support)*
financial analysis
(Fin) Finanzanalyse *f*
(ie, Untersuchung e–r Kapitalanlage auf ihre Vorteilhaftigkeit)
financial analyst (Fin) Finanzanalyst *m*
financial and earnings position (ReW) Vermögens- und Ertragslage *f*
financial assets
(ReW, EG) Finanzanlagen *fpl*
(Fin) finanzielle Aktiva *npl*
– finanzielle Vermögenswerte *mpl*
(eg, money, receivables, property rights)
(VGR) Geldvermögen *n*
financial assistance (AuW) Kapitalhilfe *f*
financial assistance to offset differences in economic potential (FiW) Finanzhilfen *fpl* zum Ausgleich unterschiedlicher Wirtschaftskraft
financial audit committee (Bw) Bilanzausschuß *m*
financial auditing
(ReW) Buchprüfung *f*
(ie, core of internal auditing: alle formellen und materiellen Prüfungen im Finanz- und Rechnungswesen; opp, operational auditing)

financial backer (Fin) Geldgeber *m (syn, sponsor)*
financial backing
(Fin) finanzielle Unterstützung *f* od Hilfe *f*
– Finanzhilfe *f*
– Finanzierungshilfe *f (syn, financial . . . aid/assistance/support)*
financial base
(Fin) Finanzierungsgrundlage *f*
– Finanzierungsbasis *f*
financial benefit
(Re) Vermögensvorteil *m*
(Fin) finanzieller Vorteil *m*
financial bill (Fin) Finanzwechsel *m*
financial bind (Fin, infml) finanzielle Schwierigkeiten *fpl*
financial bubble (Bö) spekulative Blase *f*
financial budget (Fin) Finanzplan *m (syn, financial plan)*
financial burden (Fin) finanzielle Belastung *f*
financial business (Fin) Finanzgeschäfte *npl (eg, deposit taking, credit extension)*
financial center
(Fin) Finanzplatz *m*
– Finanzzentrum *n*
financial charges (Fin) Finanzierungskosten *pl (syn, cost of finance, qv)*
financial circumstances
(com) finanzielle Lage *f*
(Fin) finanzielle Verhältnisse *npl*
financial clout (Fin, infml) Finanzkraft *f*
financial collapse (Fin) finanzieller Zusammenbruch *m (syn, financial failure)*
financial commitment
(Fin) finanzielle Verpflichtung *f (syn, financial obligation)*
(Fin) Finanzierungszusage *f*
financial community (Fin) Finanzwelt *f*
financial compensation (EG) Finanzausgleich *m*
financial condition (Fin) finanzielle Lage *f* od Situation *f* od Status *m (syn, financial situation)*
financial consultant (Fin) Finanzberater *m (syn, financial adviser)*
financial contribution (EG) Finanzbeitrag *m*
financial counseling (Fin) Finanzberatung *f*
financial crisis (Fin) Finanzkrise *f*
financial cushion (Fin) Finanzpolster *n*
financial department (Fin) Finanzabteilung *f*
financial duty (FiW) Finanzzoll *m (syn, revenue duty, qv)*
financial editor (com) Wirtschaftsredakteur *m (syn, GB, city editor)*
financial emergency (Fin) finanzielle Notlage *f*
financial empire (Fin) Finanzimperium *n*
financial engineer
(Fin) Finanzingenieur *m (ie, stellt Projekte für den OTC-Markt zusammen)*
financial engineering
(Fin) Finanzierungstechnik *f*
(ie, Finanzierung, Beratung, Betreuung institutioneller Großkunden durch Banken)
financial enterprise (Fin) Finanzinstitut *n*
financial executive (Fin) Finanzvorstand *m*
financial expense (Fin) = financial charges
financial expert (Fin) Finanzexperte *m*, Finanzsachverständiger *m*
financial exposure (Fin) finanzielles Engagement *n*
financial facility
(Fin) Finanzierung *f*
– Bevorschussung *f*
(ie, client is advanced sums prior to the time the accounts purchased by the factor have been collected; syn, financing, financial services)
financial failure (Fin) finanzieller Zusammenbruch *m (syn, collapse)*
financial flows (Fin) Finanzierungsströme *mpl*
financial flow statement
(Fin) Kapitalflußrechnung *f (syn, funds statement, qv)*
financial forecast
(Fin) Finanzprognose *f*
– Finanzvorschau *f*
financial forecasting model
(Fin) Finanzplanungsmodell *n*
(ie, Planungsmodell des Operations Research; Ziel: bestmögliche Abstimmung von Beschaffung und Verwendung von Finanzmitteln; meist vom Typ der linearen bzw. ganzzahligen Optimierung)
financial futures
(Fin) Finanztermingeschäfte *npl*
(ie, comprise futures contracts in interest rates and exchange rates; eg, dealing facilities exist notably in Chicago, and, since Sept 1982, in London: LIFFE = London International Financial Futures Exchange)
(Fin) Terminhandel *m* mit Finanztiteln
financial futures contract
(Fin) Finanzterminkontrakt *m*
(ie, the simultaneous right and obligation to buy sell a standard quantity of a specific financial instrument at a specific future date and at a price agreed between the parties at the time the contract was agreed; the instruments currently tradable, for instance, on LIFFE, are 20-year gilt-edged stock, US treasury bonds, FT-SE 100 share index contracts, 3-month sterling deposits, 3-month Eurodollar deposits, plus 4 currencies: sterling, DM, yen, and US dollars; börsengängige Instrumente, die hinsichtlich Kontraktgröße, Liefermodalitäten und -terminen standardisiert sind und sich zur Absicherung, aber auch zur Begründung selbständiger, von Kundengeschäften losgelöster offener Devisen-, Edelmetall- und Zinspositionen eignen)
financial futures exchange (Bö) Finanzterminbörse *f (eg, Chicago, London)*
financial futures fund (Fin) Terminbörsenfonds *m*
financial futures market (Bö) Finanzterminbörse *f (eg, Chicago and London)*
financial futures option (Fin) Option *f* auf Finanzterminkontrakt
financial group (Fin) Finanzkonzern *m*
financial hedging (Fin) Finanzhedging *n*
financial holding company (Fin) Finanzholding *f*
financial hot water (Fin, infml) Liquiditätsschwierigkeiten *fpl (syn, cash pressures, qv)*
financial inducement
(Vw) finanzieller Anreiz *m (eg, offered by the government)*
financial information (ReW) Daten *pl* des Rechnungswesens

financial innovation
(Fin) Finanzinnovation *f*
(ie, 1. Produktinnovationen, d.h. reine Finanzierungsinstrumente oder Instrumente zur Absicherung von Risiken;
2. Prozeßinnovationen, d.h. Nutzung des technischen Fortschritts auf Gebieten wie Zahlungsverkehr, EDV, Nachrichtenwesen)
financial institution
(Fin) Kreditinstitut *n*
(Fin) Finanzinstitut *n*
(eg, any bank or bank-like organization licensed by a state or the U. S. government to do financial business)
financial instrument (Fin) Finanzierungsinstrument *n*
financial instruments (Fin) Finanzpapiere *npl*
financial interest (Fin) finanzielle Beteiligung *f*
financial interlacing
(VGR) Finanzverflechtung *f*
(ie, zwischen finanziellen und nichtfinanziellen Sektoren e–r Volkswirtschaft)
financial interlocking (Fin) Kapitalverflechtung *f* *(syn, interlocking capital arrangements)*
financial intermediaries
(Fin) Finanzmittler *mpl*
– Geld- und Kapitalvermittler *mpl*
– intermediäre Finanzinstitute *npl*
(syn, nonbank financial institutions)
financial intermediary
(Fin) Finanzintermediär *m*
– Finanzmittler *m*
(ie, vermittelt auf organisierten Kapitalmärkten zwischen Kapitalnachfrage und -angebot)
financial investment
(Vw) Geldvermögensbildung *f*
(Fin) Geld- oder Kapitalanlage *f*
(ie, employment of capital or funds)
(Fin) Finanzinvestition *f*
(eg, loans, securities, participations)
financial investments (Fin) Finanzanlagen *fpl*
financial juggernaut (Fin, infml) Finanzriese *m*
financial leasing
(Fin) Finanzierungs-Leasing *n*
(ie, medium- and long-term; opp, operating leasing)
financial leverage (Fin) = leverage
financially distressed (Fin) in finanziellen Schwierigkeiten
financially solid (Fin) finanziell solide *(eg, government budget)*
financially stricken (Fin) finanziell angeschlagen
financially strong company
(Fin) finanzkräftiges Unternehmen *n*
– finanzstarkes Unternehmen *n*
financial management (Fin) Finanzmanagement *n* *(ie, institutional and functional)*
financial margin (Fin) Finanzierungsspielraum *m*
Financial Market Promotion Act (Fin) Finanzmarktförderungsgesetz *n*
financial markets (Fin) Finanzmärkte *mpl*, Kreditmärkte *mpl*
financial modeling (Fin) finanzwirtschaftliche Modellbildung *f*
financial muscle (Fin) = financial clout
financial needs (Fin) = financial requirements
financial obligation (Fin) = financial commitment
financial operations (Fin) Finanzgeschäfte *npl*
financial package (Fin) Finanzierungspaket *n*
financial paper
(Fin) Finanzzeitung *f*
– Wirtschaftsblatt *n*
financial participation (Fin) finanzielle Beteiligung *f* *(syn, stake, interest)*
financial plan (Fin) Finanzplan *m (syn, financial budget)*
financial planning (Fin) Finanzplanung *f*
financial plight (Fin) = financial straits
financial policy (FiW) Finanzpolitik *f*
financial policy committee (Fin) = financial committee, qv
financial position (ReW) finanzielle Lage *f*
financial power (Fin) finanzielle Leistungsfähigkeit *f*
financial public relations (Fin) Beziehungen *fpl* zwischen Unternehmung und ihren Kapitalgebern, Staat, Finanzanalytikern, Presse
financial rate (Fin) Finanzkurs *m (ie, Kursart im Devisenhandel)*
financial ratios (Fin) finanzwirtschaftliche Kennzahlen *fpl*
financial reordering (Fin, infml) Sanierung *f*
financial reorganization
(Fin) Sanierung *f*
(ie, usually under an agreement involving creditors and owners, and done to reduce debt etc)
financial report
(ReW) Abschluß *m* Bilanz und GuV
(eg, should provide information to help investors assess the prospective cash flows of reporting companies)
financial reporting
(ReW) Vorlage *f* von Abschlüssen
(eg, the primary focus of . . . is information about earnings and its various components)
financial requirements (Fin) Finanzbedarf *m (syn, financial needs)*
financial requirements analysis (Fin) Finanzbedarfsanalyse *f*
financial rescue package (Fin) finanzielle Rettungsaktion *f (syn, financial rescue deal)*
financial reserve
(Fin) Finanzierungsreserve *f*
(ie, lump-sum amount added to cash requirements as a safety margin)
financial resources (Fin) Finanzmittel *pl (syn, funds)*
financial responsibility
(Fin) Bonität *f*
(ie, ability of borrower to pay his debt based on his property or wealth)
financial restructuring (Fin) finanzielle Konsolidierung *f*, Sanierung *f*
financial result (Fin) finanzielles Ergebnis *n*
financial risk (Fin) Kreditrisiko *n (syn, credit/business . . . risk)*
financial securities (Fin) Finanztitel *mpl*
financial services (Fin) Finanzdienstleistungen *fpl*
financial services company (Fin) Finanzdienstleistungsunternehmen *n*
financial services group (Fin) Finanzgruppe *f*
financial situation (Fin) = financial condition

financial solvency
(Fin) Liquidität *f*
– Solvenz *f*
financial squeeze (Fin) = financial straits
financial standing
(Fin) Kreditwürdigkeit *f*
– Kreditfähigkeit *f*
– Bonität *f*
(syn, credit . . . rating/standing/worthiness)
financial statement
(ReW, US) Jahresabschluß *m*
(ReW) (jeder) Abschluß *m*
– Finanzausweis *m*
(ie, balance sheet, income statement, statement of changes in financial position, notes, and other explanatory material)
financial statement analysis (ReW) Bilanzanalyse *f*, Abschlußanalyse *f (syn, balance sheet analysis, statement analysis)*
financial straits
(Fin) finanzieller Engpaß *m*
– Finanznot *f*
(syn, financial . . . plight/squeeze)
financial strength
(Fin) Finanzkraft *f*
– finanzielle Leistungsfähigkeit *f*
– Kapitalkraft *f*
(ie, strength of capital resources; syn, financial clout)
financial structure
(Fin) Finanzsystem *n (eg, within the Community)*
(Fin) Kapitalstruktur *f*
financial supermarket (Fin) Finanz-Supermarkt *m (ie, one-stop financial shop)*
Financial Times Stock Exchange 100 Share Index
(Bö, GB) FTSE-100 Index *m*
(ie, Aktienindex, der die Aktienwerte der 100 größten britischen Aktiengesellschaften enthält)
financial transaction (Fin) Finanzgeschäft *n (syn, money transaction)*
financial trouble
(Fin) finanzielle Schwierigkeiten *fpl*
– Liquiditätsschwierigkeiten *fpl*
(syn, cash pressures, qv)
financial wizard (Fin, infml) Finanzgenie *n*
financial year
(ReW) Geschäftsjahr *n (syn, business/fiscal . . . year, fiscal)*
(FiW) Haushaltsjahr *n*
– Finanzjahr *n*
– Rechnungsjahr *n (syn, fiscal year)*
financing
(Fin) Finanzierung *f*
(ie, act of financing)
(Fin) finanzielle Mittel *pl*
(ie, funds raised)
financing agreement (Fin) Finanzierungsvertrag *m*
financing at matched maturities (Fin) fristenkongruente Finanzierung *f (ie, of outflows and inflows)*
financing by customer advances (Fin) Vorauszahlungsfinanzierung *f*
financing charges (Fin) Finanzierungsgebühren *fpl*
financing cost (Fin) Finanzierungskosten *pl*
financing credit (Fin) Finanzierungskredit *m*
financing facility
(Fin) Finanzierungs-Fazilität *f*
(ie, of the Bank for International Settlements, BIS = Bank für Internationalen Zahlungsausgleich, BIZ)
financing from internal sources (Fin) Finanzierung *f* aus Eigenmitteln
financing funds (Fin) Finanzierungsmittel *pl*
financing gap (Fin) Finanzierungslücke *f*
financing instrument (Fin) Finanzierungsinstrument *n*
financing lease (Fin) Finanzierungs-Leasing *n (ie, generally full pay-out lease)*
financing leases receivable (ReW) Beteiligung *f* an Finanz-Leasing-Verträgen
financing manual (Fin) Finanzierungshandbuch *n*
financing mix
(Fin) Finanzstruktur *f (syn, financial structure, pattern of finance)*
(Fin) Kapitalstruktur *f (syn, capital structure)*
financing needs (Fin) Finanzbedarf *m (eg, of government)*
financing of building projects (Fin) Baufinanzierung *f*
financing out of retained earnings
(Fin) Selbstfinanzierung *f*,
– Finanzierung *f* aus Eigenmitteln
(syn, GB, auto financing, self-financing; ie, mittels einbehaltener Gewinne, die Teile des Eigenkapitals sind)
financing package (Fin) Gesamtfinanzierung *f*
financing problems (Fin) Finanzierungsschwierigkeiten *pl*
financing ratios
(Fin) Finanzierungskennzahlen *fpl*
(ie, dienen der Beurteilung der Finanzstruktur der Unternehmung)
financing requirements (Fin) Finanzierungsbedarf *m*
financing schedule (Fin) = financial scheme
financing scheme (Fin) Finanzierungsplan *m*
financing statement (Re, US) Erklärung *f* über Begründung des Sicherungsrechts
financing syndicate (Fin) Finanzierungskonsortium *n*
financing table (Fin) Kapitalflußrechnung *f*
financing terms (Fin) Finanzierungsbedingungen *fpl (eg, try to squeeze better . . . out of manufacturers)*
financing through securities (Fin) Effektenfinanzierung *f*
financing transaction (Fin) Finanzierungsgeschäft *n*
financing vehicle (Fin) Finanzierungsinstrument *n*, Finanzierungsform *f*
find *v*
(Re) entscheiden
(eg, the court found for the taxpayer = das Gericht entschied zugunsten des Steuerzahlers)
find a market *v* (com) Abnehmer *mpl* finden
find a ready market *v* (com) sich gut verkaufen lassen *(syn, sell readily)*
find costs *v* (ReW) Kosten *pl* ermitteln *(syn, cost, determine costs)*
finder
(Fin) Vermittler *m*
(eg, zwischen emissionswilligen Unternehmen und Konsortium)
finder's fee (Fin) Vermittlungsprovision *f*

findings of fact (Re) Tatbestandsfeststellungen *fpl*
find money *v*
(Fin) Geld *n* beschaffen
(syn, raise/procure . . . money or funds)
fine (Re) Geldbuße *f*
fine bank bill (Fin) prima Bankakzept *n*
fineness (Fin) Feingehalt *n (eg, designating the purity of gold or silver in carat or lot; syn, percentage of purity)*
fine trade bill (Fin) erstklassiger Handelswechsel *m*
fine-tuned planning
(Bw) Feinplanung *f (syn, detailed planning, qv)*
fine tuning (Vw) Feinsteuerung *f (eg, of economic policy)*
FINEX (Bö) = Financial Instrument Exchange *(New York)*
finish
(IndE) Oberflächengestaltung *f*
(IndE) Verarbeitung *f*
finish date (com) Endtermin *m (syn, deadline, target date)*
finished goods
(ReW) Fertigerzeugnisse *npl*
– Fertiggüter *npl*
– Fertigwaren *fpl (syn, finished . . . products/stock)*
finished goods and goods purchased for resale
(ReW) fertige Erzeugnisse *npl* und Waren *fpl*
finished goods industry (com) Fertiggüterbranche *f*
finished goods inventory (MaW) Fertigwarenlager *n*
finished goods sold to other enterprises (VGR) Erlöse *mpl* aus dem Verkauf von Fertigprodukten an andere Unternehmen
finished goods store (MaW) Fertigwarenlager *n*
finished goods warehouse (MaW) Warenausgangslager *n (syn, outgoing merchandise inventory)*
finished parts (IndE) Fertigteile *npl*
finished parts store (MaW) Fertigteilelager *n*
finished product
(IndE) Enderzeugnis *n*
– Fertigerzeugnis *n*
finished products (ReW) = finished goods
finished stock (ReW) = finished goods
finished weight (IndE) Fertiggewicht *n (ie, weight of finished product)*
finishing
(IndE) Nachbearbeitung *f*
– Endbearbeitung *f*
finite capacity loading (IndE) Maschinenbelastung *f* mit Kapazitätsgrenze
finite capacity planning (IndE) Kapazitätsfeinplanung *f*
finite graph (Math) endlicher Graph *m*
finite integer (Math) = finite number
finiteness proof (Math) Endlichkeitsbeweis *m*
finite number (Math) endliche Zahl *f (syn, finite integer)*
finite population (Stat) endliche Grundgesamtheit *f*
finite queue (OR) endlicher Warteraum *m*
finite sequence (Math) endliche Folge *f*
finite series (Math) endliche Reihe *f*
finite set
(Math) endliche Menge *f*
(ie, a set whose elements can be indexed by integers 1, 2, 3, . . ., n inclusive)
finite set of terms (Math) endliche Folge *f* von Gliedern
finite source population (OR) endliches Kundenreservoir *n*
fink (Pw, US) Streikbrecher *m (syn, strike breaker, qv)*
f.i.o. (com) = free in and out
f.i.o.s. (com) = free in and out stowed
fire (Vers) = hostile fire
fire *v*
(Pw, infml) entlassen
– „feuern"
(ie, long replaced by the following – in increasing order of unpleasantness: laid off, made redundant, let go, pink slipped, discharged, deposed, cashiered, canned, bounced, booted, excommunicated, axed, terminated, exterminated . . . kicked upstairs)
fire brigade
(com) Feuerwehr *f*
(ie, a private, institutional or temporary fire-fighting organization)
fire damage
(Vers) Feuerschaden *m*
– Brandschaden *m*
fire department (Vers) Feuerschadenabteilung *f*
fire escape (IndE) Feuerleiter *f*
fireguard (IndE) Feuerwache *f*
fire hazard
(Vers) Feuergefahr *f*
– Feuerrisiko *n*
fire insurance (Vers) Feuerversicherung *f*
fire insurance company (Vers) Feuerversicherer *m*
fire insurance premium (Vers) Feuerversicherungsprämie *f*
fire lane (com) Feuerwehrzufahrt *f*
fire precautions (Vers) = fire prevention
fire prevention (Vers) Brandschutz(maßnahmen) *m*, Brandprävention *f*
fireproof (Vers) feuersicher *(ie, being replaced by the word 'fire resistive')*
fire protection (IndE) Brandschutz *m*
fire protection authority (Vers) Feuerschutzbehörde *f*, Brandschutzbehörde *f*
fire protection expense (KoR) Feuerwehrkosten *pl*
fire raiser (Vers) Brandleger *m*, Brandstifter *m*
fire raising (Vers) Brandstiftung *f*
fire resistive (Vers) feuersicher *(syn, fireproof)*
fire resistive construction (Vers) feuersichere Bauweise *f*
fire risk (Vers) = fire hazard
fire sale (com) Notverkauf *m (syn, distress/emergency . . . sale)*
fire up *v* (IndE) in Betrieb nehmen *(eg, coke-oven battery; syn, commission, qv)*
fire wall (Vers) Brandmauer *f (ie, designed to seal off fires in a building)*
firm
(com) Firma *f*
– Unternehmen *n*
– Unternehmung *f*
(ie, jede Rechtsform e–r Unternehmung: any economic unit, such as proprietorship, partnership, corporation; syn, business enterprise, qv)
(com) Personengesellschaft *f (ie, a partnership)*

firm *v* (com, Bö) anziehen, sich festigen *(ie, prices)*
firm bargain (com) = firm deal
firm closing (Bö) fester Schluß *m*
firm commitment underwriting (Fin) feste Übernahme *f* e–r Anleihe durch e–e Emissionsbank
firm deal (Bö) Festgeschäft *n*, Fixgeschäft *n* *(syn, firm bargain)*
firm estimate (com) fester Kostenvoranschlag *m*
firm fixed price contract (com) FFP-Vertrag *m*
firming up of prices (Bö) Kursbefestigung *f*
firm market
(com) Markt *m* mit stabiler Preisentwicklung
(Bö) fester Markt *m* *(syn, steady market)*
firm name
(com) Firmenname *m*
– Firma *f*
(ie, name under which business is carried on; syn, business/commercial/corporate/trade . . . name)
firm of auditors (ReW) Prüfungsgesellschaft *f* *(syn, auditing . . . firm/partnership/company)*
firm of builders (com) Baufirma *f*, Bauunternehmung *f*
firm of constructors (com) = firm of builders
firm of consulting engineers (com) Ingenieurbüro *n*
firm offer
(com) festes Angebot *n*
– verbindliches Angebot *n* *(syn, binding offer)*
(com) Festgebot *n*
firm order
(com) Festauftrag *m*
– feste Bestellung *f*
firm price
(com) Festpreis *m*
(Bö) fester Kurs *m*
firm purchase (com) Festkauf *m*
firm sales contract (com) Absatzvertrag *m* mit festen Konditionen
firm tendency (Bö) feste Tendenz *f*
firm undertone (Bö) feste Grundstimmung *f*
firm underwriting (Fin) feste Übernahme *f*, Festübernahme *f* *(ie, of loan issue by a bank)*
firm up *v* (Bö) anziehen *(ie, prices; syn, advance, move up)*
first and true inventor (Pat) Erfinder *m*
first bid (com) Erstgebot *n*
first-bracket rate of tax (StR) Eingangsstufe *f* des Steuertarifs
first buyer (com) Ersterwerber *m*
first call (Fin) erste Zahlungsaufforderung *f* an Aktionäre *(ie, nach der Zuteilung)*
first-charge security (Re) erststellige Sicherheit *f*
first claim (Pat) Hauptanspruch *m* *(syn, main claim)*
first-class article (Mk) Spitzenerzeugnis *n*, Spitzenprodukt *n*
first-class investment (Fin) Spitzenanlage *f*
first-come-first-served basis (com) Windhundverfahren *n*
first cost
(ReW) Anschaffungskosten *pl*
(syn, initial /original/asset . . . cost)
first date of service (Pw) Einstellungstermin *m*
first day of listing (Bö) Einführungstag *m*
„first dollar" coverage
(Vers) Vollkostenübernahme *f* *(syn, comprehensive coverage with no deductible)*
first economy
(Vw) offizielle Wirtschaft *f*
(syn, formal recorded . . . economy; opp, second economy, qv)
First European Exchanges, Fex
(Fin) First European Exchanges, FEX
(ie, die europäischen Options- und Futures-Börsen in Amsterdam, Stockholm und London sowie die Soffex haben sich im Mai 1992 zu e–r strategischen Allianz zusammengeschlossen)
first filing date (Pat) Erstanmeldedatum *n*
first generation (EDV) erste Rechnergeneration *f* *(ie, relied on vacuum tubes)*
first-half operating profit (ReW) Halbjahres-Betriebsergebnis *n* *(syn, operating profit in the first six months)*
first-half profits (Fin) Halbjahres-Gewinne *mpl*
first-half report
(ReW) Halbjahresabschluß *m*
(syn, interim accounts and report, half-yearly accounts)
first-half result (ReW) Halbjahresergebnis *n*
first-hand leasing (Fin) Ersthandleasing *n*
first-hand research (com) Primärforschung *f*
first heir (Re) Vorerbe *m*
first-in, first-out method
(ReW) Fifo-Methode *f*
(ie, in inventory valuation = in der Vorratsbewertung)
first-instance court (Re) Gericht *n* erster Instanz
first-instance decision (Re) erstinstanzliche Entscheidung *f*
first insurer (Vers) Erstversicherer *m*
first item list (EDV) Gruppenanzeige *f* *(syn, group indication)*
first law of the mean (Math) Mittelwertsatz *m* *(syn, mean value theorem)*
first-level addressing
(EDV) direkte Adressierung *f*
(syn, direct addressing)
first limit theorem (Stat) erster Grenzwertsatz *m* *(ie, Lévy and Cramér, 1925)*
first-line management (Bw) unterste Leitungsebene *f*
first-line supervisor (Pw) unmittelbarer Vorgesetzter *m* *(ie, immediate supervisor)*
first loss insurance (Vers) Erstrisikoversicherung *f*
first minor (Math) Minor *m* erster Ordnung
first mortgage
(Re) erststellige Hypothek *f*
(syn, senior mortgage; ie, priority over other mortgages on a given piece of property)
first notice day (Bö) erstmöglicher Ankündigungstag *m*
first of exchange (WeR) Primawechsel *m* *(ie, Erstausfertigung e–s Wechsels)*
first open water chartering. f.o.w. (com) sofort nach Schiffahrtseröffnung
first order (com) Erstauftrag *m* *(syn, initial order)*
first-order condition (Math) Bedingung *f* erster Ordnung
first-order derivative
(Math) erste Ableitung *f*
(ie, in differential calculus = Differentialrechnung)
first-order differential equation (Math) Differentialgleichung *f* erster Ordnung

first-order exponential smoothing (Stat) exponentielle Glättung *f* erster Ordnung
first-order forecast (Bw) Prognose *f* erster Ordnung
first-order loop (Math) Schleife *f* erster Ordnung
first-order moment (Stat) Moment *n* erster Ordnung
first-order partial derivative (Math) erste partielle Ableitung *f*
first preferred stock
(Fin, US) erststellige Vorzugsaktien *fpl*
(syn, prior preferred stock)
first premium (Vers) Erstprämie *f*
first quotation
(Bö) Anfangskurs *m*
– Anfangsnotierung *f*
(ie, for a security quoted in the variable market; syn, opening price)
first-rate borrower (Fin) erste (Schuldner-)Adresse *f* *(syn, top-qualitiy borrower, qv)*
first-rate qualitiy (com) beste Qualität *f*
first reminder (com) erste Mahnung *f*
first risk (Vers) erste Gefahr *f (syn, initial risk)*
first rules of arithmetic (Math) Grundrechnungsarten *fpl*
firsts (com, infml) erste Wahl *f (syn, prime quality)*
first stage unit (Stat) Auswahleinheit *f* erster Stufe *(syn, primary unit)*
first term
(Math) Anfangsglied *n*
(ie, of a series or progression = Reihe od Folge)
first tier (com) erstklassig *(syn, top flight, first class)*
first-time buyer (com) Ersterwerber *m*
first-time job seeker (Pw) Berufsanfänger *m (syn, entry-level job seeker)*
first-time user (EDV) Einsteiger *m*
first-to-file doctrine (Pat) Anmeldeprinzip *n*
first-to-invent doctrine (Pat, US) Erfinderprinzip *n*
first trade
(Bö) Eröffnungshandel *m*
(eg, the . . . was at $ 25, and the stock closed the day at $ 27; syn, early trading)
first visit (com) Antrittsbesuch *m (syn, infml, get-acquainted visit)*
first world
(Vw) „Erste Welt" *f*
(ie, rich industrialized countries, such as the U. S., Western Europe, and Japan)
fiscal
(StR) fiskalisch
(com) = fiscal year
fiscal agent
(Fin) Hauptzahlungsagent *m*
(ie, Bank, die im Auftrag des Anleiheschuldners die Emission technisch abwickelt)
fiscal authority
(StR) Finanzbehörde *f*
– Steuerbehörde *f (syn, tax authority, qv)*
fiscal balance (AuW) Finanzierungssaldo *m*
fiscal balance forecast (AuW) prognostizierter Finanzierungssaldo *m*
fiscal blueprint (FiW) Haushaltsentwurf *m (syn, budget draft, qv)*
fiscal burden (FiW) Belastung *f* der öffentlichen Finanzen
fiscal charges (FiW) öffentliche Abgaben *fpl*, Finanzabgaben *fpl (ie, include taxes, duties, levies)*
fiscal considerations (StR) steuerliche Gesichtspunkte *mpl* od Erwägungen *fpl*
fiscal consolidation (FiW) Haushaltskonsolodierung *f*
fiscal deficit (FiW) Haushaltsdefizit *n*
fiscal deficit ratio (AuW) Defizitquote *f (eg, in 1997 Germany achieved a fiscal deficit ratio of 2.7% of GDP)*
fiscal dividend
(FiW, US) Mittel *pl* zur freien Verfügung von Präsident und Kongreß
(ie, aus dem Zuwachs des Steuervolumens)
fiscal domicile (StR) steuerlicher Wohnsitz *m (syn, tax . . . domicile/residence)*
fiscal drag
(FiW) fiscal drag-Effekt *m*
– fiskalpolitische Bremse *f*
(ie, progressive Besteuerung erzeugt in wachsender Wirtschaft e–n immer größer werdenden Staatsanteil; dieser Effekt bremst die Zunahme des BSP; oder: Drosselung des Wachstums durch Entzugswirkung progressiver Steuern bei suboptimaler Beschäftigung: an economy does not realize its full growth potential because it runs budget surpluses)
(StR) heimliche Steuerprogression *f*
– heimliche Steuererhöhung *f*
(ie, effect of inflation on average or effective tax rates; syn, bracket creep)
fiscal duty (FiW) Finanzzoll *m (syn, revenue duty, qv)*
fiscal economics (FiW) Finanzwissenschaft *f (syn, public finance)*
fiscal element of a duty (FiW) Finanzanteil *m* e–s Zolls
fiscal equalization (FiW) Finanzausgleich *m*
fiscal evasion (StR) Steuerhinterziehung *f (syn, tax evasion, qv)*
fiscal fraud (StR) = tax fraud
fiscal hypo
(Fin, infml) Finanzspritze *f*
(syn, fiscal shot in the arm, cash injection, qv)
fiscal incentive (FiW) fiskalischer Anreiz *m*
fiscal jurisdiction (FiW) Steuerhoheit *f (syn, jurisdiction to tax, qv)*
fiscal law (StR) Steuerrecht *n (syn, tax law)*
fiscal leverage (FiW) fiskalpolitischer Hebel *m*
fiscal monetary mix
(Vw) Maßnahmebündel *n* der Geld- und Fiskalpolitik
fiscal monopoly
(FiW) Finanzmonopol *n*
(ie, exclusive right to appropriate proceeds from the sale of certain goods for the compensation for certain services rendered)
fiscal need (Fin) Finanzbedarf *m*
fiscal neutrality (FiW) Steuerneutralität *f*
fiscal offenses (FiW) fiskalisch strafbare Handlungen *fpl*
fiscal period (ReW) Rechnungsperiode *f*
fiscal planning (FiW) Finanzplanung *f*
fiscal policy
(Vw) Fiskalpolitik *f*
– konjunkturorientierte Finanzpolitik *f*
– finanzwirtschaftliche Stabilisierungspolitik *f*
(ie, started as depression-fighting policy in 1933)

fiscal policy mix (FiW) finanzpolitische Instrumente *npl*
fiscal reform (FiW) Finanzreform *n*
fiscal regulations (StR) steuerliche Vorschriften *fpl*
fiscal restraint program (FiW) Sparprogramm *n* der öffentlichen Hand
fiscal revenues (StR) Steuereinnahmen *fpl (syn, tax collections)*
fiscal shot in the arm (Fin, infml) Geldspritze *f*
fiscal situation (FiW) Haushaltslage *f*
fiscal stimulus (FiW) fiskalischer Anreiz *m*
fiscal surplus (FiW) Haushaltsüberschuß *m*
fiscal system (FiW) Finanzsystem *n (ie, of a country)*
fiscal year
(com) Geschäftsjahr *n*
– Wirtschaftsjahr *n*
(FiW) Haushaltsjahr *n*
– Rechnungsjahr *n*
(ie, any annual period which a business or government may select as a basis for closing its books; the U. S. fiscal year is Oct 1–Sept 30)
fishbone diagram (Bw) Ursache-Wirkung-Diagramm *n (syn, cause-and-effect diagram, qv)*
fisheries (com) Fischereiwirtschaft *f*
fisheries agreement (EG) Fischereiabkommen *n (syn, fishing pact)*
fisheries dispute (EG) Fischereistreit *m*
fisheries policy (EG) Fischereipolitik *f*
fishery conservation zone (Re) Fischereischutzzone *f*
fishery limit (com) Fischereigrenzen *fpl*
fishery limiting agreement (Re) Fangabkommen *n*
fishery resources (com) = fish stocks
fishery rights (Re) = fishing rights
fishing ban (Re) Fangverbot *n (syn, ban on fishing)*
fishing fleet (com) Fischereiflotte *f*
fishing grounds
(com) Fanggebiete *npl*
– Fanggründe *mpl*
fishing industry (com) Fischereiindustrie *f*
fishing limitation (Re) Fangbeschränkung *f*
fishing pact (Re) = fisheries agreement
fishing quota (com) Fangquote *f (syn, catch quota)*
fishing rights (Re) Fangrechte *npl (syn, fishery rights)*
fish meal (com) Fischmehl *n (syn, fish protein concentrate)*
fish processing (com) Fischverarbeitung *f*
fish processing industry (com) Fischindustrie *f*
fish protein concentrate (com) = fish meal
fish stocks (com) Fischbestände *mpl (syn, fishery resources)*
fishy-back service (com, US) Seetransport *m* von Container-Lkws
fishy price (com, sl) saftiger Preis *m*
fit for limited employment (Pw) bedingt arbeitsfähig
fit for storage (com) lagerfähig
fit for work (Pw) arbeitsfähig
fitness for storage (com) Lagerfähigkeit *f*
fitness for use (com) Gebrauchseignung *f*
fitness for work (Pw) Arbeitsfähigkeit *f*
fitted carpet (com, GB) Teppichboden *m (syn, US, wall-to-wall carpeting)*
fitted kitchen (com) Einbauküche *f*
fitter (com) Monteur *m (syn, assembly operator, qv)*
fitting-out trade (com) Ausbaugewerbe *n (eg, plumbing, painting, etc)*
fitting the trendline (Stat) Anpassung *f* der Trendlinie an den Kurvenverlauf
five-day workweek (Pw) Fünftagewoche *f*
five-level code (EDV) Fünfercode *m (ie, uses five bits to specify each character)*
five-year special Federal bonds (FiW) Bundesobligationen *fpl*
f.i.w. (com) = free in waggon
fix *v* (com) festlegen, festsetzen, fixieren
fix a deadline *v* (com) Termin *m* festlegen
fix a deal *v* (com) Geschäft *n* zustandebringen
fix a hearing *v* (Re) Termin *m* anberaumen
fix a quota *v* (AuW) kontingentieren
fix a time limit *v* (com) Frist *f* setzen *(syn, set a deadline)*
fixed account (Fin) Termingeldkonto *n*
fixed allowance
(com) Fixum *n*
(ie, guaranted minimum income, as paid to a commercial traveler)
fixed-amount annuity (Fin) feste Annuität *f*
fixed asset
(ReW) Anlagegegenstand *m*
– Gegenstand *m* des Anlagevermögens
(opp, current asset)
fixed-asset account (ReW) Sachanlagenkonto *n (opp, investment account)*
fixed-asset accounting
(ReW) Anlagenbuchhaltung *f*
– Anlagenrechnung *f (syn, plant records)*
fixed-asset accounting department (ReW) (Abteilung) Anlagenbuchhaltung *f*
fixed-asset additions (ReW) Sachanlagenzugänge *mpl*
fixed-asset appraisal (ReW) Anlagenbewertung *f (syn, fixed-asset valuation)*
fixed-asset card file (ReW) Anlagenkartei *f (syn, plant ledger, unit asset records)*
fixed-asset depreciation (ReW) Abschreibung *f* auf Sachanlagen
fixed asset disposal (Bw) Anlagenabgang *m*
fixed asset inventory (ReW) Anlagennachweis *m*
fixed-asset investment (VGR) Anlageinvestitionen *fpl*
fixed-asset management (Bw) Anlagenwirtschaft *f*
fixed-asset movement schedule (ReW) Anlagenspiegel *m*, auch: Anlagengitter *n*
fixed asset retirements (ReW) Anlagenabgänge *mpl*
fixed assets
(ReW) Anlagevermögen *n*
(ie, intended for use on a continuing basis for the purpose of the undertaking's activities; ist dazu bestimmt, dauernd dem Geschäftsbetrieb zu dienen; opp, current assets = Umlaufvermögen)
(Bw) Güter *npl* des Anlagevermögens
fixed assets at cost (ReW) Anlagevermögen *n* zum Anschaffungswert
fixed assets at net book value (ReW) Anlagevermögen *n* zum Nettobuchwert
fixed-assets retirements
(Bw) Anlagenabgänge *mpl*
(syn, disposals /deductions . . . during period)
fixed-asset statistics (Bw) Anlagenstatistik *f*
fixed-assets turnover (ReW) Verhältnis *n* Nettoumsatz zu Anlagevermögen ohne Abschreibung

fixed-asset-to-net-worth ratio (Bw) Anlagendekkungsgrad *m*
fixed-asset transfer (ReW) Anlagenübertrag *m*
fixed-asset valuation (ReW) = fixed-asset appraisal
fixed base
(StR) feste Einrichtung *f*
(eg, taypayer mainstains a regular . . . in the other State)
fixed-based operator (com, US) Charter-Fluggesellschaft *f (syn, irregular/non-sked . . . operator)*
fixed-base index (Stat) Mengenindex *m* mit fester Basis
fixed-base notation (EDV) Zahlendarstellung *f* mit fester Basis
fixed-block length
(EDV) feste Blocklänge *f*
(ie, all blocks contain a constant number of words or characters)
fixed budget (KoR) starres Budget *n (ie, allows no contingency items)*
fixed-budget cost accounting (KoR) starre Plankostenrechnung *f*
fixed budgeting (Bw) starre Budgetierung *f*
fixed capital
(Vw) Sachvermögen *n*
– Realvermögen *n*
(Fin) = fixed assets
(ReW) gebundenes Kapital *n*
fixed capital goods (com) = capital goods
fixed capital-output ratio (Vw) fixer Kapitalkoeffizient *m*
fixed capital spending (Bw) Anlageinvestitionen *fpl (syn, capital equipment spending, qv)*
fixed charge (Fin) feste Belastung *f (opp, floating charge)*
fixed commission rates (Fin, US) festgelegte Mindestprovisionssätze *mpl (cf, Securities Acts Amendments 1975)*
fixed cost
(KoR) fixe Kosten *pl*
– Fixkosten *pl*
(ie, remain unchanged during short-term changes in production level; syn, constant/nonvariable standby/standing/volume/capacity . . . cost; opp, variable cost)
fixed-cost coefficient
(KoR) Fixkostenkoeffizient *m*
(ie, indicates the percentage share of fixed cost in total plant cost)
fixed-cost component (KoR) Fixkostenbestandteil *m*
fixed cost per unit (KoR) fixe Stückkosten *pl*
fixed count code (EDV) gleichgewichtiger Code *m (syn, constant ratio code, qv)*
fixed coupon bond (Fin) festverzinsliche Anleihe *f*
fixed/current assets ratio (Bw) Verhältnis *n* Anlage- zu Umlaufvermögen
fixed cycle (MaW) festgelegter Beschaffungsrhythmus *m*
fixed-cycle operation
(EDV) Festzyklus-Betrieb *m*
(ie, completed in a specified number of regularly timed execution cycles)
fixed-cycle variable-order system (MaW) Bestellrhythmussystem *n (syn, periodic review system, qv)*
fixed-date advertisement
(Mk) Terminanzeige *f*
– Terminwerbung *f*
fixed-date clause (com) Fixklausel *f*
fixed debt option (Fin) Option *f* auf Umwandlung zinsvariabler Titel in e–e Festsatzverpflichtung
fixed debts
(FiW) fundierte Schulden *fpl (syn, funded debt)*
(Fin) Anleiheverbindlichkeiten *fpl*
fixed decimal point (EDV) Festkomma *n*
fixed deposits (Fin) Festgelder *npl*
fixed difference system
(Bö, US) festgelegtes Differenzsystem *n*
(ie, Preiszu- bzw. –abschläge für die bestimmten Qualitäten sind in den Börsenordnungen genau festgelegt; opp, commercial difference system)
fixed-disk drive (EDV) Festplattenlaufwerk *n*
fixed-disk storage (EDV) Festplattenspeicher *m (syn, hard-disk storage)*
fixed duty (Zo) = specific duty
fixed exchange (AuW) Mengennotierung *f (ie, of foreign exchange rates; syn, indirect quotation, qv)*
fixed exchange rate
(AuW) fester
– fixer
– starrer . . . Wechselkurs *m (syn, pegged exchange rate)*
fixed exchange rate regime (AuW) System *n* fester Wechselkurse *(syn, fixed rate regime)*
fixed expense (KoR) = fixed cost
fixed factor inputs (Vw) limitationale Faktoreinsatzmengen *fpl*
fixed factory overhead (KoR) fixe Werksgemeinkosten *pl*, fixe Fertigungsgemeinkosten *pl*
fixed-field method
(EDV) Festfeldmethode *f*
(ie, same type of data always placed in same relative position)
fixed format (EDV) festes Format *n*
fixed-income fund (Fin) Rentenfonds *m*
fixed-income investment
(Fin) Wertpapiere *npl* mit festem Ertrag
(ie, bond or preferred stock that pays a stated rate of return)
fixed-income securities (Fin) = fixed-income investment
fixed indebtedness (Fin) langfristige Verbindlichkeiten *fpl*
fixed inputs (Vw) fixe Faktormengen *fpl* Produktionsfaktoren *mpl* mit konstantem Einsatzverhältnis
fixed-installment method of depreciation (ReW) lineare Abschreibung *f (syn, straight-line method)*
fixed insurance cover (Vers) Höchstsumme *f (syn, maximum limit)*
fixed-interest bond (Fin) festverzinsliche Schuldverschreibung *f*
fixed-interest cover (Fin) Verhältnis *n* Reingewinn zu Festzinsen und Dividenden
fixed-interest investment (Fin) festverzinsliche Kapitalanlage *f*
fixed-interest loan (Fin) festverzinsliche Anleihe *f*
fixed-interest market (Bö) Rentenmarkt *m (syn, bond market, qv)*

fixed-interest rate
(Fin) fester Zinssatz *m*
– Festzinssatz *m*
fixed-interest securities
(Fin) Festverzinsliche *pl*
– festverzinsliche Werte *mpl*
fixed investment
(VGR) Anlageinvestitionen *f*
– Realinvestition *f*
(VGR, GB) = gross domestic fixed capital formation
(Fin) langfristige Kapitalanlage *f*
fixed lease (Re) Miet- od Pachtvertrag *m* mit gleichbleibendem Zins
fixed lending rates (Fin) Festkonditionen *fpl*
fixed-length record
(EDV) Satz *m* fester Länge
(ie, must have the same number of data units; such as blocks, words, characters, or digits)
fixed-length word (EDV) Festwort *n*, Wort *n* fester Länge
fixed liabilities (Fin) langfristige Verbindlichkeiten *fpl (syn, long-term liabilities)*
fixed loan (Fin) langfristiges Darlehen *n*
fixed maturities (Fin) feste Laufzeiten *fpl*
fixed memory
(EDV) Festspeicher *m*
(ie, nondestructive readout memory: only mechanically alterable)
fixed order cost (MaW) bestellfixe Kosten *pl*
fixed-order quantity (MaW) festgelegte Bestellmenge *f*
fixed-order quantity/variable-cycle system (MaW) Bestellpunktsystem *n (syn, order point system)*
fixed-order system (MaW) Bestellsystem *n* mit Fixgrößen *(syn, maximum-minimum inventory control)*
fixed overhead (KoR) fixe Gemeinkosten *pl*
fixed parity (AuW) feste Parität *f*
fixed percentage (com) konstanter Prozentsatz *m*
fixed period rates (Fin) Festgeldzinsen *mpl*
fixed place of business (Bw) feste Geschäftseinrichtung *f*
fixed-point addition (EDV) Festkomma-Addition *f*
fixed-point arithmetic
(EDV) Festkommarechnung *f*
(ie, computer does not consider the location of the decimal or radix point because the point is given a fixed position; opp, floating point arithmetic = Gleitkommarechnung)
fixed-point calculation (EDV) Festkommarechnung *f (ie, made with fixed-point arithmetic)*
fixed-point operation (EDV) Festkommaoperation *f (opp, floating-point operation)*
fixed-point representation (EDV) Festkommaschreibweise *f (ie, uses the fixed-point convention)*
fixed-point system (EDV) Festkommasystem *n*
fixed-point theorem (OR) Existenzsatz *m* für Fixpunkte
fixed price
(com) Festpreis *m*
(ReW) Festpreis *m (ie, in valuation)*
fixed-price contract (com) Auftrag *m* zu Festpreisen *(ie, no escalator clause = Preisgleitklausel)*
fixed-price contract with provision for redetermination of price (com, US) Festpreisauftrag *m* mit Neufestsetzung des Preises
fixed-price incentive contract
(com, US) Festpreisvertrag *m*
(ie, der für den Fall vorzeitiger Auftragsausführung und/oder Kostenunterschreitungen die Zahlung e–r Prämie vorsieht)
fixed-price margin
(com) Festpreiszuschlag *m (eg, on deliveries and engineering)*
fixed-price method
(KoR) Festpreisverfahren *n (ie, of valuing intra plant service output)*
fixed-price order (com) Festpreisauftrag *m*
fixed pricing option (Fin) = fixed debt option, qv
fixed program (EDV) festgespeichertes Programm *n*
fixed property (ReW) Grundstücke *npl* und Gebäude *npl*
fixed quotation (Bö) Festkurs *m*, Festnotierung *f*
fixed-radix notation (EDV) Radixschreibweise *f* mit fester Basis
fixed-rate bond market (Fin) Rentenmarkt *m*
fixed-rate bonds (Fin) Festverzinsliche *pl*, festverzinsliche Schuldverschreibungen *fpl*
fixed rate deal (Fin) Festsatz-Emision *f*
fixed-rate loan (Fin) zinsgebundener Kredit *m*
fixed-rate mortgage (Fin) Festzinshypothek *f*
fixed rate of depreciation (ReW) konstanter Abschreibungssatz *m*
fixed-rate regime (AuW) System *n* fester Wechselkurse *(syn, fixed-exchange rate system)*
fixed-rate tender (Fin) Mengentender *m*
fixed ratio code (EDV) = fixed count code
fixed record length (EDV) feste Satzlänge *f (opp, variable record length)*
fixed reorder-cycle system
(MaW) Bestellrhythmussystem *n (syn, periodic review system, qv)*
fixed resale price (com) Mindestverkaufspreis *m*
fixed-return securities (Fin) Rentenpapiere *npl (ie, debt securities, preferred stock)*
fixed salary
(Pw) Festgehalt *n*
– Fixum *n*
fixed sample (Stat) feste Stichprobe *f*
fixed schedule (Pw) starre Arbeitszeit *f (opp, flextime)*
fixed share reinsurance (Vers) Quotenrückversicherung *f*
fixed-site production (IndE) Baustellenfertigung *f (syn, job-site production)*
fixed storage (EDV) Festwertspeicher *m (ie, not alterable by computer instructions; syn, ready only memory, qv)*
fixed sum insurance (Vers) Summenversicherung *f*
fixed tangible assets (ReW) materielles Anlagevermögen *n*, Sachanlagen *fpl*
fixed-target policy model (Vw) Konsistenzmodell *n*
fixed term (com) Festlaufzeit *f*
fixed term deposits (Fin) Festgeldanlagen *fpl*
fixed term loan (Fin) Kredit *m* mit fester Laufzeit *(syn, term loan)*
fixed-term mortgage (Fin) Fälligkeitshypothek *f*
fixed terms (Fin) Festkonditionen *fpl*

fixed text
(EDV) Hintergrundtext *m* *(ie, e–s Bildschirms)*
– Bildschirmhintergrund *m*

fixed trust (Fin) Investmentfonds *m*, der bereits bei Gründung eine genau bestimmte (nondiscretionary) Liste von Wertpapierbeständen hat; limited to a stated and agreed upon list of securities; opp, management trust

fixed valuation (ReW) Festwert *m (ie, over a period of several years)*

fixed wage (Pw) Festlohn *m*

fixed word length (EDV) feste Wortlänge *f*

fixing
(Fin) Fixing *n (ie, of gold price)*
(Bö) Feststellung *f (ie, of official price)*

fixing letter (com) Schlußbrief *m (ie, in chartering)*

fixings (com) Beschläge *mpl (syn, US, hardware)*

fix machines *v* (IndE) Maschinen *fpl* und Geräte *npl* warten

fix official exchange rate *v* (Fin) amtlichen Wechselkurs *m* festsetzen

fixtures
(Re) Grundstücksbestandteile *mpl (syn, appurtenances)*

fizzle
(com) Fiasko *n*
– Reinfall *m*

fizzle out *v* (com, infml) auslaufen *(eg, building boom, syn, peter out)*

flack (Mk, US) PR-Mann *m*

flag (EDV) Markierung *f (ie, indicator used for identification)*

flag *v* (EDV) anzeigen

flag an account *v*
(ReW) Konto *n* stillegen *(ie, temporarily)*

flag bit (EDV) Kennbit *n (syn, marker bit)*

flag directive (EDV) Markierungsparameter *m*

flagged rates
(Pw, US) überhöhte Löhne *mpl (ie, where lower rates would be more in line with performance)*

flagged record (EDV) markierter Satz *m*

flagger (EDV) Markierung *f*

flagging orders (com) nachlassender Auftragseingang *m*

flagging sales
(com) Absatzflaute *f*
– Absatzrückgang *m*

flag of convenience
(com) billige Flagge *f (ie, Panama, Honduras, Liberia; benefits: tax preferences and subsidies; syn, flag of necessity)*

flag of necessity (com) = flag of convenience

flagship store (com) Hauptgeschäft *n (ie, where executive personnel is stationed)*

flags of convenience
(Re) billige Flaggen *fpl*
(ie, Panama, Honduras, Liberia; benefits: tax preferences and subsidies)

flail *v* (com) bekämpfen *(eg, lavish government expenditure)*

flake (Fin, infml) risikoreicher Kredit *m*

flash estimate (Vw, US) Blitzprognose *f (ie, published by the Department of Commerce 20 days before the end of each quarter)*

flash item (Mk) Artikel *m* im (Sonder-)Angebot

flash report
(com) Vorabbericht *m*
– Schnellbericht *m*

flat
(com) Großpalette *f*
(Fin) Kurs *m* einschließlich aufgelaufener Zinsen; flat means that the market price is the full price

flat-bed plotter (EDV) Tischplotter *m (ie, in computer graphics)*

flatbed scanner
(EDV) Flachbett-Scanner *m*
– Flachbett-Leser *m*
(ie, reading device with a flat sheet of glass where the object has to be placed on; opp, handheld scanner)

flat-bed trailer (com) Tieflader *m*

flat bond (Fin) Anleihe *f* ohne Zinseinschluß *(ie, accrued interest not included in the price)*

flat broke (com, sl) pleite, bankrott *(syn, broke, qv)*

flat cancellation (Vers) Storno *m* vor Ablauf

flat charge
(com) Pauschalgebühr *f*
– einmalige Gebühr *f (syn, flat fee)*

flat credit (Fin, infml) zinsloses Darlehen *n (syn, gift credit; interest-free loan)*

flat display screen (EDV) Flachbildschirm *m*, Flachdisplay *m*

flate-rate freight (com) Pauschalfracht *f*

flate-rate tariff (com) Pauschaltarif *m (ie, charged to electricity users)*

flat expenses (com) niedrige Kosten *pl*

flat fee (com) = flat charge

flat-glass market (com) Flachglasmarkt *m*

flat-growth industry (Bw) wachstumsschwacher Wirtschaftszweig *m*

flation (Vw) Periode *f* wirtschaftlicher Stabilität *(ie, no inflation, no deflation)*

flat lease (Re) = fixed lease

flat market (Bö) lustloser od umsatzloser Markt *m (syn, dull/inactive . . . market)*

flat organization (Bw) Organisation *f* mit großer Leitungsspanne *(syn, shallow organization, qv)*

flat premium
(Fin) einmalige Prämie *f* in abgezinster Form *(cf, cap)*
(Vers) Einheitsprämie *f (syn, flat rate)*

flat price
(com) Pauschalpreis *m*
(Bö) Erwerbskurs *m (ie, includes accrued interest)*

flat quotation (Bö) Kursnotierung *f* einschließlich Stückzinsen *(ie, including accrued interest)*

flat rate
(com) Einheitstarif *m*
(com) Pauschalpreis *m*
– Pauschalgebühr *f*
(com) Grundgebühr *f (ie, water, telephone)*
(Vers) Durchschnittsprämie *f*
– Einheitsprämie *f*
(syn, flat premium)
(StR) Proportionalsatz *m*

flat-rate exemption (StR) Pauschalfreibetrag *m*

flat-rate fee (com) Pauschalhonorar *n (ie, lump-sum payment for professional services; opp, fee for service = Einzelhonorar)*

flat rate freight
(com) Fracht *f* in Bausch und Bogen
– Pauschalfracht *f*
flat-rate premium (Vers) Pauschalprämie *f (syn, all-inclusive premium)*
flat-rate price (com) Pauschalpreis *m (syn, all-inclusive price)*
flat-rate sales commission (Mk) pauschale Absatzprovision *f (syn, US, override)*
flat-rate tax (FiW, US) Steuertarif *m* mit konstantem Steuersatz
flat-rate taxation (StR) Pauschbesteuerung *f*
flat ratings (IndE) zu enge Leistungsgrade *mpl*
flat screen (EDV) flacher Bildschirm *m*
flat trend (Stat) flacher Trend *m*
flat yield
(Fin) Umlaufrendite *f*, laufende Rendite *f*
(opp, issuing yield = Emissionsrendite; syn, running yield, qv)
fledgling high tech firm
(Bw) junges Unternehmen *n* der Spitzentechnik
(ie, unable to secure sufficient capital from conventional sources)
fledgling recovery (Vw) zögernde Erholung *f (ie, hesitant economic recovery)*
fleece *v*
(com, infml) schröpfen *(syn, skin)*
(Bö, sl) ausnehmen, übers Ohr hauen
(ie, take advantage of the innocent amateur in speculation)
fleet leasing (Fin) Leasing *n* von Wagenparks
fleet of companies
(Vers) Versicherungsgruppe *f*
(ie, a number of insurance organizations under common ownership and often under common management; syn, group of companies)
fleet of trucks (com) Lkw-Flotte *f*
fleet operator (com) Fuhrparkbetreiber *m*
flex (EDV, GB) Schnur *f*, Kabel *n*
flexibility in exchange rate parities (AuW) Flexibilität *f* der Wechselkursparitäten
flexibility of demand (Vw) Nachfragebeweglichkeit *f*
flexible accelerator (Vw) flexibler Akzelerator *m (ie, generalized form of the older accelerator model of investment)*
flexible budget (Bw) flexibles Budget *n (syn, variable /sliding-scale . . . budget)*
flexible budgeting (KoR) flexible Plankostenrechnung *f*
flexible exchange rate
(AuW) flexibler Wechselkurs *m*, frei schwankender Wechselkurs *m*
(syn, floating /fluctuating . . . exchange rate)
flexible format (EDV) = flexible screen format
flexible forms of work (Pw) flexible Arbeitsformen *fpl*
flexible fund (Fin) Investitionsfonds *m* mit auswechselbarem Portefeuille *(syn, managed fund)*
flexible hours (Pw) = flextime
flexible manufacturing system, FMS
(IndE) flexibles Fertigungssystem *n*
(ie, besteht aus e–m System verkettener Einzelmaschinen; it links production machinery, handling devices and transport systems using computer control and communications systems so that different components of the same size and kind can be made in any sequence, without major upheavals each time there is a product change)
flexible planning (Bw) flexible Planung *f (ie, multiphase decision process under conditions of uncertainty)*
flexible prices (Vw) flexible od marktdeterminierte Preise *mpl*
flexible rate mortgage (Fin) variabel verzinsliche Hypothek *f (syn, adjustable rate mortgage)*
flexible retirement age (Pw) flexible Altersgrenze *f (syn, flexible age limit)*
flexible screen format (EDV) frei programmierbare Bildschirmmaske *f*
flexible standard cost (KoR) flexible Plankosten *pl*
flexible target range (Vw) Bandbreiten-Flexibilität *f (ie, of nonmonetary growth)*
flexible tariffs (Zo) flexible Einfuhrzölle *mpl*
flexible trust (Fin) Investmentfonds *m* mit beweglicher Anlagepolitk
flexible working hours (Pw) = flextime
flexitime (Pw, GB) = flextime
flextime
(Pw) Gleitzeit *f*
– gleitende Arbeitszeit *f*
– flexible Arbeitszeit *f*
(ie, workers are permitted to choose their work times within stated limites; syn, flexitime)
flicker (EDV) Flackern *n*, Bildschirmflimmern *n*
flicker-free (EDV) flimmerfrei *(display)*
flick through *v* (com) rasch durchblättern *(eg, a wad of paper)*
flier
(Mk, US) Flugblatt *n (syn, flyer)*
(Bö, infml) Reinfall *m (ie, a deep plunge in stocks due to reckless commitment)*
flight capital (Fin) Fluchtkapital *n (syn, runaway capital)*
flight controls (IndE) Steuerung *f* von Flugkörpern
flight data recorder (com) Flugschreiber *m*
flight from the dollar (Fin) Flucht *f* aus dem Dollar
flight management system (com) Flugleitsystem *n (syn, flight control system)*
flight of capital
(AuW) Kapitalflucht *f*
(ie, fleeing of funds to other countries to avoid high taxation, high inflation, or a highly unstable political regime; syn, capital flight)
flimsy
(com) Durchschlagpapier *n*
(ie, thin inexpensive paper for making carbon copies on a typewriter; syn, manifold)
flip chart (com) klappbares Schaubild *n*, Flipchart *f*
„flip-flop" floater
(Fin, GB) variabel verzinslicher Schuldschein *m*
(ie, mit zeitlicher Umgruppierung von Fälligkeiten; eg, one-year wait to conversion plus a four-year note; cf, floating rate note)
flipper (Bö, US) = quick trader
flipping (Fin, US) Refinanzierung *f* von Konsumkrediten *(ie, often with high interest rates)*
float
(AuW) Floaten *n*, Floating *n (ie, of foreign exchange rates; syn, floating)*

(Fin) Float *m*
(ie, Summe der umlaufenden, noch nicht abgerechneten Schecks)
(Fin) Wertstellungsgewinn *m*
– Valutierungsgewinn *m*
(ie, profit from different value dates, created by processing delays in fund transfers; economically, this is an interest-free credit extension to the banking system)
(Fin) nicht plazierter Teil *m* e–r Anleihe *(ie, portion of a new issue of securities not yet absorbed by the market)*
(Fin, GB) kleine Kasse *f (syn, petty cash fund)*
(OR) Vorgangspuffer *m*
(EDV) Pufferzeit *f*
(IndE) Losfüller *m (ie, when standard lot sizes are worked)*
(IndE) Werkstattbestand *m*

float *v*
(Fin) fluktuieren
(Fin) Wertpapiere *npl* plazieren
– Anleihe *f* auflegen
(ie, by an underwriting syndicate or by the issuing organization directly, ie, over the counter)

float a bond issue *v*
(Fin) Anleihe *f* auflegen od begeben
(syn, float a loan, launch a bond offering, offer bonds for subscription)

float a company *v* (com) Gesellschaft *f* gründen

float a loan *v* (Fin) = float a bond issue

float an issue *v* (Fin) = float a bond issue

float a secondary offering *v* (Fin) Wertpapiere *npl* auf dem Sekundärmarkt anbieten

floater
(com) Gründer *m* e–r Gesellschaft
(Fin) = floating rate note, qv
(Vers) Abschreibepolice *f*
(OR) Vorgang *m* mit Puffer

floater policy (Vers) laufende Versicherung *f (ie, esp in transport insurance; more properly called open certificate; syn, open policy)*

floaters (Fin, GB) erstklassige Inhaberpapiere *npl (ie, government bonds)*

floating
(AuW) Floaten *n*
– Floating *n*
(ie, of foreign exchange rates: Freigabe von Wechselkursen; syn, float)
(EDV) Leerlauf *m (syn, drifting)*

floating address
(EDV) symbolische Adresse *f*
– Distanzadresse *f*
(ie, used prior to its conversion to a machine address; syn, symbolic address)

floating assets (ReW, GB) Umlaufvermögen *n (syn, current assets)*

floating capital (ReW, GB) = working capital

floating charge
(Fin, GB) ungesicherte Verbindlichkeit *f (eg, debenture bonds)*
(Re, GB) nichtspezifiziertes Globalpfandrecht *n*

floating consignment (com) schwimmende Ware *f (syn, goods afloat)*

floating debt (Fin) kurzfristige Verbindlichkeiten *fpl (ie, repayable at short notice)*

floating discount rate (Fin) flexibler Diskontsatz *m (ie, a central bank's discount rate which varies pursuant to changes in the key monetary rates)*

floating-dividend-rate preferred stock (Fin) Vorzugsaktie *f* mit schwankender Dividendenbeteiligung

floating exchange rate (AuW) = fluctuating exchange rate

floating expenses (ReW) Gründungskosten *pl*

floating/floating swap
(Fin) Floating/Floating-Swap *m*
(ie, swap of floating rate against floating rate; eg, 1-month Libor/6-month Libor, treasury bills/Libor)

floating interest rate (Fin) veränderlicher Zinssatz *m* für Hypotheken

floating liability (Fin) = floating debt

floating national debt (FiW) schwebende Staatsschuld *f (opp, funded /consolidated . . . national debt)*

floating point arithmentic
(EDV) Gleitkommarechnung *f*
(ie, numbers are expressed as integers multiplied by the radix raised to an integral power, as 34 x 10^e *instead of 0.0034; syn, floating arithmetic, floating-decimal arithmetic; opp, fixed point arithmetic)*

floating point base (EDV) Basis *f* der Gleitkommaschreibweise

floating point calculation (EDV) Gleitkommarechnung *f*

floating point decimal (EDV) Gleitkomma *n*

floating point instruction (EDV) Gleitkommabefehl *m*

floating point number
(EDV) Gleitkommazahl *f*
(ie, expressed in floating point representation)

floating point operation
(EDV) Gleitkommaoperation *f*
(opp, fixed point operation)

floating point radix (EDV) = floating point base

floating point representation (EDV) Gleitkommaschreibweise *f (opp, fixed point representation)*

Floating Point Unit, FPU
(EDV) Fließkommaeinheit *f*
– (mathemtischer) Koprozessor *m*

floating policy
(Vers) Abschreibepolice *f*
– Generalpolice *f*
– laufende Police *f*
– offene Police *f*

floating public debt
(FiW) schwebende Schulden *fpl*
(syn, unfunded debt, short-term debt; opp, funded debt)

floating quotation (Bö) variable Notierung *f*

floating rate (Fin) variabler Zins *m*

floating-rate mortgage (Fin) zinsvariable Hypothek *f*

floating rate note, FRN
(Fin) zinsvariable Anleihe *f*
(ie, keine Festzinsvereinbarung über die gesamte Laufzeit von 5-10 Jahren; Zinszahlungen werden regelmäßig an e–nm Referenzzinssatz angepaßt; Nominalverzinsung setzt sich zusammen aus aktuellem Zinssatz [current coupon] und e–m Auf- od Abschlag [spread])

floating supply of securities
(Bö) frei verfügbare Wertpapiere *npl*
(ie, portion of listed stocks or bonds of a corporation available for trading and speculation)
floating toolbar
(EDV, GUI) bewegliche Werkzeugleiste *f*
– frei positionierbare Symbolleiste *f*
float off *v*
(com) Anleihe *f* auflegen od begeben
(syn, float a loan, launch a bond offering, offer bonds for subscription)
(com) veräußern
(com) abtrennen *(eg, as a separate company)*
(Pw) abwandern *(eg, workers)*
float the exchange rate *v* (AuW) floaten, Wechselkurs *m* freigeben
float time (OR) Pufferzeit *f*
flood insurance (Vers) Überschwemmungsversicherung *f*
flood of issues (Fin) Emissionswelle *f (syn, flurry/spate . . . of issues)*
flood the market *v* (com) Markt *m* überschwemmen *(eg, with high-quality equipment)*
floor
(com) Mindestpreis *m (syn, minimum price, qv)*
(Fin) Minimalzinssatz *m*
(ie, zur Absicherung gegen fallende Zinsen)
(AuW) Tunnelboden *m*, unterer Interventionspunkt *m*
(syn, lower support point)
(Bö) Börsenparkett *n*
(ie, where brokers engage in trading; syn, trading/exchange . . . floor, qv)
floor broker
(Bö) Börsenmakler *m*, der meist für ‚commission brokers' Geschäfte abwickelt
(Bö, US) Parketthändler *m*
(ie, führt Order kommissionsweise aus, dh in eigenem Namen für fremde Rechnung; opp, floor trader)
floor commission (Bö, NY) Kursausschuß *m* für die Überwachung ordnungsgemäßer Kursbildung
floor member (Bö) Börsenmitglied *n*
floor messenger (Bö, US) Bote *m (syn, runner)*
floor of protection (SozV) Mindestsicherung *f*
floor plan
(Fin) Finanzierung *f* e–s Warenlagers
(ie, financing agency takes a security interest in that inventory, but the interest is released as the inventory is sold)
floor price
(EG) Mindestpreis *m*
(syn, reference price)
(Bö) Mindestkurs *m*
floor sale (com) Abschluß *m* an Ort und Stelle
floor slip (Bö) Schlußnote *f*
floor support point (AuW) unterer Interventionspunkt *m (syn, lower /bottom . . . support point; floor)*
floor-to-floor time
(IndE) Gesamtstückzeit *f*
– Zeit *f* pro Stück
– Taktzeit *f*
(ie, required to complete an operation on one unit of a batch; cf, BS 5191:1975)
floor trader
(Bö, US) Parketthändler *m*
(ie, berufsmäßiger Spekulant; beteiligt sich am Parketthandel, floor trading, in eigenem Namen und auf eigene Rechnung; opp, floor broker)
floor trading (Bö) Parkett-Handel *m (ie, now under Rule 11 a– SEC)*
floorwalker (com) Ladenaufsicht *f (syn, shopwalker)*
flop
(com, infml) Pleite *f*, Bauchlandung *f*
(Bö) Reinfall *m*
floppy (EDV) = floppy disk
floppy disk
(EDV) Diskette *f*
(ie, on a personal computer data storage capabilities generally run to a maximum of 1.44 mb of information; syn, diskette)
floppy disk drive (EDV) Diskettenlaufwerk *n (opp, hard disk drive)*
flotation
(Fin) Begebung *f* e–r Anleihe
(Fin) Kapitalaufnahme *f* durch Emission von Aktien od Schuldverschreibungen
flow (Vw) Stromgröße *f*, Strömungsgröße *f (opp, stock = Bestandsgröße)*
flow augmenting path (OR) Zusatzpfad *m*
flow chart
(IndE) Arbeitsablaufdiagramm *n*
(syn, labor explosion chart)
(com) Ablaufdiagramm *n*, Datenflußplan *m*
(syn, flow diagram, flow sheet, control diagram)
flowcharting template (EDV) Zeichenschablone *f*
flow conditions (Vw) Strombedingungen *fpl*
flow control (IndE) Ablaufkontrolle *f (ie, in continuous manufacture)*
flow diagram (com) = flow chart
flow direction
(EDV) Flußrichtung *f*
(ie, antecedent-to-successor relation, indicated by arrows, between operations on a flow chart)
flower bonds
(Fin, US) Flower Bonds *pl*
(ie, U.S. government bonds which, when owned by a decedent and part of his estate, are redeemable at par and accrued interest if proceeds are to be applied to federal estate taxes)
flow graph (Math) Flußgraph *m*
flowgraph theory (Math) Flußgraphentheorie *f*
flow line (EDV) Ablauflinie *f*
flow-line production (IndE) Fertigung *f* nach dem Flußprinzip *(eg, Fließfertigung, Reihenfertigung)*
flow lines (Math) Feldlinien *fpl*, Strömungslinien *fpl*
flow map (Math) Feldbild *n*
flow of commodities (Vw) Warenstrom *m*
flow of execution (EDV) Ausführungsfluß *m*
flow of funds
(Fin) Geldstrom *m*, Geldmittelbewegung *f*
(Fin) Fluktuation *f (ie, between markets)*
(Fin) = funds statement
flow-of-funds analysis
(Vw) Geldstromanalyse *f*
(syn, analysis of moneyflows, money flow analysis)
(Fin) Kapitalflußrechnung *f (syn, flow statement, qv)*

flow of goods and services
(VGR) Güterstrom *m*
– Leistungsstrom *m*
flow of imports (AuW) Einfuhrstrom *m*
flow of income (Vw) Einkommenskreislauf *m (syn, circular flow of income)*
flow of monetary claims (VGR) Forderungsstrom *m*
flow of services (Vw) Strom *m* von Nutzungen
flow of work (Bw) Arbeitsablauf *m (syn, operational sequence)*
flow of yields (Vw) Ertragsstrom *m*
flow-over inventory (MaW) Überfließlager *n*
flow process
(IndE) Fließverfahren *n*
(ie, in which solids or fluids are handled in continuous movement during chemical or physical processing or manufacturing)
flow process chart (IndE) Arbeitsablaufbogen *m*
flow regulator (IndE) Durchflußregler *m*
flow shop production (IndE) = flow line production
flow statement
(Fin) Kapitalflußrechnung *f*, Bewegungsbilanz *f*
(syn, flow of funds analysis, statement of sources and application of funds, sources-and-uses statement)
flow-through credit (Fin) Weiterleitungskredit *m*, durchlaufender Kredit *m*
flow-through method
(StR, US) sofortige Geltendmachung *f*
(ie, of investment tax credits; opp, deferral method)
flow variable (Vw) = flow
fluctuating clause (com) = escalator clause
fluctuating exchange rate (AuW) freier od frei schwankender Wechselkurs *m (syn, freely flexible/floating . . . exchange rate)*
fluctuation (com) Preis- und Kursschwankungen *fpl*
fluctuation inventory
(MaW) Sicherheitsbestand *m*
(syn, minimum inventory level, qv)
fluctuation margin
(AuW) Bandbreite *f*
– Schwankungsbreite *f*
fluctuations in activity (KoR) Beschäftigungsschwankungen *fpl*
fluctuations in plant utilization (Bw) Schwankungen *fpl* des Beschäftigungsgrades
fluctuations of the market
(Bö) Kursschwankungen *fpl*
(ie, ups and downs of the market)
flue gas (IndE) Abgas *n (ie, gaseous combustion product from a furnace)*
fluff *v* (com, infml) falsches Wechselgeld herausgeben *(syn, short-change)*
fluid assets (Fin) Umlaufvermögen *n (syn, current assets)*
fluid capital (Fin) = floating capital
fluidity of labor
(Vw) Arbeitsmobilität *f (syn, mobility of labor)*
fluid measure (com) Flüssigkeitsmaß *n (syn, liquid measure)*
flummox *v* (com, GB, infml) durcheinanderbringen *(eg, financial markets)*
flunk *v* (com, infml) nicht erfüllen *(eg, IMF conditions for a loan)*
flurry (Bö) plötzliche, starke und kurzzeitige Kursbewegung *f*
flurry of new issue activities (Fin) Emissionsstoß *m*
flush with cash (Fin) sehr liquide, „in Geld schwimmend"
fly a kite *v* (Fin) Kellerwechsel *m* ausstellen
fly-away price (com) Preis *m* e–s startfähigen Flugzeugs
fly back (Fin, infml) wertloser Scheck *m*
flyback timing (IndE) Einzelzeitverfahren *n*
fly-by-night
(Re, sl) flüchtiger Schuldner *n (syn, absconding debtor)*
(com) unseriöses Unternehmen *n (ie, a shaky business enterprise)*
flyer (Mk) = flier
flyers (Mk) Zielgruppe *f* jüngerer, hedonistisch orientierter Konsumenten
flying crew (Bw) mobile Einsatzgruppe *f (ie, to handle urgent situations; syn, flying squad)*
flying spot scan (EDV) Lichtpunktabtastung *f*
flying spot scanner (EDV) Lichtpunktabtaster *m*
flying squad (Bw) = flying crew
fly pitch (com) fliegender Händlerstand *m*
fly tip (com, GB) wilde Müllkippe *f*
fly-up of prices
(com, infml) Preisexplosion *f*
(eg, to meet the much higher market clearance level = Preis, bei dem der Markt geräumt wird)
f.m. (com) = fair merchantable
FMS (IndE) = flexible manufacturing system
FNCI (Fin) = Financial News Composite Index
f.o.a. (foa) (com) = fob airport
fob (com) = free on board = frei an Bord benannter Verschiffungshafen; cf, Incoterms
f.o.b. airport (com) frei an Bord benannter Abflughafen; cf, Incoterms
fob airport, f.o.a. (foa) (com) fob Flughafen
f.o.b. calculation (com) fob-Kalkulation *f (ie, of export prices)*
f.o.b. delivery (com) fob-Lieferung *f*
fob/fob (com) = free on board/free off board
fob off on/onto *v*
(com, infml) "andrehen"
(ie, an article of shoddy quality; syn, foist off on, palm off on)
fob off with *v* (com) abspeisen *(eg, with empty promises)*
f.o.b. price (com) fob-Preis *m*
f.o.b. sale (com) fob-Geschäft *n*
f.o.c. (com) = free of charge
focal problem (com) Kernproblem *n (syn, key problem)*
focus on *v* (com) sich konzentrieren auf
focussed interview (Mk) zentriertes Interview *n*
focus window
(EDV, GUI) aktives/aktuelles Fenster *n*
– Eingabefenster *n*
f.o.d. (com) = free of damage
fog over *v* (com) überlagern *(syn, conceal)*
foist off on *v* (com) = fob off on
folder
(Mk) Faltblatt *n*
(com) Aktendeckel *m*, Mappe *f*
(EDV) Ordner *m*, Verzeichnis *n*

folding box (com) Faltschachtel *f*
folding carton (com) = folding box
folding money (Fin, infml) Papiergeld *n*
fold spacing (EDV) Faltabstand *m*
fold up *v*
(com, infml) Unternehmen *n* auflösen
(ie, stop trading, go into liquidation)
foldup bottle (com) Faltflasche *f*
foliate *v* (com) paginieren
folio *v* (com) = foliate
folio reference (ReW) Hinweis *m* auf dem Konto *(ie, Belegnummer, Kontierung)*
follow-on question (Mk) Anschlußfrage *f*
follow the actions (Vers) Folgepflicht *f (ie, in reinsurance)*
follow the fortunes (Vers) Schicksalsteilung *f (ie, in reinsurance)*
follow-through order (Bö) Anschlußauftrag *m*
follow-through support (Bö) Anschlußaufträge *mpl*
follow-up
(Stat) nachfassende Untersuchung *f*
(IndE) Überwachung *f*
follow up *v* (Mk) nachfassen
follow-up advertising
(Mk) Erinnerungswerbung *f*
– Anschlußwerbung *f*
follow-up call (Mk) Nachfaßbesuch *m*
follow-up conference (com) Nachfolgekonferenz *f*
follow-up contract (com) Anschlußgeschäft *n*
follow-up costs (com) Folgekosten *pl*
follow-up expenditure (Fin) Folgeausgaben *fpl*
follow-up financing (Fin) Anschlußfinanzierung *f*
follow-up interview (Mk) Nachfaßinterview *n (syn, callback)*
follow-up investment (Bw) Folgeinvestition *f*
follow-up issue (Bö) Nachemission *f*
follow-up letter (com) Nachfaßbrief *m*
follow-up order (com) Anschlußauftrag *m (syn, renewal/sequence . . . order)*
follow-up planning (Bw) Anschlußplanung *f*
follow-up taxes
(FiW) Folgesteuern *fpl*
(ie, levied to stop loopholes in the tax system; eg, inheritance tax followed by gift tax)
FOMC (Fin, US) = Federal Open Market Committee
font (EDV) Schriftart *f (syn, GB, fount)*
font cartridge
(EDV) Schriftarten-Kassette *f*
– Schriftarten-Erweiterungsmodul *n*
(ie, contains additional fonts for a printer)
food aid (AuW) Nahrungsmittelhilfe *f*
food and feed (com) Nahrungsmittel *npl* und Futtermittel *npl*
food business (com) Lebensmittelbranche *f (syn, food trade)*
food chain (com) Lebensmittelkette *f*
food/Drug combo (Mk, US) Zusammenschluß *m* konventioneneller Supermärkte und Drug Stores; *(syn, combination store)*
food engineering (com) Lebensmitteltechnik *f*
food fancy shop (com) Delikatessengeschäft *n*
food industry
(com) Nahrungsmittelindustrie *f*
– Lebensmittelindustrie *f*
food labeling (Mk) Lebensmittelkennzeichnung *f*
food poisoning (Mk) Lebensmittelvergiftung *f*
food processing (com) Nahrungsmittelverarbeitung *f*
food processing industry (com) Nahrungsmittelindustrie *f*
food processor (com) Nahrungsmittel-Verarbeiter *m*
foods (Bö) Nahrungsmittelwerte *mpl*
food stamp item (com) Artikel *m* mit Gutschein
food store (com) Lebensmittelgeschäft *n (syn, grocery store)*
food store chain (com) Lebensmittelkette *f (syn, multiple food retailers)*
foodstuff(s) (com) Lebensmittel *npl*
food subsidies (Vw) Nahrungsmittel-Subventionen *fpl*
food trade (com) Lebensmittelbranche *f (syn, food business)*
food wholesaling (Mk) Lebensmittelgroßhandel *m*
fool-proof
(com, infml) narrensicher
– idiotensicher
fool's profit
(ReW, infml) Scheingewinn *m*
(syn, paper/phantom /fictitious . . . profit, inventory profit, qv)
foot a bill *v*
(com, infml) Rechnung *f* begleichen *(syn, pay, settle)*
footing area
(EDV, Cobol) Fußnotenbereich *m (cf, DIN 66 028, Aug 1985)*
footings (Math) Summen *fpl* von Zahlenspalten
footloose
(com) beweglich, mobil
(eg, skilled people are . . . and always ready to leave)
footloose funds (Fin) vagabundierende Gelder *npl*
footloose industries (Bw) nicht standortgebundene Wirtschaftszweige *mpl*
footnote (com) Fußnote *f*
Footsie (Bö) = FT-SE-100 Index *m*
„Footsie" contract
(Bö, GB) Börsenindex-Kontrakt *m*
(ie, based on the FT-SE Index, concluded at Liffe, qv)
foot up *v* (com) aufaddieren *(syn, add up, sum up; infml, tot up)*
footwear industry (com) Schuhindustrie *f*
f.o.q. (com) = free on quay
for account of whom it may concern (com) für Rechnung wen es angeht
for a consideration (Re) gegen Entgelt *(syn, against quid pro quo)*
forbearance
(Re) Unterlassung *f*
(ie, an intentional negative act; cf, § 241 BGB; syn, omission, qv)
forbear from doing *v* (Re) unterlassen *(syn, refrain from doing, qv)*
forbidden advertising (Mk) unzulässige Werbung *f*
for cause (Pw) aus wichtigem Grund *(entlassen = dismiss)*
forced choice method (Stat) Zwangswahlverfahren *n*
forced-draught expansion (Vw, infml) beschleunigtes Wirtschaftswachstum *n*
forced liquidation (Bö) Notverkäufe *mpl (syn, distress selling, qv)*

forced loan
(Fin) bei Fälligkeit notleidender und deshalb verlängerter Kredit *m*
(Fin) Darlehen *n* zur Abdeckung e–r Überziehung
(FiW) Zwangsanleihe *f*
forced sale (Re, GB) Zwangsversteigerung *f (ie, by order of court; syn, winding up sale)*
forced saving (Vw) Zwangssparen *n*
forced selling (Mk) persuasiver Direktverkauf *m*
force-field analysis (Bw) Ursachenanalyse *f*
forceful debt reduction (FiW) energischer Schuldenabbau *m*
force majeure
(Re) höhere Gewalt *f*
(ie, has a wider meaning than act of God; includes strike, war, etc; syn, act of God, qv)
force of law (Re) Gesetzeskraft *f*, rechtliche Bindung *f*
force of mortality
(IndE) Ursache *f* e–s Maschinenausfalls
(Vers) altersspezifische Sterbeintensität *f*
force through a price rise *v* (com) Preiserhöhung *f* durchsetzen
force up a price *v* (com) Preis *m* hochtreiben *(eg, at an auction)*
forcible tax collection (StR) Vollstreckungsmaßnahme *f*
for collection (Fin) zum Inkasso, zum Einzug *(ie, form of endorsement on a note or check)*
forecast (com) Prognose *f*, Vorhersage *f (syn, prediction)*
forecast budget (Bw) Planbudget *n*
forecast equation (Stat) Prognosegleichung *f*
forecaster (Bw) Prognostiker *m (syn, prognosticator)*
forecast error (Stat) Prognosefehler *m*, Vorhersagefehler *m*
forecast of advertising effectiveness (Mk) Werbeerfolgsprognose *f*
forecast of economic growth (Vw) Wachstumsprognose *f*
foreclose a mortgage *v* (Re) aus e–r Hypothek zwangsvollstrecken lassen
foreclosure
(Re) Zwangsvollstreckung *f (syn, judicial foreclosure)*
(Kart, US) Wettbewerbsausschluß *m (ie, rival competitors are unfairly shut out of markets)*
foreclosure sale (Re) Zwangsversteigerung *f*
foreground color
(EDV) Vordergrundfarbe *f*
– Textfarbe *f*
(opp, background color)
foreground display (EDV) Anzeigevordergrund *m (syn, foreground image, dynamic image)*
foreground image (EDV) = foreground display
foreground program (EDV) Vordergrundprogramm *n*
foreign acceptance (Fin) Auslandsakzept *n (ie, draft accepted by foreign buyer)*
foreign account
(AuW, infml) Zahlungsbilanz *f*
(eg, for the . . . to return to balance . . . = der Ausgleich der ZB erfordert . . .)
(Fin) Auslandskonto *n (ie, account held at a bank abroad)*
foreign advertising (Mk) Auslandswerbung *f*

foreign aid (AuW) Auslandshilfe *f (syn, external economic aid)*
foreign aid program (AuW) Auslandshilfeprogramm *n*
foreign arbitration award
(Re) ausländischer Schiedsspruch *m*
foreign assets (AuW) = external assets
foreign assets and liabilities (Fin) Auslandsstatus *m (syn, foreign position)*
foreign balances (Fin) Devisenguthaben *npl*
foreign balance sheet (VGR) Auslandsbilanz *f*
foreign bank (Fin) Auslandsbank *f*
foreign banking corporation
(Fin, US) Tochtergesellschaft *f* e–r US-Bank od Niederlassung e–r ausländischen Bank
(ie, pursuant to Sec 25 Federal Reserve Act; limited to international banking and foreign financial transactions)
foreign base company
(StR) Basisgesellschaft *f*
– Auffanggesellschaft *f*
(ie, domiciled in a low-tax country to accumulate profits or to take advantage of double-taxation agreements; weicht in Niedrigsteuerland aus od nutzt Vorteile von Doppelbesteuerungsabkommen)
foreign bill
(Fin) Auslandswechsel *m*, Fremdwährungswechsel *m*
(ie, drawn by a bank on a foreign correspondent bank; syn, external bill)
foreign bond (Fin) Fremdwährungsanleihe *f (syn, external loan)*
foreign bonds (Fin) ausländische Rentenwerte *mpl*
foreign bookings (com) Auftragseingang *m* aus dem Ausland
foreign borrowing (Fin) Kreditaufnahme *f* im Ausland *(ie, flood of foreign capital into a country)*
foreign branch
(com) Auslandsniederlassung *f*, Auslandsfiliale *f*
(ie, set up by residents in foreign countries to establish permanent business relations; syn, overseas branch, branch abroad)
foreign call (com) Auslandsgespräch *n (syn, international call)*
foreign carrier (com, US) ausländische Fluggesellschaft *f*
foreign check (Fin) Auslandsscheck *m*
foreign coin and notes (Fin) Sorten *fpl*
foreign company
(Bw, GB) Auslandsunternehmen *n*
(ie, set up outside GB but having a place of business there; syn, overseas company)
foreign competition
(com) ausländische Konkurrenz *f* – Auslandskonkurrenz *f*
(syn, competition from abroad, foreign . . . competitors/rivals)
foreign competitors (com) = foreign competition
foreign corporation
(StR) ausländische Körperschaft *f*
(StR) Auslandsgesellschaft *f*
(Bw, US) in e–m anderen Bundesstaat der USA od im Ausland errichtete Gesellschaft *f*

foreign correspondence (com) Auslandskorrespondenz *f* *(syn, business commercial . . . correspondence)*
foreign correspondent (Fin) Korrespondenzbank *f* *(syn, correspondent bank, qv)*
foreign currencies (Fin) Valuten *pl*
foreign currency
(Fin) Fremdwährung *f*
(ie, currency on deposit in a bank owned by someone outside the issuing country; syn, xenocurrency)
foreign currency acceptance (Fin) Valutaakzept *n*
foreign currency account (Fin) Fremdwährungskonto *n*, Valutakonto *n*
foreign currency bill
(Fin) Fremdwährungswechsel *m (syn, foreign exchange draft)*
foreign currency bond
(Fin) Fremdwährungsanleihe *f*
(ie, Anleihe, bei der die Zinszahlungen in e–r von der Emissionsdenomination abweichenden Währung geleistet werden; Variante der Doppelwährungsanleihe = dual currency bond)
foreign currency clause (Fin) Fremdwährungsklausel *f*, Valutaklausel *f*
foreign currency credit cover account (Fin) Akkreditivwährungsdeckungs-Konto *n*
foreign currency debt (AuW) Fremdwährungsschulden *pl*
foreign currency department (Fin) Sortenabteilung *f*
foreign currency deposits (Fin) Fremdwährungseinlagen *fpl*
foreign currency exposure (Fin) Fremdwährungsrisiko *n*
foreign currency holding (Fin) Valutaguthaben *n*
foreign currency insurance (Vers) Valutaversicherung *f*
foreign currency liabilities (Fin) Fremdwährungsverbindlichkeiten *fpl*
foreign currency loan (Fin) Fremdwährungskredit *m*
foreign currency loan issue (Fin) Fremdwährungsanleihe *f*
foreign currency position (AuW) Fremdwährungsposition *f*
foreign currency reserves (AuW) = foreign exchange reserves
foreign currency translation
(ReW) Umrechnung *f* von Fremdwährungen
(ie, the restatement of account balances from one national-currency framework to another; the term is not synonymous with 'conversion' which is the physical exchange of one currency for another; syn, currency translation, qv)
foreign customer
(com) Auslandskunde *m*
– ausländischer Kunde *m*
– ausländischer Abnehmer *m (syn, overseas buyer)*
foreign debt (AuW) Auslandsschulden *fpl*
foreign debtors (ReW) = foreign receivables
foreign demand (AuW) Auslandsnachfrage *f*
foreign direct investment
(Fin) ausländische Direktinvestition *f*
(ie, management control resides in the investor lender; lender is often the parent corporation and the borrower its foreign subsidiary or affiliate, both being part of a multinational or transnational corporation)
Foreign Direct Investment Program (Fin) US-Kapitalkontrollprogramm *n*, das ausländische Kreditnehmer und US-Multis von den US-Geldmärkten fernhielt und diese in die Euromärkte abdrängte
foreign domicile bill (Fin) auf ausländische Bank gezogener Wechsel *m*
foreign economic policy (AuW) Außenwirtschaftspolitik *f*
foreign employee (Pw) = foreign worker
foreigners (Bö) Auslandswerte *mpl*
foreign exchange
(Fin) Devisen *pl*
(Fin) Sichtguthaben *npl* in inländischer Währung bei ausländischen Banken
(Bö) Auslandsbörse *f*
foreign exchange account
(Fin) Devisenkonto *n*
– Fremdwährungskonto *n*
– Währungskonto *n*
(AuW) Devisenbilanz *f*
(ie, Änderungen der Währungsreserven der Zentralbank einschl. Änderungen der Reservepositionen im IWF und des Bestandes an SZR; Teil der Zahlungsbilanz; sonst auch Teilbilanz der Kapitalverkehrsbilanz; syn, net exchange movements)
Foreign Exchange Act (Re) Devisengesetz *n*
foreign exchange adjustment center (Fin) Devisen-Swap-Zentrum *n (ie, run by China; there are about 90 of them)*
foreign exchange agreement (AuW) Devisenabkommen *n*
foreign exchange allocation (AuW) Devisenkontingentierung *f*
foreign exchange arbitrage (Fin) Devisenkursarbitrage *f*
foreign exchange assets (Fin) Devisenwerte *mpl*
foreign exchange balancs (Fin) Fremdwährungsguthaben *fpl*, Währungsguthaben *npl*
foreign exchange bill (Fin) Devisenwechsel *m (ie, payable abroad)*
foreign exchange broker (Bö) Devisenmakler *m* *(syn, exchange broker)*
foreign exchange ceiling (AuW) Devisenplafond *m*
foreign exchange commitment (Fin) Devisenengagement *n*
foreign exchange contract (Bö) Devisentermingeschäft *n*
foreign exchange control
(AuW) Devisenbewirtschaftung *f*
– Devisenzwangswirtschaft *f*
(syn, currency/exchange . . . control; US also, monetary control)
foreign exchange cushion (AuW) Devisenpolster *n*
foreign exchange dealer
(Fin) Devisenhändler *m*
(syn, foreign exchange trader, exchange dealer)
foreign exchange draft (Fin) Fremdwährungswechsel *m (syn, foreign currency bill)*
foreign exchange earners
(AuW) Devisenbringer *mpl*
(eg, machinery exports, high tech know-how)

foreign exchange earnings
(Fin) Währungsgewinn *m (syn, exchange gain)*
(AuW) Devisenerlöse *mpl*
foreign exchange futures
(Bö) Termindevisen *pl*
(Bö) Devisentermingeschäfte *npl*
foreign exchange holdings (Fin) Devisenbestände *mpl (syn, currency . . . holdings/reserves)*
foreign exchange loan (Fin) Devisenkredit *m*
foreign exchange market
(Bö) Devisenbörse *f*
(Bö) Devisenmarkt *m*
(ie, Handel an der Devisenbörse in fremden Valuten; syn, exchange /currency . . . market)
foreign exchange note (AuW) Devisenabrechnung *f*
foreign exchange office (Fin) Wechelstube *f (syn, bureau de change)*
foreign exchange offset agreement (AuW) Devisenausgleichsabkommen *n*
foreign exchange policy (AuW) Devisenpolitik *f*
foreign exchange position (AuW) Devisenposition *f*
foreign exchange quota (AuW) Devisenkontingent *n*
foreign exchange rate
(Fin) Wechselkurs *m*
– Devisenkurs *m*
(syn, exchange rate, rate of exchange)
foreign exchange regulations (AuW) Devisenvorschriften *fpl*
foreign exchange reserves
(AuW) Devisenreserven *fpl*
(ie, holdings of foreign currency or long-term credit instruments = Bestand e–r Volkswirtschaft an internationalen liquiden Zahlungsmitteln; syn, currency/foreign currency . . . reserves)
foreign exchange restrictions (AuW) Devisenbeschränkungen *fpl*
foreign exchange risk (Fin) Währungsrisiko *n (syn, currency risk)*
foreign exchange speculation (Fin) Devisenspekulation *f*
foreign exchange surplus (AuW) Devisenüberschuß *m*
foreign exchange swap (Fin) Devisen-Swapgeschäft *n*
foreign exchange trade (Fin) = foreign exchange trading
foreign exchange trader (Fin) = foreign exchange dealer
foreign exchange trading (Fin) Devisenhandel *m*, Devisengeschäft *n (syn, foreign exchange dealings)*
foreign exchange transaction (Fin) Devisengeschäft *n*
foreign exchange transactions
(Fin) Devisenverkehr *m*
foreign fair (com) Auslandsmesse *f*
foreign funds (Fin) Auslandsgelder *npl*
foreign guest worker (Pw) = foreign worker
foreign income (StR) ausländische Einkünfte *pl*
foreign indebtedness
(AuW) Auslandsverschuldung *f*
(ie, volume of claims due to foreigners)
foreign insurer (Vers) ausländischer Versicherer *m*
foreign investment
(AuW) Auslandsinvestition *f*
(ie, may be direct or portfolio investment; syn, investment abroad)
foreign issue (Fin) Auslandsemission *f*
foreign issuers (Bö) ausländische Emittenten *mpl*
foreign labor (Pw) = foreign worker
foreign language correspondent (com) Fremdsprachen-Korrespondent *m*
foreign lending (Fin) Auslandskredit *m (ie, loan extended to foreigner)*
foreign liabilities
(AuW) Auslandsschulden *fpl*, Auslandsverbindlichkeiten *fpl*
(syn, external indebtedness, liabilities to nonresidents)
foreign market (com) Auslandsmarkt *m*
foreign network (com) Auslandsnetz *n*
foreign notes and coin (Fin) Sorten *pl*
foreign operations department (com) Auslandsabteilung *f*
foreign order (com) Auslandsauftrag *m (syn, order from abroad)*
foreign participation (Fin) Auslandsbeteiligung *f*
foreign patent (Pat) Auslandspatent *n (ie, obtained abroad or granted to foreigners)*
foreign payment (Fin) Auslandszahlung *f*
foreign payments transactions (Fin) Auslandszahlungsverkehr *m*
foreign plant investment (AuW) Direktinvestitionen *fpl (syn, foreign direct investment)*
foreign press (Mk) Auslandspresse *f*
foreign representative (com) Auslandsvertreter *m (syn, agent abroad)*
foreign reserve management (AuW) Verwaltung *f* der Währungsreserven
foreign rivals (com) = foreign competition
foreign sales corporation, FSC
(com, US) Exportgesellschaft *f*
(ie, inaugurated by U.S. Congress in 1985: true subsidiaries - no paper corporations - established outside the U.S. and employing at least one director who lives abroad; cf, DISC corporation)
foreign selling
(Bö) Auslandsverkäufe *mpl*
(com) Auslandsabsatz *m*
foreign service allowance (Pw) Auslandszulage *f (syn, expatriation allowance)*
foreign-source income (StR) ausländische Einkünfte *pl (syn, income received from abroad)*
foreign sovereign compulsion (Re, US) Zwang *m* e–s ausländisches Staates
foreign subsidiary
(com) ausländische Tochtergesellschaft *f*
– Auslandstochter *f*
(syn, overseas subsidiary)
foreign tax credit (StR, US) Anrechnung *f* ausländischer Steuern *(ie, credit to U. S. income taxes for foreign taxes paid; §§ 33, 901–8 IRC)*
foreign tax withheld at source (StR) ausländische Quellensteuer *f*
foreign tourist trade (AuW) Ausländerreiseverkehr *m*
foreign trade
(AuW) Außenhandel *m*
(ie, commerce with other nations; syn, external trade)
foreign trade accelerator (AuW) Außenhandels-Akzelerator *m*
foreign trade activity (AuW) Außenhandelstätigkeit *f*

foreign trade and payments transactions (AuW) Außenwirtschaftsverkehr *m*
foreign trade balance (AuW) Außenhandelsbilanz *f*
foreign trade department (com) Außenhandelsabteilung *f (eg, in banks)*
foreign trade financing (Fin) Außenhandelsfinanzierung *f*
foreign trade firm
(com) Außenhandelsunternehmen *n*
(syn, US, export management company, EMC; GB, import/export . . . merchant)
foreign trade monopoly (AuW) Außenhandelsmonopol *n*
foreign trade multiplier (AuW) Außenhandelsmultiplikator *m*
foreign trade policy (AuW) Außenhandelspolitik *f*
foreign trade promotion (AuW) Außenhandelsförderung *f*
foreign trader (com) = foreign trade firm
foreign trade relations (AuW) Außenhandelsbeziehungen *fpl*
foreign trade statistics (AuW) Außenhandelsstatistik *f (syn, external trade statistics)*
foreign trade theorist (Vw) Außenhandelstheoretiker *m*
foreign trade wholesaling (com) Außengroßhandel *m*
foreign trade zone (AuW, US) Freihandelsgebiet *n*, Freihandelszone *f (syn, free trade area)*
foreign travel (VGR) Auslandsreiseverkehr *m*
foreign travel insurance (Vers) Auslandsreiseversicherung *f*
foreign worker
(Pw) Fremdarbeiter *m*, ausländischer Arbeitnehmer *m*
(syn, foreign employee, temporary immigrant worker)
foreign worker remittances (VGR) Überweisungen *fpl* ausländischer Arbeitskräfte
forelady
(Pw) Meisterin *f*
– Vorarbeiterin *f*
(cf, foreman)
foreman
(Pw) Meister *m*
– Vorarbeiter *m*
(ie, a first-line supervisor; in the impetuous drive to „de-sex"' the nature of work, the competing title „forelady"' has been introduced)
forensic medicine
(Re) Gerichtsmedizin *f*
(ie, application of medical evidence or medical opinion for purposes of civil or criminal law; syn, legal medicine)
forestry (Vw) Forstwirtschaft *f (ie, management of growing timber)*
forestry agreement (AuW) forstwirtschaftliches Abkommen *n*
Forestry Commission (com, GB) Forstbehörde *f*
forex markets (Bö) Devisenmärkte *mpl (ie, foreign exchange markets)*
forfaiting
(Fin) Forfaitierung *f*
(ie, nonrecourse financing of receivables similar to 'factoring'; so called in Austria and Germany; the difference is that a factor buys short-term receivables, while a forfaiting bank purchases notes that are long-term receivables with maximum maturities of 8 years; Kauf e–r Forderung unter Ausschluß jeden Rückgriffs des Käufers gegen den Verkäufer; bei Exportgeschäften erheblichen Umfangs)
forfaiting transaction (Fin) Forfaitierungsgeschäft *n*
forfeit *v* (Re) verfallen, verwirken
forfeitability (Re) Verfallbarkeit *f (eg, of pension rights)*
forfeitable (Re) verfallbar
forfeit a right *v* (Re) Recht *n* verwirken
forfeited penalty (Re) verwirkte Strafe *f*
forfeited share (Fin) kaduzierte Aktie *f*
forfeiture
(Re) Verwirkung *f*
– Rechtsverwirkung *f*
(ie, loss of some right)
(Vers) Anspruchsverwirkung *f*
forfeiture clause (Re) Verfallklausel *f*
forfeiture of a patent (Pat) Verfall *m* e–s Patents
forfeiture of shares (Fin) Aktienkaduzierung *f*
FOR, for (com) = free on rail
for/fot (com) = free on rail/free on truck = frei Waggon/Lastwagen benannter Abgangsort *(cf, Incoterms)*
for further action (com) zur weiteren Veranlassung
forge *v* (com, GB) fälschen *(syn, counterfeit)*
forged coins (Fin, GB) Falschmünzen *fpl (syn, counterfeit coins)*
forged money (Fin, GB) Falschgeld *n (syn, counterfeit money)*
forged note
(com, GB) gefälschte Banknote *f*
– „Blüte" *f*
(syn, US, counterfeit bill)
forged signature (com) gefälschte Unterschrift *f*
forgery and counterfeiting
(Re) Fälschung *f*
(ie, of notes and coin, documents, securities)
forgery of bank notes (Fin) Banknotenfälschung *f (syn, counterfeiting of bank notes)*
forging of false currency (Fin) Falschmünzerei *f*
forgive *v* (Re, US) erlassen *(ie, grant relief from payment)*
forgiveness of a debt (Re) Schuldbefreiung *f*
forgiveness of debt (Fin) Schuldenerlaß *m*
forgo a debt *v* (Re) Forderung *f* erlassen
for good delivery (Bö) Terminlieferung *f*
forklift (truck) (IndE) Gabelstapler *m*
fork out *v* (com, infml) austeilen, zahlen *(eg, taxpayers fork out money for . . .?)*
for lack of acceptance (WeR) mangels Annahme
form
(com) Formblatt *n*
– Formular *n*
– Vordruck *m*
(syn, blank, blank/printed . . . form)
(EDV) Formular *n*
(EDV) Maske *f*
form *v* (com) gründen *(syn, create, qv)*
formal communication channel
(Bw) formaler Kommunikationsweg *m*
(ie, based on a chain of command from the top of the organization down)

formal contract (Re) förmlicher Vertrag *m*, formbedürftiger Vertrag *m*
formal corporate planning (Bw) formale Unternehmensplanung *f*
formal decision logic (Log) formale Entscheidungslogik *f*
formal economy
(Vw) offizielle Wirtschaft *f*
(syn, first /recorded . . . economy; opp, informal economy, qv)
formal equivalence (Log) formale Äquivalenz *f*
formal filing requirements (Pat) Formvorschriften *fpl* für die Anmeldung
formal incidence (FiW) formale Inzidenz *f*
formality (com) Formalität *f (eg, legal/customs . . . formality)*
formal legal requirements (Re) gesetzliche Formvorschriften *fpl*
formal lines of credit (Fin) formelle Kreditzusagen *fpl*
formal logic
(Log) formale
– mathematische
– symbolische . . . Logik *f*
(ie, study of permissible relations between propositions; concerns the form rather than the content)
formal model (Vw) formales Modell *n (opp, naive model)*
formal organizational structure (Bw) Formalstruktur *f* der Organisation
formal reasoning (Log) formaler Beweis *m*
formal science (Log) Formalwissenschaft *f*
formal supposition (Log) formale Supposition *f (syn, use of a term)*
form a quorum *v* (com) beschlußfähig sein *(syn, constitute a forum)*
format
(EDV) Format *n*
– Dateiformat *n*
(com) Aufmachung *f*
– Anordnung *f*
format *v* (EDV) formatieren *(eg, formatted output of computer)*
format a disk *v* (EDV) Diskette/Festplatte formatieren *(ie, writing administrative data [control and track location information] to the medium; has to be done before storing normal data on the disk)*
format buffer (EDV) Formularformatspeicher *m*
format check *v* (EDV) formal überprüfen
format effector (EDV) Formatsteuerzeichen *n (syn, layout character)*
formation expense
(ReW) Gründungskosten *pl (syn, organization expense, qv)*
(ReW, EG) Aufwendungen *mpl* für die Errichtung und Erweiterung des Unternehmens
formation of a company (com) Errichtung *f* e–r Gesellschaft
formation of a shell company
(com) Fassongründung *f*
(ie, with no intention of carrying on business)
formation of capital (Vw) Kapitalbildung *f (syn, accumulation of capital)*
formation of contract (Re) Zustandekommen *n* e–s Vertrages
formation of market prices (Vw) Marktpreisbildung *f*
formation of property (Vw) Eigentumsbildung *f*
formation of rates (Bö) Kursbildung *f*
formation of reserves (ReW) Bildung *f* von Rücklagen *(syn, setting-up of reserves)*
formation of savings (Fin) Ersparnisbildung *f*
formation of wealth (Vw) Vermögensbildung *f*
format of accounts (ReW) Abschlußgliederung *f*
formatted data set
(EDV) formatierter Datenbestand *m*
formatting capabilities (EDV) Formatierhilfen *fpl*
formatting macro (EDV) Formatiermakro *n*
formatting program (EDV) Formatierprogramm *n*
form feed
(EDV) Seitenvorschub *m*
– Formularvorschub *m*
form feed character (EDV) Formularvorschubzeichen *n*
form flash (EDV) Formulareinblendung *f (ie, in computer graphics)*
form franchise agreement (Mk) Franchise-Vertragsformular *n*
form image (EDV, COBOL) Maskenabbild *n*
forming operations
(IndE) spanlose Fertigung *f*
(opp, machining operations = spanabhebende Bearbeitung)
form letter (EDV) Formbrief *m*, Schemabrief *m (syn, mailmerge layout)*
form of application (com) Antragsformular *n (syn, application form)*
form of proxy (Fin) Vollmachtsformular *n*
form overlay (EDV) Formulardarstellung *f (ie, in computer graphics)*
form requirement (Re) Formvorschrift *f*
forms check (EDV) Formularprüfung *f*
form set (com) Belegsatz *m*
forms of business organization (com) Unternehmungsformen *fpl*
forms of organization (Bw) Organisationsformen *fpl*
forms of organization structure (Bw) Kompetenzsysteme *npl*, Leitungssysteme *npl*
form title field (EDV) Formularkopf *m*
formula compromise (EG) Formelkompromiß *m*
formula cost (KoR) vorausgeschätzte Kosten *pl*
formula flexibility
(Vw) Formelflexibilität *f* Indikatorenflexibilität *f*
(ie, instrument designed to flatten out cyclical fluctuations = zur Glättung von Konjunkturschwankungen)
formula language (EDV) Formalsprache *f*
formula method (KoR) einstufige Kostenplanung *f*
formulation of monetary policy (EG) Festlegung *f* der Geldpolitik
form utility (Vw) Nutzen *m* aus der Formveränderung e–s Gutes
for-profit hospital chain (SozV, US) gewinnorientierte Krankenhauskette *f*
for reasons beyond our control (Re) aus von uns nicht zu vertretenden Gründen
forthcoming (com) bevorstehend, ins Haus stehend *(syn, upcoming)*
for the account (Bö) „am nächsten Abrechnungstag"
for the time being (com) jeweilig *(eg, owner, holder, president)*

forthnightly settlement (Bö, GB) Medioabrechnung *f*
fortune 500 (com) Liste *f* der größten US-Gesellschaften *(ie, published regularly in FORTUNE magazine)*
forum
(com) Forum *n*
(Re) Gerichtsstand *m*
(pl. fora, syn, place of jurisdiction, place of litigation, venue)
forum contractus (Re) Gerichtsstand *m* des Erfüllungsortes
forum domicilii
(Re) Gerichtsstand *m* des Wohnsitzes
(ie, forum or court of the domicile, considered as a place of jurisdiction)
forum shopping (Re) Suche *f* nach dem Gericht, das innerhalb des Internationalen Privatrechts e–n Fall am günstigsten entscheidet
forward *v* (com, fml) abschicken, absenden, befördern *(syn, send, send off, dispatch, ship)*
forward against forward (Bö) Termingeschäft *n* gegen Termingeschäft
forward arbitrage (Fin) Zinsarbitrage *f*
forward buyer (Bö) Terminkäufer *m*
forward buying (Bö) Terminkauf *m (syn, buying forward)*
forward chaining (EDV) datengetriebene Strategie *f (opp, backward chaining)*
forward coffee exchange (Bö) Kaffeeterminbörse *f (ie, trading in coffee futures)*
forward commitments (Bö) Terminpositionen *fpl*
forward commodity (Bö) Terminware *f (syn, future commodity)*
forward contract
(com) Terminkontrakt *m*
(ie, for deferred delivery of a given quantity of specified types and quantities at a given price between the two parties named in the contract; cf, futures contract)
forward cotton exchange (Bö) Baumwollbörse *f (syn, cotton futures market)*
forward cover (Bö) Terminsicherung *f (syn, futures hedging)*
forward currency trading (Bö) Devisenterminhandel *m*
forward dated check
(Fin) vordatierter Scheck *m*
(ie, cannot be cashed before the date appearing on its face; syn, postdated check)
forward deal (Bö) Termingeschäft *n*
forward deal in securities (Bö) Wertpapiertermingeschäft *n*
forward delivery (Bö) Terminlieferung *f*
forward discount (Bö) Terminabschlag *m*
forward dollars (Bö) Termindollars *pl*
forwarder
(com) Spediteur *m (syn, forwarding agent, qv)*
(com) Ablader *m (ie, neither exporter nor carrier; syn, shipper)*
forwarder's agent (com) Speditionsagent *m*
forwarder's documents
(com) Spediteurdokumente *npl*
forwarder's receipt
(com) Spediteur-Übernahmebescheinigung *f*
(syn, Forwarding Certificate of Receipt, FCR)
forwarder's through bill of lading (com) Spediteurdurchkonnossement *n*
forward exchange
(Bö) Devisenterminmarkt *m*, Devisenterminbörse *f (syn, foreign exchange market)*
(Bö) Devisenterminhandel *m*, Devisentermingeschäft *n (syn, foreign exchange trading, qv)*
(Bö) Termindevisen *pl*
forward exchange cover (Bö) Kurssicherung *f* am Devisenmarkt
forward exchange dealing (Bö) Devisenhandel *m*
forward exchange dealings (Bö) = forward exchange trading
forward exchange market (Bö) Devisenterminmarkt *m (opp, spot exchange market)*
forward exchange policy (AuW) Devisenterminpolitik *f*
forward exchange rate (Bö) Devisenterminkurs *m (opp, spot exchange rate)*
forward exchange trading
(Bö) Devisenterminhandel *m* Devisentermingeschäft *n*
(syn, forward exchange dealing, forward exchange, exchange futures; opp, spot exchange trading)
forward exchange transaction (Bö) Devisentermingeschäft *n (opp, spot exchange transaction)*
forward forward deposit (Bö) Einlagentermingeschäft *n*
forward freight *v* (com) befrachten *(ie, up to ship's berth)*
forward indicator (Vw) Frühindikator *m (syn, leading indicator, qv)*
forwarding (com) Versand *m*, Expedition *f (syn, shipping, dispatch, sending off)*
forwarding address (com) Nachsendeadresse *f*
forwarding advice (com) Versandanzeige *f (syn, advice note, qv)*
forwarding agent
(com) Spediteur *m*
(ie, engaged in collecting, transferring, warehousing, and delivering goods; syn, forwarder, freight forwarder)
forwarding business (com) Speditionsgeschäft *n*
forwarding by rail (com) Bahnversand *m*
Forwarding Certificate of Receipt, FCR
(com) (internationale) Spediteur-Übernahmebescheinigung *f*
forwarding charge (com) Versandgebühr *f*
forwarding commission (com) Speditionsprovision *f*
forwarding company (com) Speditionsgesellschaft *f*
forwarding contract
(com) Beförderungsvertrag *m*
(syn, shipping contract; GB, contract of carriage)
forwarding department
(com) Versandabteilung *f*
– Expeditionsabteilung *f*
(syn, shipping department)
forwarding industry (com) Speditionsgewerbe *n*
forwarding instructions
(com) Versandanweisungen *fpl*
– Versandvorschriften *fpl*
(syn, shipping instructions)

forwarding of mail (com) Nachsendung *f (der Post)*
forwarding regulations (com) Abfertigungsvorschriften *fpl*
forward integration (Bw) Vorwärtsintegration *f (opp, backward integration)*
forward linkage
(Vw) Verflechtung *f* mit nachgelagerten Wirtschaftszweigen
(opp, backward linkage = beschaffungsmäßige Verflechtung)
forward mail *v* (com) Post *f* nachsenden *(ie, to changed address)*
forward margin (Fin) Swapsatz *m (syn, swap rate, qv)*
forward market (Bö) Terminmarkt *m (syn, futures market)*
forward market in currency (Bö) Devisenterminbörse *f*
forward material (Fin) Terminbestand *m*
forward option (Bö) Terminoption *f*
forward order (Bö) Terminauftrag *m*
forward outright (Bö) Devisengeschäft *n* zu e–m festgesetzten Termin
forward planning (Bw) Vorausplanung *f*
forward premium (Bö) Terminaufgeld *n*
forward profits *v* (Fin) Gewinne *mpl* überweisen *(eg, to parent company)*
forward purchase
(com) Kauf *m* zur späteren Auslieferung
(Bö) Terminkauf *m*
forward quotation (Bö) Terminnotierung *f (syn, futures quotation)*
forward rate (Bö) Terminkurs *m*
forward rate agreement, FRA (Fin) = future rate agreement, qv
forward sale
(Bö) Terminverkauf *m (syn, GB, sale for the account)*
forward sales projection (Mk) Absatzprognose *f (syn, sales forecast)*
forward securities (Bö) Terminpapiere *npl*
forward seller (Bö) Terminverkäufer *m*
forward shifting of taxes
(FiW) Steuer-Vorwälzung *f*
– Steuer-Fortwälzung *f*
(opp, backshifting of taxes = Steuer-Rückwälzung)
forward strategy (Mk) Vorwärtsstrategie *f*
forward to *v*
(com) weiterleiten an
(ie, instructions to post office on envelope; syn, GB, redirect to)
forward trading (Bö) Börsenterminhandel *m (syn, trading in futures)*
forward transaction (Bö) Termingeschäft *n (opp, spot sale = Kassageschäft)*
forward vertical integration (Bw) vertikale Vorwärtsintegration *f*
f.o.s. (com) = free on steamer
foster home (SozV) Pflegeheim *n*
foster parents (Re) Pflegeeltern *pl*
FOT, fot (com) = free on truck
foul bill of lading
(com) unreines Konnossement *n (syn, dirty bill of lading, qv)*
found *v* (com) gründen *(syn, create, set up)*

foundation
(Re) Stiftung *f*
(ie, nonprofit, nongovernmental organization set up as a corporation or trust)
foundation audit (ReW) Gründungsprüfung *f (for a stock company: examination of company formation, §33 AktG)*
foundation member (com, GB) Gründungsmitglied *n*
foundation syndicate (Fin) Gründungskonsortium *n*
foundation under public law (Re) Stiftung *f* des öffentlichen Rechts
founder (com) Gründer *m (ie, of any type of business)*
founder's shares
(Fin, GB) Gründeraktien *fpl*
– Nachzugsaktien *fpl*
fount (EDV, GB) = font
four-color separation (EDV) Vier-Farb-Separation *f*
four-sector economy (VGR) Vier-Sektoren-Wirtschaft *f*
Fourth Directive
(ReW, EG) Vierte EG-Richtlinie *f*
(ie, enthält Rechnungslegungsvorschriften für Kapitalgesellschaften: accounting standard that deals with the content, object, and format of corporate accounts, including specific disclosure provisions)
fourth generation (EDV) vierte Rechner-Generation *f (ie, relies on very-large-scale integrated circuits, VLSI)*
fourth market
(Bö) Markt *m* für nicht notierte Wertpapiere
(Fin) Interbankenmarkt *m* für Wertpapiere
Fourth World
(AuW) Vierte Welt *f*
(ie, developing countries with very low per capita incomes, few resources, and little expectation of economic growth)
fourty-hour week (Pw) Vierzigstunden-Woche *f*
Fourty-Plus Club
(com, US) Zusammenschluß *m* stellenloser Führungskräfte über 40
(ie, banded together to help each find jobs)
f.o.w.
(com) = free on wagon
(com) = first open water chartering
FOX (Fin) = London Futures and Options Exchange
f.p. (com) = fully paid
f.p.a. (SeeV) = free of particular average
FPU (EDV) = Floating Point Unit, qv
FRA (Fin) = future rate agreement
fractile
(Stat) Fraktil *n*
(ie, of a distribution)
(IndE) Fraktil *n*
fraction
(Math) Bruch *m*, gebrochene Zahl *f (opp, integer)*
(com) Bruchteil *m*
fractional amount (Fin) Spitzenbetrag *m*
fractional coins (Fin) Scheidemünzen *fpl*
fractional co-owner (Re) Miteigentümer *m* nach Bruchteilen
fractional dividend (Fin, US) Zwischendividende *f*
fractional dividend payment (Fin) Abschlagsdividende *f (cf, quarter dividend)*

fractional equation (Math) gebrochen rationale Funktion *f*
fractional exponent (Math) gebrochener Exponent *m*
fractional franchise (Mk) Partialfranchise *f*
fractional gains (Bö) bruchteilige Gewinne *mpl*
fractional integer programming (OR) Schnittebenenverfahren *n* von Gomory, FIP-Verfahren *n*
fractional lot (Bö) Paket *n* mit weniger als 100 Aktien
fractional part (Math) Restbruch *m*
fractional part of a period
(Math) Periodenbruchteil *m*
fractional programming (EDV) Quotientenprogrammierung *f*
fractional reserve banking (Fin) Banksystem *n*, in dem nur ein Teil der Kundeneinlagen als Zentralbankgeld gehalten wird
fractional share (Fin) Anteilsbruchteil *m (ie, bei Investmentfonds)*
fractional share certificate
(Fin) Bruchteilsaktie *f*
– Quotenaktie *f*
fractional shares (Bö) Aktienspitzen *fpl*
fractional value insurance
(Vers) Bruchteilversicherung *f*
(ie, taken out to cover warehouse against the risks of burglary and water damage; fraction usually between 5% and 25% of total value)
fraction bar (Math) Bruchstrich *m (syn, bar)*
fraction defective
(IndE) Ausschußanteil *m*
(ie, number of units per 100 pieces which are defective in a lot; expressed as a decimal; syn, rate of defectives)
fractions (Math) Bruchrechnen *n (eg, using fractions in business)*
fragile, handle with extreme care (com) zerbrechlich, mit äußerster Sorgfalt behandeln
fragment a market *v* (Kart) Markt *m* aufteilen *(syn, divide up, partition)*
fragmentation
(com) Aufteilung *f*
– Zerlegung *f*
(KoR) Aufteilung *f* e–s Gemeinkostenblocks
(ie, of a pool of overhead cost)
(EDV) Fragmentierung *f*
(eg, of a hard disk; ie, files do not use consecutive clusters)
frame
(EDV) Platine *f (syn, board)*
(EDV) Kachel *f*
(ie, konstant große Verwaltungseinheiten des Arbeitsspeichers)
(Stat) Auswahlgrundlage *f*
– Stichproben-Erhebungsumfang *m*
frame *v* (EDV) freigeben *(syn, to delimit)*
frame address (EDV) Rahmenadresse *f*
frame of reference
(Log) Bezugsrahmen *m (ie, systematic set of principles serving to orient)*
(Log, infml) Auffassung *f*
– Ansicht *f*
– Theorie *f*
(syn, viewpoint, theory; eg, discuss contentions in a fixed . . .)

framework agreement
(Re) Rahmenvertrag *m*
– Rahmenabkommen *n*
(syn, basic/overall/outline/skeleton . . . agreement)
framework credit (Fin) Rahmenkredit *m*
framework law (Re) Rahmengesetz *n*
framework legislation (Re) Rahmengesetzgebung *f*
framework of concepts
(Log) begrifflicher
– konzeptioneller ... Bezugsrahmen *m*
framework of credit (Fin) Kreditrahmen *m (syn, credit . . . availability/line)*
franchise
(Re) Konzession *f (ie, behördlich verliehenes Alleinverkaufsrecht)*
(Re) Gründungsbescheinigung *f* e–r AG
(Mk) Franchise *f*
– Alleinverkaufsrecht *n*
(ie, granted by a company to a retailer to market a product or service in a specific territory; there are three types: straight product distribution, product license, trade name)
(Mk) Franchiseunternehmen *n*
(Vers) Franchise *f*
– Freizeichnungsgrenze *f*
(syn, percentage exemption, deductible, excess insurance)
franchise *v* (Mk) franchisieren
franchise agreement (Mk) = franchise contract
franchise arrangements (Mk) Franchise-Vereinbarungen *fpl*
franchise clause
(Vers) Franchiseklausel *f*
– Freiteilklausel *f*
– Bagatellklausel *f*
(ie, claims below a stated limit are not payable by insurer)
franchise company (Mk) Franchiseunternehmen *n*
franchise contract (Mk) Franchisevertrag *m (syn, franchise agreement)*
franchised dealer (Mk) Vertragshändler *m (syn, authorized dealer)*
franchised department
(Mk) Abteilungsfranchise *f*
– Minifranchise *f*
franchised distribution (Mk) Franchising *n* im Handel
franchised outlet (Mk) franchisierter Ortshändler *m*
franchisee
(Mk) Franchisenehmer *m (ie, grantee of franchise; opp, franchisor)*
(Re) Konzessionsinhaber *m*
franchise fee (Mk) Franchisegebühr *f (syn, franchise royalty)*
franchiser
(Mk) = franchiser firm
(Re) Konzessionserteiler *m*
franchiser company (Mk) = franchiser firm
franchiser firm (Mk) Franchisegeber *m*, Kontraktgeber *m (syn, franchiser company)*
franchise royalty (Mk) = franchise fee
franchise system (Mk) Franchising-System *n*
franchise tax (StR, US) Konzessionsteuer *f (ie, payable in respect of the right to do business)*

franchising
(Mk) Franchising *n*
(ie, ein vertraglich straff geführtes „Quasi"-Filialsystem; vertraglich geregeltes vertikales Kontraktmarketing zwischen Franchisegeber und e–m Franchisenehmer)
franchising system (Mk) Franchisesystem *n*
franchisor (Mk) Franchisegeber *m (ie, grantor of franchise; opp, franchisee)*
franco à board (com) = free on board
franco delivery (com) Lieferung *f* frei Empfänger
franco domicile (com) frei Haus *(syn, free domicile, free delivered)*
franco domicilium (com) = franco domicile
franco, fco (com) frei *(bis)*
franco frontier (com) frei Grenze
franco invoice (com, GB) Exportrechnung *f*, ausgestellt in der Sprache und in den Maßeinheiten/der Währung des Einfuhrlandes
frank *v* (com) frankieren, freistempeln *(ie, using a metering machine)*
franked income (Fin, GB) = franked investment income
franked investment income (Fin, GB) Dividendenerträge *mpl* nach Steuern
Frankfurt Interbank Offered Rate, FIBOR
(Fin) FIBOR
(ie, Briefsatz ausgewählter Referenzbanken für Ausleihungen von Drei- und Sechs-Monatstermingeldern an erste Adressen im Interbankhandel; gegen 12 Uhr an der Frankfurter Börse veröffentlicht)
franking machine
(com, GB) Freistempler *m*
– Frankiermaschine *f (syn, US, postage meter)*
fraud
(Re) arglistige Täuschung *f (ie, misrepresentation intended to deceive; cf, § 123 BGB; macht die Willenserklärung anfechtbar)*
(Re) Betrug *m (cf, § 263 StG)*
fraud on the Patent Office (Pat, US) Patenterschleichung *f*
fraudulent
(Re) arglistig *(cf, fraud)*
(Re) betrügerisch
fraudulent bankruptcy
(Re) betrügerischer Konkurs *m*
fraudulent conversion (Re) betrügerische Aneignung *f*
fraudulent inducement (Re) betrügerisches Zustandekommen *n* e–s Vertrages
fraudulent misrepresentation (Re) wissentlich falsche Darstellung *f*
fraudulent stock dealings (Bö) betrügerische Aktiengeschäfte *npl*
fraudulent trading (Kart) unlautere Wettbewerbshandlungen *fpl*
fraudulent transaction (com) Schwindelgeschäft *n*
fraught with risk (com) risikobehaftet
frc. (com) = free carrier
Freddie Mac (Fin, US) = Federal Home Loan Mortgage Corporation
free access resources (Vw) Ressourcen *fpl* ohne Zugangsbeschränkung *(opp, common pool resources)*
free admission
(Zo) abgabenfreie Einfuhr *f*
(syn, duty and tax free importation)
free advertisement
(Mk) kostenlose Anzeige *f*
– Gratisanzeige *f*
free agent (com) unabhängige Handelsvertretung *f*
free airport (com) frei Flughafen
free alongside quay, f.a.q. (com) frei Längsseite Kai
free alongside ship, fas (com) frei Längsseite Seeschiff bzw. Binnenschiff benannter Verschiffungshafen; cf, Incoterms
free and clear (Fin, infml) schuldenfrei *(syn, clear, qv)*
free and open market (Vw) Wettbewerbsmarkt *m (syn, competitive market)*
free assets (Vers) freies Vermögen *n*
free at point of dispatch (com) ab Werk
free average (SeeV) Franchise *f*, Freizeichnungsgrenze *f*
free balance (Fin) zinsloses Guthaben *n*
free balance control (MaW) Variante *f* des Bestellpunktsystems der Lagerhaltung
freeboard certificate (com) Freibordzeugnis *n*
free bonds
(Fin) ungesicherte Schuldverschreibungen *fpl*
(ie, unpledged and unhypothecated; free for immediate disposal)
free booze
(com, sl) Getränke *npl* frei
(eg, on a plane, during the boss's welfare party)
free carrier (com) frei Frachtführer an benanntem Ort; *(cf, Incoterms)*
free choice of employment (Pw) freie Wahl *f* des Arbeitsplatzes
free circulation certificate (Zo) Freiverkehrsbescheinigung *f*
free collective bargaining (Pw, appr) Tarifautonomie *f*
free competition (Vw) freier Wettbewerb *m*, freie Konkurrenz *f*
free construction site (com) frei Bau(stelle)
free consumers' choice (Vw) freie Konsumwahl *f*
free copy (com) Freiexemplar *n*
free crowd (Fin, US) Händlergruppe *f* für Festverzinsliche
free currency (Vw) unbeschränkt konvertierbare Währung *f*
free delivered (com) = free domicile
free delivery (com) Lieferung *f* frei Bestimmungsort
free depreciation (StR, GB) Vollabschreibung *f* (moderner Anlagen) im ersten Jahr nach Anschaffung
free discharge, f.d. (com) freies Löschen *n*
free discretion (Re) freies Ermessen *n (syn, absolute discretion)*
free domicile
(com) frei Haus
(ie, free of charge to address of buyer; syn, free house, franco domicile)
freedom of association (Pw) Koalitionsfreiheit *f*
freedom of capital movements (AuW) Freizügigkeit *f* des Kapitalverkehrs
freedom of choice by consumers (Vw) freie Konsumwahl *f (syn, free consumer's choice)*

freedom of choice of occupation (Re) freie Berufswahl *f*
freedom of competition (Vw) Wettbewerbsfreiheit *f*
freedom of contract
(Re) Vertragsfreiheit *f*
(ie, constitutionally protected right to make contracts)
freedom of discussion (Re) Meinungsfreiheit *f* *(ie, free expression of opinion)*
freedom of economic action (Kart) wirtschaftliche Bewegungsfreiheit *f*
freedom of entry (Vw) freier od ungehinderter Marktzutritt *m (syn, free entry into a market)*
freedom of establishment (EG) Niederlassungsfreiheit *f*
freedom of form (Re) Formfreiheit *f (ie, absence of formal requirements)*
freedom of occupation
(Re) Berufsfreiheit *f*
(ie, right to freely chose one's occupation, place of work and place of training)
freedom of scope
(com) Gestaltungsfreiheit *f*
(ie, liberty to make one's own arrangements)
freedom of trade (AuW) Handelsfreiheit *f*
freedom of transit (AuW) Durchfuhrfreiheit *f*
freedom to compete (Vw) Wettbewerbsfreiheit *f*
free drug sample (com) Ärztemuster *n*
free enterprise system (Vw) System *n* der freien Marktwirtschaft
free entry (Zo) zollfreie Einfuhr *f*
free evalution of facts and evidence (Re) freie Beweiswürdigung *f*
free exchange rates (AuW) freie Wechselkurse *mpl*
free float
(OR) freie Pufferzeit *f*
– freier Vorgangspuffer *m (syn, early free float)*
free floating (AuW) freies Schwanken *n* der Wechselkurse
free franc, BEL
(Fin) Finanzfranc *m*
– Freimarktkurs *m*
(ie, it is the free market rate as opposed to the official rate of exchange; part of the two-tier exchange rate system; cf, commercial franc, qv)
free from alongside, ffa, (f.f.a.)
(com) frei von Längsseite des Schiffes
free from average (SeeV) frei von Havarie
free from average in excess of . . . pct (Vers) Abzugsfranchise *f*, Exzedentenfranchise *f*
free from average under . . . pct
(Vers) Integralfranchise *f*
free from breakage (Vers) frei von Bruch
free from debt (Fin) schuldenfrei *(syn, free of debt)*
free from debt *v* (Fin) schuldenfrei machen *(eg, business, house)*
free from defects (com) fehlerfrei
free from encumbrances (Re) lastenfrei *(syn, unencumbered)*
free from particular average (SeeV) frei von Schäden in besonderer Havarie
free frontier (com) frei Grenze
free gift
(Mk) Zugabe *f*
(Mk) Werbegeschenk *n*
free gift ‚come-on' (Mk) Zugabe *f (ie, for new accounts)*
free good (Vw) freies Gut *n (syn, free resource, common property resource)*
freehand method (Stat) Freihandverfahren *n*
freehold land and buildings (ReW, GB) Grundstükke *npl* und Gebäude *npl*
free house (com) frei Haus *(syn, free domicile)*
free in and out, f.i.o. (com) frei ein- und ausgeladen
free in and out stowed, f.i.o.s. (com) frei ein- und ausgeladen, gestaut
free in, f.i. (com) frei eingeladen
free international trade (AuW) internationaler Freihandel *m*
free into barge, f.i.b. (com) frei in Leichter
free into bunkers, f.i.b. (com) frei in Bunker
free in waggon, f.i.w. (com) frei in Eisenbahnwagen
free issue (Fin, GB) = bonus issue
free lance (com) freiberuflich *(eg, journalist, interpreter)*
free lance collaborator
(com) freier Mitarbeiter *m*
– freiberuflicher Mitarbeiter *m*
free lance patent (Pat) Wegelagererpatent *n (syn, shot-gun patent)*
freelancer
(com) Freiberufler *m*
(ie, independent worker taking assignments from various employers)
free lance work (com) freiberufliche Tätigkeit *f*
free liquid reserves (Vw) freie Liquiditätsreserve *f*
free list
(AuW) Liberalisierungsliste *f*
(Zo) Freiliste *f*
(ie, list of tax-free goods)
freely convertible currency (AuW) frei konvertierbare Währung *f*
freely fluctuating exchange rate
(AuW) frei schwankender Wechselkurs *m*
– ungebundener Wechselkurs *m*
(syn, freely flexible exchange rate)
freely transferable (WeR) formlos übertragbar
free market (Vw) offener Markt *m*
free-market coordinating mechanism (Vw) marktwirtschaftlicher Koordinationsmechanismus *m*
free market economy (Vw) freie Marktwirtschaft *f (syn, private enterprise)*
free market equilibrium (Vw) marktwirtschaftliches Gleichgewicht *n*
free market price
(com) freier Marktpreis *m (syn, competitive price)*
(Bö) außerbörslicher Kurs *m*
– Freiverkehrskurs *m*
– Kurs *m* im Freiverkehr
free market quotation (Bö) Freiverkehrskurs *m*
free market system (Vw) System *n* der freien Marktwirtschaft, marktwirtschaftliche Ordnung *f*
free markup (Mk) freie Spanne *f*
free matter (com) portofreie Sendung *f*
free movement of capital (Fin) freier Kapitalverkehr *m*
free movement of goods (com) freier Warenverkehr *m*
free movement of labor (EG) Freizügigkeit *f* der Arbeitnehmer
free of all average, f.a.a. (SeeV) frei von jeder Beschädigung

free of capture, seizure, riots and civil commotion, f.c.s.r.&.c.c. (com) frei von jedem Risiko bei gewaltsamer Wegnahme, Beschlagnahme, Aufuhr und Unruhen
free of charge, f.o.c.
(com) gebührenfrei, kostenlos
(syn, at no charge, without charge; opp, at one's own charge)
(com) frei von Kosten *(ie, im internationalen Handelsverkehr)*
free of damage, f.o.d. (com) unbeschädigt
free of debt (Fin) schuldenfrei
free of duty (Zo) zollfrei *(syn, duty free)*
free of expense (com) spesenfrei
free offer (com) Gratisangebot *n*
free of interest (Fin) zinsfrei *(ie, paying no interest on . . .)*
free-of-levy import (EG) abschöpfungsfreie Einfuhr *f*
free of particular average, f.p.a.
(SeeV) frei von Teilschaden
(ie, 1983 ersetzt durch die Institute Cargo Clauses C)
free of preconceptions (Log) voraussetzungslos
free of stamp (Bö) frei von Börsenumsatzsteuer
free of tax (StR) steuerfrei, abgabenfrei
free of taxes (StR) abgabenfrei, steuerfrei
free on board, fob (com) frei an Bord benannter Verschiffungshafen; cf, Incoterms
free on board/free off board, fob/fob (com) frei an Bord und wieder frei von Bord
free on board vessel (com) fob Schiff
free on quay, f.o.q. (com) frei auf Kai
free on rail, FOR, for (com, GB) frei Bahnstation, frei Eisenbahnwaggon *(syn, free on board railroad station)*
free on rail/free on truck (com) frei Waggon/Lastwagen benannter Abgangsort; *(cf, Incoterms)*
free on rail/free on truck, for/fot (com) frei Waggon (oder offene Güterwagen)
free on steamer, f.o.s. (com) frei Schiff
free on truck, FOT, fot
(com, US) frei Lkw
(com, GB) frei Waggon
free on waggon, f.o.w. (com) frei auf Güterwagen
free-paid letter (com) frankierter Brief *m*
free play of market forces (Vw) freies Spiel *n* der Marktkräfte
free policy (Vers) beitragsfreie od prämienfreie Versicherung *f (syn, paid-up policy)*
free port area (Zo) Freihafen *m*, Freihafengebiet *n (syn, free trade zone)*
free port frontier (Zo) Freihafengrenze *f*
free port processing (Zo) Freihafen-Veredelungsverkehr *m*
free port warehouse (Zo) Freihafenlager *n*
free port zone (Zo) = free port area
free price (Vw) Wettbewerbspreis *m*
free professional (com) Freiberufler *m*
free-range eggs (com, GB) Freilandeier *npl (ie, eggs from uncooped hens; opp, battery eggs)*
free reserves
(ReW) freie Rücklagen *fpl*
(syn, voluntary/uncommitted . . . reserves, retained earnings – voluntary portion)
(Vw) freie Reserven *fpl*, Überschußreserven *fpl*
free resource (Vw) = free good
free rider
(com) Schwarzfahrer *m (ie, person dodging fares in public transport)*
(FiW) Trittbrettfahrer *m*
(Bö, US) Konzertzeichner *m*
free sample (com) Gratismuster *n*
free sheets (Mk) Anzeigenblatt *n (ie, found in weekly journalism)*
free surplus (ReW) frei ausschüttbarer Gewinn *m (ie, zur Ausschüttung an die Aktionäre)*
free ticket (com) Freifahrtschein *m*, Freikarte *f*
free-tier gold market (Fin) freier Goldmarkt *m*
free to dispose (Re) verfügungsberechtigt
free trade (Vw) Freihandel *m (syn, liberal trade)*
free trade agreement, FTA (AuW) Freihandelsabkommen *n*
free trade area (AuW) Freihandelsgebiet *n*, Freihandelszone *f (syn, US, foreign trade zone)*
free trade equilibrium (AuW) Freihandels-Gleichgewicht *n*
free trader (Vw) Anhänger *m* des Freihandels
free trade zone (Zo) Freihafen *m (syn, free port area)*
free travel keyboard (EDV) frei bewegliche Tastatur *f*
free tree (EDV) freier Baum *m (ie, zusammenhängender Baum ohne Zyklen)*
free up capital *v* (Fin) Kapital *n* freisetzen
free variable (Log) echte od freie Variable *f*
free warehouse (com) frei Lager
freeze (Vw) Stopp *m (eg, of wages, prices, rents)*
freeze *v*
(Fin) einfrieren
(eg, external assets = Auslandsvermögen)
freeze an account *v* (Re) Guthaben *n* sperren
freeze-drying (com) Gefriertrocknung *f (eg, of vegetables)*
freeze on payments (Fin) Suspendierung *f* von Zahlungen
freeze out (com) Verdrängen *n* von Minderheitsaktionären *(syn, squeeze out)*
freeze out *v*
(com) verdrängen
(eg, rival from/out of . . . a market; syn, drive out)
freezer center (com) Tiefkühlanlage *f*
freezing of assets (Vw) Blockierung *f* von Vermögenswerten
free zone (Zo) Zollfreigebiet *n*
freight
(com, US) Frachtgut *n (ie, bei allen Beförderungsarten)*
(com) Frachtgut *n*
(ie, bei See- und Lufttransport)
(com) Frachtkosten *pl*
– Beförderungskosten *pl (syn, transport expenses, cost of transport)*
freight *v*
(com) befrachten
(com) befördern, verfrachten *(ie, goods)*
(com) chartern *(ie, ship)*
freight absorption (com) Preisstellung *f* mit teilweiser Übernahme der Frachtkosten
freightage (com) Frachtkosten *pl (syn, freight)*

freight allowed pricing (com) Preisstellung *f* frei Haus
freight-allowed system (com, US) Zonenpreissystem *n (syn, zone-delivered pricing)*
freight and carriage paid (com) frachtfrei
freight and charges prepaid (com) fracht- und spesenfrei
freight and parcels business (com, GB) Fracht- und Paketgeschäft *n*
freight bill (com) Frachtbrief *m (syn, railroad bill of lading)*
freight booking (com) Frachtbuchung *f*
freight broker (com) Frachtmakler *m*
freight brokerage (com) Frachtmaklergebühr *f*
freight broking (com) Frachtmaklergeschäft *n*
freight bureau (com) Frachtausschuß *m*
freight capacity (com) Frachtraum *m*
freight car (com) Güterwaggon *m (syn, GB, goods waggon)*
freight/carriage and insurance paid to (com) frachtfrei versichert benannter Bestimmungsort; cf, Incoterms
freight charges
(com) Frachtgebühren *fpl*
– Frachtkosten *pl*
freight claim (com) Frachtanspruch *m*
freight clause (com) Frachtvermerk *m*
freight collect (com) unfrei *(syn, freight forward; GB, carriage forward)*
freight company (com) Frachttransportunternehmen *n*
freight conference (com) Schiffahrtskonferenz *f*
freight contract (com) Frachtvertrag *m (syn, GB, contract of carriage)*
freight declaration (Zo) Anmeldung *f* der Ladung
freight delivery office (com) Güterausgabe *f*
freight depot (com) = freight station
freight equalization (Kart) (diskriminierender) Frachtausgleich *m*
freighter
(com) Befrachter *m*
(ie, loads or charters and loads a ship)
(com) Absender *m*, Verlader *m*
(ie, for whom freight is transported; syn, shipper)
freight fixing (com) Frachtabschluß *m*
freight forward (com) Fracht *f* bezahlt Empfänger
freight forwarder
(com) Spediteur *m (syn, forwarding agent, qv)*
(com) Frachttransportunternehmen *n*
(eg, UPS, Federal Express)
freight forward, frt.fwd. (com) Fracht *f* nachnehmen
freight futures (Bö) Frachttermingeschäfte *npl (ie, by the dry cargo shipping market)*
freight futures exchange (Bö) Frachtraten-Börse *f*
freight goods *v* (com) Güter *npl* verfrachten
freight handling (com) Güterverladung *f*
freight handling facilities (com) Güterverladeanlagen *fpl*
freight home (com) Rückfracht *f (syn, back freight)*
freight homeward (com) = freight home
freight in (com) = freight inward
freighting (com) Befrachtung *f*
freighting by the case (com) Stückgutfracht *f (syn, package freight)*
freighting on measurement (com) Maßfracht *f*
freight insurance (Vers) Frachtversicherung *f (syn, cargo insurance)*
freight insurance value (Vers) Versicherungswert *m* der Fracht
freight in transit (com) rollende Fracht *f* od Ladung *f*
freight inward (com) Eingangsfracht *f (syn, freight in; GB, carriage inward)*
freight list (com) Ladeliste *f*, Ladeverzeichnis *n*
freight offered (com) Frachtangebot *n*
freight office (com) Frachtbüro *n*
freight or carriage paid (com) frachtfrei benannter Verschiffungshafen; cf, Incoterms
freight or carriage paid to
(com) frachtfrei
(ie, named port of destination; cf, Incoterms 1953)
freight out (com) Ausgangsfracht *f (syn, GB, carriage outward)*
freight out and home (com) Hin- und Rückfracht *f*
freight outward (com) Hinfracht *f (syn, outward . . . cargo /freight)*
freight penalty (com) Frachtzuschlag *m*, Straffracht *f (ie, für unvorschriftsmäßig verpackte Güter)*
freight prepaid, frt.ppd. (com) Fracht bezahlt, frachtfrei *(syn, GB, carriage paid, C/P)*
freight prepayment mark (com) Frankaturvermerk *m*
freight pro rate (com) Distanzfracht *f*
freight quotation (Bö) Frachtnotierung *f*
freight rebate (com) Frachtnachlaß *m*
freight receiving office (com) Güterannahme *f*
freight release (com) Frachtfreigabe-Bescheinigung *f (ie, issued when freight has been paid)*
freight route (com) Frachtweg *m*
freight sent abroad (com) Auslandsfracht *f*
freight shed (com) Güterschuppen *m*
freight station (com) Güterbahnhof *m (syn, freight depot; GB, goods station)*
freight surcharge (com) Frachtaufschlag *m*
freight ton (com) Frachttonne *f (syn, cargo ton)*
freight traffic (com) Frachtverkehr *m*, Güterverkehr *m (syn, goods traffic, freight . . . business/movement)*
freight train (com) Güterzug *m (syn, GB, goods train)*
freight train car (com) Güterwagen *m*
freight volume (com) Frachtaufkommen *n*
freight zone (com) Frachtzone *f*
„F" reorganization (Re, US) Sanierung *f* durch Umwandlung *(cf, reorganization)*
frequency
(Stat) Häufigkeit *f*, Besetzungszahl *f*
(ie, number of occurrencies of a given type of event, or number of members of a population falling into a specified class)
frequency bar chart (Stat) Stabdiagramm *n (syn, bar chart)*
frequency curve
(Stat) Häufigkeitskurve *f*
(ie, graphical representation of a continuous frequency distribution)
frequency density (Stat) Häufigkeitsdichte *f*
frequency distribution
(Stat) Häufigkeitsverteilung *f*
(ie, measures the relative frequency or probability that a variable can take on a set of values)

frequency function
(Stat) Häufigkeitsfunktion *f*
(syn, probability density function)
frequency of acquisition (MaW) = frequency of ordering
frequency of distribution (Stat) Verteilungsdichte *f*
frequency of occurrence
(Stat) Vorkommenshäufigkeit *f*
– Eintrittshäufigkeit *f*
frequency of ordering
(MaW) Bestellhäufigkeit *f (syn, frequency of acquisition)*
frequency polygon
(Stat) Häufigkeitspolygon *n*
– Treppenpolygon *n*
frequency series (Stat) Frequenzreihen *fpl*
frequency table (Stat) Häufigkeitstabelle *f*
fresh finance (Fin) zusätzliche Mittel *pl (syn, injection of funds)*
fresh issue (Bö) Neuemission *f*
freshly minted (Pw, infml) frisch gebacken *(eg, lawyer, MBA)*
fresh thinking (com) neuer Denkansatz *m*
freshwater fishery (com) Binnenfischerei *f*
frictional unemployment (Vw) Fluktuationsarbeitslosigkeit *f*
fridge (com) Kühlschrank *m (ie, short for refrigerator)*
friendly acquisition (com) „freundliche" Übernahme *f (opp, hostile takeover)*
friendly action (StR, GB) Feststellungsklage *f (syn, action for declaratory judgment)*
fringe banking (Fin) Teilzahlungs-Kreditgeschäft *n*
fringe benefits
(Pw) Lohnzusatzleistungen *fpl*
– Lohnnebenleistungen *fpl*
(eg, supplemental unemployment benefits, health insurance, pensions, travel pay, vacation pay, and – the ultimate, a dying or extinct breed – a secretary still willing to make coffee; freiwillig od gesetzlich vorgeschrieben)
fringe market (Mk) Nebenmarkt *m*, Zusatzmarkt *m*
fringe packet (Pw, US) Zusatzleistungen *fpl (eg, pension plans, etc)*
frivolous action
(Re) mutwilliger
– schikanöser ... Prozeß *m*
(ie, action without any color of legal merit, without legal basis; syn, frivolous lawsuit, vexatious action)
from time to time
(Re) in angemessenen Abständen
– jeweils
(ie, occasionally, at intervals, now and then)
from warehouse to warehouse (com) von Haus zu Haus
frontage assessment (StR) Straßenanliegerbeitrag *m*
front desk (com, US) Rezeption *f (ie, at a hotel; syn, GB, reception)*
front elevation (IndE) Aufrißzeichnung *f (syn, front view)*
front-end fee (Fin) Bankgebühr *f* für Beteiligung an Euro-Krediten
front-end finance (Fin) Zusatzfinanzierung *f*
front-end load (com) hohe Anfangskosten *pl*
front-end loading of repayments
(Fin) hoher realer Schuldendienst *m* zu Beginn der Laufzeit e–s Darlehens
(ie, assuming inflation of 10% and interest rates of 15%: to compensate a lender for a 10% fall in the value of his capital, the borrower has to pay 67% more in the first year than he would have done had there been no inflation)
front-end processor
(EDV) Kommunikationsrechner *m*
frontier controls (Zo) Grenzkontrollen *fpl*
frontier formalities (Zo) Grenzformalitäten *fpl*
frontier of a set (Math) Rand *m* e–r Menge *(syn, boundary of a set)*
frontier worker (Pw) Grenzgänger *m*
fronting (Vers) Rückversicherungsbeziehung *f* e–r Muttergesellschaft zu ihrer ‚captive company' über e–n Erstversicherer
front money (Fin) Anfangskapital *n*
front office (Fin) Handel *m (ie, Bereich, der den Kundenkontakt erledigt)*
front-office cashier workstation (EDV) Kassierer-Arbeitsplatz *m (opp, back-office systems)*
front runner in a bidding (com) erfolgreicher Anbieter *m*
front running (Bö) Ausnutzen *n* von Kundenaufträgen zwecks eigener Wertpapierspekulationen od die Selbstzuteilung bei Emissionen
front view (IndE) = front elevation
frosted foods (com, GB) Gefriergut *m (syn, frozen food)*
frost insurance (Vers) Frostversicherung *f (ie, widely used in U. S., unknown in Germany)*
frozen account (Re) gesperrtes Konto *n (ie, until a court order is lifted)*
frozen balances (Fin) eingefrorene Guthaben *npl (syn, blocked assets)*
frozen claim (Fin) eingefrorene Forderung *f (syn, blocked claim)*
frozen food (com) Gefriergut *n (syn, GB, frosted foods)*
frozen horizon (Bw) Festplanungsabschnitt *m*
frozen pension (Pw) Betriebsrente *f*, die beim Ausscheiden bis zum Erreichen der Altersgrenze eingefroren wird
frt (com) = freight
frt.fwd. (com) = freight forward
frt.ppd. (com) = freight prepaid
frustrate *v*
(com) vereiteln
– zu Fall bringen
frustrate satisfaction of a creditor *v* (Re) Befriedigung *f* e–s Gläubigers vereiteln
frustration (Re) objektive Unmöglichkeit *f*
frustration of contract
(Re) Wegfall *m* der Geschäftsgrundlage
(ie, vital change in the circumstances assumed by the parties at the time the contract was signed; syn, lapse of purpose)
frustration of purpose (Re, US) Wegfall *m* der Geschäftsgrundlage *(ie, Rechtsfolge!)*
FSC (com, US) = foreign sales corporation
ft. (com) = full terms
FTA (com) = free trade agreement
FT-A World Index (Fin) Welt-Aktien-Index *m*

FTC (Kart, US) = Federal Trade Commission
FT-SE 100 (Bö) = Financial Times Stock Exchange 100 Share Index
FTSE-100 Index (Bö, GB) = Financial Times Stock Exchange 100 Share Index, qv
fudge accounts v (ReW, infml) Konten *npl* fälschen *(syn, fake, falsify)*
fuel v (com) anheizen, steigern *(eg, demand pressure, inflation)*
fuel-burn rate (IndE) spezifischer Treibstoffverbrauch *m (ie, of jet engines)*
fuel cell power plant
(IndE) Brennstoffzellen-Stromerzeuger *m*
– Energiezellen-Stromerzeuger *m*
(ie, compact generators that produce electricity through chemical reaction, without combustion or pollution)
fuel control department (IndE) betriebliche Wärmestelle *f*
fuel depot (IndE) Tanklager *n*
fuel efficiency (com) Sparsamkeit *f* im Treibstoffverbrauch
fuel efficient
(com) sparsam *(eg, advanced jet engines)*
– mit niedrigem Treibstoffverbrauch
fuel power department (IndE) Betriebswirtschaftsstelle *f*
fuel price (com) Treibstoffpreis *m*
fuel store (IndE) = fuel depot
fulfill a condition v
(Re) Bedingung *f* erfüllen
(syn, comply with /perform/ satisfy . . . a condition)
fulfill a contract v
(Re) Vertrag *m* erfüllen
(syn, perform /discharge . . . a contract)
fulfill a demand v (com) Forderung *f* erfüllen
fulfillment of a condition (Re) Eintritt *m* e–r Bedingung *(ie, when a contingency comes to pass)*
full absorption costing (KoR) Vollkostenrechnung *f* *(cf, absorption costing)*
full age
(Re) Volljährigkeit *f*
(ie, generally 18 years of age; syn, legal age, majority; opp, non-age = Minderjährigkeit)
full amortization (Fin) Vollamortisation *f*
full automation (IndE) Vollautomatisierung *f*
full-bodied coin (Fin) vollwertige Münze *f*, Kurantmünze *f*
full capacity operation (Bw) = full capacity utilization
full capacity to contract (Re) unbeschränkte Geschäftsfähigkeit *f*
full capacity use (Bw) = full capacity utilization
full capacity utilization
(Bw) Vollauslastung *f*
– Vollbeschäftigung *f*
(syn, full capacity . . . operation/use, capacity working)
full career history (Pw) ausführlicher Lebenslauf *m* *(syn, detailed career history)*
full census
(Stat) Vollerhebung *f*
(ie, complete-population survey; opp, incomplete census = Teilerhebung)
full charter (com) Vollcharter *f (ie, used in tramp trade)*
full compensation
(AuW) 100%-Kompensationsgeschäft *n (ie, type of countertrade:*
1. one hundred percent two-way transfer of goods, by means of a single contract;
2. the goods are valued in monetary units;
3. settlement is often achieved by setting off the sale proceeds of the compensation goods against the amount due from the importer in country B;
4. the compensation obligation may be transferred to a third party, against payment to that party of a subsidy, called a disagio)
full consolidation (ReW) Vollkonsolidierung *f*
full container load, F.C.L. (com) Voll-Containerladung *f (ie, Haus-Haus-Container)*
full contractual capacity (Re) unbeschränkte Geschäftsfähigkeit *f*
full convertibility (AuW) volle od uneingeschränkte Konvertibilität *f*
full cost (KoR) Vollkosten *pl*
full cost accounting
(ReW) Aktivierung *f* von Explorationskosten als Anlaufkosten
(ie, Aufwandsverteilung nach Fündigwerden)
full cost basis (KoR) Vollkostenbasis *f (syn, absorbed cost basis)*
full costing (KoR) = full absorption costing
full cost pricing
(KoR) Vollkostenkalkulation *f (ie, average variable cost + markup; syn, markup pricing)*
full cost principle (KoR) Vollkostenprinzip *n (syn, markup principle)*
full coverage collision insurance (Vers) Vollkaskoversicherung *f (syn, fully comprehensive cover)*
full credit system (StR) Vollanrechnungssystem *n*
full employment
(Vw) Vollbeschäftigung *f*
(ie, full utilization of resources; usually limited to labor)
full employment budget (FiW) Vollbeschäftigungsbudget *n*
full employment deficit (FiW) Vollbeschäftigungsdefizit *n*
full employment economy (Vw) Vollbeschäftigungswirtschaft *f*
full employment equilibrium (Vw) Gleichgewicht *n* bei Vollbeschäftigung
full employment GNP (Vw) Bruttosozialprodukt *n* bei Vollbeschäftigung
full employment goal (Vw) Vollbeschäftigungsziel *n*
full employment output (Vw) Ausbringung *f* bei Vollbeschäftigung
full employment policy (Vw) Vollbeschäftigungspolitik *f*
full employment ratio
(Vw) Vollbeschäftigungsgrad *m*
(ie, effective use of labor force to 100% full employment)
full endorsement
(WeR) Vollindossament *n*
(syn, endorsement in full; opp, blank/general . . . endorsement)

full factoring (Fin) Factoring *n* mit Delcredere-Übernahme
full family (Stat) Vollfamilie *f (opp, core family = Kernfamilie)*
full-fledged partner (com) vollwertiger Partner *m*
full indorsement (WeR) = full endorsement
full jurisdiction (Re) unbeschränkte Zuständigkeit *f (syn, general jurisdiction)*
full liability (Re) unbeschränkte Haftung *f (syn, personal liability)*
full-line department store (Mk) Kaufhaus *n* mit Vollsortiment
full-line forcing (Kart) Zwang *m* zur Abnahme e–s ganzen Sortiments *(ie, durch Anbieter mit Monopol- od Oligopolmacht)*
full-line supplier (com) Anbieter *m* e–r vollständigen Produktpalette
full listing
(Bö) uneingeschränkte Zulassung *f*
(eg, on the stock exchange = zur Aktienbörse)
full lot (Fin, US) = round lot
full member (Re) Vollmitglied *n*
full order books (com) volle Auftragsbücher *npl*
full ownership
(Re) Eigentum *n*
(syn, absolute/perfect . . . ownership)
full-page advertisement (Mk) ganzseitige Anzeige *f*
full-page editor (EDV) Ganzseiten-Editor *m*
full paid capital stock (Fin) voll eingezahlte Aktien *fpl*
full partner
(com) Vollhafter *m*
– Komplementär *m*
(syn, general partner; opp, limited partner)
full pay-out lease
(Fin) Vollamortisations-Leasing *n*
(ie, sum of the lease rentals and contractual proceeds from disposition of the asset at the end of the lease term amortizes the original acquisition cost to the lessor; für die Grundmietzeit ist volle Amortisation kalkuliert worden)
full priority (Re) Gläubigervorrecht *n (syn, absolute priority)*
full public company (com, GB) Aktiengesellschaft *f (syn, public company limited by shares, plc)*
full range of products (com) Vollsortiment *n (syn, full line)*
full recourse financing
(Fin) Finanzierung *f* mit vollem Rückgriffsrecht
(ie, bei Projektfinanzierung: im wesentlichen außerhalb der Bilanz – off balance – des Projektträgers)
full report (com) vollständiger Bericht *m*
full requirements contract (Kart) Vertrag *m*, nach dem der Gesamtbedarf bei e–m Lieferer zu dekken ist
full screen (EDV, GUI) Vollbild *n (ie, data display uses all of the available screen size)*
full screen mode
(EDV) Gesamtanzeigemodus *m*
– Vollbildmodus *m*
full screen operation (EDV) volle Bildschirmführung *f*
full set (com) voller Satz *m (eg, of bills of lading)*
full stock (Bö, US) Aktie *f* mit Nennwert von $100
full tax imputation system (StR) Vollanrechnung *f*

full terms, ft. (com) volle Bedingungen *fpl*
full-time-agent (Vers) hauptberuflicher Vertreter *m*
full-time employee (Pw) Vollzeitkraft *f*
full-time employment (Pw) Vollzeitbeschäftigung *f*
full-time job
(Pw) Vollzeitarbeit *f*
– Ganztagsbeschäftigung *f*
(syn, full-time . . . employment/work; opp, part-time job)
full-timer (Pw) = full-time employee
full-time work (Pw) = full-time job
full value insurance (Vers) Vollwertversicherung *f*
fully automatic (IndE) vollautomatisch
fully automatic assembly (IndE) vollautomatische Fertigung *f*
fully automatic operation (IndE) vollautomatischer Betrieb *m*
fully automatic plant (IndE) vollautomatische Fabrik *f*
fully comprehensive car insurance (Vers) Fahrzeugvollversicherung *f*
fully comprehensive cover
(Vers) Vollkaskoversicherung *f*
(syn, full coverage collision insurance)
fully comprehensive insurance (Vers) Haftpflichtversicherung *f* mit Vollkaskoversicherung
fully diluted
(Fin) (Gewinn) unter Berücksichtigung aller möglichen Wandelrechte
(ie, earnings restated to reflect the potential conversion of convertible bonds – Wandelschuldverschreibungen – or preferred stock – Vorzugsaktien – into common shares)
fully diluted earnings (Fin) Gewinn *m* unter Berücksichtigung möglicher Wandelrechte
fully diluted earnings per share (Fin) Gewinn *m* je Aktie unter Berücksichtigung möglicher Wandelrechte
fully-fledge a company *v*
(com, infml) Unternehmen *n* voll ausbauen
(eg, it took two years to raise the capital needed to . . .)
fully fledged
(com) voll qualifiziert
– professionell
fully functional (com) voll arbeitsfähig
fully operational (com) voll arbeitsfähig
fully paid, f.p. (com) voll bezahlt
fully paid-in share (Fin) volleingezahlte Aktie *f*
fully paid-out loan (Fin) vollständig ausgezahlter Kredit *m*
fully paid-up capital (Fin) voll eingezahltes Kapital *n*
fully paid-up policy (Vers) beitragsfreie od prämienfreie Versicherung *f*
fully paid-up share (Fin) = fully paid-in share
fully stretched (com, infml) voll ausgelastet *(eg, I find it hard to take on extra work)*
fully subscribed loan (Fin) vollständig gezeichnete Anleihe *f*
fully tax deductible (StR) steuerlich voll abzugsfähig
fully underwritten (Fin) bereit, den Gesamtbetrag e–r Syndizierung selbst zu übernehmen
fumble along *v* (com, infml) sich durchwurschteln *(syn, muddle through)*

function
(Bw) Funktion *f (ie, auch im Sinne von Abteilung od Organisationseinheit)*
(Pw) Funktion *f*
Aufgabe *f*, Tätigkeit *f*
(Math) Funktion *f*
– Abbildung *f*
(ie, correspondence that assigns exactly one element of one set to each element of the same or another set = Funktion e–r Menge A in eine Menge B ist e–e Vorschrift, die jedem Element a ∈ A genau ein Element b ∈ B zuordnet; f: A ∈ B; A heißt Definitionsbereich (domain), B Wertbereich (range) der Abbildung; syn, transformation, map, mapping, graph)
functional accounting
(KoR) entscheidungsorientierte Kostenrechnung *f*
(KoR) Grenzplankostenrechnung *f (syn, direct costing)*
functional approach
(Bw) funktioneller Ansatz *m*
(Mk) Funktionsorientierung *f* im institutionellen Außenhandel
functional area (Bw) Geschäftsbereich *m*, Unternehmensbereich *m (syn, operation, division)*
functional authority (Bw) funktionale Autorität *f*, funktionales Weisungsrecht *n (ie, based on power, status, or job)*
functional breakdown (FiW) Funktionsgliederung *f (ie, of public expenditures)*
functional budget
(FiW) Funktionenbudget *n*
(Bw) = departmental budget
functional budget plan (FiW) Funktionsplan *m*
functional calculus (Log) Prädikatenkalkül *m (syn, predicate calculus)*
functional character (EDV) Funktionszeichen *n*, Steuerzeichen *n (syn, control character)*
functional departmentation (Bw) Funktionsgliederung *f*
functional depreciation (Bw) wirtschaftliche Abschreibung *f*
functional design (EDV) funktionelle Planung *f*
functional diagram (EDV) Funktionsübersicht *f*
functional discount
(com) Funktionsrabatt *m*
(ie, taken to produce differing prices to different customers)
functional expense classification (KoR) Kostenstellengliederung *f*
functional grouping (Bw) funktionelle Untergliederung *f*
functional income distribution
(Vw) funktionelle Einkommensverteilung *f*
(ie, income accruing to the factors of production)
functional issue (Bw) prozessuales Problem *n*
functional management (Bw) Mehrliniensystem *n*, Funktionsmeistersystem *n*
functional manager (Bw) Funktionsmanager *m*
functional organization (Bw) funktionale Organisation *f (ie, Mischung aus Stab und Linie)*
functional sample (IndE) Funktionsmuster *n*
functional share (Vw) funktionelle Lohnquote *f*
functional specialty (Bw) Funktionallehre *f (eg, accounting, finance, marketing)*
functional subplan (Bw) Teilbudget *n*
functional test (ReW) = test of compliance
functional unit (com) Funktionseinheit *f*
functional variable (Log) Funktionsvariable *f*
functional weakness (Bw) Funktionsschwäche *f*
functionary (Pw) Funktionär *m*
function chart (Bw) Funktionsdarstellung *f*, Funktionendiagramm *n*
function key (EDV) Funktionstaste *f (ie, key that does not return a character but triggers of a task or a command; on a PC normally labelled F1 to F12)*
function key assignment (EDV) Funktionstasten-Belegung *f*
function-of-a-function rule (Math) Kettenregel *f (syn, chain rule)*
fund
(Fin) Fonds *m*, zweckgebundene Mittel *pl*
(ie, set aside for a specific purpose)
(Fin) Investmentfonds *m*
(syn, investment fund; US, mutual fund; GB, unit trust)
(Fin) Immobilienfonds *m*
(syn, US, real estate investment trust, REIT; GB, property fund)
fund *v*
(Fin) finanzieren, Mittel *pl* bereitstellen od beschaffen
(Fin) refinanzieren
(Fin) fundieren, konsolidieren *(syn, consolidate)*
fundamental accounting equation (ReW) Bilanzgleichung *f (syn, accounting equation)*
fundamental analysis
(Bö) Fundamentalanalyse *f*
– fundamentale Aktienanalyse *f*
(ie, Grundlage sind unternehmensbezogene Kurs-Einflußgrößen; opp, technische Aktienanalyse)
fundamental conflict (Re) Grundkonflikt *m*
fundamental equilibrium (IWF) fundamentales Ungleichgewicht *n*
fundamentals
(Bö) Hintergrunddaten *pl*
(eg, earnings, dividends, balance sheet data, income account data, management, etc)
(Vw) Rahmenbedingungen *fpl*
fundamental theorem of algebra
(Math) Fundamentalsatz *m* der Algebra
(ie, every polynomial of degree n with complex coefficients has exactly n roots counted according to multiplicity)
fundamental theorem of calculus (Math) Hauptsatz *m* der Infinitesimalrechnung
fund a project *v* (Fin) Projekt *n* finanzieren
fund a reserve *v* (ReW) Rücklage *f* speisen
fund at matching securities *v* (Fin) fristenkongruent finanzieren
fund down payments *v* (Fin) Anzahlungen *fpl* finanzieren
funded debt
(Fin) fundierte Schulden *fpl*
– konsolidierte Kredite *mpl*
– langfristige Kredite *mpl*
(ie, bonded debt and other long-term indebtedness; syn, consolidated debt; opp, schwebende Schulden = unfunded current debt)

funded occupational pension system (Vw) kapitalgedecktes betriebliches Altersversorgungssystem *n*
funded pension system
(Vw) kapitalgedecktes Altersversorgungssystem *n* *(opp, unfunded pension system = umlagefinanziertes Altersversorgungssystem)*
funded private pensions (Vw) kapitalgedeckte private Alterssicherung *f*
funded public debt (FiW) fundierte Staatsschuld *f*
funding
(Fin) Finanzierung *f* e–s Projekts
– Ausstattung *f* mit Mitteln
(eg, funding is to come from . . .)
(Fin) Refinanzierung *f*
(ReW) Bildung *f* von Rückstellungen *(eg, taxes, pensions)*
(FiW) Fundierung *f*
– Konsolidierung *f*
(ie, Umwandlung e–r schwebenden in e–e fundierte Schuld; syn, consolidation)
funding bonds (Fin) Umschuldungsanleihe *f*
funding cost (Fin) Finanzierungskosten *pl*
funding crisis (AuW) Finanzierungskrise *f*
funding difficulties (Fin) Finanzierungsschwierigkeiten *fpl*
funding in the open market (Fin) Refinanzierung *f* am freien Markt
funding loan (Fin) Konsolidierungsanleihe *f*
funding needs
(Fin) Kapitalbedarf *m*
– Finanzierungsbedarf *m*
funding of floating debt (Fin) Konsolidierung *f* schwebender Schulden
funding operation (Fin) Umschuldungsaktion *f*
funding principle
(SozV) Kapitaldeckungsverfahren *n*
(ie, social insurance on a fully funded or invested basis; opp, pay-as-you-go basis = Umlageverfahren)
funding requirements (Fin) = funding needs
fund management (Fin) Fondsverwaltung *f*
fund manager
(Fin) Disponent *m (syn, money manager)*
(Fin) Verwaltungsgesellschaft *f*
fund of funds (Fin) Dachfonds *m*
fund raising
(Fin) Geldbeschaffung *f*
– Mittelbeschaffung *f*
fund raising market
(Fin) Finanzierungsmittelmarkt *m*
(eg, money and capital markets, stock exchange; syn, finance market)
funds
(Fin) verfügbare finanzielle Mittel *pl (ie, cash or its equivalents)*
(Fin) Kapital *n*
(Fin) Einlagen *fpl*
(ie, on which checks and drafts can be drawn)
(Fin) Liquiditätsüberschuß *m*
(syn, net working capital, qv)
(Fin, GB) Wertpapiere *npl* der öffentlichen Hand *(ie, stock of the National Debt; used in the phrase ,the funds')*
funds abroad (Fin) Auslandsguthaben *npl (syn, balances abroad)*
funds employed abroad (Fin) Geldanlagen *fpl* im Ausland
funds from operations (ReW) Umsatzüberschuß *m*
fund share (Fin) = investment fund share
funds on the sidelines
(Fin) ruhendes Kapital *n*
(eg, uninvested cash reserves; opp, active capital)
funds statement (Fin) Kapitalflußrechnung *f (syn, flow statement)*
funeral expenses (com) Bestattungskosten *pl*
fungible goods
(com) fungible Waren *fpl*
– vertretbare Waren *fpl*
(syn, fungibles, merchantable goods)
fungibles
(com) = fungible goods
(Re) vertretbare Sachen *fpl*
– Fungibilien *pl (cf, § 90 BGB)*
fungible securities (Fin) vertretbare Wertpapiere *npl*
funk money (Fin) heißes Geld *n (syn, hot money)*
funnel-type interview (Mk) Trichterinterview *n*
funny business
(com, GB, infml) betrügerische Geschäfte *npl* *(syn, dishonest dealing)*
funny money (Fin, US, sl) Falschgeld *n (ie, syn, counterfeit money)*
furlough
(Pw) Urlaub *m*
– Beurlaubung *f*
(ie, a more formal word, but may also be used in relation to a company's workforce)
furnish *v*
(com) liefern *(syn, supply)*
(com) ausstatten, möblieren
furnish a certificate *v* (com) Bescheinigung *f* beibringen od vorlegen *(syn, submit)*
furnish collateral *v* (Re) Sicherheit *f* bestellen
furnish evidence *v* (Re) Beweis *m* antreten od liefern *(syn, offer proof)*
furnish guaranty *v* (Re) = give guaranty
furnish security *v* (Re) Sicherheit *f* leisten
furnitures and fixtures (ReW) Betriebs- und Geschäftsausstattung *f*
further education (Pw) Weiterbildung *f*
further margin
(Bö) Nachschuß *m*
– Nachschußzahlung *f*
further training
(Pw) Fortbildung *f*
– Weiterbildung *f*
furtum usus
(Re) Gebrauchsanmaßung *f*
– Gebrauchsdiebstahl *f*
fuse *v*
(Bw) verschmelzen
– fusionieren *(syn, merge)*
future commodity (Bö) Terminware *f (syn, forward commodity)*
future delivery (Bö) Terminlieferung *f*
future rate agreement, FRA
(Fin) Zinsterminkontrakt *m*
(ie, Vertragspartner vereinbaren im voraus für e–n bestimmten Betrag einen Zinssatz für e–e in der Zukunft liegende Periode; syn, forward rate agreement)

futures
(Bö) Termingeschäfte *npl*
(Bö) Terminkontrakte *mpl*
(ie, umfassen financial futures = Finanzterminkontrakte und commodity futures = Warenterminkontrakte)
(Bö) Terminwaren *fpl (opp, actuals = effektive Ware)*
futures business (Bö) Terminhandel *m*
futures close-out (Bö) = futures reversal, qv
Futures Commission Merchant, FCM
(Bö, US) Terminkommissionär *m*
– FCM-Firma *f*
(ie, großes bei der CFTC registriertes Commission oder Brokerage House; stellt Verbindung zwischen Parkettmakler und Publikum her)
futures contract
(Bö) Terminkontrakt *m*
(ie, a financial instrument traded on an organized futures market; cf, forward contract)
futures contract on financial instruments
(Bö) Finanzterminkontrakt *m*
– Finanztitel-Terminkontrakt *m*
(syn, financial futures contract)
futures exposure
(Fin) Engagement *n* am Terminkontraktmarkt
– Risiko *n* aus Terminkontrakt-Positionen
futures hedging
(Bö) Terminsicherung *f*
(ie, hedging in the forward market; syn, forward cover)
futures in interest rates (Fin) Zinskontrakte *mpl (syn, financial futures contracts)*
futures market
(Bö) Terminkontraktmarkt *m*
(ie, in the U. S., futures contracting, as distinct from forward contracting, is done on organized exchanges)
futures option (Bö) Option *f* auf e–n Terminkontrakt
futures price (Bö) Terminkontraktpreis *m*
futures quotation (Bö) Terminnotierung *f (syn, forward quotation)*
futures reversal
(Bö) Schließen *n* e–r offenen Terminkontrakt-Position durch ein Gegengeschäft
(syn, futures close-out)
future sterling (Bö) Termin-Pfund *n*
futures trading (Bö) Terminhandel *m*, Handel *m* in Terminkontrakten
fuzzy
(com) unscharf
(ie, lacking in clarity or definition; eg, fuzzy thinking)
fuzzy logic
(Bw) Fuzzy-Logik *f*
– unscharfe Logik *f*
(ie, Erweiterung der klassischen, zweiwertigen Wahr-Falsch-Logik durch mehr– bis n–wertige Logiken; d.h. die diskreten Wahrheitswerte werden durch e–n stetigen Bereich, etwa von 0 bis 1, ersetzt; industrielle Anwendungen: Analyse von Datenbeständen, operative Produktionssteuerung, Regelung technischer Systeme, usw.)
fuzzy sets
(Math) unscharfe Mengen *fpl*
(ie, mit weichem Übergang zwischen voller Zugehörigkeit und Nichtzugehörigkeit; Teil der unscharfen Mathemathik)
fuzzy technology (Bw) Fuzzy-Technologie *f (cf, fuzzy logic)*
fwd (com, GB) = freight forward
F.X., FX (Fin) = foreign exchange

G

G-10
(Vw) G-10
(ie, gegründet 1962 mit den GAB)
G-24
(Vw) G-24
(ie, in Lima aus der Gruppe der 77 gebildet, um Interessen der Entwicklungsländer wahrzunehmen; Vertreten sind: Afrika, Asien, Lateinamerika)
G-5
(Vw) G-5
(ie, Gruppe Fünf: US, Deutschland, Frankreich, GB und Japan; ihre Währungen bilden den Korb der Sonderziehungsrechte)
G-7
(Vw) G-7
(ie, zum Weltwirtschaftsgipfel treffen sich einmal jährlich: Deutschland, Frankreich, GB, Italien, Japan, Kanada, USA)
G/A (SeeV) = general average
GAAP (ReW, US) = Generally Accepted Accounting Principles
gadget (com) Gerät *n*, Vorrichtung *f (ie, small device)*
gain
(com) Wertzuwachs *m (opp, income)*
(com) Verdienst *m*
(ReW) Gewinn *m (ie, excess of revenue over costs; syn profit, income, earnings)*
(Bö) Kursgewinn *m (eg, stocks have shown a significant gain over last week's prices)*
gain *v* (com) gewinnen, erwerben, verdienen
gain and loss account (ReW, GB) = profit and loss account
gain by *v* (com) gewinnen durch
gainful employment
(Pw, fml) Erwerbstätigkeit *f*
– Berufstätigkeit *f*
(eg, be in . . .; syn, gainful/remunerative . . . occupation)
gainful intent (StR) Absicht *f* der Gewinnerzielung *(syn, intent to realize profits)*
gainfully active (Pw) = gainfully employed
gainfully active population (Stat) Gesamtzahl *f* der Erwerbspersonen *(ie, bezogen auf die Wohnbevölkerung)*
gainfully employed (Pw) berufstätig, erwerbstätig
gainfully employed person (Pw) Berufstätiger *m*, Erwerbstätiger *m (ie, either dependent or independent)*
gainfully employed population (Stat) berufstätige Bevölkerung *f*
gainfully occupied person (Pw) = gainfully employed person
gainful occupation (Pw) = gainful employment
gain ground *v* (com) aufholen *(eg, prices, industrial sector)*
gain in productivity (Vw) Produktivitätssteigerung *f*
gain matrix (OR) Gewinnmatrix *f*
gain on asset disposal (ReW) Gewinn *m* aus Anlagenverkauf
gain on disposal (ReW) Veräußerungsgewinn *m*
gain on redemption (Fin) Tilgungsgewinn *m*
gain on securities (Fin) Gewinn *m* aus der Veräußerung von Wertpapieren
gain on takeover (Fin) Übernahmegewinn *m*
gain on/upon *v* (com) Vorsprung *m* gewinnen vor *(eg, the rest of the population)*
gains (StR) Veräußerungsgewinne *mpl*
gains and losses (Bö) Gewinne *mpl* und Verluste *mpl (syn, GB, rises and falls)*
gains from exchange
(AuW) Tauschgewinne *mpl*
– Außenhandelsgewinne *mpl*
(syn, gains from trade)
gains from trade (AuW) = gains from exchange
gain sharing (Pw) Beteiligung *f* an Produktivitätszuwächsen
gains on currency translations (ReW) Umrechnungsgewinne *mpl*
galley proof
(com) Fahnenabzug *m*
– Fahne *f*
– Korrekturbogen *m*
galloping inflation (Vw) galoppierende Inflation *f (syn, runaway /cantering . . . inflation)*
Galton ogive
(Stat) Galtonsche Ogive *f*
(ie, used particularly for the distribution curve of the normal distribution; it resembles the letter S)
gamble
(com) Spiel *n*
(Fin, Bö) blindes
– hochriskantes Spekulieren *n*
(ie, play the market blindly: to deal in highly speculative stocks, to deal in stocks without knowledge of the risks involved, to trade on thin margins, to load up heavily on one security issue, or merely to bet on the rise and fall of quotations – the practice of the bucket shop)
gamble *v*
(com) aufs Spiel setzen
(Fin, Bö) risikoreich spekulieren
gambler
(com) Spieler *m*
(Fin, Bö) blinder Spekulant *m (ie, one who casts too much on a single throw of the dice)*
gambler's indifference field (OR) Spieler-Indifferenz-Feld *n*
gambling (Re) Glückspiel *n (ie, regulated in the U.S. by state and federal statutes)*
gambling debt (com) Spielschulden *fpl*
gambling duty (StR, GB) Spiel- und Wettsteuer *f*
gambling in futures (Bö) Differenzgeschäft *n*
game laws (Re) Jagdrecht *n (ie, passed for the preservation of game)*
game of chance (Re) Glücksspiel *n*
game theoretic (OR) spieltheoretisch

game theory
(OR) Spieltheorie *f*
(ie, studies games or abstract models of conflict situations in order to arrive at an optimal policy of strategy; syn, theory of games)
gaming and wagering (Re, GB) Spiel *n* und Wette *f*
gaming debt (com) Spielschulden *fpl*
gamma (Bö) = gamma factor
gamma density function (Stat) Gammadichte-Funktion *f*
gamma distribution (Stat) Gammaverteilung *f (syn, Pearson's type III, type III distribution)*
gamma factor (Bö) Gamma-Faktor *m (ie, Größe der Veränderung des Delta-Faktors)*
gamma shares (Fin, GB) Gamma-Aktien *fpl (ie, replaced by a new grouping pattern in 1991; cf, normal market size)*
gang
(com) Arbeitsgruppe *f*
– Arbeitskolonne *f*
gang boss (Pw, infml) Vorarbeiter *m*
ganger
(Pw, infml) = gang boss
(Pw, GB) Meister *m*, Polier *m (ie, in the building industry)*
gang job card (Pw) Gruppenakkordkarte *f*
gang leader (Pw, infml) = gang boss
gang rates (Pw) Gruppenlöhne *mpl*
gang system (com) Kolonnensystem *n (eg, in the construction industry)*
gang up *v* (com) sich zusammenschließen *(ie, against/on with)*
Gantt chart (IndE) = Gantt progress chart
Gantt progress chart
(Stat) Gantt-Chart *f*
– Gantt-Karte *f*
(ie, application of the bar chart – Stabdiagramm – in industrial statistics; actual output as percentage of planned performance = Leistungskontrollschaubild mit Vergleich zwischen Soll- und Ist-Leistung; syn, daily balance chart)
gap
(com) Lücke *f*
(Fin) Fristeninkongruenz *f*
(ie, mismatch between the maturities of a bank's assets and liabilities)
(IndE) Durchlaßzone *f (ie, in quality control)*
gap analysis
(Bw) Lückenanalyse *f*
– Analyse *f* der strategischen Lücken des Unternehmens
gap digit (EDV) Füllziffer *f*
gap filler insurance (Vers, infml) Zusatzversicherung *f (syn, additional insurance, qv)*
gap-filling rule (Re, US) Regel *f* für das Schließen von Vertragslücken
gap in the chain of substitution (Vw) Substitutionslücke *f*
gap in the market (Mk) Marktlücke *f (syn, untapped/virgin . . . market)*
gapped phasing (IndE) Ablaufplan *m (ie, mit zeitlich diskreten Phasen)*
garage
(com) Garage *f*
(com, GB) Kfz-Werkstatt *f (syn, service station)*
garbage
(EDV, infml) wertlose Informationen *fpl*
(eg, joc, student's main preoccupation: keep close to the GIGO-principle = garbage in, garbage out)
garbage can (com) Mülltonne *f (syn, GB, dustbin)*
garbage collection
(com) Müllabfuhr *f (syn, GB, refuse collection)*
(EDV) Speicherbereinigung *f*
– Kompaktifizieren *n (ie, in operating systems; syn, compaction)*
garbage collector (com, US) Müllwerker *m (syn, GB, dustman)*
garbage dump (com) Mülldeponie *f (syn, GB, refuse tip)*
garbage truck (com, US) Müllwagen *m (syn, GB, dustcart)*
garbled information (EDV) entstellte Information *f*
garment industry (com) Bekleidungsindustrie *f (syn, apparel industry)*
garnishee (Re) Pfändungsschuldner *m*
garnishment
(Re) Pfändung *f (ie, the legal process)*
(Re) Pfändungs- und Überweisungsbeschluß *m (ie, the writ or notice)*
garnishment of wages (Re) Lohnpfändung *f (syn, attachment of wages)*
gas (com, infml) = gasoline
gas guzzler (com, US, sl) „Benzinsäufer" *m (ie, car with an extremely low mileage per gallon)*
gasoline (com) Benzin *n (syn, gas; GB, petrol)*
gasoline retailer (com) Tankstelle *f (syn, GB, petrol retailer)*
gasoline tax
(StR) Mineralölsteuer *f*
– Benzinsteuer *f*
gas station (com, US) Tankstelle *f (syn, GB, filling /petrol . . . station)*
gas supply juggernaut (com, infml) Gasgigant *m*
gas tax (StR) = gasoline tax
gate *v* (com) einteilen *(eg, into quality categories = in Güteklassen)*
gate array
(EDV) Gate-Array *m*
– (sometimes:) Logikbaustein *m*
(ie, semi-custom IC = halbkundenspezifischer integrierter Schaltkreis: a standardized grid of transistors that are linked together in the last processing step to give the chip its unique design for performing an appointed task)
gate-array circuit (EDV) Gate Array-Schaltung *f*
gatekeeper
(Bw) Person *f* mit Informationsfilter-Eigenschaften
– Informationsregulator *m*
(Mk) Informationsselektierer *m*
gate money (com) Eintrittsgeld *n*
gate pass (Pw) Passierschein *m*
gate to *v* (EDV) zuführen zu
gateways (Kart) Rechtfertigungsgründe *mpl*
gather write
(EDV) gestreutes Schreiben *n*
(ie, create a single output from data items gathered from nonconsecutive locations in main memory)
gating circuit (EDV) Spielraumschaltung *f*

GATT (AuW) = General Agreement on Tariffs and Trade
gauge control (EDV, GUI) Fortschrittsanzeige *f*
gaussian curve (Stat) Glockenkurve *f (syn, bell-shaped curce)*
gaussian distribution (Stat) Gaußsche Normalverteilung *f (syn, normal distribution)*
gaussian plane (Math) Gaußsche Zahlenebene *f (syn, Argand diagram)*
gaussian series (Math) hypergeometrische Reihe *f*
g.b.o. (com) = goods in bad order
GDP at market prices (VGR) Bruttoinlandsprodukt (BIP) *n* zu Marktpreisen
GDP deflator (Vw) BIP-Deflator *m*
GDP, gdp (Vw) = gross domestic product
GDP in money terms (VGR) nominales BIP *n*
gearing
(Fin, GB) Fremdkapitalaufnahme *f*
(Fin, GB) Verschuldungsgrad *m*
(ie, Verhältnis Fremdkapital/Eigenkapital: loan capital to ordinary share capital; cf, leverage)
gear to *v* (com) anpassen an
gear up *v*
(com) ausbauen, erweitern *(eg, marketing operations)*
(com) sich rüsten für *(ie, to get ready)*
(Fin, GB) Kapital *n* aufnehmen
gear up for *v* (com) sich rüsten für *(eg, an anticipated onslaught of rivals)*
general ability to pay (Fin) Bonität *f*
general acceptance (WeR) uneingeschränktes Akzept *n (syn, clean acceptance)*
General Account
(IWF) Generalkonto *n*
(ReW) Hauptkonto *n*, Sachkonto *n*
general accountant (ReW) Buchsachverständiger *m (ie, für alle Sparten des Rechnungswesens)*
general accounting (ReW) Finanzbuchhaltung *f*, Geschäftsbuchhaltung *f (syn, financial accounting)*
General Accounting Office
(FiW, US) Bundesrechnungshof *m*
(ie, responsible for legal, accounting, auditing, and claims settlement functions; set up in 1921; headed by the Comptroller General of the United States)
general accounting principles (ReW) allgemeine Bilanzierungsgrundsätze *mpl*
general accounts (ReW) = general accounting
general agency
(com) Generalvertretung *f*
(Vers) Generalagentur *f*
(Re) umfassende Vertretungsmacht *f (ie, authority to act without restriction)*
general agent
(com) Generalvertreter *m (syn, general representative)*
(Vers) Generalagent *m*
(ie, administers business within a specified area, builds his own agency and service force, and is compensated on a commission basis)
(Re) Vertreter *m* für bestimmte Arten von Rechtsgeschäften
(ie, all legal business entrusted to him by his principal)
General Agreement on Tariffs and Trade, GATT (AuW) Allgemeines Zoll- und Handelsabkommen *n* GATT *n*
general allowance for bad debts
(ReW) Pauschalwertberichtigung *f*
(syn, general bad-debt provision, qv; opp, itemized allowance for bad debts: Einzelwertberichtigung)
general analysis (Vw) Totalanalyse *f (syn, total analysis)*
general and administrative overhead (KoR) Verwaltungsgemeinkosten *pl*
general arrangement drawing
(IndE) Dispositionszeichnung *f*
(syn, layout plan, outline drawing)
General Arrangements to Borrow
(AuW) Allgemeine Kreditvereinbarung *f*
(ie, signed in 1961 between IMF and Group of Ten)
general assignment for creditors (Re) Gesamtabtretung *f* (an Treuhänder) zugunsten der Gläubiger
general audit (ReW) vollständige Prüfung *f (syn, complete audit)*
general average
(com) gemeinschaftliche Havarie *f (cf, § 700 HGB)*
(SeeV) Havarie große *f*, große Havarie *f*
general average act (SeeV) Havarie-große-Ereignis *n*
general average adjuster (SeeV) Dispacheur *m (syn, average adjuster)*
general average bond (SeeV) Havariebond *m*
general average clause (SeeV) Havarie-große-Klausel *f*
general average contribution (SeeV) Havarie-große-Beitrag *m*
general average deposit (SeeV) Einschuß *m (syn, contribution)*
general average loss (SeeV) Schaden *m* durch Havarie große
general average statement (SeeV) Dispache *f (syn, statement of average)*
general bill of lading
(com) Sammelkonnossement *n*
(com, US) Sammelfrachtbrief *m*
general bookkeeping department (ReW) Hauptbuchhaltung *f*
general burden (KoR) Verwaltungsgemeinkosten *pl (syn, administrative overhead)*
general business (Vers, GB) Sachversicherung *f*
general business activity (Vw) gesamtwirtschaftliche Aktivität *f*
general business conditions
(Vw) allgemeine Wirtschaftslage *f*
(syn, state of the economy, general economic activity)
general business statistics (com) allgemeine Wirtschaftsdaten *pl*
general cargo
(com, GB) Stückgut *n*, Stückgutladung *f*
(syn, US, less-than-carload, less-than-truckload)
general cargo liner (com) konventioneller Linienfrachter *m*
general cargo rates (com) allgemeine Frachtraten *fpl (ie, im Luftfrachtverkehr)*

general cash issue (Fin) öffentliche Wertpapieremission *f (syn, general cash offer)*
general commission agent (Re) Kommissionär *m*
General Conditions of Sale (com) Allgemeine Verkaufsbedingungen *fpl*
general consumption tax (FiW) allgemeine Verbrauchsteuer *f*
general contingency reserve (ReW) allgemeine Rückstellung *f* für Eventualverbindlichkeiten
general contractor (com) Generalunternehmer *m (syn, main/prime /primary . . . contractor)*
general cost center (KoR) allgemeine Kostenstelle *f (syn, service department)*
General Council of the Bar
(Re, GB) Anwaltskammer *f*
(ie, confined to barristers; opp, Law Society, qv)
general credit line (Fin) Kreditrahmen-Kontingent *n*
general creditor
(Re) nicht bevorrechtigter Gläubiger *m*
(ie, who has no security for the debt, such as a mortgage; syn, nonpreferred/ordinary/ unsecured . . . creditor)
General Customs Procedure Committee (EG) Ausschuß *m* für allgemeine Zollregelungen
General Customs Regulations (Zo) Allgemeine Zollordnung *f*
general cut in taxes (FiW) allgemeine Steuersenkung *f (syn, across-the-board cut in taxes)*
general delivery
(com, US) postlagernd
(ie, mail delivery at post office window to persons who call for it; syn GB, poste restante)
general deposit (Fin) Sammelverwahrung *f*
general disability (Re) Geschäftsunfähigkeit *f*
general economics (Vw) allgemeine Volkswirtschaftslehre *f*
general endorsement (WeR) = endorsement in blank, qv;
general equilibrium (Vw) allgemeines od totales Gleichgewicht *n*
general equilibrium theory (Vw) Theorie *f* des allgemeinen Gleichgewichts
general expenses (KoR) Verwaltungsgemeinkosten *pl (syn, administrative overhead)*
general fiscal charges (FiW) generelle Abgaben *fpl*
general foreman (Pw) Obermeister *m*
general fund (FiW) allgemeine Haushaltsmittel *pl*
general government deficit (Vw) = government deficit
general government gross debt (Vw) = government gross debt
general government surplus (Vw) = government surplus
general graphics (EDV) allgemeine Grafiken *fpl*
general indirect-cost center (KoR) allgemeine Hilfskostenstelle *f*
general inflation
(Vw) allgemeine Inflation *f*
(ie, a decline in the purchasing power of money)
general insurance (Vers, GB) das gesamte kurzfristige Geschäft *n (ie, außer Leben)*
generalist (Bw) Generalist *m (ie, one with a broad business background; opp, specialist)*
generalize *v* (Log) abstrahieren, verallgemeinern *(syn, abstract)*
generalized activity network (OR) allgemeinstes Entscheidungsnetzwerk *n*
generalized network (OR) Netzplan *m* mit Entscheidungsereignissen *(syn, db network)*
Generalized System of Preferences, GSP
(AuW, US) Allgemeines Präferenzsystem *n*
(ie, set up to promote exports from developing countries)
general journal
(ReW) Sammeljournal *n*
– Sammelbuch *n*
general jurisdiction (Re) unbeschränkte Zuständigkeit *f (syn, full jurisdiction)*
General Law of the Economy (Re) Allgemeines Wirtschaftsrecht *n (ie, juristic basis of economic activities)*
general layout (Bw) Gesamtplanung *f*
general ledger (ReW) Hauptbuch *n (syn, book of secondary/final . . . entry)*
general ledger account
(ReW) Hauptbuchkonto *n*
– Sachkonto *n*
(syn, impersonal/nonpersonal . . . account)
general level of prices (Vw) allgemeines Preisniveau *n*
general liability insurance
(Vers, US) allgemeine Haftpflichtversicherung *f*
(ie, may cover accidents due to operations of the insured, products sold, and contractual liability)
general licensee (Pat) Generallizenznehmer *m*
general lien (Re) allgemeines Zurückbehaltungsrecht *n*
general line wholesaler (Mk, US) Sortimentsgroßhändler *m*
general listing (Bö) Notierung *f* an mehreren Börsen
Generally Accepted Accounting Principles, GAPP
(ReW, US) Grundsätze *mpl* ordnungsmäßiger Rechnungslegung
(ie, der grundlegende Unterschied zwischen den deutschen GoB – Grundsätze ordnungsmäßiger Buchführung – und den GAAP liegt darin, daß dem Gläubigerschutzprinzip des AktG 1965 das Schutz- und Informationsbedürfnis - fair presentation, qv - des amerikanischen Anlegers gegenübersteht; Fortentwicklung obliegt dem Berufsverband AICPA, seit 1973 dem FASB)
generally accepted auditing standards (ReW) Grundsätze *mpl* ordnungsmäßiger Prüfung
general marketing risks (com) Vertriebsrisiken *npl*
General Medical Council (com, GB, roughly) Ärztekammer *f (syn, US, State Medical Board of Registration)*
general meeting (of shareholders)
(com) Hauptversammlung *f (ie, of a public . . . company/corporation)*
(com) Generalversammlung *f (ie, of a private company, GmbH, etc)*
general mortgage (Re) Gesamthypothek *f*
general mortgage bond (Fin, US) Anleihe *f* mit Sicherung durch e–e Gesamthypothek *(ie, secured by a blanket mortgage)*
general obligation bonds
(Fin, US) Kommunalobligationen *fpl*
(ie, secured by the issuer's pledge of its full faith, credit, and taxing power: gesichert durch das generelle Recht der Steuererhebung der betreffenden Körperschaft; opp, revenue bonds)

general operating costs
(KoR) allgemeine Betriebskosten *pl*
(Vers, US) allgemeine Kosten *pl*
(ie, other than commissions and taxes; syn, general and insurance expense)
general operating expense (KoR) Vertriebs- und Verwaltungsgemeinkosten *pl (syn, selling and administrative expense)*
general operating reserve (Fin) Dispositionsreserve *f*
general overhaul
(IndE) Generalüberholung *f*
– Großreparatur *f*
general overhead (KoR) = general operating expense
general overview (of) (com) allgemeiner Überblick *m* (über) *(syn, broad overview)*
general partner
(com) Vollhafter *m*
– Komplementär *m*
– persönlich haftender Gesellschafter *m*
(ie, participates fully in the profits, losses, and management of the partnership and is fully liable for its debts; syn, full/unlimited/ personally liable . . . partner; opp, limited partner)
general partnership (com, appr) allgemeine Personengesellschaft *f (ie, nicht auf Einzelzweck beschränkt; opp, limited partnership)*
general personal identifier (EDV) Personenkennzeichen *n*, PK, PKZ
general philosophy of science (Log) Wissenschaftstheorie *f*
general plant construction (IndE) Anlagenbau *m* *(syn, project building, systems engineering)*
general policy
(Vers) Sammelpolice *f*
– Generalpolice *f*
(syn, group/package . . . policy)
general power of attorney (Re) Generalvollmacht *f*
general practitioner, GP (SozV, GB) praktischer Arzt *m*, Allgemeinarzt *m*
general price level (Vw) = general level of prices
general price level accounting (ReW) kaufkraftindizierte Rechnungslegung *f*
general property tax
(StR) allgemeine Grundsteuer *f*
(ie, auf erschlossene und unerschlossene Grundstücke)
General Protection Failure, GPF (EDV) Allgemeine Schutzverletzung *f (ie, an application reads/writes beyond its own address space)*
general public
(com) Allgemeinheit *f*
– Öffentlichkeit *f*
(syn, public at large, body of the people at large)
general purchasing power accounting (ReW, US) kaufkraftindizierte Rechnungslegung *f*
general-purpose computer (EDV) Mehrzweckcomputer *m*
general register (EDV) Arbeitsregister *n*
general representative (com) = general agent
general reserves (ReW) allgemeine Rücklagen *fpl*
General Resources Account (IWF) Mittel *pl* für kurzfristige Zahlungsbilanz-Finanzierungen
general revenue (FiW) allgemeine Steuermittel *pl* *(syn, infml, public . . . purse/till)*
general revenue sharing (FiW, US, appr) vertikaler Finanzausgleich *m*
general service department (KoR) allgemeine Hilfsabteilung *f* od Hilfskostenstelle *f*
General Services Administration
(Re, US) Allgemeine Bundesverwaltung *f*
(ie, independent agency: manages property, records, supplies, facilities, and materials of the federal government)
general statement
(Log) Allsatz *m*, allgemeiner Satz *m*
(ie, contains one or more bound variables; syn, strictly universal statement, universal statement; opp, singular statement)
general store (com) Gemischtwarengeschäft *n*
general strike (Pw) Generalstreik *m*
general subscription (Fin) öffentliche Zeichnung *f*
general succession (ReW) Universalsukzession *f*
general tariff
(AuW) Einheitstarif *m*
– Generaltarif *m*
(syn, single-schedule/unilinear . . . tariff)
general taxes (FiW) allgemeine Steuern *fpl (syn, broad-based taxes)*
general term
(com) Allgemeinbegriff *m*
(Math) allgemeiner Term *m*, allgemeines Glied *n* *(ie of a series)*
General Terms and Conditions of Delivery (com) Allgemeine Lieferbedingungen *fpl*
general thrust of the economy (Vw) wirtschaftliche Entwicklung *f (syn, course of the economy)*
general usage (Re) Verkehrssitte *f*
general user (EDV) Normalbenutzer *m*
generate *v*
(Math) erzeugen
(EDV) generieren
generate a program *v* (EDV) Programm *n* erstellen
generate cash *v* (Fin) liquide Mittel *npl* erwirtschaften
generated address (EDV) synthetische Adresse *f* *(syn, synthetic address)*
generate entries *v* (ReW) Buchungen *fpl* erzeugen
generate jobs *v* (Pw) Arbeitsplätze *mpl* schaffen
generate profits *v* (com) Gewinne *mpl* erwirtschaften *(eg, . . . $1bn in profits)*
generating function (Stat) erzeugende Funktion *f*
generating program (EDV) = generator
generating routine (EDV) = generator
generating row (OR) Gomory-Schnitt *m (syn, source row)*
generation
(Bw) Generation *f (eg, equipment, machinery)*
(EDV) Generierung *f*
(EDV) Rechnergeneration *f (cf, computer development)*
generation run (EDV) Generierungslauf *m*
generator
(EDV) Generator *m*
– Generatorprogramm *n*
(ie, produces specific programs as directed by input parameters; syn, generating . . . program routine)
generatrix (Math) Erzeugende *f*
generic claim (Re) Gattungsanspruch *m*

generic drugs
(com) Generika *pl*
(ie, unbranded and sold at a lower price than the branded/proprietary product)

generic goods
(Re) Gattungssachen *fpl*
(syn, unascertained goods; opp, specific/ascertained ... goods = konkrete Sachen)

generic name
(Kart) Gattungsbezeichnung *f (ie, of a product, not protected by industrial property law; syn, established name)*
(Log) Gattungsname *m (syn, general term)*

generic obligation
(Re) Gattungsschuld *f*
– Genusschuld *f*
(syn, obligation in kind, unascertained debt)

generic program units (EDV) Programmschemata *npl*

generic routine
(EDV) Routine *f* unter Gattungsname
– generische
– polymorphe ... Routine *f*

generics
(com) markenlose Produkte *npl*
(Re) = generic goods

generic term (Log) Oberbegriff *m (syn, overall term, qv)*

generous depreciation schedules (StR) großzügige steuerliche Abschreibungen *fpl*

generous funding (Fin) großzügige finanzielle Ausstattung *f*

gene technology (IndE) Gentechnologie *f*

genetically modified organism, GMO (Mk) genetisch veränderter Organismus *m*

genetic engineering (com) Gentechnik *f*, Genmanipulation *f*

gentlemen's agreement
(com) Gentlemen's Agreement *n*
– Vereinbarung *f* nach Treu und Glauben
– mündliche Absprache *f*
(ie, formlose Vereinbarung ohne rechtliche Durchsetzbarkeit; eg, Frühstückskartell, freiwillige Kreditkontrollen)

genuine decision (Bw) echte Entscheidung *f (syn, non-programmable decision)*

genuine link (com) hinreichend sachliche Verbindung *f*

genuine monthly premium (Vers) echte Monatsprämie *f (opp, unechte Monatsprämie)*

genuine structural adjustment (Vw, EG) echte strukturelle Anpassung *f*

geographic dispersion (Mk) geographische Streuung *f*

geographic mobility (Vw) geographische Mobilität *f (syn, regional mobility)*

geographic restrictions (Kart, US) Gebietsbeschränkung *f (syn, territorial restrictions)*

geometric average (Stat) = geometric mean

geometric distribution (Stat) geometrische Verteilung *f*

geometric mean
(Stat) geometrischer Mittelwert *m*
(ie, of n given quantities is the nth root of their products; syn, geometric average)

geometric number theory
(Math) geometrische Zahlentheorie *f*
(ie, studies relationships among numbers by examining the geometric properties of ordered pair sets of such numbers)

geometric programming
(OR) geometrische Programmierung *f*
(ie, a nonlinear programming technique in which the relative contribution of each of the component costs is first determined; only then are the variables in the component costs determined)

geometric progression
(Stat) geometrische Folge *f*
(ie, a sequence which has the form $a, ar, ar^2, ar^3, \ldots$*; syn, geometric sequence; opp, arithmetic progression)*

geometric range (Stat) geometrische Spannweite *f*

geometric sequence (Stat) = geometric progression

geometric series (Stat) geometrische Reihe *f (ie, an infinite series of the form* $a + ar + ar^2 + ar^3 + \ldots$*)*

geometry (IndE) Konfiguration *f*, äußere Form *f*

geothermal energy (com) Erdwärme *f*

German Options and Financial Futures Exchange, GOFFEX (Bö) deutscher Terminmarkt *m (ie, als vollelektronische Computerbörse)*

gestation period (Vw) Ausreifungszeit *f* des Kapitals

get-acquainted discount (com) Einführungsrabatt *m*

get-acquainted visit (com, infml) Antrittsbesuch *m (syn, first visit)*

get a fix on *v* (com) verstehen *(ie, understand by observation and analysis)*

get ahead *v* (com) vorwärtskommen *(eg, on the corporate ladder)*

get a toehold in a market *v* (com) Fuß *m* fassen in e–m Markt *(syn, breach a market, carve out a market niche)*

getaway car (com) Fluchtwagen *m*

get down to brass tacks *v* (com, US, sl) zur Sache kommen

get down to the put-to *v* (com, GB, infml) zur Sache kommen *(ie, take action after all; syn, get down to brass tacks)*

get orders *v* (com) Aufträge *mpl* beschaffen *(opp, take orders)*

get the axe *v* (Pw, infml) entlassen werden, „fliegen" *(cf, fire)*

getting started (EDV) Einstieg *m*

get-together
(com, infml) Tagung *f*
– Besprechung *f*

getup (Mk) Aufmachung *f (syn, presentation)*

get up *v* (com) vorbereiten *(eg, ... report ready for a meeting)*

ghost printing (EDV) Druckschatten *m*

giant company (com) Mammutgesellschaft *f*

giant merger
(com) Großfusion *f*
– Mammutfusion *f (syn, jumbo merger, qv)*

gibberish total (EDV) Kontrollsumme *f (syn, check total, qv)*

Gibrat distribution (Stat) Log-Normalverteilung *f (syn, lognormal distribution)*

Gibson paradox (Vw) Gibson-Paradox *n (ie, empirical evidence that raising prices also pulls up rates of interest)*

gift
(Mk) Zugabe *f*
(Re) Schenkung *f (ie, gratuitous transfer of title to property: Eigentumsübertragung ohne Gegenleistung)*
gift credit (Fin, infml) zinsloses Darlehen *n (syn, flat credit, qv)*
gift inter vivos (Re) Schenkung *f* unter Lebenden
gift loan (Fin) = gift credit
gift mortis causa (Re) Schenkung *f* von Todes wegen
gift parcel (com) Geschenkpackung *f*
gift parcels (Zo) Geschenksendungen *fpl*
gift shop (com) Souvenirladen *m*
gift subscription (com) Geschenkabonnement *n*
gift tax (StR, US) Schenkungssteuer *f (ie, both federal and state governments have gift tax laws)*
gift wrapping (com) Geschenkpapier *n*
gigabyte (EDV) Gigabyte *n (ie, 1024 megabytes and 1.073.741.824 bytes; acronym Gb or GB)*
gilt edged (Fin, GB) erstklassig *(ie, bonds, notes, commercial paper, or other prime investments)*
gilt-edged market
(Fin, GB) Markt *m* für Staatspapiere
(eg, in government bonds, consols, coupon bonds, index-linked bonds)
gilt-edged securities
(Fin, GB) Staatspapiere *npl*
(ie, securities whose interest and capital are guaranteed by the U. K. Government; syn, gilts)
gilt future contract
(Fin, GB) Zinsterminkontrakt *m*, der auf short gilts oder long gilts basiert, qv
gilts (Fin, GB) = gilt-edged securities
gin and tonic brigade (com, sl) mittleres Management *n (ie, with little hope of ever making it to the top)*
Gini coefficient
(StR) Gini coefficient
– Lorenzsches Konzentrationsmaß *n*
Ginnae Mae
(Fin, US) = Government National Mortgage Association
(Fin, US) Ginnae Mae, GNMA, Pfandbrief *m*
(ie, share in a pool of home mortgages issued by banks and thrift institutions; as safe as T-bonds and with consistently higher yields; GNMAs sind der Struktur nach, nicht aber in der rechtlichen Konstruktion den deutschen Pfandbriefen eng verwandt)
girl Friday
(com, infml) Mädchen *n* für alles *(ie, applies to individuals of either sex)*
Giro Account
(Fin, GB) Postgirokonto *n*
(Fin) Girokonto *n*
giro credit transfers (Fin) Überweisungsverkehr *m (syn, bank transfer payments)*
giro department
(Fin) Giroabteilung *f*
– Überweisungsabteilung *f*
giro overdraft lombard loan (Fin) Giroüberzugslombard *m*
giro standing order (Fin, GB) Postgiro-Dauerauftrag *m*
giro system
(Fin, GB) Gironetz *n*
(ie, branch system of a group of banks through which payments are cleared; developed in Germany and emulated by other countries in Europe)
give a boost *v* (com) verstärken, Auftrieb *m* geben
give an accounting *v*
(com) Rechenschaft *f* ablegen
(com) abrechnen *(syn, account for, settle the accounts)*
give an edge *v* (com) Vorteil *m* verschaffen
give a new lease on life *v* (com) wiederbeleben *(eg, management changes and a government bailout have given . . .)*
give an expert opinion *v*
(com) begutachten
– Gutachten *n* erstellen
give an order for *v*
(com) bestellen
– Bestellung *f* aufgeben *(syn, order, qv)*
give a shot in the arm *v*
(com) ankurbeln
– in Schwung bringen
(eg, the economy, an ailing company)
give-away (Mk) freie Zugabe *f*
give-away articles (Mk) Werbegeschenke *npl*
give-away price (com) Schleuderpreis *m (syn, knock-out /slaughtered . . . price)*
give for the call *v* (Bö) Vorprämie *f* kaufen
give for the put *v* (Bö) Rückprämie *f* verkaufen
give guaranty *v*
(Re) garantieren
– Garantie *f* leisten od übernehmen
(syn, guarantee, furnish guaranty)
give in earnest *v* (Re) Draufgeld *n* zahlen *(ie, to bind the contract)*
give in part exchange *v* (com, GB) in Zahlung geben *(syn, trade in, turn in)*
give notice of *v* (com) avisieren *(syn, inform, notify)*
give notice of claim *v* (Vers) Schaden *m* anmelden
give notice to quit *v* (Pw) kündigen *(ie, by employee)*
give notice to terminate *v*
(Re) kündigen *(eg, contract)*
(Pw) kündigen *(ie, by employer)*
given period (com) Berichtszeitraum *m*
give on stock *v* (Bö, GB) in Report geben
give out money to *v* (Fin) Geld *n* ausleihen an *(syn, lend money to)*
giver (Bö, GB) Reportnehmer *m*
giver for a call (Bö) Käufer *m* e–r Vorprämie
giver for a call of more (Bö) Käufer *m* e–s Nochgeschäfts
giver for a put (Bö, GB) Verkäufer *m* e–r Rückprämie
giver of an option (Bö) Optionsgeber *m*
giver of the rate (Bö) Prämienzahler *m*
give the floor to *v* (com) jem das Wort erteilen
give the go-ahead to *v* (com) jem grünes Licht *n* geben
give the lie to *v* (com) widerlegen *(eg, this debate would seem to . . . that notion)*
give up
(Bö) Ertragsverlust *m*
(ie, occurs when a block of bonds is swapped for another block of lower-coupon bonds)

give up rights *v* (Re) Rechte *npl* aufgeben *(syn, abandon/part with/surrender . . . rights)*
give up the business *v* (com) Geschäft *n* aufgeben
glamor occupation (Pw, infml) Traumberuf *m*
glamor stocks (Bö) lebhaft gefragte Aktien *fpl (eg, electronics, defense)*
glare-free keys (EDV) blendfreie Tasten *fpl (ie, of a terminal keyboard)*
glaring flaw (com, infml) haarsträubender Fehler *m*
glass industry (com) Glasindustrie *f*
glass insurance
(Vers, US) Glasversicherung *f*
(ie, covers loss by breakage of glass from almost any peril, except fire and war)
Glass's guide (com, GB) Gebrauchtwagenpreisliste *f*
Glass Steagall Act of 1933
(Fin) Glass Steagall Act
(ie, Federal Statute prohibiting commercial banks from investment bank activities; Grundlage des US Trennbankensystems)
gliding bands (AuW) gleitende Bandbreiten *fpl*
gliding parity (AuW) = crawling peg
glitch (com, infml) Panne *f*, Versagen *n (eg, system crashed due to a glitch)*
global advertising (Mk) globale Werbung *f*
global annual accounts (ReW) Weltkonzernbilanz *f (syn, worldwide consolidated financial statements, qv)*
global bill of lading (com) Sammelladungs-Konnossement *n*
global credit (Fin) Rahmenkredit *m*
global downturn (AuW) weltweite Rezession *f (syn, world recession)*
global economic setting (AuW) weltwirtschaftliches Umfeld *n*
global economy (Vw) Weltwirtschaft *f*
global finance market (Fin) Weltfinanzmarkt *m*
global financial statement (ReW) Weltbilanz *f (syn, worldwide balance sheet)*
global insurance (Vers) Pauschalversicherung *f*
globalization of markets (Mk) Globalisierung *f* der Märkte
globalize *v* (Mk) globalisieren
global marketing (Mk) globales/länderübergreifendes . . . Marketing *n*
global policy (Vers) Mantelpolice *f*
global propensity to spend (Vw) globale Ausgabeneigung *f*
global quota (AuW) Globalkontingent *n*
global reserves (Vw) Weltvorräte *mpl (eg, minerals, petroleum)*
global sourcing (MaW) Bezug *m* aus ausländischen Lieferquellen
global trade (AuW) Welthandel *m (syn, international/world . . . trade)*
global trading (Bö) weltweiter Börsenhandel *m (eg, New York linked up with London and Tokyo)*
gloomy forecast (Vw) düstere Prognose *f*
glossary (EDV) Glossar *n*, textbezogene Fachwortliste *f (ie, in linguistic data processing)*
glue strip (com) Klebestreifen *m*
glut
(com) Überangebot *n*
– Schwemme *f*
glutted market (com) gesättiger/übersättigter Markt *m*
GMO (Mk) = genetically modified organism
GNMA (Fin, US) = Government National Mortgage Association
gnome (Fin) Gnom *m (ie, secretive financial institution; eg, in Zurich)*
GNP gap (Vw) Lücke *f* zwischen tatsächlichem und möglichem realem BSP
GNP, gnp (Vw) = gross national product
GNP implicit price deflator (Vw) BSP-Deflator *m (ie, generally shortened to gnp deflator)*
go a bull *v* (Bö) auf Hausse spekulieren
go after *v* (com) sich bemühen um, anstreben *(eg, market, position, job; syn, pursue, try to get)*
go-ahead
(com, infml) Genehmigung *f*, ‚grünes Licht' *n*
(eg, to give the . . . for an investment program)
go-ahead company
(com) dynamisches
– fortschrittliches . . . Unternehmen *n*
goal (Bw) Ziel *n (syn, objective, target)*
goal analysis (Bw) Zielanalyse *f*
goal analysis and review (Bw) Zielrevision *f*
goal conflict (Bw) Zielkonflikt *m (syn, conflicting goals, qv)*
goal content (Bw) Zielinhalt *m*
goal-directed (Bw) zielgerichtet
goal direction (Bw) Zielrichtung *f*
goal displacement (Bw) Zielverschiebung *f*
goal formulation process (Bw) Zielentscheidungsprozeß *m*
goal programming (OR) Zielprogrammierung *f*
goal search (Bw) Zielsuche *f*
goal setting (Bw) Zielbildung *f*, Festlegen *n* von Zielen
goal setting process (Bw) Prozeß *m* der Zielbildung
goals of performance (Bw) Erfolgsziele *npl*
goals of the organization (Bw) Unternehmensziele *npl*
goal succession (Bw) Zielnachfolge *f*
goal system (Bw) Zielsystem *n (syn, system of objectives)*
goal variable (Bw) Zielvariable *f*
go-and-not-go gage (Stat) Gut-Schlecht-Prüfung *f (syn, good-defective inspection test, sampling by attribute)*
go around
(Fin, US) Aufforderung *f* des Fed zur Angebotsabgabe
(ie, when it offers to buy/sell securities, to do repo, or to do reverses)
go awry *v* (com) schief gehen *(eg, flight, plans)*
g.o.b. (com) = good ordinary brand
go bankrupt *v* (Re) in Konkurs gehen, Konkurs *m* machen *(syn, infml, go bust, go to the wall)*
go belly up *v* (com, sl) bankrott machen
go-between
(com) Mittelsmann *m (syn, GB, link)*
(Re) Mittler *m*, Schlichter *m (syn, middleman, intermediary, mediator)*
go between *v* (com) vermitteln *(syn, bring together)*
go black *v* (Pw, GB) schwarzarbeiten *(syn, moonlight, work off the books)*
go broke *v* (com, sl) Pleite gehen od machen
go bust *v* (com, infml) Pleite gehen od machen
go by the book *v* (Pw, infml) streng nach Vorschrift arbeiten

godfather offer
(com) großzügiges Übernahmeangebot *n*
(ie, tender offer so generous that the target's management is not in a position to refuse it)

godown (com) Lagerhaus *n (ie, commercial storage warehouse; term is used in the Far East)*

go down *v* (com) sinken *(eg, prices)*

go down the tubes *v* (com, infml) Pleite gehen od machen

go down well with *v* (com, infml) gut ankommen bei *(eg, product)*

go for *v* (com) erzielen, verkauft werden für *(eg, car went for $500)*

go-go (com) dynamisch *(syn, dynamic, aggressive)*

go-go fund (Fin) Investmentfonds *m*, der raschen Wertzuwachs anstrebt

go-go institution (Fin) dynamisches Finanzinstitut *n*

going-and-coming rule (SozV, US) Regel *f* der Unfallversicherung: Mitarbeiter sind nicht gegen Wegeunfälle versichert

going business (com) erfolgreiches Unternehmen *n (syn, successful venture)*

going concern
(Bw) arbeitendes Unternehmen *n*
(ie, business enterprice in operation; cf, going concern concept; Grundannahme der Rechnungslegung: das Unternehmen wird unbegrenzt fortgeführt; history of and prospects for profits are considered; gilt in U.S., nach AktG und 4. EG-Richtlinie)

going concern concept
(Bw) Zielsystem *n* e–r auf Dauer angelegten Unternehmung
(ReW) Grundsatz *m* der Fortführung e–s Unternehmens *(ie, in business valuation = Unternehmensbewertung)*

going-concern value
(StR) Teilwert *m*, Buchwert *m*
(ie, based on the assumption of the continuation of the business as a whole; opp, break-up value; cf, Teilwert nach § 6 I 1 EStG, § 10 BewG)

going-out-of-business sale (com) Totalausverkauf *m*

going-over (com, infml) Prüfung *n*, Untersuchung *f*

going price
(com) Marktpreis *m*
(Bö) Tageskurs *m*

going private (Fin) Aktienrückkauf vom Publikum *(ie, in order to ease acquisition or merger; cf, go private)*

going public
(Fin) in Publikumsgesellschaft umwandeln
(ie, issue and sale of stock to the public; involves compliance with the disclosure requirements of the securities laws; cf, go public)

going rate
(com) geltender Preis *m*
(Pw) herrschender Lohnsatz *m (syn, prevailing rate)*

going value (ReW) = going concern value

go into a tailspin *v*
(com, infml) absacken, ins Trudeln geraten
(eg, stock prices went into a tailspin; syn, sharp downturn, slump)

go into bankruptcy *v* (com) bankrott machen *(syn, go bankrupt)*

go into effect *v* (Re) in Kraft treten

go into operation *v* (com) in Betrieb gehen *(syn, come on stream, be commissioned)*

go into service *v* (com) = go into operation

go into the red *v* (Fin) in die roten Zahlen geraten, rote Zahlen *fpl* schreiben

gold and currency reserves (AuW) Gold- und Devisenreserven *fpl*

gold arbitrage (AuW) Goldarbitrage *f*

gold auction (IWF) Goldauktion *f*

gold backing (Vw) Golddeckung *f (syn, gold cover)*

gold-based monetary system (Vw) Goldwährungssystem *n*

gold bond (Fin) Goldanleihe *f*

gold brick
(Fin, infml) wertlose Wertpapiere *npl (ie, despite their attractive appearance)*
(Pw, US) Faulenzer *m*

goldbug (Vw, infml) Befürworter *m* der Goldwährung

gold bullion (Fin) Barrengold *n*

gold bullion standard (Vw) Goldkernwährung *f*

gold buying price (Fin) Goldankaufspreis *m*

gold clause (Fin) Goldwertklausel *f*

gold coin and bullion (Fin) Münz- und Barrengold *n*

gold coins (Fin) Goldmünzen *fpl*

gold coin standard (Vw) Goldmünzwährung *f*

gold contributions of Central Banks (IWF) Goldeinlagen *fpl* der Zentralbanken

gold cover (Vw) = gold backing

gold currency (Vw) Goldwährung *f (syn, gold standard)*

golden age path (Vw) goldener Wachstumspfad *m (syn, unique steady-state equilibrium)*

Golden Bank Rule (Fin) goldene Bankregel *f (ie, liquidity rule of credit institutions)*

golden handcuffs (Pw, infml) „goldene Handschellen" *(ie, finanzieller Anreiz, der Führungskräfte zum Bleiben bewegt)*

golden handshake
(Pw, infml) hohe Abfindung *f*
(ie, large cash bonus paid to high employees; syn, ex gratia payment)

golden parachute
(Pw, infml) großzügige Abfindung *f*
(ie, in takeovers and mergers: designed to cushion the fall of executives who are bounced after a hostile takeover of their company; the bigger they are, the softer they fall)

golden parachute employment contract
(Pw, infml) Anstellungsvertrag *m* für Führungskräfte mit hoher Abfindung
(ie, for top executives in companies threatened by a takeover; also called ‚executive incompetence insurance')

golden parachute severance contract (Pw) Abfindungsvertrag *m*

golden share
(Fin, GB) Schlüsselbeteiligung *f*
(ie, share interest normally controlled by the government after privatisation of a key industry; generally to ensure that company does not fall into unwelcome foreign hands)

gold exchange (Bö) Goldbörse *f*

gold exchange standard (Vw) Golddevisenwährung *f*

gold export point (AuW) oberer Goldpunkt *m*, Goldausfuhrpunkt *m*
gold fixing (Bö) Goldfixing *n*, Festsetzung *f* des Goldpreises
gold futures (Bö) Goldterminkontrakte *mpl*
gold futures trading (Bö) Goldtermingeschäfte *npl*
gold hoardings (Vw) Goldhorte *mpl*
gold holdings (AuW) Goldbestände *mpl*, Goldreserven *fpl (syn, gold . . . reserves/stock)*
gold import point (AuW) unterer Goldpunkt *m*, Goldeinfuhrpunkt *m*
gold mine (com, infml) Goldgrube *f (eg, the store is a gold mine)*
gold mines (Bö) Goldaktien *fpl*
gold movements (Fin) Goldbewegungen *fpl*
gold options (Fin) Goldoptionen *fpl*
gold or foreign exchange cover (Vw) Golddeckung *f (ie, of money in circulation)*
gold points (Vw) Goldpunkte *mpl (syn, gold specie points, gold bullion points)*
gold pool (IWF) Goldpool *m*
gold premium (Vw) Goldagio *n*, Goldaufgeld *n*
gold price (Fin) Goldpreis *m*
gold quote (Fin) Goldnotierung *f*
gold reserve cover (Vw) Goldreserve-Deckung *f*
gold reserves (AuW) = gold holdings
gold sales in the open market (Fin) Goldverkäufe *mpl* am freien Markt
gold settlement fund (Fin) Goldausgleichsfonds *m (ie, der 12 Federal Reserve Banks)*
gold specie currency (Vw) Goldumlaufwährung *f (syn, gold specie standard)*
gold specie points (Vw) Goldpunkte *mpl (syn, gold points)*
gold specie standard (Vw) reine Goldumlaufwährung *f*
gold standard (Vw) Goldwährung *f*, Goldstandard *m (syn, gold currency)*
gold sterilization (AuW) Stillegen *n* von Goldbeständen
gold stock (AuW) = gold holdings
gold tranche (IWF) Goldtranche *f (ie, term preceding that of the ‚reserve tranche')*
go long *v*
(Bö) Wertpapiere *npl* kaufen *(cf, long position)*
(Bö) Terminkontrakt *m* kaufen
(ie, starting a transaction by purchasing a futures contract)
go marketing *v* (com) anbieten, auf den Markt bringen *(ie, offer goods or products for sale)*
Gompertz curve (Stat) Gompertz-Wachstumskurve *f (ie, relative growth rate declines at a constant rate)*
gondola car (com) offener Wagen *m*, O-Wagen *m (syn, infml, truck; US, open goods wagon)*
good bargain (com) guter Kauf *m*, gutes Geschäft *n*
good commercial paper (Fin) diskontfähige Wechsel *mpl*
good-defective inspection (IndE) Gut-Schlecht-Prüfung *f (syn, go-and-not-go gage)*
good defense (Re) begründete Einrede *f*
good delivery
(Bö) einwandfreie Übergabe *f*
(ie, of securities; in keeping with the rules of the stock exchange; opp, bad delivery)
good-delivery security (Bö) lieferbares Stück *n (ie, one without external defects)*
good faith
(Re) guter Glaube *m*
(ie, implies reasonable commercial standards of fair dealing in trade; honesty in the transaction concerned; syn, bona fide)
good faith purchaser (Re) gutgläubiger Erwerber *m (syn, bona fide purchaser)*
good for today (Bö) Auftrag *m* gültig für e–n Tag
good funds (Fin, US) sofort verfügbare Mittel *pl (ie, immediately available money)*
good merchantable quality and condition (com) handelsübliche Güte *f* und Beschaffenheit *f*
good middling (com) gute Durchschnittsqualität *f*
goodness of fit
(Stat) Güte *f* der Anpassung
(ie, degree to which the observed frequencies of occurrence of events correspond to the probabilities in a model)
good offices (com, fml) Vermittlung *f (eg, through the . . . of the President . . .)*
good ordinary brand, g.o.b. (com) gute, gewöhnliche Sorte *f*
good pay (Fin, infml) gutes Risiko *n (ie, as a borrower)*
good reasons (com) wichtige Gründe *mpl*
goods (Vw) Güter *npl (syn, commodities, resources)*
goods afloat (com) schwimmende Ware *f (syn, afloats)*
goods and capital movements (Vw) Güter- und Kapitalverkehr *m*
goods and chattels (Re) bewegliche Sachen *fpl*
goods and services (com) Güter *npl* und Dienste *mpl*
goods and services for own account (ReW) eigene Leistungen *fpl (syn, non–market output of goods and services)*
goods by description (Re) Gattungsware *f*
goods carried in stock (MaW) Warenvorräte *mpl*, Bestände *mpl*
goods cleared for home use (Zo) Waren *fpl* im freien Verkehr *(syn, goods in free circulation)*
goods dealt in on an exchange (Bö) börsenmäßig gehandelte Waren *fpl*
goods declaration (Zo) Anmeldung *f* der Waren *(syn, GB, entry of goods)*
goods fit for storage (com) Lagergut *n*
goods flow (Vw) Güterstrom *m*
goods for process (Zo) Waren *fpl* für die Zollgutveredelung
goods for resale (EG) Waren *fpl*
goods gap (Vw) Güterlücke *f*
goods in bad order, g.b.o. (com) Waren in schlechtem Zustand
goods in bond (Zo) Waren *fpl* unter Zollverschluß *(syn, bonded goods)*
goods in consignment (com) Kommissionsware *f*
goods industries
(com) güterproduzierende Wirtschaftszweige *mpl*
(eg, mining, construction, manufacturing; opp, service industries)
goods in free circulation (Zo) Waren *fpl* im freien Verkehr
goods in process (ReW) halbfertige od unfertige Erzeugnisse *npl (syn, work in process, qv)*

goods in process of clearing
(Zo) zollhängige Waren *fpl*
goods in short supply (com) Mangelware *f*
goods in stock (MaW) = goods on hand
goods in transit (com) unterwegs befindliche Güter *npl*, Transitgüter *npl (syn, afloats)*
goods market equilibrium (Vw) Gleichgewicht *n* am Gütermarkt
goods on commission (com) Kommissionsware *f*
goods on consignment
(com) Kommissionsgut *n*
– Kommissionsware *f*
(syn, consignment/consigned . . . goods)
goods on hand (MaW) Lagerbestand *m*, Vorräte *mpl (syn, goods in stock, stock on hand, stores)*
goods out of bond (Zo) verzollte Ware *f*
goods out on consignment (com) Konsignationsware *f (syn, consignment merchandise)*
goods purchased for resale (ReW) Handelsware *f*
goods receiving department (MaW) Warenannahme *f*
goods returned (com) Rückwaren *fpl (syn, returns, qv)*
goods station (com, GB) Güterbahnhof *m*
goods to declare (Zo) anmeldepflichtige Waren *fpl*
goods traffic
(com, GB) Güterverkehr *m*
– Frachtverkehr *m*
goods train (com, GB) Güterzug *m (syn, US, freight train)*
good till canceled order, GTC (Bö, US) Auftrag *m* bis auf Widerruf *(syn, open till canceled order)*
good title (Re) gültiger Rechtsanspruch *m*
good trader
(Bö, US) risikoloses Geschäft *n*
(eg, if a trader can short $20 million of an issue of Treasury coupon and sleep at night)
goodwill
(ReW) Geschäftswert *m*
– Firmenwert *m*
(ie, excess of the cost of an acquired company over the sum of identifiable net assets; or value of the business which has been built up through the reputation of the business concern and its owners)
(Bw) Fassonwert *m*
go off at the tangent *v* (com, infml) abschweifen *(ie, unpredictably and irrelevantly)*
go off the gold standard *v* (Vw) Goldwährung *f* aufgeben
go on *v* (com) entfallen auf *(eg, two thirds of earnings . . . office overheads)*
go on strike *v* (Pw) streiken *(syn, strike)*
go out of business *v*
(com) Betrieb *m* schließen
– Geschäft *n* aufgeben
go private *v*
(Fin) Aktien *m* vom Publikum zurückkaufen, Börsenzulassung *f* aufgeben
(ie, take a company's stock off the stock exchange; cf, going private, qv)
go public (Bö) an die Börse gehen *(cf, going public)*
Gordon Model
(Fin) Gordon-Modell *n*
(ie, Variante des Divided Discount-Modells; der ist: K = D/(r + pg), worin: K = fairer Aktienkurs, D = erwartete nächste Dividendenzahlung, r = Marktzinssatz für risikofreie Anlagen, p = Risikoprämie der Aktie, g = erwartete Dividendenwachstumsrate; Modell dient der Strukturierung von Depots)
go shopping *v* (com, infml) einkaufen
go short *v*
(Bö) Wertpapiere *npl* leerverkaufen
(ie, securities not owned, or owned and not delivered)
(Bw) Terminkontrakt *m* leerverkaufen
(ie, starting a transaction by selling a futures contract)
go sick *v*
(Pw, infml) krankfeiern
(ie, often for trivial reasons, or even: take a holiday pretending sickness)
go-slow (Pw) Bummelstreik *m (syn, slowdown strike, labor slowdown)*
go to court *v* (Re) klagen, gerichtlich vorgehen *(syn, bring action, take legal action)*
go to law *v* (Re) klagen
go to the capital market *v* (Fin) Kapitalmarkt *m* in Anspruch nehmen
go to the wall *v* (com, infml) pleite machen *(syn, go bust)*
go to work *v* (com) in Betrieb gehen *(eg, computer system, power plant)*
go under the hammer *v* (com) versteigert werden
go up *v*
(com) bestehen
– sich durchsetzen *(eg, against a big rival)*
goverment
(Re) Regierung *f*
(Re, US) Regierungssystem *n (ie, comprises legislative, executive, judiciary)*
governing body (Bw) Entscheidungsgremium *n (eg, board of directors)*
Governing Council of the ECB
(EG) Europäischer Zentralbankrat *m*
– EZB-Rat *m*
governing element (IndE) bestimmender Teilvorgang *m*
governing law (Re) geltendes Recht *n (ie, in contract wording; syn, applicable law, law to apply)*
governing law clause
(Fin) Klausel *f* über anwendbares Recht
(eg, in international loan agreements: sets forth the law that the parties intend to govern the agreement; syn, choice-of-law clause)
government accounting
(FiW) kameralistische Buchführung *f*
(ie, cash and receipts-expenditure accounting, not accrual accounting)
government activity rate (FiW) Staatsquote *f (syn, public sector share in GNP)*
government agency issue (Fin) öffentliche Anleihe *f*
government aid (FiW) staatliche Förderung *f*
governmental unit (Re) = government unit
government and social security payments
(FiW) Zahlungen *fpl* aus öffentlichen Kassen
(ie, from public funds)
government annuity (Fin) Staatsanleihe *f*
government audit (StR) Außenprüfung *f (ie, periodic tax examination; syn, government tax audit)*

government auditor
(ReW) Prüfer *m* staatlicher Organe
(StR) Außenprüfer *m (syn, government tax auditor)*
Government bill (FiW) Regierungsentwurf *m*
government bills (Fin) kurzfristige Staatspapiere *npl (eg, treasury bills)*
government bonded warehouse (com) staatliche Zollniederlage *f*
government bonds (Fin) Staatsanleihen *fpl*
government borrowing
(FiW) Kreditaufnahme *f* der öffentlichen Hand *(syn, public sector borrowing)*
government broker (Bö, GB) Broker *m*, der im Auftrage der Regierung kauft und verkauft
government budget (FiW) öffentlicher Haushalt *m*
government capital expenditure (FiW) öffentliche Investitionen *fpl*
government consumption (VGR) = government expenditure on goods and services
government contract (com) öffentlicher Auftrag *m*
government control
(Re) staatliche Steuerung *f*
(Vw) staatliche Bewirtschaftung *f*
government corporation (Re) Körperschaft *f* des öffentlichen Rechts
government credit demands (FiW) Kreditnachfrage *f* der öffentlichen Hand
government debt
(FiW) öffentliche Schulden *fpl (syn, public debt)*
– Staatsverschuldung *f*
government deficit (Vw) Haushaltsdefizit *n*
government demand (VGR) staatliche Nachfrage *f*
government depositary (FiW, US) Depositar *m* der Regierung *(eg, Federal Reserve Banks, certain approved commercial banks)*
government deposit policy (FiW) Einlagenpolitik *f*
government employees (Pw, US) öffentliche Bedienstete *pl*
government expenditure (FiW) = government spending
government expenditure multiplier (FiW) Staatsausgaben-Multiplikator *m (ie, in relation to national income)*
government expenditure on goods and services
(VGR) Staatsverbrauch *m (syn, public consumption, qv)*
government expenditure rate
(FiW) Staatsquote *f*
(ie, Anteil der öffentlichen Hand an den gesamten Ausgaben der Volkswirtschaft)
government export guaranty (AuW) staatliche Exportgarantie *f*
government expropriation (AuW) staatliche Enteignung *f*
government financial position (Vw) Finanzlage *f* der öffentlichen Haushalte
government funding (FiW) öffentliche Mittel *pl*
government funds
(FiW) staatliche Mittel *pl*
(Fin) Staatspapiere *npl*
government gross debt (Vw) Bruttoverschuldung *f* des Staates
government handouts (FiW) staatliche Subventionen *fpl*
government incentives (FiW) staatliche Anreize *mpl*
government inflation (FiW) Inflation *f* durch fahrlässiges Finanzgebaren des Staates
government inspection (com) amtliche Güteprüfung *f*
government interference (Vw) öffentliche od staatliche Eingriffe *mpl (syn, government intervention)*
government intervention (Vw) = government interference
government investment (FiW) öffentliche Investitionen *fpl (syn, public investment)*
government investment expenditure (FiW) Ausgaben *fpl* für öffentliche Investitionen
government liability (Re) Staatshaftung *f*
government monopoly (Vw) staatliches Monopol *n*
Government National Mortgage Association, GNMA
(Fin, US) bundesstaatliche Hypothekenkreditanstalt *f (ie, popularly ‚Ginnie Mae')*
government net borrowing (FiW) staatliche Nettokreditaufnahme *f*
government ownership (Vw) Unternehmen *npl* im staatlichen Eigentum
government procurement
(FiW) öffentliches Vergabewesen *n*
– staatliches Beschaffungswesen *n*
government purchasing authority (FiW) Beschaffungsamt *n (ie, set up to buy specific requirements)*
government red tape (com) staatliche Bürokratie *f*
government regulation of business
(Vw, US) öffentliche Regulierung *f*
(ie, hoheitlich wirtschaftsregelnde Maßnahmen; erfaßt fast die gesamte US-Infrastruktur; weiter als ‚Wettbewerbsrecht'; limited to the control of the services provided and rates charged by private enterprices engaged in the provision of transport, communication, electricity, gas, and other utility services; it is largely an American institution; syn, regulation of . . . business/industry, public regulation; opp, deregulation)
government revenue and spending (FiW) öffentliche Einnahmen *fpl* und Ausgaben *fpl*
government revenues
(FiW) öffentliche Einnahmen *fpl*
governments (Fin, US) Staatstitel *mpl (ie, negotiable U. S. Treasury securities)*
government sector (VGR) Sektor *m* öffentliche Haushalte
government securities
(Fin) Wertpapiere *npl* der öffentlichen Hand
– Staatspapiere *npl*
– öffentliche Anleihen *fpl*
government shareholding (Fin) staatliche Beteiligung *f*
government spending
(FiW) Staatsausgaben *fpl*
– öffentliche Ausgaben *fpl*
(syn, government expenditure, public sector spending)
government spending multiplier (FiW) Staatsausgaben-Multiplikator *m*
government sponsored (FiW) staatlich gefördert
Government Sponsored Enterprises, GSE (Fin, US) staatlich kontrollierte Finanzinstitutionen *fpl*

government stock
(Fin, GB) Staatsanleihen *fpl*
(eg, Consols, Annuities, Savings, Bonds, Funding Stock; werden an der Börse und durch die Post gehandelt)
government stockpiling
(Vw) staatliche Rohstoffbevorratung *f*
(ie, of sensitive raw materials: chromium, manganese, cobalt, certain types of asbestos)
government storage agency (Vw) staatliche Vorratsstelle *f*
government subsidy (Vw) staatliche Subvention *f*
government-supported dumping (AuW) staatliches Dumping *n*
government surplus (Vw) Haushaltsüberschuß *m*
government tax audit (StR) Außenprüfung *f*
government tax auditor (StR) Außenprüfer *m*
government transfer payments (VGR) staatliche Einkommensübertragungen *fpl*, Transferzahlungen *fpl* des Staates *(syn, government transfers)*
government unit (Re) Gebietskörperschaft *f (syn, unit of government, political subdivision, territorial division)*
governor of a NCB (EG) Präsident *m* einer NZB
GP (SozV, GB) = general practitioner
GPF (EDV) = General Protection Failure
grab a chunk of the market *v* (com, infml) Marktanteil *m* erobern *(syn, conquer)*
grace (Fin) = days of grace
grace period
(Re) Nachfrist *f*
(syn, days/terms . . . of grace, extension time, additional period of time)
(Fin) Freijahre *npl*, tilgungsfreie Zeit *f*
(eg, 6-year grace on principal repayments; syn, years of grace)
grace period for repayment of principal (Fin) tilgungsfreie Zeit *f*
grade
(com) Sorte *f*
– Qualität *f*
– Güteklasse *f*
(Math) Steigung *f* e–r Geraden *(syn, slope)*
(Stat) Rangordnung *f*
(Pw) Note *f (eg, of an examination paper)*
(Bö) Qualität *f (ie, of a commodity)*
grade *v*
(com) sortieren *(syn, sort)*
(Stat) einteilen, einstufen *(syn, classify)*
(Pw) korrigieren, benoten
graded premium policy (Vers) Lebensversicherung *f* mit gestaffelten Prämienzahlungen
graded tax (StR, US) gestaffelte Grundsteuer *f*
grade labeling (com) Gütekennzeichnung *f (ie, nach bestimmten Normen; opp, descriptive labeling)*
grade papers *v* (com) Arbeiten *fpl* korrigieren/benoten
grade school (com) Grundschule *f (syn, GB, elementary school)*
gradient method (Math) Gradientenmethode *f (ie, method of successive approximation)*
gradient vector (Math) Gradientenvektor *m*
grading (com) Güteklasseneinteilung *f*
grading key (com) Bewertungsschlüssel *m*
grading of premiums (Vers) Beitragsstaffelung *f*
grading points (com) Bewertungspunkte *mpl*
graduated bond (Fin) Staffelanleihe *f (ie, in Deutschland ungebräuchlich)*
graduated interest (Fin) Staffelzinsen *mpl*
graduated life table
(Vers) Sterbetafel *f*, Aggregattafel *f*
(ie, mortality table in which the experience has been smoothed out by formula)
graduated payment mortgage
(Fin) Hypothek *f* mit gestaffelten aber steigenden Tilgungsleistungen
(ie, monthly payments start at a low level and increase gradually to a predetermined amount)
graduated price (com) Staffelpreis *m*
graduated rate coupon bond
(Fin) Staffelanleihe *f*
(ie, Zinsfuß ändert sich zu fest vorgegebenen Terminen)
graduated scale of taxes (StR) Stufentarif *m*
graduated tariff (com) Staffeltarif *m*
graduated tax (FiW) progressive Steuer *f* mit Stufentarif
graft
(com) Bestechungsgeld *n*
(syn, bribe money, kickback, payoff; boodle, slush money)
grain embargo (AuW) Getreideembargo *n (eg, imposed on the Soviet Union)*
grain exchange (Bö) Getreidebörse *f (syn, GB, London Corn Exchange)*
grain exporting country (AuW) Getreideausfuhrland *n*
grain futures (Bö) Getreidetermingeschäfte *npl*
grain merchant (com) Getreidehändler *m*
grain price (com) Getreidepreis *m*
grain purchases (com) Getreidekäufe *mpl*
grains (Bö, US) Getreide *n (ie, in bankers' jargon covers: wheat, corn, soybeans, and sorghum)*
grain supply (com) Getreideversorgung *f*
grain trade (com) Getreidehandel *m*
grandfather
(EDV) Großvater *m*
(ie, data set that is two generations earlier than the data set under consideration)
grandfather clause
(StR, US) Erweiterungsklausel *f*
(ie, to extend treaty protection to taxes which may be imposed after the signature date)
grandfather cycle (EDV) Großvaterzyklus *m*
grandfathering (Fin, US) Besitzstandsregelung *f*
Verschachtelung *f (ie, im Effekten- und Emissionsbereich)*
grandfathering clause
(Fin, US) Besitzstandsklausel *f*
(ie, Auslandsbanken unterliegen den Beschränkungen des Edge Corporation Act, ausgenommen die am 26. 7. 1978 bestehenden Niederlassungen)
grandfather right
(Re) Recht *n* aus altem Besitzstand
(ie, to continue an activity prohibited by statute because that activity was already going on prior to the statute)
grand total (com) Gesamtsumme *f (syn, total, total amount, sum total)*
grant access to *v* (com) Zugang *m* gewähren zu

grant a credit *v* (Fin) Kredit *m* gewähren od einräumen
grant a deadline *v* (com) Frist *f* bewilligen
grant a delay *v* (com) Aufschub *m* gewähren *(syn, grant a respite)*
grant aid *v* (com) Subventionen *fpl* zusagen
grant a license *v* (Pat) Lizenz *f* erteilen *(syn, issue a license)*
grant an import licence *v* (EG) Einfuhrlizenz *f* erteilen
grant a patent *v* (Pat) Patent *n* erteilen
grant a power of attorney *v*
(Re) bevollmächtigen
– Vollmacht *f* erteilen
grant a respite *v* (Fin) stunden, Stundung *f* gewähren *(ie, allow delayed debt repayment)*
grant back provision
(Pat, US) Rücklizenzklausel *f*
(ie, licensee is required to license or assign improvement patents to the licensor; syn, license grant back provision)
grant deferred payment *v* (Fin) Zahlungsaufschub *m* bewilligen
grant discharge *v* (Re) entlasten
grantee
(Re) Rechtsnachfolger *m*
– Erwerber *m*
(Pat) Lizenznehmer *m (syn, licensee)*
(Bö) Käufer *m* e–r Option, Optionsempfänger *m*
grant element (AuW) kalkulatorischer Wert *m* [Schenkungsanteil] der Begünstigung von Auslandskrediten
grant-in-aid
(FiW) zweckgebundener Zuschuß *m (ie, der Zentralregierung an nachgeordnete Gebietskörperschaften)*
(Vw) Zuschuß *m* an Entwicklungsländer
granting clause (Re, US) ausdrückliches Einräumen *n* e–s Sicherungsrechts
grant of discharge (Re) Entlastung *f*
grant of injunction (Re) Erlassen *n* e–r einstweiligen Verfügung
grant of patent (Pat) Patenterteilung *f*
grant of probate (Re) Erbschein *m*
grantor
(Re) Veräußerer *m*
– Rechtsvorgänger *m*
(ie, transferor of property)
(Re) Treugeber *m*
(syn, trustor, qv)
(Pat) Lizenzgeber *m*
(syn, licensor)
(Bö) Optionsverkäufer *m*
grantor of an option (Bö) Verkäufer *m* e–r Option *(syn, writer)*
grants economy (Vw) Übertragungswirtschaft *f (ie, field of study in welfare economics, developed by K. Boulding)*
grants for revocation (Pat) Nichtigkeitsgründe *mpl*
grant system (FiW, GB) Zuschußsystem *n (ie, specific grants + rate support grant, qv)*
grapevine
(com, infml) Gerüchteküche *f*
(ie, informal communications network in any organization: oral one-to-one channel)
graph
(com) Grafik *f*
– Diagramm *n (syn, diagram, chart)*
(Math) Funktion *f*, Kurve *f (syn, function, qv)*
(OR) Graph *n*
graph *v* (com) grafisch darstellen *(ie, represent graphically)*
graphic (com) = graphic symbol, qv
graphical data structure (EDV) grafische Datenstruktur *f*
graphical user interface (EDV) graphische Benutzeroberfläche *f (ie, information is displayed using graphical symbols; eg, WINDOWS, Presentation Manager, OSF Motif, etc)*
graphic CRT system (EDV) grafisches Bildschirmgerät *n*
graphic data processing (EDV) grafische Datenverarbeitung *f (syn, computer graphics)*
graphic display (EDV) grafische Anzeige *f*, grafische Datendarstellung *f (syn, graphics)*
graphic display system (EDV) grafikfähiges System *n*
graphic papers (com) grafische Papiere *npl*
graphic plotter (EDV) Digitalplotter *m (syn, data plotter)*
graphic representation (com) grafische Darstellung *f*
graphics (EDV) = graphic display
graphics accelerator
(EDV) Graphikbeschleuniger *m*
– Beschleunigerkarte *f*
graphics adapter (EDV) Graphikkarte *f*
graphics coprocessor (EDV) Graphik-Koprozessor *m*
graphics file format (EDV) Graphik-Dateiformat *n*
graphics mode (EDV) Graphikmodus *m (opp; character mode)*
graphics printer (EDV) Graphikdrucker *m(only wheel printers are non-graphics printer)*
graphics software (EDV) grafische Software *f*
graphics workstation (EDV) grafischer Arbeitsplatz *m*
graphic symbol
(com) Grafik *f*
– Bild *n*
(EDV) grafisches Zeichen *n*
graph paper (Math) Papier *n* mit Maßeinteilung
graph plotter (EDV) Kurvenschreiber *m (syn, plotter)*
graph theory (Math) Graphentheorie *f (syn, theory of graphs)*
gratuitous
(com) gratis
– kostenlos
– (infml) umsonst
– unentgeltlich
(syn, at no charge, for nothing)
gratuitous acquisition (Re) unentgeltlicher Erwerb *m*
gratuitous share (Fin) Freiaktie *f (ie, illegal under German law)*
gratuitous transfer (Re) unentgeltliche Übertragung *f*
gratuity
(com) Trinkgeld *n (syn, tip)*
(com) Geldzuwendung *f (ie, often in the neighborhood of bribe)*
graveyard shift (Pw, infml) Nachtschicht *f (ie, 0.00-8.00)*
gravy (Pw, US) Zusatzleistungen *fpl (ie, extra to normal pay)*

gray capital market
(Fin) grauer Kapitalmarkt *m*
(ie, Finanzplätze mit Bankgeheimnis: Zinsen unterliegen keiner Quellensteuer; Zürich/Liechtenstein, Luxemburg und London; dieser Markt für nichtdeklarierte Gelder trägt erheblich zur langfristigen Finanzierung der westlichen Welt bei; syn, freier/alternativer od Nebenkapitalmarkt)
gray legal concept (Re) unbestimmter Rechtsbegriff *m*
gray market (com) grauer Markt *m*
grease *v* (com, infml) bestechen
greaseproof (com) Fettpapier *n*
Great Depression (Vw) Weltwirtschaftskrise *f (ie, the Depression years: limited to the crisis of the 1930s)*
greater than or equal (Log) größer oder gleich, größer/gleich
greatest common divisor (Math) größter gemeinsamer Teiler *m (syn, highest common divisor)*
greatest lower bound, glb
(Math) größte untere Schranke *f*
(ie, the glb of a set of number S is the largest number among the lower bounds of S)
green
(com) Umweltschützer *m (syn, environmentalist)*
(com, infml) umweltverträglich
greenback (com, infml) Dollar *m*
green car (com) umweltfreundliches Auto *n*
green card
(com) US-Aufenthaltsgenehmigung *f*
(ie, does not make a person a United States resident)
(Vers) grüne Versicherungskarte *f*
green channel (Zo) grüner Durchgang *m*
Green Clause
(Fin) Green Clause *f*
(ie, beinhaltet gesicherte Akkreditivbevorschussung durch Lagerschein; cf, Red Clause)
green currencies (EG) grüne Währungen *fpl (ie, used to protect farm prices)*
green dollar (EG) grüner Dollar *m (ie, unit of account in the EEC farm system)*
greenery (com, infml) Umweltbewegung *f (eg, the base of support for . . . has broadened)*
green exit (Zo) grüner Ausgang *m*
green field (com, GB) völlig neues Projekt *n (ie, project started completely from scratch)*
greenfield site (com) grüne Wiese *f (ie, building plot without any infrastructure; eg, set up a plant on a . . .)*
green grass (com, GB) = green field
green hand (Pw, US) Neuling *m*
greenhouse effect
(com) Treibhauseffekt *m*
(ie, caused by carbon dioxide emissions, chlorofluorocarbons [CFCs = FCKW] and other ozone-depleting substances)
green issue (com, infml) Umweltproblem *n*
green light (com, infml) ‚grünes Licht' *n*, (amtliche) Genehmigung *f*
greenmailer
(Fin, US) (erpresserischer) Käufer *m* e–s Aktienpakets
(ie, payment is received from a target by a ‚raider' who has amassed a block of shares and threatens a hostile takeover; the company buys out the raider at a premium over market price; it buys off one shareholder at a price not available to others)
green rates (EG) grüne Umrechnungskurse *mpl*
grey scale (EDV) Graustufe *f*
grid
(com) Raster *m*
(EDV, GUI) Gitternetz *n (ie, small, spreadsheet-like table to display multiple rows and columns from a database table; syn, data grid)*
(EDV, CAD) Rasterfeld *n*
(IndE) Stromnetz *n*
(ie, network of electricity supply; eg, the national grid; cf, Kraftwerk geht ans Netz)
grid of central rates (AuW) Leitkursraster *m*
grid parities (AuW) Paritätenraster *m*
grid sampling (Stat) Gitter-Stichprobenverfahren *n (syn, configurational sampling)*
grid spacing (EDV, CAD) Rasterabstände *mpl*
grid theory
(Bw) Gittertheorie *f*
(ie, in jeder Organisation drei interagierende Faktoren: Personal, Produktion, Leitungshierarchie)
grievance
(Pw) Mißstand *m*, Beschwerdepunkt *m (ie, unsatisfactory working condition)*
(Pw) Beschwerde *f (ie, complaint by employee of unfair treatment)*
grievance arbitration
(Pw) Schlichtung *f* von Auseinandersetzungen
(ie, deals with disputes over the application of an existing collective bargaining agreement; syn, rights arbitration)
grievance arbitrator (Pw) Schlichter *m* im tarifrechtlichen Beschwerdeverfahren
grievance committee (Pw) Beschwerdeausschuß *m*, Schlichtungsausschuß *m (ie, where employer and employee jointly discuss grievances)*
grievance machinery (Pw) = grievance procedure
grievance procedure (Pw) Beschwerdeverfahren *n*, Schlichtungsverfahren *n (ie, process to appeal the decisions of supervisors to higher levels of authority)*
grievant (Pw) Beschwerdeführer *m*
grievous bodily harm (Re) schwere Körperverletzung *f*
grind (Pw, infml) langweilige, ermüdende Arbeit *f (eg, 8-hr keyboarding)*
grind down *v* (com, infml) herunterhandeln *(eg, to a comfortably low price)*
grocer (com) Lebensmittelhändler *m*
grocery business (com) Lebensmittelgeschäft *n (eg, to run a . . .)*
grocery retailing (com) Lebensmitteleinzelhandel *m*
grocery retailing industry (Mk) Lebensmitteleinzelhandel *m*
grocery store (com) Lebensmittelgeschäft *n (syn, food store)*
grocery trade (Mk) Lebensmittelhandel *m*
gross (com) brutto
gross *v*
(com) brutto einnehmen
(Pw) brutto verdienen

gross accounting procedure (ReW) Bruttoverbuchung *f*
gross amount (com) Bruttobetrag *m*
gross annual rent (StR) Bruttomietwert *m*
gross average (SeeV) = general average
gross barter terms of trade (AuW) Bruttoaustauschverhältnis *n (ie, Verhältnis Import- zu Exportmengenindex; opp, net barter terms of trade)*
gross book value (ReW) Bruttobuchwert *m (ie, ohne Abschreibungen; opp, book value)*
gross breach of duty (Pw) grobe Pflichtverletzung *f*
gross budget (FiW) Bruttoetat *m (ie, shows receipts and expenditure separately for each budget item; opp, net budget)*
gross capital expenditure (VGR) Bruttoinvestitionen *fpl (syn, gross capital formation, gross investment)*
gross capital formation (VGR) = gross capital expenditure
gross capital productivity (Vw) Brutto-Kapitalproduktivität *f*
gross cash flow (Fin) Brutto-Cashflow *m (ie, Gesamtgewinn + Abschreibungen)*
gross cost of merchandise sold
(ReW) Rechnungsbetrag *m* der verkauften Ware *(ie, abzüglich Retouren – returns – und Nachlässe, plus Zoll, Versicherung, Transport)*
gross credit intake (FiW) Bruttokreditaufnahme *f*
gross deposits (Fin, US) Gesamteinlagenbestand *m (ie, aggregate deposits without any deductions)*
gross dividend (Fin) Bruttodividende *f*
gross domestic fixed capital formation (VGR) Bruttoinlandsinvestitionen *fpl*
gross domestic investment (VGR) Bruttoinlandsinvestitionen *fpl*
gross domestic product at constant cost (VGR) Bruttoinlandsprodukt *n* zu konstanten Preisen
gross domestic product at factor cost (VGR) Bruttoinlandsprodukt *n* zu Faktorkosten
gross domestic product at market prices (VGR) Bruttoinlandsprodukt *n* zu Marktpreisen
gross domestic product, GDP, gdp (VGR) Bruttoinlandsprodukt *n*, BIP
gross drawings (IWF) Bruttoziehungen *fpl*
gross earnings
(com) Bruttoeinkommen *n*, Bruttoverdienst *m (syn, gross . . . pay/income)*
(ReW) Bruttoerlös *m (ie, sales of merchandise net of returns and allowances)*
gross fixed capital formation (VGR) Bruttoanlageinvestitionen *fpl*
gross for net (com) brutto für netto
gross freight (com) Bruttofracht *f*
gross hourly wages in manufacturing (Pw) Bruttostundenlohn *m* im Fertigungsbereich
gross income
(ReW) Bruttoerlös *m*
(ReW) außerordentliche Erträge *mpl (ie, in Produktion und Handel)*
(com) Bruttoeinkommen *n*, Bruttoverdienst *m (syn, gross . . . pay/earnings)*
(StR, US) Bruttoeinkommen *n*, Bruttogewinn *m (ie, starting point in computing taxable income)*
(Mk) Roheinkommen *n (ie, of advertising agency)*
gross income margin (com) Bruttoverdienstspanne *f*
gross incremental capital-output ratio (Vw) makroökonomischer Kapitalkoeffizient *m*
gross interest (Fin) Bruttozins *m*, Zins *m (ie, includes risk premium and administrative expense)*
gross interest margin (Fin) Bruttozinsspanne *f*
gross interest return (Fin) Bruttoverzinsung *f*
gross investment (VGR) = gross capital expenditure
gross investment ratio (VGR) Bruttoinvestitionsquote *f*
gross line (Vers) Bruttorisiko *n (ie, includes amount reinsured)*
gross loan (ReW) Rohverlust *m*
gross loss (ReW) Bruttoverlust *m*
gross loss ratio
(Vers) Bruttoschadenquote *f*
(ie, Verhältnis Bruttoschadenaufwand zu Bruttoprämien)
grossly negligent (Re) grob fahrlässig
gross margin
(com) Betriebshandelsspanne *f*
– Bruttoaufschlag *m*
(syn, gross merchandise margin)
(ReW) Bruttospanne *f*
(ie, Überschuß der Umsatzerlöse über die direkten Kosten der verkauften Erzeugnisse = absolute difference between cost price and sales price of an article)
(ReW) Bruttogewinn *m*, Rohgewinn *m*
gross margin to sales (ReW) Istspanne *f*
gross markon (com) Bruttogewinnaufschlag *m*
gross merchandise margin
(ReW) Bruttoaufschlag *m*
– Betriebshandelsspanne *f* in %
gross national debt (FiW, US) Summe *f* der Schulden des Bundes *(ie, including inter-agency debts)*
gross national disproduct (VGR) Summe *f* aller Externalitäten *(ie, resulting from producing GNP)*
gross national expenditure
(VGR) Bruttoausgaben *fpl*
(ie, total spending of all four sectors of the economy on goods and services)
gross national income (VGR) Bruttovolkseinkommen *n*
gross national product at factor cost (VGR) Bruttosozialprodukt *n* zu Faktorkosten
gross national product at market prices (VGR) Bruttosozialprodukt *n* zu Marktpreisen
gross national product deflator (Vw) BSP-Deflator *m*
gross national product gap
(Vw) BSP-Lücke *f*
– Vollbeschäftigungslücke *f*
gross national product, GNP, gnp (VGR) Bruttosozialprodukt *n*, BSP
gross negligence
(Re) grobe Fahrlässigkeit *f*
(ie, die Unterscheidung des dt Rechts ‚Vorsatz und grobe Fahrlässigkeit' samt dem Oberbegriff ‚Verschulden' ist dem englischen Rechtskreis unbekannt; der Komplex wird dort unter dem Stichwort ‚negligence' abgehandelt; Schweregrade, degrees, sind: gross – wilful/wanton/reckless – ordinary – slight; the majority of lawyers refer to ‚different amounts of

care'; es kommt also offenbar auf eine operative Definition und, dem pragmatischen Geist des englischen Rechts entsprechend, auf die Auslegung im Einzelfall an)

gross operating assets (Bw) Bruttobetriebsvermögen *n (syn, operating investment)*

gross operating result (ReW) Bruttoergebnis *n (syn, earnings before taxes)*

gross operating revenue (ReW) betriebliche Bruttoerträge *mpl*

gross operating spread (ReW) Betriebshandelsspanne *f* abzüglich Warenbeschaffungskosten

gross output
(VGR) Bruttoproduktion *f (syn, total volume of output)*
(VGR) Bruttoproduktionswert *m*

gross pay
(Pw) Bruttoentgelt *n*
– Bruttoeinkommen *n*
– Bruttoverdienst *m (syn, gross . . . earnings /income)*

gross plough-back (Fin, GB) Brutto-Selbstfinanzierung *f*

gross premium (Vers) Bruttoprämie *f*

gross price (com) Bruttopreis *m (ie, prior to discounts or rebates)*

gross-price list (com) Bruttopreisliste *f*

gross private domestic investment (VGR) private Bruttoinlandsinvestitionen *fpl*

gross proceeds (com) Bruttoertrag *m*

gross product (VGR) = gross output

gross production costs (KoR) Werksselbstkosten *pl (ie, net production cost + depreciation)*

gross profit
(ReW) = operating margin
(Fin) Bruttogewinn *m (ie, profit + interest)*

gross profit analysis
(KoR) Bruttogewinnanalyse *f (ie, based on standard costing)*

gross profit margin (com) Bruttogewinnspanne *f*

gross profit method of inventory (ReW) Vorratsbewertung *f* durch retrograde Kalkulation anhand des Rohgewinns

gross profit on sales (com) Bruttogewinn *m*, Rohgewinn *m (eg, wholesaling and retailing)*

gross profit ratio (ReW) Bruttogewinn *m* dividiert durch Nettoerlöse

gross property income (VGR) Bruttoeinkommen *n* aus Vermögen

gross purchase price (com) Bruttoeinkaufspreis *m (syn, invoiced purchase price)*

gross receipts (com) Bruttoeinnahmen *fpl (syn, gross takings)*

gross receipts tax
(StR, US) Produktionssteuer *f*
(ie, in acht Bundesstaaten: Bemessungsgrundlage: Umsatz)

gross register ton (com) Bruttoregistertonne *f*

gross return (Fin) Bruttorendite *f*

gross return on net assets (Fin) Brutto-Eigenkapitalrendite *f*

gross revenue
(ReW) Bruttoerlös *m (syn, gross sales)*
(ReW) Rohertrag *m*

gross salary (Pw) Bruttogehalt *n*

gross sales
(com) Bruttoauftragseingang *m*
(com) Bruttoumsatz *m (syn, GB, gross turnover)*
(com) Bruttoerlöse *mpl (syn, gross revenue)*

gross sample (Stat) Rohprobe *f*

gross saving and investment account
(VGR) Vermögensrechnung *f (syn, wealth statement)*

gross savings
(VGR) Bruttoersparnis *f (ie, depreciation + personal and corporate savings)*

gross selling price (com) Bruttoverkaufspreis *m*

gross spread
(Fin) Gewinnspanne *f* e–r Emissionsbank *(ie, equals the selling concession – Bonifikation – plus the management and underwriting fees)*
(Fin) Bruttospanne *f*

gross takings (com) Bruttoeinnahmen *fpl (syn, gross receipts)*

gross tax load (StR) = gross tax load ratio

gross tax load ratio (FiW) Bruttosteuerbelastung *f*

gross terms (com) Reeder *m* trägt Kosten von Laden und Löschen

gross trading profit
(ReW) Bruttowarengewinn *m*
(ReW, GB) Gewinn *m* vor Abschreibungen und Wertberichtigungen

gross turnover (com, GB) = gross sales

gross value (FiW, GB) Bruttowert *m* e–s Grundstücks *(ie, used to determine rateable value)*

gross value added
(VGR) Bruttowertschöpfung *f*
(ie, net value added + indirect taxes (- subsidies) + depreciation; opp, net value added)

gross value of output (VGR) Bruttoproduktionswert *m*

gross variation (KoR) Gesamtabweichung *f (syn, overall variation)*

gross vehicle weight, GVW (com, US) zulässiges Gesamtgewicht *n (einschl. Ladung)*

gross wage and salary income (VGR) Bruttoeinkommen *n* aus unselbständiger Arbeit

gross wealth (VGR) Bruttovermögen *n*

gross weight (com) Bruttogewicht *n*

gross working capital (ReW) gesamtes Umlaufvermögen *n (ie, total current assets)*

gross world product (VGR) Weltbruttosozialprodukt *n*

gross yield from investment
(Fin) Bruttoertrag *m*
(ie, return before deduction of costs and losses involved in managing the investment; qv, net yield)

gross yield to redemption (Fin, GB) Bruttoertrag *m* bis zur Rückzahlung

ground
(Re) Grund *m*
(eg, ground for bringing civil action)

groundage
(com) Hafengeld *n (syn, harbor dues)*
(com, GB) Ankergeld *n (ie, charge for anchoring in port)*

ground crew (com) Bodenmannschaft *f*

grounding
(com) Aufgrundlaufen *n (ie, of a ship)*
(Bö) Erreichen *n* des Tiefstkurses

ground of action
(Re) Klagegrund *m*
(ie, facts giving a person a right to judicial relief; syn, cause of action)
ground of nullity (Re) Nichtigkeitsgrund *m*
ground rent
(Vw) Grundrente *f*
– Bodenrente *f*
ground screw (com) Bodenmannschaft *f (opp, aircrew)*
grounds for dismissal (Pw) Entlassungsgrund *m*
grounds for opposition (Pat) Einspruchsbegründung *f*
grounds of justification
(Re) Rechtfertigungsgründe *mpl (syn, legal justification)*
ground transportation (com) = surface transportation
group
(com) Unternehmensbereich *m (syn, operating group)*
(com) Firmengruppe *f*
(com) Konzern *m*
(ie, group of affiliated companies under common centralized management of the controlling enterprise; cf, §§ 15–21 and §§ 291–338 AktG; see also: Vol. II)
(Math) Gruppe *f*
(ie, aggregate in which the product of two elements is an element of the aggregate)
group accountant (ReW) Leiter *m* Konzernrechnungswesen
group accounts
(ReW, GB) Gruppenabschluß *m*
– Konzernabschluß *m*
– konsolidierter Abschluß *m (syn, consolidated financial statement)*
group address (EDV) Gruppenadresse *f*
groupage (com) Sammelladung *f (ie, in one bill of lading)*
groupage rates (com) Sammelladungs-Frachtraten *fpl*
groupage traffic (com) Sammelladungsverkehr *m*
group annuity
(Pw) Gruppenversicherung *f*
(ie, employer each year buys a deferred annuity for each qualified employee)
group appraisal (Pw) Gruppenbeurteilung *f*
group balance sheet (ReW, GB) konsolidierte Bilanz *f*
group banking
(Fin, US) Zusammenfassung *f* e–r Bankengruppe unter einheitlicher Leitung e–r ‚bank holding company'
(ie, multiple banking control: differs from branch and chain banking in that a holding company controls the group of banks)
group bonus system (Pw) Gruppenprämiensystem *n*
group box (EDV, GUI) Gruppenfeld *n*
group boycott (Kart) Gruppenboykott *m*
group buying (Mk) = group purchasing, qv
group capacity
(Bw) Gruppenkapazität *f*
(ie, total capacity of a number of comparable plants of the same type)
group charges (ReW) Konzernkosten *pl*
group chart (ReW) Konzernkontenrahmen *m*
group clearing
(Fin) Konzernclearing *n*
(ie, Liquiditätsausgleich zwischen einzelnen Konzerngesellschaften)
group-constrained solution
(Bw) Insellösung *f*
(ie, less than fully integrated approach)
group control change (EDV) Gruppenwechsel *m*
group council (Pw) Konzernbetriebsrat *m (syn, corporate works council)*
group deliveries (com) Konzernumsatz *m*
group depreciation (ReW) Pauschalabschreibung *f* Sammelabschreibung *f (syn, composite-life method of depreciation, qv)*
group discount (com) Mengennachlaß *m*
group distributor (com) Gruppenverteiler *m*
group division (com) Gruppenbereich *m*, Konzernbereich *m*
grouped bill of lading (com) Sammel(ladungs)-Konnossement *n (syn, collective/combined/omnibus . . . bill of lading)*
grouped consignment (com, GB) Sammelladung *f (syn, consolidated shipment, qv)*
grouped consignment forwarder (com) Sammelladungs-Spediteur *m*
grouped consignment forwarding (com) Sammelladungs-Spedition *f*
grouped records (EDV) Satzgruppe *f*
grouped shipment (com, GB) = grouped consignment
group endowment policy (Vers) Gruppenversicherung *f* auf den Todes- und Erlebensfall
group executive (com) Geschäftsbereichsleiter *m* Unternehmensbereichsleiter *m*
group executive committee (com) Konzernleitungsausschuß *m*
group financing (Fin) Gemeinschaftsfinanzierung *f (syn, joint financing)*
group flow statement (Fin) Konzern-Kapitalflußrechnung *f*
group goal (Bw) Gruppenziel *n (syn, unit objective)*
group income statement (ReW) Konzern-GuV *f*, konsolidierte Gewinn- und Verlustrechnung *f*
group indication (EDV) Gruppenanzeige *f (syn, first item list)*
grouping sheet (ReW) Sammelblatt *n*
group insurance (Vers) Gruppenversicherung *f (ie, mostly life and/or health insurance)*
group integration (Bw) Konzernverflechtung *f*
group item (EDV, Cobol) Datengruppe *f (cf, DIN 66 028, Aug 1985)*
group legal services (Vers, US) Gruppenrechtsschutz *m*
group life insurance (Vers) Gruppenlebensversicherung *f*
group management (com) Konzernspitze *f*
group manager (com) Gruppenleiter *m (ie, head of organizational group)*
group manufacturing (IndE) Gruppenfertigung *f*
group of accounts (ReW) Kontengruppe *f*
group of banks (Fin) Bankengruppe *f (syn, banking group)*
group of building contractors (com) Baukonsortium *n*
group of buyers (com) Käufergruppe *f*

group of companies
(com) Unternehmensgruppe *f*
(Vers) Versicherungsgruppe *f (syn, fleet of companies)*
Group of Five, G-5
(Vw) Fünfer-Gruppe *f*
(ie, of highly industrialized nations – France, West Germany, Japan, the U.S. and Britain)
Group of Ten, G-10 (Vw) Zehnergruppe *f (syn, Paris Club)*
Group of Twenty (IWF) Zwanziger-Klub *m (ie, constituting the Interim Committee of the IMF)*
Group of Twenty Four
(Vw) Gruppe *f* der Vierundzwanzig
(ie, Intergovernmental Group of 24 on International Monetary Affairs)
group performance (ReW) Konzernergebnis *n (syn, group result)*
group piece rate (Pw) Gruppenakkordsatz *m*
group piecework (Pw) Gruppenakkord *m (syn, group scheme)*
group piecework rate (Pw) Gruppenakkordlohn *m*
group policy (Vers) Sammelpolice *f (syn, general/package . . . policy)*
group pretax profits (ReW) Konzerngewinn *m* vor Steuern
group purchasing (Mk) Gemeinschaftseinkauf *m*, Sammeleinkauf *m (ie, by retail traders, wholesalers, department stores; syn, group buying)*
group rate
(com) Sammeltarif *m*
(com) einheitliche Frachtrate *f* für ein größeres Gebiet
group sales (com) Konzernumsatz *m*
group scheme (Pw) = group piecework
group selling (Mk) Gruppenverkauf *m (ie, to two or more persons at the same time)*
group separator (EDV) Gruppentrennzeichen *n*
group standard (Bw) Gruppennorm *f*
group strategy (com) Konzernstrategie *f*
group supervisory board
(com) Konzernaufsichtsrat *m*
– Gesamtaufsichtsrat *m*
(qv, supervisory board)
group taxation (StR) Konzernbesteuerung *f*
group taxation rules (StR) Vorschriften *fpl* zur Konzernbesteuerung
group technology (IndE) Inselfertigung *f*
group terms *v* (Math) Terme *mpl* gruppieren
group trading (com) Konzernhandel *m*
group wage (Pw) Gruppen-Leistungslohn *m*
groupware
(EDV) Groupware *f*
– Software *f* für gruppenbezogenes Arbeiten
(ie, Bestandteile: electronic mail, group scheduling, information sharing, work flow management, group writing, electronic conferencing)
group writing (EDV) Texterfassung *f* in der Gruppe
group yield (Fin) Gruppenrendite *f*
growing economy (Vw) wachsende Wirtschaft *f*
grow large without bound *v* (Math) über alle Schranken zunehmen
growth
(Bw) Wachstum *n (syn, expansion)*
(Vw) Wachstum *n (syn, economic growth)*

Growth and Employment Promotion Act
(Re) Wachstums- und Beschäftigungsförderungsgesetz *n*
growth bracket (Vw) Steigerungskorridor *m (ie, fixed for money supply growth)*
growth curve (Stat) Wachstumskurve *f (ie, size of a population y as a function of a time-variable t)*
growth fund
(Fin) Wachstumsfonds *m*, Thesaurierungsfonds *m (syn, cumulative/no-dividend . . . fund; opp, income fund)*
growth in asset volume (Bw) Substanzzuwachs *m*
growth industry
(Bw) Wachstumsbranche *f*
– Wachstumsindustrie *f*
growth in unit volume (Vw) reales Wachstum *n (syn, real growth)*
growth limits (Vw) Grenzen *fpl* des Wachstums
growth market (com) Wachstumsmarkt *m*
growth model (Vw) Wachstumsmodell *n*
growth path (Vw) Wachstumspfad *m (syn, pathway growth)*
growth policy (Vw) Wachstumspolitik *f*
growth potential
(Vw) Wachstumspotential *n*
– Wachstumsspielraum *m*
growth rate
(com) Wachstumsrate *f*
– Zuwachsrate *f*
– Expansionsrate *f (syn, rate of . . . growth/expansion/increase)*
growth rate target (Vw) Wachstumsziel *n*
growth share (Fin) = growth stock
growth stage (Mk) Wachstumsphase *f (cf, product life cycle)*
growth stock (Fin) Wachstumsaktie *f*, Wuchsaktie *f*
GRP (Mk) = Gross Rating Point
gr.wt (com) = gross weight
GSC 100
(Fin) GSC 100
(ie, SMH-Spezialwerte-Index, für den sich nur Gesellschaften mit e–r Börsenkapitalisierung unter 1,2 Mrd. DM qualifizieren; GSC = German Smaller Companies)
GSE (Fin, US) = Government Sponsored Enterprises
GSP (AuW) = Generalized System of Preferences
G.T.C. (Bö) = good till canceled order
guarantee
(com) Garantie *f*
– Gewährleistung *f*
(ie, written promise by the maker of a product to repair or replace it if it is found defective within a period of time; syn, warranty)
(Re, GB) Bürgschaft *f*
– Garantie *f*
(syn, suretyship; US, guaranty)
(Re) Bürgschaftsnehmer *m*
(syn, guaranteed creditor; opp, guarantor)
(Fin) Aval *n*
(ie, Bankbürgschaft oder Bankgarantie)
guarantee *v*
(com) Garantie *f* leisten *(syn, warrant)*
(Re) garantieren, Garantie *f* leisten
(syn, guaranty, give/furnish . . . guaranty)
(Fin) avalieren *(eg, bill of exchange)*

guarantee against defective material and workmanship
(com) Gewährleistungsgarantie *f*
– Leistungsgarantie *f*
– Lieferungs- od Erfüllungsgarantie *f*
guarantee association (Vers) Kautionsversicherungs-Gesellschaft *f*
guarantee authority (Re) Gewährträger *m*
guarantee capital (Fin) haftendes Kapital *n*
guarantee contract (Re) Bürgschaftsvertrag *m*
guaranteed (com) Garantie *f* haben *(eg, for 2 years)*
guaranteed acceptance (Fin) Avalakzept *n*
guaranteed annual income (FiW) garantiertes jährliches Mindesteinkommen *n*
guaranteed annual wage (Pw) garantierter Jahreslohn *m (ie, paid by some U. S. companies)*
guaranteed annuity (Vers) Rente *f* für e–e bestimmte Zahl von Jahren oder bis zum Tode des Versicherten
guaranteed bill (Fin) avalierter Wechsel *m (syn, backed bill)*
guaranteed bills outstanding (Fin) Avale *mpl* od *npl*
guaranteed bonds (Fin) durch Bürgschaft gesicherte Schuldverschreibungen *fpl*
guaranteed creditor (Re) Bürgschaftsnehmer *m (syn, guarantee)*
guarantee deposit (com) Leistungsgarantie *f*
guaranteed minimum producer price (EG) garantierter Erzeugermindestpreis *m*
guaranteed minimum wage
(Pw) garantierter Mindestlohn *m*
– Garantielohn *m*
(ie, supplements the straight piece-rate system; syn, minimum entitlement, minimum wage)
guaranteed price (com, EG) Garantiepreis *m*
guaranteed proportion (AuW) Garantiesatz *m (ie, of export credit)*
guaranteed stocks
(Fin, US) Aktien *fpl* mit Dividendengarantie e–s Dritten
(ie, found in railroad finance and among public utilities)
guarantee fund (Bö, GB) Garantiefonds *m (ie, kept by the London Stock Exchange)*
guarantee period (com) Garantiezeit *f (syn, warranty period)*
guarantee securities (Fin) Wertpapiere *npl* mit Dividendengarantie durch ein anderes Unternehmen
guaranties (ReW) Bürgschaftsverpflichtungen *fpl*
guarantor
(com) Garantiegeber *m*
(syn, warrantor)
(Re) Bürge *m (syn, surety)*
(Re, US) Ausfallbürge *f*
(ie, secondarily liable for the debt of the principal; opp, surety = selbstschuldnerischer Bürge)
guarantor of bill of exchange (Fin) Avalist *m*
guarantor of collection (Re, US) Ausfallbürge *m (syn, GB, deficiency guarantor)*
guarantor primarily liable (Re) selbstschuldnerischer Bürge *m*
guaranty
(com) Qualitätssicherung *f (syn, assurance of quality)*
(Re) Bürgschaft *f*
– Garantie *f*
(ie, making guarantor secondarily liable for debt or default of another person, but see ‚guaranty of payment'; syn, suretyship; GB, guarantee)
(Re) Common Law-Bürgschaft *f (ie, today: surety)*
(Fin) Aval *m* od *n*
(ie, irrevocable bank guaranty for a bill of exchange)
guaranty *v* (Re) = guarantee
guaranty association (Re) Garantiegemeinschaft *f*
guaranty bond (com) Garantieerklärung *f (syn, warranty)*
guaranty ceiling (Fin) Garantierahmen *m*
guaranty commission (Fin) Bürgschaftsprovision *f*
guaranty commitment (Fin) Haftungszusage *f*
guaranty commitments (Fin) Avalobligo *n*
guaranty cover amount (Fin) Garantiedeckungsbetrag *m*
guaranty credit (Fin) Bürgschaftskredit *m*
guaranty department (Fin) Garantieabteilung *f (ie, of a bank)*
guaranty deposit (Re) Leistungsgarantie *f (syn, performance bond, qv)*
guaranty effect
(WeR) Garantieeffekt *m*
(ie, results from payment guaranty given by endorser of a bill of exchange or check)
guaranty fund
(Fin) Deckungskapital *n*
(Vers) Garantiefonds *m*
guaranty funds (Fin) Garantiemittel *pl*
guaranty indebtedness
(Re) Bürgschaftsschuld *f*
(syn, principal debt)
guaranty insurance (Vers) Bürgschaftsversicherung *f*
guaranty limit (Fin) Garantierahmen *m*
guaranty line
(Fin) Bürgschaftsrahmen *m*
– Bürgschaftsplafond *m*
(syn, guaranty ceiling)
guaranty obligation (Re) Garantieverpflichtung *f*
guaranty of collection
(Re, US) Ausfallbürgschaft *f*
(ie, guarantor – Bürge – has only secondary liability: creditor must first exhaust his legal remedies against the principal debtor; he pays if the latter cannot; Bürge haftet nur für den Differenzbetrag, wenn der Gläubiger trotz Zwangsvollstreckung beim Schuldner e–n Ausfall gehabt hat; syn, GB, deficiency guarantee, indemnity bond; opp, US, absolute guaranty, guaranty of payment = selbstschuldnerische Bürgschaft)
guaranty of payment
(Re, US) selbstschuldnerische Bürgschaft *f*
(syn, absolute guaranty, qv)
guaranty risk (ReW) Bürgschaftsrisiko *n*
guaranty syndicate (Re) Garantiekonsortium *n*
guarded optimism (Bö) vorsichtiger Optimismus *m*
guardian
(Re) Vormund *m*
(ie, has the legal power to control the person and/or the estate of a minor; syn, US, committee of the person)

guardian ad litem
(Re) Prozeßpfleger *m*
(ie, appointed to defend a minor or incompetent in court proceedings)
guardian of the currency (Vw, infml) Währungshüter *m (ie, central bank)*
guardianship (Re) Vormundschaft *f*
guard interests *v* (com) Interessen *fpl* wahren
guesstimate *v* (com, infml) schätzen *(syn, estimate)*
guest worker
(Pw) Gastarbeiter *m*
– ausländischer Arbeitnehmer *m*
– Fremdarbeiter *m*
(ie, European term; syn, foreign . . . employee/worker, temporary immigrant worker)
GUI (EDV) = graphical user interface
guide (EDV) Handbuch *n*, Broschüre *f*
guided tour (com) Führung *f*, Besichtigung *f (eg, of a plant)*
guideline lives (StR, US) Abschreibungstabellen *fpl (ie, depreciation-rate tables)*
guideline period (StR, US) Abschreibungsdauer *f*
guidelines (com) Leitlinien *fpl (syn, guideposts)*
guideline service life (StR, US) geschätzte Nutzungsdauer *f*
guide margin (EDV) Führungsabstand *m*
guideposts (com) = guidelines
guide price (EG) Orientierungspreis *m (syn, target price)*
Guide to Prevention of Maritime Fraud
(com) Ratgeber *m* zur Verhütung von Seehandelsbetrug
(ie, issued by the ICC)
guiding principle (com) Leitlinie *f*
gummed address label (com) Aufklebeadresse *f*
gutter (EDV) Bundsteg *m (ie, blank space between to facing pages)*
gutter press (com) Boulevardpresse *f*
guv'nor
(Pw, GB, infml) Vorgesetzter *m*
(Pw) Vorarbeiter *m*, Meister *m (syn, gaffer; US, boss)*
guzzinta (IndE) Bauelement *n*, Bauteil *n (syn, structural component)*
gyp *v* (com, sl) betrügen
gyp out of *v* (com, US, infml) betrügen um *(eg, a certain amount of money)*
gypsy (com, US, sl) unabhängiger Taxi- od Lkw-Fahrer *m (ie, owns his own taxi or truck)*
gyrate *v* (com) stark schwanken/ausschlagen
gyrations (Bö) starke Kursausschläge *mpl (ie, wild fluctuations of prices)*

H

Haavelmo's proposition
(FiW) Haavelmo-Theorem *n*
(ie, ausgeglichenes, aber wachsendes Budget hat e–n expansiven Effekt auf das Volkseinkommen Y in Höhe zusätzlicher Ausgabensteuern; zusätzliche Staatsausgaben werden über direkte Steuern finanziert; syn, balanced-budget multiplier theorem)
haberdashery
(com) Herrenartikel *mpl (ie, shirts, ties, etc)*
(com, GB) Kurzwaren *fpl*
habilitate *v*
(Pw) habilitieren *(ie, qualify for teaching in a university by writing a special thesis)*
habilitation (Pw) Habilitation *f*
habitability (Re) Bewohnbarkeit *f*
habitable (Re) bewohnbar
habit persistence hypothesis (Mk) Hypothese *f* kontinuierlicher Konsumgewohnheiten
habits of consumption (Vw) Konsumgewohnheiten *fpl (syn, consumption pattern)*
habitual abode (StR) gewöhnlicher Aufenthalt *m*
habitual place of abode (Re) gewöhnlicher Aufenthaltsort *m*
hack away *v* (com, infml) reduzieren, abbauen *(eg, at surplus steel capacity; syn, cut, trim)*
hacker
(EDV) Hacker *m*
(ie, tampers with information in other people's computer systems)
Haftungsarten *fpl*
(Re) degrees of liability
(eg, Fahrlässigkeit, Gewährleistungshaftung, Produktgefährdungshaftunng)
haggle *v* (com) feilschen *(eg, over EEC farm prices; syn, higgle)*
hail insurance (Vers) Hagelversicherung *f (ie, against loss of crops by hail)*
haircut finance
(Fin, US) Darlehen *n* unter dem vollen Wert der Sicherheit
(ie, less than the full value of the collateral; a certain percentage is „trimmed off the top")
half a bar (Fin) Devisengeschäft *n* über £ 500,000
half-cocked (com) unzureichend vorbereitet *(eg, go off. . .)*
half commissions man
(Bö, GB) im Auftrag e–s Maklers tätiger Vermittler *m*
(ie, gets 50% of the commission; syn, remisier)
half-duplex operation (EDV) Halbduplexbetrieb *m*
half-justify (EDV) halber Blocksatz *m*
half life (Fin) Zeitraum *m* vor Rückzahlung der Hälfte e–r Anleihe
half line (Math) Halbgerade *f*
half-line motion (EDV) Halbzeilenvorschub *m*
half plane (Math) Halbebene *f*
half space (Math) Halbraum *m (ie, bounded only by an infinite plane)*
half stock (Fin, US) Aktie *f* mit Nennwert von $50
half-timbered
(IndE) Fachwerk-. . . *(ie, relating to timber frame buildings)*
half time job (Pw) Halbtagsstelle *f*
half time work (Pw) Halbtagsbeschäftigung *f*
halftone (EDV) Grauwert *m*
half truth (Log) Halbwahrheit *f*
half-yearly (com, GB) halbjährlich *(syn, semiannual)*
half-yearly accounts (ReW) Halbjahresabschluß *m (syn, first-half report)*
half-yearly premium (Vers) Halbjahresprämie *f*
half-yearly report (ReW) Zwischenbericht *m*
hallmark
(com) Kennzeichen *n*, Gütezeichen *n*
(IndE) Feingehaltsstempel *m*
hall of residence (Pw, GB) Wohnheim *n (syn, US, dormitory)*
halt
(com) Stopp *m*
– Pause *f*
– Unterbrechung *f*
halt *v*
(com) zum Stillstand kommen od bringen
– unterbrechen
– anhalten *(eg, project, production, work)*
halt instruction (EDV) Haltbefehl *m*, Stoppbefehl *m (syn, checkpoint instruction)*
halt of deliveries (com) Liefersperre *f*
halving agreement
(Vers) Halbe-Halbe-Versicherung *f*
(ie, between two insurers)
hammer
(com) Zwangsverkauf *m*
(com) Versteigerung *f*
(ie, sale at auction; eg, go under the hammer)
hammer the market *v* (Bö) Kurs *m* durch Leerverkäufe nach unten drücken *(ie, force down by selling short)*
hamper *v* (com) behindern *(eg, the free flow of goods)*
hamstring exports *v*
(AuW) Exporte *mpl* behindern
(eg, with countervailing duties)
hand assembly (IndE) manuelle Fertigung *f*
handbill (Mk) Handzettel *m (syn, throwaway)*
hand craftsman (com) Handwerker *m*
hand delivery (com) Botenzustellung *f (eg, of newspapers)*
hand down a sentence (for) *v* (Re) verurteilen *(zu)*
hand-held computer
(EDV) tragbarer Mikrorechner *m*
– Aktentaschen-Computer *m*
– Hand-held Computer *m*
hand-held data entry unit (EDV) mobiles Datenerfassungsgerät *n*
hand-held optical character reader (com) OCR-Lesestift *m*

hand-held reader
(com) Lesestift
– Handleser *m*
hand-held scanner
(com) Hand-held Scanner *m*
– Hand-Scanner *m*
handicapped individual (SozV) = handicapped person
handicapped person
(SozV, US) = Behinderter *m*
(ie, phsically handicapped, deaf, hard of hearing, blind, partially sighted, speech impaired, mentally handicapped or mentally ill; syn, disabled person)
hand in *v*
(com) einreichen, vorlegen *(eg, protest, resignation)*
(Pw) abgeben *(ie, exam papers or scripts)*
hand in notice to quit *v* (Pw) Kündigung *f* einreichen, kündigen
handle *v*
(com) führen *(eg, a bookseller handles books on economics)*
(com) bearbeiten, abwickeln *(syn, process)*
(com) sich befassen mit, sich beschäftigen mit
handle a credit *v* (Fin) Kredit *m* bearbeiten *(syn, manage)*
handle formalities *v* (Re) Formalitäten *fpl* erledigen
handling
(IndE) Handhabung *f*
(ie, in gekonntem Neudeutsch auch: das Handling)
handling charges (com) Ladekosten *pl (syn, loading charges, qv)*
handling cost
(com) Bearbeitungskosten *pl*
(KoR) Handhabungskosten *pl*
handling equipment (IndE) Handhabungsgeräte *npl*
handling fee
(com) Bearbeitungsgebühr *f*
(Fin) Bearbeitungsprovision *f (ie, charged by credit-granting bank)*
handling of goods in storage (MaW) Lagerbehandlung *f (ie, refilling, drying, etc)*
handling of payments (Fin) Zahlungs(verkehrs)abwicklung *f*
handling specification
(EDV) Benutzungsanleitung *f*
– Hantierungsvorschrift *f*
handling system
(IndE) Handhabungssystem *n*
(ie, Systemtyp der Industrieroboter; für Werkzeuge und Werkstücke)
handling time (IndE) Transportzeit *f (ie, to or from a work area)*
hand-on training (Pw) intensive Ausbildung *f (eg, on computers)*
handout
(com) Pressemitteilung *f*
(syn, press memo)
(Mk) kostenlos verteilter Artikel *m*
(ie, product distributed free of charge)
hand out *v* (com) verteilen
hand over *v* (com) übergeben *(eg, job, power)*
handshake (EDV) Quittungsbetrieb *m*
hands-off economic policy (Vw) interventionsfreie Wirtschaftspolitik *f*
hands-on competitor (com) aggressiver Konkurrent *m*
hands-on economic policy (Vw) interventionistische Wirtschaftspolitik *f*
hands-on management (Bw) straffe Unternehmensleitung *f*
hands-on training (Pw) intensive Ausbildung *f*
„hand to addressee only" (com) eigenhändig
hand-to-mouth buying
(MaW) Beschaffung *f* für die lagerlose Fertigung
(com) Hand-Mund-Kauf *m*
hand-writing recognition (EDV) Handschriftenerkennung *f (ie, ability of a computer to read handwritten data)*
hanging file (com) Hängemappe *f*
hanging indent (EDV) hängender Einzug *m*
hang on to *v*
(com, infml) festhalten an
– behalten
– nicht aufgeben *(eg, market share, profits, lead; syn, hold on to, keep, retain)*
hang out one's shingle *v* (com, infml) Geschäft *n* eröffnen
hangup
(com) Schwierigkeit *f*
(EDV) nicht programmierter Stopp *m*
(ie, nonprogrammed stop in a computer routine because of human mistake or computer malfunction; syn, unexpected halt)
hang up *v*
(com, infml) Hörer *m* auflegen, einhängen *(ie, put back the receiver)*
(com) Schwierigkeiten *fpl* machen, verzögern
haphazard sampling (Stat) unkontrolliertes Stichprobenverfahren *n, (syn, accidental sampling)*
harbor (com) Hafen *m (ie, natural or artificial; syn, port)*
harbor authority (com) Hafenbehörde *f*
harbor dues (com) Hafengeld *n*
harbor master (com) Hafenmeister *m*
hard-and-fast definition (Log) eindeutige Definition *f (syn, clear-cut/ unique . . . definition)*
hard automation (IndE) Automatisierung *f* für festgelegten Zweck *(ie, to the exclusion of all others)*
hard cash (Fin) Bargeld *n (ie, notes and coin)*
hard-coal-based power station (com) Steinkohlekraftwerk *n*
hard coal output (com) Steinkohleförderung *f*
hard commodities (Bö) metallische Rohstoffe *mpl*
hard copy
(EDV) Papierdokument *n (ie, printed information; opp, computer-stored information)*
hard copy communication (EDV) Bürofernschreiben *n*
hardcore unemployed (Pw) schwer od nicht vermittelbare Personen *fpl*
hardcore unemployment
(Vw) Bodenarbeitslosigkeit *f*
– Restarbeitslosigkeit *f (ie, Sockel nicht reduzierbarer Arbeitslosigkeit)*
hard currency
(AuW) harte Währung *f*
(ie, freely convertible and steadily priced at foreign exchange markets)

hard currency country (AuW) Hartwährungsland *n*
hard disk (EDV) Festplatte *f (opp, floppy diskette)*
hard disk drive
(EDV) Plattenlaufwerk *n*
(syn, magnetic disk drive: opp, floppy disk drive: Diskettenlaufwerk)
harden *v* (Bö) stetig steigen *(eg, toward the end of the trading day)*
hard goods (com) Gebrauchsgüter *npl (syn, consumer durables)*
hard hat
(Pw, infml) Bauarbeiter *m*
(IndE) Schutzhelm *m (eg, worn by construction workers)*
hardheaded (com) realistisch, nüchtern *(eg, appraisal of our financial situation)*
hard hitting
(com) aggressiv
– wirksam
(eg, advertising campaign)
hard landing (com, infml) Rezession *f (opp, soft landing)*
hard loan
(Fin) hartes Darlehen *n*
(ie, repayable in the lender's currency, in gold or in reserve currency)
hard money
(com) Bargeld *n (opp, credit)*
(Fin) Münzgeld *n (opp, paper money)*
(AuW) harte Währung *f (syn, hard currency)*
hard put (com) in Schwierigkeiten *(eg, we are . . . to repay our $1m loan)*
hard savings (Bw) quantitative Vorteile *mpl (opp, soft savings)*
hard sell
(Mk, infml) aggressive Verkaufsmethode *f*
(eg, exposed to the hard sell; opp, soft sell)
hard-sell technique (Mk) aggressive Absatzmethode *f*
hardship allowance (Pw) = hardship pay
hardship pay (Pw) Erschwerniszulage *f*
hardship provision (Re) Härteklausel *f*
hard up (com, infml) ohne Geld, knapp bei Kasse
hardware
(com) Beschläge *mpl (syn, GB, fixings)*
(EDV) Hardware *f*
(ie, the physical, tangible, and permanent components of a computer or DP system, such as CPU, display screen, keyboard; opp, software)
hardware check
(EDV) (automatische) Geräteprüfung *f*, Selbstprüfung *f*
(ie, tests whether equipment functions properly; syn, machine/automatic/ built-in . . . check)
hardware component (EDV) Hardware-Bauelement *n*
hardware configuration (EDV) Hardwarekonfiguration *f*
hardware error (EDV) Hardwarefehler *m*
hardware failure
(IndE) Maschinenstörung *m*
(EDV) = hardware error
hardware maintenance (EDV) Hardwarewartung *f*
hardware problem (EDV) = hardware error
hardware realization (EDV) Rechnerrealisierung *f*
hardware upgrade (EDV) Hardware-Hochrüstung *f*, Hardware-Aufrüstung *f*
hard-weather allowance (Pw) Schlechtwetterzulage *f*
hard wheat (com) Hartweizen *m (syn, durum wheat)*
hardwire (EDV) fest verdrahtet
hardwired connection (EDV) festverdrahtete Verbindung *f*
harmful emissions (com) Schadstoffemissionen *fpl*
harmonic mean
(Stat) harmonischer Mittelwert *m*
(ie, reciprocal of the arithmetic mean of the reciprocals of two or more quantities)
harmonic progression (Stat) harmonische Folge *f*
Harmonised Indices of Consumer Prices, HICPs
(EG) Harmonisierte Verbraucherpreisindizes *mpl*, HVPI
harmonised long-term interest rates (Fin, EG) harmonisierte langfristige Zinssätze *mpl*
harmonization of taxes (EG) Steuerharmonisierung *f*
harmonize *v* (com) harmonisieren
Harmonized System Committee (EG) Ausschuß *m* für das harmonisierte System
harm the environment *v* (com) Umwelt *f* schädigen
Hart-Scott-Rodino Antitrust Improvements Act of 1976
(Kart, US) führte e-e erweiterte Anzeigepflicht ein, die Premerger Notification Rule: Zusammenschlußvorhaben bestimmter Größe müssen der Antitrust Division des Department of Justice und der Federal Trade Commission mitgeteilt werden; 1969 war die Post-Merger Notification Rule eingeführt worden
hash total
(EDV) Kontrollsumme *f*
(ie, sum obtained by adding together numbers having different meanings; to ensure that the correct number of data has been read by the computer; syn, check total, qv)
hatch (com) Ladeluke *f (eg, aft or forward)*
hatch *v* (com) schraffieren *(syn, shade)*
hatched graph (Math) schraffierte Grafik *f*
hatchway (com) = hatch
hat money (com) = primage
haul (Re) (Diebes-)Beute *f*
haul *v* (com) befördern
haulage
(com) Beförderung *f*
– Transport *m*
(syn, carriage, shipment, transportation)
(com) Beförderungskosten *pl (ie, in road transport)*
haulage contractor
(com, GB) Lkw-Transportunternehmen *n*
– Kraftverkehrspedition *f*
– Kraftverkehrunternehmen *n (syn, US, trucking company)*
haulage fleet (com) Fahrzeugpark *m*, Fahrzeugflotte *f*
haulage industry (com) Verkehrsgewerbe *n*
haulage insurance (Vers) Speditionsversicherung *f*
haulage service (com) Rollfuhrdienst *m (syn, cartage service)*
haulier (com) Transportunternehmen *n (syn, transport contractor)*
have a bill protested *v* (WeR) Wechsel *m* zu Protest gehen lassen
have an account with a bank *v* (Fin) Bankkonto *n* haben *(syn, carry an account)*

have and hold *v* (Re) besitzen *(ie, als Vertragsformel)*
have in stock *v* (com) auf Lager haben
have money in a bank *v* (Fin) Geld *n* bei e–r Bank haben *(syn, keep with a bank)*
have someone up *v* (Re, GB, infml) jem verklagen *(syn, take to court, qv)*
have the law on sb *v* (Re, GB, infml) jem verklagen
hazard
(com) Gefahr *f*
(Vers) Risiko *n*
hazard bonus (Pw) Gefahrenzulage *f (syn, danger pay)*
hazardous contract (Re) aleatorischer Vertrag *m (syn, aleatory contract)*
hazardous gases (com) giftige Gase *npl*
hazardous occupation
(Pw) gefährdeter Beruf *m*
(Pw) gefahrgeneigte Arbeit *f (syn, accident prone work)*
hazardous waste
(com, US) Risikomüll *m*
(ie, poses a substantial hazard to human health or the environment; cf, Resource Conservation and Recovery Act of 1976)
hazard rate of failure (IndE) bedingte Störungsrate *f (syn, conditional rate of failure)*
hazards in the work place (Pw) Gefahren *fpl* am Arbeitsplatz
HDC (AuW) = highly developed countries
HDTV (com) = high-definition television
head (EDV) Schreibkopf *m*, Schreib-/Lesekopf *m*
head *v* (com) leiten *(eg, company, task force)*
head charter (com) Hauptfrachtvertrag *m*
headcount reduction (Pw, infml) Personalabbau *m*
head crash (EDV) Aufprall des Schreib-/Lesekopfes auf die Plattenoberfläche *(ie, bedeutet in der Regel die Zerstörung der Festplatte)*
head-end business (com, US) Frachtbeförderung *f* hinter e–m Personenzug
header
(EDV) Anfangskennsatz *m*
– Kopfzeile *f*
– Vorsatz *m*
header information (com) Vorlaufinformationen *fpl*
header label (EDV) Datenträgerkennsatz *m*
header record
(EDV) Bandkennsatz *m*
– Kennsatz *m*
– Vorlaufsatz *m*
head gap (EDV) Schreib-/Lesespalt *m*
head hunt (Pw, infml) Suche *f* nach Führungskräften *(syn, recruitment of senior staff)*
head hunter (Pw, infml) Kopfjäger *m*
heading
(com) Briefkopf *m (syn, letter head)*
(com) Überschrift *f*
headings in the customs tariff (Zo) Positionen *fpl* des Zolltarifs
headline (Mk) Schlagzeile *f (eg, news item hitting the headlines)*
head nurse (com) Stationsschwester *f (eg, GB, charge-nurse)*
head of department (com) Abteilungsleiter *m (syn, department head)*
head of division (com) Bereichsleiter *m*
head of export department (com) Exportleiter *m (syn, export sales manager)*
head off *v*
(com) abwehren
(eg, worldwide financial collapse)
(com) verhindern
(eg, . . . regulatory action by the government; syn, prevent)
head office
(com) Hauptverwaltung *f (syn, headquarters, qv)*
(com, GB) Hauptverwaltung *f (syn, US, home office)*
(Fin) Kopffiliale *f (ie, of banks)*
head office charges (Bw) Konzernumlage *f*
head of finance (Fin) Leiter *m* Finanzen *(syn, finance director)*
head of personnel department
(Pw) Personalleiter *m*
– Personalchef *m*
head of purchasing (MaW) Einkaufsleiter *m*
head-of-the-line priorities (OR) relative Prioritäten *fpl*
head program (EDV) Hauptprogramm *n*
headquartered (com) mit Sitz in . . . *(eg, headquartered at; syn, based at)*
headquarters
(com) Hauptverwaltung *f*
– Hauptsitz *m*
– Sitz *m*
– Zentrale *f (syn, central/company/corporate . . . headquarters; head/main . . . office)*
headquarters building
(com) Verwaltungsgebäude *n*
– Hauptverwaltung *f*
head tax (FiW) Kopfsteuer *f (syn, capitation/poll . . . tax)*
head the pack *v* (com, infml) an der Spitze liegen, führen *(eg, heading the pack was the business service industry)*
head-to-head talk (com, infml) persönliches Gespräch *n*
head up *v* (com) steigen *(eg, rates are heading up again)*
heady growth (com) starkes Wachstum *n*
health care (SozV) Gesundheitsvorsorge *f*
health care facilities (SozV) Gesundheitseinrichtungen *fpl*
Health Care Financing Administration (SozV, US) Teil des Department of Health and Human Services: verwaltet Medicare, Medicaid und verwandte Bundesprogramme
health care industry (SozV) Gesundheitswesen *n*
health care market (SozV) Gesundheitsmarkt *m*
health care system (SozV) Gesundheitswesen *n*
health certificate (com) Gesundheitsattest *n*
health economics
(Vw) Gesundheitsökonomik *f*
(ie, instruments are: theory of public goods, theory of externalities, cost-benefit analysis, etc)
health food store (com) Reformhaus *n*
health hazard (SozV) Gesundheitsrisiko *n*
health indicators (SozV) Gesundheitsindikatoren *mpl (eg, length of patient pay: Verweildauer, etc)*
health information system (EDV) Gesundheitsinformationssystem *n*

health insurance
(Vers, US) Gesundheitsversicherung *f*
(ie, covers loss by sickness and bodily injury; the term is now used to replace such terms as Accident Insurance, Sickness Insurance, Medical Expense Insurance, Accidental Death Insurance, and Dismemberment Insurance)

Health Maintenance Organization, HMO
(Vers, US) (private) Gesundheitsvorsorgeeinrichtung *f*
(ie, alternative to employee benefit plan; employers of more than 25 persons are required to offer the alternative of HMO to employees; each member pays a premium)

health protection (Pw) Gesundheitsschutz *m*

heap
(EDV) Halde *f*
– Haldenspeicher *m*
– Heap *m*

hear a case *v* (Re) e–n Fall *m* verhandeln

hear and determine *v* (Re) richterlich entscheiden *(ie, a case)*

hearing
(com) Hearing *n*, Anhörung *f*
(Re) Verhandlung *f (ie, oral proceeding in a law court)*

heartland (Mk) Hauptabsatzgebiet *n*

heating cost (KoR) Heizungskosten *pl*, Beheizungskosten *pl*

heat up *v* (com) steigen *(eg, interest rates . . . again)*

heaven-and-hell bond
(Fin, infml) Aktienindexanleihe *f*
(ie, Rückzahlungskurs nicht bei 100%, sondern an die Entwicklung e–s Aktienindex gekoppelt; besteht inder Regel aus zwei Tranchen: bull bond und bear bond; syn, bull-and-bear bond)

heavily diluted stock (Bö) Wasseraktien *fpl (cf, fully diluted stock)*

heavy capital goods industry (com) Schwerindustrie *f*

heavy cargo (com) Schwergut *n*

heavy consumer (com) Großabnehmer *m (syn, big ticket consumer)*

heavy crude (com) schweres Rohöl *n (ie, term refers to specific gravity; cf, sour crude)*

heavy debt load (Fin) hohe Verschuldung *f*

heavy duty (IndE) für den oberen Leistungsbereich *(opp, medium duty)*

heavy duty vehicle (com) schweres Fahrzeug *n*

heavy equipment maker (com) Industriegüter-Ausrüster *m*

heavy hauler (com) Schwergut-Transportunternehmen *n*

heavy hitter
(Pw, US, infml) Spitzenkraft *f*
– Top-Mann *m*

heavy industry (com) Schwerindustrie *f*

heavy-lift ship (com) Schwergutschiff *n*

heavy market
(Bö, US) gedrückter Markt *m*
(ie, denotes a drop in prices due to selling of long stock by holders who are taking profits; syn, weak market, sagging market)

heavy metals (com) Schwermetalle *npl (ie, specific gravity 5.0 or higher)*

heavy plate (com) Grobbleche *npl (ie, über mm 5 Stärke; cf, sheet metal, medium plate)*

heavy price (com) überhöhter Preis *m*

heavy-priced shares (Bö) schwere Papiere *npl*

heavy selling (Bö) massive Abgaben *fpl*

heavy spending (com) hohe Aufwendungen *mpl*

heavy-up (Mk, infml) konzentrierte Werbung *f*

heavy user (Mk) Intensivkäufer *m*

hebdomadary (com) wöchentlich

hebdomadary backup
(EDV) wöchentliche Datensicherung *f*
– Datensicherung *f* im Wochenturnus

Heckscher-Ohlin law
(AuW) Heckscher-Ohlin-Theorem *n*
– Faktorproportionen-Theorem *n*
(syn, factor proportions [endowment] theorem)

hedge
(Fin) Schutz *m*
– Absicherung *f*
(Bö) Sicherungsgeschäft *n*
– Deckungsgeschäft *n*
– Kurssicherung *f*
(ie, term used in commodity futures market, but in the stock and currency markets; defensive measure largely to safeguard portfolios against any dramatic fall in values)

hedge *v*
(Fin) sich schützen, sichern *(ie, protect oneself financially; eg, against costs)*
(Bö) absichern
– decken
– Sicherungsgeschäft *n* abschließen
(ie, buy or sell commodity futures or forward exchange as a protection against loss)

hedge against inflation (Fin) Inflationssicherung *f*

hedge a risk *v* (Fin) Risiko *n* abdecken

hedge buying (Bö) Sicherungskäufe *mpl*

hedge clause (Re) Schutzklausel *f (ie, mit Garantieausschluß für Angaben über Wertpapiere)*

hedge fund
(Fin) stark spekulierender Investmentfonds *m*
(ie, engage in both margin buying and short selling)

hedge inventory (com) spekulative Warenbestände *mpl*

hedge position
(Bö) Hedge-Position *f*
(ie, Options- od Terminkontraktposition, die zur Absicherung e–r Grundposition eröffnet wurde)

hedge pricing (Bw) Preisstrategie *f* mit vorweggenommener Inflationskomponente

hedger
(Vw) Wirtschaftssubjekt *n*, das e–e unsichere Position gegen e–e sichere vertauscht
(Bö) Hedger *m*
(ie, transfers interest-rate risk by temporarily offsetting a position in a cash market with a related position in a futures market)

hedge rate
(Bö) Hedgerate *f*
(ie, gehaltene Aktien/ leerverkaufte bzw. geschriebene Optionen)

hedge ratio (Bö) Sicherungskoeffizient *m (ie, gleich Delta e–r Option)*

hedge transaction (Fin) Sicherungsgeschäft *n*

hedging (Bö) Hedging *n*, Kurssicherungsgeschäft *n* *(ie, offsetting commitments in the market in actuals by futures contracts)*
hedging cost (Bö) Kurssicherungskosten *pl*
hedging facility (Fin) Absicherungsfazilität *f*
hedging order (Bö) Auftrag *m* für Kurssicherungsgeschäft
hedging pressure hypothesis (Fin) Hypothese *f* der Fristensynchronisierung
hedging tool (Fin) Sicherungsinstrument *n*
hedging transaction (Fin) Kurssicherungsgeschäft *n*
heightened competition (com) verschärfter Wettbewerb *m (eg, is exerting strong pressure on profit margins)*
heir (Re) Erbe *m*
held-held computer
(EDV) Handheld Computer *m*
– Aktentaschen-Computer
– tragbarer Mikrocomputer *m*
helicopter
(IndE) Hubschrauber *m*
– Drehflügler *m*
(syn, chopper; opp, fixed-wing aircraft = Starrflügler)
helipad (com) = heliport
heliport (com) Hubschrauber-Landeplatz *m (syn, helipad)*
hell-for-leather marketing (Mk, infml) aggressives Marketing *n*
hell-or-high water clause (Fin) Klausel *f* in Finanz-Leasing-Verträgen über bedingungslose Zahlung *(ie, „come hell or high water", unconditionally, without setoff for any claim against the lessor)*
help desk (EDV) Störungsstelle *f*
help file (EDV) Hilfe-Datei *f*
helping family members (StR) mithelfende Familienangehörige *mpl*
helping theorem
(Log) Hilfssatz *m*
– Hilfstheorem *n*
(syn, corollary, lemma, subsidiary proposition)
help key (EDV) Hilfetaste *f (ie, on a PC normally the F1-function key)*
help mode (EDV) Aufforderungszustand *m (syn, prompt mode)*
help screen (EDV) Hilfebildschirm *m*
help system (EDV) Hilfesystem *n (ie, the totality of all help screens of an application; often replaces printed program documentation; online documentation; qv)*
help window (EDV) Hilfe-Fenster *n*
HEMT (EDV) High Electron Mobility Transfer *(ie, technology used to make chips with an access time of less than a nanosecond, 10^{-9})*
Herfindahl-Hirschmann index (Kart, US) Maß *n* für den Konzentrationsgrad e–s Marktes *(ie, used by the Antitrust Division)*
heterogeneous goods (Vw) heterogene Güter *npl*
heteroskedastic (Stat) heteroskedastisch, ungleich in der Streuung
heteroskedasticity
(Stat) Heteroskedastizität *f*
– Ungleichheit *f* in der Streuung
(ie, absence of homoskedasticity, qv; its has two important consequences for estimation: (1) the least squares estimators of the regression coefficients are no longer efficient or asymptotically efficient; (2) the estimated variances of these estimators are in general biased)
heuristic programming
(OR) heuristische Programmierung *f*
(ie, tries each of several methods of solving a problem and judges whether the program is closer to solution after each attempt)
hexadecimal notation
(EDV) hexadezimale Darstellung *f*
(ie, hexadezimale Zahlen haben die Ziffern 0 bis 9, A–F; System hat also die Basis 16)
hex dump (EDV) = dump
hex file (EDV) Datei *f* in Hexcode
hiccup (Bö) kurzer Kursabfall *m*
HICP inflation (EG) Preissteigerung *f* gemessen am HVPI (= Harmonisierter Verbraucherpreisindex)
HICPs (EG) = Harmonised Indices of Consumer Prices
hidden assets (ReW) = hidden reserves
hidden defect
(Re) geheimer
– verborgener
– versteckter . . . Mangel *m (syn, latent defect)*
hidden devaluation (AuW) versteckte Abwertung *f*
hidden disagreement (Re) versteckter Dissens *m (syn, latent ambiguity)*
hidden discount (com) versteckter Preisnachlaß *m (ie, in industrial purchasing)*
hidden dumping (AuW) verschleiertes Dumping *n*
hidden economy
(Vw) Untergrundwirtschaft *f*
(ie, verheimlichter Teil der privaten Wirtschaft: part of the second economy = Schattenwirtschaft: opp, self-service economy = Selbstversorgungswirtschaft; syn, underground/subterranean economy; infml, cash/moonlight . . . economy; GB, black economy; sl, Black & Decker economy)
hidden file (EDV) versteckte Datei *f*
hidden inflation (Vw) versteckte Inflation *f*
hidden intention (Re) geheimer Vorbehalt *m (syn, mental reservation)*
hidden liabilities
(Bw) verdeckte Verbindlichkeiten *fpl*
(eg, noch nicht anhängig gemachte Schadensfälle mit nachfolgenden Produkthaftpflichtkosten, unterdotierter Pensionsplan, bevorstehender Produktrückruf, bevorstehende Untersuchung wegen Steuerhinterziehung usw)
hidden line (EDV) verdeckte Linie *f*
hidden line algorithm (EDV) Algorithmus *m* zur Beseitigung verdeckter Linien *(syn, Visibilitäts-Algorithmus)*
hidden pensioner (Pw, infml) Mitarbeiter *m* in Pensionsnähe *(ie, retained in full service at a pay far exceeding his value to the employer)*
hidden premise (Log) versteckte Prämisse *f*
hidden reserves (ReW) stille Reserven *fpl (syn, secret /undisclosed . . . reserves)*
hidden strike (Pw) versteckter Streik *m (syn, camouflaged strike)*
hidden subsidy (Vw) versteckte Subvention *f*
hidden tax (FiW) verdeckte Steuer *f*
hidden taxation (FiW) verdeckte Besteuerung *f*

hidden unemployment
(Vw) versteckte Arbeitslosigkeit *f (syn, disguised/camouflaged/fictitious . . . unemployment)*
hide *v* **(a window)** (EDV, GUI) *(Fenster)* ausblenden
hierarchical data base model (EDV) hierarchisches Datenbankmodell *n (ie, logische Baumstruktur mit eindeutigen Beziehungen zwischen Einträgen = logical tree-structure with unique relations between entries)*
hierarchical data model (EDV) hierarchisches Datenmodell *n*
hierarchy of authority (Bw) Entscheidungshierarchie *f (syn, decision-making hierarchy)*
hierarchy of goals
(Bw) Zielhierarchie *f*
– Rangordnung *f* von Zielen
(syn, goal ranking)
hierarchy of needs
(Vw) Präferenzordnung *f (syn, order of preferences)*
(Bw) Bedürfnishierarchie *f*, Bedürfnispyramide
hierarchy of organizational units (Bw) Instanzenzug *m*
higgle *v* (com) = haggle
higgledy-piggledy organization structure (Bw, infml) undurchsichtige Organisationsstruktur *f (syn, muddled structure)*
high
(com) Höchststand *m*
(Bö) höchster Kurs *m* des Jahres
(Bö) Höchstkurs *m (eg, high/low prices, price high)*
high achiever (Pw) Spitzenkraft *f*, Leistungsträger *m (syn, high performer, qv)*
High Authority
(EG) Hohe Behörde *f*
(ie, of the European Coal and Steel Community = Montanunion; in 1967 merged with the Commissions of the other two Communities)
high bay racking (MaW) Hochregallager *n*
high bay racking control system (MaW) Hochregalsteuerung *f*
high bay storage (MaW) Hochregallagerung *f*
high bay store (MaW) Hochlager *n*
high bay warehouse (MaW) Hochregallager *n*
high-caliber management (com) hochkarätiges Management *n (syn, top flight management)*
high color (EDV) 16-Bit-Farbtiefe *f (ie, graphics device supports 65,536 colors; true color, qv)*
high-coupon debt (Fin) hochverzinsliche Schuldtitel *mpl*
high-coupon loan (Fin) hochverzinsliche Anleihe *f*
high-coupon longs (Fin) hochverzinsliche Langläufer *mpl*
high-definition television, HDTV (com) hochauflösendes Fernsehen *n*
high-density disk (EDV) Diskette *f* mit hoher Schreibdichte *(1.2mb for 5¼ inch disks and 1.44mb for 3½ inch disks)*
high employment budget (Vw) Vollbeschäftigungsbudget *n*
high employment level (Vw) hoher Beschäftigungsstand *m*
high end (com) obere Preisklasse *f*, gehobenener Anwendungsbereich *m*
high-end market (com) Markt *m* für Käufer hoher Einkommensschichten
higher curve (Math) Kurve *f* von höherem als zweitem Grad
higher education
(com) Hochschulausbildung *f*
(ie, education at university or college level; also genauer: Universitäts- oder College-Ausbildung)
(com, GB) broadly: of a standard higher than General Certificate of Education, GCE, Advanded (A) Level or further education
higher-income brackets (Stat) gehobene/höhere Einkommensgruppen *fpl*
higher-yielding (Fin) höherverzinslich
higher-yield investments (Fin) höherverzinsliche Anlagen *fpl*
highest bid (com) Höchstgebot *n (syn, best bid)*
highest bidder (com) Meistbietender *m (syn, best bidder)*
highest bidding (com) meistbietend
highest common factor (Math) größter gemeinsamer Teiler *m (syn, greatest common divisor)*
highest in-first out
(ReW) Hifo-Methode *f*
(ie, method of inventory valuation; not permitted under German tax law)
highest price
(com) Bestpreis *m (syn, best price)*
(Bö) Höchstkurs *m*
highest tender (com) Höchstgebot *n (syn, best bid)*
highest tribunal (Re) höchstes Gericht *n*
high finance
(Fin) Spekulieren *n* mit fremden Mitteln
(Fin) Kreditaufnahme *f* bis zur äußersten Grenze *(ie, borrowing to the maximum of one's credit)*
(Fin) Hochfinanz *f*
high flier
(com) Spitzenunternehmen *n*
(Pw, infml) Akkordbrecher *m*
(Bö) Spitzenwert *m (ie, mit spekulativem Einschlag; syn, leader, qv)*
high-flying (Fin) hoch bewertet *(eg, dollar)*
high-grade
(com) hochwertig, von hoher Qualität
(com) hochgrädig
(ie, in Notierungen der Rohstoffmärkte; eg, Zink, hochgrädig)
high-grade bond (Fin) erstklassige Schuldverschreibung *f (syn, top-line bond)*
high-income claimant (SozV) Antragsteller *m* mit hohem Einkommen
high intensity display (EDV) Intensivanzeige *f*
high-interest policy (Fin) Hochzinspolitik *f*
high-interest-rate bonds
(Fin, infml) Hochprozenter *mpl*
high-interest yielding (Fin) hochverzinslich
high-level consultations (com) Spitzengespräche *npl (syn, top-level talks)*
high-level language
(EDV) höhere Programmiersprache *f*
– Hochsprache *f (eg, Cobol, PL/1; opp, low-level language)*
high level of order backlog (com) hoher Auftragsbestand *m (syn, strong order book)*
high-level scheduler (EDV) Master-Scheduler *m*

highlight *v*
(com) aufmerksam machen auf *(syn, throw attention to)*
(EDV) hervorheben
highlight bar (EDV) Auswahl-Balken *m (ie, bar the user can move up and down a selection list)*
highlighting
(EDV) Hervorheben *n (ie, in computer graphics)*
(EDV) Intensivanzeige *f*
highlight report (com) Bericht *m* über die wichtigsten Ereignisse
highlights (com) Überblick *m (ie, knappe Zusammenfassung aufschlußreicher Daten)*
high low points method (KoR) mathematische Kostenauflösung *f*
highly advertised products (Mk) werbeintensive Produkte *npl*
highly geared company
(Bw, GB) Unternehmen *n* mit hohem Fremdkapitalanteil
(syn, US, highly leveraged company)
highly leveraged (Fin) stark fremdfinanziert
highly leveraged company (Fin, US) Unternehmen *n* mit hohem Fremdkapitalanteil
highly leveraged transaction
(Fin, US) risikoreiche Transaktion *f*
– HLT-Transaktion *f*
highly liquid claim (Fin) hochliquide Forderung *f*
highly liquid paper (Bö) höchstliquide Titel *mpl*
highly qualified job (Pw) hochqualifizierte Tätigkeit *f*
highly qualified manpower (Pw) hochqualifizierte Arbeitskräfte *fpl*
highly structured financial statement (ReW) tief gegliederter Abschluß *m*
high managerial agents (Bw) Organe *npl* e–r Gesellschaft *(syn, properly constituted agents, qv)*
high-margin business
(com) Unternehmen *n*, das mit hohen Gewinnspannen arbeitet
– lukratives Geschäft *n*
high-margin goods (com) Produkte *npl* mit hoher Gewinnspanne
high-order (EDV) höherwertig
high order end (EDV, Cobol) linksbündiges Ende *n (cf, DIN 66 028, Aug 1985)*
high payout firm (Fin) Unternehmen *n* mit hoher Dividendenausschüttung
high performance (com) Hochleistungs- . . .
high performance computer (EDV) Hochleistungsrechner *m*
high performer
(Pw) Leistungsträger *m*
(syn, top performer, high . . . achiever/contributor; infml, topnotcher)
high powered dollars (Fin) primäre Sichteinlagen *fpl*
high powered money
(Vw, US) Geldbasis *f*
(ie, currency + membership reserve balances)
high-powered selling (Mk) aggressive Verkaufsmethoden *fpl*
high-pressure into *v* (com, US) drängen zu *(ie, persuade by high-prssure methods)*
high-pressure sales talk (Mk) aggressives Verkaufsgespräch *n*
high-pressure selling (Mk) Hochdruckverkauf *m*
high priced
(com) teuer
(Bö) hochstehend
high-priced goods (com) hochpreisige Güter *npl*
high-profit margin (com) gewinnträchtig *(eg, specialty chemicals)*
high protectionism (AuW) Hochschutzzollpolitik *f*
high protective tariff policy (AuW) Hochschutzzollpolitik *f (ie, as practiced in the 1930s)*
high-quality product (com) Qualitätserzeugnis *n*, hochwertiges Erzeugnis *n*
high-quality products (Mk) Qualitätsprodukte *npl*
high resolution
(EDV) hohe Auflösung *f*
(ie, ability of a video screen to display highly detailed graphics)
high rise building (com, US) Hochhaus *n*, Wohnblock *m (syn, multi-storey building; GB, block of flats)*
high-risk borrower (Fin) risikoreiche Adresse *f*
high-risk exposure (Fin) risikoreiches Engagement *n*
high-risk project deal (Bw) risikoreiches Projekt *n*
high-speed memory (EDV) Schnellspeicher *m*
high-speed printer (EDV) Schnelldrucker *m*
high-speed storage (EDV) = high-speed memory
high-tariff country (AuW) Hochzolland *n*
high-tax country
(StR) Hochsteuerland *n*
– Steuersteppe *f*
high-tech enterprise
(com) Hochtechnologie-Unternehmen *n*
– Unternehmen *n* der Spitzentechnologie
high tech, hi-tech (com) = high technology
high technology
(com) Hochtechnologie *f*
– Spitzentechnologie *f*
(syn, advanced/state-of-the-art . . . technology; infml, high tech, hi-tech)
high technology goods (com) hochtechnologische Güter *npl*
high technology product
(com) Produkt *n* der Spitzentechnik
– spitzentechnisches Produkt *n*
– Spitzenprodukt *n*
high tension tower (IndE) Hochspannungsmast *m (syn, pylon)*
high ticket (com) hochpreisig *(eg, product)*
high-usage item (MaW) Renner *m*
high-volume items (Mk) Produkte *npl* mit hohem Absatz
high-volume product
(Mk) Massenartikel *m*
– Massenprodukt *n*
– gängiger Artikel *m*
high-volume production (IndE) Massenfertigung *f*
high-volume shares or stocks (Bö) lebhaft gehandelte Werte *mpl (syn, active actively traded . . .)*
highway user tax (StR, US) Straßenbenutzungsgebühr *f (ie, federal and state)*
high-wire act (com, infml) riskante Unternehmen *n (ie, risky venture)*
high-yield crops (com) ertragreiche Anbausorten *fpl*
high yielders (Fin) hochverzinsliche Wertpapiere *npl (syn, high-yield instruments)*
high-yielding currencies (Fin) Hochzinswährungen *fpl*

high-yield instruments (Fin) hochverzinsliche Wertpapiere *npl (syn, high-yielders)*
hike up *v*
(com, US, infml) erhöhen
(ie, increase suddenly and steeply; syn, bump up, beef up, boost, step up)
hire (Re) Mieten *n*, Leihen *n*
hire *v*
(Re) mieten *(syn, lease, rent)*
(Pw) einstellen *(eg, workers, employees; syn, engage, take on)*
hire a car *v* (com) Wagen *m* mieten *(syn, rent a car)*
hire a ship *v* (com) Schiff *n* chartern *(syn, charter)*
hire away *v* (Pw) abwerben *(syn, bid away, entice away)*
hire away labor *v* (Pw) Arbeitskräfte *fpl* abwerben *(syn, bid away, entice away)*
hire charge (com) Miete *f (eg, for renting a car)*
hire out *v* (Re) vermieten, verpachten
hire purchase
(Re, GB) Mietkauf *m*
(ie, contract of hire with an option to purchase = Warenmietvertrag mit Kaufoption; syn, easy terms; US, installment buying; note that German legal and commercial concept is different; cf, Vol II, 19: Abzahlungsgeschäft)
hire purchase business
(Fin) Ratenzahlungsgeschäft *n*
– Teilzahlungsgeschäft *n*
hire purchase controls (Vw, GB) Beschränkungen *fpl* des Teilzahlungsgeschäfts
hire purchase credit (Fin) Teilzahlungskredit *m*
hire purchase finance company (Fin) Teilzahlungskreditinstitut *n*
hire purchase hazard (Fin) Abzahlungsrisiko *n*
hire purchase loan (Fin) = hire purchase credit
hire purchase payment (Fin) Ratenzahlung *f*
hire purchase system (Fin) Teilzahlungssystem *n*
hire purchase transaction (Fin) = hire purchase business
hirer (Re) Mieter *m (syn, tenant, lessee)*
hires (EDV) = high resolution
hiring age (Pw) Einstellungsalter *n*
hiring contract (Pw) Anstellungsvertrag *m (syn, employment contract)*
hiring costs (Pw) = hiring expenses
hiring discrimination (Pw) Diskriminierung *f* am Arbeitsplatz
hiring expenses (Pw) Einstellungskosten *pl*
hiring freeze
(Pw) Einstellungssperre *f*
– Einstellungsstopp *m*
(syn, employment/job . . . freeze)
hiring interview
(Pw) Einstellungsgespräch *n*
– Bewerbungsgespräch *n*
(syn, employment /job . . . interview)
hiring on probation (Pw) Anstellung *f* auf Probe
hiring procedure (Pw) Einstellungsverfahren *n*
hiring rate
(Pw, US) Einstellungsquote *f*
(ie, in % der Gesamtbeschäftigung; syn, accession rate of labor)
(Pw) Anfangslohn *m*, Anfangsgehalt *n (syn, entrance rate)*
histogram
(Stat) Balkendiagramm *n*
– Stabdiagramm *n*
– Histogramm *n (syn, bar chart)*
historical cost
(ReW) historische Kosten *pl*
– Istkosten *pl* der Vergangenheit
– Anschaffungs- od Herstellungskosten *pl (syn, GB, also, historic cost)*
historical cost accounting (ReW) Istkostenrechnung *f*
historical cost concept (ReW) Anschaffungskostenprinzip *n*
historical rates of exchange (ReW) historische Anschaffungskurse *mpl*
historical school of economics (Vw) historische Schule *f (opp, classical school)*
historical standards (Bw) auf betriebsindividuellen Daten der Vergangenheit aufbauende Standardkennziffern *fpl*
historic cost (ReW, GB) = historical cost
history of a machine (IndE) Lebenslauf *m* e–r Maschine
history of economic thought
(Vw) Geschichte *f* der ökonomischen Theorie
– Geschichte *f* der volkswirtschaftlichen Lehrmeinungen
history of loading (IndE) Last-Zeit-Funktion *f (syn, service-loading history)*
hit a low *v* (com) Tiefstand *m* erreichen
hit-and run driver (Re) flüchtiger Fahrer *m*
hit-and-run driving
(Re) Fahrerflucht *m*
(ie, the guilty driver does not stop to help)
hit-and-run strike (Pw) kurzer Warnstreik *m*
hit-quick campaign (com) Blitzaktion *f (eg, to weed out redundant staff, hidden pensioners, etc)*
hit the bid *v* (Bö) mündliche Anweisung *f* an den Makler, Material zum Geldkurs zu verkaufen
hit the bricks *v* (Pw, sl) streiken
hit the headlines *v*
(com) Schlagzeilen *fpl* machen
– Schlagzeilen *fpl* liefern
(syn, crash/make the headlines)
hit the market *v* (com) einschlagen (*ie, product)*
hive-down
(Bw) besondere Form *f* des Unternehmenserwerbs
(ie, a number of assets are ‚hived down' into a new company usually prior to sale)
hive off *v*
(com, GB) ausgründen *(ie, separate part of a company and start a new firm)*
(Fin) abstoßen *(eg, a stake; syn, spin off, unload)*
hive off a stake *v* (Fin) Beteiligung *f* abstoßen *(syn, spin off, unload)*
hive off operations *v*
(Bw) Unternehmensteile *mpl* abstoßen, syn, spin off
(com) Betriebsteile *mpl* ausgliedern *(syn, spli off)*
HKCE (Fin) = Hong Kong Commodity Exchange
HKFE (Fin) = Hong Kong Futures Exchange
HLL (EDV) = high-level language, qv
HMI (EDV) = human machine interface, qv
hoard *v* (com) horten *(ie, accumulate goods or money)*

hoarding
(com) Horten *n*
(Mk, GB) Werbefläche *f*
– Anschlagfläche *f*
– Reklamefläche *f (syn, US, billboard)*
hoarding purchases (Vw) Hortungskäufe *mpl*
hoardings (com) Hort *m*, Vorrat *m*
hoard labor *v* (Pw) Arbeitskräfte *fpl* horten
hoard of money (com) Geldvorrat *m*
hoax (com, infml) Zeitungsente *f*
hobble *v*
(com) behindern
(eg, almighty $ is hobbling U. S. exporters; syn, hamper, impede, obstruct)
hock *v*
(com, infml) verpfänden
(eg, a company's physical assets and receivables; syn, pawn)
hodgepodge liability
(Re) Ausgleichungspflicht *f*
(ie, liability to account for certain kinds of gifts received from the deceased during his life; syn, GB, hotchpotch liability)
hog cycle (Vw) Schweinezyklus *m (ie, illustrates the cobweb theorem; syn, pig cycle)*
hold (com) Schiffsraum *m*
hold accountable for *v* (Re) = hold responsible for
hold a job *v* (Pw) Arbeitsplatz *m* haben
hold a meeting *v* (com) Tagung *f* abhalten
hold an office *v* (com) Amt *n* innehaben
hold associate status (with) *v* (EG) assoziiert sein *(mit)*
holdback (com) zurückbehaltener Teil *m* der Vertragssumme *(ie, until specified conditions have been fulfilled)*
hold down costs *v* (com) Kosten *pl* niedrig halten
holder
(Re, WeR) Inhaber *m*
(Re) Besitzer *m (syn, possessor, occupier)*
holder for the time being (WeR) jeweiliger Inhaber *m*
holder in due course
(WeR) rechtmäßiger Inhaber *m*, legitimierter Inhaber *m*
(ie, takes an instrument for value, in good faith, and without defense against it; cf, Art 3, 4 UCC; Art 16 WG)
holder in good faith (WeR) gutgläubiger Inhaber *m (syn, bona fide holder)*
holder of a bill (WeR) Wechselinhaber *m*
holder of a call (Bö) Inhaber *m* e–r Kaufoption
holder of a license
(Pat) Lizenzinhaber *m*
– Lizenznehmer *m (syn, licensee)*
holder of a patent (Pat) Patentinhaber *m (syn, patentee)*
holder of a put (Bö) Inhaber *m* e–r Verkaufsoption
holder of record (Fin) eingetragener Wertpapierinhaber *m*
holder of sovereignty (Re) Hoheitsträger *m*
hold fast on *v* (com) festhalten an *(eg, official prices)*
hold for *v* (Re) entscheiden zugunsten von *(eg, court held for the defendant)*
hold harmless *v* (Re) schadlos halten *(ie, against = für)*
hold-harmless clause
(Re) Schadloshaltungsklausel *f*
(Re) Freizeichnungsklausel *f (syn, contracting-out clause, qv)*
hold in escrow *v* (Re) treuhänderisch verwalten
holding
(Fin) Beteiligung *f (eg, equity/industrial . . . holding)*
(Fin) Bestand *m*
(Re, US) entscheidungserhebliche richterliche Feststellung *f*
holding company
(com) Holding-Gesellschaft *f*
– Holding *f*
– Dachgesellschaft *f (ie, set up to control and dominate affiliated companies)*
holding cost (KoR) Lagerkosten *pl*, Kosten *pl* der Lagerhaltung *(syn, carrying cost)*
holding gains
(ReW) nicht realisierte Vermögenswertänderungen *fpl*
(ie, Differenz zwischen unternehmenstypischem Wert und Anschaffungswert)
(Fin) Wertzuwachs *m* e–s Effektenbestandes
holding-out partner (com, GB) Scheingesellschafter *m (syn, ostensible partner)*
holding period
(StR, US) Eigentumsdauer *f*
(ie, during which an asset is owned; §§ 1222, 1250(e) IRC)
holdings of currency (AuW) Währungsbestände *mpl (syn, currency reserves, qv)*
holdings of exchange (Fin) = foreign exchange holdings
holding time
(EDV) Belegungsdauer *f (ie, message time + operating time)*
(OR) Abfertigungszeit *f*, Bearbeitungszeit *f*
hold in possession *v* (Re) besitzen *(syn, possess)*
hold in safe custody *v* (com) verwahren
hold liable in damages *v*
(Re) haftbar machen
(syn, hold . . . responsible/accountable for, saddle with liability)
hold off *v* (com) sich zurückhalten *(eg, competitors are holding off because . . .)*
hold order (IndE) Arbeitsunterbrechungsanweisung *f*
hold out for *v* (com, infml) herauszuholen suchen *(syn, stick out for, qv)*
hold-over effect (Mk) Beharrungseffekt *m*
hold responsible for *v* (Re) haftbar machen für
hold shares *v* (Fin) Aktien *fpl* halten, Anteile *mpl* halten
hold steady *v* (Bö) stabil bleiben, sich gut halten *(eg, bonds held steady; syn, hold up well)*
hold survey *v* (SeeV) besichtigen
hold to account *v* (com) zur Rechenschaft ziehen
hold to the sidelines *v* (Bö) sich zurückhalten
hold track (com) Wartegleis *n*
hold-up
(com) Verzögerung *f (eg, production hold-up; syn, delay)*
(Re) Raub *m (ie, a form of robbery)*
hold up *v* (com) verzögern *(syn, put back, retard, slow)*

hold up better *v* (Bö) sich besser behaupten
hold up well *v* (Bö) sich gut halten *(ie, prices; syn, hold steady)*
holiday (Pw, GB) Urlaub *m (syn, US, vacation; cf, furlough)*
holiday cash bonus (Pw, GB) Urlaubsgeld *n (syn, US, vacation bonus)*
holiday pay (Pw) Feiertagslohn *m*
holiday premium (Pw) Feiertagszuschlag *m*
holiday weather insurance (Vers) Ferienwetterversicherung *f*
holograph (Re) = holographic will
holographic (Re) eigenhändig *(ie, written with one's own hand)*
holographic will (Re) eigenhändiges Testament *n (ie, not witnessed or attested; syn, holograph)*
holograph testament (Re) = holographic will
home appliance industry (com) Haushaltsgeräteindustrie *f (syn, US, domestic appliance industry)*
home appliances (com) Haushaltsgeräte *npl (syn, domestic appliances)*
home banking
(Fin) Home Banking *n*
(ie, Abwicklung von Bankgeschäften von privaten Haushalten aus; auf der Grundlage von BTX)
home building permit (Re) Baugenehmigung *f*
home delivery (com) Hauszustellung *f (syn, door delivery)*
home demand (Vw, GB) Inlandsnachfrage *f (syn, domestic /inland . . . demand)*
home economics (Pw) Hauswirtschaftslehre *f (syn, GB, domestic science)*
home-foreign insurance (Vers) Korrespondenzversicherung *f*
home help (com) Haushaltshilfe *f*
home loan association (Fin) Bausparkasse *f*
home-made inflation (Vw) hausgemachte Inflation *f (syn, internal inflation)*
home market (com, GB) Binnenmarkt *m*, Inlandsmarkt *m (syn, domestic market)*
home office
(Vers, US) Hauptverwaltung *f*
(ie, corporate headquarters of insurers and the location where the chief officers of the organization are housed; syn, GB, head office)
home order (com) Inlandsauftrag *m*, Inlandsbestellung *f*
home patent (Pat) Inlandspatent *n*
home phone (com, infml) Privatanschluß *m (ie, private telephone extension)*
home port (com) Heimathafen *m*
home position (EDV) Grundstellung *f*
home produced goods (Zo) heimische Waren *fpl*
home record (EDV) Haussatz *m*, Mitlesesatz *m (ie, the first record in the chaining method of file organization)*
home scrap (IndE) Rücklaufschrott *m (syn, return scrap)*
home-service insurance man (Vers) Hausvertreter *m*
home site (com, infml) Baugrundstück *n*
home-to-office time (Pw) Wegezeit *f*
home trade (Vw, GB) Binnenhandel *m*
homeward freight (com) Rückfracht *f (syn, back freight)*
homework assignment (Pw) Hausaufgabe *f*
homogeneous commodity (Vw) homogenes Gut *n*
homogeneous coordinates (Math) homogene kartesische Koordinaten *fpl*
homogeneous differential equation
(Math) homogene Differentialgleichung *f*
(ie, where every scalar multiple of a solution is also a solution)
homogeneous equation
(Math) homogene Gleichung *f*
(ie, an equation that can be rewritten into the form having zero on one side of the equals sign and a homogeneous function of all the variables on the other side)
homogeneous function of the first degree (Math) homogene Funktion *f* vom Grade 1
homogeneous integral equation (Math) homogene Integralgleichung *f (cf, homogeneous differential equation)*
homogeneous market (Vw) homogener Markt *m*
homogeneous polynomial
(Math) homogenes Polypol *n*
(ie, a polynomial all of whose terms have the same total degree; equivalently it is a homogeneous function of the variables involved)
homogeneous product (Vw) homogenes Gut *n (ie, in perfect competition; syn, identical product)*
homogeneous set of equations (Math) homogenes Gleichungssystem *n*
homological algebra
(Math) homologe Algebra *f*
(ie, studies the structure of modules, esp by means of exact sequences; it has application to the study of topological space)
homoskedastic (Stat) homoskedastisch, gleichgestreut *(opp, heteroskedastic)*
homoskedasticity
(Stat) Homoskedastizität *f*
(ie, eine der Grundannahmen des klassischen Regressionsmodells: the variance of the regression disturbance is constant for all observations; opp, heteroskedasticity, qv)
honor a bill *v* (Fin) Wechsel *m* einlösen *(syn, discharge/meet pay/take up . . . a bill)*
honorable undertaking
(Vers) Verpflichtung *f* (in Rückversicherungsverträgen) zu großzügiger Auslegung
(ie, agreement is not to be defeated by a strict or narrow interpretation of the language in the treaty)
honor an agreement *v* (Re) Vertrag *m* erfüllen od einhalten
honor an arrangement *v* (com) Abmachung *f* einhalten
honorarium (com) Honorar *n (pl, honorariums or honoraria; used when the term fee might seem crass)*
horizontal checksum (EDV) Quersumme *f*
horizontal combination (com) horizontaler Zusammenschluß *m*
horizontal communication channel (Bw) horizontaler Kommunikationsweg *m*
horizontal cooperation (com) horizontale Kooperation *f*
horizontal diversification (com) horizontale Diversifikation *f*

horizontal expansion
(Bw) horizontales Wachstum *n*
(ie, expand a business in the same product line it is producing or selling)
horizontal group (com) Horizontalkonzern *m (ie, of affiliated companies)*
horizontal integration (Bw) horizontale Integration *f (syn, horizontal expansion)*
horizontal labor mobility (Pw) horizontale Arbeitsmobilität *f*
horizontal-market software (EDV) branchenübergreifende Software *f*
horizontal merger
(com) horizontaler Zusammenschluß *m*
(ie, unites side-by-side competitors in the same line of business; opp, vertical merger, conglomerate merger)
horizontal mobility (Vw) horizontale Mobilität *f*
horizontal scroll bar (EDV, GUI) horizontale Bildlaufleiste *f*
horizontal spread (Bö) horizontaler Spread *m*
horizontal spreading (Bö) Kauf *m* langfristiger Calls + Verkauf *m* von Calls mit kurzer Restlaufzeit
horizontal tax equity (FiW) horizontale Steuergerechtigkeit *f*
horse trading (com, infml) Kuhhandel *m*
hospital charges (Vers) Krankenhauskosten *pl*
hospital expense insurance (Vers, US) = hospitalization insurance
hospital information system (EDV) Krankenhausinformationssystem *n*
hospitalization insurance
(Vers, US) Krankenhausversicherung *f*
(ie, provides reimbursement within contractual limits for hospital and specific related expenses)
hospital per diem charge (SozV) Krankenhauspflegesatz *m*
host (EDV) Host *m*
host bond (Fin) Ursprungsanleihe *f*
host computer
(EDV) Leitrechner *m*
(ie, upon which depends a specialized computer that handles the input/output functions in real-time systems; syn, front-end processor)
host country
(AuW) Gastland *n*
– Gastgeberland *n*
– Empfängerland *n*
(syn, receiving/recipient/donee . . . country)
hostile fire
(Vers) Schadenfeuer *n*
– Brand *m*
(opp, friendly fire: in a place where it is intended to be)
hostile takeover
(com) „unfreundliche" Übernahme *f*
– feindliche Übernahme *f*
– (besser) unabgestimmter Übernahmeversuch *m*
(ie, öffentliches Angebot an große Zahl von Minderheitsaktionären, die Mehrheit am Unternehmen zu übernehmen, ohne dies mit der Geschäftsleitung abgestimmt zu haben)
host language (EDV) Trägersprache *f*
host processor (EDV) Host *m*

hot area of a market (com) gewinnbringender Teil *m* e–s Marktes *(eg, large cars)*
hot card (com) verloren gegangene Kreditkarte *f*
hotchpotch liability (Re, GB) = hodgepodge liability
hotel booking code (com) Hotelschlüssel *m*
hotel chain (com) Hotelkette *f*
hotelier (com) Hotelbesitzer *m*
hotels and restaurants
(com) Hotel- und Gaststättengewerbe *n (syn, GB, catering trade)*
(VGR) Gaststätten- und Beherbergungsgewerbe *n*
hot issue
(Fin) heiße Emission *f*
(ie, für die von Zeichnungsbeginn an e–e sehr starke Nachfrage besteht)
hot issues (Bö) Spekulationswerte *npl*
hot job (com) brandeiliger Auftrag *m (syn, rush order)*
hot key (EDV) Sprungtaste *f*
hot line (Mk) Teil *m* e–e Adressenliste mit aktuell höchstem Response
hot money
(Fin) heißes Geld *n*, vagabundierende Gelder *npl*
(ie, sent around in the attempt to benefit from interest rate differentials; syn, footloose funds)
hot number (com, infml) Verkaufsschlager *m (syn, hot selling line)*
hot seller (com, sl) Schnelldreher *m*
hot-selling area (com) umsatzstarker Bereich *m*
hot-selling line
(com) Verkaufsschlager *m*
(syn, top selling article; infml, runner, hot number; sl, smash hit)
hotshot
(com) Spezialist *m (eg, computer hotshot)*
(com, US) Expreßfracht *f (ie, fast freight)*
hot spot
(com, infml) Gefahrenherd *m (ie, where there is likely to be trouble)*
(EDV, GUI) Aktionspunkt *m*
hot type (EDV) Bleisatz *m (ie, in text processing)*
hot up *v* (com, infml) verschärfen *(eg, air fare war; syn, aggravate, exacerbate)*
hot water (com, infml) Schwierigkeiten *fpl (eg, get into/ be in . . .)*
hourglass (EDV, GUI) Sanduhr *f*, Sanduhr-Mauszeiger *m (indicates that system is busy and user has to wait)*
hourly paid employee
(Pw) Arbeiter *m*
(syn, blue-collar worker, manual worker; opp, salaried employee)
hourly wage rate (Pw) Stundenlohn *m*
hours (com) = official hours
hours of attendance (com) = hours of service
hours of service (Pw) Dienstzeit *f*, Dienststunden *fpl*
hours of work (Pw) Arbeitszeit *f (syn, working hours)*
hours on incentive (IndE) Akkordstundenanteil *m*
hours per hour (Pw) Zeitstundenanteil *m*
hours worked (Pw) geleistete Arbeitsstunden *fpl*
house agent
(com, GB) Grundstücksmakler *m*
– Immobilienmakler *m*
(syn, real estate broker, qv)

house bill
(com) Spediteurkonnossement *n*
(ie, made out by forwarder; it is not a document of title – Traditionspapier – nor a genuine bill of lading)
(Fin) Filialwechsel *m*
(Re, US) Gesetzesvorlage *f* aus dem Repräsentantenhaus
house brand
(Mk) Eigenmarke *f*
– Hausmarke *f (syn, own brand)*
house breaker (com, GB) Gebäudeabriß-Unternehmer *m (syn, wrecker)*
house counsel (Re) Hausjurist *m (syn, in-house counsel, qv)*
housecraft (com, GB) Hauswirtschaftslehre *n (syn, domestic science)*
household appliances manufacturer (com) Haushaltsgeräte-Hersteller *m*
household census form (Stat) Haushaltsliste *f*
household panel (Mk) Haushaltspanel *n*
household products (com) Haushaltswaren *fpl*
household research (Mk) Haushaltsforschung *f*
household sample (Stat) Haushaltsstichprobe *f*
household sector (VGR) Sektor *m* private Haushalte
households with two or more members (FiW) Mehrpersonenhaushalte *mpl*
household waste (com) Hausmüll *m*
house journal (Pw) = house organ
housekeeping (EDV) Systemsteuerung *f* und -wartung *f (ie, general maintenance activities within a data processing facility)*
house magazine (Pw) = house organ
houseman (SozV, GB) Assistenzarzt *m (syn, US, intern)*
house money
(com) Haushaltsgeld *n*
– Wirtschaftsgeld *n*
house organ (Pw) Werkszeitung *f (syn, in-house magazine, qv)*
house-to-house selling (Mk) Haustürverkauf *m*, Direktverkauf *m* über Haushaltsreisende *(syn, personal selling, door-to-door-selling)*
housing allowance (SozV) Wohngeld *n*, Mietzuschuß *m (syn, housing benefit, accommodation allowance)*
housing benefit (SozV) = housing allowance
housing construction (com) Wohnungsbau *m (syn, residential construction, qv)*
housing finance (Fin) Wohnungsbaufinanzierung *f*
housing starts
(Vw) Baubeginne *mpl (ie, Konjunkturindikator)*
– Neubeginne *mpl* im Wohnungsbau
houskeeping money (com) Haushaltsgeld *n*
how come (com, infml) wie kommt es, daß . . .
Huffman encoding
(EDV) Huffman-Verschlüsselung *f*
– Huffman-Verschlüsselungs-Algorithmus *m*
huge profits (com) riesige Gewinne *mpl*
hull coverage (Vers) = hull insurance
hull insurance
(Vers) Kaskoversicherung *f*
(ie, ocean marine or aviation insurance covering the ship or aircraft itself; opp, cargo insurance = Kargoversicherung)
hull underwriter (Vers) Kaskoversicherer *m*
human capital
(Vw) Arbeitsvermögen *n*
– Humankapital *n*
(ie, part of the productive assets of an economy; syn, human wealth)
human capital accounting
(VGR) Humankapitalrechnung *f*
(ie, volkswirtschaftliches Rechnungswesen, das die gesamtwirtschaftlichen Auswirkungen von bildungs-, gesundheits- und beschäftigungspolitischen u.a. Maßnahmen ermitteln soll)
human computer interface (EDV) = human machine interface, qv
human ecology (Vw) Humanökologie *f*
human engineering (IndE) Ergonomie *f (syn, ergonomics, qv)*
human-factors engineering (IndE) = human engineering
human interface (EDV) Benutzeroberfläche *f*
humanities (com) Geisteswissenschaften *fpl (opp, science = Naturwissenschaft)*
humanizing of work (Pw) Humanisierung *f* der Arbeit
human labor (Vw) menschliche Arbeit(sleistung) *f*
human machine interface, HMI (EDV) Mensch-Maschine-Schnittstelle *f*
human relations
(Pw) Human Relations *pl*
– zwischenmenschliche Beziehungen *fpl*
human resource accounting
(ReW) Rechnungswesen *n* mit systematischer Erfassung und Auswertung der Sozialkosten
(eg, Aus- und Fortbildung, Betriebsklima)
human resource accounting, HRA
(ReW) Humanvermögensrechnung *f*
– Humankapitalrechnung *f*
(ie, Teilrechnungswesen, das informative Zahlen über die menschlichen Ressourcen e–r Unternehmung liefern soll; i.e.S. werden jedoch nur die Belegschaftsmitglieder zahlenmäßig nach Kosten uind Wert abgebildet: human resource accounting + human resource value accounting)
human resource development (Pw) Personalentwicklung *f*
human resources
(Bw) Humanvermögen *n*
– Humankapital *n*
– Humanressourcen *fpl*
human resources department (Pw) Personalabteilung *f (syn, personnel department)*
human resources management (Pw) Personal-Management *n (syn, personnel management)*
human resources planning (Pw) Personalplanung *f (syn, manpower/personnel . . . planning)*
human wealth (Vw) Humankapital *n*
hunt and peck method (com, joc) Ein-Finger-Suchsystem *n (ie, of typing)*
hurdle rate of return (Fin) erwartete Mindestrendite *f (ie, expected minimum rate of return)*
hurry-up spending
(FiW) saisonale Auskehrung *f* der öffentlichen Kassen
– (infml) Kassenfeger *m*
– (infml) Dezemberfieber *n*

hushmail
(com, GB, infml) Rückkauf *m* e–r großen Anzahl von Aktien von e–m Director mit hohem Aufschlag
(ie, in return for his silence on sensitive internal corporate information)
hustling spot (com, infml) Schwarzmarkt *m*
hybrid bond (Fin) = floating rate note, qv
hybrid buyer behavior (Mk) hybrides/gespaltenes . . . Käuferverhalten *n*
hybrid circuit
(EDV) Hybridschaltung *f*
(ie, different types of components performing similar functions are used together)
hybrid circuit module (EDV) Hybridschaltungsmodul *n*
hybrid computer
(EDV) Hybridrechner *m*
(ie, designed to handle both analog and digital data; syn, analog-digital computer)
hybrid financing (Fin) Mischfinanzierung *f*
hybrid financing instruments (Fin) hybride Finanzierungsinstrumente *npl*
hybrid integrated circuit
(EDV) integrierte Hybridschaltung *f*
(ie, one or more discrete components are used in combination with integrated-circuit construction)
hybrid securities (Fin) Mischformen *fpl* von Wertpapieren *(ie, contractual + equity elements; eg, preferred stock, convertible securities, income bonds)*
hydro power station (IndE) Wasserkraftwerk *n*
hygiene factors (Bw) Hygienefaktoren *mpl (syn, job context factors)*
hype (Mk) übertriebene Werbung *f (ie, extravagant advertising)*
hyperbola (Math) Hyperbel *f*
hyperbolic function (Math) Hyperbelfunktion *f*
hyperbolic logarithm (Math) natürlicher Logarithmus *m (syn, natural logarithm)*
hypercomplex number
(Math) Quaternion *n*
(ie, the division algebra over the real numbers generated by elements; syn, quaternion)
hyperemployment (Vw) Übervollbeschäftigung *f*
hyperinflation (Vw) Hyperinflation *f (ie, Endstation der galoppierenden Inflation)*
hypermarket
(com) Kaufmarkt *m*, Verbrauchergroßmarkt *m*
(ie, stores with 54,000 sq ft are commonly so called)
hyperplane
(Math) Hyperebene *f*
(ie, an (n–1)-dimensional subspace of an n-dimensional vector space; syn, hypersurface)
hyphen (EDV) Bindestrich *m*, Trennzeichen *n*
hypo
(Vw, infml) Konjunkturspritze *f*
(ie, injection of public funds to support economic activity)
hypothecated assets (Re) mit Rechten Dritter belastete Vermögenswerte *mpl*
hypothecation (Re) Verpfändung *f*
hypothecation value (Fin) Beleihungswert *m*
hypothesize *v* (Log) Hypothese *f* aufstellen *(ie, put forward a hypothesis)*
hypothetical (Log) konditionale Aussage *f*
hypothetical proposition (Log) hypothetisches od bedingtes Urteil *n (opp, categorical proposition)*
hysteresis
(Vw) Hysterese *f*
(ie, hysteretische Situationen entstehen, wenn temporäre Schocks permanente Wirkungen auslösen; wird in der Mikroökonomie u.a. zur Fundierung der Dynamik des Außenhandels untersucht)

I

IASC (ReW) = International Accounting Standards Committee, set up in 1973

I-beam
(EDV) Text-Mauszeiger *m*
– Text-Cursor *m*

I-beam pointer
(EDV, GUI) I-förmiger Mauszeiger *m* *(used for editing and text processing)*
– Text-Mauszeiger *m*
– Text-Cursor *m*

IBRD (Vw) = International Bank for Reconstruction and Development *(World Bank)*

ICC
(com) = International Chamber of Commerce
(Fin) = Intermarket Clearing Corporation
(Vw, US) = Interstate Commerce Commission

ICCH (Fin) = International Commodities Clearing House

ICCICA
(AuW) = Interim Coordinating Committee for International Commodity Arrangements
(ie, Unterorganisation der UN)

iceberg principle
(com) Eisberg-Prinzip *n*
(ie, only a small portion of data is visible, the big rest remaining „under water")

iceberg syndrome (Bw) Eisberg-Syndrom *n*

ICOMP (EDV) = ICOMP-index

ICOMP-index (EDV) ICOMP-Index *m* *(standard index for Intel microprocessors)*

icon
(com) Symbol *n*
(EDV, GUI) Bildsymbol *n*
– Sinnbild *n*
– Ikone *f*
– Symbol *n*

icosahedron (Math) Ikosaeder *m* *(ie, polyhedron having 20 faces)*

ICSID (AuW) = International Centre for Settlement of Investment Disputes

IDA (AuW) = International Development Association

IDB (Fin) = Inter-American Development Bank

ID card (com) = identity card

IDE (EDV) = Integrated Drive Electronics, qv

ideal capacity
(Bw) Betriebsoptimum *n*
– Kapazitätsoptimum *n*
(syn, practical capacity)

idealized (Math) schematisiert

ideal standard cost
(KoR) Sollkosten *pl*
– Normkosten *pl*
– Vorgabekosten *pl*
– Budgetkosten *pl*
(syn, budgeted/target/attainable standard/current standard . . . cost)
(KoR) Idealstandardkosten *pl* *(syn, perfect standard cost)*

idempotent law
(Math) Gesetz *n* der Idempotenz
(ie, states that every element x of an algebraic system satisfies $x^2 = x$*)*

identical equation (Math) identische Gleichung *f*

identical function
(Math) identische Funktion *f*
(ie, the function of a set to itself which assigns to each element the same element)

identically distributed (Stat) identisch verteilt

identical matrix
(Math) Einheitsmatrix *f*
– identische Matrix *f*
(ie, the square matrix of all whose entries are zero save along the principal diagonal where they all are 1; syn, identity/unit/universal . . . matrix;)

identical part (IndE) Gleichteil *n*

identical parts list (IndE) Gleichteilestückliste *f*

identical products (Vw) homogene Güter *npl*

identical quantities (Math) identische Größen *fpl*

identifiable with (KoR) zurechenbar zu *(syn, allocable to, qv)*

identification
(com) Kennzeichnung *f*
– Kennung *f*

identification card
(com) Personalausweis *m* *(syn, identity card, ID card)*
(EDV) Magnetkarte *f*

identification card reader (com) Magnetkartenleser *m*

identification division
(EDV) Identification Division *f*
– Identifikationsteil *m*
– Benennungsteil *m*
(ie, contains the name of the program and the name of the programmer; cf, environment/data/procedure . . . division)

identification initials (com) Diktatzeichen *n* *(syn, GB, reference initials)*

identification key (EDV) Identifikationsschlüssel *m*

identification label (com) Aufkleber *m*

identification letter (com) Kennbuchstabe *m*

identification mark
(com) Kennzeichnung *f*
(Zo) Nämlichkeitszeichen *n*

identification number
(com) Kennummer *f*
(Fin) Bankleitzahl *f* *(ie, for banks and other financial institutions)*

identification number for financial institute (Fin) Bankleitzahl *f*

identification of goods (com) Warenbeschreibung *f*, Warenbezeichnung *f*

identification of origin (Zo) Ursprungsbezeichnung *f*

identification plate (IndE) Typenschild *n*

identification test (Mk) Identifikationstest *m* *(ie, in advertising)*

identification words (com) Buchstabierwörter *npl*

identified reserves (IndE) = proved reserves
identifier
(EDV) Kennzeichen *n*
– Kennzeichnung *f*
(ie, symbol used to specify a set of data)
(EDV, Cobol) Bezeichner *m*
(cf, DIN 66 028, Aug 1985)
identify *v*
(com) identifizieren
– kennzeichnen
– kenntlich machen
– benennen
– bestimmen
– zuordnen
– ermitteln
identify with *v* (KoR) zurechnen *(syn, allocate to, qv)*
identity
(Pat) Wesensgleichheit *f*
(ie, of an invention)
(Math) Identität *f*
(ie, an equation satisfied for all possible choices of values for the variables involved)
identity card (com) Personalausweis *m* *(syn, ID card)*
identity control (Zo) Ausweiskontrolle *f*
identity matrix (Math) = identical matrix
identity of goals (Vw) Zielidentität *f*
identity of goods (Zo) Nämlichkeit *f*
identity of maturities
(Fin) Fristenkongruenz *f*
(ie, Kapitalbindungs- und Kapitalüberlassungsdauer müssen deckungsgleich ein; eg, langfristige Investitionen durch langfristiges Kapital finanzieren; syn, matching of maturities)
identity theorem (Math) Eindeutigkeitssatz *m* *(syn, uniqueness theorem)*
idle (com) frei, ungenutzt, außer Betrieb
idle *v* (IndE) leerlaufen *(ie, run without a load)*
idle balances
(Fin) anlagebereite Mittel *pl*
(Vw) Spekulationskasse *f*
idle capacity
(Bw) freie od ungenutzte Kapazität *f*
– Kapazitätsreserve *f*
(syn, spare capacity, qv)
idle capacity cost (KoR) Leerkosten *pl*
idle capacity variance
(KoR) Beschäftigungsabweichung *f*
(syn, activity/capacity/noncontrollable/volume . . . variance)
idle character (EDV) Leerzeichen *n*
idle function (EDV) Leerlauf-Routine *f* *(in multitasking environments used to give other processes CPU time)*
idle funds (Fin) totes Kapital *n*
idle money
(Fin) brachliegendes Geld *n* *(ie, free capital, unemployed funds)*
(Fin) Überschußreserven *fpl* *(ie, excess reserves of the banking system)*
(Vw) Spekulationskasse *f* *(ie, speculative . . . holdings/balances)*
idle period (OR) Freiperiode *f*
idle routine (EDV) = idle function
idle state (EDV) Leerlaufstatus *m*
idle subroutine (EDV) = idle function
idle time
(IndE) Stillstandszeit *f*
– Leerzeit *f*
(ie, unproductive time caused by machine breakdowns, material shortages, sloppy production scheduling; syn, downtime, dead/lost . . . time)
(IndE) Wartezeit *f*
(ie, worker is not active because waiting for materials or fresh instruction; syn, waiting time)
(EDV) Totzeit *f*
– Leerlaufzeit *f*
(ie, piece of hardware is unused although in good operating condition)
idling cycle
(EDV) Leergang *m*
– Leerdruck *m*
IEA (AuW) = International Energy Agency
IEEE (EDV) = Institute of Electronic and Electrical Engineers
I.F. (Fin) = insufficient funds
if and only if-operation (EDV) Äquivalenzverknüpfung *f* *(syn, equivalence operation, matching)*
if and when issued (Bö) Handel *m* per Erscheinen
IFC (AuW) = International Finance Corporation
IF check (Fin) ungedeckter Scheck *m* *(ie, insufficient funds)*
IFCS (Fin) = (Dublin-based) International Financial Services Center
iff (Log) Äquivalenzoperator *m* *(ie, if and only if: dann und nur dann, wenn . . .)*
iffy loan (Fin) unsicheres Darlehen *n* *(eg, to shaky borrowers)*
iffy proposition (com, infml) unsichere Sache *f* *(ie, mit Wenn und Aber)*
if statement (Log) Wenn-Satz *m*
if-then operation (EDV) Implikation *f* *(syn, inclusion operation)*
if undelivered return to (com) falls unzustellbar, zurück an . . .
ignite *v*
(com) zünden
(com) auslösen *(eg, price spiral; syn, set off, trigger)*
illegal alien
(Re, US) Ausländer *m* ohne Aufenthalts- und oder Arbeitsgenehmigung
(ie, the Department of Labor prefers the term „undocumented worker")
illegal character (EDV) unzulässiges Zeichen *n*
illegal competition (Kart) unerlaubter Wettbewerb *m*
illegal condition (Re) rechtswidrige Bedingung *f*
illegal conduct (Re) gesetzwidriges Verhalten *n*
illegal contract (Re) rechtswidriger Vertrag *m*
illegal instruction (EDV) unzulässiger Befehl *m*
illegality of purpose (Re) Ungesetzlichkeit *f* des Vertragszwecks
illegal operation (EDV) unzulässige Operation *f*
illegal production of goods and services (com) Schwarzarbeit *f* *(syn, illicit work)*
illegal strike (Pw) wilder Streik *m* *(syn, unofficial/wildcat . . . strike)*
illegal waste deposit (com) wilde Müllkippe *f*
ill-fated talks (com) erfolglose Verhandlungen *fpl*

illicit advertising (Mk) unerlaubte Werbung *f*
illicit work
(com) Schwarzarbeit *f*
(ie, may be a sole job = einzige Tätigkeit, or moonlighting = Nebentätigkeit)
illiquid (Fin) illiquide *(ie, deficient in liquid assets)*
illiquidity (Fin) Illiquidität *f (ie, shortage of liquid funds)*
illness frequency rate (Pw) Krankheitshäufigkeitsziffer *f*
ill-structured problem (com) schlecht strukturiertes Problem *n*
illth
(Vw) schädliche Konsumgüter *npl* und Dienste *mpl*
illuminated advertising (Mk) Leuchtwerbung *f*
illuminated display (EDV) Leuchtanzeige *f*
illusory correlation (Stat) Scheinkorrelation *f (syn, spurious correlation)*
illusory earnings (ReW) Scheingewinne *mpl (ie, due to historical cost accounting)*
illusory inventory profit (ReW) Scheingewinn *m (eg, to net out . . .)*
ILO (com) = International Labor Office
image
(com) Image *n (eg, of a company)*
(EDV) Bild *n (ie, in computer graphics)*
image area (EDV) Bildbereich *m*
image building (com) Imagepflege *f*
image compression (EDV) Bildkompremierung *f (opp, image decompression)*
image configuration (EDV) Abbildkonfiguration *f*
image consultant
(com) Image-Berater *m (ie, the latest fad of big corporate firms and banks)*
image content line (EDV) Abbildtextzeile *f*
image data (EDV) Abbilddaten *pl*
image decompression (EDV) Bilddekompremierung *f (opp, image compression)*
image definition (EDV) Abbilddefinition *f*
image document (EDV) Abbilddokument *n*
image editing (EDV) Bildverarbeitung *f (syn, image processing)*
image environment (EDV) Abbildumgebung *f*
imageer (com, US, infml) Ideen-Ingenieur *m*
image file (EDV) Abbilddatei *f*
image of a point (Math) Spiegelpunkt *m* e–s Punktes
image processing
(EDV) Abbildverarbeitung *f*
– Bildverarbeitung *f*
(syn, image editing)
image research (Bw) Image-Forschung *f*
imagery
(Mk) Entstehung, Verarbeitung und Speichern von inneren Bildern, dh, von bildlichen Vorstellungen im Gehirn
imagery research
(Mk) Imageryforschung *f*
(ie, nicht mit Imageforschung zu verwechseln)
image set (Math) Bildmenge *f*
image space (EDV) Darstellungsraum *m (ie, in computer graphics)*
imaginary number
(Math) imaginäre Zahl *f*
(ie, complex number of the form x + yi; syn, imaginary quantity)
imaginary part
(Math) Imaginärteil *m*
(ie, for a complex number x + iy, it is the real number y)
imaginary profit (Vers) imaginärer Gewinn *m*
imaginary quantity (Math) = imaginary number
imagineer (com, US, infml) Ideen-Ingenieur *m*
imbalance
(Vw) Ungleichgewicht *n*
– gestörtes Gleichgewicht *n*
IMF (IWF) = International Monetary Fund
IMM (Fin) = International Monetary Market *(Chicago)*
immaterial holding (ReW) unwesentliche Beteiligung *f*
immaterieller Schaden *m* (Re) immaterial/intangible . . . damage *(ie, damage not resulting in pecuniary loss)*
immediacy (com) Aktualität *f (eg, data produced monthly for greater . . .)*
immediate access (EDV) Schnellzugriff *m*, Sofortzugriff *m*
immediate annuity
(Fin) sofort fällige Rente *f*
(ie, payment begins at the end of the first prescribed period)
immediate benefit (Vers) sofortige Versicherungsleistung *f*
immediate cause
(Re) unmittelbare (schadenbegründende) Ursache *f*
(ie, the last of a given chain of causes; not always synonymous with proximate cause)
immediate cover (Vers) sofortiger Versicherungsschutz *m*
immediately available funds
(Fin) sofort verfügbare Gelder *npl*
(ie, the same day as received, as federal funds)
immediately effective (Re) mit sofortiger Wirkung
immediate operand (EDV) Direktoperand *m (syn, no address operand)*
immediate-or-cancel order (Bö) Auftrag *m* zur sofortigen Ausführung
immediate order (Bö) Auftrag *m* mit nur e–m Tag Gültigkeit *(syn, fill order, kill order)*
immediate payment (com) sofortige Zahlung *f*
immediate recognition (Re) Unmittelbarkeitsprinzip *n*
immediate tax write-off (StR) steuerliche Sofortabschreibung *f*
immediate write-off (ReW) Vollabschreibung *f*
Immigration Act of 1991 (Re, US) Einwanderungsgesetz *n*
immigration permit (Pw) Aufenthaltserlaubnis *f*
immiserizing growth
(AuW) Verarmungswachstum *n*
– Verelendungswachstum *n*
(ie, tritt ein, wenn der ToT-Effekt den Expansionseffekt überkompensiert)
immobilize money *v*
(Fin) Geld *n* stillegen *(syn, lock up/neutralize/sterilize . . . money)*
immovable property
(Re) unbewegliches Vermögen *n*
(ie, includes rights to which the provisions of general law respecting landed property apply; usufruct of immovable property, etc = Rechte, für

die die Vorschriften des Privatrechts über Grundstücke gelten, Nutzungsrechte an unbeweglichem Vermögen, usw)

immune from
(Re) befreit von
(eg, liability to; syn, relieved of)

immunity from taxation (StR) Steuerfreiheit *f*

impact analysis (Bw) Wirkungsanalyse *f*

impact day (Bö) erster Tag *m*, an dem e–e Emission gehandelt wird

impact effect (FiW) Anstoßwirkung *f*

impact incidence (FiW) Inzidenz *f* des Steueranstoßes

impact multiplier (Vw) Anstoßmultiplikator *m*

impact of advertising (Mk) Werbewirkung *f*

impact on employment (Vw) Beschäftigungswirksamkeit *f*

impact printer
(EDV) Kontaktdrucker *m*
(ie, printer that strikes an ink ribbon onto the paper; eg, daisywheel- or wire-printers; only impact printers can produce carbon copies)

impact study (Mk) Untersuchung *f* der Werbewirksamkeit *(ie, how advertising affects the audience)*

impact test
(Mk) Impacttest *m*
(ie, Wirk- od Durchschlagskraft e–s Werbemittels, vor allem in der TV-Werbung)

impair *v*
(Re) beeinträchtigten *(eg, a right)*
(com) schaden

impaired capital (ReW) verringertes Kapital *n* *(ie, usually through losses)*

impaired credit (Fin) reduzierte Kreditwürdigkeit *f*

impairment (Re) Eingriff *m* *(eg, in bestehende Rechte = of existing rights)*

impairment of a right (Re) Eingriff *m* in ein bestehendes Recht

impairment of earning capacity (SozV) Minderung *f* der Erwerbsfähigkeit

impairment of quality
(IndE) Qualitätseinbuße *f*
– Qualitätsminderung *f*

impairment of value (ReW) Wertminderung *f*

impasse
(com) Sackgasse *f (eg, in labor-management relations; syn, deadlock)*

impeachment
(Re, US) Verfahren *n* der Amtsenthebung
(ie, all civil officers are subject to it, excluding military officers and members of Congress)

imperative sentence
(EDV, Cobol) unbedingter Programmsatz *m*
(ie, translated into actual machine-language instructions by the assembly routine)

imperfect competition
(Vw) unvollständige Konkurrenz *f*
– unvollständiger Wettbewerb *m*
(ie, where at least one participant can materially affect the market price; opp, perfect competition)

imperfect market (Vw) unvollkommener Markt *m*

imperfect obligations (Re) unvollkommene Verbindlichkeiten *fpl*

imperfect oligopoly (Vw) heterogenes Oligopol *n*

imperfect right (Re) unvollkommenes Recht *n*

impersonal account (ReW) Sachkonto *n (syn, general ledger account)*

impingement pay (Pw) Feiertagsbezahlung *f*

implement
(com) Gerät *n*
– Werkzeug *n*
(syn, tool, instrument)

implement *v*
(Re) vollziehen *(eg, a law)*
(com) durchführen
– ausführen
– realisieren
(syn, carry out)
(EDV) implementieren

implementable results (com) praktisch anwendbare Ergebnisse *npl*

implement a contract *v* (Re) Vertrag *m* erfüllen *(ie, give practical effect to)*

implement a guaranty *v* (Re) Garantie *f* in Anspruch nehmen *(syn, call a guaranty)*

implementation
(com) Vollzug *m*
(com) Durchführung
– Ausführung *f*
– Realisierung *f*
(EDV) Implementierung *f*

implementation language (EDV) Implementierungssprache *f (syn, system programming language)*

implementation of a guaranty (Re) Inanspruchnahme *f* e–r Garantie

implementation of the budget (FiW) Haushaltsvollzug *m*

implementing regulations
(Re) Durchführungsbestimmungen *fpl*
– Ausführungsbestimmungen *fpl*

implementor-name (EDV, Cobol) Herstellerwort *n* *(cf, DIN 66 028, Aug 1985)*

implication
(com) Folgerung *f*
– Begleiterscheinung *f*
– Folge *f*
(Log) Folgerung *f*
(syn, inference)
(Log) = logical implication
(Math) Implikation *f*
(ie, logical relation between two statements p and q, usually expressed as „if p then q")
(com) Folge *f*
– Wirkung *f*
(eg, joblessness has political implications)

implicit costs (ReW) kalkulatorische Kosten *pl (syn, imputed costs)*

implicit depreciation allowance
(ReW) kalkulatorische Abschreibung *f*
(syn, imputed/cost-accounting . . . depreciation allowance)

implicit enumeration
(OR) begrenzte Enumeration *f*
(ie, Typ von Entscheidungsbaumverfahren der kombinatorischen Optimierung; gerhört zur Klasse der impliziten vollständigen Enumeration; syn, backtracking)

implicit factor return (Vw) kalkulatorischer Faktorertrag *m*

implicit function
(Math) implizite Funktion *f*
(ie, defined by an equation f(x,y) = 0, when x is treated as an independent variable and y, called an implicit function of x, as a dependent variable)
implicit interest (ReW) kalkulatorische Zinsen *mpl*
implicit price deflator (Vw) Deflator *m (ie, ratio of GNP in current prices to GNP in constant prices; syn, GNP deflator)*
implicit rate (Fin) = implicit interest
implicit understanding
(com) stillschweigende Übereinkunft *f*
(Log) stillschweigende Voraussetzung *f*
implicit volatility (Bö) implizite Volatilität *f (syn, implied volatility, qv; cf, volatility)*
implied agency (Re) stillschweigend angenommene Vertretungsmacht *f*
implied authority
(Re) stillschweigende Vertretungsmacht *f (ie, oft in der Nähe der deutschen ‚Handlungsvollmacht')*
implied condition (Re) stillschweigende Bedingung *f*
implied consent (Re) stillschweigende Zustimmung *f*
implied contract
(Re) durch konkludentes Handeln begründeter Vertrag *m (ie, inferred from the action of the parties)*
implied guaranty (Re) stillschweigend zugesicherte Gewähr *f*
implied obligations (Re) stillschweigend vereinbarte Leistungspflichten *fpl*
implied power (Re) (durch konkludentes Handeln) unterstellte Vollmacht *f*
implied seaworthiness (Vers) unterstellte Seetüchtigkeit *f (ie, of a ship)*
implied terms
(Re) mutmaßlicher Parteiwille *f*
– unterstellte Vertragsbestimmungen *fpl*
(ie, werden Vertragsbestandteil, wenn sie gerichtlich od durch Gesetz in e–n Vertrag einbezogen werden; es wird unterstellt, daß sie dem Parteiwillen entsprechen; cf vor allem Sale of Goods Act (1979) für GB)
implied volatility
(Bö) implizite Volatilität *f*
– vermutete Volatilität *f* od Schwankungsanfälligkeit *f*
(syn, implicit volatility; cf, volatility)
implied warranty
(Re) gesetzliche Gewährleistung *f (ie, unabhängig von Parteienerklärungen)*
– stillschweigende Mängelhaftung *f*
– vermutete Zusicherung *f* des Verkäufersy *(eg, seller implies that his product is fit for the purpose it purports to serve)*
implied warranty for fitness and merchantability
(Re) Gewährleistung *f* für Eignung und handelsübliche Qualität
implied warranty imposed by operation of law
(Re) vertragliche Gewährleistung *f* für die Freiheit von Fehlern
implode *v* (IndE) verdichten, implodieren
imply *v* (com) implizieren, schließen lassen auf, bedeuten

import
(com) Import *m*
– Einfuhr *f*
import *v*
(com) importieren
– einführen
importation
(com) Import *m*
– Einfuhr *f*
importation after outward processing (Zo) Einfuhr *f* nach passiver Veredelung
importation in bond (Zo) Einfuhr *f* unter Zollverschluß
importation of goods (AuW) Wareneinfuhr *f*
importation on preferential terms (AuW) begünstigte Einfuhr *f (syn, preferential import)*
import authorization (com) Einfuhrgenehmigung *f*
import ban
(AuW) Einfuhrstopp *m*
– Einfuhrverbot *n*
– Importverbot *n*
import barriers (AuW) Einfuhrschranken *fpl*
import bill
(com) Importrechnung *f*
(AuW) Importvolumen *n*
(Fin) Einfuhrwechsel *m*
import bill of lading (com) Importkonnossement *n*
import bonus (AuW) Einfuhrprämie *f*
import branch office (com) Importniederlassung *f*
import broker (com) Einfuhrmakler *m*
import calendar
(AuW) Einfuhrfreiliste *f*
– Einfuhrliste *f*
import cartel
(Kart) Importkartell *n*
– Einfuhrkartell *n*
import ceiling (AuW) Einfuhrplafond *m*
import charges (com) Einfuhrabgaben *fpl*
import commission agent (com) Einfuhrkommissionär *m*
import competition (com) Importwettbewerb *m*
import consignment (com) Einfuhrsendung *f*
import control notification (Zo) Einfuhrkontrollmeldung *f*
import credit
(Fin) Einfuhrkredit *m*
– Importkredit *m*
import curbs (AuW) = import restrictions
import customs office (Zo) Eingangszollamt *n*
import declaration (Zo) Einfuhrzollanmeldung *f*
import department (com) Importabteilung *f*
import deposit (com, GB) Import-Bardepot *n*
import document (com) Einfuhrdokument *n*
import documentation (com) Einfuhrpapiere *npl*
import duty
(com) Importzoll *m*
(Zo) Einfuhrzoll *m*
(syn, customs duty on importation, duty on entry, customs inward)
imported deflation (Vw) importierte Deflation *f*
imported goods
(com) Importgüter *npl*
– Einfuhrgüter *npl*
– Importware *f (syn, imported merchandise)*
imported inflation (Vw) importierte Inflation *f*

imported input (VGR) importierte Vorleistungen *fpl*
imported merchandise (com) = imported goods
import entry
(com) Einfuhrdeklaration *f*
– Einfuhrerklärung *f*
(syn, import declaration)
importer
(com) Importeur *m*
– Importfirma *f*
– Einführer *m*
(syn, importing firm)
import/export merchant (com, GB) Außenhandelsunternehmen *n (syn, US, export management company, EMC; foreign trade firm)*
import factoring (Fin) Import-Factoring *n*
import financing
(Fin) Einfuhrfinanzierung *f*
– Importfinanzierung *f (ie, raising debt money needed to handle import transactions)*
import/GNP ratio (AuW) Importquote *f (ie, Verhältnis Importe zum Bruttosozialprodukt)*
importing country (AuW) Einfuhrland *n*, Abnehmerland *n (syn, customer country)*
importing Member State (EG) einführender Mitgliedsstaat *m*
importing season (com) Einfuhrsaison *f*
importing territory (AuW) Einfuhrgebiet *n*
import letter of credit (Fin) Importakkreditiv *n*
import levy
(EG) Abschöpfung *f*
(FiW) Einfuhrsteuer *f*
(ie, imposed to protect domestic industries)
import license
(EG) Importlizenz *f*
– Einfuhrlizenz *f*
import licensing system (AuW) Einfuhrbewilligungs-Verfahren *n*
import monopoly (AuW) Einfuhrmonopol *n*
import of capital (Fin) Kapitaleinfuhr *f*
import of documentation (com) Einfuhr *f* der Dokumentation *(ie, Softwareunterlagen, wie Schaltpläne usw)*
import penetration ceiling (AuW, GB) Importquote *f*
import permit (AuW) Einfuhrbewilligung *f*
import price adjustment (EG) Importausgleich *m*
import procedure (com) Einfuhrverfahren *n*
import pull (AuW) Einfuhrsog *m*
import quota
(AuW) Einfuhrkontingent *n*
– Importkontingent *n*
– Importquote *f*
import release (AuW) Einfuhrfreigabe *f*
import requirements (AuW) Importbedarf *m*
import restrictions
(AuW) Einfuhrbeschränkungen *fpl*
– Einfuhrrestriktionen *fpl*
– Importrestriktionen *fpl*
(syn, import curbs, restrictions . . . on imports/on the entry of goods, bar on imports)
imports (com) Einfuhren *fpl*, Importe *pl (ie, imported goods)*
imports against payment
(AuW) entgeltliche Einfuhren *fpl*
imports free of payment
(AuW) unentgeltliche Einfuhren *fpl*
imports from state trading countries (AuW) Einfuhren *fpl* aus Staatshandelsländern
import sluice (AuW) Einfuhrschleuse *f*
imports of crude oil (AuW) Öleinfuhren *fpl*
imports on general licence (com, GB) lizenzfreie Einfuhr *f*
import subsidy
(AuW) Importsubvention *f*
– Einfuhrsubvention *f*
import surcharge (AuW) Importabgabe *f*, Einfuhrzusatzsteuer *f*
import surplus (AuW) Importüberschuß *m*, Einfuhrüberschuß *m*
import tariff (FiW) Einfuhrzoll *m*
import tariff quota (Zo) Einfuhrzollkontingent *n*
import trade
(com) Importhandel *m*
– Einfuhrhandel *m*
(com) Importwirtschaft *f*
import transaction (com) Einfuhrgeschäft *n*
impose a tax on/upon *v* (StR) e–e Steuer *f* erheben, besteuern *(syn, levy a tax on/upon)*
impose on/upon *v*
(Re) auferlegen
– verhängen
(eg, conditions, restrictions)
(StR) erheben
(ie, tax)
imposition
(Re) Auferlegung *f*
– Verhängung *f*
(StR) Abgabe *f*, Steuer *f (ie, levy, tax)*
imposition of import quotas (AuW) Einfuhrkontingentierung *f (syn, quota allocation for imports)*
impossibility ab initio (Re) anfängliche Unmöglichkeit *f (syn, initial possibility, possibility at the time of making)*
impossibility of fact (Re) tatsächliche Unmöglichkeit *f*
impossibility of law (Re) rechtliche Unmöglichkeit *f (syn, legal impossibility)*
impossibility of performance (Re) Unmöglichkeit *f* der Leistung od Erfüllung
impossible condition (Re) unmögliche Bedingung *f*
impost (StR) Steuer *f(ie, besonders Einfuhrzoll; syn, tax, duty, tribute)*
impoundment
(FiW, US) Nichtausgabe *f* bewilligter Mittel
(ie, refusal by the President to spend sums appropriated by the Congress; used to prevent expenditures for programs he does not support)
imprest fund
(Fin) „kleine Kasse" *f*
(ie, petty cash fund used for small, routine expenses)
imprest system
(Fin) System *n* des Kassenvorschusses in fester Höhe
(ie, Bargeld und/oder Bankkonto; Wiederauffüllung nach Abrechnung)
improper fraction
(Math) unechter Bruch *m*
(ie, the quotient of two integers in which the numerator is greater than or equal to the denominator; 5/2; opp, proper fraction)

improper integral
(Math) unbestimmtes Integral *n*
(ie, in which either the integrand becomes unbounded on the domain of integration or the domain is itself unbounded; syn, antiderivative)
improper means (Re) unlautere Mittel *npl*
improper payments (com) = bribe
improper use (Re) Mißbrauch *m*
improve *v*
(com) verbessern
(com) erhöhen
– steigern
(eg, output, prices)
improved area (com) bebaute Fläche *f (syn, built-up area)*
improved real estate (com) erschlossene Grundstücke *npl*
improved site (com) erschlossenes Gelände *n*
improvement
(com) Grundstückserschließung *f*
(com) Steigen *n (ie, of prices)*
(ReW) Aufwand *m*, durch den die Nutzungsdauer e–s Anlagegutes verlängert wird
(Pat) Verbesserung *f*
improvement area (com) Erschließungsgebiet *n*
improvement in performance (Bw) Ergebnisverbesserung *f*
improvement in the arts (Pat) technischer Fortschritt *m (syn, progress of the arts, qv)*
improvement in the general economy (Vw) konjunkturelle Besserung *f*
improvement invention (Pat) Verbesserungserfindung *f*
improvement of a patent (Pat) Patentverbesserung *f*
improvement patent
(Pat) Ausbaupatent *n*
– Verbesserungspatent *n*
– Zusatzpatent *n*
improvements
(Re) Grundstückseinrichtungen *fpl*
(ReW) Um- und Einbauten *pl*
improvements to leased property (ReW) Um- und Einbauten *pl* in gemietetem Besitz
improvement upon the arts (Pat) = improvement in the arts
impulse buying
(Mk) Impulskauf *m*
– Spontankauf *m*
(ie, purchase on the spur of the moment)
impulse response (EDV) Stoßantwort *f (ie, represented by a Dirac delta function)*
imputation
(VGR) fiktive Buchung *f*
– unterstellte Transaktion *f*
(StR) Anrechnung *f*
imputation system
(StR) Anrechnungsverfahren *n*
(ie, resident stockholders are allowed to credit a portion of the tax paid at the corporate level against the taxes imposed at the stockholder level; Ziel ist die Vermeidung der Doppelbelastung usgeschütteter Gewinne; opp, split rate system)
imputed costs (ReW) kalkulatorische Kosten *pl (syn, implicit costs)*
imputed depreciation allowance
(ReW) kalkulatorische Abschreibung *f*
(ie, cost-accounting depreciation allowance; syn, implicit . . .)
imputed entry (ReW) fiktive Buchung *f (syn, fictitious entry)*
imputed income
(StR) fiktives Einkommen *n*
– zurechenbares Einkommen *n*
(ie, from owner-occupied residence; syn, GB, notional income)
imputed interest (StR, US) fiktive Zinsen *mpl (ie, für ein zinslos gewährtes Darlehen)*
imputed interest charge (ReW) kalkulatorische Zinsen *mpl (ie, on owner's investment; syn, implicit/fictitious . . .)*
imputed negligence (Re) zurechenbare Fahrlässigkeit *f*
imputed risk premium (KoR) kalkulatorische Wagnisse *npl* od Risiken *npl (syn, imputed risks)*
imputed wages of management
(ReW) kalkulatorischer Unternehmerlohn *m*
(syn, implicit entrepreneurial wages, fictitious compensation)
inability (com) Unfähigkeit *f (eg, to address a large audience)*
inability to pay (Fin) Zahlungsunfähigkeit *f (syn, insolvency)*
inability to perform (Re) Unvermögen *n*, subjektive Unmöglichkeit der Leistung
in absolute terms (com) absolut
inactive (Bö) lustlos *(syn, dull, qv)*
inactive account
(ReW) unbewegtes
– umsatzloses . . . Konto *n*
(syn, dead/dormant . . . account)
inactive crowd (Bö, US) Händlergruppe *f* für Handel in Bonds mit kleineren Umsätzen *(syn, cabinet crowd)*
inactive market
(com) umsatzschwacher Markt *m*
(Bö) lustloser od umsatzloser Markt *m (syn, dull /flat . . . market)*
inactive money (Vw) gehortetes Geld *n*
inactive security (Bö) totes Papier *n*
inactive station (EDV) inaktive Datenstation *f*
inactive stock (Bö) Emission *f* mit geringem Umsatzvolumen *(ie, an der Börse od im Freiverkehr)*
inactive window
(EDV, GUI) inaktives Fenster *n*
– Fenster *n* im Hintergrund
inadequacy
(com) Unzulänglichkeit *f*
(ReW) vorzeitige Nichtverwendbarkeit *f*
– verminderte Verwendbarkeit *f*
(ie, e–e der möglichen Abschreibungsursachen)
inadequate (com) unzulänglich, unzureichend
in advance
(com) im voraus
(Fin) praenumerando
inalienable rights (Re, US) unveräußerliche Rechte *npl*
in and of itself (com) in sich selbst
in and out (Bö) Kauf *m* und späterer Verkauf *m* e–s Wertpapieres *(ie, within a comparatively brief period)*

in and out commission (Bö, US) Gesamtprovision *f* für Verkauf e–s Wertpapieres und Kauf e–s anderen
in and outer (Bö) = in and out trader
in and out trader (Bö) Spekulant *m*, der rasch kleine Gewinne anstrebt
inapplicable
(com) nicht zutreffend
– nicht anwendbar
inapt (Pw) unfähig, untauglich
inaptitude
(Pw) Unfähigkeit *f*
– Untauglichkeit *f*
in arrears (Fin) in Verzug, im Rückstand
inaugural lecture (com) Antrittsvorlesung *f*
in bad faith (Re) in bösem Glauben *(cf, §§ 932 ff BGB)*
in-balance budget
(Fin) ausgeglichenes Budget *n*
(FiW) ausgeglichener Haushalt *m (syn, balanced budget)*
inbasket (com) Eingangskorb *m*
in bond (Zo) unter Zollverschluß *(opp, duty paid)*
in bond price (com) Preis *m* ohne Kosten der Zollgutlagerung
inbound logistics (Bw) innerbetriebliche Logistik *f (opp, outbound logistics)*
in budgetary terms (FiW) haushaltsmäßig
incapability (com) Unfähigkeit *f (ie, of doing)*
incapable
(com) unfähig
(ie, unfit for doing; syn, incompetent)
(Re) geschäftsunfähig
(ie, legally unqualified to act, perhaps due to ‚not compos mentis')
incapacitated
(SozV) arbeitsunfähig
– erwerbsunfähig *(ie, incapable of self-support)*
(Re) geschäftsunfähig *(syn, incompetent to contract)*
(Re) entmündigt
incapacity
(com) Unfähigkeit *f (syn, inability)*
(Re) Rechtsunfähigkeit *f*
(Re) Geschäftsunfähigkeit *f*
incapacity to contract (Re) Geschäftsunfähigkeit *f (syn, contractual incapacity, qv)*
in cash (com) in bar, bar *(syn, cash down)*
incentive
(Bw) Anreiz *m (syn, inducement)*
(Pw) Leistungsanreiz *m*
incentive bonus (Pw) Leistungszulage *f*
incentive compensation (Pw) nicht-finanzielle Anreize *mpl*
incentive system (Pw) Anreizsystem *n*
incentive time (IndE) Vorgabezeit *f*, Akkordzeit *f (syn, standard time)*
incentive to invest (Bw) Investitionsanreiz *m (syn, investment incentive)*
incentive to save (Fin) Sparanreiz *m*
incentive to work (Pw) Arbeitsanreiz *m*
incentive wage (Pw) Leistungslohn *m*
inception
(Re) Beginn *m*
(eg, a contract may be invalid from its inception)
incestuous holdings (Fin) „inzestuöse" Beteiligungen *fpl (ie, banks invest in each other's debt issues)*
in charge of (com) beauftragt mit, zuständig für *(ie, in control or custody of)*
inchoate agreement (Re) Vertrag *m* im Stadium der Unterzeichnung
inchoate instrument (WeR, GB) Blankoakzept *n*
inchoate interest (Re) Anwartschaft *f (ie, one that may ripen into a vested interest; used in real estate law)*
inchoate right (Re) entstehendes od im Entstehen begriffenes Recht *n (opp, vested right = bestehendes, wohlerworbenes Recht)*
inch up *v* (com) langsam steigen *(eg, borrowing will . . . again later in the year)*
incidence (com) Häufigkeit *f (eg, of industrial disputes)*
incidence matrix (Math) Inzidenzmatrix *f*
incidence of absence (Pw) Fehlzeitenquote *f (syn, absence rate)*
incidence of customs duties (StR) Zollbelastung *f*
incidence of loss (Vers) Schadenhäufigkeit *f*
incidence of taxation (FiW) Steuerinzidenz *f (syn, tax incidence)*
incidence of usage (Bw) Einsatzhäufigkeit *f*
incidental acquisition cost (ReW) Anschaffungsnebenkosten *pl*
incidental damages (Re) Schadenersatz *m* für Aufwendungen bei Vertragserfüllung
incidental expenses
(com) Nebenkosten *pl*
(ie, minor items that are not particularized; syn, incidentals, attendant expenses)
incidental procurement expenses (MaW) Beschaffungs(neben)kosten *pl (eg, freight, cartage, insurance)*
incidental railroad charges
(com) Abfertigungsgebühr *f (ie, other than actual freightage; eg, for loading and unloading)*
incidental rental expenses (KoR) Mietnebenkosten *pl*
incidentals (com) = incidental expenses
incidental time (EDV) sonstige Nutzzeit *f*
incidental unemployment (Vw) außerökonomisch bedingte Arbeitslosigkeit *f (ie, due to act of God, fire, inundation)*
incidental variation (KoR) Abweichung *f* zweiten Grades *(syn, composite variation)*
inclination to buy (Mk) Kaufneigung *f*
inclination to invest (Bw) Investitionsneigung *f*
include in *v*
(com) einschließen
– enthalten sein
(eg, general expenses are included in . . .)
inclusion operation (EDV) Implikation *f (syn, if-then operation)*
inclusion relation (Math) Inklusionsbeziehung *f (ie, of sets)*
inclusive disjunction
(Log) (unvollständige) Disjunktion *f*
– Adjunktion *f*
– logische Summe *f*
– Alternative *f (ie, complex sentence that is true when either or both of its components are true: 1110)*

inclusive of (com) einschließlich *(eg, cost of production, . . . materials)*
inclusive OR (EDV) Alternative *f*
inclusive-OR circuit (EDV) = inclusive-OR element
inclusive-OR element
(EDV) inklusives ODER-Glied *n*
– Mischgatter *n*
– Odergatter *n*
– Oderschaltung *f (syn, inclusive-OR circuit)*
inclusive-OR operation
(EDV) ODER-Verknüpfung *f*
– ODER-Funktion *f*
(syn, logical . . . add/sum, disjunction)
inclusive price (com) Gesamtpreis *m*
inclusive set (Math) umfassende Menge *f*
INCOD-DTE
(EDV) = Interactive Conceptual Design of Data, Transactions and Events
income
(com) Einkommen *n*
(ReW) Ertrag *m (syn, revenue)*
(ReW, EG) Erträge *mpl*
(ReW) Einnahme *f (ie, in retailing)*
(com) Gewinn *m (syn, earnings, profit)*
(StR, US) Bruttoeinkommen *n (ie, money received from all sources; syn, gross income)*
income account
(VGR) Einkommenskonto *n*
(ReW) Ertragskonto *n (syn, nominal/revenue . . . account)*
(ReW) Aufwendungen *mpl* und Erträge *mpl (syn, revenue and expense)*
income accounts
(ReW) Aufwands- und Ertragskonten *npl (syn, nominal accounts, revenue and expense accounts)*
(VGR) Einkommenskonten *npl*
income analysis (Vw) = income and employment analysis
income and earned surplus statement (ReW, US) Gewinn- und Verlustrechnung *f (syn, income statement)*
income and employment analysis (Vw) Einkommens- und Beschäftigungstheorie *f*
income and expenditure account (ReW, GB) Gewinn- und Verlustrechnung *f (ie, e–s gemeinnützigen Unternehmens)*
income and expenditure equation (Vw) Volkseinkommensgleichung *f* $(Y = C + I)$
income and expense (ReW, US) Aufwand *m* und Ertrag *m (syn, revenue and expense)*
income and outgo (com) Einnahmen *fpl* und Ausgaben *fpl (ie, of a store)*
income averaging (StR) Durchschnittsbesteuerung *f*
income basis
(Fin) Ertragsbasis *f*
(ie, used to determine the payoff of a security: price paid divided by the income received)
income before minority interests (ReW) Gewinn *m* vor Gewinnanteil der Minderheitsaktionäre
income bond
(Fin) Gewinnschuldverschreibung *f*
– Gewinnobligation *f*
(syn, profit-related bond; GB, profit-sharing loan stock)
income bracket
(StR) Einkommensstufe *f*
– Einkommensgruppe *f*
income claim inflation (Vw) durch Einkommensansprüche induzierte Inflation *f*
income concepts (Bw) Einkommenskonzepte *npl (ie, which are different in economics, accounting, and taxation)*
income consumption curve (Vw) Einkommens-Konsum-Kurve *f*
income consumption function (Vw) Einkommens-Konsum-Funktion *f*
income debenture
(Fin) Gewinnschuldverschreibung *f*
– Wandelanleihe *f* mit ertragsabhängiger Zinszahlung
income deductions (ReW) neutrale Aufwendungen *mpl*
income demand function (Vw) Einkommens-Nachfrage-Funktion *f*
income determination
(ReW) Erfolgsermittlung *f*
(Vw) Einkommens- und Beschäftigungstheorie *f (syn, income and employment analysis)*
income disparity (Vw) Einkommensdisparität *f (ie, income differential between employed persons of various sectors or various social groups)*
income distribution (Vw) Einkommensverteilung *f*, Distribution *f (syn, earnings distribution)*
income earned (ReW) realisierte Gewinne *mpl*
income/earnings statement (ReW, US) = income statement
income effect (Vw) Einkommenseffekt *m (ie, in the theory of the household)*
income elasticity of demand
(Vw) Einkommenselastizität *f* der Nachfrage
(ie, as income increases or decreases, demand x changes in relatively large volumes; relative Mengenänderung der Nachfrage nach e–m Gut bei e–r Einkommensänderung)
income elasticity of demand for imports (Vw) Einkommenselastizität *f* der Importnachfrage
income for the year
(ReW) Jahresgewinn *m*
– Jahresüberschuß *m*
income from employment
(FiW) Erwerbseinkommen *n*
(VGR) Einkommen *n* aus unselbständiger Arbeit
income from investment in affiliates (ReW) Beteiligungserträge *mpl*
income from investments
(ReW) Erträge *mpl* aus Wertpapieren des Anlagevermögens
(syn, investment income; cf, investments)
income from participating interests (ReW, EG) Erträge *mpl* aus Beteiligungen
income from profit pooling (ReW) erhaltene Gewinne *mpl* aufgrund e–r Gewinngemeinschaft
income from property (Vw) Besitzeinkommen *n (syn, property income)*
income from property and entrepreneurship
(VGR) Einkommen *n* aus Unternehmertätigkeit und Vermögen
income from royalties (ReW) Lizenzeinnahmen *fpl (ie, income paid under license agreements)*

income from security holdings (Fin) Erträge *mpl* aus Wertpapieranlagen
income from subsidiaries (Fin) Erträge *mpl* aus Beteiligungen an Tochtergesellschaften
income from the operation of property (StR) Einkünfte *pl* aus der laufenden Bewirtschaftung von Vermögenswerten
income fund (Fin) Einkommensfonds *m (opp, growth fund = Wachstums- od Thesaurierungsfonds)*
income gap (Vw) Einkommenschere *f (eg, between the farming and industrial sectors)*
income gearing
(Fin) Zinsbelastung *f* der Gewinne *(ie, ratio of income expenses to after-tax profits)*
(FiW) Verhältnis Zinszahlungen zu Staatseinnahmen: ratio of interest payments to government revenue
income generating effect (Vw) Einkommenseffekt *m (ie, in macroeconomics; cf, income effect)*
income group (Vw) Einkommensgruppe *f*
income-in-kind (Pw) Sacheinkommen *n*
income level (com) Einkommenshöhe *f*
income liable in taxes (StR) steuerpflichtiges Einkommen *n (syn, taxable income)*
income maintenance (SozV) Einkommenssicherung *f*
income maintenance benefits (SozV, GB) einkommenssichernde Leistungen *fpl (eg, für Behinderte: invalidity benefit, invalidity pension, invalidity allowance, additional pension)*
income mechanism (AuW) Einkommensmechanismus *m*
income of entrepreneurs (VGR) Unternehmereinkommen *n (syn, business income)*
income on investment (Fin) Kapitalertrag *m*
income paid under contract (Vw) kontraktbestimmtes Einkommen *n*
income per share (Fin) Gewinn *m* pro Aktie *(syn, earnings per share)*
income-producing (com) ertragbringend *(syn, earning, profitable)*
income-producing activity (StR) Einnahmeerzielung *f*
income productivity (Bw) Ertragsfähigkeit *f (syn, earning power, qv)*
income property (Fin) Renditeobjekt *n*
income protection (SozV) Einkommenssicherung *f*
income receipts (VGR) ausgezahlte Einkommen *npl*
income received from abroad (StR) ausländische Einkünfte *pl (syn, foreign-source income)*
income recipient (com) Einkommensbezieher *m* Einkommensempfänger *m*
income redistribution
(Vw) Einkommensumverteilung *f*
– Redistribution *f*
(ie, through labor-union wage policy + government (secondary) redistribution, such as taxes, transfer payments, public goods)
income-related benefits (SozV) einkommensabhängige Leistungen *fpl*
income-related expenses (StR) Werbungskosten *pl*
income retention
(Fin) Einbehaltung *f* von Gewinnen, Gewinnthesaurierung *f (syn, earnings retention)*
(Fin) Selbstfinanzierungsquote *f*

income return
(Fin, US) Rendite *f*
(ie, determined by dividing the amount of annual dividends by the purchase price of stock)
incomes gearing (Vw) = incomes policy
income share (Fin) Einkommensaktie *f (ie, Aktie mit hoher Dividendenrendite)*
income-share inflation (Vw) Einkommensverteilungs-Inflation *f*
income situation (Vw) Einkommenssituation *f (ie, of market participants)*
income splitting (StR) Splitting *n*
incomes policy (Vw) Einkommenspolitik *f (ie, strategy aimed at directly holding down wages and prices)*
incomes received method (VGR) Verteilungsrechnung *f*
income statement
(ReW, US) Gewinn- und Verlustrechnung *f*, GuV *f*
(Auch:)
– Erfolgsrechnung *f*
– Erfolgsbilanz *f*
– Ertragsbilanz *f*
– Ergebnisrechnung *f*
– Umsatzrechnung *f*
– Aufwands- und Ertragsrechnung *f*
(ie, Gegenüberstellung von Aufwendungen und Erträgen zur Ermittlung des Unternehmungsergebnisses; cf, § 275 HGB; syn, statement of earnings, statement of loss and gain; GB, profit and loss account)
income statement account (ReW) Erfolgskonto *n (syn, nominal account, qv)*
income statistics (Stat) Einkommensstatistik *f*
income stocks (Fin) hochrentierliche Wertpapiere *npl*
income tax (StR) Einkommensteuer *f (ie, on annual earnings of a person, a corporation, or other entity)*
income taxation (StR) Einkommensbesteuerung *f*
income taxed by withholding at source (StR) quellenbesteuertes Einkommen *n*
income tax hike (StR) Einkommensteuererhöhung *f*
income tax payer
(StR) Einkommensteuerpflichtiger *m*
income terms of trade
(AuW) Einkommens-Austauschverhältnis *n*
– Index *m* der Importkapazität
– Index *m* der Kaufkraft der Exporterlöse
income threshold
(SozV) Beitragsbemessungsgrenze *f*
income-to-equity ratio (Fin) Eigenkapitalrendite *f (syn, equity return, qv)*
income under license agreements (ReW) Lizenzeinnahmen *fpl (syn, income from royalties)*
income velocity of circulation (Vw) Einkommenskreislaufgeschwindigkeit *f* des Geldes
incoming business (com) = incoming orders
incoming call
(com) ankommendes Telefongespräch *n*
incoming cash letters (Fin, US) eingehende Fernschecks *mpl*
incoming cash receipts (Fin) Bargeldeinnahmen *fpl*
incoming goods inspection (MaW) Wareneingangsprüfung *f*
incoming invoice (com) Eingangsrechnung *f*

incoming-lot control (MaW) Wareneingangskontrolle *f (ie, inspection of incoming consignments)*
incoming mail
(com) Eingangspost *f*
– Einlauf *m (opp, outgoing mail)*
incoming merchandise (MaW) Wareneingang *m*
incoming orders (com) Auftragseingang *m (syn, new orders, qv)*
incoming receipts budget (Fin) Einnahmenplan *m*
incoming stores (MaW) Eingangslager *n*
in-company (com) innerbetrieblich, betriebsintern *(syn, in-house, in-plant, inter-office, internal)*
in-company training (Pw) innerbetriebliche Ausbildung *f (syn, in-plant training)*
incompatibility
(com) Unvereinbarkeit *f*
– Unverträglichkeit *f*
(Vw) Inkompatibilität *f*
(ie, of economic policy targets)
(Log) Exklusion *f*
(syn, alternative denial, qv)
(EDV) Inkompatibilität *n*
incompatible
(com) unvereinbar
– nicht verträglich (mit)
– widersprüchlich
incompatible equations
(Math) widersprüchliche od nicht lösbare Gleichungen *fpl*
(ie, two or more equations that are not satisfied by any set of values for the variables appearing; syn, inconsistent equations)
incompatible offices (Re, US) Inkompatibilitätsprinzip *n (ie, as laid down in the U. S. Constitution)*
in compensation for (Fin) zum Ausgleich für *(eg, a profit transfer accord = Gewinnabführungsvertrag)*
incompetence
(Re, US) Geschäftsunfähigkeit *f*
(Pw) Unfähigkeit *f*
– Untauglichkeit *f*
incompetent (Pw) unfähig, untauglich
incompetent to contract (Re, US) geschäftsunfähig *(syn, incapacitated, unable to transact legal business)*
incomplete census (Stat) Teilerhebung *f (opp, full census = Vollerhebung)*
incomplete induction (Math) unvollständige Induktion *f*
incomplete performance (Re) teilweise Nichterfüllung *f*
incomplete transaction (Re) nicht abgeschlossenes Rechtsgeschäft *n*
inconclusive (com) nicht schlüssig *(ie, without definite result, unconvincing; eg, evidence, argument)*
inconclusive presumption (Re) einfache od widerlegliche Vermutung *f (syn, rebuttable presumption, qv)*
inconnector (EDV) Eingangsstelle *f (ie, in flowcharting: indicates continuation of a broken flowline; opp, outconnector)*
in consideration of
(Re) in Erwägung von ...
(Re) als Gegenleistung für ...
inconsistency (com) Widersprüchlichkeit *f*
inconsistency of goals (Bw) Zielkonflikt *m (syn, conflicting goals)*
inconsistent (com) widersprüchlich, unverträglich, inkonsistent
inconsistent equations
(Math) = incompatible equations
inconsistent estimator (Stat) inkonsistente Schätzfunktion *f*
inconsistent provisions (Re) nicht vereinbarte Klauseln *fpl*
inconsistent ratings (IndE) uneinheitliche Leistungsgrade *mpl*
inconsistent statement (Log) widersprüchliche Aussage *f*
in contemplation of law (Re) rechtlich *(syn, in the eyes of the law, legally)*
incontestable (com) unbestreitbar, unanfechtbar
incontestable patent (Pat) unanfechtbares Patent *n*
incorporate *v*
(com) (Kapitalgesellschaft) gründen
(EDV) Daten *pl* eingeben *(ie, place in memory)*
incorporated company
(com, US) Aktiengesellschaft *f*
(com, GB) rechtsfähige Gesellschaft *f*
incorporated pocketbook (FiW) = personal holding company
incorporation (com) Gründung *f* e–r juristischen Person *(eg, Kapitalgesellschaft)*
incorporation procedure (com) Gründungsvorgang *m (ie, legal process of bringing a corporation into being)*
incorporation requirements (Re) Gründungsformalitäten *fpl (syn, formalities of formation)*
incorporator (com) Gründer *m*, Gründungsmitglied *n (ie, of a corporation)*
incorporeal chattels (Re) Forderungen *fpl*
incorporeal property (Re) immaterielle Gegenstände *mpl (eg, patents, bonds)*
incorrect entry (ReW) Fehlbuchung *f*
Incoterms
(com) Incoterms *pl*, Internationale Regeln *fp* für die Auslegung handelsüblicher Vertragsformeln *(syn, trade terms)*
(cf, ex works – for/fot – fas – fob – cif – freight or carriage paid – ex ship – ex quay – delivered at frontier – delivered duty paid – fob airport – freight/carriage and insurance paid to)
increase
(com) Erhöhung *f*
– Zunahme *f*
– Steigerung *f*
increase *v*
(com) erhöhen
– heraufsetzen
– anheben
– steigern *(syn, raise, lift, advance, put up; infml, beef up, boost, bump up, hike up, step up, nudge up, shade up)*
(com) steigen
– zunehmen
– anwachsen
– größer werden
increase beyond all bounds *v* (Math) über alle Schranken zunehmen

increase capital *v* (Fin) Kapital *n* erhöhen
increased-value insurance (Vers) Mehrwertversicherung *f (ie, taken out by importers)*
increase from *v* (com) erhöhen gegenüber, steigen gegenüber *(eg, pay increases/is increased . . . from the level fixed when I was hired)*
increase in administered prices (Vw) Anhebung *f* administrierter Preise
increase in capacity (Bw) Kapazitätserweiterung *f*
increase in demand (Vw) Nachfragebelebung *f*
increase in employment (Vw) Zunahme *f* der Beschäftigung
increase in indirect taxes (Vw) Anhebung *f* indirekter Steuern
increase in product inventories (ReW) Bestandserhöhung *f* der Erzeugnisse
increase in stocks (ReW, EG) Erhöhung *f* des Bestandes *(eg, of finished goods and work in progress)*
increase of capital stock (Fin) Erhöhung *f* od Aufstockung *f* des Grundkapitals
increase of purchasing power (Vw) Kaufkrafterhöhung *f*
increasing marginal utility (Vw) zunehmender Grenznutzen *m*
increasing returns to scale (Vw) zunehmende Skalenerträge *mpl*
increment
(com) Zunahme *f*
– Erhöhung *f*
(syn, increase, enlargement)
(com) Wertzuwachs *m*
(Fin) Aufschlag *m*
(Pw) Erhöhung *f*
(ie, of pay, wages, salary)
(Math) Inkrement *n*
– Zuwachs *m*
(ie, change in the values of a function, restricted to a small positive or negative quantity; small change in the value of a variable)
incremental borrowing rate (Fin) Zins *m* für Neukredit
incremental capital-output ratio (Vw) marginaler Kapitalkoeffizient *m*
incremental cost
(Bw) Grenzkosten *pl (syn, marginal cost)*
(KoR) Grenzkosten *pl*
– Differenzkosten *pl*
– relevante Kosten *pl*
incremental product (Vw) Grenzprodukt *n (syn, marginal product)*
incremental representation
(EDV) inkrementale Darstellung *f*
(ie, plotting of a curve on a CRT by illuminating a fixed number of points at a time)
incremental vector (EDV) relativer Vektor *m (ie, in computer graphics; syn, relative vector)*
increment of a function (Math) Inkrement *n* e–r Funktion
increment size (EDV) Inkrementgröße *f (ie, in computer graphics; syn, plotter step size)*
incubator unit (IndE, GB) Technologiezentrum *n*
incumbency
(com) Amt *n*
(com) Amtszeit *f*
incumbent
(com) amtierend
(com) Amtsinhaber *m*
(Pw) Stelleninhaber *m (ie, of a job, position, post)*
incumbent president (Re) amtierender Präsident *m*
incur a liability *v* (Re) Verpflichtung *f* eingehen
incur a penalty *v* (Re) Strafe *f* verwirken
incur debts *v* (Fin) Schulden *fpl* machen, sich verschulden
incurred but not reported
(Vers, US) entstanden, aber noch nicht gemeldet
(ie, losses occurred during the year but not yet reporte to the insurer)
incurred expense (ReW, US) noch nicht beglichene Aufwendungen *fpl*
incurred loss ratio (Vers) Schadensquote *f (ie, percentage of losses incurred to premiums earned)*
indebtedness
(ReW) Verbindlichkeiten *fpl*
– Kreditoren *mpl*
(syn, accounts payable, qv)
(Fin) Schulden *fpl*
– Verbindlichkeiten *fpl*
– Verschuldung *f*
(syn, debts, level of debts)
indebtedness of affiliates (ReW) Forderungen *fpl* an Konzernunternehmen *(syn, due from affiliates)*
indebtedness to banks (ReW) Bankschulden *fpl*, Bankverbindlichkeiten *fpl (syn, due to banks)*
indebted stockholder (Fin) Aktionär *m* mit Schulden gegenüber s–r Gesellschaft
in default of acceptance (WeR) mangels Annahme
indefinite integral (Math) unbestimmtes Integral *n (syn, antiderivative)*
in demand (com) gefragt, nachgefragt
indemnification (Re) Entschädigung *f*, Schadenersatz *m (syn, damages, qv)*
indemnification agreement (SeeV) Freistellungsvertrag *m*
indemnification guarantee (Re) Freistellungsgarantie *f*
indemnify *v*
(Re) schadlos halten
(ie, make good a loss suffered; syn, save harmless)
(com) entschädigen, abfinden *(syn, compensate)*
indemnify against *v* (Vers) sich versichern gegen *(eg, risk of accident)*
indemnitee (Re) Ersatzberechtigter *m*
indemnitor (Re) Ersatzpflichtiger *m*
indemnity
(Re) Abfindung *f*
(ie, a one-time money compensation to settle a legal claim, either as a one-time payment [einmalige Zahlung] or in installments)
(Re) Schadenersatz *m*
(syn, compensation in damages, damages, qv)
(com) Schadloshaltung *f*
(syn, indemnification)
(Vers) Leistung *f*
(ie, term not recommended; syn, benefits, liability)
indemnity against liability (Re) Freistellung *f* von Haftung

indemnity agreement (Re) Gewährleistungsvertrag *m*
indemnity bond
(Re) Garantieerklärung *f*
(Re, GB) Ausfallbürgschaft *f*
(syn, guaranty of collection, qv)
indemnity fund (Pw, GB) Streikkasse *f (ie, einiger Arbeitgeberverbände)*
indemnity insurance (Vers) Schadenversicherung *f*
indemnity payment
(Re) Abstand *m*
– Abstandszahlung *f*
(Vers) Leistung *f* in Höhe der Versicherungssumme *(ie, Rest trägt der Versicherte)*
indemnity period
(Vers) Leistungsdauer *f*
(Re) Haftungsdauer *f*
indent
(com) Indentgeschäft *n*
– Auslandsauftrag *m*
(ie, purchase order from abroad)
(EDV) Einzug *m*
(ie, in text processing)
indent *v*
(com) einrücken
– einziehen
indentation
(EDV) Einrückung *f*
– Einzug *m*
indentation level (EDV) Einrückungsstufe *f*
indented bill of materials (IndE) Strukturstückliste *f*
indent number (IndE) Baugruppennummer *f*
indentor (com) Indentkunde *m*
indenture
(Re, US) synallagmatischer Vertrag *m (eg, between bondholders and issuer)*
(Fin) Anleihevertrag *m (ie, for the sale of bonds)*
(Pw) Lehrvertrag *m*
independence of NCBs (EG) Unabhängigkeit *f* der nationalen Zentralbanken
independent (com) unabhängig *(ie, of = von)*
independent agency
(Re, US) unabhängige Bundesbehörde *f*
(ie, a federal agency that is not part of the cabinet-level executive departments; term may include ‚independent regulatory commissions', but is generally used to describe agencies which perform services, such as Office of Personnel Management, General Services Administration)
independent agent (com) selbständiger Handelsvertreter *m*
independent audit (ReW) externe Revision *f (syn, external audit)*
independent auditor
(ReW) Abschlußprüfer *m (syn, balance-sheet auditor)*
(ReW) Einzelprüfer *m (opp, auditing firm)*
independent contractor (com) selbständiger Unternehmer *m*
independent defense (Re) unabhängige od selbständige Einrede *f*
independent director
(com) unabhängiges Mitglied *n* e–s Board of Directors
(ie, not an officer of the corporation, and does not represent concentrated or family holdings)
independent filling station (com) freie Tankstelle *f* *(syn, US, private-brand gas station)*
independent float (OR) unabhängiger Vorgangspuffer *m*
independent insurance (Vers) Außenseiter *m (syn, independent)*
independent inventor (Pat) freier Erfinder *m*
independent operator (Fin) unabhängige Bank *f*
independent personal services (StR) selbständige Arbeit *f*
independent, pl, independents
(com) unabhängiges Unternehmen *n*
(Vers) Außenseiter *m (ie, der keinem Verband angehört)*
independent regulatory commission
(Re, US) unabhängige ‚Regulierungs'-Behörde *f*
(ie, agency located outside the major executive departments; charged with the regulation of important economic aspects of the economy; empowered to establish rules for the regulated industries and to prosecute violators; eg, mit weitreichenden Eingriffsrechten ausgestattet; unabhängig vom Kongreß und den Gerichten des Landes; eg, Federal Trade Commission, Securities and Exchange Commission, Federal Reserve Board)
independent union (Pw, US) unabhängige Gewerkschaft *f (ie, not affiliated with the AFL-CIO)*
independent variable (Math) unabhängige Variable *f (ie, in an equation y = f(x), the input variable x; syn, argument)*
in-depth analysis (com) gründliche Analyse *f (syn, to be preferred: deep study, study in depth)*
in-depth guidance (Pw) umfassende Berufsberatung *f*
indeterminate equation (Math) unbestimmte Gleichung *f (ie, has an infinite number of solutions)*
indeterminate solution (Math) unbestimmte Lösung *f*
indeterminate-term liabilities (Fin) Verbindlichkeiten *fpl* mit unbestimmter Fälligkeit
index
(Stat) Index *m*
(EDV, Cobol) Spezialindex *m*
index *v*
(EDV) indexieren
– indizieren
indexation
(Vw) Indexierung *f*
– Indexbindung *f*
(syn, indexing, index-linking)
indexation allowance (StR) indexgebundener Ausgleich *m*
index-based currency (Vw) Indexwährung *f*
index card (EDV) Karteikarte *f (syn, GB, record card)*
index clause
(Stat) Indexklausel *f*
(Fin) Wertsicherungsklausel *f*
index data item (EDV, Cobol) Indexdatenfeld *n (cf, DIN 66 028, Aug 1985)*
indexed address (EDV) indizierte Adresse *f (syn, variable address)*
indexed addressing (EDV) indizierte Adressierung *f*
indexed bond
(Fin) Indexanleihe *f (ie, deren Nominalverzinsung an e–n Preisindex gebunden ist)*

indexed data-name
(EDV, Cobol) indizierter Datenname *m (cf, DIN 66 028, Aug 1985)*
indexed file (EDV) indexsequentielle Datei *f*
indexed organization (EDV, Cobol) indizierte Organisation *f (cf, DIN 66 028, Aug 1985)*
indexed sequential file (EDV) indexsequentielle Datei *f*
index fund (Fin) Index-Fonds *(ie, Investmentfonds, dessen Aufbau e–m bestimmten Börsenindex entspricht)*
index futures (Bö) Indexterminkontrakte *mpl*
index futures contract
(Bö) Indexterminkontrakt *m*
(ie, wird auf der Basis unterschiedlicher Indizes abgeschlossen)
indexing
(EDV, Cobol) Spezialindizierung *f*
(EDV) Indexierung *f*
– Deskriptorzuteilung *f*
– Schlagwortzuteilung *f (syn, descriptor /keyword . . . assignment)*
(Vw) Indexbindung *f*
index-linked bonds
(Fin, GB) indexierte Anleihen *fpl*
index-linked currency (Vw) Kaufkraftwährung *f*
index-linked insurance (Vers) Indexversicherung *f*
index-linked loan (Fin) Indexanleihe *f*
index-linked pension (SozV) Indexrente *f*
index-linked wage (Pw) Indexlohn *m*
index-linking (Vw) Indexbindung *f (syn, indexation)*
index-name (EDV, Cobol) Indexname *m (cf, DIN 66 028, Aug 1985)*
index number
(Stat) Indexziffer *f*
– Indexzahl *f*
index of consumer sentiment (Stat) Index *m* des Verbraucherverhaltens
index of determination
(Stat) Determinationsindex *m*
– Bestimmtheitsmaß *m*
index of dispersion (Stat) Dispersionsindex *m (ie, statistics used to test the homogeneity of a set of samples)*
index of industrial net output (Stat) Index *m* der industriellen Nettoproduktion
index of industrial producer prices (Stat) Index *m* der Erzeugerpreise industrieller Produkte
index of retail prices (Stat) Index *m* der Lebenshaltungskosten
index of stocks and shares (Bö) Index *m* der Aktienkurse
index of total gain from trade (AuW) Index *m* des gesamten Handelsgewinns *(ie, Warenaustauschverhältnis multipliziert mit e–m Außenhandelsvolumenindex: T = C x Q)*
index of volume (KoR) Beschäftigungsindex *m*
index of wholesale prices (Stat) Großhandels-Preisindex *m*
index option (Fin) Option *f* auf e–n Index
index point (EDV) Indexpunkt *m*
index record (EDV) Indexsatz *m*
index selection (EDV) Indexselektion *f*
index sequential access method (EDV) indexsequentielle Zugriffsmethode *f*
index word (EDV) Indexwort *n (syn, modifier)*
indicated market
(Bö, US) Kursangabe *f* vorbehaltlich der Bestätigung *(syn, estimated market)*
indicate VAT on an invoice *v* (StR) Mehrwertsteuer *f* ausweisen
indicating instrument (EDV) Anzeigegerät *n*
indicative planning (Vw) indikative Planung *f*
indicator
(EDV) Anzeiger *m (ie, announces an error or failure)*
(Vw) Indikator *m (eg, leading, coincident, lagging, qv)*
indicator area
(EDV, Cobol) Anzeigebereich *m*
(ie, leftmost parameter position of a COBOL source record)
indicator of divergence (Fin) Abweichungsindikator *m (ie, in EMS: European Monetary System; syn, divergence indicator)*
indicator of performance (Bw) Erfolgsmaßstab *m (syn, yardstick of performance, performance criterion)*
indicator rules
(Vw) Indikatorregeln *fpl*
(ie, publicly announced rules that link adjustments in the par values of exchange rates to movements in economic statistics)
indifference analysis (Vw) Indifferenzkurvenanalyse *f*
indifference curve (Vw) Indifferenzkurve *f*
indifference function (Vw) Indifferenzfunktion *f*
indifference map (Vw) Indifferenzkurvensystem *n*
indifference of goals
(Vw) Zielindifferenz *f*
– Zielneutralität *f*
indifference quality
(IndE) Indifferenzpunkt *m*
– Prüfungspunkt *m*
– Kontrollpunkt *m (syn, point of control)*
indigenous enterprise (AuW) einheimisches Unternehmen *n*
indigenous workers (Pw) einheimische Arbeitskräfte *fpl (syn, local workers)*
indirect address
(EDV) indirekte Adresse *f*
(ie, indicates a location where the address of the referenced operand is to be found; syn, second-level /multi-level . . . address)
indirect addressing (EDV) indirekte Adressierung *f (syn, multi-level addressing)*
indirect arbitrage (Fin) indirekte Arbitrage *f (ie, nutzt den Unterschied meist dreier Währungen aus; opp, direct arbitrage)*
indirect arbitration
(Fin) indirekte Devisenarbitrage *f*
– Mehrfacharbitrage *f*
(syn, compound arbitration, qv)
indirect benefit (Vw) indirekter Nutzen *m*
indirect cost
(KoR) indirekte Kosten *pl*
– Gemeinkosten *pl*
(ie, not readily identifiable with or chargeable to a specific product or service; syn, overhead cost)
(OR) global zurechenbare Kosten *pl*
(ie, in der Netzplantechnik)

indirect cost center
(KoR) Hilfskostenstelle *f*
– sekundäre Kostenstelle *f*
(syn, service cost center)
indirect damage
(Re) mittelbarer Schaden *m*
– Folgeschaden *m*
(syn, consequential/constructive . . . damage)
indirect demand (Vw) abgeleitete Nachfrage *f (syn, derived demand)*
indirect department
(KoR) Fertigungshilfskostenstelle *f*
– Fertigungshilfsstelle *f*
(syn, indirect production cost center)
indirect earnings (Fin) = equity earnings
indirect expense (KoR) = indirect cost
indirect exporting
(com) indirekter Export *m*
– indirekte Ausfuhr *f*
(ie, in which the manufacturer relies on export middlemen in the target country)
indirect fire damage
(Vers) indirekter
– mittelbarer ... Brandschaden *m*
(eg, damge caused by fire fighting; opp, direct fire damage)
indirect holdings of securities (StR) mittelbare Beteiligung *f (eg, through a domestic or foreign holding company)*
indirect importing
(com) indirekter Import *m*
– indirekte Einfuhr *f*
(cf, indirect exporting)
indirect interest (com) mittelbares Interesse *n (syn, proximate interest; opp, ultimate interest)*
indirect labor
(KoR) Fertigungsgemeinkosten *pl*
(KoR) Lohngemeinkosten *pl (syn, payroll overhead, indirect wages)*
indirect liability (ReW) Eventualverbindlichkeit *f (syn, contingent liability)*
indirect loss (Re) Folgeschaden *m (syn, consequential loss)*
indirect material
(KoR) Fertigungsgemeinkosten *pl*
(KoR) Materialgemeinkosten *pl (syn, materials handling overhead)*
indirect organization
(EDV) indirekte Organisation *f*
(ie, Schlüssel läßt viele Ausprägungsmöglichkeiten zu, wovon jedoch nur ein kleiner Teil verwendet wird)
indirect possession
(Re) mittelbarer
– fingierter ... Besitz *m*
(syn, constructive possession; cf, § 868 BGB)
indirect production (Vw) Umwegproduktion *f (syn, roundabout production)*
indirect quotation
(AuW) Mengennotierung *f*
(ie, indirect method of quoting foreign exchange; eg, price of $ in DM; opp, direct quotation = Preisnotierung)
indirect route (com) Ablenkungsweg *m*
indirect sampling (Stat) indirekte Stichprobennahme *f*
indirect selling (Mk) indirekter Vertrieb *m (ie, of industrial products)*
indirect tax (FiW) indirekte Steuer *f (opp, direct tax, qv)*
indirect taxation (FiW) indirekte Besteuerung *f*
indirect taxation of goods and services (FiW) indirekte Besteuerung *f* von Waren und Dienstleistungen
indirect wages (KoR) = indirect labor, qv
indistinguishable structure (Math) äquivalente Struktur *f (syn, equivalent structure)*
individual accounts (ReW) Einzelabschluß *m (ie, used in group accounting = Konzernrechnungslegung)*
individual advertising
(Mk) Alleinwerbung *f*
– Eigenwerbung *f*
(syn, self-advertising; opp, cooperative advertising = Gemeinschaftswerbung, qv, and interindustry advertising = Sammelwerbung)
individual assets (com) Privatvermögen *n*
individual balance sheet (ReW) Einzelbilanz *f (ie, part of consolidated balance sheet)*
individual business (com) Einzelfirma *f (syn, sole proprietorship)*
individual buying (MaW) fallweise Beschaffung *f (ie, procurement on a case-to-case basis)*
individual credit (Fin) Einzelkredit *m (ie, funds loaned to a single borrower)*
individual customer (com) Einzelabnehmer *m*
individual demand curve (Vw) individuelle Nachfragekurve *f* Nachfragekurve *f* des Haushalts
individual exemption (Kart) Einzelausnahmen *fpl (opp, industry-wide exemptions)*
individual exhibitor (Mk) Einzelaussteller *m*
individual experience (Vers) Schadenverlauf *m* e–s einzelnen Versicherers
individual fee
(com) Einzelhonorar *n*
(syn, fee for service; opp, flat rate fee = Pauschalhonorar)
individual goal (Bw) Einzelziel *n (syn, personal goal)*
individual incentive (Pw) individueller Prämienlohn *m*
individual income (Vw) Individualeinkommen *n*
individual income tax
(StR) Einkommensteuer *f* von Einzelpersonen
(StR) veranlagte Einkommensteuer *f*
individual income tax return (StR) Einkommensteuererklärung *f*
individual insurance
(Vers) Einzelversicherung *f*
– Individualversicherung *f*
– Privatversicherung *f*
– Vertragsversicherung *f (syn, private/commercial . . . insurance; opp, social insurance)*
individual insurer (Vers) Einzelversicherer *m*
individual inventor (Pat) Einzelerfinder *m*
individual investor (Fin) Einzelanleger *m*
individual liability (Re) Individualhaftung *f*
individual license (Pat) Einzellizenz *f*
individual life insurance (Vers) Einzellebensversicherung *f (opp, group life insurance)*
individual order (com) Einzelauftrag *m (opp, collective order)*

individual panel (Mk) Individualpanel *n*
individual performance (Re) Einzelleistung *f*
individual piece work (IndE) Einzelakkord *m*
individual policy (Vers) Einzelpolice *f (syn, voyage policy)*
individual production
(IndE) Einzelfertigung *f (syn, job/one-off/single-unit/unique-product/unit/ single-item . . . production, manufacture to specification)*
individual proprietorship (com) Einzelfirma *f (syn, sole proprietorship, qv)*
Individual Retirement Account, IRA
(SozV, US) steuerfreies Sparkonto *n*
(ie, retirement savings account to which an employee who is not participating in an employer's retirement plan may contribute up tp $1,500 a year or 15% of his annual salary, whichever is smaller; these figures are subject to change from time to time; cf, Keogh plan)
individual routine (EDV) Einzelprogramm *n*
individual saving
(Fin) Einzelsparen *n*
– Individualsparen *n*
(opp, collective saving)
individual scheme (IndE) Einzelakkord *m*
individual shareholder (com) Einzelaktionär *m*
individual tax (StR) Einzelsteuer *f*
individual taxation (StR) Einzelbesteuerung *f*
individual tax ratio (Pw) individuelle Steuerquote *f (ie, taxes paid to taxpayer's gross earnings)*
indivisibility of factors (Vw) Unteilbarkeit *f* der Produktionsfaktoren
indivisibility of goods (Vw) Unteilbarkeit *f* von Gütern *(syn, jointness/nonappropriability . . . of goods)*
indivisible (com) unteilbar, untrennbar
indoor staff (Pw) Mitarbeiter *pl* im Innendienst *(syn, in-house staff; opp, field staff)*
indorse *v* (WeR, US) indossieren *(ie, this spelling is used in the UCC; cf, endorse)*
induced investment (Vw) induzierte Investitionen *fpl*
induced technical progress (Vw) induzierter technischer Fortschritt *m*
induced variable (Vw) induzierte Variable *f*
inducement (Pw) Leistungsanreiz *m (syn, incentive)*
inducement article (Mk) Anreizartikel *m (syn, leader article)*
induction principle over natural numbers (Math) Beweis *m* durch vollständige Induktion, Schluß *m* von *n* auf *n* + 1
induction training (Pw) Einweisung *f* neuer Mitarbeiter
inductive inference
(Log) induktiver Schluß *m*
– Induktionsschluß *m*
in due form and time (Re) form- und fristgerecht
indulgence (Re, US) Stundung *f*
industrial
(com) industriell
– im Industriebereich
industrial accident
(Pw) Arbeitsunfall *m*
– Betriebsunfall *m*
(syn, occupational/work . . . accident)
industrial accident prevention (IndE) Unfallverhütung *f*
industrial accident rate
(IndE) Unfallhäufigkeitsziffer *f (syn, injury /work accident . . . rate)*
industrial accounting (ReW) Betriebsbuchhaltung *f*
industrial action
(Pw, GB) Arbeitskampfmaßnahmen *fpl*
(ie, strike and other action unleashed by unions; syn, industrial conflict, job action)
industrial advertising (Mk) Investitionsgüterwerbung *f*
industrial and commercial buildings (com) gewerblich-industrielle Bauten *mpl* Wirtschaftsbauten *mpl*
industrial and organization psychology
(Bw) Arbeitspsychologie *f*
(cf, industrial psychology)
industrial artist (Mk) Gebrauchsgrafiker *m (syn, commercial artist)*
industrial association (com) Wirtschaftsverband *m*
industrial assurance (Vers, GB) Kleinlebensversicherung *f (syn, US, industrial life insurance)*
industrial automation
(IndE) Automatisierung *f*
(EDV) Prozeßautomatisierung *f (syn, process automation)*
industrial averages (Bö) Mittelkurse *mpl* der Industriewerte
industrial bank
(Fin, US) kleine Geschäftsbank *f*
(Fin, GB) Teilzahlungskreditinstitut *n*
industrial bond
(Fin) Industrieobligation *f*
– Industrieschuldverschreibung *f*
(opp, bond issued by a transportation company or a utility)
industrial borrower (Fin) gewerblicher Kreditnehmer *m*
industrial buildings (com) Industriebauten *mpl*
industrial business (Vers) = industrial life insurance
industrial buyer (com) gewerblicher Abnehmer *m (syn, industrial user)*
industrial capacity utilization (Bw) Auslastung *m* im Fertigungsbereich *(syn, capacity use in manufacturing)*
industrial concentration (Kart) industrielle Konzentration *f*
industrial conflict
(Pw) Arbeitskampf *m*
– Arbeitsstreitigkeiten
fpl (syn, industrial/labor/trade . . . dispute, industrial . . . action/strife)
industrial cooperation
(AuW) industrielle Kooperation *f*
(ie, a special type of countertrade, qv; technology transfer against sale of related products:
1. A plant, factory, or license is sold to country A;
2. Long-term finance is secured in country B;
3. Products connected with the technology transferred are accepted over an agreed period – usu. a number of years – by Country B;
4. The sale of these goods provides the means for repayment of the long term finance.

The terminological confusion is considerable; eg, this type of cooperation is variously referred to as: product purchase transactions, buy-back deals, pay-as-you earn deals)

industrial cost accounting (KoR) Betriebsabrechnung *f (syn, internal /operational . . . cost accounting)*

industrial cost control
(KoR) Kostenkontrolle *f* im Fertigungsbetrieb
(ie, system or process used to keep manufacturing cost in line)

industrial counselling and brokering (com) Industrievermittlungen *fpl*

industrial country (Vw) Industrieland *n*

industrial credit cooperative
(com) gewerbliche Kreditgenossenschaft *f*

industrial data capture (EDV) Betriebsdatenerfassung *f*, BDE

industrial data processing (EDV) industrielle Datenverarbeitung *f*

industrial design
(IndE) industrielle Formgebung *f (syn, styling)*
(Pat) Gebrauchsmuster *n*

industrial designer (com) Formgestalter *m*

industrial development (Vw) industrielle Entwicklung *f*

industrial development bond
(Fin, US) Schuldverschreibung *f* zum Zweck der gewerblichen Erschließung
(ie, issued by a state or subdivision of a state, under § 103(b) IRC; proceeds go into projects for private business)

industrial disease (Pw) Berufskrankheit *f (syn, occupational disease)*

industrial dispute (Pw) = industrial conflict

industrial engineering
(IndE) Industrial Engineering *n*
(ie, concerned with the design, improvement, and installation of integrated systems of people, materials, and equipment; syn, management engineering)
(Bw) Industriebetriebslehre *f*

industrial equities (Fin) Industrieaktien *fpl*

industrial equity holding (com) Industriebeteiligung *f (ie, equity stakes that a bank holds in industry)*

industrial espionage
(Bw) Industriespionage *f*
– Wirtschaftsspionage *f*

industrial estate (Bw, GB) Industriepark *m (syn, industrial park)*

industrial exchange (Bö) Industriebörse *f (ie, on which fungible goods are traded, esp textiles; eg, in Manchester, Tourcoing, and Stuttgart)*

industrial fair (Mk) Industriemesse *f*

industrial financing (Fin) Industriefinanzierung *f*

industrial franchise
(Mk) industrielle/Produktions- . . . Franchise *f*
(ie, Gegenstand ist die Produktion und der Vertrieb von Gütern)

industrial goods (Bw) Investitionsgüter *npl (syn, capital goods)*

industrial goods advertising (Mk) Industriegüterwerbung *f*

industrial goods market (Mk) Investitionsgütermarkt *m*

industrial heavyweight (com, infml) Großunternehmen *n*

industrial holding (com) Beteiligung *f*

industrial issues (Bö) Industriewerte *mpl (syn, industrials)*

industrialized country (Vw) Industrieland *n*

industrial law (Re, GB) Arbeitsrecht *n (syn, labor law)*

industrial lawyer (Re) Wirtschaftsjurist *m*

industrial life insurance (Vers) Kleinleben *n (syn, GB, industrial assurance; opp, straight life insurance)*

industrial loan (Fin) Industriekredit *m*

industrial logistics (Bw) betriebswirtschaftliche Logistik *f*

industrial market (Mk) Absatzmarkt *m* für industrielle Erzeugnisse

industrial marketing
(Mk) Investitionsgüter-Marketing *n (ie, industrial goods comprise: physical products, services, rights, nominal goods; opp, consumer goods marketing)*
(Mk) Industriegüter-Marketing *n*

industrial market research (Mk) Marktforschung *f* für Investitionsgüter

industrial medicine
(Pw) Arbeitsmedizin *f*
(ie, seeks to protect workers form hazards in the workplace; syn, occupational medicine)

industrial operating rate (Bw) = operating rate

industrial organization (Vw) Industrieökonomik *f*

industrial origin of GDP (VGR) Entstehung *f* des Bruttoinlandsprodukts

industrial park (com) Industriepark *m (syn, industrial estate; GB, trading estate)*

industrial peace (Pw) Arbeitsfrieden *m (syn, labor-management peace, peaceful labor relations)*

industrial plant (IndE) Industrieanlage *f*

industrial plant business (com) Anlagengeschäft *n (opp, Produktgeschäft, Systemgeschäft)*

industrial policy (Vw) Industriepolitik *f*

industrial power (com) Wirtschaftsmacht *f (eg, U. K. as a strong . . . within the EEC)*

industrial process (IndE) verfahrenstechnischer Prozeß *m*

industrial product (com) Industrieerzeugnis *n*

industrial production (Stat) Industrieproduktion *f*

industrial production index (Stat) Index *m* der industriellen Produktion

industrial property (Pat) gewerbliches Eigentum *n (ie, ownership of patents, trademark, copyrights, etc)*

industrial property rights
(Pat) gewerbliche Schutzrechte *npl*
(ie, patents, design patents, trade marks, qv)

industrial property rights in seed varieties (Pat) Sortenschutzrechte *npl*

industrial psychology
(Bw) Arbeitspsychologie *f*
– Betriebspsychologie *f*
(ie, this term has a limited connotation, so the field is increasingly referred to as ‚industrial and organizational psychology' or ‚I 0 psychology'; syn, personnel psychology)

industrial reclamation (com) Abraumbeseitigung *f*

industrial relations
(Pw) Industrial Relations *pl*
– industrielle Arbeitsbeziehungen *fpl*
– Arbeitgeber-Arbeitnehmer-Beziehungen *fpl*
industrial relations department (Pw, US) Personalabteilung *f (syn, personnel department)*
industrial revenue bond (Fin, US) = industrial development bond
industrial robot (IndE) Industrieroboter *m*, Roboter *m (ie, programmable micro-processor controlled machine tool = programmierbare MP-gesteuerte Werkzeugmaschine; syn, universal transfer device, UTC)*
industrials (Bö) Industriewerte *mpl (syn, industrial equities)*
industrial safety regulations (IndE) Arbeitsschutzbestimmungen *fpl*
industrial salesman (Mk) Vertriebsbeauftragter *m* im Industriegüterbereich
industrial-sales operations (Bw) Bereich *m* Investitionsgüter-Marketing
industrial secret
(com) Dienstgeheimnis *n*
– Geschäftsgeheimnis *n (syn, business/trade . . . secret)*
industrial sector
(com) industrieller Sektor *m*
(com) Branche *f*
industrial segment (com) Branche *f*
industrial selling price (com) Industrieabgabepreis *m*
industrial site (com) Industriegelände *n*
industrial society (Vw) Industriegesellschaft *f*
industrial software (EDV) Branchensoftware *f*
industrial spy (Bw) Industriespion *m*
industrial spying (Bw) Wirtschaftsspionage *f (syn, industrial espionage)*
industrial statistics (Stat) Industriestatistik *f*
industrial stoppage (Pw) Arbeitsniederlegung *f (syn, stoppage of work, walkout)*
industrial store (Mk, US) betriebseigene Verkaufsstelle *f (ie, für Mitarbeiter)*
industrial strife (Pw) = industrial conflict
industrial targeting (Vw) Förderung *f* bestimmter Industriebranchen
industrial training
(Pw) innerbetriebliche Schulung *f*
industrial undertaking (Bw) Industriebetrieb *m*
industrial user (com) = industrial buyer
industrial vehicles (com) Industriefahrzeuge *npl*
industrial waste
(com) Industriemüll *m*
(ie, remaining from industrial operations; manufacturing and processing waste)
industrial worker (Pw) Industriearbeiter *m*
industrious
(Pw) arbeitsam
– fleißig
(syn, busy, diligent)
industry
(com) Industrie *f*
(ie, a particular branch of industry or industry as a whole)
(com) Wirtschaftszweig *m*
– Branche *f*
(Vw, sometimes) Gesamtwirtschaft *f*
(Vw) Gruppe *f* von Anbietern *(ie, several firms related to the same market)*
industry and commerce (com) Wirtschaft *f (ie, economy as a whole)*
industry census (Stat) Industriezensus *m*
industry custom (com) branchenübliche Usancen *pl*
industry forecast (com) Branchenprognose *f*
industry fund (Fin) offener Investmentfonds *m* mit hochverzinslichen Effekten
industry leader (Bw) Branchenführer *m*
industry location (Bw) Industriestandort *m*
industry parlance (com) Wirtschaftssprache *f (syn, business parlance)*
industry ratio (Bw) Branchenkennziffer *f*
industry revenue (Fin) Branchenerlöse *mpl*
industry standard (IndE) Industrienorm *f*
industry statistics (Stat) Branchenstatistik *f*
industry study (Bw) Branchenuntersuchung *f (ie, study of a particular branch of industry)*
industry watcher
(com) Branchenkenner *m*
– Branchenbeobachter *m*
industry-wide (com) branchenweit
industry-wide control (Bw) Beherrschung *f* e–r ganzen Branche
industry-wide exemptions
(Kart) Bereichsausnahmen *fpl*
(ie, agriculture, banks, insurance companies, public utilities; opp, industrial exemptions)
industry-wide union (Pw) Industriegewerkschaft *f*
ineffective time (IndE) Beobachtungszeit *f* für auftragsfremde Tätigkeiten
ineffectual (Re) nichtig *(syn, void, qv)*
inefficiencies of scale (Vw) Größennachteile *mpl (syn, diseconomies of scale)*
inefficiency
(com) Ineffizienz *f*
– Unwirtschaftlichkeit *f*
(ie, implies wasting scarce resources in all areas of economic activity)
(Pw) Unfähigkeit *f*
inefficient
(com) ineffizient
– unwirtschaftlich
(ie, wasteful of time or energy)
(Pw) unfähig
(syn, incompetent, incapable)
inelastic demand (Vw) unelastische Nachfrage *f*
inelastic range of demand (Vw) unelastischer Bereich *m* der Nachfragekurve
inelastic supply (Vw) unelastisches Angebot *n*
inequality (Math) Ungleichung *f*
inequality of bargaining power (Re) ungleiche Verhandlungsmacht *f*
inequation (Math) = inequality
inequitably restrained (Kart) unbillig eingeschränkt
inertia selling
(Mk) Trägheits-Verkauf *m*
(ie, goods are delivered on a sale-or-return basis without the previous consent of the prospect; recipient need not retain or pay for the goods)
inert residual waste (com) inerte (nicht auslaugbare) Reststoffe *mpl*
inescapable conclusion (Log) unausweichliche od zwingende Schlußfolgerung *f (syn, compelling)*

inessential game (OR) unwesentliches Spiel *n*
inevitable incident (Re) unabwendbares Ereignis *n*
in excess of usual trade allowance (Vers) Abzugsfranchise *f*
infant
(com) Kleinkind *n (ie, under 2 years of age)*
(Re) Minderjähriger *m (ie, minor: under legal age)*
infant company (com) junges Unternehmen *n*
infant industry (Vw) junger, unentwickelter Wirtschaftszweig *m*
infant-industry argument (AuW) Erziehungszoll-Argument *n*
in-feeding
(Bw) Eigenverbrauch *m (ie, of goods and services; syn, in-house consumption)*
infer *v*
(Log) ableiten
– folgern
(ie, conclude by reasoning from evidence; syn, deduce, conclude)
inference
(Log) Ableitung *f*
– Folgerung *f*
(ie, derivation of a proposition – the conclusion – from a set of other propositions – the premises; syn, conclusion, deduction)
(Stat) Inferenz *f*
(ie, passing from sample data to generalizations, usu with calculated degree of certainty)
inferential statistics
(Stat) induktive
– schließende
– analytische
– beurteilende . . . Statistik *f*
– Inferenz-Statistik *f (ie, deals with inferences from samples of populations)*
inferior goods (Vw) inferiore Güter *npl*
inferiority gradient (Bw) Leistungsabnahmerate *f* Intensitätsabnahme
inferior quality (com) mindere Qualität *f*
infimum (Math) Infimum *n*, größte untere Schranke *f* *(ie, greatest lower bound)*
infinite (Math) unendlich *(ie, larger than any fixed number; opp, finite)*
infinite decimal (Math) unendlicher Dezimalbruch *m*
infinite discontinuity (Math) unendliche Unstetigkeitsstelle *f*
infinitely variable (IndE) stufenlos regelbar
infinite number (Math) unendliche Zahl *f (ie, neither odd nor even; syn, infinitude)*
infinite population (Stat) unendliche Grundgesamtheit *f*
infinite product (Math) unendliches Produkt *n*
infinite regress (Math) unendlicher Regreß *m*
infinite sequence (Math) unendliche Folge *f*
infinite series
(Math) unendliche Reihe *f*
(ie, one in which the number of terms, n, can increase without limit; written $a_1 + a_2 + a_3 + \ldots$; subterms: convergent/nonconvergent . . . series)
infinite set
(Math) unendliche
– transfinite ... Menge *f*
(ie, with more elements than any fixed integer)
infinite set of terms (Math) unendliche Folge *f* von Gliedern
infinitesimal analysis (Math) = infinitesimal calculus
infinitesimal calculus (Math) Infinitesimalrechnung *f (ie, differential and integral calculus, qv)*
infinity
(Math) Unendlichkeit *f (ie, endless extent of space, time, or any series)*
(Math) unendlich . . .
(Math) transfinite Zahl *f (syn, transfinite number)*
infirmity (WeR) Rechtsmangel *m (ie, of a negotiable instrument)*
inflated inventory (MaW) überhöhte Bestände *mpl*
inflation
(Vw) Inflation *f*
(ie, fall in the value of money: rise in the general price level, due to an increased volume of money and credit relative to available goods)
inflation accounting (ReW) inflationsneutrale Rechnungslegung *f*
inflation adjusted (ReW) inflationsbereinigt *(syn, adjusted for inflation)*
inflationary
(Vw) Inflations- . . .
– inflationär
– inflatorisch
inflationary climate (Vw) Inflationsklima *n (eg, unduly depresses personal savings)*
inflationary expectations (Vw) Inflationserwartungen *fpl*
inflationary gap (Vw) inflatorische Lücke *f*
inflationary policies (Vw) inflatorische Politik *f*
inflationary pressure (Vw) Inflationsdruck *m*
inflationary profit push (Vw) inflatorischer Gewinnstoß *m*
inflationary spiral
(Vw) Inflationsspirale *f*
(ie, wage and cost increases react on each other and so sustain a continuous rise in prices; syn, spiraling inflation)
inflationary surge (Vw) Inflationsstoß *m*
inflation charge (ReW) Inflationszuschlag *m*
inflation-conscious (Vw) inflationsbewußt
inflation differential (Vw) Inflationsgefälle *n (ie, differences in countries' inflation rates)*
inflation factor (Stat) Hochrechnungsfaktor *m (syn, raising factor)*
inflation-fighting policy (Vw) Anti-Inflationspolitik *f*
inflation gain (Vw) Inflationsgewinn *m*
inflation hedge (Fin) Inflationsschutz *m*
inflation index (Stat) Inflationsindex *m*, Geldentwertungsindex *m*
inflation league (Vw) Inflationsgeleitzug *m*
inflation merry-go-round (Vw, infml) Inflationskarussell *n*
inflation prone (Vw) inflationsgefährdet
inflation proofing (Vw) Sicherung *f* gegen Geldwertschwund
inflation relief (StR) Inflationsausgleich *m (ie, to compensate for inflation)*
inflation risk
(Fin) Inflationsrisiko *n*
– Kaufkraftrisiko *n*
(syn, purchasing power risk, qv)

inflation trigger (Vw) Inflationsauslöser *m*
inflation-triggered pay rise (Pw) inflationsbedingte Lohnerhöhung *f*
inflexible expenses (com) fixe Kosten *pl (cf, fixed cost)*
inflexible on the downside (Vw) nach unten starr *(ie, with a built-in ratchet effect; eg, wages)*
inflexible prices
(com) starre Preise *mpl*
(Vw) anbieter-determinierte Preise *mpl*
inflow of capital (AuW) Kapitalzufluß *m (syn, influx)*
inflow of deposits (Fin) Einlagenzuflüsse *mpl*
inflow of foreign exchange (AuW) Devisenzufluß *m*
inflow of orders (com) Auftragseingang *m (syn, new orders, qv)*
inflows (Fin) Einnahmen *fpl (ie, term used in preinvestment analysis)*
influence on the market (com) Markteinfluß *m*
influencer (Mk) Beeinflusser *m*
influx of capital (AuW) Kapitalzufluß *m (syn, inflow of capital)*
in force (Re) in Kraft
in-force business (Vers) Bestand *m (syn, policies in force, portfolio of insurance)*
inform *v*
(com) mitteilen
– benachrichtigen
(ie, about/of)
(com) avisieren
(eg, that consignment is under way; syn, advise, notify, give notice)
inform against/on *v*
(com, infml) auspacken
– verpfeifen
(syn, grass /peach/rat/shop/sneak/tell . . . on)
informal agreement (Re) formloser Vertrag *m*
informal arrangement (com) formlose Vereinbarung *f*
informal communication system
(Bw) informelles Kommunikationssystem *n*
(ie, mostly oral; information so transmitted is often called ‚scuttlebud')
informal consultation
(Re) informelle Anhörungen *fpl*
informal contract (Re) formfreier Vertrag *m*
informal economy
(Vw) Schattenwirtschaft *f*
(ie, part of the dual economy; opp, formal economy = offizielle Wirtschaft; syn, second/unrecorded/irregular . . . economy; subterm: hidden economy = Untergrundwirtschaft, qv)
informal interview (Mk) formlose Befragung *f*
informal marketing agreement (Mk) Marktabsprache *f*
in forma pauperis (Re) nach Armenrecht *(ie, to sue . . . = nach Armenrecht klagen)*
information (about/on)
(com) Informationen *fpl* (über)
– Angaben *fpl* (über)
– Unterlagen *fpl*
(ie, set of facts or other data; syn, details, data, particulars)
(Pw) Unterrichtung *f*
(cf, Vredeling directive)
information age (EDV) Informations-Zeitalter *n (eg, move into the . . .)*
information agreement (Kart) Preisinformationsabsprache *f (syn, open price agreement)*
informational (Mk) längerer Werbespot *m* zwischen zwei und sieben Minuten
informational advertising
(Mk) informierende Werbung *f*
(ie, used to introduce new products and services, or to remind people of existing products or services)
informational bookkeeping (EDV) Informationshaushalt *m*
information balance (EDV) Informationsgleichgewicht *n*
information-based advertising
(Mk) informierende
– informative ... Werbung *f*
(syn, informational advertising; opp, suggestive advertising = Suggestivwerbung)
information broker (EDV) Informationsvermittler *m (ie, mit Insider-Kenntnissen des Datenbankangebots)*
information content (EDV) Informationsgehalt *m (syn, negentropy)*
information economy
(Vw) Informations-Wirtschaft *f*
(ie, may be divided into a ‚primary sector' made up of the direct producers and the distributors of information in the marketplace, and a ‚secondary sector' consisting of the private and public bureaucracies that manage or regulate the economy)
information exchange (Bw) Informationsaustausch *m*
information feedback (EDV) Informationsrückmeldung *f*
information feedback system (EDV) Datensicherung *f* mit Rückübertragung
information flow (EDV) Informationsfluß *m*, Datenfluß *m (syn, data flow)*
information flow analysis (EDV) Informationsflußanalyse *f*
information highway (EDV) Daten-Autobahn *f (ie, world-wide high-speed networks)*
information input (EDV) Informationseingabe *f*
information kit (com) Pressemappe *f (syn, press kit)*
information medium (EDV) Informationsträger *m*
information processing (EDV) Datenverarbeitung *f*
information reporting agreement (Kart) Informationsabsprache *f (ie, related to prices and other conditions)*
information requirements (EDV) Informationsbedarf *m*
information retrieval
(EDV) Wiederauffinden *n* von Informationen
(ie, process of searching, recovering, and interpreting information from large amounts of stored data)
information retrieval system (EDV) Dokumenten-Retrieval-System *n*
information science (EDV) Informatik *f (syn, computer science)*
information scientist (EDV) Informatiker *m*
information seeker (Mk) informationsaktiver Verbraucher *m*

information separator (EDV) Informationstrennzeichen *n*
information sharing (EDV) gemeinsame Informationen *fpl*
information society (EDV) Informationsgesellschaft *f*
information storage (EDV) Informationsspeicherung *f*
information tax
(FiW) Informationssteuer *f*
(ie, levied on imported information to protect domestic information industries)
information technology (EDV) Informationstechnologie *f*
information technology, IT (Bw) Informations-Technologie *f*
information theory
(EDV) Informationstheorie *f*
(ie, branch of communications theory)
informative labeling (Mk) Herkunftsbezeichnung *f* *(eg, of consumer goods; syn, origin marking)*
informative price (com) Orientierungspreis *m (syn, introductory price)*
informative value (Log) Aussagekraft *f*
informativity
(Bw, infml) Informativität *f*
(ie, degree of efficiency with which a company's information needs are handled; it is to information what productivity is to production)
informed estimate (com) fundierte Schätzung *f*
infract *v* (Re) verletzen, verstoßen gegen *(eg, the law; syn, infringe, violate)*
infraction of the law
(Re) Rechtsverletzung *f*
– Rechtsverstoß *m*
(syn, infringement, violation)
infrastructure
(com) Infrastruktur *f*
(ie, term less often used than in Germany; no accepted definition exists but it is roughly equal to Hirschman's ‚social overhead capital'; opp, directly productive activities, DPA)
infrastructure loan (FiW) Infrastrukturkredit *m*
infringe *v* (Re) übertreten, verletzen *(ie, upon/on; eg, infringe (upon) his rights)*
infringe a patent *v* (Pat) Patent *n* verletzen
infringement (Re) Beeinträchtigung *f (ie, of; syn, encroachment on, interference with)*
infringement of a right (Re) Rechtsverletzung *f*
infringement of copyright (Pat) Urheberrechtsverletzung *f*
infringement suit (Pat) Patentverletzungsklage *f*
infringer of a patent (Pat) Patentverletzer *m*
ingenious (Pw) einfallsreich
ingenuity (Pw) Einfallsreichtum *m*
Inh. (Bö) = Inhaberaktien
inherent bias (Stat) systematischer Fehler *m (syn, systematic error)*
inherent coercion (Kart, US) Verdrängungswettbewerb *m* ohne offene Anwendung von Marktmacht
inherent defect
(Re) innerer Fehler *m (syn, inherent vice)*
(SeeV) Beschaffenheitsschaden *m*
inherent evidence (Re) Beweiskraft *f (eg, of a legal instrument = e–r Urkunde; syn, internal evidence)*
inherent right (Re) natürliches Recht *n (syn, natural right)*
inherent vice (Re) verborgener od versteckter Mangel *m (syn, hidden defect)*
inheritance
(Re) Erbschaft *f*
– Erbe *n*
(EDV, OOP) Vererbung *f*
inheritance tax
(StR, US) Erbschaftsteuer *f*
(ie, levied on the heir receiving a portion of the estate = Erbanfallsteuer; opp, estate tax)
inherited error (EDV) Eingangsfehler *m (ie, error carried forward from a previous processing step)*
inherited liabilities from the GDR (FiW) Schuldenerblast *f* der DDR
in-house
(com) innerbetrieblich
– betriebsintern
(syn, in-company)
in-house career path planning (Pw) Laufbahnplanung *f*
in-house computer (EDV) hauseigener Rechner *m*
in-house consumption (Bw) Eigenverbrauch *m (syn, in-feeding of goods and services)*
in-house counsel
(Re) Hausjurist *m*
– Justitiar *m*
(syn, company lawyer, corporate . . . attorney/counsel)
in-house customer (com) konzerninterner Kunde *m*
in-house entrepreneur (Bw) betriebsinterner Innovator *m (cf, intrapreneuring; syn, internal entrepreneur)*
in-house jargon (com) Firmenjargon *m*
in-house job posting
(Pw) interne Stellenausschreibung *f*
(ie, publication of job openings within a company)
in-house labor market (Pw) innerbetrieblicher Arbeitsmarkt *m*
in-house magazine (Bw) Werkszeitung *f (syn, company/employee . . . magazine, house organ)*
in-house memorandum
(com) Hausmitteilung *f*
– Memo *n*
in-house requirements (com) herstellereigener Bedarf *m*
in-house staff (Pw) Mitarbeiter *pl* im Innendienst *(syn, indoor staff)*
in-house training (Pw) innerbetriebliche Schulung *f* *(syn, in-service/in-plant/industrial . . . training)*
initial (com) Anfangsbuchstabe *m*
initial *v*
(com) abzeichnen *(eg, a letter)*
(Re) paraphieren *(eg, a contract)*
initial advertising
(Mk, GB) Einführungswerbung *f (syn, announcement/launch . . . advertising)*
initial capital
(Fin) Anfangskapital *n*
– Gründungskapital *n*
(syn, start-up funding)
initial capital stock (Fin) Gründungskapital *n*
initial commission (Vers) Abschlußprovision *f*

initial conditions
(Log) Randbedingungen *fpl*
(EDV) Einsprungbedingungen *fpl (syn, entry conditions)*
initial consolidation (ReW) Erstkonsolidierung *f*
initial cost (ReW) Anschaffungskosten *pl (syn, first /original/asset . . . cost)*
initial coupon (Fin) Anfangsverzinsung *f*
initial data (EDV) Anfangsdaten *pl*
initial data collection (Stat) Ersterfassung *f (syn, source data collection)*
initial date (Fin) Bezugszeitpunkt *m (ie, in preinvestment analysis)*
initial debt service (Fin) Anfangsbelastung *f (ie, including interest and repayment of principal)*
initial deposit (Bö) Einschuß *m*
initial depreciation allowance (ReW, GB) Vorgriffsabschreibung *f*
initial distribution (Math) Anfangsverteilung *f*, Randverteilung *f (syn, boundary distribution)*
initial dividend (Fin) Anfangsdividende *f*
initial equation (Math) Ausgangsgleichung *f*
initial equipment (IndE) Erstausstattung *f*
initial evaluation (com) Vorauswertung *f*
initial event (EDV) Anfangsereignis *n*
initial expenses (Vers) Abschlußkosten *pl (syn, acquisition cost)*
initial fee (Mk) Einstandsgebühr *f (ie, in franchising)*
initial financing (Fin) Erstfinanzierung *f*
initial frustration (Re) = initial impossibility
initial impossibility
(Re) anfängliche
– ursprüngliche ... Unmöglichkeit *f*
(syn, initial frustration, original impossibility, impossibility . . . ab initio/at the time of making)
initial interview (Mk) Aufnahmeinterview *n (syn, intake interview)*
initial investment
(Fin) Anfangskapital *n (syn, initial capital)*
(Fin) Anschaffungskosten *pl*
– Anfangsauszahlung *f*
(ie, in preinvestment analysis)
(Fin) Ersteinzahlung *f* auf Investmentkonto od Investmentprogramm
initialize *v* (EDV) initialisieren
initial margin
(Bö) Originaleinschuß *m*
(ie, must be posted with a broker and ultimately the clearing corporation in order to buy or sell a futures contract)
initial margins (Fin) Beleihungssätze *mpl (ie, als Mindestdeckung e–s Effektenkredits)*
initial offering
(Fin) Erstangebot *n* zur Zeichnung von Investmentanteilen
– Erstausgabe *f*
initial offering period (Fin) Erstausgabezeit *f*
initial offering price
(Bö) Emissionskurs *m (syn, issuing price)*
(Fin) Erstausgabepreis *m (ie, von Investmentanteilen)*
initial order (com) Erstauftrag *m (syn, first order)*
initial placing of securities (Fin) Erstplazierung *f*
initial price (Bö) Basiskurs *m*
initial program loader (EDV) Urlader *m*
initial program loading (EDV) Urstart *m (ie, in operating systems; syn, cold start)*
initial quotation (Bö) Eröffnungskurs *m (syn, opening quotation)*
initial rate of return (Fin) Anfangsrendite *f*
initial request for listing (Bö) Antrag *m* auf Börsenzulassung *(syn, listing application)*
initial risk (Vers) erste Gefahr *f (syn, first risk)*
initials (com) Handzeichen *n*
initial salary (Pw) Anfangsgehalt *n (syn, commencing/starting . . . salary)*
initial sale (Mk) Erstverkauf *m (ie, customer becomes a prospect for repeat purchases)*
initial screen (EDV) Startmaske *f*
initial service charge (Fin, GB) Ausgabeaufschlag *m* der ‚unit trusts'
initial setup (EDV) Einschalten *n*
initial stage (com) Anfangsstadium *n*
initial state (EDV) Ausgangszustand *m*
initial system load (EDV) Systemeröffnung *f (ie, of operating system)*
initial value (com) Anfangswert *m*
initial value theorem (Math) Anfangswertsatz *m (cf, Laplace transform)*
initial vertex (Math) Anfangsknoten *m (syn, starting node)*
initiating source (com) auslösender Faktor *m (eg, of excess demand and a soaring price level)*
initiation fee (com) Aufnahmegebühr *f (syn, admission fee; GB, entrance fee)*
initiator (EDV) Prozeßstarter *m*
inject fresh capital *v* (Fin) Kapital *n* zuführen *(ie, into a company)*
injection of capital (Fin) Kapitalzuführung *f (syn, cash injection)*
injection of fresh funds (Fin) Finanzspritze *f (syn, cash injection)*
injection of funds (Fin) Mittelzuführung *f*
injection of money
(Fin) Mittelzuführung *f*
– Geldspritze *f*
(syn, infml, shot in the arm)
injections (Vw) Zuführeffekte *mpl*
injunction (Re) einstweilige Verfügung *f (ie, selbständig, nicht akzessorisch wie im dt Recht; cf, preliminary injunction)*
injunctive relief
(Re, US) Verfahren *n* auf einstweiligen Rechtsschutz
(Kart, US) Abhilfe *f* durch Verfügung der Federal Trade Commission *(eg, obtain . . . against)*
injured party (Re) geschädigte Partei *f*, Geschädigter *m (syn, aggrieved party)*
injurious act (Re) schädigende Handlung *f*
injurious falsehood
(Re) herabsetzende Feststellung *f*
(Kart) Anschwärzung *f (syn, disparagement of goods)*
injury
(Re) Schaden *m*
– Nachteil *m (syn, damage)*
(Re) Rechtsverletzung *f*
injury to person (Re) Personenschaden *m*
injury to property (Re) Sachschaden *m (syn, damage to property)*

inked ribbon (com) = ink ribbon
in kind (com) in Sachwerten *(opp, cash)*
in-kind benefits
(SozV) Sachleistungen *fpl*
(syn, benefits . . . in kind/other than money, non-cash benefits; opp, cash benefits = Geldleistungen)
inking pad (com) Farbkissen *n*, Stempelkissen *n* *(syn, inkpad)*
ink-jet printer (EDV) Tintenstrahldrucker *m*
inkpad (com) = inking pad
ink ribbon (com) Farbband *n* *(syn, typewriter ribbon)*
inland bill (Fin) Inlandswechsel *m*
inland collection (com) Aufnahme *f* von Gütern *(ie, from exporter)*
inland customs office
(Zo) Binnenzollamt *n*
– Binnenzollstelle *f*
inland customs territory (Zo) Zollbinnenland *n*
inland marine insurance (Vers) Binnentransportversicherung *f* *(opp, ocean marine insurance)*
inland port (com) Binnenhafen *m*
inland rate (com) Binnentarif *m*
inland revenue (FiW, GB) Steuereinnahmen *fpl* *(ie, ohne Zölle)*
inland waters (Re) Eigengewässer *npl* *(syn, internal waters)*
inland waterway (com) Binnenwasserstraße *f*
inland waterway bill of lading
(com) Binnenkonnossement *n*
– Flußkonnossement *n*
– Flußladeschein *m*
inland waterway carrier (com) Binnenschiffahrtsunternehmen *n*
inland waterway insurance (Vers) Binnentransportversicherung *f*
inland waterway operator (com) Binnenschiffer *m*
inland waterways (com) Binnenwasserstraßen *fpl*
inland waterway traffic (com) Binnenschiffahrtverkehr *m*
inland waterway transportation (com) Binnenschiffahrt *f*
in-lieu depreciation (ReW) Abschreibung *f* aus bilanz- od finanzpolitischen Gründen *(syn, policy depreciation)*
in lieu of payment (Re) an Zahlungs Statt *(syn, in payment)*
in-line processing (EDV) mitlaufende Verarbeitung *f* *(syn, demand processing)*
in liquidation (Re) in Liquidation (i. L.), in Abwicklung *(ie, in the process of winding up)*
in money terms
(com) nominell
– zu jeweiligen Preisen
(opp, in real terms)
inner product
(Math) inneres Produkt *n*
– Punktprodukt *n*
– skalares Produkt *n* *(syn, dot/scalar . . . product)*
innkeeper's insurance (Vers) Gastwirteversicherung *f*
innocent bystander (Re) unschuldiger Dritter *m* *(ie, in cases of product liability)*
innocent misrepresentation (Re) unwissentlich falsche Angaben *fpl*
innocent party (Re) redlicher Erwerber *m* *(syn, transferee in good faith)*
innocent purchaser (Re) gutgläubiger Erwerber *m* *(syn, bona fide purchaser)*
innocent third party (Re) gutgläubiger Dritter *m* *(ie, third party acting in good faith)*
innovating entrepreneur (Vw) Pionierunternehmer *m* *(cf, A. Schumpeter)*
innovation
(Bw) Innovation *f*
(ie, realization of new products and new methods in production, management, and organization)
innovational profit (Vw) Pioniergewinn *m*
innovation capabilities (Bw) Innovationspotential *n*
innovation research (Bw) Innovationsforschung *f*
innovative structure (Bw) Innovationsstruktur *f*
inofficial broker (Bö) freier Makler *m*
inofficial dealing (Bö) Freiverkehr *m*
inofficial market (Bö) Freiverkehr *m*
in one fell swoop (com) mit einem (*od* auf einen) Schlag *m*
in one's own name (com) in eigenem Namen
in operating order (com) betriebsbereit *(syn, ready to operate)*
in operation (com) in Betrieb *(syn, on stream)*
inoperative
(com) außer Betrieb
(syn, out of . . . action/ operation/work)
(Re) außer Kraft
– ungültig
(ie, frappé de nullité)
(Re) rechtsunwirksam
(syn, invalid, null and void)
in-pack (Mk) Zugabe *f*, die sich in der Verpackung befindet
in-pack premium (Mk) eingepackte Zugabe *f*
in patches (com) stellenweise, streckenweise *(eg, the report is god in patches)*
in-patient (SozV) stationärer Patient *m* *(opp, outpatient)*
in-patient treatment (SozV) stationäre Behandlung *f*
in-payment (com) Einzahlung *f*
in-payment form (com) Einzahlungsformular *n* *(syn, paying-in slip)*
in-plant (Bw) innerbetrieblich *(syn, in-company)*
in-plant costs (com) Werkskosten *pl*
in-plant flow of operations (IndE) Betriebsablauf *m*, innerbetrieblicher Arbeitsablauf *m*
in-plant materials handling (IndE) innerbetriebliches Transport- und Lagerwesen *n*
in-plant materials movement (IndE) innerbetrieblicher Materialtransport *m*
in-plant system (EDV) innerbetriebliches System *n*
in-plant training (Pw) betriebliche Ausbildung *f* *(syn, in-service /in-house/industrial . . . training)*
in-plant transportation (IndE) betriebliches Förderwesen *n* *(syn, internal transportation)*
in-process control
(IndE) Zwischenprüfung *f*
– Fertigungskontrolle *f*
in-process inspection
(IndE) Zwischenabnahme *f*
– Bauprüfung *f*
(IndE) Fertigungsprüfung *f*
– Prozeßprüfung *f*

in-process inventory (ReW) Bestand *m* an unfertigen Gütern *(syn, work-in-process inventory)*
in-process items (IndE) unfertige Erzeugnisse *npl*
in-process materials store (MaW) Zwischenlager *n* *(syn, intermediate inventory)*
in-process quality control (IndE) Qualitätslenkung *f* in der Fertigung *(syn, process control)*
in-process storage (MaW) Zwischenlagerung *f (syn, intermediate storage)*
input
(Bw) Einsatzgüter *npl (ie, sum total of all productive factors)*
(Vw) Input *m*
– Produktionsfaktor *m*
– Faktoreinsatzmenge *f*
(Vw) Vorleistung *f*
(ie, intermediate input)
(EDV) Eingabe *f*
– Dateneingabe *f*
(ie, transfer of information from peripheral unit into memory)
(OR) Zugangseinheiten *fpl*
input *v* (EDV) eingeben *(syn, read in)*
input area (EDV) Eingabebereich *m*, Eingabespeicher *m (ie, usu memory reserved for input data; syn, input . . . block/storage)*
input block (EDV) = input area
input buffer (EDV) Eingabepuffer *m (syn, I/0 buffer)*
input channel (EDV) Eingabekanal *m*
input code (EDV) Eingabecode *m*
input coefficient (Vw) Vorleistungskoeffizient *m*
input control (EDV) Eingabewerk *n*
input data (EDV) Eingabedaten *pl (ie, data to be processed)*
input device (EDV) Eingabegerät *n*
input factor (Bw) Einsatzfaktor *m*
input field (EDV, Cobol) Eingabefeld *n*
input file (EDV, Cobol) Eingabedatei *f (cf, DIN 66 028, Aug 1985)*
input function
(Bw) Faktorfunktion *f*
– Produktorfunktion *f*
(OR) Eingangsfunktion *f*
(syn, receiving function)
input job queue
(EDV) Eingabewarteschlange *f*
(ie, waiting list of job definitions in direct access storage; syn, input queue, input work queue)
input job stream (EDV) Jobeingabefluß *m*
input level (Vw) Einsatzniveau *n*
input market
(Vw) Faktormarkt *m (syn, factor/resource . . . market)*
(Bw) Beschaffungsmarkt *m*
input materials (IndE) Einsatzmaterial *n (syn, charge materials)*
input medium (EDV) Eingabemedium *n*
input mode (EDV, Cobol) Eingabemodus *m (cf, DIN 66 028, Aug 1985)*
input of resources (Vw) Faktoreinsatzmengen *fpl (syn, volume input)*
input-oriented budgeting (FiW) inputorientierte Budgetaufstellung *f*
input-output-analysis (Vw) Input-Output-Analyse *f (syn, interindustry analysis)*
input-output area (EDV) Ein-Ausgabe-Bereich *m*
input-output buffer
(EDV) Eingabe-Ausgabe-Puffer *m*
(ie, area of memory designed to receive data from a peripheral unit; permits several operations to run at the same time)
input-output channel (EDV) Ein-Ausgabekanal *m (ie, used to connect one or more peripherals to CPU; syn, input-output trunk)*
input-output control system
(EDV) Eingabe-Ausgabe-System *n*
(ie, controls interaction of peripherals and central processor; syn, file control processor)
input-output device
(EDV) Eingabe-Ausgabe-Gerät *n*
input-output file (EDV, Cobol) E/A-Datei *f* Eingabe/Ausgabe-Datei *f (cf, DIN 66 028, Aug 1985)*
input-output interrupt (EDV) Eingabe-Ausgabe-Unterbrechung *f (ie, caused by a request for an input or output operation)*
input-output table (Vw) Input-Output-Tabelle *f*, volkswirtschaftliche Verflechtungsmatrix *f*
input-output traffic control (EDV) Eingabe-Ausgabe-Steuerung *f (syn, input-output control)*
input-output trunk (EDV) = input output channel
input-output unit (EDV) Eingabe-Ausgabe-Einheit *f (syn, I/0 unit)*
input price (Vw) Faktorpreis *m (syn, factor/resource . . . price)*
input primitive
(EDV) Eingabelement *n*
– Eingabegrundelement *n*
input process
(EDV) Eingabevorgang *m (ie, from peripheral to internal memory)*
input processing
(EDV) Abarbeitung *f* von Benutzereingaben *(syn, attention handling)*
input program (EDV) Eingabeprogramm *n (ie, part of program controlling transfer of data from input units to input areas; syn, input routine)*
input queue (EDV) = input job queue
input record
(EDV) Eingabesatz *m*
(ie, record transferred form input device into memory; or, record stored in an input area awaiting processing)
input register
(EDV) Eingaberregister *n*
(ie, interface between slow units and central processor)
input routine (EDV) = input program
inputs (Bw) Produktionsfaktoren *mpl*
input section
(EDV) Eingabebereich *m*
(ie, part of program containing the input routine for the program)
inputs of resources (Vw) Faktoreinsatzmengen *fpl*
input stack (EDV) Eingabestapel *m*
input station (EDV) Eingabestation *f (ie, terminal used as input device)*
input storage (EDV) Eingabespeicher *m (syn, input area)*
input stream (EDV) Eingabestrom *m*
input tax (StR) Vorsteuer *f (syn, prior turnover tax)*

input unit
(EDV) Eingabegerät *n*
(ie, peripheral transmitting information to CPU, such as tape reader; syn, input device)
(OR) Element *n (ie, in waiting-line model; syn, customer)*
input weight (IndE) Einsatzgewicht *n (syn, charge weight)*
input work queue (EDV) = input job queue
inquire *v* (EDV) abfragen *(syn, interrogate)*
inquire about *v*
(com) sich erkundigen nach
– Erkundigungen *fp* einziehen über
(eg, the credentials of a job applicant)
inquire after *v*
(com) sich erkundigen nach
– suchen
(eg, books that might be in the library)
inquire for *v*
(com) fragen nach
– sprechen wollen
inquire into *v* (com) untersuchen *(ie, try to get information about)*
inquire of *v* (com, fml) sich erkundigen bei
inquiry
(com) Anfrage *f*
(EDV) Abfrage *f (ie, request for the retrieval of information from storage; syn, query)*
inquiry display terminal (EDV) Abfrageterminal *n (ie, allows query through a keyboard)*
inquiry file (EDV) Abfragedatei *f*
inquiry language (EDV) Abfragesprache *f (syn, query language)*
inquiry program (EDV) Abfrageprogramm *n*
inquiry register (EDV) Abfrageregister *n*
inquiry station
(EDV) Abfrageplatz *m*
– Abfragestation *f*
(ie, remote terminal from which an inquiry may be sent to a computer)
inquiry system
(EDV) Abfragesystem *n*
– Auskunftssystem *n*
inquiry terminal (Bö, US) Auskunftterminal *n*
inquiry unit (EDV) Abfrageeinheit *f (ie, terminal that enables a user to query a computer and get a hard-copy answer)*
inquisitorial system (Re) System *n* des Untersuchungsverfahrens *(opp, US, adversary system, qv)*
in real terms (com) real, in konstanten Preisen *(ie, after allowing for inflation; opp, in money terms)*
in rem
(Re) dinglich
(ie, „against the thing": directed at specific property or at a specific right or status; opp, in personam)
in rem taxes (FiW) objektbezogene Steuern *fpl*
in representative capacity (com) als Vertreter, für fremde Rechnung
in return for (Re) gegen, als Gegenleistung für
inroads into a market (com) Einbruch *m* in den Markt
insane (Re) geisteskrank *(syn, mentally ill)*
insanity (Re) Geisteskrankheit *f (syn, mental illness)*

inscribe *v* (com) beschriften
inscribed stock
(Fin, GB) Namenspapiere *npl*
(ie, auf den Namen des Gläubigers in e-m Schuldbuch eingetragen; issued by government, utilities, etc)
inscription
(com) Beschriftung *f*
– Aufschrift *m (syn, marking)*
inseparable polynomial (Math) Polynom *n* 2. Art, inseparables Polynom *n*
insert
(Mk) Beilage *f*
– Werbebeilage *f*
insert *v* (com) einfügen
insertion
(com) Einfügung *f*
– Einfügen *n*
(EDV) Bestückung *f*
(syn, board assembly, qv)
insertion of an advertisement (Mk) Insertion *f*, Anzeigenauftrag *m*
insert mode (EDV) Einfügemodus *m (default within most text processors; opp, overwrite mode)*
in-service training (Pw) innerbetriebliche Schulung *f*
inshore fishing (com) Küstenfischerei *f (syn, coastal fisheries)*
in short supply (com) knapp
inside broker (Bö, GB) amtlich zugelassener Makler *m*
inside buildup (Vers, US) Gewinne *mpl* aus dem Investitionsanteil von Lebensversicherungspolicen *(ie, earnings on the investment portion)*
inside price (Bö) Freiverkehrskurs *m*
insider
(Fin) Insider *m*
(ie, directors, officers, beneficial owners mit mehr als 10 % Grundkapital)
insider dealings
(Fin) Insidergeschäfte *npl*
(ie, Verstöße gegen Sec 16 Securities Exchange Act und Rule 10b-5 der SEC von 1942 führen zu Gewinnabführung und Schadenersatz; anders die deutsche Regelung)
insider trading (Fin) Insiderhandel *(eg, he was charged with . . .)*
insignificant competition (Kart) unwesentlicher Wettbewerb *m (cf, § 71 GWB)*
insignificant term (Log) leerer Begriff *m (syn, empty term)*
insolvency
(Fin) Zahlungsunfähigkeit *f (ie, inability to meet debts as they mature)*
(Fin) Überschuldung *f*
(ie, in the bankruptcy sense: excess of liabilities over assets)
insolvency practitioner
(Re, GB) Insolvenz-Verwalter *m*
(ie, receiver, liquidator, or administrator of an insolvent company)
insolvency rate (Bw) Insolvenzquote *f (syn, rate of failures)*
insolvent
(Fin) insolvent
– zahlungsunfähig
(ie, unable to pay debts as they fall due)

insolvent company
(Fin) zahlungsunfähiges Unternehmen *n*
(eg, can in the U. K. be dealt with in three ways:
1. by receivership – probably followed by liquidation;
2. by voluntary liquidation, or
3. by compulsory liquidation through the official receiver)
inspect *v* (com) besichtigen, prüfen, abnehmen
inspect books and records *v* (ReW) Bücher *npl* einsehen
inspection
(com) Prüfung *f*
– Überprüfung *f*
– Inspektion *f*
(Stat) Vollprüfung *f (syn, 100 %/screening . . . inspection)*
(IndE) Abnahme *f*
inspection by attributes (IndE) Abnahmeprüfung *f* nach qualitativen Merkmalen *(syn, attribute gage)*
inspection by variables (IndE) Abnahmeprüfung *f* nach quantitativen Merkmalen
inspection certificate
(IndE) Abnahmebescheinigung *f*
– Abnahmeprüfzeugnis *n*
inspection diagram (Stat) Prüfdiagramm *n*
inspection in toto (IndE) 100-prozentige Prüfung *f*
inspection level (IndE) Prüfstufe *f*
inspection lot (IndE) Prüflos *n*, Prüfposten *m*
inspection of books and records (ReW) Einsicht *f* in die Bücher
inspection of incoming shipments (MaW) Wareneingangskontrolle *f (syn, incoming-lot control)*
inspection order (EDV) Prüfanweisung *f*
inspection point (IndE) Prüfstation *f*
inspection report (IndE) = test certificate
inspection specification (IndE) Prüfspezifikation *f*
inspection specimen (com) Ansichtsexemplar *n (eg, of a newly published book)*
inspection standards (IndE) Prüfnormen *fpl*
inspection test
(IndE) Abnahmeprüfung *f*
– Güteprüfung *f*
(ie, made by manufacturer; opp, acceptance test)
inspection ticket (IndE) Prüfzettel *m*
inspector
(ReW, GB) Sonderprüfer *m* des Wirtschaftsministeriums
(IndE) Abnahmebeauftragter *m (ie, sent by a customer)*
(Vers, Canada) Bezirksvertreter *m*
install *v* (com) installieren, anschließen, aufstellen *(syn, set up)*
installation
(IndE) Aufstellen *n*
– Einbau *m*
– Installieren *n*
(ie, of plant, machinery)
(IndE) Anlage *f*
(syn, facility)
(Pw) Amtseinführung *f*
installation charges (com) Montagekosten *pl*
installation disk (EDV) Installationsdiskette *f*
installation drawing (IndE) Aufstellungszeichnung *f*
installation insurance (Vers) Montageversicherung *f*
installation of machinery (IndE) Maschinenaufstellung *f*
installation program (EDV) Installationsprogramm *n (syn, setup program)*
installation salaries (Pw) Montagegehälter *npl*
installation wages (Pw) Montagelöhne *mpl*
installment
(Fin) Teilzahlung *f*
– Ratenzahlung *f*
– Rate *f*
installment buying (com) Kauf *m* auf Raten
installment commission (Vers) Folgeprovision *f*
installment contract (Re) Teillieferungsvertrag *m*
installment credit
(Fin) Teilzahlungskredit *m*
– Abzahlungskredit *m*
installment debt
(Fin) Verschuldung *f* aus Abzahlungsgeschäften
(eg, climbed by $80bn, double the increase posted in 1986)
installment financing (Fin) Teilzahlungsfinanzierung *f*
installment method (StR, US) Rohgewinnrechnung *f* auf der Basis der Bareingänge
installment mortgage
(Fin) Abzahlungshypothek *f*
(ie, with equal redemptions: principal increasing and interest decreasing; syn, US, constant payment mortgage; opp, redemption mortgage; US: level-payment mortgage = Tilgungshypothek)
installment note (Fin) in Raten fälliger Solawechsel *m*
installment of composition (Re, GB) Vergleichsquote *f*
installment payments for facilities (ReW) Anzahlungen *fpl* auf Anlagen
installment plan
(Fin) Abzahlungssytem *n*
– Teilzahlungssystem *n*
installment sale (Re) = installment contract
installments receivable (ReW) ausstehende Teilzahlungen *fpl*
instance (EDV, OOP) Instanz *f*
instances of multiple functions (Bw) Funktionsüberschneidungen *fpl*
instances of plural executives
(Bw) Kompetenzüberschneidungen *fpl*
(ie, leading to multiple subordination; syn, confusion of lines of authority, multiple command)
instant access to (EDV) sofortiger Zugriff *m* auf
instantaneous period (Vw) laufende Wirtschaftsperiode *f (syn, market period)*
instantaneous rate of change
(Math) Augenblicksänderung *f*
– momentane Geschwindigkeit *f*
(Math) Steigerung *f* e–r Kurve in e–m Punkt = Ableitung
instantaneous value (IndE) Istwert *m (ie, in process control)*
instant dismissal (Pw) fristlose Entlassung *f (ie, dismissal without notice)*
instant vesting (Pw) Nichtverfall *m* e–r Betriebsrente bei Arbeitsplatzwechsel
instigate corrective action *v* (com) Abhilfemaßnahmen *fpl* in Gang setzen

Instinet
(Fin, US) vollautomatisches Kommunikationssystem *n (ie, provided by the Institutional Networks Corporation; subscribers are all institutional investors)*
Institute Cargo Clauses
(Vers) Institute Cargo Clauses
(ie, Transportversicherungsbedingungen, die vom Institute of London Underwriters herausgegeben wurden; für Kaso- und Kargoversicherung)
institute legal proceedings against *v*
(Re) klagen gegen
– Klage *f* einreichen gegen
– Klage *f* anhängig machen gegen *(syn, bring action against)*
Institute of Electronic and Electrical Engineers, IEEE (EDV) Normungsfachverband in den USA
institution
(com) Institution *f*
(Fin) Finanzinstitut *n*
institutional advertising
(Mk) Firmenwerbung *f (syn, corporate advertising)*
(Bö) Produktgruppenwerbung *f*
institutional buyer (Fin) = institutional investor
institutional constraints (Vw) institutionelle Bedingungen *fpl*
institutional equation (Vw) institutionelle Gleichung *f*
institutional independence (com) institutionelle Unabhängigkeit *f*
institutional investor
(Fin) Kapitalsammelstelle *f*
– institutioneller Anleger *m*
(syn, banks, insurance companies, pension fund trustees, investment trust companies, and unit trusts; syn, institutional buyer)
institutional market
(Fin) Markt *m* für kurzfristige Mittel und Geldmarktpapiere
(ie, Teilnehmer sind große Gesellschaften und Finanzinstitute)
institutional money (Fin) Mittel *pl* von Kapitalsammelstellen
institutional pot (Fin, US) für Kapitalsammelstellen reservierter Teil *m* e–r Anleihe *(ie, may be up to 20%)*
institutional shareholder (com) institutioneller Aktionär *m*
institutional training (Pw) Ausbildung *f* in außerbetrieblichen Einrichtungen *(opp, on-the-job training)*
institutional unemployment (Vw) institutionell bedingte Arbeitslosigkeit *f*
institutionl recipients of allocations
(FiW) Zuwendungsempfänger *mpl*
(eg, Stellen außerhalb der Bundesverwaltung, die Leistungen aus dem Bundeshaushalt zur Erfüllung bestimmter Zwecke erhalten)
institutions (Fin, US) = institutional investors
in stock (com) auf Lager, vorrätig *(syn, in store, on hand)*
in store (com) = in stock
in-store advertising (Mk) Ladenwerbung *f (ie, by mass display of goods)*
in-store computer (Mk) Lager-Computer *m*
in strict confidence (com) vertraulich *(syn, strictly confidential)*
instruct *v*
(com) anweisen
– beauftragen
(Pw) unterrichten
– ausbilden
(ie, formal teaching)
instruct a bank *v* (Fin) Bank *f* anweisen
instruction
(com) Anweisung *f*
– Auftrag *m*
(EDV) Befehl *m*
(Pw) Ausbildung *f*
– Schulung *f*
– Unterricht *m*
(syn, training)
instruction address (EDV) Befehlsadresse *f*
instruction address register
(EDV) Befehlsadreßregister *m*
(syn, program address counter, program register, sequence control register)
instruction area (EDV) Befehlsbereich *m (ie, used for storing program instructions)*
instruction block (EDV) Anweisungsblock *m*
instruction code (EDV) Befehlscode *m (ie, specifies the action to be performed)*
instruction control unit (EDV) Befehlsleitwerk *n*
instruction counter
(EDV) Befehlszähler *m*
(ie, indicates the location of the next instruction to be interpreted; syn, program/sequence . . . counter)
instruction cycle (EDV) Befehlszyklus *m*
instruction decomposition (EDV) Befehlsinterpretation *f (ie, step in pipelining)*
instruction execution (EDV) Befehlsausführung *f*
instruction execution rate (EDV) Verarbeitungsleistung *f (syn, processor performance)*
instruction fetch (EDV) Befehlsübertragung *f (ie, from main memory to control unit)*
instruction flowchart (EDV) Befehlsdiagramm *n*
instruction format
(EDV) Befehlsvorrat *m*
– Befehlsaufbau *m*
instruction index (EDV) Befehlsindex *m*
instruction length (EDV) Befehlslänge *f*
instruction list (EDV) Befehlsliste *f*
instruction loop (EDV) Befehlsschleife *f*
instruction mix (EDV) Befehlsmix *m*
instruction processor
(EDV) Befehlsprozessor *m*
– Zentralprozessor *m*
(syn, basic processing unit)
instruction register
(EDV) Befehlsregister *n*
(ie, receives and holds an instruction as it is extracted from memory; syn, current-instruction register)
instruction repertory
(EDV) Befehlsvorrat *m*
(ie, set of instructions which a computer is capable of performing; syn, instruction set)
instruction sequence (EDV) Befehlsfolge *f*

instruction set (EDV) Befehlsvorrat *m*
instructions for delivery (com) Lieferanweisung *f*
instructions for use
(com) Bedienungsanleitung *f*
– Gebrauchsanleitung *f*
instruction time (EDV) Befehlsausführungszeit *f (ie, time required to carry out an instruction)*
instruction to a bank (Fin) Bankauftrag *m (syn, bank order)*
instruction to pay (Fin) Zahlungsanweisung *f (syn, order to pay)*
instruction word (EDV) Befehlswort *n (ie, computer word containing an instruction rather than data; syn, coding line)*
instructor
(Pw) Ausbilder *m*
(Pw, US) Dozent *m (ie, college teacher below professorial rank)*
instrument
(Re) Urkunde *f (ie, formal legal document)*
(WeR, short for:) = negotiable instrument
instrumental goods (Vw) Kapitalgüter *npl (syn, capital goods)*
instrumentality (com, GB) vollständig beherrschte Gesellschaft *f*
instrumentality rule (Re, US) Rechtsvorschrift *f*, nach der e–e Tochtergesellschaft rechtlich selbständig sein muß *(ie, otherwise a separate corporate identity is not recognized)*
instrumental rationality (Bw) Zweckrationalität *f*
instrument of accession (EG) Beitrittsurkunde *f*
instrument of assignment
(Re) Abtretungsurkunde *f*
– Zessionsurkunde *f*
(syn, deed of assignment)
instrument of evidence (WeR) Beweisurkunde *f*
instrument of indebtedness (Re) Schuldurkunde *f (syn, debt instrument)*
instrument of management (Bw) Führungsinstrument *n (syn, directional device)*
instrument of transfer (Re) Übertragungsurkunde *f*
instruments of credit control (Vw) kreditpolitisches Instrumentarium *n*
instruments of monetary policy (Vw) währungspolitisches Instrumentarium *n*
instrument to bearer (WeR) Inhaberpapier *n (syn, bearer paper)*
instrument to order (WeR) Orderpapier *n (syn, order paper)*
instrument variable (Vw) Instrumentvariable *f (syn, policy . . . instrument/variable)*
insufficiency of form
(Re) Formfehler *m*
– Formmangel *m*
(syn, deficiency in form)
insufficient funds, I.F. (Fin) ungenügende Deckung *f (ie, Vermerk auf Schecks und Wechseln)*
insular philosophy
(EDV) Insular-Philosophie *f*
(ie, expensive side-by-side operation of data and text processing systems)
insulate oneself from *v* (com) sich abschotten gegen
insulating measures (AuW) Abwehrmaßnahmen *fpl (eg, against capital inflows)*
in-supplier (com) etablierter Anbieter *m*

insurability
(Vers) Versicherbarkeit *f*
– Versicherungsfähigkeit *f (*
ie, acceptability to the insurer of an applicant for insurance)
insurable
(Vers) versicherbar
– versicherungsfähig
insurable and imputed risks
(Bw) kalkulierbare Risiken *npl (opp, business risk = unternehmerisches Risiko)*
insurable interest
(Vers) versicherbares Interesse *n (syn, GB, assurable interest)*
insurable risk (Vers) versicherbares Risiko *n*
insurable value (Vers) Versicherungswert *m*
insurance
(Vers) Versicherung *f*
(Vers) Versicherungsvertrag *m (ie, contract)*
(Vers) Versicherungsleistung *f (ie, benefits)*
insurance adjuster (Vers) Schadensachverständiger *m*
insurance against breakage (Vers) Bruchschadenversicherung *f*
insurance agent (Vers) Versicherungsvertreter *m (ie, employee of the company)*
insurance at full value (Vers) Vollwertversicherung *f*
insurance benefits
(Vers) Versicherungsleistungen *fpl*
insurance binder (Vers) Deckungszusage *f*
insurance branch (Vers) Untersparte *f* der Lebensversicherung
insurance broker (Vers) Versicherungsmakler *m*
insurance business (Vers) Versicherungsgeschäft *n (syn, underwriting)*
insurance canvasser (Vers) Versicherungsakquisiteur *m*
insurance carrier (Vers) Versicherungsträger *m (cf, insurer)*
insurance certificate
(Vers) Versicherungszertifikat *n*
– Einzelpolice *f*
insurance claim
(Vers) Anspruch *m* auf Versicherungsleistung
– Leistungsanspruch *m*
– Schadensanspruch *m*
insurance class (Vers) = insurance line
insurance company
(Vers) Versicherungsgesellschaft *f*
– Versicherungsunternehmen *n*
(cf, insurer)
insurance contingency (Vers) Eintritt *m* des Versicherungsfalles
insurance contract (Vers) Versicherungsvertrag *m*
insurance cover (Vers, GB) = insurance coverage
insurance coverage
(Vers) Versicherungsdeckung *f*
– Deckung *f*
(ie, indicates the aggregate risks covered by a particular policy; syn, GB, insurance cover)
insurance exchange (Vers) Versicherungsbörse *f (ie, = Lloyd's London)*
insurance for own account (Vers) Versicherung *f* für eigene Rechnung
insurance for third party account (Vers) Versicherung *f* für fremde Rechnung

insurance fraternity (Vers, infml) Versicherungswirtschaft *f*
insurance fraud (Vers) Versicherungsbetrug *m (syn, insurance scam)*
insurance group (Vers) Versicherungsgruppe *f*
insurance holder (Vers) Versicherungsnehmer *m*
insurance industry
(Vers) Versicherungswirtschaft *f*
– Assekuranz *f*
insurance line
(Vers) Versicherungszweig *m*
– Versicherungssparte *f*
– Sparte *f*
(syn, line of insurance business, insurance class)
insurance note (Vers) vorläufiger Versicherungsschein *m*
insurance policy
(Vers) Versicherungspolice *f*
– Versicherungsschein *m*
– Police *f*
(ie, printed form serving as contract between insurer and insured)
insurance pool (Vers) Versicherungspool *m (ie, Risikoaufteilungsgemeinschaft; syn, pool syndicate)*
insurance poor
(Vers) Überversicherung *f (syn, overinsurance)*
(Vers) überversichert *(syn, overinsured)*
insurance portfolio (Vers) Versicherungsbestand *m*, Bestand *m (syn, business in force, qv)*
insurance premium
(Vers) Versicherungsprämie *f*
– Versicherungsbeitrag *m*
insurance product (Vers) Versicherungsprodukt *n*
insurance protection (Vers) Versicherungsschutz *m (syn, insurance cover, coverage)*
insurance rate regulation (Vers) Tarifaufsicht *f*
insurance records
(Vers) Versicherungsunterlagen *fpl*
insurance reinstatement policy (Vers) Neuwertversicherung *f*
insurances (Bö) = insurance stocks
insurance scam (Vers, infml) Versicherungsbetrug *m (syn, insurance fraud)*
insurance stocks (Bö) Versicherungswerte *mpl (syn, insurances)*
insurance tax (StR) Versicherungsteuer *f*
insurance to value (Vers) Vollwertversicherung *f*
insurance underwriter (Vers) Versicherer *m (cf, insurer)*
insurance with limited premium (Vers) Versicherung *f* mit abgekürzter Prämienzahlung
insurance without profit (Vers) Versicherung *f* ohne Gewinnbeteiligung
insure against *v*
(Vers) sich versichern gegen
(syn, cover against, indemnify against; GB, assure against)
insured
(Vers) Versicherter *m*
– Versicherungsnehmer *m*
(pl, insureds; GB, assured(s); syn, insured party, policy holder)
insured bank (Fin, US) versicherte Bank *f (ie, deposits insured with the FDIC)*
insured deposits (Fin, US) versicherte Einlagen *fpl (ie, with the FDIC)*
insured event (Vers) Versicherungsfall *m (eg, disability, age limit)*
insured party (Vers) = insured
insured risk (Vers) Versicherungsrisiko *n*
insured value (Vers) versicherter Wert *m*
insure for *v* (Vers) versichern für *(eg, car is insured for $10,000; syn, cover for)*
insurer
(Vers, US) Versicherer *m*
– Versicherungsgesellschaft *f*
(ie, it is desirable to use the word ‚insurer' in preference to ‚carrier' or ‚company' since it is a functional word that applies without ambiguity to all types of individuals and organizations perfoming the insurance function; the word is generally used in statutory law)
insurer's pool (Vers) Pool *m (ie, organized to spread heavy risks)*
insurer's syndicate (Vers) Versicherungskonsortium *n*
insure with *v*
(Vers) versichern bei
(eg, property is insured with the XY insurer)
insuring clause
(Vers) Kern *m* des Versicherungsvertrages
(ie, states perils, person covered, and period of contract)
int. (com) = interest
intake interview (Mk) Aufnahmeinterview *n*
intake of new orders (com) Auftragseingang *m (syn, new orders, qv)*
intangible assets
(ReW) immaterielle Aktiva *np*
– immaterielle Vermögensgegenstände *mpl*
(syn, intangibles)
(Re) Immaterialgüter *npl*
intangible cost (ReW) Aufwand *m* für den Erwerb immaterieller Güter *(syn, intangible expense)*
intangible damage (Re) immaterieller Schaden *m (ie, damage not resulting in pecuniary loss)*
intangible expense (ReW) = intangible cost
intangible fixed assets (ReW) immaterielles Anlagevermögen *n (eg, patents, trademarks, licenses, goodwill)*
intangible goods (Vw) immaterielle Güter *npl (syn, noneconomic goods)*
intangible right (Re) immaterielles Recht *n*
intangibles (ReW) = intangible assets
integer
(EDV) Indexregister *n*
(Math) ganze Zahl *f*
(ie, any positive or negative counting number or zero; syn, whole number; opp, fraction)
integer constant
(EDV) Ganzzahlkonstante *f*
(ie, uses the values 0, 1, . . ., 9 with no decimal point in FORTRAN)
integerized form (EDV) ganzzahlige Form *f*
integer multiple (Math) ganzzahliges Vielfaches *n*
integer power (Math) ganzzahlige Potenz *f*
integer programming
(OR) ganzzahlige Programmierung *f*
(ie, used to find maxima or minima of a function subject to one or more constraints, including one

that requires that the values of some or all variables be integers (whole numbers); syn, discrete/diophantine . . . programming)
integer progression (Math) Folge *f* der ganzen Zahlen
integer-valued (Math) ganzzahlig
integer-valued distribution (Stat) ganzzahlige Verteilung *f*
integer-valued function (Math) ganzwertige Funktion *f*
integer-valued variable (Math) ganzzahlige Variable *f*
integrable function (Math) integrierbare Funktion *f*
integrable table (Math) Integraltafel *f*
integral (Math) Integral *n*
integral calculus
(Math) Integralrechnung *f*
(ie, used of integrals and integration, in the determination of areas and volumes and in the solution of differential equations; opp, differential calculus)
integral domain (Math) Integrationsbereich *m*
integral equation
(Math) Integralgleichung *f*
(ie, where the unknown function occurs under an integral sign)
integral function
(Math) ganzzahlige Funktion *f (ie, takes on integer values)*
integral part (com) organischer Bestandteil *m*
integral parts of a contract (Re) wesentliche Bestandteile *mpl* e–s Vertrages
integral sign (Math) Integralzeichen *n*
integrand (Math) Integrand *m (ie, expression to be integrated)*
integrate *v*
(com) integrieren *(ie, incorporate into a larger unit)*
(Math) integrieren *(ie, find the integral of a function or equation)*
integrated agreement (Re, US) endgültiger und vollständiger Vertrag *m*
integrated circuit board (EDV) Flachbaugruppe *f*
integrated circuit, IC
(EDV) integrierte Schaltung *f*
– Schaltkreis *m*
(ie, in computer technology)
integrated corporate planning (Bw) integrierte Unternehmensplanung *f*
integrated data processing, IDP
(EDV) integrierte Datenverarbeitung *f*
(ie, intermediate outputs serve as inputs for subsequent processing with no human copying required)
Integrated Drive Electronics, IDE (EDV) IDE-Schnittstelle *f (ie, standard interface for PC hard disks)*
integrated financial planning (Fin) integrierte Finanzplanung *f*
integrated iron and steel works (IndE) integriertes Hüttenwerk *n*
integrated office system (EDV) Büroautomation *f*
integrated planning (Bw) ientegrierte Planung *f*
integrated planning system (Bw) integriertes Planungssystem *n*
integrated semiconductor circuit (EDV) integrierter Halbleiterschaltkreis *m*
integrated services digital network, ISDN (EDV) Integriertes Service- und Datennetz *n* ISDN
integrated unit (IndE) geschlossene Anlage *f*
integrating economic structure (Vw) Integrationsgebäude *n*
integration
(com) Integration *f*
(Math) Integration *f*
(Re) = integrated agreement
integration aid (Vw) Eingliederungshilfe *f*
integration by parts (Math) partielle Integration *f*
integration constant (Math) Integrationskonstante *f (syn, constant of integration)*
integration of markets (EG) Integration *f* der Märkte
intellectual plane (Pw) geistiges Niveau *n*
intellectual property (Pat) geistiges Eigentum *n*
intelligence (Bw) Informationen *fpl (eg, on developments in the field of mergers and acquisitions)*
intelligence activity (Bw) Informationsbeschaffung *f*
intelligence test
(Pw) Intelligenz- und Begabungstest *m*
intelligent building
(com, US) intelligentes Gebäude *n*
(ie, geht über das rein technische Konzept der smart buildings hinaus; Kern: verteilte, dezentrale Intelligenz, um soziale Aspekte einzubeziehen)
intelligent data station (EDV) intelligente Datenstation *f*
intelligent industrial robot (IndE) Industrieroboter *m* der zweiten Generation *(ie, equipped with sensing and feeling functions and controllable by optical signals)*
intelligent terminal (EDV) intelligentes Terminal *n (syn, programmable terminal; opp, dumb terminal)*
intended audience (Mk) Zielgruppe *f*
intended disinvestment (Vw) geplante Desinvestition *f*
intended dissaving (Vw) geplantes Entsparen *n*
intended investment (Vw) geplante Investition *f*
intended net investment (Vw) beabsichtigte Nettoinvestition *f*
intended route (com) vorgesehener Transportweg *m*
intended saving (Vw) geplantes Sparen *n*
intended use
(com) bestimmungsgemäßer Gebrauch *m (syn, contractual use)*
intended user (com) Endabnehmer *m (syn, end user, ultimate buyer)*
intense competition (com) scharfer Wettbewerb *m (syn, fierce competition, qv)*
intensely competitive (com) wettbewerbsintensiv
intensification (com) Intensivierung *f*
intensify *v* (com) intensivieren
intensify competition *v* (com) Wettbewerb *m* verschärfen
intensify restrictions *v* (com) Beschränkungen *fpl* verschärfen
intension
(Log) Begriffsinhalt *m*
– Konnotation *f*

– Intension *f (syn, connotation; opp, denotation, extension)*
intensity of interference (Kart) Eingriffsintensität *f*
intensive coverage
(Mk) Intensivwerbung *f*
(ie, frequent, large-scale advertising in a market; syn, infml, heavy drumbeating)
intensive magnitude (Stat) homograde Größe *f*
intensive sampling (Stat) intensive Auswahl *f*
intent (Re) Vorsatz *m*
intentional misconduct (Re) vorsätzliches Fehlverhalten *n*
intentional tort (Re) vorsätzliche unerlaubte Handlung *f*
intention and gross negligence (Re) Vorsatz *m* und grobe Fahrlässigkeit *f*
intention of the parties
(Re) Parteiwille *m*
– Wille *m* der Parteien
intent to realize profits (Bw) Absicht *f* der Gewinnerzielung
intent to realize receipts (StR) Absicht *f* der Einnahmeerzielung
interaction matrix (Bw) Interaktionsmatrix *f*
interactive computer (EDV) Dialogrechner *m*
interactive data entry (EDV) Dialogerfassung *f*
interactive discipline
(EDV) interaktive Anwendung *f*
(ie, Praktizieren der Betriebsart ‚Dialogbetrieb')
interactive display (EDV) interaktive Anzeige *f* od Datendarstellung *f*
interactive display terminal (EDV) dialogfähiges Datensichtgerät *n*
interactive mode (EDV) Dialogverkehr *m*
interactive processing (EDV) Dialogverarbeitung *f*
interactive programming
(EDV) Dialogprogrammierung *f*
– interaktive Programmierung *f*
interactive terminal (EDV) Dialogstation *f*
interactive videotex (EDV) Bildschirmtextsystem *n*
Inter-American Development Bank, IDB (Fin) Interamerikanische Entwicklungsbank *f*
interarrival time (OR) Zwischenankunftszeit *f*
interbank assets (Fin) Interbankaktiva *npl*
interbank balances (Fin) gegenseitige Bankforderungen *fpl*
interbank business (Fin) Interbankgeschäft *n*
interbank call money (Fin) Tagesgeld *n* unter Banken
interbank cost of money (Fin) Refinanzierungskosten *pl* am Interbankenmarkt
interbank credit (Fin) Bank-zu-Bank-Kredit *m*
interbank dealings (Fin) Interbankenhandel *m (syn, interbank operations)*
interbank deposits (Fin) Interbanken-Einlagen *fpl*
interbank facility (Fin) Interbanken-Fazilität *f*
interbank holding (Fin) Bank-an-Bank-Beteiligung *f*
interbank lending (Fin) Bank-an-Bank-Kredit *m (syn, interbank loan)*
interbank market (Fin) Interbanken-Markt *m*
interbank money market (Fin) Interbanken-Geldmarkt *m*
interbank money market rates (Fin) Geldmarktsätze *mpl* unter Banken
interbank operations (Fin) = interbank dealings
interbank rate
(Fin) Interbankenrate *f*
– Satz *m* für Interbanken-Handel
– Refinanzierungszins *m* e–r Bank
interbank transactions (Fin) Interbankgeschäft *n*
interblock gap (EDV) Blocklücke *f (syn, interrecord/recording . . . gap; interblock space)*
interblock space (EDV) = interblock gap
intercept *v* (EDV) abfangen
intercepted annuity (Math) aufgeschobene Rente *f (syn, deferred annuity)*
intercept of an axis (Math) Achsenabschnitt *m*
interchange
(com) Austausch *m (eg, of ideas, notes, gifts)*
(Math) Vertauschung *f*
interchangeable bonds
(Fin, US) austauschbare Schuldverschreibungen *fpl*
(ie, können vom Inhaber- auf den Namensstatus umgestellt werden: convertible from coupon to registered form)
interchange circuit (EDV) Kommunikationsstromkreis *m*
intercity freight traffic (com) zwischenstädtischer Güterverkehr *m*
intercity payments (Fin) Fernzahlungsverkehr *m*
intercity transfer procedure (Fin) Fernüberweisungsverfahren *n*
intercommodity spread
(Bö, US) Inter-Lieferungs-Spread *m*
(ie, takes advantage of price differences in the same commodity in the same market at the same time; nutzt Preisunterschiede zwischen Terminkontrakten für nahe Substitute, zB Sojaöl und Sojamehl; syn, intercontract spread, interdelivery spread)
intercompany accounts (ReW) interne Konten *npl*
intercompany agreement (Bw) konzerninterne Vereinbarung *f*
intercompany balances
(ReW) konzerninterne Bilanzen *fpl*
(ReW) konzerninterne Salden *mpl*
intercompany billing price (ReW) interner Verrechnungspreis *m*
intercompany clearing account (ReW) Verrechnungskonto *n*
intercompany consolidation
(ReW) Zwischenkonsolidierung *f*
– Erfolgskonsolidierung *f*
(ie, Eliminierung des konzerninternen Liefe-rungs- und Leistungsverkehrs; cf, U.S. Regulation S-X, 408; syn, consolidation of earnings)
intercompany elimination
(ReW) Zwischengewinneliminierung *f*
(syn, elimination of intercompany profits, qv)
intercompany financing (Fin) konzerninterne Finanzierung *f*
intercompany interest
(Fin) konzerninterne Zinsen *mpl*
intercompany material purchases (ReW) Materialbezüge *mpl*
intercompany money market (Fin) Nichtbanken-geldmarkt *m (ie, money dealings between corporate firms)*
intercompany participation (com) interne Beteiligung *f*

intercompany prices (ReW) Konzernverrechnungspreise *mpl*
intercompany pricing (ReW) Verrechnung *f* konzerninterner Leistungen
intercompany profits
(ReW) Zwischengewinne *mpl*
(ie, in the preparation of consolidated statements, intercompany profits are eliminated in their entirety)
intercompany receivables (ReW) konzerninterne Forderungen *fpl*
intercompany sales
(ReW) konzerninterne Umsätze *mpl*
– Innenumsätze *mpl*
(syn, internal deliveries, intra-group sales)
intercompany shipment (com) Verbundlieferung *f*
intercompany squaring (ReW) Konzernausgleich *m*
intercompany traffic (IndE) Verbundverkehr *m*
intercontract spread (Bö) = intercommodity spread
intercorporate stockholding (Fin) Schachtelbeteiligung *f*
intercorporate stockholdings (StR) zwischengesellschaftliche Beteiligungen *fpl*
intercycle (EDV) Zwischenzyklus *m*
inter-dealer broker (Fin, GB) Makler *m*, der ausschließlich Geschäfte zwischen Primärhändlern – market makers – vermittelt
interdelivery spread (Bö) = intercommodity spread
interdependence
(com) Verflechtung *f*
– gegenseitige Abhängigkeit *f*
(syn, interlinking, qv)
interdict *v* (Re, US) entmündigen *(ie, on the ground of = wegen; syn, place under guardianship)*
interdiction (Re, US) Entmündigung *f*
interdisciplinary approach (Log) interdisziplinärer Ansatz *m (syn, cross-skilled approach)*
interdisciplinary team (Bw) Arbeitsgruppe *f (syn, task . . . force /group, work group)*
interest
(Fin) Zins *m (opp, principal = Kapital)*
(Fin) Kapitalertrag *m* jeder Art *(syn, capital yield)*
(Fin) Beteiligung *f*
– Anteil *m (syn, holding, stake)*
(Re) Nutzungsrecht *n (syn, right of use)*
(Vw) Ertrag *m* des Produktionsfaktors Kapital
interest accrued (Fin) Stückzinsen *mpl (syn, accrued interest)*
interest and currency swap (Fin) Zins- und Währungsaustauschvereinbarung *f*
interest arbitrage (Bö) = interest arbitration
interest arbitration
(Bö) Zinsarbitrage *f*
(ie, purchase and sale of spot and futures in money in order to take advantage of differences in interest rates between two countries)
interest bearing (Fin) zinsbringend, zinstragend *(syn, interest . . . earning/yielding)*
interest-bearing assets (Fin) werbende Aktiva *npl*
interest-bearing eligible liabilities (Vw) verzinsliche mindestreservepflichtige Verbindlichkeiten *fpl*
interest-bearing loan (Fin) verzinsliches Darlehen *n*
interest-bearing securities (Fin) festverzinsliche Wertpapiere *npl*, Rentenwerte *mpl*
interest-bearing Treasury paper (Fin) verzinsliche Schatzanweisung *f*
interest burden (Fin) Zinsbelastung *f*
interest burden ratio (FiW) Zinsbelastungsquote *f*
interest ceiling
(Fin) Höchstzins *m*
– Zinsobergrenze *f*
interest charges (Fin) = interest expenses
interest coupon (Fin) Zinsschein *m (syn, interest warrant)*
interest coverage (Fin) Verhältnis *n* zwischen Gewinn vor Steuern und dem Zinsaufwand für Anleihen und Bankkredite
interest due date (Fin) Zinstermin *m (syn, coupon date)*
interest earned
(Fin) Ertragszinsen *mpl*
– Habenzinsen *mpl*
(opp, interest expenses = Sollzinsen)
interest earning (Fin) = interest bearing
interest earnings (ReW) = interest earned
interest elasticity (Fin) Zinselastizität *f*
interest equalization tax
(FiW, US) Zinsausgleichsteuer *f*
(ie, special tax on any purchase of foreign securities by U.S. residents; introduced to stop the outflow of capital; in effect from 1963 until the end of 1973)
interest escalation clause (Fin) Zinsgleitklausel *f*
interest expenditure ratio (FiW) Zinsabgabenquote *f*
interest expenses (Fin) Aufwandzinsen *mpl*, Sollzinsen *mpl (syn, interest charges, debtor interest)*
interest floor (Fin) Zinsuntergrenze *f*
interest flows (Fin) Zinsströme *mpl*
interest forgiveness (Fin) Zinsverzicht *m*
interest-free bonds (Fin) unverzinsliche Schuldverschreibungen *fpl*
interest-free loan (Fin) zinsfreies Darlehen *n (syn, non-interest-bearing loan)*
interest freeze (Fin) Zinsstopp *m*
interest futures (Bö) Zinsterminkontrakte *mpl (syn, interest rate futures contracts)*
interest group
(Bw) Interessengruppe *f*
(ie, entspricht dem dt Begriff Verband od Vereinigung; syn, pressure group)
interest income (ReW) = interest earned
interest income tax deducted at source
(StR) Quellenabzug *m* für Zinseinkünfte
interest inelastic (Fin) zinsunelastisch
interest inflation (Vw) Zinsinflation *f*
interest insured (Vers) versichertes Interesse *n*
interest inventory (Pw) Interessen- und Neigungstest *m*
interest load
(Fin) Zinsbelastung *f*
– Zinslast *f*
interest loss risk (Fin) Zinsausfallrisiko *n*
interest margin (Fin) Zinsspanne *f*
interest-mindedness (Fin) Zinsbewußtsein *n (ie, of investors)*
interest omission (Fin) Ausbleiben *n* der Zinszahlungen
interest on arrears (Fin) Verzugszinsen *mpl*
interest on capital (Fin) Kapitalverzinsung *f*

interest on current account (Fin) Kontokorrentzinsen *mpl*
interest on debit balance (Fin) Debetzins *m*
interest on debt (Fin) Schuldzinsen *mpl (syn, debt interest)*
interest on indebtedness (Fin) = interest on debt
interest on securities (Fin) Zinserträge *mpl* aus Wertpapieren
interest paid – net (ReW) Nettozinsaufwand *m*
interest payable (Fin) Zinsverbindlichkeiten *fpl*
interest payment (Fin) Zinszahlung *f*
interest peak (Fin) Zinsgipfel *m*
interest penalty
(Fin) Negativzins *m*
– Strafzins *m*
interest period (Fin) Zinsperiode *f*
interest policy (SeeV) Police *f* mit versicherbarem Interesse
interest premium (Fin) Zinsaufschlag *m*
interest rate
(Fin) Zinssatz *m*
– Zinsfuß *m*
(syn, rate of interest)
interest rate adjustment (Fin) Zinsanpassung *f*
interest rate arbitrage (Bö) Zinsarbitrage *f*
interest rate cap (Fin) Höchstzinssatz *m*
interest rate cap, IRP
(Fin) Zinsobergrenze *f*
(Fin, US) Höchstzins *m (ie, für variabel verzinsliche Papiere)*
interest rate ceiling (Fin) = interest ceiling
interest rate collar (Fin) Zinsunter- und Obergrenze *f*
interest rate competition (Fin) Zinswettbewerb *m*
interest rate cycle (Vw) Zinszyklus *m*
interest rate differential (Fin) Zinsgefälle *n*
interest rate elasticity (Vw) Zinselastizität *f (ie, of money demand)*
interest rate equalization program
(AuW, GB) Zinsausgleichsprogramm *n*
(ie, Banken erhalten die Differenz zwischen dem Marktzins und dem Konsensuszins vom ECGD)
interest rate exposure
(Fin) Zinsrisiko *n*
(ie, risk of gain or loss, due to possible changes in interest rate levels)
interest rate futures (Bö) Zinsterminkontrakte *mpl*
interest rate futures contracts
(Bö) Zins(termin)kontrakte *mpl*
(syn, financial futures contracts, qv)
interest rate futures market
(Bö, US) Zinsterminmarkt *m (ie, introduced in Oct 1975 by the Chicago Board of Trade)*
interest rate futures trading
(Bö) Zinsterminhandel *m*
interest rate gap (Fin) = interest rate differential
interest rate guarantee, IRG
(Fin, GB) Höchstzins *m* für variabel verzinsliche Wertpapiere
(ie, the London version of the ‚interest rate cap' and effectively an option on an FRA; borrower seeks compensation in the event of rising rates, lender in the event of falling rates)
interest rate hedging
(Fin) Zinshedging *n*
(ie, kompensatorischer Abschluß von variablen od Festzinsgeschäften, um das Zinsänderungsrisiko auf beide Bilanzseiten gleich aufzuteilen)
interest rate in real terms (Fin) Realzins *m*
interest rate level (Fin) Zinshöhe *f*
interest-rate mechanism (Fin) Zinsmechanismus *m*
interest rate of return (Fin, rare) interner Zinsfuß *m (syn, internal rate of return)*
interest rate option (Fin) Zinsoption *f*
interest rate parity
(Fin) Zinsparität *f*
(ie, forward margins equal the interest rate differentials on equivalent securities in two financial centers involved)
interest rate policy (Vw) Zinspolitik *f*
interest rate pressure (Fin) Zinsdruck *m*
interest rate risk (Fin) Zinsrisiko *n*
interest-rate-sensitive issue (Fin) zinsreagible Emission *f*
interest rate spread (Fin) Zinsspanne *f*
interest rate subsidy (Vw) Zinssubvention *f*
interest rate swap
(Fin) Zins-Swap *m*
(ie, Tausch von Zinszahlungsverpflichtungen aus gleicher Währung und Laufzeit, aber mit unterschiedlichen Zinsbindungsfristen; exploits the differences in the assessment and pricing of risks between the bond and bank lending markets)
interest rate tool (Fin) Zinsinstrument *n*
interest rate volatility (Fin) Zinsschwankungen *fpl*
interest rate war
(Fin) Zinswettbewerb *m*
– Zinskrieg *m*
interest rebound (Fin) Zinsumschwung *m*
interest receivables (ReW) Zinsforderungen *fpl*
interest received (ReW) = interest earned
interest revenue (ReW) Zinserträge *mpl*
interest-sensitive (Fin) zinsempfindlich, zinsreagibel *(eg, deposits, stock)*
interest-sensitive sectors (Vw) zinsreagible Wirtschaftsbereiche *mpl*
interest service (Fin) Zinsendienst *m*
interest spread
(Fin) Zinsspanne *f*
(ie, difference between interest paid by banks on deposits and received for credits; syn, interest margin, interest rate spread)
interest terms (Fin) Zinskonditionen *fpl*
interest times earned (Fin) Deckung *f* der Anleihezinsen *(ie, durch die Gewinne des Unternehmens)*
interest waiver (Fin) Zinsverzicht *m (syn, interest forgiveness)*
interest warrant
(Fin) Zinsschein *m*
(ie, esp an order drawn on a paying agent calling for payment of interest on registered bonds)
interest yielding (Fin) = interest bearing
interface
(com) Schnittstelle *f*
(ie, place at which two different systems or subsystems meet and interact with each other)
(EDV) Schnittstelle *f*, Anschluß *m*
(Log) Grenzbereich *m*
interface *v* (com, infml) zusammenarbeiten *(eg, the candidate will interface with senior management in handling the options business)*

interface cable (EDV) Schnittstellenkabel *n*
interface card (EDV) Schnittstellenkarte *f*
interface circuit (EDV) Schnittstellenleitung *f*
interface with *v* (EDV) anschließen *(eg, to printer, etc)*
interfere *v*
(com) eingreifen, stören *(ie, with)*
(Re) beeinträchtigen *(ie, on/upon)*
(Vw) intervenieren
(Pat) geltend machen *(ie, priority claims)*
interference
(com) Eingreifen *n*, Störung *n*
(Vw) Intervention *f*
(Pat) Kollision *f (ie, of one claim with another)*
(Re) Beeinträchtigung *f (syn, encroachment, infringement)*
interference proceedings (Pat) Verfahren *n* zur Feststellung der Prioritätsrechte
interference time
(IndE) arbeitsablaufbedingte Brachzeit *f* bei Mehrstellenarbeit
(ie, idle machine time occurring when a machine operator, assigned to two or more machines, is unable to service a machine requiring attention)
interfering application (Pat) entgegenstehende Anmeldung *f*
interfering claim (Pat) entgegenstehender Anspruch *m*
interfering float (OR) bedingt verfügbare Pufferzeit *f (syn, dependent float)*
interfering invention (Pat) kollidierende Erfindung *f*
interfering patent (Pat) Kollisionspatent *n*
interfirm comparison (Bw) zwischenbetrieblicher Vergleich *m (syn, comparative external analysis)*
interfirm cooperation (Bw) zwischenbetriebliche Kooperation *f*
interfixing of descriptors (EDV) Deskriptorenverknüpfung *f*
intergenerational burden sharing (FiW) intergenerative Lastenverteilung *f*
intergenerational cost calculation (FiW) intergenerative Belastungsrechnung *f*
intergeneration equity (FiW) Äquivalenz *f* von Leistung und Gegenleistung zwischen den Generationen
inter-governmental agency (AuW) zwischenstaatliche Einrichtung *f*
inter-governmental agreement (Re) zwischenstaatliches Abkommen *n*
intergovernmental committee (EG) zwischenstaatlicher Ausschuß *m*
intergovernmental conference, IGC (EG) zwischenstaatliche Konferenz *f*
inter-governmental equalization (FiW) Finanzausgleich *m*
inter-governmental fiscal problems (FiW) Probleme *npl* des Finanzausgleichs
inter-governmental transfers (FiW) Finanzausgleichszahlungen *fpl*
intergroup profit (ReW) Konzernzwischengewinn *m*
interim account
(ReW) Durchlaufkonto *n*
– Interimskonto *n*
interim accounts and report (ReW) Halbjahresabschluß *m (syn, first-half report)*
interim agreement (Re) vorläufiges Abkommen *n*
interim arrangement (com) Zwischenlösung *f*
interim assessment (com) Zwischenbilanz *f (eg, of U.S. economic policy)*
interim balance sheet (ReW) Zwischenbilanz *f*
interim bonus (Vers) Zwischendividende *f*
interim budget (Bw) Nachtragshaushalt *m*
interim certificate
(Fin) Zwischenschein *m*
(ie, provisional bonds or stocks issued to buyers of a new issue; opp, definitive or permanent securities)
interim check (MaW) Zwischenprüfung *f*
interim closing (ReW) Zwischenabschluß *m*
interim committee (com) Interimsausschuß *m*
interim dividend
(Fin) Abschlagsdividende *f*
– Zwischendividende *f*
(ie, in Deutschland im Ggs zu den USA nicht üblich; cf, § 59 AktG; syn, quarter dividend, fractional dividend payment)
interim financial reporting (ReW) Zwischenberichterstattung *f*
interim financial statement (ReW) Zwischenabschluß *m (syn, GB, interim accounts)*
interim financing
(Fin) Überbrückungsfinanzierung *f*
– Zwischenfinanzierung *f*
(syn, bridge finance)
interim injunction (Re) einstweilige Verfügung *f (syn, preliminary injunction)*
interim loan
(Fin) Überbrückungskredit *m*
– Zwischenkredit *m*
(syn, bridging loan)
interim management of the budget (FiW) vorläufige Haushaltsführung *f (eg, nach Artikel 111 GG)*
interim report
(com) Zwischenbericht *m*
(ReW) Halbjahresbericht *m (eg, for the first or second half of...; syn, six-months figures)*
interim return (Fin) Zwischenausweis *m*
interindustrial incurrence of liabilities (Fin) interindustrielle Neuverschuldung *f*
inter-industry analysis (Vw) Input-Output-Analyse *f (syn, I/O analysis)*
inter-industry business combination (Bw) branchenfremder Zusammenschluß *m*
inter-industry competition (Vw) Inter-Branchen-Konkurrenz *f*
interior designer (com) Innenausstatter *m*
interlace *v*
(com) verflechten *(syn, interlink, interpenetrate)*
(EDV) verschachteln
interlacing (EDV) Verschachteln *n*
interlacing balance (Vw) Verflechtungsbilanz *f*
interleave *v* (EDV) verzahnen
interleave factor (EDV) Interleave-Faktor *m*
interleaving (EDV) Verzahnen *n*
interlibrary loan (com) Fernleihe *f*
interlining agreement (com, US) Vertrag *m* zwischen Fluggesellschaften *(ie, multi-laterial, open-ended agreement to provide for checking baggage through to final destination when a change of planes is involved; they enable passengers to use the same ticket on virtually any airline)*

interlink *v* (com) verflechten *(syn, interlace)*
interlinked production lines (IndE) verkettete Fertigungslinien *fpl*
interlinking
(com) Verflechtung *f*
(syn, interdependence, interlacing, interpenetration, linkage, mutual dependence)
interlock (com) = interlocking directorate
interlocked sequence of decision steps (Bw) Entscheidungssequenzen *fpl*
interlocking capital arrangements (Fin) Kapitalverflechtung *f (syn, financial interlocking)*
interlocking directorate
(com, US) Überkreuzverflechtung *f*
– Überkreuzmandat *n*
(ie, common directors of two companies; interlocks between banks and between competing corporations are prohibited by Sec 8 of the 1914 Clayton Act)
interlocutor (com) Gesprächspartner *m*
interlocutory injunction (Re) einstweilige Verfügung *f (syn, preliminary injunction)*
interlocutory order (Re, US) Zwischenurteil *n*
interlocutory proceedings (Re) Vorverfahren *n*
interloper (com) wilder Händler *m (ie, trades without proper license)*
intermarket spread
(Bö) Inter-Markt-Spread *m*
(ie, when price differences are out of line between commodities trading in two cities)
intermarket trading system (Bö, US) Informationsverbund *m* der US-Wertpapiermärkte
intermediary
(com) Vermittler *m (ie, links parties to a deal)*
(Fin, US) Aktionär *m*, der sich e–s Strohmannes bedient
intermediary bank
(Fin) zweitbeauftragte Bank *f (ie, in letter of credit business)*
(Fin) eingeschaltete Bank *f*
intermediary holdings (Fin) Beteiligungen *fpl* über Strohmänner
intermediate (Re) Schlichter *m (syn, go-between, mediator)*
intermediate account
(ReW) Zwischenkonto *n (syn, suspense account)*
(ReW) Zwischenabrechnung *f*
intermediate broker
(com) Untermakler *m*
– Zwischenmakler *m*
intermediate clearing account (ReW) Sammelkonto *n (syn, assembly account)*
intermediate company (StR) Zwischengesellschaft *f*
intermediate costing (KoR) Zwischenkalkulation *f*
intermediate credit (Fin) Zwischenkredit *m*
intermediate dealer
(com) Zwischenhändler *m*
(syn, intermediary, middleman)
intermediate exam (Pw) Zwischenprüfung *f*
intermediate file (EDV) temporäre Datei *f*
intermediate fiscal power (FiW) intermediäre Finanzgewalt *f*
intermediate forwarder (com) Zwischenspediteur *m*
intermediate goal (Bw) mittelfristiges Ziel *n (syn, medium-range target)*
intermediate goods
(Bw) Zwischenerzeugnisse *npl*
(Vw) Vorprodukte *npl*
intermediate holding company (com) Zwischenholding *f*
intermediate input (Vw) Vorleistung *f*
intermediate inventory
(MaW) Zwischenlager *n*
(syn, intermediate store, in-process materials stores, operational stock, bumper store, entrepot facilities)
intermediate level (Bw) Zwischenstufe *f*
intermediate loan (Fin) Zwischenkredit *m (syn, bridging loan)*
intermediate materials (MaW) Zwischenmaterial *n*
intermediate maturity (Fin) Zwischentermin *m*
intermediate memory (EDV) Zwischenspeicher *m*
intermediate payment (Fin) Teilzahlung *f*
intermediate port (com) Transithafen *m (syn, port of transit)*
intermediate producer goods (Vw) Produktionsgüter *npl*
intermediate product (Bw) Zwischenprodukt *n*
intermediate-range forecast (Vw) mittelfristige Prognose *f (syn, medium-term)*
intermediate result (ReW) Zwischenergebnis *n*
intermediate seller (com) Zwischenverkäufer *m*
intermediate storage
(MaW) Zwischenlagerung *n*
(EDV) Zwischenspeicher *m*
(ie, portion of computer facilities that usually stores information in the processing stage; syn, temporary storage)
intermediate store (MaW) = intermediate inventory
intermediate target (Bw) Zwischenziel *n*
intermediate technology (IndE) = soft technology
intermediate term (Fin) mittelfristig *(ie, refers to maturities greater than one year and less then ten years)*
intermediate terms (Math) Zwischenglieder *npl* e–r Folge od Reihe
intermediate value (ReW) Zwischenwert *m*
intermediate wholesale trade (com) Zwischenhandel *m*
intermediation (Fin) Geldanlage *f* über Banken od andere Finanzinstitute *(opp, disintermediation)*
intermeshed network (EDV) Maschennetz *n*
intermittent dumping (AuW) sporadisches Dumping *n*
intermittent operation (EDV) intermittierender Betrieb *m*
intermittent production (IndE) Werkstattfertigung *f*
(syn, job shop production)
intermodal traffic
(com, US) kombinierter Verkehr *m*
(syn, multi-modal transportation, qv)
in terms of real value (com) real *(syn, real, in real terms; opp, in money terms)*
in terms of value (com) wertmäßig *(syn, in value, by value)*
in terms of volume
(com) mengenmäßig
(syn, by volume; opp, in terms of money)
intern (SozV, US) Assistenzarzt *m (syn, GB, houseman)*

internal audit
(ReW, US) interne Revision *f*, Innenrevision *f*
(ie, independent appraisal activity within an organization for the review of accounting, financial, and other operations as a basis for service to management)
internal auditing (ReW) = internal audit
internal auditor
(ReW) Innenrevisor *m*
– interner Prüfer *m*
internal balance (Vw) binnenwirtschaftliches Gleichgewicht *n*
internal balance sheet audit (ReW) Bilanzrevision *f* *(ie, detailed voluntary audit of balance sheet and income statement)*
internal bond (Fin) Inlandsanleihe *f (ie, issued by a country payable in its own currency)*
internal check (EDV) interne Prüfung *f*
internal Community transit document (EG) internes gemeinschaftliches Versandpapier *n*
internal configuration (Bw) unternehmensinterne Konstellation *f*
internal control
(ReW, US, appr) interne Kontrolle *f (ie, subterms: audit and check)*
(EDV) interne Steuerung *f*
internal convertibility
(AuW) Inländer-Konvertibilität *f*
(syn, resident Konvertibilität)
internal cost accounting (KoR) Betriebsabrechnung *f* *(syn, industrial /operational . . . cost accounting)*
internal cost-equalizing process (Bw) interner Kostenausgleich *m*
internal customs duty (Zo, GB) Binnenzoll *m (syn, internal tariff)*
internal data item (EDV, Cobol) internes Datenfeld *n (cf, DIN 66 028, Aug 1985)*
internal deliveries (ReW) Innenumsätze *mpl*, Konzernumsätze *mpl (syn, intercompany sales)*
internal delivery (KoR) innerbetriebliche Lieferung *f*
internal demand (Vw) Inlandsnachfrage *f (syn, domestic demand)*
internal diseconomies (Vw) negative interne Ersparnisse *fpl*
internal diseconomies of scale (Bw) betriebsinterne Größennachteile *mpl*
internal economic equilibrium (EG) binnenwirtschaftliches Gleichgewicht *n*
internal economic stability (Vw) binnenwirtschaftliche Stabilität *f*
internal economies (Vw) positive interne Ersparnisse *fpl*
internal economies of scale (Bw) betriebsinterne Größenvorteile *mpl*, interne Kostendegression *f*
internal entrepreneur (Bw) betriebsinterner Innovator *m (cf, intrapreneuring; syn, in-house entrepreneur)*
internal environment (Bw) interne Umwelt *f*
internal equity (Fin) eigenerwirtschaftete Mittel *pl* *(syn, internally generated funds)*
internal evidence
(Re) Beweiskraft *f*
(eg, of a legal instrument = e–r Urkunde; syn, inherent evidence)
internal expansion (Bw) internes Wachstum *n*
internal feuding (com) interne Machtkämpfe *mpl* od Auseinandersetzungen *fpl*
internal financing (Fin) Innenfinanzierung *f (syn, internal finance; opp, external/outside . . . financing)*
internal financing ratio
(Fin) Selbstfinanzierungsquote *f*
(ie, proportion of cost met from a company's own coffers; a more precise term is ‚Innenfinanzierungsquote' covering both ‚Selbstfinanzierung' and ‚Finanzierung aus Abschreibungen')
(Fin) Innenfinanzierungsquote *f (syn, self-generated financing ratio)*
internal financing resources (Fin) Innenfinanzierungsmittel *pl*
internal flexibility (Bw) unternehmensinterne Flexibilität *f*
internal flight (com, GB) Inlandsflug *m*
internal flows (VGR) interne Ströme *mpl*
internal frontier (com) Binnengrenze *f*
internal generation of funds
(Fin) Selbstfinanzierung *f*
(ie, retention of earnings for use in the business; syn, GB, sometimes, auto-financing; rare, self-financing)
internal growth (Bw) unternehmensinternes Wachstum *n*
internal handling (Bw) Innentransport *m*
internal inflation (Vw) hausgemachte Inflation *f* *(syn, home-made inflation)*
internal interest (Fin) interne Zinsen *mpl*
internal investment (Bw) Eigeninvestition *f (opp, external investment)*
internal law (Re) innerstaatliches Recht *n*
internal lines of command (Bw) Befehlskette *f (syn, chain of command)*
internal lines of communication (Bw) innerbetriebliche Kommunikationswege *mpl*
internally generated funds
(Fin) eigenerwirtschaftete Mittel *pl*
(ie, finance provided out of a company's own resources; syn, internal equity)
internally produced goods (IndE) Eigenerzeugnisse *npl*, Eigenfertigung *f*
internal market (EG) Binnenmarkt *m (ie, completed by 1993; cf, single European market)*
internal market directives (EG) Binnenmarktrichtlinien *fpl*
internal migration (Stat) Binnenwanderung *f*
internal order
(Bw) Innenauftrag *m*
(ie, issued by a plant division, not by a customer:
1. make-to-stock order to replenish inventory = Vorratsauftrag zur Lagerergänzung;
2. intraplant order for products and services = Auftrag zur Erstellung innerbetrieblicher Leistungen)
internal-order accounting (ReW) Innenauftragsabrechnung *f*
internal pegging (AuW) Einhalten *n* der Bandbreiten zwischen Blockwährungen
internal price (Vw) Verrechnungspreis *m (syn, transfer price)*
internal processing (EDV) interne Verarbeitung *f*
internal production (IndE) Eigenfertigung *f*

internal public debt (FiW) öffentliche Verschuldung *f* ohne Auslandsverbindlichkeiten

internal rate of discount (Fin) Kalkulationszinsfuß *m* *(ie, applied in preinvestment analysis = Investionsrechnung; syn, proper discount rate, required rate of return, adequate target rate, minimum acceptable rate, conventional interest rate)*

internal rate of duty (EG) Binnenzollsatz *m*

internal rate of return (Fin) interner Zinsfuß *m* *(ie, found by determining the discount rate that, when applied to the future cash flows, causes the present value of those cash flows to equal the investment; problems must be solved by iteration; syn, dcf rate of return, time-adjusted rate of return; rare: yield rate; derjenige Diskontierungssatz, bei dem sich für e–e Investition ein Kapitalwert von Null ergibt)*

internal rate of return method (Fin) Interne-Zinsfuß-Methode *f* *(syn, IRR method of analysis, discounted cash flow method; GB, yield method)*

internal reconstruction (Fin, GB) = reduction of capital, qv

internal reporting (Bw) internes Berichtswesen *n*

internal reporting system (Bw) internes Berichtssystem *n*

internal requirements (com) Eigenbedarf *m*

internal resources (Fin) Eigenfinanzierungsmittel *pl* *(eg, capital consumption, investment grants, retained income)*

internal revenue (FiW, US) Steueraufkommen *n* des Bundes ohne Zölle

Internal Revenue Code, IRC (StR, US) Internal Revenue Code *m (ie, einheitliches Steuergesetz des Bundes; of 1954 as amended)*

Internal Revenue Service, IRS (StR, US) größte Bundessteuerbehörde *f* *(ie, administers and enforces internal revenue laws, except those relating to alcohol, tobacco, firearms, and explosives; cf, § 7802 IRC)*

internal sales (com) Binnenumsätze *mpl (syn, intracompany sales; GB, internal turnovers)*

internal sales revenues (ReW) Innenumsatzerlöse *mpl* *(ie, of an affiliated group of companies; syn, proceeds from intercompany sales)*

internal services (Bw) innerbetriebliche Leistungen *fpl*

internal source of information (Bw) interne Informationsquelle *f*

internal stability (Vw) binnenwirtschaftliche Stabilität *f*

internal storage (EDV) interner Speicher *m*

internal supplies (Bw) interne Zulieferungen *fpl*

internal talent hunt (Pw) betriebsinterne Talentsuche *f*

internal tariff (Zo) Binnenzoll *m (syn, GB, internal customs duty)*

internal trade (EG) Binnenhandel *m*

internal traffic (com) Binnenverkehr *m*

internal transaction (ReW) Buchungsvorfall *m (syn, accounting event)*

internal transfer account (ReW) Durchgangskonto *n (syn, transit account)*

internal transfer price (ReW) innerbetrieblicher Verrechnungspreis *m (syn, shadow price)*

internal transportation (IndE) betriebliches Förderwesen *n (syn, in-plant transportation)*

internal turnover (com) Eigenumsatz *m (ie, user of own finished products, own repairs, own buildings, etc)*

internal turnovers (com, GB) Binnenumsätze *mpl (syn, internal sales)*

internal use (com) Eigennutzung *f*

internal value of a currency (Vw) Binnenwert *m* e–r Währung *(opp, external value of a currency)*

internal value of money (Vw) binnenwirtschaftlicher Geldwert *m* *(syn, domestic value of money)*

internal voucher (ReW) Eigenbeleg *m (ie, self-prepared voucher or document)*

international accounting group (ReW) internationale Wirtschaftsprüfungsgesellschaft *f (eg, Arthur Anderson, Price Waterhouse, Touche Ross)*

International Accounting Standards Committee (ReW) internationaler Ausschuß *m* zur Erarbeitung weltweit empfohlener Rechnungslegungsgrundsätze; set up in June 1973

international agreement (Re) (zweiseitiges) internationales Abkommen *n (cf, international convention)*

international aid bodies (AuW) internationale Hilfsorganisationen *fpl*

international arbitrage activity (AuW) internationale Arbitrage *f*

international assignment (Pw) Auslandseinsatz *m*
– Entsendung *f*

International Association of Options Exchange and Clearing Houses (Bö) Internationale Vereinigung *f* der Optionsbörsen

international balance of payments (AuW) Zahlungsbilanz *f (syn, balance of payments)*

International Bank for Reconstruction and Development (AuW) Weltbank *f*
– Internationale *f* Bank für Wiederaufbau und Entwicklung

international banking (Fin) internationale Banktätigkeit *f*

International Banking Facilities (Fin, US) International Banking Facilities *pl* *(ie, a set of asset and liability accounts that is segregated from other accounts of the establishing office; deposits can be booked at these facilities, free from domestic reserve requirements and interest rate limitations; number about 500; half of them in New York and the bulk of the remainder in California, Florida, and Illinois; internationale Banken erhalten in New York e–n Sonderstatus – Steuerfreiheit, keine Reservepflicht –; sie dürfen Einlagen aus dem Ausland entgegennehmen und diese als Kredite an ausländische Schuldner verwenden; ein Offshore-Zentrum innerhalb des New Yorker Geldmarktes)*

international banking statistics (Fin) internationale Bankstatistik *f*

international bond market (Fin) internationaler Anleihemarkt *m*
international business (com) Auslandsgeschäft *n*
international call (com) Auslandsgespräch *n*
international capital links (AuW) internationale Kapitalverflechtung *f*
international capital movements
(Fin) internationaler
– grenzüberschreitender . . . Kapitalverkehr *m*
International Chamber of Commerce, ICC (com) Internationale Handelskammer *f*
international check (Fin) = traveler's check
international classification of goods and services (AuW) internationale Waren- und Güterverzeichnisse *npl*
international clauses of arbitration (Re) internationale Schiedsklauseln *fpl*
international comity (Re) internationale Courtoisie *f*
International Commercial Terms (com) = Incoterms, qv
international commodities
(AuW) internationale Güter *npl*
(opp, Binnenhandelsgüter)
international commodity agreement (AuW) internationales Rohstoffabkommen *n (syn, pact)*
international company (Bw) Weltunternehmen *n*
international competitiveness (AuW) internationale Wettbewerbsfähigkeit *f*
international consignment note (com) internationaler Frachtbrief *m*
international container transport (com) internationaler Behälterverkehr *m*
international convention (Re) (mehrseitiges) internationales Abkommen *n (cf, international agreement)*
international currency reserves (Vw) internationale Währungsreserven *fpl*
international currency speculation (Fin) internationale Devisenspekulation *f*
international department (com) Auslandsabteilung *f (eg, in banks)*
International Depositary Receipts (Fin, US) von US-Banken ausgegebene Zertifikate *npl* über die Hinterlegung von Dividendenwerten
International Development Association, IDA
(AuW) Internationale Entwicklungsorganisation *f*
(ie, the World Bank's soft-loan arm that lends only to the poorest countries)
international division of labor (AuW) internationale Arbeitsteilung *f*
international economic condition (AuW) weltwirtschaftliche Lage *f*
international economic order (AuW) Weltwirtschaftssystem *n (syn, international economic system, world trade order)*
international economic policy (Vw) Außenwirtschaftspolitik *f*
International Economics (Vw) Theorie *f* der Außenwirtschaft
international economic system (AuW) = international economic order
international economy (AuW) Weltwirtschaft *f (syn, world/global . . . economy)*
International Energy Agency, IEA (AuW) Internationale Energieagentur *f*
international express parcels consignment note
(com) internationaler Expreßgutschein *m*
international factoring
(Fin) Auslandsfactoring *n (syn, multinational factoring)*
international fair (Mk) internationale Messe *f*
International Finance Corporation, IFC
(AuW) Internationale Finanzierungsgesellschaft *f*
(ie, affiliate of the World Bank; promotes private enterprise in developing countries)
International Finance Institute
(Fin) Internationales Finanzinstitut *n*
(ie, von Großbanken gegründete Evidenzzentrale – central risk service – mit Sitz in Washington, D.C.)
international finance subsidiary
(Fin) internationale Finanztochter *f*
(ie, wholly owned by a U.S. parent company and usually incorporated in Delaware)
international forwarders (com) internationale Spedition *f*
International Futures Exchange, INTEX
(Bö) Internationale Warenterminbörse *f*
(ie, Hamilton/Bermudas mit EDV-automatisiertem Börsenhandel; opened in 1984; linked to regional data centers in New York, London, and Singapore)
international guaranty chain (com) internationale Bürgschaftskette *f*
international indebtedness
(Fin) internationale Verschuldung *f*
(ie, Netto-Schuldenposition von Ländern gegenüber internationalen Geschäftsbanken)
international intercompany pricing (ReW) Verrechnung *f* innerbetrieblicher Preise in internationalen Konzernen
international interrelations (StR) internationale Verflechtungen *fpl*
international investing public (Fin) internationales Anlagepublikum *n*
international investment
(Vw) Auslandsinvestition *f*
International Labor Office, ILO
(Pw) Internationales Arbeitsamt *n (ie, headquartered in Geneva)*
international law (Re) internationales Recht *n (ie, public and private)*
international lending (Fin) internationaler Kreditverkehr *m*
international lending operations (Fin) Auslandskreditgeschäft *n*
international licensing (Pat) internationale Lizenzvergabe *f*
international liquidity (AuW) internationale Liquidität *f*
international loadline certificate (com) internationales Freibordzeugnis *n*
internationally recognized (com) international gebräuchlich
international marketing cost (Mk) internationale Vertriebskosten *pl*
international merchant (com, US) = combination export manager
international monetary crisis (AuW) internationale Währungskrise *f*

International Monetary Fund, IMF
(IWF) Internationaler Währungsfonds *m*
– Weltwährungsfonds *m*
(ie, set up in 1944 to promote stability in international currency exchange; headquartered in Washington, D.C.)

international monetary market
(Fin, US) internationaler Geldmarkt *m*
(ie, centralized auction market in Chicago where currency and financial futures contracts are traded)

international monetary relations (AuW) internationale Währungsbeziehungen *fpl*

international monetary system (AuW) Weltwährungssystem *n*

international money order (Fin) Auslandspostanweisung *f*

international money trade (Fin) internationaler Geldhandel *m*

international operating agency (StR) internationale Betriebsstelle *f*

international operating subsidiary (Bw) Tochtergesellschaft *f* mit internationaler Geschäftstätigkeit

International Organization for Standardization
(com) Internationaler Normenausschuß *m*

International Patent Classification (Pat) Internationale Patent-Klassifikation *f*

international payment order
(Fin) internationaler Zahlungsauftrag *m*
(ie, by order and for the account of a third party = im Auftrag und zugunsten Dritter)

international payments (AuW) internationaler Zahlungsverkehr *m*

international payments agreement (AuW) internationales Zahlungsabkommen *n*

international payments situation (AuW) Zahlungsbilanzsituation *f*

International Petroleum Exchange, IPE
(Bö, GB) Internationale Rohölbörse *f*
(ie, Terminbörse für Rohölkontrakte; Sitz in London; Handelsobjekt: Nordseeöl)

international price system (AuW) internationaler Preiszusammenhang *m*

international reply coupon (com) internationaler Rückantwortschein *m*

international reserve currency (AuW) internationale Reservewährung *f*

international reserves (Vw) internationale Währungsreserven *fpl*

internationals (Fin) = international securities

international sale (Re) Kauf *m* zwischen Parteien mit Sitz in verschiedenen Staaten

international sales (com) Auslandsumsatz *m (syn, sales abroad; GB, export turnover)*

international sales department (com) Exportabteilung *f*

International Savings Bank Institute (Fin) Internationales Institut *n* der Sparkassen *(ie, headquartered in Geneva)*

international securities (Fin) international gehandelte Wertpapiere *npl (syn, internationals)*

International Standard Classification of Occupation ISCO (Pw) Internationale Standardklassifikation der Berufe

International Standards Organization, ISO
(IndE) Internationale Standard-Organisation *f*
(ie, based in Geneva; angeschlossen sind nationale Normenausschüsse wie DIN, ANSI, AFNOR)

International Sugar Council (AuW) Internationaler Zuckerrat *m*

international tax treaty (StR) internationales Steuerabkommen *n*

International Telecommunication Union, ITU
(EDV) Internationaler Verband für Telekommunikation *(ie, defines international telecommunication standards: eg, V.32, V.32bis, V.34)*

International Tin Council (AuW) Internationaler Zinnrat *m*

international trade (AuW) Welthandel *m*, internationaler Handel *m (syn, world/global . . . trade)*

international trade bill (Fin) Londoner Finanzwechsel *m*

International Trade Center, ITC
(AuW) Gemeinsames Internationales Handelszentrum *n*
(ie, gemeinsames Sonderorgan des GATT und der UNO mit Sitz in Genf)

international trade policy (AuW) internationale Handelspolitik *f*

international transit (AuW) Transitverkehr *m (syn, transit . . . trade/traffic)*

international transport (com) grenzüberschreitende Beförderung *f*

International Union for the Protection of Industrial Property (Pat) Internationaler Verband *m* zum Schutz des gewerblichen Eigentums

International Union of Marine Insurance (Vers) Internationale Vereinigung *f* der Seeversicherer

international unit of account (AuW) internationale Recheneinheit *f*

International Wheat Council (AuW) Internationaler Weizenrat *m*

interoffice (com) innerbetrieblich

interoffice dealing (Bö) = interoffice trading

interoffice mail (com) Hauspost *f (ie, often labeled ASAP = as soon as possible)*

interoffice memo (com) innerbetriebliche Mitteilung *f*

interoffice trading
(Bö) Telefonverkehr *m*
(Bö) außerbörsliche Geschäfte *npl*
(ie, Vertragsabschlüsse außerhalb des Börsenparketts)

interpenetrate *v* (com) verflechten *(syn, interlace)*

interpenetrating samples
(Stat) durchdringende Stichproben *fpl*
(ie, two or more samples taken from the same population by the same process; syn, interpenetrating sub-samples)

interpenetrating sub-samples (Stat) = interpenetrating samples

interpenetration
(com) gegenseitige Durchdringung *f*
– Verflechtung *f*
(syn, interlinking)

interpenetration agreement
(Mk) Marktabgrenzungsabkommen *n*
(eg, French and German companies limit volume of steel exported into one another's home markets)

interpenetration of national economies (AuW) Verflechtung *f* der Volkswirtschaften
interperiod tax allocation (ReW, US) periodengerechte ESt-Verbuchung *f*
interpersonal comparison of utility (Vw) interpersoneller Nutzenvergleich *m*
interpersonal transfers (VGR) Übertragungen *fpl* zwischen Haushalten, Transferzahlungen *fpl*
interplant comparison (Bw) Betriebsvergleich *m* *(syn, interfirm comparison, comparative/external . . . analysis)*
interplant cooperation (Bw) zwischenbetriebliche Kooperation *f*
interplant mobility (Pw) zwischenbetriebliche Mobilität *f*
interpose *v* (com) einschalten, sich einschalten *(ie, between; verb has no negative connotation)*
interpose a bank *v* (Fin) Bank *f* einschalten *(eg, between seller and buyer)*
interpose a defense *v* (Re) Einrede *f* geltend machen *(syn, put forward a defense)*
interposed company (com) zwischengeschaltete Gesellschaft *f*
interpose defenses *v* (Re) Einwände *mpl* geltend machen
interposition of a bank (Fin) Einschaltung *f* e–r Bank
interpret *v*
(com) dolmetschen
(Re) auslegen *(ie, as; syn, construe)*
interpretation (Re) Auslegung *f* *(ie, put on; syn, construction)*
interpretation of a law (Re) Gesetzesauslegung *f*
interpretative execution (EDV) interpretative Ausführung *f*
interpreter
(com) Dolmetscher *m*
(EDV) Interpretierer *m*
– Interpreterprogramm *n*
(ie, translates and executes each source program statement before proceeding to the next one: Programm, das Quellanweisungen übersetzt und ausführt; syn, interpretive routine)
interpretive annotations (ReW) Abschlußerläuterungen *fpl*
interpretive routine (EDV) = interpreter
interpretive trace program (EDV) interpretierendes Protokollprogramm *n*
inter-program communication (EDV) Datenaustausch *m* zwischen einzelnen Programmen
interquartile range
(Stat) Quartilsabstand *m*
(ie, distance between the top of the lower quartile and the bottom of the upper quartile of a distribution)
interrelated propositions (Log) Aussagenzusammenhang *m*
interrogate *v*
(Re) verhören
(EDV) abfragen
(eg, computers for the quotations of all market makers; syn, inquire, query)
interrogation
(Re) Verhör *n*
(EDV) Abfrage *f*
interrogatories (Re, US) schriftliche Fragen *fpl* *(ie, im Zivilprozeß)*
interrupt (EDV) Unterbrechung *f*
interrupt *v* (EDV) unterbrechen
interrupt control (EDV) Unterbrechungssteuerung *f*
interruption (Re) Unterbrechung *f* der Verjährung *(ie, of the statute of limitations)*
interruption of work (IndE) Arbeitsunterbrechung *f* *(syn, work stoppage)*
interrupt the limitation period *v* (Re) Verjährung *f* unterbrechen
intersection
(Math) Schnittpunkt *m*
(syn, point of intersection)
(EDV) Schnittstelle *f*
– Verbindungsstelle *f*
intersection of sets
(Math) Schnittmenge *f*
– Durchschnittsmenge *f*
(syn, meet of sets, logical product of sets; opp, union/join/sum . . . of sets = Vereinigungsmenge)
interstate banking (Fin, US) Betreiben *n* von Bankfilialen in mehreren Bundesstaaten
interstate carrier
(com, US) zwischenstaatlich tätiger Frachtführer *m* *(ie, der sich über die Grenzen e–s Bundesstaates hinaus betätigen darf)*
interstate commerce (Vw, US) zwischenstaatlicher Wirtschaftsverkehr *m* *(ie, trade among the states of the Union; opp, intrastate commerce)*
Interstate Commerce Commission, ICC
(Vw, US) Interstate Commerce Commission *f* *(ie, unabhängige Behörde, die das Transport- und Verkehrswesen reguliert: rates and service of interstate surface transportation companies – Schiene, Straße, Wasser –, railroads, motor carriers, certain domestic water carriers)*
interstate compensating fund (EG) zwischenstaatlicher Ausgleichsfonds *m* Kohäsionsfonds *m*
interstatement ratios
(ReW) gemischte Kennziffern *fpl*
(ie, ratios derived from balance sheet and income statement)
interstate trade (Kart, US) zwischenstaatlicher *(nicht: internationaler)* Wirtschaftsverkehr *m*
intertemporal equity (FiW) Äquivalenz *f* von Leistung und Gegenleistung im Zeitablauf
intertemporal marginal rate of substitution (Vw) intertemporale Grenzrate *f* der Substitution, Grenzrate *f* der Zeitpräferenz
intertemporal shifting of burdens (FiW) zeitliche Lastenverschiebung *f*
interval estimation (Stat) Intervallschätzen *n* *(opp, point estimation)*
interval forecast (Vw) Intervallprognose *f*
intervening party (Re) Nebenkläger *m* *(syn, coplaintiff)*
intervention board for agricultural products (EG) Einfuhr- und Vorratsstelle *f* für landwirtschaftliche Erzeugnisse
intervention currency (AuW) Interventionswährung *f*
intervention in support of exchange rates (AuW) kursstützende Intervention *f*
intervention in the capital market (Fin) Kapitalmarktintervention *f*

intervention in the open market (AuW) Intervention *f* am freien Markt
intervention mechanism (EG) Interventionsmechanismus *m*
intervention policy (AuW) Interventionspolitik *f (ie, of central banks)*
intervention price
(EG) Interventionspreis *m*
– garantierter Mindestpreis *m*
(ie, minimum prices in EEC farm policy)
intervention rate (AuW) Interventionskurs *m* im EWS
intervention rules (EG) Interventionsregeln *fpl*
intervention supra protest (WeR) Ehreneintritt *m (syn, act of honor)*
intervention tools (Vw) Eingriffsinstrumente *npl*
interviewee (Mk) Proband *m (syn, respondent)*
interviewer bias (Mk) Interviewereinfluß *m*
interviewer rating (Mk) Einstufung *f* durch den Interviewer
interviewing of personnel (Pw) Mitarbeiter-Interview *n*
inter vivos
(Re) unter Lebenden
(ie, between living persons; eg, gift inter vivos; opp, mortis causa = von Todes wegen)
inter vivos trust (Re, US) = living trust, *qv*
intestate share (Re) gesetzlicher Erbteil *m*
intestate succession (Re) gesetzliche Erbfolge *f*
INTEX (Fin) = International Futures Exchange
in the absence of (Re) mangels, in Ermangelung
in the bag (com) bevorstehend *(eg, a rise is . . . for)*
in the bank
(Fin, GB) Geldmarkt ist . . ., wenn Geschäftsbanken Kreditrestriktionen einführen und die ‚discount houses' sich Mittel nur durch Rediskont bei der Bank von England beschaffen können
in the black (com) mit Gewinn arbeiten, in der Gewinnzone liegen
in the money
(Fin) Kaufoption *f*, bei der der Abschlußpreis unter dem Marktpreis des Wertpapiers liegt
– im Geld
in the original (com) im Original
in the red (com) mit Verlust arbeiten, in der Verlustzone liegen
in the works (com, infml) in Bearbeitung *(syn, under way; GB, on the stocks)*
in tight supply (com) = in short supply
intra-bloc tariff (EG) Binnentarif *m (opp, external/extra-bloc . . . tariff)*
intra-brand competition (Mk) markenspezifischer Wettbewerb *m*
intra-class variance (Stat) Binnenklassen-Streuung *f (syn, within-group variance)*
intracommodity spread
(Bö, US) Intracommodity Spread *m*
(ie, Preisdifferenz zwischen zwei Fälligkeitsterminen des gleichen Kontraktobjektes zu groß oder zu klein; Kauf zu einem, Verkauf zu e–m anderen Termin)
intra-Community exports (EG) Ausfuhren *fpl* in die EU
intra-Community settlements (EG) innergemeinschaftlicher Saldenausgleich *m*
intra-Community trade (EG) innergemeinschaftlicher Warenverkehr *m*
intra-Community treatment (EG) Gemeinschaftsbehandlung *f*
intra-company job market (Pw) innerbetrieblicher Arbeitsmarkt *m*
intra-company sales (Bw) Binnenumsätze *mpl (syn, internal sales)*
intra-company transfer (Pw) innerbetriebliche Umsetzung *f*
intra-day fluctuations (com, Bö) Tagesschwankungen *fpl*
intra-day position
(Bö) Ein-Tages-Engagement *n*
(ie, open foreign exchange position run by a dealer within a day; usually reduced to square, or nearly so, before close of business)
intra-departmental (com) abteilungsintern
intra-enterprise conspiracy
(Kart, US) Wettbewerbsverstoß *m* im Unternehmensverband
(ie, between parent and subsidiary or between companies under common control; violates Sec 1 of the 1890 Sherman Act)
intra-EU exports (EG) = intra-Community exports
intra-European flight (com) innereuropäischer Flug *m*
intra-EU trade (EG) = intra-Community trade
intra-firm comparison (Bw) innerbetrieblicher Vergleich *m*
intra-firm trade
(Vw) firmeninterner Handel *m*
(ie, auf der Grundlage von Mutter-Tochter-Beziehungen)
intra-government efficiency (FiW) staatsinterne Effizienz *f*
intra-group capital flows (Fin) konzerninterne Kapitalströme *mpl*
intra-group consolidation (ReW) Innenkonsolidierung *f*
intra-group intermediate profits (ReW) konzerninterne Zwischengewinne *mpl*
intra-group sales
(ReW) Innenumsätze *mpl*
– konzerninterne Umsätze *mpl*
(syn, intercompany sales)
intra-group transactions
(com) Konzerngeschäfte *npl*
intra-industry specialization (Bw) brancheninterne Spezialisierung *f*
in-transit inventory (MaW) Bestand *m* im Verteilsystem *(syn, pipeline inventory)*
intra-party factionalism
(com) Richtungskämpfe *mpl*
intra-plant cost allocation (KoR) innerbetriebliche Leistungsverrechnung *f (ie, traces costs from service cost centers to production cost centers)*
intra-plant information system (IndE) werksinternes Informationssystem *n*
intra-plant layout (IndE) Raumplanung *f*
intra-plant materials handling (IndE) innerbetriebliches Transportwesen *n*
intra-plant mobility (Pw) innerbetriebliche Mobilität *f*
intra-plant service output (KoR) innerbetriebliche Leistungen *fpl (syn, no-market plant output)*

intrapreneuring
(Bw, US) betriebsinterne Förderung innovativer Talente
(ie, describes a concept for the care and feeding of individual innovators within a large corporate framework; syn, internal entrepreneur, in-house entrepreneur)
intra-sectoral credit flows (Fin) intersektorale Finanzströme *mpl*
intrastate carrier (com, US) auf das Gebiet e–s Bundesstaates beschränkter Frachtführer *m*
intrastate commerce
(Vw, US) innerstaatlicher Wirtschaftsverkehr *m*
(ie, trade within a state of the Union; opp, interstate carrier)
intrinsic decay (com) innerer Verderb *m*
intrinsic value
(Vw) innerer Wert *m (opp, extrinsic value)*
(Fin) Substanzwert *m (ie, of a share or stock)*
(Bö) Substanzwert *m*
– innerer Wert *m*
– intrinsischer Wert *m*
(ie, e–r Option: der Betrag, den der Inhaber bei Glattstellung realisieren könnte)
intrinsic value of a coin
(Fin) Stoffwert *m* e–r Münze
(ie, equal to the market value of its metal)
introduction charges (com) Vermittlungsgebühr *f*
introduction price (Bö) Einführungskurs *m (syn, issue price)*
introduction syndicate (Bö) Einführungskonsortium *n*
introductory act
(Re) Einführungsgesetz *n (syn, introductory law)*
introductory clause (Re) Einführungsklausel *f*
introductory law (Re) = introductory act
introductory price
(com) Einführungspreis *m*
– Orientierungspreis *m*
(syn, informative price)
intuitive-anticipatory planning (Bw) improvisierende Planung *f*
intuitive set theory
(Math) naive
– elementare … Mengenlehre *f*
(opp, axiomatic set theory = axiomatische Mengenlehre)
invalid (Re) ungültig, nichtig, rechtsunwirksam *(syn, void)*
invalid key condition (EDV, Cobol) Schlüsselfehlerbedingung *f (cf, DIN 66 028, Aug 1985)*
in value
(com) wertmäßig
(eg, exports rose 16% in value; syn, in terms of value, by value)
invention (Pat) Erfindung *f*
inventive difference (Pat) Neuheitsrest *m*
inventive height (Pat) = inventive level
inventive idea (Pat) Erfindungsgedanke *m*
inventive level
(Pat) Erfindungshöhe *f*
(syn, inventive . . . height/step, amount/level . . . of invention, degree of novelty)
inventive step (Pat) = inventive level
inventive talent (Pat) Erfindergeist *m*
inventoriable (ReW) inventarisierbar
inventoriable manufacturing cost (ReW) materialbedingte Herstellungskosten *pl*
inventories (MaW) = inventory
inventor's compensation (Pat) Erfindervergütung *f*
inventory
(ReW) Inventur *f*
– körperliche Bestandsaufnahme *f*
(syn, physical inventory, stocktaking)
(ReW) Inventar *n*
– Inventarliste *f (syn, stock list)*
(ReW) Vorräte *mpl*
– (Lager-)Bestände *mpl*
– Vorratsvermögen *n*
(syn, inventories, stock(s), stock on hand; GB, stock-in-trade)
inventory *v*
(MaW) inventarisieren
– Bestände *mpl* aufnehmen
inventory accounting (MaW) Lagerbuchführung *f*
inventory accounting department (MaW) Lagerbuchhaltung *f*
inventory accounting system (MaW) Lagerbuchführung *f*
inventory accumulation (Vw) Auffüllung *f* der Lagerbestände *(opp, inventory liquidation)*
inventory adjustments (ReW) Bestandsberichtigungen *fpl*
inventory adjustments – finished goods (ReW) Abwertung *f* auf Fertigerzeugnisse
inventory adjustments – raw materials and supplies (ReW) Abwertung *f* auf Roh-, Hilfs- und Betriebsstoffe
inventory adjustments – work in process (ReW) Abwertung *f* auf unfertige Erzeugnisse
inventory analysis (OR) Lagerhaltungsanalyse *f*
inventory and materials management (MaW) Lagerwirtschaft *f*
inventory and purchases budget (MaW) Budget *n* des Materialbereichs
inventory asset account (ReW) Lagerkonto *n*
inventory audit (MaW) Bestandsprüfung *f*
inventory buffer (MaW) Sicherheitsbestand *m (syn, inventory . . . cushion/reserve, safety inventory)*
inventory buildup
(MaW) Auffüllung *f*
– Aufstockung *f*
– Aufbau *m* . . . von Lagerbeständen *(syn, accumulation/replenishment . . . of inventories)*
inventory card (MaW) Lagerkarte *f (syn, stock record card)*
inventory carrying cost (MaW) Lager(haltungs)-kosten *pl (syn, carrying cost)*
inventory carrying function (MaW) Lagerfunktion *f*
inventory changes
(VGR) Lagerinvestitionen *fpl (syn, net changes in business inventory)*
(MaW) Bestandsveränderungen *fpl*
inventory checker (MaW) Bestandsprüfer *m*
inventory clearance (com) Räumung *f* des Lagers
inventory clerks (MaW) Lagerpersonal *n*
inventory control
(MaW) Lagerbestandskontrolle *f*
(IndE) Lagerwirtschaft *f (ie, systematic management of the balance on hand of inventory items: supply, storage, distribution, recording)*

inventory control department (MaW) Lagerverwaltung *f*
inventory cost (MaW) = inventory carrying cost
inventory costing (ReW) Kostenbewertung *f* von Vorräten
inventory cushion (MaW) Sicherheitsbestand *m* *(syn, inventory buffer)*
inventory cutting (MaW) Lagerabbau *m* *(syn, destocking)*
inventory cycle (Vw) Lagerhaltungszyklus *m*
inventory data (ReW) Bestandsdaten *pl*
inventory date (ReW) Inventurstichtag *m*
inventory delivery (MaW) Materialzufuhr *f*
inventory depreciation (ReW) Abschreibung *f* auf Warenbestände
inventory discrepancy (ReW) Bestandsdifferenz *f* *(ie, posted as extraordinary expense)*
inventory drawdown (Bw) = inventory liquidation, qv
inventory file (ReW) Bestandskartei *f*
inventory financing (Fin) Lagerfinanzierung *f*
inventory fluctuations (MaW) Lagerhaltungsschwankungen *fpl*
inventory holding cost (MaW) = inventory carrying cost
inventory increase (MaW) Aufstockung *f* der Bestände
inventory insurance (Vers) Vorräteversicherung *f*
inventory-intensive (Bw) vorratsintensiv
inventory investment
(VGR) = inventory changes
(MaW) Lagerinvestitionen *fpl*
inventory investment cycle (Vw) Lagerzyklus *m* *(syn, GB, stock cycle)*
inventory item (MaW) Lagerteil *n*
inventory journal (MaW) Lagerjournal *n*
inventory lead time (MaW) Beschaffungszeit *f* *(syn, procurement lead time)*
inventory lending (Fin) Beleihung *f* des Vorratsvermögens
inventory level
(MaW) Lagerbestand *m*
– Lagergröße *f*
inventory liquidation
(MaW) Lagerabbau *m*, Abbau *m* von Lagerbeständen
(syn, inventory . . . opp, inventory accumulation)
inventory list (MaW) Inventuraufnahmeliste *f*
inventory losses (MaW) Lagerverluste *mpl*
inventory management
(MaW) Lagerwirtschaft *f*
– Bestandsmanagement *n*
– Bestandsführung *f* *(syn, inventory control, qv)*
inventory model (OR) Lagerhaltungsmodell *n*
inventory movements (MaW) Lagerbewegungen *fpl*
inventory number (MaW) Inventarnummer *f*
inventory of final goods (ReW) = inventory of finished goods
inventory of finished goods (ReW) Bestand *m* an fertigen Erzeugnissen, Fertigwarenlager *n*
inventory of intermediate goods (ReW) Bestand *m* an unfertigen Erzeugnissen *(syn, work-in-process inventory)*
inventory pile-up (MaW) Zunahme *f* der Lagerbestände
inventory planning (MaW) Lagerplanung *f* *(syn, materials requirements planning)*
inventory policy (MaW) Lagerhaltungspolitik *f*
inventory pricing (ReW) Vorratsbewertung *f* *(syn, inventory valuation)*
inventory profit
(ReW) Lagergewinn *m*
– Bestandsgewinn *m*
– Scheingewinn *m* aus Vorratsbewertung
(ie, excess of one valuation base over another; eg, fifo vs lifo; unavailable for reinvestment or dividend payout; syn, phantom inventory gain, fool's profit)
inventory rebuilding (MaW) = inventory accumulation
inventory receipts (MaW) Lagerzugänge *mpl* *(syn, addition to stocks)*
inventory recession (Vw) Lagerhaltungs-Rezession *f*
inventory reconciliation list (ReW) Inventurabstimmliste *f*
inventory record card (ReW) Bestandskarte *f* *(syn, balance card)*
inventory records (MaW) Lagerkartei *f* *(syn, stock file)*
inventory records file
(MaW) Lagerbuchführung *f*
(ie, to keep track of all items on inventory and on order; syn, stockroom . . . record system/records)
inventory reduction (MaW) Abbau *m* von Beständen od Vorräten
inventory register (ReW) Inventurbuch *n*
inventory replenishment (MaW) Lagerauffüllung *f* *(syn, inventory accumulation)*
inventory reserve
(MaW) Sicherheitsbestand *m*, Mindestbestand *m*
(ReW) Wertberichtigung *f* auf das Vorratsvermögen
inventory restocking (MaW) Auffüllen *n* der Bestände
inventory revaluation (ReW) Neubewertung *f* des Vorratsvermögens
inventory risk (ReW) Beständewagnis *n*
inventory runoff (Bw) = inventory liquidation, qv
inventory safety stock (MaW) Mindestbestand *m*, Sicherheitsbestand *m*
inventory-sales ratio (Bw) Umschlaghäufigkeit *f* des Warenbestandes *(syn, rate of merchandise turnover)*
inventory scheduling (MaW) Lagerhaltungsplanung *f*
inventory sheet (ReW) Inventuraufnahmeliste *f*
inventory shrinkage (MaW) Beständeschwund *m*
inventory statistics (MaW) Lagerstatistik *f*
inventory status report (MaW) Lagerbestandsverzeichnis *n*
inventory taking
(MaW) Bestandsaufnahme *f*
– Bestandsermittlung *f* *(syn, stocktaking)*
inventory turnover
(MaW) Lagerumschlag *m*, Lagerumsatz *m*
(ie, ratio of annual cost of goods sold to average inventory; syn, inventory-sales ratio, rate of gibt an, wie oft der durchschnittliche Bestand im Jahr umgesetzt wird; inventory-sales ratio, rate of inventory turnover, merchandise/stock . . . turnover)

inventory unit value (ReW) Bestände-Stückwert *m*
inventory updating
(MaW) Bestandsfortschreibung *f*
– Skontration *f*
(syn, perpetual inventory)
inventory valuation (ReW) Bestandsbewertung *f*, Bewertung *f* des Vorratsvermögens *(syn, inventory pricing)*
inventory valuation adjustment (ReW) Wertberichtigung *f* auf Vorratsvermögen
inventory workoff (MaW) Lagerabbau *m (syn, destocking)*
inverse correlation
(Stat) negative Korrelation *f*
(syn, negative correlation; opp, direct/positive . . . correlation)
inverse function (Math) Umkehrfunktion *f*, inverse Funktion *f*
inverse Laplace transformation (Math) Umkehrung *f* der Laplace- Transformation *(ie, auch: operation of...)*
inverse logarithm
(Math) Numerus *m*, Antilogarithmus *m (syn, antilogarithm)*
(Math) Logarithmand *m*
inversely proportional (Math) umgekehrt proportional
inverse matrix
(Math) inverse od reziproke Matrix *f*
– Umkehrmatrix *f*
– Kehrmatrix *f (syn, reciprocal matrix)*
inverse probability (Stat) Rückschlußwahrscheinlichkeit *f*
inverse sampling (Stat) inverse Auswahl *f*
inverse video
(EDV) Umkehranzeige *f*
(ie, display effect created by swapping fore- and background color of a certain screen area)
inversion (EDV) NICHT-Verknüpfung *f (syn, NOT operation, negation)*
inverted comma (com, GB) Anführungszeichen *n (syn, quotation mark)*
inverted list (EDV) invertierte Liste *f*
invest *v* (Fin) Geld *n* anlegen, investieren *(ie, in; to earn a financial return; syn, put/sink . . . money into)*
invest big *v* (Fin, infml) in großem Umfang investieren
invested capital (ReW) Eigenkapital *n (ie, paid-in capital + surplus)*
investigate a market *v* (Mk) Markt *m* beobachten
investigation service (Zo) Fahndungsdienst *m*
investigative load (Re) Untersuchungsaufgaben *fpl*
investigatory secrets (Re) Untersuchungsgeheimnisse *npl*
investing public
(Fin) Anlagepublikum *n*
– anlagesuchendes Publikum *n*
invest long term *v* (Fin) langfristig anlegen
investment
(Bw) Investition *f*
(Fin) Kapitalanlage *f*, Investition *f*
(Fin) = investment spending
(Fin) Wertpapier *n*
(Fin) Beteiligung *f*

investment abroad (AuW) Auslandsinvestition *f (syn, foreign investment)*
investment account
(VGR) Vermögensänderungskonto *n*
(ReW) Finanzanlagenkonto *n (opp, fixed-asset account)*
(Fin, GB, appr) Festgeldkonto *n*
investment accounting department
(ReW) (Abteilung) Anlagenbuchhaltung *f*
(ie, für Finanzanlagen)
investment acquisition (Fin) Beteiligungserwerb *m*
investment activity (Bw) Investitionstätigkeit *f (eg, steep drop in . . .)*
investment additions (ReW) Beteiligungszugänge *mpl*
investment adviser
(Fin) Anlageberater *m*
– Wertpapierberater *m*
(syn, investment consultant)
investment advisory agreement (Fin) Anlageberatungsvertrag *m*
investment advisory services (Fin, US) Wertpapier- und Anlageberatung *f*
investment aid (Fin) Investitionsbeihilfe *f*
investment allowance
(StR, GB) steuerliche Abschreibung *f (syn, capital allowance)*
(Fin) Investitionszuschuß *m*
investment analysis
(Fin) Investitionsrechnung *f (syn, capital budgeting, preinvestment analysis, qv)*
(Fin) Wertpapieranalyse *f*
investment appraisal
(Fin) = investment analysis
(Fin) Anlagebewertung *f (syn, investment rating)*
investment appropriation request (Fin) Investitionsantrag *m*
investment assistance (Vw) Investitionsförderung *f*
investment at unamortized cost (Fin) Beteiligung *f* zum Buchwert
investment ban (Vw) Investitionsverbot *n*
investment bank
(Fin, US) Investitionsbank *f*
(ie, Geschäftsfelder: Unternehmensfinanzierung und Wertpapiergeschäft; opp, commercial bank)
(Fin, GB) Emissionsbank *f*
– Emissionshaus *n*
(ie, intermediary between issuer of securities and the investing public; may be underwriter or agent [= agency marketing]; opp, deposit-taking institution)
investment banker (Fin) = investment bank
investment banking (Fin, US) Wertpapier- und Emissionsgeschäft *n (opp, commercial banking)*
investment banks
(Fin, US) Investitionsbanken *fpl*
(ie, engaged mainly in corporate financing and in the securities underwriting business; opp, commercial banks)
investment barriers (AuW) Investitionsschranken *fpl (ie, to foreigners)*
investment bill (Fin) Wechsel *m*, der bis zur Fälligkeit nicht diskontiert wird
investment bonds (Fin) festverzinsliche Anlagepapiere *npl*

investment budget
(Fin) Investitionsbudget *n*
– Investitionsplan *m*
investment business
(Fin) Investmentgeschäft *n*
– Wertpapiergeschäft *n*
investment buying (Fin) Anlagekäufe *mpl*
investment capital (Fin) Investitionskapital *n*
investment climate (Fin) Investitionsklima *n*
investment committee (Fin) Anlageausschuß *m*
investment company
(Fin, US) Investmentgesellschaft *f*
– Beteiligungsgesellschaft *f*
– Kapitalanlagegesellschaft *f*
(ie, verwaltet e–n od mehrere Investmentfonds)
investment confidence (Bw) Investitionsbereitschaft *f* *(eg, has been remarkably strong)*
investment consultant (Fin) Anlageberater *m (syn, investment... adviser/counsel/consultant)*
investment contract (Fin) Verwaltungsvertrag *m*
investment control
(Vw) Investitionskontrolle *f*
– Investitionslenkung *f (syn, investment steering)*
investment cost (Fin) Investitionskosten *pl*
investment counseling
(Fin) Effektenberatung *f*
– Anlageberatung *f*
– Vermögensberatung *f*
investment counselor (Fin) = investment consultant
investment credit
(Fin) Anlagekredit *m*
– Investitionskredit *m*
(ie, long-term borrowed capital for financing production plant = zur Investition langfristig gebundenen Kapitals)
investment currency
(Fin) Anlagewährung *f*
(Fin, GB) Anlagedevisen *pl*
investment currency premium (Fin, GB) Aufschlag *m* für Anlagedevisen *(ie, im Kurs enthalten)*
investment dealer (Fin) Wertpapierhändler *m (syn, securities dealer)*
investment decision
(Bw) Investitionsentscheidung *f*
– Anlageentscheidung *f*
investment deficit (Fin) Investitionslücke *f*
investment demand (Vw) Investitionsnachfrage *f*
investment depreciation (StR, GB) Vorgriffsabschreibung *f*
investment diversification (Fin) Anlagestreuung *f*
investment earnings (Fin) Beteiligungserträge *mpl*
investment earnings on funds (Vers) Kapitalertrag *m*
investment executive (Bö, US) = account representative, qv
investment expenditure (Fin) Investitionsausgaben *fpl (syn, capital spending, qv)*
investment financing
(Fin) Anlagefinanzierung *f*
– Investitionsfinanzierung *f*
investment function (Vw) Investitionsfunktion *f*
investment fund
(Fin) Investmentfonds *m*
– Investmentgesellschaft *f*
investment fund certificate (Fin) Investmentzertifikat *n*
investment fund open to the general public (Fin) Publikumsfonds *m*
investment fund share
(Fin) Investmentfondsanteil *m*
– Anteilschein *m*
– Zertifikat *n*
investment gap (Fin) Investitionslücke *f*
investment goal (Fin) Anlageziel *n*
investment goods (Bw) Investitionsgüter *npl (syn, capital/industrial... goods)*
investment grant (StR, GB) Investitionsbeihilfe *f*
investment incentive (Bw) Investitionsanreiz *m (syn, incentive to invest)*
investment income
(ReW) Erträge *mpl* aus Beteiligungen, Kapitalerträge *mpl (syn, income from investments)*
(Vers) Zinserträge *mpl (ie, earned in short-term money markets)*
(StR) = unearned income
investment-income ratio
(VGR) Investitionsrate *f*
(ie, ratio of gross investments to GNP at market prices)
investment industry (Fin) Investmentsektor *m*
investment in financial assets (Fin) Finanzanlageinvestitionen *fpl (syn, GB, trade investment)*
investment in inventories of goods (VGR) Lagerinvestitionen *fpl (syn, inventory changes)*
investment in plant and equipment (VGR) Ausrüstungsinvestitionen *fpl (opp, Bauinvestitionen, Lagerinvestitionen)*
investment in securities
(Fin) Effektenanlage *f*
– Wertpapieranlage *f*
investment interest (Fin) Beteiligung *f*
investment-led expansion (Vw) investitionsinduziertes Wachstum *n*
investment letter (Fin) vertragliche Vereinbarung *f* über den Handel mit ‚letter stocks' = Aktien ohne amtliche Zulassung
investment management
(Fin, Vers) Vermögensverwaltung *f*
– Anlageverwaltung *f*
investment management policy (Fin) Anlagepolitik *f*
investment manager (Fin) Vermögensverwalter *m*
investment market (Fin) Anlagemarkt *m (ie, channels for distributing bonds and other investments)*
investment media (Fin) = investment vehicles
investment multiplier (Vw) Investitionsmultiplikator *m*
investment object (Fin) = investment project
investment objective (Fin) Anlageziel *n*
investment opportunities (Fin) Investitionsmöglichkeiten *fpl (syn, investment outlets)*
investment opportunity line (Vw) Investitionsmöglichkeitskurve *f*
investment outlay (Fin) Anschaffungsausgabe *f (ie, in preinvestment analysis)*
investment outlets (Fin) Anlagemöglichkeiten *fpl*
investment outlook (Fin) Anlagemöglichkeiten *fpl*
investment performance (Fin) Anlageergebnis *n*
investment portfolio
(Fin) Wertpapierbestand *m*
– Effektenportefeuille *n*

investment project
(Fin) Investitionsprojekt *n*
(syn, capital spending project)
investment proposal (Fin) = investment project
investment rating (Fin) Anlagebewertung *f (syn, investment appraisal)*
investment receipts (Fin) Investitionseinnahmen *fpl*
investment recovery (Fin) Rückgewinnung *f* des investierten Kapitals
investment reserve
(ReW) Wertberichtigung *f* auf Beteiligungen
(Vers) Kursrücklage *f*
investment risk
(Fin) Anlagerisiko *n*
– Anlagewagnis *n*
investments
(ReW, EG) Wertpapiere *npl*
(ReW) Wertpapiere *npl* des Anlagevermögens *(opp, marketable securities)*
(Fin) Beteiligungen *fpl*, Finanzanlagevermögen *n*
investment securities
(Fin) Anlagepapiere *npl*
– Wertpapiere *npl* des Anlagevermögens
(ie, Papiere, die sich zur langfristigen Kapitalanlage eignen)
investments held as fixed assets (ReW, EG) Wertpapiere *npl* des Anlagevermögens
investment shift (Fin) Portefeuille-Umschichtung *f*
investment shock (Vw) Investitionsstoß *m*
investments in machinery and equipment (Bw) Ausrüstungsinvestitionen *fpl (syn, equipment spending, qv)*
investment specialist (Fin) Anlagenspezialist *m*
investment spending
(Fin) Investitionsaufwendungen *fpl*
(FiW) investive Ausgaben *fpl*
investment steering
(Vw) Investitionskontrolle *f*
– Investitionslenkung *f*
(syn, investment control, qv)
investment strategy (Fin) Anlagestrategie *f (cf, portfolio selection)*
investment surge (Bw) Investitionsschub *m*
investment tax credit
(StR, US) Investitionssteuer-Gutschrift *f*
(ie, available for expenditure on certain depreciable equipment with a useful life of at least three years; Steuergutschrift auf Investitionen in bewegliche Anlagegüter; begünstigt kapitalintensive Unternehmen)
investment trust (company)
(Fin, GB) Investmentgesellschaft *f*
(ie, juristische Person, meist als AG; closed-end type: festes Emissionsvolumen, keine Möglichkeit täglicher Ausgabe von Anteilscheinen; Zahl etwa 200; opp, unit trust, qv)
investment turnover (Fin, GB) Kapitalumschlag *m (syn, capital turnover)*
investment upturn (Vw) Belebung *f* der Investitionstätigkeit
investment vehicles
(Fin) Anlageformen *fpl*, Anlageinstrumente *npl*
(eg, savings accounts, time deposits, annuities, notes, acceptances, bills of exchange, corporate bonds and stocks, chattel mortgages, real estate)

investor
(Fin) Investor *m*
– Kapitalanleger *m*
investor abroad (Fin) ausländischer Anleger *m*
investor protection (Fin) Anlegerschutz *m (cf, AktG §§ 148 ff)*
investor relations (Fin) Aktionärspflege *f (syn, stockholder relations)*
investor restraint (Bö) Zurückhaltung *f* der Anleger
investor's risk (Fin) Anlegerrisiko *n*
invest short *v* (Fin) kurzfristig anlegen
invigilator
(Bw, GB) Prüfungsaufsicht *f*
(EDV) Überwachungsgerät *n*
invisible balance
(VGR, GB) Bilanz *f* der unsichtbaren Leistungen, Dienstleistungsbilanz *f*
(syn, balance on services account; opp, visible balance)
invisible earnings (VGR) Einnahmen *fpl* aus unsichtbaren Leistungen
invisible exports (VGR) unsichtbare Ausfuhren *fpl*
invisible hand
(Vw) „unsichtbare Hand" *f*
(ie, Keynes expanded A. Smith's argument that an . . . guided the economy, arguing that – with government prodding – the invisible hand could be taught to goose the economy at will)
invisible imports (VGR) unsichtbare Einfuhren *fpl*
invisible items (AuW) unsichtbare Ein- und Ausfuhren *fpl*
invisible net balance (VGR) Nettobilanz *f* der unsichtbaren Leistungen
invisibles (VGR) = invisible items
invisible trade (VGR) unsichtbarer Handel *m*
invisible transactions (VGR) unsichtbare Transaktionen *fpl*
invitation for public subscription (Fin) Auflegung *f* zur öffentlichen Zeichnung
invitation telex
(Bö) Fernschreiben *n* an die Mitglieder e–s Emissionskonsortiums
(ie, sets forth details of a planned transaction)
invitation to bid
(com) Ausschreibung *f*, Submission *f*
(ie, published notice that competitive bids are requested; syn, invitation to tender)
invitation to subscribe (Fin) Zeichnungsangebot *n*
(ie, invitation to prospective subscribers)
invitation to tender (com) = invitation to bid
invite *v* (EDV) auffordern
invite subscriptions *v*
(Fin) zur Zeichnung auflegen *(syn, offer for subscription)*
(com) um Subskriptionen werben
invite tenders *v* (com) ausschreiben *(syn, put out/up . . . for tender, advertise for bids)*
invocation (EDV) Aufruf *m*
invoice
(com) (Waren-)Rechnung *f*
– Faktura *f*
invoice *v*
(com) berechnen *(syn, charge, bill)*
(com) fakturieren
– Rechnung *f* ausstellen

invoice clerk (com) Fakturist *m*
invoice cost
(com) Rechnungspreis *m*
(com) Rechnungspreis *m* minus Rabatt, vor Abzug von Skonto *(ie, in retailing)*
invoiced purchase price (com) Bruttoeinkaufspreis *m* *(syn, gross purchase price)*
invoiced sales (ReW) abgerechnete Leistungen *fpl*
invoiced value of goods (com) Warenwert *m*
invoice in dollars *v* (com) in $ fakturieren *(syn, factor in dollars)*
invoice journal (ReW) Kreditoren-Journal *n*
invoice number (com) Rechnungsnummer *f*
invoice price (com) Rechnungspreis *m*
invoices not yet received (ReW) ausstehende Rechnungen *fpl*
invoice value
(com) Rechnungswert *m*
– Fakturenwert *m*
invoicing
(com) Abrechnung *f*
– Fakturierung *f*
(syn, billing)
invoicing currency (com) Fakturawährung *f*
invoicing department
(com) Rechnungsabteilung *f*
(syn, US, billing department)
invoke *v*
(Re) sich berufen auf *(ie, a special legal provision)*
(EDV) aufrufen *(eg, a program)*
invoke a program *v* (EDV) Programm *n* aufrufen
in volume terms (Vw) real, zu konstanten Preisen
involuntary bankruptcy (Re) zwangsweiser Konkurs *m (ie, as requested by creditors)*
involuntary liquidation (Re) Zwangsliquidation *f*
involuntary retirement (Pw) Zwangspensionierung *f*
involuntary unemployment (Vw) unfreiwillige Arbeitslosigkeit *f*
involvement (Pw) Ich-Beteiligung *f*
inward bill of lading (com) Importkonnossement *n*
inward clearance formalities (Zo) Eingangsabfertigung *f (ie, on arrival)*
inward duty (Zo) Eingangszoll *m*
inward flight (com) Rückflug *m (opp, outward flight = Hinflug)*
inward investment (Bw, GB) ausländische Direktinvestition *f*
inward manifest (Zo) Zolleinfuhrdeklaration *f (syn, declaration inwards)*
inward processing (Zo) aktive Veredelung *f*
in working order (com) betriebsbereit *(syn, ready to operate)*
I/O board (EDV) Ein-/Ausgabekarte *f*
IOM (Fin) = Index and Option Market
I/O processor (EDV) peripherer Prozessor *m*
IPE (Fin) = The International Petroleum Exchange (London)
ipsa res loquitur
(Re, GB) diese Maxime stellt e–e Fahrlässigkeitsvermutung auf, die der Beklagte widerlegen muß
IRA (SozV, US) = Individual Retirement Account
IRC (StR, US) = Internal Revenue Code
IRG (Fin, GB) = interest rate guarantee
Irish dividend
(Fin) Aufforderung *f* an die Aktionäre zur Nachschußzahlung *(ie, instead of receiving a dividend, they are asked to pay an assessment)*
iron and steel industry (com) Eisen- und Stahlindustrie *f*, eisenschaffende Industrie *f*
iron and steel works (IndE) Hüttenwerk *n*
iron ore mining (com) Eisenerzbergbau *m*
iron reserves
(com) eiserne Reserve *f (ie, against unpleasant surprises such as a sudden rise in prices)*
IRP (Fin) = interest rate cap
IRR (Fin) = Internal Rate of Return
irrebuttable presumption
(Re) unwiderlegliche Vermutung *f*
(ie, no counter-evidence permitted = keine Widerlegungsmöglichkeiten; syn, conclusive absolute . . . presumption, presumption of law and of right; opp, rebuttable presumption)
irrecoverable debt (ReW) uneinbringliche Forderung *f (syn, bad debt)*
irredeemable bond (Fin) unkündbare Anleihe *f*
irredeemable preference stock (Fin, GB) = irredeemable preferred stock
irredeemable preferred stock (Fin, US) Vorzugsaktie *f* ohne Rückkaufmöglichkeit
irreducible polynomial (Math) irreduzibles Polynom *n (syn, prime polynomial)*
irregular economy (Vw) Schattenwirtschaft *f (syn, second economy, qv)*
irregular operator (com, US) Charter-Fluggesellschaft *f (syn, fixed-based operator, qv)*
irrelevant (com) irrelevant, unerheblich, ohne Belang
irrevocable A.C.T. (StR, GB) endgültige Körperschaftsteuer *f (ie, ACT = advance corporation tax, qv)*
irrevocable letter of credit (Fin) unwiderrufliches Akkreditiv *n*
irrevocable parities (EG) unwiderrufliche Wechselkurse *mpl*
irrigation scheme (com) Bewässerungsprojekt *n*
IRS (StR, US) = Internal Revenue Service
ISAM
(EDV) = Indexed-Sequential Access Method
(ie, bei der über Indizes auf Haupt- und Überlaufspeicherbereiche verwiesen wird, in denen ein gesuchter Datensatz gefunden wird)
ISBN (com) = International Standard Book Number
ISDN (EDV) = integrated services digital network
ISE (Bö, GB) = International Stock Exchange
Ishikawa diagram (Log) = cause-and-effect diagram
ISIN (Fin) = International Securities Identification Number
isoceles triangle (Math) gleichseitiges Dreieck *n*
ISO Code
(Fin) ISO Code *m*
(ie, enthält international übliche Abkürzungen für Währungsbezeichnungen; besteht aus drei Buchstaben: die ersten beiden Stellen bezeichnen das Land, die dritte die Währung; zum Beispiel: ATS = Schilling Österreich, AUD = Australischer Dollar, BEC = Belgischer Handelsfranc, BEL = Belgischer Finanzfranc, GBP = Pfund Sterling, USD = US-Dollar)

isolated location (EDV) geschützter Speicherplatz *m*
isolation allowance (Pw) Trennungsentschädigung *f* *(syn, severance pay)*
ISO reference model (EDV) ISO-Referenzmodell *n* *(ie, aufgeteilt in sieben funktionale Schichten)*
Is statement (Log) Istsatz *m (opp, Ought statement)*
issuance of a letter of credit (Fin) Akkreditiveröffnung *f*
issuance of debt (Fin) Ausgabe *f* von Schuldverschreibungen
issuance of material (MaW) Materialausgabe *f*
issuance structure (Fin) Emissionsmodalitäten *fpl (eg, for a 10-year paper)*
issue
(com) Frage *f*, Problem *n*
(Fin) Begebung *f* od Emission *f* von Wertpapieren *(ie, of shares and other securities)*
(Vw) Ausgabe *f* von Banknoten
(MaW) Ausgabe *f*, Entnahme *f (ie, of materials, tools, etc)*
issue *v*
(com) ausstellen
(Fin) emittieren *(eg, shares)*
(Fin) auflegen
(eg, a bond issue; syn, to float, to launch)
issue a license *v* (Pat) Lizenz *f* erteilen *(syn, grant a license)*
issue an option *v* (Bö) Option *f* ausstellen *(syn, write an option)*
issue a patent *v* (Pat) Patent *n* erteilen
issue a policy *v* (Vers) Police *f* ausstellen
issue at a discount *m* (Fin) Unterparie-Emission *f*
issue at a premium (Fin) Überparie-Emission *f*
issue at par (Fin) Pari-Emission *f (syn, par issue)*
issue bank notes *v* (Vw) Banknoten *fpl* in Umlauf bringen
issue below par (Fin) Unterparie-Emission *f (ie, at a discount)*
issue broker (Fin) Emissionsmakler *m*
issue by tender (Fin, GB) Emission *f* auf dem Submissionswege
issue calendar (Fin) Emissionsfahrplan *m*
issue cost (Fin) Begebungskosten *pl*
issued capital stock
(Fin) ausgegebenes Kapital *n*
– Summe *f* der ausgegebenen Aktien
issue debtor (Fin) Emissionsschuldner *m*
Issue Department (Vw, GB) Abteilung *f* Notenemission *(ie, of the Bank of England)*
issued shares (Fin) ausgegebene Aktien *fpl*
issued stock
(Fin, US) ausgegebene Aktien *fpl*
(ie, include outstanding stock and treasury stock = umlaufende Aktien und eigene Aktien)
issue fee
(com) Ausfertigungsgebühr *f*
(ie, charge for making out a copy, duplicate, etc)
issue from *v* (com) herrühren *(eg, problems issue from a lack of investment)*
issue level
(Fin) Kursniveau *n*
(ie, may be offer terms in tune with the market)
issue of a letter of credit (Fin) Akkreditiveröffnung *f*
issue of a loan (Fin) Begebung *f* e–r Anleihe *f (syn, flotation/launching . . . of a loan)*
issue of debt (Fin) Emission *f* von Schuldverschreibungen
issue of fact (Re) Tatfrage *f (syn, question of fact)*
issue of foreign bonds (Fin) Begebung *f* von Auslandsanleihen
issue of law (Re) Rechtsfrage *f (syn, question of law)*
issue of materials (MaW) Materialausgabe *f*
issue of new shares (Fin) Ausgabe *f* od Emission *f* neuer Aktien
issue of securities
(Fin) Wertpapieremission *f*
– Effektenemission *f (syn, security issue)*
issue of shares (Fin) Aktienemission *f (ie, Erstbegebung von Aktien = initial issue or offering)*
issue on tap *v* (Fin) als Daueremission begeben
issue policy (Fin) Emissionspolitik *f*
issue premium (Fin) Emissionsagio *n (syn, underwriting premium)*
issue price
(Fin) Ausgabekurs *m*
– Emissionskurs *m*
(syn, initial offering/subscription/coming-out . . . price)
(Fin) Ausgabepreis *m*
(ie, zu dem Investmentfonds Anteilscheine [Zertifikate] verkaufen; wird nach Inventarwert pro Anteil errechnet und börsentäglich festgestellt)
(Bö) Abgabekurs *m*
issue price level (Fin) Emissions-Kursniveau *n*
issue prospectus
(Fin) Zeichnungsprospekt *m*
– Emissionsprospekt *m*
issuer
(Fin) Emittent *m*
(ie, company offering shares of its stock or bonds to the public)
issuer call option (Fin) Kündigungsrecht *n* des Emittenten
issue shares *v* (Fin) Aktien *fpl* ausgeben od emittieren *(syn, issue stock)*
issuing account (ReW) abgebendes Konto *n*
issuing activity (Fin) Emissionstätigkeit *f*
issuing bank
(Fin) krediteröffnende Bank *f (syn, opening bank)*
(Fin) Emissionsbank *f (syn, underwriter)*
issuing bank's commission (Fin) Konsortialmarge *f*
issuing broker (Fin) Emissionsmakler *m*
issuing business (Fin) Emissionsgeschäft *n (syn, underwriting business)*
issuing commission (Fin) Emissionsvergütung *f*
issuing company (Fin) emittierende Gesellschaft *f*, Emittent *m*
issuing currency (Fin) Emissionswährung *f*
issuing date (com) Ausstellungstag *m (eg, of a policy)*
issuing discount (Fin) Emissionsdisagio *n (ie, discount to subscribers of a share or bond issue)*
issuing group
(Fin) Begebungskonsortium *n*
– Plazierungskonsortium *n*
– Verkaufsgruppe *f (syn, issuing syndicate, selling . . . group/syndicate)*
issuing house (Fin, GB) Emissionshaus *n*
issuing institution (Fin) Emissionsinstitut *n*

issuing method (Fin) Emissionstechnik *f*
issuing price
(Bö) Begebungskurs *m*
– Emissionskurs *m*
issuing prospectus (Fin) Emissionsprospekt *m (syn, prospectus, qv)*
issuing share (Fin) Konsortialquote *f*
issuing syndicate (Fin) = issuing group
issuing yield (Fin) Emissionsrendite *f*
italic (EDV) kursiv
item
(com) Punkt *m*, Posten *m*
(com) Grundelement *n*
(ReW) Posten *m*, Position *f*
(EDV, Cobol) = Datenfeld *n (cf, item of data)*
(EDV) Komponente *f*, Element *n*
(IndE) Einheit *f*
(ie, in der Praxis oft ersetzt durch ‚Produkt' od ‚Tätigkeit')
item analysis
(Mk) Artikelanalyse *f*
(Stat) Indikatorenanalyse *f*
item-by-item approach (AuW) Teilbilanzanalyse *f (ie, of the balance of payments)*
item card (com) Artikelkarte *f*
item code number (Mk) individuelle Artikelnummer *f (ie, in the UPC Code)*
item cost (Mk) Artikeleinstandswert *m*
item count (com) Artikelzählung *f*
item data (IndE) Teilestammdaten *pl*
item endorsing (ReW) Belegnumerierung *f (syn, item numbering)*
item flow (com) Warenfluß *m*
itemization (com) Aufgliederung *f (syn, breakdown)*
itemize *v* (com) einzeln aufführen, aufgliedern *(syn, break down)*
itemize costs *v* (com) Kosten *pl* aufgliedern od spezifizieren
itemized allowance for bad debts (ReW) Einzelwertberichtigung *f (opp, general allowance for bad debts: Pauschalwertberichtigung)*
itemized appropriation (FiW) Einzelzuweisung *f (opp, lump-sum appropriation)*
itemized list (com) Einzelaufstellung *f (syn, detailed statement)*
itemize expenses *v* (StR) Einzelnachweis *m* führen *(ie, instead of claiming blanket allowances)*
item made to order (IndE) Sonderanfertigung *f*
item maintenance (com) Artikelpflege *f*
item markup (Mk) Artikelaufschlag *m*
item master (MaW) Teilestamm *m*
item master file (EDV) Artikelstammdatei *f*
item master record (EDV) Artikelstammsatz *m*
item numbering
(ReW) Belegnumerierung *f (syn, item endorsing)*
(Mk) Artikelnumerierung *f (ie, based on UPC and EAN)*
item of data (EDV, Cobol) Datenfeld *n (syn, data item)*
item on the agenda (com) Beratungsgegenstand *m*, Gegenstand *m* der Tagesordnung
item-per-item charge (Fin) Postengebühr *f*
item pricing (Mk) Einzelpreisauszeichnung *f*
item-related profit margin
(Mk) Artikelspanne *f*
(ie, difference between purchase and sales price of a single article)
items in transit
(ReW) durchlaufende Posten *mpl*
(Fin) Inkassopapiere *npl*
iterated integral (Math) = iterative integral
iteration (Math) Iteration *f*
iterative integral (Math) Mehrfachintegral *n (syn, multiple integral)*
ITU (EDV) = International Telecommunication Union

J

jack assing (IndE) umständlicher Materialdurchfluß *m (ie, criss-crossing of materials)*
jacket custody (Fin) Streifbandverwahrung *f*
jackfield (EDV) Schalttafel *f (syn, control panel)*
jack up *v* (com, infml) erhöhen, steigern *(eg, productivity)*
Jacobian determinant (Math) Jakobische Determinante *f* Funktionaldeterminante *f (syn, Jacobian)*
jam on the credit brake *v* (Fin, sl) Kreditbremse *f* ziehen *(syn, infml, clamp down on credits)*
jargon (com) Fachsprache *f (eg, of computer specialists)*
Jasdaq (Bö) = Japan Securities Dealers' Association Quotations
Jason clause
(com) Konnossementsklausel *f*
(ie, requires the cargo owner to contribute to the general average loss even if the loss was caused by negligence = schreibt Beteiligung an großer Havarie vor)
jawbone economics (Vw, infml) Amateur-Ökonomie *f*
jawboning (Vw) wirtschaftspolitische „Seelenmassage" *f (ie, a kind of moral suasion)*
JCL (EDV) = Job Control Language
jeopardize *v* (com) gefährden
jeopardy assessment (StR, US) Soforterhebung *f* von Steuern bei Verdacht auf Steuerhinterziehung
jetliner (com) Düsenverkehrsflugzeug *n*
jet propulsion (IndE) Düsenantrieb *m*
jetsam (com) Seewurf *m (ie, goods thrown from a ship)*
jettison cargo *v* (SeeV) Ladung *f* über Bord werfen
jettisoned goods (SeeV) geworfene Güter *npl*
jettison of cargo (SeeV) Seewurf *m*
jingle rule
(Re, US) Regel *f* im Konkursrecht
(ie, firm assets to firm creditors, separate assets to separate creditors, anything left over from either goes to the others; cf, Bankruptcy Code, 11 USC § 723)
job
(com) Beschäftigung *f*
– Tätigkeit *f*
(com) Vorgang *m (syn, job file)*
(Bw) Arbeitsvorgang *m*, Operation *f (syn, operation)*
(OR) Vorgang *m (syn, activity)*
(Pw) Arbeitsaufgabe *f (syn, task)*
(Pw) Arbeitsplatz *m*
– Position *f*
– Stelle *f (syn, position, post)*
(EDV) Auftrag *m*
– Abschnitt *m*
– Aufgabe *f*
(EDV) Bearbeitung *f*
(ie, batch processing or time sharing/conversational . . . mode = Stapel- od Dialogbetrieb)
(EDV) Programmdurchlauf *m*
job account file (EDV) Auftragsabrechnungsdatei *f*
job accounting
(EDV) Jobabrechnung *f*
(ie, Abrechnung der Leistungen e–s Rechenzentrums)
job accounting system (com) Auftragsabrechnungssystem *n*
job action
(Pw) Arbeitskampfmaßnahmen *fpl*
(ie, temporary action to enforce compliance with demands, such as a slowdown strike = Bummelstreik; syn, industrial action)
job advertisement (Pw) Stellenausschreibung *f*
job analysis
(IndE) Arbeitsanalyse *f*, Arbeitszerlegung *f (syn, brekdown of job operations)*
(Pw) Arbeitsplatzanalyse *f*
job applicant (Pw) Stellenbewerber *m*
job application (Pw) Bewerbung *f*, Stellengesuch *n*
job around time (EDV) Auftragsumlaufzeit *f*, Verweilzeit *f (ie, in operating systems; syn, elapsed time)*
job assignment
(Pw) Aufgabenverteilung *f (syn, task assignment)*
(Pat) Stellenbesetzung *f*
job bank (EDV) Arbeitsplatz-Datenbank *f*
jobber
(com, GB) Großhändler *m*
(ie, Handelsmakler als Gelegenheitshändler; typisch für ihn ist das Streckengeschäft)
(com, US, *older name for:*) Großhändler *m (syn, wholesaler)*
(Bö, GB) Jobber *m*, „Eigenhändler" *m*
(ie, buys securities in his own name and sells to brokers and other jobbers stocks and shares; works through a broker; syn, stockjobber; the dual system of broker and jobber was discarded in Oct 1986)
jobber's turn (Bö) Händlerspanne *f (syn, turn of the market)*
jobbing
(com, US) Großhandel *m*
(com, GB) Zwischenhandel *m*
(Bö, GB) Effektenhandel *m (cf, jobber)*
(Pw) Jobben *n*
job breakdown (IndE) Arbeitsunterteilung *f (ie, into elements; syn, operation breakdown)*
job candidate (Pw) Bewerber *m*
job card
(KoR) Kostensammelkarte *f*
(ie, on which the detailed costs of an order are recorded; syn, cost sheet)
job ceiling (Pw) höchstzulässiger Personalbestand *m*
job centre
(Pw, GB) Arbeitsvermittlung *f*
(ie, run by the government; has replaced the former employment exchanges and labour exchanges)
job change (Pw) Arbeitsplatzwechsel *m (syn, job shift)*

job changeover allowance (IndE) Zuschlag *m* bei Auftragswechsel
job characteristic
(IndE) Arbeitsplatzmerkmal *n*
(ie, essential job element used as a basis for selecting and training employees and establishing the wage plan for the job; syn, job factor)
job characteristics (Pw) Tätigkeitsmerkmale *npl*
job class (Pw) Gruppe *f* von Arbeitsplätzen *(syn, job . . . family/grade, labor grade)*
job classification
(IndE) Einteilung *f* von Tätigkeiten
(ie, on the basis of job characteristics or level of pay, or of job evaluation)
(Stat) Berufsklassifikation *f*
job classification method (IndE) Lohngruppenverfahren *n*
job cluster (Pw) Tätigkeitsgruppe *f*
job coding (IndE) Arbeitsplatz-Klassifizierung *f*
job conditions (Pw) Arbeitsbedingungen *fpl*
job content (Pw) Arbeitsinhalt *m*
job content factors (Pw) Motivatoren *mpl (syn, motivators)*
job context (Pw) Arbeitsumgebung *f (syn, job environment)*
job context factors (Pw) Hygienefaktoren *mpl (syn, hygiene factors; cf, Herzberg)*
job control
(EDV) Ablaufsteuerung *f*
– Auftragssteuerung *f*
(IndE) Fertigungsüberwachung *f*
– Fertigungskontrolle *f*
– Arbeitsüberwachung *f*
– Arbeitskontrolle *f*
(ie, Teilaufgabe der Fertigungssteuerung; syn, manufacturing control)
job control card (EDV) Steuerkarte *f (syn, control/parameter . . . card)*
job control language
(EDV) Auftragssprache *f*
– Steuersprache *f*
(syn, command/description . . . language)
job control program (EDV) Ablaufvorbereitungs-Programm *n*
job control statement
(EDV) Ablaufsteueranweisung *f*
(ie, used to direct an operating system in its functioning, as contrasted to data, programs, and other information needed to process a job but not intended for the system itself; syn, control statement)
job cost (KoR) Auftragskosten *pl*
job costing
(KoR) Zuschlagkalkulation *f*
(ie, cost types are broken down into direct and overhead cost to be allocated to individual products = Kostenarten werden zwecks Verrechnung auf die Kostenträger in Einzel- und Gemeinkosten aufgeteilt; syn, job-order costing, job cost system, order cost system, specific-order cost system, job lot system, production-order costing; syn, job-order; opp, process costing = Divisionskalkulation)
job cost sheet (KoR) Kostensammelblatt *n (syn, job order cost sheet)*
job cost system (KoR) = job costing
job counseling (Pw) Berufsberatung *f (syn, career guidance)*
job counsellor (Pw) Berufsberater *m*
job counselor (Pw) Berufsberater *m*
job cover plan (Pw) Stellenbesetzungsplan *m*
job creating scheme (Vw) Arbeitsbeschaffungsmaßnahmen *fpl*
job creation
(Pw) Arbeitsbeschaffung *f*
(Pw) Schaffung *f* von Arbeitsplätzen
job creation measures (Pw) Arbeitsbeschaffungsmaßnahmen *fpl*
job creation program
(Pw) Beschäftigungsprogramm *n*
(ie, spending program to create jobs or to promote employment and increase investment; syn, make-work scheme, jobs plan)
job cycle (IndE) Arbeitszyklus *m (ie, time required to perform a discrete unit of work)*
job data base (Pw) Arbeitsplatzdatenbank *f*
job definition (Pw) = job description
job depth (Pw) Freiheitsgrad *m* im Aufgabenbereich e–s Mitarbeiters
job description
(Pw) Stellenbeschreibung *f*
– Arbeitsplatzanalyse *f*
– Arbeitsplatzbeschreibung *f*
(ie, a detailed description of the essential activities required to perform a task; syn, job definition)
job design
(Bw) Arbeitsgestaltung *f (syn, job redesign, work structuring)*
(Pw) Personalorganisation *f (cf, Davis)*
job destruction (Pw) Arbeitsplatzvernichtung *f (syn, job shedding, abolition of jobs)*
job dilution (Pw) Überspezialisierung *f* des einzelnen Mitarbeiters *(opp, job enrichment)*
job discrimination (Pw) Benachteiligung *f* am Arbeitsplatz
job dislocation (Vw) Verschwinden *n* von Berufen und Arbeitsplätzen *(ie, due to technical progress)*
job displacement (Bw) Verlagerung *f* von Arbeitsplätzen *(ie, ins Ausland)*
job displacing technologies (IndE) arbeitsvernichtende Technologien *fpl*
job dissatisfaction (Pw) Arbeitsunzufriedenheit *f*
job element (IndE) Teilvorgang *m*
job engineering (Pw) Arbeitsplatzgestaltung *f (syn, workplace layout)*
job enlargement
(Pw) Job Enlargement *n*
– horizontale Arbeitsfeldvergrößerung *f*
(ie, Arbeitserweiterung auf strukturell gleichartige Aufgaben; cf, job redesign)
job enrichment
(Pw) Job Enrichment *n*
(ie, vertikale Arbeitsausdehnung, zB auch auf Kontroll- und Inspektionstätigkeiten; cf, job redesigen)
job environment (Pw) Arbeitsumgebung *f (syn, job context)*
job environment analysis (Pw) Arbeitsumgebungsanalyse *f*

job evaluation
(Pw) Arbeits(platz)bewertung *f*
(ie, appraisal of each job either by a point system or by comparison of job characteristics; used for establishing a job hierarchy and wage plans; syn, job rating; GB, labour grading)
job evaluation scale (Pw) Schlüssel *m* zur Arbeitsplatzbewertung
job execution (EDV) Auftragsausführung *f*
job export (AuW) Arbeitsplatzexport *m*
job factor (Pw) = job characteristic
job fair (Pw, US) Arbeitsplatz-Börse *f*
job familiarization allowance (Pw) Einarbeitungszuschuß *m*
job family (IndE) = job class
job fostering scheme (Vw) Arbeitsbeschaffungsprogramm *n*
job freeze (Pw) Einstellungsstopp *m (syn, hiring freeze)*
job goods
(com) Ramschware *f*
(syn, odds and ends; GB, sl, odds and sods)
job grade (IndE) = job class
job grading (IndE) = job evaluation
job guaranty (Pw) Arbeitsplatzgarantie *f*
job handling (EDV) Auftragsabwicklung *f*
jobholder (Pw) Stelleninhaber *m (syn, incumbent of a job)*
job hopper
(com) Person *f* mit häufig wechselndem Arbeitsplatz
(syn, bumble bee)
job hopping (Pw) häufiger Stellenwechsel *m*
job hunt (Pw, infml) = job search
job input (EDV) Auftragseingabe *f*
job instruction (Pw) Arbeitsanweisung *f*
job interview
(Pw) Einstellungsgespräch *n*
(syn, hiring /employment . . . interview)
job killers
(Bw) Arbeitsplätze vernichtende Faktoren *mpl*
job layoffs (Pw) Freisetzungen *fpl*
jobless
(Pw) arbeitslos *(syn, unemployed)*
(Pw) Arbeitsloser *m*
jobless benefits (SozV) Arbeitslosengeld *n (syn, unemployment insurance benefits)*
jobless check (SozV) Arbeitslosengeld *n (syn, jobless benefits)*
jobless growth (Bw) Wachstum *n* ohne Schaffung von Arbeitsplätzen
joblessness (Pw) Arbeitslosigkeit *f (syn, unemployment)*
jobless person (Pw) Arbeitloser *m (syn, unemployed person, person out of work)*
jobless rate (Vw) Arbeitslosenquote *f (syn, unemployment rate)*
jobless total (Vw) Arbeitslosenzahl *f (syn, unemployment figure, number of people out of work)*
job library
(EDV) Auftrags-Bibliothek *f*
(ie, partitioned data set from which all or most of the programs for a given job will be selected)
job loading (Pw) Aufgabenausweitung *f* e–s Arbeitsplatzes
job loss (Pw) Arbeitsplatzverlust *m*
job lot
(com) Partieware *f*
(Bö) weniger als die handelsübliche Schlußmenge *f (ie, contract for lesser units of trading than the regular contract unit)*
job lot control (MaW) beständelose Beschaffungswirtschaft
job lot system (KoR) = job costing
job macro (EDV) Auftragsmakro *n*
job management
(EDV) Jobmanagement *n*
– Auftragsverwaltung *f*
(ie, general term describing the functions of job schedules and high-level scheduler)
job market (Vw) Arbeitsmarkt *m (syn, labor/unemployment . . . market)*
job market adjustment (Vw) = labor market adjustment
job name (EDV) Auftragsname *m*
job number (IndE) Arbeitsauftragsname *m*
job off *v* (Bö) abstoßen *(ie, sell cheaply)*
job offer (Pw) Stellenangebot *n (ie, offer of employment)*
job opening (Pw) offene Stelle *f*, unbesetzter Arbeitsplatz *m (syn, vacant job, vacancy)*
job opportunities (Pw) Beschäftigungsmöglichkeiten *fpl (syn, job . . . outlook/perspectives/prospects)*
job order
(IndE) Innenauftrag *m*
– Werkstattauftrag *m*
(IndE) Arbeitsauftrag *m*
(syn, shop order, labor voucher, operation ticket, work order)
job-order calculation (KoR) Einzelkalkulation *f (syn, single-item calculation)*
job-order code (com) Auftragskennzeichen *n*
job-order cost accounting (KoR) Auftragsabrechnung *f (syn, accounting for job order costs)*
job-order costing (KoR) = job costing
job-order costs billed in advance (KoR) vorverrechnete Auftragskosten *pl*
job-order cost sheet (KoR) = job-cost sheet
job-order cost system (KoR) Auftragskostenverfahren *npl*
job-order planning
(IndE) Auftragsplanung *f*
(ie, part of production planning, made to smooth out fluctuations in plant utilization)
job-order plant (IndE) Betrieb *m* mit Kundenauftragsfertigung *(syn, job shop, make-to-order plant)*
job-order production (IndE) Kundenauftragsfertigung *f (syn, custom manufacturing)*
job-order setup (KoR) Auftragszusammensetzung *f*
job oriented
(EDV) auftragsbezogen
(OR) projektorientiert
job oriented terminal (EDV) aufgabenorientiertes Terminal *n*
job out *v* (com) Aufträge *mpl* weitervergeben
job outlook (Pw) = job opportunities
job performance (Pw) Arbeitsleistung *f (syn, performance level)*

job perspectives (Pw) = job opportunities
job placement
(Pw) Arbeitsvermittlung *f*
– Stellenvermittlung *f*
job posting system (Pw) System *n* innerbetrieblicher Stellenausschreibung
job preparation (IndE) Arbeitsvorbereitung *f (syn, production scheduling)*
job preservation (Pw) Erhaltung *f* von Arbeitsplätzen
job priority (EDV) Auftragspriorität *f*
job processing (EDV) Jobverarbeitung *f*
job production (IndE) Einzelfertigung *f (syn, individual production)*
job profile (Pw) Tätigkeitsprofil *n*
job promotion (Vw) Arbeitsplatzförderung *f*
job prospects (Pw) = job opportunities
job protection (Pw) Sicherung *f* des Arbeitsplatzes *(ie, safeguarding of job)*
job pruning (Pw) Abbau *m* von Arbeitsplätzen *(syn, slimming jobs, slashing of manning level)*
job ranking (IndE) Einstufung *f* von Tätigkeiten
job ranking method (IndE) Rangfolgeverfahren *n*
job rate (IndE) Akkordlohnsatz *m (syn, piece rate)*
job rating (Pw) = job evaluation
job readjustment program (Pw) Aufgabenveränderungs-Programm *n*
job redesign
(Pw) Arbeitsstrukturierung *f*
(ie, general term that covers job enrichment, job rotation, employee participation, etc in varying degrees; job/work . . . restructuring)
job relatedness (Pw) Arbeitsplatzbezogenheit *f*
job relocation (Pw) Arbeitsplatzumsetzung *f*
job requirements (Pw) Stellenanforderungen *fpl*
job restructuring (Pw) = job redesign
job retraining (Pw) Umschulung *f*
job rotation
(Pw) Job Rotation *f*
– Stellentausch *m*
– systematischer Arbeitsplatzwechsel *m (cf, job redesign)*
job routing documents (IndE) Arbeitsbegleitpapiere *npl*
job safety (Pw) Sicherheit *f* am Arbeitsplatz *(syn, on-the-job security, workplace safety)*
job satisfaction (Pw) Arbeitszufriedenheit *f*
job scheduler
(EDV) Job-Planer *m*
– Job-Disponent *m*
– Job-Scheduler *m*
(ie, part of an operating system that reads and interprets job definitions, schedules jobs for processing, and initiates jobs and job steps)
job search (Pw) Stellensuche *f (syn, infml, job hunt)*
job security (Pw) = job safety
job seeker (Pw) Stellensuchender *m*
job seniority (Pw) Dienstalter *n*
job sharing
(Pw) Job Sharing *n*
– Arbeitsplatzteilung *f (ie, two persons share one full-time job)*
job shedding (Pw) Arbeitsplatzvernichtung *f (syn, job destruction)*
job sheet (IndE) Arbeitskarte *f*
job shift (Pw) Arbeitsplatzwechsel *m (syn, job change)*
job shop (IndE) Betrieb *m* mit Kundenauftragsfertigung *(syn, job order plant, make-to-order plant)*
job shop computer center (EDV) Lohnrechenzentrum *n*
job shop order (IndE) Werkstattauftrag *m*, Fertigungsauftrag *m*
job shop production
(IndE) Werkstattfertigung *f*
(ie, custom manufacturing operation; eg, tool and die making; syn, cellular organization of production, intermittent production)
job shop scheduling
(IndE) Ablaufplanung *f*
– Kapazitätsbelegungsplan *m*
– Reihenfolgeplanung *f*
(syn, job shop sequencing, priority dispatching, priority routing and scheduling)
job shop sequencing (IndE) = job shop scheduling
job shop system
(EDV) Jobverarbeitung *f*
(IndE) Einzelfertigung *f*
job site (Pw) Arbeitsplatz *m (syn, workplace, workstation)*
job-site production (IndE) Baustellenfertigung *f (syn, fixed-site production)*
job situation (Vw) = labor market situation
jobs past due (IndE) überfällige Aufträge *mpl*
job specification
(Pw) Anforderungsprofil *n*
– Arbeitsplatzbeschreibung *f*
– Stellenbeschreibung *f*
jobs plan (Vw, infml) Beschäftigungsprogramm *n (syn, job creation program, make-work scheme)*
job splitting (Pw) = job sharing
job spoiler (IndE) Akkordbrecher *m (syn, rate buster; infml, high flier; sl, rat)*
jobs tax credit
(StR, US) Steuergutschrift *f* für die bevorzugte Einstellung bestimmter Personengruppen
(eg, handicapped people, welfare recipients, §§ 44 B, 51–53 IRC)
job step (EDV) Auftragsschritt *m*
job stream (EDV) Auftragsstrom *m*, Jobstrom *m*
job structuring (Pw) Aufgabenstrukturierung *f*
job study (Bw) Arbeitsanalyse *f*
job switch (Pw) Stellenwechsel *m*
job ticket
(IndE) Laufkarte *f (ie, move ticket, batch /travel . . . card)*
(IndE) Akkordzettel *m*, Akkordkarte *f*
job time (IndE) Stückzeit *f (ie, time required per unit of output)*
job time plan (IndE) Arbeitszeitplan *m*
job title (Pw) Berufsbezeichnung *f*
job tracking (EDV) Jobüberwachung *f*
job vacancy (Pw) = job opening
job wage (Pw) Akkordlohn *m*
John Doe
(Re, US) fiktiver Name *m* e–r unbekannten Partei in e–m Gerichtsverfahren
(com, joc) Otto Normalverbraucher *m (ie, the common man, the man in the street; syn, John Citizen; GB, Mr A. N. Onymous)*

join
(Math) Vereinigungsmenge *f (syn, union of sets)*
(EDV) Sammlung *f (ie, in programming)*
(Math) Join *m*
(ie, in relationalen Datenbanken: mengenorientierte Zusammenführung)
join forces *v* (com) zusammenarbeiten, sich zusammenschließen *(syn, work together)*
joint account
(Fin) Gemeinschaftskonto *n*
(Bw) = joint business venture
(Fin) vereinfachte Form *f* des Konsortiums *(ie, it involves two firms on a particular deal)*
joint advertising (Mk) Gemeinschaftswerbung *f (syn, cooperative advertising)*
joint and several creditor (Re) Gesamthandgläubiger *m*
joint and several debtors
(Re) Gesamtschuldner *mpl*
(syn, co-debtors, co-principal debtors, plurality of debtors, debtors jointly and severally liable)
joint and several guaranty (Re) gesamtschuldnerische Bürgschaft *f*
joint and several liability (Re) gesamtschuldnerische Haftung *f*, Gesamthaftung *f*
joint and survivor annuity (Fin) Überlebensrente *f*
joint annuity
(Vers, US) gemeinsame Rente *f*
(ie, paid to the two named persons until the first one dies, at which time the annuity ceases)
joint applicant (Pat) Mitanmelder *m (syn, co-applicant)*
joint applicants (Pat) gemeinsame Anmelder *mpl*
joint bond (Fin) gemeinsam emittierte Schuldverschreibung *f*
joint business (Bw) Betriebsgemeinschaft *f*
joint cargo (com) Sammelladung *f (syn, consolidated shipment, qv)*
joint committee (com) gemeinsamer Ausschuß *m*
joint contract (Re) Gemeinschaftsvertrag *m*
joint cost (KoR) Kosten *pl* der Kuppelproduktion *(syn, common/related . . . cost)*
joint credit (Fin) Konsortialkredit *m*
joint creditors (Re) Gesamtgläubiger *mpl (syn, plurality of creditors)*
joint debt (Re, appr) Gesamthandschuld *f (syn, joint liability)*
joint debtor (Re, appr) Gesamthandschuldner *m*, Mitschuldner *m*
joint demand (Vw) verbundene od komplementäre Nachfrage *f (syn, complementary demand)*
joint denial (Log) Exklusion *f (syn, alternative denial, qv)*
joint density function (Math) gemeinsame Dichtefunktion *f*
Joint Development Committee
(IWF) Entwicklungsausschuß *m*
(ie, berät IWF und Weltbank in Fragen des Ressorcen-Transfers und der Kreditvergabe an Länder der Dritten Welt)
joint endorsement (WeR) Gemeinschafts-Indossament *n (ie, made by two or more payees or endorsees; Sec 3–116 UCC)*
joint financing (Fin) Gemeinschaftsfinanzierung *f (syn, group financing)*
joint fixed cost (KoR) nicht teilbare Fixkosten *pl*
joint floating (AuW) Gruppenfloating *n*, Blockfloating *n (syn, block floating)*
joint goods (Vw) komplementäre Güter *npl* Komplementärgüter *npl (syn, complementary goods, complements)*
joint guarantor (Re) Mitbürge *m*
joint guaranty (Re) Mitbürgschaft *f*
joint heir (Re) Miterbe *m (syn, co-heir)*
joint holder (com) Mitaktionär *m*
joint insurance (Vers) verbundene Lebensversicherung *f (ie, life insurance written on two or more persons: benefits usually payable only at the first death)*
joint intervention (Vw) abgestimmte Intervention *f (ie, by central banks on foreign exchange markets)*
joint invention (Pat) Gemeinschaftserfindung *f*
joint inventors (Pat) gemeinsame Erfinder *mpl*
joint issue (Fin) Gemeinschaftsemission *f*
joint liability
(Re) gemeinsame Haftung *f (opp, several liability = Einzelhaftung)*
(Re) = joint debt
joint licensee (Pat) Mitinhaber *m* e–r Lizenz
joint life policy (Vers) = joint insurance
joint loan (Fin) Gemeinschaftskredit *m*
joint loan issue (Fin) = joint issue
jointly and severally liable (Re) gesamtschuldnerisch haftbar
jointly dependent variable (Math) gemeinsam abhängige Variable *f*
jointly owned patent (Pat) Gemeinschaftspatent *n*
joint marketing (Mk) Gemeinschaftsvertrieb *m*
jointness of consumption (Vw) Nichtrivalität *f* im Verbrauch *(ie, refers to market failure in infrastructure areas)*
jointness of goods (Vw) Unteilbarkeit *f* von Gütern *(syn, indivisibility of goods)*
joint note
(WeR) gemeinsamer Eigenwechsel *m*
(ie, signed by two or more makers; in case of default holder must sue all makers jointly)
joint overall performance (Bw) gemeinsame Gesamtleistung *f*
joint owner (Re) Miteigentümer *m*
joint ownership (Re) gemeinschaftliches Eigentum *n (syn, joint tenancy, co-ownership)*
joint patent (Pat) gemeinsames Patent *n*
joint patentee (Pat) Mitinhaber *m* e–s Patents
Joint Photographic Experts Group, JPEG
(EDV) JPEG-Standard *m*
JPEG-Format *n*
(ie, image compression standard)
joint possession (Re) gemeinschaftlicher Besitz *m*
joint product (IndE) Kuppelprodukt *n (syn, complementary product)*
joint-product cost
(KoR) Kosten *pl* der Kuppelprodukte
(ie, incurred up to the point of separation of the different products – Gabelungspunkt = splitoff point)
joint-product costing (KoR) Kuppelkalkulation *f*
joint-product production (IndE) Kuppelproduktion *f*, verbundene Produktion *f*

joint proprietor (Re) Miteigentümer *m*
joint purchasing (com) gemeinsame Beschaffung *f (ie, by two or more organizations)*
joint research (Bw) Gemeinschaftsforschung *f (ie, undertaken by several firms)*
joint return (StR) = joint tax return
joint risk (Vers) gemeinschaftliches Risiko *n*
joint sales organization
(Mk) gemeinschaftliche Absatzorganisation *f*
(ie, sales office, distributing warehouse, traveling salesmen, etc)
joint ship building (com) Baureederei *f*
joint shipowner (com) Mitreeder *m (syn, co-owner of a ship)*
joint stock association (Bw, US) = joint stock company
joint stock company
(Re, US, rare) Gesellschaft *f* in Form e–r körperschaftlich organisierten Personengesellschaft
(ie, no legal person; unlimited liability of members; treated for tax purposes as a corporation)
(Re, GB) Aktiengesellschaft *f*
(ie, now: public limited company, plc)
joint study team (com) gemeinsame Arbeitsgruppe *f*
joint supply (Vw) verbundenes od komplementäres Angebot *n*
joint surety
(Re) Mitbürgschaft *f*
(Re) Mitbürge *f (syn, joint guarantor)*
joint tax return (StR) gemeinsame Steuererklärung *f (syn, joint return; opp, single tax return)*
joint tenancy (Re) Eigentum *n* zur gesamten Hand, Gesamteigentum *n (opp, tenancy in common)*
joint tenant (Re) Miteigentümer *m*
joint undertaking (com) Gemeinschaftsunternehmen *n*
joint venture
(com) Joint Venture, Gemeinschaftsunternehmen *n (ie, agreement by two or more firms to cooperate in manufacturing, distribution, R&D, etc; each party makes a substantial contribution; eg, in the form of capital, technology, marketing experience, personnel, or physical assets; it may take various legal forms, although it usually involves the creation of a separate jointly-owned subsidiary)*
(com) Arbeitsgemeinschaft *f (syn, ad hoc consortium)*
(Re) = special partnership
join up *v* (com) zusammenschließen *(eg, two firms; syn, link up, marry up)*
joker (Re) versteckte, vertragsaufhebende Klausel *f*
jot down *v* (com) (sofort) aufschreiben *(eg, when you have a good idea during a sleepless night)*
jotter (com, GB) Stenoblock *m (syn, steno pad)*
jouissance right (Fin) Genußrecht *n*
jouissance share
(Fin) Genußaktie *f*
(Fin) Genußschein *m*
journal
(com) Fachzeitschrift *f*
(syn, trade journal)
(ReW) Tagebuch *n*
– Journal *n*
(syn, blotter, business diary, daybook)
journal entry (ReW) Journalbuchung *f*
journalese (com) (schlechter) Zeitungsstil *m*
journalism (com) Journalismus *m*
journalist (com) Journalist *m*
journalize *v*
(ReW) in das Tagebuch od Journal eintragen
(ReW) Tagebuch *n* od Journal *n* führen
journal number (ReW) laufende Buchungsnummer *f*
journal voucher (ReW) Journalbeleg *m*
journeyman (Pw) Facharbeiter *m*
journeyman's examination (Pw, appr) Gesellenprüfung *f*
journey order (com, GB) Auftrag *m* an Vertreter *(ie, retailer to sales representative)*
journey planning (Mk, GB) Optimierung *f* der Route e–s Reisenden *(ie, organizing a salesman's route, rate of call, and customer priority rating)*
joystick (EDV) Steuerknüppel *m*
JPEG (EDV) = Joint Photographic Experts Group
judgment
(Re) Gerichtsurteil *n*
– richterliches Urteil *n*
– Entscheidung *f*
judgmental sampling (Stat) Ermessensauswahl *f (syn, convenience /nonprobability . . . sampling)*
judgment by default (Re) Versäumnisurteil *n*
judgment creditor
(Re) Vollstreckungsgläubiger *m*
– Gläubiger *m* mit vollstreckbarem Titel
(ie, has obtained a court judgment in respect of a debt)
judgment debt (Re) vollstreckbare Forderung *f*
judgment debtor (Re) Vollstreckungsschuldner *m*
judgment note (Fin) Eigenwechsel *m* mit Vollstrekkungsklausel
judgment on the pleadings (Re, US) Entscheidung *f* nach Aktenlage
judgment proof (Re) unpfändbar
judgment sample (Stat) subjektiv ausgewählte Stichprobe *f*
judicial construction (Re) = judicial interpretation
judicial decree of interdiction
(Re) Entmündigungsbeschluß *m*
(ie, by which a person is deprived of the exercise of his civil rights)
judicial discretion (Re) richterliches Ermessen *n*
judicial dissolution (Re, US) gerichtliche Auflösung *f* e–r Gesellschaft
judicial document (Re) gerichtliches Schriftstück *n*
judicial enforcement (Re) Vollstreckung *f*
judicial foreclosure (Re) Zwangsversteigerung *f*
judicial interpretation (Re) richterliche Auslegung *f (syn, judicial construction)*
judicial lien (Re, US) auf dem Rechtswege erwirktes Pfandrecht *n*
judicial review
(Re, US) richterliches Prüfungsrecht *n*
(ie, power of the courts to declare acts of the legislative and executive branches unconstitutional; one of the basic principles of the U. S. system of government; goes back to the famous ,Marbury v. Madison' case of 1803)
judicial sale
(Re) gerichtliche Versteigerung *f*
– Zwangsverkauf *m*
judicial sentence (Re) Gerichtsurteil *n*

judiciary (Re) Judikative *f (ie, collective term for courts and judges)*
juggernaut merger (com, infml) Großfusion *f (syn, jumbo merger, qv)*
juke box (EDV) Verwaltungssystem *m* für mehrere Disketten
jumble sale (com, GB) Ramschverkauf *m (syn, US, rummage sale)*
jumbo certificates of deposit (Fin, US) CDs *pl* mit e–r Einlage von mehr als $100 000 *(ie, in a denomination of $100 000 or more)*
jumbo council (EG) Jumbo-Rat *m*
jumbo deal (com) Großgeschäft *n*
jumbo loan (Fin) Großkredit *m (syn, big/large-scale /massive . . . loan)*
jumbo loan issue (Fin) Großemission *f*
jumbo meeting (com) Marathon-Sitzung *f*
jumbo merger
(com) Großfusion *f*
– Mammutfusion *f*
– „Elefanten-Hochzeit" *f*
(syn, giant/juggernaut/mega/megabuck/megadollar . . . merger)
jumbo package (com) Großpackung *f*
jumbo project (com) Großprojekt *n (syn, big-ticket project)*
jumbo risk (Vers) Großrisiko *n*
jump
(EDV) Verzweigung *f (syn, branch)*
(Math) Unstetigkeitsstelle *f (syn, discontinuity)*
jump *v*
(EDV) abspringen
(ie, depart from normal sequence of instructions; syn, branch)
jump back (EDV) Rücksprung *m*
jumper (EDV) Brücke *f*
jump function (Math) Sprungfunktion *f (syn, step function)*
jump instruction (EDV) Sprungbefehl *m (syn, branch instruction)*
jump ship *v* (com) ohne Erlaubnis von Bord gehen
jumps in prices (Bö) Kurssprünge *mpl*
jumpy market (com) Markt *m* mit starken Schwankungen
junction
(com) Umsteigebahnhof *m (ie, where lines meet, join, or cross)*
(EDV) Zusammenführung *f (ie, in programming)*
junior capital (Fin) = equity capital
junior equity (Fin) Eigenkapital *n* ohne Vorrechte *(ie, common stock only = nur Stammaktien; opp, senior equity)*
junior lien (Re) nachrangiges Pfandrecht *n*
junior market (Fin) nachgeordnetes Marktsegment *n (eg, of the stock exchange)*
junior mortgage
(Re) zweite
– nachrangige ... Hypothek *f*
(syn, second mortgage; opp, first/senior . . . mortgage)
junior security (Fin) nachrangige Sicherheit *f (ie, bond or mortgage secured by one or more senior issues)*
junior share (Fin, GB) Stammaktie *f (syn, ordinary share)*

junk bonds
(Fin, US) Junk Bonds *pl*
(ie, hochverzinsliche, hochspekulative Papiere: high-yielding, high-risk below the American SEC BA rating; often used to finance LBOs; also known as ,non-investment' paper)
junking
(com, US) Verschrotten *n*
(ie, of old or worn-out machinery: sending it to the junk heap)
junk mail (com, infml) Papierkorb-Post *m*
junkman (com, infml) Lumpensammler *m (syn, GB, rag-and-bone man)*
junk shop (com) Ramschladen *m*
junk value (ReW) Schrottwert *m (syn, residual value)*
junkyard (com) Schrottplatz *m*
juridical personality (Re) juristische Person *f (syn, legal person)*
jurisdiction
(Re) Gerichtsbarkeit *f*
(Re) richterliche Zuständigkeit *f (eg, the court has no . . .)*
(Re) Entscheidungsbefugnis *f*
jurisdictional amount (Re) Streitwert *m (syn, amount in controversy)*
jurisdictional disputes
(Re) Kompetenzstreitigkeiten *fpl*
(Bw) = conflicting lines of authority
jurisdictional reach (Re) Zuständigkeit *f (eg, of laws)*
jurisdiction in rem (Re, US) Zuständigkeit *f* betreffend Belegenheit e–s bestimmten Vermögensgegenstandes
jurisdiction over nonresidents or foreign corporations
(Re) exorbitante Zuständigkeit *f*
(ie, erweiterte Zuständigkeit des Staates über die eigenen Grenzen hinaus; cf, long-arm statutes)
jurisdiction over subject matter (Re) sachliche Zuständigkeit *f*
jurisdiction quasi in rem (Re, US) fingierte in rem-Zuständigkeit *f*
jurisdiction risk (AuW) Länderrisiko *n (ie, legal officials may not be impartial)*
jurisdiction to tax (FiW) Steuerhoheit *f (syn, taxing power)*
jurisprudence (Re) Rechtswissenschaft *f (ie, science or philosophy of law)*
jurist
(Re) Rechtsgelehrter *m*
(ie, fully versed in the law and recognized as such; generally not ,Jurist' who is a lawyer)
juristic person (Re) juristische Person *f (syn, legal person)*
jus ad rem
(Re) absolutes Recht *n*
(ie, available against the whole world; syn, absolute right)
just and equitable (Re) recht und billig
just cause (Re) ausreichender Grund *m (ie, based on reasonable grounds)*
just compensation (Re) angemessene Entschädigung *f*
justiciable (Re) justiziabel *(ie, capable of being taken up and settled by law or in court)*

justifiable
(com, Re) vertretbar
(syn, defensible, reasonable)
justifiable cause (Re) sachlich gerechtfertigter Grund *m*
justification of right margin (EDV) Blocksatz *m*
(syn, Rechtsbündigkeit)
justified setting
(EDV) Ausschließen *n*
(ie, in text processing)
justify *v* (com) rechtfertigen
just-in-time (JIT) inventory method
(MaW) fertigungssynchrone Materialwirtschaft *f*
(ie, aims at maintaining just the level needed to meet current demand)
just-in-time (JIT) production (IndE) JIT-Produktion *f*
just-in-time (JIT) purchasing
(MaW) beständelose Beschaffung *f*
– fertigungssynchrone Beschaffung *f*
– einsatzsynchrone Beschaffung *f*
– JIT-Beschaffung *f*
(ie, procurement method alleged to be a Japanese invention; older terms denoting the same thing are: stockless buying, job lot control, qv)
just wage principle (Vw) Grundsatz *m* des gerechten Lohnes
juvenile insurance (Vers, US) Kinder-Lebensversicherung *f*
JV (com) = joint venture

K

kangoroo court (Pw) gewerkschaftsinternes Gericht *n (ie, set up illegally to judge members for violating union rules)*
k.d. (K.D.) (com) = knocked down
keelage
(com) Ankergebühr *f*
– Hafennutzungsgebühr *f*
keen competition (com) scharfer Wettbewerb *m (syn, fierce competition, qv)*
keenly contested market (com) heiß umkämpfter Markt *m (ie, fiercely competitive market)*
keen price (com) extrem niedriger od scharf kalkulierter Preis *m*
keep *v* (com) führen *(eg, certain articles in stock)*
keep about/around *v* (com) vorrätig haben
keep accounts up to date *v* (ReW) Konten *npl* tagfertig halten
keep afloat *v* (com) über Wasser halten *(eg, a failing company)*
keep ahead of *v* (com) besser sein als *(eg, rivals)*
keep a tight grip/rein on *v* (com) knapp halten *(eg, money supply)*
keep a time limit *v* (com) Frist *f* od Termin *m* einhalten
keep commercial books *v* (ReW) Bücher *npl* führen
keep down *v* (com) niedrig halten *(eg, prices; syn, hold down)*
keep in *v* (com) vorrätig halten *(syn, have in)*
keep mum about *v* (com) schweigen über *(eg, what he plans to sell)*
keep on *v*
(com) weitermachen *(ie, continue in the face of difficulties)*
(Pw) weiterbeschäftigen *(syn, continue to employ)*
keep-out price (Mk) Abwehrpreis *m*
keep stocks trim *v* (MaW) Lager *n* klein halten
keep up *v*
(com) hoch halten, hoch bleiben *(eg, prices)*
(com) weitermachen *(eg, studies, English lessons, payments)*
keep up with *v* (com) Schritt halten mit
keep within bounds *v* (com) in Grenzen halten *(eg, costs)*
Kennedy Round
(AuW) Kennedy-Runde *f*
(ie, of GATT negotiations in 1967 seeking to reduce tariff levels on industrial products by about one third)
Keogh plan (SozV, US) steuerbegünstigter Pensionsplan *m* für Selbständige *(ie, similar to IRA, qv; syn, HR 10 plan)*
kerb broker (Bö) Freiverkehrsmakler *m*
kerb market (Bö) Freiverkehr *m*
kerb trading (Bö) nachbörslicher Handel *m (ie, trading out of market hours)*
kernel (EDV) Betriebssystemkern *m (ie, code that carries out the fundamental tasks of an operating system)*
kernel program (EDV) Kernprogramm *n*
kerning (EDV) Ausgleichen *n (ie, in text processing)*
key
(com) Taste *f (eg, typewriter, keyboard)*
(EDV) Kennbegriff *m*
(ie, data item that serves to uniquely identify a data record)
(EDV, Cobol)Schlüssel *m (cf, DIN 66 028, Aug 1985)*
key account (Mk) Großkunde *m*, Schlüsselkunde *m*
key account management (Mk) Großkundenmanagenment *n*
key area
(com) Hauptbereich *m*
(EDV) Schlüsselbereich *m*
keyboard
(com) Tastatur *f*
(EDV) Eingabetastatur *f*
keyboard buffer (EDV) Tastaturpuffer *m (eg, 15 bytes)*
keyboard capability (Pw) Fertigkeit *f* im Umgang mit Computern, Textverarbeitung usw.
keyboard driver (EDV) Tastaturtreiber *m*
keyboard entry (EDV) manuelle Eingabe *f*, Tastatureingabe *f*
keyboarder
(com) Datentypistin *f*
– Datentypist *m*
– DV-Schreibkraft *f*
keyboard handling (EDV) Tastaturbedienung *f*
keyboard input (EDV) = keyboard entry
keyboard lockout (EDV) Tastatursperre *f*
keyboard macro (EDV) Tastaturmakro *m*
keyboard shortcut (EDV) Schnelltaste *f*
keybounce (EDV) Tastenprellen *n*
key brand (Mk) Dachmarke *f*
key commodities
(AuW) Schlüsselrohstoffe *mpl*
(eg, crude oil, copper, wheat = Rohöl, Kupfer, Weizen)
key commodity (Vw) Schlüsselrohstoff *m (eg, crude oil, copper, wheat)*
key concept
(Log) Leitbegriff *m*
– Schlüsselbegriff *m*
– Zentralbegriff *m*
key currency
(Fin) Leitwährung *f*
– Schlüsselwährung *f*
key currency country (AuW) Leitwährungsland *n*
key customer (com) wichtiger Kunde *m*
key data (com) Eckdaten *pl (syn, benchmark figures)*
key date
(com) Berichtszeitpunkt *m (syn, reporting date)*
(com) Stichtag *m*
(syn, effective/relevant/ target . . . date)
key driven (EDV) tastengesteuert
key economic data (Vw) gesamtwirtschaftliche Eckdaten *pl*

keyed advertisement (Mk) Chiffreanzeige *f (syn, box number advertisement)*
key employee (Pw) Schlüsselkraft *f*
key executive (Pw) Top-Führungskraft *f*
key factor (KoR) Engpaßfaktor *m*
key feature (com) Hauptmerkmal *n*
key field
(EDV) Kennbegriffsfeld *n*
– Schlüsselfeld *n*
key function (Bw) Kernfunktion *f (syn, basic function)*
key goal (Bw) Hauptziel *n*
key in *v* (EDV) eingeben *(ie, at computer terminal)*
key indicators (Stat) primäre Indikatoren *mpl*
key industrial countries
(Vw) Hauptindustrieländer *npl*
key industry (com) Schlüsselbranche *f (syn, infml, bellwether industry)*
keying error rate (EDV) Fehlerhäufigkeit *f* bei der Tastatureingabe
key interest rate (Fin) Leitzins *m*
key into *v* (EDV) eingeben
key issue (com) Grundsatzfrage *f*
key job (Pw) Schlüsseltätigkeit *f*
key job rate (Pw) Schlüssellohnsatz *m*
key lending rate (Fin) Leitzins *m*
key lending rates (Fin) Leitzinsen *mpl*
key man (Pw) Schlüsselkraft *f*
key mapping (EDV) Tastenbelegung *f*
key money
(com, GB) verlorener Mieterzuschuß *m*
(ie, premium paid by new tenant to the owner of the property before allowed to move in)
key note speech (com) Grundsatzrede *f*, Grundsatzreferat *n*
key of reference (EDV, Cobol) Bezugsschlüssel *m (cf, DIN 66 028, Aug 1985)*
key operations (com) Kernbereich *m (syn, core operations)*
keypad
(EDV) Tastenfeld *n*
– Tastatur *f*
key position (Pw) Schlüsselposition *f (syn, infml, key slot)*
key problem (com) Kernproblem *n (syn, focal problem)*
key proposition (Log) Hauptsatz *m*
key question (com) Schlüsselfrage *f*
key range (EDV) Schlüsselbereich *m*
key rate (Vw) = key interest rate
key ratio (Bw) Spitzenkennzahl *f (eg, RoI)*
key repeat (EDV) Tastenwiederholung *f*
key response (EDV) Tastatureingabe *f*
key responsibility center (Bw) Hauptverantwortungsbereich *m*
key result area (Bw) Hauptergebnisbereich *m*
keysetting (EDV) Tastenbelegung *f*
key shareholding (Fin) Mehrheitsbeteiligung *f*
key slot (Pw, infml) Schlüsselposition *f (eg, bring fresh faces into key slots)*
key strike (Pw) Schwerpunktstreik *m (syn, selective strike)*
keystroke (EDV) Anschlag *m (ie, typewriter, computer terminal)*
keystroke buffer (EDV) Tastaturpuffer *m*
key technology (IndE) Schlüsseltechnologie *f (eg, based on ICs and microprocessors)*
key variable (Vw) Schlüsselvariable *f*
key word (EDV, Cobol) Schlüsselwort *n (cf, DIN 66 028, Aug 1985)*
keyword assignment
(EDV) Schlagwortzuteilung *f*
– Indexierung *f*
– Indexing *n*
– Deskriptorenzuteilung *f (syn, descriptor assignment, indexing)*
key workers (Pw) Stammbelegschaft *f*
kickback
(com, infml) Schmiergeld *n (syn, bribe money, qv)*
(Bö, US) Kommissionsrückvergütung *f*
kicker
(com) Zusatzgebühr *f*
(Fin) zusätzliche Darlehensvergütung *f (ie, in addition to interest)*
kick in *v*
(com, infml) Geld *n* zuschießen
(eg, members can always . . . more money)
(com, infml) sich beteiligen an *(eg, . . . 10% of the cost)*
kick off (Mk) Startveranstaltung *f*
kick off *v* (com) beginnen, den Anfang machen *(ie, with)*
kick off a wage round *v* (Pw, infml) Lohnrunde *f* einläuten
kick sb upstairs *v*
(Pw, infml) wegloben
(ie, promote a person with an unsatisfactory job performance to a higher position where she/he can do no harm)
kick the wind out of *v* (com, infml) Wasser *n* abgraben *(eg, one's rivals)*
kick up *v* (com) erhöhen *(eg, prices upwards)*
kill *v* (EDV) löschen
killer bee (Fin, GB, infml) Investmentbank *f*, die Strategien zur Abwehr von Übernahmeangeboten entwickelt
killing (Bö) ungewöhnlich hoher Spekulationsgewinn *m*
kilobyte (EDV) Kilobyte *n (ie, 1024 bytes of computer information)*
kinked demand curve (Vw) = kinky demand curve
kink of a curve (Math) Kurvenknick *m*
kinky demand curve
(Vw) geknickte Nachfragekurve *f*
(syn, kinked /cornered . . . demand curve)
kit (IndE) Bausatz *m*
kite (Fin) Kellerwechsel *m (syn, windmill)*
kite flying (Fin) = kiting
kit form
(IndE) zerlegt *(eg, trucks are supplied in kit form for assembly in the Far East)*
kiting
(Fin) Wechselreiterei *f (syn, kite flying, bill jobbing)*
(IndE) Bereitstellung *f*
kit of tools (Log) Instrumentarium *n (syn, set of tools)*
kitty (com, infml) kleine Kasse *f (ie, made up of small contributions; syn, pool)*

knacker's yard (com) Abdeckerei *f (syn, US, rendering plant)*
Knapsack problem
(Bw) Ladungsproblem *n*
– Rucksackproblem *n (ie, elementares logistisches Optimierungsproblem)*
knife edge (Vw) instabiler Wachstumspfad *m*
knife-edge equilibrium (Vw) instabiler Wachstumspfad *m*
knob (Pw, GB) Streikbrecher *m (syn, strike breaker)*
knock down *v*
(com) verdienen
(ie, income, salary; syn, earn, get)
(com) zuschlagen, Zuschlag *m* erteilen
(ie, to the highest bidder = an den Meistbietenden)
knockdown kits (IndE) zerlegte Baugruppen *fpl (ie, in carmaking)*
knock-down price (com) äußerster Preis *m (syn, bottom/lowest /rock-bottom . . . price)*
knockdown to the highest bidder (com) Zuschlag *m* an den Meistbietenden
knocked-down bid (com, infml) preisgünstigstes Angebot *n (syn, lowest bid)*
knocked down, k.d. (K.D.) (com) zerlegt
knocked-down price
(com) niedrigster Preis *m*, Mindestpreis *m*
(syn, minimum price, price floor)
knocking-off time (Pw, infml) Arbeitsschluß *m (ie, end of working day)*
knockoff (com, infml) Imitation *f* e–s Konkurrenzprodukts
knock off *v*
(com, infml) nachlassen
(eg, . . . $10 off the retail price)
(Pw, infml) Pause *f* machen
(eg, 15 minutes)
(com, infml) Arbeit *f* einstellen
(eg, we usually . . . at 4.30)
knock-on financing (Fin) Anschubfinanzierung *f*
knock-on impact (Bw) Anstoßwirkung *f (eg, of a decision)*
knockout agreement
(com) Vereinbarung *f* von Bietern *(ie, not to bid against each other; syn, bidder's ring)*
knockout price
(com) Schleuderpreis *m*
(syn, give-away/slaughtered . . . price)
knock prices down *v* (com) Preise *mpl* senken
knock the stuffing out of *v*
(com, infml) Luft *f* herauslassen
(eg, assets traded, such as stocks, bonds, commodities)
know-how
(com) Knowhow *n*
(ie, technisches Wissen und praktische Erfahrung)
know-how agreement (Bw) Know-how-Vertrag *m*
knowledge base
(EDV) Wissensbasis *f*
(ie, Menge des in einem wissensbasierten System gespeicherten problemspezifischen Wissens)
knowledge-based management system (Bw) wissensbasiertes Managementsystem *n*
knowledge-based system
(EDV) wissensbasiertes System *n*
(ie, in der künstlichen Intelligenz; syn, expert system = Expertensystem)
knowledge engineer (Bw) Wissensingenieur *m*
knowledge engineering
(Bw) „ingenieursmäßige" Handhabung *f* des Wissens
knowledge industry
(Bw) Informations-Industrie *f*
(ie, production, storage, and distribution of information; umbrella phrase coined by F. Machlup; covers the educational system, the media, libraries, research institutes, etc)
Kohlonomics (Vw, joc) Wirtschaftspolitik à la Helmut Kohl *(an allusion to Reagonomics)*
Kondratieff cycle (Vw) Kontratieff-Zyklus *m (ie, long-wave business cycle, 54–60 years)*
kraft paper
(com) Kraftpapier *n*
(ie, strong, usually brown paper made from pulp and used for wrapping)
kurtosis
(Stat) Wölbung *f*, Exzeß *m*
(ie, extent to which a frequency distribution is peaked or concentrated about the mean)

L

label
(com) Etikett *n*
– Anhänger *m*
– Schild/chen *n*
(com) Aufkleber *m (ie, slip with adhesive back)*
(com) Aufschrift *f (ie, in postal service)*
(com) Schallplattenfirma *f (ie, company issuing trademarked recordings)*
(Mk) Kennzeichnung *f (cf, labeling)*
(EDV) Bezeichnung *f*
– Kennsatz *m*
– Kennmarke *f*
– Trennmarke *f*
(ie, data item serving to identify a data record; symbolic name used in a program to mark the location of a particular routine or instruction)
(EDV, GUI) Bezeichnung *f*
label *v*
(com) etikettieren, markieren
(EDV) mit Kennsatz od Kennmarke versehen
label checking routine (EDV) Kennsatzprüfsystem *n*
labeled file (EDV) Datei *f* mit Kennsätzen
labeler (com) Etikettiermaschine *f*
label error (EDV) Kennsatzfehler *m*
label field
(EDV) Kennsatzfeld *n*
(EDV, GUI) Kennzeichnungsfeld *n*
label form (EDV) Etikettenformat *n*
label format (EDV) Kennsatzformat *n*
label generation (EDV) Kennsatzerzeugung *f*
label information (EDV) Kennsatzangaben *fpl*
labeling
(Mk) Kennzeichnung *f*
– Markierung *f*
– (Waren–)Auszeichnung *f*
(eg, the Food and Drug Administration and the Consumer Product Safety Commission require products to be labeled or marked with warnings, instructions, certifications, and manufacturer's identification)
labeling instructions (com) Markierungsvorschriften *fpl (syn, marking instructions)*
labeling of foods (Mk) Kennzeichnung *f* von Nahrungsmitteln
labeling requirements (Mk) Kennzeichnungsvorschriften *fpl*
label record (EDV, Cobol) Kennsatz *m*
label sequence (EDV) Kennsatzfolge *f*
label set (EDV) Etikettgruppe *f*
labor
(Pw) Arbeitskräfte *fpl*
(com) Arbeitnehmer *mpl (ie, collectively)*
(com) Gewerkschaften *fpl*
(ie, labor and management)
(Vw) Produktionsfaktor *m* Arbeit
labor agreement (Pw) Tarifvertrag *m (ie, between employer and union)*
labor allowance (Pw) Arbeitskostenzuschlag *f*
laboratory education (Pw) = laboratory training
laboratory training
(Pw) Labor-Training *n*
(ie, formal training through experiencing group activities specially created for such a purpose; sensitivity training is its most common form; syn, lab education)
labor bargaining (Pw) Tarifverhandlungen *fpl*
labor bottleneck (Vw) Arbeitskräfteengpaß *m (syn, manpower bottleneck)*
labor certification (Pw, US) Arbeitserlaubnis *f (ie, required before a permanent visa is issued)*
labor chit (IndE) Arbeitsauftrag *m*
labor contract (Pw) = employment contract
labor cost
(Pw) Arbeitskosten *pl*
(ie, sum total of wages and salaries + fringe benefits; syn, employment cost, bill for wages, salaries, and social cost)
labor cost per unit of output (Vw) Lohnkosten *pl* je Ausbringungseinheit
labor-cost ratio (KoR) Verhältnis *n* Standard-Lohneinzelkosten zu Istkosten
labor cost theory of value (Vw) = labor theory of value
labor demand (Vw) Arbeitskräftenachfrage *f*
Labor Department (Re, US) Arbeitsministerium *n (ie, a cabinet-level department; full title: U. S. Department of Labor)*
labor disciplining mechanism (Pw) Disziplinierungseffekt *m (ie, of unemployment)*
labor dispute (Pw) Arbeitskampf *m*, Arbeitsstreitigkeiten *fpl (syn, industrial conflict)*
labor dispute law (Re) Arbeitskampfrecht *n*
labor economics
(Vw) Arbeitsökonomik *f (ie, concerned with the relation between the worker and his job, with labor market and pay policies)*
labor efficiency (Vw) = labor productivity
labor efficiency standard (IndE) = labor time standard
labor efficiency variance
(KoR) Arbeitszeitabweichung *f*
– Arbeitsleistungsabweichung *f*
– Einzellohnzeitabweichung *f*
(ie, between standard and actual direct labor hours; syn, labor time variance, labor usage variance)
laborer (Pw) ungelernter Arbeiter *m (ie, mostly heavy work; eg, builder's laborer)*
labor explosion chart (IndE) Arbeitsablaufplan *m*, Arbeitsablaufdiagramm *n*
labor force
(Pw) Personalbestand *m*, Belegschaft *f (syn, workforce, staff)*
(Vw) Beschäftigte *pl* in e–m Wirtschaftszweig
(Stat) Erwerbsbevölkerung *f (ie, total employment + unemployment)*
labor force activity (Vw) = labor force participation rate

labor force participation rate (Vw) Erwerbsquote *f* *(syn, activity/employment . . . rate, labor force activity)*

labor force potential
(Vw) Arbeitskräftepotential *n*
(ie, pool of workers potentially available for work; syn, manpower potential)

labor force statistics (Stat) Arbeitskräftestatistik *f*

labor force survey (Stat) Arbeitsmarkterhebung *f*

labor grade (IndE) = job class

labor grading key (IndE) Arbeitsbewertungsschlüssel *m*

labor hoarding (Pw) Horten *n* von Arbeitskräften

labor intensity (Vw) Arbeitsintensität *f* *(ie, labor hours per unit of output)*

labor intensive (Bw) arbeitsintensiv

labor jurisdiction (Re) Arbeitsgerichtsbarkeit *f*

labor law (Re) Arbeitsrecht *n* *(syn, GB, industrial law)*

labor leader (Pw) Gewerkschaftsführer *m* *(syn, union leader)*

labor legislation (Re) Arbeitsgesetzgebung *f*

labor managed firm
(Bw) arbeitsgeleitete Unternehmung *f*
(ie, die Leitungsbefugnis ist auf die Arbeitnehmer übertragen)

labor-management peace (Pw) = industrial peace

labor market (Vw) Arbeitsmarkt *m* *(syn, job/unemployment . . . market)*

labor market adjustment (Vw) Arbeitsmarktanpassung *f* *(ie, removing bottlenecks or surpluses)*

labor market authorities (Vw) Arbeitsverwaltung *f*

labor market behavior (Vw) Arbeitsmarktverhalten *n*

labor market data (Stat) Arbeitsmarktdaten *pl*

labor market development (Vw) Arbeitsmarktentwicklung *f*

labor market equilibrium (Vw) Arbeitsmarktgleichgewicht *n*

labor market policy (Vw) Arbeitsmarktpolitik *f* *(syn, manpower policy)*

labor market research (Vw) Arbeitsmarktforschung *f*

labor market situation
(Vw) Arbeitsmarktsituation *f*
– Beschäftigungssituation *f*
(syn, employment/job /manpower . . . situation)

labor market statistics (Stat) Arbeitsmarktstatistik *f* *(syn, labor force statistics)*

labor market theory (Vw) Arbeitsmarkttheorie *f* *(syn, labor economics)*

labor market trend (Vw) = labor market development

labor migration (Vw) Arbeitskräftewanderung *f* *(syn, manpower migration)*

labor mix (Pw) Verhältnis *n* Arbeiter/Angestellte

labor mix variance (KoR) Lohnsatzmischungs-Abweichung *f*

labor mobility (Pw) Arbeitsmobilität *f*

labor monopoly (Vw) Arbeitsmarktmonopol *n*

labor movement
(Pw) Arbeiterbewegung *f*
– Gewerkschaftsbewegung *f*

labor negotiations (Pw) Lohn- und Tarifverhandlungen *fpl*

labor orientation (Bw) Arbeitsorientierung *f* *(ie, in location theory = Standorttheorie)*

labor-output ratio (Vw) Arbeitskoeffizient *m* *(ie, reciprocal of labor productivity)*

labor performance standard (IndE) = labor time standard

labor piracy (Pw, infml) Abwerbung *f* *(ie, offering higher pay and other benefits)*

labor productivity
(Bw) Arbeitsproduktivität *f*
(ie, ratio of output to labor input; syn, labor efficiency)

labor productivity variance (KoR) Arbeitsproduktivitäts-Abweichung *f*

labor protection (Pw) Arbeitsschutz *m* *(syn, job protection)*

labor protection law (Re) Arbeitsschutzgesetz *n*

labor quantity standard
(KoR) Arbeitszeitsvorgabe *f*
(syn, labor time standard)

labor rate standard (KoR) Lohnsatzvorgabe *f*

labor rate variance (KoR) Einzellohnsatzabweichung *f*

labor relations
(Pw) Arbeitgeber–Arbeitnehmer–Beziehungen *fpl*
(Pw) industrielle Beziehungen *fpl* *(ie, on a higher labor-management level)*

labor reserve (Vw) Arbeitskräftereserve *f*

labor-saving equipment (IndE) arbeitsparende Maschinen *fpl* und Geräte *npl*

labor-saving production (IndE) arbeitskräftesparende Fertigung *f*

labor settlement (Pw) Tarifabschluß *m*

labor shed (Vw, infml) Arbeitskräftereservoir *n* *(ie, area from which labor supply is drawn)*

labor shortage (Vw) Arbeitskräftemangel *m*

labor skate (Pw, US, infml) Gewerkschaftsfunktionär *m* *(ie, full-time union employee)*

labor slowdown (Pw) Bummelstreik *m* *(syn, slowdown strike, go-slow)*

labor's share
(Vw) (gesamtwirtschaftliche) Lohnquote *f*
(ie, Anteil der Lohnsumme am Volkseinkommen; share of labor in the national income: quotient of total wage bill and national income or: of average real wage rate and labor productivity)

labor standard (Pw) Arbeitsnorm *f*

labor supply (Vw) Arbeitsangebot *n*, Arbeitskräfteangebot *n*

labor surplus (Vw) Arbeitskräfteüberschuß *m*

labor theory of value (Vw) Arbeitswertlehre *f*

labor ticket (IndE) Lohnschein *m*

labor time standard
(IndE) Arbeitszeitvorgabe *f*
(syn, labor efficiency/ labor performance/labor quantity . . . standard)

labor time variance (KoR) = labor efficiency variance

labor turnover
(Pw) Arbeitskräftefluktuation *f*
(ie, zwischenbetrieblicher Arbeitsplatzwechsel; syn, employee/manpower/personnel/staff . . . turnover)

labor union (Pw, US) Gewerkschaft *f* *(syn, GB, trade union; cf, union)*

labor usage variance (KoR) = labor efficiency variance

labor voucher (IndE) = job order
labor wastage (Pw) Arbeitskräfteabgang *m*
labour exchange (Pw, GB) Arbeitsamt *n*
labour grading
(Pw, GB) Arbeits(platz)bewertung *f*
(ie, appraisal of each job either by a point system or by comparison of job characteristics)
labour grading key (Pw, GB) Arbeitsbewertungsschlüssel *m*
lace into *v* (com, infml) = to light into, qv
lackluster performance (com) mittelmäßige Leistung *f*, schwaches Ergebnis *n (syn, mediocre)*
lack of agreement
(Re) Einigungsmangel *m*
– Dissens *m*
lack of buying orders (Bö) Käufermangel *m*
lack of capital (Fin) Kapitalmangel *m*
lack of cash (Fin) Liquiditätsknappheit *f*
lack of consideration (Re) Fehlen *n* der Gegenleistung
lack of funds (Fin) keine Deckung *f (cf, insufficient funds)*
lack of invention (Pat) fehlende Erfindereigenschaft *f*
lack of inventiveness (Pat) mangelnde Erfindungshöhe *f*
lack of jobs (Vw) Arbeitsplatzmangel *m (syn, job scarcity)*
lack of money (Fin) Geldmangel *m*
lack of novelty (Pat) Neuheitsmangel *m*
lack of orders (com) Auftragsmangel *m (syn, dearth of orders)*
lack of sales (Mk) Absatzmangel *m*
lack of title (to)
(Re) Fehlen *n* von Eigentum *(an)*
(ie, title is the means whereby the owner of lands has the just possession of his property)
lade *v*
(com) verladen
– Ladung *f* übernehmen *(ie, vehicle)*
– Ladung *f* an Bord nehmen *(ie, ship)*
laden in bulk (com) mit Schüttgut beladen
laden weight (com) Ladegewicht *n*
lading
(com) Ladung *f (ie, cargo in vehicle or ship)*
(com) Verladen *n*
lading charges (com) Ladekosten *pl*
lading port (com) Verladehafen *m (opp, discharge port)*
lady executive (Pw) weibliche Führungskraft *f (syn, woman executive)*
Laffer curve
(FiW) Lafferkurve *f*
(ie, illustrates the relation between tax rate and tax receipts)
LAFTA
(AuW) = Latein American Free Trade Association
lag
(com) Verzögerung *f*
(Vw) Lag *m*
– Zeitverzögerung *f*
– Wirkungsverzögerung *f*
lag behind *v*
(com) in Rückstand sein *(eg, with payments)*
(com) hinterher hinken
laggard
(Pw, infml) Trödler *m*
(Vw) = lagging indicator
lagged adjustment (Vw) verzögerte Anpassung *f*
lagged function (Vw) verzögerte Funktion *f*
lagged output term (Vw) verzögerte Ausstoßvariable *f*
lagged variable (Vw) verzögerte Variable *f*
lagging indicator
(Vw) Spätindikator *m*
– nachlaufender Indikator *m*
(ie, unit labor cost, prime rate, inventories; syn, laggard; opp, leading indicator, coincident indicator)
lagging series
(Vw) nachlaufende
– spätzyklische ... Reihe *f*
Lagrange multiplier
(Math) Lagrangescher Multiplikator *m*
(ie, technique whereby potential extrema of several variables are obtained; cf, constrained extrema of functions = Extrema mit Nebenbedingungen)
laid off
(Pw) freigesetzt
– freigestellt
(cf, lay off)
laid up (Pw) krank *(eg, with a splintered fraction)*
lakers (com, US) Schiffe *npl*, die auf den Großen Seen verkehren
lamb
(com, infml) leicht zu überredender Käufer *m*
(Bö) unerfahrener Spekulant *m (ie, inexperienced speculator who plays the market, that is, blindly)*
lame duck
(com, GB) nicht lebensfähiges Unternehmen *n*
(Bö) zahlungsunfähiger Spekulant *m*
laminate *v* (IndE) beschichten *(ie, generally plastics to sheet metal; cf, coat)*
lam into *v* (com, sl) = to light into, qv
LAN (EDV) = local area network
land
(com) Grundstücke *npl*
(ReW) unbebaute Grundstücke *npl*
(syn, land not built on, undeveloped real estate, vacant land)
(Vw) Produktionsfaktor *m* Boden
land-acquisition program (Vw) Bodenbeschaffungsplan *m*
land agent
(com, GB) Grundstücksmakler *m*
– Immobilienmakler *m*
(syn, estate agent)
(com, GB) Schiffsmakler *m*
– Seehafenspediteur *m*
land a job *v* (Pw) Stelle *f* od Posten *m* erhalten
land and buildings (ReW) Grundstücke *npl* und Bauten *mpl*
land bank (Fin) = agricultural bank
land-based mineral producer (com) Festlandsproduzent *m*
land-borne freight (com) Landfrachtgeschäft *n (syn, GB, land carriage)*
land built upon (ReW) bebaute Grundstücke *npl (syn, land and buildings)*

land carriage (com, GB) = land-borne freight
land certificate
(Re) Grundstücks-Eigentumsurkunde *f*
land charge (Re) Grundstücksbelastung *f (eg, by a mortgage)*
land contract
(Re) Grundstückskaufvertrag *m*
(ie, written agreement for sale of land; with downpayment and monthly installments)
land development (com) Erschließung *f* von Grundstücken od Baugelände
land development plan (com) Grundstückserschliessungsplan *m*
land earmarked for development (com) Bauerwartungsland *n*
landed cost
(com) Kosten *pl* bis zum Löschen *(ie, includes cif and other charges + insurance)*
(ReW) Einstandspreis *m*
landed price
(com) Preis *m* bei Anlieferung
– Preis *m* frei Bestimmungshafen
Länder Government bonds (FiW) Länderanleihen *fpl*
Länder refunds (FiW) Ländererstattungen *fpl*
Länder tax guarantee (FiW) Ländersteuergarantie *f*
(ie, nach Berechnung der Ausgleichszuweisungen und -beiträge durchzuführende, auf einen Vergleich der Ländersteuereinnahmen (ohne Gemeindesteuern) abstellende Korrekturrechnung; adjustment calculation, which has to be carried out following the calculation of the compensatory transfers and the compensatory contributions, and which is geared to a comparison of the Länder tax receipts (excluding local authority taxes)
land freeze (Re) staatliche Beschränkung *f* des Grundstücksverkehrs
land held for future plant sites (ReW) Vorratsland *n*
land hoarding charge (StR, GB) Baulandsteuer *f*
land improvements
(com) Aufschließungsmaßnahmen *fpl*
– Grundstückseinrichtungen *fpl*
– Erschließungsanlagen *fpl*
landing (com) Anlanden *n*
landing agent
(com) Anlandevertreter *m*
(ie, of a shipping company)
landing certificate (com) Löschbescheinigung *f*
landing charges (com) Löschungskosten *pl*
landing order (Zo, GB) Genehmigung *f* zur Einlagerung unter Zollverschluß *(ie, duties payable when goods are removed)*
land installment contract (Re) = land contract
land in use as a plant site (ReW) Betriebsgrundstück *n*
landlord and tenant (Re, GB) Miet- und Pachtrecht *n*
landmark decision (Re) Grundsatzentscheidung *f (syn, leading decision)*
land not built on (ReW) unbebaute Grundstücke *npl (syn, land, qv)*
land-office business (com) florierendes Unternehmen *n (ie, booming business)*
land owner (Re) Grundeigentümer *m*
land price (com) Bodenpreis *m*
land ready for building
(com) Erschließungsgelände *n*
– baureife Grundstücke *npl*
Land Registry (Re, GB) Grundbuchamt *n*
land revenue (StR) Einkünfte *pl* aus Grundbesitz
land risk (Vers) Landtransportrisiko *n*
landscape (EDV) Querformat *n*
landscape architecture
(com) Landschaftsgestaltung *f*
(ie, arranging and fitting land for human use and enjoyment)
landscaped office (com) Bürolandschaft *f (syn, open office area, panoramic office)*
landscape engineer (com) Landschaftsgestalter *m*
(ie, planning, design, and construction of natural scenery arrangements on a tract of land)
land tax
(StR, US) Grundsteuer *f*
(ie, auf unerschlossene Grundstücke; syn, ad valorem tax, property tax)
land transport (com) Beförderung *f* auf dem Landwege
land trust
(Re) Grundstücks-Treuhand *f*
(ie, title held by a trustee in the interest of the beneficiaries of a trust)
land-value tax (FiW) Bodenwertzuwachssteuer *f*
language of business (com) Wirtschaftssprache *f*
language of business and economics (com) Wirtschaftssprache *f*
language of contract (Re) Vertragssprache *f (syn, authentic language)*
language reference manual (EDV) Referenzhandbuch *n*
language statement (EDV) Sprachanweisung *f (ie, coded by a computer user)*
lapidary
(com) Edelsteinexperte *m*
(ie, in precious and semiprecious stones)
Laplace transform
(Math) Laplace-Transformation *f*
(ie, Integralfunktion vor allem zur Lösung linearer Integro-Differentialgleichungen; eignet sich zur Darstellung diskontinuierlicher Funktionen; used to reduce the solution of a linear differential equations with constant coefficients to the solution of a polynomial equation; one of the simplest discontinuous functions is the unit function = Einheitssprung u(t); Eigenschaften der Transformation:
1. Superpositionssatz = linearity;
2. Verschiebungssatz = translation theorem;
3. Anfangswertsatz = initial value theorem;
4. Endwertsatz = final value theorem;
5. Faltungssatz = convolution theorem)
Laplacian operator
(Math) Laplacescher Operator *m*
– Differentialoperator *m* 2. Ordnung
(syn, Laplacian)
lap phasing
(IndE) Ablaufplanung *f* mit überlappenden Phasen *(syn, overlapped scheduling, telescoping)*
(IndE) überlappte Fertigung *f*
lapping (ReW) Fälschen *n* von Buchungsunterlagen durch Aufschieben von Kasseneingängen

lapse
(Re) Ablauf *m*
– Erlöschen *n*
– Verfall *m (ie, of rights or claims)*
(Vers) Verfall *m*
(ie, termination of policy because of failure to pay premium)
(Pat) Ablauf *m*
lapse *v* (Re) ablaufen, erlöschen, verfallen *(syn, expire)*
lapsed funds
(FiW) verfallene Mittel *pl*
(ie, ceased to be available for obligation because the period has expired for which it was available)
lapsed patent (Pat) abgelaufenes Patent *n (syn, extinct /expired . . . patent)*
lapsed policy (Vers) verfallene Versicherungspolice *f (syn, lapse)*
lapse notice (Vers) Verfallmitteilung *f (ie, that contract of insurance is terminated)*
lapse of a patent (Pat) Ablauf *m* e–s Patents
lapse of time
(com) Fristablauf *m*
– Zeitablauf *m*
(syn, expiration/passage . . .)
lapse profit (Vers) Stornogewinn *m (syn, withdrawal profit)*
lapse provision (Vers) Stornoklausel *f*
larceny (Re) Diebstahl *m (ie, ‚theft' is the popular term)*
large borrower (Fin) Großkreditnehmer *m*
large bullet (EDV) großer Punkt *m*
large buyer (com) Großabnehmer *m*
large hedger (Bö, US) Großhedger
large-lot dealing (Bö) Pakethandel *m (syn, block trading)*
large-number research (Stat) Großzahlforschung *f*
large-scale advertising (Mk) Massenwerbung *f*
large-scale chain organization (Mk) Massenfilialbetrieb *m*
large-scale integrated system (com) Großverbundnetz *n*
large-scale integration (EDV) Großintegration *f*
large-scale order (com) Großauftrag *m*
large-scale production
(IndE) Großproduktion *f*
– Großfertigung *f*
large size print type (EDV) Großdruck *m*
large system (EDV) Großsystem *n*
large-volume production (IndE) Massenfertigung *f*
La Salle Street
(Fin, US) Finanzzentrum *n* von Chikago
(ie, others are Wall Street in New York, State Street in Boston, Lombard Street in London)
laser checkout (Mk) = laser scanning checkout
laser printer (EDV) Laserdrucker *m*
laser scanning (Mk) elektronisches Beleglesen *n*
laser-scanning checkout (Mk) Laser-Kasse *f (syn, laser-scan till)*
laser-scan till (Mk) = laser-scanning checkout
lash at *v* (com, infml) = light into, qv
lash into *v* (com) = to light into, qv
lastage (com) Frachtraum *n* e–s Schiffes
last and highest bid (com) Meistgebot *n*
last-bag system (MaW) = two-bin system
last bid (com) letztes Gebot *n*
last day
(com) Einreichungstermin *m*
– letzter Termin *m*
(eg, on which we are to receive . . .)
last-day business (Bö) Ultimogeschäft *n*
last day of dealings (Bö) letzter Tag *m* der Handelsperiode
last dollar coverage (Vers) Versicherung *f* ohne Höchstgrenze *(ie, without upper limit)*
Lastfehler *m* (EDV) load(ing) error
last in first out (ReW) Lifo-Methode *f* der Vorratsbewertung
last offer (com) Letztgebot *n*
last quotation (Bö) Schlußnotierung *f*
last term (Math) Endglied *n*, n–tes Glied *n (ie, extreme of a sequence or series)*
last trading day (Bö) Ultimo *m*
last will (and testament) (Re) Testament *n (syn, will)*
latch
(EDV) Signalspeicher *m*
(ie, condition indicating that current input value is to be stored)
late bloomer (Pw, infml) Spätzünder *m (ie, matures later than normal)*
late charge (Fin) Verzugszinsen *mpl (ie, bei Teilzahlungsverträgen)*
late delivery (com) verspätete Lieferung *f (syn, delayed delivery)*
latency
(EDV) Latenzzeit *f*
– Antwortzeit *f*
latency period (Mk) Wartezeit *f*
latent ambiguity (Re) versteckter Dissens *m (syn, hidden disagreement)*
latent competiton (Vw) latente Konkurrenz *f (ie, by potential suppliers)*
latent defect
(Re) geheimer Mangel *m*
(ie, not visible to the naked eye; not apparent on the face of a product, document, etc; syn, hidden/concealed . . . defect)
latent demand (Mk) latenter Bedarf *m*, Erschließungsbedarf *m*
latent reserves (ReW) stille Reserven *fpl (syn, hidden/secret undisclosed . . . reserves)*
latent root
(Math) Eigenwert *m*
– charakteristische Wurzel *f*
(syn, characteristic root, qv)
latent variable
(Stat) latente Variable *f*
– nicht beobachtbare Grundvariable *f*
late opening (com) Abendverkauf *m (syn, night-time sales)*
late opposition (Pat) verspäteter Einspruch *m*
late quotation (Bö) Schlußnotierung *f*
lateral entry (Pw) Quereinsteiger *m*
lateral integration (Bw) horizontale Integration *f (syn, horizontal integration)*
lateral-pass *v*
(com) zuspielen
– zukommen lassen
(eg, copy of a sensitive letter)

lateral suspension file (com) Hängeregistraturmappe *f*
lateral thinking
(Log) unkonventionelles Problemlösen *n*
(ie, bypassing disconcerting details; or changing approach, even reformulating the problem)
late shift
(Pw) Spätschicht *f*
– Mittagschicht *f*
(eg, often 14.00–22.00)
latest completion time (OR) spätester Endzeitpunkt *m*
latest filing date (Pat) Anmeldetermin *m*
late trading (Bö) Handel *m* gegen Schluß der Börsensitzung
Latin American Free Trade Association, LAFTA
(AuW) Lateinamerikanische Freihandelszone *f*
(Argentina, Brazil, Chile, Colombia, Ecuador, Mexico, Paraguay, Peru, and Uruguay)
Latin square
(Stat) lateinisches Quadrat *n*
(ie, fraktionelles faktorielles Design)
latitude (com) Ermessensspielraum *m (ie, scope for a range of choices)*
lattice
(Math) Verband *m*
(ie, partially ordered set – poset – in which each pair of elements has both a greatest lower bound and least upper bound)
lattice design (Stat) Versuchsplan *m* mit Gittern, Gitterplan *m*
lattice of sets (Math) Mengenverband *m*
lattice sampling (Stat) Gitterauswahlverfahren *n*
lattice theory
(Math) Verbandstheorie *f*
– Theorie *f* der Verbände
launch
(com) Barkasse *f*
(com) Gründung *f (eg, of a company)*
(com) Einführung *f (eg, of a product)*
(Fin) Emission *f (eg, of a new issue of shares)*
launch *v*
(com) gründen *(syn; create, qv)*
(com) einführen *(ie, put a product on the market)*
(Fin) begeben
– auflegen *(eg, securities issues)*
launch a bond issue *v* (Fin) Anleihe *f* auflegen *(syn, float)*
launch advertising (Mk) Einführungswerbung *f (syn, announcement initial . . . advertising)*
launch aid (com, infml) Starthilfe *f*
launch an issue *v* (Fin) Emission *f* begeben
launch customer
(com) Erstbesteller *m*
– erster Kunde *m*
– Pilotkunde *m (eg, in the sale of new aircraft; eg, BCal is the . . . for a new 150-seater, the A320)*
launching cost (Bw) Anlaufkosten *pl (syn, starting cost,qv)*
launching of new products
(Mk) Einführung *f* neuer Produkte
(syn, product pioneering)
launching pad (Pw, infml) Sprungbrett *n*
launching period (IndE) Anlaufzeit *f (syn, break-in/start-up . . . period)*
launching strategy (Mk) Einführungsstrategie *f*
launch order (com) Erstbestellung *f*

launder money *v*
(Fin, infml) Geld *n* „waschen"
(ie, legitimize illegally obtained money by processing it through a legitimate third-party business or organization; the result is ‚white money')
law
(Re) Recht *n (ie, als objektives Recht; opp, right)*
(Re) Gesetz *n (ie, after legislation ‚law' and ‚act' may be used interchangeably)*
(Re) Rechtswissenschaft *f (syn, jurisprudence)*
(Log) Gesetz *n*, Gesetzmäßigkeit *f*
law enforcement (Re) Gesetzesvollzug *m*
law enforcement agency (Re) Vollzugsorgan *n*
law enforcement authority
(Re) Vollzugsbehörde *f*
– Vollstreckungsbehörde *f*
law faculty (Re, GB) juristische Fakultät *f (syn, US, law school)*
law firm
(Re) Anwaltskanzlei *f*
(Re, GB) Anwaltskanzlei *f* von Solicitors; cf, Chambers
lawful
(Re) rechtmäßig
– gesetzlich
(ie, authorized by law; the term contemplates the substance of law; opp, legal = rechtlich)
lawful holder (Re) rechtmäßiger Inhaber *m*
lawful money (Vw) gesetzliches Zahlungsmittel *n (syn, legal tender, qv)*
lawful possession (Re) rechtmäßiger Besitz *m*
lawful representative (Re) rechtmäßiger Vertreter *m (cf, legal representative)*
law latin (Re) Juristenlatein *n*
law merchant (Re, GB) = commercial law
law of agency (Re) Recht *n* der Stellvertretung *f (ie, einschl des Auftragsrechts; cf, agent)*
law of averages (Stat) Gesetz *n* der Durchschnittsbildung
law of bankruptcy (Re) Konkurs- und Vergleichsrecht *n*
law of bivalence (Log) = law of the excluded middle
law of causation (Log) Kausalgesetz *n (syn, law of causality)*
law of comparative advantage (AuW) Gesetz *n* des komparativen Vorteils
law of comparative costs (AuW) Gesetz *n* der komparativen Kosten
law of comparative judgement (Stat) Gesetz *n* des Paarvergleichs
law of contracts (Re) Vertragsrecht *n*, Recht *n* der Schuldverhältnisse
law of contradiction
(Log) logisches Prinzip *n* vom Widerspruch
(ie, p cannot be both true and false, at the same time and in the same respect; syn, law of non-contradiction)
law of corporations (Re, US) Gesellschaftsrecht *n (syn, (GB) company law)*
law of demand
(Vw) Nachfragegesetz *n*
(ie, the lower the price, the greater is the quantity demanded; based on an analysis of the ‚income effect' and the ‚substitution effect' of price changes)

law of detachment
(Log) Abtrennungsregel *f*
– Modus-Ponens-Regel *f*
(ie, p → q, q, : q = modus ponendo ponens: ein Beweis im Syllogismus kommt erst zustande, wenn man den modus ponens voraussetzt: wenn A, dann B; nun aber A, also B (Deduktion); wenn A, dann B, nun aber B, also A (Reduktion))

law of diminishing marginal productivity (Vw) Gesetz *n* des abnehmenden Bodenertrages

law of diminishing marginal rate of substitution
(Vw) Gesetz *n* der abnehmenden Grenzrate der Substitution

law of diminishing marginal utility (Vw) Gesetz *n* vom abnehmenden Grenznutzen *(syn, law of satiation)*

law of diminishing returns
(Vw) Ertragsgesetz *n*, Gesetz *n* vom abnehmenden Ertragszuwachs
(syn, law of non-proportional returns, law of variable proportions)

law of diminishing returns to land
(Vw) Bodenertragsgesetz *n*
(syn, law of non-proportional returns to land)

law of double negation (Log) Gesetz *n* der doppelten Negation

law of equi-marginal returns (Vw) Gesetz *n* vom Ausgleich der Grenznutzen *(syn, equimarginal principle)*

law of evidence (Re) Beweisrecht *n*

law of excluded middle
(Log) Gesetz *n* vom ausgeschlossenen Dritten
(ie, either p is true or p is false; one or the other but not both at the same time and in the same respect; a thing A is either A or it is not A; syn, law of tertium non datur)

law of identity
(Log) Gesetz *n* der Identität
(ie, if p is true, then p is true; A = A; everything is what it is (and cannot at the same time be something else); cf, laws of thought)

law of indifference (Vw) Gesetz *n* der Unterschiedslosigkeit der Preise *(cf, Jevons)*

law of large numbers (Stat) Gesetz *n* der großen Zahlen

law of negotiable instruments (WeR) Wertpapierrecht *n*

law of noncontradiction (Log) = law of contradiction, *qv*

law of non-proportional returns (Vw) = law of diminishing returns

law of parsimony
(Log) Gesetz *n* der Denkökonomie
(syn, Occam's razor, qv; principle of . . . simplicity/economy)

law of property (Re) Sachenrecht *n*

law of satiation (Vw) = law of diminishing marginal utility

law of satiety
(Vw) Sättigungsgesetz *n*
– Gesetz *n* der Bedürfnissättigung
– 1. Gossensches Gesetz *n*

law of succession (Re) Erbrecht *n*

law of supply (Vw) Angebotsgesetz *n (ie, the higher the price, the greater the supply)*

law of taxation (StR) Steuerrecht *n*

law of tenancy (Re) Mietrecht *n*

law of tertium non datur (Log) = law of excluded middle

law of the economy
(Re, EG) Wirtschaftsrecht *n*
(ie, this is not ‚business law' or ‚commercial law'; syn, economic law)

law of torts (Re) Recht *n* der unerlaubten Handlungen

law of trademarks (Pat) Warenzeichenrecht *n*

law of variable proportions (Vw) = law of diminishing returns

law school (Re) juristische Fakultät *f (syn, GB, law faculty)*

Law Society
(Re, GB) Anwaltskammer *f*
(ie, of solicitors; opp, General Council of the Bar, qv)

laws of thought
(Log) Denkgesetze *npl*
(ie, the three principles of thought:
1. law of identity = Identitätsprinzip;
2. law of contradiction = Prinzip vom ausgeschlossenen Widerspruch, principium contradictionis;
3. law of excluded middle = Prinzip vom ausgeschlossenen Dritten, principium exclusi tertii;
[what are they: ontologically real, cognitively necessary, uninferred knowledge, mere rules of inference?])

law student (Re) Jurastudent *m*

lawsuit
(Re) Klage *f*
– Gerichtsverfahren *n*
(ie, vernacular term for a civil action; syn, action, qv)

law to apply (Re) geltendes Recht *n (ie, in contract wording; syn, applicable/governing . . . law)*

lawyer
(Re) Jurist *m (ie, any person learned in the law; not ‚jurist', qv)*
(Re, infml) Anwalt *m*
– Rechtsanwalt *m*

lay aside *v* (com) zurückstellen *(syn, shelve)*

layaway
(com) zurückgelegte Ware *f*
(ie, downpayment is made, and the goods are picked up when the balance – or final installment – has been paid)

lay claim to *v*
(Re) Anspruch *m* erheben auf
– beanspruchen *(syn, claim)*

lay days
(com) Liegezeit *f*
– Liegetage *mpl*
(ie, specified in a charter-party for unloading and loading a ship; syn, lay time)

layer
(com) Schicht *f*
(EDV) Ebene *f*
– Schicht *f*
(Vers) Abschnitt *m*
– Tranche *f (ie, e–r Haftstrecke in der Rückversicherung)*

layered
(com) geschichtet
– gestaffelt
layering technique (EDV, CAD) Ebenentechnik *f* *(ie, Aufteilung e–s grafischen Objekts in mehrere Schichten)*
layer of management (Bw) Führungsebene *f* *(syn, level of management, qv)*
lay into *v* (com, infml) = to light into, qv
layoff (Pw) Personalfreisetzung *f* *(ie, temporary or final loss of a job)*
layoff notice (Pw) Entlassungsschreiben *n* *(syn, letter/notice . . . of dismissal)*
layoff rate (Pw) Abgangsrate *f* *(syn, separation rate)*
layout
(com) Entwurf *m*
– Skizze *f*
(IndE) Auslegung *f* *(eg, of plant facilities, factory)*
(Mk) Layout *n*
– Aufmachung *f*
– Gestaltung *f* *(ie, of printed material)*
lay out *v*
(com) entwerfen
– skizzieren
(com) ausgeben
(syn, spend, pay out)
(Mk) layouten
lay out a strategy *v* (Bw) Strategie *f* entwickeln
layout character (EDV) Formatsteuerzeichen *n* *(syn, format effector)*
layout man (Mk) Layouter *m*
layout of balance sheet (ReW) Bilanzgliederung *f*
layout of storage area (MaW) Lageranordnung *f*
layout plan
(com) Lageplan *m*
(IndE) Dispositionszeichnung *f*
– Übersichtszeichnung *f*
(syn, general arrangement drawing)
lay time (com) = lay days
lay up *v* (Math) = lay off
LBO (Fin) = leveraged buy-out, qv
L/C (com) = letter of credit
LCD (EDV) = liquid crystal display
LCE (Bö, GB) = London Commodity Exchange
LCL
(com) = less than container load
(com, US) = less than carload
L/C (L.C.) (com) = letter of credit
LDC, ldc (Vw) = less developed country
LDE (Fin) = London Derivatives Exchange
lead
(com) Vorsprung *m*
(com) Hinweis *m*
(Pw) Spitzenposition *f* *(eg, take the lead in . . .)*
lead *v*
(Pw) leiten, führen
(Fin) Konsortium *n* führen *(syn, lead manage)*
lead a market *v* (com) Markt *m* beherrschen
lead bank (Fin) = leading manager
lead banking (Fin) Konsortialgeschäft *n*
leader
(Mk) Lockartikel *m*
– Lockvogel *m* *(syn, bait, leading article, loss leader; infml, lure)*
(Vw) Frühindikator *m* *(syn, leading indicator, qv)*
(Pw) Vorarbeiter *m* *(syn, assistant/petty . . . foreman)*
(Fin) Konsortialführerin *f* *(syn, leading manager)*
(Bö) Spitzenwert *m* *(ie, sold in large numbers)*
(EDV) Vorlauf *m*
(EDV, Unix) Führungszeichen *n*
leader article (Mk) Anreizartikel *m* *(syn, inducement article)*
leader of negotiations (com) Verhandlungsführer *m*
leaders (Bö) Spitzenwerte *mpl* *(ie, leading . . . equities/shares; syn, high fliers)*
leadership (Bw) Führung *f*, Leitung *f* *(syn, directing, qv)*
leadership attitude (Bw) Führungsverhalten *n*
leadership style (Bw) Führungsstil *m*
lead-free gasoline (com) bleifreies Benzin *n* *(syn, unleaded, nonleaded gasoline)*
lead hand (Pw) Vorarbeiter *m* *(syn, gang leader)*
leading
(Bw) Führung *f*
– Leitung *f*
(ie, als Führungsfunktion; syn, directing)
(EDV) Durchschuß *m*
(ie, in text processing)
leading article
(Mk) Lockartikel *m*
– Lockvogel *m* *(syn, bait, qv)*
leading bank (Fin) = leading manager
leading case (Re) (richtungweisender) Präzedenzfall *m* *(ie, a guide for subsequent decisions)*
leading company (Vers) federführendes Konsortialmitglied *n*
leading decision (Re) Grundsatzentscheidung *f* *(syn, landmark decision)*
leading edge (com, infml) vorderste Front *f* *(eg, of technological development; syn, cutting edge)*
leading edge account (com) Großkunde *m* *(syn, big customer, qv)*
leading edge chip (EDV) modernster Chip *m*
leading edge company (com) Spitzenunternehmen *n*
leading end (EDV) Bandanfang *n*
leading equities (Fin) = leaders
leading feature (com) Hauptmerkmal *n*
leading indicator
(Vw) Frühindikator *m*
– vorlaufender Indikator *m*
– vorauseilender Indikator *m*
(eg, new orders, building permits, money supply, stock prices; syn, leader; opp, coincident indicator, lagging indicator)
leading indicators (Kart) Aufgreifkriterien *npl*
leading manager
(Fin) Konsortialführer *f*
– federführende Konsortialbank *f*
– federführendes Konsortialmitglied *n*
– konsortialführende Bank *f*
(syn, leader, lead/principal/syndicate . . . manager, managing . . . bank/underwriter, prime underwriter, syndicate leader)
leading member (com) federführende Firma *f* *(ie, of a group)*
leading position (Pw) führende Position *f*, führende Stellung *f*
leading price (com) Richtpreis *m*

leading producer (com) führender Hersteller *m*
leading product (Mk) Hauptprodukt *n*
leading question (Mk) Suggestivfrage *f (ie, suggests the anticipated answer)*
leading security (Bö) Marktführer *m*
leading shareholder (com) Hauptaktionär *m (syn, major shareholder)*
leading shares
(Bö) führende Werte *mpl*
– Publikumswerte *mpl*
– Spitzenwerte *mpl*
leading spaces (EDV) führende Leerzeichen *n*
leading stock exchange (Bö) federführende Börse *f (ie, on the occasion of a stock or loan issue)*
leading underwriter (Vers) Erstversicherer *m (syn, original insurer, qv)*
leading variable (Bw) Leitvariable *f*
leading zero (EDV, Cobol) führende Null *f*
lead-in period (Pw) Einarbeitungszeit *f (syn, orientation period)*
leadman (Pw) Vorarbeiter *m*
lead management
(com) Federführung *f (syn, central handling)*
(Fin) Konsortialführung *f*
lead management clause (Vers) Führungsklausel *f*
lead management group (Fin) Führungsgruppe *f*
lead manager
(Fin) Konsortialführer *m*
(ie, Bank an der Spitze e–s Kredit– oder Anleihekonsortiums; syn, managing bank, manager, managing underwriter, prime underwriter, principal manager, syndicate leader, consortium leader)
lead manager *v*
(com) federführend sein, Federführung *f* haben
(Fin) Konsortium *n* führen *(eg, an underwriting syndicate; syn, lead)*
lead time
(Bw) Vorlaufzeit *f*
(MaW) Beschaffungszeit *f*
(syn, procurement lead time)
(IndE) Laufzeit *f*
– Bearbeitungszeit *f*
lead time for innovation (Bw) Innovations-Laufzeit *f*
lead time inventory (MaW) Grundbestand *m (syn, cycle/turnover /working . . . inventory)*
lead time offset (IndE) Vorlaufzeitvershiebung *f*
lead underwriter (Fin) = lead manager
lead-up (com) Vorbereitungsphase *f*
leaflet
(com) Flugblatt *n*
– Prospekt *m*
– Werbezettel *m*
(ie, usually folded printed sheet for free distribution)
leak *v* (com) unter der Hand Informationen *fpl* weitergeben *(eg, . . . sensitive material to the press)*
leakage
(com) Leckage *f*, Rinnverlust *m (ie, in freight traffic)*
(Vw) Sickerverluste *mpl*, Sickerquote *f*
(Bö) Absatz *m* kleiner Mengen nicht registrierter Wertpapiere
(syn, dribble; cf, Rule 144 SEC)
leakage clause (com) Leckage-Klausel *f*
lean management
(com) „schlankes" Management *n*
(eg, durch Reduzierung der Hierarchieebenen)
lean production
(IndE) „schlanke" Produktion *f*
(ie, die Zahl der Zulieferer wird erheblich verringert; außerdem geht ein Teil der vom Industriebetrieb verminderten Fertigungstiefe auf sie über; Ziel: Einmalbearbeitung in universellen Bearbeitungszentren)
lean work (Pw) Arbeiten *fpl*, bei denen nur schwer hohe Prämien verdient werden können
lean years (com, infml) magere Jahre *npl*
leap *v* (com) scharf ansteigen *(syn, shoot up, qv)*
leapfrog *v* (Pw) überspringen *(ie, on the advancement ladder)*
leapfrogging (Mk) direktes Überspringen *n (ie, durch den schnellen Verfolger)*
leapfrog test
(EDV) Bocksprungtest *m*
(ie, check routine that copies itself through storage to perform tests on different locations; eventually all storage positions will have been tested)
learner allowance (IndE) Einarbeitungszuschlag *m*
learning curve (Bw) Lernkurve *f*
learning-curve pricing
(Mk) Preisbildung *f* nach Lernkurve
(ie, conceived by Boston Consulting: company moves initial prices down by learning ahead of actual cost reductions; idea is to create bigger demand faster, spur cost reductions, and discourage new competitiors)
learning from examples (EDV) induktive Inferenz *f*
learning function (Bw) Lernfunktion *f*
learning process
(Bw) Lernprozeß *m*
(ie, takes place between a system and its environment)
lease
(Re) Miete *f*
– Pacht *f*
(ie, agreement transferring the use of occupancy of land, space, structures, or equipment in consideration of rent; may be for a limited period or even for life)
lease *v*
(Re) mieten
(eg, house, building; syn, rent, hire)
(Re) vermieten
(ie, convey to another by lease)
(Re) pachten
(syn, take on lease)
(Re) verpachten
(syn, let on lease, hire out)
lease agreement (Re) Mietvertrag *m*, Pachtvertrag *m (syn, lease)*
leaseback (Fin) Verkauf *m* mit gleichzeitiger Rückmiete
leased company (com, US) Pachtgesellschaft *f*
leased line
(EDV) Standleitung *f*
(syn, dedicated line; opp, dial/switched . . . line = Wählleitung)

leased property (Re) Pachtgrundstück *n*
lease for security
(Re) Miete *f* zu Sicherheitszwecken
(ie, in substance a conditional sale or security interest)
leasehold (Re) gemietete od gepachtete Sache *f (ie, estate or interest to be held for a number of years)*
leasehold improvements (ReW) Einbauten *mpl* in gemietete Räume
leasehold land and buildings (ReW) gemietete Grundstücke *npl* und Gebäude *npl*
leasehold property (Re) Pachtgrundstücke *npl*
leaseholds (Re) Miet- und Pachtrechte *npl*
lease of a patent (Pat) Verpachtung *f* e–s Patents
lease-option agreement
(Re) Miet-Options-Vertrag *m*
(ie, option to purchase leased property at a later date for a set price)
lease-purchase agreement
(Re) Mietkauf *m*
(ie, portion of rent can be applied to the purchase price)
lease with purchase option (Re) Miete *f* mit Kaufoption
leasing
(Bw) Leasing *n*
(ie, arrangement providing the use of an asset without its legal ownership: Überlassung e–s Gegenstandes zur Nutzung gegen Zahlung e–r Miete; Parteien: lessor-lessee; Vertrag ist also nach überwiegender Meinung ein Mietvertrag)
leasing activities (Bw) Leasing-Geschäft *n*
leasing company (Bw) Leasing-Gesellschaft *f*
leasing of capital assets (Bw) Vermietung *f* von Investitionsgütern
least and latest rule (StR, US) geringstmögliche Steuern *fpl* zum spätestmöglichen Zeitpunkt
least common denominator (Math) kleinster gemeinsamer Nenner *m (syn, lowest common denominator)*
least common multiple (Math) kleinstes gemeinsames Vielfaches *n (syn, lowest common multiple)*
least-cost allocation (Vw) kostenoptimale Allokation *f*
least-cost combination (Bw) Minimalkostenkombination *f (syn, minimum cost combination)*
least-cost replenishment of inventories (MaW) kostenoptimale Eindeckung *f*
least developed country, LLDC (AuW) besonders unterentwickeltes Entwicklungsland *n*
least efficient producer
(Vw) Grenzprodukt *n*
– Grenzbetrieb *m*
(syn, marginal firm)
least significant character
(EDV) niedrigstwertiges Zeichen *n*
(ie, the character in the rightmost position in a number or word)
least-squares estimator (Stat) Kleinstquadrate-Schätzer *m*
least squares method
(Stat) Methode *f* der kleinsten Quadrate
– Kleinste-Quadrate-Methode *f*
(ie, technique of fitting a curve close to some given points which minimizes the sum of the squares of the deviations of the given points from the curve)
least term (Math) kleinstes Glied *n*
least upper bound
(Math) kleinste obere Schranke *f*
(ie, . . . of a subset A of a set S with ordering < is the smallest element of S which is greater than or equal to every element of A; syn, supremum)
least variance ratio (Stat) Prinzip *n* des minimalen Streuungsverhältnisses
leather goods fair (com) Lederwarenmesse *f*
leather industry (com) Lederindustrie *f*
leave *v* (Re) hinterlassen *(eg, real estate; syn, infml, cut up for)*
leave holding the bag/baby *v* (com, infml) e–e Sache *f* ausbaden lassen
leave of absence
(Pw) Beurlaubung *f*
(ie, time off but with assurance that employee will be reinstated)
leaver (Pw, infml) ausscheidender Mitarbeiter *m*
leavers (Pw) Abgänge *mpl*
leave them as you find them (FiW) Edinburgh-Regel *f*
leave without pay (Pw) unbezahlter Urlaub *m*
leave with pay (Pw) bezahlter Urlaub *m*
lectern (com) Vortragspult *n*
lecture tour
(com) Vortragsreise *f*
(ie, tour to carry out speaking engagements; eg, he is off on a . . .)
LED (EDV) = light-emitting diode
ledger
(ReW) Hauptbuch *n*
(ie, in which transactions are posted from books of original entry)
ledger account
(ReW) Hauptbuchkonto *n*
– Sachkonto *n*
ledgerless accounting
(ReW) Belegbuchhaltung *f*
(syn, bookless acounting, file posting, slip system of accounting)
(ReW) Offene-Posten-Buchführung *f*, kontenlose Buchführung *f (syn, open item system)*
LED-printer (EDV) LED-Drucker *m (ie, page printer using LEDs)*
left-hand screw rule (Math) Linksschrauben-Regel *f*
left-hand side
(Fin, US) Verkaufskurs *m*, Devisenverkaufskurs *m*
(ie, at which bank offers to sell foreign currency; opp, right-hand side)
left justified (EDV) linksbündig
left-justify *v*
(EDV) linksbündig machen
(ie, arrange characters horizontally, so that the leftmost character of a string is in a specified position)
left-luggage office (com) Gepäckaufbewahrung *f*
(syn, baggage room, checkroom)
left offset (EDV) linker Rand *m*
leftover stock (MaW) Lagerrestbestand *m*, Restbestand *m*

left parenthesis
(com) Klammer auf
(EDV) öffnende Klammer
left shift (EDV) Linksverschiebung *f*
leftward shifting (Vw) Linksverschiebung *f (ie, of demand and supply curves)*
legacy
(Re) letztwillige Zuwendung *f*
(ie, a gift by will esp of money or personal property; there are many subterms such as general, residuary, specific . . . legacies)
legacy duty (StR, GB) Erbschaftsteuer *f*
legacy hunter (com, infml) Erbschleicher *m*
legacy tax (StR, US) Erbschaftsteuer *f*
legal
(Re) rechtlich
– gesetzlich
(ie, this contemplates the form, not the substance of law; syn, in law, de iure; opp, lawful = rechtmäßig)
legal act
(Re) Rechtshandlung *f*
– juristische Handlung *f*
(ie, directed to the origin, termination, or alteration of a right)
legal action (Re) gerichtliche Schritte *mpl*
legal act of the party (Re) rechtsgeschäftliche Willenserklärung *f*
legal advice (Re) Rechtsberatung *f*
legal advice center (Re) Rechtsberatungsstelle *f*
legal adviser (Re) Rechtsberater *m (ie, may be any lawyer = Jurist)*
legal age (Re) Volljährigkeit *f (syn, full age, qv)*
legal aid (Re) Prozeßkostenhilfe *f*
legal appropriation (ReW) Verwendungsbeschränkung *f* des Gewinns durch den Gesetzgeber
legal arrangements (Re) rechtliche Regelung *f*
legal asset
(Re) gesetzliches Zahlungsmittel *n*
(ie, any property acceptable for payment of debt)
legal assignment (Re) Abtretung *f (ie, nach Common Law)*
legal basis method (ReW) = cost value method
legal business (Re) Rechtsgeschäft *n (eg, transact legal business; syn, legal transaction)*
legal capacity
(Re) Rechtsfähigkeit *f*
(Re) Geschäftsfähigkeit *f*
legal capacity to contract (Re) Geschäftsfähigkeit *f (syn, contractual capacity, capacity . . . to transact legal business/to enter into legal transactions)*
legal capital (ReW) Mindestnennbetrag *m* des Grundkapitals
legal charge (Re) = mortgage
legal charges
(Re) Anwaltsgebühren *fpl*
(EDV) Gerichtskosten *pl (syn, legal fees)*
legal claim (Re) Rechtsanspruch *m*
legal concept (Re) Rechtsbegriff *m*
legal consequence (Re) Rechtsfolge *f*
legal consulting service (Re) Rechtsberatung *f*
legal convergence (EG) Konvergenz *f* der innerstaatlichen Rechtsvorschriften *(„Article 108 of the Maastricht Treaty states that Member States shall ensure, at the latest at the date of the establishment of the ESCB, that their national legislation, including the statutes of their NCBs, is compatible with the Treaty and the Statute")*
legal counsel (Re) Rechtsbeistand *m*
legal counseling (Re) Rechtsberatung *f*
legal defectiveness (Re) Fehlerhaftigkeit *f* im rechtlichen Sinne
legal department (Re) Rechtsabteilung *f*
legal disability
(Re) Geschäftsunfähigkeit *f*
(syn, contractual incapacity, qv)
legal document
(Re) Urkunde *f (syn, legal evidence)*
legal duty of taxpayer to keep records (StR) Belegzwang *m*
legal efficacy (Re) Rechtskraft *f (syn, legal force, validity)*
legal entity
(Re) Rechtssubjekt *n*
– Rechtspersönlichkeit *f (syn, legal person, qv)*
legalese
(Re) Juristenjargon *m*
(ie, jargon of the legal profession, unintelligible to the ordinary layman)
legal expense insurance (Vers) Rechtsschutzversicherung *f (syn, GB, legal protection insurance)*
legal fees and charges (Re) Rechtskosten *pl (ie, including attorney fees)*
legal fiction (Re) rechtliche Fiktion *f (syn, GB also: legal figment)*
legal figment (Re, GB) = legal fiction
legal force (Re) Rechtskraft *f (syn, legal efficacy, validity)*
legal form (Re) Rechtsform *f*
legal form of business organization
(Re) Rechtsform *f* der Unternehmung
(eg, sole proprietorship, partnership, corporation = Einzelunternehmen, Personengesellschaft, Kapitalgesellschaft)
legal foundation (Re) Rechtsgrundlage *f (syn, statutory . . . basis/source)*
legal holidays (Pw) gesetzliche Feiertage *mpl*
legal incapacity (Re) Rechts- und Geschäftsunfähigkeit *f (syn, legal disability)*
legal infirmity (Re) Rechtsmangel *m (eg, of a negotiable instrument)*
legal information system (EDV) juristisches Informationssystem *n*
legal instrument (Re) Urkunde *f (syn, legal document)*
legal insurance (Vers) Rechtsschutzversicherung *f*
legal integration (EG) rechtliche Integration *f (eg, of NCBs in the ESCB)*
legal interest
(Re, US) gesetzlicher Zinsfuß *m*
(ie, maximum rate of interest permitted by state law; used in contracts in which no rate has been stated)
legal investment
(Fin) mündelsichere Kapitalanlage *f*
(Fin) mündelsichere Wertpapiere *npl*
(ie, class of securities in which investors regulated by law – trustees, savings banks, etc – may legally invest; syn, trustee securities)

legalize *v*
(Re) beglaubigen *(eg, a signature; syn, authenticate, certify)*
(Re) genehmigen
legal liability (Re) gesetzliche Haftpflicht *f (syn, third-party liability)*
legal list
(Fin, US) Liste *f* mündelsicherer Wertpapiere
(ie, shows securities in which fiduciaries, such as a regulated bank or insurance company, may invest)
legally binding (Re) rechtsverbindlich *(syn, binding in law)*
legally effective
(Re) in Kraft
– rechtskräftig
– rechtsgültig *(eg, contract; syn, in force, legally valid)*
legally enforceable claim
(Re) rechtskräftiger Anspruch *m*
legally justifiable (Re) rechtlich vertretbar
legal medicine (Re) Gerichtsmedizin *f (syn, forensic medicine)*
legal name
(Bw) Firmenname *m*
(ie, one that is considered sufficient in all legal matters)
legal obligation (Re) rechtlich bindende Verpflichtung *f*
legal opinion (Re) Rechtsgutachten *n*
legal parlance (Re) Rechtssprache *f*
legal person
(Re) juristische Person *f*
(ie, individual, proprietorship, partnership, corporation that, in contemplation of law, has the capacity to make contracts, assume obligations, and discharge debts; can be sued for damages; syn, legal entity, artificial/juristic . . . person, juridical personality, body corporate, corporate body)
legal personality (Re) = legal person
legal placement (Fin, US) mündelsichere Anlage *f*
legal portion of an inheritance
(Re) Pflichtteil *m*
(syn, statutory/compulsory . . . portion; civil law: portio legitima)
legal position (Re) Rechtsstellung *f*
legal positivism (Re) Rechtspositivismus *m (ie, does not admit normative statements)*
legal power (Re) Rechtsmacht *f*
legal precedent (Re) Präzedenzfall *m*
legal predecessor (Re) Rechtsvorgänger *m (syn, predecessor in title, preceding party, transferor; opp, legal successor, qv)*
legal proceedings
(Re) Gerichtsverfahren *n*
– Klage *f*
– Verfahren *n*
(ie, in a civil court; syn, action, qv)
legal protection (Re) Rechtsschutz *m*
legal protection insurance (Vers, GB) = legal expense insurance
legal provision
(Re) Rechtsvorschrift *f*
– gesetzliche Bestimmung *f*
legal rate of interest (Re) = legal interest
legal relationship (Re) Rechtsverhältnis *n*
legal remedy
(Re) Rechtsbehelf *m*
– Rechtsmittel *n*
(syn, remedy in law, legal relief)
legal representative
(Re) gesetzlicher Vertreter *m*
(ie, ordnungsgemäß bevollmächtigter od tatsächlich legitimierter Vertreter; bedeutungsgleich mit ‚lawful representative'; er ist ferner ‚Vertreter in Rechtssachen'; eg, als Oberbegriff zu Testamentsvollstrecker (executor/executrix of an estate) od Nachlaßverwalter (administrator/administratrix of an estate); beide werden als ‚personal representative' Rechtsnachfolger; auch der ‚court-appointed guardian' ist legal representative; ferner trustee, curator, etc)
legal requirements (Re) Rechtsvorschriften *fpl*
legal reserve
(Fin) Barreserve *f*
(ie, bank notes + deposits with central bank; syn, bank's cash reserve, vault . . . cash/money)
(ReW, Vers) gesetzliche Rücklagen *fpl*
legal residence (Re) Wohnsitz *m (cf, domicile)*
legal restraints (Re) rechtliche Beschränkungen *fpl*
legal right (Re) subjektives Recht *n*
legal scholar (Re) Rechtsgelehrter *m (syn, jurist, qv)*
legal securities (Fin) = legal investment
legal settlement (Re) Zwangsvergleich *m*
legal shell (Re) juristisches Kleid *n (cf, corporate shell = Firmenmantel)*
legal status (Re) Rechtsstellung *f*
legal structure (Re) Rechtsform *f (syn, legal form)*
legal subject (Re) Rechtssubjekt *n*
legal succession (Re) Rechtsnachfolge *f (syn, succession in title)*
legal successor
(Re) Rechtsnachfolger *m (syn, successor in title, succeeding party, transferee; opp, legal predecessor, qv)*
legal system
(Re) Rechtssystem *n (eg, Anglo-American vs Continental)*
legal taxpayer (StR) Steuerpflichtiger *m*
legal tender
(Vw) gesetzliches Zahlungsmittel *n*
(ie, for all debt – public and private –, public charges, taxes, duties, and dues; syn lawful money)
legal term (Re) juristischer Fachausdruck *m* od Terminus *m (ie, term of legal language or parlance)*
legal title
(Re) Eigentumsrecht *n (ie, may be held for one's own benefit or as a trustee)*
legal transaction
(Re) Rechtsgeschäft *n*
(ie, act having legal consequences in the intention of the parties; cf, §§ 104–285 BGB; syn, legal . . . act/business; GB, act of the party, act in the law)
legal uncertainties
(com) rechtliche Unsicherheiten *fpl*
– Rechtsunsicherheiten *fpl*

legal validity
(Re) Rechtskraft *f*
– Rechtsgültigkeit *f*
legislative
(Re) Legislative *f*
(ie, one of the three branches of democratic government systems; cf, executive, judiciary)
legislative body (Re) gesetzgebende Körperschaft *f*
legislative budget (FiW) vom Gesetzgeber verabschiedeter Haushalt *m*
legislative jurisdiction
(Re, US) materielle Zuständigkeit *f*
(ie, power of a state to prescribe laws or to lay down rights and duties of behavior; it is ‚subject matter jurisdiction' in U. S. jurisprudence; opp, executory jurisdiction)
legislative power (Re) gesetzgeberische Gewalt *f*
legislator
(Re) Gesetzgeber *m (ie, a legislative body)*
(Re) Mitglied *n* e–r gesetzgebenden Körperschaft
legitimate (com, Re) legitim
legitimate *v* (Re) legitimieren *(syn, legitimize)*
legitimate power
(Bw) Macht *f* durch Legitimation
(ie, in leadership behavior)
legitimize *v* (Re) = legitimate
leisure activity market (Mk) Freizeitmarkt *m*
leisure time (Pw) Freizeit *f (ie, time off duty)*
leisure time economics (Vw) Freizeitökonomik *f*
leisure time industry (com) Freizeitindustrie *f*
leisure-time-related services (Vw) freizeitbezogene Dienstleistungen *fpl*
lemma
(Log, Math) Hilfssatz *m*
– Lemma *n*
(ie, auxiliary proposition used in demonstrating another proposition)
lemon
(com, infml) Zielgesellschaft *f*, die nach Übernahme weit hinter Renditeerwartung zurückbleibt
lend *v*
(Fin) ausleihen
(ie, let out money on condition of repayment with interest)
(Fin) Kredit *m* gewähren
lender
(Fin) Darlehensgeber *m*
– Kreditgeber *m*
(opp, borrower)
(Fin) Geldgeber *m*
(syn, moneylender)
lender of last resort (Fin) Refinanzierungsinstitut *n* der letzten Instanz *(ie, central bank)*
lending
(Fin) Darlehensgewährung *f*
– Kreditgewährung *f*
(syn, loan grant, extension of loans; opp, borrowing)
(Fin) Beleihung *f*
lending activities (Fin) = lending operations
lending agency (Fin) Kreditinstitut *n*
lending approach (Fin) Kredittechnik *f (ie, of banks)*
lending bank (Fin) kreditgebende Bank *f*
lending business (Fin) = lending operations
lending capacity (Fin) Kreditpotential *n*
lending ceiling
(Fin) = lending line
(Fin) Beleihungsgrenze *f (syn, lending limit)*
lending charges (Fin) Kreditkosten *pl*
lending commitment (Fin) Kreditzusage *f*
lending insurance (Vers) Kreditversicherung *f (syn, loan insurance)*
lending interest (Fin) Kreditzinsen *mpl*
lending library (com) Leihbibliothek *f (syn, rental library; GB, subscription library)*
lending limit (Fin) = lending ceiling
lending line
(Fin) Kreditlinie *f (syn, borrowing limit, lending ceiling, line of credit)*
lending of funds to third parties (Fin) Aktivfinanzierung *f (ie, by banks or business enterprises)*
lending on precious metals (Fin) Edelmetallombardgeschäft *n*
lending operations (Fin) Kreditgeschäft *n (syn, lending . . . activities/business)*
lending policy
(Fin) Kreditpolitik *f*
– Kreditvergabepolitik *f*
(syn, credit policy)
lending potential (Fin) Kreditspielraum *m (syn, lending capacity)*
lending rate
(Fin) Kreditzins *m*
– Zins *m* für Ausleihungen
(ie, rate at which funds are loaned; syn, loan rate; opp, interest paid on time and savings deposits of banks)
lending rates (Fin) Debitorensätze *mpl*
lending requirements
(Fin) Kreditvergabevorschriften *fpl*
(ie, as laid down in banking law)
lending restrictions (Fin) Kreditbeschränkungen *fpl*
lendings (Fin) Ausleihungen *fpl*
lendings ratio (Fin) Ausleihquote *f*
lending terms (Fin) Kreditbedingungen *fpl*, Kreditkonditionen *fpl*
lending trade (com) Verleihgeschäft *n*
lending value (com) Beleihungswert *m (ie, of a plot of land)*
lending volume (Fin) Kreditvolumen *n (ie, outstanding credits)*
lend long term *v* (Fin) langfristig ausleihen
lend money *v* (Fin) Geld *n* ausleihen *(syn, give out money to)*
lend money interest-free (to) *v* (Fin) zinsfreies Darlehen *n* gewähren (an)
lend out *v* (com) ausleihen, verleihen
lend short term *v* (Fin) kurzfristig ausleihen
length of education (Pw) Ausbildungsdauer *f (syn, length/duration . . . of training)*
length of employment
(Pw) Beschäftigungsdauer *f*
– Dauer *f* der Betriebszugehörigkeit
length of service (Pw) = length of employment
length of stay, LOS
(SozV) Verweildauer *f*
(ie, patient's stay in hospital; a measure of use of health facilities; reported as an average number of days spent in a facility per admission or discharge [Aufnahme od Entlassung])

length of time to maturity (Fin) Laufzeit *f (syn, time to maturity, qv)*

less developed country, LDC, ldc (Vw) Entwicklungsland *n (syn, developing country)*

lessee
(Re) Mieter *m*
– Pächter *m (syn, tenant, nominee)*
(Bw) Leasingnehmer *m*, Leasingkunde *m*

lesser-rated borrower (Fin) weniger gute Adresse *f (ie, borrower of lesser standing)*

lessor
(Re) Vermieter *m*
– Verpächter *m (syn, GB, landlord)*
(Bw) Leasinggeber *m*

less-than-carload, LCL (com, US) Stückgut *n (Bahn)*

less-than-container-load, L.C.L. (com) Stückgut *n (Container)*

less-than-full employment (Vw) Unterbeschäftigung *f (syn, underemployment)*

less than or equal (Log) kleiner oder gleich, kleiner/gleich

less-than-truckload, LTL (com, US) Lkw-Stückgut *n*

let *v* (Re) vermieten

let a contract *v* (com) Zuschlag *m* erteilen, zuschlagen *(eg, to lowest bidder; syn, award contract)*

let into *v* (com, GB, infml) = to light into, qv

let on lease *v* (Re) verpachten *(syn, lease)*

let out a contract *v* (com) Auftrag *m* vergeben *(syn, award a contract, accept a bid)*

letter
(com) Buchstabe *m*
(com) Brief *m*
– Schreiben *n*

letter box
(com, GB) Briefkasten *m (syn, post/posting/pillar . . . box; US, mailbox)*

letter box company
(com) Briefkastenfirma *f*
(ie, empty cover without economic functions of its own)

letter file (com) Schnellhefter *m*

letter filing (com) Briefablage *f*

letter folder
(com) Ablagemappe *f*
– Aktendeckel *m (ie, folded cardboard used for holding loose papers)*

letter for underwriters
(ReW, US) Unbedenklichkeitserklärung *f*
(ie, furnished by independent accountants for the issuer of securities regarding the financial data included in the SEC registration statement; syn, comfort letter)

letterhead
(com) Briefkopf *m (syn, heading)*
(com) Kopfbogen *m*
– Papier *n* mit gedrucktem Briefkopf
(syn, headed letter paper)

letter of acknowledgment (com) Bestätigungsschreiben *n*

letter of advice
(com) Versandanzeige *f (syn, advice note, qv)*
(WeR) Mitteilung *f* über Wechselausstellung *(ie, by drawer to drawee = vom Aussteller an den Bezogenen)*
(Fin, US) (besondere Art von) Überweisung *f (ie, funds deposited by a first party are credited to a second party for use by a third party)*

letter of allotment (Fin) Zuteilungsanzeige *f (ie, later exchanged for share certificate; syn, share allotment form; US, allotment notice)*

letter of application
(Pw) Bewerbungsschreiben *n*
(Bö) Antrag *m* auf Aktienzuteilung *(ie, sender will receive either a letter of allotment or a letter of regret)*

letter of appraisal
(Pw) Empfehlungsschreiben *n*
– Referenzschreiben *n*

letter of attorney
(Re) Vollmacht *f*
– Vollmachtsurkunde *f*
(syn, power of attorney)

letter of authority
(com) Ermächtigungsschreiben *n*
(Fin) Akkreditivermächtigung *f*

letter of authorization (Re) Vollmachtsurkunde *f (syn, power of attorney)*

letter of comfort
(Fin) Patronatserklärung *f*
(ie, im Anleihe- und Kreditgeschäft verwendet: Erklärung e–r Konzernmutter, durch die e–m Kreditgeber e–r Tochtergesellschaft ein Verhalten der Mutter in Aussicht gestellt wird, durch das sich die Befriedigungsaussichten des Kreditgebers verbessern; kein unmittelbarer Zahlungsanspruch gegen die Mutter; weder Bürgschaft oder Garantievertrag; Mutter muß der Tochter jedoch die notwendigen Mittel zuführen; syn, comfort letter)

letter of comment
(Fin, US) Mitteilung *f*, mit dem SEC Beseitigung von Mängeln im ‚registration statement' fordert
(ie, relates to proposed sales of securities)

letter of complaint
(com) Beschwerdebrief *m*
(com) Mängelrüge *f*
– Mängelanzeige *f (syn, customer complaint)*

letter of confirmation (com) Bestätigungsschreiben *n (ie, I confirm what I said myself)*

letter of consignment (com, GB) Frachtbrief *m (syn, railroad bill of lading, qv)*

letter of credit clause (Fin) Akkreditivklausel *f*

letter of credit, L/C, (L.C.)
(com) Kreditbrief *m*
– Akkreditiv *n*

letter of dismissal (Pw) Kündigungsschreiben *n (syn, notice to terminate)*

letter of guarantee (com) Garantieschreiben *n*

letter of hypothecation
(Re) Versprechen *n* auf Aufbewahrung od Herausgabe von Sicherungsgut
(Re) Urkunde *f* über besitzloses Pfandrecht

letter of indemnity
(Bw, GB) Garantieerklärung *f (ie, über Schadloshaltung)*
(com) Konnossementsgarantie *f*
(Fin, GB) Schadloshaltungserklärung *f*
(ie, request to a company's registrar to issue a replacement stock or share certificate when the

original has been lost; the holder undertakes to indemnify the company for any loss incurred as a result of issuing a duplicate document; most companies require countersignature by a bank or insurance company)

letter of instructions (Fin) Inkassoauftrag *m*

letter of intent
(com, US) vorläufige Bestellung *f (ie, mit aufschiebender Bedingung = condition precedent)*
(Re) Absichtserklärung *f*
(ie, employed to reduce to writing a preliminary understanding of parties who intend to enter into contract)

letter of introduction (com) = letter of recommendation

letter of lien (com) Bescheinigung *f* des Importeurs an die finanzierende Bank, daß Ware als Pfand zur Verfügung bleibt; syn, trust receipt

letter of recommendation (com) Empfehlungsschreiben *n*

letter of reference (Pw) Zeugnis *n (syn, testimonial)*

letter of renunciation
(Fin, GB) Abtretungsformular *n* für Bezugsrechte
(ie, form attached to an allotment letter which is filled in should the holder wish to pass his entitlement to someone else; cf, renounceable documents)

letter of request (Re, US) förmliches Rechtshilfeersuchen *n*

letter of subordination (Re) Rangrücktrittserklärung *f*

letter of subscription (Fin) Zeichnungsurkunde *f*

letter of thanks (com) Dankschreiben *n (syn, note of thanks; infml, bread-and-butter letter)*

letter of transmittal
(com) Begleitschreiben *n*
(syn, accompanying /covering . . . letter)
(Fin) Inkassoauftrag *m*
(syn, letter of instructions)

letter of understanding (Re) Vorvertrag *m*

letter opener (com) Brieföffner *m*

letter quality, LQ (EDV) Korrespondenzschrift *f*

letter sent abroad (com) Auslandsbrief *m*

letter shift (EDV) Buchstabenwechsel *m*

letter spacing (EDV) Zeilenabstand *m*

letters patent (Pat) Patenturkunde *f*

letters rogatory (Re, US) Rechtshilfeersuchen *n (cf, Bd. II)*

letter stock
(Fin, US) Aktien *fpl*, die nur aufgrund e–s ‚special letter' der SEC ausgegeben werden dürfen *(ie, without SEC registration, subject to special restrictions in sale)*

letter to be called for (com) postlagernder Brief *m*

letter tray (com) Ablagekorb *m*

letting
(com, US) möblierte Wohnung *f (eg, income from furnished lettings)*
(Re) Vermietung *f* od Verpachtung *f*

letting out of contract (com) Auftragsvergabe *f*

letup in monetary restraint (Vw) Lockerung *f* der restriktiven Geldpolitik

level
(com) Ebene *f*
(Bw) Hierarchie-Ebene *f (eg, upper level managemen = obere Führungsebene; syn, echelon)*
(EDV) Leistungsstufe *f*
(EDV, Cobol) Stufe *f*
(ie, status of a data item indicating whether this item includes additional items)

level *v* (com) einebnen

level against *v*
(Re) jem anklagen wegen
(eg, charge of embezzlement was leveled against him; bring/lay/prefer . . . against)

level-by-level planning (Bw) stufenweise Planung *f*

level crossing (com, GB) schienengleicher Bahnübergang *m (syn, US, grade crossing)*

level debt service
(Fin, US) konstanter Schuldendienst *m*
(ie, combined payments of principal and interest on all payments are equal; syn, mortgage amortization)

level down *v*
(com) senken
– nach unten angleichen
(ie, to an equal level; eg, prices, incomes)

leveled elemental time (IndE) normale Grundzeit *f (syn, base time, normal elemental time)*

leveled time (IndE) Normalzeit *f (syn, normal time)*

level indicator (EDV, Cobol) Stufenbezeichnung *f (cf, DIN 66 028, Aug 1985)*

leveling (IndE) Belastungsausgleich *m*

leveling of capacity requirements (OR) Ausgleich *m* des Kapazitätsbedarfs

leveling of incomes (Vw) Einkommensnivellierung *f*

leveling system (IndE) LMS-System *n*, Westinghouse-System *n (ie, of performance rating = Leistungsgradschätzen)*

level number (EDV, Cobol) Stufennummer *f (cf, DIN 66 028, Aug 1985)*

level of ability (Pw) Qualifikation *f*

level of abstraction (Log) Abstraktionsgrad *m*, Abstraktionsniveau *m*

level of activity
(Bw) Beschäftigungsgrad *m*
(Vw) Niveau *n* des Produktionsprozesses
(OR) Prozeßniveau *n (syn, level of process, activity level)*

level of aspiration (Vw) Anspruchsniveau *n*

level of authority (Bw) Instanz *f (syn, organizational unit)*

level of capacity utilization (Bw) Kapazitätsausnutzungsgrad *m (syn, capacity utilization rate, qv)*

level of competition (Vw) Wettbewerbsgrad *m*

level of consolidation (ReW) Konsolidierungsstufe *f*

level of customer service (com) Lieferbarkeitsgrad *m*

level-of-debt ratio (FiW) Schuldenstandsquote *f*

level of decision-making (Bw) Entscheidungsstufe *f*

level of detail (com) Gliederungstiefe *f*

level of employment
(Pw) Beschäftigtenstand *m (ie, number of persons employed)*
(Vw) Höhe *f* der Beschäftigung
– Beschäftigungsgrad *m*

level off *v*
(com) abflachen
– stabilisieren
(eg, prices, rates; syn, stabilize)

level of generality (Log) Allgemeinheitsgrad *m* Allgemeinheitsstufe *f (syn, level of universality)*

level of indentation (com) Einrückungsstufe *f*
level of initial inventory (MaW) Anfangsbestand *m* *(syn, opening inventory)*
level of integration (EDV) Integrationsgrad *m*
level of interest rates (Fin) Zinsniveau *n*
level of invention (Pat) Erfindungshöhe *f (syn, inventive level, qv)*
level of management
(Bw) Führungsebene *f*
– Leitungsebene *f*
(syn, layer of management, managerial level)
level of nesting (EDV) Verschachtelungs-Niveau *n*
level of operations (KoR) Beschäftigungsgrad *m* *(syn, activity level)*
level of orders
(com) Auftragsbestand *m*
(syn, backlog of orders, qv)
level of output (KoR) = level of operations
level-of-performance index (IndE) Leistungsindex *m*
level of prices
(com) Preisniveau *n*
(Bö) Kursniveau *n*
level of process (OR) = level of activity
level of production (KoR) = level of operations
level of program (EDV) Programmstufe *f*
level of satisfaction (Vw) Versorgungsgrad *m (syn, level of utility)*
level of significance
(Stat) Irrtumswahrscheinlichkeit *f*
(ie, probability of false rejection of the null hypothesis; syn, significance level, level of significance of a test)
level of time (Bw) Zeithorizont *m (syn, time . . . horizon/shape)*
level of training (Pw) Ausbildungsstand *m*
level of unemployment (Pw) Arbeitslosigkeit *f (ie, number of people out of work)*
level of universality (Log) = level of generality
level of utility (Vw) = level of satisfaction
level out *v* (com) ausgleichen *(ie, differences between rich and poor)*
level-payment mortgage (Fin, US) Tilgungshypothek *f (syn, redemption mortgage, qv)*
level premium (Vers) gleichbleibende Prämie *f*
level schedule
(IndE) einheitliche Dispositionsstufe *f*
(ie, the use of all parts in materials is as evenly distributed over time as possible; for a given periode of production)
levels function (Math) Funktion *f* mit absoluten Werten
levels of authority (Bw) Hierarchiestufen *fpl (syn, echelons of authority)*
levels of costing (KoR) Abrechnungsstufen *fpl*
level tendering
(com) Scheinangebote *npl*
(ie, aufgrund von Anbieterabsprachen; syn, collusive/dummy . . . tendering)
level up *v* (com) auf ein höheres Niveau bringen *(eg, the general standard of English)*
leverage
(Fin, US) Leverage *n*
– Hebelwirkung *f*
(ie, use of debt capital increases the effectiveness – and risk – of equity capital; Verhältnis zwischen Schuldverschreibungen, Vorzugsaktien und Stammaktien; syn, capitalization leverage; GB, gearing)
(Fin) jede Kreditaufnahme *f*
(ie, besonders zu Anlagezwecken)
(Bö) Verhältnis *n* Einschuß/Kapital
(ie, in commodities transactions; margin/capital ratio)
(Vw) Multiplikatorwirkung *f* zusätzlicher Ausgaben auf die Höhe des Bruttosozialprodukts
leverage capital requirements (Fin, US) cf, capital standard
leveraged buy-out, LBO
(Fin) Leveraged Buyout *m*
– fremdfinanziertes Übernahmeangebot *n*
(ie, spekulativer Firmenaufkauf mit anschließendem stückweisen Verkauf; Hauptziel ist die Buchwertaufstockung der Wirtschaftsgüter des gekauften Unternehmens; Folge: erhöhtes Abschreibungsvolumen; technique for financing acquisitions with borrowings repayable from the acquired company's operations or through the sale of its assets; highly developed in the USA; an important factor in takeover activity; made possible by the development of an extensive market in the USA for high-coupon, subordinated debt, which alllows acquirors to raise substantial amounts of bank financing from a relatively small equity base)
leveraged fund (Fin) kreditfinanzierter Investmentfonds *m (ie, in der BRD nicht zugelassen)*
leveraged recapitalization
(Fin) Ersetzen *n* des bestehenden Eigenkapitals durch Fremdkapital
(ie, vor allem im Rahmen von Konzernumstrukturierungen und Unternehmensverkäufen)
leverage earnings
(Fin) Erhöhung *f* der Eigenkapitalrentabilität – equity return – durch Ausgabe von Schuldverschreibungen und Vorzugsaktien
leverage effect
(Fin, US) Leverage-Effekt *m*
– Hebelwirkung *f* der Finanzstruktur
leverage factor
(Fin) Leveragefaktor *m*
(ie, Eigenkapitalrendite zu Gesamtkapitalrendite x 100)
leverage fund (Fin) Investmentfonds *m*, der Fremdmittel zur Anlage verwenden darf, um Hausseperioden zu nutzen; in Deutschland nicht zugelassen
leverage ratio (Fin) = debt ratio
leverage standard (Fin, US) cf, capital standard
levy
(StR) Abgabe *f*
– Steuer *f*
– Beitrag *m*
(Fin) Aufforderung *f* zum Nachschuß
(ie, to increase working capital or to cover losses)
(Re) Pfändung *f*
(ie, attachment of property by a court officer to satisfy a judgment for the plaintiff = aufgrund es vollstreckbaren Titels)
levy *v* (Re) pfänden

levy a tax on/upon *v*
(StR) e–e Steuer *f* erheben
– besteuern
(syn, impose a tax on/upon)
Levy Imposition Law (EG) Abschöpfungserhebungs-Gesetz *n*
levy of execution (Re) Pfändung *f (syn, attachment of property)*
levy on production (EG) Produktionsabgabe *f*
levy on property (Re) Zwangsvollstreckung *f (ie, compulsory execution against/into property)*
levy on storage (EG) Lagerkostenabgabe *f*
levy on sugar (Zo) Zuckerabschöpfung *f*
levy on/upon *v* (StR) (Steuern) erheben von
levy upon property (Re) Zwangsvollstreckung *f*
lex causae
(Re) Geschäftsstatut *n*
– Wirkungsstatut *n*
(ie, im internat. Privatrecht die Rechtsordnung, die für das jeweilige Rechtsverhältnis maßgebend ist)
lexical definition (Log) analytische Definition *f*
LF (EDV) = line feed, qv
liabilities
(ReW) Passiva *npl (opp, assets = Aktiva)*
(Re) Verbindlichkeiten *fpl*
– Kreditoren *mpl*
– Schulden *fpl (syn, accounts payable, qv)*
(Fin) Verbindlichkeiten *fpl*
liabilities on bills discounted (ReW) Verbindlichkeiten *fpl* aus diskontierten Wechseln
liabilities on current account (ReW) Kontokorrentverbindlichkeiten *fpl*
liabilities on forward exchange contracts (ReW) Verbindlichkeiten *fpl* aus Währungstermingeschäften
liabilities on guaranties (ReW) Verbindlichkeiten *fpl* aus Bürgschaften
liabilities payable on demand (Fin) täglich fällige Verbindlichkeiten *fpl*
liabilities side (ReW) Passivseite *f (ie, of a balance sheet)*
liabilities to nonresidents (AuW) Auslandsverbindlichkeiten *fpl (syn, external indebtedness, foreign liabilities)*
liabilities under warranties (ReW) Verbindlichkeiten *fpl* aus Gewährleistungsverträgen
liability
(Re) Haftung *f*
(ReW) Verbindlichkeit *f*
– Schuld *f*
(Vers) Leistungspflicht *f*
(ie, to pay a loss under the terms of an insurance contract)
liability account (ReW) Passivkonto *n (opp, asset account)*
liability based on causation
(Re) Kausalhaftung *f*
(ie, irrespective of fault; opp, liability based on fault = Verschuldenshaftung)
liability based on fault (Re) Verschuldenshaftung *f (syn, liability for default)*
liability coverage (Vers) Haftungssumme *f*
liability dividend (Fin) Dividende *f* in Form von Schuldurkunden *(ie, bonds or scrips)*
liability due (ReW) fällige Verbindlichkeit *f*
liability exemption clause (Re) Haftungsbeschränkungsklausel *f*
liability for damages (Re) Schadensersatzpflicht *f*
liability for dangerous chattels (Re) verschuldete Verkehrsuntauglichkeit *f*
liability for default (Re) = liability based on fault
liability for defects (Re) Mängelhaftung *f*
liability for endorsement (Re) Indossaments-Verbindlichkeit *f*
liability insurance
(Vers) Haftpflichtversicherung *f (ie, form of coverage whereby the insured is protected against injury or damage claims from other parties; syn, GB, third-party insurance)*
liability in tort
(Re) Haftung *f* aus unerlaubter Handlung
(ie, in civil-law countries – Ländern des kontinentalen Rechtskreises – predicated upon proof of fault = Verschuldensprinzip; syn, tort /tortuous . . . liability)
liability management
(Fin) Umschichtung *f* von Verbindlichkeiten
(ie, enables depositary institutions to raise additional funds in wholesale markets, when they wish to increase their lending; opp, asset management)
liability of reseller (Re) Haftung *f* des Wiederverkäufers
liability reserve
(ReW) Rückstellung *f*
(eg, for taxes, insurance, interest)
liability to pay taxes (StR) Steuerpflicht *f*
liability under a guaranty (Re) Garantiehaftung *f*
liability upon recourse (Re) Rückgriffshaftung *f*
liability waiver clause (Re) Haftungsverzichtsklausel *f*
liable (Re) haftbar *(ie, to/for; syn, accountable, answerable)*
liable in damages (Re) schadenersatzpflichtig *(syn, liable to pay damages)*
liable in income tax (StR) einkommensteuerpflichtig *(syn, taxable to income tax)*
liable in taxes (StR) steuerpflichtig *(syn, liable to pay taxes)*
liable on an instrument (WeR) aus e–r Urkunde haften
liable to duty (Zo) zollpflichtig
liable to export duty (AuW) exportabgabepflichtig
liable to pay compensation for damage (Re) schadenersatzpflichtig *(eg, caused by inaccurate data)*
liable to pay damages (Re) = liable in damages
liable to pay taxes (StR) steuerpflichtig *(ie, subject to payment of taxes; syn, liable in taxes)*
liable to recourse (Re) regreßpflichtig
liable to tax (StR) steuerpflichtig
liaise between/with *v*
(com) Verbindung *f* aufnehmen/aufrechterhalten
(eg, liaise with other groups/companies)
(com) vermitteln
(eg, between employers and union leaders; syn, to mediate)
liaison (com) Verbindungsmann *m (eg, act as ... between/vis-a-vis)*

libel
(Re) Beleidigung *f*
(ie, in civil law, an untrue and malicious statement, in printing, writing, or pictures, which tends to injure the reputation of a person in public; opp, slander)
liberal (com) freizügig
liberal construction (Re) weite Auslegung *f (ie, of legal text; syn, broad)*
liberalization of foreign trade (AuW) Liberalisierung *f* des Außenhandels
liberalization of imports (AuW) Einfuhrliberalisierung *f*
liberalized imports (AuW) liberalisierte Einfuhr *f (ie, unrestricted in terms of volume and money = geld- und mengenmäßig unbegrenzt)*
liberalize foreign trade *v* (AuW) Außenhandel *m* liberalisieren
liberal professions (com) freie Berufe *mpl*
liberal school of economic thought (Vw) liberale Schule *f*
liberal trade (Vw) Freihandel *m (syn, free trade)*
liberal trade policy (Vw) Freihandelspolitik *f*
liberal trader (Vw) Verfechter *m* der Freihandelsidee
LIBID (Fin, GB) = London Interbank Bid Rate
Libor (Fin, GB) = London Interbank Offered Rate
Libor flat (Fin, GB) LIBOR ohne Aufschlag *(ie, kein spread od margin)*
librarian
(com) Bibliothekar *m*
(EDV) Bibliotheksprogramm *n*
librarian program (EDV) Bibliotheksverwaltungsprogramm *n (syn, library maintenance program)*
library
(com) Bibliothek *f*
(EDV) computergestützte Bibliothek *f*
(EDV) Programmbibliothek *f*
(ie, collection of programs together with listings, documentation, user's directions, etc)
library call (EDV) Bibliotheksaufruf *m*
library disk (EDV) Bibliotheksplatte *f*
library identifier (EDV) Bibliotheks-ID
library maintenance program (EDV) Bibliotheksverwaltungsprogramm *n (syn, librarian program)*
library manager (EDV) Bibliotheksverwalter *m*
library name (EDV, Cobol) Bibliotheksname *m (cf, DIN 66 028, Aug 1985)*
library patron (com) Bibliotheksbenutzer *m*
library routine (EDV) Bibliotheksprogramm *n (ie, program that is part of some program library)*
license
(Re, US) Genehmigung *f*
– Zulassung *f*
– Konzession *f*
(ie, grant of permission; includes agency permit, certificate, approval, registration, charter, etc; 5 USC § 551 (8); eg, export/import/building . . . license)
(Pat) Lizenz *f*
license *v*
(Re) genehmigen
– zulassen
– konzessionieren
(Pat) lizenzieren, Lizenz *f* erteilen
license agreement (Pat) Lizenzvertrag *m*, Lizenzvereinbarung *f*
licensed construction (com) Lizenzbau *m*
licensed dealer
(Fin, GB) zugelassener Wertpapierhändler *m*
(ie, by the Department of Trade and Industry under the Prevention of Frauds (Investment) Act, 1958, but he is not a member of The Stock Exchange)
licensed deposit-taking institution
(Fin, GB) Einlagen-Bank *f*
(ie, Finanzinstitut, das nicht den Anforderungen des Banking Act genügt, aber das Einlagengeschäft betreibt; part of the two-tier system; there is major legislative proposal to abolish the classifications of the Banking Act; opp, recognised bank, qv)
licensed practical nurse (Pw, appr) staatlich geprüfte Krankenschwester *f*
licensed product (Pat) lizenzpflichtiges Produkt *n*
licensed production (Pat) Lizenzfertigung *f (syn, production under license)*
licensed program (EDV) Lizenzprogramm *n*
licensee
(Re) Konzessionsinhaber *m*
(Pat) Lizenzinhaber *m*
– Lizenznehmer *m*
(syn, holder of a license)
license fees
(Pat) Lizenzgebühren *fpl (syn, royalties)*
(StR, US) Gebühren *fpl (ie, levied by federal states and municipalities)*
license for use (Pat) Gebrauchslizenz *f*
license grant-back provision (Pat, US) Rücklizenzklausel *f*
license holder
(Pat) Lizenzinhaber *m*
– Lizenznehmer *m*
(syn, licensee)
license plate (com, US) Nummernschild *n (ie, of a car; syn, GB, number plate)*
license tax (StR, appr) Gewerbesteuer *f*
license to use (Pat) Benutzungslizenz *f*
licensing
(Re) Konzessionserteilung *f*
– Konzessionsvergabe *f*
(ie, includes grant, renewal, denial, revocation, suspension, annulment, withdrawal, limitation, amendment, modification, or conditioning of a license; cf, 5 USC § 551 (9))
(Pat) Lizenzerteilung *f*
– Lizenzgewährung *f*
(ie, issue of a license)
licensing hours (com, GB) Schankzeiten *fpl (eg, „time, gentlemen!")*
licensing-in (Pat) Lizenznahme *f*
licensing-out (Pat) Lizenzvergabe *f*
licensing procedure (com) Genehmigungsverfahren *n*
licensing unit (Bw) Lizenzabteilung *f*
licensor
(Re, US) Konzessionsinhaber *m*
(Pat) Lizenzgeber *m (syn, grantor of a license)*
lie-down (Pw) Sitzstreik *m (syn, lie–in)*
lien (Re) Zurückbehaltungsrecht *n*, Pfandrecht *n (ie, charge upon property for the satisfaction of debt)*

lien creditor (Re) Pfandgläubiger *m (cf, Sec 9–301 (3) UCC)*
lien creditors (Re, US) Vollstreckungspfandrechte *npl*
liens (Re) beschränkte dingliche Rechte *npl (syn, encumbrances)*
lieu bonus (IndE) Leistungslohnausgleich *m*
life
(Fin) Laufzeit *f*
(eg, of a bond issue; syn, time to maturity, qv)
(Bw) Lebensdauer *f*
(ie, of a fixed asset, investment project; syn, life span, physical life)
life annuity
(Fin) Leibrente *f*
(ie, a stated income for life, paid annually or at more frequent intervals; Rente auf Lebenszeit)
life assurance (Vers, GB) Lebensversicherung *f*
life assurance company (Vers, GB) Lebensversicherer *m (syn, life office)*
life conservation (SozV) Lebenserhaltung *f*
life cycle
(Mk) Lebenszyklus *m*
(ie, assumption that a product starts, grows, stabilizes, tends to decline, and finally disappears; syn, product life cycle)
life cycle balance (Mk) Ausgleich *m* der Produktlebenszyklen
life cycle hypothesis (Vw) Lebenszeithypothese *f (ie, planning of consumption expenditure over a whole life span)*
life cycle income hypothesis (Vw) Lebenszeit-Einkommens-Hypothese *f*
life expectancy
(Vers) Lebenserwartung *f (ie, number of years remaining for a person)*
(Bw) erwartete od geschätzte Nutzungsdauer *f (ie, the predicted useful service life of an item of equipment; syn, expected useful life)*
life hours of work (Pw) Lebensarbeitszeit *f (ie, number of years spent in the labor force; syn, working life; lifetime resources, qv)*
life insurance
(Vers) Lebensversicherung *f*
(ie, als Sparte: contractual system of risk-sharing under which contributions are accumulated and distributed as the need arises)
(Vers) Lebensversicherung *f*
(ie, three basic types are term, whole life, and endowment insurance; qv; syn, GB, life assurance)
life insurance and trust company
(Bw) Bausparkasse *f*
(ie, Canada's equivalent to the U. S. savings and loan institution)
life insurance company
(Vers, US) Lebensversicherer *m*
– Lebensversicherungsgesellschaft *f*
(syn, GB, life assurance company)
life insurance policy (Vers) Lebensversicherungspolice *f*
life insurance premium (Vers) Lebensversicherungsprämie *f*
life insurer (Vers) Lebensversicherer *m (syn, life insurance company, life office)*
lifelong learning (Pw) lebenslanges Lernen *n*
lifelong retraining (Pw) lebenslange Umschulung *f*
life of a lease
(Re) Mietdauer *f*
– Pachtdauer *f*
(syn, term of a lease)
life of an option
(Bö) Optionslaufzeit *f*
– Optionsfrist *f*
(syn, option period)
life of a patent (Pat) Geltungsdauer *f* e–s Patents
life of a policy (Vers) Laufzeit *f* e–r Police
life office (Vers, GB) Lebensversicherer *m (syn, life assurance company)*
life period method of depreciation (ReW) = sum-of-the-years-digit method
life salesman (Vers) Lebensversicherungsvertreter *m*
life span
(Bw) Lebensdauer *f (syn, life, qv)*
(Fin) Laufzeit *f (syn, time to maturity, qv)*
lifestyle
(Mk) Lebensstil *m*
(ie, segmentation criterion used to identify homogeneous consumer groups = Segmentierungskriterium zur Bildung homogener Käufergruppen)
lifestyle concept (Mk) Lebensstil-Konzept *n*
life support system (IndE) Lebenserhaltungssystem *n (eg, provides atmospheric control and monitoring; used in spacecraft and subs)*
life tenure
(Pw) Anstellung *f* auf Lebenszeit
– lebenslange Anstellung *f*
(syn, tenured position)
lifetime employment
(Pw) lebenslange Anstellung *f*
– Beschäftigung *f* auf Lebenszeit
lifetime income (Vw) Lebenseinkommen *n*
lifetime planning (Vw) Lebenszeitplanung *f*
lifetime resources (Pw) Lebensarbeitszeit *f (ie, may be used in certain contexts)*
LIFFE (Bö) = London International Financial Futures Exchange *(ie, bedeutendste europäische Börse für Finanzterminkontrakte)*
lifo (ReW) Lifo-Methode *f (ie, of inventory valuation = der Bewertung des Vorratsvermögens)*
lift (com, GB) Aufzug *m*
lift *v*
(com) erhöhen
– heraufsetzen
– anheben *(syn, increase, qv)*
(com) aufheben *(eg, price controls)*
lift from *v*
(com) Plagiat *n* begehen
– plagiieren
(ie, violate copyrights, act as a copycat; eg, from a leading book on the subject; syn, plagiarize)
lifting of wage price controls (Vw) Aufheben *n* der Lohn-Preis-Kontrollen
lift interest rates *v* (Fin) Zinsen *mpl* erhöhen
liftoff
(IndE) Senkrechtstart *m*
(ie, takeoff in vertical ascent; eg, aircraft, spacecraft)
lift on/lift off (com) Laden *n* und Löschen *n* e–s Schiffes mit Kaikranen od bordeigenen Kranen

lift restrictions *v* (com) Beschränkungen *fpl* aufheben

lift the receiver *v* (com) Hörer *m* abheben *(opp, put back the receiver, hang up)*

light (EDV) Anzeigelampe *f*

light crude (oil) (com) leichtes Rohöl *n*

light-emitting diode, LED (EDV) Leuchtdiode *f*

lighter (com) Leichter *m* *(ie, used in loading /unloading ships; syn, barge)*

lighter-aboard-ship
(com) LASH-Schiff *n*
(ie, type of intermodal transportation: it lies offshore and receives a cargo of barges)

lighterage
(com) Leichtern *n*
(com) Leichtergebühr *f* *(ie, fee paid for hiring lighters or barges)*

lighter manufacturing (com) Leichtindustrie *f*

lighter risk (com) Leichter-Gefahr *f*

light gun (EDV) Lichtgriffel *m*, Lichtstift *m* *(ie, light pen mounted in a gun-type housing)*

lighting cost (KoR) Beleuchtungskosten *pl*

light into *v* (com) attackieren *(eg, light into top management for its recent inaction)*

light metals industry
(com) Leichtmetallindustrie *f*,
– (also:) Aluminiumindustrie *f*

lightning check
(ReW) (unangemeldete) „Blitzprüfung" *f*

lightning strike (Pw) Blitzstreik *m*

light pen (EDV) = light gun

light selling (Bö) geringe od schwache Umsätze *mpl*

light trading (Bö) = light selling

lignite-based power station (IndE) Braunkohlekraftwerk *n*

like grade and quality (com, US) gleiche Güte *f* und Qualität *f* *(cf, 15 USC § 13)*

likelihood function (Stat) Likelihood-Funktion *f*

like product (AuW) gleichartige Ware *f*

lilliputian model (IndE) Miniaturmodell *n*

limit
(com) Grenze *f*
– Begrenzung *f*
(Bö) Limit *n*
(ie, restriction set on an order to buy or sell, specifying a minimum selling or maximum buying price; client usually adds how long a limit is to be in force; eg, good till cancelled, etc)
(Math) = limiting value

limit *v*
(com) beschränken
– begrenzen
(syn, restrict, confine)

limitation
(com) Begrenzung *f*
– Einschränkung *f*
(Re) Verjährung *f* *(ie, of liability in time)*

limitation of action (Re) Klageverjährung *f*

limitation of liability
(Re) Haftungsbeschränkung *f*
(ie, usually in strict liability = Gefährdungshaftung)

limitation on imports
(AuW) Einfuhrkontingentierung *f*
(syn, quota allocation for imports, qv)

limitation period
(Re) Verjährungsfrist *f*
(syn, period of limitation, period of prescription, qv)

limit axiom (Math) Grenzwertaxiom *n* *(syn, axiom of convergence)*

limit concept (Math) Grenzwertbegriff *m*

limited allotment (Fin) beschränkte Zuteilung *f*

limited authority (Re) beschränkte Vollmacht *f*

limited branching
(Fin, US) Gründung *f* von Bankfilialen, begrenzt auf den Bezirk des Hauptsitzes

limited capacity to contract (Re) beschränkte Geschäftsfähigkeit *f*

limited company
(Bw, US, appr) Personengesellschaft *f*
(ie, it may indicate a general or limited partnership; abbreviated to „Co.," „& Co.," or „& Company"; in U. S. practice: „Corp.," „Incorporated," or „Inc."; limited partnerships are provided for by law in four states in the U. S.)
(Bw, GB) Gesellschaft *f* mit Haftungsbeschränkung *(ie, by shares or by guarantees)*

limited convertibility
(AuW) beschränkte Konvertibilität *f*
(syn, partial/restricted . . . convertibility)

limited duration strike (Pw) zeitlich begrenzter Streik *m*

limited employment contract (Pw) befristetes Arbeitsverhältnis *n*

limited function wholesaler
(Mk, US) Großhandelsunternehmen *n* mit geringem od ohne Kundendienst
(syn, limited service wholesaler)

limited in time
(com) befristet
(syn, having a time limit or cutoff date, with a limited time)

limited jurisdiction
(Re) begrenzte Zuständigkeit *f*
(opp; unlimited jurisdiction = unbeschränkte Zuständigkeit)

limited liability (Re) beschränkte Haftung *f*

limited liability company
(com) Gesellschaft *f* mit beschränkter Haftung
(ie, corporate form used in Europe for smaller enterprises and enterprises owned by a limited number of shareholders; cf, US, close corporation or closely held corporation)

limited life asset
(Bw) Wirtschaftsgut *n* mit begrenzter Nutzungsdauer *(syn, wasting asset)*

limited line wholesaler (com, US) Großhändler *m* mit beschränktem Sortiment *(ie, carries only a few product lines)*

limitedly convertible (AuW) beschränkt konvertierbar

limited order (Bö) limitierter Auftrag *m* *(opp, market order)*

limited partner
(com) Teilhafter *m*
– Kommanditist *m*
(ie, not liable beyond the funds brought into the partnership; syn, special partner; opp, general partner = Vollhafter, Komplementär)

limited partnership
(com, appr) Kommanditgesellschaft *f*
(ie, with one or more general partners and one or more limited partners; the latter are not liable for obligations of the partnership; US: investiert meist in Immobilien od in Leasing von Öl- und Gas-Bohrausrüstungen)
limited partnership capital contribution (com) Kommanditeinlage *f*
limited payment life policy (Vers) Lebensversicherung *f* mit abgekürzter Prämienzahlung
limited price (Bö) limitierter Kurs *m*
limited price order (Bö) limitierter Auftrag *m*
limited recourse financing
(Fin) Finanzierung *f* mit eingeschränktem Rückgriffsrecht
(ie, anteilmäßig auf die verschiedenen Partner, wie Projektträger, Kreditgeber, Lieferanten, Abnehmer usw. verteilt; allgemein üblich)
limited service bank (Fin) Bank *f* mit begrenztem Service-Angebot *(ie, a nonbank bank, qv)*
limited service branch
(Fin, US) Bankfiliale *f* mit begrenztem Dienstleistungsangebot
(ie, either it makes commercial loans or accepts deposits, but not both; set up to evade statutes that bar interstate banking)
limited tax liability (StR) beschränkte Steuerpflicht *f*
limited warranty (com) begrenzte Gewährleistung *f*
limit error (EDV) Begrenzungsfehler *m*
limit inferior (Math) untere Grenze *f (syn, greatest lower bound)*
limiting condition
(Re) einschränkende Bedingung *f*
(Math) Restriktion *f*
– Nebenbedingung *f*
(syn, constraint, restriction)
limiting factor (KoR) Engpaßfaktor *m*
limiting form of a function (Math) Grenzform *f* e–r Funktion
limiting quality (IndE) Ausschußgrenze *f (syn, lot tolerance percent defective)*
limiting value (Math) Grenzwert *m (syn, limit)*
limit of a function (Math) Grenzwert *m* e–r Funktion
limit of authority
(Fin) Genehmigungslimit *n*
(ie, bei Investitionsanträgen = investment appropriation requests)
limit of fluctuations (AuW) Schwankungsgrenze *f*
limit of liability (Vers) Haftungsgrenze *f (ie, maximum amount for which insurer is liable)*
limit order (Bö) Limit-Order *f (ie, mit Höchst- od Niedrigstkurs)*
limit point (Math) Häufungspunkt *m* e–r Punktmenge *(syn, accumulation point, qv)*
limit price (Vw) Eintrittssperrenpreis *m*
limit range (Math) Grenzwertbereich *m*
limits of variation (Stat) Streugrenzen *fpl*
limits to growth
(Vw) Wachstumsgrenzen *fpl*
(ie, put forward in 1972 in a report to the Club of Rome, forecasting planetary doomsday)
limit superior (Math) obere Grenze *f (syn, least upper bound)*
limit value (Math) Grenzwert *m*

limping gold standard (Vw) hinkende Goldwährung *f*
linage counter (EDV, Cobol) Zeilenzähler *m (cf, DIN 66 028, Aug 1985)*
line
(Bw) Fertigungsprogramm *n*
(Mk) Sortiment *n*
– Lieferprogramm *n*
(Pw) Linie *f*
– Linienkräfte *fpl (cf, line and staff)*
(Vers) Sparte *f*
(ie, general classification of business; eg, life, fire, health, transport)
(Vers) Linie *f*
(ie, in reinsurance: the amount a reinsurer accepts, usually in multiples of a net retention, under a surplus treaty; if a given treaty specifies a retention of \$ 10,000, and a risk is written for \$ 50,000, 4 lines would be reinsured)
(Fin, GB) Aktienpaket *n (eg, line of stocks, block of stocks)*
(EDV) Zeile *f*
(EDV) Leitung *f*
(Math) Gerade *f*
line activity (Bw) Linientätigkeit *f*
line and staff organization
(Bw) Stablinienorganisation *f*
(ie, combines functional subunits with staff officers in line function)
linear algebra
(Math) lineare Algebra *f*
(ie, study of linear transformations and vector spaces)
linear algebraic equation (Math) lineare algebraische Gleichung *f (ie, where the unknowns occur linearly, that is, to the first power)*
linear approximation
(Math) lineare Approximation *f*
– annähernd linearer Verlauf *m*
linear combination (Math) Linearkombination *f (ie, of vectors)*
linear constraint (Math) lineare Nebenbedingung *f*
linear dependence (Math) lineare Abhängigkeit *f*
linear equation
(Math) lineare Gleichung *f*
– Gleichung *f* zweiten Grades
linear estimator (Stat) lineare Schätzfunktion *f*
linear filtering (Stat) linearer Filter *m*
linear-flow manufacturing
(IndE) glatte Fertigung *f*
– durchlaufende Fertigung *f*
(ie, aus e–r Materialart wird e–e Produktart hergestellt; daher lineare Produktionsstruktur)
linear function (Math) lineare Funktion *f (syn, linear . . . operator/transformation)*
linear homogeneity (Math) lineare Homogenität *f (ie, of a function)*
linear inequalities (Math) lineare Ungleichungen *fpl*
linearity theorem (Math) Superpositionssatz *m (cf, Laplace transform)*
linear mapping (Math) lineare Abbildung *f*
linear operator (Math) = linear function
linear programming
(OR) lineare Programmierung *f*
(ie, study of maximizing or minimizing a linear function $f(x_1, \ldots, x_n)$, *subject to given*

constraints which are linear inequalities involving variables cj)
linear regression (Stat) lineare Regression *f (ie, regression function that is linear)*
linear relationship (Math) lineare Beziehung *f (ie, such as y = a + bx)*
linear search
(EDV) lineare Suche *f*
– sequentielle Suche *f (syn, sequential search; opp, binary search)*
linear space (Math) = Vektorraum *m (syn, vector space, qv)*
linear tariff cut (AuW) lineare Zollsenkung *f (ie, reduction in all tariffs by the same percentage)*
linear transformation (Math) = linear function
linear trend
(Stat) linearer Trend *m*
(ie, for which the value is a linear function of the time variable; eg, u(t) = a + bt where a and b are constants)
line balancing
(IndE) Bandabgleichung *f*
(ie, reassigning and redesigning work done on an assembly line to make work cycle times at all stations approximately equal)
line chart (com) Kurvendiagramm *n*
line charts
(Fin) Liniencharts *npl*
(ie, in der Chartanalyse; cf, Balkencharts und Point & Figure-Charts)
line count (EDV) Zeilenstandsanzeige *f*
line diagramm
(Stat) Liniendiagramm *n*
– Strichdiagramm *n*
(com) Schemazeichnung *f*
line distance (EDV) Zeilenabstand *m*
line editor (EDV) Zeileneditor *m*
line feed, LF (EDV) Zeilenvorschub *m (opp, form feed)*
line function
(Bw) Linienfunktion *f*
(ie, having direct authority and responsibility; eg, purchasing, production, marketing; opp, staff function)
line graph (com) Liniendiagramm *n*
line graphics (EDV) Liniengrafik *f (syn, coordinate graphics)*
line group
(EDV) Leitungsgruppe *f*
(ie, catering for terminals with similar characteristics)
line in the sand
(com, US, infml) letztes Angebot *n*
(ie, used widely as a substitute for ‚limit' or ‚final offer')
line manager (Bw) Linienmanager *m*
line mode (EDV) Zeilenmodus *m*
line-of-balance technique (IndE) Austaktverfahren *n (cf, line balancing)*
line of business (com) Sparte *f*
line-of-business reporting (Kart, US) Branchenberichterstattung *f*
line of commerce
(Kart, US) Wirtschaftszweig *m*
(ie, to be determined by reference to product market and geographic markets; cf, Sec 7 Clayton Act of 1914)
line of credit (Fin) Kreditlinie *f (syn, borrowing limit, lending line, lending ceiling)*
line of duty
(Pw) Aufgabenbereich *m*
– Pflichtenkreis *m*
line of insurance business
(Vers) Versicherungszweig *m*
– Versicherungssparte *f*
– Sparte *f (syn, insurance . . . class/line)*
line of merchandise (Mk) Sortiment *n (syn, product range, qv)*
line of occupation (Pw) Berufszweig *m*
line of production (IndE) Produktionszweig *m*
line of reasoning (com) Argumentation *f*
line of regression (Stat) Regressionsgerade *f*
line of shares (Fin, GB) Aktienpaket *n*
line of thought (com) Gedankengang *m*
line operative (IndE) in der Linie Beschäftigter *m*
line organization (Bw) Linienorganisation *f*
line position (Bw) Linienstelle *f*
line printer
(EDV) Zeilendrucker *m*
– Paralleldrucker *m*
line printing (EDV) Zeilendruck *m (ie, of an entire line as a unit)*
line procedure
(EDV) Leitungsprotokoll *n*
– Leitungsprozedur *f (syn, link protocol)*
line production
(IndE) Linienfertigung *f*
– Straßenfertigung *f*
liner
(com) Linienschiff *n*
(com) Verkehrsflugzeug *n (syn, air liner)*
linerarity theorem (Math) Superpositionssatz *m (cf, Laplace-Transformation)*
line rate (Mk) Zeilenpreis *m*
linerboard
(IndE) Deckenbahn *f*
(ie, flat facing of corrugated board = Wellpappe)
liner rates
(com) Linienfrachten *fpl*
(ie, rates charged for transportation by liners; determined by shipping conferences; syn, cargo liner rates)
line sampling (Stat) Linienstichprobenverfahren *n*
line segment
(Math) Geradenabschnitt *m*, Strecke *f*
(EDV) Zeilensegment *n*
line sequential file (EDV) zeilensequentielle Datei *f*
line sequential file organization (EDV, Cobol) zeilensequentielle Dateiorganisation *f (cf, DIN 66 028, Aug 1985)*
line skew (EDV) Zeilenschrägstellung *f (ie, in OCR)*
line skipping (EDV, Cobol) Zeilenvorschub *m*
lines of authority (Bw) Leitungsstruktur *f (syn, management structure, qv)*
lines of command (Bw) = lines of authority
lines of credit (Fin) Kreditzusagen *fpl*
lines of decision (Bw) Entscheidungswege *mpl*
lines of information (Bw) Kommunikationsstruktur *f*
lines of jobless workers
(Pw) Arbeitslosenschlangen *fpl*

line space (EDV) Zeilenvorschub *m*
line spacing (EDV) Zeilenabstand *m*
line-staff organization structure (Bw) = line and staff organization
line subordinate (Bw) Mitarbeiter *m* in der Linie
line switching (EDV) Leitungsvermittlung *f (syn, circuit switching)*
line termination circuit (EDV) Leitungsanschlußschaltung *f*
line-up (com) Warteschlange *f (syn, waiting line, qv)*
line voltage (EDV) Netzspannung *f*
link
(com) Zusammenhang *m*
– Verbindung *f*
(com, GB) Mittelsmann *m*
(EDV) Bindeglied *n*
(EDV, GUI) Verknüpfung *f (eg, on a object-oriented graphical user interface)*
(AuW) Link *m*, Verknüpfung *f* von Weltwährungsreform und Entwicklungshilfe
link address (EDV) Folgeadresse *f*
linkage
(com) Verflechtung *f (syn, interlinking, qv)*
(EDV) Programmverknüpfung *f*
(ie, coding that connects two separately coded routines)
linkage address (EDV) Verknüpfungsadresse *f*
linkage conventions (EDV) Richtlinien *fpl* der Programmverknüpfung
linkage data element (EDV) = linkage field
linkage editor
(EDV) Binder *m*, Verbindungseditor *m*
(ie, service routine – Dienstprogramm – that converts the output of assemblers and compilers into a form that can be loaded and executed)
linkage editor control card (EDV) Bindersteuerkarte *f*
linkage editor run (EDV) Binderlauf *m*
linkage field (EDV) Verknüpfungsfeld *n*
linkage of currencies (Vw) Bindung *f* von Währungen *(eg, to the US-$)*
linkage point (com) Nahtstelle *f (syn, interface, qv)*
linkage run (EDV) = linkage editor run
linkage to gold (Vw) Goldbindung *f*
linked (com) indexiert
linked file (EDV) sequentielle Datei *f*
linked file system (EDV) Dateiverbundsystem *n*
linked industry (Bw) verbundener Industriezweig *n (ie, with many stages of manufacturing and suppliers; eg, the aircraft industry)*
link edit *v* (EDV) verbinden, linken *(syn, compose, consolidate)*
linked list (EDV) verkettete Liste *f (ie, data list where each element contains the address of the previous and/or next entry)*
linked object (EDV) verknüpftes Objekt *n*
linked rate of return (Fin) verkettete Rendite *f*
linked samples (Stat) gekoppelte Stichproben *fpl*
linked transaction (com) Kopplungsgeschäft *n*
linked transactions (Re) verbundene Rechtsgeschäfte *npl*
link indicator (EDV) Verknüpfungsindikator *m (ie, in information retrieval)*
linking (EDV) Binden *n (ie, von Programmteilen)*
linking loader (EDV) Bindelader *m*
linking pin (Bw) Bindeglied *n (ie, between systems of groups)*
link procedure
(EDV) Leitungsprozedur *f*
– Übermittlungsvorschrift *f*
(ie, in data transmission; syn, link protocol)
link protocol (EDV) = link procedure
link relative (Stat) Gleitziffer *f*
liquid (Fin) flüssig, liquide
liquid assets
(ReW) = current assets
(Fin) = liquid funds
liquidate *v*
(ReW) abrechnen
(Fin) flüssig machen
– verwerten
– versilbern *(ie, convert into money)*
(Fin) tilgen
– zurückzahlen *(syn, repay, pay off)*
(Re) abwickeln
– liquidieren *(syn, wind up)*
(Bö) = liquidate a position
liquidate a futures contract *v* (Bö) Terminkontrakt *m* liquidieren
liquidate a position *v*
(Bö) Position *f* glattstellen
(syn, close out a long position; opp, covering = close out a short position)
liquidate damages (Re) term used in Scotland for liquidated damages
liquidated damages
(Re) Vertragsstrafe *f*
– Konventionalstrafe *f*
(ie, sum stipulated by the parties to a contract as an estimate of the extent of the injury which a breach of contract will cause; Vereinbarung über Schadenspauschalierungen; syn, contract penalty; cf, Sec 2-718 UCC)
liquidate inventory *v* (MaW) Lager *n* abbauen *(syn, destock)*
liquidating balance sheet (ReW) Abwicklungsbilanz *f*, Liquidationsbilanz *f (syn, GB, winding-up accounts)*
liquidating bank (Fin) Abwicklungsbank *f*
liquidating distribution (Re) Masseverteilung *f*
liquidating dividend
(Fin) = dividend in liquidation
(Re) Anspruch *m* der Berechtigten auf den Abwicklungserlös
(Fin) Kapitalrückzahlung *f (ie, aus den Erlösen von Gewinnungsbetrieben = extractive companies)*
liquidating sale (com) Realisationsverkauf *m*
liquidating value
(Re) Liquidationswert *m (ie, actual value left over from a company)*
(Fin) Liquidationswert *m (syn, net asset value)*
liquidation
(Re) Liquidation *f*
(syn, GB, winding-up; Ausdruck ‚Abwicklung' hat sich nicht durchgesetzt)
(Fin) Verwertung *f*
– Verflüssigung *f* von Vermögenswerten
(ie, cash realization, selling of holdings in stocks or commodities)

(Fin) Tilgung *f*
(syn, repayment, redemption)
(Bö) Abrechnung *f (syn, settlement)*
liquidation dividend (Re) Schlußquote *f*
liquidation of assets (Fin) Verflüssigung *f* von Vermögenswerten
liquidation of commitments (Fin) Positionsauflösung *f*
liquidation of inventories
(MaW) Lagerabbau *f*
– Bestandsabbau *m*
(syn. decrease, reduction; opp, replenishment of inventories)
liquidation of reserves
(ReW) Auflösung *f* von Rücklagen
(syn, retransfer, qv)
liquidation proceeds (Fin) Liquidationserlös *m*
liquidation sale
(com) Räumungsverkauf *m (syn, GB, closing-down sale)*
(Re) Liquidationsverkauf *m*
liquidation tax
(StR) Liquidationsteuer *f*
(eg, payable when a selling company in a corporate acquisition is liquidated)
liquidation value (ReW) Liquidationswert *m*
liquidator (Re) Liquidator *m (ie, court-appointed to wind up a company)*
liquid balance (Fin) liquide Mittel *npl (eg, of multinational corporations)*
liquid cash resources (Fin) Barliquidität *f (syn, cash position)*
liquid crystal display, LCD (EDV) Flüssigkristallanzeige *f*
liquid funds
(Fin) liquide Mittel *pl*
(ie, cash and bank balances, notes, and marketable securities; syn, cash resources, current funds, liquid assets)
liquidity
(Fin) Liquidität *f*
(syn, solvency, ability to pay)
(Fin) = liquids funds
(Fin) Überschußkasse *f* e–r Bank
liquidity audit (Fin) Liquiditätsprüfung *f*
liquidity balance
(Vw) Liquiditätssaldo *m (ie, indicator of monetary policy: sum of minimum reserves and free liquidity reserves of banks)*
(AuW, US) Leistungsbilanz *f (ie, now out of use)*
liquidity crisis (Fin) Liquiditätskrise *f*
liquidity crunch (Fin) Zahlungsstockung *f*
liquidity drain (Fin) Liquiditätsentzug *m*
liquidity grid (Fin) Liquiditätsprisma *n*
liquidity management (Fin) Liquiditätsdisposition *f*
liquidity mechanism
(Vw) Liquiditätsmechanismus *m*
(ie, concept of liquidity theory of money)
liquidity-money curve (Vw) LM-Kurve *f*
liquidity of last resort (Fin) liquide Titel *mpl* höchster Ordnung
liquidity planning (Fin) Liquiditätsplanung *f*
liquidity policy (Fin) Liquiditätspolitik *f*
liquidity position (Fin) Liquiditätslage *f (syn, cash position, qv)*
liquidity preference
(Vw) Liquiditätspräferenz *f*
– Liquiditätsneigung *f*
(ie, demand-schedule for money, motivated by transactions, precautionary, and speculative motives)
liquidity premium (Fin) Liquiditätsprämie *f (ie, als Teil der Gesamtverzinsung)*
liquidity-providing reverse transaction (Fin) liquiditätszuführende befristete Transaktion *f*
liquidity ratio
(Fin) Liquiditätsgrad *m*
– Deckungsgrad *m*
(ie, balance sheet ratio; Liquidität ersten, zweiten, dritten Grades)
(Fin) Liquiditätsquote *f*
(ie, ratio of free liquidity reserves of commercial banks to deposit volume held by nonbanks and foreign banks)
liquidity requirements (Fin) Liquiditätsbedarf *m*
liquidity reserve management (Fin) Liquiditätsreservehaltung *f*
liquidity screw (Fin) Liquiditätsschraube *f*
liquidity squeeze
(Fin) Liquiditätsklemme *f*
– Liquiditätsengpaß *m*
(syn, cash . . . bind/crunch/squeeze)
liquidity trap (Vw) Liquiditätsfalle *f*
liquidity Treasury bill (Fin) Liquiditäts-Schatzwechsel *m*
liquid ratio (Fin) Liquidität *f* ersten Grades
Liquid Yield Option Note, LYON (Fin) Nullkupon-Anleihe *f*, die in Aktien des emittierenden Unternehmens konvertiert werden kann *(Sonderform der Wandelanleihe: Kombination von Zeros und Convertibles)*
lis pendens (Re) anhängiges Verfahren *n (ie, proceeding pending before a court; eg, notice of lis pendens)*
list
(com) Liste *f*
(Bö) = listing
(Re) = docket
(EDV) Liste *f*
– Tabelle *f*
list *v*
(com, EDV) auflisten
– Listings *pl* ausdrucken lassen
(Bö) an der Börse notieren
(Bö) zum Handel zulassen
listable (StR) steuerpflichtig
list box (EDV, GUI) Listenfeld *n*
list broker (Mk) Adressenverlag *m (ie, rents direct-mail lists to advertisers)*
list device
(EDV) Ausgabegerät *n*
(ie, zur Darstellung od zum Drucken von Daten; eg, printer)
listed bond (Fin) börsennotierte Anleihe *f*
listed company
(Bö, GB) börsennotiertes Unternehmen *n*
(ie, whose shares are listed on The Stock Exchange; sometimes also called ‚quoted company')
listed investment (Fin) Beteiligung *f* an börsennotiertem Unternehmen

listed on the stock exchange (Bö) (börsen-)notiert
listed securities (Bö) börsennotierte Wertpapiere *npl (syn, quoted . . . securities/investments, on-board securities)*
listed share (Bö) = listed stock
listed stock (Bö) börsennotierte Aktie *f (ie, security accepted by a stock exchange for trading)*
list generator (EDV) Listengenerator *m*
listing
(EDV) Auflisten *n*, Listenschreiben *n*
(EDV) Listing *n (syn, printout)*
(Bö) Börsenzulassung *f*
(ie, process of meeting requirements for having a security traded on The Stock Exchange)
(Bö) Börsennotierung *f*
(com) Einschaltung *f* e–s Immobilienmaklers *(ie, right of real estate agent to sell land; subterms: general, exclusive, multiple, net . . . listing)*
listing agreement
(Bö, US) Vertrag *m* über Börsenzulassung
(eg, between NYSE and a company)
listing application
(Bö) Antrag *m* auf Börsenzulassung
(syn, initial request for listing)
listing board (Bö) Zulassungsstelle *f*
listing commission (Bö) Börseneinführungsprovision *f (ie, commission charged for stock exchange admission)*
Listing Committee (Bö) Zulassungsausschuß *m*
listing contract (com) Maklervertrag *m (ie, über Verkauf od Vermietung von Immobilien)*
listing notice (Bö) Zulassungsbescheid *m*
listing procedure (Bö) Zulassungsverfahren *n*
listing prospectus (Bö) Einführungsprospekt *m*
listing regulations (Bö, GB) Zulassungsbestimmungen *fpl*
listing requirements (Bö) Zulassungsvorschriften *fpl*
listless (Bö) lustlos *(syn, dull, qv)*
list of assets (Re) Masseverzeichnis *n*
list of balances (ReW) Saldenbilanz *f*
list of current account balances (ReW) Saldenliste *f*
list of drawings (Fin) Ziehungsliste *f*
list of foreign exchange (Bö) Devisenkurszettel *m*
list of instructions (EDV) Befehlsliste *f*
list of measurements (com) Aufmaßliste *f*
list of nonliberalized goods (AuW) Negativliste *f*
list of orders (com) Bestelliste *f*
list of quotations
(Bö) Kursblatt *n*
– Kurszettel *m*
(syn, daily official list, stock market report)
list of security quotations (Bö) Kursblatt *n (cf, Official List)*
list of tax assessment (FiW) Steuerliste *f (ie, open for public inspection)*
list price (com) Listenpreis *m*
list processing (EDV) Listenbearbeitung *f*
list program generator (EDV) Listenprogramm-Generator *m*
list sequential addressing (EDV) selbstindizierende Adressierung *f*
literal
(com) = literal error
(EDV) = literal operand
literal error (com) Druckfehler *m (syn, misprint, qv)*
literal (operand)
(EDV, Cobol) Literal *n*
(ie, character string whose value is implied by the ordered set of characters comprising the string; cf, DIN 66 028, Aug 1985)
litigant parties (Re) = litigants
litigants (Re) streitende Parteien *fpl*, Prozeßparteien *fpl (syn, contending parties, qv)*
litigate a claim *v* (Re) Anspruch *m* einklagen
litigation (Re) Rechtsstreit *m*
litigation expenses (Re) Prozeßkosten *pl (syn, cost of litigation)*
litigious (Re) prozeßsüchtig, prozeßwütig
litigious claim (Re) strittige Forderung *f*
litigious patent (Pat) Streitpatent *n*
litigious society (Re, US) „prozeßwütige" Gesellschaft *f*
litmus test (com, infml) Nagelprobe *f (syn, acid test)*
litmus test of success (com) Erfolgskriterium *n*
little board (Bö, sl) = American Stock Exchange
little man (Fin, infml) kleiner, unerfahrener Anleger *m (ie, small investor, average man)*
littoral state (Re) Küstenstaat *m*, Anrainerstaat *m*
live load (IndE) Gesamtzahl *m* der in Arbeit befindlichen Aufträge
livestock
(com) lebendes Inventar *n*
(syn, farm equipment and machinery; GB, dead stock = totes Inventar)
liveware (EDV) EDV-Personal *n (syn, data processing personnel)*
living allowance (com) Tagegeld *n (syn, daily allowance)*
living trust
(Re) Treuhandverhältnis *n* unter Lebenden
(ie, operative during the lifetime of the creator; syn, inter vivos trust, voluntary trust; opp, testamentary trust; special kinds are: retirement trust, life insurance trust, pension and profit-sharing trust)
living wage (Vw) Bedürfnislohn *m (syn, cultural wage)*
LLDC (AuW) = least developed country
LLL (EDV) = low-level language, qv
LME (Bö) = London Metal Exchange
load
(com) Ladung *f*
(com) Belastung *f (eg, taxes, interest)*
(Fin) Aufschlag *m (ie, fee charged by open-ended investment company with purchase of new shares)*
(Pw) Belastung *f*
load *v*
(com) laden, beladen *(ie, put cargo on/in)*
(EDV) laden *(ie, place program from external storage into central memory)*
(EDV) eingeben *(syn, enter)*
loadable program
(EDV) ablauffähiges
– ladefähiges ... Programm *n*
(syn, executable program)
load address (EDV) Ladeadresse *f (syn, load point)*
load and go (EDV) Laden *n* und Ausführen *n (ie, in operating systems)*
load area address (EDV) Bereitstellungsadresse *f*

load balancing (IndE) Belastungsausgleich *m*
load capacity (com) Ladefähigkeit *f (syn, carrying capacity)*
load center (IndE) Belastungsgruppe *f*
load chart
(IndE) Belegungsübersicht *f*
– Auslastungskarte *f*
load displacement (com) Ladetonnage *f*
loaded (com, infml) sehr reich
loaded question (Mk) Suggestivfrage *f*
loaded weight (com) = laden weight
loader
(EDV) Lader *m*
– Ladeprogramm *n*
(ie, program used to load other programs into memory; syn, loading routine, bootstrap program)
load error
(EDV) Lastfehler *m*
– Belastungsfehler *m*
load factor
(com) Auslastung *f*
– Auslastungsfaktor *m*
(ie, of commercial aircraft: ratio of passengers to seats on a given flight)
(Bw) Kapazitätsfaktor *m*
– Kapazitätsauslastung *f (syn, capacity factor)*
load-factor pricing (com) Preisgestaltung *f* entsprechend der Kapazitätsauslastung
load factors
(OR) Belastungsfaktoren *mpl*
(ie, coefficients assigned to the variables in capacity restraints of mathematical programming)
load field (EDV) Bereitstellungsfeld *n*
load fund (Fin) Investmentfonds *m* mit Gebührenberechnung bei Verkauf von Anteilen
loading
(com) Beladen *n*
– Verladung *f*
– Befrachtung *f*
(EDV) Laden *n*
(Vers) Unkostenzuschlag *m*
(ie, amount added to the pure insurance cost to cover the cost of operation of the insurer)
(Stat) Gewichtung *f*
(Fin) Verwaltungskostenzuschlag *m*
(Fin) Zuschlag *m* bei Teilzahlungsverträgen *(ie, to meet selling and administrative expense, interest, risk, etc)*
(KoR) Addition *f* von Gemeinkosten zur Summe der Einzelkosten
(IndE) Belegung *f*
– Belastung *f (ie, process by which work is assigned; cf, scheduling)*
loading and unloading business (com) Ladegeschäft *n*
loading area (com) Ladefläche *f (syn, cargo area)*
loading berth (com) Schiffsliegeplatz *m (syn, loading wharf)*
loading board (IndE) Maschinenbelegungsübersicht *f*
loading broker (com) Lademakler *m (ie, Vertreter des Frachtführers im Seefrachtgeschäft)*
loading capacity
(com) Ladefähigkeit *f*
– Ladekapazität *f (syn, carrying capacity)*
loading charges
(com) Ladegebühr *f*
– Ladegeld *n*
– Ladekosten *pl (syn, handling charges)*
loading clause
(com) Abladeklausel *f*
(ie, Handelsklausel zwischen Käufer und Verkäufer, die Erfüllungsort, -zeit, Beförderungskosten betrifft; cf, Incoterms)
loading days (com) Ladefristen *fpl*
loading equipment (IndE) Ladehilfsmittel *npl*
loading error (EDV) = load error
loading expenses (com) = loading charges
loading factor (com) = load factor
loading fee (Fin) Gebühr *f* für Verkauf von Fondsanteilen
loading for contingencies (Vers) Sicherheitszuschlag *m (syn, safety loading)*
loading for expenses (Vers) = loading
loading list (com) Belegungsliste *f*
loading machinery (com) Verladeeinrichtungen *fpl*
loading period (IndE) Belegungszeit *f*
loading ramp (com) Laderampe *f*
loading routine (EDV) = loader
loading schedule (IndE) Auslastungsplan *m*
loading space (com) Laderaum *m*
loading ticket (com, GB) Ladeschein *m*
loading time
(com) Ladezeit *f*
(IndE) Belegungszeit *f*
loading wharf (com) = loading berth
load instruction (com) Ladeanweisung *f*
load into/onto *v* (com) laden, unterbringen
load key (EDV) LADEN-Taste *f*
load leveling (IndE) Belastungsausgleich *m*
load library (EDV) Programmbibliothek *f (syn, program library)*
load limit (com) Beladungsgrenze *f (syn, maximum load)*
loadline
(com) Lademarke *f*
– Ladelinie *f*
(syn, loadline mark, Plimsoll line)
Load Line Convention (com) Freibordabkommen *n*
loadline mark (com) = loadline
load link (EDV) Lastverbund *m*
load module
(EDV) Lademodul *n*
(ie, program in a form suitable for executing = ablauffähiges Programm; output of a linkage editor)
load paper *v* (EDV) Papier *n* einspannen *(ie, printer, typewriter)*
load planning (IndE) Belastungsplanung *f*
load point
(EDV) = load address
(EDV) Anfangsmarke *f (syn, beginning of information marker)*
load program (EDV) = loader
load projecting (IndE) Belastungshochrechnung *f*
load routine (EDV) = loader
load-sharing computer network (EDV) Lastverbund *m*
load the pipelines *v* (MaW, infml) Lager *n* auffüllen *(syn, restock)*

load type (IndE) Belastungsart *f*
load up (Bö) Wertpapiere *npl* od Waren *fpl* aufkaufen *(ie, to one's financial limit)*
load up *v* (com) sich eindecken *(on = mit)*
load up with *v* (Pw, US, infml) sich vollstopfen mit *(ie, unnecessary facts for an exam; cram up in a hurry)*
loan
(Fin) Kredit *m*
– Darlehen *n*
(ie, money lent at interest; syn, credit, advance)
(Fin) Anleihe *f*
(ie, large-scale long-term borrowing on the capital market against the issue of fixed-interest bonds; syn, bond issue, bonds)
loanable funds (Fin) Darlehensmittel *pl*
loanable funds theory (Vw) Zinstheorie *f (cf, Ohlin/Lerner: Zins wird durch Angebot und Nachfrage auf dem Kreditmarkt bestimmt)*
loan account (ReW) Darlehenskonto *n*
loan against collateral (Fin) besichertes Darlehen *n (syn, collateralized loan)*
loan agreement
(Fin) Darlehensvertrag *m*, Kreditvertrag *m (syn, credit . . . agreement/contract)*
(Fin) Anleihevertrag *m*
loan allotment (Fin) Anleihezuteilung *f*
loan amount
(Fin) Darlehensbetrag *m*
– Darlehenssumme *f*
loan applicant (Fin) Kreditantragsteller *m*
loan application (Fin) Kreditantrag *m (syn, request for a loan)*
loan approval (Fin) Kreditzusage *f*
loan assessment (Fin) Kreditwürdigkeitsprüfung *f*
loan asset ratio (Fin) Verhältnis *n* zwischen Kreditvolumen und Aktiva e–r Bank
loan at call (Fin) Darlehen *n* mit täglicher Kündigung
loan broker
(Fin) Darlehensvermittler *m*
– Finanzmakler *m*
loan business
(Fin) Darlehensgeschäft *n*
– Kreditgeschäft *n*
(syn, lending business)
loan capital
(Fin) Fremdkapital *n (ie, furnished by long- and short-term creditors; eg, bond-holders, note holders, banks, etc; syn, debt capital)*
(Fin) festverzinsliche (besicherte) Wertpapiere *npl*
loan capital issue (Fin) Emission *f* von Schuldverschreibungen
loan ceiling
(FiW) Kreditplafonds *m (ie, extended to a public debtor, usually on a statutory basis)*
loan chargeoff ratio (Fin) Ausfallquote *f*
loan chargeoffs (Fin) Debitorenausfälle *mpl (ie, by a bank)*
loan charges
(Fin) Kreditgebühren *fpl*
– Darlehenskosten *pl*
loan commitment (Fin) Darlehenszusage *f*, Kreditzusage *f (ie, promise to extend a loan)*
loan commitment charges (Fin) Kapitalbereitstellungskosten *pl*
loan commitment fee (Fin) Kreditprovision *f (ie, the older term is ‚Bereitstellungsprovision')*
loan company (Fin) Finanzierungsgesellschaft *f*
loan containers (com) Leihemballagen *fpl*
loan contract (Fin) = loan agreement
loan debt
(Fin) Darlehensschuld *f*
(Fin) Anleiheschuld *f*
– Anleiheverbindlichkeit *f*
(syn, bond/bonded . . . debt, bonded indebtedness)
loan debtor (Fin) Anleiheschuldner *m*
loan debt service (Fin) Anleihedienst *m*
loan delinquencies (Fin) notleidende Kredite *mpl (syn, nonperforming loans)*
loan demand (Fin) Kreditnachfrage *f (syn, credit demand)*
loan department (Fin) Kreditabteilung *f (ie, of a bank)*
loan-deposit ratio
(Fin) Kredit-Einlagen-Relation *f*
– Verhältnis *n* Ausleihungen/Einlagen
loan discount
(Fin) Darlehensabgeld *n*
– Auszahlungsdisagio *n*
– Damnum *n*
(ie, difference between the amount of repayment of a loan and the payout amount; Differenz zwischen dem höheren Nennwert und dem niedrigeren Auszahlungswert; ie, often called ‚points'; syn, loan premium, debt discount, qv)
loan diversification (Fin) Kreditstreuung *f*
loaned employees (Pw) Leiharbeitskräfte *fpl*
loan employment (Pw) Leiharbeit *f*
loan-employment agency (Pw) Leiharbeitsfirma *f*
loan exposure
(Fin) Gesamtausleihungen *fpl*
(Fin) Kreditengagement *n*
loan facility (Fin) Kreditfazilität *f*
loan financing
(Fin) Darlehensfinanzierung *f*
(ie, broad term to denote financing through outside lenders)
(Fin) Fremdfinanzierung *f (syn, debt financing)*
loan guarantee (Fin, GB) Kreditbürgschaft *f (eg, granted by the government)*
loan indebtedness (Fin) Anleiheverschuldung *f*
loaning rate (Fin) = lending rate
loan insurance (Vers) Kreditversicherung *f (syn, lending insurance)*
loan interest
(Fin) Darlehenszinsen *mpl*
– Kreditzinsen *mpl*
(syn, lending rate)
(Fin) Anleihezins *m*
loan issue policy (Fin) Anleihepolitik *f*
loan liabilities (Fin) Darlehensverbindlichkeiten *fpl*
loan limit
(Fin) Disporahmen *m*
– Kreditlinie *f*
loan loss (Fin) Kreditausfall *m*
loan loss allowance (Fin) Rückstellung *f* im Kreditgeschäft
loan loss allowances (Fin) Delkredereréserven *fpl*

loan loss provision
(ReW) Rückstellung *f* für Verluste aus Kreditgewährung
(ReW) Wertberichtigungen *fpl* auf Kreditgewährung
loan loss ratio (Fin) Kreditausfallquote *f*
loan loss reserve (Fin) = loan loss provision
loan loss risk (Fin) Kapitalausfallrisiko *n*
loan market
(Fin) Markt *m* für mittel- und langfristige Darlehen
(Fin) Geldmarkt *m* für sehr kurzfristige Kredite
loan maturities (Fin) Kreditlaufzeiten *fpl*
loan officer (Fin) Finanz- und Kreditspezialist *m (ie, of a bank)*
loan origination (Fin) Kreditbereitstellung *f*
loan package (Fin) Finanzierungspaket *n*
loan payback (Fin) Darlehensrückzahlung *f (syn, loan repayment)*
loan payout (Fin) Kreditauszahlung *f*
loan percentage (Fin, US) Beleihungsquote *f*
loan period
(Fin) Darlehenslaufzeit *m*, Kreditlaufzeit *f*
(ie, time span for which loan is granted)
loan portfolio
(Fin) Darlehensbestand *m*
– Kreditbestand *m*
(Fin) Anleihebestand *m*
loan premium
(Fin) Darlehensaufgeld *n*
– Darlehensagio *n (opp, loan discount)*
(Fin) Anleiheagio *n (syn, bond premium)*
loan proceeds
(Fin) Darlehensvaluta *f*
– Anleiheerlös *m (syn, bond yield)*
loan processing
(Fin) Kreditabwicklung *f*
– Kreditbearbeitung *f*
(syn, credit management)
loan processing charge (Fin) Kreditbearbeitungsprovision *f*
loan producing office (Fin, US) Bankzweigstellen *fpl*, die der Kundenakquisition dienen
loan quotation (Fin) Anleihekurs *m*
loan rate
(Fin) Kreditzins *m (syn, lending rate)*
(Vw) Marktzins *m*
loan redemption (Fin) = loan repayment
loan renewal (Fin) Kreditverlängerung *f*
loan repayment (Fin) Kreditrückzahlung *f*
loan repayments (Fin) Kreditrückflüsse *mpl*
loan risk (Fin) Kreditrisiko *n (syn, credit risk)*
loan service (Fin) Anleihedienst *m*
loan share rates (Fin) Wucherzinsen *mpl (syn, usurious interest)*
loan shark (Fin, infml) Kredithai *m (ie, charges extortionate rates of interest)*
loan sharking (Fin, infml) Kreditwucher *m*
loans in transit (Fin) durchlaufende Kredite *mpl (syn, conduit credits, qv)*
loans outstanding (Fin) Gesamtausleihungen *fpl (ie, of a bank)*
loans receivable (ReW) Darlehensforderungen *fpl*
loans to affiliated undertakings (ReW, EG) Forderungen *fpl* gegen verbundene Unternehmen

loan stock
(Fin, GB) festverzinsliche Wertpapiere *npl*
– Schuldverschreibungen *fpl*
– Rentenwerte *mpl*
(ie, common forms are:
1. mortgage debentures, qv;
2. debenture stocks, qv;
3. subordinated unsecured loan stocks, qv;
4. convertible stocks, qv)
loan stockholder (Fin, GB) Inhaber *m* e–r Schuldverschreibung
loan stock rights
(Fin) Wertrechte *npl*
(ie, urkundenlose Aktien und festverzinsliche Ansprüche im Girosammeldepot; syn, Bucheffekten)
loan stock with warrants (Fin, GB) Optionsanleihe *f*
loan stripping (Fin) = loan subparticipation
loan subparticipation
(Fin) Unterbeteiligung *f* an Krediten
– Kreditunterbetiligung *f*
loan subscriber (Fin) Anleihezeichner *m*
loan subscription price (Fin) Anleihezeichnungskurs *m*
loan syndicate (Fin) Anleihekonsortium *n (syn, bond syndicate)*
loan syndications (Fin) Konsortialkredite *mpl*
loan-to-capital ratio (Fin) Verhältnis *n* Fremdmittel/Eigenmittel
loan-to-value ratio
(Fin, US) Beleihungsquote *f*
– Beleihungssatz *m*
loan transaction (Fin) Kreditgeschäft *n*
loan value
(Fin, Vers) Beleihungswert *m*
(ie, highest amount a lender can safely lend on property, life insurance, etc; based on cash value)
loan window (Fin) Kreditfenster *n*
loan worker (Pw) Leiharbeiter *m*
loan writeoffs (Fin) = loan chargeoffs
loan yield (Fin) Anleiherendite *f (syn, bond yield)*
local (Bö, GB) Börsenmitglied *n*, das nur auf eigene Rechnung handelt
local agent (com) Gebietsvertreter *m (ie, in a particular area)*
local area network, LAN
(EDV) lokales Netz *n*
(ie, Übertragung zwischen mehreren unabhängigen Datenstationen mit hoher Übertragungsgeschwindigkeit und geringer Fehlerrate)
local assessment (FiW, US) Anliegerbeitrag *m (syn, local improvement assessment)*
local authority bond (Fin) = local government bond
local authority central associations (FiW) kommunale Spitzenverbände *mpl*
local batch processing (EDV) Ortsstapelverarbeitung *f*
local bill (Fin) Platzwechsel *m (opp, out-of-town bill = Distanzwechsel)*
local call (com) Ortsgespräch *n*
local content (AuW) eigener Fertigungsanteil *m (ie, im Abnehmerland)*
local currency
(AuW) Inlandswährung *f*
– Landeswährung *f*

local divisions
(FiW) örtliche Gebietskörperschaften *fpl*
local finance (FiW) Gemeindefinanzen *fpl (syn, municipal finance)*
local government (FiW) örtliche Gebietskörperschaft *f (syn, municipality, qv)*
local government bond (Fin) Kommunalobligation *f (syn, local authority bond)*
local improvement assessment (FiW) = local assessment
local integration
(Bw) einheimische Beteiligung *f*
(ie, to produce a certain percentage of value added in the host country)
localized strike (Pw) örtlich begrenzter Streik *m*
local letter (com) Ortsbrief *m*
local market
(com) örtlicher Markt *m*
(com) Inlandsmarkt *m (syn, domestic/home . . . market)*
local mode (EDV) unabhängiger Betrieb *m*
local rates (StR, GB) kommunale Abgaben *fpl*
local rent (com) ortsübliche Miete *f*
local subscriber (com) Ortsteilnehmer *m*
local system (EDV) dezentrales System *n*
local trade (com) Platzhandel *m*
local workers (Pw) einheimische Arbeitskräfte *fpl (syn, indigeneous workers)*
locate *v* (SozV) sich niederlassen *(eg, physicians or specialists, in big cities or unserved areas)*
locate a file *v* (EDV) Datei *f* auffinden
locate mode (EDV) Suchmodus *m*
locating talent (Pw) Talentsuche *f*
location
(Bw) Standort *m*
(MaW) Lagerort *m*
(Stat) Lage *f*
(Stat) Lagemaß *n (syn, measure of central tendency)*
(EDV) Speicherplatz *m*
– Speicherstelle *f (ie, place where data are stored; syn, storage location)*
location addressed memory (EDV) ortsadressierter Speicher *m*
locational advantage (Bw) Standortvorteil *m*
locational change (Bw) Standortverschiebung *f*
locational choice (Bw) Standortwahl *f*
locational concept (Bw) Standortkonzept *n*
locational conditions (Bw) Standortbedingungen *fpl*
locational innovation (Bw) Standortinnovation *f*
locational pattern (Bw) Standortverteilung *f*
locational planning (Bw) Standortplanung *f*
locational preference (Bw) Standortpräferenz *f*
locational pull (towards) (Bw) Standortbindung *f*
location counter
(EDV) Befehlszähler *m*
(ie, indicates the location of the next instruction to be interpreted; syn, program/sequence . . . counter)
location factors (Bw) Standortfaktoren *mpl*
location parameter
(Stat) Lagemaß *n*
– Lageparameter *m*
– lagetypischer Wert *m (syn, parameter of location)*
location specific subsidy (Vw) standortgebundene Subvention *f*
location theory (Bw) Standorttheorie *f*
locator (EDV) Positionierer *m (ie, in computer graphics)*
LOCH (Bö) = London Options Clearing House
lock away *v*
(Fin) festlegen
(eg, shares for a couple of years in a share ownership scheme)
locked-in investor (Fin) Anleger *m*, der wegen hoher Besteuerung Kursgewinne nicht realisiert
locked-out (Pw) ausgesperrt
locked-up capital (Fin) gebundenes Kapital *n (syn, tied-up capital)*
locker stocks (MaW) ungeöffnete Warensendungen *fpl (ie, retained unopened in store's central warehouse)*
lock in *v*
(Bö) festschreiben
(ie, in futures trading; eg, lock in today's prices for long-term government bonds)
lock-in benefits
(Pw) zusätzliche Leistungen *fpl*
(ie, abhängig vom Verbleib im Unternehmen)
locking-in effect
(Vw) Roosa-Effekt *m*
(FiW) mobilitätshemmende Wirkung *f (ie, der Besteuerung realisierter Kapitalgewinne)*
lock key (EDV) Feststelltaste *f*
locknote (com, US) (zusammenfassendes) Schlußwort *n (cf, keynote)*
lockout
(Pw) Aussperrung *f (ie, closing a plant and shutting out workers)*
(EDV) Sperre *f*
lock out *v* (Pw) aussperren
lockup
(Fin, US) Optionsvertrag *m* zur Abwehr „unfreundlicher" Übernahmeversuche
(ie, target company threatened by an unfriendly takeover attempt grants to a friendly potential acquiring company – called a ‚white knight' – an option to purchase large blocks of shares)
lock up *v* (Fin) binden, festlegen *(syn, tie)*
lock up capital *v* (Fin) Kapital *n* binden *(syn, tie up)*
lock up funds *v* (Fin) Mittel *pl* binden *(eg, in inventories)*
lock-up period (Fin) Bindungsfrist *f*
lockup share (Fin) Aktie *f* ohne Aussicht auf kurzfristige Kurssteigerung
loco price
(com) Loco-Preis *m*
– Preis ab . . . *m*
locus
(Math) geometrischer Ort *m (pl, loci = Örter)*
(ie, a collection of points in a euclidean space whose coordinates satisfy one or more algebraic conditions; vedrängt durch ‚geometrische Figur')
locus of decision making (Bw) Entscheidungszentrum *n (syn, decision center)*
locus of indifference (Vw) Indifferenzort *m*
locus of minimum cost per unit (Bw) optimaler Kostenpunkt *m (ie, intersection of marginal and average cost curves)*

locust years (com, infml) fette Jahre *npl (syn, fat years; opp, lean years)*
lodge a claim *v* (Re) Anspruch *m* geltend machen *(syn, advance)*
lodge an appeal *v* (Re) Rechtsmittel *n* einlegen *(ie, take an appeal from a decision to a higher court)*
lodge an application *v*
(com) beantragen
– Antrag *m* einreichen
(syn, file an application)
lodge a proof *v* (Re) Konkursforderung *f* anmelden
lodgement of goods declaration (Zo) Zollanmeldung *f*
lodging agent (Re) Hinterlegungsstelle *f*
lodgment (com) Einreichung *f (syn, filing, submission)*
lodgment of the goods declaration (Zo) Abgabe *f* der Zollanmeldung
log (EDV) Protokoll *n (ie, record of computer operating runs)*
log *v* (EDV) protokollieren
logarithm
(Math) Logarithmus *m*
(ie, the real-valued function log u; syn, hyperbolic/Naperian/natural . . . logarithm)
logarithm *v* (Math) logarithmieren
logarithmic chart (Math) logarithmische Darstellung *f* od Grafik *f*
logarithmic equation
(Math) logarithmische Gleichung *f*
(ie, involves a logarithmic function of some variable)
logarithmic growth (Math) = exponential growth
logarithmic-normal distribution (Stat) Log-Normalverteilung *f (syn, lognormal distribution)*
log book
(com) Fahrtenbuch *n*
(com, GB) Kraftfahrzeugbrief *m (syn, registration book)*
log file (EDV) Protokolldatei *f*
logged-in drive (EDV) bestimmtes Laufwerk *n (ie, vom Benutzer od Programm ausgewähltes Laufwerk)*
logging (EDV) Prozeßberichterstattung *f*
logical add
(EDV) ODER-Verknüpfung *f*
– ODER-Funktion *f*
(syn, inclusive-OR function, disjunction)
logical address (EDV) logische Adresse *f*
logical circuit (EDV) logische Schaltung *f*
logical comparison (EDV) logischer Identitätsvergleich *m (ie, between two operands)*
logical components (EDV) logische Elemente *npl*
logical conditional (Log) hypothetisches Urteil *n (syn, conditional proposition)*
logical conjunction (EDV) UND-Verknüpfung *f (syn, AND operation, qv)*
logical connective
(EDV) boolescher Operator *m*
(syn, boolean . . . connective/operator)
(Math) Verknüpfungszeichen *n*
– Junktor *m*
(ie, symbols linking mathematical statements; these symbols represent ‚and,' ‚or,' ‚implication,' and ‚negation')

logical data structure (EDV) benutzerorientierte Datenstruktur *f*
logical decision (EDV) logische Entscheidung *f (ie, ability to select one of many paths)*
logical design (EDV) logische Konzeption *f*
logical diagram (EDV) Funktionsplan *m*
logical element
(EDV) boolescher Elementarausdruck *m (syn, gate)*
(EDV) Verknüpfungsglied *n*
logical file (EDV) logische Datei *f*
logical functor (Math) logischer Funktor *m*, logischer Operator *m*
logical implication (Log) logische Implikation *f (opp, factual implication)*
logical instruction
(EDV) boolescher Befehl *m*
– logischer Befehl *m*
– Verknüpfungsbefehl *m*
logical level (EDV) logische Ebene *f*
logical multiply (EDV) UND-Verknüpfung *f (syn, AND operation, qv)*
logical operation (EDV) logische Verknüpfung *f*
logical operator
(EDV) boolean Operator *m*
(syn, logical connective, boolean . . . operator /connective)
logical primary (Math) boolescher/logischer Primärausdruck *m*
logical product (EDV) UND-Verknüpfung *f (syn, AND operation)*
logical product of sets (Math) Schnittmenge *f (syn, intersection of sets; opp, sum of sets, qv)*
logical record (EDV) logischer Satz *m (ie, group of adjacent, logically related data items; opp, physical record)*
logical shift
(EDV) logisches Verschieben *n*
(ie, operation that treats the operands as a set of bits, not as a signed numeric value or character representation; syn, end around shift, nonarithmetic shift)
logical sum of sets (Math) Vereinigungsmenge *f (syn, union of sets, qv)*
logical term (Math) boolescher Term *m*
logical tree (Bw) Entscheidungsbaum *m (syn, decision tree)*
logical value (EDV, Cobol) boolescher Wert *m*
logic circuit (EDV) = logical circuit
logic design (EDV) logischer Aufbau *m*
logic diagram
(EDV) Funktionsplan *m*
(ie, displays the existence of functional elements and the paths by which they interact with one another)
logic element (EDV) logisches Schaltelement *n (syn, gate)*
logic flowchart (EDV) logisches Diagramm *n*
logic of classes
(Log) Klassenlogik *f*
– Klassenkalkül *n*
logic of concepts (Log) Begriffslogik *f*
logic of functional calculus (Log) Prädikatenlogik *f (syn, predicate logic)*
logic of knowledge (Log) Erkenntnislogik *f*

logic of propositions (Log) klassische Urteilslogik *f*
logic of quantification
(Log) Prädikatenlogik *f*
– Quantorenlogik *f*
logic of terms (Log) Termlogik *f*
log in *v* (EDV) anmelden
login field (EDV) Anmeldefeld *n*
log-in name (EDV) Anmeldename *m*
log-in screen (EDV) Anmeldebildschirm *m*
logistic curve
(Stat) logistische Kurve *f*
(ie, type of growth curve, representing the size of a population y as a function of time t)
logistic growth curve (Stat) logistische Wachstumskurve *f (syn, autocatalytic growth curve)*
logistic process
(Stat) logistischer Prozeß *m*
(Bw) Realgüterprozeß *m*
logistics of the firm (Bw) logistisches System *n* von Betriebswirtschaften *(syn, business logistics)*
logistic trend (Stat) logistischer Trend *m (ie, of a time series)*
log-log-paper (Math) doppelt-logarithmisches Papier *n*
lognormal distribution
(Stat) Log-Normalverteilung *f*
(syn, logarithmic normal distribution, Gibrat distribution)
logo
(com) Signum *n*, Logo *n*
(ie, sign or picture used as trademark; also on letterheads, business cards, etc; syn, logograph)
log-off (EDV) Abmelden *n*
log off *v* (EDV) abmelden
logograph (com) = logo
log-on (EDV) Anmelden *n*
log on *v* (EDV) anmelden
log-on password (EDV) Anmeldekennwort *n*
log out *v* (EDV) abmelden
log paper (Math) logarithmisches Papier *n*
log table (Math) Logarithmentafel *f*
lolley (com, GB, sl) Geld *n*
lo/lo (com) = lift on/lift off
Lombard rate
(Fin) Lombardsatz *m*
(ie, German term for the rate of interest charged for a loan against the security of pledged paper; may be up to 1.5% above the Bundesbank's discount rate)
Lombard Street (Fin, GB) = London's Wall Street
London acceptance agreement
(Fin, GB) Akzeptkredit *m* e–r Londoner Akzeptbank
London Commodity Exchange, LCE (Bö) Londoner Warenbörse *f*
London Corn Exchange (Bö) Londoner Getreidebörse *f*
London Debts Agreement (Re) Londoner Schuldenabkommen *n*
London Derivatives Exchange
(Fin) London Derivatives Exchange *f*
(ie, the London International Futures Exchange [LIFFE] and the London Traded Options Market [LTOM] to merge by the end of 1990 to form the LDE, with a single board and a unified management)
London equivalent
(Fin) Londoner Parität *f*
(ie, price at which a security in London must be quoted to equal the New York price)
Londonfurter
(Fin, joc) = floating-rate notes issued in Germany and traded in London
London Interbank Bid Rate, Libid
(Fin, GB) London Interbank Bid Rate
(ie, Zinssatz, zu dem eine Londoner Bank mit erstklassigem Standing bereit ist, Geldbankkredite am internationalen Interbankenmarkt aufzunehmen)
London Interbank Offered Rate, Libor
(Fin) Londoner Interbanken-Angebotssatz *m*
(ie, rate at which banks in London place Eurocurrencies and/or Eurodollars with each other; it is a prime bankers' rate, so it is often used as a basic rate; eg, LIBOR plus 1/8% of 1%; considered to be a truer reflection of market rates than the U. S. prime)
London International Financial and Options Exchange
(Bö, GB) Finanzterminbörse (LIFFE) samt dem neuen Handel in Aktienoptionen
(ie, im Februar 1992 von der Königin am neuen Standort Cannon Bridge eröffnet: combined daily trading is currently worth L60 bn)
London International Futures Exchange (Fin, GB) = LIFFE, qv
London Market Excess of Loss
(Vers) LMX-Spirale *f*
(ie, Versicherungsspirale bei Rückversicherungen durch Lloyds)
London rates (Fin) Londoner Wechselkurse *mpl (ie, for different classes of sterling bills, cables, checks, 30-, 60-, and 90-days bills, as quoted in London)*
London soft option (Bö) Terminoption *f* mit konzentrierten Fälligkeitsmonaten
lone parents (com) Alleinerziehende *pl*
long
(Fin) = long position
(Fin) Wertpapier *n* im Besitz des Inhabers *(eg, I long 100 shares of company X)*
(Bö) Käufer *m*, Haussier *m*
long-arm statute
(Re, US) weitreichendes Gesetz *n*
(ie, provides for personal jurisdiction, via substituted service of process, over persons or corporations which are nonresidents of the state; Erweiterung der Zuständigkeit des Staates über die eigenen Grenzen hinaus; cf, auch exorbitante Zuständigkeit)
long bill
(Fin) Wechsel *m* auf lange Sicht
(ie, payable 60 to 90 days or in Far Eastern shipments from 4–6 months after sight; opp, short bill)
long bond (Fin) Langläufer *m*
long butterfly
(Bö, US) Terminoption: Kombination von ‚bull spread' und ‚bear spread'
(ie, either puts or calls are used; often established using long-term options)

long call issue (Fin) nach mehreren Freijahren kündbare Anleihe *f*
long call option (Fin) Kaufposition *f* in Kaufoptionen
long-dated bill (Fin) = long bill
long-dated gilts (Bö, GB) = long gilts
long-dated investment (Fin) langfristige Anlage *f* *(syn, permanent investment)*
long-dated issue (Fin) langfristige Emission *f*
long-dated securities (Fin) Langläufer *mpl (syn, long maturities, longs)*
long-distance call (com) Ferngespräch *n (syn, GB, trunk call)*
long-distance haulage
(com, GB) Güterfernverkehr *m*
– Fernlastverkehr *m*
(syn, US, long-haul trucking)
long-distance passenger traffic (com) Personen-Fernverkehr *m*
long-distance road haulier (com, GB) Güterfernverkehrs-Unternehmer *m (syn, US, long-haul trucker)*
long-distance trading (com) Fernhandel *m*
long-distance transport (com) Fernverkehr *m*
long-distance trucking (com) Güterverkehr *m*, Fernlastverkehr *m (syn, GB, long-distance haulage)*
long draft (Fin, GB) = foreign bill
long end (Fin) langfristiger Bereich *m*
long end of the market (Bö) Markt *m* für Langläufer
longevity pay (Pw) Gehaltserhöhung *f* nach Dauer der Betriebszugehörigkeit
long exchange (Fin) langfristige Wechsel *mpl (ie, 60–90 days)*
long-form auditors' report (ReW, US) Prüfungsbericht *m (syn, audit report, qv)*
long gilts
(Fin, GB) langlaufende Staatstitel *npl*
(ie, those without a redemption date within 15 years; syn, longs)
long gilt yield (Fin, GB) Rendite *f* langfristiger Staatspapiere
longhand (com) Langschrift *f (opp, shorthand)*
long-haul aircraft (com) Langstreckenflugzeug *n*
long-haul circuit (EDV) Fernleitung *f*
long-haul flight (com) Langstreckenflug *m*
long-haul freight traffic (com) Fernfrachtverkehr *m*
long-haul system (EDV) Weitverkehr *m (syn, long-range communication)*
long-haul trucker
(com) Güterfernverkehrsunternehmer *m*
(syn, GB, long-distance road haulier)
long-haul trucking (com) Güterfernverkehr *m*
long hedge (Bö) Long Hedge *m (ie, Terminkauf-Deckungsgeschäft)*
long in the tooth (com, infml) veraltet *(ie, ripe for replacement)*
longitudinal check
(EDV) Längsprüfung *f*
– Blockprüfung *f*
(syn, longitudinal redundancy check)
longitudinal parity
(EDV) Längsparität *f*
– Blockparität *f*
(ie, bits recorded on one track in a data block, to indicate whether the number of recorded bits in the block is even or odd)
longitudinal redundancy check (EDV) = longitudinal check
longitudinal redundancy check character (EDV) LRC-Prüfzeichen *n*, Blockprüfzeichen *n*
long-lead item (MaW) Langläufer *m*
long lead-time materials (MaW) Material *n* mit langen Beschaffungszeiten
long-lived assets (Bw) langlebige Wirtschaftsgüter *npl*
long maturities (Fin) Langläufer *mpl (syn, long-dated securities, longs)*
long-period equilibrium (Vw) langfristiges Gleichgewicht *n*
long position
(MaW) Überbestand *m (syn, excess inventory)*
(Bö) Hausse-Position *f*
– Long-Position *f*
(ie, security position where stock or options are bought and held for future action; eg, bulls are long of the market, long of stock; opp, bears are short of stock)
(Fin) Plus-Position *f (ie, im Devisenhandel)*
(Fin) Leergeschäft *n*
long position report (Bö, US) Kaufpositionsbericht *m*
long-range budget period (Fin) langfristiger Planabschnitt *m*
long-range communication (EDV) Weitverkehr *m (syn, long-haul system)*
long-range fishing (com) Fernfischerei *f (syn, distant-water fishing)*
long-range forecast (Bw) Langzeitprognose *f*
long-range plan
(Bw) langfristiger Plan *m*
– Langzeitplan *m*
long-range planning (Bw) = long-term planning
long rate
(Fin, GB) Zins *m* für Wechsel in 30, 60, 90 Tagen
(Vers) reduzierte Prämie *f (ie, for policy that runs longer than one year)*
long rates (Fin) Zinssätze *mpl* für Langläufer
long-run average cost (Vw) langfristige Durchschnittskosten *pl*
long-run goal (Bw) langfristiges Ziel *n*
long-run multiplier (Vw) dynamischer Multiplikator *m (syn, dynamic multiplier)*
longs
(Fin) Langläufer *mpl*
(ie, repayable in more than 15 years from now; syn, long-dated securities)
(Fin, GB) = long gilts
longshoreman (com, US) Hafenarbeiter *m (syn, docker, dockworker)*
long-standing decisions (Re) ständige Rechtsprechung *f (eg, of a superior court)*
long straddle
(Bö) Long Straddle *m*
(ie, Kombinationsstrategie, bei der die gtleiche Anzahl von Call und Puts der gleichen Optionsfälligkeit gekauft wird)
long-tail lines
(Vers) Long-Tail-Sparten *fpl*
(eg, gewerbliche Haftpflicht, Betriebsunfall)
long-tail risks (Vers) langfristige Risiken *npl*
long-tap stock (Fin) langfristige Schatzanweisungen *fpl*

long-term bond (Fin) langfristige Anleihe *f*
long-term borrowing
(Fin) Aufnahme *f* langfristigen Fremdkapitals
(Fin) aufgenommene langfristige Darlehen *npl* *(ie, item on bank balance sheet)*
long-term capital account
(VGR) langfristige Kapitalbilanz *f*
– Bilanz *f* des langfristigen Kapitalverkehrs
long-term capital movements (AuW) langfristiger Kapitalverkehr *m*
long-term contract
(com) langfristiger Vertrag *m* *(ie, in the production of heavy equipment)*
(Pw, US) langfristiger Tarifvertrag *m* *(ie, longer than one year)*
long-term corporate policy
(Bw) langfristige Unternehmenspolitik *f*
(ie, long-term lines of approach)
long-term corporates (Fin) langfristige Industrieschuldverschreibungen *fpl*
long-term corporate strategy (Bw) langfristige Unternehmensstrategie *f*
long-term credit gap (Fin) langfristige Kreditlücke *f*
long-term debt
(ReW) langfristige Verbindlichkeiten *fpl* *(syn, noncurrent liabilities)*
(ReW) langfristige Darlehen *npl* und Anleihen *fpl*
long-term financing (Fin) langfristige Finanzierung *f*
long-term fixed assets (Bw) langfristiges Anlagevermögen *n*
long-term funds (Fin) langfristige Finanzierungsmittel *pl*
long-term incentive plan (Pw) langfristiger Leistungsprämienplan *m*
long-term interest rate
(Fin) langfristiger Zinssatz *m*
long-term interest rate criterion
(EG) (Konvergenz-)Kriterium *n* des langfristigen Zinssatzes *(the reference value for this criterion was calculated by using the unweighted arithmetic average of the long-term interest rates in the three countries with the lowest HICP inflation, plus 2 percentage points)*
long-term investments
(Fin) langfristige Finanzanlagen *fpl*
(ReW) Wertpapiere *npl* des Anlagevermögens
long-term investor (Fin) Daueranleger *m*
long termism (com) langfristiges Denken *n* od Disponieren *n*
long-term lending
(Fin) langfristige Kreditgeschäfte *npl*
long-term lendings
(Fin) langfristige Ausleihungen *fpl*
long-term liabilities (ReW) langfristige Verbindlichkeiten *fpl* *(syn, long-term debt, noncurrent liabilities)*
long-term loan
(Fin) langfristiges Darlehen *n*
– langfristiger Kredit *m*
long-term loan business (Fin) langfristiges Kreditgeschäft *n*
long-term planning
(Bw) Langzeitplanung *f*
– langfristige Planung *f*
(syn, long-range planning)
long-term profitability (Fin) langfristige Rentabilität *f*
long-term profit planning (Bw) langfristige Erfolgsplanung *f*
long-term public debt
(FiW) langfristige
– fundierte
– konsolidierte . . . Staatsschuld *f*
long-term receivable (ReW) langfristige Forderung *f*
long-term settlement (com) langfristige Vereinbarung *f*
long-term stocking up (MaW) Vorratskäufe *mpl* auf lange Sicht
long-term storage (MaW) Langzeitlagerung *f*
long-term supply contract (com) langfristiger Liefervertrag *m*
long-term trend (Stat) langfristiger Trend *m*
long-term unemployed (Pw) Langzeitarbeitsloser *m*
long-term yield on bonds (Fin) Langläufer-Rendite *f* *(syn, yield on longs)*
long-wave cycle
(Vw) Kondratieff-Zyklus *m*
(ie, of economic activity; 54–60 years)
look for a job *v* (Pw) Arbeit *f* suchen *(syn, seek a job)*
look for employment *v* (Pw) = look for a job
look-in field (EDV) Suchfeld *n*
look the other way *v*
(com) wegschauen
– übersehen
(ie, . . . is not a policy for dealing with the Third World crisis)
lookup (EDV) Suchlauf *m*
look up *v* (com) besser werden *(eg, business; syn, improve)*
loop
(EDV) Schleife *f*
(ie, sequence of instructions which are executed repeatedly, until a terminating condition is satisfied)
(Math) geschlossene Kurve *f*
loop checking (EDV) Fehlerkontrolle *f* mit Rückwärtsbewegung *f*, Schleifenprüfung *f* *(syn, busback)*
loop coding (EDV) zyklische Programmierung *f*
loophole (StR) = tax loophole
loophole in the law (Re) Gesetzeslücke *f*
loopless network (OR) schleifenloses Netzwerk *n*
loop of order n (OR) Schleife *f* n–ter Ordnung
loop stop (EDV) Programmstopp *m* durch Dauerschleife *(ie, loop used to stall execution of program)*
loose cargo (com) Stückgut *n* *(syn, break-bulk cargo)*
loose code
(EDV) freier Code *m*
– einzelne Codes *mpl*
loose combinations
(Kart, US) lose Zusammenschlüsse *mpl*
(ie, comprise agreements, pools, trade associations; syn, loose knit combinations, contract combinations; opp, close combinations)
loose definition (Log) weite Definition *f*
loose knit combinations (Kart, US) = loose combinations

loose-leaf binder
(com) Sammelmappe *f*
– Loseblattsammlung *f*
loose-leaf edition (com) Loseblattausgabe *f*
loose-leaf notebook (com) Ringbuch *n (syn, GB, ring book)*
loose-leaf system (com, ReW) Loseblattsystem *n*
loose-leaf system of bookkeeping (ReW) Loseblattbuchführung *f*
loose market (Mk) Käufermarkt *m (syn, buyers' market; opp, sellers' market)*
loose material (com) Schüttgut *n (syn, bulk material)*
loose money policy (Vw) Politik *f* des billigen Geldes *(syn, easy /cheap . . . money policy)*
loosen up *v* (com, US, infml) Geld *n* herausrücken
loose oligopoly (Vw) weites Oligopol *n (opp, close oligopoly = enges Oligopol)*
loose rate (IndE) reichlich bemessene Vorgabezeit *f*
loose rating (IndE) zu niedriges Leistungsgradschätzen *n*
loot
(Re) Beute *f*
(com, sl) Geld *n*
lop off *v* (com) kürzen *(syn, cut, pare)*
lores (EDV) = low resolution
loro account (Fin) Loro-Konto *n (ie, in international banking: current account of a bank with a foreign bank of a foreign currency held on behalf of customers)*
lorry
(com, GB) Lastkraftwagen *m*
– Lkw *m (syn, US, truck)*
lorry driver (com, GB) Lkw-Fahrer *m (syn, US, truck driver; infml, teamster)*
LOS (SozV) = length of stay
lose a job *v* (Pw) Arbeitsplatz *m* verlieren
lose one's shirt *v* (com, sl) bankrott machen *(syn, take a bath)*
lose out *v* (com) verlieren, Verluste *mpl* hinnehmen müssen *(eg, on a deal)*
lose track of *v* (com) aus dem Auge verlieren, roten Faden *mpl* verlieren *(eg, of the main argument)*
losing bargain (com) Verlustgeschäft *n (syn, money-losing deal, losing proposition)*
losing proposition (com) = losing bargain
loss
(ReW) Verlust *m (ie, decrease in equity or net assets)*
(Fin) Damnum *n (eg, on exchange rates, securities)*
(Re) Schaden *m (syn, damage, injury)*
(Vers) Schaden *m (ie, basis for a claim for indemnity under the terms of a policy)*
loss accumulation
(Vers) Kumul *m*
(ie, several persons and/or risks are hit by the same loss occurrence; syn, accumulation)
loss adjustment (Vers) Schadenabwicklung *f*, Schadenregulierung *f (syn, claim adjustment, qv)*
loss adjustment expenses (Vers) Schadenregulierungskosten *pl*
loss and gain (ReW) Gewinn *m* und Verlust *m (syn, profit and loss)*
loss brought forward (ReW, EG) Verlustvortrag *m*
loss carryback
(StR, US) Verlustrücktrag *m*
(ie, loss for a given year may be deducted from the net income of three preceding years)
loss carryforward (StR, US) = loss carryover
loss carryover
(StR, US) Verlustvortrag *m*
(ie, loss for a given year may be deducted from the taxable income of succeeding years)
loss chargeoff ratio (Fin) Forderungsausfallquote *f (ie, in banking)*
loss department (Vers) Schadenabteilung *f (syn, claims department)*
losses incurred (Vers) Schadenfrequenz *f*, Schadenhäufigkeit *f (syn, incidence of loss)*
losses wedge (KoR) Verlustzone *f (ie, in a breakeven chart)*
loss excess cover (Vers) Schadenexzedentendeckung *f*
loss experience (Vers) Schadenverlauf *m*
loss for the financial year (ReW) Verlust *m* des Geschäftsjahres
loss function
(Math) Verlustfunktion *f*
(ie, in decision theory: depends upon the decision and the true underlying distributions and expresses the loss produced in taking the decision)
loss in competitiveness (com) Verlust *m* an Wettbewerbsfähigkeit
loss in weight (com) Gewichtsverlust *m*
loss leader (Mk) Lockvogel *m*, Lockartikel *m (syn, bait, qv)*
loss leader sales promotion (Mk) Lockvogelwerbung *f (syn, loss leader selling, bait-type advertising)*
loss leader selling (Mk) = loss leader sales promotion
loss limit (com) Schadenmaximum *n*
loss-making (Fin) unrentabel *(eg, operations = Unternehmensteile)*
loss matrix (OR) Verlustmatrix *f*
loss of custom (com) Kundenverlust *m*
loss of demand
(com) Bedarfsverlust *m*
(ie, occurs if stockouts cannot be supplied = tritt ein, wenn Fehlmengen nicht aufgefüllt werden können)
loss of earnings (Pw) Verdienstausfall *m*
loss of expected return (com) entgangener Gewinn *m (syn, profit loss, qv)*
loss of feedstock (IndE) Werkstoffverlust *m (ie, difference between startup volume – Einsatzmenge – and finished weight)*
loss of income (Pw) Einkommensverlust *m*
loss of output (IndE) Produktionsausfall *m*
loss of ownership
(Re) Eigentumsverlust *m*
(ie, through destruction, abandonment, transfer of property)
loss of pay (Pw) Lohnausfall *m*
loss of profit cover (Vers, GB) Betriebsunterbrechungsversicherung *f (syn, US, business interruption insurance)*
loss of property (Vers) Sachschaden *m*
loss of receivables outstanding (ReW) Forderungsausfall *m*

loss of serviceability (Bw) = lost usefulness
loss of up-to-dateness (com) Aktualitätsverlust *m*
loss of use
(Bw) Nutzungsentgang *m*
(Vers) Nutzungsausfall *m*
loss of weight (MaW) Gewichtsverlust *m*, Abgang *m* *(ie, due to storage)*
loss on disposal (ReW) Veräußerungsverlust *m*
loss on exchange
(AuW) Währungsverlust *m*
(Bö) Kurseinbuße *f*
loss on takeover (Fin) Übernahmeverlust *m*
loss prevention (Vers) Schadenverhütung *f*
loss prevention service (Vers, US) Überwachung *f* der Unfallverhütung *(ie, durch private Versicherer)*
loss probability (OR) Verlustwahrscheinlichkeit *f* *(ie, in waiting line theory)*
loss provision (ReW) Verlustrückstellung *f*
loss ratio
(Vers) durchschnittliche Schadenhöhe *f* Schadenquote *f*
(ie, percentage of losses in relation to premiums)
loss reserve
(Vers) Schadenrückstellung *f*, Schadenreserve *f*
(ie, set up for losses reported but not yet paid)
loss retention
(Vers) Schadenselbstbehalt *m*
– Priorität *f*
loss settlement (Vers) = loss adjustment
loss share (Vers) Schadensanteil *m*
loss-sharing agreement (Bw) Verlustübernahmevertrag *m*
loss wedge (KoR) Verlustzone *f* *(ie, in a breakeven chart)*
lost and found (com, US) Fundbüro *n* *(syn, GB, Lost Property Office)*
lost discounts (Fin) nicht in Anspruch genommene Nachlässe *mpl*
lost letter technique (Mk) Technik *f* der verlorenen Briefe
lost profit (com) entgangener Gewinn *m* *(syn, loss of expected returns, profit loss)*
Lost Property Office (com, GB) Fundbüro *n* *(syn, US, lost and found)*
lost revenue report (com) Bericht *m* über Umsatzverlust
lost serviceability (Bw) = lost usefulness
lost time (IndE) Stillstandszeit *f*, Brachzeit *f* *(syn, idle/dead . . . time, qv)*
lost usefulness
(Bw) Brauchbarkeitsminderung *f*
– Wertminderung *f*
(ie, of fixed assets; syn, loss of serviceability, decline in economic usefulness, diminution of service yield, expired utility)
lot
(com) Lieferposten *m*, Partie *f*
(com) Grundstück *n* *(syn, plot of land, parcel of real property, qv)*
(IndE) Los *n*
– Fertigungslos *n*
– Charge *f*
– Partie *f*
– Auflage *f*
– Serie *f* *(syn, batch, lot size)*
(IndE) Prüflos *n* *(ie, in quality control)*
(Bö) Börsenschluß *m* *(syn, trading unit)*
lot acceptance sampling (IndE) Abnahmekontrolle *f* durch Stichproben
lot-by-lot inspection (IndE) losweise Prüfung *f*
lot quality protection (IndE) Qualitätsschutz *m* durch Abnahmeprüfung *f*
lot size
(IndE) Losgröße *f*
– Auftragsgröße *f*
(IndE) = lot
lot-size calculation (Bw) Losgrößenbestimmung *f*
lottery bond
(Fin) Losanleihe *f*
– Lotterieanleihe *f*
– Prämienanleihe *f*
lottery collector (com) Lotterieeinnehmer *m*
lottery loan (Fin) Losanleihe *f*, Lotterieanleihe *f*
lottery sample (Stat) Lotteriestichprobe *f*
lottery sampling (Stat) Lotterieauswahl *f*
lottery ticket
(Fin) Lotterielos *n*
(ie, includes any right or possibility of becoming a winner in a lottery)
lot tolerance fraction defective (IndE) = lot tolerance percent defective
lot tolerance percent defective, LTPD
(IndE) Ausschußgrenze *f*
– Schlechtgrenze *f* *(syn, limiting quality)*
lot tracking and control (IndE) Chargenüberwachung *f*
louse up *v* (com, US, infml) verderben, vermasseln *(eg, driving test, exam)*
Louvre Accord (AuW) Louvre-Abkommen *n* *(ie, signed on 22 Febr 1987 by international finance ministers in Paris)*
low
(com) Tiefstand *m* *(syn, bottom)*
(Bö) Tiefstkurs *m*
lowball (com, infml) Lockvogel *m* *(syn, bait, qv)*
low cost (com) kostengünstig, preiswert
low coupon securities (Fin) niedrigverzinsliche Wertpapiere *npl*
low emission car (com) abgasarmes Auto *n*
low end (com) untere Preisklasse *f*
low end printer (EDV) Drucker *m* der unteren Preisklasse
lower bound (Math) untere Schranke *f* *(ie, of a point set; syn, minorant)*
lower case (EDV) Kleinschreibung *f*
lower control limit (Stat) untere Kontrollgrenze *f*
lower court
(Re) unteres Gericht *n*
– Vorinstanz *f*
lower exchange limit in the EMS (AuW) Niedrigstkurs *m* im EWS
lower index
(Math) tiefgestellter Index *m*
– Suffix *n* *(syn, subscript)*
lowering current expenditure items (FiW) Einsparungen *fpl* bei den laufenden Ausgaben
lowering of trade barriers (AuW) Abbau *m* von Handelsschranken *(syn, dismantling of trade barriers)*

lower-instance court (Re) untergeordnete Instanz *f* *(syn, lower/minor . . . court, qv)*
lower levels of organization (Bw) nachgeordnete Ebenen *fpl*
lower limit
(Math) unterer Grenzwert *m*
(Math) lower limit
lower management (Bw) untere Leitungsebene *f*
lower market segment (Mk) unteres Marktsegment *n*
lower of cost or market
(ReW) Niederstwert *m*
(ie, ‚market' means current replacement cost, whether by purchase or reproduction, but is limited to the following maximum and minimum amounts: (1) maximum: cannot exceed the estimated selling price less any costs of completion or disposal; maximum cost is also the ‚net realizable value', qv; (2) minimum: the maximum less an allowance for normal profit; syn, cost or market whichever is lower)
lower on professional liquidation (Bö) leichter nach Glattstellung durch den Berufshandel
lower price segment (com) unteres Preissegment *n*
lower subassembly (IndE) untergeordnete Baugruppe *f*
lower support point (AuW) unterer Interventionspunkt *m* *(syn, bottom /floor . . . support point; floor)*
lower-tier subsidiary (StR) nachgeschaltene Gesellschaft *f*
lower turning point (Vw) unterer Wendepunkt *m* *(ie, in the business cycle)*
lowest bid
(com) preisgünstigstes Angebot *n*
(com) Mindestgebot *n* *(syn, infml, knocked-down bid)*
lowest bidder (com) preisgünstigster Anbieter *m*
lowest common denominator (Math) = least common denominator
lowest common multiple (Math) = least common multiple
lowest price (com) niedrigster od äußerster Preis *m* *(syn, bottom price, qv)*
lowest-price limit (com) Preisuntergrenze *f* *(syn, bottom price)*
low-geared company (Fin, GB) = low-levered company
low-income claimant (SozV) Antragsteller *m* mit niedrigem Einkommen
low initial debt service (Fin) niedrige Anfangsbelastung *f* *(ie, Schuldendienst)*
low intensity (EDV) Normalanzeige *f*
low-interest yielding (Fin) niedrigverzinslich *(ie, carrying a low interest rate)*
low-level language, LLL
(EDV) niedere od maschinennahe Programmiersprache *f*
– Systemsprache *f*
(syn, machine oriented language; opp, high-level language)
low-levered company
(Fin, US) Unternehmen *n* mit geringem Volumen an bevorrechtigtem Kapital
(ie, preferred stock and bonds; syn, GB, low-geared company)

low loader (com) Tieflader *m* *(ie, built with a low floor)*
low-margin retailing (Mk) Massengeschäft *n* *(ie, mit kleiner Gewinnspanne)*
low-order (EDV) niederwertig
low-paying jobs (Pw) niedrig bezahlte Arbeitsplätze *mpl*
low-payout firm (Fin) Unternehmen *n* mit niedriger Gewinnausschüttung
low-pay settlement (Pw) niedriger Abschluß *m*
low-powered money (Vw) Geld *n* mit kleinem Geldschöpfungsmultiplikator
low premium collar
(Bö) Low Premium Collar
(ie, kombinierte Optionsstrategie: gleichzeitiger Kauf e–r Put-Option mit dem Verkauf e–r Call-Option, wobei beide in der Regel am od aus dem Geld liegen; kostengünstige Absicherung für bestehende Positionen)
low-price country (AuW) Billigpreisland *n*
low-priced (com) preisgünstig
low-priced products (com) billige/preisgünstige . . . Produkte *npl*
low-priced securities (Bö) leichte Papiere *npl*
low-priced shares (Fin) niedrig bewertete Aktien *fpl*
low-price offer (com) niedriges Angebot *n*
low-price store (com) Kleinpreisgeschäft *n*
low-price strategy (Mk) Strategie *f* der niedrigen Preise
low priority (Bw) niedrige Priorität *f*
low rise
(com) zweistöckige Mehrfamilienhäuser *npl*
(ie, multifamily residential structure not exceeding two storeys in height; opp, high rise)
low-risk approach (Mk) vorsichtiges Taktieren *n* am Markt
low-tax country (StR) Niedrigsteuerland *n*, niedrig besteuerndes Land *n*
low-tax territory (StR) niedrig besteuerndes Gebiet *n*
low-volume security (Bö) Wertpapier *n* mit geringen Umsätzen
low-wage country (AuW) Niedriglohnland *n*
low-weight shipment (com) Stückgutsendung *f*
low yielders (Fin) = low-yield securities
low-yield securities (Fin) niedrigverzinsliche Wertpapiere *npl*, Niedrigverzinsliche *pl* *(syn, low yielders)*
loyalty discount (com) = loyalty rebate
loyalty rebate
(com) Treuerabatt *m*
(ie, esp for branded goods; designed to discourage customers from seeking alternative sources of supply; syn, loyalty discount, fidelity rebate)
lozenge (EDV) Raute *f*
LQ (EDV) = letter quality, qv
LS (com) = locus sigilli
LSE (Bö) = London Stock Exchange
LTL (com, US) = less-than-truckload
LTOM (Bö, GB) = London's traded options market
LTPD (IndE) = lot tolerance percent defective
lucky buy (Bw) günstiger Kauf *m*
lucrative
(com) gewinnbringend, lukrativ
(eg, airlines spend lavishly to lure the . . . business of traveling businessmen)

lucrative market (com) lukrativer Markt *m*
luggable (EDV, infml) tragbarer Computer *m (syn, portable)*
luggage (com) Reisegepäck *n (syn, GB, baggage)*
luggage insurance
(Vers) Reisegepäckversicherung *f*
(syn, baggage insurance; US also, personal effects floater)
Lukasiewicz notation (Log) = prefix notation
lump adjustment (ReW) Pauschalwertberichtigung *f*
lump sum
(com) Pauschalbetrag *m*
– Pauschale *f*
lump-sum allotment (FiW) = lump sum appropriation
lump-sum appropriation (FiW) Pauschalzuweisung *f (syn, lump sum allotment)*
lump-sum compensation (com) Pauschalentschädigung *f*
lump-sum contract (com) Auftrag *m* mit Festpreisen
lump-sum freight (com) Pauschalfracht *f*
lump-sum price (com) Pauschalpreis *m (syn, all-inclusive price)*
lump-sum purchase (com) Globalkauf *m*
lump-sum settlement
(com) = lump-sum compensation
(Pw) Abfindung *f (syn, dismissal pay)*
(Vers) Pauschalregulierung *f*
lump-sum tax (StR) Pauschalsteuer *f*
lunch coupon (Pw) Essensmarke *f (syn, GB, luncheon voucher)*
lure (Mk, infml) Lockvogel *m*, Lockartikel *m (syn, bait, qv)*
lure away *v* (Pw) abwerben *(syn, bid/entice/hire . . . away; infml, poach)*
lush (com, infml) satt *(eg, profits)*
Luxibor (Fin) Luxibor *m (ie, Luxembourg interbank offered rate: for Deutschemark deposits, similar to Libor, qv)*
luxury condominium (com) Luxus-Eigentumswohnung *f*
luxury goods (com) Luxusartikel *mpl (syn, luxuries, prestige goods)*
luxury tax (FiW) Luxussteuer *f (ie, on items which are not necessaries; syn, sumptuary excise)*
LVPLS (Stat) = latent variable path analyses with partial least squares estimation
LYON (Fin) = Liquid Yield Option Note, qv

M

M-1
(Vw, US) Geldmenge *f* M-1
(ie, coin and currency, plus demand deposits, regardless of the financial institutions where they are held, except foreign commercial banks and official institutions)
M&A (Bw) = mergers and acquisitions
ma and pa corner store
(com) Tante-Emma-Laden *m*
– Laden *m* an der Ecke
Maastricht criteria (FiW) Maastricht-Kriterien *npl*
machine
(IndE) Maschine *f*
(EDV, infml) Maschine *f (ie, computer)*
machine *v*
(IndE) (spanend) bearbeiten
(cf, machining operations)
machine accounting (ReW) Maschinenbuchhaltung *f*
machine address
(EDV) absolute Adresse *f*
Maschinenadresse *f*
(syn, physical address)
machine ancillary time (IndE) Nebenzeit *f (syn, auxiliary process time)*
machine attention time
(IndE) Maschinen-Überwachungszeit *f*
(ie, time during which an operator must observe the machine's functioning, while not actually servicing the machine)
machine available time
(EDV) verfügbare Rechnerzeit *f*
(ie, during which computer is operating properly)
machine breakdown (IndE) Maschinenausfall *m*
machine check
(EDV) Maschinenprüfung *f*
(ie, whether all parts function properly; syn, hardware check)
machine code
(EDV) Maschinencode *m*
(ie, absolute numbers assigned by the manufacturers to the various parts of the computer)
machine cycle (EDV) Maschinenzyklus *m*, Operationszyklus *m*
machine dictionary (EDV) Maschinenwörterbuch *n (syn, automatic dictionary)*
machine downtime (IndE) Maschinenstillstandszeit *f*
machine effectiveness variation (KoR) Intensitätsabweichung *f (syn, efficiency variance)*
machine efficiency (IndE) Produktivität *f* der Maschinenarbeit
machine error (EDV) Maschinenfehler *m (ie, caused by equipment failure)*
machine group (IndE) Maschinengruppe *f*
machine guaranty insurance (Vers) Maschinen-Garantieversicherung *f*
machine hour
(KoR) Maschinenstunde *f*
(ie, unit representing the operation of one machine for one hour)
machine hour accounting (KoR) Maschinenstundenrechnung *f*
machine hour rate (KoR) Maschinenstundensatz *m*
machine idle time
(IndE) Maschinenausfallzeit *f*
(IndE) ablaufbedingte Brachzeit *f*
(ie, time during a work cycle when machine is idle, awaiting completion of manual work)
machine independent (EDV) maschinenunabhängig
machine instruction (EDV) Maschinenbefehl *m*
machine interference time (IndE) überlappende Brachzeit *f*
machine language
(EDV) Maschinensprache *f*
(ie, format of a computer program in its final executable form)
machine loading and scheduling (IndE) Maschinenbelegung *f*, Maschinenbelastung *f (syn, job sequencing)*
machine maximum time (IndE) maximale Nutzungszeit *f*
machine operator (IndE) Maschinenbediener *m*, Operator *m (syn, operator, operative)*
machine oriented language (EDV) maschinennahe Programmiersprache *f (syn, low-level language)*
machine overhead rate (KoR) Maschinenkostensatz *m*
machine program (EDV) Maschinenprogramm *n*
machine readable (EDV) maschinenlesbar, maschinell lesbar *(syn, machine recognizable, machinable)*
machine readable medium (EDV) maschinenlesbarer Datenträger *m*
machine run time (EDV) Maschinenlaufzeit *f*
machinery and equipment
(com) Ausrüstungsgüter *npl*
(ReW) Maschinen *fpl* und Ausrüstungen *fpl*
machinery breakdown insurance (Vers) Maschinenbetriebsversicherung *f*
machinery insurance (Vers) Maschinenversicherung *f*
machinery, tools, and equipment (ReW) Maschinen *fpl*, Betriebs- und Geschäftsausstattung *f*
machine scheduling (IndE) = machine loading and scheduling
machine sensible (EDV) = machine readable
machine serial number (IndE) Maschinennummer *f*
machine setup (IndE) Einrichtung *f (ie, changing to another type of production)*
machine setup time (IndE) Betriebsmittelrüstzeit *f*
machine-spoilt processing time (EDV) maschinenbedingte Ausfallzeit *f*
machine time (IndE) = machine run time
machine tool
(IndE) Werkzeugmaschine *f*
(ie, stationary power-driven machine for shaping, cutting, turning, boring, drilling, grinding, or polishing solid metal parts)
machine tool maker (com) Werkzeugmaschinen-Hersteller *m*
machine utilization (IndE) Maschinenauslastung *f*

machine vision technology
(IndE) TV-Maschinensteuerung *f*
(ie, a sensing technology that uses visual data from TV cameras to help inspection, identify parts, or increase guidance or control in the manufacturing process)
machining cell (IndE) Fertigungsnest *n*, Fertigungszelle *f*
machining operations
(IndE) spanabhebende od spanende Fertigung *f*
(opp, forming operations = spanlose Fertigung)
machining procedure
(IndE) Bearbeitungsverfahren *n*
– Fertigungsverfahren *n*
machining sequence (IndE) Bearbeitungsreihenfolge *f*
macro
(EDV) = macro instruction
(EDV) Makro *n*
macro call (EDV) Makroaufruf *m*
macrodynamic analysis (Vw) makrodynamische Analyse *f (syn, macrodynamics)*
macrodynamics (Vw) = macrodynamic analysis
macroeconomic
(Vw) makroökonomisch
(Vw) gesamtwirtschaftlich
macroeconomic account (FiW) gesamtwirtschaftliche Rechnung *f*
macroeconomic accounting (VGR) volkswirtschaftliche Gesamtrechnung *f (syn, national accounting, qv)*
macroeconomic analysis (Vw) = macroeconomics
macroeconomic environment
(Vw) gesamtwirtschaftliches Umfeld *n*
– makroökonomische Rahmenbedingungen *fpl*
macroeconomic model (Vw) makroökonomisches Modell *n*
macroeconomics
(Vw) makroökonomische Theorie *f*
– Makroökonomik *f*
(ie, deals with the economcy as a whole, including income determination, employment and unemployment, productivity, economic growth, government budgets and national debt, the level of prices, inflation, fiscal policy and monetary policy, international balance of payments and exchange rates, foreign trade and capital flows; opp, microeconomics)
macroeconomic utility function (Vw) gesamtwirtschaftliche Nutzenfunktion *f*
macro instruction (EDV) Makrobefehl *m (ie, instruction in a higher-level language; syn, macro)*
macro programming
(EDV) Makroprogrammierung *f*
(syn, programming- in-the-large)
made-to-bearer instrument (WeR) Inhaberpapier *n (syn, bearer instrument)*
made to order (com) kundenspezifisch *(syn, customized, qv)*
made-to-order instrument (WeR) Orderpapier *n (syn, order instrument)*
magazine (EDV) Magazin *n*
magic solution
(com) Patentlösung *f*
– Patentrezept *n*
(syn, patent solution, quick fix, qv)

maglev transit system
(IndE) Magnetschwebebahn *f*
(ie, uses frictionless magnetic suspension instead of wheels; maglev = magnetic levitation)
magnetic bubble (EDV) Magnetblasenspeicher *m*
magnetic cell (EDV) magnetisches Speicherelement *n*
magnetic disk (EDV) Plattenspeicher *m (syn, disk)*
magnetic disk cartridge (EDV) Plattenkassette *f (syn, disk cartridge)*
magnetic disk drive
(EDV) Plattenlaufwerk *n*
(syn, hard disk drive; opp, floppy disk drive)
magnetic disk dump (EDV) Plattenabzug *m*
magnetic disk memory
(EDV) Plattenspeicher *m*
(ie, provides very large storage capabilities with moderate operating speeds)
magnetic head
(EDV) Magnetkopf *m (syn, read/write head)*
magnetic ink (EDV) magnetisierbare Tinte *f*
magnetic ink character reader (EDV) Magnetschriftleser *m*
magnetic ink document (EDV) Magnetschriftbeleg *m*
magnetic levitation train (IndE) = maglev transit system
magnetic memory (EDV) Magnetspeicher *m*
magnetic reading (EDV) magnetische Abtastung *f (opp, optical sensing, optical scanning)*
magnetic read write head (EDV) Schreib-Lesekopf *m*
magnetic recording (EDV) magnetische Aufzeichnung *f*
magnetic storage (EDV) magnetischer Speicher *m*
magnetic strip (EDV) Magnetstreifenspeicher *m*
magnetic tape (EDV) Magnetband *n*
magnetic tape deck (EDV) = magnetic tape unit
magnetic tape drive (EDV) Bandlaufwerk *n*
magnetic tape error
(EDV) Magnetbandfehler *m*
(ie, may be drop out or drop in = Signalausfall od Störsignal)
magnetic tape file (EDV) Banddatei *f*
magnetic tape library (EDV) Bandarchiv *n*
magnetic tape station (EDV) = magnetic tape unit
magnetic tape storage (EDV) Bandspeicher *m*
magnetic tape unit
(EDV) Bandgerät *n*
– Laufwerk *n*
(syn, magnetic tape station)
magnetic testing
(IndE) Magnetprüfverfahren *npl*
(eg, Magnetpulververfahren, magnetisches Abtastverfahren)
magnitude (Math) ordinale Größe *f (opp, quantity)*
mail (com) Post *f (ie, material sent or received by post; syn, GB, post)*
mail *v* (com) versenden *(ie, send by mail; syn, GB, post)*
mail basket (com) Postkorb *m*
mail box
(com) Briefkasten *m (syn, GB, letter/post/posting/pillar . . . box)*
(EDV) elektronischer Briefkasten *m*
mail-box rule (Re, US) Annahme *f* e–s Vertragsangebots ist im Zeitpunkt der Absendung rechtswirksam

mailbox system (EDV) Mailbox *f*
mail car (com) Postwagen *m (syn, GB, postal van)*
mail credit (Fin) Postlaufkredit *m (syn, mailing time credit)*
mail distribution (com) Postversand *m*
mail drop (com) Postfach *n*
mailer (com) Versandtasche *f*
mail handling (com) Postbearbeitung *f*
mail-in (Pw, US) Bewerber *m*, der sich schriftlich bewirbt *(opp, walk-in)*
mailing (com) Sendung *f*
mailing card (com, US) Postkarte *f (syn, GB, postcard)*
mailing charges (com) Postgebühren *fpl (syn, GB, postal charges)*
mailing label (com) Adreßetikett *n*, Adreßkleber *m*
mailing list
(com) Adressenliste *f*
– Verteiler *m*
– Verteilerliste *f (syn, distribution list)*
mailing notation (com, US) Postvermerk *m (eg, Registered Mail, Certified Mail, Special Delivery)*
mailing time credit (Fin) Postlaufkredit *m (syn, mail credit)*
mail interview (Mk) briefliche Befragung *f* od Umfrage *f (syn, mail survey, postal inquiry)*
mail item (com) Poststück *n*
mailman (com, US) Briefträger *m (syn, GB, postman)*
mailmerge layout (EDV) Schemabrief *m (syn, form letter)*
mail order (com) Postversandauftrag *m*
mail order advertising (Mk) Versandhauswerbung *f*
mail order business (Mk) Versandhandel *m (syn, mail order selling)*
mail order buying (Mk) Versandbestellung *f (syn, GB, postal shopping)*
mail order catalog (Mk) Versandhauskatalog *m*
mail order group (Mk) Versandhausgruppe *f*
mail order house (Mk) Versandhaus *n (syn, GB, catalogue company)*
mail orders (Bö) Versandhauswerte *mpl*
mail order selling (Mk) Versandhaushandel *m (syn, mail order business)*
mail out *v* (com) versenden, verschicken *(eg, invoices, letters)*
mail payment remittance
(Fin, US) Bank-Post-Überweisung *f*
(eg, A asks his bank in New York to provide payment to B in Munich; the NY bank writes to its Munich correspondent asking it to pay B in Munich the specified number of DM and to charge its account therefor)
mail processing (com) Postbearbeitung *f*
mail rerouting
(com) Post-Nachsendung *f*
(ie, to temporary address or to changed domicile)
mail shot (com, infml) Rundschreiben *n (syn, circular letter)*
mail signature (EDV) elektronische Unterschrift *f*
mail survey (Mk) = mail interview
mail transfer (Fin) briefliche Auszahlung *f*, briefliche Überweisung *f*
mail transfer, M/T (com) briefliche Überweisung *f*

main (EDV) Netzleitung *f*
main application (Pat) Hauptanmeldung *f*
main bidder (com) Hauptanbieter *m (syn, principal bidder)*
main cashier's office (Fin) Hauptkasse *f*
main center (Fin) Hauptplatz *m (ie, place where currency must be delivered)*
main claim (Pat) Hauptanspruch *m (syn, first claim)*
main contractor (com) Generalunternehmer *m (syn, general contractor, qv)*
main creditor (Re) Hauptgläubiger *m (syn, principal creditor, qv)*
main data (EDV) Stammdaten *pl (syn, key/master . . . data)*
main deadline (com) Haupttermin *m*
main diagonal (Math) Hauptdiagonale *f (ie, of a matrix; syn, principal diagonal)*
main document (EDV) Hauptdokument *n (container for other documents)*
main economic sectors
(Vw) wirtschaftliche Hauptsektoren *mpl*
(ie, primary, secondary, and tertiary sectors)
mainframe (computer) (EDV) Großrechner *m (eg, 50 mips range)*
main invention (Pat) Haupterfindung *f*
main line factoring (Fin) Factoring *n* ohne Rückgriffsrecht
main memory (EDV) Hauptspeicher *m*
main memory address (EDV) Hauptspeicheradresse *f*
main memory area (EDV) Hauptspeicherbereich *m*
main memory block (EDV) Hauptspeicherblock *m (syn, storage block)*
main memory location (EDV) Hauptspeicherplatz *m*
main offices (com) Hauptverwaltung *f (syn, headquarters)*
main organizational unit (Bw) Hauptorganisationseinheit *f*
main place of business (Re) Hauptsitz *m (syn, principal place of business)*
main product
(Bw) Haupterzeugnis *n*
– Hauptprodukt *n*
– Leitprodukt *n*
(syn, chief/major . . . product; opp, byproduct = Nebenerzeugnis, Koprodukt)
main program (EDV) Hauptprogramm *n*
mainstay business (com) Grundgeschäft *n (syn, bottom line)*
main store (EDV) = main memory
mainstream company (com, US) großes, erfolgreiches Unternehmen *n*
mainstreamer (Mk) dem Wandel aufgeschlossene Haushalte *mpl (cf, Adoptertypologie)*
mainstream tax (StR, GB) Körperschaftsteuer-Abschlußzahlung *f*
main subject (Pw, GB) Hauptfach *n (syn, US, major, qv)*
main supplier (com) Hauptlieferant *m*
maintain *v*
(com) warten, instandhalten
(com) behaupten *(ie, argue in favor of)*
(Re) unterhalten *(eg, pay alimony to a divorced husband)*
maintainability (IndE) Instandhaltbarkeit *f*
maintain a patent *v* (Pat) Patent *n* aufrechterhalten

maintained markup (Mk) Betriebshandelsspanne *f*
maintained price (Kart) gebundener Preis *m (ie, in resale price maintenance)*
maintenance
(com) Wartung *f*
– Instandhaltung *f*
(syn, maintenance and repair, servicing, upkeep)
(KoR) Betriebskosten *pl* jeder Art
(EDV) Programmpflege *f*
– Systempflege *f*
(Fin) Kontoführung *f*
(Re, US) Unterhalt *m*
maintenance advertising (Mk) Erhaltungswerbung *f*
maintenance agreement
(com) Wartungsvertrag *m*
(syn, service agreement)
maintenance bond (com) Leistungsgarantie *f (syn, performance bond, qv)*
maintenance budget (Bw) Budget *n* der Wartungskosten
maintenance charge (Fin) Kontoführungsgebühr *f (syn, account maintenance charge)*
maintenance charges (KoR) = maintenance expense
maintenance control panel (EDV) Wartungsfeld *n*
maintenance cost (KoR) Wartungskosten *pl (syn, cost of upkeep)*
maintenance expenditure
(KoR) Erhaltungsaufwand *m*
maintenance expense (KoR) Instandhaltungskosten *pl (syn, cost of upkeep)*
maintenance fee
(Fin) = maintenance charge
(Pat, US) Aufrechterhaltungsgebühr *f*
(ie, introduced in 1980, payable 3.5, 7.5, and 11.5 years after grant of patent)
maintenance guaranty
(Re) Leistungsgarantie *f*
(syn, performance bond, qv)
maintenance manual (IndE) Wartungshandbuch *n*
maintenance margin
(Fin, US) Mindestsaldo *n* e–s Nachschußkontos
(ie, below initial margin)
maintenance marketing (Mk) Erhaltungsmarketing *n*
maintenance of capital (Fin) Kapitalerhaltung *f (ie, preservation of corporate assets)*
maintenance of entity (Fin) substantielle Kapitalerhaltung *f*
maintenance of equity
(Fin) reale Kapitalerhaltung *f*
(ie, preservation of corporate assets in real terms)
maintenance of liquidity (Fin) Liquiditätserhaltung *f*
maintenance of real assets
(Bw) Substanzerhaltung *f*
(ie, paper profits and losses are eliminated from results accounting; syn, preservation of real assets; opp, nominal maintenance of capital)
maintenance part (IndE) Ersatzteil *n (syn, spare part, qv)*
maintenance payment
(com) Unterstützungszahlung *f*
(Re) Unterhaltszahlung *f*
maintenance personnel (Pw) Wartungspersonal *n (syn, maintenance staff)*
maintenance premium (AuW) Halteprämie *f*
maintenance processor
(EDV) Wartungsprozessor *m*
(syn, service processor)
maintenance program (IndE) Wartungsprogramm *n*
maintenance reserve (ReW) Wartungsrückstellung *f*
maintenance routine (EDV) laufende Wartung *f*
maintenance service (com) Wartungsdienst *m*
maintenance shift (IndE) Reparaturschicht *f*
maintenance subsidy (Vw) Erhaltungssubvention *f*
maintenance time (IndE) Wartungszeit *f*
major
(com, infml) führendes Unternehmen *n*
(eg, Martin Marietta, the U. S. aerospace major)
(Pw) Hauptfach *n*
(ie, read by university students; syn, GB, main subject; opp, minor = Nebenfach, qv)
(Log) = major term
major *v* (Pw) als Hauptfach studieren *(eg, major in physics)*
major account (com) Großkunde *m (syn, big customer, qv)*
majorant (Math) obere Schranke *f* e–r Punktmenge
major assembly
(IndE) Hauptbaugruppe *f*
(ie, completed assembly of component parts ready for operation)
major borrower (Fin) Großkreditnehmer *m (syn, big/massive . . . borrower)*
major contract (com) Großauftrag *m*
major control break (EDV) Übergruppenwechsel *m*
major cycle (EDV) Hauptzyklus *m*
major debt issuer (Fin) Großemittent *m*
major defect
(IndE) Hauptfehler *m*
(Bö, US) größere Qualitätsabweichung *f*
major failure (IndE) Hauptausfall *m*
major field (EDV) Hauptfeld *n*
majority
(com) Mehrheit *f*
(Re) Volljährigkeit *f (syn, full age, qv)*
majority function (EDV) Majoritätsfunktion *f (ie, a type of threshold function)*
majority holding (Fin) = majority interest
majority interest
(Fin) Mehrheitsbeteiligung *f*
– Mehrheit *f (syn, majority . . . stake/holding; controlling interest)*
majority joint venture (com) Joint Venture *f* mit Mehrheitsbeteiligung
majority opinion
(Re) Mehrheitsvotum *n*
(opp, dissenting/minority . . . opinion)
majority-owned subsidiary (com) Tochtergesellschaft *f* im Mehrheitsbesitz
majority shareholder (com) Mehrheitsaktionär *m (syn, controlling stockholder)*
majority stake (com) = majority interest
majority stockholder
(com, US) Mehrheitsaktionär *m*
(ie, ownership of over 50 % of the stock is necessary for this purpose)
majority vote
(com) Mehrheitsbeschluß *m*
(ie, resolution adopted by a majority of votes)
major loop (EDV) Hauptschleife *f*

major premise
(Log) Obersatz *m*
(ie, in a categorical syllogism; opp, minor premise = Untersatz)
major repair
(IndE) Großreparatur *f*
(ie, involves complete overhaul or substantial replacement of parts)
major shareholder
(com) Großaktionär *m*
– Hauptaktionär *m*
(syn, leading/principal . . . shareholder)
major shipping lane (com) Hauptschiffahrtsweg *m*
major supplier (com) Großlieferant *m*
major task (EDV) Hauptprozeß *m*
major term
(Log) Begriff *m* des Obersatzes
(ie, the predicate of the conclusion in a categorical syllogism; opp, minor term)
major theorem (Math) Haupttheorem *n*
major trading partner (AuW) Haupthandelspartner *m*
make
(IndE) Produktion *f*
(com) Marke *f (syn, brand)*
make *v* (com) herstellen *(syn, manufacture, produce)*
make a bargain *v* (com) Geschäft *n* abschließen *(syn, strike a deal)*
make a bid *v* (com) bieten *(syn, bid, submit a bid, offer)*
make a claim *v* (Re) Forderung *f* geltend machen *(syn, assert a claim)*
make a deal *v* (com, infml) sich arrangieren *(syn, GB, go a deal)*
make a decision *v*
(com) Entscheidung *f* fällen
(ie, today widely replaced by ‚Entscheidung treffen')
make a down payment *v* (com) anzahlen, Anzahlung *f* leisten
make a fast career *v* (Pw) Karriere *f* machen
make a killing *v*
(com, infml) großen Erfolg haben
(eg, the XY product stands to . . . because of its unrivaled high tech features)
(Fin, infml) Riesengeschäft *n* machen
make allowance for *v* (com) berücksichtigen *(eg, difficulty, problem; syn, allow for, take into . . . account consideration)*
make a loan *v* (Fin) Darlehen *n* gewähren *(syn, extend, grant)*
make a market *v* (Bö) e–n geordneten Markt *m* in Gang bringen
make an agreement *v* (Re) Vertrag *m* schließen *(syn, conclude an agreement, qv)*
make an application for *v*
(com) beantragen
– Antrag *m* stellen auf *(syn, apply for)*
make an appointment *v*
(com) verabreden
– Termin *m* vereinbaren od ausmachen
make an arrangement *v* (com) abmachen, Abmachung *f* treffen
make an assignment *v* (Re) = assign
make an entry *v* (ReW) verbuchen *(syn, book, enter, post, record a transaction)*

make an objection *v* (Re) Einspruch *m* erheben
make a profit *v* (com) Gewinn *m* erzielen
make a showing *v* (StR) nachweisen
make a turn *v* (com, infml) Gewinn *m* machen *(syn, turn a profit)*
make cuts in spending *v* (Fin) Ausgaben *fpl* kürzen
make good *v*
(Re) (Verbindlichkeit) erfüllen
(Re) Schadenersatz *m* leisten *(syn, pay damages)*
make inroads into *v*
(com) angreifen
– Anteile *mpl* erkämpfen *(eg, a market)*
make it *v* (com) Erfolg *m* haben *(eg, in the market)*
make money *v* (com, infml) Geld *m* machen
make off with *v* (com, infml) verschwinden lassen *(eg, gains, profits; syn, spirit)*
make on the side *v*
(com, infml) nebenbei verdienen
(eg, make thousands more on the side from a nice moonlight job)
make or buy
(IndE) Eigenfertigung *f* od Fremdbezug *m*
make-or-buy decision (IndE) Entscheidung *f* über Eigenfertigung oder Kauf
make out *v*
(com) ausstellen *(eg, invoice, bill; syn, prepare)*
(com) ausfüllen *(syn, fill . . . in/out/up)*
make out a production order *v* (IndE) kommissionieren *(ie, based on specifications of customer purchase order)*
make out a violation *v* (Kart) Verstoß *m* feststellen
make out in blank *v* (com) blanko ausstellen
make out to bearer *v* (WeR) auf Inhaber ausstellen
make out to order *v* (WeR) an Order ausstellen
make over *v* (Re) abtreten *(syn, assign, transfer, set over)*
make payment *v*
(com) zahlen
– Zahlung *f* leisten
(syn, effect /meet . . . payment)
maker
(com) Hersteller *m (syn, manufacturer, producer)*
(WeR) Aussteller *m*
(ie, of a two-name paper; person who executes a promissory note and thus is primarily liable on the instrument)
make-ready activities (IndE) = make-ready work
make-ready time (IndE) Rüstzeit *f (syn, change-over time, qv)*
make-ready work (IndE) vorbereitende Arbeiten *fpl* *(ie, prior to start of production)*
make tall claims *v* (com) hohe Ansprüche *mpl* stellen
make the cash *v*
(Fin) Kassensturz *m* machen
– Kasse *f* machen
make the headlines *v*
(com) Schlagzeilen *fpl* machen
– Schlagzeilen *fpl* liefern
(syn, crash/hit the headlines)
make to order *v* (IndE) auftragsbezogen produzieren
make-to-order plant (IndE) Betrieb *m* mit Kundenauftragsfertigung *(syn, job shop, job order plant)*
make-to-order production (IndE) (Kunden-)Auftragsfertigung *f (opp, make-to-stock production)*

make to stock *v* (IndE) auf Lager produzieren *(syn, produce to stock)*
make-to-stock output (MaW) Lagerleistungen *fpl (ie, to replenish inventory)*
make-to-stock plant
(IndE) Betrieb *m* mit Lagerfertigung
(opp, make-to-order plant)
make-to-stock production
(IndE) Lagerfertigung *f*
– Vorratsfertigung *f*
(syn, production to stock, production for inventory; opp, make-to-order/custom . . . manufacturing)
make-up
(EDV) Umbruch *m*
(ie, in text processing; syn, page make-up)
make-up pay
(IndE) Ausgleichszahlung *f*
(ie, difference between actual piece work earnings – Akkordlohn – and guaranteed rates)
make-up price (Bö) Abrechnungskurs *m*
make up the accounts *v* (ReW, GB) Abschluß *m* machen *(syn, US, draw up /make/prepare . . . a financial statement)*
make up the average *v* (SeeV) Dispache *f* aufmachen
make-work policies (Vw) Arbeitsbeschaffungsmaßnahmen *fpl*
make-work project (Vw) Arbeitsbeschaffungsprojekt *n*
make-work scheme (Vw) Beschäftigungsprogramm *n (syn, job creation program, jobs plan)*
making to market
(Bö) Bewertung *f* von Options- und Terminkontrakten
(ie, Vergleich des aktuellen und des Vortagsschlußkurs; findet täglich statt)
making-up day (Bö, GB) letzter Abrechnungstag *m*
making-up price (Bö) Abrechnungskurs *m*
malfeasance
(Re) rechtswidriges
– vertragswidriges ... Handeln *n*
malfunction (IndE) Funktionsstörung *f*
malicious damage (Re) böswillige Beschädigung *f*
malicious falsehood (Kart) Anschwärzung *f (syn, disparagement of goods, qv)*
mall (Mk) Ladenstraße *f* in Einkaufszentren
malpractice insurance
(Vers) Berufshaftpflichtversicherung *f*
– Haftpflichtversicherung *f* freier Berufe
(syn, GB: professional indemnity insurance, qv)
mammoth company (com) Mammutgesellschaft *f*
mammoth project (com) Riesenprojekt *n*
MAN (EDV) = Metropolitan Area Network
manage *v*
(Bw) führen
– leiten
– managen
(syn, lead, direct)
(EDV) verwalten
manageable (com) handhabbar
manage a credit *v* (Fin) Kredit *m* bearbeiten *(syn, handle, process)*
manage a file *v* (EDV) Datei *f* verwalten
manage a slim gain *v* (Bö) leicht erholen

managed account
(Bö, US) treuhänderisch verwaltetes Konto *n*
(ie, Positionstrading ohne konkrete Kundenorder: Kontoinhaber beauftragt und bevollmächtigt einen Kontenverwalter, der das Kontoguthaben in eigener Regie für Rechnung des Kunden zum Eingehen und Auflösen von Termin- oder Optionspositionen einsetzt; syn, discretionary account)
managed currency
(Vw) manipulierte Währung *f*
(ie, essentially, any currency that involves application of central bank credit policy and the concept of fiscal policy)
managed flexibility
(AuW) Stufenflexibilität *f*
(ie, of foreign exchange rates; syn, moving . . . parity/peg)
managed floating (AuW) schmutziges Floaten *n (syn, dirty float, qv)*
managed fund
(Fin, GB) (Normaltyp des) Investmentfonds *m*
(ie, linked to a variety of assets, normally offered by life assurance companies and unit trust companies; Performance wird durch optimale Käufe und Verkäufe günstig gestaltet)
managed liabilities
(Fin, US) Euromarkteinlagen *fpl*
– Termineinlagen *fpl* über $100.000 und Wertpapierpensionsgeschäfte *npl*
(Vw, US) Mindestreserveverbindlichkeiten *fpl*
(ie, time deposits of $100.000 or more, maturing under a year, Eurodollar borrowings)
managed price (Vw) = administered price
managed trade (AuW) staatlich gelenkter Handel *m*
management
(com) Management *n (ie, Genitiv: des Managements)*
(Bw) Management *n*
– Unternehmensführung *f*
(ie, executive function of planning, organizing, directing, and controlling)
(com) Unternehmensleitung *f*
– Geschäftsleitung *f*
– Betriebsleitung *f*
(Fin) Konsortialführung *f (syn, lead management)*
management accounting
(ReW) entscheidungsorientiertes Rechnungswesen *n*
(ie, steht in enger Beziehung zum verantwortungsorientierten Rechnungswesen; syn, managerial accounting)
management and control structure (Bw) = management structure
management auditing (Bw) Leistungsbeurteilung *f* und -bewertung *f* von Führungskräften
management buyout
(Fin) Management Buyout *n*
(ie, besondere Spielart des LBO: das in der erworbenen Gesellschaft tätige Management übernimmt e–n großen Teil des Gesellschaftskapitals; die restlichen Eigenkapitalteile werden von Investmentbanken, Venture-Capital-Gesellschaften, Buyout Fonds, Beratern und sonstigen Drittpartnern gehalten; the existing management of a

subsidiary, usually with other investors, purchases the company from the owner; it can involve, for example, leverage financing, only a percentage of the assets, and may subsequently continue to supply the previous owners)

management by corporate identity (Bw) identitätsorientierte Unternehmensführung *f*

management by exception (Bw) Management *n* im Ausnahmefall

management by objectives, MBO
(Bw) Management *n* by Objectives
– zielgesteuerte Unternehmensführung *f*
– Führung *f* durch Zielvereinbarung

management by results (Bw) ergebnisorientierte Führung *f*

management by system (Bw) Führung *f* durch Systemsteuerung

management carousel (Bw) = management turntable

management chain of command (Bw) Leitungssystem *n*

management charge (Fin) = management fee

management committee
(Bw) Führungsausschuß *m*, Führungsgremium *n* *(syn, management group)*
(EG) Verwaltungsausschuß *m*

management company
(Fin) flexibler Investmentfonds *m*
(ie, darf innerhalb gesetzlich festgelegter Grenzen frei disponieren)
(Fin) Verwaltungsgesellschaft *f* *(ie, sells and manages shares of open-end investment companies for a fee)*

management concept (Bw) Führungskonzeption *f*

management consultancy (Bw) = management consulting

management consultant
(Bw) Unternehmensberater *m*
– Betriebsberater *m*
(syn, business consultant, management/business . . . counselor)

management consulting
(Bw) Unternehmensberatung *f*
– Betriebsberatung *f*
(syn, management consultancy)

management counselor (Bw) = management consultant

management development
(Pw) Weiterbildung *f* von Führungskräften – Entwicklung *f* des Führungskräftepotentials
(syn, executive development)

management education (Pw) Management-Ausbildung *f*

management efficiency (Bw) Leitungs-Effizienz *f*

management engineering (IndE) = industrial engineering

management fee
(com) Federführungsgebühr *f*
(ReW, GB) Management-Umlage *f* *(ie, im Konzern)*
(Fin) Konsortialgebühr *f*
(Fin) Kontoführungsgebühr *f*
(syn, account management charge, service charge)

management function (Bw) Führungsfunktion *f* *(syn, managerial function)*

management group
(Bw) Führungsgremium *n* *(syn, management committee)*
(Fin) Konsortium *n* *(syn, syndicate of security underwriters)*

management hierarchy (Bw) Betriebshierarchie *f*

management income (ReW) = management wages

management information (Bw) Führungsinformation *f*

management information system, MIS (EDV) Management-Informationssystem *n* *(ie, software providing concentrated, easy-to-access information to managers or executives about the status of their company; syn, executice information system)*

management-level employees (Pw) Führungskräfte *fpl*

management model (Bw) Führungsmodell *n*

management of demand (Vw) = demand management

management of environmental resources (Bw) Umweltmanagement *n*

management of financial investments
(Fin) Finanzdisposition *f* *(ie, seeks to optimize the asset mix)*

management of money supply (Vw) Geldmengenregulierung *f*

management overhead (KoR) Verwaltungsgemeinkosten *pl*

management position
(Bw) Führungsposition *f*
(syn, executive /supervisory . . . position)

management process (Bw) Managementprozeß *m*

management ratio (Bw, GB) betriebswirtschaftliche Kennziffer *f*

management reshuffle
(Bw) Umstrukturierung *f* des Management
– Straffung *f* der Führungsstruktur

management roundabout (Bw, GB) = management turntable

management science (OR) = operations research

management shares
(Fin) Verwaltungsaktien *fpl*
(ie, held in treasury, usually by an underwriting group on behalf of the company's management)

management's performance
(Bw) Erfolg *m* der Unternehmensleitung
(ie, may be judged by using a variety of measures other than reported earnings)

management staff (Pw) Führungskräfte *mpl*

management stock
(Fin) Mehrstimmrechtsaktien *fpl*
– Aktien *fpl* mit Vorrechten

management structure (Bw) Leitungsstruktur *f* *(syn, lines of . . . authority/command; management and control structure)*

management style (Bw) Führungsstil *m* *(syn, leadership style)*

management team
(Bw) Führungsgruppe *f*
– Führungsteam *n*
– Führungsmannschaft *f*

management threshold
(Pw) Management-Schwelle *f*
(ie, phase marking the transition on career ladder from specialist to generalist function)

management trust (Fin, GB) Investmentgesellschaft *f*, deren Leitung bei der Auswahl der Anlagewerte freie Hand hat *(opp, fixed trust)*
management turntable (Bw, infml) Management-Karussell *n (syn, management carousel; GB, management roundabout)*
management unit (Bw) = organizational unit
management wages
(ReW) Unternehmerlohn *m*
(ie, hypothetical compensation for the services of the owner or owners; syn, managerial wages)
manager
(com) Manager *m (ie, Genitiv: des Managers)*
(Bw) Unternehmensleiter *m*
(ie, may be as high as ‚Konzernchef', who, literally, would be ‚group's chief executive'; his official title may be ‚President and Chief Executive Officer' or any other colorful label not normally translated)
(Fin) Konsortialführerin *f (syn, lead manager, qv)*
(Vers) Spartenleiter *m*
managerial accounting (ReW) = management accounting
managerial authority (Bw) Weisungskompetenz *f*
managerial decision making (Bw) unternehmerische Willensbildung *f*
managerial elite (Bw) Führungselite *f*
managerial employee (Pw, US) leitender Angestellter *m (ie, formulates, determines, and carries out management policies)*
managerial finance
(Fin) Unternehmensfinanzierung *f (syn, company finance)*
(Fin) Finanzwirtschaft *f* der Unternehmung
managerial function (Bw) = management function
managerial grid (Bw) Verhaltensgitter *n*
managerial hierarchy (Bw) Führungshierarchie *f*
managerial level (Bw) Führungsebene *f (syn, level of management)*
managerial objectives (Bw) Führungsziele *npl*
managerial personnel (Bw) Führungskräfte *fpl*
managerial planning (Bw) Unternehmensplanung *f (syn, company /corporate . . . planning)*
managerial qualities (Bw) Führungsbefähigung *f (syn, executive skill)*
managerial situation (Bw) Führungssituation *f*
managerial structure (Bw) Leitungsstruktur *f (syn, management structure)*
managerial style (Bw) Führungsstil *m (syn, style of leadership)*
managerial unit (Bw) = organizational unit
managerial wages (ReW) = management wages
manager of an estate (Re) Vermögensverwalter *m (syn, administrator /custodian . . . of an estate)*
manager's commission (Fin) Führungsprovision *f*
manager sickness
(Bw) Managerkrankheit *f*
(ie, the physical wear and tear of high achievers; chief symptons are heart trouble and circulatory failure)
managing bank (Fin) konsortialführende Bank *f*
managing director
(Bw, GB) Vorsitzender *m* des Vorstandsgremiums
(syn, US, chief executive officer)
managing owner
(com) Korrespondentreeder *m (ie, of a ship)*
(com) Ausrüster *m (ie, of a ship)*
managing partner
(com) geschäftsführender Gesellschafter *m (syn, acting/active . . . partner)*
managing underwriter
(Fin) Konsortialführerin *f*
(ie, in connection with an offering of securities = Wertpapieremission)
mandate
(Fin, GB) Dauerauftrag *m*
(syn, bank's order)
(Re) Vollstreckungsbeschluß *m*
(ie, to enforce a judgment etc to the court's satisfaction)
mandate of protest (WeR) Protestanzeige *f*
mandatory (Re) obligatorisch
mandatory field (EDV) Feld *n* mit Pflichteintrag
mandatory procedure (EDV) Muß-Prozedur *f*
mandatory representation (Re) Vertretungszwang *m (ie, by lawyer in court)*
mandatory retirement (Pw) Zwangspensionierung *f (syn, compulsory retirement)*
mandatory seat-belt use (com) Gurtpflicht *f*
mandatory use (com) Verwendungszwang *m*
man days of strike idleness (Pw) Streiktage *mpl*
maneuvering room (com) Spielraum *m (syn, leeway, scope for maneuver, latitude)*
Man Friday (Pw, infml) persönlicher Referent *m*
manganese nodules (com) Manganknollen *mpl (syn, deap-sea nodules)*
man-hour
(Pw) Mannstunde *f*
– Arbeitsstunde *f*
(ie, unit of measure representing one person working for one hour)
man-hour output (Vw) Produktionsleistung *f* je Arbeitsstunde
manifest (com) = manifest of cargo
manifestation of intent (Re) Willenserklärung *f (syn, declaration of intention)*
manifest of cargo
(com) Ladungsmanifest *n*
(ie, list of cargo taken on board a ship; it is in reality a summary of all the bills of lading covering the ship's cargo)
manifold
(com) Durchschlagpapier *n (syn, flimsy)*
(Math) Blätterung *f*
manifold classification (com) Mehrfacheinteilung *f (syn, multiple classification)*
manipulate data *v* (EDV) Daten *pl* bearbeiten
manipulated process variable
(EDV) Stellgröße *f*
(ie, in process automation: variable whose value is altered by the controller – Regler – to produce a change in the controlled system – Regelstrecke; syn, regulation variable)
manload planning (IndE) Arbeitseinsatzplanung *f*
man-machine dialog (EDV) Mensch-Maschine-Dialog *m*
man management (Pw, infml) Personalwirtschaft *f (syn, personnel management)*
man months (com) Mannmonate *mpl*

man of business
(Re, GB) Bevollmächtigter *m*
– Vertreter *m*
man of straw (com) Strohmann *m (syn, dummy, straw man)*
manpower
(Pw) Personalbestand *m (ie, total supply of employees available for service; syn, labor force, staff, workers)*
(Pw) Mitarbeiter *mpl*
manpower analysis (Pw) Mitarbeiteranalyse *f*
manpower assignment problem (IndE) Personaleinsatzproblem *n*
manpower bottleneck (Pw) Arbeitskräfteengpaß *m (syn, labor bottleneck)*
manpower budget (Pw) Personaletat *m*
manpower deficit (Pw) Personallücke *f*
manpower forecast (Pw) Personalbedarfsprognose *f*
manpower hour (Pw) = manhour
manpower intensive (Bw) lohnintensiv *(syn, labor intensive)*
manpower loading report (Bw) Arbeitskräftebedarfs-Bericht *m*
manpower migration (Vw) Arbeitskräftewanderung *f (syn, labor migration)*
manpower mobility (Pw) Arbeitskräftemobilität *f*
manpower planning (Pw) Personalplanung *f (syn, personnel/human resources . . . planning)*
manpower policy (Vw) Beschäftigungspolitik *f*
manpower potential (Vw) = labor force potential
manpower reduction (Pw) Personalabbau *m (syn, cutback in employment)*
manpower requirements (Pw) Arbeitskräftebedarf *m*
manpower reserve (Vw) Arbeitskräftereserve *f*
manpower scheduling
(Pw) Personalplanung *f*
– zeitliche Einsatzplanung *f*
manpower shortage
(Pw) Arbeitskräftemangel *m*
(syn, scarcity /shortage . . . of labor; tight labor market)
manpower situation
(Vw) Beschäftigungssituation *f*
– Arbeitsmarktsituation *f*
(syn, employment/job /labor market . . . situation)
manpower statistics (Stat) Beschäftigungsstatistik *f (syn, statistics of employment)*
manpower surplus (Vw) Arbeitskräfteüberschuß *m*
manpower turnover (Pw) Fluktuation *f (syn, labor turnover)*
mantissa (Math) Mantisse *f (ie, decimal part of a logarithm)*
manual (com, EDV) Handbuch *n*
manual control (EDV) Handsteuerung *f*
manual entry (EDV) manuelle Dateneingabe *f (syn, manual input)*
manual input (EDV) = manual entry
manual keyboard entry (EDV) Tastatur-Eingabe *f*
manual labor (Pw) ungelernte Arbeitskräfte *fpl*
manually operated
(IndE) manuell
– von Hand betätigt
– handgeführt
manual of accounting (ReW) Bilanzierungshandbuch *n*
manual of instructions (IndE) Bedienungshandbuch *n (syn, user handbook)*
manual operation (EDV) manueller Betrieb *m*, manuelle Bedienung *f*
manual rate (Vers) Standardprämie *f (ie, in $ je $ 1,000 Risiko)*
manual rating (Vers) = experience rating
manual worker (Pw) Arbeiter *m (syn, hourly paid employee, blue-collar worker)*
manufacture
(IndE) Fertigung *f*
– Herstellung *f*
– Produktion *f*
(IndE) Erzeugnis *n*, Produkt *n*
manufacture *v* (com) fertigen, herstellen *(ie, esp in large volume; syn, make, produce)*
manufactured goods (com) Industriegüter *npl*, Industriewaren *fpl*
manufactured part (IndE) Teil *n* aus der Eigenfertigung = internal production
manufactured product (IndE) Fabrikat *n*, Industrieerzeugnis *n*
manufacture for warehouse *v* (IndE) auf Lager produzieren
manufacturer
(IndE) Hersteller *m*
– Herstellerfirma *f (syn, maker, producer)*
manufacturer's agent
(com, appr) Handelsvertreter *m*
(ie, Absatzmittler im Investitionsgüterbereich; arbeitet auf Provisionsbasis; syn, manufacturer's representative, rep, MR)
manufacturer's brand (Mk) Fabrikmarke *f (opp, dealer's brand = Handelsmarke)*
manufacturer's export agent (com) = combination export manager
manufacturer's inspection (IndE) Werksprüfung *f*
manufacturer's liability (Re) Produzentenhaftung *f*
manufacturer's quality control (IndE) Werkskontrolle *f*
manufacturer's representative (com) = manufacturer's agent
manufacturer's sales branch
(Mk) Werksvertretung *f*
(ie, in Form des Großhandels; Vertrieb direkt an Industrieabnehmer od Endverbraucher)
manufacturer's statement of origin
(com, US, appr) Kraftfahrzeugbrief *m*
(ie, identifies vehicle, its serial numbers, and its owner)
manufactures (com) Fertigprodukte *npl*
manufacture to specification (IndE) Einzelfertigung *f (syn, individual production)*
manufacturing
(IndE) Fertigung *f*
– Produktion *f*
– Herstellung *f*
manufacturing account (ReW) Herstellkonto *n*
manufacturing automation
(IndE) Fertigungs-Automatisierung *f*
manufacturing automation protocol, MAP (IndE) Datennetz-Protokoll *n (ie, für e–n Fertigungsbetrieb)*
manufacturing bill (IndE) Fertigungsablaufplan *m (syn, master operation list, qv)*

manufacturing bill of materials (IndE) Fertigungsstückliste *f*
manufacturing budget (Bw) Teilbudget *n* des Fertigungsbereichs
manufacturing company (Bw) Fertigungsunternehmen *n*
manufacturing concern *m* (Bw) = manufacturing company
manufacturing control (IndE) Fertigungsüberwachung *f* *(syn, job control, qv)*
manufacturing cost
(KoR) Fertigungskosten *pl* *(syn, factory /conversion/production . . . cost)*
(KoR) Werkskosten *pl*
(ie, sum of fixed + variable cost of manufacturing)
manufacturing cycle (IndE) Fertigungszeit *f* *(syn, production cycle, production lead time)*
manufacturing data sheet (IndE) Fertigungsablaufplan *m* *(syn, master operations list)*
manufacturing department
(IndE) Fertigungsabteilung *f*
(KoR) Hauptkostenstelle *f*
manufacturing division (com) Sparte *f*, Fertigung, Fertigungsbereich *m*
manufacturing documents (Zo) Vorlagen *fpl* *(ie, plans, drawings, designs, patterns, manuscripts, etc)*
manufacturing expense (KoR) = manufacturing overhead
manufacturing facility (IndE) Fertigungsstätte *f* *(syn, manufacturing operation; production . . . facility/plant)*
manufacturing industry
(Bw) Fertigungswirtschaft *f*
(Vw) verarbeitende Industrie *f*
manufacturing information system (IndE) Fertigungs-Informationssystem *n*
manufacturing inventory (MaW) Bestände *mpl* im Fertigungsbereich
manufacturing know-how (IndE) Fertigungs-Know-how *n*
manufacturing labor (KoR) Fertigungslohn *m* *(syn, direct labor, qv)*
manufacturing lead time
(IndE) Vorlaufzeit *f* der Fertigung
(IndE) Fertigungsdurchlaufzeit *f*
manufacturing license (Pat) Herstellungslizenz *f* *(syn, license to manufacture)*
manufacturing location (IndE) Fertigungsort *m*
manufacturing lot (IndE) Fertigungslos *n* *(syn, production batch)*
manufacturing management (IndE) Produktionsleitung *f*
manufacturing method
(IndE) Fertigungsmethode *f*
– Bearbeitungsmethode *f*
– Bearbeitungsverfahren *n*
manufacturing operation
(IndE) Fertigungsabteilung *f*
(IndE) = manufacturing facility
(Zo) Bearbeitungsvorgang *m* *(ie, im Veredelungsverkehr)*
manufacturing operations
(IndE) Fertigungsbereich *m*
manufacturing order
(com) Fertigungsauftrag *m*
– Kommission *f*
(syn, production order)
manufacturing overhead (KoR) Fertigungsgemeinkosten *pl*
manufacturing penetration (IndE) Fertigungstiefe *f*
manufacturing plant
(IndE) Fertigungsanlage *f*
– Fertigungsstätte *f*
– Produktionsstätte *f*
manufacturing process
(IndE) Fertigungsverfahren *n*
– Fabrikationsverfahren *n*
manufacturing profit (Bw) Fertigungsgewinn *m*
manufacturing program
(IndE) Fertigungsprogramm *n*
– Fabrikationsprogramm *n*
manufacturing sector
(IndE) Fertigungsbereich *m*
(syn, branch of production)
(Vw) verarbeitendes Gewerbe *n*
manufacturing supplies (KoR) Hilfs- und Betriebsstoffe *pl* *(syn, factory supplies)*
manufacturing technique (IndE) = manufacturing method
manufacturing technology (IndE) Fertigungstechnik *f*
many-many correspondence (Math) mehrmehrdeutige Relation *f*
manyness of a set
(Math) Mächtigkeit *f* e–r Menge
(syn, cardinality, qv)
many-place (Log) mehrstellig
many-to-many relation (Math) mehrmehrdeutige Relation *f*
many-to-one relation (Math) mehreindeutige Zuordnung *f*
many-valued function (Math) vieldeutige Funktion *f*
many-valued logic (Log) mehrwertige Logik *f*
map
(IndE) = manufacturing automation protocol
(Math) = mapping
(EDV) Maske *f*
map editor (EDV) Maskeneditor *m*
map into *v* (Math) abbilden auf *(syn, transform into)*
map out *v* (com) entwerfen
mapping
(Math) Abbildung *f*
– Funktion *f*
– Transformation *f*
(ie, any function or multiple-valued relation; syn, function, transformation, map)
(Math) stetige Funktion *f*
(ie, in der Topologie)
mapping sentence
(Mk) Modell *n* zur Strukturierung e–s Untersuchungsbereichs im Rahmen der Facettentheorie
marathon talks (com) Marathon-Sitzung *f*
(ie, extending over a long period without a break)
marching orders
(Pw, GB, infml) Entlassungspapiere *npl* Papiere *npl*
(syn, marching papers; US, walking papers)
marching papers (Pw, GB) = marching orders

margin
(com, EDV) Rand *m*
(com) Handelsspanne *f*
(syn, operating/price/trade . . . margin)
(com) Gewinnspanne *f*
(syn, profit margin, margin of profit, gross profit)
(ReW) Bruttogewinn *m (ie, gross profit on sales)*
(KoR) Deckungsbeitrag *m (syn, contribution margin, qv)*
(Bö) (Bar-)Einschuß *m*
– Marge *f*
(ie, cash put up by a client in part payment of stock buying under a forward contract; syn, cash margin)

margin account (Bö) Effektenkreditkonto *n (ie, auf das der Wertpapierkunde e–n Mindestbetrag – margin – einzahlt)*

marginal accounts (Fin) schlechte Adressen *fpl*

marginal adjustment (EDV) Schreibrandsetzer *m*

marginal analysis
(Vw) Marginalanalyse *f*
– Grenzwertanalyse *f*

marginal balance (KoR) Deckungsbeitrag *m (syn, contribution margin, qv)*

marginal borrower
(Fin) Grenzkreditnehmer *m*
(Vw) Grenznachfrager *m* nach Kapital

marginal buyer (Vw) Grenznachfrager *m*, Grenzkäufer *m (opp, marginal seller)*

marginal buying (Fin) Kreditkauf *m* von Wertpapieren

marginal capacity (Vw) Grenzkapazität *f*

marginal capital-output ratio (Vw) marginaler Kapitalkoeffizient *m*

marginal check (EDV) Grenzwertprüfung *f*

marginal consumer (Vw) Grenzverbraucher *m*

marginal consumption (Vw) Grenzkonsum *m*

marginal contributors (AuW) Zusatzlieferanten *mpl*

marginal cost
(Bw) Grenzkosten *pl*
(ie, the extra cost incurred for an extra unit of output; mathematically, the first derivative of the total cost function: dK/dY; Änderung der Gesamtkosten um e–e infinitesimal kleine Einheit = erste Ableitung [Differentialquotient] der Gesamtkostenfunktion; syn, incremental/differential . . . cost)
(KoR) Grenzkosten *pl*
– Differenzkosten *pl*
– relevante Kosten *pl*
(KoR, GB) = direct cost

marginal costing (KoR, GB) Grenzplankostenrechnung *f (syn, direct costing, qv)*

marginal cost of acquisition
(Vw) Grenzbezugskosten *pl*
(ie, extra cost to a purchaser when buying one more productive factor; syn, marginal-factor cost)

marginal cost of funds (Fin) marginale Refinanzierungskosten *pl*

marginal cost pricing (KoR) Grenzplankostenkalkulation *f*

marginal decline (com) geringfügiger Rückgang *m*

marginal distribution (Math) Randverteilung *f (syn, boundary distribution, qv)*

marginal efficiency of capital
(Vw) Grenzleistungsfähigkeit *f* des Kapitals
(ie, Grenzertragsrate aus den Kapitalgütern e–s Unternehmens; Maß für die Vorteilhaftigkeit e–r Investition)

marginal efficiency of investment
(Vw) Grenzleistungsfähigkeit *f* der Investition
(ie, gleich dem Produkt aus Grenzproduktivität der Investition und Grenzproduktivität des Kapitals)

marginal factor cost (Vw) Faktorgrenzkosten *pl (ie, marginal cost of acquisition)*

marginal farmer
(com) landwirtschaftlicher Grenzbetrieb *m*
(ie, one that covers only cost of production at given market prices)

marginal financing (Fin) Grenzfinanzierung *f (opp, total financing = Gesamtfinanzierung)*

marginal firm (Vw) Grenzproduzent *m*, Grenzbetrieb *m (syn, marginal unit of production, least efficient producer)*

marginal gain (com) geringer Zuwachs *m (eg, in sales)*

marginal idle capacity cost (KoR) Grenzleerkosten *pl*

marginal income (KoR) Deckungsbeitrag *m (syn, contribution margin, qv)*

marginal income per scarce factor (KoR) spezifischer Deckungsbeitrag *m*

marginal internal rate of return (Fin) marginale interne Ertragsquote *f*

marginalist school (Vw) Grenznutzenschule *f (syn, marginal utility school)*

marginal land (Vw) Grenzböden *mpl (ie, repay merely cost of production but do not yield any increase in revenue)*

marginal leakage (Vw) marginale Sickerquote *f (cf, leakage)*

marginal lender (Vw) Grenzanbieter *m* von Kapital

marginal lending facility (Fin) Spitzenrefinanzierungsfazilität *f*

marginal liquidity (Vw) Grenzliquidität *f*

marginal loan value (Fin) Beleihungsgrenze *f (syn, lending ceiling)*

marginal multiplier (Vw) Grenzmultiplikator *m*

marginal outlay (Vw) Grenzausgabe *f*

marginal payment (com) Differenzzahlung *f*

marginal physical product (Vw) physisches Grenzprodukt *n*

marginal physical productivity (Vw) physische Grenzproduktivität *f*

marginal producer (Vw) Grenzproduzent *m (ie, one who is unable to advance beyond a no loss/no profit situation)*

marginal product (Vw) Grenzprodukt *n (ie, extra product obtained by increasing by a further unit a given factor of production; mostly set equal to marginal productivity)*

marginal productivity (Vw) Grenzproduktivität *f (ie, may refer to one or all factors: Grenzprodukt e–s Faktors od Niveaugrenzproduktivität)*

marginal productivity of capital
(Vw) marginale Kapitalproduktivität *f*
– Grenzproduktivität *f* des Faktors Kapital

marginal productivity of investment (Vw) marginale Produktivität *f* der Investition

marginal productivity of labor (Vw) Grenzproduktivität *f* der Arbeit

marginal productivity theory
(Vw) Grenzproduktivitätstheorie *f*
(ie, developed by J. B. Clark)

marginal product of labor (Vw) Grenzprodukt *n* der Arbeit

marginal profit (Vw) Grenzerlös *m*, Grenzumsatz *m* *(cf, Amoroso-Robinson relation)*

marginal propensity to consume, MPC (Vw) marginale Konsumquote *f*, dC/dY

marginal propensity to import
(Vw) marginale Importquote *f*
(ie, change of imports to infinitesimal changes of NNP – net national product – at market prices)

marginal propensity to invest (Vw) marginale Investitionsquote *f*, dI/dY

marginal propensity to save, MPS (Vw) marginale Sparquote *f*, dS/dY

marginal propensity to spend (Vw) marginale Ausgabeneigung *f*

marginal propensity to tax (FiW) Grenzbesteuerungsquote *f*

marginal rate (Fin) Grenzkurs *m*

marginal rate of return (Vw) interner Zinsfuß *m* *(syn, marginal efficiency of capital)*

marginal rate of substitution (Vw) Grenzrate *f* der Substitution

marginal rate of taxation (StR) = marginal tax rate

marginal rate of transformation
(Vw) Grenzrate *f* der Transformation
(ie, equal to the negative reciprocal ratio of marginal productivities)

marginal reserve requirements (Vw) Zuwachsmindestreservesatz *m*

marginal return
(Vw) Grenzertrag *m*
– Grenzprodukt *n*

marginal returns to scale
(Vw) Niveaugrenzprodukt *n*

marginal revenue (Vw) Grenzerlös *m (ie, additional revenue received from the sale of one additional unit)*

marginal revenue function (Vw) Grenzerlösfunktion *f*

marginal revenue product
(Vw) Grenzerlösprodukt *n*
– Grenzumsatzprodukt *n*
(ie, the added revenue received by the addition of one more unit of a production factor = Ergebnis der Multiplikation der Grenzproduktivität e–s Faktors mit dem Grenzumsatz)

marginal revenue productivity (Vw) monetäre Grenzproduktivität *f*

marginal saving (Vw) Grenzsparen *n*

marginal segment (Mk) Randsegment *n*

marginal seller (Vw) Grenzverkäufer *m (opp, marginal buyer)*

marginal soils (Vw) Grenzböden *mpl*

marginals soils (Vw) = marginal land

marginal subsidiary (com) gewinnschwache Tochtergesellschaft *f*

marginal supplier (Vw) marginaler Anbieter *m*

marginal tax rate (FiW) Grenzsteuersatz *m (syn, marginal rate of taxation)*

marginal theory of distribution (Vw) Theorie *f* der Grenzproduktivität

marginal trading (Bö) = margin business

marginal unit cost (KoR) Grenzstückkosten *pl*

marginal unit of production (Vw) = marginal firm

marginal utility
(Vw) Grenznutzen *m*
(ie, increase in total utility of consuming a commodity which results from increasing by one unit the quantity of the commodity consumed; determines the price in conjunction with supply; cf, indifference analysis; Nutzen, den die letzte verbrauchte Einheit e–s Gutes stiftet; erste Ableitung der Nutzenfunktion nach dem betreffenden Gut)

marginal utility theory (Vw) Grenznutzenschule *f*

marginal value product (Vw) Grenzwertprodukt *n* *(ie, found by multiplying the marginal product of the input by the price of the product)*

marginal yield (Vw) Grenzertrag *m*

marginal yield on capital (Vw) Grenzertrag *m* des Kapitals

margin business (Bö) Effektendifferenzgeschäft *n* Differenzhandel *m*

margin buying
(Fin) Kreditkauf *m* von Wertpapieren
(ie, with the aid of credit granted by purchaser's broker; buyer pays only a fraction of the total price and the broker furnishes the balance)

margin call
(Bö) Nachschußforderung *f*
(ie, to up additional cash in a margin account = Aufforderung an den Kunden, die Mindestdekkung e–s Effektenkredits zu erhöhen)

margin convenience yield
(Bö) marginale Gewinnerzielung *f*
(ie, in the futures market, at spot availability of a commodity)

margin costing (Fin) Zinsspannenrechnung *f*

margin credit (Bö) Effektenkredit *m*

margin financing (Fin) Effektenfinanzierung *f*

margin loan value (Fin) Beleihungsgrenze *f*

margin maintenance call (Bö) Aufforderung *f* des Maklers an den Kunden, die Deckungssumme zu erhöhen

margin notice (Bö) = margin call

margin of error
(IndE) Fehlergrenze *f (syn, error limit)*
(Bw) Sicherheitsspanne *f*

margin of fluctuations (AuW) Schwankungsmarge *f* im EWS *(syn, currency band)*

margin of loading (Vers) Verwaltungskostenzuschlag *m*

margin of preference (Zo) Präferenzspanne *f (ie, difference between preferential tariff and higher general tariff)*

margin of profit (com) Gewinnspanne *f*

margin of safety
(com) Sicherheitszuschlag *m*
(KoR) Sicherheitskoeffizient *m*
(Fin) Differenz *f* zwischen Anleihennennwert und Wert der Sicherheiten

margin of spare capacity (Bw) ungenutzte Kapazität *f (syn, idle capacity, qv)*

margin of uncertainty (com) Unsicherheitsmarge *f*

margin of underutilized capital (Vw) ungenutzter Produktionsspielraum *m*
margin requirement (Bö) Einschußsatz *m (syn, contribution/trading . . . margin, initial deposit)*
margin squeeze
(com) Druck *m* auf die Gewinnspanne
(Fin) Druck *m* auf die Zinsmarge
margin trading (Fin) = margin business
marine cargo insurance (com) Seegüterversicherung *f*, Seekargoversicherung *f*
marine casualties (SeeV) Schiffsunfälle *mpl*
marine insurance
(SeeV) Seeversicherung *f (syn, ocean marine insurance)*
(Vers) Binnentransportversicherung *f*
marine insurance broker (Vers) Seeversicherungsmakler *m*
marine insurance contract (SeeV) Seeversicherungsvertrag *m*
marine insurance law (Re) Seeversicherungsrecht *n*
marine insurance market (SeeV) Seeversicherungsmarkt *m*
marine insurance policy, M.I.P. (m.i.p.) (SeeV) Seeversicherungspolice *f*
marine insurer (SeeV) = marine underwriter
marine law (Re) Seerecht *n (ie, governs navigation and commerce on the oceans and other navigable bodies of water = schiffbare Gewässer; syn, maritime law)*
marine liability insurance (SeeV) Seehaftpflichtversicherung *f*
marine mineral resources (com) Meeresbodenschätze *mpl*
marine radio service (com) Seefunkverkehr *m*
marine risk (com) Seegefahr *f (syn, maritime peril)*
marine underwriter (SeeV) Seeversicherer *m (syn, marine insurer)*
marital status (com) Familienstand *m*
maritime hull insurance (Vers) Seekaskoversicherung *f*
maritime law (Re) = marine law
maritime nations (AuW) seefahrende Nationen *fpl*
maritime peril (com) = marine risk
maritime port (com) Seehafen *m (syn, sea port)*
maritime radio service (com) Seefunkverkehr *m*
maritime trade (com) Seehandel *m (syn, sea trade, ocean commerce)*
maritime transportation of goods (com) Güterbeförderung *f* zur See
mark
(com) Marke *f*
– Markierung *f*
(Bö) Umsatz *m (ie, measure of business activity)*
(EDV) Marke *f*, Markierung *f (ie, any distinguishing feature that signals some particular location of condition)*
mark *v*
(com) markieren, kennzeichnen
(EDV) markieren
mark detection (EDV) Markierungserkennung *f (ie, refers to character recognition systems that use coded documents)*
markdown
(com) Preissenkung *f*
– Preisherabsetzung *f*
(KoR) Kalkulationsabschlag *m*
(Bö) Kursabschlag *m*
– Minuskorrektur *f (ie, of share prices; opp, markup)*
(Bö) Minuszeichen *n*
mark down *v*
(com) ermäßigen
– herabsetzen *(ie, prices)*
(com) heruntersetzen *(ie, goods)*
mark down prices *v* (Bö) Kurse *mpl* zurücknehmen
Marke *f*
(com) = Automarke *f*
(Mk) = Warenzeichen
marked cheque (Fin, GB) bestätigter Scheck *m (syn, US, certified check)*
marked to market (Bö) zum letzten Börsenkurs bewertet
marker (EDV) Marke *f*, Markierungszeichen *n*
marker bit (EDV) Kennbit *n (syn, flag bit)*
market
(com) Markt *m (syn, marketplace)*
(com) Nachfrage *f (eg, nach: for wheat)*
(com) Preis *m (eg, a falling/rising . . . market)*
(ReW) Marktwert *m*, Tageswert *m (syn, market price)*
(Bö) Börse *f (syn, stock exchange)*
market *v*
(com) verkaufen, absetzen *(syn, sell)*
(Mk) auf den Markt bringen, vermarkten *(syn, put on the market)*
marketability
(com) Absetzbarkeit *f*
– Marktgängigkeit *f*
– Verkehrsfähigkeit *f*
(ie, ease with which a commodity or security may be sold when desired)
marketable
(com) handelsfähig
– marktgängig
– verkehrsfähig
(syn, merchantable, tradable)
(Mk) absatzfähig, absetzbar *(syn, salable)*
(Bö) börsengängig, börsenfähig
marketableness (Bö) Börsenfähigkeit *f*
marketable securities
(ReW) Wertpapiere *npl* des Umlaufvermögens *(ie, investments held as current assets; syn, temporary investments; opp, permanent investments)*
(Fin) börsengängige Wertpapiere *npl*
(ie, sales prices or bid-and-ask prices are currently available on a national security exchange or in the OTC market, FASB 1975)
marketable share (Bö) börsengängige Aktie *f*
marketable title (Re) Eigentumsrecht *n* ohne Rechtsmängel od Belastungen
market acceptance (Mk) Akzeptanz *f (ie, Aufnahme e–s Produktes durch den Markt)*
market adjustment (Vw) Marktanpassung *f*, Markbereinigung *f (ie, over time = im Zeitablauf)*
market advance (Bö) Kursanstieg *m*
market allocation (Kart) Marktaufteilung *f (ie, among competitors; syn, market . . . division/ sharing, allocation of sales territories)*
market analysis (Mk) Marktanalyse *f*, Marktuntersuchung *f (syn, market audit)*

market and basket ECU exchange rates (EG) Markt- und Korb-ECU-Kurse *mpl*
market anticipations (Mk) Markterwartungen *fpl*
market area (Mk) Absatzgebiet *n (syn, sales area)*
market assessment (Mk) Markteinschätzung *f*
market assessment of equities (Bö) Börsenbewertung *f*
market audit (Mk) = market analysis
market averages (Bö) Durchschnittswerte *mpl*
market basket (Stat) Warenkorb *m (syn, basket of commodities)*
market behavior (Bw) = market performance
market bid price (Bö) Geldkurs *m*
market capitalization
(Bö) Börsenkapitalisierung *f*
– Marktkapitalisierung *f*
(ie, Kurswert e–r Kapitalgesellschaft: Anzahl aller Aktien multipliziert mit dem aktuellen Börsenkurs; oft auch als aggregierte Größe: Börsenkapitalisierung in % des Bruttosozialprodukts)
market center (Mk) Absatzzentrum *n (eg, around the world)*
market channel (Mk) Absatzweg *m*
market clearing (Vw) Mengen-Preis-Kombination *f*, bei der es keine Überschüsse gibt *(cf, clear the market = Markt räumen)*
market climate (Bö) Börsenklima *n (syn, market sentiment)*
market close (Bö) Börsenschluß *m (syn, close of stock exchange)*
market compulsions (Mk) Marktzwänge *mpl*
market concentration
(Kart) Marktkonzentration *f*
(ie, of an industry = e–s Wirtschaftszweiges; syn, concentration of a market; cf, concentration ratio)
market conditions
(Mk) Marktbedingungen *fpl*
(syn, circumstances of the market)
market conduct
(Vw) Marktverhalten *n*
– Verhalten *n* der Marktteilnehmer
(ie, one of the classifying criteria of price theory)
market control (Vw) Marktbeherrschung *f*, Marktmacht *f (syn, market domination)*
market correction (Bö) Kurskorrektur *f*
market coverage
(Mk) Abdeckung *f* des Marktes
(Mk) Absatzbereich *m*
(com) Marktanteil *m (syn, market share, qv)*
market crash
(Bö) Börsenkrach *m*
(ie, wiped out $ 40 billion in stock prices during the last four months of 1929)
market creaming
(Vers) positive Risikoauslese *f*
(ie, by employing methods of unfair competition)
market days (Bö) Börsentage *mpl*
market degeneration (Mk) Marktdegeneration *f*
market demand
(Vw) Marktnachfrage *f*
– Gesamtnachfrage *f*
market demand curve
(Vw) Marktnachfragekurve *f*
– Gesamtnachfragekurve *f* e–s Marktes

market-directed economic system (Vw) marktwirtschaftliches System *n*
market disrupting (AuW) marktzerrüttend
market disruption (AuW) Marktzerrüttung *f*
market diversification (Mk) Markt-Diversifizierung *f*
market division (Kart) = market allocation
market dominance (Kart) Marktbeherrschung *f*
market dominant role (Kart) marktbeherrschende Stellung *f (syn, dominant market position)*
market domination (Vw) = market control
market-driven (Mk) marktorientiert
market entrenchment (Kart) Festigung *f* der Marktmacht
market equilibrium (Vw) Marktgleichgewicht *n*
marketer
(com) Anbieter *m*
(ie, person or firm offering a product in the market)
(Vw) Marktteilnehmer *m*
(syn, market participant)
market exchange rate (Bö) Devisenmarktkurs *m*
market-extension merger
(Kart, US) Markterweiterungs-Zusammenschluß *m*
(ie, merging firms sell the same product but in different geographic areas; opp, product-extension merger; cf, conglomerate merger)
market failures (Vw) Marktmängel *mpl*, Marktversagen *n*
market flexibility (com) Marktelastizität *f*
market flotation (Fin) öffentliche Plazierung *f (syn, public placement)*
market fluctuations
(Mk) Marktschwankungen *fpl*
– Absatzschwankungen *fpl*
(ie, seasonal and cyclical)
market forces (Vw) Marktkräfte *fpl (syn, forces of the market)*
market forecast (Mk) Marktprognose *f*
market foreclosure (Kart, US) Aussperrung *f* von Konkurrenten vom Markt
market form
(Vw) Marktform *f*
(eg, one, few, many demanders or suppliers; combinations result in various forms of monopoly, oligopoly, polypoly)
market fragmentation (Bö) Marktzersplitterung *f*
market garden
(com, GB) Gartenbaubetrieb *m*
(syn, US, truck . . . farm/garden)
market gardening (com, GB) Erwerbsgartenbau *m (syn, truck farming, qv)*
market globally *v* (com) weltweit absetzen
market hours (Bö) Börsensitzung *f*
market-if-touched order, MIT (Bö, US) Auftrag *m* an e–n Makler, bei Erreichen e–s bestimmten Kurses zu kaufen od zu verkaufen; bei Erreichen des Preis-Limits wird er zur market order
market index (Bö) Börsenindex *m*
marketing
(com, US) Einkaufen *n (eg, go/do the . . . marketing; syn, shopping)*
(Mk) Marketing *n*
(ie, Planung, Koordination und Kontrolle aller auf die aktuellen und potentiellen Märkte ausgerichteten Unternehmensaktivitäten)

marketing activity
(Mk) Absatztätigkeit *f*, Absatzaktivität *f* *(syn, sales activity)*
(Mk) Absatzfunktion *f*
marketing area (Mk) Absatzbezirk *m* *(syn, marketing territory, distribution area)*
marketing assessment (Mk) Verfahren *n* der Wirkungsprojektion
marketing association (Mk) Absatzvereinigung *f*
marketing board (com, GB) Absatzorganisation *f* *(ie, esp for food)*
marketing by telephone
(Mk) Absatz *m* durch Telefonaktion
– Telefonmarketing *n*
marketing cartel (Mk) Absatzkartell *n* *(syn, sales/distribution . . . cartel)*
marketing chain (Mk) Handelskette *f*
marketing channel
(Mk) Absatzkanal *m*
– Absatzweg *m*
(syn, channel of distribution, marketing/trade . . . channel)
marketing committee (Mk) Absatzausschuß *m*
marketing concept (Mk) Marketing-Konzept *n*
marketing conditions (Mk) Absatzbedingungen *fpl*
marketing consultant (Mk) Vertriebsberater *m*
marketing cooperative (Mk) Absatzgenossenschaft *f*
marketing costs
(Mk) Kosten *pl* der Marktinanspruchnahme *(cf, R. Coase)*
– Marketingkosten *pl*
marketing cycle
(Mk) Marketing-Zyklus *m*
(ie, comprises planning, performance, and control)
marketing department
(Mk) Marketing-Abteilung *f*
– Vertriebsabteilung *f*
marketing division (Mk) = marketing department
marketing efficiency (Mk) Marketing-Effizienz *f*
marketing efforts (Mk) Absatzbemühungen *fpl* *(syn, sales/selling . . . efforts)*
marketing environment
(Mk) Marketing-Umfeld *n*
(ie, includes political, legal and regulatory, societal, consumer movement, economic, and technological . . . forces)
marketing expense (Mk) = marketing costs
marketing information system
(Mk) Marketing-Informationssystem *n*
– Vertriebsinformationssystem *n*
– Verkaufsinformationssystem *n*
– Absatzinformationssystem *n*
– Vertriebsplanungssystem *n*
marketing intelligence (Mk) Marktinformationen *fpl*
marketing like hell (Mk, infml) aggressives Marketing *n* *(syn, hell-for-leather marketing)*
marketing logistics (Mk) Marketing-Logistik *f*
marketing management
(Mk) Marketing-Management *n*
(ie, process of planning, organizing, implementing, and controlling marketing activities in order to expedite changes effectively and efficiently; effectively = bezieht sich auf den Zielerreichungsgrad; efficiently = bezieht sich auf die Wirtschaftlichkeit der Marketing-Bemühungen, that is, the minimization of resources that an organization must spend to achieve a specific level of desired exchanges)
marketing manager
(Mk) Absatzleiter *m*
– Vertriebsleiter *m*
– Marketing-Manager *m*
marketing methods
(Mk) Absatzmethoden *fpl*
(syn, distribution/sales . . . methods, marketing/selling . . . techniques)
marketing mix (Mk) Marketing-Mix *n* *(ie, sum of marketing/distribution/promotional/pricing . . . strategies)*
marketing model (Mk) Marketing-Modell *n*
marketing myopia (Mk) Marketing-Kurzsichtigkeit *f*
marketing network (Mk) Vertriebsnetz *n*
marketing of farm products (EG) Agrarvermarktung *f*
marketing of securities (Fin) Wertpapierabsatz *m*
marketing organization
(Mk) Marketing-Organisation *f*
– Vertriebsorganisation *f*
marketing orientation (Mk) Absatzorientierung *f*
marketing outlet
(Mk) Absatzgebiet *n*
(com) Verkaufsstelle *f*
marketing overhead
(KoR) Vertriebsgemeinkosten *pl*
(syn, selling overhead)
marketing personality
(Pw) extrem extrovertierte Person *f*
(ie, craves for recognition by the outside world: behaves in almost all situations so as to appeal to „the market")
marketing philosophy (Mk) Marketing-Philosophie *f*
marketing plan (Mk) Marketing-Plan *m*
marketing plan evaluation (Mk) Bewertung *f* des Absatzplans
marketing ploy (Mk) Marketing-Gag *m*
marketing policy
(Mk) Absatzpolitik *f*
– Vertriebspolitik *f*
(syn, distribution policy)
marketing program
(Mk) Absatzprogramm *n*
– Absatzplanung *f*
marketing provisions (AuW) Vermarktungsbestimmungen *fpl*
marketing ratio (Mk) absatzwirtschaftliche Kennzahl *f*
marketing representative (Mk) Vertriebsbeauftragter *m*
marketing research
(Mk) Marketing-Forschung *f*
– Absatzforschung *f*
marketing research company
(Mk) Marktforschungsgesellschaft *f*
marketing research institute
(Mk) Marktforschungsinstitut *n*
marketing risk (Mk) Absatzrisiko *n* *(syn, merchandising risk)*
marketing savvy (Mk) Marketing-Knowhow *n*
marketing segment (Mk) Absatzsegment *n*

marketing segmentation approach
(Mk) Marktsegmentierungs-Ansatz *m*
(ie, there are two ways to accomplish it: a concentrated segmentation strategy or a multisegment strategy)
marketing specialist
(Mk) Marketing-Fachmann *m*
– Absatzfachmann *m*
(syn, marketing man)
marketing strategy
(Mk) Marketing-Strategie *f (ie, composed of two elements: selecting a target market and creating and maintaining a marketing mix)*
(com) Absatzstrategie *f*
marketing subsidiary (Mk) Vertriebstochter *f*
marketing system (Mk) Absatzsystem *n (syn, distribution system)*
marketing tactics
(Mk) Marketingtaktik *f*
– operatives Marketing *n*
(ie, Orientierung am Effizienzkriterium)
marketing target (Mk) = market target
marketing techniques
(Mk) Marketing-Methoden *fpl*
marketing territory (Mk) = marketing area
marketing training
(Mk) Marketing-Schulung *f*
– Vertriebsschulung *f*
market interest rate (Fin) Marktzinssatz *m*
market leader
(com) Marktführer *m*
(Bö) Spitzenreiter *m*, führender Wert *m (ie, stocks that act as bellwethers of their respective industry groups in market action; eg, IBM, Xerox, DuPont, etc)*
market linkup (Bw) Marktverflechtung *f (syn, integration, interpenetration)*
market maker
(Fin) Primärhändler *m*
– Market Maker *m*
(ie, carries an inventory of securities in order to maintain an orderly market; cf, 15 USC § 78 c(a) (38); professioneller Börsenhändler, der gleichzeitig größere Mengen von Wertpapieren zu e–m relativ niedrigeren Geldkurs nachfragt und zu e–m relativ höheren Briefkurs anbietet; gilt als leistungsfähiges börsliches Kursermittlungsverfahren)
(Bö, GB) Market Maker *m*
(ie, ersetzt seit 1986 Broker und Jobber)
market maturity (Mk) Marktreife *f (ie, of a product)*
market niche
(com) Marktlücke *f*
– Marktnische *f*
(eg, carve out/fill . . . a market niche)
market observer (com) Marktbeobachter *m*
market offering (com) Marktangebot *n*
market operator
(com, Fin) Marktteilnehmer *(syn, market participant)*
(Bö) Marktteilnehmer *m (syn, stock exchange operator)*
market order
(Bö, US) Bestens-Auftrag *m*
– unlimitierter Auftrag *m*
market orientation (Mk) Marktorientierung *f*
market-out clause
(Fin) Rücktrittsklausel *f*
(ie, im Konsortialvertrag: permits withdrawal from a management group if there should be a material adverse change in the secondary market)
market outlook (Mk) Marktaussichten *fpl*
market overt (Vw) organisierter Markt *m*
market parity
(Bö) Marktparität *f*
(ie, equality of market price (= Kurs) and conversion value of security)
market participant (com) Marktteilnehmer *m (syn, market operator)*
market penetration (Mk) Marktdurchdringung *f (ie, extent to which a firm shares the sales in a given market territory)*
market performance
(Bw) Marktverhalten *n (syn, market . . . behavior/conduct)*
(Vw) Marktergebnis *n*
market period (Vw) Absatzperiode *f (cf, Marshall)*
marketplace
(com) Markt *m*
(com) die Wirtschaft *f (ie, general term covering all business and trade activities)*
market policy (Vw) Marktpolitik *f*
market portfolio
(Fin) Marktportefeuille *n*
(ie, Punkt im capital asset pricing model, in dem alle Investoren unabhängig von ihrer Risikoneigung das gleiche Portefeuille realisieren)
market position
(com) Marktstellung *f*
(Bö) Marktposition *f (ie, of a given security)*
market potential
(Mk) Marktpotential *n*
– Absatzpotential *n*
– Kapazität *f* e–s Marktes *(syn, absorptive capacity)*
market power
(Kart) Marktmacht *f*
(ie, ability of a company to control competitor's access to the marketplace and to sustain prices above market levels in a profitable way)
market practitioner (Fin) Marktteilnehmer *m*
market price
(ReW) Marktwert *m*
– Tageswert *m*
(syn, current value)
(Fin) Kurs *m* alte Aktien
(Bö) letzter Kurs *m*
(Vw) Marktpreis *m*
market price of shares (Fin) Aktienkurs *m (syn, share/stock . . . price)*
market prices (VGR) Marktpreise *mpl (ie, factor cost + indirect taxes – subsidies)*
market pricing (Vw) Preisbildung *f* durch Marktmechanismus
market profile (Mk) Marktprofil *n (ie, potential customer data)*
market profit (Bö) Kursgewinn *m (syn, stock price gain)*
market proximity (Mk) Marktnähe *f*

market quota (Mk) Absatzkontingent *n (syn, sales quota)*
market quotation
(ReW) Tageswert *m*
(syn, market price)
(Bö) Börsennotierung *f*
– Kursnotiz *f*
(syn, exchange . . . listing/quotation)
market rally (Bö) Kurserholung *f*
market rate (Fin) Effektivverzinsung *f*
market rate of interest
(Fin) Marktzins *m*
(ie, charged by banks for the particular class of loans at issue)
(Fin) effektiver Zins *m*
– Effektivverzinsung *f*
(syn, effective rate, qv)
market reconnaissance (Mk) Markterkundung *f*
market recovery (Bö) Markterholung *f*
market regulating agency (EG) Marktordnungsstelle *f*
market regulation purchases (Fin) Marktpflegekäufe *mpl*
market regulations (EG) Marktordnung *f*
market regulation sales (Fin) Kurspflegeverkäufe *mpl*
market-related interest rates (Fin) Marktzinsen *mpl*
market report (Mk) Marktbericht *m*
market reporter (Bö, US) Marktbeobachter *m (ie, notieren im trading pit jeden Vertragsschluß)*
market representative
(Mk, US) Gruppeneinkäufer *m*
(ie, executive of a material procurement department in charge of a particular grouping of goods)
market research (Mk, GB) Marktforschung *f*
market research data (Mk) Marktforschungsdaten *pl*
market researcher (Mk) Marktforscher *m*
market resistance (Mk) Marktwiderstand *m*
market response (Mk) Marktreaktion *f*
market rigging (Bö) Kursmanipulation *f*
market ripe
(Mk) marktreif
(syn, fully developed, ready for the market)
market risk
(com) Marktrisiko *n*
(ie, combines financial risk, interest-rate risk, and purchasing-power risk)
(Fin) Marktrisiko *n*
(ie, Anfälligkeit e–r Aktie od e–s Depots auf Schwankungen des gesamten Marktes; gemessen durch Beta-Koeffizient)
market saturation (Mk) Marktsättigung *f*
market scrutiny
(Fin) Marktüberwachung *f*
(eg, supported by German banks)
market segment (Mk) Marktsegment *n*
market segmentation
(Mk) Marktsegmentierung *f*
(ie, process of dividing a total market into market groups consisting of people who have similar product needs; purpose is to design a marketing mix that more precisely matches the needs of individuals in a segment; segmentation variables may be location, age, sex, rate of product usage, etc)
market sentiment
(Bö) Börsenklima *n*
– Börsenstimmung *f*
(ie, affects the prices of securities on a stock market; may be bullish, bearish, or mixed; syn, market climate)
market setup (com) Marktstruktur *f*
market share
(com) Marktanteil *m*
(syn, share of the market, market coverage)
market share liability (Re, US) marktanteilige Haftung *f*
market sharing (Kart) = market allocation
market sharing cartel (Kart) Gebietskartell *n (ie, saves transport and advertising costs)*
market sharing pact (Kart) Marktaufteilungsabkommen *n*
market situation (Mk) Absatzlage *f (syn, sales position)*
market stabilization
(Bö, US) Kursstabilisierung *f*
(ie, by pegging, fixing, etc)
(Bö) Marktbefestigung *f*
market strategy
(Mk) Marketing-Strategie *f*
– Absatzstrategie *f*
(syn, market/sales . . . strategy)
market structure (Mk) Marktstruktur *f*
market structure analysis (Mk) Marktstrukturanalyse *f*
market study (Mk) Marktstudie *f*, Absatzstudie *f*
market supply curve (Vw) Marktangebotskurve *f*
market support (Fin) Marktpflege *f*
market surveillance (com) Marktbeobachtung *f*
market targets
(Mk) Käuferzielgruppen *fpl*
(ie, groups of consumers who are the target of a firm's marketing effort)
market testing (Mk) Markttest *m*
market trend (Bö) Preistendenz *f*
market trends (Mk) Markttendenzen *fpl*
market value
(ReW) Marktwert *m*
– Tageswert *m*
– Zeitwert *m*
(ie, the prevailing price; syn, current market value, current value, market price; opp, book value)
market volatility (Fin) heftige Preisschwankungen *fpl*
market weakness (Bö) Marktschwäche *f*
market zoning (Mk) Abgrenzung *f* regionaler Teilmärkte
mark field (EDV) Strichmarkierungsfeld *n*
marking
(com) Markierung *f*
– Kennzeichnung *f*
(ie, on new goods and products; syn, labeling)
(EDV) Markierung *f*
(Bö) Kurszusatz *m*
marking board (Bö) Kurstafel *f*
marking instructions
(com) Markierungsvorschriften *fpl*
(syn, labeling instructions)
marking label (EDV) Beschriftungsschild *n*

marking requirements
(AuW) Kennzeichnungsvorschriften *fpl (syn, labeling requirements)*
(Zo) Zollkennzeichnungs-Vorschriften *fpl (syn, marks-of-origin requirements)*
markings (Bö) Börsenumsätze *mpl*
marking to market
(Bö, GB) tägliche Bewertung *f* von Options- und Terminkontrakten
(ie, term describes the daily adjustment of an account to reflect accrued profit and losses; durch Vergleich von aktuellem und Vortagesschlußkurs)
mark of origin
(com) Ursprungsbezeichnung *f*
– Herkunftsbezeichnung *f*
– Herkunftszeichen *n*
markon (com) Bruttoaufschlag *m (ie, operating expense + profit margin)*
mark out for *v* (com) vorsehen für *(eg, quick promotion, special training)*
mark papers *v* (com) Arbeiten *fpl* korrigieren
mark reader
(Mk) Markierungsleser *m (syn, optical bar mark reader)*
(EDV) Blattleser *m*
– Belegleser *m*
(syn, document reader)
mark reading
(Mk) Markierungslesen *n*
(syn, optical bar-code reading, mark . . . sensing/scanning)
mark scanning (Mk) = mark reading
mark-sense *v* (EDV) Zeichen *npl* abfühlen
mark sensing
(EDV) Zeichenabfühlung *f*
– Markierungslesen *n*
(syn, mark reading, qv)
mark sheet (EDV) Markierungsbeleg *m*
mark sheet reader (EDV) Markierungsbelegleser *m*
marks-of-origin prescriptions (Zo) Vorschriften *fpl* über die Kennzeichnung des Ursprungslandes
marks-of-origin requirements (Zo) Zollkennzeichnungs-Vorschriften *fpl (syn, marking requirements)*
markup
(com) Preiserhöhung *f*
(com) Gewinnaufschlag *m* in %
(Bö) Kursaufschlag *m (opp, markdown)*
mark up *v*
(com) heraufsetzen
(eg, goods, articles)
(Bö) anheben
markup factor (com) Kalkulationsfaktor *m*
markup inflation (Vw) Inflationsverstärkung *f* durch Gewinnspannenerhöhung
markup pricing
(KoR) Vollkostenkalkulation *f*
(ie, average variable cost + markup; syn, full cost pricing)
markup pricing inflation (Vw) Gewinninflation *f (syn, profit-push inflation)*
markup principle (KoR) Vollkostenprinzip *n (syn, full cost principle)*
markups dominated (Bö) Pluskorrekturen *fpl* überwogen
marque (com) Automarke *f (eg, car sells under the Renault marque)*
marriage clerk's office (Re) Standesamt *n (syn, GB, Register Office)*
marriage counseling (com) Eheberatung *f*
marriage guidance counselor (com) Eheberater *m*
marriage rate (Stat) Eheschließungsrate *f (ie, per 1,000 inhabitants)*
marriage settlement
(Re) Ehevertrag *m*
(syn, ante-nuptial marriage contract or, as the case may be, post-nuptial marriage contract)
marshalling yard
(com) Verschiebebahnhof *m*
– Rangierbahnhof *m*
mart
(Fin, infml) Finanzmarkt *m*
(eg, a stock or commodity exchange; Marts closed for holidays)
marzipan men (Fin, GB, infml) untranslatable: reportedly hard working executives in charge of running the City institutions during and after Directors' luncheons
mask
(EDV) Bildschirmmaske *f*
(EDV) Maske *f*
(ie, Zeichenmuster – pattern of characters – das zur Auswahl oder zum Ausblenden von Teilen e–s Bildes oder e–r Zeichenfolge dient = used to control the retention of elimination of portions of another pattern of characters; syn, extractor)
(EDV) Maske *f* zur Herstellung von ICs
(ie, Gesamtschaltung wird in e–e prozeßabhängige Anzahl von Masken zerlegt = patterned overlay is used to define the active areas of an IC during manufacture; syn, filter)
mask *v* (EDV) maskieren, ausblenden *(cf, masking)*
mask a trend *v* (Vw) Trend *m* verdecken
masked advertising (Mk) Schleichwerbung *f (syn, camouflaged advertising, qv)*
mask generator (EDV) Maskengenerator *m*
masking
(EDV) Maskierung *f*
(ie, replacing specific characters in one register by corresponding characters in another register)
masking out (EDV) Ausblenden *n*
mask instruction (EDV) Ausblendbefehl *m (syn, extract instruction)*
mask out *v* (EDV) ausblenden
mask programming (EDV) Maskenprogrammierung *f (eg, von Festwertspeichern)*
mask register (EDV) Maskenregister *n*
Maslow's hierarchy of needs (Bw) Maslowsche Bedürfnishierarchie *f*
Massachusetts trust (com, US) = business trust
mass advertising (Mk) Massenwerbung *f*
mass communication (com) Massenkommunikation *f (ie, designed to reach a large fraction of the population)*
mass consumption (Mk) Massenkonsum *m*
mass consumption society (com) Konsumgesellschaft *f*
mass data storage (EDV) Massenspeicher *m*
mass dismissals (Pw) Massenentlassungen *fpl*
mass income (Vw) Masseneinkommen *n*

massive borrower (Fin) Großkreditnehmer *m (syn, big/major . . . borrower)*
massively parallel computer
(EDV) massiv paraller
– hochgradig paralleler
– hochparalleler ... Rechner *m*
mass layoff (Pw) Massenentlassung *f (ie, may be temporary or permanent)*
mass market (Mk) Massenmarkt *m*
mass marketing
(Mk) Massenabsatz *m*
– Absatz *m* von Massenerzeugnissen
mass memory
(EDV) Massenspeicher *m*
– Großspeicher *m*
(syn, mass storage)
mass-produced article
(Mk) Massenerzeugnis *n*
– Massenartikel *m*
mass product (com) Massenprodukt *m*
mass production
(IndE) Massenfertigung *f*
(ie, continuous special manufacture of identical products; high rates, equipment dedicated to one product, investment in machines and tooling high; subterms: quantity production, flow production, qv; syn, large-scale/volume . . . production)
mass selling (Mk) Massenvertrieb *m*
mass storage (EDV) = mass memory
mass tax (FiW) Massensteuer *f (eg, income tax, turnover tax)*
mass tourism (com) Massentourismus *m*
mass transportation facilities (com) Massenverkehrsmittel *npl*
mass unemployment (Vw) Massenarbeitslosigkeit *f (syn, infml, wholesale unemployment)*
master
(Pw) Meister *m (ie, may employ journeymen and apprentices)*
(com) Kapitän *m*
– Schiffer *m (syn, carrier)*
master account file (ReW) Kontenstammdatei *f*
master account record (ReW) Kontenstammsatz *m*
master and servant (Re, alte Bezeichnung für:) Arbeitgeber *m* und Arbeitnehmer *m*
master bill of materials (IndE) Ausgangsstückliste *f*
master budget
(Bw) Gesamtbudget *n*
(ie, combined budgets of all departments)
master card
(EDV) Bestandskarte *f*
– Hauptkarte *f*
– Leitkarte *f*
– Mutterkarte *f*
– Stammkarte *f*
master contract (Re) Mantelvertrag *m*, Rahmenvertrag *m*
master curve (Math) Grundkurve *f*
master data (EDV) Stammdaten *pl (ie, set of data which is rarely changed)*
master disk (EDV) Stamm-Diskette *f*
master file
(EDV) Stammdatei *f*
– Hauptdatei *f*
master franchise
(Mk) Haupt-Franchise *f*
(ie, so bezeichnet in der Gruppen-Freistellungsverordnung)
master index (EDV) Hauptindex *m*
master minding (Bw, US) Planung *f (ie, planning company policy in detail and cleverly)*
master operations list
(IndE) Fertigungsablaufplan *m*
(syn, master route chart, manufacturing data sheet, process chart)
master parts list
(IndE) Stückliste *f*
– Teileliste *f*
(syn, bill of materials)
master patent (Pat) Grundpatent *n*
master plan (Bw) Gesamtplan *m (syn, overall plan)*
master planning
(Bw) Gesamtplanung *f*
– Globalplanung *f (syn, overall planning)*
master policy (Vers) Hauptpolice *f*, Rahmenpolice *f*
master production schedule (IndE) Primärprogramm *n*
master program (EDV) Dachprogramm *n (syn, supervisor, qv)*
master record
(EDV) Stammeintrag *m*
– Hauptsatz *m*
master route chart
(IndE) Fertigungsablaufplan *m*
– Produktionsablaufplan *m (syn, master operations list, qv)*
master sample
(Stat) Grundstichprobe *f*
– feste Ausgangsstichprobe *f*
master schedule
(IndE) Primärplan *m*
(ie, a schedule by date and quantity of top-level or planning bills of materials)
(IndE) Fertigungsterminübersicht *f*
master scheduler (EDV) Bedienungssteuerung *f*
master scheduling (IndE) Fertigungsgrobplanung *f*
master switch (EDV) Hauptschalter *m*
master system (Mk) Leitkasse *f*
master tape
(EDV) Hauptband *n*
– Stammband *n*
master tradesman (Pw) Meister *m (cf, master)*
master universal product (UPC) order file (Mk, US) Artikelnummerndatei *f*
match
(com) Anpassung *f*
(Bö) Ausgleichstransaktion *f (ie, two offsetting transactions)*
(EDV) Vergleich *m (ie, sequences are matched against each other on the basis of some key)*
match *v*
(com) anpassen
– in Übereinstimmung bringen
(EDV) vergleichen, abgleichen
match code
(EDV) Matchcode *m*
– Vergleichsschlüssel *m*
– Ähnlichkeitscode *m*
(syn, sound-alike code)

matched orders
(Bö, US) Parallelaufträge *mpl*
(ie, operator buys stock from one broker and sells it trough another; prohibited by Sec 9 Securities Exchange Act of 1934)
matched sale-purchase agreement (Fin, US) = reverse repurchase agreement
matched sales
(Fin, US) = reverse repurchase agreement
(Bö) gekoppelte Börsengeschäfte *npl*
matched samples (Stat) parallelisierte od verbundene Stichproben *fpl*
match field (EDV) Vergleichsfeld *n*
matching
(Stat) Gleichsetzung *f*
– Parallelisierung *f*
(ReW) Abstimmung *f*
(ie, Aufwands- und Ertragsabstimmung zum Zwecke der Periodenabgrenzung: expenses should be recognized in the accounting period that is used to recognize the revenues they produced; accruals and deferrals are recorded as such)
(Fin) Ausgleich *m (eg, match DM asset against DM liability)*
(EDV) Datenvergleich *m (cf, to match)*
matching cost and revenue
(ReW) Verrechnung *f* von Aufwendungen und Erträgen
(ie, die sachlich und zeitlich einander entsprechen)
matching distribution (Stat) Parallelverteilung *f*
matching duty (AuW) Ausgleichszoll *m (ie, special type of antidumping duty)*
matching grant (FiW) Finanzzuweisung *f* mit Eigenbeteiligung des Empfängers
matching maturities
(Fin) Fristenkongruenz *f*
– gleiche Laufzeiten *fpl*
(syn, identity of maturities, qv)
matching of maturities (Fin) Fristenkongruenz *f* *(syn, identity of maturities)*
matching of production program (IndE) Abstimmung *f* des Produktionsprogramms
matching-of-revenue-and-cost principle (ReW) Grundsatz *m* der Periodenabgrenzung *pl*
matching open position (Fin) gegenläufige Position *f*
matching pattern (com) passendes Muster *n*
matching transaction method (StR) Methode *f* der übereinstimmenden Leistungen *(ie, nur bei Geschäften, für die ein Fremdvergleich möglich ist)*
material
(com) wesentlich
(Re) rechtserheblich *(eg, facts, evidence)*
material accounts (ReW) Materialbestandskonten *npl*
material breach of contract (Re, US) erheblicher Vertragsbruch *m*
material circumstance (Re) erheblicher Umstand *m*
material cirumstance (Re) erheblicher Umstand *m*
material concealment (Vers) Verschweigen *n* rechtserheblicher Umstände
material condition of life (Vw) Lebenslage *f (syn, economic well-being)*
material defect of legal proceedings (Re) Verfahrensmangel *m*
material flow
(IndE) Materialfluß *m*
(ie, through the various stages of manufacturing)
material handling (IndE) innerbetriebliches Transport- und Lagerwesen *n*
material implication
(Log) materiale
– extensionale
– Philonische . . . Implikation *f*
Auch:
– Subjunktion *f*
– Konditional *n*
– A-Urteil *n*
(ie, ‚if A then B' is true in all cases except when A is true and B is false; 1011; syn, conditional, universal affirmation; opp, strict implication)
material in bulk (com) Schüttgüter *npl (syn, bulk material, qv)*
material injury (Kart) erhebliche Schädigung *f*
material in process (ReW) halbfertige Erzeugnisse *npl (syn, work in process)*
material interest (Fin) wesentliche od maßgebliche Beteiligung *f*
material issue card (IndE) Materialausgabekarte *f*
material item file (IndE) Teilestammdatei *f*
materiality
(ReW) (Bilanzierungsgrundsatz der) Wesentlichkeit *f (ie, od der Nichterfassung geringfügiger Vorgänge)*
materiality level (ReW) Gliederungstiefe *f*
materialization of an object (EDV) Materialisation *f* e-s Objekts
material misrepresentation (Re) Verschweigen *n* wichtiger Umstände
material on order (MaW) bestelltes Material *n*
material planning (MaW) Disposition *f*
material planning control (MaW) Dispositionsüberwachung *f*
material planning file (MaW) Dispositionsdatei *f*
material price variance (KoR) Einzelmaterialpreisabweichung *f*
material processing technique (IndE) Verfahren *n* der Werkstoffbearbeitung
material requirements (MaW) Materialbedarf *m*
materials
(IndE) Material *n*
– Werkstoffe *mpl*
(eg, raw materials and supplies, small parts, bought-out standard parts, etc)
materials accounting (KoR) Materialabrechnung *f*
materials budget (MaW) Materialbudget *n*
materials budgeting (MaW) Bedarfsmengenplanung *f* *(cf, bedarfsgesteuerte Disposition)*
materials buyer (MaW) Materialeinkäufer *m (syn, procurement officer)*
materials control
(MaW) Materialsteuerung *f*
(MaW) Eingangsprüfung *f*
materials cost center
(KoR) Materialkostenstelle *f*
– Materialstelle *f*
materials costing (KoR) Materialkostenermittlung *f*
materials deficiency (IndE) Materialfehler *m*
materials distribution engineer (IndE) Stoffwirtschafts-Ingenieur *m*

materials explosion (IndE) zeitliche Aufgliederung *f* des Materialflusses
materials flow control (MaW) Materialflußkontrolle *f*
materials flow layout (MaW) Materialflußgestaltung *f*
materials flow matrix (MaW) Materialflußmatrix *f*
materials flow optimization (MaW) Materialflußoptimierung *f (syn, optimization of materials flow system)*
materials flow system (MaW) Materialflußsystem *n*
materials handling
(MaW) innerbetriebliches Transport- und Lagerwesen *n*
(MaW) Materialtransport *m*
materials handling equipment
(IndE) Fördermittel *npl*
materials handling overhead (KoR) Materialgemeinkosten *pl (syn, indirect material)*
material shortage (MaW) Materialknappheit *f*
materials input-output statement (IndE) Materialbilanz *f*
materials intensive (IndE) materialintensiv
materials issue (MaW) Materialausgang *m*
materials list
(MaW) Materialliste *f*
(ie, used primarily for purchasing and costing purposes; the most simple type of bill of materials; syn, takeoff)
materials management
(MaW) Materialwirtschaft *f*
– Steuerung *f* des Materialdurchflusses
(ie, procurement, stockkeeping, production, shipping)
materials management engineer
(IndE) Stoffwirtschafts-Ingenieur *m*
(syn, materials distribution engineer)
materials mix (MaW) Materialmischung *f*
materials order (MaW) Materialentnahmeschein *m*
materials overhead rate (KoR) Materialgemeinkostenzuschlag *m*
materials planning (MaW) Materialplanung *f*
materials planning file (MaW) Dispositionsdatei *f*
materials price (KoR) Materialpreis *m*
materials price variance (KoR) Materialpreisabweichung *f*
materials purchase budget (MaW) Materialbeschaffungsplan *m*
materials purchasing (MaW) Materialbeschaffung *f (syn, procurement of materials)*
materials purchasing policy (MaW) Materialbeschaffungspolitik *f*
materials quantity variance (KoR) Einzelmaterialverbrauchsabweichung *f (syn, material usage variance)*
materials receiving (MaW) Materialannahme *f*
materials receiving report (MaW) Materialempfangsbescheinigung *f*
materials records (MaW) Materialbelege *mpl*
materials requirements planning, MRP
(MaW) Materialbedarfsplanung *f*
– bedarfsgesteurte Disposition *f*
(ie, löste zunehmend die verbrauchsgesteuerte Disposition mit ihrem Order-Point-Verfahren ab; term coined by APICS = American Production and Inventory Control Society, a sister organization of the German GF+M)
materials requisition
(MaW) Materialanforderung *f*
(syn, store issue order, stores materials requisition)
materials return record (MaW) Materialrückgabeschein *m*
materials status evaluation (MaW) Materialbestandsrechnung *f*
materials usage (IndE) Materialeinsatz *m*
materials usage variance
(KoR) Materialverbrauchsabweichung *f*
materials used budget (KoR) Materialkostenplan *m*
material withdrawal (MaW) Materialabgang *m*
material yield (IndE) Materialausbeute *f*
maternity benefit (SozV, GB) Mutterschaftsgeld *n*
maternity leave (SozV, US) Mutterschaftsurlaub *m*
mate's receipt, M.R. (m.r.)
(com) Steuermannsquittung *f*
– Verladebescheinigung *f*
math coprocessor (EDV) mathematischer Co-Prozessor *m*
mathematical check (EDV) arithmetische Prüfung *f (syn, arithmetic check)*
mathematical logic (Math) mathematische Logik *f (ie, studies theories from the standpoint of model theory, recursive function theory, proof theory, and set theory)*
mathematical model (Math) mathematisches Modell *n*
mathematical operator (EDV) Rechenoperator *m*
mathematical probability
(Stat) mathematische Wahrscheinlichkeit *f*
(syn, a priori probability, qv)
mathematical programming
(Math) mathematische Programmierung *f*
(ie, used to decide on the one specific solution in a defined set of possible alternatives that will best satisfy a selected criterion; includes linear/nonlinear/stochastic . . . programming, and control theory)
mathematical reserve
(Vers) Deckungsrückstellung *f*
(ie, unzutreffend auch ‚Deckungsrücklage' od ‚Prämienreserve'; gebildet durch verzinsliche Ansammlung e–s Teils der Prämien; syn, premium reserve, unearned reserve premium)
mathematical subroutine
(EDV) mathematisches Unterprogramm *n*
(ie, a well-defined mathematical function, such as exponential, logarithm, or sine; relates input to output)
mathematical symbols
(Math) mathematische Symbole *npl (cf, list p. 531)*
mathematical tables (Math) Tabellenwerk *n*
mathematics (Math) Mathematik *f*
mathematics of annuities (Fin) Rentenrechnung *f*
mathematics of banking (Fin) Bankrechnen *n*
mathematics of finance (Fin) Finanzmathematik *f (syn, mathematics of investment)*
mathematics of investment (Fin) = mathematics of finance
matrimonial causes (Re) Ehesachen *fpl (ie, actions of divorce, nullity of marriage, etc)*
matrimonial regime (Re) ehelicher Güterstand *m (cf, §§ 1363 ff BGB)*

List of Mathematical Symbols

Symbole	Definition
$\times$ or $\cdot$	Multiplied by; or times
$\div$ or :	Divided by
$+$	Plus; added to; positive
$-$	Minus; subtracted from; negative
$\pm$	Plus or minus; positive or negative
$=$ or : :	Equals; is equivalent to
$\equiv$	Identical with
$\cong$	Is approximately equal to; approximates
$\neq$	Unequal; does not equal; not equivalent to
$>$	Greater than
$<$	Less than
$\geq$	Greater than or equal to
$\leq$	Less than or equal to
$\therefore$	Therefore
Δ	Increment or decrement
Δx	Change in x
$a \in A$	a is element of set A
$\{ \}$	Notation of a set
$\{3\}$	The set of which 3 is the only element
$\{2, 7, 15, 36\}$	The set whose elements are 2, 7, 15, 36
$X = \{x \mid x \text{ is a real number}\}$	The set of all real numbers
$\varnothing$	The empty set
$\cup$	The universal set
$A \subseteq B$	Set inclusion
$A \subset B$	Proper set inclusion
$A \cap B$	Intersection of A and B
$A \cup B$	Union of A and B
A'	Complement of A
$\mid a \mid$	Absolute value
$a + bi$	Complex number in conventional notation
1.142857	Repeating decimal
$n!$	factorial
f	Function
$f(x)$	Value of f at x
$f: X \rightarrow Y; f: (x, y)$	Notations for a function
f^{-1}	Inverse of f
$e^x = \exp x$	Exponential function
$\log x$	Logarithmic function
$\lim\limits_{n \to x} f(x)$	Limit of the function f as x approaches ∞
$\lim\limits_{x \to a} f(x)$	Limit of the function f as x approaches a
$\lim\limits_{n \to \infty} S_n$	Limit of a sequence as n approaches infinity
p, q, r	Propositions
p_x, q_x, r_x	Open sentences
P, Q, R	Truth sets of p_x, q_x, r_x

List of Mathematical Symbols

Symbole	Definition
$\forall x$	For all x
$\exists x$	For some x
$p \wedge q$	Conjunction of p and q
$p \vee q$	Inclusive disjunction of p and q
$\sim p$	Negation of p
$p \rightarrow q$	The implication „If p then q“
$p \leftrightarrow q$	p is equivalent to q
Σ	Summation
$A_a^b = \lim_{n \to \infty} \Sigma f(x_i)\, \Delta x$	Area under $y = f(x)$ from $x = a$ to $x = b$
$\int_a^b f(x)\, dx$	Definite integral
$D_x f = f'(x) = df \vert dx$	Derivative of f
$P(A)$	Probability of the event A
$P(A \vert B)$	Probability of A, given B
$\oplus$	Sum of vectors
$P(x)$	Polynomial
$\sqrt{x}$	Square root of x
x^n	x raised to the power of n, n is referred to as the exponent

Source: Van Nostrand

matrix
(Math) Matrix *f*
(pl, matrices = Matrizen; ie, rectangular array of quantities having two or more dimensions)

matrix adder (EDV) Matrixaddierer *m*

matrix addition (Math) Addition *f* von Matrizen

matrix algebra
(Math) Matrizenrechnung *f*
(ie, elements are matrices and operations are addition and multiplication of matrices)

matrix balance sheet (ReW) Bilanz *f* in Matrizenform, Bilanz *f* „über Kreuz“

matrix bill of materials (IndE) Erzeugnis/Teile-Matrix *f*

matrix calculus
(Math) Matrizenkalkül *m*
(ie, used in the study of multidimensional derivatives of functions of several variables)

matrix correlation (Stat) Matrixkorrelation *f*

matrix data (Math) Matrixdaten *pl*

matrix equation (Math) Matrizengleichung *f*

matrix inversion (Math) Matrixinversion *f*

matrix management (Bw) = matrix organization, qv

matrix memory (EDV) Matrizenspeicher *m*

matrix multiplication (Math) Multiplikation *f* von Matrizen

matrix multiplier (Vw) Matrizen-Multiplikator *m*

matrix notation (Math) Matrixschreibweise *f*

matrix of coefficients (Math) Koeffizienten-Matrix *f*

matrix of direct requirements
(IndE) Direktbedarfsmatrix *f*
(ie, of assemblies, components, raw materials which are incorporated into a unit of next higher complexity)

matrix of opportunity costs
(Bw) Opportunitätskostenmatrix *f*
(ie, derived from a decision matrix)

matrix of transformation (Math) Transformationsmatrix *f*

matrix organization
(Bw) Matrixorganisation *f*, Matrixmanagement *n*
(ie, members have dual allegiance: line and middle managers are required to report to a number of different bosses, depending on where they work and what they do; pioneered by Dow Chemical in the 1960s; syn, matrix management)

matrix printer (EDV) Matrixdrucker *m*

matrix row (Math) Matrizenzeile *f*

matrix store (EDV) Matrixspeicher *m* *(syn, coordinate store)*

matrix structure (Bw) Matrixstruktur *f*

matrix subtraction (Math) Subtraktion *f* von Matrizen

matrix table (Math) Matrixtabelle *f*

matrix theory (Math) Matrizentheorie *f*

matter in controversy
(Re) Streitgegenstand *m*
– Streitsache *f*
(syn, matter . . . in dispute/in issue, subject matter)

matter in dispute (Re) = matter in controversy

matter of discretion (Re) Ermessensfrage *f*

matters still in dispute (com) offene Fragen *fpl* *(eg, negotiate . . .)*

mature *v* (Fin) fällig werden *(syn, become/fall . . . due)*
matured (Fin) fällig *(syn, due, due and payable)*
matured claim (Re) fälliger Anspruch *m*
matured items (Fin) fällige Posten *mpl*
matured liability (Fin) fällige Verbindlichkeit *f*
mature economy
(Vw) reife Volkswirtschaft *f*
(ie, elements: falling rate of population growth, falling share of national income used for new capital investment)
mature economy thesis (Vw) Stagnationsthese *f (syn, secular stagnation thesis, stagnation theory)*
mature market (Mk) gesättigter Markt *m (syn, saturated market)*
maturing and fishing grounds (com) Aufwuchs- und Fanggründe *mpl*
maturing liability (Fin) Verbindlichkeit *f* mit kurzer Restlaufzeit
maturities (Fin) Fälligkeiten *fpl*, Fristigkeiten *fpl*
maturities control list (Fin) Terminüberwachungsliste *f*
maturity
(Fin) Fristigkeit *f*
– Laufzeit *f (syn, time to maturity)*
(Fin) Fälligkeitstermin *m*
– Fälligkeit *f*
(ie, terminating or due date of a note, time draft, acceptance, bond, etc; syn, maturity date)
(Fin) fällige Tilgungsrate *f*
maturity basis
(Fin) Fälligkeitsgrundlage *f*
(ie, difference between future and spot prices)
maturity category (Fin) Fristenkategorie *f*
maturity date
(Fin) Fälligkeitsdatum *n*
– Fälligkeitstag *m*
– Fälligkeitstermin *m*
– Fälligkeitszeitpunkt *m*
(syn, date of maturity, due date, date of . . . payment/expiration/expiry)
(Fin) Rückzahlungstermin *m*
(syn, date of . . . repayment/redemption, deadline for repaying)
maturity deadline (Fin) Einlösungsfrist *f (syn, redemption period)*
maturity distribution
(Fin, US) Fristenverteilung *f*
(ie, diversification of maturities as short, intermediate, and long term)
maturity extension
(Fin) Fristverlängerung *f*
– Laufzeitverlängerung *f*
maturity factoring
(Fin) Maturity-Factoring *n*
– Fälligkeits-Factoring *n*
(ie, mit Kreditrisiko und Forderungsverwaltung)
maturity hedging (Fin) Fristenschutz *m*
maturity index (Fin) = maturity tickler
maturity mismatch of assets and liabilities
(Fin) Fristeninkongruenz *f*
(ie, short-term deposits finance long-term mortgage and other loans)
maturity of a bill (WeR) Wechselfälligkeit *f*
maturity pattern
(Fin) Fälligkeitsstruktur *f*
– Fristenstruktur *f*
– Fristigkeitsstruktur *f (syn, maturity structure)*
maturity period (Fin) Laufzeit *f (syn, time to maturity, qv)*
maturity range (Fin) Fristenraum *m*
maturity stage (Mk) Reifephase *f (cf, product life cycle)*
maturity structure (Fin) = maturity pattern
maturity tickler
(Fin) Fälligkeitsliste *f*, Fälligkeitskalender *m*
(ie, used in the loan department of banks; filed according to the due dates of notes)
maturity transformation
(Fin) Fristentransformation *f*
(ie, borrowing short-term deposits to make longer-term loans)
maturity value (Fin) Fälligkeitswert *m (ie, of a bond)*
maturity yield (Fin, GB) = yield to maturity
maverick (Stat) Ausreißer *m (syn, outlier)*
maximization of annual withdrawals
(Fin) Entnahmemaximierung *f*
(ie, target requirements in evaluating investment projects)
maximize *v* (Math) maximieren *(ie, find the largest value assumed by a function)*
maximum (com) Maximum *n*
maximum amount (com) Höchstbetrag *m*
maximum amount of liability
(Vers) Haftungsgrenze *f*
– Haftungs(höchst)betrag *m*
– Haftungs(höchst)summe *f*
maximum capacity
(Bw) Höchstkapazität *f*
– Betriebsmaximum *n*
maximum downward deviation (Stat) maximale Abweichung *f* nach unten *(„the Italian lira reached a maximum downward deviation of 7.6% below its future central rate against one ERM currency in March 1996")*
maximum duration (com) Höchstdauer *f*
maximum inventory level
(MaW) maximaler Bestand *m*, Bestandsobergrenze *f (ie, Summe Sicherheitsbestand + optimale Bestellmenge)*
maximum liability cover (Vers) Höchsthaftungssumme *f*
maximum likelihood method (Stat) Methode *f* der größten Dichte
maximum limit (Vers) Höchstsumme *f (syn, fixed insurance cover)*
maximum load (com) Beladungsgrenze *f (syn, load limit)*
maximum machine time (IndE) maximale Maschinennutzungsdauer *f*
maximum-minimum inventory control (MaW) Bestellsystem *n* mit Fixgrößen *(syn, fixed-order system)*
maximum possible loss
(Vers) Höchstschaden *m*
(ie, largest probable loss expected for a given risk assuming the most unfortuitous circumstances)

maximum price (com) Höchstpreis *m (syn, ceiling/premium/top . . . price, ceiling)*
maximum rallonge (EG) Höchstbetrag *m* der Rallonge
maximum return potential
(Bö) möglicher maximaler Gewinn *m*
(ie, Ausübungskurs - Aktienkurs + Nettoerlös aus dem Verkauf der Kaufoption + Nettodividende; in Prozent der Nettoinvestition (Aktienkurs - Optionspreis))
maximum-revenue product mix (Bw) Maximalerlös-Kombination *f*
maximum revenue tariff (AuW) Maximalzoll *m*
maximum salary (Pw) Höchstgehalt *n*
maximum spanning tree (OR) maximaler aufspannender Baum *m*
maximum spread of divergence (EG) maximale Abweichungsspanne *f*
maximum utility (Vw) Nutzenmaximum *n*
maximum working area (IndE) maximaler Griffbereich *m*
max-min system (MaW) = maximum-minimum inventory control
may-follow node (OR) Kann-Knoten *m*
MBO (Bw) = management by objectives
MCC (Fin, US) = money market certificate
McDonald's visa (com, US infml) Daueraufenthaltsgenehmigung *f (ie, durch Erwerb e–s Franchiseunternehmens)*
MCF (Fin) = multiple component facilities
McGuire Act
(Kart, US) McGuire Act *m* od *n*
(ie, 1952 verabschiedete Novelle des Miller-Tydings Act von 1937; erweitert den Bereich der rechtlich zulässigen Verträge zur Preisbindung zweiter Hand; extends the legality of resale-price-maintenance agreements)
m/d (com) = month(s) after date
meals on wheels (SozV) Essen *n* auf Rädern
mean
(com) Durchschnitt *m (syn, average)*
(Stat) arithmetischer Mittelwert *m*
(ie, average or expected value; syn, arithmetic . . . mean/average)
mean absolute error (Stat) durchschnittlicher absoluter Fehler *m (ie, less preferable name for ‚mean deviation')*
mean arrival rate (OR) mittlere Ankunftsrate *f*
mean deviation
(Stat) mittlere Abweichung *f*
(ie, formally: first absolute moment; syn, average deviation, mean absolute deviation)
mean due date (Fin) mittlerer Verfalltag *m (ie, of bills of exchange)*
meaning
(com) Bedeutung *f*
Auch:
(Log) Inhalt *m* e–s Begriffs
– Intension *f*
– Konnotation *f*
(cf, connotation)
(Log) Umfang *m* e–s Begriffs
– Extension *f*
– Denotation *f*
(cf, denotation)
mean price
(Bö, GB) Mittelkurs *m*
(ie, average of jobber's buying and selling price; syn, middle market price)
mean queue size (EDV) Wartebelastung *f*
mean range (Stat) mittlere Spannweite *f*
mean rate of exchange (Bö) Mittelkurs *m*
means-end hierarchy (Bw) Mittel-Zweck-Hierarchie *f*
means-end relation (Log) Zweck-Mittel-Beziehung *f*
mean service rate (OR) mittlere Abfertigungsrate *f*
mean service time (OR) mittlere Bedienungszeit *f*
means of payment (Vw) Zahlungsmittel *n*
means of production (Vw) Produktionsmittel *npl*
means of reproduction (com) Reproduktionsträger *m (eg, film, tape)*
means of transportation
(com) Beförderungsmittel *npl*
(syn, transportation facilities)
mean square
(Stat) mittleres Abweichungsquadrat *n*
(Stat) Mittelwert *m* der Abweichungsquadrate
mean square deviation
(Stat) Varianz *f (syn, variance)*
(Stat) Standardabweichung *f*
– mittlere quadratische Abweichung *f*
(ie, positive square root of the variance; syn, standard deviation)
mean square error (Stat) mittleres Fehlerquadrat *n*
means test
(SozV) Bedürftigkeitsprüfung *f*
(ie, standard of eligibility, based on income; syn, no-means test, test of need)
mean time between failures, MTBF (IndE) durchschnittliche Zeit *n* bis zum Auftreten e–s Fehlers
mean value
(Stat) Mittelwert *m*, mathematische Erwartung *f*
(syn, mathematical expectation)
mean value date (Fin) Mittelvaluta *f*
mean value theorem (Stat) Mittelwertsatz *m (cf, first law of the mean)*
measure
(com) Maß *n*
(com) Maßnahme *f*
(Re) Bemessungsgrundlage *f (eg, of damages = Schadenersatz)*
measured variable (EDV) Regelgröße *f (syn, controlled variable)*
measurees to support the exchange rate (AuW) kursstützende Maßnahmen *fpl*
measurement
(com) Maß *n*
– Größe *f*
– Abmessung *f*
(com) Maßeinheit *f*
(syn, unit of measurement)
(com) Messen *n*
measurement of error (Math) Meßfehler *m*
measurement of ordinal utility (Vw) ordinale Nutzenmessung *f*
measure of central tendency (Stat) = measure of location
measure of damages (Re) Höhe *f* des Schadenersatzes
measure of dispersion (Stat) Streuungsmaß *n*
measure of frequency (Stat) Häufigkeitsmaß *n*

measure of location
(Stat) Lagemaß *n*
– lagetypischer Wert *m*
– Lageparameter *m*
(eg, arithmetic mean, median, or mode; syn, measure of central tendency, measure of position, parameter of location)
measure of performance
(Bw) Erfolgskriterium *n (syn, yardstick of performance)*
(Bw) Leistungskennzahl *f*
measure of position (Stat) = measure of location
measure of production (KoR) Maßgröße *f* der Produktion
measure of value (Vw) (Geld als) Wertmaßstab *m*
measures of correlation (Stat) Korrelationsmaße *npl*
measures of distribution (Stat) Verteilungsmaße *npl*
measures of monetary policy (Vw) geldpolitische Maßnahmen *fpl*
measures to foster the commencement of work
(FiW) Maßnahmen *fpl* zur Förderung der Arbeitsaufnahme
measures to support the exchange rate (AuW) kursstützende Maßnahmen *fpl*
measures with a temporary effect (com) Maßnahmen *fpl* mit zeitlich begrenzter Wirkung
measuring means (EDV) Meßglied *n*
measuring point (EDV) Meßstelle *f*
meat and potatoes
(com, infml) Grundnahrungsmittel *npl*
(Mk, infml) Grundgeschäft *n*
(syn, bottom lines, qv)
meat-axe reduction (com, infml) pauschale Kürzung *f (syn, across-the-board cut)*
meat department (com) Fleischabteilung *f (syn, GB, butchery)*
mechanial bookkeeping
(ReW) Durchschreibebuchführung *f*
(syn, one-write system of bookkeeping)
mechanical components assembly (IndE) Teilemontage *f*
mechanical engineering
(IndE) Maschinenbau *m (ie, deals with the generation, transmission, and utilization of mechanical power and heat, and with the production of tools, machines, and their products)*
mechanical engineering company (com) Maschinenbauunternehmen *n*
mechanical engineering group (com) Maschinenbaugruppe *f*
mechanical engineering industry (com) Maschinenbauindustrie *f*
mechanical engineering shares (Bö) Maschinenwerte *mpl (syn, engineerings)*
mechanical mouse
(EDV) mechanische Maus *f*
(normally uses a ball that spins sensors; opp, optical mouse)
mechanical pencil (com) Drehbleistift *m*
mechanical storage records (ReW) maschinelle Lagerbuchhaltung *f*
mechanical testing facilities (IndE) maschinelle Prüfanlagen *fpl*
mechanism of relative prices (Fin) Mechanismus *m* der relativen Preise *(ie, in portfolio selection)*
mechatronics
(IndE) Mechatronik *f*
(ie, links mechanics with electronics: application of advanced technologies, computers, microprocessors, and integrated circuits to achieve greater efficiency in the design, production, and operation of machinery)
media (Mk) Medien *pl*
media analysis (Mk) Werbeträgeranalyse *f (ie, related to a specific product)*
media campaign (Mk) Media-Feldzug *m*
media coverage (Mk) Berichterstattung *f* durch die Medien
media department (Mk) Media-Abteilung *f*
media discount (Mk) Medienrabatt *m*
media mix planner (Mk) Media-Planer *m*
media mix planning (Mk) Media-Mix-Planung *f*
median
(Stat) Median *m*
– Zentralwert *m*
(ie, the value of the variate which divides the total frequency into two halves)
median income (Stat) mittleres Einkommen *n (ie, nicht in der präzisen Bedeutung von ‚median')*
media planning
(Mk) Medienplanung *f*
– Werbeplanung *f*
(syn, advertising/account . . . planning)
media public (Mk) Umworbene *pl (syn, GB, admass)*
media reach (Mk) Medienreichweite *f*
media research (Mk) Media-Forschung *f*
media specialist (Mk) Media-Fachmann *m*
mediate *v*
(com) schlichten
– vermitteln
(ie, general term: reconcile between conflicting parties; syn, arbitrate, conciliate, liaise, settle amicably, qv)
mediating committee (com) Vermittlungsausschuß *m*
mediating structures
(com) vermittelnde Strukturen *fpl*
(ie, family, neighborhood, church, ethnic group, voluntary membership organizations)
mediation
(Pw) Schlichtung *f*
– Vermittlung *f (syn, conciliation)*
mediator (Re) Schlichter *m (syn, conciliator, intermediary, go-between)*
mediatrix
(Re) Vermittlerin *f*
– Schlichterin *f*
media tycoon (Mk) Werberiese *m (eg, Kenneth Thompson)*
Medicaid
(SozV, US) Medicaid
(ie, Zusatzprogramm zur medizinischen Versorgung der Armen; finanziert von Bund und Einzelstaaten; cf, Medicare)
medical care (SozV) medizinische Versorgung *f*
medical certificate (Pw, GB) Attest *n (syn, doctor's certificate, qv)*
medical computer science (EDV) medizinische Informatik *f*
medical insurance (SozV) Krankenversicherung *f*

medical record
(EDV) Krankenblatt *n*
– Krankengeschichte *f*
medical report (Pw) ärztliches Gutachten *n*
Medicare
(SozV, US) Medicare
(ie, Programm der Bundesregierung zur ärztlichen Versorgung von Personen über 65; im Zusammenhang mit der Sozialversicherung; cf, Medicaid)
medigap policy (Vers) Zusatzversicherung *f* zur Ergänzung von ‚Medicare'
medium account (Mk) mittlerer Betrieb *m*
medium duty (IndE) für den mittleren Leistungsbereich *(opp, heavy duty)*
medium duty truck (com) mittelschweres Nutzfahrzeug *n*
medium gilts
(Fin, GB) mittelfristige Staatspapiere *npl*
(ie, those with a redemption date between 5 and 15 years ahead; syn, mediums)
medium grade stock (Fin) Aktie *f* mittlerer Güte
medium-haul airliner (com) Mittelstreckenflugzeug *n*
medium-haul route (com) Mittelstrecke *f*
medium of exchange (Vw) Tauschmittel *n* *(syn, circulating medium)*
medium plate
(IndE) Mittelbleche *npl*
(ie, 3,00 bis 4,99 mm Stärke; cf, sheet metal, heavy plate)
medium quality
(com) mittlere Qualität *f*
– Mittelsorte *f*
(syn, middling)
medium-range target (Bw) mittelfristiges Ziel *n* *(syn, midrange /intermediate . . . goal)*
mediums
(Fin) = medium-term bonds
(Fin, GB) = medium gilts
medium-term bonds (Fin) mittelfristige Anleihen *fpl*
medium-term Convergence Programmes (EG) mittelfristige Konvergenzprogramme *npl*
medium-term financial assistance (EG) mittelfristiger finanzieller Beistand *m*
medium-term fiscal strategy (EG) mittelfristige fiskalpolitische Strategie *f*
medium-term forecast
(Vw) mittelfristige Prognose *f*
(syn, intermediate-range forecast)
medium-term loan (Fin) mittelfristiger Kredit *m* *(syn, intermediate credit)*
medium-term rate (Fin) mittelfristiger Zinssatz *m*
medium-term securities
(Fin) mittelfristige Papiere *npl*
medium-term Treasury bonds (Fin) mittelfristige Schatzanweisungen *fpl*
meet (EDV) UND-Verknüpfung *f* *(syn, AND operation)*
meet a bill *v* (Fin) Wechsel *m* einlösen *(syn, honor, qv)*
meet a deadline *v* (com) Frist *f* od Termin *m* einhalten *(syn, meet a time target)*
meet a delivery date *v* (com) Liefertermin *m* einhalten *(eg, set by a buyer)*
meet a demand *v* (com) Forderung *f* erfüllen
meet a need *v* (Vw) Bedürfnis *n* befriedigen *(syn, satisfy a . . . need/want)*
meet an order *v* (com) Auftrag *m* ausführen
meet a time target *v* (com) = meet a deadline
meet a want *v* (Vw) = meet a need
meet costs *v*
(com) Kosten *pl* bestreiten od tragen
(eg, meet the costs of premises)
meet demand *v* (com) Bedarf *m* decken *(syn, satisfy/supply . . demand)*
meeting
(com) Besprechung *f*
– Konferenz *f*
– Sitzung *f*
(com) Gespräch *n*, Unterredung *f*
meeting attendance fee (com) Sitzungsgeld *n*
meeting documents (com) Sitzungsunterlagen *fpl*
meeting of lines (Math) Schnittpunkt *m* von Geraden
meeting of manpower requirements (Pw) Personalbedarfsdeckung *f*
meeting of members (com) Mitgliederversammlung *f*
meeting of minds
(Re) Willenseinigung *f*
– gemeinsamer Rechtsgeschäftswille *m* *(syn, mutual assent, qv)*
meeting of minds of the contracting parties
(Re) Vertragswille *m*
(syn, union of minds . . ., intention of the parties to a contract)
meeting place (com) Tagungsort *m*
meet of sets (Math) Schnittmenge *f* *(syn, intersection, qv)*
meet payment *v* (com) Zahlung *f* leisten *(syn, effect/make . . . payment)*
meet payment when due *v* (com) fällige Zahlung *f* leisten
meet the conditions of a contract *v* (Re) Vertrag *m* einhalten
megabit (EDV) Megabit *n* *(ie, one million binary bits)*
megabit memory chip
(EDV) Megabit-Chip *m*
(ie, capable of storing more than one million bits of data)
megabuck
(com, infml) = $ 1 million
(ie, applied to anything that is incomprehensibly big)
megabuck merger (com, infml) = megamerger
megabyte (EDV) Megabyte *n* *(ie, 1,048,576 bytes or 1,024 kilobytes)*
megacarrier (com) Großfluggesellschaft *f*
megacorp concentration (Vw) Gesamtkonzentration *f* *(syn, aggregate concentration)*
megadeal (com) Großgeschäft *m*
megadollar merger (com, infml) = megamerger
megamerger
(com, US) Großfusion *f*
– Megafusion *f* *(syn, jumbo merger, qv)*
megapixel display (EDV) Megapixel-Bildschirm *m* *(ie, display with at least 1 million pixels)*
megaproject
(com) Megaprojekt *n*
– Riesenprojekt *n*
(eg, worth $ 300 bn = 300 Mrd. $)

melon (Fin, US) besonders hohe Bardividende *f (cf, to cut a melon)*
member (com) Mitglied *n*
member agents (Vers, GB) Firmen *fpl*, die für neue Mitglieder von Lloyd's Kontakte zu Syndikaten aufnehmen
member bank
(Fin, US) Mitgliedsbank *f (ie, state or national bank belonging to the Federal Reserve System)*
(Fin, GB) = clearing bank
member corporation (Bö, US) Börsenmitglied *n (ie, organized as a corporation)*
member firm (Bö, US) Börsenmitglied *n (ie, organized as a partnership)*
member government (AuW) Mitgliedstaat *m (eg, of GATT)*
member of a company (com) Aktionär *m (ie, recorded on the company's share register)*
member of a file (EDV) Glied *n* e–r Datei
member of a stock exchange
(Bö) Börsenmitglied *n*
(ie, at the New York Stock Exchange these are the specialists, trading floor brokers, and dealers)
members
(Vers, GB) Mitglieder *npl* von Lloyd's of London *(ie, die eigentlichen Versicherungsträger; now about 26 000; syn, names)*
membership
(com) Mitgliedschaft *f*
(EDV) Zugehörigkeit *f*
membership dues (com) Mitgliedsbeiträge *mpl*
membership negotiations (EG) Beitrittsverhandlungen *fpl (syn, entry negotiations, accession talks)*
membership relation (Math) Elementbeziehung *f*
members rate (Bö, GB) Provision *f* für Aufträge von Börsenmitgliedern
member state (EG) Mitgliedsstaat *m (syn, member country)*
Member State of departure (AuW) Abgangsmitgliedsstaat *m*
Member State of destination (AuW) Bestimmungsmitgliedsstaat *m*
Member State of entry
(EG) Eingangsmitgliedsstaat *m*
Member State of export
(EG) Ausfuhrmitgliedsstaat *m*
members' voluntary winding up (Re) freiwillige Abwicklung *f (ie, Bestellung des Liquidators durch die Gesellschafter)*
memo
(com) Aktennotiz *f*
– Aktenvermerk *m*
(com) Memo *n*
– Mitteilung *f*
(ReW) Buchungstext *m (syn, entry description)*
memo field
(EDV) Memofeld *n*
– Textfeld *n*
(in databases stored as a binary large object, BLOB, qv)
memorandum
(com) = memo
(com, GB) = memorandum of association
(Re) Memorandum *n*
memorandum check (Fin) vordatierter Scheck *m*
memorandum item
(ReW) Erinnerungsposten *m*
– Merkposten *m*
memorandum of association
(com, GB) Gründungsurkunde *f* e–r AG
(ie, regelt das Außenverhältnis; führt zur Ausstellung des ‚certificate of incorporation'; cf, articles of association)
memorandum of debt (Re) Schuldschein *m (syn, I. O. U. = I owe you)*
memorandum of deposit (Fin, GB) Hinterlegungsurkunde *f*
memorandum sale (Mk) Absatz *m* von Kommissionsware
memorize *v*
(com) auswendig lernen
– sich einprägen
(syn, learn by heart, commit to memory)
memory
(com) Gedächtnis *n*
– Erinnerungsvermögen *n*
(EDV) Speicher *m (syn, computer memory)*
memory access (EDV) Speicherzugriff *m*
memory address (EDV) Speicheradresse *f*
memory address register (EDV) Speicheradreßregister *n*
memory allocation (EDV) Speicherzuordnung *f*
memory area (EDV) Speicherbereich *m*
memory bank (EDV) Speicherbank *f*
memory buffer (EDV) Speicherpuffer *m (ie, placed between memory and peripheral units)*
memory buffer register (EDV) Speicherpufferregister *n*
memory capacity (EDV) Speicherkapazität *f (syn, storage capacity)*
memory card
(EDV) Computer-Scheckkarte *f*
(syn, chip card, electronic checkbook)
memory cell (EDV) Speicherelement *n*
memory configuration (EDV) Speicherkonfiguration *f*
memory contents (EDV) Speicherinhalt *m*
memory cycle (EDV) Speicherzyklus *m*
memory device (EDV) Speichereinheit *f*
memory dump
(EDV) Hauptspeicherauszug *m*
(ie, transfer of contents of a memory to a peripheral unit)
memory expansion card (EDV) Speichererweiterungskarte *f*
memory guard (EDV) Speicherschutz *m (syn, memory protect)*
memory location (EDV) Speicherplatz *m (syn, storage location)*
memory management (EDV) Speicherverwaltung *f (eg, QSAM, ISAM, VSAM)*
memory map (EDV) Speicherabbild *m*
memory model (EDV) Speichermodell *n*
memory module (EDV) Speichermodul *n*, Speichereinheit *f*
memory occupancy (EDV) Speicherbelegung *f*
memory printout (EDV) Speicherausdruck *m*
memory print routine (EDV) Speicherdruckroutine *f*
memory protect (EDV) Speicherschutz *m (syn, memory guard)*

memory protect feature (EDV) Speicherschreibsperre *f*
memory protection (EDV) = memory protect
memory requirements (EDV) Speicherplatzbedarf *m* *(ie, required memory locations)*
memory size (EDV) Speichergröße *f*
memory unit (EDV) Speichereinheit *f*
memory word (EDV) Speicherwort *n*
men's outfitter (com) Herrenausstatter *m*
mental arithmetic (com) Kopfrechnen *n (eg, do . . .)*
mental capability (Pw) geistige Fähigkeiten *fpl*
mental illness (Re) Geisteskrankheit *f (syn, insanity, unsoundness of mind; cf, § 104 BGB)*
mental infirmity
(Re) Geistesschwäche *f*
(ie, a mentally weak person may have lucid intervals = lichte Augenblicke; syn, mental weakness, feebleness of mind; opp, mental illness, qv)
mental reservation (Re) geheimer Vorbehalt *m (ie, implies dishonest excuse for evading a contractual promise; cf, § 116 BGB; syn, hidden intention)*
mental weakness (Re) = mental infirmity
menu
(com) Speisekarte *f*
(ie, in a restaurant; syn, bill of fares)
(EDV) Menü *n*
(ie, list of operations a computer can perform, from which the user chooses one)
menu area (EDV) Menübereich *m*
menu bar (EDV, GUI) Menüleiste *f (syn, strip menu)*
menu command (EDV, GUI) Menübefehl *m*
menu definition (EDV) Menüdefinition *f*
menu driven
(EDV) menügesteuert, menügeführt
(eg, installation program)
menu interface (EDV) Menüschnittstelle *f*
menu item (EDV) Menüelement *n*
menu selection (EDV) Menüauswahl *f*
menu sequence (EDV) Menüfolge *f*
menu text (EDV) Menütext *m*
mercantile agency
(com, US) Kreditauskunftei *f*
(ie, company engaged in the business of supplying credit information; eg, Dun & Bradstreet, Inc.)
mercantile agent (com) Absatzmittler *m* für fremde Rechnung *(ie, Oberbegriff zu: sales agent, merchandise broker, factor)*
mercantile credit
(Fin) gewerblicher Kredit *m*
(ie, auf allen Fertigungs- und Absatzstufen, ausgenommen Endverbraucher)
mercantile credit agency (com, US) = mercantile agency
mercantile custom (com) Handelsbrauch *m (syn, usage of the market, qv)*
mercantile exchange
(Bö, US) Produktenbörse *f*
(ie, futures trading in perishable commodities; syn, produce market)
mercantile law (Re) = commercial law
mercantile paper
(Fin) Handelswechsel *m*
(ie, bills, notes, acceptances made or endorsed by concerns engaged in wholesaling or retailing commodities; it is a subclassification of ‚commercial paper')
mercantile practice (com) Handelsbrauch *m*
mercantile report (com) Bericht *m* e–r Auskunftei *(syn, status report)*
merchandise (com) Handelsware *f*
merchandise account
(AuW) Handelsbilanz *f (syn, trade balance, qv)*
(ReW) Warenkonto *n*
merchandise allowance (Mk) Händlernachlaß *m (ie, Unterarten: advertising allowance, display allowance, qv)*
merchandise broker (com) Handelsmakler *m*
merchandise cost (ReW) Rechnungsbetrag *m* minus Nachlässe *(ie, in retailing)*
merchandise exports (AuW) Warenexporte *mpl*
merchandise imports (AuW) Warenimporte *mpl*
merchandise information system, MIS
(Mk) Warenwirtschaftssystem *n*, WWS
(ie, roughly: Steuerung von Bestellung, Wareneingang, Lagerung, Verkauf und Disposition; computergestützt)
merchandise inventory (com) Bestände *mpl* an Handelswaren
merchandise mark (Mk) Handelsmarke *f*
merchandise movements (AuW) Warenverkehr *m*
merchandise on hand (MaW) Bestände *mpl*, Warenvorräte *mpl*
merchandise procurement cost (ReW) Warenbeschaffungskosten *pl*
merchandise purchase account (ReW) Wareneinkaufskonto *n*
merchandise samples (com) Warenproben *fpl*
merchandise technology (Mk) Warenkunde *f*
merchandise trade (AuW) Warenhandel *m (syn, commodity trade)*
merchandise trade balance (VGR, US) Handelsbilanz *f (syn, balance of trade)*
merchandise trade deficit (AuW) Handelsbilanzdefizit *n*
merchandise traffic (com) Güterverkehr *m*
merchandise turnover
(MaW) Lagerumschlag *m*
(ie, arrived at by dividing annual net sales by average inventory; syn, inventory turnover, sales-to-merchandise ratio; US, momentum of sales)
merchandising
(Mk, US) Merchandising *n*
(ie, all activities related to buying and selling a product = alle warenbezogenen Marketingaktivitäten im Handel)
merchandising information system (Mk) = merchandise information system
merchandising risk (Mk) Absatzrisiko *n (syn, marketing risk)*
merchant
(com) Handelsvertreter *m*
(ie, nicht gebundener Groß- oder Einzelhändler; operates for his own account = takes title to goods)
(com, GB) Einzelhändler *m*
(ie, shopkeeper, retailer)
merchantable (com) handelsfähig, marktgängig *(syn, marketable, tradable)*

merchantable goods (com) vertretbare od fungible Waren *fpl (syn, fungible goods, qv)*
merchantableness (com) handelsübliche Brauchbarkeit *f*
merchantable quality (com) handelsübliche Qualität *f*
merchantable title (Re) Eigentumrecht *n* ohne Rechtsmängel od Belastungen *(syn, marketable title)*
merchant bank
(Fin, GB) Merchant Bank *f*
(ie, Spezialinstitut für e–e Vielzahl von Finanzierungsleistungen: securities issues, raising of loans and equity capital, dealing in bills and foreign exchange, acting as financial advisers, managing unit trusts, etc)
merchant discount
(com) Nachlaß *m* an Kreditkartengesellschaften
(ie, paid by retail and service establishments to credit card companies on card sales)
merchant fleet (com) Handelsflotte *f*
merchanting country (AuW) Transithandelsland *n*
merchanting house
(com, GB) großes Außenhandelsunternehmen *n*
(ie, activities include export, import, shipping, banking, insurance)
merchanting trade (AuW) Transithandel *m (syn, transit trade, qv)*
merchanting trader (com) Transithändler *m (syn, transit trader)*
merchanting transactions (AuW) Transithandelsgeschäfte *npl*
merchant law (Re, appr) Wirtschaftsrecht *n*
merchantman (com, GB) = merchant ship
merchant marine (com) Handelsmarine *f (syn, mercantile . . . marine/navy)*
merchant middleman
(com) Wiederverkäufer *m*
(ie, als Eigenhändler, vor allem im Groß- und Einzelhandel, im Einfuhr- und Ausfuhrhandel)
merchant navy (com) = merchant marine
merchant ship (com) Handelsschiff *n*
merchant shipper
(com, GB) Exportunternehmen *n*
(syn, export merchant)
merchant shipping (com) Handelsschiffahrt *f*
merchant wholesaler
(com, US) Großhandelsunternehmen *n*
(ie, engaged in selling to retailers and other types of business users and wholesalers, and in full-line marketing services)
mercury memory (EDV) Quecksilberspeicher *m*
mercury storage (EDV) Quecksilberspeicher *m*
mere delivery (WeR) bloße Übergabe *f (ie, of bearer instruments, qv)*
merge *v*
(com) fusionieren
– zusammenschließen
(EDV) mischen
– abgleichen
(ie, create a set of data by combining the contents of two or more sets of data, each originally ordered in the same manner as the output data set; syn, collate, mesh)
merge file (EDV, Cobol) Mischdatei *f (cf, DIN 66 028, Aug 1985)*
merge program (EDV) Mischprogramm *n*
merger
(com) Fusion *f*
(ie, Verschmelzung durch Aufnahme; opp, consolidation, qv)
(com) (jeder) Unternehmenszusammenschluß *m*
merger agreement (com) Fusionsvertrag *m*
merger balance sheet (ReW) Fusionsbilanz *f*
merger contest (com) Übernahmeschlacht *f (syn, takeover battle, qv)*
merger control (Kart) Fusionskontrolle *f*
merger fever (com) Fusionsfieber *n*
merger guidelines (Kart, US) Fusions-Richtlinien *fpl (ie, issued by the Department of Justice in 1968)*
merger of equals
(com, US) Zusammenschluß *m* gleichrangiger Partner
(ie, involves no excess price over acquired net worth)
merger offer (com) Fusionsangebot *n*
mergers and acquisitions, M&A
(com) Fusionen *fpl* und Akquisitionen *fpl*
– Fusionen *fpl* und Übernahmen *fpl*
– (zusammenfassend oft auch:) Unternehmenskauf *m*
(ie, durch Kauf von Wirtschaftsgütern = purchase of assets und Kauf von Anteilen = purchase of shares)
mergers policy (com) Fusionspolitik *f*
mergers regulations (Re) Fusionsvorschriften *fpl*
merger strategy (com) Fusionsstrategie *f*
merger surplus (ReW) Verschmelzungsmehrwert *m*
merge run (EDV) Mischlauf *m*
merger wave (com) Fusionswelle *f*
merge-sort
(EDV) Sortieren-Mischen *n*
(ie, produces a single sequence of data from two or more previously ordered or unordered sequences on the basis of a common key; items are not changed in size, structure, or total number)
merging routine (EDV) Mischprogramm *n (ie, performs the merge-sort procedure)*
merit factors (Pw) Merkmale *npl* der Leistungsbeurteilung
merit goods
(FiW) meritorische Güter *npl*
(ie, idea developed by Musgrave: external utility is in excess of private utility, as, for instance, in the case of public schools; opp, demerit goods)
merit increase (Pw) leistungsbezogene Gehaltssteigerung *f (opp, promotional increase)*
meritorious (com) förderungswürdig *(ie, worthy of support)*
merit pay plan
(Pw) Leistungslohnsystem *n*
(ie, pay varies as a function of the worker's productivity, but never drops below a guaranteed minimum wage)
merit rate (Pw) Leistungszulage *f*
merit rating
(Pw) Leistungsbeurteilung *f (syn, performance rating, qv)*
(Vers) = experience rating
merit system (Pw) Leistungssystem *n (opp, spoils system)*

merit wants (FiW) meritorische Bedürfnisse *npl (cf, merit goods)*
mesh *v* (com) ineinandergreifen
meshed network (EDV) vermaschtes Netz *n*
message
(EDV) Nachricht *f*
(EDV) Meldung *f (eg, error message)*
message board (Mk) Werbetafel *f* mit wechselnder Anzeige
message box (EDV, GUI) Meldungsfenster *n*
message control system (EDV, Cobol) Nachrichtensteuersystem *n (cf, DIN 66 028, Aug 1985)*
message count (EDV, Cobol) Nachrichtenzähler *m (cf, DIN 66 028, Aug 1985)*
message delivery (EDV) Nachrichtenübermittlung *f*
message flow (EDV) Nachrichtenfluß *m (eg, in distributed systems; syn, packet/traffic . . . flow, packet rate)*
message header
(EDV) Nachrichtenvorsatz *m*, Nachrichtenkopf *m*
(ie, in computer networks and distributed systems)
message processing (EDV) Nachrichtenverarbeitung *f*
message switching
(EDV) Nachrichtenvermittlung *f*
(ie, data are routed through central points within a network)
message trailer (EDV) Nachrichtenabschluß *m*
metal exchange
(Bö) Metallbörse *f*
(ie, on which nonferrous metals are traded; the leading exchanges are New York and London)
metal-forming company (com) Metallverarbeitungs-Unternehmen *n*
metallic currency (Vw) = metallic standard
metallic standard (Vw) Metallwährung *f (syn, metallic currency)*
metal-oxide semiconductor circuit (EDV) MOS-Schaltkreis *m*
metal prices (Bö) Metallnotierungen *fpl*
metal trading (com) Metallhandel *m*
metal-working industry
(com) metallverarbeitende Industrie *f*
– metallverarbeitendes Gewerbe *n*
metal-working machinery (IndE) Metallbearbeitungsmaschinen *fpl*
metastable equilibrium (Vw) neutrales Gleichgewicht *n*
meter bay (com, GB) gebührenpflichtiger Parkplatz *m*
method base (EDV) Methodenbank *f*
method of calculation (com) Berechnungsmethode *f*
method of estimation (Stat) Schätzmethode *f*
method of least squares (Stat) Methode *f* der kleinsten Quadrate *(syn, least-squares method, qv)*
method of payment (Fin) Zahlungsweise *f (syn, mode of payment)*
methods of depreciation
(ReW) Abschreibungsarten *fpl*
(eg, balance sheet imputed, unit/group, direct/indirect)
methods of scientific investigation (Log) Technik *f* des wissenschaftlichen Arbeitens
methods storage bank (EDV) Methodenbank *f (syn, method base)*
methods time measurement (IndE) MTM-Verfahren *n*
methods time sharing (IndE) MTS-Verfahren *n*
me-too-product
(Bw) Eigenentwicklung *f*
(ie, ist keine ‚unique selling proposition', sondern e–e Imitation)
(EDV) Eigenentwicklung *f*
(eg, software for word processing and spreadsheeting = Textverarbeitung und Tabellenkalkulation)
metric pack (com) metrische Packung *f*
metric system (com) metrisches System *n (ie, of weights and measures)*
mezzanine capital
(Fin) „Mezzanine"-Kapital *n*
(ie, beim Unternehmenskauf eingesetztes Wagniskapital im Rang zwischen Eigenkapital und vorrangigem Fremdkapital (stille Beteiligung, Darlehen mit Rangrücktritt, Genußrechte): e–e Art langfristiges Darlehen mit eigenkapitalähnlichem Charakter; funding half way between debt and equity)
mezzanine finance
(Fin, GB) ungesicherte Restfinanzierung *f*
– Mischung *f* zwischen Fremd- und Eigenkapitalfinanzierung
(ie, in buy-out or buy-in: about 60 % of the takeover price is accounted for by senior debt – loans secured on a company's assets –; cash from the new shareholders account for another 15 % to 25% in Britain; the unsecured balance is called mezzanine finance)
MFA (AuW) = multifiber agreement
MFM (EDV) = Modified Frequency Modulation, qv
MFN (AuW) = Most Favored Nation
MFN treatment (AuW) Meistbegünstigung *f*
microchip-based sensor (EDV) Mikrochip-Sensor *m*
microcircuit (EDV) Mikroschaltung *f*
microcomputer (EDV) Mikrocomputer *m*
microcomputing industry (EDV) Mikrocomputer-Branche *f*
microeconomic (Vw) mikroökonomisch
microeconomic magnitude (Vw) Mikrogröße *f*
microeconomic quantity (Vw) = microeconomic magnitude
microeconomics
(Vw) Mikroökonomie *f*
(ie, primarily deals with the theory and facts of market structures and the operation of individual firms and industries that constitute the supply side, as well as the theory and behavior of consumers)
microeconomic theory
(Vw) mikroökonomische Theorie *f*
– Mikrotheorie *f*
(ie, deals with individuals, households, firms; syn, microeconomics; opp, macroeconomic theory)
microelectronics (EDV) Mikroelektronik *f*
microfilming (EDV) Mikroverfilmung *f*
microfilm reader (EDV) Mikrofilmlesegerät *n*
micro floppy disk (EDV) Mikro-Diskette *f*
micro instruction (EDV) Mikrobefehl *m (opp, macro instruction)*
micromodule (EDV) Mikromodul *n*
microprocessor (EDV) Mikroprozessor *m*

microprogram (EDV) Mikroprogramm *n*
microprogrammed controller (EDV) mikroprogrammierte Kontrolleinheit *f*
middle-level executive (Bw) mittlere Führungskraft *f* *(cf, top-level executive)*
middleman
(com) Mittler *m*
(syn, go-between, intermediary)
(com) Vermittler *m (eg, agent, broker, factor, etc)*
(com) Zwischenhändler *m*
(ie, dealer intermediate between producer and retailer or customer)
middle management (com) mittleres Management *n*, mittlere Leitungsebene *f*
middle market price
(Bö, GB) Mittelkurs *m*
(ie, liegt auf der Mitte zwischen Geld- und Briefkurs; syn, middle price)
middle-of-the-road policy (Vw) maßvolle Politik *f*
middle price (Bö) Einheitskurs *m (syn, standard quotation)*
middle rate (Fin) Devisenmittelkurs *m*
middle term
(Log) Mittelbegriff *m*
(ie, occurring in both premises but not in the conclusion of a categorical syllogism)
middling (com) Mittelsorte *f (syn, medium quality)*
MIDI (EDV) = Musical Instrument Digital Interface, qv
mid-month settlement
(Bö) Medioabrechnung *f*
– Medio-Liquidation *f*
midnight shift
(Pw) Nachtschicht *f*
(ie, usually between midnight and 8.00 a. m.)
mid range
(Stat) Spannweitenmitte *f*
(ie, of a sample; defined as $\frac{1}{2}(x_n + x_1)$*; syn, center of range)*
midrange goal (Bw) mittelfristiges Ziel *n (syn, medium-range target, qv)*
midsize company (com) mittelgroßes Unternehmen *n (eg, one that has less than $ 100 million in sales)*
midsummer sluggishness
(com) Sommerloch *n*
– Sommerflaute *f*
(ie, in economic activity; syn, infml, summertime blues)
MIGA (Vw) = Multilateral Investment Guarantee Agency
migrant worker (Pw) Gastarbeiter *m*
migration
(Stat) Wanderung *f*
(EDV) Migration *f*
migratory worker (Pw, US) Wanderarbeiter *m (ie, follows the harvest schedule for different crops)*
milkmaid's calculation
(com, infml) Milchmädchenrechnung *f*
(ie, speculation based on self-deceptive reasoning)
milk profits *v* (Fin, infml) Gewinne *mpl* abziehen *(ie, drain profits unfairly)*
mill acceptance test certificate (IndE) Werksabnahmezeugnis *n*
mill certificate
(IndE) Werksbescheinigung *f (syn, works certificate)*
(IndE) Werkszeugnis *n*
mill cost of sales (ReW) Herstellungskosten *pl (syn, cost of production, qv)*
Miller-Tydings Resale Price Maintenance Act of 1937
(Kart, US) Miller-Tydings Act *n*
(ie, Novelle zum Sherman Act of 1890; erlaubt Preisbindung der zweiten Hand = resale price-maintenance agreements)
millnet price
(Bw) Nettopreis *m*
(ie, der höher od tiefer als der Basispreis liegen kann; Unterbegriff des ‚industry administered price')
mill outlet (Mk, US) = mill store
mill price (com) Preis *m* ab Werk
mill scrap (IndE) Rücklaufschrott *m (syn, return scrap, qv)*
mill store (Mk, US) Fabrikverkauf *m (syn, company store, qv)*
mine developing costs (KoR) Aufschließungskosten *pl*
mineral oil industry (com) Mineralölindustrie *f*
mineral oil processing (com) Mineralölverarbeitung *f*
mineral oil tax (StR) Mineralölsteuer *f*
mineral right
(Re) Abbaurecht *n*
– Abbaugerechtigkeit *f (syn, mining right, qv)*
mine shutdown
(Bw) Grubenschließung *f*
– Zechenstillegung *f*
(syn, pit closure)
minicomputer (EDV) Minicomputer *m (ie, Computer der mittleren Datentechnik, MDT)*
minimal cost flow (OR) kostenminimaler Fluß *m*
minimal survival needs (SozV) Existenzminimum *n*
minimax decision function (Stat) Minimax-Entscheidungsfunktion *f*
minimax estimation (Stat) Minimax-Schätzung *f*
mini-max floater
(Fin) Mini-Max-Floater *m*
(ie, mit Höchst- und Mindestzinssatz ausgestattet; cf, floating rate note)
minimax theorem
(OR) Minimax-Theorem *n*
– Sattelpunktsatz *m*
minimill
(IndE) Ministahlwerk *n*
(ie, melts scrap in electric furnaces and uses continuous casters = Stranggußanlagen)
minimization of waiting time (IndE) Wartezeitminimierung *f*
minimize cost *v* (Bw) Kosten *pl* minimieren
minimum
(Math) Minimum *n (ie, the least value that a real value function assumes)*
minimum acceptable quality (com) Mindestqualität *f*
minimum acceptable rate
(Fin) erstrebte Mindestverzinsung *f*
– Kalkulationszinsfuß *m*
(syn, internal rate of discount, qv)
minimum access coding (EDV) zeitoptimales Programmieren *n (syn, minimum delay/minimum latency . . . coding)*

minimum balance (Fin) Mindestguthaben *n*
minimum bidding price (Bö) Mindestbietkurs *m*
minimum cash reserve (Vw) Mindestreserve *f*
minimum circulation (com) Mindestauflage *f*
minimum contract
(Bö) Mindestschluß *m*
(ie, festgelegte Kontraktgröße: alle Transaktionen müssen auf diesen Umfang oder ein Vielfaches davon lauten; syn, minimum . . . deal/lot)
minimum contribution (Bw) Mindesteinlage *f*
minimum cost
(Bw) Minimalkosten *pl*
(ie, lowest average or total cost for optimum capacity working)
minimum cost combination (Vw) Minimalkostenkombination *f*
minimum cut (OR) minimale Schnittmenge *f*
minimum dealing quota (Bö) Mindestabschlußbetrag *m*
minimum delay coding (EDV) = minimum access coding
minimum deposit (Fin) Mindesteinlage *f*
minimum documentation (Pat) Mindestprüfstoff *m*
minimum duration (com) Minimaldauer *f*
minimum entitlement
(Pw) garantierter Mindestlohn *m*
(ie, supplements the straight piece-rate system; syn, guaranteed minimum wage)
minimum floor of income (SozV) Grundsicherung *f*
minimum free balance (Fin, US) = compensating balance
minimum freight rate
(com) Mindestfracht *f*
– Minimalfracht *f*
(ie, in ocean and inland waterway transportation: charged to cover carriage between loading and unloading ports)
minimum income (Pw) Mindesteinkommen *n*
minimum income-statement content (ReW) Mindestgliederung *f* der GuV-Rechnung
minimum inventory level
(MaW) Mindestbestand *m*
– Sicherheitsbestand *m*
– eiserner Bestand *m*
(ie, Differenz zwischen dem maximal erwarteten und dem durchschnittlich erwarteten Bedarf während der Beschaffungszeit; syn, base/reserve . . . stock; safety . . . level/stock; inventory . . . buffer/cushion/reserve)
minimum investment (Fin) Mindesteinlage *f*
minimum latency coding (EDV) = minimum access coding
minimum legal-reserve ratio (Vw) Mindestreservesatz *m*
minimum lending rate (Fin, GB) Mindestzins *m* (der Bank von England) *(ie, minimum rate quoted for lending money to the money market; reintroduced in 1985)*
minimum life (com) Mindestlaufzeit *f*
minimum lot (Bö) = minimum contract
minimum manufacturing quantity (Bw) minimale Losgröße *f*
minimum margin (com) Mindestgewinnspanne *f*
minimum margin requirements (Bö) Mindesteinschuß *m*
minimum operating rate (IndE) Mindestkapazität *f* *(eg, blast furnace, brick kiln, engine)*
minimum period for acceptance (Bw) Mindestannahmefrist *f*
minimum piece rate (Pw) Mindestakkordsatz *m*
minimum price
(com) Mindestpreis *m*
(syn, knocked-down price, price floor)
minimum price fluctuation
(Bö) Mindestkursschwankung *f (syn, tick)*
(Fin) kleinstmögliche Wertschwankung *f* e–s Terminkontraktpreises
minimum producer price (EG) Mindesterzeugerpreis *m*
minimum purchasing quantity (com) Mindestabnahmemenge *f*
minimum rate of return
(Fin) Mindestverzinsung *f*
(ie, minimum acceptable rate of return expected of investment projects; syn, cutoff. . . rate/point)
minimum requirements
(Re) Mindesterfordernisse *npl*
minimum reserve asset ratio (Fin) Pflichtreserve *f* der Geschäftsbanken
minimum reserve audit (Fin) Mindestreserveprüfung *f*
minimum reserve balances (Fin) Mindestreserveguthaben *npl*
minimum reserve deposits (Fin) Mindestreserveeinlagen *fpl*
minimum reserve policy (Vw) Mindestreservepolitik *f*
minimum reserve ratio (Fin) Mindestreservesatz *m* *(syn, GB, reserve asset ratio)*
minimum reserve requirements
(Fin) Mindestreserven *fpl*
– Mindestreservesoll *n*
(ie, minimum amounts which legally have to be kept on deposits with central banks; syn, minimum reserves, reserve ratio)
minimum reserve rules (Vw) Mindestreservevorschriften *fpl*
minimum reserves (Fin) = minimum reserve requirements
minimum sales (com) Mindestumsatz *m (syn, GB, minimum turnover)*
minimum spanning tree (OR) minimaler aufspannender Baum *m*
minimum subscription (Bö) Mindestzeichnung *f*
minimum survival needs (Vw) Existenzminimum *n* *(syn, subsistence level, qv)*
minimum tariff (Zo) Minimalzoll *m*
minimum taxation (StR) Mindestbesteuerung *f*
minimum tillage (com, US) Minimal-Bodenbearbeitung *f*
minimum time rate (Pw) Mindeststundenlohn *m*
minimum turnover (com, GB) = minimum sales
minimum unit cost (KoR) geringste Stückkosten *pl*
minimum variance estimate (Stat) Minimalschätzung *f*
minimum wage
(Pw, US) garantierter Mindestlohn *m*
(ie, lowest pay to workers, as prescribed by law; syn, guaranteed minimum wage)
minimum yield (Fin) Mindestrendite *f*

mining
(IndE) Bergbau *m*
(ie, technique and business of the discovery and exploitation of minerals)
mining area (com) Bergbaugebiet *n*
mining company
(com) Bergwerksgesellschaft *f*
(Re) bergrechtliche Gesellschaft *f*
mining damage (IndE) = coal mining subsidence
mining engineer (IndE) Bergbauingenieur *m*
mining engineering (IndE) Bergbautechnik *f (syn, mineral engineering)*
mining industry (com) Bergbau *m*
mining law (Re) Bergrecht *n*
mining lease
(Re) Förderlizenz *f*
(ie, contract to work a mine under specified conditions; syn, mineral lease)
mining license
(Bw) Abbaukonzession *f*
(syn, operating . . . license/lease)
mining right
(Re) Abbaurecht *n*, Abbaugerechtigkeit *f*
(ie, right equivalent to ownership of real property and existing under a servitude or easement = Grunddienstbarkeit; grundstücksgleiches Recht zum Abbau von Mineralien durch Bergbau; cf, § 15 II 1 EStG, §§ 8, 9 GewStG)
mining rights (Re) Schürfrechte *npl*, Mineralgewinnungsrechte *npl (syn, mineral rights)*
mining royalty (StR) Förderabgabe *f*
mining title (Re) Abbaurecht *n*
mini recession (Vw) Minirezession *f (syn, near recession)*
mini-shift (Pw) Arbeitspensum *n* e–r Teilzeitkraft
mini-volume customer accounts (Fin, infml) Klekkerkonten *npl*
min-max system of inventory control (MaW) Min-Max-System *n*
minor
(Re) Minderjähriger *m (syn, person of non-age)*
(Math) Minor *m, pl,* Minoren; Unterdeterminante *f, (cf, Laplace Determinantensatz; syn, subdeterminant)*
(Pw) Nebenfach *n*
(ie, complementary to a major field of attention; syn, GB, secondary subject; opp, major = Hauptfach)
minorant (Math) untere Schranke *f (syn, lower bound, qv)*
minor breach of contract (Re, US) unerheblicher Vertragsbruch *m*
minor cartel
(Kart) Bagatellkartell *n*
(ie, not deemed to be violative of the public interest)
minor coin (Fin) unterwertige Münze *f*
minor control break (EDV) Untergruppenwechsel *m*
minor court (Re) untergeordnete Instanz *f (syn, court below, qv)*
minor defect
(Stat) Nebenfehler *m*
(Bö, US) kleinere Qualitätsabweichung *f*
minor disbursements (com) Bagatellausgaben *fpl*
minor failure (Stat) Nebenausfall *m*
minority holder (com) = minority shareholder
minority holding (com) = minority interest
minority interest
(com) Minderheitsbeteiligung *f*
(ie, less than 50% of a company's voting stock; syn, minority . . . investment/holding/stake)
minority investment (com) = minority interest
minority shareholdings (com) Minderheitsbeteiligung *f*
minority stake (com) = minority interest
minority stockholder (com) Minderheitsaktionär *m*
minor-merger clause (Kart) Bagatellklausel *f (cf, § 24 VIII GWB)*
minor premise (Log) Untersatz *m (ie, in the categorical syllogism; opp, major premise)*
minor term
(Log) Begriff *m* des Untersatzes
(ie, term that is the subject of the conclusion in a categorical syllogism)
minor total (EDV) Untergruppensumme *f*
mint
(Vw) Münze *f*
– Prägeanstalt *f*
(ie, government facility for the production of coins)
mint *v*
(Vw) prägen
– ausprägen *(syn, coin)*
mintage (FiW) Prägegebühr *f (ie, for converting bullion into coins; syn, brassage)*
minting (Vw) Ausprägung *f*
mint parity (FiW) Münzparität *f (syn, mint par of exchange, mint rate)*
minus balance (ReW) negativer Saldo *m*
minus coefficient (Math) negativer Koeffizient *m*
minus growth (Vw) negatives Wachstum *m*
minus sign (Math) Minuszeichen *n (syn, negative sign)*
minus tick (Bö) Aktienkurs *m* niedriger als beim vorhergehenden Geschäft
minutage (Mk) Werbezeit *f* vor Beginn e–r Fernsehsendung
minutes (com) Protokoll *n*
minutes book
(Bw, US) Aktienbuch *n* e–r Gesellschaft
(ie, includes stock certificate book, stock transfer book, stock ledger, minutes book)
minutes from memory (com) Gedächtnisprotokoll *n*
minutes of a meeting (com) Sitzungsprotokoll *n*
M.I.P. (m.i.p.) (SeeV) = marine insurance policy
mirror *v* (EDV) spiegeln
mirror contract (Bö) Gegengeschäft *n*
mirror disk (EDV) Spiegelfestplatte *f*
mirrored (EDV) spiegelgleich
mirror-image rule (Re) Spiegelbild-Regel *f (ie, rule of contract law; Angebot und Annahme müssen sich decken, cf, UCC)*
mirror principle
(Pw) Spiegel-Prinzip *n*
– Wie-du-mir-so-ich-Dir-Prinzip *n*
(ie, in employer/employee relations)
MIS
(Mk) = merchandise information system
(EDV) = management information system, qv
misallocation (com) Fehlleitung *f*

misallocation of capital
(Vw) Kapitalfehlleitung *f*
(ie, channeling financial resources into suboptimal uses, often resulting in excess capacities)
misallocation of resources (Vw) Fehlleitung *f* von Ressourcen, Faktorfehlleitung *f*
misappropriation (Re) widerrechtliche Aneignung *f*
misbranding (Mk) irreführende Warenkennzeichnung *f*
miscarriage of justice (Re) Fehlurteil *n (ie, failure of a law court to reach a fair and equitable decision)*
miscellaneous expense (ReW) sonstige Aufwendungen *mpl (syn, sundry expense, qv)*
miscellaneous revenue (ReW) sonstige Erträge *mpl (syn, sundry revenue, qv)*
miscellany (com) Verschiedenes *n*
miscount (com) Rechenfehler *m*
miscount *v* (com) sich verrechnen
misdirected capital spending (Fin) Fehlinvestition *f (ie, bad/unprofitable . . . investment)*
misentry (EDV) Fehleingabe *f*
misery index (Vw, US) Elends-Index *m (ie, inflation rate + jobless rate)*
misfeed (EDV) Zuführfehler *m*
misgauge *v* (com) falsch einschätzen
mishandle *v* (com) falsch behandeln
misinform *v* (com) falsch informieren od unterrichten
misinterpret *v* (Re) falsch auslegen
misinterpretation (Re) falsche Auslegung *f*
misjudge *v*
(com) falsch einschätzen
– falsch beurteilen
misjudgment
(com) Fehleinschätzung *f*
– falsche Beurteilung *f*
mislabeling (com) irreführende Markierung *f (eg, of shipments)*
misleading advertising (Mk) irreführende Werbung *f*, Falschwerbung *f (syn, deceptive advertising)*
misleading representations (Re) irreführende Angaben *fpl*
mismanagement
(Bw) Mißmanagement *n*
(ie, due to lack of information, bad judgment, serving outside interests, etc)
mismatch (com) Fehlanpassung *f*
mismatched floating rate note
(Fin) Mismatched Floating Rate Note
(ie, zwischen Zinsanpassungsperioden und Zinsfälligkeiten bestehen Abweichungen; cf, floating rate note)
mismatched loans
(Fin) fristeninkongruente Darlehen *npl*
(ie, fixed-term loans financed with more expensive floating rate funds)
mismatched maturities (Fin) Fristeninkongruenz *f*
mismatch in maturities (Fin) = mismatched maturities
misoperation (IndE) Fehlbedienung *f*
misprint
(com) Druckfehler *m (syn, literal error, literal; GB, typo)*
(EDV) Schreibfehler *m*

misrepresentation
(com) falsche Darstellung *f*
(Re) unrichtige Angaben *fpl*
– Irreführung *f*
– Vorspiegelung *f* falscher Tatsachen
(ie, incorrect statement of fact, or of mixed fact and law; renders a contract void or voidable)
miss *v* (com) verfehlen, verpassen
miss a deadline *v* (com) Termin *m* überschreiten od nicht einhalten
missed discounts (com) nicht in Anspruch genommene Nachlässe *mpl*
mis-sent item (com, Fin) Irrläufer *m (ie, sent in error to another recipient)*
missing part (IndE) Fehlteil *n*
mission (com) Auftrag *m*, Ziel *n*
mission analysis (Bw) Analyse *f* der strategischen Mission des Unternehmens
mission budgeting (FiW) aufgabenorientierte Budgetaufstellung *f*
mission statement (com) Aufgabenbeschreibung *f*
missive (com, fml) Schreiben *n (eg, in a . . . he recently dispatched to London)*
miss out *v*
(com) auslassen
– verfehlen
– sich entgehen lassen *(eg, on a contract)*
miss out on an apprenticeship place *v* (Pw) keine Lehrstelle bekommen
mistake
(com) Fehler *m*
(Re) Irrtum *m*
mistake in law (Re) rechtlicher Irrtum *m (opp, mistake of fact)*
mistake of fact (Re) sachlicher Irrtum *m (opp, mistake in law)*
mistranslation (com) Übersetzungsfehler *m*
misuse (com) unsachgemäße Verwendung *f*, Zweckentfremdung *f*
misuse *v*
(com) mißbrauchen
– zweckentfremden
misused funds (Fin) zweckentfremdete Mittel *pl (syn, diverted funds)*
misuse of a product (Re) unsachgemäße Verwendung *f* e–s Produkts
misuse of patent (Pat) Patentmißbrauch *m (ie, Eigenart des US-Patentrechts: wurde in Entscheidungen über Klagen wegen mittelbarer Patentverletzung entwickelt)*
MIT (Bö, US) = market-if-touched order
mitigating circumstances
(com) mildernde Umstände *mpl*
(syn, alleviating circumstances; opp, aggravating circumstances)
mixed account
(ReW) gemischtes Konto *n*
– Bestandserfolgskonto *n*
(ie, representing both balance sheet items and revenue/expense items)
(Bö) Kundenkonto *n* mit Plus- und Minuspositionen
mixed agency distributorship (Mk) Mischform *f* zw Eigenhandel *m* und internationalem Vermittlerhandel *m*

mixed and crazy week (Bö, US) turbulente Woche *f*
mixed bag (com, infml) Sammelsurium *n*
mixed consignment (com) Sammelladung *f (syn, consolidated shipment, qv)*
mixed cost
(KoR) Mischkosten *pl*
– sekundäre Kosten *pl*
– teilvariable Kosten *pl*
(ie, composed of fixed and variable elements; syn, composite/derived/secondary . . . cost)
mixed cost categories (KoR) abgeleitete Kostenarten *pl (syn, derived /composite/secondary . . . cost categories)*
mixed credit (Fin) Mischkredit *m*
mixed demand-cost inflation
(Vw) gemischte Nachfrage-Kosten-Inflation *f*
mixed duty (Zo) = mixed tariff
mixed economy
(Vw) gemischtwirtschaftliches System
– Mischwirtschaft *f*
(ie, combining elements of capitalist and socialist systems)
mixed financing (Fin) Mischfinanzierung *f (ie, combination of several funding sources)*
mixed goods (Vw) Mischgüter *npl*
mixed-integer programming (OR) gemischt-ganzzahlige Programmierung *f*
mixed manufacturing (IndE) = mixed production
mixed money system (Vw) Mischgeldsystem *n*
mixed network (EDV) Verbundnetz *n*
mixed number (Math) gemischte Zahl *f (ie, composed of an integer and a fraction; eg, 8 3/9)*
mixed oligopoly
(Vw) gemischtes Oligopol *n*
(ie, where the processes of concentration and differentiation have taken place simultaneously)
mixed policy (Vers) kombinierte Police *f*
mixed production
(IndE) Gemischtfertigung *f*, Gruppenfertigung *f*
(ie, halfway between job-shop and flow-line production; syn, mixed manufacturing)
mixed reserve
(ReW) Rückstellung *f* od Rücklage mit heterogenen Elementen
(ie, Verbindlichkeit, Wertberichtigung, zweckgebundener Surplus)
mixed sampling (Stat) gemischtes Stichprobenverfahren *n*
mixed tariff (Zo) Mischzoll *m (syn, compound duty, qv)*
mixed top/down-bottom/up planning (Bw) Gegenstromverfahren *n*
mixing and tying requirements
(AuW) Verwendungszwang *m*
mixture subvariance (KoR) Einzelmaterial-Mischungsabweichung *f*
mixture subvariance for labor (KoR) Lohnsatz-Mischungsabweichung *f*
mix variance (KoR) Mischungsabweichung *f*
MMC (Kart, GB) = Monopolies and Mergers Commission
MMDA (Fin, US) = money market deposit accounts, qv
mnemonic (EDV) Zeichen *n (eg, für e–e gewünschte Option am Bildschirm)*
mnemonic name (EDV, Cobol) Merkname *m (cf, DIN 66 028, Aug 1985)*
M.O. (com) = money order
mobile (IndE) ortsveränderlich, fahrbar
mobility of capital (Fin) Kapitalmobilität *f*
mobility of labor (Vw) Arbeitsmobilität *f*
mobility of production factors (Vw) Faktormobilität *f (ie, spatial, intra-state, and sectoral)*
mobility ratio
(Stat) Mobilitätsziffer *f*
(ie, total number of migrations, related to 1000s of resident population)
mobilize *v*
(Fin) flüssig machen *(eg, several million DM)*
(Fin) mobilisieren *(ie, put into circulation; eg, financial assets)*
mock auction (com) Versteigerung *f* mit Scheingeboten *(ie, arranged by seller to force up the price)*
mockup
(IndE) Modell *n* in Originalgröße
(ie, full size and constructed of inexpensive material, to study construction and use of a product)
mode
(Stat) häufigster Wert *m*
– Modus *m*
– Modalwert *m*
(ie, most frequently occurring member of a set of numbers)
(IndE) Betriebsart *f*
(EDV) Modus *m*
mode card (IndE) innerbetrieblicher Transportauftrag *m*
model articles of association (com) Mustersatzung *f*
model building (Vw) Modellbildung *f*
model calculation (com) Modellrechnung *f*
model changeover (com) Modellwechsel *m*
model employment contract (Pw) Musterarbeitsvertrag *m*
model home (com) Modellhaus *n (syn, GB, show house)*
modeling of industrial processes (IndE) Modellbildung *f* industrieller Prozesse
model range (com) Modellreihe *f (eg, of motor cars, computers)*
model stock
(MaW) Idealbestand *m*
(ie, right goods at the right time in the right quantities at the right price)
model theory (Log) Modelltheorie *f*, axiomatische Theorie *f (syn, axiomatic method)*
model treaty (StR) Musterabkommen *n*
model with stocks (Vw) Modell *n* mit Lagerhaltung
modem
(EDV) Modem *n*
(ie, terminal panel containing a modulator and a demodulator, some circuits of which may be in common)
mode of operation (EDV) Betriebsart *f*
mode of payment (Fin) Zahlungsweise *f (syn, method of payment)*
mode of transport (com) Beförderungsart *f*
moderate inflation (Vw) leichte Inflation *f (ie, perhaps 2% and under)*
moderate trading (Bö) mäßige Umsätze *mpl*

moderation in the rapid pace of economic growth (Vw) Abschwächung *f* des raschen Wirtschaftswachstums
modernization
(com) Modernisierung *f*
– Rationalisierung *f*
modernization investment (Bw) Rationalisierungs-Investition *f*
modernize *v* (com) modernisieren, rationalisieren
modestly (com) geringfügig *(eg, dollar rose . . .)*
modification level
(EDV) Modifikationsstufe *f*
– Version *f*
(ie, in operating systems; syn, version)
modified absorption costing (KoR) flexible Vollkostenrechnung *f*
Modified Frquency Modulation, MFM (EDV) MFM-Verfahren *n (ie, method of storing data to disks)*
modified mean (Stat) modifizierter Mittelwert *m*
modifier
(EDV) Modifizierfaktor *m*
(EDV) Ergänzung *f*
modify *v*
(com) ändern
(ie, often suggests minor changes)
(EDV) bearbeiten
Modul *m* (Math) = abelian group
modular advertising (Mk) Modulwerbung *f*
modular bill of materials (IndE) modulare Stückliste *f*
modular concept (IndE) Baukastenprinzip *n*
modular construction (IndE) = modular design
modular design
(IndE) Modulbauweise *f*
– Baukastenbauweise *f*
(ie, using preassembled units of standard sizes)
(EDV) Modulaufbau *m*
modularity (IndE) Baukastenprinzip *n*
modular programming (EDV) modulares Programmieren *n*
modular sourcing (MaW) Fremdbezug *m* ganzer Funktionseinheiten
modular structure
(IndE) modulare Struktur *f*
– Modulstruktur *f*
module
(Math) Modul *m*
(IndE) Baugruppe *f*
– Baustein *m*
– Module *m*
(EDV) Modul *m*
– Systembaustein *m*
(EDV) Plattenstapel *m*
(ie, im Magnetplattenspeicher: disk pack which has the readwrite heads and positioning arms all packed together with the disks)
modulo N check (EDV) Modulo-n-Prüfung *f (syn, residue check)*
modulus (Math) Modul *m*, Absolutwert *m* e–r komplexen Zahl
modulus of precision (Stat) Präzisionsmaß *n*
modus
(Re, civil law) Auflage *f (ie, qualification or restriction annexed to the conveyance of land)*
mold into *v* (com) zusammenfassen *(eg, departmental budgets into a preliminary budget; syn, condense, combine)*
molecular statement
(Log) Aussagenkomplex *m*
– Molekularsatz *m*
mollify competitors *v* (com) Konkurrenz *f* besänftigen *(eg, by orderly marketing agreements)*
mom-and-pop store
(com) Tante-Emma-Laden *m*
– Laden *f* an der Ecke *(ma and pa corner store)*
moment generating function (Stat) momenterzeugende Funktion *f*
moment matrix (Math) Momentenmatrix *f*
moment of inertia (Stat) Trägheitsmoment *n*
momentum
(Fin) Momentum *n*
(ie, von Aktienmärkten; mißt die prozentuale Veränderung e–s Aktienindex innerhalb e–r bestimmten Zeitspanne; tool used by technical analysts to measure the speed of price increase or decrease within a trend; syn, speed)
momentum of sale (MaW, US) = merchandise turnover
monadic (Log) einstellig *(eg, operator; syn, one-place)*
monadic operation (Math) = unary operation
monadic product test (Mk) Einzel-Produkttest *m*
monetarism (Vw) Monetarismus *m*
monetarist (Vw) Monetarist *m*
monetary aggregates (Fin) Geldmengenaggregate *npl*
monetary agreement (AuW) Währungsabkommen *n*
monetary arsenal (Vw) geldpolitisches Instrumentarium *n (eg, supply of bank reserves)*
monetary association (AuW) Währungsverbund *m*
monetary authorities (Vw) Währungsbehörden *fpl*
monetary base
(Vw) Geldbasis *f*
Auch:
– monetäre Basis *f*
– Primärgeld *n*
– exogenes Geld *n*
(ie, central bank money + demand deposits with central bank; syn, primary money)
monetary bloc (AuW) Währungsblock *m (syn, currency bloc)*
monetary brakes (Vw) geldpolitische Bremsen *fpl*
monetary business cycle policy (Vw) monetäre Konjunkturpolitik *f*
monetary claim (Re) Geldanspruch *m*
Monetary Committee (EG) Währungsausschuß *m*
Monetary Compensatory Amounts
(EG) Grenzausgleich *m*, Grenzausgleichszahlungen *fpl*
(ie, subsidizing exports from a country with higher prices to one with lower prices, and correspondingly taxing trade in the opposite direction)
monetary component (Vw) monetäre Komponente *f*
monetary controls (AuW, US) Devisenbewirtschaftung *f (syn, foreign exchange control, qv)*
monetary cooperation (AuW) währungspolitische Zusammenarbeit *f*
monetary coordination (AuW) monetäre Koordinierung *f*

monetary cost curve (Bw) monetäre Kostenkurve *f*
monetary demand (Vw) monetäre od effektive Nachfrage *f (syn, effective demand)*
monetary demand function (Vw) monetäre Nachfragefunktion *f*
monetary economics (Vw) Geldtheorie *f (syn, theory of money)*
monetary economy (Vw) Geldwirtschaft *f (opp, barter economy)*
monetary equation
(Vw) Quantitätsgleichung *f*
– Verkehrsgleichung *f*, M. V = Q. P
(syn, equation of exchange, quantity/transactions . . . equation, qv)
monetary equilibrium (Vw) monetäres Gleichgewicht *n*
monetary erosion (Vw) Geldwertschwund *m*
monetary expansion (Vw) = monetary growth
monetary fine (Re) Bußgeld *n*
monetary-fiscal policy (FiW) interventionistische Politik *f*
monetary gold (AuW) Währungsgold *n*
monetary growth
(Vw) Geldmengenwachstum *n*
– Geldmengenausweitung *f*
(syn, monetary expansion, money supply expansion)
monetary growth target (Vw) Geldmengenziel *n*, quantitatives geldpolitisches Ziel *n*
monetary holdings (Fin) Geldbestand *m*
monetary indicator (Vw) monetärer Indikator *m*
monetary instability (Vw) monetäre Instabilität *f*
monetary integration (AuW) monetäre Integration *f*
monetary mechanism (Vw) Währungsmechanismus *m*
monetary overinvestment theory (Vw) monetäre Überinvestitionstheorie *f*
monetary policy
(Vw) Geld- und Kreditpolitik *f*
(ie, actions taken by central banks to affect monetary and other financial conditions in pursuit of broader objectives, such as sustainable growth of real output, high employment, and price stability; durch Veränderung der Geldmenge, der Liquidität und des Zinses wird versucht, Geldnachfrage und Geldangebot zu beeinflussen)
(Vw) Währungspolitik *f*
monetary policy actions (Vw) geldpolitische Maßnahmen *fpl*
monetary policy indicator (Vw) geldpolitischer Indikator *m*
monetary policy stance (Vw) Kurs *m* der Geldpolitik
monetary policy toward the outside world (Vw) Außenwährungspolitik *f*
monetary powers (EG) währungspolitische Befugnisse *fpl*
monetary regime (Vw) = monetary system
monetary reserves
(AuW) Währungsreserven *fpl*
(ie, gold, foreign exchange holdings, special drawing rights, and IMF reserve positions; syn, reserve . . . balances/holdings)
monetary restraint
(Vw) restriktive Geldpolitik *f*
(syn, restrictive/tight . . . monetary policy)
monetary shock therapy (Vw) kreditpolitische Schocktherapie *f*
monetary stability (Vw) Währungsstabilität *f*
monetary stringency (Vw) restriktive Geldpolitik *f (eg, numbs the economy)*
monetary structure (Vw) Geldverfassung *f*
monetary support (AuW) Währungsbeistand *m*
monetary support operations (AuW) Aktionen *fpl* zur Stützung von Währungen
monetary system
(Vw) Währungssystem *n*
– Geld- und Währungsordnung *f*
monetary target
(Vw) Geldmengenziel *n*
(syn, monetary growth target, money supply target)
monetary targeting (Vw) Geldmengensteuerung *f*
monetary targets (Vw) geldpolitische Ziele *npl*
monetary theory (Vw) Geld- und Kredittheorie *f*
monetary tightness (Fin) Geldverknappung *f (syn, money squeeze)*
monetary transactions
(Fin) Geldgeschäfte *npl*
(Fin) Geldverkehr *m*
monetary troubles
(AuW) währungspolitische Schwierigkeiten *fpl*
monetary union (Fin) Währungsunion *f (syn, currency union)*
monetary unit (Vw) Währungseinheit *f*
monetize *v*
(Vw) monetisieren *(ie, give the character of money; eg, bonds)*
(Vw) als gesetzliches Zahlungsmittel in Umlauf bringen
monetize assets *v* (Fin) Aktiva *npl* monetisieren
money
(Vw) Geld *n*
(ie, notes and coin = Banknoten und Münzen)
(Vw) Bargeld *n*
(syn, cash)
(Vw) Geld *n*
(ie, medium of exchange, standard of value, and store of purchasing power)
money at call (Fin, GB) Tagesgeld *n*
money at call and short notice (Fin, GB) kurzfristiges Geld *n (ie, 1 to 14 days)*
money back guarantee (com) Rückerstattungsgarantie *f*, „bei Nichtgefallen Geld zurück" *(syn, satisfaction or money back)*
money broker
(Fin, US) Kreditmakler *m*
(ie, intermediary between borrowers and lenders of money)
(Fin, GB) Makler *m*, der gegen Beleihung von Wertschriften den Markt mit Liquidität versorgt
money center bank (Fin, US) Geschäftsbank *f*
money changer (Fin) Geldwechsler *m*
money circuit (Vw) Geldkreislauf *m (syn, circular flow of money)*
money circulation
(Vw) Geldumlauf *m*
(ie, currency – coin and paper money – in circulation; of secondary importance compared with demand deposits)
money claim (com) Barforderung *f*

money compensation
(Re) Barabfindung *f*
(Pw) Barlohn *m (syn, money wages)*
money cost (KoR) Geldkosten *pl (ie, equivalent of materials used)*
money cost of factor input (Bw) monetäre Kosten *pl*
money creation coefficient (Vw) Geldschöpfungskoeffizient *m*
money creation mechanism (Vw) Geldschöpfungsmechanismus *m*
money creation multiplier (Vw) Geldschöpfungsmultiplikator *m (syn, bank money creation multiplier, qv)*
money crunch (Fin) Geldknappheit *f*
money dealer (Fin) Geldhändler *m*
money dealing (Fin) Geldhandel *m*
money dealing system (Fin, GB) Money Dealing System *n (ie, Handels- und Kommunikationssystem von Reuters)*
money desk (Fin, US) Geldhandelsabteilung *f (ie, des FOMC of New York; für Eingriffe auf dem Geldmarkt zuständig; syn, The Desk)*
money drawing interest (Fin) verzinsliches Guthaben *n (ie, in a bank account)*
money economy (Vw) Geldwirtschaft *f (opp, barter economy)*
money equivalent (ReW) monetärer Gegenwert *m*
money flow analysis
(VGR) gesamtwirtschaftliche Finanzierungsrechnung *f (syn, capital finance account)*
(Vw) Geldstromanalyse *f (syn, flow of funds analysis, qv)*
money-goods gap (Vw) Preiserhöhungsspielraum *m*
money growth target (Vw) Geldmengenziel *n*
money holding (Vw) Kassenhaltung *f*
money illusion (Vw) Geldillusion *f*, Geldschleier *m (cf, I. Fisher; syn, veil of money)*
money in circulation (Vw) Geldumlauf *m*
money income
(Vw) Geldeinkommen *n*
– nominales Einkommen *n*
money interest (Vw) Geldzins *m (opp, interest in kind = Naturalzins)*
money laundering
(Fin, infml) Geldwäsche *f*
(ie, to make illegally obtained money appear to have originated from a legitimate source; cf, to launder money)
moneylender
(Fin) Geldgeber *m*, Geldleiher *m (ie, his business is lending money)*
(Fin) Pfandleiher *m (syn, pawnbroker)*
money loaned long-term (Fin) langfristige Ausleihung *f*
money-losing deal (com) Verlustgeschäft *n (syn, losing . . . bargain/proposition)*
money manager (Fin) Gelddisponent *m*
money market
(Fin) Geldmarkt *m*
(ie, trade in short-term instruments)
(Fin, US) Geldmarkt *m*
(eg, the New York market has the following sectors: federal funds, T-bills, bankers acceptances, commercial paper, certificates of deposit, Eurodollar certificates of deposit)
money market activities (Fin) Geldmarktgeschäfte *npl*
money market bill (Fin) Geldmarktwechsel *m*
money market certificate, MMC
(Fin) Geldmarktpapier *n (syn, money market paper)*
(Fin, US) Geldmarkt-CD *n*
(ie, 6-month certificate of deposit with a minimum denomination of $10,000)
money market control (Fin) Geldmarktsteuerung *f*
money market dealings (Fin) = money market activities
money market demand accounts (Fin, US) Geldmarkt-Sichteinlagen *fpl*
money market deposit account, MMDA (Fin, US) Anlagekonto *n* mit eingeschränkten Zahlungsverkehrsmöglichkeiten *(ie, Mindestguthaben$2,500; seit 14.12.1982)*
money market fund
(Fin, US) Geldmarktfonds *m*
(ie, mutual fund that invests its assets in instruments of the money market)
money market funds
(Fin, US) Geldmarktfonds*pl*
(ie, hochverzinsliche, täglich fällige Guthaben: „Girokonten in Investment-Form": mutual funds whose primary objective is to make higher- interest securities available to the average investor who wants immediate income and high investment safety; syn, liquid assets, cash funds)
(Fin, US) Geldmarktpapiere *npl*
(ie, treasury bills, treasury securities, repurchase agreements, certificates of deposit, commercial paper, bankers acceptances)
money market indebtedness (Fin) Geldmarktverschuldung *f*
money market investment (Fin) Geldmarktanlage *f (ie, employment of funds in the money market)*
money market line (Fin) Geldhandelslinie *f*
money market loan (Fin) Geldmarktkredit *m*
money market operator (Fin) Geldmarktteilnehmer *m*
money market paper
(Fin) Geldmarktpapiere *npl*
– Geldmarkttitel *mpl*
money market participant (Fin) = money market operator
money market rates (Fin) Geldmarktsätze *mpl*
money market transactions (Fin) = money market activities
money multiplier (Vw) Verhältnis *m* Geldmenge/Geldbasis
money-multiplier bond (Fin, US) = zero coupon bond
money no consideration (com, infml) Geld *n* spielt keine Rolle
money of payment (Vw) Zahlungswährung *f*
money on call (Fin, GB) = call money
money order, M/O
(Fin, GB) Zahlungsanweisung *f*
(Fin, US) indossierbare Anweisung *f (ie, auf Auszahlung e–r bestimmten Geldsumme; generally limited to $ 500; used by persons having no checking accounts to remit funds; issued by Post Office Department, American Express, and others)*
money piece rate (Pw) Stückgeldakkord *m*

money rate (Bö) Geld *n*, Geldkurs *m (syn, bid price, qv)*
money rates (Fin, US) Geldmarktsätze *mpl (ie, open market rates in the New York money market)*
money reserve (Vw) Geldreserve *f*
money source (Fin) Geldquelle *f*
money spinner
(com, infml) Kassenschlager *m*
– Schnelldreher *m*
money squeeze
(Fin) Geldverknappung *f*
(syn, contraction of money supply, monetary tightness)
money stock (Vw) = (old fashioned for) money supply
money supply
(Fin) Geldmenge *f*
(ie, the concept defies hard-and-fast definition: determination of what to measure [and how to measure it] in the various components of M 1, M 2, M 3, etc. is a continuing problem of definition and research; cf, comparative table p. 550f.)
(Fin) Geldangebot *n (ie, in the money market)*
(Vw) Geldversorgung *f* der Wirtschaft
money supply control (Vw) Geldmengensteuerung *f*
money supply definitions (Vw) Geldmengenabgrenzungen *fpl*
money supply expansion (Vw) Geldmengenwachstum *n (syn, monetary growth, qv)*
money supply expansion multiplier (Vw) Geldschöpfungsmultiplikator *m (syn, bank money creation multiplier, qv)*
money supply growth (Vw) Geldmengenwachstum *n (syn, monetary growth)*
money supply/income mechanism (AuW) Geldmengen-Einkommens-Mechanismus *m*
money supply multiplier (Vw) Geldangebotsmultiplikator *m*
money supply/price mechanism (Vw) Geldmengen-Preis-Mechanismus *m*
money supply target (Vw) Geldmengenziel *n (syn, monetary target, qv)*
money trading (Fin) Geldhandel *m (syn, money dealing)*
money transaction (Fin) Finanzgeschäft *n*, Geldgeschäft *n (syn, financial transaction)*
money transfer
(Fin, US) Geldüberweisung *f*
(ie, transmission of funds by public or private telegraph)
money transfer charges (Fin) Geldüberweisungsgebühren *fpl*
money transfer order (Fin) Dauerauftrag *m (ie, rare in the U. S.; syn, GB, banker's order, mandate)*
money transfer system (Fin) Überweisungssystem *n (ie, used to send payment instructions to bank)*
money transmission service (Fin) Überweisungsverkehr *m*
money turnover (Vw) Geldumlauf *m*
money value (Vw) Geldwert *m*
money wage
(Pw) Geldlohn *m*
(opp, compensation/wages . . . in kind = Naturallohn, Sachlohn)
(Vw) Nominallohn *m (opp, real wage)*
money wage rate
(Vw) nomineller Lohnsatz *m*
– Nominallohnsatz *m*
(syn, nominal wage rate)
money wages (Pw) Barlohn *m (syn, money compensation)*
money weighted return
(Fin) interner Ertragssatz *m*
(ie, ermittelt aus Anfangs- und Endkapital sowie den Geldzu- und -abflüssen)
monies received (Fin) Geldeingänge *mpl*
monism (Re) Monismus *m (opp, dualism)*
monitor
(EDV) Bildschirm *m*
– Monitor *m*
– Datensichtgerät *n*
(syn, video/display . . . monitor, screen, display/video display . . . screen)
(EDV) Betriebssystem *n* e–s Mikrocomputers
monitor *v* (com) überwachen
monitor a complaint *v* (com) e–r Beschwerde *f* nachgehen, e–e Beschwerde *f* prüfen
monitoring
(Bw) Beobachtung *f* bekannter Phänomene
(ie, im Rahmen der Frühaufklärung des strategischen Managements; Teil der environmental analysis)
(Bw) Überwachung *f (syn, follow-up, supervision)*
monitoring costs (Bw) Kontrollkosten *pl*
monitoring of environment (Bw) Umweltbeobachtung *f (syn, external surveillance)*
monitoring of the environment (com) Umweltbeobachtung *f*
monitor routine (EDV) Monitorprogramm *n (syn, executive routine)*
monitor state
(EDV) Überwachungsstatus *m*
– Systemmodus *m (syn, supervisor state)*
monochrome display (EDV) Schwarzweiß-Anzeige *f (opp, color display, RGB display)*
monochrome monitor
(EDV) Monochrom-Bildschirm *m*
– Schwarzweiß-Bildschirm *m*
(opp, color monitor)
monochrome typewriter ribbon (com) einfarbiges Farbband *n*
monometallism (Vw) Monometallismus *m (syn, single standard)*
Monopolies and Mergers Commission, MMC
(Kart, GB) Monopolkommission *f*
– Kartellaufsichtsbehörde *f*
monopolist (Vw) Monopolist *m*
monopolistic company (Vw) Monopolunternehmen *n*
monopolistic competition
(Vw) monopolistische Konkurrenz *f*
(ie, few firms produce and sell products that are different from those of competitors; cf, E. Chamberlain)
monopolistic firm (Vw) = monopolistic company
monopolistic market (Vw) monopolistischer Markt *m*
monopolistic power (Vw) Monopolmacht *f*
monopolistic supply restriction (Vw) monopolistische Angebotsbeschränkung *f*
monopolization (Vw) Monopolisierung *f*

Composition of Money Supply Aggregates

I. Federal Republic of Germany

0.0 Zentralbankgeldmenge

(Geldbasis der Deutschen Bundesbank seit 1974): Bargeldumlauf (Einschl. Kassenbestände der Kreditinstitute) + Mindestreservesoll für Inlandsverbindlichkeiten der Banken
= central bank money supply (monetary base): currency in circulation (including banks' cash balances) + liabilities subject to reserve requirements to residents

1.0 Geldvolumen M1

Bargeldumlauf (ohne Kassenbestände der Kreditinstitute, jedoch einschließlich der im Ausland befindlichen DM-Noten und -Münzen)
= currency in circulation (excluding banks' cash balances, but including DM notes and coins held abroad)

\+ Sichteinlagen inländischer Nichtbanken
= domestic non-banks' sight deposits

2.0 Geldvolumen M2

M1

\+ Termingelder inländischer Nichtbanken bis unter 4 Jahren
= domestic non-banks' time deposits and funds borrowed for less than 4 years

3.0 Geldvolumen M3

M2

\+ Spareinlagen inländischer Nichtbanken mit gesetzlicher Kündigungsfrist
= domestic non-banks' savings deposits at statutory notice

Quelle: Monatsberichte der Deutschen Bundesbank – Monthly Report of the Deutsche Bundesbank, January 1986

II. United States

1.0 Money Supply M1

Currency (Bargeldumlauf) outside the Treasury, Federal Reserve Banks, and the vaults of commercial banks

\+ travelers checks (Reiseschecks) of nonbank issues

\+ demand deposits (Sichteinlagen) at all commercial banks other than those due to domestic banks, the U.S. government, and foreign banks and official institutions, less cash items in the process of collection and Federal Reserve float

\+ other checkable deposits (OCD) consisting of negotiable order of withdrawal (NOW) and automatic transfer service (ATS) accounts at depository institutions, credit union share draft accounts, and demand deposits at thrift institutions.

2.0 Money Supply M2

M1

\+ overnight (and continuing contract) repurchase agreements (RPs) issued by all commercial banks = bestimmte Wertpapierpensionsgeschäfte

\+ overnight Eurodollars issued to U.S. residents by foreign branches of U.S. banks worldwide = bestimmte Eurodollarguthaben

\+ money market deposit accounts, MMDAs = Geldmarktkonten

\+ savings deposits = Spraeinlagen

\+ small-denomination time deposits (time deposit – including retail RPs – in amounts of less than $100,000) = Termineinlagen unter 100.000 Dollar

\+ balances in both taxable and tax-exempt general purpose and broker/dealer money market mutual funds = Anteile an Geldmarktfonds

3.0 Money Supply M3

M2

\+ large-denomination time deposits = Termineinlagen über 100.000 Dollar

\+ term RP liabilities at commercial banks and thrift institutions= befristete Wertpapierpensionsgeschäfte mit Geschäftsbanken und Thrifts

\+ term Eurodollars (held by U.S. residents at foreign branches of U.S. banks worldwide and at all banking offices in the United Kingdom and Canada) = Termineinlagem am Euromarkt

\+ balances in institution-only money market mutual funds = institutionelle Anteile an Geldmarktfonds

Composition of Money Supply Aggregates

4.0 Money Supply L

M3

\+ nonbank public holdings of U.S. savings bonds, short-term Treasury securities, commercial paper and bankers acceptances, net of money market fund holdings of these assets

Source: Federal Reserve Bulletin, July 1985

III. United Kingdom

1.0 Money Supply MO

notes and coins in circulation with the public = Banknoten und Münzen in Händen von Nichtbanken

\+ banks' till money = Kassenbestände der Banken

\+ bankers' operational balances with the Bank of England = Guthaben der Banken bei der Bank von England

= wide monetary base (Geldbasis in weiter Fassung)

2.0 Money Supply M1

notes and coins in circulation with the public = Banknoten und Münzen in Händen von Nichtbanken

\+ private-sector non-interest-bearing sterling sight bank deposits = zinslose Sichteinlagen der privaten Nichtbanken bei britischen Banken

\+ non-interest-bearing component of M1 = unverzinsliche Komponente von M1

\+ private-sector interest-bearing sterling sight bank deposits = verzinsliche Sichteinlagen der privaten Nichtbanken bei britischen Banken

3.0 Money Supply M2

non-interest-bearing component of M1 = unverzinsliche Komponente von M1

\+ private-sector interest-bearing retail sterling deposits

4.0 Money Supply M3

M1

\+ private-sector sterling time bank deposits, original maturity of up to 2 years = private Termineinlagen, Laufzeit bis zu 2 Jahren

\+ private-sector holdings of sterling Certificates of Deposits = private Depositenzertifikate

\+ private-sector sterling time bank deposits, original maturity of over 2 years = private Termineinlagen, Laufzeit über 2 Jahre

\+ public sector sterling bank deposits = Bankeinlagen der öffentlichen Hand

= Sterling M3

\+ foreign currency bank deposits of private and public sectors = Einlagen des privaten und öffentlichen Sektors bei britischen Banken in fremder Währung

= Total M3 = Summe M3

5.0 ‚Money'

M1

\+ private-sector sterling time bank deposits, original maturity of up to 2 years

\+ private-sector holdings of sterling certificates of deposits

6.0 PSL1

‚Money'

\+ private-sector holdings of money-market instruments = Geldmarktpapiere in privaten Händen (eg, bank bills, Treasury Bills, local authority deposits) + certificates of tax deposits

7.0 PSL2

PSL1

\+ weitere Finanzaktiva:

shares and deposits with buildings societies excluding term shares and SAYE deposits;
national savings deposits and securities;
savings instituions' holdings of money market instruments and bank deposits etc.

Source: Bank of England

monopolize *v* (Vw) monopolisieren *(cf, Sect 2 of Sherman Act)*
monopoly
(Vw) Monopol *n*
(ie, power to control market prices or exclude competition; cf, Sec 2 of Sherman Act)
monopoly profit (Vw) Monopolgewinn *m*
monoprogramming (EDV) Einprogrammbetrieb *m*
monopsonist (Vw) Nachfragemonopolist *m (ie, the only buyer of a commodity in the market)*
monopsony (Vw) Nachfragemonopol *n*, Monopson *n*
monospaced font (EDV) nicht-proportionale Schriftart *f (opp, proportional font)*
monotone decreasing function (Math) monoton abnehmende Funktion *f*
monotone function (Math) = monotonic function
monotonically decreasing (Math) monoton fallend
monotonically increasing (Math) monoton wachsend
monotonic function
(Math) monotone Funktion *f*
(ie, which is either monotone nondecreasing or monotone nonincreasing; syn, monotone function)
monotonic reasoning (EDV) monotones Schließen *n* *(ie, in der künstlichen Intelligenz)*
monthly billing (com) Sammelfaktura *f*
monthly income statement (ReW) monatliche Erfolgsrechnung *f*
monthly report
(com) Monatsbericht *m*
(ReW) Monatsausweis *m*
monthly salary (Pw) Monatsgehalt *n*
month(s) after date, m/d (com) Monat(e) nach Datum
month(s) after payment, m/p (com) Monat(e) nach Zahlung
mood of business (com) Geschäftsklima *n*
Moody's (Fin, US) cf, corporate bond rating system
moonlight *v* (Pw, infml) schwarzarbeiten *(syn, work off the books; GB, go black)*
moonlight deal (Bö) Mondscheingeschäft *n*
moonlight economy (Vw, infml) Schattenwirtschaft *f (syn, hidden economy, qv)*
moonlighter
(Pw, infml) Doppelverdiener *m (syn, dual job holder, two-job man/woman)*
(Pw, increasingly) Schwarzarbeiter *m (syn, fly-by-night worker)*
moonlighting
(Pw, infml) Nebentätigkeit *f*
– Doppelverdienen *n*
(Pw) Schwarzarbeit *f*
(ie, type of clandestine work; performed illegally and going undeclared; syn, double or multiple jobbing, unrecorded employment)
mop up *v*
(com, infml) schlucken
(eg, mopping up more than half the cash being pumped into . . .)
mora accipiendi
(Re, civil law) Annahmeverzug *m*, Gläubigerverzug *m*
(ie, default in accepting delivery of goods; cf, §§ 293 ff BGB)

morale (Pw) Arbeitsmoral *f*
moral hazard (Vers) Risiko *n* unehrlichen od fahrlässigen Verhaltens
moral obligation bond
(Fin, US) Anleihe *f* e–s Bundesstaates
(ie, for which the state legislatures undertake a ‚moral obligation' to set up a fund covering principal and interest; a form of revenue bond)
moral suasion (Vw) Wirtschaftspolitik *f* des „gütlichen Zuredens", „Seelenmassage" *f*
moratorium
(Fin) Moratorium *n*
(ie, period of delay in the payment of a debt; syn, debt deferral)
(Fin) Moratorium *n*
(ie, government order to make it lawful to defer maturing debt for a given period)
moratorium by banks (Fin) Bankenmoratorium *n*
moribund company (com) marodes Unternehmen *n*
morning credit (Fin) Tagesgeld *n (syn, day loan, qv)*
morning loan (Fin) = morning credit
morning shift (Pw) Frühschicht *f*
mortality
(com) Sterblichkeit *f*
(Stat) Mortalität *f*
(Bw) Wertminderung *f* durch Gebrauch od Zeitablauf
mortality chart
(Vers) Abgangstabelle *f*
– Absterbetabelle *f*
– Sterbetafel *f*
(syn, mortality table)
mortality curve (Vers) Abgangskurve *f (syn, survivor-life curve)*
mortality experience (Vers) Sterblichkeitsverlauf *m*
mortality probability (Bw) Abgangswahrscheinlichkeit *f*
mortality profit (Vers) Sterblichkeitsgewinn *m*
mortality rate
(Vers) Sterblichkeit *f*
– Sterblichkeitsziffer *f*
mortality sequence (Bw) Abgangsordnung *f (ie, of technical products, such as machines, automobiles)*
mortality table
(Vers) = mortality chart
(Bw) Abgangsordnung *f (ie, showing retirement sequence of fixed assets)*
(Stat) Abgangstabelle *f (syn, retirement table)*
mortgage
(Re, US) Pfandrecht *n* an Grundstücken
(Re) Hypothek *f*
(ie, conveyance of land as security for the payment of a debt)
(Re) beschränktes dingliches Pfandrecht *n* an e–r fremden beweglichen Sache und an immateriellen Gegenständen
mortgage *v* (Fin) hypothekarisch belasten
mortgage amortization (Fin) = level debt service
mortgage amortization payment (Fin) Tilgungsrate *f*
mortgage-backed bond (Fin, appr) Pfandbrief *m*
mortgage-backed securities
(Fin) hypothekarisch gesicherte Wertpapiere *npl*
(Fin, US) hypothekengesicherte Pfandbriefe *mpl*
mortgage bank (Fin) Hypothekenbank *f*

mortgage banker (Fin, US) Vermittler *m* zwischen Hypothekarkreditnehmer und -kreditgeber *(ie, not equivalent to ‚Hypothekenbank')*
mortgage bond (Fin) hypothekarisch gesicherte Schuldverschreibung *f (ie, secured upon a specific part of a company's assets)*
mortgage borrowing (Fin) Aufnahme *f* von Hypothekendarlehen
mortgage charge (Re) hypothekarische Belastung *f*
mortgage collateral (Fin) hypothekarische Sicherheit *f*
mortgage credit (Fin) Hypothekenkredit *m*
mortgage creditor (Fin) Hypothekengläubiger *m*
mortgaged (Re) lastenfrei
mortgage debenture (Fin) = mortgage bond
mortgage debt (Fin) Hypothekenschuld *f*
mortgage discount (Fin) Hypothekendamnum *n*
mortgaged material
(MaW) auftragsgebundenes Material *n*
(syn, allotted material, qv)
mortgagee (Re) Hypothekengläubiger *m*
mortgage indenture (Re) Hypothekenvertrag *m*
mortgage interest (Fin) Hypothekenzinsen *mpl*
mortgage lending (Fin) Hypothekenkreditgeschäft *n*
mortgage lending institution (Fin) Hypothekenkreditinstitut *n*
mortgage loan (Fin) Hypothekendarlehen *n*
mortgage loan proceeds (Fin) Hypothekenvaluta *f*
mortgage market (Fin) Hypothekenmarkt *m*
mortgage principal (Fin) Hypothekenbetrag *m*
mortgage protection insurance (Vers) Hypotheken-Lebensversicherung *f*
mortgage rates (Fin) Hypothekenzinsen *mpl*
mortgage redemption (Fin) Hypothekentilgung *f*
mortgage redemption life insurance (Vers) Tilgungslebensversicherung *f*
mortgage retirement (Fin) = mortgage redemption
mortgaging out (Fin) Vollfinanzierung *f (ie, 100% financing)*
mortgagor (Fin) Hypothekenschuldner *m*
mortis causa
(Re) von Todes wegen
(ie, by reason of death; eg, donation mortis causa = a gift under apprehension of death; opp, inter vivos = unter Lebenden)
most active issues (Bö) meist gehandelte Werte *mpl*
most efficient estimator (Stat) höchsteffizienter Schätzer *m*
most-favored nation clause (AuW) Meistbegünstigungsklausel *f (ie, grants equal treatment to each party to a contract)*
most-favored-nation principle (AuW) Meistbegünstigungsprinzip *n*
most-favored nation rate (AuW) Meistbegünstigungssatz *m*
most-favored-nation treatment (AuW) Meistbegünstigung *f*
most likely time (OR) wahrscheinlichste Dauer *f (syn, most probable duration)*
most powerful test (Stat) trennschärfster Test *m*
most powerful unbiased test (Stat) mächtigster biasfreier Test *m*
most probable duration (OR) = most likely time
most seriously affected country, MSAC (AuW) besonders unterentwickeltes Entwicklungsland *n*
most significant character (EDV) höchstwertiges Zeichen *n*
mothball *v*
(com, infml) einmotten
(ie, withdraw from service and keep in reserve; eg, factory, plant, capacities, battleship)
motherboard (EDV) Systemplatine *f*
motion
(Re) Antrag *m (eg, to dismiss a complaint)*
(Re, US) Parteienantrag *m*
motion analysis (IndE) = motion study
motion cycle
(IndE) Bewegungszyklus *m*
(ie, the complete sequence of motions and activities required to complete a work cycle)
motion economy (IndE) Bewegungsökonomie *f (syn, economy in human movements)*
Motion Picture Experts Group, MPEG
(EDV) MPEG-Standard *m*
– MPEG-Format *n*
(ie, standard for video compression)
motion study (IndE) Bewegungsstudie *f (syn, motion analysis)*
motion to compel (Re, US) Antrag *m* auf gerichtliche Zwangsverfügung
motion to dismiss (Re, US) Antrag *m* auf Klageabweisung *(ie, aus Rechtsgründen)*
motivation research (Mk) Motivforschung *f*
motivators (Pw) Motivatoren *mpl (syn, job content factors)*
motor car industry (com, GB) Autoindustrie *f*, Automobilindustrie *f (syn, US, auto industry, automobile/automotive . . . industry)*
motor car passenger insurance (Vers) Insassenversicherung *f*
motor dealer (com) Autohändler *m*
motor industry (com, GB) = motor car industry
motoring accident (com) Autounfall *m*
motor insurance (Vers, GB) Kraftfahrzeugversicherung *f*, Kfz-Versicherung *f (syn, US, automobile insurance)*
motor insurer (Vers, GB) Kraftfahrzeugversicherer *m*
motor pool
(com) Fahrzeugpark *m*
– Fahrzeugflotte *f (syn, vehicle fleet, qv)*
motors
(Bö) Automobilwerte *mpl*
– Fahrzeugwerte *mpl*
motor vehicle (com) Kraftfahrzeug *n*
motor vehicle density
(com) Fahrzeugdichte *f*
(ie, number of motor vehicles per square mile, per road mile, or per head of population)
motor vehicle group (com, GB) Automobilkonzern *m*
motor vehicle liability insurance (Vers) Kfz-Haftpflichtversicherung *f (syn, third-party motor insurance)*
MoT test
(com, GB) Fahrzeugprüfung *f*
(ie, the annual roadworthiness test for vehicles)
mount *v* (com) steigen *(eg, expenses began to mount; syn, go up, increase)*
mountain of debt (Fin) Schuldenberg *m*
mountain of short-term debt (Fin) hohe kurzfristige Verschuldung *f*

mountainous surplus (EG) Überschußberg *m (eg, butter, wheat)*
mountains of unsold coal (com) Kohlehalden *fpl*
mount a strike *v* (Pw) Streik *m* organisieren
mount a takeover *v* (com) Übernahme *f* ‚inszenieren'
mounted circuit board (EDV) bestückte Leiterplatte *f (syn, Flachbaugruppe)*
mounting competition (com) zunehmender Wettbewerb *m*
mounting work load (Pw) zunehmende Arbeitsbelastung *f*
mount up *v* (com) steigen, langsam größer werden *(eg, debt)*
mouse (EDV) Maus *f (ie, pointing device; mechanical mouse, qv; optical mouse, qv)*
mouse pointer (EDV, GUI) Mauszeiger *m*
movable assets (Bw) bewegliche Wirtschaftsgüter *npl*
movable goods (Re) bewegliche Güter *npl*
movable objects (Re) bewegliche Gegenstände *mpl*
movable property
(Re) bewegliche Sache *f*
(syn, personal . . . estate/property/chattel, personalty)
(Re) bewegliches Vermögen *n*
movables (Re) bewegliche Sachen *fpl*
move *v*
(Re) beantragen *(eg, to dismiss a complaint)*
(EDV) bewegen
– führen
– setzen auf *(eg, cursor)*
– übertragen auf *(eg, data to disk)*
– verlagern
(EDV) umstellen *(eg, blocks of code)*
move ahead (Bö) zulegen *(eg, security prices)*
move away *v* (com, infml) wegziehen *(syn, infml, pull up one's roots)*
move card (IndE) innerbetrieblicher Transportauftrag *m (syn, move . . . order/ticket)*
move downmarket *v* (com) in die untere Preisklasse gehen
movement certificate (EG) Waren(verkehrs)bescheinigung *f*
movement document (EG) Versandpapier *n*
movement in cash position (FiW) kassenmäßige Entwicklung *f*
movement in prices (Bö) Kursbewegung *f*
movement of deposits (Fin) Einlagenentwicklung *f*
movement of goods (Zo) Warenbewegungen *fpl*
movement of goods and services (AuW) Waren- und Dienstleistungsverkehr *m*
movement of operations (Bw) Betriebsverlegung *f (syn, relocation of a plant)*
movements (Stat) Bewegungskomponenten *fpl (ie, in time series = in Zeitreihen)*
movements file (EDV) Bewegungsdatei *f*
movements of a market (Mk) Marktbewegungen *fpl (eg, seasonal, cyclical)*
move mode
(EDV) Übertragungsmodus *m*
(ie, movement of data without delimiters; opp, load mode = Lademodus)
move operations *v* (Bw) Betrieb *m* verlegen *(syn, relocate a plant)*
move order (IndE) = move ticket *m*
move ticket
(IndE) innerbetrieblicher Transportauftrag *m (syn, move . . . card/order)*
(IndE) Laufkarte *f (syn, job ticket, qv)*
move time (IndE) Transportzeit *f*
move to the courts *v* (Re) Gerichte *npl* in Anspruch nehmen
move to the sidelines *v* (com) sich zurückhalten, abwarten *(syn, stay on the sidelines)*
move up *v* (com) anziehen, steigen *(eg, prices, interest rates)*
move upmarket *v* (com) in die obere Preisklasse gehen
move upwards *v* (com) steigen *(eg, sales)*
moving average
(Stat) gleitender Mittelwert *m*
– gleitender Durchschnitt *m*
moving average method (Stat) Methode *f* der gleitenden Mittelwerte
moving band (AuW) gleitende Bandbreiten *fpl (syn, crawling peg, qv)*
moving budget (Fin) rollender Finanzplan *m*
moving expenses
(Pw) Umzugskosten *pl*
(syn, removal/relocation . . . expenses)
moving parity (AuW) Stufenflexibilität *f (syn, managed flexibility, qv)*
moving peg (AuW) = moving parity
moving projection (Bw) gleitende Prognose *f*
moving seasonal variation (Stat) gleitende Saisonschwankung *f*
moving stairway
(com, GB) Fahrtreppe *f*
– infml, Rolltreppe *f (syn, moving staircase; US, escalator)*
moving van (com) Möbelwagen *m (syn, GB, removal van)*
m/p (com) = month(s) after payment
MPC (Vw) = marginal propensity to consume
MPEG (EDV) = Motion Picture Experts Group, qv
M.R. (.m.r.) (com) = mate's receipt
MRP (MaW) = materials requirements planning
MSAC (AuW) = most seriously affected country
M/T (com) = mail transfer
MTO (com) = Multimodal Transport Operator
muddled structure
(Bw) undurchsichtige Organisationsstruktur *f*
(syn, infml, higgledy-piggledy structure)
muddle through *v*
(com, infml) sich durchwurschteln
(syn, fumble along)
multi-access protocol (EDV) Mehrfachzugriffs-Protokoll *n*
multi-access system (EDV) = time sharing system
multi-address
(EDV) Mehrfachadresse *f*
(syn, multiple address)
multi-address instruction (EDV) Mehradreßbefehl *m (syn, multiple instruction)*
multi-bank system (Vw) Mehrbanksystem *n*
multi-branch network (OR) Vielkanten-Netzplan *m*
multi-channel cable television (com) Mehrfach-Kabelfernsehen *n*
multi-channel model (OR) Mehrkanalmodell *n (syn, multi-station model)*

multi-client survey (Mk) Mehrthemenbefragung *f*
multi-column journal (ReW) Mehrspaltenjournal *n*
multi-copy order (com) Sammelbestellung *f (ie, of books)*
multi-cycle feeding (EDV) Zuführung *f* mit mehrfachem Lesen *(syn, multi-read feeding)*
multi-decision problem (Bw) Problem *n* mehrfacher Entscheidung
multi-digit number (Math) mehrstellige Zahl *f*
multidimensional scaling, MDS (Stat) mehrdimensionale Skalierung *f*
multi-division group (Bw) mehrspartige Unternehmensgruppe *f*
multi-drop circuit (EDV) Mehrpunktschaltung *f*
multi-echelon inventory model (OR) mehrstufiges Lagerhaltungsmodell *n*
multi-echelon inventory problem (OR) Mehrphasen-Lagerhaltungsproblem *n*
multi-faceted approach (Log) mehrdimensionaler Ansatz *m*
multi-factorial design (Stat) mehrfaktorieller Versuchsplan *m*
multi-family unit (com) Mehrfamilienhaus *n (syn, multiple dwelling unit)*
multifiber agreement, MFA
(AuW) Multifaserabkommen *n*, Welttextilabkommen *n*
(ie, seit 1973 bestehende Rahmenvereinbarung über den internationalen Handel mit Textilien und Bekleidung; nach 1974 mehrfach verlängert; im Juli 1991 ausgelaufen)
multifunctional (EDV) mehrfunktionales Gerät *n*
multigrade salary structure (Pw) tief gestaffelte Gehaltsstruktur *f*
multi-job operation (EDV) Mehrfachbetrieb *m*
multilateral agreement (Re) multilaterales Abkommen *n*
multilateral clearing (AuW) multilaterales Clearing *n*
multilateral compensation (Fin) multilaterale Verrechnung *f*
multilateral contract (Re) mehrseitiger Vertrag *m*
multilateral exchange-rate model (AuW) multilaterales Wechselkurs-Modell *n*
multilateral netting
(Fin) mehrseitiges Netting *n*
(ie, this enables many banks, possibly several dozen, to net out their payments to each other through a central clearing house; cf, Exchange Clearing House Organisation [Echonet] in London)
multilateral settlement
(AuW) multilaterale Verrechnung *f*
(Fin) multilateraler Saldenausgleich *m*
multilateral settlements
(AuW) multilateraler Zahlungsverkehr *m*
multilateral surveillance
(AuW) multilaterale Überwachung *f*
(ie, by the BIS in financing balance-of-payments deficits)
multilateral trade (AuW) multilateraler Handel *m*
multi-level address
(EDV) indirekte Adresse *f*
(syn, indirect /second-level . . . address)
multi-level addressing (EDV) indirekte Adressierung *f*
multi-level distributorship (Mk) Vertrieb *m* nach dem Schneeballprinzip *(syn, pyramid selling)*
multi-level inventory problem (MaW) mehrschichtiges Lagerhaltungsproblem *n*
multilingual (com) mehrsprachig
multi-maturity bill of exchange
(Fin) Ratenwechsel *m*
(ie, travels with a sequence of maturity dates; not allowed under German law)
multi-modal distribution (Stat) mehrgipfelige Verteilung *f*
multimodality (Stat) Mehrgipfeligkeit *f*
multi-modal transportation
(com) kombinierter Verkehr *m*
(ie, Beförderung e–s Ladeguts durch mehrere Verkehrsmittel ohne Wechsel des Transportverkehrs; durch multimodale Transportketten; syn, intermodal traffic)
multinational corporation (com) multinationales Unternehmen *n (ie, one that has operations in a number of countries)*
multinational factoring (Fin) Auslandsfactoring *n (syn, international factoring)*
multinomial distribution
(Stat) Polynomial-Verteilung *f*
multi-normal distribution
(Stat) multinormale Verteilung *f*
multi-objective decision model (Bw) Entscheidungsmodell *n* mit mehreren Zielfunktionen
multipack
(com) Mehrproduktpackung *f*
(ie, single container with one or separately packaged items)
multipart form
(com) Mehrfachformular *n*
(ReW) Mehrfachbeleg *m*
multi-part form set (com) Durchschreibesatz *m*
multi-part paper (EDV) mehrlagiges Papier *n*
multi-period analysis (Vw) Mehrperioden-Analyse *f*
multiphase decision (Bw) mehrstufige Entscheidung *f*
(ie, breaking down a decision into a temporal sequence of subdecisions)
multiphase sampling (Stat) Mehrphasenauswahl *f*
multiplant economies (Bw) Vorteile *mpl* aus der Zusammenfassung mehrerer Betriebe in e–m Unternehmen *(cf, economies of scale)*
multiple
(Fin) = earnings multiple, qv
(Mk) Kette *f*, Einzelhandelskette *f*
(Math) Vielfaches *n*
multiple accounts (ReW) Mehrfachkonten *npl*
multiple activity chart (IndE) Arbeitsplanungsbogen *m*
multiple address (EDV) = multi-address
multiple addressing (EDV) Mehrfachadressierung *f*
multiple address system (EDV) Mehradreßsystem *n*
multiple bank deposit creation (Vw) multiple Giralgeldschöpfung *f*
multiple banking (Fin) Universalbanksystem *n (ie, offers all types of services to a bank's customers)*
multiple bar chart
(Stat) Mehrfach-Säulendiagramm *n*
– mehrfaches Stabdiagramm *n*
multiple branch banking (Fin) Filialbanksystem *n (syn, branch banking system)*

multiple causation
(Log) lineare Kausalität *f*
– Multikausalität *f*
multiple choice (com) Auswahlantwort *f*
multiple choice question
(com) Auswahlfrage *f*
– Speisekartenfrage *f (syn, cafeteria question)*
multiple choice questionnaire, MCQ (com) Auswahlfragebogen *m*
multiple classification (Stat) Mehrfachklassifikation *f*
multiple command
(Bw) Kompetenzüberschneidungen *fpl (syn, instances of plural executives, qv)*
(Bw) Mehrfachunterstellung *f (syn, multiple subordination)*
multiple common-data-bus system (EDV) Mehrfach-Bus-System *n*
multiple component facilities, MCF
(Fin) Paketfinanzierung *f*
(ie, am Euromarkt gebräuchlich; Kreditnehmer kann wählen zwischen roll-over-Krediten, euronote facilities, eurocommercial papers sowie zwischen Währungen und Laufzeiten)
multiple component facility
(Fin) MC-Facility *f*
(ie, most general form of NIF, qv: allows the borrower to make drawings for a wide range of maturities, in a wide range of currencies and in a multitude of different forms, including short-term advances and bankers acceptances as well as Euronotes)
multiple control circuit (EDV) Mehrfachregelungskreis *m*
multiple control system (EDV) Mehrfachregelungssystem *n*
multiple copy (com) Mehrfachkopie *f*
multiple correlation
(Stat) Mehrfachkorrelation *f*
– mehrfache Korrelation *f*
– multiple Korrelation *f*
multiple coverage (Vers) gemischte Versicherung *f*
multiple credit facility (Fin) Globalkredit *m*
multiple currency intervention (AuW) Notenbankintervention *f* beim Blockfloaten
multiple currency system (AuW) = multiple rate system
multiple curvilinear correlation (Stat) multiple nichtlineare Korrelation *f*
multiple data file processing (EDV) Mehrdateiverarbeitung *f*
multiple dealer area (Mk) Gebiet *n* mit mehrfach vergebener Verantwortung
multiple delivery contract (com) Sukzessivlieferungsvertrag *m (syn, open-end contract)*
multiple device (EDV) Mehrfacheinheit *f*
multiple dwelling unit (com) Mehrfamilienhaus *n (syn, multi-family unit)*
multiple employment (Pw) Mehrfachbeschäftigung *f*
multiple equilibrium (Vw) mehrdeutig determiniertes Gleichgewicht *n*
multiple exchange rate
(AuW) gespaltener
– multipler
– differenzierter . . . Wechselkurs *m (syn, split exchange rate)*

multiple expansion of credits (Vw) multiple Giralgeldschöpfung *f*
multiple food retailers (Mk) Lebensmittelkette *f (syn, food store chain)*
multiple foreign exchange currency (AuW) Multidevisenstandard *m*
multiple foreign filings (Pat) Mehrfachanmeldungen *fpl* im Ausland
multiple functions (Bw) Funktionsüberschneidungen *fpl*
multiple instruction (EDV) = multi-address instruction
multiple integral
(Math) Mehrfachintegral *n*, mehrfaches Integral *n (syn, iterated integral; ie, of a function of several variables which involves integrating the function successively over a prescribed range for each variable)*
multiple integration (Math) mehrfache Intergration *f*
multiple jobbing
(Pw) Ausübung *f* mehrerer Tätigkeiten *n*
(Pw) Schwarzarbeit *f (syn, moonlighting, qv)*
multiple label (com) mehrteiliges Etikett *n*
multiple letter (com) Mehrfachbrief *m*
multiple-line insurance (Vers) Mehrspartengeschäft *n*
multiple line printer (EDV) Mehrzeilendrucker *m*
multiple-line system (Bw) Mehrliniensystem *n*
multiple listing (Bö) Notierung *f* an mehreren Börsen
multiple machine work
(IndE) Mehrstellenarbeit *f*
– Mehrmaschinenbedienung *f*
multiple office bank (Fin) Bank *f* mit mehreren Zweigstellen
multiple office banking (Fin) Bankenfilialsystem *n*
multiple option facility, MOF (Fin) Kreditlinie *f*, die die Nutzung unterschiedlicher Finanzierungsinstrumente erlaubt; a syndicate of banks commits itself to lending a standby line of credit at an agreed maximum spread over LIBOR; its days seem to be numbered
multiple plant expansion (Bw) multiple Erweiterung *f*
multiple point arbitrage
(Fin) indirekte Arbitrage *f*
(syn, triangular arbitrage)
multiple posting (ReW) Mehrfachbuchung *f*
multiple precision (EDV) Mehrfachgenauigkeit *f*
multiple pricing (Mk) Preisdifferenzierung *f (ie, different prices for the product)*
multiple processor (EDV) Mehrfachrechner *m*
multiple-process production (IndE) Mehrfachfertigung *f*
multiple product firm (Bw) Mehrproduktunternehmen *n*
multiple-protection insurance (Vers) Vielschutzdeckung *f*
multiple-rate system
(AuW) System *n* multipler Wechselkurse
(syn, multiple currency system)
multiple rating (Pw) Mehrfachbeurteilung *f*
multiple regression
(Stat) Mehrfachregression *f*
(ie, zur Erklärung der endogenen Variablen werden mehrere exogene Variablen herangezogen)

multiple risk insurance (Vers) kombinierte Versicherung *f*
multiple root of an equation (Math) mehrfache Wurzel *f* e–r Gleichung *(syn, repeated root)*
multiple sample
(Stat) mehrstufige Stichprobe *f*
(syn, multi-stage/nested . . . sample, network of samples)
multiple sampling
(Stat) mehrstufiges Stichprobensystem *n*
(ie, a given number of samples from a group are inspected, and the group is either accepted, resampled, or rejected, depending on the number of failures found in the samples)
multiple sampling inspection (Stat) Mehrfachstichprobenprüfung *f*
multiple sampling plan (Stat) Mehrfachstichprobenprüfplan *m*
multiple session (EDV) Mehrfachsitzung *f*
multiple share certificate (Fin) Gesamtaktie *f (syn, stock certificate, qv)*
multiple shift cost (KoR) Mehrschichtkosten *pl*
multiple shift operation (Bw) Mehrschichtbetrieb *m*
multiple shops (Mk, GB) Filialkette *f (syn, US, chain store)*
multiple solution (Math) Mehrfachlösung *f*
multiple sourcing (MaW) Mehrlieferantenprinzip *n*
multiple store (Mk, GB) Filialgeschäft *n (syn, US, chain store)*
multiple stratification (Stat) Mehrfachschichtung *f*
multiple subordination (Bw) = multiple command
multiple tariff (Zo) Mehrfachzoll *m*
multiple taxation (StR) Mehrfachbesteuerung *f (syn, tax overlapping)*
multiple-valued (Math) mehrwertig *(syn, many-valued)*
multiple voting shares (Fin) = multiple voting stock
multiple voting stock (Fin) Mehrstimmrechtsaktien *fpl*
multiplex *v*
(EDV) multiplexen
(ie, carry out two or more functions in a computer essentially simultaneously)
multiplexer (EDV) Multiplexer *m*
multiplexer channel (EDV) Multiplexkanal *m*
multiplexing (EDV) = multiplex mode
multiplex mode (EDV) Multiplexbetrieb *m (syn, multiplexing)*
multiplicand (Math) Multiplikand *m (ie, in x x y, x is the multiplicand)*
multiplication (Math) Multiplikation *f*
multiplication rule (Stat) Multiplikationssatz *m (ie, of probability)*
multiplication sign (Math) Multiplikationszeichen *n*
multiplicative axiom
(Math) Auswahlaxiom *n*
– Zermelosches Axiom *n*
(syn, axiom of choice, Zermelo's axiom)
multiplicity of claims (Re) Anspruchshäufung *f*
multiplier
(Math) Multiplikator *m (ie, in x x y, y is called the multiplier)*
(Vw) Multiplikator *m (eg, 1–dC/dY)*
(EDV) Multiplikationseinrichtung *f*
multiplier-accelerator model (Vw) Multiplikator-Akzelerator-Modell *n*
multiplier analysis (Vw) Multiplikatoranalyse *f (ie, the core of comparative-static analysis)*
multiply *v* (Math) multiplizieren, vervielfachen
multiply connected region (Math) mehrfach zusammenhängender Bereich *m*
multiply identified (Math) überidentifiziert *(syn, overidentified)*
multiply instruction (EDV) Multiplikationsbefehl *m*
multiply out *v* (Math) ausmultiplizieren
multiply statement (EDV) Multiplikationsanweisung *f*
multiply up *v* (com) vervielfachen *(eg, costs)*
multipoint (EDV) Mehrpunktverbindung *f*
multipoint connection (EDV) Mehrpunktverbindung *f (ie, in data transmission)*
multiprocessing
(EDV) Mehrprozessorbetrieb *m*
(ie, Erhöhung der Kapazität durch parallele Verwaltung mehrerer Prozessoren)
multi-product banking (Fin) Palettenbanking *n*
multi-product firm (Bw) Mehrproduktbetrieb *m*
multiprogramming (EDV) Mehrprogrammbetrieb *m*
multi-purpose computer (EDV) Mehrzweckrechner *m*
multi-purpose survey
(Mk) Mehrthemen-Befragung *f*
(syn, omnibus survey)
multi-purpose times (IndE) Mehrzweckzeiten *fpl*
multi-read feeding (EDV) = multi-cycle feeding
multi-role aircraft (IndE) Mehrzweckflugzeug *n*
multi-sector multiplier (Vw) Multisektoren-Multiplikator *m*
multi-stage business (Bw) mehrstufiges Unternehmen *n*
multi-stage interview (Mk) Mehrstufenbefragung *f*
multi-stage planning (Bw) Sukzessivplanung *f*
multi-stage plant
(IndE) mehrstufiger Betrieb *m*
(ie, in which a sequence of operational stages with salable intermediate products is combined)
multi-stage sample (Stat) = multiple sample
multi-stage tax (StR) Mehrphasensteuer *f*
multi-stage turnover tax (FiW) Mehrphasen-Umsatzsteuer *f*
multi-station model (OR) = multi-channel model
multi-storey building (com, GB) Hochhaus *n (syn, high rise building)*
multi-storey car park (com, GB) Parkhochhaus *n*
multitasking
(EDV) Multitasking *n*, Mehrprozeßsystem *n*
(ie, multitasking-fähiges Betriebssystem ermöglicht den simultanen Ablauf mehrerer Prozesse bzw. Threads)
multi-terminal flows (OR) Netze *npl* von Flüssen
multi-terminal shortest chains (OR) Netze *npl* kürzester Ketten
multiuser (EDV) Mehrprogrammbenutzer *m*
multi-user computer (EDV) Gemeinschaftsrechner *m*, Multi-User Computer *m*
multi-user programming system (EDV) Mehrprogrammsystem *n*
multi-user system
(EDV) Mehrbenutzersystem *n*
(ie, mostly time sharing operation)
multi-valued decision (Stat) mehrwertige Entscheidung *f*

multi-valued function
(Math) mehrwertige Funktion *f*
multi-variate analysis (Stat) Multivariaten-Analyse *f*
multi-variate distribution (Stat) mehrdimensionale Verteilung *f*
multi-variate moment (Stat) Produktmoment *n*
multi-variate quality control
(IndE) Qualitätslenkung *f* bei mehreren Merkmalen
– multivariate Qualitätslenkung *f*
multi-volume set (EDV) Mehrfachsatz *m*
multi-workstation system (EDV) Mehrplatzsystem *n*
multi-year wage agreement (FiW) mehrjähriger Tarifvertrag *m*
muni bonds (Fin) = municipal bonds
Munich patent convention (Pat) Münchener Patentübereinkommen *n*
municipal bond
(FiW, US) Anleihe *f* e–s Bundesstaates od e–r Gemeinde
(ie, of state, county, city, town, village, tax district; may be: direct and general obligations, revenue bonds, special assessment bonds, tax anticipation . . . warrants/notes; opp, U. S. government bonds, bonds of business corporations)
municipal bond market (Fin) Markt *m* für Kommunalanleihen
municipal finance (FiW) Gemeindefinanzen *pl (syn, local finance)*
municipal government (FiW) örtliche Gebietskörperschaft *f (syn, municipality, qv)*
municipality
(FiW, GB) örtliche Gebietskörperschaft *f*
(ie, parish, village, town, borough, county; opp, central government)
(FiW, US) städtische Gemeinde *f*
(opp, township)
municipal loan (Fin) Kommunaldarlehen *n*
municipal revenue equalisation scheme (FiW) kommunaler Finanzausgleich *m*
municipals (FiW) = municipal bonds
municipal taxes and charges (FiW) Gemeindeabgaben *fpl*
munifunds (Fin) = mutual funds
Musical Instrument Digital Interface, MIDI (EDV) MIDI-Schnittstelle *f (ie, serial connection for musical instruments)*
must-follow node (OR) Muß-Knoten *m*
mutual agreement (Re) gegenseitige Vereinbarung *f*
mutual agreement procedure
(StR) Verständigungsverfahren *n*
(ie, Art 24 of US/German Double Tax Treaty signed in August 1989)
mutual assent
(Re) Willenseinigung *f*
(ie, needed for the creation of a valid contract; syn, meeting/union . . . of minds, assensio mentium)
mutual consent
(Re) Einigung *f (eg, meeting of minds in contract law)*
(Re) beiderseitiges Einverständnis *n*
mutual cost center charge transfer (KoR) gegenseitige Kostenstellenverrechnung *f*
mutual fault (Re) beiderseitiges Verschulden *n*
mutual fund
(Fin, US) offener Investmentfonds *m*
(ie, open-ended investment company that invests in diversified group of securities of other corporations; syn, GB, unit trust)
mutual insurance
(Vers) gegenseitige Versicherung *f*
– Versicherung *f* auf Gegenseitigkeit
mutual insurance society (Vers) Versicherungsverein *m* auf Gegenseitigkeit
mutual investment trust (Fin, US) = mutual fund
mutuality (Re) Gegenseitigkeit *f (syn, reciprocity)*
mutually agreed upon (between) (Re) vereinbart (zwischen)
mutually exclusive events (Re) gegenseitig sich ausschließende Ereignisse *npl*
mutual obligation (Re) gegenseitige Verpflichtung *f (syn, reciprocal obligation)*
mutual recognition (EG) gegenseitige Anerkennung *f (cf, principle of . . .)*
mutual savings bank
(Fin, US) genossenschaftsähnliche Bank *f* Sparbank *f*
(ie, mainly in New England states: state chartered bank that can accept savings deposits and make loans, usually home mortgage loans; opp, savings and loan associations, qv)
mutual strike aid (Pw, GB) Arbeitgeber-Streikversicherung *f*
mutual will
(Re) gegenseitiges Testament *n*
(ie, husband and wife leave all assets to each other)

N

NA (Bö) = Namensaktien
naderism (com, US) = consumerism
nadir (com) Tiefstpunkt *m (ie, lowest point)*
nail down *v* (com, infml) unter Dach und Fach bringen *(eg, a multi- million project)*
naive model (Vw) nichtformales Modell *n (syn, nonformal model)*
naked contract
(Re) ungültiger Vertrag *m*
(ie, due to lack of consideration = mangels Gegenleistung)
naked debenture (Fin, GB) ungesicherte Schuldverschreibung *f (syn, unsecured debenture, qv)*
naked option
(Bö) nicht abgesicherte Option *f*
(ie, buyer or sellers owns none of the underlying securities; investment in securities that is not hedged)
(Bö, US) Nacktoption *f (ie, Nicht-Plazieren von Kundengeldern im Optionshandel)*
naked position (Bö) ungesicherte Long- od Short-Position *f*
naked restraint (Kart, US) eindeutige Wettbewerbsbeschränkung *f (ie, amounts to a per se violation)*
naked warrant (Fin) Variante *f* des klassischen Optionsscheins; wird selbständig emittiert und verbrieft ein selbständiges Optionsrecht, das an der Börse gehandelt wird
name (Fin) Kreditnehmer *m*
name day
(Bö, GB) Aufgabetag *m*
(ie, second day of the 5-day period known as The Settlement; on this day stockbrokers give name-tickets to sellers; syn, ticket day)
named insured (Vers) benannte Versicherte *pl (ie, in a policy)*
named-peril insurance (Vers, US) Versicherung *f* gegen benannte Risiken
named policy (SeeV) Police *f* mit Namensnennung des Schiffes
named port of shipment (com) genannter Verschiffungshafen *m*
name of the game (com, infml) Ziel *n* e–s Projektes, das Wesentliche *n* e–r Sache
name plate (com) Beschriftungsschild *n (ie, of a machine)*
names (Vers, GB) = members
name slug (Mk, US) Schriftzeichen *n* oder Logo *n* e–s Werbetreibenden
NAND circuit (EDV) NAND-Schaltung *f*
NAND operation (EDV) NAND-Funktion *f*, NAND-Verknüpfung *f (syn, non-conjunction, alternative denial, dispersion)*
Napierian logarithm (Math) natürlicher Logarithmus *m (syn, natural logarithm)*
narration (ReW, GB) Buchungstext *m (ie, explains an entry)*
narrative form (ReW) Staffelform *f* der GuV *(syn, report form, qv)*
narrow-based taxes (FiW, US) spezielle Steuern *fpl (opp, broad-based/ general . . . taxes)*
narrow construction
(Re) enge Auslegung *f*
(eg, put a . . . on; syn, restricted construction; opp, broad/liberal . . . construction = weite Auslegung)
narrowing of the output gap (Vw) Verringerung *f* der Produktionslücke
narrowly defined money supply (Fin) Geldmenge *f* in der engen Definition
narrow market
(com, Bö) begrenzter
enger ... Markt *m (syn, thin/tight . . . market)*
narrow organization (Bw) Organisation *f* mit kleiner Leitungsspanne *f (syn, deep organization; opp, shallow organization)*
narrow span of control (Bw) kleine Kontrollspanne *f* od Leitungsspanne *f*
n-ary connective (Log) n-stelliger Junktor *m*
NASD (Fin, US) = National Association of Securities Dealers
NASDAQ
(Fin, US) = National Association of Securities Dealers Automated Quotations System
(ie, automatisches Quotierungssystem: zeigt für über 5 000 Aktien die Geld– und Briefkurse über ein zentrales Computersystem landesweit an; based in Washington, D.C. and equipped with a major computer center in Trumbull, Conn.)
national
(com) überregional *(syn, nation-wide)*
(Re) Staatsangehöriger *m*
national accounting
(VGR) volkswirtschaftliche Gesamtrechnung *f*
(syn, national accounts, macroeconomic accounting)
national advertising (Mk, US) überregionale Werbung *f*, Werbung *f* auf Bundesebene
national balance sheet (VGR) Volksvermögensrechnung *f*
national bank (Fin, US) von der Bundesregierung zugelassene Bank *f (ie, charter granted by federal government; member of the Fed and of the FDIC)*
national bank call (Fin, US) vierteljährliche Aufforderung *f* des Comptroller of the Currency an die ‚national banks', e–n Geschäftsbericht, report of condition, einzureichen
national bankruptcy (Vw) Staatsbankrott *m (ie, offener Staatsbankrott – repudiation of government indebtedness; verschleierter Staatsbankrott = forced arbitrary . . . inflation)*
national brand (Mk) überregionale Herstellermarke *f (ie, one that has wide circulation)*
national budget
(Fin, US) Bundeshaushalt *m*
(ie, annual budget of the United States; prepared by the Bureau of the Budget)

national central banks, NCBs (EG) nationale Zentralbanken *fpl*
national charter (Re, US) Bundeskonzession *f (syn, federal charter)*
national chartering (Re, US) Zulassung *f* durch e–e Bundesbehörde
national CPI (Vw, EG) nationaler Verbraucherpreisindex *m*
National Daily Quotation Service (Bö, GB) amtlicher Notierungsdienst *m*
national debt
(FiW) Verschuldung *f* der Zentralregierung *(ie, plus Verschuldung der Gebietskörperschaften = öffentliche Verschuldung)*
(FiW, US) Verschuldung *f* des Bundes
(FiW, GB) Verschuldung *f* der Zentralregierung *(ie, concept may be variously defined but generally includes: funded debt, floating debt, and other unfunded debt)*
national debt ceiling (FiW) Schuldengrenze *f*
national dividend (VGR, GB) Volkseinkommen *n*
national expenditure (VGR) volkswirtschaftliche Gesamtausgaben *fpl*
National Giro (Fin, GB) Postgirodienst *m*
National Giro account (Fin, GB) Postgirokonto *n*
National Giro Centre (Fin, GB) Postgiroamt *n*
National Giro transfer form (Fin, GB) Postgiroscheck *m*
national government (com, GB) Regierung *f*
National Health Service (SozV, GB) Staatlicher Gesundheitsdienst *m*
national income
(VGR) Volkseinkommen *n*
(ie, income earned from aggregate production)
(VGR) Nettosozialprodukt *n* zu Faktorkosten *(ie, GNP adjusted for depreciation and sales and excise taxes; or: net value of all goods and services produced at factor cost)*
national income accounts
(VGR) volkswirtschaftliche Gesamtrechnung *f*
(ie, summary statement of GNP and the components of GNP during the year; syn, national accounting)
national income and product accounts
(VGR) Entstehungs- und Verteilungsrechnung *f*
(ie, + Verwendungsrechnung = volkswirtschaftliche Gesamtrechnung)
national income estimate (FiW) Nationalbudget *n*
national income multiplier
(Vw) binnenwirtschaftlicher Einkommensmultiplikator *m*
national income theory (Vw) Einkommenstheorie *f*
national insurance (SozV, GB) Sozialversicherung *f*
national insurance contribution (SozV, GB) Sozialversicherungsbeitrag *m*
National Insurance contributions (SozV, GB) Sozialversicherungsbeiträge *mpl*
nationalization (Vw) Verstaatlichung *f*
nationalize *v* (Vw) verstaatlichen *(ie, take into public ownership)*
nationalized industries (Bw) verstaatlichte Wirtschaftszweige *mpl*
national legislation
(EG) einzelstaatliche Rechtsvorschriften *fpl*
– innerstaatliche Rechtsvorschriften *fpl*
nationally chartered bank (Fin, US) bundesstaatlich konzessionierte Bank *f*
national market
(EG) einzelstaatlicher Markt *m*
(Bw, US) überregionaler Markt *m*
National Office of the Internal Revenue Service
(StR, US) Bundesfinanzverwaltung *f*
national patent (Pat) nationales Patent *n*
national product (VGR) Sozialprodukt *n*
national product in money terms (VGR) nominales Sozialprodukt *n*
national savings securities
(Fin, GB) Sparbriefe *mpl*
(ie, national savings certificates, British savings bonds, premium savings bonds)
national trade usages (com) nationale Handelsbräuche *mpl*
national transit document (Zo) einzelstaatliches Durchfuhrpapier *n*
national wealth
(VGR) Volksvermögen *n*
(ie, real or tangible assets of a country; excludes intangible assets such as bonds, stocks, paper money)
national wealth earmarked for consumption
(VGR) Gebrauchsvermögen *n*
native character set (EDV, Cobol) maschineneigener Zeichenvorrat *m (cf, DIN 66 028, Aug 1985)*
native collating sequence (EDV, Cobol) maschineneigene Sortierfolge *f (cf, DIN 66 028, Aug 1985)*
natural business year
(ReW) natürliches Geschäftsjahr *n*
(ie, selected to end when inventory or business activity is at a low point)
natural capital (Vw) Boden *m* als Produktionsfaktor
natural disaster (com) = act of God
natural financing (Fin, US) Grundstückskauf *m* ohne Fremdfinanzierung
natural gas (com) Erdgas *n*
natural interest rate (Vw) natürlicher Zins *m (cf, Wicksell)*
naturalization
(Re) Naturalisierung *f*
– Einbürgerung *f*
(ie, granting citizenship to an alien)
natural law (Re) Naturrecht *n*, jus naturale *n (opp, positive law)*
natural logarithm (Math) natürlicher Logarithmus *m (syn, Napierian/hyperbolic . . . logarithm)*
natural monopoly
(Vw) natürliches Monopol *n*
(ie, enjoys economies of scale over a large range of outputs; examples are public utility companies)
natural number (Math) natürliche Zahl *f (ie, the integers 1, 2, 3, . . .)*
natural order
(EDV) in natürlicher Reihenfolge *f*
– nicht sortiert
natural person
(Re) natürliche Person *f*
(opp, legal/artificial . . . person)
natural price (Vw) natürlicher Preis *m (opp, market price)*

natural rate of growth (Vw) natürliche Wachstumsrate *f*
natural rate of interest (Vw) natürlicher Zins *m (cf, Wicksell)*
natural rate of unemployment
(Vw) natürliche Arbeitslosigkeit *f*
(ie, the average unemployment rate that prevails in the economy, depending on the average rates of job separation and job findings; cf, M. Friedman)
natural resource company
(com) Abbaubetrieb *m*
– Gewinnungsbetrieb *m*
– Betrieb *m* der Urproduktion
(syn, extractive . . . company/enterprise)
natural resource enterprise (Bw) Betrieb *m* der Urproduktion *(syn, extractive enterprise)*
natural resources
(Vw) natürliche Ressourcen *fpl*
– Bodenschätze *mpl*
– Grundgüter *npl*
– originäre Produktionsfaktoren *mpl*
(ie, agricultural land, extractive resources like minerals)
natural resources industry (com) Rohstoffindustrie *f*
natural right (Re) natürliches Recht *n (cf, natural law = Naturrecht)*
natural wage (Vw) natürlicher Lohn *m*
natural waste
(Pw) natürlicher Arbeitskräfteabgang *m (eg, death, retirement; syn, attrition)*
(Vers) natürlicher Abgang *m*
natural wear and tear
(Bw) natürlicher Verschleiß *m*
(ie, as a factor of depreciation = Abschreibungsursache; syn, disuse)
nature of goods (com) Beschaffenheit *f* der Waren
nautical mile (com) Seemeile *f (ie, 1,853 km)*
NAV (Fin) = net asset value
naval stores (com, US) Produkte *npl* aus Kiefern *(eg, resins, gums, turpentine)*
navigable waters (com) schiffbare Gewässer *npl*
navigation agreement (Re) Schiffahrtsabkommen *n (syn, shipping agreement)*
navigation line (EDV) Orientierungszeile *f*
NC (IndE) = numerical control
NCBs (EG) = national central banks
NC machines (IndE) = numerically controlled machines
near banks
(Fin) bankähnliche Institute *npl*
– Quasibanken *fpl*
(eg, Aktien- und Investmentbroker, Bausparkassen, Versicherungen, Kreditkartengesellschaften)
nearby contract (Bö) Terminkontrakt *m* kurz vor Fälligkeit
near cash
(Fin) kurzfristige
– hochliquide Anlagen *fpl*
nearest port (com) nächster Hafen *m*
nearing (com) bevorstehend
near-letter quality
(EDV) Schönschrift *f*
(slightly obsolescent since upcoming of desktop laser printers)
near-letter-quality print (EDV) Korrespondenzschrift *f*
near money
(Fin) Quasigeld *n*
– Geldsurrogat *n*
– Geldsubstitut *n*
(syn, substitute/quasi . . . money)
near-pack (Mk) Zugabe *f*, die in der Nähe der Originalware plaziert wird
near recession (Vw) Mini-Rezession *f (syn, minirecession)*
necessaries
(com) Notwendigkeitsgüter *npl*
– Güter *npl* des täglichen Bedarfs
(syn, essential goods)
(com) Bedarfsgüter *npl*
necessary and sufficient condition (Log) notwendige und hinreichende Bedingung *f*
necessary condition (Log) notwendige Bedingung *f (opp, sufficient condition)*
necessities (com) Notwendigkeitsgüter *npl (syn, necessaries, qv)*
necessities of life (Vw) lebenswichtiger Bedarf *m (syn, essential supplies)*
need for (com) Bedarf *m* an *(syn, wants, qv)*
needle printer (EDV) Nadeldrucker *m*
needle trades (com, US) Bekleidungsindustrie *f (syn, apparel /garment . . . industry)*
need of recognition (Pw) Anerkennungsbedürfnis *n*
needs (Vw) Bedürfnisse *npl (syn, wants, qv)*
needs economy (Vw) Bedarfswirtschaft *f (opp, wants-or-aspirations economy)*
negated combined condition (EDV, Cobol) verneinte zusammengesetzte Bedingung *f (cf, DIN 66 028, Aug 1985)*
negated simple condition
(EDV, Cobol) verneinte einfache Bedingung *f*
(cf, DIN 66 028, Aug 1985)
negation
(Log) Negation *f*
(EDV) boolesche Komplementierung *f*
– Negation *f*
(syn, boolean complementation, NOT operation)
negative (Log) = negative proposition
negative an appeal *v* (Re) Berufung *f* verwerfen *(syn, dismiss an appeal)*
negative asset (ReW) Verbindlichkeit *f*
negative assets (ReW) negative Wirtschaftsgüter *npl*
negative assurance (ReW) = negative audit report
negative audit report
(ReW) negativer Prüfungsvermerk *m*
(ie, „nothing came to our attention which would indicate that these statements are not fairly presented")
negative balance (ReW) negativer Saldo *m*
negative balance on services (VGR) negative Leistungsbilanz *f*
negative capital (ReW) negatives Kapital *n (ie, excess of liabilities over assets)*
negative carry
(Fin) Netto-Bestandshaltekosten *pl*
(ie, entstehen, wenn bei inverser Zinsstruktur die kurzfristigen über den langfristigen Zinssätzen liegen; opp, positive carry)
negative cash flow (Fin) Einnahmeunterdeckung *f*

negative clearance (Kart) Negativtest *m*
negative correlation (Stat) negative Korrelation *f* *(syn, inverse correlation; opp, direct/positive . . . correlation)*
negative disinvestment (Vw) negative Vorratsinvestitionen *fpl*
negative exports
(AuW) Einfuhren *fpl*
– Importe *pl*,
negative externalities (Vw) negative Externalitäten *fpl*, negative externe Effekte *mpl (syn, external diseconomies)*
negative file
(Fin) Negativdatei *f*
(ie, list of accounts for which credits etc should be denied)
negative goodwill
(ReW) Überschuß *m* aus der Verschmelzung von Unternehmen durch Neugründung
(ie, excess of net asset value over cost of an acquired company)
negative growth/interst rate differential (AuW) negatives Wachstum/Zins-Differential *n*
negative income tax
(FiW, US) negative Einkommensteuer *f*
(ie, people with incomes below a specified level receive cash payments)
negative integer (Math) negative ganze Zahl *f*
negative interest (Fin) Strafzins *m*, Negativzins *m* *(syn, penalty interest)*
negative intervention (AuW) negative Intervention *f* *(ie, in foreign exchange markets)*
negative investment (Bw) Desinvestition *f (syn, disinvestment)*
negative leverage (Fin) negativer Leverage-Effekt *m* *(ie, Verminderung des sichtbaren Eigenkapitals)*
negative liability *v* (Re) Haftpflicht *f* ausschließen *(syn, rule out)*
negative number (Math) negative Zahl *f*
negative pledge
(Fin) Negativerklärung *f*
(ie, Verpflichtung, vor Tilgung von Darlehen keine besicherten Verbindlichkeiten einzugehen)
negative pledge clause
(Fin) Negativklausel *f*
– Negativrevers *m*
negative proposition (Log) verneinendes Urteil *n* *(syn, negative)*
negative real interest rate (Vw) negativer Realzins *m (ie, less than rate of inflation)*
negative reply (com) abschlägige Antwort *f*, abschlägiger Bescheid *m*
negative saving
(Vw) Entsparen *n*
– negative Ersparnis *n (syn, dissaving)*
negative sign
(Math) Minuszeichen *n*
– negatives Vorzeichen *n (syn, minus sign)*
negative strike (Pw, US) Streik *m* zur Abwehr e–r Verschlechterung der Löhne und Arbeitsbedingungen
negative taxes
(FiW) negative Steuern *fpl*
(ie, publicly financed transfer payments)
negative total (Math) negative Summe *f*
negative utility
(Vw) negativer Nutzen *m*
– Nutzenentgang *m (syn, disutility)*
negligence
(Re) Fahrlässigkeit *f*
(ie, failure to use such care as a reasonable and prudent person would use under similar circumstances; cf, gross negligence)
(Re, US) deliktische Verschuldenshaftung *f*
negligence per se (Re, US) unwiderlegliche Fahrlässigkeit *f*
negligent (Re) fahrlässig
negligent act (Re) fahrlässige Handlung *f*
negotiability
(WeR) freie Übertragbarkeit *f*
– Begebbarkeit *f*
– Negotiierbarkeit *f*
(ie, restricted to order and bearer papers; opp, transferability)
negotiable
(WeR) frei übertragbar
– begebbar
– verkehrsfähig
(ie, instrument is legally capable of being transferred by endorsement and delivery: Indossament und Übergabe bei Orderpapieren; or by mere delivery: bloße Übergabe bei Inhaberpapieren; cf, transferable)
negotiable bill of lading
(WeR) Orderkonnossement *n*
(ie, rarely made out to bearer; syn, order bill of lading)
negotiable bond (WeR) begebbare Schuldverschreibung *f*
negotiable certificates of deposit (Fin) (meist als Inhaberpapiere ausgestellte) Certificates of Deposit
negotiable currency (AuW) marktgängige Währung *f*
negotiable documents
(WeR) begebbare Urkunden *fpl*
(ie, all forms of paper that are negotiable by mere delivery or by endorsement and delivery; term includes negotiable instrument and documents of title, qv)
negotiable FIATA combined transport bill of ladin g (com) Durchkonnossement *n*
negotiable instrument
(WeR) begebbares Wertpapier *n*
(ie, must be made payable to the order of a specific person or payable to bearer; includes checks, notes, and bills of exchange)
(WeR) umlauffähiges Wertpapier *n*
(WeR) Wertpapier *n* des öffentlichen Glaubens
(WeR) Wertpapiere *npl* i. e. S.
(ie, Order- und Inhaberpapiere; in den USA häufig ersetzt durch den Terminus ‚commercial paper'; cf, §3 UCC)
(WeR) Wertpapierrecht *n*
(ie, als Sachgebiet; enger als der deutsche Begriff: umfaßt nur Order- und Inhaberpapiere)
negotiable instruments law (WeR) Wertpapierrecht *n*
negotiable letter of credit (Fin) negotiierbares Akkreditiv *n*
negotiable money order (Fin) begebbare Zahlungsanweisung *f*

negotiable order of withdrawal (NOW) account
(Fin, US) NOW-Konto *n*
(ie, owned by individuals and nonprofit organizations: übertragbare Zahlungsanweisung zugunsten e–s Dritten, die ein Sparkonto belasten; Guthaben verzinslich)
negotiable paper
(Fin) begebbare Wertpapiere *npl*
(ie, verbriefen oder verkörpern Ansprüche aus kurzfristigen Krediten, such as notes, bills, bankers acceptances)
negotiate *v*
(com) verhandeln *(ie, about/for/over)*
(com) = manage
(com) zustandebringen *(eg, contract/treaty)*
(WeR) begeben
– übertragen
– negoziieren
(ie, transfer a negotiable instrument from one person to another, by endorsement and/or delivery = Indossament und/od Übergabe)
(Bö) begeben *(ie, at the stock exchange)*
(Fin) ankaufen *(eg, draft)*
(Fin) einlösen *(ie, convert into money; eg, check)*
negotiate a bill *v* (WeR) Wechsel *m* begeben
negotiate a contract *v* (Re) Vertrag *m* aushandeln
negotiate a loan *v* (Fin) Darlehen *n* od Kredit *m* aushandeln *(syn, arrange a loan, negotiate the terms of a loan)*
negotiate business *v* (com) Geschäfte *npl* vermitteln *(ie, said of an agent)*
negotiate by delivery only *v*
(WeR) formlos übertragen
(ie, applies to bearer instruments = Inhaberpapiere)
negotiated environment (Bw) durch Kontrakte kalkulierbar gemachte Unternehmensumwelt *f*
negotiated offering
(Fin, US) ausgehandelte Emission *f*
(ie, price – and interest rate – determined by negotiation between issuer and underwriter; opp, competitive sale)
negotiated price (com) ausgehandelter Preis *m*
negotiated pricing (com) Preisfestsetzung *f* durch Verhandeln
negotiated quota (AuW) Länderkontingent *n*
negotiated rate of interest (Fin) effektiver Zins *m*, Effektivverzinsung *f (syn, effective rate, qv)*
negotiated rates (Pw, US) Tariflöhne *mpl*
negotiated sale (Fin, US) = negotiated offering
negotiated standard wage rate (Pw) Tariflohn *m* *(syn, agreed/standard/union wage . . . rate)*
negotiate the terms of a loan *v* (Fin) = negotiate a loan
negotiating bank (Fin) negoziierende Bank *f (ie, in letter of credit transactions)*
negotiating commission (Fin) Negoziierungsprovision *f*
negotiating mandate (com) Verhandlungsauftrag *m*
negotiating party (com) Verhandlungspartner *m*
negotiating platform (com) Verhandlungsgrundlage *f*
negotiating position (com) Verhandlungsposition *f*
negotiating range (com) Verhandlungsspielraum, *m* *(syn, room to negotiate)*
negotiating session (com) Sitzungsperiode *f*
negotiating table (com) Verhandlungstisch *m*
negotiating team (com) Verhandlungsteam *n*
negotiation
(com) Verhandeln *n*, Aushandeln *n (eg, sale, pay settlement)*
(WeR) Begebung *f (von Wertpapieren)*
(ie, Order- und Inhaberpapiere = order and bearer instruments; if an instrument is payable to bearer, it is negotiable by delivery [Übergabe] alone; if payable to order, it is negotiated by the endorsement of the holder completed by delivery)
(Fin) Übertragung *f*, Negoziierung *f*
negotiation credit (Fin) Negoziationskredit *m*
negotiation fee (Fin) Konsortialprovision *f*
negotiations (com) Verhandlungen *fpl*
negotiation technique (com) Verhandlungstechnik *f*
negotiator (com) Verhandlungsführer *m*
neighborhood corner grocery (com, US) Nachbarschaftsladen *m*
neighborhood effects (Vw) externe Effekte *mpl*, Externalitäten *fpl (syn, external effects, externalities, spillovers)*
neighborhood shop (com) Nachbarschaftsladen *m*
neighboring arcs (OR) Nachbarkanten *fpl*
neighboring cuts (OR) = neighboring arcs
neighboring discipline (Log) Nachbardisziplin *f*
neighbour principle (Re, GB) Nachbarschaftsprinzip *n*
nem. con. (com) kein Einspruch *m (ie, in minutes of a meeting: nemine contradicente)*
neomercantilism (Vw) Neomerkantilismus *m*
neo-quantity theory of money (Vw) Neoquantitätstheorie *f*
nest (Math) geordnete Menge *f* von Mengen *(syn, chain, tower)*
nest *v* (EDV) verschachteln
nested
(Math) total geordnet
(EDV, Cobol) geschachtelt
nested expression (EDV) Verschachtelung *f*
nested intervals (Math) Intervallschachtelung *f*
nested loop (EDV) verschachtelte Schleife *f*
nested sample (Stat) mehrstufige Stichprobe *f (syn, multiple sample, qv)*
nested sampling
(Stat) mehrstufige Auswahl *f*
– Klumpenauswahlverfahren *n*
(syn, cluster sampling)
nested sets
(Math) geordnete Mengen *fpl*
(ie, family of sets where, given any two of its sets, one is contained in the other)
nest egg (Fin, infml) Rücklage *f*
nesting (EDV) Schachtelung *f*
net
(com) netto *(ie, after all deductions)*
(com) abzüglich *(eg, net of taxes)*
(ReW) saldiert
(Fin) netto Kasse ohne Abzug
net *v*
(com) netto verdienen, einbringen
(ReW) abziehen *(eg, loss against profit)*
(Fin) aufrechnen *(ie, against)*
net accumulation of ECUs (AuW) Überschußguthaben *n* in ECU

net amount
(com) Nettobetrag *m (opp, gross amount)*
net asset position (VGR) Netto-Vermögenspositionen *fpl*
net assets
(com) Nettovermögen *n*
(ReW) Reinvermögen *n*
(ie, stated on various bases, such as cost, partly amortized cost, and estimated net realizable values, which have little relation to the current value of the net assets)
(Fin) haftende Mittel *pl*
net assets per share
(Fin) Eigenkapital *n* je Aktie
net asset value
(Bw) Teilreproduktionswert *m*
– Substanzwert *m*
(syn, reproduction value)
(Fin) Liquidationswert *m*
– Inventarwert *m*
(ie, determined by investment trusts; cf, asset value)
net asset value per share
(Fin) Inventarwert *m* je Anteil
(ie, e–s Fondsanteils: total assets – total liabilities: total shares outstanding)
net avails
(Fin) Nettoerlös *m*
(ie, proceeds of a discounted note; face value less discount)
netback (com) Rückrechnung *f* von brutto auf netto
netback price
(Bw) Nettopreis *m*
(ie, der höher od tiefer als der Basispreis liegen kann; Unterbegriff des ‚industry-administered price')
net balance end of period (ReW) Endbestand *m*
net balance of period (ReW) Endbestand *m*
net balance on long-term capital account (VGR) Bilanz *f* des langfristigen Kapitalverkehrs
net barter terms of trade
(AuW) Nettaustauschverhältnis *n*
(ie, Quotient aus Importgüterpreisindex und Exportgüterpreisindex; opp, gross barter terms of trade)
net book value
(ReW) Nettobuchwert *m*
– (Rest-)Buchwert *m*
– fortgeführte Anschaffungskosten *pl*
– Abnutzungswert *m*
(ie, original cost less applicable portions of depreciation provisions; syn, book value, remaining/depreciated . . . book value, amortized /residual/unrecovered . . . cost, carrying rate of assets, carrying value; balance of asset cost)
net borrowed reserves (Vw) Differenz *f* zwischen den Überschußreserven des Bankensystems und den bei den Federal Reserve Banks aufgenommenen Krediten
net borrowing
(FiW) Nettokreditaufnahme *f*
(syn, net credit intake)
net borrowing requirements
(Fin) Nettokreditbedarf *m*
(FiW) Nettokreditaufnahme *f*

net budget
(FiW) Nettoetat *m*
(ie, shows only receipts or expenditure surplus; opp, gross budget)
net business formation
(Vw) Nettozahl *f* der monatlichen Neugründungen von Unternehmen, Netto-Unternehmensgründungen *fpl*
(ie, one of the leading indicators = Frühindikatoren)
net capital formation
(Vw) Nettokapitalbildung *f*
– Nettoanlageinvestitionen *fpl*
net capital imports (AuW) Nettokapitalimporte *mpl*
net capital productivity (Vw) Nettokapitalproduktivität *f*
net cash (com) netto Kasse ohne Abzug
net cash flow (Fin) Netto-Cashflow *m (ie, Gewinne nach Steuern und Dividende + Abschreibung)*
net cash investment (Fin) Netto-Auszahlung *f (ie, in preinvestment analysis = Investitionsrechnung)*
net cash outflow (Fin) Anschaffungswert *m (ie, in preinvestment analysis)*
net change (Bö) Differenz *f* zwischen dem Schlußkurs e–r Aktie an e–m gegebenen Tag und dem des Vortages
net change in business inventory
(VGR) Lagerinvestitionen *fpl*
(syn, inventory . . . changes/investment, investment in inventories of goods)
net chargeoff (Fin) Nettokreditausfall *m*
net contributor (EG) Nettozahler *m*
net cost (com) Nettokosten *pl*
net credit intake (FiW) Nettokreditaufnahme *f (syn, net borrowing)*
net creditor position (AuW) Nettogläubigerposition *f*
net currency inflow (AuW) Nettodevisenzufluß *m*
net currency outflow (AuW) Nettodevisenabfluß *m*
net current assets
(ReW) Nettoumlaufvermögen *n*
– Liquiditätsüberschuß *m*
(ie, Umlaufvermögen – kurzfristige Verbindlichkeiten = current assets – current liabilities; syn, working capital)
net current liabilities (ReW) kurzfristige Nettoverbindlichkeiten *fpl*
net current transfer from the rest of the world
(VGR) Saldo *m* der laufenden Übertragungen zwischen inländischen Wirtschaftseinheiten und der übrigen Welt
net current transfers (VGR) Saldo *m* der laufenden Übertragungen
net debt (Fin) Nettoverschuldung *f*
net debtor position (AuW) Nettoschuldnerposition *f*
net dividend (Fin) Reindividende *f*
net domestic investment (VGR) Nettoinlandsinvestitionen *fpl*
net domestic product (VGR) Nettoinlandsprodukt *n (opp, gross domestic product)*
net earnings
(ReW) Nettogewinn *m*
– Reingewinn *m*
(syn, net profit, qv)
(com) Nettoverdienst *m (syn, net wages, take-home pay, qv)*

net earnings area
(Fin) Gewinnzone *f*
(ie, in breakeven chart; syn, profits wedge, net income area)
net earnings as percentage of sales (Fin) Nettoumsatzrendite *f*
net earnings available for dividend payout (Fin) ausschüttbarer od ausschüttungsfähiger Gewinn *m (syn, distributable profit)*
net earnings for the year
(ReW) Bilanzgewinn *m*
– Reingewinn *m*
(syn, net . . . income/profit)
net earnings per share (Fin) Reingewinn *m* je Aktie *(cf, earnings per share, EPS)*
net equity (StR, US) Nettovermögen *n*
net exchange movements
(AuW) Devisenbilanz *f*
(ie, als Saldo von Forderungen und Verbindlichkeiten; syn, foreign exchange account, qv)
net expense ratio (Fin) Bedarfsspanne *f (ie, of banks; syn, required margin)*
net export (of goods and services)
(VGR) Außenbeitrag *m*
(ie, including net factor income accruing to residents from abroad; Saldo der Handelsbilanz und Dienstleistungsbilanz i.e.S.; syn, net foreign demand)
net exports
(AuW) Nettoexporte *mpl*
(ie, difference between the values of exports and the value of imports)
net external asset position (AuW) Netto-Vermögensposition *f* gegenüber dem Ausland
net external assets (AuW) Nettoauslandsforderungen *fpl*
net external indebtedness (Vw) Nettoauslandsverschuldung *f*
net external liability position
(AuW) Netto-Schuldnerposition *f* gegenüber dem Ausland
net external position (AuW) Nettoauslandsposition *f*
net factor income payments from the rest of the w orld (VGR) Saldo *m* der Erwerbs- und Vermögenseinkommen zwischen Inländern und der übrigen Welt
net financial investment (VGR) Finanzierungssaldo *m*
net fixed assets (Bw) Nettoanlagevermögen *n*
net fixed capital formation (VGR) Netto-Anlageinvestitionen *fpl*
net foreign demand (VGR) = net exports of goods and services
net foreign investment
(AuW) Nettoauslandsinvestitionen *fpl*
(ie, change in a country's net holdings of interest-bearing assets from abroad + change in its international reserves)
net foreign position (AuW) Auslandssaldo *m*
net freights (VGR) Frachtbilanz *f*
net funding needs (Fin) Netto-Fremdmittelbedarf *m*
Net Fund Position
(IWF) Reserveposition *f*
(ie, difference between subscription or quota and IMF holdings of domestic currency; syn, reserve position)
net gearing (Fin, GB) Nettoverschuldung *f* in % des Eigenkapitals
net government borrowing (FiW) Nettokreditaufnahme *f*
net holdings (Bö) Nettobestand *m*, Nettoposition *f (syn, net position)*
net income (ReW) = net earnings
net income area
(KoR) Gewinnzone *f*
– Gewinnlinse *f*
(syn, profits wedge)
net income for the year (ReW) Jahresüberschuß *m*
net income method (StR) Einnahmeüberschußrechnung *f*
net income percentage of sales (Fin) Umsatzrendite *f (syn, percentage return on sales, qv)*
net income retained in the business
(ReW) einbehaltene Gewinne *mpl*
– nicht ausgeschüttete Gewinne *mpl*
– thesaurierte Gewinne *mpl*
(syn, income retentions, plowed back profits)
net increase
(Vers) Nettoneugewinngeschäft *n*
(ie, Neugeschäft + Wiederinkraftsetzungen – Storno und gekündigte Verträge)
net indebtedness (FiW) Nettoverschuldung *f (syn, net national debt)*
net inflow of capital (AuW) Nettokapitalzustrom *m*
net interest burden (Fin) Nettozinsbelastung *f*
net interest income (ReW) Zinsergebnis *n*
net interest margin (Fin) Nettozinsspanne *f*
net interest received (Fin) Zinsüberschuß *m (syn, net interest revenue, surplus on interest earnings)*
net interest revenue (Fin) = net interest received
net investment
(VGR) Nettoinvestition *f*
– Neuinvestition *f*
(ie, change in the capital stock; gross investment minus the amount of depreciation which is equal to replacement investment = Bruttoinvestition – Abschreibung od Ersatzinvestition)
net investment in property, plant and equipment
(ReW) Buchwert *m* des Anlagevermögens
net investment ratio (VGR) Nettoinvestitionsquote *f*
net leasing
(Fin) Netto-Leasing *n*
(ie, Wartung, Reparaturen und Versicherung trägt der Leasing-Nehmer)
net lendings (Fin) Nettoausleihungen *fpl*
net liquid assets (Fin) Nettoliquidität *f (ie, total of liquid assets – total of current liabilities)*
net liquid funds
(ReW) Nettofonds *m*
(ie, Kasse, Bankguthaben – Bankschulden und sonstige innerhalb e–s Jahres rückzahlbare Kredite)
net liquidity balance
(VGR, US) Liquiditätsbilanz *f*
– Zahlungsbilanz *f* auf Nettoliquiditätsbasis
(ie, term used by the Department of Commerce: includes the current account and all nonbank capital flows; measures the flow of dollars between residents and nonresidents of the United States)
net liquidity flow (Fin) Nettoliquiditätszufluß *m*

net loan chargeoffs (Fin) Nettoforderungsausfall *m*
net loan proceeds (Fin) Auszahlung *f*, Auszahlungsbetrag *m (syn, payout, qv)*
net loss
(ReW) Reinverlust *m*
– Bilanzverlust *m (syn, net loss for the year)*
net margin (com) Reingewinn *m*
net national debt (FiW) Nettoverschuldung *f (syn, net indebtedness)*
net national income, NNI (VGR) Nettovolkseinkommen *n*
net national product at factor cost (VGR) Nettosozialprodukt *n* zu Faktorkosten *(ie, national income = Volkseinkommen)*
net national product at market prices (VGR) Nettosozialprodukt *n* zu Marktpreisen
net national product, NNP
(VGR) Nettosozialprodukt *n*
(ie, gross national product minus depreciation of capital)
net official monetary assets (AuW) Nettowährungsreserven *fpl*
net of tax (StR) versteuert *(syn, tax paid)*
net of unearned income (ReW) abzüglich Gewinnabgrenzung
net operating income (ReW) = net operating profit
net operating loss (ReW) Nettobetriebsverlust *m (syn, GB, net trading loss)*
net operating-loss carryover (StR, US) Vortrag *m* von Nettobetriebsverlusten
net operating loss deduction (StR) Verlustabzug *m*
net operating margin
(Fin) Umsatzrendite *f*
(syn, percentage return on sales, qv)
net operating profit
(ReW) Nettobetriebsgewinn *m*
– Reingewinn *m* vor Steuern
(ie, – ao. und neutrale Erträge + Verwaltungsgemeinkosten = Bruttogewinn – Vertriebsgemeinkosten; syn, GB, net trading profit)
net out *v*
(com) bereinigen um *(syn, adjust for)*
(ReW) saldieren *(eg, accounts; syn, balance out)*
net outflow of capital (AuW) Nettokapitalabfluß *m*
net outgoings from direct investment (Fin, GB) Netto-Direktinvestitionen *fpl*
net outpayments (Fin) Auszahlungsüberschuß *m*
net output
(VGR) Nettoproduktionswert *m*
(ie, gross output minus purchased materials and services = Bruttoproduktionswert minus Vorleistungen, or: Summe aus Abschreibungen, indirekten Steuern (abzüglich Subventionen) und Wertschöpfung)
net-output/gross-output ratio (VGR) Nettoquote *f*
net pay (Pw) Nettoeinkommen *n (ie, take-home pay, qv)*
net payout (Fin) Nettoausschüttung *f*
net per share (Fin) Reingewinn *m* je Aktie
net personal savings (VGR) Nettoersparnis *f* der privaten Haushalte
net position
(AuW) Nettoposition *f*
(Fin) Nettobestand *m*, Nettoposition *f (syn, net holdings)*

net position on transport (VGR) Transportbilanz *f*
net premium
(Vers) Nettorisikoprämie *f*
– Bedarfsprämie *f*
(ie, net charges for insurance cost only; minus expense or contingencies; syn, net rate, expected loss ratio, risk-absorbed premium)
net premium income (Vers) Prämienüberschuß *m*
net presentation (ReW) Nettoausweis *m*
net present value
(Fin) Kapitalwert *m*
(ie, of an annuity or right of use; syn, capital/capitalized . . . value)
(Fin) Kapitalwert *m*
(ie, e–r Investition: ergibt sich aus den Rückflüssen (Ein– und Auszahlungen) e–r Investition, vermindert um die Anschaffungsauszahlungen)
net present value method
(Fin) Kapitalwertmethode *f*
(ie, used in preinvestment analysis = Investitionsrechnung)
net price
(com) Nettopreis *m (ie, price less discounts, rebates, allowances)*
(Bö) Nettokurs *m*
net price transaction
(Fin) Nettogeschäft *n*
net private domestic investment (VGR) Nettoinlandsinvestitionen *fpl* ohne Staat
net proceeds
(ReW) Nettoerlös *m*
(Fin) Auszahlung *f (ie, of a loan; syn, payout, payoff, avail)*
net production cost (KoR) Betriebsselbstkosten *pl*
net profit
(ReW) Reingewinn *m*
(ie, gross profit minus operating expenses; syn, net . . . earnings/income)
net profit after taxes (ReW) Reingewinn *m* nach Steuern
net profit before taxes (ReW) Reingewinn *m* vor Steuern
net profit for the year
(ReW) Jahresgewinn *m*
– Bilanzgewinn *m*
net profit margin (Fin) Nettoumsatzrendite *f (ie, Verhältnis Jahresüberschuß nach Steuern zu Umsatz)*
net profit markup (com) Reingewinnzuschlag *m*
net profit on sales (ReW) Warenreingewinn *m*
net profit ratio (ReW) Verhältnis *n* Reingewinn zu Nettoerlös
net purchase price
(com) Nettoeinkaufspreis *m*
(ie, invoice price + cost of acquisition – deductions)
net purchases
(ReW) Nettoeinkaufswert *m*
(ie, Kosten + Eingangsfracht – Retouren, Nachlässe und Skonti)
net quick ratio
(Fin) Liquidität *f* 2. Grades
(ie, monetäres Umlaufvermögen/kurzfristige Verbindlichkeiten)
net rate (Vers) = net premium

net realizable value
(ReW, US) Netto-Realisationswert *m*
(ie, equal to the net cash amount that a firm would receive if it sold its existing assets after subtracting any costs of disposal = Verkaufspreis abzüglich der anfallenden direkten Verkaufskosten; syn, current exit price)
net receipts (com) Nettoeinnahmen *fpl*
net reflux (AuW) Nettorückfluß *m*
net registered tonnage
(com) Nettoregistertonnen *fpl*
(ie, the actual carrying capacity of a ship)
net reinvestment rate (Fin) Nettowiederanlagesatz *m*
net rental (com) Nettomieteinnahme *f*
net reproduction rate
(Stat) Nettoreproduktionsziffer *f*
– Nettoreproduktionsrate *f*
– Nettoreproduktionsindex *m (ie, a measure of fertility)*
net reserve position (AuW) Nettodevisenposition *f*
net result (com) Endergebnis *n (syn, final result)*
net return (Fin) Nettoverzinsung *f*
net salary (com) Nettogehalt *n*
net sales
(com) Nettoauftragseingang *m*
(ReW) Nettoumsatz *m*
– Nettoumsatzerlöse *mpl*
– Reinumsatz *m*
(ie, gross sales less deductions = Erlösschmälerungen)
net security gain (Fin) Nettoertrag *m* aus Wertpapieren
net surplus (ReW, US) einbehaltene Gewinne *mpl (ie, replaced by ‚retained earnings')*
nett (com) = net
net tare (com) Nettotara *f*
netting
(MaW) Bestandsabgleich *m*
(Fin) Aufrechnung *f* von Forderungen und Verbindlichkeiten
(eg, if Bank A ends the day owing Bank B DM100m and Bank B owing Bank A DM75m, they will settle up with Bank A paying Bank B DM25m; cf, multilateral netting)
netting out (ReW) Saldieren *n (syn, balancing out)*
netting scheme
(Fin) Netting-System *n*
(ie, one of the largest is Fxnet, the London and New York-based scheme for foreign exchange netting; it is based on computers at each member bank linked into a network; they log deals and calculate net payments; im Auslandszahlungsverkehr werden Clearingeinrichtungen geschaffen, in denen Forderungen und Verbindlichkeiten gegeneinander aufgerechnet und nur die Nettobeträge durch tatsächliche Geldbewegungen ausgeglichen werden)
netting system
(Fin) Netting-System *n*
(ie, Clearingsystem im Auslandszahlungsverkehr)
net total assets (Vers) Eigenkapital *n (syn, capital at risk)*
net trade balance (VGR) Nettohandelsbilanz *f (ie, exports minus imports)*
net trading loss (ReW, GB) = net operating loss
net trading profit (ReW, GB) = net operating profit
net turnover (ReW, GB, EG) Nettoumsatzerlöse *mpl (syn, net sales, qv)*
net turnover rate (Pw) Fluktuationskennzahl *f*
net value added
(VGR) Nettowertschöpfung *f*
(ie, net output less depreciation = Nettoproduktionswert – Abschreibungen; or: sum of wages, salaries, interest, distributed and undistributed profit)
net wages (com) = net earnings
net wealth tax (FiW) Vermögensteuer *f*
net weight
(com) Nettogewicht *n*
(ie, gross weight minus tare which is weight of wrapping, etc)
(Zo) Eigengewicht *n*
net with *v* (com) verrechnen mit
network
(EDV) Netzplan *m*
– Netzwerk *n*
network *v*
(EDV) über Netzwerk kommunizieren
(eg, we network on electronic mail)
network access (EDV) Netzzugang *m*
network access point (EDV) Netzzugangspunkt *m*
network administrator (EDV) Netzverwalter *m*
network analysis (OR) Netzwerkanalyse *f*
network catalog (EDV) Netzwerkkatalog *m*, Netzkatalog *m (syn, catalog system)*
network congestion (EDV) Netzwerküberlastung *f*
network control (EDV) Netzwerksteuerung *f*
networked (EDV) vernetzt
network flow (OR) Netzwerk *n*
network flow theory (OR) Netzwerktheorie *f*
networking (EDV) Netzwerkbetrieb *m*
net working capital
(ReW) Working Capital *n*
– Nettoumlaufvermögen *n*
(ie, current assets minus current liabilities = Umlaufvermögen – kurzfristige Verbindlichkeiten; Liquiditätskennziffer, die das disponible Vermögen angibt; syn, working capital, net current assets)
net working capital fund (Fin) Fonds *m* des Reinumlaufvermögens
net working capital ratio
(ReW) Liquiditäts-Koeffizient *m*
(ie, current assets minus current liabilities; etwa gleich der Liquidität 2. Grades)
networking utility (EDV) Netzwerkdienstprogramm *n*
network interface (EDV) Netzanschluß *m*
network layer (EDV) Netzwerkschicht *f*, Vermittlungsschicht *f (ie, in computer network)*
network of branches (Fin) Filialnetz *n*
network of branch offices (Fin) Zweigstellennetz *n (eg, widespread . . .)*
network of licenses (Pat) Lizenzverbund *m*
network of samples (Stat) mehrstufige Stichprobe *f* ineinandergreifende Stichproben *fpl (syn, interpenetrating/multiple . . . sample)*
network operating system (EDV) Netzbetriebssystem *n*
network operator (EDV) Betreiber *m*, Netzbetreiber *m (syn, carrier)*

network planning technique
(OR) Netzplantechnik *f*
(ie, emphasizes scheduled completion time and resource allocation)
network reliability (EDV) Ausfallwahrscheinlichkeit *f* von Leitungen
network scheduling (EDV) Auftragsvergabe *f* in Rechnernetzen
network user (EDV) Netzteilnehmer *m*
net worth
(ReW) Reinvermögen *n*
– Eigenkapital *n*
(ie, excess of going concern value, qv, of assets over liabilitiy to outsiders; im Falle der Kapitalgesellschaft = paid-in capital, retained earnings, and appropriated surplus; syn, net assets)
net worth position (ReW) Vermögenslage *f*
net worth turnover (ReW) Kapitalumschlag *m*
net yield
(Fin) Nettorendite *f*
(ie, income of a bond less annual amortization if bought at a premium, but plus annual accumulation if bought at a discount; the yield to maturity)
neural net
(EDV) neuronales Netz *n*
(ie, Computer mit netzartiger Verbindungsstruktur)
neural net(work) (EDV) neuronales Netz *n (ie, hard- and software systems that try to simulate information processing in human brains)*
neuter *v*
(com, infml) verwässern
(ie, deprive of its original vitality; eg, a tax reform; syn, castrate)
neutral goods
(AuW) neutrale Güter *npl*
(ie, not subject to international commodity exchange)
neutrality of goals
(Vw) Zielindifferenz *f*
– Zielneutralität *f*
(syn, indifference of goals)
neutrality of money
(Vw) Neutralität *f* des Geldes
(ie, the assumption that money – serving only as a medium – is indifferent to real quantities, such as real national income, production, level of employment, relative prices)
neutrality of taxation
(FiW) Neutralität *f* der Besteuerung
(ie, refers to the feature of certain taxes not to trigger off unintended substitution effects)
neutralize money *v* (Vw) Geld *n* stillegen *(syn, immoblize money, qv)*
neutral money (Vw) neutrales Geld *n*
neutral rate of interest (Vw) neutraler Zins *m (ie, during full employment)*
neutral tax (FiW) neutrale Steuer *f*
neutral technical progress (Vw) neutraler technischer Fortschritt *m*
never-never system (Fin, GB) = hire purchase system
never-outs (Mk) Artikel *mpl*, die immer auf Lager sein müssen *(ie, because of uninterrupted demand)*

new-book department (com) Sortimentsabteilung *f (ie, of a book store)*
new borrowing (Fin, FiW) Neuverschuldung *f (syn, new indebtedness)*
new business
(com, Vers) Neuabschlüsse *mpl*
– Neugeschäft *n*
– Neuzugang *m*
(Bw) Neugründungen *fpl (syn, new business formations)*
new buying (Bö) Neuengagements *npl*
new-car sales (com) Neuwagengeschäft *n*
newcomer (Bö) Neuling *m* im Börsenhandel *(opp, oldy)*
new contracts (com) Neuabschlüsse *mpl*
new credits (Fin) Neukredite *mpl*
New Deal
(com, US) New Deal *m*
(ie, legislative and administrative package pushed through by F. D. Roosevelt to promote recovery and social reform in the 1930s; also the period between 1933–1941)
new facility (Fin) Neukredit *m*
new for old
(Vers) Abnutzung *f*
(ie, applying discount – based upon depreciation of a new part that is installed – in settlement of a claim)
newgo (Bö) Geschäfte *npl*, die zwei Tage vor dem ‚contango day' abgeschlossen, aber erst am übernächsten Liquidationstermin abgerechnet werden
new hires (Pw) = new hirings
new hirings (Pw) Neueinstellungen *fpl (ie, taking on new labor; syn, accession/hiring . . . rate)*
new incorporations (Bw) Neugründungen *fpl* von Kapitalgesellschaften
new indebtedness (FiW) = new borrowing
new insurance business (Vers) Versicherungsneugeschäft *n*
new issue (Bö) Neuemission *f*
new issue business (Bö) Primärgeschäft *n (ie, securities sold in the primary market)*
new issue market (Fin) Markt *m* für Neuemissionen, Primärmarkt *m (syn, primary market, qv)*
new issue rate (Fin) Emissionsrendite *f (syn, yield on new issue)*
new-issue volume (Bö) Volumen *n* der Neuemissionen
new issue window
(Fin) Emissionsfenster *m*
(ie, for fixed-interest public bonds = Schuldverschreibungen der öffentlichen Hand)
new lendings (Fin) Neugeschäft *n*
new line character (EDV) Zeilenvorschubzeichen *n (syn, NL character)*
newly industrializing country, NIC (AuW) Schwellenland *n*
new math (Math) = new mathematics
new mathematics
(Math) Neue Mathematik *f*
(ie, results from computer technology, with emphasis on boolean algebra, sets, propositional logic, groups, and matrices; syn, new math)
new offering (Fin) Neuemission *f (syn, new issue)*
new order intake (com) = new orders

new orders
(com) Auftragseingang *m*
(syn, booking of new orders, incoming . . . business/orders, inflow of orders, intake of new orders, order bookings, orders received, rate of new orders)
new plant and equipment (Bw) Anlageinvestitionen *fpl*
New Political Economy
(Vw) Neue Politische Ökonomie *f*
– ökonomische Theorie *f* der Politik
new principal
(Fin) Endkapital *n*, (K_n), Endwert *m*
(syn, end of value, compound amount at end of n years)
new product development
(Mk) Produktentwicklung *f*
– Produktplanung *f*
(syn, new product planning)
new replacement insurance (Vers) Neuwertversicherung *f*
news agency (com) Nachrichtenagentur *f*
news blackout (com) Nachrichtensperre *f*
newscast (com, US) Nachrichtensendung *f*
newscaster
(com) Nachrichtensprecher *m*
– Redakteur *m* im Studio
(syn, anchorman, or anchorwoman, as the case may be; syn, GB, newsreader)
newsdealer (com, US) Zeitungshändler *m*
new share (Fin) junge Aktie *f*
news letter
(com) Informationsbrief *m*
– Mitteilungsblatt *n*
(ie, addressed to a special group)
newsletter to shareholders (Fin) Aktionärsbrief *m* *(ie, Inhalt etwa: Einladung zur HV, Zwischenbericht)*
newsman (com) Reporter *m*, Korrespondent *m*
newspaper ad (Mk) Zeitungsanzeige *f* *(syn, GB, advert)*
newspaper advertising (Mk) Zeitungswerbung *f*
newspeople (com) Reporter *mpl*
newsperson (com, US) Reporter *m* / Reporterin *f*
newsprint (com) Zeitungspapier *n*
newsreader (com, GB) Nachrichtensprecher *m* *(syn, US, newscaster, qv)*
newsreel (com) Wochenschau *f*
news release (com) Pressenotiz *f*
news room (com, GB) Zeitschriftenraum *m* *(syn, periodical room)*
newswoman (com) Reporterin *f* *(ie, slighly disparaging term, cf, newsperson)*
new time dealing (Bö, GB) Wertpapiergeschäft *n*
New World Economic Order (Vw) Neue Weltwirtschaftsordnung *f*
New Year's Eve bond issue (Fin) Silvesteranleihe *f*
New York Futures Exchange, NYFE (Bö, US) Tochter *f* der New York Stock Exchange; gehandelt werden u.a. NYSE Composite Index, NYSE Financial Index, T-Bonds
New York Interbank Offered Rate
(Fin) New Yorker Interbanken-Angebotssatz *m*
New York Stock Exchange, NYSE
(Bö) New Yorker Börse *f*

next business (com) nächster Tagesordnungspunkt *m* *(eg, proceed to the . . .)*
next day delivery (Bö, US) Lieferung *f* und Zahlung *f* am nächsten Tag
next executable sentence (EDV, Cobol) nächster auszuführender Satz *m* *(cf, DIN 66 028, Aug 1985)*
next function (EDV) kanonischer Nachfolger *m*
next higher court (Re) nächsthöhere Instanz *f* *(syn, court above, qv)*
next preceding term (Math) vorhergehendes Glied *n* *(eg, of a progression = Folge)*
nexus (Re) Zusammenhang *m* *(syn, connection, link)*
nibble (EDV, infml) Hexziffer *f* *(ie, one hex number, such as 1001, is half a byte)*
NIC (AuW) = newly industralizing country
niche firm (com) Nischenfirma *f*
nickel
(Fin, US) 5 Basispunkte *mpl* *(ie, = 0.05 %)*
(com) Nickel *n*
(ie, highly corrosion resistant metallic element; used in alloys, ceramics, and electronic circuits)
(com, US) 5-Cent-Münze *f*
(com, infml) jede kleine Münze *f*
nickname (EDV) Kurzname *m*
NIF (Fin) = Note Issuance Facility
night differential (Pw, US) Nachtarbeitszuschlag *m* *(ie, between 6 PM and 6 AM)*
night school (Pw) Abendschule *f* *(syn, evening school)*
night shift (Pw) Nachtschicht *f*
nighttime rate (com) Nachttarif *m*
nighttime sales (com) Abendverkauf *m* *(syn, late opening)*
nightwatchman state
(Vw) Nachtwächterstaat *m*
(ie, minimal state, without undue interference in its citizens' affairs)
night work (Pw) Nachtarbeit *f*
nil norm (com, GB) = zero norm
nil-paid-share (Fin) (gezeichnete) Aktie *f* ohne Einzahlung *(opp, partly-paid/fully-paid . . . share)*
nil report (com) Fehlanzeige *f*
nil return (com) Fehlanzeige *f*
nil tariff (Zo) Nulltarif *m*
nil-tax treatment (StR) Steuerbefreiung *f*, Nullbesteuerung *f*
nine no-nos
(Kart, US) Katalog *m* mit 9 lizenzvertraglichen Beschränkungen
(ie, aufgestellt von der Antitrust Division des Department of Justice; hat sich nicht durchgesetzt)
nit-picking (com, infml) kleinlich *(eg, management style)*
nixie mail (com, US) schwer zustellbare Post *f* *(ie, illegible, incorrect address)*
no account (Fin, GB) keine Deckung
no-action clause (Fin) Nichtausübungsklausel *f*
no action will lie (Re) Klage *f* ist nicht gegeben
no address operand (EDV) Direktoperand *m* *(syn, immediate operand)*
no advice (Fin, GB) keine Anweisung *(ie, from acceptor to pay a domiciled bill of exchange; syn, no orders)*

no-branch foreign bank (Fin) filiallose Auslandsbank *f*
no brokerage (Bö) franko Kurtage
no carbon required (paper) (com, GB) selbstdurchschreibendes Papier *n*
no-charge item (com) kostenlose Lieferung *f*
no-check payroll system (Pw) Lohn- und Gehaltszahlung *f* durch Abbuchungsverfahren
no-claim bonus (Vers) Schadenfreiheitsrabatt *m*
no-competition clause
(Pw) Konkurrenzklausel *f*
– Wettbewerbsklausel *f*
no-confidence vote (com) Mißtrauensvotum *n*
no-contribution period (SozV) beitragsfreie Zeit *f*
nodal point (EDV) Knotenpunkt *m*
node
(OR) Knoten *m*
– Ecke *f*
– Eckpunkt *m (ie, of a graph; syn, vertex)*
(IndE) Fertigungsstufe *f*
no dealings (Bö) Kurs gestrichen
no-debt system
(Bö, US) vollständiges Abrechnungssystem *n*
(ie, am Ende der täglichen Abrechnung sind alle offenen Kontrakte ausgeglichen)
node-constraint network (OR) knoten-beschränktes Netzwerk *n*
node disjoint (OR) knotendisjunkt
node event (OR) Knotenereignis *n*
node of a curve (Math) Knotenpunkt *m* e–r Kurve *(ie, point where two parts of the curve cross and have different tangents)*
no-dividend fund (Fin) Wachstumsfonds *m*, Thesaurierungsfonds *m (syn, growth fund, qv)*
no-fault insurance
(Vers) Kfz-Versicherung *f* für Personenschäden
(ie, Schadenabwicklung ohne Prüfung der Verschuldensfrage)
no funds (Fin, GB) keine Deckung *(ie, refers to checks; replaced by ,refer to drawer')*
no-holds-barred price cutting (com, US) Preiskrieg *m (syn, price cutting war, qv)*
no-invoice deal (StR, infml) OR-Geschäft *n*, Ohne Rechnung-Geschäft *n (ie, struck in order to evade taxes)*
noise protection (IndE) Lärmschutz *m*
NOL (ReW) = net operating loss
no-limit order (Bö) unlimitierter Auftrag *m (ie, no stipulations about price)*
no-load contract (Fin) Vertrag *m* ohne Abschlußgebühr
no-load fund (Fin) Investmentfonds *m*, der Anteile (a) ohne Gebühren oder (b) direkt an den Anleger verkauft *(without salesmen)*
nolo contendere plea (Kart, US) Urteilsanerkenntnis *n (ie, regarded as consent, not as proof of guilt)*
no-means test (SozV) Bedürftigkeitsprüfung *f (syn, means test, test of need)*
nomenclature
(Log) Nomenklatur *f*, Benennungssystem *n*
(syn, system of terms used in a particular science; eg, in biology)
(Zo) Zolltarifschema *n*
nominal (com) zufriedenstellend *(ie, satisfactory, according to plan)*
nominal account
(ReW) Erfolgskonto *n*
– Aufwand- und Ertragskonto *n*
(syn, revenue and expense/operating/income statement . . . account; opp, real account = Bestandskonto)
nominal capital
(Fin) Nominalkapital *n*
(ie, represented by the par or stated value of issued stock)
nominal charge (com) = nominal fee
nominal coupon (Fin) = nominal interest rate
nominal damage (Re) nomineller (nicht meßbarer) Schaden *m*
nominal damages
(Re) symbolischer Schadenersatz *m*
(ie, in Form e–r Bagatellsumme; bestätigt bei nicht meßbarem Schaden e–e Rechtsverletzung)
nominal definition (Log) Nominaldefinition *f (syn, syntactical definition; opp, real definition)*
nominal fee (com) Schutzgebühr *f (syn, nominal charge)*
nominal GDP growth (Vw) nominales Wachstum *n* des GDP
nominal holder
(Re) rechtlicher Eigentümer *m*
(ie, with someone else the beneficial owner = wirtschaftlicher Eigentümer)
nominal holdings
(Fin) anonymer Aktienbesitz *m (ie, through strawmen, often in preparation of a takeover)*
nominal income (Vw) Nominaleinkommen *n (opp, real income)*
nominal interest rate (Fin) Nominalverzinsung *f*, Nominalzins *m (syn, cash/coupon . . . rate, yield)*
nominalism
(Vw) Nominalismus *m (opp metallism)*
(Log) Nominalismus *m*
(ie, there are no universal essences – allgemeine Wesenheiten – in reality, and the mind can frame no single concept corresponding to a general term)
(Log) Nominalismus *m*
(ie, only individuals or individuals in succession exist, but no abstract entities, such as class, essences, propositions; cf, realism, essentialism, conceptualism)
nominal ledger control account (ReW) Sammelkonto *n* für Hauptbuch Aufwand und Ertrag
nominal ledger posting source (ReW) Buchen *n* auf den Erfolgskonten
nominal maintenance of capital
(Fin) nominelle Kapitalerhaltung *f*
(ie, preservation of corporate assets in money terms; opp, maintenance of real assets)
nominal par (Fin) Nennwert *m*
nominal parity (AuW) nominale Parität *f*
nominal partner
(com) Scheingesellschafter *m*
(syn, ostensible/quasi . . . partner; GB, holding-out partner)
nominal price
(Bö) Nennwert *m (ie, of a security)*
(Bö, GB) ungefährer Kurs *m (ie, indicated by a jobber)*

nominal quotation (Bö) Notiz *f* ohne Umsätze
nominal rate of interest (Fin) = nominal interest rate
nominal shareholding (com) anonymer Aktienbesitz *m (ie, through straw men, often in preparation of a takeover)*
nominal tariff (Zo) Nominalzoll *m*
nominal unit labour costs (KoR) nominale Lohnstückkosten *pl*
nominal value (Fin) Nennwert *m (syn, face/par . . . value)*
nominal wage rate (Vw) Nominallohnsatz *m*
nominal yield (Fin) Nominalverzinsung *f (ie, calculated on the par value)*
nominate *v* (com) vorschlagen, benennen *(eg, as a candidate, for appointment to a post)*
nominate to *v* (com) ernennen als *(eg, to the finance committee)*
nomination
(com) Ernennung *f*
– Benennung *f (ie, as, to)*
nominee
(com) Kandidat *m*
– Benannter *m*
– Bevollmächtigter *m*
(Bö) Strohmann *m*
nominee shareholder (Fin) vorgeschobener Aktionär *m*
nominee shareholding
(Fin) anonymer Aktienbesitz *m*
(ie, through strawmen)
nomogram (Math) Nomogramm *n (syn, alignment chart, qv)*
nomograph (Math) = alignment chart
nonacceptance (com, Re, WeR) Annahmeverweigerung *f*, Nichtannahme *f (syn, refusal to accept)*
non-achievement rate (Mk) Ausfallrate *f (syn, failure rate, non-response rate)*
non-active population (Vw) Nichterwerbspersonen *fpl (ie, persons outside the labor force)*
nonaddressable memory (EDV) Schattenspeicher *m (syn, shaded memory)*
non-admission to a profession (Re) Berufsverbot *n*
nonadmitted assets (Vers) Vermögenswerte *mpl*, die nicht zum Deckungsstock zugelassen sind
non-age
(Re) Minderjährigkeit *f*
(ie, lack of requisite legal age; also spelt: nonage; syn, under age)
nonallocative gains from trade (AuW) dynamische Außenhandelsgewinne *mpl (syn, dynamic gains from trade)*
no-name product
(Mk) markenfreies Produkt *n*
– Gattungsprodukt *n*
– weißes Produkt *n*
– produit libre
(ie, unbranded lower-cost item mostly found in supermarkets; syn, no-name)
no names
(Mk) weiße Marken *fpl*
– Gattungsmarken *fpl*
– Generika *pl*
nonanalytic job evaluation (IndE) summarische Arbeitsbewertung *f*
nonappropriability of goods (Vw) Unteilbarkeit *f* von Gütern *(syn, indivisibility of goods, qv)*
nonassessable capital stock (Fin, US) eingezahltes Kapital *n* ohne Nachschußpflicht
nonassessable policy
(Vers) Versicherungsvertrag *m* mit Beschränkung auf Prämienzahlung
(ie, ohne Nachzahlungspflicht mit dem Ziel der Verlustdeckung)
nonassessable stock (Fin, US) nicht nachschußpflichtige Aktien *fpl (ie, in the event of failure or insolvency)*
nonassignable (Re) nicht abtretbar
nonassignment clause (Re) Abtretungsverbots-Klausel *f*
nonattachable items (Re) unpfändbare Sachen *fpl*
nonauthorized absence (Pw) unentschuldigtes Fehlen *n*
nonavailabilities (AuW) Nichtverfügbarkeiten *fpl (ie, lack of supply opportunities in importing countries)*
nonbank (Fin) Nichtbank *f*
nonbank bank
(Fin, US) Nichtbank-Bank *f*
(ie, elects to abstain from accepting deposits or making commercial loans; by concentrating on deposit taking, it can operate unconstrained by the restrictions of the Bank Holding Company Act; offers consumers expanded service; can be owned by companies that engage in insurance, finance, real estate, and stock brokerage, or by companies that engage essentially in manufacturing or retailing)
nonbank customers (Fin) Nichtbankenkundschaft *f*
nonbank deposits (Fin) Nichtbankeneinlagen *fpl*
nonbank financial institution
(Fin) intermediäres Finanzinstitut *n*
(syn, financial intermediaries)
nonbanking sector (Vw) Nichtbankensektor *m (ie, private and government sectors)*
nonbank place (Fin) Nichtbankplatz *m*
nonbasic sector (Vw) Folgeleistungs-Sektor *m*
nonbasic variable (OR) Nichtbasisvariable *f*
nonbinding price recommendation (Kart) unverbindliche Preisempfehlung *f*
nonborrowed reserves (Fin, US) Mindestreserven + Überschußreserven + ausgeliehene Mindestreservemittel *(syn, GB, free reserves)*
nonbreaching party (Re) vertragstreue Partei *f*
non-business marketing (Mk) Marketing *n* durch nicht erwerbswirtschaftlich tätige Organisationen
noncallable bond (Fin, US) unkündbare Anleihe *f*
noncalling period (Fin) Kündigungssperrfrist *f*
noncall provision (Fin) Nichtkündbarkeitsklausel *f*
noncarbon paper (com) Non-Karbon-Papier *n*
noncash benefit (SozV) Sachleistung *f (syn, benefit in kind, in-kind benefit)*
noncash capital contribution (Bw) Sacheinlage *f (syn, contribution in kind)*
noncash expense (ReW) nicht ausgabenwirksame Aufwendungen *mpl*
noncash payment (Fin) bargeldlose Zahlung *f (syn, cashless payment)*
noncash payment system (Fin) bargeldloser Zahlungsverkehr *m (syn, cashless payment system)*

noncash share (Fin) Sacheinlageaktie *f*
noncash transactions (ReW) unbare Geschäftsvorfälle *mpl*
nonchargeable goods (StR) umsatzsteuerfreie Waren *fpl*
non-clearers (Fin, GB) Banken *fpl*, die nicht Mitglieder e–s Clearing House sind
non-commercial importations (AuW) nichtkommerzielle Einfuhren *fpl*
non-committal reply (com) unverbindliche Antwort *f*
noncommmittal indication
(Fin) unverbindliche Indikation *f*
(ie, Auskunft des Forfaiteurs bei Forfaitierung von Buchforderungen)
non-Community countries (EG) Nichtgemeinschaftsländer *npl*
noncommutative field (Math) nichtkommutativer Körper *m*
noncompeting group (Vw) nicht konkurrierende Gruppe *f (cf, Cairnes)*
non-competition clause
(Pw) Wettbewerbsklausel *f*
(syn, no-competition clause, ancillary covenant, qv)
noncompliance
(Re) Nichteinhaltung *f*
– Zuwiderhandlung *f*
(eg, penalty for noncompliance would be a fine of up to £100)
(IndE) Fehler *m (ie, in statistical quality assurance)*
noncompliance with formal requirements (Re) Verletzung *f* von Formvorschriften
non compos mentis (Re) unzurechnungsfähig, nicht zurechnungsfähig *(ie, of unsound mind)*
noncompulsory contributions (SozV) freiwillige Leistungen *fpl*
nonconcurrence (Re) Nichtübereinstimmung *f*
nonconformable (Math) unverkettbar
nonconformance
(com) Nichtübereinstimmung *f*
(IndE) Fehler *m*
nonconformance costs
(IndE) Fehlerkosten *pl*
(ie, entstehen, wenn Produkte und Verfahren nicht den festgelegten Anforderungen entsprechen)
nonconformance report
(IndE) Qualitätsbeanstandung *f*
(cf, CSA Z 299; syn, defect . . . report/note)
nonconforming
(IndE) fehlerhaft
– nicht vertragsgemäß
– beanstandet
nonconforming goods
(Re) nicht vertragsgemäße Ware *f*
(ie, not in accordance with the obligations under a contrat to sell)
noncontentious jurisdiction (Re) freiwillige Gerichtsbarkeit *f (syn, voluntary jurisdiction)*
noncontiguous item (EDV, Cobol) nicht benachbartes Datenfeld *n (cf, DIN 66 028, Aug 1985)*
noncontinuous annuity (Fin) unterbrochene Rente *f*
non-contract employee (Pw) nicht organisierter Arbeitnehmer *m (ie, nonunionized)*
noncontract liability
(Re) außervertragliche Haftung *f*
(ie, liability based on violation of a noncontract right; syn, noncontractual liability)
noncontractual liability (Re) = noncontract liability
noncontributory (SozV) beitragsfrei
noncontributory pension plan (SozV, GB) Pensionsplan *m* ohne Beitragsleistungen der Arbeitnehmer
noncontrollable cost
(KoR) beschäftigungsunabhängige Kosten *pl*
– unbeeinflußbare
– indisponible . . . Kosten *pl*
noncontrollable variance
(KoR) Beschäftigungsabweichung *f*
(syn, activity/capacity/idle capacity/volume . . . variance)
nonconvertible corporate bonds (Fin) Obligationen *fpl* ohne Wandelrechte
nonconvertible currency (AuW) nichtkonvertible Währung *f*
noncorporate characteristics
(Re) Merkmale *npl* e–r Prsonengesellschaft
noncovered employment (SozV) nicht versicherungspflichtige od versicherungsfreie Beschäftigung *f*
noncreditable (StR) nicht anrechenbar
noncreditable foreign income tax (StR) nichtanrechenbare ausländische Einkommensteuer *f*
noncumulative dividend (Fin) nichtkumulative Dividende *f*
non-cumulative perpetual preferred stock (Fin) nicht-kumulative Dauer-Vozugsaktien *fpl*
noncumulative preferred stock (Fin) nichtkumulative Vorzugsaktie *f*
noncumulative share (Fin) nichtkumulative Aktie *f* *(ie, right to dividend lapses annually)*
noncumulative stock (Fin) = noncumulative share
noncurrent assets (ReW) Anlagevermögen *n (syn, fixed assets, qv)*
noncurrent income (ReW) einmalige Erträge *mpl* *(syn, noncurrent revenue)*
noncurrent items (ReW) mittel- und langfristige Bilanzposten *mpl*
noncurrent liabilities (ReW) langfristige Verbindlichkeiten *fpl (syn, long-term liabilities)*
noncurrent revenue (ReW) = noncurrent income
non-cyclical effects (Vw) nicht-konjunkturelle Faktoren *mpl*
non-deductibility (StR) Nichtabzugsfähigkeit *f*
non-deductible (StR) nicht abzugsfähig *(ie, for income tax purposes)*
nondeductible payments (StR) nichtabzugsfähige Zahlungen *fpl*
nondefaulting party (Re) vertragstreue Partei *f (syn, nonbreaching party)*
nondefense capital goods (VGR) Investitionsgüter *npl* des zivilen Bereichs
nondefense spending (FiW) nichtmilitärische Ausgaben *fpl*
nondegenerate basic feasible solution
(OR) nichtentartete zulässige Basislösung *f*
(ie, in linear programming: a basic feasible solution, qv, with m positive variables x_j, where m ist the number of constraint equations)

nondelivery (com) Nichtlieferung *f*
nondense set (Math) nichtdichte Menge *f*
nondenumerable (Math) nicht abzählbar, überabzählbar
non-destructive materials testing (IndE) zerstörungsfreie Werkstoffprüfung *f*
nondestructive read
(EDV) zerstörungsfreies Lesen *n*
(ie, does not erase data in memory; syn, nondestructive readout)
nondestructive testing
(IndE) zerstörungsfreie Prüfung *f*
(ie, test sample is not destroyed or damaged during the process; eg, x-rays, ultra-sonics, magnetic flux)
nondetachable warrant (Fin) nicht abtrennbarer Optionsschein *m*
nondiscretionary
(com) genau bestimmt
– keinen Spielraum lassend
nondiscrimination
(Re) Nichtdiskriminierung *f*
– Gleichbehandlung *f*
nondiscriminatory tariff (Zo) nicht diskriminierender Zoll *m*
nondistinctive marks (Pat) nicht unterscheidungsfähige Warenzeichen *npl*
nondiversible risk
(Fin) nicht streuungsfähiges Risiko *n* unvermeidbares Risiko *n*
(ie, in portfolio analysis; opp, systematic risk, qv)
non-diversified investment company (Fin) Investmentgesellschaft *f* ohne gesetzliche Anlagenstreuung
nondomestic flight (com) Auslandsflug *m*
nondurable consumer goods (com) Konsumgüter *npl*
nondurable goods (com) Verbrauchsgüter *npl (ie, relatively brief life time)*
nonearning balances
(Fin) unverzinsliche Guthaben *npl*
noneconomic goods (Vw) immaterielle Güter *npl (syn, intangible goods)*
non-EEC state
(EG) Drittland *n*
– Nicht-Mitgliedsland *n (syn, third country)*
non-equivalence
(Log) Antivalenz *f*, exklusives ODER *n*
(syn, exclusive disjunction, qv)
non-equivalence element (EDV) = exclusive-OR element
non-equivalence operation (EDV) = exclusive-OR operation
non-equivalent element (EDV) ODER-Glied *n (syn, exclusive-OR element, qv)*
non-erasable storage (EDV) Festwertspeicher *m*
non-essential component part (Re) unwesentlicher Bestandteil *m*
non-essential demand (com) gehobener Bedarf *m*
non-essential goods
(com) Nicht-Notwendigkeitsgüter *npl*
non-exclusive grant back
(Pat, US) einfache Rücklizenz *f*
(ie, Rücklizenzklauseln – grant back provisions – spielen e–e große Rolle in der Lizenzvertragspraxis)
non-exclusive license
(Pat) einfache Lizenz *f*
(ie, essentially an agreement that patent owner will not sue the licensee)
non-executable statement (EDV) deskriptive Anweisung *f*
non-executive director
(com) Mitglied *n* e–s Board of Directors, das nicht an der Geschäftsführung beteiligt ist
(ie, entspricht am ehesten dem deutschen Aufsichtsratsmitglied)
nonexercise of a right (Re) Nichtausübung *f* e–s Rechts
nonexhaustive spending (FiW, US) Transferausgaben *fpl (syn, transfer expenditure)*
nonexistence statement (Log) Es-gibt-nicht-Satz *m (opp, existential statement)*
nonexpendable
(Bw) Gebrauchsgut *n*
(ie, not consumed; eg, machine, tool, instrument)
nonfactor income (Vw) Transfereinkommen *n (syn, transfer income)*
nonfarm merchandise exports (AuW) Warenexporte *mpl* außer Agrarprodukten
nonfeed branch (OR) Pfeil *m* außerhalb von Rückkoppelungskreisen
nonferrous metals (com) Nichteisenmetalle *npl*
nonferrous metals industry (com) Metallindustrie *f*
nonferrous metals stock (Bö) NE-Werte *mpl*
nonfinancial assets (ReW) Sachvermögen *n*
nonfinancial corporation (com) Nichtbank-Unternehmen *n*
nonfinite set (Math) nichtendliche Menge *f*
nonflicker display (EDV) flimmerfreie Anzeige *f*
nonforfeitability (Re) Unverfallbarkeit *f (syn, unforfeitability)*
nonforfeitable (Re) unverfallbar *(syn, unforfeitable)*
nonforfeiture option (Vers) Recht *n* des Versicherten, bei Einstellung der Prämienzahlungen (a) Rückkaufwert zu fordern, (b) neue Versicherung unter Einschluß der bisher gezahlten Prämie abzuschließen
nonfulfillment (Re) Nichterfüllung *f (syn, nonperformance, qv)*
non full pay-out lease (Fin) Teilamortisations-Leasing *n (opp, full pay-out lease)*
non full payout leasing contract (Fin) Teilamortisationsvertrag *m*
nonglare keyboard (EDV) blendfreie Tastatur *f*
nonglare screen (EDV) blendfreier Bildschirm *m*
non guaranteed bonds (FiW, US) = revenue bonds
non-impact printer (EDV) Non-Impact-Drucker *m*
non-impairment of vested rights (Re) Besitzstandswahrung *f*
non-inflationary currency (Fin) inflationsfreie Währung *f*
non-inflationary growth (Vw) inflationsfreies Wachstum *n*
noninstallment credit (Fin) Kredit *m*, der am Ende der Laufzeit pauschal zurückgezahlt wird
non-instantaneous receipt (MaW) sukzessiver Lagerzugang *m (ie, in Teillieferungen)*
noninsurable occupation (Pw) nicht versicherungspflichtige Beschäftigung *f*
noninsurable risk (Vers) nichtversicherbares Risiko *n*

noninsured bank (Fin, US) nicht versicherte Bank *f* *(ie, with its deposits not insured by the FDIC)*
non-interest-bearing deposits (Fin) unverzinsliche Einlagen *fpl*
non-interest-bearing discount bond (Fin) Disagioanleihe *f* *(ie, mit Zinszahlung bei Tilgung)*
non-interest-bearing loan (Fin) zinsfreies Darlehen *n (syn, interest-free loan)*
non-interest charges (Fin) Kreditnebenkosten *pl*
non-inventory collateral (ReW) Sicherungsgegenstand *m*, der nicht Teil des Umlaufvermögens ist
non-investment paper (Fin, US) = junk bonds
nonkey jobs (Pw) sonstige Tätigkeiten *fpl*
nonkey workers (Pw) Randbelegschaft *f*
non-leverage company (Fin) Unternehmen *n*, das nur mit Eigenmitteln (ohne Fremdkapital) arbeitet
non-leviable (Re) unpfändbar
non-liability clause (Re) Haftungsausschlußklausel *f* *(syn, disclaimer clause)*
non-life insurance (Vers) Sachversicherung *f (syn, property insurance, qv)*
nonlinear constraints (Math) nichtlineare Restriktion *fpl*
nonlinear equation (Math) nichtlineare Gleichung *f*
nonlinear programming (OR) nichtlineare Programmierung *f*
nonlinear regression (Stat) nichtlineare Regression *f* *(syn, curvilinear regression)*
nonliquid claims (AuW) nichtliquide Forderungen *fpl*
nonlisted security (Bö) nicht notierter Wert *m*
nonlitigated procedure (Kart) nichtstreitiges Verfahren *n*
nonlocking (EDV) unverriegelbar
nonmanual employee
(Pw) Angestellter *m*
(syn, salaried employee, salary worker; infml, white-collar worker)
nonmanufacturing cost (KoR) Summe *f* Verwaltungs-, Vertriebs-, Forschungs- und Entwicklungskosten *pl*
nonmarketable (Bö) nicht börsenfähig
non-market output of goods and services (ReW) eigene Leistungen *fpl (ie, goods and services for own account)*
non-market plant output (KoR) innerbetriebliche Leistungen *fpl (syn, intra-plant service output, qv)*
nonmaterial wants (Vw) immaterielle Bedürfnisse *npl*
nonmember bank (Fin, US) Nichtmitgliedsbank *f* *(ie, of Federal Reserve System)*
non-member country of origin (Zo) Ursprungsdrittland *n*
nonmonetary (Vw) güterwirtschaftlich *(syn, in real terms)*
nonmonetary assets (Bw) Sachgüter *npl (syn, physical/tangible . . . assets)*
nonmonetary capital (Vw) Realkapital *n*, Sachkapital *n (syn, real capital)*
nonmonetary compensation (Pw) Sachbezüge *mpl*
nonmonetary economy
(AuW) Tauschwirtschaft *f*
– Naturalwirtschaft *f (syn, exchange economy)*
nonmonetary transaction (AuW) nichtmonetäre Transaktion *f*

non-moving items
(com) schwer verkäufliche Ware *mpl*
– Ladenhüter *mpl*
(syn, infml, cats and dogs, drug on the market, shelf warmer, slicker)
nonnegative integer (Math) nicht-negative ganze Zahl *f*
non-negativity (Math) Nichtnegativität *f*
nonnegativity condition (OR) Nichtnegativitäts-Bedingung *f*
nonnegotiability (WeR) Nichtbegebbarkeit *f*
nonnegotiability clause (Fin) Sperrvermerk *m*
nonnegotiable bill
(WeR) nichtbegebbarer Wechsel *m*
(ie, nur durch Abtretung übertragbar; kein Order- od Inhaberpapier)
nonnegotiable bill of lading
(WeR) Namenskonnossement *n*
(syn, straight bill of lading, qv)
nonnegotiable demand (com) unaufgebbare Forderung *f*
nonnegotiable document
(WeR) Namenspapier *n*
– Rektapapier *n*
(ie, kein Wertpapier i. e.S., nur schlichtes, schuldrechtliches Wertpapier ohne Gutglaubensschutz; deshalb nur ‚transferable'; syn, registered instrument; opp, negotiable instrument)
nonnegotiable warehouse receipt (WeR) nicht begebbarer Lagerschein *m (ie, made out to a specified person)*
nonnormal population (Stat) nicht normalverteilte Grundgesamtheit *f*
nonnormal sample (Stat) nicht normalverteilte Stichprobe *f*
nonnotification (Re) Nichtanzeige *f*
nonnotification factoring
(Fin) nicht notifiziertes
– verdecktes
– stilles . . . Factoring *n*
(ie, customers of the client are not notified of the assignment; syn, undisclosed/confidential . . . factoring)
nonnull hypothesis (Stat) Gegenhypothese *f*
nonnull set (Math) nichtleere Menge *f*
nonnull subset (Math) nichtleere Teilmenge *f*
nonoperating company (Bw) Firmenmantel *m (syn, corporate shell, shell company)*
nonoperating expense (ReW) betriebsfremde Aufwendungen *mpl* betriebsfremder Aufwand *m* *(opp, nonoperating revenue)*
nonoperating holding company (Bw) reine Holdinggesellschaft *f*
nonoperating income (ReW) neutraler Erfolg *m (ie, nonoperating revenue – nonoperating expense)*
nonoperating result (ReW) neutrales Ergebnis *n*
nonoperating revenue (ReW) betriebsfremde Erträge *mpl (syn, other . . . revenue/income; opp, nonoperating expense)*
nonoriented graph (Math) ungerichteter Graph *m*
nonoriented walk
(Math) Pfeilfolge *f*
(ie, in graph theory)
nonoriginating products (Zo) Waren *fpl* ohne Ursprungseigenschaft

nonparametric statistics (Stat) parameterfreie od verteilungsfreie Statistik *f*
nonpar points (Fin, US) Ortschaften *fpl*, die sich außerhalb der Nennwertebene befinden *(ie, Schecks laufen nicht durch Clearing)*
nonpar share (Fin, GB) nennwertlose Aktie *f (syn, no-par stock, qv)*
nonparticipating policy (Vers) nicht gewinnberechtigte Police *f*
nonpartisan expert (com) unparteiischer Gutachter *m*
nonpayment
(com) Nichtzahlung *f*
(WeR) Nichteinlösung *f*
non-pecuniary benefits (SozV) Sachleistungen *fpl (syn, benefits in kind, qv)*
non-pecuniary incentive (Pw) nichtmaterieller Anreiz *m (eg, redesigning of production jobs)*
nonperformance (Re) Nichterfüllung *f*, Schlechterfüllung *f (syn, nonfulfillment, failure to perform)*
nonperforming assets
(Fin) ertraglose Aktiva *npl*
(Fin) notleidende Aktiva *npl*
nonperforming loan (Fin, US) notleidender Kredit *m*
nonperforming seller (Re) nicht erfüllender Verkäufer *m*
nonperiodic decimal (Math) nichtperiodischer Dezimalbruch *m (syn, nonrepeating decimal)*
nonpersonal account (ReW) Hauptbuchkonto *n (syn, general ledger account)*
non-personnel administrative expenditure (FiW) sächliche Verwaltungsausgaben *fpl*
nonphysical depreciation (ReW) wirtschaftliche Entwertung *f (ie, of assets)*
nonplanar graph (OR) nichtplanarer Graph *m*
nonplant land
(Bw) Vorratsgrundstücke *npl*
(ie, held for speculative purposes or for future plant extensions)
nonpossessory lien (Re) besitzloses Pfandrecht *n*
nonpreemptive priority
(OR) relative Priorität *f*
(ie, in waiting-line theory; opp, preemptive priority = absolute Priorität)
nonpreemptive resources (EDV) nicht entziehbare Betriebsmittel *mpl*
nonpreemptive services (OR) Bedienung *f* ohne Vorrang
nonpreferred creditor
(Re) nichtbevorrechtigter Gläubiger *m*
(syn, general/ordinary . . . creditor)
nonprescription drug
(SozV) rezeptfreies
– nicht verschreibungspflichtiges … Medikament *n*
nonprice competition (Vw) außerpreislicher Wettbewerb *m (ie, where sellers emphasize special aspects of goods and services)*
nonprint function (EDV) nichtdruckende Funktion *f*
nonprivileged creditor (Re) nichtbevorrechtigter Gläubiger *m* Massegläubiger *m (syn, ordinary creditor)*
nonprobability sampling (Stat) Ermessensauswahl *f (syn, convenience judgmental . . . sampling)*
nonproductive center (KoR) Nebenkostenstelle *f*
nonproductive labor (KoR) Fertigungsgemeinkosten *pl*
nonprofit agreement
(Fin) Gewinnausschließungsvertrag *m*
(syn, profit exclusion agreement)
nonprofit enterprise
(Bw) Unternehmen *n* mit primär nichterwerbswirtschaftlichen Zielen
(ie, there is only partial conceptual equivalence with the German term 'gemeinnützig')
nonprofit organization
(Bw) Organisation *f* ohne Erwerbscharakter
(ie, set up for social, educational, religious purposes, not intended to be operated for profit)
nonprogrammable decision (Bw) echte Entscheidung *f (syn, genuine decision)*
nonprogrammed decision
(Bw) nichtprogrammierte Entscheidung *f*
(ie, novel, singular, ill-structured policy decision that can be addressed only by general problem-solving approaches)
nonproperty owner (Re) Besitzloser *m*
non-property presumption
(Fin) Fremdvermutung *n*
(ie, that securities which a bank placed with third-party depository are not its property: protects customers by restricting rights of retention and attachment)
nonrandom sample (Stat) nichtzufällige Stichprobe *f*
non-real-estate fixed assets (Bw) bewegliche Sachanlagen *fpl*, bewegliches Anlagevermögen *n*
nonrecourse clause (WeR) Angstklausel *f*
nonrecourse export financing (Fin) Forfaitierung *f*, regreßlose Exportfinanzierung *f*
nonrecourse factoring
(Fin) echtes Factoring *n*
– Factoring *n* ohne Regreß
(ie, involves the outright purchase of receivables from client and factor's guarantee of the credit worthiness of client's customers; syn, old-line factoring; opp, recourse financing = unechtes Factoring)
(Fin) rückgrifflose Finanzierung *f*
(ie, in der Projektfinanzierung; in der Praxis selten, weil Kreditgeber Unternehmerfunktion ausüben)
nonrecourse financing
(Fin) Finanzierung *f* mit Rückgriffsmöglichkeit auf den Projektträger *(sponsor)*
(ie, Risiko liegt hier nicht bei diesem; sehr selten)
nonrecourse loan
(Fin) projektgebundenes Darlehen *n*
(ie, ties replayment strictly to the revenues generated by a particular project)
nonrecurrent charge
(com) einmalige Gebühr *f*
(ReW) außerordentlicher Aufwand *m*
nonrecurrent expenditure
(com) einmalige Aufwendungen *mpl*
(ReW) außergewöhnliche Aufwendungen *mpl (syn, extraordinary expenditure)*
nonrecurrent income (ReW) außerordentliche Erträge *mpl (syn, extraordinary . . . gains/income)*
non-recurring costs (com) Einmalkosten *pl (syn, one-time costs)*
nonrecurring income (Pw) einmalige Bezüge *mpl*

nonrefillable bottle (com) Einwegflasche *f* *(syn, nonreturnable bottle, qv)*
nonreflective screen surface (EDV) blendfreier Bildschirm *m* *(syn, glarefree)*
nonrefund annuity
(Fin) auf den Empfänger beschränkte Rente *f*
(ie, no residual payments to any third party)
nonregistrable trademark (Pat) Freizeichen *n* *(syn, unprotected mark, qv)*
nonrenewable natural resources (Vw) nicht ersetzbare natürliche Ressourcen *pl*
nonrepetitive production
(IndE) Einmalfertigung *f*
– Werkstattfertigung *f*
nonreportable positions (Bö, US) nicht meldepflichtige Positionen *fpl*
non-required field (EDV) wahlfreies Feld *n* *(syn, optional field)*
nonresident
(AuW) Gebietsfremder *m*
(StR) beschränkt Steuerpflichtiger *m* *(ie, person subject to limited taxation)*
nonresident accounts (Fin) Ausländerkonten *npl*
nonresident capital investments (VGR) Kapitalanlagen *fpl* von Gebietsfremden
nonresident company (Bw, GB) Gesellschaft *f* ohne Sitz in England
nonresident convertibility
(AuW) Ausländerkonvertibilität *f*
(syn, external convertibility)
nonresident corporation (Bw, US) Gesellschaft *f* ohne Sitz in den USA
nonresident deposits
(Fin) Auslandsguthaben *npl*
– gebietsfremde Einlagen *fpl*
nonresident holder (Fin) gebietsfremder Inhaber *m* *(eg, of dollar deposits)*
nonresident holdings (Fin) Guthaben *npl* Gebietsfremder
nonresidential buildings (com) gewerbliche Bauten *mpl* *(syn, commercial and industrial buildings)*
nonresidential fixed investment (VGR) Ausgaben *fpl* des Sektors Unternehmen für Neu- und Ersatzinvestitionen
nonresident investments (Fin) Geldanlagen *fpl* von Gebietsfremden
nonresident purchase of securities (Fin) Erwerb *m* von Wertpapieren durch Gebietsfremde
nonresident quota (AuW) Gebietsfremden-Kontingent *n*
nonresident shareholder (Fin) ausländischer Anteilseigner *m*
nonresident's holding (AuW) Auslandsbesitz *m*
nonresidents' income tax liability (StR) beschränkte Einkommensteuerpflicht *f*
nonresidents' investments (AuW) ausländische Investitionen *fpl*
non-resident taxpayer (StR) beschränkt Steuerpflichtiger *m*
nonresponse (Stat) Nichtbeantwortung *f* *(eg, of a questionnaire)*
nonresponse rate
(Mk) Ausfallrate *f*
(ie, on surveys; syn, failure rate, nonachievement rate)

nonrestricted license (Pat) unbeschränkte Lizenz *f*
nonreturnable bottle (com) Einwegflasche *f* *(syn, nonrefillable/ /one-way . . . bottle; opp, returnable bottle)*
nonreturnable container (com) Einwegbehälter *m*
nonreturnable package (com) Einwegverpackung *f*
non-return-to-zero
(EDV) Wechselschrift *f*
(ie, signal need not return to zero after each item of recorded date)
non-return-to-zero recording
(EDV) Wechselschriftverfahren *n*
– NRZ-Schreibverfahren *n*
nonrevenue regulatory tax
(FiW) Ordnungssteuer *f*
– Zwecksteuer *f*
(ie, used as an instrument of policy rather than filling the government's coffers)
nonrevenue regulatory taxation
(FiW) nichtfiskalische Besteuerung *f*
(ie, employed as an instrument of implementing economic policies)
nonrival goods
(FiW) spezifisch öffentliche Güter *npl*
nonrivalry in consumption (Vw) gemeinsamer Konsum *m*
nonsampling error (Stat) stichprobenfremder Fehler *m*
nonscale paper (com) Papier *n* ohne Maßeinteilung
nonscheduled (com) außerplanmäßig
nonscheduled depreciation (ReW) = unplanned depreciation
nonselective advertising (Mk) Streuwerbung *f*
nonsense correlation (Stat) Nonsense-Korrelation *f*
non sequitur (Log) unlogischer Schluß *m*
nonsimple hypothesis
(Stat) zusammengesetzte Hypothese *f*
(syn, composite hypothesis)
nonsingular distribution (Stat) nichtsinguläre Verteilung *f*
nonsingular matrix (Math) nichtsinguläre Matrix *f*
nonsked operator (com, US) Charterfluggesellschaft *f* *(ie, nonscheduled airline; syn, fixed-base operator, qv)*
nonspecific capital (Fin) nichtzweckgebundenes Kapital *n*
nonspecific contribution (FiW) nichtzweckgebundene Zuweisung *f* an nachgeordnete Körperschaften
nonstandard label (EDV) Nichtstandard-Kennsatz *m*
nonstandard operation variance (KoR) Arbeitsablaufabweichung *f* – Verfahrensabweichung *f*
nonstock corporation
(Re, appr) rechtsfähiger Verein *m*
– gemeinnützige Institution *f*
nonstruck (Pw) nicht bestreikt *(eg, plant)*
nonstructured interview (Stat) freies Interview *n*
nonstructured task (Pw) nichtstrukturierte Aufgabe *f*
nonsubscript (EDV) nicht indexiert
nonsubscription magazine (com) nicht abonnierbare Zeitschrift *f* *(syn, controlled circulation magazine)*
nonsystematic depreciation (ReW) = unplanned depreciation
nontariff barriers to trade (AuW) nichttarifäre Handelshemmnisse *npl*

nontariff distortions of international trade (AuW) Verzerrungen *fpl* des internationalen Handels *(ie, wider than ‚nontariff barriers')*
nontariff reductions (AuW) Abbau *m* nichttarifärer Handelshemmnisse *(syn, dismantling/removal . . . of nontariff barriers)*
nontask variable (Mk) nichtaufgabenorientierte Variable *f*
nontaxable (StR) nicht steuerpflichtig, steuerfrei
nontaxable transactions (StR) nicht steuerpflichtige Geschäfte *npl*
non-tax paying investor (StR) steuerbefreiter Anleger *m*
nontechnical language (com) allgemeinverständliche od nichtfachliche Sprache *f (ie, one that can be understood by the intelligent layman)*
nonterminating decimal (Math) unendlicher Dezimalbruch *m*
nontouching loop (OR) getrennte Schleife *f (syn, disjoint loop)*
nontradables (AuW) nicht handelsfähige Güter *npl*
non-traded option (Fin) nicht handelbare Option *n*
nontrading assets (Fin, GB) Finanzanlagen *fpl*
nontrading partnership
(Bw, US) Dienstleistungsgesellschaft *f*
(eg, law firm, CPA firm; opp, trading partnership)
nontransferability (Re) Nichtübertragbarkeit *f*
nontransferable (Re) nicht übertragbar
nontransfer expenditures (FiW) Personal- und Sachausgaben *fpl* des Staates, Leistungsentgelte *npl* der öffentlichen Hand
nontrivial solution
(Math) nichttriviale Lösung *f*
(ie, solution to a homogeneous equation which is not the zero solution)
non-underwritten facilities (Fin) Plazierungsvereinbarungen *fpl* ohne Übernahmeverpflichtungen; Variante der Note Issuance Facilities ohne Absicherungsfazilität
nonuniform convergence (Math) ungleichmäßige Konvergenz *f*
nonunion (Pw) nichtorganisiert
nonunion company (Bw, US) gewerkschaftsfreies Unternehmen *n*
nonunionized employee (Pw) nichtorganisierter Arbeitnehmer *m*
nonunique equilibrium (Vw) multiples Gleichgewicht *n*
nonuse of a patent (Pat) unterlassene Patentausübung *f*
nonvariable cost (KoR) fixe Kosten *pl*, Fixkosten *pl (syn, fixed cost, qv)*
nonvessel operator (com, US) Landspediteur *m (ie, so classed by the Federal Maritime Commission)*
nonvested (Pw) unverfallbar *(eg, employee plan benefits)*
nonvolatile memory
(EDV) energieunabhängiger Speicher *m*, nichtflüchtiger Speicher *m*
(ie, from which data are not lost when power is removed; syn, permanent memory; opp, volatile memory)
nonvolume factors (KoR) beschäftigungsunabhängige Ursachen *fp* von Kostenschwankungen
non-voter *m* (com) Nichtwähler *m*
nonvoting preference share (Fin, GB) stimmrechtslose Vorzugsaktie *f*
nonvoting preferred stock (Fin, US) stimmrechtslose Vorzugsaktie *f*
nonwage labor cost (KoR) Lohnnebenkosten *pl (syn, associated employer outlay)*
nonwage labor costs (Pw) Lohnzusatzkosten *pl*
nonwarranty clause (Re) Freizeichnungsklausel *f (syn, contracting-out clause, qv)*
nonworking of a patent (Pat) Nichtausübung *f* e–s Patents *(syn, nonuse of a patent)*
nonworking shift (Pw) Freischicht *f (ie, paid nonwork shift)*
nonzero sum game (OR) Nichtnullsummenspiel *n*
nonzero sum situation (Vw) Nichtnullsummen-Situation *f (ie, in which each group benefits)*
nonzero value (Math) von Null verschiedener Wert *m*
no operation
(EDV) Nulloperation *f*
(ie, tells the computer to do nothing, except to proceed to the next instruction in sequence; syn, NO OP)
no-op instruction (EDV) Nulloperationsbefehl *m (syn, dummy instruction, qv)*
no orders (Fin, GB) = no advice
no-par stock
(Fin) nennwertlose Aktie *f*
– Anteilsaktie *f*
– Quotenaktie *f*
(syn, GB, nonpar share; lautet auf e–n bestimmten Anteil am Reinvermögen der Gesellschaft; eg, 1/10 000; in USA der Normaltyp)
no par value share (Fin) nennwertlose Aktie *f*
no-par-value stock (Fin) = no-par stock
No Passing (com) Überholverbot *n (syn, GB, Do Not Overtake)*
„no posting without voucher" principle (ReW) Belegprinzip *n*
no-profit competition
(Vw) gewinnlose Konkurrenz *f*
(ie, where market price is equal to minimum of total average cost)
no reduction in pay (Pw) voller Lohnausgleich *m*
normal activity (KoR) Normalbeschäftigung *f (syn, normal volume, standard activity)*
normal average earnings
(Pw) durchschnittlicher Normalverdienst *m*
(syn, average/straight-time/standard average . . . earnings)
normal business expenses (StR) gewöhnliche Betriebsausgaben *fpl*
normal capacity
(IndE) Kannkapazität *f*
(ie, maximum level of activity under normal conditions)
normal cost
(KoR) Normalkosten *pl*
(ie, includes an average or normalized chunk of overhead)
normal costing (KoR) Normalkostenrechnung *f*
normal cost rate (KoR) Normalkostensatz *m*
normal cost system (KoR) = normal costing
normal course of business (com) normale Geschäftstätigkeit *f*

normal curve of error (Stat) normale Fehlerkurve *f*
normal depreciation (ReW) planmäßige Abschreibung *f*, Normalabschreibung *f*
normal derivative (Math) Normalableitung *f*
normal deviate (Stat) standardisierte Zufallsabweichung *f*
normal disconnected mode
(EDV) abhängiger Wartezustand *m*
(ie, in data transmission = bei der Datenübertragung)
normal dispersion (Stat) Normalstreuung *f*
normal distribution
(Stat) Normalverteilung *f*
(ie, the most commonly occurring probability distribution; syn, Gaussian distribution, Gauss' error curve)
normal elemental time (IndE) Normalgrundzeit *f (syn, base time, qv)*
normal error dispersion (Stat) normale Abweichungsstreuung *f*
normal form (Log) Normalform *f (syn, standard form, qv)*
normal good
(Vw) Normalgut *n*
(ie, consumption changes directly with the money income, with prices remaining constant)
normal hours (KoR) Standard-Maschinen-und Arbeitsstunden *fpl (ie, für bestimmten Arbeitsgang)*
normal image (EDV) Normalanzeige *f*
normalize *v*
(com) normalisieren *(ie, restore to normal condition)*
(Math) normieren *(ie, by transformation of variables)*
normal market size, NMS
(Fin, GB) Normal Market Size
(ie, die Klassifizierung in Alpha-, Beta- und Gamma-Aktien wurde 1991 abgeschafft und durch ein System mit zwölf Kategorien ersetzt; NMS wird berechnet, indem ihr Umsatz an der Börse in den vergangenen 12 Monaten addiert und durch 10 000 dividiert wird; Ergebnis wird durch Schlußkurs am Ende des letzten Quartals dividiert und so gerundet, daß es in e–e der 12 Kategorien paßt; eg, Kategorie Zwölf 100 001 bis 200 000 Aktien; NMS e–r Aktie wird jedes Vierteljahr neu berechnet; für Marktmacher von Bedeutung, weil es jeweils die Mindeststückzahl e–s Wertes angibt, für die ein Kurs auf dem Börsensystem SEAQ quotiert werden muß)
normal output (IndE) Normalleistung *f (syn, target performance)*
normal probability distribution (Stat) = normal distribution
normal production allowance (IndE, KoR) Ausschuß *m*, Fertigungsausschuß *m*
normal profit (Vw) Normalgewinn *m*, Unternehmerlohn *m*
normal rate (StR) Regelsteuersatz *m*
normal response mode (EDV) Aufforderungsbetrieb *m (ie, in data transmission)*
normal return (Fin) Normalrendite *f*
normal standard cost
(KoR) flexible Normalkosten *pl*
normal stock method (ReW) Methode *f* der Eisernen-Bestands-Bewertung
normal sustainable capacity (Bw) normale Kapazität *f*
normal time (IndE) Normalzeit *f (syn, base time, qv)*
normal variate (Stat) standardisierte Zufallsvariable *f*
normal video (EDV) Normalanzeige *f (opp, reverse video)*
normal volume (KoR) = normal activity
normal working area (IndE) optimaler Griffbereich *m*
normative decision theory (Bw) praktisch-normative Entscheidungstheorie *f*
normative economics
(Vw) normative Wirtschaftswissenschaft *f*
(ie, involves the value judgment of the economist; opp, positive economics = positive Wirtschaftswissenschaft)
normative science
(Log) normative od präskriptive Wissenschaft *f*
(ie, does not bar Ought-statements from its regular pursuits; opp, empirical science, qv)
normative statement (Log) normativer Satz *m (opp, descriptive /positive . . . statement)*
NOR operation (EDV) NOR-Verknüpfung *f*, Peirce-Funktion *f*
North-South divide (com) Nord-Süd-Gefälle *n*
northwest corner rule (OR) Nordwesteckenregel *f*
no sales (Bö) ohne Umsatz
nosedive
(com) Sturz *m*, Verfall *m*
(ie, sudden extreme drop; eg, of price, interest rates)
nosedive *v* (com) plötzlich stark fallen *(eg, new orders, shipments, prices)*
nosedive in sales (com, infml) Umsatzverfall *m*
nose down *v* (com) abrutschen *(eg, economy into recession)*
no shows (com) festgebuchte, aber nicht mitfliegende Passagiere *pl*
no-strike clause (Pw) Streikverbotsklausel *f*
nostro account (Fin) Nostrokonto *n*
nostro reconciliation (Fin) Nostro-Abstimmung *f*
nostro statement (Fin) Nostro-Auszug *m*
no subscriber at this number (com) „kein Anschluß unter dieser Nummer“
notarial attestation (Re) notarielle Beglaubigung *f*
notarial charges (Re) Notariatskosten *pl*
notarial fee (Re) Notariatsgebühr *f*
notarial protest certificate
(WeR, US) notarielle Protesturkunde *f*
(ie, legal evidence of presentation and refusal to pay by the drawer or maker)
notarization (Re) notarielle Beglaubigung *f*
notarize *v* (Re) notariell beglaubigen *(ie, have certified by a notary public)*
notarized contract (Re) notarieller Vertrag *m*
notary public
(Re) Notar *m*
(ie, certifies writings, takes affidavits, depositions, and protests of negotiable paper; no equivalent in German; cf, GB, Commissioner for Oaths)
notation (Math) Schreibweise *f*
notch belt tighter *v* (com, infml) Gürtel *m* enger schnallen

NOT circuit (EDV) NICHT-Schaltung *f (syn, inverter)*
note
(com) Mitteilung *f*
– Notiz *f*
– Vermerk *m (syn, memorandum)*
(com) kurze Erklärung *f (ie, brief comment)*
(com) Anmerkung *f*
– Fußnote *f (ie, short comment apart from the text; syn, footnote)*
(com) kurzer Brief *m (ie, short informal letter)*
(com) kurzer wissenschaftlicher Aufsatz *m (ie, may be scholarly or scientific)*
(com) Geldschein *m*, Banknote *f*
(ReW) Wechsel *m*
(eg, ‚notes receivable/payable' as a balance sheet item)
(WeR) Solawechsel *m*
– Eigenwechsel *m*
(ie, promise to pay; syn, promissory note, qv; opp, draft, which is an order to pay)
(Re) jede Art von Schuldanerkenntnis und Zahlungsversprechen
(Fin) Schuldtitel *m*
(Fin, US) Schuldverschreibung *f*
(ie, type of debt security: T-notes are coupon securities with a maturity of one to ten years, while municipal notes are short-term promissory notes)
notebook
(com) Notizbuch *n*
(EDV) Notebook *n/m*
– Notebook-Computer *m*
(portable computer; about the size of a DIN A4 sheet and up to 7 lbs)
note broker (Fin, US) Wechselmakler *m (syn, GB, bill broker)*
note denomination
(Fin) Stückelung *f* von Schuldtiteln
(Fin) Stückelung *f* von Banknoten
note distribution (Fin) Plazierung *f* von Schuldtiteln
note holder
(Fin) Wechselinhaber *m*
(Fin) Inhaber *m* e–s Solawechsels
note issuance facility, NIF
(Fin) Note Issuance Facility *f*
(ie, Absicherungsfazilität, die auf dem Konzept der revolving underwriting facility beruht; notes werden von einem Tender Panel am Primärmarkt plaziert)
note issue (Vw) Notenausgabe *f*
note-issuing bank (Vw) Notenbank *f*
note-issuing monopoly (Vw) Banknotenmonopol *n*
note-issuing privilege (Vw) Notenbankprivileg *n*
note notice
(Fin, US) Fälligkeitsmitteilung *f*
(ie, mailed to borrower several days before the maturity of a note, as reminder of the due date)
note of acceptance (com) Annahmevermerk *m*
note of approval (Re) Genehmigungsvermerk *m*
note of fees
(com) Gebührenrechnung *f*, Liquidation *f*
(syn, bill of fees)
note of thanks (com) Dankschreiben *n (syn, letter of thanks)*
notepad (com) Notizblock *m*
notes
(com) Aufzeichnungen *fpl (eg, lecture notes)*
(com) Notizen *fpl (eg, take down . . . = Notizen machen)*
(ReW) Abschlußerläuterungen *fpl*
(Fin) mittelfristige Schuldverschreibungen *fpl (ie, may be 5 to 7 years)*
notes and coin (Fin) Bargeld *n*
notes and coin in circulation (Vw, GB) Bargeldumlauf *m*
notes in circulation (Vw) Notenumlauf *m*
notes payable
(ReW) Schuldwechsel *mpl*
– Wechselverbindlichkeiten *fpl*
(Fin) Schuldscheinverbindlichkeiten *fpl*
notes payable to banks (ReW) Wechselverbindlichkeiten *fpl* gegenüber Banken
notes payable to trade (ReW) Wechselverbindlichkeiten *fpl* aus Warenlieferungen und Leistungen (a. W. u. L.)
notes receivable
(ReW) Besitzwechsel *mpl*, Wechselforderungen *fpl*
(Fin) Schuldscheinforderungen *fpl*
notes receivable discounted (ReW) zum Diskont gegebene Wechsel *mpl*
notes to the accounts (ReW, EG) Anhang *m*
notes to the consolidated accounts (ReW) Anhang *m* zum Konzernabschluß
notes to the financial statements
(ReW) Anhang *n*
(ie, Kapitalgesellschaft hat den Jahresabschluß um e–n Anhang zu erweitern, der mit Bilanz und GuV e–e Einheit bildet, sowie e–n Lagebericht aufzustellen)
not-for-profit hospital (SozV) gemeinnütziges Krankenhaus *n (syn, nonprofit . . .)*
not function
(Math, EDV) Nicht-Funktion *f*, Negation *f*
(ie, logical operator: if P is a statement, then the NOT of P is true if P is false, and false if P is true)
not-held order (Bö) interessewahrender Auftrag *m (syn, discretionary order)*
nothings (StR, US, infml) nicht abzugsfähige Aufwendungen *mpl*
notice
(com) Ankündigung *f (syn, announcement)*
(com) Erklärung *f*
(Re) Bescheid *m*
(Re) Kündigung *f*
(ie, to terminate an agreement at a specified time)
(com) Information *f (syn, information, intelligence)*
(com) Aufmerksamkeit *f (syn, attention, heed)*
(com) Kurzbesprechung *f*, Rezension *f (syn, review)*
notice *v*
(com) ankündigen *(ie, give notice of)*
(com, GB) rezensieren *(ie, implies that the review is brief; syn, review)*
notice account (Fin) Kündigungskonto *n*
notice board (com) schwarzes Brett *n (eg, put sth up on the . . .)*

notice clause
(Re) Kündigungsklausel *f*
(ie, contractual clause on unilateral termination)
notice of abandonment
(SeeV) Abandonerklärung *f*
(ie, that ship will be abandoned to insurers if it should become a total loss; syn, abandonment clause)
notice of approval (Re) Genehmigungsbescheid *m*
notice of assessment
(StR) Steuerbescheid *m*
(Zo) Zollbescheid *m*
notice of assignment (Re) Abtretungsanzeige *f*
notice of call (Fin) Einzahlungsaufforderung *f*
notice of damage (Vers) Schadenmeldung *f*
notice of defect (com) Mängelrüge *f (syn, customer complaint, qv)*
notice of deficiency (StR, US) Bescheid *m* der Steuerbehörde über unrichtige Angaben in der Steuererklärung
notice of denial (Re) Ablehnungsbescheid *m*
notice of dishonor
(WeR, US) Notanzeige *f (ie, notice may be given in any reasonable manner; it may be oral or written in any terms; it is the counterpart of the German ‚Protesturkunde' = (formal) certificate of dishonor; cf, § 3–508 UCC)*
notice of dishonor and protest (WeR, US) ordnungsmäßige Protestanzeige *f*
notice of dismissal (Pw) Kündigung *f (syn, notice to terminate)*
notice of drawing (Fin) Auslosungsanzeige *f*
notice of intention to deliver
(Bö, US) Ankündigungsschreiben *n*
(ie, mit dem Verkäufer seine Lieferbereitschaft mitteilt)
notice of meeting (Bw) Einberufungsbekanntmachung *f*
notice of objections (Pat) Spezifizierung *f* von Patentansprüchen
notice of opposition (Pat) Einspruch *m*
notice of redemption
(Fin) Tilgungsanzeige *f*
(ie, full name: sinking fund redemption notice; indicates the bond numbers in the call; interest ceases after redemption date)
notice of reference (Kart, GB) Klageerhebung *f*
notice of rejection (Re) Ablehnungsbescheid *m*
notice of rescission (Re) Rücktrittserklärung *f*
notice of rights (Fin) Bezugsrechtsangebot *n*
notice of termination (Re) Kündigungsschreiben *n*
notice of withdrawal (Re) Rücktrittserklärung *f*
notice term (Pw) Kündigungsfrist *f (syn, period of notice, qv)*
notice to quit (Pw) Kündigung *f (ie, by employee)*
notice to quit for cause
(Pw) außerordentliche Kündigung *f*
(ie, aus wichtigem Grund)
notice to terminate (Pw) Kündigung *f (ie, by employer)*
notifiable (Re, Kart) anmeldepflichtig *(syn, subject to notification)*
notification
(Re) Benachrichtigung *f*
– Notifizierung *f*
notification factoring
(Fin) notifiziertes Factoring *n*
– offenes Factoring *n*
(ie, invoice bears a notice of assignment to the factor; syn, disclosed factoring; opp, nonnotification factoring; cf, factoring)
notification of credit (Fin) Akkreditivanzeige *f*
notification of damage
(SeeV) Schadensandienung *f*
– Schadensanzeige *f*
notification of loss (Vers) = notification of damage
notify *v*
(com, fml) anzeigen
– avisieren
– mitteilen *(ie, of; syn, give notice of)*
(Re) benachrichtigen
– notifizieren *(ie, give formal notice of)*
notify a claim *v* (Vers) Schaden *m* melden *(eg, to the insurance company)*
notify a letter of credit *v* (Fin) Akkreditiv *n* anzeigen *(ie, ohne Hinzufügen der eigenen Haftung)*
notify by service *v* (Re) zustellen *(syn, serve upon)*
notifying party (Re) mitteilende Partei *f*
notify party (com) Benachrichtigungsadresse *f*
notional income (StR, GB) fiktives Einkommen *n (syn, imputed income, qv)*
notional liability (Re) fiktive Verbindlichkeit *f (ie, imaginary or unreal)*
notions (com) Kurzwaren *fpl (syn, GB, haberdashery)*
NOT operation (EDV) boolesche Komplementierung *f*, Negation *f (syn, boolean complementation, negation)*
not sufficient (funds) (Fin, GB) keine Deckung *(ie, being replaced by ‚refer to drawer')*
notwithstanding (Re) ungeachtet *(eg, of the foregoing provisions of this Article)*
novation
(Re) Novation *f*
– Schuldumwandlung *f*
(ie, substitution of a new contract for an existing one)
(Fin) Novation *f*
(ie, a bank's gross obligations are transformed into a new contract for its net obligations; members of a scheme agree to ‚novate' their contracts)
novel (com, Pat) neu
novelty
(Pat) Neuheit *f (eg, of an invention)*
(com) Neuheit *f (ie, often has a slightly negative connocation in some parts of the U.S.)*
novelty search (Pat) Prüfung *f* der Neuheit
NOW accounts
(Fin, US, appr) Spar-Giro-Konto *n*
(ie = negotiated order of withdrawal: introduced in 1972 in Massachussets; interest-paying savings account on which checks to third parties can be written: Sparkonto, über das mittels Scheck verfügt werden kann)
no-withholding-tax yield (Fin) quellensteuerfreie Rendite *f*
nt.wt. (com) = net weight
nuclear-based industry (com) Atomwirtschaft *f*
nuclear-generated electricity (IndE) Atomstrom *m*

nuclear power industry (com) Atomenergie-Industrie *f*
nuclear power station (IndE) Atomkraftwerk *n*
nuclear risk insurance (Vers) Atomrisiko-Versicherung *f*
nuclear waste (IndE) Atommüll *m*
nucleus
(EDV) Systemkern *m*
– Betriebssystemkern *n*
(syn, resident monitor, supervisor)
nude contract (Re) = naked contract
nugatory (Re) nichtig, rechtsunwirksam *(syn, void, inoperative)*
nuisance parameter (Stat) lästiger od unerwünschter Parameter *m*
nuisance rates (FiW) Bagatellzölle *mpl (ie, below 5 pct)*
nuisance tax (FiW) Bagatellsteuer *f (ie, low rate, excessive red tape)*
null (EDV) Nullzeichen *n*
null and void (Re) nichtig, rechtsunwirksam *(syn, void, qv)*
null class (Log) Nullklasse *f (ie, extension of empty sets)*
null file (EDV) Nulldatei *f*
null hypothesis (Log) Nullhypothese *f (syn, zero hypothesis; opp, alternative hypothesis)*
nullify *v* (Re) annullieren
nullify a contract *v* (Re) Vertrag *m* aufheben *(syn, cancel, qv)*
nullity (Re) Nichtigkeit *f (eg, of legal transaction)*
nullity of a matrix (Math) Defekt *m* der Matrix
nullity suit (Re) Nichtigkeitsklage *f*
null key (EDV) Leertaste *f*
null line (EDV) Nullzeile *f*
null matrix (Math) Nullmatrix *f*
null pattern (EDV) Nullmuster *n*
null set
(Math) leere Menge *f*
– Nullmenge *f*
(syn, empty void . . . set)
null statement (EDV) Nullanweisung *f*
null suppression (EDV) Nullzeichenunterdrückung *f*
null-terminated string (EDV) null-terminierte Zeichenkette *f (ie, string that is limited by a zero-value-character [ANSI- or ASCII-value 0])*
null value (EDV) Nullwert *m*
number (Math) Zahl *f (opp, digit = Ziffer)*
number *v* (com) numerieren
number account
(Fin) Nummernkonto *n*
(ie, kept secret from tax and currency control authorities; syn, numbered account)
number consecutively *v* (com) laufend numerieren
number cruncher (EDV, infml) Computer *m*
number crunching
(com) Zahlenverarbeitung *f*
(EDV) komplexe Rechenoperationen *fpl (ie, complex numerical operations or arithmetic-intensive computation)*
number domain (Math) = number field
numbered account (Fin) = number account
number field (Math) Körper *m*, Rationalitätsbereich *m (syn, number domain, domain of rationality, commutative field)*
numberized goal (Bw) numerisches Ziel *n (syn, targeted goal)*
number notation (EDV) Zahlendarstellung *f (syn, number representation)*
number of annual hours (Pw) Jahresarbeitszeit *f*
number of favorable responses (Mk) Rücklaufquote *f*
number of layoffs (Pw) Personalfreisetzungs-Volumen *n*
number of new contracts (com) Zahl *f* der Neuabschlüsse
number of people on payroll (Pw) Zahl *f* der Beschäftigten *(ie, number of employees or people employed)*
number of people out of work
(Vw) Arbeitslosenzahl *f*
(syn, jobless total, unemployment figure)
number of terms
(Fin) Laufzeit *f* der Verzinsung
– Terminalzahl *f*
– Zinsdauer *f*
(Math) Laufzahl *f*
– Stellenzahl *f*
(ie, in a progression)
number of undisclosed cases (com) Dunkelziffer *f*
number pages *v* (com) paginieren
number plate (com, GB) Nummernschild *n (syn, US, license plate)*
number protection code (EDV) Ziffernsicherungscode *m*
number representation (Math) = number notation
number system (Math) Zahlensystem *n*
number system character (Mk) Systemkennzeichen *n (ie, in the UPC code)*
numéraire
(AuW) Bezugsgröße *f* des Währungssystems
(ie, denominator for the exchange rate mechanism)
numeral (Math) Numeral *n*
numerator (Math) Zähler *m (opp, denominator = Nenner)*
numerical address (EDV) numerische Adresse *f*
numerical analysis (EDV) numerische Analyse *f*
numerical code (EDV) Nummernschlüssel *m (syn, numeric code)*
numerical control, NC (IndE) numerische Steuerung *f*
numerical literal (EDV) numerisches Literal *n*
numerically controlled machines
(IndE) numerisch gesteuerte Maschinen *fpl*
– NC-Maschinen *fpl*
numerically controlled manufacturing (IndE) numerisch gesteuerte Fertigung *f*
numerical quantity (Math) numerische Größe *f*
numeric character
(EDV) numerisches Zeichen *n*
– Ziffer *f*
numeric code (EDV) Zahlencode *m (syn, numeric data code)*
numeric data (EDV) numerische Daten *pl*
numeric data code (EDV) numerischer Code *m*
numeric keyboard (EDV) Zehnertastatur *f*
numeric keypad (EDV) numerischer Block *m*
numeric operator (EDV) numerischer Operator *m (ie, + – * / %)*
numeric word (EDV) numerisches Wort *n*
numerosity (Re, US) zahlenmäßige Stärke *f*

nuncupative will
(Re) mündliches Testament *n*
(ie, will verbally declared within the hearing of at least two disinterested – not uninterested! – witnesses)

nurse a business *v* (com, infml) Unternehmen *n* wieder hochbringen

nurse an account *v* (Fin) e–m Kunden entgegenkommen

nurse stocks *v* (Fin) Aktien *fpl* festhalten *(ie, in Erwartung von Kurssteigerungen)*

nursing allowance (SozV) Pflegegeld *n*

Nursing Charges Ordinance (SozV) Pflegesatzverordnung *f*

nursing expenses (SozV) Pflegekosten *pl*

nursing insurance scheme (SozV) Pflegeversicherung *f*

nurture *v* (com) aktiv unterstützen

nuts and bolts
(com, infml) Grundlagen *fpl*
(ie, the basic working elements)
(com) Praxis *f*
(eg, know the . . ., as opposed to theoretical considerations)

nuts and bolts experience (Pw, infml) praktische Erfahrung *f*

nuts and bolts operations (com, infml) tagesaktuelles Geschäft *n (syn, day-to-day business)*

nuts and bolts spending (Bw) Aufwendungen *mpl* zur Sicherung des laufenden Betriebes

nybble (EDV) Nybble *n (ie, block of data representing half a byte, usually 4 bits)*

NYCE (Bö) = New York Cotton Exchange

NYFE (Bö) = New York Futures Exchange

NYMEX (Bö) = New York Mercantile Exchange

NYSE (Bö) = New York Stock Exchange

O

OAP (SozV, GB) Rentner *m (ie, old age pensioner)*
OASDI (SozV, US) = Old-Age, Survivors, and Disability Insurance
oath
(Re) Eid *m*
(eg, swear on oath; give evidence on oath = unter Eid aussagen)
obiter dictum
(Re) richterliche Stellungnahme *f*, die den Streitfall nicht berührt
(ie, does not bind as precedent but may influence court decisions in similar cases; pl, obiter dicta)
obituary (com) Nachruf *m*
obituary notice (com) Todesanzeige *f (ie, death notice appearing in newspaper)*
object (com) Ziel *n*, Zweck *m*
object against *v* (com) Einwand *m* erheben gegen
object code (EDV) Maschinencode *m*
object code file (EDV) Maschinenprogrammdatei *f*
object cost (KoR) Kosten *pl* als bewerteter Mengenverzehr
object instance (EDV) Objektinstanz *f*
objection
(com) Beanstandung *f (ie, to; syn, complaint about)*
(Re) Einspruch *m (syn, exception)*
objective
(Bw) Unternehmensziel *n (ie, of a company; syn, goal, target)*
(Vw) Ziel *n*, Zielvorstellung *f*
objective budgeting (Bw) zielgebundene Budgetierung *f (ie, not on the basis of historical precedence)*
objective function (Bw) Zielfunktion *f*
objective-setting process (Bw) Prozeß *m* der Zielbildung
objective value (Bw) objektiver Wert *m (opp, subjective value)*
object language
(EDV) Maschinensprache *f (syn, machine language)*
(Log) Objektsprache *f*
object lesson
(com) Musterbeispiel *n*
(eg, in single-minded determination)
object library (EDV) = object program library
object linking & embedding, OLE (EDV) Objekte *npl* verknüpfen und einbetten
object module
(EDV) Objektmodul *n*
(ie, computer language program prepared by an assembler or compiler after acting on a programmer-written source program)
object of a company (Re) Gegenstand *m* e–r Gesellschaft
object of an invention (Pat) Erfindungsgegenstand *m (syn, subject matter of an invention, qv)*
object of entry (EDV, Cobol) Eintragungsobjekt *n (cf, DIN 66 028, Aug 1985)*
object-oriented data model (EDV) objektorientiertes Datenmodell *n*
object-oriented programming, OOP (EDV) objektorientiertes Programmieren *n*
object program
(EDV) Maschinenprogramm *n*
(ie, prepared by an assembler or compiler; syn, object routine)
(EDV, Cobol) Zielprogramm *n*
(syn, target . . . program/routine; cf, DIN 66 028, Aug 1985)
object program library
(EDV) Maschinenprogrammbibliothek *f*
(ie, set of programs in the form of relocatable instructions which reside on a mass memory; syn, object library)
objects clause (Bw, GB) Klausel *f* mit Angaben über den Gegenstand des Unternehmens *(ie, in memorandum of association, qv)*
object time (EDV) Ausführungszeit *f*, Laufzeit *f (syn, execution/run . . . time)*
object to *v* (com) Einspruch *m* erheben gegen, protestieren gegen
obligate *v*
(Re) verpflichten
(ie, put under obligation; syn, commit, bind legally)
(com) für e–n bestimmten Zweck festlegen
(ie, commit funds to meet an obligation)
obligated material (MaW) auftragsgebundenes Material *n (syn, allocated material, qv)*
obligation
(Re) Verpflichtung *f*
– Verbindlichkeit *f*
(ie, duty owed; syn, commitment, engagement, promise, undertaking)
(ReW) Verbindlichkeit *f (ie, enforceable debt)*
obligational authority (FiW) Ausgabenermächtigung *f*
obligation in kind
(Re) Gattungsschuld *f*
– Genusschuld *f*
(syn, generic obligation, unascertained debt)
obligations
(com) Verbindlichkeiten *fpl (eg, unable to meet his . . .)*
(Fin) Schuldtitel *mpl (ie, notes and bonds which are promises to pay a certain amount with interest)*
obligations of buyer (Re) Pflichten *fpl* des Käufers *(syn, duties of buyer)*
obligation to accept contracts (Re) Kontrahierungszwang *m (eg, imposed on common carrier)*
obligation to buy (Mk) Kaufzwang *m*
obligation to pay (Fin) Zahlungspflicht *f*
obligation to pay damages (Re) Schadenersatzpflicht *f*
obligation to professional secrecy (Re) Schweigepflicht *f*

obligation to take delivery (com) Abnahmepflicht *f* *(ie, of merchandise tendered)*

obligation under a guaranty (Re) Garantieverpflichtung *f*

obligatory (com) obligatorisch *(eg, attendance at a conference may be . . .; syn, compulsory; opp, voluntary)*

obligatory maturity
(Fin) fester Fälligkeitstermin *m*
(ie, absolute or final; opp, optional maturity, prior redemption date)

obligatory reinsurance
(Vers) obligatorische Rückversicherung *f*
(ie, automatically ceded and accepted within the terms of the treaty = contract; syn, automatic reinsurance; opp, facultative reinsurance)

obligatory treaty reinsurance
(Vers) obligatorische Rückversicherung *f*
– Vertragsrückversicherung *f*
(syn, automatic treaty reinsurance)

oblige *v*
(com) verpflichten
(com) entgegenkommen, helfen *(eg, try to oblige a customer = help him)*

obliged material (MaW) = obligated material

obligee (Re) Gläubiger *m* *(syn, creditor; opp, obligor)*

obligor (Re) Schuldner *m* *(syn, debtor; opp, obligee)*

oblique plane (Math) geneigte Ebene *f*

oblique reference system (Math) schiefwinkeliges Koordinatensystem *n*

obliterate *v* (Re) unkenntlich machen *(ie, make impossible to read)*

observable variable (Stat) direkt beobachtbare Variable *f*

observation
(com) Beobachtung *f*
(com) Feststellung *f* *(syn, statement, remark)*
(Stat) beobachteter Wert *m*, statistische Einheit *f*

observational research (Stat) Erhebungsforschung *f* *(syn, survey research)*

observation error (Stat) Beobachtungsfehler *m*

observation ratio method (IndE) Multimomentverfahren *n*

observed depreciation
(ReW) aufgelaufene Abschreibung *f*
(ie, ermittelt durch beobachtete Wertminderung; in % des Anschaffungswertes)

observed frequency (Stat) beobachtete Häufigkeit *f* *(opp, expected frequency)*

observed life table (Vers) Absterbeordnung *f*

observed rating (IndE) beobachteter Leistungsgrad *m*

observer (com) Beobachter *m* *(eg, knowledgeable observer of an industry = Branchenkenner)*

obsolescence (Mk) Obsoleszenz *f* *(ie, Vorgang der Veralterung von Produkten)*

obsolescene
(Bw) vorzeitiges Veralten *n*
– technisch-wirtschaftliche Überholung *f*
(ie, decreasing value of physical assets from technological changes rather than deterioration)

obsolescent (com) veraltend *(ie, going out of use; opp, absolete)*

obsolete (com) veraltet *(ie, no longer useful, out of date)*

obsolete equipment (IndE) veraltete Anlagen *fpl*

obsolete stocks (com) Ladenhüter *mpl* *(ie, unsalable goods no longer in demand)*

obstacle to delivery (com) Ablieferungshindernis *n*

obstacle to performance (Re) Erfüllungshindernis *n*

obstruct *v*
(com) behindern
– versperren

obtain *v*
(com) erhalten *(ie, gain, attain)*
(Re) gelten
– in Kraft sein
(ie, established, recognized)

obtain a contract *v* (com) Auftrag *m* / Zuschlag *m* . . . erhalten *(syn, win a contract)*

obtain a loan *v* (Fin) Darlehen *n* aufnehmen *(syn, raise, secure, take up/ on)*

obtain an offer *v* (com) Angebot *n* einholen *(ie, send out requests for quotations)*

obtain an order *v* (com) Auftrag *m* erhalten od hereinholen

obtain a patent *v* (Pat) patentieren lassen

obtuse angle (Math) stumpfer Winkel *m* *(ie, more than 90°, less than 180°)*

obviousness of an invention (Pat) Fehlen *n* der Erfindungshöhe *(ie, of an inventive idea)*

O.C. (com) = open charter

OCC
(Bö) = Options Clearing Corporation
(Fin, US) = Office of the Comptroller of the Currency

Occam's razor
(Log) Ockhams Raisermesser-Prinzip *n*
– Prinzip *n* der Denkökonomie
(ie, entia non sunt multiplicanda praeter necessitatem; entities must not needlessly be multiplied; or: the simplest explanation of facts is most desirable and perhaps most likely to be valid; syn, law of parsimony, principle of . . . simplicity/economy)

occasional carrier (com) Gelegenheitsfrachtführer *m* *(opp, common carrier)*

occasional customer (com) Gelegenheitskunde *m* *(syn, casual customer)*

occasional deal (com) Gelegenheitsgeschäft *n*

occasional forwarder (com) Gelegenheitsspediteur *m*

occasional issuer (Fin) Gelegenheitsemittent *m*

occupancy expense
(KoR) Kosten *pl* der Nutzung von Grundstücken
(eg, rent, heat, light, upkeep)

occupancy rate
(com) Belegung *f*
(eg, hotel, hospital; syn, occupancy ratio)

occupancy tax (FiW) Mietsteuer *f* *(ie, levied on the lessee of quarters)*

occupant
(com) Inhaber *m*
– Bewohner *m*
(ie, person occupying position, dwelling)

occupation
(com) Beschäftigung *f*, Tätigkeit *f*
(Pw) Beruf *m*
(ie, most inclusive term: work or employment habitually pursued and requiring a certain training; eg, teacher, bookbinder)

occupational accident
(Pw) Arbeitsunfall *m*
– Berufsunfall *m*
– Betriebsunfall *m*
(syn, industrial accident)
occupational accident insurance (SozV) Berufsunfallversicherung *f*
occupational analysis (Pw) Arbeitsplatzanalyse *f* *(syn, job analysis)*
occupational census (Stat) Berufszählung *f*
occupational classification
(Stat) Berufssystematik *f*
– Berufsgliederung *f*
– Berufsgruppen-Einteilung *f*
(syn, structure of occupational groups)
occupational competence (Pw) berufliche Eignung *f*
occupational disability
(SozV) Berufsunfähigkeit *f*
(SozV) Erwerbsunfähigkeit *f*
occupational disease (Pw) Berufskrankheit *f* *(syn, industrial disease)*
occupational group (Pw) Berufsgruppe *f*
occupational guidance service
(com) Berufsberatungsdienst *m*
(eg, at the local Labor Office)
occupational hazard
(Pw) Arbeitsplatzrisiko *n*
– Berufsrisiko *n*
occupational hazards (Pw) Berufsgefahren *fpl*
occupational medicine
(Pw) Arbeitsmedizin *f*
(syn, industrial medicine)
occupational mobility
(Pw) berufliche Mobilität *f* *(ie, transfer to different employment)*
(Vw) Einsatzelastizität *f* *(eg, of resources)*
occupational pattern (Stat) Berufsstruktur *f*
occupational pension (SozV, GB) Berufsrente *f*
occupational pension scheme (Pw) betriebliche Pensionskasse *f*
occupational pension system (Vw) betriebliches Altersversorgungssystem *n*
occupational psychology
(Pw) Berufspsychologie *f*
– Arbeitspsychologie *f*
occupational retraining (Pw) Umschulung *f*
Occupational Safety and Health Administration, OSHA (com) amerikanische Behörde *f* für Sicherheit und Gesundheit am Arbeitsplatz *(ie, organization that maintains safety and health standards in work environments; established in 1970 under the jurisdiction of the Department of Labor)*
occupational statistics (Stat) Berufsstatistik *f*
occupational status
(Pw) Berufsstellung *f*
– berufliche Stellung *f*
occupational structure (Stat) Berufsstruktur *f*
occupational test (Pw) Eignungsprüfung *f* *(syn, aptitude test)*
occupational training (Pw) Berufsausbildung *f* *(cf, occupation, vocation, profession)*
occupation tax (FiW) Gebühr *f* für Gewerbezulassung
occupier (Re) = occupant
occupy *v*
(com) beschäftigen *(eg, oneself with)*
(com) beanspruchen
– in Anspruch nehmen *(ie, take, fill; eg, a lot of my time)*
(EDV) belegen *(syn, use)*
(Pw) innehaben *(eg, position of vice president)*
(Math) aufspannen *(syn, span)*
occurrence
(com) Ereignis *n*
(EDV) Fundstelle *f*
occurrence of a loss (Vers) Schadeneintritt *m*
occurrence of risk (Vers) = occurrence of a loss
occurrence principle (Vers) Ereignisprinzip *n*
ocean bill of lading
(com) Bordkonnossement *n*
(ie, evidence that the consignment is on board as stipulated in the affreightment contract; cf, § 642 HGB; syn, on board/shipped . . . bill of lading)
ocean carrier (com) Verfrachter *m*
ocean commerce
(com) Seehandel *m*
(syn, sea/ maritime . . . trade)
ocean freight (com) Seefracht *f* *(syn, seaborne cargo)*
ocean freight forwarder (com) Seefracht-Spediteur *m*
ocean-going cargo ship (com) Seefrachter *m*
ocean going traffic (com) Seeschiffsverkehr *m*
ocean going vessel (com) Seeschiff *n*
ocean marine insurance
(Vers) Seeversicherung *f*
(Vers) Seeschadensversicherung *f*
ocean packing (com) seemäßige Verpackung *f* *(syn, seaworthy packing, qv)*
ocean routes (com) Schiffahrtswege *mpl*
ocean shipping
(com) Seeversand *m*
(com) Hochseeschiffahrt *f*
ocean shipping industry (com) Seeschiffahrt *f*
ocean shipping trade (com) Seefrachtgeschäft *n*
ocean transport (com) Seetransport *m*, Verfrachtung *f* *(syn, GB, carriage of goods by sea)*
ocean tug (com) Hochseeschlepper *m*
OCR (EDV) = optical character recognition
OCR-font
(EDV) OCR-Schriftart *f*
– OCR-Schriftschnitt *m*
(ie, font that can be easily read by OCR equipment)
octile
(Stat) Oktil *n*
(ie, set of seven variate values which divide the total frequency into eight parts)
OD
(EDV) = optical disk
(com) o.d. = on deck
odd-even check
(EDV) Paritätsprüfung *f*
(ie, an extra bit is set to zero or one so that the total number of zeros or ones in each word is always made even or always made odd; syn, parity check)
odd function (Math) ungerade Funktion *f* *(ie, for every x, $f(-x) = -f(x)$)*
odd interest rates (Fin) unbequeme Zinsfüße *mpl*

odd job (Pw) Gelegenheitsarbeit *f*
odd-job man (Pw) Gelegenheitsarbeiter *m*
odd lot
(Bö) Bruchschluß *m*, gebrochener Schluß *m*
(ie, a less than standard unit of trading; eg, less than 100 shares of stock, or less than $ 1,000 original principal amount of bonds; opp, board/full/round . . . lot)
odd lot dealer (Bö) Händler *m* für Orders über kleine Stücke
odd number
(Math) ungerade Zahl *f*
(ie, natural number not divisible by 2; opp, even number)
odd parity (EDV) ungerade Parität *f* *(opp, even parity)*
odd parity bit (EDV) Querprüfbit *n*
odds and ends (com) Ramschware *f* *(syn, job goods, qv)*
odds and sods (com, GB, sl) = odds and ends
odd sizes (com) Über- od Untergrößen *fpl*
odds ratio
(Stat) relatives Risiko *n*
(ie, ratio of probability of occurrence of an event to the probability of the event not occurring; syn, relative risk)
OECD (AuW) = Organization for Economic Cooperation and Development
OECD Consensus (AuW) OECD-Konsensus *m* *(ie, Arrangement of Guidelines for Officially Supported Export Credits = Übereinkommen über Leitlinien für öffentlich unterstützte Exportkredite)*
OEM (EDV) = original equipment manufacturer, qv
OEM components (EDV) OEM-Bausteine *mpl*
oeprating funds (Fin) Betriebsmittel *pl*
OEX (Bö) = S & P 100 Index
off
(Bö) Kursrückgang *m* *(eg, market is off)*
(Bö, US) = without
off a bit (com) leicht gefallen od zurückgegangen
off balance
(ReW) bilanzneutral
– bilanzunwirksam
– in der Bilanz nicht ausgewiesen
– aus der Bilanz ausgegliedert
off balance item (ReW) = off balance sheet item
off balance sheet
(ReW) bilanzunwirksam
(com) ohne Belastung der Bilanzstruktur
(ie, von Projektträgern, in internationaler Projektfinanzierung)
off-balance-sheet financial innovation (Fin) außerbilanzielle Finanzinnovationen *fpl*
off balance sheet item (ReW) bilanzunwirksamer Posten *m*
off balance sheet reserves (ReW) nicht ausgewiesene Rücklagen *fpl*
offbeat (com) ausgefallen, ungewöhnlich *(cf, off the beaten track)*
off-board market
(Bö, US) ungeregelter Freiverkehr *m*
(ie, usually transactions over-the-counter in unlisted securities)
off-board quotation (Bö) Notierung *f* im Freiverkehr
off-board security (Bö) nichtnotiertes Wertpapier *n* *(syn, unlisted security, qv)*
off-board trading
(Bö) außerbörslicher Handel *m*
(ie, transactions over-the-counter in unlisted securities; syn, off-the-floor trading)
off-book financing (Fin) Finanzierung *f* außerhalb der Bilanz
off budgeting (FiW) Ausweichen *n* in Schatten- od Nebenhaushalte
off-carriage (com) Nachlauf *m* *(syn, post-carriage, qv)*
offend against *v* (Re) verletzen *(eg, the law; syn, violate, transgress)*
offender (Re) Täter *m* *(syn, perpetrator)*
offense (Re) Delikt *n*, Straftat *f*
offer
(com) Angebot *n*
(syn, quotation, quote, proposal)
(Re) Angebot *n*, Offerte *f* *(syn, acceptance)*
(Bö) Briefkurs *m* *(syn, asked price, qv)*
offer and acceptance (Re) Angebot *n* und Annahme *f* *(ie, in contract law)*
offer curve (Vw) Tauschkurve *f*
offer document
(com) Angebotsunterlagen *fpl*
(Fin) Zeichnungsunterlagen *fpl*
offer documents (Fin) Zeichnungsunterlagen *fpl*
offered (Bö) Briefkurs *m*, Brief *m* *(syn, asked price, qv)*
offeree
(Re) Antragsempfänger *m*
(ie, in formation of contract = beim Zustandekommen e–s Vertrages)
offer for public subscription (Fin) Auflegung *f* zur öffentlichen Zeichnung *(syn, invitation for public subscription)*
offer for sale (Bö, GB) Zeichnungsangebot *n* *(ie, of new securities)*
offer for sale by competitive bidding (Fin) Ausschreibung *f* e–r Emission
offer for sale by tender (Bö) Ausschreibung *f* im Tenderverfahren, Tendertechnik *f* *(ie, relating to new issues of equities)*
offer for subscription *v* (Fin) zur Zeichnung auflegen *(syn, invite subscriptions)*
offer from *v* (com) bestellen bei
offer in blank (com) Blankoofferte *f*
offering
(Bö) Emission *f*
(ie, of securities offered for sale to the public; syn, issue)
offering circular
(Bö, US) Kurzprospekt *m*
(ie, similar to a prospectus, but for securities not requiring registration under the 1933 Securities Act, such as municipal bonds)
offering cost (Bö) Emissionskosten *pl*
offering currency (Bö) Emissionswährung *f*
offering discount (Fin) Ausgabedisagio *n*
offering memorandum (Bö) = offering prospectus
offering period (Fin) Zeichnungsfrist *f*
offering premium (Fin) Ausgabeagio *n*, Ausgabeaufgeld *n* *(ie, excess of issue price over par value)*

offering price
(Fin) Emissionskurs *m*, Zeichnungskurs *m (syn, subscription rate)*
(Fin) Ausgabepreis *m (cf, asked price)*
offering prospectus (Bö) Emissionsprospekt *m*, Verkaufsprospekt *m (syn, offering memorandum)*
offering rate (Bö) = offer price
offering statement
(Bö, US) Emissions-Mitteilung *f*
(ie, to the SEC for issues not requiring registration under Regulation A)
offering terms (Fin) Emissionsbedingungen *fpl (syn, terms of an issue)*
offer of a contract (Re) Vertragsangebot *n*, Offerte *f*
offer of contract (Re) Vertragsangebot *n*
offer of transportation (com) Beförderungsangebot *n*
offer open for a specified time (com) befristetes Angebot *n*
offeror (com) Offerent *m*
offer price
(com) Angebotspreis *m (syn, bid/quoted/supply . . . price)*
(Bö) Briefkurs *m*
– Brief *m*
– Angebotskurs *m (syn, asked price, qv)*
offer proof *v* (Re) Beweis *m* liefern od antreten
offer quotation (Bö) Briefkursnotiz *f*, Briefnotiz *f*
offer to negotiate (com) Verhandlungsangebot *n*
offer to perform (Re) Leistungsangebot *n*
offer without engagement (com) freibleibendes Angebot *n*
off-floor trading (Bö) ungeregelter Freiverkehr *m (syn, off-the-flooor trading, unofficial dealing, qv)*
off grade (com) mindere Güte *f*
office
(com) Büro *n*
(Re) Amt *n (eg, hold a well-paid office)*
(Bw) Geschäftsstelle *f*, Niederlassung *f*
(Vers) Versicherungsgesellschaft *f (eg, life office)*
office accommodation (com) Büroräume *mpl*
office and administration budget (Bw) Teilbudget *n* des Verwaltungsbereichs
office automation (EDV) Büroautomatisierung *f (eg, PCs, electronic messages, voice mail, videoconferencing systems, etc)*
office bearer (Re) Amtsinhaber *m (syn, office holder)*
office block (com) Bürohaus *n*, Bürohauskomplex *m*
office boy (com) Bürobote *m (syn, interoffice messenger; sl, office goofer, prat boy)*
office buildings
(com) Bürogebäude *npl*
(com) Geschäftsbauten *mpl*
office communication (EDV) Bürokommunikation *f*
office computer (EDV) Bürorechner *m*
office condo (com) = office condominium
office condominium
(com) Eigentums-Büro *n*
(ie, condo ownership provides protection from escalating rents or forced relocation under tight rental-market conditions, as well as potential gains in value; eg, offices are going condo)
office equipment (com) Büro- und Geschäftseinrichtung *f*
office equipment and furnishings (com) Büroausstattung *f*
office equipment dealer (com) Büromaschinenhändler *m*
office equipment manufacturer (com) Büromaschinenhersteller *m*
office goofer (com, sl) = office boy
office holder (com) Amtsinhaber *m (syn, office bearer)*
office hours
(Pw) Dienstzeit *f*
– Arbeitsstunden *fpl*
– Arbeitszeit *f (syn, business hours)*
office landscaping (com) Bürolandschaft *f*
office management system (EDV) Büroanwendungen *fpl*
office of clearance (Zo) Abfertigungsstelle *f*
office of departure (Zo) Abgangszollstelle *f*
office of destination (Zo) Bestimmungszollstelle *f*
Office of Fair Trading, OFT (Kart, GB) Kartellbehörde *f*
office of final destination (Zo) letzte Bestimmungszollstelle *f*
office of guaranty (EG) Zollstelle *f* der Bürgschaftsleistung
office of issuance (Re) ausstellende Behörde *f*
Office of the Comptroller of the Currency, OCC
(Fin, US) Bundesbanken-Aufsichtsbehörde *f*
office of the future
(EDV) Büro *n* der Zukunft
– Büro 2000 *m*
– papierloses Büro *n*
Office of Thrift Supervision, OTS (Fin, US) Kontrollorgan *n* der Savings and Loan Associations [S & L]
office park (com, US) Bürokomplex *m (ie, a landscaped complex of office buildings)*
officer
(Bw) Führungskraft *f*
– leitender Angestellter *m (ie, implies trust, authority, command; eg, president, vice president, treasurer, comptroller, etc)*
(com) Sachbearbeiter *m*
(Re) Amtsinhaber *m*
officers (com) = company officers = Organe e–r Gesellschaft
officer's check (Fin, US) = bank check
officer with general authority (Bw) Generalbevollmächtigter *m*
office supplies (com) Bürobedarf *m (ie, stationery, etc)*
office supplies market (com) Bürozubehörmarkt *m*
office temp
(Pw) Aushilfskraft *f*
– Bürohilfe *f*
office work (com) Büroarbeiten *fpl (syn, clerical operations)*
office worker (Pw) Büroangestellter *m*
official
(com) Beamter *m*, Funktionär *m (eg, high-placed government official = hoher Regierungsbeamter)*
(com) amtlich
official broker (Bö) amtlicher Kursmakler *m*
official business (Pw) Dienstgeschäfte *npl (eg, away on . . . = geschäftlich unterwegs)*

official buying-in (Vw) Stützungskäufe *mpl* der Bank von England
official channels (Bw) Dienstweg *m (eg, through . . . = auf dem Dienstweg)*
official check (Fin) bankgarantierter Scheck *m (ie, written against bank's own account)*
official close (Bö, GB) amtlicher Börsenschluß *m (ie, 3.30 p. m.; syn, close, qv)*
official commitment (Fin) Terminposition *f (ie, der Währungsbehörden aus Interventionen am Terminmarkt)*
official dealings
(Bö) amtlicher Handel *m*
(syn, official trading; cf, unlisted securities market, third market)
official demand (Vw) staatliche Nachfrage *f (syn, government /public . . . demand)*
officialese
(com, infml) Amtssprache *f*
– Behördensprache *f*
(ie, wordy, obscure, and mostly pompous language found in official statements)
official examiner (Pat) Prüfer *m*
official exchange rate (Bö) amtlicher Wechselkurs *m*
official forecast (Vw) amtliche Prognose *f*
official foreign exchange quotation (Bö) amtlicher Devisenkurs *m*
official form (com) amtlicher Vordruck *m*
official hours
(com) Dienststunden *fpl*
– Publikumsverkehr *m*
(eg, von . . . bis . . .; syn, hours)
Official Journal of the European Community (EG) Amtsblatt *n* der Europäischen Gemeinschaften
official language (Re) Amtssprache *f*
Official List
(Bö, GB) Kursblatt *n* der Londoner Börse
(ie, list of security quotations published twice daily; full title „The Stock Exchange Official List"; counterpart of the „New York Stock Exchange List")
official listing notice
(Bö) Mitteilung *f* über die Börsenzulassung
(ie, sent to a corporation)
official list price (Bö, GB) amtliche Kurse *mpl*
officially listed
(Bö) amtlich notiert
– börsennotiert
(syn, officially quoted)
officially quoted (Bö) = officially listed
officially quoted price (Bö) Börsenkurs *m (syn, stock exchange price, qv)*
officially quoted share (Bö) amtlich eingeführte od notierte Aktie *f*
officially recorded (Re) amtlich beurkundet
official market (Bö) amtlicher Markt *m (ie, for trading in securities)*
official pegging (AuW) Kursfixierung *f (ie, by central banks)*
official permit (Re) behördliche Genehmigung *f*
official price list (Bö) amtliches Kursblatt *n*
official price surveillance (Vw) amtliche Preisüberwachung *f*
official quotation (Bö) amtliche Notierung *f*, amtliche Börsennotiz *f*
official rate of discount
(Fin) Diskontsatz *m*
(syn, central-bank discount rate; US, rediscount rate)
official receiver (Re, GB) Konkursverwalter *m (ie, der später vom ‚trustee in bankruptcy' abgelöst wird)*
official reserves
(AuW) amtliche Währungsreserven *fpl*
official reserve transactions balance (AuW) Bilanz *f* der offiziellen Reservetransaktionen
official search (Pat) Recherche *f (ie, for prior patent specifications)*
official settlement balance
(AuW, US) Grundbilanz *f* und kurzfristiger Kapitalverkehr *m*
(ie, part of balance of payments)
official spread (AuW) Bandbreite *f (ie, bei fixierten Wechselkursen; syn, currency band, support points)*
official statement (com) amtliche Verlautbarung *f* od Stellungnahme *f*
official statistics (Stat) amtliche Statistik *f*
official stock exchange (Bö) amtliche Wertpapierbörse *f*
official strike (Pw) organisierter Streik *m*
official support (AuW) Stützungskäufe *mpl* Kursstabilisierungsmaßnahmen *fpl*
official tax estimate (FiW) offizielle Steuerschätzung *f*
official tier (Bö) amtlicher Markt *m*
official trading (Bö) amtlicher Handel *m (syn, official dealings)*
official transfers (VGR) öffentliche Übertragungen *fpl*
off-label merchandise (com, US) Billigware *f*
offline (EDV) systemunabhängig, offline *(ie, not connected to a computer)*
offline data acquisition
(EDV) Offline-Datenerfassung *f*
(ie, mit Zwischenspeicherung auf Datenträgern, wie Diskette, maschinenlesbaren Belegen; opp, online data acquisition)
offline operation (EDV) indirekter Betrieb *m*
offline processing
(EDV) Offline-Verarbeitung *f*
– indirekte Verarbeitung *f*
(syn, offlining)
offline sorting (EDV) externe Sortierung *f*
offline storage
(EDV) rechnerunabhängiger Speicher *m*
(ie, not under control of the central processing unit; opp, online storage)
offline teleprocessing (EDV) indirekte Datenfernverarbeitung *f*
offlining (EDV) = offline processing
off list (com) Nachlaß *m* vom Listenpreis
off-load *v* (com) abstoßen, sich trennen von *(eg, block of shares, unprofitable business; syn, unload)*
offload stocks *v* (MaW, infml) Lager *n* räumen *(syn, clear stocks)*
off-market purchases (Bö) außerbörsliche Käufe *mpl*
offpeak (com) außerhalb der Hauptzeiten *(eg, fares, electricity rates)*

offprint (com) Sonderdruck *m (ie, separately printed excerpt)*
off-process measurement (Mk) Nachprozeßmessung *f*
off-road vehicle (IndE) Geländefahrzeug *n*
off-schedule redemption (Fin) außerplanmäßige Tilgung *f*
off screen (com, infml) privat
off season
(com) tote Saison *f*
– „Sauregurkenzeit" *f*
(syn, dead season)
offset
(Re) Aufrechnung *f*
(com) Aufrechnung *f*
(syn, balancing against, counterbalancing, setoff)
(Bö) Glattstellen *n (ie, e–r Futures- od Optionsposition; syn, closing out)*
(EDV) P-Abweichung *f*
(ie, steady-state difference between the desired control point and that actually obtained in a process control system)
offset *v*
(com) anrechnen *(syn, credit against)*
(com) aufrechnen, verrechnen *(ie, mit = against; syn, balance against, counterbalance)*
(Re) aufrechnen
offset account (ReW) Verrechnungskonto *n (syn, clearing account)*
offset clause (AuW) Verrechnungsklausel *f*
offset dollar (Fin) reiner Verrechnungsdollar *m*
offset losses *v* (StR) Verluste *mpl* abziehen
offset policy (Vw) Ausgleichspolitik *f (ie, in der Umweltpolitik)*
offsetting (IndE) Rückwärtsterminierung *f*
offsetting agreement (AuW) Kompensationsabkommen *n*
offsetting costs (KoR) kompensatorische Kosten *pl*
offsetting entry (ReW) Gegenbuchung *f (syn, contra entry, qv)*
offsetting error (ReW) ausgleichender Fehler *m*
offsetting item
(ReW) Ausgleichsposten *m*
(syn, balancing /compensating/per contra . . . item)
offsetting transaction
(com) Verrechnungsgeschäft *n*
(Bö) Gegengeschäft *n*
off-shift time (IndE) Feierschicht *f (ie, in one-shift operation, 16 hours are off shift)*
offshoot (com) Nebenergebnis *n*
offshoot of a company (com, infml) Tochtergesellschaft *f*
offshore banking
(Fin) Offshore-Bankgeschäft *n*
(ie, operation in tax havens – Steueroasen – such as the Bahamas and the Cayman Islands)
offshore booking
(Fin) Offshore Booking *n*
(ie, Zahlungen für Lieferungen innerhalb des Geltungsbereichs e–r nationalen Zentralbank können in e–m anderen Mitgliedsland verbucht werden)
offshore capital market (Fin) Offshore-Kapitalmarkt *m*
offshore captive (Vers) unternehmenseigene Gesellschaft *f* im Ausland
offshore center (Fin) Offshore-Bankplatz *m (ie, place with a lot of foreign banks – and a beach)*
offshore financing (Fin) Offshore-Finanzierung *f*
offshore fund
(Fin) Investmentfonds *m* mit Sitz in e–r Steueroase *(eg, Bahamas, Bermudas, Panama, Luxemburg)*
– Offshore-Fonds *m*
offshore purchase order (com, US) Offshore-Auftrag *m*
offshore sourcing (Bw) Verlegung *f* lohnintensiver Fertigungen in Niedriglohnländer
offshore tax agreement (StR) Offshore-Steuerabkommen *n*
off standard (com) Qualitätsabweichung *f (ie, variation in quality)*
off-standard performance (IndE) Leistungsgradabweichung *f*
off-the-board price (Bö) außerbörslicher Kurs *m*
off-the-books (com) Bezahlung *f* o. B. *(= ohne Bücher; ie, in cash, no records)*
off-the-floor trading (Bö) außerbörslicher Handel *m (ie, trading outside the exchange)*
off-the-job accident (Pw) Unfall *m* außerhalb der Arbeitszeit
off-the-job training
(Pw) außerbetriebliche Weiterbildung *f*
– Ausbildung *f* außerhalb des Arbeitsplatzes
off-the-line item (com) Sonderposten *m*
off the payroll (Pw) arbeitslos *(syn, unemployed)*
off the peg clothes (com, GB) Konfektionskleidung *f (syn, off the rack clothes)*
off the rack clothes (com, US) Konfektionskleidung *f (syn, ready-to-wear clothes; GB, off the peg clothes)*
off the shelf (com, infml) ab Lager *(ie, available for immediate shipment)*
off-the-shelf product (com) Standardprodukt *n (opp, customized product)*
off-the-shelf software (EDV) Standard-Software *f*
off-the-street customer (com, infml) Laufkunde *m (syn, casual customer)*
off the wall (com, infml) ungewöhnlich, unerwartet
OFT (Kart, GB) = Office of Fair Trading
ogive (Stat) = Galton ogive
oil
(com) = crude oil
(com, infml) Bestechungsgeld *n (syn, bribery)*
(Pw, infml) Lobhudelei *f (ie, flattering or even unctuous comments)*
oil *v* (com, infml) bestechen *(ie, somebody's palm with; syn, bribe, grease)*
oil exporting countries (Vw) erdölexportierende Länder *npl*
oil facility (IWF) Ölfazilität *f*
oil glut (Vw) Ölschwemme *f (eg, worldwide)*
oil industry (com) Erdölindustrie *f*
oil price explosion (Vw) Ölpreisexplosion *f*
oil price hike (Vw) Ölpreiserhöhung *f*
oil price shock (Vw) Ölpreisschock *m*
oil producing country (com) Ölförderland *n*
oils (Bö) Erdölwerte *mpl*
oil shock (Vw) Ölkrise *f*
oil spill (com) Ölunfall *m (ie, accidental)*
oil tax (StR, infml) Mineralölsteuer *f*

O. K. *v* (com, infml) „absegnen" *(eg, a merger or acquisition)*
old-age assistance
(SozV, US) Altershilfe *f*
(ie, provided for the needy aged who are not covered by the OASDI program)
old-age exemption (StR) Altersfreibetrag *m*
old-age pension
(Pw) Altersrente *f (official term from 1992 on)*
– Rente *f (syn, retirement pension, retired pay)*
old-age pensioner (SozV) Rentner *m*
old-age protection (SozV) Alterssicherung *f*
Old-Age, Survivors, and Disability Insurance, OASDI (SozV, US) Alters- und Hinterbliebenenversorgung *f (ie, commonly called „social security")*
old-established business (com) alteingesessenes Unternehmen *n*
old-line factoring
(Fin) Factoring *n* ohne Regreß
– echtes Factoring *n*
(ie, Faktor [Finanzierungsinstitut] übernimmt Finanzierungsfunktion + Delkrederefunktion + Dienstleistungs- und Servicefunktion; opp, partial factoring, qv)
old-line industry (com) veralteter Wirtschaftszweig *m*
old share (Fin) alte Aktie *f*
oligopolist (Vw) Oligopolist *m*
oligopolistic market (Vw) oligopolistischer Markt *m*
oligopoly
(Vw) Oligopol *n*
(ie, literally: sale by a few; a small number of persons or firms account for a large proportion of output, employment, etc)
oligopoly stalemate (Vw) Zustand *m* friedlichen Oligopolverhaltens
oligopsony
(Vw) Oligopson *n*
(ie, literally: purchase by a few; market is dominated by a small number of buyers)
OMC (Fin, US) = open market committee
omission (Re) Unterlassung *f (ie, unintentional negative act; syn, forbearance)*
omit to do/doing *v* (com) unterlassen *(syn, refrain from doing, qv)*
omnibus account (Bö) Gemeinschaftskonto *n*
omnibus bill of lading (com) = grouped bill of lading
omnibus clause (Vers) Einschlußklausel *f*
omnibus credit (Fin, GB) großer Warenkredit *m* an erstklassige Kunden
omnibus survey (Mk) Mehrthemen-Befragung *f (syn, multi-purpose survey)*
omnidirectional code (Mk) richtungsunabhängiger Balkencode *m*
on account
(com) gegen Kredit
(Fin) als Teilzahlung
on account of payment (Re) zahlungshalber
on appro (com, GB) = on approval
on approval (com) zur Ansicht
on approval consignment (com) Ansichtssendung *f*
on balance
(com) = in sum
(ReW) per Saldo
on behalf of (com) im Namen von, für
on bid (Bö) Verkaufsauftrag *m* für ‚odd lots'
on board bill of lading (com) Bordkonnossement *n (syn, on board B/L, ocean/shipped . . . bill of lading)*
on-board securities (Bö) börsennotierte Wertpapiere *npl (syn, listed securities, quoted investments)*
on business
(com) geschäftlich
(eg, he is here . . .)
on call (com) = on demand
on-call premium (Pw) Bereitschaftsprämie *f*
on-carriage (com) Vorlauf *m (syn, pre-carriage, qv)*
once-and-for-all payment (Fin) einmalige Zahlung *f (syn, one-off payment)*
on commission
(com) in Kommission
– kommissionsweise
on consignment (com) in Konsignation
oncost (KoR, GB) Gemeinkosten *pl (syn, overhead, qv)*
on credit (com) auf Kredit *(syn, infml, on the cuff; GB, on tick, on the slate, on the nod)*
on deck, o.d. (com) auf Schiffsdeck
on demand
(com) auf Anfordern *(syn, on call)*
(WeR) bei Sicht, bei Vorlage *(syn, at sight, on presentation)*
on easy terms (com) auf Raten
one-bank holding company (Fin) Holding *f* mit eigener Bank als 100 %iger Tochter
one-branch network (OR) Ein-Kanten-Netzwerk *n*
one-check payroll system (Fin) Sammelüberweisung *f* von Gehältern *(ie, Bank erhält Gehaltsliste + Scheck über Gesamtbetrag)*
one-day delivery (Bö) Lieferung *f* und Zahlung *f* am nächsten Tag
one-level address (EDV) direkte Adresse *f (syn, direct address)*
one-level bill of material (IndE) Baukastenstückliste *f*
one-level code
(EDV) Maschinencode *m*
(ie, uses absolute addresses and absolute operation codes; syn, absolute code)
one-line store (Mk) Spezialgeschäft *n (syn, specialty store, qv)*
one-man band (com, sl) Einmannbetrieb *m (syn, one-man business)*
one-man business
(com) Einmannbetrieb *m*
(com) Einzelfirma *f*, Einzelunternehmen *n (syn, sole proprietorship, qv)*
one-man company
(com) Einmanngesellschaft *f*
(ie, dominated by one person either through majority holding or by force of his personality)
one-man show (com, sl) = one-man business
one-name paper
(Fin) Solapapier *n*
(ie, notes that are the obligations of one party only; syn, single-name paper)
one of a kind (com) einmaliges Stück *n (syn, GB, one-off, qv)*
one-off (com, GB) einmaliges Stück *n (eg, a one-off model)*

one-off charge (com) einmalige Gebühr *f*
one-off expenditure (Fin) einmalige Ausgabe *f*
one-off hedge (Bö) Einsatz *m (ie, von nur e–r Kassaposition)*
one-off issue (Bö) Einmalemission *f (opp, tap issue = Daueremission)*
one-off measures (EG) einmalige Maßnahmen *fpl (eg, zur Einhaltung der Konvergenzkriterien)*
one-off payment (Fin, GB) einmalige Zahlung *f (syn, one-time payment)*
one-off production
(IndE) Einzelfertigung *f*
(syn, individual production, qv)
one-place (Log) einstellig *(eg, operator; syn, monadic)*
one-plus-one instruction (EDV) Zweiadreßbefehl *m (syn, two-address instruction)*
one-point arbitrage (Fin) einfache Arbitrage *f*
one-product company (Bw) Einproduktunternehmen *n*
one-product economy (Vw) Monokultur *f*
onerous clause (Re) lästige Bedingung *f*
ones complement
(EDV) Einserkomplement *n*
(ie, a numeral in binary notation, derived from another binary number by simply changing the sense of every digit)
one-shift worker (IndE) Einschichtler *m (ie, either early or late shift; opp, two-shift/three-shift/all-shift . . . worker)*
one shop-shopping
(Fin) Allfinanz *f*
(ie, umfassendes Angebot von Finanzdienstleistungen durch Kreditinstitute, Versicherungen, Nichtbanken; organisatorische Möglichkeiten: Tochterunternehmen, Beteiligungen, Kooperationen)
one-shot deal (com) einmaliges Geschäft *n*
one-shot decision (Bw) einmalige Entscheidung *f*
one-shot mailing (Mk) einmalige Verkaufsaktion *f* im Rahmen der Direktwerbung
one-shot operation (EDV) Einzelschrittbetrieb *m*
one-sided (com) einseitig *(syn, unilateral)*
one-sided contract (Re) einseitiger Vertrag *m (syn, unilateral contract, qv)*
one-sided derivative (Math) einseitige Ableitung *f*
one-sided market
(Bö, US) Markt *m*, in dem nur Geld od Brief notiert wird
(ie, in which only one side, the bid or asked, is quoted or firm)
one-sided test
(Stat) einseitiger Test *m*
(ie, a test statistic T which rejects a hypothesis only for > d or < c but not for both (d and c are critical values); syn, single-tail test)
one-stop banking (Fin, US) Finanz-Supermarkt *m (ie, diversified financial service organization)*
one-stop finance package (Fin) Finanzierung *f* aus e–r Hand
one-stop financial shop (Fin) Finanzsupermarkt *m*
one-stop shopping (Mk) Kauf *m* mehrerer Produkte bei e–m Einkauf
one-stop shopping center (Mk) Supermarkt *m (ie, mit umfassendem Angebot)*
one-stop-shop principle (Bw) Prüfung *f* von gemeinschaftsweiten Zusammenschlüssen in einem einzigen Verfahren
one-time buyer (Mk) Einmalkäufer *m*
one-time capital levy (StR) einmalige Vermögensabgabe *f*
one-time carbon paper (com) Einmal-Kohlepapier *n*
one-time charge (com) einmalige Berechnung *f*
one-time costs (com) Einmalkosten *pl (syn, non-recurring costs)*
one-time insurance contract (Vers) einmaliger Versicherungsvertrag *m*
one-time payment (Fin) einmalige Zahlung *f (syn, GB, one-off payment)*
one-time premium
(Vers) Einmalprämie *f*
(syn, single premium; opp, current premium = laufende Prämie)
one-time rate (Mk) Einmaltarif *m (ie, of advertising)*
one-time wealth accruals (StR) einmalige Vermögensanfälle *mpl (eg, gift, inheritance, lottery gains)*
one-to-many relation (Math) einmehrdeutige Beziehung *f*
one-to-one causation (Log) Monokausalität *f*
one-to-one correspondence (Log) umkehrbar eindeutige Relation *f*
one-to-one function (Math) = one-to-one mapping
one-to-one mapping
(Math) eineindeutige od umkehrbar eindeutige Abbildung *f*
(syn, one-to-one . . . function/transformation, bijection)
one-to-one relation (Math) eineindeutige Beziehung *f*
one-to-one transformation (Math) = one-to-one mapping
one-valued function (Math) einwertige Funktion *f (syn, single-valued function, qv)*
one-way bottle (com) Einwegflasche *f (syn, nonreturnable bottle)*
one-way classification (Stat) Einteilung *f* nach e–m Merkmal, Einfachklassifikation *f*
one-way communication (EDV) einseitige Datenübermittlung *f*
one-way container (com) Einwegbehälter *m (syn, disposable container)*
one-way ticket (com) einfache Fahrkarte *f (syn, GB, single ticket; opp, round trip ticket)*
one-write system of bookkeeping
(ReW) Durchschreibebuchführung *f*
(ie, duplicate recording system using carbon copies; syn, mechanical bookkeeping)
one-year contract (Re) Jahresvertrag *m*
ongoing education (Pw) Weiterbildung *f*
ongoing existence of a company (Bw) Fortbestand *m* e–s Unternehmens
ongoing finance (Fin) Anschlußfinanzierung *f*
ongoing maintenance charges (Vers) Folgekosten *pl*
ongoing wage round (Pw) laufende Lohnrunde *f*
on hand (com) auf Lager *(syn, in stock, in store)*
on-lend money *v* (Fin) weiterleihen *(eg, deposited with banks)*
online
(EDV) Online
– rechnerabhängig *(ie, connected to a computer)*

online data acquisition
(EDV) Online-Datenerfassung *f*
(ie, Eingabegerät unmittelbar an Rechner angeschlossen)
online data transmission (EDV) Datendirektübertragung *f*
online debiting (Fin) Sofortabbuchung *f*
online documentation
(EDV) Online-Dokumentation *f*
(ie, program description that is not printed but delivered as a part of the software; help system, qv)
online entry (EDV) Direkterfassung *f*
on-line order processing (EDV) Online-Auftragsbearbeitung *f*
online processing
(EDV) Online-Verarbeitung *f*
– direkte Verarbeitung *f (syn, onlining)*
online sorting (EDV) interne Sortierung *f*
online storage (EDV) rechnerabhängiger Speicher *m (opp, offline storage)*
online voting (EDV) Computerdemokratie *f*
onlining (EDV) = online processing
on loan (com) leihweise
on-margin purchase (Fin) Kauf *m* gegen Kredit
on-off controller (EDV) Auf-Zu-Regler *m*
on offer (Mk, GB) im Angebot *(syn, on sale, qv)*
on one's own account (com) auf eigene Rechnung
on or about (com) etwa *(eg, . . . December 31)*
on order (com) bestellt
on-pack (Mk) Zugabe *f*, die am Produkt angebracht wird
on presentation (com) bei Vorlage
on probation (Pw) auf Probe
on-process measurement (Mk) prozeßbegleitende Messung *f (opp, off-process)*
on sale
(com) zu verkaufen
(Mk) im Angebot *(eg, article is on sale this week; syn, GB, on offer)*
on schedule
(com) planmäßig
– termingerecht
(ie, according to plan; eg, project goes ahead . . .)
on-screen form (EDV) Bildschirmmaske *f*
onset (com) Beginn *m*, Einsetzen *n (eg, of an economic upturn)*
on shipment (com) bei Versand
onshore business (Fin) Bankgeschäft *n*, das nationalen Bestimmungen unterliegt *(opp, offshore banking)*
on site (com) vor Ort
on-site maintenance (IndE) Wartung *f* vor Ort
on-site training (Pw) = on-the-job training
on status (EDV) eingeschaltet
on stream (IndE) in Betrieb *(eg, plant, machinery)*
on strike (Pw) im Streik *(syn, out on strike)*
on tap (com) vorrätig *(ie, ready for sale)*
on the cuff (com, US, infml) auf Kredit, auf Pump *(syn, on credit, qv)*
on-the-job morale (Pw) Arbeitsmoral *f (syn, staff morale, work attitude)*
on-the-job safety (Pw) Arbeitssicherheit *f*
on-the-job-security (Pw) Sicherheit *f* am Arbeitsplatz *(syn, job safety, qv)*
on-the-job training (Pw) Ausbildung *f* am Arbeitsplatz *(syn, on-the-site training, desk training)*
on the nod (Fin, GB, infml) auf Kredit, auf Pump *(syn, on tick)*
on the premises (com) an Ort und Stelle
on the record (Re) aktenkundig
on the reverse side (com) Rückseite *f*, auf der Rückseite *(syn, GB, overleaf)*
on-the-site training (Pw) = on-the-job training
on the slate (com, GB, infml) auf Kredit *(eg, put it on the slate; syn, on credit, qv)*
on-the-spot fine (com) Verwarnungsgeld *n (eg, payable by offenders of seat belt law)*
on the stocks
(com, GB, infml) in Bearbeitung
(ie, already started; syn, under way; infml, in the works)
on tick (com, GB, infml) auf Kredit, auf Pump *(syn, on credit, qv)*
on-time delivery (com) pünktliche od rechtzeitige Lieferung *f (eg, of an order)*
on truck or railway, o/t o.r. (com) auf Wagen oder Bahn
on truck, o/t (com) auf Lastkraftwagen
onus of proof (Re) Beweislast *f (syn, burden of proof)*
OPEC (AuW) = Organization of the Petroleum Exporting Countries
open a bank account *v* (Fin) Bankkonto *n* eröffnen *(syn, open account with a bank)*
open a business *v*
(com) Geschäft *n* eröffnen
(com) Betrieb *m* eröffnen
open account
(com) offene Rechnung *f*
(Fin) Kontokorrent *n*
(syn, account current, current/open-book . . . account)
(Fin) Anlagekonto *n* im Investmentgeschäft
open account agreement (Fin) Kontokorrentvertrag *m*
open account credit (Fin) Kredit *m* in laufender Rechnung *(syn, current account credit, qv)*
open a credit *v* (Fin) = open a letter of credit
open a credit by cable *v* (Fin) Akkreditiv *n* telegrafisch eröffnen
open ad (Pw) offene Personalanzeige *f (opp, blind ad = Kennziffernanzeige)*
open advertising
(Mk) Offenwerbung *f (opp, camouflaged advertising or subliminal advertising)*
open a fair *v* (Mk) Messe *f* eröffnen
open a file *v* (EDV) Datei *f* eröffnen od aufrufen
open air site (Mk) = open air space
open air space (Mk) Freigelände *n (ie, at fairs and exhibitions; syn, open-air site)*
open a letter of credit *v* (Fin) Akkreditiv *n* eröffnen od herauslegen *(syn, issue, establish . . .)*
open an account *v* (Fin) Konto *n* eröffnen *(ie, with/at a bank; syn, set up an account)*
open applications to public inspection *v* (Pat) auslegen
open bankruptcy proceedings *v* (Re) Konkurs *m* eröffnen
open bid (com) offenes Angebot *f (ie, one allowing price reductions)*

open bidding (com) offene Ausschreibung *f (opp, closed bidding)*

open-book account
(Fin) offene od laufende Rechnung *f*
(ie, Zahlung gegen einfache Rechnung: clean payment; syn, open account)
(Fin) offener Buchkredit *m (syn, charge account)*
(ReW) = account receivable

open book credit (Fin) Buchkredit *m*

open cargo policy (SeeV) Generalpolice *f*

open-cast mining
(IndE, GB) Tagebau *m*
(ie, of coal, lignite, and ore; syn, US, open-cut open-pit mining, strip mining; opp, underground mining = Untertagebau)

open cautiously *v* (Bö) vorsichtig eröffnen

open certificate (Vers) laufende Versicherung *f*

open charter, O.C. (com) offene Charter *f*

open check
(Fin) Barscheck *m*
(syn, cashable check; opp, crossed cheque = gekreuzter Scheck, which is not the same as the ‚Verrechnungsscheck' = collection-only check)

open commitment (com) ausstehende Lieferungen *fpl*

open commitments (Bö) offene Positionen *fpl (syn, open contracts)*

open competition
(com) freier, ungehinderter Wettbewerb *m*
(syn, open market, unfettered/unbridled . . . competition)

open contracts (Bö) = open commitments

open covenant bond (Re) Bürgschaft *f* in unbegrenzter Höhe

open cover
(Vers) laufende
– offene
– General- . . . Police *f (ie, all consignments insured under one policy)*

open credit
(Fin) Blankokredit *m (ie, up to a stated amount)*
(Fin) einfaches Akkreditiv *n (syn, clean credit)*

open credit line
(Fin) offene Kreditlinie *f*
(ie, Differenz zwischen eingeräumtem Höchstbetrag und der in Anspruch genommenen Kreditsumme)

open-cut mining (IndE) = open-cast mining

open decision model (Bw) offenes Entscheidungsmodell *n*

open economy
(Vw) offene Volkswirtschaft *f*
(ie, economy that conducts trade with the rest of the world; opp, closed economy = geschlossene Volkswirtschaft)

open-end agreement (Pw, US) Tarifvertrag *m* mit offener Laufzeit

open-end contract
(com) Sukzessivlieferungsvertrag *m*, Bezugsvertrag *m*
(ie, extends over a longer period of time; syn, multiple delivery/continuing sales/continuous purchase/apportioned . . . contract)
(Re) Vertrag *m* mit teilweise offenen Modalitäten

open-ended capabilities (Bw) Entwicklungsmöglichkeiten *fpl*

open-ended class
(Stat) (einseitig) offene Klasse *f*
– offene Gruppe *f*

open-ended command (EDV) offener Befehl *m*

open-ended companies (Fin) = open-ended fund

open-ended credit
(Fin, US) Revolving Kredit *m*
(ie, line of credit that may be used repeatedly up to a certain limit; syn, revolving credit)

open-ended fund (Fin) offener Investmentfonds *m* *(ie, no fixed capital)*

open-ended investment fund (Fin) = open-end investment company

open-ended mutual fund
(Fin, US) Investmentgesellschaft *f*
(ie, mit unbeschränktem Umfang der auszugebenden Anteile; syn, GB, unit trust)

open-ended question (Stat) offene od frei beantwortbare Frage *f*

open-ended real estate fund (Fin) offener Immobilienfonds *m*

open-ended system (EDV) offenes System *n*

open-end fund (Fin, US) = open-end investment company

open-end investment company
(Fin, US) offene Investmentgesellschaft *f*
(ie, a management company which is offering for sale or has outstanding any redeemable security of which it is the issuer; cf, Sec 5 (a) (1), 15 USC § 80 a–5 (a) (1); fortlaufende Ausgabe neuer Anteile und Pflicht zu jederzeitigem Rückkauf; opp, closed-end investment company)

open-end lease
(Fin) offenes Leasing *n*
(ie, lessee pays to the lessor at the end of the lease term the difference, if any, between a specified amount and the value of the leased property when it is returned to the lessor; so risk of decrease in value is placed on the lessee; opp, closed-end lease)

open export bounty (AuW) offene Ausfuhrprämie *f*

open file (EDV) offene Datei *f*

open for subscription (Fin) zur Zeichnung aufgelegt

open forward position (Bö) offene Terminposition *f*

open fund (Fin, US) offener Investmentfonds *m*

open general licence
(AuW, GB) unbeschränkte Einfuhrlizenz *f*
(ie, for goods on which there are no limiting controls)

open goods wagon (com) offener Wagen *m*, O-Wagen *m (syn, GB, gondola car; infml, truck)*

open halfspace (Math) offener Halbraum *m*

open indent
(com) offenes Indentgeschäft *n*
(ie,bei dem der Indentgeber dem Nehmer die Wahl der Lieferquelle überläßt; opp, closed indent)

open inflation
(Vw) offene Inflation *f*
(opp, repressed inflation = zurückgestaute Inflation)

opening
(Pw) freie od offene Stelle *f (syn, vacant job, qv)*
(Bö) Eröffnung *f*, Beginn *m* der Börsensitzung *(eg, 10 A. M. at the New York Stock Exchange)*

opening a letter of credit
(Fin) Eröffnung *f*
– Gestellung *f*
– Hinauslegung *f* . . . e–s Akkreditivs
– Akkreditiveröffnung *f*
opening balance (ReW) Eröffnungsbestand *m*
opening balance sheet (ReW) Eröffnungsbilanz *f*
opening bank (Fin) eröffnende Bank *f (ie, in the case of a letter of credit; syn, issuing bank)*
opening bid (com) erstes Gebot *n (ie, at an auction)*
opening entry (ReW) Eröffnungsbuchung *f*
opening hours (com) Öffnungszeiten *fpl*
opening inventory (MaW) Anfangsbestand *m (syn, beginning inventory)*
opening offer (Bö) Einführungsangebot *n*
opening of tariff preferences (Zo) Eröffnung *f* von Zollpräferenzen
opening of tender (com) Angebotseröffnung *f (syn, bid opening)*
opening of the stock exchange (Bö) Börseneröffnung *f*
opening price (Bö) = opening quotation
opening quotation
(Bö) Eröffnungskurs *m*
– Eröffnungsnotierung *f*
– erster Kurs *m*
(syn, opening price, initial quotation)
opening range (Bö) Eröffnungsspanne *f*
openings for apprentices (Pw) Ausbildungsplätze *mpl*
opening statement (Re, US) Eröffnungsplädoyer *n*
opening transaction (Bö) Abschluß *m* e–s Optionsgeschäfts *(ie, buying or selling an option to establish a position)*
opening up new markets (Mk) Markterschließung *f*
open interest
(Bö, GB) offene Positionen *fpl*
– ausstehende Kontrakte *fpl*
(ie, number of contracts held over from one trading day to the next; syn, open positions, open commitment contracts; Zahl der durch ein Gegengeschäft noch nicht glattgestellten Kontrakte)
open item (ReW) offener Posten *m*
open item method (ReW) Offene-Posten-Methode *f*
open-item statement (ReW) Kontoauszug *m*, dem Liste aller offenen Rechnungen beigefügt ist
open item system (of accounting)
(ReW) Offene-Posten-Buchführung *f*
– kontenlose Buchführung *f*
(syn, ledgerless accounting)
open legal proceedings *v* (Re) Verfahren *n* eröffnen *(syn, institute legal proceedings)*
open line of credit (Fin) offene od ungedeckte Kreditlinie *f*
open listing
(com) Maklervertrag *m* ohne Alleinverkaufsrecht an Immobilien
(ie, available to more than one broker)
open-loop control (EDV) Steuern *n (syn, control, feed-forward control)*
open loop control system
(EDV) offener Regelkreis *m*
(ie, system outputs are controlled by systems inputs only, and no account is taken of actual system output)
open-loop operation (EDV) offen prozeßgekoppelter Betrieb *m*
open-loop system (EDV) offenes System *n*
open lower *v* (Bö) leichter eröffnen *(ie, at the start of trading)*
open market
(com) freier Markt *m*
(Fin, US) offener Markt *m*
(ie, market maintained by government security dealers; may be the money market or the capital market)
open market committee, OMC (Fin, US) Offenmarktausschuß *m*
open market loan (Fin, US) Offenmarktkredit *m*
open market operations
(Fin, US) Offenmarktgeschäfte *npl* Offenmarktoperationen *fpl*
(ie, purchases and sales of government and certain other securities by the New York Federal Reserve Bank; it is one of the instruments of monetary policy)
open market paper
(Fin) Offenmarktpapiere *npl*
– Offenmarkttitel *mpl*
open market policy (Fin) Offenmarktpolitik *f*
open market price (Vw) freier Wettbewerbspreis *m*
open market rates (Fin, US) Offenmarktsätze *mpl* *(ie, money rates established for different classes of paper in the open market)*
open market rent (com) freie Miete *f*
open market transactions (Vw) Offenmarktgeschäft *n (syn, open market operations)*
open mode (EDV, Cobol) Eröffnungszustand *m (cf, DIN 66 028, Aug 1985)*
open mutual fund
(Fin, US) offener Investmentfonds *m*
(syn, open-end investment company, qv)
open office area (com) Bürolandschaft *f (syn, landscaped /panoramic . . . office)*
open-only order (Bö, US) Auftrag *m*, der sich auf die Eröffnungsminuten des Börsenhandels bezieht; opp, close-only order
open order
(com) unerledigter Auftrag *m (syn, back order, qv)*
(com) offener Auftrag *m*
(ie, without price or delivery stipulations)
(Bö) Auftrag *m* gültig bis zum Widerruf
(syn, good ,til canceled order, qv)
(Bö) offener Auftrag *m*
(ie, order to buy or sell at a designated price; not yet executed)
open orders (com) offener Auftragsbestand *m*
open oriented walk
(Math) offene gerichtete Pfeilfolge *f*
(ie, in graph theory)
open outcry (Bö) offener Zuruf *m* auf dem Börsenparkett *(ie, order to buy and sell on a stock exchange floor which are shouted out between brokers standing on the floor)*
open outcry system
(Bö) offener Ausruf *m*
(ie, von Kursen auf dem Börsenparkett)
open-pit mining (IndE) = open-cast mining
open plan office (com) Großraumbüro *n*

open policy
(Vers) laufende Versicherung *f (syn, floater policy)*
(SeeV) untaxierte Police *f (syn, untaxed policy)*
open positions (Bö) offene Positionen *fpl (syn, open interest, qv)*
open price (Bö) Eröffnungskurs *m (ie, at which a day's first transaction takes place)*
open price agreement (Kart) Preisinformationsabsprache *f (syn, information/price reporting . . . agreement)*
open price association
(Bw) Preismeldestelle *f*
(ie, collates and distributes price information; syn, central agency)
open price system (Kart) Preismeldeverband *m*
open price term
(Re) Vertrag *m* ohne Festsetzung des Preises
(ie, which is to be determined at a later date; contract with price not settled may be binding; cf, Sec 2 UCC)
open-purchase-order file (com) Auftragsbestandskartei *f*
open rate (Fin) Kurs *m* am freien Markt
open reserve (ReW) offene Rücklage *f (syn, general/disclosed . . . reserve)*
open set of points (Math) offene Punktmenge *f*
open-shop testing (EDV) Eigentest *m*
open-shop test run (EDV) Eigentest *m (opp, remote test, closed-shop test = Ferntest)*
open slip (Vers) laufende Police *f*
open spaces (com) unbebautes Gelände *n*
open statement (EDV) Eröffnungsanweisung *f*
open subroutine (EDV) offenes Unterprogramm *n*
open system
(EDV) offenes System *n*
(ie, compatible computer systems built to internationally agreed standards)
open system interconnection (EDV) Kommunikation *f* offener Systeme
open systems interconnection, OSI
(EDV) offenes Kommunikationssystem *n*
– OSI-Architekturmodell *n*
(ie, made of transport system and user system = Transportsystem und Anwendersystem)
open tendering (com) offene Ausschreibung *f (ie, all interested suppliers may bid; opp, selective /single . . . tendering)*
open till canceled order (Bö, US) = good till canceled order, qv
open to analytical argument (Log) argumentationszugänglich *(syn, open to logical reasoning)*
open university (Pw) Fernuniversität *f*
open up *v* (com) eröffnen *(eg, business, new branch)*
open up a bottleneck *v* (com) Engpaß *m* beseitigen
open up a market *v* (Mk) Markt *m* erschließen *(syn, develop/tap . . . a market)*
open world trading system
(AuW) offenes Welthandelssystem *n*
(ie, with the undiluted free trade idea as its undisputed centerpiece)
operable (IndE) funktionsfähig
operand (EDV) Operand *m (ie, any of the quantities entering into or coming out of an operation)*
operand address (EDV) Operandenadresse *f*
operand fetch
(EDV) Operanden-Übertragung *f*
(ie, in pipelining)
operand part (EDV) Operandenteil *m*
operate *v*
(IndE) betreiben
(Re) gelten
(eg, law operates or is operative in the U. S.)
operate a business *v*
(com) Geschäft *n* betreiben
(Bw) Unternehmen *n* betreiben
operate a plant *v* (IndE) Anlage *f* betreiben
operate a policy *v*
(Vw) Politik *f* durchsetzen
(eg, by making use of fiscal instruments)
operate from *v*
(com) Sitz *m* od Hauptverwaltung *f* haben
(eg, company operates from Switzerland)
operate in the black *v*
(com) schwarze Zahlen *fpl* schreiben *(syn, write black figures)*
(com) mit Gewinn arbeiten
operate in the red *v*
(com) rote Zahlen *fpl* schreiben *(syn, write red figures)*
(com) mit Verlust arbeiten
operate short-time working *v* (Pw) kurzarbeiten *(syn, work short time)*
operate time (EDV) Betriebszeit *f*
operate to capacity *v* (IndE) Kapazität *f* ausfahren *(syn, run/work . . . to capacity)*
operating account
(ReW) Erfolgskonto *n*
(syn, nominal account, qv)
(Fin) Kontokorrentkonto *n*
(syn, current/cash . . . account; US, checking account)
(ReW, GB) Gewinn- und Verlustrechnung *f*
(ie, of a bank; breaks down as follows:)
interest received
– interest paid
= INTEREST MARGIN
+ other income *(net)*
= GROSS EARNINGS MARGIN
– staff costs
– other operating costs
= NET EARNINGS MARGIN
– depreciation and provisions
– other credits *(net)*
= PROFIT BEFORE TAX
– tax
– dividends
= RETAINED EARNINGS *(residual)*
operating agreement
(Bw) Betriebsführungsvertrag *m*
(ie, among joint ventures in a mining project, providing for management of the project)
operating area
(com) Geschäftsfeld *n*
– Geschäftsbereich *m*
(syn, business sector)
operating authority (com) Betriebserlaubnis *f (syn, operating license, qv)*
operating below capacity (Bw) Unterbeschäftigung *f (syn, underutilization, qv)*

operating budget
(Bw) operativer Rahmenplan *m*
(ie, short-term plan for managing the resources needed to carry out a program; opp, capital budget)
(FiW) laufendes Budget *n*, Verwaltungsbudget *n* *(cf, § 11 BHO)*
operating capability
(Bw) Arbeitsfähigkeit *f (eines Unternehmens)*
(ie, roughly its ability to produce a given bundle of goods and/or services)
operating capacity (IndE) Betriebskapazität *f (syn, plant capacity)*
operating capital (Fin) Betriebskapital *n*
operating cash reserve (Fin) Betriebsmittelrücklage *f*
operating center (Bw) Betriebseinheit *f (syn, operating unit)*
operating characteristics, OC (Stat) Annahmekennlinie *f*
operating charges (ReW, EG) betriebliche Aufwendungen *mpl*
operating company (com) Betriebsgesellschaft *f (syn, operating unit; opp, holding company)*
operating condition
(IndE) Betriebsfähigkeit *f (syn, working order)*
(com) Betriebsbedingungen *fpl*
operating control computer (EDV) Betriebsführungsrechner *m*
operating cost
(ReW) betriebliche Aufwendungen *mpl*
Auch:
– Betriebsaufwand *m*
– Betriebsaufwendungen *mpl*
– betriebsbedingter Aufwand *m*
(syn, operating . . . expense/charges; opp, operating revenue)
operating cost rate (SozV) Pflegesatz *m (ie, charged by hospitals)*
operating cost ratio (ReW) Verhältnis *n* betriebliche Aufwendungen zu Nettoerlösen
operating cycle
(Bw) betriebliche Durchlaufzeit *f*
(ie, zwischen Beschaffung und Umwandlung in liquide Mittel)
(EDV) Ablaufprogramm *n*
(IndE) Lastspiel *n*
operating delays (EDV) Verlustzeit *f* durch Fehlbedienung *(ie, time lost due to mistakes in operating)*
operating department (Bw) Fachabteilung *f (eg, accounting, planning, marketing)*
operating-differential subsidy
(com, US) Subvention *f* zum Ausgleich der Betriebskosten
(ie, granted by the federal government to U. S. flag liners and bulk cargo vessels in U. S. foreign commerce, to equalize operating cost differences between U. S. flag and foreign vessels)
operating division (Bw) Betriebsabteilung *f (syn, plant division)*
operating efficiency
(IndE) betriebliche Leistungsfähigkeit *f*
(Fin) Gesamtrentabilität *f*
(ie, as measured by return on total assets; syn, overall productivity; qv)
operating efficiency ratios (Bw) betriebswirtschaftliche Kennzifffern *fpl (syn, activity ratios)*
operating environment (EDV) Betriebskonfiguration *f*
operating equipment (IndE) Betriebseinrichtungen *fpl (syn, plant facilities)*
operating expense
(ReW) betriebliche Aufwendungen *fpl*
(opp, nonoperating expense = neutraler Aufwand)
operating facilities
(EDV) Bedienungseinrichtungen *fpl*
operating facility (Fin) Betriebsmittelkredit *m*
operating figure (Bw) betriebswirtschaftliche Kennzahl *f (syn, ratio, operating ratio)*
operating funds (Fin) Betriebsmittel *pl*
operating income
(ReW) = operating revenue
(ReW) = operating result
operating income statement (ReW) Betriebsergebnisrechnung *f (syn, operating statement)*
operating inferiority
(Bw) Leistungsnachteil *m*
– Intensitätsnachteil *m*
operating instructions
(IndE) Bedienungsanleitung *f*
(EDV) Bedienungsanweisung *f*
– Betriebsanleitung *f*
operating investment (Bw) Betriebsbruttovermögen *n (syn, gross operating assets)*
operating language (EDV) Betriebssprache *f*
operating lease
(Re) = operating license
(Bw) Operating Leasing *n*
(ie, owner remains responsible for maintenance, insurance, property taxes, and similar attributes of ownership; they are not a means of financing; kurzfristiger Vertrag)
operating level (Bw) Ausführungsebene *f*
operating leverage (Fin) Umsatz-Leverage *n*
operating license
(Re) Betriebserlaubnis *f*, Betriebsgenehmigung *f (syn, operating permit)*
(Re) Abbaukonzession *f (syn, mining license, operating leae)*
operating life (Bw) Nutzungsdauer *f (syn, service life, qv)*
operating list (IndE) Arbeitsliste *f*
operating loss (ReW) Betriebsverlust *m (ie, net of nonoperating result)*
operating manager (IndE) Betriebsleiter *m (syn, plant/works . . . manager; GB, plant superintendent)*
operating manual (EDV) Bedienungshandbuch *n* Bedienerhandbuch *n*
operating margin
(ReW) Handelsspanne *f*, Gewinnspanne *f*
(ie, equal to the difference between selling price and purchase price; syn, gross profit, profit/price/trade . . . margin, margin)
operating margin of profit ratio (ReW) Verhältnis *n* Umsatzerlöse zu Betriebsgewinn
operating media (IndE) Betriebsmittel *npl (ie, water, power, expendables)*
operating mode (EDV) Betriebsart *f (syn, mode)*

operating number (IndE) Arbeitsgangnummer *f*
operating part (EDV) Funktionsteil *m*, Operationsteil *m*
operating performance
(IndE) Auslastung *f*, Auslastungsgrad *m*
(eg, was only 50 % of normal; syn, rate of capacity utilization, plant utilization rate, operating rate)
operating-performance income statement (ReW) Gewinn- und Verlustrechnung *f (ie, aber ohne betriebsfremde und neutrale Aufwendungen und Erträge)*
operating period (IndE) Fertigungsperiode *f*, Betriebsperiode *f*
operating permit (Re) Betriebserlaubnis *f*, Betriebsgenehmigung *f (syn, operating license)*
operating personnel (IndE) Bedienungspersonal *n*
operating position (Fin) Ertragslage *f (syn, earnings position, qv)*
operating profit
(ReW) Betriebsgewinn *m*
– Betriebsergebnis *n*
(syn, operating result, qv)
(Fin) Betriebsergebnis *n*
(ie, of a bank: includes earnings from own account trading = Eigenhandel; opp, partial operating profit)
operating program (EDV) Betriebsprogramm *n*
operating rate
(IndE) Auslastung *f*
– Auslastungsgrad *m*
(syn, rate of capacity utilization, plant utilization rate, operating performance)
operating ratio
(Bw) Erfolgskennziffer *f*
(ie, measures the effectiveness of operations: operating expense to sales)
operating receipts (ReW) Betriebseinnahmen *fpl*
operating report (Bw) innerbetrieblicher Bericht *m*
operating reserve
(ReW) Rückstellung *f* für Wertberichtigungen
(ReW) Ausgleichsrücklage *f*
(ie, zur gleichmäßigen Verteilung ungleichmäßig anfallender Aufwendungen)
operating result
(ReW) Betriebsergebnis *n*
(ie, either net profit or net loss; syn, operating . . . income/profit; earnings from operations; GB, trading result)
(ReW) Reingewinn *m*
– Reinverlust *m*
(ie, as the case may be)
(ReW, infml) operatives Ergebnis *n*
operating return (ReW) betrieblicher Ertrag *m*
operating revenue
(ReW) betriebliche Erträge *mpl*
– Betriebsertrag *m*
– betriebsbedingter Ertrag *m*
(syn, operating income; opp, operating cost, qv)
operating risk (Bw) Betriebswagnis *n*
operating scheduling
(IndE) Ablaufplanung *f*
(IndE) Arbeitsterminierung *f*
operating sequence (IndE) Arbeitsablauf *m (syn, sequence of work)*
operating space
(EDV) Darstellungsbereich *m*
– Anzeigeraum *m*
– Bildbereich *m*
(syn, display space, workstation viewport)
operating state (EDV) Betriebsart *f*
operating statement (ReW) Gewinn- und Verlustrechnung *f (ie, covers a period of less than 12 months)*
operating supervisor (Pw) Fachvorgesetzter *m*
operating supplies (IndE) Betriebsstoffe *mpl (syn, factory supplies)*
operating surplus
(ReW) Betriebsüberschuß *m*
(VGR) Betriebsüberschuß *m*
(ie, income from property and entrepreneurship = Einkommen aus Unternehmertätigkeit und Vermögen)
operating system master tape (EDV) Betriebssystemstammband *n*
operating system, OS (EDV) Betriebssystem *n (ie, supports the hardware of a computer system)*
operating system routine
(EDV) Systemprogramm *n*
(ie, software associated with the execution of programs and the coordination of the operations of a computer system; syn, executive system)
operating test (EDV) Betriebsprüfung *f (syn, dynamic . . . test/check)*
operating time (IndE) Betriebszeit *f*, Laufzeit *f (syn, running time)*
operating unit
(Bw) Einzelunternehmen *n*
(IndE) Betriebseinheit *f*
– operative Einheit *f*
– Teilanlage *f*
(IndE) System *n* niederer Ordnung
(Bw) Handlungseinheit *f (eg, household, company; syn, actor)*
(Bw) = operating center
operating year (com) Betriebsjahr *n (syn, working year)*
operation
(Bw) Geschäftsbereich *m*
– Unternehmensbereich *m*
– Sparte *f*
(syn, operating area, division, qv)
(Fin) Geschäft *n*
– Transaktion *f*
(Bw) Zweigwerk *n*
– Zweigniederlassung *f (syn, branch operation)*
(Bw) = operating unit
(Bw) (selbständiges) Unternehmen *n* im Konzernverband
(Bw) betrieblicher Prozeß *m*
(IndE) Arbeitsgang *m*, Arbeitsvorgang *m*
(IndE) Betrieb *m*, Betreiben *n (eg, of plant and machinery)*
(IndE) Fertigung *f*
operational
(IndE) betriebsbereit *(syn, ready to operate, qv)*
(Log) operational
– anwendbar
– empirisch feststellbar
operational analysis (Bw) Betriebsanalyse *f*

operational audit
(ReW) interne Revision *f*, Innenrevision *f (syn, administrative/internal . . . audit)*
(FiW) Gebarungskontrolle *f*
(ie, betrifft Ordnungsmäßigkeit der Gebarungshandlungen, auch Unterlassungen, die in den Büchern aufgezeichnet sind; opp, regularity audit)
operational auditing (ReW) Systemprüfung *f (opp, financial auditing)*
operational budget (Bw) Produktionsbudget *n*
operational capabilities (Bw) betriebliches Potential *n*
operational central bank independence (EG) operationelle Unabhängigkeit *f* der Zentralbank
operational control (Bw) laufende Überwachung *f (ie, over the daily performance of a firm)*
operational cost (KoR) Betriebskosten *pl*
operational cost accounting (KoR) Betriebsabrechnung *f (syn, industrial /internal . . . cost accounting)*
operational data (
com) Betriebsdaten *pl*
– Betriebsunterlagen *fpl*
operational decision making (Bw) betriebliche Willensbildung *f*
operational definition
(Log) operationale Definition *f*
(ie, terms and concepts are defined as identifiable and repeatable operations; limited to the natural sciences, but – unjustifiably – adopted also by the humanities; first formulated in 1927 by P. W. Bridgman, an American physicist and Nobel laureate, in his book 'The logic of modern physics', qv)
operational division (Bw) operativer Geschäftsbereich *m*
operational efficiency (Bw) Wirtschaftlichkeit *f (syn, economic efficiency)*
operational experience (Bw) Betriebserfahrung *f (ie, in running the day-to-day business)*
operational facility (IndE) Betriebsstätte *f (syn, manufacturing operation)*
operational figures (Fin) Ertragszahlen *fpl (ie, revenue and expense as reported in income statement = GuV)*
operational goal
(Bw) operationales Ziel *n*
(ie, one stated in measurable, verifiable, specific terms of quantity, quality, time, and cost)
operational group (Bw) Geschäftsbereichsgruppe *f*
operational hazard (IndE) Betriebsrisiko *n (syn, operational risk)*
operational heart (Bw) operativer Kern *m*
operational information (Bw) Betriebsdaten *pl (syn, operational data)*
operational lag (Vw) Wirkungsverzögerung *f (syn, policy-effect time . . . lag)*
operational leasing (Fin) kurzfristiges Leasing *n (opp, financial leasing = langfristiges Leasing)*
operational level (IndE) operative Ebene *f*
operational management
(Bw) Leitung *f* der Geschäftsbereiche
(Bw) Management *n* in der Ablauforganisation
operational necessity (Bw) betriebliche Notwendigkeit *f*
operational plan (Bw) operativer Plan *m*
operational planning (Bw) Ablaufplanung *f*, Durchführungsplanung *f*
operational readiness (IndE) Bereitschafts-Wahrscheinlichkeit *f (ie, of machines)*
operational research (OR, GB) = operations research
operational research unit (OR, GB) betriebswirtschaftliche Planungsabteilung *f (syn, US, operations research unit)*
operational resources (Fin) Betriebsmittel *npl*
operational right (Re) Betriebsrecht *n*
operational risk (IndE) = operational hazard
operationals (KoR) = cost of operation
operational sequence (Bw) Ablauf *m (syn, operation, execution, procedure)*
operational sequence description (EDV) Ablaufbeschreibung *f*
operational sign (EDV, Cobol) Vorzeichen *n*
operational state (EDV) Betriebszustand *m*
operational stock (MaW) Zwischenlager *n (syn, intermediate inventory, qv)*
operational target (Bw) Planziel *n (syn, targeted goal, qv)*
operation analysis (IndE) Arbeitsanalyse *f*
operation and process planning (IndE) Arbeitsvorbereitung *f (syn, production scheduling)*
operation bit (EDV) Betriebsbit *n*
operation by law (Re) Wirkung *f* kraft Gesetzes *(opp, operation by act of the parties = kraft Rechtsgeschäft)*
operation card (IndE) Arbeitsbegleitkarte *f (syn, work ticket)*
operation chart (IndE) Fertigungsablaufplan *m*
operation code (EDV) Betriebscode *m*
operation control (IndE) Betriebssteuerung *f*
operation cycle (EDV) Arbeitszyklus *m*
operation flow chart (IndE) Arbeitsflußdiagramm *n*
operation of a contract (Re) Wirkung *f* e–s Vertrages
operation part (EDV) Befehlsteil *m*
operations
(Bw) Bereich *m (syn, division, group)*
(Bw) betriebliche Prozesse *mpl (ie, ohne Finanzbereich)*
(ReW) Sammelbezeichnung *f* für Erfolgskonten
operations cost system (KoR) Bezugsgrößenkalkulation *f*
operation sheet (IndE) Fertigungsablaufplan *m*
operation sign (EDV, Cobol) Vorzeichen *n*
operations of investment companies (Fin) Investmentgeschäfte *npl*
operations on sets (Math) Mengenoperationen *fpl*
operations planning
(Bw) Ablaufplanung *f*
– Operationsplanung *f*
(syn, scheduling and sequencing, ordonnancement)
operations planning and scheduling
(IndE) Arbeitsvorbereitung *f*
(syn, production scheduling, qv)
operations research
(OR) Operations Research *n*
(ie, the term is now firmly established as a German loan word)

operations routing sheet (IndE) Arbeitsdurchlaufkarte *f*
operations scheduling (IndE) Arbeitsvorbereitung *f* *(syn, production scheduling, qv)*
operation ticket (IndE) Arbeitsauftrag *m (syn, job order)*
operation time
(EDV) Operationszeit *f*
– Betriebszeit *f*
operation time standard (IndE) Arbeitszeitvorgabe *f*
operative
(Pw) ausführende Arbeitskraft *f*
(IndE) Maschinenbediener *m*
– Operator *m*
(syn, operator)
(Re) rechtswirksam
(eg, for/against)
operative budget (Bw) Vollzugsbudget *n*
operative capability (Bw) Leistungsfähigkeit *f (syn, efficiency, productive capacity)*
operative check (Stat) operative Kontrolle *f*
operative corporate planning (Bw) operative Unternehmensplanung *f*
operative date (Re) Tag *m* des Inkrafttretens *(syn, effective date)*
operative employee (Pw) Sachbearbeiter *m*
operative for and against (Re) wirkt für und gegen
operative goals (Bw) operative Ziele *npl*
operative management (Bw) Projektleitung *f*
operative mistake (Re) beachtlicher Irrtum *m*
operativeness (Re) Rechtswirksamkeit *f (ie, legal validity)*
operative part (Re) Kernstück *n*
operative performance (Bw) ausführende Arbeit *f*
operative planning (Bw) operative Planung *f*
operator
(com) = telephone operator
(com) Betriebsinhaber *m*
– Betreiber *m (ie, of a plant)*
(IndE) Maschinenbediener *m*
– Operator *m (syn, operative)*
(EDV) Operator *m*
– Bediener *m*
(Fin) Marktteilnehmer *m (syn, market operator)*
(Bö) Spekulant *m*
(ie, speculates professionally; his dealings usually have considerable influence upon price fluctuations; takes substantial long and short positions; syn, trader, qv)
(Math) Operator *m*
(ie, mathematical or logical symbol denoting an operation to be performed)
(Log) Funktor *m*
(ie, universal and existential quantifiers – Allquantor und Existenzquantor – are the most common examples)
operator-assisted call (com) handvermitteltes Gespräch *n (opp, automatically/directly . . . dialed call)*
operator command (EDV) Bedienerbefehl *m*
operator console (EDV) Bedienerkonsole *f*
operator control (EDV) Bedienplatz *m*
operator control panel (EDV) Bedienungsfeld *n*
operator control station (EDV) = operator console
operator interaction (EDV) Operatordialog *m*
operator interface (EDV) Bedienerschnittstelle *f*
operator message (EDV) Operatormeldung *f*
operator on incentive (Pw) Akkordarbeiter *m*
operator overloading (EDV, OOP) Operatoren-Überladung *f (assigning a new function to an operator)*
operator panel
(EDV) Bedienerkonsole *f*
– Steuerkonsole *f*
operator performance (IndE) Leistungsergebnisgrad *m*
operator prompting (EDV) Bedienerführung *f*
operator request (EDV) Bedienungsaufruf *m*
operator supervisor program (EDV) Leitprogramm *n*
opinion
(com) Meinung *f*
– Auffassung *f*
(com) Gutachten *n*
– Fachgutachten *n*
(ie, formally expressed by an expert; syn, expert opinion)
opinion leader model (Mk) Meinungsführermodell *n*
opinion poll (Mk) Meinungsumfrage *f (syn, public-opinion survey)*
opinion survey (Mk) Testbefragung *f*
opinion test (Mk) Meinungstest *m*
opportunities for long-term survival (Bw) langfristige Überlebenschancen *fpl*
opportunity (com) Gelegenheit *f (ie, of/for doing, to do)*
opportunity cost
(Bw) Opportunitätskosten *pl*
Auch:
– Alternativkosten *pl*
– alternative Kosten *pl*
(ie, maximum profit that could have been obtained if the resource had been applied to some other use; it is the evaluation placed on the most highly valued of the rejected alternatives or opportunities)
opportunity curve (Vw) Bilanzgerade *f*, Budgetgerade *f (syn, budget line)*
oppose *v*
(com) widersprechen
– sich widersetzen
(Re) Einspruch *m* erheben
(Re) anfechten *(eg, a will)*
oppose an application *v* (Pat) Einspruch *m* gegen Patentanmeldung erheben
oppose the grant of a patent *v* (Pat) Einspruch *m* gegen Erteilung e–s Patents erheben
opposing expert opinion (com) Gegengutachten *n*
opposing intentention
(Re) entgegenstehender Wille *m*
opposing parties (Re) streitende Parteien *fpl*, Prozeßparteien *fpl (syn, contending parties, qv)*
opposing party (Re) Antragsgegner *m*
opposition
(com, GB) die Konkurrenz *f (ie, rival competitors in one's business or profession; syn, the competition)*
(Re) Einspruch *m*
(Re) Anfechtung *f*
opposition fee (Pat) Einspruchsgebühr *f*
opposition proceedings (Pat) Einspruchsverfahren *n*

opposition to a patent (Pat) Patenteinspruch *m*
oppressive (Re) schikanös
oppressive contract (Re) Knebelungsvertrag *m (syn, adhesion contract, qv)*
OPT (IndE) = Optimized Production Technology
opt for *v* (com) sich entscheiden für
optical bar-code reading (EDV) Markierungslesen *n (syn, mark reading, qv)*
optical bar-mark reader (EDV) Markierungsleser *m (syn, mark reader)*
optical character reader (EDV) optischer Belegleser *m*
optical character recognition, OCR
(EDV) optische Zeichenerkennung *f*
(ie, concerned with the automatic identification of printed characters)
optical data processing (EDV) optische Datenverarbeitung *f*
optical disk (EDV) optische Platte *f*
optical disk drive (EDV) optisches Plattenlaufwerk *n*
optical disk unit (EDV) optische Platteneinheit *f*
optical link (EDV) optische Verbindung *f*
optical mark reader (EDV) optischer Markierungsleser *m (syn, optical bar-mark reader)*
optical memory (EDV) optischer Speicher *m (ie, hinges on the optical properties of dyes)*
optical mouse (EDV) optische Maus *f (ie, normally uses light sensors and a line grid to detect and measure movement; opp, mechanical mouse)*
optical scanner (EDV) optischer Abtaster *m*
optical scanning
(EDV) optische Abtastung *f*
– optisches Abtasten *n*
(opp, electrical sensing, qv; magnetic reading)
optimality principle (OR) Optimalitätsprinzip *n*
optimality test (OR) Optimalitätstest *m*
optimal savings (Vw) optimale Ersparnis *f*
optimal solution (Bw) optimale Lösung *f*
optimal tariffs
(AuW) optimale Zölle *mpl*
(ie, if they are trade taxes which maximize some measure of national welfare for the tariff-levying country, however welfare may be defined)
optimal taxation
(FiW) optimale Besteuerung *f*
(ie, gives a clear characterization of the tradeoffs between efficiency and equity)
optimal taxation theory (FiW) Theorie *f* der optimalen Besteuerung
optimistic time (OR) optimistische Dauer *f*
optimistic time estimate (OR) optimistische Zeit *f*
optimization (Bw) Optimierung *f*
optimization of traffic flow (EDV) verkehrstechnische Optimierung *f*
optimization theory
(Math) Optimierungstheorie *f*
(ie, includes linear and nonlinear programming, stochastic programming, and control theory; syn, mathematical programming)
optimize *v* (Bw) optimieren
optimized code
(EDV) optimierter Code *m*
(ie, ineffiziente oder redundante Programmteile wurden entfernt; optimized code normally is the result of an optimizing compiler, qv)
optimized production technology, OPT (IndE) Verfahren *n* mit Engpaßorientierung
optimizing compiler (EDV) optimierender Compiler *m (ie, compiler analyzes and improves the machine code it generated from the souce code)*
optimum allocation of resources (Vw) optimale Ressourcenallokation *f*
optimum budget
(FiW) optimales Budget *n*
(ie, seeks to determine optimum resource allocation between private and public sectors and within the public sector itself)
optimum coding (EDV) optimale Codierung *f*
optimum currency area (AuW) optimaler Währungsraum *m*
optimum economic life (Bw) optimale Nutzungsdauer *f*
optimum financing mix (Fin) optimale Kapitalstruktur *f*
optimum growth (Vw) optimales Wachstum *n (ie, is achieved if utility of present and future consumption is at a maximum)*
optimum income distribution (Vw) optimale Einkommensverteilung *f*
optimum input combination (Vw) optimale Faktorkombination *f*
optimum level of activity (KoR) Optimalbeschäftigung *f* Bestbeschäftigung *f*
optimum life (Bw) optimale Lebensdauer *f*
optimum lot quantity (MaW) optimale Bestellmenge *f (syn, economic ordering quantity, qv)*
optimum lot size (Bw) optimale Losgröße *f (syn, economic lot size, qv)*
optimum order quantity (MaW) = optimum lot quantity
optimum order size (Bw) optimale Auftragsgröße *f*
optimum output (Bw) Betriebsoptimum *n*, betriebsoptimale Ausbringung *f*
optimum performance (KoR) Bestleistung *f (ie, term used in standard costing)*
optimum scale of operations (Bw) Betriebsoptimum *n*
optimum scale of plant (Bw) optimale Betriebsgröße *f*
optimum service degree
(MaW) optimaler Lieferbereitschaftsgrad *m*
(ie, of a stock of inventory; depends on optimum mix of holding cost and stockout cost)
optimum size of inventory
(MaW) optimaler Bestand *m*
(ie, leads to minimum relevant total costs: inventory carrying cost + cost of acquisition)
optimum size of major plant
(IndE) optimale Maschinengröße *f*
(eg, which for modern blast furnaces is about 1,2 00 tons of pig iron per day)
optimum solution (Bw) optimale Lösung *f (syn, best solution)*
optimum statistic (Stat) beste statistische Maßzahl *f*
optimum tariff (Zo) Optimalzoll *m*
option
(com) Wahl *f*
– Möglichkeit *f*
(com) Option *f*
– Vorkaufsrecht *n*
(com) Extra *n (eg, car having many options)*

(Bö) Option *f*
– Optionsgeschäft *n* *(ie, contract conferring a right to buy/sell specified securities or commodities at specified prices during a stipulated period)*
(EDV) Option *f*
– Befehl *m*
– Parameter *m*

optional bond (Fin) Optionsanleihe *f (syn, callable bond, qv)*

optional dividend (Fin) wahlfreie Dividende *f (ie, either cash or stock)*

optional extras (com) Extras *npl*, Extraausstattung *f (ie, of a car)*

optional field (EDV) optionales Feld *n (opp, mandatory field)*

optional file (EDV, Cobol) Wahldatei *f (cf, DIN 66 028, Aug 1985)*

optional name (EDV) frei wählbarer Name *m*

optional subject (com, GB) Wahlfach *n (syn, US, elective)*

optional word (EDV, Cobol) Wahlwort *n (cf, DIN 66 028, Aug 1985)*

option bond (Fin) Bezugsrechtsobligation *f*

option buyer (Bö) Optionskäufer *m*

option contract
(Bö) Optionskontrakt *m*
– Option *f*
– Optionsgeschäft *n (syn, option deal)*

option day
(Bö) Verfallstag *m*
– Verfallstermin *m*
– Fälligkeitstag *m*
– Auslauftag *m*
(ie, the day on which an option expires; a put or a call will expire unless exercised; syn, expiry date)

option deal (Bö) = option contract

option dealer (Bö) Optionshändler *m (syn, option trader)*

option expiration date (Bö) Verfallsdatum *n*, Laufzeitende e–r Option *(syn, expiration date, qv)*

option exposure (Bö) Risiko *n* aus offenen Positionen in futures-Optionen

option forward (Bö) Optionsgeschäft *n* mit Termindevisen

option holder (Bö) Optionsinhaber *m*

option money (Bö) = option price

option of repayment (Fin) Rückzahlungsoption *f*

option on actuals
(Bö) Option *f* auf Kassakontrakte
(ie, vor allem im Wertpapiersektor)

option on cash currency (Bö) Devisenoption *f*, bei der Stillhalter den Währungsbetrag per Kasse bereitstellt

option on currency futures (Bö) Option *f* auf Devisen-Terminkontrakte

option on futures (Bö) Option *f* auf Terminkontrakte *(ie, „Papieranspruch auf Papieransprüche")*

option on index futures (Bö) Option *f* auf Indexterminkontrakte

option on new stock (Fin) = right

option period
(Bö) Optionslaufzeit *f*
– Optionsfrist *f*

option price (Bö) Optionspreis *m (syn, option money)*

option pricing curve (Bö) Kurve *f* des Optionspreises

option right (Bö) Optionsrecht *n*

Options Clearing Corporation, OCC
(Bö) Options Clearing Corporation *f*
(ie, umbrella organization for the options trade in the U.S. = zentrale Abrechnungsstelle des gesamten US-Optionshandels)

options dealings (Bö) Optionsgeschäft *n*, Optionshandel *m (ie, options trading, trading in options, dealing in options)*

options disclosure statement (Bö) Kundenaufklärungsschrift *f (ie, von der CFTC für den Optionshandel vorgeschrieben)*

options exchange (Bö) Optionsbörse *f (eg, Chicago Board Options Exchange)*

options lockup (Bö, US) Optionshedging *n* zur Gewinnsicherung

option's maturity (Bö) Fälligkeitstermin *m*

options on futures contracts (Bö) Optionen *fpl* auf Terminkontrakte

option straddle (Bö) gleichzeitiger Kauf *m* od Verkauf *m* e–r Kauf- und Verkaufsoption

options trading
(Bö) Optionshandel *m*, Optionsgeschäft *n*
(syn, trading in options, options dealings, dealing in options)

option taker (Bö) Optionsnehmer *m*

option to convert (Fin) Umtauschrecht *n (syn, conversion right, qv)*

option to double (Bö, GB) Nochgeschäft *n (ie, put-of-more option + call-of-more option)*

option to purchase
(com) Kaufoption *f*, Option *f*
(ie, power to require a sale to be made at a future time)

option trader (Bö) Optionshändler *m (syn, option dealer)*

option warrant (Bö) Optionsschein *m*

option writer (Bö) Optionsverkäufer *m*

opt out *v*
(com) aussteigen *(eg, deal, contract)*
(com) austreten
– kündigen

opt-out clause
(EG) Ausweichklausel *f*
(ie, granted to GB to allow it to stay out of Emu and join it later at its own discretion)

or
(Re) oder
(ie, in legal documents; the word denotes both conjunction and disjunction: ausschließendes od einschließendes Oder)

oral agreement (Re) mündlicher Vertrag *m*, mündliche Vereinbarung *f* od Absprache *f*

oral examination (Pw) mündliche Prüfung *f*

orally (com) mündlich

oral proceedings (Re) mündliche Verhandlung *f*

orals (Pw) mündliche Prüfungen *fpl (eg, I passed my . . .)*

o.r.b. (com) = owner's risk of breakage

orbital freight handling (com) Raumtransport *m (ie, by space shuttles)*

orchestrate *v*
(com) koordinieren, aufeinander abstimmen
(eg, in advanced building systems: use of air conditioners, heating system, and lighting)

order
(com) Auftrag *m (ie, on: auf, seltener: über)*
– Bestellung *f (ie, on: auf/über; syn, purchase order, sales order)*
(Bö) Auftrag *m*
(WeR) Ordervermerk *m*
(Stat) Reihenfolge *f*

order *v*
(com) bestellen, Bestellung *f* aufgeben *(syn, place/give . . . an order for)*
(Pw) anordnen

order at best (Bö) unlimitierter Auftrag *m (syn, market order, qv)*

order at the market (Bö) bestens-Auftrag *m (syn, order to buy at best, market order, discretionary order)*

order backlog (com) Auftragsbestand *m*, Auftragsrückstand *m*

order bill of lading (WeR) Orderkonnossement *n (ie, B/L made out to order; syn, negotiable bill of lading)*

order bill of materials (IndE) Auftragsstückliste *f*

order bond (WeR) Orderschuldverschreibung *f (ie, registered bond made out to order)*

order book
(com) Auftragsbuch *n*
(com) = orders on hand

order bookings (com) Auftragseingang *m (syn, new orders)*

order card (com) Auftragskarte *f*

order check (WeR) Orderscheck *m*

order code processor (EDV) Zentralprozessor *m (syn, basic processing unit)*

order completion report (IndE) Fertigmeldung *f*

order control (com) Auftragsüberwachung *f*

order cost center (KoR) Auftragskostenstelle *f*

order cost system (KoR) Zuschlagskalkulation *f (syn, job-order costing, job-cost/production-order . . . accounting, qv)*

order coupon (com) Bestellabschnitt *m*

order crossing
(Bö, US) Ordervereinigung *f*
(ie, Kauf- und Verkauforder von verschiedenen Auftraggebern müssen durch Ausruf im trading pit angeboten werden; O. nur mit Genehmigung möglich)

order cycling system (MaW) = periodic review system

order decline (com) Auftragsrückgang *m*

order desk (Bö, US) Kommunikationsstelle *f*

ordered (com) bestellt *(syn, on order)*

ordered field
(Math) geordnetes Feld *n*
(ie, a field with an ordering as a set analogous to the properties of less than equal for real numbers relative to addition and multiplication)

ordered pair
(Math) geordnetes Paar *n*, 2-Tupel *m*
(ie, a pair of elements x and y from a set, written (x,y), where x is distinguished as first and y as second)

ordered set (Math) geordnete Menge *f*

ordered tree (EDV) geordneter Baum *m*

ordered triple (Math) 3-Tupel *m*

order entry
(com) Auftragserfassung *f*
(EDV) Bestelleingabe *f*

order file
(com) Auftragskartei *f*, Auftragsdatei *f*
(ie, contains names of customers and production orders)

order filing department (com) Auftragsbuchführung *f*

order filling (com) = order processing

order filling costs (com) Kosten *pl* der Auftragsabwicklung

order form (com) Bestellformular *n*

order for relief (Re, US) Konkurs- od Vergleichsbeschluß *m (ie, under Chapters 7 and 11 of the Bankruptcy Reform Act of 1978)*

order from abroad (com) Auslandsauftrag *m (syn, foreign order)*

order gap (com) Auftragsloch *n (ie, lack of orders over a period of time)*

order getting (com) Auftragsbeschaffung *f (syn, canvassing /securing/obtaining . . . new orders)*

order getting costs (com) Kosten *pl* der Auftragsbeschaffung

order handling (com) = order processing

order in *v* (com) bestellen *(ie, usu in quantity)*

ordering
(Math) Ordnung *f*
– Anordnung *f*
– Ordnungsrelation *f*
(ie, a binary relation $<$ *among the elements of a set such that* $a<b$ *and* $b<c$ *implies* $a<c$*, and* $a<b$*,* $b<a$ *implies* $a = b$*; it need not be the case that either* $a<b$ *or* $b<a$*; syn, order relation, partial ordering)*

ordering bias (EDV) Ordnungsgütemaß *n*

ordering cost
(MaW) Beschaffungskosten *pl*
– Bestellkosten *pl*
(syn, procurement cost)

ordering interval (MaW) Bestellabstand *m*

ordering of preferences (Vw) Aufstellen *n* e–r Präferenzordnung *(syn, ranking of preferences)*

ordering policy (MaW) Bestellpolitik *f*

ordering procedure (com) Bestellverfahren *n*

ordering quantity (MaW) Bestellmenge *f (syn, order . . . quantity /size)*

ordering relation (Math) Ordnungsrelation *f (syn, order, order relation, partial ordering)*

order intake (com) Auftragseingang *m*

orderly market (Vw) geregelter Markt *m*

orderly market agreement (AuW) Selbstbeschränkungsabkommen *n (syn, voluntary restraint agreement)*

orderly market conditions (Vw) geordnete Marktverhältnisse *npl*

order note
(com) Bestellschein *m*
(ie, either contract offer binding customer for some time, or acceptance of contract)

order of adjudication in bankruptcy (Re) Konkurseröffnungsbeschluß *m*

order of a matrix
(Math) Ordnung *f* e–r Matrix
(syn, dimension of a matrix)
order of attachment (Re) Pfändungsbeschluß *m* *(syn, distraint order)*
order of discharge (Re) gerichtliche Aufhebung *f* des Konkursverfahrens
order of magnitude
(com) Größenordnung *f*
(ie, range of magnitude extending from some value to ten times that value)
order of precedence (EDV) Rangreihenfolge *f*
order of preference
(Vw) Präferenzordnung *f*
– Bedarfsstruktur *f (syn, preference system)*
order of the day
(com) Tagesordnung *f*
(ie, list of items to be discussed or decided upon; syn, agenda, business to be transacted)
order-of-work sheet
(IndE) Auftragsbearbeitungsplan *m*
(ie, detailed schedule for each machine and each operator)
order on account *v* (com) auf Kredit bestellen *(syn, order on credit)*
order on credit *v* (com) = order on account
order on tick *v* (com, GB, infml) = order on account
order paper
(WeR) Orderpapier *n*
(ie, transferable by endorsement and delivery = Indossament und Übergabe; syn, instrument (made out) to order)
order point (MaW) Bestellpunkt *m (syn, recorder point, qv)*
order point system
(MaW) Bestellpunktsystem *n*
(ie, of inventory control; syn, fixed-order quantity/variable-cycle system)
order policy (MaW) Bestellmodus *m*
order processing
(com) Auftragsabwicklung *f*
– Auftragsbearbeitung *f*
(syn, order . . . filling /handling)
order quantity (MaW) = ordering quantity
order release (IndE) Auftragsfreigabe *f*
orders at best (Bö) unlimitierte Aufträge *mpl*
order schedule (IndE) Auftragsablaufplan *m*
order scheduling (IndE) Auftragsterminierung *f*
order size (MaW) = ordering quantity
orders on hand
(com) Auftragsbestand *m*
(syn, backlog of orders, backlog order books, unfilled orders, orders on the book, order book)
orders on the book (com) = orders on hand
order splitting (MaW) Auftragsaufteilung *f* auf mehrere Lieferanten
orders position (com) Auftragslage *f*
orders received (com) Auftragseingang *m (syn, new orders, qv)*
orders shipped (com) ausgelieferte Aufträge *mpl*
orders taken (com) Auftragseingang *m (syn, new orders)*
order statistics (com) Auftragsstatistik *f*
order status (IndE) Auftragsstatus *m*
order system (MaW) Bestellsystem *n* mit Fixgrößen
order to buy at best
(Bö) bestens-Auftrag *m*
(syn, order at the market, discretionary order, market order)
order to negotiate
(Fin) Ankaufermächtigung *f*
(ie, Art der ‚drawing authorization': Importbank verpflichtet sich, auf sie gezogene Tratten – im Rahmen e–s Akkreditivs vom Exporteur ausgestellt – zu honorieren; Importbank negoziiert diese Tratten aufgrund der Bonafide-Klausel)
order to pay (Fin) Zahlungsanweisung *f (syn, instruction to pay)*
order to sell (Bö) Verkaufsorder *f*
order up *v* (EDV) anfordern *(eg, information on a video screen)*
order valid today (Bö) Tagesauftrag *m*
order value
(com) Auftragswert *m*
– Bestellwert *m*
ordinal number (Math) Ordinalzahl *f (ie, expresses the size of a set; opp, cardinal number)*
ordinal utility (Vw) ordinaler Nutzen *m (opp, cardinal utility = kardinaler Nutzen)*
ordinal utility approach (Vw) ordinales Meßkonzept *n*
ordinal utility measure (Vw) ordinales Nutzenmaß *n*
ordinary
(com) gewöhnlich
– normal
ordinary account (Fin, GB) niedrigverzinsliches Sparkonto *n (ie, held with the National Savings Bank, the former Post Office Savings Bank)*
ordinary activities (ReW, EG) normale Geschäftstätigkeit *f*
ordinary annuity (Fin) nachschüssige Rente *f* Postnumerando-Rente *f (syn, annuity immediate; opp, annuity due = vorschüssige Rente)*
ordinary average (SeeV) einfache Havarie *f (syn, simple average)*
ordinary-branch business (Vers) Großleben *n*
ordinary-branch insurance (Vers) Großlebensbranche *f*
ordinary breakage (com) gewöhnlicher Bruch *m*
ordinary business (com) gewöhnliche Tagesordnung *f (eg, at a general meeting of shareholders)*
ordinary care
(Re) verkehrsübliche Sorgfalt *f*
(syn, ordinary diligence = diligentia quam in suis rebus adhibere solet)
ordinary cargo (com) Normalfracht *f*
ordinary competitive price (com) üblicher Wettbewerbspreis *m*
ordinary creditor
(Re) nicht bevorrechtigter Gläubiger *m*, Massegläubiger *m*
(syn, general/nonprivileged . . . creditor, qv)
ordinary debt (Re) nichtbevorrechtigte Forderung *f*
ordinary depreciation
(ReW) Normalabschreibung *f*, planmäßige Abschreibung *f*
(syn, normal depreciation)
ordinary diligence (Re) = ordinary care
ordinary discontinuity (Math) einfache Unstetigkeit *f*
ordinary dividend (Fin, GB) Stammdividende *f*

ordinary income (StR, US) Einkünfte *pl*, die nicht ‚capital gains' sind
ordinary interest (Fin) gewöhnlicher Zins *m (ie, bezogen auf 360 Tage; so determined in France and Germany)*
ordinary life insurance (Vers, US) Lebensversicherung *f* auf den Todesfall *(syn, whole life insurance, qv)*
ordinary mail (com, GB) gewöhnliche Post *f (syn, US, surface mail)*
ordinary negligence
(Re) gewöhnliche Fahrlässigkeit *f*
– konkrete Fahrlässigkeit *f*
(cf, § 277 BGB; lies in the field of inadvertence: one ought to have known the results of his acts = hätte wissen müssen; civil law: culpa levis)
ordinary partnership (com, GB) offene Handelsgesellschaft *f*, OHG
ordinary practices
(Kart) legitimes wirtschaftliches Handeln *n*
(opp, unzulässige Verhaltensweisen)
ordinary receipts (ReW) betriebliche Erträge *mpl (ie, exclude nonoperating income)*
ordinary resolution (com) Beschluß *m* mit einfacher Mehrheit
ordinary shareholder (com, GB) Stammaktionär *m (syn, US, common stockholder)*
ordinary shares
(Fin, GB) Stammaktien *fpl*
(ie, often divided into preference shares and deferred shares; syn, US, common stock)
(Bö) Stämme *mpl (syn, US, common stock)*
ordinary space (Math) dreidimensionaler Raum *m*
ordinary voting shares (Fin, GB) stimmberechtigte Stammaktien *fpl*
ordinary wear and tear (Bw) technischer Verschleiß *m*
ordinate
(Math) Ordinate *f*
(ie, perpendicular distance of a point (x,y) of the plane from the x-axis; vertikale Koordinate; opp, abscissa)
ordonnancement (Bw) Ablaufprogramm *f (syn, operations planning, scheduling and sequencing)*
ordre public (Re) Grundsätze *mpl* der nationalen Rechtsordnung
organization
(com) Organisation *f*
– Struktur *f (eg, high degree of . . .)*
(com) Gründung *f (eg, of a company)*
(com) Unternehmen *n (syn, business, company, firm)*
(com) Organisation *f*
(eg, charitable organization; syn, association, society)
(Stat) Aufbereitung *f (ie, of statistical data)*
organizational ability (Pw) Organisationstalent *n*
organizational analysis (Bw) Organisationsanalyse *f*
organizational chart
(Bw) Organisationsplan *m*
– Organisationsschaubild *n*
– Organogramm *n (syn, organization tree)*
organizational climate (Pw) Betriebsklima *n*
organizational degree (Bw) Organisationsgrad *m (syn, degree of organization)*
organizational development (Bw) Anpassung *f* e–s Unternehmens an die Umwelterfordernisse
organizational environment (Bw) betriebliches Umfeld *n (syn, corporate environment)*
organizational goals (Bw) Organisationsziele *npl (syn, system-wide goals)*
organizational integration (Bw) organisatorische Eingliederung *f*
organizational lines (Bw) betriebliche Instanzen *fpl (cf, organizational unit)*
organizational manual (Bw) Organisationshandbuch *n*
organizational psychology (Bw) Organisationspsychologie *f (cf, industrial psychology)*
organizational reshuffle (Bw) Reorganisation *f (syn, reorganisation, restructuring of activities)*
organizational shakeup (Bw) organisatorische Umstellung *f*
organizational skills (Pw) Organisationstalent *n*
organizational slack (Bw) Effizienzmangel *m* in Organisationen, Leerlauf *m*
organizational unit
(Bw) Instanz *f*, Ressort *n*
(ie, vested with rights of decision, directing, and control; syn, management unit, unit of supervision, level of authority)
organization chart (Bw) = organizational chart
organization cost (ReW) = organization expense
organization department (Bw) Organisationsabteilung *f*
organization development (Bw) Organisationsentwicklung *f*
organization expense
(ReW) Gründungskosten *pl*
– Gründungsaufwand *m*
(ie, in the U.S. to be capitalized and amortized over several years; in Germany, to be expensed by corporations when incurred; syn, organization cost, development/setup . . . expense; GB, preliminary expense)
Organization for Economic Cooperation and Development, OECD
(AuW) Organisation *f* für wirtschaftliche Zusammenarbeit und Entwicklung
(ie, headquartered in Paris)
organization inflation (Vw) Inflation *f* durch das Doppelmonopol von ‚big labor' and ‚big business'
organization level (Bw) Organisationsebene *f*
organization manual (Bw) Organisationshandbuch *n (syn, organizational manual)*
organization meeting (Bw) Gründungsversammlung *f*
organization model (Bw) Organisationsmodell *n (eg, functional, divisionalized, matrix)*
organization of data (Stat) Aufbereitung *f* von Daten
organization of leisure activities (com) Freizeitgestaltung *f*
Organization of the Petroleum Exporting Countries, OPEC (AuW) Organisation *f* erdölexportierender Länder, OPEC *(ie, sets global oil prices by coordinating oil production; established in 1970 and headquartered in Vienna)*
organization of work (Pw) Arbeitsorganisation *f*
organization tree (Bw) = organizational chart

organization unit
(Bw) Organisationseinheit *f*
– Aktionseinheit *f*
(syn, administrative unit)

organize *v*
(com) organisieren *(ie, set up administrative structure)*
(com) einteilen *(eg, one's time)*
(com) gründen *(syn, create, establish, found, set up)*
(Pw) organisieren *(syn, unionize)*
(EDV) verwalten

organize a fair *v* (com) Messe *f* veranstalten

organized enterprise (com) eingerichteter Geschäftsbetrieb *m*

organized labor (Pw) gewerkschaftlich organisierte Mitarbeiter *mpl*

organized market
(com) organisierter Markt *m*
(ie, a formal market; opp, decentralized/informal . . . market)

organized stock market (Bö) geregelter Wertpapiermarkt *m*

organizer of a fair (com) Messeveranstalter *m*

orgware
(EDV) Orgware *f*
(ie, personell-organisatorisches Potential zur Nutzung e–r EDV-Anlage)

oridinary user (com) Standardbenutzer *m*

orientate oneself *v* (com, GB) sich zurechtfinden *(eg, in a new job)*

orientation
(Pw) Einarbeitung *f (ie, of new employees; syn, familiarization, settling-in)*
(EDV) Ausrichtung *f*
(EDV) Seitenausrichtung *f (eg, Hoch- oder Querformat; portrait or landscape)*

orientation period
(Pw) Einarbeitungszeit *f*
(syn, lead-in /settling-in . . . period, period of familiarization)

orientation phase (Bw) Anregungsphase *f (ie, in decision theory: pointing up problems, perceiving problems requiring solutions)*

orientation program (Pw) Einarbeitungsprogramm *n*

oriented edge
(Math) gerichtete Kante *f*
– Pfeil *m*

oriented path (Math) gerichteter Weg *m (ie, in graph theory; syn, oriented trail)*

oriented trail (Math) = oriented path

oriented walk (Math) gerichtete Pfeilfolge *f (ie, in graph theory)*

orient oneself *v* (com, US) sich zurechtfinden

original (com) Original *n*, erste Ausfertigung *f (ie, of any document, letter, etc)*

original acquisition cost (ReW) Anschaffungskosten *pl (syn, cost, historical cost, qv)*

original application (Pat) Erstanmeldung *f*

original capital (Fin) Gründungskapital *n (syn, initial capital stock)*

original cash outlay
(Fin) Anschaffungskosten *pl*
(ie, in preinvestment analysis = Investitionsrechnung)

original Community (EG) ursprüngliche Gemeinschaft *f*

original contract (Re) Hauptvertrag *m (syn, main contract)*

original cost
(ReW) Anschaffungs- od Herstellungskosten *pl*
(syn, first/initial/asset . . . cost)

original cost method of depreciation (ReW) Abschreibung *f* vom Anschaffungspreis, lineare Abschreibung *f (syn, straight line method)*

original cost standard (Bw) Anschaffungskosten *pl* als Grundlage der Unternehmensbewertung

original credit transfer order (Fin) Überweisungsbeleg *m*

original data collection (Stat) Ersterfassung *f (syn, source data collection, qv)*

original document
(com) Originalausfertigung *f*
– Original *n*

original entry
(ReW) Grundbuchung *f*
– Eingangsbuchung *f*

Original Equipment Manufacturer, OEM
(EDV) Wiederverkäufer *m*
(ie, Fremdgeräte und -teile werden in das eigene Produkt eingebaut; der Bezug von OEM-Geräten erspart dem Hersteller Entwicklungskosten, ermöglicht der Fremdfirma aber die Produktion großer Serien mit den Vorteilen der Größendegression und der Kapazitätsauslastung; syn, VAR)

original filing (Pat) Erstanmeldung *f (ie, of a patent application)*

original financing
(Fin) Neufinanzierung *f*
(ie, provision of fresh funds for capital spending; opp, switch-type financing, qv)

original fraction (Math) Stammbruch *m (opp, derived fraction)*

original freight (com) Vorfracht *f (ie, up to a point of transshipment)*

original impossibility (Re) anfängliche Unmöglichkeit *f (syn, initial impossibility)*

original insurance (Vers) Erstversicherung *f*

original insurance protection (Vers) Erstversicherungsschutz *m (opp, Rückversicherungsschutz)*

original insurer
(Vers) Direktversicherer *m*
– Erstversicherer *m*
– Zedent *m*
(ie, in reinsurance = Rückversicherung; syn, ceding company, reinsured, reassured)

original inventor (Pat) Ersterfinder *m*

original investment (Fin) Anschaffungskosten *pl (ie, in preinvestment analysis = Investitionsrechnung)*

original invoice
(com) Originalrechnung *f*
– Originalfaktura *f*

original margin
(Bö, US) Original-Einschußzahlung *f*
(ie, finanzielle Sicherheit in Form von Bargeld, Schatzbriefen, Aktien, Kreditbriefen wird beim clearing house, Liquidationskasse, hinterlegt)

original matrix (OR) Ausgangsmatrix *f*

original order paper
(WeR) geborenes Orderpapier *n*
(opp, order paper by act of the party = gekorenes Orderpapier)
original package (com) Originalverpackung *f (syn, original wrapping)*
original patent (Pat) Hauptpatent *n (syn, independent/main . . . patent)*
original policy (Vers) Originalpolice *f*
original principal (Fin) Anfangskapital *n*, K_0
original subscriber (Bö) Erstzeichner *m*
original tare (com) Originaltara *f*
original wrapping (com) = original package
originate *v*
(com) ausgehen von
– entstehen
(syn, initiate, begin)
originate from *v* (com) ausgehen von *(eg, ideas often . . . from subordinate staff)*
originate in *v* (com) s–e Ursache haben in *(eg, in faulty machinery)*
originating house (Fin) Konsortialführerin *f*
originating products (Zo) Ursprungserzeugnisse *npl*
origination (Fin) Kreditgewährung *f*
origination fee (Fin, US) Gebühr *f* für Hypothekendarlehen
originator (Fin) Auftraggeber *m (ie, bank customer)*
origin marking
(Mk) Herkunftsbezeichnung *f*
(eg, of consumer goods; syn, informative labeling)
origin of Cartesian coordinates (Math) Koordinatenanfang *m*
origin of goods (com) Warenursprung *m*
origin period (Stat) Basiszeitraum *m (ie, innerhalb e–r Zeitreihe; of a time series)*
ornamental design (Pat) Geschmacksmuster *n (syn, design patent)*
OR operation (EDV) ODER-Verknüpfung *f*
OR operator (EDV) ODER-Zeichen *n*
orphan
(com) Schusterjunge *m*
(ie, first line of paragraph becomes last line of page; should be avoided; cf: widow)
orphan line (EDV) = orphan
orphan's court (Re, US) = surrogate court
OS (EDV) = operating system
oscillate about/around *v* (com) sich bewegen um *(eg, figures oscillated about an average)*
oscillate between *v* (com) schwanken zwischen *(ie, two positions)*
oscillating series (Math) oszillierende Reihe *f*
OSI (EDV) = open systems interconnection
OS interface (EDV) Betriebsmittelschnittstelle *f*
ostensible authority
(Re) Anscheinsvollmacht *f*
(ie, Anerkennung höchstrichterlich sehr umstritten)
ostensible company
(com) Scheingesellschaft *f*
(ie, operates under its name, but without charter and bylaws)
ostensible partner (com) Scheingesellschafter *f (syn, nominal/quasi . . . partner; GB, holding-out partner)*
ostensible transaction (Re) Scheingeschäft *n (cf, § 117 BGB; syn, dummy/fictitous/sham . . . transaction)*
ostensive definition (Log) Hinweisdefinition *f* Zuordnungsdefinition *f (syn, applicative definition)*
ostentatious consumption (Vw) Geltungskonsum *m (syn, conspicuous consumption)*
ostrich syndrome
(Bw, infml) Vogel-Strauß-Syndrom *n*
(ie, refusal to face and address the task of planning under uncertainty)
o/t (com) = on truck
OTC (Bö) = over the counter market
OTC call (Bö) nicht börsengehandelte Kaufoption *f*
OTC market (Bö) = over-the-counter market
OTC option (Bö) nicht börsengehandelte Option *f*
OTC put (Bö) nicht börsengehandelte Verkaufsoption
other accounts payable (ReW) sonstige Verbindlichkeiten *fpl (syn, sundry creditors)*
other accounts receivable (ReW) sonstige Forderungen *fpl (syn, sundry debtors)*
other accrued liabilities (ReW) sonstige Rückstellungen *fpl*
other current assets (ReW) sonstige Posten *mpl* des Umlaufvermögens
other current liabilities (ReW) sonstige kurzfristige Verbindlichkeiten *fpl*
other deductions (ReW) sonstige Aufwendungen *mpl*
other-directed (Pw) außengelenkt
other exchange (Bö, US) = American Stock Exchange *(ie, much more often called AMEX or ASE)*
other expense (ReW) betriebsfremder Aufwand *m (syn, nonoperating expense, qv)*
other income (ReW) sonstige Erträge *mpl*
other income, less other deductions (ReW) sonstige Erträge *mpl*, abzüglich sonstiger Aufwendungen
other intangibles (ReW) sonstige immaterielle Werte *mpl*
other investments (ReW) sonstige Finanzanlagen *fpl*
other items (ReW) übrige Gegenstände *mpl*
other liabilities (ReW) sonstige Verbindlichkeiten *fpl*
other loans (ReW, EG) sonstige Ausleihungen *fpl*
other revenue (ReW) sonstige Erträge *mpl (syn, sundry revenue, qv)*
other revenue and expense (ReW) sonstige Aufwendungen *mpl* und Erträge *mpl*
other things being equal
(Vw) ceteris paribus
(ie, the ultimate escape route if things threaten to run offtrack in the analysis of economic phenomena)
o/t o.r. (com) = on truck or railway
OTS (Fin, US) = Office of Thrift Supervision
Ought statement (Log) Sollsatz *m (opp, IS statement = Istsatz)*
outage (EDV) Ausfall *m*
outage cost (KoR) Kosten *pl* der Nichtverfügbarkeit
out-and-out entrepreneur (com, infml) Vollblutunternehmer *m*
outbalance *v* (com) = outweigh

outbid *v* (com) überbieten *(syn, overbid)*
outbid competitors *v* (com) Konkurrenz *f* ausschalten *(ie, in the bidding process)*
outbidder (com) Mehrbietender *m*
outbound logistics (Bw) Beschaffungs- und Distributions-Logistik *f (opp, inbound logistics)*
outcompete *v* (com) Konkurrenz *f* überflügeln od hinter sich lassen
outconnector
(EDV) Ausgangsstelle *f*
(ie, in flowcharting: indicates a point at which flowline is broken; opp, inconnector)
outdistance *v* (com) übertreffen, aus dem Felde schlagen *(eg, competitors)*
outdoor advertising (Mk) Außenwerbung *f*
outdoor media (Mk) Medien *npl* der Außenwerbung
outdoor staff (com) Außendienst-Mitarbeiter *mpl*
outfile (EDV) Ausgabedatei *f*
outfit
(com) Geschäft *n*
– Laden *m*
outfit *v*
(com) ausrüsten
– ausstatten *(syn, equip)*
outfitter (com) Ausrüster *m*, Ausstatter *m*
outflow (Fin) Abfluß *m (ie, of funds)*
outflow of deposits (Fin) Einlagenabgänge *mpl*
outflow of foreign exchange (AuW) Devisenabfluß *m*
outflow of funds (Fin) Geldabfluß *m*
outflow of liquidity (Vw) Liquiditätsabfluß *m*
outflow of reserves (Vw) Reserveabgänge *mpl*
outflows (Fin) Ausgaben *fpl (ie, in preinvestment analysis = Investitionsrechnung)*
outgo
(com) Auszahlung *f (syn, outpayment)*
(com) Abfahrt *f*
– Abflug *m (syn, departure)*
(ReW) Aufwendungen *mpl*
outgoing (com) ausscheidend *(ie, retiring; eg, chairman)*
outgoing call (EDV) abgehender Anruf *m*
outgoing cash payments (Fin) Barauszahlungen *fpl*
outgoing letter (com) auslaufender Brief *m*
outgoing lot control (IndE) Warenausgangskontrolle *f*
outgoing mail (com) Ausgangspost *f (opp, incoming mail)*
outgoing merchandise inventory
(MaW) Warenausgangslager *n*
(syn, finished goods warehouse)
outgoing payments budget (Fin) Ausgabenplan *m* *(ie, part of overall financial budget)*
outgoing person (Pw) kontaktfreudige Person *f (ie, responsive, friendly)*
outgoings (Fin) Ausgänge *mpl (ie, amounts spent)*
outgrowth
(com) Ergebnis *n*
– Folge *f*
(syn, consequence, byproduct)
out-imitating (Mk) imitatives Überbieten *n*
outlaw strike (Pw, infml) wilder Streik *m (syn, wildcat strike)*
outlay
(com) Kosten *pl (eg, recover one's . . .)*
(Fin) Auszahlungen *fpl (ie, in preinvestment analysis = Investitionsrechnung)*
outlay *v* (Fin) ausgeben *(syn, to expend)*
outlay contour (Vw) Isokostenlinie *f*
outlay cost (KoR) Istkosten *pl (syn, actual cost; qv; opp, implicit cost and opportunity cost)*
outlay curve (Vw) Ausgabenkurve *f* des Haushalts, Kurve der monetären Nachfrage
outlay expiration (ReW) Wertminderung *f*
outlays (com) Auslagen *fpl (syn, expenses)*
outlays for fixed asset investment (Bw) Anlageinvestitionen *fpl*
outlay taxes (FiW) indirekte Steuern *fpl (syn, indirect taxes)*
outlet
(Mk) Absatzgebiet *n (ie, market for commodity)*
(Mk) Händler *m*, Geschäft *n (ie, agency marketing a product)*
(Mk) = retail outlet
outlet for funds (Fin) Anlagemöglichkeiten *fpl*
outlet store (Mk, US) Werksverkaufsstelle *f (syn, manufacture-owned store)*
outlier
(Stat) Ausreißer *m*
(ie, situated away from the main body of data; syn, maverick)
outline
(com) Grundzüge *mpl*
– Abriß *m*
(ie, condensed treatment)
(com) Zusammenfassung *f (eg, of a book)*
(com) vorläufiger Plan *m*
(ie, preliminary account of a project)
outline *v*
(com) Überblick *m* geben über
– kurz beschreiben
– skizzieren *(eg, one's future duties)*
outline agreement (Re) Rahmenvertrag *m (syn, framework agreement, qv)*
outline drawing
(IndE) Übersichtszeichnung *f*
– Dispositionszeichnung *f*
(syn, layout plan, general arrangement drawing)
outline font (EDV) Umriß-Schriftschnitt *m*
outline level (EDV) Gliederungsstufe *f*
outline process chart
(IndE) Arbeitsablaufschaubild *n*
– Arbeitsablaufskizze *f*
out of action (com) außer Betrieb *(syn, out of . . . operation/work, inoperative)*
out-of-balance
(com) nicht ausgeglichen
– nicht übereinstimmend
– falsch gebucht
out-of-control (IndE) nicht beherrscht *(eg, process)*
out-of-court settlement (Re) außergerichtliche od gütliche Einigung *f (syn, amicable/voluntary . . . settlement; GB; arrangement before receiving order)*
out-of-cycle work (IndE) Arbeiten *fpl* außerhalb des Arbeitstaktes
out of it (com, sl) keine Ahnung
out-of-line (com) abweichend
out-of-line situation (Bw) Plan-Istabweichung *f*
out of memory (EDV) kein freier Speicherplatz
out of operation (com) = out of action
out-of-pocket cost (KoR) = out-of-pocket expense

out-of-pocket expense
(com) Spesen *pl*
(ReW) Barauslagen *fpl*, Baraufwendungen *mpl*
(Bw) = variable cost
(KoR) ausgabenwirksame Periodenkosten *pl*
out of print (com) vergriffen *(eg, books are . . .)*
out-of-state bank (Fin, US) Bank *f* in e–m anderen Bundesstaat
out of stock
(com) ausverkauft
– vergriffen
(ie, sold out)
(MaW) nicht am Lager
– nicht vorrätig
out-of-stock cost (MaW) Fehlmengenkosten *pl (syn, stockout cost, qv)*
out-of-stocks (MaW) Bestandslücken *fpl*
out of the money
(Fin) Optionskurs *m* e–r Calloption liegt über, der e–r Putoption liegt unter dem Marktpreis *(opp, at the money, qv)*
– aus dem Geld *(ie, Option ohne inneren Wert)*
out of time (com) verspätet
out-of-town banks (Fin, US) Banken *fpl* außerhalb New Yorks
out-of-town bill (Fin) Distanzwechsel *m (opp, local bill = Platzwechsel)*
out-of-town check (Fin, US) Fernscheck *m (syn, country/transit . . . check)*
out-of-town credit transfer (Fin) Fernüberweisung *f*
out-of-town market (Bö, US) Provinzbörse *f*
out-of-town place (Fin) Nebenplatz *m*
out of work
(Pw) arbeitslos *(syn, unemployed)*
(com) = out of action
out on strike (Pw) im Streik *(syn, on strike)*
outpatient (SozV) ambulanter Patient *m (opp, inpatient = stationärer Patient)*
outpatients' clinic (SozV) Poliklinik *f*
outpatient treatment (SozV) ambulante Behandlung *f*
outpayment (Fin) Auszahlung *f (syn, disbursement, outgo)*
outperform *v* (com) übertreffen *(syn, outstrip, qv)*
outplacement
(Pw) Outplacement *n*
(ie, a company parting with an executive uses the services of an external personnel consultancy asking it to advise the retired executive as to his future carrer)
output
(Pw) Arbeitsleistung *f*
(Bw) Output *m*
– Ertrag *m*
– Ausbringung *f*
– Ausbringungsmenge *f*
– Produktion *f*
– Produktmenge *f*
– Beschäftigung *f (ie, production volume or level)*
(EDV) Ausgabe *f*
output area (EDV) Ausgabebereich *m*
output block (EDV) Ausgabeblock *m*
output bonus (Pw) Produktionsprämie *f*
output budgeting (IndE) Produktionsplanung *f (syn, production planning and scheduling, qv)*
output buffer (EDV) Ausgabepufferspeicher *m*
output capacity
(IndE) Produktionskapazität *f (syn, productive capacity)*
(EDV) Ausgabekapazität *f*
output-capital ratio (Vw) Kapitalproduktivität *f (ie, reciprocal of capital-output ratio = Kapitalkoeffizient)*
output channel (EDV) Ausgabekanal *m*
output code (EDV) Ausgabecode *m*
output constraint (Vw) Produktionsbeschränkung *f*
output contract (Re, US) Vertrag *m* über Aufkauf der gesamten Produktion des Verkäufers
output control (EDV) Ausgabewerk *n*
output cost (KoR) Produktionskosten *pl (syn, cost of production)*
output data (EDV) Ausgabedaten *pl*
output device (EDV) Ausgabeeinheit *f*, Ausgabegerät *n (syn, output unit)*
output elasticity (Vw) Produktionselastizität *f*
output expansion path
(Vw) Produktions-Expansionspfad *m*
output figures
(Bw) Produktionszahlen *fpl*
– Produktionsziffern *fpl*
output function
(Bw) Produktionsfunktion *f*
(OR) Ausgangsfunktion *f (syn, distributive emitting . . . function)*
output gains (Bw) Produktionssteigerung *f (syn, production . . . advance/increase)*
output gap (Vw) Produktionslücke *f*
output-income lag (Vw) Produktions-Einkommen-Lag *m*
output instruction (EDV) Ausgabebefehl *m*
output limitation
(Kart) Kontingentierung *f*
– Produktionsbeschränkung *f*
output market (Bw) Absatzmarkt *m*
output *v* **message** (EDV) Meldung *f* ausgeben
output method (VGR, GB) Entstehungsrechnung *f (ie, of national accounting; syn, commodity-service method)*
output mode (EDV, Cobol) Ausgabemodus *m (cf, DIN 66 028, Aug 1985)*
output node (OR) Ausgangsknoten *m (syn, starting node)*
output-oriented budget (FiW) output-orientiertes Budget *n (syn, PPBS system)*
output per man-hour (IndE) Produktionsleistung *f* je Arbeitsstunde *(syn, man-hour output)*
output per shift (IndE) Schichtleistung *f*
output prices (Vw) Güterpreise *mpl*
output program (EDV) Ausgabeprogramm *n (syn, output routine)*
output quota (Bw) Produktionsquote *f*
output ratio (IndE) Mengenrelationen *fpl (ie, in joint production = Kuppelproduktion)*
output record (EDV) Ausgabesatz *m*
output-related costs (KoR) leistungsabhängige Kosten *pl*
output request (EDV) Ausgabeanforderung *f*
output restriction agreement (Kart) Produktionskartell *n*
output routine (EDV) = output program
output side (VGR) Entstehungsseite *f*

output stage (EDV) Endstufe *f*
output storage (EDV) Ausgabespeicher *m*
output tax (FiW) Bruttomehrwertsteuer *f*
output unit (EDV) Ausgabeeinheit *f* *(ie, delivers data to an external device)*
outright
(com) direkt
(com) vollständig *(eg, reject an offer outright)*
(Re) ohne Belastung
(ie, without lien or encumbrance; eg, he purchased the property outright for cash)
outright abdication (Re) Rechtsverweigerung *f* *(ie, by a court; syn, denial/refusal . . . of justice)*
outright consolidation (Kart, US) Fusion *f*, Verschmelzung *f* *(ie, umfaßt Übernahme und Neubildung = merger and consolidation)*
outright deal (Bö) = outright transaction
outright forward rate (Fin) Outright-Terminkurs *m*
outright forward transaction
(Fin) einfaches Termingeschäft *n*
– Outright-Geschäft *n*
– Sologeschäft *n*
(ie, Devisentermingeschäft ohne Kassagegengeschäft)
outright gift (Re) bedingungslose Zuwendung *f* *(ie, without strings attached)*
outright importation (Zo) endgültige Einfuhr *f* *(syn, permanent importation)*
outright price (Bö) Outright-Terminkurs *m*
outright prohibition (AuW) offenes Verbot *n*
outright purchase (com) Direkterwerb *m*
outright sale
(com) Verkauf *m* in Bausch und Bogen
(Re) Grundstücksverkauf *m* ohne Belastung *(ie, without encumbrance or lien)*
outright transaction
(Vw) normales Offenmarktgeschäft *n*
(Bö) Outright-Termingeschäft *n* *(syn, outright forward transaction, qv)*
outsell *v* (com) höheren Umsatz haben als *(eg, Pepsi Cola has been outselling Coke)*
outside broker
(com) freier Makler *m*
(Bö, GB) Effektenmakler *m*, der nicht der Börse angehört
outside capital
(Fin) Fremdkapital *n*
(syn, borrowed/debt/loan . . . capital; opp, equity capital = Eigenkapital)
outside chance (com) geringe Chance *f* *(eg, that he'll get the post)*
outside consultant (com) unabhängiger Berater *m*
outside contract (com) Fremdauftrag *m*
outside director (Bw, US) Mitglied *n* des Board of Directors, das nicht gleichzeitig der Geschäftsleitung angehört *(syn, non-executive director, qv)*
outside equity (Fin) Beteiligungskapital *n*
outside expert (com) unabhängiger Sachverständiger *m* *(syn, expert, qv)*
outside facilities (IndE) Außenanlagen *fpl*
outside financing
(Fin) Außenfinanzierung *f*
(ie, financing out of outside funds; syn, external financing; opp, internal financing)
outside funds (Fin) = outside capital
outside importer (com) freier Importeur *m*
outside lender (Fin) externer Kapitalgeber *m*
outside market (Bö) ungeregelter Freiverkehr *m* *(syn, unofficial dealing, qv)*
outside money (Vw) Außengeld *n*
outside party (com) Außenstehender *m*
outside PR counsel (Mk) PR-Berater *m*
outside production (IndE) Fremdfertigung *f*
outside purchasing (MaW) Fremdbezug *m* *(syn, external procurement)*
outsider
(Kart) Außenseiter *m*
(ie, firm or company not affiliated with a cartel or pressure group)
outside research (com) Auftragsforschung *f* *(syn, contract sponsored . . . research)*
outside services
(Bw) Fremdarbeiten *fpl*
– Fremdleistungen *fpl*
outside shareholder (Fin) freier Aktionär *m*
outside supplier
(com) Zulieferer *m*
– Zulieferbetrieb *m*
(syn, supplier, qv)
outsize (com) Übergröße *f* *(ie, of clothes)*
outsource *v*
(MaW) extern beschaffen, durch Fremdbezug beschaffen *(eg, a high-tech company outsources complex components)*
outsourcing
(MaW) Fremdbeschaffung *f*
(ie, practice of subcontracting the manufacture of components that can be more cheaply produced elsewhere)
(EDV) Outsourcing *n*
outstanding (ReW) in Umlauf *(ie, said of shares)*
outstanding accounts (ReW) Forderungen *fpl* *(syn, accounts receivable, qv)*
outstanding bonds (Fin) ungetilgte Obligationen *fpl*
outstanding call on shares (ReW, GB) ausstehende Einlagen *fpl* *(syn, unpaid call on capital; US, unpaid subscriptions)*
outstanding capital stock (ReW) ausstehende Aktien *fpl* *(ie, issued stock minus treasury stock)*
outstanding contributions (ReW) ausstehende Einlagen *fpl* *(syn, unpaid subscriptions)*
outstanding credits (Fin) Kreditvolumen *n* *(ie, of a bank; syn, lending volume)*
outstanding order (com) unerledigter Auftrag *m* *(syn, back order, qv)*
outstanding premiums (Vers) Prämienaußenstände *pl*
outstanding purchasing orders (MaW) offene Bestellungen *fpl*
outstanding trade debtors (ReW) Forderungen *fpl* aus Warenlieferungen und Leistungen *(syn, trade accounts receivable, qv)*
outstation (EDV) Außenstation *f* *(syn, remote terminal)*
outstrip *v*
(com) übertreffen
(eg, increase in sales abroad outstripped the group's domestic performance; syn, beat, leave behind, outdistance, outperform)
out-turn (Bw) Istleistung *f* *(syn, actual output)*
outvote *v* (com) überstimmen

outward act (Re) unmittelbares Verhalten *n*
outward and inward flight (com) Hin- und Rückflug *m*
outward arbitrage (Fin) Auslandsarbitrage *f*
outward bill of lading (com) Exportkonnossement *n*
outward-bound voyage (com) Hinreise *f* e–s Schiffes *(opp, inward-bound voyage)*
outward cargo (com) Hinfracht *f (syn, outward freight)*
outward collection (Fin, GB) Auslandsinkasso *n (ie, of bills of exchange abroad)*
outward flight (com) Hinflug *m (opp, inward flight = Rückflug)*
outward processing
(Zo) passive Veredelung *f*
– passiver Veredelungsverkehr *m*
outward transit (com) Ausgangsversand *m*
over (com) bitte wenden *(syn, pto, please turn over; US, more)*
overabsorbed overhead (KoR) Gemeinkostenüberdeckung *f (syn, overapplied overhead; opp, underabsorbed overhead)*
overabsorption (KoR) Überdeckung *f (opp, underabsorption)*
overabsorption of overhead (KoR) Gemeinkostenüberdeckung *f (opp, underabsorption, qv)*
overachiever (Pw, joc) „Plansoll-Übererfüller" *m*
Hennecke-Typ *m*
overage
(MaW) Bestandsüberschuß *m*
(com) Mengenüberschreitung *f (opp, underage)*
over-aged population (Vw) überalterte Bevölkerung *f*
overall agreement (Re) Rahmenvertrag *m (syn, framework agreement, qv)*
overall balance
(AuW) Gesamtbilanz *f*
(ie, all balance-of-payments items, except changes in currency reserves = Währungsreserven)
overall budget (FiW) Gesamthaushalt *m*
overall budget deficit (FiW) Gesamtdefizit *n*
overall business activity (Vw) gesamtwirtschaftliche Tätigkeit *f*
overall capacity (Bw) Gesamtkapazität *f*
overall company result (ReW) Unternehmensergebnis *n (ie, operating + nonoperating)*
overall construction activity (Vw) Baukonjunktur *f*
overall consumption (Vw) Gesamtverbrauch *m*
overall corporate planning (Bw) betriebliche Gesamtplanung *f*
overall cuts in expenditure (FiW) globale Minderausgaben *fpl*
overall debt exposure (Fin) Gesamtverbindlichkeiten *fpl (syn, overall . . . debt burden/indebtedness)*
overall development (com) Gesamtentwicklung *f (syn, overall trend)*
overall earnings budget
(Bw) Gesamtergebnisplan *m*
(ie, lists a number of annual pretax earnings figures)
overall economic equilibrium (Vw) gesamtwirtschaftliches Gleichgewicht *n*
overall economic goal (Vw) gesamtwirtschaftliches Ziel *n*
overall economic plan (Vw) gesamtwirtschaftlicher Rahmenplan *m*
overall economy (Vw) Gesamtwirtschaft *f (syn, economy as a whole)*
overall estimate (Stat) Gesamtschätzung *f*
overall government levy ratio (FiW) Gesamtabgabenquote *f*
overall labor productivity (Vw) gesamtwirtschaftliche Produktivität *f*
overall marketing program (Mk) Gesamtvertriebsplan *m*
overall net total (VGR, US) Gesamtsaldo *m* der Zahlungsbilanz
overall objective (Bw) Gesamtziel *n*
overall performance
(Bw) Gesamtleistung *f*, Gesamtergebnis *n*
(Pw) Auslastungsgrad *m (ie, of workers)*
overall plan (com) Gesamtplan *m (syn, master plan)*
overall planning (Bw) Gesamtplanung *f*, Rahmenplanung *f (syn, master planning)*
overall price (com) Gesamtpreis *m (syn, total price)*
overall productivity
(Bw) Gesamtproduktivität *f (syn, aggregate /total . . . productivity)*
(Vw) gesamtwirtschaftliche Produktivität *f*
overall profitability
(Fin) Gesamtrentabilität *f*
(ie, as measured by return on total assets; syn, operating efficiency)
overall public sector budget (FiW) öffentlicher Gesamthaushalt *m*
overall public sector deficit (FiW) Defizit *n* des öffentlichen Gesamthaushalts
overall quota (AuW) Globalkontingent *n*
overall ratio of levies (FiW) gesamtwirtschaftliche Abgabenquote *f*
overall reductions (FiW) pauschale Kürzungen *fpl*
overall responsibility (Pw) Gesamtverantwortung *f*
overall result (Bw) Gesamterfolg *m*
overall return (Fin) Unternehmensrentabilität *f (ie, ratio of net profit + interest on debt capital to total capital employed)*
overall tax ratio (FiW) Steuer(last)quote *f (syn, tax load ratio, qv)*
overall tax receipts (FiW) gesamtwirtschaftliche Steuerquote *f (ie, ratio of total tax receipts to GNP)*
overall term
(Log) Oberbegriff *m*
(syn, generic/comprehensive /umbrella . . . term)
overall trend (com) Gesamtentwicklung *f*
overall unemployment (Vw) Gesamtarbeitslosigkeit *f (syn, total unemployment)*
overall variation (KoR) Gesamtabweichung *f (ie, der Kosten e–r Kostenstelle; syn, gross variation)*
over and short account (ReW) Kassenbestandsdifferenz *f*
overapplied factory expense (KoR) Fertigungsgemeinkosten-Überdeckung *f*
over applied for (Fin, GB) überzeichnet *(syn, oversubscribed)*
overapplied overhead (KoR) = overabsorbed overhead
overbanked place (Fin) Ort *m* mit zu großer Bankendichte

overbanking (Fin) zu hohe Bankdichte *f*
overbid *v* (com, GB) überbieten *(ie, make a higher bid than the preceding one)*
overblown dollar (AuW, infml) überbewerteter Dollar *m*
overbook *v* (com) überbuchen *(ie, issue reservations in excess of available space)*
over budget
(FiW) Haushaltsüberschreitung *f*
– Budgetüberschreitung *f*
(syn, budget overrun)
overcall
(Fin) Nachschuß *m*
(ie, additional amount of capital an investor may have to furnish; syn, assessment overcall)
overcapacity (Bw) Überkapazität *f* *(syn, excess capacity, qv)*
overcapitalization (Fin) Überkapitalisierung *f*
overcapitalized (Fin) überkapitalisiert *(syn, infml, top heavy)*
overcertification (Fin) Überbrückungskredit *m* *(ie, bank to broker, largely replaced by very short-term loans)*
overcharge *v* (com) zu viel berechnen
overcrowded market (com) überbesetzter Markt *m* *(eg, in the oil business)*
overdepreciation (ReW) Überabschreibung *f* *(ie, writedown beyond the estimated zero value)*
overdraft
(Fin, US) Überziehung *f*
(ie, is infrequent because an ,overdrawn account' is an illegal loan without a note as evidence; bank may return a check marked ,return to drawer' or exact heavy charges)
(Fin, GB) Kontokorrent *n*
(ie, universal British term for a bank loan: borrowing on current account, up to a maximum agreed with the bank; interest calculated on a daily basis; the nearest equivalent in other countries is ,line of credit')
overdraft business (Fin, GB) Kontokorrentgeschäft *n*
overdraft checking account
(Fin, US) Überziehungskonto *n*
(ie, line of credit in connection with a checking account that permits overdrafts)
overdraft commission (Fin) Überziehungsprovision *f*
overdraft facility (Fin, GB) Überziehungskredit *m*
overdraw a bank account *v* (Fin) Bankkonto *n* überziehen
overdrawn A/C (Fin) Kontokorrent-Überziehung *f*
overdrawn account (Fin, US) überzogenes Konto *n* *(ie, by drawing a check)*
overdue (com) überfällig *(syn, past due)*
overdue delivery (com) rückständige Lieferung *f*
overdue premium (Vers) rückständige Prämie *f*
overeach oneself *v*
(com) sich übernehmen
(eg, in aiming for the big contract with the international company)
overemployment
(Vw) Überbeschäftigung *f*
(opp, underemployment = Unterbeschäftigung)
over-entry certificate (Zo, GB) Bescheinigung *f* über zuviel gezahlte Zollgebühren
over-expenditure (Fin) Ausgabenüberschreitung *f*
over-exploitation of fish (com) = overfishing
overexposure in lending (Fin) zu hohe Kreditengagements *npl*
over-extension
(Fin) zu hohe Kreditgewährung *f* od -inanspruchnahme *f*
(ie, it is beyond the debtor's ability to pay)
overfishing
(com) Überfischen *n*
(syn, over-exploitation of fish)
overflow
(EDV) Bereichsüberschreitung *f*
– Überlauf *m* *(syn, underflow)*
overflow indicator (EDV) Überlaufanzeiger *m*
overflow position (EDV) Überlaufstelle *f*
overflow record (EDV) Überlaufsatz *m*
overflow register (EDV) Überlaufregister *n*
over-full employment (Vw) Überbeschäftigung *f* *(opp, less-than-full employment = Unterbeschäftigung)*
overfund *v* (Fin) überfinanzieren
overhang in inventories (com) Überbestände *mpl*
overhang of unspent money
(Vw) zwangsgesparte Beträge *mpl*
(ie, the Communist's equivalent of inflation, usually skimmed off by heavy taxation)
overhaul (IndE) Instandsetzung *f*, Überholung *f* *(ie, of fixed assets in order to restore them to full operating condition)*
overhead (KoR) = overhead cost
overhead absorption (KoR, GB) Gemeinkostenverrechnung *f*
overhead allocation base (KoR) Gemeinkostenschlüssel *m*
overhead allocation sheet
(KoR) Betriebsabrechnungsbogen *m*, BAB *m*
(syn, expense distribution sheet, assignment sheet for nonmanufacturing cost, qv)
overhead assignment (KoR) = overhead distribution
overhead base (KoR) = overhead allocation base
overhead bits (EDV) zusätzliche Informationsschritte *mpl*
overhead budget
(KoR) Gemeinkostenbudget *n*
– Gemeinkostenplan *m*
overhead budgeting (KoR) Gemeinkostenplanung *f*
overhead cost
(KoR) Gemeinkosten *pl*
– genauer: echte Gemeinkosten *pl*
– indirekte Kosten *pl*
(ie, not chargeable to a particular product; syn, overhead, indirect . . . cost/expense, burden; GB; oncost; G. werden traditionell auf Kostenträger bezogen, daher auch bezeichnet als ,Kostenträgergemeinkosten')
overhead cost allocation (KoR) Gemeinkostenumlage *f* *(syn, allocation of overhead)*
overhead department (KoR) Gemeinkostenstelle *f*
overhead distribution (KoR) Gemeinkostenumlage *f* *(syn, allocation of overhead)*
overhead rate
(KoR) Gemeinkostensatz *m*
– Gemeinkostenzuschlag *m*
– Gemeinkosten-Verrechnungssatz *m*
overheads (com) Folien *fpl* *(syn, transparencies)*

overhead-type service
(KoR) Gemeinkostenleistungen *fpl*
(ie, used for plant purposes: traceable as secondary expense)
overhead variance (KoR) Gemeinkostenabweichung *f*
overheated economy (Vw) überhitzte Volkswirtschaft *f*
overheating of the economy (Vw) Konjunkturüberhitzung *f (syn, cyclical overstrain)*
overidentified (Math) überidentifiziert *(syn, multiply identified)*
overindebtedness (Fin) Überschuldung *f (syn, debt overload, qv)*
overinsurance (Vers) Überversicherung *f (ie, carrying more insurance than is really needed; syn, infml, insurance poor)*
overinsured (Vers) überversichert
overinvestment (Bw) Überinvestition *f*
overissue of securities (Bö) Überemission *f (syn, undigested securities)*
overkey *v* (EDV) überschreiben
overlap (EDV) Überlappung *f*
overlap measure (EDV) Überlappungsmaß *n (ie, in information retrieval)*
overlapped schedule (IndE) Ablaufplanung *f* mit überlappenden Phasen *(syn, lap phasing, telescoping)*
overlapping sampling units (Stat) überlappte Auswahleinheiten *fpl*
overlap processing (EDV) überlappte Verarbeitung *f*
overlay
(EDV) Überlagerung *f*
(ie, technique for bringing routines into high-speed storage from other form of storage during processing, so that several routines will occupy the same storage locations – Speicherplätze – at different times)
overlay segment (EDV) Überlappungssegment *n*
overlay tree (EDV) Überlagerungsbaum *m*
overleaf (com, GB) Rückseite *f (syn, US, on the reserve side)*
overload *v* (com) überladen
overload of inventory (MaW) Bestandsüberhang *m*
overmanned (Pw) überbesetzt *(syn, overstaffed)*
overmanning (Pw) Überbesetzung *f*, zu hoher Personalbestand *m*
overnight (Fin) Tagesgeld *n* vom Handelstag ab laufend *(ie, Abschlußtermin am Euromarkt; cf, tom/next; spot/next)*
overnight accommodation allowance (Pw) Übernachtungsgeld *n*
overnight borrowing (Fin, US) Tagesziehung *f*
overnight contracts (Fin) Tagesgeldabschlüsse *mpl*
overnight loan (Fin) Überbrückungskredit *m (ie, bank to broker, related to day loan)*
overnight money (Fin) Tagesgeld *n*
overnight money market (Fin) Tagesgeldmarkt *m*
overnight rate (Fin) Satz *m* für tägliches Geld, Tagesgeldsatz *m*
overnight repurchase agreement (Fin) kurzfristiges Wertpapierpensionsgeschäft *n*
overpaid (Pw) überbezahlt
overpay *v* (com) überzahlen *(eg, taxes)*
overpayment of taxes (StR) Überzahlung *f*
overperformance (Fin) Über-Performance *f*
overpopulation (Stat) Überbevölkerung *f*
overprice *v* (com) zu hohen Preis fordern
overpriced shares (Bö) überbewertete Aktien *fpl (syn, top-heavy shares)*
overproduction (Bw) Überproduktion *f*
overqualified (Pw) überqualifiziert
overreach oneself *v* (com) sich übernehmen *(eg, in aiming for a contract with an international company)*
override
(Mk, US) pauschale Absatzprovision *f*
(ie, commission paid to managerial personnel on sales made to subordinates)
(Fin) Ertragsbeteiligung *f* e–s Lizenzgebers
(ie, share of the product or profit reserved by the granter of an oil or mining lease)
(IndE) Übersteuerung *f*
(ie, device or system by which an automatic control is canceled, may be through a manual control)
override *v*
(Re) außer Kraft setzen *(ie, set aside, annul; eg, a veto)*
(Re) zurückdrängen *(eg, treaty benefits)*
(IndE) übersteuern
– neutralisieren
(eg, automatic control)
(com) überlappen
(EDV) ändern
– außer Kraft setzen
overriding commission
(com) Gebietsprovision *f (ie, of a commercial agent)*
(com) Superprovision *f (ie, paid to a general agent for the benefit of his subagents)*
(Fin) Konsortialspanne *f (syn, spread)*
(Bö) Maklerprovision *f*
(Vers) Überprovision *f (ie, in reinsurance)*
overriding interests (Re) vorrangige Interessen *npl*
overriding public interest (Re) überragendes Interesse *n* der Allgemeinheit
overrun
(KoR) Kostenüberschreitung *f (syn, cost overrun)*
(IndE) Überproduktion *f (ie, in excess of a customer order quantity)*
(EDV) Überlauf *m (ie, results in loss of data)*
overrun *v*
(com) übertreffen *(syn, exceed)*
(EDV) überlaufen *(ie, flow over)*
overseas agent (com) Auslandsvertreter *m*
overseas bank
(Fin) britische Bank *f* mit Filialen im Ausland
(Fin) ausländische Bank *f* mit e–r Niederlassung in London
overseas branch (com) = foreign branch
overseas buyer (com) Auslandskunde *m (syn, foreign customer)*
overseas company (com, GB) = foreign company
overseas direct investment (Fin) Auslandsdirektinvestitionen *fpl*
overseas market (com) Überseemarkt *m*
overseas subsidiary (com) Auslandstochter *f (syn, foreign subsidiary)*
overseas tax (StR) ausländische Steuer *f*
overseas trade (com) Überseehandel *m*

oversell *v*
(com) zu viel verkaufen *(ie, sell too much)*
(Pw) übertrieben hoch bewerten *(syn, overpraise)*
overshoot *v* (com) überschreiten *(eg, money supply targets)*
overshoot a limit *v* (com) Limit *n* überschreiten *(eg, of external finance)*
overshooting
(AuW) Überschießen *n* der Dollarkurse wichtiger Länder *(ie, with adverse effects on trade and investments)*
overshoot targets *v* (Vw) Ziele *npl* überschreiten *(eg, of monetary growth)*
overshopping (Mk) ruinöser Wettbewerb *m* wegen zu hoher Ladendichte
overside-delivery clause
(com) Überbord-Auslieferungsklausel *f*
oversize
(com) Übergröße *f*
(ie, more than ordinary size; syn, oversized; opp, undersized)
oversold market (Bö) überverkaufte Marktsituation *f*
oversold positions (Bö) überdurchschnittliche Abgaben *fpl*
overspecified (Math) = overidentified
overspend *v* (com) zu viel ausgeben
overspend a target *v* (Fin) Ausgabengrenze *f* überschreiten
overspill relief (StR) Rückerstattung *f* von Steuern auf ausländische Erträge
over spot (Bö) über Kassakurs
overstaffed (Pw) = overmanned
overstate *v*
(ReW) überbewerten, zu hoch bewerten *(syn, overvalue)*
(ReW) zu hoch ansetzen *(eg, real earnings because of past as well as present inflation)*
overstate a trend *v* (Vw) Trend *m* überzeichnen
overstocking (MaW) zu hohe Vorratshaltung *f*
oversubscribed issue (Bö) überzeichnete Emission *f* *(ie, there are applications for more shares than the total number in the issue)*
oversubscription (Bö) Überzeichnung *f*
oversupply
(Vw) Überangebot *n (syn, excess supply)*
(MaW) Überbestand *m (syn, excess inventory)*
overt advertising (Mk) offene Werbung *f (opp, subliminal advertising)*
overtaxed (FiW) zu hoch besteuert
overt defect (Re) offener Mangel *m*
over-the-counter drugs (SozV) rezeptfreie od nicht verschreibungspflichtige Medikamente *npl (opp, prescription drugs)*
over-the-counter interbank transactions (Bö) außerbörsliche Interbankengeschäfte *npl*
over-the-counter market
(Bö, US) Freiverkehr *m*, dritter Markt *m*
(ie, negotiated market outside the organized stock exchanges; over the telephone or through NASDAQ, an automated system; volume far heavier than exchange trading volume: „the world's largest market"; Freiverkehrsmarkt für nicht zum offiziellen Börsenverkehr zugelassene Wertpapiere; größter Wertpapiermarkt der Welt; syn, OTC market)
over-the-counter market in options (Bö) börsenfreier Optionshandel *m*
over-the-counter quotation (Bö) Notierung *f* im Freiverkehr *(syn, unofficial quotation)*
over-the-counter selling
(com) Thekenverkauf *m*
(Fin) Tafelgeschäft *n*
over-the-counter store (com) Laden *m* mit Bedienung *f (opp, self-service store = Selbstbedienungsladen)*
over-the-counter trading volume (Bö) Freiverkehrsumsatz *m*
over the course of the contract (Re) während der Laufzeit des Vertrages *(syn, over the life . . .)*
over the long haul (com) langfristig *(syn, long-term, long-time)*
over the short term (com) kurzfristig
over-the-transom manuscript (com) unverlangt eingesandtes Manuskript *n (syn, unsolicited MS)*
overtime
(Pw) Überstunden *fpl (eg, to work overtime)*
(Pw) = overtime pay
overtime pay (Pw) Überstundenvergütung *f*
overtime premium (Pw) Überstundenzuschlag *m*
overtrading
(Fin) Liquiditätsklemme *f* trotz hoher Rendite *(ie, trade beyond one's capital: happens when the costs of supporting an increase in sales simply outstrip available finance; insufficient cash available to support the day-to-day demands of the business which means an embarrassing trip to the bank with cap in hand – that's overtrading)*
(Bö) Überspekulation *f*
overt subsidy (Vw) offene Subvention *f*
overtype *v* (EDV) überschreiben
overvaluation
(ReW) Überbewertung *f*
(Fin) Überbewertung *f (ie, of foreign currency)*
overvalue *v*
(ReW) überbewerten *(syn, overstate)*
(AuW) überbewerten *(ie, foreign currency)*
overvalued currency (AuW) überbewertete Währung *f*
overview
(com) Überblick *m*
(ie, more comprehensive than summary and more pretentious than survey)
overweight (com) Übergewicht *n (eg, parcel is 5 kgs overweight)*
over-without-bill (com) Fracht *f* ohne Konnossement
overwork *v* (Pw) sich überarbeiten *(ie, too long, too much)*
overwrite *v* (EDV) überschreiben
overwrite mode
(EDV) Überschreibmodus *m*
– Korrekturmodus *m*
(opp, insert mode)
owe *v* (com) schulden *(ie, obliged to pay or repay)*
own *v*
(com) besitzen
(Re) Eigentümer *m* sein
own account trading (Fin) Eigenhandel *m*
own-brand (com) Hausmarke *f (syn, house brand)*

own brander (Re, GB) Scheinhersteller *m*
owner
(Re) Eigentümer *m*
(ie, term is nomen generalissimum – Oberbegriff –, its meaning is to be gathered from the context in which it is used; cf, proprietor)
owner-manager (Bw) Eigentümer-Unternehmer *m*
owner-occupied home (StR) eigengenutztes Haus *n*
owner-occupied land (com) eigengenutzte Grundstücke *npl*
owner of a business (Bw) Betriebsinhaber *m (syn, proprietor)*
owner of a patent (Pat) Patentinhaber *m (syn, patentee, qv)*
owners' capital (Fin) = owners' equity
owners' equity
(ReW) Eigenkapital *n*
(ie, decomposed into investment by owners and retained earnings; syn, equity capital)
ownership
(Re) Eigentum *n*
(cf, §§ 903 ff BGB; subterms include: absolute/common/complete/joint/private /public/restricted . . . ownership; cf, owner)
ownership combinations (Kart, US) eigentumsmäßige Zusammenschlüsse *mpl (syn, close combinations, qv)*
ownership participation (Bw) Beteiligung *f*
ownership structure (Re) Eigentumsverhältnisse *npl*
owner's risk of breakage, o.r.b. (com) Eigner *m* trägt Bruchrisiko
own funds
(Fin) Eigenmittel *pl*
(ie, of banks)
own holdings (Fin) Eigenbestand *m*
own resources (Fin) Eigenmittel *pl (syn, own funds)*
own-risk clause (Vers) Selbstbehaltsklausel *f*
own shares (ReW, EG) eigene Aktien *fpl*

P

p.a. (SeeV) = particular average
PABX (EDV) = private automatic branch exchange
pacemaker
(com, infml) Schrittmacher *m*
(ie, anything that has influence on the rate of a process or a reaction; pacer)
(SozV) Herzschrittmacher *m (syn, cardiac pacer)*
pacer (com, infml) = pacemaker
pace setter
(IndE) Akkordrichtarbeiter *m*
(Pw, infml) Akkordbrecher *m (syn, GB, speeder, bellhorse; ratebuster)*
pack
(com) Packung *f*, Pack *m (eg, of cigarettes; syn, packet)*
(EDV) Stapel *m*
pack *v*
(com) packen
– einpacken
– verpacken *(ie, into boxes, cases)*
(com) zusammenstellen
(EDV) packen
– verdichten
– entfragmentieren *(ie, reduce the amount of storage required to hold information)*
(EDV) entfernen *(ie, zur Löschung markierte Sätze aus e–r Datei)*
pack a file *v* (EDV) Datei *f* packen
package
(com) Packstück *n*, Kollo *n (syn, parcel)*
(com, US) Postpaket *n (syn, GB, packet)*
(com) Packung *f*
(com) Maßnahmebündel *n*
(IndE) Baugruppe *f (ie, preassembled unit; syn, assembly)*
(Pw) Verhandlungsergebnis *n (ie, result of collective bargaining; syn, package settlement, qv)*
(EDV) Gerätegruppe *f*
(EDV) Programmpaket *n (ie, ready-made computer program; syn, program package)*
package *v* (com) verpacken
package bargaining (Pw) Tarifverhandlungen *fpl* über optimales „Forderungspaket“
package car (com, US) Waggon *m* für Stückgutladungen
package deal
(com) Verhandlungspaket *n*
(com) Pauschalangebot *n (syn, package offer)*
(com) Gesamtgeschäft *n*
package-deal clause (Re) Junktimklausel *f*
package design (Mk) Verpackungsdesign *n*
packaged goods (com) abgepackte Ware *f (opp, bulk goods)*
packaged software (EDV) Softwarepaket *n*
package engineering
(IndE) Verpackungsgestaltung *f*
– Verpackungstechnik *f*
package freight (com) Stückgutfracht *f (ie, billed by the unit instead of by the carload)*
package increase
(Pw) pauschale Lohnerhöhung *f*
(syn, across-the-board pay increase)
package insert (Mk) Packungsbeilage *f (eg, advertising folder, sample)*
package insurance
(Vers) Pauschalversicherung *f*
(ie, gegen mehrere Risiken: combination of coverage in a single policy; syn, blanket insurance)
package leaflet (com) Beipackzettel *m (syn, drug guide)*
package license
(Pat) Paketlizenz *f*
(ie, combined licensing of several blocking or complementary patents; permitted if entered without coercion; widely used, perhaps even general practice)
package mortgage (Fin, US) Hypothek *f*, die sich auch auf Zubehör erstreckt
package offer (com) Pauschalangebot *n (syn, package deal)*
package pay (Pw) Lohn *m* plus Nebenleistungen
package policy (Vers) = package insurance
packager
(com) Makler *m (syn, broker)*
(com) = underwriter
(com) Verkäufer *m* fertiger Programme *(eg, travel, TV)*
package settlement (Pw, US) Abschlußhöhe *f (ie, total money value of pay increase achieved through collective bargaining)*
package solution (com) Paketlösung *f (ie, detailed treatment of problems)*
package system (IndE) Baugruppensystem *n*
package tour (com) Pauschalreise *f (ie, all-expense tour)*
package vendor (EDV) Paketanbieter *m*
packaging
(com) Verpackung *f*
(com) Grundverpackung *f (opp, packing = Außenverpackung)*
(com) Verpacken *n (ie, put into containers sold to the public)*
(Mk) Packungsgestaltung *f (ie, concerned with protection and promotion)*
packaging and labeling regulations (AuW) Verpackungs- und Auszeichnungsvorschriften *fpl*
packaging industry (com) Verpackungsindustrie *f*
packed for carriage by rail (com, GB) bahnmäßig verpackt
packed for ocean shipment (com) seemäßig verpackt
packed for rail shipment (com) bahnmäßig verpackt
packed to commercial standards (com) handelsüblich verpackt
packer
(com) Packer *m*
(com) Verpackungsbetrieb *m*
(IndE) Verpackungsmaschine *f*

packet
(com, GB, infml) viel Geld *n* *(eg, cost me quite a packet)*
(com) Kleinpaket *n*
(com, GB) Postpaket *n* *(syn, US, package)*
(com, GB) Packung *f* *(syn, pack)*
(Bö, GB) Wertpapierpaket *n* *(ie, London Stock Exchange term = block)*
packet exchange protocol (EDV) Paketvermittlungsprotokoll *n*
packet flow (EDV) = message flow
packet mode (EDV) Datenpaketbetrieb *m*
packet of debt (Fin, infml) hohe Schulden *fpl* *(eg, run into a . . .)*
packet switching
(EDV) Paketvermittlung *f*
(ie, small packages of data are sent in pulses along wires)
packet switching service
(EDV) Virtual-Call-Dienst *m*
packet trailer (EDV) Paketabschluß *m*
packing
(com) Verpacken *n*
(com) Packmaterial *n* *(syn, packing material)*
(com) (Außen-)Verpackung *f* *(opp, packaging = Grundverpackung)*
(Fin) Packing *n*
(ie, Vergütung, die e-e Teilzahlungsbank neben der offen ausgewiesenen Vermittlungsprovision zusätzlich an e-n Vermittler zahlt)
packing agent (com) Verpacker *m*
packing and packaging (com) Verpackung *f* *(ie, generic term)*
packing box (com) Packkiste *f*
packing case (com) = packing box
packing charges (com) Verpackungskosten *pl*
packing credit
(Fin) Versandbereitstellungskredit *m*
– Vorschußakkreditiv *n*
(ie, Akkreditivbevorschussung: dem Exporteur wird unter bestimmten Bedingungen Vorauszahlung eingeräumt; syn, anticipatory credit, advance against a documentary credit)
packing density
(EDV) Speicherdichte *f*
(ie, amount of information per unit of storage medium)
packing department (com) Packerei *f*
packing instructions (com) Verpackungsanweisung *f*
packing list (com) Packliste *f* *(syn, specification)*
packing material (com) Packmaterial *n*, Verpackung *f* *(syn, packing)*
packing paper (com) Packpapier *n*
packing slip (com) Packzettel *m* *(syn, shipping slip)*
pack off *v* (com) als Paket verschicken *(ie, to)*
pack test (Mk) Verpackungstest *m*
pack up *v*
(Pw, GB, infml) Arbeit *f* einstellen, Schluß *m* machen
(eg, we generally pack up at 4.15 p. m.)
(IndE, infml) aussetzen, streiken *(eg, engine)*
Pac-Man defense (com, US) Verteidigung *f* gegen Übernahme: die bedrohte Zielgesellschaft gibt ihrerseits ein öffentliches Angebot ab, die Aktien des Angreifers zu erwerben
pac-man strategy (Bw, US) Übernahmeangebot *n* an ein Unternehmen, das den Anbieter schlucken möchte
pact
(Re) Vertrag *m* *(ie, esp an international treaty)*
(Re, com) Abkommen *n*
pad
(com) Schreibblock *m*
(com) Stempelkissen *n* *(syn, inking pad)*
(EDV) Menüzeile *f*
pad character (EDV) Auffüllzeichen *n*
padding
(com) Füllmaterial *n*
(EDV, Cobol) Auffüllen *n*
padding character (EDV, Cobol) Füllzeichen *n* *(cf, DIN 66 028, Aug 1985)*
padding of accounting records (ReW, infml) Fälschen *n* von Buchungsunterlagen
pad of forms (com) Belegblock *m*
pad out one's income *v* (Pw) Einkommen *n* aufbessern *(eg, by a sideline job)*
page
(com) Seite *f*
(EDV) Speicherseite *f*
(EDV) Seite *f*
– Rahmen *m*
– Kachel *f*
page *v*
(com) durchblättern *(eg, book, magazine)*
(com) ausrufen *(eg, please . . . Mr X)*
(EDV) blättern
page body (EDV, Cobol) Seitenrumpf *m* *(cf, DIN 66 028, Aug 1985)*
page break (EDV) = page make-up
page counter (EDV) Seitenzähler *m*
page description language, PDL (EDV) Seitenbeschreibungssprache *f* *(eg, POSTSCRIPT)*
page footing (EDV, Cobol) Seitenfuß *m* *(cf, DIN 66 028, Aug 1985)*
page handler (EDV) Seitenverarbeitungsbefehl *m*
page heading (EDV, Cobol) Seitenkopf *m* *(cf, DIN 66 028, Aug 1985)*
page layout (EDV) = page make-up
page limit (EDV) Seitenbegrenzung *f*
page makeup
(com) Umbruch *m* *(ie, in printing)*
(EDV) Seitenmontage *f* *(ie, in text processing)*
page numbering machine (com) Paginiermaschine *f*
page offset (EDV) Seiteneinzug *m*
page orientation (EDV) Seitenausrichtung *f* *(eg, Hoch- oder Querformat; portrait or landscape)*
page overflow (EDV) Seitenüberlauf *m*
page preview (EDV) Seitenvorschau *f* *(ie, program that shows exactly how a page will look when printed)*
page printer
(EDV) Blattschreiber *m* *(ie, produces printed page copy)*
– Seitendrucker *m*
pager (com) Rufgerät *n* *(syn, infml, beeper = Piepser)*
page rate (Mk) Preis *m* für ganzseitige Anzeige
page replacement algorithm
(EDV) Seitenverfahren *n*
– Ersetzungsalgorithmus *m*

page setup (EDV) Seiteneinrichtung *f (ie, specifying size, margins, etc)*

page through *v* (com) durchblättern *(syn, thumb through)*

page trap
(EDV) Seitenfalle *f*
(ie, in Unix: may be set within a page; when the vertical position is reached the specified request is executed)

page up *v* (EDV) rückwärts blättern

paginate *v* (com) paginieren *(ie, to number pages)*

pagination (EDV) Seitenumbruch *m (syn, page make-up/ layout/break)*

paging
(EDV) Seitenwechsel *m*
– Bildschirmblättern *n*
– Paging *n*
(ie, Auslagerung von Teilen des Hauptspeichers auf die Festplatte)

paging algorithm (EDV) Seitenaustauschverfahren *n (syn, demand paging)*

paging device (EDV) Seitenwechsel-Speicher *m*

paging system (com) Rufanlage *f*

paid bill (Fin) eingelöster Wechsel *m*

paid check (Fin) eingelöster Scheck *m*

paid-for (Vers) prämienfreie Versicherung *f*

paid-in capital (ReW) eingezahltes Kapital *n (ie, einschl. Sacheinlagen)*

paid-in membership (com) zahlende Mitglieder *npl*

paid-in surplus
(ReW, US) zusätzlich eingezahltes Kapital *n*
(ie, contribution in excess of par or stated value; additional paid-in capital; cf, surplus)

paid losses
(Vers) Schadenaufwand *m*
(ie, amount actually paid in losses during a specified period of time)

paid nonwork shift (Pw) Freischicht *f*

paid out at a discount of 10% (Fin) mit 90%-iger Auszahlung

paid out in full (Fin) mit 100%-iger Auszahlung

paid-up adds
(Vers) Verwendung *f* der Dividende zur Zahlung von Einmalprämien
(ie, single-premium life insurance)

paid-up capital (ReW) voll eingezahltes Kapital *n (ie, aggregate of par value of capital stock fully paid in)*

paid-up insurance
(Vers) beitragsfreie Versicherung *f*
(ie, life insurance on which all premiums are paid but which has not yet matured by either death or endowment; eg, limited payment life policy)

paid-up pension (Pw, GB) Betriebsrente *f*, die bei Ausscheiden bis zur Erreichung der Altersrente eingefroren wird

paid-up stock (Fin) voll eingezahlte Aktie *f*

pain threshold (com) Schmerzgrenze *f (eg, inflationary ...)*

paint industry (com) Farbenindustrie *f (syn, dyestuffs industry)*

paint program
(EDV) Zeichenprogramm *n*
– Malprogramm *n*

paired comparison (Mk) Paarvergleich *m*

pairing (Bö) Verrechnung *f* gleicher Kauf- und Verkaufsaufträge

pairing of elements (Math) paarweise Zuordnung *f* von Elementen

pair set (Math) Paarmenge *f (ie, Menge mit genau zwei Elementen)*

pairwise disjoint (Math) paarweise disjunkt

palace guard (Bw, infml) Stabsabteilung *f (syn, staff and service department)*

pallet
(com) Palette *f*
(ie, portable platform used in conjunction with fork-lift truck – Gabelstapler – or pallet truck for lifting and moving materials)

palletainer
(com) Faltbehälter *m*
(ie, designed for fork-lifting; sides and ends fold down for savings of space of empty units)

palletize *v* (com) palletieren *(ie, move and store materials by means of pallets)*

palletized goods (com) palletierte Güter *npl*

pallet load (com) Palettenladung *f*

palm off *v* (com, infml) jem etwas „andrehen" *(ie, sell sth worthless; on sb)*

paltry sum (com) winzige od lächerliche Summe *f (eg, he made a . . . contribution to . . .)*

pamphlet (Mk) Prospekt *m (ie, small printed folder accompanying a product)*

pan a line *v* (EDV) Zeile *f* verschieben

panel
(com) Diskussionsrunde *f*
(Mk) Panel *n (ie, sample of retail establishments or consumers specially recruited to provide information on buying, media, and consumption habits = permanente Stichprobe)*
(EDV) Feld *n*, Schaltplatte *f*
(SozV, GB) Liste *f* der Kassenärzte

panel control (EDV) Schalttafelsteuerung *f*

panel control field
(EDV) Kontrollfeld *n*
– Steuerfeld *n (syn, control field)*

panel discussion (com) Podiumsdiskussion *f*

panel doctor (SozV) Kassenarzt *m*

panel effect (Mk) Paneleffekt *m*

panel interview (Mk) Panelerhebung *f*

panelist (com) Diskussionsteilnehmer *m (cf, panel)*

panel mortality (Mk) Panelsterblichkeit *f*

panel of experts (com) Expertengruppe *f*

Panel on Takeovers and Mergers
(Bw, GB) Panel on Takeovers and Mergers
(ie, independent body set up by The Bank of England in 1968 to supervise the conduct of mergers and acquisitions = informeller Zusammenschluß von Interessenvertretern britischer Industrieunternehmen und Banken, der Confederation of British Industry, der Bank von England sowie der Stock Exchange)

panel truck (com, US) Lieferwagen *m (ie, with fully enclosed body)*

Pan-European (EG) gesamteuropäisch

panic buying (com) Angstkäufe *mpl (syn, panic purchasing, scare buying)*

panic on the stock exchange (Bö) Börsenpanik *f*

panic purchasing (com) = panic buying

panic sale (com) Notverkauf *m (syn, distress sale, qv)*
panic selling (Bö) Angstverkäufe *mpl*
panoramic office (com) Bürolandschaft *f (syn, landscaped office, open office area)*
pan out *v* (com) Erfolg *m* haben *(eg, the grandiose plans of . . . have not panned out)*
paper
(com) Vortrag *m*
(eg, read a paper; syn, talk, qv)
(com) Referat *n*
(Pw) (Examens-)Arbeit *f*
– Klausur *f*
(Fin) kurzfristige begebbare Wertpapiere *npl (ie, used in borrowing short- term funds; eg, bills of exchange, notes, etc)*
(Fin, US) Kreditvertrag *m (syn, loan contract)*
Geldmarktpapiere *npl (ie, money market instruments)*
paper bag (com) Papiersack *m*
paper bail (com) Papierhalter *m (ie, part of typewriter)*
paper-based collections (Fin) beleggebundener Einzugsverkehr *m*
paper-based credit transfer order (Fin) beleghaft erteilter Überweisungsauftrag *m*
paper bid
(Fin) Umtauschangebot *n*
(ie, an die Anteilseigner e–s Übernahmekandidaten (target company), ihre Aktien in Anleihen des erwerbenden Unternehmens (acquiror) zu tauschen)
paperboard (com) Pappe *f (syn, cardboard, which is a nontechnical term)*
paper clip (com) Büroklammer *f (syn, US, bulldog clip; opp, staple)*
paper company
(Pw) Scheinfirma *f*
– Übungsfirma *f*
(ie, used as a training ground for junior clerks)
paper converter (com) Papierverarbeiter *m*
paper converting industry (com) papierverarbeitende Industrie *f*
paper currency (Vw) Papierwährung *f (ie, government notes and bank notes)*
paper feed (EDV) Papiervorschub *m (eg, form feed, line feed, qv)*
paper for collection (Fin) Inkassopapiere *npl*
paper gain (Fin) nicht realisierter Kursgewinn *m (ie, on securities held in portfolio, based on a comparison of current market price and original cost)*
„paper gold" (AuW) Papiergold *n (ie, special drawing rights, SDRs)*
paperhanger (Fin, infml) Scheckbetrüger *m (ie, professional passer of bad checks)*
paperhanging (Fin, infml) Scheckbetrug *m (syn, check fraud)*
paper industry (com) Papierindustrie *f*
paper investment (Fin) Anlage *f* in Wertpapieren *(opp, gold)*
paperless exchange of data media (EDV) belegloser Datenträgeraustausch *m*
paperless filing (EDV) papierlose Ablage *f*
paperless transfer (Fin) beleglose Zahlung *f*

paper loss (Bö) nicht realisierter Kursverlust *m (opp, paper gain)*
paper maker (com) Papierhersteller *m*
paper mill (com) Papierfabrik *f*
paper money (Vw) Papiergeld *n*
paper path (EDV) Papierpfad *m*
paper profit
(ReW) Buchgewinn *m*
– rechnerischer Gewinn *m (syn, book/accounting . . . profit)*
(ReW) Scheingewinn *m*
(syn, fictitious/illusory/phantom . . . profit; inventory profit; infml, fool's profit)
(Bö) nicht realisierter Kursgewinn *m (syn, unrealized appreciation)*
paper rate (com) Mindestfracht *f*
paper rating (Fin) Rating, qv, e–s Commercial Papers od e–r Anleihe
paper standard
(Vw) = paper currency
(AuW) flexibler Wechselkurs *m*
paper stock (com) Altpapier *n (ie, raw material or merchandise)*
paper tape (EDV) Lochstreifen *m (syn, punched paper tape)*
paper tape loop (EDV) Lochband *n (syn, control tape, qv)*
paper tape reader (EDV) Lochstreifenleser *m*
paper throw (EDV) schneller Papiervorschub *m*
paper title (Re) unechte Eigentumsurkunde *f*
paper work
(com) Schreibarbeiten *fpl (ie, routine clerical tasks)*
(com) Formularfluß *m*
par
(Fin) Nennwert *m*
– Pari
(ie, nominal value of a security; by British and Irish Company law, for instance, a company must set a par value on its ordinary shares; in some countries shares can have No Par Value, NPV; syn, face value)
parabolic constraints (OR) parabolische Beschränkungen *fpl*
paradigm (Log) Paradigma *n (syn, pattern)*
paradox of choice (Vw) Wahlparadoxon *n*
paradox of thrift (Vw) Sparparadoxon *n*
paradox of value (Vw) Wertparadoxon *n*
parafiscal levies (FiW) parafiskalische Abgaben *fpl*
paragraph
(com) Absatz *m*
(EDV, Cobol) Paragraph *m (cf, DIN 66 028, Aug 1985)*
paragraph header (EDV, Cobol) Paragraphenüberschrift *f*
paragraph-name (EDV, Cobol) Paragraphenname *m*
paralegal (Re, appr) Rechtshelfer *m (ie, works in a law firm)*
parallel access (EDV) Parallelzugriff *m (syn, simultaneous access)*
parallel behavior (Kart, US) abgestimmtes Verhalten *n (syn, concerted . . . action/practice)*
parallel bond (Fin) Parallelanleihe *f*
parallel computer (EDV) Parallelrechner *m (syn, simultaneous computer)*

parallel connection (EDV) Parallelverbindung *f*
parallel conversion (IndE) Parallel-Umstellung *f*
parallel currency
(Vw) Parallelwährung *f*
(eg, wie Doppelwährung, aber ohne festes Wertverhältnis der verwendeten Währungseinheiten)
parallel displacement (Math) Parallelverschiebung *f*
parallel economy (Vw) Schattenwirtschaft *f (syn, underground economy, qv)*
parallel edges (OR) parallele Kanten *fpl*
parallel feed (EDV) Seitenzuführung *f (syn, sideways feed, qv)*
parallel interface (EDV) parallele od bitparallele Schnittstelle *f*
parallelism
(EG) Parallelismus *m*
(ie, a country would take steps towards greater monetary integration when it was economically feasible; method emphasized by the Delors Committee in 1989 to encourage economic convergence and integration)
parallel loans
(Fin) Parallelanleihen *fpl*
(ie, two firms in separate countries borrow each other's currency for a specified period of time; such a swap creates a covered hedge against exchange loss since each company, on its own books, borrows the same currency it repays; syn, back-to-back loans)
parallel market (AuW) Parallel-Devisenmarkt *m*
parallel memory (EDV) Parallelspeicher *m*
parallel mode (EDV) Parallelbetrieb *m*, Simultanbetrieb *m*
parallel operation (EDV) Parallelbetrieb *m*
parallel port (EDV) parallele Schnittstelle *f*
parallel pricing
(Kart) gleichgerichtete Preisgestaltung *f*
(Bö) gleichgerichtete Kursbildung *f*
parallel printer (EDV) Paralleldrucker *m*
parallel processing
(EDV) Parallelverarbeitung *f*
(syn, multiprocessing, qv)
parallel processor (EDV) Parallel-Prozessor *m (ie, works on many sequences of calculations at the same time; meshes together a number of processing chips)*
parallel rate (of exchange) (Fin) Parallelkurs *m (ie, unofficial rate)*
parallel shift (Math) = parallel displacement
parallel standard (Vw) Parallelwährung *f*
parallel system test (EDV) Parallellauf *m*
parallel transfer (EDV) Parallelübertragung *f*
parallel transmission (EDV) Parallelübertragung *f*
paralogism (Log) Paralogismus *m (ie, any kind of fallacious reasoning)*
parameter
(Math, Stat) Parameter *m*
(EDV) Parameter *m*
– Übergabewert *m*
(eg, when calling subroutines)
parameter card (EDV) Steuerkarte *f (syn, control card)*
parameter-controlled (EDV) parametergesteuert
parameterize *v* (EDV) parametrisieren
parameter matrix (Math) Parametermatrix *f*
parameter of dispersion (Stat) Streuungsparameter *m*
parameter of location
(Stat) Lageparameter *m*
(syn, measure of location, qv)
parameter passing (EDV) Parameter-Übergabe *f*
parameter settings (EDV) Parametereinstellungen *fpl*
parameter space (Stat) Parameterraum *m*
parametric equation (Math) Parametergleichung *f*
parametric programming (OR) parametrische Programmierung *f*
parametric statistics (Stat) parametrische Statistik *f*
parametric test (Stat) parametrischer Test *m*
parcel (com) Paketsendung *f*
parcel delivery (com) Paketzustellung *f*
parcel mailing form (com) Paketkarte *f*
parcel of land (com) Grundstück *n (syn, plot of land, qv)*
parcel of real property (com) = parcel of land
parcel of shares
(Fin) Aktienpaket *n*
(syn, block of shares, qv)
parcel out costs *v* (KoR) Kosten *pl* verrechnen *(syn, allocate, qv)*
parcel pickup station (com) Paketabholstelle *f*
parcel post
(com) Paketpost *f*
(ie, both the service and the packages; syn, US, fourth-class mail; 1 to 70 lbs)
parcel post insurance
(Vers) Paketversicherung *f*
(ie, packages are insured by either the U. S. Post Office or by private insurance companies)
parcel receipt (com) Paketempfangsschein *m (ie, made out by a shipping company)*
parcel rerouting center (com) Paketumschlagstelle *f*
parcels office (com) Paketaufgabe *f*
parcel up *v* (com) zusammenpacken *(syn, to bundle up, to wrap up)*
pared-down version
(com) abgespeckte Version *f*
(eg, of car, computer program; syn, slimmed-down version)
pare down *v*
(com) kürzen
– beschneiden
– zusammenstreichen
(syn, cut, cut back, reduce, trim)
pare down inventory levels *v* (MaW) Lager *n* abbauen *(eg, to the bone)*
parens patriae doctrine (Kart) Klagevertretung *f* durch e–n einzelnen für eine Gruppe von Klägern
parental value (Stat) Wert *m* der Grundgesamtheit
parent and offspring (com, infml) Mutter *f* und Tochter *f*
parent application (Pat) Stammanmeldung *f*
parent company
(com) Muttergesellschaft *f*
(ie, meist Synonym für ‚Obergesellschaft'; owns full or majority interest in other corporations called subsidiaries)
parent company balance sheet
(ReW) Bilanz *f* e–r Muttergesellschaft
(ie, consolidating the subsidiaries into ‚investment in subsidiaries')
parent corporation (com) = parent company

parent directory (EDV) Elternverzeichnis *n*
parent disk (EDV) Ursprungsplatte *f*
parent file (EDV) übergeordnete Datei *f*
parent firm (com) Stammfirma *f*
parenthesis (EDV) runde Klammer *f*
parenthesis-free notation
(EDV) klammerfreie Schreibweise *f*
– polnische Schreibweise *f*
– Präfixschreibweise *f (syn, Polish/prefix . . . notation)*
parenthesized expression (Math) Klammerausdruck *m*
parent mean (Stat) Mittel *n* der Grundgesamtheit
parent population
(Stat) Grundgesamtheit *f*
– Ausgangsgesamtheit *f*
– Population *f*
(syn, population; obsolete term: universe of discourse)
parent step (IndE) Stammschritt *m*
parent variance (Stat) Varianz *f* der Grundgesamtheit
parent window
(EDV, GUI) Primärfenster *n*
– übergeordnetes Fenster *n*
(opp, child window)
Paretian optimum
(Vw) Pareto-Optimum *n*
(ie, no one can move into a preferable position without causing someone else to move into a position which that person prefers less; one of the cornerstones of welfare economics)
Pareto optimal (Vw) pareto-optimal
Pareto optimality condition
(Vw) Pareto-Optimalität *f*
pare workforce *v* (Pw) Personal *n* abbauen *(syn, reduce personnel, qv)*
par exchange rate (AuW) amtlicher Wechselkurs *m*
paring workforce (Pw) Personalabbau *m (syn, cutback in employment, qv)*
pari passu
(com) gleichrangig, gleichwertig
(ie, equally, without preference; used to describe new issues of shares in relation to shares already in issue)
pari passu bond (Fin) gleichrangige Schuldverschreibung *f*
pari passu clause
(Fin) Gleichbesicherungsklausel *f*
(ie, Kreditnehmer stellt bei Besicherung anderer Verbindlichgkeiten den Gleichrang aller Forderungen sicher)
Paris Club (IWF) Zehnergruppe *f (syn, Group of Ten)*
Paris Convention (Pat) Pariser Verbandsübereinkunft *f (syn, Union Convention, qv)*
parish-pump politics (com) Kirchtumspolitik *f (ie, puts narrow sectoral interests ahead of the common good or any other general goal; syn, parochial politics)*
par issue (Bö) Pari-Emission *f (syn, issue at par)*
Paris Union (Pat) Pariser Verband *m*
parity
(AuW) Parität *f*, amtlicher Wechselkurs *m (syn, par exchange rate)*
(Vw) Preisparität *f* in der Landwirtschaft
parity bit
(EDV) Prüfbit *n*
– binäre Prüfziffer *f*
(syn, check bit, qv)
parity change (AuW) Paritätsänderung *f*
parity check (EDV) Paritätsprüfung *f (syn, odd-even check)*
parity clause (AuW) Paritätsklausel *f*
parity digit (EDV) Paritätsziffer *f*
parity error (EDV) Paritätsfehler *m*
parity grid
(AuW) Paritätenraster *m*
– Gitter *n* bilateraler Leitkurse
(ie, matrix of bilateral par values for the currencies of members of the European Monetary System; it establishes the intervention prices between which each member government is obliged to maintain the exchange value of currency in terms of every other group currency)
parity of exchange (Vw) Wechselkursparität *f*
parity of votes (com) Stimmengleichheit *f*
parity price
(AuW) Paritätskurs *m*
(EG) Paritätspreis *m*
(ie, in EEC farming)
parity realignment
(AuW) Realignment *n*
– Neufestsetzung *f* der Wechselkurse
(syn, realignment of parities, qv)
parity tables (Bö) Paritätstabellen *fpl*
park *v*
(Fin) in Pension geben
(eg, shares with a bank for sale later to the public)
parking bay (com, GB) Parkplatz *m (syn, parking space)*
parking lot (com, GB) Parkplatz *m (syn, car park)*
parking space (com, US) Parkplatz *m (syn, GB, parking bay)*
parochial politics (com) = parish-pump politics
par of exchange (AuW) Parikurs *m (syn, par rate)*
parol contract (Re) formloser Vertrag *m*
par price (Bö) Parikurs *m*
par rate (AuW) Parikurs *m (syn, par of exchange)*
par rights issue (Bö) Pari-Bezugsrecht *n*
parse *v* (EDV) syntaktisch analysieren
part
(IndE) Teil *n*
– Bauteil *n*
– Werkstück *n (syn, component)*
part company with *v* (Pw) sich trennen von
part cost center (KoR) Teilekostenstelle *f*
part delivery (com) Teillieferung *f*
part funding (Fin) Teilfinanzierung *f*
partial acceptance (WeR) Teilakzept *n (cf, Art 26 I WG)*
partial amortization (Fin) Teilamortisation *f*
partial amount (com) Teilbetrag *m*
partial analysis (Vw) Partialanalyse *f*
partial assignment (Re) Teilabtretung *f*
partial billing (com) Teilabrechnung *f*
partial bill of lading (com) Teilkonnossement *n*
partial-capacity operating cost (KoR) Betriebskosten *pl* bei Unterbeschäftigung
partial carry (EDV) Teilübertragung *f*

partial charter
(com) Teilcharter *m*
(ie, used in tramp trade; opp, chartering a whole ship = Ganzcharter)
partial compensation
(AuW) Teilkompensationsgeschäft *n*
(ie, common type of countertrade, qv; it works as follows: the exporter agrees to accept cash in partial settlement for the goods supplied and enters into a compensation agreement for the balance; this agreement follows the procedure for full compensation contracts, qv)
partial consolidation (ReW) Teilkonsolidierung *f*
partial convertibility
(AuW) beschränkte Konvertibilität *f*
(syn, restricted/limited . . . convertibility)
partial correlation (Stat) partielle Korrelation *f*
partial derivative
(Math) partielle Ableitung *f*
(ie, derivative of a function of several variables taken with respect to one variable while holding the others fixed)
partial differential equation (Math) partielle Differentialgleichung *f*
partial disability (Pw) verminderte Erwerbsfähigkeit *f*
partial dynamics (Vw) dynamische Partialanalyse *f*
partial endorsement (WeR) Teilindossament *n*
partial equilibrium (Vw) partielles Gleichgewicht *n*
partial equilibrium analysis (Vw) partielle Gleichgewichtsanalyse *f*
partial equilibrium theory (Vw) Theorie *f* des partiellen Gleichgewichts
partial exemption (StR) teilweise Abgabenbefreiung *f*
partial fraction (Math) Partialbruch *m*
partial impossibility of performance (Re) teilweise Unmöglichkeit *f*
partial indicator (Vw) Teilindikator *m*
partial issue (Fin) Teilemission *f*
partial limitation clause (Vers) Klausel *f*, nach der Schäden erst von e–m bestimmten Betrag an voll reguliert werden
partial loss
(Vers) Teilschaden *m*
(SeeV) Teilverlust *m*
partially automated production line (IndE) teilautomatisierte Fertigungslinie *f (cf, production line)*
partially decidable set (Math) rekursiv aufzählbare Menge *f*
partially disclosed agency (Re) halboffene Stellvertretung *f*
partially inverted file
(EDV) partiell invertierte Datei *f*
(opp, fully inverted file)
partially ordered set (Math) partiell geordnete Menge *f (syn, poset)*
partial marginal return (Vw) partieller Grenzertrag *m*
partial monopoly (Vw) Teilmonopol *n*
partial nullity (Re) teilweise Nichtigkeit *f*
partial operating profit
(Fin) Teilbetriebsergebnis *n*
(ie, covers only interest and commission earnings less personnel and administrative cost)
partial order
(com) Teilauftrag *m*
(com) teilbelieferter Auftrag *m*

partial pension (SozV) Teilrente *f*
partial privatization (Vw) Teilprivatisierung *f*
partial randomness (Stat) partielle Zufallsbedingtheit *f*
partial rank correlation (Stat) partielle Rangkorrelation *f*
partial regression (Stat) partielle Regression *f*
partial self-service (Mk) Teilselbstbedienung *f*
partial settlement (Bö) Teilliquidation *f*
partial shipment
(com) Teilverladung *f*
(com) Teilsendung *f*
(syn, part shipment)
partial strike (Pw) Teilstreik *m*
partial sum (Math) Teilsumme *f*
partial withdrawal (Fin) Teilliquidation *f (ie, von Investmentanteilen)*
participant
(com) Teilnehmer *m*
(Bö) Börsenteilnehmer *m*
participants in the market (com) Marktbeteiligte *mpl*
participate *v*
(com) teilnehmen
– sich beteiligen
(syn, take part in, have a share in; eg, project, discussion)
participating bank (Fin) Teilnehmer *m* am Abrechnungsverkehr *m*
participating bond
(Fin) Gewinnobligation *f*
– Gewinnschuldverschreibung *f*
(ie, neben festem Basiszins ein mit der Dividende gekoppelter Gewinnanspruch; cf, income bond)
participating capital stock (Fin) Aktien *fpl* mit zusätzlichem Dividendenanspruch
participating debenture (Fin) = participating bond
participating dividend (Fin) Zusatzdividende *f (ie, vor Vorzugsaktionären)*
participating insurance
(Vers) Versicherung *f* mit Selbstbehalt
(Vers) Versicherung *f* mit Barausschüttung der Dividende
participating interests (ReW, EG) Beteiligungen *fpl*
participating preference share (Fin, GB) = participating preferred stock
participating preferred stock
(Fin, US) Vorzugsaktie *f* mit Gewinnbeteiligung
(ie, earns dividends in excess of the specified dividend rate in an amount equal to the rate paid upon the common stock)
participating reinsurance
(Vers) Rückversicherung *f* mit Selbstbehalt des Erstversicherers
(syn, pro rata/share . . . reinsurance)
participating unit (Fin) Joint-Venture-Anteil *m*
participation
(Fin) Beteiligung *f*
(Fin) Kapitalbeteiligung *f*
(Fin) Konsortialbeteiligung *f*
(ie, in a syndicate)
(Pw) Form *f* der Arbeitnehmermitbestimmung
participation agreement (Fin) Konsortialvertrag *m*
(ie, among the lead bank and the other banks participating in the loan)

participation certificate, PC
(Fin) Anteilsschein *m*
(ie, evidence of interest in a group of securities or other obligations; eg, in a pool of government–backed home mortgages)
(Fin) Genußschein *m*
(ie, verbrieft Anspruch auf Anteil am Reingewinn, Liquidationserlös oder Bezug neuer Genußscheine)
participation in guarantees (Fin) Bürgschaftsbeteiligung *f*
participation loan (Fin) Konsortialkredit *m (syn, syndicated loan)*
participation rate (Vw) Erwerbsquote *f (syn, activity rate, qv)*
participative management
(Bw) partizipative Unternehmensführung *f*
(syn, bottom-up management, qv)
particleboard (IndE) Spanplatten *fpl (ie, made of wood chips and other wood processing residues)*
particular (Log) Einzelbegriff *m*
particular affirmative
(Log) partikulär-bejahendes Urteil *n*
– I-Urteil *n*
(opp, particular negative)
particular average
(com) Teilbeschädigung *f*
(SeeV) besondere Havarie *f (syn, common/petty simple . . . average; cf, § 701 HGB; opp, general average)*
particular goods identified (Re) konkretisierte Gattungsschuld *f*
particularize *v* (com) im einzelnen od genau angeben
Particular Law of the Economy (Re) Besonderes Wirtschaftsrecht *n (ie, concerned with the powers of public authorities and their exercise)*
particular negative (Log) O-Urteil *n*, partikulär-verneinendes Urteil *n (opp, particular affirmative)*
particular partnership (Bw) Gesellschaft *f* zur Durchführung e–s einzelnen Geschäfts
particular quantifier (Log) Existenzoperator *m (syn, existential quantifier, qv)*
particulars
(com) Einzelheiten *fpl*
– Angaben *fpl*
– Auskünfte *fpl (syn, details)*
particulars of risk (Vers) Gefahrenmerkmale *npl*
particular statement
(Log) besonderer od singulärer Satz *m*
(ie, contains only constants and no variables; opp, general/strictly universal/universal . . . statement)
parties to a contract (Re) = parties to an agreement
parties to a lawsuit (Re) streitende Parteien *fpl (syn, contending parties, qv)*
parties to an agreement (Re) Vertragsparteien *fpl (syn, contracting parties, qv)*
parties to arbitration (Re) Schiedsparteien *fpl*
parting shot (com, infml) letztes Wort *(ie, in an argument)*
partisan fighting
(com) Richtungskämpfe *mpl*
(eg, within a political party, etc)

partition
(Re) Grundstücksteilung *f*
(com) Trennwand *f*
(EDV) Programmbereich *m (ie, subdivision of storage area)*
partition a market *v* (Mk) Markt *m* aufteilen *(syn, divide; infml, carve up)*
partitioned data file (EDV) untergliederte Datei *f*
partitioned vectors (Math) zerlegte Vektoren *mpl*
partitioning algorithm
(OR) Zerlegungsalgorithmus *m*
partition of a set (Math) Zerlegen *n* e–r Menge, Klasseneinteilung *f (ie, such that each member belongs to one and only one of the subsets = Teilmengen)*
part-load traffic (com) Stückgutverkehr *m*
partly finished products
(IndE) unfertige Erzeugnisse *npl*
(syn, semi-finished products, qv)
partly-funded pension system (Vw) teilweise kapitalgedecktes Altersversorgungssystem *n*
partly-owned subsidiary (com) Tochtergesellschaft *f* mit e–r Beteiligung unter 100%
partly paid-up share (Fin) teilweise eingezahlte Aktie *f*
part master file (IndE) Teilestammdatei *f*
partner
(Bw) Gesellschafter *m*
– Teilhaber *m*
– Partner *m*
– Sozius *m*
(syn, co-partner)
partner currency (AuW) Partnerwährung *f*
partnership
(com) Personengesellschaft *f*
(ie, includes syndicate, group, joint venture, or other unincorporated organization; mit Vorbehalt vergleichbar der OHG und der BGB-Gesellschaft; schließt Minderkaufleute und freie Berufe nicht aus)
(com) Sozietät *f*, Teilhaberschaft *f*
partnership agreement (Re) Gesellschaftsvertrag *m (syn, co-partnership agreement)*
partnership liabilities (Re) Gesellschaftsschulden *fpl*
partnership share (Bw) Mitunternehmeranteil *m*
part number
(IndE) Teilenummer *f*
– Artikelnummer *f*
(ie, in bill of materials)
part order
(com) Teilauftrag *m*
– Teilbestellung *f*
(com) Teillieferung *f*
(syn, part delivery)
part owner
(Re) Miteigentümer *m*
(com) Parteninhaber *m (ie, of a ship)*
part ownership
(Re) Miteigentum *n*
(com) Partenreederei *f*
part-paid floating rate note (Fin) FRN mit Teileinzahlung
part payment
(Fin) Teilzahlung *f*
(Fin) Abschlagzahlung *f*

part performance
(Re) Teilerfüllung *f*
– teilweise Erfüllung *f*
parts (IndE) Teile *npl*, Einzelteile *npl*
part sectional elevation (IndE) Teilschnitt *m*
parts explosion
(IndE) Teileauflösung *f*
(ie, drawing that illustrates the relation of the parts of assembly to one another)
parts family (IndE) Teilefamilie *f*
part shipment
(com) Teillieferung *f*
– Teilsendung *f*
– Teilladung *f*
(com) Teilversand *m*
– Teilverschiffung *f*
parts list (IndE) Teileliste *f (ie, in production planning)*
parts list storage (EDV) Stücklistenspeicher *m*
parts manufacture (IndE) Vorfertigung *f*
parts master file (IndE) Teilestammdatei *f*
parts production (IndE) Teilefertigung *f*
parts programming (EDV) Teileprogrammierung *f*
parts requirements planning (IndE) Teilebedarfsrechnung *f (ie, of parts and assemblies required for a planning period)*
parts requisition slip (MaW) Materialanforderungsschein *m*
parts sourcing (MaW) Teilebeschaffung *f*
part-time agent (Vers) nebenberuflicher Vertreter *m*
part-time employee (Pw) Teilzeitkraft *f (syn, part timer)*
part-time employment (Pw) = part-time job
part-time farm (com) landwirtschaftlicher Nebenerwerbsbetrieb *m*
part-time job (Pw) Teilzeitarbeit *f*, Teilzeitbeschäftigung *f (syn, part-time . . . employment/work)*
part-timer (Pw) Teilzeitarbeitskraft *f*
part-time work (Pw) = part-time job
part with rights *v* (Re) Rechte *npl* aufgeben *(syn, abandon/give up/surrender . . . rights)*
party (Re) Partei *f (ie, person or group that forms one side in an action)*
party in default (Re) in Verzug befindliche Partei *f*
party in opposition (Pat) Einspruchspartei *f*
party insured (Vers) Versicherter *m (syn, insured)*
party liable (Re) Haftungsträger *m*
party line
(EDV) Liniennetz *n*
– Mehrpunktnetz *n*
– Gruppenverbindung *f*
(ie, subscriber line arranged to serve more than one station)
party line technique (EDV) Linienverkehr *m*
party to a letter of credit (Fin) Akkreditivpartei *f*
party to an agreement (Re) Vertragspartei *f (syn, contracting party)*
party wall (Vers) Brandmauer *f (ie, common wall between two buildings)*
par value (Fin) Nennwert *m (eg, the face value of a share of stock)*
par-value share (Fin) Nennwertaktie *f (opp, no-par-value share, qv)*
par-value stock (Fin) Stammaktien *fpl* mit festgesetztem Nennwert
par value system (IWF) Paritätssystem *n*
Pascal distribution
(Stat) Pascal-Verteilung *f*
(ie, an unnecessary alternative name for ‚negative binomial distribution')
pass
(IndE) Arbeitsgang *m*
– Durchlauf *m (syn, work cycle, run)*
(EDV) Durchlauf *m*
pass a deadline *v* (com) Frist *f* überschreiten *(ie, fail to meet a time target)*
pass a dividend *v* (Fin) keine Dividende *f* ausschütten
passage of a bill (Re) Verabschiedung *f* e–s Gesetzes
passage of ownership (Re) Übergang *m* des Eigentums
passage of risk (Re) Gefahr(en)übergang *m (cf, § 446 BGB)*
passage of time (com) Zeitablauf *m (syn, lapse of time)*
passage of title to property
(Re) Eigentumsübergang *m*
(syn, transfer of title, passage of ownership, passing of title)
passalong (com, US) kostenbedingte Preiserhöhung *f*
pass along to *v* (com, StR) überwälzen auf *(syn, pass on to, qv)*
pass an exam *v* (Pw) Prüfung
pass a resolution *v*
(com) beschließen
– Beschluß *m* fassen
(syn, adopt a resolution)
pass backward *v*
(FiW) rückwälzen
(ie, taxes; syn, shift back; opp, pass/shift . . . forward = vorwärtswälzen)
passbook
(Fin) = savings account passbook
(Fin) Einlagen-Kontobuch *n*
(ie, in commercial checking accounts the passbook is merely a memorandum of deposits; it is not a book of original entry; today almost entirely replaced by the computerized bank statement)
passbook savings (Fin, US) = savings deposits
passed dividend (Fin) rückständige Dividende *f*
passenger (Vers) Insasse *m*
passenger accident insurance (Vers) Insassen-Unfallversicherung *f*
passenger traffic (com) Personenverkehr *m (syn, US, transportation of passengers)*
passenger-train car (com) Personenwagen *m*
passenger transport(ation) (com) Personenbeförderung *f*
pass forward *v* (StR) fortwälzen *(ie, taxes; syn, shift forward)*
passing backward of taxes (StR) Steuerrückwälzung *f (opp, passing forward of taxes)*
passing forward of taxes (StR) Steuerfortwälzung *f (opp, passing backward of taxes)*
passing off (Kart) Ausgeben *n* fremder als eigene Ware *(ie, violates Sec 5 of the Federal Trade Commission Act of 1914)*
passing of title (Re) Eigentumsübergang *m (syn, passage of title to property)*

passing title (Re) Eigentumsübergang *m*
passive-aggressive manager (Pw) passiv-aggressiver Manager *m (ie, he eschews open hostilities; hides his considerable aggressive feelings beneath a manner that may be agreeable, even charming)*
passive bonds
(Fin, GB) unverzinsliche Schuldverschreibungen *fpl*
(ie, on which no interest is payable; opp, active bonds)
passive trade (AuW) Einfuhrhandel *m (syn, import trade, qv)*
passive trade balance (AuW) passive Handelsbilanz *f (syn, unfavorable trade balance)*
passive transit trade (AuW) passiver Transithandel *m*
pass off risks *v* (com) Risiken *npl* abwälzen *(eg, to public institutions)*
pass on *v*
(com) weiterleiten *(syn, transmit)*
(FiW) überwälzen *(ie, taxes to ultimate consumers)*
pass on a tax *v* (StR) Steuer *f* überwälzen *(syn, shift)*
pass on fully *v* (com) voll überwälzen *(eg, rising costs in higher product prices)*
pass on to *v* (com) überwälzen auf *(ie, prices, taxes; syn, pass along to)*
pass out *v* (com, infml) verteilen *(eg, free samples of merchandise)*
passover (Kart) Gewinnausgleichssystem *n (syn, profit passover, qv)*
pass over *v* (Pw) übergehen *(ie, sb in making appointments)*
passover system (com) Finanzausgleich *m* zwischen Händlern
passport control point (Zo) Abfertigungsschalter *m*
pass prices on to customers *v* (com) Preise *mpl* überwälzen
pass round the hat *v* (Fin, infml) Geld *n* sammeln, „den Hut herumreichen"
pass through (Fin, US) Zahlung *f* durch e–n Dritten
pass-through certificates (Fin, US) „Durchlauf"-Zertifikate *npl (ie, backed by pools of mortgages)*
pass-throughs (Fin, US) = pass-through securities
pass-through securities
(Fin, US) Wertpapiere *npl* mit laufenden Zinszahlungen
(ie, it is a hybrid since the income stream passed on to the security holders is generated by loans; some institutions are exploring ways to issue pass-throughs backed by commercial mortgages or credit card receivables)
pass title to *v* (Re) Eigentum *n* übereignen od übertragen auf *(syn, transfer/transmit/convey . . . ownership)*
pass to the order of the day *v* (com) zur Tagesordnung übergehen
pass up *v*
(com) verzichten auf
– sich entgehen lassen
(eg, cheap prices offered by subcontractors)
password
(EDV) Paßwort *n*
– Passwort *n*
– Kennwort *n*

past consideration (Re, US) (schon) bestehende Rechtspflicht
past due (com) überfällig *(eg, time to act is . . .)*
past due date (com) verstrichener Fälligkeitstermin *m*
patch
(com) cf, in patches
(EDV) Programmkorrektur *f*
(ie, added to a routine or program; syn, fix)
patch *v* (EDV) korrigieren
patch up differences *v*
(com) Meinungsverschiedenheiten *fpl* oberflächlich beilegen
(ie, mend in a hasty fashion)
patch utility (EDV) Änderungsdienstprogramm *n*
patent
(Pat) Patent *n (ie, on/auf)*
(ie, Abkürzung für: letters patent; right to exclude others from making, using, or selling a particular invention; in the U. S. for a period of 17 years; cf, PatG; joc, method of publicizing inventions so others can copy them; opp, design patent = Geschmacksmuster)
patent *v* (Pat) patentrechtlich schützen (lassen) *(ie, obtain or grant a patent)*
patentability
(Pat) Patentfähigkeit *f*
– Schutzfähigkeit *f*
patentability requirement (Pat) Patentfähigkeitserfordernis *n*
patentable (Pat) patentfähig
patentable improvement (Pat) patentfähige Verbesserung *f*
patentable invention (Pat) patentfähige Erfindung *f*
patentable part (Pat) patentfähiger Teil *m*
patentable process (Pat) patentfähiges Verfahren *n*
patentable subject-matter (Pat) Patentgegenstand *m*
patent accumulation (Kart) Patentanhäufung *f*
patent agent (Pat, GB) Patentanwalt *m (syn, US, patent attorney)*
patent agreement (Pat) Patentvertrag *m*
patent ambiguity (Re) offener Dissens *m*
patent amendment (Pat) Patentberichtigung *f*
patent and licenses account (VGR) Patent- und Lizenzbilanz *f (ie, of a balance of payments)*
patent and license trade (AuW) Patent- und Lizenzverkehr *m*
Patent and Trademark Office (Pat) US-Patentamt *n (ie, a federal ageny in the U. S. Department of Commerce)*
patent answer (com) = patent solution
patent applicant (Pat) Patentanmelder *m*
patent application (Pat) Patentanmeldung *f*
patent application procedure (Pat) Anmeldeverfahren *n*
patent applied for (Pat) Patent *n* angemeldet
patent assignment (Pat) Patentabtretung *f*
patent attorney (Pat, US) Patentanwalt *m (syn, GB, patent agent)*
patent challenger (Pat) Patentanfechter *m*
patent claim
(Pat) Patentanspruch *m*
– Anspruch *m*
(ie, defines an invention succinctly and serves to delimit the scope of the rights requested)
patent classification (Pat) Patentklassifikation *f*

patent consolidation (Pat) Patentzusammenfassung *f*
Patent Cooperation Treaty, PCI (Pat) Patentzusammenarbeitsvertrag *m*
patent court proceeding (Pat) Patentgerichtsverfahren *n*
patent defect (Re) offener Mangel *m*
patent department (Bw) Patentabteilung *f*
patent drawing (Pat) Patentzeichnung *f*
patented article (Pat) patentrechtlich geschützter Gegenstand *m*
patented process (Pat) patentiertes Verfahren *n*
patentee (Pat) Patentinhaber *m (syn, holder/owner /proprietor . . . of a patent)*
patent examiner (Pat) Patentprüfer *m*
patent exploitation (Pat) Patentverwertung *f (syn, utilization of a patent)*
patent exploitation agreement (Pat) Patentverwertungsvertrag *m*
patent fee (Pat) Patentgebühr *f (ie, fee for the grant of a patent)*
patent for an invention (Pat) Erfindungspatent *n*
patent in force (Pat) gültiges Patent *n*
patent infringement (Pat) Patentverletzung *f (syn, third-party infringement)*
patent infringement suit (Pat) Patentverletzungsprozeß *m*
patent investigator (Pat) Patentberichterstatter *m*
patent law
(Pat) Patentrecht *n*
(Pat) Patentgesetz *n*
patent law firm (Pat) Patentbüro *n*
patent legislation (Pat) Patentgesetzgebung *f*
patent license (Pat) Patentlizenz *f*
patent license agreement (Pat) Patentlizenzvertrag *m*
patent litigation (Pat) Patentprozeß *m*
patent medicine
(Pat) patentrechtlich geschützte Medizin *f*
(ie, packaged nonprescription drug – rezeptfrei – which is protected by a trademark)
patent misuse
(Pat, US) Patentmißbrauch *m*
(eg, doctrine of . . ., which generally denies a patentee any relief against an infringer of his patent; has been employed to restrict the sale of unpatented articles; misuse renders the patent unenforceable, not invalid)
patent monopoly (Pat) Patentmonopol *n*
patent of addition
(Pat) Zusatzpatent *n*
(ie, improvement of a patented invention; syn, additional/supplementary . . . patent)
Patent Office (Pat, GB) Patentamt *n*
patent pending (Pat) Patent *n* angemeldet *(syn, patent applied for)*
patent pool (Pat) Patentgemeinschaft *f*
patent procedure (Pat) Patentverfahren *n*
patent protection (Pat) Patentschutz *m*
patent register (Pat) Patentrolle *f (syn, GB, patent rolls)*
patent rolls (Pat, GB) = patent register
patent solution
(com) Patentlösung *f*
– Patentrezept *n*
(syn, patent answer, ready-made/magic . . . solution, simple blue print; infml, quick fix)
patent specification (Pat) Patentbeschreibung *f*
patent specification open to public inspection (Pat) Auslegeschrift *f (ie, comprises description and drawings)*
patent utilization company (Pat) Patentverwertungsgesellschaft *f (syn, patent exploitation company)*
paternity (Re) Vaterschaft *f (eg, make tests to establish the paternity of a child)*
path
(com, IndE) Weg *m*, Bahn *f*
(EDV) Suchweg *m*
path control (EDV) Pfadsteuerung *f*
path matrix (Math) Wegmatrix *f*
path name (EDV) Pfadname *m*
path of integration (Math) Integrationsweg *m*
path of least resistance
(com) Weg *m* des geringsten Widerstandes
(eg, to take the . . .)
path of the economy (Vw) Konjunkturverlauf *m*
pathway growth (Vw) Wachstumspfad *m (syn, growth path)*
patio dwelling (com) Atriumhaus *n*
patron
(com) Kunde *m*
– Stammkunde *m*
(syn, regular customer)
(com) Gast *m*
(com) Förderer *m*
– Schirmherr *m*
patronage (com) Kundschaft *f (syn, clientele, custom)*
patronage discount (com) Treuerabatt *m (syn, loyalty rebate)*
patronage dividend
(Fin, US) Gewinnausschüttung *f*
(ie, von Genossenschaft an Mitglieder und Kunden, § 1388 IRC)
patronize *v* (com) Kunde *m* sein
pat solution (com) Patentlösung *f*
pattern (com) Muster *n*, Struktur *f*
pattern analysis (EDV) Musteranalyse *f*
pattern bargaining
(Pw, US) Branchen-Tarifverhandlungen *fpl*
(ie, union tactics of demanding similar wage settlements at all companies within an industry – such as aerospace – or in related industries, such as steel, aluminum, and canmaking)
pattern book (com) Musterbuch *n*
pattern matcher (EDV) Mustervergleich *m*
pattern matching (EDV) Mustererkennung *f*
pattern of competition (Vw) Wettbewerbsstruktur *f*
pattern of consumption (Vw) Verbrauchsstruktur *f*
pattern of cost behavior (KoR) Kostenverlauf *m (syn, cost behavior pattern)*
pattern of economic integration (Vw) Integrationsmuster *n*
pattern of employment
(Vw) Beschäftigungsstruktur *f*
(ie, distribution of gainfully employed persons (= Erwerbstätigen) among various sectors or regions of a national economy, either in absolute or in percentage terms)
pattern of exchange rates (AuW) Wechselkursgefüge *n*
pattern of expenditure (Vw) Ausgabenstruktur *f*

pattern of finance (Fin) Finanzstruktur *f*
pattern of interest rates (Fin) Zinsgefüge *n (syn, structure of interest rates)*
pattern of leadership (Bw) Führungsstil *m (syn, style of leadership, qv)*
pattern of revenue (FiW) Einnahmenstruktur *f*
pattern of startup cost curve
(IndE) Einlaufkurve *f*
(ie, established in the motor industry and other large-series production)
pattern of trade (AuW) Handelsstruktur *f*
pattern of traffic movement
(com) Verkehrsströme *mpl*
pattern recognition (EDV) Mustererkennung *f*
pattern sample (Mk) Verkaufsmuster *n*
pattern sensitive fault (EDV) datenabhängiger Fehler *m*
paucity of information (Bw) Informationsdefizit *n*
pawn
(Re) Pfandsache *f*
(Fin) Kreditsicherheit *f (ie, security for a loan)*
(Pw) leicht beeinflußbarer Mitarbeiter *m*
pawn *v* (Re) verpfänden *(syn, pledge, deposit in pledge)*
pawnbroker (Fin) Pfandleiher *m (syn, moneylender)*
pawnbroking (com) Pfandleihgeschäft *f*
pawnee (Re) Pfandinhaber *m (syn, pledgee, qv)*
pawner (Re) = pawnor
pawnor
(Re) Pfandbesteller *m (syn, pledgor, qv)*
(com) Verpfänder *m*
pawnshop (com) Pfandhaus *n*
pawn ticket (com) Pfandschein *m*
PAX (EDV) = private automatic exchange
pay
(Pw) Lohn *m (syn, wage)*
(Pw) Gehalt *n (syn, salary)*
pay *v*
(com) zahlen
(ie, an amount of money; syn, effect/make/meet . . . payment)
(com) bezahlen
(ie, for a consignment, a purchased article)
(com) sich lohnen
(eg, it pays to do sth)
pay a bill *v*
(com) Rechnung *f* begleichen
(Fin) Wechsel *m* einlösen *(syn, honor, qv)*
payable
(com) zahlbar
– fällig
(syn, due and payable)
payable after sight (WeR) zahlbar nach Sicht
payable at maturity (Fin) zahlbar bei Fälligkeit *(syn, payable when due)*
payable on delivery (Fin) zahlbar bei Lieferung
payable on demand
(Fin) zahlbar bei Aufforderung
(WeR) zahlbar bei Sicht *(ie, at sight or on presentment)*
payable on presentation (Fin) zahlbar bei Vorlage
payables (ReW) Verbindlichkeiten *fpl (syn, accounts payable, qv)*
payables listing (EDV) Kreditorenliste *f*
payable system (ReW) Kreditorensystem *n*
payable to bearer (WeR) zahlbar an Inhaber od Überbringer
payable to order (WeR) zahlbar an Order
payable when due (Fin) = payable at maturity
pay a dividend *v* (Fin) Dividende *f* ausschütten
pay advance
(Pw) Lohnvorschuß *m*
– Gehaltsvorschuß *m*
pay a fine *v* (Kart) Bußgeld *n* zahlen *(syn, pay in fines . . .)*
pay agreement (Pw) Tarifvertrag *m*
pay-as-you-earn deal (AuW) = industrial cooperation
pay-as-you-earn system
(StR, GB) Quellenabzug *m*
(ie, provides for the withholding of income tax by employers; syn, US, pay-as-you-go system)
pay-as-you-go statutory pension insurance (SozV) umlagefinanzierte gesetzliche Rentenversichrung *f*
pay-as-you-go-system
(StR, US) Quellenbesteuerung *f (ie, of employment income: von Einkommen aus unselbständiger Tätigkeit)*
(SozV) Umlageverfahren *n*
(eg, social insurance on a fully funded or invested basis; opp, funding principle = Kapitaldeckungsverfahren)
pay-as-you-use principle
(FiW) „Zahle-nach-Nutzung"-Regel *f*
payback
(Fin) Rendite *f*
(Fin) Rückzahlung *f*
– Wiedergewinnung *f*
– Amortisation *f (ie, of investment projects; syn, payoff, payout)*
pay back *v*
(com) rückzahlen
(Fin) sich amortisieren
payback analysis (Fin) Amortisationsrechnung *f (ie, of preinvestment analysis = Investitionsrechnung; syn, payoff analysis)*
payback period
(Fin) = payback time
(Vers) Amortisationszeit *f*
(ie, term used in the rating of per occurrence excess covers which represent the number of years at a given premium level which would be necessary to accumulate total premiums equal to the indemnity; syn, amortization period)
payback time
(Fin) Amortisationszeit *f*, Amortisationsdauer *f*
(Fin) Wiedergewinnungszeit *f (syn, recovery time, qv)*
pay by installments *v*
(Fin) abzahlen
– abbezahlen
– in Raten zahlen
pay cash down *v* (com) bar bezahlen *(syn, sl, pay spot cash)*
paycheck
(Pw) Lohn- od Gehaltsscheck *m*
(Pw) Nettolohn *m*
– Nettogehalt *n*
paycheck deductions
(Pw) Lohn- od Gehaltsabzüge *mpl*

pay contract (Pw) Tarifvertrag *m*
pay cuts (Pw) Lohn- und Gehaltskürzungen *fpl*
pay damages *v* (Re) Schadenersatz *m* leisten
pay day
(Pw) Zahltag *m*
(Fin) Valutierungstag *m*
(Bö, rarely) Abrechnungstag *m*
– Liquidationstermin *m (syn, account day, qv)*
(Re) Zeitpunkt *m* der Erfüllung
pay deal (Pw) Lohnabschluß *m*
pay deductions (Pw) Lohn- und Gehaltsabzüge *mpl (syn, paycheck deductions)*
pay differential (Pw) Lohngefälle *n (syn, wage differential, earnings gap)*
paydown (Fin, US) Spanne *f (ie, in Treasury refunding, the amount by which the par value of the securities maturing exceeds that of those sold)*
pay down *v* (com) anzahlen
payee
(com) Zahlungsempfänger *m*
(WeR) Wechselnehmer *m*, Remittent *m*
payee of a check (Fin) Schecknehmer *m*
pay envelope
(Pw) Lohntüte *f*
(Pw) Lohn *m (syn, wages)*
payer (Fin) Zahler *m*, Zahlender *m (syn, payor)*
P. A. Y. E. system (StR, GB) = pay-as-you-earn system
pay for *v*
(com) aufkommen für
(com) bezahlen *(opp, zahlen)*
pay for itself *v* (com) sich bezahlt machen, sich rentieren
pay-for-performance (Pw, US) Prinzip Entgelt für Leistung
pay freeze (Pw) = payment pause
pay grade
(Pw) Lohn- od Gehaltsgruppe *f*
(Pw) Besoldungsgruppe *f*
pay in *v* (com) einzahlen
pay in advance *v* (com) vorauszahlen, im voraus zahlen
pay in cash *v* (com) bar zahlen, in bar zahlen
pay indexation (Pw) Lohnindexbindung *f (syn, wage indexation)*
pay inequalities (Pw) Einkommensdisparität *f*
paying agency (Fin) Zahlstelle *f*
paying agency commission (Fin) Zahlstellenprovision *f*
paying agent (Fin) Zahlstelle *f*
paying bank (Fin) zweitbeauftragte Bank *f (ie, in handling letters of credit; syn, intermediate bank)*
paying-in slip (Fin, GB) Einzahlungsschein *m (syn, credit /deposit . . . slip)*
paying off creditors (Re) Befriedigung *f* von Gläubigern
pay in money *v* (Fin) Geld *n* einzahlen
pay list *v* (com, infml) Listenpreis *m* zahlen
payload
(com) Nutzlast *f*
(Pw) Arbeitskosten *pl*
(syn, labor cost, qv)
payload capacity (com) Ladefähigkeit *f (ie, of aircraft)*
payload expert (com) Nutzlastexperte *m*
payload ratio (Pw) Lohnintensität *f (ie, proportion of wages to costs)*
paymaster (EG, infml) Zahlmeister *m*
payment (com) Zahlung *f*
payment after delivery (com) Zahlung *f* nach Lieferung *(eg, 10 days 2%, 30 days net)*
payment authorization (Fin) Auszahlungsbewilligung *f* Auszahlungsermächtigung *f*
payment behavior (Fin) Zahlungsgewohnheiten *fpl (syn, prior payment pattern, qv)*
payment bill (WeR) zur Zahlung vorgelegter Wechsel *m (opp, acceptance bill)*
payment by acceptance (Fin) Zahlung *f* durch Akzept
payment by check (Fin) Zahlung *f* durch Scheck
payment by installments (Fin) Zahlung *f* in Raten
payment by intervention (WeR) = payment for honor
payment by piece rates (IndE) Akkordlohn *m*
payment by results
(Pw) Leistungslohn *m*
– Ergebnislohn *m*
(syn, performance-linked pay)
payment commission (Fin) Einlösungsprovision *f*
payment commitments (Fin) Zahlungsverpflichtungen *fpl*
payment countermanded (Fin, GB) „Scheck gesperrt"
payment date
(Fin) Zahlungstermin *m*
– Tilgungstermin *m*
payment for honor
(WeR) Ehrenzahlung *f*
– Interventionszahlung *f*
(syn, payment . . . supra protest/by intervention)
payment for honor supra protest (WeR) Ehrenzahlung *f* nach Protest
payment from abroad (Fin) Auslandszahlung *f*
payment in advance (Fin) Vorauszahlung *f (syn, advance payment, prepayment)*
payment in due course (WeR) Zahlung *f* bei Fälligkeit
payment in kind
(com) Sachleistung *f*
(ie, in the form of goods and services rather than money)
payment interval (Fin) Zeitabschnitt *m (ie, in computation of annuities)*
payment interval effect
(Vw) Zahlungsintervalleffekt *m*
(ie, in liquidity theory; opp, payment pattern effect, qv)
payment into an account (Fin) Kontoeinzahlung *f*
payment of a bill (WeR) Wechseleinlösung *f*
payment of damages (Re) Schadenersatzleistung *f*
payment of debts (Fin) Tilgung *f* von Verbindlichkeiten
payment of royalties (Pat) Lizenzzahlung *f*
payment of taxes
(StR) Steuerzahlung *f*
– Steuerentrichtung *f*
payment on account
(Fin) Abschlagszahlung *f*
– Akontozahlung *f*
payment on delivery (com) Zahlung *f* bei Lieferung *f*

payment on invoice (com) Zahlung *f* bei Erhalt der Rechnung
payment on open account (Fin) Zahlung *f* in offener Rechnung
payment on presentation (com) Zahlung *f* bei Vorlage
payment order
(Fin) internationaler Zahlungsauftrag *m*
payment pattern effect
(Vw) Zahlungsrhythmuseffekt *m*
(ie, in liquidity theory; opp, payment interval effect, qv)
payment pause (Pw) Lohnpause *f (syn, pay pause, temporary pay freeze)*
payment policies (Fin) = payment terms
payment risk (Fin) Ausfallrisiko *n (syn, risk of nonpayment)*
payments agreement (AuW) Verrechnungsabkommen *n*
payments deficit
(AuW) Zahlungsbilanzdefizit *n*
(ie, excess of imports over exports; syn, balance of payments deficit, external deficit)
payments disequilibrium
(AuW) Zahlungsbilanzungleichgewicht *n*
(syn, payments imbalance)
payments facilities (Fin) Zahlungsverkehrseinrichtungen *fpl (ie, of a bank)*
payments gap (AuW) Zahlungsbilanzlücke *f (eg, between the U. S. and its trading partners)*
payments imbalance (AuW) = payments disequilibrium
payments in advance
(ReW) geleistete Anzahlungen *fpl*
(syn, advance payments to suppliers, qv)
payments in arrears (Fin) Zahlungsrückstände *mpl (syn, backlog of payments)*
payments netting
(com) konzerninternes Clearing *n*
– Netting *n*
payments on account (ReW, EG) geleistete Anzahlungen *fpl*
payments received on account of orders (ReW, EG) erhaltene Anzahlungen *fpl* auf Bestellungen
payments standstill (Fin) Moratorium *n*
payments surplus
(AuW) Zahlungsbilanzüberschuß *m*
payments system
(Fin) Zahlungssystem *n*
(Pw) Entlohnungsverfahren *n*
– Lohnsystem *n*
payments union (AuW) Zahlungsunion *f*
payment supra protest (WeR) = payment for honor
payment terms
(Fin) Zahlungsmodalitäten *fpl*
(eg, due within 30 days and 2% discount allowed if paid in less than 10 days)
payment undertaking (Fin) Zahlungsversprechen *n*
payment upon first demand (Fin) Zahlung *f* auf erstes Anfordern
payment voucher (Fin) Zahlungsverkehrsbeleg *m*
payment when due (Fin) Zahlung *f* bei Fälligkeit
payment with order (com) Zahlung *f* bei Auftragserteilung
pay negotiations (Pw) Lohnverhandlungen *fpl*
payoff
(Bw) Ergebnis *n*
– Erfolg *m*
– Mißerfolg *m*
(Fin) Auszahlung *f (ie, of a loan; syn, payout, net proceeds)*
(Fin) Wiedergewinnung *f*
– Amortisation *f*
– Kapitalrückfluß *m (ie, relates to investment projects; syn, payback, payout)*
(com) Bestechungsgeld *n*, Schmiergeld *n*
(syn, bribe money, graft; sl, boodle, kickback, slush money; US, payola)
pay off *v*
(com) abzahlen
– abbezahlen
– in Raten zahlen
(com) amortisieren *(eg, purchase has long paid off)*
(Bw) sich lohnen
– rentieren *(ie, plan, project, investment)*
(Fin) amortisieren *(is, said of investment projects)*
(Fin) abfinden *(eg, creditor; syn, satisfy)*
pay off a creditor *v* (Fin) Gläubiger *m* befriedigen *(syn, satisfy a creditor)*
pay off ahead of time *v* (Fin) vorzeitig zurückzahlen *(eg, loan, mortgage)*
pay off a loan *v* (Fin) Darlehen *n* zurückzahlen od tilgen *(syn, repay, amortize)*
pay off a mortgage *v* (Fin) Hypothek *f* tilgen
payoff analysis (Fin) Amortisationsmethode *f (ie, of preinvestment analysis: Investitionsrechnung; syn, payback analysis)*
pay off in advance *v* (Fin) = pay off ahead of time
payoff matrix
(Bw) Auszahlungsmatrix *f*
– Ergebnismatrix *f*
– Gewinnmatrix *f*
payoff period (Fin) = payback period
payoff table (Bw) Auszahlungstabelle *f*
payola (com, US, sl) = payoff
pay one's way *v* (com) sich bezahlt machen
pay on the barrel head *v* (com, US, sl) bar bezahlen *(syn, pay cash down)*
pay on the nail *v* (com, GB, sl) bar bezahlen *(syn, pay cash down, pay spot cash)*
pay on time *v* (com) pünktlich zahlen
payor (Fin) = payer
payout
(Fin) Dividendenzahlung *f (syn, dividend payout)*
(Fin) Auszahlung *f (ie, of loan; eg, 5% interest, 100% payout, minus 1% bank handling fee; syn, net proceeds)*
(Fin) = payback/payoff
pay out *v*
(com) ausgeben
– auszahlen *(syn, spend, lay out)*
payout amount (Fin) Verfügungsbetrag *m (ie, nominal amount of loan less discount)*
payout period (Fin) = payback period
payout policy (Fin) Dividendenpolitik *f (syn, dividend payout policy)*
payout rate (Fin) Ausschüttungssatz *m (syn, dividend payout rate)*

payout ratio
(Fin) Ausschüttungs-Kennzahl *f*
– Dividendendeckung *f*
(ie, earnings percentage paid out in dividends = Zähler Dividende/Grundkapital, Nenner Reingewinn/ Grundkapital)
payout time (Fin) Wiedergewinnungszeit *f (syn, recovery time, qv)*
pay over *v*
(Fin, fml) einzahlen *(syn, to pay in)*
(Fin) abführen *(ie, make formal payment; eg, to the taxman)*
pay packet
(Pw, GB) Lohntüte *f*
(Pw) Lohn *m*
– Gehalt *n*
pay pattern (Pw) Lohnstruktur *f (syn, pay structure)*
pay pause (Pw) Lohnpause *f (ie, temporary wage freeze)*
pay policy
(Pw) Lohn- und Gehaltspolitik *f*
– Entgeltpolitik *f*
(syn, compensation policy)
pay promptly *v* (Fin) pünktlich zahlen
pay raise (Pw, US) = pay rise
pay rise (Pw) Lohn- od Gehaltserhöhung *f (syn, US, pay raise)*
payroll
(Pw) Lohn- od Gehaltsliste *f*
(Pw) Lohnsumme *f (ie, sum total of wages and salaries paid; syn, total payroll, wage bill)*
(Pw) Beschäftigte *pl* e–s Unternehmens *(ie, number of people on the payroll)*
payroll account
(ReW) Lohnkonto *n*
(ReW) Gehaltskonto *n*
payroll accounting
(ReW) Lohnbuchführung *f*
(ReW) Lohn- und Gehaltsabrechnung *f*
payroll bureau (ReW) = payroll office
payroll card (ReW) Lohnkarte *f*
payroll clerk (Pw) Lohnbuchhalter *m*
payroll costs
(KoR) Personalkosten *pl*
– Personalaufwand *m (syn, employment/staff . . . cost)*
payroll cutting (Pw) Abbau *m* der Belegschaft
payroll deductions
(Pw) Lohn- od Gehaltsabzüge *mpl*
payroll department (ReW) Lohnbuchhaltung *f*
payroll employment (Pw) unselbständige Beschäftigung *f*
payroll fringe costs (Pw) Lohnnebenkosten *pl*
payroll office (ReW) Lohnbüro *n (syn, payroll bureau)*
payroll overhead (KoR) Lohngemeinkosten *pl (syn, indirect labor)*
payroll records (ReW) Unterlagen *fpl* der Lohnbuchhaltung
payroll register (ReW) Lohnliste *f (syn, payroll; GB, wages sheet)*
payroll saving (Fin, US) Erwerb *m* von Sparschuldverschreibungen durch freiwilligen Lohnabzug
payroll statistics (Pw) Lohn- und Gehaltssummenstatistik *f*
payroll tax
(StR, US) (lohnbezogene) Sozialversicherungsteuer *f*
(ie, levied on an employer's payroll and based on the total of wages and salaries paid to employees; it is the employer's contribution to social security, more precisely: to the social insurance trust fund; it is one of the FICA taxes, after the Federal Insurance Contribution Act; the umbrella term is ‚employment tax';
begrifflich nicht identisch mit der (früheren) deutschen Lohnsummensteuer)
pay round
(Pw) Lohnrunde *f*
– Tarifrunde *f (syn, bargaining round)*
pay scale
(Pw) Lohnskala *f*
– Lohn- und Gehaltstarif *m*
pay settlement (Pw) Lohnabschluß *m (syn, labor/wage . . . settlement)*
pay slip (Pw) Lohnabrechnung *f*, Lohnstreifen *m*
pay spot cash *v* (com, infml) bar bezahlen *(syn, pay cash down)*
pay station (com, US) Münzfernsprecher *m (syn, GB, pay telephone)*
pay structure (Pw) Lohnstruktur *f (syn, pay pattern)*
pay taxes *v* (StR) Steuern *fpl* zahlen od entrichten
pay telephone (com, GB) Münzfernsprecher *m (syn, US, pay station)*
pay the list price *v* (com) Listenpreis *m* zahlen *(syn, infml, pay list)*
pay through the nose *v* (com, infml) zu hohen Preis zahlen, „bluten"
pay-to-order clause (WeR) Orderklausel *f*
pay-up
(Fin, US) Verlust *m* aus Umsteigen in höherwertige Bonds
(ie, loss of cash resulting from a swap into higher-price bonds)
(Fin) Notwendigkeit *f* (od Bereitschaft *f*) höhere Kapitalbeschaffungskosten zu zahlen
(ie, need or willingness of a bank or other borrower to pay a higher rate to get funds)
(Bö) Paketzuschlag *m*
(ie, premium paid on block of shares)
pay up *v* (com) zahlen *(ie, often unwillingly)*
pay up-front *v* (com) im voraus zahlen
PBOT (Bö) = Philadelphia Board of Trade
PC
(Fin) = participation certificate
(EDV) = personal computer
PCI (EDV) = Peripheral Component Interconnect, qv
PCL (EDV) = Printer Control Language, qv
PCMCIA (EDV) = Personal Computer Memory Card International Association *(1989 in Sunnyvale, Kalifornien, gegründet; defined different types and levels of small PC-cards)*
PCMCIA slot (EDV) PCMCIA-Schacht *m*
PCM equipment (EDV) steckerkompatible Einrichtungen *fpl (ie, plug compatible module)*
P-code (EDV) P-Code *m*, Zwischen-Kompilat *n (ie, intermediate code that is interpreted by a runtime system; eg, a lot of ‚Basic' dialects generate P-Code)*
P.D. (com) = port dues

PDL (EDV) = Page Description Language
PDP (EDV) = plasma display panel
peach on *v* (com, infml) verpfeifen *(syn, inform against, qv)*
peak
(com) Höchststand *m (syn, all-time high)*
(Stat) Gipfelwert *m*
(IndE) = peak load
peak business hours (com) Hauptgeschäftszeit *f*
peak capacity (IndE) Spitzenkapazität *f (cf, peak reserve margin)*
peak consumption (IndE) = peak load
peak coordinator (Bw) oberster Koordinator *m*
peak demand
(com) Spitzenbedarf *m (eg, of coal)*
(Mk) Spitzennachfrage *f (syn, residual demand, topout)*
peak income (Pw) Spitzeneinkommen *n*
peak load
(IndE) Spitzenbelastung *f*
(ie, maximum instantaneous load or the maximum average load over a designated interval of time; syn, peak, peak consumption, peak power)
peak operating rate (Bw) maximale Kapazitätsauslastung *f*
peak power (IndE) = peak load
peak price (com) Spitzenpreis *m*
peak reserve margin (IndE) Reservekapazität *f (ie, space capacity of power plant needed to safeguard the system)*
peak season
(com) Hochsaison *f*
– Hauptsaison *f*
peak sendout (IndE, US) Spitzenabgabe *f*
peak shaving
(IndE) Spitzenausgleich *m*
– Spitzendeckung *f*
(cf, save peak capacity)
peak viewing time (Mk, GB) Hauptsendezeit *f (ie, in television; syn, US, prime time)*
Pearson's type III (Stat) Gammaverteilung *f (syn, gamma distribution, type III distribution)*
pecker (EDV) Abfühlstift *m (syn, sensing pin)*
pecking order (Pw, infml) Hackordnung *f (syn, peck order)*
pecuniary compensation (Fin) finanzielle Entschädigung *f*
pecuniary damages (Re) Schadenersatz *m* in Geld
pecuniary loss (Fin) finanzieller Verlust *m*
pecuniary spillover (Vw) monetärer externer Effekt *m*
pedestrian mall (com) Fußgängerzone *f (syn, GB, pedestrian precinct)*
pedestrian precinct
(com, GB) Fußgängerzone *f*
(syn, US, pedestrian mall)
peel strength (IndE) Abziehfestigkeit *f*
peer (Pw) gleichrangiger Mitarbeiter *m (ie, of equal standing)*
peer group comparison (Fin, US) Bankgruppenvergleich *m*
peer rating (Pw) Beurteilung *f* durch Gleichrangige
peg (com, infml) Aufhänger *m (ie, fact or reason used as pretext – Vorwand – or support)*
peg at a lower level *v* (com) senken *(eg, interest rates)*
pegged exchange rate (AuW) fester Wechselkurs *m (syn, fixed exchange rate, qv)*
pegged market (Vw) gestützter Markt *m*
pegged price
(Vw) subventionierter Preis *m*
(Bö) gestützter Kurs *m*
pegged rates (AuW) fixe Kurse *mpl*
pegging
(Fin) Kurspflege *f (ie, of public debt)*
(AuW) Kursstützung *f (ie, of exchange rates)*
(Vw) Preisstützung *f*
peg point
(AuW) Interventionspunkt *m (syn, support point)*
(Pw) Ecklohn *m (syn, basic/standard/benchmark . . . rate)*
pelagic fish (com) pelagische Fische *mpl (ie, caught near the surface; opp, demersal fish)*
p/e multiple (Fin) Kurs-Gewinn-Verhältnis *n (syn, price earnings ratio, qv)*
penalty
(Re) Vertragsstrafe *f*
– Pönale *f*
(syn, contract penalty, qv)
(IndE) Abzug *m (ie, in quality control)*
penalty cost (MaW) Fehlmengenkosten *pl (syn, stockout cost)*
penalty for breach of contract (Re) Vertragsstrafe *f*
penalty for delayed delivery (com) Verzugsentschädigung *f*
penalty interest (Fin) = penalty rate
penalty notice (Re) Bußgeldbescheid *m*
penalty rate
(Fin) Strafzins *m*
– Negativzins *m*
(ie, due to early withdrawal of deposits)
penalty rate of interest (Fin) Strafzins *m*
penalty tax
(StR) prohibitive Steuer *f*
– Strafsteuer *f*
penalty test (IndE) Zusatzprüfung *f (ie, in quality control)*
pencil in *v*
(Pw, infml) vormerken
(eg, for a job, task, advancement)
(com, infml) planen
(eg, profits recovery for 1994)
pen computer (EDV) Pen-Computer *m (ie, 15x23 bis 10x18 cm)*
pendancy of a suit (Re) Rechtshängigkeit *f*
pendency (Re) Anhängigkeit *f*
pending application (Pat) schwebende Anmeldung *f*
pending business (com) schwebende Geschäfte *npl*
pending patent (Pat) laufendes Patent *n*
pending projects (com) schwebende Projekte *npl*
pending transactions (com) = pending business
penenetrate a market *v* (com) in e–n Markt eindringen
penetrate foreign markets *v* (com) Auslandsmärkte *mpl* erobern *(syn, conquer)*
penetration pricing (Mk) Penetrationspreispolitik *f (ie, adoption of a lower price strategy in order to secure rapid wide penetration of a market)*
penny stock (Fin, US) meist sehr billige, noch nicht an der Börse gehandelte Aktien *fpl* (junger Unternehmen); Billigaktien *fpl*

pensionable (SozV) pensionsberechtigt *(ie, entitled to be eligible for . . . a pension)*
pensionable age
(Pw) Pensionsalter *n*
– Rentenalter *m*
(syn, retirement age; opp, employable age)
pensionable earnings (SozV) ruhegehaltsfähige Einkünfte *pl*
pensionable service (SozV) ruhegehaltsfähige Dienstjahre *npl*
pension and retirement plans (ReW) Pensionsverpflichtungen *fpl*
pension claim (SozV) Rentenanspruch *m*
pension clawback
(Fin, US) Auflösung *f* von Pensionsrückstellungen
(eg, United Airlines pulled back $1bn from its wealthy pension fund to spend it on corporate expansion)
pension commitment (Pw) Pensionszusage *f*
pension consultant (Pw) Rentenberater *m*
pension contribution (SozV) Rentenbeitrag *m*
pensioned off (Pw) pensioniert, im Ruhestand *(syn, retired)*
pension expectancy (SozV) Pensionsanwartschaft *f* *(syn, expectancy of future pension benefits, vested right to future pension payments)*
pension fund (Pw) Pensionsfonds *m*
Pension Insurance Report (SozV) Rentenversicherungsbericht *m*
pension off *v*
(Pw) pensionieren
– in den Ruhestand versetzen
– (infml) in Rente schicken
pension plan (Pw) Pensionskasse *f* *(ie, arrangement whereby a company undertakes to provide its retired employees with benefits)*
pension provisions (ReW) Pensionsrückstellungen *fpl*
pension scheme (Pw) Pensionsplan *m*
pension system geared to contributions (FiW) leistungsbezogenes Rentensystem *n*
pen tracking (EDV) Lichtverfolgung *f* *(ie, in computer graphics)*
pent-up demand (Mk) aufgestauter Bedarf *m*, Nachholbedarf *m* *(syn, catch-up demand, qv)*
people down the line
(Pw, infml) Untergebene *mpl*
(syn, subordinates)
people improvement (Pw) Personalentwicklung *f*
people-intensive (Pw) personalintensiv *(eg, industry)*
people on short-time work (Pw) Kurzarbeiter *mpl*
pep up *v* (com, infml) ankurbeln *(eg, the economy)*
PER (Fin) = price-earnings ratio
p/e ratio (Fin) = price earnings ratio
per aval claims
(AuW) Ansprüche *mpl* aus Aval
(ie, these are forfeitable claims which carry a promise to pay; this promise represents an unconditional, irrevocable, and freely transferable guaranty of payment – selbstschuldnerische Bürgschaft – of a bank, usually the bank of foreign trade in a developing or Soviet-bloc country, or of a government agency; it makes the risk assumed by the forfaiter a bank or government risk)
per capita consumption (Stat) Pro-Kopf-Verbrauch *m*
per capita demand (Vw) Pro-Kopf-Bedarf *m*
per capita expenditure (FiW) Ausgaben *fpl* pro Kopf der Bevölkerung
per capita income
(VGR) Pro-Kopf-Einkommen *n*
– Einkommen *n* pro Kopf der Bevölkerung
per capita output (Bw) Pro-Kopf-Leistung *f*
per capita tax load (FiW) Steuerlastquote *f* pro Kopf der Bevölkerung
perceived risk (Vw) wahrgenommenes Risiko *n*
percent (com) Prozent, % *(syn, GB, per cent)*
percentage
(com) Prozentsatz *m*
(Mk) Verkaufsprovision *f* *(ie, paid on order volume solicited)*
(com, infml) Gewinn *m*
(com) Teil *m*
– Anteil *m*
(eg, a low percentage of companies meet their bills promptly)
percentage change in price
(com) prozentuale Preisänderung *f*
(Bö) prozentuale Kursänderung *f*
percentage change in quantity (Vw) prozentuale Mengenänderung *f*
percentage depletion allowance (ReW) pauschale Absetzung *f* für Abnutzung
percentage exemption (Vers) Franchise *f*, Freizeichnungsgrenze *f* *(syn, franchise, deductible, qv)*
percentage lease
(Re) Miet- od Pachtvertrag *m*
(ie, im Einzelhandel: mit festem Zins + festem Anteil am Bruttoumsatz, as a percentage of gross sales)
percentage margin (com) Prozentspanne *f*
percentage of completion method
(StR, US) zeitweilige Gewinnrealisierung *f*
(ie, applied to long-term construction-type contracts: Bewertung von Gegenständen bei längerfristiger Fertigung; Kosten + anteiliger Gewinn)
percentage of defective items (IndE) = percent defective
percentage of purity (Fin) Feingehalt *m* *(syn, fineness, qv)*
percentage of recovery (Re) Konkursdividende *f*
percentage overhead rate
(KoR) Gemeinkostensatz *m*
(syn, overhead rate, qv)
percentage point (com) Prozentpunkt *m*
percentage rate (com) Vomhundertsatz *m*
percentage return on equity (Fin) Eigenkapitalrendite *f* *(syn, equity return)*
percentage return on sales
(Fin) Umsatzrendite *f*
– Umsatzrentabilität *f*
– Umsatzgewinnrate *f*
– Gewinn *m* in % des Umsatzes
(ie, component of RoI system; syn, net income percentage of sales, net operating margin, profit on sales, profit percentage, profit margin; GB, profit-turnover ratio)
percentage return on total capital employed (Fin) Gesamtkapitalrentabilität *f* *(syn, return on total investment, qv)*

percentage standard deviation (Stat) prozentuale mittlere Abweichung *f*
percent defective (IndE) Ausschußprozentsatz *m (ie, ratio of defective pieces per lot, expressed as a percentage)*
percent sign (com) Prozentzeichen *n*
per contra item (ReW) Ausgleichsposten *m (syn, balancing /compensating/offsetting . . . item)*
per curiam decision (Re) einstimmige Gerichtsentscheidung *f (ie, ohne ausführliche Diskussion)*
per diem (com) = per diem allowance
per diem allowance (com) Tagegeld *n (syn, per diem)*
per diem charges (com) Tagesspesen *pl*
per diem rate (com) Tagessatz *m*
per diem travel allowance (com) Reisespesensatz *m*
peremptory defense
(Re) ausschließende
– dauernde
– peremptorische
– zerstörliche . . . Einrede *f*
peremptory exception (Re) = peremptory defense
perfect competition
(Vw) vollständige Konkurrenz *f*
– vollständiger Wettbewerb *m*
(ie, pure competition + perfect market knowledge = vollständige Markttransparenz)
perfected security interest (Re, US) registriertes Sicherungsrecht *n*
perfect elasticity (Vw) unendliche Elastizität *f*
perfect inelasticity (Vw) unendliche Unelastizität *f*
perfection of security interest (Re, US) Sicherung *f* des Ranges des Sicherungsrechtes
perfectly elastic (Vw) vollkommen elastisch
perfectly inelastic
(Vw) vollkommen unelastisch
– starr
perfect market knowledge (Vw) vollständige Markttransparenz *f*
perfect monopoly (Vw) = pure monopoly
perfect ownership
(Re) Eigentum *n*
(ie, unbedingtes dingliches Herrschaftsrecht; syn, absolute/complete/free . . . ownership)
perfect standard cost (KoR) Optimalstandardkosten *pl (syn, ideal standard cost)*
perfect tender rule (Re, US) Kaufsache *f* ist im vertragsgemäßen Zustand anzubieten
perforate *v* (com) perforieren
perforation (com) Perforation *f*
perform *v*
(com) ausführen
(syn, carry out, do)
(Re) leisten
– Leistung *f* erbringen
(Re) erfüllen
(eg, contract; syn, fulfill)
(EDV) ausführen
perform a condition *v* (Re) Bedingung *f* erfüllen *(syn, comply with /fulfill/satisfy . . . condition)*
perform a contract *v*
(Re) Vertrag *m* erfüllen
(syn, carry out the terms of a contract, discharge the obligations under a contract; syn, discharge/fulfill . . . a contract)

performance
(com) Leistung *f*
– Ergebnis *n*
– Erfolg *m*
(Re) Erfüllung *f (eg, contract, obligation; syn, discharge, fulfillment; cf, § 362 I BGB)*
(Vw) Ergebnis *n*, Effizienz *f*
(Fin) Performance *f*
– Wertentwicklung *f (ie, von Fondsvermögen od Finanzanlagen)*
(Fin) Antwortzeitverhalten *n (eg, des elektronischen DTB-Systems)*
(IndE) Eigenschaften *fpl*
– Verhalten *n*
(EDV) Leistung *f*
– Systemleistung *f*
(EDV) Durchsatz *m*
(EDV) Laufverhalten *n*
performance ability (Pw) Qualifikationsmerkmal *n*
performance analysis
(Bw) Ergebnisanalyse *f (eg, ratio analysis = Kennziffernanalyse)*
(EDV) Verkehrsanalyse *f (syn, analysis of traffic flow, qv)*
(EDV) Leistungsanalyse *f*
performance appraisal
(Pw) Leistungsbeurteilung *f*
(ie, method by which work performance of employees is documented; syn, performance . . . evaluation /review; employee . . . evaluation/rating, personnel/efficiency/merit/service . . . rating; results appraisal)
performance appraisal plan (Pw) Leistungsbeurteilungssystem *n*
performance architecture (EDV) Leistungsarchitektur *f*
performance as stipulated (Re) vertragsgerechte Funktionstüchtigkeit *f*
performance-based pay scheme (Pw, US) Leistungslohnsystem *n*
performance behavior (Pw) Leistungsverhalten *n*
performance bond
(Re) Leistungsgarantie *f*, Erfüllungsgarantie *f*
(ie, bond that guarantees performance of a contract; syn, performance guaranty, bank/cash /completion/contract . . . bond, guaranty deposit, guaranty against defective material and workmanship, maintenance guaranty)
performance budget
(FiW) zielorientiertes
– ertragsorientiertes ... Budget *n*
(KoR) flexibles Budget *n (syn, expense control budget, formula budget)*
performance by a third party (Re) Leistung *f* durch Dritte
performance capabilities (com) Leistungspotential *n*
performance criterion
(Bw) Erfolgsmaßstab *m*
– Erfolgskriterium *n*
– Effizienzkriterium *n*
(eg, return on capital employed, output per manshift; syn, yardstick of . . . performance success)
performance data
(Bw) Erfolgsgrößen *fpl*
(EDV) Durchsatzdaten *pl*

performance deficit (Pw) Leistungsdefizit *n*
performance description (Pw) Leistungsbeschreibung *f*
performance efficiency (Bw) = performance level
performance evaluation
(Bw) Erfolgsermittlung *f*
(Pw) = performance appraisal
(EDV) Leistungsermittlung *f*
(IndE) Leistungsmessung *f*
performance fee
(Fin) Rücknahmegebühr *f*
(ie, von Investmentgesellschaften; an den Wertzuwachs gebunden)
(Fin) Leistungsprämie *f*
(ie, bei Investmentgesellschaften)
performance figures (IndE) Leistungsdaten *pl*
performance fund (Fin) Investmentfonds *m*, der möglichst hohen Wertzuwachs anstrebt
performance group (com) Leistungsgruppe *f*
performance guaranty (Re) = performance bond
performance index (Bw) = performance level
performance level
(Bw) Leistungsgrad *m (syn, performance . . . index/efficiency)*
(Pw) Arbeitsleistung *f (syn, job performance)*
performance-linked pay (Pw) Leistungslohn *m (syn, payment by results)*
performance measure
(Bw) = performance criterion
(Fin) Performance-Messung *f (ie, im Rahmen der Portefeuille-Analyse)*
performance measurement
(Bw) Leistungsmessung *f*
(Fin) Performance-Messung *f*, Ermittlung der Wertentwicklung
performance objective (Pw) Leistungsziel *n (syn, standard of performance)*
performance of services
(com) Erbringen *n* von Dienstleistungen
(EG) Dienstleistungsverkehr *m*
performance pay (Pw) Leistungslohn *m*
performance potential
(Pw) Leistungsfähigkeit *f*
– Leistungsvermögen *n*
– Leistungspotential *n (syn, achievement potential)*
performance rating (IndE) Leistungsgradschätzen *n*
performance ratios
(Bw) Erfolgsrelationen *fpl* Leistungskennzahlen *fpl*
(eg, productivity, economic efficiency, rates of return = Produktivität, Wirtschaftlichkeit, Rentabilitätszahlen)
performance record (Pw) Tätigkeitsnachweis *m*
performance report
(com) Leistungbericht *n*
(KoR) Soll-Ist-Vergleich *m*
performance review (Pw) = performance appraisal
performance risk (com) Erfüllungsrisiko *n*
performance specification
(IndE) Pflichtenheft *n*
– Lastenheft *n*
performance standard
(Bw) Leistungsmaßstab *m*
(Pw) Leistungsvorgabe *f*
performance target
(Bw) (Leistungs-)Vorgabe *f*
(Fin) Ertragsziel *n*
performance test (Pw) Leistungstest *m (syn, achievement test)*
performance tolerance
(Pw) Fehlergrenze *f*
– Leistungstoleranz *f*
performance tool (EDV) Leistungsanalyseprogramm *n*
performance unit (Pw) Leistungseinheit *f (ie, under employee benefit plans)*
perform contemporaneously with *v* (Re) Zug um Zug leisten *(ie, delivery is to be concurrent with payment)*
performer (Mk) Umsatzträger *m (eg, strong, weak)*
perform statement (EDV, Cobol) Durchlaufanweisung *f*
perform up to snuff *v* (com, GB, infml) zufriedenstellend arbeiten
peril
(com) Gefahr *f*
(Vers) Risiko *n (ie, risk or accident insured against)*
peril clause (SeeV) Risikoklausel *f*
peril point (AuW, US) kritischer Punkt *m*, Mindestzoll *m*
peril points (Stat) Warngrenze *f (syn, warning limit, qv)*
perils clause (Vers) Gefahrenklausel *f (syn, emergency clause)*
period
(com) Periode *f*
– Zeitraum *m*
(ie, time of any length)
period-based population
(Stat) Bewegungsmasse *f*
– Ereignismasse *f*
(syn, point-in-time population = Bestandsmasse)
period charge (KoR) = period cost
period cost (KoR) Periodenkosten *pl (syn, period . . . expense/charge; time cost, qv)*
period expense (KoR) = period cost
period for presentment
(Fin) Einreichungsfrist *f*
– Frist *f* zur Vorlage
periodical depreciation charge (ReW) Jahresabschreibung *f*, Abschreibungsquote *f (syn, annual depreciation charge, qv)*
periodical inventory (ReW) Stichtagsinventur *f*
periodical room (com) Zeitschriftenraum *m (syn, GB, news room)*
periodic audit (EDV) periodische Prüfung *f*
periodic average method
(ReW) Durchschnittskostenmethode *f*
(ie, of inventory valuation)
periodic cap
(Fin, US) periodisch festgesetzte Obergrenze *f*
(ie, für die Änderung von Hypothekenzinsen; cf, adjustable rate mortgage)
periodic decimal (Math) periodischer Dezimalbruch *m*
periodic franchise fees (Mk) laufende Franchisegebühren *fpl*
periodic ordering (MaW) Lagerhaltung *f* mit konstanten Bestellintervallen

periodic review system
(MaW) Bestellrhythmussystem *n*
– Bestellsystem *n* mit Intervallüberprüfung
(ie, of inventory management; syn, order cycling system, fixed reorder- cycle system; fixed-cycle variable-order . . . system)
periodic sample (Stat) periodisch entnommene Stichprobe *f*
period insured (Vers) Versicherungsdauer *f (syn, period of coverage, term of insurance)*
period model (Vw) periodisiertes Modell *n*
period of adjustment
(Vw) Anpassungsperiode *f*
– Reaktionsperiode *f*
period of appraisal (Pw) Beurteilungszeitraum *m*
period of capital tieup (Fin) Kapitalbindungsfrist *f*
period of collection (Stat) Erhebungszeitraum *m*
period of coverage (Vers) Versicherungsdauer *f (syn, period insured, qv)*
period of deferral (com) Stundungsfrist *f*
period of depreciation (ReW) Abschreibungsdauer *f* Abschreibungszeitraum *m*
period of digestion (Bö) Absatzphase *f (ie, nach Neuemission)*
period of disclaimer (Re) Ausschlagungsfrist *f*
period of familiarization (Pw) Einarbeitungszeit *f (syn, orientation period)*
period of grace
(Re) Nachfrist *f*
(Pat) Schonfrist *f (ie, extended to applicants)*
period of high interest rates (Fin) Hochzinsphase *f*
period of limitation (Re) Verjährungsfrist *f*
period of notice (Re) Kündigungsfrist *f (syn, notice term, period to terminate)*
period of operation (Re) Geltungsdauer *f (syn, period of validity)*
period of payment (com) Zahlungsziel *n (syn, date of required payment, time allowed for payment)*
period of protection (Pat) Schutzfrist *f*
period of storage (MaW) Lagerzeit *f*
period of suspense
(Re) Schwebezeit *f*
(ie, used to indicate a period of time during which it is uncertain whether a condition will be fulfilled or not)
period of transition (com) Übergangszeit *f (syn, transitional period)*
period of validity (Re) Geltungsdauer *f*
period of warranty (com) Garantiezeit *f (syn, guarantee period)*
period of weakness (com) Schwächeperiode *f*
period order quantity (MaW) Periodenbedarf *m*
period output (Bw) Periodenleistung *f*
period set aside for appeal (Re) Berufungsfrist *f*
periods of professional training (Pw) Ausbildungszeiten *fpl*
period time charter (com) Zeitcharter *f (eg, two year commitments)*
period to maturity (Fin) Endlaufzeit *f*
period-to-period comparison (com) Periodenvergleich *m*
period to terminate (Re) = period of notice
period under review
(com) Berichtszeitraum *m (syn, reporting period)*
(Stat) Erfassungszeitraum *m*

peripheral
(EDV) Peripheriegerät *n*
(ie, usually consists of I/0 and backing store devices; dient zur Ein/Ausgabe und/oder zur Zwischenspeicherung)
Peripheral Component Interconnect, PCI (EDV) PCI-Bussystem *n (ie, bus specification that allows fast data transfer between processor and peripherals; becoming industry standard)*
peripheral processor
(EDV) peripherer Prozessor *m*
(ie, auxiliary computer performing specific operations under control of the master computer)
peripheral storage (EDV) peripherer Speicher *m*
peripheral transfer (EDV) periphere Übertragung *f*
peripheral unit (EDV) periphere Einheit
perishable goods (com) leicht verderbliche Güter *npl*
perishables (com) leicht verderbliche Ware *f*
perks
(Pw, infml) Nebenleistungen *fpl*
(ie, short for: perquisites; noncash compensation, such as a company car, interest-free loan etc; cf, executive perks)
perk up *v* (com) steigen *(eg, sales)*
permanent advertising
(Mk) Daueranschlag *m*
(ie, mostly for several years; opp, bill advertising)
permanent appointment
(Pw) feste Anstellung *f*
– Dauerstellung *f*
permanent arrangement (com) Dauerregelung *f*
permanent assets
(ReW) = fixed assets
(Bw) Grundstücke *npl*
permanent average balances (Fin) Bodensatz *m (syn, deposit base)*
permanent burden (com) Dauerbelastung *f*
permanent crisis (Vw) Dauerkrise *f*
permanent debt (FiW) konsolidierte Schuld *f (syn, consolidated debt)*
permanent device error (EDV) permanenter Gerätefehler *m*
permanent differences
(StR, US) Dauerabweichungen *fpl*
(ie, between taxable income and pretax accounting income; not offset by corresponding differences in other periods)
permanent disablement
(SozV) dauernde Erwerbsunfähigkeit *f*
(syn, permanent incapacity)
permanent disk (EDV) permanente Platte *f*
permanent employment
(Pw) Dauerbeschäftigung *f*
(syn, permanent . . . job/position)
permanent establishment
(StR) Betriebsstätte *f (cf, § 12 AO)*
(eg, a place of management, a branch, an office, a factory, a workshop, a place of extraction of natural resources = Ort der Leitung, Zweigniederlassung, Geschäftsstelle, Fabrikationsstätte, Werkstätte, Stätte der Ausbeutung von Bodenschätzen)
permanent establishment abroad (StR) ausländische Betriebsstätte *f*

permanent file (EDV) permanente Datei *f*
permanent financing
(Fin) Dauerfinanzierung *f (ie, long-term financing following financing during a period of construction)*
(Fin) langfristige, festverzinsliche Hypothek *f*
permanent holding (Fin) Daueranlage *f (syn, long-term investment)*
permanent home (StR) ständige Wohnstätte *f*
permanent importation (Zo) endgültige Einfuhr *f (syn, outright importation)*
permanent incapacity (SozV) = permanent disability
permanent-income hypothesis (Vw) permanente Einkommen-Hypothese *f*
permanent injury (SozV) Dauerschaden *m*
permanent investment (Fin) langfristige Beteiligung *f*
permanent investments
(ReW) Wertpapiere *npl* des Anlagevermögens *(syn, long-term investments; opp, marketable securities, qv)*
(Fin) langfristige Anlagen *fpl (syn, long-dated investments)*
permanent job (Pw) Dauerbeschäftigung *f (syn, permanent . . . employment/position/post)*
permanent judge (Re) hauptamtlicher Richter *m*, Berufsrichter *m*
permanent layoff (Pw) Entlassung *f (syn, dismissal)*
permanent life insurance (Vers) Todesfallversicherung *f (syn, whole life insurance, qv)*
permanently in need of care (SozV) dauernd pflegebedürftig
permanently separated (StR) dauernd getrennt lebend
permanent place of abode (Re) ständiger Wohnsitz *m*
permanent position (Pw) = permanent job
permanent post (Pw) = permanent job
permanent residence (Re) ständiger Wohnsitz *m*
permanent staff of skilled workers (Pw) Facharbeiterstamm *m*
permanent storage
(EDV) Festwertspeicher *m*
(syn, read only memory, qv)
permanent swap file (EDV) permanente Auslagerungsdatei *f (opp, temporary swap file)*
permanent tenure (Pw) Anstellung *f* auf Lebenszeit
permanent tools (KoR) Dauerwerkzeuge *npl*
per mensem (com) monatlich, by the month
permissible value of a variable (Math) zulässige Werte *mpl* e–r Variablen
permissive interview (Stat) weiches Interview *n*
permissive society (Vw) permissive Gesellschaft *f*
permit
(com) Lizenz *f*, Konzession *f (syn, license)*
(Zo) Zollabfertigungsschein *m (syn, customs permit)*
perpetrate *v* (Re) (Tat *f*) begehen *(syn, commit)*
perpetrator (Re) Täter *m (syn, offender)*
perpetual annuity (Fin) = perpetuity
perpetual bond (Fin) Annuitätenanleihe *f*
perpetual budget
(Bw) rollende Planung *f*
(Fin) rollendes Budget *n*
perpetual debenture (Fin) untilgbare Schuldverschreibung *f (syn, irredeemable debenture)*
perpetual floating rate note (Fin) Perpetual Floating Rate Note *(ie, werden ohne Endfälligkeit begeben; cf, floating rate note)*
perpetual inventory
(MaW) permanente od laufende Inventur *f*
(ie, kept in continuous agreement with stock in hand; syn, continuous/running . . . inventory)
perpetual inventory file (MaW) laufende Bestandskartei *f*
perpetual inventory records (MaW) = perpetual inventory file
perpetuals (Fin) Schuldtitel *mpl* ohne Laufzeitbegrenzung
perpetuity (Fin) ewige Rente *f (ie, one payable forever; syn, perpetual annuity)*
per procuration (com) per Prokura, ppa. *(ie, abbreviated: per pro)*
per pro signature (com) Prokura-Unterschrift *f (eg, XY Bank, per pro John Doe)*
perquisites (Pw) = perks
per se violation (Kart, US) Per-se-Verstoß *m (ie, of U. S. antitrust laws; examples are: horizontal price fixing, resale price maintenance, division of markets, collective refusals to deal: Preisabsprachen, Preisbindung der zweiten Hand, Marktaufteilung, Gruppenboykott; cf, Sect 1 Sherman Act of 1890, and Sec 2 and 3 Clayton Act of 1914; see also: Rule of Reason)*
per share of common stock (ReW) je Stammaktie
persistence
(EDV) Nachleuchten *n (of a monitor; syn, afterglow)*
(EDV, OOP) Persistenz *f*
persistent demand (com) anhaltende od stetige Nachfrage *f*
persistent fiscal surplus (AuW) anhaltender Haushaltsüberschuß *m*
persistent inflation (Vw) Dauerinflation *f*
persistent unemployment (com) anhaltende Arbeitslosigkeit *f*
persistent weakness of demand (com) anhaltende Nachfrageschwäche *f*
personal account (Fin) Privatkonto *n*
personal allowance
(StR) Grundfreibetrag *m*
(IndE) persönliche Verteilzeit *f (syn, personal need allowance)*
personal assistant (com) Chefsekretärin *f (ie, may just as well be a male humanperson; syn, personal secretary)*
personal background (Pw) Werdegang *m*
personal banking (Fin, US) = retail banking
personal chattel (Re) bewegliches Vermögen *n (syn, movable property, qv)*
personal computer (EDV) Personal Computer *m (ie, commonly called ‚PC' in German)*
personal consumption (com) Eigenverbrauch *m*
personal consumption expenditure (VGR) privater Verbrauch *m*
personal credit (Fin) Personalkredit *m*
personal damage (Re) Personenschaden *m*
personal data (EDV) personenbezogene Daten *pl*
personal data sheet (Pw) = personal record sheet
personal debts (Fin) Privatschulden *fpl (ie, of a partner)*

personal defense
(WeR) persönliche Einrede *f*
(ie, not good against a holder in due course, but against certain parties: all defenses not real or absolute)
personal disposable income
(VGR) persönlich verfügbares Einkommen *n*
(ie, net national product at factor cost + transfer payments – direct cost and undistributed profits)
personal drawings (ReW) Privatentnahmen *fpl (syn, private withdrawals)*
personal effects floater
(Vers) Reisegepäckversicherung *f*
(ie, either ‚all risks' or ‚specified perils'; syn, luggage insurance)
personal estate (Re) = movable property
personal exemption (StR) persönliche Befreiung *f*
personal fidelity bond (Vers) Personenkautionsversicherung *f*
personal finance company (Fin) Teilzahlungskreditinstitut *n*
personal goal (Bw) Einzelziel *n (syn, individual goal)*
personal history (Pw) Lebenslauf *m (syn, curriculum vitae, C. V.)*
personal history form (Pw) Personalfragebogen *m*
personal history record (Pw) Personalakte *f*
personal holding company
(StR, US) kleine Holding *f*
(ie, not more than five individuals; at least 60 pct of ‚adjusted gross income' must be derived from dividends, interest, royalties, and securities sales)
personal holding company tax (StR, US) Steuer *f* auf personenbezogene Holdinggesellschaften
personal identification number (EDV) = personal identity number
personal identity number, PIN
(com) Identifikationsnummer *f*
– (infml) Geheimnummer *f*
(eg, Abhebungen am Geldautomat nur unter Eingabe der PIN)
personal income
(VGR) persönliches Einkommen *n*
(StR) Summe *f* der Einkünfte vor Steuern
personal income distribution
(Vw) personelle Einkommensverteilung *f*
(ie, it benefits individual income recipients)
personal income tax (StR) Einkommensteuer *f (opp, corporate income tax)*
Personal Information Manager, PIM
(EDV) Elektronischer Zeitplaner *m*
– Organizer *m*
(ie, software utility that manages diary, addresses and notes)
personal information system (EDV) Personalinformationssystem *n*
personal injury (Re) Personenschaden *m (ie, injury to person)*
personal injury suit (Re, US) Schadenersatzklage *f* wegen Körperverletzung
personal insurance (Vers) Personenversicherung *f*
personal involvement
(Pw) Engagement *n*
– Ich-Beteiligung *f*

personalized computer letter (com) Computerbrief *m*
personal jurisdiction
(Re) Zuständigkeit *f* e–s Gerichts für e–e bestimmte Person
(ie, a court's power over a particular person; syn, in personam jurisdiction; opp, subject matter jurisdiction)
personal liability (Re) unbeschränkte Haftung *f (syn, full /unlimited . . . liability)*
personal liability insurance (Vers) Privathaftpflichtversicherung *f*
personal loan (Fin) = personal credit
personal need allowance (IndE) = personal allowance
personal property
(Re) bewegliche Sache *f*
(syn, movable property, personalty; opp, real property)
personal property tax
(StR) Steuer *f* auf bewegliches Vermögen
(opp, real property tax)
personal records (Pw) = personal history
personal record sheet
(Pw) tabellarischer Lebenslauf *m*
(ie, in place of a written-out CV: curriculum vitae; syn, résumé)
personal representative
(Re) Rechtsnachfolger *m*
(ie, im Erbrecht – als Zwischeninstanz – sind dies Testamentsvollstrecker (executor, executrix) und Nachlaßverwalter (administrator, administratix))
(Re) Vertreter *m* e–r Person
(ie, wider meaning may cover: heirs, next of skin, assignees, receivers, etc)
personal right (Re) relatives Recht *n (ie, imposes obligation on a definite person; syn, right in rem)*
personal-savings ratio (Vw) Sparquote *f* der privaten Haushalte
personal scope (Re) persönlicherr Geltungsbereich *m*
personal secretary (com) Chefsekretärin *f (syn, personal assistant, PA, qv)*
personal security
(Re) persönliche Sicherheit *f*
(ie, guaranty for another person whose credit standing is not sufficient to justify credit on his single name; there is simply the signature of some person assuming financial responsibility, such as endorsement, guaranty, or surety; opp, collateral security, qv)
personal selling
(Mk) Direktverkauf *m* über Haushaltsreisende
– Haustürverkauf *m*
(syn, door-to-door selling, qv)
personal signature
(com) eigenhändige Unterschrift *f*
(cf, autograph signature)
personal taxation (StR) persönliche Steuerpflicht *f*
personal taxes (FiW) Personensteuern *fpl*
personal transfer payments (VGR) private Einkommensübertragungen *fpl*
personal trust (Re) Treuhandverwaltung *f* im Auftrag von Privatpersonen
personalty (Re) bewegliches Vermögen *n (syn, movable property, qv)*
personal use (Pat) persönlicher Gebrauch *m*

person in law (Re) Rechtssubjekt *n (syn, legal entity)*
personnel
(Pw) Personal *n*
– Belegschaft *f*
personnel administration
(Pw) Personalwirtschaft *f*
– Personalbereich *m*
(syn, personnel function, human resources function)
personnel appointment consultant (Pw) Personalberater *m*
personnel card file (Pw) Personalkartei *f*
personnel consultant (Pw) Personalberater *m*
personnel cost (KoR) Personalkosten *pl (syn, employment cost, qv)*
personnel department
(Pw) Personalabteilung *f*
(syn, employee relation department, human resources department; US, industrial relations department)
personnel development (Pw) Mitarbeiterförderung *f*
personnel dossier (Pw) = personnel file
personnel file (Pw) Personalakte *f (syn, personnel . . . folder/records/dossier)*
personnel folder (Pw) = personnel file
personnel leasing (Pw) Personal-Leasing *n*
personnel management
(Pw) Personalwirtschaft *f*, Personal-Management *n (syn, human resources management)*
(Pw) Personalverwaltung *f (syn, manpower management)*
personnel manager
(Pw) Personalleiter *m*
– Personalchef *m*
(syn, employment manager)
personnel office (Pw) Personalbüro *n*
personnel planning (Pw) Personalplanung *f (syn, manpower planning, qv)*
personnel procurement (Pw) Personalbeschaffung *f (syn, personnel recruitment)*
personnel psychology (Bw) = industrial psychology
personnel rating (Pw) Leistungsbeurteilung *f (syn, performance appraisal, qv)*
personnel records (Pw) = personnel file
personnel record sheet (Pw) Personalbogen *m*
personnel recruitment (Pw) Personalbeschaffung *f (syn, personnel procurement)*
personnel reporting (Pw) Personalberichtswesen *n*
personnel shortage (Pw) Personalknappheit *f (syn, shortage of manpower)*
personnel turnover (Pw) Fluktuation *f (syn, labor turnover, qv)*
person non compos mentis (Re) = person of unsound mind
person of ordinary skill in the art
(Pat) durchschnittlicher Fachmann *m*
(ie, dem der Stand der Technik – state of the art – bekannt ist; cf, § 4 PatG)
person of unsound mind
(Re) Geisteskranker *m*
(syn, person non compos mentis)
person out of work
(Pw) Arbeitsloser *m*
(syn, jobless person, unemployed person)
persons in dependent employment
(Pw) abhängig Beschäftigte *mpl*
– Abhängige *mpl*
(ie, wage earners and salaried employees)
person skilled in the art (Pat) Fachmann *m*, Sachverständiger *m (cf, person of ordinary skill in the art)*
persons on fixed income (Vw) Bezieher *mpl* fester Einkommen
persons out of work (com) Erwerbslose *pl*
persons outside the labor force (Vw) nicht erwerbstätige Personen *fpl*
persuasion advertising
(Mk) überredende od überzeugende Werbung *f*
(ie, used to convince a target audience to prefer the product advertised over alternatives)
perturbance variable (EDV) Störgröße *f*
per unit cost (KoR) Stückkosten *pl (syn, unit cost, cost per unit of output)*
per unit royalty (Pat) Stücklizenz *f*
PES (Fin) = primary earnings per share
pest infestation (IndE) Schädlingsbefall *m*
petition for relief
(Re, US) Konkurs- od Vergleichsantrag *m*
(ie, under Chapters 7 and 11 of the Bankruptcy Reform Act of 1978)
petition in bankruptcy (Re) Antrag *m* auf Konkurseröffnung
Petri net (EDV) Petri-Netz *n*
Petri-net assisted tool (EDV) Petri-Netz-gestütztes Werkzeug *n*
petrol retailer (com, GB) Tankstelle *f (syn, US, gasoline retailer)*
petrol station (com, GB) Tankstelle *f (syn, filling station; US, gas station)*
petrol-station chain (com, GB) Tankstellennetz *n*
petrol tax (StR, GB) Mineralölsteuer *f*
petty average (SeeV) kleine Havarie *f*
petty case (Re) Bagatellsache *f (ie, amount in controversy is negligible)*
petty cash fund
(Fin) kleine Kasse *f*
– Nebenkasse *f*
(syn, GB, float; cf, imprest system)
petty cause (Re) = petty case
petty damage (com) Bagatellschaden *m*
petty foreman (Pw) Vorarbeiter *m (syn, assistant foreman, qv)*
petty offense (Re) Bagatellstrafsache *f (syn, summary offense)*
petty patent (Pat) Gebrauchsmuster *n (syn, utility-model patent, qv)*
PFC (AuW, US) = priority foreign country
pflichtgemäßes Ermessen *n* (Re) (act) with discretion and in duty bound
phantom bill of materials (IndE) Phantomstückliste *f*
phantom freight
(com) Phantomfracht *f*
– fiktive Fracht *f*
(ie, in the basing point system)
phantom inventory gains (ReW) Scheingewinne *mpl* aus Vorratshaltung
phantom offer (com) Scheinangebot *n*
phantom profit (ReW) Scheingewinn *m (syn, paper profit, qv)*

phantom stock (Pw, US) fiktive Anteilsrechte *npl*
pharmaceuticals industry (com) Pharmaindustrie *f* *(syn, drug industry)*
phase-in (com) Anlaufen *n (eg, of program, project)*
phase in *v*
(com) einführen
– anlaufen lassen
phase-in period (com) Anlaufzeit *f (syn, startup period)*
phase modulation (EDV) Phasenmodulation *f*, PhM *(ie, in data transmission; syn, phase shifting keying, PSK)*
phase of construction (com) Bauabschnitt *m*
phase of work flow (IndE) Ablaufabschnitt *m (eg, project stage, activity)*
phase-out (com) Auslaufen *n (ie, of program, project)*
phase out *v* (com) auslaufen lassen *(syn, discontinue)*
Phillips curve
(Vw) Phillips-Kurve *f*
(ie, defines the relationship between jobless rate and percentage changes of nominal wages = definiert die Beziehung zwischen Arbeitslosenquote und prozentualer Änderung der Nominallöhne)
philosophy
(com, infml) Auffassung *f*
(com, infml) Grundlagen *fpl*
PHLX (Bö) = Philadelphia Stock Exchange
phone (com, infml) = telephone
phone *v* (com) anrufen, telefonieren *(ie, short for ‚telephone')*
phone book (com, infml) Telefonbuch *n (syn, telephone directory, qv)*
phone booth (com, infml) Telefonzelle *f (syn, telephone booth, qv)*
phone box (com) = phone booth
phone in *v* (com, infml) telefonisch durchgeben
phone number (com) Telefonnummer *f*
photo call (com) Fototermin *m*
photographic storage (EDV) Filmspeicher *m*
photograph session (com) Fototermin *m*
photo session (com) Fototermin *m*
phototypesetting (Mk) Lichtsatz *m*
phrase
(com) Ausdruck *m*
– Ausdruck *m*
(EDV, Cobol) Angabe *f*
– Zusatz *m*
(eg, UNTIL phrase = Beendigungsangabe; cf, DIN 66 028, Aug 1985)
physical address
(EDV) physikalische Adresse *f*
(syn, machine address)
physical assets
(ReW) Sachanlagevermögen *n (opp, financial assets)*
(Bw) materielle Wirtschaftsgüter *npl* Sachanlagegüter *npl*
(Vw) materielle Güter *npl*
physical budget (KoR) Mengenbudget *n*
physical commodity (Bö) physische Ware *f*
physical control (Re) tatsächliche Herrschaft *f*
physical count (ReW) körperliche Bestandsaufnahme *f*
physical damage (Re) Sachschaden *m (syn, damage to property, qv)*
physical data structure (EDV) physische Datenstruktur *f (syn, data structure)*
physical demand (Vw) mengenmäßige Nachfrage *f*
physical depreciation (ReW) verbrauchsbedingte Wertminderung *f*
physical depreciation of assets (ReW) technische Entwertung *f*
physical distribution
(Mk) physische Distribution *f*
(ie, häufig synonym mit Marketinglogistik)
physical efficiency
(Bw) Produktivität *f (syn, productivity, qv)*
(IndE) technischer Wirkungsgrad *m (syn, engineering effiency)*
physical incapacity (SozV) Erwerbsunfähigkeit *f (ie, to earn a living)*
physical inspection of goods (com) Beschau *f* der Waren
physical inventory
(ReW) körperliche Inventur *f* od Bestandsaufnahme *f*
– effektive Inventur *f*
(syn, physical count, physical stocktaking)
physical inventory cards
(ReW) Inventurzählkarten *fpl*
physical inventory list (ReW) Inventurvorbereitungsliste *f*
physical layer (EDV) physikalische Schicht *f (ie, in computer network)*
physical life (Bw) Lebensdauer *f (eg, of fixed asset, investment project; opp, service life = Nutzungsdauer)*
physically handicapped (Pw) körperbehindert
physical market (Bö) Kassamarkt *m (syn, cash/spot . . . market)*
physical obsolescence (Bw) technische Überholung *f* *(opp, economic obsolescence)*
physical page (EDV, Cobol) physische Seite *f (cf, DIN 66 028, Aug 1985)*
physical production surface
(Vw) Ertragsgebirge *n*
– Produktionsgebirge *n*
(syn, production surface)
physical record
(EDV, Cobol) physischer Satz *m*
– Block *m*
(ie, term is synonymous with block; cf, DIN 66 028, Aug 1985)
physical structure
(KoR) Mengengerüst *n*
(EDV, Cobol) physischer Aufbau *m*
physical therapy (com) physikalische Therapie *f* Krankengymnastik *f*
physical tie-in (Mk) Verbund-Marketing *n (ie, simultaneous marketing of two or more new, physically complementary products)*
physical trade (Bö) physisches Geschäft *n (opp, futures trade)*
physical unit (EDV) Bauelement *n*
physical value (ReW) Reproduktionswert *m* abzüglich Abschreibungen
physical variance (KoR) Leistungsabweichung *f* *(syn, efficiency variance, qv)*

physical wear and tear (ReW) substantielle Abnutzung *f (ie, of fixed assets)*
picket (Pw) Streikposten *m*
picking list (MaW) Entnahmeliste *f*
picking up of orders (com) Belebung *f* des Auftragseingangs
pickup
(com) = pickup truck
(Fin, US) Renditegewinn *m*
(ie, gain in yield that occurs when a block of bonds is swapped for another block of higher-coupon bonds)
pick up *v*
(com) abholen *(eg, parcels, consignments; syn, collect)*
(com) sich erholen
– ansteigen
(syn, recover, revive)
pick up a call *v* (com) Telefongespräch *n* übernehmen
pickup-and-delivery service (com, US) Abhol- und Zustelldienst *m*
pick up back cargo *v* (com) Rückfracht *f* aufnehmen
pickup in capital spending (Vw) Investitionsbelebung *f*
pickup in economic activity (Vw) wirtschaftliche Erholung *f (syn, economic recovery, qv)*
pickup payment (Fin) Abschlußrückzahlung *f (ie, e–s Darlehens; größer als die voraufgegangene Zahlung)*
pick up steam *v* (com) sich erholen
pickup system
(MaW) Holsystem *n*
(ie, operator fetches material from storeroom; opp, delivery system = Bringsystem)
pick up the tab *v* (com, infml) zahlen *(ie, pay the bill)*
pickup truck
(com) (offener) Lieferwagen *m*
(ie, enclosed cab and open body with low sides and tailgate = Rückklappe; syn, pickup)
pictorial advertising (Mk) Bildwerbung *f*
picture
(EDV) Bild *n (ie, in computer graphics; syn, image)*
(EDV, Cobol) Maske *f*
(Fin) Geld- und Briefkurse *mpl* e–s Maklers für ein bestimmtes Wertpapier *(ie, bid and asked prices quoted by a broker for a given security)*
picture *v* (com) darstellen
picture character (EDV, Cobol) Maskenzeichen *n*
picture clause
(EDV) Maskenklausel *f*
– Picture-Klausel *f*
(ie, im Datenteil e–s Cobol-Programms)
picture data structure (EDV) Bilddatenstruktur *f*
picture editing system (EDV) Bildaufbereitungssystem *n*
picture element
(EDV) Bildelement *n*
– Pixel *n*
(syn, pixel)
picture language (EDV) Bildsprache *f*
piddling sum (com) Bagatellbetrag *m (syn, paltry, trifling . . . sum)*
piecemeal audit opinion (ReW) teilweise eingeschränkter Betätigungsvermerk *m*
piece of cake (com, infml) Kinderspiel *n*
piece of equipment (com) Ausrüstungsgegenstand *m*
piece rate
(Pw) Stücklohnsatz *m*
– Akkordlohnsatz *m*
(ie, employee is paid only for the amount he produces; opp, time wage rate)
piecetime (IndE) Stückzeit *f*
piecework (IndE) Akkordarbeit *f*
piece worker (IndE) Akkordarbeiter *m*
piecework payroll accounting (IndE) Akkordabrechnung *f*
piecework rate (IndE) Akkordlohn *m (syn, piece rate)*
piecework slip (IndE) Akkordzettel *m*
piecework system (IndE) Akkordsystem *n*
piecework wage (IndE) = piecework rate
pie chart (Stat) Kreisdiagramm *n (syn, circular/circle . . . chart, wheel diagram)*
pierage (com) Kaigeld *n*
piercing the corporate veil
(Re) Durchgriffshaftung *f*
– Haftungsdurchgriff *m*
(ie, direct liability of partners and shareholders beyond corporate assets = Haftung über das Gesellschaftsvermögen hinaus, if legal person is abused to restrict liability or is used in violation of the principle of good faith; unter bestimmten Umständen kann e–e persönliche Haftung der Gesellschafter gegenüber den Gläubigern begründet werden)
pig cycle (Vw) Schweinezyklus *m (ie, illustrates the cobweb cycle; syn, hog cycle)*
pigeonhole (com) Sortierfach *n*
pigeonhole *v*
(com) zurückstellen *(syn, lay aside, shelve)*
(com) einstufen
– einteilen
(ie, put into proper class or group; syn, classify)
piggyback export scheme
(com) Huckepacksystem *n*
(ie, Wahrnehmung der Interessen kleiner Firmen durch große Exportfirmen)
piggyback system
(com, US) Huckepackverkehr *m*
(ie, a firm's products are exported by another firm that carries complementary goods)
(com) Huckepackverkehr *m*
(ie, transporting truck trailers on flat rail cars)
pilfer *v* (Re) stehlen *(ie, steal in small amounts)*
pilferage
(Re) geringfügiger Diebstahl *m (ie, stealing of small items; petty larcency)*
(SeeV) Beraubung *f*
pillar box (com, GB) Briefkasten *m (syn, letter box, qv)*
pilotage fee (com) Lotsengeld *n*
pilot control (EDV) Vorsteuerung *f*
pilot interview
(Mk) Pilotinterview *n*
– Pilotbefragung *f*
(syn, throw-away interview)
pilot lot (IndE) Nullserie *f*, Probepartie *f*

pilot model (IndE) Vormodell *n (ie, usually handmade, for production engineering studies; cf, mockup)*
pilot order (com) Erstauftrag *m*
pilot plant
(IndE) Pilotanlage *f*
– Demonstrationsanlage *f*
– Versuchsanlage *f (syn, demonstration plant)*
pilot plant scale production
(IndE) Pilotfertigung *f*
– Probebetrieb *m*
– Versuchsbetrieb *m*
(syn, bench scale production; opp, commercial production = großtechnische Fertigung)
pilot project (com) Pilotproject *n*
pilot run (IndE) Probelauf *m (syn, dry/trial . . . run)*
pilot study
(com) Leitstudie *f*
– Pilotstudie *f*
(syn, exploratory/preliminary . . . study)
pilot survey (Stat) Probeerhebung *f (syn, exploratory survey)*
PIM (EDV) = Personal Information Manager
PIN
(com) = personal identity number, qv
(Fin, infml) Bankkunde *m*
(com) (jeder) Kunde *m*
pincer-like policy (Vw) Zangenpolitik *f (ie, of central bank)*
pin hopes on *v* (com) Hoffnungen *fpl* setzen auf
pink slip (Pw, infml) Entlassungsschreiben *n (ie, notifying employees of their termination; notice of discharge)*
pinpointed information campaign (Mk) gezielte Aufklärung *f*
pioneering advertising (Mk) Initialwerbung *f*
pioneering stage (Mk) Einführungsphase *f (cf, product life cycle)*
pioneer product (Mk) Pionierprodukt *n*
pious pledge (com, infml) Lippenbekenntnis *n (eg, to make . . . syn, to pay lip service)*
pipe
(EDV) Befehlsverkettung *f*
– Pipe *n (ie, stellt e–n seriellen Kommunikationskanal zwischen Prozessen dar)*
pipeline computer (EDV) Pipeline-Rechner *m*
pipeline inventory
(MaW) Bestand *m* im Verteilsystem
(ie, stock held between the point where it is made and the point where it is used; syn, in-transit inventory)
pipelining (EDV) Pipeline-Verarbeitung *f*, parallele Abarbeitung *f*
piping (EDV) Verketten *n*
pit (Bö) Maklerstand *m (ie, in commodity exchange)*
pitch
(Mk) Verkaufsgespräch *n (ie, presentation by salesman to buyer)*
(EDV) Zeichendichte *f*
(ie, number of characters per inch = Anzahl der Zeichen pro Zoll)
pit closure
(Bw) Grubenschließung *f*
– Zechenstillegung *f*
(syn, mine shutdown)
pith and marrow of an invention (Pat) Kern *m* e–r Erfindung
pit of slump (Vw) Talsohle *f*
pit trader (Bö) Makler *m* auf eigene Rechnung
Pittsburgh plus (com, US) Stahlpreise *mpl* mit Frachtbasis Pittsburgh
pivotal decision (com) Grundsatzentscheidung *f*
pivot of linear trend (Stat) Ausgangspunkt *m* der Trendlinie
pivot operation (Math) Pivot-Operation *f (ie, in matrix calculus)*
pivot row (Math) Pivotzeile *f*
pivot step (EDV) Pivotschritt *m*
pixel (EDV) Pixel *n*, Bildelement *n (syn, picture element)*
pizazz (Mk, infml) Reklamerummel *m*
pkg. (com) = package
p.l. (com) = partial loss
placard (strip) (com) Beschriftungsschild *n*
place *v*
(com) verkaufen
– unterbringen
(Fin) plazieren *(eg, new securities: sell them to the public)*
place a deadline on *v*
(com) befristen, Termin *m* festsetzen für
(syn, set, fix; put a time limit on)
place a loan *n* (Fin) Anleihe *f* unterbringen
place an advertisement *v* (Mk) Anzeige *f* aufgeben
place an issue *v* (Fin) Emission *f* plazieren od unterbringen
place an order for *v*
(com) bestellen
– Auftrag *m*
– Bestellung *f* ... aufgeben auf
(syn, order, give an order for)
place at a disadvantage *v* (com) benachteiligen
placeholder
(Math) Platzhalter *m*
(ie, symbol that may be replaced by the name of any element of a set)
place in the stream of commerce *v* (Re, US) in Verkehr bringen
placement
(Pw) Stellenvermittlung *f*
(Pw) Stellenbesetzung *f*
(Fin) Plazierung *f*, Unterbringung *f (ie, of a securities issue)*
(Fin) Unterbringung *f* e–s langfristigen Darlehens
(Fin) Bank-zu-Bank-Verkauf *m* von Eurodollar
placement memorandum
(Fin) Plazierungs-Prospekt *m*
(ie, document prepared by the lead manager of a syndicate in the Eurocredit market; it is addressed to other potential lenders)
placement technology (EDV) Bestückungstechnik *f*
placement test (Pw) Einstufungstest *m*
place of actual management (Bw) Ort *m* der tatsächlichen Geschäftsleitung
place of arbitration (Re) Schiedsort *m*
place of business (com) Sitz *m* e–s Unternehmens
place of delivery
(com) Lieferort *m*
(Bö) Lieferort *m*, Auslieferungspunkt *m (syn, delivery point)*

place of departure (Zo) Abgangsort *m*
place of destination (com) Bestimmungsort *m (syn, final destination)*
place of employment (Pw) Beschäftigungsort *m*
place of entry (Zo) Einfuhrort *m (syn, place of importation)*
place of establishment (Bw) Ort *m* der Niederlassung
place of exit (Zo) Austrittsort *m (syn, point of exit)*
place of final use (AuW) Verbrauchsort *m*
place of fulfillment (Re) Erfüllungsort *m (syn, place of performance)*
place of incorporation (Bw) Ort *m* der Gründung
place of issue (WeR) Ausstellungsort *m*
place of jurisdiction (Re) Gerichtsstand *m (syn, forum, place of litigation, venue)*
place of litigation (Re) = place of jurisdiction
place of loading (com) Verladeort *m*
place of management (com) Ort *m* der Geschäftsleitung
place of manufacture (com) Herstellungsort *m*
place of organization (Bw) Sitz *m (ie, e–r Gesellschaft)*
place of performance (Re) Erfüllungsort *m*, Ort *m* der Leistung *(syn, place of fulfillment)*
place of residence (Re) Aufenthaltsort *m (ie, permanent address)*
place of transfer (Fin) Übertragungsort *m (ie, place where changes in the ownership of shares can be registered)*
place of transshipment (com) Umschlagplatz *m*
place of work
(Pw) Arbeitsplatz *m*
– Arbeitsstätte *f*
(syn, workplace, qv)
place of work principle (StR) Arbeitsortprinzip *n*
place on record *v* (Re) aktenkundig machen
place privately *v* (Fin) freihändig od privat unterbringen *(ie, with)*
place under guardianship *v* (Re) entmündigen *(syn, interdict)*
place utility (Vw) räumlicher Nutzen *m* e–s Gutes *(opp, form, time, possession . . . utility)*
place value (Math) Stellenwert *m*
placing (Vers) Abschluß *m* e–s Versicherungsvertrages *(ie, may be insurance or reinsurance)*
placing agent (Fin) Plazierungsinstitut *n*
placing agreement (Fin) Plazierungsvertrag *m*
placing memorandum (Fin) (vertrauliches) Dokument *n* über Privatplazierungen
placing of a loan (Fin) Anleiheunterbringung *f*
placing power (Fin) Plazierungspotential *n (ie, ability of a financial institution to place newly issued securities with investors)*
placing price (Fin) Plazierungskurs *m*
placings (Bö) Wertpapieremissionen *fpl (ie, über Börsenmakler zum Festkurs)*
plain bond issue (Fin) ungesicherte Anleihe *f (syn, unsecured issue)*
plain bonds
(Fin) ungesicherte Schuldverschreibungen *fpl*
(ie, rather unappealing title given to unsecured bonds)
plain debentures (Fin, US) = debenture bonds
plaint (Re) Klageschrift *f*
plaintiff
(Re) Kläger *m*
(ie, party bringing suit in a civil action; syn, complainant; opp, defendant = Beklagter)
plaintiff and defendant
(Re) Kläger *m* und Beklagter *m*
(ie, auch Prozeßparteien oder nur Parteien genannt)
plain time rate (Pw) einfacher Zeitlohn *m*
plain vanilla
(com) ohne besondere Eigenschaften
– klassisch strukturiert
– routinemäßig *(cf, vanilla issue)*
plain vanilla issue (Fin, infml) Routine-Emission *f*
plain vanilla model (com) Basismodell *n*
plan ahead *v* (com) planen *(ie, but: planning, not: planning ahead)*
planar graph (Math) planarer Graph *m*
plan benefits (Pw) Versorgungsansprüche *mpl (ie, accrued under employee benefit plans)*
plan by stages (EG) Stufenplan *m*
plane
(com) Flugzeug *n*
(eg, to travel by plane, and in or on a particular plane; syn, aircraft, airplane, which see)
(Math) Ebene *f*
plane contour (Math) ebener Umlauf *m*
plane coordinates (Math) ebene Koordinaten *fpl*
plane cross-section (Math) ebener Schnitt *m*
plane curve (Math) ebene Kurve *f*
plane geometry (Math) ebene Geometrie *f (syn, two-dimensional geometry)*
plane rectangular coordinates (Math) rechtwinkeliges ebenes Koordinatensystem *n*
plane trigonometry (Math) ebene Trigonometrie *f*
planned budget figure (Fin, FiW) Etatansatz *m*
planned consumption expenditure (Vw) geplante Konsumsumme *f*
planned economy (Vw) Planwirtschaft *f (syn, controlled economy)*
planned magnitude (Bw) Plangröße *f*
planned maintenance
(IndE) vorbeugende Wartung *f* od Instandhaltung *f*
(syn, preventive maintenance)
planned net investment (Bw) beabsichtigte Nettoinvestition *f*
planned obsolescence (Mk) geplantes . . . Veralten *n*
planned output (Bw) Soll-Ausbringung *f (syn, predicted budgeted . . . output)*
planned savings
(Vw) geplante Ersparnis *f*
– ex-ante-Ersparnis *f*
planned spoilage (IndE) Ausschußplanung *f*
planning approach (Bw) Planungsansatz *m*
planning committee (Bw) Planungsausschuß *m*
planning concept (Bw) Planungskonzept *n*
planning control (Bw) Planungskontrolle *f*
planning department (Bw) Planungsabteilung *f*
planning engineer (IndE) Arbeitsvorbereiter *m*
planning horizon (Bw) Planungshorizont *m (syn, time level of planning)*
planning of activity level (KoR) Beschäftigungsplanung *f*
planning of business segments (Bw) Geschäftsfeldplanung *f*

planning of financial requirements (Fin) Finanzbedarfsplanung *f*
planning of intra-plant handling (IndE) innerbetriebliche Transportplanung *f*
planning of process layout (IndE) Arbeitsvorbereitung *f (syn, production scheduling)*
planning permission
(Re, GB) Planungserlaubnis *f (ie, to develop land)*
(Re, GB) Baugenehmigung *f (to put up a new building or change an existing one)*
planning process (Bw) Planungsprozeß *m*
planning, programming, and budgeting system, PPBS
(Bw) PPBS-System *n*
(ie, integratives Planungsinstrument mit Budgetierungswirkung; Vorstufe für zero-base budgeting und für die Scratch-Line Budgetierung)
planning, programming, budgeting system
(FiW) Programmbudget *n*
– Output-orientiertes Budget *n*
– PPBS-System *n* der Budgetplanung
planning risk (Bw) Planungsrisiko *n*
planning stage (Bw) Planungsphase *f*
planning technology (Bw) Planungstechnologie *f*
planning variance (Bw) Planungsabweichung *f*
plan of task-division (Bw) Geschäftsverteilungsplan *m (syn, distribution-of-business plan)*
plan one's own career *v* (Pw) Karriere *f* planen
plant
(IndE) Betrieb *m*
– Betriebsstätte *f*
– (Produktions-)Anlage *f*
– Werk *n*
– technische Einheit *f (e–s Unternehmens)*
(ie, manufacturing establishment, production unit, works, factory, mill: the buildings, machinery, appliances, tools, implements, and equipment used in production; the fixed investment used to carry on a business)
plant accountant (KoR) Betriebsbuchhalter *m*
plant and equipment
(ReW) Maschinen *fpl* und maschinelle Anlagen *fpl*
(IndE) Betriebsausstattung *f (syn, machinery and equipment)*
plant and equipment financing (Fin) Anlagenfinanzierung *f (ie, provision of finance for renewed or expanded plant facilities)*
plant and equipment maker (IndE) Anlagenbauer *m*
plant and equipment spending (Bw) Ausrüstungsinvestitionen *fpl (syn, equipment . . . investment/spending)*
plant and machinery
(ReW) Maschinen *fpl* und maschinelle Anlagen *fpl*
(ReW, EG) technische Anlagen *fpl* und Maschinen *fpl*
plant area (Bw) Betriebsfläche *f*
plant a rumor (com, infml) Gerücht *n* ausstreuen
plant a rumor *v* (com, infml) Gerücht *n* ausstreuen *(syn, put it about that . . .)*
plant bargaining (Pw, US) betriebliche Tarifverhandlungen *fpl*
plant breakdown (IndE) Betriebsstörung *f*
plant builder (IndE) Anlagenbauer *m*
plant building
(Bw) Betriebsgebäude *n*
– Werkshalle *f*
(syn, factory building)
plant building division (Bw) Industrieanlagenbau *m (ie, part of a conglomerate company; syn, project construction division)*
plant capacity
(Bw) Betriebskapazität *f*
(ie, relates to the entire production program; opp, product capacity = Erzeugniskapazität; syn, operating capacity)
(Bw) theoretische Maximalkapazität *f*
plant closing
(Bw) Betriebsschließung *f*
– Betriebsstillegung *f*
(syn, plant closure)
plant closure (Bw) = plant closing
plant computer (EDV) Betriebsrechner *m*
plant departmental overhead (KoR) Fertigungsstellengemeinkosten *pl*
plant-developed standards (IndE) Werksnormen *fpl*
plant division (Bw) Betriebsabteilung *f (syn, operating division)*
plant engineer (IndE) Betriebsingenieur *f*
plant engineering (and construction)
(Bw) Anlagenbau *m*, Industrieanlagenbau *m*
(ie, Einrichtung und Betrieb industrieller Anlagen; syn, systems engineering)
plant extension (Bw) Betriebserweiterung *f (syn, extension of plant facilities)*
plant facilities
(IndE) Betriebseinrichtungen *fpl*
(Bw) Fertigungsstätte *f (syn, manufacturing facilities)*
plant fire brigade (IndE) Werkfeuerwehr *f*
plant gate (com) Werkstor *n*
plant hierarchy (Bw) Betriebshierarchie *f*
plant holidays (Pw) Betriebsferien *pl*, Werksferien *pl (syn, vacation close-down)*
plant hygiene (Bw) Betriebshygiene *f*
plant inspection (IndE) Betriebsbegehung *f*
plant interruption
(IndE) Betriebsstörung *f*
– Betriebsunterbrechung *f*
(syn, breakdown, equipment failure, stoppage; infml, tie-up)
plant layout
(IndE) Auslegung *f* von Betriebsanlagen
(Bw) innerbetriebliche Standortplanung *f*
plant layout and design (IndE) Anlageplanung *f*
plant leasing (Fin) Vermietung *f* vollständiger Betriebsanlagen, Anlagen-Leasing *n*
plant ledger (ReW) Anlagenkartei *f (syn, fixed-asset card file, unit asset records)*
plant location (Bw) (betrieblicher) Standort *m*
plant management
(IndE) Betriebsleitung *f*
– Betriebsführung *f*
– Werksleitung *f (syn, factory management)*
plant manager
(IndE) Betriebsleiter *m*
– Werkleiter *m*
(syn, works/operating . . . manager; GB, plant superintendent)

plant mix variance (Bw) Produktionsmittelabweichung *f*
plant-operated traffic
(com) Werksverkehr *m*, Eigenverkehr *m*
(ie, company carries its own goods; syn, US, private carriage)
plant operating rate (IndE) Auslastungsgrad *m (cf, rate of capacity utilization)*
plant operation on a case and maintenance basis (IndE) Notbetrieb *m (syn, emergency operation)*
plant organization (Bw) Betriebsorganisation *f*
plant-owned railroad feeder system (Bw) Werksbahn *f*
plant physician (Pw) Werksarzt *m*
plant records
(com) Betriebsaufzeichnungen *fpl*
(ReW) Anlagenbuchhaltung *f*
– Anlagenrechnung *f*
(syn, fixed-asset accounting)
plant refurbishing program (IndE) Modernisierungsprogramm *n*
plant scheduling (IndE) Produktionsplanung *f (syn, production planning)*
plant security guard (Bw) Werksschutz *m*
plant shutdown (Bw) = plant closure
plant site (com) Werksgrundstück *n*
plant-site land (com) Betriebsgrundstücke *npl (syn, factory-site land)*
plant size (Bw) Betriebsgröße *f (syn, scale of plant)*
plant superintendent (IndE, GB) Betriebsleiter *m (syn, plant/works /operating . . . manager)*
plant tour (com) Werksbesichtigung *f*
plant under construction (ReW) Anlagen *fpl* im Bau
plant unit (Bw) Teil *m* e–r Betriebsanlage
plant utilization (Bw) Kapazitätsausnutzung *f (syn, capacity utilization, qv)*
plant utilization rate
(Bw) Auslastung *f*, Auslastungsgrad *m*
(syn, rate of capacity utilization, operating rate, operating performance rate)
plant varieties protection (Pat) Sortenschutz *m*
plant visit (com) Werksbesichtigung *f*
plant welfare facilities (Pw) betriebliche Wohlfahrtseinrichtungen *fpl*
plastic (Fin, US, infml) = credit card
plastics industry (com) Kunststoffindustrie *f*
plastics processing industry (com) kunststoffverarbeitende Industrie *f*
plateau (com) Niveau *n (eg, inflation moving to a higher . . .; syn, level)*
plate glass (com) Tafelglas *n (ie, flat, high-quality glass)*
plate glass insurance policy (Vers, US) Glasversicherung *f*
platform
(com) Wahlprogramm *n*
(ie, principles and policies adopted by a political party)
plausibility check (EDV) Plausibilitätsprüfung *f*
play along *v*
(com) hinhalten
(eg, personnel manager played him along for a time, hoping to get his services for lower pay)
play at *v* (com) Aufgabe *f* nicht ernst nehmen
play by the rules *v*
(com) sich an die Regeln halten
– die Spielregeln *fpl* einhalten
play catch up *v* (com, infml) nachziehen *(syn, follow suit)*
play down *v*
(com) bagatellisieren
– herunterspielen
(opp, play up)
play off against *v* (com) ausspielen *(eg, one group against the other)*
play out *v* (com) ausfechten *(eg, battle for leadership)*
play the market *v* (Bö) blind spekulieren *(eg, like a lamb, qv)*
PLC, plc (Re, GB) = Public Limited Company
plea
(Re, appr) Einrede *f*
– Einwand *m*
plead against *v* (Re) Einspruch *m* erheben *(eg, against a decision)*
pleading (Re, US) vorbereitender Schriftsatz *m*
plead lapse of time *v* (Re) = plead the statute of limitations
plead nolo contendere *v* (Kart, US) Urteil *n* annehmen, Übertretung aber nicht zugeben
plead the statute of limitations *v*
(Re) Einrede *f* der Verjährung geltend machen
(syn, plead lapse of time, set up the statute of limitations, assert the bar of the statute of limitations)
plea in abatement
(Re, US) prozessuale
– prozeßhindernde . . . Einrede *f*
(ie, does not destroy the right of action but merely suspends or postpones its prosecution; abolished by Fed.R. Civil P. 7(c); though it still exists in certain states)
plea of the statute of limitations
(Re) Einrede *f* der Verjährung
(ie, defense that a claim is statute-barred = verjährt, or that the time prescribed for bringing suit has expired; civil law: exceptio temporis)
please circulate (com) „Umlauf"
please re-present (com) „zur Vorlage"
please turn over (com, GB) bitte wenden *(syn, US, more)*
pledge
(Re) Verpfändung *f (ie, of real or personal property as security on a debt)*
(Re) Pfandsache *f*
(Re) Verpfändungsvertrag *m*
(Re) bindendes Versprechen *n (ie, to do or forbear)*
pledge *v*
(Re) verpfänden *(syn, pawn)*
(Re) bindendes Versprechen *n* geben
pledged account receivable
(Fin) verpfändete Forderung *f*
(syn, assigned account)
pledgee
(Re) Pfandinhaber *m*
(ie, party to whom securities or other assignable property are pledged as security for payment of a loan; syn, pawnee)

pledging endorsement
(WeR) Pfandindossament *n*
(ie, made to deliver securities in pledge, esp order instruments)
pledging party (Re) = pledgor
pledgor
(Re) Pfandbesteller *m*
(ie, party who pledges or hypothecates securities or other property as security for the payment of a loan; syn, pawnor, pledging party)
Plimsoll line
(com) Lademarke *f*
– Ladelinie *f*
(syn, loadline, loadline mark)
plot (com, US) = ground plan
plot *v* (com) auftragen *(eg, plot a graph)*
plot of land
(com) Grundstück *n*
(syn, parcel of . . . land/real property, real estate, real estate tract)
plot of values (Stat) Punktwolke *f (eg, im Streuungsdiagramm)*
plotter
(EDV) Plotter *m*
– Kurvenschreiber *m*
(ie, in computer graphics; syn, graph plotter)
plotter step size (EDV) Inkrementgröße *f (ie, in computer graphics; syn, increment size)*
plotting paper (com) Millimeterpapier *n (syn, squared paper, qv)*
plough back (Fin, GB) = plowback
plough back *v*
(Fin) einbehalten
– nicht ausschütten
– reinvestieren *(ie, reinvest profits in a business)*
ploughed-back profits (ReW) einbehaltene Gewinne *mpl (syn, retained earnings, qv)*
plough into *v* (Fin, GB) investieren in *(syn, invest in, sink into)*
plow *v* (Fin, US) investieren *(eg, $ 1bn into a megaproject; syn, invest in, sink into)*
plowback (Fin, US) Ersatzinvestition *f (syn, replacement investment)*
plow back profits *v*
(Fin, US) Gewinne *mpl* . . . nicht entnehmen
– nicht ausschütten
– thesaurieren
– reinvestieren *(ie, into a business; syn, retain profits, qv)*
ploy (com, infml) Taktik *f*, „Masche" *f*
PLS (Stat) = partial least squares
plug (Mk) unbezahlte Werbebotschaft *f*
plug a gap *v* (com) Lücke *f* schließen
Plug and Play, PnP
(EDV) automatische Hardware-Erkennung *f*
(when not working correctly also called ‚Plug and Pray')
plug away at *v* (com) hart arbeiten an *(eg, improving one's skills)*
plugboard (EDV) Schaltbrett *n*, Steckbrett *n (syn, patchboard)*
plug compatible (EDV) steckerkompatibel
plug compatible module (EDV) steckerkompatibler Baustein *m*
plug connection (EDV) Steckverbindung *f*
plug-in board (EDV) Steckkarte *f*
plug-in cable connector (EDV) Kabelstecker *m*
plug-in circuit board (EDV) steckbare Flachbaugruppe *f*
plug-in design (EDV) Steckbauweise *f*
plug-in module (EDV) Steckbaugruppe *f*
plug-in peripheral device (EDV) steckbares Peripheriegerät *n*
plug into *v* (com) anschließen *(eg, town into new superhighway, dp workstation into local area network)*
plug-in unit (EDV) = plug-in module
plum (Fin) ungewöhnlich hohe Sonderdividende *f (ie, may be cash or stock; syn, melon, qv)*
plum job (Pw, GB) gut bezahlte Stelle *f (ie, well-paid job)*
plummet *v* (com) stark fallen, absacken *(ie, drop sharply and abruptly)*
plunge
(Bö) Kurssturz *m*
(Bö) Reinfall *m* e–s Spekulanten
plunge *v*
(com) plötzlich fallen, verfallen *(eg, prices; syn, plummet)*
(Bö) unbedacht spekulieren
plunge in prices
(com) Preissturz *m*
(Bö) Kurssturz *m*
plunge into the red *v*
(com) in die roten Zahlen geraten
plunk down *v*
(com, infml) zahlen
(ie, pay readily; usually for an upmark item; eg, $ 90,000 for a top model)
plurality (com) Mehrheit *f (ie, a voting term; syn, GB, majority)*
plurality of claims (Re) Anspruchshäufung *f*
plurality of creditors (Re) Gesamtgläubiger *mpl (syn, joint creditors)*
plurality of debtor and creditors (Re) Mehrheit *f* von Schuldner und Gläubigern *(cf, § 420 BGB)*
plurality of debtors (Re) Gesamtschuldner *mpl (syn, joint debtors)*
plurality of things (Re) Sachenmehrheit *f*
plurality opinion
(Re) Mehrheitsgutachten *n*
(eg, written by a Supreme Court Justice)
plus
(Bö, US) Pluswert *m*
(ie, dealers in governments normally quote bids and offers in 32nds; to quote a bid or offer in 64ths, they use pluses; eg, a dealer who bids 4+ is bidding the handle plus 4/32 + 1/64, which equals the handle plus 9/64)
plus accrued interest (Fin) plus Stückzinsen
plus-minus conflict (Bw) Ambivalenzkonflikt *m*
ply between *v* (com) verkehren zwischen *(eg, ship plies between two ports)*
ply for *v*
(com) warten auf
– sich bemühen um
(eg, for cargo, passengers)
pm (com) = premium
PnP (EDV) = Plug and Play, qv
P/N (p/n) (com) = promissory note

poach *v* (Pw, infml) abwerben *(syn, bid/hire away)*
poach customers *v* (com) Kunden *mpl* abwerben *(syn, divert custom, qv)*
P. O. box (com) = post office box
pocket *v*
(com, infml) einstecken
– für sich behalten
(eg, money intended for a different purpose)
pocket calculator (EDV) Taschenrechner *m*
pocket guide (com) Kurzanleitung *n*
pocket out (Fin) tatsächliche Bezahlung *f (ie, Kaufpreis abzüglich trade-in)*
pocket-size airline schedule (com) Taschenflugplan *m*
P.O.D. (com) = pay on delivery
POI (EDV) = point of information
point
(Fin) 1% des Nennwertes
(Bö, US) Punkt *m (ie, Steigen od Sinken von Aktienkursen um $1, von Obligationen um $10)*
point binomial
(Stat) Binomialverteilung *f*
– Bernoulli-Verteilung *f*
(ie, the word ‚point', which is unnecessary, arises from the discrete character of the variate = der diskreten Eigenschaft der Zufallsvariablen; syn, binomial/Bernoulli . . . distribution)
point break (Math) Unstetigkeitsstelle *f (syn, discontinuity, qv)*
point density (Stat) Wahrscheinlichkeitsdichte *f* in e–m Punkt
point elasticity (Vw) Punktelastizität *f (opp, arc elasticity = Bogenelastizität)*
pointer
(EDV) Zeiger *m*
(ie, variable that holds the address of another variable, data structure or program)
– Verweisattribut *n*
point estimate (Stat) Punktschätzung *f*
point & figure chart
(Bö) Point & Figure Chart
(ie, Instrument der technischen Aktienanalyse; dient der Darstellung der Kursentwicklung und als Prognoseinstrument)
point forecast
(Bw) einperiodige Prognose
(ie, betrifft nut eine Folgeperiode; opp, trace forecast = mehrperiodige Prognose)
(Stat) Punktprognose *f*
point in space (Math) Raumpunkt *m*
point interior to a set (Math) innerer Punkt *m* e–r Menge
point-in-time population (Stat) Bestandsmasse *f (opp, period-based population = Bewegungs- od Ereignismasse)*
point of acquisition (EDV) Erfassungsstation *f*
point of condensation (Math) Häufungspunkt *m* e–r Punktmenge *(syn, accumulation point, qv)*
point of control
(Stat) Indifferenzpunkt *m*
– Kontrollpunkt *m*
– Prüfungspunkt *m*
(syn, indifference quality)
point of discontinuity
(Math) Unstetigkeitsstelle *f*
(syn, discontinuity, point break, qv)
point of entry
(Zo) Zollhafen *m (syn, US, port of entry)*
(Zo) Grenzübergang *m*
point of exit (Zo) Austrittsort *m (syn, place of exit)*
point of inflection (Math) Wendepunkt *m (syn, turning point)*
point of information (EDV) Auskunftsstand *m*
point of intersection (Math) Schnittpunkt *m (syn, intersection)*
point-of-purchase advertising
(Mk) POP-Werbung *f*
– Werbung *f* am Verkaufsort
(eg, by posters, display racks, models)
point-of-purchase interview (Mk) Kaufort-Interview *n*
point of receipt (MaW) Materialannahmestelle *f*
point of sale
(Mk) Verkaufspunkt *m*
– Kasse *f*
– POS
point-of-sale advertising (Mk) = point-of-purchase advertising
point of sale banking
(Fin) POS-Banking *n*
– bargeldloses Kassensystem *n*
point of sale system
(EDV) Datenkasse *f*
– Datenerfassungskasse *f*
– POS-System *n*
(ie, on-line electronic terminal located in retail establishment that allow for transfer of funds between accounts, verification of checks, and related service at time of buying; optische Artikelerfassung beim Warenausgang und Zahlungsverkehrsabwicklung beim Kauf)
point of sale terminal
(EDV) Kassenterminal *n*
– POS-Terminal *m*
(ie, used to register cash and credit sales; syn, POS system)
point of separation (Bw) Gabelungspunkt *m (ie, in joint production = Kuppelproduktion)*
point of stagnation
(Math) Kreuzpunkt *m*
– Sattelpunkt *m*
– stationärer Punkt *m (syn, saddle point)*
point of tangency
(Math) Berührungspunkt *m*
– Tangentialpunkt *m*
points (Fin, US) = loan discount
point sampling (Stat) Punkt-Stichprobenverfahren *n*
point set (Math) Punktmenge *f*
point size (EDV) Schriftgröße *f*
points rating method (IndE) Stufenwertzahlverfahren *n (ie, der Arbeitsvorbereitung)*
point system
(com) Punktesystem *n*
(ie, total driving demerits may result in temporary suspension of driving license = Führerscheinentzug; GB, totting-up procedure)
point-to-point circuit (EDV) Standverbindung *f*
point-to-point positioning control (EDV) Punktsteuerung *f*
point-to-point robot (IndE) Punkt-zu-Punkt Roboter *m (opp, continuous path robot = Stetigbahnroboter)*

point-to-point system (IndE) Einzelpunktsteuerung *f*
poisonous waste (com) Giftmüll *m*
poison pill (Bw, US, infml) Anti-Übernahme-Strategie *f (ie, an anti-takeover device)*
Poisson arrivals (OR) Poisson-verteilte Ankünfte *fpl*
Poisson variation (Stat) Poisson-Streuung *f*
polar angle
(Math) Anomalie *f*
(ie, in the polar coordinate system; syn, azimuth)
polar coordinates in space (Math) räumliches Koordinatensystem *n*
polar coordinates in the plane (Math) ebenes Polarkoordinatensystem *n*
pole
(Math) Nullpunkt *m*
– Pol *m*
(ie, in the polar coordinate system)
police *v* (com) überwachen
policies
(com) Politik *f*
– Grundsätze *mpl*
– Ziele *npl*
– Verhaltensregeln *fpl*
– Handlungsalternativen *fpl*
policies amplification (Bw) Erweiterung *f* der Grundsätze
policies in force (Vers) Bestand *m (syn, in-force business, portfolio of insurance)*
policy
(com) Verfahrensweise *f*
– Regel *f*
(ie, method of action selected from among alternatives)
(com) cf, policies
(ReW) Buchhaltungsbereich *m*
– Aufnahmebereich *m*
– Zuordnungsbereich *m*
(Vw) Politik *f*
(ie, overall plan of governmental body)
(Vers) Versicherungspolice *f*
(syn, insurance policy)
policy allowance (IndE) betrieblich vereinbarter Zuschlag *m*
policy conditions (Vers) Versicherungsbedingungen *fpl (syn, conditions)*
policy contract (Vers) Versicherungsvertrag *m (syn, contract of insurance)*
policy date (Vers) Beginn *m* des Versicherungsschutzes *(syn, effective date)*
policy depreciation
(ReW) bilanz- und finanzpolitische Abschreibung *f*
(ie, Gewinnverwendung, keine Aufwandsverrechnung; syn, in-lieu depreciation)
policy dividends
(Vers) Gewinnanteile *mpl*
– Dividenden *fpl*
policy-effect lag (Vw) Wirkungsverzögerung *f (syn, operational lag, qv)*
policy exception (Vers) = policy exclusion
policy exclusion (Vers) Risikoausschluß *m (syn, exclusion of risks, qv)*
policy fee (Vers) = policy issue fee
policy formulation (Bw) Zielformulierung *f (syn, statement of objectives)*
policy goals (Vw) Zielvorstellungen *fpl*
policy holder
(Vers) Versicherter *m*
– Versicherungsnehmer *m*
(syn, insured)
policy instrument (Vw) Instrumentvariable *f (syn, instrument variable, qv)*
policy instruments (Vw) wirtschaftspolitische Maßnahmen *fpl*
policy issue fee (Vers) Ausfertigungsgebühr *f*
policy loan
(Vers) Policendarlehen *n*
(ie, loan to a policy owner of part or all of the cash value of the policy assigned as security for a loan)
policy made out to order (Vers) Orderpolice *f*
policy mix (Vw) Mittelkombination *f (ie, der Wirtschafts- und Finanzpolitik)*
policy of optimum cash holdings (Fin) Kassenhaltungspolitik *f*
policy on the environment (com) Umweltpolitik *f*
policy owner (Vers) Versicherungsnehmer *m (syn, insured)*
policy service (Vers) Bestandspflege *f (syn, conservation of issued insurance)*
policy targets (Vw) wirtschaftspolitische Einzelziele *npl (eg, interest rates, money supply growth rates)*
policy variable (Vw) = policy instrument
policy writing agent (Vers) Abschlußagent *m (opp, application agent, survey/surveying . . . agent = Vermittlungsagent)*
Polish notation (EDV) polnische Schreibweise *f (syn, parenthesis-free notation, qv)*
political action committee, PAC (com, US) Bürgerinitiative *f*
political consultant (com) politischer Berater *m*
political counseling (Vw) Politikberatung *f*
political economy (Vw) politische Ökonomie *f*
political market (Vw) Markt *m* für öffentliche Güter
political persecution (Re) politische Verfolgung *f*
political risk (Fin, Vers) politisches Risiko *n*
political strike (Pw) politischer Streik *m*
political subdivision (Re) Gebietskörperschaft *f (syn, unit of government, qv)*
political unit (Re) = political subdivision
poll
(Mk) Befragung *f*
– Umfrage *f*
(syn, public opinion survey)
poll *v*
(EDV) abfragen
– aufrufen
(ie, interrogate a remote terminal)
poll command (EDV) Aufrufbefehl *m*
polling (EDV) Sendeaufruf *m*
polling character (EDV) Abrufzeichen *n (syn, invitation to send)*
polling list (EDV) Aufrufliste *f*
polling method (EDV) Datenabruftechnik *f*
polling mode
(EDV) Abrufbetrieb *m*
– Aufrufbetrieb *m*
(syn, selecting mode)
poll tax (FiW) Kopfsteuer *f (syn, capitation/head . . . tax)*

pollutant (IndE) Schadstoff *m*
polluted political environment (Bw) verschmutztes Umfeld *n*
polluter (com) Umweltverschmutzer *m*
polluter principle (com) Verursacherprinzip *n (ie, in der Umweltpolitik)*
polluting product
(com) umweltschädliches Produkt *n*
(syn, environment-damaging product)
pollution
(com) Emission *f*
– Verschmutzung *f*
pollution of environment (com) Umweltverschmutzung *f*
polygon (Math) Vieleck *n*
polygon of six sides (Math) Hexagon *n (syn, hexagon)*
polyhedral graph (Math) vielflächiger Graph *m*
polyline (EDV) Polygon *n (ie, in computer graphics)*
polynomial
(Math) Polynom *n*
(ie, contains one or more algebraic terms each of which consists of a constant multiplied by one or more variables raised to a nonnegative integral power = positive ganzzahlige Potenz: $a + bx + cx^2$*)*
polypolist (Vw) Polypolist *m*
polypolistic market (Vw) polypolistischer Markt *m*
polypoly (Vw) Polypol *n (ie, competition in a market with very many sellers)*
polytechnic (Pw, GB, roughly) Fachhochschule *f*
polyvalence (Log) Mehrwertigkeit *f*
pony up *v*
(com, infml) zahlen
(eg, government is obligated to . . . 80% of the capital costs)
pool
(com) = typing pool
(MaW) Vorrats-Teilbestand *m*
(Fin) Zusammenschluß *m* von Investoren zur Beeinflussung des Effektenmarktes
(Vers) Versicherungspool *m*
(ie, organization of insurers or reinsurers through which particular types of risk are written, with the premiums, losses, and expenses shared in agreed amounts; often the entity to write large values, such as those on commercial aircraft)
(Kart, US) Kartell *n* höherer Ordnung
(ie, more or less formal groupings of competitive firms for the purpose of control of prices, markets, output, earnings, etc.; violative of the antitrust laws because their motivation is to eliminate or lessen competition or to effect monopoly)
pool account (Vers) Pool-Konto *n*
pooled consignment (com) Sammelladung *f (syn, consolidated shipment, qv)*
pooling of accounts (ReW) Kontenzusammmenlegung *f*
pooling of error (Stat) Zusammenfassung *f* der Fehlerquadrate
pooling-of-interest method (ReW, US) Behandlung *f* fusionierter Unternehmen als „alte homogene Einheit"; erspart Abschreibung e–s derivativen Firmenwertes
pooling of reserves (EG) gemeinsame Bildung *f* von Reserven
pooling of risk (Re) gemeinsame Gefahrenübernahme *f*
pool of costs (KoR) Kostenblock *m (eg, total pool of manufacturing cost)*
pool selling (Kart) Absatz *m* durch ein Kartell
pool syndicate
(Vers) Versicherungspool *m*
(ie, set up to spread high risks = zur Abdeckung hoher Wagnisse)
poor market (com) schleppender Absatz *m*
poor tool (com, GB, infml) Versager *m (ie, at an activity; syn, total loss)*
pop-and-mom corner store
(com, US) Tante-Emma-Laden *m*
– Nachbarschaftsgeschäft *n*
pop economist (Vw, infml) „Öko-Belletrist" *m (eg, as some say, K. Galbraith, and a host of others who have the talent of making a fast buck)*
Popper's criterion (Log) Popper-Kriterium *n (ie, of falsifiable hypotheses in empirical sciences)*
popular article
(com) gängiger Artikel *m*
(Mk, infml) Renner *m*, Zugpferd *n*
popular capitalism (Vw, infml) Volkskapitalismus *m (eg, by encouraging share ownership)*
popular fallacy (com) weitverbreiteter Irrtum *m (cf, fallacy)*
population
(Stat) Grundgesamtheit *f*
– Population *f*
(syn, parent population)
population census (Stat) Volkszählung *f*
population explosion (Vw) Bevölkerungsexplosion *f*
population overspill (Vw) Abwanderung *f* des Bevölkerungsüberschusses
population parameter (Stat) Parameter *m* der Grundgesamtheit
population policies (Vw) Bevölkerungspolitik *f (ie, seeks to affect the birth rate)*
population pressure (Vw) Bevölkerungsdruck *m*
population structure (Stat) Bevölkerungsstruktur *f*
pop up *v* (EDV) Lesen *n* e–s Eintrags aus e–m Kellerspeicher
pop-up menu (EDV, GUI) Popup-Menü *n (opp, drop-down menu)*
porcupine provision (com, US) Abschreckungsmaßnahme *f* gegen Übernahme, die bestimmte Mehrheitsverhältnisse für e–e Übernahme in der Satzung der Zielgesellschaft vorschreibt
port
(com) Hafen *m (ie, artificial; syn, harbor)*
(Zo) = port of entry
(EDV) Kanal *m*
– Schnittstelle *f*
portability
(EDV) Übertragbarkeit *f*
– Portierbarkeit *f*
portable
(EDV) portierbar
– übertragbar
portable computer
(EDV) tragbarer Computer *m* od Rechner *m*
– Portable *m*

portable pension (Pw) Betriebsrente *f*, die nach 5 od 10 Jahren Betriebszugehörigkeit beim Ausscheiden nicht erlischt
portable program
(EDV) portierbares Programm *n*
(ie, program can be run in different operating system environments)
portable software (EDV) = portable program
portal-to-portal pay (Pw) Vergütung *f* für die Zeit vom Betreten bis zum Verlassen des Betriebes *(eg, in the mining industry)*
portal-to-portal time (Pw) Zeit *f* vom Betreten bis zum Verlassen des Betriebes
port bill of lading (com) Hafenkonnossement *n*
port B/L (com) Hafenkonnossement *n*
port dues, P.D. (com) Hafengebühren *fpl*
port facilities (com) Hafenanlagen *fpl*
portfolio
(Fin) Wertpapierbestand *m*
– Portefeuille *n*
(ie, holdings of loans and securities)
portfolio analysis
(Bw) Portfolioanalyse *f*
(Fin) Portefeuille-Analyse *f*
(ie, Bestandteile: Nutzenanalyse, Strukturierungen und Auswahl, laufende Anpassung, Performance-Messung)
portfolio buying (Fin) Anlagekäufe *mpl*
portfolio company (Fin) Beteiligungsgesellschaft *f*
portfolio insurance
(Fin) Portfolio-Versicherung *f*
(ie, Sammelbezeichnung für verschiedene Formen von Hedging-Strategien, um große Portfolios vor Verlusten zu schützen; erfolgt im Rahmen des Programmhandels; Instrumente: Optionen und Financial Futures)
portfolio investment (Fin) Portfolio-Investition *f* *(opp, direct investment)*
portfolio management
(Fin) Portfolio-Management *n*
– Vermögensverwaltung *f*
portfolio manager
(Fin) Vermögensverwalter *m*
(Fin) Portefeuille-Manager *m*
portfolio matrix (Bw) Portfolio-Matrix *f*
portfolio method
(Fin) Portfolio-Methode *f*
(ie, optimale Mischung mehrerer Investitionsmöglichkeiten)
(Mk) Portfolio-Methode *f* *(ie, Wahl e–s Produktprogramms, das an den Chancen und Risiken künftiger Ertragsentwicklung ausgerichtet ist)*
portfolio of insurance (Vers) Bestand *m* *(syn, policies in force, in-force business)*
portfolio premium reserve (Vers) Portefeuille-Prämienreserve *f*
portfolio securities
(Fin) Portefeuille-Effekten *pl*
– Anlagepapiere *npl*
portfolio selection
(Fin) Portfolio-Selection *f*
– optimales Depotmanagement *n*
portfolio switch (Fin) Effektentausch *m* *(ie, of investment fund)*
portfolio switching (Fin) Portefeuille-Umschichtung *f*
portfolio turnover (Fin) Umschichtung *f* des Portefeuilles, vor allem durch institutionelle Anleger
portfolio valuation (Fin) Portefeuille-Bewertung *f*
portio legitima (Re, civil law) Pflichtteil *m* *(syn, legal portion of an inheritance, qv)*
portion of equity (Fin) Teilbetrag *m* des Eigenkapitals
portmanteau formula (Math) Mantelform *f* e–r Funktion
portmanteau lack of fit test (Mk) Box-Peirce-Test *m*
port of call (com) Anlaufhafen *m*
port of clearance
(com) Abfertigungshafen *m*
– Abgangshafen *m*
(syn, port of departure)
port of departure (com, Zo) Abgangshafen *m*
port of destination (com) Bestimmungshafen *m*
port of discharge
(com) Entladehafen *m*
– Abladehafen *m*
port of dispatch
(com) Versandhafen *m*
– Verschiffungshafen *m*
(syn, shipping port)
port of distress (com) Nothafen *m* *(syn, port of . . . necessity /refuge)*
port of entry (Zo) Zollabfertigungshafen *m*
port of exit (Zo) Ausfuhrhafen *m*
port of import (Zo) Einfuhrhafen *m*
port of loading (com) Verladehafen *m*
port of necessity (com) Nothafen *m* *(syn, port of distress, qv)*
port of refuge (com) = port of necessity
port of registry (com) Heimathafen *m*
port of transit (com) Transithafen *m* *(syn, intermediate port)*
port of transshipment (com) Umschlaghafen *m*
port of unloading (com) = port of discharge
portrait (EDV) Längsformat *n*
portray *v* (com) darstellen
POS (com) Point of Sales, Kasse *f*
poset (Math) = partially ordered set
position
(Pw) Stelle *f*
– Position *f* *(syn, job, post)*
(Bö) Position *f*
(ie, month in which futures contracts mature; eg, December position)
(Bö) Wertpapierposition *f*
– Position *f*
(ie, current trading inventory of security dealers)
(EDV) Stelle *f*
(ie, each of the locations that may be occupied by a bit or character = Platz in e–r Zahl, auf dem e–e Ziffer stehen kann)
position *v*
(IndE) positionieren
(EDV) positionieren, justieren
positional goods (Vw) Status-Güter *npl*
positional notation (EDV) Stellenschreibweise *f* *(syn, positional representation)*
positional representation (EDV) = positional notation
position audit (com) = situation audit
position average (Stat) Quantil *n* *(cf, quantile)*

position chart (Pw) Stellenplan *m (syn, staffing schedule)*
position closeout (Bö) Glattstellen *n* e–r Options- od Terminkontraktposition
position description (Pw) Stellenbeschreibung *f*
position guide (Pw) Stellenbeschreibung *f (syn, job description)*
position in futures (Fin) Terminengagements *npl*
positioning (Mk) Positionierung *f*
positioning menu (EDV) Einstellmenü *n*
position limit (Fin) Positionslimit *n (eg, as prescribed by SOFFEX)*
position limitation (Bö, US) Positionsobergrenze *f (ie, Anzahl der offenen Kontraktpositionen der clearing members (= Liquidationskassenmitglieder) wird nach oben begrenzt)*
position of broad responsibility (Pw) verantwortungsvolle Aufgabe *f*
position paper (com) Positionspapier *n*
position squaring (Bö) Positionsbereinigung *f*
position trader
(Bö) Spekulant *m*
(ie, schließt Terminkontrakte für Tage, Wochen od Monate ab: interested in changes of the supply and demand structure; cf, scalper, day trader)
positive carry
(Fin) Nettogewinn *m*
(ie, aus dem Halten e–r Kassaposition im Terminkontrakt-Handel; opp, negative carry)
positive correlation (Stat) positive Korrelation *f (syn, direct correlation; opp, negative/inverse . . . correlation)*
positive economics (Vw) positive Wirtschaftswissenschaft *f (opp, normative economics = normative Wirtschaftswissenschaft)*
positive externalities
(Vw) positive externe Effekte *mpl*
– Externalitäten *fpl*
(syn, external . . . benefits/economies)
positive feedback
(EDV) Mitkopplung *f*
– positive Rückkopplung *f*
(ie, portion of output is fed back in phase with the input; increases total amplification; syn, regenerative feedback, regeneration; GB, reaction, retroaction)
positive integer (Math) positive ganze Zahl *f*
positive law (Re) positives Recht *n (opp, natural law)*
positive skewness (Stat) Linksasymmetrie *f*, Pluswert *m* der Schiefe
possess *v* (Re) besitzen *(syn, hold in possession)*
possession
(Re) Besitz *m*
(ie, direct physical control over a thing at a given time = tatsächliche Gewalt od Herrschaftsmacht über e–e Sache; §§ 854 BGB; subterms: actual possession = unmittelbarer Besitz; constructive possession = mittelbarer Besitz; cf, § 868 BGB)
(Re) Eigentum *n (cf, ownership, §§ 903 ff BGB)*
possessor (Re) Besitzer *m (syn, holder, occupier)*
possessor in bad faith (Re) bösgläubiger Besitzer *m*
possessory claim (Re) Besitzanspruch *m*
possessory lien (Re) Zurückbehaltungsrecht *n*
possible reserves (Vw) mögliche Reserven *fpl* od Vorräte *mpl (cf, proven reserves)*
POS system (EDV) = point-of-sale system
post
(com, GB) Post *f (syn, mail)*
(Pw) = position
post *v*
(com) versenden *(syn, mail)*
(com) eintragen
(ReW) buchen
– verbuchen
– ausweisen *(eg, a 4% rise in group profits)*
(eg, to books of account; syn, enter in/on, carry on, recognize on)
(Re) öffentlich bekanntmachen
postage (com) Porto *n*
postage and packing (com) Porto *n* und Verpackung *f*
postage charges (com) Postgebühren *fpl*
postage-free envelope (com) = postage-paid envelope
postage meter
(com, US) Freistempler *m*
– Frankiermaschine *f*
(syn, GB, franking machine)
postage not prepaid (com) unfrei
postage paid (com) frankiert, freigemacht *(syn, post paid, stamped)*
postage-paid envelope (com) Freiumschlag *m (syn, reply-paid/stamped . . . envelope)*
postage rates (com) Postgebühren *fpl*
postage stamp
(com) Briefmarke *f*
– Postwertzeichen *n*
(syn, stamp)
postage unpaid (com) unfrankiert
postal address (com) Postanschrift *f*
postal advertising (Mk) Postwerbung *f*
postal ballot (com, GB) Briefwahl *f (syn, postal vote; US, voting by mail, absentee ballot)*
postal card (com, US) Postkarte *f (ie, government mailing card with the postage imprinted on the face; cf, postcard)*
postal charges (com, GB) Postgebühren *fpl (syn, US, mailing charges)*
postal clerk (com, GB) Postbeamter *m*
postal collection (com, GB) Briefkastenleerung *f*
postal customer (com) Postkunde *m*
postal delivery (com) Postzustellung *f*
postal delivery zone (com) Postzustellbezirk *m*
postal dispatch (com) Postversand *m*
post a letter *v* (com, GB) Brief *m* aufgeben od abschicken *(syn, US, mail/ship . . . a letter)*
postal expense (com) Postkosten *pl*
Postal Giro (Fin, GB) Postgiro *n (cf, National Giro)*
postal inquiry (Mk) briefliche Befragung *f (syn, mail . . . interview/survey)*
postal packet (com) Päckchen *n*
postal receipt (com) Einlieferungsbescheinigung *f (eg, registered letters, inpayments)*
postal savings system (Fin, US) Postsparsystem *n (ie, closed by Congress in 1966)*
postal secrecy (com) Postgeheimnis *n*
postal shopping (com, GB) Versandbestellung *f (syn, US, mail order buying)*
postal van (com, GB) Postwagen *m (syn, mail car)*

postal vote (com, GB) = postal ballot
postal wrapper (com) Streifband *n*
post a notice on the bulletin board *v* (Pw) Anschlag *m* machen
post a profit *v* (ReW) Gewinn *m* ausweisen
post-audit review (ReW) Prüfungsbeurteilung *f*
post box (com, GB) = posting box
post-capitalization (ReW) Nachaktivierung *f*
post-capitalize *v* (ReW) nachaktivieren
postcard (com, US) Postkarte *f (ie, private mailing card; requires a stamp or postage-paid imprint; cf, postal card)*
post-carriage (com) Nachlauf *m (ie, in container traffic: to final place of arrival; syn, off-carriage)*
post-clearance (Zo) Nacherhebung *f*
postcode (com, GB) Postleitzahl *f (syn, US, zip code)*
post code register (com) Postleitzahlverzeichnis *n*
post-condition (EDV) Nachbedingung *f*
postdate *v* (com) vordatieren *(ie, write a date following today's date; opp, antedate = nachdatieren; cf, backdate)*
postdated check (Fin) vordatierter Scheck *m (syn, forward dated check, qv)*
posted price
(com) Listenpreis *m (syn, list price)*
(com) Erdöl-Listenpreis *m*
post entry (Zo) Nachverzollung *f (ie, subsequent payment of customs duties)*
poster advertising (Mk) Plakatwerbung *f*
poste restante (com, GB) postlagernd *(syn, US, general delivery, qv)*
posterior probability
(Stat) a posteriori-Wahrscheinlichkeit *f*
(syn, a posteriori probability; opp, prior probability)
POS terminal (EDV) Datenkasse *f (syn, point-of-sale system)*
post-free (com, GB) portofrei *(syn, US, postpaid)*
posthedging transaction (Fin) Sicherungsgeschäft *n* auf eine eröffnete Grundposition
postil (ReW, US) Randbemerkung *f (ie, written against an item in a journal or ledger)*
postindustrial society
(Vw) nachindustrielle Gesellschaft *f*
(ie, change from goods-producing to service economy; preeminence of professional and technical class; new intellectual technology; cf, Daniel Bell)
posting box (com, GB) Briefkasten *m (syn, letter box)*
posting card (ReW) Buchungskarte *f*
posting error (ReW) Buchungsfehler *m*
posting medium
(ReW) Buchungsunterlage *f*
(syn, accounting . . . document/record, records and vouchers)
posting reference (ReW) Buchungsvermerk *m (eg, voucher number, account identification = Belegnummer, Kontenangabe; syn, booking reference)*
postman (com, GB) Briefträger *m (syn, US, mailman)*
post-maturity endorsement (WeR) Nachindossament *n*
post-maturity endorser (WeR) Nachindossant *m*
post-merger notification (Kart) Anmeldung *f* nach Zusammenschluß *(cf, § 23 I GWB)*
post mortem program (EDV) Post-Mortem-Programm *n*
postmultiplication (Math) Rechtsmultiplikation *f*
postmultiply *v* (Math) von rechts multiplizieren
post-notification agreement (Bw) Preisinformationsabsprache *f* über Meldungen nach Preiserhöhungen
post-nuptial marriage contract (Re) Ehevertrag *m (syn, marriage settlement, qv)*
Post Office (com, GB) Post *f*
post office box (com) Schließfach *n (syn, P. O. box)*
post paid, p.p. (com) portofrei, freigemacht
postpone *v* (com) aufschieben *(ie, until/to; syn, put off, put back, delay, defer)*
postponement (com) Aufschieben *n*
postponement of maturity dates (Fin) Hinausschieben *n* der Fälligkeiten
post-qualification (Pw) Weiterbildung *f (syn, further/ongoing . . . education or training)*
post-sales service (com) Kundendienst *m (syn, customer service, qv)*
postscript (com) Nachtrag *m (ie, to letter, report, etc)*
post-season (com) Nachsaison *f*
post-tax income (ReW) Gewinn *m* nach Steuern
post-tax profits (ReW) Gewinn *m* nach Steuern
post-tax yield (Fin) Rendite *f* nach Steuern
post test (Pw) Abschlußtest *m (ie, given at the end of a training program)*
post to *v* (Pw, GB) entsenden *(eg, posted to . . . as plant manager)*
potency of a set (Math) = power of a set
potential
(com) Potential *n*, Möglichkeiten *fpl*
(Bw) Erfolgsaussichten *fpl*
potential acquiree (com) Interessent *m (ie, in merger or acquisition)*
potential aggregate supply (Vw) gesamtwirtschaftliches Angebot *n (ie, equal to the overall production potential)*
potential and limitations (com) Möglichkeiten *fpl* und Grenzen *fpl*
potential buyer (com) = potential customer
potential conflicts (Pw) Konfliktpotential *n*
potential customer (com) Interessent *m (syn, potential buyer, prospect)*
potential earnings (Pw) Verdienstmöglichkeit *f*
potential for rationalization (Bw) Rationalisierungsreserven *fpl*
potential function (Math) Potenzfunktion *f*
potential GNP (Vw) = potential gross national product
potential gross national product (Vw) Vollbeschäftigungs-Output *m*
potential labor force (Vw) Beschäftigungspotential *n*
potential lender (Fin) potentieller Kreditgeber *m*
potential market
(Mk) potentieller Markt *m*
(Mk) Marktpotential *n*, Absatzmöglichkeiten *fpl*
potential marketer (Vw) potentieller Marktteilnehmer *m*
potential output (Bw) Sollbeschäftigung *f (opp, actual output)*

potential resources (Vw) Hoffnungsreserven *fpl (ie, of mineral and other resources; syn, speculative reserves)*
potential trouble spot (com) Schwachstelle *f (syn, weak/danger . . . point)*
potential user (com) potentieller Benutzer *m* od Abnehmer *m*
pour money into *v* (Fin, infml) investieren *(syn, invest in, sink into, put money into)*
poverty level (Vw, US) = poverty line
poverty line
(Vw, US) Armutsgrenze *f*
(ie, level of income below which one is classified as poor; syn, poverty level)
power
(com) Autorität *f*
– Befugnis *f*
– Macht *f*
– Vollmacht *f*
(com) Strom *m*
(Math) Potenz *f*
(eg, raise to the power of $^{-9}$*)*
(Stat) Schärfe *f*
– Trennschärfe *f*
power cable (EDV) Netzkabel *n*
power cut (IndE) Stromabschaltung *f*
power dip (EDV) kurzzeitiger Spannungsabfall *m*
power distribution plan (IndE) Energieverteilungsplan *m*
power distribution system (IndE) Energiesystem *n*
power down *v* (EDV) ausschalten *n (eg, the system)*
power engineering (IndE) Energietechnik *f*
power factor (KoR) Verbrauchsfaktor *m*
power failure
(IndE) Energieausfall *m*
– Stromausfall *m*
power function
(Stat) Gütefunktion *f*
(ie, Hilfsmittel, um die Eigenschaften e–s statistischen Tests zu beurteilen; gibt in Abhängigkeit von der Nullhypothese die Wahrscheinlichkeit ihrer Ablehnung an)
power generation (IndE) Energieerzeugung *f*
power of a set (Math) Mächtigkeit *f* e–r Menge *(syn, cardinality, qv)*
power of a test
(Stat) Trennschärfe *f* e–s Tests
– Macht *f* e–s Tests
– Gütefunktion *f*
– Powerfunktion *f*
– Teststärke *f*
(ie, probability that the test rejects the alternative hypothesis when that alternative is false)
power of attorney
(Re) Vollmacht *f*
(ie, authorizes the person named to act in place of the signing party; may be general or special)
(Re) Vollmacht(surkunde) *f*
power of control (Re) Verfügungsmacht *f*
power of delegation (Bw) Delegationsbefugnis *f*
power of direction (Bw) Leitungsbefugnis *f*
power of discretion (Bw) Ermessensfreiheit *f (syn, discretionary power)*
power of eminent domain (Re) Enteignungsrecht *n* des Staates *(syn, right of eminent domain)*
power of judicial review
(Re, US) richterliches Prüfungsrecht *n*
(eg, as exercised by the Supreme Court of the United States)
power of representation (Re) Vertretungsmacht *f*
power of the purse (FiW, infml) Finanzhoheit *f*
power output (IndE) Leistung *f*
power plant
(IndE) Triebwerk *n (eg, of aircraft; syn, engine)*
(IndE, US) = power station
power rate
(com) Strompreis *m*
– Stromtarif *m*
powers
(com) Befugnisse *fpl*
– Vollmacht *f*
powers and responsibilities (com) Rechte *(rights and duties)*
power station (IndE) Kraftwerk *n (syn, power plant)*
powers to intervene (Re) Eingriffsrechte *npl (eg, in the running of the economy)*
power supply (IndE) Stromversorgung *f (syn, electricity supply)*
power-supply industry (com) Energiewirtschaft *f (syn, energy industry)*
power-supply market (com) Energiemarkt *m*
power-supply sector (Vw) Energiesektor *m*
power to dispose (Re) Verfügungsrecht *n*
power to invest (Fin) Anlagerecht *n*
power to levy taxes (FiW) = power to tax
power to negotiate (Re) Verhandlungsvollmacht *f*
power to tax (FiW) Steuerhoheit *f (syn, taxing power, qv)*
power up *v* (EDV) einschalten, hochfahren *(eg, the system)*
p.p. (com) = post paid
ppd. (com) = prepaid
PPI policy (Vers) Police *f* ohne versicherbares Interesse
practical capacity
(Bw) praktisch realisierbare Kapazität *f* Betriebsoptimum *n*
(ie, maximum level at which a plant can operate efficiently)
practical man (com) Praktiker *m (eg, as put by Disraeli, man practicing the erros of his forefathers)*
practical nurse (SozV, US) staatlich geprüfte Krankenschwester *f (ie, only in California and Texas; syn, licensed vocational nurse)*
practical plant capacity (Bw) = practical capacity
practical value (com) praktischer Wert *m*, Gebrauchswert *m*
practice
(com) Praxis *f*
(ie, of doctor, dentist, lawyer, etc)
(com) Praxis *f*
(ie, manner of doing things in practice; eg, it may work in theory but is inconceivable in practice)
(Pw) Übung *f (eg, he needs more practice in . . .)*
practice *v*
(com) praktizieren *(ie, a profession; eg, as doctors and lawyers)*
(Pw) üben *(eg, typing, speaking foreign languages; syn, exercise)*

practice a profession *v* (com) freien Beruf *m* ausüben
practicing lawyer (Re) praktizierender Anwalt *m*
praecipuum
(Fin) Sondergebühr *f*
(ie, portion of a special fee for arranging a syndicated loan; paid by a borrower in a Eurocredit transaction; retained by the lead manager)
praesumptio juris tantum
(Re, civil law) einfache Vermutung *f*
(syn, rebuttable presumption, qv)
prat boy
(com, infml) Bürobote *m*
(syn, interoffice messenger, office boy; sl, office goofer)
preacquisition profits (ReW) Gewinne *mpl* vor Übernahme
preamble (Re) Präambel *f*
preapproach (com) Vertragsvorbereitung *f (ie, trying to find critical data about a potential customer)*
preassembly shop fitting (com) Fertigladenbau *m*
preaudit
(ReW) Vorprüfung *f*
(ie, of invoices before actual payment)
(com) Schlußprüfung *f* vor Lieferung
preauthorized payment mandate (Fin, US) Abbuchungsermächtigung *f*
preauthorized payment method (Fin) Abbuchungsverfahren *n (syn, direct debiting service)*
preauthorized transfer (Fin, US) Lastschriftverfahren *n*
prebilling (com) Vorfakturierung *f*
pre-bourse session (Bö) Vorbörse *f*
pre-carriage (com) Vorlauf *m (ie, in container traffic; to port of dispatch; syn, on-carriage)*
precautionary balances (Vw) Vorsichtskasse *f (syn, precautionary holdings)*
precautionary buying (com) Eindecken *n*, Vorsichtskäufe *mpl*
precautionary checkup (SozV) Vorsorgeuntersuchung *f*
precautionary holdings
(Vw) = precautionary balances
precautionary motive (Vw) Vorsichtsmotiv *n (ie, in liquidity theory)*
precedence
(com) Priorität *f*
– Vorrang *m*
precedence matrix (OR) Vorrangmatrix *f*
precedence rating (Bw) Dringlichkeitsstufe *f*
precedent (Re) Präzedenzfall *m*
preceding endorser (WeR) Vormann *m (syn, prior endorser)*
preceding inventor (Pat) früherer Erfinder *m*
preceding party (Re) Rechtsvorgänger *m (syn, legal predecessor, qv)*
precept (Fin, GB) Zahlungsanweisung *f*
precinct
(Re, US) Verwaltungsbezirk *m* e–r Stadt
(com, GB) Einkaufszone *f*
– Fußgängerzone *f*
(cf, shopping/pedestrian . . . precinct)
precious metal (com) Edelmetall *n*
precious-metal business (com) Edelmetallgeschäft *n*
precious-metal dealing (com) Edelmetallhandel *m (syn, bullion trade)*
precious metal futures (Fin) Edelmetall-Terminkontrakte *mpl*
precious-metals business (com) Edelmetallgeschäft *n*
precious-metals dealing (Fin) Edelmetallhandel *m (syn, bullion trade)*
precious-metals market (Bö) Edelmetallbörse *f*, Edelmetallmarkt *m*
precious-stone market (Bö) Edelsteinbörse *f*
precipitous fall in earnings (com) Gewinnverfall *m*
precipitous fall in prices (com) Preisverfall *m (syn, plunge in prices)*
précis
(com) Zusammenfassung *f*
– Kurzfassung *f*
(syn, summary, résumé)
precision
(com) Präzision *f*
(Math) Wiederholungsgenauigkeit *f*
precision engineering (IndE) Feinmechanik *f*
precision mechanics (IndE) Feinwerktechnik *f*
precision sample (Stat) gezielte Stichprobe *f*
preclusive buying (Mk) Ausschlußkauf *m (ie, to prevent someone else from buying)*
preclusive period (Re) Ausschlußfrist *f (cf, bar period)*
preclusive specification (com) begrenzte Ausschreibung *f (ie, für e–e begrenzte Zahl von Bietern)*
precoded question (Mk) Speisekartenfrage *f*
precontract (Re) Vorvertrag *m*
precontractual phase (OR) Planungsphase *f*
predate *v* (com) = antedate
predatory competition
(Kart) Verdrängungswettbewerb *m*
(ie, elimination of direct competitors in a market; syn, destructive competition)
predatory dumping
(AuW) räuberisches Dumping *n* Eroberungsdumping *n*
(ie, after freezing rivals out of the market, price is raised to its previous level)
predatory practices
(Kart, US) Verdrängungswettbewerb *m*
(eg, by lowering prices solely to put rival competitiors out of business; syn, destructive competition)
predatory price cutting (Kart) = predatory pricing policy
predatory price discrimination (Kart) = predatory pricing policy
predatory pricing policy
(Kart, US) Verdrängungswettbewerb *m*
(ie, underselling rivals in certain markets to drive them out of business and then raising prices to exploit a market void of competition; syn, predatory price . . . cutting /discrimination)
predecessor (Re) Vorgänger *m (opp, successor)*
predecessor company
(Re) Vorgänger *m*
(com) übertragende Gesellschaft *f (syn, acquired company)*
predecessor in title (Re) Rechtsvorgänger *m (syn, legal predecessor, qv)*
predetermined cost (KoR) geplante Kosten *pl*

predetermined times (IndE) vorbestimmte Zeiten *fpl (ie, in MTA, MTM, BMT)*
predetermined variable (Stat) vorherbestimmte Variable *f*
predicate (Log) Prädikat *n (ie, in categorical propositions)*
predicated variable (Stat) vorgegebene Variable *f (syn, predictive variable, qv)*
predicate logic (Log) Prädikatenlogik *f (syn, logic of . . . functional calculus/quantification)*
predictability of court decisions (Re) Rechtssicherheit *f*
predicted cost
(KoR) Plankosten *pl*
(syn, budget/current/standard/scheduled/standard/target . . . cost)
predictibility (Bw) Prognostizierbarkeit *f*
prediction interval (Pw) Prognosekorridor *m*
prediction of failure (IndE) Ausfallvorhersage *f*
predictive power (Stat) Prognosequalität *f*
predictive record (Stat) prognostische Effizienz *f (eg, of an econometric model)*
predictive validity (Stat) Prognosevalidität *f*
predictive variable (Stat) vorgegebene Variable *f (syn, predicated /determining . . . variable; predictor, regressor)*
predictor (Stat) = predictive variable
predominantly lower (Bö) überwiegend schwächer
pre-edit (EDV) redaktionelle Vorbearbeitung *f*
pre-edit *v* (EDV) redaktionell vorbearbeiten
pre-employment training (Pw) Berufsausbildung *f (syn, occupational /vocational/professional . . . training)*
preempt *v* (EDV) entziehen *(eg, e–m Background-Thread wird die CPU entzogen)*
preemption (Re) = preemptive right
preemptive multitasking
(EDV) premptives Multitasking *n*
(ie, das Betriebssystem teilt den Anwendungen [aus der Sicht des OS: threads = Programmfäden] CPU-Zeit zu; die Anwendung kann auf die Zuteilung von CPU-Zeit und Ressourcen keinen direkten Einfluß nehmen)
preemptive priority (OR) absolute Priorität *f*, absoluter Vorrang *m (ie, in waiting-line theory; opp, nonpreemptive priority)*
preemptive resources (EDV) entziehbare Betriebsmittel *npl*
preemptive right (Re) Vorkaufsrecht *n (ie, right of first refusal; syn, right of preemption, qv)*
preemptive service (OR) Bedienung *f* mit Vorrang
pre-entry closed shop (Pw, US) Betrieb *m*, der nur Gewerkschaftsangehörige einstellt
pre-examination system (Pat) Prüfsystem *n (ie, opposed to the German ‚registration system' = Anmeldeprinzip)*
pre-existing duty (Re, US) schon bestehende Rechtspflicht *f*
prefabricate *v* (IndE) vorfertigen
prefabricated construction
(IndE) Fertigbauweise *f*
– Montagebauweise *f*
prefabricated unit (IndE) Fertigbauteil *n*
prefabrication (IndE) = prefabricated construction
pre-feasibility study (com) Vorstudie *f*
prefer a claim *v* (Re) Anspruch *m* geltend machen *(syn, advance /assert/bring forward/put forth . . . a claim)*
prefer a creditor *v* (Re) Gläubiger *m* begünstigen
preference
(Re) Bevorrechtigung *f*
(syn, priority, privilege)
(Bw) Präferenz *f*
(OR) Vorrangregel *f*
(syn, preference rule)
preference area (AuW) Präferenzraum *m*
preference item (Mk) Präferenzgut *n (ie, customer sticks to it even when similar items are less expensive)*
preference margin (AuW) Zollpräferenzspanne *f*
preference of creditors (Re) Gläubigerbegünstigung *f*
preference of debtors (Re) Schuldnerbegünstigung *f*
preference offer (com) Vorzugsangebot *n*
preference scale
(Vw) Präferenzskala *f*
– Rangordnung *f*
(ie, of alternative choices)
preference set (Vw) Präferenzmenge *f*
preference share (Fin, GB) Vorzugsaktie *f (syn, US, preferred stock; cf auch: preference stock)*
preference shareholder (Fin, GB) Vorzugsaktionär *m (syn, US, preferred stockholder)*
preference stock
(Fin, GB) = preference share
(Fin, US) Vorzugsaktien *fpl*
(ie, but be careful: the term is used in preferred stock nomenclature to designate different classes of ‚preferred stock', such as prior preference stock, qv)
preference system (Vw) Präferenzordnung *f*, Bedarfsstruktur *f (syn, order of preference)*
preferential arrangement (AuW) Präferenzregelung *f*
preferential arrangements (com) Vorzugsbehandlung *f*
preferential assignment
(Re) Gläubigerbegünstigung *f*
(ie, mostly prohibited as fraudulent conveyance)
preferential claim (Re) = preferential debt
preferential creditor (Re) bevorrechtigter Gläubiger *m (syn, preferred/privilege/secured/senior . . . creditor)*
preferential debt
(Re) bevorrechtigte Forderung *f*
(ie, in bankruptcy, payable in preference to all others; eg, wages of employees)
preferential discount (com) Vorzugsrabatt *m*
preferential duty (AuW) Vorzugszoll *m*
preferential hiring (Pw, US) bevorzugte Einstellung *f (cf, affirmative action)*
preferential import (com) begünstigte Einfuhr *f (syn, importation on preferential terms)*
preferential mail (com, US) Postgut *n* mit Sonderbehandlung
preferential origin (Zo) präferenzberechtigter Ursprung *m*
preferential payment (Re, GB) bevorzugte Befriedigung *f (syn, US, preferred payment)*
preferential price
(com) Sonderpreis *m (syn, special price, qv)*
(Bö) Vorzugskurs *m (ie, below market quotation)*

preferential rate of duty (Zo) Präferenzzollsatz *m* *(syn, preferential tariff rate)*
preferential rates (com) Präferenz-Seefrachtraten *fpl*
preferential rehiring
(Pw, US) Bevorzugung *f* bei der Wiedereinstellung *(ie, after temporary layoff; based on seniority)*
preferential shop (Pw) Betrieb *m*, der bevorzugt Gewerkschaftsmitglieder einstellt
preferential system (AuW) Präferenzsystem *n*
preferential tariff (AuW) Vorzugszoll *m*, Präferenzzoll *m*
preferential tariff arrangement (Zo) Zollpräferenzregelung *f*
preferential tariff list (Zo) Zollbegünstigungsliste *f*
preferential tariff rate (AuW) Präferenzzollsatz *m* *(syn, preferential rate of duty)*
preferential tariff treatment (AuW) Abgabenvergünstigung *f*
preferential terms (com) Vorzugskonditionen *fpl*
preferential trade (AuW) begünstigter Warenverkehr *m*
preferential trade agreement (AuW) präferentieller Handelsvertrag *m*
Preferential Trade Area for Eastern and West Africa (Vw) Handelspräferenzraum für Ost- und Südafrika
preferential treatment
(com) bevorzugte Behandlung *f*
(AuW) Begünstigung *f*
preferred claim (Re) bevorrechtigte Forderung *f* *(syn, preferential debt)*
preferred creditor
(Re, US) bevorrechtigter Gläubiger *m*
(ie, has priority over unsecured creditor; cf, UCC § 9-301; syn, preferential/prior/privileged/secured/senior . . . creditor)
preferred debt
(Fin) vorrangige Forderung *f* *(eg, a first mortgage)*
(Re) bevorrechtigte Forderung *f*
(syn, preferred claim)
preferred dividend (Fin) Vorzugsdividende *f*
preferred income (StR) ESt-freies Einkommen *n*
preferred operating rate (Bw) optimale Kapazitätsauslastung *f*
preferred ordinary share (Fin) Vorzugsstammaktie *f*
preferred payment (Re, US) bevorzugte Befriedigung *f* *(ie, aus der Konkursmasse; syn, preference payment)*
preferred share (Fin, US, rare) Vorzugsaktie *f*
preferred stock (Fin, US) Vorzugsaktie *f* *(syn, GB, preference shares)*
preferred stockholder (Fin, US) Vorzugsaktionär *m* *(syn, GB, preference shareholder)*
prefix notation
(EDV) Präfixschreibweise *f* *(syn, parenthesis-free notation, qv)*
(Log) klammerfreie Notation *f*
preformat *v* (EDV) vorformatieren
pre-formation agreement (Re) Vorgründungsvertrag *m*
preimplementation stage of a project (com) Stufe *f* der Projektreife
pre-inventory sale (com) Inventurausverkauf *m*
preinvestment analysis
(Fin) Investitionsrechnung *f*
(syn, capital budgeting, qv)
prejudgment attachment (Re, US) Sicherungspfändung *f*
prejudicial to novelty (Pat) neuheitsschädlich
prejudicial treatment of creditors (Re) Gläubigerschädigung *f*
preliminary account (ReW) Vorkonto *n*
preliminary agreement
(Re) Vorvertrag *m*
(syn, tentative/provisional . . . agreement, qv)
preliminary budget (Fin) Voranschlag *m* *(ie, part of financial planning)*
preliminary costing (KoR) Vorkalkulation *f*
preliminary draft
(com) Vorentwurf *m*
– erster Entwurf *m*
preliminary estimate (com) Kostenvoranschlag *m* *(syn, cost estimate, qv)*
preliminary expense
(ReW, GB) Gründungskosten *pl*
(syn, organization expense, qv)
(Fin) Kosten *pl* der Aktienemission
preliminary financing (Fin) Vorfinanzierung *f* *(syn, advance financing)*
preliminary injunction
(Re) einstweilige Verfügung *f*
(ie, granted where prompt relief is necessary to prevent irreparable harm; it is issued or granted; syn, interim/interlocutory . . . injunction, temporary restraining order)
preliminary license (Pat) Vorlizenz *f*
preliminary loan agreement (Fin) Darlehensvorvertrag *m*
preliminary negotiations (com) Vorverhandlungen *fpl*
preliminary phase (com) Vorlaufphase *f*
preliminary proceedings (Re) Vorverfahren *n*
preliminary prospectus
(Fin, US) vorläufiger Prospekt *m*
(ie, to be prepared for submission to the SEC)
preliminary screening (Pw) Vorauswahl *f* *(ie, of job applicants)*
preliminary search (Pat) amtliche Vorprüfung *f*
preliminary study (com) Vorstudie *f*, Vorprojektierung *f* *(syn, pilot study)*
premarket (Bö) vorbörslich *(syn, before-hour)*
premarket price (Bö) vorbörslicher Kurs *m*
premature incapacity (Pw) vorzeitige Arbeitsunfähigkeit *f*
premature retirement
(Pw) Vorruhestand *m*
(SozV) vorgezogener Ruhestand *m*
(Fin) vorzeitige Tilgung *f*
premature termination (Re) vorzeitige Kündigung *f*
premerger balance sheet (ReW) Übergabebilanz *f*
premerger notification
(Kart, US) Anmeldung *f* des Zusammenschlusses
(ie, the Hart-Scott-Rodino Antitrust Improvement Act of 1976 requires such notification for certain large mergers and acquisitions, including joint ventures and tender offers; cf, § 24 a GWB)
premerger notification duty (Kart) Anzeigepflicht *f* bei Fusionen
premier producer (com) führender Hersteller *m*

premise
(com) Voraussetzung *f*
(Log) Prämisse *f*
– Vordersatz *m*
(auch: premiss, syn, antecedent)
premises
(com) Räumlichkeiten *pl*
– Räume *mpl*
– Geschäftsräume *mpl*
(com) Gebäude *n*
(com) Grundstück *n*
(ie, a definite locality: a room, shop, building, or other definite area, or a distinct portion of real estate)
(Re) das oben Gesagte od Vorausgeschickte *n*
(eg, in consideration of the premises = of the matters hereinbefore stated)
premium
(com) Prämie *f*
– Zuschlag *m*
– Aufschlag *m*
– Zuschuß *m*
(Fin) Agio *n*
– Aufgeld *n*
(ie, 1. Preisaufschlag auf den Nennwert e–s Wertpapiers od den Paritätskurs e–r Devise;
2. Differenz zwischen dem Nennwert e–s Wertpapiers und s–m Kurswert;
opp, discount)
(Vers) Prämie *f*
– Beitrag *m*
premium audit (Vers) Deckungsprüfung *f*
premium bond
(Fin) Agioanleihe *f*
(ie, retired at maturity at an amount above its par value; Emissionskurs liegt über dem Nennwert; not permitted in US, but frequent in Europe)
premium bonus system (Pw) Prämienlohnsystem *n*
premium brand (Mk) Marke *f* hoher Qualität
premium-carrying loan (Fin) Wachstumsanleihe *f*
premium coupon (Mk) Gutschein *m (ie, in retailing)*
premium deal
(Bö) Prämiengeschäft *n*
(ie, special type of forward or option deal in which the buyer or seller can withdraw from concluding the transaction by paying a premium agreed upon in advance)
premium due date (Vers) Fälligkeit *f* der Prämie
premium finance (Vers) Prämienfinanzierung *f*
premium for the call
(Fin) Vorprämie *f*
– Kaufoption *f*
– Bezugsoption *f (ie, option to buy new shares; syn, call, call option)*
premium for the put (Fin) Rückprämie *f*
premium income (Vers) Prämienaufkommen *n*
premium note (Vers) Prämienrechnung *f (syn, renewal note)*
premium (of an option)
(Bö) Prämie *f*
– Optionspreis *m*
(ie, price established for the purchase of an option; syn, price)
premium offer (com) Sonderangebot *n (syn, bargain sale, qv)*
premium on bonds (Fin) Anleiheagio *n (syn, bond/loan . . . premium)*
premium on capital stock (Fin) Agio *n* aus Aktienemission
premium on exchange (Fin) Devisenaufgeld *n*
premium on spot rate (Fin) Aufschlag *m* auf Kassakurs
premium paid in advance (Vers) Vorausprämie *f*
premium pay
(Pw) Lohnzuschlag *m*
(ie, wage rate higher than straight time; eg, for overtime work, work on night shifts, on holidays, etc)
premium price (com) Höchstpreis *m (syn, maximum price, qv)*
premium rate war (Vers) Prämienkrieg *m*
premium reserve
(Fin) Agiorücklage *f*
(Vers) Deckungsrückstellung *f (cf, unearned premium reserve)*
premium reserve fund (Vers) Prämienreservefonds *m*
premium scale (Vers) Prämientarif *m*
premiums received (Fin) Agioerträge *mpl*
premium statement (Fin) Prämienabrechnung *f*
premium system (Pw) Prämienlohnsystem *n*
premultiplication (Math) Linksmultiplikation *f*
premultiply *v* (Math) von links multiplizieren
prenatal leave (Pw) Schwangerschaftsurlaub *m*
prenotification agreement (Bw) Preisinformationsabsprache *f* über Meldungen von Preiserhöhungen
prenumbered (com) vornumeriert
prenuptial agreement (Re) Ehevertrag *m*
preoperating expense (ReW) Anlaufkosten *pl (syn, startup/starting /launching . . . cost)*
preoperation inspection (IndE) Prüfung *f* vor Inbetriebnahme
prepackaging (Mk) Vorverpacken *n* von Frischware *(ie, by the manufacturer)*
prepaid answer (com) Freiantwort *f*
prepaid assets (ReW) = prepaid expence
prepaid expense
(ReW) Rechnungsabgrenzungsposten *m* – kurzfristig
(ReW) transitorische Aktiva *npl*
(ie, accounts paid in advance; syn, prepaid assets; deferred ... charges/cost/expense /debit; unexpired expense; opp, prepaid income, qv)
prepaid income (ReW) transitorische Passiva *npl* *(ie, accounts received in advance; syn, deferred ... income credit/revenue/liability/assets; unearned ... income/revenue; opp, prepaid expense, qv)*
prepaid legal services (Re, US) Rechtsschutz *m (ie, in Form anwaltlicher Dienste)*
prepaid, ppd. (com) vorausbezahlt
preparation of a balance sheet (ReW) Bilanzaufstellung *f*
preparation of year-end financial statement (ReW) Aufstellung *f* des Jahresabschlusses *(syn, GB, drawing up the annual accounts)*
preparation time
(IndE) Vorbereitungszeit
(ie, time between placing of production order and start of manufacture)

preparatory function (IndE) eingebaute Funktion *f*
preparatory program (EDV) Vorlaufprogramm *n*
prepare *v*
(com) ausarbeiten
– abfassen
– entwerfen
(syn, work out)
prepare a balance sheet *v* (ReW) Bilanz *f* aufstellen
prepare a budget *v*
(Bw) Budget *n* aufstellen
(FiW) Haushaltsplan *m* aufstellen *(syn, draw up, draft)*
prepare a financial statement *v*
(ReW) Abschluß *m* machen
(syn, draw up/make . . . a financial statement)
prepare a proposal *v* (com) Angebot *n* ausarbeiten
prepare a report *v* (com) Bericht *m* ausarbeiten
prepare a tax return *v* (StR) Steuererklärung *f* ausfüllen
prepay *v* (com) vorauszahlen
prepayment
(Fin) Vorauszahlung *f (syn, advance payment)*
(Fin) Zahlung *f* vor Fälligkeit *(eg, installments, time drafts, mortgage debt)*
prepayment discount (com) Nachlaß *m* bei Vorauszahlung
prepayment of freight
(com) Frachtvorschuß *m*
– Frankatur *f*
prepayment of rent (com) Mietvorauszahlung *f*
prepayment paid (ReW) = prepaid expense
prepayment penalty
(Fin) Aufschlag *m* für vorzeitige Tilgung
(ie, fee charged for paying off a mortgage before maturity; syn, GB, redemption fee; US, acquisition charge)
prepayments and accrued income
(ReW, EG) Rechnungsabgrenzungsposten *mpl*
(opp, accruals and deferred income)
preplanning (com) Vorausplanung *f*
preponderant cause of injury
(Re) vorwiegende Schadensursache *f*
(syn, proximate/decisive . . . cause of injury)
preposterior evaluation
(com) vorlaufende Prüfung *f*
(ie, of an event about the conditions expected after the event)
pre-preferential creditor (Re) mit Vorzugsrecht ausgestatteter Gläubiger *m*
preprinted form (com) Vordruck *m*
preprocessor (EDV) Vorkompilierer *m*
preproduction cost
(KoR) Vorlaufkosten *pl*, Rüstkosten *pl*
(ie, related to individual orders; syn, cost of changeover)
preproduction measures (IndE) Rüstprozesse *mpl*
(ie, to prepare tools and machines)
preproduction model (IndE) Produktmodell *n*
preprogramming
(IndE) Vorprogrammierung *f*
(ie, prerecording of instructions or commands for a machine, such as an automated tool in a factory)
pre-publication discount (com) Subskriptionsnachlaß *m (ie, off the normal price of a book)*
pre-publication price (com) Subskriptionspreis *m (ie, of books)*
prerequisite (com) Grundvoraussetzung *f*
preretailing (Mk) Preisfestlegung *f* bei Auftragserteilung *(ie, prices are assigned at the time an order is made)*
presale (Mk) dem Absatz vorausgehend
presale service (Mk) absatzvorbereitender Kundendienst *m*
prescribe *v*
(com) vorschreiben
(SozV) verschreiben *(ie, write out a medical prescription)*
prescription
(SozV) Rezept *n*
(SozV) verordnetes Medikament *n*
prescription charge (SozV) Rezeptgebühr *f*
prescription drug (SozV) rezeptpflichtiges od verschreibungspflichtiges Medikament *n (opp, nonprescription/over-the-counter . . . drug)*
prescriptive (Log) präskriptiv *(syn, normative; opp, descriptive)*
prescriptive decision making (Bw) normative Willensbildung *f*
prescriptive jurisdiction (Re) = legislative jurisdiction
preselection (Pw) Vorauswahl *f*
presence of a quorum (com) Beschlußfähigkeit *f*
present *v* (WeR) vorlegen *(eg, for acceptance or payment = zum Akzept od zur Zahlung)*
present a bill for discount *v* (Fin) Wechsel *m* zum Diskont einreichen
present a check *v* (Fin) Scheck *m* einreichen
present actuarial value (Vers) versicherungsmathematischer Gegenwert *m*
present a report *v* (com) Bericht *m* vorlegen *(syn, submit)*
presentation
(com) Vorlage *f (syn, submission)*
(WeR) Vorlage *f (syn, presentment, production)*
(Mk) Aufmachung *f*
– Darbietung *f*
– Präsentation *f (syn, getup)*
presentation bill (WeR) Sichtwechsel *m (syn, demand/sight . . . bill)*
presentation for acceptance (WeR) Vorlage *f* zum Akzept
presentation for collection (Fin) Vorlage *f* zum Inkasso
presentation for payment (Fin) Vorlage *f* zur Zahlung
presentation layer
(EDV) Darstellungsschicht *f*
– Anpassungsschicht *f*
(ie, in computer network)
presentation manager (EDV) grafische Benutzeroberfläche *f* von IBM für OS/2
presentation of goods
(Mk) Warenausstattung *f*
(Zo) Gestellung *f* der Waren
presenter (com) Redakteur *m* im Studio *(syn, commentator)*
present for acceptance *v* (WeR) zum Akzept vorlegen
present for discount *v* (Fin) zum Diskont einreichen

present for payment *v* (Fin) zur Zahlung vorlegen
presenting bank (Fin) einreichende Bank *m (ie, any bank presenting an item except a payor bank)*
presenting party (com) Einreicher *m*
presentment
(WeR, US) Vorlage *f*
(ie, of a matured bill of exchange, acceptance or note to the drawee, acceptor, or maker; this is presentment for payment; a notarial protest certificate = Protesturkunde is legal evidence of formal presentment and refusal to pay or accept; cf, Sec 3-501-511 UCC)
present value
(Fin) Gegenwartswert *m*
– Zeitwert *m*
(ie, current worth of a certain sum of money due on a specified future date after taking interest into consideration: auf den Kalkulationszeitpunkt abgezinstes Endkapital)
(Fin) Barwert *m*
(ie, a sum invested now at a given rate of compound interest – Zinseszins – will accumulate to a specified amount at a specified future date: $P = A_n/(1+i)^{-n}$ *oder* $k_o = k_n \times 1/q$*)*
present-value accounting (ReW) Rechnungslegung *f* mit Bewertung zum Zeitwert
present-value depreciation
(ReW) Barwert-Abschreibung *f*
(ie, künftige Abschreibung zu e–m bestimmten Zinssatz auf den Anschaffungszeitpunkt diskontiert; Jorgensen-Auerbach approach)
present-value factor (Fin) Barwertfaktor *m*
present-value method (Fin) Kapitalwertmethode *f (ie, of preinvestment analysis = der Investitionsrechnung)*
present value of an expectancy (Vers) Barwert *m* e–r Anwartschaft
present value of annuity (Fin) Rentenbarwert *m*
present value of an ordinary annuity (Fin) Barwert *m* der nachschüssigen Rente
present value of net cash inflows (Fin) Barwert *m* der Rückflüsse *(ie, in preinvestment analysis = Investitionsrechnung)*
present worth (Fin) = present value
preservation of jobs (Pw) Arbeitsplatzerhaltung *f*
preservation of real assets (Bw) Substanzerhaltung *f (syn, maintenance of real assets, qv)*
preservation of rights (Re) Wahrung *f* von Rechten
preservation period (com) Aufbewahrungsfrist *f*
preserve jobs *v* (Pw) Arbeitsplätze *mpl* erhalten
preshipment finance (AuW) Finanzierung *f* der Exportkosten vor dem Versand
president
(com, US) President *m*
(ie, chief executive officer of a company or group; the term is better left untranslated; syn, GB, chairman of the board of directors)
preside over a meeting *v*
(com) Sitzung *f* leiten
– Vorsitz *m* führen
(syn, chair a meeting)
presort (EDV) vorsortieren
press agency (com) Presseagentur *f*
press-button telephone (com) Tastentelefon *n*
press conference (com) Pressekonferenz *f*
press cutting agency (com, GB) Zeitungsausschnittdienst *m (syn, clipping bureau, qv)*
pressing financial needs (Fin) dringender Finanzbedarf *m*
pressing order (com) Eilauftrag *m (syn, rush order)*
press kit (com) Pressemappe *f (syn, information kit)*
press memorandum (com) Pressemitteilung *f (syn, press release)*
press release (com) Pressemitteilung *f*
press run (com) = print run
pressure cooker (Pw, infml) Antreiber *m*
pressure for short-term results (Bw) kurzfristiger Erfolgszwang *m*
pressure group
(Re) Interessengruppe *f*
(ie, organized to influence governmental policy)
pressure on costs (Bw) Kostendruck *m (eg, capacity utilization normally does not rise enough to put ...)*
pressures of competition (com) Wettbewerbsdruck *m (syn, competitive pressures)*
pressure to appreciate (Vw) Aufwertungsdruck *m*
pressure to innovate (Bw) Innovationsdruck *m (eg, as expressed in the slogan „innovate or emigrate")*
prestige advertising (Mk) Prestigewerbung *f*
prestige economy
(com) Prestigegüter *npl*
– Luxusgüter *npl*
prestige item (Mk) Prestigeartikel *m*
prestige pricing
(Mk) Festsetzung *f* von Prestigepreisen
(ie, to maintain the high quality image of a product)
prestudy (com) Vorstudie *f*
presumption (Re) Vermutung *f (ie, may be rebuttable or irrebuttable)*
presumption of death (Re) Todesvermutung *f (ie, at common law, usually after 7 years)*
presumption of dependence (com) Abhängigkeitsvermutung *f*
presumption of fact (Re) Tatsachenvermutung *f (opp, presumption of law)*
presumption of illegality (Re, US) Vermutung *f* der Rechtswidrigkeit
presumption of law (Re) Rechtsvermutung *f (opp, presumption of fact)*
presumption of law and right
(Re) unwiderlegliche Vermutung *f*
(syn, irrebuttable presumption, qv)
presumption of market domination (Kart) Marktbeherrschungs-Vermutung *f*
presumption of ownership (Re) Eigentumsvermutung *f (cf, § 1006 BGB)*
pretax margin (com) Gewinn *m* vor Steuern *(eg, in percent)*
pretax profit (ReW) Gewinn *m* vor Steuern *(syn, profit before taxes)*
pretax yield (Fin) Rendite *f* vor Steuern *(syn, yield before taxes)*
pretest (Mk) Pretest *m (syn, acceptance test, qv)*
pretest interview (Mk) Probeinterview *n*
pre-trading expenditure (Bw, GB) Anlaufkosten *pl*
pretrial brief (Re, US) Schriftsatz *m* vor der Verhandlung
pretrial detention (Re) Untersuchungshaft *f*

pre-trial discovery
(Re, US) Beweisermittlung *f*
– Beweisermittlungsverfahren *n*
(ie, vorprozessuale Ausforschung der anderen Partei; cf, discovery)
prevailing wage rate (Pw) geltender Lohnsatz *m*
prevarication
(Log) irrelevante Information *f*
– Irrelevanz *f*
(ie, deviation from the truth)
prevention of nonconformance (IndE) Fehlerverhütung *f*
preventive antitrust policy (Kart, US) Antitrustpolitik *f* nach dem Verbotsprinzip *(ie, as practiced by the per se approach, qv)*
preventive inspection (IndE) vorbeugende Prüfung *f*
preventive maintenance (IndE) vorbeugende Wartung *f* od Instandhaltung *f (opp, corrective maintenance)*
previous application (Pat) Voranmeldung *f*
previous consent (Re) vorherige Zustimmung *f*
previous conviction (Re) Vorstrafe *f*
previous endorser (WeR) Vormann *m*
previous files (Re) Vorakten *fpl*
previous insurance (Vers) Vorversicherung *f*
previous period (ReW) Vorperiode *f*
previous quotation (Bö) Schlußkurs *m* des Vortages *(ie, previous-day closing price)*
previous year (com) Vorjahr *m*
price
(com) Preis *m*
(Bö) Kurs *m*, Notierung *f*
(ie, current subterms are: asked – bid – blanket – cash – closing – cost-plus – current – fair – firm – list – makingup – market – net – nominal – offered – opening – selling – settling – unit – upset . . . price)
price *v*
(com) berechnen
(com) auszeichnen
– auspreisen
(ie, put price tags on articles)
price action (Mk) Preisaktion *f (eg, bare-blade . . .)*
price-adjusted sales per man-hour (Bw) preisbereinigter Umsatz *m* je geleistete Arbeitsstunde
price adjustment levy (EG) Ausfuhrabschöpfung *f (syn, export farm levy)*
price-adjustment levy rate
(EG) Abschöpfungssatz *m*
(ie, Differenz zwischen dem von der EG festgelegten Einfuhrpreis und dem günstigsten Angebot der Drittländer)
price advance (Bö) Kurssteigerung *f*
price after hours (Bö) außerbörslicher Kurs *m*
price agreed upon
(com) vereinbarter Preis *m*
(Bö) Bezahlt-Kurs *m*
price auditing (com) Preisprüfung *f*
price booster (com) Preistreiber *m*
price bracket (com) Preisklasse *f*
price break quantity (com) Mengenstaffel *f*
price bulletin (com, GB) gedruckte Preisliste *f (syn, price(s) current)*
price capping level (com) Preisobergrenze *f*
price ceiling (com) Höchstpreis *m*
price clause (com) Preisklausel *f*
price climate (com) Preisklima *n*
price collapse
(com) Preisverfall *m (syn, deep plunge of prices)*
(Bö) Kursverfall *m (ie, substantial decline in prices)*
price competition (Vw) Preiswettbewerb *m*
price competitiveness (com) preisliche Wettbewerbsfähigkeit *f*
price concession (com) Preiszugeständnis *n*
price consumption curve (Vw) Preis-Konsumkurve *f*
price control
(Vw) Preiskontrolle *f*
(ie, government regulation of prices of goods and services designed to reduce increases in the cost of living)
price-cost expectations
(Vw) Preis-Kosten-Erwartungen *fpl*
price-cost gap (com) Preis-Kosten-Schere *f*
price-cost squeeze (com) Druck *m* auf die Gewinnspanne
price cut (com) Preissenkung *f*
price cutter (com) Preisunterbieter *m*
price cutting (com) Preisunterbietung *f*
price cutting war (com) Preiskrieg *m (syn, price war; US, no-holds-barred price cutting)*
price data (Bö) Kursdaten *pl*
price deflator (Vw) Preisinflator *m*
price-demand function (Vw) Preisabsatzfunktion *f*
price determinants (com) Preisbildungsfaktoren *mpl*
price determination
(com) Preisfeststellung *f*
(Bö) Kursfeststellung *f*
price differential
(com) Preisgefälle *n*
(Bö) Kursgefälle *n*
price discretion (Mk) Preisspielraum *m (ie, sales representative may alter prices in order to obtain orders)*
price discrimination
(Kart) Preisdiskriminierung *f*
– Preisdifferenzierung *f*
(ie, sale to different purchasers at different prices; violates Sect 2(a) of the U. S. Robinson-Patman Act of 1936; syn, discriminatory pricing)
price discrimination cartel (Kart) Preiskartell *n (syn, price fixing cartel, prices cartel)*
price distortions
(Vw) Preisverzerrungen *fpl*
(eg, . . . from trade curbs alone are costing some countries from 4% to 10% of their GNP)
price-dividend ratio (Fin) Preis-Dividenden-Rate *f*
price dumping
(AuW) Preisdumping *n*
(ie, prices are cut below marginal cost through government export schemes)
price earnings multiple (Fin) = price earnings ratio
price earnings ratio
(Fin) Kurs-Gewinn-Verhältnis *n*,KGV
(ie, Verhältnis von Kurs e–r Aktie zu dem auf sie entfallenden Reingewinn)
price effect (Vw) Preiseffekt *m (cf, income effect, substitution effect)*
price elastic (Vw) preiselastisch
price elasticity (Vw) Preiselastizität *f*

price elasticity of demand
(Vw) Preiselastizität *f* der Nachfrage
(ie, the most commonly used elasticity measurement)
price elasticity of supply (Vw) Preiselastizität *f* des Angebots
price environment (Vw) Preisklima *n*
price escalation clause (com) = price escalator clause
price escalator clause
(com) Preisgleitklausel *f*
(ie, in a contract: allows price or profit adjustments or permits adjustment of allowances for cost variation; syn, price redetermination clause, rise-and-fall clause)
price ex factory (com) ab Werk-Preis *m (syn, price ex works)*
price ex works
(com) ab Werk-Preis *m*
– Preis *m* ab Werk
– Fabrik(abgabe)preis *m*
(syn, price ex factory)
price factor curve (Bw) Preis-Faktor-Kurve *f (ie, shows factor demand in relation to its price)*
price fixing
(Kart, US) Preisabsprache *f*
(ie, may be horizontal or vertical; syn, common pricing)
(Mk) vertikale Preisbindung *f (ie, by manufacturer)*
price fixing agreement (Kart) Preisvereinbarung *f*
price fixing cartel (Kart) Preiskartell *n (syn, prices cartel)*
price flexibility (Vw) Preisflexibilität *f (ie, reciprocal of price elasticity)*
price floor
(com) Mindestpreis *m*
– niedrigster Preis *m*
(syn, minimum-knocked down . . . price)
price fluctuations
(com) Preisschwankungen *fpl*
(Bö) Kursausschläge *mpl*
price formation (Vw) Preisbildung *f*
price freeze (Vw) Preisstopp *m (syn, price stop)*
price gains
(com) Preissteigerungen *fpl*
(Bö) Kursgewinne *mpl*
price gap (com) Preisschere *f*
price guarantee (EG) Preisgarantie *f*
price hike (com, US) = price increase
price increase
(com) Preiserhöhung *f*
– Preissteigerung *f*
(syn, price . . . rise/hike)
price index (Stat) Preisindex *m*
price inflation (Vw) Preisinflation *f*
price inquiry (com) Preisanfrage *f*
price intervention (Fin) Kursintervention *f*
price leader
(Vw) Preisführer *m*
(cf, price leadership)
(Mk) Lockvogel *m*
(ie, article priced abnormally low so as to attract customers; device used to increase the sale of other products)
price leadership
(Vw) Preisführerschaft *f*
(ie, rival sellers adopt the price fixed by one or more other members of the industry; usually this role is played by the largest or dominant firm; competition is shifted to nonprice elements, capital formation may be dislocated, expansion of efficient firms may be discouraged)
price led boom
(Vw) Preiskonjunktur *f*
(ie, situation of soaring prices and quickly rising profits)
price level
(com) Preisniveau *n*
(Bö) Kursniveau *n*
price-level-adjusted accounting (ReW) indizierte Jahresabschlußrechnung *f*
price level risk (Fin) Kaufkraftrisiko *n (syn, purchasing power risk)*
price level stability (Vw) = price stability
price liberalization (Vw) Freigabe *f* von Preisen
price limit
(com) Preisgrenze *f*
(Bö) Kurslimit *n*
(Bö, US) höchstzulässige Kursveränderung *f* an e–m Börsentag *(ie, fixed by the CFTC)*
price limit order (Bö, US) Preis-Limit-Order *f (ie, kann nur zum festgelegten od e–m noch besseren Preis ausgeführt werden)*
price line
(Vw) Bilanzgerade *f*
– Budgetgerade *f (syn, budget line, qv)*
price lining (Mk) Verkauf *m* von Produkten zum gleichen Preis *(ie, bei unterschiedlichen Kosten)*
price list
(com) Preisliste *f*
(Bö) Kurszettel *m (syn, list of quotations)*
price loco (com) Loko-Preis *m (ie, charged at the place of purchase)*
price look-up procedure (Mk) Preisabrufverfahren *n*
price loss (Bö) Kursverlust *m*
price maintenance
(com) Preisunterstützung *f*
(Bö) Kursstützung *f (syn, price support)*
(Mk) Preisbindung *f* der zweiten Hand *(syn, resale price maintenance)*
price maintenance scheme (com, US) Preisbindungs-Regelung *f*
price maker (Vw) Preisfixierer *m*
price making
(com) Preisfestsetzung *f*
(Bö) Kursbildung *f*
price management (Bö) Kurspflege *f*
price margin
(com) Preisspanne *f*
(com) Handelsspanne *f (ie, between wholesaling and final consumption; syn, operating/gross . . . margin)*
price mark (com) Auszeichnung *f (syn, price tag)*
price markdown
(com) Preissenkung *f*
(Bö) Kursrücknahme *f*
price marking (com) Auszeichnung *f (ie, marking articles with price tags)*
price mechanism (Vw) Marktpreis-Mechanismus *m*

price movement
(com) Preisentwicklung *f*
(Bö) Kursentwicklung *f (syn, trends in quotations)*
price-numb upper crust (Mk, infml) preisunempfindliche Oberschicht *f*
price of an option
(Bö) Prämie *f*
– Optionspreis *m*
(syn, premium)
price of delivery (com) Lieferpreis *m (syn, supply price)*
price offered (Bö) Brief *m*, Briefkurs *m (syn, asked price)*
price out of the market *v* (com) sich durch zu hohe Preise vom Markt ausschließen
price pegging (Bö) Kursstützung *f (syn, price support)*
price performance (Bö) Kursentwicklung *f*
price-performance ratio
(Bw) Preis-Leistungsverhältnis *n*
price-performance standards
(Mk) Preismaßstäbe *mpl*
price per unit (com) Preis *m* je Einheit, Stückpreis *m*
price plateau (Mk) Höchstpreis *m (ie, as accepted by buyers)*
price quotation (com) Preisangebot *n (syn, quote, quotation)*
price quote (Bö) Kursnotiz *f*
price rally (Bö) Kurserholung *f*
price range
(com) Preislage *f*
– Preisspanne *f*
(Bö) Kursspanne *f*
price recommendation (com) Preisempfehlung *f*
price recovery (com) Preiserholung *f*
price redetermination clause (com) Preisgleitklausel *f (syn, price escalator clause, qv)*
price relative (Stat) Preismeßziffer *f*
price reporting agreement (Kart) Preisinformationsabsprache *f (syn, open price agreement, qv)*
price reporting cartel (Kart) Informationskartell *n*
price reporting system (Bö, US) Kursnotierungssystem *n*
price restraint (com) Preiszurückhaltung *f (eg, to exercise . . .)*
price rigidity (Bw) Preisstarrheit *f*
price risk
(com) Preisrisiko *n*
(Bö) Kursrisiko *n*
price run-up (com) Preiserhöhung *f*
prices after hours (Bö, GB) nachbörsliche Kurse *mpl (syn, after-hours prices, qv)*
prices cartel (Kart) Preiskartell *n (syn, price fixing cartel)*
price schedule (com) Preisliste *f (syn, price list, qv)*
price sensitive
(com) preiselastisch
– preisempfindlich
– preisreagibel *(eg, market)*
price-sensitive information (Bö) kursempfindliche Informationen *fpl (ie, in insider trading)*
price setting (Vw) Preisfixierung *f*
prices for primary products (com) Rohstoffpreise *mpl (syn, prices of raw materials)*
price shock (com) Preisschock *m*
price signaling (Kart) öffentliche Ankündigung *f* von Preiswirkungen
prices in the street (Bö, GB) nachbörsliche Kurse *mpl (syn, after-hour prices, qv)*
price softness (com) nachgebende Preise *mpl*
price spread
(com) Preisspanne *f (eg, between new and used cars)*
(Bö) Geld-Brief-Spanne *f (syn, bid-ask spread)*
price stability (Vw) Preisstabilität *f*
price stabilization
(com) Preisstabilisierung *f*
(Bö) Kursstützung *f*
price standard (KoR) innerbetrieblicher Verrechnungspreis *m*
price statistics (Stat) Preisstatistik *f*
price sticker (com) Preisschild *n*
price support
(com) Preisstützung *f*
(Bö) Kurspflege *f*
– Kursstützung *f*
(syn, regulation of the market)
price supporting purchases (Fin) Kursstützungskäufe *mpl*
price support operations (Fin) Kurspflege-Operationen *fpl*
price surveillance (Vw) Preisüberwachung *f (ie, form of government price control)*
price swings (Bö) Kursschwankungen *fpl*
price tag
(com) Preisschild *n*
(com) Preis *m*
price taker (Vw) Mengenanpasser *m (syn, quantity adjuster)*
price taker market (Vw) Mengenanpassermarkt *m (ie, sellers have no say in the matter of selling prices)*
price theory
(Vw) Preistheorie *f*
(ie, analyzes the way in which prices are determined in a free market economy; the various states of the environment are monopoly, oligopoly, perfect competition, and monopolistic competition)
price variance (KoR) Preisabweichung *f (ie, results from a change in the price of materials or labor)*
price variance account
(ReW) Preisdifferenzkonto *n*
(ie, at year end traced to income statement)
price war (com) Preiskrieg *m (syn, pricing battle, price cutting war)*
pricey (com) = pricy
pricing
(com) Preisbildung *f*, Preisfestsetzung *f (syn, price setting)*
(Mk) Preis- und Rabattpolitik *f*
(Fin) Festsetzung *f* der Konditionen
pricing authority (Mk) Preisfestsetzungskompetenz *f*
pricing battle (com) = price war
pricing margin (Mk) Kalkulationsspanne *f*
pricing mechanism (Vw) = price mechanism
pricing of input factors (KoR) kalkulatorische Bewertung *f (ie, for costing purposes)*
pricing policy (Mk) Preispolitik *f*

pricing pressure
(com) Preisdruck *m*
(eg, imposed by importers; syn, pressures on prices)
pricing structure (com) Preisgefüge *n*
pricy
(com, GB, infml) teuer
(syn, expensive, high-priced; GB, dear)
prima facie evidence
(Re) Anscheinsbeweis *m*
– Beweis *m* des ersten Anscheins
(ie, sufficient in law to raise a presumption of fact unless rebutted = gilt bis zur Widerlegung als Tatsachenvermutung)
primage
(com) 10%-iger Zuschlag *m* für besonders sorgfältiges Be- und Entladen
(syn, infml, hat money)
primage duty (AuW) Einfuhrzoll *m*
primal feasible vector (OR) primaler zulässiger Vektor *m*
primal integer programming (OR) primal-ganzzahlige Programmierung *f*
primal objective function (OR) primale Zielfunktion *f*
primarily liable (Re) primär haftend
primary accumulation (Vw) ursprüngliche Akkumulation *f*
primary agents (Re) verfassungsmäßig berufene Vertreter *mpl (ie, properly constituted agents)*
primary assets
(Vw) primäre Aktiva *npl*
(ie, gold, foreign exchange, and fixed-interest securities sold by the central bank under its open market policy)
primary balance
(AuW) Primärsaldo *m*
(ie, Finanzierungssaldo ohne Zinszahlungen)
primary beneficiary (Re) Erstbegünstigter *m*
primary boycott (Pw) direkter Boykott *m (ie, als Streikmaßnahme)*
primary budget (FiW) Primärhaushalt *f*
primary capital
(Fin, US) primäres Eigenkapital *n* e–r Bank
(ie, erfüllt alle Voraussetzungen des haftenden Eigenkapitals: eingezahltes Kapital, surplus – etwa gesetzliche Rücklagen des dt Aktienrechts –, nicht ausgeschüttete Gewinne, bestimmte Rückstellungen, Rückstellungen für Verluste aus Darlehensgeschäft; opp, secondary capital)
primary commodities (com) unverarbeitete od halbverarbeitete Rohstoffe *mpl*
primary contractor (com) = prime contractor
primary cost
(KoR) primäre/ursprüngliche . . . Kosten
(ie, je nach Herkunft der Einsatzgüter)
primary data
(Stat) Primärdaten *pl*
– Urmaterial *n*
primary data collection (Stat) Ersterfassung *f (syn, source of data collection, qv)*
primary dealer
(Fin, US) Primärhändler *m*
(ie, some of them banks, acting as underwriters of public-debt issues; observe the Fed's voluntary minimum capital ratios for trading in government bonds)
(Fin, GB) Primärhändler *m*
(ie, in gilt-edged securities and other sterling paper; syn, market maker)
primary debtor (Re) Erstschuldner *m*
primary deposits
(Fin) Kundeneinlagen *fpl*
(ie, cash deposits in a bank)
(Vw) Buchgeld *n*
– Giralgeld *n*
(syn, deposit money, qv)
primary direct investment (VGR) unmittelbare Direktinvestitionen *fpl*
primary distribution
(Bö) Neuemission *f*
(Vw) Primärverteilung *f*
primary earnings
(ReW) Gewinn *m* ohne Berücksichtigung der möglichen Wandelrechte
primary earnings per share, PES
(Fin) tatsächlicher Gewinn *m* je Aktie
(ie, earnings attributable to each share of common stock outstanding, including common stock equivalents, qv; opp, fully diluted earnings per share)
primary element (EDV) Meßfühler *m*
primary energy
(IndE) Primärenergie *f*
(ie, aus natürlichen Energieträgern gewonnen, wie Kohle, Erdöl, Erdgas, Wasserkraft)
primary entry (EDV) Haupteintrag *m*
primary examiner (Pat) Vorprüfer *m*
primary function (Math) Stammfunktion *f (syn, primitive function)*
primary goods (com) Rohstoffe *mpl (syn, commodities)*
primary health care
(SozV, US) primäre Gesundheitsvorsorge *f*
(ie, all health care except that provided by hospitals)
primary income distribution
(Vw) primäre Einkommensverteilung *f*
(ie, resulting from market processes; opp, secondary income distribution)
primary indicator (Stat) primärer Indikator *m*
primary industry (com) Grundstoffindustrie *f (syn, basic /extractive . . . industry)*
primary input (Vw) Primäraufwand *m (ie, in input-output analysis)*
primary insurance
(Vers) Erstversicherung *f*, Direktversicherung *f*
(ie, up to a specified amount or against specific risks)
primary insurer (Vers) Erstversicherer *m*, Hauptversicherer *m*
primary issue market (Fin) Emissionsmarkt *m (opp, secondary market = Umlaufmarkt)*
primary key (EDV) Ordnungsbegriff *m*
primary keyword (EDV) Hauptkennwort *n*
primary liability
(WeR) Hauptverbindlichkeit *f*
(Fin) Primärverbindlichkeit *f*
(ie, direct liability as distinguished from a contingent one = Eventualverbindlichkeit)

primary line injury
(Kart, US) Beeinträchtigung *f* des Wettbewerbs zwischen preisdiskriminierenden und konkurrierenden Unternehmen
(ie, defined by the Robinson-Patman Act of 1936; opp, secondary/tertiary . . . line injury, qv)
primary liquidity (Vw) Primärliquidität *f (ie, equal to central bank money)*
primary market
(Mk) Primärmarkt *m (ie, located in a center of consumption)*
(Bö) Primärmarkt *m*
– Emissionsmarkt *m*
(ie, refers to the market for new issues of securities publicly offered through investment bankers; syn, new issue market; opp, secondary market)
primary marketing area (Mk) Hauptabsatzgebiet *n*
primary memory
(EDV) Hauptspeicher *m*
– Arbeitsspeicher *m*
(syn, main memory)
primary metals (com) Primärmetalle *npl (syn, virgin metals, qv)*
primary money (Vw) Primärgeld *n (syn, monetary base, qv)*
primary objective (Bw) Primärziel *n*
primary obligor (Re) Hauptschuldner *m*
primary offering
(Fin) Neuemission *f (syn, primary market issue)*
(Bö) Angebot *n* der Ausgabe junger Aktien *(ie, gegen Barzahlung od Stockdividende)*
primary overhead (KoR) primäre Gemeinkosten *pl*
primary package (com) Grundverpackung *f (ie, directly holds the product of sale)*
primary points (com, US) Zentrallagerstellen *fpl (ie, where grain is warehoused for further distribution; eg, Chicago, Kansas City, Buffalo, Toledo, St. Louis)*
primary producer (Bw) Urerzeuger *m*
primary-producing country (Vw) Rohstoffland *m*
primary production (Bw) Urproduktion *f*
primary products (com) Rohstoffe *mpl*, Grundstoffe *mpl (syn, basic commodities, raw materials)*
primary reserves
(Fin) gesetzliche Rücklagen *fpl* und Guthaben *fpl* bei anderen Banken
(Vw) Primärreserven *fpl (ie, gold + deposits)*
primary return (Fin, GB) Rentabilität *f*
primary route (EDV) Direktweg *m*, normaler Weg *m (opp, alternative route = Alternativweg)*
primary sector of the economy (Vw) primärer Sektor *m*
primary statistics (Stat) Primärstatistik *f*
primary surplus (AuW) Primärüberschuß *m*
primary unit (Stat) Einheit *f* der ersten Auswahlstufe *(syn, first-stage unit)*
prime
(Math) = prime number
(Fin) erstklassig
(ie, relates to an investment, such as bond, acceptance, commercial paper; syn, first-class, high-grade, gilt-edged, conservative)
(com) erstklassig
(ie, highest grade regularly marketed; mostly used of beef)
prime bank (Fin) Bank *f* mit erstklassigem Standing
prime bill of exchange
(Fin) erstklassiger Wechsel *m*
(ie, acceptable for rediscount with the Federal Reserve Bank)
prime borrower (Fin) erste Adresse *f (syn, top borrower, qv)*
prime contract (com) Hauptkontrakt *m*
prime contractor
(com) Hauptunternehmer *m*
– Generalunternehmer *m*
(ie, he assigns portions of the work to subcontractors; syn, general contractor)
prime corporate borrower (Fin) = prime borrower
prime cost
(KoR) Fertigungseinzelkosten *pl*
(ie, include all direct manufacturing expense: total material and direct labor)
(com) Gestehungskosten *pl*
(ie, cost less vendor's commission for charges)
prime factor (Math) Primfaktor *m*
prime goal (Bw) vorrangiges Ziel *n (syn, priority goal)*
prime industrial firm (Fin) = prime borrower
prime insurance business (Vers) Erstversicherungsgeschäft *n*
prime investment (Fin) erstklassige Anlage *f*
prime listed securities (Bö) erstklassige börsennotierte Wertpapiere *npl*
prime location (MaW) Stammlagerort *m*
prime maker (WeR) Aussteller *m* e–s Wertpapieres *(ie, responsible for ultimate payment)*
prime market (Mk) Hauptabsatzmarkt *m*
prime number
(Math) Primzahl *f*
(ie, positive integer having no divisor except itself and the number 1; syn, prime)
prime number theorem (Math) Primzahlsatz *m*
prime paper
(Fin) erstklassige Geldmarktpapiere *npl*
(ie, commercial paper mit einem sehr hohen Rating, qv)
prime polynomial
(Math) Primpolynom *n*, irreduzibles Polynom *n*
(ie, a polynomial whose only factors are itself and constants; syn, irreducible polynomial)
prime quality (com) Spitzenqualität *f*, erste Wahl *f (syn, best/top . . . quality)*
prime rate
(Fin, US) Kreditzins *m* für erste Adressen
– Prime Rate *f*
(ie, interest rate charged for the very best credits of short-term maturity; approximates the riskless or pure rate for money; highest-quality credit with least or negligible premium for credit risk; Diskontsatz für erstklassige Geldmarktpapiere mit 90 Tagen Laufzeit)
prime record key
(EDV, Cobol) primärer (Daten)Satzschlüssel *m (cf, DIN 66 028, Aug 1985)*
primes (Fin) erstklassige Geldmarktpapiere *npl*
prime time
(Mk) Hauptsendezeit *f*
(ie, in radio and television; syn, GB, peak viewing time)

primetime slot (Mk) = prime time
prime underwriter (Fin) Konsortialführerin *f* *(syn, principal underwriter)*
prime vendor (MaW) Vorzugslieferant *m*
primitive
(Log) undefinierter Grundbegriff *m*
(ie, undefined term or concept; serves as a starting point in an effort to avoid circular reasoning; eg, primitives in the Peano system are zero, number, and successor; in accounting: transaction, claim, continuity; a term undefined in one system may be defined in another)
primitive equation (Math) ursprüngliche Gleichung *f*
primitive expression (Log) einfacher Ausdruck *m* *(syn, simple term)*
primitive function (Math) Stammfunktion *f* *(syn, primary function)*
primitive nth root of unity (Math) primitive Einheitswurzel *f*
primitive proposition (Log) unbeweisbarer Aussagssatz *m*, Axiom *n*
primitive symbol (Log) Grundzeichen *n*
princely salary (Pw, infml) fürstliches Gehalt *n*
principal
(Re) Auftraggeber *m*
– Vertretener *m*
(ie, in law of agency; opp, agent = Vertreter)
(Fin) Kapitalsumme *f*
– Hauptsumme *f*
(ie, in the phrase ‚principal and interest' = Kapitel und Zinsen)
(Fin) Darlehensbetrag *m*
– Darlehenssumme *f*
(eg, pay interest on the . . .)
(Fin) Kapital *n* *(opp, income)*
(WeR) Erstverpflichteter *m* *(eg, Bürge, Indossant)*
(ReW) Hauptprüfer *m* *(ie, in a CPA firm = Wirtschaftsprüfungsgesellschaft)*
principal activity (Bw) Hauptgeschäftsbereich *m*
Haupttätigkeitsbereich *m*
principal amount
(Fin) Kapitalbetrag *m* *(ie, in: principal and interest)*
(Fin) Darlehensbetrag *m* *(syn, principal)*
principal and interest (Fin) Kapital *n* und Zinsen *mpl*
principal bidder (com) Hauptanbieter *m* *(syn, main bidder)*
principal branch office (Fin) Hauptzweigstelle *f*
principal claim (Re) Hauptanspruch *m* *(opp, accessory claim)*
principal component (Math) Hauptkomponente *f*
principal coupon date (Fin) Hauptzinstermin *m*
principal creditor (Re) Hauptgläubiger *m* *(syn, main/primary . . . creditor)*
principal customer (com) Hauptkunde *m*
principal debt (Re) Bürgschaftsschuld *f* *(syn, guaranty indebtedness)*
principal debtor (Re) Hauptschuldner *m*
principal defect (Re) Hauptmangel *m*
principal diagonal (Math) Hauptdiagonale *f* *(ie, of a matrix; syn, main diagonal)*
principal establishment (com) Hauptniederlassung *f*
principal forwarding agent (com) Hauptspediteur *m*
principal holder of equity securities (Fin) Hauptaktionär *m*
principal instrument (WeR) Haupturkunde *f*
principal lessee (Re) Hauptmieter *m*
principal manager (Fin) = prime underwriter
principal market area (Mk) Hauptabsatzgebiet *n*
principal maturity (Fin) Fälligkeit *f* des Kapitals
principal minor (Math) Hauptminor *m*
principal mortgage
(Re) erststellige Hypothek *f*
(syn, senior mortgage, qv)
principal obligations (Re) Hauptpflichten *fpl*
principal obligor (Re) Hauptgläubiger *m* *(syn, principal creditor, qv)*
principal office (com) Hauptgeschäftsstelle *f*
principal officer
(Bw) Unternehmensleiter *m*
(ie, head of a company)
principal outstanding (Fin) Restkapital *n*
principal paying agent (Fin) Hauptzahlstelle *f*
principal plant (IndE) Hauptbetrieb *m*
principal reserve currency country (AuW) Hauptreservewährungsland *n*
principal shareholder (Fin) Hauptaktionär *m*
principal stockholder (com) = principal shareholder
principal strip (Fin) Kapitalstrip *m*
principal supplier (AuW, GATT) wichtigster Weltmarktexporteur e–r Ware
principal-surety relationship (Re) Bürgschaftsverhältnis *n*
principal topic (com) Hauptthema *n*
principal transactions
(Fin) Eigengeschäfte *npl*
(syn, own-account trading)
principal underwriter (Fin) = prime underwriter
principle of authority (Pw) Autoritätsprinzip *n*
principle of causality (Log) = principle of causation
principle of causation
(Log) Kausalitätsprinzip *n* *(syn, cause-effect principle)*
(Vw) Verursachungsprinzip *n*
principle of classifying accounts (ReW) Abschlußgliederungsprinzip *n*
principle of conservatism (ReW) Vorsichtsprinzip *n*
principle of duality (Log) Dualitätsprinzip *n*
principle of economy (Log) = Occam's razor
principle of free trade (AuW) Freihandelsprinzip *n*
principle of immediate recognition (Re) Unmittelbarkeitsprinzip *n*
principle of income-source neutrality
(FiW) Welteinkommensprinzip *n*
– Wohnsitzprinzip *n*
(ie, applied in double taxation)
principle of insufficient reason
(Stat) Satz *m* vom unzureichenden Grunde
(ie, cases are equally likely to occur unless reasons to the contrary are known)
principle of inverse probability
(Stat) = Bayes theorem
principle of marginality (Vw) Grenzprinzip *n*
principle of materiality (ReW) Grundsatz *m* der Wesentlichkeit
principle of maximum execution (Bö) Meistausführungsprinzip *n*
principle of modularity (EDV) Baukastenprinzip *n*

principle of mutual recognition (EG) Grundsatz *m* der gegenseitigen Anerkennung *(ie, whereby products tested and certified in one member State could go on sale elsewhere in the Community without further ado)*
principle of nonexclusion (FiW) Kriterium *n* der Nichtausschließbarkeit
principle of original inventor (Pat, US) Ersterfinderprinzip *n*
principle of parsimony (Log) Prinzip der Denkökonomie *f (cf, Occam's razor)*
principle of proportionality (Re) Grundsatz *f* der Verhältnismäßigkeit
principle of prudence (ReW) Bilanzierungsgrundsatz *m* der kaufmännischen Vorsicht
principle of public disclosure (ReW) Publizitätsprinzip *n*
principle of satisficing (Vw) Prinzip *n* der Satisfizierung
principle of shortest channel (Bw) Prinzip *n* des kürzesten Weges
principle of simplicity (Log) = Occam's razor
principle of subsidiarity
(EG) Subsidiaritätsprinzip *n*
(ie, the Community should be given only those powers that cannot be exercised effectively by local and national governments)
principle of sufficient reason (Log) Satz *m* vom zureichenden Grunde
principle place of business (Re) Hauptsitz *m (syn, main place of business)*
principles of procurement (MaW) Bereitstellungsprinzipien *npl*
principles of taxation (FiW) Besteuerungsgrundsätze *mpl (syn, canons of taxation)*
print
(com) Auflage *f*, gedruckte Auflage *f (syn, print run)*
(EDV) Druck *m*, Abdruck *m*
printable character (EDV) druckbares Zeichen *n*
printable group (EDV, Cobol) druckfähige Leiste *f (cf, DIN 66 028, Aug 1985)*
printable item (EDV, Cobol) druckfähiges Feld *n (cf, DIN 66 028, Aug 1985)*
print character (EDV) Druckzeichen *n*
print-contrast ratio (EDV) Kontrastverhältnis *n*
print control character (EDV) Drucksteuerzeichen *n*
printed advertising material (Mk) Werbedrucksachen *fpl*
printed circuit
(EDV) gedruckter Schaltkreis *m*
(ie, made by depositing conductive material – leitfähiges Material – in continuous paths from terminal to terminal on an insulating surface)
printed circuit board
(EDV) Flachbaugruppe *f*
– gedruckte Schaltung *f*
(syn, board)
printed form (com) Vordruck *m (syn, form, qv)*
printed matter (com) Drucksache *f (syn, GB, printed papers)*
printed papers (com, GB) Drucksache *f*
printed patent specification (Pat) Patentschrift *f*, öffentliche Druckschrift *f (syn, printed publication)*
printed publication (Pat) = printed patent specification
print element (EDV) Kugelkopf *m*
printer
(EDV) Drucker *m*
(ie, output system that prints characters one at a time or one line at a time)
printer buffer (EDV) Druckerzwischenspeicher *m*
Printer Control Language, PCL (EDV) PCL-Druckerkontrollsprache *f (ie, industry-standard page description language developed by Hewlett Packard)*
printer driver
(EDV) Drucksteuerdatei *f*
– Druckertreiber *m*
printer form (EDV) Druckformular *n*
printer layout (EDV) Listenbild *n*
printer port (EDV) Druckerschnittstelle *f*
printer setup (EDV) Druckereinrichtung *f (sometimes used syn, page setup, qv)*
printer terminal (EDV) Schreibstation *f*
print format (EDV) Druckformat *n*
print format settings (EDV) Druckformatvorgaben *fpl*
print group (EDV, Cobol) Druckleiste *f*
printhead cartridge (EDV) Farbkartusche *f*
printing capacity (EDV) Druckerkapazität *f*
printing industry
(com) Druckindustrie *f*
– (sometimes:) graphisches Gewerbe *n*
printing ink (com) Druckfarbe *f*
print instruction (EDV) Druckbefehl *m*
print job (EDV) Druckauftrag *m (ie, part of a print queue)*
print layout (EDV) Druckvorlage *f*
print media (Mk) Druckmedien *npl*
print media audience (Mk) Leserschaft *f (syn, readership)*
printout (EDV) Ausdruck *m*, Printout *m*
print out *v* (EDV) ausdrucken *(ie, make a printout of)*
printout area (EDV) Druckausgabebereich *m*
printout storage (EDV) Druckausgabespeicher *m*
print position
(EDV) Druckstelle *f*
– Schreibstelle *f*
print preview
(EDV, GUI) Seitenvorschau *f*
– Seitenansicht *f*
print program (EDV) Druckprogramm *n*
print quality
(EDV) Druckqualität *f (eg, near letter quality, NLQ, qv)*
– Druckerqualität *f (cf, typewriter quality)*
print queue (EDV) Druckwarteschlange *f*
print range (EDV) Druckbereich *m (ie, pages to be printed)*
print run
(com) Auflage *f*
– gedruckte Auflage *f*
(syn, press run)
print settings (EDV) Druckvorgaben *fpl*
print wheel (EDV) Typenrad *n (syn, type wheel)*
prior applicant (Pat) Voranmelder *m*
prior application (Pat) vorausgehende Anmeldung *f*
prior approval (Re) Einwilligung *f (opp, affirmative consent = Zustimmung)*

prior-approval system (Pat) Genehmigungssystem *n*
prior art (Stat) Stand *m* der Technik *(syn, state of the art, qv)*
prior art search
(Pat) Prüfung *f* auf Vorrang älterer Anmeldungen, Recherche *f* zum Stand der Technik
(ie, search for prior art – ältere Anmeldung – that may possibly anticipate an invention being considered for patentability)
prior charge (Re) vorrangige Belastung *f*
prior consent
(Re) vorherige Zustimmung *f*
– Einwilligung *f*
(cf, § 183 BGB; opp, subsequent consent = nachträgliche Zustimmung, Genehmigung; § 184 BGB; syn, prior approval)
prior endorser (WeR) Vormann *m*
prior exportation (Zo) vorzeitige Ausfuhr *f*
prior holder (Re) Vorbesitzer *m*
prior invention (Pat) ältere Erfindung *f*
prior inventor (Pat) Vorerfinder *m*
prioritize *v* (com) prioritisieren *(ie, rank in order of priority)*
priority
(com) Priorität *f (eg, project has top priority)*
(Re) Vorrang *m*, Vorrecht *n (ie, legal precedence in exercise of rights)*
(Pat) zeitlicher Vorrang *m*
priority assignment (Bw) Festlegung *f* von Prioritäten
priority bonds (Fin) Vorzugsobligationen *fpl*
priority control (EDV) Vorrangsteuerung *f*
priority creditor (Re, US) bevorrechtigter Gläubiger *m*
priority date (Pat) Prioritätsdatum *n*
priority dispatching (IndE) Reihenfolgeplanung *f* *(syn, job shop scheduling, qv)*
priority foreign country, PFC
(AuW, US) „Prioritäts"-Land *n (ie, country who merits „super-301–" treatment on the basis of the relevant provision of the trade act; its trade barriers are regarded by the U.S. as so egregious that, if not removed during further negotiations, compulsory retaliatory action must be taken against it)*
priority goal (Bw) vorrangiges Ziel *n (syn, prime goal)*
priority level (Bw) Vorrang-Ebene *f*
priority mortgage (Re) = prior mortgage
priority of creditors (Re) Gläubigerrecht *n (syn, absolute priority, qv)*
priority of invention (Pat) Erfindungspriorität *f*
priority processing (EDV) Prioritätsverarbeitung *f*
priority routing and scheduling (IndE) = priority dispatching
priority scheduler (EDV) Prioritätsdisponent *m*
priority share (Fin) Vorzugsaktie *f (syn, preferred stock, preference share, qv)*
prior lien
(Re) vorrangiges Pfandrecht *n*
(ie, not necessarily a first lien; simply one that takes precedence over others)
prior mortgage (Re) erststellige Hypothek *f (syn, senior mortgage, qv)*
prior party (WeR) Vormann *m (syn, prior endorser)*
prior patent (Pat) älteres Patent *n*
prior payment pattern
(Fin) Zahlungsgewohnheiten *fpl*
– Zahlungsmoral *f*
(syn, payment behavior, record in paying debts)
prior period (Vw) Vorperiode *f (ie, t-1)*
prior period adjustment (ReW) Ergebnisberichtigung *f* früherer Jahre
prior preference stock
(Fin, US) vorrangige (Dividenden-)Vorzugsaktien *fpl*
(ie, rarely used; two or more classes of preferred stock have been issued, but the stock so named is entitled to dividends in full before the second or third class receives anything; it is more common, when preferred stock is issued in series, to designate it as first, second, and third preferred stock, or as series or class A, B, C, etc)
prior preferred stock
(Fin, US) erststellige Vorzugsaktien *fpl*
(syn, first preferred stock)
prior probability (Stat) a priori-Wahrscheinlichkeit *f* *(syn, a priori probability; opp, posterior probability)*
prior publication (Pat) Vorveröffentlichung *f (syn, prior public printed publication)*
prior public printed publication (Pat) = prior publication
prior redemption
(Fin) vorzeitige Tilgung *f*
(ie, calling redeemable or optional bonds for redemption at a date prior to the obligatory maturity)
prior redemption privilege (Fin) Recht *n* auf vorzeitige Tilgung
prior tax
(StR) Vorsteuer *f*
(ie, deducted in computing VAT tax payments; syn, prior turnover tax, input tax)
prior-tax deduction (StR) Vorsteuerabzug *m*
prior tax earnings (ReW) Vorsteuergewinn *m*
prior-turnover method
(StR) Vorumsatzverfahren *n*
(ie, gross turnovers less prior turnovers = net turnovers on which applicable VAT rate is payable)
prior turnovers (StR) Vorumsätze *mpl (ie, including imports)*
prior turnover tax (StR) = prior tax
prior-turnover-tax method
(StR) Vorsteuerverfahren *n*
(ie, used in determining the actual amount of VAT to be paid)
prior use (Pat) öffentliche Vorbenutzung *f*
prior use right (Pat) Recht *n* des Vorbenutzers
prior VAT charges (StR) Mehrwertsteuer-Vorbelastung *f*
prior written approval (Re) vorherige schriftliche Zustimmung *f*
prior year earnings (ReW) Vorjahresgewinn *m*
prior-year level (com) Vorjahresniveau *n*
prior year results (ReW) Vorjahresergebnis *n*
prisoner's dilemma
(OR) Gefangenen-Dilemma *n*
– Dilemma *n* des Untersuchungsgefangenen
(ie, Konfliktsituationen, in der Individuen bei

individuell rationalem Verhalten ein für alle Beteiligten nachteiliges Ergebnis herbeiführen)
Privacy Act (Re, US) Datenschutzgesetz *n*
private (com, GB) persönlich *(ie, on envelopes; nobody but the addressee is to open; syn, US, personal)*
private account (ReW) Privatkonto *n (ie, subaccount of capital account)*
private acquisition agreement (com) privater Unternehmenskaufvertrag *m*
private and confidential (com) streng vertraulich
private-asset contributions (ReW) Privateinlagen *fpl*
private attorney (Re) Stellvertreter *m (syn, attorney-in-fact, qv)*
private automatic branch exchange, PABX (EDV) Fernsprechnebenstellenanlage *f (ie, connections are made by remote-controlled switches)*
private automatic exchange, PAX (EDV) private Vermittlungsanlage *f*
private bank (Fin) Privatbank *f (ie, partnership or individual proprietorship; opp, incorporated banking)*
private banker (Fin) Privatbank *f*
private banking
(Fin) Bankdienstleistungen *fpl* für Privatkundschaft *(ie, nicht für Firmenkunden = corporate customers as part of wholesale banking)*
private borrowing (VGR) Kreditaufnahme *f* des privaten Sektors *(ie, Haushalte und Unternehmen)*
private branch exchange, PBX (EDV) private Vermittlungsanlage *f*
private brand
(Mk, US) Hausmarke *f*, Händlermarke *f*
(ie, adopted by a particular dealer or distributor for some or all of the goods it sells; syn, private label, house brand)
private-brand gas station (com, US) freie Tankstelle *f (syn, GB, independent filling station)*
private capital flows (VGR) privater Kapitalverkehr *m*
private carriage (com, US) Werksverkehr *m (syn, plant-operated traffic, qv)*
private carriage insurance (Vers) Werkverkehrsversicherung *f*
private carrier (com) Beförderungsunternehmer *m*, privater Frachtführer *m (eg, Werktransport, Werkschiffahrt; syn, transport company; opp, common carrier)*
private company
(com) personenbezogene Kapitalgesellschaft *f*
(ie, Aktienübertragung beschränkt; Zahl der Gesellschafter auf 50 begrenzt; Gesellschaft tritt nicht an den Kapitalmarkt heran; opp, public company = Publikumsgesellschaft)
private company limited by shares (com, GB, appr) Gesellschaft *f* mit beschränkter Haftung
private consumption (Vw) privater Verbrauch *m*
private consumption deflator (Vw) Deflator *m* für den Privaten Verbrauch
private customer (com) Privatkunde *m*
private customers (com) Privatkundschaft *f (opp, business /commercial . . . customers = Firmenkundschaft)*
private customs warehouse (Zo) privates Zolllager *n*
private demand (Vw) private Nachfrage *f*
private detective (com) Privatdetektiv *m (syn, private investigator, qv)*
private drawing (ReW) Privatentnahme *f*
private drawings (ReW) Privatentnahmen *fpl (syn, withdrawals, qv)*
private enterprise
(Vw) Privatwirtschaft *f*
(Vw) freie Marktwirtschaft *f (syn, free market economy)*
private-enterprise solution (Bw) privatwirtschaftliche Lösung *f (eg, of keeping a company alive)*
private extension (com) Privatanschluß *m (syn, infml, home phone)*
private eye (com, infml) = private investigator
private firm
(com) Privatfirma *f*
– Privatunternehmen *n*
private freight car (com) Privatgüterwagen *m*
private freight traffic (com) werkseigener Güterverkehr *m*
private goods (Vw) Individualgüter *npl (opp, public /collective . . . goods)*
private goods wagon (com, GB) Privatgüterwagen *m (syn, US, private freight car)*
private household (VGR) Privathaushalt *m*
private housing (com) privater Wohnungsbau *m*
private individual (Re) Privatperson *f*
private industry (com) Privatindustrie *f*
private insurance (Vers) Privatversicherung *f (syn, individual insurance, qv)*
private insurer (Vers) Privatversicherer *m (opp, social insurance carrier = Sozialversicherungsträger)*
private interest (Re) Privatinteresse *n*
private international law (Re) internationales Privatrecht *n (syn, Conflict of laws, qv)*
private investigator (com) Privatdetektiv *m (syn, private detective; infml, private eye)*
private investment in plant and equipment (VGR) Anlageinvestitionen *fpl* des privaten Sektors
private investor (Fin) Privatanleger *m*, privater Anleger *m*
private investors (Fin) Privatpublikum *n*
private label (Mk, US) = private brand
private law (Re) Privatrecht *n (opp, public law)*
private lender (Fin) privater Darlehensnehmer *m (ie, borrows money from institutional funds)*
private limited company (com, GB) etwa der dt GmbH vergleichbar
private limited partnership (com, GB) „private" Kommanditgesellschaft *f*, KG *(opp, public limited partnership = Publikums-Kommanditgesellschaft)*
private line (EDV) Standleitung *f (syn, leased line, qv)*
privately financed (Fin) frei finanziert
privately held family company (com) Familiengesellschaft *f* in Privathand
privately motivated dumping (AuW) privatwirtschaftliches Dumping *n*
private market economy (Vw) freie Marktwirtschaft *f*
private pensions (Vw) private Altersversorgung *f*
private placement (Fin) private Plazierung *f*
private property (Re) Privateigentum *n*
private provision for old age (SozV) Eigenvorsorge *f*

private railroad siding (com) Privatanschluß *m*
private remittances
(VGR) private einseitige Übertragungen *fpl* an das Ausland
(ie, unilateral transfers of goods, services, cash, etc to individuals or groups residing abroad)
private saving (Vw) private Spartätigkeit *f*
private savings
(Vw) Ersparnisse *fpl* Privater
(VGR) Geldanlagen *fpl* der privaten Haushalte
private secretary (com) Privatsekretär *m (ie, may also be a female: Privatsekretärin* f *)*
private sector
(Vw) Privatwirtschaft *f*
(Vw) privater Sektor *m (ie, der Volkswirtschaft; opp, public sector)*
(VGR) gesamte Nettowertschöpfung *f* des privaten Sektors
private-sector airline
(com) private Fluggesellschaft *f (ie, takes decisions on commercial grounds = nach betriebswirtschaftlichen Gesichtspunkten)*
private-sector investment (VGR) Privatinvestitionen *fpl*
private-sector loan demand (Vw) private Kreditnachfrage *f*
private sector of the economy (VGR) Privatwirtschaft *f*
private sector regulatory body (Re) Selbstverwaltungskörperschaft *f*
private siding (com) privater Gleisanschluß *m*
private spending (Vw) Ausgaben *fpl* Privater
private transfers (VGR) Transferleistungen *fpl* der Privatwirtschaft
private transportation (com) Individualverkehr *m (syn, GB, private transport system)*
private treaty (com, GB) Privatabschluß *m (ie, made without competitive bidding from other potential buyers)*
private wants (Vw) individuelle Bedürfnisse *npl*
privatization
(Vw) Privatisierung *f*
(ie, return to private ownership; syn, GB, denationalisation)
privatization of public debt (FiW) Privatisierung *f* der Staatsschuld
privatize *v* (Vw) privatisieren *(ie, change to private control or ownership; syn, GB, denationalise)*
privat market (Fin) Privatkundengeschäft *n (syn, retail banking)*
privilege broker
(Bö) Optionsmakler *m*
(ie, put and call broker and dealer; deals in privileges: puts, calls, spreads, straddles)
privilege creditor (Re) = preferred creditor
privileged bonds (Fin) Vorzugs-Obligationen *fpl (ie, convertible bonds and bonds with warrants attached)*
privileged debt (Re) = preferential debt
privileged instruction (EDV) privilegierter Befehl *m*
privileged issue
(Fin) Emission *f* von Vorzugspapieren
(ie, Vorzugsaktien und Schuldverschreibungen mit Umtausch- od Bezugsrechten)
privilege tax (FiW) Gebühr *f* für Gewerbezulassung
privity of contract (Re) unmittelbare Rechtsbeziehung *f* aus Vertrag *(ie, direct relationship as parties to a contract)*
prize competition (Mk) Auslosung *f (ie, in advertising)*
prize pupil (Pw) Musterschüler *m*
prizes attaching to securities, bonds or debentures
(Fin) Gewinne *mpl* aus Losanleihen
PR man (Mk) Public Relations-Mann *m (syn, GB, P. R. O. = public relations officer)*
pro (com) Profi *m*
probability
(Stat) Wahrscheinlichkeit *f*
(ie, ratio of the number of times an event occurs to the number of trials that take place; in the mathematical model the measure of the space has the value 1)
probability calculus (Stat) Wahrscheinlichkeitsrechnung *f*
probability density (Stat) Wahrscheinlichkeitsdichte *f*
probability density function
(Stat) Wahrscheinlichkeitsdichte *f*
– Dichtefunktion *f*
(ie, real-valued function whose integral over any set gives the probability that a random variable has values in this set; syn, density function)
probability distribution (Stat) Wahrscheinlichkeitsverteilung *f (syn, distribution of random variable)*
probability function (Stat) Wahrscheinlichkeitsfunktion *f*
probability grid (Stat) Wahrscheinlichkeitsnetz *n*
probability limit (Stat) Wahrscheinlichkeitslimes *m*
probability of acceptance (Stat) Annahmewahrscheinlichkeit *f*
probability of events (Stat) Ereigniswahrscheinlichkeit *f*
probability of exit (Vers) Abgangswahrscheinlichkeit *f*
probability of failure (IndE) Ausfallwahrscheinlichkeit *f* Störanfälligkeit *f*
probability of future losses
(Vers) Schadenwahrscheinlichkeit *f*
probability of loss (Vers) Schadeneintrittswahrscheinlichkeit *f*
probability of occurrence
(Stat) Ereigniswahrscheinlichkeit *f*
– Vorkommenswahrscheinlichkeit *f*
probability of rejection (IndE) Zurückweisungswahrscheinlichkeit *f*
probability of statement (Log) Aussagenwahrscheinlichkeit *f*
probability paper (Math) Wahrscheinlichkeitspapier *n*
probability sample (Stat) Wahrscheinlichkeits-Stichprobe *f*
probability statement (Log) Wahrscheinlichkeitsaussage *f*
probable age (Mk) gewünschtes Alter *n*
probable error
(Stat) wahrscheinlicher Fehler *m*
– wahrscheinliche Abweichung *f (ie, 0.67499σ)*
probable inference
(Stat) Wahrscheinlichkeitsschluß *m*
probable life (ReW) wahrscheinliche Restnutzungsdauer *f*

probable maximum loss (Vers) wahrscheinlicher Höchstschaden *m (ie, under normal conditions)*
probable reserves (Vw) wahrscheinliche Reserven *fpl* od Vorräte *mpl (eg, of mineral deposits, natural gas)*
probate
(Re) gerichtliche Testamentseröffnung *f*
(Re) beglaubigte Ausfertigung *f* e–s Testaments
probate court
(Re, US) Nachlaßgericht *n*
(ie, variously called among the states: probate court, surrogate's court, orphans' court, etc)
probationary employee (Pw) Mitarbeiter *m* auf Probe
probationary employment (Pw) Anstellung *f* auf Probe
probationary period (Pw) Probezeit *f (syn, trial period)*
probative force (Re) Beweiskraft *f (eg, of an inventory; syn, substantiating force)*
probe a market *v* (com) Markt *m* erkunden *(syn, explore, study)*
probe question
(Stat) Ergänzungsfrage *f*
– Testfrage *f*
problem (com) Problem *n*, Aufgabe *f*
problem area (Bw) Problembereich *m*
problematic proposition (Log) problematisches Urteil *n (opp, assertoric proposition, apodictic proposition)*
problematic statement
(Log) problematische Aussage *f*
(ie, asserts that sth may be the case; opp, assertoric statement, apodictic statement)
problem definition (EDV) Problembeschreibung *f*
problem generator (EDV) Aufgabengenerator *m (ie, in computer graphics and CAD)*
problem loan
(Fin) Problemdarlehen *n*
(ie, saddled with a high risk: may turn out to be nonperforming)
problem of acceptance (EDV) Akzeptanzproblem *n*
problem oriented language (EDV) problemorientierte Sprache *f*
problem-solving potential (Bw) Problemlösungspotential *n*
problem state (EDV) Problemstatus *m*, Benutzermodus *m (syn, program state)*
pro bono work (com) unentgeltlich geleistete Arbeit *f (ie, performed free of charge)*
probusiness (Bw) unternehmerfreundlich
procedural bias (Stat) systematischer Erhebungsfehler *m*
procedural issues (Re) Verfahrensfragen *fpl*
procedural language (EDV) Prozedursprache *f (ie, programming language made up of macroinstructions, each of them usually written in assembly language)*
procedural law (Re) formelles Recht *n*, Verfahrensrecht *n (syn, remedial/adjective . . . law, law of procedure)*
procedure
(com) Verfahren *n*, Ablauf *m*
(EDV) Prozedur *f*
procedure declaration (EDV) Prozedurvereinbarung *f*
procedure division
(EDV, Cobol) Procedure Division *f*
– Prozedurteil *m*
(ie, in which a programmer specifies the operations to be performed with the data names appearing in the program; opp, data/environment identification . . . divisions, qv)
procedure-oriented language (EDV) verfahrensorientierte Programmiersprache *f*
procedures manual (Bw) Arbeitsablauf-Handbuch *n*
procedure statement (EDV) Prozeduranweisung *f*
proceed against *v* (Re) jemand verklagen *(syn, take to court, qv)*
proceed from *v* (com) ausgehen von *(eg, assumption, first principles)*
proceedings
(com) Tagungsbericht *m*
(Re) Klage *f (ie, legal action; start/initiate . . .; eg, divorce proceedings)*
proceedings for nullification of patent (Pat) Patentnichtigkeitsverfahren *n*
proceed on the assumption *v* (com) von der Annahme ausgehen *(ie, that; syn, assume, suppose)*
proceeds
(Fin) Erlös *m*
(Fin) Gegenwert *m*
(ReW) = net profit
proceeds from exports (com) Exporterlöse *mpl*
proceeds from intercompany sales (ReW) Innenumsatzerlöse *mpl (syn, internal sales revenues, qv)*
proceeds of an issue (Fin) Emissionserlös *m*
proceeds of documents (Fin) Dokumenten-Gegenwert *m*
proceeds of sales of business (FiW) Betriebsveräußerungsgewinn *m*
proceeds on disposal (com) Veräußerungserlös *m*
proceed to *v* (com) übergehen zu *(eg, next item of the agenda)*
process
(com) Verfahren *n*
(IndE) Fertigungsverfahren *n*
(Re) Verfahren *n*
process *v*
(com) bearbeiten *(eg, application, order, incoming mail = Eingangspost)*
(IndE) bearbeiten
– verarbeiten
(EDV) bearbeiten
– abarbeiten *(eg, a program)*
process a credit application *v* (Fin) Kredit(antrag) *m* bearbeiten *(syn, handle a credit)*
process allowance (IndE) Verfahrenszuschlag *m (syn, controlled cycle/excess work . . . allowance)*
process a loan *v* (Fin) Kredit *m* bearbeiten od abwickeln
process an order *v* (com) Auftrag *m* bearbeiten od abwickeln
process a patent application *v* (Pat) Patentanmeldung *f* bearbeiten
process automation (EDV) Prozeßautomatisierung *f* Prozeßdatenverarbeitung *f (syn, industrial automation)*
process average (IndE) durchschnittliche Fertigungsqualität *f*

process average defective (IndE) durchschnittlicher Fehleranteil *m*
process average fraction defective (IndE) mittlerer Ausschußanteil *m* in der Fertigung
process average quality (IndE) mittlere Fertigungsgüte *f*
process capability
(IndE) Fertigungspräzision *f*
– Prozeßpräzision *f*
(ie, of production equipment and procedures to hold dimensions and other product characteristics within acceptable bounds for the process itself; not the same as tolerances or specifications required of the produced units themselves; Maß der Übereinstimmung zwischen den Werten e–s Fertigungsmerkmals bei widerholter Anwendung e–s Fertigungsverfahrens; im allgemeinen wird die Standardabweichung verwendet)
process chart
(IndE) Fertigungsablaufplan *m (syn, master operations list, qv)*
(EDV) Ablaufdiagramm *n*
– Datenflußplan *m*
– Programmablaufplan *m (syn, flowchart, flow diagram)*
process computer (EDV) Prozeßrechner *m (syn, process computing system)*
process computing system (EDV) = process computer
process control
(IndE) Prozeßsteuerung *f (eg, by feedback and correction)*
(IndE) Fertigungskontrolle *f*
– Fertigungsüberwachung *f*
(ie, process inspection)
(IndE) Prozeßregelung *f*
(EDV) Prozeßleitung *f*
(opp, numerical control)
process control computer (EDV) = process computer
process control engineering (EDV) Prozeßsteuerungstechnik *f*
process control language (EDV) Prozeßführungssprache *f*
process control system (EDV) Prozeßsteuersystem *n* *(ie, automatic control of a continuous operation)*
process cost (KoR) Produktionskosten *pl (syn, cost of production, qv)*
process costing (KoR) Divisionskalkulation *f (opp, job order costing = Zuschlagskalkulation)*
process cost system (KoR) = batch costing
process customers *v* (OR) Kunden *mpl* abfertigen
process design (IndE) verfahrenstechnische Auslegung *f* von Anlagen
process-determined industry
(Vw) prozeß-determinierter Wirtschaftszweig *m* *(eg, coal, steel)*
processed farm products (EG) Verarbeitungserzeugnisse *npl*
processed goods (com) veredelte Ware *f*
process effects
(FiW) Wirkung *f* der Ausgaben für öffentliche Arbeiten
(ie, Steigerung von Konsum und Investition)
process engineering (IndE) Verfahrenstechnik *f*
process-flow lane
(IndE) Fertigungsstraße *f*
(ie, specific types of work are concentrated at a single spot and production modules are moved to them)
process forward control (EDV) Prozeßsteuerung *f*
process I/0 unit (EDV) Prozeßeinheit *f*
process identification (EDV) Prozeßerkennung *f*
processing
(com) Bearbeiten *n*
– Abfertigen *n*
(IndE) Bearbeitung *f*
– Verarbeitung *f*
(ie, convert material from one form into another desired form; syn, conversion)
(EDV) Abarbeitung *f*
processing area (EDV) Verarbeitungsbereich *m*
processing cost
(com) Be- und Verarbeitungskosten *pl*
(KoR) Herstellungskosten *pl*
processing error
(com) Bearbeitungsfehler *m*
(Stat) Aufbereitungsfehler *m*
processing fee (com) Bearbeitungsgebühr *f*
processing firm (com) Weiterverarbeiter *m (syn, processor)*
processing in bond (Zo) Zollveredelung *f*
processing industry (com) verarbeitende Industrie *f*
processing operation (IndE) Bearbeitungsvorgang *m*
processing plant
(IndE) Bearbeitungsbetrieb *m*
(IndE) Veredelungsbetrieb *m*
processing procedure (IndE) Bearbeitungsverfahren *n*
processing program (EDV) Verarbeitungsprogramm *n*
processing range (Stat) Fertigungsspannweite *f*
processing regulations (AuW) Veredelungsvorschriften *fpl*
processing section
(EDV) Operationsbereich *m*
(ie, unit that does the actual changing of input to output; includes the arithmetic unit and intermediate storage)
processing speed (EDV) Verarbeitungsgeschwindigkeit
processing state (EDV) Verarbeitungszustand *m*
processing step (EDV) Verarbeitungsschritt *m*
processing technology (IndE) Veredelungstechnologie *f (syn, refining /transformation . . . technology)*
processing time (IndE) Bearbeitungszeit *f*, Durchlaufzeit *f*
processing under customs control (EG) Umwandlungsverkehr *m*
process innovation (Bw) Prozessinnovation *f*
process inspection (IndE) Fertigungsprüfung *f (ie, during production operations; syn, in-process inspection)*
process interface
(EDV) Prozeßelement *n*
– Prozeßperipherie *f*
(ie, in process automation)
process management
(EDV) Prozeßsteuerung *f*
– Prozeßverwaltung *f*
(syn, task management, dispatcher)

process monitoring (EDV) Prozeßüberwachung *f (ie, in process automation)*
process of adjustment (Vw) Anpassungsprozeß *m*
process of operational decision-making (Bw) Entscheidungsprozeß *m* an der Front
process of readjustment (Vw) Umstellungsprozeß *m*
processor
(com) Weiterverarbeiter *m (syn, processing firm)*
(EDV) Prozessor *m*
(EDV) Übersetzerprogramm *n*
(eg, assembler, compiler, linkage editor)
processor performance (EDV) Verarbeitungsleistung *f (syn, instruction execution rate)*
process out of control (IndE) nichtbeherrschte Fertigung *f*
process patent (Pat) Verfahrenspatent *n*
process planning
(IndE) Produktionsplanung *f (syn, production planning and scheduling)*
(IndE) Arbeitsvorbereitung *f (syn, production scheduling)*
process planning engineer (IndE) Arbeitsvorbereiter *m*
process range (IndE) Fertigungsspannweite *f*
process server (Re) Zustellungsbeamter *m (ie, legally authorized to formally deliver court papers)*
process steam (IndE) Fabrikationsdampf *m*
process system of accounting (KoR) = process costing
process time (IndE) Ausführungszeit *m*
process tolerance (IndE) Fertigungstoleranz *f*
process under control
(IndE) beherrschte Fertigung *f*
– beherrschter Fertigungsprozeß *m*
(syn, controlled process)
process variables (EDV) Prozeßvariable *fpl*, Prozeßdaten *fpl*
procompetitive policy (Vw) Wettbewerbspolitik *f*
procuration fee (Fin, GB) Vermittlungsgebühr *f (ie, for arranging a loan)*
Procurator-fiscal (Re) Bezirks-Staatsanwalt *m (ie, in Scotland)*
procure *v*
(com) besorgen *(ie, pompous for ‚obtain')*
(MaW) beschaffen
procure capital *v* (Fin) Kapital *n* beschaffen *(syn, raise)*
procurement
(MaW, i. w. S.) Beschaffung *f*
– Beschaffungswirtschaft *f*
(ie, relates to labor, materials, equipment, services, rights, capital; syn, buying, purchasing, resource acquisition, resourcing)
procurement authorization (MaW) Beschaffungsermächtigung *f*
procurement budget (MaW) Beschaffungsbudget *n*
procurement budgeting
(MaW) Beschaffungsplanung *f (syn, procurement planning)*
(IndE) Bereitstellungsplanung *f (ie, part of manufacturing planning and scheduling)*
procurement channel (MaW) Beschaffungsweg *m*
procurement contract (MaW) Beschaffungsvertrag *m*
procurement cost (MaW) Beschaffungskosten *pl (syn, ordering cost, cost of acquisition)*
procurement cycle (MaW) = procurement lead time
procurement facility (com) Beschaffungseinrichtung *f (syn, purchasing organization)*
procurement function (MaW) Beschaffungsfunktion *f*
procurement inventory model (MaW) Lagermodell *n*
procurement lead time
(MaW) (Wieder-)Beschaffungszeit *f*
(syn, inventory/purchasing/vendor/replenishment ... lead time, procurement cycle)
procurement market (Bw) Beschaffungsmarkt *m*
procurement of capital (Fin) Kapitalbeschaffung *f*
procurement officer (MaW, GB) Einkäufer *m (syn, materials buyer)*
procurement planning (MaW) Beschaffungsplanung *f (syn, procurement budgeting)*
procurement policy (MaW) Beschaffungspolitik *f*
procurement problem (OR) Beschaffungsproblem *n*
procurement research (MaW) Beschaffungsforschung *f (ie, market study and market survey)*
procurement statistics
(MaW) Beschaffungsstatistik *f*
(ie, comprises (a) external market statistics, (b) order statistics, (c) purchase statistics)
procurement system
(MaW) Beschaffungswesen *n*
– Beschaffungswirtschaft *f*
(syn, procurement and materials management)
procurement tying (AuW) gebundene Entwicklungshilfe *f (syn, tied aid)*
procure money *v* (Fin) Geld *n* beschaffen *(syn, raise money, qv)*
produce (com) landwirtschaftliche Produkte *npl* Agrarerzeugnisse *npl (ie, agricultural products collectively)*
produce *v*
(com) fertigen
– herstellen
– produzieren
(ie, make from sth; syn, make, manufacture, fabricate, qv)
(Re) vorlegen *(eg, written power of attorney = schriftliche Vollmacht)*
produce broker (com) Produktenmakler *m (ie, sometimes so called in commodity markets other than metals)*
produce exchange (Bö) Produktenbörse *f (ie, may be a spot market or a market in which future agricultural contracts are bought and sold)*
produce goods *v* (Zo) Waren *fpl* vorführen *(ie, to the customs = bei der Zollstelle)*
produce market (com) Produktenmarkt *m*
producer
(com) Hersteller *m*
– Produzent *m (syn, manufacturer, maker)*
producer advertising (Mk) Herstellerwerbung *f*
producer cooperative (Bw) Produktionsgenossenschaft *f*
producer country (AuW) Herstellungsland *n*
producer durables (Vw) dauerhafte Produktionsmittel *npl*
producer goods (Vw) Produktionsgüter *npl (syn, intermediate goods)*
producer goods industry (com) Produktionsgüterindustrie *f*

producer Member State
(EG) Erzeugermitgliedstaat *m*
producer price (com) Erzeugerpreis *m*
producer price index
(Stat, US) Erzeugerpreisindex *m*
(ie, the Bureau of Labor Statistics' most comprehensive monthly measure of wholesale prices; until 1978 this was the ‚Wholesale Price Index')
producer's brand (Mk) Fabrikmarke *f*
producer's risk
(Stat) Produzentenrisiko *n*, Lieferantenrisiko *n*
(ie, implies that a lot of goods will be rejected by a sampling plan even though it is a good lot)
producer's surplus (Vw) Produzentenrente *f* *(cf, Marshall; syn, employer's surplus)*
producer subsidy (EG) Erzeugerbeihilfe *f*
producer target price (EG) Erzeugerrichtpreis *m*
produce the goods *v* (com, infml) Versprechen *n* einlösen, Erwartungen *fpl* erfüllen *(syn, deliver the goods)*
produce to order *v* (IndE) auftragsbezogen produzieren *(syn, make to order)*
produce to stock *v* (IndE) auf Lager produzieren *(syn, make to stock)*
produce trade (com) Produktenhandel *m*
produce under license *v* (com) in Lizenz herstellen
producing country (com) Förderland *n*
product
(com) Produkt *n*
– Erzeugnis *n*
– Fabrikat *n*
(Math) Produkt *n* *(ie, expression resulting from multiplication)*
(Log) Produkt *n*, Konjunktion *f* *(syn, conjunction, qv)*
product abandonment (Mk) Produktaufgabe *f* *(ie, stop making or selling it)*
product account (VGR) Produktionskonto *n*
product advertising (Mk) Produktwerbung *f*
product analysis (Mk) Produktanalyse *f*
product assortment (Mk) = product range
product capacity (Bw) Erzeugniskapazität *f* *(opp, plant capacity = Betriebskapazität, qv)*
product category (Mk) Produktgruppe *f*
product change (Bw) Produktwechsel *m*
product class (Mk) Produktklasse *f* *(ie, range of items treated by consumers as substitutes or complements)*
product classification (Bw) Erzeugnisgliederung *f*
product conception (Mk) Produktkonzeption *f*
product contour (Vw) Isoproduktkurve *f*
product cost
(KoR) Herstellkosten *pl* *(syn, cost of production)*
(KoR) Summe *f* Einzelkosten *(opp, period cost = Periodenkosten)*
product cost card (KoR) Kalkulationskarte *f*
product costing
(ReW) Bewertung *f* selbsterstellter Erzeugnisse
(KoR) Stückkalkulation *f*
(ie, the two polar extremes of product costing are ‚job-order costing' and ‚process costing', qv)
product database (IndE) Produktdatenbank *f*
product design (Mk) Produktgestaltung *f*
product designer (Mk) Produktgestalter *m*
product development (Bw) Produktentwicklung *f*
product development potential (Bw) Entwicklungskapazität *f*
product differentiation (Mk) Produktdifferenzierung *f* *(ie, horizontal, vertical, over time)*
product directory (Bw) Produktpalette *f*
product diversification (Mk) Produkt-Diversifikation *f*
product diversity (Mk) Produktvielfalt *f*
product division
(IndE) = production department
(Bw) Produktsparte *f*
product elimination (Mk) Produktelimination *f*
product engineering
(IndE) Fertigungstechnik *f*
(Bw) Produktentwicklung *f*
(ie, follows the stage of product design; opp, process engineering)
product extension merger
(Kart, US) Zusammenschluß *m* zur Ausweitung des Absatzmarktes
(ie, may be attacked on antitrust grounds because of the elimination of potential competition; opp, market extension merger)
product family (Mk) Produktfamilie *f*
product field (Mk) Produktfeld *n*
product field planning (Mk) Produktfeldplanung *f*
product flow (IndE) Produktfluß *m*
product frontier
(Vw) Transformationskurve *f*
– Produktionsmöglichkeitskurve *f*
(syn, transformation curve, production possibility . . . boundary/curve/frontier)
product goal
(Bw) Produktziel *n*
(ie, output of specified products in specified volume and quantity at predetermined times)
product group
(Mk) Produktgruppe *f*
– Erzeugnisgruppe *f*
(syn, product . . . category/grouping/line)
product grouping (Mk) = product group
product group manager (com) Produktgruppenleiter *m*
product-group-oriented structure (Bw) Anlagenorganisation *f* *(ie, of a company)*
product group pricing (Bw) Gruppenpreisverfahren *n*
product identification code (Mk, US) = Uniform Product Code
product image (Mk) Produktimage *f*
product improvement (Bw) Produktverbesserung *f*
product indifference curve (Vw) Isoquante *f*, Kurve *f* gleicher Produktion *(syn, isoquant, equal products curve, iso-product curve)*
product information (Mk) Produktinformation *f*
product innovation (IndE) Produktinnovation *f*
production
(Bw) Produktion *f* *(ie, als betriebliche Teilfunktion)*
(IndE) Produktion *f*
– Fertigung *f*
(IndE) Output *m* *(ie, total number or quantity turned out)*
(Vers) Provisionen *fpl*
production acceptance system (IndE) Prüfung *f* und Abnahme *f*

production advance (IndE) Produktionssteigerung *f* *(syn, output gains)*
production approach (VGR) Entstehungsrechnung *f* *(ie, in national accounts; syn, commodity-service method; GB, output method)*
production area (com) Erzeugungsgebiet *n*
production-basis method of depreciation (ReW) leistungsbezogene Abschreibung *f*
production batch
(IndE) Los *n*
– Fertigungslos *n (syn, manufacturing lot)*
production bonus
(Pw) Akkordprämie *f*
– Quantitätszusatzprämie *f*
(ie, paid for output above a certain level)
production bottleneck (IndE) Produktionsengpaß *m*, Kapazitätsengpaß *m*
production budget
(IndE) = production plan
(KoR) Budget *n* des Fertigungsbereichs
production bug (IndE) Produktionsfehler *m*
production capacity
(IndE) Produktionskapazität *f*
– Fertigungskapazität *f*
(syn, productive/output . . . capacity)
production car (com) Serienwagen *m*
production census (Stat, GB) Produktionszensus *m* *(ie, made every 3 or 4 years, with sample census – Mikrozensus – in between)*
production center (KoR) Kostenstelle *f (syn, cost center)*
production center cost (KoR) Kostenstellenkosten *pl*
production change-over (IndE) Produktionsumstellung *f*
production change-over cost
(IndE) Produktionswechselkosten *pl*
– Produktionsänderungskosten *pl*
production coefficient
(Vw) Produktionskoeffizient *m*
– Faktorkoeffizient *m*
– Inputkoeffizient *m*
(ie, ratio of factor input to volume of output; syn, technical coefficient)
production control
(IndE) Fertigungplanung *f* und Fertigungssteuerung *f*
(ie, planning, routing, scheduling, dispatching, and inspection . . . of operations)
production control system (IndE) Fertigungssteuerungssystem *n*
production cost
(KoR) Produktionskosten *pl*
– Fertigungskosten *pl*
(ie, factory costs + administrative overhead)
(Vers) Vermittlerprovision *f*
production cost analysis (Bw) Wirtschaftlichkeitsanalyse *f*
production cost center (KoR) Fertigungshauptkostenstelle *f* Fertigungshauptstelle *f (syn, direct cost center)*
production cutback (IndE) Produktionseinschränkung *f* Produktionskürzung *f (syn, cut in production, reduction in output)*
production cycle (IndE) Fertigungszeit *f*
production data (EDV) Betriebsdaten *pl*

production data acquisition (IndE) Betriebsdatenerfassung *f*, BDE
production data processing (EDV) Produktionsdatenverarbeitung *f*
production department
(IndE) Produktionsabteilung *f*
– Fertigungsabteilung *f (syn, production/product . . . division)*
(KoR) = production cost center
production division (IndE) = production department
production economics (Bw) Produktionswirtschaftslehre *f*
production efficiency (Bw) Produktivität *f (syn, productivity, qv)*
production employee (Pw) Produktionsarbeiter *m* *(syn, production worker)*
production engineering
(IndE) Produktionstechnik *f*
– Fertigungstechnik *f*
production facilities (IndE) Produktionseinrichtungen *fpl*
production facility (IndE) Produktionsstätte *f* Produktionseinrichtung *f (syn, production plant)*
production factor (Vw) Produktionsfaktor *m (syn, factor of production)*
production file (EDV) Arbeitsdatei *f*
production fit (IndE) Eignung *f* e–s neuen Produkts für vorhandene Einrichtungen und Verfahren
production for inventory (IndE) Vorratsfertigung *f* *(syn, make-to-stock production, qv)*
production frontier (Vw) Transformationskurve *f* *(syn, product frontier, qv)*
production function
(Bw) Produktionsfunktion *f*
– Ertragsfunktion *f*
production in bulk
(IndE) Massenfertigung *f*
(syn, large-scale/mass volume . . . production)
production lead time (IndE) Fertigungszeit *f*
production line
(IndE) Fertigungsstraße *f*
(ie, subterms: 1. partially automated production line = Fertigungslinie; 2. transfer line, automated flow line = Transferstraße)
production management (IndE) Fertigungssteuerung *f*
production method
(IndE) Produktionsmethode *f*
– Produktionsverfahren *n*
– Fertigungsmethode *f (syn, production process)*
production-method of depreciation
(ReW) verbrauchsbedingte
– technische
– leistungsbezogene . . . Abschreibung *f*
– Mengenabschreibung *f*
(ie, original price minus scrap value divided by total volume output; syn, production-unit-basis method, unit-of-production method, service-output method, yield method)
production model
(Bw) Produktionsmodell *n*
– Serienmodell *n*
production of energy (IndE) Energiegewinnung *f*
production of joint products (IndE) Kuppelproduktion *f (syn, joint-product production)*

production/operations management (IndE) Produktionssteuerung *f*
production order
(com) Fertigungsauftrag *m*
– Kommission *f*
(syn, production release)
(Bw) Innenauftrag *m*
– Auftrag *m* auf Erstellung innerbetrieblicher Leistungen *(syn, internal order)*
production-order accounting (KoR) Zuschlagkalkulation *f (syn, job costing, qv)*
production order master form (IndE) Umdruckbogen *m*
production overhead (KoR) Fertigungsgemeinkosten *pl (syn, factory overhead)*
production payment
(com) Förderzahlung *f*
(ie, right to a share in the proceeds of production from mineral property; may be in cash or in kind)
(com) Produktionszahlung *f*
(ie, advance payment for a purchase to allow its production; it is in fact a loan)
production payment financing (Fin) Projektfinanzierung *f (syn, project finance)*
production plan
(IndE) Produktionsplan *m*
– Fertigungsplan *m*
(syn, production . . . budget/schedule)
production planning and scheduling
(IndE) Produktionsplanung *f*
– Fertigungsplanung *f*
(syn, output budgeting, process planning)
production planning conference (IndE) Produktionskonferenz *f*
production plant
(IndE) Produktionsanlage *f*
– Fertigungsstätte *f*
(syn, production unit, manufacturing facilities)
production policy (Bw) Produktionspolitik *f*
production possibility curve (Vw) Produktionsmöglichkeitskurve *f (syn, transformation curve, qv)*
production process
(IndE) Produktionsprozeß *m*
(ie, turnout of goods through operations which may be mechanical, chemical, assembly, movement, treatment)
production program
(Bw) Produktionsprogramm *n*
– Fertigungsprogramm *n*
production progress control (IndE) Produktionsfortschritts-Kontrolle *f*
production release
(com) = production order
(IndE) Fertigungsfreigabe *f*
production result (IndE) Produktionsergebnis *n* Fertigungsergebnis *n (syn, output)*
production risk (IndE) Produktionsrisiko *n*
production schedule (IndE) = production plan
production scheduler (IndE) Arbeitsvorbereiter *m*
production scheduling
(IndE) Arbeitsvorbereitung *f*
(syn, job preparation, operations planning, operation and process planning, planning of process layout)
production sequence (IndE) Fertigungsablauf *m*, Produktionsablauf *m*
production sequencing
(IndE) Fertigungsablaufplanung *f*
– Produktionsablaufplanung *f*
production series (IndE) Baureihe *f*
production setup (IndE) Produktionsmittel-Kombination *f*
production sharing (Bw) Produktionsaufteilung *f* *(ie, manufacturing, assembly, marketing take place in different countries)*
production shop services (IndE) Werkstattleistungen *fpl*
production smoothing
(IndE) Abstimmung *f* zwischen Produktion und Lager
(OR) Produktionsglättung *f*
production smoothing model (OR) Produktionsglättungs-Modell *n*
production statement (VGR) Produktionskonto *n*
production step (IndE) Fertigungsschritt *m*
production stop (IndE) Produktionseinstellung *f*
production study (IndE) Fertigungsablaufstudie *f*
production support system (IndE) Produktionshilfssystem *n*
production surface (Vw) Produktionsgebirge *n*, Ertragsgebirge *n (syn, physical production surface)*
production surveillance (IndE) Fertigungsbeobachtung *f*
production target (Bw) Produktionsziel *n*
production task (IndE) Fertigungsaufgabe *f*
production tax
(FiW) Produktionssteuer *f*, Fabrikationssteuer *f*
(ie, special method of levying a consumption tax, based on features such as raw materials, equipment, semi-finished products)
production to order
(IndE) Auftragsfertigung *f* Kundenauftragsfertigung *f*
(syn, make-to-order production; opp, production to stock)
production to stock
(IndE) Vorratsfertigung *f*, Lagerfertigung *f*
(syn, make-to-stock production; opp, custom manufacturing, qv)
production under license (com) Lizenzfertigung *f* *(syn, licensed production)*
production unit (IndE) = production plant
production-unit-basis method (ReW) = production-method of depreciation
production volume (Vw) Beschäftigung *f*, Beschäftigungsgrad *m*
production volume ratio (Bw, GB) Fertigungskennzahl *f*
production worker (Pw) Produktionsarbeiter *m (ie, engaged directly in manufacturing operations)*
productive
(com) produktiv
– ergiebig
– ertragreich
productive agents (Vw) Produktionsfaktoren *mpl* *(syn, factors of Production)*
productive assets (Fin) ertragbringende Aktiva *npl* *(syn, active assets)*

productive capacity
(Bw) Produktionskapazität *f*
(Bw) Leistungsfähigkeit *f (syn, operative capability, efficiency)*
productive cost center (KoR) = production cost center
productive debt
(FiW, GB) produktiver Teil *m* der Staatsschuld *(syn, living/reproductive . . . debt; opp, deadweight debt)*
productive efficiency
(IndE) Produktivitätsoptimum *n*
(ie, at this point increase in yield of one item results in decrease of yield of another item)
productive expenditure (FiW) werbende Ausgaben *fpl (opp, transfer expenditure)*
productive factor (Vw) = production factor
productive factors (Bw) Produktionsfaktoren *mpl*
productive fixed overhead (KoR) Herstellungsgemeinkosten *pl*
productive income (Vw) Leistungseinkommen *n*
productive investment
(Vw) Sachvermögensbildung *f*
(ie, investment in fixed assets and inventories; opp, financial investment)
productive labor (KoR) Fertigungslohn *m (syn, direct labor)*
productive resources (Bw) Produktionsfaktoren *mpl (syn, factors of production, inputs)*
productive services (Vw) Faktorleistungen *fpl*
productive wealth (VGR) Produktivvermögen *n*
productivity
(Bw) Produktivität *f*
(syn, physical /production/technological . . . efficiency)
productivity agreement
(Pw, GB) Produktivitätsabkommen *n*
(ie, higher wages are to be paid for by productivity gains)
productivity bonus (Pw, GB) Produktivitäts-Prämie *f (ie, as an incentive to increase output)*
productivity clause (Pw) Produktivitätsklausel *f (ie, ties wage rises to long-term productivity gains)*
productivity constraint
(IndE) Produktivitätsengpaß *m*
productivity deal (Pw) Tarifabschluß *m* in Höhe des Produktivitätszuwachses
productivity gain
(Bw) Produktivitätsfortschritt *m*
– Produktivitätssteigerung *f*
(syn, improvement in productivity, growth of productivity)
productivity gap (Bw) Produktivitätsgefälle *n*
productivity incentive system (Pw) Produktivitäts-anreiz-System *n*
productivity of capital stock (Bw) Produktivität *f* der Investition *(ie, output per unit of capital stock)*
productivity ratio (Bw) Produktivitäts-Kennzahl *f (ie, volume output to volume input)*
productivity reserve (IndE) Produktivitätsreserve *f*
product launch
(Mk) Produkteinführung *f*
(ie, introduction of a product on the market)
product leader (Mk) Produktführer *m*

product leadership (Mk) Produktführung *f*
product liability
(Re) Produzentenhaftung *f*
(ie, Haftung des Herstellers fehlerhafter Waren gegenüber dem Verbraucher; im allgemeinen auf § 823 I BGB gestützt)
product liability Directive (EG) Produkthaftungs-Richtlinie *f* (25.7.1985)
product liability insurance (Vers) Produkthaftpflichtversicherung *f*
product license franchise (Mk) Produktlizenz-Franchise *f*
product life cycle
(Mk) Produktlebenszyklus *m*
(ie, comprises five market acceptance stages:
1. pioneering stage = Einführungsphase;
2. growth stage = Wachstumsphase;
3. maturity stage = Reifephase;
4. saturation stage = Sättigungsphase;
5. decline stage = Degenerationsphase)
product line (Mk) Produktlinie *f*, Produktgruppe *f (ie, assortment of items; syn, product group)*
product line manager (Mk) Produktgruppen-Manager *m*
product line planning (Bw) Produktlinienplanung *f*
product link (IndE) Produktkopplung *f (ie, in joint production = Kuppelproduktion)*
product management (Mk) Produktmanagement *n*
product manager (Mk) Produktmanager *m (ie, in charge of marketing approaches; syn, brand manager)*
product market (Vw) Gütermarkt *m (syn, commodity market)*
product/market mix (Mk) Produkt/Markt-Mix *m*
product markets (Mk) Produktmärkte *mpl*
product maturing period (IndE) Produktreifezeit *f*
product mix
(Mk) Produktmix *m (ie, composite of products offered for sale)*
(IndE) Fertigungssortiment *n*
product modification (Mk) Produktmodifikation *f*
product-moment coefficient of correlation (Stat) = covariance
product of difference (Math) Differenzprodukt *n*
product overhead (KoR) Fabrikategemeinkosten *pl*
product patent
(Pat) Erzeugnispatent *n*
– Stoffpatent *n*
(ie, schützt die Erfindung chemischer Stoffe)
product performance (Mk) Gebrauchsfähigkeit *f* e–s Produkts
product personality (Mk) Produktprofil *n*
product pioneering (Mk) Einführung *f* neuer Produkte *(ie, launching of new products)*
product placement test (Mk) Markttest *m*, Einführungstest *m (syn, acceptance test, qv)*
product planning
(Bw) Erzeugnisplanung *f*
– Produktplanung *f*
product policy (Mk) Produktpolitik *f*
product positioning (Mk) Produkt-Positionierung *f*
product puffery (Mk) übertriebene Produktwerbung *f*
product purchase transaction (AuW) = industrial cooperation
product quality (Bw) Produktqualität *f*

product range
(Mk) Sortiment *n*
(syn, product assortment, assortment of goods, range of goods, line of merchandise, business mix)
product recall insurance
(Vers, US) Rückruf-Versicherung *f*
(ie, indemnifies the insured for the costs of recalling defective products)
product reliability (Mk) Produkt-Zuverlässigkeit *f*
product research (Mk) Produktforschung *f*
product sample (IndE) Produktmuster *n*
product selection (Mk) Produktauswahl *f*
product simplification (Mk) Produktvereinfachung *f*
product specialization (Mk) Produktspezialisierung *f*
product specification (Mk) Produktbeschreibung *f*
product suitability (Bw) Produkteignung *f*
product support network (Mk) Produktunterstützungs-Service *m*
product system (Bw) Produktsystem *n*
product tax
(FiW) Fabrikatsteuer *f*
(ie, another type of consumption tax levied on the product as it leaves the production facilities; eg, mineral oil, tobacco, playing cards)
product test (Mk) Produkttest *m (ie, anonymous product testing and evaluation)*
product tree (IndE) Produkt-Stammbaum *m* Produktionspyramide *f*
product type (Bw) Produkttyp *m*
profession
(com) Beruf *m*
(ie, requires advanced academic study in some special branch of knowledge; eg, law, medicine; he is a lawyer by profession, but a carpenter by trade)
professional
(Bö) Berufsspekulant *m*
(com) Profi *m (syn, pro)*
professional activity (Bw) Berufstätigkeit *f (syn, employment, occupation)*
professional body (com) Berufsverband *m*
professional code of ethics (com) beruflicher Ehrenkodex *m*
professional committee (com) Fachausschuß *m*
professional corporation (com, US) Gruppenpraxis *f* in Form einer Kapitalgesellschaft *(ie, set up mainly for tax reasons)*
professional dealing (Bö) Berufshandel *m (syn, professional trading)*
professional discretion
(com) Berufsgeheimnis *n*
(syn, professional secrecy)
professional duty (Pw) Berufspflicht *f*
professional experience (Pw) Berufserfahrung *f (syn, vocational experience, proven experience; eg, she has several years of. . .)*
professional expertise
(com) Expertenwissen *n*
– Sachverstand *m*
(syn, professional competence)
professional fee (com) Honorar *n (syn, honorarium)*
professional firm (com) Sozietät *f (eg, lawyers, accountants, physicians)*
professional group (Pw) Berufsgruppe *f*
professional indemnity insurance (Vers, GB) Berufshaftpflichtversicherung *f*
professional indemnity policy
(Vers, GB) Berufshaftpflichtversicherung *f*
(ie, taken out by accountants, architects, doctors, etc; syn, US, professional liability insurance; cf, malpractice insurance)
professional journal (com) Fachzeitschrift *f*
professional language (com) Fachsprache *f (syn, technical. . . language/jargon)*
professional liability insurance (Vers, US) Berufshaftpflichtversicherung *f (syn, professional indemnity policy, qv)*
professional literature (com) Fachliteratur *f*
professionally qualified (Pw) fachlich geeignet
professional magazine (com) = professional journal
professional market (Bö, US) Berufshandel *m (syn, trading market, qv)*
professional misconduct (com) Berufspflichtverletzung *f*
professional partnership
(com) Gemeinschaftspraxis *f*
– Gruppenpraxis *f*
– Sozietät *f (ie, set up by accountants, doctors, lawyers; syn, non-trading partnership)*
professional profit taking (Bö) Gewinnmitnahme *f* durch den Berufshandel
professional qualification (Pw) fachliche Eignung *f* od Qualifikation *f*
professional representation (com) berufsständische Vertretung *f*
professional secrecy (com) Berufsgeheimnis *n (syn, professional discretion)*
professional securities dealing (Bö) = professional dealing
professional specialist (Bw) Experte *m*
professional speculation (Bö) berufsmäßige Spekulation *f (ie, professional stock exchange operations)*
professional standard
(com) Berufsauffassung *f*
(ie, fachliche Erwartungen, die mit e–m Beruf verknüpft sind)
professional status (Pw) Berufsstellung *f*
professional stock exchange operations (Bö) berufsmäßige Spekulation *f (syn, professional speculation)*
professional tax preparers (StR, infml) steuerberatende Berufe *mpl*
professional traders (Bö) Handel *m*, Berufshandel *m*
professional trading (Bö) Berufshandel *m (syn, professional securities dealing)*
professional training (Pw) Berufsausbildung *f (cf, occupation vocation)*
professor
(Pw) Professor *m (ie, faculty member of the highest rank)*
(Pw) Lehrer *m* an Universität, College od im Sekundarbereich
proficiency pay (Pw, GB) Leistungszulage *f*
profit
(ReW) Gewinn *m*, Erfolg *m*
(ie, excess of income over expenditures; syn, income, earnings)
(Bw) Reingewinn *m*

(ie, esp for a given period of time)
(Bw) Risikoprämie *f* des Unternehmers
(ie, compensation accruing for risk assumption; opp, wages, rent)
(Fin) = rate of profit
profit *v* (com) Nutzen *m* oder Vorteil *m* haben von *(ie, by/from)*
profitability
(Bw) Rentabilität *f*
(syn, rate of return on capital employed, rate of profit, return on investment; profitable efficiency)
(Fin) Ertragskraft *f (syn, earning power, qv)*
(Fin) Vorteilhaftigkeit *f*
(ie, of investment projects)
profitability analysis
(Fin) Rentabilitätsanalyse *f*
(syn, return on investment analysis, qv)
profitability audit (ReW) Rentabilitätsprüfung *f*
profitability calculation (Fin) Rentabilitätsberechnung *f*
profitability gap (Fin) Rentabilitätslücke *f*
profitability index
(Fin) Rentabilitätsindex *m*
(ie, ratio of the sum of the present value – Barwert – of future cash flows – künftige Einzahlungen – to the initial cash investment; used in preinvestment analysis = Investititionsrechnung; syn, benefit-cost ratio)
profitability priciple (Bw) Gewinnprinzip *n*
profitability reporting (Fin) Ergebnisbericht *m*
profitable
(com) ertragreich
– gewinnbringend
– gewinnträchtig
– profitabel
– rentabel
profitable efficiency (Bw) Rentabilität *f (ie, used in business parlance)*
profitable investment (Fin) vorteilhafte Investition *f*
profit and contingencies (Vers) Gewinn- und Sicherheitszuschlag *m*
profit and loss account (ReW, GB) Gewinn- und Verlustrechnung *f (syn, income statement, qv)*
profit and loss forecast (Fin) Ertragsvorschau *f*
profit and loss pooling agreement
(Bw) Ergebnisübernahmevertrag *m*
– Gewinnabführungsvertrag *m*
profit and loss ratios (ReW) Kennziffern *fpl* der Gewinn- und Verlustrechnung
profit and loss statement (ReW) Gewinn- und Verlustrechnung *f (syn, income statement, qv)*
profit and loss transfer agreement
(Bw) Ergebnisabführungsvertrag *m*
– Gewinnabführungsvertrag *m*
profit before taxes (ReW) Gewinn *m* vor Steuern *(syn, income /earnings . . . before taxes, pretax profit, taxable profit)*
profit brought forward (ReW, EG) Gewinnvortrag *m*
profit center
(Bw) Profit Center *n*
– Ergebniseinheit *f*
– Erfolgsbereich *m*
(ie, operating unit accountable for its own revenues and expenses; Bereich mit selbständiger Ergebnisrechnung)
profit center accounting (KoR) Abteilungserfolgsrechnung *f (syn, activity accounting)*
profit collapse (Bw) Gewinneinbruch *m*
profit commission
(Vers) Gewinnanteil *m* des Erstversicherers
(ie, payable to the ceding insurer – Erstversicherer –, in addition to the normal ceding commission, based on the net profit derived from a reinsurance treaty; syn, contingent commission)
profit contribution (KoR) Deckungsbeitrag *m (syn, contribution margin, qv)*
profit distribution (Fin) Gewinnausschüttung *f*
profit distribution date (Fin) Ausschüttungstermin *m*
profit earning divisions (Bw) Geschäftsbereiche *mpl* mit eigener Ergebnisrechnung
profiteer (com) Preistreiber *m*
profiteering (com) Preistreiberei *f (ie, deliberate overcharging)*
profit erosion (Fin) Gewinnerosion *f*
profit exclusion agreement (Fin) Gewinnausschließungsvertrag *m (syn, nonprofit agreement)*
profit forecast (Fin) Gewinnprognose *f*
profit for the financial year (ReW, EG) Gewinn *m* des Geschäftsjahres
profit for the year
(ReW) Jahresergebnis *n*
– Jahreserfolg *m*
profit from coinage (Vw) Münzgewinn *m*
profit function (Bw) Gewinnfunktion *f (ie, revenue minus cost)*
profitgraph (KoR) Gewinnschwellen-Diagramm *n (syn, breakeven chart)*
profit-level indicator (Fin) Rendite-Kennziffer *f*
profit loss (ReW) entgangener Gewinn *m (ie, from potential sale; syn, loss of expected return)*
profit management (Fin) Gewinnsteuerung *f*
profit margin
(com) Gewinnspanne *f*
– Gewinnmarge *f*
(syn, margin of profit, gross profit, operating margin)
(Fin) Umsatzrendite *f (syn, percentage return on sales, qv)*
profit margin of commodity group (Mk) Warengruppengewinnspanne *f*
profit markup (Mk) Gewinnzuschlag *m (ie, in retail trading)*
profit maximization (Bw) Gewinnmaximierung *f*
profit maximization output (Bw) gewinnmaximale Ausbringung *f*
profit-minded (Bw) gewinnorientiert *(eg, stockholders, managers)*
profit on manufacture (Bw) = manufacturing profit
profit on sales (Fin) Umsatzrendite *f (syn, percentage return on sales, qv)*
profit orientation (Bw) Gewinnorientierung *f*
profit or loss brought forward (ReW, EG) Ergebnisvortrag *m*
profit or loss for the financial year (ReW, EG) Ergebnis *n* des Geschäftsjahres
profit or loss on ordinary activities (ReW, EG) Ergebnis *n* der normalen Geschäftstätigkeit
profit passover
(Kart) Gewinnausgleichssystem *n (ie, protected traders receive part of the sales profit)*

profit percentage (Fin) Umsatzrendite *f (syn, percentage return on sales, qv)*
profit per unit (KoR) Stückgewinn *m*
profit planning and budgeting (Bw) Gewinnplanung *f*
profit prior to consolidation (ReW) Reingewinn *m* vor Fusion
profit push (Vw) inflatorischer Gewinnstoß *m*
profit-push inflation
(Vw) Gewinndruck-Inflation *f*
(ie, Annahme: allgemeines Preisniveau ist durch unternehmerische Preispolitik beeinflußbar; mindestens ein Teil der Unternehmen verfügt jederzeit über Preiserhöhungsspielräume, so daß ein autonomer inflatorischer ‚profit push' des Preisniveaus durchaus möglich ist)
profit ratio (Fin) Betriebsergebnisquote *f*
profit responsibility (Bw) Ergebnisverantwortung *f*
profit retentions (ReW) einbehaltene Gewinne *mpl (syn, retained earnings)*
profits from business activity (com) Gewinne *mpl* aus Geschäftstätigkeit
profit share
(VGR) Gewinnquote *f (ie, in national income = Volkseinkommen)*
(Fin) Gewinnanteil *m*
profit sharing (Pw) Gewinnbeteiligung *f*, Ergebnisbeteiligung *f*
profit-sharing bond (Fin) Anleihe *f* mit Zins- und Gewinnzahlungen *(syn, dividend bond, qv)*
profit-sharing loan stock (Fin, GB) Gewinnschuldverschreibung *f (syn, income bond, qv)*
profit sharing scheme
(Pw) Gewinnbeteiligungsplan *m*
profit shifting (Fin) Gewinnverlagerung *f (syn, transfer of profits)*
profit slide (Fin) Gewinnrückgang *m*
profit squeeze (Bw) Gewinndruck *m (ie, stable prices, increasing costs)*
profits retained in the business (ReW) = profit retentions
profits tax
(StR, GB) Gewinnsteuer *f (ie, replaced by the corporation tax, qv)*
(StR, US) Ertragsteuer *f (ie, on business, excluding income taxes)*
profit taking (Bö) Gewinnmitnahme *f*
profit-taking sale (Bö) Verkauf *m* mit dem Ziel der Gewinnmitnahme
profit transfer agreement (Bw) Gewinnabführungsvertrag *m*
profit-turnover ratio (Fin, GB) Umsatzrendite *f (syn, percentage return on sales, qv)*
profit variance (ReW) Gewinnabweichung *f*
profit-volume chart
(KoR) Umsatz-Gewinn-Diagramm *n*
(ie, the quantity for which the profit is zero is the break-even point)
profit-volume ratio (KoR) Gewinn-Umsatz-Kennziffer *f (ie, first cost plus profits divided by total sales)*
profit wedge
(KoR) Gewinnzone *f*
– Gewinnlinse *f*
(ie, in breakeven diagram; syn, net income area)
proforma balance sheet
(ReW) Probebilanz *f (syn, trial balance)*
(ReW) Bilanz *f* mit fiktiven Zahlen
proforma invoice (com) Proforma-Rechnung *f (ie, preliminary invoice, no demand for money)*
prognosticator (Bw) Prognostiker *m (syn, forecaster)*
program
(com) Programm *n*
(EDV) Programm *n (ie, set of instructions expressed in some language suitable for input into the computer, or in machine language)*
program *v* (EDV) programmieren
program address counter
(EDV) Befehlsadreßregister *n*
(syn, instructions address register, program register, sequence control register)
program address space
(EDV) Programmadreßraum *m*
program area (EDV) Programmbereich *m*
program backup (EDV) Programmsicherung *f*
program budget (FiW) Programmbudget *n (ie, projection for the budget period; syn, performance budget)*
program checkout (EDV) Programmtesten *n (ie, built-in check system to determine that the program is running correctly)*
program control (EDV) Programmsteuerung *f*
program-controlled computer (EDV) programmgesteuerter Rechner *m*
program control unit (EDV) Befehlswerk *n*
program conversion (EDV) Programmumwandlung *f*
program counter (EDV) Befehlszähler *m (syn, instruction counter, control register)*
program cycle (EDV) Programmzyklus *m*
program description (EDV) Programmbeschreibung *f*
program development time (EDV) Austestzeit *f*, Programmprüfzeit *f*
program diagnostic routines (EDV) Testhilfen *fpl*
program directory (EDV) Programmverzeichnis *n*
program diskette (EDV) Programmdiskette *f*
program documentation (EDV) Programmdokumentation *f*
program error (EDV) Programmfehler *m*
program execution (EDV) Programmlauf *m*, Rechnerlauf *m (syn, run)*
program flow (EDV) Programmablauf *m*
program flowchart (EDV) Programmablaufplan *m*
program generator (EDV) Programmgenerator *m (ie, program that permits to write other programs automatically)*
program group (EDV, GUI) Programmgruppe *f*
program-id (EDV) Programmbezeichnung *f*
program identification (EDV) Programmidentifikation *f*
program instruction (EDV) Programmbefehl *m*
program interrupt (EDV) Programmunterbrechung *f*
program item (EDV, GUI) Programm *n (ie, member of a program group, qv)*
program library
(EDV) Programmbibliothek *f*
(ie, organized set of computer routines and programs; syn, system library)
program linkage (EDV) Programmverknüpfung *f*
program list (EDV) Programmliste *f*

program listing (EDV) Programmprotokoll *n*
program loader (EDV) Lader *m*, Laderoutine *f (syn, loader, program fetch routine)*
program loop (EDV) Programmschleife *f*
programmable read-only memory PROM (EDV) programmierbarer Festspeicher *m*
programmable terminal (EDV) intelligentes Terminal *n (syn, intelligent terminal)*
program maintenance (EDV) Programmwartung *f*
program makers (com) Programmgestalter *mpl (ie, in TV and radio)*
program management (EDV) Programmverwaltung *f*
programmed automatic cycle (IndE) Automatik *f*
programmed instruction (Pw) programmierter Unterricht *m*
program memory (EDV) Programmspeicher *m*
programmer
(EDV) Programmierer *m*
(ie, person who writes sequences of instructions for a computer)
(EDV) Programmiergerät *n*
programming (EDV) Programmierung *f*
programming aids (EDV) Programmierhilfen *fpl*
programming in the large (EDV) Makroprogrammierung *f (syn, macro programming)*
programming notes (EDV) Programmierhinweise *mpl*
programming system (EDV) Programmiersystem *n*
program modification (EDV) Programmänderung *f*
program module (EDV) Programmodul *n*, Programmbaustein *m*
programm relocatability (EDV) Programm-Verschiebbarkeit *f*
program name (EDV) Programmname *m*
program of delivery (com) Lieferprogramm *n*
program package (EDV) Programmpaket *n*
program parameter
(EDV) Programmparameter *m*
(ie, adjustable parameter in a subroutine which can be given a different value each time the subroutine is used)
program quality (IndE) Sollqualität *f*
program rating (Mk) Messung *f* der TV-Einschaltquote *(ie, sample population tuned to a particular program)*
program register (EDV) = program address counter
program release (EDV) Programmfreigabe *f*
program run (EDV) Programmlauf *m*
program segment (EDV) Programmsegment *n*
program specification (EDV) Pflichtenheft *n*
program state (EDV) Benutzermodus *m*, Problemstatus *m (syn, problem state)*
program step (EDV) Programmschritt *m*
program switch (EDV) Programmschalter *m*
program testing (EDV) Programmprüfung *f*
program test routine (EDV) Testprogramm *n*
program trading
(Fin) Programmhandel *m*
(ie, Handel mit großen Wertpapier-Portefeuilles ‚auf e–n Schlag'; vor allem von institutionellen Großanlegern betrieben; Anwendung computergestützter Marktanalyseprogramme zur Vorbereitung von Kauf- oder Verkaufsentscheidungen)
program unit (EDV) Programmodul *n*, Programmbaustein *m*

progress (com) Fortschritt *m (ie, progressive development, forward movement)*
progress *v*
(com) Fortschritte *mpl* machen *(ie, in/with)*
(com) übergehen zu *(ie, to; syn, proceed to)*
progress billing (ReW) Forderungen *fpl* aus noch nicht erfüllten Verträgen
progress card (IndE) Terminkarte *f*
progress chart
(IndE) Arbeitsfortschritts-Diagramm *n*
(ie, graphical representation of the degree of completion of work in progress)
progress chaser (com, infml) Terminjäger *m (syn, expediter)*
progress control (com) Terminüberwachung *f*
progress control department (IndE) Terminbüro *n*
progress figure (IndE) Fortschrittszahl *f*
progress indicator (EDV) Fortschrittsanzeige *f*, Statusanzeige *f (eg, bar or needle)*
progression
(StR) Progression *f*
(Math) Folge *f (ie, may be arithmetic, geometric, harmonic; opp, series = Reihe)*
progressive assembly (IndE) Bandmontage *f*, Fließfertigung *f*
progressive average (Stat) fortschreitender Mittelwert *m*
progressive effect (StR) Progressionseffekt *m*
progressive ledger (ReW) = Boston ledger
progressive tax
(FiW) progressive Steuer *f*
(ie, levied at a rate that increases as the quantity subject to taxation – tax base: Bemessungsgrundlage – increases; reflects the ‚ability-to-pay' principle: Grundsatz der steuerlichen Leistungsfähigkeit; opp, regressive tax)
progressive total (Math) Staffelsumme *f*
progress of the arts (Pat) Stand *m* der Technik *(syn, state of the art, qv)*
progress payment
(Fin) Fortschrittszahlung *f*, Abschlagszahlung *f*
(ie, made as work progresses instead of making full payment on completion: nach Abschluß von Projektphasen)
progress planning (IndE) Arbeitsfortschritts-Planung *f*
progress report (com) Lagebericht *m*, Fortschrittsbericht *m (ie, submitted in multi-phase project realization)*
pro hac vice (com, US) für diesen Sonderfall *(ie, for this particular occasion)*
prohibited risk (Vers) unversicherbares Risiko *n (ie, not insured under any condition)*
prohibition of discrimination (Kart) Diskriminierungsverbot *n*
prohibition of merger (Kart) Fusionsverbot *n*
prohibition on transit (AuW) Durchfuhrverbot *n*
prohibition requirements (Kart) Untersagungsvoraussetzungen *fpl*
prohibitive duty (AuW) = prohibitive tariff
prohibitive price (Mk) Prohibitivpreis *m*
prohibitive tariff (AuW) Prohibitivzoll *m (syn, prohibitive duty)*
prohibitive tax (StR) prohibitive Steuer *f (syn, penalty tax)*

project (com) Projekt *n (syn, scheme)*
project *v*
(com) planen *(eg, new highway)*
(com) schätzen *(eg, future plunge in birth rates)*
project accounting (ReW) projektbezogene Buchhaltung *f*
project agreement
(com, US) Vertrag *m* über Streik- und Aussperrungsstopp während der Durchführung e–s Projekts *(ie, among owners, contractors, and unions)*
project appropriation request, PAR (Fin) Investitionsantrag *m*
project building (IndE) Anlagenbau *m (syn, general plant construction)*
project building enterprise (IndE) Anlagenbauer *m*
project construction division
(Bw) Industrieanlagenbau *m*
(ie, part of a conglomerate company; syn, plant building division)
project control system (Bw) Projektüberwachungssystem *n*
project cost (Bw) Projektkosten *pl*
projected fiscal balances (AuW) veranschlagte Finanzierungssalden *mpl*
project evaluation
(AuW) Evaluierung *f*
(ie, control of implementation of industrial projects in developing countries)
project finance (Fin) Projektfinanzierung *f*
project financing
(Fin) Projektfinanzierung *f*
(ie, Projekt muß nach Anlaufzeit den Kapitaldienst selbständig erwirtschaften; inder Regel mehrere Mrd. DM)
project financing agreement (com, US) Vertrag *m* über Projektfinanzierung
project funding (Fin) Projektfinanzierung *f*
projection
(Vw) Projektion *f*
(ie, working out of estimates based on a specified set of hypotheses)
projective geometry (Math) darstellende Geometrie *f*
projective property (Math) projektive Eigenschaft *f*
project life (Bw) Lebensdauer *f* e–s Investitionsobjektes
project line (Fin) Projekt-Kreditlinie *f (ie, used in export credit financing)*
project management (com) Projektleitung *f (syn, operative management)*
project management system (Bw) Projektmanagement-System *n*
project manager (Bw) Projektmanager *m*
project production
(Bw) Produktion *f* unter Leitung von Projektgruppen
(ie, each production unit is managed by a project team set up specially for that purpose)
project scheduling (Bw) Projektplanung *f*
project sponsor (Fin) Projektträger *m*
project status report (com) Projektlagebericht *m*
project team (Bw) Projektgruppe *f*
project-tied investment funding (Fin) projektgebundene Investitionsfinanzierung *f*
project tying (AuW) Projektbindung *f (ie, in granting economic aid to developing countries)*

prolong *v*
(com) verlängern, hinauszögern
(WeR) prolongieren
prolongation
(com) Verlängerung *f*
(WeR) Prolongation *f (ie, of a bill of exchange)*
prolongation of debt (Fin) Stundung *f* von Forderungen
PROM (EDV) = programmable read only memory
pro mem figure (ReW) = pro memoria figure
pro memoria figure
(ReW) Erinnerungswert *m*
(ie, to write down to . . .; syn, pro mem figure)
pro memoria item (ReW) Erinnerungsposten *m*, Merkposten *m (syn, memorandum item)*
promise (com) Versprechen *n*, Zusage *f*
promise *v*
(com) zusagen *(eg, to deliver on time)*
(Re) sich verpflichten *(eg, to be answerable for debt)*
promised quality (com) zugesicherte Qualität *f*
promisee (Re) Versprechensempfänger *m*
promise to grant preliminary credit (Fin) Vorfinanzierungszusage *f (syn, assurance of interim credit)*
promise to pay (WeR) Zahlungsversprechen *n*
promise to perform (Re) Leistungsversprechen *n*
promising
(com) vielversprechend *(eg, talent)*
(com) zukunftsträchtig *(eg, development)*
(Mk) günstig, vielversprechend *(eg, market)*
promisor (Re) Versprechensgeber *m*
promissory note
(WeR) Solawechsel *m*
– Eigenwechsel *m*
(ie, widely used as such in the U. S. banking system but rarely in GB; opp, bill of exchange, which is a three-name paper)
(Fin) Schuldschein *m*
promote *v*
(Pw) befördern *(syn, advance)*
(Bw, GB) gründen *(ie, a company)*
promote economic growth *v* (Vw) Wirtschaftswachstum *n* fördern
promoter (com) Gründer *m (ie, of a company)*
promoters' stock
(Fin, GB) Gründeraktien *fpl*
(ie, issued with limited and deferred privileges as payment for the services of the promoters in organizing a company; syn, deferred stock, founders' shares)
promotion
(com, GB) Gründung *f*
(Mk) Verkaufsförderung *f (syn, sales promotion)*
(Pw) Beförderung *f (syn, advancement)*
promotional allowance (Mk) Verkaufsförderungs-Bonus *m (ie, paid to middlemen)*
promotional budget (Mk) Verkaufsförderungs-Budget *n*
promotional increase (Pw) mit Aufstieg verbundene Gehaltssteigerung *f (opp, merit increase)*
promotional letter (Mk) Werbebrief *m*
promotional mix (Mk) Verkaufsförderungs-Mix *m*
promotion expenses (ReW) Gründungskosten *pl (syn, formation expenses, qv)*

promotion ladder
(Pw, infml) Beförderungsleiter *f*
– Aufstiegsleiter *f*
– Karriereleiter *f*
promotion money (Fin) Gründungsvergütung *f*
promotion of capital spending activity (Vw) Investitionsförderung *f*
promotion of commodity trade (AuW) Förderung *f* des Warenhandels
promotion of competition (Vw) Wettbewerbsförderung *f*
promotion of industry (Vw) Industrieförderung *f*
promotion of interests
(Re) Interessenwahrnehmung *f*
– Interessenwahrung *f*
(syn, protection /safeguarding . . . of interests)
promotion of jobs (Pw) Arbeitsplatzförderung *f*
promotion of original innovation (Vw) Innovationsförderung *f*
promotion of tourism (com) Fremdenverkehrsförderung *f*
promotion rebate (Mk) Einführungsrabatt *m*
promotion services department (Mk) Abteilung *f* Verkaufsförderung
prompt
(EDV) Bedienerführung *f*
– Eingabeaufforderung *f*
– Systemanfrage *f*
prompt *v*
(com) veranlassen *(eg, management to shut down a subsidiary)*
(EDV) auffordern, aufrufen *(eg, for next choice of command)*
prompt cash (com) prompte Zahlung *f*
prompt day (Bö) = settling day
prompt delivery (com) umgehende/baldmöglichste . . . Lieferung *f (opp, sofortige Lieferung)*
prompt dispatch (com) Schnellabfertigung *f (syn, speedy dispatch)*
prompting (EDV) Auffordern *n (ie, in computer graphics and CAD)*
prompt line (EDV) Befehlszeile *f*
prompt message (EDV) Eingabeaufforderung *f*
prompt mode (EDV) Aufforderungszustand *m*
prompt note
(Fin) Zahlungserinnerung *f*
(eg, sent to an importer to remind him that payment is going to be due shortly)
prompt payment
(com) prompte Zahlung *f*
(ie, without delays; in U. S. within 10 working days)
prompts (Bö) sofort lieferbare Ware *f*
proof
(Math) Beweis *m (syn, demonstration)*
(Re) Beweis *m (syn, evidence)*
proof by induction (Math) induktiver Beweis *m*, Beweis *m* durch Induktion
proof of claims (com) Forderungsnachweis *m*
proof of competence (Pw) Befähigungsnachweis *m*
proof of debt
(Re, GB) Forderungsnachweis *m* des Konkursgläubigers *(ie, affidavit – certifying the debt – is handed to the official receiver or, if there is one, to the trustee)*
proof of delivery (com) Liefernachweis *m*
proof of loss (Re) Schadennachweis *m*
proof of origin (com) Herkunftsnachweis *m*
proof of title (Re) Eigentumsnachweis *m*
proofread *v* (com) Korrektur *f* lesen
proofreaders' marks (com) Korrekturzeichen *npl*
proofreading (com) Korrekturlesen *n*
proof total (EDV) Kontrollsumme *f (syn, check total, qv)*
propagate *v*
(com) veröffentlichen
(syn, publicize)
propagation of error (Stat) Fehlerfortpflanzung *f*
propellant forces (Vw) Auftriebskräfte *fpl (syn, buoyant forces)*
propelling pencil (com, GB) Drehbleistift *m*
propensity to consume
(Vw) Konsumneigung *f*, Konsumquote *f*, C/Y
(ie, functional relationship between a given level of income and consumption spending out of that income: consumption follows income changes in the same direction but by a smaller amount; consequently, marginal propensity to consume would ordinarily be less than unity (<1), and the multiplier can then be worked out mathematically; cf, average and marginal propensity to consume)
propensity to export (AuW) Exportneigung *f*, Exportquote *f*
propensity to import
(Vw) Importneigung *f*, Importquote *f*
(ie, ratio of imports to net national product at market prices; equal to ‚average propensity to import': durchschnittliche Importquote; cf, marginal propensity to import)
propensity to invest
(Vw) Investitionsneigung *f*, Investitionsquote *f*
(ie, durchschnittliche I. = average propensity to invest I/C; marginale I. = marginal propensity to invest dI/dY)
propensity to monopolize
(Vw) Neigung *f* zur Monopolbildung
(ie, ratio of supply elasticity to demand elasticity)
propensity to save
(Vw) Sparneigung *f*
– Sparquote *f*, S/Y
(ie, disposition to refrain from consumption at given levels of income, was found by Keynes to be a function of income and not of the rate of interest)
propensity to spend (Vw) Ausgabeneigung *f*
propensity to take up credits (Fin) Verschuldungsbereitschaft *f*
proper cut sets (Math) echte Schnittmengen *fpl*
proper fraction (Math) echter Bruch *m (opp, improper fraction)*
proper function (Math) Eigenfunktion *f*
properly constituted agents
(Bw) Organe *npl* e-r Gesellschaft
(syn, organs of a company, corporate agents)
properly constituted meeting
(com) ordnungsgemäß einberufene Sitzung *f*
(syn, regularly constituted meeting)
proper subset (Math) echte Teilmenge *f (syn, true subset)*
proper subspace (Math) echter Unterraum *m*

properties
(com) Immobilien *fpl*, Liegenschaften *pl (syn, property, real . . . estate/property)*
(EDV, OOP) Eigenschaften *fpl (of an object)*
properties editor (EDV) Editor *m* für Objekteigenschaften, Eigenschaftsfenster *n*
property
(com) Besitz *m*
(com) Immobilien *fpl*, Liegenschaften *pl (syn, properties)*
(com) Vermögensgegenstand *m (syn, item of property, asset)*
(Re) Eigentum *n (syn, complete/full/perfect . . . ownership)*
(Math, Log, Stat) Merkmal *n (syn, attribute)*
(EDV, OOP) Eigenschaft *f (of an object)*
property account (ReW) Anlagenkonto *n (syn, fixed-asset account)*
property administration (Re) Vermögensverwaltung *f (syn, asset management)*
property claim (Re) Anspruch *m* aus Sachschaden
property class (Stat) Merkmalsklasse *f*
property company (com) Immobiliengesellschaft *f (syn, real estate company)*
property damage (Re) Sachschaden *m*
property damage insurance
(Vers) Sachschadenversicherung *f*
(ie, protecting against all or part of an individuals's liability for damage done to the property of another)
property damage liability insurance
(Vers) Sachschaden-Haftpflichtversicherung *f*
(ie, protection against liability for damage to the property of another, including loss of the use of the property)
property dealer (com, GB) Grundstücksverkäufer *m (syn, real estate operator)*
property developer (com) Bauträger *m (ie, company building and selling completed residential properties)*
property development (com) Grundstückserschließung *f (syn, real estate development)*
property dividend
(Fin) Sachdividende *f*
– Sachwertdividende *f (syn, dividend in kind, qv)*
property eligible as security (Fin) beleihungsfähiges Objekt *n*
property fund (Fin, GB) Immobilienfonds *m*
property fund unit (Fin, GB) Immobilienfondsanteil *m (syn, US, REIT share)*
property group (com) Immobiliengruppe *f*
property holdings (Re) Vermögenswerte *mpl*
property income (Vw) arbeitsloses Einkommen *n*, Besitzeinkommen *n (syn, unearned income; opp, earned income)*
property increment tax (FiW) Wertzuwachssteuer *f*
property insurance
(Vers) Sachversicherung *f*
(ie, indemnifies a person with an interest in physical property for its loss or the loss of its income-producing abilities; business/commercial /nonlife . . . insurance)
property insurance company (Vers) Sachversicherer *m*
property levy (FiW) Vermögensabgabe *f*
property loan rate (Fin) Hypothekenzins *m*
property loss (Vers) Sachschaden *m*
property management
(com) Immobilienverwaltung *f*
(Fin) Vermögensverwaltung *f*
property management company (Fin) Vermögensverwaltungsgesellschaft *f*
property market (com) Grundstücksmarkt *m*, Immobilienmarkt *m (syn, real estate market)*
property, plant and equipment
(ReW) Sachanlagen *fpl*
(ReW) Grundstücke *npl*, Gebäude *npl* und sonstige Einrichtungen *fpl*
property register (Re, GB) Grundstücksregister *n (ie, kept at the Land Registry; cf, charges register, proprietorship register)*
property reinsurance (Vers) Sachrückversicherung *f*
property right (Re) Eigentumsrecht *n*
property rights
(Re) Eigentumsrechte *npl*
(Vw) *cf*, theory of property rights
property risk
(Fin) Vermögensrisiko *n*
(ie, part of the credit risk, together with the moral risk and business risk; risk involved in lending money which varies according to the value of the net worth of the borrower)
(Vers) Sachschadenrisiko *n*
property shop (com, GB) preisgünstiger Immobilienmakler *m (ie, cut-price estate agent)*
property situated at . . . (Re) belegene Sache *f*
property tax (StR, US) Vermögensteuer *f (ie, levied most commonly on land, but also on other forms of property)*
property unit trust (Fin, GB) Immobilienfonds *m (ie, gilt nicht als echte Investmentgesellschaft; cf, unit trust; syn, real estate fund)*
proper use (Re) sachgemäßer Gebrauch *m*
proper value (Math) Eigenwurzel *f*, charakteristische Wurzel *f (syn, characteristic root, qv)*
proportional (Math) proportional
proportional consolidation (Re) Quotenkonsolidierung *f*
proportional font (EDV) Proportionalschrift *f (opp, monospaced font)*
proportional frequency (Stat) relative Häufigkeit *f (syn, relative frequency)*
proportional sampling (Stat) proportionale Stichprobennahme *f*
proportional share (com) verhältnismäßiger Anteil *m*
proportional tax (StR) Proportionalsteuer *f (ie, percentage rate remains constant when income etc rises)*
proportionate (com) anteilig, anteilmäßig
proportionate amount (com) anteiliger Betrag *m*
proportionate part (Re) verhältnismäßiger Teil *m*
proportion of defectives (IndE) Ausfallrate *f (syn, refusal rate)*
proposal
(com) Vorschlag *m (syn, suggestion)*
(com) Angebot *n (syn, offer)*
(Vers) Antragsformular *n (ie, printed form filled in by a person seeking insurance cover)*
proposal bond (com) Bietungsgarantie *f (syn, bid bond)*

proposal drawings (com) Angebotszeichnungen *fpl*
proposal form (com) Antragsformular *n*
proposal writer (com) Angebotsbearbeiter *m*
propose *v*
(com) vorschlagen
(com) nominieren *(syn, nominate)*
(com) planen
proposed dividend (Fin, GB) ausgewiesene, aber noch nicht ausgeschüttete Dividende *f*
proposed investment expenditure (Fin) geplante Investition *f*
proposed legislation (Re) Gesetzesvorschlag *m*
proposed merger (com) Zusammenschlußvorhaben *n (syn, proposed transaction)*
proposed transaction (com) Vorhaben *n*
proposer (Vers, GB) Antragsteller *m*
proposition
(com) Angebot *n (syn, business offer)*
(Log) Satz *m*, Urteil *n (ie, begriffliche Entsprechung zum sprachlichen „Satz")*
propositional algebra (Math) Aussagenalgebra *f*
propositional calculus (Log) Aussagenkalkül *m (syn, sentential logic)*
propositional connective (Log) aussagenlogische Verknüpfung *f (ie: and, or, if, if and only if; syn, sentential connective)*
propositional constant (Log) aussagenlogische Konstante *f*
propositional deducibility (Log) aussagenlogische Ableitbarkeit *f*
propositional equivalence
(Log) aussagenlogische Äquivalenz *f*
– Bisubjunktion *f*
propositional formula (Log) Aussageform *f (syn, sentential formula)*
propositional function (Log) Aussagefunktion *f (syn, statement function)*
propositional logic (Log) Aussagenlogik *f*, Junktorenlogik *f (ie, theory of truth functions; syn, sentential logic)*
propositional variable (Log) Aussagenvariable *f*
proprietary (Re) urheberrechtlich
proprietary account (ReW, GB) Eigenkapitalkonto *n (syn, proprietorship account)*
proprietary approach (Bw) Eigentümeransatz *m (ie, identifies it directly with a company's owners or shareholders; the task of management is to maximize their wealth)*
proprietary article (Mk) Markenartikel *m (syn, trademarked article)*
proprietary company
(com) Muttergesellschaft *f*, Holdinggesellschaft *f*
(ie, it is usually not an operating company)
proprietary designation (Pat) geschützte Bezeichnung *f*
proprietary equity (Fin) Eigenkapital *n*
proprietary goods (Mk) Markenartikel *m*
proprietary interest (Fin) Eigenkapitalanteil *m*
proprietary lease (Re) Dauernutzungsrecht *n*
proprietary name (Mk) Markenname *m (syn, proprietary label)*
proprietary position
(Mk) unangefochtene Stellung *f*
(ie, in the market, by selling unique products that will provide high margins)
proprietary process (Pat) geschütztes Verfahren *n*
proprietary receipts (FiW) Einkünfte *pl* aus öffentlichen Erwerbsunternehmen *(ie, revenue from state-owned enterprises)*
proprietary right
(Re) = property right
(Pat) Markenschutzrecht *n*
proprietor
(Re) Eigentümer *m*
(ie, has exclusive title to anything; in many instances synonymous with 'owner')
(Re) Besitzer *m*, Inhaber *m*
(com) Einzelunternehmer *m (ie, in: sole /individual . . . proprietor; qv)*
proprietoress (Re) Eigentümerin *f*
proprietor of a business (com) Betriebsinhaber *m (syn, owner)*
proprietor of a patent (Pat) Patentinhaber *m (syn, patentee, qv)*
proprietorship
(Re) Eigentum *n (syn, ownership)*
(com) Einzelunternehmen *n (syn, sole/individual . . . proprietorship)*
(Fin) Eigenkapital *n*
proprietorship account (ReW, GB) = proprietary account
proprietorship register
(Re, GB) Eigentümer-Register *n*
(ie, kept at the Land Registry; cf, charges register, property register)
proprietors' income (Vw) Unternehmerlohn *m (syn, wages of entrepreneurship)*
proprietory account
(ReW) Kapitalkonto *n*
(ie, in the case of sole proprietorship, one man business, and partnership)
prop up *v* (com) stützen *(eg, shaky nations, overindebted nations)*
pro rata
(com) anteilig
(ie, in proportion, according to interest)
pro rata cancellation (Vers) Storno *m* mit zeitanteiliger Prämie *f*
pro rata consolidation procedure (Fin) Quotenkonsolidierungsverfahren *n*
pro rata distribution clause (Vers) Klausel *f* über anteilmäßige Leistungspflicht
pro rata freight (com) Distanzfracht *f (syn, freight by distance)*
prorata payment (Fin) anteilmäßige Zahlung *f*
pro rata refund
(com) anteilmäßige Rückerstattung *f*
(eg, of an unexpired portion of the subscription price)
pro-rata reinsurance
(Vers) proportionale Rückversicherung *f*
(ie, der RückVS ist verhältnismäßig an der Originalbruttoprämie und Haftung des ErstVS beteiligt)
pro rata temporis (com) zeitanteilig
prorate *v* (com) anteilmäßig verteilen/verrechnen
prorateable cost (KoR) anteilig zu verrechnende Kosten *pl*
prorated amount (com) anteiliger Betrag *m*
prorated cost (KoR) anteilige Kosten *pl*

prorated employment cost (KoR) anteilige Personalkosten *pl*
prorated overhead (KoR) anteilig verrechnete Gemeinkosten *pl*
proration (KoR) anteilmäßige Verrechnung *f*
prosecutor's office (Re) Staatsanwaltschaft *f*
prospect
(com) Interessent *m*
(syn, potential . . . customer/buyer)
prospective building land (com) Bauerwartungsland *n*
prospective buyer (com) = prospect
prospective earnings (Fin) Ertragsaussichten *fpl*
prospective lender (com) potentieller Geldgeber *m*
prospects of promotion (Pw) Aufstiegsmöglichkeiten *fpl (syn, career prospects)*
prospectus
(Mk) Prospekt *m*
(syn, folder, leaflet)
(Fin, GB) Emissionsprospekt *m*
(ie, gives details of a company required to support a new issue; must be lodged with the Registrar of Companies before any shares can be offered for sale)
(Fin, US) Emissionsprospekt *m*
(ie, detailed statement prepared by an issuer and filed with the SEC prior to the sale of a new issue)
prosperity
(com) Wohlstand *m*
(Vw) Prosperität *f*, Hochkonjunktur *f*
prosumer (com, infml) Verbraucher *m* eigener Erzeugnisse
pro tanto
(Re) insoweit
(ie, as far as it goes, for as much as may be; refers to partial payment on a claim)
protected bear (Bö, GB) = covered bear
protected by patent (Pat) patentrechtlich geschützt
protected imports (AuW) mit Schutzzoll belegte Importgüter *npl*
protected memory (EDV) geschützter Speicher *m*
protected mode (EDV) geschützter Modus *m (opp, real mode)*
protection
(com) Schutz *m*
(Vers) Deckung *f*
– Versicherungsschutz *m*
(syn, insurance cover)
(com) Schutzgeld *n (ie, paid by storekeepers to avoid being attacked by criminals; protection money)*
protection against discrimination (Re) Diskriminierungsschutz *m*
protection against dismissal (Pw) Kündigungsschutz *m*
protection and indemnity club
(SeeV) Schutzvereinigung *f* von Reedereien
(ie, fund set up to pay for uninsurable risks)
protection by copyright (Pat) Urheberrechtsschutz *m*
protection from creditors under Chapter 11
(Re, US, appr) Vergleich *m*
(ie, Chapter 11 allows a company to reorganize its assets while continuing to operate: creditors are kept at bay)
protectionism (AuW) Protektionismus *m*
protectionist policy
(AuW) protektionistische Politik *f*
protectionist sentiments (Vw) protektionistische Strömungen *fpl*
protection key (EDV) Speicherschutzschlüssel *m*
protection money (com) Schutzgeld *n (syn, protection, qv)*
protection of an invention (Pat) Erfindungsschutz *m*
protection of bona fide purchaser (Re) Gutglaubensschutz *m*
protection of brand names (Pat) Zeichenschutz *m*
protection of industrial property rights (Pat) gewerblicher Rechtsschutz *m*
protection of interests (Re) = promotion of interests
protection of proprietary rights
(Pat) Markenschutz *m*
protection of rights (Re) Wahrnehmung *f* von Rechten
protection of the environment (com) Umweltschutz *m*
protection of vested rights (Re) Besitzstandswahrung *f*
protection position
(Fin) Zuteilungsgarantie *f*
(ie, im Rahmen von ‚tender panels' vereinbar; es wird eine bestimmte Mindestquote zu e–m bestimmten Preis zugewiesen)
protective barrier (Vw, infml) Schutzzaun *m*
protective duty (AuW) = protective tariff
protective inventory (MaW) Sicherheitsbestand *m (syn, reordering quantity, qv)*
protective labor legislation (Re) Arbeiterschutzgesetzgebung *f*
protective stocks
(Fin, US) kursunempfindliche
– risikoarme ... Aktien *fpl*
(syn, defensive stocks)
protective tariff
(AuW) Schutzzoll *m*
(ie, imposed to discourage foreign imports; syn, protective duty; Schutz vor billigen Konkurrenzprodukten aus dem Ausland; opp, revenue tariff = Finanzzoll)
pro tem
(com) zeitweilig *(syn, temporarily)*
(Pw) Teilzeitkraft *f*
protest
(WeR) Protest *m*
(ie, certification by a notary public that a negotiable instrument has been presented for acceptance or payment and has been dishonored)
protest certificate (WeR, US) Protesturkunde *f (cf, notarial protest certificate)*
protest charges (WeR) Protestkosten *pl*
protest fee
(WeR) Protestgebühr *f*
(ie, paid to notary public before whom protest of negotiable instrument is made)
protest for nonacceptance (WeR) Protest *m* mangels Annahme
protest for nonpayment (WeR) Protest *m* mangels Zahlung
protest jacket (WeR) Wechselprotestanzeige *f*
protest strike (Pw) Warnstreik *m (eg, workers staged a . . .; syn, demonstration/spontaneous/token . . . strike)*

protracted default
(AuW) geschützter Zahlungsverzug *m*
(ie, if foreign buyer is unable or unwilling to pay, the exporter, after a waiting period of 3 to 6 months, is fully indemnified by a state-sponsored credit insurance)
provable (com) beweisbar, nachweisbar
provable claim
(Re, GB) aufrechnungsfähige Forderung *f*
(ie, Bedingungen: Forderung aus Vertrag, auf Geld, durchsetzbar)
prove *v*
(Re) beweisen *(ie, establish the validity of)*
(Re) beglaubigen *(eg, a will at probate)*
(com) sich bewähren *(ie, oneself)*
prove an assertion *v* (Log) Behauptung *f* beweisen
proved reserves (IndE) = proven reserves
proven experience (Pw) Berufserfahrung *f (syn, vocational/professional . . . experience)*
proven reserves
(Vw) nachgewiesene Reserven *fpl*
– sichere Vorräte *mpl*
(ie, of natural resources; syn, proved/identified . . . reserves)
proven technology (IndE) bewährte Technologie *f*
prove one's identity *v* (com) sich ausweisen
provide *v*
(com) bereitstellen
– zur Verfügung stellen
– liefern
provide cover *v* (Fin) Deckung *f* anschaffen
„provided that . . .“
(Re) vorbehaltlich, unter der Bedingung, mit der Maßgabe
(ie, on condition, with the understanding: Vorbehaltsklausel in Verträgen und Gesetzen; syn, with the proviso that . . ., qv)
provide for *v*
(ReW) Rückstellungen *fpl* vornehmen *(eg, doubtful debt)*
(com) sorgen für *(eg, for the poor)*
provision
(Re) (Vertrags-)Bestimmung *f*
– Klausel *f*
– Vorschrift *f*
(ReW) Rückstellung *f (ie, liability reserve)*
(ReW, GB) Wertberichtigung *f*
(ie, a valuation account; the amount of a reserve for depreciation, bad debts, etc.)
provisional agenda (com) vorläufige Tagesordnung *f*
provisional agreement (Re) Vorvertrag *m*, vorläufiger Vertrag *m (syn, preliminary/tentative . . . agreement)*
provisional cover (Vers) vorläufige Deckungszusage *f (syn, binder, cover note, slip)*
provisional deadline (com) Zwischentermin *m*
provisional deposit (com) Bietungsgarantie *f (syn, bid bond, qv)*
provisional estimate (com) vorläufige Schätzung *f*
provisional injunction (Re) einstweilige Verfügung *f (ie, valid for 10 days only)*
provisional patent (Pat) vorläufiges Patent *n (opp, complete patent = endgültiges Patent)*
provisional patent specification (Pat) vorläufige Patentschrift *f*
provisional premium (Vers) vorläufige Prämie *f*
provisional specification (Pat) = provisional patent specification
provision dealer (com, GB) Lebensmittelhändler *m*
provision for bad debts (ReW) Wertberichtigung *f* auf uneinbringliche Forderungen
provision for contingent losses (ReW) Delkredere *n (syn, writeoff of uncollectible receivables, qv)*
provision for deferred repairs (ReW) Instandhaltungsrückstellung *f*
provision for deferred taxes (ReW) Steuerrückstellung *f*
provision for doubtful debts (ReW, GB) Wertberichtigung *f* für zweifelhafte Forderungen
provision for liabilities and charges (ReW, EG) Rückstellungen *fpl*
provisioning (ReW) Bildung *f* von Rückstellungen
provision of cover (Fin) Anschaffung *f* von Deckung
provision of finance
(Fin) Mittelbeschaffung *f*
– Zuführung *f* von Finanzmitteln
provision of fresh outside capital (Fin) Beschaffung *f* neuen Fremdkapitals
provision of funds (Fin) = provision of finance
provision of materials (MaW) Materialbereitstellung *f*
provisions for guarantees (ReW) Garantierückstellungen *fpl*
provisions for loan losses (Fin) Verlustrückstellungen *fpl (syn, loan loss provisions)*
provisions of a contract
(Re) Vertragsbestimmungen *fpl*, vertragliche Bestimmungen *fpl*
(syn, terms/stipulations . . . of a contract)
proviso
(Re) vertragliche Bedingung *f (ie, conditional stipulation)*
(Re) Vorbehalt *m (ie, introduces a condition in a contract; eg, with the proviso that . . .; syn, provided that, qv)*
proximate cause (Re, Vers) unmittelbare Ursache *f*
proximate cause of injury (Re) vorwiegende Schadensursache *f (syn, decisive/preponderant . . . cause of injury)*
proximate consequence (Re) unmittelbare Folge *f (ie, immediately following)*
proximate determinant (Vw) unmittelbarer Bestimmungsgrund *m*
proximate goal
(Log) mittelbares Ziel *n*
(ie, interest in proximate, rather than ultimate goals)
proximate interests
(Log) mittelbare Interessen *npl*
(syn, indirect interests; opp, ultimate interests = unmittelbare Interessen)
proxy
(Re) Vertreter *m*
– Bevollmächtigter *m*
(ie, person authorized to act for another; eg, vote by proxy, appear by proxy)
(Bw) Stimmrechtsvollmacht *f*
(ie, power of attorney authorizing a named person to vote corporate stock)
(Fin) Stimmrechtsbevollmächtigter *m*

proxy battle
(Bw, US) Proxy-Auseinandersetzung *f*
(ie, contest between two or more groups seeking to gain control of enough proxies to win a vote; syn, proxy . . . contest/fight)
proxy card (Bw) Stimmkarte *f (ie, des Stimmrechtsbevollmächtigten)*
proxy committee
(Bw, US) Proxy-Ausschuß *m*
(ie, nominated by the board of directors and elected by stockholders at the annual meeting; the proxy committee's members are the individuals whose names will appear on the ‚management' proxies sent to stockholders and who will vote for the ‚management' slate of directors at the meeting)
proxy fight (Bw) = proxy battle
proxy form (Fin) Vollmachtsformular *n*
proxy indicator
(Vw) Ersatzindikator *m*
– Ersatzkennzahl *f*
proxy shareholder (com) Vollmachtsaktionär *m (cf, § 129 AktG)*
proxy solicitation (com) Bitte *f* um Erteilung der Stimmrechtsvollmacht
proxy statement
(com) Stimmrechtsvollmacht *f*
(com) Vollmachtsformular *n*
(ie, by which stockholder confers the power to vote on other stockholders)
(com, US) Informationen *fpl*, die dem Aktionär mit der ‚proxy solicitation' zugesandt werden
proxy variable (Vw) Ersatzvariable *f*
proxy voting power
(Fin, US) Stimmrechtsvollmacht *f*
– Proxy-Stimmrecht *n*
(ie, e–e immanente Beschränkung des Vollmachtsstimmrechts besteht in dem Verbot, die Gesellschaft selbst sowie Vorstand od Aufsichtsrat der Gesellschaft zu bevollmächtigen; cf, dagegen § 136 III AktG)
proxy voting right (Fin) Stimmrechtsvollmacht *f*
prudent man rule
(Fin, US) Vorschrift *f* über die Sorgfaltspflicht des Treuhänders in Vermögensfragen
(ie, it requires a fiduciary to exercise the same care and diligence that a prudent man would use in the conduct of his own affairs; often extended to savings banks, insurance companies, and others in fiduciary situations; cf also, ERISA, 29 U.S.C. § 1104(a)(1)(B))
prune *v*
(com) beschneiden
– kürzen
– streichen
(com) abstoßen *(eg, unprofitable operations)*
PSBR (FiW, GB) = public sector borrowing requirements
pseudo activity (OR) Scheinaktivität *f*
pseudo problem (Log) Scheinproblem *n*
pseudo-text (EDV, Cobol) Pseudotext *m (cf, DIN 66 028, Aug 1985)*
pseudo-text delimiter (EDV, Cobol) Pseudotextbegrenzer *m*
psychically-induced fatigue (Pw) Antriebsermüdung *f*
psychological breaking point
(FiW) Höchstbelastungssatz *m*
(eg, of a progressive income tax; joc, disregards taxing principle: the camel's back should not be broken; today's visible outcome: the hidden economy billions of $, DM, £, etc worth)
PTO (Pat, US) = Patent and Trademark Office
public (com) Öffentlichkeit *f (syn, general public, public generally, public at large)*
public accountant
(ReW, US) Buchsachverständiger *m*
(ie, kein CPA-Examen, aber eigene Praxis)
public adjuster (Vers) Schadenregulierer *m (ie, on behalf of claimant)*
public administration (Re) öffentliche Verwaltung *f (opp, business administration)*
public administrator
(Re, US) öffentlich bestellter Nachlaßverwalter *m*
(ie, administers the estate of intestate persons whose heirs cannot be immediately determined; appointed in lieu of a private administrator)
publican (com, GB) Gastwirt *m (syn, landlord)*
public assistance
(SozV, US) Sozialhilfe *f*
(ie, aid to needy, blind, aged, or disabled persons; provides supplementary welfare benefits)
publication
(com) Veröffentlichung *f (ie, act of publishing, published work)*
(Bö) Veröffentlichung *f (eg, on the stock exchange = an der Börse)*
publication advertising (Mk) Druckmedien-Werbung *f (eg, newspapers, journals, magazines)*
publication of accounts (ReW, GB) Veröffentlichung *f* des Jahresabschlusses
public at large (com) = public
public authorities' net position (FiW) Nettoposition *f* der öffentlichen Haushalte
public body
(Re) Gebietskörperschaft *f (syn, unit of government)*
(Re) Körperschaft *f* des öffentlichen Rechts
public bond (Fin) öffentliche Anleihe *f*, Staatsanleihe *f*
public bonds (Fin) Anleihen *fpl* der öffentlichen Hand
public borrowing demand (FiW) Kreditnachfrage *f* der öffentlichen Hand
public borrowing requirements (FiW) Kreditbedarf *m* der öffentlichen Hand
public buying (Bö) Publikumskäufe *mpl*
public carrier (com) öffentlicher Frachtführer *m (syn, common carrier, qv)*
public charge (FiW) öffentliche Abgabe *f (syn, fiscal charge)*
public company (com, GB) Publikumsgesellschaft *f (syn, public corporation, qv)*
public construction (com) Bautätigkeit *f* der öffentlichen Hand
public consumption
(VGR) Staatsverbrauch *m*
– öffentlicher Verbrauch *m*
(syn, government/collective/state . . . consumption, government expenditure on goods and services)

public consumption – defense (VGR) Verteidigungsausgaben *fpl (syn, defense spending)*
public consumption monopoly (FiW) staatliches Verbrauchsmonopol *n*
public corporation
(com, US) Publikumsgesellschaft *f*
(syn, publicly held corporation; GB, public company)
(Re, US, GB) öffentliche Körperschaft *f*
(ie, instrument of government or formed for public purposes; eg, municipal corporation)
public customs warehouse (Zo) Zollniederlage *f*
public debt
(FiW) Staatsverschuldung *f*
– Staatsschuld *f*
– Verschuldung *f* der öffentlichen Hand
– öffentliche Schulden *fpl*
(ie, in U. S. practice the term is restricted in meaning to the federal debt – „public debt of the United States" –, but in the nontechnical sense it is applicable to all public debt: federal government, the states and political subdivisions thereof, and municipalities; syn, government debt; GB, national debt, qv)
public debt offering (Bö) = public offering
public debt ratio (FiW) öffentliche Schuldenquote *f*
public demand (Vw) öffentliche Nachfrage *f*
public demand-pull inflation (Vw) Budgetinflation *f*
public domain
(Re) staatliches Eigentum *n (ie, land owned by the government)*
(Re) Eigentum *n* der Allgemeinheit *(eg, expired industrial property rights = gewerbliche Schutzrechte; certain chemical formulas are in the public domain and connot be patented)*
public domain software (EDV) Software *f* zur kostenlosen Weitergabe
public employee (Pw, US) öffentlicher Bediensteter *m (ie, federal, state, county, municipal)*
public enterprise (com) öffentliches Wirtschafts-Unternehmen *n*
public expenditure
(FiW) öffentliche Ausgaben *fpl*
– Ausgaben *fpl* der öffentlichen Hand
public expenditure financed by taxation (FiW) steuerfinanzierte öffentliche Ausgaben *fpl*
public expenditure growth (FiW) Wachstum *n* der öffentlichen Ausgaben *(syn, state spending growth)*
public finance
(FiW) öffentliche Finanzen *pl*
– Staatsfinanzen *pl*
– öffentliche Finanzwirtschaft *f*
(FiW) Finanzwissenschaft *f*
(syn, theory of public finance, public sector /fiscal . . . economics)
public financial transfers (FiW) öffentliche Finanztransfers *mpl*
public fisc (Re) Fiskus *m (ie, government as a public body)*
public flotation (Bö, GB) Börsenemission *f*
public funds
(FiW) öffentliche Mittel *pl*, Haushaltsmittel *pl (syn, budget funds)*
(Fin, GB) Staatsanleihen *fpl*

public generally (com) = public
public good
(Re) öffentliches Wohl *n*
– Gemeinwohl *n (syn, common weal)*
public goods
(Vw) öffentliche Güter *npl*
– Kollektivgüter *npl*
(ie, goods which the market provides inadequately or not at all; syn, collective/social . . . goods)
public health
(Re) öffentliche Gesundheit *f*
(SozV) öffentliches Gesundheitswesen *n*
public health service (SozV) öffentlicher Gesundheitsdienst *m*
public improvements (FiW) Erschließungsanlagen *fpl*
public indebtedness (FiW) = public debt, qv
public information office (Bw) Pressestelle *f*
public interest (Re) öffentliches Interesse *n (ie, highly elusive term: it implies a moral imperative which rests on the assumption that there must be an overriding community good)*
public interest group (com) Bürgerinitiative *f*
public investment buying (Fin) Anlagekäufe *mpl* des Publikums
public invitation to advance claims (Pat) Aufgebot *n (ie, following preliminary examination by Patent Office)*
public invitation to tender (com) öffentliche Ausschreibung *f (syn, advertised bidding)*
public issue by prospectus (Fin) öffentliche Emission *f*
public issuer (FiW) öffentlicher Emittent *m*
publicity
(com) Publizität *f*
(Mk) Werbung *f*, Reklame *f*
publicity cost (Mk, GB) Kosten *pl* der Verkaufsförderung
publicity department (Bw) Abteilung *f* Werbung und Öffentlichkeitsarbeit
publicity stunt (Mk) Werbegag *m (syn, advertising stunt)*
publicize *v*
(com) öffentlich bekanntgeben
– publik machen
(Mk) Werbung *f* treiben, Reklame *f* machen
public law (Re) öffentliches Recht *n (opp, private law)*
public liability insurance (Vers) allgemeine Haftpflichtversicherung *f (ie, against suits brought by members of the public)*
public limited company, PLC, plc
(com, GB) Aktiengesellschaft *f*
(ie, number about 6,750; minimum capital £ 50,000; no maximum number of members, publication of accounts and consolidated accounts; cf, Companies Act 1985; opp, (private) company)
public limited partnership (com) Publikums-Kommanditgesellschaft *f*, KG *(opp, private limited partnership)*
public loan
(Fin, US) öffentliche Anleihe *f*, Staatsanleihe *f*
(ie, government obligations issued short term or long term)

publicly held company (com) Publikumsgesellschaft *f* *(syn, public corporation, qv)*

publicly held corporation (com) = publicly held company

publicly owned enterprises
(FiW) Eigen- und Regiebetriebe *mpl*
(ie, gehören der öffentlichen Hand, werden aber dem Unternehmensbereich zugerechnet, arbeiten selbständig und streben Gewinne an)

publicly quoted company (com, GB) Publikumsgesellschaft *f*

public monopoly (Vw) staatliches Monopol *n*

public offer (com) öffentliches Übernahmeangebot *n* *(cf, LS Übernahmeangebote vom Januar 1979)*

public offering
(Bö) öffentliches Zeichnungsangebot *n*
– öffentliche Auflegung *f*
– zur öffentlichen Zeichnung aufgelegte Emission *f*
(ie, invitation for general subscription; syn, public issue by prospectus)

public official (Bw) öffentlicher Bediensteter *m*

public opinion (com) öffentliche Meinung *f*

public opinion poll
(Mk) Umfrage *f*
– Meinungsumfrage *f*
– Meinungsbefragung *f* *(syn, opinion survey)*

public opinion research
(Stat) Meinungsforschung *f*
– Demoskopie *f*

public opinion survey (Mk) = public opinion poll

public ownership (Re) öffentliches Eigentum *n*

public paper (Bö) Papiere *npl* der öffentlichen Hand

public passenger traffic (com) öffentlicher Personenverkehr *m*

public pension system (FiW) staatliches Altersversorgungssystem *n*

public placement (Fin) öffentliche Plazierung *f* *(syn, market flotation)*

public policy
(Re) Public Policy *f*
– (appr) öffentliche Ordnung *f*
(ie, als Schranke der Rechtswahl weiter als das kontinentaleuropäische ‚ordre public' oder ‚öffentliches Interesse'; umfaßt insbes das zwingende private und öffentliche Recht)
(Re, appr) Grundsätze *mpl* der Rechts- und Wirtschaftsordnung *(eg, . . . is against . . . = verstößt gegen)*

public policy maker (com) Politiker *m*

public procurement (FiW) öffentliche Beschaffungen *fpl*

public property (Re) öffentliches Eigentum *n*

public prosecutor (Re, GB) Staatsanwalt *m* *(syn, US, district attorney)*

public purchasing
(FiW) öffentliche Auftragsvergabe *f*
– Staatseinkauf *m*
– Behördeneinkauf *m*
(syn, purchasing by governmental agencies)

public purchasing agency (FiW) öffentliche Beschaffungsstelle *f*

public regulation (Vw, US) öffentliche Regulierung *f* *(ie, intervention of federal or state governments in business affairs; syn, government regulation, regulation of . . . business/industry)*

public relations
(Mk) Public Relations *pl*
– PR-Arbeit *f*
– Öffentlichkeitsarbeit *f*

public relations outfit (Mk) PR-Firma *f*

public relief work (Vw) Notstandsarbeiten *fpl*

public revenue (FiW) öffentliche Einnahmen *fpl*

public sale (Re) Versteigerung *f* *(ie, of property at an auction)*

public sector
(VGR) Sektor *m* Staat
(FiW) staatlicher Sektor *m*
(eg, GB, central government, local authorities, nationalised industries)

public sector borrowing (FiW) Kreditaufnahme *f* der öffentlichen Hand *(syn, government borrowing)*

public sector borrowing requirements, PSBR
(FiW, GB) Kreditbedarf *m* der öffentlichen Hand

public sector debt (FiW) = public debt

public sector debt repayment (FiW) Tilgung *f* öffentlicher Schulden

public sector economic activity (FiW) wirtschaftliche Tätigkeit *f* des Staates

public sector economics (FiW) Finanzwissenschaft *f* *(syn, public finance)*

public sector funds (FiW) öffentliche Mittel *pl*

public sector investment (VGR) öffentliche Investitionen *fpl* *(syn, government capital expenditure)*

public sector paper (Fin) Wertpapiere *npl* der öffentlichen Hand, Staatspapiere *npl*

public sector share in GNP
(FiW) Staatsquote *f*, Staatsausgabenquote *f*
(ie, government spending/GNP; syn, government activity rate)

public-sector share of gnp (FiW) Belastungsquote *f* des Bruttosozialprodukts, BSP

public sector spending (FiW) = public spending

public sector supervisor (com) Aufsichtsbeamter *m*/Aufsichtsbeamtin *f*

public service corporation (Bw, US) = public utility corporation

public service employee (Pw) öffentlich Bediensteter *m*

public service job program (Vw) Arbeitsbeschaffungsprogramm *n* der öffentlichen Hand

public service vehicle (com, GB) öffentlich zugelassenes Verkehrsmittel *n* *(ie, taxi, bus, motor coach)*

public share issue (Fin, GB) Aktienemission *f*

public spending (FiW) Staatsausgaben *fpl*, öffentliche Ausgaben *fpl* *(syn, government spending, qv)*

public spending ratio (FiW) Staatsausgabenquote *f*

public telephone booth (com) öffentlicher Fernsprecher *m*

public telephone network (EDV) öffentliches Fernsprechnetz *n*

public tender (Fin) Submissionsverfahren *n*

public transportation (com, US) öffentliche Verkehrsmittel *pl*

public utility corporation
(com, US) öffentliches Versorgungsunternehmen *n*
(ie, supplies services in the public interest; eg, railroads, light and power, telephone and telegraph, bus and ferry lines, water companies;

operates under grants of franchise or certificate of convenience and necessity; syn, public service corporation; für die öffentliche Regulierung sind – bei interstate operation – zuständig: ICC, FPC, SEC)

public wants
(Vw) öffentliche Bedürfnisse *npl* Kollektivbedürfnisse *npl*
(syn, social wants, collective needs)

public warehouse
(com) öffentliches Lagerhaus *n*
(Zo) öffentliches Zollager *n*

public welfare
(Re) öffentliches Wohl *n*
– Gemeinwohl *n (syn, public good)*
(SozV, US) Sozialhilfe *f (ie, provides aid to people near or below subsistence level)*

public works (Vw) öffentliche Anlagen *fpl (ie, constructed for public use)*

publish *v* (com) veröffentlichen, publizieren

published accounts (ReW, GB) veröffentlichter Abschluß *m*

publisher (com) Verleger *m*

publishers (com) Verlag *m*

publishing firm (com) = publishers

publishing house (com) = publishers

publishing rights (Re) Veröffentlichungsrechte *npl*

publishing sales (com) Verlagsumsatz *m*

publishing trade (com) Verlagswesen *n (syn, book industry)*

puff advertising (Mk) übertreibende Werbung *f* Superlativ-Werbung *f (syn, puffery)*

puffery (Mk) = puff advertising

pull back a price *v* (com) Preis *m* zurücknehmen

pull back from *v* (com) sich zurückziehen von, aussteigen aus *(syn, back away from)*

pull date
(Mk) Frischhaltedatum *n*
– Verfallsdatum *n*
(ie, beyond which a perishable product should not be consumed; aufgestempelt: „haltbar bis . . .")

pull down *v*
(com, US) verdienen, „machen" *(eg, $ 50,000 in commissions)*
(com) abreißen, abbrechen *(syn, tear down, demolish)*
(EDV) einblenden

pull-down menu (EDV) Pull-down-Menü *n*

pull down prices *v*
(com) Preise *mpl* drücken *(syn, run down/shave . . . prices)*
(Bö) Kurse *mpl* drücken

pull in *v* (com) verdienen

pulling strategy (Mk) Strategie *f* zur Schaffung von Verbrauchernachfrage *(opp, pushing strategy)*

pull in sales *v* (com, infml) Umsatz *m* bringen *(eg product XY pulls in over $ 500 worth of sales this year)*

pull off *v* (com, infml) Erfolg haben mit, erfolgreich abschließen *(eg, deal)*

pull off a repeat *v* (com, infml) wiederholen *(eg, of Japan's strategy for exploiting RAMS)*

pull oneself together *v* (Pw, infml) sich zusammenreißen *(syn, start moving, show more stuff; GB, pull one's socks up)*

pull one's socks up *v* (com, GB) = pull oneself together

pull-out
(com) Ausstieg *m*
(eg, of a big shale-oil project)

pull out *v* (com, infml) aussteigen, ausscheren

pull out deposits *v* (Fin, infml) Einlagen *fpl* abziehen *(syn, withdraw deposits)*

pull out of *v* (com, infml) sich zurückziehen von, aussteigen aus *(eg, business, contract, deal; syn, back /drop/opt . . . out)*

pull out of an agreement *v* (Re, infml) Vertrag *m* kündigen

pull quantity (MaW) Entnahmemenge *f*

pull request (MaW) Entnahmeanforderung *f*

pull together *v* (com) zusammenarbeiten *(syn, work together, qv)*

pull up one's roots *v* (com, infml) wegziehen *(syn, move away)*

pump (com, GB, infml) Tankstelle *f (eg, switch pumps to unleaded petrol)*

pump priming
(Vw) Ankurbelung *f*
(ie, the key idea is that a program of public spending will get the economy off the dead center of a depression and stimulate revival and recovery)

pump priming measures
(Vw) Ankurbelungsmaßnahmen *fpl*
(ie, to boost or pep up the economy)

pump up *v* (com) in die Höhe treiben

punctuation character (EDV) Satzzeichen *n*

punctuation mark (EDV) Satzzeichen *n*

punitive damages
(Re) Schadenersatz *m* mit Strafwirkung
– verschärfter Schadenersatz *m*
(ie, under Common Law: imposed to punish a defendant for a serious wrong; wird über die rein kompensatorische Entschädigung hinaus zur Bestrafung od zur Abschreckung des Beklagten auferlegt; heute vor allem im Recht der Produkthaftung; syn, exemplary damages; opp, compensatory damages)

punter (Bö) Spekulant *m (eg, punters on Wall Street have heard this line many times before)*

pup company (Vers) Kompositversicherer *m*

pupillage
(Re, GB) Refendariat *n*
– Referendariatszeit *f*

purchase
(com) Kauf *m*
– Erwerb *m*
– Anschaffung *f*

purchase *v*
(com) kaufen
– erwerben
– anschaffen *(syn, buy)*

purchase agreement
(Fin, US) Übernahmevertrag *m*
(ie, between issuer of securities and purchaser (or underwriter); used in connection with private placement; otherwise ‚underwriting agreement' is used)

purchase allowance (com) Preisnachlaß *m* wegen Beanstandung

purchase and sale memorandum
(Bö, US) Schlußschein *m*
– Schlußnote *f*
(ie, in commodity trading = im Warenhandel; cf, confirmation slip)
purchase at lowest price (com) Bestkauf *m*
purchase at market rates (Fin) freihändiger Ankauf *m*
purchase budget (Bw) Einkaufsbudget *n*
purchase by description (Re) Gattungskauf *m (syn, sale by description, sale of unascertained goods)*
purchase commitments (com) Abnahmeverpflichtungen *fpl*
purchase contract (com) Kaufvertrag *m*
purchase cost (com) = acquisition cost
purchased company (com) übernommene Gesellschaft *f (syn, acquire company, qv)*
purchased components
(MaW) bezogene od fremdbezogene Teile *npl (syn, bought-in/bought-out . . . parts, bought-in supplies)*
purchase decision (Mk) Kaufentscheidung *f*
purchase discount (com) Skonto *n* od *m*
purchased materials and services
(VGR) Vorleistungen *fpl*
(ie, current purchases of materials and servives from other enterprises)
purchase for future delivery (Bö) Terminkauf *m*
purchase forward *v* (Bö) auf Termin kaufen
purchase from foreign suppliers (com) Auslandsbezug *m*
purchase fund
(Fin) Rückkauffonds *m*
(ie, Tilgungsfonds für den freihändigen Rückkauf von Anleihestücken, wenn der Kurs unter den Rückzahlungskurs fällt)
purchase group (Fin) Übernahmekonsortium *n (syn, underwriting group, qv)*
purchase invoice
(com) Lieferrechnung *f*
– Eingangsrechnung *f*
purchase journal (MaW) Einkaufsbuch *n*
purchase money (com) Kaufsumme *f*
purchase money mortgage
(Fin) Restkaufpreis-Hypothek *f*
(ie, given to secure an unpaid portion of the purchase price)
purchase of a shareholding (Fin) Erwerb *m* e–r Beteiligung
purchase of assets (com) Kauf *m* von Wirtschaftsgütern *(syn, asset deal; cf, purchase of shares, share deal)*
purchase of newly issued securities (Fin) Ersterwerb *m*
purchase of shares (com) Kauf *m* von Anteilen *(cf, purchase of assets)*
purchase on credit (com) Kreditkauf *m*
purchase order
(com) Auftrag *m (ie, auf; seltener: über)*
– Bestellung *f (ie, auf/über; syn, order, sales customer order)*
purchase order entry (EDV) Auftragserfassung *f*
purchase order form (com) Bestellformular *n*
purchase order handling (com) Auftragsbearbeitung *f* Auftragsabwicklung *f*
purchase order number (com) Bestellnummer *f*
purchase order processing
(com) Bestellwesen *n*
(com) Auftragsbearbeitung *f*
purchase price
(com) Kaufpreis *m*, Einkaufspreis *m*
(MaW) Beschaffungspreis *m (ie, invoice price of goods + expenses incidental thereto; eg, transportation, insurance, packing, customs duties)*
(Fin) Erwerbskurs *m (syn, basis price)*
(Vw) Ankaufsatz *m*
purchaser
(com) Käufer *m*, Erwerber *m (syn, buyer)*
(com) Abnehmer *m (syn, client, customer, buyer)*
purchase requisition (MaW) Bedarfsmeldung *f*, Materialanforderung *f*
purchases in the open market (Fin) Offenmarktkäufe *mpl*
purchases of goods and services (VGR) Vorleistungen *fpl*
purchase tax (StR, GB) Verbrauchsteuer *f (ie, für bestimmte Warengruppen)*
purchase traveler (MaW) Beschaffungsbegleitkarte *f*
purchase warrant (Fin) Bezugsrecht *n*, Optionsrecht *n (syn, stock purchase warrant, qv)*
purchasing
(MaW) Einkauf *m*, Beschaffungswesen *n*
(ie, terms like purchasing, procurement, materials management, and logistics are used almost interchangeably)
purchasing account (ReW) Einkaufskonto *n*
purchasing agent
(com) Einkaufsagent *m (ie, employed by American and European department stores)*
(MaW) Leiter *m* der Einkaufsabteilung
purchasing and materials management (MaW) Beschaffungswesen *n (syn, procurement system)*
purchasing branch office (Bw) Einkaufsniederlassung *f*
purchasing by governmental agencies (FiW) = public purchasing
purchasing cartel (Kart) Einkaufskartell *n (syn, buying cartel)*
purchasing commission agent (com) Einkaufskommissionär *m (syn, commission buyer)*
purchasing company (com) übernehmende Gesellschaft *f (syn, acquiring company, qv)*
purchasing cooperative (com) Einkaufsgenossenschaft *f (syn, wholesale cooperative)*
purchasing cycle (MaW) Beschaffungszeit *f (syn, purchasing lead time)*
purchasing department
(com) Einkaufsabteilung *f*
– Abteilung *f* Einkauf
purchasing frequency (Mk) Einkaufshäufigkeit *f*
purchasing lead time (MaW) = procurement lead time
purchasing manual (MaW) Einkaufshandbuch *n*
purchasing planning (Bw) Einkaufsplanung *f*
purchasing policy (MaW) Beschaffungspolitik *f*
purchasing power
(Mk) Kaufkraft *f*
(ie, ability to buy determined by income in relation to the price level; syn, spending power)
purchasing power index (Mk) Kaufkraftindex *m*
purchasing power parity (AuW) Kaufkraftparität *f*

purchasing power research (Mk) Kaufkraftforschung *f (ie, part of consumer analysis)*
purchasing power risk
(Fin) Kaufkraftrisiko *n*
– Inflationsrisiko *n*
(ie, any fixed-return security is vulnerable to it; syn, inflation/price level . . . risk)
purchasing program (MaW) Beschaffungsprogramm *n (syn, buying program)*
purchasing syndicate (Fin) Übernahmekonsortium *n (syn, underwriting group, qv)*
purchasing variance (KoR) Einkaufsabweichung *f (ie, difference between planned price and actual cost price)*
pure arbitrage (AuW) reine Arbitrage *f*
pure burning cost (Vers) technische Bedarfsprämie *f (syn, burning cost, qv)*
pure competition
(Vw) reiner Wettbewerb *m*
– vollkommen homogene Konkurrenz *f*
(ie, all producers are small; homogeneous commodity; resources mobile; no artificial restrictions on demand, supply, or price; cf, perfect competition; opp, pure monopoly)
pure conglomerate merger
(Bw) reines Konglomerat *n*
(ie, between non-competing firms; no functional business link = ohne wirtschaftliche Wechselbeziehungen; cf, conglomerate merger)
pure-cycle income (FiW) Sozialprodukt *n* ohne Budgeteinfluß
pure endowment insurance
(Vers) Erlebensversicherung *f*
(ie, payable if the designated person is alive at the end of the endowment period but not payable if he/she is not alive at that time; not often used today; leistet Rente od Kapital, wenn der Versicherte e–n bestimmten Zeitpunkt erlebt)
pure hedge (Bö) Sicherung *f* e–r Kassaposition durch kongruente, aber gegenläufig wirkende Terminkontrakte
pure imaginary number (Math) reine imaginäre Zahl *f (ie, a complex number $z = x + iy$, where $x = 0$)*
pure integer programming (OR) reinganzzahlige Programmierung *f*
pure interest
(Fin) reiner Zins *m*
– Nettozins *m (ie, ohne Risikozuschlag und sonstige Kosten)*
pure logic
(Log) reine od allgemeine Logik *f*
(ie, general theorem = for all F: if F is a field of human activity, then there is applied logic of F if and only if F includes discourse which embodies or expresses some objective structures)
pure loss cost (Vers) = pure burning cost
purely binary number (Math) rein binäre Zahl *f*
pure monopoly (Vw) reines Monopol *n*, echtes Angebotsmonopol *n (ie, no substitute products; syn, absolute perfect . . . monopoly, qv)*
pure oligopoly (Vw) homogenes Oligopol *n*
pure premium (Vers) Nettoprämie *f (ie, does not take into account money needed for other company expenses)*
pure premium method (Vers) Preisbildung *f* aufgrund der Nettoprämie *(ie, leaving out of account the cost and expense of the insurer's operation)*
pure procedure (EDV) ablaufinvariantes Programm *n*
pure profit rate (Bw) Gewinn *m* i. e. S. *(ie, difference between rate-of-return real interest rate)*
pure recall test (Mk) reiner Gedächtnistest *m (syn, unaided recall test)*
pure research (com) Grundlagenforschung *f (syn, basic research)*
pure risk
(Vers) reines Risiko *n*
(ie, uncertainty as to whether a loss will occur; no possibility for gain; opp, speculative risk)
pure theory of international trade (AuW) güterwirtschaftliche Theorie *f* des internationalen Handels
purge *v* (EDV) löschen
purge a misuse *v* (com) Mißbrauch *m* abstellen
purge date
(EDV) Freigabedatum *n*
– Löschdatum *n*
purloin *v* (Re) unterschlagen, veruntreuen *(syn, abstract, embezzle)*
purpose-designed (com) kundenspezifisch *(syn, custom-built, customized)*
purposive rationality (Bw, Vw) zielgerichtete Rationalität *f*
purposive sample
(Stat) bewußte Auswahl *f*, Stichprobe *f* mit bewußter Auswahl
(ie, today often used as a quota sample = Quotenstichprobe)
purveyor of services (com) Anbieter *m* von Dienstleistungen
push a plan *v* (com) Plan *m* durchsetzen
pushbotton telephone (com) Tastentelefon *n (opp, dial telephone)*
pushbutton phone (com) Drucktastentelefon *n*
push down *v* (EDV) Schreiben *n* e–s Eintrags in e–n Kellerspeicher
push-down store (EDV) Stapelspeicher *m*, Kellerspeicher *m (syn, cellar)*
pushing strategy (Mk) Strategie *f*, die den Handel zur Lagerung und zum Absatz e–s Produktes zu bewegen sucht *(opp, pulling strategy)*
push money (com) Verkaufsprämie *f (ie, in retailing)*
pushover (com, infml) leichtes Opfer *n (eg, takeover target easy to defeat)*
pushpin (com, GB) Heftzwecke *f (syn, drawing pin; US, thumbtack)*
push up *v* (com) erhöhen *(eg, prices 20% above year-ago levels)*
push up prices *v* (EG) Preise *mpl* hochschleusen
put
(Bö, US) Verkaufsoption *f*
(ie, contract entitling the holder, at his option, to sell to the maker – in the New York Put and Call Market, through the endorser, a member firm of the New York Stock Exchange – at any time within the life of the contract, a specified number of shares of a specific stock, at the price fixed in the contract; syn, put option; opp, call)
(Bö, US) Rückprämie *f (ie, im Wertpapierhandel)*

put a broad construction upon *v* (Re) weit auslegen *(syn, liberal construction)*
put a call through *v* (com) Gespräch *n* durchstellen
put a cap on *v* (com, infml) begrenzen *(eg, railroad rates)*
put a claim forward *v* (Re) Anspruch *m* geltend machen *(syn, advance a claim, qv)*
put a lid on spending *v* (Fin, infml) Ausgaben *fpl* begrenzen *(syn, clamp down on spending)*
put and call (Fin) Rück- und Vorprämiengeschäft *n* *(ie, im Wertpapierhandel)*
put and call dealer
(Bö) Optionshändler *m*
(ie, in New York organized in the Put and Call Brokers and Dealers Association, Inc.)
put and call option
(Bö) Stellagegeschäft *n*
(ie, special kind of the option business: buyer of securities obtains the right – in exchange for a premium specified in advance – to demand delivery of securities at a higher price agreed upon when the contract was made, or to deliver them at a specified lower price)
put and call price (Bö) Stellagekurs *m*
put aside *v* (com, infml) sparen, zurücklegen *(syn, put by, put away in savings, squirrel away)*
put a tariff on *v* (Zo) verzollen
put a time limit on *v* (com) befristen, Termin *m* festlegen für
put at risk *v* (com) gefährden
put away *v* (EDV) ablegen
put away savings *v* (com, infml) = put aside
put back *v* (com) verzögern *(eg, decision, delivery, production; syn, hold up, qv)*
put back the receiver *v* (com) Hörer *m* auflegen *(syn, hang up, qv; opp, lift the receiver)*
put buyer (Bö) Käufer *m* e–r Verkaufsoption
put by *v* (com, infml) = put aside
put/call ratio (Fin) Verhältnis *n* Put-Umsätze zu Call-Umsätze *(eg, downed from 0.91 to 0.72)*
put cargo in/on *v* (com) laden, beladen, verladen
put contracts (Bö) Kontrakte *mpl* mit Verkaufsoptionen
put down *v* (com) aufschreiben, aufzeichnen *(ie, in writing; syn, write down)*
put down on the agenda *v* (com) auf die Tagesordnung setzen
put exercise (Bö) Ausübung *f* e–r Verkaufsoption
put finances in order *v* (Fin) Finanzen *pl* in Ordnung bringen
put financial house in order *v* (Fin) = put finances in order
put forward *v*
(com) geltend machen, erheben *(eg, claim)*
(com) vorlegen *(eg, document)*
(com) vorschlagen *(eg, for promotion)*
put forward a defense *v* (Re) Einrede *f* geltend machen *(syn, set up /interpose/establish/urge . . . a defense)*
put forward a hypothesis *v* (Log) Hypothese *f* aufstellen *(syn, hypothesize)*
put forward a proposal *v* (com) Vorschlag *m* machen od unterbreiten *(syn, make a proposal)*
put forward defenses *v* (Re) Einwände *mpl* geltend machen
put in a claim *v*
(Re) Forderung *f* geltend machen *(syn, assert, qv)*
(Re) beanspruchen
– beantragen
(eg, for damages)
put in charge of *v* (Pw) betrauen mit, e–e Aufgabe *f* übertragen
put in contributions *v* (Fin) einbringen *(syn, bring contributions to, contribute)*
put in play *v*
(Fin, US) zum Spekulationsobjekt machen
(ie, Wall Street expression for a company whose stock becomes a mark for speculation)
put in the dock *v* (com) auf die Anklagebank setzen
put into active service *v* (IndE) in Betrieb nehmen *(syn, commission, qv)*
put into effect *v* (Re) in Kraft setzen
put into free circulation *v* (Zo) zum freien Verkehr abfertigen *(syn, release for free circulation, put on the market)*
put into operation *v*
(com) in Betrieb setzen *(eg, plant; syn, commission, qv)*
(Re) in Kraft setzen *(eg, an EEC regulation)*
put into perspective *v* (com) deutlich machen, veranschaulichen *(eg, a budget deficit of 5% of GNP)*
put into play *v*
(com, US) angreifen
(ie, a beleaguered company; investment banking parlance for the start of a takeover battle)
put into service *v* (IndE) = put into operation
put in writing *v* (com) schriftlich niederlegen od fixieren *(syn, fml, reduce to writing)*
put it about *v*
(com) Gerücht *n* ausstreuen *(ie, that . . .)*
put money in/into *v* (Fin, infml) Geld *n* anlegen, investieren *(syn, invest in, sink money in/into)*
put new life into *v* (com, infml) sanieren
put off *v*
(com) aufschieben
– zurückstellen
(ie, till/until; eg, decision, appointment, talks; syn, put back, postpone, delay, defer)
put of more (Bö) Nochgeschäft *n* *(syn, call of more, option to double)*
put on *v*
(com) verhängen
(eg, embargo, price control; syn impose; opp, take off, lift)
put one's best foot forward *v* (com, infml) sein Bestes tun *(eg, to meet a promised delivery date)*
put on one side *v* (com) zurücklegen *(ie, article for customer)*
put on stream *v* (com) in Betrieb nehmen *(syn, commission, qv)*
put on the block *v* (com) zum Verkauf anbieten *(ie, up for sale)*
put on the market *v*
(com) auf den Markt bringen *(syn, to market)*
(Zo) zum freien Verkehr abfertigen *(syn, put into free circulatio)*
put on the shelf *v* (com) aufschieben, zurückstellen *(syn, put off, shelve)*
put option (Bö) Verkaufsoption *f* *(syn, put)*

put out *v*
(com) herausgen
– veröffentlichen
– verteilen *(syn, broadcast, publish, print)*
put out a proposal *v* (com) Angebot *n* einreichen *(syn, submit a proposal)*
put out for tender *v* (com) ausschreiben *(syn, invite tender, put up for tender, advertise for bids)*
put out of *v* (com) verdrängen *(eg, put rivals out of the market)*
put out of action (com) außer Betrieb setzen
put out of business *v* (com) verdrängen *(eg, competitor; syn, drive out, freeze out)*
put out one's feelers *v* (com, infml) Fühler *mpl* ausstrecken *(syn, send out . . .)*
put price (Bö) Rückprämienkurs *m*
put right *v* (com) berichtigen *(eg, mistake)*
put sb's name down *v* (com) jem vormerken
put someone out to grass *v* (Pw, GB) jem in Pension/Rente schicken
put through (com) durchsetzen *(eg, price hike)*
put-through price (Bö) Sonderkurs *m*
putting-out system (Vw) Verlagssystem *n*
putting up for sale by auction (com) Ausbietung *f*
put to *v* (com) vorlegen *(eg, rescue plan put to shareholders at an extraordinary meeting)*
put to rights *v* (com) in Ordnung bringen *(eg, government finance)*
put up *v*
(com) erhöhen
– heraufsetzen
– anheben
(eg, cost, price, taxes, premium; syn, increase, qv)
(Fin) aufbringen *(eg, money, funds)*
put up at auction *v* (com) versteigern *(syn, auction off, qv)*
put up bail for *v* (Re) Kaution *f* stellen für
put up capital *v* (Fin) Kapital *n* aufbringen *(syn, raise capital)*
put up for sale *v* (com) ausbieten *(ie, by auction)*
put up for tender *v* (com) = put out for tender
put up funding *v* (Fin) Mittel *pl* aufbringen
put up money *v* (Fin) Geld *n* aufbringen od bereitstellen *(ie, for a project)*
put up one's brass plate *v* (com, GB, infml) Geschäft *n* eröffnen
put up shop *v* (com, infml) Geschäft *n* eröffnen
put up tent *v* (com, infml) Geschäft *n* eröffnen, sich selbständig machen
put up the shutters *v* (com, infml) Betrieb *m* einstellen; *sl* „Laden dicht machen"
put up to international tender *v* (com) international ausschreiben
put up trade barriers *v* (AuW) Handelsschranken *fpl* errichten *(syn, erect)*
put writer (Bö) Verkäufer *m* e–r Verkaufsoption
pylon (IndE) Hochspannungsmast *m (syn, high tension tower)*
pyramiding
(FiW) Kaskadenbesteuerung *f*
(Bw) Erwerb *m* e–r Reihe von Mehrheitsbeteiligungen an Holdings
(Bö) mehrmaliger Erwerb *m* der gleichen Aktie bei steigendem Kurs
pyramid of authority (Bw) Instanzenaufbau *m*
pyramid of credit (Vw) Kreditpyramide *f* bei der Geldschöpfung
pyramid selling (Mk) Schneeballsystem *n*, Vertrieb *m* nach dem Schneelballprinzip *(syn, multi-level distributorship)*
pyramid structure of rations (Bw) pyramidenförmiges Kennzahlensystem *n (ie, developed by the British Institute of Management, 1956)*

Q

QA representative (IndE) Qualitätsbeauftragter *m* *(syn, quality assurance representative)*
Q-closed set (Math) Q-abgeschlossene Menge *f*
QL (EDV) = query language
QSAM
(EDV) = Queued-Sequential Access Method
(ie, für sequentielle Datenbestände, bei denen hinzukommende Sätze ans Ende angefügt werden)
quad (Stat) Quadrat *n*
Quad R Act (Re, US) = Railroad Revitalization and Regulatory Reform Act of 1976
quadratic equation
(Math) quadratische Gleichung *f*
(ie, second-degree polynomial equation)
quadratic estimator
(Stat) quadratische Schätzfunktion *f*
(eg, the standard deviation may be estimated from the square root of the variance, a quadratic estimator, or from the mean deviation or range, which are linear estimators)
quadratic form
(Math) quadratische Form *f*
(ie, second-degree, homogeneous polynomial; Bilinearform, bei der als Skalarbereich der Körper der reellen Zahlen dient)
quadratic function (Math) quadratische Funktion *f*
quadratic mean
(Stat) quadratischer Mittelwert *m*
(ie, higher than the arithmetic, geometric, or harmonic means; eg, the standard deviation is a . . .)
quadratic polynomial
(Math) quadratisches Polynom *n* *(ie, where the highest degree of any of its terms is 2)*
quadratic programming
(OR) quadratische Programmierung *f*
(ie, used to find extremal points for systems of quadratic inequalities; quadratische Zielfunktionen und lineare Nebenbedingungen, linear constraints)
quadratic surface
(Math) quadratische Fläche *f*
– Fläche *f* zweiten Grades
quadruple *v* (com) vervierfachen
quadruplicate
(com) vierte Ausfertigung *f*
(ie, write a document in . . . = in 4-facher Ausfertigung, mit 3 Kopien)
quad speed drive
(EDV) 4-fach CD-ROM-Laufwerk *n*
– CD-ROM-Laufwerk *n* mit vierfacher Geschwindigkeit
(ie, results in a transfer rate of about 600 KB/s)
qualification
(com) Qualifikation *f*
(com) Voraussetzung *f* *(for = für)*
(com) Einschränkung *f*
qualification pattern (Pw) Qualifikationsstruktur *f*
qualification procedure (com) Zulassungsverfahren *n*
qualification profile (Pw) Qualifikationsprofil *n*
qualification shares
(Bw, GB) Pflichtaktien *fpl*
(ie, Mindestzahl von Aktien, die ein ‚director' vor s–r Ernennung übernehmen muß; syn, director's shares)
qualification test
(Pw) Eignungstest *m*
(IndE) Gütetest *m*
(ie, made prior to final approval and acceptance)
qualified (Pw) qualifiziert
qualified acceptance
(WeR) eingeschränktes Akzept *n*
(syn, special acceptance; opp, clean acceptance)
qualified certificate (ReW) = qualified opinion
qualified data-name (EDV, Cobol) gekennzeichneter Datenname *m* *(cf, DIN 66 028, Aug 1985)*
qualified employee (Pw) qualifizierte Arbeitskraft *f*
qualified endorsement
(WeR) eingeschränktes Indossament *n*
(ie, signed „without recourse" or words of similar import; does not destroy negotiability, but limits or refuses personal liability of endorser)
qualified majority
(com) qualifizierte Mehrheit *f*
(ie, more than three quarters of all votes cast; 75%-Marke muß gerade erreicht sein; erforderlich zur Fassung insbes satzungsändernder Beschlüsse)
qualified minority (com) qualifizierte Minderheit *f*
(ie, represents at least 25% of the equity capital)
qualified mortgage bond
(Fin, US) steuerbegünstigter Pfandbrief *m*
(ie, qualified under Sec 103A IRC: interest is exempt from federal income tax)
qualified name
(EDV) qualifizierter Name *m*
(ie, name further identified by associating it with additional names)
qualified opinion
(ReW, US) eingeschränkter Bestätigungsvermerk *m* *(ie, states specific exceptions made as result of audit; cf, disclaimer of opinion, adverse opinion; syn, qualified . . . certificate/report, with-the- exception-of opinion)*
qualified option (com) bedingte Option *f*
qualified ownership (Re) beschränktes Eigentum *n* *(opp, full ownership, qv)*
qualified report (ReW) = qualified opinion
qualified sale (Re) Verkauf *m* unter Eigentumsvorbehalt *(syn, conditional sale)*
qualified statement (com) eingeschränkte Erklärung *f*
qualified stock option (Pw) Aktienbezugsrecht *n* für Mitarbeiter
qualified title to property (Re) eingeschränktes Eigentum *n*
qualifier
(EDV) Kennung *f*, Qualifikationsmerkmal *n*
(EDV, Cobol) Kennzeichner *m* *(cf, DIN 66 028, Aug 1985)*

qualify *v*
(Pw) sich qualifizieren *(ie, for: für)*
(com) einschränken *(eg, a statement)*
(EDV) kennzeichnen
qualify audit certificate *v* (ReW) Bestätigungsvermerk *m* einschränken
qualifying age (Vers) Erlebnisfallalter *n*
qualifying beneficiary (SozV) Leistungsanwärter *m*
qualifying date (com) Stichtag *m*
qualifying distributions (StR, GB) Dividendenzahlungen *fpl*, auf die KSt im voraus zu entrichten ist
qualifying examination (Pw) Eignungsprüfung *f*
qualifying interest (Fin) Mindestbeteiligung *f*
qualifying market share (Kart) maßgebender Marktanteil *m*
qualifying period
(Vers) Wartezeit *f*
(syn, waiting period)
(Fin) Sperrfrist *f*
qualifying shares (Fin) Pflichtaktien *fp*
qualitative analysis (com) qualitative Untersuchung *f*
qualitative edge over (Mk) Qualitätsvorsprung *m* vor *(ie, one's competitors)*
qualitative interview
(Mk) qualitatives Interview *n*
– Intensivinterview *n*
– Tiefeninterview *n (syn, depth interview)*
qualitative job evaluation (Pw) qualitative Arbeitsplatzbewertung *f*
qualitative personnel requirements (Pw) qualitativer Personalbedarf *m*
quality
(com) Qualität *f*
– Güte *f*
(com) Beschaffenheit *f*
– Eigenschaft *f*
(IndE) Qualität *f*
(ie, the totality of features and characteristics of a product or service that bear on its ability to satisfy a given need; Gedsamtheit von Eigenschaften und Merkmalen e–s Produkts od e–r Tätigkeit, die sich auf deren Eignung zur Erfüllung gegebener Erfordernisse beziehen)
quality analysis (IndE) Qualitätsprüfung *f (ie, of the quality goals of a product)*
quality assessment (IndE) Qualitätsbeurteilung *f*
quality assurance and control (IndE) Qualitätssteuerung *f*
quality assurance database (IndE) QS-Datenbank *f*
quality assurance department (IndE) Qualitätssicherungsabteilung *f*
quality assurance engineer (IndE) Qualitätsingenieur *m*
quality assurance manual
(IndE) Qualitätssicherungshandbuch *n*
– QS-Handbuch *n*
quality assurance, QA (IndE) Qualitätssicherung *f*
quality assurance representative, QAR (IndE) Qualitätsbeauftragter *m (syn, QA representative)*
quality assurance requirements (IndE) Qualitätsauflagen *fpl*
quality assurance surveillance (IndE) = quality control surveillance
quality assurance system (IndE) Qualitätssicherungssystem *n*

quality audit
(IndE) Qualitätsaudit *m*
– Qualitätsrevision *f*
(ie, Begutachtung der Wirksamkeit des Qualitätssicherungssystems od s–r Teile; Unterbegriffe: Systemaudit, Verfahrensaudit, Produktaudit; cf, DIN 55 350.T11; syn, surveillance des niveau de qualité)
quality awareness (IndE) Qualitätsbewußtsein *n*
quality-based strategy (Mk) Qualitätsstrategie *f*
quality bonus
(IndE) Qualitätsprämie *f*
– Güteprämie *f*
quality borrower (Fin) erste Adresse *f (syn, top borrower, qv)*
quality capability
(IndE) Qualitätsfähigkeit *f*
(ie, bezieht sich auf Produkte od Tätigkeiten; cf, DIN 55 350.T11)
quality category (com) Güteklasse *f*
quality characteristic (IndE) Qualitätsmerkmal *n (syn, quality criterion, qualifier; cf, DIN 55 350.T11)*
quality characteristic departure, QCD (IndE) Abweichung *f* von der angestrebten Qualitätslage
quality circle (IndE) = quality control circle
quality competition
(com) Qualitätswettbewerb *m*
– Qualitätskonkurrenz *f*
(syn, competition on quality, competition in terms of quality)
quality concern (IndE) Qualitätsmangel *m*
quality control
(IndE) Qualitätslenkung *f*
(ie, wichtigster Teil der Qualitätssicherung; von der Benutzung des mißverständlichen ‚Qualitätskontrolle' wird abgeraten; früher auch: Qualitätssteuerung, Qualitätsregelung)
quality control chart
(IndE) Qualitätsregelkarte *f*
– Regelkarte *f*
(ie, Formblatt zur grafischen Darstellung von Werten, die bei Stichprobenprüfungen ermittelt werden; bei der Prüfung meßbarer Größen erfaßt man: 1. Mittelwert, 2. Spannweite, 3. Standardabweichung; üblich sind:
(a) Mittelwertkarte;
(b) Mittelwert-Streuungs-Karte;
(c) Mittelwert-Spannweiten-Karte;
erlaubt die Trennung der systematischen von zufälligen Störgrößen, die auf e–n Fertigungsprozeß wirken)
quality control circle
(IndE) Qualitätszirkel *m*
– Qualitätsgruppe *f*
–Werkstattkreis *m*
(ie, group of 5 to 12 people who normally work as a unit for the purpose of seeking and overcoming problems concerning the quality of items produced, process capability, or process control)
quality control department (IndE) Qualitätskontrollstelle *f*
quality control surveillance (IndE) Qualitätskontrollbeobachtung *f (syn, quality assurance surveillance)*

quality costs (Bw) Qualitätskosten *pl*
quality criterion (IndE) Qualitätsmerkmal *n*
quality defect (IndE) Qualitätsmangel *m*
quality description (com) Beschaffenheitsangabe *f*
quality engineering
(IndE) Qualitätstechnik *f*
(ie, wissenschaftliche und technische Kenntnisse sowie spezielle Führungstechniken, die für die Qualitätssicherung angewandt werden; cf, DIN 55 350.T11)
quality extra (com) Güteaufpreis *m*
quality failure (IndE) Qualitätsmangel *m*
quality improvement (IndE) Qualitätsverbesserung *f*
quality improvement program (IndE) Qualitätsförderungsprogramm *n*
quality inspection (IndE) Qualitätsprüfung *f (ie, kann in jeder Phase e–s Qualitätskreises stattfinden)*
quality inspection and test facility (IndE) Qualitätsprüfstelle *f*
quality inspector (IndE) Abnahmebeamter *m*
quality label (Mk) Gütezeichen *n (syn, quality mark, brand name)*
quality level
(IndE) Qualitätslage *f*
– Qualitätsniveau *n*
– Qualitätsstandard *m*
quality loop
(IndE) Qualitätskreis *m*
(ie, geschlossene Folge qualitätswirksamer Maßnahmen und Ergebnisse; jeder Phase läßt sich ein Qualitätsanteil zuordnen; cf, DIN 55 350.T11)
quality management
(IndE) Qualitätsmanagement *f*
– Qualitätssicherung *f*
– Qualitätswesen *n*
(ie, covers quality control and quality assurance)
quality manager (IndE) Qualitätsleiter *m*
quality map (IndE) Qualitätsnetz *n*
quality mark (Mk) = quality label
quality market (Mk) Qualitätsmarkt *m (ie, where quality matters most)*
quality mode (EDV) Korrespondenzschrift *f*
quality monitoring (IndE) = quality surveillance
quality of conformance
(IndE) Übereinstimmungsqualität *f*
– Fertigungsqualität *f*
(ie, Frage nach zulässiger Abweichung zwischen Soll- und Ist-Produkt; opp, quality of design)
quality of design
(IndE) Entwurfsqualität *f*
– Qualität *f* des Entwurfs
(ie, Ausmaß, in dem die Anforderungen des Marktes erfüllt werden; opp, quality of conformance)
quality of farm land (Vw) Bodenbonität *f*
quality of life (com) Lebensqualität *f*
quality of materials (MaW) Materialbeschaffenheit *f*
quality of working life (Pw, US) Lebensqualität *f* am Arbeitsplatz
quality plan (IndE) Qualitätssicherungsplan *m*
quality planning (IndE) Qualitätsplanung *f*, Q-Planung *f*
quality principles (IndE) Qualitätsordnung *f*
quality protection
(com) Beschaffenheitssicherung *f*
(Mk) Qualitätssicherung *f (ie, of merchandise)*
quality records
(IndE) Qualitätsaufzeichnungen *fpl*
– Qualitätsberichterstattung *f (cf, CSA Z 299)*
quality requirements (IndE) Qualitätsanforderungen *fpl*
quality risk (IndE) Qualitätsrisiko *n*
quality specification (IndE) Qualitätsvorschrift *f*
quality specifications
(com) Qualitätsvorschriften *fpl*
(IndE) Abnahmevorschriften *fpl (syn, acceptance standards)*
quality standard (IndE) Qualitätsnorm *f*, Gütevorschrift *f*
quality status (IndE) Qualitätsstand *m*
quality surveillance
(IndE) Qualitätsüberwachung *f*
(ie, erfaßt Abweichungen zwischen Ist- und Soll-Ausprägungen der Qualitätsmerkmale; syn, quality monitoring)
quality system
(IndE) Qualitätssicherungs-System *n*
(ie, includes quality control and quality management; syn, quality . . . plan/program)
quality target (IndE) Qualitätsziel *n*
quality test (IndE) Qualitätsprüfung *f*
quality training
(IndE) Qualitätsausbildung *f*
(ie, includes new employee orientation, executive training, quality engineering techniques, and company-wide quality improvement programs)
quality verification (IndE) Qualitätsfähigkeitsbestätigung *f*
quality work (IndE) Qualitätsarbeit *f*
quantic (Math) homogenes Polynom *n (syn, homogeneous polynomial)*
quantification (Log) Quantifizierung *f*
quantified propositional form (Log) quantifizierte Aussageform *f*
quantifier
(Log) Quantor *m*, Quantifikator *m*
(ie, either of the phrases „for all" and „there exists"; these are symbolized respectively by an inverted A and a backward E: Ax „für alle x gilt", und Ex „es gibt mindestens ein x, für das gilt")
quantify *v* (Log) quantifizieren
quantile
(Stat) Quantil *n*
(ie, ein Lageparameter; gebräuchlich sind: Median [Zentralwert], Quartil und Dezil; syn, position average, fractile)
quantitative characteristic (Stat) quantitatives Merkmal *n (opp, attribute, qv)*
quantitative credit control (Vw) quantitative Kreditkontrolle *f*
quantitative data (Stat) quantitative Daten *pl* od Größen *fpl*
quantitative export quota (AuW) mengenmäßiges Ausfuhrkontingent *n*
quantitative factor (Stat) quantitativer Faktor *m*
quantitative index (Stat) Mengenindex *m (opp, price index)*

quantitative interview (Mk) quantitatives Interview *n*
quantitative restriction (AuW) mengenmäßige Beschränkung *f*
quantitative survey (Mk) quantitative Umfrage *f*
quantitative target (Vw) quantitative Zielvorgabe *f*
quantitative technique (Bw) quantitatives Verfahren *n*
quantitative variable (Bw, Vw) quantitative Variable *f*
quantity
(com) Menge *f*
– Quantität *f*
(Math) (direkt meßbare) Größe *f*
– Maßgröße *f (opp, magnitude)*
quantity adjuster (Vw) Mengenanpasser *m (syn, price taker)*
quantity adjustment (Mk) Mengenanpassung *f*
quantity backflushed (IndE) Retromenge *f*
quantity bonus (IndE) Quantitätsprämie *f (ie, mixed system of time and piece-rate wages)*
quantity buyer (com) Großabnehmer *m*
quantity combination (Vw) Gütermengenkombination *f*
quantity demanded
(Vw) Nachfragemenge *f*
– nachgefragte Menge *f*
quantity discount (com) Mengenrabatt *m*, Rabatt *m* bei Mengenabnahme *(syn, bulk/volume . . . discount)*
quantity effect (Vw) Mengeneffekt *m (eg, of open market operations)*
quantity equation
(Vw) Quantitätsgleichung *f*
– Verkehrsgleichung *f*
(ie, M.V = P.Q; theory that prices (and thus the value of money) vary, other things being equal, with the quantity of momey in circulation; syn, equation of exchange, monetary/transactions . . . equation)
quantity issued (MaW) Entnahmemenge *f (ie, from stock)*
quantity production (IndE) Mengenproduktion *f*
quantity rebate (com) Mengenrabatt *m (eg, discount for bulk purchase; syn, bulk/volume/quantity . . . discount)*
quantity relative (Stat) Mengenmeßziffer *f (opp, price relative)*
quantity shipped (com) gelieferte Menge *f*
quantity standard (KoR) Mengenvorgabe *f*
quantity structure of costs (KoR) Mengengerüst *n* der Kosten
quantity supplied (Vw) Angebotsmenge *f*
quantity surveyor (com) Kalkulator *m (ie, estimates the cost of labor and material needed for new buildings)*
quantity theory of money (Vw) Quantitätstheorie *f*
quantity variance (KoR) Mengenabweichung *f (syn, volume variance)*
quantization of a variable (Stat) Unterteilung *f* des Wertebereichs
quantize *v* (EDV) quantisieren
quantum changes (Vw) mengenmäßige Veränderungen *fpl*
quantum meruit (Re) leistungsgerechtes Entgelt *n*
quarterage (com) Vierteljahreszahlung *f (eg, interest, pensions, rents)*
quarter dividend
(Fin) Zwischendividende *f*
– Interimsdividende *f*
– Abschlagsdividende *f*
(ie, Zahlung ist in Deutschland im Ggs zu den USA nicht üblich; cf, § 59 AktG; syn, fractional dividend payment)
quarterly balance sheet (ReW) Quartalsabschluß *m*
quarterly disbursements
(Fin) vierteljährliche Dividendenzahlungen *fpl*
(ie, quarterly dates usually are Jan 1, Apr 1, July 1, Oct 1, or „JAJO")
quarterly dividend (Fin) Vierteljahresdividende *f*
quarterly report (Fin) Vierteljahresbericht *m*
quarternary connective (Log) vierstelliger Junktor *m*
quarter stock (Fin) Aktie *f* mit e–m Nennwert von $25
quartic equation
(Math) biquadratische Gleichung *f*
(ie, any fourth-degree polynominal equation; syn, biquadratic equation)
quartile
(Stat) Quartil *n*
(ie, marks the boundary between two consecutive intervals in a frequency distribution of four intervals, with each containing one quarter of the total population)
quartile deviation
(Stat) halber od mittlerer Quartilabstand *m*
(syn, semi-interquartile range)
quash a judgment *v* (Re) Urteil *n* aufheben *(syn, set aside, rescind, vacate)*
quash subsidies *v* (FiW) Subventionen *fpl* streichen
quasi contract
(Re) vertragsähnliches Schuldverhältnis *n*
(ie, obligation imposed by law; eg, money or property received by mistake, fraud, unjust enrichment; syn, constructive contract)
quasi-corporate enterprise (FiW) Quasi-Kapitalgesellschaft *f*
quasi-corporation (Re) nachgeordnete Gebietskörperschaft *f*
quasi-delict (Re) Fahrlässigkeit *f (ie, term used in Scotland; syn, negligence)*
quasi instruction
(EDV) Pseudobefehl *m*
(ie, expression in a source program – Quellprogram – which resembles an instruction in form but does not have a corresponding machine instruction in the object program; syn, pseudoinstruction)
quasi money
(Vw) Quasigeld *n*
– Beinahegeld *n*
(eg, U. S. bonds, short-term bills, savings accounts; syn, near money)
quasi monopoly (Vw) Quasi-Monopol *n*
quasi ordering (Math) Quasiordnung *f*
quasi partner
(com) Scheingesellschafter *m*
(syn, nominal/ostensible . . . partner; GB, holding-out partner)
quasi-public company (Bw) Quasikörperschaft *f* des öffentlichen Rechts *(ie, Privatunternehmen, das öffentliche Güter bereitstellt)*

quasi-random sampling (Stat) zufallsähnliches Stichprobenverfahren *n*
quasi rent (Vw) Quasirente *f (cf, Marshall)*
quasi reorganization
(com, US) Quasi-Sanierung *f*
– freiwilliger Vergleich *m*
(ie, formal adoption of a plan to restate all corporate assets and liabilities at current values and to charge an accumulated deficit to the paid-in capital accounts; syn, corporate readjustment)
quasi-revaluation (Vw) Quasi-Aufwertung *f (syn, backdoor revaluation)*
quasi-tariff barriers (AuW) zollähnliche Handelshemmnisse *npl*
quaternion
(Math) Quaternion *n*
(ie, the division algebra over the real numbers generated by elements; syn, hypercomplex number)
quaternion group
(Math) Quaternionengruppe *f*
(ie, Gruppe der Ordnung 8, die von zwei Elementen a, b erzeugt wird)
quay (com) Kai *m (ie, used to load/unload cargo; syn, dockside, wharf)*
quayage (com) Kaigebühren *fpl (syn, dock charges, qv)*
quay receipt (com) Kai-Receipt *n*
query
(com) Frage *f (syn, question, inquiry)*
(com) Fragezeichen *n (syn, question mark)*
(EDV) Abfrage *f*
– Datenbankabfrage *f*
(EDV) = retrieval query
(EDV) = inquiry
query *v*
(com) verbindliche Auskunft *f* verlangen *(ie, ask for authoritative information)*
(EDV) abfragen
query department (com, US) Reklamationsabteilung *f*
query file (EDV) Abfragedatei *f*
query language
(EDV) Abfragesprache *f*
– Datenbankabfragesprache *f*
query system (EDV) Abfragesystem *n*
questionnaire
(Mk) Fragebogen *m*
(Stat) Erhebungsbogen *m*
question of fact (Re) Tatfrage *f (opp, question of law = Rechtsfrage)*
question of justification (Log) Geltungsfrage *f (syn, question of validity)*
question of law
(Re) Rechtsfrage *f*
(opp, question of fact = Tatfrage)
queue
(com) Warteschlange *f (syn, waiting line, line-up)*
(EDV, Cobol) Warteschlange *f (ie, logical collection of messages awaiting transmission or processing; cf, DIN 66 028, Aug 1985)*
queue discipline (OR) Warteschlangendisziplin *f*
queue element area (OR) Bereich *m* für ein Warteschlangenelement
queue-name (EDV, Cobol) Warteschlangenname *m*
queue time
(IndE) Wartezeit *f*
(ie, amount of time a job waits before processing at a work center; used in job shop production)
queuing loss factor (OR) Warteschlangenverlustfaktor *m*
queuing model (OR) Warteschlangenmodell *n (syn, waiting line model)*
queuing process (EDV) Bedienungsprozeß *m (syn, service process)*
queuing theory
(OR) Warteschlangentheorie *f*
– Bedienungstheorie *f*
(ie, deals with stochastic processes modeled on the situation of individuals lining up for service; syn, waiting line theory)
quibinary code
(EDV) Quibinärcode *m*
(ie, each decimal digit is represented by seven binary digits, a group of five which are coefficients of 8, 6, 4, 2, and 0, and a group of two which are coefficients of 1 and 0)
quick access storage (EDV) Schnellspeicher *m*
quick asset ratio (Fin) Liquidität *f* ersten Grades *(syn, acid test ratio)*
quick assets (Fin) flüssige Mittel *pl* und Forderungen *fpl (ie, current assets minus inventories; syn, realizable assets)*
quick-buck approach
(com, infml) Bestreben *n*, rasch Gewinne zu machen
(ie, neglecting any longer-term considerations)
quick fix (com, infml) Patentlösung *f (syn, magic/ patent . . . solution, simple blueprint)*
quick freeze
(com) Schockgefrieren *n*
(ie, causes the formation of ice crystals too small to rupture cell walls an thawing; method used in food processing)
quickie poll (Mk) Blitzumfrage *f*
quickie strike
(Pw, infml) kurze Arbeitsniederlegung *f*
– Blitzstreik *m*
(syn, lightning strike; infml, downer)
quick line service (EDV) Direktrufanschluß *m*
quick money (Fin) flüssige Mittel *pl (ie, available at short notice)*
quick ratio (Fin) Liquidität *f* zweiten Grades
quick service buffet car (com) Quick-Pick *m*
quid pro quo (Re) Gegenleistung *f (syn, consideration, qv)*
quiet possession (Re) ungestörter Besitz *m*
quiet trading (Bö) geringe Umsätze *mpl*, ruhiger Verlauf *m (syn, calm/thin . . . trading)*
quietus (Re) Schulderlaß *m (ie, release from debt; syn, acquittance)*
quintile (Stat) Quintil *n*, 20%-Wert *m*
quintuplicate (com) fünfte Ausfertigung *f (eg, in quintuplicate: in 5-facher Ausfertigung)*
quit on the job *v* (Pw, infml) schlampig arbeiten *(ie, do shoddy work)*
quit rate (Pw) Fluktuation *f (ie, von der Unternehmensleitung verursacht)*
quorate meeting (com) beschlußfähige Versammlung *f*

quorum
(com) Quorum *n*, beschlußfähige Anzahl *f*
(ie, taken from the Latin phrase: ‚numerus membrorum quorum praesentia necesse est'; number of members of a body that when duly assembled is legally competent to transact business)
quota (com) Quote *f*
quota agreement (Kart) Produktionskartell *n*
quota allocation for imports (AuW) Einfuhrkontingentierung *f* Importkontingentierung *f (syn, imposition of import quotas, limitation on imports)*
quotable (com) zitierfähig
quota cartel (Kart) Quotenkartell *n (syn, US, commodity restriction scheme)*
quota increase (Zo) Aufstockung *f* des Zollkontingents
quota of expenditure (FiW) Ausgabenquote *f*
quota regime (EG) Quotenregelung *f (eg, of steel output)*
quota restriction (AuW) Mengenbeschränkung *f*
quota sample (Stat) Quotenstichprobe *f*
quota sampling
(Stat) Quotenauswahl *f*
– Quotenstichprobenverfahren *n*
quota setting (AuW) Kontingentierung *f*
quota share
(AuW) Tranche *f* e–s Kontingents
(Vers) Rückversicherungsquote *f*
– Selbstbehaltquote *f*
quota share reinsurance
(Vers) Quotenrückversicherung *f*
(ie, form of pro rata reinsurance in which the reinsurer assumes an agreed percentage of each insurance being insured and shares all premiums and losses accordingly with the reinsured; Anteil des RückVS wird als fester Prozentsatz festgelegt)
quota share treaty (Vers) Quotenvertrag *m*
quota surplus reinsurance agreement (Vers) Quoten-Exzedentenvertrag *m*
quotation
(com) Zitat *n (syn, quote)*
(com) Preisangabe *f*, Preisnotierung *f (syn, quotation of price)*
(com) Kostenanschlag *m (syn, bid)*
(com) Angebot *n (syn, offer)*
(Bö) Notierung *f*
– Notiz *f*
– Kurs *m (syn, official quotation)*
(Vers) Prämienmitteilung *f*
(Vers) Schätzung *f*
quotation board (Bö) Kurstafel *f*
quotation canceled (Bö) gestrichen *(ie, no price, no dealings)*
quotation committee (Bö, GB) Börsenzulassungsausschuß *m*
quotation ex (Bö) Ex-Notierung *f (eg, ex rights)*
quotation for forward delivery (Bö) Terminnotierung *f*
quotation mark (com) Anführungszeichen *n (syn, GB, inverted comma)*
quotation of the day (Bö) Tagesnotierung *f*
quotation processing (com) Angebotsbearbeitung *f*
quotations sheet (Bö) Kurszettel *m*
quotation technique (Bö) Notierungsmethode *f*
quote
(com) Zitat *n (syn, quotation)*
(com) Angebot *n*, Preisangebot *n (syn, price quotation)*
(Bö) Notierung *f*
(ie, firm price for both buying and selling a security; syn, quotation)
quote *v*
(com) zitieren
(eg, he quoted me as saying that . . .)
(com) Preis *m* angeben
– anbieten
(ie, to state the current price)
(Bö) notieren *(syn, list)*
quote a price *v* (com) Preis *m* angeben
quote at par *v* (Bö) pari notieren
quoted company (Fin) börsennotiertes Unternehmen *n (syn, listed company)*
quoted equities (Bö) notierte Aktien *fpl*
quoted flat (Bö) ohne Zinsen notiert
quoted investment
(Fin) Beteiligung *f* an börsennotiertem Unternehmen *(syn, listed investment)*
(Bö) börsennotierte Wertpapiere *npl (syn, listed/on-board . . . securities)*
quoted on the stock exchange (Bö) börsennotiert
quoted price
(com) Angebotspreis *m (syn, bid/offer/supply . . . price)*
(Bö) Notierung *f*
– Kursnotierung *f*
– Kurs *m (syn, stock quotation; GB, share quotation)*
quoted securities (Bö) = listed securities
quoted unit (Fin, GB) börsennotierter Fondswert *m*
quoted value (Bö) Kurswert *m*
quotient (Math) Quotient *m*
quotient field
(Math) Quotientenkörper *m*
(ie, the smallest field containing a given integral domain)
quotient group
(Math) Faktorgruppe *f*
(ie, a group G/H whose elements are the cosets gH of a given normal subgroup H of a given group H; syn, factor group)
quotient register (EDV) Quotientenregister *n*
quotient ring (Math) Quotientenring *m*
quotient rule
(Math) Quotientenregel *f*
(ie, in der Differentialrechnung und in der Kombinatorik)
quotient set (Math) Quotientenmenge *f*
quotient space
(Math) Quotientenraum *m*
(ie, the set of equivalence classes of some given equivalence relation on some given set; syn, factor space)

R

rack (com) Gestell *n (ie, framework on which articles are placed)*

rack car
(com) Doppelstockwagen *m*
(ie, open goods waggon on which cars are transported two stories high)

rack department (Fin) Sortierabteilung *f (ie, sorts and distributes items in a bank)*

racket
(com) betrügerisches Unternehmen *n (ie, dishonest or illegal; syn, GB, ramp)*
(com) organisierte Erpressung *f (cf, racketeering)*

Racketeer Influenced and Corrupt Organizations Act of 1970 (Re, US) = provides federal remedies for racketeering activities

racketeering
(Re) Erpressung *f* durch das organisierte Verbrechen
(ie, by threat of violence or by extracting ‚protection money')

racking control system (MaW) Hochregalsteuerung *f*

rack jobber (Mk) Regalgroßhändler *m*, Service Merchandiser *m*

rack jobbing (Mk) Regalpflege *f*

rack merchandising (Mk) Regalgroßhandel *m (ie, self-service from racks)*

rackrent (Re) Wuchermiete *f (syn, extortionate rent)*

rackrenting (Re) Mietwucher *m*

rack storage system (MaW) Regallagersystem *n*

rack up profits *v* (com, infml) Gewinne *mpl* machen

RAD (EDV) = rapid application development

radical
(Math) Radikal *n*, Wurzel *f*
(Math) = radical sign

radical cuts down the line (Pw) drastischer Personalabbau *m*

radical equation (Math) Wurzelgleichung *f*

radical redesign (com) völlige Neugestaltung *f*

radical sign (Math) Wurzelzeichen *n (syn, radical)*

radicand (Math) Radikand *m (ie, quantity under a radical sign; eg,)*

radioactive leak (IndE) Störfall *m*

radio button (EDV, GUI) Optionsschaltfläche *f (always used in groups; pushing one button deactivates the other ones)*

radius vector (Math) Radiusvektor *m*, Leitstrahl *m (ie, in the polar coordinate system; position vector)*

radix
(Math) Wurzel *f* e-r Zahl
(Math) Basis *f (ie, of a logarithm)*

radix complement (Math) Basiskomplement *n (syn, complement, true complement)*

radix factor (Math) Darstellungsbasis *f*

radix-minus-one complement (Math) B-minus-1-Komplement *n (ie, it is 1 less than the radix complement)*

radix notation (Math) Radixschreibweise *f (syn, base notation)*

radix point
(Math) Radixpunkt *m*
(ie, character separating the integral and fractional parts of a number = Grenze zwischen dem ganzzahligen und dem gebrochenen Teil der Zahl; eg, a decimal point is a radix point for radix 10)

RAD tools
(EDV) Werkzeuge *npl* zur schnellen Anwendungsentwicklung
– RAD-Werkzeuge *n*
(ie, term is fuzzy; who sells „slow application development tools"? At least all of them offer code generation)

rag-and-bone man (com, infml) Lumpensammler *m (syn, junkman)*

rag business (com, infml) Damen-Bekleidungsindustrie *f (ie, ladies' fashion apparel industry; rag . . . trade/game)*

rag paper (com) Hadernpapier *n (ie, made from cotton or linen rags)*

raid
(Bö) Versuch *m*, den Kurs e-r Aktie zu drücken
(Pw, US) Abwerben *n* von Gewerkschaftsmitgliedern durch andere Gewerkschaften

raid *v* (Bö) Kurse *mpl* drücken *(ie, in the attempt to channel assets, profits, personnel into other ventures controlled by the raider; may be legal or illegal)*

raider
(Bö) Übernahme-„Geier" *m*
– Unternehmensausschlachter *m*
(ie, engaged in mostly unfriendly takeover fights; 1. börsenmäßige Käufe von Aktien e–r Unternehmung; 2. Übernahmeangebot an Aktionäre)

railcar (com) Eisenbahnwagen *m*

rail carriage (com) Bahnbeförderung *f*, Bahnfrachtgeschäft *n*

rail carrier (com, US) Bahnfrachtführer *m (ie, provides railroad transportation for compensation; cf, 49 USC § 10102(17))*

rail charges (com) Bahnfracht *f*

rail connection (com) Bahnanschluß *m*

rail connexion (com, GB) = rail connection

rail freight (com) Bahnfracht *f*

rail freight traffic
(com) Eisenbahngüterverkehr *m*
– Bahnfrachtverkehr *m*

railman (Pw) Eisenbahner *m (syn, GB, railwayman)*

railroad (com, US) Eisenbahn *f*, Bahn *f (syn, GB, railway)*

railroad agent (com) Bahnspediteur *m*

railroad bill of lading
(com) Bahnfrachtbrief *m*
(ie, this document is transferable or negotiable; the German counterpart is neither: it is a mere instrument of evidence = Beweisurkunde; syn, railroad waybill, freight bill; GB, consignment note, letter of consignment)

railroad car (com) Eisenbahnwagen *m (syn, railcar)*
railroad charges (com) Beförderungskosten *pl*
railroad delivery (com) Bahnzustellung *f*
railroad engineering (IndE) Eisenbahntechnik *f*
railroad freight (com) Bahnfracht *f*
railroad freight traffic (com) = rail freight traffic
railroad loading charge
(com) Ladegebühr *f*
– Ladegeld *n*
railroad mail service (com) Bahnpost *f*
railroad rates (com) Eisenbahntarif *m (syn, GB, railway rates)*
railroads (Bö) = rails
railroad shares (Bö) = rails
railroad siding (com) Gleisanschluß *m*
railroad stocks (Bö) = rails
railroad traffic (com) Bahnverkehr *m*
railroad waybill (com) = railroad bill of lading
rails
(Bö) Eisenbahnaktien *fpl*
– Eisenbahnwerte *mpl*
(syn, railroad . . . shares/ stocks; GB, railway shares)
(Bö) Kurse *mpl* von Eisenbahnaktien
(Bw, US) Eisenbahngesellschaften *fpl*
rail shuttle (com) Pendelzug *m*
rail traffic (com) Schienenverkehr *m*
rail trailer shipment (com) Huckepackverkehr *m (syn, piggyback)*
rail transport
(com) Bahnbeförderung *f*, Bahntransport *m*
(com) Bahnfrachtgeschäft *n*
railway (com, GB) Eisenbahn *f*, Bahn *f (syn, US, railroad)*
railway advice (com, GB) Bahnmitteilung *f* über Ankunft von Fracht *(ie, und Aufforderung zur Abholung)*
railway carrier (com, GB) Bahnspediteur *m*
railway consignment note (com, GB) Bahnfrachtbrief *m (cf, railroad bill of lading)*
railwayman (com, GB) Eisenbahner *m (syn, rail man)*
railway rates (com, GB) Eisenbahntarif *m (syn, railroad rates)*
railway shares (Bö) = rails
railway transport (com, GB) Bahntransport *m*
raise (com, US) Erhöhung *f (syn, increase, rise)*
raise *v*
(com) erhöhen
– heraufsetzen
– anheben
– steigern
(syn, increase, qv)
(Fin) aufnehmen
(eg, money, funds, loan; syn, borrow, take up)
raise a claim *v* (Re) Forderung *f* geltend machen *(syn, assert a claim)*
raise a credit *v* (Fin) Kredit *m* aufnehmen od beschaffen *(syn, take up/on)*
raise a loan *v* (Fin) Anleihe *f* aufnehmen *(syn, contract a loan)*
raise a matter with *v* (com) Problem *n* besprechen mit
raise a mortgage *v* (Fin) Hypothek *f* aufnehmen *(eg, on a house)*
raise an objection *v*
(Re) Einspruch *m* erheben
(ie, to: gegen; syn, object to, make an objection to)
raise a sample *v* (com) Stichprobe *f* hochrechnen *(syn, extrapolate/blow . . . a sample)*
raise capital *v* (Fin) Kapital *n* aufbringen od beschaffen *(syn, put up capital)*
raise cash *v* (Fin) = raise funds
raise defenses *v* (Re) Einwände *mpl* geltend machen
raised floor (EDV) doppelter Boden *m (syn, double floor)*
raise external funds *v* (Fin) Fremdmittel *pl* aufnehmen *(syn, borrow . . . external/outside funds)*
raise funds *v* (Fin) Mittel *pl* aufbringen od beschaffen
raise money *v*
(Fin) Geld *n* aufnehmen
– Geld *n* aufbringen
– Geld *n* beschaffen *(syn, find/procure/dig up . . . money)*
raise new cash *v* (Fin) neue Mittel *pl* aufnehmen
raise rent *v* (com) Miete *f* anheben od erhöhen
raise revenues *v* (FiW) Einnahmen *fpl* beschaffen
raise the ante *v* (com, infml) Einsatz *m* erhöhen
raise the wind *v* (Fin, infml) rasch Geld *n* beschaffen
raising external funds (Fin) Aufnahme *f* von Fremdmitteln *(syn, borrowing . . . external/outside . . . funds)*
raising factor (Stat) Hochrechnungsfaktor *m (syn, inflation factor)*
raising finance from the public (Fin) Marktfinanzierung *f*
rake in profits *v* (com, infml) hohe Gewinne *mpl* einstreichen
rake off
(com, infml) Preisnachlaß *m (syn, price reduction)*
(com) Gewinnanteil *m*
(com) widerrechtliche Gewinnentnahme *f*
rake off *v* (com, infml) Geld *n* einstreichen, jem unrechtmäßig zu viel Geld abnehmen *(eg, the tax office rakes 50% off every dollar I earn in royalties)*
rally
(Bö) Erholung *f*
(ie, brisk rise in general price level of a stock market, or in an individual stock: brief rising period following an up reversal)
rally *v*
(com) sich erholen
– anziehen
(eg, economy as a whole, commodity prices, security prices)
rally in prices (Bö) Kurserholung *f*
RAM (EDV, infml) Hauptspeicher *m*
RAM disk (EDV) im Hauptspeicher emuliertes Plattenlaufwerk *n (syn silicon disk)*
ram home *v*
(Mk, infml) (durch ständiges Wiederholen) eintrichtern
(eg, an ad message to the public)
ramp (com, GB) = racket
rampage on expenses (com, infml) Kosteneinsparung *f*

ram through *v* (com, infml) durchboxen *(eg, plan, project)*
ranch (com, US) Großfarm *f*, Ranch *f (syn, ‚station' in New Zealand)*
random (Stat) zufällig, zufallsbedingt
random access
(EDV) wahlfreier Zugriff *m*
– Direktzugriff *m*
(syn, direct access; opp, sequential access = sequentieller Zugriff)
random access memory (EDV) Speicher *m* mit wahlfreiem Zugriff
random access method
(EDV) Direktzugriffsverfahren *n*
(syn, direct access method)
random access storage
(EDV) Randomspeicher *m*
– Direktzugriffspeicher *m*
(syn, direct access storage)
random accounting (ReW) Random-Buchführung *f*
random component
(Stat) stochastische Komponente *f*
– Zufallskomponente *f*
random digits (Stat) = random numbers
random distribution (Stat) Zufallsverteilung *f*
random disturbance (Stat) Schockvariable *f (syn, random perturbation, shock)*
random element (Stat) Zufallselement *n*
random error (Stat) Zufallsfehler *m (ie, can be predicted only on a statistical basis)*
random event (Stat) Zufallsereignis *n*
random experiment (Stat) Zufallsexperiment *n*
random factors (Stat) Zufallseinflüsse *mpl*
random file (EDV) Direktzugriff-Datei *f (opp, sequential file = sequentielle Datei)*
random fluctuation (Stat) Zufallsschwankung *f*
randomization
(Stat) Randomisierung *f*
(ie, assigning subjects to treatment groups by use of tables of random numbers)
randomize *v* (Stat) randomisieren
randomized decision function (Stat) gemischte Entscheidungsfunktion *f*
randomized test (Stat) randomisierter Test *m*
randomness (Stat) statistische Zufälligkeit *f*
randomness test (Stat) Iterationstest *m (syn, runs test)*
random number generator
(EDV) Zufallszahlengenerator *m*
(ie, mathematical program generating a set of numbers which pass a randomness test)
random numbers
(Stat) Zufallszahlen *fpl*
(ie, listing of numbers which is nonrepetitive and satisfies no algorithm; syn, random digits)
random number sampling (Stat) Stichprobenbildung *f* auf der Grundlage von Zufallszahlen
random number table (Stat) Zufallszahlentabelle *f*
random order (Stat) Zufallsordnung *f*
random ordered sample (Stat) Stichprobe *f* mit Zufallsanordnung
random organization (EDV) gestreute Speicherung *f*
random perturbation (Stat) = random disturbance
random process (Stat) stochastischer Prozeß *m (syn, stochastic process)*
random processing
(EDV) wahlfreie Verarbeitung *f*
– Behandlung *f* e-r Großspeicherdatei
(ie, treatment of data without respect to their location in external storage)
random sample (Stat) Zufallsstichprobe *f*
random sampling
(Stat) Zufallsauswahl *f*
– Zufallsstichprobenauswahl *f*
– Zufallsstichprobenverfahren *n*
(ie, sampling from some population where each entry has an equal chance of being drawn; syn, random selection)
random sampling error
(Stat) Zufallsfehler *m*
– Zufallsstichprobenfehler *m*
random sampling numbers (Stat) = random numbers
random search (Stat) stochastisches Suchverfahren *n*
random selection (Stat) = random sampling
random sequence (Math) Zufallsfolge *f*
random series (Stat) Zufallsreihe *f*
random variable
(Stat) Zufallsvariable *f*
– Zufallsgröße *f*
– stochastische Variable *f*
(ie, measurable function on a probability space; usually real valued, but possible with values in a general measurable space; syn, stochastic chance/aleatory ... variable; variate)
random variation (Stat) Zufallsabweichung *f*
random vector (Stat) Zufallsvektor *m*
random walk
(Stat) Zufallsweg *m*
– Randomweg *m (ie, succession of movements along line segments where the direction and possibly the length of each move is randomly determined)*
random walk process (OR) Monte-Carlo-Methode *f*
random weight coding (Mk) Codierung *f* von Gewichtsware
range
(com) Bereich *m (syn, domain, scope, sector, sphere)*
(Stat) Spannweite *f*
– Schwankungsbreite *f*
– Schwankungsmarge *f*
(ie, difference between the maximums and minimums of a variable quantity)
range attribute (EDV) dynamisches Bereichsattribut *n (syn, storage class attribute)*
range chart (Stat) Spannweiten-Kontrollkarte *f*
range forward contract
(Fin) Range-forward-Kontrakt *m*
(ie, Devisentermin-Kontrakt mit Bandbreitenvereinbarung)
range of activity (KoR) Beschäftigungsbereich *m*
range of a function (Math) Wertebereich *m* e-r Funktion *(opp, domain = Definitionsbereich)*
range of a variable (Math) Bereich *m* e-r Variablen
range of error (EDV) Fehlerband *n*
range of fluctuations (AuW) Bandbreite *f (syn, currency band)*
range of goods (Mk) Sortiment *n (syn, product range, qv)*

range of goods/services offered (Mk) Angebotspalette *f*
range of investment vehicles (Fin) Anlagenpalette *f*
range of participants (com) Teilnehmerkreis *m*
range of prices (Bö) Kursspanne *f*
range of products
(Mk) Sortiment *n*
– Produktpalette *f*
(syn, product range, product spectrum)
range of sample (Stat) Stichprobenumfang *m*
range of services (com) Dienstleistungspalette *f (syn, array, palette)*
rank
(Re) Rangstelle *f*
(Stat) Rangzahl *f*
(Math) Rang *m* e-r Matrix *(ie, its minimum number of linearly independent rows)*
rank and file (Pw) Belegschaft *f (opp, management)*
rank and file of a union (Pw) Basis *f* e-r Gewerkschaft
rank correlation
(Stat) Rangkorrelation *f*
(ie, nonparametric test of statistical dependence for a random sample of paired observations)
rank correlation analysis (Stat) Rangkorrelationsanalyse *f*
rank correlation coefficient (Stat) Rangkorrelationskoeffizient *n (cf, Kendall, Spearman)*
rank criterion (Stat) Rangkriterium *n*
ranking method
(IndE) Rangreihenverfahren *n*
(ie, system of job evaluation wherein its job as a whole is given a rank with respect to all other jobs)
ranking of commodities (Vw) rangmäßige Bewertung *f* von Gütern
ranking of preferences (Vw) Aufstellen *n* e-r Präferenzordnung *(syn, ordering of preferences)*
ranking order (Bw) Rangordnung *f (syn, order of priorities)*
ranking pari passu (Re) gleichrangig *(eg, creditor)*
ranking test
(Stat) Rangtest *m*
(ie, uses the ranks of observations with respect to one another rather than the observations themselves)
rank of a matrix (Math) = rank
rank pari passu *v* (Re) im Rang gleichgestellt sein, gleichrangig sein
rank prior to *v* (Re) vorgehen
rapid access loop (EDV) Schnellzugriffsspur *f*
rapid access storage (EDV) Speicher *m* mit kurzen Zugriffszeiten *fpl*
rapid amortization
(StR, US) beschleunigte Abschreibung *f*
(ie, available for railroad equipment and pollution control equipment: either over 60 months or straight-line; cf, §§ 169, 184 IRC)
rapid application development, RAD (EDV) beschleunigte/schnelle Anwendungsentwicklung *f (eg, by using RAD tools, qv)*
rapid catch-up
(com) kurzfristige Einführung *f* von Spitzentechnologie auf breiter Front
(ie, no gradual, step-by-step modernization)
rapid memory
(EDV) Schnellspeicher *m*
(ie, with very short access time; syn, high-speed rapid . . . storage)
rapid money transfer (Fin) Eilüberweisung *f*
rapid storage (EDV) = rapid memory
rare earths
(com) seltene Erden *pl*
(ie, a misnomer: neither rare nor earthy; eg, cerium, erbium, gadolinium; Atomzahlen 58 bis 71)
rare metals (com) seltene Metalle *npl*
raster display (EDV) Rasterbildschirm *m*
raster graphics (EDV) Rastergrafik *f*
rat
(IndE, sl) Akkordbrecher *m*
(syn, ratebuster, qv)
ratable (com) anteilig *(syn, GB, rateable)*
ratable contribution (SeeV) anteiliger Beitragswert *m*
ratal (StR, GB) = rateable value
ratchet effect
(Vw) Sperrklinkeneffekt *m*
(syn, bottom stop, downward rigidity)
ratchet up *v* (com) hochschrauben
rate
(com) Satz *m*
– Preis *m*
– Kurs *m*
(Fin) = rate of interest
(Vers) Tarif *m*, Tarifprämie *f*
rate *v*
(com) bewerten
– einstufen
– klassifizieren
(ie, in class or bracket; eg, copper is rated . . . above its real value; syn, appraise, assess, evaluate)
(Pw) beurteilen
– bewerten
(eg, jobs on a 10-point scale)
(Pw, infml) verdienen *(syn, deserve; eg, a promotion)*
(StR) Grundstückswert *m*
– Einheitswert *m* ... ermitteln
(ie, zum Zwecke der Festsetzung der ‚local rates')
(Vers) Prämien *fpl* festsetzen *(ie, per unit of insurance)*
rateable (com, GB) = ratable
rateable property (StR) steuerpflichtiger Grundbesitz *m*
rateable value
(StR, GB) Einheitswert *m*
(ie, Bemessungsgrundlage der ‚local rates'; syn, ratal)
rate adjustment (Fin) Zinsanpassung *f*
rate agreement
(com) Frachtratenabkommen *n*
(ie, among ocean carriers, similar to a conference agreement)
rate asked (Bö) Brief *m (syn, asked price, qv)*
rate base
(Mk) zugesicherte Mindestauflage *f*
(ie, many computer magazines failed to reach their rate bases in the first half of this year)
(Vers) Bemessungsgrundlage *f (ie, für den Gewinn)*

rate buster (IndE) Akkordbrecher *m*
rate capping
(StR, GB) Begrenzung *f* der Gemeindesteuern *(ie, by the government, to limit the rate increases of high-spending local councils)*
rate card (Mk) Anzeigenpreisliste *f (ie, lists standard charges for advertising)*
rate ceiling (Fin) Zinsobergrenze *f*
rate cutting
(com) Frachtunterbietung *f (ie, in ocean shipping)*
(Pw) einseitige Lohnkürzungen *fpl*
(IndE) Akkordschere *f*
– Akkordköpfen *n (cf, Bd. I)*
rated-activity sampling (IndE) Multimomentaufnahme *f* mit Leistungsgradschätzen
rated capacity (Bw) Sollkapazität *f*
rate-deficiency grant
(FiW, GB) Ausgleichszuweisung *f*
(ie, paid by the central government to poorer local government authorities to make up for inequalities in rates revenues)
rate differential (Fin) Zinsgefälle *n*
rate discrimination (Kart) Preisdiskriminierung *f*
rated output (IndE) Soll-Leistung *f*
ratee (Pw) Beurteilter *m*
rate fixing
(Fin) Kursfestsetzung *f*
(Bw, US) behördliche Preisfestsetzung *f*
(ie, administrative agencies sets the charges a company may request for its services)
(Pw) Festlegung *f* von Akkordsätzen
rate fluctuations (Fin) Kursschwankungen *fpl (syn, exchange rate fluctuations)*
rate-hedged foreign exchange (Fin) kursgesicherte Devisen *pl*
rate hedging (Fin) Kurssicherung *f (syn, covering, rate support)*
rate hedging cost (Fin) Kurssicherungskosten *pl*
rate hedging deal (Fin) Kurssicherungsgeschäft *n*
rate hike (com, US) Gebührenerhöhung *f*
rate holder (Mk) Dauerinserent *m*
rate level (Bö) Kursniveau *n*
rate making (com) = rate setting
rate making association (Vers) Tarifverband *m*
rate of absenteeism (Pw) Fehlzeitenquote *f (syn, absence rate)*
rate of activity (Bw) Beschäftigungsgrad *m*
rate of adjustment (Zo) Berichtigungssatz *m (ie, relates to customs value)*
rate of capacity utilization
(IndE) Auslastung *f*
– Auslastungsgrad *m*
(syn, plant utilization rate, operating . . . rate/performance)
rate of capital formation (Vw) Rate *f* der Kapitalbildung
rate of change
(com) Änderungsrate *f*
(Math) Steigungsmaß *n (syn, slope)*
rate of commodity substitution (Vw) Substitutionsrate *f*
rate of conversion (Fin) Umrechnungssatz *m*
rate of currency devaluation (AuW) Abwertungssatz *m*
rate of defectives (IndE) Ausschußanteil *m (syn, fraction defective)*
rate of depreciation
(ReW) Abschreibungssatz *m*
(Vw) Geldentwertungsrate *f*
rate of equity turnover (Bw) Umschlaghäufigkeit *f* des Kapitals *(syn, equity-sales ratio)*
rate of escalation (com) Steigerungsrate *f (eg, in material prices)*
rate of exchange (Fin) Wechselkurs *m (syn, foreign exchange rate, qv)*
rate of expansion (com) = rate of growth
rate of failure
(OR) Störungsrate *f*
– Wahrscheinlichkeitsdichte *f* der Ausfallzeit
rate of flow (Vw) Stromgröße *f*
rate of gain in productivity (Vw) Produktivitätszuwachsrate *f*
rate of grievances (Pw) Beschwerdequote *f*
rate of growth
(Bw) Wachstumsrate *f*
– Zuwachsrate *f*
– Expansionsrate *f*
(syn, growth rate, rate of expansion)
rate of HICP inflation (EG) Inflationsrate *f* nach dem Harmonisierten Verbraucherpreisindex (HVPI)
rate of increase (com) = rate of growth
rate of inflation (Vw) Inflationsrate *f (ie, percentage increase of the price of money, weighted and stated in annual terms)*
rate of interest (Fin) Zinssatz *m (ie, annual percentage paid for the use of borrowed money)*
rate of issue (Bö) Emissionskurs *m (syn, issuing/offering . . . price)*
rate of lost units (IndE) Ausschußanteil *m*
rate of merchandise turnover
(Bw) Umschlaghäufigkeit *f* des Warenbestandes *(syn, inventory/sales . . . ratio)*
rate of money turnover
(Vw) Umlaufgeschwindigkeit *f* des Geldes *(syn, velocity of circulation, transactions velocity)*
rate of new orders (com) Auftragseingang *m (syn, new orders, qv)*
rate of operating return
(Fin) Betriebsrentabilität *f*
(ie, operating income to necessary operating capital: Betriebsgewinn zu betriebsnotwendigem Kapital)
rate of output (Bw) Ausstoßrate *f*
rate of pay (Vers) Prämiensatz *m*
rate of profitability (Bw) Rentabilität *f (syn, profitability, qv)*
rate of public acceptance (Mk) Sättigungspunkt *m*
rate of return
(Bw) Rentabilität *f (ie, rate of annual profit to capital employed)*
(Fin) Rendite *f*
rate of return method of evaluation
(Fin) Rentabilitätsvergleichsrechnung *f*
(ie, e-s der statischen Verfahren der Investitionsrechnung = preinvestment analysis: it is the converse of the payoff or payout method = Amortisations(vergleichs)rechnung: excess earnings –

annual savings minus annual depreciation of the new facility – are measured against the investment to determine the rate of return)

rate of return on capital employed (Bw) Rentabilität *f (syn, profitability, qv)*

rate of return on equity (Fin) Eigenkapitalrentabilität *f (syn, equity yield rate)*

rate of return on investment (Fin) Gewinn *m* in % des investierten Kapitals, Kapitalrendite *f*

rate of return on new investment
(Fin) Rendite *f* e-r Investition
(ie, evaluation of the profitability (Vorteilhaftigkeit) of proposed equipment purchases)

rate of return over cost (Fin) Differenzgewinnrate *f*

rate-of-return pricing (Bw) Preisfestsetzung *f* unter Berücksichtigung e-r angemessenen Rendite

rate of selling (Mk) Absatzgeschwindigkeit *f*

rate of stock turn (MaW) = stock turnover

rate of time preference (Vw) Zeitpräferenzrate *f*

rate of total capital turnover (Bw) Umschlaghäufigkeit *f* des Gesamtkapitals *(syn, total capital-sales ratio)*

rate of turnover (Bw) Umschlaghäufigkeit *f (syn, turnover rate, qv)*

rate of usage (MaW) Lagerabgangsrate *f (syn, usage rate)*

rate of working (IndE) Leistungsgrad *m*

rate of yield (Bw) Ausbeutesatz *m (ie, in processing)*

ratepayer (StR, GB) Grundsteuerzahler *m (ie, local rates on property)*

rate poundage
(StR, GB) Jahressatz *m* der ‚local rates'
(ie, number of pence per pound of rentable value)

rater (Pw) Beurteilender *m (opp, ratee)*

rate regulatory law (Vers) Tarifkontrollgesetz *n*

rate risk
(Fin) Zinsrisiko *n*
(ie, risk that profits may decline or losses occur because a rise in interest rates force up the cost of funding fixed-rate loans)

rates (StR, GB) Gemeindegrundsteuern *fpl*, Steuern *fpl* auf Haus- und Grundbesitz *(ie, based on rateable value of property; syn, local rates)*

rate schedule (StR) Steuertabelle *f*

rate setting
(com) Festsetzung *f* von Abgabepreisen *(syn, rate making)*
(IndE) Festsetzung *f* von Lohnsätzen *(ie, based on time and motion studies)*
(FiW) Tarifgestaltung *f*
(Vers) Prämienfestsetzung *f (syn, rating)*

rate spread (Fin) Zinsspanne *f (syn, interest spread, qv)*

rates relief
(StR, GB) Grundsteuerermäßigung *f*
(ie, reduction of local rates on property)

rate support (Fin) Kurssicherung *f (syn, covering, rate hedging)*

rate support grant
(FiW, GB) Ausgleichszahlung *f*
(ie, paid to local authorities, made up of (a) 100% subsidy for ‚domestic rate relief', and (b) a ‚block grant'; opp, specific grant)

rate support intervention (AuW) kurssichernde Intervention *f*

rate up *v* (com, US) erhöhen *(eg, insurance premiums)*

rate variance (KoR) Lohnsatzabweichung *f (ie, difference between actual wages paid and the standard wage rate)*

rate war (Bw) Preiskrieg *m (ie, selling below cost in an attempt to drive rivals out of business; syn, price war)*

ratify *v* (Re) ratifizieren *(ie, approve formally)*

rating
(Fin) Rating *n*
– Wertpapiereinstufung *f*
– Klassifizierung *f*
(ie, classification of an issue of securities into categories of investment by a private rating agency; used as a guide to the investment quality of bonds and stocks; based on: security of repayments or dividends, earning power, mortgage position, market history, and marketability; cf, corporate bond ratings; bonitätsmäßige Einstufung von Ländern, Banken und Wertpapieren in ein Klassifikationssystem; Ratingagenturen: Standard and Poor's Corporation (New York), Moody's Investors Service (New York), Keefe, Bruyette & Wood's Inc. (London); cf, Länderrating, Bankrating, Emissionsrating)
(Fin) Kreditwürdigkeit *f (syn, credit rating)*
(Pw) Leistungsbewertung *f (syn, performance appraisal, qv)*
(IndE) Leistungsgradschätzen *n*
(Vers) = rate setting, qv

rating bureau
(Vers) Prämienbüro *n*
(ie, Erarbeitung f *von Tarifen für die angeschlossenen Versicherer; in the fire insurance business)*

rating by subordinates (Pw) Beurteilung *f* durch Untergebene

rating law (Vers) Tarifkontrollgesetz *n*

rating organization (Vers) Tarifverband *m*

rating ratio (Fin) Bewertungskennziffer *f*

rating scale (Log) Bewertungsskala *f*

rating table (Fin) Bewertungsskala *f (cf, bond ratings)*

ratio
(Math) Verhältniszahl *f*
(Bw) betriebswirtschaftliche Kennzahl *f* od Kennziffer *f (syn, operating figure)*

ratio analysis
(Bw) Kennziffernanalyse *f (eg, the „14 Important Ratios" regularly published by Dun & Bradstreet, Inc. are as follows:*
1. Current assets to current debt.
2. Net profits on net sales.
3. Net profits on tangible net worth.
4. Net profits on net working capital.
5. Net sales to tangible net worth.
6. Net sales to net working capital.
7. Collection period.
8. Net sales to inventory.
9. Fixed assets to tangible net worth.
10. Current debt to tangible net worth.
11. Total debt to tangible net worth.
12. Inventory to net working capital.
13. Current debt to inventory.
14. Funded debt to net working capital.)

ratio decidendi (Re) Entscheidungsgrund *m (ie, the ground or reason of decision)*
ratio delay method (IndE) Multimomentverfahren *n*, MTM
ratio estimate (Stat) Verhältnisschätzung *f*
ratio estimator (Stat) Verhältnisschätzer *m*
ration *v* (com) rationieren, zuteilen
rational
(com) vernunftgemäß, rational
(com) vernünftig, angemessen *(ie, reasonable)*
(Math) rational
rational behavior (Bw) Rationalverhalten *n*
rational buying motives (Mk) rationale Kaufmotive *npl*
rational expectations theory (Vw, US) Theorie *f* der rationalen Erwartungen *(cf, Lucas)*
rational fraction (Math) rationaler Bruch *m*
rational function (Math) rationale Funktion *f (ie, it is a quotient of polynomials)*
rational integral function (Math) ganze rationale Funktion *f*
rationalization
(Bw) Rationalisierung *f*
(ie, productivity improvements through replacing manpower by machinery)
rationalization investment (Bw) Rationalisierungsinvestition *f (ie, investment for plant modernization)*
rationalize *v*
(Bw) rationalisieren
(syn, modernize, streamline)
rational number
(Math) rationale Zahl *f*
(ie, it is a quotient of two integers)
rationing
(Vw) Rationierung *f*
(AuW) Devisenbewirtschaftung *f (ie, of foreign exchange)*
rationing by the purse (Vw) Zuteilung *f* knapper Mittel über den Preismechanismus
ratio of accounts payable to purchases (Bw) Verhältnis *n* Forderungen zu Einkäufen
ratio of allotment (Fin) Zuteilungsquote *f (ie, of fresh securities issues)*
ratio of capital to fixed assets (Bw) Verhältnis *n* Kapital zu Anlagevermögen
ratio of conversion
(AuW) Umrechnungsverhältnis *n*
– Umtauschverhältnis *n*
(syn, exchange ratio)
ratio of current assets to current liabilities (Bw) Verhältnis *n* Umlaufvermögen zu kurzfristigen Verbindlichkeiten: Liquidität 3. Grades
ratio of current assets to total liabilities (Bw) Verhältnis *n* Umlaufvermögen zu Gesamtverbindlichkeiten
ratio of debt to net worth
(Bw) Verschuldungsgrad *m*
– Verschuldungskoeffizient *m*
(ie, relation between share capital and loan capital; syn, debt-equity ratio)
ratio of equity to fixed assets (Bw) Anlagendeckung *f*
ratio of fixed assets to fixed liabilities (Bw) Verhältnis *n* Anlagevermögen zu langfristigen Verbindlichkeiten
ratio of fixed assets to total assets (Bw) Anlagenintensität *f*
ratio of general government debt (FiW) Schuldenquote *f* des Staatssektors *(measured relative to GDP)*
ratio of gross investment to GNP (Vw) Investitionsrate *f*
ratio of gross margin to sales (ReW) Ist-Spanne *f*
ratio of loans to total assets (Fin) Verhältnis *n* Darlehen zu Summe Aktiva *(ie, one of the most important measures of liquidity)*
ratio of merchandise to receivables (ReW) Verhältnis *n* Lagervorräte zu Forderungen
ratio of merchandise to sales (ReW) Lagerumschlag *m (syn, merchandise turnover)*
ratio of net profits to net worth (ReW) Verhältnis *n* Reingewinn zu Eigenkapital
ratio of plant to net worth (Bw) = ratio of fixed assets to net worth
ratio of public investment to GDP (FiW) Verhältnis *n* der öffentlichen Investitionsausgaben zum BIP
ratio of sales to receivables (Bw) = accounts receivable turnover
ratio of similitude (Math) Ähnlichkeitsverhältnis *n*
ratio of total trade to national income
(AuW) Außenhandelsquote *f*
(ie, exports and imports to national income, the latter as a rule being GNP at market prices)
ratio paper (Math) einfach-logarithmisches Papier *n (syn, semi-log paper)*
ratio pyramid (Fin) Kennzahlenhierarchie *f (eg, RoI system of du Pont)*
ratios (Bw) betriebswirtschaftliche Kennziffern *fpl*
ratio scale (Math) einfach-logarithmischer Maßstab *m*
ratio set
(Math) Quotientenkriterium *n*
(ie, mit ihm läßt sich die Konvergenz von Reihen feststellen)
ratio spread (Bö) Verhältnis-Spread *m*
ratio strategy (Bö) Verhältnis-Strategie *f*
ratio variable (Vw) Verhältnisgröße *f*
ratio write (Bö) Verhältniskauf *m*
ratio writing (Fin, US) Absicherung *f* des Verkaufs von zwei Terminkontraktpositionen durch den Erwerb von nur e–m gegenläufigen Terminkontrakt
raw commodity market (com) Rohstoffmarkt *m*
raw data
(Stat) Rohdaten *pl*
(EDV) Ursprungsdaten *pl*
– Rohdaten *pl*
(syn, source data)
raw deal
(com) schlechte Behandlung *f*
(eg, give business travelers a . . .)
raw land
(com) unerschlossene Grundstücke *npl*
(syn, undeveloped land)
raw materials
(com) Rohstoffe *mpl (syn, primary products)*
(IndE) Werkstoffe *mpl*
– Vormaterial *n*
(ie, used as feedstock for a processing operation)
raw materials and consumables (ReW, EG) Materialaufwand *m*

raw materials and supplies (ReW) Roh-, Hilfs- und Betriebsstoffe *mpl*
raw-materials intensive (Bw) rohstoffintensiv
raw materials inventory
(MaW) Rohstoffbestände *mpl*
(IndE) Vormaterialbestände *mpl (ie, bought by a manufacturer and to be used in production)*
raw materials monopolist
(Vw) Rohstoffmonopolist *m*
raw materials requisition (MaW) Materialanforderung *f*
raw materials scarcity (Vw) Rohstoffknappheit *f*
raw materials stores
(MaW) Rohmateriallager *n*
(MaW) Vormateriallager *n*
raw steel (com) Rohstahl *m (syn, crude steel)*
ray (Math) Strahl *m*
ray average cost (Vw) Durchschnittskosten *pl* auf dem Expansionspfad
ray tracing
(EDV) Strahlenverfolgung *f*
(ie, Berechnungsmodell zur Erzeugung realistischer Graphiken; method of creating photorealistic graphics by correctly showing shadows and light effects)
R.C.C.&S. (com) = riots, civil commotion and strike
R&D (Bw) = research and development
RDBMS (EDV) = relational database management system, qv
R.D.C. (com) = running down clause
r/d (R/D) (com) = refer to drawer
reach (Re) Geltungsbereich *m (syn, scope)*
reach an accommodation *v* (com) Einigung *f* erzielen *(ie, esp in money matters)*
reach of a curve (Math) Kurvenabschnitt *m*
reach up *v* (com) anstreben *(eg, to a top position)*
reacquired shares (ReW) eigene Aktien *fpl (syn, repurchased shares)*
reacquired stock (Fin) eigene Aktien *fpl (syn, treasury stock, qv)*
reaction
(com) Reaktion *f (syn, response)*
(EDV, GB) = retroaction
reaction management
(Bw, US) passiv reagierendes Management *n*
(ie, limits its attention and activities to immediate problems)
reaction time
(EDV) Reaktionszeit *f*
(ie, time between job arrival and start of work in a CPU = Zeit zw Eintreffen e-r Aufgabe und dem Beginn der Bearbeitung in e-r Zentraleinheit)
read *v* (EDV) abfühlen, abtasten *(syn, sense)*
read amplifier (EDV) Leseverstärker *m*
read a paper *v* (com) Vortrag *m* halten *(syn, infml, give a talk)*
read-back check (EDV) Echokontrolle *f (syn, echo check)*
readdress *v* (com) umadressieren
reader
(Pw) Zählerableser *m (ie, reads and records the indication of meters)*
(Pw, GB) Dozent *m*
(EDV) Lesegerät *n*
reader research (Mk) Leserforschung *f*
read error (EDV) Abtastfehler *m (syn, reading error)*
readership
(Mk) Leserschaft *f (syn, print media audience)*
(Pw, GB) Dozentur *f*
reader survey (Mk) Leseranalyse *f (syn, audience analysis)*
read for the bar *v* (com, GB) Jura studieren
read head (EDV) Lesekopf *m*
read in *v* (EDV) eingeben *(syn, to input)*
readiness to deliver (com) Lieferbereitschaft *f*
readiness to operate (IndE) Betriebsbereitschaft *f*
reading (IndE) (abgelesener) Meßwert *m*
reading brush
(EDV) Abtastbürste *f*
– Abfühlbürste *f*
(syn, sensing brush)
reading error (EDV) = read error
reading mechanism (EDV) Abfühleinrichtung *f (syn, sensing mechanism)*
reading rate (EDV) Eingabegeschwindigkeit *f (syn, input rate)*
reading station (EDV) Lesestation *f*
read-in routine (EDV) Einleseroutine *f*
read instruction
(EDV) Eingabebefehl *m*
– Lesebefehl *m*
readjustment (Fin) = quasi reorganization
readjustment losses (Bw) Umstellungsverluste *mpl*
read only (EDV) schreibgeschützt
read-only memory, ROM (EDV) ROM-Speicher *m*
readout (EDV) Ausgabe *f*
read out *v* (EDV) auslesen
read rate (EDV) Lesegeschwindigkeit *f*
read statement (EDV, Cobol) Leseanweisung *f*
read the law *v* (Pw, GB) Jura studieren *(syn, read/study . . . for the bar)*
read-write head (EDV) Schreib-Lesekopf *m (syn, head combined)*
ready (Fin, GB, infml) = ready money
ready cash (com, GB, infml) Bargeld *n*
ready condition (EDV) bearbeitungsfertiger Zustand *m (ie, of a task, before analyzing by the CPU)*
ready date (com) Zeitpunkt *m* der Versandbereitschaft
ready delivery (com) Lieferung *f* sofort nach Auftragseingang
ready for inquiry (EDV) abfragebereit
ready for operation (IndE) = ready to operate
ready for shipment (com) versandbereit
ready-for-shipment note (com) Versandanmeldung *f*
ready for the market
(com) marktreif
(syn, fully developed, market ripe)
ready-made solution
(com) Patentlösung *f*
– Patentrezept *n*
(syn, patent solution, qv)
ready market (Bö) aufnahmefähiger Markt *m*
ready message (IndE) Fertigmeldung *f*
ready-mixed concrete (IndE) Fertigbeton *m*
ready sales (com) leichter Absatz *m*
ready to be voted on (com) beschlußreif
ready to go into operation (IndE) = ready to operate
ready to operate (IndE) betriebsbereit

ready-to-serve cost
(KoR) Kosten *pl* der Betriebsbereitschaft
(syn, standby cost, qv)
ready-to-wear clothes (com) Konfektionskleidung *f*
(syn, off the rack clothes)
ready-to-wear financial pattern (Fin, infml) Standard-Finanzierung *f*
reaffirmation of debt
(Re, US) Anerkennung *f* früherer Verbindlichkeiten
(ie, under bankruptcy and contract law: debtor is then again liable for them)
Reagonomics (Vw, US) = supply-side economics
real
(com) real
(syn, in real terms, in terms of real value; opp, in money terms = nominell)
real account
(ReW) Bestandskonto *n*
– Bilanzkonto *n*
(syn, balance sheet account; opp, nominal account = Erfolgskonto)
real agreement (Re) dinglicher Vertrag *m*
real assets (Vw) Realvermögen *n*
real axis
(Math) reelle Achse *f*
– Zahlengerade *f*
real balance effect
(Vw) realer Kassenhaltungseffekt *m* Pigou-Effekt *m (ie, effect of falling prices on the real value of liquid assets: end result is increase in consumption and other related economic activity; syn, wealth effect)*
real capital (Fin) Kapitalsubstanz *f*
real cash balance (Vw) reale Kassenhaltung *f*
real coefficient (Math) reeller Koeffizient *m*
real consumer spending (Vw) reale Verbrauchsausgaben *fpl*
real consumption (Vw) Realkonsum *m*
real cost
(Vw) Realkosten *pl*
(ie, cost in real terms)
real-cost terms of trade (AuW) Realkostenaustauschverhältnis *n*
real defense (Re, US) absolute Einwendung *f (eg, incapacity, duress, fraud, qv)*
real definition
(Log) Realdefinition *f*
(ie, is a proposition of equivalence between two abstract entities of which one is called the ‚definiendum' and the other the ‚definiens'; the latter embodies the „essential nature" (essentia, ousia) of the definiendum; opp, nominal definition = Nominaldefinition, which is simply a convention for introducing new symbols or notations)
real disposable income (VGR) verfügbares Realeinkommen *n*
real earnings (Pw) Realeinkommen *n*
real estate
(com, US) Immobilien *fpl*
– Grundbesitz *m*
(ie, nonlegal term for ‚real property', comprising land, buildings, and appurtenances thereto = Zubehör)

real estate agent
(com) Grundstücksmakler *m*
– Immobilienmakler *m*
(syn, real estate broker; GB, estate/land . . . agent)
real estate bonds (Fin, US) hypothekarisch gesicherte Schuldverschreibungen *fpl*
real estate broker (com) = real estate agent
real estate company (com) Immobiliengesellschaft *f*
(syn, property company)
real estate credit (Fin) Immobilienkredit *m*
real estate developer (com) Immobilienunternehmer m
(syn, real estate operator)
real estate development (com) Grundstücks-Erschließung *f (syn, land /property . . . development)*
real estate development company
(com) Bauträgergesellschaft *f*
(ie, one that subdivides land into sites, builds houses and sells them)
real estate firm (com) Immobilienfirma *f*
real estate fund (Fin, GB) Immobilienfonds *m (syn, property unit trust, qv)*
real estate industry (com) Immobilienbranche *f*
real estate insurance (Vers) Immobiliarversicherung *f (syn, real property insurance)*
real estate investment (Fin) Immobilienanlage *f*
real estate investment trust, REIT (Fin, US) Immobilienfonds *m*
real estate limited partnership (com, US) Immobiliengesellschaft *f*
real estate loan
(Fin) Hypothekarkredit *m*
– Realkredit *m*
real estate management (com) Grundstücksverwaltung *f*
real estate manager (com) Grundstücksverwalter *m*
real estate market
(com) Grundstücksmarkt *m*
– Immobilienmarkt *m*
(syn, property market)
real estate mortgage (Re) Hypothek *f*
real estate operator (com) Grundstücksverkäufer *m*
(syn, GB, property dealer)
real estate owner (com) Grundstückseigentümer *m*
real estate syndicators (com) Immobiliengruppe *f*
real estate tax (StR) Grundsteuer *f (ie, auf erschlossene und unerschlossene Grundstücke; opp, land tax)*
real estate tract (com) Grundstück *n (syn, plot of land, qv)*
real estate transaction (com) Grundstücksgeschäft *n*
real final demand (VGR) reale Endnachfrage *f (ie, total purchases adjusted for price and inventory changes)*
real growth (Vw) reales Wachstum *n (syn, growth in unit volume)*
realignment of exchange rates (AuW) Neuordnung *f* der Wechselkurse, Wechselkursanpassung *f*
realignment of parities (AuW) Neufestsetzung *f* der Währungsparitäten
realignment of wage rates (Pw) Tarifangleichung *f*
real income (Vw) Realeinkommen *n (opp, nominal income)*
real income gap (Vw) Realeinkommenslücke *f*

real income losses
(Vw) reale Einkommenseinbußen *fpl*
real interest rate
(Fin) Realzins *m*
(ie, nominal rate minus inflation)
reality shock (Pw) Praxisschock *m*
realizable (Fin) rasch absetzbar *(ie, quickly salable for cash; eg, securities, assets)*
realizable assets (Fin) = quick assets
realizable value (com) Veräußerungswert *m*
realization
(com) Verkauf *m*
– Veräußerung *f*
(ie, conversion of merchandise, receivables, securities, real estate, etc into cash; may be an ordinary sale, a forced sale, a profit-taking sale, etc; a variant of the term „sale" or „selling")
(Re, GB) Liquidation *f*
(ie, of a partnership upon dissolution)
realization account
(ReW, GB) Liquidationsbilanz *f*
(ie, set up upon dissolution of a partnership)
realization concept (ReW) Realisationsprinzip *n* *(syn, realization rule)*
realization order (Bö) Glattstellungsauftrag *m*
realization sale
(Bö) Glattstellung *f*
– Glattstellungsverkauf *m*
realization value
(ReW) Veräußerungswert *m*
– Realisationswert *m*
(opp, book/cost/inventory . . . value)
realize *v*
(Fin) verkaufen
– veräußern
– realisieren
(syn, liquidate, sell)
(Re) liquidieren
(ie, partnership upon dissolution; syn, wind up)
realized appreciation (ReW) realisierte Wertsteigerung *f*
realized depreciation (StR) verdiente Abschreibungen *fpl* *(ie, selling price less book value, taxable as income)*
realized gain (ReW) = realized profit
realized gain or loss (com) realisierter Gewinn *m* od Verlust *m* *(ie, difference between net sale price and its net cost)*
realized investment
(VGR) Summe *f* Bruttoanlage- und Lagerinvestitionen
(Bw) durchgeführte Investition *f*
realized price gains (Bö) realisierte Gewinne *mpl*
realized profits (ReW) realisierte Gewinne *mpl (syn, realized gains; opp, paper profit)*
realize profits *v* (Fin) Gewinne *mpl* realisieren
realize upon *v* (com) zu Geld machen, liquidieren *(eg, staple is easy to . . . by sale at any time)*
reallocate *v*
(com) erneut zuteilen
– zuweisen
(Pw) (Mitarbeiter) umsetzen *(eg, to new jobs)*
reallocate funds *v* (Fin) Mittel *pl* umschichten
reallocation of resources (Vw) Umschichtung *f* von Ressourcen

re-allowance (Fin) Wiederverkäufer-Bonifikation *f* *(ie, discount allowed to favored investors to whom part of the underwriters' discount is passed)*
real market
(Bö, US) wirklicher Markt *m*
(ie, the bid and offer prices at which a dealer could do size; quotes in the brokers market may reflect not the ‚real market', but pictures painted by dealers playing trading games)
real money balance (Vw) reale Geldmenge *f (ie, money supply index price index)*
real national income (VGR) reales Volkseinkommen *n*
real net national product (VGR) reales Nettosozialprodukt *n*
real net output (Bw) Wertschöpfung *f (syn, value added, qv)*
real number (Math) reelle Zahl *f*
real part of a complex number (Math) Realteil *m* e-r komplexen Zahl *(ie, in* $z = x + iy$, *x is the real part)*
real product (VGR) Realprodukt *n (opp, national product at current prices)*
real property (Re, US) = real estate *(ie, this is the term used in law)*
real property interest (Re) Grundbesitz *m*
real property tax (StR, US) Grundsteuer *f (ie, collected by municipalities)*
real property used as collateral (Fin) Beleihungsobjekt *n*
real rate of interest
(Fin) effektiver Zins *m*
– Effektivverzinsung *f*
(syn, effective rate, qv)
(Vw) Realzins *m*
– Realzinssatz *m*
real right (Re) dingliches Recht *n*
real security
(Re) dingliche Sicherheit *f*
(ie, property pledged for the satisfaction of a debt)
real spendable pay (Vw) Reallohn *m*
real stock (Bö) = long stock
real time
(EDV) Echtzeit *f*
(ie, actual time during which a physical process transpires)
real time clock
(EDV) Echtzeituhr *f*
– Zeitgeber *m*
(syn, timer)
real time input (EDV) Echtzeiteingabe *f*
real time operation (EDV) Echtzeitbetrieb *m (ie, data processed as it comes in)*
real time output (EDV) Echtzeitausgabe *f*
real time processing
(EDV) Echtzeitbetrieb *m*
– Echtzeitverarbeitung *f*
(opp, batch processing = Stapelverarbeitung)
real time programming language (EDV) Echtzeitprogrammiersprache *f*
real time simulation (EDV) Echtzeitsimulation *f*
real time system (EDV) Echtzeitsystem *n (opp, batch processing system)*

realtor (com, US) Immobilienmakler *m (ie, member of the National Association of Realtors)*
real trade surplus (AuW) realer Außenhandelsüberschuß *m*
realty (Re) = real property
realty transfer tax (StR) Grunderwerbsteuer *f*
real-valued function (Math) reell-wertige Funktion *f (ie, one that takes on only real numbers for values)*
real wage (Vw) Reallohn *m*
real wealth (Vw) Realvermögen *n (ie, of a household)*
real yield (Fin) Realverzinsung *f*
reap high profits *v* (com, infml) hohe Gewinne *mpl* machen
reappoint *v*
(com) wiederernennen
(Pw) wieder einstellen *(syn, re-engage, reinstate)*
reappointment
(com) Wiederernennung *f (eg, as chairman of the board)*
(Pw) Wiedereinstellung *f (syn, re-engagement, reinstatement)*
reapportion *v* (com) neu zuteilen
reapportionment of cost (KoR) Kostenumlage *f*
reappraisal (com) Neubewertung *f (syn, reassessment)*
reappraise *v* (com) neu bewerten
rearguard action (com, infml) Nachhutgefecht *n (eg, fight a . . . against the robotization of industry)*
rearrange *v* (com) umstellen, umdisponieren
rearrangement (com) Umdisposition *f*
reasearch capabilities (com) Forschungspotential *n*
reasonable (com) angemessen, vertretbar *(syn, defensible, justifiable)*
reasonable care and skill (Re) angemessene Sorgfalt *f*
reasonable compensation
(Re) angemessene Entschädigung *f*
(Pw) angemessene Vergütung *f*
reasonable degree of competition (Kart) nennenswerter Wettbewerb *m*
reasonable notice (Re, Pw) angemessene Kündigungsfrist *f*
reasonable price (com) angemessener od annehmbarer Preis *m (syn, bona fide price, fair price)*
reasonable refusal (Re) begründete Weigerung *f*
reasonable reward
(Pat, US) angemessene Belohnung *f*
(ie, of patentee = Patentinhaber; e-e Art patentrechtliche ‚Rule of Reason', qv)
reasonable time (com) angemessene Frist *f*
reasonable value
(com) angemessener Wert *m* e-r Immobilie
(ie, parallel to the existing market value)
reasoned statement (com) Begründung *f (eg, make a . . . in defense of. . .)*
reason out of *v* (com) (mit Gründen) abbringen von
reason to know
(Re, US) „hätte wissen können"
(ie, a person has . . . a fact if he has information from which a person of ordinary intelligence would infer that the fact in question does or will exist)

reassess *v*
(com) neu bewerten
(StR) neu veranlagen
reassessment
(com) Neubewertung *f*
(syn, reappraisal, rerating)
(StR) Neuveranlagung *f*
reassurance (Vers, GB) = reinsurance
reassurance company (Vers, GB) = reinsurance company
reassure *v* (Vers, GB) = reinsure
reassured (Vers, GB) = reinsured
rebalancing (EG) Beseitigung *f* des Ungleichgewichts
rebase *v*
(com) umbasieren
– Vergleichsbasis *f* ändern
re-basing (StR) Änderung *f* der Vergleichsbasis
rebasing of index numbers (Stat) Umbasieren *n* von Indexziffern
rebate
(com) Preisnachlaß *m*
– Rabatt *m*
(ie, rebate differs from a discount, which is deducted in advance)
(com) Rückvergütung *f (syn, reimbursement)*
(Fin) Abzug *m* bei Rückzahlung e-s Darlehens vor Fälligkeit
rebid a requirement *v* (com) Bedarf *m* neu ausschreiben
reboot *v* (EDV) erneut starten
rebound
(com) Anstieg *m*
(eg, a sharp rebound in prices)
rebound *v* (com) wieder ansteigen *(eg, sales)*
rebuild inventory *v* (MaW) Lager *n* auffüllen *(syn, restock, qv)*
rebut *v*
(Log) widerlegen
(ie, oppose by formal argument; syn, refute)
rebuttable presumption
(Re) einfache
– widerlegliche Vermutung *f*
(ie, counter-evidence is permitted = Widerlegungsmöglichkeiten sind zugelassen; syn, disputable/inconclusive . . . presumption; opp, absolute/irrebuttable/irrefutable . . . presumption)
rebuttal (Re) Widerlegung *f*
rebuttal argument (Log) Gegenargument *n*
rebutting evidence (Re) Gegenbeweis *m (syn, counter-evidence)*
recall
(com) Abberufung *f*
(syn, dismissal, withdrawal)
(com) Rückruf *m*
(eg, of defective cars by carmaker)
(Pw) Wiedereinstellung *f*
(ie, of laid-off workers)
(EDV) Erinnerungsfaktor *m*
(ie, Anzahl der zutreffend wiedergefundenen Einträge im Datenbestand durch Anfrage im Verhältnis zur Zahl der zutreffenden Dokumente; numerischer Meßwert zur Feststellung der Retrievalqualität)
(Mk) aktive Erinnerung *f*

recall *v*
(com) abberufen
(eg, board member from office; syn, dismiss, remove, withdraw)
(com) rückrufen
(Fin) zurückrufen
(Pw) wiedereinstellen
recall action (com) Rückrufaktion *f*
recall data (EDV) Daten *pl* abrufen
recall data *v* (EDV) Daten *pl* abrufen
recall factor
(EDV) Abruffaktor *m*
(ie, measure of the efficiency of an information retrieval system, equal to: number of retrieved documents to total number of documents in the file)
recall notice
(com) Rückrufanzeige *f*
(ie, letter or public statement from the manufacturer that product should be returned for repair or exchange)
recall test (Mk) Gedächtnistest *m (syn, aided recall test)*
recap
(com) Zusammenfassung *f*
(ie, short for ‚recapitulation'; syn, summary)
(IndE) runderneuerter Reifen *m*
(ie, recapped tire)
recap *v*
(com) zusammenfassen
(ie, summarize)
(IndE) runderneuern
(ie, tire; syn, retread)
recapitalization
(Fin, US) Kapitalumschichtung *f*
(ie, increase or decrease of capital stock: reshuffling a capital structure within the framework of an existing corporation)
recapitalization balance sheet
(ReW, US) Umschichtungsbilanz *f*
(syn, capital reconstruction statement; GB, reconstruction accounts)
recapitalization gains (ReW, US) Sanierungsgewinn *m (ie, from wiping out company debt; syn, reorganization surplus)*
recapitulation (com) kurze Zusammenfassung *f (syn, recap, summary)*
recapitulation sheet (ReW) Sammelbogen *m*
recapture
(StR, US) Nachholbesteuerung *f*
(ie, IRS requirement that, on disposal of property, accelerated depreciation may be recaptured by being treated as taxable income)
(Vers) Rücknahme *f* rückversicherter Risiken
(ie, ceding company takes back reinsured risks previously ceded to reinsurer)
recapture clause
(Re) Kündigungsklausel *f*
(ie, in a lease; operative if certain conditions are not met)
recapture cost *v* (com) Kosten *pl* hereinholen *(syn, recover)*
recaptured depreciation
(StR) eingeholte Abschreibung *f*
(ie, taxed as ordinary income)

recapture effect of VAT
(StR) Nachholwirkung *f*
(ie, the entrepreneur who buys exempt goods would pay a higher tax because the amount of prior turnover tax (= Vorsteuer) he can deduct is reduced by the tax not paid at the preceding stage)
recapture tax (StR, US) Wiedergewinnungsteuer *f*
recargo (com) Aufschlag *m*
recede *v*
(com) zurückgehen
(Bö) sinken
– nachgeben *(eg, stock market prices)*
receding market (Bö) rückläufiger Aktienmarkt *m*
receipt
(com) Quittung *f*
(ie, evidence of payment; practically abandoned in modern business)
(MaW) Warenempfangsschein *m (ie, of goods; cf, Sec 2-103(1) UCC)*
(EG) Eingangsbescheinigung *f (ie, common shipping procedure)*
receipt *v* (com) quittieren
receipted invoice (com) quittierte Rechnung *f*
receipt-expenditure accounting
(FiW) Haushaltsrechnung *f*
(ie, of governmental units = Gebietskörperschaften)
receipt of delivery (com) Ablieferungsbescheinigung *f*
receipt of goods (MaW) Warenannahme *f*
receipt of goods, rog (com) Warenempfang *m*
receipt of payment (Fin) Zahlungseingang *m*
receipts
(com) Einnahmen *fpl*
(Fin) Eingänge *mpl*
(MaW) Lagerzugänge *mpl (syn, inventory receipts, addition to stocks)*
receipts and disbursements (ReW) Einnahmen *fpl* und Ausgaben *fpl*
receipts and payments account (ReW, GB) Einnahmen-Ausgaben-Rechnung *f (syn, income and expenditure account)*
receipts projections (FiW) Einnahmeschätzungen *fpl*
receipt stamp (com) Bearbeitungsstempel *m (syn, date stamp)*
receivables
(ReW) Forderungen *fpl*
– Debitoren *pl*
(ie, aggregate of accounts receivables, notes receivables, accrued income receivables)
receivables outstanding (ReW) = accounts receivable
receivables turnover
(Fin) Debitorenumschlag *m*
(ie, Verhältnis Umsatz zum durchschnittlichen Debitorenbestand)
receivables turnover ratio (Fin) Forderungsumschlag *m*
receivable system (ReW) Debitorensystem *n*
received bill of lading
(com) Übernahmekonnossement *n*
(ie, bescheinigt dem Ablader nur den Empfang der Ware durch den Reeder zur Verschiffung; cf, § 642 HGB)

received for shipment bill of lading (com) = received bill of lading
receiver
(com) Empfänger *m (syn, addressee, recipient)*
(com) Hörer *m (syn, telephone receiver)*
(Re) Hehler *m (syn, fence)*
(Re) Vermögensverwalter *m*
(ie, appointed to hold in trust and administer property under litigation)
(Re, US) vorläufiger Konkursverwalter *m*
(ie, temporary custodian of the assets of a bankrupt business; appointed by a court of equity to take custody of the property of a debtor and to preserve the business for the benefit of creditors under supervision of the court)
(Re, GB) (gerichtlich bestellter) Konkursverwalter *m (ie, one of a group of bankruptcy officials)*
receiver node (OR) Empfangsknoten *m*
receiver of a node (OR) Empfängerteil *m* e-s Knotens
receivership
(Re, GB) Konkursverwaltung *f*
(Re, US, loosely) = Konkurs
receiving agent (Fin) Annahmestelle *f*
receiving apron (com, US), Wareneingangsliste *f* *(ie, statement listing all data about an incoming consignment)*
receiving country
(AuW) Empfängerland *n*
– Gastland *n*
– Gastgeberland *n (syn, host country)*
(Vw) Aufnahmeland *n (ie, for migrant workers)*
receiving department
(MaW) Warenannahme *f*
– Eingangsabteilung *f*
receiving forwarding agent
(com) Empfangsspediteur *m*
(ie, routes individual consignments of a collective shipment = Sammelladung zum Bestimmungsort)
receiving function (OR) Eingangsfunktion *f (syn, contributive input . . . function)*
receiving inspection
(IndE) Eingangskontrolle *f*
– Eingangsprüfung *f*
(ie, of incoming goods)
receiving location (MaW) Warenannahmestelle *f*
receiving note (com) Ladeschein *m*
receiving order
(Re, GB) Konkurseinleitungsbeschluß *m*
(ie, gives the Official Receiver power to take possession of the debtor's entire property: stellt Gemeinschuldner zunächst nur unter gerichtliche Kontrolle)
receiving report (com) Eingangsmeldung *f*
receiving sector (Vw) empfangender Sektor *m (ie, in input-output analysis)*
receiving slip (MaW) Wareneingangsschein *m (syn, receiving ticket)*
receiving station (MaW) Empfangsstelle *f* der Wareneingangsabteilung
receiving ticket (MaW) = receiving slip
reception
(com) Empfang *m (eg, give a . . .; sl, throw a business bash)*
(com, GB) Rezeption *f (syn, US, front desk)*
reception desk (com) Rezeption *f*
receptive market
(Mk, Bö) aufnahmefähiger
– aufnahmebereiter . . . Markt *m*
(syn, ready market)
receptive to innovation (Bw) innovationsbewußt
recess a meeting *v* (com) Sitzung *f* vertagen *(syn, adjourn a meeting)*
recess contract talks *v* (Pw) Tarifverhandlungen *fpl* unterbrechen
recession (Vw) Rezession *f (ie, decline in overall economic activity)*
recessionary trends (Vw) rezessive Tendenzen *fpl*
recessionary trough (Vw) konjunkturelle Talsohle *f* *(syn, bottom of a recession)*
recession bottom (Vw) = recessionary trough
recession-led slump in demand (Vw) rezessionsbedingter Nachfragerückgang *m*
recession-plagued industry (Vw) rezessionsgeschädigter Wirtschaftszweig *m*
recession-proof industry (Bw) konjunktursichere Branche *f*
recession-resistant (Bw) rezessionssicher *(eg, service business)*
recession-swollen budget deficit (FiW) rezessionsbedingtes Defizit *n*
recipe for success (com) Erfolgsrezept *n*
recipient (com) Empfänger *m (syn, receiver, addressee)*
recipient country (AuW) Empfängerland *n (syn, host/donee . . . country)*
reciprocal (Math) reziproker Wert *m (ie, of a number A is 1/A)*
reciprocal aid (AuW) gegenseitige Hilfe *f*
reciprocal banking
(Fin, US) Interstate-Banking *n* auf Gegenseitigkeit *(ie, e-e Bank aus dem Bundesstaat A darf im Bundesstaat B Filialen errichten, wenn A gleiche Rechte einräumt; syn, tit-for-tat banking)*
reciprocal buying (Kart, US) wechselseitige Lieferbeziehungen *fpl*
reciprocal contract
(Re) gegenseitiger Vertrag *m* synallagmatischer Schuldvertrag *m*
(ie, bilateral agreement intending to create obligations on both sides; syn, bilateral synallagmatic . . . contract)
Reciprocal Currency Agreement (AuW) Basler Abkommen *n (syn, Basle Agreement)*
reciprocal cycle (Vw) gegenläufiger Zyklus *m (syn, anticyclical pattern, qv)*
reciprocal deal (AuW) Gegenseitigkeitsgeschäft *n*
reciprocal dealing
(Kart, US) Gegenseitigkeitsvereinbarung *f*
(ie, one firm agrees to buy from another on condition that the second buy from it; certain types are violative of Sect 1 Sherman Act of 1890 and of Sect 7 Clayton Act of 1914; syn, reciprocity arrangement)
reciprocal equation (Math) reziproke Gleichung *f*
reciprocal matrix (Math) inverse Matrix *f (syn, inverse matrix)*
reciprocal obligation
(Re) gegenseitige Verpflichtung *f*
(syn, mutual obligation)

reciprocal ratio (Math) reziprokes/inverses . . . Verhältnis *n*
reciprocal service (com) Gegendienst *m (syn, service in return)*
reciprocal trade agreement
(AuW) Gegenseitigkeitsabkommen *n*
(ie, first used in the 1930s for the purpose of reciprocal tariff reduction)
reciprocal transaction (com) Kompensationsgeschäft *n*
reciprocity
(AuW) Reziprozitätsvertrag *m (ie, to charge lower rates of import duties on each other's goods)*
(AuW, US) gegenseitiger Abbau *m* der Handelsschranken
(Re) Gegenseitigkeit *f (syn, mutuality)*
(Vers) Reziprozität *f (ie, mutual exchanging of reinsurance, often in equal amount)*
reciprocity arrangement (Kart) = reciprocal dealing
reciprocity business (Vers) Gegengeschäft *n (ie, in reinsurance)*
reciprocity clause
(AuW) Gegenseitigkeitsklausel *f*
– Reziprozitätsklausel *f*
(ie, Zollpräferenzen werden nur in dem Maße eingräumt, wie die Gegenseite entgegenkommt)
reciprocity principle (AuW) Reziprozitätsprinzip *n (ie, vereinbarte Meistbegünstigung gilt nur bei e-r entsprechenden Gegenleistung)*
recitals
(Re) Vertragsgrundlage *f*
(ie, Einleitung durch WHEREAS . . .)
reckless price cutting (com) Preisschleuderei *f*
reckon *v*
(com) rechnen
– berechnen
(com, US) annehmen *(syn, figure out)*
reclaim *v* (com) zurückfordern *(syn, claim back)*
reclamation mill (IndE) Wiederaufbereitungsanlage *f (eg, processing crushed aluminum cans)*
reclassification
(ReW) Umbuchung *f*
(syn, book transfer, reposting)
(ReW) Umbewertung *f*
reclassification of fixed assets (ReW) Anlagenumbuchungen *fpl*
reclassification of stock
(Fin, US) Änderung *f* der Kapitalstruktur
(ie, by the issue of one or more additional classes of stock; depends on state law and the corporate charter)
reclassify *v*
(com) umstufen
– umgruppieren
(ReW) umbuchen
reclassify fixed assets *v* (ReW) Anlagen *fpl* umbuchen
recode *v* (EDV) neu codieren, [Programm] ändern
recognised bank
(Fin, GB) Vollbank *f*
(ie, mit Genehmigung für das Einlagengeschäft: designation handed out by the Bank of England under the terms of the 1979 Banking Act; syn, listed banks; opp, licensed . . . deposit-taker institution; the present two-tier classification will soon give way to only one category of authorized institution)
recognition
(Re) Anerkennung *f*
(ReW, US) Ausweis *m*
(ie, of an item in the financial statement of a business entity)
(Mk) passive Erinnerung *f*
recognition lag (Vw) Erkennungsverzögerung *f*
recognition strike (Pw) Anerkennungsstreit *m*
recognition test
(Mk) Wiedererkennungsprüfung *f*
– Wiedererkennungsverfahren *n*
recognizable facts (Re) erkennbare Umstände *mpl*
recognize *v*
(Re) anerkennen
(ReW) verbuchen *(ie, on books of account; syn, enter in/on, carry on, post to)*
recognize as an asset *v*
(ReW) aktivieren
(syn, capitalize, carry as an asset, charge to capital)
recognized stock exchange (Bö) amtliche Wertpapierbörse *f (syn, official stock exchange)*
recognize on *v*
(ReW) buchen
– verbuchen
(syn, recognize, qv)
(ReW) ausweisen *(ie, in an account; syn, show on the books, list)*
recommended price (com) empfohlener Preis *m*, Richtpreis *m (syn, suggested price)*
recommended retail price (com) empfohlener Abgabepreis *m*
recompense
(Pw) Vergütung *f (ie, as a reward for services rendered)*
(Re) Entschädigung *f (ie, repayment in compensation for a loss; cf, reimbursement)*
recompense *v*
(Pw) belohnen
(Re) entschädigen
recompile *v* (EDV) rekompilieren
reconcile *v* (ReW) abstimmen *(ie, bring the balances of accounts into agreement; syn, match)*
reconcilement date (Fin) Abstimmungstermin *m (ie, Clearingzentrale prüft Ausgleich aller Positionen)*
reconciliation (ReW) Abstimmung *f (ie, of accounts; syn, matching)*
reconciliation account (ReW) Berichtigungskonto *n (syn, adjustment account)*
reconciliation of accounts (ReW) Kontenabstimmung *f*
reconciliation of cash (ReW) Kassenabstimmung *f*
reconciliation sheet (ReW) Abstimmungsbogen *m (ie, statistical statement showing allocation of expenses to financial and plant accounts)*
reconciling item (ReW) Differenzposten *m* bei der Abstimmung
recondition *v* (IndE) aufarbeiten *(syn, rework)*
reconfirm *v* (com) erneut bestätigen *(cf, confirm)*
reconquer a market *v* (com) Markt *m* zurückerobern
reconsignment (com) Umleitung *f* e-r Sendung

reconstruction
(Bw, GB) Sanierung *f* e-r Gesellschaft
(ie, Änderung der Kapitalstruktur: may be achieved through 1. merger or amalgamation; 2. formation of a new company; 3. scheme of composition or arrangement = Vergleich; syn, US, reorganization)
reconstruction accounts (ReW, GB) Sanierungsbilanz *f*
reconstruction loan (Fin) Aufbaudarlehen *n*
reconstruction syndicate (Fin) Sanierungskonsortium *n* *(syn, backing syndicate)*
reconvene *v*
(com) erneut einberufen
(com) erneut zusammentreten
reconveyance (Re) Rückübertragung *f* von unbeweglichem Vermögen *(cf, conveyance)*
recooperage (com) Reparatur *f* beschädigter Container
record
(com) Aufzeichnung *f*
(com) Verzeichnis *n*
(EDV) Datensatz *m*, Satz *m* *(syn, data record)*
record *v*
(com) aufzeichnen
– schriftlich festhalten
(com) registrieren
(ReW) ausweisen *(ie, on the books; syn, recognize, show)*
(ReW) erfassen
– verrechnen
(EDV) speichern
– aufzeichnen
(Re) protokollieren
recordable CD (EDV) = CD-Recordable
record address (EDV) Satzadresse *f*
record address file (EDV) Satzadressendatei *f*
record area (EDV, Cobol) Datensatzbereich *m* *(cf, DIN 66 028, Aug 1985)*
record a track *v* (EDV) Spur *f* beschreiben
record a transaction *v* (ReW) Geschäftsvorfall *m* verbuchen *(ie, make an entry; syn, book, enter, post)*
record card (EDV, GB) Karteikarte *f* *(syn, index card)*
record checking (EDV) Satzprüfung *f*
record count (EDV) Satzzählung *f*
record date
(Fin) Bezugsrechtsstichtag *m*
(Fin, US) Stopptag *m*, Dividendenstichtag *m*
(ie, on which the books for the transfer of corporate shares are closed, and the identity of shareholders determined, for the purpose of dividend payout or voting at shareholders' meeting)
record density (EDV) Schreibdichte *f* *(syn, bit/character . . . density)*
record description (EDV, Cobol) Datensatzbeschreibung *f* *(cf, DIN 66 028, Aug 1985)*
recorded delivery (com, GB) Bestätigung *f* der Auslieferung e-r Brief- od Paketsendung; it is cheaper than registered post, and something like ‚certified mail' in U. S.
recorded economy (Vw) offizielle Wirtschaft *f* *(syn, first/formal . . . economy; opp, unrecorded economy, qv)*
recorded format (EDV) Satzformat *n*
recorder (Re, GB) Strafrichter *m* *(syn, US, criminal court judge)*
record gap (EDV) Satzzwischenraum *m*
recording (EDV) Aufzeichnung *f*
recording agent (Vers) Abschlußagent *m* *(ie, in fire insurance)*
recording density (EDV) Aufzeichnungsdichte *f*
recording error (EDV) Aufzeichnungsfehler *m*
recording format (EDV) Aufzeichnungsformat *n*
recording gap (EDV) Blocklücke *f* *(syn, interblock gap, qv)*
recording method (ReW) Ausweismethode *f*
recording of business transactions (ReW) Erfassung *f* von Geschäftsvorfällen
record in paying debts (Fin) Zahlungsmoral *f* *(syn, prior payment pattern, qv)*
record key
(EDV) Ordnungsbegriff *m*
(EDV, Cobol) Datensatzschlüssel *m*
– Satzschlüssel *m*
(cf, DIN 66 028, Aug 1985)
record layout (EDV) Satzstruktur *f*
record length (EDV) Satzlänge *f*
record locking
(EDV) Satzsperre *f*
– Sperre *f* auf Datensatzebene
(opp, file locking)
record marker (EDV) Satzmarke *f*
record-name (EDV, Cobol) Datensatzname *m* *(cf, DIN 66 028, Aug 1985)*
record number (EDV, Cobol) Datensatznummer *f* *(cf, DIN 66 028, Aug 1985)*
record of stockholders (Bw) Aktienbuch *n*
record pointer (EDV) Datensatzzeiger *m*
records
(com) Aufzeichnungen *fpl*
– Unterlagen *fpl*
(ie, accounts, correspondence, memorandums, tapes, disks, papers, books and other documents or transcribed information of any type, whether expressed in ordinary or machine language; cf, Sec 15 USC § 78)
records and vouchers (ReW) Buchungsunterlagen *fpl* *(syn, accounting . . . documents/records)*
record sequence (EDV) Satzfolge *f*
record size indicator (EDV) Satzlängenanzeiger *m*
records of cash totals (Fin) Kassenbestandsnachweis *m*
records of original entry (ReW) Uraufzeichnungen *fpl*
recoup *v*
(com) zurückgewinnen
– wettmachen
(eg, losses)
(com) entschädigen
(syn, reimburse, compensate)
recoup costs *v* (com) Kosten *pl* wieder hereinholen *(syn, recapture, recover)*
recoupment (Re) Minderung *f* *(ie, als Folge von ‚breach of warranty')*
recourse (WeR) Rückgriff *m*, Regreß *m* *(ie, right to demand payment from the maker or endorser of a negotiable instrument)*
recourse claim (Re) Regreßforderung *f*
recourse debtor (Re) Rückgriffsschuldner *m*

recourse factoring
(Fin) unechtes Factoring *n*
– Factoring *n* mit Regreß
– Factoring *n* mit Rückgriffsrecht
– Factoring *n* ohne Delcredere-Übernahme *(opp, nonrecourse factoring, qv)*
recourse for nonacceptance (WeR) Rückgriff *m* mangels Annahme
recourse in default of payment (Re) Rückgriff *m* mangels Zahlung
recourse to central bank (Fin) Inanspruchnahme *f* der Zentralbank
recover *v*
(com) sich erholen
– befestigen
(eg, the economy, stock prices)
(com) wieder hereinholen
– decken
(eg, increased cost through higher prices; syn, make up for, recoup, recapture)
– wettmachen *(eg, earlier losses)*
(Re) beitreiben *(ie, debt by legal process)*
recoverable debt (Fin) eintreibbare Forderung *f*
recoverable error (EDV) behebbarer Fehler *m*
recoverable input tax (StR) anrechenbare Vorsteuer *f*
recoverable reserves (Vw) = proven reserves
recover by legal process *v* (Re) gerichtlich beitreiben
recover damages *v*
(Re) Schadenersatz *m* erwirken
(ie, by obtaining final legal judgment)
recovery
(com) Rückgewinnung *f*
– Wiedererlangung *f*
(Vw) Aufschwung *m*
– Wiederbelebung *f*
(ReW) Wiederbeschaffung *f (syn, replacement)*
(Bö) Erholung *f*
(Re) Erhalt *m* von Schadenersatz
(EDV) Wiederanlauf *m*
– Wiederherstellung *f*
(EDV) Fehlerbehebung *f*
recovery cost (ReW) Wiederbeschaffungskosten *pl (syn, replacement cost)*
recovery is picking up speed (Vw) Aufschwung *m* beschleunigt sich
recovery of accounts receivable (Fin) Beitreibung *f* von Außenständen
recovery of debt (Fin) Eintreiben *n* e–r Forderung
recovery of demand (com) Nachfragebelebung *f*
recovery of replacement cost (ReW) Substanzerhaltung *f (ie, during service life = Nutzungsdauer)*
recovery period (Fin) Desinvestitionsperiode *f (ie, period in which the tied-up capital flows back with interest)*
recovery proceedings
(Re) Beitreibungsverfahren *n*
(ie, by bringing suit against a debtor)
recovery property
(ReW, US) Abschreibungsgüter *npl*
(ie, tangible property subject to depreciation allowance; term introduced by the Economic Recovery Tax Act of 1981; cf, Sec 168 IRC)
recovery strategy (Fin) Sanierungskonzept *n*
recovery time (Fin) Wiedergewinnungszeit *f (syn, payback . . . time/period, payout time)*
recovery value (ReW) Restwert *m (syn, residual value, qv)*
recreate *v* (EDV) neu erstellen
recruit *v* (Pw) einstellen *(syn, engage, hire)*
recruiting expenses (Pw) Einstellungskosten *pl (syn, hiring expenses)*
recruiting policy (Pw) Personalbeschaffungspolitik *f*
recruiting sources
(Pw) Anwärterkreis *m*
– Bewerberkreis *m*
recruit labor *v* (Pw) Arbeitskräfte *fpl* anwerben
recruitment
(Pw) Anwerbung *f*
– Einstellung *f*
– Personalbeschaffung *f*
recruitment agreement (Vw) Anwerbevereinbarung *f (ie, between two countries)*
recruitment ban (Pw) = recruitment stop
recruitment country (Pw) Anwerbeland *n*
recruitment fee (Pw) Anwerbegebühr *f*
recruitment rate (Pw, GB) Einstellungsquote *f (syn, accession rate, qv)*
recruitment stop (Pw) Anwerbestopp *m*
rectangular coordinate system (Math) rechteckiges Koordinatensystem *n*
rectangular distribution
(Stat) rechteckige Verteilung *f* Gleichverteilung *f*
(ie, each value has the same probability of occurrence; syn, uniform distribution)
rectangular hyperbola (Math) gleichseitige Hyperbel *f*
rectification (com) Berichtigung *f (syn, adjustment, correction)*
rectification note
(IndE, GB) Nachbesserungsauftrag *m*
rectify *v*
(com) berichtigen
– bereinigen
(eg, mistakes in a contract; syn, correct, put right, straighten out)
rectify a defect *v* (com) Schaden *m* beheben *(syn, remedy a defect, repair a damage)*
rectify defects *v* (IndE) nachbessern *(syn, rework)*
recuperate *v*
(com) sich erholen
(eg, shares recuperated toward the close; syn, recover)
recurrent taxation (StR) Mehrfachbesteuerung *f (syn, multiple taxation)*
recurring chain fraction
(Math) periodischer Kettenbruch *m*
recurring decimal fraction (Math) unendlicher periodischer Dezimalbruch *m (syn, repeating decimal)*
recursion level (EDV) Rekursionsebene *f*
recursive definition (Log) rekursive Definition *f*, Definition *f* durch Induktion
recursive function (Math) rekursive Funktion *f*
recursive programming (OR) rekursive Programmierung *f*
recycle *v* (com) recyceln (!) *(ie, der in der Presse übliche Sprachgebrauch)*
recycled paper (com) Recycling-Papier *n*

recycling
(IndE) Recycling *n*
– Rückgewinnung *f* von Rohstoffen
recycling of funds (Fin) Rückschleusung *f* von Geldern
red buttons (Bö, GB) mit der Abwicklung betraute Angestellte *pl*
red channel (Zo) roter Durchgang *m*
Red Clause
(Fin) Red Clause *f*
(ie, beinhaltet ungesicherte Bevorschussung des Akkreditivs bei Haftung der Akkreditivbank; cf, Green clause)
red clause letter of credit
(Fin) Vorschußakkreditiv *n*
(ie, similar to a normal letter of credit except that a clause is printed in the instrument in red ink authorizing the advising bank to make clean advances [Blankovorschüsse] to the exporter)
redeem *v*
(Fin) tilgen
– ablösen
(ie, pay off, repay; eg, loan, mortgage)
(Fin) zurückkaufen
redeemable
(Fin) rückzahlbar
– ablösbar
(ie, optional retirement before compulsory maturity; refers to stocks and bonds; syn, repayable, refundable)
redeemable bond
(Fin) Tilgungsanleihe *f*
(ie, im Gegensatz zu den Rentenanleihen – annuity bonds –, bei denen kein Tilgungszwang besteht, jede Anleihe, die gemäß den Emissionsbedingungen zurückzuzahlen ist; syn, callable bond, qv)
redeemable by drawings (Fin) auslosbar *(syn, drawable)*
redeemable loan (Fin) Tilgungsdarlehen *n*
redeemable preferred stock
(Fin, US) rückzahlbare Vorzugsaktie *f*
(syn, callable preferred stock)
redeem a loan *v* (Fin) Anleihe *f* tilgen *(syn, repay a loan)*
redeemed share (Fin) eingezogene Aktie *f* *(syn, called-in share)*
redeem securities *v* (Fin) Wertpapiere *npl* einziehen
redefine *v*
(Log) umdefinieren *(ie, define again)*
(com) neu formulieren
– umformulieren *(syn, reformulate)*
(EDV) neu definieren, neu bestimmen
redefine a company *v* (Bw) Unternehmen *n* umgruppieren *(eg, will now focus on another product line)*
redemise *v* (Re) Miet- od Pachtvertrag *m* verlängern
redemption
(Fin) Tilgung *f*
(ie, exchange of bonds for cash; one of three methods of extinguishing bonded indebtedness; the other two are refunding and conversion: Umschuldung/Refinanzierung und Konversion)
(Fin) Rückzahlung *f*
– Ablösung *f*
(Fin) Einlösung *f* *(ie, of bank notes in exchange for cash)*
(Fin) Rücknahme *f* von Anteilscheinen *(eg, von Investmentfonds)*
redemption agreement (Fin) Tilgungsvereinbarung *f*
redemption arrears (Fin) rückständige Tilgungszahlungen *fpl*
redemption at par (Fin) Rückzahlung *f* zum Nennwert
redemption at term (Fin) Rückzahlung *f* bei Endfälligkeit, Gesamtfälligkeit *f* *(syn, final redemption)*
redemption bond (Fin) Tilgungsanleihe *f*
redemption bonds
(Fin, US) Umschuldungsanleihe *f*
(ie, issues supplanting those called for redemption; do not confuse with ‚redeemable bonds', qv)
redemption by annual drawings (Fin) Tilgung *f* durch jährliche Auslosungen
redemption commission (Fin) Rückzahlungsprovision *f*
redemption commitments (Fin) Tilgungsverpflichtungen *fpl*
redemption date
(Fin) Tilgungstermin *m*
(ie, on which a security is due to be redeemed at its full value; that date on which the last interest payment is due)
redemption deferral (Fin) Tilgungsaufschub *m*
redemption discount (Fin) Tilgungsdisagio *n*
redemption fee
(Fin, GB) Aufschlag *m* für vorzeitige Tilgung
(ie, fee charged for paying off a mortgage before maturity; syn, US, prepayment penalty)
redemption-free period (Fin) tilgungsfreie Jahre *npl*
redemption fund (Fin) Tilgungsfonds *m* *(syn, sinking fund, qv)*
Redemption Fund for Inherited Liabilities (FiW) Erblastentilgungsfonds *m*
redemption funds (Fin) Tilgungsmittel *pl*
redemption holiday (Fin) = redemption-free period
redemption installment (Fin) Tilgungsrate *f* *(syn, sinking fund installment, qv)*
redemption loan (Fin) Tilgungsanleihe *f* *(syn, sinking-fund loan, qv)*
redemption mortgage
(Fin) Tilgungshypothek *f*
– Amortisationshypothek *f*
– Annuitätenhypothek *f*
(ie, provides for equal monthly payments covering both principal and interest during the term of the mortgage; syn, US, level-payment mortgage; opp, installment mortgage = Abzahlungshypothek, qv)
redemption notice (Fin) Einlösungsanzeige *f* *(ie, sent to holders of preferred stock)*
redemption of policy (Vers) Versicherungsrückkauf *m*
redemption of shares (Fin) Aktieneinziehung *f*
redemption payment (Fin) Tilgungszahlung *f*
redemption period
(Fin) Tilgungsdauer *f* *(ie, of a loan)*
(Fin) Einlösungsfrist *f* *(syn, maturity deadline)*
redemption premium (Fin) Rückzahlungsagio *n*
redemption price
(Fin) Rückzahlungskurs *m*
(Fin) Rücknahmepreis *m*

redemption reserve (Fin) Tilgungsrücklage *f*
redemption schedule (Fin) Tilgungsplan *m (syn, sinking fund table)*
redemption service (Fin) Tilgungsdienst *m*
redemption surrender (Vers) Rückkauf *m (ie, of insurance policy)*
redemption table (Fin) = redemption schedule
redemption value (Fin) Rückzahlungswert *m*
redemption yield
(Fin) Effektivverzinsung *f*
(ie, adjusted yield of a stock taking into account the profit or loss realisable upon redemption; ensures allowance for the potential change in capital value over the period; full formula is extremely complex; opp, running yield)
redeploy *v* (com) versetzen, verlagern *(ie, relocate men or equipment)*
redeployment of assets (Bw) Vermögensumschichtung *f*
redesign *v*
(com) umgestalten
– umstrukturieren
(syn, restructure)
redetermination of price (com) Neufestsetzung *f* e-s Preises
redetermine *v* (com) neu festsetzen
redevelopment (Vw) Sanierung *f (ie, rebuilding or improvement of private or commercial properties)*
redevelopment area (Vw) Sanierungsgebiet *n (syn, rehabiliation area)*
red exit (Zo) roter Ausgang *m*
red figures (com, infml) rote Zahlen *fpl (ie, losses)*
red herring prospectus
(Fin, US) vorläufiger Emissionsprospekt *m*
(ie, preliminary prospectus; contains all the information required by the SEC, except the offering price and coupon of a new issue; marked in red for identification)
redhibitory defect
(Re) Sachmangel *m*
(ie, defect in an article against which the seller is contractually bound to warrant; syn, redhibitory vice)
redial *v* (com) erneut wählen
redirect *v*
(com, GB) umadressieren, weiterleiten *(ie, instruction to Post Office; redirect to . . .; syn, US, forward)*
(EDV) umleiten
redirecting consumer demand (Vw) Bedarfslenkung *f*
redirection (com) Umadressierung *f*
redirect to *v* (com, GB) weiterleiten *(ie, instructions to post office on envelope)*
rediscount
(Fin, US) Rediskont *m*
(ie, the discounting for the second time of commercial paper by a Federal Reserve Bank for a member bank)
(Fin) Rediskont *m*
(ie, any note is rediscounted whenever an endorser negotiates it)
rediscount *v* (Fin) rediskontieren
rediscount a bill *v* (Fin) Wechsel *m* rediskontieren
rediscountable (Fin) rediskontfähig *(syn, eligible for rediscount)*
rediscount ceiling (Fin) = rediscount line
rediscounting of bills of exchange (Fin) Wechselrefinanzierung *f*
rediscount line
(Fin) Rediskontkontingent *n*
– Rediskontlinie *f*
– Rediskontrahmen *m (syn, rediscount . . . ceiling/quota)*
rediscount quota (Fin) = rediscount line
rediscount rate
(Fin, US) Rediskontsatz *m*
(ie, rate of discount charged by Federal Reserve Banks for re-discounting commercial, industrial eligible and other paper; cf, Sect 14 (d) of the Federal Reserve Act)
rediscounts (Fin) Rediskontabschnitte *mpl (ie, rediscounted paper)*
redispatch (com) Weiterversendung *f*
redistribute *v* (Vw) umverteilen
redistributed cost (KoR) verteilte Kostenabweichungen *fpl*
redistribution
(Vw) Umverteilung *f*
– Redistribution *f*
(ie, altering the outcome of primary distribution; this is how economists talk about the problem: Allokationseffizienz und Verteilungsgerechtigkeit können so miteinander in Konflikt geraten, daß im Interesse der Verteilungsgerechtigkeit auf Effizienzverbesserungen oder wegen Effizienzverlusten auf Distributionsverbesserungen verzichtet wird; cf, H. Möller; subterms are: international – interpersonal – intertemporal – Pareto-optimal – vertical . . . redistribution)
redistributionist (Vw) Umverteilungsanhänger *m (ie, usually one with an unshakable belief in the blessings of the welfare state)*
redistribution mechanism (Vw, EG) Umverteilungshaushalt *m*
redistribution multiplier (Vw) Umverteilungsmultiplikator *m*
redistribution of loss (Vers) Schadenumschichtung *f*
redistribution of wealth (Vw) Vermögensumverteilung *f*
redistributive consequences (Vw) Umverteilungswirkungen *fpl (eg, of regulatory decision making)*
redistributive tax (FiW) redistributive Steuer *f*
redlining
(Fin, US) willkürlicher Ausschluß *m* von Bankkunden
(ie, refusing mortgages for homes and businesses in certain areas, usually populated by the economically disadvantaged)
redo *v* (com) umbauen *(eg, mansions for sale as multifamily dwellings; syn, convent)*
redraft
(Fin, US) Rückwechsel *m*
(ie, drawn by a holder of a dishonored bill upon drawer or endorser, for the amount of the original bill plus protest fees; Rückgriffsberechtigter zieht auf e-n s-r Vordermänner; alte Bezeichnung auch: Ricambio, Ricambiowechsel; syn, cross bill)

redraft *v*
(com) umformulieren
– umschreiben
(syn, rephrase, reformulate)
redress *v* (com) ausgleichen *(eg, balance of payments)*
redressement (Mk) Beseitigung *f* der durch Ausfälle entstandenen Verzerrungen bei Hochrechnungen
redress grievances *v* (Pw) Beschwerdepunkte *mpl* beseitigen
red tape
(com) unbewegliche Bürokratie *f*
– „Papierkrieg" *m*
red-tape instruction
(EDV) organisatorischer Befehl *m*
red-tape operation (EDV) organisatorische Operation *f*
red-tape ridden (Bw) verkrustet *(eg, organization)*
redubbing (Mk) Nachsynchronisation *f*
reduce *v*
(com) abbauen
– herabsetzen
– kürzen
(eg, prices, wages; syn, cut, cut back, pare down, trim)
reduce capital *v* (Fin) Kapital *n* herabsetzen
reduced hours (Pw) verkürzte Arbeitszeit *f*
reduced inspection (Stat) reduzierte Prüfung *f*
reduced life expectancy (Vers) abgekürzte Lebenserwartung *f*
reduced rate
(com) ermäßigter Satz *m*
(com) ermäßigte Gebühr *f*
reduced tare (com) reduzierte Tara *f*
reduce inventory *v* (MaW) Lager *n* abbauen *(syn, destock, qv)*
reduce personnel *v*
(Pw) Personal *n* abbauen
– Personalbestand *m* verringern
(syn, cut staff; slim/pare/trim . . . workforce)
reduce to writing *v* (com, fml) schriftlich fixieren
reducible algebra (Math) reduzible Algebra *f*
reducible polynomial (Math) reduzibles Polynom *n*
reducing-balance form
(ReW) Staffelform *f*
(ie, of the income statement = GuV-Rechnung)
reducing balance method (of depreciation) (ReW) degressive Abschreibung *f (syn, GB, reducing instalment system)*
reducing instalment system
(ReW, GB) degressive Abschreibung *f*
(ie, particularly used for vehicles)
reduction
(com) Kürzung *f*
– Nachlaß *m*
– Rabatt *m*
(syn, discount, deduction, rebate, qv)
(OR) Reduktion *f*, Verdichten *n (ie, von Netzplänen)*
reduction in deficit ratios (FiW) rückläufige Defizitquoten *fpl*
reduction in normal hours of work (Pw) Arbeitszeitverkürzung *f (syn, shorter hours)*
reduction in output (IndE) Produktionseinschränkung *f (syn, production cutback, qv)*
reduction in rank (Stat) Rangreduktion *f*
reduction in stocks (ReW, EG) Verringerung *f* des Bestandes
reduction in workforce (Pw) = reduction of personnel
reduction of barriers of trade (AuW) Abbau *m* von Handelshemmnissen *(syn, dismantling)*
reduction of capacity (Bw) Kapazitätsabbau *m (syn, cutback in capacity, qv)*
reduction of capital (Fin, GB) Herabsetzung *f* des Grundkapitals *(ie, of a limited company; sometimes called internal reconstruction)*
reduction of contract price (Re) Minderung *f* des Kaufpreises
reduction of customs duties
(AuW) Abbau *m* von Zöllen
– Senkung *f* von Zöllen
reduction of data
(Stat) Datenreduktion *f*
– Konzentration *f* der Daten
reduction of hours (Pw) = reduction of working hours
reduction of inventories (MaW) Lagerabbau *m (syn, destocking, qv)*
reduction of personnel (Pw) Personalabbau *m (syn, cutback in employment)*
reduction of proceeds (ReW) Erlösschmälerungen *fpl*
reduction of public debt (FiW) Abbau *m* der Staatsverschuldung
reduction of workforce
(Pw) Abbau *m* der Belegschaft
(syn, cutting down of workforce, slashing manning levels, job pruning, slimming)
reduction of working hours (Pw) Arbeitszeitverkürzung *f (syn, cut in working time, shorter hours)*
redundancies (Pw, GB) Entlassungen *fpl*
redundancy
(Pw, GB) Entlassung *f (ie, dismissal from a job; through layoff or early retirement)*
(Pw) Arbeitslosigkeit *f (syn, unemployment)*
(EDV) Redundanz *f (ie, backup system provided to duplicate the function of a device)*
(com) Redundanz *f (ie, repetitive statement, superfluous repetition)*
redundancy analysis
(Stat) Redundanzanalyse *f*
(ie, Spezialfall der kanonischen Korrelation)
redundancy check (EDV) Redundanzprüfung *f*
redundancy pay
(Pw, GB) Entlassungsabfindung *f*
(ie, based on pay and length of service; syn, severance pay)
redundancy payment (Pw) Abfindungszahlung *f (syn, severance /termination pay)*
redundant
(Pw, GB) arbeitslos *(ie, out of work)*
(EDV) redundant
(com) überflüssig
redundant capacity (Bw) Überkapazität *f (syn, surplus capacity, qv)*
redundant character (EDV) redundantes od selbstprüfendes Zeichen *n*
redundant code (EDV) Sicherheitscode *m*
redundant number (Math) abundante Zahl *f (syn, abundant number)*

redundant workers (Pw, GB) freigesetzte Arbeitskräfte *fpl (cf, redundancy)*
reefer (com) Kühlcontainer *m*, Kühlschiff *n*
reemploy *v* (Pw) wieder einstellen *(syn, rehire, reinstate)*
reemployment (Pw) Wiedereinstellung *f (ie, of laidoff workers)*
reengage *v* (Pw) = reemploy
reengagement (Pw) Wiedereinstellung *f*
reengineer *v* **a job**
(Pw) Arbeitsplatzbeschreibung *f* anpassen
(ie, to suit changed qualification of job holder = an Qualifikation des Mitarbeiters anpassen)
reengineering (EDV) Überarbeitung *f* existierender Software
re-enterable (EDV) ablaufinvariant *(syn, re-entrant, sharable)*
re-entrant (EDV) ablaufinvariant
re-entry point (EDV) Rücksprungsstelle *f*
reexamination procedure
(Pat, US) Nachprüfungsverfahren *n*
(ie, im Gegensatz zum ‚reissue procedure' können auch Dritte die Patentnachprüfung beantragen; möglich seit 1980)
re-exchange (Fin) = redraft
re-export (AuW) Wiederausfuhr *f*
re-export *v* (AuW) wiederausführen
re-exportation (AuW) Wiederausfuhr *f*
re-exportation certificate (com) Wiederausfuhrbescheinigung *f*
re-export document (com) Wiederausfuhranmeldung *f*
re-exporter (AuW) Wiederausführer *m*
re-export trade (AuW) Wiederausfuhrhandel *m*
refer *v*
(com) verweisen auf
– hinweisen auf
(eg, my latest publication)
(com) sich beziehen auf
– Bezug *m* haben auf
(eg, the new law refers to the principle of free movement of capital)
(com) überweisen *(eg, patient to specialist)*
(Re) überweisen
– weiterleiten
(eg, dispute to arbitrators)
referee
(Pw, GB) Referenz *f*
(ie, someone willing to attest to an applicant's qualifications; syn, US, reference)
(Re) = arbitrator
(Re, GB) Schlichter *m (ie, special . . . referee /umpire)*
referee function (Re) Schiredsrichterrolle *f*
referee in bankruptcy
(Re, US) Konkursrichter *m*
(ie, an old word for a federal judge who runs bankruptcy hearings; cf, Bankruptcy Court Judge)
referee in case of need (WeR) Notadresse *f*
reference
(com) Bezugnahme *f*
– Verweis *m*
(com) Quellenangabe *f*
(Fin) Kreditauskunft *f*
(Pw) Referenz *f (ie, may be either the written statement or the person supplying it)*
(Re) Verweisung *f (eg, an ein Gericht)*
reference address
(EDV) Bezugsadresse *f*
– Basisadresse *f*
(syn, base address)
reference bank
(Fin) Referenzbank *f*
(ie, rate on Eurocredit is often linked to the rate being charged by specified reference banks)
reference book (com) Nachschlagewerk *n (syn, reference work)*
reference class (Stat) Bezugsklasse *f*
reference code (com) Aktenzeichen *n (ie, on letters)*
reference currency (Fin) Referenzwährung *f*
reference date (com) Stichtag *m*
reference figure (KoR) Bezugsgröße *f*
reference format (EDV, Cobol) Referenzformat *n (cf, DIN 66 028, Aug 1985)*
reference group
(Mk) Referenzgruppe *f*
(ie, a. sociological unit from which an individual takes his behavorial cues or b. any set of people influencing an individual's attitudes or behavior)
reference information (com) Nachschlageinformationen *fpl*
reference initials (com, GB) Diktatzeichen *n (syn, identification initials)*
reference manual
(EDV) Handbuch *n*
– Bedienerhandbuch *n*
reference number
(com) Geschäftszeichen *n*
(Pw) Chiffrenummer *f (syn, box number)*
reference operations (IndE) Schlüsselarbeiten *fpl*
reference patent (Pat) entgegengehaltenes Patent *n (syn, cited patent)*
reference pattern
(com) Ausfallmuster *n*
– Referenzmuster *n*
reference period
(Stat) Bezugsperiode *f (syn, base period)*
(com) Referenzperiode *f*
(EG) Referenzzeitraum *m*
reference point
(com, GB) Ansprechpartner *m (eg, create a single reference point to liaise with . . .)*
reference price
(com) Vergleichspreis *m*
(EG) Mindestpreis *m*
– Referenzpreis *m*
(syn, floor price)
reference rate
(Fin) = equilibrium rate of exchange
(Fin) Referenzzinssatz *m*
– Referenzzins *m*
(ie, auf den festgelegten R. wird über die Vertragslaufzeit ein Aufschlag von x Prozentpunkten erhoben; typische Referenzzinssätze sind: Diskontsatz der Deutschen Bundesbank, LIBOR, FIBOR)
reference set (Math) Gegenstandsbereich *m (syn, universe of discourse)*
reference tariff (EG) Referenzzoll *m*

reference to arbitration (Re) Verweisung *f* an ein Schiedsgericht
reference value (com) Bezugswert *m*
reference variable
(Math) Bezugsgröße *f*
(EDV) Führungsgröße *f (syn, set point)*
referencing (ReW) Überprüfung *f* von Berichtsdaten
referent (Log) Bezugsgegenstand *m (syn, object)*
referent power
(Bw) Macht *f* durch Persönlichkeitswirkung *f*
(ie, in leadership behavior)
referral
(com) Überweisung *f*
(ie, send for treatment, decision, information)
(Re) Verweisung *f (ie, to = an)*
referral leads (Mk) Angabe *f* von Interessenten *(ie, by statisfied customers)*
refer to *v*
(com) verweisen auf
(Re) verweisen an *(eg, proposed merger to the Monopolies and Merger Commission)*
refer to arbitration *v* (com) Schiedsgericht *n* anrufen
refer to drawer, r/d (R/D)
(Fin, GB) „zurück an Aussteller"
– „keine Deckung"
(ie, bank's stamp on a cheque that it will not honour; syn, US, insufficient funds)
refilling of inventories
(MaW) Lagerauffüllung *f*
– Lageraufstockung *f*
(syn, restocking, qv)
refill inventory *v* (MaW) Lager *n* auffüllen *(syn, restock, qv)*
refinance *v*
(Fin) refinanzieren
(Fin) umfinanzieren
refinance bill (Fin) Refinanzierungswechsel *m*
refinance credit (Fin) Refinanzierungskredit *n*
refinancing
(Fin, GB) Refinanzierung *f (eg, of export loans at the Bank of England)*
(Fin) Refinanzierung *f (ie, replace financing or obtain new finance)*
(Fin) Umschuldung *f (syn, rescheduling)*
(Fin, GB) = refunding
refinancing arrangements (EG) Refinanzierungssystem *n*
refinancing funds (Fin) Refinanzierungsmittel *pl*
refinancing line (Fin) Refinanzierungsplafonds *m*
refinancing policy (Vw) Refinanzierungspolitik *f*
refinancing potential (Fin) Refinanzierungsbasis *f (ie, of commercial banks)*
refinancing requirements (Fin) Refinanzierungsbedarf *m*
refinancings (Fin) Refinanzierungsaktionen *fpl*
refined birth rate (Stat) Fruchtbarkeitsziffer *f (ie, for 1,000 women of child-bearing age)*
refined death rate (Stat) reine Sterbeziffer *f*
refined turnover tax (FiW) veredelte Umsatzsteuer *f (cf, W. v. Siemens)*
refinement step (EDV) Abstraktionsstufe *f (ie, in program design)*
refit a plant *v* (IndE) Anlage *f* umrüsten
refit plant *v* (IndE) Anlage *f* umrüsten
reflation
(Vw) Reflation *f*
(ie, term coined in 1932–1933; attempt to stop deflation and induce the opposite course towards a „desirable" general price level; marked by tax cuts, increased government spending, and lowered interest rates; Umkehrung der der Deflation durch Zins- und Steuersenkungen sowie erhöhte Staatsausgaben)
reflationary policy (Vw) Ankurbelungspolitik *f*
reflect income *v* (ReW) Gewinn *m* ausweisen
reflexion in an axis (Math) Spiegelung *f* an der Achse
refloat *v*
(com, infml) sanieren
(syn, reforge, reshape, revamp, revitalize, put new life into)
reflux of notes and coin (Vw) Bargeldrückfluß *m*
refocus one's basic thinking *v* (com) sich umorientieren
reforge *v* (com, infml) sanieren *(syn, refloat, qv)*
reform a contract *v* (Re) Vertrag *m* ändern
reformat *v* (EDV) umformatieren
reform proposal (EG) Reformvorschlag *m*
refrain from doing *v* (Re) unterlassen *(syn, forbear from doing, omit to do/doing)*
refresh (EDV) Bildwiederholung *f*
refresh an expiring loan *v* (Fin) Kredit *m* erneuern
refresher course (Pw) Auffrischungskurs *m*
refresher training
(Pw) auffrischende Ausbildung *f*
(syn, booster, updating/upgraded . . . training)
refresh memory
(EDV) Auffrischspeicher *m*
– Bildwiederholspeicher *m*
refresh rate (EDV) Bildwiederholfrequenz *f*
refresh storage (EDV) = refresh memory
refrigerated cargo (com) Kühlladung *f*
refrigerated truck (com) Kühlwagen *m*
refrigerated warehouse (com) Kühlhaus *n (syn, cold store)*
refrigeration system
(com) Klimaanlage *f*
(syn, air conditioning plant, cooling plant)
refrigerator car (com) Kühlwagen *m*
refrigerator ship (com) Kühlschiff *n*
refugee capital (Fin) = hot money
refund (Fin) Rückerstattung *f*, Rückvergütung *f (syn, reimbursement)*
refund *v*
(Fin) rückerstatten
– rückvergüten
(syn, reimburse)
(Fin) umfinanzieren *(syn, refinance, qv)*
(Fin) umschulden *(cf, refunding)*
refundable (Fin) rückzahlbar *(syn, repayable)*
refundable tax
(StR, US) Steuer *f* mit Erstattungsanspruch
– rückzahlbare Steuer *f*
refund check (com) Umtauschquittung *f*
refund costs *v*
(com) Kosten *pl* ersetzen
(syn, reimburse costs)
refund credit slip (Mk) Gutschrift *f (ie, in retail trade)*

refunding
(Fin) Umfinanzierung *f*
(ie, disliked by investors; syn, GB, refinance)
(Fin) Umschuldung *f*
(ie, replacement of corporate debt with new debt; eg, through the sale of a new issue)
refunding bond issue
(Fin, US) Refinanzierungsanleihe *f*
– Umschuldungsanleihe *f*
(ie, issues supplanting maturing issues; cf, redemption bonds)
refunding commitment (Fin) Refinanzierungszusage *f*
refunding credit (Fin) Umschuldungskredit *m*
refunding loan (Fin) Refundierungsanleihe *f*
refunding of contributions (com) Beitragserstattung *f*
refund money *v* (Fin) Geld *n* zurückerstatten *(syn, pay back)*
refund of customs duties (Zo) Zollrückerstattung *f*
refund of premium (Vers) Beitragsrückerstattung *f*
refund of VAT to exporter (StR) Ausfuhrhändlervergütung *f*
refusal
(com) Ablehnung *f*
– abschlägige Antwort *f*
(Stat) Verwerfen *n*
(Pat) Zurückweisung *f* e-r Anmeldung *(ie, of patent application)*
(Re) Ablehnung *f (eg, of offer)*
refusal of acceptance (Re) = refusal to accept
refusal of a patent (Pat) Patentversagung *f*
refusal of justice (Re) Rechtsverweigerung *f (syn, outright abdication, qv)*
refusal of performance (Re) Leistungsverweigerung *f*
refusal rate (Stat) Ausfallrate *f (syn, proportion of defectives)*
refusal to accept (Re) Annahmeverweigerung *f (syn, refusal of acceptance, nonacceptance)*
refusal to deal (Kart, US) Gruppenboykott *m (syn, collective refusal to deal, qv)*
refusal to sell (Kart) Liefersperre *f*
refuse *v* (com) ablehnen *(syn, reject, decline)*
refuse acceptance *v* (WeR) Akezpt *n* verweigern *(ie, dishonor by nonacceptance)*
refuse a patent *v* (Pat) Patent *n* versagen
refuse audit certificate *v* (ReW) Bestätigungsvermerk *m* versagen
refuse collection (com, GB) Müllabfuhr *f (syn, garbage collection)*
refuse liability *v* (Re) Haftpflicht *f* ablehnen *(syn, disclaim liability)*
refuse tip (com, GB) Mülldeponie *f (syn, garbage dump)*
refuse to accept liability *v* (Re) Haftung *f* ablehnen
refuse to take delivery *v* (com) Annahme *f* verweigern
refutable (Log) anfechtbar
refutable assertion (Log) anfechtbare Behauptung *f*
refutation (Log) Wiederlegung *f*
regenerate code *v* (EDV) erneut kompilieren
regeneration
(EDV) Regenerierung *f (ie, of screen display information)*
(EDV) Mitkopplung *f (syn, positive feedback, qv)*
regenerative feedback (EDV) = regeneration

regional (com) regional, überörtlich *(cf, local)*
regional airline (com) regionale Fluggesellschaft *f*
regional bank (Fin) Regionalbank *f*
regional development policy (Vw) Regionalpolitik *f*
regional differential
(Pw, US) regionale Lohnunterschiede *mpl*
(ie, difference in current wages for equal work)
regional distribution
(Mk, US) regionale Absatzkanäle *mpl*
(ie, established for product sales or magazine circulations by regions)
regional economic planning (Vw) Regionalplanung *f*
regional economics (Vw) Regionalökonomik *f*
regional main office (Vers) Bezirksfiliale *f*
regional manager (com) Gebietsleiter *m (syn, division area supervisor)*
regional mobility (Vw) geographische Mobilität *f (syn, geographic mobility)*
regional planning (Vw) Raumplanung *f*
regional transfer *m*
(EG) regionaler Transfer *m*
(eg, to provide financial assistance to the poorer areas of the Community = zwecks finanzieller Unterstützung ärmerer Regionen der Gemeinschaft)
region of acceptance (Stat) Annahmebereich *m*
region of analyticity (Math) Regularitätsgebiet *n*
region of rejection (Stat) Ablehnungsbereich *m*
register
(com) Liste *f*
– Register *n*
– Verzeichnis *n*
register *v*
(com) eintragen
– eintragen lassen
– anmelden
(com) einschreiben lassen *(ie, letter)*
(IndE) registrieren
– anzeigen
(Pat) anmelden
(ie, a trademark)
(Bö) verbuchen
(eg, price gains = Kursgewinne)
registered accounts (AuW) Ausländerkonten *npl*
registered bond made out to order (Fin) Orderschuldverschreibung *f (syn, order bond)*
registered bonds
(Fin) Namensschuldverschreibungen *fpl*
(ie, in the name of the owner as to either principal and interest or principal only; opp, coupon bonds, qv)
registered capital
(ReW, GB) Grundkapital *n*
– Nominalkapital *n*
(syn, authorized capital)
registered check (Fin, US) = bank draft
registered COD consignment (com) Nachnahmesendung *f*
registered commodity representative (Bö, US) = account representative, qv
registered coupon bond (Fin, GB) Namensschuldverschreibung *f* mit Inhaberkupons
registered debenture (Fin, GB) Namensschuldverschreibung *f*
registered design (Pat) Gebrauchsmuster *n*

registered instrument
(WeR) Namenspapier *n*
– Rektapapier *n*
(syn, nonnegotiable instrument)
registered letter (com) Einschreiben *n*, eingeschriebener Brief *m*
registered mail
(com, US) Einschreibsendung *f*
– Einschreiben *n (syn, certified mail)*
registered office
(com) eingetragener Sitz *m* e-r Gesellschaft
(ie, US, registered with the appropriate state agency; in GB, with the Registrar of Companies; syn, statutory office, legal domicile)
registered post (com, GB) Einschreiben *n (syn, registered mail)*
registered proprietor (Re, GB) eingetragener Grundstückseigentümer *m (ie, recorded at the Land Registry)*
registered representative (Bö, US) = account representative, qv
registered security (WeR) Namenspapier *n*
registered share (Fin, GB) Namensaktie *f*
registered title (Re, GB) eingetragenes Grundstücksrecht *n (ie, recorded at the Land Registry)*
registered trademark (Pat) eingetragenes Warenzeichen *n*
registered trader (Bö) eingetragener Wertpapierhändler *m*
registered warehouse receipt (WeR) Namenslagerschein *m*
register of bills payable (ReW) Akzeptbuch *n*
Register of Business Names (Re, GB) Handelsregister *n*
register of charges (Bw, GB) Verzeichnis *n* der Verbindlichkeiten *(ie, kept by law at the registered office of a limited liability company)*
register of companies (com, GB) Gesellschaftsregister *n*
register of data banks (EDV) Datenbankregister *n*
register of debenture holders (Bw, GB) Verzeichnis *n* der Obligationäre *(ie, kept by every limited company)*
Register of European Patents (Pat) Europäisches Patentregister *n*
Register Office (Re, GB) Standesamt *n (ie, popularly called registry office; syn, marriage clerk's office)*
register of members (Bw, GB) Aktienbuch *n (syn, share/shareholders' . . . register)*
register of merchandise received (MaW) Eingangsbuch *n*, Wareneingangsbuch *n*
register of transfers (Bw, GB) Verzeichnis *n* der Aktienübertragungen *(ie, records all transfers of a limited company's shares; syn, transfer . . . register book)*
register operand (EDV) Registeroperand *m*
register ton (com) Registertonne *f (ie, unit of internal capacity of ships, equal to 100 cubic feet)*
registrar (Bw, US) Registerstelle *f (ie, führt Namensregister der Aktionäre, usually a bank or trust company)*
registrar of bankruptcy (Re, GB) Konkursrichter *m (ie, in the absence of composition, he declares the debtor bankrupt)*
Registrar of Companies (Re, GB) Registerführer *m* für Aktiengesellschaften *(ie, issues certificates of incorporation, qv)*
registration book (com, GB, appr) Kraftfahrzeugbrief *m (syn, log book)*
registration documents (com) Anmeldeunterlagen *fpl*
registration fee (com) Anmeldegebühr *f*
registration form (com) Anmeldeformular *n*
registration office (com) Anmeldestelle *f*
registration statement (Bö, US) Anlage *f* zum Antrag auf Börsenzulassung von Wertpapieren bei der SEC *(cf, 15 USC § 77 b (8))*
registration system
(Pat) Anmeldesystem *n*
(cf, § 3 PatG; opp, pre-examination system = Prüfsystem, as used in the U. S.)
registry
(com) Eintragung *f (syn, registration)*
(com) Ort *m* der Eintragung
(Re) = official record book
(com) Schiffsregister *n (ie, of a country's ships that fly its flag)*
(com) Nationalität *f* e-s Schiffes
(EDV, GUI) Registrierdatenbank *f*
registry fee (com, US) Einschreibegebühr *f (ie, paid at the post office in addition to the first-class rate)*
registry office (Re) = register office
regression
(Stat) Regression *f*
(ie, given two stochastically dependent random variables, regression functions measure the mean expectation of one variable relative to the other)
regression analysis (Stat) Regressionsanalyse *f*
regression coefficient
(Stat) Regressionskoeffizient *m*
(ie, if two variables x and y have such a correlation that yi = my(xy) is the conditional expectation – bedingte Erwartung – of a given y, then the coefficients in the function my(xy) are called the regression coefficients)
regression constant (Stat) Regressionskonstante *f*
regression curve (Stat) Regressionskurve *f*
regression equation
(Stat) Regressionsgleichung *f*
(ie, in which the x's are called ‚independent', ‚predicated variables', ‚predictors', or ‚regressors'; y is called ‚dependent variate', ‚predictand', or ‚regressand')
regression estimate (Stat) Regressionsschätzung *f*
regression estimator (Stat) Regressionsschätzer *m*
regression function (Stat) Regressionsfunktion *f*
regression line
(Stat) Regressionsgrade *f*
– Regressionslinie *f*
regression parameter (Stat) Regressionsparameter *m*
regression surface (Stat) Regressionsfläche *f*
regressive cost
(KoR) regressive Kosten *pl*
(ie, falling in absolute terms when the level of activity – Beschäftigungsgrad – goes up, and vice versa)
regressive expense (KoR) = regressive cost
regressive shift of the tax burden (FiW) regressive Verschiebung *f* der Steuerlast

regressive supply
(Vw) inverse Angebotsmenge *f*
(ie, quantity offered increases as price decreases; eg, in farm production)
regressive supply curve (Vw) inverse Angebotskurve *f*
regressive tax
(FiW) regressive Steuer *f*
(ie, imposed at a rate that decreases as its base – Steuerbemessungsgrundlage – increases; opp, progressive tax)
regressivity
(FiW) Regressivität *f*
– Regressionswirkung *f*
regressor
(Stat) vorgegebene Variable *f*
– Regressor *m*
(syn, predictive variable, determining variable)
regrouping of investments (Fin) Anlagenumschichtung *f*
regroup investments *v* (Fin) Anlagen *fpl* umschichten
regs (Re) = regulations
regular (com) = regular customer
regular accounting practices (ReW) übliche Rechnungslegungsverfahren *npl*
regular average earnings (Pw) durchschnittlicher Normalverdienst *m*
regular checking account
(Fin) Girokonto *n* mit Mindesteinlage *f*
(ie, no maintenance fee)
regular customer
(com) Stammkunde *m*
(syn, regular patron, regular)
regular customers
(com) Kundenstamm *m*
(syn, established clientele)
regular dividend (Fin) laufende Dividende *f*
regular element
(IndE) ständig sich wiederholender Teilvorgang *m*
(ie, element that occurs with a fixed frequency in each work cycle; syn, repetitive element)
regular equipment (com) Standardausrüstung *f*
regular function
(Math) reguläre Funktion *f*
(ie, analytic function of one or more complex variables)
regular gasoline (com, US) Normalbenzin *n*
regular income
(Pw) festes
– reguläres ... Einkommen *n*
regular lot
(Bö) voller Börsenschluß *m*
(ie, standard unit of trade on a stock or commodity exchange; syn, full/board ... lot)
regularly constituted meeting
(Bw) ordnungsgemäß einberufene Sitzung *f*
(syn, properly constituted meeting)
regularly employed (Pw) fest angestellt
regularly scheduled service (com) Liniendienst *m*
regular market (Bw) organisierter Markt *m (syn, organized market)*
regular member (com) Vollmitglied *n*
regular patron (com) = regular customer
regular premium (Vers) laufende Prämie *f*

regular stock on hand
(MaW) Lagermaterial *n (opp, Auftragsmaterial = materials purchased to fill a particular order)*
regular subsistence payments (SozV) laufende Hilfe *f* zum Lebensunterhalt *m*
regular train (com) fahrplanmäßiger Zug *m*
regular transaction
(Vw) autonome Transaktion *f*
(syn, autonomous transaction)
regular way delivery (Bö) Lieferung *f* und Zahlung *f* von ‚government bonds' am nächsten Tag, die aller anderen Wertpapiere vier Tage nach Abschluß
regular way settlement (Fin, US) Regelerfüllung *f*
(ie, in the corporate money bond markets; the regular basis on which some security trades are settled is that delivery of the securities purchased is made against payment in Fed funds on the day following the transaction)
regulate *v*
(Re) (mit den Mitteln der Rechtsordnung) regeln
(eg, U. S. Congress has the power to regulate commerce; that is it may enact all appropriate legislation for its protection and advancement)
(Vw, US) regulieren *(cf, regulation of business)*
(IndE) regeln *(cf, control)*
regulate competition *v* (Kart) Wettbewerb *m* regeln
regulated industries (Kart, US) öffentlich regulierte Wirtschaftszweige *mpl (ie, öffentlich gebundene Unternehmen; zuständig für diese Bindung sind die ‚Independent Regulatory Commissions', qv)*
regulated investment company
(StR, US) steuerbegünstigte Investment-Gesellschaft *f*
(ie, registered as management company or a unit investment trust; further details in § 851 (a) IRC; may elect not to be taxed on the amount of its income that is distributed to shareholders)
regulated public utility
(StR, US) öffentlich reguliertes Versorgungsunternehmen *n*
(ie, for the purpose of the Internal Revenue Code, a corporation engaged in the sale of electric energy, gas, water, or sewerage disposal service (Abwasserbeseitigung), or transportation, if rates are regulated; cf, § 7701 (a) (33) IRC)
regulate the money supply *v* (Vw) Geldmenge *f* regeln
regulation
(EG) Verordnung *f*
(opp, directive = Richtlinie)
(Re) Richtlinie *f*
– Verordnung *f*
– Vorschrift *f*
– Verwaltungsvorschrift *f*
– Durchführungsverordnung *f*
(ie, rule or order having the force of law issued by an executive authority of a government)
(Re, US) Maßnahmen *fpl* staatlicher Wirtschaftslenkung
(ie, governmental actions to control price, sale and production decisions of firms in an avowed effort to prevent private decision-making that would take inadequate account of the ‚public interest')

(IndE) (Festwert-)Regelung *f*
(ie, errors are automatically corrected by feeding back into the system the condition being regulated; regulation is based on feedback, while control (= Steuern) is not)
(Fin, US) Richtlinie *f*
(see below)

regulation of business
(Vw, US) (zentrale) staatliche Wirtschaftslenkung *f*
(syn, government regulation of business, qv)

regulation of industry (Vw, US) = regulation of business

regulation of the market
(Vw) Marktregulierung *f*
(Bö) Kursregulierung *f*, Kurspflege *f* *(syn, price support)*

regulator (EDV) Regler *m* *(cf, controller, automatic controller)*

regulatory agency (Re) cf, independent regulatory commission

regulatory audit
(FiW) Rechnungskontrolle *f*
(ie, Gegenstand ist die formgerechte Beschaffenheit und Ausstattung der Belege und die Richtigkeit, Wahrheit und Vollständigkeit der Aufzeichnungen; opp, operational audit)

regulatory environment
(Vw, US) Politik *f* der staatlichen Wirtschaftslenkung *(cf, regulation)*

regulatory framework
(Re) rechtliche Rahmenvorschriften *fpl*
– rechtliche Rahmenbedingungen *fpl*

regulatory function (Vw) ordnungspolitische Aufgabe *f*

regulatory relief (Vw, US) Lockerung *f* der öffentlichen Regulierung

regulatory tax (FiW) nicht-fiskalische Steuer *f* ordnungspolitische Steuer *f* *(ie, levied for purposes other than the raising of revenue; eg, a protective tariff = Schutzzoll)*

List of Regualtions Currently in Force

Title	Coverage
Regulation 8B	Filing of registration statements pursuant to Sect 8 of the Investment Company Act of 1940.
Regulation 9	Conduct of fiduciary business by national banks.
Regulation 12B	Procedures for filing reports with the SEC pursuant to the Securities Exchange Act of 1934.
Regulation 14A	Proxy statements and solicitation of proxies, as regulated by the SEC
Regulation 14C	Distribution of proxy statements and other information, as regulated by the SEC
Regulation 14D	Tender offers, as regulated by the SEC
Regulation 14E	Unlawful tender offer practices, as regulated by the SEC
Regulation A	1. Regulation of the SEC: exemption from registration of certain classes of securities issued in amounts not in excess of $1,500,000 in any one year 2. Extension of advances and discounts by the Federal Reserve System
Regulation AA	Unfair or deceptive acts and practices, as regulated by the Fed
Regulation B	Equal credit opportunity, prohibiting discrimination by lenders, as regulated by the Fed
Regulation C	1. Form and content of registration statements, as regulated by the SEC 2. Disclosure of data on home mortgages, as regulated by the Fed
Regulation D	1. Private placement exemption from registration, as regulated by the SEC 2. Reserves of member banks, as regulated by the Fed
Regulation E	Electronic funds transfer, as regulated by the Fed
Regulation F	Securities of member banks, as regulated by the Fed
Regulation G	Extension of credit secured by margin securities by persons other than banks, brokers, or dealers, as regulated by the Fed
Regulation H	Membership by state banks. as regulated by the Fed
Regulation I	Ownership of stock in the Federal Reserve System by member banks
Regulation J	Collection of cheeks and transfer of funds, as regulated by the Fed
Regulation K	International banking corporations, including Edge Act corporations and agreement corporations, as regulated by the Fed

List of Regualtions Currently in Force

Title	Coverage
Regulation L	Prohibition of interlocks among directors, officers and employees of member banks and other banks, as regulated by the Fed
Regulation N	Relations with foreign banks and bankers, as regulated by the Fed
Regulation O	Loans to officers, directors, and shareholders, as regulated by the Fed
Regulation P	Security devices and procedures, as regulated by the Fed
Regulation Q	Ceilings on rates of interest payable on deposits, as regulated by the Fed
Regulation R	Relationships with security dealers, as regulated by the Fed
Regulation S	Reimbursement for providing financial records, as regulated by the Fed
Regulation S–K	Nonfinancial statement portions of registration statements and reports and proxy statements; intended as „the repository for the uniform disclosure requirements" of documents filed with the SEC
Regulation S–X	Form and content of financial statements required to be filed with the SEC as a part of registration statements and in connection with reports furnished pursuant to various Acts
Regulation T	Extension of credit by brokers and dealers for securities transactions, as regulated by the Fed
Regulation U	Extension of credit by banks for securities transactions, as regulated by the Fed
Regulation V	Loan guarantees for defense production, as regulated by the Fed
Regulation X	Borrowers who obtain credit for securities transactions, as regulated by the Fed
Regulation Y	Bank holding companies, as regulated by the Fed
Regulation Z	Truth in lending practices, as regulated by the Fed

Source: Code of federal regulations

rehabilitated area (com) saniertes Baugebiet *n (syn, upgraded area)*
rehabilitation
(Pw) Umschulung *f*
(syn, retraining)
(SozV) Rehabilitation *f*
– Wiederherstellung *f*
rehabilitation center (SozV) Rehabilitationszentrum *n*
rehabilitation credit (StR, US) ESt-Gutschrift *f* für die Sanierung von Gebäuden *(ie, of buildings 30 years and older; cf, § 40 (o) (8) IRC)*
rehire *v* (Pw) wieder einstellen *(syn, reemploy, reinstate)*
rehiring (Pw) Wiedereinstellung *f*
rehypothecate *v* (Re) erneut verpfänden
reignite inflation *v* (Vw) Inflation *f* wieder anheizen
reimburse *v*
(com) entschädigen
(Fin) rückerstatten, rückvergüten *(syn, refund)*
reimbursement
(com) Entschädigung *f*
(Fin) Rückerstattung *f*
– Rückvergütung *f*
(syn, refund)
reimbursement credit (Fin) Trassierungskredit *m (ie, Rembourskredit: Exporteur zieht Wechsel auf die Bank des Importeurs; syn, refinance credit)*
reimbursement fund (Vers) Rückstellung *f* für unverdiente Prämien *(syn, unearned premium reserve)*
reimbursement of expenses (com) Auslagenersatz *m*, Erstattung *f* der Auslagen
reimbursement recourse (WeR) Remboursregreß *m*
reimbursing bank (Fin) Remboursbank *f*
re-import *v* (com) wieder einführen
re-importation (com) Wiedereinfuhr *f*
re-importer (com) Wiedereinführer *m*
reimpose *v* (Vw) wieder einführen *(eg, exchange controls)*
reimpression (com) unveränderter Nachdruck *m*
reindex *v* (EDV) neu indexieren
reinforce capital *v* (Fin) Kapital *n* erhöhen
reinstate *v*
(Pw) wieder einstellen *(syn, rehire, reemploy)*
(Vers) wieder in Kraft setzen *(ie, a lapsed insurance policy)*
(EDV) wiederherstellen
reinstatement
(Pw) Weiterbeschäftigung *f*
(Vers) Wiederinkraftsetzung *f*, Verlängerung *f*
(ie, rechtlich ein neuer Vertrag)
reinstatement of a policy (Vers) Wiederaufleben *n* e-r Versicherung
reinstatement value (Vers) Neuwert *m*

reinsurance assumed
(Vers) Rückversicherungsquote *f*
(ie, portion of the risk the reinsurer accepts from the original insurer or ceding company)
reinsurance broker (Vers) Rückversicherungsmakler *m*
reinsurance ceded
(Vers) übertragene Rückversicherung *f*
(ie, portion of risk transferred by ceding company to reinsurer)
reinsurance commission (Vers) Rückversicherungs-Provision *f (syn, ceding commission)*
reinsurance company (Vers) Rückversicherungsgesellschaft *f (syn, reinsurer, qv)*
reinsurance contract (Vers) Rückversicherungsvertrag *m*
reinsurance market
(Vers) Rückversicherungsmarkt *m*
reinsurance policy (Vers) Rückversicherungspolice *f*
reinsurance pool (Vers) Rückversicherungspool *m*
reinsurance premium (Vers) Rückversicherungsprämie *f (ie, paid by the ceding company to the reinsurer)*
reinsurance protection (Vers) Rückversicherungsschutz *m*
reinsurance quota share (Vers) Rückversicherungsquote *f*
reinsurance syndicate (Vers) Rückversicherungskonsortium *n*
reinsure *v* (Vers) rückversichern *(syn, buy reinsurance, cede)*
reinsured
(Vers) Erstversicherer *m*
– Direktversicherer *m*
– Zedent *m*
– zedierende Gesellschaft *f*
(ie, places reinsurance of risks with a reinsurer; syn, original insurer, ceding company; GB, reassured; opp, reinsurer, qv)
reinsurer
(Vers) Rückversicherer *m*
– Rück *f*
(eg, Münchener od Schweizerische Rück)
– Zessionar *m*
(syn, accepting/reinsurance . . . company; GB, reassurance company; opp, reinsured, qv)
reinvest *v* (Fin) reinvestieren *(ie, plow back profits into the business)*
reinvested earnings (Fin) einbehaltene Gewinne *mpl (syn, earnings retentions)*
reinvestment
(Vw) Reinvestition *f*
(VGR) Ersatzinvestition *f*
(Fin) Reinvestition *f (syn, plowback; GB, ploughback)*
reinvestment rate (Fin) Wiederanlagesatz *m*
reinvestment time (Bw) Ersatzzeitpunkt *m (syn, replacement time)*
reinvestment warrant (Fin) Optionsschein *m* mit Reinvestitionsmöglichkeit *(ie, Zinsen werden in gleiche Bonds angelegt)*
reinvestment yield (Fin) Rendite *f* bei Wiederanlage
reinvigorate *v*
(com) beleben
(syn, revive, stimulate, rejuvenate, revitalize)
reinvigorating effect (Vw) Belebungseffekt *m (syn, revitalizing effect)*
reissue (Fin) Neuausgabe *f (eg, of canceled shares to the acquiring company)*
reissue patent
(Pat) Abänderungspatent *n*
– neugewährtes Patent *n*
(ie, reissued after discovery of a defect in the original patent or claim; covers the invention disclosed in the original patent, but in accordance with a new and amended application; cf, 35 USC §§ 251–252)
reissue procedure
(Pat, US) Neugewährungsverfahren *n*
(ie, Patent wird auf Antrag des Patentinhabers aufgrund zusätzlicher Informationen zum Stand der Technik nachgeprüft)
REIT (Fin, US) = real estate investment trust, *qv*
REIT share (Fin) Immobilienfondsanteil *m (syn, GB, property fund unit)*
reject (IndE) Abfallstück *n*, Ausschußteil *n (syn, waster)*
reject *v*
(Re) ablehnen *(ie, stronger implication than ‚refuse'; syn, decline)*
(com) ablehnen
– verwerfen
– zurückweisen
– nicht akzeptieren
(EDV) zurückweisen
reject a bid *v* (com) Angebot *n* ablehnen *(syn, reject an offer)*
reject a claim *v* (Re) Anspruch *m* zurückweisen *(syn, dismiss a claim)*
reject allowance (IndE) Zeitzuschlag *m* für Ausschuß
reject an allegation *v* (Log) Behauptung *f* zurückweisen
reject an offer *v* (com) Angebot *n* ablehnen *(syn, reject a bid)*
rejected lot (IndE) zurückgewiesene Lieferung *f*
rejected nodes (OR) ausgelastete Knoten *mpl*
reject frequency (IndE) Ausschußquote *f*
rejection
(Re) Ablehnung *f*, Zurückweisung *f*
(IndE) Zurückweisung *f*, Verwerfung *f*
(Pat) Versagung *f*
(EDV) Rückweisung *f*
rejection by counter-offer (Re) Ablehnung *f* durch Gegenangebot
rejection line (IndE) Ablehngrenze *f (syn, lot tolerance limit)*
rejection number
(IndE) Schlechtzahl *f*
– Zurückweisungszahl *f*
rejection of risk (Vers) Ablehnung *f* e-s Risikos
rejection region
(IndE) Ablehnungsbereich *m*
– kritischer Bereich *m*
(syn, critical region)
reject rate (IndE) Ausschußquote *f*
rejects
(IndE) Ausschuß *m*
– Ausschußstücke *npl*
(syn, spoilage, lost units)

rejoinder to an opposition (Pat) Einspruchserwiderung *f*

rejuvenate *v*
(com) beleben
– erneuern
(syn, revive, reinvigorate, revitalize)
(com) überholen *(eg, Gebäude)*

rekindle *v*
(com) wieder entfachen
– erneut anheizen
(eg, inflation)

relapse *v* (Bö) wieder fallen *(ie, market prices; syn, slide back)*

related
(EDV) zugeordnet
– verwandt
– verknüpft

related company
(com) verbundenes Unternehmen *n*
(ie, partly or wholly owned by another company; syn, affiliate, affiliated company)

related cost
(KoR) variable od teilvariable Kosten *pl*
(KoR) Kosten *pl* der Kuppelproduktion
– verbundene Kosten *pl*
(syn, common/joint . . . cost)

related entity (Bw) = related company

related file (EDV) zugeordnete Datei *f*

relatedness
(Bw) Integration *f*
(ie, Integration, die sich auf gemeinsamen technologischen Kern und Nutzung gleicher Vertriebskanäle stützt; cf, Rumelt 1982)

relatedness needs (Bw) soziale Bedürfnisse *npl (cf, ERG theory)*

related notion (Log) verwandter Begriff *m*

related term relation (EDV) Verwandtschaftsrelation *f*

relation
(com) Beziehung *f*
(Math) mehrdeutige od vieldeutige Funktion *f*
(Vw) Relation *f (ie, obsoleter Ausdruck für ‚Akzelerator')*
(EDV) Relation *f*, Zuordnung *f*

relational condition (EDV) Ordnungsvergleich *m*

relational database (EDV) relationale Datenbank *f*

relational database management system, RDBMS
(EDV) relationales Datenbank-System *n*
– relationale Datenbank *f*

relational data model (EDV) relationales Datenmodell *n*

relational expression (EDV) Vergleichsausdruck *m (eg, and, or)*

relational operator (EDV) relationaler Operator *m* Vergleichsoperator *m (eg, <>, <=, >=)*

relational symbol (Math) Relationszeichen *n*

relation condition (EDV, Cobol) Vergleichsbedingung *f*

relation ex contractu (Re) Vertragsverhältnis *n (syn, contractual relationship)*

relative (Stat) Verhältniszahl *f*

relative address
(EDV) relative Adresse *f*
(ie, the numerical difference between a desired address and a known reference address)

relative coding
(EDV) relative Codierung *f*
(ie, the address part of an instruction indicates not the desired address but the difference between the location of the instruction and the desired address)

relative deviate (Stat) relative Abweichung *f*

relative frequency (Stat) relative Häufigkeit *f*

relative income hypothesis (Vw) relative Einkommenshypothese *f*

relative inflation (Vw) relative Inflation *f*

relative organization (EDV) relative Organisation *f (ie, die Sätze werden vom Anfang der Datei an durchgezählt)*

relative price (Vw) relativer Preis *m*

relative price differences (AuW) relative Preisunterschiede *mpl (ie, equal to ‚comparative advantage')*

relative price strength (Fin) relative Kursstärke *f (ie, mißt Aktienkursentwicklung zu der des Gesamtmarktes)*

relative programming (EDV) Programmieren *n* mit relativen Adressen

relative strength
(Fin) relative Stärke *f*
(ie, in der technischen Aktienanalyse; Branchenindizes werden mit Gesamtindex verglichen)

relative throughput (EDV) Auslastung *f*, relativer Durchsatz *m (syn, utilization)*

relative vector (EDV) relativer Vektor *m (syn, incremental vector)*

relaunch (Mk) Reaktivierung *f* e–s länger im Markt vertretenen Produkts

relax *v* (com) senken *(eg, interest rates)*

relaxation allowance (IndE) Erholungszeitzuschlag *m*

relaxation of controls (Vw) Lockerung *f* administrativer Steuerungsmaßnahmen

relaxation of monetary policy (Vw) Lockerung *f* der Geldpolitik

release
(com) Freigabe *f*
– Veröffentlichung *f (eg, press release)*
(Re) Forderungserlaß *m (ie, discharge of claim)*
(Re, Vers) Abfindungserklärung *f (ie, declaration accepting indemnity in full settlement of claim)*
(Re) Löschungsbestätigung *f (ie, of mortgage)*
(Pw) Entlassung *f*
(ie, aus triftigem Grund = for cause)

release *v*
(com) freigeben *(eg, documents)*
(com) abrufen *(eg, batch of products)*
(Re) entlassen
(EDV) löschen *(eg, current variables)*

release a debt *v* (Re) Forderung *f* erlassen *(syn, forgo a debt)*

release date (com) Freigabedatum *n*

release for free circulation (Zo) Abfertigung *f* zum zollrechtlich freien Verkehr

release for free circulation *v* (Zo) zum freien Verkehr abfertigen *(syn, put into free circulation, qv)*

release for home use (Zo) Abfertigung *f* zum zoll- und steuerrechtlich freien Verkehr

release from a debt *v* (Re) Forderung *f* erlassen

release from an obligation (Re) Befreiung *f* von e-r Verbindlichkeit *(syn, discharge of an obligation)*

release from liability (Re) Haftungsfreistellung *f*
release funds *v* (FiW) Mittel *pl* freigeben
release goods *v* (com) Waren *fpl* freigeben *(eg, to the importer on a trust receipt)*
release note (com) Freigabe *f*
release notice (EDV) Freigabemitteilung *f*
release of a debt (Re) = remission of a debt
release of goods (Zo) Freigabe *f* von Waren
release paper (com) Trennschichtpapier *n*
release reserves *v* (ReW) Rücklagen *fpl* auflösen *(syn, retransfer, qv)*
releases (Re, US) Richtlinien *fpl* außerhalb formaler Verfahren
relend funds *v* (Fin) Mittel *pl* weitergeben *(ie, to: an)*
re-let *v* (Re) weitervermieten
re-letting (Re) Weitervermietung *f*
relevance threshold (Kart) Erheblichkeitsschwelle *f*
relevance validity (Bw) inhaltliche Validität *f*
relevant cost
(KoR) relevante Kosten *pl*
(syn, alternative cost, qv)
relevant date (com) Stichtag *m (syn, effective/key/target . . . date)*
relevant market
(Kart, US) relevanter Markt *m*
(ie, area of effective competition; the stress is on ‚reasonable interchangeability', der Austauschbarkeit des Produktes nach Verbrauchermaßstäben; put differently: the narrowest market which is wide enough so that products from adjacent areas or from other producers in the same area cannot compete on substantial parity with those included in the market)
relevant provision (Re) einschlägige Bestimmung *f*
relevant range
(com) relevanter Bereich *m*
(KoR) fixkostenrelevante Beschäftigung *f*
reliability
(IndE) Zuverlässigkeit *f*
(OR) Zuverlässigkeit *f (ie, mathematical probability that a product will function for a stipulated time)*
reliability analysis (IndE) Zuverlässigkeitsbewertung *f*
reliability assessment (IndE) = reliability analysis
reliability data (IndE) Zuverlässigkeitsangaben *fpl*
reliability level (IndE) Zuverlässigkeitsgrad *m*
reliability planning (IndE) Zuverlässigkeitsplanung *f*
reliability theory (OR) Zuverlässigkeitstheorie *f*
relief
(com) Entlastung *f*
– Abhilfe *f*
(Re) Rechtshilfe *f*
– Rechtsschutz *m*
(StR) Entlastung *f*
relief order (IndE) Entlastungsauftrag *m*
relieve *v*
(com) entlasten
(com) befreien *(ie, from: von)*
(Re) Recht *n* verschaffen
relieved of
(Re) befreit von
(eg, liability)
relinquish a job *v* (Pw) Stellung *f* aufgeben
reload *v*
(com) umladen *(syn, transship)*
(com) nachfüllen
(EDV) erneut laden
reloading charges (com) Umladegebühren *fpl*
reloading station (com) Umladeplatz *m*
relocatable (EDV) verschiebbar
relocatable expression (EDV) verschiebbarer Ausdruck *m*
relocatable library (EDV) Objektbibliothk *f*
relocate *v*
(com) verlegen *(eg, activity to another place)*
(com) Standort *m* verlagern/wechseln
(Pw) umziehen
– Arbeitsort *m* wechseln
(EDV) absetzen
– umsetzen
– verlagern
(ie, change the location of a program routine: move from one area of storage to another)
relocate a plant *v* (Bw) Betrieb *m* verlagern *(syn, move operations)*
relocation
(Bw) Standortwechsel *f*
– Standortverlagerung *f*
(Pw) Versetzung *f (syn, transfer, qv)*
relocation address *f* (EDV) Verschiebungsadresse *f*
relocation assistance (Pw) Umzugs(kosten)beihilfe *f (ie, assistance with removal expenses)*
relocation dictionary (EDV) Relativierungstabelle *f*
relocation expenses (Pw) Umzugskosten *pl (syn, moving expenses, qv)*
relocation of a plant (Bw) Betriebsverlegung *f (syn, movement of operations)*
relocation of industries (Vw) Industrieverlagerung *f*
relocation of production facilities (Bw) Produktionsverlagerung *f*
remailing
(com) Umgehungspost *f*
– Rückversenden *n*
(ie, Aufgabe von Post nicht in dt, sondern in ausländischen Postämtern; Effekt: niedrigeres Porto und bei Massensendungen Mengenrabatte)
remainder
(com) Restbestand *m*, Remittenden *pl (ie, in the book trade; sells at sharply cut prices)*
(Math) Rest *m*
remainder after n terms (Math) Restglied *n*
remainderman (Re) Anfallsberechtiger *m (ie, having a future interest in income)*
remainder of the term (Fin) Restlaufzeit *f (syn, time to maturity, qv)*
remainder theorem (Math) Residuensatz *m*
remaining book value
(ReW) (Rest-)Buchwert *m*
(syn, net book value, qv)
remaining credit balance (ReW) Restguthaben *n*
remaining life (Fin) Restlaufzeit *n (syn, time to maturity, qv)*
remaining life expectancy (ReW) = remaining useful life
remaining useful life (ReW) Restnutzungsdauer *f (ie, of a fixed asset; syn, remaining life expectancy, unexpired life)*
remake *v* (IndE) aufarbeiten

remand (Re) Zurückverweisung *f (ie, appellate court sends a case back to the court out of which it came)*
remand *v* (Re) zurückverweisen *(eg, case was remanded to the lower court = Sache wurde an die Vorinstanz. zurückverwiesen)*
remand a case *v* (Re) e-n Fall zurückverweisen *(ie, send back to a lower court)*
remanufacturing (com, US) völliger Umbau *m (ie, new and old parts are combined to build versions as good or even better than new)*
remargin *v* (Bö) nachschießen
remargining
(Bö) Nachschießen *n*
(ie, placing additional margin against a loan collateraled by securities that have declined in value: Auffüllen e-s Effektenkreditkontos; syn, margin call)
remedial action (com) Abhilfemaßnahme *f*
remedial law (Re) formelles Recht *n*, Verfahrensrecht *n (syn, procedural law, qv)*
remedy a defect *v* (com) Schaden *m* beheben *(syn, rectify a defect, qv)*
remedy a deficiency *v* (Re) Mangel *m* beheben
reminder (com) Mahnschreiben *n (eg, send a . . .)*
reminder advertising (Mk) Erinnerungswerbung *f (syn, follow-up advertising)*
remission of debt
(Re) Forderungsverzicht *m*
– Schulderlaß *m*
(syn, release of a debt, waiver of claims outstanding)
remission of duty (Zo) Zollerlaß *m*
remission of tax (StR) Steuerrückzahlung *f (ie, of tax overpaid; syn, refund of tax)*
remit *v*
(com) weiterleiten *(eg, to the next higher superior)*
(com) aufschieben *(syn, defer, postpone)*
(Fin) überweisen *(ie, money)*
(Fin) Zahlung *f* leisten *(syn, make payment)*
(Re) aussetzen *n (eg, penalty)*
(Re) = remand
(StR) erlassen *(ie, tax)*
remittance
(Fin) Überweisung *f*
(ie, sum of money transmitted; instrument; transmittal of money)
(WeR) Rimesse *f*
remittance advice (Fin) Überweisungsanzeige *f*
remittance basis (FiW) Besteuerung *f* nach den im Inland bezogenen Einkünften
remittance fee (Fin) Überweisungsgebühr *f*
remittance of cover (Fin) Anschaffung *f* der Dekkung
remittance slip (Fin) = remittance advice
remittances of foreign workers (VGR) Gastarbeiterüberweisungen *fpl*
remit taxes *v* (StR) Steuern *fpl* erlassen
remittee (Fin) Überweisungsempfänger *m*
remitting bank (Fin) übersendende Bank *f*
remote access (EDV) Fernzugriff *m*
remote accounting
(EDV) Fernbuchführung *f*
(ie, Auslagerung der Buchführung an Dritte)
remote batch processing (EDV) Stapelfernverarbeitung *f*
remote batch system (EDV) Fernstapelsystem *n*
remote cause (Re) mittelbare od schadenunerhebliche Ursache *f*
remote communication (EDV) Fernverbindung *f*
remote communication computer (EDV) Netzknotenrechner *m (syn, remote front-end processor)*
remote computing (EDV) Datenfernverarbeitung *f (syn, teleprocessing)*
remote computing and time-sharing (EDV) Teilnehmerbetrieb *m*
remote computing processor
(EDV) Satellitensystem *n*
– Satellitenrechner *m*
(syn, satellite system)
remote control (IndE) Fernsteuerung *f*
remote control equipment (IndE) Fernsteuereinrichtung *f*
remote controller (EDV) ferne Steuereinheit *f*
remote control system
(IndE) Fernsteuerung *f*
(EDV) Fernwirksystem *n*
remote copier (EDV) Fernkopierer *m*
remote data output (EDV) Datenfernausgabe *f*
remote data processing (EDV) Datenfernverarbeitung *f (syn, teleprocessing, remote computing)*
remote data transmission (EDV) Datenfernübertragung *f*
remote front-end processor (EDV) Netzknotenrechner *m (syn, remote communication computer)*
remote indication (EDV) Fernanzeige *f*
remote input (EDV) Datenferneingabe *f (syn, remote data input)*
remote input terminal (EDV) Ferneingabestation *f*
remote inquiry (EDV) Fernabfrage *f*
remote inquiry system (EDV) Auskunftssystem *n*
remote job entry (EDV) Auftragsferneingabe *f (syn, remote batch entry)*
remote library (EDV) ferne Bibliothek *f*
remote maintenance (EDV) Fernwartung *f*
remoteness of damage (Re) Grad *m* des Folgeschadens
remote output (EDV) Datenfernausgabe *f*
remote processing (EDV) Datenfernverarbeitung *f (syn, teleprocessing)*
remote system (EDV) fernes System *n*
remote terminal (EDV) ferne Datenstation *f*
remote test (EDV) Ferntest *m (syn, closed-shop test; opp, open-shop test = Eigentest)*
remote transaction (EDV) Ferntransaktion *f*
remote working (EDV) Telearbeit *f*
remote work station (EDV) ferne Datenstation *f*
remould *v* (com, GB) runderneuern *(ie, tyres; syn, reprofile; syn, US, retread tires)*
removal
(com) Umzug *m*
(Bw) Verlegung *f (ie, of plant, office, etc)*
removal bond (Zo) Zollbürgschaft *f*
removal expenses
(ReW) Abbruchkosten *pl (syn, cost of demolition or dismantling)*
(Pw) Umzugskosten *pl (syn, moving expenses, qv)*
removal from office (com) Amtsenthebung *f*

removal of credit controls (Fin) Aufhebung *f* von Kreditkontrollen
removal of customs barriers (AuW) Abbau *m* von Zollschranken
removal of nontariff barriers
(AuW) Abbau *m* nichttarifärer Handelshemmnisse
(syn, nontariff reductions)
removal of overburden
(IndE) Abraumbeseitigung *f*
(ie, in strip mining of card coal and lignite = im Steinkohlen- und Braunkohlentagebau)
removal of tariffs (AuW) Zollabbau *m*
removal of trade barriers (AuW) Abbau *m* von Handelsschranken *(syn, dismantling of trade barriers)*
removal van (com, GB) Möbelwagen *m (syn, US, moving van)*
remove *v*
(com) entfernen *(from office = aus dem Amt)*
(AuW) abbauen *(eg, trade barriers = Handelsschranken)*
(EDV) entfernen, ausblenden *(eg, from screen)*
remove a deficiency in title *v* (Re) Rechtsmangel *m* beseitigen
remove from office *v*
(com) jem s-s Amtes entheben
– aus dem Amt entfernen
remove from the agenda *v* (com) von der Tagesordnung absetzen
remove restrictions *v* (AuW) Beschränkungen *fpl* aufheben *(syn, lift; opp, impose)*
remove the heat from *v* (com, infml) entschärfen *(eg, situation, crisis)*
remunerate *v*
(Pw) entschädigen *(eg, for traveling costs)*
– vergüten
– entlohnen
(ie, pay an equivalent for; eg, badly remunerated job = schlecht bezahlt)
remuneration
(com) Entschädigung *f (syn, recompense)*
(com) Vergütung *f (syn, compensation)*
– Honorar *n (syn, fee)*
(Pw) Lohn *m* od Gehalt *n (syn, pay)*
remuneration of management (VGR) Entgelt *n* für die Unternehmensführung
remuneration package (Pw) Leistungspaket *n (eg, attractive base salary + substantial profit related bonus)*
remunerative (com) einträglich *(syn, profitable)*
remunerative occupation (Stat) Erwerbstätigkeit *f (syn, gainful employment)*
rename *v* (com) umbenennen
rendering of accounts (ReW) Rechnungslegung *f*
rendering plant (com, US) Abdeckerei *f (syn, GB, knacker's yard)*
render performance *v* (Re) erfüllen
render services *v* (com) Dienstleistungen *fpl* erbringen *(syn, provide services)*
renege on a contract *v* (Re) vertragsbrüchig werden
renegotiable-rate mortgage (Fin, US) Hypothek *f* mit periodischer Neufestsetzung des Zinssatzes
renegotiate *v* (com) Bedingungen *fpl* od Konditionen *fpl* neu aushandeln
renegotiated loan (Fin) Anpassungsdarlehen *n*
renegotiation
(WeR) Weiterbegebung *f*
(FiW) Neufestsetzung *f* des Vertragspreises *(ie, nach Lieferung; bei öffentlichen Aufträgen)*
renegotiation clause
(com) Renegotiationsklausel *f*
(ie, in offshore transactions: permits buyer to review prices within 3 years)
renegotiation reserve (ReW) Rückstellung *f* für Vertragsänderungen *(ie, bei öffentlichen Aufträgen)*
renew *v*
(com) erneuern, verlängern
(Bw) erneuern, Ersatz *m* beschaffen *(eg, plant, machinery; syn, replace)*
(Vw) ankurbeln *(eg, the economy)*
renew a bill *v* (WeR) Wechsel *m* prolongieren
renewable natural resources (com) erneuerbare Ressourcen *fpl*
renewables industry (com) Unternehmen *npl* für die Erzeugung erneuerbarer Energien
renewable sources of energy (com) erneuerbare Energien *fpl*
renewable term (Vers) Risikolebensversicherung *f*
renewal
(Re) Verlängerung *f*
– Erneuerung *f*
(eg, contract, loan; syn, extension, prolongation)
(WeR) Prolongation *f*
(Bw) Wiederbeschaffung *f (ie, of fixed assets; syn, replacement)*
(Vers) Wiederinkraftsetzung *f*
– Verlängerung *f*
(syn, reinstatement)
renewal application (Pat) wiederaufgenommene Anmeldung *f*
renewal bill (WeR) Prolongationswechsel *m (syn, renewal note)*
renewal bonus (Vers) Erneuerungsprämie *f*
renewal charge (WeR) Prolongationsgebühr *f*
renewal commission (Vers) Erneuerungsprovision *f (ie, paid upon reestablishment of the in-force status of a policy)*
renewal coupon
(Fin) (Zins-)Erneuerungsschein *m*
– Leiste *f*
– Talon *m*
(syn, coupon sheet)
renewal fee (com) Verlängerungsgebühr *f*
renewal fund (ReW) Wiederbeschaffungsrücklage *f (ie, bei Versorgungsunternehmen = public utility corporations)*
renewal fund account (ReW) Erneuerungskonto *n*
renewal note
(WeR) = renewal bill
(Vers) Prämienrechnung *f (syn, premium note)*
renewal notice (Vers) Mahnung *f* vor Fälligkeit der neuen Prämie
renew a loan *v* (Fin) Kredit *m* erneuern
renewal of a bill (WeR) Wechselprolongation *f*
renewal of a license (Pat) Lizenzverlängerung *f*
renewal of a loan (Fin) Kreditprolongation *f*
renewal of a patent (Pat) Verlängerung *f* e-s Patents
renewal of coupon sheets (Fin) Bogenerneuerung *f*

renewal of plant and equipment (Bw) Anlagenerneuerung *f*
renewal of tenancy (Re) Mietverlängerung *f (syn, extension of tenancy)*
renewal order (com) Anschlußauftrag *m (syn, follow-up/sequence . . . order)*
renewal part
(IndE) Ersatzteil *n*
(syn, spare/replacement . . . part)
renewal policy (Vers) Erneuerungspolice *f*
renewal premium (Vers) Folgeprämie *f*
renewal rate (Fin) Prolongationssatz *m*
renewal theory (OR) Ersatztheorie *f (syn, replacement theory)*
renounce a claim *v* (Re) Anspruch *m* aufgeben *(syn, abandon/waive . . . a claim)*
rent
(Re) Miete *f*
(ie, gewährt den Gebrauch des gemieteten Gegenstandes; cf, § 535 ff BGB)
(Re) Pacht *f*
(ie, gewährt über Miete hinaus den Genuß der bei ordnungsgemäßer Wirtschaft anfallenden Früchte, d. h. die Erzeugnisse und Ausbeute; cf, § 581 ff BGB)
(Fin) Rentenrate *f*
(Vw) ökonomische Rente *f*
(ie, earnings which accrue to the owners of land and capital)
rent *v*
(Re) mieten *(eg, house, building; syn, lease, hire)*
(Re) pachten
(com) leihen
(com) vermieten
– verpachten
– verleihen
rent a car *v* (com) Auto *n* mieten *(syn, hire a car)*
rental
(com) Miete *f (ie, amount of rent)*
(com) Mieteinnahmen *fpl*
– Pachteinnahmen *fpl*
(com) Mietgebühr *f*
(Re) Mietgegenstand *m*
(ie, sth that is rented)
(com) laufende Franchise-Gebühr *f*
rental car (com) Mietwagen *m*
rental equipment (ReW) Mietanlagen *fpl*
rental expense (ReW) Mietaufwand *m*
rental fee (com) Mietgebühr *f*
rental-housing shortage (com) Knappheit *f* an Mietwohnungen
rental income (ReW) Mietertrag *m*
rental library (com) Leihbibliothek *f (ie, commercially operated; syn, lending library)*
rent allowance (SozV) Mietzuschuß *m (syn, rent . . . subsidy supplement)*
rental property (com) Mietwohngrundstück *n (syn, residential property)*
rental rate (com) Leihgebühr *f (eg, car, TV, etc)*
rentals
(ReW) Miet- und Pachteinnahmen *fpl*
(ReW) Mietkosten *pl*
rentals paid (KoR) Mietkosten *pl*
rental vacancy (com) leerstehendes Mietobjekt *n*
rental value (com) Pachtwert *m*
rental value insurance (Vers) Mietverlust-Versicherung *f*
rent arrears (com) Mietrückstände *mpl (eg, due to increasing unemployment)*
rent contract (Re) Mietvertrag *m*
rent control (Re, US) Mietpreisbindung *f (ie, below free market levels; today some form of rent control is in effect in five states and the District of Columbia; usually enacted by local jurisdictions to assist low-income households and the elderly in coping with shrinking real incomes)*
rented floor space (com) Mietfläche *f*
rented property (com) Mietobjekt *n*
rent freeze (Re) Mietstopp *m*
rent out *v* (com, US) vermieten *(eg, a house; syn, hire out, let out)*
rent paid in advance (com) Mietvorauszahlung *f*
rent restriction (com) = rent control
rent subsidy (SozV) = rent allowance
rent supplement (SozV) = rent allowance
renumber *v* (com) umnumerieren
reopen *v*
(com) wiedereröffnen
(EDV) neu eröffnen
reopen a case *v* (Re) Fall *m* wieder aufrollen
reopener clause (Re) Revisionsklausel *f (ie, calls for reopening of a current contract)*
reorder (com) Nachbestellung *f (syn, repeat order)*
reorder *v*
(com) umordnen
(com) nachbestellen, – nachordern
reorder cycle (MaW) Wiederbeschaffungszeit *f (ie, interval between successive procurement actions)*
reordering quantity
(MaW) Bestellbestand *m*
– Meldebestand *m*
– Sicherheitsbestand *m*
– kritischer Lagerbestand *m*
(syn, reorder point, protective inventory)
reorder No. (com) Bestellnummer *f*
reorder point (MaW) = reordering quantity
reorder priorities *v* (Bw) Prioritäten *fpl* ändern
reorder system (MaW) Bestellsystem *n*
reorganization
(com) Umstrukturierung *f*
– Reorganisation *f*
– Neuordnung *f*
(ie, shakeup of management and organizational structure)
(Re, US, appr) Sanierung *f* Vergleichsverfahren *n*
(ie, proceeding for the reorganization of the business and capital structure of an enterprise under Chapter 11 of the Bankruptcy Reform Act of 1978; cf, 11 USC §§ 1101–74)
(StR, US) Umstrukturierung *f*, Sanierung *f*
(ie, umfaßt nach §§ 371 ff IRC folgende Maßnahmen:
(A) merger or consolidation;
(B) exchange of voting stock;
(C) acquisition of assets;
(D) transfer of assets;
(E) recapitalization;
(F) change in form or place of organization; these types are often referred to as „A" reorganization, „B" reorganization, etc)

reorganization bond (Fin, GB) Gewinnschuldverschreibung *f (syn, adjustment bond, qv)*
reorganization loan (Fin) Sanierungsdarlehen *n (syn, GB, reconstruction loan)*
reorganization scheme (Fin) Sanierungsprogramm *n (syn, rescue package)*
reorganization statement (ReW) Sanierungsbilanz *f*
reorganization surplus (ReW) Sanierungsgewinn *m (syn, recapitalization gains, qv)*
reorganize *v*
(com) neu ordnen
– umstrukturieren
– reorganisieren *(syn, restructure, reshuffle)*
(com) sanieren
rep (com) = manufacturer's agent
repair (com) Reparatur *f*, Instandsetzung *f*
repair a damage *v* (com) Schaden *m* beheben *(syn, rectify a defect)*
repairing lease (Re) Mietvertrag *m*, der Mieter zum Erhaltungsaufwand verpflichtet *(ie, technical term: full repairing and insuring lease; syn, US, net lease)*
repair order (IndE) Instandsetzungsauftrag *m*
repair time (com) Instandsetzungszeit *f*
reparation
(Re) Entschädigung *f*
– Wiedergutmachung *f*
(syn, restitution)
(Re) Schadenersatzzahlung *f*
(ie, payment of damages; syn, indemnification)
repatriation (AuW) Repatriierung *f*
repatriation of capital (Fin) Kapitalrückführung *f*
repatriation of income (Fin) Gewinnabführung *f (ie, von Auslandstochter an inländische Mutter)*
repay *v* (Fin) zurückzahlen, einlösen *(eg, debt)*
repayable (Fin) rückzahlbar *(syn, refundable)*
repayable in advance (Fin) vorzeitig tilgbar
repay ahead of schedule *v* (Fin) vorzeitig zurückzahlen
repay a loan *v*
(Fin) Darlehen *n* zurückzahlen od tilgen
(syn, pay off, amortize)
repayment
(Fin) Rückzahlung *f*
(Fin) Amortisation *f*
– Tilgung *f*
(ie, gradual extinction of long-term debt according to an agreed plan; syn, amortization)
repayment date (Fin) Tilgungstermin *m*
repayment deferral (Fin) Tilgungsstreckung *f*
repayment guaranty (Fin) Rückzahlungsgarantie *f*
repayment holiday
(Fin) Freijahre *npl*
– tilgungsfreie Jahre *npl (cf, grace)*
repayment of a loan
(Fin) Kreditrückzahlung *f*, Darlehenstilgung *f*
(Fin) Rückzahlung *f* e-r Anleihe *(syn, retirement)*
repayment of a mortgage (Fin) Tilgung *f* e-r Hypothek
repayment of capital (Fin) Kapitalrückzahlung *f*
repayment of debt (Fin) Tilgung *f* von Verbindlichkeiten, Forderungstilgung *f*
repayment of principal (Fin) Rückzahlung *f* des Kapitals
repayment rate (Fin) Tilgungsrate *f*
repayment schedule (Fin) Tilgungsplan *m (syn, loan repayment /redemption . . . schedule)*
repayment terms (Fin) Tilgungsmodalitäten *fpl (syn, terms of redemption)*
repeal (Re) Aufhebung *f*
repeal *v*
(Re) aufheben
– außer Kraft setzen
(eg, law, tax)
repeat buyer (com) Dauerkunde *m (syn, regular, regular customer)*
repeat buying (com) Wiederholungskäufe *mpl*
repeat demand
(Mk) Wiederholungsnachfrage *f*
– Dauernachfrage *f*
repeated latent roots (Math) mehrfache Eigenwerte *mpl*
repeater (EDV) Übertrager *m*
repeating audit (ReW) periodische Prüfung *f*
repeating decimal
(Math) periodischer Dezimalbruch *m*
(syn, recurring decimal)
repeating group (EDV) Wiederholungsgruppe *f*
repeat key (EDV) Dauertaste *f*
repeat option business
(Bö) Nochgeschäft *n*
(ie, forward operation on the securities market in which one of the parties to the contract has the right to purchase the securities which he has bought once more at the same price or to deliver the paper he has sold once again at the same price; this kind of transaction is no longer practiced in Germany)
repeat order (com) Nachbestellung *f (syn, reorder)*
repetend (Math) Periode *f* e-s Dezimalbruchs
repetition instruction (EDV) Wiederholungsbefehl *m*
repetitive addressing (EDV) Adreßwiederholung *f*
repetitive form letter (com) Standardbrief *m*
repetitive operation (EDV) repetierende Operation *f*
repetitive production (IndE) Wiederholfertigung *f*
repetitive reading (EDV) wiederholtes Lesen *n*
repetitive work (Pw) repetitive Arbeit *f*
rephasing of expenditures (Fin) zeitliche Umschichtung *f* von Ausgaben
rephasing of time periods (Fin) Fristentransformation *f*
rephrase *v* (com) umformulieren *(syn, redraft)*
replace lock, stock and barrel *v* (com, infml) vollständig ersetzen
replacement
(Bw) Wiederbeschaffung *f*
– Ersatzbeschaffung *f*
(ie, of fixed assets; syn, renewal)
(Pw) Nachfolger *m (eg, his replacement is . . .; syn, successor)*
replacement character (EDV, Cobol) Ersetzungszeichen *n*
replacement clause (Vers) Wiederherstellungsklausel *f*
replacement cost (KoR) Wiederbeschaffungskosten *pl*
replacement cost accounting (ReW) Rechnungslegung *f* zu Wiederbeschaffungskosten
replacement demand (Bw) Ersatzbedarf *m*, Erneuerungsbedarf *m*

replacement insurance (Vers) Wiederbeschaffungsversicherung *f*
replacement investment
(Bw) Ersatzinvestition *f*
– Reinvestition *f*
– Erhaltungsinvestition *f*
replacement method of depreciation (ReW) Abschreibung *f* vom Wiederbeschaffungspreis, Abschreibung *f* auf Basis der Wiederbeschaffungskosten
replacement model (OR) Wiederbeschaffungsmodell *n*
replacement order (MaW) Auftrag *m* zur Bestandsauffüllung
replacement part (IndE) Ersatzteil *n (syn, spare/renewal . . . part)*
replacement price
(ReW) Wiederbeschaffungspreis *m*
– Wiederbeschaffungskosten *pl*
replacement problem (Bw) Ersatzproblem *n* Wiederbeschaffungsproblem *n*
replacement reserve (ReW) Wiederbeschaffungsrücklage *f (ie, amount set aside for replacement)*
replacement risk (Fin) Wiedereindeckungsrisiko *n*
replacement theory (OR) Ersatztheorie *f (syn, renewal theory)*
replacement time
(Bw) Ersatzzeitpunkt *m (syn, reinvestment time)*
(MaW) Wiederbeschaffungszeit *f*
replacement value (ReW) Wiederbeschaffungswert *m*
replace (with) *v* (EDV) ersetzen *(durch)*
replanning (Bw) Planrevision *f (ie, budget adjustment)*
replenish inventory *v* (MaW) Lager *n* auffüllen *(syn, restock, qv)*
replenishment cycle (MaW) Bestellintervall *n*
replenishment lead time (MaW) = procurement lead time
replenishment of inventories
(MaW) Auffüllung *f*
– Aufstockung *f* ... von Lagerbeständen
(syn, inventory buildup, qv)
replenishment order
(MaW) Nachbestellung *f*
– Nachorder *f*
(ie, for restocking)
replevin (Re, US) Anspruch *m* auf Rückgabe der Sache
replication
(Mk) Wiederholungsstichprobe *f*
(Stat) Parallelversuch *m*
reply coupon (com) Rückantwortschein *m*
reply-paid envelope
(com) Freiumschlag *m*
(syn, postage-paid/stamped . . . envelope)
repo
(Fin, US) = repurchase agreement
(Re) = repossession
repo operation (Fin) liquiditätszuführendes Pensionsgeschäft *n (opp, reverse repo operation)*
report
(com) Bericht *m (ie, a detailed statement)*
(com) Gutachten *n (syn, expert opinion)*
(EDV) Bericht *m*
(EDV, Cobol) Liste *f (cf, DIN 66 028, Aug 1985)*
report *v*
(com) berichten
– melden
(com) sich melden *(ie, to: bei)*
(Pw) unterstellt sein *(ie, to; eg, he reports to the vice president)*
reportable positions (Bö, US) meldepflichtige Positionen *fpl*
report a loss *v*
(ReW) Verlust *m* ausweisen
– mit Verlust abschließen
(syn, close at a loss)
reported earnings (ReW) ausgewiesener Gewinn *m*
reported equity (ReW) ausgewiesene Eigenmittel *pl*
reported income (ReW) = reported earnings
reported own funds (ReW) ausgewiesene Eigenmittel *pl*
report file (EDV, Cobol) Listendatei *f*
report footing (EDV, Cobol) Listenfuß *m (cf, DIN 66 028, Aug 1985)*
report for duty *v* (Pw) sich zum Einsatz melden
report form
(com) Berichtsformular *n*
(ReW) Staffelform *f (ie, of income statement = G+V-Rechnung; syn, running/columnar/narrative . . . form; opp, account form)*
report format (EDV) Listenformat *n*
report generation (EDV) Berichterstellung *f*
report generator (EDV) Listengenerator *m*
report group (EDV, Cobol) Leiste *f (cf, DIN 66 028, Aug 1985)*
report group description entry
(EDV, Cobol) Listenerklärung *f*
(cf, DIN 66 028, Aug 1985)
report group elementary item (EDV, Cobol) Listenelement *n*
report group group item (EDV, Cobol) Listengruppe *f*
report group type (EDV, Cobol) Leistentyp *m*
report heading (EDV, Cobol) Listenkopf *m*
reporting
(com) Berichtswesen *n*
– Berichterstattung *f*
reporting company (ReW) berichtende Gesellschaft *f*
reporting data (com) Berichtsdaten *pl*
reporting date (com) Berichtszeitpunkt *m (syn, key date)*
reporting deadline (com) Meldetermin *m*
reporting package (ReW) Abschlußunterlagen *fpl*
reporting pay (Pw, US) Anwesenheitslohn *m (ie, minimum wage paid although no work is available)*
reporting period (com) Berichtszeitraum *m (syn, period under review)*
reporting policies (ReW) Grundsätze *mpl* der Rechnungslegung
reporting requirements
(ReW) Offenlegungspflichten *fpl*
(Re) Anzeigepflichten *fpl*
reporting standards (ReW) Berichtsnormen *fpl*
reporting subunit (ReW) Abrechnungseinheit *f*
reporting to (Pw) weisungsgebunden *(syn, bound by directives)*
report line (EDV, Cobol) Listenzeile *f*
report list (EDV, Cobol) Listendatei *f*

report preparation (com) Berichterstellung *f*
report program (EDV) Listenprogramm *n*
report program generator, RPG (EDV) Listenprogrammgenerator *m*
report sick *v* (Pw) sich krank melden *(eg, she reported sick on Monday morning)*
report to *v* (Pw) jem unterstellt sein
repos (Fin) = repurchase agreements, *qv*
reposition *v* (EDV) verschieben
repossess *v* (Re) wieder in Besitz nehmen
repossession
(Re, US) Wiederinbesitznahme *f*
(eg, reclaiming – by the legal owner – of durable goods purchased on the installment contract, for which payment is long past due)
repost *v* (ReW) umbuchen *(ie, transfer to another account; syn, reclassify)*
reposting (ReW) Umbuchung *f (syn, book transfer, qv)*
represent *v*
(com) vertreten *(ie, act in place of/for; eg, agent represents his principal = Vertreter vertritt den Auftraggeber)*
(com) darstellen *(syn, picture, portray)*
(Re) vertreten *(ie, lawyer represents a client in court)*
(WeR) erneut vorlegen
representation
(com) Vertretung *f*
– Stellvertretung *f*
(syn, agency)
(com) Agentur *f*
(Re) Erklärung *f* e-r Vertragspartei
(EDV) Darstellung *f*
– Schreibweise *f*
representation allowance (Pw) Aufwandsentschädigung *f*
representative
(com) Vertreter *m*
(com) Repräsentant *m*
representative action (Re, US) = class action
representative calculating time (EDV) repräsentative od charakteristische Rechenzeit *f (ie, time required to perform a specified operation or series of operations)*
representative conversion rate (EG) repräsentativer od grüner Kurs *m*
representative cross-section (com) repräsentativer Durchschnitt *m*
representative market
(Mk) repräsentativer Markt *m*
– typischer Markt *m*
representative office (com) Repräsentanz *f*
representative office abroad (com) Auslandsrepräsentanz *f*
representative sample (Stat) repräsentative Stichprobe *f (syn, average sample)*
representative sampling
(Stat) Repräsentativerhebung *f*
(syn, representative/sample . . . survey)
representative survey (Stat) = representative sampling
represent graphically *v* (com) grafisch darstellen *(syn, graph)*
represent in court *v* (Re) gerichtlich vertreten
representing function (Math) darstellende Funktion *f*
represent out of court *v* (Re) außergerichtlich vertreten
represent to *v* (com, fml) hinweisen auf *(eg, a potential customer that the firm would sell high-tech goods only)*
repressed inflation (Vw) zurückgestaute Inflation *f (syn, suppressed inflation)*
repressive tax
(FiW) repressive Steuer *f*
– Steuer *f* mit negativen Leistungsanreizen
reprint
(com) Abdruck *m*
– Nachdruck *m*
reprint *v* (com) nachdrucken
reprisals (AuW) Vergeltungsmaßnahmen *fpl (syn, retaliation, qv)*
reprocess *v*
(IndE) weiterverarbeiten
(IndE) wiederverarbeiten
reprocessing of materials (IndE) Materialumarbeitung *f*
reproduce *v* (com) vervielfältigen
reproducibility (Stat) Reproduzierbarkeit *f (ie, of test results)*
reproduction cost
(ReW) Reproduktionskosten *pl*
(ReW, US) = replacement cost
reproduction index (Stat) Reproduktionsindex *m* Reproduktionsziffer *f*
reproduction value (Bw) Teilreproduktionswert *m (syn, net asset value, qv)*
reproductive capital (Vw) werbendes Kapital *n*
reproductive debt (FiW, GB) durch Sachvermögen gedeckter Teil der Staatsschuld *(opp, deadweight debt)*
re-profiling (Bw, Pw) = retreading
reprogramming (EDV) Umprogrammieren *n*
reprographics (com, US) Reprografie *f (ie, includes all methods of office copying and record reproduction; syn, reprography)*
reprography (com) = reprographics
repudiate a contract *v* (Re) Vertragserfüllung *f* ablehnen
repudiate a public debt *v* (Re) Staatsschuld *f* nicht anerkennen
repudiation
(Fin) Zahlungsverweigerung *f (ie, refusal to pay a debt)*
(Vw) Repudiation *f*
(ie, of money, due to its low purchasing power as a result of inflation, which makes it unsuitable as a medium of exchange)
repudiation of contract (Re) Rücktritt *m* vom Vertrag *(syn, rescission of, withdrawal from)*
repudiation of debt (AuW) Ablehnung *f* der Schuldenrückzahlung
repurchase
(com) Rückkauf *m (syn, buying back)*
(Fin) Rückkauf *m*
– Rücknahme *f (ie, of investment fund share)*
repurchase *v*
(com) zurückkaufen
(Fin) rückkaufen
– rücknehmen

repurchase agreement, repo, RP
(Fin) (Wertpapier-)Pensionsgeschäft *n*
(ie, acquisition of funds through the sale of securities, with simultaneous agreement by seller to repurchase them at a later date; time of maturity is either fixed (from overnight - one business day - to several days) or negotiated under a continuing contract, which automatically renews the RP daily until terminated by either party; eligible collateral: T-bonds, certificates of indebtedness, bankers acceptances, eligible commercial paper)
(Fin, US) Pensionsgeschäft *n*
(ie, the Fed engages in them in order to fine tune the money market conditions; it is lending money, that is, increasing bank reserves; syn, repurchase operations; cf, reverse repos)
repurchase company (Fin) Rückkaufgesellschaft *f (ie, Tochtergesellschaft e-s ‚closed-end fund', die den Anteilsinhabern ein bedingtes Recht zur Rücknahme des Anteils gewährt)*
repurchase discount (Fin) Rückkaufdisagio *n*
repurchased shares (Fin) eigene Aktien *fpl (syn, treasury stock, qv)*
repurchase guaranty (Fin) Rücknahmegarantie *f*
repurchase in the open market (Fin) freihändiger Rückkauf *m (eg, of mortgage bonds)*
repurchase offer (Fin) Rückkaufangebot *n*
repurchase of securities (Fin) Wertpapierrückkauf *m*
repurchase operations
(Fin) Umtauschoperationen *fpl*
(Fin, US) = repurchase agreements
– repos
repurchase price (Fin) Rücknahmekurs *m*
repurchaser (com) Wiederverkäufer *m*
repurchase rate (Fin) Pensionssatz *m*
repurchase transactions (Fin) = repurchase agreements
request
(com) Antrag *m*, Gesuch *n*
(EDV) Anforderung *f (syn, intervention required)*
(EDV) Aufruf *m*, Abruf *m*
request *v*
(com) auffordern *(syn, ask)*
(com) anfordern
(EDV) abrufen, aufrufen
request button (EDV) Anruftaste *f*
request for a loan (Fin) Kreditantrag *m (syn, loan application)*
request for bids
(com) Ausschreibung *f*
– Submission *f*
(syn, invitation to . . . bid/tender)
request for information (Re) Auskunftsersuchen *n*
request for proposal (com) = request for quotation
request for quotation, RFQ
(com) Aufforderung *f* zur Angebotsabgabe *f*
(ie, bei geschlossener Ausschreibung; syn, request for proposal)
request level (EDV) Anforderungsebene *f*
request stop (com, GB) Bedarfshaltestelle *f*
request to exercise option right (Fin) Bezugsaufforderung *f*
request to pay (Fin) Aufforderung *f* zur Zahlung
request to submit an offer (com) Angebotseinholung *f*
required field (EDV) Pflichtfeld *n*
required formalities
(Re) Formzwang *m*
(eg, it is not essential that any particular formalities be complied with = es besteht kein Formzwang)
required margin (Fin) Bedarfsspanne *f (ie, of banks; syn, net expense ratio)*
required rate of return (Fin) angestrebte Mindestverzinsung *f (ie, in preinvestment analysis = Investitionsrechnung)*
required reserves (Vw) Mindestreserven *fpl (ie, der Mitgliedsbanken bei den Federal Reserve Banks)*
required return (Fin) Mindestverzinsung *f (ie, that justifies an investment)*
requirement of form
(Re) Formerfordernis *n*
– Formzwang *m*
requirements (com, Vw) Bedarf *m (ie, of: an; syn, demand, qv)*
requirements analysis (com) Anforderungsstudie *f*
requirements contract (Kart) Liefervertrag *m* mit Ausschließlichkeitsbindung, Bedarfsdeckungsvertrag *m (ie, one type of the exclusive dealing arrangement)*
requirements definition (EDV) Anforderungsdefinition *f*
requirements engineering (EDV) Definieren *n* von Produktanforderungen *(ie, innerhalb der Software-Entwicklung)*
requirements explosion
(IndE) Bedarfsauflösung *f*
(ie, mit Hilfe von Stücklisten usw. wird der Materialbedarf ermittelt und in s–e Komponenten aufgelöst)
requirements planning
(MaW) Bedarfsplanung *f*
(ie, by plant divisions for materials and operating supplies)
requisite of form
(Re) Formerfordernis *n*
– Formzwang *m*
(syn, requirement of form)
requisition (MaW) Materialanforderung *f*
rerating (com) Neubewertung *f (syn, reassessment, qv)*
re-read cycles (EDV) Wiederholungslesungen *fpl*
reregulation
(Kart, US) Rückkehr *f* zur öffentlichen Regulierung
(opp, deregulation, qv)
re-routing request (com) Nachsendeantrag *m (ie, made to Post Office)*
rerun (EDV) Wiederholungslauf *m*
rerun point
(EDV, Cobol) Aufsetzpunkt *m*
– Wiederanlaufpunkt *m*
rerun routine (EDV) Wiederholungsprogramm *n*
resale
(com) Weiterverkauf *m*
– Wiederverkauf *m*
– Weiterveräußerung *f (syn, reselling)*
resale market (Fin) Sekundärmarkt *m (syn, secondary market, qv)*
resale of goods by unpaid seller (Re) Deckungskauf *m*

resale price (com) Wiederverkaufspreis *m*
resale price maintenance
(Kart) Preisbindung *f* zweiter Hand
– vertikale Preisbindung *f*
(ie, agreement between supplier and his customers to fix prices at which commodities are sold; syn, vertical price fixing; US, sometimes, fair-trade agreement)
resale price method (StR, US) Wiederverkaufspreis-Methode *f*
resale to third parties (com) Weiterveräußerung *f* an Dritte
resale value (com) Wiederverkaufswert *m*
reschedule a loan *v* (Fin) Anleihe *f* umschulden
reschedule debt *v* (Fin) umschulden *(syn, restructure/roll over . . . debt)*
rescheduling
(com) Neuterminierung *f*
(Fin) Umschuldung *f (ie, renegotiation of existing debt; syn, debt rescheduling)*
rescheduling fees (Fin) Umschuldungs-Gebühren *fpl*
rescheduling loan (Fin) Umschuldungskredit *m*
rescheduling of syndicated credits (Fin) Umschuldung *f* von Konsortialkrediten
rescheduling operation (Fin) Umschuldungsaktion *f*
rescind *v* (Re) anfechten, aufheben *(syn, avoid)*
rescind a contract *v* (Re) Vertrag *m* aufheben *(syn, cancel, qv)*
rescind a judgment *v* (Re) Urteil *n* aufheben *(syn, quash, set aside)*
rescind a sale *v* (Re) wandeln, Kauf *m* rückgängig machen *(syn, cancel a sale)*
rescinding party (Re) Rücktrittsberechtigter *m*
rescission of contract (Re) Rücktritt *m* vom Vertrag *(syn, repudiation of, withdrawal from; cf, § 346 BGB)*
rescission of sale (Re) Wandelung *f (ie, Rückgängigmachung e-s Kaufs; cf, § 462 BGB; syn, cancellation of sale)*
rescue company (Bw) Auffanggesellschaft *f*
rescue consortium (Bw) Auffangkonsortium *n*
rescue disk (EDV) Rettungsdiskette *f*
rescue model (Fin) Anlehnungsmodell *n*
rescue operation
(Fin, infml) Sanierung *f*
– „Rettungsaktion" *f*
(syn, rescue package)
rescue strategy (Fin) Sanierungskonzept *n*
research
(com) Forschung *f (ie, in, into, on; eg, research & development, R&D; Forschung und Entwicklung, F&E)*
(Fin) Forschung *f*
– Analyse *f*
(ie, systematische Untersuchung wert- und kursbestimmender Faktoren)
research and development company (Bw) Entwicklungsgesellschaft *f*
research and development, R&D (Bw) Forschung *f* und Entwicklung *f*, F&E
research and development risk (ReW) Entwicklungswagnis *n*
research assignment (Bw) Forschungsauftrag *m* *(syn, research contract)*
research budget (Bw) Forschungsetat *m*
research capabilities (com) Forschungspotential *n*
research contract (Bw) = research assignment
research costs (ReW) Forschungskosten *pl*
research department
(Bw) Forschungsabteilung *f*
(Bö) Marktforschungsabteilung *f (ie, großer Brokerhäuser)*
research economics (Vw) Forschungsökonomik *f*
researched
(com) recherchiert
(eg, one of the best-researched and well-balanced articles on this subject)
researcher (com) Forscher *m*
research facilities (Bw) Forschungseinrichtungen *fpl*
research funds (Bw) Forschungsgelder *npl*
research grant (FiW) Forschungszuschuß *m*
research institute
(com) Forschungsinstitut *n*
– Forschungsanstalt *f*
research into *v*
(com) erforschen
– untersuchen *(eg, the causes of . . .)*
research park (IndE) Forschungspark *m (ie, industrial area sited near a university)*
research program (Bw) Forschungsprogramm *n*
research project
(Bw) Forschungsprojekt *n*
– Forschungsvorhaben *n*
resell *v* (com) weiterverkaufen, weiterveräußern
reseller (com) Wiederverkäufer *m*
reselling (com) = resale
reservation
(com) Buchung *f*
– Reservierung *f (syn, GB, also, booking)*
(Re) Vorbehalt *m (eg, with the reservation that . . .)*
reservation of ownership (Re) Eigentumsvorbehalt *m* *(syn, retention of ownership, qv)*
reservation of title (Re) = retention of title
reservation terminal (com) Buchungsterminal *m* *(syn, booking terminal)*
reserve
(ReW) Rücklage *f (ie, Teil des Eigenkapitals)*
(ReW) Rückstellung *f (ie, Verbindlichkeiten, die dem Grunde nach, aber nicht der Höhe nach feststehen; syn, accrued liability)*
(ReW) Wertberichtigung *f (ie, valuation or allowance account)*
(Fin) Sperrbetrag *m*
(ie, in factoring: provides for possible returns, claims, or defenses of customers, and for possible credit losses on any shipments made without the factor's approval)
(Vers) Deckungskapital *n*
(ie, set aside for the purpose of meeting obligations as they fall due)
reserve *v*
(com) reservieren *(ie, to set apart/aside)*
(com, US) buchen
– reservieren
(eg, hotel rooms, rental cars; GB, also, book)
reserve account
(ReW, GB) einbehaltene Gewinne *mpl*
(Fin, US) Kontokorrentkonto *n* e-r Mitgliedsbank bei ihrer Federal Reserve Bank
reserve a right *v* (Re) Recht *n* vorbehalten

reserve asset
(IWF) Reservemedium *n*
– Reserveinstrument *n*
(eg, gold, SDRs; syn, reserve facility)
reserve-asset convertibility (AuW) Konvertibilität *f* in primäre Reserveaktiva
reserve assets ratio (Fin, GB) Mindestreservesatz *m* *(syn, minimum reserve ratio)*
reserve balances
(AuW) Währungsreserven *fpl*
(syn, monetary reserves)
(Vw, US) Mindesteinlagen *fpl*
(ie, der Banken bei den Federal Reserve Banks)
reserve bank
(Fin) Reservebank *f*
(ie, a Federal Reserve bank: member of the Federal Reserve System where commercial banks are obligated to keep minimum reserve accounts)
reserve base (Vw) Basisgeldreserven *fpl (ie, Mindestreserven + Überschußreserven)*
reserve capital (Fin) nicht eingezahltes Kapital *n*
reserve-carrying liabilities (Fin) mindestreservepflichtige Verbindlichkeiten *fpl*
reserve center
(AuW) Reservewährungsland *n*
– Leitwährungsland *n*
– Schlüsselwährungsland *n*
reserve currency
(AuW) Reservewährung *f*
(ie, wird von Währungsbehörden zur Bildung von Währungsreserven herangezogen, d. h. von monetärem Gold und Devisen mit hohem Liquiditätsgrad)
reserve currency balances (AuW) Reservewährungsguthaben *fpl*
reserve currency country
(AuW) Reservewährungsland *n*
– Leitwährungsland *n (syn, reserve center)*
reserved material
(MaW) auftragsgebundenes Material *n*
(syn, allocated material, qv)
reserved surplus
(ReW) zweckgebundene Rücklagen *fpl*
(syn, earmarked surplus)
reserved variable (EDV) reservierte Variable *f*
reserved words
(EDV, Cobol) reservierte Wörter *npl*
(ie, dürfen nicht zur freien Benennung von Feld- und Paragraphennamen verwendet werden; eg, im voll ausgebauten ANS COBOL: accept, access, actual, add, address, etc)
reserve facility (IWF) Reservemedium *n (syn, reserve asset, qv)*
reserve for amortization (ReW) Wertberichtigung *f* auf materielle und immaterielle Anlagegüter
reserve for bad debts (ReW) Wertberichtigung *f* auf uneinbringliche Forderungen
reserve for contingencies (ReW) Rückstellung *f* für Eventualverbindlichkeiten
reserve for depletion (ReW) Wertberichtigung *f* auf Substanzverringerung
reserve for depreciation
(ReW) Rückstellung *(für Abschreibungen)*
(ie, nach dem im Dt. nicht üblichen Grundsatz der Verlustantizipation: beim Ausscheiden des Anlagegutes wird der ‚Verlust' gegen die Rückstellung aufgerechnet)
reserve for discounts (ReW) Rückstellung *f* für Preisnachlässe
reserve for doubtful accounts (ReW) Wertberichtigung *f* auf zweifelhafte Forderungen
reserve for doubtful accounts – direct (ReW) Einzelwertberichtigung *f* zu Kundenforderungen
reserve for overhead (ReW) Gemeinkostenausgleichsrücklage *f*
reserve for pensions (ReW) Pensionsrückstellung *f*
reserve for prices on raw materials (ReW) Preiserhöhungsrücklage *f*
reserve for renewals and replacements (ReW) Rücklage *f* für die Erneuerung des Anlagevermögens
reserve for repairs (ReW) Rücklage *f* für aufgeschobene Instandhaltung
reserve for sinking fund (ReW) Tilgungsrücklage *f* *(syn, sinking fund reserve)*
reserve fund
(ReW) Rücklage *f*
(Fin) eiserne Reserve *f*, zweckgebundener Liquiditätsüberschuß *m*
reserve holdings (AuW) = reserve balances
reserve instrument (AuW) Reserveinstrument *n*, Reservemedium *n*
reserve liability (Fin, GB) Teil *m* des Aktienkapitals, der nur zum Zwecke der Abwicklung eingefordert werden darf
reserve losses (Vw) Reserveverluste *mpl*
reserve of potential labor (Vw) Beschäftigungsreserve *f*
reserve position (IWF) Reserveposition *f (syn, net fund position)*
reserve price
(com) Mindestpreis *m*
(ie, price limit below which sth is not to be sold, esp. in an auction; syn, fall back/upset . . . price)
reserve ratio policy (Vw) Mindestreservepolitik *f*
reserve requirements
(Vw) Mindestreserven *fpl (ie, percentage of customer deposits that banks must set aside in the form of reserves)*
(ReW) Vorschriften *fpl* über die Bildung von Rücklagen
reserve requirements ratio
(Vw) Mindestreservesatz *m*
(ie, determines the expansion of deposits and loans made therefrom that can be supported by a given unit of reserves)
reserves
(ReW, GB) Rücklagen *fpl*
(ie, allocation of profits to ensure the future of a business by: (1) covering any fall-off in profitability and allowing for growth (revenue reserves), and (2) setting aside funds to revalue and replace fixed assets (capital reserves); note that capital reserves cannot normally be distributed as dividends)
reserves provided for by the articles of association
(EG) satzungsmäßige Rücklagen *fpl*
reserve stock
(MaW) Mindestbestand *m*
(syn, minimum inventory level, qv)

reserve stock control (MaW) Mindestbestandssteuerung *f*
reserve stock method (ReW) Eiserne-Bestands-Methode *f (syn, base stock method, qv)*
reserve title to ownership *v* (Re) Eigentum *n* vorbehalten
reserve transaction (Vw) Reservetransaktion *f*
reserve transactions balance (AuW, US) Bilanz *f* der offiziellen Reservetransaktionen *(ie, before 1976; entspricht im Kern dem Konzept der Devisenbilanz)*
reserve unit (IWF) Reserveeinheit *f*
reserving policies (ReW) Rücklagenpolitik *f*
reset (Fin) Darlehensrückzahlung *f (ie, mit gleichzeitigem Neuabschluß in gleicher Höhe, aber zu anderen Konditionen)*
reset *v*
(EDV) rücksetzen
– rückstellen
– löschen *(syn, clear, qv)*
(EDV) neu einstellen *(eg, internal clock)*
reset a computer *v* (EDV) System *n* zurücksetzen
reshipment (com) = transhipment
reshipper (com) Behälter *m* für Leer-Container
reshuffle *v* (Bw, infml) umstrukturieren *(syn, restructure, reorganize)*
residence
(Re) Wohnsitz *m* (but see: domicile)
(Re) (ständiger) Aufenthalt *m*
– Aufenthaltsort *m*
(StR) Ansässigkeit *f*
residence of a corporation (Bw) Sitz *m* e-r Gesellschaft
residence permit (Re) Aufenthaltserlaubnis *f*
residence requirement (Re) Wohnsitzvoraussetzung *f*
residence taxation (StR) Wohnsitzbesteuerung *f* *(opp, source taxation = Quellenbesteuerung)*
residency (Re) Ansässigkeit *f*
resident
(Re) ansässig
(AuW) Gebietsansässiger *m (ie, earlier German term ‚Deviseninländer'; opp, nonresident = Gebietsfremder)*
resident agent (com) Inlandsvertreter *m*
resident buyer (Mk, US) Indentkunde *m*
resident convertibility
(AuW) Inländer-Konvertibilität *f*
(syn, internal convertibility)
resident corporate body (StR) unbeschränkt steuerpflichtige Körperschaft *f*
resident file (EDV) residente Datei *f*
residential allowance (Pw) Ortszulage *f*
residential buildings
(com) Wohngebäude *npl*
(com) Wohnungsbau *m*
(syn, housing construction, construction of residential property)
residential property (com) Mietwohngrundstück *n* *(syn, rental property)*
resident monitor
(EDV) Systemkern *m*
(syn, supervisor)
resident portion (EDV) speicherresidenter Teil *m*
residents' income tax liability (StR) unbeschränkte Einkommensteuerpflicht *f*
resident taxpayer
(StR) Steuerinländer *m*
(ie, person subject to unlimited tax liability = unbegrenzt steuerpflichtig)
residual contribution margin (KoR) Restdeckungsbeitrag *m (ie, difference between contribution margin and a number of special fixed costs)*
residual cost (ReW) Restbuchwert *m*, Restanlagenwert *m (syn, net book value, qv)*
residual debt (Fin) Restschuld *f (syn, unpaid balance in account)*
residual error (EDV) Restfehler *m*
residual exposure (Fin) Restrisiko *n*
residual factor
(Vw) Residualfaktor *m*
– dritter Produktionsfaktor *m*
residual income (Vw) residualbestimmtes Einkommen *n (ie, income determined residually)*
residual matrix (Math) Restmatrix *f*
residual net income (ReW) Restreingewinn *m (ie, für Stammaktionäre; nach Befriedigung der Vorzugsaktionäre)*
residual product (IndE) Nebenerzeugnis *n (syn, byproduct, qv)*
residuals management (Bw) Abfallwirtschaft *f*
residual term
(Stat) Restgröße *f*
– Residualterm *m*
residual theory of profit (Vw) Residualtheorie *f*
residual time to maturity (Fin) Restlaufzeit *f (syn, time to maturity, qv)*
residual unemployment (Vw) Restarbeitslosigkeit *f*
residual value
(ReW) Restwert *m*
– Veräußerungswert *m*
– Schrottwert *m (syn, disposal/junk/recovery/salvage/scrap/terminal . . . value)*
residual variables (Stat) Residuen *npl*
residuary legacy (Re) letztwillige Zuwendung *f (ie, e-s Restnachlasses; after payment of debt and other legacies)*
residue check (EDV) Restprüfung *f (syn, modulo n check)*
residue class (Math) Restklasse *f*
resign *v*
(Re) zurücktreten
(eg, the famous note President Nixon wrote to H. Kissinger, then U.S. Secretary of State, on Aug 9, 1974: „I hereby resign the office of President of the United States";
otherwise: eg, to resign as chairman, to resign from a job as chairman, from the board)
resign a claim *v* (Re) Forderung *f* aufgeben *(syn, abandon, waive)*
resignation
(Re) Rücktritt *m*
(Pw) Kündigung *f*
(ie, by an employee to terminate employment contract)
res ipsa loquitur (Re) Grundsatz *m* der widerleglichen Vermutung fahrlässigen Handelns *(ie, comparable to prima facie evidence)*
resistance line (Fin) Widerstandslinie *f (ie, in Aktienkursdiagrammen)*
resistance to taxation (FiW) Steuerwiderstand *m*

resize *v*
(EDV) verändern
– Größe *f* von ... anpassen an ...
– neu dimensionieren
resize window *v* (EDV, GUI) Fenstergröße *f* verändern/anpassen
resolution
(com) Beschluß *m*
(eg, passed or adopted at a meeting; syn, decision)
(EDV) Auflösung *f*
(ie, of a video display screen; a high-resolution screen has a very short distance between two adjacent points)
resolution by simple majority (com) Beschluß *m* mit einfacher Mehrheit
resolution to liquidate a business (Re) Auflösungsbeschluß *m*
resolutive condition (Re, GB) auflösende Bedingung *f (syn, condition subsequent, qv)*
resolve a case *v* (Re) Fall *m* entscheiden
resolve a conflict *v* (com) Konflikt *m* regeln
resolvent of a matrix (Math) Inverse *f* e-r Matrix
resource
(Bw) Produktionsfaktor *m (ie, factor of production)*
(Bw) Rohstoff *m*
(Mk) Lieferant *m (ie, für e-e wichtige Ware)*
(com) Vermögen *n*, Reichtum *m*
resource absorption by government (FiW) Ressourcen-Inanspruchnahme *f* durch den Staat
resource acquisition (MaW) = procurement
resource allocation
(Vw) Ressourcen-Allokation *f (syn, allocation of resources)*
(EDV) Betriebsmittelzuweisung *f*
(OR) Kapazitätsbedarfsermittlung *f*
resource allocation control (EDV) Betriebsmittelverwaltung *f*
resource allocation requirements (EDV) Betriebsmittelbedarf *m*
resource-based assets (Fin) Sachwerte *mpl (eg, investors are seeking . . .)*
resource flow (AuW) Ressourcen-Übertragung *f (eg, to developing countries)*
resource lead time (IndE) Belegungsvorlaufzeit *f*
resource management (EDV) = resource allocation control
resource market (Vw) Faktormarkt *m*
resource-position barrier (Bw) Ressourcenbestands-Barriere *f*
resource price (Vw) Faktorpreis *m (syn, factor/input . . . price)*
resource recovery (com, US) Abfallverwertung *f (ie, reprocessing waste material)*
resource requirements (Bw) Betriebsmittelbedarf *m*
resources
(Bw) Vermögenswerte *mpl*
(Bw) Einsatzmittel *npl*
(com) Ressourcen *fpl*
(Fin) finanzielle Mittel *pl (syn, funds)*
(EDV) Betriebsmittel *npl (ie, Verarbeitungs- und Speichereinrichtungen)*
resource scheduling (EDV) Betriebsmittelplanung *f*
resource sharing (EDV) Betriebsmittelverbund *m*

resourcing
(MaW) = procurement
(Bw) Bereitstellung *f* von Ressourcen
respecify a concept *v* (Log) Begriff *m* präzisieren
respite for payment of debt (Re) Forderungsstundung *f (ie, time or delay obtained for the payment of sums owed)*
respond adequately *v* (com) angemessen reagieren
respondeat superior
(Re) Grundsatz *m* der Haftung für unerlaubte Handlungen e-s Arbeitnehmers od Beauftragten
(ie, no exculpatory evidence permitted = kein Entlastungsbeweis möglich)
respondent
(Re) Berufungsbeklagter *m (opp, appellant)*
(Mk) Befragter *m*
– Proband *m*
– Versuchsperson *f*, VP *(syn, interviewee, qv)*
respondent bank (Fin) Korrespondenzbank *f (syn, correspondent bank)*
respond to a demand *v* (com) Forderung *f* erfüllen
respond to changing circumstances *v* (Bw) auf veränderte Bedingungen reagieren
response
(com) Antwort *f*
(com) Reaktion *f*
(EDV) Rückgabewert *m*
– Ergebnis *n*
response function (Math) Reaktionsfunktion *f*
response rate
(Mk) Rücklaufquote *f*
– Antwortquote *f*
(syn, number of responses)
response time
(EDV) Antwortzeit *f*
– Beantwortungszeit *f*
– Reaktionszeit *f (ie, time between submission of a job and the return of results; similar to turnaround time in interactive and real time processing)*
response-time distribution (Stat) Zeit-Wirkungs-Verteilung *f*
responsibility
(Bw) Verantwortung *f*
– Verantwortlichkeit *f*
– Zuständigkeit *f (syn, scope of authority)*
responsibility accounting
(KoR) Kostenrechnung *f* nach Verantwortungsbereichen
(ie, responsibility is traced for each activity occurring in a particular operating unit; Abbildung der Verantwortungsdelegation in der Kostenrechnung durch e–e weitgehende Aufgliederung in Kostenstellen)
responsibility center (Bw) betriebliches Verantwortungszentrum *n*
responsible committee (com) federführender Ausschuß *m*
responsive (Bw) reagibel
responsiveness (Bw) Reaktionsbereitschaft *f*
responsive to cyclical trends (Vw) konjunkturreagibel
respository (com) Warenlager *n*, Lager *n (ie, where sth is stored for a long time)*
restamp *v* (Fin) umstempeln

restart (EDV) Restart *m*, Wiederanlauf *m*
restart *v* (EDV) wieder anlaufen lassen *(ie, go back to a specific point in a routine to rerun the portion of it in which the error occurred)*
restarting cost (Bw) Wiederanlaufkosten *pl*
restart point (EDV) Wiederanlaufpunkt *m*
restart routine (EDV) Wiederanlaufroutine *f*
restaurant business (com) Gaststättengewerbe *n (syn, GB, catering trade)*
restaurant car (com) Speisewagen *m (syn, dining car, diner)*
restaurant chain (com) Restaurant-Kette *f (syn, GB, catering group)*
restaurateur (com, US) Gaststätteninhaber *m (syn, GB, caterer)*
rest break (Pw) Arbeitspause *f*
rest-day working (Pw) Feiertagsarbeit *f*
resting order (Bö) Kauf- od Verkaufsauftrag *m* zu Preisen unterhalb od oberhalb des herrschenden Kursniveaus
restitutio in integrum
(Re) Wiedereinsetzung *f* in den vorigen Stand
– Naturalrestitution *f*
– Naturalherstellung *f*
(ie, in civil law: restoration to the previous condition)
restitution
(Re) Entschädigung *f*
– Rückerstattung *f*
(EDV) Wiedergabe *f*
restitution claim (Re) Herausgabeanspruch *m*
restitutions (EG) Subventionen *fpl* an verarbeitende Wirtschaftszweige
restock *v* (MaW) Lager *n* auffüllen od aufstocken *(syn, rebuild/fillup/refill/replenish . . . inventories; infml, load the pipelines)*
restocking
(MaW) Lagerauffüllung *f*
– Lageraufstockung *f*
(syn, inventory . . . accumulation/buildup/rebuilding/replenishment; refilling of inventories, replenishment of stocks)
rest of the world (VGR) Ausland *n*
rest-of-the-world account (VGR) Auslandskonto *n*
restoration premium (Vers) Auffüllprämie *f (ie, charged to restore a policy to its original value after payment of a loss)*
restore *v*
(EDV) zurückschreiben
– überschreiben
– hinzufügen
restore text *v* (EDV) Text *n* zurückholen
rest period (IndE) Pausenzeit *f (ie, paid interruption of work)*
restrain *v*
(com) beschränken
– einschränken *(ie, from doing)*
restraining clause (Re) Konkurrenzklausel *f (syn, covenant in restraint of trade, qv)*
restraining monetary policy (Vw) restriktive Geldpolitik *f*
restraining order
(Re) einstweilige Verfügung *f*
(ie, issued in aid of a suit to maintain the status quo)
restraint (Vw) restriktive Politik *f*
restraint in expenditure (FiW) Ausgabendisziplin *f*
restraint measures (Vw) restriktive Maßnahmen *fpl*
restraint of competition
(Kart) Wettbewerbsbeschränkung *f (syn, restraint of trade, restrictive practices)*
(Kart) Behinderungswettbewerb *m*
restraint of competition clause (Pw) Wettbewerbsklausel *f (syn, ancillary covenant, qv)*
restraint of trade
(Kart, US) wettbewerbsbeschränkendes Verhalten *n (ie, defined in Sec 1 of the Sherman Act of 1890; includes horizontal and vertical price-fixing, division of territories or customers, refusals to deal, certain mergers, reciprocal dealing arrangements, tying arrangements, and exclusive dealing arrangements; syn, GB, restrictive practices)*
restraint on credit (Fin) Kreditbremse *f (syn, infml, slam on the credit brake)*
restraint on disposal (Re) Verfügungsbeschränkung *f*
restraint on disposition (Re) Verfügungsverbot *n*
restraint on personal freedom (Re) Beschränkung *f* der persönlichen Freiheit *(eg, legal duty to use auto seat belts)*
restrict *v*
(com) beschränken
– einschränken
restricted air cargo (com) Sonder-Luftfracht *f (ie, requires extra precautions in handling and packing)*
restricted application (com) begrenzte Anwendung *f*
restricted assets (Vers) gebundenes Vermögen *n*
restricted bearer instrument (WeR) qualifiziertes Inhaberpapier *n*
restricted construction (Re) enge Auslegung *f (syn, narrow construction; opp, broad/liberal . . . construction)*
restricted convertibility (AuW) beschränkte Konvertibilität *f (syn, limited/partial . . . convertibility)*
restricted margin (Mk) gebundene Spanne *f*
restricted market (com) beschränkter Markt *m*
restricted random sampling (Stat) eingeschränkte Zufallsauswahl *f*
restricted receipts (Fin) zweckgebundene Einnahmen *fpl*
restricted retained earnings (ReW) nicht ausschüttungsfähiger Gewinnvortrag *m*
restricted shares (Fin, US) Stammaktien *fpl* mit bedingter Dividendenzahlung *(ie, until some event has taken place)*
restricted stock (Fin) bei der SEC nicht registrierte und nicht zum amtlichen Handel zugelassene Aktien *fpl*
restricted stock option (Pw) Aktienbezugsrecht *n* für Mitarbeiter e-s Unternehmens
restricted surplus (ReW) nicht ausschüttungsfähiger Teil *m* des Gewinnvortrags
restricted trading (Bö) beschränkter Handel *m*
restriction
(com) Beschränkung *f*
(Math) Restriktion *f*
– Nebenbedingung *f*
(syn, constraint, limiting condition)

restriction of entry (Vw) Eintrittssperre *f (syn, barrier to entry, qv)*
restriction on capital movements (AuW) Beschränkung *f* des Kapitalverkehrs
restriction on imports (AuW) Einfuhrbeschränkungen *fpl (syn, import restrictions, qv)*
restrictions on the entry of goods (AuW) = restrictions on imports
restriction vector (OR) Beschränkungsvektor *m*
restrictive course (Vw) Restriktionskurs *m (ie, of economic policy)*
restrictive covenant
(Re) Konkurrenzklausel *f (syn, covenant in restraint of competition)*
(Kart) wettbewerbsbeschränkender Vertrag *m*
restrictive endorsement
(WeR) negative Orderklausel *f*
– Rektaindossament *n*
– Rektaklausel *f*
(ie, prohibits further negotiation of a negotiable instrument)
restrictive indorsement (WeR) = restrictive endorsement
restrictive license (Pat) bedingte Lizenz *f*
restrictive monetary policy (Vw) restriktive Geldpolitik *f (syn, monetary restraint, qv)*
restrictiveness (Vw) Restriktionsgrad *m (ie, in quantitative monetary policy)*
restrictive open market policy (Vw) kontraktive Offenmarkpolitik *f*
restrictive practices (Kart, GB) wettbewerbsbeschränkendes Verhalten *n (syn, US, restraint of trade)*
restrictive trade practices law (Kart, GB) Wettbewerbsrecht *n*, Kartellrecht *n*
restrive application (Re) restriktive Handhabung *f*
restructure *v*
(com) umstrukturieren
– reorganisieren
(eg, business organization; syn, reorganize, reshuffle)
(com) sanieren
restructure debt *v* (Fin) umschulden *(syn, reschedule debt, qv)*
restructure manufacturing operations *v* (IndE) Fertigungsbereich *m* reorganisieren
restructuring
(com) Umstrukturierung *f*
– Neuorganisation *f*
(EDV) Rückstrukturierung *f*
restructuring aid (Vw) Strukturhilfe *f*
restructuring and adjustment (com) Umstrukturierung *f*
restructuring of assets (Fin) Vermögensumschichtung *f*
restructuring of government expenditures (FiW) Umstrukturierung *f* der Staatsausgaben
restructuring of operations (com) Umstrukturierung *f*
restructuring scheme (com) Umstrukturierungsplan *m*
re-submission
(com) Wiedervorlage *f*
(IndE) Wiedervorstellung *f (ie, of an inspection lot = Prüflos)*
result of expense allocation (ReW) Abgrenzungsergebnis *n (ie, shows accruals and deferrals)*
result of extrapolation (Stat) Hochrechnungsergebnis *n*
results appraisal (Pw) Leistungsbeurteilung *f (syn, performance appraisal, qv)*
results from operations (ReW) Betriebsergebnis *n (syn, operating result)*
results of a survey (Mk) Umfrageergebnisse *npl*
results-related compensation (Pw) leistungsbezogene Vergütung *f (syn, pay-for-performance)*
resume *v* (com) wiederaufnehmen
résumé
(com) Zusammenfassung *f (syn, summary, précis)*
(Pw) tabellarischer Lebenslauf *m (syn, personal record sheet, qv)*
resurgence of inflation (Vw) Wiederaufleben *n* der Inflation
retail (Mk) Einzelhandelsabsatz *m*
retail account (Fin) Privatkundenkonto *n*
retail advertising
(Mk) Einzelhandelswerbung *f*
– Endverbraucherwerbung *f*
retail audit (Mk) Handelspanel *n*
retail banking
(Fin) Privatkundengeschäft *n*
– Massengeschäft *n*
(syn, personal banking; opp, wholesale/corporate ... banking = Firmenkundengeschäft)
retail bookseller (com) Sortimentsbuchhändler *m*
retail bookselling (com) Sortimentsbuchhandel *m*
retail branch accounting (ReW) Filialbuchführung *f*
retail business
(com) Einzelhandelsbetrieb *m*
– Einzelhandelsunternehmen *n*
(syn, retail establishment)
retail client (Fin) Privatkunde *m (opp, wholesale client)*
retail consumer (Mk) Endverbraucher *m (syn, ultimate consumer)*
retail costing (ReW) (Gruppen-)Bewertung *f (ie, des Vorratsvermögens; nach dem Verkaufspreisverfahren)*
retail credit (Fin) Privatkundenkredit *m*
retail customer
(Fin) = retail client
(com) Einzelhandelskunde *m*
retail customer accounts (Fin) Lohn- und Gehaltskonten *npl*
retail distribution (Mk) Einzelhandels-Distribution *f*
retailer (com) = retail trader
retail establishment (com) = retail business
retail factoring (Fin) Einzelhandels-Factoring *n*
retail industry (Mk) = retail trade
retailing chain
(com) Einzelhandelskette *f*
– Ladenkette *f*
(ie, chain of retail stores)
retailing outlet (com) = retail store
retail inventories (com) Lagerbestände *mpl* des Einzelhandels
retail lending operations (Fin) Privatkundengeschäft *n (syn, retail banking)*
retail loan (Fin) Privatkundenkredit *m*
retail margin (com) Einzelhandelsspanne *f*
retail office (Fin) Privatkundenabteilung *f (ie, of a bank)*

retail outlet (com) = retail store
retail price
(com) Einzelhandelspreis *m*
– Endverbraucherpreis *m*
– Endpreis *m*
– Ladenpreis *m*
retail price index (Stat) Index *m* der Einzelhandelspreise
retail price maintenance (Kart) Preisbindung *f* der zweiten Hand
retail promotions
(Mk) Handels-Promotionen *fpl*
(ie, Bestanteil des Handelsmarketing)
retail rebate (com) Einzelhandelsrabatt *m*
retail sales (com) Einzelhandelsumsätze *mpl*
retail sales organization (com) Einzelhandelsorganisation *f*
retail salesperson
(com, US) Verkäufer *m*, Verkäuferin *f*
retail selling
(Mk) Einzelhandelsverkauf *m*
– Ladeneinzelhandel *m*
retail shop (com, GB) = retail store
retail store (com) Einzelhandelsgeschäft *n*, Ladengeschäft *n (syn, retailing . . . business/outlet; GB, retail shop; Verkaufsstellle e–s Handelsbetriebes)*
retail stores group (com) Kaufhauskonzern *m*
retail takings (com) Einnahmen *fpl* des Einzelhandels
retail trade (com) Einzelhandel *m (syn, retail industry)*
retail trader (com) Einzelhändler *m (syn, retailer; opp, wholesaler)*
retail turnover (com, GB) Einzelhandelsumsätze *mpl*
retain *v*
(com) aufbewahren *(eg, files)*
(Fin) einbehalten *(eg, earnings, profits)*
retainage under contract provisions (Re) vertragliches Zurückbehaltungsrecht *n*
retain a lawyer *v* (Re) Anwalt *m* nehmen *(ie, to employ by paying in advance)*
retained earnings
(ReW) einbehaltene
– unverteilte
– nicht ausgeschüttete
– thesaurierte . . . Gewinne *mpl*
(syn, earnings retained in the business, profit retentions, retained . . . income/profit, undistributed profits; GB, ploughed-back profits)
retained earnings – voluntary portion (ReW) freie Rücklagen *fpl (syn, free reserves, qv)*
retained income (ReW) = retained earnings
retained premium (Vers) Selbstbehaltsprämie *f (ie, in reinsurance)*
retained profit (ReW) = retained earnings
retained risk (Vers) selbstbehaltene Risiken *npl*
retainer
(com) Vergütung *f*
(ie, fee for rendition of professional services)
(Re) Anwaltsvorschuß *m*
(ie, advance fee)
(Re) (monatliches od jährliches) Pauschalhonorar *n*
retaining clip (com) Halteklammer *f*
retaining lien (Re) Zurückbehaltungsrecht *n (syn, right of retention, qv)*
retaliate against *v* (AuW) Vergeltungsmaßnahmen *fpl* ergreifen gegen *(ie, take retaliatory action)*
retaliation (AuW) Vergeltungsmaßnahmen *fpl* Retorsionsmaßnahmen *fpl (eg, potential threat of . . . against; syn, retaliatory measures, reprisals)*
retaliatory action (AuW) Gegenmaßnahmen *fpl (syn, retaliation, countermeasure)*
retaliatory duty (AuW) Retorsionszoll *m*
retaliatory measures (AuW) = retaliation
retaliatory tariff
(AuW) Vergeltungszoll *m*
– Kampfzoll *m*
– Retorsionszoll *m*
retention
(Fin) feste Zuteilungsquote *f (ie, bei Emissionen)*
(Vers) Selbstbehalt *m*, Selbstbeteiligung *f (ie, amount of liability assumed by the writing company and not reinsured)*
retention money (com) nicht ausgezahlter Restbetrag *m (ie, vom Bauherrn/Käufer; Teil des Vertrags- od Kaufpreises)*
retention of earnings
(Fin) Einbehaltung *f*
– Nichtausschüttung *f*
– Thesaurierung *f* . . . von Gewinnen
(syn, retention of profits, earnings retention, profits retention, plowing back of profits; GB, ploughing back of profits)
retention of legal title (Re) Eigentumsvorbehalt *m (eg, to the cargo)*
retention of ownership
(Re) Eigentumsvorbehalt *m*
(ie, ownership cannot pass before payment of purchase price; cf, § 455 BGB; civil law: pactum reservati dominii; syn, reservation of ownership, reservation of right of disposal)
retention of title (Re, GB) Eigentumsvorbehalt *m*
retention-of-title clause (Re) Eigentumsvorbehaltsklausel *f*
retention of title to ownership (Re) = retention of ownership
retentions (Fin) einbehaltene Gewinne *mpl* Selbstfinanzierungsmittel *pl (syn, retained earnings, qv)*
retentions in % (Fin) Selbstfinanzierungsquote *f*
retention times (Re) Aufbewahrungsfristen *fpl*
retire *v*
(Fin) einlösen *(ie, bill of exchange)*
(Fin) zurückzahlen *(eg, loan, credit)*
(Vw) einziehen *(ie, notes and coin)*
(Pw) in den Ruhestand versetzen
(Pw) in Pension od Rente gehen
retired asset (Bw) ausgeschiedenes Wirtschaftsgut *n*
retired employee (Pw) Pensionär *m*, Rentner *m (syn, retiree)*
retired pay (Pw) Altersrente *f (syn, old-age pension, retirement pension)*
retiree (Pw) = retired employee
retirement
(com) Ausscheiden *n (eg, of a partner; syn, withdrawal)*
(ReW) Abgang *m (ie, of fixed assets)*
(com) Ausscheiden *n*
– Pensionierung *f*

(SozV) Verrentung *f*
(Fin) Einzug *m (eg, of shares)*
(Fin) Rückkauf *m (eg, of bonds)*
retirement age
(Pw) Altersgrenze *f*
(Pw) Pensionsalter *n*, Rentenalter *n (syn, pensionable age)*
retirement annuity (Vers) Rentenversicherung *f (ie, installments paid until retirement; a form of deferred annuity)*
retirement benefits (Pw) Pensionsleistungen *fpl* Rentenleistungen *fpl*
retirement from office (Pw) Rücktritt *m (ie, stepping down)*
retirement fund (Fin) Pensionsfonds *m*
retirement income (Pw) Alterseinkommen *n*
retirement income policy (Vers) Erlebens-Rentenversicherung *f*
retirement of a fixed asset (ReW) Stillegung *f* e-s Anlagegutes
retirement of a loan (Fin) Rückzahlung *f* e-r Anleihe *(syn, repayment of a loan)*
retirement of an asset (Bw) Ausscheiden *n* e-s Wirtschaftsgutes
retirement of a partner (com) Austritt *m* e-s Gesellschafters
retirement offer (Pw) Abfindungsangebot *n (syn, early retirement scheme)*
retirement of fixed assets (Bw) Abgang *m* von Anlagegegenständen, Anlagenausmusterung *f (ie, removal from active service)*
retirement of plant and equipment (Bw) = retirement of fixed assets
retirement pay (SozV) = retirement pension
retirement pension
(SozV) Altersrente *f*
– Pension *f*
– Rente *f (syn, old-age pension, retired pay)*
retirement plan (Pw) Pensionsplan *m*
retirement price (Fin) Rückkaufkurs *m (syn, call price, qv)*
retirements (ReW) Abgänge *mpl (eg, fixed assets, inventory items; syn, disposals)*
retirement scheme (Pw) Pensionsplan *m*
retirement span (SozV) Lebensdauer *f* nach der Pensionierung
retirement table (Bw) Abgangstabelle *f*
retire on a pension *v* (Pw) sich pensionieren lassen *(syn, be pensioned off)*
retire prematurely *v* (Pw) vorzeitig ausscheiden
retiring partner (com) ausscheidender Gesellschafter *m (syn, withdrawing partner)*
retool *v*
(IndE) umrüsten *(ie, machines)*
(IndE) umrüsten *(ie, as part of factory automation)*
(Pw) „runderneuern" *(syn, retread, qv)*
retractable (com) vorverlegbar
retraining (Pw) Umschulung *f*
retraining allowance (Pw) Umschulungsbeihilfe *f*
retraining expenses (StR) Weiterbildungskosten *pl*
retraining measures
(Pw) Umschulungsmaßnahmen *fpl*
retransfer (ReW) Rückübertragung *f*
retransfer *v* (ReW) rückübertragen
retransfer of reserves (ReW) Auflösung *f* von Rücklagen *(syn, return to source/release/withdrawal/writing back . . . of reserves)*
retransfer reserves *v* (ReW) Rücklagen *fpl* auflösen
retread (Pw, infml) umgeschulter Mitarbeiter *m*
retread executives *v*
(Pw, joc) Führungskräfte *fpl* „runderneuern"
(eg, retread middle-management staff during a four-day crash course; syn, reprofile, retool)
retrench *v* (com) kürzen, senken *(eg, expenses; syn, cut, cut down, reduce)*
retrenchment
(com) Kürzung *f*
– Senkung *f*
(Pw) Personalabbau *m (ie, reduction of staff)*
(Bw) Umstrukturierung *f*
retrenchment package (FiW) Sparpaket *n*
retrenchment policy (FiW) Sparkurs *m*
retrievability aid (EDV) Suchhilfe *f*
retrieval
(EDV) Abruf *m*
(EDV) Abfrage *f*
(EDV) Rückgriff *m (ie, um Daten schnell und sicher zu finden)*
(EDV) Suche *f* von Informationen auch im Text- und Bildbereich
retrieval command (EDV) Rückgriff-Befehl *m*
retrieval function (EDV) Rückgriff-Funktion *f*
retrieval query (EDV) Anfrage *f*, Suchfrage *f (syn, query)*
retrieval subject (EDV) Suchgegenstand *m*
retrieve *v*
(EDV) wiederauffinden *(ie, get data from a remote system and put it on a current file)*
(EDV) abrufen
(EDV) zurückholen
retroaction (EDV, GB) Mitkopplung *f (syn, positive feedback, qv)*
retroactive fit (IndE) = retrofit
retroactive law (Re) rückwirkendes Gesetz *n (syn, retrospective law, qv)*
retroactive pay rise (Pw) rückwirkende Lohnerhöhung *f (syn, GB, back-dated pay rise)*
retrocede *v* (Vers) retrozedieren
retrocedent
(Vers) Retrozedent *m*
– Weiterrückversicherungsnehmer *m*
(ie, reinsurer placing a retrocession)
retrocession
(Vers) Retrozession *f*
– Folgerückversicherung *f*
(ie, cession of reinsurance by one insurer to another reinsurer)
retrocessionaire
(Vers) Retrozessionar *m*
– Weiterrückversicherer *m*
(ie, reinsurer of a reinsurer)
retrofit
(IndE) Umbau *m*
– nachträglicher Einbau *m*
(ie, modification of equipment to incorporate changes made in later production of the same equipment; syn, retroactive fit)
retrofit *v* (IndE) umrüsten *(eg, buildings are retrofitted with energy-saving gear)*

retrofit package (com) Modernisierungsprojekt *n*
retrospective law
(Re) rückwirkendes Gesetz *n*
(syn, retroactive /ex post facto . . . law)
retrospective rating (Vers) Festsetzung *f* der Prämie nach Schadenshäufigkeit
retry (EDV) Wiederholung *f*
retry *v* (EDV) wiederholen
return
(com, GB) Hin- und Rückfahrt *f (eg, the price is £ 5.9 return)*
(StR) Erklärung *f (ie, tax return)*
(Fin) Ertrag *m*
– Rendite *f*
(ReW) Bruttoumsatzerlös *m (syn, gross sales revenue)*
(ReW, GB) Teil *m* e–s Abschlusses *(eg, Bilanz, GuV)*
(EDV) Rücksprung *m*
return *v*
(com) zurücksenden *(syn, send back)*
(EDV) wiederholen
(EDV) liefern *(eg, functions returns an absolute value)*
returnable bottle (com) Zweigwegflasche *f (opp, nonreturnable bottle)*
returnable-bottle deposit (com) Flaschenpfand *n*
return address (EDV) Rückkehradresse *f*
return cargo (com) Rückfracht *f (syn, back freight, qv)*
return code (EDV) Rücklaufcode *m*
return control to *v* (EDV) zurückverzweigen zu
returned check
(Fin) Rückscheck *m*
– Retourscheck *m*
returned empty (com) Leergut *n*
returned merchandise
(com) Rückwaren *fpl*
– Rücksendungen *fpl*
– Retouren *fpl (syn, returns, qv)*
returned sales (com) = returns
return flow of funds (Fin) Mittelrückfluß *m*
return freight (com) = return cargo
return instruction (EDV) Rückkehrbefehl *m*
return jump
(EDV) Rücksprung *m*
(ie, jump instruction in a subroutine passing control to the first statement in the program)
return load (com) Rückladung *f (syn, back load)*
return mail (com) postwendend
return-of-money guarantee (com) Geldrückgabe-Garantie *f*
return of premium (Vers) Prämienrückvergütung *f*
return of scrap (IndE) Schrottrücklauf *m*
return on assets (Fin) = return on total assets
return on capital employed
(Fin) Ertrag *m* aus investiertem Kapital
– Rückfluß *m* auf das investierte Kapital
return on equity (Fin) Eigenkapitalrendite *f (syn, equity return, qv)*
return on investment analysis
(Fin) Rentabilitätsanalyse *f*
(syn, RoI analysis, profitability analysis)
return on investment method (Fin) Rentabilitätsrechnung *f (ie, of investment analysis)*
return on investment, RoI
(Fin) Kapitalrendite *f*
– Investitionsrentabilität *f*
– Gewinn *m* in % des investierten Kapitals
(ie, Umsatzrendite x Kapitalumschlag)
return on net worth
(Fin) Eigenkapitalrentabilität *f*
(ie, ratio of net profit after taxes to net worth)
return on stockholders' equity (Fin) = return on equity
return on total assets (Fin) = return on total investment
return on total investment
(Fin) Gesamtkapitalrentabilität *f*
(ie, profit + interest on borrowed capital × 100, divided by total capital; syn, return on total assets, percentage return on total capital employed)
return order (com) Rücklieferungsauftrag *m*
return order card (com) Bestellkarte *f (ie, in mail order business = im Versandhandel)*
return path (EDV) Rückkehrpfad *m*
return postage (com) Rückporto *n*
return premium (Vers) Rückprämie *f (ie, due if policy is cancelled or reduced in amount or rate)*
return privilege (com) Rückgaberecht *n*
return receipt (com) Rückschein *m (syn, GB, advice of receipt, A.R.)*
return reserve to source *v* (ReW) Rücklage *f* auflösen
returns
(com) Rücksendungen *fpl*
– Rückwaren *fpl*
– Retouren *fpl*
(syn, sales returns, returned . . . merchandise /sales, goods returned)
returns and allowances (ReW) Rücksendungen *fpl* und Nachlässe *fpl*
return scrap
(IndE) Rücklaufschrott *m*
(syn, circulating/home /mill/revert . . . scrap)
returns to scale
(Vw) Skalenerträge *mpl*
– Niveaugrenzerträge *mpl*
return ticket
(com, GB) Rückfahrkarte *f*
(syn, US, round trip ticket; opp, single ticket)
return to capital (Vw) Kapitalertrag *m*
return to labor (Vw) Arbeitsertrag *m*
return to land (Vw) Bodenertrag *m*
return to source *v* (ReW) auflösen *(ie, reserves)*
return voyage (com) Rückreise *f* e–s Schiffes
reusable
(com) wiederverwendbar
(EDV) mehrfach einsetzbar *(ie, of program; used by several tasks without having to be reloaded; generic term: includes reenterable and serially reusable)*
revaluation
(ReW) Neubewertung *f*
(AuW) Aufwertung *f (ie, of a currency that has previously been devalued)*
revaluation coefficient (ReW) Aufstockungs-Koeffizient *m*
revaluation prone (AuW) aufwertungsverdächtig
revaluation rate (AuW) Aufwertungssatz *m*

revaluation reserve
(ReW, EG) Neubewertungsrücklage *f (ie, set up to earmark the difference between original cost and replacement cost)*
(Fin) Neubewertungsreserve *f (ie, in der Kreditwirtschaft)*
revaluation surplus (Bw) Wertsteigerung *f* durch Neubewertung
revalue *v*
(com) neu bewerten
(syn, reappraise)
(Vw) aufwerten
(ie, increase exchange value of a country's money)
(Vw) deflationieren
– auf reale Größen umrechnen
(ie, to base-price system or constant-price system)
revamp *v* (Bw) umstrukturieren, umorganisieren *(eg, manufacturing operations; syn, regroup, reshape)*
revamp a budget *v* (FiW) Haushalt *m* umschichten
reveal *v*
(com) sich ergeben
– zeigen
revealed preferences
(Vw) bekundete od offenbarte Präferenzen *fpl*
(ie, Ansatz zur Ableitung der Nachfragekurve e-s Wirtschaftssubjektes für ein Gut aus dem empirisch feststellbaren Vorziehen e-r Güterkombination (bundle of commodities) gegenüber e-r anderen)
revenue
(com) Einnahmen *fpl*
(com) Einkommen *n*
(com) Erlös *m*
(ReW) Umsatzerlös *m (ie, sales revenues)*
(FiW) Steueraufkommen *n (ie, tax revenues)*
revenue account
(ReW) Ertragskonto *n (syn, income/nominal . . . account; opp, real account)*
(Vers) versicherungstechnische Gewinn- und Verlustrechnung *f*
revenue and expense (ReW) Aufwand *m* und Ertrag *m (syn, US, income and expense)*
revenue and expense accounts
(ReW) Aufwands- und Ertragskonten *npl* Erfolgskonten *npl*
(syn, nominal accounts; US, income accounts)
revenue and expense items (ReW) Ertrags- und Aufwandsposten *mpl*
revenue authority
(StR) Finanzbehörde *f*
– Steuerbehörde *f*
(syn, tax authority, qv)
revenue bonds (Fin, US) Anleihen *fpl*, deren Schuldendienst aus dem Ertrag bestimmter Steuern zu leisten ist *(opp, general obligation bonds)*
revenue collections (FiW) Steuereingänge *mpl*
revenue controlling (ReW) Ertrags-Controlling *n (ie, increase of revenue while keeping cost constant)*
revenue cost (ReW) erfolgswirksamer Aufwand *m*
revenue duty (FiW) = revenue tariff
revenue effects (FiW) Einnahmewirkungen *fpl*
revenue elasticity
(FiW) Aufkommenselastizität *f*
(ie, relative Änderung des Aufkommens e-r Steuer T zur relativen Änderung der Steuerbemessungsgrundlage B: db/dB.B/T, oder bezogen auf das Sozialprodukt: dt/dY.Y/T)
revenue enhancement (com, US, infml) Besteuerung *f (ie, once known as taxes)*
revenue expenditure
(ReW) erfolgswirksamer Aufwand *m*
– aufwandsgleiche Aufgaben *fpl*
(ie, non-capitalized expense affecting operating result; opp, capital expenditure)
revenue freight (com) fahrende Ladung *f*
revenue from scrap disposal
(ReW) Abbrucherlöse *mpl*
revenue function (Vw) Erlösfunktion *f*
revenue isoquants (Vw) Ertragsisoquanten *fpl*
revenue maximization (Bw) Erlösmaximierung *f*
revenue neutral
(FiW) einnahmeneutral
(eg, tax reform proposals; the public purse would neither gain nor lose, if they were enacted)
revenue picture (Fin) Ertragslage *f*, Erlössituation *f*
(syn, earnings position, qv)
revenue policy (FiW) Einnahmepolitik *f*
revenue raiser (FiW, infml) Finanzsteuer *f (syn, revenue tax)*
revenue-raising duty (FiW) = revenue tariff
revenue raising system (FiW) Steuersystem *n (syn, tax structure)*
revenue ratio (Vw) öffentliche Einnahmenquote *f*
revenue reserve (ReW) Gewinnrücklage *f (cf, § 272 nF HGB; ie, werden aus thesaurierten Gewinnen gebildet; may be distributed to the members of ther company otherwise than on the winding up of the company)*
revenue reserves (ReW) = earnings reserves, qv
revenues (ReW) Erträge *mpl (ie, sales + other income, less other deductions)*
revenue sharing (FiW, US, appr) vertikaler Finanzausgleich *m*
revenue sharing funds (FiW) Finanzausgleichsmittel *pl (syn, shared revenues)*
revenue shortfall (FiW) Steuermindereinnahmen *fpl* Einnahmeausfall *m (ie, shortfall of tax collections)*
revenue stamp
(StR) Steuerstempel *m*
– Steuerzeichen *n*
– Steuerbanderole *f (ie, printed on pasted label)*
revenue stream (Fin) Einzahlungsstrom *m (ie, in preinvestment analysis = Investitionsrechnung)*
revenue surplus (FiW) Einnahmeüberschuß *m*
revenue tariff (FiW) Finanzzoll *m (ie, designed primarily to obtain revenue ather than restrict imports; dient lediglich der Einnahmenbeschaffung des Staates; syn, financial/revenue-raising . . . duty, revenue duty; opp, autonomous tariff)*
revenue tax
(FiW) Finanzsteuer *f*
(ie, tax as a revenue-raising instrument or a source of general revenue; syn, infml, revenue raiser)
revenue taxation (FiW) fiskalische Besteuerung *f*

reversal
(com) Umkehr *f*, Wende *f*
(Vw) Kehrtwendung *f (eg, in central bank policy)*
(ReW) Rückbelastung *f*
– Rückbuchung *f*
reversal box (Bö) Umkehrpunkt *m (ie, in der Chart-Analyse)*
reversal chart (Bö) Umkehrchart *n (ie, in der Chart-Analyse)*
reversal of direction (com) Kehrtwendung *f (syn, about-turn, about-face)*
reverse *v*
(com) stornieren
(Re) aufheben
(ReW) rückbuchen
– stornieren
(ReW) auflösen *(eg, reserves)*
reverse a court ruling *v* (Re) Urteil *n* aufheben *(ie, send it back to a lower court)*
reverse a decision *v* (Re) Entscheidung *f* aufheben *(syn, disaffirm a decision)*
reverse an entry *v* (ReW) Buchung *f* stornieren
reverse charge call (com, GB) R-Gespräch *n (syn, transfer charge call; US, collect call)*
reverse clipping (EDV) Ausblenden *n (syn, shielding)*
reverse conversion
(Bö) dreiteiliges Wertpapiergeschäft *n*
(ie, three-part trade in which a firm sells stock borrowed from its margin accounts and simultaneously buys a call in the stock and sells a put: the call gives the firm the option to buy at a certain price, and the put sale obligates the firm to buy at a set price if the stock is put to it)
reverse course *v* (com) rückgängig machen *(eg, on regulation)*
reverse curve (Math) S-Kurve *f (ie, one having two arcs with their centers on opposite sides of the curve; syn, S curve)*
reverse demand (Vw) Eigennachfrage *f*
reverse designation (AuW) umgekehrte Designierung *f*
reverse direction flow (EDV) Rückwärtsrichtung *f (ie, in flowcharting)*
reverse dumping (AuW) umgekehrtes od negatives Dumping *n*
reverse engeneering
(EDV) Rückwärtsentwicklung *f*
– Zurückentwicklung *f*
(ie, reconstruction of source code; eg, by using a disassembler, qv)
reverse engineering
(Mk) Zerlegung *f* von Wettbewerbsprodukten, um Konstruktions- und Fertigungsprinzien zu erkennen
(EDV) Rück-Dokumentation *f* und Rück-Spezifikation
reverse entry
(ReW) Rückbuchung *f*
– Stornobuchung *f*
(syn, reversing entry)
reverse floater (Fin) umgekehrter Floater *m*
reverse FRN (Fin) umgekehrter Floater *m*
reverse income tax (FiW, US) negative Einkommensteuer *f (syn, negative income tax)*
reverse merger
(Bw, US) gegenläufige Fusion *f*
(ie, acquiring corporation is merged into the acquired corporation)
reverse repo operation (Fin) liquiditätsentziehendes Pensionsgeschäft *n (opp, repo operation)*
reverse repurchase agreement
(Fin, US) (vom Geldgeber initiiertes) Wertpapier-Pensionsgeschäft *n*
(ie, initiated by the lender of funds; used by dealers to borrow securities they have shorted; when the Federal Reserve System engages in them, it is borrowing money in order to absorb reserves and thus to fine-tune money market conditions; syn, matched-sale purchase agreement; opp, repurchase agreement, qv)
reverse split (Fin) = reverse stock splitup
reverse stock splitup
(Fin) Aktienzusammenlegung *f*
(ie, pro rata combination of all the outstanding shares of a class of corporate stock into a smaller number of shares of the same class; syn, reverse split, share consolidation)
reverse swap (Bö) Gegen-Swap *m*
reverse takeover (Bw, US) = reverse merger
reverse video
(EDV) Umkehranzeige *f*
(opp, normal video)
reverse yield gap
(Fin) inverses Renditegefälle *n*
(ie, theoretical amount lost in income terms when an investment in shares or property falls short of the amount that could be earned by putting the same amount in deposit account or a fixed-income security)
reversible accelerator (Vw) umkehrbarer Akzelerator *m*
reversing entry (ReW) Gegenbuchung *f (syn, contra entry, qv)*
reversionary annuity (Fin) einseitige Überlebensrente *f (syn, survivorship annuity)*
reversionary bonus (Vers) Summenzuwachs *m*
revert scrap (IndE) Rücklaufschrott *m (syn, return scrap, qv)*
review
(com) Überprüfung *f*
(com) Besprechung *f*
– Rezension *f (eg, of a book)*
review *v*
(com) überprüfen
(com) besprechen
– rezensieren
(syn, GB, notice, qv)
review clause (Re) Revisionsklausel *f*
review copy (com) Besprechungsexemplar *n*
reviewer (com) Rezensent *m*
review of promotional activities (Mk) Werberevision *f*
review procedure (Re) Prüfverfahren *n*
revised forecast (Bw) berichtigte Prognose *f*
revised simplex method (OR) revidiertes Simplexverfahren *n*
revision
(com) Überarbeitung *f*
(com) überarbeitete Auflage *f (eg, of a book)*

revisions variance (KoR) Verrechnungsabweichungen *fpl*
revitalize *v* (com) beleben, erneuern *(syn, revive, stimulate, reinvigorate, rejuvenate)*
revitalize a company *v* (com, infml) Unternehmen *n* aufleben lassen *(syn, refloat)*
revitalizing effect (Vw) Belebungseffekt *m (syn, reinvigorating effect)*
revival of demand (com) Nachfragebelebung *f (syn, upturn in demand, qv)*
revival of economic activity
(Vw) Konjunkturaufschwung *m*
– Konjunkturbelebung *f*
revival of sales (com) Absatzbelebung *f*
revive *v* (com) beleben *(syn, revitalize, qv)*
revive a contract *v* (Re) Vertrag *m* wiederaufleben lassen
revocable (com) widerruflich
revocable letter of credit (Fin) widerrufliches Akkreditiv *n (cf, letter of credit)*
revocation (Re) Widerruf *m (eg, of contract offer; syn, nullification, cancellation, withdrawal)*
revocation of license to practice (Re) Berufsverbot *n*
revocation of patent (Pat) Patententziehung *f*
revoke *v* (Re) widerrufen
revolver (Fin, US) = revolving line of credit
revolving assets (ReW) = current assets
revolving business (Fin) Revolving-Geschäft *n (ie, Geschäftszweig der Finanzmakler)*
revolving fund (Fin) revolvierender Fonds *m*
revolving letter of credit
(Fin) revolvierendes Akkreditiv *n*
– Revolving-Akkreditiv *n*
revolving line of credit
(Fin, US) revolvierende Kreditlinie *f*
(ie, bank line of credit on which customer pays a commitment fee – Bereitstellungsprovision – and can take down and repay funds according to his needs; normally a line involves a firm commitment from the bank for a period of years; syn, continuous/open-end . . . credit)
revolving loan (Fin) Revolving-Kredit *m (ie, automatically renewed upon maturity)*
revolving planning (Bw) revolvierende Planung *f*
revolving swap (Fin) revolvierender Swap *m*
Revolving Underwriting Facility, RUF
(Fin) Revolving Underwriting Facility *f*
(ie, Bankengruppe verpflichtet sich gegenüber dem Schuldner, für e–r Laufzeit von 5-10 Jahren mit einer Standby-Linie, auch Backup-Linie genannt, bis zu e–m bestimmten Gesamtbetrag zur Verfügung zu stehen; Schuldner kann durch Plazierung nicht-börsennotierter Euronotes mit Laufzeiten von 1-6 Monaten die gewünschten Beträge mobilisieren; Papiere werden entsprechend dem Finanzbedarf erneuert, bis die Gesamtlaufzeit erreicht ist)
rewards system (Pw) betriebliches Entgeltsystem *n (ie, schließt neben der betrieblichen Lohnpolitik auch Erfolgsbeteiligung usw.)*
reward system
(Pw) Vergütungssystem *n*
– Entlohnungssystem *n*
rewind (EDV) Bandrückspulen *n*
rewind *v* (EDV) rückspulen

rework
(IndE) Nacharbeiten *n*
– Nacharbeitung *f*
– Nachbesserung *f*
rework *v*
(IndE) nacharbeiten
– nachbessern
(syn, recondition)
rework note (IndE) = rework order
rework order (IndE) Auftrag *m* zur Nachbesserung *(syn, spoiled-work order)*
rewrite (Re) Neufassung *f (eg, a bill may be a . . . of the Clean Water Act)*
rewrite *v*
(com) neu fassen
(EDV) neu schreiben
RFQ (com) = request for quotation
RGB display (EDV) RGB-Anzeige *f (ie, red, green, blue; noted for crisp, bright colors and high resolution)*
RGB monitor (EDV) RGB-Bildschirm *m (ie, uses three seperate input signals for red, green and blue picture beams; opp, analog monitor, qv)*
ribbon (com) Farbband *n (syn, typewriter ribbon, qv)*
ribbon printer (EDV) Farbbanddrucker *m*
rider
(Re) Anhang *m*
– Zusatz *m*
(eg, added to document or judgment)
(WeR) Allonge *f (syn, allonge)*
(Re) Zusatzvereinbarungen *fpl*
(FiW) sachfremde Zusatzklausel *f* in e-m Bewilligungsgesetz
(Vers) Policenzusatz *m (ie, form containing special provisions not contained in the policy contract)*
ride-sharing group (com) Fahrgemeinschaft *f (ie, as a measure to conserve energy and to reduce commuting cost)*
ridge line (Vw) Kammlinie *f*
rigging the market
(Bö) Kursmanipulation *f*
– Kurstreiberei *f*
(syn, share pushing)
right
(Re) Recht *n (ie, subjektiv; opp, law = objektiv)*
(Fin) (Aktien-)Bezugsrecht *n (syn, preemptive /stock/subscription . . . right, stock purchase warrant)*
right *v* (Re) rechtfertigen *(eg, oneself in court)*
right angle (Math) rechter Winkel *m*
right flush (EDV) rechtsbündig
rightful
(Re) gerecht *(syn, just, equitable)*
(Re) rechtmäßig *(eg, owner; syn, legitimate)*
rightful claimant (Re) Forderungsberechtigter *m*
right-hand side (Fin, US) Devisenankaufskurs *m* e-r Bank *(ie, at which a bank offers to buy foreign currency; opp, left-hand side)*
right in course of acquisition (Re) Anwartschaft *f*
right in rem (Re) dingliches Recht *n*
right justification (EDV) Blocksatz *m*
right justified (EDV) rechtsbündig
right-justify *v* (EDV) rechtsbündig machen
right of abandonment (Re) Abandonrecht *n*

right of action (Re) Klagerecht *n*
right of association (Pw) Koalitionsrecht *n*
right of audience
(Re) Postulationsfähigkeit *f*
(ie, right of properly qualified advocates to appear for clients in specified levels of court and in appropriate tribunals; Fähigkeit, vor e–m bestimmten Gericht auftreten und schriftlich od mündlich Prozeßhandlungen vornehmen zu können; cf, §§ 78, 79 ZPO)
right of avoidance (Re) Anfechtbarkeit *f*
right of banks to vote proxy (Fin) Bankenstimmrecht *n*
right of cancellation
(Re) Kündigungsrecht *n*
– Rücktrittsrecht *n*
right of coinage (FiW) Münzhoheit *f*, Münzregal *n*
right of conversion (Fin) Wandelrecht *n*, Wandlungsrecht *n (syn, conversion privilege)*
right of cure
(Re) Nachbesserungsrecht *n*
– Recht *n* auf Nachbesserung
(ie, of seller to notify buyer that he intends to deliver conforming goods)
right of custody (Re) Sorgerecht *n*
right of disposition (Re) Verfügungsrecht *n (syn, civil law: jus disponendi)*
right of domicile (Re) = right of establishment
right of eminent domain (Re) Enteignungsrecht *n* des Staates
right of establishment (Re) Niederlassungsrecht *n*
right of exchange (Fin) Umtauschrecht *n (syn, conversion right)*
right of first refusal (Re) Vorkaufsrecht *n (syn, preemptive right)*
right of free disposal (Re) = right of disposition
right of indemnity (Re) Freistellungsanspruch *m*
right of joint use (Re) Mitbenutzungsrecht *n*
right of lien (Re) = right of retention
right of notice (Re) Kündigungsrecht *n (syn, right to terminate)*
right of ownership
(Re) Eigentumsrecht *n*
(syn, legal right of property, legal title, property right)
right of preemption (Re) Vorkaufsrecht *n (syn, preemptive right, qv)*
right of prior use (Pat) Vorbenutzungsrecht *n*
right of provisional protection (Pat) vorläufiges Schutzrecht *n*
right of recourse (Re) Rückgriffsrecht *n*
right of redemption
(Re) Ablöserecht *n*
(ie, right to free property from foreclosure by paying off all debt)
right of resale (com) Wiederverkaufsrecht *n*
right of rescission (Re) Rücktrittsrecht *n*
right of retention
(Re) Zurückbehaltungsrecht *n*
(ie, right to retain possession of property until claim is satisfied; syn, right of lien, retaining lien)
right of salvage (Re) Bergungsrecht *n*
right of segregation (Re) Aussonderungsrecht *n (cf, §§ 43–46 KO)*
right of separation (Re) = right of segregation
right of stoppage in transit
(Re) Verfolgungsrecht *n*
(ie, right of seller or buying agent to resume position of goods as long as they are in course of transit)
right of subrogation (Re) Recht *n* auf Forderungsübertragung
right of taxation
(StR) Steuerberechtigung *f*
(FiW) Recht *n* auf Besteuerung
right of use (Re) Nutzungsrecht *n*
right-of-way
(Re) Wegerecht *n*
– Durchleitungsrecht *n (ie, right of passage over another person's ground)*
(com) Bahngelände *f (ie, auf e-r Strecke)*
(com) Vorrang *m (syn, precedence)*
right parenthesis
(com) runde Klammer zu
(EDV) schließende Klammer *f*
rights (Fin) cf, right
rights and duties (com) Rechte *npl* und Pflichten *fpl (syn, powers and responsibilities)*
rights arbitration (Pw) Schlichtung *f* von Beschwerden *(syn, grievance arbitration)*
rights dealing (Fin) Handel *m* mit Bezugsrechten
rights issue
(Fin, GB) Bezugsrechtsemission *f*
– Bezugsrechtsausgabe *f*
(ie, when a company whose shares are already listed makes a further offer of shares for sale, the Stock Exchange requires that these be offered to existing shareholders, in proportion to their existing shareholdings; syn, capitalization issue)
rights of action (Vw) Handlungsrechte *npl (cf, Demetz 1964)*
rights of exploitation (Pat) Verwertungsrechte *npl*
rights offer (Fin) Bezugsrechtsangebot *n (ie, offer of new shares)*
rights offering
(Fin) Bezugsrechtsangebot *n*
(ie, to purchase securities prior to the public offering thereof)
rights of priority (Re) Vorzugsrechte *npl*
right to abandon (SeeV) Preisgaberecht *n*
right to a name (Re) Namensrecht *n*
right to be promoted (Pw) Beförderungsrecht *n (syn, seniority right)*
right to bring suit (Re) Klagerecht *n (syn, right of action)*
right to call for repayment (Fin) Kündigungsrecht *n*
right to compensation (Re) Vergütungsanspruch *m*
right to cost exemption
(Re) Armenrecht *n*
(ie, in civil proceedings; syn, right to sue in forma pauperis)
right to cure (Re, US) Recht *m* der Nachbesserung *(cf, § 2-508 UCC)*
right to demand information (Re) Auskunftsrecht *n*
right to indemnification (Re, US) Freistellungsanspruch *m* des Bürgen gegen Hauptschuldner
right to pollute (com) Verschmutzungsrecht *n*
right to preferential payment (Re) Befriedigungsrecht *n*

right to recourse (Re) Rückgriffsrecht *n*, Regreßrecht *n*
right to recover possession (Re) Herausgabeanspruch *m*
right to refuse performance (Re) Leistungsverweigerungsrecht *n*
right to seek asylum (Re) Asylrecht *n*
right to seek damages (Re) Recht *n* auf Schadenersatz
right to sue in forma pauperis (Re) = right to cost exemption
right to tax (StR) Besteuerungsrecht *n*
right to use (Re) Nutzungsrecht *n*
right to vote (com) Stimmrecht *n*
right-to-work law (Pw, US) einzelstaatliches Gesetz *n*, das den ‚union shop' verbietet
rigid (com) starr *(eg, prices, wages; syn, inflexible, sticky)*
rigid budget (KoR) starres Budget *n*
rigid screw top bottle (com) Kompaktflasche *f* mit Schraubverschluß
rig the market *v* (Bö) manipulieren
R-inefficiency (FiW) R-Ineffizienz *f (ie, the government produces, offers, and finances public goods at excessive costs, due to organizational slack and excessive red tape)*
RINET (Bw) = reinsurance and insurance network
ring (com, GB) (Telefon-)Anruf *m (eg, give me a ring)*
ring book (com, GB) Ringbuch *n (syn, US, looseleaf notebook)*
ringing out (Bö, US) Erfüllung *f* von Warenterminkontrakten vor Fälligkeit
ringing tone (EDV) Freiton *m*
riot and civil commotion (AuW) Aufruhr *m* und bürgerliche Unruhen *fpl*
riots, civil commotion and strike, R.C.C.&S. (com) Aufruhr *m*, Unruhen *fpl* und Streik *m*
ripple effect (AuW) Ansteckungseffekt *m (eg, bei Währungsabwertungen)*
RISC (EDV) = Reduced Instruction Set Computer
RISC computer
(EDV) RISC-Computer *m*
(ie, reduced instruction set computer)
rise
(com) Anstieg *m*
– Erhöhung *f (eg, in amount, price)*
(Pw, GB) Lohn- od Gehaltssteigerung *f (syn, US, also: raise)*
(Pw) Aufstieg *m (ie, be promoted to higher rank)*
(Math) Ordinatendifferenz *f* zweier Punkte
rise in market prices (Bö) Kursanstieg *m*
rise in volume terms (com) mengenmäßiger Zuwachs *m*
rise-or-fall clause (com) Preisgleitklausel *f (syn, escalator clause)*
rises and falls (Bö, GB) Gewinne *mpl* und Verluste *mpl (syn, US, gains and losses)*
rise sharply *v*
(Bö) haussieren
(com) scharf ansteigen
rising tendency (com) = rising trend
rising trend (com) Aufwärtsentwicklung *f*, Aufwärtstrend *m (syn, rising tendency, uphill/upward . . . trend)*

risk
(com) Risiko *n*
(Fin) Risiko *n (ie, degree of uncertainty of return on an asset)*
(Vers) Risiko *n*
– Gefahr *n*
(ie, 1. uncertainty; 2. person or thing insured; for types of risks and types of insurance that go with them, see list p. 749)
risk-absorbed premium (Vers) Risikoprämie *f (syn, net premium, qv)*
risk allowance group (Stat) Ausfallklasse *f*
risk analysis (Bw) Risikoanalyse *f*
risk appraisal (Fin) = risk assessment
risk arbitrage (com, US) Risiko-Arbitrage *f (ie, im Übernahmespiel: Arbitrageur kauft große Aktienpakete zusammen, sobald er von e–r geplanten Übernahme hört; ist mit hohem Risiko verbunden; vgl. Boesky-Fall)*
risk assessment (Fin) Risikobewertung *f (syn, risk appraisal)*
risk assets (Vw) risikobehaftete Anlagen *fpl*
risk-averse (Fin) konservativ, risikoscheu *(eg, investor)*
risk aversion
(Fin) Risikoscheu *f*
– Risikoaversion *f*
(ie, keine od geringe Bereitschaft, Risiken zu übernehmen, auch nicht gegen Risikoprämien)
risk capital
(Fin) (das haftende) Eigenkapital *n (ie, equity capital; syn, GB, equity capital or ordinary share capital)*
(Fin) Risikokapital *n (syn, venture capital, qv)*
risk cover (Fin) Risikodeckung *f*
risk covered (Vers) gedecktes Risiko *n*
risk exposure (Fin) Kreditrisiko *n*
risk free (com) risikofrei
risk function (Stat) Risikofunktion *f*
riskless (com) risikofrei
riskless domestic interest rate (Fin) risikofreier inländischer Zinssatz *m*
risk management
(Bw) Risikomanagement *n (ie, approach dealing with preservation of assets and earning power against risks of accidental loss)*
(Vers) Risikopolitik *f*
risk markup (Vers) Risikozuschlag *m*
risk note (com) Haftungsbeschränkung *f* des Transportunternehmens
risk of breakage
(Vers) Bruchgefahr *f*
– Bruchrisiko *n*
risk of capture and seizure (AuW) Beschlagnahmerisiko *n*
risk of confusion (Re) Verwechslungsgefahr *f (ie, of firm names)*
risk of default (Fin) Ausfallrisiko *n (syn, nonpayment risk)*
risk of embargo (Fin) Embargorisiko *n (ie, in export credit insurance)*
risk of error (Stat) Fehlerrisiko *n*
risk of inflation (Vw) Inflationsgefahr *f*
risk of loss (Re) Gefahr *f* des zufälligen Untergangs *(ie, of goods)*

Types of Risk and Insurance (US)

Types of Risk	Types of Insurance
I. Personal Risks (loss of life, health, or personal income)	Personal Insurance
1. Risk of premature death 2. Risk of dependent old age 3. Risk of accident or sickness 4. Risk of unemployment	Private insurance: a) Life insurance b) Annuities c) Health insurance Social insurance: a) Old-age, survivors', disability, and health insurance b) Nonoccupational disability insurance c) Unemployment compensation d) Medicare c) Other forms of social insurance
II. Property Risks Property Insurance (loss of property values or loss of income from, or use of, property)	
1. Direct physical loss of or damage to one's property	Direct-damage coverages: a) Fire and allied-line insurance b) Automobile material-damage insurance c) Ocean and inland marine insurance d) Aviation physical-damage (hull) insurance
2. Consequential loss arising out of damage to property:	Consequential-loss coverages:
Time element losses: Losses due to interruption of business Loss of income from rents, etc.	Time-element coverages: a) Business-interruption insurance b) Rent insurance
Non-time element losses	Coverages not involving a time element
3. Loss of one's property due to dishonesty or deficiency of others	Crime coverages, bonds, etc: a) Fidelity bonding b) Surety bonding c) Burglary, robbery, and theft insurance d) Credit insurance e) Title insurance
III. Liability Risks Liability Insurance	
1. Bodily injury to others	Bodily-injury liability insurance: a) Automobile liability insurance b) Aviation liability insurance c) General public liability insurance, etc.
2. Damage to property of others	Property-damage liability insurance: a) Automobile liability insurance b) Aviation liability insurance c) General public liability insurance, etc.
3. Damage to reputation of others	„Personal injury“ liability insurance: a) Libel b) Slander c) Defamation of character

Source: Insurance Institute of America

risk of maturity gaps
(Fin) Fristenrisiko *n*
(ie, risk that no follow-up loan – Anschlußdarlehen – is available when amounts are due with terms shorter than the overall loan)

risk of spoilage (ReW) Ausschußwagnis *n*

risk of transport (com) Beförderungsrisiko *n*, Transportrisiko *n*

risk on receivables (ReW) Forderungsrisiko *n*

risk paper (Bö) Risikopapier *n (ie, shares and stocks)*

risk passes (Re) Gefahr *f* geht über

risk premium
(ReW) Risikoprämie *f (pl: premia; ie, compo-*

risk prone work (Pw) gefahrgeneigte Arbeit *f*
risk rating (Vers) Risikobewertung *f*
risk-related assets (Fin) risikobehaftete Aktiva *npl*
risk residual (com) Restrisiko *n*
risk rules (StR, US) branchenbezogene Verlustbegrenzungen *fpl (ie, bei Abschreibungsgesellschaften in der Rechtsform der KG)*
risks covered (Vers) versicherte Gefahren *fpl*
risk selection (Vers) Risikoauslese *f (syn, selection of risks, qv)*
risk spreading (Bw) Risikomischung *f (ie, over a number of products)*
risk-weighted assets (Fin) risikogewichtete Aktiva *npl*
rival (com) Konkurrent *m (syn, competitor, contender)*
rival bid (com) = rival offer
rival demand (Vw) konkurrierende Nachfrage *f (syn, alternate demand, qv)*
rival firm (com) Konkurrenzbetrieb *m* Konkurrenzunternehmen *n (syn, competitor)*
rival offer (com) Konkurrenzangebot *n (syn, rival bid)*
rival supply (Mk) Konkurrenzangebot *n*
river bill of lading (com) Ladeschein *m*
river traffic (com) Flußschiffahrt *f*
rms error (Stat) = root-mean-square error
road accident (com) Verkehrsunfall
road casualties (com) Verkehrstote *mpl*
road haulage (com, GB) Güterkraftverkehr *m (syn, freight haulage)*
road motor vehicle (com) Straßenfahrzeug *n*
road-rail link (com) Straße-Schiene-Verbund *m*
road safety (com) Sicherheit *f* im Straßenverkehr
road tax (StR) Kraftfahrzeugsteuer *f*
road toll (StR) Straßennutzungsgebühr *f*
road traffic (com) Straßenverkehr *m*
road-user fee (EG) Straßenbenutzungsgebühr *f*
road-use tax (StR) = road toll
road vehicle construction (com) Straßenfahrzeugbau *m*
roadway (com) Eisenbahnstrecke *f (ie, includes right-of-way with tracks, structures, and appurtenances)*
roadworthiness (com) Verkehrstauglichkeit *f (cf, MoT test)*
robbery insurance policy
(Vers) Beraubungsversicherung *f*
(ie, against loss from the unlawful taking of property by violence, force, or intimidation)
Robinson Patman Act of 1936
(Kart, US) Robinson-Patman Act *m*
(ie, prohibits price discrimination and other anticompetitive practices in business; amends Sec 2 of the Clayton Act of 1914)
robot
(IndE) Roboter *m*, Robby *m*
(ie, reprogrammable, multi-functional manipulator; wider definitions include fixed sequence)
robot control (IndE) Robotersteuerung *f (syn, robotization)*
robotic production line (IndE) Roboterfertigung *f (eg, completely integrated = voll integriert)*
robotics (IndE) = robot technology
robotics manufacturer (IndE) Roboter-Hersteller *m*
robotization (IndE) Robotersteuerung *f (eg, of machine tools, plants)*
robot technology (IndE) Roboter-Technologie *f (syn, robotics)*
robust economic expansion (Vw) kräftiger Aufschwung *m*
rock-bottom price (com) äußerster Preis *m (ie, absolutely lowest level; syn, bottom price, qv)*
rocket *v* (com) sprunghaft ansteigen *(eg, prices; syn, shoot up, skyrocket, zoom)*
rog (com) = receipt of goods
RoI (Fin) = return on investment
RoI analysis (Fin) = return on investment analysis
rollback
(com) Zurücknahme *f* von Preisen
(EDV) Rollback *m*
roll back *v*
(com) abbauen, beseitigen *(eg, protectionist barriers)*
(com) (Preise) zurücknehmen
– senken
– verringern
(EDV) rückgängig machen *(eg, roll back a transaction)*
(EDV) rückwärtsblättern
rollback method (Bw) Rekursionsverfahren *n*
roller ball (com) Tintenroller *m*
roller bearing (IndE) Rollenlager *n*
roller conveyor
(IndE) Rollenförderer *m*
(ie, gravity conveyor – Schwerkraftförderer – with a track of parallel tubular rollers set at a definite grade; used to move package goods)
roll in *v* (EDV) einspeichern
rolling (EDV) Rollieren *n (ie, in computer graphics)*
rolling budget (Bw) rollendes Budget *n (syn, continuous budget)*
rolling forecast (Bw) rollende Prognose *f*
rolling forward (Bö) Prolongation *f*
rolling stock (IndE) rollendes Material *n (ie, railroad engines and cars; opp, permanent way)*
rolling yield curve (Fin) rollende Renditekurve *f*
roll in/roll out (EDV) Auslagerung *f*
roll on/roll off ship (com) RoRo-Schiff *n*
rollout
(Mk) Produktverbreitung
(ie, from local to regional to national market coverage)
(Mk) Einführung *f (eg, of a new product)*
roll out *v* (EDV) ausspeichern
rollout marketing (Mk) stufenweise Einführung *f*
roll over *v*
(Fin) bei Fälligkeit erneuern
(ie, reinvest funds received from a maturity security in a new issue of the same or a similar security; usually at the rate of interest prevailing at the time of rollover)
rollover budget (FiW) Überrollungsbudget *n* Wiederholungsbudget *n*
roll-over credit (Fin) Roll-over-Kredit *m (ie, am Eurogeldmarkt: Banken refinanzieren immer wieder neu langfristige Einlagen durch kurzfristige Einlagen)*
rollover date (Fin) Zinsanpassungsdatum *n* bei e–m Rollover-Kredit

roll over deal (Bö) Anschlußgeschäft *n*
roll over debt *v* (Fin) umschulden *(syn, reschedule debt, qv)*
rollover loan
(Fin) Rollover-Kredit *m*
(ie, most term loans – mittelfristige Kredite – in the Euromarket are on a rollover basis: the loan is periodically repriced – periodische Neufestsetzung des Zinssatzes – at an agreed spread over the appropriate, currently prevailing LIBOR rate)
rollover mortgage
(Fin, US) Hypothekendarlehen *n* mit regelmäßig neu ausgehandeltem Zinssatz
(syn, renegotiable-rate mortgage)
roll up (Bw, US) „Roll-Up" *m*, Umwandlung *f* e–r limited company in e–e Aktiengesellschaft
ROM (EDV) = read only memory
Roman numerals (Math) römische Zahlen *fpl*
roofer (com, GB, infml) Dankschreiben *n (syn, letter of thanks, qv)*
roof rack (com, GB) Gepäcknetz *n (syn, US, luggage rack)*
room for competence to decide (Bw) Kompetenzspielraum *m*
room for economy
(com) Einsparungsmöglichkeiten *fpl*
room for maneuver (com) Handlungsspielraum *m*
room to negotiate (com) Verhandlungsspielraum *m (syn, negotiating range)*
roomware (EDV) Roomware *f (ie, läuft auf den Tischcomputern der einzelnen Teilnehmer)*
root-and-branch reform
(com) Reform *f* „an Haupt und Gliedern"
– durchgreifende Reform *f*
root cause (IndE) Ausfallursache *f*
root cause analysis (IndE) Ursachenanalyse *f*
root directory
(EDV) Hauptverzeichnis *n*
– Stammverzeichnis *n*
– Urverzeichnis *n*
root-mean-square deviation
(Stat) mittlere quadratische Abweichung *f*
(ie, its minimum value occurs when the origin coincides with the arithmetic mean; it is then the ‚standard deviation')
root-mean-square error
(Stat) mittlerer quadratischer Fehler *m*
(syn, standard error of the mean)
root-mean-square value (Stat) Effektivwert *m (syn, rms value)*
root of unity (Math) Einheitswurzel *f*
root segment (EDV) Wurzelsegment *n*
roots of inflation (Vw) Inflationsursachen *fpl*
roro ship
(com) Roro-Transporter *m*
(ie, roll on-roll off: freighter transporting trucks that enter at one port and leave at another)
roster (com) Warteliste *f (syn, waiting list)*
rotating shift (Pw) Wechselschicht *f (syn, alternative/swing . . . shift)*
rotation sampling (Stat) Stichprobennahme *f* mit Erfassung derselben Einheit
rotten year (com, infml) schlechtes Jahr *n*
rough cut resource (IndE) Engpaßkapazität *f*
rough draft
(com) Vorentwurf *m*
– erster Entwurf *m*
(syn, preliminary draft)
rough estimate
(com) grobe Schätzung *f*
– Überschlagsrechnung *f*
roundabout (com) Kreisverkehr *m (syn, US, traffic circle)*
roundabout production (Vw) Umwegproduktion *f (syn, indirect production)*
rounded option (EDV, Cobol) Rundungsangabe *f*
„round file" (com, job) Papierkorb *m (eg, you'd better toss that pack of memos into the . . .)*
rounding error (Math) Rundungsfehler *m (ie, results from rounding off numbers)*
rounding off (Math) Auf- od Abrunden *n*
rounding-off buying (com) Arrondierungskauf *m (ie, real property, stock exchange securities)*
round lot
(Bö, US) voller Börsenschluß *m*
(ie, regular unit of trading; for most stocks 100 shares, for bonds $1,000; board/full . . . lot; opp, odd lot)
(Fin) Handelseinheit *f*
– Mindestmenge *f*
(ie, in the money market it refers to the minimum amount for which dealers' quotes are good; may range from $100,000 to $5 million, depending on the size and liquidity of the issue traded)
round off *v* (Math) auf- od abrunden
round of negotiations (com) Verhandlungsrunde *f*
round of talks (EG) Verhandlungsrunde *f*
round of tariff reductions
(AuW, Gatt) Zollsenkungsrunde *f*
(ie, there have been six ‚Rounds' so far to reduce tariff barriers to trade: Geneva (1947–48), Annecy (1949), Torquay (1950–51), Geneva (1956), Dillon Round (1960–62); Kennedy-Round (1963–67); the Tokyo-Round (1973–79) dealt with the reduction of NTBs = nontariff barriers to trade = nichttarifäre Handelshemmnisse)
round sum (com) abgerundete od runde Summe *f*
round transaction (Bö) abgeschlossenes Börsengeschäft *n*
round trip
(com) Hin- und Rückreise *f*
(Bö) Kauf *m* und Verkauf *m* (e–s Termin- od Optionskontrakts)
round trip ticket (com) Rückfahrkarte *f (syn, GB, return ticket; opp, one-way ticket)*
round turn (Bö) Erfüllung *f* e-s Auftrags auf Kauf und späteren Verkauf e-s Terminkontraktes
roundturn commission (Bö, US) Provision *f*, die erst fällig wird, wenn e-e Kontraktprovision durch ein Gegengeschäft od durch Lieferung liquidiert wird
route *v* (com) weiterleiten
route diagram
(Stat) Flußbild *n*
– Ablaufdiagramm *n*
(IndE) Arbeitsflußdarstellung *f*
route sequence number (IndE) Arbeitsplanfolgenummer *f*
route sheet (IndE) Arbeitsablaufkarte *f*

routine maintenance
(EDV) laufende od vorbeugende Wartung *f (syn, preventive maintenance)*
(IndE) planmäßige Wartung *f (syn, scheduled maintenance)*
routine production planning (IndE) routinemäßige Fertigungsplanung *f (syn, shop planning)*
routine staple merchandise (Mk) Massenware *f*
routing
(IndE) Festlegen *n* der Arbeitsfolge
– Arbeitsplan *m*
(ie, defining the product's path through the production process)
(EDV) Wegeermittlung *f*
routing grid
(EDV, CAD) Routingraster *n*
– Verdrahtungsdichte *f (ie, in circuit board design = Leiterplattentwurf)*
routing of incoming mail (com) Postverteilung *f*
routing order (com) Vorschriften *fpl* über den Transportweg *(ie, made by sender to carrier)*
routing plan (IndE) Arbeitsplan *m*
routing problem (OR) Wegeproblem *n*
routings (IndE) Arbeitsfolgen *fpl*
routing scheduling (IndE) Terminierung *f* der Arbeitsfolge
routing sequence (IndE) Arbeitsplanfolge *f*
routing slip (com) Laufzettel *m (syn, buck slip)*
routing symbol (Fin) Bankleitzahl *f*, BLZ *(syn, transit number; GB, bank code)*
roving commission (Pw) Stellung *f* mit intensiver Reisetätigkeit
roving picket (Pw) fliegender Streikposten *m*
row
(com) Reihe *f (eg, five years in a row = hintereinander; syn, in succession)*
(EDV) Zeile *f*
row-binary (EDV) zeilenbinär
row difference (Math) Zeilendifferenz *f*
row house (com, US) Reihenhaus *n (syn, GB, terraced house)*
rowid (EDV) Zeilenname *m (ie, Angaben in Spalte 0 kennzeichnen die verschiedenen Zeilen: entries in column 0 are row identifiers)*
row number (EDV) Zeilennummer *f*
row of a matrix (Math) Zeile *f* e-r Matrix
row of data (EDV) Datenzeile *f*
row vector (Math) Zeilenvektor *m*
royalty
(com) Nutzungsgebühr *f*
(com) Autorenhonorar *n (syn, author's royalty, qv)*
(com) Förderungsabgabe *f (ie, for minerals, ores, or oil taken from property)*
(Pat) Lizenzgebühr *f (syn, licence fee; ie, paid for the use, the right to use, any copyright, any patent, trademark, design or model, etc)*
royalty-free licence (Pat) unentgeltliche Lizenz *f*
royalty statement (Pat) Lizenzabrechnung *f*
RP (Fin, US) = repurchase agreement
RRP (com) = recommended retail price
RTF (EDV) = rich text format *(ie, standard text file format that includes commands for page layout and character formatting)*
RTS error (EDV) Fehler *m* des Laufzeitsystems

rubber (com, GB) Radiergummi *n (syn, US, eraser)*
rubber banding
(EDV, CAD) Gummibandoperation *f*
– Rubber Banding *n*
(ie, beim Leiterplattenentwurf)
rubber check (Fin, infml) ungedeckter Scheck *m (ie, due to insufficient funds, no account, etc; syn, bad check, qv)*
rubberize *v* (com) gummieren
rubber stamp (com) Stempel *m*
rubber-stamp *v* (com, infml) genehmigen *(ie, by putting a rubber stamp on)*
rubbish bin
(com, GB) Mülltonne *f*
(ie, syn, dustbin; syn, US, garbage can)
rubbish chute (com, GB) Müllschlucker *m*
rubbish dump (com, GB) Müllkippe *f*
rubbish tip (com, GB) = rubbish dump
rub out character (EDV) Löschzeichen *n (syn, delete character, qv)*
rudiments (Pw) Anfangsgründe *mpl (ie, first elements of a subject)*
RUF (Fin) = Revolving Underwriting Fcility
ruinous competition (com) ruinöse Konkurrenz *f (syn, cut-throat/ destructive . . . competition)*
rule
(com) Regel *f*
(Re) = regulation
rule-based system
(EDV) regelbasiertes System *n*
(ie, Regelbasis plus Inferenzmechanismus; cf, knowledge-based system = wissensbasiertes System)
Rulebook of the House (Bö, GB) Börsenordnung *f*
ruled paper (com) Millimeterpapier *n (syn, squared paper, qv)*
rule of alternatives (Log) Entweder-Oder-Regel *f*
rule of equal treatment (Pw) Gleichbehandlungspflicht *f*
rule of evidence (Re) Beweisregel *f*
rule of inference
(Log) Ableitungsregel *f*
– Beweisregel *f*
– Deduktionsregel *f*
– Schlußregel *f*
(ie, any rule in its metalanguage of the form from well-formed formulas of the form $A_1, A_2, \ldots, A_n$*, it is permissible to infer a wff of the form B'; syn, transformation rule)*
rule of law
(Re) Rechtsstaatsprinzip *n (ie, principle of the supremacy of law, by which government administrators and courts are bound)*
(Re) allgemeiner Rechtssatz *m*
Rule of Reason
(Kart, US) Rule of Reason *f*
(ie, formuliert im Rechtsstreit Standard Oil Co. v. United States, 1911: ermöglicht die teleologische Interpretation des Sherman Act of 1890: rechtswidrig waren nur noch ‚restraints of trade' = wettbewerbsbeschränkende Handlungen, die sich als unreasonable darstellten; opp, per se rule)
rule of substitution (Log) Einsetzungsregel *f*
rule of the lower of cost or market (ReW) Niederstwertprinzip *n*

rule of thumb (com) Faustregel *f (ie, based on common sense and experience)*
rule out *v* (com) ausschließen *(eg, possibility of a cut in prices)*
rule out liability *v* (Re) Haftung *f* ausschließen *(syn, negative liability)*
ruler (EDV) Zeilenlineal *n (eg, in a text processor)*
rules and regulations
(Re, US) Auslegungsvorschriften *fpl*
(ie, das Gesetz im Wege des Verordnungsrechts; dem deutschen Rechtssystem fremd)
(Bö) Usancen *fpl*
rules for structuring debt capital (Fin) Finanzierungsregeln *fpl*
Rules for the Interpretation of the Nomenclature of the Common Custom (EG) Allgemeine Tarifierungsvorschriften *fpl* zum Schema des gemeinsamen Zolltarifs
rules governing liability (Re) Haftungsgrundsätze *mpl*
rules of arbitration
(Re) Schiedsordnung *f*
(eg, Vergleichs- und Schiedsordnung der Internationalen Handelskammer, Rules of American Arbitration, etc)
rules of competition (Kart) Wettbewerbsregeln *fpl*
Rules of Conciliation and Arbitration (com) Vergleichs- und Schiedsordnung *f (ie, laid down by the Paris-based International Chamber of Commerce, ICC)*
rules of organization (Bw) Organisationsregeln *fpl*
rules of the game (com) Spielregeln *fpl*
ruling (Re) richterliche Entscheidung *f (eg, by a judge on a point of law)*
ruling off (ReW) Buchhalternase *f*
ruling of the Patent Office (Pat) Patentamtsentscheidung *f*
ruling price (com) herrschender od geltender Preis *m*
rummage sale (com) Ramschverkauf *m (syn, GB, jumble sale)*
rumor mill (com) Gerüchteküche *f (eg, is grinding at . . .)*
run
(IndE) Los *n*
(IndE) Maschinenlauf *m*
– Arbeitsgang *m*
– Zyklus *m (syn, pass, work cycle)*
(Math) Abszissendifferenz *f* zweier Punkte *(cf, rise)*
(Fin) = run on a bank
(Bö) sehr starke Nachfrage *f* nach e–r Aktie
(EDV) Durchlauf *m (syn, machine run)*
run *v*
(EDV) ablaufen
– ausführen *(ie, an application; syn, execute)*
run a business *v* (com) Geschäft *n* betreiben *(syn, operate a business)*
run a committee *v* (com) Ausschuß *m* leiten
run a deficit *v* (FiW) Defizit *n* haben
run afoul of *v* (Re) verstoßen gegen *(eg, antitrust laws)*
run a risk *v* (com) Risiko *n* eingehen *(syn, incur a risk)*
run at *v* (com) betragen, sich belaufen auf *(syn, amount to, add up to)*
run at full steam *v* (Bw, infml) Kapazität *f* voll ausfahren
run a „tight ship" *v* (Bw, infml) straff führen
runaway boom (Vw) überschäumende Konjunktur *f*
runaway capital
(Fin) Fluchtkapital *n*
– Fluchtgelder *npl*
(syn, flight capital)
runaway costs (com) explodierende Kosten *pl (syn, skyrocketing costs)*
runaway inflation (Vw) galoppierende Inflation *f (syn, galloping cantering . . . inflation)*
runaway product (Stat) Ausreißer *m*
runaway shop (Bw) Unternehmen *n*, das sich durch Standortwechsel gewerkschaftlicher Präsenz entzieht
run chart (EDV) Bedieneranweisung *f (syn, run diagram)*
run diagram (EDV) = run chart
rundown
(com) detaillierte Übersicht *f*
(ie, detailed . . . report/statement)
run down *v* (com) abbauen *(eg, stocks, inventories; syn, work off)*
run down inventory *v* (MaW) Lager *n* abbauen *(syn, destock, qv)*
rundown of foreign exchange reserves (AuW) Abbau *m* von Devisenreserven
rundown of public authorities' bank balances (FiW) Auskehrung *f*
run down prices *v* (com) Preise *mpl* drücken *(syn, pull down, qv)*
run in *v* (com) einfahren *(eg, machine, new car; syn, US, break in)*
runner
(Mk, US, infml) Renner *m*, Schnelldreher *m (syn, top selling product, hot selling line, best selling item)*
(Bö, US) Bote *m (syn, floor messenger)*
running account
(com) Anschreibekonto *n (ie, in retailing)*
(Fin) Kontokorrentkonto *n (syn, account current, qv)*
running account credit (Fin) Dispokredit *m*, Dispositionskredit *m*
running cost
(KoR) Betriebskosten *pl*
(eg, wages, rentals, taxes; syn, cost of operation, operational cost)
running days (com) laufende Kalendertage *mpl (eg, in a charter party)*
running-down clause, R.D.C. (SeeV) Kollisionsklausel *f (syn, collision clause)*
running form (ReW) Staffelform *f (syn, report form, qv)*
running interest (Fin) Stückzinsen *mpl (syn, accrued interest)*
running inventory (MaW) laufende Inventur *f (syn, perpetual inventory, qv)*
running operations
(com) laufender Geschäftsbetrieb *m (syn, day-to-day business)*
(IndE) laufender Betrieb *m*
running text (EDV) Fließtext *m (syn, continuous text)*

running time
(EDV) = run time
(IndE) Laufzeit *f (syn, operating time)*
running total (EDV) laufende Summe *f*
running yield (Fin) Umlaufrendite *f (ie, conventional yield: ratio between annual revenue and the current market value of the capital producing that income: 100A/E where A is coupon and E present value; syn, flat yield)*
run of business (Vw) Konjunkturverlauf *m (ie, general thrust of the economy)*
run of customers (Mk) Käuferandrang *m*
run-of-mine
(com) tel quel *(syn, sale as is, qv)*
(com) durchschnittliche Qualität *f*
run-of-the-chip computer
(EDV) Standard-Computer *m*
run-of-the-mill (com) Routine-. . . *(eg, conveyancing and estate work)*, (com) Standard-. . . *(eg, product)*
run on a bank (Fin) Bankrun *m*
run out *v* (com) auslaufen *(syn, discontinue, phase out)*
run out of cash *v*
(Fin) in finanzielle Schwierigkeiten *fpl* geraten
(Fin) illiquide werden
run out of money (Fin, infml) = run out of cash
run out of scope *v* (com) Spielraum *m* verlieren *(eg, for productivity gains)*
run out of stock (com) ausverkauft sein
run quantity (IndE) Losgröße *f*
runs (Stat) Iterationen *fpl*, Ereignisfolgen *fpl*
run the books *v* (Fin) (am Euromarkt) Übernehmen der Hauptverantwortlichkeit für Verkauf, Zuteilung, Auslieferung von Wertpapieren; idR federführende Bank e–s Syndikats
run the show day by day *v*
(Bw, infml) Tagesgeschäfte *npl* führen
(eg, said of managing director)
run time
(IndE) Bearbeitungszeit *f*
(EDV) Laufzeit *f (syn, running/object . . . time)*
runtime application (EDV) ablauffähige Version *f*
run time error (EDV) Laufzeitfehler *m*
runtime facilities (EDV) Laufzeitfunktionen *fpl*
run time library
(EDV) Laufzeitbibliothek *f*
(ie, collection of routines that are needed to execute an application file)
run time license (EDV) Laufzeit-Lizenz *f*
run time version
(EDV) Laufzeitversion *f*
– Run-time-Version *f*
run to capacity *v* (IndE) Kapazität *f* ausfahren *(syn, operate /work . . . to capacity)*
run unit (EDV, Cobol) Ausführungseinheit *f (cf, DIN 66 028, Aug 1985)*
run-up (com) Steigerung *f (eg, in interest rates)*
run up costs v (KoR) Kosten *pl* verursachen
run-up in the money supply (Fin) Zunahme *f* der Geldmenge
run v (EDV) ausführen *(eg, program, application)*
rural district (com) Landkreis *m*
rural population (com) Agrarbevölkerung *f*
rush *v* (com, GB, infml) schröpfen *(eg, how much did he rush you for that car?)*
rush delivery (com) Eilzustellung *f*
rush job (com) = rush order
rush order
(com) Eilauftrag *m*
– Eilbestellung *f*
Ry (com) = railway

S

SAA (EDV) = Systems Application Architecture *(ie, standard that defines the usability of programs)*
sabotage (Bw) Sabotage *f*
sabotage *v* (Bw) sabotieren
sack
(com) Sack *m (ie, made of paper, burlap, canvas)*
(Pw, GB) (fristlose) Entlassung *f*
(eg, I got the sack; syn, bott, kick, push)
sack *v*
(com) einsacken
– in Säcke füllen
(Pw, GB) (fristlos) entlassen
(ie, esp summarily; syn, give the sack, dismiss; US, fire)
sack up *v* (com, US, infml) verdienen *(eg, how much did we . . .)*
saddle *v*
(com) belasten
– aufbürden
(eg, with financial responsibility, debt, liability)
saddle point
(Math) Sattelpunkt *m*
– Kreuzungspunkt *m*
(syn, point of stagnation)
saddle-point game (OR) Spiel *n* mit Sattelpunkt
saddle with liability *v* (Re) haftbar machen *(syn, hold liable in damages, qv)*
safe custody (Fin, GB) Verwahrung *f (syn, safekeeping, qv)*
safe custody at a bank (Fin) Bankdepot *n*
safe custody fee (Fin) Depotgebühr *f*
safe deposit box (Fin) Schließfach *n (ie, in a bank vault)*
safe deposit box insurance (Vers) Schließfachversicherung *f*
safe deposit box rental (Fin) Schließfachmiete *f*
safe deposit fee (Fin) Aufbewahrungsgebühr *f*
safe deposit vault
(Fin) Stahlkammer *f*
– Tresor *m*
safeguard *v* (EDV) sichern *(eg, through backup)*
safeguard clause
(AuW, GATT) Schutzklausel *f*
(ie, provision in a bilateral or multilateral commercial agreement permitting a signatory nation – Signatarstaat – to suspend tariff or other concessions when imports threaten serious harm to the producers of competitive domestic goods; cf, GATT Article XIX, and Sec 201 U. S. Trade Act of 1974; syn, escape clause)
safeguarding clause (Fin) Sicherungsklausel *f*
safeguarding of interests
(Re) Interessenvertretung *f*
– Interessenwahrnehmung *f*
safeguarding of jobs (Pw) Arbeitsplatzsicherung *f*
safeguarding program (EDV) Sicherungsprogramm *n*
safe investment rule (Fin, US) = prudent person rule
safekeeping (Fin) Verwahrung *f (ie, of securities; syn, GB, safe . . . custody/ storage)*
safety
(com) Sicherheit *f (ie, against, from: gegen, vor)*
(IndE) Sicherheit *f (ie, methods and techniques of avoiding accident and disease)*
safety belt (com) Sicherheitsgurt *m (syn, seat belt)*
safety bond
(Re) Kaution *f*
(ie, Haftsumme für eine später eventuell entstehende Forderung)
safety engineer (IndE) Sicherheitsingenieur *m (ie, inspects all possible danger spots in an industrial plant)*
safety engineering (IndE) Sicherheitstechnik *f*
safety factor (MaW) Sicherheitszuschlag *m (ie, in inventory management)*
safety hazard (Vers) Gefahrenquelle *f*
safety inventory (MaW, US) = safety level
safety lead time (IndE) Sicherheitslaufzeit *f*, Pufferzeit *f*
safety level of supply
(MaW) Sicherheitsbestand *m*
(ie, quantity of material, in addition to the operating level of supply, required to be on hand to permit continuous operations in the event of minor interruption of normal replenishment or unpredictible fluctuations in demand; syn, minimum inventory level, qv)
safety loading (Vers) Sicherheitszuschlag *m (syn, loading for contingencies)*
safety need (Pw) Sicherheitsbedürfnis *n*
safety net (SozV, US) Sicherheitsnetz *n (ie, totality of social welfare programs)*
safety representative (com) Sicherheitsbeauftragter *m*
safety stock (MaW) = safety level of supply
safety time (IndE) Sicherheitszeit *f*
safety valve (Pw, infml) Sicherheitsventil *n (ie, outlet for pent-up energy or emotion)*
sag
(com) vorübergehende Schwäche *f (ie, temporary decline)*
(Bö) geringfügige Kursschwäche *f (ie, price weakness of shares)*
sag *v* (com) nachgeben *(eg, prices)*
sagging demand (com) schleppende Nachfrage *f*
sagging market (Bö) geringfügig nachgebende Kurse *mpl*
sagging of prices (Bö) Kursabschwächung *f*
sailing advice (com) Abfahrtsanzeige *f*
sailings list (com) Schiffsabfahrtliste *f*
sailing under a foreign flag (com) Ausflaggen *n*
sail through *v*
(com, infml) überstehen
(eg, the current recession unscathed)
salable
(Mk) absatzfähig
– absetzbar
– marktfähig
(syn, GB, saleable; marketable)
salable products (Mk) verkaufsfähige Erzeugnisse *npl*

salaried employee
(Pw) Angestellter *m*
(syn, nonmanual employee, salary worker; infml, white-collar worker)
salary
(Pw) Gehalt *n*
(ie, fixed compensation paid regularly, usually monthly or yearly; contrasts with wages)
salary advance (Pw) Gehaltsvorschuß *m*
salary cut (Pw) Gehaltskürzung *f*
salary differential (Pw) Gehaltsunterschiede *mpl*
salary printout (EDV) Gehaltsabrechnung *f*
salary roll (ReW) Gehaltsliste *f (ie, payroll for salaried employees)*
salary structure (Pw) Gehaltsstruktur *f*
salary worker (Pw) = salaried employee
sale
(com) Verkauf *m*
(Re) Kaufvertrag *m*
(ie, contract in which seller transfers ownership of goods to buyer at the time the contract is made (!), in return for a consideration called price; sofortiger Eigentumsübergang; anders im Dt: Parteien verpflichten sich nur zur Lieferung und Zahlung, § 433 BGB; der abstrakte Übereignungsakt erfolgt erst durch Übereignung der beweglichen Sache (§ 929), des Grundstücks (§ 925), die Abtretung der verkauften Forderung (§ 398); im dt positiven System also Zerreißen der schuld- und sachenrechtlichen Seite durch zwei getrennte Rechtsgeschäfte; cf, hierzu ‚agreement/ contract . . . to sell')
saleable (com, GB) = salable
sale against cash in advance (com) Vorauszahlungsgeschäft *n*
sale against the box (Bö, US) Leerverkauf *m*, bei dem Verkäufer die Aktien besitzt
sale and leaseback (com, GB) Verkauf *m* bei gleichzeitiger Rückvermietung an den Verkäufer
sale and purchase agreement (Re) Kaufvertrag *m*
sale and repurchase scheme
(Fin) Wertpapierpensionsgeschäft *n*
(ie, borrowing short-term against securities under a ‚pension' agreement by which banks sell securities to the central bank for a limited period: pledging/purchase today, repurchase reselling later)
sale and return (com) Auktion *f*
sale as is (com) tel quel-Geschäft *n (syn, sale as seen, sale with all faults, run-of-mine)*
sale as seen (com) = sale as is
sale at auction (com) Auktion *f (syn, GB, sale by auction)*
sale by auction (com, GB) = sale at auction
sale by automatic vendors
(com) Automatenverkauf *m*
sale by description
(Re) Gattungskauf *m*
– Spezifikationskauf *m*
(ie, sale of unascertained goods, sale subject to buyer's specifications)
sale by private treaty
(com) Grundstückskauf *m* unter Ausschluß von Versteigerung *(ie, based on personal bargaining not on auction)*
sale by public auction (com) Auktion *f*, öffentliche Versteigerung *f*
sale by sample
(com) Kauf *m* nach Probe
– Kauf *m* nach Muster
sale by tender (Fin) Verkauf *m* durch Submission
sale contract (Re) Kaufvertrag *m*
sale for immediate delivery (com) Verkauf *m* zur sofortigen Lieferung
sale for the account
(com) Kreditkauf *m*
– Zielkauf *m*
(syn, credit sale; US, charge sale)
(Bö, GB) Terminverkauf *m*
(syn, forward sale)
sale in the open market (com) freihändiger Verkauf *m*
sale note (com, Bö) Schlußnote *f (ie, given by broker to seller and buyer)*
sale of accounts receivable (Fin) Debitorenverkauf *m*
sale of ascertained goods
(Re) Spezieskauf *m*, Stückkauf *m*
(syn, sale of specific goods; opp, sale of unascertained goods, qv)
sale of assets (com) Verkauf *m* von Wirtschaftsgütern *(opp, sale of shares)*
sale of goods
(Re) Kauf *m (ie, immediate transfer of title – Eigentumsübergang – to movable personal property; cf, comment under ‚sale')*
(Re, GB) Recht *n* des Kaufvertrages *(ie, branch of English law)*
sale of scrap (com) Schrottverkauf *m*
sale of securities (Fin) Wertpapierabsatz *m*
sale of shares (com) Verkauf *m* von Anteilen *(opp, sale of assets)*
sale of specific goods (Re) = sale of ascertained goods
sale of unascertained goods
(Re) Gattungskauf *m*
– Genuskauf *m*
(ie, contract of sale in which the goods have been designated by their kind only; Käufer bestellt sorten- oder listenmäßig und überläßt die Auswahl der Stücke dem Lieferanten; syn, sale by description)
sale on approval
(Re) Kauf *m* auf Probe
(ie, goods are delivered primarily for use; may be returned by the buyer even though they conform to the contract; opp, sale or return; cf, Sec 2-326(1) UCC)
sale on commission (com) Kommissionsverkauf *m*
sale on consignment
(AuW) Konsignationsgeschäft *n*
(ie, property remains the property of owner or consignor, and consignee acts as agent of owner to pass title to buyer)
sale on credit (com) Kreditverkauf *m (syn, credit sale)*
sale or return
(Re) Kauf *m* mit Rückgaberecht
(ie, goods are delivered primarily for resale; may be returned by buyer even though they conform to the contract; opp, sale on approval; cf, Sec 2-326(1) UCC)

sale price (com, GB) Kaufpreis *m (syn, consideration for sale)*
sale proceeds (com) Kauferlös *m*
sale qualified by right of return (com) Bedingtlieferung *f (ie, esp in book selling)*
sale repurchase agreement (Fin) = repurchase agreement
sales
(Re, US) Recht *n* des Kaufvertrages
(ie, field of law, as laid down in Art 2 of the Uniform Commercial Code, UCC; syn, GB, sale of goods)
(com) Umsatzerlöse *mpl*
– Umsatz *m*
(ie, in terms of money; syn, sales revenues; GB, turnover)
(Mk) Umsatz *m*
– Absatz *m*
(ie, in terms of volume; syn, sales volume; GB, turnover)
(com) Schlußverkauf *m*
(syn, end-of-season sale, seasonal closing-out sale)
sales abroad (com) Auslandsumsatz *m (syn, international sales; GB, export turnover)*
sales account (ReW) Verkaufskonto *n*
sales accounting (com) Verkaufsabrechnung *f*
sales accounting and collection services (Fin) Debitorenverwaltung *f (syn, debtor management, qv)*
sales activity (Mk) Absatzaktivität *f (syn, marketing activity)*
sales agency (Mk) Verkaufsagentur *f*
sales agent (com) Handelsvertreter *m (syn, selling agent)*
sales allowance (com) Preisnachlaß *m (ie, granted if goods are not entirely conforming to customer's order)*
sales analysis
(Mk) Absatzanalyse *f*
– Umsatzanalyse *f*
– Umsatzstatistik *f*
sales anchor (Mk, infml) Aufhänger *m (ie, used to overcome buying resistance)*
sales and marketing budget (Bw) Teilbudget *n* des Absatzbereichs
sales anticipations (Mk) Absatzerwartungen *fpl*
sales apathy (Mk) = sales resistance
sales aptitude (Pw) Verkaufstalent *n*
sales area
(Mk) Absatzgebiet *n*
(syn, market/marketing /trading . . . area or outlet)
sales barometer (Mk) Absatzbarometer *n*
sales-based bonus system (Mk) Umsatzbonussystem *n*
sales branch (Mk) Verkaufsniederlassung *f*
sales budget
(Mk) Absatzbudget *n*
– Absatzplan *m*
(syn, volume budget)
sales call (Mk) Vertreterbesuch *m*
sales canvassing (Mk) Akquisition *f*
sales cartel
(Kart) Absatzkartell *n*
(syn, distribution/ marketing . . . cartel)
sales chain (Mk) Absatzkette *f*
sales charge
(com) Abschlußgebühr *f*
(Fin) Ankaufgebühren *fpl (ie, bei Investmentanteilen)*
sales check (com) Kassenzettel *m (syn, GB, sales slip)*
salesclerk (com) Verkäufer *m (syn, salesman; GB, shop assistant; sl, counter jumper)*
sales commission (com) Umsatzprovision *f*, Verkaufsprovision *f (syn, selling commission)*
sales company (Bw) Vertriebsgesellschaft *f*
sales contest (Mk) Verkaufswettbewerb *m*
sales contract
(com) Kaufvertrag *m (cf, sale)*
(com) Abschluß *m*
– Verkaufsabschluß *m*
sales contract bid (com) Bietungsgarantie *f*
sales control (Mk) Absatzkontrolle *f*
sales cost (KoR) Vertriebskosten *pl (syn, distribution cost)*
sales counter (com) Ladentisch *m*
sales data acquisition (Mk) Verkaufsdatenerfassung *f (eg, through POS terminals)*
sales deductions (ReW) Erlösschmälerungen *fpl*
sales department
(com) Verkaufsabteilung *f*
– Abteilung *f* Verkauf
sales department cost center
(KoR) Vertriebskostenstelle *f*
– Vertriebsstelle *f*
sales depot (Mk) Vertriebslager *n*
sales development costs (Mk) Akquisitionskosten *pl (syn, canvassing costs)*
sales district (Mk) Verkaufsbezirk *m*
sales efforts (Mk) Absatzbemühungen *fpl*
sales elasticity
(Vw) Absatzelastizität *f*
(ie, ratio of relative change of sales volume to relative change of commodity price)
sales figures
(Mk) Absatzzahlen *fpl*
– Verkaufszahlen *fpl*
sales finance company
(Fin, US) Institut *n* zur Refinanzierung des Handels
(ie, engages in the discounting of installment receivables of dealers and retailers; its main operations include: wholesale financing, installment financing, commercial financing, factoring, direct loans)
sales financing
(Fin) Absatzfinanzierung *f*
(syn, customer financing = Kundenfinanzierung)
sales force
(Mk) Absatzorganisation *f (syn, sales/marketing . . . organization)*
(Mk) Vertreterorganisation *f*
– Verkaufsaußendienst *m*
sales forecast (Mk) Absatzprognose *f (syn, forward sales projection)*
sales giant (com) Umsatzgigant *m*
salesgirl (com) = saleslady, saleswoman
sales goal
(Mk) Absatzziel *n*
– Umsatzziel *n*

sales guarantee (Mk) Absatzgarantie *f*
sales increase (com) Absatzsteigerung *f (syn, jump in sales)*
sales input (com) Wareneinsatz *m*
sales invoice (com) Verkaufsrechnung *f*
sales journal (ReW) Verkaufsjournal *n (ie, book of original entry in which sales are recorded)*
saleslady (com) Verkäuferin *f (syn, saleswoman; GB, shopgirl)*
sales letter (Mk) Werbebrief *m*
sales literature (com) Werbematerial *n*
salesman (com) Verkäufer *m (syn, salesclerk, qv)*
sales management (Mk) Vertriebsleitung *f (syn, marketing management)*
sales manager
Mk) Vertriebsleiter *m*
– Verkaufsleiter *m*
salesman's call planning (Mk) Besuchsplanung *f*
salesmanship (Mk) Verkaufskunst *f*
sales manual (Mk) Absatzhandbuch *n*
sales margin (Mk) Vertriebsspanne *f*
sales market (Mk) Absatzmarkt *m*
sales methods
(Mk) Absatzmethoden *fpl*
(syn, distribution/marketing . . . methods, marketing/selling . . . technique)
sales mix (Mk) Absatzmix *m*
sales negotiations (com) Kaufverhandlungen *fpl*
sales network (Mk) Absatznetz *n*
sales office (com) Verkaufsbüro *n*
sales of retail stores (com) Einzelhandelsumsätze *mpl*
sales of securities (Bö) Abgaben *fpl*
sales opportunities
(Mk) Absatzchancen *fpl*
– Absatzmöglichkeiten *fpl*
(syn, market/sales . . . potential, sales prospects)
sales order
(com) Bestellung *f*
– Auftrag *m*
(syn, purchase /customer . . . order)
sales order processing (com) Auftragsbearbeitung *f*
sales organization
(Mk) Absatzorganisation *f*
– Verkaufsorganisation *f*
sales outlet (Mk) Vertriebsstelle *f*
sales per employee
(com) Umsatz *m* je Beschäftigtem
(ie, sales/average number of employees)
sales pitch
(Mk) Verkaufsargument *n*
(ie, strong statement made to persuade a potential customer and overcome his buying resistance)
sales plan
(Mk) Absatzplan *m*
(syn, distribution/marketing . . . plan, sales budget)
sales planning (Mk) Absatzplanung *f*
sales position (Mk) Absatzlage *f*
sales potential (Mk) = sales opportunities
sales presentation (Mk) Produkt-Präsentation *f (ie, total selling process)*
sales pressure (Bö) = selling pressure
sales proceeds (Bö) Verkaufserlös *m*
sales projection (Mk) Absatzprognose *f*
sales promotion
(Mk) Absatzförderung *f*
– Verkaufsförderung *f*
sales promotion competition
(Mk) Preisausschreiben *n*
(ie, correct solutions fetch a prize)
sales prospects (Mk) = sales opportunities
sales quota (Mk) Absatzquote *f*, Absatzkontingent *n*
sales records
(ReW) Verkaufsunterlagen *fpl*
(ie, include sales orders, tickets, slips, invoices, journals, summaries, customers' ledgers)
sales related fees (Mk) umsatzbezogene Gebühren *fpl (eg, in franchising)*
sales rep (com) = sales representative
sales representative
(Mk) Vertreter *m*
– Verkaufsvertreter *m*
sales resistance
(Mk) Verkaufswiderstand *m*
– Kaufunlust *m*
(syn, sales . . . apathy/opposition)
sales restriction (Mk) Absatzbeschränkung *f*
sales results (Bw) Vertriebsergebnis *n*
sales resurgence (com) Absatzbelebung *f (syn, revival of sales)*
sales returns (com) = returns, *qv*
sales returns account (ReW, GB) Konto *n* Warenrücksendungen *(syn, return inwards account)*
sales revenue (ReW) Umsatzerlös *m*
sales revenues
(ReW) Umsatzerlöse *mpl*
– Verkaufserlöse *mpl*
(ie, usually for a given period; syn, sales)
sales service (com) Kundendienst *m*
sales slip (com, GB) Kassenzettel *m (syn, US, sales check)*
sales staff (com) Verkaufspersonal *n*
sales statistics
(Mk) Umsatzstatistik *f*
(com) Verkaufsstatistik *f*
sales strategy (Mk) Absatzstrategie *f (syn, market/marketing . . . strategy)*
sales talk (com) Verkaufsgespräch *n*
sales tax
(StR, US) allgemeine Umsatzsteuer *f*
(ie, flat percentage levy on the selling price of an item; levied at any level of distribution, but usually at the retail level; the federal government levies excises on more than sixty different items, but it has no sales tax; of great importance to state and local governments; rates between 2% and 7%)
sales territory (Mk) = sales area
sales test (Mk) Testmarktaktion *f*
sales-to-merchandise ratio (MaW) = merchandise turnover
sales to other economic units (VGR) Verkäufe *mpl* an andere Wirtschaftssubjekte
sales-to-receivables ratio
(Fin) Debitoren-Umschlag *m*
(syn, accounts receivable turnover)
sales value
(ReW) Nettoabsatzwert *m*
(ie, in inventory valuation)

sales volume
(Mk) Absatz *m*
– Absatzmenge *f*
– Absatzvolumen *n*
– Umsatzvolumen *n*
(syn, volume of goods sold)
saleswoman (com) = saleslady
sales worldwide
(com) Weltumsatz *m*
(syn, worldwide sales, qv)
sale value
(com) Verkaufswert *m*
(ie, less whatever cost is yet to be incurred)
sale with all faults (com) tel quel-Geschäft *n (syn, sale as is, qv)*
sale with option to repurchase (com) Verkauf *m* mit Rückkaufsrecht
Sallie Mae (Fin, US) = Student Loan Marketing Association
SAL (surface air lifted) parcels (com) SAL-Pakete *npl*
salt away *v* (com, infml) zurücklegen, sparen *(eg, salt away money in Switzerland)*
salutation (com) Anrede *f (ie, in business letters)*
salvage
(com) Abfallverwertung *f (ie, disposition of junk or scrap)*
(com) Bergung *f*, Bergen *n (ie, saving marine property in peril)*
(com) Bergelohn *m*
salvage *v*
(com) rückgewinnen
(com) bergen
salvage agreement (Re) Bergungsvertrag *m*
salvage car (com) Abschleppwagen *m*
salvage charges (com) Bergungskosten *pl*
salvage claim (com) Bergelohnforderung *f*
salvage company (com) Abbruchunternehmen *n (syn, demolition contractor, wrecker)*
salvage contract (Re) = salvage argeement
salvage from *v* (com) retten vor *(eg, a company from financial collapse; syn, salve from, save from)*
salvage loss (SeeV) Bergungsschaden *m*
salvage money
(com) Bergegeld *n*
– Bergelohn *m*
salvage operations
(com) Bergungsarbeiten *fpl*
(com) Abbrucharbeiten *fpl*
salvage value
(ReW) Restwert *m*
– Schrottwert *m*
– Veräußerungswert *m (syn, residual/scrap . . . value)*
salve *v* (com) = salvage
same-day settlement (Bö) Tag-gleiche Abrechnung *f*
sample
(com) Muster *n*
– Ausfallmuster *n*
– Probe *f*
(Stat) Stichprobe *f*
– Auswahl *f*
– Sample *n*
(IndE) Probe *f*
– Prüfstück *n*
sample *v*
(com) bemustern, ziehen *(ie, draw samples to determine the average quality of staple goods)*
(EDV) abfragen
(Stat) Proben *fpl* ziehen
sample application (EDV) Anwendungsbeispiel *n*
sample approval (IndE) Baumustergenehmigung *f*
sample census (Stat) Mikrozensus *m*
sample consignment (com) Mustersendung *f*
sample copy (com) Freiexemplar *n (eg, of book, magazine)*
sample design (Stat) = sampling plan
sample distribution (Stat) Häufigkeitsverteilung *f* der Stichproben
sample division (Stat) Probenteilung *f*
sample fair (Mk) Mustermesse *f*
sample fraction defective (Stat) Anteile *mpl* fehlerhafter Stücke in der Stichprobe
sample moment (Stat) Stichprobenmoment *n*
sample of small value (com) Warenmuster *n* von geringem Wert
sample plan (Stat) = sampling plan
sample point
(Stat) Stichprobenpunkt *m*
(ie, kleinste Einheit e–r Stichprobe)
sample population (Stat) Stichprobenpopulation *f*
sample program (EDV) Programmbeispiel *n*
sampler (IndE) Probennehmer *m*
sample reduction (Stat) Probenverkleinerung *f*
sample size (Stat) Stichprobenumfang *m*
sample space
(Stat) Stichprobenraum *n*
– Ereignisraum *m*
sample statistic (Stat) Stichprobenkenngröße *f (syn, statistic)*
sample survey
(Stat) Stichprobenerhebung *f*
– Teilerhebung *f*
– Repräsentativerhebung *f*
(ie, relates to only a specified part of the population; ‚sample census', sometimes used, is a misnomer)
sample unit (Stat) Stichprobeneinheit *f*
sample variance (Stat) empirische Varianz *f*
sample without replacements (Stat) Stichprobe *f* ohne Zurücklegen
sample without value (com) Muster *n* ohne Wert
sample with replacements (Stat) Stichprobe *f* mit Zurücklegen
sampling
(com) Probenahme *f*
(syn, taking of samples)
(com) Bemusterung *f*
(Stat) Stichprobennahme *f*
– Auswahlverfahren *n (syn, sampling procedure)*
(Stat) Stichprobenentnahme *f*
sampling by attributes (Stat) Attributenkontrolle *f* Gut-Schlecht-Prüfung *f (syn, go-and-not-go gage)*
sampling distribution (Stat) Stichprobenverteilung *f*
sampling error (Stat) Stichprobenfehler *m (ie, standard error of a sampling distribution)*
sampling fraction (Stat) Auswahlsatz *m (ie, ratio of sample size to population size; syn, sampling ratio)*

sampling inspection (IndE) Stichprobenprüfplan *m* Stichprobenprüfung *f (cf, acceptance sampling)*
sampling method (Stat) Stichprobenmethode *f*
sampling moment (Stat) Moment *n* e-r Stichprobenverteilung
sampling of test specimens (IndE) Entnahme *f* von Proben
sampling plan
(Stat) Auswahlplan *m*
– Stichprobenplan *m*
(ie, states sample sizes and criteria for accepting or rejecting items; syn, sample . . . design/plan)
sampling point
(Mk) Auswahleinheit *f* der ersten Stufe
(cf, ADM-Master-Sample)
sampling procedure (Stat) = sampling
sampling ratio (Stat) = sampling fraction
sampling risk
(Stat) Auwahlrisiko *n*
(ie, probability, under the sampling plan used, that acceptable material will be rejected or that unsatisfactory material will be accepted)
sampling structure
(Stat) Stichprobenstruktur *f*
(ie, defines a class of completely specified sample or survey designs)
sampling test (Stat) Stichprobenprüfung *f*
sampling theory (Stat) Stichprobentheorie *f (ie, mathematical study of sampling techniques)*
sampling unit (Stat) Auswahleinheit *f (syn, unit of sampling)*
sampling variance
(Stat) Varianz *f* der Stichprobe
(ie, variance of a sampling distribution; ‚sampling' may be omitted, as being defined by the context or otherwise understood)
Samurai bonds
(Fin) Yen-Auslandsanleihen *fpl*
(ie, issued in Japan by foreign borrower; can be bought by nonresidents of Japan)
sanction
(AuW) Sanktion *f*
(com) Genehmigung *f*
sanction *v* (com) genehmigen
sanctioning (com) Bewilligung *f*
sanitary certificate (com) Gesundheitsattest *n*
satellite computer (EDV) Satellitenrechner *m*
satellite office (com) Außenstelle *f*
satellite system (EDV) Satellitensystem *n (syn, remote processor)*
satellite tax (StR) Satellitensteuer *f (ie, levied in connection with another tax)*
satellite town (com) Satellitenstadt *f*
satellite transmission line (EDV) Satellitenleitung *f*
satiation of wants (Vw) Bedürfnisbefriedigung *f (syn, satisfaction of wants)*
satisfaction
(Vw) Bedürfnisbefriedigung *f*
– Nutzen *m*
(Re) Befriedigung *f (eg, of claim, creditor)*
satisfaction level
(Vw) Nutzenniveau *n*
– Versorgungsgrad *m*
satisfaction maximization (Vw) Nutzenmaximierung *f*
satisfaction of a claim (Re) Erfüllung *f* e-s Anspruchs od e-r Forderung
satisfaction of demand (Vw) Bedarfsbefriedigung *f*
satisfaction of requirements (com) Bedarfsdeckung *f (syn, supply of needs)*
satisfaction of wants (Vw) = satiation of wants
satisfaction or money back (com) bei Nichtgefallen Geld zurück
satisfaction-or-your-money-back pledge
(com) Zusicherung *f* „Bei Nichtgefallen Geld zurück"
– Rückgabegarantie *f*
satisfiability (Log) Erfüllbarkeit *f*
satisfiable formula (Log) erfüllbare Formel *f*
satisficing
(Vw) Entscheidungsfindung *f* auf der Grundlage befriedigender Informationen
(ie, term coined by H. A. Simon, 1947: proceeds on the concept of ‚bounded rationality': humans tend to choose a course of action that meets minimum standards for satisfaction, because truly rational research can never be completed; schließt Maximierung od Optimierung aus; cf, principle of. . .)
satisfied with (com) zufrieden mit
satisfy *v*
(Re) erfüllen *(ie, carry out the terms of a contract)*
(Re) befriedigen *(eg, creditors)*
(Fin) finanziellen Verpflichtungen *fp* nachkommen
(Re) entschädigen *(ie, indemnify an injured party)*
(com) entsprechen *(ie, conform to specifications)*
(Math) erfüllen *(eg, values satisfy an equation)*
(Fin) abfinden *(eg, creditor; syn, pay off)*
satisfy a claim *v*
(Re) Anspruch *m* erfüllen
(Re) Forderung *f* befriedigen
satisfy a condition *v*
(Re) Bedingung *f* erfüllen
(syn, comply with /fulfill/perform . . . a condition)
satisfy a creditor *v* (Re) Gläubiger *m* befriedigen *(syn, pay off)*
satisfy a need *v* (Vw) = satisfy a want
satisfy an obligation *v* (Re) Verpflichtung *f* erfüllen *(syn, answer, qv)*
satisfy a want *v* (Vw) Bedürfnis *n* befriedigen *(syn, satisfy a need, meet a need/want)*
satisfy creditors' claims *v* (Re) Gläubiger *mpl* befriedigen
satisfy criteria *v* (com) Voraussetzungen *fpl* erfüllen
satisfy demand *v*
(com) Bedarf *m* decken
(syn, meet/supply . . . demand)
satisfy of *v* (com) sich überzeugen von *(eg, the truth of a statement)*
satisfy requirements *v*
(com) Bedarf *m* decken
(com) Anforderungen *fpl* erfüllen
(Re) Bedingungen *fpl* od Auflagen *fp* erfüllen
satisfy the consideration *v*
(Re) Gegenleistung *f* erbringen
(eg, consideration was satisfied by the payment of $1bn and the issue of common stock)

satisfy the Examiner *v*
(Pw) Examen *n* bestehen
(ie, escape failure)
saturated market
(Mk) gesättigter Markt *m*
(syn, mature market)
saturate with *v* (com) sättigen mit *(eg, market with a product)*
saturation advertising (Mk) Sättigungswerbung *f*
saturation demand (Vw) Sättigungsnachfrage *f*
saturation of a market (Mk) Marktsättigung *f*
saturation point (Vw) Sättigungspunkt *m (ie, where demand function intersects abscissa)*
saturation stage (Mk) Sättigungsphase *f (cf, product life cycle)*
SAU (Mk, US) = Standard Advertising Unit
saucer (Bö) Untertasse *f (ie, in chart analysis)*
save (com) ausgenommen
save *v*
(com) sparen *(ie, put aside money)*
(com) einsparen *(syn, economize)*
(EDV) speichern
save as provided (Re) vorbehaltlich
save changes *v* (EDV) sichern
save costs *v* (com) Kosten *pl* einsparen
saved data (EDV) geschützte Daten *pl*
save from *v* (com) = salvage from
save harmless *v* (Re) schadlos halten *(syn, hold harmless, indemnify)*
saver (com) Sparer *m*
save up *v* (com) sparen *(ie, gradually over time)*
saving clause
(Re) salvatorische Klausel *f (syn, separability clause, qv)*
(StR, US) Vorbehaltsklausel *f*
(ie, citizens and residents are taxed as if a convention had not come into effect = Staatsangehörige und Gebietsansässige werden so besteuert, als sei ein Abkommen nicht in Kraft getreten)
saving habits (Vw) Spargewohnheiten *fpl*
saving of material (IndE) Materialersparnis *f*
savings (Fin) Ersparnisse *fpl*
savings account (Fin) Sparkonto *n*
savings account passbook (Fin) Sparbuch *n*
savings activity (Vw) Spartätigkeit *f*
savings and loan (Fin, US, infml) = savings and loan association
savings and loan associations, S&L
(Fin, US) bausparkassenähnliche Institute *npl*
– Sparbanken *fpl*
(ie, savings and home financing institutions, mostly mutual organizations having no capital stock; also known as savings associations, building and loan associations, building associations and building societies, cooperative banks, and homestead associations)
savings bank
(Fin) Sparinstitut *n*
(cf, trustee savings; ie, öffentliche Sparkassen sind in US und GB unbekannt; cf, trustee savings bank und mutual savings bank)
savings bonds
(Fin, US) Sparschuldverschreibungen *fpl (ie, full name: United States Savings Bonds)*
(Fin, GB) Sparbonds *pl*
savings certificates
(Fin, US) Sparbriefe *mpl*
(ie, issued by banks in denominations of ten; syn, GB, national savings securities)
savings deposits
(Fin, US) Spareinlagen *fpl*
(ie, legally require the depositor to give the bank at least 30 days notice prior to withdrawal; syn, passbook savings)
savings function
(Vw) Sparfunktion *f*
(eg, $S = Y - C(Y)$)
savings funds (Fin) Spargelder *npl*
savings-income ratio
(VGR) Sparquote *f*
(ie, ratio of savings to disposable income = Sparen/verfügbares Einkommen)
Savings & Loans (Fin, US) = savings and loan associations, qv
savings measure (com) Sparmaßnahme *f*
savings propensity (Vw) Sparneigung *f*
savings rate (Fin) Sparquote *f (eg, picks up)*
savings shares (Fin) Sparaktien *fpl*
savings turnover ratio
(Fin, US) Sparumschlag *m*
(ie, savings received by a bank divided by total savings for a given period)
savvy (com) praktische Fertigkeiten *fpl (ie, practical know-how)*
sawbuck (Fin, US, sl) 10-Dollar-Note *f*
saw-tooth pattern of economic activity (Vw) „Wellblech"-Konjunktur *f*
Say's law of the markets
(Vw) SAYsches Theorem *n*
(ie, . . . a product is no sooner created than it offers a market for other products to the full extent of its own value . . ." = jedes Angebot schafft sich s-e eigene Nachfrage)
say the law *v* (Re, infml) Recht *n* sprechen
scab (Pw, US, sl) Streikbrecher *m (syn, strikebreaker; US, sl, blackleg, knob)*
scalar matrix (Math) skalare Matrix *f*
scalar multiplication (Math) Skalarmultiplikation *f*
scalar product
(Math) skalares Produkt *n*
(syn, inner product, qv)
scalar triple product (Math) Sparprodukt *n*
scalar variable (Math) skalare Variable *f*
scale
(com) Maßstab *m*
(com) Größenordnung *f*
scale *v*
(com) skalieren
– staffeln
(ie, arrange in a graduated series)
(com) anpassen
(eg, scale production to actual need)
(Stat) skalieren
scale analysis
(Log) Skalentechnik *f*
– Skalierungsverfahren *n*
scale back *v* (com) zurückschrauben, zurücknehmen *(eg, expectation)*
scaled-down version (Mk) abgemagerte Version *f (ie, of a product: no frills, no options)*

scale-down
(com) Kürzung *f (eg, of pay)*
(Fin) Repartierung *f*
– Zuteilung *f*
(syn, allotment, qv)
scale down *v*
(com) nach unten korrigieren
– senken
(ie, reduce by a certain rate)
(Fin) repartieren
– zuteilen
(syn, allot, qv)
scale-down of purchase orders (Bö) Geldrepartierung *f*
scaled paper (com) Papier *n* mit Maßeinteilung *(eg, log-log paper)*
scale economies
(Vw) Economies of Scale *pl*
– Größenvorteile *mpl*
– steigende Skalenerträge *mpl (syn, economies of scale, qv)*
scale elasticity (Vw) Skalenelastizität *f (ie, relative change of output to proportional relative change of all inputs)*
scale fee (com) Gebühr *f (ie, based on a standard scale of fees)*
scale of charges
(com) Preisliste *f*
– Gebührenliste *f*
scale of operations
(Vw) Produktionsniveau *n*
(ie, scale of productive process)
scale of plant (Bw) Betriebsgröße *f (syn, plant size)*
scale of preferences (Vw) Präferenzordnung *f (syn, order/set . . . of preferences)*
scale of transport charges
(com) Transporttarif *m*
– Beförderungstarif *m*
scale order (Bö) Auftrag *m* an Makler, bestimmte Anteile zu unterschiedlichen Preisen zu verkaufen od zu kaufen
scale paper (com) = scaled paper
scale rate (com) Listenpreis *m*
scale-up (com) Erhöhung *f*
scale up *v*
(com) nach oben korrigieren
– erhöhen
scaling (EDV) Skalieren *n*
scaling down
(Fin) Repartierung *f*
– Zuteilung *f*
scalper
(Bö) Spekulant *m* in Terminkontrakten
(ie, sells at every opportunity in the hope of making small profits of transitory upticks and downticks in price, sometimes only for minutes; nutzt minimale und kurzfristige Preisschwankungen zur Gewinnerzielung aus)
scalping
(Bö) kleine Gewinnmitnahmen *fpl*
(ie, taking advantage of any small gain; cf, scalper)
(Fin) Arbitragegeschäfte *npl* in Verbindung mit Terminkontrakten
scam (com) Betrug *m (eg, insurance scam)*
scan
(EDV) Abtasten *n*
– Abfrage *n*
scan *v*
(EDV) scannen *(eg, Bilder werden gescannt)*
(EDV) abtasten, abfragen
scan area
(EDV) Scan-Bereich *m*
Lesebereich *m*
scan character (EDV) Suchzeichen *n*
scan command (EDV) Abtastbefehl *m*
scan in *v* (EDV) einscannen
Scanlon plan
(Pw) Scanlon-Plan *m*
(ie, incentive plan designed to increase efficiency with opportunity for the accrued savings achieved to be distributed among the workers)
scan matrix (EDV) Abtastmatrix *f*
scanner
(EDV) Abtastgerät *n*
(Mk) Scanner *m*
(ie, Gerät zur optisch-elektronischen Erfassung von Artikelnummern im Kassenterminal)
scanning
(Bw) Frühaufklärung *f (ie, Suche nach neuen Phänomenen; cf, environmental scanning)*
(EDV) Abtasten *n*
scanning method (EDV) Abtastverfahren *n*
scanning unit (EDV) Abtasteinheit *f*
scan program (EDV) Abtastprogramm *n*
scarce (Vw, com) knapp
scarce articles (com) Mangelware *f*
scarce resources (Vw) knappe Güter *npl*, knappe Ressourcen *fpl*
scarcity (Vw, com) Knappheit *f*
scarcity-induced profits
(Vw) Knappheitsgewinne *mpl*
scarcity of foreign exchange (AuW) Devisenknappheit *f (syn, shortage of foreign exchange)*
scarcity of labor (Pw) = shortage of labor
scarcity of money (Fin) Geldknappheit *f*
scarcity rent (Vw) Knappheitsrente *f*
scare buying (com) Angstkäufe *mpl (syn, panic buying)*
scatter (Stat) Streuung *f (syn, dispersion, qv)*
scatter *v* (Stat) streuen
scatter chart (Stat) = scatter diagram
scatter diagram
(Stat) Streudiagramm *n*
(ie, portrays central tendencies, as regressions, and tendencies toward scatter or dispersion)
scattered data organization (EDV) gestreute Datenorganisation *f*
scattered gains (Bö) vereinzelte Kursgewinne *mpl*
scattered shareholdings (Fin) Aktienstreubesitz *m*
scattered small stockholders (Fin, US) Kleinaktionäre *mpl*
scavenger sale (StR) Eigentumsverwertung *f* durch den Steuerfiskus *(ie, due to nonpayment of taxes)*
scedasticity
(Stat) Skedastizität *f*
(ie, denotes dispersion, if measured by variance; cf, heteroscedastic, homoscedastic)
SCFA (Bö) = Swiss Commodities and Futures Association

schedular taxes (FiW, GB) Schedulensteuern *fpl*
schedule
(com) Zeitplan *m (eg, of operations)*
(com) Aufstellung *f*
– Liste *f*
– Verzeichnis *n*
(com) Programm *n (syn, program)*
(com, US) Flugplan *m*
(com, US) Fahrplan *m (eg, bus, train may be on or behind schedule)*
(Re) Urkunde *f*
(Re) Anlage *f*
schedule *v*
(com) planen
– einplanen
– festlegen
– anberaumen
(com, US) aufführen, auflisten *(syn, list)*
schedule a meeting *v* (com) Sitzung *f* anberaumen
schedule chart (IndE) Kontrollkarte *f*
scheduled
(com) (zeitlich) geplant
(com) planmäßig
scheduled cost (KoR) Plankosten *pl (syn, predicted cost, qv)*
scheduled creditor (Re, GB) eingetragener Konkursgläubiger *m*
scheduled data (Bw) Solldaten *pl (opp, actual data = Istdaten)*
scheduled date (com) Termin *m*, Terminvorgabe *f*
scheduled flight (com) Linienflug *f (cf, non-scheds)*
scheduled load (IndE) geplante Maschinenbelastung *f*
scheduled maintenance
(EDV) planmäßige Wartung *f*
(syn, routine maintenance)
scheduled payments (Fin) planmäßige Zahlungen *fpl*
scheduled repayments (Fin) planmäßige Tilgungen *fpl*
scheduled service (com) Liniendienst *m*
schedule of charges (com) = schedule of fees
schedule of concessions (AuW, GATT) Zollzugeständnisliste *f*
schedule of creditors (Re) Gläubigerverzeichnis *n*
Schedule of Defects (Bö, US) Qualitätsabweichungstabelle *f*
schedule of fees (com) Gebührenordnung *f*
schedule of job operations
(IndE) Arbeitsplan *m*
– Arbeitsstückliste *f*
(ie, based on drawings and design data)
schedule of maturities (Fin) Tilgungsplan *m*
schedule of quantities
(com) Massenverzeichnis *n*
(ie, in a tender or building contract)
schedule of redemption (Fin) Tilgungsplan *m*
schedule outlook report (com) Terminvorschau *f*
scheduler
(EDV) Scheduler *m*
(ie, subterms: job scheduler, task scheduler)
schedule rating
(Vers) Prämienfestsetzung *f*
(ie, mit Zu- und Abschlägen nach erwartetem Risikoverlauf)
schedules (StR, GB) Einkommensteuergruppen *fpl*
schedules of income tax (StR, GB) Einkommensteuergruppen *fpl*
schedule variance (IndE) Planabweichung *f (ie, between scheduled and actual production)*
scheduling
(com) Zeitplanung *f*
(IndE) Terminierung *f*
(ie, carried out to determine when work will be started and finished; cf, loading)
scheduling and sequencing (Bw) Ablaufplanung *f (syn, operations planning, ordonnancement)*
scheduling computer
(EDV) Dispositionsrechner *m*
– Betriebsrechner *m*
scheduling delays (IndE) Verzögerung *fpl* durch Arbeitsüberlastung
scheduling discipline
(EDV) Bedienstrategie *f*
– Zuteilungsstrategie *f*
(ie, in operating systems)
scheduling sequence (IndE) Ablaufterminierung *f*
scheduling vacations (Pw) Urlaubsplanung *f*
schema
(com) Darstellung *f*
– Schema *n*,
(ie, plural is ‚schemata')
schema of separation (Log) Aussonderungsaxiom *n (syn, axiom of separation)*
scheme (com) Plan *m*, Programm *n*
scheme of arrangement
(Bw, GB) verschmelzungsähnlicher Zusammenschluß *m (ie, a statutory procedure under the Companies Act 1985)*
(Re, GB) Vergleichsvorschlag *m*
scheme of composition
(Re, GB) Vergleichsvorschlag *m*
(ie, must be approved by the Bankruptcy Court; syn, scheme of arrangement)
scheme of early retirement (Pw) Vorruhestandsregelung *f*
scheme of retirement (Pw) Pensionsplan *m*
Schlüsselssystem *n* (EDV) code system
schmoozing
(Pw, US, infml) „Kontaktpflege" *f* innerhalb der Belegschaft
(ie, employee social interaction unrelated to regular assignments, such as extended coffee breaks, corridor meetings, long personal telephone calls)
schock (com, US, infml) Ware *f* od Dienstleistung *f* schlechter Qualität
scholarship (Pw) Stipendium *n*
scholarship student (Pw, US) Stipendiat *m*
scholastic achievements
(Pw) schulische Leistungen *fpl*
(Pw) Studienleistungen *fpl*
school *v*
(com) ausbilden
(ie, teach in specific skill; eg, well-schooled in economics and foreign languages)
school attendance (Pw) Schulbesuch *m*
school education (Pw) Schulbildung *f*
schooling
(Pw) Ausbildung *f*
– Schulausbildung *f*
school leaver (Pw) Schulabgänger *m*
school leaving age (Pw) Schulabgangsalter *n*

science
(com) Naturwissenschaft *f*
(syn, natural science; opp, humanities = Geisteswissenschaften)
(com) (jede) Wissenschaft *f*
(ie, any department of systematized knowledge as an object of study; eg, science of theology)
science park (IndE, GB) Technologiezentrum *n*
scienter
(Re, US) Wissensstand *m*, der ein Individuum für die Folgen e-r Handlung rechtlich haftbar macht
(eg, the language of Sec 17 is bereft of any suggestion of a . . . requirement; or: proof of scienter may be required)
scientific computer (EDV) wissenschaftlicher Rechner *m*
scientific management
(Bw) wissenschaftliche Unternehmensführung *f*
(Bw) Arbeitswissenschaft *f*
– Betriebswissenschaft *f*
scientific notation (EDV) Gleitkommaschreibweise *f*
scientific tariff (AuW) wissenschaftlicher Zoll *m*
scientific testing
(IndE) wissenschaftliche Untersuchungen *fpl*
(opp, technological testing = technologische Prüfungen)
scientist (com) Naturwissenschaftler *m*
scissoring
(EDV) Abschneiden *n*
– Klippen *n*
(syn, clipping)
scissor movement (Stat) Gegenbewegung *f (syn, counter movement, qv)*
scoop (Mk) Knüller *m (ie, sensational news item)*
scoop *v* (com, infml) zuvorkommen *(eg, a trade agreement, esp by being faster than the competition)*
scoop up a product *v* (Mk) Produkt *n* massenweise kaufen *(eg, consumers . . .)*
scope
(com) Bereich *m*
– Reichweite *f*
(syn, domain, range)
(com) Erfassungsbereich *m (eg, of survey, estimate, assessment)*
(Re) Geltungsbereich *m (eg, of law or statute)*
(Re) Grundinhalt *f (eg, of an article)*
(EDV) Reichweite *f*
– Gütigkeitsbereich *m*
(of a variable; syn, variable scope)
scope attribute (EDV) statisches Bereichsattribut *n*
scope for advancement
(Pw) Aufstiegsmöglichkeiten *fpl*
– Aufstiegschancen *fpl*
(syn, career development prospects, career growth opportunities, career prospects)
scope of a patent (Pat) Umfang *m* e-s Patents
scope of application (com) Anwendungsbereich *m*
scope of a treaty (StR) sachlicher Geltungsbereich *m*
scope of audit (ReW) Prüfungsumfang *m*
scope of authority (Bw) Autonomiegrad *m*, Kompetenzbereich *m*
scope of coverage (com) Erfassungsbreite *f*
scope of decision-making (Bw) Entscheidungsspielraum *m*
scope of discretion
(Re) Ermessensbereich *m*
–Gestaltungsfreiheit *f*
scope of duties
(Pw) Aufgabenbereich *m*
– Aufgabengebiet *n*
scope of liability (Re) Umfang *m* der Haftung
scope of position (Pw) = scope of duties
scope of protection (Pat) Schutzumfang *m*
scope of responsibilities (Bw) Aufgabenbereich *m* *(syn, task area)*
scope of tender (com) Ausführungsgrenzen *fpl*
scope terminator (EDV, Cobol) Ende-Markierung *f*
scorched-earth (Bw) „verbrannte Erde" *f (ie, used to describe a tactic employed by an offeree company which is opposing a takeover bid)*
scorched earth strategy
(Bw, infml) Strategie *f* der verbrannten Erde
(ie, expression used in the merger and takeover arena: selling of the ‚crown jewels' before a company that wants to take you over to get them can do so)
score
(com) Bewertungsziffer *f*
(Mk) Meßwert *m (eg, auf der Likert-Skala)*
score keeping (ReW) Dokumentation *f (cf, Horngren 1981)*
scoring sheet (EDV) Auswertungsformular *n*
scramble for *v* (com) kämpfen um *(eg, a share of the market)*
scrap
(IndE) Materialabfall *m*, Schrott *m*
(ie, suitable for recycling as feedstock [Einsatzmaterial] to the primary operation)
scrap *v* (IndE) verschrotten
scrap a division *v* (Bw, infml) Abteilung *f* schließen
scrap a tax *v* (StR, infml) Steuer *f* aufheben *(syn, abandon)*
scrape along/by *v* (com) sich über Wasser halten *(ie, just able to get along)*
scrape up *v* (com, infml) zusammenkratzen *(eg, money for the expensive air ticket)*
scrap factor (IndE) Ausschußanteil *m (syn, scrap rate)*
scrap merchant (com) Schrotthändler *m*
scrap metal processor (IndE) Schrottverarbeiter *m*
scrapping (IndE) Verschrotten *n*
scrap rate (IndE) = scrap factor
scrap rules *v* (Re, infml) Vorschriften *fpl* aufheben
scrap ticket (IndE) Schrottzettel *m*
scrap trade (com) Schrotthandel *m*
scrap value
(com) Altmaterialwert *m*
(ReW) Restwert *m*
– Schrottwert *m*
(syn, residual value, qv)
scratch file (EDV) Arbeitsdatei *f*
scratch pad (com, US) Notizblock *m (syn, GB, scribbling . . . block/pad)*
scratch-pad memory
(EDV) Notizblockspeicher *m* Schnellspeicher *m*
(ie, very fast intermediate storage which often supplements main memory)
scratch pages (com) Konzeptseiten *fpl*
scratch paper (com, infml) Schmierpapier *n*

scratch tape (EDV) Arbeitsband *n (syn, work tape)*
screen
(EDV) Bildschirm *m (syn, monitor, qv)*
(EDV) Maske *f*
screen *v*
(com) abschirmen *(ie, from danger, injury)*
(Pw) sieben *(eg, job candidates)*
screen-based text system (EDV) bildschirmorientiertes Textsystem *n*
screen buffer (EDV) Bildschirmspeicher *m*
screen burn (EDV) Einbrennen *n* des Bildschirms *(ie, damage that is caused by displaying the same picture for a long time on a monitor; can be avoided by using of a screen saver, qv)*
screen capture
(EDV) Bildschirmabzug *m*
– Bildschirmphoto *n*
(ie, graphical image of screen contence; useful for writing articles or creating manuals)
screen design (EDV) Maskenentwurf *m*
screen display (EDV) Bildschirmanzeige *f*
screen dump
(EDV) Bildschirmabzug *m*
(ie, printout of screen contents exactly as viewed)
screen file (EDV) Maskendatei *f*
screen flicker (EDV) Bildschirmflimmern *n (often resulting from low refresh rates, qv)*
screen form (EDV) Bildschirmmaske *f*
screen format (EDV) Bildschirmmaske *f*
screenful (EDV) volle Bildschirmseite *f*
screen function (EDV) Bildschirmfunktion *f*
screen handling (EDV) Bildschirmhandling *n*
screen image (EDV) Bildschirmformat *n*, Bildschirminhalt *m*
screen image file (EDV) Bildschirmmaskendatei *f*
screening (Bw) Informationsbeschaffung *f* der schlechter informierten Marktseite *(cf, signaling)*
screening effect (StR) Abschirmwirkung *f*
screening process (Pw) Prüfverfahren *n*
screen layout
(EDV) Maskenstruktur *f*
(EDV) Bildschirmmaske *f*
screen operation (EDV) Bildschirmführung *f*
screen out *v* (Pw) aussieben *(eg, job candidates)*
screen resolution (EDV) Bildschirmauflösung *f (syn, resolution, qv)*
screen saver (EDV) Bildschirmschoner *m (ie, avoides screen burn, qv)*
screen window (EDV) Bildfenster *n*
screw-top bottle (com) Flasche *f* mit Schraubverschluß
screw-up (com, sl) Fehler *m (syn, blunder)*
scribble *v* (com) kritzeln, rasch notieren *(ie, write hastily)*
scribbling block (com, GB) Notizblock *m (syn, scribbling pad; US, scratch pad)*
scribbling pad (com) = scribbling block
scrip
(Fin) Interimsschein *m*, Zwischenschein *m (ie, temporary certificate for exchange at a later date; may refer to fractional shares of stock, bonds and debentures, or to dividends deferred to a later or uncertain date)*
(Fin) = scrip dividend
(com, US, sl) Dollarnote *f*
scrip certificate (Fin, US) vorläufiges Aktienzertifikat *n (ie, fractional share of stock)*
scrip dividend (Fin, US) Dividende *f* in Form kurzfristiger Schuldscheine *(ie, issued in order to conserve cash; relatively rare)*
scripholder (Fin, GB) Inhaber *m* e-s Interimsscheines
scrip issue (Fin, GB) Ausgabe *f* von Gratisaktien *(ie, free of charge to existing shareholders; out of company reserves; syn, bonus/capitalization . . . issue, qv)*
scrip share
(Fin) Berichtigungsaktie *f*
– Gratisaktie *f*
(syn, bonus share)
script
(Fin, GB) Interimsschein *m*
– Zwischenschein *m*
(syn, scrip, qv)
(Pw) schriftliche Arbeit *f*
(Re) Original *n* e-r Urkunde
(SozV, sl) Rezept *n (ie, doctor's prescription; often forged or stolen)*
scripts (Pw) Examensarbeiten *fpl*
scroll *v*
(EDV) auf- od abrollen, verschieben, blättern
(ie, on a display screen = auf dem Bildschirm)
scroll arrows (EDV, GUI) Bildlaufpfeile *mpl (ie, part of a scroll bar, qv)*
scroll bar
(EDV) Rollbalken *m*
– Bildlaufleiste *f (qv, horizontal or vertical scroll bar)*
scrolling
(EDV) Blättern *n*
– horizontaler/vertikaler Bildlauf *m (ie, moving data display up, down, left, or right)*
scrolling spreadsheet (EDV) verschiebbare Tabellenkalkulation *f*
Scroll-Modus *m* (EDV) scroll mode
scrutineer (com) Stimmenauszähler *m (syn, teller)*
scrutiny (com) Prüfung *f*, Untersuchung *f (syn, examination, surveillance)*
scrutiny of documents (Zo) Belegprüfung *f (syn, documentary check)*
scupper a deal *v*
(com, GB, infml) Geschäft *n* platzen lassen
(eg, the commerce department will. . .)
scuttle *v* (com) vereiteln, zunichte machen *(eg, a takeover deal; syn, destroy, wreck)*
scuttlebut (Bw, infml) informell weitergegebene Information *f*
scut work (Pw, US, sl) Dreckarbeit *f (ie, unpleasant, menial work)*
S.D. (com) = sight draft
S.D.B.L. (com) = sight draft, bill of lading attached
SDR (IWF) = special drawing rights
SDT (com) = Shippers Declaration for the Transport of Dangerous Goods
SEA (EG) = Single European Act
seabed mining
(com) Tiefseebergbau *m*
(syn, deep sea mining)
seaborne cargo (com) = sea cargo
sea cargo (com) Seefracht *f (syn, ocean freight)*

seagoing ship (com) Seeschiff *n (syn, oceangoing ship)*
sea insurance (Vers, GB) = marine insurance
sea lane (com) Schiffahrtsweg *m (ie, established sea route)*
sealed bid (com) verschlossenes Angebot *n*
sealed-tender bid (com) = sealed bid
sea mail (com) Schiffspost *f (ie, carried entirely by ship)*
sea port (com) Seehafen *m (syn, maritime port)*
seaport town (com) Seehafenplatz *m*
SEAQ (Bö) = Stock Exchange Automated Quotations
search
(EDV) Suche f
– Suchprozedur *f*
– Suchvorgang *m*
(ie, seeking a desired item in a sequentially organized or nonorganized set, rather than a multidimensional set)
search *v* (EDV) suchen
search access (EDV) Suchzugriff *m*
search and replace
(EDV) Suchen und Ersetzen
– Suchen-und-Ersetzen-Vorgang *m*
search argument
(EDV) Suchargument *n*
– Suchkriterium *n*
search condition (EDV) Suchbedingung *f*
search consultancy
(Pw) Stellenvermittlung *f* für Führungskräfte
(ie, usually an extension of the activities of established management consultants; syn, executive search)
search criterion (EDV) Suchkriterium *n*
search cycle (EDV) Suchzyklus *m*, Suchschleife *f*
search for *v*
(com) suchen nach
(syn, look for, search after, seek after, seek for)
search for customers (com) Kundensuche *f (ie, soliciting/locating . . . customers)*
search for novelty (Pat) Neuheitsprüfung *f*
search key (EDV) Suchschlüssel *m*
search of the prior art (Pat) Recherche *f* zum Stand der Technik
search path (EDV) Suchweg *m*
search pattern (EDV) Suchbegriff *m*
search permission (EDV) Suchberechtigung *f*
search procedure (EDV) Suchverfahren *n*
search string (EDV) Suchbegriff *m*, gesuchte Zeichenfolge *f*
search table (EDV) Suchtabelle *f*
search time (EDV) Suchzeit *f*
search warrant (Re) Durchsuchungsbefehl *m*
search word (EDV) Suchbegriff *m*
seasonal adjustment
(Stat) Saisonbereinigung *f*
– Ausschaltung von Saisonbewegungen
seasonal advertising (Mk) Saisonwerbung *f*
seasonal analysis (Stat) Saisonanalyse *f*
seasonal articles (com) Saisonartikel *mpl*
seasonal average (Stat) Saisonzahl *f*
seasonal closing-out sale (com) Schlußverkauf *m (syn, end-of-season sale)*
seasonal coefficient (Stat) Saisonkoeffizient *m*
seasonal component (Stat) Saisonkomponente *f*
seasonal credit (Fin) Saisonkredit *m*
seasonal demand (com) saisonabhängige Nachfrage *f*
seasonal discount (Mk) Nachlaß *m* außerhalb der Saison
seasonal enterprise (com) Saisonbetrieb *m*
seasonal fluctuation
(Stat) Saisonbewegung *f*
– Saisonschwankung *f*
seasonal index
(Stat) Saisonindex *m*
(ie, Unterbegriffe: Monatsdurchschnittsverfahren, Gliedziffernverfahren, Verfahren der Saisonnormalen)
seasonally adjusted (Stat) saisonbereinigt
seasonally compensated (Stat) = seasonally adjusted
seasonal model (Bw) Saisonmodell *n*
seasonal products (com) Saisonwaren *fpl*
seasonal recovery (Vw) saisonbedingter Aufschwung *m*
seasonal sale (com) Schlußverkauf *m (syn, end-of-season sale)*
seasonal unemployment (Vw) saisonale Arbeitslosigkeit *f*
seasonal variation
(Stat) saisonale Schwankung *f*
– Saisonschwankung *f*
– Saisonbewegung *f*
seasonal work (Pw) Saisonarbeit *f*
seasonal worker (Pw) Saisonarbeiter *m*
seasoned
(com) erfahren *(ie, fit by experience; eg, seasoned teacher)*
(Bö) am Markt eingeführt
seasoned goods (com) abgelagerte Ware *f*
seasoned securities
(Bö) Standardwerte *mpl*
(ie, of recognized merit and long standing; subject to small price fluctuations and thus more satisfactory for investment and collateral purposes)
season ticket (com) Zeitkarte *f (ie, valid for a specified time; eg, week, month, etc)*
seat (Bw) Sitz *m (ie, of a business enterprise; syn, principal place of business)*
seat-of-the-pants-marketing
(Mk) planloses Marketing *n*
(ie, based merely on instinct and experience not on a formal plan)
seat on the exchange (Bö) Börsensitz *m (ie, membership in a stock exchange)*
sea trade (com) Seehandel *m (syn, maritime trade, ocean commerce)*
seat reservation (com) Platzreservierung *f*
seat reservation ticket (com) Platzkarte *f*
seaworthy packing (com) seemäßige Verpackung *f (syn, cargopack)*
seaworthy vessel (com) seetüchtiges Schiff *n*
SEC (Bö, US) = Securities and Exchange Commission
second *v* (Pw, GB) abstellen *(ie, employee to a position for temporary duty with another organization)*
secondarily liable (Re) subsidiär haftbar
secondary assets (Vw) sekundäre Aktiva *npl*

secondary banking (Fin) Gruppe *f* der Finanzierungs- und Teilzahlungsinstitute
secondary beneficiary (Vers) Zweitbegünstigter *m*
secondary boycott
(Pw, US) indirekter Boykott *m*
(ie, may be: strike, picket line, refusal to work; unfair labor practice under the Taft-Hartley (Labor-Management Relations) Act of 1947; cf, 29 USC § 158(b))
secondary boycott strike (Pw) mittelbarer Boykott-Streik *m*
secondary brand name (com) Zweitmarke *f*
secondary capital
(Fin, US) sekundäres Eigenkapital *n*
(ie, erfüllt die gesetzlichen Vorschriften für das haftende Eigenkapital nur eingeschränkt; opp, primary capital)
secondary claim (Re) Nebenanspruch *m (syn, accessory claim, qv)*
secondary cost (KoR) sekundäre/abgeleitetete . . .
(ie, entscheidend ist die Herkunft der Einsatzgüter)
secondary cost categories
(KoR) abgeleitete Kostenarten *pl*
(syn, derived/composite/mixed . . . cost categories)
secondary credit
(Fin) Gegenakkreditiv *n*
(ie, dient der finanziellen und dokumentenmäßigen Abwicklung des Zwischenhandels; syn, back-to-back countervailing . . . credit)
secondary creditor (Re) nachrangiger Gläubiger *m (syn, deferred creditor)*
secondary data (Stat) Sekundärdaten *pl*
secondary dealings (Fin) Abschlüsse *mpl* am Sekundärmarkt
secondary debtor (Re) Zweitschuldner *m*
secondary diagonal (Math) Nebendiagonale *f* e-r Matrix
secondary distribution
(Fin, US) Wertpapierangebot *n* im Sekundärmarkt
(ie, special block procedure used for effecting executions of extremely large blocks of securities, outside of and without upsetting the regular market of the stock on the floor of the securities exchange; such distributions are by far the most active, both in number and volume; syn, secondary offering)
(Vw) Sekundärverteilung *f*
secondary employment (Pw) Zweitbeschäftigung *f*
secondary energy (IndE) Sekundärenergie *f (ie, aus Primärenergieträgern gewonnen)*
secondary file (EDV) Sekundärdatei *f*
secondary guaranty (Re) Nebenbürgschaft *f (syn, collateral guaranty)*
secondary income distribution
(Vw) sekundäre Einkommensverteilung *f*
(ie, government redistribution; opp, primary income distribution)
secondary liability
(Re, US) Mithaftung *f*
– subsidäre Haftung *f*
(ie, indirect or contingent liability; eg, unqualified endorsers of negotiable instruments have such liability; cf, Sec 88 of Uniform Negotiable Instruments Law)
secondary line injury
(Kart, US) Beeinträchtigung *f* des Wettbewerbs zwischen den Abnehmern
(ie, defined by the Robinson-Patman Act of 1936; opp, primary/tertiary . . . injury, qv)
secondary liquidity (Vw) Sekundärliquidität *f*
secondary loan (Fin) nachrangige Anleihe *f*
secondary market
(Mk) Sekundärmarkt *m (ie, located near the points of production)*
(Bö) Sekundärmarkt *m*, Zirkulationsmarkt *m*
(ie, after the initial offering and after the underwriting syndicate has been disbanded = für bereits umlaufende Wertpapiere; eg, security exchanges and over-the-counter markets; cf, aftermarket; opp, primary market, qv)
(Vers) Rückversicherungsmarkt *m*
(syn, reinsurance market)
secondary market issue (Fin) Altemission *f*
secondary market securities (Fin) Sekundärmarkttitel *mpl*
secondary memory
(EDV) Sekundärspeicher *m*
– Hintergrundspeicher *m*
– peripherer Speicher *m*
(ie, external to the main computer but accessible to the program; syn, backing/secondary . . . storage)
secondary metal
(IndE) Sekundärmetall *n*
– Umschmelzmetall *n*
(ie, metal recovered from scrap, as distinguished from primary metal which is obtained direct from the ore)
secondary mortgage (Re) zweite Hypothek *f*
secondary offering
(Fin) Angebot *n* von Wertpapieren im Sekundärmarkt *m*, Zweitplazierung *f*
(ie, offering by security holders rather than the issuer; opp, primary offering)
secondary party
(WeR) Aussteller *m*, Indossant *m*
(ie, for the purpose of Art 3 and 4 of the Uniform Commercial Code; cf, Sec 3-102(1) (e) UCC)
secondary picketing (Pw) Bestreiken *n* von Drittbetrieben
secondary placement (Fin) Zweitplazierung *f*
secondary requirements (Bw) Sekundärbedarf *m*
(ie, of raw materials and work-in-process)
secondary reserves
(Fin, US) Sekundärreserven *fpl*
(ie, intended to supplement the primary reserves, such as cash and claims to cash; examples are: call loans, prime commercial paper, bankers acceptances)
secondary sector (Vw) sekundärer Sektor *m* der Volkswirtschaft
secondary stocks (Bö, US) Nebenwerte *mpl*
secondary subject
(com, GB) Nebenfach *n*
(ie, in Britain a student reads his main subject and elects a secondary subject; syn, US, minor, qv)

secondary surety (Re) Nebenbürgschaft *f* *(syn, secondary guaranty)*
secondary survey (Mk) Zweiterhebung *f*
secondary unit (Stat) Einheit *f* der zweiten Auswahlstufe *(syn, second-stage unit)*
second beneficiary (Re) = secondary beneficiary
second-best theory (Vw) Zweitbest-Theorie *f*
second-class paper
(Fin, US) zweitklassige Wertpapiere *npl*
(ie, notes, trade acceptances, and bills of exchange that are obligations of names not entitled to the highest credit rating; term is not derogatory)
second-class quality (com) zweite Wahl *f* *(syn, infml, seconds)*
second copy (com) Zweitausfertigung *f* *(syn, duplicate, qv)*
second economy (Vw) Schattenwirtschaft *f* *(syn, informal economy, qv)*
second-generation computer (EDV) Rechner *m* der zweiten Generation *(ie, utilizes solid state components = Festkörperbauteile)*
second-half profits (Fin) Gewinn *m* des zweiten Halbjahres
second-hand (com) gebraucht, Gebraucht-, antiquarisch
second-hand book selling (com) Antiquariat *n*
second-hand book store (com) Antiquariat *n*
second-hand car (com) Gebrauchtwagen *m* *(syn, used car)*
second-hand car market (com) Gebrauchtwagenmarkt *m*
second-hand dealer (com) Gebrauchtwarenhändler *m*
second-hand information (com) Informationen *fpl* aus zweiter Hand
second-hand leasing (Fin) Zweithand-Leasing *n*
second-hand market (com) Gebrauchtwarenmarkt *m*
second-hand trade (com) Altwarenhandel *m*
second-level address (EDV) indirekte Adresse *f* *(syn, indirect /multi-level . . . address)*
second limit theorem (Stat) zweiter Grenzwertsatz *m*
second-line stocks (Bö) Nebenwerte *mpl*
second minor (Math) Minor *m* zweiter Ordnung
second mortgage
(Fin) zweite od nachrangige Hypothek *f*
(ie, placed on real property that is already encumbered with a first mortgage; commands a higher interest rate; syn, junior mortgage; opp, first/senior . . . mortgage)
second-order condition (Math) Bedingung *f* zweiter Ordnung
second-order derivative (Math) zweite Ableitung *f*
second-order equation
(Math) Gleichung *f* zweiter Ordnung
(ie, differential equation where some term includes the second derivative of the unknown function; there is no derivative of higher order)
second-order exponential smoothing (Stat) exponentielle Glättung *f* zweiter Ordnung
second-order logic (Log) = second-order predicate logic
second-order moment (Stat) Moment *n* zweiter Ordnung
second-order partial derivative (Math) zweite partielle Ableitung *f*
second rate
(com) zweitklassig
– zweitrangig
(syn, second string)
second remove subroutine (EDV) Unterprogramm *n* zweiter Stufe
seconds
(com, infml) zweite Wahl *f*
– IIa-Qualität *f*
(syn, second-class quality)
second source
(Bw) Zweitproduzent *m*
– Zweitlieferant *m*
second-stage unit (Stat) Auswahleinheit *f* zweiter Stufe *(syn, secondary unit)*
second string (com) zweitklassig
second-tier company
(StR) nachgeschaltete Gesellschaft *f*
– Enkelgesellschaft *f*
second-tier subsidiary (Bw) Enkelgesellschaft *f* *(ie, enterprise controlled by another subsidiary)*
secrecy (com) Geheimhaltung *f*
secrecy of mails (com) Briefgeheimnis *n*
secrecy of telecommunication (EDV) Fernmeldegeheimnis *n*
secretarial assistant (com) Sekretärin *f* *(ie, euphemism for ‚secretary')*
secretarial work (com) Sekretariatsarbeiten *fpl*
secretary
(com) Sekretärin *f* *(ie, may be executive or office secretary)*
(Bw) = company secretary
Secretary-General (com) Generalsekretär *m*
secret commission (Re, GB) Bestechung *f* *(syn, bribe, qv)*
secret partnership
(com) stille Gesellschaft *f*
(ie, partner is usually undisclosed; syn, dormant/silent . . . partnership)
secret patent (Pat) Geheimpatent *n*
secret reserves (ReW) stille Rücklagen *fpl*
section
(Re) Paragraph *m* *(ie, the symbol § is often used as such)*
(Re) Abschnitt *m*
(Bw) Abteilung *f* *(syn, department)*
(IndE) Schnitt *m* *(syn, sectional drawing)*
(EDV) Programmabschnitt *m*
(EDV, Cobol) Kapitel *n*
sectional budget (Bw) Teilbudget *n*
sectional drawing (IndE) Schnittzeichnung *f*, Schnitt *m* *(syn, section)*
section head
(com) Abteilungsleiter *m*
– Abteilungsleiterin *f*
(syn, division head, department head)
section header (EDV, Cobol) Kapitalüberschrift *f*
section name (EDV) Kapitalname *m*
sector
(com) Bereich *m*
(syn, domain, range, scope, sphere)
(EDV) Plattensektor *m*
(ie, part of a track on a direct access storage device)
sector address (EDV) Sektoradresse *f*

sectoral disclosure
(Bö) Bereichsöffentlichkeit *f*
(eg, Deutsche Börse AG bietet Emittenten an, kurssensitive Nachrichten über TPF an die angeschlossenen Nachrichtenagenturen zu verteilen; die gesetzlich geforderte „Bereichsöffentlichkeit" is dadurch hergestellt.)
sectoral economic policy (Vw) Wirtschaftsbereichspolitik *f*
sectoral inflation (Vw) sektorale (Engpaß-)Inflation *f*
sectoral shifts
(Vw) sektorale Verschiebungen *fpl*
(ie, from agriculture to manufacturing to services)
sectoral unemployment (Vw) sektorale Arbeitslosigkeit *f*
sector analysis (Fin) Branchenanalyse *f*
sector chart (Stat) Kreisdiagramm *n (syn, pie chart)*
sector disk track (EDV) Sektor *m*
sector of economic activity (VGR) Wirtschaftssektor *m*
sector of industry
(com) Wirtschaftszweig *m*
– Branche *f*
(syn, industry, branch of . . . business/industry)
sector rest of the world (VGR) Sektor *m* Ausland
sector trends (Vw) Branchenkonjunktur *f*
secular earnings growth (Fin) nachhaltige Gewinnzunahme *f*
secular inflation (Vw) säkulare Inflation *f*
secular stagnation (Vw) säkulare Stagnation *f*
secular stagnation thesis
(Vw) Stagnationsthese *f*
(syn, mature economy thesis, qv)
secular trend
(Stat) säkularer Trend *m*
– Langzeittrend *m*
(ie, denotes the regular, long-term movement of a series of economic data; syn, economic trend)
secure *v*
(com) erhalten
– erreichen
(Fin) sichern
– besichern
secure a loan *v*
(Fin) Darlehen *n* aufnehmen
(syn, raise/obtain /take on/take up . . . a loan)
secured bills
(Fin) Rembourswechsel *mpl*
(ie, documentary bills accompanied by a bill of lading)
(Fin) besicherte Wechsel *mpl*
(ie, secured by bonds, stocks, and other securities)
secured bonds
(Fin) gesicherte Industrieobligationen *fpl*
(eg, mortgage bonds, equipment trust bonds, collateral trust bonds, qv)
secured by lien (Re) durch Pfandrecht gesichert
secured credit (Fin) gesicherter Kredit *m*
secured creditor
(Re) bevorrechtigter Gläubiger *m*
(syn, preferred/preferential/privileged/senior . . . creditor)
secured debt (Fin) gesicherte Forderung *f*
secured loan (Fin) gesichertes Darlehen *n*
secured party
(Re, US) Sicherungsnehmer *m (ie, lender, seller, or other person in whose favor there is a security interest; cf, Sec 9-105(1) UCC)*
(Fin) Faktor *m*
– Faktoringgesellschaft *f*
– Factoringinstitut *n (syn, factor, qv)*
secured transaction
(Re, US) Kreditgeschäft *n* mit Zugriffsrecht des Gläubigers
(ie, to provide the credit seller or the lender of credit with protection beyond the right to sue; cf, Art 9 UCC)
secure new orders *v*
(com) Aufträge *mpl* beschaffen od hereinholen
(syn, canvass/obtain . . . new orders; attract /solicit . . . new business)
securities
(Fin) Wertpapiere *npl*
– Effekten *pl*
(eg, bonds, stocks, notes, coupons, scrip, warrants, rights, options; cf, Securities Act of 1933)
(Re) Sicherheiten *fpl*
(Bö) Material *n*
securities account
(Fin) Depot *n*
– Depotkonto *n*
securities account holder (Fin) Depotinhaber *m*
Securities and Exchange Commission, SEC
(Fin, US) Börsenaufsichtsbehörde *f*
(ie, independent regulatory agency of the U.S. government formed to protect the interests of the public and investors against malpractices in the securities and financial markets; established in 1934)
securities arbitrage (Bö) Effektenarbitrage *f (syn, stock arbitrage)*
securities brocker (Bö) Wertpapiermakler *m*
securities broker (Fin, US) Wertpapier-Broker *m*
securities business
(Fin) Effektengeschäft *n*
(ie, purchase and sale of securities for the account of others)
securities clearing (Fin) Effekten-Clearing *n*
securities company (Fin) Wertpapierhaus *n*
securities dealer (Bö) Wertpapierhändler *m* im Freiverkehr
securities department
(Fin) Wertpapierabteilung *f*
– Effektenabteilung *f*
securities deposit (Fin) Effektendepot *n*
securities escrow account
(Fin) Anderkonto *n*
(ie, property held in trust by a third party on such account, to be turned over to grantee upon fulfillment of a condition; Verwaltung von Vermögen als Treuhandwerte durch e-n Dritten im Auftrage des Treugebers)
securities exchange (Bö) Wertpapierbörse *f*
securities fraud (Fin) Wertpapierbetrug *m*
securities holdings (Fin) Wertpapierbestand *m*
securities income (Fin) Wertpapiererträge *mpl*
securities issue (Fin) Wertpapieremission *f*
securities law (Fin) Wertpapierrecht *n*

securities lending
(Fin) effektives Ausleihen *n* von Eurobond-Stücken
(ie, um dem Kunden e-n zusätzlichen Ertrag zu bringen; Abwicklung der Leihtransaktionen mit Börsenmaklern über die Luxemburger Cedel, e-e private Wertpapiersammel-Organisation)

securities market (Fin) Wertpapiermarkt *m*

securities portfolio (Fin) Wertpapierbestand *m* Wertpapierportefeuille *n*

securities ratings (Fin) Wertpapier-Einstufung *f (ie, evaluation of risks involved with a security; cf, corporate bond ratings)*

securities trading (Fin) Wertpapierhandel *m*

securities trading house (Fin, US) Effektenhaus *n (eg, Merrill Lynch, Salomon, Shearson Loeb Rhoades, E. F. Hutton)*

securities transfer order (Fin) Wertpapierscheck *m*

securities writeoff (ReW) Wertpapierabschreibung *f*

securitization
(Fin) wertpapiermäßige Unterlegung *f* von Verbindlichkeiten
– Verbriefung *f* von Krediten in Wertpapierform
(ie, mit dem Ziel der Bilanzentlastung)
("it does not mean just a shift away from bank credit to the securities market; nor does it mean simply that bank assets have acquired greater marketability; it also means that what appears as an off-balance-sheet commitment may become an on-balance-sheet item, and vice versa")
– Ablösung *f* od Substitution *f* von Krediten durch handelbare Wertpapiere
(ie, started with Alaska Housing launching the first mortgage-backed bonds onto the Eurobond market; it is generally the substitution of loans for marketable securities: banks are loosing prime quality assets to investors in securities and other tradable instruments; eg, FRNs and bonds are often issued in place of syndicated credits, and ordinary bank loans may eventually be repackaged on the securities market; there are even plans afoot for securitizing German and Australian mortgages)

securitize *v* (Fin) wertpapiermäßig unterlegen

securitized finance (Fin) Fremdfinanzierung *f* durch wertpapiermäßige Sicherung von Verbindlichkeiten

security
(WeR) Wertpapier *n*
(ie, medium of investment: any note, stock, bond, debenture, transferable share, investment contract; d. h. auch: Namenspapiere, die durch Zession übertragen werden, transferred by assignment; cf, 15 § 77 b USC)
(Re) Sicherheit *f*
(ie, there are two general classes:
1. collateral security;
2. personal security)
(Re) Bürgschaft *f*, Garantie *f (cf, guaranty, suretyship)*

security against dismissal (Pw) Kündigungsschutz *m*

security agreement (Re) Sicherungsvertrag *m*

security analysis (Fin) Wertpapieranalyse *f*, Effektenanalyse *f*

security analyst (Fin) Wertpapieranalytiker *m*

security board (EDV) Verschlüsselungskarte *f*

security bond for down payment
(Fin) Anzahlungsgarantie *f*
(syn, advance payment bond, advance security)

security business (Fin) Wertpapiergeschäft *n*

security deal (Fin) = security transaction

security denomination (Fin) Wertpapierstückelung *f*

security deposit
(Re) Kaution *f*
– Sicherheitsleistung *f*
(eg, money put up in advance by a tenant)

security deposit account (Fin) Wertpapierdepot *n*

security deposit business (Fin) Depotgeschäft *n (ie, Verwahrung und Verwaltung von Wertpapieren)*

security feature (EDV) Sicherheitsmaßnahme *f*

security flotation (Fin) = security issue

security holder (Fin) Wertpapierinhaber *m (syn, holder of securities)*

security holding (Fin) Effektenbestand *m*

security holdings
(Fin) Wertpapierbestand *m*
– Wertpapierportefeuille *n*
– Effektenbestand *m (syn, securities portfolio)*

security interest
(Re, US) Sicherungsrecht *n (ie, in personal property; echtes Pfandrecht; cf, UCC Sec 1-201(37))*
(Re, US) (vertraglich vereinbartes) Pfandrecht *n (ie, term used in the Bankruptcy Code, but including interests in real property; defined as ,lien created by agreement"; cf, U.S.C. § 101(37))*

security investments
(ReW) Wertpapiere *npl* des Anlagevermögens
(syn, permanent/long-term . . . investments)

security issue (Fin) Wertpapieremission *f (syn, issue of securities, security flotation)*

security lending (Fin) Wertpapierleihe *f*

security loan
(Fin) Effektenkredit *m*
(ie, secured by the pledge of securities collateral; syn, loan on securities)

security management
(Bw) Betriebsschutz *m*
(ie, aspect of management concerned with protecting property, secrets, computer-stored data, etc)

security market line (Fin) Wertpapiermarktlinie *f (cf, capital asset pricing model)*

security offering (Bö) = security issue

security officer (EDV) Datenschutzbeauftragter *m*

security of tenure (com) Amtszeitgarantie *f*

security portfolio (Fin) Portefeuille *n*

security price (Bö) Wertpapierkurs *m*

security price structure (Bö) Kursgefüge *n*

security purchase (Fin) Effektenkauf *m*

security right (Re) Sicherungsrecht *n*

security sale
(Fin) Wertpapierverkauf *m*
– Effektenverkauf *m*
(Re) Verwertung *f* e-r Sicherheit

security sold at a discount (Fin) Abzinsungspapier *n (syn, discounted paper, qv)*

security trading
(Bö) Wertpapierhandel *m*
(syn, trading in securities)

security transaction (Fin) Wertpapiergeschäft *n*

seed
(EDV) Ausgangswert *m*
(EDV) Kristallkeim *m*
(ie, single crystal of semiconductor material used to start the growth of a large crystal for use in cutting wafers)
seed capital
(Fin) Startkapital *n*
– Gründungskapital *n*
(ie, used esp with reference to joint ventures)
seed money (Fin) = seed capital
seed multiplication level (Kart) Vermehrungsstufe *f*
seeds (com) Saatgut *n*
seed variety catalog (com) Sortenliste *f*
seek a job *v* (Pw) Arbeit *f* suchen *(syn, look for a job)*
seek employment *v* (Pw) = seek a job
seek redress in the courts *v* (Re) die Gerichte *npl* anrufen *(ie, have recourse to the courts)*
seek statement (EDV, Cobol) Suchanweisung *f*
seek time (EDV) Positionierungszeit *f*
seek to have a case dismissed *v* (Re) Abweisung *f* e-r Klage beantragen
see-safe (com, GB) = sale or return
see-through pack (com) Klarsichtpackung *f (syn, blister pack)*
segment
(Bw) Bereich *m (ie, the metals . . . reported heavy losses; cf, segment of a business)*
(EDV) Abschnitt *m (ie, of a program)*
(EDV) Modul *n*
(EDV, Cobol) Segment *n*
segment *v* (com) segmentieren
segmental knowledge (Pw) Wissen *n* über Teilbereiche
segmental reporting (ReW) detaillierte Berichterstattung *f*
segment a market *v* (Mk) Markt *m* segmentieren
segmentation
(Mk) Segmentierung *f (ie, of a market)*
(EDV) Programmaufteilung *f*
(EDV, Cobol) Segmentierung *f*
segmentation theory (Fin) Segmentationstheorie *f (ie, tries to explain the interest structure)*
segment mark (EDV) Segmentmarke *f (syn, type mark)*
segment number (EDV) Abschnittnummer *f*, Segmentnummer *f*
segment of a business
(Bw) Geschäftsfeld *n*
(Bw, US) Unternehmensbereich *m*
(ie, may be a division, department, subsidiary corporation; but its assets, operations, and activities must be clearly distinguishable)
segment of the population (Stat) Bevölkerungsgruppe *f*
segment profit analysis (ReW) Gewinnanalyse *f* nach Marktsegmenten
segregate *v*
(Re) aussondern
(com) ausgliedern
(eg, subsidiaries from an operating firm)
(Fin) zuweisen
(ie, funds for a specific purpose)
segregated appropriation (FiW) Einzelzuweisung *f*
segregation
(Re) Aussonderung *f (ie, of an asset from a bankrupt's estate)*
(com) Ausgliederung *f*
(Fin) Zuweisung *f (eg, funds for a project)*
(Fin, US) Streifbanddepot *n*
– Sonderverwahrung *f (ie, individual safe custody of securities)*
seigniorage (FiW) Münzgewinn *m (ie, government profit from coinage)*
seize *v*
(Re) pfänden *(syn, attach)*
(Re) beschlagnahmen
seizure
(Re) Pfändung *f (syn, attachment)*
(Re) Beschlagnahme *f (ie, by legal process)*
select *v*
(com) auswählen
(EDV) ansteuern
– auswählen
(ie, choose a needed subroutine from a file)
selected field (EDV) Auswahlfeld *n*
selecting (EDV) Empfangsaufruf *m (ie, in data transmission)*
selecting mode (EDV) Aufrufbetrieb *m (syn, polling mode)*
select instruction (EDV) Aussteuerungsbefehl *m*
selection
(com) Wahl *f*
– Auswahl *f*
(EDV) Option *f*
(EDV, GUI) markierter Text *m*
– Markierung *f*
– Selektierung *f*
selection criterion (Bw) Auswahlkriterium *n (syn, eligibility criterion)*
selection interview (Pw) Vorstellungsgespräch *n (syn, personal interview)*
selection mode (EDV) Anforderungsbetrieb *m*
selection of risks (Vers) Risikoauslese *f*, Risikoselektion *f (syn, risk selection)*
selection of suppliers (MaW) Lieferantenauswahl *f*
selection statement (EDV) Auswahlanweisung *f*
selective (com) gezielt *(eg, . . . acquisitions of high-tech companies)*
selective bias
(Stat) verzerrte Auswahl *f*
– selektive Verzerrung *f*
selective credit control (Vw) selektive Kreditkontrolle *f*
selective credit policy (Vw) selektive Kreditpolitik *f*
selective dump (EDV) Speicherauszug *m (ie, listing of the contents of selected areas of memory)*
selective incentives (com) gezielte Förderung *f*
selective inventory control (MaW) ABC-Analyse *f* der Lagerhaltung *(syn, ABC inventory control system, usage value analysis, split inventory method)*
selectively targeted program (Bw) gezieltes Programm *n*
selective memory dump (EDV) = selective dump
selective selling (Mk) Vertrieb *m* über ausgewählten Händlerkreis
selective strike (Pw) Schwerpunktstreik *m (syn, key strike)*

selective tendering
(com) geschlossene Ausschreibung *f*
(ie, only suppliers on bidder's list are invited; opp, open/single . . . tendering)
selector pen
(EDV) Lichtgriffel *m*
(syn, light . . . gun/pen)
selectors (EDV) Steuerungseinrichtungen *fpl*
self-actualization (Pw) Selbstverwirklichung *f*
self-actualization need (Pw) Bedürfnis *n* der Selbstverwirklichung
self-adapting system
(EDV) selbstoptimierendes System *n*
(ie, is able to modify itself in response to changes in its environment)
self-adhering label (com) Haftetikett *n* *(syn, gummed label, sticker)*
self-adjoint transformation (Math) selbstadjungierte Transformation *f*
self-adjusting peg (AuW) gleitende Bandbreiten *fpl* *(syn, crawling peg, qv)*
self-advertising (Mk) Eigenwerbung *f* *(syn, individual advertising, qv)*
self-appraisal
(Pw) Eigenbeurteilung *f*
– Selbstbeurteilung *f*
self-assessment (StR) Selbstveranlagung *f*
self-balancing item (ReW) durechlaufender Posten *m*
self-checking code
(EDV) selbstprüfender Code *m*, Fehlerprüfcode *m*
(ie, code that is so designed that an invalid code can rapidly be detected; syn, error-checking code, error-detecting code)
self-checking number (EDV) selbstprüfende Zahl *f*
self-checking routine (EDV) selbsttätige Prüfroutine *f*
self-consistency
(Log) Selbst-Widerspruchsfreiheit *f*
(ie, basic concept – Grundbegriff – in the system of strict implication; cf, C. I. Lewis, 1918)
self-constitution (Pw) Selbstvollzug *m*
self-constructed assets
(ReW) selbsterstellte Anlagen *fpl*
(syn, assets constructed by a company for its own use)
self-contained language (EDV) selbständige Sprache *f* *(syn, stand-alone language)*
self-contracting (Re) = self-dealing
self-contracting party (Re) Selbstkontrahent *m*
self-dealing
(Re) Selbstkontrahieren *n*
– Insichgeschäft *n*
(ie, agent cannot as such conclude a transaction between the principal and himself or another party represented by himself, except if he has been expressly authorized to do so; cf, § 181 BGB, § 35 IV GmbHG; syn, self-contracting)
self-defining (Log) selbstdefinierend
self-diagnosis (EDV) Eigendiagnose *f*
self-educated person (Pw) Autodidakt *m* *(syn, self-trained person)*
self-education (Pw) autodidaktisches Lernen *n* *(ie, without outside help)*
self-employed person (com) Selbständiger *m*
self-employment (com) selbständige Erwerbstätigkeit *f*
self-employment income (VGR) Einkommen *n* aus selbständiger Arbeit
self-explanatory
(com) unmittelbar einleuchtend
(EDV) selbstdokumentierend
self-feeding recovery (Vw) selbsttragender Aufschwung *m* *(syn, self-sustaining recovery)*
self-financing
(Fin, GB) Selbstfinanzierung *f*
(syn, auto-financing; US, internal generation of funds)
self-fulfilling prophecy (Log) suggestiv wirkende Voraussage *f*
self-fulfillment (Pw) Selbstverwirklichung *f* *(eg, at the expense of salary, position, or status)*
self-generated financing ratio (Fin) Innenfinanzierungsquote *f* *(syn, internal financing ratio)*
self-generated funds (Fin) Eigenmittel *pl*
self-generated goodwill
(ReW) originärer Firmenwert *m*
(ie, developed by the business, hence not specifically identifiable and not to be included in financial statements; syn, unpurchased /company-developed . . . goodwill; opp, acquired goodwill)
self-generating model (Vw) selbsterzeugendes Modell *n*
self-incrimination (Re) Selbstbeschuldigung *f*
self-inflicted injury (Vers) Selbstverstümmelung *f* *(ie, not covered by an accident policy because it is not an accident)*
self-insurance
(Vers) Eigenversicherung *f*
(eg, business places aside sufficient sums to cover liability losses that may be sustained)
self-insurance fund
(Vers) Selbstversicherungsfonds *m*
self-insurer (Vers) Selbstversicherer *m*
self-liquidating loan (Fin) Darlehen *n*, das aus Verkaufserlösen zurückgezahlt wird *(syn, self-liquidating . . . advance/credit)*
self-liquidating project (com) Projekt *n*, dessen Finanzierung aus den eigenen Erlösen bestritten wird
self-loading program (EDV) selbstladendes Programm *n*
self loop (OR) Ein-Pfeil-Schleife *f*
self-managed (com) autonom *(eg, working group)*
self-managed production (IndE) autonome Produktion *f*
self-managing team (Pw) teilautonome Gruppe *f*
self-manufacture (IndE) Selbstanfertigung *f*
self-operative (Re) automatisch in Kraft tretend
self-organizing computer (EDV) selbstorganisierender Rechner *m* *(ie, able to arrange its internal structure)*
self-pay patient (Vers) Selbstzahler *m*
self-regulating forces of the market (Vw) Selbstheilungskräfte *fpl* des Marktes
self-regulating organization (com) Selbstverwaltungskörperschaft *f*
self-regulation (Bw) freiwillige Selbstkontrolle *f* *(eg, by a trade association)*
self-resetting (EDV) automatische Rückstellung *f*
self-restraint agreement (AuW) Selbstbeschränkungsabkommen *n*

self-reversing measures (AuW) selbst-umkehrende Maßnahmen *fpl (short-term measures to reduce deficit, which lead to extra borrowing in later years)*

self-scanning (Mk) Erfassen *n* der Warenidentifikation durch den Kunden selbst

self-selected sample (Stat) sich selbst wählende Stichprobe *f*

self-service (Mk) Selbstbedienung *f (ie, in retail stores; syn, GB, self-selection)*

self-service economy
(Vw) Selbstversorgungswirtschaft *f*
(ie, of private households and private organizations; part of the unrecorded economy = Schattenwirtschaft)

self-service storage unit (com) Selbstbedienungs-Lagerhauseinheit *f*

self-service store (com) Selbstbedienungsladen *m (opp, over-the-counter store = Laden mit Fremdbedienung)*

self-study (Pw) Selbststudium *n*

self-styled expert (com) selbsternannter Experte *m*

self-sufficiency
(Vw) Autarkie *f (syn, autarky)*
(Vw) Selbstversorgung *f (eg, of oil)*

self-sufficient (Vw) autark *(syn, autarchic)*

self-supporting enterprise (Bw) kostendeckender Betrieb *m*

self-sustaining recovery (Vw) selbsttragender Aufschwung *m (syn, self-feeding recovery)*

self tender (Fin) Rückkauf *m* eigener Aktien am Markt

self-trained person (Pw) = self-educated person

self-weighting sample (Stat) Stichprobe *f* mit Selbstgewichtung

sell (com) Verkauf *m*

sell *v*
(com) verkaufen
– absetzen
(opp, buy, purchase)

sell a bear *v*
(Bö) Leerverkäufe *mpl* abschließen, auf Baisse spekulieren
(ie, sell shares in the hope of a dip in prices; syn, sell short; opp, buy a bull)

sell a spread *v* (Bö) Terminkontrakt *m* mit kurzer Restlaufzeit gegen e-n Kontrakt mit längerer Laufzeit verkaufen

sell at a discount *v*
(com) mit Nachlaß verkaufen
(Bö) mit Abschlag verkaufen

sell at ruinous prices *v* (com) verschleudern

sell at the market *v* (Bö) Bestens-Auftrag *m* ausführen

sell below value *v* (com) unter Wert verkaufen

sell bonds *v* (Fin) Anleihen *fpl* aufnehmen

sell briskly *v* (com) raschen Absatz finden

sell-by date (Mk) Verfalldatum *n*

sell by private contract *v* (com) freihändig verkaufen *(syn, sell privately)*

sell by public auction *v* (com) versteigern *(syn, auction off, qv)*

seller (com) Verkäufer *m (syn, vendor)*

seller of funds (Fin) Geldgeber *m (ie, in the money market)*

sellers and buyers (Bö) Brief und Geld *(syn, asked and bid)*

seller's inflation (Vw) Angebotsinflation *f (syn, supply push inflation)*

seller's market (Vw) Verkäufermarkt *m (opp, buyer's market = Käufermarkt)*

seller's option (Bö) Verkäuferoption *f (ie, im Rahmen e-s Festgeschäfts)*

sellers over (Bö) Angebotsüberschuß *m (ie, surplus of selling orders)*

sellers' rate
(Bö) Brief *m*
– Briefkurs *m*
(syn, asked price, qv)

sell for cash *v* (com) gegen bar verkaufen

sell forward *v* (Bö) am Terminmarkt verkaufen

sell hard *v*
(com) sich schwer verkaufen
– schwer verkäuflich sein

selling
(Mk) Absatz *m*
– Verkauf *m*
(Bö) Abgaben *fpl (ie, of securities)*

selling activity
(Mk) Absatzfunktion *f*
– Absatztätigkeit *f*

selling agent
(com) Handelsvertreter *(syn, sales agent)*
(com) Verkaufskommissionär *m*

selling agreement (Fin) Verkaufsvertrag *m*

selling and administrative expense (KoR) Vertriebs- und Verwaltungsgemeinkosten *pl (syn, general operating expense)*

selling area (Mk) Verkaufsfläche *f (syn, selling space)*

selling bank (Fin) geldgebende Bank *f (ie, in interbank business)*

selling by pictures (Mk) Verkauf *m* durch den systematischen Einsatz von Bildern

selling capacity (Mk) Absatzkapazität *f*

selling center
(Mk) Anbietereinheit *f*
(ie, multipersonales Gremium mit Teilnehmern aus mehreren Firmen; im Investitionsgütermarketing)

selling commission
(com) Verkaufsprovision *f (syn, sales commission)*
(Fin) Plazierungsprovision *f*
–Bonifikation *f*
– Schalterprovision *f*

selling commitment (Fin) Verkaufsposition *f*

selling company (Mk) Vertriebsgesellschaft *f*

selling concession (Fin) = selling commission

selling cost
(ReW) Vertriebskosten *pl*
(KoR) Vertriebsgemeinkosten *pl (syn, selling expense)*

selling country (IWF) Geberland *n*

selling expense (KoR) = selling overhead

selling group
(Fin) Begebungskonsortium *n*
– Plazierungskonsortium *n*
– Verkaufsgruppe *f (syn, selling/issuing . . . syndicate, issuing group)*

selling group agreement (Fin) Konsortialvertrag *m*
selling of securities (Bö) Wertpapierverkäufe *mpl*, Materialabgaben *fpl*
selling on consignment
(com) Konsignationshandel *m*
(ie, type of export selling in which consignee – Konsignatar – does not take title to the goods which passes upon sale to final buyer)
selling option (com) Verkaufsoption *f*
selling order at limit (Bö) limitierter Verkaufsauftrag *m*
selling organization (Mk) Vertriebseinrichtung *f*
selling overhead (KoR) Vertriebsgemeinkosten *pl* *(syn, selling expense)*
selling period (Mk) Absatzperiode *f*
selling point (AuW) unterer Interventionspunkt *m*
selling pressure
(Bö) Abgabedruck *m*
– Angebotsdruck *m*
(syn, sales pressure)
selling price
(com) Verkaufspreis *m*
(Mk) Abgabepreis *m (ie, in retailing)*
(Fin) Ausgabepreis *m (ie, of investment fund shares)*
selling rate
(Fin) Briefkurs *m (ie, in currency dealings; opp, buying rate = Geldkurs)*
(Fin) Abgabesatz *m (ie, in the money market; opp, buying rate = Ankaufsatz)*
selling short (Bö) Leerverkäufe *mpl*
selling space (Mk) Verkaufsfläche *f (syn, sales area)*
selling syndicate
(Bw) Verkaufssyndikat *n*
(Fin) = selling group
selling technique
(Mk) Absatzmethode *f*
– Verkaufsmethode *f*
selling tendency (Bö) Abgabeneigung *f*
sell in the open market *v*
(com) freihändig verwerten
(Fin) am freien Markt verkaufen
sell like hot cakes *v* (com, infml) reißenden Absatz finden *(syn, walk off the shelves)*
sell off (Bö) Glattstellungsverkauf *m (syn, realization sale)*
sell off *v*
(com) verkaufen
(com) abstoßen *(ie, usually at a loss)*
(com) versteigern *(ie, at an auction)*
(Bö) glattstellen
– iquidieren
sell off of stocks (Bö) Glattstellung *f* von Aktienbeständen
sell off the dogs *v* (com, infml) unrentable Unternehmensteile *mpl* abstoßen
sell on best efforts basis *v*
(Fin) „bestens" absetzen
(ie, securities through banks)
sell on commission *v* (com) auf Kommissionsbasis verkaufen
sell on credit terms *v* (com) auf Kredit verkaufen
sell on price *v* (com) preisorientiert verkaufen
sell order (Bö) Verkaufsauftrag *m*
sell order at market (Bö) Verkaufsauftrag *m* bestens
sellout
(com) Ausverkauf *m (syn, clean-up sale, qv)*
(Bö) panikartige Verkäufe *mpl*
sell out *v* (com) ausverkaufen
sell privately *v* (com) freihändig verkaufen *(syn, sell by private contract)*
sell readily *v* (com) sich gut verkaufen lassen *(syn, find a ready market)*
sell short *v*
(Bö) fixen, leerverkaufen
(ie, selling a security one does not own with the intention of buying the security later at a lower price to cover the sale; syn, sell a bear, bear the market)
sell spot *v* (Bö) per Kasse verkaufen
sell to the highest bidder *v* (com) meistbietend verkaufen
semantic differential (Mk) Polaritätsprofil *n*
semantic domain (Log) Gegenstandsraum *m*
semi-annual (com) halbjährlich *(syn, GB, half-yearly)*
semi-annual accounts (ReW) Halbjahresabschluß *m*
semi-annual payment (Fin) Halbjahreszahlung *f*
semi-commercial scale (IndE) halbindustrieller Maßstab *m*
semiconducting crystal (EDV) Halbleiterkristall *n* *(ie, crystal of a semiconductor, such as silicon, germanium, gray tin)*
semiconductor
(EDV) Halbleiter *m*
(ie, solid crystalline material whose electrical conductivity is between that of a metal and an insulator)
semiconductor industry (EDV) Halbleiterindustrie *f*
semiconductor memory (EDV) Halbleiterspeicher *m* *(syn, SC memory)*
semiconductor technology
(EDV) Halbleitertechnik *f*
– Halbleitertechnologie *f*
semiconductor wafer
(EDV) Halbleiterscheibe *f*
– Wafer *m*
semi-continuous function (Math) halbstetige Funktion *f*
semicustom (com) halbkundenspezifisch
semicustom chip
(EDV) halbkundenspezifischer Chip *m*
(ie, IC manufactured much like standard components but customized in the final production step for individual tasks)
semicustom integrated circuit (EDV) halbkundenspezifischer integrierter Schaltkreis *m*
semicustom market (com) Markt *m* für halbkundenspezifische Produkte
semi-detached house (com, GB) Doppelhaus *n (syn, US, duplex)*
semi-diversified investment company (Fin) Investmentgesellschaft *f*, die die Anforderungen Risikomischung nur teilweise erfüllt
semi-finished products
(IndE) unfertige Erzeugnisse *npl*
– Halbfabrikate *npl*
– Halbwaren *fpl*
(syn, partly finshed/unfinished . . . products, in-process items)

semi-fixed cost
(KoR) teilvariable Kosten *pl (syn, semi-variable cost, qv)*
(KoR) = semi-variable cost
semi-group
(Math) Halbgruppe *f*
(ie, set closed with respect to a given associative binary operation)
semi-interquartile range (Stat) halber Quartilsabstand *m (syn, quartile deviation, qv)*
semi-knocked down, SKD (com) teilweise zerlegt
semi-logarithmic chart (Math) einfach-logarithmisches Netz *n*
semi-log paper (Math) einfach-logarithmisches Papier *n*
semi-manufactured goods (IndE) unfertige Erzeugnisse *npl*
semi-official trading (Bö) geregelter Freiverkehr *m*
semiotics
(Log) Semiotik *f*
(ie, comprises the main subfields: syntax, semantics, pragmatics)
semi-precious stones
(com) Halbedelsteine *mpl*
(ie, hardness less than 8, value lower than that of precious stones)
semisimple algebra (Math) halbeinfache Algebra *f*
semi-skilled labor (Pw) angelernte Arbeitskräfte *fpl*
semi-strong form (Bö) mittelstrenge Fassung *f (ie, der Effizienztheorie)*
semi-variable cost (KoR) teilvariable Kosten *pl (syn, semi-fixed /mixed/borderline . . . cost)*
semi-weekly (com) zweimal wöchentlich *(cf, biweekly)*
send *v*
(com) senden
– verschicken
(syn, send off, forward, dispatch)
send back *v* (com) zurücksenden *(syn, return)*
send down *v* (com) fallen lassen *(eg, prices)*
sender (com) Absender *m*
send in *v* (com) einsenden
sending country (Pw) Entsendeland *n*
send off *v*
(com) absenden
– versenden
(syn, dispatch, qv)
send off a telegram *v* (com) Telegramm *n* aufgeben *(syn, dispatch a cable)*
send on *v*
(com) nachsenden *(eg, mail)*
(com) weiterleiten
send out *v* (com) verschicken *(eg, offers, advertising materials)*
send out one's feelers *v* (com, infml) Fühler *mpl* ausstrecken
send out requests for quotations *v*
(com) Angebot *n* einholen
(syn, obtain an offer)
send up prices *v* (com) Preise *mpl* erhöhen
senior bond (Fin) erststellige Schuldverschreibung *f*
senior creditor (Re) bevorrechtigter Gläubiger *m (syn, preferred/preferential/privilege/secured . . . creditor)*
senior debenture (Fin) = senior bond
senior debt
(Fin) vorrangige Bank-Finanzierung *f*
(Fin) vorrangige Verbindlichkeiten *fpl (ie, endowed with first claim on the assets of an enterprise)*
senior equity
(Fin) bevorrechtigtes Eigenkapital *n*
(ie, equity interests that would have priority over common stock; preferred stock)
senior executive (Pw) obere Führungskraft *f*
seniority
(Pw) Dienstalter *n*
– Seniorität *f*
(ie, length of continuous service + plus the privileged status that goes with it)
seniority allowance (Pw) Dienstalterszulage *f*
seniority pay (Pw) Beförderungszulage *f*
seniority right (Pw) Beförderungsanspruch *m (ie, right to be advanced or promoted)*
senior management (Bw) oberes Management *n (syn, US, top management)*
senior mortgage (Re) erststellige Hypothek *f (syn, first /principal/prior/priority . . . mortgage)*
senior position (Pw) leitende Stellung *f*
senior securities (Fin) vorrangige Wertpapiere *npl (ie, include bonds and preferred stock; syn, senior capital)*
senior staff (Pw) Führungskräfte *fpl (syn, executive personnel)*
sense *v* (EDV) abfühlen, abtasten *(syn, read)*
sense of commonality (Pw) Gemeinschaftssinn *m*
sensing station (EDV) Abfühlstation *f (syn, reading station)*
sensitive commodities (AuW) sensible Rohstoffe *mpl (eg, manganese, vanadium, cobolt, chromium)*
sensitive data (EDV) sensitive Daten *pl*
sensitive goods (AuW) sensible Güter *npl*
sensitive raw materials (AuW) = sensitive commodities
sensitive situation (com) Grenzsituation *f (syn, borderline situation)*
sensitive to cyclical fluctuations (Vw) konjunkturanfällig
sensitive to the market (com) marktreagibel
sensitivity analysis
(Bw) Sensitivitätsanalyse *f*
– Empfindlichkeitsanalyse *f*
(ie, the procedure is to vary the value of the parameters in question and examine the extent to which these changes effect the results of the analysis)
sensitivity training (Pw) Sensitivitäts-Training *n (ie, experience-based learning exercise seeking to simulate real life; basic vehicle is the T-group)*
sensitized material
(IndE) beschichtetes Material *n*
(ie, covers still and motion picture film, x-ray film, paper, plates, and photographic materials; syn, sensitized photographic products)
sentential calculus
(Log) Aussagenlogik *f*
– Aussagenkalkül *n (syn, propositional calculus)*
sentential connective (Log) Junktor *m (syn, propositional connective, qv)*

sentential formula (Log) Aussageform *f* *(syn, propositional formula)*
sentential inference (Log) aussagenlogische Deduktion *f*
sentential operator (Log) Aussagefunktor *m* *(syn, propositional connective)*
separability (Re) Teilnichtigkeit *f (syn, severability, qv)*
separability clause
(Re) salvatorische Klausel *f*
– Abtrennklausel *f*
(ie, provides that in the event that one or more provisions of a contract are declared void the balance of the contract remains in force; the invalidity of one provision does not affect the others; syn, saving clause, severability clause)
separable cost (KoR) zurechenbare Kosten *pl*
separable polynomial (Math) separables Polynom *n*, Polynom *n* erster Art
separable preferences (Vw) trennbare Präferenzen *fpl*
separate assessment (StR) getrennte Veranlagung *f* *(syn, joint assessment)*
separate legal unit (Re) rechtliche Einheit *f*
separate tax return (StR) = separate assessment
separation allowance (Pw) Trennungsentschädigung *f (syn, severance pay, qv)*
separation point (KoR) = splitoff point
separation rate (Pw) Abgangsrate *f (syn, layoff rate)*
separator (EDV) Trennsymbol *n (cf, DIN 66 028, Aug 1985; syn, delimiter)*
sequence
(Math) Folge *f*
(ie, listing of mathematical entities $x_1, x_2, \ldots,$ *which is indexed by the positive integers; cf, progression)*
(EDV) Folge *f*
(ie, set of symbols is put into an arbitrarily defined order)
sequence address (EDV) Verweisadresse *f*
sequence check (EDV) Folgeprüfung *f*
sequence control (EDV) Folgeregelung *f*
sequence error (EDV) Folgefehler *m*
sequence number (EDV) Ordnungsziffer *f*
sequence of motions (IndE) Bewegungsablauf *m*
sequence of occurrences (Stat) Folge *f* von Ereignissen
sequence of operations
(com) Betriebsablauf *m*
(IndE) Folge *f* von Arbeitsgängen
sequence of operations schedule (IndE) Arbeitsablaufplan *m*
sequence of properties (Stat) Merkmalsfolge *f*
sequence of work (IndE) Arbeitsfolge *f (syn, operating sequence)*
sequence order
(com) Anschlußauftrag *m*
(syn, follow-up/renewal . . . order)
sequence relation (EDV) Ablaufauswahl *f*
sequence request (EDV) Ablaufanforderung *f*
sequence selection (EDV) Ablaufauswahl *f*
sequencing (IndE) Reihenfolgeplanung *f*
sequencing model (OR) Reihenfolgemodell *n*
sequencing problem (OR) Reihenfolgeproblem *n*
sequential (EDV, Cobol) sequentiell organisiert *(opp, relative, indexed)*
sequential access (EDV) sequentieller Zugriff *m* *(opp, random access)*
sequential analysis (Stat) Folgeprüfung *f*
sequential circuit
(EDV) Schaltwerk *n*
– Schaltsystem *n*
(ie, in computer technology; syn, sequential network)
sequential computer (EDV) sequentieller Rechner *m*
sequential control
(EDV) Folgesteuerung *f*
– Ablaufsteuerung *f*
– sequentielle Steuerung *f*
sequential decision (Bw) Folgeentscheidung *f*
sequential estimation (Stat) sequentielle Schätzung *f*
sequential file
(EDV) sequentielle Datei *f*
– sequentiell organisierte Datei *f*
(ie, records (= Sätze) werden nach e–m Primärschlüssel abgelegt; opp, random file)
sequential mode of operating (OR) sequentieller Ablauf *m*
sequential number
(EDV) Folgenummer *f*
– laufende Nummer *f*
sequential operation (EDV) sequentielle Arbeitsweise *f (ie, consecutive or serial execution of operations; no simultaneity or overlap)*
sequential ordering decision (OR) sequentielle Entscheidung *f* bei Unsicherheit
sequential organization
(EDV) sequentielle od fortlaufende Organisation *f*
(ie, write and read of records in physical rather than logical sequence)
sequential process
(EDV) sequentieller Prozeß *m*
– Folgeprozeß *m*
– Befehlsprozeß *m (syn, discrete event type process)*
sequential processing (EDV) sequentielle Verarbeitung *f*
sequential progress (OR) sequentieller Fortschritt *m*
sequential sampling (Stat) sequentielles Stichprobenverfahren *n (ie, undetermined number of samples are tested one by one)*
sequential sampling inspection
(Stat) sequentielle Stichprobenprüfung *f*
– Reihenstichprobenprüfung *f*
sequential sampling plan (Stat) Reihenstichprobenprüfplan *m*
sequential scanning (EDV) sukzessives od sequentielles Suchen *n*
sequential scheduling (EDV) Folgeverarbeitung *f* *(ie, carried out on a first-come, first-served basis)*
sequential search
(EDV) sequentielle Suche *f*
– lineare Suche *f (syn, linear search; opp, binary search)*
sequential test plan (Stat) sequentieller Versuchsplan *m*
sequester assets *v*
(AuW) Vermögen *n* beschlagnahmen od konfiszieren
(ie, to seize by writ of sequestration)

sequestration
(Re) Sequestration *f*
– Beschlagnahme *f*
serial (EDV) seriell *(opp, parallel)*
serial access (EDV) = sequential access
serial bonds issue (Fin) Serienleihe *f (ie, maturities are staggered over a number of years)*
serial computer (EDV) serieller Rechner *m*
serial correlation
(Stat) Reihenkorrelation *f*
(ie, between members of a time series and those members lagging behind or leading by a fixed distance in time; may be the sample value of the parent autocorrelation)
serial file organization (EDV) serielle Dateiorganisation *f*
serial interface (EDV) = serial port
serial line interface (EDV) Schnittstelle *f* für bitserielle Datenübertragung
serially ordered set (Math) linear geordnete Menge *f*
serially reusable (EDV) seriell wiederverwendbar
serial maturity (Fin) Fälligkeit *f* e–r Anleiheserie
serial mode (EDV) serieller Betrieb *m*
serial number
(com) Seriennummer *f*
(IndE) Fabrikationsnummer *f*
serial numbering (com) fortlaufende Numerierung *f (syn, consecutive numbering)*
serial operation
(EDV) Folgebetrieb *m*, serieller Betrieb *m*
(ie, flow of information through a computer in time sequence, using one digit, word, line at a time)
serial organization
(EDV) serielle Organisation *f*
(opp, sequential organization)
serial parallel operation (EDV) Serien-Parallel-Betrieb *m*
serial port (EDV) serielle Schnittstelle *f (opp, parallel port)*
serial printer (EDV) Seriendrucker *m (ie, prints characters one at a time across a page)*
serial processing (EDV) = serial mode
serial production (IndE) = series production
serial transfer (EDV) serieller Datentransfer *m*
serial transmission (EDV) serielle Übertragung *f*
series
(Math) Reihe *f*
(ie, indicated sum of a finite or infinite sequence of terms; infinite series (= unendliche Reihe) is usually shortened to ‚series', such as convergent series, Taylor's series, etc)
(Stat) = time series
series code (Bö) Zeitreihencode *m*
series-produced goods (com) Serienprodukte *npl*
series production (IndE) Serienfertigung *f (syn, batch/serial . . . production)*
series value (Stat) Zeitreihenwert *m*
serif (EDV) Serife *f*
serious injury
(AuW, US) ernsthafte Schädigung *f*
(ie, of domestic industries by imports)
serious misconduct
(com) schwere Verfehlung *f*
(eines Amts- od Mandatsträgers)

servant (Re) Verrichtungsgehilfe *m*
serve *v*
(com) bedienen *(ie, wait on customers; eg, Are you being served?)*
(com) Amt *n* innehaben *(eg, serve on a jury)*
(Re) zustellen
serve a citation upon *v* (Re) jem e-e Ladung *f* zustellen *(syn, serve a summon)*
serve a summon *v* (Re) = serve a citation
serve notice *v*
(com, fml) bekanntgeben
– mitteilen
– wissen lassen
serve out *v* (com) austeilen
server
(EDV) Server *m*
– Netzwerkcomputer *m*
(OR) Bedienungsstation *f*
– Bedienungsstelle *f*
(ie, in waiting-line models; syn, channel, service ... facility/point/station/unit)
serverance tax (StR, US) Abbausteuer *f (ie, erhoben von Gewinnungsbetrieben)*
servers arranged in parallel (OR) parallel geschaltete Kanäle *mpl*
servers in series (OR) hintereinander geschaltete Kanäle *mpl (syn, servers in tandem)*
servers in tandem (OR) = servers in series
serve upon *v* (Re) zustellen *(syn, notify by service)*
service
(com) Dienstleistung *f*
(com) Service *m*
– Wartung *f*
– Unterhaltung *f*
(com) Kundendienst *m (syn, customer service)*
(com) Verkehrsangebot *n (ie, of airline, railroad)*
(Re) Zustellung *f*
service *v*
(com) warten
– pflegen *(eg, car)*
(com) bedienen *(eg, customers, sales area)*
(Fin) bedienen *(ie, pay principal and interest = Kapital und Zinsen zahlen)*
(EDV) verwalten
serviceability
(Bw) Brauchbarkeit *f*
(EDV) Betriebsfähigkeit *f*
serviceable
(com) brauchbar
(com) betriebsfähig
(com) strapazierfähig *(ie, fit for long and hard use)*
serviceable life (Bw) = service life
serviceable time
(EDV) verfügbare Betriebszeit *f*
– nutzbare Zeit *f*
service agreement
(com) Wartungsvertrag *m (syn, maintenance agreement)*
(Pw) Dienstvertrag *m*
service a loan *v* (Fin) Anleihe *f* bedienen
service area (com) Bedienungsbereich *m*
service bureau
(EDV, GB) DV-Servicebüro *n*
– DV-Dienstleistungsunternehmen *n*

service business (com) Dienstleistungsunternehmen *n*
service call (EDV) Bedienungsaufruf *m (syn, service request)*
service capacity
(Bw) Nutzungspotential *n (ie, bundle of potential services; eg, of fixed assets per time)*
(IndE) angegebene Leistung *f*
service-capacity depreciation (ReW) degressive Abschreibung *f (syn, declining balance method, qv)*
service car
(com) Werkstattwagen *m*
– Abschleppwagen *m*
(syn, tow truck; GB, breakdown van)
service center
(com) Dienstleistungsbetrieb *m (syn, service establishment)*
(com) Reparaturwerkstatt *f*
service channel (OR) = server
service charge
(Fin) Kontoführungsgebühr *f*
(ie, imposed by banks on demand deposits to cover the costs of handling the accounts; syn, (account) maintenance fee)
(com) Bearbeitungsgebühr *f*
(com) Grundgebühr *f (ie, charged by a utility company)*
(com) Bedienungsaufschlag *m*
(ie, to reward waiters for their work)
service computing center
(EDV) Kundendienstrechenzentrum *n*
– Service-Rechenzentrum *n*
service conditions (IndE) Betriebsbedingungen *fpl (syn, operating conditions)*
service contract
(com) Wartungsvertrag *m*
(syn, service agreement)
(Pw) Arbeitsvertrag *m*
(syn, employment/labor . . . contract)
(Pw) Dienstvertrag *m (syn, service agreement)*
service contractor (com) Wartungsunternehmen *n*
service contract revenues (ReW) Erlöse *mpl* aus Wartungsverträgen
service cost
(ReW) verteilbarer Aufwand *m* für Anlagegüter
– Abschreibungssumme *f*
(syn, depreciable cost)
service cost center
(KoR) Hilfskostenstelle *f*
– sekundäre Kostenstelle *f*
(syn, indirect cost center)
(KoR) Dienstleistungs-Kostenstelle *f*
service debt *v* (Fin) Schulden *fpl* bedienen
service deficit (VGR) negative Dienstleistungsbilanz *f (syn, negative balance on services)*
service degree
(MaW) Servicegrad *m*
– Lieferbereitschaftsgrad *m*
(ie, ratio indicating supply capability of a stock in inventory; cf, optimum service degree)
service department
(com) Kundendienstabteilung *f*
(Bw) Stabsabteilung *f (syn, staff unit, qv)*
(IndE) Abteilung *f* für Reparaturen und Nacharbeit
(KoR) allgemeine Kostenstelle *f*
(ie, erbringen Leistungen für alle Teile des Unternehmens; eg, accounting, legal, personnel; syn, general cost center; opp, production department = Fertigungsstelle)
service enterprise (com) = service company
service environment (com) Serviceumgebung *f*
service establishment (com) = service center
service facility
(IndE) Wartungsanlage *f*
(OR) = server
service fee (com) = service charge
service income (Vw) Arbeitseinkommen *n (syn, earned/employment . . . income; opp, unearned income)*
service industry (com) Dienstleistungsindustrie *f*
service in return (com) Gegendienst *m (syn, reciprocal service)*
service instructions (Bw) Dienstanweisung *f (syn, standing instructions)*
service interruption (EDV) Betriebsunterbrechung *f*
service job
(EDV) Wartungsjob *m*
(IndE) Hilfsarbeit *f*
service level
(Bw) Ebene *f* e-r Organisation
(MaW) Bestandsgröße *f (ie, amount of inventory carried)*
(MaW) Bereitstellungsmenge *f*
service life
(Bw) Nutzungsdauer *f*
(syn, effective/operating/serviceable/useful /economic/working . . . life; opp, physical life)
(EDV) Betriebsdauer *f*, Lebensdauer *f*
service line (com) Nebengleis *n (syn, siding, sidetrack)*
service-loading history (IndE) Last-Zeit-Funktion *f (syn, history of loading)*
serviceman
(com) Service-Techniker *m*
– Kundendienstmechaniker *m*
– (infml) Kundendienst *m (eg, call in the . . .)*
service manual (IndE) Bedienungshandbuch *n*
service mark (Pat) Dienstleistungsmarke *f (ie, allowed under German patent law as from Apr 1, 1979)*
service mechanic (com) Kfz-Mechaniker *m*
service merchandiser (Mk) Regalgroßhändler *m (syn, rack jobber)*
service module (Mk) Teilpaket *n* von Werbeleistungen
service network (com) Kundendienstnetz *n*
service of a summons (Re) Zustellung *f* e-r Ladung
service office (com) Dienstleistungsbüro *n*
service of process (Re, US) Zustellung *f* der Klageschrift
service order
(Bw) Innenauftrag *m*
– Dienstauftrag *m*
(ie, Auftrag zur Erstellung innerbetrieblicher Dienstleistungen)
(OR) Abfertigungsreihenfolge *f*
service output (IndE) Nennleistung *f (ie, of machine)*
service output method (ReW) = production method of depreciation

service part (IndE) Ersatzteil *n*
service point (OR) = server
service policy
(Mk) Kundendienstpolitik *f*
(OR) Bedienungsstrategie *f*
service process
(EDV) Bedienungsprozeß *m (syn, queueing process)*
(OR) Abfertigungsprozeß *m*
service processor (EDV) Serviceprozessor *m*, Wartungsprozessor *m (syn, maintenance processor)*
service producing sector (Vw) = service sector
service program (EDV) Dienstprogramm *n (syn, utility program)*
service quality (com) Bedienungsqualität *f*
service rate (OR) Abfertigungsrate *f*
service rating (Pw) Leistungsbeurteilung *f (syn, performance appraisal, qv)*
service request (EDV) = service call
service rollback (com) Einschränkung *f* von Dienstleistungen
services
(VGR) Dienstleistungen *fpl*
(ie, comprise transportation, public utilities, wholesale and retail trade, finance, health, education, business services, entertainment)
services account (VGR) = balance on services
service sector
(Vw) Dienstleistungssektor *m*
– Dienstleistungsbereich *m*
– tertiärer Sektor *m (syn, service producing /tertiary . . . sector)*
service station
(com) Selbstbedienungsstation *f (eg, gas, petrol)*
(com) Tankstelle *f (syn, gas station; GB, petrol station)*
(com) Kundendienstwerkstatt *f*
(OR) = server
service store (com) Laden *m* mit Bedienung
service strategy
(Mk) Kundendienststrategie *f*
(OR) Bedienungsstrategie *f*
service till (Fin) Bankomat *m*
service time
(OR) Abfertigungszeit *f*
– Bedienungszeit *f*
– Servicezeit *f*
service track (IndE) Nebengleis *n (syn, service line, qv)*
service transaction (com) Dienstleistungsgeschäft *n (syn, sale of services)*
service transactions (com) Dienstleistungsverkehr *m*
service unit
(com) Leistungseinheit *f*
(IndE) Arbeitseinheit *f (syn, activity)*
(OR) = server
service value (Bw) Gebrauchswert *m*
service vehicle (com) Dienstfahrzeug *n*
service wholesaler (Mk) Großhandelsunternehmen *n* mit Kundendienst
service-yield method of depreciation (ReW) = production-method of depreciation
servicing
(IndE) Wartung *f (syn, maintenance, upkeep)*
(com) Kundendienst *m*
servicing burden (Fin) Schuldendienst *m (syn, debt service)*
servicing concept (Mk) Service-Konzeption *f*
servitude (Re, US) Grunddienstbarkeit *f*
servive company (com) Dienstleistungsbetrieb *m* Dienstleistungsunternehmen *n (syn, service enterprise)*
servive investment (com) Investitionen *fpl* im Dienstleistungssektor
servive organization (Mk) Kundendienstorganisation *f*
session
(com) Sitzung *f*
(EDV) Gespräch *n*
– Sitzung *f*
(Bö) Börsensitzung *f*
session layer
(EDV) Verbindungsschicht *f (ie, in computer network)*
(EDV) Kommunikationssteuerschicht *f (ie, in OSI models)*
set
(Math) Menge *f (ie, collection of elements; syn, class)*
(EDV) Gruppe *f*, Anzahl *f*
set a case down for hearing *v* (Re) Verhandlungstermin *m* ansetzen
set a deadline on *v* (com) befristen, Termin *m* festsetzen für *(syn, place a deadline on, put a time limit on)*
set amount (com) fester Betrag *m*
set a precedence *v* (com) = create a precedence
set a reasonable period of time *v* (com) angemessene Frist *f* setzen
set aside *v*
(com) beiseite legen
– Reserven *fpl* bilden
(com) aufschieben *(eg, plans)*
(Re) annullieren
– aufheben
(eg, judgment; syn, rescind, quash)
set aside an amount *v* (com) Betrag *m* abzweigen *(syn, earmark an amount)*
set aside a will *v* (Re) Testament *n* aufheben
set-aside land (EG) Brachland *n*
set aside scheme (EG) Stillegungsplan *m*
setback (com) Rückschlag *m*, Einbruch *m*
set back *v*
(com) behindern, zurückwerfen
(com) kosten *(eg, PC set me back DM 10,000)*
setback in economic activity (Vw) Konjunktureinbruch *m*
set down *v*
(com) schriftlich niederlegen *(ie, put in writing)*
(com) halten für *(ie, as; syn, regard, consider)*
set equal to *v* (Math) gleichsetzen *(syn, equate)*
set fashion trends *v* (com) Modetrends *mpl* setzen, Mode *f* beeinflussen *(syn, to be a trendsetter)*
set in *v* (com) beginnen
set including subsets (Math) Obermenge *f*
set inclusion symbol (Math) Teilmengen-Symbol *n*
set limits on *v* (com) begrenzen
set notation (Math) Mengenschreibweise *f*
set of action alternatives (Bw) Menge *f* von Handlungsalternativen

set of agreements (Re) Vertragswerk *n*
set of all subsets (Math) Potenzmenge *f*
set of commands (EDV) Befehlsvorrat *m*
set of commodities
(Stat) Warenkorb *m*
(syn, basket of commodities)
set of curves
(Math) Kurvenschar *f*
(syn, family/ array . . . of curves)
set of equations (Math) Gleichungssystem *n*
setoff
(ReW) Aufrechnung *f*
(syn, balancing against, counter-balancing, offset)
(Re) Aufrechnung *f*
(ie, right of creditor in a bankruptcy proceeding to set off, or deduct, from the amount owed by the debtor an amount owed by the creditor to the debtor; more generally: prozessualer Rechtsbehelf, mit dem Beklagter Gegenforderung – nur auf Geld – geltend machen kann)
set off *v*
(com) auslösen *(syn, spark/trigger . . . off)*
(Re, ReW) aufrechnen
– verrechnen
(ie, against: mit)
set of interrelated propositions
(Log) Aussagenzusammenhang *m*
– Aussagenkomplex *m*
set of preferences
(Vw) Präferenzordnung *f*
(syn, scale of preferences, qv)
set of production outputs (IndE) Technologiemenge *f*
set of solutions (Math) Lösungsmenge *f*
set of tools (Log) Instrumentarium *n (ie, tools and techniques; syn, bag/kit . . . of tools)*
set operations (Math) Mengenoperationen *fpl (ie, operations on sets)*
setout
(com) Anordnung *f (syn, arrangement, layout)*
(com) Beginn *m (syn, beginning, outset)*
set out *v*
(com) darlegen
– darstellen
(com) anordnen
(com) beginnen *(eg, a career, journey)*
set over *v* (Re) abtreten *(syn, assign, make over, transfer)*
set point
(EDV) Stellgröße *f*
– Steuergröße *f*
– Sollgröße *f*
– Führungsgröße *f*
(ie, selected to be maintained by an automatic controller; syn, manipulated/regulation . . . variable)
set point control
(EDV) Sollwertführung *f*
(ie, in process automation; syn, supervisor control)
set production goals *v* (com) Produktionsziele *npl* festsetzen
set right *v* (com) korrigieren, in Ordnung bringen
set tab stops *v* (EDV) Tabulator *m* setzen
set theoretic (Math) mengentheoretisch
set theory
(Math) Mengenlehre *f*
(ie, branch of mathematics and of symbolic logic; deals with the structure and size of sets; syn, theory of sets)
settings (EDV) Parameter *m*
setting-up of reserves (ReW) Bildung *f* von Rücklagen *(syn, formation of reserves)*
settle *v*
(Fin) abrechnen
(ie, pay in cash, by clearing-house settlement, by remittance, or otherwise as instructed; cf, Sec 4-104(1) (j) UCC)
(Bö) abrechnen *(syn, liquidate)*
(Bö) glattstellen *(syn, balance, even up, square)*
settle amicably *v* (Re) gütlich einigen *(syn, settle out of court = außergerichtlich)*
settle an account *v* (ReW) Konto *n* ausgleichen od glattstellen *(syn, balance/square . . . an account)*
settle „behind the shed" *v* (com) informell regeln
settle creditors' claims *v* (Re) Gläubiger *mpl* befriedigen
settle down *v* (com) einpendeln *(eg, prices . . . at a lower level)*
settle finally *v* (Re) endgültig entscheiden
settle in *v* (Pw) einarbeiten *(ie, new employees)*
settlement
(Re) Schlichtung *f*
– Vergleich *m*
(ie, by which differences are composed; syn, arbitration, conciliation, mediation)
(Fin) Abfindung *f (eg, $10,000 are paid in settlement of a claim)*
(Fin) Abwicklung *f*
(Bö) Abrechnung *f (syn, liquidation)*
(Vers) Regulierung *f*
settlement agreement (AuW) Regulierungsabkommen *n*
settlement bank (Fin) abwickelnde Bank *f*
settlement currency
(Bö) Abrechnungsvaluta *f*
– Abrechnungswährung *f*
settlement date
(Fin) Abrechnungstermin *m*
(ie, date on which a trade is cleared by delivery of securities against funds; may be a trade date or a later date; US, usually four business days after the date of the transaction or trade)
(Bö) = settlement day
settlement day (Bö) Abrechnungstag *m*
settlement days
(Bö, GB) Abrechnungstage *mpl*
– Liquidationstermine *mpl*
(ie, on the London Stock Exchange, settlements of security transactions are regularly made twice a month, once about the middle of the month and once at the end of the month; each settlement requires 3 days: the first is known as ‚contango day' (also continuation, carrying over, or making-up day), the second is ‚name day' or ‚ticket day', and the third is ‚pay day'; syn, account days)
settlement discount (com, GB) Skonto *m* od *n (syn, cash discount)*
settlement fractions (Bö) Abrechnungsspitzen *fpl*

settlement in arbitration (Re) Schiedsvergleich *m*
settlement in court (Re) gerichtlicher Vergleich *m* *(opp, settlement out of court, qv)*
settlement note (Bö) Abschlußrechnung *f*
settlement of an account (com) Rechnungsbegleichung *f*
settlement of average (SeeV) Havarieaufmachung *f*
settlement of balances (AuW) Saldenausgleich *m*
settlement of claims (Vers) Schadenabwicklung *f* *(syn, claims adjustment, qv)*
settlement of disputes (Re) Beilegung *f* von Streitigkeiten
settlement of fractions (Bö) Spitzenregulierung *f*
settlement of litigation (Re) Erledigung *f* e–s Rechtsstreits
settlement out of court (Re) außergerichtlicher Vergleich *m*
settlement period (Bö, GB) Abrechnungsperiode *f*
settlement price
(Bö) Preis *m*
– Kontraktpreis *m*
– Schlußwert *m* *(syn, closing price)*
(Bö) Abrechnungskurs *m* *(ie, e–r Option)*
settlement price in forward trading (Bö) Kompensationskurs *m*, Liquidationskurs *m*
settlement rate (Bö) = settlement price
settlement system (Fin) Abrechnungssystem *n*
settlement with creditors (Re) Abkommen *n* mit den Gläubigern
settle old scores *v* (com, infml) alte Rechnung *fpl* begleichen
settle terms *v* (Re) Bedingungen *fpl* vereinbaren *(syn, agree on conditions)*
settle the accounts *v* (com) abrechnen, glattstellen
settling agent (Vers) Schadenregulierer *m* *(syn, claim adjuster, qv)*
settling day (Bö, GB) = settlement day
settling-in period (Pw) Einarbeitungszeit *f* *(syn, orientation period, qv)*
settling time (EDV) = correction time
settling transactions
(AuW) Ausgleichstransaktionen *fpl*
– induzierte Transaktionen *fpl* *(syn, accommodating . . . movements/transactions)*
settlor (Re) Treugeber *m* *(ie, creator of a trust; syn, trustor)*
set to zero *v* (Math) gleich Null setzen
setup
(com) Aufbau *m*
– Anordnung *f*
(EDV) Schaltung *f*
(EDV) Programminstallation *f*
set up *v*
(com) errichten
– gründen
(syn, establish, form, create)
(EDV) anlegen
(ie, a file = Datei; syn, create)
(EDV) Programm *n* einrichten
– Programm *n* installieren
(ie, to copy application files to a computer)
set up a branch abroad *v* (com) Auslandsfiliale *f* eröffnen
set up a claim *v* (Re) Forderung *f* geltend machen *(syn, assert a claim, qv)*
set up a committee *v*
(com) Ausschuß *m* einsetzen
(Re) Kommission *f* einsetzen *(syn, appoint a committee)*
set up a credit line *v* (Fin) Kreditlinie *f* eröffnen
set up a defense *v* (Re) Einrede *f* geltend machen *(syn, put forward a defense, qv)*
set up a file *v* (EDV) Datei *f* eröffnen
set up an account *v* (ReW) Konto *n* einrichten
setup cost
(ReW) Gründungskosten *pl* *(syn, organization cost, setup expense, qv)*
(ReW) Anlaufkosten *pl* *(syn, startup cost, qv)*
(KoR) Einrichtekosten *pl*
– Rüstkosten *pl*
(ie, incurred in retooling machinery for new operations)
set up defenses *v* (Re) Einwände *mpl* geltend machen
setup diagram (EDV) Rechnerschaltplan *m*
setup expense (ReW) = setup cost
setup program (EDV) Installationsprogramm *n* *(syn, installation program)*
setups required (IndE) Zahl *f* der Rüstvorgänge
set up the statute of limitations *v*
(Re) Einrede *f* der Verjährung geltend machen
(ie, against a claim; syn, plead the statute of limitations)
setup time
(IndE) Rüstzeit *f*
– Einrichtezeit *f*
(syn, changeover time, qv)
setup wages
(KoR) Einrichtelöhne *mpl*
(ie, traced to costing units = Kostenstellen, or included in overhead rate)
Seven Sisters (com) die sieben größten Ölgesellschaften: Exxon, Shell, BP, Texaco, Socal, Gulf, Mobil
severability
(Re) Abtrennbarkeit *f*
(ie, a contract can still be valid if one part of it is or becomes void)
severability clause (Re) = separability clause, qv
several liability
(Re) Einzelhaftung *f*
(opp, joint liability = gemeinsame Haftung)
severance (Re, US) Verfahrensabtrennung *f* *(ie, claim against a party may be severed and proceeded with separately)*
severance pay
(Pw) Abfindung *f*
– Abfindungszahlung *f*
– Entlassungsabfindung *f*
(syn, dismissal/termination . . . pay, terminal bonus, ex gratia payment)
(Pw) Trennungsentschädigung *f* *(syn, separation /isolation . . . allowance)*
severance tax
(StR, US) Förderabgabe *f*
(ie, levied by some federal states on the extractor of oil, gas, minerals intended for consumption in other states)
severely handicapped person (SozV) Schwerbehinderter *m*
severe recession (Vw) scharfe Rezession *f*

sewage
(IndE) Abwasser *n*
(ie, fluid discharged from domestic, industrial, and medical sanitary applications; sometimes surface water as from rain; aus häuslichem, gewerblichem, industriellem, landwirtschaftlichem und sonstigem Gebrauch; syn, waste water)
sewage disposal (IndE) Abwasserbeseitigung *f*
sewage levy (com) Abwasserabgabe *f*
sexual harassment (Pw, US) sexuelle Belästigung *f* am Arbeitsplatz
sexy product (com, infml) attraktives Produkt *n*
S.&F.A. (com) = shipping and forwarding agent
shade *v*
(Math) schraffieren
(Bö) nachgeben *(ie, securities prices)*
shaded area (Math) schraffierte Fläche *f*
shaded memory
(EDV) Schattenspeicher *m*
– Ergänzungsspeicher *m*
(ie, nonaddressable memory)
shaded picture (EDV) schattiertes Bild *n (ie, in graphics)*
shading
(com) Zugeständnis *n (ie, pricing and other conditions)*
(com) Schraffur *f*
(EDV) Schattierung *f*
shading prices (Bö) nachgebende Kurse *mpl*
shadow budget (FiW) Schattenhaushalt *m*
shadow economy (Vw) Schattenwirtschaft *f (syn, underground economy, qv)*
shadow price
(Bw) Schattenpreis *m*
– innerbetrieblicher Verrechnungspreis *m*
(syn, accounting price, internal transfer price)
shadow revaluation (Vw) versteckte Aufwertung *f*
shady dealings (com) dunkle Geschäfte *npl (ie, of doubtful honesty)*
shakedown
(com) Anpassung *f*
– Umstrukturierung *f*
shake down *v*
(com) anpassen
– umstrukturieren
shakedown in prices (com) Preisverfall *m*
shakeout
(com) Umstrukturierung *f (syn, restructuring)*
(com, infml) Flurbereinigung *f*
– Gesundschrumpfen *n*
(ie, failure of a large number of firms in an industry)
(Pw) Personalabbau *m (ie, of excessive labor = Personalüberhang)*
(Bö) Glattstellung *f* bei raschen Kursrückgängen
shake-up
(com, infml) Reorganisation *f (ie, of the organizational structure)*
(com, infml) Umstrukturierung *f (eg, in the structure of the semiconductor industry)*
shallow organization (Bw) Organisation *f* mit großer Leitungsspanne *(syn, flat organization; opp, narrow/deep . . . organization)*
shallow span of control (Bw) große Kontrollspanne *f (syn, broad span of control)*

sham bid (com) Scheingebot *n (syn, straw bid)*
sham dividend (Fin) fiktive Dividende *f*
sham domicile (Re) fiktiver Wohnsitz *m*
sham transaction
(Re) Scheingeschäft *n*
(cf, § 117 BGB; syn, dummy/fictitious/ostensible . . . transaction)
shape *v* (com) anpassen *(eg, business to prevailing economic conditions)*
shape up *v*
(com, infml) in Form bringen, umstrukturieren *(eg, company needs to be shaped up)*
(com) sich entwickeln
sharable (EDV) ablaufinvariant *(syn, re-entrant, reenterable)*
share
(com) Anteil *m*, Beteiligung *f*
(ie, Grundlage des Beteiligungsverhältnisses an Unternehmen)
(Fin) Aktie *f*
(ie, ‚share' and ‚stock' are almost interchangeable; ‚share' is used preferably in England and in Canada; when modified by an adjective or used as an adjective, ‚share' often becomes ‚stock', as in ‚common stock' and ‚stock split')
(Fin) Anteil *m*, Fondsanteil *m (ie, am Investmentfonds; syn, GB, unit)*
(Fin) = investment fund share, qv
(com) Quote *f*
share *v*
(com) teilen
(EDV) gemeinsam nutzen
share allotment (Fin) Aktienzuteilung *f*
share applicant (Fin) Aktienzeichner *m*
share application (Fin) Aktienzeichnung *f*
share application money (Fin) Zeichnungsbetrag *m*
share-based investment fund (Fin) Aktienfonds *m*
share block (Fin) Aktienpaket *n (syn, block of shares)*
share block discount (Bö) Paketabschlag *m*
share block premium
(Bö) Paketzuschlag *m*
(ie, extra price on block of shares: percentage x share price)
share borrowing (Fin) Effektenleihe *m (ie, zur Erfüllung von Lieferverpflichtungen)*
share buyback (Fin, US) Aktienrückkauf *m (ie, the result is ‚treasury stock' or ‚reacquired stock')*
share capital
(Fin) Aktienkapital *n*
(ie, represented by outstanding shares of stock; opp, loan capital = Fremdkapital)
(Fin) Stammkapital *n*
(ie, of a private company not listed on the stock exchange; cf, GmbH)
share cash bid (Fin) Aktienübernahmeangebot *n* gegen Barzahlung
share certificate
(Fin) Aktienzertifikat *n*
– Gesamtaktie *f*
– Globalaktie *f*
(Fin) Anteilsschein *m*
share consolidation (Fin) Aktienzusammenlegung *f (syn, reverse stock split)*
shared (EDV) gemeinsam

shared-appreciation mortgage (Fin, US) Hypothek *f (mit Gewinnbeteiligung des Gläubigers)*
shared cost (com) Kostenbeteiligung *f*
share deal
(Fin) Kauf *m* von Gesellschaftsanteilen
(ie, beim Unternehmenskauf; syn, purchase of shares; opp, asset deal, purchase of assets)
share dealings (Fin) Aktiengeschäfte *npl*
shared file (EDV) gemeinsam genutzte Datei *f*
share discount (Fin) Aktiendisagio *n (syn, stock discount)*
shared lock (EDV) geteilte Sperrung *f*
shared memory (EDV) gemeinsamer Zugriff *m* mehrerer Prozesse auf bestimmten Hauptspeicherbereich
shared monopoly (Kart, US) Teilmonopol *n (ie, the FTC's word for oligopoly)*
shared national credits (Fin, US) Kredite *mpl* über US-$ 20 Mio; von mehr als zwei Banken
shared office facilities (com) Bürogemeinschaft *f (ie, used by free professionals = Freiberuflern)*
share draft account (Fin, US) = NOW account, offered by the credit unions
shared revenues (FiW) Finanzausgleichsmittel *pl (syn, revenue sharing funds)*
share equity offering (Fin) = share issue
shareholder
(Fin, US, GB) Aktionär *m*
– Anteilseigner *m*
(ie, term used in the Model Business Corporation Act and the New York Corporation Law, while ‚stockholder' is used in the Delaware Corporation Law)
(Fin) Anteilseigner *m*
– Gesellschafter *m*
(Fin) Anteilsinhaber *m*
(ie, in investment fund)
shareholder employee (Pw) Belegschaftsaktionär *m (syn, stockholder employee)*
shareholder entitled to an imputation credit (StR) anrechnungsberechtigter Anteilseigner *m*
shareholder financing
(Fin) Gesellschafterfinanzierung *f*
– Gesellschafterfremdfinanzierung *f*
shareholder group (Fin) Aktionärsgruppe *f*
shareholder loan (Fin) Gesellschafterdarlehen *n*
shareholder of record (Fin) eingetragener Aktionär *m*
shareholder relations (Fin) Aktionärspflege *f*
shareholders' equity (ReW) Eigenkapital *n (ie, preferred stock, common stock, paid-in capital, and retained earnings; syn, net worth)*
shareholders' funds (Fin, infml) Eigenkapital *n (syn, shareholders' equity, qv)*
shareholders in general meeting (Bw) Hauptversammlung *f*
shareholders' letter (Bw) Aktionärsbrief *m (eg, company stated in a . . .)*
shareholders' meeting (Bw) Aktionärsversammlung *f*
shareholders' register (Bw, GB) = share register
shareholders' rights (Fin) Aktionärsrechte *npl (ie, nach Aktiengesetz und Satzung)*
shareholding
(Fin) Aktienbestand *m (syn, stockholding, stock portfolio)*
(Fin) Beteiligung *f (syn, interest, stake)*
shareholdings in outside companies (Fin) Beteiligungen *fpl*
share incentive scheme (Pw) Aktienerwerb *m* durch leitende Angestellte
share issue (Fin) Aktienemission *f (syn, share equity offering)*
share-linked life insurance (Vers, US) fondsgebundene Lebensversicherung *f (syn, GB, unit-linked life assurance)*
share listings (Bö) Aktienkurse *mpl*
share market (Bö) Aktienmarkt *m (syn, equity/stock . . . market)*
share of audience (Mk) Einschaltquote *f (ie, in television)*
share of equity capital (Fin) Beteiligung *f (ie, am Eigenkapital)*
share offering (Bö) = share issue
share offering price (Fin) Emissionskurs *m*
share of labor (Vw) = labor's share, qv
share of production plan (Pw) Erfolgsbeteiligungsplan *m*
share of profits in GNP (VGR) Gewinnquote *f (ie, Anteil der Gewinne am BSP)*
share of stock
(Fin) Kapitalanteil *m*
(Fin, US) Aktie *f (syn, stock; GB, share)*
share of the market (Mk) Marktanteil *m (syn, market share, market coverage)*
share of wages in national income (Vw) Lohnquote *f*
share of world sales (com) Anteil *m* am Weltumsatz
share option (Fin, GB) Aktienbezugsrecht *n (syn, US, stock purchase warrant; GB, stock right)*
share-out (com) Verteilung *f (eg, of the EEC's limited fish stocks to member states)*
share-out key
(com) Verteilerschlüssel *m*
– Verteiler *m*
(syn, mailing list)
shareowners' equity (ReW) = shareholders' equity
share ownership (Fin) Aktienbesitz *m*
shareowners of record
(Fin) eingetragene Aktionäre *mpl*
share premium (Fin) Aktienagio *n*, Agio *n* aus Aktienemission *(ie, premium on capital stock)*
share premium account (ReW, EG) Agio *n*
share premium reserve (ReW) Agiorücklage *f (ie, not available for dividend payout)*
share price (Fin) Aktienkurs *m (syn, stock price, market price of share)*
share price index (Bö) Aktienindex *m*
share price markup (Bö) Plusankündigung *f*
share purchase (Fin) Aktienkauf *m*
share purchase plan for employees (Pw) Belegschaftsaktienplan *m*
share pushing (Bö) Kurstreiberei *f (syn, rigging the market)*
share quotation (Bö, GB) Kursnotierung *f (syn, quoted price, qv)*
share rating (Fin) Aktienbewertung *f*
share register (Bw, GB) Aktienbuch *n (syn, register of members, shareholders' register)*
share reinsurance (Vers) = participating reinsurance
share scrip (Fin) Aktienzwischenschein *m*
shares held in treasury (Fin) eigene Aktien *fpl (syn, treasury . . . shares/stock, qv)*

share shop (Fin, GB) Aktienverkaufsstelle *f*
shares in affiliated undertakings (ReW, EG) Anteile *mpl* an verbundenen Unternehmen
shares issued and outstanding (Fin) ausgegebene od emittierte Aktien *fpl (ie, not including treasury shares, qv)*
shares of common stock
(Fin) Stammaktien *fpl (syn, common stock, qv)*
(Bö) Stämme *pl*
shares of voting stock (Fin) stimmberechtigte Aktien *fpl*
shares-only offer (com) Übernahmeangebot *n* ohne Barabfindung *(eg, from an investors' group)*
shares outstanding (Fin) umlaufende Aktien *fpl*
share split (Fin) Aktiensplit *m (syn, stock split)*
share trading (Fin) Aktienhandel *m*
shareware (EDV) Software *f*, die erst nach ausgiebigem Testeinsatz bezahlt werden muß
share warrant (Fin) Aktienbezugsrechtsschein *m*
shark repellant
(com, US) Übernahmeabwehr-Klausel *f*
(ie, designed to impede takeover attempts: Mitglieder der Unternehmensleitung können nicht alle gleichzeitig ausgewechselt werden; oder Kumulierung von Stimmrechten bei vertrauenswürdigen Aktionären)
sharpen competitive edge *v* (com) Wettbewerbsfähigkeit *f* verbessern
sharp fall (com) drastischer Rückgang *m (cf, in prices)*
sharp markdown (Bö) Minusankündigung *f*
shattered finances (Fin) zerrüttete Finanzen *pl*
shave (Fin) betrügerischer Absatz *m* wertloser Aktien
shave costs *v* (com, infml) Kosten *pl* senken *(syn, level down/cut down/pare/reduce . . . costs)*
shave prices *v* (com, infml) Preise *mpl* drücken *(syn, pull down prices, qv)*
s.&.h.e. (com) = sundays & holidays excepted
sheaf of notes (Fin, GB) Banknotenbündel *n (syn, wad of notes; US, bankroll)*
shed *v*
(com) abstoßen *(eg, labor, securities, assets)*
(Bö) nachgeben *(eg, shed 70 cents on light selling)*
shed assets *v* (Bw) Unternehmensteile *mpl* abstoßen
shed jobs *v* (Pw) Arbeitsplätze *mpl* einsparen
sheet calendar (com) Abreißkalender *m*
sheet feeder (EDV) Einzelblattzuführung *f*
sheet glass (IndE) Flachglas *n (ie, used for common glazing; cf, plate glass)*
sheet metal
(IndE) Feinbleche *npl*
(ie, bis 2,99 mm Stärke; cf, Mittel- und Grobbleche)
sheet of paper (com) Bogen *m (ie, Handelsmaß für Papier)*
Sheffer stroke
(Log) Shefferstrich *m*
(syn, non-conjunction)
(EDV) = NAND operation
shelf (com) Regal *n*, Gestell *n*
shelf life
(MaW) Lagerfähigkeit *f*
– Haltbarkeit *f*
(syn, storage life)
shelf pricing (Mk) Regalauszeichnung *f*
shelf registration
(Fin, US) Globalregistrierung *f*
– Vorausregistrierung *f*
(ie, of future bonds and equities with the SEC; enables companies to sell securities on a tap basis = kurzfristig; cf, SEC Rule 415)
shelf space (com) Regalfläche *f*
shelf warmer (com, infml) Ladenhüter *m (syn, cats and dogs, drug on the market)*
shell (Bw) = shell company
shell branch
(Fin) Offshore-Zweigstelle *f*
– Offshore-Zentrum *n*
– Shell-Zweigstelle *f*
– Buchungszentrum *n*
(ie, foreign branch, usually in a tax haven, which engages in Eurocurrency business but is run out of a head office; Zweigstelle an Orten mit steuerlichen, Aufsichts- und administrativen od Publizitätsvorteilen, in denen Geschäft lediglich verbucht, aber nicht acquiriert und betreut wird; syn, booking center)
shell company (Bw) Firmenmantel *m (syn, corporate shell, nonoperating company; GB, skeleton company)*
shell corporation (Bw) = shell company
shell operations (Bw, GB) Übernahme *f* e-s Unternehmens
shell out *v* (Fin, infml) zahlen *(eg, shell out cash for debt service)*
sheltered industries (Bw) subventionierte Wirtschaftszweige *mpl*
shelve *v*
(com) in Regalen lagern
(com) außer Betrieb nehmen *(ie, put out of service)*
(com) aufschieben
– zurückstellen
(eg, plan, project, issue)
shelve a decision *v* (com) Entscheidung *f* aufschieben
Sherman Antitrust Act
(Kart, US) Sherman Act *n*
(ie, pioneer federal statute in antitrust; passed on July 2, 1890; cornerstone in the legal expression of public policy against restraint of trade and monopoly or attempts to monopolize)
shielded cable (EDV) abgeschirmtes Kabel *n*
shielding (EDV) Ausblenden *n (syn, reverse clipping)*
shift
(Fin) Verlagerung *f*, Umgruppierung *f*
(IndE) Schicht *f*
(EDV) Verschieben *n*
shift *v*
(com) überwälzen *(eg, expenses, taxes)*
(Fin) umdisponieren
– verlagern
(EDV) verschieben
(ie, move information to the right or left in the arithmetic registers)
shiftability (Fin) Abtretbarkeit *f (ie, als Eigenschaft von Vermögensgegenständen; kennzeichnet die Geldnähe e–s Aktivums)*

shift a tax *v* (FiW) Steuer *f* überwälzen *(syn, pass on a tax)*
shift backward (FiW) Rückwälzung *f (ie, of taxes)*
shift backward *v* (FiW) rückwälzen
shift differential (Pw) Schichtzuschlag *m*
shift foreman (IndE) = shift manager
shift forward
(FiW) Vorwälzung *f*
– Fortwälzung *f*
(ie, of taxes)
shift forward *v*
(FiW) vorwälzen
– fortwälzen
shift-in character (EDV) Rückschaltzeichen *n*
shift in comparative strength (com) Wettbewerbsverschiebung *f*
shift in demand
(Mk) Bedarfsverlagerung *f*
(Vw) Verschiebung *f* der Nachfragekurve *(syn, shifting of demand curve)*
shift in deposits (Fin) Einlagenumschichtung *f*
shifting equilibrium (Vw) kurzfristiges Gleichgewicht *n*
shifting instruction (EDV) Verschiebebefehl *m*
shifting loans
(Fin, US) Kreditumschichtung *f*
(ie, seeking other lending banks for accommodation when banks call upon broker-borrower to pay up their loans)
shifting of demand curve (Vw) Verschiebung *f* der Nachfragekurve
shifting of national product (Vw) Umschichtung *f* des Sozialprodukts *(eg, to job-creating investments)*
shifting of target dates (IndE) Terminverlagerung *f*
shifting of taxes (FiW) Steuerüberwälzung *f (ie, Unterbegriffe: Vor-, Rück- und Schrägüberwälzung; syn, tax shifting)*
shifting potential
(FiW) Überwälzbarkeit *f (ie, of a tax; opportunity to pass it on to another resting place)*
(Vw) Überwälzungsspielraum *m (ie, relates to price and wage increases)*
shift in risk spreading (Fin) Risikotransformation *f*
shift in sentiment (com) Stimmungsumschwung *m*
shift instruction (EDV) = shifting instruction
shift in supply (Vw) Verschiebung *f* der Angebotskurve *(syn, shifting of supply curve)*
shift into higher gear *v* (com, infml) ansteigen *(eg, auto sales)*
shift key (EDV) Umschalttaste *f*
shift manager (IndE) Schichtführer *m (syn, shift foreman)*
shift of emphasis
(com) Gewichtsverschiebung *f*
– Schwerpunktverlagerung *f*
shift of resources (Vw) Faktorverlagerung *f*
shift on to *v* (com) überwälzen *(eg, cost, taxes; syn, pass on to)*
shift operation
(IndE) Schichtbetrieb *m*
(EDV) Schiebeoperation *f*
shift operator (Vw) Verschiebungsoperator *m*
shift out *v* (com) aussteigen *(eg, of the dollar)*
shift-out character (EDV) Umschaltzeichen *n*
shift premium (Pw) Schichtzulage *f*
shift register (EDV) Schieberegister *n (ie, performs shifting of its contained data)*
shift schedule (IndE) Schichtplan *m*
shift the burden of proof *v* (Re) Beweislast *f* verschieben
shift work (Pw) Schichtarbeit *f (ie, paid for by day wage)*
ship *v*
(com) versenden
– verschicken
(ie, by mail or other means)
(com) befördern
(syn, carry, convey, forward, transport)
(com) verschiffen
ship agent (com) Reedereivertreter *m (ie, represents shipowners in distant ports)*
ship breaking (IndE) Abwrackung *f*
ship broker (com) Schiffsmakler *m*
shipbuilding industry
(com) Schiffbauindustrie *f*
– Schiffbau *m*
ship goods on consignment *v* (com) konsignieren
ship load (com) Schiffsladung *f*
shipment
(com) Versand *m*, Verschiffung *f*
(com) Ladung *f (syn, cargo, freight, load, consignment)*
ship mortgage (Re) Schiffshypothek *f*
shipowner
(com) Frachtführer *m*
– Verfrachter *m*
(com) Schiffseigentümer *m*
– Reeder *m*
(ie, in ocean shipping)
shipped bill of lading (com) Bordkonnossement *n (syn, on board/ocean . . . bill of lading)*
shipper
(com) Befrachter *m*
– Verlader *m*
– Absender *m*
(ie, neither exporter nor carrier)
(com) Ablader *m (syn, forwarder = Seehafenspediteur)*
(com, GB) Spediteur *m* + Exporthändler *m*
Shippers Declaration for the Transport of Dangerous Goods, SDT (com) Dokument *n* für Gefahrenguttransporte, ausgestellt vom Auftraggeber
shipping
(com) Versand *m*, Expedition *f (syn, forwarding, qv)*
(com) Schiffahrt *f*
shipping agent (com) Schiffsmakler *m*, Seehafenspediteur *m (syn, ship broker; GB, land agent)*
shipping agreement (Re) Schiffahrtsabkommen *n (syn, navigation agreement)*
shipping and forwarding agent, S.&F.A. (com) Schiffsmakler *m* und Spediteur *m*
shipping business (com) Reedereibetrieb *m*
shipping case (com, GB) Versandschachtel *f*
shipping certificate (com) Versandbescheinigung *f*
shipping company (com) Reederei *f*, Schiffahrtsgesellschaft *f*
shipping conference (com) Schiffahrtskonferenz *f (syn, shipping ring)*

shipping contract (com) Beförderungsvertrag *m* *(syn, forwarding contract; GB, contract of carriage)*
shipping cost
(com) Versandkosten *pl*
(ie, element of selling expense in cost accounting: cost of sending goods by mail, truck, rail or plane)
shipping department (com) Versandabteilung *f (ie, in charge of packing, loading, shipping; syn, forwarding department)*
shipping documents
(com) Versandpapiere *npl*
– Verschiffungsdokumente *npl*
(ie, bill of lading, seller's invoice, consular invoice, certificate of analysis, certificate of origin, warehouse receipt, dock receipt)
shipping exchange
(com) Fracht(en)börse *f*
(eg, Baltic Mercantile and Shipping Exchange, Ltd.)
shipping expense
(com) Versandkosten *pl*
– Versandspesen *pl*
shipping foreman (com) Versandmeister *m*
shipping instructions (com) Versandanweisungen *fpl* Versandvorschriften *fpl (syn, forwarding instructions)*
shipping law (Re) Schiffahrtsrecht *n*
shipping lead time (IndE) Versanddurchlaufzeit *f*
shipping line (com) Schiffahrtslinie *f*
shipping line agent (com) Linienagent *m*
shipping-line bill-of-lading terms (com) Linien-Konnossements-Bedingungen *fpl*
shipping manager (com) Schiffsdisponent *m*
shipping marks (com) Markierungszeichen *npl*
shipping note, S/n
(com) Versandanzeige *f (syn, advice note, qv)*
(com) Schiffszettel *m*
shipping order
(com) Versandauftrag *m (syn, dispatch order)*
(com, GB) großer Auftrag *m*
shipping papers (com) Versandpapiere *npl (syn, shipping documents)*
shipping point (com) Verschiffungsort *m*
shipping port
(com) Versandhafen *m*, Verschiffungshafen *m* *(syn, port of dispatch)*
shipping rate (com) Seefrachtrate *f*
shipping ring (com) = shipping conference
shipping route (com) Versandweg *m*
shipping sample (com) Versandprobe *f*
shipping services (VGR) Schiffsfrachten *fpl*
shipping slip (com) Packzettel *m (syn, packing slip)*
shipping space (com) Schiffsraum *m*
shipping supervisor (com) Versandleiter *m (syn, traffic manager)*
shipping terms (com) Versandbedingungen *fpl*
shipping trade (com) Seetransportgeschäft *n*
shipping weight (com) Abladegewicht *n*
ship's arrival declaration (Zo) Anmeldung *f* bei Ankunft des Schiffes
ship's charges (com) Schiffsabgaben *fpl*
ship's loading gear (com) Ladegeschirr *n (syn, ship's loading tackle)*
ship's loading tackle (com) = ship's loading gear
ship's manifest (com) Schiffsmanifest *n*
ship's protest (SeeV) Havarieerklärung *f (syn, average statement)*
ship-to location (com) Bestimmungsort *m*
shipwreck (SeeV) Schiffbruch *m*
shirking (Pw) Bummeln *n* während der Arbeitszeit
shock (Stat) Schockvariable *f*, Störvariable *f (syn, random disturbance)*
shock loss (com) unerwartet hoher Verlust *m*
shock model (Vw) Modell *n* mit Zufallsstörungen
shoddy work (Pw, infml) schlampige Arbeit *f (syn, slipshod work)*
shoestring
(com) kleiner Geldbetrag *m*
(Fin, infml) zu geringes Kapital *n (ie, barely adequate to the needs of a transaction)*
shoestring budget (Fin, infml) Mini-Budget *n*
shoestring financing (Fin, infml) unzureichende Finanzierung *f (syn, inadequate financing)*
shoestring margin
(Bö, US) unzureichende Spanne *f*
(ie, speculators with very thin margins are said to be ‚trading on a shoestring')
shoot ahead *v* (com) rasch ansteigen *(eg, final demand shot ahead at the rate of 10%)*
shoot up *v*
(com, infml) sprunghaft od rasch ansteigen
(eg, unemployment claims shot up by 40,000; syn, bounce up, leap, rocket)
shop
(com) (kleines) Geschäft *n*
(IndE) Werkstatt *f*
(Bw, infml) Geschäft *n*
– Unternehmen *n*
(Fin, US, infml) Geldmarkthändler *m (ie, money market or bond dealership)*
shop agreement (Pw) Einzeltarifvertrag *m*
shop around for *v* (com) sich umsehen nach *(eg, alternatives)*
shop around for the lowest quote *v* (com, infml) das niedrigste Angebot *n* suchen
shop assistant
(com, GB) Verkäuferin *f*
– Verkäufer *m*
shop buying (Bö) Wertpapierkäufe *mpl* des Berufshandels
shop closing hours (com) Ladenschlußzeiten *fpl*
shop design (com) Ladengestaltung *f*
shop fittings (com, GB) Ladeneinrichtung *f (syn, US, store fixtures)*
shopfloor
(com) Verkaufsfläche *f (syn, selling space)*
(IndE) Betrieb *m (eg, on the shopfloor: next to where the real work is done)*
(Pw) ungelernte Arbeitskräfte *fpl*
shopfloor alienation (Pw) Entfremdung *f* am Arbeitsplatz
shopfloor control (IndE) Werkstattsteuerung *f*
shopgirl (com, GB) Verkäuferin *f*
shop hours (com) Ladenzeiten *fpl*
shop-in-the-shop system (Mk) Gemeinschaftswarenhaus *n*
shopkeeper (com, GB) Geschäftsinhaber *m*, Ladeninhaber *m (syn, store owner)*

shoplifter (com) Ladendieb *m*
shoplifting (com) Ladendiebstahl *m*
shop opening hours (com) Öffnungszeiten *fpl*
shop order
(IndE) Arbeitsauftrag *m*
– Fertigungsauftrag *m*
– Werkstattauftrag *m*
(syn, job/work . . . order, labor voucher, operation/work . . . ticket, production order)
shop paper (IndE) Werkstattbeleg *m*
shopper
(com) Käufer *m*
(Mk) Einkäufer *m (ie, agent for customers or employer)*
shopping (com, infml) Einkaufen *n (eg, go shopping around)*
shopping bag (com) Tragetasche *f (syn, GB, carrier bag)*
shopping center
(Mk) Shopping Center *n*
– regionales Einkaufszentrum *n*
(ie, group of retail stores and service establishments, designed to serve a community; syn, shopping plaza)
shopping district (Mk) Geschäftsgegend *f*
shopping goods
(Mk) Shopping Goods *pl*
– Güter *npl* des nicht täglichen Bedarfs
(ie, medium-ticket items priced by consumers in more than one store prior to purchase: comparison shopping; opp, convenience goods)
shopping list (com, infml) „Wunschliste" *f (eg, of tariff concessions)*
shopping mall (com) Ladenstraße *f*
shopping plaza (Mk) = shopping center
shopping precinct (Mk, GB) Einkaufszentrum *n*
shop planning (IndE) routinemäßige Fertigungsplanung *f (syn, routine production planning)*
shop production (IndE) Werkstattfertigung *f*
shop sales (com) Einzelhandelsumsätze *mpl*
shop scheduler (IndE) Zeitplaner *m*
shop selling (Bö) Wertpapierverkäufe *mpl* des Berufshandels
shop-soiled goods (com) angeschmutzte Ware *f*
shop steward (Pw) betrieblicher Vertrauensmann *m (ie, union official in charge of dealing with the employer; heute meist genannt: workplace representative)*
shop training (Pw) innerbetriebliche Ausbildung *f*
shop traveler (IndE) Auftragsbegleitkarte *f (syn, traveler)*
shopwalker (com) Ladenaufsicht *f (syn, floorwalker)*
shop window (com, GB) Schaufenster *n (syn, US, store window)*
shop window advertising (Mk) Schaufensterwerbung *f*
shore up *v* (com) stützen, stärken *(eg, dollar, farm prices)*
short
(com) = shortfall
(Fin) Kurzläufer *m (ie, security with a short current maturity)*
(Bö) Leerverkauf *m (syn, short sale)*
(Bö) Leerverkäufer *m*
– Baissier *m*
short account
(Bö) Baisse-Engagement *n (syn, engagement to sell short, short . . . interest/position)*
(Bö) Kundenkonto *n* e-s Maklers, über das Leerverkäufe abgewickelt werden
shortage
(com) Knappheit *f*
(com) = shortfall
(MaW) Fehlmenge *f*
shortage cost (MaW) Fehlmengenkosten *pl (syn, stockout cost)*
shortage of buying orders (Bö) Ordermangel *m*
shortage of capital (Fin) Kapitalknappheit *f*
shortage of cover
(Bö) fehlende Deckung *f*
– Minusposition *f*
shortage of foreign exchange
(AuW) Devisenknappheit *f*
– Devisenmangel *m*
(syn, scarcity of foreign exchange)
shortage of labor (Pw) Arbeitskräftemangel *m (syn, scarcity of labor, manpower shortage, tight labor market)*
shortage of liquidity (Fin) Liquiditätsverknappung *f*
shortage of manpower (Pw) = shortage of labor
shortage of materials
(MaW) Materialmangel *m*
– Materialknappheit *f*
shortage of money (Fin) Geldknappheit *f*
shortage of offerings (Bö) Materialmangel *m*
short bill
(Fin, US) kurzfristig fälliger Wechsel *m*
(ie, payable from 1 to 30 days after presentation; usually documentary; sometimes the dividing line between short and long is 60 days)
short block (EDV) verkürzter Block *m*
short bond (Fin) kurzfristige Anleihe *f*
short-change *v* (com, infml) falsches Wechselgeld herausgeben *(syn, fluff)*
short coupons (Fin, US) Bonds *pl* mit kurzer Restlaufzeit
short covering
(Bö) Deckungskauf *m*
(ie, buying stock to return stock previously borrowed to make delivery on a short sale; zum Ausgleich e–s Leerverkaufs)
short-dated bill (Fin, US) kurzfristiger Wechsel *m (ie, Treasury bill of very short maturity, usually less than one month; cf, cash management bill)*
short-dated bonds
(Fin) kurzfristige Schuldverschreibungen *fpl*
– Kurzläufer *mpl*
(syn, shorts)
short-dated investment of funds
(Fin) kurzfristige Kapitalanlage *f*
(syn, temporary investment of funds)
short-dated securities
(Fin) Kurzläufer *mpl*
– Wertpapiere *npl* mit kurzer Laufzeit
short dates (Fin) kurze Einlagefristen *fpl (ie, for Eurodeposits; from overnight up to three weeks)*
short delivery (com) unvollständige Lieferung *f*
short deposits (Fin) kurzfristige Einlagen *fpl*
short-distance traffic (com) Nahverkehr *m*
short division (Math) abgekürzte Division *f*

short end
(Fin) kurzfristiger Bereich *m*
(Bö) Markt *m* für Kurzläufer
shortening of working hours (Pw) Arbeitszeitverkürzung *f*
short entry (com) Unterdeklarierung *f*
shorter working hours (Pw) Arbeitszeitverkürzung *f* *(syn, cut in working time, qv)*
shortest confidence interval (Stat) kürzestes Konfidenzintervall *n*
shortest confidence region (Stat) trennscharfer Konfidenzbereich *m*
shortest processing time (IndE) kürzeste Bearbeitungszeit *f*
shortest route problem (OR) Problem *n* des Handlungsreisenden *(syn, traveling sales problem)*
short exchange (Fin) kurzfristiges Geldmarktpapier *n*
shortfall
(com) Fehlbetrag *m*
– Fehlmenge *f*
(syn, deficit, deficiency, short, shortage, wantage)
(Fin) Gewinn *m* aus dem Verkauf e-s kurzfristig gehaltenen Wertpapieres
(FiW) Deckungslücke *f (syn, budgetary deficit)*
shortfall in demand (com) Unternachfrage *f*
shortfall in expenditure (FiW) Minderausgabe *f*
shortfall in foreign exchange (Vw) Devisenknappheit *f*
shortfall in output (com) Minderleistung *f*
shortfall in revenues (FiW) Einnahmeausfälle *mpl*
shortfall of liquidity (Fin) Liquiditätsdefizit *n*
shortfall of tax revenue
(StR) Steuerausfall *m*
– Steuermindereinnahmen *fpl*
(syn, tax loss)
shortfall-related supplementary Federal grant
(FiW) Fehlbetrags-Bundesergänzungszuweisung *f*
short-form audit report (ReW, US) Bestätigungsvermerk *m (syn, accountant's report, qv)*
short-form merger
(com, US) gesetzliche Fusion *f*
– Short-form Merger
(ie, besitzt ein Käufer mindestens 90 % der Wertpapiere e–r Gesellschaft, darf er die restlichen Anteile von höchstens 10 % durch e–e gesetzliche Fusion ... erwerben; diese Art der Fusion ist in den meisten Bundesstaaten zulässig)
short-form unqualified opinion (ReW, US) uneingeschränkter Bestätigungsvermerk *m*
short gilt (Fin, GB) kurzlaufender britischer Staatstitel
short gilts (Fin, GB) kurzfristige Staatspapiere *npl* *(ie, those with a redemption date within 5 years; syn, shorts)*
shorthand (com) Kurzschrift *f*, Stenografie *f (opp, longhand = Langschrift)*
shorthand dictation (com) Diktat *n (ie, without dictation equipment)*
short haul (com) Kurzstreckenfracht *f*
short haulage (com) Nahverkehr *m*
short-haul airliner (com) Kurzstreckenflugzeug *n*
short-haul route (com) Kurzstrecke *f*
short-haul traffic (com, EDV) Nahverkehr *m*
short-haul transportation (com) Güternahverkehr *m*
short hedge (Bö) Verkaufs-Deckungsgeschäft *n*
short interest
(Bö) Baisse-Engagement *n*
– Baisseposition *f*
(ie, total short sales of a single issue at a specific time = Zahl der leerverkauften Aktien; syn, short . . . account/position)
short line (Mk) Auswahl *f* aus e-m Herstellersortiment
short loan (Fin) kurzfristiger Kredit *m*
short market (Bö) Baissemarkt *m (syn, bear market)*
short maturity (Fin) kurze Laufzeit *f*
short note
(Fin) kurzfristiger Schuldschein *m*
(Fin) kurzfristige Schuldverschreibung *f*
short of destination (com) vor Erreichen des Bestimmungsortes
short offer (Bö) Baisseangebot *n*
short of funds
(com, infml) knapp bei Kasse
– nicht liquide
short of the market
(Bö, US) leerverkauft, aber noch ohne Deckungskauf
(ie, having sold securities (or commodities) short and not yet covered)
short position
(Bö) Baisseposition *f (syn, bear position)*
(Bö) = short interest
short-range (com) kurzfristig *(syn, short-term, short-haul, short-run)*
short-range budget period (Fin) kurzfristiger Planabschnitt *m*
short rate
(Fin) Zins *m* für kurzfristige Schuldverschreibungen
(Vers) Prämie *f* für Laufzeit unter e-m Jahr
(ie, in fire insurance: based on a period of less than one year)
short-rate cancellation
(Vers) Storno *m* mit höherer als der zeitanteiligen Prämie
(ie, charge required for insurance taken for less than one year)
short-run analysis (Vw) kurzfristige Analyse *f*
short-run dumping (AuW) kurzfristiges Dumping *n*
short-run equilibrium (Vw) kurzfristiges Gleichgewicht *n (syn, shifting equilibrium)*
short-run goal (Bw) kurzfristiges Ziel *n (syn, lies ahead typically one year or less; syn, tactical goal)*
shorts
(Fin) Kassenfehlbetrag *m (syn, cash shortfall)*
(Fin) = short-dated bonds
(Fin, US) = short gilts
(Bö) leerverkaufte Aktien *fpl*
(Bö, US) Leerverkäufer *mpl (ie, speculators who have sold short)*
short sale
(Bö) Leerverkauf *m*
Auch:
– Blankoverkauf *m*
– Fixgeschäft *n*
– Windhandel *m*
– Découvert *n*

– Verkauf *m* geliehener Aktien
(ie, any sale of a security that the seller does not own or any sale that is consummated by the delivery of a security borrowed by or for the account of the seller; cf, Rule 3 b-3 SEC; types of short sale are:
1. speculative and hedging type of short sale;
2. short sale „against the box";
3. arbitrage short sale)

short sale against the box
(Bö, US) Leerverkauf *m*, bei dem Papier vorhanden, aber erst später ausgeliefert wird
(ie, short seller owns the particular stock sold short but borrows other shares of the same stock to make delivery, later ‚covering' by either utilizing his own stock or buying shares in the open market)

short sea trade (com, GB) Warenbeförderung *f* über den Kanal

short seller
(Bö) Leerverkäufer *m*
Auch:
– Fixer *m*
– Baissier *m (ie, speculator for a fall in prices; syn, bear, bear seller, short)*

short selling (Bö) = short sale

short shipment (com) Minderlieferung *f*

short side (Bö) Baissepartei *f (ie, one who has sold short; syn, short account)*

short stock (Bö) leerverkaufte Aktien *fpl*

short-swing purchase (Fin) Kauf/Verkauf *m* von Wertpapieren innerhalb von 6 Monaten

short tap (Fin, GB) kurzfristige Regierungsanleihe *f*

short-term bonds (Fin) kurzfristige Schuldverschreibungen *fpl*

short-term borrowing (Fin) kurzfristige Kreditaufnahme *f*

short-term borrowing requirements (Fin) kurzfristiger Kreditbedarf *m*

short-term borrowings (Fin) kurzfristige Kredite *mpl*

short-term capital account (VGR) kurzfristige Kapitalbilanz *f (ie, part of balance of payments = Zahlungsbilanz)*

short-term capital flows (AuW) kurzfristiger Kapitalverkehr *m*

short-term capital gains (StR, GB) Spekulationsgewinne *mpl*

short-term capital imports (AuW) kurzfristige Kapitaleinfuhr *f*

short-term capital movements (VGR) kurzfristiger Kapitalverkehr *m (syn, short-term capital transactions)*

short-term capital transactions (VGR) = short-term capital movements

short-term cash investments (ReW) kurzfristige Geldanlagen *fpl*

short-term credit (Fin) kurzfristiger Kredit *m (syn, short-term loan)*

short-term currency borrowings (Fin) Leihdevisen *pl*

short-term deposits
(Fin) kurzfristige Einlagen *fpl*
– Einlagen *fpl* mit kurzer Kündigungsfrist *(syn, GB, deposits at short notice)*

short-term economic forecast (Vw) kurzfristige Konjunkturprognose *f*

short-term employment contract (Pw) befristeter Arbeitsvertrag *m*

short-term financial planning (Fin) kurzfristige Finanzplanung *f*

short-term financing (Fin) kurzfristige Finanzierung *f*

short-term funds (Fin) kurzfristige Mittel *pl (eg, borrowed for 30 days up to one year; syn, short-term money)*

short-term interest rate (Fin) kurzfristige Zinsen *mpl*

short-term interest rate differentials (FiW) Differenzen *fpl* bei den kurzfristigen Zinsen

short-termism (com, infml) Handeln *n* auf kurze Sicht

short-term lendings
(Fin) kurzfristige Ausleihungen *fpl*

short-term liabilities (ReW) kurzfristige Verbindlichkeiten *fpl (syn, current liabilities, qv)*

short-term loan (Fin) kurzfristiger Kredit *m (syn, short-term credit)*

short-term loan demand (Fin) kurzfristige Kreditnachfrage *f*

short-term loss (Bw) kurzfristiger Verlust *m*

short-term memory
(Pw) Kurzzeitgedächtnis *n*
– Fluoreszenzgedächtnis *n*

short-term monetary support (EG) kurzfristiger Währungsbeistand *m*

short-term notes
(Fin, US) kurzfristige Wechsel *mpl* od Schuldverschreibungen *fpl*
(ie, notes with maturities under one year; include paper eligible for rediscount by Federal Reserve banks)

short-term obligation (ReW) = current liability

short-term operating credit
(Fin) Betriebsmittelkredit *m*
(opp, long-term investment credit)

short-term paper (Fin) kurzfristige Geldmarktpapiere *npl*

short-term plan (Bw) Kurzfristplan *m*

short-term planning
(Bw) kurzfristige Planung *f*
– Kurzzeitplanung *f*

short-term rate (Fin) Zinssatz *m* für Kredite bis zu 3 Monaten Laufzeit

short-term residual maturity (Fin) Schulden *pl* mit kurzer Restlaufzeit

short-time allowance (Pw) Kurzarbeitergeld *n*

short-time storage (EDV) Kurzzeitspeicher *m*

short-time worker (Pw) Kurzarbeiter *m (syn, worker (put) on short time)*

short-time working (Pw) Kurzarbeit *f*

short weight (com) Mindergewicht *n*

shot-gun patent (Pat) Wegelagererpatent *n (syn, free-lance patent)*

shot in the arm (Fin, infml) Geldspritze *f (syn, injection of funds)*

show (com) Ausstellung *f (syn, exhibition, fair, exposition)*

show *v* (ReW) ausweisen *(ie, on the books of account; syn, report, recognize)*

show a loss *v* (ReW) Verlust *m* ausweisen

show bill (com) Werbeplakat *n*
show biz (com, infml) Unterhaltungsindustrie *f (syn, entertainment industry)*
show house (com, GB) Modellhaus *n (syn, model home)*
showing (com) Ergebnis *n (eg, the best . . . since 1992)*
show off date (com) Verfalldatum *n*
show on the books *v* (ReW) ausweisen
showpiece (Mk) Ausstellungsstück *n*
show room (com) Ausstellungsraum *m*
shpt. (com) = shipment
shredder
(com) Reißwolf *m*
– Aktenvernichter *m*
– Aktenwolf *m*
shrink (Mk) Inventurdifferenz *f (ie, due to mistakes, pilfering, or fraud)*
shrinkage
(com) Minderung *f*
– Schwund *m*
(com, euph) Ladendiebstahl *m*
(ie, theft by customers and employees alike but including breakages; practiced by the absent-minded elderly but no less by army officers, nurses, teachers, nuns, air stewardesses and a host of others; syn, shoplifting)
(IndE) Verlustzuschlag *m*
shrinkage loss (com) Wertminderung *f* durch Schwund
shrinking market
(com) schrumpfender Markt *m*
(Bö) rückläufiger Aktienmarkt *m*
shrink wrapping (Mk) Schrumpfpackung *f (ie, plastic coating; when heated it conforms to the shape of the package)*
shuffle paper *v* (com, sl) Aktien *fpl* bearbeiten, „Papier verwalten"
shunter (Fin, GB) Arbitrageur *m*
shunting (Fin, GB) Arbitrage *f* zwischen zwei Parallelmärkten
shunting yard (com, GB) Rangierbahnhof *m (syn, switchyard)*
shunt to the sidelines *v* (Bö) verdrängen
shutdown (Bw) Betriebsschließung *f*
shut down *v*
(com) schließen *(syn, close down, qv)*
(IndE) abfahren
shut down a business *v* (com) Geschäft *n* aufgeben *(syn, close down, discontinue, give up)*
shut down shop *v* (com) = shut up shop
shut-down time (IndE) Rüstzeit *f* nach Arbeitsschluß
shut out *v* (com) nicht verladen *(eg, consignment arrived too late)*
shuttle inventory card system
(MaW) Pendelkartensystem *n*
(ie, today mostly computer-controlled)
shuttle service (com) Pendelverkehr *m*
shut up shop *v*
(com) Betrieb *m* aufgeben
(syn, close /discontinue/terminate . . . a business)
SIB (Fin, GB) = Securities and Investments Board
SIBOR (Fin) = Singapore interbank offered rate *(cf, London interbank offered rate)*
SIC (com, GB) = Standard Industrial Classification
sickness absenteeism (Pw) krankheitsbedingtes Fehlen *n (ie, absence due to illness)*
sickness ratio (SozV) Krankenstand *m (ie, Anteil der arbeitsunfähig geschriebenen Pflichtmitglieder der gesetzlichen Krankenkassen an der Gesamtzahl der pflichtversicherten Mitglieder; ratio of compulsorily insured members of the statutory health insurance insitutions who have been certified as unfit for work to the total number of compulsorily insured members)*
sick pay (SozV) Krankengeld *n*
SICS (com, US) = Standard Industrial Classification System
SIC system (IndE, US) = Standard Industrial Classification System *n*
side agreement (Re) Nebenabrede *f (syn, collateral agreement)*
side condition (Math) Nebenbedingung *f (syn, constraint, qv)*
side constraint
(Bw) Nebenbedingung *f*
– Restriktion *f*
(syn, constraint)
side deal (com) Nebenabsprache *f*
side effects (com) Nebenwirkungen *fpl*
sidegrading (Mk) alle handelsstrategischen Maßnahmen *fpl* mit denen das Leistungsprogramm variiert wird, z.B. Wechsel von Zielgruppen
side heading (EDV) Spitzmarke *f (ie, in text processing)*
sidekick (Pw, infml) Nebenfigur *f (ie, die neben e-m anderen nichts zu bestellen hat)*
side-line article (com) Nebenartikel *m*
side-line job (Pw) Nebenbeschäftigung *f*
side-line market (Bö) Nebenmarkt *m*
sidelines (Bö) Wartestellung *f (ie, be on the sidelines = sich abwartend verhalten)*
side payment (Bw) Ausgleichszahlung *f (syn, payoff)*
side-product capacity (IndE) Nebenkapazität *f (eg, gas output in a steel plant)*
sidetrack
(com) Anschlußgleis *n*
(ie, opening onto main track at both ends; syn, siding; opp, spurtrack = Stichgleis, qv)
side view (com) Seitenansicht *f (syn, end view)*
sideways feed (EDV) Seitenzuführung *f (syn, parallel feed; opp, endwise feed = Endzuführung)*
siding (com) = side track
sight bill (WeR) Sichtwechsel *m (syn, demand/presentation . . . bill)*
sight credit (com) Sichtakkreditiv *n (ie, sight letter of credit: specifies the drawing of sight drafts thereunder)*
sight deposits (Fin) Sichteinlagen *fpl (syn, demand deposits)*
sight draft (WeR) Sichttratte *f (ie, payable on presentation)*
sight draft, bill of lading attached, S.D.B.L. (com) Sichtwechsel *m* und Konnossement *n* beigefügt
sight l/c (Fin) Sicht-Akkreditiv *n*
sight liabilities (Fin) Sichtverbindlichkeiten *fpl*
sight rate (Fin) Sichtkurs *m (ie, rate of exchange applicable to a demand draft or check)*
sight test (ReW) Prüfung *f* ohne formale Analyse

sigma algebra (Math) Sigma-Algebra *f (cf, Vol. II)*
sigma sign (EDV) Summenzeichen *n*
sign *v* (com) unterschreiben, unterzeichnen *(syn, undersign, subscribe)*
signaling (Bw) Informationsübermittlung *f* der informierten an die uninformierte Marktseite
sign an agreement *v*
(Re) Vertrag *m* schließen *(syn, conclude an agreement)*
(Re) Vertrag *m* unterzeichnen *(ie, make it legally effective)*
signatory
(com) Unterzeichner *m*
(com) Zeichnungsberechtigter *m*
signatory state
(EG) Unterzeichnerstaat
(Re) Signatarstaat *m*
signature
(com) Unterschrift *f*
(Fin) Kreditnehmer *m*
– Adresse *f*
signature bonus (com) Abschlußprämie *f*
signature card (Fin) Unterschriftskarte *f (ie, signatures of principals of each account are secured on a . . . for future use)*
signature power (com) Zeichnungsberechtigung *f*
signature reader (EDV) Unterschriftenleser *m*
signature stamp
(com) Unterschriftsstempel *m*
– Faksimilestempel *m*
signature verification (Fin) Unterschriftenprüfung *f (ie, often made by a separate department among larger banks in order to verify the genuineness of signatures)*
sign bit (EDV) Vorzeichenbit *n*
sign changes (Math) Zeichenwechsel *m*
sign condition (EDV, Cobol) Vorzeichenbedingung *f (cf, DIN 66 028, Aug 1985)*
sign digit (EDV) Vorzeichenziffer *f*
signed ine one's own hand (com) eigenhändig unterschrieben
signer (com) Unterzeichner *m*
significance
(com) Bedeutung *f*
– Wichtigkeit *f*
(Stat) Konfidenz *f*
significance level
(Stat) Konfidenzniveau *n*
– Vertrauensniveau *n (syn, confidence level)*
significant change (com) bedeutsame Änderung *f*
significant digit
(Math) bedeutsame
– signifikante . . . Ziffer *f*
(EDV, Cobol) wesentliche Ziffer *f*
significant number
(Math) bedeutsame
– geltende
– signifikante . . . Ziffer *f*
sign in blank *v*
(com) blanko unterschreiben
(WeR) blanko unterzeichnen
(ie, endorse a negotiable instrument; this makes the instrument a bearer instrument, and negotiation may then be effected by mere delivery = bloße Übergabe)
signing authority
(Fin) Unterschriftsberechtigung *f*
– Unterschriftsvollmacht *f*
signing officer (com) Zeichnungsberechtigter *m*
sign location (EDV) Vorzeichenstelle *f*
sign-off (EDV) Abmeldung *f (syn, log-off; opp, sign-on)*
sign off *v* (EDV) abmelden *(syn, log off)*
sign of inequality (Math) Ungleichheitszeichen *n*
signon (EDV) Anmeldung *f (syn, log-on; opp, sign-off)*
sign on *v*
(EDV) anmelden *(syn, log in)*
(com) anmelden *(ie, for)*
sign-on banner
(EDV) Vorspann *m*
– Einschaltmeldung *f*
sign one's name *v* (com) unterzeichnen *(eg, on a check)*
sign on for a job *v* (Pw) Stelle *f* annehmen
sign-on menu (EDV) Startmenü *n*
signo-on message
(EDV) Bereitschaftsmeldung *f*
(EDV) Vorspann *m*
sign position (EDV) = sign location
sign test (Stat) Vorzeichentest *m*
sign-up bonus (com) Vertragsprämie *f*
silent partner (com) stiller Gesellschafter *m (ie, takes no active part in management)*
silent partnership
(com) stille Gesellschaft *f*
(ie, partner has no voice in the affairs of the business; syn, dormant/secret . . . partnership, qv; note that the German ‚dormant' partner is not liable for the debts of the business)
silent salesperson (Mk, US) stummer Verkäufer *m*
silicon disk (EDV) im Hauptspeicher emuliertes Plattenlaufwerk *n (syn RAM-disk)*
silver bullion (Fin) Barrensilber *n*
silver standard (Vw) Silberwährung *f*
similar fraction
(Math) gleichnamiger Bruch *m*
(ie, fraction with an equal denominator; opp, dissimilar fraction)
similarity matrix (EDV) Ähnlichkeitsmatrix *f*
similarity measure (EDV) Ähnlichkeitsmaß *n*
Ähnlichkeitskoeffizient *m (ie, in information retrieval)*
similarity transformation (Math) Ähnlichkeitsabbildung *f*
similarly (com) entsprechend . . .
similarly ordered set (Math) ähnlich geordnete Menge *f*
simmer down *v* (com) sich beruhigen *(eg, economy is beginning to . . .)*
simo chart (IndE) Beidhanddiagramm *n (syn, simultaneous motion cycle chart)*
simple application (com) formloser Antrag *m*
simple arbitration (of exchange)
(Fin) direkte Devisenarbitrage *f*
(cf, arbitration of exchange; opp, compound arbitration)
simple arithmetic average (Stat) einfaches *od* ungewogenes arithmetisches Mittel *n (syn, unweighted arithmetic average)*

simple average
(Stat) einfacher od ungewogener Mittelwert *m*
(SeeV) einfache Havarie *f (syn, ordinary average)*
simple blueprint (com, infml) Patentlösung *f (syn, patent solution, qv)*
simple capital structure
(Fin, US) einfache Kapitalstruktur *f*
(ie, company has issued only capital stock and no potentially dilutive common stock equivalents that would dilute ESP by more than a total of 3 percent)
simple condition
(EDV, Cobol) einfache Bedingung *f*
(ie, may be: relation, condition, condition-name condition, switch-status condition, sign condition, qv; cf, DIN 66 028, Aug 1985)
simple contract (Re) einfacher Vertrag *m (opp, contract under seal)*
simple correlation (Stat) Einfachkorrelation *f*
simple debenture
(Fin) ungesicherte Schuldverschreibung *f (syn, naked debenture)*
(Fin) Schuldverschreibung *f* ohne Wandlungsrechte *(ie, no conversion privilege)*
simple event (Math) Elementarereignis *n*
simple fraction (Math) einfacher Bruch *m*
simple function (Math) = step function
simple integral (Math) einfaches Integral *n*
simple interest
(Fin) einfache Zinsen *mpl*
(ie, formula: Pti, where P is the principal, i the discount rate, and t the number of units of time; opp, compound interest)
(Fin) gewöhnliche Zinsen *mpl (ie, based on 360 days; syn, ordinary interest)*
simple lattice design (Stat) einfacher Gitterplan *m*
simple majority (com) einfache Mehrheit *f*
simple note (Fin) einfacher Schuldschein *m*
simple random sampling
(Stat) einfache Zufallsauswahl *f*
– ungeschichtete Zufallsauswahl *f*
(syn, unrestricted random sampling)
simple regression (Stat) Einfachregression *f (opp, multiple regression)*
simple reversionary bonus (Vers) einfacher Summenzuwachs *m*
simple sample
(Stat) einfache Stichprobe *f*
– einfache Zufallsstichprobe *f*
(ie, probabilities of selection of members are all equal)
simple solution
(com) einfache Lösung *f*
– Patentlösung *f*
(syn, patent solution, quick fix, qv)
simple term (Log) einfacher Ausdruck *m (syn, primitive expression)*
simplex algorithm (OR) Simplexalgorithmus *m*
simplex method
(Math) Simplexmethode *f*
(ie, finite iterative algorithm used in linear programming, LP, whereby successive solutions are obtained and tested for optimality)
simplify *v* (com) vereinfachen *(eg, computation)*
simply connected region (Math) einfach zusammenhängender Bereich *m*
simulated sale
(Re) Scheinverkauf *m*
(ie, to make it look to creditors as if the property was out of their reach; syn, fraudulent conveyance)
simultaneous computer (EDV) Parallelrechner *m*
simultaneous engineering (IndE) = concurrent engineering, qv
simultaneous equation (Math) simultane Gleichung *f*
(ie, a set of joint conditions imposed on the variables involved)
simultaneous estimate (OR) Simultanschätzung *f*
simultaneous linear equation (Math) simultane lineare Gleichung *f*
simultaneous motion cycle chart (IndE) Beidhanddiagramm *n (syn, simo chart)*
simultaneous operation (EDV) Simultanbetrieb *m*
simultaneous planning (Bw) Simultanplanung *f*
simultaneous processing (EDV) Simultanverarbeitung *f (syn, multiprocessing, qv)*
sine curve (Math) Sinuskurve *f (syn, sinusoid)*
sinewy (com, infml) stark, kräftig *(eg, the dollar)*
Singer-Prebisch theorem (Vw) Singer-Prebisch-These *f (ie, posits that the terms of trade of the developing countries are on an irreversible downslide)*
single
(Re) alleinstehend
(Re) Alleinstehender *m*
(com) Alleinstehender *m*
– (sl) Single m/f
single account (Bö, US) Einzelkonto *n (ie, Ordererteilung nur vom Kontoinhaber)*
Single Act (EG) = Single European Act, qv
single address (EDV) Einfachadresse *f*
single-address computer (EDV) Einadreßrechner *m*
single-address instruction (EDV) Einadreßbefehl *m*
single-address system (EDV) Einadreßsystem *n*
single-asset depreciation (ReW) Einzelabschreibung *f (syn, unit depreciation, qv)*
single-asset valuation (ReW) Einzelbewertung *f (syn, unit account method of valuation; opp, composite method of valuation, qv)*
single-channel model (OR) Einkanalmodell *n (syn, single station model)*
single-column tariff (Zo) Einspaltentarif *m*
single currency (EG) einheitliche Währung *f (syn, sole currency)*
single-density disk (EDV) Diskette *f* mit einfacher Schreibdichte
single-digit inflation rate (Vw) einstellige Inflationsrate *f*
single document
(com) Einzeldokument *n*
(ReW) Einzelbeleg *m*
single-entry bookkeeping (ReW) einfache Buchführung *f (ie, outdated)*
single entry file (EDV) Hauptdatei *f*
Single European Act, SEA
(EG) Einheitliche Europäische Akte, EEA *f*
(ie, substantial amendment of the Treaty of Rome effective 1 July 1987; Ziel ist die Umwandlung der EG in e–e Europäische Union)

single European market
(EG) Einheitlicher Binnenmarkt *m*
(ie, is about freedom of movement for goods, services and capital, and the ending of protective barriers, whether direct or indirect)
single factoral terms of trade
(AuW) einfach faktorales Austauschverhältnis *n*
(ie, korrigiert das Warenaustauschverhältnis – commodity terms of trade – um die Produktivitätsänderung der Exportgüterindustrie)
single-family home (com) Einfamilienhaus *n*
single-family unit (com) = single-family home
single form (ReW) Einzelbeleg *m*
single-industry agglomeration (Vw) monoindustrielle Agglomeration *f*
single injection of capital spending (Vw) Investitionsstoß *m*
single-item calculation (KoR) Einzelkalkulation *f* *(syn, job order calculation)*
single-item production (IndE) Einzelfertigung *f* *(syn, individual production, qv)*
single-level explosion (IndE) Baukastenstückliste *f*
single-line document (ReW) einzeiliger Beleg *m*
single-line spacing (EDV) einfacher Zeilenvorschub *m*
single-line store (Mk) Spezialgeschäft *n* *(syn, specialty store, qv)*
single-line system (Bw) Einliniensystem *n* *(syn, straight-line organization, unity of command)*
single-loss distribution
(Vers) Einzelschadenverteilung *f*
(ie, gebräuchlich sind: Gammafamilie, Pareto, logarithmische Normalverteilung)
single-machine sequencing problem
(IndE) einstufiges Reihenfolgeproblem *n*
(syn, one-machine sequencing problem)
single market model (Vw) Elementarmarkt *m*
single monetary policy (EG) einheitliche Geldpolitik *f*
single-name paper
(Fin, US) Schuldschein *m*
(ie, embodies the obligation of one party only: the maker; syn, straight paper; a large proportion of commercial paper sold through note brokers is single-name paper)
single option (Bö) einfache Option *f* *(ie, put or call)*
single-part form (com) Einfachformular *n*
single-part journal (ReW) Einfachjournal *n*
single-pass compiler (EDV) einstufiger Compiler *m*
single-payment loan (Fin) Kredit *m* mit Einmal-Rückzahlung *(ie, due on one maturity date)*
single-person household (Stat) Ein-Personen-Haushalt *m*
single-phase planning method (OR) Ein-Zeit-Verfahren *n* *(eg, CPM, MPM)*
single-place job (IndE) Einstellenarbeit *f* *(ie, one assignment, one worker)*
single premium (Vers) Einmalbeitrag *m* *(syn, one-time premium)*
single premium insurance
(Vers, US) Lebensversicherung *f* gegen Einmalprämie
(ie, premium paid in advance rather than in annual premiums over a period of time)
single-premium life insurance (Vers) Einmalprämien-Lebensversicherung *f*

single-price market (Bö) Einheitsmarkt *m* *(syn, single-quotation market; opp, variable-price market)*
single processing (IndE) Einzelverarbeitung *f*
single-process machine (IndE) Einverfahren-Maschine *f*
single-process production (IndE) Einfachfertigung *f*
single-product firm
(IndE) Einproduktbetrieb *m*
(Vw) Einproduktunternehmen *n*
single proprietorship (com) Einzelunternehmen *n* *(syn, sole proprietorship, qv)*
single-purpose association
(Bw) ad-hoc-Verband *m*
– Augenblicksverband *m*
single-purpose machine (IndE) Einzweckmaschine *f*
single quotation (Bö) Einheitskurs *m*
single quotation mark (EDV) halbes Anführungszeichen *n*
single quote (EDV) Hochkomma *n*
single rate (Fin) = flat rate
single return (StR) getrennte Steuererklärung *f* *(opp, joint, return)*
single sampling (Stat) einfache Stichprobennahme *f*
single sampling inspection (Stat) Einfachstichprobenprüfung *f*
single sampling plan (Stat) Einfachstichprobenprüfplan *m*
single-schedule tariff
(Zo) Generaltarif *m*
– Einheitstarif *m*
(ie, allgemeiner Zolltarif mit den höchsten Zollsätzen e-s Landes; syn, general tariff, qv)
single-sheet feeding (EDV) Einzelblattzuführung *f*
single sourcing
(Mk) Einzel-Bezugsquelle *f* *(ie, für jedes Teil e-s Produkts)*
– Einlieferantenprinzip *n*
(ie, ein Lieferant hat die gesamte Verantwortung für ein bestimmtes Beschaffungsobjekt)
single spaced (EDV) einzeilig
single-space printing (EDV) einzeiliges Drucken *n*
single-stage business (Bw) einstufiges Unternehmen *n*
single-stage plant system (IndE) einstufiger Betrieb *m*
single-stage tax (FiW) Einphasensteuer *f*
single-stage turnover tax (FiW) Einphasen-Umsatzsteuer *f* *(eg, production tax, wholesale tax, retail tax)*
single standard (Vw) Monometallismus *m* *(syn, monometallism)*
single-station model (OR) = single-channel model
single-station system (EDV) = single-user system
single-step operation (EDV) Einzelschrittbetrieb *m*
single-tail test (Stat) einseitiger Test *m* *(syn, one-sided test)*
single tasking
(EDV) Einzelverarbeitung *f*
– Einprozeßsystem *n*
single tax
(FiW) Alleinsteuer *f*
– Einsteuer *f*
(ie, = impôt unique)
single tendering (com) Einzelausschreibung *f* *(ie, invitation to bid goes to a single supplier; opp, open /selective . . . tendering)*

single ticket (com, GB) einfache Fahrkarte *f (syn, US, one-way ticket; opp, return ticket)*
single-tier board system (Bw) einstufiges Leitungssystem *n (opp, two-tier board system; opp, unitary board system)*
single-tiered approach (Log) eindimensionaler Ansatz *m*
single-tier mixed-money system (Vw) einstufiges Mischgeldsystem *n*
single-train operation (IndE) Einstraßensystem *n (opp, parallel system)*
single-unit production (IndE) Einzelfertigung *f (syn, individual production, qv)*
single-use charge (com) einmalige Gebühr *f*
single-use goods (Mk) Konsumgüter *npl (syn, consumer nondurables)*
single-use items (KoR) Betriebsstoffe *mpl (syn, expendable supplies, qv)*
single user mode
(EDV) Einprogrammbetrieb *m*
(ie, Betriebsart mit jeweils nur e–m Programm im Arbeitsspeicher; bei Einplatzsystemen)
single-user system (EDV) Einplatzsystem *n (syn, single-station system)*
single-valued function (Math) eindeutige od einwertige Funktion *f* eindeutige Abbildung *f (syn, one-valued function)*
single-venture partnership (Bw) Gelegenheitsgesellschaft *f*
single voucher (ReW) Einzelbeleg *m*
single workstation (EDV) Einplatzsystem *n (syn, single-user system)*
singular connective (Log) einstelliger Junktor *m*
singularity (Math) Singularität *f (ie, Punkt, an dem e-e Funktion nicht mehr differenzierbar ist)*
singular statement
(Log) besonderer od singulärer Satz *m*
(ie, contains only constants and no variables; syn, particular statement; opp, general/strictly universal/universal . . . statement)
sink *v* (Fin) tilgen
sinking fund
(Fin) Tilgungsfonds *m*
– Amortisationsfonds *m*
(ie, created by setting aside out of earnings at stated intervals monies sufficient to provide for the payment of all, or part, of a long-term debt, such as an issue of bonds, or of senior stock, such as preferred stock; syn, amortization /redemption . . . fund)
sinking fund bonds (Fin) Tilgungsanleihe *f*
sinking fund installment (Fin) Tilgungsrate *f*
sinking fund loan (Fin) = sinking-fund bonds
sinking fund method
(Fin) Rücklagentilgung *f (ie, of bonds)*
(ReW) Fundierungsmethode *f*
– Abschreibung *f* unter Berücksichtigung von Zinseszinsen
(syn, annuity depreciation method)
sinking fund redemption notice
(Fin) Tilgungsanzeige *f*
(syn, notice of redemption, qv)
sinking fund requirements (Fin) Tilgungsverpflichtungen *fpl*
sinking fund reserve (ReW) Tilgungsrücklage *f*
sinking fund table (Fin) Tilgungsplan *m (syn, redemption . . . schedule/table)*
sink money in/into *v*
(Fin) investieren
– anlegen
(syn, invest in, put money in/into)
sinners' taxes (StR, infml) Alkohol-, Tabak- und Wettsteuern *fpl*
siogma algebra (Math) Sigma-Algebra *f (cf, Vol. II)*
siphon off *v* (com) abschöpfen *(eg, profits, purchasing power; syn, skim off)*
siphon off membership *v* (com) Mitglieder *npl* abjagen
sister company (com) Schwestergesellschaft *f (syn, fellow subsidiary)*
sister institution (Fin) Schwesterbank *f*
sister provision (Re) Parallelvorschrift *f*
SITC (AuW) = Standard International Trade Classification
sitdown strike (Pw) Sitzstreik *m*
site engineer (EDV) technischer Anlagenbetreuer *m*
site plan (com) Lageplan *m*
site selection (com) Standortwahl *f*
site-to-quarters time (IndE) Wegezeit *f*
site value appraisal (StR) Grundstücksbewertung *f*
site value tax (FiW) Baulandsteuer *f*
sit for an exam *v* (Pw) Prüfung *f* ablegen *(syn, take an exam)*
sit for an examination *v* (Pw) Prüfung *f* ablegen
sit in for *v* (Pw) jem vertreten *(syn, deputize for, qv)*
sitting target (com, infml) leichte Beute *f (eg, for a takeover bid from a rival)*
situate (Re) belegen *(eg, parcel of land . . . in)*
situation
(com) Situation *f*
– Lage *f*
– Zustand *m*
(Pw) Stellung *f (syn, employment, job, position)*
situational analysis (Vw) Situationsanalyse *f (ie, in economic policy)*
situation audit
(com) Bestandsaufnahme *f*
(syn, position audit, corporate appraisal, assessment of current position)
situation of strained resources (Fin) angespannte Finanzlage *f*
situation report (com) Zustandsbericht *m (syn, sitrep)*
situations vacant (Pw) offene Stellen *fpl (ie, in classified ads)*
situations wanted (Pw) Stellengesuche *npl (ie, in classified ads)*
situs (Re) Belegenheit *f (eg, property has a situs in Germany; syn, location)*
situs country (StR) = situs State
situs of property principle (StR) Belegenheitsprinzip *n*
situs picketing (Pw, US) Aufstellen *n* von Streikposten auf e-r Baustelle *(ie, to shut out a subcontractor)*
situs State (StR) Belegenheitsstaat *m*
six-months figures (ReW) Halbjahresbericht *m (syn, interim report)*
six-months LIBOR (Fin) Sechsmonats-Libor *m*
six-months money (Fin) Halbjahresgeld *n*

size
(com) Größe *f*
– Umfang *m*
size class (Stat) Größenklasse *f*
size distribution (Stat) Größenverteilung *f*
SKD (com) = semi-knocked down
skeleton
(com) Aufbau *m*, Struktur *f*
(EDV) Maske *f*
skeleton agreement (Re) Rahmenvertrag *m (syn, framework/umbrella . . . agreement)*
skeleton bill (Fin, US) Blankowechsel *m*
skeleton company (Bw, GB) Firmenmantel *m (syn, shell company, qv)*
skeleton contract (Re) Rahmenvertrag *m*
skeleton service (com) Notdienst *m (eg, provided during a strike)*
skeleton staff
(Pw) Stammpersonal *n*
– Stammbelegschaft *f*
(syn, core personnel)
(Pw) Rumpfbelegschaft *f*
(ie, during the vacation close-down of business)
skew (EDV) Bitversatz *m (ie, angular displacement of printed symbol)*
skew *v*
(com) verfälschen
– verzerren
(eg, results may be skewed by inaccurate figures; syn, distort, twist)
skew distribution (Stat) schiefe Verteilung *f (syn, asymmetric distribution)*
skewness (Stat) Schiefe *f* e-r Verteilung *(syn, asymmetry)*
skew symmetrical (Math) schiefsymmetrisch
skid (com) = pallet
skid *v*
(com) fallen
– nachgeben
(eg, stock prices skidded)
skilled labor (Pw) Facharbeiter *mpl (ie, trained for a relatively long time, exercise substantial independent judgment)*
skilled manpower (Pw) = skilled labor
skilled personnel (Pw) = skilled staff
skilled production worker (Pw) Produktionsfacharbeiter *m*
skilled staff (Pw) Fachpersonal *n (syn, specialist staff, skilled personnel)*
skills and abilities (Pw) Fähigkeiten *fpl*
skimming (Vers) = favorable selection
skimming strategy
(Mk) Absahnstrategie *f*
– Abschöpfungsstrategie *f*
skimming the cream (Kart) „Rosinenpicken" *n (syn, cream skimming, qv; GB, picking the eyes out)*
skimming-the-market policy
(Mk) Abschöpfungspolitik *f*
(ie, seeks to take the cream off a market before pricing the product for other more price-sensitive consumers)
skim money *v* (FiW) Geld *n* abschöpfen *(ie, from the economy, through higher taxes)*
skim off by taxation *v* (StR) wegsteuern
skim-off price (Mk) Absahnpreis *m*
skim off purchasing power *v* (FiW) Kaufkraft *f* abschöpfen *(syn, siphon off)*
skimp on *v* (com) sparen an *(eg, capital spending)*
skim the cream *v* (Bw) „Rosinen picken" *(ie, eliminate excess profits; syn, cream skimming)*
skim-the-cream price (com) höchst erreichbarer Preis *m*
skim through *v* (com) durchsehen *(eg, notes)*
skin *v* (com, infml) schröpfen *(syn, fleece)*
skinflint (Pw, infml) Geizkragen *m (syn, miser)*
skinny majority (Pw, infml) hauchdünne Mehrheit *f*
skip (com, infml) flüchtiger Schuldner *m (ie, moves from known address without paying)*
skip *v*
(com) überspringen
(EDV) übergehen, überlesen *(ie, ignore instructions in a sequence)*
skip day settlement (Bö, US) Abrechnung *f* e-n Tag später als normal *(ie, one business day beyond what is normal)*
skip instruction (EDV) Sprungbefehl *m (syn, branch instruction, qv)*
skip tracer (com, US) jem, der flüchtige Schuldner aufspürt
skirt *v* (com) umgehen *(eg, restrictions against interstate banking)*
skirt barriers *v* (com) Schranken *fpl* od Hindernisse *npl* umgehen
skunkworks (Bw, sl) F&E-Gruppen *f*
skyrocket *v* (com) sprunghaft ansteigen *(syn, rocket, qv)*
sky-scraping levels (com, infml) astronomische Höhen *fpl (eg, prices remain at . . .)*
S&L (Fin, US) = savings and loan associations
slack
(OR) Schlupf *m*
– Ereignispuffer *m*
(Vw) Differenzen *fpl* zwischen ex-ante-Nachfrage und ex-ante-Kauf
slack demand (com) geringe od schwache Nachfrage *f*
slackening (Bö) abbröckelnd *(syn, easing, crumbling)*
slackening of economic activity (Vw) Konjunkturabschwächung *f*
slackening of inflationary pressures (Vw) Nachlassen *n* des Inflationsdruckes
slack labor (Pw) überschüssige Arbeitskräfte *fpl*
slackness (Bö) Flaute *f (syn, sluggishness)*
slack sales
(com) Absatzflaute *f*
– Absatzrückgang *m*
slack time (OR) Schlupfzeit *f*
slack variable
(OR) Leerlaufvariable *f*
– Hilfsvariable *f*
– Schlupfvariable *f*
slack year (com) schlechtes Jahr *n*
slam *v*
(Mk, sl) über's Ohr hauen
– überfahren
slander
(Re) Beleidigung *f*
– Verleumdung *f*
(ie, defamatory oral statement; cf, libel)

slander of goods (Kart) Anschwärzung *f (ie, making a false statement about a rival's product; syn, disparagement of goods)*
slap a fine on *v* (Kart, infml) Bußgeld *n* verhängen gegen *(syn, impose a fine on)*
slap restrictions on *v* (com) Beschränkungen *fpl* einführen
slap taxes on *v* (StR, infml) besteuern *(eg, slap high taxes on soaring profits)*
slash (Math) Schrägstrich *m*
slash *v*
(com) stark herabsetzen
– zusammenstreichen
(Pw) abbauen *(ie, Arbeitsplätze)*
slash funds *v* (Fin) Mittel *pl* kürzen
slashing of manning levels (Pw) Abbau *m* von Arbeitsplätzen *(syn, job pruning, slimming jobs)*
slash jobs *v* (Pw) Mitarbeiter *mpl* entlassen, Arbeitsplätze *mpl* einsparen
slash orders *v* (com) Bestellungen *fpl* einschränken
slated issue (Fin) geplante Emission *f*
slated issues (Fin) geplante Emissionen *fpl*
slaughter (Bö) Verschleudern *n* von Wertpapieren *(ie, at prices far below their intrinsic value)*
slaughtered price (com) Schleuderpreis *m (syn, give-away price, qv)*
slaughterhouse
(com) Schlachthaus *n*
– Schlachthof *m*
(syn, abattoir)
sleeper (Mk, infml) potentieller Verkaufsschlager *m*
sleeping beauty (com) potentielles Übernahmeziel *n (ie, with large amounts of cash or undervalue property and land assets)*
sleeping partner (com) stiller Gesellschafter *m*
slender capital base (Fin) dünne Kapitaldecke *f (syn, thin /inadequate . . . capital base)*
slice-of-life advertising (Mk) Werbesendungen *fpl* mit lebensnahen Situationen
slicing (EDV) Teilnehmersystem *n (syn, time sharing system)*
slicker (com, infml) Ladenhüter *m (syn, nonmoving item, qv)*
slide (com) Dias *n*
slide *v*
(com) fallen
(eg, average yield, from . . . to . . .)
slide fastener (com) Reißverschluß *m (syn, zipper)*
slide in economic activity (Vw) konjunktureller Abschwung *m*
slide-in module (EDV) Einschub *m*
slide in prices (Bö) Nachgeben *n* der Kurse *(eg, of some leading shares)*
sliding peg (AuW) gleitende Bandbreiten *fpl (syn, crawling peg, qv)*
sliding scale tariff (Zo) Gleitzoll *m (ie, Zoll sinkt mit steigendem Einfuhrpreis und umgekehrt; syn, escalator tariff)*
slight dip (com) geringfügiger Rückgang *m*
slightly easier (Bö) leicht nachgebend
slightly firmer (Bö) geringfügig fester
slightly higher (Bö) leicht erholt
slightly lower (Bö) leicht abgeschwächt
slightly off (Bö) geringfügig schwächer
slight negligence (Re) = ordinary negligence
slight rally (Bö) leichte Erholung *f*
slim down *v*
(com) verkleinern
– ‚abspecken'
(eg, business, industry)
slim margin (com) niedrige Gewinnspanne *f*
slimmed-down version (com) abgespeckte Version *f (eg, of car, computer program; syn, pared-down program)*
slimming
(Pw) Abbau *m* von Arbeitsplätzen
(eg, upwards of 20 000 jobs; syn, job pruning)
slimming jobs (Pw) Abbau *m* von Arbeitsplätzen *(syn, job pruning, qv)*
slimming of workforce (Pw) Personalabbau *m (syn, cutback in employment, qv)*
slim the labor force *v* (Pw) Personal *n* abbauen *(syn, cut down/reduce . . . the labor force)*
slip
(ReW) Beleg *m (syn, voucher, record, qv)*
(Fin) Formular *n* für Weitergabe von Aufträgen an Börsenhändler
(Vers) Deckungszusage *f (ie, used in property and transportation insurance; cf, cover note, binder)*
(OR) Verzögerung *f (syn, slippage)*
slip into reverse *v* (com) umkehren *(eg, gas-price spiral)*
slip law (Re, US) Bundesgesetz *n*, das nach Unterzeichnun einzeln gedruckt wird
slippage
(com, Bö) Nachgeben *n (eg, of prices)*
(OR) = slip
(IndE) Zeitverlust *m (ie, time lost)*
slip printer (Mk) Kassenbelegdrucker *m*
slipshod work (Pw, infml) schlampige Arbeit *f (syn, shoddy /sloppy . . . work)*
slip system of accounting (ReW) Belegbuchhaltung *f (syn, bookless /ledgerless . . . accounting, file posting)*
sloom (Vw) Mischung *f* aus ‚slump' und ‚boom'
slope
(Math) Steigung *f*
– Steigungsmaß *n*
– Richtungskoeffizient *m*
(ie, in y = mx + b, m is the slope of the line; syn, rate of change, constant/factor . . . of proportionality)
sloppy work (Pw, infml) schlampige Arbeit *(syn, slipshod work, qv)*
slot
(com) Platz *m*
– Stelle *f*
(eg, all 40 slots for the course have long since been taken)
(com) Zeitnische *f*
– Slot *m (ie, auf Flughäfen; eg, take-off and landing slots)*
(EDV) Steckposition *f*
slot *v*
(com) einfügen
– hineinbringen
slot machine (com, infml) Verkaufsautomat *m (syn, dispensing vending . . . machine)*
slots (com) Start- und Landerechte *npl*

slow-access memory (EDV) langsamer Speicher *m*
slow-access storage (EDV) = slow-access memory
slow assets (Bw) = fixed assets
slowdown (Vw) Verlangsamung *f (eg, in the rate of savings)*
slowdown in economic growth (Vw) Abschwächung *f* des Wachstums
slowdown in inventory growth (Vw) Verlangsamung *f* der Lagerinvestitionen
slowdown in the economy
(Vw) Konjunkturabschwächung *f*
– Konjunkturrückgang *m*
slowdown strike (Pw) Bummelstreik *m (syn, labor slowdown, go-slow)*
slow loans (Fin) zweifelhafte Darlehen *npl (ie, reserves or outright chargeoff recommended)*
slow moving merchandise (com) schwer verkäufliche Ware *f*
sludge
(MaW, infml) Lagerhüter *mpl*
– ‚Penner' *mpl (ie, stocks that lie around gathering dust: long-staying parts of inventory)*
sluggish (Bö) lustlos *(syn, dull, qv)*
sluggish bond market (Bö) Rentenflaute *f*
sluggish demand (com) schwache Nachfrage *f (syn, weak/lagging . . . demand)*
sluggish market
(Bö) Flaute *f*
– lustloser Handel *m*
sluggishness (Bö) Flaute *f*
sluggish organization (Bw) träge Organisation *f*
sluice gate price
(EG) Einschleusungspreis *m*
(ie, fiktiver Herstellungspreis für Schweinefleisch, Geflügel und Eier; liegt der ausländische Angebotspreis unter dem E., wird e–e Zusatzabschöpfung erhoben)
slump
(com) anhaltender Preis- od Kursrückgang *m*
Einbruch *m*
(Vw) starker Konjunkturrückgang *m*
slump at the stock market (Bö) Baisse *f (ie, sharp drop, falling prices)*
slump in prices (com) Preiseinbruch *m*, Preissturz *m (syn, tumble in prices)*
slump in sales (com) Absatzeinbruch *m*, Absatzrückgang *m*
slush money
(com, sl) Schmiergeld *n*, Bestechungsgeld *n*
(syn, bribe money, kickback, payoff, boodle, slush money)
smacker (com, infml) Pfundnote *f* od Dollarnote *f*
small ads (Mk) Kleinanzeigen *fpl*
small air packet (com) Luftpostpäckchen *n (syn, airmail packet)*
small and mid-size (com) = small and medium size
small batch (IndE) Kleinserie *f*
small batch production (IndE) Kleinserienfertigung *f*
small business (Bw, US) mittelständische Wirtschaft *f (eg, manufacturing enterprises employing 250 to 1,000 people)*
Small Business Administration
(Vw, US) Small Business Administration *f*
(ie, Finanzierungsinstitut für die mittelständische Wirtschaft; based in Washington, D.C.)
small cap effect (Fin) bessere Kursentwicklung *f* von Aktien kleiner Gesellschaften
small change (com) Kleingeld *n*, Wechselgeld *n*
small computer (EDV) Kleinrechner *m (syn, small-sized computer)*
small fry operator (com, infml) Kleinunternehmer *m*
small-group research (Mk) Kleingruppenforschung *f*
small loss
(com) geringfügiger Verlust *m*
(Vers) Bagatellschaden *m*
(ie, costs more to process than the actual settlement amount)
small parcel (com) Päckchen *n*
small print (Re) das Kleingedruckte *n (eg, in contracts, delivery terms and conditions)*
small selling (Bö) geringe Abgaben *fpl*
small share
(Fin) Kleinaktie *f*
– Minderaktie *f*
(cf, § 8 AktG)
small shareholder (Fin) Kleinaktionär *m*
small-sized computer (EDV) = small computer
small space advertising (Mk) Kleinanzeigenwerbung *f (syn, classified advertising)*
small stockholder (Fin, US) Kleinaktionär *m*
smart building (com, US) intelligentes Gebäude *n (ie, Vernetzung elektronischer Steuerungen von Einzelsystemen in Gebäuden; cf, intelligent building)*
smart card
(EDV, infml) Computerkarte *f*
(ie, 8-Bit-Mikroprozessor mit induktiver Übertragung)
smart money
(Bö) rentable Anlage *f (ie, usually because of inside information)*
(Re) Schmerzensgeld *n (syn, punitive damages)*
smash
(com) Preisverfall *m*
(Bö) plötzlicher Kursverfall *m (ie, borders on panic; stronger than break)*
smash *v* (Fin) finanziell ruinieren
smash hit
(com, sl) Verkaufsschlager *m*
(eg, his latest single is an uncontestable smash hit; syn, hot selling line)
Smithonian Agreement (Vw) Washingtoner Währungsabkommen *n (ie, signed on June 18, 1971)*
SML (Fin) = security market line
smoke damage (Vers) Rauchschäden *mpl (ie, contrasted to damage caused by actual combustion)*
smokestack industries (com, US) „Schornstein"-Industrien *fpl (ie, those long past their prime: technisch veraltete Branchen, such as auto, steel, textiles)*
smooth component
(Stat) glatte Komponente *f*
(ie, Trendkomponente + zyklische Komponente; im Saisonbereinigungsverfahren)
smooth curve (Math) laufender Kurvenzug *m*
smoothing (Stat) Glättung *f*
smoothing coefficient (Stat) Glättungskoeffizient *m*
smoothing factor (Stat) Glättungsfaktor *m*
smooth out *v* (com) verstetigen *(eg, cash flow, order intake)*

SMT (IndE) = surface mount technology
smuggle *v* (com) schmuggeln
S/n (com) = shipping note
snag (com) Schwierigkeit *f (eg, the snag is that indexed loans would require indexed deposits)*
snake currencies (AuW) Schlangenwährungen *fpl*
snake in the tunnel (AuW) Schlange *f* im Tunnel
snake's lower limit (AuW) unterer Rand *m* der Schlange
snake's upper limit (AuW) oberer Rand *m* der Schlange
snap (EDV) Raster *m*
snap check (Pw) unerwartete Stichprobe *f (syn, spot check)*
snap decision (Bw, infml) schnelle Entscheidung *f (ie, without giving due consideration to details)*
snap-out form (com) Schnelltrennsatz *m*
snap poll (Mk) Blitzumfrage *f*
snap-reading method (IndE) Multimomentverfahren *n*, MTM
snapshot dump (EDV) Speicherauszug *m (syn, selective memory dump)*
snap strike (Pw, infml) illegaler Streik *m (syn, illegal strike)*
snap up *v* (com, infml) aufkaufen, zusammenkaufen *(eg, a number of small unassorted companies)*
snide (com, infml) falsche Münze *f*
SNIF (Fin) = short-term note issuance facility *(ie, andere Bezeichnung für NIF, qv)*
snip (com, GB) günstiger Kauf *m (syn, US, bargain, good buy)*
snowball sales system (Mk) Schneeballsystem *n (ie, against bonos mores)*
soak *v* (com) schröpfen *(eg, charge excessive price to gullible customer)*
soak up *v* (Fin) aus dem Markt nehmen *(syn, take out of the market)*
soak up funds *v* (Fin) Mittel *pl* in Anspruch nehmen
soar *v* (com) rasch steigen, emporschnellen *(eg, prices; syn, leap, shoot up, bounce up, zoom)*
soar to record highs *v* (com) auf Rekordhöhen steigen *(eg, the dollar: against the British pound, the German mark)*
social accounting
(ReW) volkswirtschaftliche Gesamtrechnung *f*
(ReW) Sozialbilanz *f*
social benefit (Vw) gesellschaftlicher Nutzen *m*
social-capital investments (Vw) Sozialinvestitionen *fpl*
social compact (Vw) Sozialvertrag *m (ie, between the government and autonomous groups)*
social consensus (Vw) gesellschaftlicher Konsens *m*
social costs
(Vw) volkswirtschaftliche Kosten *pl*
– externe Kosten *pl*
(ie, Kosten, die nicht von den Verursachern getragen, sondern Dritten auferlegt werden; syn, external costs, discommodities)
social dimension (EG) soziale Dimension *f*
social dislocations (Vw) Störungen *fpl* im gesellschaftlichen Gefüge
social dumping (AuW) soziales Dumping *n*
Social Fund (EG) Sozialfonds *m*
social goods (Vw) öffentliche Güter *npl*, Kollektivgüter *npl (syn, public goods, qv)*
social hardship clause (Re) Sozialklausel *f*
social indicator
(Vw) volkswirtschaftlicher Indikator *m*
social insurance
(SozV) Sozialversicherung *f*
(ie, four broad categories: accident, sickness, old age, unemployment; opp, individual insurance)
social insurance contributions (SozV) Sozialbeiträge *mpl*
social marketing (Mk) Sozio-Marketing *n*
social mollifier (Vw, infml) Inflation *f (ie, als „Pazifizierungsinstrument" für soziale Konflikte um die materielle Lebenslage)*
social overhead capital (Vw, Bw) Infrastruktur *f (ie, sometimes used in the sense of infrastructure)*
social policy (Vw) Sozialpolitik *f*
social preference function (Vw) gesellschaftliche Präferenzfunktion *f*
social rate of return (Vw) soziale Ertragsrate *f*
social rate of time preference
(Vw) soziale Zeitpräferenzrate *f*
(ie, Zinssatz, der die gesellschaftliche Grenzrate der Substitution von Gegenwarts- und Zukunftskonsum widerspiegelt)
social returns (Vw) volkswirtschaftliche Erträge *mpl*
social security
(SozV) soziale Sicherheit *f*
(ie, income-security programs designed to ensure continuity of income to individuals whose earnings have been interrupted or reduced)
(SozV, US) soziale Sicherheit *f*
(ie, relative new term in U. S. vocabularies, dating from the passage of the federal Social Security Act of 1935; often it means only Federal Old Age and Survivors', and Disability Insurance benefits)
Social Security Administration, SSA
(SozV, US) Social Security Administration *f*
(ie, headquartered in Baltimore, Maryland; administers, among others, Old-Age, Survivors, and Disability Insurance (OASDI), Supplemental Security Income (SSI), Aid to Families with Dependent Children (AFDC), child-support enforcement, and refugee settlement; nine out of ten workers are covered by the system)
social security benefits (SozV) Sozialversicherungsleistungen *fpl*
social security contribution (SozV) Sozialversicherungsbeitrag *m*
social security costs (ReW, EG) soziale Aufwendungen *fpl*
social security number
(SozV, US) Sozialversicherungsnummer *f*
(StR, US) Steuernummer *f (eg, used for IRS computer control)*
social security payroll tax (SozV, US) = payroll tax
social security pensions (Vw) Sozialversicherungsrenten *fpl*
social security system
(SozV) System *n* der sozialen Sicherheit
(ie, the U. S. has no such system; instead it operates a variety of programs covering different risks, benefiting diverse groups, administered by federal, state, and local agencies, and utilizing different techniques to finance benefits)

social security taxes
(StR, US) Sozialabgaben *fpl*
(ie, werden als Sozialversicherungsbeiträge wie Steuern erhoben)
social security transfers (SozV) Sozialtransfers *mpl*
social sensitivity (Bw) soziale Wahrnehmungsfähigkeit *f*
social services (Bw) Sozialeinrichtungen *fpl*
social spending (Vw) Aufwendungen *mpl* für soziale Sicherheit *(eg, will go on exploding)*
social stratum (Stat) Bevölkerungsschicht *f (syn, demographic stratum)*
social surplus (Vw) Produzentenrente *f*, Konsumentenrente *f*
social time preference rate (Vw) = social rate of time preference
social utility (Vw) gesellschaftlicher Nutzen *m*
social wants (Vw) Kollektivbedürfnisse *npl (syn, public wants)*
social wealth
(Vw) Volksvermögen *n*
(ie, Gesamtwert des Sachvermögens e-r Volkswirtschaft, vermehrt um Nettoposition [Forderungen minus Verbindlichkeiten] gegenüber dem Ausland)
social welfare benefits (SozV) Sozialhilfe *f*
social welfare expenditure (ReW) Sozialaufwand *m (ie, part of total labor cost)*
social welfare function (Vw) gesellschaftliche Wohlfahrtsfunktion *f*
social welfare housing (Vw) sozialer Wohnungsbau *m*
social welfare recipient (SozV) Sozialhilfeempfänger *m*
societal standards (Vw) gesellschaftliche Normen *fpl*
sock *v* (com, infml) hart treffen *(eg, carmakers, homebuilders, capital goods companies)*
SOFFEX (Fin) = Swiss Options and Financial Futures Exchange AG
soft commodities (Bö) Weichwaren *fpl (eg, cocoa, coffee, oilseeds and fats; nicht-metallische börsenfähige Rohstoffe)*
soft copy (EDV) Soft-Kopie *f*
soft currency (Fin) weiche Währung *f (ie, not freely convertible or fluctuating in the exchange markets)*
soft-currency country (AuW) Weichwährungsland *n*
soften *v* (Bö) nachgeben
soft font (EDV) ladbare Schriftart *f*
soft landing
(Vw, infml) weiche Landung *f*
(ie, smooth transition from recovery to sustainable expansion (= stetiges Wachstum), eg, from a 10% growth rate to perhaps 4%; schwache, sachte Abschwächung der Konjunktur)
(Bw) zeitlich gestreckter Abbau *m* e–s Krisenpotentials
soft loan (Fin) zinsgünstiger Kredit *m*
soft-loan window
(AuW) Kreditfazilität *f* zu erheblich günstigeren Bedingungen
– Fenster *n* für weiche Kredite
(ie, made to poor LCDs by international organizations)
soft market (Bö) rückläufiger Aktienmarkt *m (ie, prices have a declining tendency)*
soft money (Fin) Papiergeld *n*
soft price (com) niedriger Preis *m*
softs (Bö) Weichwaren *fpl*
soft savings (Bw) qualitative Vorteile *mpl (opp, hard savings, qv)*
soft sectored diskette (EDV) weichsektorierte Diskette *f*
soft sell (Mk) „weiche" Verkaufstechnik *f (ie, indirect, subtle, but convincing)*
soft selling (Mk) „weiche" Verkaufstechnik *f*
soft spot
(com) Schwachstelle *f (syn, weak spot, potential trouble spot)*
(Bö) rascher Kursrückgang *m* nur eines Wertpapiers *(ie, the market as a whole remains steady)*
soft technologies (IndE) weiche Technologien *fpl (ie, usually imply a sort of updated arts-and-crafts vision; syn, small-scale technologies)*
soft terms (com) günstige Bedingungen *fpl*
software (EDV) Software *f (opp, hardware)*
software bonanza (EDV, infml), Software-Hochkonjunktur *f*
software bundling (EDV) = bundling, qv
software company
(EDV) Softwarehaus *n*
– Softwarehersteller *m*
software consulting (EDV) Softwareberatung *f*
software development (EDV) Softwareentwicklung *f*
software driver (EDV) Software-Treiber *m*
software engineer (EDV) Software-Entwicklungsingenieur *m*
software engineering
(EDV) Software-Engineering *n*
– Programm-Methodik *f*
(cf, Bd. II)
(ie, Einsatz von Methoden und Werkzeugen bei der Entwicklung von Programmen)
software house (EDV) Softwarehaus *n*
software interface
(EDV) Softwareschnittstelle *f*
– Programmschnittstelle *f*
software maintenance (EDV) Softwarewartung *f*
software package (EDV) Softwarepaket *n*
software port (EDV) Softwareanschluß *m*
software services (EDV) Softwareprogrammpflege *f*
software skills (EDV) Software-Entwicklungspotential *n*
software specifications (EDV) Pflichtenheft *n (syn, program specifications)*
software support (EDV) Softwareunterstützung *f*
software system
(EDV) Softwaresystem *n*
– Programmsystem *n*
software technology (EDV) Softwaretechnologie *f*
software tool (EDV) Softwarewerkzeug *n*
soldier (Pw, infml) Faulenzer *m (syn, goldbrick)*
soldier on *v* (com, infml) sich mühsam weiterschleppen
sold note
(com) Verkaufsnote *f*
(Fin) Wertpapier-Verkaufsabrechnung *f*
sold out
(com) ausverkauft
– vergriffen
(syn, out of stock)

sole agent
(com) Alleinvertreter *m*
(ie, buys and sells in his own name and for his own account, seeking to make middleman's profit; syn, sole distributor)
(Re) Alleinvertreter *m (opp, collective representative)*
sole and exclusive agency (com) Alleinvertretung *f (syn, sole and exclusive representation)*
sole and exclusive agent (com) = sole agent
sole and exclusive selling rights (com) Alleinverkaufsrechte *npl (syn, exclusive franchise)*
sole and unconditional owner (Re) rechtmäßiger Eigentümer *m (ie, rightful owner)*
sole buyer (com) alleiniger Abnehmer *m*
sole debtor (Re) Einzelschuldner *m*
sole financing (Fin) Alleinfinanzierung *f (opp, joint financing)*
sole heir (Re) Alleinerbe *m*
sole holder (Re) Alleininhaber *m (syn, sole owner)*
sole inventor (Pat) alleiniger Erfinder *m*
sole legatee (Re) Universalerbe *m (ie, named as such in a last will and testament)*
sole maker (com) Alleinhersteller *m*
sole owner
(Re) Alleineigentümer *m*
– alleiniger Eigentümer *m*
sole ownership
(Re) Alleineigentum *n*
– alleiniges Eigentumsrecht *n*
(syn, sole proprietorship)
sole patent holder (Pat) alleiniger Patentinhaber *m*
sole placing agent (Fin) allein tätiges Plazierungsinstitute *n*
sole proprietorship
(com) Einzelfirma *f*
– Einzelunternehmung *f*
– Einzelkaufmann *m*
(syn, US, individual proprietorship; GB, sole trader)
(Re) alleiniges Eigentumsrecht *n (syn, sole ownership)*
sole selling right (com) alleiniges Vertriebsrecht *n*
sole-source supplier (MaW) Alleinlieferant *m*
sole tenant (Re) Einzelmieter *m*
sole trader (com, GB) = sole proprietorship
solicit *v* (com) anwerben, auffordern
solicit a bid *v* (com) Angebot *n* einholen
solicit a proposal *v* (com) = solicit a bid
solicit customers *v* (com) Kunden *mpl* werben *(syn, canvass customers)*
solicit new business *v* (com) Aufträge *mpl* hereinholen *(syn, canvass /obtain/secure . . . new orders)*
solicitor
(Re, GB) Anwalt *m*
(ie, the 44,000 solicitors in Britain are mainly office lawyers, while the 4,800 barristers are court lawyers; cf, barrister)
(Mk) Akquisiteur *m (syn, canvasser)*
solicitude for employees (Pw) Fürsorgepflicht *f*
solid angle (Math) Raumwinkel *m*
solidarity fund (IWF) Solidaritätsfonds *m*
solid state circuit (EDV) Festkörperschaltkreis *m*
solid state circuitry (EDV) Festkörperschaltung *f*
solid state component
(EDV) Festkörperbauelement *n*
(ie, component utilizing the electric or magnetic phenomena of solids; eg, transistor)
solid state technology (EDV) Halbleitertechnik *f (syn, semiconductor technology)*
solidus (EDV) Schrägstrich *m*
solid waste (com) feste Abfälle *mpl*
solid waste plant (IndE) Abfallbeseitigungsanlage *f*
solution of an equation (Math) Auflösung *f* e–r Gleichung
solution set (Math) Erfüllungsmenge *f*
solution space (Math) Lösungsraum *m*
solve an equation *v* (Math) Gleichung *f* lösen
solvency (Fin) Solvenz *f*, Zahlungsfähigkeit *f (ie, ability to pay debts when due; syn, solvability)*
solvency margin (Vers) Liquiditätsmarge *f*
song (com, sl) Spottpreis *m (eg, got it for a . . .; pick up for a . . .)*
sophisticated
(com) hochentwickelt
– technisch ausgereift
– hochmodern
(syn, highly advanced, high-tech, state-of-the-art)
sophisticated product (IndE) technologisch hochwertiges Produkt *n*
sophisticated products (Mk) differenzierte Produkte *npl*
sop up profits *v* (com, infml) Gewinne *mpl* einstreichen
SOR (Fin, GB) = self-regulating organisation
sort *v* (EDV) sortieren
sorter (EDV) Sortierer *m*, Sortiergerät *n*
sort file (EDV, Cobol) Sortierdatei *f*
sort generator (EDV) Sortiergenerator *m*
sorting method (EDV) Sortierverfahren *n*
sorting out (com) Aussortierung *f*
sort key
(EDV) Sortierbegriff *m*
– Sortierkriterium *n*
– Sortierschlüssel *m*
sort-merge generator (EDV) Sortier-Misch-Generator *m*
sort-merge program (EDV) Sortier-Mischprogramm *n*
sort out *v* (com) aussortieren
sort program (EDV) Sortierprogramm *n*
sort run (EDV) Sortierlauf *m*
sound
(com) solide
(Fin) finanziell gesund
(EDV, GUI) Klang *m (normally saved in sound files, qv)*
sound-alike code (EDV) = match code
sound cargo (com) unbeschädigte Ladung *f*
sound file
(EDV, GUI) Klangdatei *f*
(usu files with extension .WAV)
sound investment (Fin) sichere Anlage *f*
soundness
(com) Solidität *f*
(Fin) gesunde finanzielle Lage *f*
(Log) Korrektheit *f*
sound out a market *v* (com) Markt *m* abtasten *(syn, explore a market)*
sound recorder (EDV, GUI) Klangrekorder *m*

sound value
(ReW) Wiederbeschaffungswert *m (ie, minus depreciation and deferred maintenance)*
(SeeV) Gesundwert *m*
source (EDV) Quelle *f (ie, in data transmission)*
source account (EDV) Quellkonto *n (opp, target account = Zielkonto)*
source a loan *v* (Fin) Anleihe *f* unterbringen *(ie, find potential borrowers and banks to participate)*
source and application of funds statement (Fin) Kapitalflußrechnung *f (syn, funds statement, qv)*
source code (EDV) Quellcode *m (syn, source language)*
source country (StR) Quellenstaat *m*
source data
(Stat) Ursprungsdaten *pl (syn, raw data)*
(EDV) Ausgangsdaten *pl*
source data acquisition (EDV) Primärdatenerfassung *f*
source data collection
(Stat) Ersterfassung *f*
(syn, initial/original /primary . . . data collection)
source document
(com) Originaldokument *n*
(EDV) Originalbeleg *m*
– Urbeleg *m*
(syn, original document)
(EDV) Quelldokument *n*
(ie, in a copy process)
(ReW) Ersterfassungsbeleg *m*
source domestically *v* (MaW) im Inland kaufen/beschaffen
source equation
(OR) Quellgleichung *f*
(ie, used in the Gomory-type cutting plane algorithm; cf, fractional integer programming)
source file
(EDV) Quelldatei *f*
– Ausgangsdatei *f*
source inspection (IndE) Außenabnahme *f*
source item
(EDV, Cobol) Sendefeld *n*
– Herkunftsfeld *n (cf, DIN 66 028, Aug 1985)*
source language
(com) Ausgangssprache *f (opp, target language)*
(EDV) Quellcode *m*
– Quell(en)sprache *f*
(syn, source code)
source language file (EDV) Quellprogrammdatei *f*
source marking (Mk) Auszeichnung *f* durch den Hersteller
source node (OR) Sendeknoten *m (syn, emitter node)*
source of energy
(Vw) Energiequelle *f*
(IndE) Energieträger *m*
source of finance (Fin) Finanzierungsmöglichkeit *f*
source of funds (Fin) Mittelherkunft *f*
source of information (Bw) Informationsquelle *f*
source of law
(Re) Rechtsquelle *f*
– Sedes materiae *f*
(syn, source of legal provision)
source of processed information (Bw) abgeleitete Informationsquelle *f*
source of revenue (FiW) Einnahmequelle *f*
source of supply
(com) Lieferquelle *f*
– Bezugsquelle *f*
source population (OR) Kundenreservoir *n (ie, in waiting-line models)*
source principle (StR) Quellenprinzip *n*
source program (EDV) Quellenprogramm *n (ie, written in a source language)*
source program card (EDV) Programmkarte *f*
source program library (EDV) Primärbibliothek *f*
source prorgam (EDV, Cobol) Quellprogramm *n*
source range (EDV) Quellbereich *m*
source responsibility (Re) Haftung *f* nach dem Verursacherprinzip
source row (OR) Gomory-Schnitt *m (syn, generating row)*
sources and application of funds statement (Fin) Kapitalflußrechnung *f (syn, funds statement, qv)*
sources and uses of funds (ReW) Mittelaufkommen *n* und Mittelverwendung *f*
sources-and-uses statement (ReW) Kapitalflußrechnung *f (syn, funds statement, qv)*
sources of capital (Fin) Kapitalquellen *fpl*
sources of funds (Fin) Mittelherkunft *f*
source state (StR) Quellenstaat *m (ie, country of income source)*
source statement (EDV) Primäranweisung *f*
source totals (ReW) Ursummen *fpl*
sourcing (MaW) Akquisition *f*
sour crude (com) schweres Rohöl *n (ie, term refers to sulphur content; cf, heavy crude oil)*
sour crude oil (com, US) schweres Rohöl *n (ie, term refers to sulfur content; syn, heavy crude, qv)*
sour loan (Fin, infml) notleidendes Darlehen *n (syn, nonperforming loan)*
sour stock (Fin) unverkäufliche Aktien *fpl*
sovereign borrower (Fin) öffentliche Hand *f* als Darlehensnehmer *(eg, governments, provinces, municipalities)*
sovereign debt (Fin) Schuldtitel *mpl* staatlicher Kreditnehmer
sovereign risk (Fin) Länderrisiko *n (syn, country risk, qv)*
space
(com) Frachtraum *m*
(EDV) Leerzeichen *n*
– Zwischenraum *m*
(syn, space character, blank)
space allocation (com) Frachtraumzuteilung *f*
space bar (com) Leertaste *f*
space buyer
(Mk) Anzeigenvermittler *m*
(Mk) Inserent *m*
space character (EDV) = space
space charge (Mk) Belegungspreis *m*
space coordinates (Math) Raumkoordinaten *fpl*
space costs (Mk) Anzeigenkosten *pl*
spaced maturities (Fin) gestaffelte Fälligkeiten *fpl*
space line (EDV) Leerzeile *f*
space of the investigation (Math) Summe *f* aller Teilmengen
space order (Mk) Anzeigenauftrag *m (syn, advertising order)*
space out *v* (com) sperren, gesperrt schreiben
space shuttle (IndE) Raumfähre *f*

space station (IndE) Raumstation *f*
space suppression (EDV) Zeilentransportunterdrükkung *f*
space „truck" (IndE) Raumlaster *m (ie, its main job being to carry payloads into space)*
space vector (Math) räumlicher Vektor *m*
spacing of maturities (Fin) Fälligkeitsstaffelung *f*
spacing out terms to maturity (Fin) Staffeln *n* der Laufzeiten
spacio-temporal coordinates (Math) Raum-Zeit-Koordinaten *fpl*
spaghetti structure (Mk) Spaghetti-Struktur *f*
span *v* (Math) aufspannen *(syn, occupy)*
spanking new (com, infml) brandneu
spanning tree (Math) aufspannender Baum *m*
span of control
(Bw) Kontrollspanne *f (cf, Gutenberg)*
– Leitungsspanne *f (cf, Kosiol, Heinen)*
– Subordinationsquote *f (cf, Gaugler, Bleichert)*
(syn, span of . . . command/management /supervision/responsibility; chain of command)
span of management (Bw) = span of control
span of reponsibility (Bw) = span of control
span of supervision (Bw) = span of control
spare capacity
(Bw) freie od ungenutzte Kapazität *f*
– Kapazitätsreserve *f*
(syn, idle/unused . . . capacity)
spare memory (EDV) Reservespeicher *m (syn, backup store)*
spare part (IndE) Ersatzteil *n (syn, replacement/renewal . . . part)*
spare parts service (MaW) Ersatzteildienst *m*
spark off *v* (com) auslösen *(syn, set off, trigger off)*
spate of lawsuits (Re) Prozeßlawine *f (syn, tangle of lawsuits)*
spate of mergers (Bw) Fusionswelle *f (syn, wave of mergers, takeover wave)*
spate of new issues (Fin) Emissionswelle *f*
spate of selling (Bö) umfangreiche Abgaben *fpl*
spatial consumer analysis (Mk) räumliche Konsumentenanalyse *f*
spatial market (Vw) räumlicher Markt *m*
spatial mobility (Vw) räumliche Mobilität *f*
spatial patterning (Vw) räumliche Strukturierung *f*
spatial pattern of purchasing power (Mk) geographische Kaufkraftverteilung *f*
SPC (IndE) = Statistical Process Control
S.p.d. (com) = steamer pays dues
speaking engagements (com) Vortragsverpflichtungen *fpl*
speak out *v* (com, infml) auspacken, offen reden
speak up *v* (com, infml) = speak out
speak-up program
(Pw, US) Offen-Gesagt-Programm *n*
(ie, Möglichkeit für Mitarbeiter, Beschwerden und sonstige Informationen direkt an die Unternehmensleitung zu senden)
spearhead growth *v* (com) Wachstum *n* forcieren
special acceptance (WeR) eingeschränktes Akzept *n (syn, qualified acceptance)*
special account (Fin) Sonderkonto *n*
special agency (Re) Spezialvollmacht *f (ie, authorizes to conduct a single transaction or a series of transactions; opp, general agency)*
special agent
(Re) Vertreter *m* für ein einzelnes Rechtsgeschäft
(Vers) Bezirksvertreter *m (ie, in property liability insurance)*
special allowance
(com) Sondernachlaß *m*
(ReW) Sonderwertberichtigung *f*
special assessment (FiW) Sonderumlage *f (ie, mit vorteilsausgleichendem Zweck)*
special-assessment bond (FiW, US) Kommunalanleihe *f (ie, issued to obtain funds for local projects, such as parks, sewers, sidewalks)*
special audit (ReW) Sonderprüfung *f*
special auditor (ReW) Sonderprüfer *m*
special balance sheet
(ReW) Sonderbilanz *f*
– außerordentliche Bilanz *f*
special bargain (Mk) Sonderangebot *n (syn, bargain sale)*
special bid (Mk) = special bargain
special bill (Fin, US) Sonder-Schatzwechsel *m (ie, Treasury bill maturing shortly after a tax due date, instead of the usual 3-month, 6-month, and 52-week bills)*
special bonus
(Pw) Sonderzulage *f (syn, extra allowance)*
(Vers) Sonderdividende *f*
special call right (Fin) Recht *n* auf Sonderkündigung
special character (EDV) Sonderzeichen *n (ie, not alphabetic, numeric, or blank)*
special contingency reserve (Vers) Sonderrücklage *f*
special credit (Fin) Sonderkredit *m*
special damage (Re) spezieller Schaden *m (ie, the natural but not necessary result of an injury)*
special delivery messenger (com) Eilbote *m (syn, GB, express messenger)*
special deposit
(Fin) Festgeldkonto *n*
(Fin) Hinterlegung *f* von Geld od Wertpapieren
special deposits (Fin, GB) mindestreserveähnliche Einlagen *fpl (ie, der Clearing Banks bei der Bank von England)*
special deposits rate (Fin, GB) variabler Mindestreservesatz *m*
special direct sales cost (KoR) Sondereinzelkosten *pl* des Vertriebs
special discount (com) Sondernachlaß *m (ie, granted to special groups of final users)*
special dividend
(Fin) Sonderdividende *f (syn, bonus)*
(Vers) Versichertendividende *f*, Bonus *m*
(syn, extra dividend, bonus)
special drawing rights (IWF) Sonderziehungsrechte *npl (ie, not backed by currency or precious metal, used to settle debts to another nation or to the IMF)*
special endorsement
(WeR, US) Vollindossament *n*
(ie, specifies the person to whom the instrument is endorsed; cf, Sec 3-204(1) UCC; syn, endorsement in full, direct endorsement)
special expenses (KoR) Sonderkosten *pl*
special expert (com) Sachverständiger *m (syn, expert, qv)*
special facilities (IWF) Sonderfazilitäten *fpl*

special field (com) Fachgebiet *n*
special fund (Fin) Spezialfonds *m*
special interest account (Fin, US) Sparkonto *n (cf, thrift department)*
specialist
(com) Fachmann *m*, Experte *m (syn, expert, authority in the field)*
(Bö, US) amtlicher Kursmakler *m*
(ie, executes trades and makes a market in stocks or groups of stocks; tätig als broker und dealer)
specialist area (com) Sondergebiet *n*
specialist engineer (IndE) Fachingenieur *m*
specialist shop (com, GB) Fachgeschäft *n (syn, specialty store, qv)*
specialist staff (Pw) Fachkräfte *fpl*, Fachpersonal *n (syn, skilled . . . personnel/staff)*
specialist wholesaler (com) Fachgroßhändler *m*
specialist wholesaling trade (com) Fachgroßhandel *m*
speciality steel (com) Sonderstahl *m*
specialization (com) Spezialisierung *f*
specialized agencies (AuW) Sonderorganisationen *fpl*
specialized area (com) Fachgebiet *n*
specialized bank (Fin) Spezialkreditinstitut *n*
specialized dealer (com) Fachhändler *m*
specialized dictionary (com) Fachwörterbuch *n*
specialized knowledge
(Pw) Fachkenntnisse *fpl*
– Fachwissen *n*
(syn, technical knowledge)
specialized lawyer (Re) Fachanwalt *m*
specialized literature (com) Fachliteratur *f (syn, technical literature)*
specialized retailing (com) Fachhandel *m*
specialized retail trade (com) Facheinzelhandel *m*
specialized trade (com) Fachhandel *m*
specialized translator (com) Fachübersetzer *m (syn, technical translator)*
specialize in *v* (com) sich spezialisieren auf
special leave (Pw) Sonderurlaub *m*
special lending agency (Fin) Spezialkreditinstitut *n*
special levy (StR) Sonderabgabe *f*
special line (com) Sondersparte *f*
special line (of business) (Vers) Sondersparte *f (eg, medical malpractice, professional indemnity)*
special meeting (com) Sondersitzung *f*
special meeting of shareholders (com) außerordentliche Hauptversammlung *f (syn, GB, extraordinary general meeting)*
special metals (com) Sondermetalle *npl (ie, rare metals such as titanium, chromium, tungsten, molybdenum, etc)*
special offering
(Bö) großes Aktienpaket *n (ie, available for sale, requires special handling)*
(Bö) Zeichnungsangebot *n (ie, for issues outstanding)*
special order (com) Sonderauftrag *m*, Sonderbestellung *f*
special parafiscal levies (FiW) parafiskalische Sonderabgaben *fpl*
special partner (com) Teilhafter *m*, Kommanditist *m (syn, limited partner, qv)*
special partnership (com) Gelegenheitsgesellschaft *f (ie, formed for a single transaction; opp, general partnership)*
special price (com) Sonderpreis *m (ie, granted to special groups of final consumers; syn, exceptional /preferential . . . price)*
special product carrier (com) Spezialfrachtschiff *n*
special-purpose buying (Bö) Interessenkäufe *mpl (ie, to acquire a majority stake or a blocking minority = Sperrminorität)*
special-purpose computer (EDV) Spezialrechner *m*
special-purpose report (com) Sonderbericht *m*
special quota (AuW) Sonderkontingent *n*
special rebate (com) = special discount
special-requirement-related supplementary Federal grants (FiW) Sonderbedarfs-Bundesergänzungszuweisungen *fpl*
special risk (Vers) Extrarisiko *n*
special risk reinsurance (Vers) Spezialrückversicherung *f (syn, facultative reinsurance)*
Special Settlement Account (IWF) besonderes Ausgleichskonto *n*
special standard (IndE) Fachnorm *f (ie, for a special segment of production)*
special status (com) Sonderstatus *m*
special stock (Bö) Spezialwert *m*
special subject vocabulary (Log) fachgebietsspezifischer Wortschatz *m*
special terms (com) Sonderkonditionen *fpl*
special trade (AuW) Spezialhandel *m*
specialty contract (Re) gesiegelter Vertrag *m*
specialty product (com) Spezialerzeugnis *n*
specialty store (com) Fachgeschäft *n (ie, aimed at a small market segment; syn, single-line retail store; GB, specialist shop)*
specie (Vw) Münzgeld *n*
specie-flow adjustment mechanism
(AuW) Goldautomatismus *m*
– Goldwährungsmechanismus *m*
(ie, corrects an adverse balance of payments or restores equilibrium; refers to a ‚self-regulating' or ‚automatic' gold standard)
specie point (Vw) Goldpunkt *m (syn, gold point)*
specific address (EDV) absolute Adresse *f (syn, absolute address)*
specific approval (Re) Sondergenehmigung *f*
specification
(com) Spezifikation *f*
– Beschreibung *f*
(com) Packliste *f (syn, packing list)*
(com) Ausfuhrerklärung *f (syn, export declaration)*
specification bias (Stat) systematischer Fehler *m* im Ansatz
specification of the European patent (Pat) europäische Patentschrift *f*
specification package (com) Spezifikationspaket *n*
specifications (com) Ausschreibungsunterlagen *fpl (ie, in invitations for competitive bidding)*
specification sheet
(com) Lastenheft *n*
– Leistungsbeschreibung *f*
– Pflichtenheft *n (syn, specs, spec sheet)*
(EDV) Datenblatt *n*
specification test (IndE) Abnahmeprüfung *f (ie, made by customer; syn, acceptance test; opp, inspection test)*
specific capital (Fin) zweckgebundenes Kapital *n*

specific charge (Fin) = fixed charge
specific code (EDV) Maschinencode *m (syn, absolute code)*
specific coding (EDV) Maschinencodierung *f*
specific cost (KoR) direkt zurechenbare Kosten *pl*
specific duty (Zo) spezifischer Zoll *m (ie, based on weight; syn, specific tariff)*
specific goods
(Re) konkrete Sachen *fpl*
(syn, ascertained goods; opp, generic/unascertained . . . goods = Gattungssachen)
specific grant
(FiW, GB) Einzelzuschuß *m*
(ie, paid to local authorities, usually a percentage of spending on a particular service, such as police or transport; opp, rate support grant)
specific legacy (Re) Vermächtnis *n (ie, e–r bestimmten Sache: sum of money or personal property)*
specific legatee (Re) Vermächtnisnehmer *m*
specific-order cost system (KoR) Zuschlagskalkulation *f (syn, job costing, qv)*
specific performance
(Re) Bewirkung *f* der geschuldeten Leistung
(ie, performance of a contract in the specific form in which it was made, or according to the precise terms agreed upon, where damages [Schadenersatz] would be an inadequate ompensation for the breach of an agreement; als Naturalerfüllung; in der Regel kann nur auf Geld – damages – geklagt werden; it is an unusual remedy and difficult to enforce; cf, dagegen § 362 I BGB)
specified task (Bw) eindeutige Aufgabe *f*
specimen
(com) Muster *n*
– Probe *f (ie, composed of discrete units that are independent entities; syn, sample)*
(IndE) Probe *f*, Probestück *n*
(IndE) Prüfstab *m*
specimen book (com) Musterbuch *n*
specimen configuration (IndE) Probengeometrie *f (ie, in materials testing = Werkstoffprüfung)*
specimen contract (Re) Mustervertrag *m*
specimen copy (com) Probenummer *f*
specimen page (com) Probeseite *f*
specimen signature (com) Unterschriftsprobe *f*
specs (com, US) = specification sheet
spec sheet
(com, US) = specification sheet
(EDV) Datenblatt *n*
speculate *v* (Fin) spekulieren *(syn, gamble)*
speculation (Fin) Spekulation *f*
speculation in real estate (com) Bodenspekulation *f*
speculation in shares (Bö) Aktienspekulation *f*
speculative balances (Fin) Spekulationskasse *f (syn, speculative holdings)*
speculative bargain (Bö) Spekulationsgeschäft *n*
speculative bubbles (Vw) Seifenblasen *fpl*
speculative buyer (com) Aufkäufer *m*
speculative buying (Bö) Spekulationskäufe *mpl*
speculative capital flows (Fin) spekulative Kapitalbewegungen *fpl*
speculative demand (Bö) spekulative Nachfrage *f*
speculative frenzy (Bö) Spekulationsfieber *n*
speculative funds (Bö) Spekulationsgelder *npl*
speculative gains (Fin) Spekulationsgewinne *mpl*
speculative holdings (Fin) = speculative balances
speculative investments (Bö) Spekulationspapiere *npl (ie, securities entitled to an investment rating comprising earning power, equity position, or outlook)*
speculative markups (Bö) spekulationsbedingte Pluskorrekturen *fpl*
speculative motive (Vw) Spekulationsmotiv *n*
speculative securities (Bö) Spekulationspapiere *npl (syn, cats and dogs)*
speculative shares (Fin) Spekulationsaktien *fpl*
speculative stock (MaW) spekulativer Bestand *m*
speculator
(Fin) Spekulant *m*
(ie, hazards his time, money, and effort in the taking of risks of speculation, for the purpose of gain; cf, operator, trader)
speech filing (EDV) Telefonsprachspeichersystem *n*
speech recognition (EDV) Spracherkennung *f*
speed (Fin) = momentum, qv
speed factor
(KoR) Plannutzenziffer *f*
(ie, speed factor x contribution margin = gross income per unit of scarce factor)
speeding offence (com) Geschwindigkeitsüberschreitung *f*
speed of response (Vw) Reaktionsgeschwindigkeit *f*
speedy dispatch (com) Schnellabfertigung *f (syn, prompt dispatch)*
speedy dispatch of work (com) flüssiger Arbeitsablauf *m*
spell checker (EDV) Rechtschreibprüfer *m*
spend *v*
(com) ausgeben *(syn, expend, pay out, lay out)*
(Fin) anlegen *(syn, invest)*
spendable earnings
(Vw) frei verfügbares Einkommen *n*
(ie, net earnings after taxes; syn, personal disposable income)
spendable income (Vw) = spendable earnings
spending bill (FiW) ausgabenwirksames Gesetz *n*
spending cut (FiW) Ausgabenkürzung *f*
spending decision (Mk) Ausgabenentscheidung *f*
spending equation (Vw) Ausgabengleichung *f*
spending habits (Mk) Ausgabegewohnheiten *fpl*
spending limitation (FiW) Ausgabenbegrenzung *f*
spending on fixed assets (Fin) Sachinvestition *f*
spending on plant and equipment (Bw) Ausrüstungsinvestitionen *fpl (syn, equipment outlays)*
spending on research and development (Bw) Aufwendungen *mpl* für Forschung und Entwicklung
spending policy (FiW) Ausgabenpolitik *f*
spending power
(Mk) Kaufkraft *f (syn, purchasing power)*
(FiW) Ausgabenkompetenz *f*
spending ratio of the overall public sector (FiW) gesamte Staatsquote *f*
spending target (FiW) Ausgabengrenze *f (ie, set forth in fiscal blueprint; syn, budget ceiling)*
spending unit (Mk) Konsumeinheit *f*, Haushaltseinheit *f (ie, may be a single person)*
spending variance (KoR) Verbrauchsabweichung *f (syn, budget /expense/usage . . . variance)*

sphere (com) Bereich *m (syn, domain, range, sector, scope)*

spillover
(EDV) Überlauf *m*
(Vw) Nebenwirkungen *fpl*

spillover effect (Vw) Auswirkung *f* von Marktstörungen auf andere Märkte

spillover effects (Vw) externe Effekte *mpl (syn, external effects, externalities, neighborhood effects)*

spinoff
(IndE) Nebenprodukt *n (syn, byproduct, qv)*
(Bw) Abfallprodukt *n*
– Nebenergebnis *n (ie, in research and development)*
(com) Anregung *f*
(Fin, US) Ausgliederung *f* zweier od mehrerer Unternehmen + Aktienübernahme durch Aktionäre der Muttergesellschaft; kein gegenseitiger Aktientausch wie beim splittoff
(ie, measure of corporate reorganization: part of the assets of a corporation are transferred to a corporation controlled by the transferor; this is followed by the distribution of stock or securities of the transferee corporation to the shareholders of the transferor corporation, but without a surrender by the shareholders of stock; cf, § 355 IRC; opp, splitoff, splitup)
(Bw, US) Ausgliederung *f*
(eg, Übernahme e–s Unternehmens durch Mitarbeiter: employees of a company set up an entirely new firm using assets or skills previously acquired; usually it entails an ongoing relationship with the previous employer either as a customer or competitor; most frequently in industries which have low barriers to entry (as in many low-skill service sectors) or where subcontracting is common, as in many sectors of the engineering industry)

spin off *v*
(com) ausgliedern *(eg, part of a company)*
(com, infml) abstoßen *(eg, a stake)*

spin off a stake *v* (Fin) Beteiligung *f* abstoßen *(syn, hive off/unload . . . a stake)*

spinoff development (com) Nebenentwicklung *f*

spin off operations *v* (com) Unternehmensteile *npl* abstoßen

spirit gains *v* (Fin, infml) Gewinne *mpl* verschwinden lassen *(eg, offshore – ins Ausland – to avoid tax; syn, make off with)*

splash screen (EDV, GUI) Eingangsbildschirm *m (ie, displayed immediately after program start; usu shows name, logo and version number of program)*

splicer
(EDV) Klebeeinrichtung *f*
– Klebepresse *f*

split (Fin, US) Aktiensplit *m (ie, increases the number and decreases the value of each share; total value of a holding remains unchanged)*

split ballot (Mk) gegabelte Befragung *f*

split bar (EDV, GUI) Fensterteiler *m*

split commission (Mk) geteilte Agenturvergütung *f*

split consignment (com) Sammelladung *f*, die bei Ankunft auf die Bestimmungsorte verteilt wird

split currency system (AuW) System *n* gespaltener Wechselkurse *(ie, separate rates of exchange for commercial and official transactions)*

split exchange rate (AuW) gespaltener Wechselkurs *m (syn, multiple exchange rate)*

split foreign exchange market (AuW) gespaltener Devisenmarkt *m (syn, two-tier /dual . . . foreign exchange market)*

split-half method (Stat) Halbierungsmethode *f*

split inventory method (MaW) Lagerhaltung *f* nach ABC-Klassifikation *(syn, ABC inventory control)*

split issue (Fin) aufgeteilte Emission *f (ie, in e–m Emissionskonsortium)*

split load (com) gespaltene Ladung *f (ie, cargo in a single shipping unit having more than one terminal destination)*

split lot (Bw) Teillosgröße *f*

splitoff
(Fin, US) Ausgliederung *f* + Aktientausch *m*
(ie, part of the assets of a corporation is transferred to a corporation controlled by the transferor, and the stock of the transferee corporation is distributed to the shareholders of the transferor corporation, in exchange for part of their stock; cf, § 355 IRC; opp, splitup)

split off *v*
(Bw) ausgliedern *(eg, corporate functions)*
(EDV) abtrennen

split off operations *v* (Bw) Betriebsteile *mpl* ausgliedern *(syn, hive off)*

splitoff point
(IndE) Gabelungspunkt *m*
(ie, in joint production [Kuppelproduktion] the point of separation of the different products)

split opening
(Bö) gespaltene Eröffnung *f*
(ie, wide difference in the price of a stock at the opening)

split order (Bö) Auftrag *m*, der in zwei oder mehreren Teilen zu unterschiedlichen Kursen ausgeführt wird *(ie, in two or more parts at different prices)*

split price (Mk) gespaltener Preis *m*

split quotation (Bö) Kursnotierung *f* in Bruchteilen

split rate of exchange (AuW) gespaltener Wechselkurs *m (ie, multiple exchange rate, qv)*

split reimportation (AuW) Teil-Wiedereinfuhr *f*

split route scheduling
(IndE) Aufteilung *f* e–s Arbeitsganges auf mehrere Maschinen
(ie, to accelerate production)

split run advertising (Mk) Anzeigen-Split *m*

split screen (EDV) geteilter Bildschirm *m*

split screen *v* (EDV) Bildschirm *m* teilen/splitten

split second decision (com) blitzschnelle Entscheidung *f*

split shares *v* (Fin) Aktien *fpl* splitten *(cf, splitup)*

split stock *v* (Fin) = split shares

splitting
(StR) Splitting *n*
(ie, Einkommen beider Ehegatten wird addiert und dann halbiert, auch wenn das Einkommen des e–n Teils gleich Null ist: jeder Ehegatte wird mit der Hälfte des Gesamteinkommens zur ESt herangezogen)

splitup
(Fin, US) Aktiensplit *m*
– Splitting *n*
– Aktienaufteilung *f*
(ie, number of shares is increased by some ratio or multiple; purpose is to reduce the market value of stock to make possible a wider ownership; it affects the capital account only)
(Fin, US) Auflösung *f* und Ausgründung zweier oder mehrerer Gesellschaften mit Aktientausch
(ie, measure of corporate reorganization: all of the assets of a corporation are transferred to two or more new corporations in exchange for their stock; this is followed by liquidation and the distribution of shares of the new corporations to the shareholders of the original corporation; cf, splitoff, spinoff)
split up *v* (com) aufteilen *(syn, break up, apportion, allocate)*
split up factors *v* (Math) Faktoren *mpl* zerlegen
spoilage
(MaW) Ausschuß *m (ie, lost units, rejects)*
(IndE) Materialabfall *m (ie, junked and sold for disposal value)*
spoilage rate variance (KoR) Ausschußabweichung *f (ie, difference between budgeted and actual rates)*
spoiled-work order (IndE) Auftrag *m* zur Nachbesserung *(syn, rework order)*
spokesman (com) Sprecher *m (eg, company spokesman told the press)*
sponsor
(Fin) Geldgeber *m*
– Sponsor *m*
(Fin) Konsortialführer *m*
(Fin) Auftraggeber *m*
– Projektträger *m (ie, in project financing)*
(Fin) Gründerfirma *f* e–s Investmentfonds
sponsored research (com) Auftragsforschung *f (syn, contract /outside . . . research)*
sponsored television (Mk, GB) durch Werbung finanziertes Fernsehen *n*
sponsoring bank (Fin) betreuende Bank *f*
sponsoring group (Fin) Übernahmekonsortium *n (syn, underwriting group, qv)*
sponsorship (Fin) finanzielle Trägerschaft *f*, Finanzierung *f*
sponsorship bias (Log) Auftraggebereffekt *m*
spontaneous strike (Pw) Warnstreik *m (syn, protest strike, qv)*
SPOOL
(EDV) SPOOL-Programm *n*
(ie, Spool: simultaneous peripheral operations on-line)
SPOOL file (EDV) SPOOL-Datei *f*
spooling (EDV) Spulbetrieb *m*
spot (com) sofort lieferbar od zahlbar
spot cargoes (com) Spotmengen *fpl (eg, of crude oil)*
spot cash
(Fin) sofort zahlbar
(Fin) Sofortliquidität *f (ie, immediate cash available for a purchase involving immediate delivery)*
spot check
(Pw) Stichprobe *f (syn, snap check)*
(Fin) Kassenprüfung *f*
spot commitments (Bö) Kassapositionen *fpl*
spot commodity (Bö) Lokoware *f*
spot deal (Bö) = spot sale
spot delivery (Bö) sofortige Lieferung *f*
spot dollars (Fin) Kassadollars *mpl*
spot exchange (Bö) Kassadevisen *pl*
spot exchange market (Bö) Devisenkassamarkt *m (opp, forward exchange market)*
spot exchange rate (Bö) Devisenkassakurs *m (opp, forward exchange rate)*
spot exchange transaction (Bö) Devisenkassageschäft *n (opp, forward exchange transaction)*
spot market (Bö) Kassamarkt *m (syn, cash/physical . . . market)*
spot/next (Fin) Tagesgeld *n* vom übernächsten Tag ab laufend *(ie, Abschlußtermin am Euromarkt; cf, overnight, tom/next)*
spot payment (Fin) = single payment
spot price (Bö) = spot rate
spot quotion (Bö) Kassanotierung *f*
spot rate
(Bö) Kassakurs *m*
(ie, current rate of exchange quoted between two currencies; usually quoted as a bid rate and an offer rate)
spots
(Bö) disponible Ware *f*
– Lokoware *f*
– Kassaware *f (syn, cash commodity)*
spot sale (Bö) Kassageschäft *n (syn, cash sale)*
spot silver (Bö) Kassasilber *n*
spot trading
(Bö) Kassahandel *m*
– Kassageschäfte *npl*
(syn, dealings for cash, cash dealings)
spot transaction (Bö) = spot sale
spotty quality (IndE) schlechte Stücke *npl*
spot value date (Bö) Kassavalutierung *f*
spout (com, GB, infml) Pfandhaus *n (syn, pawnbroker's shop)*
spread
(com) Marge *f*
– Spanne *f*
(ie, between buying and selling prices, debtor and creditor interest rates, etc; Preisspanne, Kursspanne usw)
(Fin) Aufschlag *m* auf Referenzzinssatz *(eg, loan spread 0.5%)*
(Fin) Konsortialgebühr *f (syn, overriding commission)*
(Fin) Bandbreite *f (ie, of foreign exchange rates)*
(Bö) Spread *m*
– Spanne *f*
(ie, simultaneous purchase of an option with a certain striking price and expiry date and sale of another option with a different price and/or date on the same security)
(Bö) = straddle
spread *v*
(ReW, KoR) verrechnen
– verteilen
(syn, allocate, qv)
(Fin) streuen
spread cost *v* (ReW) Kosten *pl* verteilen *(eg, over several years)*

spreader
(Bö) Spekulant *m*
(ie, sucht den Ausgleich zwischen verschiedenen Fälligkeiten od Instrumenten: inter intra-commodity spread)
spreading
(Fin) Spreading *n*
(ie, gleichzeitiger Erwerb und Verkauf von Options- oder Terminkontrakten, um Preisdifferenzen zu arbitragieren)
spreading of investments (Fin) Streuung *f* von Anlagen
spreading of risks (Fin) Risikostreuung *f*
spread of competitive prices (Mk) Preisband *m*
spread out the timing *v* (com) zeitlich strecken *(eg, of spending)*
spread price (Bö) Spannungspreis *m*
spread sheet
(EDV) Kalkulationstabelle *f*
(ReW) Abschlußblatt *n*
– Arbeitsblatt *n*
(ie, balance sheet in schedule form; syn, work sheet, articulation statement)
spreadsheet analysis (EDV) Tabellenkalkulation *f*
spreadsheeting (EDV) = spreadsheet analysis
spreadsheet program (EDV) Tabellenkalkulations-Programm *n*
spread trading (Fin) Spread Trading *n (ie, gleichzeitiger Erwerb und Verkauf von Zinstitel–Terminkontrakten)*
spur (com) Anreiz *m (eg, to increased efficiency)*
spurious conflict (Bw) Scheinkonflikt *m*
spurious correlation (Stat) Scheinkorrelation *f (syn, illusory correlation)*
spur line (com) Stichleitung *f (eg, linked to a main pipeline)*
spurt (Bö) plötzlicher Kurssprung *m (ie, sudden upward jump)*
spurt *v* (com) plötzlich ansteigen *(eg, prices)*
spur track (com) Anschlußgleis *n (ie, connected to main track at one end only; syn, stub track; opp, siding)*
squander money *v* (com) Geld *n* verschwenden *(syn, infml, throw one's money about/around)*
square *v* (com, Bö) ausgleichen, glattstellen
square array (Math) quadratisches Schema *n*
square deal (com) ehrliches Geschäft *n*
squared paper (com) Millimeterpapier *n (syn, cross-section /plotting/ruled . . . paper)*
square matrix (Math) quadratische Matrix *f*
square number (Math) Quadratzahl *f*
square of opposition (Log) logisches Quadrat *n*
square positions *v* (Bö) Positionen *fpl* glattstellen
square root (Math) Quadratwurzel *f*
square the balance of payments *v* (AuW) Zahlungsbilanz *f* ausgleichen *(syn, adjust)*
square treatment (Pw) gerechte Behandlung *f*
squariance (Stat) Summe *f* der Abweichungsquadrate *(syn, deviance, qv)*
squeeze out *v* (Bw) verdrängen *(ie, competitors)*
squeeze-out merger
(Bw, US) „Verdrängungs"-Fusion *f (ie, parent owns 90% of subsidiary that is to be merged into the parent; holders of less than 10% cannot block the merger and can be „squeezed out")*
squeeze out of the market *v* (com) aus dem Markt verdrängen *(syn, drive out, qv)*
squeezing
(Vw) Verdrängen *n* von Wettbewerbern
(ie, Preis des Fertigprodukts wird relativ zu niedrig angesetzt; Form der Preisdiskriminierung)
squirrel away *v* (com, infml) sparen, beiseite legen *(syn, put aside, qv)*
S.R.C.C. (com) = strike, riots & civil commotion
SSA (SozV, US) = Social Security Administration
S-shaped pattern (Bw) S-förmiges Muster *n*
stability (com) Dauerhaftigkeit *f*, Haltbarkeit *f*
Stability and Growth Pact (EG) Stabilitäts- und Wachstumspakt *m (effective from 1999 onwards, according to the Maastricht Treaty)*
stability of prices
(com) Preisstabilität *f*
(Bö) Kursstabilität *f*
stability of purchasing power (Vw) Kaufkraftstabilität *f*
stability of rate (Fin) Dividendenkontinuität *f (syn, dividend continuity)*
stability pact (FiW) Stabilitätspakt *m*
stabilization (com) Stabilisierung *f*
stabilization crisis (Vw) Stabilitätskrise *f*
stabilization fund (AuW) Währungsausgleichsfonds *m (syn, GB, Exchange Equalisation Account, qv)*
stabilization loan (Vw) Stabilitätsanleihe *f*
stabilization of markets (com) Stabilisierung *f* der Märkte
stabilization of prices
(com) Preisstabilisierung *f*
(Bö) Kursstabilisierung *f*, Kurspflege *f*
stabilization of the economy (Vw) Konjunkturstabilisierung *f*
stabilization of the overall price level (Vw) Stabilisierung *f* des Preisniveaus
stabilization policy
(Vw) Stabilitätspolitik *f*, Konjunkturpolitik *f*
(Vw) Sicherung *f* der Geldwertstabilität
stabilize *v* (com) stabilisieren
stabilized bond
(Fin) indexgebundene Anleihe *f*
(ie, adjusted to reflect changes in inflation or deflation)
stable currency (Vw) stabile Währung *f*
stable economic relations (Vw) stabile Wirtschaftsbeziehungen *fpl*
stable equilibrium (Vw) stabiles Gleichgewicht *n*
stable exchange rate (AuW) starrer Wechselkurs *m*
stable exchange rate relations (AuW) stabile Wechselkursrelationen *fpl*
stable price level (Vw) stabiles Preisniveau *n*
stable-value clause (Fin) Wertsicherungsklausel *f*
stack
(com) Stapel *m*
(EDV) Stapelspeicher *m*
– Keller *m*
(ie, portion of memory to temporarily hold information; syn, push-down store)
stack bar charts (Stat) gestapelte Balkendiagramme *npl*
stacked job processing
(EDV) sequentielle Bearbeitung *f*
(syn, sequential job scheduling)

staff
(Pw) Personal *n*
– Belegschaft *f*
(syn, personnel, manpower)
(Bw) Stabskräfte *fpl*
(Pw) Lehrkräfte *fpl*
staff *v* (Pw) mit Personal besetzen *(eg, a new foreign branch establishment)*
staff activities (Bw) Stabstätigkeit *f*
staff and operatives (Pw) Angestellte *mpl* und Arbeiter *mpl*
staff and service department (Bw) Stabsabteilung *f* *(syn, staff unit, qv)*
staff auditor
(ReW) Innenrevisor *m*
– innerbetrieblicher Prüfer *m*
staff capacity plan (Pw) Personalplanung *f*
staff committee (Pw) Personalausschuß *m*
staff costs (ReW, EG) Personalaufwand *m*
staff department
(Bw) Stabsabteilung *f*
– Stabstelle *f*
– Zentralabteilung *f*
(syn, staff . . . division/unit)
(Pw) Personalabteilung *f*
(syn, personnel department, qv)
staffer (Pw) Mitarbeiter *m*
staff function (Bw) Stabsfunktion *f* *(eg, planning, training, clerical services)*
staffing
(Bw) Personalführung *f*
(Pw) Einstellung *f* von Mitarbeitern
– Personalbeschaffung *f*
– Stellenbesetzung *f*
staffing plan (Pw) Personalplanung *f*
staffing schedule (Pw) Stellenplan *m* *(syn, position chart)*
staff lawyer (Bw) Hausjurist *m* *(syn, in-house lawyer, qv)*
staff levels (Pw) Personalbestand *m*
staff manager (Pw) Personalleiter *m* *(syn, personnel manager)*
staff meeting (Pw) Personalversammlung *f*
staff morale (Pw) Arbeitsmoral *f* *(syn, on-the-job morale)*
staff of representatives (com) Vertreterstab *m*
staff operatives (Pw) Beschäftigte *pl* in der Stablinienorganisation
staff organization (Bw) Stablinienorganisation *f*
staff paper (Bw) Stabspapier *n*
staff position (Bw) Stabstelle *f* *(syn, staff unit, qv)*
staff promotion policy (Pw) Personalbeförderungspolitik *f*
staff reduction
(Pw) Personalabbau *m*
(syn, cutback in employment, qv)
staff representation (Pw) Personalvertretung *f*
staff restaurant (Pw) Kantine *f* *(syn, canteen)*
staff turnover (Pw) Fluktuation *f* *(syn, labor turnover, qv)*
staff unit
(Bw) Stabsabteilung *f*
(syn, staff and service department, service department)
stag (Bö, GB) Konzertzeichner *m*

stage
(com) Stufe *f*
– Stadium *n*
(com) Teilstrecke *f*
stage *v*
(com, infml) veranstalten
– inszenieren
(eg, a comeback)
stage a strike *v* (Pw) Streik *m* organisieren
stage of development
(Bw) Entwicklungsstadium *n*
– Entwicklungsstufe *f*
stage of production (IndE) Produktionsphase *f*
stages of appeal (Re) Instanzenweg *m*
stages of expansion (Bw) Wachstumsstufen *fpl* *(eg, may refer to growth rate of business correspondence)*
stagflation (Vw) Stagflation *f* *(ie, stagnation + inflation)*
stagger *v* (com) staffeln
staggered prices (com) Staffelpreise *mpl*
staggering working hours (Pw) Gleitzeit *f* *(syn, flextime, qv)*
stagging (Bö, GB) Konzertzeichnung *f*
staging
(Pw) Übergangsstellung *f* *(ie, phase in career development)*
(IndE) Bereitstellung *f* *(eg, of materials)*
staging bill of material (IndE) Bereitstellungsliste *f*
staging order (com) Bereitstellauftrag *m*
stagnant industry (Vw) wachstumsschwacher Wirtschaftszweig *m*
stake (com) Beteiligung *f* *(syn, interest, participation)*
stakeholders (Bw) Interessengruppen *fpl* *(eg, stakeholders pitted against shareholders)*
stake out *v*
(com) abstecken
(eg, try to . . . positions in an industry; a field of interest; syn, pursue, try to get)
stale (Bö) lustlos *(syn, dull)*
stale check
(Fin) verfallener Scheck *m*
(ie, presented more than 6 months after its date; Sec 4-404 UCC)
stale claim (Re) verjährter Anspruch *m*
stale-dated check (Fin) = stale check
stalemate situation (com) Pattsituation *f* *(syn, deadlock)*
stamp
(com) Stempel *m*
(com) Briefmarke *f* *(syn, postage stamp)*
stamp *v*
(com) stempeln
(com) frankieren *(ie, letters)*
stamp duty
(com) Stempelgebühr *f*
(StR, GB) Börsenumsatzsteuer *f* *(ie, levied by the Inland Revenue; eg, transfer stamp duty, contract, stamp duty)*
stamped envelope (com) Freiumschlag *m* *(syn, postage-paid /reply-paid . . . envelope)*
stamping machine (com) = franking machine
stamp pad (com) Stempelkissen *n*
stamp tax (StR) Stempelsteuer *f*

stand-alone activity (com) isolierte Tätigkeit *f*
stand-alone language
(EDV) selbständige Sprache *f*
(syn, self-contained language)
stand-alone system (EDV) dezentrales System *n*
stand-alone terminal
(EDV) Einzelbildschirmgerät *n*
– Einzelterminal *n*
(Mk) Datenkasse *f*
standard (IndE) Norm *f (eg, DIN, BS, ASME)*
standard activity (KoR) Normalbeschäftigung *f*
(syn, normal activity)
Standard Advertising Unit, SAU
(Mk, US) einheitliches Seitenformat *n*
(ie, ab 1.7.84 werden alle großen amerikanischen Zeitungen nach dieser Einheit gedruckt)
standard average earnings (Pw) durchschnittlicher Normalverdienst *m (syn, normal average earnings)*
standard banking operations (Fin) reguläre Bankgeschäfte *npl (ie, lending and deposit business)*
standard capacity
(Bw) Normalbeschäftigung *f*
– Normalleistung *f*
standard clause (Re) Standardklausel *f*
standard clearing account (KoR) Verrechnungskonto *n*
standard components
(IndE, EDV) Standardbauteile *npl*
Standard Conditions of Sale (com) Allgemeine Verkaufsbedingungen *fpl*
standard configuration
(EDV) Standard-Konfiguration *f*
– Standardausrüstung *f*
standard contract
(Re) Standardvertrag *m*
– Mustervertrag *m*
standard cost
(KoR) Plankosten *pl*
– Sollkosten *pl*
(syn, predicted cost)
standard cost accounting
(KoR) Standardkostenrechnung *f*
(ie, Variante der Plankostenrechnung; baut auf der Normalkostenrechnung auf)
standard costing
(ReW) (Gruppen-)Bewertung *f* des Vorratsvermögens mit Festpreisen
(KoR) Plankostenrechnung *f*
– Sollkostenrechnung *f*
standard costing rate
(KoR) Standardkostensatz *m*, Kostenstandard *m*
(ie, der auf e-e Leistungseinheit je Kostenstelle bezogene Kostensatz)
(KoR) fester Gemeinkostenzuschlag *m*
standard cost method (KoR) = standard costing
standard deduction
(StR) Pauschbetrag *m*
(ie, as a technical term replaced by, zero bracket amount')
standard deviation
(Stat) Standardabweichung *f*
– mittlere quadratische Abweichung *f*
(ie, positive Wurzel aus der Varianz; syn, mean square deviation)
standard direct costing
(KoR) Grenzplankostenrechnung *f*
– Teilkostenrechnung *f*
(syn, direct costing, qv)
standard direct labor cost (KoR) Standard-Lohneinzelkosten *pl*
standard error (Stat) Standardfehler *m*
standard form
(com) Einheitsformular *n*
– Einheitsvordruck *m*
(Log) Normalform *f*
(ie, of propositional logic = Aussagenlogik; syn, normal form)
standard form contract (Re) Formularvertrag *m*
standard form of articles (Re, GB) Standardsatzung *f*
standard grade
(com) Standardsorte *f*
(syn, basic grade)
standard hour (IndE) Vorgabestunde *f*
Standard Industrial Classification, SIC
(com, GB) Branchenklassifikation *f*
(ie, used in compiling official statistics)
Standard Industrial Classification System, SICS
(com, US) System *n* der Branchenklassification
(ie, federal government's numbering system for the classification of industries and enterprises)
standard intercompany price
(ReW) Festpreis *m*
(ie, in cartels and groups of affiliated companies)
standard interface (EDV) Standardanschluß *m*
Standard International Trade Classification, SITC
(AuW) Internationales Warenverzeichnis für den Außenhandel
standard inventory (MaW) Durchschnittsbestand *m*
standardization
(IndE) Normung *f*
– Typung *f*
standardization cartel (Kart) Normen- und Typenkartell *n*
standardize *v*
(Bw) standardisieren
(IndE) normen
standardized cost estimate
(KoR) Basiskalkulation *f*
(ie, covers all fixed and variable cost)
standardized family household (Stat) Indexfamilie *f*
standardized options (Bö) standardisierte Optionsrechte *npl*
standardized programming (EDV) normierte Programmierung *f*
standardized size (com) genormte Größe *f*
standard label (EDV) Standardkennsatz *m*
standard letter
(com) Schemabrief *m*
(ie, identical wording, but addressed to individual persons or firms)
standard machine hours
(KoR) Standard-Maschinenstunden *fpl*
standard mileage rate
(StR, US) Meilen-Pauschale *f*
(ie, tax deductible for business use of vehicles; may be 20 cents a mile for the first 15,000 etc)
standard mill cost (KoR) Standardselbstkosten *pl*
standard of assessment (com) Bemessungsmaßstab *m*
standard of invention (Pat) Erfindungsmaßstab *m*

standard of living
(com) Lebensstandard *m*
(ie, minimum of necessities, comforts, or luxuries held essential to maintaining a person in proper circumstances; Ausstattungsgrad mit materiellen und immateriellen Versorgungsgütern)
standard of performance
(Pw) Leistungsmaßstab *m*
– Leistungsstandard *m*
– Leistungsziel *n (syn, performance objective)*
standard of valuation
(ReW) Bewertungsmaßstab *m*
(eg, fair market value, going concern value, etc; syn, valuation standard)
standard of value
(StR) Bewertungsgrundsatz *m*
(Vw) (Geld als) Wertmaßstab *m*
standard operating procedure (Bw) Standardverfahren *n*
standard operation time (IndE) Vorgabezeit *f (syn, standard time)*
standard operator performance (IndE) = standard performance
standard overhead (KoR) Standardgemeinkosten *pl*
standard package sizes (Mk) Standard-Packungsgrößen *fpl*
standard packing (com) Einheitsverpackung *f*
standard performance (Bw) Solleistung *f*
standard piece wage (IndE) Einheitsstücklohn *m*
standard policy
(Vers) Normalpolice *f*
– Einheitsversicherung *f*
standard population (Stat) Standardgesamtheit *f*
standard price
(com) Einheitspreis *m (syn, unit price)*
(KoR) fester Verrechnungspreis *m*
standard product
(com) Standarderzeugnis *n*
– Standardprodukt *n*
standard product costing (KoR) Standardkostenkalkulation *f*
standard program (EDV) Standardprogramm *n*
standard quality (com) Standardqualität *f*
standard quotation (Bö) Einheitskurs *m (syn, middle price)*
standard rate
(com, US) = flat rate
(KoR) Standardkostensatz *m*
– Kostenstandard *m*
(syn, standard cost rate)
(StR) Standardsteuersatz *m*
(syn, basic tax rate)
(Pw) Tariflohn *m*
(syn, negotiated standard wage rate, agreed/union . . . wage rate)
standard rating (IndE) Standardleistungsgrad *m*
standard retirement age (FiW) Regelaltersgrenze *f*
standard running time (IndE) vorgegebene Hauptzeit *f*
standard run quantity (IndE) Standardlosgröße *f*
standards
(IndE) Normwerte *mpl (ie, long standing average values, suited to the special conditions of a plant)*
(ReW) Prüfnormen *fpl (ie, as applied by auditors)*
standards committee (IndE) Normungsausschuß *m*
standards for air safety (com) Flugsicherheits-Vorschriften *fpl*
standards of conduct (Bw) Verhaltenskodex *m*
standards of performance (Pw) Leistungsnormen *fpl*, Leistungsvorhaben *fpl*
standard specification (IndE) Norm *f (syn, standard)*
standard stocks
(Bö, US) Standardwerte *mpl*
(ie, tested or seasoned stocks)
standard subroutine
(EDV) Standardunterprogramm *n*
standard terms
(com) einheitliche Bedingungen *fpl*
– Standardbedingungen *fpl*
Standard Terms and Conditions (com) Allgemeine Geschäftsbedingungen *fpl*
standard text (com) normierter Text *m*
standard time
(com) Normalzeit *f*
(infml, Winterzeit; opp, daylight savings time = Sommerzeit)
(Pw) Normalarbeitszeit *f*
(IndE) Normalzeit *f*
– Standardzeit *f*
(syn, standard operation/all-in/allowed/incentive . . . time)
(IndE) Vorgabezeit *f*
standard time per unit (IndE) Stückzeit *f*
standard unit (EDV) Standardbaustein *m*
standard unit cost (KoR) Standardstückkosten *pl*
standard utilization (Bw) Normalausstattung *f*
standard video (EDV) positive Darstellung *f*
standard wage (Pw) Normallohn *m*
standard work day (Pw) Normalarbeitstag *m*
stand as a candidate *v* (com) kandidieren
stand at *v*
(com) stehen bei *(ie, prices)*
(Bö) notiert werden mit
standby (com) Stellvertreter *m (syn, deputy, substitute)*
stand by a contract *v* (Re) Vertrag *m* einhalten od erfüllen
standby agreement (IWF) Standby-Abkommen *n* Bereitschaftskreditabkommen *n*
standby arrangement (IWF) Bereitschaftskreditabkommen *n*
standby commitment
(Fin, US) Bereitstellungskredit *m*
(ie, bank signs a formal contract with a borrower and commits to extend to it the agreed-upon amount for the specified period of time; commitment fee between 0.25% and 0.75% (annualized basis) of the unused portion or of the entire amount)
standby computer (EDV) Bereitschaftsrechner *m*
standby cost
(KoR) Kosten *pl* der Betriebsbereitschaft
(ie, cost of keeping plant in readiness; syn, ready-to-serve cost, capacity cost)
standby costs
(KoR) Bereitschaftskosten *pl*
(ie, nur in Einzelkostenrechnung: deckungsgleich mit beschäftigungsfixen Kosten)

standby credit
(IWF) Stand-by-Kredit *m*
– Beistandskredit *m*
– Stützungskredit *m*
(ie, additional device to assist IMF members in temporary difficulties; members may negotiate lines of credit in anticipation of their actual needs)
standby duty (Pw) Bereitschaftsdienst *m (syn, standby service)*
standby facility
(Fin) Standby-Fazilität *f (ie, Kreditzusage in Form e–r Kreditlinie; im Zusammenhang mit Absicherungsfazilitäten)*
(IWF) = standby credit
standby fee (Fin) Bereitstellungsgebühr *f*
standby group (Fin) Garantiekonsortium *n*
standby inventory (MaW) Hilfslager *n (opp, central store = Hauptlager)*
standby L/C commission (Fin, US) Avalprovision *f*
standby letter letter of credit
(Fin, US) Garantieakkreditiv *n*
(ie, drawn upon only if another transaction is not consummated or another obligation is not met)
standby man (IndE) Springer *m (syn, stand-in, swing man)*
standby mode (EDV) Reservebetrieb *m*
standby syndicate (Fin) = standby group
standby system
(IndE) Bereitschaftssystem *n*
(EDV) Reservesystem *n (syn, fall-back system)*
standby unit (com) Ersatzgerät *n*
standing
(Fin) Bonität *f*
– Kreditwürdigkeit *f*
standing cost (KoR) fixe Kosten *pl (syn, fixed cost)*
standing file (com) Aktenordner *m*
standing instructions (Bw) Dienstanweisung *f (syn, service instructions)*
standing invitation to tender (com) Dauerausschreibung *f*
standing loan syndicate (Fin) Dauerkonsortium *n*
standing margin account (Bö, US) ständiges Einschußkonto *n*
standing order
(Bw) langfristiger Dauerauftrag *m (ie, mit laufendem Abruf = call-forward notice)*
(Fin, GB) Dauerauftrag *m (syn, banker's order)*
standstill agreement
(Re) Stillhalteabkommen *n*
– Moratorium *n*
stand surety *v* (Re) Bürgschaft *f* leisten
stand surety for *v* (Re) Bürgschaft *f* leisten od übernehmen *(syn, accept guaranty)*
stand-up leadership (Bw) starke Führung *f*
staple
(com) Massenerzeugnis *n*
– Stapelware *f*
(com) Heftklammer *f (ie, thin wire driven into sheets of paper; opp, paper clip)*
staple commodities (com) Stapelwaren *fpl*, Stapelgüter *npl*
stapler
(com) Heftapparat *m*
– Tacker *m*
star (Mk, infml) Produkt *n* mit starkem Wachstum und großem Marktanteil *(opp, dog)*
start address
(EDV) Startadresse *f*
– Anfangsadresse *f*
(syn, starting address)
start bit (EDV) Startbit *n*
start business *v* (com) Betrieb *m* aufnehmen
start date (com) Anfangstermin *m*
starter (Pw) neuer Mitarbeiter *m (opp, leaver)*
start event (OR) Startereignis *n*, Anfangsereignis *n*
starting address (EDV) = start address
starting assumption (Log) Ausgangshypothese *f*
starting character (EDV) Anfangszeichen *n*
starting-load cost (ReW) = startup cost
starting materials (IndE) = start materials
starting node
(OR) Ausgangsknoten *m (syn, output node)*
(Math) Anfangsknoten *m (syn, initial vertex)*
starting price (com) Einsatzpreis *m (ie, at auction)*
starting rate (StR) Eingangssteuersatz *m*
starting salary (Pw) Anfangsgehalt *n (syn, initial/commencing . . . salary)*
starting state (OR) Anfangszustand *m*
starting wage (Pw) Anfangslohn *m (syn, entrance wage)*
start line number (EDV) Anfangszeilennummer *f*
start materials (IndE) Einsatzmaterial *n (syn, charge materials, feedstock)*
start moving down *v* (com) nachgeben *(eg, interest rates)*
start of construction work (com) Baubeginn *m*
start of page (EDV) Seitenoberkante *f*
start on a shoestring *v* (com, infml) mit nichts anfangen
start one's own business *v* (Bw) selbständig werden *(syn, start up on one's own)*
start on one's own *v* (Bw) = start one's own business
start operations *v* (com) in Betrieb nehmen *(syn, commission, put on stream, take into operation)*
start production *v* (IndE) Produktion *f* aufnehmen
start routine (EDV) Anlaufroutine *f*
start symbol (EDV) Startsymbol *n (ie, in programming)*
start time
(EDV) Anlaufzeit *f*
– Startzeit *f*
startup
(Bw) = start-up company
(IndE) Inbetriebnahme *f (syn, commissioning, qv)*
(IndE) Wiederanlauf *m*
start up *v* (IndE) in Betrieb nehmen *(syn, commission, qv)*
start-up company
(Bw) neu gegründetes Unternehmen *n*
– Neugründung *f*
– Jungunternehmen *n*
start-up cost
(ReW) Anlaufkosten *pl*
(ie, under U.S. accounting principles such costs have to be expensed immediately; the German AktG permits to spread them over a period of 5 years; syn, starting-load/starting/launching . . . cost, pre-operation expense)

start-up directory (EDV) Eröffnungsverzeichnis *n*
start-up expenditure (StR, US) = start-up cost
start-up funding (Fin) Anfangskapital *n (syn, initial capital)*
start-up investment (Fin) Erstinvestition *f (syn, initial investment)*
start-up losses (ReW) Anlaufverluste *mpl*
start-up period (IndE) Anlaufzeit *f (syn, break-in period, launching period)*
start-up phase (com) Anlaufphase *f*
start-up procedure (EDV) Inbetriebnahme *f*
start-up screen (EDV) Eröffnungsbildschirm *m*
stash away money *v* (Fin, infml) Rücklagen *f* bilden *(eg, to cover huge potential liabilites)*
state
(com, GB) = statement
(com) Zustand *m*
(EDV) Zustand *m* e–s Programms, Zustandsvektor *m*
(Re, US) Bundesstaat *m*
(Re) staatlich
state *v*
(com) feststellen, angeben *(ie, say that sth is the case)*
(ReW) ausweisen
state-administered price (Vw) staatlich administrierter Preis *m*
state aid to exports (AuW) staatliche Exportförderung *f*
state assistance (FiW) staatliche Hilfen *fpl*
state bank
(Fin, US) einzelstaatlich konzessionierte Bank *f (ie, operates under a charter granted by one of the 50 states)*
(Fin) staatliche Bank *f*
state bond (Fin, US) Anleihe *f* e–s Bundesstaates *(ie, a subclassification of civil bonds, as distinguished from bonds of the federal government)*
state capitalism (Vw) Staatskapitalismus *m (ie, state capitalist regime)*
state capitalist (Vw) staatskapitalistisch
state carrier (com) staatliche Fluggesellschaft *f*
state charter
(Re, US) bundesstaatliche Konzession *f (opp, federal/national . . . charter)*
state-chartered institutions (Fin, US) einzelstaatlich konzessionierte Finanzinstitute *npl*
state-controlled trading monopoly (AuW) staatliches Außenhandelsmonopol *n*
stated accounts (ReW) bestätigter Abschluß *m*
stated capital
(ReW, US) Grundkapital *n*
(ie, aggregate par or stated value of shares; if stated capital is reduced, the difference is credited to Capital in Excess of Par Value; cf, stated value)
state diagram (EDV) Zustandsdiagramm *n (syn, state table)*
stated value (ReW, US) ausgewiesener Wert *m* nennwertloser Aktien *(ie, specified by a corporation as part of the selling price)*
state fair (com) Landwirtschaftsschau *f (syn, country fair)*
state-funded pension (SozV) staatliche Rente *f (opp, private pension scheme)*
state funding (FiW, US) Finanzierung *f* durch e–n Bundesstaat
state-holding company (Bw) staatliche Holdinggesellschaft *f*
state income taxes (StR, US) einzelstaatliche Einkommensteuern *fpl*
state laws (Re, US) einzelstaatliche Gesetze *npl*
state loan guaranty (Fin) staatliche Kreditbürgschaft *f* od Kreditgarantie *f*
State Medical Board of Registration (com, US, roughly) Ärztekammer *f (syn, GB, General Medical Council)*
statement
(com) Erklärung *f*
– Stellungnahme *f*
(com) Aufstellung *f*
(ReW) Ausweis *m (eg, balance sheet)*
(ReW, short for) Bilanz *f*
(Fin) Kontoauszug *m*
(Log) Aussage *f*
– Satz *m*
(ie, in a declarative sentence; note that 'proposition' is usually reserved to denote the meaning of a declarative sentence)
(EDV) Anweisung *f (ie, in programming and computer organization)*
statement analysis (ReW) Bilanzanalyse *f (syn, balance sheet /financial statement . . . analysis)*
statement function (Log) Aussagefunktion *f (syn, propositional function)*
statement in lieu of an oath (Re) eidliche od eidesstattliche Erklärung *f (syn, declaration, qv)*
statement of account
(Fin) Kontoauszug *m (ie, as of the close of the period, usually one month)*
(com) Abrechnung *f*
statement of account transactions
(ReW) Bruttobilanz *f*
– Summenbilanz *f*
– Umsatzbilanz *f*
statement of affairs (Re, US) Konkursbilanz *f (ie, prepared when filing for bankruptcy)*
statement of application of funds (ReW) Kapitalflußrechnung *f (syn, funds statement, qv)*
statement of assets and liabilities (ReW) Status *m (pl. Staten)*
statement of average (SeeV) Dispache *f (syn, general average statement)*
statement of balance (ReW) Saldenbestätigung *f*
statement of cash receipts and disbursements (Fin) Kapitalflußrechnung *f (syn, funds statement, qv)*
statement of changes in financial position (ReW) Kapitalflußrechnung *f*
statement of changes in the financial position
(ReW) Kapitalflußrechnung *f (syn, funds statement, qv)*
statement of claim (Re) Klageschrift *f*
statement of condition (Fin, US) (täglich aufgestellte) Bankbilanz *f*
statement of damage (Re) Schadenaufstellung *f*
statement of delivery standard (IndE) Werksbescheinigung *f*
statement of earnings
(ReW, US) Gewinn- und Verlustrechnung *f (syn, income statement, qv)*

statement of exploration results (ReW) Nachweis *m* der Nettobohrkosten
statement of fact (Re) Tatsachenbehauptung *f (syn, factual statement)*
statement of financial position (Re, US) Bilanz *f (ie, balance sheet)*
statement of funds provided and utilized (Fin) Kapialflußrechnung *f (syn, funds statement, qv)*
statement of guaranty (Re) Bürgschaftserklärung *f*
statement of income (ReW, US) Gewinn- und Verlustrechnung *f (syn, income statement, profit and loss statement)*
statement of loss and gain (ReW, US) Gewinn- und Verlustrechnung *f (syn, income statement, qv)*
statement of objectives (Bw) Zielformulierung *f*
statement of operations (ReW) Betriebsergebnisrechnung *f*
statement of origin (com) Ursprungsangabe *f*
statement of outturn (com) Liste *f* der gelöschten Ladungsmengen
statement of reason (com) Begründung *f*
statement of responsibilities (Pw) Aufgabenbeschreibung *f*
statement of retained earnings
(ReW, US) Ausweis *m* des Gewinnvortrages
(ie, net income and adjustments of net income of prior periods)
(ReW, US) Eigenkapitalentwicklung *f*
statement of shareholders' equity (Fin) Eigenkapital-Bewegungsbilanz *f*
statement of sources and application of funds (Fin) Kapitalflußrechnung *f (syn, funds statement, qv)*
statement of stockholders' equity (ReW) Eigenkapital-Bewegungsbilanz *f*
statement of stocks (VGR) Bestandsrechnung *f*
statement of transactions (ReW) = income and expenditure accounts
statement showing changes in stocks (VGR) Bestandsänderungsrechnung *f*
state nonmember bank (Fin, US) bundesstaatlich konzessionierte Bank *f* ohne Zugehörigkeit zum Federal Reserve System
state of equilibrium (Vw) Gleichgewichtszustand *m*
state of ignorance (Vw, Bw) Ungewißheitsgrad *m*
state of order book (com) Auftragsbestand *m*
state of organization (Bw) Organisiertheit *f (syn, organizational degree)*
state of repair (com) Erhaltungszustand *m*
state of residence (StR) Wohnsitzstaat *m*
state of situs (StR) Belegenheitsstaat *m (ie, country where property is situated)*
state of the art (Pat) Stand *m* der Technik *(ie, der aktuelle wissenschaftliche od technische Erkenntnisstand und s–e Grenzen; nicht gleich den üblichen technischen Fertigungsmethoden; syn, prior art, progress of the art)*
state of the art defence (Re, GB) Berufung *f* auf Entwicklungsrisiko als Haftungsausschluß *(ie, gilt auch für pharmazeutische Produkte)*
state-of-the-art technology (IndE) Spitzentechnologie *(syn, high technology, qv)*
state of the economy
(Vw) Wirtschaftslage *f*
– Konjunkturlage *f*
(syn, general business conditions)
state of the market
(com) Marktlage *f*
– Marktsituation *f*
– Marktverfassung *f*
state-owned bank (Fin) staatliche Bank *f*
state-owned carrier (com) staatliche Fluggesellschaft *f*
state-owned steel group (com) staatlicher Stahlkonzern *m*
state parameter (Bw) Zustandsparameter *m*
state probability (OR) Zustandswahrscheinlichkeit *f*
state registered nurse (Pw, US) staatlich anerkannte Krankenschwester *f*
state shareholding (com) staatliche Beteiligung *f*
state spending (FiW) öffentliche Ausgaben *fpl (syn, government spending)*
state spending growth (FiW) Wachstum *n* der öffentlichen Ausgaben
State Street (Fin, US) Finanzzentrum *n* von Boston
state table (EDV) = state diagram
state tax law
(StR, US) einzelstaatliches Steuerrecht *n*
(StR, US) einzelstaatliches Steuergesetz *n*
state trading (AuW) Staatshandel *m*
state trading country (AuW) Staatshandelsland *n*
state variable
(Stat) Zustandsvariable *f*
(IndE) Zustandsgröße *f*
state-wide branching (Fin, US) Gründung *f* von Bankfilialen im gesamten Gebiet e–s Bundesstaates
static allocation
(EDV) statische Zuweisung *f*
– statische Zuteilung *f*
static analysis (Vw) statische Analyse *f*
static budget (Bw) = fixed budget
static check
(EDV) statische Prüfung *f*
(ie, testing performance of elements under static conditions)
static debugging routine (EDV) statische Fehlersuchroutine *f*
static demand elasticity (Vw) statische Bedarfselastizität *f*
static dump (EDV) statischer Speicherauszug *m (ie, edited printout of the contents of main memory, taken at the end of a run)*
static economy (Vw) statische Wirtschaft *f*
static error (Stat) statischer Fehler *m (ie, independent of the time-varying nature of a variable)*
static gains from trade (AuW) statische Außenhandelsgewinne *mpl*
static image (EDV) Anzeigehintergrund *m (syn, background . . . display/image)*
static linking (EDV) statisches Linken *n*
static subroutine (EDV) statisches Unterprogramm *n*
static test (EDV) = static check
station
(com) Bahnstation *f (syn, railroad station)*
(com, US) Tankstelle *f (eg, gas station)*
(Pw) Arbeitsplatz *m*
– Position *f*
(syn, work station)
(OR) Abfertigungsstelle *f*
stationary circular flow (Vw) stationärer Kreislauf *m*

stationary cycle (OR) stationärer Iterationszyklus *m*
stationary distribution (Stat) stationäre Verteilung *f*
stationary economy (Vw) stationäre Wirtschaft *f*
stationary equilibrium (Vw) stationäres Gleichgewicht *n*
stationary stochastic process
(Stat) stationärer stochastischer Prozeß *m*
(ie, a stochastic process x(t) is stationary if each of the probability distributions is unaffected by a change in the time parameter t)
stationer (com) Schreibwarenhandlung *f*
stationery (com) Schreibwaren *fpl*
stationery and office supplies (com) Büromaterial *n*
station identification (EDV) Stationskennung *f (syn, answerback code)*
station manager (com) Bahnhofsvorsteher *m*
station of destination (com) Bestimmungsbahnhof *m*
statism
(Vw) Planwirtschaft *f*
– dirigistisch verwaltete Wirtschaft *f*
statistic
(Stat) statistische Maßzahl *f*
(ie, estimate or piece of data, concerning some parameter, taken from a sampling)
statistical analysis (Stat) statistische Analyse *f (ie, used in statistical inference concerning a population)*
statistical collection (Stat) statistische Erfassung *f*
statistical cost accounting (KoR) Nachkalkulation *f*
statistical decision function (Stat) statistische Entscheidungsfunktion *f*
statistical distribution (Stat) statistische Verteilung *f (ie, distribution of a random variable)*
statistical error (Stat) statistischer Fehler *m*
statistical fallacy (Stat) statistischer Fehlschluß *m*
statistical function (Stat) statistische Funktion *f*
statistical hypothesis (Stat) statistische Hypothese *f (ie, statement about the way a random variable is distributed)*
statistical inference
(Stat) statistisches Schließen *n*, statistische Inferenz *f*
(ie, process of reaching conclusions on the basis of random samplings)
statistical law (Stat) statistisches Gesetz *n*
statistical model (Stat) statistisches Modell *n*
statistical population (Stat) statistische Grundgesamtheit *f* od Population *f (cf, population)*
statistical probability (Stat) statistische Wahrscheinlichkeit *f*
statistical process control (IndE) statistische Fertigungskontrolle
statistical quality control
(IndE) (statistische) Qualitätskontrolle *f*
(ie, for an explanation see: quality control)
statistical ratio (Stat) statistische Kennquote *f*
statistical reference date (Stat) Erhebungsstichtag *m*
statistical sampling (Stat) mathematisches Stichprobenverfahren *n*
statistical series (Stat) statistische Reihe *f*
statistical survey (Stat) statistische Erhebung *f*
statistical theory (Stat) Theorie *f* der Statistik, statistische Theorie *f*
statistical tolerance region (Stat) statistischer Toleranzbereich *m*
statistical universe (Stat) = statistical population
statistical variable (Stat) statistische Variable *f*
statistician (Stat) Statistiker *m*
statistics
(Stat) statistische Methodenlehre *f (ie, als Fach)*
(Stat) statistische Daten *pl*
– Statistik *f*
– Statistiken *fpl*
statistics of employment (Stat) Beschäftigungsstatistik *f (syn, manpower statistics)*
statistics of income (Stat) Einkommensstatistik *f*
statistics on orders received (Stat) Auftragseingangs-Statistik *f*
status
(Re) Rechtsstellung *f*, Status *m (syn, legal status)*
(Fin) Finanzlage *f (syn, financial . . . position/ status)*
(EDV) Status *m (ie, in programming and operating systems)*
(EDV, Cobol) Zustand *m*
status bar (EDV, GUI) Statuszeile *f (usu on the bottom of a window; syn, status line)*
status bit (EDV) Zustandsbit *n*
status display (EDV) Statusanzeige *f*
status enquiry agency (com) Kreditauskunftei *f (syn, credit agency)*
status field (EDV) Zustandsfeld *n*
status inquiry (EDV) Zustandsabfrage *f (syn, status request)*
status line (EDV, GUI) Statuszeile *f (usu on the bottom of a window; syn, status bar)*
status of account (Fin) Kontostand *m*
status of possession (Re) Besitzstand *m (cf, § 920 BGB)*
status of progress (IndE) Arbeitsfortschritt *m*
status quaestionis (Log) Problemstatus *m*
status register (EDV) Zustandsregister *n*
status report
(com) Bericht *m* e–r Auskunftei *(syn, mercantile report)*
(IndE) Fortschrittsbericht *m*, Lagebericht *m (syn, progress report)*
status request (EDV) = status inquiry
status word (EDV) Statuswort *n*
statute
(Re) Gesetz *n*
(Bw) Satzung *f*, Statut *n*
statute-barred (Re) verjährt *(syn, time-barred)*
statute-barred debt (Re) verjährte Forderung *f (ie, barred from legal remedy)*
statute law (Re) = statutory law
statute of limitations
(Re) Vorschriften *fpl* über die Verjährung
(ie, statute that prohibits legal action after the lapse of a certain period of time after the cause of action arose; eg, under the provisions of the Uniform Commercial Code, the Statute of Limitations for the sale of goods is four years; cf, § 194 ff BGB; Sec 2-275 UCC and §§ 6501-2 IRC)
(Re) Verjährungsfrist *f*
(ie, time period within which an action may be brought or during which a right must be enforced; once the period has expired, the cause of action or right is barred from legal remedy)

statutory
(Re) gesetzlich *(ie, conforming to a statute)*
(Bw) satzungsmäßig
statutory accounts (ReW, GB) gesetzlicher Jahresabschluß *m*
statutory agent (Re) gesetzlicher Vertreter *m*
statutory auditor (ReW) Abschlußprüfer *m*
statutory bar (Re) gesetzlicher Hinderungsgrund *m*
statutory basis (Re) gesetzliche Grundlage *f*
statutory benefits (FiW) gesetzliche Leistungen *fpl*
statutory concept (Re) Gesetzesbegriff *m*
statutory consolidation (com, US) Fusion *f (ie, Verschmelzung durch Neugründung nach einzelstaatlichem Recht; cf, statutory merger)*
statutory constraints
(Re) gesetzliche Beschränkungen *fpl*
– Einschränkungen *fpl* der Rechtsgrundlage
statutory declaration (Re, GB) Versicherung *f* an Eides statt *(syn, affidavit, qv)*
statutory definition (Re) Legaldefinition *f*
statutory disclosure requirements (ReW) Publizitätsvorschriften *fpl*
statutory dividend (Fin) satzungsmäßige Dividende *f*
statutory function
(Re) gesetzliche
– gesetzlich festgelegte . . . Funktion *f*
statutory law (Re) Gesetzesrecht *n (ie, law enacted in statutes, as opposed to law developed by courts; syn, statute law)*
statutory liability (Re) gesetzliche Haftung *f*
statutory lien (Re, US) gesetzliches Pfandrecht *n (ie, one that arises by statute; cf, 11 USC § 101 (38))*
statutory meeting (Re, GB) Gründungsversammlung *f*
statutory merger (com, US) Fusion *f (ie, Verschmelzung durch Aufnahme nach einzelstaatlichem Recht; cf, statutory consolidation)*
statutory negligence (Re) Verletzung *f* gesetzlich festgelegter Sorgfaltspflichten
statutory notice (Re) gesetzliche Kündigungsfrist *f*
statutory obligation to operate (Re) Betriebspflicht *f (eg, of public carriers, utilities)*
statutory pension insurance scheme (SozV) gesetzliche Rentenversicherung *f*
statutory period of limitation (Re) = statute of limitations
statutory portion (Re) Pflichtteil *m (syn, legal portion; cf, § 3 ErbStG)*
statutory powers (Re) gesetzliche Vollmachten *fpl*
statutory provision (Re) gesetzliche Vorschrift *f*
statutory report (Re, GB) Gründungsbericht *m*
statutory requirement (Re) gesetzliche Vorschrift *f*
statutory reserve ratio (Fin) Pflichtreservesatz *m*
statutory reserves (ReW) gesetzliche Rücklagen *fpl*
statutory restriction (Re) gesetzliche Beschränkung *f*
statutory return (Fin) gesetzlich vorgeschriebener Bericht *m (eg, to the Bank of England)*
statutory source (Re) Rechtsgrundlage *f (ie, legal foundation)*
statutory tax rate (StR) Regelsteuersatz *m*
statutory underwriter
(Fin, US) Wertpapiererwerber *m* im Sinne des Gesetzes
(ie, as defined in Sec 2(1) of the Securities Act of 1933, even though that purchaser is not an underwriter in the business sense)

stave off *v* (com) abwenden *(eg, bankruptcy; syn, avoid, avert)*
stay *v* (Re) aussetzen *(eg, execution of judgment; syn, suspend)*
stay-at-home voter (com) Nichtwähler *m*
stay away from *v* (com) fernbleiben von *(eg, meeting; syn, absent oneself from)*
stay behind *v* (com) zurückbleiben *(eg, lose competitive strength)*
stay competitive *v* (com) wettbewerbsfähig bleiben
staydown key (EDV) feststellbare Taste *f*
stay even *v* (com) Besitzstand *m* wahren *(eg, union officials hope to . . .)*
stay execution *v* (Re) Vollstreckung *f* aussetzen *(eg, of decision, judgment)*
staying power (Pw) Ausdauer *f*
stay in office *v* (Pw) im Amt bleiben
stay in step with *v* (com) Schritt *m* halten mit *(eg, with state-of-the-art technology)*
stay-in strike (Pw, US) Sitzstreik *m (syn, sit-in strike)*
stay in the red *v* (com) in den roten Zahlen stecken *(syn, write red figures)*
stay legal proceedings *v* (Re) Verfahren *n* aussetzen
stay of the period of limitation (Re) Hemmung *f* der Verjährung *(syn, suspension of prescriptive period)*
stay on the sidelines *v* (com) sich zurückhalten, abwarten *(syn, move to the sidelines)*
stay solvent *v* (Fin) liquide bleiben
STD (com, GB) = subscriber trunk dialling
steady
(com) stetig *(syn, continuous, uninterrupted)*
(com) stabil *(eg, prices)*
(Bö) behauptet
(Pw) zuverlässig *(syn, reliable)*
steady *v* (com) festigen *(eg, Deutsche mark against the high-flying dollar)*
steady flow of goods (com) stetiger Warenfluß *m*
steady growth (Vw) stetiges Wachstum *n (syn, sustained /sustainable . . . growth)*
steady income stream (Pw) stetiges Einkommen *n*
steady market (Bö) fester Markt *m (syn, firm market)*
steady recovery (Vw) nachhaltige Wiederbelebung *f*
steady state
(IndE) stabiler Zustand *m*
(ie, conditions at each point do not change with time, that is, after initial fluctuations have disappeared)
steady state condition (IndE) Beharrungszustand *m*
steady state economy (Vw) stationäre Volkswirtschaft *f (ie, with zero rate growth)*
steady state growth (Vw) Wachstumsgleichgewicht *f*
steady-state inflation
(Vw) antizipierte Inflation *f*
(ie, die konstante Inflationsrate wird im Durchschnitt aller Dispositionen korrekt antizipiert)
steady state process model (EDV) stationäres Prozeßmodell *n*
steady state variation (IndE) statische Abweichung *f*
steamer pays dues, S.p.d. (com) alle Abgaben werden vom Schiff getragen
steel (com) Stahl *m (ie, iron base alloy, with up to about 2% carbon)*

steel cartel (Kart) Stahlkartell *n*
steel group (com) Stahlkonzern *m*
steel industry (com) Stahlindustrie *f*
steelmaking (IndE) Stahlherstellung *f*
steels (Bö) Stahlaktien *fpl (syn, steel shares)*
steel trading (com) Stahlhandel *m*
steel wholesaler (com) Stahlgroßhändler *m*
steep interest rate (Fin) hoher Zins *m*
steep ratings (IndE) zu weite Leistungsgrade *mpl*
steep tax (StR) hohe Steuer *f*
steering committee (com) Lenkungsausschuß *m*
stellar performance (com, infml) Spitzenleistung *f*
stellar performer (com, infml) Spitzenunternehmen *n*
steno pad (com) Stenoblock *m (syn, GB, jotter)*
step
(com) Stufe *f*
(EDV) Auftragsschritt *m*
– Arbeitsschritt *m*
(ie, single computer operation)
step-by-step operation (IndE) Schrittbetrieb *m*
step-by-step performance (Re) Leistung *f* Zug um Zug
step counter (EDV) Schrittzähler *m*
step curve (Math) Treppenkurve *f*
step down *v* (com) zurücktreten *(ie, as/from: von; eg, office; syn, resign, withdraw)*
step down issue (Fin) Emission *f* mit fallendem Kurs *(ie, richtet sich an institutionelle Anleger)*
step function
(Math) Treppenfunktion *f*
(ie, a function f defined on an interval [a,b] so that [a,b] can be partitioned into a finite number of intervals on each of which f is a constant; syn, simple function, jump function)
step ladder method (KoR) Stufenleiterverfahren *n* Treppenverfahren *n (ie, ein Kostenstellenumlageverfahren)*
stepped (com) gestaffelt
stepped cost
(KoR) sprungfixe Kosten *p*
– intervallfixe Kosten *pl*
(ie, fixed costs rising in steps; syn, step variable cost)
step response (EDV) Sprungantwort *m*
step up *v* (com) erhöhen, steigern *(syn, increase, raise, qv)*
step up issue (Fin) Emission *f* mit steigendem Kurs *(ie, richtet sich an private Anleger)*
step up pressure (on) *v* (com) Druck *m* verstärken (auf)
step up spending *v* (Fin) Ausgaben *fpl* erhöhen
step variable cost (KoR) = stepped cost
sterile reserves (Fin) stillgelegte Mittel *pl (ie, earn no interest)*
sterilize money *v* (Vw) Geld *n* stillegen *(syn, immobilize, qv)*
sticker
(com) Aufkleber *m*
– Etikett *n*
(syn, self-adhering label)
(Pw) Mitarbeiter *m*, der Beförderung ausschlägt
sticker price
(com) Ladenpreis *m*
– Listenpreis *m*
(eg, of cars)
stick for *v*
(com, infml) Mangel *m* haben an
(eg, be stuck for money, raw materials)
(com, infml) geradestehen für
(eg, government will be stuck for 50% of operating deficits)
stickon label (com) Haftetikett *n*, Aufkleber *m*
stickon sealing label (com) Verschlußstreifen *m*
stick out for *v* (com, infml) herauszuholen suchen *(eg, higher profit during negotiations; syn, hold out for)*
sticky (com, infml) starr *(eg, prices, wages; syn, rigid, inflexible)*
stiff competition (com) scharfer Wettbewerb *m (syn, fierce competition, qv)*
stiffening of the market (com) Marktversteifung *f*
stiff penalty (Re) hohes Bußgeld *n*
stiff price (com) überhöhter Preis *m*
stimulate *v*
(com) beleben
– ankurbeln
(syn, revive, qv)
stimulate investment *v* (Fin) Investitionstätigkeit *f* anregen
stimulating forces (Vw) = expansionary forces
stimulus (com) Impuls *m*
sting for *v* (com, infml) zu hohen Preis fordern *(eg, $100 for a certain article)*
stipend (Pw, US) = salary
stipulate *v*
(Re) vertraglich vereinbaren *(ie, to do or to forbear sth; by contract)*
(com) festsetzen *(eg, price, date of delivery)*
stipulate conditions *v* (Re) Bedingungen *fpl* festsetzen
stipulated damages
(Re) vertraglich festgelegter Schadenersatz *m*
– Konventionalstrafe *f*
stipulated sum (com) vereinbarte Summe *f*
stipulate expressly *v* (Re) ausdrücklich vereinbaren
stipulation
(Re) Vertragsbestimmung *f*
– Klausel *f*
(ie, condition specified in a contract, legal instrument, etc)
(Kart) Verpflichtung *f*
– wettbewerbsfeindliches Verhalten aufzugeben
(Math) Bedingung *f*
stipulation in restraint of trade (Re) Konkurrenzklausel *f*
stipulative definition (Log) festsetzende od synthetische Definition *f*
stochastic
(Stat) stochastisch, zufällig *(ie, involving random variables)*
(Stat) Wahrscheinlichkeits- . . . *(ie, probabilistic)*
stochastic decision space (Bw) Zustandsraum *m*
stochastic dependence (Stat) stochastische Abhängigkeit *f*
stochastic process (Stat) stochastischer Prozeß *m*, Zufallsprozeß *m*
stochastic programming (OR) stochastische Programmierung *f*
stochastic variable (Stat) stochastische Variable *f* Zufallsvariable *f (syn, random variable, qv)*

stock
(Fin, US) Aktie *f*
(ie, share or unit of interest in a corporation or an unincorporated association; the terms ‚share' and ‚stock' are almost interchangeable; the Internal Revenue Code uses ‚stock' but the holders of such stock are termed ‚shareholders'; cf, 17 CFR § 230.405 (1982); § 7701)
(Fin, US) Aktienkapital *n (syn, capital stock)*
(Fin) Wertpapier *n*
(Fin, GB) (öffentliche od private) Schuldverschreibungen *fpl*
(ie, debenture bonds issued by the government or a company)
(Fin, GB) = company stock, qv
(MaW) Vorräte *mpl*, Lagerbestände *mpl (eg, stock of goods; syn, inventory)*
(Vw) Bestandsgröße *f (opp, flow = Stromgröße)*
stock *v* (MaW) lagern, einlagern *(syn, store)*
stock account (ReW) Warenbestandskonto *n*
stock accounting (MaW) Lagerbuchführung *f*
stock acquisition (Kart, US) Beteiligungserwerb *m (cf, asset acquisition)*
stock adjustment reserve (ReW) Vorratsbewertungs-Rückstellung *f*
stock allotment (Fin) Aktienzuteilung *f*
stock allotment warrant (Fin) Bezugsrechtsschein *m (syn, subscription warrant)*
stock appreciation right
(Pw, US) Aktienwertsteigerungs-Recht *n*
(ie, form of incentive compensation for a firm's officers and/or employees, issuable as part of stock options)
stock arbitrage (Bö) Effektenarbitrage *f (syn, securities arbitrage)*
stock assessment (Fin) Aufforderung *f* zur Nachschußzahlung auf Aktien
stock basket (Fin, US) Aktienkorb *m (ie, innovatives Index-Instrument für die Terminmärkte)*
stock book (MaW) Lagerbuch *n*
stockbreeder (com) Viehzüchter *m*
stockbroker
(Bö) Wertpapiermakler *m*
(ie, buys and sells securities for others; Effektenbankiers, die den Wertpapierhandeln abwickeln)
stock brokerage (Bö) Courtage *f (ie, Gebühr für die Vermittlung von Börsengeschäften)*
stockbuilding (MaW) Auffüllung *f* von Lagerbeständen *(syn, inventory buildup)*
stockbuilding activity (MaW) Lagerdisposition *f (syn, stock ordering)*
stock buyback (Fin) = stock repurchase
stock certificate
(Fin, US) Aktienzertifikat *n*
– Globalaktie *f*
– Sammelaktie *f*
(ie, signifies that the holder is the owner of a certain portion of the capital stock: indicated by the ratio of the number of shares held to the total number of shares outstanding; syn, multiple share certificate)
stock chart (Fin) Kursgrafik *f*
stock chasing (MaW) Lagerüberwachung *f*
stock clerk (MaW) Lagerverwalter *m*, Lagerist *m (syn, storekeeper, stockkeeper, stockroom clerk)*
stock completion (MaW) = stock buildup
stock conditions (Vw) Bestandsbedingungen *fpl*
stock consolidation (Fin) Aktienzusammenlegung *f*
stock control
(MaW) Lagerwirtschaft *f (syn, inventory management, qv)*
(MaW) Lagersteuerung *f*
stock corporation (Bw) Aktiengesellschaft *f*
stock cover (MaW) (physisch vorhandener) Lagerbestand *m*
stock cycle (Vw, GB) Lagerzyklus *m (syn, inventory investment cycle)*
stock delivery order (com) Lagerversandauftrag *m*
stock discount (Fin) Aktiendisagio *n (syn, share discount)*
stock dividend
(Fin) Stockdividende *f*
(ie, distribution of additional shares of common stock to existing stockholders in proportion to their current holdings; it is in reality no dividend at all; cf, stock split)
stock exchange
(Bö) Wertpapierbörse *f*
– Effektenbörse *f*
(syn, market, stock market, securities exchange)
stock exchange admission fee (Bö) Börseneinführungsgebühr *f*
stock exchange board (Bö) Börsenvorstand *m*
stock exchange collapse (Bö) Börsenkrach *m (syn, stock exchange crash)*
stock exchange commitment (Bö) Börsenengagement *n*
stock exchange crash
(Bö) Börsenkrach *m*
(ie, collapse of stock prices in a severe depression)
Stock Exchange Daily Official List (Bö, GB) amtliches Kursblatt *n (ie, usually called the ‚Official List')*
stock exchange dealings
(Bö) Börsenhandel *m*
– Börsengeschäfte *npl*
stock exchange equity trading (Bö) börsenmäßiger Aktienhandel *m*
stock exchange floor (Bö) Börsenparkett *n*
stock exchange gambler (Bö) Börsenspekulant *m*
Stock Exchange of the United Kingdom and Ireland
(Bö, GB) Londoner Börse *f (ie, seit der Big Bang-Reform nach dem 27.10.1986 unter dieser Bezeichnung umstrukturiert)*
stock exchange operator (Bö) Marktteilnehmer *m*, Börsianer *m (syn, market operator)*
stock exchange order (Bö) Börsenauftrag *m*
stock exchange price (Bö) Börsenkurs *m*, Kursnotierung *f (syn, stock exchange quotation, market price, officially quoted price)*
stock exchange quotation (Bö) Börsennotierung *f*
stock exchange securities
(Bö) Effekten *pl*
– börsenfähige Wertpapiere *npl*
(syn, stocks and bonds)
stock exchange settlement (Bö) Börsenabrechnung *f*
stock exchange settlement day (Bö) Liquidationstermin *m*
stock exchange tip (Bö) Börsentip *m*

stock exchange trading (Bö) Börsenhandel *m*
stock exchange transaction (Bö) Börsengeschäft *n* *(syn, GB, stock exchange bargain)*
stock exchange turnover
(Bö, GB) Börsenumsätze *mpl*
stock exposure (Bö) Aktienbestand *m*
stock file (MaW) Lagerkartei *f* *(syn, inventory records)*
stock financing
(Fin) Vorratsfinanzierung *f*
(Fin) Finanzierung *f* durch Aktienemission
stock flotation (Bö) Aktienemission *f*
stock flow (MaW) Lagerbewegung *f*
stock-flow adjustment (EG) Bestandsanpassung *f*
stock-flow approach (AuW) Strom-Bestands-Ansatz *m (ie, in international trade models)*
stock-flow ratio (Vw) Verhältnis *n* von Bestands- zu Stromgrößen
stock fractions (Bö) Aktienspitzen *fpl*
stock fraud (Fin) Aktienbetrug *m*
stock fund (Fin) Aktienfonds *m (syn, share-based investment fund)*
stock futures (Bö) Aktientermingeschäfte *npl*
stock guide (Bö) Aktienführer *m*
stockholder
(Fin, US) Aktionär *m*
(ie, legal owner of one or more shares of stock in a corporation; syn, shareholder)
stockholder employee (Pw) Belegschaftsaktionär *m* *(syn, shareholder employee)*
stockholder of record
(Fin, US) eingetragener Aktionär *m*
(ie, his name is registered in the stock registry and recorded in the stock ledger of a corporation)
stockholder proxy (Fin) Stimmrechtsvollmacht *f* e–s Aktionärs
stockholder relations (Fin) Aktionärspflege *f (syn, investor relations)*
stockholders' equity
(ReW, US) Eigenkapital *n*
(ie, may be broadly classified into 1. legal capital;
2. paid-in capital;
3. minority interests;
and 4. retained earnings;
syn, shareholders' equity, equity capital, owners' equity; GB, total equity)
stockholders' meeting
(com) Aktionärsversammlung *f*
– Hauptversammlung *f*
(ie, may be annual, special, extraordinary)
stockholding
(Fin) Aktienbestand *m (syn, shareholding, stock portfolio)*
(Fin) Beteiligung *f (syn, stake, interest)*
stock holding cost
(MaW) Lagerkosten *pl*
– Lagerhaltungskosten *pl*
stock index
(Bö) Aktienindex *m*
– Kursindex *m*
(ie, bildet Kursentwicklung des Aktienmarktes od einzelner Aktiengruppen: Dow Jones Industrial [US], Financial Times Ordinary [GB], CAC General Index [Frankreich], Swiss Performance Index [Schweiz], Hang Seng Index [Hongkong], Deutscher Aktienindex DAX seit 1.10.1988)
stock index arbitrage
(Bö) Aktienindex-Arbitrage *f*
(ie, Differenzarbitrage durch Kauf von Aktien, Aktienindizes, Aktienindex-Terminkontrakte und gleichzeitigen Verkauf ähnlicher Werte in e–m anderen Marktsegment)
stock index futures (Bö) Terminkontrakte *mpl* auf Börsenindizes
stock index futures contract
(Bö) Aktienindex-Terminkontrakt *m*
– Terminkontrakt *m* auf Aktienindizes
(ie, based not on the prices of individual stocks, but on broad-based stock market averages; not settled by the delivery of stocks but by cash settlement; other features are leverage, liquidity, and commissions)
stock index futures trading
(Bö) Termingeschäfte *npl* in Aktienindizes
(ie, latest innovation in futures trading as of 1982: organized futures contract trading based on prices of selected stock index levels, together with the usual features of commodity futures trading, including contract unit, minimum price change, daily price change limit (if any), specified delivery months, minimum customer margins, speculative limits (if any), and maturing contract trading termination and settlement)
stock index option contract
(Bö, US) Aktienindex-Optionskontrakt *m*
(ie, puts and calls are traded on the Chicago Board Options Exchange (CBOE), the American Stock Exchange (AMEX), the Philadelphia Stock Exchange (PHLX), and the Pacific Stock Exchange (PSE); they are all regulated by the SEC)
stocking-out situation (MaW) Fehlmengensituation *f*
stocking up (com) Eindeckung *f (syn, buying ahead)*
stock insurance company (Vers, US) Versicherungsaktiengesellschaft *f (opp, mutual insurance company)*
stock interest (Fin) Beteiligung *f*
stock-in-trade
(com) normales Geschäft *n (ie, business usually carried on)*
(MaW) Bestände *mpl*
– Vorräte *mpl*
(syn, inventory, qv)
stock issuance (Fin) = stock issue
stock issuance cost
(Fin) Kosten *pl* der Aktienemission
(eg, statutory filing fees, legal and accounting fees, and printing costs; charged to earnings or deducted from issue proceeds)
stock issue
(Fin) Aktienemission *f*
(MaW) Materialausgabe *f*, Materialentnahme *f*
stock issue card (MaW) Materialentnahmekarte *f*
stock issue cost (Fin) = stock issuance cost
stock issue discount (Fin) Aktienemissions-Disagio *n*
stock issue premium (Fin) Aktienemissions-Agio *n*
stockkeeper (MaW) = storekeeper
stockkeeping (MaW) Lagerhaltung *f (syn, warehousing)*

stockkeeping theory (OR) Theorie *f* der Lagerhaltung
stock keeping unit, SKU (Mk) Artikelposition *f*
stock ledger (Fin) Aktienbuch *n*
stockless buying
(MaW) Nullbestandspolitik *f*
– einsatzsynchrone Anlieferung *f*
(syn, systems contracting; cf, just-in-time purchasing)
stockless production
(IndE) lagerlose Fertigung *f*
(ie, based on hand-to- mouth buying of input materials; cf, just-in-time production)
stock list
(Bö) Kursblatt *n*
(MaW) Inventar *n*
– Lagerbestandsverzeichnis *n*
– Bestandsliste *f (syn, inventory, inventory list)*
stock loan (Fin) Effektenkredit *m*
stock location (MaW) Lagerort *m*
stockman (MaW, US) Lagerverwalter *m (syn, stockkeeper, storeman)*
stock market
(Bö) Aktienbörse *f (syn, stock exchange)*
– (auch) Börse *f*
– Aktienmarkt *m*
(com) Viehmarkt *m*
stock market analysis (Bö) Aktienbewertung *f (cf, Fundamentalanalyse, technische Analyse)*
stock market average (Bö) = stock market indicator
stock market capitalization
(Bö) Börsenkapitalisierung *f*
(ie, Unternehmensbewertung e–r AG; Anzahl aller Aktien wird mit dem aktuellen Börsenkurs oder e–m Stichtagskurs multipliziert; syn, stock market valuation)
stock market commitment (Bö) Effektenengagement *n*
stock market crash
(Bö) Börsenkrach *m (eg, in October 1929, in October 1987)*
– Börsen-Crash *m*
stock market indicator (Bö, US) Börsenindex *m (syn, stock market average, stock price averages)*
stock market listing (Bö) Börsennotierung *f*
stock market price (Bö) = stock exchange quotation
stock market rally (Bö) Erholung *f* am Aktienmarkt *(cf, rally)*
stock market rating (Bö) Börsenbewertung *f (ie, market assessment of equities)*
stock market report (Bö) Kurszettel *m (syn, list of quotations, daily official list)*
stock market table (Bö) Kurstabelle *f*
stock market transaction (Bö) Börsengeschäft *n*, Börsenabschluß *m (syn, GB, bargain)*
stock market trend (Bö) Börsentendenz *f*
stockmarket turnover (Bö) Börsenumsätze *mpl*
stock market valuation (Bö) = stock market capitalization *qv*
stock market value (Bö) Börsenkurswert *m*
stock market yield (Bö) Börsenrendite *f*
stock of capital (Vw) Kapitalstock *m*
stock offering (Bö) Aktienemission *f*
stock of goods (MaW) = stock on hands
stock of materials (MaW) Materialbestand *m*
stock of money (Vw) Zahlungsmittelbestand *m*
stock of spare parts (MaW) Ersatzteillager *n*
stock on commission (com) Kommissionslager *n*
stock on hand
(MaW) Lagerbestände *mpl*
– Vorräte *mpl*
– Vorratsvermögen *n*
(syn, goods on hand, qv)
stock option
(Pw, US) Aktienbezugsrecht *n (ie, option granted an employee to buy shares of the employer's stock at a stated price)*
(Fin) = stock purchase warrant
stock option trading (Bö) Aktienoptionshandel *m*
stock order
(MaW) Lagerauftrag *m*
(Bö) Effektenorder *f (ie, order to buy or sell shares)*
stock ordering (MaW) Lagerdisposition *f (syn, stockbuilding activity)*
stockout (MaW) Fehlbestand *m (ie, materials or finished products)*
stockout cost (MaW) Fehlmengenkosten *pl (syn, out-of-stock cost, cost of not carrying)*
stockout probability chart (MaW) Fehlbestands-Wahrscheinlichkeitsdiagramm *n*
stock-output ratio (Bw) Verhältnis *n* Vorräte zur Gesamtproduktion
stockpile *v* (MaW) bevorraten, Vorräte *mpl* anlegen *(syn, stock up)*
stockpiling (Vw) staatliche Lagerhaltung *f (ie, strategisch wichtiger Rohstoffe und Erzeugnisse)*
stock portfolio
(Fin) Aktienportefeuille *n*
– Aktiendepot *n*
(syn, shareholding, stockholding)
stock power (Fin, US) Vollmacht *f* zur Übertragung von Aktien *(ie, instrument that effects the sale, assignment, and transfer of stock)*
stock premium (Fin) Aktienagio *n*
stock price
(Fin) Aktienkurs *m*
(Fin) Kurs *m* e–s festverzinslichen Schuldtitels
stock price averages
(Bö, US) Aktienindex *m*
(ie, arithmetic or weighted average, or index numbers, of selected groups of stocks; among the daily averages currently published are:
1. Dow Jones Averages
2. Standard & Poor's indexes
3. New York Stock Exchange indexes
4. Value line index (ie, the latter computed every three minutes by the investment advisory firm of Arnold Bernhard & Co., Inc.); it is used by the Kansas City Board of Trade for its stock index futures)
stock price gain (Bö) Kursgewinn *m*
stock price index
(Bö) Aktienindex *m*
– Aktienkursindex *m*
(syn, stock price averages; syn, GB, share price index)
stock production
(IndE) Lagerfertigung *f*
– Vorratsfertigung *f*

stock purchase plan
(Pw, US) Programm *n* für den Erwerb von Belegschaftsaktien *fpl*, Aktienkaufplan *m*
(ie, company plan for the purchase of shares by employees)

stock purchase right (Fin, US) Aktienbezusgrecht *n* *(syn, stock purchase warrant, qv)*

stock purchase warrant
(Fin) Aktienbezugsrecht *n*
(ie, sometimes attached to bonds, debentures, or preferred stock, but more often separately issued; syn, preemptive/stock/subscription . . . right; stock purchase right; right)
(Fin) Bezugsrechtsschein *m* Bezugsrechtsurkunde *f (syn, subscription warrant)*

stock quotation (Bö) Aktiennotierung *f*

stock quote (Bö) Aktienkurs *m*, Börsenkurs *m*

stock range (MaW) Bestandsreichweite *f*

stock ratings
(Fin, US) Aktienbewertungen *fpl*
(ie, indicate the quality of common and preferred stock; see list of ratings below)

Ratings of Common Stock

A +	Highest
A	High
A -	Above Average
B +	Average
B	Below Average
B -	Low
C	Lowest

Ratings of Preferred Stock

AAA	Prime
AA	High Grade
A	Sound
BBB	Medium Grade
BB	Lower Grade
B	Speculative
C	Submarginal

Source: Standard & Poors's Corporation

stock receipts register (MaW) Lagerzugangsliste *f*

stock record card
(MaW) Lagerkarte *f*
(syn, inventory card)

stock reduction (MaW) Lagerabbau *m (syn, destocking, qv)*

stock register (Fin) = stock ledger

stock repurchase
(Fin) Aktienrückkauf *m*
(ie, aside from declaring a cash dividend, earnings may also be distributed by stock repurchase: a firm can use earnings to purchase some of the shares outstanding from existing shareholders; the stock repurchased is termed ‚treasury stock'; syn, stock buyback)

stock right (Fin) Aktienbezugsrecht *n (syn, stock purchase warrant)*

stockroom (MaW) Lager *n (syn, storeroom, storage area, warehouse)*

stockroom clerk
(MaW) Lagerverwalter *m*
– Lagerist *m*
(syn, stock clerk)

stockroom quantity records (MaW) mengenmäßige Lageraufzeichnungen *fpl*

stockroom records (MaW) Lagerbuchführung *f (syn, inventory records file, qv)*

stockroom record system (MaW) Lagerbuchführung *f (syn, inventory records file, qv)*

stockroom supervisor (MaW) Lageraufseher *m*

stockroom worker (MaW) Lagerarbeiter *m*

stock rotation (MaW) Lagerumschlag *m*

stocks
(ReW) Vorräte *mpl*
(MaW) Vorräte *mpl*, Bestände *mpl*
(Fin) Aktien *fpl*
(Fin, GB) öffentliche Obligationen *fpl (ie, perpetual annuities or, perhaps, consols)*

stock sale (Fin) Aktienverkauf *m*

stock-sales ratio (Bw) Lagerumschlag *m (ie, inventory retail value divided by sales)*

stock scrip (Fin) = scrip

stock shortage
(MaW) Bestandsfehlmenge *f*
– Lagerfehlbestand *m*
(ie, when real value of inventory is less than that shown on the inventory books)

stock size (com) gängige Größe *f*

stock sizes (com) gängige Größen *fpl*

stocks of goods on hand (com) Warenbestände *mpl*

stock split
(Fin) Aktiensplit *m*
(ie, pro rata division of all outstanding shares of a class into a greater number (usually a multiple) of shares of stock of the same class; often used to lower the price of a share of stock to make it more attractive to smaller investors; there is no practical difference between a stock split and a stock dividend)

stock splitdown
(Fin) Aktienzusammenlegung *f*
(ie, the reverse of a stock split; total number of shares is reduced without reducing the total value of the issue)

stock splitup (Fin) = stock split

stock status report (MaW) Lagerbestandsbericht *m*

stock subscription (Fin) Aktienzeichnung *f*

stock subscription agreement (Fin) Zeichnungsvertrag *m*

stock subscription price (Fin) Bezugsrechtskurs *m*, Bezugskurs *m (ie, mostly in percent of par value; syn, subscription price)*

stock swap (Fin) Aktientausch *m (ie, in acquisition or merger operations; syn, exchange of shares)*

stock takeover (Fin) Aktienübernahme *f*

stocktaking
(MaW) Bestandsaufnahme *f*
– Bestandsermittlung *f (syn, inventory taking)*

stock trade (Bö) Aktiengeschäft *n*

stock trading (Bö) Aktienhandel *m (syn, equity trading)*

stock transfer (Fin) Aktienübertragung *f (ie, a stock certificate is canceled and a new one is issued and registered)*

stock transfer tax (StR, US) Börsenumsatzsteuer *f* *(ie, the federal tax on stock transfers was ended in 1965)*

stock turnover (Maw) Lagerumschlag *m*

stock turnover rate (MaW) Lagerumschlag *m (syn, stockturn rate, inventory turnover, qv)*

stockturn rate (MaW) = stock turnover rate

stock up *v* (MaW) Lager *n* auffüllen

stock updating (MaW) Lagerbestandsfortschreibung *f*

stock valution (Fin) Aktienbewertung *f*

stock variable
(Vw) Bestandsgröße *f*
(opp, flow variable = Stromgröße)

stock voting right (Fin) Aktienstimmrecht *n*

stock warrant (Fin) = stock purchase warrant

stock warrants (Fin) Optionsanleihen *fpl* mit Aktienbezugsrecht

stock watering
(Fin) Kapitalverwässerung *f*
(syn, dilution of equity)

stock yield (Fin) Aktienrendite *f*

stoke up inflation *v* (Vw) Inflation *f* anheizen

stomach *v*
(com, infml) schlucken
– hinnehmen
(eg, unwilling to . . . the sackings needed to put things right)

stonewalling (Re, US) „Mauern" *n* durch e–n Beklagten

stop
(com) Haltestelle *f*
(EDV) Anschlag *m*
(Vw) Stopp *m (syn, freeze)*
(Bö) limitierter Auftrag *m*

stop a check *v* (Fin) Scheck *m* sperren *(syn, countermand)*

stop button (EDV) Stopptaste *f*

stop buy order
(Bö) Stop-buy-Auftrag *m*
(ie, Kaufauftrag, der billigst ausgeführt wird, sobald Kurs ein Limit überschreitet)

stopgap (com) Lückenbüßer *m*, Notlösung *f (eg, act as a stopgap, stopgap arrangement)*

stopgap order (com) Füllauftrag *m (syn, fill-in order)*

stop-limit order
(Bö) Stop-Limit-Order *f*
(ie, stop order that becomes a limit order after the specified stop price has been reached)

stop loss (Vers) = stop loss cover, qv

stop loss cover
(Vers) Jahresüberschadenrückversicherung *f*
(syn, stop loss reinsurance, stop loss ratio, excess of loss ratio reinsurance, aggregate excess of loss reinsurance)

stop-loss insurance
(Vers) Jahresüberschaden-Rückversicherung *f*
– Gesamtschaden-Exzedenten-Rückversicherung *f*

stop-loss order
(Bö) Stop-Loss-Order *f*
(ie, instructs a bank or a broker to sell securities „at best" if the price for the security falls below a specified limit; syn, cutting limit order)

stop loss ratio (Vers) = stop loss cover

stop loss reinsurance (Vers) = stop loss cover

stop loss treaty (Vers) Exzedentenrückversicherungs-Vertrag *m*

stop order
(Fin) Schecksperre *f*
(ie, by a bank's customer)
(Bö) Sperre *f* e–r Aktienemission
(ie, durch die SEC; wegen irreführender Mängel im ‚registration statement')
(Bö) Stop Order *f (ie, Kauf- od Verkaufsauftrag mit Kurslimit)*

stop order to buy
(Bö) Gegenstück *f* zu stop-loss order auf der Kaufseite
(ie, mit Erreichen des stop limit wird Auftrag zur Billigstorder)

stop-out price
(Fin, US) Niedrigstkurs *m*
– Kursuntergrenze *f*
(ie, accepted by the Treasury in an auction of a new issue; it is equal to the highest yield)

stopover (com) Zwischenlandung *f*

stoppage
(IndE) Stillstandszeit *f*
– Arbeitsunterbrechung *f*
– Betriebsstörung *f*
(syn, equipment failure, breakdown)

stoppage at source (StR) Quellenabzug *m*, Quellenbesteuerung *f (syn, deduction/withholding . . . at source)*

stoppage in transit
(Re) Verfolgungsrecht *n*
– Aussonderung *f*
– Anhalten *n* der Ware auf dem Transportweg
(ie, right of seller or buying agent to resume possession of goods as long as they are in course of transit; cf, § 44 KO)

stoppage of work (Pw) Arbeitsniederlegung *f (syn, industrial stoppage)*

stop payments *v* (Fin) Zahlungen *fpl* einstellen *(syn, suspend payments)*

stopped check (Fin) gesperrter Scheck *m*

stop price (Bö) Kurslimit *n*

stop price quotation *v* (Bö) Kursnotierung *f* aussetzen *(syn, suspend price quotation)*

stop statement (EDV, Cobol) Stoppanweisung *f*

stop work order (IndE) Anweisung *f* zur Arbeitsunterbrechung

storage
(com) Lagerung *f*
– Speicherung *f*
– Aufbewahrung *f*
(EDV) Speicherung *f*
(EDV) Speicher *m (syn, memory)*

storage access (EDV) Speicherzugriff *m*

storage allocation (EDV) Speicherverteilung *f*

storage area
(MaW) Lagerfläche *f*
(MaW) Lager *n (syn, storeroom, qv)*
(EDV) Speicherbereich *m*

storage bin (MaW) Lagerfach *n (syn, storage slot)*

storage block (EDV) Arbeitsspeicherblock *m (syn, main memory block)*

storage building
(MaW) Lagergebäude *n*
– Lagerhalle *f*

storage capability (EDV) Speicherfähigkeit *f*
storage capacity
(MaW) Lagerkapazität *f*
(EDV) Speicherkapazität *f*
storage charges
(MaW) Lagergeld *n*
– Lagergebühren *fpl*
(syn, warehouse charges)
storage check (MaW) Lagerschein *m*
storage cost
(MaW) Lagerkosten *pl (syn, carrying cost, qv)*
(EDV) Speicherkosten *pl*
storage device (EDV) Speichergerät *n*
storage dump (EDV) Speicherabzug *m*
storage efficiency (EDV) = storage capacity
storage element (EDV) = storage cell
storage instruction (EDV) Speicherbefehl *m*
storage insurance (Vers) Lagerversicherung *f*
storage keyboard (EDV) Tastatur *f* mit Zwischenspeicherung
storage life (MaW) Lagerfähigkeit *f (syn, shelf life)*
storage location (EDV) Speicherelement *n*
storage of materials and supplies (MaW) Materiallagerung *f*
storage position (EDV) Speicherstelle *f (syn, memory location)*
storage register (EDV) Speicherregister *n*
storage rental fee (KoR) Lagermiete *f*
storage risk (MaW) Lagerrisiko *n*
storage slot (MaW) = storage bin
store
(com) Geschäft *n*
– Laden *m (syn, GB, shop)*
(EDV, GB) = storage
store *v*
(MaW) lagern *(syn, stock)*
(EDV) speichern
stored data (EDV) Datenbestand *m*
store/door delivery (com) Lieferung *f* frei Haus
stored program (EDV) gespeichertes Programm *n*
stored program computer (EDV) speicherprogrammierter Rechner *m*
store erosion (Mk) Ladenverschleiß *m (ie, langsames Veralten von Läden)*
store fixtures
(com) Ladenausrüstung *f*
– Ladeneinrichtung *f*
storehouse (MaW) Lagergebäude *n (syn, storage building)*
store in bonds *v* (Zo) unter Zollverschluß einlagern
store issue order
(IndE) Materialanforderung *f*
(syn, materials requisition, qv)
storekeeper (MaW) Lagerverwalter *m*, Lagerist *m* *(syn, stock clerk, qv)*
store manager (Mk) Geschäftsführer *m*
store of purchasing power (Vw) = store of value
store of value (Vw) (Geld als) Wertaufbewahrungsmittel *n*
store owner
(com) Geschäftsinhaber *m*
– Ladeninhaber *m*
(syn, GB, shopkeeper)
storeroom (MaW) Lager *n (syn, stockroom, storage area, warehouse)*
stores
(MaW, US) Roh-, Hilfs- und Betriebsstoffe *mpl (ie, used in the manufacture of goods or in the upkeep of plant and equipment)*
(Bö) Kaufhauswerte *mpl*
stores issue order (MaW) = stores materials requisition
stores ledger (MaW) Lagerbuch *n*
stores ledger card (MaW) Lagerkarte *f*
stores materials requisition (IndE) Materialanforderung *f (syn, materials requisition, qv)*
stores order (MaW) = stock order
stores requsition (MaW) = materials requisition
store test (Mk) Probeverkauf *m*
store window (com) Schaufenster *n (syn, GB, shop window)*
storm damage insurance (Vers) Sturmschadenversicherung *f*
Störung *f* (com) dislocation *(eg, of air traffic)*
stowage
(com) Beladen *n*
(com) Staugeld *n*
– Staugebühr *f*
stow away *v* (com) verstauen
straddle
(Bö) Straddle *m*
(ie, an equivalent number of puts and calls covering the same underlying security and having the same exercise and expiration date; cf, strap, strip)
straight A record (Pw, US) Traumnote *f (ie, the ranking is from A to F)*
straight bankruptcy
(Re, US) Konkurs *m*
(ie, gleicht dem dt Konkursverfahren; wird von e–m Treuhänder abgewickelt; vorgeschaltet ist oft e–e Reorganisation; syn, straight liquidation, opp, reorganization)
straight bill of lading
(WeR) Direktkonnossement *n*
(WeR, US) Namenskonnossement *n*, Rektakonnossement *n*
(syn, nonnegotiable bill of lading)
straight bond
(Fin) Festzinsanleihe *f*
(ie, nonconvertible Eurobond issues with fixed interest rates and fixed maturities)
straight commission (com) Verkauf *m* auf reiner Provisionsbasis
straight component supplies
(IndE) Direktläufer *mpl*
(ie, arrive at the assembly lines without passing through an incoming quality control gate)
straight credit (com, US) = straight-line letter of credit, qv
straighten out *v* (com) bereinigen, berichtigen *(eg, mistakes; syn, correct, rectify, put right)*
straight-fixed-price contract (com, US) Auftrag *m* zu regulärem Festpreis
straightforward entry (ReW) direkte Buchung *f*
straightforward tariff (Zo) offener Zoll *m*
straight from the factory (com) fabrikneu
straight graph (Math) geradliniger Graph *m*
straight-jacket *v* (com) einengen *(eg, the financial system with regulations)*

straight lease (Re) Miet- od Pachtvertrag *m* mit gleichbleibendem Zins
straight lending (Fin) unmittelbare Kreditvergabe *f* an den Kunden
straight letter of credit
(Fin) (einmaliges) Akkreditiv *n*
(ie, one issued to finance the shipment of specified merchandise and thereupon becomes void; opp, revolving letter of credit; see classification under ,letter of credit')
straight life insurance (Vers) Todesfallversicherung *f* *(syn, whole life insurance, qv)*
straight line coding (EDV) gestreckte Programmierung *f*
straight-line demand curve (Vw) lineare Nachfragekurve *f*
straight-line depreciation
(ReW) lineare Abschreibung *f*
(ie, cost of the asset, less any estimated salvage value, is divided by the number of years of its expected life in order to arrive at the annual depreciation)
straight-line letter of credit
(Fin, US) (Dokumenten-)Akkreditiv *n*
(ie, nur übertragbar – transferable – wenn ausdrücklich vermerkt; muß e-r bestimmten Einlösungsstelle vorgelegt werden; opp, Commercial Letter of Credit; CLC; syn, letter of credit, but cf, straight letter of credit)
straight-line organization (Bw) Einliniensystem *n* *(syn, single-line system, unity of command)*
straight-line redemption (Fin) Tilgung *f* in gleichen Raten
straight-line scheduling (IndE) Ablaufdiagramm *n*, Ablaufgraph *m*
straight liquidation (Re, US) = straight bankruptcy
straight loan (Fin) ungesichertes Darlehen *n* *(ie, one without collateral security)*
straight matter (EDV) glatter Satz *m* *(ie, in text processing)*
straight note (Fin) ungesicherter Schuldschein *m*
straight paper
(WeR) Solawechsel *m*
(syn, promissory note, single-name paper)
(Fin) ungesichertes Papier *n*
(eg, unsecured note, acceptance, bill of exchange)
straight piece rate (Pw) reiner Stücklohn *m*
straight piecework (Pw) reine Akkordarbeit *f*
straight rebuy (Mk) reiner Wiederholungskauf *m* *(opp, modified buy = modifizierte Wiederkaufsituation)*
straight-run stock (IndE) unbearbeitetes Rohöl *n* *(syn, virgin crude oil)*
straight salary (Pw) Grundgehalt *n* *(ie, exclusive of fringe benefits)*
straight subsidy
(com) Barzuschuß *m*
(FiW) Direktsubvention *f*
straight time (Pw) normale Arbeitszeit *f*
straight-time earnings (Pw) Normalverdienst *m*
straight wage (Pw) Grundlohn *m* *(ie, ohne Nebenleistungen)*
strain at the seams *v* (com, infml) aus den Nähten platzen *(eg, plant)*
strained budget situation (FiW) angespannte Haushaltslage *f* *(syn, tight budget situation)*
strained resources (Fin) angespannte Finanzen *fpl*
strain on liquidity (Fin) Liquiditätsanspannung *f*
strangling tax
(FiW) Erdrosselungsteuer *f*
(ie, wird erhoben, um unerwünschte ökonomische Aktivitäten von Wirtschaftssubjekten abzuwürgen)
strap (Bö) Strap *m* *(ie, an option on two calls and one put)*
strap in *v* (com) angurten *(syn, buckle up)*
strapped for funds (Fin) nicht liquide sein, in Liquiditätsschwierigkeiten
strategic business area (Bw) strategischer Geschäftsbereich *m*
strategic goal (Bw) strategisches od langfristiges Ziel *n* *(ie, typically over three years)*
strategic issue management (Bw) Bewältigung *f* strategischer Probleme
strategic management (Bw) strategisches Management *n*
strategic operating area (Bw) strategisches Geschäftsfeld *n*
strategic planning (Bw) strategische Planung *f* *(opp, tactical planning, operative planning)*
strategic stockpile (Vw) strategische Rohstoffreserve *f*
strategic vulnerability (Bw) strategische Anfälligkeit *f*
stratification (Stat) Schichtung *f* *(ie, division of a population into strata)*
stratification after sampling (Stat) nachträgliche Schichtung *f*
stratified random sample (Stat) geschichtete Zufallsprobe *f*
stratified sample (Stat) geschichtete Stichprobe *f*
stratified sampling plan (Stat) geschichteter Stichprobenplan *m*
stratum
(Stat) Schicht *f*
– Teilgesamtheit *f*
(pl, strata)
stratum of buyers (Mk) Käuferschicht *f*
straw bid (com) Scheingebot *n* *(syn, sham bid)*
straw man
(com) Hintermann *m*
(Re) Strohmann *m* *(syn, dummy)*
straw poll (com) Probeabstimmung *f* *(syn, straw vote)*
straw vote (com) = straw poll
stream day (IndE) Arbeitstag *m* *(ie, day of real productive work)*
streamer
(EDV) Streamer *m*
– Bandlaufwerk *n*
(syn, tape streamer)
streamer drive (EDV) Streamer-Laufwerk *n*
streaming output (EDV) Datenstromausgabe *f*
streaming tape (EDV) Streamer-Magnetband *n*
streamline *v*
(com) modernisieren
– rationalisieren *(syn, infml, take up the slack)*
streamline a production program *v* (IndE) Produktionsprogramm *n* bereinigen

streamline a product range *v* (Mk) Sortiment *n* bereinigen
streamlining
(IndE) Bereinigung *f*
– Straffung *f (eg, of operations sequence)*
streamlining operations
(com) Neuordnung *f*
– Neuorganisation *f*
– Umorganisation *f*
stream of cash inflows
(Fin) Einzahlungsreihe *f*, Einzahlungsströme *mpl (ie, term used in evaluating alternative investment projects; syn, cash inflows)*
stream of cash outflows (Fin) Auszahlungsreihe *f (ie, in preinvestment analysis)*
stream of earnings (Fin) Einnahmenreihe *f (ie, in preinvestment analysis)*
stream of investment (Fin) Investitionskette *f*
Street (Fin, US) = Wall Street
street broker (Bö) Freiverkehrshändler *m (ie, does not belong to any stock exchange; sells and buys unlisted securities for his clients)*
street certificate (Fin, US) Aktie *f* mit Blankounterschrift
street dealings (Bö, GB) Nachbörse *f (syn, after-hours dealing, qv)*
street loan (Fin) Maklerkredit *m (syn, broker's loan, qv)*
street market (Bö, US) ungeregelter Freiverkehr *m (syn, curb market, qv)*
street marketing (com) Straßenhandel *m*
street name
(Fin, infml) Scheinfirma *f*
(ie, used to hide the real owners; syn, straw, front name, nominee)
street prices (Bö, GB) nachbörsliche Kurse *mpl (syn, after-hours prices, qv)*
strengthening of cash resources (FiW) Kassenverstärkung *f*
strengthening trend (com) Aufwärtstrend *m (eg, of a currency)*
strengthen reserves *v* (Fin) Rücklagen *fpl* stärken
strength of a test (Stat) Teststärke *f*
strength of demand (com) Nachfrageintensität *f*
stress-strain diagram (IndE) Spannungs-Dehnungs-Schaubild *n*
stretch a product line *v* (Mk) Produktlinie *f* erweitern *(ie, in order to reach a wider segment of the market)*
stretched-out receivables (Fin) überfällige Forderungen *fpl (ie, customers pay more slowly)*
stretch-out
(com) Streckung *f (eg, of debt repayments)*
(Bw) Produktionssteigerung *f* ohne gleichzeitige Lohnerhöhung
stretchout of term (Re) Verlängerung *f* der Laufzeit
stretch out payables *v* (Fin) Zahlung *f* von Verbindlichkeiten verzögern
strict definition (Log) enge Definition *f (opp, loose definition)*
strict implication
(Log) strikte od strenge Implikation *f*
(ie, developed by C.I. Lewis in 1918; example: If A then B is true only when B is deducible from A; opp, material implication, qv)
strict law (Re) jus strictum *n*
strict liability (in tort)
(Re) Gefährdungshaftung *f*
– Erfolgshaftung *f*
– verschuldensunabhängige Haftung *f*
(ie, responsibility for hazardous activities where damage was caused neither intentionally nor negligently: auf die übliche Fiktion e-r vertraglichen Haftung wird inzwischen verzichtet; syn, absolute liability, liability based on causation irrespective of fault; opp, liability based on proof of fault = Verschuldenshaftung)
strictly confidential (com) streng vertraulich *(syn, in strict confidence)*
strictly universal statement
(Log) Allsatz *m*
– allgemeiner Satz *m*
(ie, contains one or more bound variables; syn, all/general/universal . . . statement; opp, singular statement)
strike (Pw) Streik *m*
strike *v*
(Pw) streiken *(syn, go on strike; eg, against a plant)*
(Pw) bestreiken *(eg, a plant)*
strike a balance *v*
(com) Bilanz *f* ziehen
(ReW) saldieren
strike a bargain *v* (com) = strike a deal
strike a compromise *v* (com) Kompromiß *m* schließen
strike action (Pw) = strike
strike a deal *v* (com) Geschäft *n* abschließen *(syn, make a bargain)*
strike ballot (Pw) Urabstimmung *f*
strike benefits (Pw) Streikzahlungen *fpl (ie, by unions to employees out on strike)*
strike-bound firm (Pw) bestreikter Betrieb *m*
strike-bound plant (Pw) bestreikter Betrieb *m*
strikebreaker (Pw) Streikbrecher *m (syn, sl, scab; GB, blackleg, knob)*
strike committee (Pw) Streikausschuß *m*
strike down *v* (Re) aufheben *(ie, decision of a lower court)*
strike out *v*
(com) ausstreichen
– durchstreichen
(syn, cross out, delete, cancel)
strike pay (Pw) Streikzahlungen *fpl (ie, to compensate for income loss)*
strike price
(Bö) Basispreis *m*
– Ausübungskurs *m*
(ie, verbindlicher Vertragspreis des durch Optionsausübung entstandenen Terminkontraktes; syn, exercise/striking . . . price)
(Bö) Emissionskurs *m (syn, initial issue price)*
(Bö) Abrechnungskurs *m*
strike price intervals (Bö) Basispreisabstufungen *fpl (eg, at 5-point intervals for stocks trading at up to 100)*
strike thru *v* (EDV) durchstreichen
strike turnout (Pw) Streikbeteiligung *f*
strike weapon (Pw) Streikwaffe *f*
striking price (Bö) = strike price

string
(EDV) Folge *f*
– Zeichenfolge *f*
(ie, a set of consecutive, adjacent items of similar type; normally a bit string or a character string)
(EDV) String *m*, Zeichenkette *f*
string concatenation (EDV) Zeichenreihenverknüpfung *f*
string device (EDV) Textgeber *m (ie, in computer graphics)*
string diagram (com) Fadendiagramm *n*
stringency (Fin) Kreditknappheit *f* am Geldmarkt
string generation (EDV) Bildung *f* von Strings
string of reinsurers (Vers) Rückversichererkette *f*
string of symbols (Log) Zeichenreihe *f*
string operator
(EDV) String-Operator *m*
– Zeichenketten-Operator *m*
strings (EDV, CAD) Elementketten *fpl (ie, entstehen durch Aneinanderreihen von 2 D-Grundelementen)*
strings attached (AuW) Auflagen *fpl (eg, capital aid with no . . .)*
string variable (EDV) Zeichenketten-Variable *f*
strip (Bö) Strip *m (ie, Kombination von zwei Verkaufsoptionen mit e–r Kaufoption: 2 puts, 1 call; opp, strap)*
strip menu (EDV) Menüleiste *f (syn, menu bar)*
strip mining (IndE) Tagebau *m (ie, of coal and ore; syn, GB, open-cast mining)*
strip out *v* (com, infml) entfernen *(eg, layers of management)*
stripped bond (Fin) Stripped Bond *(ie, festverzinsliches Wertpapier, bei dem das Recht auf Kapitalrückzahlung von den Zinsscheinen getrennt ist)*
stripped bonds
(Fin, US) leere Anleihestücke *npl*
(ie, Schatzobligationen mit abtrennbaren Zinsscheinen: brokerage firms buy blocks of long-term T-bonds and strip semi-annual interest coupons, reselling interests in the coupons and the principal at enough of a discount to produce the yield to maturity; effectively equivalent to a series of zero coupon bonds)
stripper bonds (Fin, US) = stripped bonds
stripping (Fin) Stripping *n (eg, Trennung von Kapital- und Zinsansprüchen)*
strip question (Mk) Filterfrage *f (syn, filter question)*
strip reader (EDV) Streifenleser *m*
strips (Fin, US) = stripped bonds
stroke centerline (EDV) vertikale Zeichenachse *f*
strong bear hug (com, GB) cf, bear hug
strong currency (AuW) harte Währung *f (syn, hard currency)*
strong fiscal positions (FiW) konsolodierte öffentliche Finanzen *pl*
strongly connected graph (Math) stark zusammenhängender Graph *m*
strong market (com) lebhafte Nachfrage *f*
strong order book (com) hoher Auftragsbestand *m*
strong performance
(com) kräftige Entwicklung *f*
– kräftiger Aufschwung *m*
(Bw) Leistungskraft *f*
(Fin) ausgezeichnetes Ergebnis *n*
structural adaptation (Vw) strukturelle Anpassung *f*
structural adjustment (Vw, EG) strukturelle Anpassung *f*
structural advantage (Bw) Strukturvorteil *m*
structural and civil engineering (com) Hoch- und Tiefbau *m*
structural aspects (com) strukturelle Aspekte *mpl*
structural assistance measures (FiW) Strukturförderung *f*
structural change
(Vw) Strukturwandel *m*
– strukturelle Veränderung *f*
structural component (IndE) Bauelement *n*, Bauteil *n (syn, guzzinta)*
structural constant (Math) strukturelle Konstante *f*
structural constraints (Bw) Systemzwänge *mpl*
structural damage (com) Bauschäden *mpl*
structural defects (com) bauliche Mängel *mpl*
structural deficit
(FiW) strukturelles Defizit *n*
(ie, amount by which spending would still exceed revenue if the economy were at effective full employment; syn, built-in deficit; opp, cyclical deficit)
structural degree of freedom (Bw) struktureller Freiheitsgrad *m*
structural equation (Math) Strukturgleichung *f*
structural fund (EG) Strukturfonds *m*
structural grants (EG) Strukturzuschüsse *mpl*
structural imbalance (Vw) strukturelles Ungleichgewicht *n*
structural impediments (com) strukturelle Hemmnisse *npl*
structural improvement (Vw) Strukturverbesserung *f*
structural inflation (Vw) strukturelle Inflation *f*
structural integration (Vw) strukturelle Integration *f*
structural issue (Bw) Strukturproblem *n*, strukturelles Problem *n*
structurally weak (Vw) strukturschwach
structural parameter (Stat) Strukturparameter *m*
structural policy
(Vw) Strukturpolitik *f*
(syn, adjustment policy; GB, development area policy)
structural stance of fiscal policy (FiW) strukturelle Ausrichtung *f* der Fiskalpolitik
structural surpluses (EG) strukturelle Überschüsse *mpl (eg, in farming)*
structural transformation (Bw) Umstrukturierung *f*
structural unemployment
(Vw) strukturelle Arbeitslosigkeit *f*
(ie, loss of jobs resulting from changes in the economic environment, such as consumer tastes, level of technology, population growth, government policies)
structural variable (Stat) Strukturvariable *f*
structure
(com) Struktur *f*
(Fin) Ausstattung *f (eg, of a bond issue)*
(Math) System *n* numerisch spezifizierter Strukturgleichungen
(EDV) Struktur *f*, Format *n*
structured bill of materials (MaW) Strukturstückliste *f*
structured data (EDV) strukturierte Daten *pl*

structured display file (EDV) strukturierte Bilddatei *f (ie, in computer graphics)*
structured loop control (EDV) strukturierte Schleifensteuerung *f*
structured program (EDV) strukturiertes Programm *n*
structured program design (EDV) strukturierter Programmentwurf *m*
structured programming (EDV) strukturierte Programmierung *f*
structured task (Pw) strukturierte Aufgabe *f*
structure of a bond issue
(Fin) Ausstattung *f* e–r Anleihe
(ie, amount, price, coupon, maturity, register or bearer, placement and underwriting group; syn, terms of issue)
structure of interest rates (Fin) Zinsgefüge *n (syn, pattern of interest rates)*
structure of liabilities (Fin) Passivstruktur *f*
structure of market rates (Bö) Kursgefüge *n*
structuring of operations
(Bw) Ablauforganisation *f*
– integrative Prozeßsteuerung *f*
(opp, company organization structure = Aufbauorganisation)
struggle-for-income inflation (Vw) konfliktinduzierte Inflation *f*
stub
(com) Kontrollabschnitt *m*
(Fin) Abschnitt *m (ie, counterfoil in a check book)*
stub track (com) Stichgleis *n (syn, spur track, qv)*
Student test (Stat) Student-Test *m*
study area (Log) Arbeitsgebiet *n (syn, study field, field of . . . attention/concentration)*
study field (Log) = study area
study for the bar *v* (Re) Jura studieren *(syn, GB, read the law; infml, eat one's dinners)*
study group
(com) Studiengruppe *f*
(com) Arbeitsgruppe *f (syn, task force, working . . . group/party)*
study material (Pw) Arbeitsmaterial *n*
study objective (Log) Untersuchungsziel *n*
study of source material (Log) Quellenforschung *f*
stuffed with debt (Fin, infml) verschuldet
stuffer (Mk) Werbebeilage *f*
stumpage (com, US) Einschlaggebühr *f (ie, charge for the right to harvest trees)*
stump up *v*
(Fin, infml) aufbringen
– „locker machen"
(eg, an extra $5bn in finance)
stump up money *v* (com, infml) Geld *n* locker machen
Sturm's theorem (Math) Sturm'scher Satz *m*
style (EDV) Druckformat *n*
style item (Mk) Modeartikel *m*
style of leadership (Bw) Führungsstil *m (syn, pattern of leadership, managerial style)*
subaccount (ReW) Unterkonto *n (syn, adjunct account, qv)*
subagency (com) Untervertretung *f*
subagent (com) Untervertreter *m*
subaggregate (Vw) desaggregierte Größe *f*
subarea (com) Unterbereich *m*
subassembly
(IndE) Baugruppe *f*
– Montagegruppe *f*
– Untergruppe *f*
subbranch (com) Zweigstelle *f*
subbudget (Bw) Teilplan *m (syn, subplan)*
subchannel (EDV) Unterkanal *m*
subcharter (com) Unterfrachtvertrag *m (syn, subcontract of affreightment, subchartering contract)*
subchartering contract (com) = subcharter
subclaim (Re) Unteranspruch *m (syn, subordinate claim)*
subclaim of a patent (Pat) Patentunteranspruch *m*
subclass
(Log, Math) Teilklasse *f*
– Unterklasse *f*
– Teilmenge *f*
subclassify *v* (com) unterteilen, aufschlüsseln *(syn, subdivide)*
subcommand (EDV) Unterbefehl *m*
subcompact car (com) Kleinwagen *m*
subconsole (EDV) Nebenbedienungsplatz *m*
subcontract
(com) Subunternehmervertrag *m*
– Unterauftrag *m*
– Zuliefervertrag *m*
subcontract *v* (com) Unteraufträge *mpl* vergeben *(ie, relet part or all a contract; syn, farm out work)*
subcontracted (com) zugeliefert *(eg, components)*
subcontracting (com) Untervergabe *f*, Auswärtsvergabe *f (syn, farming out)*
subcontract of affreightment (com) = subcharter
subcontractor
(com) Subunternehmer *m*
(ie, employed by prime contractor)
subcritical path (OR) subkritischer Weg *m*
subdeterminant (Math) Unterdeterminante *f (syn, minor)*
subdirectory (EDV) Unterverzeichnis *n*
subdivide *v* (com) unterteilen
subdivision
(com) Unterteilung *f*
(Bw) Unterabteilung *f*
subdomain (Math) Teilbereich *m*
subdued import price development (Vw) gedämpfte Entwicklung *f* der Importpreise
subfile (EDV) Subdatei *f*
subgoal
(Bw) Teilziel *n*
– Unterziel *n*
(syn, subobjective)
subgraph
(EDV) Subgraph *m*
– Teilgraph *m*
subgroup
(com) Untergruppe *f*
(com) Teilkonzern *m*
subheading (com) Untertitel *m*
subholding (com) Unterholding *f*
subinterval (Math) Teilintervall *n*
subject area (Log) Gegenstand *m*, Sachgebiet *n*
subject bid (com) Angebot *n* ohne Festpreis *(ie, bid that is negotiable)*
subject heading (com) Schlagwort *n (syn, keyword)*

subject index (com) Sachregister *n*
subjective risk (Vers) subjektives Risiko *n*
subjective satisfaction (Vw) individueller Nutzen *m* *(syn, subjective utility)*
subjective utility (Vw) individueller Nutzen *m (syn, subjective satisfaction)*
subject market (Bö, US) Schätzkurs *m (syn, estimated market, qv)*
subject matter
(Log) Fach *n*
(ie, field of study)
(Re) Vertragsgegenstand *m*
– Vertragsinhalt *m*
(ie, of contract)
subject matter insured (Vers) versicherter Gegenstand *m*
subject matter jurisdiction
(Re) sachliche Zuständigkeit *f*
(ie, a common law term: power of a court to hear a particular dispute; opp, personal jurisdiction)
subject matter of a claim (Re) Anspruchsgrundlage *f*
subject matter of an invention
(Pat) Erfindungsgegenstand *m* Erfindungsaufgabe *f*
(syn, object of an invention, claimed subject matter)
subject matter of a patent (Pat) Gegenstand *m* e–s Patents
subject matter of a patent application (Pat) Gegenstand *m* e–r Patentanmeldung
subject of rights and duties (Re) Träger *m* von Rechten und Pflichten
subject-predicate proposition (Log) kategorisches Urteil *n (syn, categorical proposition, qv)*
subject to a condition precedent (Re) aufschiebend bedingt *(cf, condition precedent)*
subject to a condition subsequent (Re) auflösend bedingt *(cf, condition subsequent)*
subject to call (Fin) täglich kündbar
subject to change without notice
(com) freibleibend
– Änderungen vorbehalten *(syn, without engagement)*
subject to confirmation (com) freibleibend
subject to equities (Re) mit allen Einreden
subject to limited tax liability
(StR) beschränkt steuerpflichtig
(ie, applies to nonresident individuals = Steuerausländer)
subject to prior sale (com) freibleibend, Zwischenverkauf vorbehalten
subject to reporting requirements (com) meldepflichtig
subject to sale (com) = subject to prior sale
subject to taxation (StR) steuerpflichtig, steuerbar *(syn, taxable)*
subject to unlimited tax liability
(StR) unbeschränkt steuerpflichtig
(ie, applies to resident individuals = Steuerinländer)
sub judice (Re) rechtshängig *(ie, pending under judicial determination, undetermined, before a court)*
subjunctive proposition (Log) subjunktiver Konditionalsatz *m (syn, contrary-to-fact conditional)*
sublease
(Re) Untervermietung *f*
– Unterverpachtung *f*
(ie, tenant transfers part of his rights to another person)
(com) Unterfranchise *f*
sublet *v* (Re) untervermieten
sublicense (Pat) Unterlizenz *f*
sublicensee (Pat) Unterlizenznehmer *m*
sublicensor (Pat) Unterlizenzgeber *m*
subliminal advertising (Mk) unterschwellige Werbung *f (opp, open advertising)*
submargin (com) nicht kostendeckend
submarket (Vw) Teilmarkt *m*
submatrix (Math) Untermatrix *f*
submenu
(EDV) Untermenü *n*
– Sekundärmenü *n*
submerged economy (Vw) Untergrundwirtschaft *f (syn, hidden economy, qv)*
submission (com) Einreichung *f*, Vorlegung *f*
submission agreement (Re) Schlichtungsvereinbarung *f (ie, to submit controversy to arbitration)*
submission of bid (com) Angebotsabgabe *f (syn, bidding)*
submit a bid *v* (com) = submit an offer
submit a claim *v* (Re) Anspruch *m* geltend machen *(syn, advance a claim, qv)*
submit an expert opinion *v* (com) Gutachten *n* erstatten
submit an offer *v* (com) Angebot *n* einreichen, Angebot *n* vorlegen *(syn, submit a bid)*
submit a proposal *v* (com) = submit an offer
submit a report *v*
(com) Bericht *m* vorlegen
– Bericht *m* erstatten
(syn, present a report)
subnetwork (OR) Unternetzwerk *n*
subnotebook (EDV) Subnotebook *n/m*, Subnotebook-Computer *m (portable computer; smaller than notebook, qv)*
subobject (com) Teilobjekt *n*
subobjective (Bw) = subgoal
suboptimization (Bw) Suboptimierung *f*, Optimierung *f* e–s Subsystems
suboptimize *v* (Bw) suboptimieren
suboption (EDV) Unteroption *f*
suborder (com) Unterbestellung *f*
subordinate (Pw) (unterstellter) Mitarbeiter *m (syn, euphem, associate)*
subordinate claim (Re) Unteranspruch *m (syn, subclaim)*
subordinated bond (Fin) nachrangige Schuldverschreibung *f (ie, junior to other specified securities; syn, subordinated debenture)*
subordinated debenture (Fin) = subordinated bond
subordinated debt
(Fin) nachrangige Verbindlichkeiten *fpl*
(Fin) nachranginge Schuldtitel *mpl*
subordinate debt (Re) nachrangige Verbindlichkeiten *fpl*
subordinate department (Bw) = subordinate unit
subordinated interest (Re) nachrangiges Eigentumsrecht *n*
subordinated loan (Fin) nachrangiges Darlehen *n*

subordinated patent (Pat) Nebenpatent *n*
subordinated unsecured loan stock
(Fin, GB) nachrangige ungesicherte Anleihen *fpl* *(cf, loan stock)*
subordinate line manager (Bw) nachgeordneter Linien-Manager *m*
subordinate management level (Bw) nachgeordnete Management-Ebene *f*
subordinate program
(EDV) Nebenprogramm *n*
(syn, secondary/side . . . program)
subordinate unit (Bw) untergeordnete Stelle *f (syn, subordinate department)*
subordinate unit of government (FiW) nachgeordnete Gebietskörperschaft *f*
subordination (Fin) Nachrangigkeit *f*
subordination agreement (com) Beherrschungsvertrag *m (syn, control agreement, qv)*
subparticipation (com) Unterbeteiligung *f (ie, participation in another's partnership)*
subpattern (EDV) Untermuster *n*
subplan (Bw) Teilplan *m (syn, subbudget)*
subpopulation (Stat) Teilgesamtheit *f*
subprogram
(EDV) Unterprogramm *n*
(EDV, Cobol) Unterprogramm *n (syn, called program, qv)*
subquality units
(IndE) Ausschuß *m*
(ie, reworked and sold; syn, defective units)
subqueue
(OR) Teilwarteschlange *f*
(EDV) Unterwarteschlange *f*
subrogation
(Re) Subrogation *f*
– Übergang *m* von Ersatzansprüchen
– Eintritt *m* in Rechte
(ie, substitution of a third party in place of a party having a claim against another person; eg, insurance companies or guarantors generally have such rights)
subrogation of creditors (Re) Gläubigerwechsel *m*
subroutine
(EDV) Unterroutine *f*
– Unterprogramm *n*
subroutine call (EDV) Unterprogrammaufruf *m*
subroutine library (EDV) Unterprogrammbibliothek *f*
subroutine management (EDV) Unterprogrammverwaltung *f*
subroutine procedure (EDV) Unterprogrammprozedur *f*
subsample (Stat) Unterauswahl *f*
subsampling (Stat) Stichprobenverfahren *n* mit Unterauswahl
subscribe *v*
(com) abonnieren
(syn, take out a subscription)
(Fin) zeichnen *(ie, for)*
subscribed capital
(ReW, EG) gezeichnetes Kapital *n*
(ie, to which shareholders' liability is limited = auf das die Haftung der Gesellschafter beschränkt ist)
subscribed capital unpaid (ReW, GB) ausstehende Einlagen *fpl* auf das gezeichnete Kapital

subscriber
(com) Abonnent *m*
(eg, to newspaper, trade journal)
(Fin) Zeichner *m*
subscriber dialing (EDV) Selbstwählverkehr *m*
subscriber to shares (Fin) Zeichner *m* von Aktien
subscriber trunk dialing, STD
(com, GB) Selbstwählferndienst *m*
(syn, US, direct distance dialing)
subscript
(Math) tiefgestellter Index *m*
– Subskript *n*
(syn, lower index)
subscripted data-name (EDV, Cobol) indizierter Datenname *m (cf, DIN 66 028, Aug 1985)*
subscripted name (EDV) indizierter Name *m*
subscripted variable (Math) indizierte Variable *f*
subscripting (EDV, Cobol) Normalindizierung *f*
subscription
(com) Unterschriftsleistung *f*
(com) Abonnement *n (ie, to)*
(com, GB) Mitgliedsbeitrag *m*
(Fin) Zeichnen *n*
– Zeichnung *f*
(ie, of new shares or bonds)
(Re) Zustimmung *f*
(ie, orally or by signature)
subscription agent
(Fin) Zeichnungsstelle *f*
(ie, bank accepting subscriptions for newly issued securities)
subscription application (Fin) Zeichnungsantrag *m*
subscription blank (Fin) Zeichnungsformular *n*
subscription charges (Fin) Zeichnungsgebühr *f*
subscription library (com, GB) Leihbibliothek *f* *(syn, lending library)*
subscription offer
(Bö) Zeichnungsangebot *n*
– Einladung *f* zur Zeichnung
subscription period (Fin) Zeichnungsfrist *f*
subscription premium (Fin) Zeichnungsagio *n*
subscription price
(Fin) Begebungspreis *m*
– Emissionskurs *m*
– Zeichnungskurs *m (syn, issue price, coming-out price)*
(Bö) Bezugsrechtskurs *m*
(ie, fixed price per share at which a new issue or even a secondary issue of stock is being offered to the public)
subscription rate (Fin) Zeichnungskurs *m (syn, offering price)*
subscription ratio (Fin) Bezugsverhältnis *n (syn, exchange ratio)*
subscription right
(Fin) Bezugsrecht *n*
(syn, stock right, right, preemptive/preemption . . . right, stock purchase warrant)
subscriptions (IWF) Subskription *f (ie, capital contributions)*
subscription to shares (Fin) Aktienzeichnung *f (syn, application for shares)*
subscription warrant
(Fin) Bezugsrechtsschein *m*
(ie, instrument entitling the stockholders of

record to subscription privileges or „rights"; legal evidence of the ownership of subscription rights; assignable)
subsequent applicant (Pat) Nachanmelder *m*
subsequent application
(Pat) jüngere Anmeldung *f*
– spätere Anmeldung *f*
subsequent approval (Re) Genehmigung *f (opp, prior approval = Zustimmung)*
subsequent endorser (WeR) Nachmann *m (syn, subsequent holder)*
subsequent entry (ReW) Nachtragsbuchung *f*
subsequent frustration (Re) nachträgliche Unmöglichkeit *f (syn, supervening frustration)*
subsequent holder
(Re) Besitznachfolger *m*
(WeR) = subsequent endorser
subsequent patent (Pat) Nachpatent *n*
subsequent premium (Vers) Folgeprämie *f*
subsequent transferee (Re) späterer Erwerber *m*
subset
(Math) Teilmenge *f*
– Untermenge *f*
subside *v*
(com) nachgeben
– nachlassen
(eg, long-term interest rates have subsided a bit)
subsidence damage (IndE) = coal mining subsidence
subsidiarity (Re) Subsidiarität *f (ie, Nachrangigkeit der Geltung)*
subsidiary (com) = subsidiary company
subsidiary account (ReW) Unterkonto *n (syn, subaccount, qv)*
subsidiary agreement (Re) Nebenabrede *f (syn, collateral/side . . . agreement)*
subsidiary books of account (ReW) Hilfsbücher *npl*, Nebenbücher *npl*
subsidiary budget (FiW) Nebenhaushalt *m*
subsidiary claim (Re) Nebenanspruch *m (syn, accessory claim, qv)*
subsidiary company
(com) Tochtergesellschaft *f*
– Tochter *f*
(ie, controlled by another corporation through partial or complete stock ownership, interlock, lease, or community of interest)
subsidiary goals (Bw) abgeleitete Ziele *npl (ie, derived from the profit motive)*
subsidiary law (Re) subsidiär geltendes Recht *n*
subsidiary of a corporate group
(Bw) Konzerntochter *f*
– Konzerntochtergesellschaft *f*
subsidiary order (IndE) Zuleitungsauftrag *m*
subsidiary product
(IndE) Nebenerzeugnis *n*
(syn, byproduct, qv)
subsidize *v* (Vw) subventionieren
subsidized enterprise (Bw) Zuschußbetrieb *m*
subsidized loan (Fin) zinsverbilligter Kredit *m*
subsidized price (Vw) subventionierter Preis *m*
subsidy
(Vw) Subvention *f*
(ie, Transferzahlung an Unternehmung; Wort wird – wegen der negativen Beurteilung von ‚Subvention' – oft ersetzt durch: Unterstützung, Finanzhilfe, Beihilfe, Prämie, Zuwendung, Zuschuß u. a.)
(Vw, US) Subvention *f*
(ie, broader definition: governmental financial assistance, at the expense of others in the economy, to the private-sector producers or consumers of a particular good, service, or factor of production; the government receives no equivalent compensation in return, but conditions the assistance on a particular performance by the recipient; subterms include: Barsubventionen, Steuersubvention, Beschaffungssubvention, Verbilligungssubvention, Infrastruktursubvention, Verordnungssubvention)
Subsidy Account (IWF) Subventionskonto *n*
subsidy fraud (Re) Subventionsbetrug *m*
subsistence economy
(Vw) Bedarfsdeckungswirtschaft *f*
– Bedarfswirtschaft *f*
(ie, one that supplies only survival needs: food, clothing, shelter)
subsistence level
(Vw) Existenzminimum *n*
– Subsistenzminimum *n*
(syn, minimum survival needs)
subsistence theory of wages (Vw) Existenzminimumtheorie *f* des Lohnes
subsoil of sea bed (com) Meeresuntergrund *m*
subspace (Math) Unterraum *m*
substandard (IndE) nicht der Norm entsprechend *(ie, below acceptable standards but superior to rejects)*
substandard goods (com) Ausschußware *f (syn, defective goods)*
substandard quality (IndE) normunterschreitende Qualität *f*
substandard risk (Vers) schlechtes Risiko *n*
substantial
(com) beträchtlich
– erheblich
– wesentlich
substantial argument (Log) stichhaltiges od überzeugendes Argument *n*
substantial benefit (com) erheblicher Vorteil *m*
substantial benefits (com) erhebliche Vorteile *mpl*
substantial competition (Kart) wesentlicher Wettbewerb *m*
substantial consolidation (FiW) erhebliche Konsolidierung *f*
substantial equity holding (Fin) = substantial investment
substantial fiscal surpluses (FiW) erhebliche Haushaltsüberschüsse *mpl*
substantial investment (Fin) wesentliche Beteiligung *f (syn, substantial equity holding)*
substantial market share (com) erheblicher Marktanteil *m*
substantial mistake (Re) beachtlicher Irrtum *m*
substantial presence (StR) längerer Aufenthalt *m*
substantial shareholder (Fin) Inhaber *m* e–r wesentlichen Beteiligung
substantiate *v*
(com) verkörpern *(syn, embody)*
(Re) nachweisen– begründen *(ie, establish by competent evidence; eg, a claim in a court of law)*

substantiate a claim *v* (Re) Anspruch *m* begründen
substantiating a patent (Pat) patentbegründend
substantiating document (Re) beweiskräftige Unterlage *f*
substantiation
(Log, Re) Bekräftigung *f (syn, corroboration)*
– Begründung *f*
substantive law (Re) materielles Recht *n (opp, procedural adjective . . . law)*
substantive provision (Re) materiell-rechtliche Vorschrift *f*
substantive test (Re) inhaltliche Prüfung *f (eg, auf Richtigkeit der Verbuchung und Bilanzierung)*
substitutable goods (Vw) substituierbare Güter *npl*
substitute (com) ad-hoc-Vertreter *m (syn, deputy, stand-in)*
substitute delivery (com) Ersatzlieferung *f*
substituted mode of performance (Re) Annahme *f* e–r nicht geschuldeten Leistung *(ie, in lieu of + on account of performance)*
substituted purchase (Re) Ersatzgeschäft *n*
substitute for *v* (com) vertreten *(syn, act for, qv)*
substitute good
(Vw) substitutives Gut *n*
– Substitut *n*
– Substitutionsgut *n*
„substitute" health insurance institution (SozV) Ersatzkasse *f*
„substitute inheritance tax"
(StR) Erbersatzsteuer *f*
(ie, fingiert seit 1983 für Familienstiftungen vom Zeitpunkt ihrer Gründung an alle 30 Jahre einen Erbfall, für den eine entsprechende Erbschaftssteuer erhoben wird)
substitute member (com) Ersatzmitglied *n*
substitute money (Fin) Geldsurrogat *n (syn, near money, qv)*
substitute power of attorney (Re) Untervollmacht *f*
substitute reserve currency (AuW) Ersatz-Reservewährung *f*
substitution account (IWF) Substitutionskonto *n (ie, member countries may swap excess dollars for an IMF composite credit)*
sub-subsidiary (com) Enkelgesellschaft *f (syn, second-tier subsidiary)*
sub-syndicate (Fin) Unterkonsortium *n*
subsystem (Bw) Untersystem *n*, Teilsystem *n*
subtask (Pw) Teilaufgabe *f*
subtenant (Re) Untermieter *m*
subterm (Log) Unterbegriff *m*
subterranean economy (Vw) Untergrundwirtschaft *f (syn, hidden economy, qv)*
subtotal (com) Zwischensumme *f*
subtrahend (Math) Subtrahend *m*
subunderwriter
(Fin) Unterkonsorte *m*
(Vers) Unterversicherer *m*
subunderwriting agreement (Fin) Unterbeteiligungsvertrag *m (ie, im Anleihekonsortium)*
subvention (FiW) Subvention *f (syn, subsidy, qv)*
succeed *v* (Re) nachfolgen
succeeding party (Re) Rechtsnachfolger *m (syn, legal successor, qv)*
succeed to *v* (Re) beerben *(eg, the family estate; inherit from)*
successful bidder (com) erfolgreicher Anbieter *m*
successful tenderer (EG) Zuschlagsempfänger *m*
succession (Re) Nachfolge *f*
succession in title (Re) Rechtsnachfolge *f*
succession problem (Bw) Nachfolgeproblem *n (eg, experienced by many family-owned businesses)*
succession tax (FiW) Erbschaftsteuer *f (cf, inheritance tax)*
successive assignment (Re) Mehrfachabtretung *f*
successor (Re) Nachfolger *m (opp, predecessor)*
successor and assign (Re) = successor
successor bank (Fin) Nachfolgebank *f*
successor company
(Bw) Nachfolgegesellschaft *f*
– Nachfolgerin *f*
successor cycle (EDV) Folgezyklus *m*
successor event (OR) nachfolgendes Ereignis *n*
successor in title (Re) Rechtsnachfolger *m (syn, legal successor, qv)*
successor organization (com) Nachfolgeorganisation *f*
successor program (EDV) Nachfolgeprogramm *n*
successor tenant (Re) Nachmieter *m*
success rate (Stat) Erfolgsquote *f*
suck up to the boss *v* (Pw, sl) dem Vorgesetzten schön tun od nach dem Munde reden
sue *v* (Re) klagen *(ie, in a civil case)*
sue and labor clause (SeeV) Klausel *f* über Schadenabwendung und Schadenminderung
sue for *v*
(Re) einklagen
– klagen auf
(syn, bring action for, qv)
sue for damages *v* (Re) auf Schadenersatz klagen
sue for the recovery of a debt *v* (Re) Forderung *f* einklagen
sue on a contract *v* (Re) aus e–m Vertrag klagen
sue out *v* (Re) erwirken *(eg, preliminary injunction = einstweilige Verfügung)*
sue out a writ *v* (Re) Beschluß *m* beantragen
sufficiency of an invention (Pat) Erfindungseigenschaft *f*
sufficient capital (Fin) ausreichendes Kapital *n (syn, capital sufficiency)*
sufficient condition (Log) hinreichende Bedingung *f (opp, necessary condition)*
sufficient-funds proviso (Fin) Guthabenklausel *f*
sugar-coated financial statement (ReW, infml) frisierter Abschluß *m*
sugar confectionery industry (com) Süßwarenindustrie *f*
sugar exchange (Bö) Zuckerbörse *f*
suggested price
(com) empfohlener Preis *m*
– Richtpreis *m*
(syn, recommended price)
suggested retail price
(com) empfohlener Abgabepreis *m*
– empfohlener Richtpreis *m*
(syn, recommended retail price)
suggestions for improvement (Bw) Verbesserungsvorschläge *mpl*
suggestion system (Bw) betriebliches Vorschlagwesen *n (ie, through which employees submit ideas for increasing production)*

suggestive advertising (Mk) Suggestivwerbung *f* *(opp, information-based advertising = informative Werbung)*
suit (Re) Klage *f*, Verfahren *n* *(ie, at law or in equity; syn, action, qv)*
suitable as collateral (Fin) beleihungsfähig *(ie, eligible to serve as a collateral)*
suit of exoneration (Re, US) Klage *f* auf Erfüllung der Hauptschuld durch den Bürgen
suitor (Re) Kläger *m*
sum
(Math) Summe *f*
(Math) Vereinigungsmenge *f* *(syn, union of sets, qv)*
sum certain
(WeR) bestimmte Geldsumme *f*
(ie, in law of negotiable instruments = Wertpapierrecht; cf, UCC 3-106(1))
sum in dispute (Re) Streitwert *m*
sum insured
(Vers) Versicherungssumme *f*
– Deckungssumme *f*
(syn, amount insured)
summable (Math) summierbar
summarized balance sheet (ReW) Bilanzauszug *m*
summary
(com) Zusammenfassung *f*
– Überblick *m*
(syn, overview, survey, brief outline, précis, résumé)
summary account (ReW) Sammelkonto *n* *(syn, assembly account, qv)*
summary information (com) Ergebnisdaten *npl*
summary judgment
(Re) Urteil *n* im abgekürzten Verfahren
(Zo, US) abgekürztes Zollverfahren *n*
summary measure (Stat) charakteristischer Wert *m* e–r Grundgesamtheit
summary offense (Re) Bagatellstrafsache *f*
summary report
(com) Kurzbericht *m*
– zusammenfassender Bericht *m*
(syn, summary statement)
(EDV) Sammelliste *f*
summary statement (com) = summary report
summation
(Math) Aufsummierung *f*
– Summierung *f*
– Summation *f*
(Stat) Aggregierung *f*
(Stat) Aggregat *n*
summation check (EDV) Summenkontrolle *f*
summation index (Math) Summationsindex *m*
summation sign (Math) Summationszeichen *n*
summer sales (com) Sommerschlußverkauf *m* *(ie, at knockdown prices)*
summer time (Pw) Sommerzeit *f* *(syn, Daylight Saving Time)*
summertime blues (Mk, infml) Sommerloch *n*
summit conference (com) Gipfelkonferenz *f*
summit talks (com) Gipfelgespräche *npl*
summitteer (com) Gipfelteilnehmer *m*
summons authority (StR, US) Befugnis *f* zur Vorladung *(ie, of the Internal Revenue Service)*
sum of money (Fin) Geldsumme *f*
sum of sets (Math) Vereinigung *f* von Mengen
sum of squares (Stat) Summe *f* der Abweichungsquadrate *(syn, deviance, qv)*
sum-of-the-years-digit method of depreciation
(ReW) digitale Abschreibung *f*
– arithmetisch-degressive Abschreibung *f* *(syn, life period method)*
sum over *v* (Math) aufsummieren über
sumptuary excise (FiW) Luxussteuer *f* *(syn, luxury tax, qv)*
sum to infinity (Math) Summe *f* der unendlichen Reihe
sum total
(com) Gesamtbetrag *m*
– Gesamtsumme *f*
(syn, total, total amount, grand total)
sum up *v* (Math) aufaddieren *(syn, add up, foot up; infml, tot up)*
sundays & holidays excepted, s.&h.e. (com) Sonn- und Feiertage ausgenommen
sundry accruals (ReW) sonstige Rückstellungen *fpl*
sundry creditors (ReW) sonstige Forderungen *fpl*
sundry expenses (ReW) sonstige Aufwendungen *mpl* *(syn, other/miscellaneous . . . expenses)*
sundry revenue (ReW) sonstige Erträge *mpl* *(syn, other /miscellaneous . . . revenue)*
sundry supplies (MaW) Kleinmaterial *n* *(ie, nails, screws, etc)*
sunk costs
(KoR) Istkosten *pl* der Vergangenheit
(ie, irrelevant to the decision-making process: nicht-relevante Kosten)
(Vw) Sunk Costs *pl*
– versunkene Kosten *pl*
(ie, entstehen bei Durchführung irreversibler Entscheidungen; es treten Folgen ein, die auch bei deren Rückgängigmachung nicht wegfallen; eg, Eintritt in den Kernkraftwerksmarkt verursacht hohe versunkene Kosten, da die Anlagen nicht alternativ genutzt werden können)
sunset law
(Re, US) Gesetz *n* mit begrenzter Geltungsdauer
(ie, requires reauthorization of a program by the legislative body at stipulated intervals)
super–301 treatment (AuW, US) Behandlung *f* e-s Landes nach Abschnitt 301 des Trade Act; cf, priority foreign country
superabundance (AuW) Überversorgung *f* *(eg, of international liquidity)*
superannuate *v* (Pw, GB) pensionieren, in den Ruhestand versetzen *(syn, pension off)*
superannuation
(Pw, GB) Pension *f*
– Altersrente *f*
superannuation fund (Pw, GB) Pensionskasse *f*
superannuation provision (ReW, GB) Pensionsrückstellung *f*
superannuation scheme (Pw, GB) betriebliche Altersversorgung *f*
supercargo (com) Ladungsaufseher *m*
superchip (EDV) Superchip *m*
superdividend
(Fin) Superdividende *f*
Auch:
– Überdividende *f*

– Zusatzdividende *f*
(ie, über die normale Dividende hinaus; kann auf Aktien mit Dividendenvorrecht gezahlt werden; auch außerordentliche Zahlung, als Bonus)
SuperDot 250 (Bö, US) SuperDot 250 *(ie, elektronisch gesteuertes, automatisches Maklersystem an der New York Stock Exchange)*
super gold tranche (IWF) Supergoldtranche *f*
supergraph (OR) Obergraph *m*
super grossed-up dividend (StR, US) Superbruttodividende *f*
supergroup (EDV) Übergruppe *f*
superheated demand (Vw) überhitzte Nachfrage *f*
superimpose *v*
(com) überlagern
(EDV) einblenden
superimposition
(com) Überlagerung *f*
(EDV) Einblendung *f*
superintendent (Bw) Abteilungsleiter *m (syn, department head)*
superior (Pw) Vorgesetzter *m*
superior department (Bw) = superior unit
superior goods (Vw) superiore Güter *npl*
superior market position (Kart) überragende Marktstellung *f*
superior unit (Bw) übergeordnete Stelle *f (syn, superior department)*
superior workmanship (IndE) Qualitätsarbeit *f (syn, quality work)*
superlattice semiconductor
(EDV) Supergitter-Halbleiter *m*
(ie, composites built up of alternating layers of compounds, such as gallium arsenide, gallium phosphide and indium gallium arsenide)
supermarket (Mk) Supermarkt *m*
supermultiplier (Vw) Supermultiplikator *m*
Super Now Account
(Fin, US) Super Now Account *n*
(ie, ähnelt dem Now Account, mit Ausnahme der Mindesteinlage von $ 2.500, der höheren Verzinsung und der unbegrenzten Verfügbarkeit mittels Scheck; eingeführt am 5. 1. 1983)
superposition (Math) Überlagerung *f*
superposition theorem (Math) Superpositionssatz *m (cf, Laplace transform)*
super regional
(com, US) überregionale Fusion *f*
(eg, Bank of New England with CTB Corporation, and Sun Banks of Florida with Trust Company of Georgia; syn, regional interstate merger)
superscript
(Math) hochgestellter Index *m (syn, upper index)*
(EDV) Exponent *m*, Potenz *f*
supersede *v* (com) ablösen, verdrängen, ersetzen
super smart card
(EDV) wie smart card, plus Folientastatur, 16-stelliges Display, Taschenrechner und Notizbuchfunktion *(ie, simuliert über e–n Transducer verschiedene Magnetstreifenformate)*
superstock
(Fin, US) Superaktie *f*
(ie, has voting power far beyond the rest of the voting stock – up to ten times as much voting power per share)

superstore (Mk) Supermarkt *m (ie, at least 27,000 sq ft of selling space and car parking facilities out of town)*
supervening impossibility (Re) nachfolgende Unmöglichkeit *f (ie, after contract is made; subsequent frustration)*
supervening incapacity (Re) Eintritt *m* der Geschäftsunfähigkeit
supervise *v*
(Pw) beaufsichtigen
– überwachen
supervision
(Pw) Beaufsichtigung *f*
– Überwachung *f*
supervision of construction work (com) Bauaufsicht *f*
supervisor
(EDV) Organisationsprogramm *n*
– Systemkern *m*
(ie, permanently resident control program that coordinates the use of resources and maintains the flow of processor operations; Funktionen: Lader, Prozeßsteuerung, Hauptspeicherverwaltung, I/O-Steuerung, Übergang von e–m Programm zum anderen, optimale Nutzung des Rechnerkerns und des Hauptspeichers; syn, executive, nucleus, resident monitor, executive/master/supervisory . . . program)
supervisor call
(EDV) Supervisor-Aufruf *m*
– Anruf *m* an Organisationsprogramm
supervisor control (EDV) Sollwertführung *f (ie, in process automation; syn, setpoint control)*
supervisor's supervisor (Pw) nächsthöherer Vorgesetzter *m*
supervisor state (EDV) = monitor state
supervisory personnel
(Pw) Aufsichtspersonal *n*
– Personen *fpl* mit Aufsichtsfunktionen
supervisory program (EDV) = supervisor
supervisory sequence (EDV) Kommandofolge *f (ie, in operating systems)*
supervisory training (Pw) Vorgesetztenschulung *f*
supplement (Mk) Verlegerbeilage *f*
supplemental appropriation (FiW, US) Ergänzungszuweisung *f*
supplementary application (Pat) Nachanmeldung *f*
supplementary appropriation (FiW) Nachtragsbewilligung *f*
supplementary bonus (Vers) Zusatzdividende *f*
supplementary budget
(FiW) Ergänzungsbudget *n*
(ie, changes a budget not yet approved by the legislature)
supplementary earnings per share
(Fin, US) zusätzlicher Gewinn *m* je Aktie
(ie, other than primary or fully diluted earnings per share; effect is given to conversions that took place during the period)
supplementary Federal grants (FiW) Bundesergänzungszuweisungen *fpl*
supplementary financing
(Fin) Nachfinanzierung *f*
– Zusatzfinanzierung *f*
supplementary grant (FiW) Nachbewilligung *f*

supplementary insurance (Vers) Zusatzversicherung *f (syn, additional insurance, qv)*
supplementary patent (Pat) Zusatzpatent *n (syn, patent of addition, qv)*
supplementary pension scheme (SozV) Betriebsrentensystem *n (ie, may be either contributory or noncontributory)*
supplementary processing (com) Weiterveredelung *f*
supplements (Pw) Zusatzleistungen *fpl* des Betriebes *(ie, Differenz zwischen Arbeits- und Lohnkosten)*
supplied parts (IndE) Zulieferteile *npl*
supplier
(com) Lieferer *m*
– Lieferant *m*
– Lieferfirma *f (syn, supplying firm, seller, vendor)*
(com) Zulieferer *m*
– Zulieferbetrieb *m*
(syn, component/outside . . . supplier; subcontractor)
(Vw) Anbieter *m (opp, demander = Nachfrager)*
supplier account (ReW) Lieferantenkonto *n*
supplier country (AuW) Lieferland *n*
supplier credit (Fin) Lieferantenkredit *m (ie, entsteht durch Ausnutzung von Zahlungszielen; syn, trade credit)*
supplier evaluation (MaW) Lieferantenbeurteilung *f*
supplier of machinery (com) Maschinenlieferant *m*
supplier's invoice (com) Lieferantenrechnung *f*
supplies
(com) Zulieferungen *fpl*
(Bw) Hilfs- und Betriebsstoffe *mpl*
supplies industry (com) Ausrüstungsindustrie *f (eg, in making aircraft)*
supply
(com) Lieferung *f*
(IndE) Darbietung *f (eg, of water, energy, etc)*
(Vw) Angebot *n (opp, demand = Nachfrage)*
supply a demand *v* (com) Nachfrage *f* decken *(syn, meet a demand)*
supply agreement (com) = supply contract
supply and demand (com) Angebot *n* und Nachfrage *f*
supply bond
(Re) Erfüllungsgarantie *f*
– Leistungsgarantie *f*
(syn, performance bond, qv)
supply bottleneck
(com) Lieferengpaß *m*
(Bw) Versorgungsengpaß *m*
supply commitment (com) Lieferverpflichtung *f*
supply contract (com) Liefervertrag *m (syn, supply agreement)*
supply curve (Vw) Angebotskurve *f*
supply elastic (Bw) angebotselastisch *(eg, plant; opp, supply inelastic)*
supply elasticity (Vw) Angebotselastizität *f (syn, elasticity of supply)*
supply function (Vw) Angebotsfunktion *f (opp, demand function = Nachfragefunktion)*
supply gap (Vw) Angebotslücke *f*
supply-induced recession (Vw) angebotsinduzierte Rezession *f*
supply inelastic (Bw) angebotsstarr *(eg, plant; opp, supply elastic)*
supply inflation (Vw) Angebotsinflation *f*
supply *v* **information** (com) Informationen *fpl* erteilen
supplying country (AuW) Lieferland *n*
supplying sector (Vw) abgebender Sektor *m (ie, in input-output analysis)*
supply item
(com) Liefergegenstand *m*
– Lieferposten *m*
supply management
(Vw) Steuerung *f* des gesamtwirtschaftlichen Angebots
(ie, through fiscal policy, etc)
(MaW) Versorgungsmanagement *n*
supply needs *v* (com) Bedarf *m* decken
supply offer (com) Angebot *n (ie, auf Lieferung od Leistung)*
supply of jobs (Vw) Arbeitsplatzangebot *n (syn, availability of jobs)*
supply of labor (Vw) Arbeitsangebot *n*
supply of liquidity (Fin) Liquiditätsbereitstellung *f*
supply of materials (MaW) Materialversorgung *f*
supply-of-materials plan (MaW) Materialbereitstellungsplan *m*
supply of needs (com) Bedarfsdeckung *f (syn, satisfaction of requirements)*
supply price
(com) Angebotspreis *m (syn, bid/offer/quoted . . . price)*
(com) Lieferpreis *m (syn, price of delivery)*
supply push inflation (Vw) Angebotsinflation *f (syn, seller's inflation)*
supply requirements *v* (com) Bedarf *m* decken
supply schedule (Vw) Angebotstabelle *f*
supply security for a loan *v* (Fin) Darlehen *n* besichern
supply shortage (com) Lieferengpaß *m*
supply side economics
(Vw) Supply-Side Economics: US-Variante e–r angebotsorientierten Wirtschaftspolitik
(ie, term coined by H. Stein in 1976: strebt Verminderung staatlicher Kotrolle privater Aktivitäten zwecks Intensivierung des privaten Wettbewerbs und damit des Investitionsvolumens an; Stichwort: Deregulierung; the German counterpart should read: supply-oriented economic policy)
supply situation (com) Versorgungslage *f*
supply source (com) Bezugsquelle *f*
support
(com) Betreuung *f*
– Service *m*
(AuW) Stützung *f*
(ie, of rate of exchange)
(AuW) Begünstigung *f*
(syn, preferential treatment)
(Re, GB) Unterhalt *m*
support *v*
(AuW) stützen
(EDV) betreuen
– unterstützen
support band (Fin) Unterstützungszone *f*
support buying (Vw) = support purchases
support cost center (KoR) = service cost center
support costs (EDV) Betriebskosten *pl*

supported by documents (com) unterlegt durch Dokumente
supported price
(com) Stützpreis *m*
(Bö) Stützkurs *m*
support facility (AuW) Beistandsfazilität *f*
support function (EDV) Hilfsfunktion *f*
support fund (Fin) Stützungsfonds *m*
support group (Fin) Auffangkonsortium *n*
supporting authority
(Log) Belegstelle *f*
(ie, found in first-hand special literature)
supporting data (ReW) Belege *mpl (syn, supporting records)*
supporting document (ReW) Beleg *m (syn, voucher)*
supporting measures (com) flankierende Maßnahmen *fpl*
supporting purchases (Fin) Stützungskäufe *mpl*
supporting ratio (Bw, GB) sekundäre Kennziffer *f (syn, advanced ratio)*
supporting records (ReW) Belege *mpl (syn, supporting data)*
supporting staff
(Pw) Mitarbeiter *mpl*
(Pw) Hilfskräfte *fpl*
supporting the capital market (Fin) Kapitalmarktpflege *f*
supporting the market (com) Markt- und Preisstützung *f*
supporting voucher (ReW) Beleg *m*
supportive pattern of leadership
(Bw) kooperativer Führungsstil *m*
(syn, cooperative leadership style)
support line (Bö) Unterstützungslinie *f (ie, in chart analysis)*
support of agricultural prices (EG) Agrarpreisstützung *f*
support points
(AuW) Interventionspunkte *mpl*
(ie, in foreign exchange trading; syn, dealing limits, peg points, bank's upper and lower limits)
support price
(AuW) Interventionskurs *m*
(Vw) Stützungspreis *m (ie, a government administered price)*
support purchases
(Vw) Interventionskäufe *mpl*
– Stützungskäufe *mpl*
(syn, support buying)
support services (EDV) Betreuung *f*
support syndicate (Fin) Stützungskonsortium *n*
support system (AuW) Beistandssystem *n*
support technology (com) unterstützende Technologie *f*
suppressed inflation (Vw) zurückgestaute Inflation *f (syn, repressed inflation)*
suppression of leading zeros (EDV) Unterdrückung *f* führender Nullen
supramarginal (Bw) die Kostendeckung übersteigend
supranational bond (Fin) supranationale Anleihe *f (eg, World Bank, ECSC, etc)*
Supreme Court decision
(Re, US) höchstrichterliche Entscheidung *f*
– Entscheidung *f* des Obersten US-Gerichtshofes

supremum (Math) kleinste obere Schranke *f (syn, least upper bound)*
surcharge
(com) Aufpreis *m*
– Aufschlag *m*
– Zuschlag *m*
(eg, fuel surcharge, surcharge on a parcel, etc)
(StR) Zusatzsteuer *f (syn, surtax, qv)*
surcharge *v* (com) Zuschlag *m* erheben
surety
(Re) Sicherung *f*
(Re) Bürgschaft *f*
– Garantie *f*
(ie, surety joins in the obligation of the principal from the outset and in the same instrument; guarantor provides its undertakings in a separate instrument; cf, Sec 1-201(40) UCC; syn, suretyship, guaranty, guarantee, qv)
(Re, US) selbstschuldnerischer Bürge *m*
(ie, primarily liable for the debt of the principal; opp, guarantor = Ausfallbürge)
surety bond
(Re) Kaution *f*
– Sicherheit *f*
(Re) Bürgschaftserklärung *f*
suretyship company
(Re) Spezialgesellschaft *f* zur Übernahme von Bürgschaften
(ie, main activity is the insurance of faithful conduct of employees = fidelity insurance; the laws of today require a great many different bonds)
suretyship contract (Re) Bürgschaftsvertrag *m*
suretyship insurance (Vers) Personengarantie-Versicherung *f*
surface chart
(com) Flächendiagramm *n*
(Stat) kumulatives Banddiagramm *n (syn, band curve chart, cumulative band chart)*
surface diagram (Stat) Flächendiagramm *n*
surface freight forwarder (com, US) Landspediteur *m (ie, uses rail and motor exclusively for line-haul transportation)*
surface graph (com) Flächendiagramm *n*
surface in space (Math) Fläche *f* in dreidimensionaler Darstellung
surface integral (Math) Oberflächenintegral *n*
surface mail (com, US) gewöhnliche Post *f (syn, GB, ordinary mail)*
surface transportation
(com) Bodentransport *m*
– Straße-Schiene-Verkehr *m*
(ie, trucking and rail; syn, ground transportation)
surge *v* (com) plötzlich ansteigen
surge clause
(EG) Springflutklausel *f*
(ie, in the multifiber agreement: sprunghaft steigende Einfuhren innerhalb e–r Quote können gebremst werden)
surge in capital investment (Bw) Investitionsschub *m*
surge in equities (Bö) Aktienhausse *f*
surge in interest rates (Fin) Zinsauftrieb *m*
surge of export orders
(com) Exportwelle *f*
(syn, export wave)

surplus
(com) Überschuß *m*
(Vw) Angebotsüberschuß *m (eg, wheat, butter)*
(ReW, US, appr) Reingewinn *m*
(ie, the AICPA has recommended that this term be discontinued in balance-sheet presentation; cf, appraisal capital, donated capital, earned surplus, paid-in surplus)
(Fin, GB) Gewinn *m (ie, used in the nationalised industries)*
(Vers) Exzedent *m (syn, excess of line)*
surplus agricultural production (EG) landwirtschaftliche Überproduktion *f*
surplus capacity (Bw) Überkapazität *f (syn, excess capacity, qv)*
surplus cash resources (Fin) Liquiditätsüberschuß *m (syn, cash surplus, qv)*
surplus country (AuW) Überschußland *n*
surplus demand (Vw) Nachfrageüberschuß *m (syn, excess demand, qv)*
surplus dividend (Fin) Dividendenzuschlag *m*
surplus dumping (AuW) Überschußdumping *n*
surplus fund
(Bö) Überschußreserve *f*
(ie, eigene Mittel des clearing house, um Verluste e–s zahlungsunfähigen Mitgliedes auszugleichen)
surplus funds (Fin) = surplus cash resources
surplus-line insurance (Vers) Zusatzversicherung *f*
surplus material (MaW) überzähliges Material *n*
surplus offers (Vw) Angebotsüberschuß *m*, Angebotsüberhang *m (syn, excess in supply)*
surplus of offerings (Bö) Angebotsüberhang *m*
surplus of selling orders (Bö) Angebotsüberschuß *m (syn, sellers over)*
surplus on current account (AuW) Leistungsbilanzüberschuß *m*
surplus on interest earnings (Fin) Zinsüberschuß *m (syn, net interest received, qv)*
surplus on invisibles (AuW) Überschuß *m* der Dienstleistungsbilanz
surplus on merchandise trade (AuW, US) Außenhandelsüberschuß *m (syn, trade surplus)*
surplus on revaluation (ReW) Gewinn *m* aus Neubewertung
surplus on visible trade (AuW, GB) Handelsbilanzüberschuß *m (syn, trade surplus)*
surplus population (Stat) Bevölkerungsüberschuß *m*
surplus premiums (Vers) überschüssige Prämieneinnahmen *fpl*
surplus production (EG) Überschußproduktion *f*
surplus reinsurance (Vers) Exzedenten-Rückversicherung *f*
surplus sharing (Vers) Überschußbeteiligung *f*
surplus to policyholders (Vers) Sicherheitskapital *n*
surplus treaty insurance
(Vers) Exzedentenrückversicherung *f*
(syn, excess loss insirance)
surplus treaty reinsurance
(Vers) Exzedentenrückversicherung *f*
(syn, excess loss insurance)
surplus value (Vw) Mehrwert *m*
surrender
(com) Übergabe *f*
– Auslieferung *f*
(Fin) Rückgabe *f (ie, of shares)*
surrender *v*
(com) vorlegen *(syn, present, produce)*
(Fin) ausliefern
(Vers) einlösen *(eg, policy)*
(Re) aufgeben *(ie, right)*
surrender of rights
(Re) Aufgabe *f* von Rechten
(syn, abandonment of rights, parting with rights)
surrender possession *v* (Re) Besitz *m* aufgeben
surrender profit (Vers) Rückkaufgewinn *m*
surrender value
(Vers) Rückkaufswert *m*
– (seit 1987) Rückvergütung *f*
surrogate (Re) Vertreter *m*
surrogate court
(Re, US) Nachlaßgericht *n*
(ie, so called in some states; has jurisdiction over probate of wills, administration of intestacies, guardianships; in other states known as ‚probate court', ‚orphan's court')
surrounding circumstances (com) Begleitumstände *mpl (syn, accompanying circumstances)*
surtax (FiW) Zusatzsteuer *f (syn, surcharge, additional tax)*
surtax exemption (StR) Befreiung *f* von der Zusatzsteuer
surveillance
(com) Überwachung *f (syn, watching, guarding over)*
(IWF) Beobachtung *f* der internationalen Wirtschaftspolitik
(ie, by the Fund to insure that nations do not abuse their rights and responsibilities in the choice of an exchange market policy under the Second Amendment)
surveillance at the workplace (Pw) Überwachung *f* am Arbeitsplatz
surveillance of the environment (com) Umweltbeobachtung *f*
surveillance over imports (EG) Einfuhrüberwachung *f*
survey
(Stat) Erhebung *f*
– Umfrage *f*
(com) Überblick *m*
– Übersicht *f*
survey agent (Vers) Vermittlungsagent *m (syn, application agent, qv)*
survey analysis (Mk) Umfrageauswertung *f*
surveying agent (Vers) = survey agent
survey interview (Mk) Umfrageinterview *n*
survey method (Mk) Umfragemethode *f*
survey of staff levels (Pw) Personalstandserhebung *f*
surveyor
(IndE) Landvermesser *m (syn, land surveyor)*
(Vers) technischer Sachverständiger *m*
survey period (Stat) Erhebungszeitraum *m*
survey report (SeeV) Schadenattest *n (syn, certificate of damage)*
survey research
(Mk) Umfrageforschung *f*
(Stat) Erhebungsforschung *f (syn, observational research)*
survey unit (Stat) Erhebungseinheit *f*, statistische Einheit *f*

surviving spouse (StR) überlebender Ehegatte *m*
survivor-life curve (Vers) Abgangskurve *f* *(syn, mortality curve)*
survivors (SozV) Hinterbliebene *pl*
survivors' benefits (SozV) Hinterbliebenenbezüge *pl*
survivorship annuity
(Vers) einseitige Überlebensrente *f*
(syn, reversionary annuity)
survivorship insurance (Vers) Überlebensversicherung *f*
survivorship probability (Vers) Überlebenswahrscheinlichkeit *f*
survivors' insurance (Vers) Hinterbliebenenversicherung *f*
survivors' pension (SozV) Hinterbliebenenrente *f*
suspend *v*
(com) aufschieben
– aussetzen
(Fin) einstellen *(eg, payment of debts)*
(Bö) aussetzen *(eg, quotation of shares)*
suspend a decision *v* (com) Entscheidung *f* aufschieben
suspend a hearing *v* (Re) Verhandlung *f* aussetzen
suspend a quotation *v*
(Bö) aus der Notiz nehmen
– Kursnotierung *f* aussetzen
suspend bankruptcy proceedings *v* (Re) Konkurs *m* einstellen
suspend from office *v* (Pw) vom Dienst suspendieren, beurlauben
suspend payments *v* (Fin) Zahlungen *fpl* einstellen *(syn, stop payments)*
suspend the limitation period *v* (Re) Verjährung *f* hemmen
suspend trading *v* (Bö) Handel *m* aussetzen
suspense account (ReW) Zwischenkonto *n*, Durchgangskonto *n* *(syn, intermediate account)*
suspense item (ReW) Übergangsposten *m* *(syn, transitory item)*
suspension
(Bw) Beendigung *f* e–s Unternehmens
(ie, due to insolvency or bankruptcy)
(Fin) vorübergehende Schließung *f* e–r Bank
(ie, it is solvent but desires to liquidate part of its assets in order to be in shape to meet the demands of its creditors)
(Bö, US) zeitweiliges Verbot *n* der Berufsausübung
(eg, the NYSE provides for suspension of members in the following cases: „conduct or proceeding inconsistent with just and equitable principles of trade"; or: „whenever a member has been adjudged guilty of any act which may be determined . . . to be detrimental to the interest or welfare of the exchange")
suspension file
(com) Hängeablage *f*
(com) Akten *fpl* zur Wiedervorlage
suspension from office (Pw) Beurlaubung *f*, Suspendierung *f* vom Amt
suspension of a judgment (Re) Aussetzen *n* e–r Gerichtsentscheidung
suspension of a price quotation (Bö) Aussetzen *n* e–r Kursnotiz
suspension of payments (Fin) Zahlungseinstellung *f*
suspension of prescriptive period (Re) Hemmung *f* der Verjährung *(syn, stay of the period of limitation)*
suspension of redemption payments (Fin) Tilgungsaussetzung *f*
suspension of transfers (AuW) Transfermoratorium *n*
suspension period (EG) Zeit *f* der Aussetzung *(ie, relates to the value of the unit of account)*
suspensive condition (Re) aufschiebende Bedingung *f* *(syn, condition precedent)*
suspensive effect (Re) aufschiebende Wirkung *f*
sustain *v*
(Re) erleiden *(eg, loss, damage)*
(Re) bestätigen
sustainability of developments (com) Nachhaltigkeit *f* der Entwicklung
sustainability of fiscal developments (EG) Nachhaltigkeit *f* der fiskalpolitischen Entwicklung
sustainable convergence (EG) dauerhafte Konvergenz *f*
sustainable development (com) nachhaltige Entwicklung *f*
sustainable economic growth (Vw) nachhaltiges Wirtschaftswachstum *n*
sustainable fiscal consolidation (FiW) nachhaltige Haushaltskonsolidierung *f*
sustainable growth (Vw) = sustained growth
sustained growth (Vw) stetiges Wachstum *n* *(syn, steady /sustainable . . . growth)*
sustained pickup (Vw) nachhaltige Erholung *f* *(ie, in economic activity)*
sustained rally (Bö) anhaltende Kurserholung *f*
sustained reversal (com) anhaltender Umschwung *m* *(eg, in current transactions)*
suuply inflation (Vw) Anbieterinflation *f*
SVGA
(EDV) = Super Video Graphics Array
*(ie, standard for video adapters that defines a screen resolution of 800 * 600 pixels with 16 million colors)*
swallow *v*
(com, infml) schlucken
– vollständig übernehmen
(eg, another enterprise)
swap
(Bö) Swap *m*
– Swapgeschäft *n*
(ie, selling one issue and buying another)
(Fin) Devisenreportgeschäft *n*
(ie, buying a currency spot and simultaneously selling it forward)
(AuW) Devisentauschgeschäft *n* *(ie, Sammelbezeichnung für Tauschoperationen im Devisenhandel)*
(Fin, US) Zins-Swap *m*
(ie, it is created when two borrowers exchange the interest payments on their debts; there is no exchange of principal; if one borrower has raised, for example, fixed-rate debt but would like floating-rate debt, it can find a counter-party to issue floating-rate debt and the two can swap the stream of payments)
swap *v*
(com) tauschen, umtauschen
(EDV) auslagern

swap activities (Fin) Swapaktivitäten *fpl*
swap arrangement (AuW) Swap-Abkommen *n*
swap contract
(Fin) Devisentauschvertrag *m*
(ie, simultaneous purchase and sale of foreign currency for two different value dates; it is a simultaneous borrowing and lending operation)
swap facilities (IWF) Swap-Fazilitäten *fpl*
swap file (EDV) Auslagerungsdatei *f (cf, temporary/permanent swap file, qv)*
swap financing (Fin) Swap-Finanzierung *f*
swap network
(Fin) Netz *n* gegenseitiger Kreditlinien im Devisengeschäft
(ie, a set of short-term reciprocal currency agreements of $ 30 billion that the Federal Reserve maintains with 14 foreign central banks and the Bank for International Settlements; each agreement allows the Fed and the foreign banks short-term access to the other's currency up to a specified limit)
swap offer (com) Umtauschangebot *n*
swapping ideas (com) Gedankenaustausch *m (ie, on; syn, exchange of ideas)*
swap rate (Fin) Swapsatz *m (ie, difference between spot and forward rates; syn, forward margin)*
swap tender panel (Fin) Swap-Bietungskonsortium *n*
swap terms (AuW) Swap-Konditionen *fpl*
swaption (Fin) Options-Swap *m (ie, kombinierte Anwendung der Options- und Swaptechnik)*
swap transaction
(Fin) Swap-Geschäft *n*
(ie, Form des Devisentauschgeschäfts, bei dem ein Partner e–m anderen sofort Devisen zur Verfügung stellt (Kassageschäft) und gleichzeitig Rückkauf zu festem Termin und Kurs vereinbart wird (Termingeschäft); abgeschlossen zur Kurssicherung vor allem von Finanzkrediten; syn, swap operation)
swap transactions (Fin) Umtauschaktionen *fpl*
swear in *v* (Re) vereidigen
sweat equity (Fin, US, infml) Eigenkapital *n* in Form von Eigenleistungen *(ie, beim Bau e–s Eigenheims usw.)*
sweep account (Fin, US) Girokonto *n (ie, am Ende des Tages wird ein automatischer Übertrag auf ein Money Market Deposit Account vorgenommen)*
sweeping authority (Re) umfassende Vollmacht *f*
sweep under the rug *v* (com) unter den Teppich kehren *(eg, the exploitative nature of modern taxation)*
sweet crude oil (com, US) leichtes Rohöl *n (ie, term refers to sulfur content; syn, light crude)*
sweetener (com, infml) zusätzlicher Anreiz *m*
sweetheart deal (com, infml) Übernahme *f* mit großzügigem Abfindungsangebot
sweetheartening (Mk) Nicht- od Teilberechnung *f* von Einkäufen an Freunde und Verwandte *(ie, by checkout personnel)*
SWIFT
(Fin) SWIFT
(ie, Brussels-based Society for Worldwide Interbank Financial Telecommunication; established in 1973 by 239 banks in 15 countries; eg, processes customer transfers, foreign exchange confirmations, bank transfers, documentary credits, etc)
swing (AuW) Swing *m (ie, reciprocal credit lines)*
swingline
(Fin) Bedarfskreditlinie *f*
(ie, customer may borrow on a daily or an on-demand basis; syn, demand line of credit)
(Fin) = swingline facility
swingline agent (Fin) Swingline-Agent *m*
swingline facility
(Fin) Swingline-Fazilität *f*
(ie, Mittelbeschaffung sowohl über Commercial Paper als auch über Euronotes)
swings (Bö) Kursschwankungen *fpl*
swing shift (Pw) Mittagschicht *f (ie, about 4 p.m. to about midnight)*
Swissy (Fin, infml) Schweizer Franken *mpl*
switch
(AuW) Switch-Geschäft *n*
– Kompensationsgeschäft *n*
(Fin, GB) = swap
switch *v* (com, Fin) umsteigen *(ie, out of/into)*
switch-back design (Stat) Überkreuz-Wiederholungsplan *m (syn, cross-over design)*
switch clause (Fin) Währungsklausel *f*
switch controller (EDV) Schaltersteuerung *f*
switched line
(EDV) Wählleitung *f*
(syn, dial line; opp, leased/dedicated . . . line = Standleitung)
switch funds *v* (Fin) umfinanzieren
switching (Fin) Portefeuille-Umschichtung *f*
switching algebra (EDV) Schaltalgebra *f*
switching center (EDV) automatische Speichervermittlung *f (syn, automatic message switching center)*
switching circuit
(EDV) Schaltnetz *n*
– kombinatorisches Schaltwerk *n*
(syn, combinatorial circuit)
switching diagram (EDV) Schaltplan *m*
switching element
(EDV) Verknüpfungsglied *n*
– Gatter *n*
(syn, gate)
switching function (EDV) Schaltfunktion *f*
switching of capital (Fin) Kapitalumschichtung *f*
switching of securities (Fin) Umschichten *n* von Wertpapieren
switching policy
(AuW) Maßnahmen *fpl* zur Änderung der relativen Preise
(ie, measures designed to change the ratio of import prices to domestic prices, and thus improve the balance-of-payments situation)
switching time (EDV) Schaltzeit *f*
switching transaction (Fin) Umschichtungstransaktion *f (eg, from $ into DM)*
switching variable (EDV) Schaltvariable *f*
switch of liquidity (Fin) Liquiditätsumschichtung *f*
switch premium (AuW) Switch-Prämie *f*
switch-status condition
(EDV, Cobol) Schalterzustandsbedingung *f*
(cf, DIN 66 028, Aug 1985)

switch to a rival *v* (com, infml) zur Konkurrenz gehen *(syn, take one's custom elsewhere)*
switch trading
(AuW) „Umschichtungs"-Handel *m*
(ie, used in correcting imbalances in long-term bilateral agreements, it often involves complex tie-ups between buyers, sellers and brokers in different markets; one nation's trade surpluses with a partner country can be tapped by third parties; eg, UK exports to Brazil might be financed from the sale of Polish goods to the UK or elsewhere)
switch traffic from rail to road *v* (com) verkraften
switch-type financing (Fin) Umfinanzierung *f (ie, extension, substitution, and transformation of funds; opp, original financing, qv)*
switchyard (com) Rangierbahnhof *m (syn, GB, shunting yard)*
sworn appraiser (com) beeidigter Sachverständiger *m (syn, sworn expert)*
sworn broker (com) vereidigter Makler *m*
sworn expert (com) = sworn appraiser
sworn interpreter (com) beeidigter Dolmetscher *m*
SYD (KoR) = sum of the years' digits
syllogism
(Log) Syllogismus *m*
(ie, deductive argument that has two premises and a conclusion)
symbol dictionary (EDV) Symboltabelle *f (ie, in operating systems; syn, dictionary, symbol table)*
symbolic address (EDV) symbolische Adresse *f (syn, floating address)*
symbolic code (EDV) symbolischer Code *m (opp, absolute code)*
symbolic coding
(EDV) symbolische Codierung *f*
(ie, coding with symbolic addresses; opp, direct coding)
(EDV) symbolische Codierung *f*
(ie, writing of coding in source language statements = Primäranweisungen)
symbolic instruction (EDV) symbolischer Befehl *m*
symbolic language (EDV) symbolische Programmiersprache *f*
symbolic programming language (EDV) Symbolsprache *f*
symbol table (EDV) = symbol dictionary
symmetric difference (Math) boolesche Menge *f*
symmetric difference of sets (Math) Bisubtraktion *f*
symmetry requirement (Math) Symmetriebedingung *f*
symmetry test (Stat) Symmetrie-Test *m (ie, special type of nonparametric testing)*
sympathy strike (Pw) Sympathiestreik *m*
synallagmatic contract
(Re) gegenseitiger Vertrag *m*
– Austauschvertrag *m*
– synallagmatischer Vertrag *m (syn, bilateral /reciprocal . . . contract)*
syncategorematic sign
(Log) synkategorematisches Zeichen *n*
– unselbständiges Zeichen *n*
(ie, any symbol that has no independent meaning and acquires its meaning only when joined to other symbols; opp, categorematic sign)

synchronous assembly-line production (IndE) Bandfertigung *f*
synchronous computer (EDV) Synchronrechner *m*
synchronous mode (EDV) Synchronverfahren *n*
synchronous operation (EDV) synchrone Arbeitsweise *f*
syndicate
(com) Konsortium *n*
– Arbeitsgemeinschaft *f*
(ie, any joint venture; a temporary association of parties for the financing and completion of some specific project)
(Fin) Konsortium *n (ie, group of investment bankers formed to underwrite a given issue of securities, or group of banks involved in a Eurobond issue)*
(Kart) Verkaufskartell *n (ie, a joint selling organization)*
syndicate *v* (Fin) syndizieren
syndicate accounting (Fin) Konsortialrechnung *f*
syndicate agreement
(Fin, US) Konsortialvertrag *m*
(ie, types of agreement are:
1. purchase agreement between issuer and purchase group of firms;
2. purchase group agreement among the underwriters, with the syndicate manager placing the „give-up" portion through selected other firms in the selling group at a concession and to institutional investors directly at the public offering price;
3. selling group agreement between syndicate manager and the invited dealers)
syndicated bid (Fin, GB) Gemeinschaftsangebot *n*
syndicated commercial credit (Fin) Gemeinschaftswarenkredit *m*
syndicated Eurocurrency loan (Fin) syndizierter Eurowährungskredit *m*
syndicated Euroloan (Fin) Eurokonsortialkredit *m*
syndicated loan
(Fin) Gemeinschaftskredit *m*
(Fin) syndizierte Anleihe *f*
– Konsortialkredit *m*
syndicated market research (Mk) gemeinsame Marktforschung *f*
syndicate leader (Fin) Konsortialführer *m*
syndicate manager (Fin) = syndicate leader
syndicate member
(Fin) Konsorte *m*
– Konsortialmitglied *n*
(syn, underwriter)
syndicate share (Fin) Konsortialanteil *m*
syndicate system (Vers) Konsortialsystem *n*
syndication
(Fin) Syndizierung *f*
– Plazierung *f* e–s Konsortialkredits
synenergism (Bw) enge Kooperation *f (ie, between, two companies)*
synergy effect (Bw) Synergieeffekt *m (Ergebnisänderungen aufgrund des Zusammenwirkens bisher getrennter Objekte)*
syntax checking (EDV) Syntaxprüfung *f*
syntax error
(EDV) Syntaxfehler *m*
– Formfehler *m*

synthetic address (EDV) synthetische Adresse *f (syn, generated address)*
synthetic proposition (Log) synthetischer Satz *m (syn, synthetic statement; opp, analytic proposition)*
synthetic statement
(Log) synthetischer Satz *m*
(ie, relates a subject concept with a predicate concept not included within the subject proper; opp, analytic statement)
synthetic time standard (IndE) Tabellenzeitwert *m*
synthetic zero bonds
(Fin) synthetische Zeros *pl*
(ie, bereits emittierte Papiere – Cats, Tigers, u. ä. –, die von Investmentgesellschaften gekauft werden und die die Coupons von der Schuldverschreibung abtrennen; Coupons und Rückzahlung werden getrennt als Zeros verkauft; die eigentliche Schuldverschreibung wird für die Besitzer der Zeros treuhänderisch verwaltet; Rendite besteht in der Kurssteigerung von e–m weiten Abschlag bis zum Nennwert von meist $ 1.000)
sysgen (EDV) = system generation
system analysis (Bw) Systemanalyse *f*
systematic component (Stat) systematische Komponente *f (ie, in time series)*
systematic error (Stat) systematischer Fehler *m (syn, cumulative error, inherent bias)*
systematic risk
(Fin) vermeidbares Risiko *n*
– streuungsfähiges Risiko *n*
(ie, in portfolio analysis; syn, diversifiable risk)
systematic sampling (Stat) systematische Auswahl *f*
system board (EDV) Systemplatine *f*
system breakdown (EDV) Systemzusammenbruch *m*
system call (EDV) Systemaufruf *m*
system cancel (EDV) Systemabbruch *m*
system check (EDV) Systemtest *m*, Systemprüfung *f*
system clock (EDV) Realzeituhr *f*, Systemuhr *f (syn, real-time clock)*
system comparison (EDV) Anlagenvergleich *m*
system configuration
(EDV) Anlagenkonfiguration *f*
– Systemkonfiguration *f*
(syn, hardware configuration)
system console (EDV) Bildschirmstation *f (ie, monitor + keyboard)*
system contract (com) Hauptkontrakt *m (syn, prime contract)*
system control (EDV) Systemsteuerung *f*
system crash (EDV) Systemabsturz *m (syn, abnormal system end)*
system date (EDV) Systemdatum *n*
system designer (EDV) Systemplaner *m*
system deviation (IndE) Regelabweichung *f*
system dictionary (EDV) Systemwörterverzeichnis *n*
system directing sentence (EDV, Cobol) Kompilierprogrammsatz *m*
system disk
(EDV) Systemplatte *f*
– Systemdiskette *f*
system downtime (EDV) Systemstörungszeit *f*
system dump (EDV) Systemspeicherauszug *m*
system engineer (EDV) Systemberater *m*
system engineering (EDV) = Systemanalyse *f*
system error (EDV) Systemfehler *m*, Betriebssystemfehler *m (opp, application error)*
system evaluation (EDV) Anlagenbeurteilung *f*
system files (EDV) Systemdateien *fpl (ie, files that belong to the operating system or are necessary for running the computer)*
system flowchart (EDV) = data flowchart
system folder
(EDV) Systemordner *m*
– Systemverzeichnis *n*
system generation (EDV) Systemgenerierung *f (syn, sysgen)*
system input
(EDV) Systemeingabeeinheit *f*
(OR) Systemzugang *m*
system interface (EDV) Systemschnittstelle *f*
system layer (EDV) Systemebene *f*
system leader (com) Systemführer *m (syn, Generalunternehmer)*
system library (EDV) Systembibliothek *f*
system life cycle (EDV) Phasenkonzept *n (ie, in systems analysis)*
system loading (EDV) Laden *n* des Systems
system maintenance (EDV) Systemwartung *f*
system menu (EDV, GUI) System-Menü *n (ie, menu that allows moving, sizing and closing of the active window; is part of the title bar, qv; syn, control menu)*
system of appointment (com) Bestellpraxis *f (ie, physicians, dentists, trendy hairdressers)*
system of axioms (Math) Axiomensystem *n*
system of bank routing numbers (Fin) Bankleitzahlsystem *n*, BLZ-System *n*
system of classification by object (FiW) Gruppierungsplan *m*
system of command (Bw) Leitungssystem *n (syn, directional system)*
system of internal audits (ReW) internes Kontrollsystem *n*
system of levies (StR) Abgabensystem *n*
system of management development (Pw) Personalentwicklungssystem *n*
system of multilateral asset settlement
(AuW) System *n* des multilateralen Saldenausgleichs durch Reserveaktiva
system of notation (Log) Schreibweise *f*
system of objectives (Bw) Zielsystem *n (syn, goal system)*
system of service points (OR) Bedienungssystem *n (ie, in waiting line theory)*
system of sets (Math) Mengensystem *n (syn, collection of sets)*
system of straight lines (Math) Geradenschar *f*
system of taxation (StR) Steuersystem *n*
system of utilization of quota (Zo) Ausnutzungsgrad *m* e–s Kontingents
system-oriented (EDV) systemtechnisch
system-oriented structure (Bw) System-Organisation *f*
system output
(EDV) Systemausgabe *f*
(EDV) Systemausgabeeinheit *f*
(OR) Systemabgang *m*
system parameter (EDV) Systemparameter *m (ie, in operating systems)*

system program (EDV) Systemprogramm *n (syn, operating system routine)*
system programmer (EDV) Systemprogrammierer *m*
system programming (EDV) System-Programmierung *f (ie, still largely uncharted territory)*
system programming language (EDV) Implementierungssprache *f (syn, implementation language)*
system prompt (EDV) Eingabeaufforderung *f*
system residence (EDV) Systemresidenz *f*
system residence disk (EDV) Systemplatte *f*
system resident (EDV) systemresident
system restart (EDV) Warmstart *m (syn, warm start; opp, cold start)*
system root directory (EDV) Stammverzeichnis *n*
systems analyst (Bw) Systemanalytiker *m*
systems approach (Bw) Systemansatz *m*
systems business (com) Anlagengeschäft *n (eg, ‚Großanlagenbau' covered by major contracts)*
systems contracting (MaW) einsatzsynchrone Anlieferung *f (syn, stockless buying; cf, just-in-time purchasing)*
systems definition (EDV) Systembeschreibung *f (syn, systems specification)*
systems design (EDV) Systementwicklung *f*
system security (EDV) Systemschutz *m*
systems engineering
(Bw) Systemtheorie *f (syn, systems research)*
(EDV) System-Engineering *n*
(IndE) Großanlagenbau *m (ie, large-scale plant engineering and construction)*
systems flow chart (EDV) Systemablaufdiagramm *n*
system software (EDV) Systemsoftware *f (opp, application software)*
systems research (Bw) Systemforschung *f*
systems seller (com) Systemanbieter *m*
systems specification (EDV) = systems definition
system startup (EDV) Einschalten *n* der Anlage
system theory (Bw) Systemtheorie *f*
system time (EDV) Systemuhrzeit *f*
system upgrading (EDV) Systemausbau *m*
system-wide goals (Bw) Organisationsziele *npl (syn, organizational goals)*

T

tab
(com, infml) Preis *m*
(com) Reiter *m (ie, used as aid in filing)*
(EDV) Tabulatorsprung *m*
(com) Rechnung *f (ie, esp for meal or drinks)*
tab *v* (EDV) = tabulate
tab character (EDV) Tabulatorzeichen *n*
table *v* (com) tabellieren *(syn, tabulate)*
table-controlled (EDV) tabellengesteuert
table element (EDV, Cobol) Tabellenelement *n*
table entry (Stat) Tabelleneintragung *f*
table look-up (EDV) Tabellenlesen *n*
table look-up instruction
(EDV) Tabellensuchbefehl *m*
table look-up program (EDV) Tabellensuchprogramm *n*
table of contents (EDV) Inhaltsverzeichnis *n (eg, of a CD-ROM)*
table of decrements (Vers) Ausscheidetafel *f*
table of exchange rates (Fin) Umrechnungstabelle *f*
table of fees (com) Gebührentabelle *f*
table of organization (Bw, GB) Organisationsschaubild *n (syn, organizational chart)*
tables and stylus (EDV) = tablet
tablet (EDV) Tablett *n (ie, in graphics; syn, tables and stylus)*
table-top printer (EDV) Tischdrucker *m*
tab memory (EDV) Tabulatorspeicher *m*
tabs (com) Aufwendungen *mpl*, Ausgaben *fpl (eg, annual . . . for construction are $ 100 bn)*
tab stops (EDV) Tabulator *m*
tabulable (com) auftabellierbar
tabularize *v* (com) auftabellieren *(syn, tabulate)*
tabular matter (Stat) Tabellenmaterial *n*
tabular printout (EDV) Tabellenausdruck *m*
tabulate *v*
(com) tabellarisch darstellen
– auftabellieren
(EDV) tabellieren *(ie, arrange data into a table; syn, table)*
tabulation
(EDV) Auftabellierung *f*
– Tabulieren *n*
(EDV) Aufstellung *f (ie, a printed report)*
tabulation character, TAB (EDV) Tabulatorzeichen *n*
tabulation stop (EDV) Tabulatorstopp *m*
tabulator (EDV) Tabelliermaschine *f*
T-account (ReW) T-Konto *n*
tachograph
(com, GB) Fahrtschreiber *m*
– Fahrtenschreiber *m*
– Tachograph *m*
(ie, meter recording driving speeds and lengths of journeys; syn, tachometer, vehicle performance recorder)
tachometer (com, GB) = tachograph
tacit agreement (Re) stillschweigende Vereinbarung *f*
tacit approval clause (Vers) Billigungsklausel *m*
tacit renewal (Re) stillschweigende Verlängerung *f*
tacker (com) Tacker *m*
tackle *v* (com) in Angriff nehmen *(eg, task, problem, assignment)*
tactical (Bw) taktisch *(opp, strategic, operative)*
tactical corporate planning (Bw) taktische Unternehmensplanung *f*
tactical execution (Bw) taktische Führung *f*
tactical goal
(Bw) taktisches
– kurzfristiges
– taktisch-dispositives . . . Ziel *n*
(ie, lies ahead typically one year or less; syn, short-run goal)
tactical planning (Bw) taktische Planung *f (opp, strategic planning)*
Taft-Hartley Act
(Re, US) Taft-Hartley Act *n*
(ie, Labor-Management Relations Act of 1947; major revision of the Wagner Act of 1935; places major limitations upon unions; outlaws the closed shop, jurisdictional strikes, secondary boycotts, political expenditures, and excessive dues)
tag
(com) Etikett *n (syn, ticket)*
(EDV) Tag *n*
– Kennzeichen *n*
– Marke *f*
tag memory (EDV) Etikettenspeicher *m*
tag sort (EDV) Sortieren *n* mit Adressenausgabe *(ie, a sort in which addresses of records are moved, not the records themselves)*
tail
(Fin, US) Kursdifferenz *f*
(ie, difference between average price and the lowest price or stop-out price at an auction for U. S. Treasury securities)
tail area of a distribution (Stat) Endfläche *f* e–r Verteilung
tail off (Stat) Auslaufen *n (ie, of a frequency distribution)*
tailoff in the pace of economic activity
(Vw) Konjunkturabschwächung *f*
– Konjunkturrückgang *m*
tailored
(com) „maßgeschneidert
– kundenspezifisch
(syn, customized, qv)
tailored system (com) maßgeschneidertes System *n*
tailor-made component (EDV) maßgeschneidertes Bauteil *n*
tailor-made products (IndE) kundenspezifische Produkte *npl (ie, aus der Einzelfertigung)*
tailor to *v* (com) zuschneiden auf *(eg, individual requirements)*
take a bath *v*
(com, sl) „baden gehen", bankrott machen
(syn, take a cleaning, lose one's shirt, go bankrupt)

take a cab *v* (com) Taxi *n* nehmen
take a cash discount *v* (Fin) Skonto *m* od *n* in Anspruch nehmen
take action *v* (com) tätig werden
take an appeal *v*
(Re) Berufung *f* einlegen
(ie, to a higher or superior court; syn, appeal a decision, appeal against a decision)
take-and-pay contract
(com, US) Langzeit-Liefervertrag *m* mit Zahlung bei Lieferung
(ie, agreement to purchase a specified minimum quantity of a product or service over a specified period of time; payment to be made upon the provision of the product or service; cf, take-or-pay contract)
take an equity stake in *v*
(com) Beteiligung *f* erwerben an
– sich beteiligen an
(syn, acquire an interest in)
take an exam *v* (Pw) Prüfung *f* ablegen
take an examination *v* (Pw) Prüfung *f* ablegen
take an interest in *v* (com) = take an equity stake in
take an oath *v* (Re) Eid *m* leisten
take a rain check *v*
(com, infml) Entscheidung *f* verzögern
(com, infml) (unter e–m Vorwand) höflich ablehnen
take a sample *v* (Stat) Stichprobe *f* entnehmen
take a share *v* (com) e–e Beteiligung *f* erwerben, sich beteiligen
take a shareholding in *v* (com) = take an equity stake in
take a stake *v* (com) Beteiligung *f* erwerben, sich beteiligen
take a tumble *v*
(com) fallen
(eg, leading indicators . . .)
take bribes *v* (com) sich bestechen lassen
take control of *v* (Bw) Leitung *f* übernehmen *(eg, a company)*
take corrective action *v* (com) Abhilfemaßnahmen *fpl* in Gang setzen
take deductions *v* (StR) steuerliche Abzüge *mpl* in Anspruch nehmen
take delivery *v* (com) abnehmen *(eg, goods, merchandise; syn, accept)*
take deposits *v* (Fin) Einlagen *fpl* hereinnehmen
take depreciation *v* (ReW) abschreiben *(eg, on an asset)*
take dictation *v* (com) Diktat *n* aufnehmen
take-down
(com, Re) Erfüllung *f*
– Inanspruchnahme *f*
take down the facts of the case *v* (Re) Tatbestand *m* feststellen
take effect *v* (Re) in Kraft treten *(syn, come into force, qv)*
take employment (Pw) Beschäftigung *f* annehmen
take evidence *v* (Re) Beweise *mpl* erheben *(ie, on, über)*
take-home (pay) (Pw) Nettoverdienst *m (ie, gross salary/wages after deduction of income-tax withholding, retirement insurance payments, and union dues, etc)*

take in *v*
(com) betrügen *(syn, cheat, deceive)*
(Fin) in Kost nehmen *(ie, securities)*
(Bö, GB) = charge backwardation
take industrial action *v* (Pw) Arbeitskampfmaßnahmen *fpl* ergreifen
take in payment *v* (com) in Zahlung nehmen
take into account *v*
(com) berücksichtigen
(eg, fact, difficulty, problem, situation; syn, allow for, make allowance for, take into consideration)
take into consideration *v* (com) = take into account
take into income *v* (ReW) als Ertragsposten verbuchen *(ie, as part of the income statement)*
take into operation *v* (com) in Betrieb nehmen *(syn, commission, put on stream)*
take-in transaction (Fin) Kostgeschäft *n*
take inventory *v*
(MaW) inventarisieren *(syn, take stock)*
(ReW) Inventur *f* machen *(ie, part of annual balance-sheet audit)*
take legal action against *v* (Re) klagen gegen *(syn, bring suit against, take to court)*
take measures *v* (com) Maßnahmen *fpl* ergreifen
take minutes *v*
(com) Niederschrift *f* anfertigen
– Protokoll *n* führen
take notes *v* (com) Notizen *fpl* machen
takeoff
(MaW) Materialliste *f (syn, materials list, qv)*
(Vw) wirtschaftlicher Aufstieg *m (ie, of a developing economy; cf, W. Rostow)*
take off *v*
(com) steigen *(eg, prices began to . . . in 1972 and 1978)*
(com) aufheben *(eg, embargo; syn, lift; opp, put on, impose)*
(Pw) frei nehmen
takeoff period (Vw) Anlaufperiode *f* der Entwicklung
take on *v*
(com) übernehmen *(eg, cargo, passengers)*
(Pw) einstellen *(syn, hire, engage)*
(Math) annehmen *(values or whole numbers)*
take on a credit *v*
(Fin) Kredit *m* aufnehmen
– Kredit *m* beschaffen
(syn, obtain/take up . . . a credit)
take on a load of debt *v* (Fin, infml) sich verschulden, Kredite *mpl* aufnehmen
take on a loan *v* (Fin) Darlehen *n* aufnehmen *(syn, raise/obtain /secure/take up . . . a loan)*
take-on balance (Fin) Anlagenkontosaldo *m*
take on business *v* (com) Aufträge *mpl* hereinnehmen
take on deposits *v*
(Fin) Einlagen *fpl* hereinnehmen
(syn, take deposits; cf, deposit-taking institution)
take one's custom elsewhere *v* (com, infml) zur Konkurrenz gehen *(syn, switch to a rival)*
take on labor *v* (Pw) Arbeitskräfte *fpl* einstellen *(syn, hire /engage . . . labor or workers)*
take on lease *v* (Re) verpachten *(syn, lease)*
take on responsibilitites *v* (Pw) Aufgaben *fpl* übernehmen *(syn, take on tasks)*

take on rights and obligations *v*
(Re) Rechte *npl* und Pflichten *fpl* übernehmen
(syn, assume . . .)
take on tasks *v* (Pw) = take on responsibilities
take orders *v*
(com) Aufträgep *mpl* annehmen *(cf, get orders)*
(Pw) Anweisungen *fpl* entgegennehmen *(ie, from, von)*
take-or-pay agreement
(com, US) Langzeit-Liefervertrag *m* mit unbedingter Zahlungsverpflichtung
(ie, agreement to make periodic payments of a certain amount over a specified period of time; to be made whether or not the product is furnished or the service provided; used as a basis for financing a project; cf, take-and-pay contract)
takeout (Fin) Kursgewinn *m (ie, realized in swapping blocks of shares)*
take out a license *v* (Pat) Lizenz *f* nehmen
take out a life insurance policy *v* (Vers) Lebensversicherung *f* abschließen *(syn, buy life insurance)*
take out a loan *v* (Fin) Kredit *m* aufnehmen *(syn, take on/up a loan)*
take out a patent *v* (Pat) patentieren lassen *(syn, obtain a patent, patent)*
take out a subscription *v* (com) abonnieren *(syn, subscribe to)*
take out insurance *v* (Vers) Versicherung *f* abschließen
take-out loan
(Fin, US) langfristige Immobilienfinanzierung *f* nach Bauabschluß
(ie:
1. made by national banks;
2. to finance the construction of industrial or commercial buildings;
3. maturities are not beyond 60 months)
take out of circulation *v* (Fin) stillegen
take out of operation *v* (com) außer Betrieb nehmen *(syn, decommission)*
take out of tax *v* (StR) aus der Besteuerung herausnahmen
take out of the books *v* (ReW) abbuchen, ausbuchen *(syn, charge off)*
take out of the market *v* (Fin) aus dem Markt nehmen
take-out price (Bö) Ausstiegskurs *m*
take-out shop
(Mk, US) Geschäft *n* für Mitnehmware
take over *v*
(com) übernehmen *(eg, office)*
(com) übernehmen *(ie, a company by acquisition)*
takeover agreement (com) Übernahmevertrag *m* *(syn, acquisition agreement)*
takeover battle
(com) Übernahmeschlacht *f*
(syn, takeover struggle, bid battle, bidding war, merger contest)
takeover bid
(com) Übernahmeangebot *n*
(ie, bid to purchase shares of a corporation in order to gain control; syn, corporate takeover proposal, tender offer)
takeover candidate (com) Übernahmekandidat *m* *(syn, takeover target, target)*
Takeover Code (com, GB) Richtlinien *fpl* für Unternehmenszusammenschlüsse *(ie, full title: The City Code on Takeovers and Mergers)*
take over costs *v* (com) Kosten *pl* übernehmen, Kosten *pl* tragen
takeover fight (com) = takeover battle
takeover fracas (com) Übernahme-Spektakel *n*
takeover market (com) Übernahmemarkt *m*
takeover negotiations (com) Übernahmeverhandlungen *fpl*
takeover price
(Fin) Übernahmekurs *m*
– Übernahmepreis *m*
takeover rumors (com) Übernahmegerüchte *npl*
takeover struggle (com) = takeover battle
takeover target (com) Übernahmekandidat *m (syn, takeover candidate)*
takeover terms
(com) Übernahmebedingungen *fpl*
– Übernahmekonditionen *fpl*
takeover time
(Mk, US) Übernahmeperiode *f*
(ie, Zeitspanne für die Verdrängung e–s älteren Produkts: time for a new and better product to go from 10% to 90% displacement of a predecessor product)
takeover tussle (com) Übernahmestreit *m (syn, takeover battle)*
takeover wave (com) Fusionswelle *f (syn, spate/wave . . . of mergers)*
take pay cuts *v* (Pw) Einkommenskürzungen *fpl* hinnehmen *(ie, make pay concessions)*
take possession *v* (Re) Besitz *m* ergreifen
take pressure off *v* (com) entlasten *(eg, money markets)*
take profits *v* (Bö) Gewinne *mpl* mitnehmen *(syn, cash in on profits)*
taker
(Bö) Abnehmer *m*
– Käufer *m*
(Bö) Optionsgeber *m*
– Stillhalter *m*
(syn, writer/seller of an option)
take recourse *v* (WeR) Regreß *m* nehmen *(ie, against, gegen)*
take samples *v* (com) Proben *fpl* nehmen, Muster *npl* ziehen
take stock *v* (MaW) = take inventory
take the chair *v* (com) Vorsitz *m* übernehmen
take the edge off *v* (com) abmildern *(eg, recession)*
take the heat out of *v* (com, infml) entschärfen *(eg, situation, crisis)*
take the helm *v* (com, infml) Führung *f* übernehmen
take the position *v* (com) Auffassung *f* vertreten *(daß = that)*
take the stand *v* (Re) = testify
take to court *v*
(Re) verklagen
(syn, proceed against a person; infml, bring charges against; GB, infml, have someone up)
take up a bill *v* (Fin) Wechsel *m* einlösen *(syn, honor a bill, qv)*
take up a loan *v* (Fin) = take on a loan
take up an option *v* (Fin) Option *f* ausüben *(syn, exercise an option)*

take up a question *v* (com) Frage *f* anschneiden *(syn, address /broach . . . a question)*
take up capital *v* (Fin) Kapital *n* aufnehmen
take up cargo *v* (com) Ladung *f* übernehmen
take up credit *v* (Fin) Kredit *m* aufnehmen
take up documents *v* (Fin) Dokumente *npl* aufnehmen *(syn, accept documents)*
take up duties *v* (Pw) Dienst *m* antreten
take up employment *v*
(Pw) Beschäftigung *f* aufnehmen
– Arbeit *f* aufnehmen
(syn, take-up work)
take up on the market *v* (Fin) aus dem Markt nehmen
take up references *v* (Pw) Referenzen *fpl* einholen
take up securities *v*
(Fin) Wertpapiere *npl* übernehmen
(Fin) Wertpapiere *npl* aus dem Markt nehmen *(syn, take up on the market)*
take up the slack *v* (com, infml) straffen *(eg, in an organization)*
take up work *v* (Pw) Arbeit *f* aufnehmen
taking delivery (com) Abnahme
taking minutes (com) Aufnahme *f* e–s Protokolls
takings
(com) Bareinnahmen *fpl*
– Einnahmen *fpl*
(ie, total cash taken during a day, esp in retailing)
taking the lead (com) federführend *(eg, in arrangements made for a credit; syn, leading)*
talent spotting (Pw) Talentsuche *f*
Talisman
(Fin, GB) Talisman
(ie, the London Stock Exchange's computerised transfer system covering most U.K. shares)
talk (com) Vortrag *m (eg, give a talk)*
talk show
(com) Talkshow *f*
– (GB) chat show *f*
tall organization (Bw, US) vielstufige Organisation *f* *(opp, flat organization)*
tally
(com) Zählung *f (eg, keep a daily tally of . . .)*
(com) Frachtliste *f (syn, cargo list)*
(EDV, Cobol) Zähler *m*
tally *v*
(com) tabellieren *(syn, tabulate)*
(com) positionsweise auflisten *(ie, list by items)*
(com) zählen *(ie, make a count)*
tally clerk (com) = tallyman
tally data *v* (Stat) Daten *pl* auszählen
tallyman (com) Ladungskontrolleur *m*
tally roll (com) Additionsrolle *f (ie, of an adding machine)*
tally sheet (com) Strichliste *f*
tally-sheet method (Stat) Strichelverfahren *n*
tally system (Fin) Teilzahlungssystem *n*
tally with *v* (com) übereinstimmen mit
talon
(Fin) Talon *m*, Erneuerungsschein *m*
(ie, used in England, France, and Germany; entitles holder to receive a new bond certificate with its full quota of coupons for the next period; syn, renewal coupon)
tandem connection (EDV) Kaskadenschaltung *f*
tandem increase (Pw, US) parallele Lohnerhöhung *f* *(ie, follows a rise negotiated by production workers)*
tandem operation (IndE) Tandembetrieb *m*
tandem stock option (Bö, US) Tandem-Aktienoption *f (ie, exercise of one affects the right to exercise the other)*
tangency solution (Vw) Tangentenlösung *f*
tangible assets
(ReW) materielle Aktiva *npl (opp, intangible assets)*
(ReW) Sachanlagen *fpl*
tangible assets in course of construction (ReW, EG) Anlagen *fpl* im Bau
tangible fixed assets
(ReW) Sachanlagen *fpl*
– Sachanlagevermögen *n*
(opp, intangible fixed assets, trade investment, financial investments = immaterielle Güter des Anlagevermögens, Beteiligungen, Finanzanlagen)
tangible net worth
(ReW, US) materielles Unternehmensvermögen *n* *(ie, Eigenkapital – Firmenwert, Patente, Konzessionen usw)*
tangle of lawsuits (Re) Prozeßlawine *f (eg, to touch off a . . . = auslösen)*
tank car (com) Tankwagen *m (ie, used for transporting liquids in bulk)*
tap (Fin) = tap issue
tap a market *v* (com) Markt *m* erschließen *(syn, open up a market)*
tap bills (Fin, GB) laufend emittierte Schatzwechsel *mpl*
tape
(EDV) Band *n*
(Bö) Börsenticker *m (syn, ticker tape)*
(Bö) Börseninformationen *fpl*
tape *v* (com) mitschneiden *(eg, telephone conversation)*
tape block
(EDV) Block *m*
– Datenblock *m*
– physischer Satz *m (syn, block, physical record)*
tape cassette (EDV) Magnetbandkassette *f*
tape compare (EDV) Bandvergleich *m*
tape control (EDV) Bandsteuerung *f*
tape controlled (EDV) bandgesteuert
tape controlled carriage (EDV) Lochbandvorschub *m*
tape control unit (EDV) Bandsteuereinheit *f*
tape deck (EDV) Bandgerät *n*
tape edit (EDV) Magnetbandabzug *m (syn, tape dump)*
tape editing (EDV) Bandaufbereitung *f*
tape edit routine (EDV) Banddruckroutine *f*
tape error
(EDV) Bandfehler *m*
– Magnetbandfehler *m*
tape header label (EDV) Bandanfangs-Etikett *n*
tape input (EDV) Bandeingabe *f*
tape label (EDV) Bandetikett *n*
tape leader (EDV) Vorspannband *n*
tape length (EDV) Bandlänge *f*
tape library (EDV) Bandbibliothek *f*

tape loading routine (EDV) Bandlader *m*
tape mark (EDV) Abschnittsmarke *f (ie, used to subdivide a magnetic tape file into sections)*
tape mark label (EDV) Abschnittsetikett *n*
tape merging (EDV) Bandverschmelzung *f (ie, in text processing)*
tape number (EDV) Bandnummer *f*
Tape Operating System, TOS (EDV) Bandbetriebssystem *n*
tape packing density (EDV) Banddichte *f*
tape punch (EDV) Lochstreifenlocher *m (syn, paper tape punch)*
tape quotation (Bö) Ticker-Notierung *f*
taper *v*
(com) spitz zulaufen
– dünner werden
– auslaufen
tape read area (EDV) Bandlesebereich *m*
tape record (EDV) Bandsatz *m*
tape recording (EDV) Bandaufzeichnung *f*
tapering rate (com) degressiver Tarif *m*
taper off *v*
(com) auslaufen lassen
(eg, subsidies)
tape serial number (EDV) Magnetbandarchivnummer *f*
tape sort (EDV) Magnetband-Sortierprogramm *n*
tape speed (EDV) Bandgeschwindigkeit *f*
tape streamer (EDV) = streamer, qv
tape test
(EDV) Bandprüfung *f*
– Bandtest *m*
tape track (EDV) Bandspur *f*
tape transmitter (EDV) Lochstreifensender *m*
tape transport (EDV) Bandantrieb *m (syn, tape drive)*
tap issue
(Bö, GB) Dauermission *f*
(syn, tap; opp, one-off issue = Einmalemission; tender issue)
– Tap-Emission *f*
(Bö, GB) per Daueremission begebene Staatspapiere *npl (ie, special issue of government bills or securities direct to a government organisation such as the Bank of England, without using the money market or the Stock Exchange)*
tap issuer (Bö, GB) Daueremittent *m*
tap stock
(Bö, GB) Regierungsanleihe *f*
(ie, government bond of short, medium, or long-term maturity, issued through the government broker at a stated price and used to control the market; supplies to the market may be turned on or off)
tap the bond market *v* (Bö) Rentenmarkt *m* in Anspruch nehmen
tap the capital market *v* (Fin) Kapitalmarkt *m* in Anspruch nehmen
tap treasury bills
(Fin, GB) direkt emittierte Schatzwechsel *mpl*
(ie, to government departments; the discount houses (qv) are the dealers in short-term bonds)
tardy payer (com, infml) säumiger Zahler *m*
tare (com) Tara *f*, Verpackungsgewicht *n (ie, weight of container or of packaging material)*

target
(com) Ziel *n*
(ie, meist numerisch; eg, target values of policy objectives)
(com) = target company
target *v* (com) anzielen *(eg, price level)*
target account (EDV) Zielkonto *n (opp, source account = Quellkonto)*
target a niche *v* (com) Marktnische *f* anstreben
target audience (com) Zielgruppe *f*
target company
(com) Zielgesellschaft *f*
(ie, company for which takeover bid is made)
target corridor (Vw) Zielkorridor *m*
target cost
(KoR) Sollkosten *pl*
– Vorgabekosten *pl*
– Budgetkosten *pl*
(syn, budgeted/attainable standard/current standard/ideal standard . . . cost)
(KoR) Kostenziel *n*
target criteria (Bw) Zielkriterien *npl*
target criterion (Bw) Zielkriterium *n*
target customers (Mk) = target group
target date
(com) Stichtag *m (syn, effective/key/relevant . . . date)*
(com) Termin *m (syn, time limit, appointed . . . time/day)*
(com) Endtermin *m (syn, deadline, final deadline, finish date)*
(com) Liefertermin *m (syn, date/time . . . of delivery, delivery date)*
target diskette (EDV) Zieldiskette *f*
targeted advertising (Mk) gezielte Anzeigenwerbung *f*
targeted goal
(Bw) Planziel *n*
(syn, targeted objective, operational target)
targeted goal accomplishment (Bw) angestrebtes Zielausmaß *n*
targeted growth rate (Vw) angepeiltes Wachstumsziel *n*
targeted outreach program
(Pw, US) Ausbildungsprogramm *n*
(ie, federal program to assist young persons mainly belonging to minority groups, to qualify for and obtain jobs in skilled trades)
target event (OR) Zielereignis *n*
target figures (com) Sollzahlen *fpl*, Zielgrößen *fpl*
target group (com) Zielgruppe *f*
Target Group Index (Mk) Zielgruppenindex *m*
targeting
(Vw) gezielter Einsatz *m*
(eg, of government spending, tax, regulatory policies)
target inventory level
(MaW) Richtbestand *m*
– Zielbestand *m*
target language (EDV) Zielsprache *f*
target market (Mk) Zielmarkt *m*
target-performance comparison (Bw) Soll-Ist-Vergleich *m*
target planning (Bw) Zielplanung *f*
target population (Mk) Zielgesamtheit *f*

target price
(AuW, EG) Richtpreis *m*
– Zielpreis *m*
– Orientierungspreis *m (syn, guide price)*
(KoR) Kostenpreis *m* in der Grenzplankostenrechnung
(Mk) angestrebter Preis *m*
target pricing (Bw) = target return pricing
target program (EDV, Cobol) Zielprogramm *n (syn, object program)*
target range
(Vw) Zielkorridor *m*
(eg, of monetary growth = Geldmengenwachstum)
target rate of return (Fin) angestrebte Kapitalverzinsung *f*
target rate-of-return goal (Fin) Rentabilitätsziel *n*
target return pricing
(Bw) Gewinnzielkalkulation *f*
(ie, applied to reach a specified profit objective = Preisermittlung auf der Grundlage der angestrebten Kapitalverzinsung; syn, target pricing)
target risk
(Vers) schwer versicherbares Risiko *n*
(ie, large, hazardous risk on which insurance is difficult to place)
(Vers) attraktives
– großvolumiges ... Risiko *n*
(ie, a large, attractive risk that is considered a target for competing insurance companies)
target sales (Mk) Absatzsoll *n (ie, fixed for the various sales areas)*
target securities (Fin) Wertpapiere *npl* der Zielgesellschaft
target set (Bw) Zielkonstellation *f*
target shareholders (com) Aktionäre *mpl* der Zielgesellschaft
target system (Bw) Zielsystem *n*
target variable
(Vw) Zwischenzielvariable *f*
– stellvertretende Zielvariable *f*
(OR) Zielvariable *f*
target zone
(Vw) Zielzone *f (ie, of money supply growth)*
(IWF) Ziel-Kurs-Zone *f*
target zone system (Vw) System *n* der Zielzonen
tariff
(com) Tarif *m (ie, schedule of freight or passenger tariff rates)*
(Zo) Zoll *m*
(ie, duty or tax levied on goods taken from one customs area to the other)
(Zo) Zolltarif *m*
(ie, list or schedule of merchandise with the rate of duty to be paid for importing products listed)
(Vers) Versicherungstarif *m*
tariff adjustment
(com) Tarifanpassung *f*
(Zo) Zollanpassung *f*
tariff advantage (Zo) Zollvergünstigung *f*
tariff agreement (AuW) Zollabkommen *n (syn, customs convention)*
tariff barriers to trade (AuW) tarifäre Handelshemmnisse *npl (opp, nontariff barriers, NTBs)*
tariff ceiling (Zo) Zollplafond *m*
tariff classification (Zo) Tarifierung *f*
tariff code
(AuW, US) Zollgesetz *n*
(Zo) Zolltarifkennziffer *f*
tariff compensation (EG) Zollausgleich *m*
tariff concession
(Zo) Zollkonzession *f*
– Zollzugeständnis *n*
tariff concessions (AuW) tarifäre Zugeständnisse *npl*
tariff cut (AuW) Zollsenkung *f*
tariff description (Zo) tarifliche Warenbezeichnung *f*
tariff differential (AuW) Unterschiede *mpl* in den Zollsätzen
tariff discrimination (AuW) diskriminierende Zollpolitik *f*
tariff equilibrium (AuW) zollpolitisches Gleichgewicht *n*
tariff escalation
(AuW) Zollabstufung *f*
(ie, tariffs on manufactured goods are high, on semi-processed goods moderate, and on raw materials nonexistent or very low)
tariff harmonization (EG) Zollharmonisierung *f*
tariff headings (Zo) Tarifpositionen *fpl*
tariff income (FiW) Einnahmen *fpl* aus Zöllen *(syn, tariff revenue)*
tariff jurisdiction (Zo) Zollhoheit *f*
tariff law (Zo) Zolltarifgesetz *n*
tariff legislation (Zo) Zollgesetzgebung *f*
tariff liberalization (AuW) Liberalisierung *f* der Zollpolitik
tariff negotiations (AuW) Zollverhandlungen *fpl*
tariff nomenclature
(Zo) Nomenklatur *f*
– Zolltarifschema *n*
(syn, customs nomenclature)
tariff number (Zo) Zolltarif *m (syn, customs tariff)*
tariff of charges (com) Gebührentabelle *f (syn, bill of charges)*
tariff policy (AuW) Zollpolitik *f*
tariff preferences (AuW) Zollpräferenzen *fpl*
tariff protection (AuW) Zollschutz *m*
tariff provisions (Zo) Zolltarifbestimmungen *fpl*
tariff quota (AuW) Zollkontingent *n*
tariff rate
(com) Tarifsatz *m*
(Zo) Zollsatz *m*
(Vers) Prämientarif *m (ie, von e–m Prämienverband festgelegt)*
tariff rate load (StR) Tarifbelastung *f*
tariff rate quota (AuW) = tariff quota
tariff rates (com) Tariffrachten *fpl*
tariff reduction (AuW) Zollabbau *m*, Zollsenkung *f*
tariff regulations (Zo) Zollbestimmungen *fpl*
tariff revenue (FiW) Einnahmen *fpl* aus Zöllen *(syn, tariff income)*
tariff ring (Vers) Versicherungskartell *n*
tariff schedule
(com, US) Gebührentabelle *f*
(Zo) Zolltarif *m (syn, customs tariff)*
Tariff Schedules of the United States, TSUS (Zo, US) Zolltarif *m (ie, comprehensive classification of goods specifying the duty that U.S. customs authorities assess against each imported item; based on the Tariff Classification Act of 1962)*

tariff structure (Zo) Zollsystem *n*
tariff subheading (Zo) Tarifstelle *f*
tariff treatment of goods (Zo) zolltarifliche Behandlung *f* der Waren
tariff wall (Zo) Zollmauer *f*
tariff war (AuW) Zollkrieg *m (ie, wages through tariff discriminations)*
task
(Pw) Aufgabe *f*
– Arbeitsaufgabe *f*
(syn, job, assignment, work assignment)
(Pw) Arbeitsverrichtung *f*
(EDV) Task *f*
(EDV) Prozeß *m*
(ie, dynamischer Ablauf e-r Auftragsbearbeitung)
task allocation
(Pw) Arbeitsorganisation *f*
– Personalorganisation *f (syn, task assignment, work organization)*
task analysis (Pw) Tätigkeitsanalyse *f*
task area (Bw) Aufgabenbereich *m (syn, scope of responsibilitities)*
task assignment (Pw) Aufgabenverteilung *f*
task dispatcher (EDV) Aufgabenzuteiler *m*
task dump (EDV) Taskspeicherauszug *m*
task force (com) Arbeitsgruppe *f (syn, task group, work group, interdisciplinary team)*
task goals (Bw) Aufgabenziele *npl*
task group (com) = task force
task management
(EDV) Aufgabenverwaltung *f*
– Task Management *n*
(EDV) Prozeßsteuerung *f*
– Prozeßverwaltung *f*
(syn, process management, dispatcher)
task-oriented analysis (Bw) Objektanalyse *f*
task-oriented behavior (Bw) sachzielorientiertes Verhalten *n*
task-oriented style of leadership (Bw) aufgabenorientierter Führungsstil *m*
task scheduling (EDV) Aufgabenplanung *f*
task sharing (EDV) Aufgabenteilung *f*
task structuring
(Bw) Aufgabengliederung *f*
– Objektgliederung *f*
– Zweckgliederung *f*
task system of pay (Pw, GB) Akkordarbeit *f (syn, task wages)*
task variable (Mk) aufgabenorientierte Variable *f*
task wages (Pw, GB) Akkordlohn *m*
task work (Pw) Akkordarbeit *f*
task worker (Pw) Akkordarbeiter *m*
tastes and preferences (Vw) Bedürfnisse *npl (syn, wants, wants and needs)*
tastes of household (Vw) Bedarfsstruktur *f* des Haushalts
TAURUS (Fin, GB) = Transfer and Automated Registration of Uncertified Stock *(ie, enables transfer of shares without the use of contract notes or certificates; completion date note before 1991)*
tautological
(Log) tautologisch
– aussagenlogisch wahr
(ie, true by virtue of its logical form alone)
tautology (Log) Tautologie *f (ie, needless repetition of a statement)*
tax
(StR) Steuer *f*
(ie, compulsory contribution exacted by a government – Gebietskörperschaft – for public purposes; levied on persons or property and transferring wealth from private persons or organizations to meet the needs of government; see ,Types of Taxes' in the United States, below)
(com) Mitgliedsbeitrag *m*
(ie, levied on members of an organization to meet expenses)
tax *v*
(StR) besteuern
– Steuern *fpl* erheben
(syn, levy/impose . . . taxes)
(ReW) schätzen, taxieren
tax abatement (StR) Steuernachlaß *m (syn, tax rebate)*

Types of U. S. Taxes

1. Consumption tax	A general term describing taxes on commodities and/or services sold for direct consumption, usually paid at the time of purchase. Includes general sales and excise taxes. May also refer to a consumption or expenditure tax that is similar to an income tax except that savings are excluded from taxation.
2. Corporate income tax	Imposed by the federal government and 45 states on net income of corporations, usually at progressive rates that rise as income increases. Paid monthly or quarterly. Corporate income is subject to „double taxation“ since it is taxed both at the corporate level and again to the recipient of corporate dividends.
3. Customs duties	Imposed by the federal government on imported goods, usually as a percentage of value. Paid by the importer but added to the selling price paid by the consumer. Also known as „tariffs.“

Types of U. S. Taxes	
4. Estate tax	Levied at progressive rates on the value of the entire estate of a deceased person before it is divided among the heirs – Nachlaßsteuer. Imposed by the federal government and most states; payment is due within a legally specified period after the estate is settled. Also known as a „death tax."
5. FICA tax	Better known as ,Social Security Tax." Imposed as a specified percentage of wages and salaries up to a certain amount. Paid equally by employers and employees. Employers withhold employee share of tax and submit periodic payments to the federal government. Authorized under the Federal Insurance Contribution Act to finance the Old-Age, Survivors, Disability and Health Insurance Program (formerly by the Social Security Act of 1935).
6. FUTA tax	A joint levy imposed by federal and state government at a specified percentage of wages up to a legal base; paid by employers. Proceeds of the tax pay benefits to qualifying unemployed persons. Authorized by the Federal Unemployment Tax Act (formerly by the Social Security Act of 1935).
7. Gift tax	A federal or state tax imposed on transfers of property by gift, paid by the donor. Now combined with the inheritance tax.
8. Individual income tax	Levied by the federal government, 43 states, and some localities on net income as defined by law. Rates are generally progressive. Tax returns are due annually, but earnings are subject to current withholding by the employer. Quarterly payments are made to the government on nonwage income.
9. Inheritance tax	Levied by the federal government and most states on the value of property received by the heir to a decedent's estate, as a percentage of value = Erbanfallsteuer. Also known as a „death tax."
10. Payroll tax	Applies mainly to taxes levied on employers and/or employees under the Social Security and unemployment-insurance programs. See FICA and FUTA.
11. Property tax	A levy conditioned by the ownership of real and personal property and based on its value. May be imposed at the same rate for all properties or at different rates where property is classified for tax purposes. Used primarily by local governments, some 67,000 of which have the power to levy property taxes.
12. Real-estate tax	The part of the property tax that falls on land, buildings, and permanent fixtures.
13. Sales tax	A levy on purchases or sales of goods and services at the manufacturer, wholesaler, or retailer level, but usually shifted to the final consumer. May be levied as a percentage of selling price or at a flat rate per unit. Includes general sales and excise taxes.
14. Social Security tax	See FICA.
15. Unemployment tax	See FUTA.

Source: Elsie M, Watters.

taxable (StR) steuerpflichtig *(syn, subject to tax, liable in taxes)*
taxable base (StR) Steuerbemessungsgrundlage *f* *(syn, tax base, basis of assessment)*
taxable capacity
(StR) Steuerkraft *f*
– steuerliche Leistungsfähigkeit *f*
(StR) steuerliche Belastungsgrenze *f*
taxable entity (StR) Steuersubjekt *n*
taxable event
(StR) Steuergegenstand *m*
– Steuertatbestand *m*
(eg, income, property; syn, taxable . . . object/ unit)
taxable income
(StR) steuerpflichtiges Einkommen *n*
(ie, after all deductions and exemptions: subject to taxation; syn, chargeable income, income liable in taxes)
taxable investment income (StR) steuerpflichtige Kapitalerträge *mpl*
taxable period (StR) Besteuerungszeitraum *m*
taxable profit (StR) steuerpflichtiger Gewinn *m*
taxable to income tax (StR) einkommensteuerpflichtig *(syn, liable in to income tax)*
taxable unit (StR) = taxable event
taxable value (StR) Steuerwert *m (ie, assessed value used for taxing property, items, or income)*
taxable wage base (SozV, US) Versicherungspflichtgrenze *f*
taxable year
(StR) Steuerjahr *n*
– Wirtschaftsjahr *n*
tax accumulation (FiW) Steuerhäufung *f (ie, may happen to an individual taxpayer through tax shifting = Steuerüberwälzung)*
tax administration
(Bw, US) laufende betriebliche Steuerverwaltung *f*
(StR) Steuerverwaltung *f*
(eg, Inland Revenue Service in the U. S., Inland Revenue in the U. K.)
tax advantage (StR) = tax break
tax agreement (StR) = tax treaty
tax-allowable depreciation (ReW) = tax writeoff
tax allowance (StR) Steuerfreibetrag *m*
tax amortization
(FiW) Steueramortisation *f*
– Steuerkapitalisierung *f*
tax anticipation note (StR, US) Steuergutschein *m* e–r Gemeinde
tax anticipation obligations
(StR, US) Steuergutscheine *mpl*
(ie, issued by a governmental unit to raise funds for current expenditures until taxes can be collected; the U.S. Treasury terminated the issuance of TABs in 1975 and has since issued cash management bills which replaced TABs as well as bill strips in U.S. Treasury short-term financing; syn, tax relief/tax arrearage . . . obligations)
tax anticipation warrant (StR) = tax anticipation note
tax anticipatory note (StR) = tax anticipation note
tax approximation (StR, EG) Steuerangleichung *f* *(cf, tax harmonization)*
tax arrearage obligations (StR) = tax anticipation obligations
tax arrears (StR) Steuerrückstände *mpl*
tax assessment (StR) Steuerveranlagung *f*
tax assessment notice (StR) Steuerbescheid *m*
tax assessment period (StR) Veranlagungszeitraum *m*
tax assessor
(StR, US) amtlicher Taxator *m*
(ie, places official valuation on wealth or property rights for the government; syn, GB, inspector of taxes)
taxation
(StR) Besteuerung *f (ie, imposition of taxes)*
(StR) Steuereinnahmen *fpl (ie, tax revenues)*
taxation at source (StR) Quellenbesteuerung *f*
taxation of turnover (StR) Umsatzbesteuerung *f*
taxation policy (StR) = tax policy
tax audit (StR) Steuerprüfung *f*
tax-audit tracer note
(StR) Kontrollmitteilung *f*
(ie, sent by government auditors to tax office of income earner)
tax authority (StR) Finanzbehörde *f*, Steuerbehörde *f* *(syn, fiscal/revenue . . . authority; syn, infml, taxman, tax collector)*
tax avoidance
(StR) Steuerausweichung *f*
– Steuerumgehung *f*
– Steuervermeidung *f*
(ie, taking advantage of tax loop holes which is legal, up to a point; syn, tax dodging; opp, tax evasion = Steuerhinterziehung)
tax base
(StR) Steuerbemessungsgrundlage *f*
(ie, measure on which tax liability is determined)
tax-based income policy, TIP (Vw, US) steuerorientierte Einkommenspolitik *f*
tax base erosion (FiW) Aushöhlung *f* der Steuerbemessungsgrundlage
tax benefit
(StR) Steuerentlastung *f*
– Steuererleichterung *f*
– Steuervergünstigung *f*
– Steuervorteil *m (syn, tax . . . advantage break; GB, tax relief)*
tax bracket (StR) Steuerstufe *f*
tax break
(StR) = tax benefit
(Fin) Steuerfreijahre *npl (syn, tax holiday)*
tax burden
(StR) Steuerlast *f*
– Steuerbelastung *f*
(ie, tax actually paid by taxpaper)
(FiW) Steuerinzidenz *f*
(ie, final resting place of tax levied; syn, tax incidence)
tax calculation base (StR) Steuerbemessungsgrundlage *f*
tax capacity (FiW) Steuerkraft *f*
tax capitalization
(FiW) Steueramortisation *f*
– Steuertilgung *f*
tax carryback (StR) = carryback, qv
tax carryover (StR) = carryover, qv
tax class (StR) Steuerklasse *f*
tax code (StR, GB) Steuerkennziffer *f*

tax collections
(StR) Steueraufkommen *n*
– Steuereinnahmen *fpl (syn, tax . . . receipts/revenue/yield; infml, tax take)*
(FiW) Steuerlastquote *f (ie, as function of income)*
tax collector (StR) = taxman
tax commissioners (StR, GB) = Commissioners of Inland Revenue
tax concession (StR) steuerliche Vergünstigung *f*
tax consultant (StR) Steuerberater *m*
tax consulting firm (StR) Steuerberatungsfirma *f*
tax control (Bw, US) Überwachung *f* steuerlicher Entscheidungsprozesse
tax costs *v* (Re) Kosten *pl* festsetzen *(ie, determine them judicially in a court action)*
tax court
(StR, US) Finanzgericht *n*
(ie, court rulings can be reviewed by the Court of Appeals and, in the case of a conflict of decisions, by the Supreme Court; full title: Tax Court of the United States; it consists of 19 judges appointed by the President, with the Senate's consent, for 12-year terms; located in Washington, D. C., but trial sessions are held throughout the country)
tax court ruling (StR) finanzgerichtliche Entscheidung *f*
tax credit
(StR) Steueranrechnung *f*
– Steuergutschrift *f*
– Anrechnung *f* gezahlter Steuern
(ie, subtraction from tax owed, for other taxes paid)
(StR) Anrechnung *f* der Körperschaftsteuer
tax creditor (FiW) Steuergläubiger *m (ie, all layers of governmental units = Gebietskörperschaften aller Ebenen)*
tax credit period (StR) Anrechnungszeitraum *m*
tax credit system
(StR) Anrechnungsverfahren *n*
(ie, applicable to foreign taxes)
tax cut (StR) Steuersenkung *f (syn, tax reduction)*
tax deductible
(StR) steuerlich abzugsfähig *(ie, allowable for tax purposes; opp, disallowable against tax)*
tax deduction
(StR) Steuerabzug *m*
– steuerliche Absetzung *f*
tax deduction at source (StR) Steuerabzugsverfahren *n*
tax deferment (StR) Steuerstundung *f*
tax deferral (StR) Steuerstundung *f*
tax deferred annuities
(SozV, US) Renten *fpl* mit Steueraufschub
(ie, contribution by the employer or employee is excludable from taxable income in the year made, and interest earned is taxable when received)
tax depreciation (StR) steuerliche Abschreibung *f (syn, tax writeoff)*
tax differential (StR) Steuergefälle *n*
tax diffusion
(FiW) Steuerdiffusion *f*
(ie, distribution of a tax burden through the economy as a whole)
tax discrimination (StR) steuerliche Benachteiligung *f*
tax dodge (StR) Steuerumgehung *f (syn, tax avoidance)*
tax dodger (StR) Steuerumgeher *m*
tax domicile (StR) = tax residence
taxed product (AuW) belastete Ware *f*
tax effective (StR) steuerwirksam
tax efficiency
(FiW) Ergiebigkeit *f* e–r Steuer
(ie, term covers long-range and short-range ability to raise revenue, cost of collection, etc)
(StR, GB) steuerminimierende Kapitalanlage *f*
tax elasticity
(FiW) Steuerelastizität *f*
(ie, percentage of tax revenue raised compared to percentage change in personal income)
tax equalization (FiW) horizontaler Finanzausgleich *m*
tax equity
(FiW) Steuergerechtigkeit *f*
(ie, based on ‚benefit' and ‚ability to pay')
tax equivalent interest rate (Fin, US) steueräquivalenter Zinssatz *m (ie, coupon rate / (1 – marginal tax rate))*
tax erosion (StR) Aushöhlung *f* der Steuerbasis
taxes and social security ratio
(FiW) Abgabenquote *f (drückt in Prozenten das Verhältnis aller Steuern und Sozialabgaben zum Bruttoinlandsprodukt aus; the percentage share of all taxes and social security contributions in the gross domestic product)*
taxes on investments (FiW, US) Steuern *fpl* auf Einkünfte aus Wertpapieren
tax evader (StR) Steuerhinterzieher *m*
tax evasion
(StR) Steuerhinterziehung *f*
(ie, illegale Steuerausweichung od Steuervermeidung; cf; § 370 AO; syn, tax fraud; opp, tax avoidance = (legale) Steuerausweichung)
tax exempt (StR) steuerfrei *(syn, tax free)*
tax exempt amount (StR) steuerfreier Betrag *m*
tax-exempt bonds (StR) steuerfreie Schuldverschreibungen *fpl*
tax exempt fund (Fin) Fonds *m* mit steuerfreien Ausschüttungen
tax exemption
(StR) Steuerfreiheit *f*
– Steuerbefreiung *f (syn, immunity from taxation)*
(StR) Steuerbefreiung *f (syn, exemption, qv)*
tax exile (StR) Steuerexil *n (syn, tax expatriate)*
tax expenditure
(FiW, US) entgangene Steuereinnahmen *fpl*
(ie, due to any form of legal tax reduction or tax forgiveness, including tax credits and deductions)
tax favored (StR) steuerbegünstigt
tax filing deadline (StR) Termin *m* zur Abgabe der Steuerklärung
tax financing (FiW) Steuerfinanzierung *f (opp, loan method)*
taxflation
(FiW) Taxflation *f*
(ie, hybrid term coined to refer to the impact of both higher income taxes and inflation: policymakers try to take the bite out of progressively higher taxes on inflated income)

tax foreclosure (StR) Steuerpfändung *f*
tax fraud (StR) = tax evasion
tax free
(StR) steuerfrei
(ie, not subject to taxation; syn, tax exempt, nontaxable; infml, clear of taxes)
tax free allowance (StR) = tax-free amount
tax-free amount (StR) steuerfreier Betrag *m (syn, exemption, allowable deduction)*
tax-free bonds (StR) = tax-exempt bonds
tax-free earnings (StR) steuerfreie Bezüge *pl*
tax harmonization (EG) Steuerharmonisierung *f (syn, harmonization of taxes)*
tax haven
(StR) Steueroase *f*
– Oasenland *n*
(ie, tiny low-tax country refusing to conclude double-taxation treaties; levies little or no income or death taxes; cf, tax paradise, tax shelter, tax resort)
tax hike (StR, US) Steuererhöhung *f*
tax holiday (StR) Steuerfreijahre *npl (syn, tax break)*
tax home (StR, US) steuerlicher Sitz *m* e–s Unternehmens
tax identification number, TIN
(StR, US) Steuernummer *f*
(ie, for individuals it is their social security number; cf, employer identification number)
tax impact (FiW) Steuerwirkung *f (ie, immediate effect of a tax)*
tax impact point (FiW) Steueranstoß *m*
tax incentives (StR) steuerliche Anreize *mpl*
tax incidence
(FiW) Inzidenz *f*
– Steuerinzidenz *f*
(ie, relates to the final resting place of a tax; syn, incidence of taxation; that the subject matter is complex is demonstrated by the string of qualifying adjectives in German: absolute /differentielle/effektive/formale/ökonomische /spezifische/tatsächliche . . . Inzidenz)
tax increase (StR) Steuererhöhung *f (syn, US, tax hike; opp, tax cut = Steuersenkung)*
tax inflation (FiW) Steuerinflation *f (cf, taxflation)*
taxing authority
(StR) Steuerbehörde *f*
(FiW) Steuerhoheit *f (syn, taxing power, qv)*
taxing body (StR) Finanzbehörde *f*
taxing capability (FiW) steuerliche Leistungsfähigkeit *f*
taxing potentiality (FiW) Besteuerungsmöglichkeit *f*
taxing power
(FiW) Steuerhoheit *f*
– Finanzautonomie *f*
– Finanzhoheit *f (syn, power to tax, power to levy taxes, jurisdiction to tax)*
taxing right (StR) Besteuerungsrecht *n*
tax inspector (StR, GB) = inspector of taxes
taxi rank (com, GB) Taxistand *m (syn, taxi stand)*
taxi stand (com) Taxistand *m (syn, cab stand; GB, taxi rank)*
tax law
(StR) Steuerrecht *n (syn, law of taxation, fiscal law)*
(StR) Steuergesetz *n*
tax lawyer
(StR) Steuerjurist *m*
– Steueranwalt *m*
– Fachanwalt *m* für Steuerrecht *(cf, § 3 StBerG)*
tax legislation (StR) Steuergesetzgebung *f*
tax liability (StR) Steuerschuld *f*
tax lien (StR) Pfandrecht *n* der Steuerbehörde *(ie, zur Sicherung e–r Steuerforderung)*
tax load
(StR) Steuerbelastung *f*
– Steuerlast *f*
(syn, tax burden)
tax load ratio
(FiW) Steuer(last)quote *f*
(ie, total tax collections to GNP at market prices = Gesamtsteuereinnahmen zum BSP zu Marktpreisen; syn, overall tax ratio)
tax loophole (FiW) Steuerschlupfloch *n*
tax loss carryback
(StR, US) steuerlicher Verlustrücktrag *m*
(ie, net operating loss for a given year that may be deducted from the net income of the three preceding years; if not thus fully absorbed, the balance may be treated as a carryover; syn, carryback)
tax loss carryforward
(StR, US) steuerlicher Verlustvortrag *m*
(ie, net operating loss for a given year that to the extent not absorbed as a carryback may be deducted from the taxable income of succeeding years)
tax loss company (Fin) Abschreibungsgesellschaft *f (ie, scheme offering tax savings by producing artificial accounting losses)*
tax loss credit (StR, US) = tax loss carryforwad
taxman
(StR, infml) Steuerbehörde *f*
– Finanzamt *n*
(syn, tax collector; tax authority, qv)
tax-managed mutual fund
(Fin, US) steuerorientierter Investmentfonds *m*
(ie, type of open-ended investment company that invests in corporate equities, not in tax-exempt securities; tax liability is limited to its income tax rate times 15% of the dollar amount received in dividends)
tax management
(StR, US) betriebswirtschaftliche Steuerlehre *f*
(ie, entscheidungs- und beratungsorientiert; Funktionen: tax . . . planning/control/administration/compliance)
taxman's reach
(StR, infml) Zugriff *m* der Steuerbehörden
(eg, well out of the . . .)
tax money (FiW, infml) Steuergelder *npl*
tax morale (FiW) Steuermoral *f*
tax multiplier (FiW) Steuermultiplikator *m*
tax neutral (StR) steuerunschädlich
tax neutrality (StR) Steuerunschädlichkeit *f*
tax offense
(StR) Steuerstraftat *f*
– Steuervergehen *n*
– Steuerdelikt *n*
tax on exports (AuW) Ausfuhrzoll *m*
tax on imports (AuW) Einfuhrzoll *m*

tax-option corporation
(Bw, US) Kapitalgesellschaft *f,* die steuerlich als Personengesellschaft behandelt wird
(ie, legal status, sometimes chosen by small corporations, that allows them to be taxed primarily as partnerships, thus avoiding the corporate income tax and passing on tax losses to the owners; syn, Subchapter S corporation, pseudo-corporation)
tax-orientation of plant location
(Bw) Abgabenorientierung *f*
(ie, choice of location is determined by general level of fiscal charges)
tax overlapping (StR) Mehrfachbesteuerung *f (syn, multiple taxation)*
tax package (FiW) Steuerpaket *n (eg, present a . . . to the Congress)*
tax paid (StR) versteuert *(syn, net of tax)*
tax paradise
(StR) Nulloase *f*
(ie, Land ohne ESt und KSt od mit geringer Ertragsteuerbelastung; eg, Bahamas, Bermudas)
(com, infml) Steuerparadies *n (cf, tax haven)*
tax payable (StR) Steuerschuld *f*
taxpayer
(StR) Steuerzahler *m*
(StR) Steuerschuldner *m*
– Steuerpflichtiger *m*
(ie, person liable to tax)
tax payment (StR) Steuerzahlung *f*
tax payment date (StR) Steuertermin *m*
tax period (StR) Besteuerungszeitraum *m*
tax policy (StR) Steuerpolitik *f (syn, taxation policy)*
tax prepayment (StR) Steuervorauszahlung *f*
tax privilege (StR) Steuervergünstigung *f*
tax proceedings (StR) Besteuerungsverfahren *n*
tax profit (StR) steuerlicher Gewinn *m*
tax push inflation (Vw) Steuerdruck-Inflation *f (ie, Unterfall der cost push inflation)*
tax rate (StR) Steuersatz *m (ie, per unit of tax base, in %)*
tax rate table (StR) Steuertabelle *f*
tax rebate (StR) Steuernachlaß *m (syn, tax abatement)*
tax receipts (StR) Steuereinnahmen *fpl,* Steueraufkommen *n (syn, tax revenue)*
tax receiver (StR) Steuerhehler *m*
tax receiving (StR) Steuerhehlerei *f (ie, dealing in tax-evaded property)*
tax reduction (StR) Steuersenkung *f (syn, tax cut)*
tax reform (StR) Steuerreform *f*
tax refund
(StR) Steuer(rück)erstattung *f*
– Steuerrückvergütung *f*
– Steuerrückzahlung *f*
tax regression (StR) Steuerregression *f*
tax relief
(StR, GB) Steuererleichterung *f*
– Steuervergünstigung *f*
(syn, tax . . . benefit/break)
tax relief obligations (StR, US) = tax anticipation obligations
tax report
(StR) Steuererklärung *f*
(syn, tax return)
tax reserve certificate (StR, GB) Steuergutschein *m*
tax residence
(StR) steuerlicher Wohnsitz *m*
(syn, fiscal domicile)
tax resort
(StR) Quasi-Steueroase *f*
– Land *n* mit Sondervergünstigungen
(eg, Schiffahrt; überdurchschnittliche Förderungsmaßnahmen; Standorte für günstige Mehrländerwirkungen: Panama/Liberia, Irland, Curaçao)
tax return (StR) Steuerklärung *f*
tax return depreciation (ReW) steuerliche Abschreibung *f (syn, tax writeoff)*
tax revenue (StR) Steueraufkommen *n (syn, tax . . . collections/receipts/take/yield)*
tax revolt (FiW) Steuerrevolte *f*
tax roll (StR, US) Steuerliste *f (ie, list of land, names of owners, assessed value, and amount of taxes)*
tax rules (StR) steuerrechtliche Vorschriften *fpl*
tax sale (StR) Zwangsversteigerung *f* zur Deckung von Steuerschulden
tax saving (StR) Steuerersparnis *f*
tax-saving writeoff project (StR) Abschreibungsprojekt *n*
tax scale (StR) Steuertarif *m*
tax search (StR, US) Steuerfahndung *f (ie, to determine whether there are any unpaid property taxes)*
tax secrecy (StR) Steuergeheimnis *n*
tax selling (StR) steuerlich motivierter Absatz *m* von Wertpapieren *(ie, late in the year)*
tax sensitive to economic trends (FiW) konjunkturreagible Steuer *f*
tax sharing (FiW) vertikaler Ausgleich *m* der Steuereinnahmen *(cf, revenue sharing)*
tax shelter
(StR) Niedrigsteuerland *n*
(ie, Land mit wesentlicher Vorzugsbesteuerung; eg, im dt Außensteuerrecht ESt-Sätze unter 31,2%)
(StR, US) Steuerbegünstigung *f*
(ie, it is an investment that allows the investor to realize significant tax benefits in terms of reducing or deferring taxable income; eg, Abschreibungsgesellschaften, Steueraufschubmöglichkeiten, etwa durch: depreciation, investment tax credit, depletion allowance)
tax sheltered (StR) steuerbegünstigt
tax shield (ReW, US) Kürzung *f* des steuerpflichtigen Gewinns um die Abschreibung
tax shifting (StR) Steuerüberwälzung *f (syn, shifting of taxes, qv)*
tax stamp (StR) Steuermarke *f*
tax stopped at source (StR) Quellensteuer *f (syn, withholding tax)*
tax structure (FiW) Steuersystem *n (ie, the revenue raising system)*
tax subsidy (StR) Steuersubvention *f (eg, mortgage interest deductions, investment tax credits, etc)*
tax-supported loan (Fin) steuerbegünstigtes Darlehen *n*
tax switching (Fin) steuerlich motivierte Umschichtung e–s Portefeuille
tax take (StR, infml) = tax revenue

tax threshold (StR) Steuereingangsstufe *f (ie, level of income at which a person's liability to tax begins)*
tax treatment (StR) steuerrechtliche Behandlung *f*
tax treatment of interest payments (StR) steuerliche Behandlung *f* von Zinszahlungen
tax treaty (StR) Steuerabkommen *n (syn, tax agreement)*
tax unit (StR) Besteuerungseinheit *f*
tax withholdings (ReW) einbehaltene Steuern *fpl (syn, withheld taxes)*
tax writeoff (StR) steuerliche Abschreibung *f (eg, take . . .s on capital spending; syn, tax depreciation)*
tax writeoff facilities (StR) steuerliche Abschreibungsmöglichkeiten *fpl*
tax year
(StR) Steuerjahr *n (syn, taxable year)*
(FiW, GB) Haushaltsjahr *n (syn, fiscal year)*
tax yield (StR) = tax revenue
T-bills (Fin, US) = Treasury bills
T/D (Fin) = time deposit
teaching materials (Pw) Unterrichtsmaterial *n*
teaching staff (Pw) Lehrkräfte *fpl*, Lehrpersonal *n*
teachware (EDV) Unterrichtsprogramm *n*, Teachware *f (syn, courseware)*
team briefing (Pw) Gruppenbesprechung *f*
teamster (com, US) Fernfahrer *m*, Lkw-Fahrer *m (syn, truck driver; syn, GB, lorry driver)*
teamsters union (Pw, US) Fernfahrergewerkschaft *f*
team up *v*
(com) zusammenarbeiten, sich zusammenschließen
(syn, work together, cooperate)
team work
(Pw) Teamarbeit *f*
– Gruppenarbeit *f*
– Team Work *n*
tear down *v* (com) abreißen, abbrechen *(syn, pull down, demolish)*
tear-down time
(IndE) Umrüstzeit *f*
(ie, downtime of a machine following a given work order which usually involves removing parts such as jigs amd fixtures and which must be completely finished before setting up for the next order; syn, change-over time)
teaser interest rates (Fin, US) „Lock"-Zinsen *mpl (ie, in order to solicit gullible customers)*
technical advice (com) technische Beratung *f*
technical analysis
(Bö) technische Aktienanalyse *f*
(ie, stützt sich auf Kurs- und Umsatzverläufe = price and volume data; opp, fundamental analysis = Fundamentalanalyse)
technical analyst
(Bö) Wertpapieranalytiker *m*
– Techniker *m*
(ie, evaluates information for the stock market as a whole, as well as for individual securities; syn, technician, chartist)
technical assistance center (com) technische Kundenbetreuung *f*
technical barriers to trade (AuW) technische Handelshemmnisse *npl*
technical capacity (Bw) technische Kapazität *f (ie, irrespective of cost level at different degrees of utilization)*
technical committee (com) Fachausschuß *m*
technical competence
(Pw) Fachkompetenz *f*
– fachliches Können *n*
(syn, technical expertise)
technical consultant (com) Fachberater *m*
technical consulting (com) technische Beratung *f (ie, advisory services of a technical nature)*
technical cooperation (com) technische Zusammenarbeit *f*
technical correction (Bö) technische Kurskorrektur *f*
technical decline (Bö) markttechnischer Kursrückgang *m*
technical designer (IndE) Konstrukteur *m*
technical details
(com) technische Einzelheiten *fpl*
(com) fachliche Details *npl*
technical dictionary (com) Fachwörterbuch *n*
technical documentation (com) technische Unterlagen *fpl*
technical efficiency (IndE) physischer Wirkungsgrad *m* Produktivität *f*
technical engineering (IndE) Ingenieurtechnik *f*
technical equation (Vw) technologische Gleichung *f*
technical equipment and machinery (ReW) technische Anlagen *fpl* und Maschinen *fpl*
technical expertise (Pw) = technical competence
technical externality (Vw) technologischer externer Effekt *m*
technical goods (com) technische Güter *npl*
technicalities (com) = technical details
technical jargon
(com, infml) Fachsprache *f*
– Fachjargon *m*
(ie, has a slightly negative connotation)
technical journal (com) Fachzeitschrift *f (syn, trade journal)*
technical knowledge (Pw) Fachkenntnisse *fpl*
technical language (com) Fachsprache *f (syn, professional language, technical jargon)*
technical lines of insurance business (Vers) technische Versicherungszweige *mpl (ie, umbrella term covering engineering risks)*
technical literature (com) Fachliteratur *f (syn, specialized literature)*
technical objection (Re) formaler Einwand *m*
technical office protocol (IndE) Protokoll *n* für Verwaltungsnetzwerke
technical position (Bö) markttechnische Position *f (ie, of a market: set of conditions or forces operating within the market itself; opp, external factors)*
technical progress (IndE) technischer Fortschritt *m (syn, technological . . . advance/improvement/progress, engineering progress)*
technical progress function (Vw) Fortschrittsfunktion *f (ie, in der ökonomischen Wachstumstheorie)*
technical rally (Bö) markttechnische Erholung *f*
technical reaction (Bö) technische Reaktion *f (geringe Kurssenkung nach größeren Kurssteigerungen)*

technical relations (Vw) technologische Relationen *fpl*
technical report (com) Fachbericht *m*
technical reserve (Vers) versicherungstechnische Rücklagen *fpl*
technical risk (Bw) technisches Risiko *n*
technicals
(Bö) Kursdaten *pl (opp, fundamentals)*
technical sales organization (Bw) technische Vertriebsorganisation *f*
technical specifications
(IndE) technische Lieferbedingungen *fpl*
(ie, detailed description of technical requirements stated in terms suitable to form the basis for the actual design-development and production process of an item having the qualities specified in the operational characteristics)
technical support (com) technischer Kundendienst *m*
technical talks (com) Fachgespräche *npl*
technical term
(com) Fachausdruck *m*
– Fachwort *n*
(ie, a word of art)
technical terminology
(com) Fachterminologie *f*
– Fachsprache *f*
(syn, technical/professional . . . language, technical jargon)
technical tie-up (com) technische Zusammenarbeit *f*
technical training (Pw) Fachausbildung *f*
technical translation (com) Fachübersetzung *f*
technical translator *m* (com) Fachübersetzer *m (syn, specialized translator)*
technical writer
(EDV) technischer Redakteur *m*
– TechnAutor *m*
– Handbuchverfasser *m (syn, techwriter)*
– Dokumentationsingenieur *m*
technological advance (com) = technical progress
technological assessment (IndE) = technology assessment
technological changes (com) technischer Wandel *m*
technological efficiency (Bw) Produktivität *f (syn, productivity, qv)*
technological equation (Vw) technologische Gleichung *f*
technological fix (com) technisch-pragmatische Lösung *f*
technological forecasting (Bw) technologische Vorhersagen *fpl*
technological gap (IndE) technologische Lücke *f*
technological improvement (com) = technical progress
technological leadership (IndE) technische Führung *f*
technological life
(Bw) technologische Nutzungsdauer *f*
(ie, estimated life of a piece of equipment before it becomes obsolete due to technological changes)
technological progress (com) = technical progress
technological testing (IndE) technologische Prüfungen *fpl (opp, scientific testing, qv)*
technological unemployment
(Vw) technologische Arbeitslosigkeit *f*
(ie, results from new methods of production; not to be equated with ‚structural unemployment')

technology
(IndE) Technologie *f*
– Technik *f*
(ie, application of systematic knowledge to industrial processes)
technology assessment
(IndE) Technologiebewertung *f*
– Technologiefolgenabschätzung *f*
– Technologie-Wirkungsanalyse *f*
(ie, impact of technological change on society)
technology center (IndE) Technologiezentrum *n*
technology constraints (Vw) technologische Grenzen *fpl* technologische Zwänge *mpl*
technology consultant (Bw) technologischer Berater *m*
technology equities (Bö) Technologie-Werte *mpl*
technology exchange
(Vw) Technologie-Austausch *m*
(ie, transfer of technology developed by government research to industry and the exchange of technologies among industries)
technology management (IndE) Technologie-Management *n*
technology policies (IndE) Technologiepolitik *f*
technology stock (Bö) Technologiewerte *mpl*
technology strategy (Bw) Technologie-Strategie *f*
technology transfer (Vw) Technologietransfer *m*
techwriter (EDV) = technical writer
teddy bear hug (com, GB) cf, bear hug
teeming and lading (ReW, GB) Vertuschen *n* von Unterschlagung *(ie, durch Fälschen von Belegen)*
teething troubles (com, infml) Kinderkrankheiten *fpl* Anlaufschwierigkeiten *fpl*
telecommand (EDV) Fernsteuern *n*
telecommunication
(EDV) Telekommunikation *f*
(EDV) Datenfernübertragung *f*, DFÜ
telecommunication line (EDV) Datenfernübertragungsleitung *f*, DFV-Leitung *f*
telecommunications
(EDV) Fernmeldewesen *n*
(EDV) Nachrichtentechnik *f*
(IndE) Weittechnik *f*, Weitverkehr *m*
telecommunications engineering (EDV) Fernmeldetechnik *f*
telecommunications network (EDV) Datenfernübertragungsnetz *n*
telecommunications satellite (EDV) Fernmeldesatellit *m*
telecommunication system (EDV) Datenfernübertragungssystem *n*
telecomputing (EDV) Datenfernverarbeitung *f (syn, remote data processing, teleprocessing)*
teleconference (EDV) Telekonferenz *f*
telecopier
(com) Fernkopierer *m*
– Telekopierer *m*
(syn, facsimile terminal)
telecopying (com) Fernkopieren *n*
telegram (com) Telegramm *n*
telegraph *v*
(com) telegrafieren
– kabeln *(syn, cable, wire)*
telegraphic address
(com) Telegrammadresse *f*
– Drahtanschrift *f (syn, cable address)*

telegraphic transfer, TT (Fin) telegrafische Auszahlung *f (syn, cable transfer)*
telemarketing (Mk) Telemarketing *n*
telematics
(EDV) Telematik *f (ie, Vereinigung von Telekommunikation und Datenverarbeitung; coined by the French S. Nora and A. Minc: télématique)*
telemetry (com) Fernwirken *n (cf, Temex der Deutschen Bundespost)*
telemonitoring (IndE) Fernüberwachung *f*
teleoperator (IndE) Teleoperator *m (ie, remote-controlled manipulator without program control)*
teleorder *v* (com) elektronisch bestellen
telephone (com) Telefon *n*, Fernsprecher *m*
telephone *v* (com) anrufen, telefonieren *(syn, call, ring up, give a ring, phone)*
telephone answering set (com) Anrufbeantworter *m (ie, records incoming calls)*
telephone answering system (com) Anrufbeantwortung *f*
telephone bill (com) Telefonrechnung *f*
telephone book (com) = telephone directory
telephone booth (com) Telefonzelle *f (syn, phone booth, call box; GB, telephone kiosk, phone box, telephone box)*
telephone box (com) Fernsprechzelle *f (syn, call box, phone booth, phone box, telephone booth)*
telephone charges
(com) Fernmeldegebühren *fpl*
(com, infml) Telefongebühren *fpl*
telephone communications (com) Fernsprechverkehr *m*
telephone connection (com) Fernsprechanschluß *m*, Telefonanschluß *m*
telephone deregulation (Kart, US) Liberalisierung *f* des US-Fernmeldemarktes
telephone directory (com, fml) Telefonbuch *n (syn, phone book)*
telephone exchange
(com) Telefonvermittlung *f*
– Telefonzentrale *f*
telephone extension
(com) Nebenstelle *f*
– Apparat *m*
(eg, extension 296)
telephone handset (com) Handapparat *m*
telephone kiosk (com, GB) = telephone booth
telephone line (com) Fernsprechleitung *f*
telephone mail box (com) Postübermittlung *f* per Telefon
telephone marketing (Mk) Telefon-Marketing *n*
telephone operator (com) Telefonist *m (syn, operator)*
telephone securities (Bö, US) Wertpapiere *npl* der Telefonindustrie
telephone selling (Mk) Telefon-Verkauf *m (ie, a rapidly expanding sales area)*
telephone service (com) Telefondienst *m*
telephone subscriber (com) Fernsprechteilnehmer *m*
telephone survey (Mk) fernmündliche Befragung *f*
telephone traffic (com) Telefonverkehr *m*
telephonist (com) Telefonist(in) *m/f*
telephony (com) Fernmeldewesen *n*
teleprinter (com, GB) Fernschreiber *m (syn, teletypewriter)*
teleprinter exchange service (com) Telexvermittlung *f (syn, telex exchange)*
teleprocessing (EDV) Datenfernverarbeitung *f (syn, remote data processing, telecomputing)*
teleregister (Bö, US) Kursanzeiger *m (ie, electrically manipulated board for posting stock quotations as they are made)*
telescoping (IndE) Ablaufplanung *f* mit überlappenden Phasen *(syn, lap phasing, overlapped scheduling)*
teleshopping (Mk) Tele-Einkauf *m*
teleshopping terminal (Mk) Bestellterminal *n*
teletype *v* (com) fernschreiben
teletypewriter (com) Fernschreiber *m (syn, GB, teleprinter)*
televised interview (Mk) Fernsehinterview *n (syn, television interview)*
television advertising (Mk) Fernsehwerbung *f*
television fare (com, infml) Fernsehkost *f (ie, mostly unpalatable)*
television interview (Mk) Fernsehinterview *n (syn, televised/TV . . . interview)*
television licence fee (com) Fernsehgebühr *f*
telework (Pw) Telearbeit *f (ie, employees work at home at their office-connected terminals)*
telex (com) Fernschreiben *n*, Telex *n*
telex exchange (com) Telexvermittlung *f (syn, teleprinter exchange service)*
telex traffic (EDV) Fernschreibverkehr *m*
teller
(com) Stimmenauszähler *m (syn, scrutineer)*
(Fin) Kassierer *m*
(ie, transacts business with customers over the window; syn, cashier)
teller counter terminal (EDV) Schalterterminal *n*
teller's window (Fin) Kassenschalter *m (ie, of a bank)*
teller terminal (EDV) = teller counter terminal
telly (com, infml, GB) Fernsehen *n (syn, goggle box = Glotzkiste)*
tel quel rate
(Fin) Tel quel-Kurs *m*
(ie, no interest and other expenses are charged; syn, all-in rate)
temporal constructs (Vw) Zeitkomponenten *fpl*
temporal method
(ReW, US) Methode *f* zur Umrechnung von Fremdwährungspositionen
(ie, mit differenzierten Wechselkursen wird nach dem Zeitbezug der einzelnen Bilanzpositionen umgerechnet: cash, receivables, and assets and liabilities carried at present or future prices are translated at the current rate, and assets and liabilities carried at past prices are translated at the applicable historical rates; cf, FASB Statement of Financial Accounting Standards No. 8)
temporary admission (Zo) vorübergehende Einfuhr *f*
temporary annuity
(Fin) Zeitrente *f*
(syn, annuity certain, qv)
temporary bonds
(Fin, US), vorläufige Schuldverschreibungs-Urkunden *fpl*
(ie, temporary certificates; contain the same recitals that appear on the permanent forms)

temporary cease-and-desist order (Re, US) vorläufige Unterlassungsverfügung *f*
temporary credit (Fin) Zwischenkredit *m*
temporary employment (Pw) Zeitarbeit *f*
temporary exportation (AuW) vorübergehende Ausfuhr *f*
temporary export declaration (Zo) Erklärung *f* für die vorübergehende Ausfuhr
temporary file
(EDV) Temporärdatei *f*
(ie, dient der Speicherung von Zwischenresultaten einer Anwendung; wird bei Programmende gelöscht)
temporary fishing agreement (Re) einstweiliges Fischereiabkommen *n*
temporary floating (AuW) zeitweiliges Floaten *n*
temporary home (Fin) „Parkplatz" *m*
temporary immigrant worker
(Pw) ausländischer Arbeitnehmer *m*
– Fremdarbeiter *m*
– „Gastarbeiter" *m (syn, foreign . . . employee/worker/guest worker)*
temporary importation (AuW) vorübergehende Einfuhr *f*
temporary importation papers (Zo) Zollpapiere *npl* für die vorübergehende Einfuhr
temporary import declaration (Zo) Erklärung *f* für die vorübergehende Einfuhr
temporary injunction
(Re) einstweilige Verfügung *f*
(ie, court order restraining conduct until a hearing can be had on whether the injunction should be made permanent)
temporary investment (Fin) vorübergehende Kapitalanlage *f*
temporary investment of funds (Fin) kurzfristige Kapitalanlage *f (syn, short-dated investment of funds)*
temporary investments (ReW) Wertpapiere *npl* des Umlaufvermögens *(syn, marketable securities, qv)*
temporary mailing address
(com) Nachsendeadresse *f*
(syn, GB, accommodation address)
temporary office help (Pw, US) Büroaushilfskraft *f*
temporary personnel (Pw) Aushilfspersonal *n*
temporary receipt
(Fin, US) vorläufige Quittung *f*
(ie, an Aktionäre od Obligationäre: acknowledgment of payment; promises to deliver permanent bonds or stocks)
temporary restraining order (Re, US) einstweilige Verfügung *f (ie, vor Bundesgerichten; erlischt nach 10 Tagen)*
temporary standard (IndE) vorläufige Vorgabezeit *f*
temporary storage
(EDV) Zwischenspeicher *m (syn, intermediate storage)*
(Zo) vorübergehende Verwahrung *f*
temporary store (Zo) Verwahrungslager *n*
temporary swap file (EDV) temporäre/flüchtige Auslagerungsdatei *f (opp, permanent swap file)*
temporary transfer (Pw) Abstellung *f (ie, of employee to another position)*
temporary use (com) vorübergehende Verwendung *f*
temporary warehousing (com) vorübergehende Einlagerung *f*
temporary worker
(Pw) Aushilfe *f*
– Aushilfskraft *f*
(ie, employed for a limited period)
temporize *v* (com) in die Länge ziehen *(eg, discussion in order to gain time)*
tenacity of purpose (Pw) tenacity of purpose
tenancy
(Re) Miete *f* und Pacht *f*
(ie, the provisions of English law relating to the estate of leasehold have no equivalent in §§ 535 ff German Civil Code, BGB)
tenancy account (Bö) Gemeinschaftskonto *n (ie, im Wertpapieroptionshandel)*
tenancy agreement
(Re) Mietvertrag *m*
(Re) Pachtvertrag *m*
(Re) Franchise-Vertrag *m*
tenancy in common (Re) Bruchteilseigentum *n* Bruchteilsgemeinschaft *f (cf, §§ 741 ff BGB; syn, joint tenancy)*
tenancy property (com) Mietgrundstück *n*
tenant
(com) Mieter *m* / Pächter *m*
(ie, entitled to the exclusive possession, use, and enjoyment, usually in consideration of rent; for life, for years, from year to year, at will)
tenant-occupied house (com) Miethaus *n*
tenant's exchange scheme (com, GB) Mietwohnungstausch *m*
tendency to inertia (Bö) Beharrungstendenz *f*
tendency toward depreciation (AuW) Abwertungstendenz *f*
tender
(com, Re) Angebot *n*, Offerte *f (syn, offer)*
(com) Lieferangebot *n*
(com) Submissionsangebot *n (ie, in contract awarding; syn bid)*
(Fin) Zeichnungsangebot *n*, Tender *m (syn, subscription offer)*
(Fin) = legal tender
tender *v*
(com) anbieten
(ie, at a certain price for acceptance)
(com) andienen
(eg, goods)
(Fin) andienen
– vorlegen
– einreichen
(eg, documents; syn, submit, produce)
tender a contract *v* (com) ausschreiben
tender agent (Fin) Bevollmächtigter *m* des Offerenten *(ie, beim Kauf- oder Umtauschangebot)*
tender agreement (com) Submissionsvertrag *m*
tender bills (Fin, GB) wöchentlich angebotene Schatzwechsel *mpl*
tender documents
(com) Angebotsunterlagen *fpl*
(com) Ausschreibungsunterlagen *fpl (syn, tender specifications)*
tender documents *v* (Fin) Dokumente *npl* andienen
tendered rate of export levy (EG) zugelassener Satz *m* der Ausfuhrabschöpfung

tenderer
(com) Bieter *m*
– Submittent *m*
(ie, connotes a formal buying approach; syn, bidder)
tender for *v* (com) Angebot *n* einreichen *(eg, auf Lieferung, Errichtung)*
tender guarantee (com, GB) Bietungsgarantie *f*
tendering (com) Angebotsabgabe *f*
tendering for export levies (EG) Ausschreibung *f* der Ausfuhrabschöpfung
tendering procedure (com) Ausschreibungsverfahren *n*
tender issue (Fin) Emission *f* im Tenderverfahren
tender of documents (com) Vorlage *f* von Dokumenten
tender offer
(Fin) Zeichnungsangebot *n*, Tender-Offerte *f*
(com, US) Übernahmeangebot *n*
(ie, aims to acquire sufficient shares in the target company to assure effective control despite opposition from management of the target company and usually is resorted to after friendly overtures to management of the target company have been unsuccessful; the acquiring firm must give the management of the target firm and the SEC 30 days' notice of intention to effect the acquisition; syn, takeover bid, qv)
(com, GB) Übernahmeangebot *n*
(ie, a procedure which allows a purchaser to offer to acquire up to 29.9% of a company by formal notice in two national newspapers = überregionale Zeitungen, giving all shareholders at least seven days in which to accept)
tender of performance (Re) Erfüllungsangebot *n*
tender one's resignation *v* (com) Rücktritt *m* einreichen
tender operations calendar (Fin) Kalender *m* für Tenderoperationen
tender panel agent (Fin) Führungsbank *f* in e–m Tender Panel
tender panel, TP
(Fin) Tender-Gruppe *f*
(ie, Bietungskonsortium, das neu emittierte Commercial Papers oder Euronotes im Bietungsverfahren erwirbt)
tender procedure (com) Submissionsverfahren *n* *(syn, competitive bidding)*
tender rate (Fin) Emissionssatz *m*
tender sale (Fin) Verkauf *m* im Tenderverfahren
tender specifications
(com) Lastenheft *n*
(syn, specifications, cahier des charges)
tender terms (com) Submissionsbedingungen *fpl*
tender to contract cover
(com, GB) Kurssicherung *f* zwischen Angebotsabgabe und Vertragsabschluß
(ie, if contract currency is US-$ or DM)
tend mixed *v* (Bö) uneinheitlich tendieren
tends to infinity (Math) geht gegen unendlich
tenor
(WeR) Laufzeit *f*
(ie, of negotiable instruments; length of time between date of issuance and maturity date; cf, term)
ten's complement
(EDV) Zehnerkomplement *n*
(ie, in decimal arithmetic, the unique numeral that can be added to a given N-digit numeral to form a sum equal to 10^N*, that is a one followed by N zeros)*
tension-free growth (Vw) spannungsfreies Wachstum *n*
tensor (Math) Tensor *m* *(ie, Größe in der Vektorrechnung: a generalized vector with more than three components)*
tensor algebra
(Math) Tensoralgebra *f*
– Tensorrechnung *f*
(syn, tensor . . . analysis/calculus)
tensor equation (Math) Tensorgleichung *f*
tensor of valence two (Math) Tensor *m* zweiter Stufe
tentative agreement (Re) Vorvertrag *m* *(syn, provisional agreement, qv)*
tentative balance sheet (ReW) Probebilanz *f*
tentative order (com) Probeauftrag *m* *(syn, trial order)*
tenure
(Re) Besitz *m* *(ie, of real property)*
(Pw) Dienstzeit *f*
(com) Amtszeit *f* *(syn, term of office)*
tenured position
(Pw) Lebensstellung *f*
– Anstellung *f* auf Lebenszeit *(syn, life tenure)*
term
(com) Dauer *f*
– Laufzeit *f*
(ie, period of a contract, note, acceptance, time draft, bill of exchange, or bond; syn, duration, tenure)
(Math) Term *m*
– Glied *n*
(Log) Bezeichnung *f*
– Benennung *f*
– Ausdruck *m*
(ie, not the equivalent of ‚Begriff'; it is, at least in scientific, if not in scholarly, usage simply a word or expression)
(Log, loosely) Begriff *m* *(syn, concept, notion)*
(Log) Term *m*
(ie, Subjekt od Prädikat im kategorischen Urteil, kategorematischer Ausdruck e–s Urteils)
term account (Fin) Festgeldkonto *n* *(syn, time deposit account)*
term bank (EDV) Terminologie-Datenbank *f* *(syn, terminology data bank)*
term bill (WeR) Tagwechsel *m*
term bond (Fin) Serienanleihe *f*
term borrowings (Fin) Termingeldaufnahmen *fpl*
term-by-term derivation (Math) gliedweise Ableitung *f*
term CD (Fin, US) Depositenzertifikat *n* mit e–r Laufzeit über 1 Jahr
term credit (Fin) Nachsicht-Akkreditiv *n*
term deposits
(Fin) Festgeld *n*
– Termingeld *n*
term federal funds (Fin, US) terminiertes Tagesgeld *n* *(ie, normally run for 30, 60, or 90 day's duration)*

terminability (Fin) Kündbarkeit *f*
terminable annuity
(Fin) kündbare Rente *f*
– Zeitrente *f*
(ie, income payments cease at a certain time or event)
terminable at call (Fin) jederzeit kündbar
terminable bonds (Fin) Anleihe *f* mit fester Laufzeit *(ie, with fixed compulsory maturity; opp, perpetual bonds)*
terminal
(EDV) Terminal *n*
(Mk) Datenkasse *f*
terminal bonus
(Pw) = terminal gratuity
(Vers) Schlußdividende *f*
terminal charge (com, GB) Zustellgebühr *f*
terminal computer (EDV) Datenstationsrechner *m*
terminal date
(com) Endtermin *m*
(syn, final date)
terminal decision (Bw) Handlungsentscheidung *f*
terminal event (OR) Endereignis *n*
terminal gratuity
(Pw) Abfindungszahlung *f*
– Abfindung *f*
(syn, terminal bonus, severance pay)
terminal job
(Pw) Stellung *f* ohne weitere Aufstiegsmöglichkeiten
– „Sackgasse" *f*
terminal loss relief (StR, GB) Verlustabsetzung *f* für die drei letzten Geschäftsjahre
terminal market (Bö) Markt *m* für Termingeschäfte
terminal monitoring system (EDV) Terminal-überwachungssystem *n*
terminal node
(EDV) Blatt *n* e–s Baumes *(syn, leaf)*
(OR) Endknoten *m (syn, terminal vertex)*
terminal payment
(Fin) letzte Ratenzahlung *f*
(com) Abschlußzahlung *f*
– Schlußzahlung *f*
terminal point of transportation (com) Endpunkt *m* der Beförderung
terminal position (Pw) = terminal job
terminal printer (EDV) Arbeitsplatzdrucker *m*
terminal screen (EDV) Bildschirm *m (syn, video screen)*
terminal session (EDV) Datenbankabfrage *f*
terminal station (EDV) Datenstation *f*
terminal unit (EDV) Datenendgerät *n (syn, data terminal)*
terminal value (ReW) Restwert *m (syn, residual value, qv)*
terminal vertex (OR) = terminal node
terminate *v*
(Re) beenden
– auflösen
(eg, contract)
(EDV) abschließen
– beenden
(eg, program run)
terminate a business *v* (com) Betrieb *m* aufgeben *(syn, close /discontinue . . . a business)*
terminate a contract *v*
(Re) Vertrag *m* aufheben
– Vertrag *m* beenden
(syn, cancel, qv)
terminate a meeting *v* (com) Sitzung *f* aufheben *(syn, close a meeting)*
terminate and stay resident program
(EDV) speicherresidentes Programm *n*
(ie, a program that installs itself into main memory and handles system events before they are passed from hardware or operating system to application programs and v. v.)
terminate an employment contract *v* (Pw) Arbeitsvertrag *m* auflösen *(eg, by notice to quit)*
terminate a suit *v* (Re) Prozeß *m* beenden
terminate negotiations *v* (com) Verhandlungen *fpl* beenden
terminating decimal (Math) endlicher Dezimalbruch *m (syn, finite decimal)*
termination
(Re) Ablauf *m*
– Erlöschen *n (syn, expiration, lapse)*
(Re) Auflösung *f*
– Kündigung *f (eg, of contract)*
(Pw) Kündigung *f*
(Vers) Abgang *m (ie, of policy)*
(Vers) Ende *n* der Prämienzahlung und Deckung bei Erreichen e–s Rückkaufwertes *(opp, lapse)*
termination agreement
(Pw) Vertrag *m* über Beendigung des Dienstverhältnisses
(Pw) Abfindungsvertrag *m*
termination cycle (EDV) Abschlußzyklus *m*
termination for cause (Pw) Kündigung *f* aus wichtigem Grunde
termination interrupt (EDV) Abschlußunterbrechung *f*
termination of a contractual relationship (Re) Beendigung *f* e–s Vertragsverhältnisses *(syn, discharge of a contract)*
termination of a meeting (com) Aufheben *n* e–r Sitzung
termination of employment (Pw) Beendigung *f* des Beschäftigungsverhältnisses
termination pay
(Pw) Abfindungszahlung *f*
(syn, severance pay, pv)
termination payment (Pw) Abfindung *f (eg, for early retirement; syn, severance payment)*
termination request (EDV) Abschlußanforderung *f*
terminological editing (EDV) terminologische Aufbereitung *f*
terminology (com) Terminologie *f (ie, Gesamtheit aller Fachausdrücke, die in e–m Sachgebiet verwendet werden)*
term insurance
(Vers) Risikoversicherung *f*
– abgekürzte Todesfallversicherung *f*
(ie, for a stipulated time only, beneficiary receives the face value of the policy upon death, but nothing upon survival at completion of term: bei Tod während der Versicherungsdauer wird die vereinbarte Todesfallsumme fällig; bei Erleben des Ablauftermins wird keine Leistung fällig; syn, renewable term; opp, whole life insurance)

terminus (com) Endstelle *f (ie, railway or bus station at end of line or route)*
term lending (Fin, GB) längerfristiges Kreditgeschäft *n (ie, der Clearing-Banken)*
term lendings (Fin) mittelfristige Ausleihungen *fpl (ie, by banks)*
term liabilities (Fin) befristete Verbindlichkeiten *fpl*
term liability (Fin) befristete Verbindlichkeit *f*
term loan
(Fin, US) mittelfristiger Kredit *m*
(ie, intermediate credit: usually more than one year, may be up to 10 years; regular periodic amortization of a fixed principal amount, occasionally followed by a large balloon final maturity; special type of term loan is the ‚bullet loan', qv)
term mortgage (Re) Hypothek *f* mit fester Laufzeit *(ie, usually less than five years, only interest is paid)*
term of a bill (WeR) Laufzeit *f* e–s Wechsels
term of acceptance (WeR) Wechsellaufzeit *f*
term of a licence (Pat) Lizenzdauer *f*
term of a loan (Fin) Anleihelaufzeit *f*
term of annuity (Fin) Rentendauer *f*
term of grace (Re) Nachfrist *f (syn, grace period, qv)*
term of insurance (Vers) Versicherungsdauer *f (syn, period insured)*
term of legal parlance
(Re) juristischer Terminus *m*
– Terminus *m* der Rechtssprache
term of maturity (Fin) Laufzeit *f*
term of office
(Pw) Dienstzeit *f*
– Amtszeit *f*
term of patent (Pat) Schutzfrist *f (cf, § 10 PatG)*
term risk (Vers) Versicherung *f* mit e–r Laufzeit über 1 Jahr
term RP (Fin, US) Wertpapierpensionsgeschäft *n* über 1 Tag hinaus *(ie, for a period longer than overnight)*
terms
(com) Zahlungsbedingungen *fpl (eg, to sell at reasonable terms)*
(Fin) Ausstattung *f*
– Modalitäten *fpl*
(ie, details, conditions of a loan)
terms and conditions (com) Verkaufs- und Lieferbedingungen *fpl (syn, conditions of sale and delivery)*
term sheet (Fin, US) Konditionsvereinbarung *f*
terms of a bid (com) Angebotsbedingungen *fpl*
terms of a contract (Re) Vertragsbedingungen *fpl (syn, conditions /provisions/stipulations . . . of a contract)*
terms of a loan
(Fin) Anleiheausstattung *f*
(syn, bond features)
– Anleihe-Konditionen *fpl*
– Anleihe-Bedingungen *fpl*
(eg, Nennbetrag, Volumen, Emissionskurs, Verzinsung, Rückzahlungskurs, Laufdauer, Besicherung, Kündigungsrecht, Tilgung)
(Fin) Darlehensbedingungen *fpl*
terms of amortization (Fin) Tilgungsbedingungen *fpl*
terms of an issue (Fin) Emissionsbedingungen *fpl (syn, offering terms)*
terms of a policy (Vers) Versicherungsbedingungen *fpl (ie, insurance conditions)*
terms of credit (Fin) Kreditbedingungen *fpl*
terms of delivery (com) Lieferbedingungen *fpl*
terms of freight (com) Frachtbedingungen *fpl*
terms of issue (Fin) Emissionsbedingungen *fpl*
terms of maturity (Bö) Liefertermin *m*, Erfüllungstermin *m (syn, contract horizon)*
terms of payment
(com) Zahlungsbedingungen *fpl*
(AuW) (handelsübliche) Zahlungsziele *npl*, Zahlungsmodalitäten *fpl* im Auslandsgeschäft
terms of payment and delivery (com) Lieferungs- und Zahlungsbedingungen *fpl*
terms of redemption (Fin) Tilgungsmodalitäten *fpl (syn, repayment terms)*
terms of reference (com) Aufgabenstellung *f*, Aufgabe *f (eg, it is not within our terms of reference to . . .)*
terms of sale
(com) Preisforderung *f (ie, price basis asked for sth offered for sale)*
(com) Verkaufsbedingungen *fpl (ie, other than price)*
(com) Zahlungsbedingungen *fpl*
(ie, in mercantile practice these may be: cash before order, cash with order, cash on delivery, B/L attached)
terms of subscription
(Fin) Zeichnungsbedingungen *fpl*
(eg, stating nominal rate, subscription rate, redemption, repayment, relating to newly issued shares)
terms of tenancy (Re) Mietdauer *f*
terms of tender
(com) Ausschreibungsbedingungen *fpl*
(syn, bidding requirements)
terms of trade
(AuW) Terms of Trade *pl*
– ToT *pl*
– (Maß für das) reale Austauschverhältnis *n*
(ie, export price index / import price index x 100)
terms policy (Fin) Konditionenpolitik *f*
terms to the trade
(com) Bedingungen *fpl*
(eg, please supply at best trade terms, that is, at lowest prices and highest discounts; syn, trade terms)
term structure (Fin) Fristenstruktur *f*
term-structure of interest rates
(Fin) Fristigkeitsstruktur *f* der Zinssätze
– Zinsstruktur *f*
(ie, relationship between yields on securities with various maturities and the maturity of securities; credit risk, liquidity, taxability, and other characteristics being the same; Gesamtheit der Renditen homogener festverzinslicher Wertpapiere zu e–m bestimmten Zeitpunkt, geordnet nach den Restlaufzeiten)
term structure theory of interest rates (Fin) Theorie *f* der zeitlichen Zinsstruktur
term to maturity (Fin) Restlaufzeit *f (syn, time to maturity)*

terraced house (com, GB) Reihenhaus *n (syn, US, row house)*
territorial area (Re) Hoheitsgebiet *n*
territorial division (Re) Gebietskörperschaft *f (syn, unit of government, qv)*
territorial jurisdiction (Re) Gebietshoheit *f*
territorial restrictions (Kart) Gebietsbeschränkung *f (syn, geographic restrictions)*
territorial sea (Re) Küstenmeer *n*
territorial state (Re) Flächenstaat *m*
territorial waters (Re) Hoheitsgewässer *npl*
tertiary line injury
(Kart, US) Beeinträchtigung *f* des Wettbewerbs zwischen den Kunden
(ie, competition at the customer level; defined by the Robinson-Patman Act of 1936; opp, primary /secondary . . . injury, qv)
tertiary ratio
(Bw) tertiäre Kennziffer *f*
(ie, combination of several elementary or advanced ratios used to promote corporate decision making; syn, GB, explanatory ratio)
tertiary sector
(Vw) tertiärer Sektor *m*
– Dienstleistungssektor *m*
– Dienstleistungsbereich *m (syn, service producing sector)*
test
(com) Kriterium *n (syn, criterion, yardstick)*
(Stat) Prüfverfahren *n*
(EDV) Test *m*
– Prüfung *f*
test *v* (EDV) testen, prüfen
testable theory (Log) testbare Theorie *f*
testament (Re) Testament *n (ie, now largely supplanted by the term ‚will')*
testamentary capacity (Re) Testierfähigkeit *f*
testamentary disposition (Re) letztwillige Verfügung *f*
testamentary heir (Re) testamentarischer Erbe *m*
testamentary intent
(Re) testamentarische Absicht *f* des Erblassers
(ie, there cannot be a will unless the testator manifests an intention to make a provision that will be effective only upon death)
testamentary trust (Re) testamentarischer Trust *m (ie, trust created by a will; opp, living trust, qv)*
test and measurement instruments (IndE) Prüf- und Regelgeräte *npl*
test area (Mk) Testgebiet *n*
testator (Re) Erblasser *m (ie, one who makes a will or testament)*
testatrix (Re) Erblasserin *f*
test ballot (Pw) Probeabstimmung *f*
test board (IndE) Testbaugruppe *f*
test brand (Mk) Testmarke *f*
test case
(Re) Musterprozeß *m*
(com) Testfall *m*
test certificate
(IndE) Abnahmezeugnis *n*
– Abnahmebescheinigung *f*
– Abnahmeprotokoll *n (syn, acceptance certificate, inspection report, test report)*
test channel (EDV) Prüfkanal *m*
testcheck *v* (ReW) stichprobenweise prüfen
test circuit (EDV) Prüfschaltung *f*
test data (EDV) Testdaten *pl*
test discount rate (Fin, GB) Kalkulationszinsfuß *m (ie, used by public enterprises)*
tested telex
(com) Telex *n* mit Stichzahl
– verschlüsseltes Telex *n (cf, test key)*
test equipment (IndE) Prüfeinrichtung *f*
test function (Stat) Prüffunktion *f*
Testierfähigkeit *f* (Re) disposing capacity
testify *v* (Re) (unter Eid) aussagen *(ie, in court or before another legal body, such as the U. S. Congress)*
testimonial (Pw) Zeugnis *n (syn, letter of reference)*
testimony (Re) (eidliche) Zeugenaussage *f*
testing of materials (IndE) Materialprüfung *f*
testing requirements (MaW) Prüfbestimmungen *fpl*
test key
(Fin) Stichzahl *f*, Telexschlüssel *m*
(ie, a secret code which banks provide to their customers to safeguard against fraudulent telexes)
test market (Mk) Testmarkt *m*
test marketing (Mk) Durchführung *f* e–s Markttests
test number
(com) Prüfzahl *f*
(com) = test key
test of compliance (ReW) Prüfung *f* der Einhaltung von Vorschriften des internen Kontrollsystems
test of goodness of fit (Stat) Chi-Quadrat-Kriterium *n*
test of need (SozV) Bedürftigkeitsprüfung *f (syn, nomeans test, means test)*
test of significance (Stat) Hypothesenprüfung *f*
test package (Mk) Probepackung *f*
test paper (com) Prüfungsarbeit *f*, Klausur *f*
test piece
(IndE) Probe *f*, Probestab *m (ie, to be prepared for testing; opp, test specimen)*
(IndE) Prüfstück *n*, Testkörper *m*
test print (com) Andruck *m*, Probedruck *m*
test program (EDV) Testprogramm *n (syn, check program)*
test report
(IndE) = test certificate
(Stat) Prüfbericht *m*
test requirements (Stat) Prüfvorschriften *fpl*
test results (IndE) Versuchsergebnisse *npl*
test-retest technique (Stat) Wiederholungsverfahren *n*
test run (EDV) Probelauf *m*
test sample
(IndE) Analysenprobe *f*
– Testprobe *f*
test setup
(IndE) Prüfanordnung *f*
– Versuchsanordnung *f*
test shipment (Zo) Probeverzollung *f*
test specification (MaW) Prüfvorschrift *f*
test specimen
(IndE) Probe *f (ie, used in actual testing; opp, test piece)*
(Mk) Testmuster *n*
test statistic
(Stat) Prüfgröße *f*
– Prüfmaß *n*

TEU
(com) = twenty-foot equivalent unit
(ie, Anzahl Container, umgerechnet auf 20-Fuß-Basis; wird benutzt zur Angabe des Transportaufkommens; eg, 1.1 Mill TEU)
text box (EDV, GUI) Textfeld *n*, Editierfeld *n* *(single- or multi-line)*
text chart (EDV) Textgrafik *f*
text editor (EDV) Texteditor *m*
textile goods fair (com) Textilmesse *f*
textile industry (com) Textilindustrie *f*, Textilwirtschaft *f*
textiles (Bö) Textilwerte *mpl*
text of message (EDV) Nachrichtentext *m*
text-oriented glossary (com) textbezogene Fachwörterliste *f*
text string (EDV) Zeichenfolge *f*
text wrapping (EDV) Textumbruch *m*
TFT-LCD (EDV) = Thin Film Transistor Liquid Crystal Display
theft insurance (Vers, GB) Diebstahlversicherung *f* *(ie, formerly called burglary insurance)*
theft of services (Pw) widerrechtliche Nutzung *f (ie, of company equipment or resources for an employee's private ends)*
theorem (Log, Math) Lehrsatz *m*, Theorem *n*
theorem of deduction (Log) Deduktionstheorem *n*
theoretical capacity (Bw) Maximalkapazität *f*
theoretical construct (Log) theoretisches Konstrukt *n*
theoretical maximum plant capacity (Bw) theoretische Maximalkapazität *f*
theoretical optimum plant capacity (Bw) theoretische Optimalkapazität *f*
theory of absolute cost advantages (AuW) Theorie *f* der absoluten Kostenvorteile
theory of action (Vw) Handlungstheorie *f*
theory of cardinal utility (Vw) kardinale Nutzentheorie *f*
theory of choice (Vw) Wahlhandlungstheorie *f*
theory of communication
(EDV) Kommunikationstheorie *f*
– Informationstheorie *f*
(syn, information theory)
theory of competition (Vw) Wettbewerbstheorie *f*
theory of consumer preference (Vw) Theorie *f* der Verbraucher-Präferenzen
theory of consumption (Vw) Konsumtheorie *f*
theory of convergence (Vw) Konvergenzhypothese *f*
theory of distribution
(Vw) Verteilungstheorie *f* Distributionstheorie *f*
(ie, deals with explaining how the prices of input factors and the income they receive are determined; traditionally the approach is to analyze the question of distribution in terms of market analysis; it is sometimes referred to as ‚marginal productivity theory of distribution')
theory of economic growth (Vw) Wachstumstheorie *f*
theory of error (Stat) Fehlertheorie *f*
theory of estimation (Stat) Theorie *f* der Schätzung
theory of game
(Bw) Spieltheorie *f*
(ie, mathematical study of games or abstract models of conflict situations from the viewpoint of determining an optimal policy or strategy; syn, game theory)
theory of government regulation of business (Vw, US) Theorie *f* der öffentlichen Regulierung
theory of graph (Math) Graphentheorie *f (syn, graph theory)*
theory of income and employment (Vw) Beschäftigungstheorie *f*
theory of income determination
(Vw) Einkommenstheorie *f*
(ie, explains the determinants of the level of national income – Volkseinkommen – at a point in time and of the changes in national income over time)
theory of income distribution (Vw) Theorie *f* der Einkommensverteilung
theory of inference (Stat) Theorie *f* der statistischen Inferenz
theory of inflation (Vw) Inflationstheorie *f*
theory of interaction (Bw) Interaktionstheorie *f (ie, branch of organizational theory)*
theory of interest (Vw) Zinstheorie *f*
theory of large samples (Stat) Theorie *f* der großen Stichproben
theory of loanable funds (Fin) Theorie *f* der ausleihbaren Fonds
theory of management
(Bw) Führungstheorie *f*
– Management-Theorie *f*
theory of mapping (Math) Abbildtheorie *f*
theory of meaning (Log) intensionale Semantik *f (ie, studies the sense or connotation of symbols; opp, theory of reference = extensionale Semantik)*
theory of money (Vw) Geldtheorie *f (syn, monetary economics)*
theory of oligopoly (Vw) Oligopoltheorie *f*
theory of organization (Bw) Organisationstheorie *f*
theory of portfolio selection
(Vw) Portfoliotheorie *f*
(ie, wichtiger Baustein der Geldnachfragetheorie; auf ihr beruht die Theorie der relativen Preise)
theory of price
(Vw) Preistheorie *f*
(ie, analyzes the ways in which prices are determined in a free market economy and the role they play in solving the problems of resource allocation; the various states of the environment are monopoly, oligopoly, perfect competition, and monopolistic competion; syn, microeconomics)
theory of probability (Stat) Wahrscheinlichkeitstheorie *f*
theory of property rights
(Vw) Theorie *f* der Eigentumsrechte
(ie, developed by Alchian/Demetz 1966–73; Thema: Einfluß rechtlicher und institutioneller Regelungen auf das wirtschaftliche Verhalten von Entscheidungsträgern in Unternehmen; Ziel: Aufdeckung von Bewertungspräferenzen)
theory of public choice (Vw) Theorie *f* der öffentlichen Entscheidung
theory of public finance (FiW) Finanzwissenschaft *f* *(syn, public finance, qv)*
theory of public goods (FiW) Theorie *f* der öffentlichen Güter
theory of public-sector inefficieny (FiW) Theorie *f* der öffentlichen Verschwendung

theory of rational behavior (Vw, Bw) Theorie *f* des Rationalverhaltens
theory of reference (Log) extensionale Sematik *f*, Theorie *f* des Sachbezugs *(opp, theory of meaning, qv)*
theory of relative prices (Vw) Theorie *f* der relativen Preise
theory of sampling (Stat) Theorie *f* des Stichprobenverfahrens
theory of sets (Math) Mengenlehre *f (ie, study of the structure and size of sets from the viewpoint of the axioms imposed)*
theory of small samples (Stat) Theorie *f* der kleinen Stichproben
theory of statistics
(Stat) theoretische Statistik *f*
– statistische Methodenlehre *f*
theory of treaty override (StR) These *f*, daß nachfolgende innerstaatliche Gesetzgebung sich über ein Abkommen hinwegsetzen kann
theory of truth-functions (Log) Theorie *f* der Wahrheitsfunktionen
theory of types (Math) Typentheorie *f*
theory of value (Vw) Werttheorie *f*
the parties hereto (Re) die Vertragsparteien *fpl (ie, used in contract wording)*
thermal printer (EDV) Thermodrucker *m*
thermal typewriter (EDV) Thermoschreibmaschine *f*
thick film circuit (EDV) Dickfilm-Schaltung *f*
thick with competition (com) hart umkämpft *(eg, an area such as 'factory of the future')*
thin branch (Fin, US) Zweigstelle *f*
thin capitalization (Fin, US) Kapitalausstattung *f* e–r Gesellschaft mit geringem Eigenkapitalanteil *(ie, buttressed by loans from stockholders)*
thin corporation (Fin) Unternehmen *n* mit hohem Verschuldungsgrad *(ie, relative to its equity position)*
thin equity base (Fin) dünne Kapitaldecke *f (syn, slender /inadequate . . . equity base)*
thin-film circuit
(EDV) Dünnschichtschaltkreis *m*
– Dünnfilmschaltkreis *m*
thin-film integrated circuit
(EDV) Dünnschichtschaltung *f*
– Dünnfilmschaltung *f*
thin-film memory (EDV) Dünnschichtspeicher *m (ie, less than one micrometer)*
thin-film technology (EDV) Dünnschicht-Technologie *f*
think tank
(com) „Denkfabrik" *f (ie, deals with the grand issues of society, science, technology, etc; eg, Rand Corporation, Hudson Institute, Stanford Research Institute, etc)*
think up *v* (com) sich ausdenken *(eg, colorful phrases, such as „the market was as dead as my old goat")*
thinly dealt (Bö) geringe Umsätze getätigt
thin margin
(Fin) unzureichende Deckung *f*
(ie, narrow or insufficient margin that leaves the speculator's account in a precarious condition if the market declines; syn, small /shoestring . . . margin)
thin market (com, Bö) begrenzter oder enger Markt *m (syn, narrow/tight . . . market)*
thin order books (com) schwacher Auftragseingang *m*
thin trading (Bö) geringe Umsätze *mpl (syn, calm/quiet . . . trading)*
third-class mail (com, US) Postgut *n* dritter Klasse *(ie, printed advertising matter of less than 24 pages)*
third-class quality (com) dritte Wahl *f (syn, thirds)*
third contracting party (Re) Drittkontrahend *m*
third country (EG) Drittland *n (syn, non-EEC state)*
third-country export (AuW) Transitausfuhr *f (syn, transit export, qv)*
third-country invoicing (ReW) Fakturierung *f* über Drittländer *(ie, transfer pricing to avoid currency controls)*
third-country products (EG) Drittlandswaren *fpl*
third-country trade (AuW) Transithandel *m (syn, transit trade, qv)*
third-generation computer (EDV) Rechner *m* der dritten Generation *(ie, relies on integrated circuits)*
third market
(Bö, US) ungeregelter Freiverkehr *m*
(ie, OTC trading in listed securities; dealer market in large blocks that developed off the board; it operates outside the stock exchange among traders and the investing public; opp, primary and secondary markets)
(Bö, GB) Drittmarkt *m*
(ie, für Unternehmen, denen der amtliche Handel und der geregelte Freiverkehr – Unlisted Securities Market, USM – nicht offenstehen; es wird höchstens ein Jahresabschluß verlangt)
third market securities (Fin, GB) Drittmarktpapiere *npl*
third mortgage
(Fin) dritte Hypothek *f*
(ie, placed on property already encumbered with a first and a second mortgage; rare in practice)
third of exchange (WeR) Drittausfertigung *f*
third party
(Re) Dritter *m*
(ie, person not a party to an agreement or a transaction)
third-party access (Bw, EG) Zwangsdurchleitung *f* (von Strom) durch Fremdnetze
third-party account
(com) fremde Rechnung *f (eg, for . . .)*
(Fin) Anderkonto *n (cf, escrow account)*
third-party automobile insurance (Vers) Kraftfahrzeughaftpflichtversicherung *f (syn, GB, motor insurance)*
third-party beneficiary (Re) Drittbegünstigter *m*
third-party beneficiary contract (Re) Vertrag *m* zugunsten Dritter
third-party claim (Re) Anspruch *m* e–s Dritten, Drittanspruch *m*
third-party claims (Re) Ansprüche *mpl* Dritter
third-party damage (Re) Drittschaden *m*
third-party damage insurance (Vers) Drittschadenversicherung *f*
third-party debtor (Re) Drittschuldner *m (cf, § 829 ZPO)*
third-party deposit notice (Fin) Fremdanzeige *f*

third-party funds
(Fin) Fremdgelder *npl*
– Fremdmittel *pl*
third-party infringement (Pat) Patentverletzung *f (syn, patent infringement)*
third-party insurance
(Vers, GB) Haftpflichtversicherung *f*
(ie, form of coverage whereby insured is protected against injury or damage claims from other parties = ersetzt Ausgaben des Versicherungsnehmers zur Befriedigung berechtigter Schadenersatzansprüche)
third-party liability (Re) Haftpflicht *f (ie, legal liability)*
third-party liability claims (Re) Haftungsansprüche *mpl* Dritter
third-party liability insurance (Vers) Haftpflichtversicherung *f*
third-party maintenance (com) Wartung *f* durch Fremdfirmen
third-party motor insurance (Vers) Kfz-Haftpflichtversicherung *f (syn, motor vehicle liability insurance)*
third-party owner (Re) Dritteigentümer *m*
third-party property (Re) fremdes Eigentum *n*
third-party purchaser (Re) Dritterwerber *m*
third-party rights (Re) Rechte *npl* Dritter
third-party risk insurer (Vers) Haftpflichtversicherer *m*
third-party securities account (Fin) Kundendepot *n*
third-party service (Bw) = third-party maintenance
third-party transaction
(com, US) Dreiecksgeschäft *n*
(ie, seller, buyer, and a source of consumer credit)
third reading
(Re, US, GB) dritte Lesung *f*
(ie, of a bill before a vote on its final disposition)
thirds (com) dritte Wahl *f (syn, third-class quality)*
third window
(AuW) dritter Schalter *m*
(ie, Finanzierungsfazilität der Weltbank; die Kredite werden durch e–n Zinssubventionsfonds subventioniert)
thrashing (EDV) Swappen *n*
thread (EDV) Thread *m*
– Programmfaden *m*
(ie, kleinste Ausführungseinheit, die außerhalb des Elternprozesses nicht identifizierbar ist; ermöglicht e–e Art Multitasking innerhalb e–r Applikation)
threading
(EDV) Fädeln *n*
– Aufteilung eines Programms in Programmfäden
Threadneedle Street
(Fin, GB) Bankbezirk *m* in London
(ie, including the Bank of England = the Old Lady of . . .)
threat of force (Re) Gewaltandrohung *f*
three-column account (ReW) Dreispaltenkonto *n (ie, debits, credits, balance)*
three-dimensional chip
(EDV) dreidimensionaler Chip *m*
(ie, enthält drei Lagen aktiver Bauelemente)
three-dimensional diagram (Stat) Körperdiagramm *n*
three mode factor analysis (Bw) dreimodale Faktorenanalyse *f*
three-months-after-date bill (WeR) Datowechsel *m*
three-months funds (Fin) Dreimonatsgelder *npl*
three-months maturities (Fin) Dreimonatspapiere *npl*
three-name paper
(WeR) Wertpapier *n* mit drei Unterschriften
(eg, notes, bills of exchange, bank and trade acceptances)
three-party paper (WeR) Wertpapier *n* mit drei Beteiligten
three-place (Log) dreistellig
three-point arbitrage
(Fin) Dreiecksarbitrage *f*
(syn, triangular arbitrage)
three-quarter majority (com) Dreiviertelmehrheit *f*
three-sector economy (VGR) Dreisektoren-Wirtschaft *f*
three-shift worker
(IndE) Dreischichtler *m*
(ie, working early, late, and night shifts; opp, one-shift/two-shift/all-shift . . . worker)
three-valued logic
(Log) dreiwertige Logik *f*
(ie, zu den klassichen Wahrheitswerten u = 1 (wahr) und u = 0 (falsch) werden n–2 Zwischenwerte eingeführt; Lukasiewicz formulierte 1920 eine Logik mit den Wahrheitswerten wahr, neutral, falsch; Blau (1973) ist der Meinung, daß unserem intuitivem Denken eine 3-wertige Logik entspricht; dann gilt die klassische 2-wertige Logik als Spezialfall)
three-value report (ReW) alternative Bewertungsrechnung *f (cf, Dockweiler 1969)*
three-way switch deal (AuW) Dreiecksgeschäft *n*
threshold
(com) Schwelle *f*
(EDV) Schwellwert *m*
(syn, cut-off value)
threshold amount (Fin) Höchstbetrag *m (syn, maximum amount)*
threshold country
(AuW) Schwellenland *n*
(ie, one still below the development level of highly industrialized countries, such as Brazil, Mexico, Spain, Argentina; syn, newly industrializing country, NIC)
threshold effect (Pw) „erster Eindruck" *m* e–s Bewerbers *(ie, as he/she ,comes through the door')*
threshold of divergence
(AuW) Abweichungsschwelle *f (im EWS)*
threshold of interference
(Kart) Eingriffsschwelle *f*
(ie, threshold at which cartel authorities start investigations; eg, volume of sales, number of employees, market shares)
threshold price
(EG) Schwellenpreis *m*
– Einschleusungspreis *m*
(ie, fixed for imported grain, rice, sugar, milk, dairy products, and fats)
threshold voltage (EDV) Schwellwertspannung *f*
thrift account (Fin, US) Sparkonto *n (cf, thrift department)*

thrift department
(Fin, US) Sparkunden-Abteilung *f*
(ie, some states restrict the use of the term „savings" to savings banks exclusively; to comply with the law, other banks solicit accounts for this department under the name of thrift accounts, special interest accounts, compound interest accounts, or time deposit accounts)
thrift deposits (Fin) Spareinlagen *fpl*
thrift institution
(Fin, US) Kreditinstitut *n* mit Spareinlagengeschäft
(ie, organized primarily to accept and reinvest deposits of personal savings; vorwiegend Konsumentenfinanzierung und Spargeschäft; term covers: mutual savings banks, savings & loan associations, credit unions)
thrift price (com) Niedrigpreis *m (syn, cut price)*
thrifts (Fin, US) = thrift institutions
through bill of lading (com) Durch(fracht)konnossement *n (ie, from point of origin to final destination)*
through B/L (com) = through bill of lading
through formal channels (com) auf dem Dienstweg
through freight (com) Durchfracht *f*
through-freight shipment (com) Durchfrachtverladung *f*
through no fault of one's own (Re) ohne (eigenes) Verschulden
throughput (EDV) (Daten-)Durchsatz *m*
throughput agreement (Fin) Abnahmevertrag *m* mit Durchleitungsanspruch *(ie, Projektfinanzierung bei Pipelines)*
throughput capacity (IndE) Durchsatzkapazität *f*
throughput economy (Vw) Durchlaufwirtschaft *f*
through rate (com) Durchgangstarif *m*
through shipment (com) Durchgangsladung *f*
throughtput time (IndE) Durchlaufzeit *f (syn, door-to-door time)*
through traffic
(com) Durchgangsverkehr *m*
(Zo) Verkehr *m* mit ungebrochener Fracht
through transit (com) unmittelbare Durchfuhr *f*
through transport
(com) Haus-zu-Haus-Verkehr *m*
(ie, delivers containers door-to-door)
throwaway (Mk, US) Handzettel *m (syn, broadsheet)*
throw-away interview (Mk) Pilotinterview *n (syn, pilot interview)*
throw-away leaflet (Mk) Flugblatt *n*
throw-away society (Vw, infml) Wegwerfgesellschaft *f*
throw off balance *v* (com, infml) durcheinanderbringen *(eg, a spending plan)*
throw one's money around *v* (Fin, infml) Geld *n* verschwenden *(syn, squander money)*
throw out of court *v* (Re) einstellen *(eg, lawsuit = Verfahren)*
throw support behind *v* (com) unterstützen
thrust of economic activity
(Vw) Konjunkturverlauf *m*
(syn, run of business, path of the economy, economic trend)
thumb index (com) Daumenregister *n*
thumbtack (com, US) Heftzwecke *f (syn, GB, drawing/push . . . pin)*
tick
(com) Abhakungszeichen *n*
(syn, check)
(Fin, infml) Kredit *m*
(eg, buy goods on tick)
(Bö) Mindestkursschwankung *f*
(syn, minimum price fluctuation)
tick *v* (com) abhaken *(eg, items on a list)*
tick boxes *v* (com) Kästchen *npl* ankreuzen
ticker
(Bö) Ticker *m*
– Börsenticker *m*
– automatische Kursübermittlungsanlage *f*
(ie, a telegraphic installation which immediately transmits the rates ruling during a session of the stock exchange; it also transmits items of news)
ticker tape
(Bö) Börsenticker *m*
(ie, visuelles, elektronisches Fernschreibersystem; syn, tape)
ticket
(com) Etikett *n (syn, tag)*
(com) Fahrkarte *f*
ticket day
(Bö, GB) Aufgabetag *m*
(ie, Skontrierungstag bei der Abwicklung von Termingeschäften an der London Stock Exchange; syn, name day; cf, settlement days)
ticket office (com) Fahrkartenschalter *m*
ticket policy (Vers) Blockpolice *f*
tickler
(Fin) Fälligkeitsliste *f (syn, maturity tickler)*
(com) Terminkalender *m*
tickler file (com) Terminablage *f*
tick off *v* (com) abhaken *(ie, items on a list = Positionen e–r Liste)*
tick size (Bö) minimale Preisschwankung *f (ie, of a futures contract)*
tidal power station (IndE) Gezeitenkraftwerk *n*
tidal wave (com) Welle *f (eg, of bankruptcies)*
tide over *v* (com, infml) überbrücken
tie *v* (com) festlegen, koppeln mit
tie-breaking vote (com) ausschlaggebende Stimme *f (syn, casting vote)*
tied agent (Vers, GB) Versicherungsvertreter *m* mit Verbot der Fremdtätigkeit *(ie, works exclusively for one life assurance company)*
tied aid
(AuW) gebundene Entwicklungshilfe *f*
(ie, mit Lieferbindung; syn, procurement tying)
tied concession (AuW) gebundene Konzession *f*
tied-in cost system (KoR) monistisches System *n* der Kostenrechnung
tied loan
(AuW) gebundener Kredit *m*
(ie, borrower is bound to spend the proceeds of the loan only in the loan-making country)
tied ranks (Stat) gemeinsame Rangzahlen *fpl*
tied-up capital (Fin) gebundenes Kapital *n (syn, locked-up capital)*
tied-up claim (Fin) eingefrorene Forderung *f*
tied-up funds (Fin) festgelegte Mittel *pl*
tie-in (Kart) Kopplung *f*, Kopplungsbindung *f*

tie-in advertising
(Mk) Kombinationswerbung *f*
– Verbundwerbung *f*
tie-in clause (Re) Kopplungsklausel *f*
tie-in sale
(Kart) Kopplungsgeschäft *n*
(ie, one product cannot be bought without the other; syn, tie-in transaction; cf, tying arrangement)
tie-in transaction (Kart) = tie-in sale
tie-out (Kart) Wettbewerbsverbot *n* in Lizenzverträgen *(opp, tie-in)*
tier one asset (Fin) Kategorie-1-Sicherheit *f (eg, marketabel asset fulfilling certain uniform euro area-wide eligibility criteria specified ba the ECB; marktfähige Sicherheit, die bestimmte, für den gesamten Euro-Währungsraum einheitliche, von der EZB festgelegte Zulassungskriterien erfüllen)*
tier two asset (Fin) Kategorie-2-Sicherheit *(eg, marketable or non-marketable asset for which eligibility criteria are established by national central banks, subject to ECB guidelines; marktfähige oder nicht marktfähige Sicherheit, die für einen nationalen Finanzmarkt von besonderer Bedeutung ist und für die jeweilige nationale Zentralbank die Zulassungskriterien auf der Grundlage von EZB-Leitlinien festlegt)*
tie-up
(Bw) Zusammenschluß *m*, Zusammenarbeit *f (eg, . . . with the electronics industry)*
(Bw, infml) Betriebsunterbrechung *f (syn, plant interruption)*
tie up *v* (Fin) binden, festlegen *(syn, lock up)*
tie-up advertising (Mk) Gemeinschaftswerbung *f (syn, cooperative advertising, qv)*
tie up capital *v* (Fin) Kapital *n* binden *(eg, in raw materials und supplies; syn, lock up capital)*
tieup of funds (Fin) Finanzmittelbindung *f*
Tiffany list (Fin, US, sl) Emittenten *mpl* erstklassiger Commercial Paper
Tigers (Vw) Hongkong, Südkorea, Taiwan, Singapur
tight budget situation (FiW) angespannte Haushaltslage *f (syn, strained budget)*
tight credit policy (Fin) restriktive Kreditpolitik *f*
tight credit situation (Fin) Kreditanspannung *f*
tight deadliner (com) knapper Termin *m*
tighten belt *v* (com, infml) Gürtel *m* enger schnallen *(syn, notch belt tighter)*
tighten credit *v* (Fin) Kredit *m* verknappen, restriktive Kreditpolitik *f* betreiben
tightened inspection (Stat) verschärfte Prüfung *f*
tightening of labour market conditions (Vw) Anspannungen *fpl* am Arbeitsmarkt
tightening of the money market (Fin) Versteifung *f* des Geldmarktes
tighten policy *v*
(com) Zügel *mpl* straffen
(ie, central bank tightens its domestic policy)
tighten purse strings *v*
(Fin, infml) Ausgaben *fpl* kürzen
(syn, cut spending, put a lid on spending, clamp down on spending)
tighten the tax screw *v* (StR, infml) Steuerschraube *f* anziehen
tighten up *v* (com) verschärfen *(eg, credit policy)*
tighten up on credit *v* (Fin) Kreditschraube *f* anziehen
tight funds (Fin) knappe Mittel *pl*
tight interlocking (com) enge Verflechtung *f (eg, of the banking and industrial sectors)*
tight labor market (Vw) Arbeitskräftemangel *m (syn, scarcity /shortage . . . of labor, manpower shortage)*
tight liquidity position (Fin) angespannte Liquiditätslage *f*
tightly knit markets (Mk) eng vernetzte Märkte *mpl*
tightly run company (com) straff geführtes Unternehmen *n*
tight market
(com) enger Markt *m (syn, narrow/thin . . . market)*
(Bö, US) Markt *m* mit geringen Spannen
(ie, highly competitive market characterized by narrow spreads between bid and offer prices)
tight monetary policy (Vw) restriktive Geldpolitik *f (syn, monetary restraint, qv)*
tight money
(Fin) Geldknappheit *f*
(ie, condition when credit is difficult to obtain even though high-grade collateral is offered)
tight money market (Fin) Verengung *f* des Geldmarktes
tight money policy
(Fin) kontraktive Geldpolitik *f*
– Politik *f* des teuren Geldes
tightness (KoR) Planwirtschaftlichkeitsgrad *m*
tightness of a market (Bö) Marktenge *f*
tight rate (IndE) knappe Akkordvorgabezeit *f*
tight rating (IndE) zu niedriges Leistungsgradschätzen *n*
tight ship (Bw) straffe Organisation *f (cf, run a tight ship)*
tiled windows (EDV, GUI) nebeneinander od übereinander angeordnete Fenster *npl*
till (com, GB) Ladenkasse *f (syn, cash box)*
till money
(Fin) Kassenhaltung *f (ie, money for use at the counter; opp, money kept as reserve in the vault or deposited with other banks; syn, counter money)*
(com, GB) Tageseinnahmen *fpl (syn, day's takings)*
till receipt (Mk) Kassenstreifen *m (ie, the one you get in a supermarket)*
tilt adjustment
(com) Kippvorrichtung *f*
(eg, a PC keybord or a monitor may have one)
timber industry (com) Holzindustrie *f*
timber merchant (com) Holzhändler *m*
timber trade (com) Holzhandel *m*
time (com, infml) Termin *m (eg, let she give you a time to see me)*
time account (Fin) Festgeldkonto *n*
time-adjusted methods (Fin) dynamische Methoden *fpl (der Investitionsrechnung)*
time adjusted rate of return (Fin) interner Zinsfuß *m (syn, internal rate of return)*
time allowed (com) Frist *f (eg, for cancellation of an order)*

time allowed for payment (com) Zahlungsziel *n* *(syn, date of required payment, period of payment)*
time and motion study
(IndE) Bewegungs-Zeit-Studie *f*
(ie, observation, analysis, and measurement of steps in the performance of a job to determine a standard time for each performance; syn, time-motion study)
time arbitrage (Fin) Zeitarbitrage *f*
time balances (Fin) befristete Guthaben *npl*
time bargain
(Bö) Termingeschäft *n*
(ie, agreement between seller and buyer of securities to exchange stock at a stated price at a stated future time)
time-barred (Re) verjährt *(syn, statute-barred)*
time behavior (EDV) Zeitverhalten *n*
time bill (WeR, GB) = time draft
timebox (com) Zeitrahmen *m*
timeboxing (EDV) Verfahren zur Einhaltung von Fertigstellungsterminen (bei Software-Projekten) *(ie, time management system based on the ‚iron triangle': Schedule, Scope and Quality)*
time buffer (IndE) Terminpuffer *m*
time card
(IndE) Zeitkarte *f*
– Istzeit-Meldung *f*
time certificate of deposit (Fin, US) Termin CD *n* *(ie, not less than 30 days, sometimes longer than one year; cf, Regulation D of the Board of Governors of the Federal Reserve System)*
time change (Vw) zeitliche Veränderung *f*
time charter
(com) Zeitcharter *f*
(ie, issued when the vessel is chartered for an agreed period of time)
time charterparty (com) Zeitchartervertrag *m*
time-consuming search (com) zeitraubende Suche *f*
time cost (KoR) Periodenkosten *pl* *(ie, proportional to calender time)*
time counter (EDV) Zeitzähler *m*
time decay umbrella (Bö) 45 Tage *mpl* vor Ablauf der Optionsfrist
time delay (EDV) Totzeit *f* *(syn, distance velocity lag)*
time delay theorem (Math) Zeitverzögerungssatz *m* Retardationssatz *m* *(cf, Laplace transform)*
time deposit (Fin) Termineinlage *f*, befristete Einlage *f* *(ie, interest-bearing funds remaining on deposit for at least 30 days)*
time deposit account
(Fin) Festgeldkonto *n* *(syn, term account)*
(Fin, US) Sparkonto *n* *(cf, thrift department)*
time deposit rate (Fin) Termingeldsatz *m*
time deposits
(Fin) Festgeldeinlagen *fpl*
– Termineinlagen *fpl*
(ie, payable not less than 30 days after the date of the deposit: include time certificates of deposit, time deposits, open accounts, and savings deposits)
time derivative (Math) Ableitung *f* nach der Zeit
time distribution (Vw) zeitliche Verteilung *f* *(eg, of receipts and expenditures)*
time draft
(WeR) Nachsichtwechsel *m*
(ie, bill of exchange payable at a specified future time; syn, GB, time bill; opp, demand /sight . . . bill)
time fence (EDV) zeitliche Begrenzung *f*
time fixed for performance (Re) Erfüllungsfrist *f*
time for acceptance (com) Annahmefrist *f*
time for filing
(com) Abgabefrist *f*
– Abgabetermin *m*
(syn, filing date for acceptance, due date)
time for payment (Fin) Zahlungsziel *n*, Ziel *n*
time for presentment (WeR) Vorlegungsfrist *f*
time freight (com) Zeitfracht *f*
time horizon
(Bw) Planungshorizont *m*
(ie, distance into the future to which a planner looks in seeking to evaluate the consequences of a proposed action; syn, time shape, level of time)
(Fin) Zeithorizont *m*
(eg, Ende e–r Reihe zukünftiger Einnahmen und oder Ausgaben; tritt auf bei der Ermittlung des Kapitalwertes von Investitionsprojekten oder e–r Unternehmung)
time insurance (Vers) Versicherung *f* auf Zeit
time is of the essence
(Re) Fristeinhaltung *f* ist wesentlicher Bestandteil des Vertrages
(ie, failure to do what is required by the time specified is a breach of contract)
time lag
(com) zeitliche Verzögerung *f*
(Vw) Wirkungsverzögerung *f* *(syn, operational lag, qv)*
time level of planning (Bw) Planungshorizont *m* *(ie, length of time covered in a plan; syn, planning horizon)*
time liabilities (Fin) Terminverbindlichkeiten *fpl*
time limit
(com) Frist *f* *(eg, within a . . . as provided by the contract)*
(com) Termin *m* *(syn, deadline, target date, appointed . . . day/time)*
(EDV) Zeitlimit *n*
time limited for registration (com) = time limited for application
time limit for subscription (com) Bezugsfrist *f*
time limit of application (com) Anmeldeschluß *m* *(syn, closing date, final deadline)*
time loan
(Fin) Kredit *m* mit fester Laufzeit
(ie, not terminable at the option of either borrower or lender before a future specified date)
time measurement (IndE) Zeitmessung *f*
time money
(Fin, US) Festgeld *n*
(ie, loaned for a fixed period, usually at a fixed rate of interest; sometimes used as a synonym for a savings account)
time of delivery
(com) Liefertermin *m*
– Lieferfrist *f*
time of dispatch (com) Aufgabezeit *f*, Versandzeitpunkt *m*

time off duty
(Pw) Fehlzeit *f*
(Pw) arbeitsfreie Zeit *f*
time off without pay (Pw) unbezahlte Freizeit *f*
time off with pay (Pw) bezahlte Freizeit *f*
time off work (Pw) frei *(eg, a day off, two weeks off)*
time of operations flow (IndE) Ablaufdauer *f*
time of performance (Re) Erfüllungszeitpunkt *m* *(syn, date of performance)*
time of protection (Pat) Schutzdauer *f*
time of waiting (com) Karenzzeit *f*
time on daywork (IndE) Zeitlohnstundenanteil *m*
time path of variables (Vw) zeitliche Veränderung *f* von Variablen
time payment (Fin) Ratenzahlung *f*
time penalty under contract (Re) Konventionalstrafe *f* *(syn, contract penalty, qv)*
time phased
(EDV) getaktet
– in zeitliche Phasen unterteilt
time policy (Vers) befristete Police *f*
time preference (Vw) Zeitpräferenz *f* *(cf, Böhm-Bawerk)*
time premium
(Vers) Zeitprämie *f*
(Bö) Zeitwert *m* *(ie, e–r Option)*
time-price doctrine
(com, US) Auffassung *f*, daß für Kreditkäufe ein höherer Preis verlangt werden darf als für Barkäufe
(ie, a way for sellers to get around state usury laws = Möglichkeit der Umgehung von Wuchergesetzen)
time purchase (Bö) Terminkauf *m*
timer
(EDV) Echtzeituhr *f*
– Zeitgeber *m*
(syn, real time clock)
(IndE) Schaltuhr *f*
time rate of preference (Vw) Zeitpräferenzrate *f* *(eg, mit der der Nutzen e–s künftigen Konsums diskontiert wird)*
time rate plus premium wage (Pw) Prämienlohn *m*
time recorder
(Pw) Stechuhr *f*
(ie, used by employees to clock in and out; cf, time ticket)
time-related payment (Pw) Zeitlohn *m* *(syn, time wage rate)*
time reversal test (Stat) Zeitumkehrprobe *f*
time scale
(Vw) Zeithorizont *m*
(eg, of cyclical price movements)
time schedule (com) Terminplan *m*
time scheduling
(com) Terminplanung *f*
(EDV) Zeitverwaltung *f* *(ie, in process automation)*
times covered
(Fin) Verhältnis *n* Gewinn/Dividende
(ie, funds available for distribution as dividend, divided by the amount actually paid; if this results in a figure of 1 or more, the dividend is that number of ‚times covered'; if the result is less than 1, the dividend is uncovered)
times earnings (Fin) Kurs-Gewinn-Verhältnis *n* *(syn, price earnings ratio, qv)*
time separator (EDV) Zeittrennzeichen *n* *(usu a double point (eg, 10:22))*
time sequence (Bw) zeitlicher Ablauf *m*
time series
(Stat) Zeitreihe *f*
(ie, has one or more of these characteristics: long-term trend, seasonal fluctuation, cyclic variation, partial randomness)
time series analysis (Stat) Zeitreihenanalyse *f*
time series decomposition (Stat) Zerlegung *f* von Zeitreihen
time shape
(Bw) = time horizon
(Fin) zeitlicher Verlauf *m* *(eg, of cash flows)*
time sharing
(EDV) Time Sharing *n*
– Teilnehmersystem *n*
(ie, the simultaneous utilization of a computer system from multiple terminals; mehrere Benutzer können interaktiv ihre Aufgaben über Endgeräte abwickeln)
time sharing mode (EDV) Dialogbetrieb *m* *(syn, conversational mode; opp, batch processing)*
time sharing operating system (EDV) Time-Sharing-Betriebssystem *n*
time sharing performance (EDV) Antwortverhalten *n*
time sharing system (EDV) Teilnehmersystem *n* *(syn, slicing)*
time sheet (IndE) Arbeitszeitnachweis *m* *(syn, time slip)*
times interest covered (Fin) = interest cover
times interest earned ratio
(Fin) Zinsdeckung *f*
(ie, net earnings before fixed charges on debt, divided by those fixed charges; other things being equal, the higher this ratio, the safer are debtholders and the lower is the financial risk of equity holders; syn, coverage)
time slice (EDV) Zeitscheibe *f*
time slicing (EDV) Time-Sharing-Betrieb *m*
time slip (IndE) = time sheet
times over (Fin) überzeichnet *(eg, 5 . . .)*
time span of discretion (Pw) Entscheidungshorizont *m* *(ie, e–s Mitarbeiters für selbständige Entscheidungen)*
time spreading (Bö, US) Kauf *m* langfristiger Calls + Verkauf *m* von Calls mit kurzer Restlaufzeit
times preferred dividend earned (Fin) Vorzugsdividendendeckung *f*
time stamp (EDV) Datum- und Zeitangabe *f*
time stamping clock (Pw) Stechuhr *f* *(syn, time clock, qv)*
time standard (IndE) Zeitvorgabe *f*
time stated for acceptance (com) Annahmefrist *f*
time study (IndE) Zeitstudie *f*
time study man (IndE) Zeitnehmer *m*
time study sheet (IndE) Zeitaufnahmebogen *m*
timetable
(com) Terminplan *m*
(com, infml) Terminkalender *m*
time table of issues (Fin) Emissionsfahrplan *m*
time ticket (Pw) Stechkarte *f* *(ie, records time . . . of employee's arrival and departure)*

time to maturity
(com) Restlaufzeit *f*
(syn, remaining life, remainder of the term, unexpired term)
(Fin) Laufzeit *f*
(syn, length of time to maturity, life, life span, maturity period)
(Fin) Fristigkeit *f*
time to run (Fin) Laufzeit *f (eg, of a note)*
time value
(Bö) Zeitwert *m (ie, of the remaining life of an option)*
(Bö) Aufgeld *n (ie, e–r Kaufoption)*
time value of money (Fin) Zeitwert *m* des Geldes
time variance (KoR) Zeitabweichung *f*
time wage rate
(Pw) Zeitlohn *m*
(ie, pay structure providing for wage payments at hourly, weekly, or monthly intervals; syn, time-related payment; opp, piece-rate)
time-weighted methods (Fin) = time-adjusted methods
time-weighted return (Fin) zeitgewichteter Ertrag *m*
time work (Pw) Zeitlohnarbeit *f*
time workers' bonus (IndE) Akkordausgleich *m*
time work rate
(Pw) Zeitlohn *m*
– Zeitlohnsatz *m*
timing (EDV) Ablaufsteuerung *f*
timing difference
(com) zeitlicher Unterschied *m*
(ReW) Periodenverschiebung *f*
timing differences (ReW) zeitliche Abgrenzungen *fpl (eg, ... provision should be made for)*
timing error (EDV) Rasterfehler *m*
timing of payment (Fin) Zeitpunkt *m* der Zahlung
TIN (StR, US) = tax identification number
Tin Accord (AuW) Zinnabkommen *n*
tiny audience (Mk) kleiner Markt *m (eg, for a certain type of car)*
TIP (Vw, US) = tax-based income policy
tippee (Fin) Tipempfänger *m*
tips
(com) Trinkgelder *npl*
(ie, less dignified than ‚gratuity': gratuities are included in the room rate)
tipster (Fin) Tipgeber *m (opp, tippee)*
tire company (com) Reifenhersteller *m*
tire kicker (Mk, US) Schaulustiger *m (ie, im Autosalon)*
tit-for-tat banking (Fin, US) = reciprocal banking
title
(com) Titel *m*
– Bezeichnung *f*
(Re) Eigentumsrecht *n*
– Rechtsanspruch *m*
(Re) Eigentumsurkunde *f (ie, evidence of a right to, or ownership in, a piece of property; in the case of real estate, the documentary evidence of ownership is the title deed)*
title area (EDV) Titelbereich *m*
title bar
(EDV, GUI) Titelleiste *f*
– Titelzeile *f*
(contains system icons and caption)
title deed (Re) Grundstücks-Eigentumsurkunde *f (ie, evidence of ownership of real property; opp, abstract of title)*
title defect (Re) Mangel *m* im Eigentum
title insurance (Vers) Versicherung *f* der Rechtsbeständigkeit von erworbenem Grundeigentum
title of an invention (Pat) Bezeichnung *f* e–r Erfindung *(syn, designation)*
title of a patent (Pat) Kurzfassung *f* e–s Patents
title passes to (Re) Eigentum *n* geht über auf
title retention (Re) Eigentumsvorbehalt *m (syn, reservation of ownership, retention of title)*
title screen (EDV) Titelbildschirm *m*
title search (Re) Überprüfung *f* der Eigentümerkette bei Grundstücken
tk (com) = truck
t.l.o. (Vers) = total loss only
TOA (FiW, GB) = total obligationary authority
tobacco crop (com) Tabakernte *f*
tobacco exchange (Bö) Tabakbörse *f*
tobacco-free work area (Pw) Nichtraucher-Bereich *m*
tobacco monopoly (FiW) Tabakmonopol *n*
tobacconist (com, GB) Tabakladen *m (syn, tobacco store)*
tobacco store (com, US) Tabakladen *m*
tobacco tax (StR) Tabaksteuer *f*
today only order (Bö) Tagesgeschäft *n (syn, day order, qv)*
to demerge *v* (Kart) entfusionieren *(ie, to break up into smaller independent units)*
toehold acquisition
(Kart) „Mini-Übernahme" *f*
(ie, the acquired firm is small but capable of expanding into a substantial competitive force)
toehold investment (Fin, US) Beteiligung *f* unter 5 % *(ie, a kind of beachhead to be extended into full control at a later time)*
TOFC (com) = trailer on flatcar
toggle *v* (EDV) umschalten
token
(EDV) Reduxzeichen *n (ie, jedes Wort wird auf s–e elementarste Form reduziert = tokenized)*
(EDV) Token *n (ie, im Token(Passing-)Verfahren)*
(EDV) festgelegtes Bitmuster *n* zur Steuerung eines LAN
token amount of indemnity (Fin) nominelle Entschädigung *f*
token bus principle (EDV) Token-Bus-Prinzip *n (eg, in lokalen Breitbandnetzen)*
tokenize *v*
(EDV) Befehlsworte *npl* auf Elementarform reduzieren, in Token übersetzen
(eg, &A&B&C, &A&B2, &A1, 25)
tokenized code (EDV) in Token übersetzter Code *m*
token money
(Vw) Zeichengeld *n (ie, all modern money)*
(Vw) Geldsurrogat *m*
(Re) Draufgeld *n (cf, earnest money)*
token passing scheme (EDV) Token-Passing-Verfahren *n*
token payment
(Re) Draufgabe *f*
– Draufgeld *n*
(syn, earnest money, qv)

token strike (Pw) Warnstreik *m (syn, protest strike, qv)*
Tokyo Round
(AuW) Tokio-Runde *f*
(ie, of multilateral trade negotiations; this GATT round started in 1973 and was concluded in 1979; comprehensive effort to eliminate, reduce, or control non-tariff barriers – nichttarifäre Handelshemmnisse – that restrict non-agricultural trade; notable for having negotiated several codes of conduct designed to curtail the use of NTBs as instruments of protection)
tolerance interval (Stat) Toleranzintervall *n*
tolerance limit (Stat) Toleranzgrenze *f*
tolerance limit sample (IndE) Grenzmuster *n*
tolerance number of defects (Stat) zulässige Ausschußzahl *f*
toll
(com) Fernsprechgebühr *f (ie, for toll calls)*
(StR) Straßen- und Brückenbenutzungsgebühr *f*
(com) Preis *m* für die Lohnbearbeitung von Material
toll bridge
(com) gebührenpflichtige Brücke *f*
– Mautbrücke *f*
toll call (com, US) Ferngespräch *n*
toll charge meter (com, US) Gebührenanzeiger *m (syn, GB, call-charge indicator)*
toll free call (com, US) gebührenfreier Anruf *m*
toll gate (com, US) Mautschranke *f*
toll house (com) Mauthaus *n*
tolling contract (com, US) = take-or-pay contract
toll road (com, US) gebührenpflichtige Straße *f*
tombstone (Fin) Finanzanzeigen *fpl*, die auf e–e bereits vollzogene Emission von Aktien od Anleihen od Übernahme/Fusion hinweisen
tombstone advertising (Bö) Emissionsanzeige *f (ie, in der internationalen Finanzpresse: über e–e abgeschlossene Anleiheemission)*
tom/next
(Fin) Tagesgeld *n* vom nächsten Tag ab laufend
(ie, Abschlußtermin am Euromarkt; cf, overnight, spot/next)
ton (Fin, infml) = 100 Millionen
tonality (Mk) Stil *m* der Gestaltung von Werbemitteln
tone generator (EDV) Sprachgenerator *m*
tone of the market
(Bö) Marktverfassung *f*
– Stimmung *f*
toner (EDV) Toner *m*, Farbstoff *m* für Laserdrucker
tonnage
(com) Tonnage *f*
– Tragfähigkeit *f*
(com) Frachtraum *m (ie, of a ship)*
(IndE) Gesamtproduktion *f (ie, measured in tons tonnes)*
tonnage affreightment (com) Raumcharter *f*
tonnage certificate (com) Schiffsmeßbrief *m*
tonnage oxygen (IndE) technischer Sauerstoff *m*
tonnage production (IndE) Massenproduktion *f (eg, in the steel industry)*
tonnage steel (IndE) Massenstahl *m*
tons per day (IndE) Tagestonnen *fpl*, Tato *pl*
tons per year (IndE) Jahrestonnen *fpl*, Jato *pl*
tool (IndE) Werkzeug *n*
tool *v*
(IndE) mit Werkzeugen ausstatten
(IndE) bearbeiten
tool allowance (IndE) Werkzeugwechselzeit *f*
toolbar
(EDV, GUI) Symbolleiste *f*
– Werkzeugleiste *f*
(ie, panel with icons)
tooling
(IndE) Werkzeugbestückung *f*
(IndE) Einrichtearbeit *f (ie, of machine tools)*
tooling sheet (IndE) Einrichteblatt *n*
tool issue order (IndE) Werkzeuganforderung *f*
tool kit
(IndE) Werkzeugkasten *m*
(IndE) Werkzeugausrüstung *f*
(Log) Instrumentarium *n*
toolmaker (Pw) Werkzeugmacher *m*
tool room (IndE) Werkzeuglager *n*
tools (EDV) Werkzeuge *npl*
tool setting
(IndE) Einrichten *n*
– Einrichtearbeit *f*
tool shop (IndE) Werkzeugbau *m*
tools of monetary policy (Vw) geldpolitisches Instrumentarium *n*
tools requisition slip (MaW) Werkzeugentnahmeschein *m*
tools stores (MaW) Werkzeuglager *n*
tool up *v* (IndE) ausrüsten
top (Bö) Ende *n* e–r Periode steigender Kurse *(ie, on a stock or commodity market)*
top *v* (com) übersteigen *(eg, sales will . . . $2m)*
top borrower
(Fin) erste Adresse *f*
(ie, firm with impeccable credit standing; syn, top-rated/quality/prime . . . borrower)
top bracket (com) Spitzengruppe *f*
top brass (Bw, US, infml) Unternehmensleitung *f*
top corporate goals (Bw) = top corporate objectives
top corporate objectives (Bw) oberste Unternehmensziele *npl*
top dog (Pw, infml) oberster Boss *m*
top-down corporate structure
(Bw) hierarchische Unternehmensstruktur *f*
(ie, controlled from the top level)
top-down delegation of authority (Bw) Weitergabe *f* von Kompetenzen von oben nach unten
top-down design (EDV) Top-Down-Verfahren *n (ie, in programming and programming technique)*
top-down information (Bw) Information *f* von oben nach unten
top-down planning (Bw) retrograde Planung *f*, Planung *f* von oben nach unten
top-down programming
(EDV) Programmierung *f* nach der Top-Down-Methode
– Top-Down-Programmierung *f*
(ie, main skeleton of application is designed before coding detail routines; opp, bottom-up programming)
top drawer (com, infml) erstklassig, hochklassig *(ie, denotes highest level of competence, eg, he is out of the . . .)*

top echelon (Bw) = top management
top executive (Bw) oberste Führungskraft *f*
top flight (com) erstklassig *(syn, first class, first tier)*
top-flight management (Bw) hochkarätiges Management *n*
top-grade securities (Fin) erstklassige Wertpapiere *npl*
top hat (Pw, infml) Pensionszusage *f* an Führungskräfte
top heavy
(Fin, infml) überkapitalisiert
(ie, capitalized beyond what is prudent or safe; syn, overcapitalized)
(Fin) überbewertet *(eg, stock)*
top-heavy cost structure (Bw) kopflastige Kostenstruktur *f (ie, of a company)*
top-heavy shares (Bö) überbewertete Aktien *fpl (syn, overpriced shares)*
topical (com) aktuell *(eg, problems, events)*
topical index (Log) Sachindex *m*
top income (Pw) Spitzeneinkommen *n*
top-level executive (Bw) oberste Führungskraft *f (cf, middle-level executive)*
top-level representative (com) Spitzenvertreter *m*
top-level talks (com) Spitzengespräche *npl (syn, high-level consultations)*
top-line (com) erstklassig
top-line bond (Fin) erstklassige Schuldverschreibung *f (syn, high-grade bond)*
top management
(Bw) Unternehmensspitze *f*
– Führungsspitze *f*
– oberste Geschäftsleitung *f*
– oberste Leitungsebene *f*
top manager
(Bw) Spitzenmanager *m*
– Unternehmensleiter *m*
(syn, business/top . . . executive)
top model (Mk) Spitzenmodell *n (syn, top-of-the-line model)*
top-notch (com, infml) erstklassig
top-notcher (Pw, infml) Leistungsträger *m (syn, high performer, qv)*
top objective (Bw) Oberziel *n*
top off *v*
(com, US) höchsten Stand erreichen
(eg, money supply seems to have topped off; syn, top out)
(com) abrunden
(com, US) erfolgreich abschließen od beenden
top of target range (Bw) oberer Rand *m* des Zielkorridors *(syn, upper end of target range)*
top-of-the-line model (com) Spitzenmodell *n (syn, top model)*
topological equation (Math) topologische Gleichung *f*
topological field (Math) topologischer Körper *m*
topological group (Math) topologische Gruppe *f (ie, mathematical group which is also a topological space)*
topologically closed set (Math) abgeschlossene Menge *f (syn, closed set)*
topological property
(Math) topologische Eigenschaft
(ie, holds true for any topological space homeomorphic to one possessing the property)
topological scale (Math) topologische Skala *f*
topological space (Math) topologischer Raum *m*
topology (Math) Topologie *f (ie, concerned with geometric configurations; syn, analysis situs)*
topout (Mk) Spitzenbedarf *m (syn, peak demand, qv)*
top out *v* (com) Höchststand *m* erreichen *(ie, reach a peak and retreat from it; eg, market prices)*
top people (Pw) Spitzenkräfte *fpl*
top performer
(Bö) Spitzenwert *m*
(Pw) Leistungsträger *m (syn, high performer, top notcher)*
topping up a loan (Fin) Kreditaufstockung *f*
top post (Pw) Spitzenstellung *f*
top price
(com) Höchstpreis *m*
– Spitzenpreis *m*
(syn, maximum price)
top priority (com) höchste Priorität *f*
top-quality merchandise (Mk) Spitzenqualität *f*
top rate (StR) Spitzensteuersatz *m*
top-rated borrower (Fin) = top borrower
top seller (com) umsatzstärkstes Produkt *n (syn, top-selling . . . product/brand)*
top selling article (com) Verkaufsschlager *m (syn, hot selling line, qv)*
top selling product (com) = top seller, qv
top sleeper (com) Dachkabine *f* im Fernlastzug
top-to-bottom reform (com) umfassende Reform *f (syn, root-to-branch reform)*
top-up
(Pw, infml) Zusatzleistung *f*
(eg, for highest-paid employees, such as share options, cash bonuses, 10–20 % „tantieme" in Germany)
top up *v*
(com) auffüllen *(eg, car tank)*
(com) aufstocken *(eg, pension)*
top view (IndE) Draufsicht *f*
top wage rate (Pw) Höchstlohn *m (syn, wage ceiling)*
top yield (Fin) Spitzenrendite *f*
torsion-free group (Math) torsionsfreie Gruppe *f*
tort
(Re) unerlaubte Handlung *f*, Delikt *n*
(ie, the old civil-law term ‚delict,' as used in § 823 BGB has a more restricted meaning; syn, tortious act, wrongful act)
tort claim (Re) Anspruch *m* aus unerlaubter Handlung *(ie, claim arising out of an unlawful act)*
tortfeasor (Re) Begeher *m* e–r unerlaubter Handlung
tortious conduct (Re) deliktisches Verhalten *n*
tort liability (Re) = liability in tort
tort of negligence (Re, GB) Fahrlässigkeitsdelikt *n*
tort of nuisance
(Re) Störung *f*
(ie, Beeinträchtigung des eigennützigen Gebrauchs des eigenen Grund und Bodens [private nuisance] od Störung sonstiger Rechtsgüter [public nuisance])
tortuous act (Re) = tort
to shade up *v* (com) langsam erhöhen
total (com) Gesamtbetrag *m (syn, total amount, sum total, grand total)*
total accumulation of annuity (Fin) Endwert *m*

total activity (Bw) Gesamtbeschäftigung *f*
total activity time (IndE) Tätigkeitszeit *f*
total amount of VAT (StR) Mehrwertsteuer-Gesamtbelastung *f*
total analysis (Vw) Totalanalyse *f (syn, general analysis)*
total annuity (Fin) Gesamtannuität *f*
total assets
(Fin, US) Bilanzsumme *f*
– Summe *f* der Aktiva
total backlog of orders on hand (com) Gesamtauftragsbestand *m*
total billings (com) Gesamtumsatz *m*
total burden of levies (FiW) Gesamtabgabenbelastung *f*
total capital (Fin, US) Gesamteigenkapital *n (ie, of banks)*
total capital employed (Fin) Gesamtvermögen *n (ie, fixed assets + current assets; syn, total investment)*
total capitalization (Fin) Gesamtkapitalausstattung *f*
total capital-sales ratio (Bw) Umschlaghäufigkeit *f* des Gesamtkapitals *(syn, rate of total capital turnover)*
total capital spending (Fin) Gesamtinvestitionen *fpl* Investitionssumme *f*
total compensation package (Pw) Gesamtvergütung *f (ie, salary + fringe benefits)*
total construction cost (com) Bausumme *f*
total contract value (com) Gesamtauftragswert *m*
total control account
(Fin) verzinsliches Scheckkonto *n*
(ie, von Lebensversicherungen eröffnet; Zinsfuß der Banken um 0,05 % überboten)
total cost (KoR) Gesamtkosten *pl (ie, sum of total fixed costs + total variable costs)*
total cost curve (Vw) Gesamtkostenkurve *f*
total cost function (Vw) Gesamtkostenfunktion *f*
total cost of acquisition (MaW) Gesamtkosten *pl* der Materialbeschaffung
total cost of financing (Fin) Gesamtfinanzierungskosten *pl*
total cost of sales (ReW) Selbstkosten *pl* des Umsatzes
total current assets (ReW) Gesamtumlaufvermögen *n*
total debt rescheduling (Fin) Gesamtumschuldung *f*
total defect
(IndE) kritischer Fehler *m*
– Totalfehler *m*
total deficit (FiW) Gesamtdefizit *n (ie, cyclical + structural components)*
total demand (Vw) Gesamtnachfrage *f (syn, aggregate demand)*
total derivative (Math) totale Ableitung *f (opp, partial derivative)*
total dividend (Fin) Gesamtdividende *f*
total domestic expenditure (Vw) Absorption *f (syn, absorption, qv)*
total door-to-door time (IndE) Gesamtdurchlaufzeit *f*
total equity (ReW, GB) Eigenkapital *n (syn, US, stockowners' equity, qv)*
total exemption (Zo) vollständige Abgabenbefreiung *f*
total expected loss
(Vers) Gesamterwartungsschaden *m*
total expenditure (ReW) Gesamtaufwand *m*
total exports (AuW) Gesamtausfuhr *f*
total exposure (Fin) Gesamtengagement *n (cf, exposure)*
total external transactions (VGR) gesamte außenwirtschaftliche Transaktionen *fpl*
total factor productivity (Bw) Gesamtproduktivität *f*
total financing (Fin) Gesamtfinanzierung *f (opp, marginal financing = Grenzfinanzierung)*
total fixed cost (KoR) Summe *f* der fixen Kosten
total float (OR) maximale Pufferzeit *f*
total gross income (StR) Bruttoeinkünfte *pl*
total interest charge (Fin) Gesamtzinsbelastung *f*
total investable funds (Vers) Summe *f* Eigenkapital + langfristiges Kapital
total job rate (Pw) Tarifgrundlohn *m*
total labor force
(Stat) gesamte Erwerbspersonen *fpl*
(Pw) Gesamtbelegschaft *f*
total lendings (Fin) Gesamtausleihungen *fpl (ie, total amount loaned)*
total lendings to foreigners (Fin) Auslandsobligo *n*
total liabilities and shareowners' equity (ReW, US) Passiva *pl* insgesamt
total life
(Bw) Gesamtnutzungsdauer *f*
(Fin) Gesamtlaufzeit *f (eg, of a bond issue)*
total loss
(Re, Vers) Gesamtschaden *m*
(Pw, infml) Versager *m (syn, GB, poor tool)*
(SeeV) Totalverlust *m*
total loss distribution (Vers) Gesamtschadenverteilung *f*
total loss only, t.l.o. (Vers) nur gegen Totalverlust versichert
total monetary demand (Vw) monetäre Gesamtnachfrage *f*
total obligationary authority, TOA (FiW, GB) Ausgabeermächtigung *f (syn, US, budget authority)*
total on hand (com) Gesamtbestand *m*
total operating performance (Bw) Gesamtleistung *f*
total output (Bw) Gesamtproduktion *f*
total payroll (ReW) Bruttolohnsumme *f (ie, total of wages and salaries)*
total policies outstanding
(Vers) Gesamtprämienaufkommen *n*
(Vers) Vertragsbestand *m*
total price (com) Gesamtpreis *m*
total private savings (VGR) Gesamt-Privatersparnis *f (ie, personal savings + business savings)*
total proceeds (com) Gesamterlös *m*
total processing time (IndE) Gesamtdurchlaufzeit *f*
total process time (IndE) Auftragszeit *f (ie, setup time + actual process time)*
total product curve (Vw) Ertragskurve *f*
total productivity (Bw) Gesamtproduktivität *f (syn, aggregate /overall . . . productivity)*
total profit (Bw) Totalgewinn *m (ie, sum total of profits taken over the entire life of a business)*
total redemptions (Fin) Tilgungsvolumen *n*
total requirements (com) Gesamtbedarf *m*
total return
(Bö) Gesamtgewinn *m*
(ie, Optionspreis + Dividende - innerer Wert der Option)

total revenue
(ReW) Gesamtumsatzerlös *m*, Gesamtumsatz *m*
(Vw) Gesamterlös *m*, Gesamtertrag *m*
(FiW) Gesamtsteueraufkommen *n (syn, total tax collections)*
total risk
(Bw) Gesamtrisiko *n*
(Fin) Gesamtrisiko *n*
(ie, e–r Aktie od e–s Portefeuilles: zerfällt in Marktrisiko (systematisches Risiko) und titelspezifisches Risiko (unsystematisches Risiko))
total sales (ReW) Gesamtumsatz *m (syn, GB, total turnover)*
total savings pool (Vw) volkswirtschaftliche Gesamtersparnis *f*
total share of GNP taken by taxes
(FiW) Steuer(last)quote *f*
(ie, ratio of tax collections to GNP at market prices: Steuern/BSP zu Marktpreisen; opp, individuelle Steuerquote: taxes paid to taxpayer's gross earnings)
total sum insured (Vers) Gesamtversicherungssumme *f*
total supply (Vw) Gesamtangebot *n (syn, aggregate supply, qv)*
total tax burden (FiW) steuerliche Gesamtbelastung *f*
total tax collections (FiW) Gesamtsteueraufkommen *n (syn, total revenue)*
total trade (AuW) Gesamtaußenhandel *m*
total trend (com) = total development
total turnover (ReW, GB) = total sales
total unemployment (Vw) Gesamtarbeitslosigkeit *f (syn, overall unemployment)*
total utility (Vw) Gesamtnutzen *m*
total value of exports and imports (AuW) Austauschvolumen *n*
total variable costs (KoR) Summe *f* variable Kosten
total volume of issues (Fin) Emissionsvolumen *n*
total volume of output (VGR) Bruttoproduktionswert *m*
total waiting time (OR) Gesamtwartezeit *f*
total working life (Pw) Lebensarbeitszeit *f (syn, total number of years spent in the labor force)*
total work value (IndE) Gesamtarbeitswert *m*
total yield (com) Gesamtertrag *m (ie, in farming)*
to the best of one's knowledge and belief (Re) nach bestem Wissen und Gewissen
totting-up procedure (com, GB) Punktesystem *n (ie, total driving demerits may result in temporary suspension of driving licence; syn, point system, qv)*
tot up *v* (com) addieren, aufaddieren *(syn, add up, sum up)*
tot up an account *v* (ReW) Konto *n* abschließen
tot up to *v* (com, infml) sich belaufen auf *(syn, amount to, add up to)*
touch at *v* (com) anlegen *(ie, ship will . . .)*
touch off *v* (com) auslösen *(eg, wave of capital flight; syn trigger off)*
touch screen
(EDV) Kontaktbildschirm *m*
– berührungssensitiver Bildschirm *m*
– Berührungsbildschirm *m*
(ie, wird durch bloßes Antippen über ein vorgeschaltetes Gitter von Infrarotstrahlen aktiviert)
touch screen terminal (EDV) Bildschirm *m* mit Kontakteingabe
touchstone (com) Kriterium *n*
touch-tone telephone (com) Tastenfernsprecher *m*
touch typing (com) Blindschreiben *n*
tough nut to crack (com, infml) harte Nuß *f*
tough reading (com) anspruchsvolle Lektüre *f*
tough standards (IndE) strenge Normen *fpl*
to unblock *v* (Fin) freigeben
tour a plant *v* (com) Betrieb *m* besichtigen
touring a plant (com) Betriebsbesichtigung *f (syn, plant visit)*
tourism
(com) Fremdenverkehr *m*
– Tourismus *m*
– Touristik *f*
tourist advertising (com) Fremdenverkehrswerbung *f*
tourist baggage insurance (Vers) Reisegepäckversicherung *f*
tourist industry
(com) Touristik *f*
– Tourismusgewerbe *n*
– Fremdenverkehrsgewerbe *n*
tourist outlays abroad (VGR) Ausgaben *fpl* für Auslandsreisen *(ie, spending of tourists abroad)*
tourist policy (Vers) Reiseversicherung *f (syn, travel insurance, qv)*
tourist traffic (com) Touristenverkehr *m*
tourist travel
(com) Reiseverkehr *m*
– Tourismus *m*
tourist travel agreement (com) Reisevertrag *m (ie, between travel agency or tour operator and traveler)*
tourist travel statistics (Stat) Reiseverkehrsstatistik *f*
tour of duty (Pw) planmäßiger Arbeitstag *m (ie, hours an employee is scheduled to work)*
tour operator (com) Reiseveranstalter *m*
tow
(com) Gruppe *f* von Schubleichtern
(ie, group of barges lashed together and usually pushed by a towboa = Schubschiff)
towage
(com) Schleppen *n (ie, of ships)*
(com) Abschleppen *n (ie, of cars)*
(com) Schlepplohn *m (syn, tug charge)*
(com) Abschleppgebühr *f (ie, charged for the towing of cars)*
tow away *v* (com) abschleppen
towboat
(com) Schubschiff *n*
(ie, fitted for pushing tows of barges on inland waterways)
tow car (com) Abschleppwagen *m (syn, tow truck, qv)*
tower (Math) geordnete Menge *f* von Mengen *(syn, chain, nest)*
towing (com) Schleppschiffahrt *f (syn, tugging)*
town bill (Fin, GB) Platzwechsel *m*
town check (Fin, GB) Platzscheck *m*
town clearing
(Fin, GB) Platzgiroverkehr *m*
(ie, interner Abrechnungsverkehr der City Banks)
tow truck (com, US) Abschleppwagen *m (syn, GB, breakdown van)*

toxic dump (com) Giftmülldeponie *f*
toxic waste
(com) Giftmüll *m*
(ie, poses a substantial hazard to human health or the environment; cf, U.S. Resource Conservation and Recovery Act of 1976; syn, hazardous waste)
toy fair (com) Spielwarenmesse *f*
toy industry (com) Spielwarenindustrie *f*
toy store (com) Spielwarengeschäft *n*
toy with the idea *v* (com) mit dem Gedanken spielen
TP (Fin) = tender panel
TPI (Fin) = tax and price index
trace (com) Spur *f*
trace *v*
(com) verfolgen
(KoR) verrechnen *(syn, allocate, qv)*
traceable to (KoR) zurechenbar zu *(syn, allocable to, qv)*
trace forecast (Bw) mehrperiodige Prognose *f (opp, point forecast, qv)*
trace of matrix (Math) Spur *f* der Matrix
trace out a curve *v* (Math) Kurve *f* ausziehen
trace program (EDV) Überwachungsprogramm *n*
tracer
(com) Laufzettel *m*, Suchzettel *m*
(eg, to locate delayed or undelivered mail)
(EDV) = trace program
tracing of maturities (Fin) Terminüberwachung *f*
tracing program (EDV) = trace program
track (EDV) Spur *f*
track *v* (com) verfolgen, überwachen
track address (EDV) Spuradresse *f (syn, home address)*
track ball (EDV) Rollkugel *f (syn, control ball)*
track element (EDV) Spurelement *n*
tracking
(com) Überwachen *n*
(EDV) Nachführen *n*
(ie, in computer graphics)
track storage charge (com) Wagenstandgeld *n*
tradability (com) Handelbarkeit *f*
tradable (com) handelsfähig, handelbar *(syn, marketable, merchantable)*
tradable goods
(AuW) handelsfähige Güter *npl*
(ie, exportables and importables)
trade
(com) Geschäft *n*
– Geschäfte *npl*
(ie, note that ‚trade' is often used in Britain where Americans would say ‚business'; eg, to be in trade means to be in business; a ‚roaring trade' is a ‚rushing business')
(com) Beruf *m (ie, regular business or work)*
(com) Handwerk *n*
(syn, craft; eg, a carpenter by trade; joc, lawyer by trade)
(com) Gewerbe *n (cf, Schäfer, Vol. II)*
(com) Handel *m (ie, buying and selling commodities)*
(com) = foreign trade
(com) Kundschaft *f (ie, a firm's customers)*
(com) die Branche *f*
(com) Wirtschaftszweig *m*
– Branche *f*
– Geschäftszweig *m (syn, industry, branch of industry)*
(Pw) Beruf *m (ie, job needing manual skills; eg, a carpenter by trade)*
(Bö) Wertpapierhandel *m (syn, securities trading)*
(Bö) Abschluß *m (eg, if they do two trades a day, that's a lot; syn, transaction)*
trade *v* (com, Bö) handeln
trade acceptance
(Fin) Außenhandelsakzept *n*
(ie, draft drawn by an exporter on an importer which has been accepted by that importer)
trade accounts payable
(ReW) Verbindlichkeiten *fpl* aus Lieferungen und Leistungen
(syn, accounts payable – trade, accounts payable for goods and services)
trade accounts receivable
(ReW) Forderungen *fpl* aus Lieferungen und Leistungen
(syn, customers' accounts, outstanding trade debts, trade receivables)
trade advertising (Mk) Händlerwerbung *f (ie, directed at wholesalers or retailers)*
trade agreement
(AuW) Handelsabkommen *n (ie, may be bilateral or multilateral)*
(Pw) Tarifvertrag *m*
trade allowance (com) Nachlaß *m*, Rabatt *m*
trade and payments agreement (AuW) Handels- und Zahlungsabkommen *n*
trade association
(com) Unternehmerverband *m*
– Fachverband *m*
(Kart, US) Wirtschaftsvereinigung *f*
(ie, Verbindung e–r rechtlich zulässigen Vereinigung mit der Tätigkeit e–s illegalen Kartells: four of them have been declared illegal: unification in selling, exclusion from the market, curtailment of production, and price fixing)
trade balance
(AuW) Handelsbilanz *f*
(syn, balance on merchandise trade, merchandise . . . account/balance)
trade barriers (AuW) = barriers to trade
trade barriers against cheap man-made fibers
(Kart) Faser-Importrestriktionen *fpl*
trade bars (AuW) Handelsschranken *fpl (syn, barriers to trade)*
trade-based futures business (Bö) Warenterminhandel *m*
trade bill
(Fin) Warenwechsel *m*
– Handelswechsel *m*
(ie, time draft – Nachsichtwechsel – accepted by a buyer of merchandise; syn, trade acceptance, commercial/commodity . . . bill)
trade body (com, GB) Fachverband *m*
trade briskly *v* (Bö) lebhaft handeln
trade census (Stat) Handelszensus *m*
trade channel (Mk) Absatzweg *m (syn, channel of distribution, qv)*
trade concessions (AuW) Außenhandels-Konzessionen *fpl*

trade conflict (AuW) handelspolitischer Konflikt *m*
trade connections (com) Handelsverbindungen *fpl*
trade consultant (com) Fachberater *m*
trade creation (AuW) handelsschaffende Wirkungen *fpl (ie, of a customs union; opp, trade diversion)*
trade creation effect (AuW) Aufschließungseffekt *m*, Handelsschaffung *f*
trade credit
(Fin) Warenkredit *m (syn, commodity credit)*
(Fin) Lieferantenkredit *m (syn, supplier credit, qv)*
trade creditors (ReW, EG) Verbindlichkeiten *fpl* aus Lieferungen und Leistungen
trade curbs (AuW) Handelsbeschränkungen *fpl (syn, trade restrictions)*
trade custom (com) Handelsbrauch *m*
trade cycle
(Vw, GB) Konjunkturzyklus *m*
– Konjunkturphase *f*
trade cycle policy (Vw, GB) Konjunkturpolitik *f*
traded (Bö) gehandelt
trade date
(Bö, US) Abschlußtag *m*
(ie, date on which a transaction is initiated; this is not the settlement date on which payment or delivery are due)
trade date accounting (ReW, Fin) Verbuchung *f* per Handelstag *(opp, value date accounting)*
trade debtors
(ReW, EG) Forderungen *fpl* aus Lieferungen und Leistungen
(ReW) Forderungen *fpl* a. W. u. L. *(syn, trade accounts receivable)*
trade deficit (AuW) Außenhandelsdefizit *n (syn, US, deficit on merchandise trade)*
trade directory book
(com) Bezugsquellenverzeichnis *n*
– Branchenverzeichnis *n*
(syn, trade register; syn, US, yellow pages, now used also in Britain)
trade discount
(com) Nachlaß *m (ie, vom Listenpreis)*
(com) jeder Nachlaß *m* über 2 %
(com) Nachlaß *m* ohne Bezugnahme auf den Zeitpunkt
(com) Skonto *m/n (syn, cash discount)*
(Mk) Händlerrabatt *m*
– Rabatt *m* für Wiederverkäufer
trade dispute
(Pw) Arbeitskampf *m*
– Arbeitsstreitigkeiten *fpl*
(syn, industrial conflict)
trade-distorting measures (AuW) handelsverzerrende Maßnahmen *fpl*
trade diversion
(AuW) (wohlstandsnegative) Handelsablenkung *f*
(ie, shift in the source of imports which occurs as a result of altering a country's import policies or practices; opp, trade creation, qv)
trade diverting effect
(AuW) Abschließungseffekt *m*
– Handelsablenkung *f*
– Handelsumlenkung *f*
traded on the stock exchange (Bö) börsennotiert *(eg, public companies)*
traded option (Bö) handelbare Option *f*
traded options market (Bö) Optionsbörse *f (eg, LTOM in London)*
trade embargo (AuW) Handelsembargo *n*
trade fair (Mk) Fachmesse *f*, Fachausstellung *f (syn, trade show)*
trade fair for consumer goods (Mk) Konsumgütermesse *f*
trade figures (AuW) Handelsbilanzzahlen *fpl*
trade flows (AuW) Handelsströme *mpl*
trade flows in goods and services (AuW) Waren- und Dienstleistungsströme *mpl*
trade for future delivery *v* (Bö) per Termin handeln
trade for one's own account (Fin) Eigenhandel *m (ie, of a bank; syn, own account trading; cf, trading for own account)*
trade gap (AuW) = trade deficit
trade guaranty (Re) Liefergarantie *f (ie, that products supplied are suitable for the intended purpose)*
trade higher *v* (Bö) höher notieren
trade impediments (AuW) Handelshindernisse *npl (syn, barriers to trade, qv)*
trade-in (com) in Zahlung gegebener Gegenstand *m (eg, car, machine)*
trade in *v*
(com) handeln mit *(syn, deal in)*
(com) in Zahlung geben *(syn, turn in; GB, give in part exchange)*
trade indemnity insurance (Vers) Warenkreditversicherung *f*
trade indifference curve (AuW) Handelsindifferenzkurve *f*
trade in goods (com) Warenhandel *m*
trade intermediary (com) Handelsmittler *m (syn, middleman)*
trade in the unofficial market *v* (Bö) im Telefonverkehr handeln
trade-in value (com) Gebrauchtwert *m*
trade investment
(Fin, GB) Finanzanlageinvestition *f*
– Beteiligung *f*
trade journal
(com) Fachzeitschrift *f*
– Fachblatt *n*
(syn, technical/professional . . . journal)
trade liabilites (ReW) Verbindlichkeiten *fpl* aus Warenlieferungen und Leistungen
trade liberalization (AuW) Handelsliberalisierung *f*
trade lower *v* (Bö) niedriger notieren
trade margin (ReW) Handelsspanne *f*, Gewinnspanne *f (syn, operating margin, qv)*
trade mark
(Pat) Warenzeichen *n*
– Schutzmarke *f*
– Marke *f*
(ie, defined in 1963 by the International Association for the Protection of Industrial Property as ‚capable of distinguishing the products or services of a person or group of persons; used to identify the origin of the article to which it is affixed')
trademark convention (Pat) Markenabkommen *n*
trademarked article (Mk) Markenartikel *m*, Markenerzeugnis *n*

trademarked goods (Mk) Markenartikel *mpl*
trademark infringement
(Pat) Warenzeichenmißbrauch *m*
– Warenzeichenverletzung *f*
trademark law (Pat) Warenzeichenrecht *n*
trademark license (Pat) Warenzeichenlizenz *f*
trademark piracy (Pat) Markenpiraterie *f*
trademark protection (Pat) Warenzeichenschutz *m*
trademark register (Pat) Warenzeichenrolle *f (cf, § 3 WZG)*
Trademark Rule of Practice (Pat, US) Warenzeichenvorschriften *fpl*
trade marks law (Re, GB) Warenzeichengesetz *n*
trade mart (Mk) Großhandelszentrum *n*
trade mission (AuW) Handelsmission *f*
trade name
(Bw) Firmenname *m (ie, used to identify business, vocation, or occupation; cf, 15 USC § 1127)*
(Bw) Handelsname *m*
– Warenbezeichnung *f*
(Pat) Firmenname *m (ie, covers all products of a company)*
trade notes receivable (ReW) Besitzwechsel *mpl*, Wechselforderungen *fpl (syn, US, bills/notes . . . receivable)*
tradeoff (Vw) Tradeoff *m*, Austauschbeziehung *f (ie, exchange of one benefit at the sacrifice of another)*
trade off *v*
(com) tauschen
– ausgleichen
– verzichten auf
– kompensieren
tradeoff criteria (Vw) Kompensationskriterien *npl (ie, in welfare economics; cf, Kaldor, Hicks, Scitovsky, and Little)*
tradeoff curve
(Vw) Substitutionskurve *f*
– Transformationskurve *f*
tradeoff inflation (Vw) Tradeoff-Inflation *f (ie, je weniger Arbeitslose, desto mehr Preissteigerungen)*
trade off the floor *v* (Bö) außerbörslich handeln
trade outside the exchange *v* (Bö) = trade off the floor
trade over the counter *v* (Bö) im Freiverkehr handeln
trade paper (Fin) Handelswechsel *mpl (ie, notes or trade acceptances given in exchange for merchandise)*
trade payables (ReW, US) = trade creditors
trade pledge (AuW) Stillhalteabkommen *n*
trade policy (AuW) Außenhandelspolitik *f (syn, foreign trade policy)*
Trade Policy Review Mechanism (Vw, GATT) handelspolitisches Überwachungsinstrument *n*
trade practice rules
(Kart) Wettbewerbsregeln *fpl*
(ie, Ausnahme vom grundsätzlichen Kartellverbot; entwickelt in der US-Antitrust-Rechtsprechung; e–e Art Wettbewerbskodex für e–e Branche)
trade preferences (AuW) Handelspräferenzen *fpl*
trade press (com) Fachpresse *f*
trade price (com) Großhandelspreis *m*, Preis *m* für Wiederverkäufer
trade promotions (Mk) Händler-Promotions *pl*
trader
(com, GB) Geschäftsmann *m*
– Unternehmer *m*
(syn, US, businessman)
(com, Bö) Wertpapierhändler *m*
(ie, selbständig oder angestellt; spekulativer Marktteilnehmer)
trade ratio (AuW) Außenhandelsquote *f (ie, Anteil am BSP)*
trade receivables (ReW) = trade accounts receivable
trade register (com, GB) = trade(s) directory book
trade relations (AuW) Außenwirtschaftsbeziehungen *fpl (syn, economic relations)*
trade relationship
(com) Handelsbeziehung *f*
– Austauschbeziehung *f*
trade remedy law (AuW, US) Gesetz *n* zur Verbesserung des Außenhandels
trade restrictions (AuW) Handelsrestriktionen *fpl (syn, barriers to trade)*
trader in securities (Bö) Wertpapierhändler *m (syn, dealer in securities)*
trader's equity (Fin) Einschußzahlungen *fpl (ie, e–s Marktteilnehmers auf e–e Kontraktposition)*
trades (Bö) Abschlüsse *mpl (eg, LIFFE logged daily turnover of 9,000 trades)*
trade sale
(Bw) Verkauf *m* e–s Unternehmens an ein anderes Unternehmen
(ie, e–e der Exit-Strategien beim Management Buyout)
trade sanctions (Vw) Wirtschaftssanktionen *fpl (syn, economic reprisals)*
trades are paved with gold (com) Handwerk *n* hat goldenen Boden
trade secret
(Bw) Geschäftsgeheimnis *n*
– Dienstgeheimnis *n*
(syn, business/industrial . . . secret)
trade show (Mk) Fachmesse *f*, Fachausstellung *f (syn, trade fair)*
trades payables (ReW, US) = trade creditor
trade surplus
(AuW) Außenhandelsüberschuß *m (syn, US, surplus on merchandise trade)*
– Handelsbilanzüberschuß *m*
trade terms
(com) handelsübliche Vertragsklauseln *fpl*
(ie, nationale Handelsbräuche, die keinen Ausdruck in den Incoterms finden und daher von ihnen mehr od weniger abweichen)
(com) = terms to the trade
trade training (Pw) Berufsausbildung *f*
trade union
(Pw, GB) Gewerkschaft *f*
(ie, shortened to ‚union' oftener in U. S. than in Britain; the British name comes from the fact that membership is based on the worker's craft, rather than on the industry in which he is employed; syn, US, labor union)
Trade Union Congress, TUC (Pw, GB) Gewerkschaftsbund *m*

trade union labour (Pw, GB) gewerkschaftlich organisierte Arbeitnehmer *mpl*
trade union wage policy (Vw) Lohnpolitik *f* der Gewerkschaften
trade usage
(com) Handelsbrauch *m*
(ie, usage or customs commonly observed by persons engaged in a particular trade; cf, UCC § 1-205(2); syn, usage of the market, qv)
trade war (AuW) Handelskrieg *m (eg, between the U. S. and the European Community, always lurking not very far in the background)*
trade-weighted (AuW) mit dem Außenhandelsvolumen gewichtet
trade-weighted exchange rate (AuW) gewogener Außenwert *m* e–r Währung
trade weighted index
(AuW) Index *m* des Außenwertes
(ie, zeigt die Außenwertentwicklung e–r Währung gegenüber anderen Währungen; als gewogenes geometrisches Mittel errechnet)
trade weighting (Fin) Außenwert *m* e–r Währung *(eg, jumped from 89 to 92; syn, trade-weighted exchange rate)*
trading (com, Bö) Handel *m (syn, dealing)*
trading account (ReW, GB) Erfolgskonto *n (ie, ohne Einbeziehung der Gemeinkosten; Ergebnis: gross profit)*
trading activity (Bö) Handel *m*, Börsenumsätze *mpl*
trading against the option (Bö, US) Handel *m* gegen die Option
trading area (Mk) Absatzgebiet *n*
trading bloc
(AuW) Handelsblock *m*
(eg, the European Community is the largest . . . in the world)
trading capital (Bw, GB) Betriebsvermögen *n (syn, fixed assets + current assets)*
trading card (Bö) Handelsdokument *n (ie, auf ihm vermerken Marktteilnehmer den Abschluß e–s Kontraktes)*
trading certificate (Re, GB) Genehmigung *f* des Tätigkeitsbeginns e–r AG
trading costs (Bö) Handelskosten *pl*
trading currency (Vw) Transaktionswährung *f (syn, transactions currency)*
trading day (Bö) Börsentag *m*, Handelstag *m*
trading difference
(Bö) Aufschlag *m* od Abschlag *m* bei Aufträgen auf Bruchschluß *(ie, difference of a fraction of a point in the charged price for securities bought and sold in an odd lot transaction)*
trading down
(Mk) Versuch *m* der Umsatzsteigerung *f* durch Preissenkung und Änderung der Verkaufsförderungs-Strategie *(ie, by lowering prices and/or changing promotional strategy)*
trading establishment (com) Handelsniederlassung *f*
trading estate
(com, GB) Geschäftsviertel *n*
– Geschäftszentrum *n*
– Einkaufszentrum *n*
(ie, shopping center; syn, US, business area)
(com, GB) Industriegelände *n (ie, small factory zone)*

trading firm (com) Handelsunternehmen *n*
trading flag (com) Handelsflagge *f*
trading floor
(Bö) Börsenparkett *n*, Börsensaal *m*
(ie, the trading area of any stock exchange; eg, at the NYSE it provides space for 18 trading posts; für den Börsenverkehr in amtlich zugelassenen Werten)
trading for cash (Bö) Kassageschäfte *npl*
trading for future delivery (Bö) Handel *m* per Termin
trading for own account
(Bö, US) Selbsteintritt *m (syn, dealing for own account, qv)*
(Fin) Eigenhandel *m*, Eigengeschäft *n*
(ie, Wertpapier- und Börsengeschäfte e–r Bank auf eigene Rechnung)
trading halt (Bö) Aussetzen *n* der Notierung
trading hours (Bö) Börsenstunden *fpl*, Börsensitzung *fpl*
trading in blocks (Bö) Pakethandel *m*
trading in coffee futures (Bö) Kaffeeterminhandel *m*
trading income (ReW, GB) betrieblicher Ertrag *m*
trading in cotton futures (Bö) Baumwollterminhandel *m*
trading in futures (Bö) Börsenterminhandel *m (syn, forward trading)*
trading in options
(Bö) Optionsgeschäft *n*
– Optionshandel *m*
(syn, option . . . dealings/trading, dealing in options)
trading in securities (Bö) Handel *m* in Wertpapieren
trading invoice (com, GB) Handelsrechnung *f (syn, commercial invoice)*
trading limit
(Bö) Ober- od Untergrenze *f* für Wertpapiergeschäfte
(Bö) höchstzulässige Preisfluktuation *f (ie, e–s Terminkontraktes)*
trading links (com) Handelsbeziehungen *fpl*
trading loss (ReW, GB) Betriebsverlust *m*
trading margin (Bö) Einschuß *m (syn, contribution margin, margin)*
trading market
(Bö, US) Berufshandel *m*
(ie, narrow, dull, inactive market, in which public participation is negligible; syn, professional trading)
trading network (Mk) Vertriebsnetz *n*
trading on margin (Bö) Kreditkauf *m* von Effekten od Waren
trading on the equity
(Fin,US) Variation *f* der Finanzierungsquoten
– (rentabilitätssteigernde) Fremdfinanzierung *f*
(ie, Verhältnis von Eigen- zu Fremdkapital; issuance of funded debt by a corporation; increases the risk of bankruptcy because the fixed-interest charges on debt may exceed the return on total capital; syn, GB, gearing)
trading paper
(Fin, US) leicht veräußerliche kurzfristige Certificates of Deposits *pl*
(ie, highly negotiable, short-term CDs)
trading partner (com) Handelspartner *m*

trading per account (Bö) Handel *m* mit aufgeschobener Erfüllung
trading performance (Bw, GB) Betriebsergebnis *n*
trading portfolio (Fin) Handelsbestand *m (ie, e–r Bank)*
trading position (Fin) Handelsposition *f*
trading post (Bö) Börsenstand *m (ie, on the floor of a stock exchange)*
trading profit
(ReW, GB) Betriebsgewinn *m (syn, earnings from operations)*
(Bö) Spekulationsgewinn *m*
trading result (ReW, GB) Betriebsergebnis *n (syn, operating result)*
trading rules (Bö) Vorschriften *fpl* für den Aktienhandel
trading session (Bö) Börsensitzung *f*
trading stamp
(com) Rabattmarke *f*
– Rabattsparmarke *f*
trading subsidiary (com) konzerneigene Handelsgesellschaft *f*
trading supervision (Bö) Handelsaufsicht *f*
trading syndicate (Fin) Vertriebskonsortium *n*
trading tariff (AuW) Handelszoll *m*
trading the market (Bö) Börsenspekulation *f*
trading unit
(Bö) Börsenschluß *m*
(eg, unit of trading on the New York Stock Exchange is 100 shares for active stocks, 10 shares for inactive stocks; popular name for a round lot)
(Bö) Kontraktgröße *f (ie, bei Terminkontrakten)*
trading up
(Mk) Versuch *m* der Umsatzsteigerung durch Preiserhöhung und/oder Änderung der Werbestrategie
(ie, appeals to potential customers at the high end of the market)
trading variation (Bö, US) Abschlußspanne *f (ie, minimum permissible price variation between trades; on stock exchanges it is usually 1/8 point; bonds trade in variations of 1/32 or even 1/64)*
trading volume
(Bö) Börsenumsatz *m*
– Umsatzvolumen *n (ie, volume of securities traded)*
traffic
(com) Verkehr *m (ie, business of transporting passengers or freight)*
(com) = business
(com) Handel *m (ie, mostly used in negative contexts)*
(com) Markt *m*
(ie, esp in the phrase ‚take what the traffic will bear' = nehmen, was der Markt hergibt)
traffic block (com, GB) Verkehrsstau *m (syn, US, traffic jam)*
traffic carrier (com) Verkehrsträger *m (eg, rail, road, air)*
traffic circle (com, US) Kreisverkehr *m (syn, GB, roundabout)*
traffic cop (com, US) Verkehrspolizist *m*
traffic department
(com) Versandabteilung *f*, Transportabteilung *f*
(com) Terminüberwachung *f*
traffic factory (AuW) Produktionsstätte *f* aus Drittländern im EG-Raum
traffic in transit
(AuW) Durchfuhrverkehr *m*
– Transitverkehr *m*
trafficker (com) = drug trafficker
trafficking (com) = drug trafficking
traffic lights (com) Verkehrsampeln *fpl (ie, green, yellow, red)*
traffic management (IndE) Verkehrs-Management *n*
traffic manager
(com) Versandleiter *m*
(MaW) Leiter *m* des Wareneingangs *(syn, accelerator)*
(IndE) Terminüberwacher *m*
traffic warden
(com, GB) Verkehrshilfspolizist *m*
– Politesse *f*
(ie, assists the police in the regulation of traffic; syn, US, traffic officer)
trailblazer (com) Bahnbrecher *m*, Pionier *m*
trail-blazing (com) bahnbrechend *(eg, invention)*
trailer (com) Trailerschiff *n*
trailer label (EDV) Endkennsatz *m (syn, end of file label)*
trailer load (com) Anhängelast *f*
trailer on flatcar, TOFC (com) Huckepackverkehr *m*
trailer record (EDV) Nachsatz *m*
trailer truck
(com) Sattelzug *m*
(syn, GB, articulated lorry, artic, bender)
trailing spaces (EDV) nachfolgende Leerzeichen *npl*
train *v* (com) ausbilden, schulen *(ie, targeted instruction and drill)*
trained clerical help (com) Bürofachkraft *f*
trained salesclerk (com) Fachverkäufer *m (syn, GB, trained salesman)*
trainee
(Pw) Praktikant *m*
– Trainee *m*
traineeship (Pw) Praktikum *n (ie, period of practical work in industry)*
trainer (Pw) Ausbilder *m*
train ferry (com) Eisenbahnfähre *f*
training (Pw) Schulung *f*, Ausbildung *f*
training center (Pw) Ausbildungsstätte *f (syn, training facilities)*
training contract (Pw) Ausbildungsvertrag *m*
training costs (Pw) Ausbildungskosten *pl*
training course (Pw) Ausbildungslehrgang *m*
training facilities (Pw) Ausbildungsstätte *f (syn, training . . . shop/center)*
training levy (Pw, GB) Ausbildungsabgabe *f*
training manual (Pw) Ausbildungshandbuch *n*
training measures (Pw) Fortbildungsmaßnahmen *fpl*
training needs (Pw) Schulungsbedarf *m*
training objective (Pw) Fortbildungsziel *n*
training officer (Pw) Ausbildungsleiter *m*
training personnel (Pw) Ausbildungspersonal *n*
training program (Pw) Ausbildungsprogramm *n (syn, training scheme)*
training requirements (Pw) = training needs
training scheme (Pw) = training program
training shop (Pw) = training facilities
trainship (com) Bahn-/Schiffstransport

tramp
(com) Trampschiff *n*
(ie, no regular trips, takes cargo when and where it is offered and to any port = nach Bedarf und nicht auf festen Routen; syn, tramp steamer)
tramping (com) = tramp shipping
tramping trade (com) Trampverkehr *m*
tramp owner (com) Trampreeder *m*
tramp shipping (com) Trampschiffahrt *f (syn, tramping)*
tramp steamer (com) Trampdampfer *m (cf, tramp)*
tranche (Fin) Tranche *f*
tranche of a bond issue (Fin) Tranche *f* e–r Anleihe
transact *v* (com) durchführen, tätigen *(syn, carry out, perform, carry on)*
transact business *v*
(com) Geschäfte *npl* tätigen
(com) Aufträge *mpl* abwickeln
(Re) Rechtsgeschäfte *npl* durchführen
transaction
(com) Abschluß *m*
– Geschäft *n*
– Transaktion *f*
(syn, deal, operation)
(Bw) Transaktion *f*
– Vorhaben *n*
(eg, merger)
(ReW) Geschäftsvorfall *m*
(Re) Rechtsgeschäft *n (ie, nontechnical term; syn, legal transaction)*
(EDV) Datenänderung *f (ie, general description of updating data relevant to any item)*
transaction account (Fin, US) Kontokorrentkonto *n (ie, NOW, checking, and other third-party payment account)*
transactional analysis
(Pw) Transaktionsanalyse *f*
(ie, approach to psychotherapy developed by Eric Berne (1910–1970); the basic unit of social intercourse is a ‚transaction'; transactions between individuals can be classified as complementary, crossed, simple, or ulterior)
transactional terminal (Mk, US) elektronische Verkaufshilfe *f*
transaction charge (Fin) Buchungsgebühr *f (ie, bei Bankkonten)*
transaction closely related to banking (Fin) banknahes Geschäft *n*
transaction contra bonos mores (Re) sittenwidriges Rechtsgeschäft *n*
transaction costs (Bö) Transaktionskosten *pl*
transaction data
(EDV) Bewegungsdaten *pl*
(ie, set of data in which the incidence of the data is essentially random and unpredictible; eg, hours worked, quantities shipped, amounts invoiced are examples from, respectively, the areas of payroll, accounts receivable, and payable)
transaction deposits (Fin, US) = demand deposits
transaction exposure (Fin) Währungsrisiko *n (ie, bei Warengeschäften in Fremdwährung)*
transaction file
(EDV) Änderungsdatei *f (syn, amendment file, qv)*
(EDV) Transaktionsdatei *f*
transaction for cash (Fin) Kassageschäft *n*
transaction for delivery of goods in transit (Bö) Abschluß *m* in rollender od schwimmender Ware *(ie, made on commodity exchanges)*
transaction for future delivery (Fin) Termingeschäft *n*
transaction inter vivos (Re) Rechtsgeschäft *n* unter Lebenden
transaction loan
(Fin) kurzfristiger (zweckgebundener) Kredit *m*
(ie, tied to a particular transaction or project)
transaction maturity (Fin) Kontraktfälligkeit *f*
transaction mortis causa (Re) Rechtsgeschäft *n* von Todes wegen
transaction processing (EDV) Transaktionsverarbeitung *f (syn, interactive processing)*
transaction record (EDV) Änderungssatz *m (syn, amendment/change . . . record)*
transactions account (VGR) Transaktionskonto *n*
transactions balance (Vw) Transaktionskasse *f (ie, amount of money an economic unit requires to settle its current transactions; syn, transactions holdings)*
transactions currency (Vw) Transaktionswährung *f (syn, trading currency)*
transactions demand function (Vw) Transaktions-Nachfragefunktion *f*
transactions equation (Vw) Quantitätsgleichung *f*, Verkehrsgleichung *f (syn, quantity equation, qv)*
transactions for own account (Fin) Eigenhandel *m*
transactions holdings (Vw) = transactions balance
transactions motive (Vw) Transaktionsmotiv *n*
transactions subject to investigation (Kart) prüfungspflichtige Tatbestände *mpl*
transactions velocity
(Vw) Umlaufgeschwindigkeit *f* des Geldes
(syn, rate of money turnover, velocity of circulation)
transaction tax
(StR, US) Umsatzsteuer *f*
(ie, a general term; tax on turnover: a sales tax on both retail and wholesale sales)
transaction values (VGR) Transaktionswerte *mpl*
transact legal business *v* (Re) rechtsgeschäftlich handeln
transborder data flows (EDV) grenzüberschreitende Datenströme *mpl* grenzüberschreitender Datenverkehr *m*
transcribe notes *v* (com) Diktat *n* übertragen
transcript
(com) Kopie *f*, Abschrift *f (ie, usually typewritten copy of dictated material)*
(Pw, US) (beglaubigte) Studienunterlagen *fpl (ie, official copy of a student's educational record)*
transcription (EDV) Transliteration *f*, Umschreibung *f*
transcription error (EDV) Übertragungsfehler *m*
transcript of proceedings (Re) Protokoll *n* e–r mündlichen Verhandlung
transfer
(com, GB) Abziehbild *n (syn, US, decal)*
(ReW) Umbuchung *f (syn, book transfer, reposting)*
(Fin) Überweisung *f (syn, remittance)*
(Vw) Transfer *m*, unentgeltliche Übertragung *f*

(Re) Eigentumsübergang *m (syn, passage of title to property)*
(Pw) Versetzung *f (syn, transferral, relocation)*
(WeR) Übertragung *f (ie, by assignment and delivery = Abtretung und Übergabe; opp, negotiation)*

transfer *v*
(Re) übertragen, abtreten
(ReW) umbuchen *(syn, repost, reclassify)*
(ReW) zuführen zu *(eg, earnings to capital account)*
(Pw) versetzen *(syn, relocate)*
(WeR) übertragen *(ie, by assignment; refers to registered or nonnegotiable instruments = Rekta /Namenspapiere)*

transferability
(Re) Abtretbarkeit *f (syn, assignability)*
(WeR) Übertragbarkeit *f*

transferable
(Re) abtretbar
(WeR) übertragbar

transferable credit
(Fin) übertragbares Akkreditiv *n*
(ie, letter of credit under which the beneficiary can transfer its rights to draw on the credit to a party who can substitute its own performance for that of the beneficiary; cf, Sec 5–116 UCC)

transferable instrument (WeR) übertragbares Wertpapier *n (ie, Rekta/- Namenspapier; syn, assignable instrument; opp, negotiable instrument)*

transferable letter of credit (Fin) = transferable credit, *qv*

transferable loan certificate (Fin) Instrument *n* zur Übertragung von Kreditanteilen

transferable revolving underwriting facility, TRUF
(Fin) Variante e–r Revolving Underwriting Facility
(ie, Möglichkeit der Übertragung der Übernahmeverpflichtung von den underwriting banks auf andere Kreditinstitute)

transfer agent
(Fin) Umschreibestelle *f*, Übertragungsstelle *f*
(ie, handles transfers of securities of a given issue; cf, Sec 3 (a) (25) Securites Act of 1934)

transfer agreement (AuW) Transferabkommen *n*

transfer approach (FiW) Transferansatz *m (ie, in der Theorie der öffentlichen Schuld)*

transfer assets *v* (Re) Vermögen *n* übertragen

transfer back *v* (Pw) rückversetzen

transfer book
(Fin) Aktienbuch *n*
(ie, stock transfer ledger recording changes of ownership in stock; syn, GB, register of transfers)

transfer by act of the party (Re) rechtsgeschäftliche Übertragung *f*

transfer by assignment (Re) Übertragung *f* durch Abtretung

transfer by negotiation (WeR) Übertragung *f* durch Begebung

transfer by operation of law (Re) Übergang *m* kraft Gesetzes

transfer card (EDV) Startkarte *f*

transfer certificate (Fin) Übertragungsbescheinigung *f*

transfer charge call (com, GB) R-Gespräch *n (ie, ‚reverse charge call' is a popular variant; syn, US, collect call)*

transfer charges (Fin) Überweisungsgebühren *fpl*

transfer clause (AuW) Transferklausel *f*

transfer connection (com) Umsteigeverbindung *f*

transfer costs (Bw) Kosten *pl* für Fremdteile *(ie, supplied by other departments)*

transfer data *v* (EDV) Daten *pl* übertragen

transfer design (com) Abziehbild *n (syn, decal, qv)*

transfer duty
(StR) Verkehrsteuer *f (eg, on shares, real estate)*
(StR) Börsenumsatzsteuer *f*

transferee (Re) Rechtsnachfolger *m*, Erwerber *m (syn, legal successor, successor in title, succeeding party)*

transferee company (Bw) übernehmende Gesellschaft *f (syn, aquiring company, qv)*

transferee in good faith (Re) redlicher Erwerber *m (syn, innocent party)*

transfer for use (Re) Gebrauchsüberlassung *f*

transfer function (Math) Übertragungsfunktion *f (ie, mathematical relationship between the output of a control system and its input)*

transfer guaranty (AuW) Transfergarantie *f*

transfer house (com) Umladestation *f (ie, where freight is reloaded before going to its final destination)*

transfer in blank (WeR) Blankoübertragung *f*

transfer income (VGR) Transfereinkommen *n (syn, nonfactor income)*

transfer instruction
(Fin) Überweisungsauftrag *m*
(EDV) Sprungbefehl *m (ie, not necessarily the next instruction in sequence; syn, branch instruction)*

transfer inter vivos (Re) Übertragung *f* unter Lebenden

transfer line (IndE) Transferstraße *f (syn, transfer line system, automated flow line; cf, production line)*

transfer mechanism (AuW) Transfermechanismus *m (ie, explains the aggregate effects of autonomous capital exports)*

transfer multiplier (FiW) Transfermultiplikator *m*

transfer of an enterprise
(Bw) Betriebsübergabe *f*
– Betriebsüberlassung *f*

transfer of a right (Re) Rechtsübertragung *f*

transfer of assets (Re) Vermögensübertragung *f*

transfer of budget funds (FiW) Übertragung *f* von Haushaltsmitteln

transfer of capital (Fin) Kapitaltransfer *m*

transfer of claims (Vw) Forderungstransfer *m (syn, transfer of accounts outstanding)*

transfer of firm name (Re) Leerübertragung *f* der Firma *(ie, achieved through sale of corporate shell = Mantel)*

transfer of fund (Fin) Geldüberweisung *f*

transfer of funds (FiW) Mittelverlagerung *f*

transfer of liquidity (Fin) Liquiditätsumschichtung *f (syn, switch of liquidity)*

transfer of net worth (Re) Vermögensübertragung *f (syn, asset transfer)*

transfer of ownership (Re) Übereignung *f*

transfer of pensions (Pw) Übertragung *f* von Pensionsansprüchen
transfer of possession (Re) Besitzübertragung *f*
transfer of profits (Fin) Gewinnverlagerung *f (syn, profit shifting)*
transfer of property (Re) Eigentumsübertragung *f*
transfer of purchasing power (Vw) Kaufkraft-Transfer *m*
transfer of reserves
(ReW) Auflösung *f* von Rücklagen
(StR) Umwandlung *f* von Rücklagen
transfer of resources (AuW) Ressourcen-Transfer *m*
transfer of securities
(Fin) Wertpapierübertragung *f*
– Effektenübertragung *f*
transfer of shares (Fin) Aktienübertragung *f*
transfer of stock
(MaW) Bestandsübertragung *f*
(Fin, US) = transfer of shares
transfer of technology (Vw) Technologie-Transfer *m*
transfer of title (Re) Eigentumsübergang *m (syn, passage of title to property, qv)*
transfer of unemployment
(Vw) Ausfuhr *f* von Arbeitslosigkeit
(ie, to other countries, through beggar-my-neighbor policy)
transfer of voting right (com) Übertragung *f* von Stimmrechten
transferor
(Re) Zedent *m*
– Abtretender *m*
– Altgläubiger *m (syn, assignor; opp, assignee)*
(Re) Veräußerer *m*, Rechtsvorgänger *m (syn, legal predecessor)*
(WeR) Übertragender *m*
transferor company (com) übernommene Gesellschaft *f*, übertragende Gesellschaft *f (syn, acquired company, qv)*
transfer orders (com) Streckengeschäft *n*
transfer ownership *v* (Re) Eigentum *n* übertragen *(syn, convey, transmit; pass title to)*
transfer payments
(VGR) Transferzahlungen *fpl*
– Transferausgaben *fpl*
– Transfers *mpl*
(ie, in U.S. this term is restricted mainly to payments from government and business to the personal or household sector; cf, German definition of term: Zahlungen der öffentlichen Hand an private Haushalte (überwiegend im Rahmen der Sozialversicherungen) oder an Unternehmen (Subventionen) ohne marktliche Gegenleistung)
transfer picture (com) Abziehbild *n (syn, decal, qv)*
transfer price (ReW) Verrechnungspreis *m*
transferral
(Pw) Versetzung *f (syn, transfer, qv)*
(SozV) Überweisung *f*
(eg, of patient to hospital)
transfer rate (EDV) Datenübertragungsrate *f (ie, of a hard disk drive)*
transfer register (Bw, GB) = register of transfers
transfer restrictions (AuW) Transferbeschränkungen *fpl (syn, restrictions on transfers)*
transferring accounting unit (ReW) abgebende Buchhaltung *f*
transfer risk (AuW) Transferrisiko *n*
transfer slip
(Fin) Überweisungsformular *n*
– Überweisungsträger *m*
transfers not earmarked for special purposes
(FiW) nicht zweckgebundene Zuweisungen *fpl*
transfer society (Vw, infml) Gesellschaft *f* der „unentgeltlichen Übertragungen“ *(eg, an embodiment of the modern excessive welfare state)*
transfer stamp duty (StR, GB) Börsenumsatzsteuer *f*
transfer system (IndE) = transfer line
transfer tax (StR, US) Börsenumsatzsteuer *f (ie, levied by the state of Florida on transactions in equity securities that are actually executed within the state, regardless of the residence of buyer or seller)*
transfer ticket (com) Umsteigefahrkarte *f*
transfer title to property *v* (Re) rechtsgeschäftlich übertragen
transfer to accruals (ReW) Zuweisung *f* zu Rücklagen *(syn, allocation to reserves)*
transfer to allowance (ReW) Zuführung *f* zu Wertberichtigungen
transfer to reserve (ReW) Einstellung *f* in Rücklage
transfer track
(com) Ladegleis *n*
– Entladegleis *n*
transfinite (Math) transfinit *(ie, surpassing any finite magnitude)*
transfinite cardinal number (Math) transfinite Kardinalzahl *f*
transfinite number (Math) transfinite Zahl *f*
transfinite ordinal number (Math) transfinite Ordinalzahl *f*
transform (Math) Transformierte *f (ie, a conjugate of an element of a group)*
transformation
(com) Umwandlung *f*, Veränderung *f*
(Math) Funktion *f*
– Abbildung *f*
– Transformation *f (ie, a function, usually between vector spaces; syn, function, qv)*
(com) Umwandlung *f*
(eg, from corporation to another legal form; syn, reorganization)
transformation and clipping routine (EDV) Transformationsprogramm *n (ie, in computer graphics)*
transformation curve
(Vw) Transformationskurve *f*
– Produktionsmöglichkeitskurve *f*
– Kapazitätslinie *f (syn, production possibility . . . boundary/curve /frontier; capacity line)*
transformation rule (Log) Ableitungsregel *f (syn, rule of inference, qv)*
transformed display file (EDV) transformierte Bilddatei *f*
transform into *v*
(Math) abbilden auf/in *(syn, map into)*
(Fin) umformen
transform of a matrix (Math) transformierte Matrix *f*
transfrontier carriage of goods (com, GB) grenzüberschreitender Warentransport *m*
tranship *v* (com) umladen, ableichtern *(ie, reload cargo, in whole or in part, from one ship to another)*

transhipment (com) Umladung *f*, Ableichtern *n*
transhipment bill of lading (com) Umladekonnossement *n*
transhipment note (Zo) Zollbegleitschein *m (syn, bond note)*
transhipment point (com) Umladestelle *f*
transient error (EDV) vorübergehender Fehler *m*
transient rate
(Mk) Einmaltarif *m (ie, in advertising)*
(com, US) Hotelpreis *m* für Einmalübernachtung *(ie, daily rate of hotel accommodation)*
transient unemployed (Pw) vorübergehend Arbeitsloser *m*
transit
(AuW) Transit *m*
– Durchfuhr *f*
transit account (ReW) Durchgangskonto *n (syn, internal transfer account)*
transit advertising (Mk) Verkehrsmittelwerbung *f (ie, buses, railway cars, etc)*
transit agent (com) Transitspediteur *m*
transit bill of lading (com) Transitkonnossement *n*
transit bond (com) Transitbescheinigung *f*
transit cargo (com) Transitladung *f*
transit charges (com) Transitabgaben *fpl*
transit check (Fin) Fernscheck *m (syn, country/out-of-town . . . check)*
transit clearance (Zo) Transitabfertigung *f*
transit convention (AuW) Transitabkommen *n*
transit country (AuW) Durchfuhrland *m*, Transitland *n*
transit declaration (Zo) Transiterklärung *f*
transit department (Fin, US) Inkassoabteilung *f* e–r Bank *(ie, collects checks and other items drawn on out-of-town banks)*
transit dispatch (AuW) Transitversand *m*
transit document
(EG) Versandschein *m (ie, im Handel zwischen EG-Ländern)*
(Zo) Beförderungspapier *n (syn, transport document)*
transit duty (Zo) Durchfuhrzoll *m*, Transitzoll *m (syn, duty on goods in transit)*
transit export (AuW) Transitausfuhr *f (ie, channeled through third countries; syn, third-country export)*
transit goods (AuW) Transitwaren *fpl*
transit insurance (Vers) Gütertransportversicherung *f*
transition (Re) Übergang *m (syn, transmission)*
transitional old-age benefits (FiW) Altersübergangsgeld *n*
transitional period (com) Übergangszeit *f (syn, period of transition)*
transitional supplementary Federal grants (FiW) Übergangs-Bundesergänzungszuweisungen *fpl*
transition cycle (OR) weiterführender Zyklus *m*
transition period (com) Übergangszeit *f*
transition probability (Stat) Übergangswahrscheinlichkeit *f*
transition probability matrix (OR) Matrix *f* der Übergangswahrscheinlichkeit
transition rules (Re) Übergangsregelung *f*
transit items
(Fin) Inkassopapiere *npl*
(ie, out-of-town checks; cf, transit department)
transitivity requirement (Math) Transitivitätsbedingung *f*
transitivity set (Math) Transitivitätsgebiet *n* e–r Menge
transit number (Fin) Bankleitzahl *f*, BLZ *(syn, routing symbol; GB, bank code)*
transit of goods (AuW) Warendurchfuhr *f*
transit operation (Zo) Warenversand *m*
transitory account (ReW) Interimskonto *n*
transitory funds (Fin) durchlaufende Gelder *npl*
transitory item
(ReW) transitorischer Posten *m*
– durchlaufender Posten *m*
– Durchgangsposten *m (ie, accruals and deferrals)*
transit permit (AuW) Durchfuhrberechtigungsschein *m*
transit procedure (Zo) Versandverfahren *n*
transit route (AuW) Transitweg *m*, Beförderungsweg *m*
transit sheet (Zo) Anweisungsblatt *n (ie, mit Stammabschnitt und Trennabschnitt)*
transit store (com) Transitlager *n*
transit time (com) Transportzeit *n*
transit trade (AuW) Transithandel *m (syn, merchanting /third-country/entrepot . . . trade)*
transit trader (AuW) Transithändler *m (syn, merchanting trader)*
transit traffic (AuW) Transitverkehr *m (syn, international transit)*
translate *v*
(com) übersetzen *(ie, texts from a source language into a target language = aus e–r Ausgangssprache in e–e Zielsprache)*
(ReW) umrechnen *(ie, currencies; not ‚convert')*
(EDV) umcodieren
translate into *v* (com) sich niederschlagen in *(eg, increases are likely to . . . higher supermarket prices)*
translating program (EDV) Übersetzer *m*, Übersetzungsprogramm *n*
translation
(com) Übersetzung *f*
(ReW) Währungsrechnung *f (syn, currency translation, qv)*
(EDV) Umcodierung *f*
translation bureau (com) Übersetzungsbüro *n*, Übersetzungsdienst *m*
translation gain (ReW) Umrechnungsgewinn *m*
translation of foreign currencies (ReW) Fremdwährungsumrechnung *f*
translation parameter (Stat) Verschiebungsparameter *m*
translation ratio (ReW) Umrechnungsfaktor *m*
translation theorem (Math) Verschiebungssatz *m (cf, Laplace transform)*
translator
(com) Übersetzer *m*
(ie, a new invention is the German ‚Translator' covering both translator and interpreter)
(EDV) Übersetzer *m*
(ie, changes information from one language to another; Programm, das Anweisungen in der Quellsprache in Anweisungen in der Zielsprache umwandelt)

translator routine (EDV) = translator
transmission
(Re) Übergang *m (syn, transition)*
(EDV) Übertragung *f*
transmission channel
(Fin) Steuerungsinstrument *n (eg, availability of bank credits as a . . .)*
(EDV) Übertragungskanal *m*
transmission code (EDV) Übertragungscode *m*
transmission control character (EDV) Übertragungssteuerzeichen *n*
transmission of claim (Re) Forderungsübergang *m*
transmission of information (EDV) Informationsübermittlung *f*
transmit *v*
(EDV) übertragen
(com) übermitteln *(syn, forward)*
– weiterleiten
transmit inflation *v* (Vw) Inflationsimpulse *mpl* übertragen
transmittal of money (Fin) Geldüberweisung *f (syn, remittance of money)*
transmittance (OR) Durchlauf *m*, Übertragung *f*
transmitted credit (Fin) Durchlaufkredit *m*
transmitted funds
(Fin) durchlaufende Mittel *pl*
– Durchleitgelder *npl*
transnational corporation (AuW) transnationale Gesellschaft *f (ie, perferred UN usage; syn, multinational corporation)*
transom order (com, US) unerwarteter Auftrag *m*
transparency (com) Folie *f (syn, overhead)*
transplant (IndE) Zweigwerk *m (ie, im Ausland)*
transplant bias (Bw) Übernahme-Vorurteil *m*
transport
(com, GB) Transport *m*, Beförderung *f*
(syn, US, transportation; one possible reason why the British avoid ‚transportation' is that it may evoke unpleasant memories of ‚transportation' to a penal colony, the sense in which the word was generally understood in old days)
(com, GB) Verkehrsmittel *n*
(eg, have you transport? – syn, US, have you got transportation?)
transport *v* (com) befördern *(syn, carry, forward, convey, ship)*
transportable
(com) transportfähig
(EDV) tragbarer Computer *(syn, portable computer)*
transport algorithm (OR) Transportalgorithmus *m*
transport assignment (Bw) Transportaufgabe *f*
transportation (com, US) Transport *m*, Beförderung *f (cf, transport)*
transportation by rail (com) Bahntransport *m*, Bahnbeförderung *f*
transportation engineering
(IndE) Verkehrstechnik *f*
(ie, relates to the movement of goods and people by rail, water, highway, air, subway, pipeline)
transportation expert (com) Verkehrsexperte *m*
transportation in (com, US) = carriage inward
transportation industry (com) Verkehrsgewerbe *n (syn, carrying/haulage . . . industry)*
transportation insurance (Vers) Transportversicherung *f*
transportation inventories (MaW) umlaufende Lager *npl*
transportation of goods (com) Güterbeförderung *f*
transportation of passenger (com) Personenverkehr *m (syn, passenger traffic)*
transportation services
(com) Verkehrsleistungen *fpl*
transport by rail
(com, GB) Bahntransport *m*
– Bahnbeförderung *f*
transport café
(com, GB) Fernfahrerlokal *n*
(syn, sl, lorry drivers' all-night pull up; syn, US, truck drivers' all-night diner)
transport charge (com, GB) Beförderungsentgelt *n (syn, transport rate)*
transport company (com, GB) Beförderungsunternehmer *m (syn, private carrier)*
transport constraint (Bw, GB) Transportbeschränkung *f*
transport contractor (com, GB) Transportunternehmer *m (syn, haulier)*
transport damage
(com, GB) Transportschaden *m*
(syn, transport loss, damage in transit)
transport document
(com, GB) Beförderungspapier *n (syn, transit document)*
(com) Frachtpapier *n*
transport expenses
(com, GB) Beförderungskosten *pl*
– Transportkosten *pl*
(syn, cost of transport, freight)
transport in transit (com, GB) Beförderung *f* im Transitverkehr
transport layer (EDV) Transportschicht *f (ie, in computer network)*
transport loss (com, GB) = transport damage
transport of general cargo (com, GB) Stückgutbeförderung *f*
transport plane (com) Transportflugzeug *n*
transport problem
(OR) Transportproblem *n*
– Verteilungsproblem *n*
– Distributionsproblem *n*
transport rate (com, GB) = transport charge
transport routes (com) Beförderungswege *mpl*, Transportwege *mpl*
transport services (com, GB) Transportleistungen *fpl*
transport station (EDV) Transportstation *f (ie, in computer networks)*
transport system (com, GB) Verkehrssystem *n*, Verkehrswesen *n (syn, US, transit system)*
transport under customs escort *v* (Zo) unter Zollbegleitung befördern
transport under customs seal (Zo) Beförderung *f* im Zollgutverschluß
transport under customs transit (Zo) Beförderung *f* im Zollgutversand
transport unit (com) Beförderungseinheit *f*
transposed matrix (Math) transponierte Matrix *f*
transposed set of equations (Math) transponiertes Gleichungssystem *n*

transpose of a matrix
(Math) Transponierte *f* e–r Matrix
(ie, matrix obtained from the original matrix by interchanging its rows and columns)

transposition
(Math) zyklische Permutation *f* vom Grade 2
(ie, permutation of a set of symbols which exchanges exactly two while leaving all others unaffected)

transposition error (EDV) Vertauschungsfehler *m*

transposition rate (EG) Umsetzungsrate *f*

transship *v* (com) = tranship

transversality condition (Math) Transversalitätsbedingung *f (ie, in calculus of variation)*

trap
(EDV) nicht programmierter Sprung *m*
(EDV) Falle *f*
(ie, in UNIX; can be set to execute a predefined sequence of requests when a given place in a page is reached)

trashcan (EDV, GUI) Papierkorb *m (ie, icon that symbolizes delete operations)*

travel (com) Reisen *n*

travel accident (Pw) Wegeunfall *m*

travel agency (com) Reisebüro *n (syn, travel bureau)*

travel agent (com) Reiseveranstalter *m (ie, sells package tours; syn, tour operator)*

travel allowance (Pw) = traveling allowance

travel at company's expense *v* (com) auf Geschäftskosten reisen

travel brochure (com) Reiseprospekt *m (syn, travel leaflet)*

travel bureau (com) = travel agency

travel card (IndE) Laufkarte *f (syn, job ticket, qv)*

travel chart (IndE) Wegedarstellung *f*

traveler
(com) Reisender *m*
(IndE) Materialbegleitkarte *f*

traveler's accident insurance (Vers) Reiseunfallversicherung *f*

traveler's check
(Fin) Reisescheck *m*
– Travellerscheck *m (syn, circular check)*

traveler's letter of credit (com) Reisekreditbrief *m*

travel expenses (com) Reisespesen *pl*

traveling allowance (com) Reisekostenzuschuß *m*

traveling auditor (ReW) Außenprüfer *m (syn, field auditor)*

traveling expenses (com) Reisekosten *pl*

traveling requisition (IndE) Pendelbestellkarte *f*

traveling restrictions (AuW) Reisebeschränkungen *fpl*

traveling salesman
(com) Reisender *m*, Vertreter *m*
(ie, solicits orders in an assigned territory; syn, commercial traveler)

traveling salesman problem
(OR) Problem *n* des Handlungsreisenden
(ie, shortest route problem)

traveling sales representative (Mk) = traveling salesman

travel insurance
(Vers) Reiseversicherung *f*
(syn, tourist policy, voyage insurance)

traveller (com, GB) = traveler

travel time (Pw, US) Wegezeit *f*

traversal (OR) Durchlauf *m* e–r Schleife

Trax System
(Bö, GB) Trax-System *n*
(ie, automatische Handelsbestätigung, Risk Management, Order routing Funktionen; wickelt den gesamten Eurobondhandel ab; als e–e Art Quasi-Börse von den britischen Aufsichtsbehörden anerkannt)

treasurer (Fin) Finanzleiter *m (ie, executive financial officer of a corporation)*

treasurer's check (Fin, US) = bank check

Treasury
(FiW, US, appr) Finanzministerium *n*
(ie, full name: Department of the Treasury; handles most national finance and tax matters)
(FiW, GB, appr) Finanzministerium *n*
(ie, responsible for the country's finances, the management of its monetary system, and the carrying out of the government's economic policy; headed by the Chancellor of the Exchequer, although the Prime Minister, as First Lord of the Treasury, is its nominal head)

Treasury bill
(Fin, US) Schatzwechsel *m*
(ie, non-interest bearing obligation of the U. S. Treasury, issued in minimum denominations of $10,000; sold on a discount basis; fully taxable; usually initial maturities of 3, 6, or 12 months)
(Fin, GB) Schatzwechsel *m*
(ie, issued by the Bank of England; bought in units between £ 5,000 to £ 100,000)

Treasury bond
(Fin, US) Schatzobligation *f*
(ie, $1,000 to $1m denominations; maturity more than ten years; issued in registered or bearer form)
(Fin) Obligationen *fpl* im eigenen Portefeuille *(ie, not yet sold or repurchased)*

treasury bond contract
(Fin) T-Bond-Kontrakt *m*
(ie, Zinsterminkontrakt auf T-Bonds mit e–r Retslaufzeit von mindestens 15 Jahren: Terminkurs notiert als 100 minus Zinssatz)

Treasury certificate (Fin, US) = certificate of indebtedness

Treasury issue (Fin, US) Schatzwechselemission *f*

Treasury note
(Fin, US) Schatzanweisung *f*
(ie, with intermediate maturities of not less than one year and up to ten years; issued in registered or bearer form = Namens- od Inhaberpapiere)

Treasury note tender (Fin) Schatzanweisungstender *m*

Treasury Regulations (StR, US, roughly) Einkommensteuerrichtlinien *fpl*

treasury shares (Fin, US) nicht ausgegebene Aktien *fpl (ie, authorized but unused)*

treasury stock
(Fin, US) eigene Aktien *fpl*
Vorratsaktien *fpl*
(ie, reacquired by purchase, gift, donation, inheritance, etc; should not be classified as an asset under any circumstances; syn, reacquired /repurchased . . . shares, shares held in treasury; cf, § 71 AktG)

(Fin) mündelsichere Wertpapiere *npl*
(ie, U. S. government securities represent the highest form of credit in the U. S. investment markets; backed by the full faith and credit of the U. S. Government)
(Fin, GB) langfristige Staatspapiere *npl*
(ie, long-dated stock issued by the British Government; eg, Treasury 13 ¼ %, 1997 stock)
treat in confidence *v* (com) vertraulich behandeln *(eg, responses to a questionnaire)*
treaty
(Re) völkerrechtlicher Vertrag *m*
– Staatsvertrag *m*
(Vers) Rückversicherungsvertrag *m*
treaty benefits (StR) Abkommenserleichterungen *fpl*
treaty coverage
(StR) Schutzberechtigung *f* unter e–m Abkommen
– Abkommensschutz *m*
– Abkommensanwendung *f*
treaty development (StR) Abkommensfortentwicklung *f*
treaty of accession (EG) Beitrittsvertrag *m*
treaty of commerce
(Re) Handelsvertrag *m*
(syn, commercial treaty)
Treaty of Rome (EG) Römische Verträge *mpl*
treaty on the law of the sea (Re) Seerechtsvertrag *m*
treaty partner (StR) Abkommenspartnerland *n*
treaty policy (StR) Abkommenspolitik *f*
treaty protection (StR) Abkommensschutz *m*
treaty reinsurance
(Vers) laufende Rückversicherung *f*
– Vertragsrückversicherung *f*
treaty relief (StR) Schutzwirkung *f* e–s Abkommens
treaty shopping (StR) Steuergestaltungsmöglichkeiten *fpl (ie, im Rahmen des internationalen Steuerrechts; mißbräuchliche Inanspruchnahme von Vergünstigungen e–s Doppelbesteuerungsabkommens)*
treaty state (Re) Vertragsstaat *m (syn, contracting state)*
treble damage action (Kart, US) Klage *f* auf dreifachen Schadenersatz
tree arc (OR) Ast *m*
tree diagram
(Stat) Baumdiagramm *n*
– Zweigdiagramm *n*
tree search type algorithm (OR) Baumalgorithmus *m*
tree-structured directory (EDV) Verzeichnis *n* in Baumstruktur
trend
(Stat, com) Trend *m*
– Entwicklungsrichtung *f*
(ie, prevailing tendency)
trend adjustment (Stat) Trendbereinigung *f*
trend analysis (Stat) Trendanalyse *f (ie, of time series)*
trend bucker
(Bö) Gesellschaft *f*, deren Aktien bei e–r Baisse nicht nachgeben *(cf, buck the trend)*
trend elimination
(Stat) Trendeliminierung *f*
– Trendausschaltung *f*
trend extrapolation (Stat) Trendhochrechnung *f*
trend fitting
(Stat) Kurvenanpassung *f* an den Trend
– Trendanpassung *f*
trend-free series (Stat) trendbereinigte Zeitreihe *f*
trend in productivity (Vw) Produktivitätstrend *m*
trend of earnings (Fin) Ertragsentwicklung *f*
trend of profitability (Fin) = trend of earnings
trend path (Vw) Trendverlauf *m*
trend rate of growth (Vw) Wachstumstrend *m*
trend reversal
(Vw) Trendwende *f*
– Tendenzwende *f*
(syn, turnaround, drastic reversal)
(Bö) Trendumkehr *f (ie, in der technischen Aktienanalyse)*
trendsetter (Mk) Träger *m* des Wandels
trend setting (com) richtungsweisend, zukunftsweisend
trend towards concentration (Vw) Konzentrationstendenz *f*
trf. (com) = transfer
triadic (Log) dreistellig
trial (Re, US) mündliche Verhandlung *f*
trial and error
(com) Versuch *m* und Irrtum *m*
– systematisches Probieren *n*
trial-and-error pricing (com) probeweise Preisfestsetzung *f (ie, implies response to feedback information)*
trial balance (ReW) Probebilanz *f (syn, proforma balance sheet)*
trial balloon (Mk) Versuchsballon *m (syn, try-on)*
trial buyer (com) Probekäufer *m*
trial court
(Re, US) Tatsacheninstanz *f*
– erstinstanzliches Gericht *n*
trial drive (com) Probefahrt *f*
trial interview (Pw) Probeinterview *n*
trial judge (Re, US) Verhandlungsrichter *m*
trial operation (IndE) Versuchsbetrieb *m (syn, pilot plant scale production, qv)*
trial order (com) Probeauftrag *m (syn, tentative order)*
trial period (Pw) Probezeit *f (syn, probation period)*
trial phase (com) Erprobungsphase *f*
trial run (IndE) Probelauf *m (syn, dry/pilot . . . run)*
trial shipment
(com) Probelieferung *f*
(Zo) Probeverzollung *f*
trial subscription (com) Probeabonnement *n (ie, start a . . .)*
triangular arbitrage (Fin) Dreiecksarbitrage *f (ie, in foreign exchange; syn, three-point arbitrage)*
triangular compensation (with financial switch)
(AuW) Dreiecks-Kompensation *f*
(ie, type of countertrade which works as follows:
1. A bilateral agreement exists between Country A and Country B
2. Country A requires payment in a hard currency
3. Country C sells the clearing dollars to a switch dealer in exchange for hard currency, but pays a discount or disagio
4. Country C pays Country A in the hard currency

5. The switch dealer then sells the clearing currency to Country D, again at a disagio
6. The switch dealer's profit is the difference between the disagio granted and the disagio earned)

triangular compensation (with hard currency goods) (AuW) Dreiecks- Kompensation *f* (in harter Währung) *(ie, type of countertrade which works as follows:*
1. Triangular compensation involves the movement of goods between three countries
2. This arrangement is appropriate when the hard goods offered in compensation by Country B are readily salable, but not necessariliy in Country A
3. The goods are sold in Country C who then settles in foreign exchange with Country A)

triangular compensation (with weak curreny goods) (AuW) Dreiecks- Kompensation *f* (in schwacher Währung) *(ie, type of countertrade: the procedure follows that for hard currency goods, but as the goods are less easily salable, Country C will accept them only where a subsidy is paid by Country A; allowance for this subsidy will have been made by Country A in pricing their hard good exports to Country B)*

triangular matrix (OR) Dreiecksmatrix *f*

triangular trade (AuW) Dreieckshandel *m (ie, between three countries)*

triangulated graph (Math) dreieckiger Graph *m*

tribunal (Re) Gerichtshof *m (ie, court or forum of justice; syn, court of law)*

tributary station (EDV) Trabantenstation *f*

tricky challenge (com) schwierige Aufgabe *f*

trifle (com) = trifling amount

trifling amount (com) Bagatellbetrag *m*

trigger *v* (com) = trigger off

trigger off *v* (com) auslösen *(eg, increases in the prime rate; syn, set off, spark off, touch off)*

trigger price mechanism (AuW, US) Mindestpreismechanismus *m (ie, federal system for identifying cut-rate steel dumped in the U. S.)*

trigger pulse (EDV) Auslöseimpuls *m*

trim *v*
(com) beschneiden
– kürzen
– reduzieren *(syn, cut, cut back, reduce, pare down)*

trim fat *v* (com, infml) „abspecken" *(eg, by cutting the workforce)*

trim inventories *v* (MaW) Bestände *mpl* verringern od abbauen *(syn, destock)*

trim problem (OR) Zuschnittproblem *n*

trim staff *v* (Pw) Belegschaft *f* reduzieren *(syn, slash jobs, reduce the workforce)*

trim workforce *v* (Pw) Personal *n* abbauen *(syn, reduce personnel)*

tripartite talks (com) dreiseitige Gespräche *npl*

trip home (StR) Familienheimfahrt *f*

triple A (Fin) Bezeichnung für ‚AAA' *(cf, Übersicht unter ‚corporate bond ratings')*

triple bottom formation (Bö) Dreifachboden *m (ie, in der Point & Figure-Analyse)*

triple column tariff (Zo) Dreispaltentarif *m*

triple damages
(Kart, US) dreifacher Schadenersatz *m*
– Schadenersatz *m* in dreifacher Höhe
(ie, penalty awarded to plaintiff in legal action under federal antitrust laws; eg, collusion to fix prices)

triple-entry bookkeeping (ReW) dreifache Buchführung *f*

triple integral (Math) Dreifachintegral *n*

triple product (Math) Dreierprodukt *n*

triple top formation (Bö) Dreifachspitze *f (ie, in der Point and Figure–Analyse)*

triple witching hour
(Bö, US, infml) Geisterstunde *f*
(ie, an der New Yorker Börse: einmal im Quartal, wenn Terminkontrakte und Optionen auf Marktindizes und Aktien auslaufen; außerordentlich hohe Umsätze an diesem Tag, stark fluktuierendes Kursniveau)

trip top formation (Bö) Dreifachspitze *f (syn, in der Point & Figure-Analyse)*

trip up *v*
(com) verwirren
– ein Bein stellen
– ins Stolpern bringen
(cf, tripping wire)

trivalent graph (Math) dreiwertiger Graph *m*

trivariate distribution (Stat) dreidimensionale Verteilung *f*

trivial damage (com) Bagatellschaden *m*

trnsactions subject to investigation (Kart) prüfungspflichtige Tatbestände *mpl*

trotting inflation (Vw) trabende Inflation *f*

troubled loan (Fin) Problemkredit *m*

troubled waters (com, infml) Schwierigkeiten *fpl*

troubleshoot *v* (IndE, EDV) Fehler *mpl* suchen

trouble shooting (IndE, EDV) Fehlersuche *f*, Störungssuche *f (syn, troubleshoot)*

trouble spot (Bw) Schwachstelle *f (syn, potential trouble spot)*

trough (Vw) Konjunkturtief *n*, Talsohle *f (syn, bottom of economic activity)*

troy weight (com) Edelmetallgewicht *n*

truck
(com, US) Lastkraftwagen *m*
– Lkw *m (syn, GB, lorry)*
(com, GB, infml) offener Güterwagen *m (syn, gondola car, open goods waggon, qv)*

truckage
(com, GB) Eisenbahntransport *m (cf, trucking)*
(com) Frachtkosten *pl*

truck away *v* (com) abtransportieren

truck driver (com) Lkw-Fahrer *m (syn, teamster; GB, lorry driver)*

truck drivers' all-night diner (com, US, sl) Fernfahrerlokal *n (syn, GB, transport café)*

truck driver's logger (com) persönliches Kontrollbuch *n*

trucker
(com) Lkw-Fahrer *m*
(com) Spedition *f*

truck farm (com, US) Gemüseanbaubetrieb *m (syn, truck garden; GB, market garden)*

truck freight (com) Lkw-Fracht *f*

truck garden (com, US) = truck farm

trucking (com, US) Güterkraftverkehr *m (syn, GB, road haulage)*
trucking company
(com) Güterverkehrsunternehmen *n*
– Kraftverkehrspedition *f*
– Lkw-Transportunternehmen *n (syn, GB, haulage contractor)*
trucking industry (com) Kraftverkehrsgewerbe *n*
truck load (com) Lkw-Ladung *f*
truck production (com) Lkw-Produktion *f*
truck trailer (com) Lkw-Anhänger *m*
true add (EDV) echte Addition *f*
true and fair view
(ReW, GB) „ein den tatsächlichen Verhältnissen entsprechendes Bild" *n*
(ie, der Vermögens-, Finanz- und Ertragslage der Gesellschaft; this is the EEC translation of a peculiar British valuation principle; it implies going concern concept, consistency of valuation principle, prudence concept, etc)
true color (EDV) 24-Bit-Farbtiefe *(ie, graphics device supports 16,772,216 colors; high color, qv)*
true cost
(com) tatsächliche Kosten *pl*
(KoR) geplante Kosten *pl (ie, in standard costing)*
true discount (Fin) rechnerischer Diskont *m (syn, compound discount)*
true inflation (Vw) absolute Inflation *f*
true interest cost (Fin) effektive Zinskosten *pl*
true origin of goods (com) tatsächlicher Ursprung *m* von Waren
true overhead costs (KoR) echte Gemeinkosten *pl (opp, direct cost = Einzelkosten)*
true owner (Re) rechtmäßiger Eigentümer *m*
true process average (Stat) wahre mittlere Qualität *f (ie, der Fertigung)*
true rate of return (Fin) Effektivverzinsung *f*, effektive Rendite *f (syn, effective rate)*
true regression (Stat) fehlerfreie Regression *f*
true subset (Math) echte Teilmenge *f (syn, proper subset)*
true yield (Fin) = true rate of return
truncate *v*
(EDV, Cobol) abschneiden
(ie, suppress digits of a number which are not significant; cf, DIN 66028)
(EDV) abstreichen *(eg, digits; cf, DIN 9757 E)*
truncated distribution (Stat) gestutzte Verteilung *f*
truncated multiplier (Vw) kumulativer Multiplikator *m*
truncated sampling (IndE) abgebrochene Stichprobenprüfung *f (syn, curtailed sampling)*
truncated Snake (AuW) Restschlange *f*
truncation
(EDV) Abbrechen *n*
(EDV) Abschneiden *n*
– Abschneideverfahren *n (ie, in information retrieval)*
(Fin, US) belegloses Scheckeinzugverfahren *n*
(ie, system under which only a monthly statement is sent to the bank depositor who drew the checks by the bank on which the checks were drawn; syn, check truncation)
truncation error (EDV) Abbrechfehler *m*
trunk
(com, US) = trunk carrier
(EDV) Peripherie-Schnittstellenkanal *m*
(ie, channel linking one or more peripheral devices with a central processor)
(EDV) Bus *m*
– Pfad *m*
– Sammelweg *m (syn, bus, qv)*
(EDV) Verbindungsleitung *f (ie, zwischen zwei Vermittlungsstellen = telephone channel between two major switching centers)*
(EDV) Kanal *m (syn, channel, qv)*
trunk call (com, GB) Ferngespräch *n (syn, US, long-distance call)*
trunk carrier (com, US) große Linienfluggesellschaft *f (ie, bedient vor allem Hauptstrecken im nationalen und internationalen Flugverkehr)*
trunk line
(com) Hauptstrecke *f (ie, of railroads and air traffic)*
(com) (Telefon-)Fernleitung *f*
trunk road (com, GB) Fernstraße *f*
trust
(com) Trust *m*
(ie, popular name for a business combination controlling a large number of plants or stores in order to eliminate competition)
(Kart, US) Trust *m*
(ie, technique for extending financial control over a number of enterprises; about 80 years ago replaced by the more flexible device of the holding company)
(Re) Treuhandverhältnis *n*, Treuhand *f*
(ie, a fiduciary relationship with three parties involved: trustor (settlor, grantor, donor), beneficiary (cestui que trust), and trustee; may be created by deed of trust or by will; the former are popularly known as living trusts, personal trusts, or voluntary trusts, qv; the trust is one of the outstanding achievements of the Anglo-American legal system; it has no real counterpart in European Continental law)
trust account
(Fin) Treuhandkonto *n*
(Fin) Nachlaßkonto *n*
trust agency (Re) Treuhandstelle *f*
trust agreement (Re) Treuhandvertrag *m (syn, deed of trust)*
trust assets (Re) Treuhandvermögen *n*
trust buster
(Kart, infml) Kartellbehörde *f*
– Antitrustbehörde *f*
– „Monopolwächter" *m*
(ie, Antitrust Division of the U. S. Department of Justice, and the Federal Trade Commission)
trustbusting (Kart, US) Zerschlagung *f* von Trusts, Monopolen usw. *(eg, by the three D's: dissolution, divorcement, divestiture)*
trust company
(Fin) Treuhandbank *f*, Treuhandgesellschaft *f*
(Fin) Verwaltungsgesellschaft *f (ie, of an investment fund)*
trust deed (Re) Treuhandvertrag *m (syn, deed of trust)*

trust deposits (Fin) Treuhandgelder *npl*
trust division
(Fin, US) Abteilung *f* Vermögensverwaltung
(ie, run by commercial banks; its activity includes investment counseling, safekeeping and management of securities portfolios)
trustee
(Re) Treuhänder *m*
(ie, charged with the management and preservation of the property which constitutes the trust estate; opp, trustor = Treugeber)
(Fin) Vermögensverwalter *m*
(Fin) Verwaltungsgesellschaft *f* e–s Fonds
trustee account (Fin) Treuhandkonto *n*
trustee certificate (Kart) Treuhand-Zertifikat *n*
trustee in bankruptcy
(Re) Konkursverwalter *m*
(ie, court-appointed to administer the debtor's estate and ultimately distribute the available assets to creditors)
Trustee Savings Bank (Fin, GB) Sparkasse *f (syn, US, thrift institution)*
trustee securities (Fin) mündelsichere Wertpapiere *npl*
trusteeship
(Re) = trust
(Re) Nachlaßverwaltung *f (ie, administration of a decedent's estate)*
(Fin) Vermögensverwaltung *f (syn, trust management)*
trust estate (Re) Treuhandvermögen *n (syn, trust fund)*
trust fund
(Fin) Fremdgeld *n*
(Re) = trust estate
(IWF) Trustfonds *m*
trust indenture (Re) Treuhandvertrag *m (syn, deed of trust, trust . . . agreement/instrument)*
trust instrument (Re) = trust agreement
trust management (Fin) Vermögensverwaltung *f*
trust money (Fin) Fremdgeld *n*
trustor
(Re) Treugeber *m*
(ie, party creating a trust; syn, settlor, grantor, donor, qv; opp, trustee = Treuhänder)
trust property (Re) = trust estate
trust receipt
(Re, appr) Sicherungsübereignung *f*
(ie, agreement between bank and debtor/borrower; used principally in connection with import transactions; it has been variously held to be a conditional sale, a chattel mortgage, and a secret lien)
(Fin) Depotbescheinigung *f*
truth function (Log) Wahrheitswertfunktion *f*
truth-functional compound (Log) Gesamtaussage *f (ie, of propositional logic = der Aussagenlogik)*
truth-functional operator (Log) Wahrheitswertfunktor *m*
truth set (Log, Math) Wahrheitsmenge *f (eg, 8 is the . . . in the equation x + 12 = 20)*
truth table
(Log) Wahrheitswertetafel *f*
(ie, table showing the truth value of a compound statement for every truth value of its component statements)
truth value (Log) Wahrheitswert *m (ie, truth or falsity of a proposition)*
try-on (Mk) Versuchsballon *m (syn, trial balloon)*
TSE (Bö) = Tokyo Stock Exchange
TSR-program (EDV) = terminate and stay resident program, qv
TSUS (Zo, US) = Tariff Schedules of the United States
TT (Fin) = telegraphic transfer
t-test (Stat) = Student distribution
tube
(com, GB, infml) Untergrundbahn *f*
– U-Bahn *f*
(syn, underground)
TUC (Pw, GB) = Trade Union Congress
tug (com) = tugboat
tugboat (com) Schlepper *m (syn, tug)*
tug charge (com) Schlepplohn *m (syn, towage)*
tugging (com) Schleppschiffahrt *f (syn, towing)*
tumble in prices
(com) Preissturz *m (syn, drop-off in prices, slump in prices, price crater)*
(Bö) Kurssturz *m*
tuning (EDV) Leistungsmessung *f*
tuning device (EDV) Abgleichgerät *n*
Turkey farm
(Pw, US, infml) Abstellgleis *n*
(ie, division or department having little work and slight, if any, responsibility; a resting place for the troublesome and incompetent)
turn
(Bö) abgeschlossenes Spekulationsgeschäft *n (ie, involving a purchase and a sale)*
(Bö, GB) = jobber's turn
turnabout of the market
(Bö) Marktwende *f*
– Marktumschwung *m*
turn a profit *v* (com, infml) Gewinn *m* machen
turnaround
(com) Umschwung *m*
(Bö) Turnaround *m*
(Vw) Trendwende *f (syn, trend reversal)*
turnaround document (EDV) Kreisverkehrsbeleg *m*
turnaround in economic activity (Vw) Konjunkturumschwung *m*
turnaround stock (Bö) lebhaft gehandelte Aktie *f*
turnaround time
(EDV) Umschlagzeit *f*, Verweilzeit *f*
(ie, in operating systems: time between job submittance and receipt of results)
turn a shade easier *v* (Bö) leicht nachgeben
turn away business *v* (com) Aufträge *mpl* ablehnen
turn down *v* (com) ablehnen *(eg, offer, transfer; syn, reject)*
turn down a promotion *v* (Pw) Beförderung *f* ablehnen
turn in *v* (com) in Zahlung geben *(syn, trade in, qv)*
turn in a paper *v* (Pw) Arbeit *f* abgeben
turning of shifts (IndE) Schichtwechsel *m (eg, in a 7-day backward cycle: night-late-early)*
turning point (Math) Wendepunkt *m (syn, point of inflection)*
turn in the markt (Bö) Marktumschwung *m (ie, change or reversal of the price tendency)*
turnkey (com) schlüsselfertig

turnkey solution (com) schlüsselfertige Lösung *f*
turnkey system
(EDV) vollständiges System *n*
(ie, complete as purchased, and ready to run when the boxes are opened; eg, fully-compatible hardware, software, and peripherals, installed, and well-documented)
turn lower *v* (Bö) leichter tendieren
turn off *v*
(Pw, infml) abschalten *(ie, become less involved in one's work)*
(EDV) ausschalten
turn of the market (Bö) Händlerspanne *f (ie, of a jobber; syn, jobber's turn)*
turnover
(com, GB) Umsatz *m (syn, US, sales)*
(Bw) Umschlagkennziffer *f*
(Bö) Umsatz *m (ie, total shares traded)*
(Pw) Fluktuation *f*
– zwischenbetrieblicher Arbeitsplatzwechsel *m*
(ReW) Verkaufserlös *m*
turnover inventory (MaW) Grundbestand *m (syn, lead time inventory, qv)*
turnover of capital to average total sales (Fin, GB) Kapitalumschlaghäufigkeit *f (syn, capital turnover)*
turnover rate
(Bw) Umschlaghäufigkeit *f*
– Umsatzgeschwindigkeit *f*
– Umsatzhäufigkeit *f*
(ie, ratio of annual sales to total capital or equity capital or average inventory; syn, rate of turnover)
turnover ratio (Bw) Umschlagkennziffer *f*
turnover tax (StR) Umsatzsteuer *f*
turnpike (com, US) gebührenpflichtige Straße *f*
turn the corner *v* (com) Trend *m* umkehren *(ie, reverse the trend of affairs)*
turn the screw on *v* (com, infml) unter Druck setzen *(eg, claimants, debtors)*
turn the tax screw *v* (FiW) Steuerschraube *f* anziehen
tutorial (EDV) Lernprogramm *n*
TV advertising (Mk) Fernsehwerbung *f*
TV interview (Mk) Fersehinterview *n (syn, televised interview)*
twenty-foot equivalent unit, TEU (com) 20-Fuß-Container-Einheit *f*
twenty-hour trading system (Bö) Handel *m* rund um die Uhr *(syn, all-day trading)*
twin check (EDV) Zwillingsprüfung *f*, Doppelprüfung *f (syn, duplication check)*
twin pack (com) Doppelpackung *f*
twin primes (Math) Primzahlzwillinge *mpl*
twin-track solution
(com) doppelgleisige Lösung *f*
(ie, perhaps arrived at in separate and parallel negotiations)
twisted curve (Math) Torsionskurve *f*
two-address code (EDV) Zweiadreßcode *m*
two-address instruction (EDV) Zweiadreßbefehl *m (syn, one-plus-one instruction)*
two-bin system (MaW) Zwei-Behälter-System *n*
two-by-two table (Stat) Vierfeldtafel *f*
two-channel switch (EDV) Zweikanalschalter *m*
two-column journal (ReW) Zweispaltenjournal *n*
two-column tariff (Zo) Zolldoppeltarif *m*
two-commodity case (Vw) Zwei-Güter-Fall *m*
two-country case (Vw) Zwei-Länder-Fall *m (syn, two-country model)*
two-country model (Vw) = two-country case
two-digit (com) zweistellig *(syn, double digit)*
two-dollar broker
(Bö, US) unabhängiger Makler *m*
(ie, floor broker of the New York Stock Exchange who executes orders for other exchange members and member firms; syn, independent broker)
two-family home (com) Zweifamilienhaus *n*
two-handed process chart (IndE) Beidhand-Analysebogen *m*
two-job man (Pw) Doppelverdiener *m*
two-level subroutine (EDV) zweistufiges Unterprogramm *n*
two-name paper
(WeR) Wertpapier *n* mit zwei Zahlungsverpflichteten
(eg, trade and bankers acceptances: drawer and acceptor are liable; syn, double name paper)
two-person game (OR) Zweipersonenspiel *n*
two-person zero-sum game
(OR) Zweipersonen-Nullsummenspiel *n*
(cf, zero-sum game)
two-phase sampling (Stat) zweiphasiges Stichprobenverfahren *n*
two-place (Log) zweistellig
two-point arbitrage (Fin) direkte Arbitrage *f (syn, direct arbitrage, qv)*
two-shift worker
(IndE) Zweischichtler *m*
(ie, working early and late shifts; opp, one-shift/three-shift/all-shift . . . worker)
two-sided market
(Bö) Markt *m* mit Geld und Brief
(ie, in which both bid and asked prices, good for the standard unit of trading, are quoted)
two-stage sample (Stat) zweistufige Stichprobe *f*
two-stage sampling (Stat) zweistufiges Auswahlverfahren *n*
two-tier board system (Bw) zweistufige Unternehmensleitung *f (ie, as practiced in Germany: Vorstand + Aufsichtsrat = supervisory board + management board; opp, single-tier board system)*
two-tier foreign exchange market
(AuW) gespaltener Devisenmarkt *m*
(syn, split /dual . . . foreign exchange market)
two-tier gold market (Fin) gespaltener Goldmarkt *m*
two-tier gold price (Fin) gespaltener Goldpreis *m*
two-tier offer
(Bw, US) zweiteiliges Übernahmeangebot *n*
(ie, acquirers pay premium prices for large blocks of stocks, force a merger, and buy out minority holders at a lower price)
two-tier pay scale (Pw) gespaltene Lohnskala *f*
two-tier system (com) zweistufiges System *n*
two-tier tender offer
(com) gestaffeltes Übernahmeangebot *n*
(eg, $80 je Aktie für bis zu 50 % der Aktien, jede weitere Aktie nur noch zu $60)
two-tranche deal (Fin) zweiteilige Emission *f*

two-valued logic (Log) zweiwertige Logik *f (ie, restricted to the two truth values ‚false' and ‚true': 0 or 1; cf, three-valued logic, many-valued logic)*
two-valuedness (Log) Zweiwertigkeit *f (syn, divalence)*
two-variance method (KoR) Zwei-Abweichungs-Methode *f (syn, two-way overhead analysis)*
two-way classification
(Log) zweifache Einteilung *f*
– Zweiwegklassifikation *f*
two-way communication (EDV) Zwei-Weg-Kommunikation *f*
two-way overhead analysis (KoR) = two-variance method
two-way package (Mk) Mehrwegpackung *f*
two-way test (Stat) zweiseitiger Test *m*
two-way trade (AuW) bilateraler Handel *m (syn, bilateral trade)*
two-year budget (FiW) Doppelhaushalt *m*
tying arrangement
(Kart, US) Kopplungsvereinbarung *f*
(ie, buyer is forced to purchase a second, undesirable product; usually violates Sec 1 of the Sherman Act of 1890)
tying clause (Kart, US) Ausschließlichkeitsklausel *f*
type *v*
(EDV) eingeben *(eg, text)*
– betätigen *(eg, letter key)*
type-ahead buffer (EDV) Tastaturpuffer *m*
type approval
(com) Bauartgenehmigung *f*
– Bauartzulassung *f*
type font (EDV) Schriftart *f*
type of expense (ReW) Aufwandsart *f*
type sample (IndE) Ausfallmuster *m*
typesetting (EDV) Schriftsatz *m*
types of cover (Vers) Vertragsformen *fpl*
typestyle (EDV) Schriftart *f*
type wheel (EDV) Typenrad *n (syn, print wheel)*
typewheel printer (EDV) Typenraddrucker *m*
typewriter (com) Schreibmaschine *f*
typewriter composition (EDV) Schreibsatz *m (ie, in text processing)*
typewriter quality (EDV) Druckqualität *f*
typewriter ribbon (com) Farbband *n (syn, ink ribbon)*
typewritten (com) maschinegeschrieben *(eg, manuscript)*
typing mistake (com) Schreibfehler *m*, Tippfehler *m*
typing pool (com) zentraler Schreibdienst *m*
typist (com) Schreibkraft *f (ie, may be male or female; syn, infml, drummer)*
typo (com, GB) = typographic error
typographic error (com) Druckfehler *m (syn, misprint, qv)*
typographic styling (EDV) Auszeichnen *n (ie, in text processing)*

U

UA (Fin) = unit of account
uberrimae fidei (Vers) = utmost good faith, qv
ubiquities
(Vw, Bw) Ubiquitäten *fpl*
(ie, natural resources everywhere available, such as – previously – air and water)
ubiquitous (com) weltweit *(syn, worldwide)*
u.c. (com) = usual conditions
UCC (Re, US) = Uniform Commercial Code
UCITS (Fin) = Undertaking for Collective Investment in Transferable Securities *(ie, Eurogobbledegook, naming a new kind of investment fund in the European Community issuing ucits certificates)*
UCL (IndE) = upper control limit
U-haul trailer (com) Coil-Mulden-Aufleger *m*
ullage (com) Schwund *m*, Flüssigkeitsverlust *m (ie, liquid missing from closed container)*
ultimate beneficiary (Re) Letztbegünstigter *m*
ultimate borrower (Fin) Endkreditnehmer *m*
ultimate buyer (com) Endabnehmer *m (syn, end/intended . . . user)*
ultimate consumer (com) Endverbraucher *m*, Letztverbraucher *m (syn, final consumer)*
ultimate consumption (Vw) letzter Verbrauch *m*
ultimate goals (Log) unmittelbare Ziele *npl*
ultimate interests
(Log) unmittelbare Interessen *npl*
(syn, direct interests; opp, proximate interests = mittelbare Interessen)
ultimate purchaser (com) = ultimate buyer
ultimate sampling unit (Stat) letzte Auswahleinheit *f*
ultimate unit of responsibility (Bw) Aufgabenträger *m*, Organisationsstelle *f*
ultra vires doctrine
(Bw) Grundsatz *m*, nach dem e–e Gesellschaft nicht über die satzungsmäßigen Zwecke hinaus tätig werden darf
(ie, may act only within its charter power and statutory powers)
umbrella agreement (Re) Rahmenabkommen *n (syn, framework/skeleton . . . agreement)*
umbrella bank (Fin) Zentralinstitut *n*, Zentrale *f*
umbrella fund
(Fin) Umbrellafonds *m*
(ie, faßt e–e Anzahl anderer Fonds zusammen; jeder Fonds bildet ein eigenes Sondervermögen mit unterschiedlichen Anlageschwerpunkten; Wechseln von einem Fonds in e–n anderen ist [kostenlos od kostengünstig] möglich, ohne den „Schirm" verlassen zu müssen)
umbrella insurance
(Vers) Pauschal-Haftpflichtversicherung *f*
(Vers) Überschußversicherung *f*
(ie, coverage of losses in excess of other policies; term used in reinsurance)
umbrella organization (com) Dachorganisation *f*, Spitzenorganisation *f*
umbrella program (com) Rahmenprogramm *n*
umbrella term (Log) Oberbegriff *m (syn, overall term, qv)*
umpire (Re) Oberschiedsrichter *m*, Obmann *m (ie, third party selected to arbitrate)*
unable to comply with one's bargains
(Fin, GB) zahlungsunfähig
(ie, especially in the matter of stock exchange firms)
unable to work (Pw) arbeitsunfähig *(syn, unfit for work, incapacitated)*
unabsorbed overhead (KoR) nicht verrechnete Gemeinkosten *pl*
unacceptable employment (Pw) unzumutbare Beschäftigung *f*
unaccepted bill (WeR) nicht akzeptierter Wechsel *m*
unaddressed mailing (com) Postwurfsendung *f (syn, direct mail advertising, bulk mail)*
unadjusted (Stat) unbereinigt
unadjusted market prices (Bö) unberichtigte Kurse *mpl*
unadjusted rate of return (Fin) rechnerische Rendite *f (syn, accounting rate of return)*
unaffiliated independent (Mk) Einzelhändler *m (ie, keiner Kette angeschlossen)*
unaffiliated union (Pw, US) unabhängige Gewerkschaft *f (ie, not a member of the AFL-CIO)*
unaided recall (Mk) ungestützte Erinnerung *f*
unaided recall test (Mk) reiner Gedächtnistest *m (syn, pure recall test)*
unalienable right (Re) nicht übertragbares Recht *n*
unallocated loss adjustment expenses (Vers) nicht unmittelbar zurechenbare Schadenregulierungskosten *pl*
unallocated storage (Fin) Sammelverwahrung *f (syn, collective safe custody)*
unamortized balance (ReW) nicht abgeschriebener Rest *m*
unamortized bond discount
(Fin) nicht abgeschriebenes Damnum *n*, nicht abgeschriebenes Disagio *n*
(ie, portion of original bond discount not charged off against earnings)
unamortized discount (Fin) = unamortized bond discount
unamortized premium (Fin) nicht abgeschriebenes Agio *n*
unanimity (com) Einstimmigkeit *f*
unanimous (com) einstimmig
unanimous decision
(Bw) einstimmige Entscheidung *f*
(eg, was taken = wurde getroffen/gefällt)
unanimous resolution
(Bw) einstimmiger Beschluß *m*
(eg, was adopted = wurde gefaßt)
unappropriated profits (ReW) = unappropriated retained earnings
unappropriated retained earnings (ReW) freie Rücklage *f (ie, Gewinnvortrag, unverteilter Reingewinn)*

unary negative (EDV) unäres Minus
unary operation
(Math) einstellige Operation *f*
– unäre Operation *f*
(syn, monadic operation)
unary operator
(EDV) unärer Operator *m*
(ie, a plus or minus sign preceding a variable or a left paranthesis in an arithmetic expression; cf, DIN 6 028, Aug 1985)
unary positive (EDV) unäres Plus *n*
unascertained debt (Re) Gattungsschuld *f*, Genußschuld *f (syn, generic obligation, obligation in kind)*
unascertained goods (Re) Gattungssachen *fpl (syn, generic goods)*
unassertive
(Pw) blaß
– ohne Durchsetzungsvermögen
unassign *v* (EDV) Zuordnung *f* freigeben
unassignable pension right (SozV, Pw) unübertragbarer Rentenanspruch *m*
unassignable share (Fin) nicht übertragbare Aktie *f*
unattended
(com) ohne Aufsicht
(EDV) bedienerlos *(eg, retrieval of data = Datenabruf)*
unattended operation (EDV) bedienungsfreier Betrieb *m*
unauthorized absence (Pw) unentschuldigtes Fehlen *n*
unauthorized agent (Re) Vertreter *m* ohne Vertretungsmacht
unauthorized disclosure (Re) unberechtigte Offenlegung *f*
unauthorized possession (Re) unbefugter Besitz *m*
unauthorized strike
(Pw) wilder Streik *m*
(syn, illegal/wildcat . . . strike)
unauthorized user of vehicle (Re) Schwarzfahrer *m*
unavailable (com) nicht verfügbar
unavailable command
(EDV) unbekannter Befehl *m*
Befehl *m* nicht vorhanden *(ie, typical message)*
unavoidable cost (KoR) fixe Kosten *pl (opp, escapable cost)*
unbalanced budget (FiW) nicht ausgeglichener Haushalt *m*
unbalanced entry (ReW) Buchung *f* ohne Gegenbuchung
unbalanced growth (Vw) ungleichgewichtiges Wachstum *n (ie, different rates in the economy)*
unbalanced line (IndE) nicht ausgetaktetes Montageband *n*
unbalanced position (Bö) offene Position *f*
unbankable paper (Fin) nicht diskontfähiger Wechsel *m*
unbarrable claim (Re) unverjährbarer Anspruch *m*
unbiased error (Stat) reiner Zufallsfehler *m*
unbiased estimator (Stat) erwartungstreue Schätzfunktion *f*
unbiasedness (Stat) Erwartungstreue *f*
unbiased sample (Stat) unverzerrte Stichprobe *f*
unbilled consignment (com) nicht berechnete Sendung *f*
unblanked element (EDV) sichtbares Element *n*
unblock *v*
(Fin) freigeben
(EDV) entblocken
unblocked thread (EDV) laufwilliges Thread *n*
unblocking
(Fin) Freigabe *f (ie, of funds = von Mitteln)*
(EDV) Entblocken *n*
unbranded (Mk) ohne (differenzierenden) Markennamen
unbridled competition (Vw) schrankenloser od uneingeschränkter Wettbewerb *m (syn, unfettered/unlimited /unrestrained . . . competition)*
unbroken chain of evidence (Re) lückenlose Beweiskette *f*
unbudgeted expenditure (FiW) außerplanmäßige Ausgaben *fpl*
unbuffered (EDV) ungepuffert
unbundle *v* (com) zerlegen *(eg, elements of a combined cost figure)*
unbundling
(EDV) Entbündelung *f*
(ie, separate supply and pricing of hardware and software; Vertriebsstrategie von Herstellern, die Software extra zu fakturieren)
unbundling of risks
(Fin) Risikenzerlegung *f*
(ie, aggregierte Risiken werden in ihre Elemente zerlegt)
uncallable (Fin) unkündbar
uncalled
(Fin) nicht eingefordert
(Fin) nicht in Anspruch genommen
uncalled capital
(Fin) nicht eingefordertes Kapital *n*
(ReW) nicht eingeforderte ausstehende Einlagen *fpl (cf, § 272 nF HGB)*
uncalled liability on share capital (ReW) ausstehende Einlagen *fpl*
uncartelizable (Kart) nicht kartellfähig
uncertified bankrupt (Re) nicht entlasteter Gemeinschuldner *m (syn, undischarged bankrupt)*
unchanged central rates (EG) unveränderte Leitzinsen *mpl*
uncharged disservices (Vw) soziale Zusatzkosten *pl*
uncharged provision of materials (KoR) unverrechnete Beistellung *f*
unclaimed (com) nicht abgeholt *(eg, parcel; syn, abandoned)*
unclaimed balances (Fin, US) nicht abgehobene Guthaben *npl (ie, werden nach bestimmter Frist an den U. S. Comptroller of the Currency überwiesen)*
unclaimed check (Fin) nicht eingelöster Scheck *m*
unclaimed dividends (Fin) nicht abgehobene Dividende *f*
unclaimed property (Re) herrenloses Eigentum *n*
unclassified (com) nicht geheim
unclassified balance sheet
(ReW) nicht klassifizierte Bilanz *f*
(ie, in der Aktiva und Passiva nicht in kurz- und langfristige Posten unterteilt sind)
unclean bill of lading (com) Konnossement *n* mit einschränkendem Vermerk *(syn, dirty bill of lading)*
unclean hands (Re) rechtswidriges Verhalten *n*

uncleared goods (com) unverzollte Waren *fpl*
uncleared invoice (com) offene Rechnung *f*
uncleared items (Fin) nicht verrechnete Schecks *mpl*, offene Posten *mpl*
UNCLOS III (Re) 3. UN-Seerechtskonferenz *f (ie, Third United Nations Conference on the Law of the Sea)*
uncollateralized (Fin) nicht besichert
uncollected cash items (Fin) Inkassoforderungen *fpl*
uncollectible (ReW) = uncollectible receivable
uncollectible account (ReW) = uncollectible receivable
uncollectible receivable (ReW) uneinbringliche Forderung *f (syn, bad debt, qv)*
uncommercial (com) unwirtschaftlich
uncommercial rates (com) Dumpingraten *fpl (ie, in shipping)*
uncommitted (com) neutral, nicht gebunden
uncommitted lendings (Fin) nicht zweckgebundene Ausleihungen *fpl*
uncommitted logic array (EDV) kundenspezifischer Logik-Array *m*
uncommitted research (com) freie Forschung *f (opp, committed research = Auftragsforschung)*
uncommitted reserves (ReW) freie Rücklagen *fpl (syn, free reserves, qv)*
uncompensated cost (Vw) soziale Zusatzkosten *pl*
unconditional
(Re) bedingungslos *(syn, without . . . qualification/stipulation)*
(EDV) unbedingt
unconditional acceptance (WeR) uneingeschränktes Akzept *n (syn, general acceptance)*
unconditional branch instruction (EDV) = unconditional jump instruction
unconditional jump (EDV) unbedingter Sprung *m*
unconditional jump instruction (EDV) unbedingter Sprungbefehl *m (syn, unconditional branch instruction)*
unconditional most-favored-nation clause (AuW) unbedingte Meistbegünstigungsklausel *f*
unconditional transaction (Re) bedingungsfeindliches Geschäft *n (syn, absolute transaction; civil law: actus legitimus)*
unconfirmed irrevocable letter of credit (Fin) unbestätigtes unwiderrufliches Akkreditiv *n*
unconfirmed letter of credit (Fin) unbestätigtes Akkreditiv *n*
unconscionable contract (Re, US) sittenwidriger Vertrag *m (ie, one which no fair and honest man would accept)*
unconsionability (Re, US) Sittenwidrigkeit *f*
unconsolidated debt (Fin) unfundierte Schulden *fpl*
unconsolidated investments (com) Beteiligungen *fpl* an nicht konsolidierten Tochtergesellschaften
unconstitutional (Re) verfassungswidrig
unconstrained maximization (Math) Maximierung *f* ohne Nebenbedingungen
unconstrained problem (Math) Problem *n* ohne Nebenbedingungen
uncontrollable cost
(KoR) nicht beeinflußbare Kosten *pl*
– Kosten *pl* der Betriebsbereitschaft
– beschäftigungsabhängige Kosten *pl*
(syn, capacity/standby/ready-to-serve . . . costs)
(FiW, US) nicht beeinflußbare Ausgaben *pl (ie, long-term government contracts, interest on the national debt, entitlement payments to individuals or state and local governments)*
unconvertible bonds (Fin) nicht wandelbare Anleihe *f*
uncovered acceptance (WeR) ungedecktes Akzept *n (ie, may be dishonored = nicht eingelöst)*
uncovered arbitrage (Fin) spekulative Zinsarbitrage *f*
uncovered bill of exchange (Fin) ungedeckter Wechsel *m*
uncovered check (Fin) ungedeckter Scheck *m (syn, bad check)*
uncovered demand (com) Fehlbedarf *m*
uncovered employment (SozV) beitragsfreie Beschäftigung *f*
uncovered exposure (Fin) ungedecktes Risiko *n*
uncovered interest arbitrage (Fin) ungedeckte Zinsarbitrage *f*
uncovered interest-rate differential (AuW) Bruttozinsdifferenz *f*
uncovered loan (Fin) nicht gedeckter Kredit *m*
uncovered sale (Bö) Leerverkauf *m (syn, short sale, qv)*
uncovered transaction (Bö) Blankogeschäft *n*
UNCTAD (Vw) = United Nations Conference on Trade and Development
uncustomed goods
(Zo) zollfreie Waren *fpl*
(Zo) zollpflichtige Güter *npl*, für die noch kein Zoll entrichtet wurde
undamaged (com) unbeschädigt
undated (Fin) ohne Laufzeitbegrenzung *(ie, without redemption date)*
undated floating rate note (Fin) Undated Floating Rate Note *(ie, nicht mit Rückzahlungstermin ausgestattet; cf, floating rate note)*
undated letter (com) Schreiben *n* ohne Datum, undatiertes Schreiben *n*
undated securities (Fin) Wertpapiere *npl* ohne Fälligkeitstermin
undeclared legal production
(com) Schwarzhandel *m*
– Verkauf *m* ohne Rechnung *(oR)*
undelete *v* (EDV) Löschen *n* rückgängig machen
undeliverable (com) unzustellbar *(syn, undelivered, qv)*
undelivered (com) unzustellbar *(eg, if . . . return to)*
undeposited receipts (Fin) nicht eingezahlte Einnahmen *fpl*
underabsorbed overhead (KoR) Gemeinkostenunterdeckung *f (syn, underapplied overhead; opp, overabsorbed overhead)*
underabsorbed production overhead (KoR) Fertigungsgemeinkosten-Unterdeckung *f*
underabsorption
(KoR) Unterdeckung *f*
(opp, overabsorption)
underabsorption of overhead (KoR) Gemeinkostenunterdeckung *f (opp, overabsorption, qv)*
under a duty (Re) verpflichtet *(eg, tenant is usually . . . to pay taxes)*
under age (Re) Minderjährigkeit *f (syn, non-age)*
underapplied overhead (KoR) = underabsorbed overhead
underbid *v* (com) unterbieten

underbidding (com) Unterbieten *n*
under bond (Zo) unter Zollverschluß
under budget
(FiW) Haushaltsunterschreitung *f*
– Budgetunterschreitung *f*
(syn, budget underrun)
undercapitalization (Fin) Unterkapitalisierung *f*
undercapitalized (Fin) unterkapitalisiert *(ie, with insufficient ownership funds)*
under construction (com) im Bau
underconsumption theory
(Vw) Unterkonsumtionstheorie *f (ie, depressions are caused by a lack of spending by the public, due to low wages or excessive savings)*
under customs supervision (Zo) unter Zollaufsicht
undercut *v* (com) unterbieten *(eg, by unfairly low-priced imports; syn, undersell)*
undercutting (com) Preisunterbietung *f (syn, underselling)*
underdemand (Vw) Unternachfrage *f*
underdepreciation (ReW) Unterabschreibung *f (ie, underprovision of depreciation)*
underemployed
(com) nicht ausgelastet
(com) unterbeschäftigt
(Pw) unter Niveau beschäftigt *(ie, working on a level lower than that for which an individual has training or experience)*
underemployed economy (Vw) unterbeschäftigte Wirtschaft *f*
underemployment (Vw) Unterbeschäftigung *f (syn, less-than-full employment)*
underemployment equilibrium (Vw) Gleichgewicht *n* bei Unterbeschäftigung
underfishing (com) Unterfischen *n (ie, underexploitation of fish)*
underfloor heating (IndE) Fußbodenheizung *f*
underflow (EDV) Unterlauf *m (opp, overflow)*
underground (com, GB) U-Bahn *f (syn, infml, tube; US, subway)*
underground car park (com, GB) Tiefgarage *f*
underground economy
(Vw) Schattenwirtschaft *f*
(ie, that portion of GNP, being non-reported or under-reported, is not measured by official statistics; syn, black/cash/dual/hidden/informal irregular/parallel/ shadow/subterranean . . . economy)
underinsurance (Vers) Unterversicherung *f*
underinsure *v* (Vers) unterversichern
underlease (Re) Untervermietung *f (syn, sublease)*
underlet *v* (Re) untervermieten
underleveraged (Fin) mit zu geringem Fremdkapital ausgestattet
underline *v* (com) unterstreichen *(syn, underscore)*
underlying asset
(Bö) Basisobjekt *n*
– Bezugsobjekt *n*
(ie, von Optionen auf Terminkontrakte; syn, underlying instrument)
underlying bond (Bö) Anleihe *f* cum
underlying commodity (Bö) Basismenge *f*
underlying company (com) Tochtergesellschaft *f*, die fortbesteht wegen unübertragbarer, für die Mutter aber betriebsnotwendiger Rechte
underlying instrument (Fin) Basisobjekt *n (ie, von Terminkontrakten)*
underlying lien (Re) vorrangiges Pfandrecht *n (ie, prior to others, like a first mortgage; any lien is underlying except the last)*
underlying mortgage (Fin) vorrangige Hypothek *f*
underlying (security) (Fin) zugrundeliegendes Wertpapier *n (syn, underlying instrument, qv)*
underlying tendency
(Vw) Grundlinie *f*
– Grundtendenz *f*
underlying transaction (Re) Grundgeschäft *n (syn, underlying deal, basic transaction)*
underlying trend (com) Grundtendenz *f*
undermanned (Pw) unterbesetzt *(syn, understaffed)*
undermanning (Pw) Unterbesetzung *f (syn, understaffing)*
undermentioned
(com, GB, fml) (die) Untengenannten *pl*
(opp, above-mentioned)
under notice (Pw) gekündigt
underpaid (Pw) unterbezahlt
underpayment (Pw) Unterbezahlung *f*
underpin *v*
(com) stärken *(eg, competitive position)*
(com) unterstützen
– untermauern *(eg, strong evidence underpins his theory)*
underpinnings (com) Grundlagen *fpl (eg, the court disavows the . . . of a case)*
underprice *v*
(com) unter Preis anbieten
(Bö) unterbewerten *(eg, share is underpriced)*
underpriced share (Bö) zu niedrig bewertete Aktie *f*
underprivileged
(SozV, euph) unterprivilegiert
(ie, the poor or simply those claiming a bigger share in the pie)
underqualified (Pw) unterqualifiziert
underrate *v*
(com) unterschätzen *(syn, underestimate)*
(ReW) unterbewerten
underreport *v* (ReW) = understate
underscore *v* (com) unterstreichen *(syn, underline)*
undersell *v* (com) unterbieten *(syn, undercut)*
underselling (com) = undercutting
under separate cover (com) mit gleicher Post
undersign *v*
(com) unterschreiben
– unterzeichnen
(syn, sign, subscribe)
undersigned (com, fml) Unterzeichneter *m*
under spot (Bö) unter Kassakurs
understaffed (Pw) unterbesetzt *(syn, undermanned)*
understaffing (Pw) Unterbesetzung *f (syn, undermanning)*
understate *v*
(ReW) zu niedrig ausweisen
– unterbewerten *(syn, underreport)*
undersubscribed (Fin) nicht vollständig gezeichnet *(ie, securities issue)*
undertake *v*
(com) auf sich nehmen *(eg, task)*
(com) übernehmen *(eg, office)*
(Re) sich verpflichten *(syn, engage, promise)*

undertaking
(com) Vereinbarung *f*
(Bw) Unternehmen *n*, Betrieb *m*
(Re) Versprechen *n*
– Verpflichtung *f*
– Verpflichtungserklärung *f*
– Zusicherung *f (syn, obligation, commitment)*
under-the-counter (com, infml) unter dem Tisch *(ie, dealing in an unethical manner)*
undertone
(Bö) Marktstimmung *f*
(ie, underlying tendency of market prices; may be weak, steady, or strong)
undertrading (Fin) Erzielung *f* zu niedriger Umsätze *(ie, bei gegebenem Eigenkapital)*
underutilization (Bw) Unterbeschäftigung *f (syn, operating /working . . . below capacity)*
underutilization of capacity (IndE) Unterauslastung *f*
undervaluation
(ReW) Unterbewertung *f*
(Fin) Unterbewertung *f (ie, of a currency)*
undervalue *v* (ReW) unterbewerten *(ie, below the real worth; syn, understate)*
undervalued currency (Fin) unterbewertete Währung *f*
under way (com) in Bearbeitung *f (ie, being handled or processed; syn, infml, in the works; GB, on the stocks)*
underwrite *v*
(Fin) übernehmen
(Vers) versichern
underwrite an issue *v* (Fin) Emission *f* fest übernehmen
underwriter
(Re) Bürge *f (syn, guarantor)*
(Fin) Emissionsbank *f (syn, issuing bank)*
(Fin) Konsorte *m*
– Konsortialmitglied *n*
(syn, syndicate member)
(Vers) Versicherer *m (syn, insurer)*
(Vers) Lebensversicherungsvertreter *m (ie, life insurance agent)*
(Vers, GB) Syndikatsmitglied *n* bei Lloyd's
underwriters
(Fin, GB) Emissionskonsortium *n*
– Übernahmekonsortium *n (syn, underwriting syndicate)*
underwriting (com) Risikoübernahme *f (ie, in insurance and investment)*
underwriting agents (Vers, GB) Firmen *fpl*, die die Geschäfte e–s Lloyd's-Syndikats führen
underwriting agreement
(Fin) Emissionsvertrag *m*
– Übernahmevertrag *m*
(ie, relating to securities issue; used in public offerings)
underwriting banks (Fin) Konsortialbanken *fpl*
underwriting business (Fin) Emissionsgeschäft *n*, Konsortialgeschäft *n (syn, issuing business; opp, agency marketing)*
underwriting capacity (Vers) Zeichnungskapazität *f*
underwriting commission (Fin) Übernahmeprovision *f*, Konsortialnutzen *m (ie, normally at the rate of 2 % for an offerfor sale)*
underwriting commitment
(Fin) Übernahmeverpflichtung *f*
(Fin) Konsortialquote *f*
underwriting contract (Fin) Emissionsübernahmevertrag *m*
underwriting department (Fin) Garantieabteilung *f (ie, of a bank)*
underwriting group
(Fin) Übernahmekonsortium *n*
(ie, guaranties to take up any unsold portion of a security issue for its own account; rare in Germany; syn, underwriting syndicate, purchase group, purchasing syndicate)
(Fin) Versicherungskonsortium *n*
underwriting guaranty (Fin) Übernahmegarantie *f*
underwriting house (Fin) Emissionsinstitut *n*
underwriting limit (Vers) Zeichnungsgrenze *f*
underwriting loss reserve (ReW) Rückstellung *f* für Konsortialverluste
underwriting margin (Fin) Konsortialspanne *f (syn, underwriting commission)*
underwriting premium (Fin) Emissionsagio *n (syn, issue premium; opp, issuing discount)*
underwriting price
(Fin) Übernahmekurs *m*
– Übernahmepreis *m*
underwriting profit
(Fin) Emissionsgewinn *m (ie, issue premium less cost of issue)*
(Vers) technischer Gewinn *m*
underwriting prospectus (Fin) Emissionsprospekt *m (syn, prospectus, qv)*
underwriting reserve
(Vers) Schadenreserve *f*
– Schadenrückstellung *f*
– technische Reserve *f*
underwriting result (Vers) versicherungstechnisches Ergebnis *n*
underwriting risk
(Fin) Emissionsrisiko *n*
(Vers) Versicherungsrisiko *n*
underwriting share (Fin) Konsortialquote *f (syn, underwriting commitment)*
undeveloped land (com) unerschlossene Grundstükke *npl*
undeveloped real estate (ReW) unbebaute Grundstücke *npl (syn, land, qv)*
undirected arc (OR) ungerichtete Kante *f*
undirected graph (OR) ungerichteter Graph *m*
undisbursed (Fin) nicht ausgezahlt
undischarged debtor (Re) nicht entlasteter Gemeinschuldner *m*
undisclosed accounting (ReW) Geheimbuchführung *f*
undisclosed agency
(Re) mittelbare
– unechte
– verdeckte
– indirekte . . . Stellvertretung *f*
(ie, schließt das Rechtsgeschäft zwar im Interesse des Geschäftsherrn – principal – ab, aber doch im eigenen Namen; Beispiele: Speditionsvertrag, Strohmann; im deutschen BGB nicht geregelt)
undisclosed agent (Re) mittelbarer Stellvertreter *m*
undisclosed assignment (Re) stille Zession *f*
undisclosed earnings (Fin) = equity earnings

undisclosed export bounty (AuW) versteckte Ausfuhrprämie *f (eg, tax cuts, duty draw-back)*
undisclosed factoring (Fin) verdecktes Factoring *n (syn, non-notification factoring)*
undisclosed principal (Re) mittelbarer od stiller Auftraggeber *m*
undisclosed profits (ReW) nicht ausgewiesene Gewinne *mpl*
undisclosed reserves (ReW) stille Rücklagen *fpl*
undistributed earnings (ReW) einbehaltene Gewinne *mpl (syn, retained earnings, qv)*
undistributed income (ReW) = undistributed earnings
undistributed profits (ReW) = undistributed earnings
undisturbed growth (Vw) störungsfreies Wachstum *n*
undo *v* (com) rückgängig machen *(eg, many of the changes made to the contract)*
undo amendments *v* (Re) Änderungen *fpl* rückgängig machen
undocumented worker (Re, US) = illegal worker
undo function
(EDV) Undo-Funktion *f*
– Funktion *f* zum Rückgängigmachen der letzten Änderung
undrawn (Fin) nicht in Anspruch genommen
undue burden (Re, US) unzumutbare Belastung *f (cf, unduly burdensome)*
undue debt (Fin) noch nicht fällige Verbindlichkeit *f*
undue enrichment (Re, US) ungerechtfertigte Bereicherung *f (syn, unjust enrichment)*
undue hardship (Re) unbillige Härte *f*
undue influence (Re) unzulässige Beeinflussung *f (ie, makes a contract voidable)*
undue restraint of market power (Kart) Behinderungsmißbrauch *m*
unearned income
(Vw) arbeitsloses Einkommen *n*
– Besitzeinkommen *n*
(syn, unearned revenue, property income; opp, earned income)
(ReW) transitorische Passiva *npl (syn, prepaid income, qv)*
(StR, GB) Besitzeinkommen *n (syn, investment income)*
unearned increment (FiW) unverdienter Wertzuwachs *m (ie, increase in value of land)*
unearned premium reserve
(Vers) Deckungsrückstellung *f*
(unzutreffend auch:)
– Deckungsrücklage *f*
– Prämienreserve *f*
(ie, entsteht durch Ansammlung e–s Teiles der Prämien = set up as an interest-bearing pool of premiums; syn, mathematical reserve, reimbursement fund; GB, cover of assurance)
unearned reinsurance premium
(Vers) nicht verdiente Rückversicherungsprämie *f*
(ie, part of reinsurance premium applicable to the unexpired portion of the policy insured)
unearned revenue (ReW) = unearned income
uneasy triangle
(Vw) magisches Dreieck *n*
(ie, in GB: price stability, full employment, autonomous wages policy)
uneconomical (com) unwirtschaftlich *(syn, costly, wasteful)*
unemployable
(Pw) nicht vermittelbar
(ie, too sick, too young, too old, too lazy, or criminal)
unemployed
(Pw) arbeitslos
(syn, jobless, out of work, off the payroll; infml, sitting on the sidelines of business)
unemployed funds (Fin) brachliegendes Geld *n (syn, idle money)*
unemployed person (Pw) Arbeitsloser *m (syn, jobless person, person out of work)*
unemployed persons (com) Erwerbslose *pl*
unemployment
(Vw) Arbeitslosigkeit *f*
(Vw) Arbeitslosenquote *f (syn, jobless rate)*
(SozV) = unemployment benefit
unemployment benefit (SozV) Arbeitslosengeld *n (syn, unemployment compensation)*
unemployment benefit granted to partially unempl oyed persons (SozV) Teilarbeitslosengeld *n*
unemployment claim (SozV) Antrag *m* auf Arbeitslosengeld
unemployment compensation (SozV) = unemployment benefit
unemployment drop (Vw) Rückgang *m* der Arbeitslosigkeit
unemployment exchange (Pw) Arbeitsvermittlung *f*
unemployment figure (Vw) Arbeitslosenzahl *f (syn, jobless total, number of people out of work)*
unemployment insurance
(SozV, US) Arbeitslosenversicherung *f*
(ie, to be eligible for benefits, the person must be registered for work at a public employment office and be ready, willing, and able to work)
unemployment insurance benefit (SozV) Arbeitslosengeld *n (syn, jobless benefit)*
unemployment market (Vw) Arbeitsmarkt *m (syn, job/labor . . . market)*
unemployment rate (Vw) Arbeitslosigkeit *f (ie, ratio of jobless to total labor force; syn, jobless rate)*
unemployment statistics (Stat) Arbeitslosenstatistik *f*
unencumbered real estate (Re) unbelastetes Grundstück *n (ie, one free of encumbrance)*
unending decimal fraction (Math) unendliche Dezimalzahl *f*
unenforceable claim
(Re) uneinklagbarer Anspruch *m*
– nicht durchsetzbarer Anspruch *m*
unentered goods (Zo) nicht für den freien Verkehr abgefertigte Waren *fpl*
unequivocal (Log) eindeutig *(syn, clear, unambiguous)*
unerase *v* (EDV) = to undelete
uneven number (Math) ungerade Zahl *f (syn, odd number; opp, even number)*
unexpected halt (EDV) nicht programmierter Stopp *m (syn, hangup)*
unexpired cost (ReW) nicht erfolgswirksame Kosten *pl (ie, any asset)*
unexpired expense (ReW) transitorische Aktiva expense, *qv*

unexpired life (ReW) Restlebensdauer *f (syn, remaining life expectancy, qv)*
unexpired time (Fin) Restlaufzeit *f (syn, time to maturity, qv)*
unfair advertising (Mk) sittenwidrige Werbung *f (ie, against good morals)*
unfair competition (Kart) unlauterer Wettbewerb *m (syn, dishonest trading)*
unfair dismissal (Pw) grundlose Entlassung *f (syn, dismissal without cause)*
unfair trade practices (Kart) unlautere Wettbewerbshandlungen *fpl (syn, fraudulent trading)*
unfavorable balance of payment (AuW) passive Zahlungsbilanz *f*
unfavorable trade balance (AuW) passive Handelsbilanz *f*
unfavorable treatment (Re) Benachteiligung *f*
unfettered competition (Vw) uneingeschränkter Wettbewerb *m (syn, unbridled competition, qv)*
unfilled job
(Pw) freie Stelle *f*
– offene Stelle *f*
(syn, vacant job)
unfilled order (com) unerledigter Auftrag *m (syn, back order)*
unfilled vacancy (Pw) = unfilled job
unfinished business
(com) unerledigte Tagesordnungspunkte *mpl*
– unerledigtes Programm *n*
unfinished products (IndE) unfertige Erzeugnisse *npl (syn, semi-finished products, qv)*
unfit for work (Pw) arbeitsunfähig *(ie, for the time being)*
unfitness for work (Pw) Arbeitsunfähigkeit *f*
unfootnoted (com, infml) bedingungslos *(eg, free trade stance)*
unforeseen requirements (com) unvorgesehener/ungeplanter . . . Bedarf *m*
unforfeitability (Re) = nonforfeitability
unforfeitable (Re) = nonforfeitable
unformatted data (EDV) unformatierte Daten *pl*
unfounded assertion
(Re) haltlose Unterstellung *f*
(Log) Behauptung *f* ohne Grundlage *f (syn, assertion without substance)*
unfranked (Fin, GB) nicht besteuert
unfreeze *v*
(Fin) freigeben
(eg, immobilized foreign exchange bank balances)
unfreeze funds *v* (Fin) Guthaben *fpl* freigeben
unfreezing of assets (Fin) Freigabe *f* von Vermögenswerten
unfunded debt (FiW) schwebende Schulden *fpl (syn, floating debt, short-term debt; opp, funded debt)*
unfunded public debt (FiW) schwebende Schulden *fpl*, unfundierte Schulden *fpl (syn, floating/short-term . . . public debt)*
unfunded public pension system (FiW) umlagefinanziertes Altersversorgungssystem *n (opp, funded pension system = kapitalgedecktes Altersversorgungssystem)*
unfunded social security pensions (Vw) umlagefinanzierte Sozialversicherungsrenten *fpl*
ungovernability (Re) Unregierbarkeit *f*
ungovernable (Re) unregierbar
unhampered trade
(AuW) uneingeschränkter Handel *m*
(syn, unimpeded trade)
unhedged (Fin) ungesichert
unibanking (Fin) = universal banking system
UNIDROIT (Re) = International Institute for the Unification of Private Law
unified accounting (ReW) Gesamtbuchhaltung *f (ie, no separation of general and cost accounting)*
unified bond (Fin) konsolidierte Anleihe *f (syn, consolidated bond, qv)*
unified budget
(FiW, US) Einheitsbudget *n*
(ie, present form of the federal budget, introduced in 1967; receipts and outlays from federal funds and trust funds are consolidated; off-budget federal agencies are not included)
unified control (Bw) gemeinsame Leitung *f*
unified managament (Bw) einheitliche Leitung *f (syn, central /centralized . . . management, common control)*
unified personal income tax (StR, GB) einstufige Einkommensteuer *f (ie, früher: standard tax and surtax)*
unified price structure (com) einheitliches Preisgefüge *n*
unified transfer tax
(StR, US) einheitliche Erbschaft- und Schenkungsteuer *f*
(ie, replaced the separate federal gift and estate taxes)
uniform base period
(Fin) einheitlicher Bezugspunkt *m*
(ie, in preinvestment analysis = Investitionsrechnung)
Uniform Commercial Code, UCC
(Re, US) Uniform Commercial Code *m*
(ie, adopted by all states except Louisiana; covers the law of sales; replaced older laws, such as the Uniform Negotiable Instruments Law, and the Uniform Sales Law)
uniform costing (KoR) einheitliche Kostenrechnung *f*
Uniform Customs and Practice for Commercial Documentary Credits (com) Einheitliche Richtlinien *fpl* für Dokumentenakkreditive
uniform delivered pricing
(com) einheitliche Preisstellung *f* frei Haus
(ie, identical prices to any destination)
uniform distribution (Stat) Gleichverteilung *f*
uniform duty (Zo) Einheitszoll *m*
uniformity of corporate policy (Bw) einheitliche Unternehmenspolitik *f*
uniformly best constant risk estimator (Stat) gleichmäßig beste Schätzfunktion *f*
uniformly most powerful test (Stat) gleichmäßig schärfster Test *m*
uniformly unbiased estimator (Stat) gleichmäßig verzerrungsfreie Schätzfunktion *f*
uniform market (Bö) einheitlicher Markt *m*
uniform price (Vw) Einheitspreis *m (ie, set for government price control purposes)*
uniform rate (com) einheitlicher Satz *m*
Uniform Rules for Collections (Fin) Einheitliche Richtlinien *fpl* für Inkassi

uniform sampling fraction (Stat) einheitlicher Auswahlsatz *m*
uniform valuation system (Bw) einheitliches Bewertungssystem *n*
unifying bond (Fin) = unified bond
unilateral contract (Re) einseitiger Vertrag *m*, einseitiger Schuldvertrag *m (syn, one-sided/ex parte . . . contract)*
unilateral manifestation of intent (Re) einseitige Willenserklärung *f*
unilateral mistake (Re) einseitiger Irrtum *m (ie, about the terms of a contract)*
unilateral obligation (Re) einseitige Verpflichtung *f*
unilateral payments
(VGR, US) Übertragungsbilanz *f*
– Transferbilanz *f*
(syn, balance on transfer account)
unilateral quota (AuW) einseitig festgesetztes Importkontingent *n*
unilateral transaction (Re) einseitiges Rechtsgeschäft *n*
unilateral transfer
(VGR) einseitiger Transfer *m*
– einseitige Übertragung *f*
unilinear tariff (Zo) Generaltarif *m*, Einheitstarif *m (syn, general/single-schedule . . . tariff)*
unimodal (Stat) unimodal
unimodal distribution (Stat) eingipfelige Verteilung *f*
unimodular matrix (Math) unimodulare Matrix *f (ie, a unimodulus matrix with integer entries)*
unimodular property (Math) Unimodularität *f*
unimpaired stockholders (Fin) nicht geschädigte Aktionäre *mpl*
unimproved land (com) unerschlossene Grundstükke *npl (ie, undeveloped or raw land)*
unincorporate (Bw) = not incorporated
unincorporated business tax (StR, US) Gewerbesteuer *f (ie, Connecticut and Rhode Island; Bemessungsgrundlage: Umsatz)*
unincorporated company
(com) Unternehmen *n* ohne eigene Rechtspersönlichkeit
– Nicht-Kapitalgesellschaft *f*
unincorporated voluntary association
(com, GB) nicht rechtsfähiger Verein *m*
(ie, örtliche Vereine, Gewerkschaften, Arbeitgeberverbände)
uninstall *v*
(EDV) deinstallieren
– Programm entfernen *(ie, delete all files belonging to an application and reversing all changes to system files, etc; syn, deinstall)*
uninsured loss (Vers) nicht versicherter Schaden *m*
uninsured motor protection
(Vers) Kfz-Versicherung *f*
(ie, gegen flüchtigen od unversicherten Fahrer)
unintended disinvestment (Vw) ungeplante Desinvestition *f*
unintended dissaving (Vw) ungeplantes Entsparen *n*
unintended saving (Vw) ungeplantes Sparen *n*
uninterrupted performance of work
(com) flüssiger Arbeitsablauf *m*
(syn, smooth flow of work)
uninvoiced sales (com) nicht abgerechnete Leistungen *fpl*

union
(Math) = union of sets
(Pw) Gewerkschaft *f*
(syn, US, labor union; GB, trade union)
(ie, in U. S.: organization of workers formed to negotiate with employers on wages, working conditions, etc; there are many types of union, such as:
1. company = sponsored by an employer (now forbidden)
2. craft or horizontal = persons in the same craft
3. independent = persons working for one employer who form a union with no affiliations
4. industrial or vertical = workers in one industry
5. local = workers in one company or place who affiliate their union with a larger one
6. open = easy to get in
7. trade = a labor union generally or a craft union
8. business union = the conservative U.S. trade unions; are also called ‚bread-and-butter' unions because they concentrate merely on gaining higher wages and better working conditions rather than devoting their efforts to political actions as many European unions have done)
union contract (Pw, US) Tarifvertrag *m*
Union Convention
(Pat) Pariser Verbandsübereinkunft *f*
(ie, zum Schutz des gewerblichen Eigentums; ie, full title: International Convention for the Protection of Industrial Property; signed in 1883 and frequently revised; syn, Paris Convention)
union dues (Pw) Gewerkschaftsbeiträge *mpl*
unionized (Pw) gewerkschaftlich organisiert
unionized employee (Pw) organisierter Arbeitnehmer *m*
union leader (Pw) Gewerkschaftsführer *m (syn, labor leader)*
union member (Pw) Gewerkschaftsmitglied *n*
union-member employee (Pw) gewerkschaftlich organisierter Arbeitnehmer *m*
union membership agreement (Pw, GB) Tarifausschlußklausel *f (ie, negative Koalitionsfreiheit ist in GB unbekannt)*
union official (Pw) Gewerkschaftsfunktionär *m*
union of minds
(Re) Willenseinigung *f*, gemeinsamer Rechtsgeschäftswille *m*
(syn, meeting of minds, concurrence of intention, mutual assent, qv)
union of sets (Math) Vereinigungsmenge *f (syn, join, sum; opp, intersection, meet = Schnittmenge)*
union power politics (Pw) Machtpolitik *f* der Gewerkschaften
union representative (Pw) Gewerkschaftsvertreter *m*
union shop
(Pw, US) Betrieb *m*, der nur gewerkschaftlich organisierte Arbeitnehmer beschäftigt, gewerkschaftspflichtiges Unternehmen *n*
(ie, union membership is not a requirement for original employment but becomes mandatory after a specified period of time, typically within one month)
union strike call (Pw) Streikaufruf *m*

union subscriptions (Pw, GB) Gewerkschaftsbeiträge *mpl*
union wage rate (Pw) Tariflohn *m (syn, negotiated standard wage rate)*
unique
(com) unerreicht, einmalig
(Math) eindeutig
unique copy (com) Unikat *n*
unique feature (com) Besonderheit *f*
unique file (EDV) Einzeldatei *f*
uniquely defined (Log) eindeutig definiert
uniquely identified (Log) exakt identifiziert
uniquely related (Math) eindeutig abhängig
uniqueness theorem (Math) Eindeutigkeitssatz *m (syn, identity theorem)*
unique optimum (Math) eindeutiges Optimum *n*
unique position
(Pat) Alleinstellung *f*
(ie, special protection of a well-known trade mark on account of its unequaled nature)
unique-product production
(IndE) Einzelfertigung *f*
(syn, individual production)
unique selling proposition, USP
(Mk) einzigartiges Verkaufsversprechen *n*
(ie, primary selling argument; eg, special product benefit)
unique solution (Math) eindeutige Lösung *f*, eindeutiges Ergebnis *n (syn, determinate solution)*
unique steady-state equilibrium (Vw) goldener Wachstumspfad *m*, totales Gleichgewicht *n*
unissued capital (Fin) nicht gezeichnetes Kapital *n (ie, difference between share capital and issued capital)*
unissued stock (Fin, US) genehmigte, noch nicht emittierte Aktien *fpl (ie, part of authorized capital not issued or outstanding)*
unit
(com) Unternehmen *n*
– Unternehmenseinheit *f*
(IndE) Werksabteilung *f (ie, of a plant)*
(Fin) Anteil *m*, Fondsanteil *m*
(ie, am Investmentfonds = unit trust)
(EDV, Cobol) Einheit *f*
(EDV) Gerät *n*, Teil *n*
(MaW) Einheit *f (ie, standard of basic quantity into which an item of supply is divided, issued or used)*
(Bö) Börsenschluß *m*
(ie, Mindestbetrag e–s Abschlusses; im Terminhandel festgesetzter Mindesthandelsbetrag; syn, minimum trading lot)
(Math) Einerstelle *f*
(IndE) Aggregat *n*, Gruppe *f (syn, unit assembly, qv)*
unit account method of valuation (ReW) Einzelbewertung *f (syn, single-asset valuation, qv)*
unit advertising cost (Mk) Werbestückkosten *pl*
unit applicant (Fin, GB) Anteilszeichner *m*
unitary board structure (Bw) einstufiges Leitungssystem *n (syn, single-tier board structure)*
Unitary Business Concept
(StR, US) (eine Art) Organschaft *f*
(eg, in California: bestimmte Konzerngruppen können sich bei e–r Verschachtelung von mindestens 80% für e–e konsolidierte Bilanz und e–e einheitliche Steuererklärung – einschließlich Gewinn- und Verlustausgleich – entscheiden)
unitary elasticity (Vw) Elastizität *f* = 1
unitary graph (Math) Einheitsgraph *m*
unitary matrix (Math) unitäre Matrix *f*
unitary sampling (Stat) unmittelbare Stichprobennahme *f*
unitary sampling plan (Stat) einstufiger Stichprobenplan *m*
unitary set (Math) Einsmenge *f*, Einerklasse *f (ie, Extension des Einzelbegriffs)*
unitary taxation
(StR, US) „Einheits"-Besteuerung *f*
(ie, method of assessing a company's state tax liabilities by reference to its total earnings: US-Bundesstaaten besteuern Tochtergesellschaften ausländischer Konzerne nicht nach dem angegebenen, sondern nach e–m geschätzten Gewinn; Bemessungsgrundlage ist der weltweite Gewinn des gesamten ausländischen Konzerns; Gewicht der US-Tochter wird nach dem investierten Kapital od der Zahl der Beschäftigten bestimmt: „Taxation without representation – the Boston Tea Party all over again")
unitary wage rate (Pw, US) Durchschnittsstundenlohn *m (ie, paid in the U. S. manufacturing industry)*
unit assembly
(IndE) Aggregat *n*
(ie, assemblage of machine parts which is a complete part of an end item; may be removed without itself being disassembled)
unit asset records (ReW) Anlagenkartei *f (syn, fixed-asset card file, plant ledger)*
unit assurance
(Vers, GB) fondsgebundene Lebensversicherung *f*
(syn, unit-linked life assurance; US, share-linked life insurance)
unit bank (Fin, US) filiallose Bank *f (syn, single-office institution; opp, branch banking)*
unit banking system (Fin, US) Einzelbanksystem *n*
unit billing (com) Ausstellen *n* von Sammelrechnungen
unit certificate (Fin, GB) Anteilschein *m*
unit contribution margin (KoR) Deckungsbeitrag *m* pro Ausbringungseinheit
unit cost
(KoR) Stückkosten *pl*
(ie, cost allocated to a specific unit of a product: cost over time divided by the number of units produced; syn, unit per cost, cost per unit of output)
unit costing (KoR) Stückkostenrechnung *f*
unit depreciation
(ReW) Einzelabschreibung *f*, individuelle Abschreibung *f*
(syn, single-asset depreciaton; opp, composite-life method of depreciation = Pauschalabschreibung)
unit drawing (IndE) Einzelteilzeichnung *f*
United Nations Conference on Trade and Development, UNCTAD (Vw) UNCTAD *f*, Handels- und Entwicklungskonferenz der Vereinten Nationen

United Nations Industrial Development Organization (Vw) UNIDO *f*, Organisation *f* der Vereinten Nationen für industrielle Entwicklung
United States person
(Re) Person *f* nach US-Recht
(ie, citizen or resident of the United States. a domestic partnership or corporation, and any estate or trust)
unit elasticity (Vw) = unitary elasticity
unit fee (com) Gebühreneinheit *f*
unit fee call (com, GB) Ortsgespräch *n*
unit fraction (Math) Stammbruch *m*
unit function (Math) Einheitssprung *m (cf, Laplace transform)*
unit holder (Fin, GB) Fondsanteilseigner *m*
unit investment trust (Fin, GB) = unit trust
unitized (IndE) in Baukastenform *(syn, modular)*
unitized cargo
(com, US) Einheitsladung *f*
(ie, grouped cargo carried aboard a ship in pallets, containers, etc)
unitized handling (com) Container-Transport *m*
unitized labor cost (KoR) = unit labor cost
unitized load
(com, US) Einheitsladung *f*
– Unitload *f*
(ie, single item or number of items packaged, packed, or arranged in a specified manner and capable of being handled as a unit: unitization may be accomplished by placing the item or items in a container or by banding them securely together; syn, unit load)
unit labor cost (KoR) Lohnstückkosten *pl (syn, unit wage cost, unitized labor cost)*
unit-linked (Fin) fondsgebunden
unit-linked life assurance (Vers, GB) = unit assurance
unit load (com) Containerstapel *m*
unit load carrier
(com, US) Unit Load Carrier *m*
– Containerschiff *n*
unit matrix (Math) Einheitsmatrix *f (syn, identical matrix)*
unit normal variate (Stat) Gaußsche Einheitsvariable *f*
unit of account
(Fin) Rechnungseinheit *f*
(eg, ECU, SDR)
unit of account, UA (Fin) Rechnungseinheit *f (eg, ECU, EUA, SDR; syn, accounting unit)*
unit of activity (KoR) Kostenstelle *f (syn, cost center, qv)*
unit of currency (Vw) Währungseinheit *f*
unit offering (Fin, GB) Emission *f* von Fondsanteilen
unit of government (Re) Gebietskörperschaft *f (syn, government unit, political subdivision, territorial division)*
unit of issue
(IndE) Lagereinheit *f* e–r Ware
(ie, quantity of an item, such as each number, dozen, gallon, pair, etc)
unit of local government (FiW) = municipality, qv
unit of measure (com) Maßeinheit *f*
unit of measurement (com) Maßeinheit *f*
unit of organization
(Bw) Organisationseinheit *f*
– Instanz *f*
– Stelle *f*
unit of output (IndE) = unit of production
unit-of-output costing (KoR) Kostenträgerrechnung *f*
unit of product (IndE) = unit of production
unit of production
(IndE) Produktionseinheit *f*
– Fertigungseinheit *f*
(syn, unit . . . of product/output, work unit)
unit-of-production method of depreciation (ReW) = production method of depreciation
unit of responsibility (Bw) Aufgabenträger *m*
unit of sampling (Stat) Auswahleinheit *f (syn, sampling unit)*
unit of supervision (Bw) Instanz *f (syn, organizational unit)*
unit of trading
(Bö) Schluß *m*
– Mindestmenge *f*
(ie, number of shares handled as a basic package; most stocks are traded in round lots of 100 shares each; syn, contract unit, regular lot)
(Bö) Kontrakteinheit *f*, Kontraktmenge *f*
(ie, for most grains and soybeans it is 5,000 bushels; syn, contract size, contract unit)
unit of transport (Bw) Transporteinheit *f*
unit of value (Vw) (Geld als) Wertmaßstab *m*
unit of work (IndE) Arbeitseinheit *f (eg, min, hr)*
unit operator (Math) Einsoperator *m*, identischer Operator *m (syn, identity operator)*
unit ownership act (Re, US) Gesetz *n* über Eigentumswohnungen *(ie, state law on condominiums)*
unit packing (com) Einzelverpackung *f*
unit price
(com) Stückpreis *m*
– Preis *m* je Einheit
(syn, price per unit)
(com) Einheitspreis *m (syn, standard price)*
(Fin, GB) Anteilskurs *m*
unit price store (Mk) Einheitspreisgeschäft *n*
unit pricing (Mk) Grundpreisauszeichnung *f*
unit production (IndE) Einzelfertigung *f (syn, individual production, qv)*
unit production cost (KoR) Stückkosten *pl*
unit quotation
(Bö) Stücknotierung *f*
– Stücknotiz *f*
– Stückkurs *m*
(ie, in Deutschland gilt seit 1969 in der Regel die Stücknotierung, während Festverzinsliche in % notiert werden; Stücknotierung ist in US und GB für Aktien und entsprechende Wertpapiere üblich)
unit redemption price (Fin, GB) Rücknahmekurs *m*
unit requirements (MaW) Bedarf *m* je Stück
unit run time (IndE) Stückzeit *f*
unit sales (com) verkaufte Stückzahlen *fpl*, stückmäßiger Absatz *m*
unit set (Math) Einsmenge *f*, Einserklasse *f (syn, unitary set)*
unit statement of account (ReW) Kontoauszug *m* mit Angabe aller Gut- und Lastschriften
unit step (Math) Einheitssprung *m*

unit-step function (Math) Einheits-Sprungfunktion *f*
unit store (Mk) = unit price store
unit string (EDV) Zeichenfolge *f* der Länge Eins
unit technology
(Bw, US) arbeitsintensive Technologie *f*
(ie, large amount of capital is spent on labor relative to capital spending)
unit train (com, US) Einheitszug *m (ie, 100 freight cars holding 100 tons each)*
unit trust
(Fin, GB) offener Investmentfonds *m*
(ie, faßt die erworbenen Effekten zu e–r Einheit zusammen und gibt nach Hinterlegung Anteilscheine (units) aus; Zahl etwa 500; syn, US, mutual fund, open-ended fund; opp, investment trust)
(Fin) Investmentgesellschaft *f*
(ie, holds long-term bonds up to maturity)
unit vector (Math) Einheitsvektor *m*
unit wage cost (KoR) = unit labor cost
unity (Math) Eins *f* (=1)
unity of command
(Bw) Einliniensystem *n*
– Einheit *f* der Auftragserteilung
(ie, subordinate must be responsible to only one superior; syn, straight-line organization, single-line system)
unity of direction (Bw) Konzept *n* der einheitlichen Leitung
univariate distribution (Stat) eindimensionale Verteilung *f (opp, bivariate, multivariate distribution)*
universal (Log) = universal concept
universal affirmation
(Log) A-Urteil *n*
(ie, equivalent of ‚subalternation' of traditional logic; syn, A-proposition, material implication)
universal agency
(Re) Generalvollmacht *f*
(ie, general power of representation; syn, blanket power of attorney)
universal agent (Re) Generalbevollmächtigter *m (opp, special agent)*
universal banking system
(Fin) Universalbanksystem *n*
(ie, offers deposit and investment functions under one roof; syn, unibanking)
universal census (Stat) Gesamterhebung *f*
universal class (Log) Allklasse *f*
universal concept (Log) Allgemeinbegriff *m (syn, universal)*
Universal Copyright Convention (Pat) Welt-Urheberrechts-Konvention *f (ie, as of Sept 6, 1952)*
Universal Decimal Classification (com) Universelle Dezimalklassifikation *f*
universal heir (Re) Gesamterbe *m*
universal law (Log) Gesetz *n (opp, universal tendency = Gesetzmäßigkeit)*
universal matrix (Math) Einheitsmatrix *f (syn, identical matrix, qv)*
universal negative
(Log) Exklusion *f*
– vollständige Unverträglichkeit *f*
(mit der Exklusion als einzigem Junktor läßt sich aus einem einzigen Axiom der gesamte Aussagenkalkül herleiten; syn, stroke, incompatibility, alternative denial, qv)
universal patent (Pat) Weltpatent *n*
Universal Product Code, UPC
(Mk, US) UPC-Strichcode *m*
(ie, a 10-digit code based on the ratio of printed bars to adjacent space, affixed to a package and readable electronically or by laser beram; used by retail stores for inventory control and check-out)
universal proposition (Log) allgemeines Urteil *n*
universal quantifier (Log) Alloperator *m (syn, existential quantifier)*
universal rule of efficiency (Bw) Rationalprinzip *n (syn, efficiency rule, qv)*
universals
(Log) Allgemeinbegriffe *mpl*
– Universalien *pl*
(ie, general concepts or terms or something in reality to which they correspond)
universal set (of reference)
(Math) Grundmenge *f*
– Definitionsbereich *m*
(ie, a set such that there is no object ‚a' that is not a member of the set)
universal statement
(Log) Allsatz *m*
– allgemeiner Satz *m*
(ie, containing one or more bound variables; syn, general/strictly universal . . . statement; opp, singular statement)
universal succession
(Re) Gesamt(rechts)nachfolge *f*
(ie, in civil law: succession to the entire estate of another)
universal successor (Re) Gesamt(rechts)nachfolger *m*
universal tendency (Log) Gesetzmäßigkeit *f (opp, universal law = Gesetz)*
universal transfer device (IndE) Industrieroboter *m (syn, industrial robot, qv)*
universe
(Stat) Grundgesamtheit *f (ie, obsolete term; syn, parent population, qv)*
(Math) Universalmenge *f*
universe of actions (Bw) Handlungsrahmen *m*
universe of discourse
(Log) Gegenstandsbereich *m*
– Diskussionsbereich *m*
(ie, an inclusive class of entities that is tacitly implied or explicitly set forth as the subject of a statement, discourse, discussion, or theory; syn, field of . . . attention concentration/study; domain of individuals)
(Stat) Grundgesamtheit *f*
(ie, obsolete term; syn, parent population, population)
university degree (com) Hochschulabschluß *m*
UNIX (EDV) UNIX *(ie, hochportables Time-Sharing und Multi-User-Betriebsssystem; weitgehend in C geschrieben)*
unjust enrichment (Re, US) = undue enrichment
unjustified text (EDV) Flattersatz *m (ie, in text processing)*
unlade *v* (com) entladen *(ie, take cargo from; syn, unload, discharge)*

unlagged function (Math) unverzögerte Funktion *f*
unlagged investment function (Vw) nicht verzögerte Investitionsfunktion *f*
unlawful act
(Re) unerlaubte Handlung *f*
(ie, a wrongful act for which a civil action will lie, except one involving a breach of contract; cf, § 823 BGB; syn, tort, tortious act)
unlawful imitation (Pat) unerlaubter Nachbau *m* *(syn, unlicensed reproduction)*
unlawful possession (Re) widerrechtlicher Besitz *m*
unleaded gasoline (com, US) bleifreies Benzin *n* *(syn, nonleaded gasoline)*
unleaded petrol (com, GB) bleifreies Benzin *n*
unleash a product *v* (com, infml) Produkt *n* vorstellen *(eg, at an office automation show)*
unlicensed reproduction (Pat) = unlawful imitation
unlimited accounts (Fin) Unternehmen *npl*, denen Kredite in beliebiger Höhe eingeräumt werden
unlimited company (com, GB) Kapitalgesellschaft *f* mit unbeschränkter Haftung
unlimited credit line (Fin) Kreditrahmen *m* in unbegrenzter Höhe
unlimited liability (Re) unbeschränkte Haftung *f* *(syn, personal liability, qv)*
unlimited order (Bö) unlimitierter Auftrag *m*
unlimited partner
(com) Vollhafter *m*
– Komplementär *m*
(syn, general partner)
unlimited partnership (com) Personengesellschaft *f* mit unbeschränkter Haftung der Mitglieder
unlimited policy (Vers) Generalpolice *f*
unlimited power of attorney (Re) Blankovollmacht *f*
unlimited surety (Re) unbeschränkte Bürgschaft *f*
unlimited tax liability (StR) unbeschränkte Steuerpflicht *f*
unliquidated damages
(Re) feststellungsbedürftiger Schadenersatz *m*
(ie, weder durch Vertrag noch durch Gesetz im voraus festgelegt)
unlisted dealer (Bö) Freiverkehrshändler *m*
unlisted dealing (Bö) ungeregelter Freiverkehr *m* *(syn, unofficial dealing, qv)*
unlisted market (Bö) Freiverkehr *m*
unlisted number
(com) Geheimnummer *f*
(ie, telephone number not recorded in the public phone book and not available from information; GB, ex-directory number)
unlisted securities
(Bö) Freiverkehrswerte *mpl*
– amtlich nicht notierte Werte *mpl*
(ie, not admitted to registration, listing, or trading on organized securities exchanges, but traded in the over-the-counter (OTC) market; syn, unquoted securities)
Unlisted Securities Market, USM
(Bö, GB) Zweitmarkt *m*
– geregelter Markt *m*
(ie, Marktsegment der Londoner Börse für nicht notierte Werte; für kleine, junge, riskante Unternehmen am 10.11.80 eröffnet; es werden drei Jahresabschlüsse verlangt; opp, official market, third market)
unlisted stock
(Bö, US) nicht notierte Aktien *fpl*
(ie, many utilities, banks, and insurance companies are not listed; these securities are listed in the over-the-counter market)
unlisted trading (Bö) Freiverkehr *m*, Handel *m* in Freiverkehrswerten
unload *v*
(com) ausladen
– entladen
– löschen *(syn, discharge)*
(Fin) abstoßen *(ie, „get out from under" before prices collapse; eg, security holdings, assets, subsidiaries)*
(Pw) entlassen, sich trennen von *(eg, 100 white-collar employees)*
(EDV) entladen
unload a cargo *v* (com) Ladung *f* löschen *(syn, discharge a cargo)*
unload a stake *v* (com) Beteiligung *f* abstoßen *(syn, hive off, spin off)*
unloading
(com) Niedrigpreisverkauf *m*
(com) Abladen *n*, Entladen *n*
(AuW, sl) = dumping
(Bö, US) Abstoßen *n* von Wertpapieren *(ie, to avoid a loss due to a falling market)*
unloading charges
(com) Löschungskosten *pl*
– Abladekosten *pl*
– Entladekosten *pl*
unloading weight (com) Abladegewicht *n* *(ie, determined by the carrier upon arrival at point of destination)*
unlock *v*
(com) auflösen *(eg, investment)*
(EDV) entsperren
unlock key (EDV) Entsperrtaste *f*
unmailed direct advertising (Mk) Werbung *f* ohne postalischen Werbemittelversand
unmanned terminal (EDV) nicht besetzte Station *f*
unmarketable (Mk) unveräußerlich, nicht börsengängig
unmarketable securities (Bö) nicht börsengängige Wertpapiere *npl*
unmatched prices (com) konkurrenzlose Preise *mpl*
unnamed reserves (ReW) stille Reserven *fpl* *(eg, build up . . .; syn, hidden/secret/undisclosed . . . reserves)*
unoccupied time (IndE) ablaufbedingte Wartezeit *f*
unoccupied-time allowance (IndE) Zuschlag *m* für ablaufbedingte Wartezeit
unofficial dealing
(Bö) ungeregelter Freiverkehr *m*
(syn, outside market, unlisted trading, off-floor trading)
unofficial market (Bö) ungeregelter Freiverkehr *m*
unofficial quotation
(Bö) Freiverkehrskurs *m*
– Notierung *f* im Freiverkehr
(syn, OTC quotation)
unofficial strike (Pw) nicht genehmigter od wilder Streik *m* *(syn, illegal/wildcat . . . strike)*
unofficial trading (Bö) nichtamtlicher Handel *m* *(ie, among banks)*

unordered merchandise (com) unbestellte Ware *fpl*
unorganized equity market (Fin) wilder Eigenkapitalmarkt *m*
unorganized labor (Pw) nicht organisierte Arbeitnehmer *mpl*
unpack *v*
(com) auspacken
(EDV) entpacken
unpacked format (EDV) ungepacktes Format *n*
unpaid balance in account (Fin) Restschuld *f (syn, residual debt)*
unpaid bills (Fin) unbezahlte Rechnungen *fpl*
unpaid capital (Fin) ausstehende Einlagen *fpl*
unpaid check (Fin) nicht eingelöster Scheck *m*
unpaid copy (Mk) Freiexemplar *n (ie, of newspaper or journal)*
unpaid dividend (Fin) ausgeschüttete, aber noch nicht ausgezahlte Dividende *f*
unpaid family workers (Pw) Familienarbeitskräfte *fpl (ie, of a farm)*
unpaid letter (com) unfrankierter Brief *m*
unpaid subscriptions (ReW) ausstehende Einlagen *fpl (syn, outstanding contributions, qv)*
unpaid taxes (StR) rückständige Steuern *fpl (syn, delinquent taxes)*
unpegging (AuW) Freigabe *f (ie, of currency rates = von Wechselkursen)*
unplanned depreciation
(ReW) außerplanmäßige Abschreibung *f*
(ie, due to sudden and unexpected loss of usefulness; syn, non-scheduled/non-systematic . . . depreciation)
unpossessed property (Re) herrenlose Sachen *fpl (syn, derelict property)*
unpredictibility of decisions (Re) Rechtsunsicherheit *f*
unprofitable (com) unrentabel
unprofitable investment (Fin) Fehlinvestition *f*
unprotected mark
(Pat) Freizeichen *n*
(ie, trademark not in general use; syn, nonregistrable trademark)
unproved assertion (Re) unbewiesene Behauptung *f*
unproved properties (com) Grundstücke *npl* ohne nachgewiesene Reserven *(cf, proved reserves)*
unpurchased goodwill (ReW) originärer Firmenwert *m (syn, self-generated goodwill, qv)*
unqualified
(com) uneingeschränkt
(Pw) nicht qualifiziert
unqualified acceptance
(WeR) uneingeschränktes Akzept *n*
(syn, general acceptance, qv)
unqualified endorsement (WeR) uneingeschränktes Indossament *n*
unqualified guaranty (com) uneingeschränkte Garantie *f*
unqualified opinion
(ReW) uneingeschränkter Bestätigungsvermerk *m*
(ie, a clean report by an independent accountant indicating that a firm's financial statements present a fair representation of the firm's condition, eg:
„We have examined the balance sheet and the related statements of income, changes in owners' equity, and summary of changes in financial position for the year ended . . . Our examination was made in accordance with generally accepted auditing standards and accordingly included such tests of the accounting records and such other auditing procedures as we considered necessary in the circumstances.
Oder: „In our opinion, the accompanying balance sheet and statements of income, changes in owners' equity, and summary of changes in financial position present fairly the financial position, and the results of its operations for the year then ended, in conformity with generally accepted accounting principles applied on a basis consistent with that of the preceding year.")
unqualified title (Re) uneingeschränktes Eigentum *n*
unquote (com) „Zitat Ende" *(opp, quote = „Zitat")*
unquoted company (Bö) = unlisted company
unquoted securities (Bö) = unlisted securities
unquoted string (EDV) Zeichenkette *f* ohne Trennzeichen *(")*
unrealizable
(com) nicht realisierbar
– unverkäuflich
unrealized appreciation
(ReW) nicht realisierter Wertzuwachs *m*
(Bö) nicht realisierter Kursgewinn *m (syn, paper profit)*
(StR) stille Reserven *fpl (eg, in the shares of a corporation)*
unrealized loss (ReW) nicht realisierter Verlust *m*
unrealized profit (ReW) nicht realisierter Gewinn *m*
unreasonable expense (com) unverhältnismäßige Kosten *pl*
unreceipted invoice (com) nicht quittierte Rechnung *f*
unrecorded economy (Vw) Schattenwirtschaft *f (syn, second/informal . . . economy, qv; opp, recorded economy, qv)*
unrecorded employment (Pw) Schwarzarbeit *f*
unrecoverable accounts (ReW) uneinbringliche Forderungen *fpl (syn, bad debts)*
unrecoverable error
(EDV) schwerwiegender Fehler *m*
unrecovered cost (ReW) Restbuchwert *m (syn, net book value, qv)*
unregistered securities (WeR) Inhaberpapiere *npl*
unremoved (Re) nicht gelöscht, nicht gestrichen
unreported claims
(Vers, US) Rückstellung *f* für nicht angemeldete Schäden
(ie, reserve, based on estimates, to set up claims that have occurred but not yet been reported to the insurer)
unreported earnings (Fin) = equity earnings
unreported taxable income
(StR) nicht angegebenes steuerpflichtiges Einkommen *n*
(ie, arising from illicit work = Schwarzarbeit)
unrequited exports (AuW) Export *m* ohne Gegenleistung
unrequited transfer (VGR, US) unentgeltliche Leistungen *fpl* Übertragung *f (syn, transfer payment)*
unrespectable income (Vw) „unmoralisches" Einkommen *n*

unrestrained competition (Vw) uneingeschränkter Wettbewerb *m (syn, unbridled competition, qv)*
unrestrained interaction of competitive forces (Vw) freies Spiel *n* des Wettbewerbs
unrestricted cash (Fin) liquide Mittel *pl* ersten Grades
unrestricted convertibility (AuW) volle Konvertibilität *f (syn, full convertibility)*
unrestricted entry
(Vw) unbeschränkter Marktzutritt *m*
(Pw) freier Zugang *m (eg, to institutions of higher learning)*
unrestricted ownership (Re) volles Eigentum *n*
unrestricted random sample
(Stat) uneingeschränkte Zufallsstichprobe *f*
unrestricted random sampling (Stat) einfache Zufallsauswahl *f (syn, simple random sampling)*
unsalability (com) Unverkäuflichkeit *f*
unsalable (com) unverkäuflich
unsalable article (com) unverkäuflicher Artikel *m*, Ladenhüter *m (syn, non-moving item)*
unsatisfied creditor (Re) nicht befriedigter Gläubiger *m*
unsaturated market (Mk) ungesättigter Markt *m (opp, saturated/mature market)*
unschedule *v* (com) Termin *n* streichen
unscheduled maintenance (IndE) außerplanmäßige Wartung *f*
unscheduled redemption (Fin) unplanmäßige Tilgung *f*
unseasoned (com) unerfahren *(opp, seasoned)*
unsecured (Re) nicht gesichert, ungesichert
unsecured bond (Fin) ungesicherte Schuldverschreibung *f (syn, GB, unsecured/naked . . . debenture)*
unsecured bond issue (Fin) ungesicherte Anleihe *f*
unsecured credit (Fin) ungesicherter Kredit *m*
unsecured creditor
(Re) ungesicherter Gläubiger *m*
(ie, shares in the distribution of the assets of a bankrupt equally with all other unsecured claims after preferred and secured claims have been met)
unsecured debenture (Fin, GB) ungesicherte Schuldverschreibung *f (syn, naked debenture; US, unsecured bond)*
unsecured debt
(Re) nicht bevorrechtigte Konkursforderungen *fpl*
(Fin) unbesicherte Forderung *f (ie, no collateral pledged)*
unsecured liability (Fin) unbesicherte Verbindlichkeit *f*
unsecured loan (Fin) unbesichertes Darlehen *n (ie, not secured by collateral)*
unsettle *v* (Bö) verstimmen *(ie, the market)*
unsettled case (Re) unerledigter Fall *m*
unskilled work (Pw) unqualifizierte Tätigkeit *f*
unskilled worker (Pw) ungelernter Arbeiter *m*, Hilfsarbeiter *m (opp, skilled worker, semi-skilled worker)*
unsold securities (Fin) nicht untergebrachte Wertpapiere *npl*
unsolicited consignment (com) unverlangte Sendung *f*
unsolicited manuscript (com) unverlangtes Manuskript *n*
unsolicited offer (com) unverlangtes Angebot *n*
unsoundness of mind (Re) Geisteskrankheit *f (syn, mental illness, qv)*
unspent budget balances (FiW) Ausgabenreste *mpl*
unstable market (Vw) ungleichgewichtiger Markt *m (ie, movements away from equilibrium are not reversible)*
unsteady-growth situation (Vw) Situation *f* ungleichgewichtigen Wachstums
unstructured data set (EDV) unstrukturierter Datensatz *m*
unstuffing (com) Entladen *n* e–s Containers
unsubstantiated advertising (Kart, US) irreführende Werbung *f (syn, deceptive/misleading . . . advertising)*
unsystematic risk (Fin) vermeidbares Risiko *n*
untapped market (com) unerschlossener Markt *m (syn, virgin market)*
untaxed (StR) unversteuert
until further notice (com) bis auf weiteres
until option (EDV, Cobol) Beendigungsangabe *f*
untrammeled competition
(Vw) freier Wettbewerb *m*
(syn, unfettered /unbridled . . . competition)
untrue average (Stat) unechter Durchschnitt *m*
untutored
(Pw) ungeschult
(eg, to the . . . mind)
unused bank line (Fin) nicht in Anspruch genommene Zusage e–r Bank
unused capacity
(Bw) freie Kapazität *f*
– ungenutzte Kapazität *f*
– Kapazitätsreserve *f (syn, idle capacity, qv)*
unused time (EDV) Ruhezeit *f*
unutilized (com) nicht in Anspruch genommen *(eg, tax losses)*
unutilized capacity (Bw) = unused capacity
unutilized credit line (Fin) offene Kreditlinie *f*
unvalued policy (Vers) Police *f* ohne Wertangabe
unveil a blueprint *v* (com, infml) Plan *m* bekanntgeben
unweighted arithmetic average (Stat) ungewogenes *od* einfaches arithmetisches Mittel *n (syn, simple arithmetic average)*
unwinding of a boom (Vw) Nachlassen *n* der Hochkonjunktur
unwritten law (Re) ungeschriebenes Recht *n*
up (com) höher *(eg, cash flow was up 10% over the first-quarter level)*
up *v* (com, infml) erhöhen *(syn, increase, raise; eg, to up the ante; he upped his offer by 10 %)*
UPC (Mk, US) = Universal Product Code
upcoming (com) bevorstehend
update *v*
(com) aktualisieren
– auf den neuesten Stand bringen
– fortschreiben
(eg, operating figures; syn, bring up to date)
update run (EDV) Aktualisierungslauf *m*
updating (com) Fortschreibung *f*
updating difference (ReW) Fortschreibungsdifferenz *f*
updating of inventory (MaW) Lagerbestandsfortschreibung *f*

updating procedure (MaW, EDV) Fortschreibung *f*
updating program
(EDV) Aktualisierungsprogramm *n*
– Änderungsprogramm *n*
– Änderungsroutine *f*
updating service (EDV) Änderungsdienst *m*
updating tape (EDV) Änderungsband *n*
updating training (Pw) auffrischende Ausbildung *f* *(syn, booster /refresher/upgraded . . . training)*
up for sale (com) zum Verkauf stehen
upfront (com) im voraus
upfront bonus
(Pw, US) Vorausprämie *f (ie, something is to follow later)*
(Pw, US) Nachzahlung *f (ie, paid to workers to make good for earlier pay cuts)*
upfront buys (Mk, US) Vorauserwerb *m* von Anzeigenraum od Sendezeit
upfront cost (ReW, infml) Anschaffungskosten *pl (syn, first cost, qv)*
up-front costs (Fin) Investitionskosten *pl*
upfront payment (com) Vorauszahlung *f (syn, advance payment)*
upfront selling season (Mk, US) Saison *f* für den Vorauserwerb von Anzeigenraum od Sendezeit
upgradability (EDV) Ausbaufähigkeit *f*
upgrade (EDV) Ausbaustufe *f*
upgrade *v*
(com) (an höheres Niveau) anpassen *(eg, products to the state of the art)*
(Pw) höher einstufen *(ie, train and advance; put into a higher group)*
(Mk) Qualität *f* steigern *(ie, of a product)*
(EDV) ausbauen
– erweitern *(eg, PC)*
upgrade capital equipment *v* (Bw) Anlagen *fpl* modernisieren
upgraded area (com) saniertes Baugebiet *n (syn, rehabilitated area)*
upgraded training (Pw) = updating training
upgrading (Pw) Höhergruppierung *f*, Höherstufung *f* *(eg, raise to a higher level of skill, esp through a training program)*
uphill climb (com, infml) Anstieg *m (eg, . . . in interest rates is still in gear)*
uphill trend (com) Aufwärtsentwicklung *f*, Aufwärtstrend *m (syn, upward trend, rising . . . tendency/trend)*
upkeep
(IndE) Wartung *f (syn, maintenance, servicing)*
(KoR) Wartungskosten *pl*
up market (Bö) feste Börse *f*
upon application (com) auf Antrag
upon first demand (com) auf erstes Anfordern
upon request (com) auf Antrag
upper (Pw, infml) Erfolgserlebnis *n (opp, downer)*
upper and lower limits (AuW) Interventionspunkte *mpl*
upper bound
(Math) Majorante *f*, obere Schranke *f* e–r Punktmenge
(EDV) obere Grenze *f*
upper case (EDV) Großschreibung *f*
upper control limit, UCL (IndE) obere Kontrollgrenze *f (opp, lower control limit)*
upper echelon of management (Bw) obere Leitungsebene *f*
upper exchange limit in the EMS
(AuW) Höchstkurs *m* im EWS
upper index (Math) hochgestellter Index *m (syn, superscript)*
upper intervention rate
(AuW) oberer Interventionspunkt *m*
(syn, upper support point)
upper limit
(Math) oberer Grenzwert *m*
(Vers) Höchstwert *m (ie, of coverage)*
upper support point (AuW) oberer Interventionspunkt *m (syn, upper intervention rate, buying point)*
up prices *v* (com) Preise *mpl* erhöhen
uprate *v*
(com) erhöhen
(ReW) höher ansetzen
(eg, original acquisition cost of an asset, in line, perhaps, with the subsequent rise in the retail price index)
upscale (com, infml) gehobene soziale Schicht *f*, obere Preisklasse *f (ie, well above average income and education)*
upscale consumers (Mk) Verbraucher *mpl* höherer Einkommensschichten
upscale market (Mk) Markt *m* der höheren Einkommensschichten *(ie, upper-income areas; cream of the market; opp, downscale market)*
upset price
(Mk) Mindestpreis *m*
(ie, bei Versteigerungen; syn, reserve price)
upset the economy of a contract *v* (Re) Rechtsgrundlage *f* zerstören
upside down potential (Bö) Kursgewinn-Chancen *fpl*
upside price potential (Bö) Kursgewinn-Chancen *fpl*
upside target (Bö) Kursziel *n*
upside trend (Fin) Aufwärtstrend *m (ie, im Aktienkursdiagramm)*
upstepping of productive capacity (Bw) Ausbau *m* der Fertigungskapazität
upstream industries (Bw) vorgelagerte Industriezweige *mpl*
upstream information (Bw) Vorausinformation *f (syn, header information)*
upstream loan (Fin) Darlehen *n* der Muttergesellschaft an die Tochtergesellschaft
upstream sales
(Bw, US) Verkäufe *mpl* der Tochtergesellschaft an die Muttergesellschaft
(ie, sales from subsidiary to parent; opp, downstream sales)
upstream stage of distribution (Mk) vorgelagerte Absatzstufe *f*
upstream supplier (com) Vorlieferant *m*
upsurge in inflation (Vw) Inflationsstoß *m*
upswing
(Vw) Konjunkturaufschwung *m*, Aufschwung *m (syn, upturn)*
(com) scharfer Preisanstieg *m*
upswing in bullion prices (Fin) Edelmetallhausse *f*
upswing in volume sales (com) Umsatzsteigerung *f*
up the line (com) vorgelagert *(syn, upstream)*

uptick
(Bö, US) leichter Kursanstieg *m*
(Bö, US) Aktie *f* mit leicht steigender Tendenz *(opp, downtick)*
(Bö, US) Geschäft *n* zu e–m Kurs, der höher als bei e–m vorhergehenden Geschäft liegt *(syn, plus tick)*
uptime (EDV) verfügbare Betriebszeit *f (ie, during which equipment is producing work or is available for productive work)*
up-to-date (com) aktuell
uptrend (Bö) Aufwärtstrend *m*
upturn (Vw) = upswing
upturn in demand (com) Nachfragebelebung *f (syn, revival /revitalization/upswing . . . of demand)*
upturn in prices
(Bö) Kursanstieg *m*
(com) Preisanstieg *m*
upvaluation (AuW) Aufwertung *f (syn, appreciation, upward revaluation)*
upvalue a currency *v* (AuW) Währung *f* aufwerten *(syn, appreciate a currency)*
upvaluing country (AuW) Aufwertungsland *n*
upward adjustment (Bö) Plusankündigung *f*
upward bias (Stat) Verzerrung *f* nach oben
upward compatible (EDV) aufwärtskompatibel *(ie, Programm läuft auch auf neueren Versionen des Betriebssystems)*
upward exchange rate pressure (AuW) Aufwertungsdruck *m*
upward integration (Bw) vertikale Integration *f (syn, vertical integration)*
upward mobility
(Vw) vertikale Mobilität *f (syn, vertical mobility)*
(Pw) Aufstiegsmobilität *f*
upward pressure (AuW) Aufwertungsdruck *m (eg, on the etc)*
upward pressure on inflation (Vw) Verstärkung *f* des Preisdrucks
upward price adjustment (Bö) Kurskorrektur *f* nach oben
upward revaluation
(ReW) Höherbewertung *f*
(AuW) Aufwertung *f (syn, appreciation, upvaluation)*
upward revision (com) Korrektur *f* nach oben *(syn, scaling up)*
upward tendency (com) steigende Tendenz *f*
upward trend (com) = uphill trend
urban economics
(Vw) Stadtökonomie *f*
– Urbanistik *f*
urban renewal (com) Stadtsanierung *f*
urge a defense *v* (Re) Einrede *f* geltend machen *(eg, urge fraud or rescission as a defense; put forward a defense, qv)*
urge defenses *v* (Re) Einwände *mpl* geltend machen
urgent order (com) Eilauftrag *m*
Uruguay Round
(AuW) Uruguay-Runde *f*
(ie, eighth round of the GATT multilateral trade negotiations, launched in Sept 1986; not yet brought to a conclusion; main concerns:
1. to bring trade in agriculture and textiles fully within GATT;
2. to achieve further reductions in tariffs and non-tariff barriers;
3. to extend GATT disciplines to the new areas of intellectual property, investment, and services)
usability
(EDV) Anwenderfreundlichkeit *f,* Bedienerfreundlichkeit *f*
(ie, of a software program)
usable bond
(Fin, US) Optionsanleihe *f*
(ie, Preisentwicklung der Anleihe ist an die Entwicklung des Aktienkurses des Emittenten gekoppelt; meist zusammen mit langfristigen Optionsscheinen; bei Ausübung der Option können die Bonds statt Bargeld zur Bezahlung der Aktien benutzt werden)
usage-based materials budgeting (MaW) verbrauchsgebundene Bedarfsmengenplanung *f*
usage of the market
(com) Handelsbrauch *m*
(syn, trade/business/commercial . . . usage, custom of the trade, mercantile custom, usage of the trade)
usage of the trade (com) = usage of the market
usage rate (MaW) Lagerabgangsrate *f (syn, rate of usage)*
usage value analysis (MaW) ABC-Analyse *f* der Lagerhaltung *(syn, ABC inventory control system, selective inventory control, split inventory method)*
usage variance (KoR) Verbrauchsabweichung *f (syn, budget /expense/spending . . . variance)*
usance
(Vw) Beschäftigung *f*
(Fin) Zinsen *mpl* od Gewinn *m*
(Fin) Laufzeit *f* e–s Wechsels
(ie, nonstatutory period of time fixed by mercantile usage for the payment of a bill drawn in one country and payable in another)
use
(com) Benutzung *f*
– Verwendung *f*
– Einsatz *m (syn, utilization)*
(Bw) technischer Verschleiß *m*, Abnutzung *f* durch Gebrauch *(ie, one of the factors of depreciation)*
(Re) Nutzung *f (syn, enjoyment)*
use *v*
(com) verwenden
– benutzen
– einsetzen
(EDV) belegen *(eg, memory space; syn, occupy)*
use and occupancy insurance
(Vers) Nutzungsausfall-Versicherung *f*
(Vers) Betriebsunterbrechungsversicherung *f (ie, term is obsolete in this sense; current term: business interruption insurance)*
(Vers) Kessel- und Maschinenversicherung *f (syn, boiler and machinery insurance)*
used car (com) Gebrauchtwagen *m (syn, GB, second-hand car)*
used-car dealer (com) Gebrauchtwagenhändler *m*
used-car market (com) Gebrauchtwagenmarkt *m*
used-car sales (com) Gebrauchtwagengeschäft *n*
used equipment (com) Gebrauchtmaschinen *fpl*

use fee (FiW) Nutzungsgebühr *f*
useful economic life (Bw) Nutzungsdauer *f (syn, service life, qv)*
useful life expectancy (Bw) betriebsgewöhnliche Nutzungsdauer *f (syn, average useful life, asset depreciation range)*
useful lifetime (com) Nutzungsdauer *f*
usefulness of an invention (Pat) Brauchbarkeit *f* e–r Erfindung
use of capacity (Bw) Beschäftigungsgrad *m (syn, capacity utilization rate, operating rate)*
use of the seas (Re) Meeresnutzung *f*
use one's good offices *v* (com) vermitteln *(syn, go between, bring together)*
use-or-pay contract (com, US) = take-or-pay contract
user (com, EDV) Anwender *m*, Benutzer *m*
user acceptance (EDV) Benutzerakzeptanz *f*
user advisory information
(EDV) Benutzerberatung *f*
– Anwenderberatung *f*
user application (EDV) Benutzeranwendung *f*
user charge (com) Benutzungsgebühr *f (ie, paid by a user of a public transportation system)*
user class (EDV) Benutzerklasse *f*
user comfort
(EDV) Benutzerkomfort *m*
(eg, „key fixers" that fit over the RETURN, SHIFT, and TAB keys, making them larger and easier to use)
user cost
(com) Benutzungskosten *pl*
(Vw) Nutzungskosten *pl (ie, e–r natürlichen Ressource)*
user data (EDV) Benutzerdaten *pl*
user-defined (EDV) vom Benutzer wählbar
user-defined word (EDV, Cobol) Programmiererwort *n (cf, DIN 66 028, Aug 1985)*
user directory (EDV) Benutzerverzeichnis *n*
user environment (EDV) Benutzerkonfiguration *f*
user fee
(FiW) Benutzungsgebühr *f (syn, charge or fee for the use of)*
(FiW, US) Steuer *f (ie, has recently become a euphemism for taxes)*
user file (EDV) Benutzerdatei *f*
user friendliness (EDV) Benutzerfreundlichkeit *f (syn, user responsiveness)*
user friendly (EDV) benutzerfreundlich *(syn, user responsive, easy to use)*
user guide (EDV) Bedieneranweisung *f*
user handbook (IndE) Bedienungshandbuch *n*
userid (EDV) Benutzer-ID *n*
user identification (EDV) Benutzer-ID
user inspection (IndE) Ablieferungsprüfung *f*
user interface
(EDV) Benutzerschnittstelle *f*
– Benutzeroberfläche *f*
user label
(EDV) Benutzeretikett *n*
(EDV, Cobol) Benutzerkennsatz *m*
user manual (EDV) Benutzerhandbuch *n*
user number (EDV) Arbeitsbereichsnummer *f*
user permission (EDV) Benutzerzulassung *f*
user port (EDV) Benutzer-Schnittstelle *f*
user profile, UPR (EDV) Benutzerprofil *n*
user program
(EDV) Anwenderprogramm *n*
– Anwendungsprogramm *n*
– Benutzerprogramm *n (syn, application program)*
user prompt (EDV) Bedienerführung *f*
user research (EDV) Benutzerforschung *f*
user responsive (EDV) benutzerfreundlich *(syn, user friendly)*
user responsiveness (EDV) Benutzerfreundlichkeit *f (syn, user friendliness)*
user's guide (com) Benutzerhandbuch *n (syn, user's manual)*
user's manual (EDV) = user's guide
user software (EDV) Anwendersoftware *f (syn, applications software)*
user terminal (EDV) Benutzerstation *f*
user test
(EDV) Programmtest *m*
– Systemtest *m*
– Test *m* durch den Anwender
user value (EDV) Benutzerwert *m*
uses of funds (Fin) Mittelverwendung *f (syn, application of funds)*
use-tested software (EDV) geprüfte Software *f*
use up *v* (com) verbrauchen, aufbrauchen
use variance (KoR) Gebrauchsabweichung *f*
USM (Fin, GB) = Unlisted Securities Market, qv
USP (Mk) = unique selling proposition
usual conditions, u.c. (com) übliche Bedingungen *fpl*
usual place of abode
(Re, US) gewöhnlicher Aufenthaltsort *m*
(ie, for service of process = für die Zustellung der Klageschrift)
usual terms, u.t. (com) übliche Bedingungen *fpl*
usufruct (Re) Nießbrauch *m (ie, legal right to use and enjoy the fruits of)*
usufructuary (Re) Nutznießer *m*
usufructuary right (Re) = usufruct
usurious interest (Fin) Wucherzinsen *mpl (syn, loan shark rates)*
usury
(Re) Wucher *m*
(ie, charging of interest at a rate greater than that permitted by law; auffälliges Mißverhältnis von Leistung und Gegenleistung; Sonderfall der Sittenwidrigkeit)
u.t. (com) = usual terms
util (Vw) Nutzeneinheit *f*
utilities
(IndE) Energieanlagen *fpl (ie, power, steam, water, air, fuels)*
(Bö) Versorgungswerte *mpl*
utility
(com, US) Versorgungsunternehmen *n*
(ie, weiter als im Deutschen: electric energy, water, sewage disposal, gas, telephone, railroads; behördlich konzessionierte Privatunternehmen: operating under a federal, state, or municipal franchise or monopoly; syn, public-service /utility . . . company)
(Vw) Nutzen *m (syn, satisfaction)*
(Pat) Nützlichkeit *f*
(EDV) = utility program

utility cost center (KoR) = service cost center
utility frontier
(Vw) Nutzenmöglichkeitskurve *f*
(ie, utility possibility curve in the point sense)
utility function (Vw) Nutzenfunktion *f*
utility helicopter (com) Mehrzweckhubschrauber *m*
utility maximization (Vw) Nutzenmaximierung *f*
utility maximizing rule (Vw) Nutzenmaximierungsannahme *f*
utility model (Pat) Gebrauchsmuster *n*
utility-model patent
(Pat) Gebrauchsmuster *n*
(ie, genau genommen kennt das US-Patenrecht kein Gebrauchsmuster: second-class patent for ‚petty' inventions of useful articles; syn, utility/petty design . . . patent)
utility program
(EDV) Dienstprogramm *n*
(eg, Kopierprogramm, I /0-Programme, auch: Lader, Editoren, usw; syn, utility routine)
utility routine (EDV) = utility program
utility surface (Vw) Nutzengebirge *n*
utility terms of trade (AuW) Nutzenaustauschverhältnis *n*
utility theory (Vw) Nutzentheorie *f*
utility value (Vw) Nutzwert *m*
utilization
(com) Nutzung *f*
(IndE) Auslastung *f*
– Auslastungsgrad *m (syn, rate of capacity utilization)*
(EDV) Auslastung *f*, relativer Durchsatz *m (syn, relative throughput)*
utilization of energy (IndE) Energieverwendung *f*
utilization of existing plant (Bw) Ausnutzung *f* vorhandener Anlagen
utilization of unavoidable defectives
(IndE) Ausschußverwertung *f*
(ie, through sale as seconds = als zweite Wahl; reprocessing, recycling as raw material, scrapping, and sale)
utilization planning (EDV) Belegungsplanung *f (ie, bei Betrieb von Rechensystemen)*
utilization rate (Bw) Kapazitätsausnutzungsgrad *m (syn, operating rate, qv)*
utilize *v*
(com) anwenden
– nutzen
– verwerten
(Bw) auslasten
(eg, capacity of a plant)
(EDV) belegen
utilize a patent *v* (Pat) Patent *n* nutzen *(syn, work a patent)*
utmost good faith
(Re, Vers) Grundsatz *m* uberrimae fidei
(ie, in Versicherungsverträgen gilt der Grundsatz uneingeschränkter Offenlegung aller Fakten, die zur Risikoeinschätzung und zur Vertragsbeurteilung notwendig sind)
U/W (Vers) = underwriter

V

VA (Bö) = Vozugsaktien
vacancy
(Pw) freie Stelle *f (eg, for a programmer)*
(Pw) unbesetztes Amt *n*, Vakanz *f*
vacancy clause (Re) Vertragsbestimmung *f*, die die Nichtnutzung e–s Grundstücks über die festgelegte Zeit hinaus erlaubt
vacancy permit (Re) = vacancy clause
vacancy rate
(com) Leerstandsrate *f*
(ie, of hotel, residential buildings, office blocks)
vacancy ratio (Pw) Bedarfsquote *f (ie, job openings to number of unemployed)*
vacant
(Pw) frei, unbesetzt *(eg, job, post, position)*
(com) leerstehend, unbewohnt
vacant job
(Pw) offene Stelle *f*
(syn, job . . . opening/vacancy, unfilled . . . job/vacancy)
vacate a judgment *v* (Re, US) Urteil *n* aufheben *(syn, quash, rescind, set aside)*
vacate an office *v* (Pw) Amt *n* aufgeben *(ie, give up)*
vacate rented property *v* (Re) räumen *(syn, cease occupancy)*
vacation
(Pw, US) Urlaub *m*
(Pw, GB) Universitätsferien *pl*
(Re, GB) Gerichtsferien *pl*
vacation *v* (com) Urlaub *m* machen, Ferien *pl* machen
vacation allowance (Pw) = vacation bonus
vacation bonus (Pw) Urlaubsgeld *n (syn, GB, holiday cash bonus)*
vacation close-down
(Bw) Werksferien *pl*
– Betriebsferien *pl*
(ie, complete stopping of work during holiday period)
vacation course (Pw) Ferienkurs *m*
vacation job (Pw) Ferienjob *m*
vacation pay
(Pw) Urlaubslohn *m*
(Pw) Entschädigung *f* anstelle von Urlaub
vacation replacement (Pw) Urlaubsvertretung *f*
vacation shutdown (Bw) = vacation close-down
vacation without pay (Pw) unbezahlter Urlaub *m*
vacation with pay (Pw) bezahlter Urlaub *m (syn, paid leave)*
vacillating customer (Mk) unentschlossener Kunde *m*
vacuous expression (Log) Leerformel *f (syn, empty phrase)*
vacuous phrase (Log) = vacuous expression
vacuum packed (Mk) vakuumverpackt
vacuum packing (Mk) Vakuumverpackung *f*
vagaries of the stock market (Bö) extreme Kursschwankungen *fpl* am Aktienmarkt
valedictory speech (com) Abschiedsrede *f*
valetudinarian (com) Gesundheitsfanatiker *m*
valid
(Re) gültig
– rechtsgültig
– rechtskräftig *(ie, having legal force)*
(com) treffend, logisch *(ie, logical, to the point)*
validate *v*
(com) prüfen, verifizieren
(Re) bestätigen, für rechtsgültig erklären
(Log) validieren
validation (Re) Bestätigung *f (ie, confirmation or proof)*
validation certificate
(Re) Gültigkeitserklärung *f*
(Bö) Anerkennungsbescheinigung *f*
(ie, bereinigte Dollarbonds sind nur lieferbar, wenn eine solche Bescheinigung vorliegt)
validation error (EDV) Prüfnummer *f*
validation test (EDV) Validierungstest *m*
valid contract (Re) rechtsgültiger Vertrag *m*
valid entry (EDV) zulässiger Eintrag *m*
validity
(Re) Gültigkeit *f*
– Laufzeit *f*
(eg, during the . . . of the contract)
(com) Gültigkeit *f*
validity test (EDV, Cobol) Gültigkeitsprüfung *f (ie, that a code group is actually a character of the code in use)*
valid until canceled (com) gültig bis auf Widerruf
valorize *v* (Vw) Preis *m* e–r Ware behördlich festsetzen *(ie, by law or regulation; at a level that differs from market price or economic value)*
valuable consideration (Re) geldwerte Gegenleistung *f (ie, any consideration sufficient to support a contract)*
valuables
(Fin) Wertgegenstände *mpl*
(SeeV) Valoren *pl*
valuation
(com) Bewertung *f (syn, appraisal, evaluation)*
(ReW) = valuation of assets
(ReW) Istkosten *pl (ie, accounting valuation)*
(Vers) Bestimmung *f* des Barwertes e–r Lebensversicherungspolice
(SeeV) Taxe *f*, Taxwert *m*
valuation account
(ReW, US) Wertberichtigung *f*
(eg, reserve for depreciation, reserve for bad debts, unamortized debt discount)
valuation adjustment (ReW) Wertberichtigung *f (ie, entry on the liabilities side of a balance sheet, made to offset overvaluation of assets)*
valuation allowance (Fin, US) Wertberichtigung *f* auf e–n Wertpapierbestand *(ie, net unrealized loss for a portfolio of securities)*
valuation at replacement cost (ReW) Bewertung *f* zum Wiederbeschaffungspreis
valuation at the lower of cost or market (ReW) Bewertung *f* zum Niederstwertprinzip

valuation basis (ReW) Bewertungsgrundlage *f (syn, basis of valuation)*
Valuation Committee (EG) Zollwertausschuß *m*
valuation date (ReW) Bewertungsstichtag *m*
valuation excess (ReW) nicht realisierte Wertsteigerung *f*
valuation for customs purposes (Zo) Zollbewertung *f*
valuation method (ReW) Bewertungsverfahren *n*
valuation mix (ReW) Bewertungskonglomerat *n (ie, consolidation balance sheet = konsolidierter Abschluß, based on different valuation standards)*
valuation of an enterprise as a whole (Bw) Unternehmensbewertung *f*
valuation of assets
(ReW, US) Bewertung *f* des Anlagevermögens
(ie, promulgated GAAP require that depreciable fixed assets be recorded at cost; under specific circumstances, assets may be valued in the following ways:
1. historical costs: actual amount paid at the date of acquisition, including all normal expenditure of readying an asset for use;
2. replacement cost: amount that it would cost to replace an asset; frequently it is the same as fair value;
3. fair market value: price at which a willing seller would sell to a willing buyer, neither under any compulsion to buy or sell;
4. present value: the value today of something due in the future;
5. general price-level restatement: value of an asset restated in terms of current purchasing power)
valuation of unlisted shares (Fin) Bewertung *f* nicht notierter Aktien
valuation reserve (ReW) = valuation account
valuation rules (ReW) Bewertungsvorschriften *fpl*
valuation standard (ReW) Bewertungsmaßstab *m (syn, standard of valuation)*
valuation variances (ReW) Bewertungsdifferenzen *fpl (ie, important correcting items in operating statement)*
valuative statement (Log) Werturteil *n (syn, value judgement)*
valuator (EDV) Wertgeber *m (ie, in computer graphics)*
value
(Vw) Wert *m*, Tauschwert *m*
(Fin) Wertstellung *f*, Valuta *f*
value *v*
(com) bewerten
(eg, inventories at year end; property is valued at $1 m; syn, appraise, assess, estimate, evaluate, rate)
value accounting (ReW, GB) Rechnungslegung *f*, bei der Eigenkapital an s–m Wert, nicht an den Kosten gemessen wird
value added
(com) Mehrwert *m (ie, Bezeichnung für Zusatzleistung)*
(VGR) Wertschöpfung *f*
(ie, net value added + nonfactor charges; subterms: gross value added, net value added)
(Bw) Wertschöpfung *f*
(ie, business firm's contribution to the market value of the goods and services it produces; or more precisely: output minus input; calculated as a firm's total sales minus expenditure on goods and services purchased from other firms = Verkaufserlöse – Vorleistungen; syn, real net output)
value added network services, VANS
(com) Mehrwertdienste *mpl (eg, Zusatzdienste von Tankstellen)*
(EDV) Mehrwertdienste *mpl*
(ie, alles was, aus e–m bestehenden Fernmeldenetz zusätzlichen Nutzen zieht, zB, electronic mail, Datenbankzugriff über PC, Bestellservice, bargeldloser Zahlungsverkehr)
value added pattern (Vw) Wertschöpfungsstruktur *f (eg, of the total private sector of an economy)*
value added reseller, VAR
(EDV) Wiederverkäufer *m*
(ie, Weitervertrieb von OEM-Geräten mit Zusatznutzen: addition of significant value; syn, OEM)
value-added service (EDV) Mehrwertdienst *m*
value added tax, VAT, vat
(StR) Mehrwertsteuer *f*
(ie, sales tax of the multi-stage type, but imposed on the increments of value added at each stage: gross receipts minus the cost of intermediate goods and services; widely applied in Western Europe, but only being talked about in the United States; cf, 6th EEC Directive relating to the harmonization of turnover taxes)
value adjustments (ReW, EG) Wertberichtigungen *fpl*
value analysis
(Bw) Wertanalyse *f*
(ie, examination of every constituent of a product to make sure that its cost is no greater than is necessary to carry out its function: Ziel ist, bestehende Produkte zu verbessern oder bei gleichbleibenden Eigenschaften zu verbilligen und Produktneuentwicklungen zu verbessern; Förderung in der Bundesrepublik durch ‚Deutsches Institut für Wertanalyse', Frankfurt; syn, value engineering)
value chain
(Bw, US) Wertkette *f*
(ie, M. Porter's coinage: segment your activities into as many ‚value activities' as possible and see how each activity affects the others; helps determine what costs are in specific areas)
value clause (EDV, Cobol) Wertklausel *f*
value control (Bw) Erfolgskontrolle *f* wertanalytischer Maßnahmen
value date
(Fin) Wertstellung *f*
– Valutatag *m*
– Valutierungstermin *m*
(ie, date on which bank account entry becomes effective)
value date accounting (Bö, Fin) Verbuchung *f* per Valutatag *(opp, trade date accounting)*
valued policy (Vers) Police *f* mit Wertangabe *(ie, insurer pays a stipulated amount in the event of a total loss)*
value engineering (Bw) = value analysis
value for collection (Fin) Inkassowert *m*
value in exchange (Vw) Tauschwert *m (opp, value in use)*

value in use (Vw) Gebrauchswert *m (opp, value in exchange)*
value judgment (Log) Werturteil *n*
value limit (Zo) Wertgrenze *f*
value matrix
(Math) Wertetafel *f*
– Wertetabelle *f*
(OR) Bewertungsmatrix *f*
value of an enterprise as a whole (Bw) Unternehmenswert *m*, Wert *m* der Unternehmung
value of building (StR) Gebäudewert *m (ie, construction cost + income)*
value of collateral (Fin) Beleihungswert *m*
value of money (Vw) Geldwert *m*
value of raw materials and supplies (KoR) Materialwert *m (ie, based on average purchase price)*
value of shipments (VGR) Versandwert *m (ie, value of all products and services sold)*
valuer (com) Schätzer *m (syn, appraiser, qv)*
value received (WeR) Wert erhalten, Wert in Rechnung *(ie, obsolete phrase)*
value reference (EDV) Wertverweis *m*
value shifting (StR, GB) Wertverschiebung *f*
value to the business (ReW) unternehmenstypischer Wert *m*
value variance (KoR) Preisabweichung *f (syn, price variance)*
valve inventory
(MaW) Materialzwischenlager *n*
(ie, stockpoint which is too large to be located next to the point of use of material and from which material is drawn by a pull system)
vamp up *v* (com, infml) oberflächlich verbessern *(ie, make superficially attractive)*
VAN (EDV) = Value Added Network Service = Mehrwertdienst
van container (com, US) Standard-Anhänger *m (ie, used to carry general cargo)*
vanilla issue (Fin) Routineemission *m*
vanning (com, US) Beladen *n* e–s Containers
vaporware (Mk) erfolgversprechendes, aber nicht auf den Markt gebrachtes Produkt *n (ie, promising product that fails to materialize)*
VAR (EDV) = value added reseller
variable (Math) Variable *f*, Veränderliche *f (ie, may assume different values; may be dependent and independent)*
variable additional farm levy
(EG) Zusatzabschöpfung *f*
(ie, collected for various farm products imported from nonmember countries)
variable address (EDV) indizierte Adresse *f (syn, indexed address)*
variable annuity
(Fin) Rentenplan *m* mit veränderlichen Auszahlungsbeträgen *(ie, bei Investmentfonds: Kombination von Lebensversicherung und Investmentanlage)*
(Vers) Rente *f* mit variablen Zahlungen
(ie, type of annuity in which all or part of the basis may be common stock investments or a cost-of-living index; a variable life income contract that provides lifetime retirement payments that vary in amount with the results in investment maintained in a separate investment account; types include: individual variable annuities, group variable annuities, variable annuities according to HR 10, Keogh Act variable annuities for associations, etc)
variable block (EDV) Block *m* variabler Länge
variable budget (Bw) flexibles Budget *n (ie, subject to change as operations proceed; syn, flexible budget)*
variable charge method of depreciation (ReW) Leistungsabschreibung *f (ie, nach der Beanspruchung)*
variable charges (KoR) = variable cost
variable cost (KoR) variable Kosten *pl (ie, vary directly with the number of units produced; opp, fixed cost)*
variable cost accounting (KoR) Teilkostenrechnung *f (syn, absorption costing, qv)*
variable costing (KoR) = variable cost accounting
variable cost ratio (Bw) Verhältnis *n* zwischen Umsatzerlösen und variablen Kosten
variable coupon CDs (Fin) variabel verzinsliche CDs *pl*
variable cycle (MaW) variabler Bestellrhythmus *m*
variable declaration
(EDV) Variablenvereinbarung *f*
– Binden *n* von Variablen
– Deklaration *f*
variable expense (KoR) = variable cost
variable export/import levy
(EG) Abschöpfung *f*
(ie, Instrument der Agrarmarktordnung; fließt in den Haushalt der Europäischen Gemeinschaften)
variable factory overhead (KoR) variable Fertigungsgemeinkosten *pl*
variable gauge (Stat) Variablenprüfung *f*
variable gross margin (KoR) Deckungsbeitrag *m (syn, contribution margin, qv)*
variable import farm levy
(EG) Einfuhrabschöpfung *f*
(ie, difference between a lower world market price and a high domestic price)
variable inputs (Vw) Produktionsfaktoren *mpl* mit variablem Einsatzverhältnis
variable interest loan (Fin) variabel verzinslicher Kredit *m*
variable interest rate (Fin) variabler Zinssatz *m (ie, changes with the prevailing prime interest rate)*
variable length field (EDV) variables Feld *n*
variable length record (EDV) Satz *m* variabler Länge
variable length word (EDV) Wort *n* variabler Länge
variable life insurance
(Vers) fondsgebundene Lebensversicherung *f*
(ie, benefit relates to the value of assets behind the contract at the time the benefit is paid)
variable margin (Bö) Gewinne/Verluste *mpl* aus offenen Positionen *(ie, bei täglicher Neubewertung)*
variable-order quantity (MaW) variable Bestellmenge *f*
variable point representation (EDV) halblogarithmische Schreibweise *f*
variable-price market (Bö) variabler Markt *m*, Schwankungsmarkt *m (opp, single-price/quotation . . . market)*

variable-price securities
(Bö) Schwankungswerte *mpl*
variable-price trading (Bö) variabler Handel *m*
variable profit (KoR) Deckungsbeitrag *m (syn, contribution margin, qv)*
variable rate
(Fin) variabler Zins *m*
(Bö) variabler Kurs *m*
variable rate bank loan (Fin) variabel verzinslicher Bankkredit *m*
variable rate bonds (Fin, US) variabel verzinsliche Anleihen *fpl*
variable rate CDs
(Fin) variable verzinsliche CDs *pl*
(ie, interest rate changes are to reflect the current market on the date it is renewed or rolled over)
variable rate mortgage (Fin, US) variabel verzinsliche Hypothek *f*
variable rate perpetual preferred stock
(Fin, US) variabel verzinsliche Dauer-Vorzugsaktien *fpl*
(ie, used by bank holding companies as a source of primary capital)
variable rates
(Fin, US) Verzinsliche *pl*
(ie, securities bearing a variable interest rate; may be applied to CDs normally issued for a period of at least 360 days, with the interest rate set at a specified spread over the current rate of 90-day CDs; adjusted every 90 days)
variable record length (EDV) variable Satzlänge *f (opp, fixed record length)*
variable sampling fraction (Stat) veränderlicher Auswahlsatz *m*
variable scope
(EDV) Reichweite *f* einer Variablen
(EDV) Gültigkeitsbereich *m* einer Variablen
variable space (Math) Merkmalsraum *m*
variable unit costs (KoR) variable Stückkosten *pl*
variable word length (EDV) variable Wortlänge *f*
variable yield bond (Fin) Schuldverschreibung *f* mit variabler Rendite
variance
(KoR) Abweichung *f*
(ie, difference between elements of standard cost and actual cost)
(Stat) Varianz *f*
– Streuung *f*
(ie, square of the standard deviation = Quadrat der Standardabweichung)
(Re) Widerspruch *m*
– Unvereinbarkeit *f*
(eg, be at variance with)
variance accounting
(ReW) Abweichungsrechnung *f*
(ie, technique of management accounting; differences between budgets and actual resuts are analyzed)
variance analysis
(Stat) Varianzanalyse *f (ie, in the strict sense it is an analysis of the sums of squares)*
(Bw) Abweichungsanalyse *f*
variance of the sample (Stat) Stichprobenvarianz *f*
variance ratio (Stat) Varianzquote *f*
variance ratio test
(Stat) Varianzquotentest *m*
(ie, made to determine sets of figures were drawn from the same population; syn, F test)
variate
(Stat) Zufallsvariable *f*, stochastische Variable *f*
(ie, quantity that may take any of the values of a specified set with a specified relative frequency or probability, often known as a ‚random variable')
variation in quality (com) Qualitätsabweichung *f (syn, off standard)*
variation margin
(Bö) (variabler) Einschuß *m* Nachschußzahlung *f*
(ie, weist Saldo der offenen Positionen ein Debet aus, muß das clearing member innerhalb e–r Stunde einen Nachschuß an das clearing house = Liquidationskasse leisten)
variety store
(Mk, US, appr) Niedrigpreisgeschäft *n*
(ie, retail outlet carrying 2,000-3,000 low-priced items in fixed price classes)
vary between *v* (com) schwanken zwischen *(eg, between straight A and F)*
vary from to *v* (com) schwanken . . . von/bis, zwischen/und
vat (StR, GB) Mehrwertsteuer *f*, MWSt *f (ie, acronym for ‚value-added tax')*
VAT certificate (com, GB) Mehrwertsteuerbeleg *m*
vatman (StR, GB, coll) Umsatzsteuerbehörde *f*
VAT-payables (Bw) Verbindlichkeiten *npl* aus Umsatzsteuer
vat threshold (StR, GB) MWSt-Freigrenze *f (eg, to raise the . . .)*
VAT, vat (StR) = value-added tax
vault
(Fin) Tresor *m*, Stahlkammer *f (ie, in a bank where safe-deposit boxes are located)*
(Fin, sometimes) = safe-deposit box or strongbox
vault cash
(Fin) Barreserve *f*
(ie, bank notes + deposits with central bank; syn, bank's cash reserve, legal reserve, vault money)
vault money (Fin) = vault cash
vector (Math) Vektor *m*, vektoriell *(ie, element of a vector space)*
vector analysis (Math) Vektoranalyse *f*
vector calculus (Math) Vektorrechnung *f*
vector component (Math) Vektorkomponente *f*
vector field (Math) Vektorfeld *n*
vector font (EDV) Vektor-Schriftschnitt *m*
vector generator (EDV) Vektorgenerator *m (ie, in computer graphics)*
vector graphics (EDV) Vektorgrafik *f*
vectorial notation (Math) vektorielle Schreibweise *f*
vector optimization (OR) Vektoroptimierung *f*
vector processor (EDV) Vektorrechner *m*
vector product (Math) vektorielles Produkt *n*, Kreuzprodukt *n (syn, cross product)*
vector set (Math) Vektorsystem *n*
vector space (Math) Vektorraum *m (ie, consists of elements which comprise a commutative group under addition, each of which is left unchanged under multiplication by the multiplicative identity of the field; syn, linear space)*

vector sum (Math) Vektorsumme *f*
veep (Bw, US) Vice President *m (ie, slang version of V. P.; eg, looking for a new veep to take charge of corporate finance)*
vegetable farming (com) Gemüseanbau *m*
vehicle-borne computer (com) Bordcomputer *m*
vehicle construction (com) Fahrzeugbau *m*
vehicle currency (AuW) Leitwährung *f (syn, key currency)*
vehicle excise duty (StR, GB) Kraftfahrzeugsteuer *f*
vehicle ferry (com) Autofähre *f*
vehicle fleet
(com) Fahrzeugpark *m*
– Fuhrpark *f*
– Flotte *f*
(syn, automobile fleet, vehicle pool, vehicles park; car/motor . . . pool)
vehicle insurance (Vers) Fahrzeugversicherung *f*
vehicle license tax (StR, GB) Kraftfahrzeugsteuer *f*
vehicle performance recorder
(com) Tachograph *m*
– Fahrtschreiber *m (syn, tachograph)*
vehicle pool (com) = vehicle fleet
vehicle pool rebate (Vers) Flottenrabatt *m*
vehicle routing and scheduling (Mk) Tourenplanung *f*
vehicles construction (com) Fahrzeugbau *m*
vehicles industry (com) Fahrzeugindustrie *f*
vehicles issue (Bö) Emission *f* e–s Automobilunternehmens
vehicles park (com) = vehicles fleet
veiling (Mk) Form der Auktion, ausgehend von vorgegebenem Höchstpreis, der durch Minuendolizitation reduziert wird
veil of incorporation (Re) Grundsatz *m* der Haftungsbeschränkung
veil of money
(Vw) Geldschleier *m*
– Geldillusion *f*
(cf, I. Fisher; syn, money illusion)
velocity of circulation (Vw) Umlaufgeschwindigkeit *f* des Geldes *(syn, rate of money turnover, transactions velocity)*
velvet (com, sl) unerwarteter Gewinn *m*
vend *v* (com, fml) verkaufen
vendee (Re) Erwerber *m*, Käufer *m*
vending machine (com) Verkaufsautomat *m (syn, robot salesman, dispensing machine, qv)*
vendor
(com) Verkäufer *m (ie, may be manufacturer, wholesaler, retailer)*
(com) Lieferant *m*
vendor appraisal (MaW) Lieferantenbeurteilung *f (ie, before the fact; cf, vendor rating)*
vendor card file (ReW) Lieferantenkartei *f*
vendor catalog (com) Lieferantenkatalog *m*
vendor inspection (Stat) Güteprüfung *f* durch den Lieferanten
vendor lead time (MaW) = procurement lead time
vendor number (com) Lieferantennummer *f*
vendor performance (IndE) Lieferantenbewertung *f*
vendor rating (MaW) Lieferantenbeurteilung *f (ie, after the fact; cf, vendor appraisal)*
vendor's invoice price (com) Rechnungspreis *m* des Lieferanten
vendor status (IndE) Lieferantenstatus *m*
vendue (Re) öffentliche Versteigerung *f*, Auktion *f*
Venn diagram
(Math) Venn-Diagramm *n*
(ie, a pictorial representation of set theoretic operations such as union, intersection, and complementation of sets)
vent for surplus
(AuW) Überschußtheorie *f*
(ie, progress spreads from industrial countries to LCDs by means of the increasing demand for goods)
venture (Bw) risikoreiches Unternehmen *n (ie, one involving potential risk)*
venture capital
(Fin) Spekulationskapital *n*
(Fin) Risikokapital *n*, Wagniskapital *n*
(ie, capital to provide funds for start-up situations – seed capital – and for existing high-risk businesses having a profit potential, esp in high technology; syn, risk capital)
venture capital backer (Fin) Risikokapitalgeber *m*
venture capital company (com) Wagniskapital-Beteiligungsgesellschaft *f*
venture capital fund (Fin) Wagniskapitalfonds *m*
venture financing (Fin) Wagnisfinanzierung *f*
venture fund (Fin, US) Wagnisfinanzierungsfonds *m*
venue
(Re) Gerichtsstand *m*, örtliche Zuständigkeit *f (syn, place of jurisdiction)*
(Mk) Messestandort *m*
– Messeadresse *f*
– Messegebäude *n*
(cf, ‚locale' in a general one-language dictionary)
venue management
(Mk) Messeverwaltung *f*
– Messeveranstalter *m*
verbal agreement (Re) mündliche Vereinbarung *f*
verbatim (com) wörtlich, Wort für Wort
verifax (com, US) Bürokopierer *m*
verification
(Re) Bestätigung *f*, Beglaubigung *f*
(ie, stating that a document is in due legal form)
verify *v*
(com) bestätigen *(syn, confirm)*
(Log) verifizieren
verify mode (EDV) Prüfmodus *m*
verify pair (EDV) Prüfpaar *n*
versatile (com) vielseitig, erfahren
versatile policy (Vers) Umtauschversicherung *f (syn, GB, convertible assurance)*
versatility
(com) Vielseitigkeit *f*
(IndE) Funktionenvielfalt *f*
version
(com) Version *f*, Variante *f*
(EDV) Programmversion *f*
vertex
(Math) Scheitelwert *m*
(OR) Knoten *m (ie, of a graph)*
– Ecke *f*
– Eckpunkt *m*
vertical combination (com) vertikaler Zusammenschluß *m (cf, vertical merger)*
vertical competition (Mk) vertikale Konkurrenz *f*

vertical diversification (Bw) vertikale Diversifikation *f*
vertical equity (FiW) vertikale Steuergerechtigkeit *f*
vertical filing
(com) Steilablage *f*
– Vertikalregistratur *f*
vertical form (ReW) = report form
vertical format buffer (EDV) Formularformatspeicher *m*
vertical forward integration (Bw) vertikale Vorwärtsintegration *f*
vertical functions (Bw) vertikale Funktionssäule *f*
vertical growth (Bw) vertikales Wachstum *n* *(eg, forward or backward integration)*
vertical integration (Bw) vertikale Verflechtung *f*
vertical intercept (Math) Abschnitt *m* der y-Achse
vertical labor mobility (Pw) vertikale Arbeitsmobilität *f*
vertical line (Math) Vertikale *f*
vertical link (Bw) Vertikalverbund *m* *(ie, comprises all stages of production up to the final consumer)*
vertical menu (EDV) Menü *n* im Hochformat
vertical merger
(com, US) vertikale Fusion *f*
– vertikaler Zusammenschluß *m*
(ie, links supplier and customer in the chain of production; opp, horizontal merger, conglomerate merger)
vertical mobility (Vw) vertikale Mobilität *f* *(syn, upward mobility)*
vertical parity
(EDV) Querparität *f*
– Zeichenparität *f*
(syn, character parity)
vertical price fixing
(Kart, US) vertikale Preisbindung *f*
(ie, agreement between seller and buyer fixing the price at which the buyer may resell the product; syn, resale price maintenance)
vertical redundancy check (EDV) vertikale Prüfung *f*
vertical restraints of competition
(Kart, US) vertikale Wettbewerbsbeschränkungen *fpl*
(eg, resale price fixing and territorial allocation)
vertical scan frequency (EDV) vertikale Abtastrate *f* *(eg, of a monitor)*
vertical scrollbar (EDV, GUI) vertikale Bildlaufleiste *f*
vertical strain (Bw) Wettbewerb *m* zwischen verschiedenen hierarchischen Ebenen
vertical suspension file (com) Hängeablage *f*
vertical takeoff tycoon (Pw, infml) Senkrechtstarter *m*
very high level language (EDV) Sprache *f* der vierten Generation
Very Short Term Facility (EG) sehr kurzfristige Fazilität *f*
VESA (EDV) = Video Electronics Standards Association
vest *v*
(Re) übertragen
(eg, kraft der mir übertragenen Vollmacht: by the power vested in me, . . .)
(Re) übergehen auf *(ie, vest in)*
vested (Pw) unverfallbar *(eg, employee plan benefits; syn, unforfeitable)*
vested benefits
(Pw) unverfallbare Anwartschaften *fpl*
vested interests (com) = vested rights
vested right (Re, US) gesichertes Recht *n*
vested rights
(com) wohlerworbene Rechte *npl*
– Besitzstand *m*
– Sonderprivilegien *npl*
(syn, vested interests, acquired rights)
vested title (Re) verbrieftes Recht *n*
vestibule school (Pw) Lehrwerkstatt *f*
vestibule training (Pw) Aus-/Weiterbildung *f* in unternehmenseigenen Schulen
vesting
(Pw) Anspruch *m* auf Unverfallbarkeit e–r Betriebsrente *(ie, bei Arbeitsplatzwechsel od bei Vorruhestand)*
– Anwartschaftsbegründung *f*
(Re) Eigentumsübergang *m* *(ie, passing title to another)*
vest upon *v* (Re) übertragen *(eg, duties upon a commission)*
vexatious action (Re) schikanöser Prozeß *m* *(syn, frivolous action)*
VGA
(EDV) = Video Graphics Array
*(ie, standard for video adapters that defines a screen resolution of 640 * 480 pixels with 256 colors)*
viability
(com) Bestandsfestigkeit *f* *(ie, of a firm)*
(Fin) Zahlungsfähigkeit *f* *(ie, ability to meet financial obligations)*
viable
(com) lebensfähig, existenzfähig
(Fin) zahlungsfähig
vicarious liability
(Re) Haftung *f* für fremdes Verschulden
(ie, debtor is answerable for any default – Leistungsstörung, Schlechterfüllung – on the part of his assistants as though it had been his own)
vice president
(com, US) Vice President *m*
(ie, second-tier executive; usu. in charge of a specific functional area: production, finance, R&D, etc; but may also vary from second in command to one of innumerable subordinates; no equivalent in Germany; so do not translate; cf, veep)
vicious-circle theorem (Vw) Teufelskreis-Theorem *n*
vicious price war (com) rücksichtsloser Preiskrieg *m*
video adapter (EDV) Graphikkarte *f* *(syn, video board/controller)*
video bandwidth (EDV) Videobandbreite *f*
video board
(EDV) Graphikkarte *f*
(syn, video adapter/controller)
video buffer (EDV) Graphik(karten)speicher *m*
video card (EDV) Grafikkarte *f*
video computer (EDV) Bildschirm-Computer *m*
video conference (com) Videokonferenz *f*
video controller (EDV) Graphikkarte *f* *(syn, video adapter/board)*
video disk (EDV) Bildplatte *f*
video disk memory (EDV) Bildplattenspeicher *m*

video display terminal
(EDV) Bildschirmgerät *n*
– Datensichtgerät *n*
(ie, computer screen + typewriter keyboard)
video display unit (EDV) = video display terminal
video monitor (EDV) Bildschirm *m*, Monitor *m*
video rental (com) Video-Verleih *m*
video rental store (com) Video-Verleih *m*
video screen (EDV) Bildschirm *m*
video screen display (EDV) = video monitor
video tape recorder (com) Video-Recorder *m*
video telephone (EDV) Bildschirmtelefon *n*
video telephone service (EDV) Bildfernsprechverkehr *m*
video terminal (EDV) Bildschirmgerät *n (syn, video display terminal)*
videotex (EDV) Videotext *m (ie, Oberbegriff für ‚Bildschirmtext', und ‚Videotext' = teletext in GB)*
videotex service (EDV) Bildschirmtext-Dienst *m*
videotex telephone (EDV) Bildschirmtelefon *n*
video text system (EDV) Bildschirm-Textsystem *n*
video workstation (EDV) Bildschirmarbeitsplatz *m*
view
(EDV) Datensicht *f*
– Sicht *f*
(ie, abstrakter Ausschnitt e–s Datenbestandes)
view *v*
(EDV) ansehen
– betrachten
(EDV) darstellen
– anzeigen
viewdata (EDV, GB) Bildschirm-Textsystem *n (ie, Post Office variant of Ceefax and Oracle sources)*
viewer (EDV) Betrachter *m*
viewing transformation
(EDV) Fenstertransformation *f*
(ie, in computer graphics; syn, window/viewport . . . transformation)
view mode (EDV) Anzeigemodus *m*
viewport (EDV) Darstellungsfeld *n (ie, in computer graphics)*
vintage (Bw) Maschinenjahrgang *m*
violate *v*
(Re) verstoßen gegen
– verletzen
(syn, infringe on/upon, contravene, disregard, run afoul of; be violative of)
violation
(Re) (Rechts-)Verletzung *f*
– Verstoß *m*
– Übertretung *f*
violation contra bonos mores (Re) Verstoß *m* gegen die guten Sitten
violation of a right (Re) Rechtsverletzung *f (syn, infringement of a right)*
violation of contract (Re) Vertragsverletzung *f (syn, breach of contract, qv)*
violation of professional ethics (Re) Pflichtverletzung *f (cf, § 67 WPO)*
violation of professional secrecy (Re) Verletzung *f* des Berufsgeheimnisses
violative of a contract (Re) vertragswidrig *(syn, contrary to/not conforming to/not in keeping with . . . a contract)*

virement
(FiW) Virement *n*, gegenseitige Deckungsfähigkeit *f* von Haushaltsmitteln
(ReW) Zuordnung *f* von Erlösen zu bestimmten Arten von Aufwendungen
(ReW) Umbuchung *f (ie, von e–m Konto auf ein anderes)*
virgin bond (Fin) = back bond, qv
virgin crude oil (com) unverarbeitetes Rohöl *n (syn, straight-run stock)*
virgin market (com) unerschlossener Markt *m (syn, untapped market)*
virgin metals (com) Primärmetalle *npl (ie, metals obtained directly from the ore, and not previously used; syn, primary metals)*
virgin shares (Fin) neu ausgegebene Aktien *fpl*
virgin soil (com) unbearbeiteter Boden *m*
virtual address
(EDV) virtuelle Adresse *f*
(ie, symbol that can be used as a valid address part but does not necessarily designate an actual location)
virtual address space (EDV) virtueller Adreßraum *m*
virtual console (EDV) virtuelle Konsola *f*
virtual desktop (EDV) = virtual screen
virtual disk (EDV) virtuelles Laufwerk *n*
virtual file allocation table, VFAT (EDV) virtuelle Dateizuordnungstabelle *f (enhanced version of FAT; used by Windows 95)*
virtual machine
(EDV) virtuelle Maschine *f*
(ie, Duplikat e–r realen Maschine; eg, eingesetzt bei Migration zu e–r neuen Betriebssystemversion sowie Einsatz neuer Geräte)
virtual memory (EDV) virtueller Speicher *m*
virtual reality (EDV) virtuelle Realität *f*
virtual screen (EDV) virtueller Bildschirm *m (ie, area that exceeds the physical limits of a monitor and is emulated by scrolling; eg, a virtual screen of 800 * 600 pixels can be emulated on a 640 * 480 pixels screen)*
virtual storage (EDV) virtueller Speicher *m*
virtual terminal (EDV) virtuelles Terminal *n*
virtual volume (EDV) virtueller Bereich *m*
virus
(EDV) Computer-Virus *m*
– Virus-Programm *n*
– Virus *m*
(ie, a self-reproducing program that designed to damage hard- and/or software)
visible balance (VGR) Bilanz *f* des Warenhandels *(syn, balance on merchandise account; opp, invisible balance)*
visible exports (VGR) sichtbare Ausfuhr *f*
visible imports (VGR) sichtbare Einfuhr *f*
visibles (VGR) sichtbare Ein- und Ausfuhren *fpl (syn, visible items)*
visible trade (AuW) Warenhandel *m*
visible trade deficit (AuW) Warenbilanzdefizit *n*
visible trade surplus (AuW) Warenbilanzüberschuß *m*
visiting card (com) Visitenkarte *f (syn, calling card)*
visiting professor (com) Gastprofessor *m*
vis major (Re) höhere Gewalt *f (syn, force majeure)*
visual demonstration material (Mk) Anschauungsmaterial *n*

visual display (EDV) Sichtanzeige *f*
visual display terminal (EDV) Monitor *m*
visual display unit (EDV) Bildschirmgerät *n*, Sichtgerät *n*
visual display workstation (EDV) Bildschirmarbeitsplatz *m (syn, VDU workstation)*
visual file (EDV) Sichtkartei *f*
visual flight (com) Flug *m* nach Sicht *(syn, VFR flight)*
visual portrayal (Stat) bildliche Darstellung *f (syn, pictorial representation)*
visual trend (Stat) visueller Trend *m*
vital (com) wichtig
vital details (com) wichtige Daten *pl*
vital interest (com) berechtigtes Interesse *n (eg, access to inspect official files)*
vital statistics
(Stat) Personenstandsstatistik *f (eg, births, marriages, deaths)*
(Mk) weibliche Maße *npl (eg, 96–60–96)*
vitiate *v* (Re) ungültig machen *(eg, a contract; syn, invalidate)*
viticulture (com) Winbau *m*
VM (EDV) = Virtual Machine
vocation (Pw) Beruf *m (ie, requires a special fitness for a special call)*
vocational assistance measure (Pw) Maßnahmen *fpl* zur beruflichen Förderung
vocational counseling (Pw) Berufsberatung *f*
vocational counselor (Pw) Berufsberater *m*
vocational education (Pw) Berufsausbildung *f*
vocational guidance (Pw) = vocational counseling
vocational qualification (Pw) berufliche Qualifikation *f*
vocational rehabilitation (Pw) berufliche Rehabilitation *f*
vocational retraining (Pw) Umschulung *f*
vocational training (Pw) Berufsausbildung *f (cf, occupation, profession, vocation)*
voice-activated typewriter (EDV) sprachumsetzende Schreibmaschine *f*
voice and data transmission (EDV) Sprach- und Datenübertragung *f*
voice processing (EDV) Sprachverarbeitung *f*
voice recognition (EDV) Spracherkennung *f*
void
(Re) nichtig, rechtsunwirksam
(syn, null and void, inoperative, invalid, ineffectual, nugatory)
void *v* (Re) für ungültig erklären
void ab initio (Re) = void from the beginning
voidable act in the law (Re) = voidable transaction
voidable contract
(Re) anfechtbarer Vertrag *m*
(ie, in the event of fraud, incompetence – Geschäftsunfähigkeit – or other sufficient cause)
voidable transaction (Re) anfechtbares Rechtsgeschäft *n (syn, voidable act in the law)*
void from the beginning
(Re) von Anfang an nichtig
(ie, a contract may be void or null from the beginning)
void set (Math) leere Menge *f*, Nullmenge *f (syn, empty /null . . . set)*
volatile (Bö) unstetig
volatile memory
(EDV) energieabhängiger Speicher *m*
(ie, from which data are lost when power is cut = bei Stromausfall; opp, non-volatile memory = energieunabhängiger Speicher)
volatility
(Bö) rasche
– heftige ... Kursschwankungen *fpl*
(Bö) Volatilität *f*
(ie, Maß für die Flatterhaftigkeit der Kurse oder die Kursbeweglichkeit/Kursvariabilität; gemessen durch die Standardabweichung = standard deviation)
volatility in the money market (Fin) Unruhe *f* auf dem Geldmarkt
volenti non fit injuria (Re) Beklagter kann einwenden, der Kläger habe in die Verletzung der Sorgfaltspflicht eingewilligt od sich in Kenntnis des Risikos der Gefahr freiwillig ausgesetzt *(ie, to a willing person no injury is done)*
volume
(com) Volumen *n*
(com) Umsatzvolumen *n*
(EDV) Datenträger *m*
volume accounting (MaW) Mengenrechnung *f*
volume budget
(Mk) Absatzbudget *n*
– Absatzplan *m*
– Absatzmengenplan *m*
(syn, sales budget, budget of sales volume)
volume business (com) Mengengeschäft *n (ie, especially in wholesaling)*
volume catalog (EDV) Datenträgerkatalog *m*
volume cost
(KoR) fixe Kosten *pl*
– Fixkosten *pl*
(syn, fixed cost, qv)
volume discount (Mk) Mengenrabatt *m (syn, bulk/quantity . . . discount)*
volume effect (Vw) Mengeneffekt *m (ie, Produktion und Beschäftigung erhöhen sich mit Vergrößerung der Gesamtnachfrage)*
volume entry (EDV) Datenträgereintragung *f*
volume gains (com) Zunahme *f* des Geschäftsvolumens
volume growth (Mk) Mengenwachstum *n*
volume ID label (EDV) Datenträgername *f*
volume index (Stat) Mengenindex *m (syn, quantity index)*
volume input (Bw) Faktoreinsatzmengen *fpl*
volume leader (Bö) meist gehandelte Aktie *f*
volume losses
(KoR) Mengenverluste *mpl*
(ie, difference between input and output volumes; eg, in chemical processing and steelmaking)
volume name (EDV) Datenträgername *m*
volume of activity (Bw) Beschäftigungsgrad *m*
volume of business (com) Umsatzvolumen *n*
volume of construction output (Vw) Bauvolumen *n*
volume of deposits (Fin) Einlagenbestand *m*
volume of economic transactions (Vw) Transaktionsvolumen *n*
volume of employment (Pw) Beschäftigungsstand *m* *(ie, number of persons employed; syn, level of employment)*

volume of exports (AuW) Ausfuhrvolumen *n (ie, total value of goods and services sent out of the country)*
volume of exports and imports (AuW) Austauschvolumen *n*
volume of foreign trade (AuW) Außenhandelsvolumen *n*
volume of imports (AuW) Einfuhrmengen *fpl*
volume of insolvencies (Fin) Insolvenzniveau *n*
volume of operations (Bw) = volume of activity
volume of orders on hand (com) Auftragsbestand *m*
volume of output
(Bw) Produktionsvolumen *n*
(Bw) = volume of activity
volume of saturation (Vw) Sättigungsmenge *f (ie, at which zero price obtains)*
volume of savings (Fin) Sparaufkommen *n (syn, total savings)*
volume of stock exchange trading (Bö) Börsenumsatzvolumen *n*
volume of trade (Bö) Umsatzvolumen *n (syn, trading volume)*
volume of traffic
(com) Verkehrsaufkommen *n*
(com) Beförderungsleistung *f*
volume point (Bw) Beschäftigungsgrad *m (eg, run a mill at a high . . .)*
volume production (IndE) Massenproduktion *f (syn, mass production, production in bulk)*
volume purchasing (Mk) Großeinkauf *m (syn, bulk buying)*
volume risk (Bw) Mengenrisiko *n*
volume sales (com) Mengenumsatz *m (ie, sales in terms of volume)*
volume standard (KoR) Mengenstandard *m*
volume variance (KoR) Beschäftigungsabweichung *f (syn, activity capacity/idle capacity/noncontrollable . . . variance)*
voluntary adjustment (Re, US) außergerichtlicher Vergleich *m (syn, voluntary settlement)*
voluntary bankruptcy (Re) freiwilliger Konkurs *m (ie, where the petitioner is the bankrupt)*
voluntary chain (Mk) freiwillige Großhandelskette *f*
voluntary counter advertising (Mk) Gegendarstellung *f*
voluntary export restraints (AuW) freiwillige Exportbeschränkungen *fpl*
voluntary jurisdiction (Re) freiwillige Gerichtsbarkeit *f (syn, noncontentious jurisdiction)*
voluntary liquidation (Re) freiwillige Liquidation *f*
voluntary output curbs (EG) = voluntary system of limiting production
voluntary quota agreement (EG) freiwillige Quotenvereinbarung *f*
voluntary reserves (ReW) freie Rücklagen *fpl (syn, free reserves, qv)*
voluntary restraint (Bw) freiwillige Beschränkung *f*
voluntary restraint agreement (AuW) Selbstbeschränkungsabkommen *n*
voluntary retail buying chain (Mk) freiwillige Einkaufskette *f*
voluntary settlement
(Re, US) außergerichtlicher Vergleich *m*
(syn, amicable/out-of-court . . . settlement; voluntary adjustment)
voluntary standard (com) fakultative Norm *f*
voluntary system of limiting production (EG) freiwillige Produktionsbeschränkung *f (eg, Eurofer II; syn, voluntary output curbs)*
voluntary trade restrictions
(AuW) Selbstbeschränkungsabkommen *n*
(ie, nach dem 15. 8. 1971 von den USA vor allem gegen Japan durchgesetzte Einfuhrbeschränkungen)
voluntary trust (Re) Treuhandverhältnis *n* unter Lebenden *(syn, living trust, qv)*
voluntary unemployment (Vw) freiwillige Arbeitslosigkeit *f*
voluntary winding up (Re) = voluntary liquidation
vostro account
(Fin) Lorokonto *n*, Vostrokonto *n*
(ie, in foreign exchange bookkeeping: used by depository bank to describe an account maintained with it by a bank in a foreign country)
vote *v* (com) abstimmen, Stimme *f* abgeben *(ie, used as phrasal verb, such as: vote for, against, down, in/into, on, out, out of, through)*
vote buying (Bw) Stimmenkauf *m (cf, § 405 III AktG)*
voteless share (Fin, GB) nichtstimmberechtigte Aktie *f*
vote out of office *v* (com) abwählen *(eg, chairman)*
voter turnout (Pw) Wahlbeteiligung *f*
votes cast (com) abgegebene Stimmen *fpl*
vote switcher (Pw) Wechselwähler *m*
voting by mail
(com) Briefwahl *f*
(syn, absentee ballot; GB, postal . . . ballot/vote)
voting by proxy (com) Stimmrechtsausübung *f* durch Vertreter
voting capital (Fin) stimmberechtigtes Kapital *n*
voting commitment (Re) Stimmrechtsbindung *f*
voting control (Fin) Stimmrechte *npl (eg, bidder acquired 50% . . . of the company)*
voting curb (Bw, infml) Sperrminorität *f (eg, 5 %)*
voting instructions (Fin) Stimmrechtsanweisungen *fpl*
voting paradox (Vw) Abstimmungsparadoxon *n*
voting power (Fin) = voting right, qv
voting preferred stock (Fin, US) stimmberechtigte Vorzugsaktien *fpl*
voting proxy (Fin) Stimmrechtsvollmacht *f*
voting right (Fin) Stimmrecht *n (syn, voting power, right to vote)*
voting shares (Fin) = voting stock
voting stock (Fin) stimmberechtigte Aktien *fpl (ie, usually common stock)*
voting stockholder (com) stimmberechtigter Aktionär *m*
voting trustee (Re) Stimmrechtstreuhänder *m*
voucher
(ReW) Beleg *m (ie, written evidence of a business or accounting transaction; syn, record, slip)*
(com) Quittung *f*
voucher audit (ReW) Belegprüfung *f*
voucher-based materials inventory (MaW) belegmäßige Bestandsaufnahme *f*
voucher copy (ReW) Belegdoppel *n*, Belegkopie *f*, *(syn, document copy)*
voucher journal (ReW) = voucher register
voucher number (ReW) Belegnummer *f*

voucher preparation (ReW) Belegerstellung *f (syn, document preparation)*
voucher processing (Fin) Belegverarbeitung *f*, Belegaufbereitung *f*
voucher record (ReW) = voucher register
voucher register (ReW) Belegregister *n (syn, voucher . . . journal/record)*
voucher routing (ReW) Beleglauf *m*
voucher system (ReW) Belegsystem *n*
voyage charter (com) Reisecharter *f (ie, einmalige Reise oder gleiche Reise in gleichen Zeitabständen)*
voyage freight (com) Reisefracht *f*
voyage insurance (Vers) Reiseversicherung *f (syn, travel insurance, qv)*
voyage policy (Vers) Einzelpolice *f*, Reisepolice *f*
VRAM (EDV) Bildschirmspeicher *m*
Vredeling directive
(EG) Vredeling-Richtlinie *f*
(ie, EG-Richtlinienentwurf für international tätige Unternehmen zur Sicherung einer speziellen ‚Unterrichtung und Anhörung der Arbeitnehmer" = Worker Information and Consultation)
VRM (Fin) = variable rate mortgage
VSAM
(EDV) = Virtual Storage Access Method
(ie, dient zur Verwaltung der virtuellen Erweiterung des Hauptspeichers auf Plattenlaufwerken; mit den Ausführungsformen: KSDS, ESDS, RRDS)
VT (EDV) = video terminal
VTOC (EDV) = Volume Table of Contents
vulgar fraction (Math) gewöhnlicher Bruch *m (syn, common fraction; opp, decimal fraction)*

W

W-2 form
(Pw, US) Formular W-2 *n*
(ie, annual statement employers issue to all employees, indicating wages paid and federal and state taxes withheld; employees must attach a copy of the statement to their federal and state income tax returns)
wadding (com) Füllmaterial *n (ie, soft stuffing substance)*
wad of notes (Fin, infml) Banknotenbündel *n (syn, bankroll; GB, sheaf of notes)*
wafer (EDV) Wafer-Scheibe *f*, Halbleiterscheibe *f*
wafer thin margin (Fin) extrem niedrige Gewinnspanne *f (eg, 1/64th of a percentage point)*
wage
(Pw) Lohn *m*
(ie, payment based on hours worked or work produced; opp, salary)
(Pw) Entgelt *n (ie, can mean salary + commissions + bonuses + company housing + tips, etc)*
wage accounting (ReW) Lohnbuchhaltung *f*
wage advance (Pw) Vorschuß *m*
wage agreement (Pw) Lohnabschluß *m (syn, wage settlement, qv)*
wage-and-benefit rate (Pw, US) Lohnsatz *m* einschließlich aller Nebenleistungen
wage and price guideposts
(Vw, US) Lohn- und Preisleitlinien *fpl*
(ie, originally presented in the 1962 Report of the Council of Economic Advisers)
wage and salary advance (ReW) Lohn- und Gehaltsvorschüsse *mpl*
wage arrears (Pw) Lohnrückstände *mpl*
wage assignment (Pw, US) Lohnabtretung *f (ie, illegal in most states)*
wage bargaining (Pw) Lohnverhandlungen *fpl*
wage bill (ReW) Lohnsumme *f*
wage bracket (Pw) Lohngruppe *f*
wage ceiling (Pw) Höchstlohn *m (syn, top wage rate)*
wage component (com) Lohnbestandteil *m*
wage concession (Pw, US) Lohnverzicht *m*
wage concessions (Pw) Lohnzugeständnisse *npl*
wage cost inflation (Pw) Lohninflation *f*
wage deal (Pw) Lohnabschluß *m*
wage demands (Pw) Lohnforderungen *fpl*
wage differential (Pw) Lohngefälle *n (syn, earnings gap, pay differential)*
wage docket (Pw) Lohnzettel *m*
wage drift
(Vw) Lohndrift *f*
(ie, periodenbezogene Differenz zwischen Änderungsraten von Tariflohnsätzen und Effektivlohnsätzen: Bruttodrift; die Nettodrift od echte Drift ist die tatsächlich nicht tarifvertraglich fundierte Drift; statistisch kaum berechenbar; syn, earnings drift, wage gap)
wage earner (Pw) Lohnarbeiter *m*, Lohnempfänger *m (syn, US, wageworker)*
wage earning gap (Vw) = wage drift
wage explosion (Vw) Lohnexplosion *f*
wage floor (Pw) Grundlohn *m*, garantierter Mindestlohn *m*
wage freeze (Pw) Lohnstopp *m (syn, GB, wage restraint)*
wage fund (Vw) Lohnfonds *m*
wage fund theory (Vw) Lohnfondstheorie *f*
wage garnishment (Pw) Lohnpfändung *f (cf, wage assignment)*
wage group (Pw) Lohngruppe *f*
wage guidelines (Vw) Lohnleitlinien *fpl*
wage hike (Pw, US) Lohnerhöhung *f (syn, pay rise, pay raise, qv)*
wage incentive system (Pw) Leistungslohnsystem *n*
wage indexation (Pw) Lohnindexbindung *f (syn, pay indexation)*
wage indexation system (Pw) Lohnindexierung *f*
wage-induced inflation (Vw) lohninduzierte Inflation *f*
wage-induced unemployment (Vw) lohninduzierte Arbeitslosigkeit *f*
wage intensive (Bw) lohnintensiv
wage level (Bw) Lohnhöhe *f*, Lohnniveau *n*
wage packet (Pw) Nettolohn *m (syn, take-home pay)*
wage pattern (Pw) Lohnstruktur *f*
wage plan (Pw) Lohnsystem *n*
wage-price spiral (Vw) Lohn-Preis-Spirale *f*
wage-price structure (Vw) Lohn-Preis-Struktur *f*
wage-push inflation (Vw) Lohndruckinflation *f*
wage rate
(Vw) Arbeitslohn *m*
(Pw) Lohnsatz *m*
wage recipient (Pw) Lohnempfänger *m*
wage-related pension (SozV) dynamische Rente *f*
wage restraint (Pw, GB) Lohnstopp *m (syn, wage freeze)*
wagering and gaming (Re, GB) Spiel *n* und Wette *f*
wagering technique (OR) Lotteriemethode *f (cf, Neumann-Morgenstern)*
wage round (Pw) Lohnrunde *f (eg, set the pattern for the . . .)*
wager policy (Vers) Police *f* ohne versicherbares Interesse
wages (Pw) = wage
wage scale (Pw) Lohnskala *f*
wages clerk (ReW, GB) Lohnbuchhalter *m (syn, payroll clerk)*
wages due to employees (Re) Lohnforderungen *f (ie, in bankruptcy)*
wage settlement (Pw) Lohnabschluß *m (syn, pay settlement, qv)*
wages in kind (Pw) Naturallohn *m*, Sachlohn *m (syn, compensation in kind)*
wages of entrepreneurship (Vw) Unternehmerlohn *m (syn, proprietors' income)*
wages of management (Vw) Unternehmerlohn *m (syn, earnings of management)*
wages policy (Vw) Lohnpolitik *f*
wage spread (Vw) Lohnspanne *f*

wages sheet (ReW, GB) Lohnliste *f (syn, payroll)*
wage structure (Pw) Lohngefüge *n (syn, wage pattern)*
wage theory (Vw) Lohntheorie *f*
waggon (com, GB) Eisenbahnwaggon *m*
Wagner Act
(Re, US) Wagner Act *m*
(ie, passed in 1935; made collective bargaining legal; full title: National Labor Relations Act)
wagon-lit (com) Schlafwagen *m (syn, GB, sleeping car pl, wagon-lits)*
wait-and-see attitude
(com) Zurückhaltung *f (eg, take a . . .)*
(Bö) Attentismus *m*
wait call (EDV) Warteaufruf *m*
waiting line (com) Warteschlange
waiting line model (OR) Warteschlangenmodell *n (syn, queuing model)*
waiting line system (OR) Wartesystem *n (syn, queuing system)*
waiting line theory
(OR) Warteschlangentheorie *f*
– Bedienungstheorie *f*
(syn, queuing theory)
waiting list (com) Warteliste *f (syn, rooster)*
waiting period
(com) Wartezeit *f*
– Sperrfrist *f*
(Vers) Karenzzeit *f (syn, qualifying period)*
(Bö) 20-Tagefrist *f* zwischen Einreichung des ‚registration statement' bei der SEC und dem Tag der Wirksamkeit
waiting room method
(AuW) Wartezimmerverfahren *n*
(ie, temporary suspense of transfer of funds to a given country)
waiting space (OR) Warteraum *m (ie, in waiting-line models)*
waiting theory of interest (Vw) Wartetheorie *f* des Zinses *(cf, G. Cassel)*
waiting time
(com) Wartezeit *f*
(IndE) Bereitschaftszeit *f*
wait order
(Mk) Terminauftrag *m*
(ie, request to release an advertisement at some time in the future)
wait state (EDV) Wartezustand *m (syn, disconnected mode)*
waive a claim *v* (Re) Anspruch *m* aufgeben *(syn, abandon /renounce/give up . . . a claim, disclaim)*
waive debt repayment *v* (Fin) Schulden *fpl* erlassen
waive dividends *v* (Fin) Dividende *f* ausfallen lassen
waiver
(Re) Verzichterklärung *f*
(AuW, Gatt) Ausnahmegenehmigung *f*
waiver of claims outstanding (Re) Forderungsverzicht *m (syn, remission of debt)*
waiver of interest (Fin) Zinsverzicht *m*
waiver of legal remedy (Re) Rechtsmittelverzicht *m*
waiver of liability (Re) Haftungsverzicht *m*
waiver of notice (Bw) (schriftlicher) Verzicht *m* auf die gesetzmäßigen und satzungsmäßigen Formalitäten und Fristen für die Einberufung e–r Hauptversammlung
waiver of premium
(Vers) Beitragsbefreiung *f*
(ie, policy remains in full force without further payment of premiums)
waiver of priority (Re) Rangrücktritt *m*
waiver of protest (WeR) Protestverzicht *m*
waiver of recourse (WeR) Regreßverzicht *m*
waiver of the statute of limitations (Re) Verzicht *m* auf die Geltendmachung e–r bereits eingetretenen Verjährung
waiver of title (Re) Rechtsverzicht *m (syn, disclaimer of right)*
walk (OR) Kantenfolge *f*
walk clerk (Fin) Bankbote *m*
walk-in (Pw, US) Bewerber *m*, der – uneingeladen – persönlich vorspricht *(opp, mail-in)*
walking boss (Pw) Meister *m (syn, foreman)*
walking delegate (Pw) Gewerkschaftsvertreter *m*
walking orders (Pw, infml) = walking papers
walking papers
(Pw, infml) Entlassungspapiere *npl*
– Papiere *npl*
(syn, dismissal papers; GB, marching . . . order /papers)
walking ticket (Pw, infml) = walking papers
walk-in window (Mk) begehbares Schaufenster *n*
walk off the shelves *v*
(com, infml) reißenden Absatz finden
(syn, sell like hot cakes, sell briskly)
walkout
(Pw) Arbeitsniederlegung *f*
(syn, stoppage of work, industrial stoppage)
wallet (com, GB) Brieftasche *f (syn, US, billfold)*
wallpaper (EDV, GUI) Hintergrundbild *n*
wallpaper industry (com) Tapetenindustrie *f*
Wall Street
(Fin, US) Wall Street *f*
(ie, the financial district of New York; the financial interests of the United States; cf, La Salle Street, State Street)
Wall Street rule (Fin, US) Regel *f*, daß Anleger nach den Wünschen der Unternehmensleitung abstimmt oder s–e Aktien verkauft
wall-to-wall carpeting (com, US) Teppichboden *m (syn, GB, fitted carpet)*
WAN (EDV) = Wide Area Network
wand reader (EDV) Lesestift *m*, Lesepistole *f (syn, code pen)*
want ad (Mk) Kleinanzeige *f (syn, classified ad, qv)*
wantage (com) Fehlbetrag *m (syn, shortfall)*
want of finance (Fin) Geldmangel *m*, Mangel *m* an Finanzierungsmöglichkeiten
want of novelty (Pat) mangelnde Neuheit *f*
want of proper care (com) Fahrlässigkeit *f (eg, in handling a consignment)*
wanton negligence (Re) grobe Fahrlässigkeit *f (cf, negligence)*
want pattern (Vw) Bedürfnisstruktur *f (syn, want structure)*
wants
(Vw) Bedürfnisse *npl*
(ie, „Gefühl eines Mangels mit dem Streben ihn zu beseitigen", v. Hermann, 1832; syn, wants and needs, tastes and preferences)
wants and needs (Vw) = wants

want satisfaction (Vw) Bedürfnisbefriedigung *f*
want structure (Vw) = want pattern
warant bond (Fin) Optionsanleihe *f*
war babies (Fin, US, sl) Aktien *fpl* von Rüstungsunternehmen
ward (Re) Mündel *n (ie, minor subject to wardship)*
ward of court
(Re) Mündel *n*
(ie, by reason of incapacity under the protection of a court through a court- appointed guardian)
warehouse
(MaW) Lagerhaus *n*
– Lager *n*
(syn, storeroom, stockroom)
(com) Depot *n (ie, where freight is deposited)*
(com) Großhandelslager *n (ie, wholesale stock)*
(Mk) Mitglied *n* e–r Großhandelskette
(com, GB) Einzelhandelsgeschäft *n (syn, retail outlet)*
warehouse *v*
(com) lagern, einlagern
(Fin) zusammenkaufen
warehouse certificate (com) = warehouse receipt
warehouse charges
(com) Lagergeld *n*
– Lagergebühren *fpl*
(syn, storage charges)
warehouse company (com) Lagerunternehmen *n (ie, engaged in the business of storing goods and merchandise for hire)*
warehouse keeper (com) = warehouseman
warehouse loan (Fin, US) Lagerhalter-Darlehen *n (ie, made against a warehouse receipt)*
warehouseman
(com) Lagerhalter *m*
(ie, undertakes the storage and custody of goods; syn, warehouse keeper)
warehouse receipt
(com) Lagerschein *m*
(ie, it is a document of title, and may be negotiable or nonnegotiable; syn, warehouse certificate)
warehouse space (MaW) Lagerfläche *f*
warehouse stock (Bw, GB) Fertigprodukte *npl* auf Lager
warehouse transactions (Zo) Lagerverkehr *m*
warehouse warrant (com) = warehouse receipt
warehousing
(MaW) Lagerhaltung *f (syn, stockkeeping)*
(Fin) anonyme Beteiligung *f (ie, durch Strohmänner, zur Vorbereitung e–r Übernahme)*
warehousing contract (com) Lagervertrag *m*
warehousing period (com) Einlagerungszeit *f*
war loan (Fin, GB) Kriegsanleihe *f (ie, the 3 1/2 % loan has no redemption date)*
warm start (EDV) Warmstart *m (syn, system restart; opp, cold start)*
warning limit (Stat) Warngrenze *f (ie, on control charts; syn, peril points)*
warning strike (Pw) Warnstreik *m*
warrant
(WeR) Lagerschein *m (syn, warehouse receipt)*
(Fin, US) kurzfristige Kommunalobligation *f*
(ie, short-term obligation of a municipality; may also be a tax anticipation warrant, qv; syn, municipal warrant)
(Fin) Bezugsrecht *n*
(ie, call option to buy a stated number of shares of stock at a specified price; syn, stock purchase warrant)
(Fin) Optionsschein *m*
(ie, Recht auf Ausübung der Option in getrenntten Optionsscheinen verbrieft; werden an der Börse gehandelt; stockmarket security with a market price of its own that can be converted into a specific share)
warrant *v* (com) Garantie *f* leisten *(ie, the tires are warranted for 40,000 miles)*
warrant bond
(Fin) Optionsanleihe *f*
– Optionsschuldverschreibung *f (syn, warrant issue)*
warranted quality (com) zugesicherte Eigenschaft *f*
warranted rate of growth (Vw) Gleichgewichts-Wachstumsrate *f (cf, Harrod)*
warrantee (Re) Garantienehmer *m (opp, guarantor)*
warrant exercise price (Fin) Optionspreis *m*
warranties (ReW) Garantieleistungen *fpl*
warrant issue
(Fin) Optionsanleihe *f*
(Fin) Emission *f* von Bezugsrechtsscheinen
warrant of attachment (Re) Beschlagnahmeverfügung *f*
warrant of attorney (Re) Vollmacht *f*, Vollmachtsurkunde *f (syn, power of attorney)*
warrant offering price (Fin) Ausgabekurs *m* von Optionsscheinen
warrantor (Re) Garantiegeber *m (syn, guarantor)*
warrants into negotiable Government securities, w ings (Fin, US) Optionsscheine *mpl* auf US-Staatsanleihen
warranty
(Re) Garantie *f*
– Gewährleistung *f*
– Garantieerklärung *f*
– Zusicherung *f*
(ie, seller's assumption of responsibility for the quality or performance of the goods sold; in US law, a warranty is more binding than a guarantee)
(Re) unwesentliche Vertragsbestimmung *f*
(ie, gibt in der Regel nur Anspruch auf Schadenersatz)
(WeR) Orderlagerschein *m*
(syn, negotiable warehouse receipt, qv)
warranty claim (Re) Garantieanspruch *m (syn, claim under a warranty)*
warranty clause (com) Garantieklausel *f*
warranty for defects (Re) Mängelgewähr *f*
warranty guarantee (com) Gewährleistungsgarantie *f (ie, löst e–e Liefer- und Leistungsgarantie ab)*
warranty guaranty (Re) Gewährleistungsgarantie *f*
warranty implied in law (Re) gesetzliche Gewährleistung *f*
warranty of a quality (Re) Zusicherung *f* e–r Eigenschaft
warranty of fitness for a particular purpose (Re, US) Eignung *f* für e–n bestimmten Vertragszweck *(cf, UCC)*
warranty of fitness for contractual use (Re) Haftung *f* für vertragsgemäßen Gebrauch

warranty of merchantability (Re, US) Eignung *f* (der Kaufsache) für den gewöhnlichen Gebrauch
warranty of merchantable quality (Re) Gewährleistung *f* für Sachmängel
warranty of title (Re) Rechtsmängelhaftung *f (ie, das Eigentum wird unbelastet übertragen; § 2-312 UCC)*
warranty of title and quality (Re) Rechts- und Sachmängelgewähr *f*
warranty period (com) Garantiezeit *f (syn, guarantee period)*
warranty risk
(ReW) Gewährleistungswagnis *n*
(ie, amounts to self-insurance of noninsurable risks)
warranty service (com) Garantieservice *m*
warranty stamp (com) Garantiestempel *m*
warranty terms (com) Garantiebedingungen *fpl*
warranty terms and conditions (com) Gewährleistungsbedingungen *fpl*
warranty work (com) Garantiearbeiten *fpl (eg, by car makers)*
war risk clause (Vers) Kriegsrisikoklausel *f*
wash sale
(Bö) Scheingeschäft *n*
(ie, pretended sale of securities between two conspiring exchange members or speculators acting through brokers; gleichzeitiger Kauf und Verkauf für den gleichen Kommittenten, principal, verboten)
wash trade (Bö) = wash sale, qv
wastage (Bw) Verschleiß *m (ie, of machinery or property)*
waste
(com) Abfall *m*
(ie, municipal and industrial waste, sludge produced by sewage treatment, special waste = kommunale Abfälle, Gewerbemüll, Klärschlamm, Sonderabfälle)
(IndE) Materialabfall *m*
(ie, no measurable recovery value or lost in the process; eg, dust, smoke)
waste basket (com, US) Papierkorb *m (syn, waste paper basket)*
waste book
(ReW, GB) Vorbuch *n*
– Kladde *f*
(ie, in which transactions of the day are entered in the order of their occurrence; syn, daybook)
waste control (com) = waste management
waste disposal
(com) Abfallbeseitigung *f*
– Entsorgung *f*
waste disposal consultant (com) Abfallberater *m*
waste disposal industry
(com) Abfallwirtschaft *f*
(com) Entsorgungsbranche *f*
waste disposal management
(MaW) Entsorgung *f*
(ie, Teilfunktion der Materialwirtschaft: Recycling, marktliche Verwertung, Beseitigung, Vernichtung)
wasted time (IndE) Leerzeit *f*
waste dump (com) Mülldeponie *f*
waste heat (IndE) Abwärme *f*
waste management
(IndE) Abfallwirtschaft *f*
(IndE) Entsorgung *f*
waste material (IndE) Abfallstoffe *mpl*
waste paper (com) Altpapier *n*
waste paper basket (com, GB) Papierkorb *m (syn, US, waste basket)*
waster (IndE, infml) Abfallstück *n*
waste site (com) Deponie *f*
waste utilization (com) Abfallverwertung *f*
waste water (IndE) Abwasser *n (cf, sewage)*
wasting asset
(Bw) Wirtschaftsgut *n* mit begrenzter Nutzungsdauer
(syn, limited-life asset)
(Bw) abbaufähige Betriebsfläche *f*, Abbauland *n*
(eg, mining land, gravel pits, quarries; ie, assets diminishing in value commensurate with the removal of a natural product)
wasting asset industry (Bw) Abbaubetrieb *m*
wasting assets
(StR) Abbauland *n*
(ie, deminish in value commensurately with the removal of a natural product; Betriebsflächen für Abbau der Bodensubstanz, wie Sand, Kies, Lehm, Steinbruch, Torfstich; cf, § 34 I Nr 2a BewG)
wasting of resources (Bw) Verschwendung *f* von Ressourcen
watchdog
(com) Aufpasser *m*, Hüter *m*
(ie, person or agency appointed to check on compliance with laws and regulations)
(EDV) Überwachungszeitgeber *m (ie, in process automation)*
watchdog agency (Re, infml) Aufsichtsbehörde *f*
watch list (com) Beobachtungsliste *f*
watch the market (Mk) Markt *m* beobachten
water (com, infml) „Luft" *f (eg, there is some water in the mill order books)*
waterborne traffic (com) Beförderung *f* per Schiff
water down v
(com) verwässern
(eg, watered-down version of the committee's recommendations)
watered stock
(Fin) verwässerte Aktien *fpl*
(ie, created:
1. *by issuing stock for money worth less than its par value;*
2. *by giving stock away as a bonus;*
3. *by impairment of assets through an operating deficit;*
4. *by issuing stock against a fictitious or tangible asset)*

watering of stock exchange prices (Bö) Kursverwässerung *f*
watermark (com) Wasserzeichen *n (eg, in banknotes, letterhead paper)*
water pollution (com) Gewässerverschmutzung *f*
waters (com) Seegebiet *n*
waterways (com) Wasserstraßen *fpl*
wave of bankruptcies (Re) Konkurswelle *f*
wave of heavy selling (Bö) Überhitzung *f*
wave of mergers (com) Fusionswelle *f (syn, spate of mergers, takeover wave)*

wave of new issues (Fin) Emissionsschwemme *f* *(syn, deluge of new issues)*
wave of price increases (com) Preiswelle *f*
wave of strikes (Pw) Streikwelle *f*
waybill
(com, GB) Frachtbrief *m (syn, consignment note; US, bill of lading)*
(com, GB) Luftfrachtbrief *m (syn, air consignment note, air waybill)*
waybill accounting (com) Frachtbriefabrechnung *f*
ways and means advance (FiW, GB) Kassenkredit *m*
W.B. (com) = waybill
W.B. (W/B) (com) = waybill
WCE (Bö) = Winnipeg Commodity Exchange
WDA (ReW) = writing-down allowance
WDV (ReW) = written-down value
weak accumulation point (Math) Häufungspunkt *m* e–r Punktmenge *(syn, accumulation point, cluster point, limit point)*
weak demand
(com) schwache Nachfrage *f*
(syn, lagging/sluggish . . . demand)
weak derived set (Math) abgeleitete Menge *f*
weak economic activity (Vw) Konjunkturschwäche *f*
weaker demand (Vw) abgeschwächte Nachfrage *f*
weak induction
(Math) vollständige Induktion *f*
(ie, das 5. Peanosche Axiom heißt auch das Prinzip der vollständigen Induktion: folgt aus der Richtigkeit für e–e natürliche Zahl k stets die Richtigkeit für den Nachfolger k', dann ist die Aussage für alle natürlichen Zahlen richtig; syn, complete induction; opp, incomplete induction)
weak market (com, Bö) Marktschwäche *f*
weakness in management control (Bw) Führungsschwäche *f*, Führungsmängel *mpl*
weakness of demand (com) Nachfrageschwäche *f*
weakness of economic activity (Vw) Konjunkturschwäche *f*
weak point (com) Schwachstelle *f (syn, potential trouble spot, danger . . . point/spot)*
wealth (com) Vermögen *n*
wealth census (VGR) Vermögenszensus *m*
wealth effect
(Vw) Realkasseneffekt *m*
– Pigou-Effekt *m*
(syn, real balance effect)
(FiW) Vermögenseffekt *m*
wealth formation (Vw) Vermögensbildung *f (syn, capital formation, qv)*
wealth statement (VGR) Vermögensrechnung *f (syn, gross saving and investment account)*
wealth tax (StR) Vermögensteuer *f*
wear and tear
(Bw) Abnutzung *f*
– Abnutzung *f* durch Gebrauch
wear-out effect (com) Abnutzungseffekt *m*
weather a recession *v* (Bw) Rezession *f* überstehen
weather working days, w.w.d. (com) wettererlaubte Arbeitstage *mpl*
Webb-Pomerene Act
(Kart, US) Webb-Pomerene Act *m*
(ie, passed in 1918, also known as ‚Export Trade Act' or ‚Webb Act'; exempts export trade associations of a specified type)
Webb-Pomerene Association
(AuW, US) Exportvereinigung *f*
(ie, formed under the authority of the Webb-Pomerene Export Trade Act; permits joint exporting which would otherwise be violative of antitrust laws)
weekly EEC tender (EG) wöchentliche EG-Ausschreibung *f*
weekly market (com) Wochenmarkt *m (syn, GB, market)*
weekly return (Fin, GB) Wochenausweis *m*
weekly schedule (com) Wochenübersicht *f*
weekly tender
(Fin, GB) wöchentliche Versteigerung *f*
(ie, von Schatzwechseln durch die Bank of England)
week order (Bö, US) auf eine Woche befristeter Auftrag *m*
weighing of interests (Re) Güterabwägung *f (cf, Vol II)*
weight (com) Gewicht *n*
weight *v* (Stat) gewichten
weight certificate (com) Wiegeschein *m*
weight delivered (com) Ablieferungsgewicht *n*
weighted average (Stat) gewogener Mittelwert *m*
weighted external value (AuW) gewogener Außenwert *m*
weighted mean (Stat) gewogener Mittelwert *m*
weight guaranteed, w.g. (com) garantiertes Gewicht *n*
weighting bias (Stat) Gewichtungsfehler *m*
weighting charge (com) Wiegegeld *n*
weighting coefficient (Stat) Gewichtskoeffizient *m*
weight list (com) Gewichtsliste *f*
weight or measurement, W/M (com) Frachtberechnung *f* nach Gewicht od Maß
weights and measures (com) Maße *npl* und Gewichte *npl*
weight variation allowance (com) Franchise *f*
welfare economics
(Vw) Wohlfahrtsökonomik *f*
– Wohlfahrtstheorie *f*
– Allokationstheorie *f*
(ie, concerned with
(1) defining economic efficiency;
(2) evaluating the economic efficiency of particular systems of resource allocations;
(3) analyzing the conditions under which economic policies may be said to have improved social welfare)
welfare facilities (Pw) soziale Einrichtungen *fpl*
welfare gains (Vw) Wohlfahrtsgewinne *mpl*
welfare implications (Vw) Wohlfahrtsimplikationen *fpl*
welfare losses (Vw) Wohlfahrtsverluste *mpl (syn, deadweight losses)*
welfare returns (Vw) Wohlfahrtserträge *mpl*
welfare state
(Vw) Wohlfahrtsstaat *m*
(ie, one with comprehensive, excessive social services, liable to shatter the pillars of society)
well (EDV) Senke *f*
well-entrenched (com) etabliert *(eg, manufacturer, dealer)*
well-financed (Fin) finanzstark
well-fixed (Fin, infml) = well-heeled

well-formed formula, wff (Log) Aussageform *f*
well-funded (Fin) kapitalkräftig *(syn, infml, well-heeled, financially strong)*
wellhead price (com) Preis *m* ab Bohrturm *(ie, price less transportation)*
well-heeled
(com, infml) wohlhabend *(eg, better-heeled customers)*
(Fin, infml) kapitalkräftig *(syn, well-funded, financially powerful)*
well-informed
(com) kenntnisreich
(ie, thoroughly knowledgeable)
well-off (com) wohlhabend *(syn, well-to-do)*
well-ordered set
(Math) wohlgeordnete Menge *f*
(ie, linearly ordered set where every subset has a least element wenn jede Teilmenge ein erstes Element hat)
well-ordering theorem (Math) Wohlordnungssatz *m*
well-posted (com) gut unterrichtet
well-read (Pw) belesen, kenntnisreich *(eg, in ancient history and economics)*
well-rounded (Pw) vielseitig ausgebildet
well-running lines (Mk) gut gehende Produkte *npl*
well-structured task (Bw) gut strukturierte Aufgabe *f*
well-taken (Log) begründet *(eg, a point is well taken)*
well-to-do (com) wohlhabend *(syn, well-off, prosperous)*
wetback (Pw, US) illegal eingewanderter mexikanischer Landarbeiter *m (ie, usually employed at substandard pay)*
wet goods (com) flüssige Ware *f*
wff (Log) = well-formed formula
w.g. (com) = weight guaranteed
wharf (com) Dock *n (syn, dock)*
wharfage (com) Kaigebühren *fpl (syn, dock charges)*
wharfinger's note (com) Kaiempfangsschein *m (syn, dock receipt)*
wharf's receipt (com) Kaiablieferungsschein *m*
wheel and deal *v*
(com) intensiv verhandeln
(ie, oft nach eigenem Vorteil strebend: he wheeled and dealed his way into a fat government contract)
wheelbarrow inflation (Vw, infml) galoppierende Inflation *f*
wheel diagram (Stat) Kreisdiagramm *n (syn, pie chart)*
wheeler dealer
(com, infml) gerissener Geschäftemacher *m*
(ie, shrewd business operator bent on making a fast buck)
Wheeler-Lea Act
(Kart, US) Wheeler-Lea Act *m*
(ie, federal law amending the Federal Trade Commission Act of 1914 to further outlaw „unfair or deceptive acts or practices", passed in 1938)
wheel printer (EDV) Typenraddrucker *m (syn, daisywheel printer)*
when due
(Fin) bei Fälligkeit *(syn, at maturity)*
(Re) fristgerecht, fristgemäß
when option (EDV, Cobol) Sobaldangabe *f*
whereas
(Re) Vertragsgrundlage *f*
(ie, in Form e–r od mehrerer Klauseln, jeweils eingeleitet mit: WHEREAS . . .)
Where Got-Where Gone Statement (Fin, infml) Kapitalflußrechnung *f (syn, funds statement)*
where-used list (EDV) Verwendungsliste *f*
white-collar crime (Re) Wirtschaftskriminalität *f*
white-collar employee (Pw) = white-collar worker
white-collar occupations (Pw) Büroberufe *mpl*
white-collar worker (Pw, infml) Angestellter *m (syn, salaried nonmanual . . . employee, salary worker)*
white goods (com) weiße Ware *f (ie, washing machines, freezers, cookers, dishwashers; opp, brown goods)*
white-heart-empty-head test (Re, US) fahrlässige Unkenntnis *f* zerstört nicht Gutgläubigkeit
white knight
(Bw, US, infml) „Retter *m* in der Not''
(ie, one that comes to the rescue: friendly bidder in takeover fight; a corporation threatened with a tender offer or acquisition attempt by an entity that it considers unfriendly will often seek a white knight to merge with or acquire the target corporation to fend off the unfriendly acquisition attempt)
white space (EDV) Leerzeichen *n*
„who are you" key (EDV) Abfragetaste *f*
whole coverage (Vers) Volldeckung *f (ie, payment from all losses without deductions)*
whole life insurance
(Vers) Todesfallversicherung *f*
Lebensversicherung *f* auf den Todesfall
(ie, age limit 100; syn, straight/ordinary/permanent . . . life insurance; opp, term insurance)
whole number (Math) ganze Zahl *f (syn, integer)*
whole of life policy (Vers) Todesfallversicherung *f (syn, whole life insurance)*
wholesale banking
(Fin) Firmenkundengeschäft *n*
(ie, Limit etwa ab $100,000; syn corporate banking; opp, retail/personal . . . banking)
wholesale business
(com) Großhandel *m*
(syn, wholesaling)
wholesale buyer
(Mk) Großeinkäufer *m*
(syn, bulk purchaser)
wholesale center (Mk) Großhandelszentrum *n*
wholesale client
(Fin) Firmenkunde *m*
(opp, retail client = Privatkunde)
wholesale dealer (com) = wholesaler
wholesale discount (com) Großhandelsrabatt *m*
wholesale distribution (Mk) Großhandel *m*
wholesale funding (Fin) Finanzierung *f* über die Finanzmärkte
wholesale insurance (Vers) Gruppenversicherung *f*
wholesale investor (Fin) Großanleger *m*
wholesale margin (com) Großhandelsspanne *f*
wholesale money market (Fin) Interbankenmarkt *m*
wholesale price (Bö) Kurs *m* im Freiverkehr
wholesale price index (Stat) Index *m* der Großhandelspreise

wholesalers
(Mk) Großhändler *mpl*
(ie, this group is subdivided into: merchant wholesalers, agents and brokers, and manufacturer's sales branches and offices; syn, wholesale dealer, distributor; opp, retail trader)
wholesale trade (Mk) Großhandel *m*
wholesale unemployment
(Vw, infml) Massenarbeitslosigkeit *f*
(syn, mass unemployment)
wholesaling (com) = wholesale busines
wholesaling industry (com) Großhandelsbereich *m*
wholly-owned subsidiary (com) 100%ige Tochtergesellschaft *f*
Wicksellian cumulative process (Vw) Wicksellscher Prozeß *m*
wide area network, WAN
(EDV) Öffentliches Netzwerk *n*
(ie, Kommunikationssystem auf Basis öffentlicher Netzbetreiber)
wide assortment of products (Mk) breites Sortiment *n*
wideband line (EDV) Breitbandleitung *f (ie, passes broad range of frequencies)*
wide deficit (FiW) hohes Defizit *n*
wide discretion (com) breiter Ermessenspielraum *m*
widely experienced (Pw) erfahren
widened parity bands (AuW) erweiterte Bandbreiten *fpl*
widening investment (Bw) Erweiterungsinvestition *f*
wide print (EDV) Breitdruck *m*
wide range of goods (Mk) breites Sortiment *n*
widespread decline in prices (Bö) Rückgang *m* auf breiter Front
widespread shareholdings
(Fin) breit gestreuter Aktienbesitz *m*
– Streubesitz *m*
wide swings (com) große Ausschläge *mpl*
widow
(EDV) Hurenkind *n*
(ie, last line of paragraph becomes first line of next page; should be avoided; good text processor have functionality to avoid widows and orphans, qv)
widow line (EDV) Hurenkind *n (ie, in text processing; cf, orphan)*
widow's allowance (StR, US) Witwenfreibetrag *m*
widow's pension (SozV) Witwenrente *f*
width of characters (EDV) Zeichendichte *f*
wife's earned income allowance (StR, GB) Freibetrag *m* für die mitverdienende Ehefrau
wild branch (EDV) fehlerhafte Verzweigung *f*
wild card (character)
(EDV) Platzhalterzeichen *n*
*(ie, wird anstelle bestimmter Zeichen in Dateiname oder Dateityp eingesetzt: * und ?)*
wildcat securities (Fin) hochspekulative Wertpapiere *npl*
wildcat strike (Pw) wilder Streik *m (syn, illegal/outlaw /quickie . . . strike)*
wild fluctuations (Bö) starke Ausschläge *mpl (syn, gyrations)*
wild inflation (Vw) ungezügelte Inflation *f*
will (Re) Testament *n (ie, formally referred to as ‚last will and testament')*
willful (Re) vorsätzlich *(yn, intentional)*
willful misfeasance
(Re) vorsätzliche Pflichtverletzung *f*
(ie, used of improper conduct in the management of a company)
willful negligence (Re) grobe Fahrlässigkeit *f (ie, hohe Wahrscheinlichkeit der Schädigung; cf, negligence)*
willingness to achieve (Pw) Leistungsbereitschaft *f*
willingness to adapt (Pw) Anpassungsbereitschaft *f (eg, to changing conditions)*
willingness to buy (Mk) Kaufbereitschaft *f*
willingness to engage in purposeful action (Pw) Einsatzbereitschaft *f*
will to achieve (Pw) Leistungswille *m*
win a contract *v*
(com) Auftrag *m* erhalten, Zuschlag erhalten
(ie, especially in construction and systems engineering = Bauwirtschaft und Großanlagenbau)
win a court case *v* (Re) Prozeß *m* gewinnen
win back a market share *v* (com) Marktanteil *m* zurückgewinnen
Winchester drive
(EDV) Winchester-Laufwerk *n*
(ie, hard disk sealed into an air-tight unit, and used as a more robust and more capacious alternative to floppy disks)
win control of *v* (Fin) Mehrheit *f* erwerben von
windfall gains (Vw) = windfall profits
windfall losses (Vw) Überraschungsverluste *mpl*
windfall profit
(com) unerwarteter Gewinn *m (syn, sl, velvet)*
– Zufallsgewinn *m*
– Überraschungsgewinn *m*
(Vw) ungeplanter Gewinn *m*
– kinetischer Gewinn *m*
– dynamischer Marktlagengewinn *m*
– Q-Gewinn *m (cf, E. Preiser)*
windfall profits tax (StR) Zusatzbesteuerung *f* von Mineralölgewinnen
winding point (Math) Verzweigungspunkt *m (ie, of Rieman surface)*
winding up
(Re, GB) Abwicklung *f*
– Liquidation *f*
(syn, liquidation)
winding-up balance sheet (ReW, GB) Liquidationsbilanz *f*
winding up by court (Re, GB) Liquidation *f* durch Gerichtsbeschluß
winding up by creditors (Re, GB) Liquidationsvergleich *m*
winding up by members (Re, GB) freiwillige Liquidation *f*
winding-up profit (Fin) Liquidationsgewinn *m*
winding-up resolution (Re) Liquidationsbeschluß *m*
winding-up sale
(com) Verkauf *m* wegen Geschäftsaufgabe *(syn, closing-down sale)*
(Re, GB) Zwangsverkauf *m*
(syn, forced sale, qv)
windmill (Fin) Kellerwechsel *m (syn, kite)*
window
(com) Schaufenster *n*
(EDV) Bildschirmfenster *n*
window border (EDV, GUI) Fensterrand *m*

window display
(Mk) Auslage *f*
– Schaufensterauslage *f*
(ie, goods displayed)
window dressing
(com) Schaufensterdekoration *f*
– Schaufensterauslage *f (syn, window display)*
(ReW, infml) Bilanzkosmetik *f*
windowed mode (EDV) Fenstermodus *m*
window envelope (com) Fensterumschlag *m*
windowing
(EDV) Fenstertechnik *f*
(EDV) Fensterfunktion *f*
window of text (EDV) Textfenster *n*
window on technology (Bw) Technologie-Fenster *n* *(eg, try to gain a . . .)*
window program
(EDV) Window-Programm *n*
– Programm *n* mit Fenstertechnik
window technique (EDV) Fenstertechnik *f*
window-viewport transformation (EDV) Fenstertransformation *f (ie, in computer graphics; syn, viewing transformation)*
window warrant (Fin) Option *f*, die in bestimmten Zeitpunkten ausgeübt werden kann; syn, European warrant
wind up *v*
(com) beenden *(eg, wind up a meeting by . . .)*
(Re, GB) abwickeln *(syn, liquidate)*
wings (Fin, US) = warrants into negotiable Government securities
winnow staff *v* (Pw, infml) Belegschaft *f* reduzieren *(ie, the idea is to separate the chaff from grain by fanning)*
winter sales (com) Winterschlußverkauf *m*
WIP (ReW) = work in process
wipe (EDV) Überblendung *f* von e–r Bildschirmdarstellung zur anderen
wipe away *v* (com, infml) erlassen *(eg, a debt)*
wipe off a debt *v* (Fin, infml) Schuld *f* zurückzahlen
wipe out *v*
(Bw) stillegen *(eg, an additional 3 million tons of capacity)*
(Fin) tilgen *(eg, debt)*
wipe out rivals *v* (Bw) Konkurrenz *f* verdrängen *(syn, cut out, put out of the market)*
wire *v* (com) telegrafieren *(syn, telegraph)*
wire cash *v* (Fin) Geld *n* überweisen *(eg, into a bank account)*
wire house
(Fin, US) große Maklerfirma *f*
(ie, operates nationally and internationally and maintains a large communications network)
wire instruction (Fin) telegrafische Anweisung *f*
wire printer (EDV) Nadeldrucker *m*
wire puller (Pw, infml) Drahtzieher *m*
wirework (EDV) Verdrahtung *f (eg, for new circuitry)*
wiring (EDV) = wirework
witching hour (Fin) = triple witching hour
with a limited time
(com) befristet
(eg, for acceptance of an offer; syn, limited in time, having a time limit)
with all faults (Re, US) = as is
withdraw *v*
(com) zurücktreten
(com) abberufen *(syn, recall)*
(ReW) entnehmen
(Fin) abheben
(ie, money from a bank account = von e–m Konto; syn, draw)
withdraw a bid *v* (com) Angebot *n* zurückziehen
withdrawal
(com) Abberufung *f*
(ie, from office; syn, dismissal, recall)
(Re) Rücktritt *m*
(ie, from contract; syn, repudiation of, rescission of)
(Bw) Austritt *m (syn, voluntary withdrawal of partner)*
(ReW) Entnahme *f*
– Privatentnahme *f*
(syn, private . . . withdrawals/drawings; eg, to take . . .)
(MaW) Lagerentnahme *f*
(Fin) Abhebung *f (opp, deposit)*
withdrawal from employment (Pw) Ausscheiden *n* aus dem Arbeitsleben
withdrawal from stock (MaW) Lagerentnahme *f*
withdrawal from the European Monetary System (AuW) Ausscheiden *n* aus dem EWS
withdrawal limit (Fin) Abzugslimit *n (ie, of deposit accounts)*
withdrawal notice (Fin) Kündigungsfrist *f*
withdrawal of a partner
(com) Austritt *m* e–s Gesellschafters
– Abberufung *f* e–s Gesellschafters
withdrawal of a patent (Pat) Zurücknahme *f* e–s Patents
withdrawal of capital (Fin) Kapitalentnahme *f*
withdrawal of materials (MaW) Materialentnahme *f*
withdrawal profit (Vers) Stornogewinn *m (syn, lapse profit)*
withdrawals (Vw) (kompensatorische) Sickerverluste *mpl (ie, in multiplier analysis; syn, leakage)*
withdraw an amount from *v* (Fin) Betrag *m* abheben von
withdraw an offer *v* (com) Angebot *n* zurückziehen
withdraw an opposition *v* (Pat) Einspruch *m* zurücknehmen
withdraw balances *v* (Fin) Guthaben *npl* abziehen
withdrawing partner (com) ausscheidender Gesellschafter *m (syn, retiring partner)*
withdraw money *v* (Fin) Geld *n* abheben *(ie, from bank account; syn, draw)*
withdraw notes from circulation *v* (Vw) Banknoten *fpl* aus dem Verkehr ziehen
withdraw reserves *v* (ReW) Rücklagen *fpl* auflösen *(syn, retransfer, qv)*
withheld accounts (ReW) Rückstellungen *fpl*
withhold *v* (StR) einbehalten *(ie, taxes)*
withholding at source
(StR) Quellenabzug *m*
– Quellenbesteuerung *f*
(syn, deduction/stoppage/taxation . . . at source)
withholding of a patent (Pat) Versagung *f* e–s Patents
withholding of taxes (StR) Einbehaltung *f* von Steuern

withholding tax
(StR) Quellensteuer *f*, Abzugssteuer *f*
(ie, tax collected by the source originating the income, in contrast to one paid by the recipient of the income after the money is received)
(Fin, US) Kuponsteuer *f*
(ie, 30% tax levied on interest payments paid to foreign holders of U. S. domestic bonds; repealed in June 1984)
withholding tax on capital (StR) Kapitalertragsteuer *f* *(ie, tax on income from capital)*
within group variance (Stat) Binnenklassen-Streuung *f (syn, intraclass variance)*
within moments of opening (Bö) sofort nach Eröffnung
within the agreed time limit (com) = within the time stipulated
within the scope of one's authority (Re) im Rahmen der Vertretungsmacht
within the time required (com) innerhalb der festgesetzten Frist
within the time stipulated (Re) fristgemäß, fristgerecht
with no strings attached (AuW) ohne politische Auflagen *(capital aid to third world countries)*
with order (com) bei Auftragserteilung
without cause (Re) ohne zureichenden Grund, unbegründet
without charge
(com) gebührenfrei
– kostenlos
(syn, free of charge, qv)
without engagement (com) freibleibend *(syn, subject to change without notice)*
without-engagement clause (com) Freizeichnungsklausel *f*
without interest (Fin) ex Zinsen
without notice (Pw) fristlos
without prejudice to (Re) unbeschadet
without recourse (WeR) ohne Regreß *(ie, if prior endorser – Vormann – signs . . ., he exempts himself from liability for payment)*
without respect of persons (Re) ohne Ansehen der Person
with particular average, w.p.a. (SeeV) mit Teilschaden *(ie, 1983 ersetzt durch Institute Cargo Clauses B)*
with recourse (WeR) mit Regreß
with-the-exception-of-opinion (ReW) eingeschränkter Bestätigungsvermerk *m (syn, qualified opinion)*
with the proviso that . . . (Re) vorbehaltlich *(cf, proviso)*
witness fee (Re) Zeugengeld *n*
witness point (IndE) Abnahmepunkt *m (ie, in quality assurance)*
Witteveen facility
(IWF) Witteveen-Fazilität *f*
– zusätzliche Finanzierungsvorkehrung *f*
W/M (com) = weight or measurement
woman executive (Pw) weibliche Führungskraft *f*
women's investment
(Fin, US) erstklassige Anlagen *fpl*
(ie, high-grade investments with a high degree of safety as regards principal, regularity of income, and freedom from care; steady income with least exposure to capital depreciation)
wood processing industry (com) holzverarbeitende Industrie *f*
wood shavings (com, GB) Holzwolle *f (syn, wood wool; US, excelsior)*
wood wool (com) = wood shavings
wood working industry (com) = wood processing industry
word addressed storage (EDV) wortadressierter Speicher *m*
word alignment (EDV) Wortausrichtung *f*
word length (EDV) Wortlänge *f*
word mark (EDV) Wortmarke *f*
word-of-mouth-advertising
(Mk) Mundwerbung *f*
– Mund-zu-Mund-Werbung *f*
word-organized storage (EDV) wortorganisierter Speicher *m*
word processing (EDV) Textverarbeitung *f*
word processing system (EDV) Textverarbeitungssystem *n*, TV-System *n*
word processor
(EDV) Wortprozessor *m (ie, keyboard-operated terminal with a video screen and a memory for use in word processing)*
(EDV) Textverarbeitungssystem *n*
words of art (Log) Fachausdrücke *mpl (syn, technical terms)*
word spacing (EDV) Sperren *n (ie, in text processing)*
word time (EDV) Wortzeit *f*
word wrap (EDV) Zeilenumbruch *m*
word wraparound (EDV) = word wrap
word wrapping (EDV) Wortumbruch *m*
work (Pw) Arbeit *f*
work *v*
(com) arbeiten
(com) bearbeiten
(Bw) auslasten *(eg, plant at 80 percent; syn, utilize)*
workable (com) funktionsfähig
workable competition
(Vw) funktionsfähiger Wettbewerb *m*, effektiver Wettbewerb *m*
(ie, key criterion: reasonably satisfactory market performance; cf. J. M. Clerk, 1940)
work accident
(Pw) Arbeitsunfall *m*
(syn, industrieal/occupational . . . accident)
work accident notification (Pw) Unfallmeldung *f*
work accident rate (Pw) Unfallhäufigkeitsziffer *f* *(syn, industrial accident rate, qv)*
work accident severity rate (Pw) durchschnittliche Schwere *f* von Arbeitsunfällen, in %
workaholic
(Pw, infml) Arbeitsbesessener *m*
(ie, a blend of ‚work' and ‚alcohol'; person who, by choice, is given to long hours of work with little time off for recreation; term is often used approvingly)
workaholism (Pw, infml) Arbeitswut *f*
work analysis (IndE) Arbeitsanalyse *f*
work a patent *v* (Pat) Patent *n* nutzen/auswerten/verwerten

work area (IndE) Arbeitsbereich *m*
work assembler (IndE) Arbeitsvorbereiter *m*
work assembly (IndE) Arbeitsvorbereitung *f*, AV
work assignment (Pw) Arbeitsanweisung *f*
work at full scratch *v* (Bw) mit Vollauslastung arbeiten
work attitude
(Pw) Arbeitsmoral *f*
(syn, staff morale)
work balancing (IndE) Leistungsabstimmung *f (ie, at the assembly line)*
work by the book
(Pw) Dienst *m* nach Vorschrift
(syn, GB, work to rule)
work center
(IndE) Arbeitsplatz *m*
– Arbeitsplatzgruppe *f*
(ie, set of work stations)
(KoR) Kostenstelle *f*
(syn, cost center)
(EDV) Arbeitsplatz *m*
workcenter cost (KoR) Platzkosten *pl*
workcenter costing (KoR) Platzkostenrechnung *f*
workcenter manager (IndE) Vorarbeiter *m*
workcenter rate (KoR) Platzkostensatz *m*
work cycle
(IndE) Arbeitsgang *m*
– Arbeitstakt *m*
– Zyklus *m (syn, cycle, pass, run)*
workday (Pw, US) Arbeitstag *m (syn, GB, working day)*
work distribution (IndE) Arbeitsverteilung *f*
worked off security (Bö, US) Wertpapier *n* mit leichtem Kursrückgang *(ie, refers also to commodities)*
work element (IndE) Teilarbeitsvorgang *m*, Arbeitselement *n*
work entry (com) Arbeitseintrag *m*
work environment (Pw) Arbeitsumgebung *f*
worker
(Pw) Arbeiter *m*
(syn, hourly paid employee, manual/blue collar . . . worker)
(Pw) Berufstätiger *m*
(ie, general term denoting various degrees of qualification; eg, the President of the United States is an industrious worker)
worker on short time (Pw) Kurzarbeiter *m (syn, short-time worker)*
worker participation
(Pw) Arbeitspartizipation *f*
(ie, mit der Verwendung des Ausdrucks soll im Englischen die Assoziation mit der weitreichenden dt Mitbestimmung vermieden werden; allgemein jede Form von ‚worker control of industry', „which occurs in a variety of forms: worker participation in France, profit-sharing schemes in Sweden, Mitbestimmung in Germany since the end of World War II")
worker put on short time (Pw) Kurzarbeiter *m*
workers' compensation (SozV, US) = workmens' compensation insurance
workers' compensation system
(Pw) Lohnsystem *n*
(syn, payments system)
work ethic
(Pw, US) Arbeitsethik *f*
(ie, concept of work as a spur to spiritual development; also an expression of Americans' traditional reverence of work for its own sake)
workfare
(SozV, US) an Gegenleistung gekoppelte Sozialleistungen *fpl*
(ie, public welfare program that requires welfare recipients either to perform work assigned to them – chores like cleaning up parks and staffing day-care centers – or enroll in a formal job-training program, as a condition of getting welfare checks; the practice is usually only talked about)
work fatigue (Pw) Arbeitsermüdung *f*
work file (EDV) Arbeitsdatei *f*
work flow (IndE) Arbeitsablauf *m*, Arbeitsfluß *m*
work flow management (EDV) Arbeitsflußverwaltung *f*
work flow planning (IndE) Arbeitsablaufplanung *f*
work flow structuring (IndE) Arbeitsablaufgestaltung *f*
work flow study (IndE) Arbeitsablaufstudie *f*
workforce
(Pw) Personalbestand *m (ie, number of persons employed; syn, labor force, staff)*
(Pw) Belegschaft *f*
workforce planning (Pw) Arbeitseinsatzplanung *f*, Personalplanung *f*
work from door to door *v*
(com, sl) „Klinken *fpl* putzen"
(syn, GB, work on the knocker)
work full time *v* (Pw) ganztägig arbeiten
work history (Pw) beruflicher Werdegang *m (syn, career history, career path)*
workhorse (Pw, infml) Arbeitspferd *n*
working age (Pw) Erwerbsalter *n*
working area
(Bw) Arbeitsbereich *m (syn, working space)*
(IndE) Arbeitsbereich *m*, Griffbereich *m*
working assets (Bw) Güter *npl* des Umlaufvermögens
working below capacity (Bw) Unterbeschäftigung *f (syn, underutilization, qv)*
working capital
(com) Betriebskapital *n (syn, current operating capital)*
(ReW) Nettoumlaufvermögen *n*
(ie, liquidity ratio defined as current assets minus current liabilities; syn, net working capital)
working capital fund (Fin) Fonds *m* des Nettoumlaufvermögens
working capital ratio (Fin) = net working capital ratio
working clothes (Pw) Arbeitskleidung *f*
working computer (EDV) Arbeitsrechner *m*
working conditions (Pw) Arbeitsbedingungen *fpl*
working control (Bw) (in der Regel) 51-prozentige Mehrheit *f*
working cover (Vers) = excess of loss cover
working day (Pw, GB) Arbeitstag *m (syn, US, workday)*
working-day variations (Stat) Kalendereinflüsse *mpl*

working definition (Log) Arbeitsdefinition *f*
working dinner (com) Arbeitsessen *n (syn, working lunch)*
working diskette (EDV) Arbeitsdiskette *f*
working drawing (IndE) Arbeitszeichnung *f*
working fund requirements (Fin) Betriebsmittelbedarf *m*
working funds (Fin) Betriebsmittel *pl*
working group
(com) Arbeitsgruppe *f*
– Arbeitskreis *m*
(syn, working party, task force, study group)
working hours (Pw) Arbeitszeit *f (syn, hours of work, working time)*
working hypothesis (Log) Arbeitshypothese *f*
working inventory
(MaW) Grundbestand *m*
(syn, lead time inventory)
(Fin) Bodensatz *m* eigener Akzepte
working life
(Bw) Nutzungsdauer *f (syn, service life)*
(Pw) Berufsleben *n*, Arbeitsleben *n (syn, occupational/professional . . . life)*
working lunch (com) Arbeitsessen *n (syn, working dinner)*
working majority (com) arbeitsfähige Mehrheit *f*
working mean (Stat) provisorischer Mittelwert *m*
working method (com) Arbeitsmethode *f*, Arbeitsverfahren *n*
working of goods (Zo) Bearbeitung *f*, Veredelung *f*
working order (IndE) Betriebsfähigkeit *f (syn, operating condition)*
working paper
(com) Arbeitspapier *n*, Arbeitsunterlage *f (syn, exposure draft)*
(Pw) Arbeitspapier *n*
working papers (ReW) Prüfungsunterlagen *fpl (ie, preliminary analyses prepared by an auditor prior to issuing an opinion)*
working partner (Bw, GB) = acting partner
working party (com) = working group
working permit (Pw) Arbeitserlaubnis *f*
working population (Stat) Erwerbsbevölkerung *f (ie, employed and umemployed)*
working program (EDV) Arbeitsprogramm *n*
working session (com) Arbeitssitzung *f*
workings of the economy (Vw) Arbeitsablauf *m*
working space (Bw) = working area
working storage (EDV) Arbeitsspeicher *m (syn, main memory)*
working storage dump
(EDV) Arbeitsspeicherabzug *m*
working storage section (EDV, Cobol) Kapitel *n* Arbeitsspeicher
working tariff (Zo) Gebrauchszolltarif *m*
working time (Pw) effektiv gearbeitete Zeit *f*
working-time category (Pw) Arbeitszeitkategorie *f (eg, normal time, overtime)*
working time lost to strikes (Pw) Streiktage *mpl*
working vacation (Pw, infml) Arbeitsurlaub *m*
working year (com) Betriebsjahr *n (syn, operating year)*
work in process (ReW) unfertige Erzeugnisse *npl (syn, work in progress)*
work-in-process account (ReW) Herstellkonto *n*
work-in-process cost accounting (KoR) Kostenrechnung *f* für Halbfabrikate
work-in-process document (com) Arbeitsdokument *n*
work-in-process inventory (ReW) Bestand *m* an unfertigen Erzeugnissen
work in progress (ReW) = work in process
work label (IndE) Laufzettel *m*
workload
(Pw) Arbeitsbelastung *f*
(EDV) Auftragsprofil *n*
workload curve
(Bw) Arbeitskräfte-Auslastungskurve *f*
(syn, workload graph)
workload graph (Bw) = workload curve
workload planning (IndE) Kapazitätsplanung *f*
workman
(Pw) Arbeiter *m*
(com) Handwerker *m (ie, skilled tradesman)*
work management (Pw) Arbeitseinteilung *f*
workmanship (IndE) Ausführungsqualität *f*
work measurement (IndE) Zeitstudie *f*
work measurement and billing (com) Bauabrechnung *f*
workmen's compensation insurance
(SozV, US) Unfallversicherung *f*
(ie, reimburses an employer for damages payable to an employee for injury occurring „in the course of his employment")
work off *v*
(com) aufarbeiten *(eg, arrears of correspondence)*
(com) abarbeiten *(eg, debts)*
(com) abbauen *(eg, backlog of orders on hand)*
work off inventory *v* (MaW) Lager *n* abbauen *(syn, destock, qv)*
work off the books *v* (Pw, infml) schwarzarbeiten *(syn, go black)*
work one's way through the ranks *v* (Pw) sich hocharbeiten
work one's way up *v*
(Pw) sich hocharbeiten
(syn, work one's way through the ranks)
work on the knocker *v*
(com, GB, sl) „Klinken *fpl* putzen"
(syn, work from door to door)
work order (IndE) Arbeitsauftrag *m (syn, job order)*
work organization (Bw) Arbeitsorganisation *f*
workout
(Re, US) außergerichtlicher Vergleich *m*
(ie, bezeichnet die alten Common Law-Instrumente von composition und extension = Einigung und Fristaufschub)
work out *v*
(com) planen, ausarbeiten *(eg, plan, program; syn, prepare)*
(com) errechnen *(eg, prices, costs; syn, calculate)*
(com) betragen *(eg, charge is likely to . . . somewhere in the region of 1% of the price)*
(com) lösen *(eg, a problem)*
work-out lawyer
(Re, US) Anwalt *m* für außergerichtliche Vergleiche
(eg, some debotrs prefer some workout rather than quick liquidation)
work overtime *v* (Pw) Überstunden *fpl* machen

work performed by the undertaking for its own purposes and capitalization (ReW, EG) aktivierte Eigenleistungen *fpl*
work permit (Pw) Arbeitserlaubnis *f (syn, employment permit)*
workplace (Pw) Arbeitsplatz *m (syn, job, job site, work station)*
workplace layout (Pw) Arbeitsplatzgestaltung *f (syn, job engineering)*
workplace representative (Pw, GB) Betriebsobmann *m (sometimes called shop steward)*
workplace safety (Pw) Sicherheit *f* am Arbeitsplatz *(syn, job safety, qv)*
work program (EDV) Arbeitsprogramm *n*
work progress certificate (IndE) Arbeitsfortschritts-Ausweis *m*
work properly *v* (com) einwandfrei funktionieren
work restructuring (Pw) = job redesign
work sampling (IndE) Multimomentverfahren *n*
works canteen (Pw) Werkskantine *f*
works certificate
(com) Werksbescheinigung *f*
– mill (test) report
(ie, enthält Ergebnisse der vorgeschriebenen Prüfungen; Betriebsaufzeichnungen (plant records) dienen als Unterlage; Lieferung braucht nicht geprüft zu werden; opp, Abnahmebescheinigung, Abnahmezeugnis)
work scheduler (IndE) Arbeitsvorbereiter *m*
work scheduling
(IndE) Arbeitsvorbereitung *f*, AV
(IndE) Arbeitsplanung *f (ie, produktbezogene Teilaufgabe der Fertigungsplanung)*
work screen (EDV) Arbeitsmaske *f*
work sharing
(Pw, US) Aufteilung *f* der verfügbaren Arbeit
(ie, three types:
1. reduction in hours;
2. division of work;
3. rotation of unemployment)
work sheet
(ReW) Abschlußblatt *n (ie, balance sheet in schedule form; syn, spreadsheet)*
(com) Arbeitsblatt *n*
workshop
(IndE) Werkstatt *f*
(com) Arbeitstagung *f*
– Arbeitsgemeinschaft *f*
– Workshop *m*
workshop drawing
(IndE) Werkstattzeichnung *f*
– Ausführungszeichnung *f*
work short time *v* (Pw) kurzarbeiten *(syn, operate short-time working)*
work simplification (IndE) Arbeitsvereinfachung *f*
work slip (IndE) Arbeitsschein *m*
works manager
(IndE) Betriebsleiter *m*
(syn, plant/operating . . . manager; GB, plant superintendent)
works order (IndE) = production order
workspace
(EDV) Arbeitsbereich *m*
(ie, portion of temporary storage allocated by the system)
work specification
(IndE) Arbeitsbeschreibung *f*
– Arbeitsvorgangs-Beschreibung *f*
work station
(Pw) Arbeitsplatz *m*
(EDV) Datenstation *f*
– Workstation *f*
(EDV) Arbeitsplatzrechner *m*
workstation computer (EDV) Arbeitsplatzrechner *m*
workstation handling data/word processing (EDV) Mischarbeitsplatz *m*
workstation screen (EDV) Arbeitsbildschirm *m*
workstation transformation (EDV) Gerätetransformation *f (ie, in computer graphics)*
workstation viewport (EDV) Bildbereich *m*, Anzeigeraum *m (ie, in computer graphics; syn, display space, operating space)*
workstation window (EDV) Gerätefenster *n*
work status (IndE) Arbeitsfortschritt *m*
work stoppage
(Pw, US) Arbeitsunterbrechung *f*
(ie, defined by the U. S. Bureau of Labor statistics as cessations of work lasting one shift or longer, involving at least 1,000 workers)
work structuring (Bw) Arbeitsgestaltung *f (syn, job design)*
work study (IndE) Arbeitsstudium *n*
work system (IndE) Arbeitssystem *n (ie, interpreted as a socio-technical system or as a man-machine control loop)*
work tape (EDV) Arbeitsband *n (syn, scratch tape)*
work ticket
(IndE) Arbeitsauftrag *m*
– Arbeitsbegleitkarte *f (syn, job order, operation card)*
work time study (IndE) Arbeitszeitstudie *f*
work to capacity *v*
(IndE) Kapazität *f* ausfahren
(syn, operate/run . . . to capacity)
work together *v* (com) zusammenarbeiten *(syn, act jointly/in concert, join forces, band together, team up, pull together)*
work to rule (Pw, GB) Dienst *m* nach Vorschrift *(syn, US, work by the book)*
work unit
(IndE) Produktionseinheit *f (syn, unit of production, qv)*
(Pw) Vorgabeminute *f*
workup (com, US) Analyse *f*, Studie *f (eg, do a complete financial workup of a client's needs)*
World Bank (AuW) Weltbank *f*, Internationale Bank *f* für Wiederaufbau und Entwicklung *(ie, based in Washington, D. C.)*
World Bank Group
(AuW) Weltbankgruppe *f*
(ie, World Bank + Internatinal Development Association + International Finance Corporation)
world brand (Pat) Weltmarke *f*
world commodity markets (com) Weltwarenmärkte *mpl*
world currency crisis (AuW) Weltwährungskrise *f (eg, triggered by rising U. S. interest rates)*
world economic crisis (AuW) Weltwirtschaftskrise *f*
world economic policy (Vw) Weltwirtschaftspolitik *f*
world economic summit (Vw) Weltwirtschaftsgipfel *m*

world economy (AuW) Weltwirtschaft *f (syn, international /global . . . economy)*
world grain trade (AuW) Weltgetreidehandel *m*
world group sales
(com) Weltumsatz *m*
(syn, worldwide sales, qv)
world harvest of fish (com) Weltfischereiertrag *m* *(ie, comprises demersal fish and pelagic fish, qv)*
world inflation (Vw) weltweite Inflation *f (syn, worldwide inflation)*
world market (AuW) Weltmarkt *m (syn, worldwide/global . . . market)*
world market pricc (AuW) Weltmarktpreis *m*
world monetary system (Vw) Weltwährungssystem *n*
world price (Vw) Weltpreis *m*
world recession
(AuW) weltweite Rezession *f*
(syn, global downturn)
world sales revenue (ReW) Weltumsatz *m*
world trade
(AuW) Welthandel *m*
(syn, international/global . . . trade)
world trade order (AuW) Weltwirtschaftsordnung *f* *(syn, international economic . . . order/system)*
world trading system (AuW) Welthandelssystem *n*
worldwide annual accounts
(ReW, GB) Weltabschluß *m*
(syn, worldwide financial statements)
worldwide balance sheet (ReW) Weltbilanz *f (syn, global financial statement)*
worldwide consolidated financial statements
(ReW) Weltkonzernbilanz *f*
(syn, consolidated world accounts, global annual accounts)
worldwide financial statements (ReW) Weltabschluß *m (syn, GB, worldwide annual accounts)*
worldwide group accounts (ReW) Weltbilanz *f*
worldwide headquarters (Bw) Konzernzentrale *f*
worldwide inflation (Vw) weltweite Inflation *f (syn, world inflation)*
worldwide market (AuW) = world market
worldwide market strategy (Bw) Weltmarktstrategie *f*
worldwide sales (com) Weltumsatz *m (syn, sales worldwide, world group sales)*
WORM (EDV) = Write Once Read Multiple
worst case (com) ungünstigster Fall *m (eg, worst-case scenario)*
WPI (Stat) = wholesale price index
W/R (com) = warehouse receipt
wrap around
(EDV) Zeilenumbruch *m*
– Bildumlauf *m*
wraparound mortgage
(Fin, US) zweite Hypothek *f* einschließlich des Restbetrages aus der ersten Hypothek
(ie, second mortgage + balance due under the first mortgage)
wrapper (com) Streifband *n*
wrapping paper (com) Packpapier *n*
wrap up *v*
(com) zusammenfassen *(eg, negotiations in a few pages)*
(com) zusammenpacken *(syn, to bundle up, to parcel up)*
wrecker
(com) Abbruchunternehmen *n (syn, demolition contractor, salvage company)*
(com) Abschleppfahrzeug *n (syn, tow truck; GB, breakdown van)*
wriggle out of *v* (com) zurückziehen *(eg, an order)*
write *v* (com) schreiben
write a check *v* (Fin) Scheck *m* ausstellen
write a line *v* (Vers) versichern
write an option *v* (Bö) Option *f* verkaufen
write back reserves *v* (ReW) Rücklagen *fpl* auflösen *(syn, retransfer, qv)*
write black figures *v* (com, infml) schwarze Zahlen *fpl* schreiben *(ie, make profits)*
writedown
(ReW) Teilabschreibung *f*, Teilwertberichtigung *f* von Anlagegegenständen
(ie, transfer portion of an asset account to an expense account)
write down *v*
(com) aufschreiben
– niederschreiben *(syn, put down)*
(ReW) abschreiben *(ie, reduce but not wholly)*
writedown of corporate capital (Fin) Kapitalherabsetzung *f*
write-down of financial assets (ReW) Abschreibungen *fpl* auf Finanzanlagen
writedown of investments (Fin) Abschreibung *f* auf Beteiligungen
writedown of securities (Fin) Abschreibung *f* auf Wertpapiere
writedown of securities portfolio (Bö) Kursberichtigung *f* von Wertpapierbeständen
writedown of uncollectible receivables (ReW) Abschreibung *f* auf Forderungen
writedown on permanent investment (ReW) Wertberichtigung *f* auf Finanzanlagevermögen
write head (EDV) Schreibkopf *m (syn, record head)*
write in *v* (EDV) einschreiben
write instruction (EDV) Schreibbefehl *m*
write insurance *v*
(Vers) Abschluß *m* tätigen
– versichern
write into a balance sheet *v* (ReW) bilanzieren *(eg, a conservative $150 million, for the sale of a controlling stake)*
write off *v*
(ReW) abschreiben
(ie, the entire value is charged as a loss; syn, charge off)
(ReW) ausbuchen
(ie, remove from the books; eg, bad debt as uncollectible)
(Vers) abschreiben *(ie, insurance policy)*
writeoff ceiling (ReW) Höchstabschreibung *f*
write off delinquent accounts *v* (ReW) Forderung *fpl* abschreiben
writeoff facilities
(StR) Abschreibungsmöglichkeiten *fpl*
– Abschreibungserleichterungen *fpl*
writeoff in full
(ReW) Sofortabschreibung *f*
(ie, to current operations; syn, immediate chargeoff)
write off loans *v* (Fin) Kredite *mpl* abschreiben

writeoff of uncollectible accounts
(ReW) Delkredere *n*
– Delkredere-Wertberichtigung *f*
(ie, für vorraussichtliche Ausfälle von Außenständen; syn, provision for contigent losses)
write-off on securities portfolio (Fin) Abschreibung *f* auf Wertpapiere
writeoff on trade investments (ReW) Abschreibungen *fpl* auf Beteiligungen
write out a certificate *v* (Pw) Attest *n* ausstellen
write out a receipt *v* (com) Quittung *f* ausstellen
write-protect (EDV) schreibgeschützt
write-protect *v* (EDV) schreibschützen
write protection
(EDV) Schreibschutz *m*
(ie, disks are write protected by using tabs removed from (8-inch disk) or placed on (5¼ inch disk) the protective jacket)
write-read unit (EDV) Schreib-Lese-Einrichtung *f*
write red figures *v* (com) rote Zahlen *fpl* schreiben
(ie, make losses; syn, operate in the red)
writer of a call (Bö) Verkäufer *m* e–r Kaufoption
write statement (EDV, Cobol) Schreibanweisung *f*
writeup
(com, infml) Besprechung *f*
– Beurteilung *f*
(eg, . . . got a good writeup)
(ReW) Zuschreibung *f*
– Höherbewertung *f*
(eg, take a . . .)
writeup of currency holdings (ReW) Höherbewertung *f* von Devisenbeständen
writeup of fixed assets (ReW) Zuschreibung *f* von Gegenständen des Anlagevermögens
writing
(com) Schriftstück *n*
(Fin) Verkauf *m* e–r Option *(syn, selling)*
writing pad
(com) Schreibblock *m*
– Notizblock *m*
writing prescribed by law (Re) gesetzliche Schriftform *f*
writing requirement (Re) Erfordernis *n* der Schriftform
written consent (Re) schriftliches Einverständnis *n*
written-down value (ReW) Restwert *m* *(ie, cost minus written-off depreciation; syn, net book value)*
written form (com) Schriftform *f*
written interrogatories (Re, US) schriftliche Parteibefragung *f*
written off
(ReW) abgeschrieben
(ReW) ausgebucht *(syn, charged off)*
wrong
(Re) rechtswidrige Handlung *f*
(ie, violation or invasion of the legal rights of another person; syn, wrongful act)
wrong *v* (Re) schädigen
wrongful (Re) unrechtmäßig
wrongful act (Re) = wrong
wrongful dismissal (Pw) unbegründete Entlassung *f*
wrong posting
(ReW) Fehlbuchung *f*
– Falschbuchung *f*
W/R (w.rec.) (com) = warehouse receipt
wt. (com) = weight
W/W (com) = warehouse warrant
w.w.d. (com) = weather working days
W/W, ww (Bö) = with warrants
WYSIWYG
(EDV) = What You See Is What You Get
(ie, Bildschirmdarstellung entspricht genau dem Ausdruck)

X

X (WeR) = no protest
x.a. (Bö) = ex all
x-axis (Math) x-Achse *f (ie, horizontal axis in a system of rectangular coordinates)*
X-C (Bö) = ex coupon
x cp.
(Bö) = ex coupon
(Bö) = ex capitalization issue
X-D (Bö) = ex dividend
xenocurrency (Fin) Fremdwährung *f (syn, foreign currency, qv)*
xenomarkets (Fin) Fremdmärkte *mpl (ie, markets in U. S. dollar outside the United States; a successor to 'Eurocurrency markets': it acknowledges the spread of those markets around the world)*
xerographic printer (EDV) xerografischer Drucker *m (ie, image is thermally fixed onto the paper)*
xerography (EDV) Xerografie *f (ie, dry photocopy process)*
xerox (com) Fotokopie *f*
xerox *v* (com) fotokopieren
XGA (EDV) = Extended Graphics Array *(ie, standard for video adapters that defines a screen resolution of 1024 * 768 pixels with 256 colors in interlaced mode)*
X-I (Bö) = ex interest
x. in. (Bö) = ex interest
x-intercept (Math) Abschnitt *m* der x-Achse
XL (Vers) = excess loss
XMS (EDV) = extended memory specification
x.r. (Bö) = ex rights
X-Rts. (Bö) = ex rights
xw (Bö) = ex warrants
X-Warr. (Bö) = ex warrants

Y

Yankee bond market (Fin, US) Anleihemarkt *m* für ausländische Emittenten *(ie, in $, foreign corporations and governments)*
Yankee bonds (Fin) Yankee Bonds *pl (ie, US-Dollar-Anleihen, die von ausländischen Emittenten in den USA emittiert werden)*
Yankee CDs
(Fin, US) Yankee Cds *pl*
(ie, issued in the domestic market – typically in New York – by a branch of a foreign bank)
Yankees (Bö, GB) amerikanische Wertpapiere *npl (syn, Americans)*
yard
(com, US) $100
(com, sl) 1 Milliarde
yard boss (IndE) Platzmeister *m*
yard goods
(com) Meterware *f*
– Schnittware *f*
yardman (IndE) Platzarbeiter *m*
yardstick
(Log) Maßstab *m*, Kriterium *n (syn, criterion)*
(Vw) Referenzpreise *mpl*
(ie, Preise öffentlicher Unternehmen als Maßstab für die Angemessenheit von Preisen privater Unternehmer)
yardstick of performance (Bw) Erfolgsmaßstab *m (eg, by what yardstick shall we measure his performance?)*
yardstick of profitability (Fin) Vorteilskriterium *n (ie, used in preinvestment analysis = Investitionsrechnung)*
yardstick of success (Bw) = yardstick of performance
y-axis (Math) y-Achse *f (ie, vertical line in a system of rectangular coordinates)*
year-earlier result (ReW) Vorjahresergebnis *n*
year-end adjustment
(com) Ultimoausgleich *m*
(ReW) Berichtigungsbuchung *f* am Jahresende
year-end audit (ReW) Jahresabschlußprüfung *f*
year-end closing (ReW) Jahresabschluß *m*
year-end closing entries (ReW) Jahresabschlußbuchungen *fpl*
year-end deferrals (ReW) Jahresabgrenzung *f*
year-end dividend (Fin) Abschlußdividende *f (syn, final dividend)*
year-end financial statements
(ReW) Jahresabschluß *m*
(ie, comprises balance sheet, income statement, and annual report; syn, GB, annual accounts)
year-end inventory (ReW) Jahresinventur *f*
year-end position (ReW) Bestand *m* am Jahresende
year-end results (ReW, US) Jahresabschluß *m*
yearly high (Bö) Jahreshöchstkurs *m*
yearly low (Bö) Jahrestiefstkurs *m*
yearly salary (Pw) Jahresgehalt *n*
yearly settlement (com) Jahresabrechnung *f*
year of acquisition (ReW) Zugangsjahr *n*
year of assessment (StR) Veranlagungsjahr *n*
year of coverage
(SozV) anrechnungsfähiges Jahr *n*
– Versicherungsjahr *n*
year of issue (Fin) Emissionsjahr *n*
year of maturity (Fin) Fälligkeitsjahr *n*
year-on-year target (Vw) Verlaufsziel *n*
years of grace
(Fin) Freijahre *npl*
– tilgungsfreie Jahre *npl*
(eg, three grace = principal payment beginning in the 4th year; or: life of 10 years, with 8 years grace; syn, grace period, repayment holiday)
years of service (Pw) Dauer *f* der Betriebszugehörigkeit
years to maturity (Fin) Restlaufzeit *f (syn, time to maturity)*
year under review (com) Berichtsjahr *n*
yellog-dog contract (Pw) Arbeitsvertrag *m* mit Verbot des Gewerkschaftsbeitritts
yellow list (Bö) Liste *f* der im Freiverkehr gehandelten Schuldverschreibungen
Yellow Pages (com, US) Branchenverzeichnis *n (ie, classified telephone directory; sometimes called ‚the Red Book')*
yield
(Fin) Nominalverzinsung *f (ie, of bonds; syn, nominal interest rate, qv)*
(Fin) Effektivverzinsung *f*, Rendite *f*
(ie, investment income, investment rate of return; opp, speculative or temporary rate of return. Note: the terms yield and return are often confused; yield is restricted to the net income from a bond if held to maturity, while return denotes current income derived from either a bond or a stock, without reference to maturity)
(StR) Steueraufkommen *n (syn, tax yield, qv)*
(IndE) Ausbeute *f*
yield *v* (Fin) einbringen, abwerfen
yield before taxes (Fin) Rendite *f* vor Steuern
yield coefficient
(Bw) Ausbeute *f*
(ie, relation between usable output and processed output)
yield convergence (EG) Konvergenz *f* der Renditen
yield curve
(Fin) Zinsertragskurve *f*
(ie, the shape of interest yields at different time points along the maturity scale)
yield differential
(Fin) Ertragsdifferenz *f*
– Renditedifferenz *f*
yield elasticity (FiW) = revenue elasticity
yield frequency (Fin) Renditehäufigkeit *f*
yield gap (Fin, GB) Renditegefälle *n (ie, difference between average yield on long-dated gilts and the average yield on shares or property)*
yield method (Fin, GB) Interne-Zinsfuß-Methode *f (syn, internal rate of return method)*

yield method of depreciation (ReW) = production-method of depreciation
yield mix (Fin) Durchschnittsverzinsung *f (syn, average interest rates)*
yield of a tax (FiW) Steuerertrag *m*
yield of technical progress (Vw) Ergiebigkeit *f* des technischen Fortschritts
yield on longs (Fin) Langläufer-Rendite *f (ie, long-term yield on bonds)*
yield on new issue (Fin) Emissionsrendite *f (syn, new issue rate)*
yield on shares (Fin) Aktienrendite *f (syn, stock yield)*
yield on shorts (Fin) Kurzläufer-Rendite *f*
yield on subscription (Fin) Zeichnungsrendite *f*
yield rate
(Fin) Effektivverzinsung *f (syn, effective rate)*
(Fin, selten) interner Zinsfuß *m*
(IndE) Ausbeutungsrate *f*
yield spread (Fin) Renditenspanne *f*
yield structure (Fin) Renditenstruktur *f*
yield to average life (Fin) Rendite *f* auf durchschnittliche Laufzeit
yield to call (Fin) Rendite *f* e–r kündbaren Anleihe *(ie, on the assumption that the bond is redeemed prior to maturity)*
yield to call date (Fin) Rendite *f* auf Kündigungstermin
yield to early call (Fin) Rendite *f* auf früheste Kündigung
yield to equivalent life (Fin) Rendite *f* entsprechend der Laufzeit
yield to final date (Fin) Rendite *f* auf Endfälligkeit
yield to maturity
(Fin) Rückzahlungsrendite *f*
(ie, rate of return when investment is retained until maturity; proper calculation of annual return)
yield to redemption (Fin) = yield to maturity
yield upon issue (Fin) = yield on new issue
yield variance
(KoR) Ertragsabweichung *f (ie, in standard costing)*
(Fin) Renditeabweichung *f*
y-intercept (Math) Abschnitt *m* der y-Achse
York Antwerp Rules
(SeeV) York Antwerp Rules *pl*
(ie, set of rules by which ocean marine general average losses are adjusted)
young blood (Pw, infml) Nachwuchs *m*
young executives (Pw) Führungsnachwuchs *m*
youth unemployment (Vw) Jugendarbeitslosigkeit *f*

Z

zap *v* (com, infml) vereiteln, „abschießen" *(eg, a project)*
zapper (Mk) Programmwechsler *m*
zapping (Mk) Vermeiden *n* von Fernsehwerbung *(ie, durch Umschalten des Programms)*
Zebra crossing (com, GB) Zebrastreifen *m*, Fußgängerüberweg *m (syn, crosswalk, qv)*
zebras
(Fin) Zebras *pl*
(ie, discounted zero coupon bonds issued in Sept 1985; accrued income is taxed annually rather than at the date of maturity or redemption)
Zermelo's axiom
(Math) Zermelosches Axiom *n*
– Auswahlaxiom *n*
(syn, axiom of choice, multiplicative choice)
zero
(com, infml) Null *f*
(eg, he is a big zero in math and English)
(Math) Null *f*
(ie, formally expressed it is the additive identity of an algebraic system)
(com, US) Null *f*
(ie, in GB 'nought, nil, oh' are often preferred)
(Math) Nullstelle *f*
zero access storage (EDV) Schnellspeicher *m (ie, inaccurate term; syn, high speed memory, qv)*
zero address instruction (EDV) adressenloser Befehl *m (syn, addressless instruction)*
zero balance (ReW) Nullsaldo *m*
zero-based budgeting
(FiW, Bw) Null-Basis-Budgetierung *f*
– ZBB-Planung *f*
(ie, ohne Berücksichtigung der Vorjahresansätze: forget all past experience and start every year in total ignorance)
zero bond issue (Fin) Nullkupon-Emission *f*
zero bonds
(Fin) Zero Bonds *pl*
– Nullkupon-Anleihen *fpl*
– Nullprozenter *mpl*
(ie, sell at discounts of par until their final maturity, when payment of principal at par + all compounded interest is made in a lump sum; Abzinsungspapier ohne Zinskupon; Zinsen werden voll abdiskontiert, so daß der Ausgabepreis erheblich unter dem Rückzahlungskurs von 100% liegt; unterliegen kräftigeren Kursschwankungen als Kuponanleihen)
zero bracket amount
(StR) Nullzone *f*
(StR, US) Pauschbetrag *m*
(ie, term has replaced the older term ‚standard deduction', qv)
zero condition (EDV) Nullzustand *m (syn, zero state)*
zero customer (Fin, US) Käufer *m* von Zero Bonds
zero defects program (IndE) Nullfehlerprogramm *n (ie, in quality control)*
zero gravity manufacturing (IndE) Fertigung *f* bei Schwerelosigkeit
zero growth (Vw) Nullwachstum *n (ie, no growth at all)*
zero hypothesis (Stat) Nullhypothese *f (syn, null hypothesis)*
zero in on *v* (com) anvisieren, sich konzentrieren auf *(eg, new consumer groups, market, opportunities; syn, target at)*
zero-level address (EDV) unmittelbare Adresse *f*
zero matrix (Math) Nullmatrix *f*
zero-minus tick (Bö) Aktienkurs *m* gleich dem des vorhergehenden Geschäfts, aber niedriger als der vorhergehende Unterschiedskurs
zero norm (com, GB) Nullnorm *f (ie, applies to prices and wages; syn, nil norm)*
zero of a function (Math) Nullwert *m* e–r Funktion
zero order correlation (Stat) Nullkorrelation *f*
zero pay round (Pw) Null-Lohnrunde *f (ie, no increase beyond that of inflation)*
zero population growth (Vw) Null-Bevölkerungswachstum *n*
zero rated
(StR, GB) von der Mehrwertsteuer befreit, MWSt-befreit
(ie, certain goods are taxed at a nil rate; and input tax – Vorsteuer – can be reclaimed)
zero rating (StR, GB) Mehrwertsteuerbefreiung *f (syn, exemption from VAT)*
zero recording (EDV) Schreibverfahren *n* ohne Rückkehr zum Bezugspunkt
zeros (Math) Nullstellen *fpl*
zero state (EDV) = zero condition
zero sum game
(OR) Nullsummenspiel *n*
(ie, two-person game where the sum of the payoffs to the two players is zero for each move = Gewinne aller Spieler sind gleich Null)
zero sum situation (OR) Nullsummensituation *f*
zero sum society (Vw) Nullsummengesellschaft *f (cf, L. Thurow)*
zero suppression (EDV) Nullunterdrückung *f (eg, in the UPC Code)*
zero-wage round (com) Nullrunde *f*
zillmering
(Vers) Zillmerung *n*
(ie, die Deckungsrückstellung in der Lebensversicherung wird um den Teil der kalkulierten Abschlußkosten gekürzt, der erst während der Vertragsdauer durch Zuschläge zur monatlichen Prämie vereinnahmt wird; Höchstsatz 35 Promille der V.summe [Zillmer-Satz])
zip code, ZIP
(com, US) Postleitzahl *f*
(ie, zip is an acronym for Zone Improvement Plan; syn, GB, postcode)
zonal sampling
(Stat) Streifenauswahl *f*
– Streifen-Stichprobenverfahren *n*

zone
(com) Zone *f*
(com) Gebiet *n*, Bereich *m*
(com) Gebührenzone *f*
– Fahrpreiszone *f*
(com) Postzustellbezirk *m*
zone bit
(EDV) Zonenbit *n*
(ie, may indicate whether the set of bits represents a numeric or alphabetic character)
zone-delivered pricing
(com, US) Zonenpreissystem *n*
(ie, prices are quoted uniformly to all customers located in a designated geographic zone; syn, freight-allowed system)
zone of indifference (Vw) Indifferenzbereich *m*
zone of monetary stability (EG) stabile Währungszone *f*
zone of preference (Vw) Präferenzbereich *m*, Entscheidungsbereich *m*
zone pricing (com, US) = zone-delivered pricing
zone rates (com) Zonentarif *m*
zoning (Kart) Gebietsaufteilung *f*
zoning ordinances (Re) baurechtliche Vorschriften *fpl*
zoning restrictions (Re) baurechtliche Beschränkungen *fpl*
zoom *v*
(com) sprunghaft ansteigen, emporschnellen *(eg, prices; syn, rocket, qv)*
(Bö) haussieren *(eg, equities = Aktien)*
(EDV) zoomen
zooming
(EDV) Zooming *n*
– dynamisches Skalieren *n*
– stetiges Vergrößern *n* od Verkleinern *n*
– Lupen *n (ie, in CAD)*